人事制度部

通紀概説分部

綜　述

《元史》卷八一《選舉志一》 元初，太宗始得中原，輒用耶律楚材言，以科舉選士。世祖既定天下，王鶚獻計，許衡立法，事未果行。至仁宗延祐間，始斟酌舊制而行之，取士以德行為本，試藝以經術為先，士褒然舉首應上所求者，皆彬彬輩出矣。

然當時仕進有多岐，銓衡無定制，其出身於學校者，有國子監學，有蒙古字學、回回國學，有醫學，有陰陽學。其策名於薦舉者，有遺逸，有茂異，有求言，有進書，有童子。其出於宿衛、勳臣之家者，待以不次。其用於宣徽、中政之屬者，重為內官。（文）［又］廕敘有循常之格，而超擢有選用之科。由直省、侍儀等入官者，亦名清望。以倉庾、賦税任事者，例視冗職。捕盗者以功敘，入粟者以貲進，至工匠皆入班資，而輿隸亦躋流品。諸王、公主，寵以投下，俾之保任。遠夷、外徼，授以長官，俾之世襲。凡若此類，殆所謂吏道雜而多端者歟。矧夫儒有歲貢之名，吏有補用之法。曰掾史、令史，曰書寫、銓寫，曰書吏、典吏，所設之名，未易枚舉，曰省、臺、院、部，曰路、府、州、縣，所入之途，難以指計。雖名卿大夫，亦往往由是躋要官，受顯爵；而刀筆下吏，遂致竊權勢，舞文法矣。

故其銓選之備，考覈之精，曰隨朝、外任，曰省選、部選，曰文官、武官，曰考數，曰資格，一毫不可越。而或援例，或借資，或優升，或回降，其縱情破律，以公濟私，非至明者不能察焉。是皆文繁吏弊之所致也。

《明史》卷六九《選舉志一》 選舉之法，大略有四：曰學校，曰科目，曰薦舉，曰銓選。學校以教育之，科目以登進之，薦舉以旁招之，銓選以布列之，天下人才盡於是矣。明制，科目為盛，卿相皆由此出，學校則儲才以應科目者也。其徑由學校通籍者，亦科目之亞也，外此則雜流矣。然進士、舉貢、雜流三途並用，雖有畸重，無偏廢也。薦舉盛于國初，後因專用科目而罷。銓選則入官之始，舍此蔑由焉。是四者釐然具載其本末，而二百七十年間取士得失之故可睹已。

又　卷七一《選舉志三》 任官之事，文歸吏部，武歸兵部，而吏部職掌尤重。吏部凡四司，而文選掌銓選，考功掌考察，其職尤要。選人自進士、舉人、貢生外，有官生、恩生、功生、監生、儒士，又有吏員、承差、知印、書算、篆書、譯字、通事諸雜流。進士爲一途，舉貢等爲一途，吏員等爲一途，所謂三途並用也。京官六部主事、中書、行人、評事、博士，外官知州、推官、知縣，由進士選。外官推官、知縣及學官，由舉人、貢生選。京官五府、六部首領官，通政司、太常、光禄寺、詹事府屬官，由官廕生選。州、縣佐貳，都、布、按三司首領官，由監生選。外府、外衛、鹽運司首領官，中外雜職、入流、未入流官，由吏員、承差等選。此其大凡也。其參差互異者，可推而知也。初授者曰聽選，陞任者曰陞遷。【略】

洪武十一年命吏部課朝覲官殿最。稱職而無過者為上，賜坐而宴。有過而稱職者為中，宴而不坐。有過而不稱職者為下，不預宴，序立於門，宴者出，然後退。此朝覲考覈之始也。

十四年，其法稍定。在京六部五品以下，聽本衙門正官察其行能，驗其勤怠。其四品以上，及一切近侍官與御史為耳目風紀之司，及太醫院、欽天監、王府官不在常選者，任滿黜陟，取自上裁。直隸有司首領官及屬官，從本司正官考覈，任滿從監察御史覆考。各布政使司首領官，俱從按察司考覈。其茶馬、鹽馬、鹽運、鹽課提舉司、軍職首領官，俱從布政司考覈，仍送按察司覆考。其布政司四品以上，按察司、鹽運司五品以上，任滿黜陟，取自上裁。內外入流并雜職官，九年任滿，給由赴吏部考覈，依例黜陟。果有殊勳異能、超邁等倫者，取自上裁。

清·乾隆敕撰《清通典》卷一八《選舉一》 我太祖高皇帝、太宗文皇帝，式廓鴻圖，肇基東土，賢路宏開，不拘資格，或拔之於行伍，或舉之於單寒，以至歸誠降將且令負弩前驅，就俘累臣多預持籌贊畫，懷奇抱異之士，應運而生，無不附鳳攀龍，乘時利見矣。

迨世祖章皇帝，奠鼎神京，定貢舉之科，訪遺逸之士，滿漢一體，文武員弁，惟能其官。

列聖相承，儲養人材，多方擢用，雖片長微藝，並録兼收，莫不登明選，公隨才器，使所以激揚士類，整肅官常者，實有加無已也。

欽惟我皇上，繼隆列祖，精一執中，羣才之美惡，大吏之公私，無或逃九重洞鑑者。舉士杜苟且輕儇之習，舉官嚴銓選考察之程，即優拔諸生咸邀朝考，丞倅小吏悉荷聖裁，是以重熙累洽，庶績其凝，衡之往古，莫與比靈斯。蓋勸懲必信無非上決於宸衷，而賞罰無私悉因其人之自取。《書》曰：野無遺賢。又曰：無曠庶官。非上有濬哲之聖人亶聰之至德，孰能與於此哉。

又　卷二二《選舉五·考績》　我朝考績之法，在内曰京察，在外曰大計，各以三年為期。武職曰軍政，以五年為期。自列聖以來，省成慎憲，大法小廉，皇上澄敘官方，内而閣部寺監以及曹司，外而督撫提鎮以至小吏，莫不奉職惟謹，而每當考課之期，聖訓諄諄，不啻至再至三，既清闒茸不職之員，復存愛惜人材之意，知明虎當勸懲互用，固當永奉為成模已。

論　説

元·趙天麟《太平金鏡策》卷三《量短长》　今國家選法，腹外三年為一考，腹裏二年半為一考，自非負罪之員，皆有進而無退。【略】内外官員三年第一考為初考，上等加官階二級，中階一級，下則仍舊階，而上中下三等，皆復守其本職。六年再考如初考，而復守本職。九年終考如再考，然後黜陟其職。凡考法，令廉訪司官重其保結，考其行實，而牒司路以達於上，司銓定階次，籍記倚閣。凡三考黜陟，其事業循常者，依累次官階而除之，以次第所宜。其才德超異者，雖階次甚卑，而待之以不次之位。如是則居官守禄者，既思階次之升超而盡其公道，又懼憲職之知覺而去其私心，庶幾乎選法有以定矣。

又《考幽明》　臣謹依經考史斷，以愚意條陳聖人之九徵，及當今所切之二十六美之三十九，類與夫三要，惟陛下察之。所謂九徵者：一曰遠使之而觀其忠，二曰近使之而觀其敬，三曰煩使之而觀其能，四曰卒然問焉而觀其智，五曰急與之期而觀其信，六曰委之以財而觀其仁，七曰告之以危而觀其節，八曰醉之以酒而觀其則，九曰雜之以處而觀其色。所謂二十六美之三十九類者：一曰文史之美三類，草制飾詔諄悉詞情也，校書正字可為定體也，教誨後學材德多成也。二曰禮官之美三類，補袞拾遺將順其美也，朝會祭祀儀章丕舉也，宣慰風俗雍熙聿致也。三曰樂官之美一類，金石宮商條理聲正也。四曰知人之美一類，善惡周覽洞曉于心也。五曰敬賢之美一類，推轂進士常若不及也。六曰考校之美一類，彰善癉惡照文無失也。七曰糾察之美一類，彈劾所至不避權豪也。八曰廉訪之美二類，廉察官吏儆懼肅清也，訪問風俗化成禮義也。九曰宿衛之美一類，小心周密京輦增威也。十曰籌計之美二類，帷幄畫計折衝倒戈也，排壘整陣臨時合權也。十一曰督領之美三類，器械精完士卒閑習也，號令嚴明部伍齊整也，臨敵耀威身先士伍也。十二曰鎮防之美一類，守堅持重寇盜難窺也。十三曰屯田之美一類，勸勵稼穡勤事多獲也。十四曰芻養之美一類，孳畜頭匹茁壯繁滋也。十五曰使臣之美二類，喉舌宣納成美昭光也，委幹事務辦濟平允也。十六曰決斷之美三類，句檢考核瑕隙無隱也，要察圓明囚無閑言也，疑獄得情處置合律也。十七曰農桑之美一類，董督樹藝水旱有備也。十八曰董役之美一類，監役合宜丁夫悅事也。十九曰關津之美一類，姦詐不漏行旅不壅也。二十曰營造之美一類，練事分公捷於供奉也。二十一曰明利之美一類，出納有常簿籍易照也。二十二曰算數之美一類，多寡有方了然胸臆也。二十三曰僧官之美一類，宏宣釋教守戒精嚴也。二十四曰道官之美一類，宏宣道教守德精嚴也。二十五曰醫官之美二類，科品分明舉無不應也，開發後學成材者衆也。二十六曰陰陽之美二類，曆法推步授時無舛也，卜筮循經不為詭異也。所謂三要者：一曰公，二曰廉，三曰勤。徑情服事不邀功利謂之公，賄賂在前不以為念謂之廉，服勞王室悉心竭力謂之勤。請以九徵考左右攜僕，以二十六美之三十九類與夫三要之説，明諭選曹及内外百官。值三年當考之時，凡一美三要者為上等，一美二要者為中等，一美一要及有要無美、有美無要者，皆為下等。若美要並無，雖無大罪，亦停免之。如此，則自中及外大小官吏，若玉壺之冰，秋霜之月，凜乎其清，皎乎其明矣。

明・陳子龍等《明經世文編》卷一一九《楊一清〈條陳修省事宜〉》

一、用人以資修省之益。吏部用人，專以資格。夫課功核實，固足以奔走庶官，而激懦廉頑，恐無以風勵天下。宜令吏部以資格待常流，以不次拔英異，在京在外官員，知取人不嫌於名，果有才行超卓，名係時望者，不必拘以常格，量為超拔，以警動後人。至於高蹈恬退之人，屈抑沉滯之士，可以鎮雅俗，濟時艱者，從公搜訪，具奏起用。至於庶官之賢否，吏部不能盡知，必寄耳目於撫按。撫按不能真知，而課績於催科之間。程能於趨走之末，故悃愊無華，則以為拙且懦；圓轉便給，則以為才且賢。況上之取人，多重於甲科，其在進士，甫及三年，即有超擢，舉人縱有異績，多不得旌舉，而歲貢較之舉人，尤為難矣。今撫按之薦舉，吏部之推擢，無得偏重，以至府縣佐貳官，其有才守可觀者，亦宜量為薦擢。近年以來，將官之體貌太輕，法吏之推求過甚，而況是非或得之傳聞，毀譽多生於愛惡，以寸牒不明而羅織驍勇之將，搜遠年舊事而廢棄統馭之才，老成慣戰者置散投閑，而新進未試者超登將領。宜通行各處撫按，將境內大小將官，廣詢博訪，務得其真。至於平居體貌，當循舊規，不可任情摧抑，仍令在京三品以上大臣及科道等官，在外巡撫、巡按各從公推舉，堪任大將者幾人，偏將者幾人，各舉所知，不厭其同。

又　卷二八九《陸粲〈去積弊以振作人材疏〉》　臣聞立賢無方，古之常道。我祖宗朝用人，初未嘗拘泥一途，近時典選者，專守資格，偏狹固滯，壞盡人材，其弊已非一日矣。茲遇陛下聖明，庶政日新，舊章漸復，海內延頸，想望太平。臣愚切謂，致治莫先于人材，而欲人材之興起，必去累年之積弊，用敢略舉數事言之。

其一，選用行取及奏保旌異之類，專重進士，賢才何往無之，豈獨進士可用，今由此途而仕者，雖或治無善狀，在上者猶護持之。其人非進士也，則指摘瑕疵，動加摧抑。人情無所慕，則不能有所勉，吾既薄之，彼寧不自棄，是驅之於不善，而使民受其殃也。臣謂舉人監生等出身者，果有賢能，宜與進士兼取並用，屬者言官建白，已嘗及此，然所論止為遠方，臣猶病其未廣，況庸人狃於習見，往往議其迂闊難行，自非立為定法，常切申明，臣恐奉行者不至，姑取一二以應故事，終無以為激勸也。

其二，教職往時所重，名臣多出其間，比來此選日輕，有志者多不屑就，如老耄昏塞十居七八，教法不行，人材日壞。臣聞正統、天順間，歲貢生猶間授京秩，今雖舉人教官，行取者僅千萬之一二，若進士告就此官，良非得已，而吏部遇其遷轉，例不以要職處之。夫儒官落莫，人所不堪，又加挫抑，其誰願此。臣謂此等果教有成效，宜優加升擢以示勸，雖歲貢出身，亦間拔其尤者，不次用之，使知激昂，且以警世之玩忽者。量增其禄，俾得養廉，撫按藩臬，務須優待問答，免行跪禮。講書必令預坐，且以此意戒飭提學官，使為之倡。其歲貢除遵照近例，嚴加考選外，仍復舊規，府學一年貢二人，州學二年三人，縣學一年一人，通令坐監讀書，就於其中選取教職。蓋此輩所以老耄昏塞者，正以貢期闊遠，歲月磨礱，漸至衰頽耳。今為此則非惟淹滯不振者得觀光太學，而年力尚壯者亦得及時效用，此法果行所振拔者多矣。

其三，各王府長史、紀善、教授等官，舊皆以儒碩充選，若楊士奇、周忱，由此致大用，自餘名臣尚多。今則例用闒冗不材者，終身不遷，有同廢錮，以故宗室中屢有放恣違法者，由輔導官非人且權輕故也。臣請自今遇缺，皆選有學行者為之，秩滿一體升遷。夫民家有子弟，猶為求良師，況在皇族，可不擇人輔翼。矧年勞敍進，仕者之常，豈有終始一官之理。斯人之觖望不足惜，而見朝廷有厭薄宗室之意，豈所以厚本支而勸親親哉。

其四，邊方州郡，若雲貴川廣，地雜蠻夷，易動難安，長吏之選，視內地猶當加慎。今有願就遠方之例，其人大抵日暮途窮，苟圖利禄耳，在上者曷為狥其欲。又凡外官考察，才力不及，俱調遠省，是薄其民，而使不肖者治之也。若曰欲懲戒其人，使知策勵，則貶秩可矣，何必遠方。此等去處，不幸而有梗化者，興師轉餉，所費不貲，孰若精擇良吏，以土俗稍宜者為之，厚其俸給，優加遷擢，使撫字之為愈乎。

其五，鹽法馬政，國之重事，非廉幹强力者，無以任之。今行太僕苑馬寺鹽運司等官，銓曹甚輕其選，而士大夫尤不樂為，其為之而能自振拔者，蓋無幾人。頃朝廷方議通鹽法，修馬政，然不擇其人而徒變其法，猶無益也。天下事孰非臣子所當為，選華擇要，厭憚繁劇，乃不忠之大者，此風豈可長哉。凡此數端，皆積年宿弊，最為害事者，乞敕吏部盡行改革，一洗偏狹固滯之習，以施鼓舞振作之權，不過數年，其效將必卓然有可觀者也。

又 卷三一〇《陳以勤〈披哀獻議少裨聖政疏〉》 一、廣用人。臣惟國家以科貢兩途選舉賢才，搜羅之法，最為詳密，然執此而曰盡天下之人則未也。蓋今之所取，第一文學高等進者耳。若夫豪傑之士，拘于文而不能自達者，豈盡無哉。嘗考漢制，既以孝廉、賢良、茂材、明經取士，而六郡良家子多用材力為官，又嘗下詔求跅弛非常之士。唐宋自製策進士外，又許大臣辟召，與諸色人等薦舉，意天下人才甚多，文章經術之事，不足以籠絡豪傑，故博求而引用之，如此亟也。夫賢士大夫，守道執義，習先聖之術，明當世之務，進則為王國之楨，退則有老死牖下而已。豪傑之士則不然，其中固有椎魯少文，雅負幹局者，膽畧絶世，力敵千人者；有諳曉兵事，知韜畧鈐束者；有論辯縱横，可使絶域者；此等之人，何代不有，朝廷能用之，亦肯盡心出力，自見其所長。不用之，則或托迹於畎畝，屠酤、商賈、醫卜之間，有所蓄焉而思動，自古大臣為國長慮者，當平居時常欲加意收拾之，使其抑心下氣，顧藉而不敢發大難之端，脫或忽畧不圖，即不幸一旦有事，輒圜視乘釁而起，横戈一呼，羣然嘯聚，其流毒潰裂四出，非日月可掃除者。先臣丘濬所云：在中國則為盜賊主謀，在外境則為夷狄効力。大率皆此輩為之也。當今之時，前所謂豪傑，往往而有，山之東西，河之南北，及關中徐沛之間尤甚，御之不得其道，則姦雄多自出此。見今頗有椎埋鼓鑄，武斷鄉曲，招納亡命，蔑視州縣，如古大俠郭解、劇孟之流，且其自以仕進無階，居嘗怏怏，如鷹隼騠駃，不能忘飛揚奔騖也。夫當治平之世，而其萌芽已漸露矣，加以四方凶旱，民愁無聊，或至弄兵假符，此輩相率攘臂其間，左提而右挈之，則貽禍必非小小，于此而欲為之計，其猶有及乎。臣愚切思，此輩其心亦頗效用當世，特不能由文墨以進，又懼上官為約束苦之，故寧死溝壑而不忍就。方今疆埸繹騷，爪牙缺乏之際，何惜升斗之禄，不籠取而用之。請令各撫按官多方採訪，果有知邊情、善騎射及膂力技能絶人，可以應明詔，塞厚望者，録名以聞，多者舉十數人，少者五六人，務在摭實，不得徒任耳目，苟應文具。該部又於其中核實用之，如試有顯效，則舉主隨加禄秩，以酬獎之。其或繆濫僨事，舉主依律科罪，以示懲戒。行之數年，則梟俊勍敵之士，輻輳而出於此途，將來必有能為朝廷立功名，攘夷狄者，是國家于科貢兩途外，又有得人之利，即萬一有豪猾狂逞之形，亦藉此可以潛消而預製之，是亦司國論者所宜慮及也。伏乞聖裁。

清·嵇璜等《續通典》卷二二《選舉六·雜議論下》 明太祖詔舉孝弟力田之士，又令府州縣正官以禮遣孝廉之士至京，往往待以不次。其後遇國家覃恩，海内輒以詔書從事，有司以孝行上禮部請旌者，歲不下數十人。又資格洊重甲科，縣令往往以卓異被徵梯取臺省，遂為成例。終明之世，以科目取士，以資格用人，而其弊亦相因而起。

清·賀長齡等《清經世文編》卷一三《陸世儀〈論用人〉》 人才極難得也，善用人者必審定其才之所宜，授之以職，而終身任之，務使竭盡其材。以唐虞之際，而致治止於五人，此人才之難得也。以五臣之聖而各專一事，此才之各有所宜也。且各專一事而至於終身不易，此任之而竭盡其才也。今治不及唐虞，而三歲試士，多至四百，則人才何其多。聖不及五臣，而吏户兵刑無所不堪，則才何其大。歷官如傳舍，旦至暮去，而動輒奏績，又何其才之易竭也。噫！

近行薦舉，最是良法，然有三弊：一曰行之太拘。蓋薦舉之法，所以通科目之窮，破資格之弊也。今必曰某官得薦，某官不得薦，某官薦得任某職，某官薦不得任某職，是仍重科目，仍拘資格也。一曰任之無法。蓋善惡有類，邪正有黨，君子所薦，大抵多君子，小人所薦，大抵多小人，今不立法詳試而概任之，且宜兵而工，宜禮而刑，用違其才者，又不可勝計也，即有真才，亦烏能效用乎。一曰繩之太急。連坐之法，所以待小人，非所以待君子，故同是人也，或始終變節，或窮達易操，當其舉之，未可謂非也，舉之而受舉者變節易操，則非舉之者之罪也，而烏得一概論也。且仕途傾險，詭譎百出，或叢忌舉主，而陰中傷所舉之人。或傾排所舉之人，而并累及乎舉主。種種株連，為害不可勝道，則雖有賢士在下，舉主亦安能不顧身家，不惜禄位，奮然以舉之乎。無怪乎勉强塞責，而以柔滑善媚之徒，虚應故事也。

觀篩米得取人之法焉，雖疏節濶目，不無遺珠之歎，然往往拔十得五。又觀匠人得教人與器使之道焉，材之大小枉直不一，而規矩繩墨之法無不一，故能使之咸就條理。至於奇瑰之材，不可拘以繩墨者，則又隨材而器使之，故天下無不可用之才，而亦無不可成之事。今之時教法廢矣，而器使之道，則又棄而不講，使細者為梁，短者為柱，大者為椽，長者為節，乃謂天下無材，謂天下之事必不可成，豈不冤哉。然則如之何，曰寬收而嚴試，久任而超遷，用人之要，無以外此矣。

又 《孫廷銓〈用人四事疏〉》 一曰養廉恥。古者刑不上大夫，言大夫為士民之表帥，必素有以養其廉恥之心，而後可以漸化導及下也。近見內外滿漢各官，一挂吏議，拏送刑部者，其罪之有無，尚未經詳明，即加刑訊。雖曰所為不善，刑辱其所自取，亦何足惜，然于養廉恥之道，似有未符。臣等竊以為除謀反叛逆等項大罪，即行拏問，審真正法外，其餘別項情罪，不若先行詳覈明白，果係情真，方行擬罪。蓋人至貪私壞法，良心已滅，及見皇上仍加之以禮貌，而不欲遂使同于庶人，則感激之心，必生其愧悔之念。如此則于法既無虧，而又以廉恥之道勵士大夫，庶風化紀綱，兩有裨益，其關於皇上道德齊禮之初心，非淺鮮矣。

一曰寬考成。有司牧民之官也，上關國計，下保民生，最為緊要。自錢糧考成，頭緒繁雜，以致降級革職者，一歲不可勝紀，人材摧殘，催科酷烈，為吏者止以考成為慮，安問百姓之賣兒鬻女耶。亢旱災疫，鮮不由此。臣等以為錢糧係軍國要務，催征自不容緩，但四部銀米物料款項不一，每件定為十分考成，則處分頭緒太多，顧此失彼，終日救過不暇。今莫若將考成則例，敕下户部，再詳加考訂，酌量寬減，上不至于虧國課，下亦不至于詘人才，加惠百姓，仰答天和，其于吏治亦有裨益矣。

一曰慎名器。查總督、巡撫皆職司封疆，責任重大，自非蕩平寇盜，綏輯兵民，餘俱不足以言功。近如捐助、賑濟、完漕等事，應加級者，皆得加銜。如加侍郎、尚書、宮保銜者，固朝廷優示鼓勵之意，但爵賞原以待有功，而宮保尤以畀有德。夫以重臣如督撫，而止就區區微勞，驟膺卿貳宮保之職，當其任者，莫不圖小功以邀大位，復誰肯竭智畢忠于封守之大計乎？如有封疆大功，又將何以加之耶。今後總督、巡撫，除軍功考滿應行加銜之外，餘如捐助等項，止應酌量紀録，其加級加銜，應一概停止，庶名器不濫，而重臣益自奮庸矣。

一曰儲人才。古語曰：十年樹木，百年樹人。言儲才當豫也。今滿洲子弟，俊秀者正不乏人，科甲既停，學問益寡，殊為可惜。稽之漢代，期門羽林之士，皆誦孝經，誠以經學為人才之本，教化之原也。目今從龍之彦，固自多人，深恐後學不繼，致令有乏才之歎。今查國學內，每佐領下止有一人肄業，似屬太少。今酌量每佐領下再各添一人，共作二人，更選老成敦大通治體明經術之臣，以為之師，務得曉暢大義，以備國家之用，數年以後，將見人才濟濟，而文武之選，皆得其人矣。

又 卷一九《御史田六善〈奬勸清吏疏〉》 臣惟清濁者人品之分途，勸懲者朝廷之大法，是懲猶繼乎勸而為言者也。今日貪風日甚，處極重難返之勢，不得不嚴懲以儆。然懲之雖嚴，其弊日巧密，廉恥漸至於不可問。惟懲與勸並行，則今日雖不能必人之自為勸，而行之既久，人將見清吏之可為，黽勉自持，亦可不懲而自勸，於以上登至治不難也。今州縣未嘗無勸矣，緝拏逃人則有勸，輸銀輸粟以及開荒完糧則有勸，夫民之安危，原係乎吏之清與不清，而所以勸清吏之法，未嘗議及也。督撫亦未嘗無勸矣，州縣能拏逃人則彼有勸，州縣能開荒以及完糧等事則彼有勸，夫吏之清與不清，原視乎督撫之公與不公，而所以勸督撫之法未嘗議及也。且緝逃開荒等勸，是賞能也；輸銀輸粟等勸，是賞富也；何如得一清吏之為有益乎。且州縣有功，督撫皆積累以為己功，為其能督率也，何如能使吏無不清之為有益乎。夫督撫之不得薦舉，不過謂其有虛文，無實用，然參易而薦難。此後督撫將每歲參數人以塞責，至于吏之清不清，則亦漠然視之而已矣。伏祈敕下督撫，不得效平常薦舉習套，止查地方歷年所得清吏，果有幾人，一一開報，祈皇上記名左右，以憑優擢，并祈敕下該部，或一年，或二年，類查各督撫地方，有清吏五人者如何褒嘉，有清吏十人者如何優異，無清吏一人者如何處分，庶人人自奮，治道可興。然行此有五便，議此有三難，不可不講也。何謂五便：清吏勸，則飲冰茹蘗之人，謂人雖榮華，己雖冷落，而公道尚存，聲名尚美，則持守之志益堅，一便也。清吏勸，則不在清吏之數者，謂己即有緝逃輸賑等功，操守尚未見信，白簡可畏矣，誰敢不力自濯磨，二便也。清吏勸，則皇上憂吏治之日壞，求其人而不得者，今後可以知某省尚有清吏幾人，以驗吏治之修廢，三便也。清吏勸，使天下曉然知國家之勸有能者如彼，勸有德者如此，風俗可丕變，四便也。至勸清吏兼勸督撫，則督撫向日謂清吏之無益於己，摧殘訶斥，令廉介之士隳心者，今見清吏之萬不可無，則必卵而翼之，親而愛之矣，五便也。何謂三難：議者必謂一勸清吏，則其餘之不清可知也，無以處乎不在清吏之數者，一難也。夫今天下果皆清吏乎？與其不勸而涇渭不分，何若勸之而使有清名者知勉，無清名者知戒乎，議者必謂一勸清吏，恐督撫依舊受賄徇私，二難也。夫不有巡方之互察乎，巡方之在地方，雖不如督撫之久，然以察督撫所薦之虚實則甚易，不公不明，為法已嚴，督撫亦何肯以一己之功名，為他人之地步乎，議者必謂一勸清吏，恐錢糧等事，未必能無罣礙，三難也。夫周官六計弊吏，總貫之以廉，平常加級紀録，皆可抵算罰降，豈一塵不染之吏，為皇上愛養斯民，獨不可加級紀録，并受殊恩乎。苟行者力致其五便，議者不惑其三難，將見廉恥可興，名節可振，循良之風，不讓前古矣。臣工幸甚，天下幸甚。

培養制度分部

綜述

《元史》卷八一《選舉志一》 世祖至元八年春正月，始下詔立京師蒙古國子學，教習諸生，於隨朝蒙古、漢人百官及怯薛歹官員，選子弟俊秀者入學，然未有員數。以《通鑑節要》用蒙古語言譯寫教之，俟生員習學成效，出題試問，觀其所對精通者，量授官職。成宗大德十年春二月，增生員廩膳，通前三十員為六十員。武宗至大二年，定伴讀員四十人，以在籍上名生員學問優長者補之。仁宗延祐二年冬十月，以所設生員百人，蒙古五十人，色目二十人，漢人三十人，而百官子弟之就學者，常不下二三百人，宜增其廩餼，乃減去庶民子弟一百一十四員，聽陪堂學業，於見供生員一百名外，量增五十名。元置蒙古二十人，漢人三十人，其生員紙劄筆墨止給三十人，歲凡二次給之。

至元六年秋七月，置諸路蒙古字學。十二月，中書省定學制頒行之，命諸路府官子弟入學，上路二人，下路二人，府一人，州一人。餘民間子弟，上路三十人，下路二十五人。願充生徒者，與免一身雜役。以譯寫《通鑑節要》頒行各路，俾肄習之。至成宗大德五年冬十月，又定生員，散府二十人，上、中州十五人，下州十人。元貞元年，命有司割地，給諸路蒙古學生員餼廩。其學官，至元十九年，定擬路府州設教授，以國字在諸字之右，府州教授一任，准從八品，再歷路教授一任，准正八品，任回本等遷轉。大德四年，添設學正一員，上自國學，下及州縣，舉生員高等，從翰林考試，凡學官譯史，取以充焉。【略】

世祖中統二年夏五月，太醫院使王猷言：『醫學久廢，後進無所師授。竊恐朝廷一時取人，學非其傳，為害甚大。』乃遣副使王安仁授以金牌，往諸路設立醫學。其生員擬免本身檢醫差占等役，俟其學有所成，每月試以疑難，視其所對優劣，量加勸懲。後又定醫學之制，設諸路提舉綱維之。凡宮壼所需，省臺所用，轉入常調，可任親民，其從太醫院自遷轉者，不得視此例，又以示仕途不可以雜進也。然太醫院官既受宣命，皆同文武正官五品以上遷敍，餘以舊品職遞升，子孫廕用同正班敍。其掌藥，充都監直長，充御藥院副使，升至大使，考滿依舊例於流官銓注。諸教授皆從太醫院定擬，而各路主善亦擬同教授皆從九品。凡隨朝太醫，及醫官子弟，及路府州縣學官，並須試驗。其各處名醫所述醫經文字，悉從考校。其諸藥所產性味真偽，悉從辨驗。其隨路學校，每歲出降十三科疑難題目，具呈太醫院，發下諸路醫學，令生員依式習課醫義，年終置簿解納送本司，以定其優劣焉。

世祖至元二十八年夏六月，始置諸路陰陽學。其在腹裏、江南，若有通曉陰陽之人，各路官司詳加取勘，依儒學、醫學之例，每路設教授以訓誨之。其有術數精通者，每歲録呈省府，赴都試驗，果有異能，則於司天臺內許令近侍。延祐初，令陰陽人依儒、醫例，於路府州設教授一員，凡陰陽人皆管轄之，而上屬於太史焉。

明・申時行等［萬曆］《明會典》卷七八《學校儒學》 國初，兩京及中都，俱設國子監。天下府州縣，俱設儒學。其後裁中都國子監。而各都司衛所，亦有設學者。

又 《社學》 洪武八年詔：有司立社學，延師儒，以教民間子弟。十六年詔：民間立社學，有司不得干預，其經斷有過之人，不許為師。二十年令：民間子弟讀御製大誥。又令：為師者，率其徒能誦大誥者赴京，禮部較其所誦多寡，次第給賞。又令兼讀律令。正統元年令：各處提學官及司府州縣官，嚴督社學，不許廢弛。其有俊秀向學者，許補儒學生員。成化元年令：民間子弟願入社學者聽，其貧乏不願者勿强。弘治十七年令：各府州縣建立社學，訪保明師，民間幼童年十五以下者，送入讀書，講習冠婚喪祭之禮。

又 卷一五六《武學》 國朝自正統以來，承平日久，天下軍衛子弟多習儒業，其勳戚子孫襲爵者，習禮肄業於國子監，被選尚主者，用儀制主事一人教習。至各衛幼官，暨子弟未襲職者，在兩京並建武學，設教授訓導，品秩俸廩，如京府儒學之制。初以御史提督，後專設本司主事一員提督，嚴立教條，以儲養備用，有志科目者，亦許應試。其在邊徼，亦莫不建學設官。

《明史》卷六九《選舉志一》 科舉必由學校，而學校起家可不由科舉。學校有二：曰國學，曰府、州、縣學。府、州、縣學諸生入國學者，乃可得官，不入者不能得也。入國學者，通謂之監生。舉人曰舉監，生員曰貢監，品官子弟曰廕監，捐貲曰例監。同一貢監也，有歲貢，有選貢，有恩貢，有納貢。同一廕監也，有官生，有恩生。

國子學之設自明初乙巳始。洪武元年令品官子弟及民俊秀通文義者，並充學生。選國琦、王璞等十餘人，侍太子讀書禁中。入對謹身殿，姿狀明秀，應對詳雅。太祖喜，因厚賜之。天下既定，詔擇府、州、縣學諸生入國子學。又擇年少舉人趙惟一等及貢生董昶等入學讀書，賜以衣帳，命於諸司先習吏事，謂之歷事監生。取其中尤英敏者李擴等入文華、武英堂說書，謂之小秀才。其才學優贍、聰明俊偉之士，使之博極羣書，講明道德經濟之學，以期大用，謂之老秀才。【略】

監生歷事，始於洪武五年。建文時，定考覈法上、中、下三等。上等選用，中、下等仍歷一年再考。上等者依上等用，中等者不拘品級，隨才任用，下等者回監讀書。永樂五年選監生三十八人隸翰林院，習四夷譯書。九年辛卯，鐘英等五人成進士，俱改庶吉士。壬辰、乙未以後，譯書中會試者甚多，皆改庶吉士，以為常。歷事生成名，其蒙恩遇如此。仁宗初政，中軍都督府奏監生七人吏事勤慎，請注選授官。帝不許，仍令入學，由科舉以進。他歷事者，多不願還監。於是通政司引奏，六科辦事監生二十人滿日，例應還監，仍願就科辦事。帝復召二十人者，諭令進學。蓋是時，六科給事中多缺，諸生覬得之。帝察知其意，故不授官也。宣宗以教官多缺，選用監生三百八十人，而程富等以都御史顧佐之薦，使於各道歷政三月，選擇任之，所謂試御史也。

監生撥歷，初以入監年月為先後，丁憂、省祭，有在家延留七八年者，比至入監，即得取撥。陳敬宗、李時勉先後題請，一以坐監年月為淺深。其後又以存省、京儲、依親、就學、在家年月，亦作坐堂之數。其患病及他事故，始以虛曠論。諸生互爭年月資次，各援科條。成化五年，祭酒陳鑑以兩詞具聞，乞敕禮部酌中定制，為禮科所駁。鑑復奏，互爭之。乃下部覆議，請一一精核，仍計地理遠近、水程日月以為準。然文移往來，紛錯繁揉，上下伸縮，弊端甚多，卒不能畫一也。

初令監生由廣業升率性，始得積分出身。天順以前，在監十餘年，然後撥歷諸司，歷事三月，仍留一年，送吏部銓選。其兵部清黃及隨御史出巡者，則以三年為率。其後，以監生積滯者多，頻減撥歷歲月以疏通之。每歲揀選，優者輒與撥歷，有未及一年者。

弘治八年，監生在監者少，而吏部聽選至萬餘人，有十餘年不得官者。祭酒林瀚以坐班人少，不敷撥歷，請開科貢。禮部尚書倪岳覆奏，科舉已有定額，不可再增，惟請增歲貢人數，而定諸司歷事，必須日月滿後，方與更替，使諸生坐監稍久，選人亦無壅滯。及至嘉靖十年，監生在監者不及四百人，諸司歷事歲額以千計。禮部尚書李時引岳前議言：『岳權宜二法，一增歲額以足坐班生徒，一議差歷以久坐班歲月。於是府、州、縣學以一歲二貢、二歲三貢、一歲一貢為差，行之四歲而止。其諸司歷事，三月考勤之後，仍歷一年，其餘寫本一年，清黃、寫誥、清軍、清匠三年，以至出巡等項，俱如舊例日月。今國學缺人，視弘治間更甚，請將前件事例，參酌舉行。』並從之，獨不增貢額。未幾，復以祭酒許誥、提學御史胡時善之請，詔增貢額，如岳、時前議。隆、萬以後，學校積馳，一切循故事而已。崇禎二年，從司業倪嘉善言，復行積分法。八年，從祭酒倪元璐言，以貢選為正流，援納為閏流。貢選不限撥期，以積分歲滿為率，援納則依原定撥歷為率。而歷事不分正雜，惟以考定等第為歷期多寡。諸司教之政事，勿與猥雜差遣。滿日，校其勤惰，開報吏部。不率者，回監教習。時監規頹廢已久，不能振作也。

凡監生歷事，吏部四十一名，户部五十三名，禮部十三名，大理寺二十八名，通政司五名，行人司四名，五軍都督府五十名，謂之正歷。三月上選，滿日增減不定。又有諸司寫本，户部十名，禮部十八名，兵部二十名，刑部十四名，工部八名，都察院十四名，大理寺、通政司俱四名，隨御史出巡四十二名，謂之雜歷。一年滿日上選。又有諸色辦事，清黄一百名，寫誥四十名，續黄五十名，清軍四十名，天財庫十名，初以三年謂之長差，後改一年上選；承運庫十五名，司禮監十六名，尚寶司六名，六科四十名，初作短差，後亦定一年上選。又有隨御史刷卷一百七十八名，工部清匠六十名，俱事完日上選。又有禮部寫民情條例七十二名，光禄寺刷卷四名，修齋八名，參表二十名，報訃二十名，齎俸十二名，錦衣衛四名，兵部查馬册三十名，工部大木廠二十名，後府磨算十名，御馬監四名，天財庫四名，正陽門四名，崇文、宣武、朝陽、東直俱三名，阜城、西直、安定、德勝俱二名，以半年滿日回監。

郡縣之學，與太學相維，創立自唐始。宋置諸路州學官，元頗因之，其法皆未具。迄明，天下府、州、縣、衞所，皆建儒學，教官四千二百餘員，弟子無算，教養之法備矣。

洪武二年，太祖初建國學，諭中書省臣曰：『學校之教，至元其弊極矣。上下之間，波頽風靡，學校雖設，名存實亡。兵變以來，人習戰爭，惟知干戈，莫識俎豆。朕惟治國以教化為先，教化以學校為本。京師雖有太學，而天下學校未興。宜令郡縣皆立學校，延師儒，授生徒，講論聖道，使人日漸月化，以復先王之舊。』於是大建學校，府設教授，州設學正，縣設教諭，各一。俱設訓導，府四，州三，縣二。生員之數，府學四十人，州、縣以次減十。師生月廩食米，人六斗，有司給以魚肉。學官月俸有差。生員專治一經，以禮、樂、射、御、書、數設科分教，務求實才，頑不率者黜之。十五年頒學規於國子監，又頒禁例十二條於天下，鐫立臥碑，置明倫堂之左。其不遵者，以違制論。蓋無地而不設之學，無人而不納之教。庠聲序音，重規疊矩，無間於下邑荒徼，山陬海涯。此明代學校之盛，唐、宋以來所不及也。【略】

自儒學外，又有宗學、社學、武學。宗學之設，世子、長子、衆子、將軍、中尉年未弱冠者俱與焉。其師，于王府長史、紀善、伴讀、教授等官擇學行優長者除授。萬曆中，定宗室子十歲以上，俱入宗學。若宗子衆多，分置數師，或於宗室中推舉一人為宗正，領其事。令學生誦習《皇明祖訓》、《孝順事實》、《為善陰騭》諸書，而四書、五經、《通鑑》、性理亦相兼誦讀。尋復增宗副二人。子弟入學者，每歲就提學官考試，衣冠一如生員。已復令一體鄉試，許得中式。其後宗學浸多，頗有致身兩榜、起家翰林者。

社學，自洪武八年，延師以教民間子弟，兼讀《御製大誥》及本朝律令。正統時，許補儒學生員。弘治十七年令各府、州、縣建立社學，選擇明師，民間幼童十五以下者送入讀書，講習冠、婚、喪、祭之禮。然其法久廢，浸不舉行。

武學之設，自洪武時置大寧等衞儒學，教武官子弟。正統中，成國公朱勇奏選驍勇都指揮等官五十一員，熟嫻騎射幼官一百員，始命兩京建武學以訓誨之。尋命都司、衞所應襲子弟年十歲以上者，提學官選送武學讀書，無武學者送衞學或附近儒學。成化中，敕所司歲終考試入學武生。十年以上學無可取者，追廩還官，送營操練。弘治中，從兵部尚書馬文升言，刊《武經七書》分散兩京武學及應襲舍人。嘉靖中，移京城東武學於皇城西隅廢寺，俾大小武官子弟及勳爵新襲者，肄業其中，用文武重臣教習。萬曆中，兵部言，武庫司專設主事一員管理武學，近者裁去，請復專設。教官升堂，都指揮執弟子禮，請遵《會典》例，立為程式。詔皆如議。崇禎十年，令天下府、州、縣學皆設武學生員，提學官一體考取。已又申《會典》事例，簿記功能，有不次擢用、黜退、送操、獎罰、激厲之法。時事方棘，無所益也。

清・乾隆敕撰《清文獻通考》卷六三《學校考・宗学》 我朝龍興東海，人文蔚起，屬在天潢，莫不稟資卓犖，應運而生。當國學未興之日，諸貝勒子弟即奉讀書習學之諭。迨天下一統，禮教修明，順治二年即建立宗學，設教習等官，司其董戒，厚其廩餼，嚴其懲勸，使宗室子弟咸涵泳於禮義道德之途，講明於倫紀綱常之大服，習於書射繙譯之業，練習乎文事武功之備，列祖列宗厚加培養，時申誥誡。我皇上篤念宗支，恩施疊沛，以教以養，一監先皇之成憲，猶慮其玩時愒日，或忘本而騖末也，定三年考驗之條，停鄉會應試之例，以期其勿襲浮華，崇尚醇厚。是以玉牒天親，咸勤敦行，天下後世，有以知帝室皇家所為立教以成其忠孝賢良之德者，實有合乎古昔大學之教，非若唐宋以來之宗學，僅與佔畢儒生鰓鰓尋章句以弋取功名已也。

又　卷六四《旗學》　我朝龍興東土，以武事開基，其時佐命功勳，英賢俊傑，自宗室懿親外，八旗滿洲類皆應運篤生，初不盡讀儒書，而恭敬樸誠之性，忠義勇敢之氣，奇傑卓犖之才，翼聖効命以建非常之績，古之名臣儒將有不逮焉。迨入關大定，釋甲弓，從龍子弟日以繁昌，後乃稍趨於文矣。然文皇帝初令讀書，惟以講明義理，忠君親上為訓，不廢武事也。開國時，始勅八旗子弟入監讀書，設立官學，考録通文義者，附入順天府學，與漢人同應鄉會試，而國書國語，步射馬射，輒令兼習，其有偏尚文學，怠於習武者，必奉旨嚴飭焉。列祖愛養裁成，至周且渥矣。世宗憲皇帝，以旗下生童多出勳閥，而肄業又兼騎射制義，順天司鐸者往往不能董率，特詔立滿洲儒學，集八旗科目出身者試於廷，而充其任月課文於貢院，較射於太學，於是學者咸知文武並重，而握槧操觚之士，悉抱彎弓躍馬之能，而有成德達材之用。蓋我朝家法，先實行而後文藝，以植綱扶倫為本，以經方致用為要，以弧矢之利威天下，不汲汲於敷華馳藻，而文運彌隆，以故淳龐茂美之化，蘊蓄累積，迄於今而彌盛也。

又　卷六五《太學》　自世祖定鼎以來，即修葺國子監為太學，設立文廟講堂廳廨，萃八旗子弟與直省貢監生，肄業其中，而以祭酒、司業董其成，助教、學正督其課，官司大備，條教周詳。嗣是列聖繼承，頒書賜敕，敦勉師儒，恩綸疊沛，既厚其歲需，復廣其學舍，士子誦讀有資，講習有業矣。

又　卷六九《直省鄉黨之學》　我朝文命覃敷，崇尚儒術，海內喁喁向風，説禮樂而敦詩書，士有言不衷於理，而行不軌於正者，則鄉里非之，何者？列聖之教澤，有以深入乎人心，而庠序之教化，有以表率乎民俗也。今國家德政化成百有餘歲矣，土宇版章，日以增闢，山陬海澨，蠻土瘴鄉，悉建之師儒，而沐以禮義，加之聖天子揆文奮武，拓地二萬餘里，遠極無雷日入之鄉，未習聲名文物之化者，皆舉踵逖聽，各效其尊親之戴，而食黮懷音，豈非明倫修教之方，即一道同風之具，而為中外所會歸乎。

清・昆岡等［光緒］《清會典事例》卷三六六《禮部・學校・學校設官》　順治初，各省以次戡定，設提督順天學政一員，提督江南江寧等處學政一員，蘇松等處學政一員。河南、山東、山西、浙江、陝西、江西、湖南、湖北、福建、四川、廣東、廣西、貴州、雲南，設按察司僉事提調學政各一員，又設宣、大二鎮提調學政一員，改江寧國子監為江寧府學，設教授、訓導、各一員。

又定：遼東十五學寄設直隸永平府，於都司學設教官一員，兼管自在、瀋陽、鐵嶺、開原四學。于寧遠學設教官一員，兼管前屯、錦州、義州、右屯四學。于廣寧學設教官一員，兼管永寧、海城、蓋平、定遼、右衛五學。其復州、金州二衛學，附入山東萊州府，置教官二員。

又　卷三九三《宗學》　左翼，滿洲教習三人，漢教習二人。右翼，滿洲教習三人，漢教習二人。缺出，由宗人府報部。

又　《覺羅學》　八旗滿洲教習二人，漢教習二人。惟鑲白旗滿漢教習各一人，共三十名。缺出，由宗人府報部。

又　《咸安宮學》　滿洲教習六人，漢教習九人。缺出，由官學報部。

又　《景山學》　漢教習十二人。缺出，由內務府報部。

又　卷三九四《八旗官學》　每旗滿洲教習一人，漢教習四人。缺出，由國子監報部。

又　《東陵官學》　嘉慶二十三年諭：永琦等奏懇恩添設內務府官學一摺。東陵八旗官學，設自乾隆年間，遵行已久。內務府官役子弟，生齒日繁，添設官學，亦足以資教育。加恩著照所請，准其于景陵、福陵兩處內務府官圈之內，各設官學一所，即于內務府人員內，遴選通曉滿漢文義，諳習騎射者，派充教習，每月給予薪水紙筆銀三兩，在於永濟庫存貯項下動支報銷。此外各圈居住之官役子弟，令其就近歸學訓習，該管大臣等隨時稽查，分別勸懲以收實效。

又　《健鋭營學》　滿洲教習八人。缺出，由健鋭營報部。

又《外火器營學》 嘉慶二十一年奏准：外火器營官學教習額設四名，分訓左右兩翼子弟，由部考取，按名送補，三年期滿，著有成效，由該處出具考語，諮送吏部議敘，俱照健鋭營教習例辦理。

又《圓明園學》 雍正六年奏准：圓明園護軍營鑲黄、正黄、正白、鑲白四旗，于適中之地，共立學舍一，設教習二人。正紅、鑲紅二旗，共立學舍一，設教習一人。正藍、鑲藍二旗，暨內務府護軍營，各立學舍一，各設教習一人。均于八旗文生員內諮取選補。後定兼由文進士、舉人、貢生、繙譯進士、舉人、生員、筆帖式、中書及廢員考取，月給銀二兩，歲給米四十二斛二斗。如期滿教導有方，生徒內有考取録用者，列為一等，諮部以筆帖式即用。其僅能教導約束生徒者，列為二等，諮回該旗。怠惰者褫革。

又《八旗義學》 雍正七年議准：滿洲蒙古，每參領下各設學舍一所，十二歲以上幼丁，均准入學，習清文國語，蒙古學生並習蒙古語。于前鋒護軍領催驍騎內，擇其人老成，通曉清文者二人，充補教習。每參領下委官一人，或驍騎校一人，教導倫理，演習騎射。該旗都統、參領等，仍不時稽查，每年考試一次。其教導有成者，如係官員，給予紀録。係兵丁註册，遇應升處列名。

又《世職官學》 乾隆十七年議准：八旗未及歲之世爵，食半俸者，原有移送官學讀書之例，而就學者甚少。現在未及歲之世爵一百七十人，請於八旗兩翼，各設官學二所，交工部將米局官房作速修理。簡命一二品大臣，專管教訓，設教習國語及騎射之人。學內所用薪炭等物，統交管學大臣查例具奏。凡八旗世爵內十歲以上，均送官學教習國語騎射，三年期滿，管學大臣請簡王公大臣考試已及歲世爵之國語騎射，分別等第奏聞。列為一等者引見，或在部行走，或授為侍衛，候旨簡用以示鼓勵。二等者，在該旗印房學習行走。優等者，對品補用。三等者，仍留學教導，照常支給半俸。三年再行考試，儻仍無造就之機，即行革退。將世爵于應襲人員內，別行承襲。

又《禮部義學》 雍正二年議准：八旗於左右兩翼公所，各立學堂二所，設漢書教習各二員，清漢書教習各二員，八旗人內有家貧不能延師者，隨所願讀書，入各學堂，一體肄業。其漢書教習，於吏部諮取守部舉人，于國子監諮取恩拔歲副貢生。其清漢書教習，於八旗諮取舉人恩拔歲副貢生，考選才學優長，清漢精通者充補，照內教習例，給予月錢廩米，三年期滿，諮送吏部。舉人照留京進士教習例，以應補之缺即用。貢生照國子監教習例，以應補之缺補用。其書桌椅凳等項，交工部置辦。儻學習之人，不率教誨，呈報禮部，不許復入學堂。其教習行止不端，亦由禮部察訪參處。

又《盛京官學》 宗學，滿洲教習二人，漢教習二人。覺羅學，滿洲教習二人，漢教習二人。八旗官學，漢軍教習四人。

又《墨爾根城學》 康熙三十四年題准：鎮守黑龍江等處將軍所轄官兵內，有新滿洲、錫伯、索倫、達呼爾等，應於墨爾根地方，兩翼各立學一處，每翼設教官一員，將新滿洲、錫伯、索倫、達呼爾及貢貂皮達呼爾等、每佐領選取俊秀幼童各一名，教習書義。應補教官之人，該將軍選擇才學優長者，將姓名諮送吏部。其教官照例稱為助教，學舍由該將軍撥給。

又《呼蘭官學》 道光十四年議准：黑龍江呼蘭河地方，向未設有官學教授子弟，以致揀選貼寫筆帖式時，或難其人。嗣後准其在現任筆帖式內，擇文理優長，品行端方者，揀選一人，作為教習，照齊齊哈爾等處之例，給予原食錢糧，俟三年期滿，由該城守尉查考所教學生，實有成效，據實出具考語，奏報吏部議敘。

又《綏遠城學》 雍正元年奏准：歸化城土默特兩旗，每旗設立學堂一處，教導兵丁子弟滿洲蒙古繙譯。

又卷三九五《各省書院》 雍正十一年諭：各省學校之外，地方大吏每有設立書院，聚集生徒，講誦肄業者。朕臨御以來，時時以教育人材為念，但稔聞書院之設，實有裨益者少，而浮慕虛名者多，是以未曾敕令各省通行，蓋欲徐徐有待，而後頒降諭旨也。近見各省大吏，漸知崇尚實政，不事沽名邀譽之為，而讀書應舉之人，亦頗能屏去浮囂奔競之習，則建立書院，擇其省文行兼優之士，讀書其中，使之朝夕講誦，整躬勵行，有所成就，俾遠近士子，觀感奮發，亦興賢育才之一道也。督撫駐紮之所，為省會之地，著該督撫商酌舉行，各賜帑金一千兩，將來士子羣聚讀書，豫為籌畫，資其膏火，以垂永遠。其不足者，在於存公銀內支用。

封疆大臣等，並有化導士子之職，各宜殫心奉行，黜浮崇實，以儲國家菁莪棫樸之選。如此則書院之設，有裨益于士習民風而無流弊，乃朕之所厚望也。欽此。遵旨議奏：各省會城書院，直隸曰蓮池，江蘇曰鐘山、曰紫陽，浙江曰敷文，江西曰豫章，湖南曰岳麓、曰城南，湖北曰江漢，福建曰鼇峯，山東曰濼源，山西曰晉陽，河南曰大梁，陝西曰關中，甘肅曰蘭山，廣東曰端溪、曰粵秀，廣西曰秀峯、曰宣城，四川曰錦江，雲南曰五華，貴州曰貴山，皆遵旨賜帑銀一千兩，歲取租息，贍給師生膏火。其廣東端溪、粵秀二書院，各銀一千兩。湖南岳麓、城南二書院及廣西秀峯、宣城二書院，俱各共一千兩。至奉天瀋陽書院，於每學學田租銀內，酌量撥給，作為師生膏火。其餘各省府州縣書院，或紳士出資創立，或地方官撥公經理，俱申報該管官查核。

又 **卷三九六《各省義學》** 順治九年題准：每鄉置社學一區，擇其文義通曉，行誼謹厚者，補充社師，免其差役，量給廩餼養贍。提學案臨日，造姓名册申報查考。十五年題准：土司子弟有向化願學者，令立學一所，行地方官取文理明通者一人，充為教讀，以司訓督，歲給餼銀八兩，膏火銀二十四兩，地方官動正項支給。

選拔制度分部

綜述

《元史》卷八一《選舉志一》 元初，太宗始得中原，輒用耶律楚材言，以科舉選士。世祖既定天下，王鶚獻計，許衡立法，事未果行。至仁宗延祐間，始斟酌舊制而行之，取士以德行為本，試藝以經術為先，士褎然舉首應上所求者，皆彬彬輩出矣。

然當時仕進有多岐，銓衡無定制，其出身於學校者，有國子監學，有蒙古字學、回回國學，有醫學，有陰陽學。其策名於薦舉者，有遺逸，有茂異，有求言，有進書，有童子。其出於宿衛、勳臣之家者，待以不次。其用於宣徽、中政之屬者，重為內官。又廕敘有循常之格，而超擢有選用之科。由直省、侍儀等入官者，亦名清望。以倉庾、賦税任事者，例視冗職。捕盜者以功敘，入粟者以貲進，至工匠皆入班資，而輿隸亦躋流品。諸王、公主，寵以投下，俾之保任。遠夷、外徼，授以長官，俾之世襲。凡若此類，殆所謂吏道雜而多端者歟。矧夫儒有歲貢之名，吏有補用之法。曰掾史、令史，曰書寫、銓寫，曰書吏、典吏，所設之名，未易枚舉，曰省、臺、院、部，曰路、府、州、縣，所入之途，難以指計。雖名卿大夫，亦往往由是躋要官，受顯爵；而刀筆下吏，遂致竊權勢，舞文法矣。

又《科目》 太宗始取中原，中書令耶律楚材請用儒術選士，從之。九年秋八月，下詔命斷事官术忽觪與山西東路課税所長官劉中，歷諸路考試。以論及經義、詞賦分為三科，作三日程，專治一科，能兼者聽，但以不失文義為中選。其中選者，復其賦役，令與各處長官同署公事。得東平楊奐等凡若干人，皆一時名士，而當世或以為非便，事復中止。

世祖至元初年，有旨命丞相史天澤條具當行大事，嘗及科舉，而未果行。四年九月，翰林學士承旨王鶚等，請行選舉法，遠述周制，次及漢、隋、唐取士科目，近舉遼、金選舉用人，與本朝太宗得人之效，以為『貢舉法廢，士無入仕之階，或習刀筆以為吏胥，或執僕役以事官僚，或作技巧販鬻以為工匠商賈。以今論之，惟科舉取士，最為切務，矧先朝故典，尤宜追述。』奏上，帝曰：『此良法也，其行之。』中書左三部與翰林學士議立程式，又請：『依前代立國學，選蒙古人諸職官子孫百人，專命師儒教習經書，俟其藝成，然後試用，庶幾勳舊之家，人材輩出，以備超擢。』十一年十一月，裕宗在東宫時，省臣復啓，謂『去年奉旨行科舉，今將翰林老臣等所議程式以聞』。奉令旨，准蒙古進士科及漢人進士科，參酌時宜，以立制度。事未施行。至二十一年九月，丞相火魯火孫與留夢炎等言，十一月中書省臣奏，皆以為天下習儒者少，而由刀筆吏得官者多。帝曰：『將若之何？』對曰：『惟貢舉取士為便。凡蒙古之士及儒吏、陰陽、醫術，皆令試舉，則用心為學矣。』帝可其奏。繼而許衡亦議學校科舉之法，罷詩賦，重經學，定為新制。事雖未及行，而選舉之制已立。

又《學校》 太宗始定中原，即議建學，設科取士。世祖中統二年，始命置諸路學校官，凡諸生進修者，嚴加訓誨，務使成材，以備選用。至元十九年夏四月，命雲南諸路皆建學以祀先聖。二十三年二月，帝御德興府行宮，詔江南學校舊有學田，復給之以養士。二十八年，令江南諸路學及各縣學內，設立小學，選老成之士教之，或自願招師，或自受家學於父兄者，亦從其便。其他先儒過化之地，名賢經行之所，與好事之家出錢粟贍學者，並立為書院。凡師儒之命於朝廷者，曰教授，府上中州置之。命於禮部及行省及宣慰司者，曰學正、山長、學録、教諭，路州縣及書院置之。路設教授、學正、學録各一員，散府上中州設教授一員，下州設學正一員，縣設教諭一員，書院設山長一員。中原州縣學正、山長、學録、教諭，並受禮部付身。各省所屬州縣學正、山長、學録、教諭，並受行省及宣慰司劄付。凡府州書院，設直學以掌錢穀，從郡守及憲府官試補。直學考滿，又試所業十篇，升為學録、教諭。凡正、長、學録、教諭，或由集賢院及臺憲等官舉充之。諭、録歷兩考，升正、長。正、長一考，升散府上中州教授。上中州教授又歷一考，升路教授。教授之上，各省設提舉二員，正提舉從五品，副提舉從七品，提舉凡學校之事。後改直學考滿為州吏，例以下第舉人充正、長，備榜舉人充諭、録，有薦舉者，亦參用之。自京學及州縣學以及書院，凡生徒之肄業於是者，守令舉薦之，臺憲考覈之，或用為教官，或取為吏屬，往往人材輩出矣。【略】

舉遺逸以求隱迹之士，擢茂異以待非常之人。世祖中統間，徵許衡，授懷孟路教官，詔於懷孟等處選子弟之俊秀者教育之。是年，又詔徵金進士李冶，授翰林學士。徵劉因為集賢學士，不至。又用平章咸寧王野仙薦，徵蕭𣂏不起，即授陝西儒學提舉。至元十八年，詔求前代聖賢之後，儒醫卜筮，通曉天文曆數，并山林隱逸之士。二十年，復召拜劉因右贊善大夫，辭，不允。未幾以親老，乞終養，俸給一無所受。後遣使授命于家，辭疾不起。二十八年，復詔求隱晦之士，俾有司具以名聞。成宗大德六年，徵臨川布衣吳澄，擢應奉翰林文字，拜命即歸。九年，詔求山林間有德行文學、識治道者，遣使徵蕭𣂏，且曰：『或不樂於仕，可試一來，與朕語而遣歸。』至大三年，復召吳澄，拜國子司業，以病還；延祐三年，召拜集賢直學士，以疾不赴；至治三年，召拜翰林學士。武宗、仁宗累徵蕭𣂏，授集賢學士、國子司業，未赴，改集賢侍講學士。又以太子右諭德徵，始至京師，授集賢學士、國子祭酒，諭德如故。仁宗延祐七年十一月，詔曰：『比歲設立科舉，以取人材，尚慮高尚之士，晦迹丘園，無從可致。各處其有隱居行義、才德高邁、深明治道、不求聞達者，所在官司具姓名，牒報本道廉訪司，覆奏察聞，以備録用。』又屢詔求言於下，使得進言於上，雖指斥時政，並無譴責，往往采擇其言，任用其人，列諸庶位，以圖治功。其他著書立言、裨益教化、啓迪後人者，亦斟酌録用，著為常式云。

童子舉，唐、宋始著於科，然亦無常員。成宗大德三年，舉童子楊山童、海童。五年，大都提舉學校所舉安西路張秦山，江浙行省舉張昇甫。武宗至大元年，舉武福安。仁宗延祐三年，江浙行省舉俞傅孫、馮怙哥。六年，河南路舉張答罕，學士完者不花舉丁頑頑。七年，河間縣舉杜山童，大興縣舉陳聃。英宗至治元年，福州路連江縣舉陳元麟。至治三年，河南行省舉張英。泰定四年，福州舉葉留畊。文宗天曆二年，舉杜夙靈。至順二年，制舉答不歹子買來的。皆以其天資穎悟，超出兒輩，或能默誦經文，書寫大字，或能綴緝辭章，講説經史，並令入國子學教育之。惟張秦山尤精篆籀，陳元麟能通性理，葉留畊問以《四書》大義，則對曰：『無過事父母能竭其力，事君能致其身。』時人以遠大期之。

《明史》卷六九《選舉志一》 科舉必由學校，而學校起家可不由科舉。學校有二：曰國學，曰府、州、縣學。府、州、縣學諸生入國學者，乃可得官，不入者不能得也。入國學者，通謂之監生。舉人曰舉監，生員曰貢監，品官子弟曰廕監，捐貲曰例監。同一貢監也，有歲貢，有選貢，有恩貢，有納貢。同一廕監也，有官生，有恩生。

又 卷七〇《選舉志二》 科目者，沿唐、宋之舊，而稍變其試士之法，專取四子書及《易》、《書》、《詩》、《春秋》、《禮記》五經命題試士。蓋太祖與劉基所定。其文略仿宋經義，然代古人語氣為之，體用排偶，謂之八股，通謂之制義。三年大比，以諸生試之直省，曰鄉試。中式者為舉人。次年，以舉人試之京師，曰會試。中式者，天子親策於廷，曰廷試，亦曰殿試。分一、二、三甲以為名第之次。一甲止三人，曰狀元、榜眼、探花，賜進士及第。二甲若干人，賜進士出身。三甲若干人，賜同進士出身。狀元、榜眼、探花之名，制所定也。而士大夫又通以鄉試第一為解元，會試第一為會元，二、三甲第一為傳臚云。子、午、卯、酉年鄉試，辰、戌、丑、未年會試。鄉試以八月，會試以二月，皆初九日為第一場，又三日為第二場，又三日為第三場。【略】

武科，自吳元年定。洪武二十年俞禮部請，立武學，用武舉。武臣子弟於各直省應試。天順八年令天下文武官舉通曉兵法、謀勇出衆者，各省撫、按、三司，直隸巡按御史考試。中式者，兵部同總兵官於帥府試策略，教場試弓馬。答策二道，騎中四矢、步中二矢以上者為中式。騎、步所中半焉者次之。成化十四年從太監汪直請，設武科鄉、會試，悉視文科例。弘治六年定武舉六歲一行，先策略，後弓馬。策不中者不許騎射。十七年改定三年一試，出榜賜宴。正德十四年定，初場試馬上箭，以三十五步為則；二場試步下箭，以八十步為則；三場試策一道。子、午、卯、酉年鄉試。嘉靖初，定制，各省應武舉者，巡按御史於十月考試，兩京武學於兵部選取，俱送兵部。次年四月會試，翰林二員為考試官，給事中、部曹四員為同考。鄉、會場期俱於月之初九、十二、十五。起送考驗，監試張榜，大率仿文闈而減殺之。其後倏罷倏復。又倣文闈南北卷例，分邊方、腹裏。每十名，邊六腹四以為常。萬曆三十八年定會試之額，取中進士以百名為率。其後有奉詔增三十名者，非常制也。

又　卷七一《選舉志三》　吳元年遣起居注吳林、魏觀等以幣帛求遺賢於四方。洪武元年徵天下賢才至京，授以守令。其年冬，又遣文原吉、詹同、魏觀、吳輔、趙壽等分行天下，訪求賢才，各賜白金而遣之。三年諭廷臣曰：『六部總領天下之務，非學問博洽、才德兼美之士，不足以居之。慮有隱居山林，或屈在下僚者，其令有司悉心推訪。』六年復下詔曰：『賢才，國之寶也。古聖王勞於求賢。若高宗之於傳說，文王之於呂尚。彼二君者豈其智不足哉，顧皇皇於版築鼓刀之徒者，蓋賢才不備，不足以為治。鴻鵠之能遠舉者，為其有羽翼也。蛟龍之能騰躍者，為其有鱗鬣也。人君之能致治者，為其有賢人而為之輔也。山林之士德行文藝可稱者，有司采舉，備禮遣送至京，朕將任用之，以圖至治。』是年，遂罷科舉，別令有司察舉賢才，以德行為本，而文藝次之。其目，曰聰明正直，曰賢良方正，曰孝弟力田，曰儒士，曰孝廉，曰秀才，曰人才，曰耆民。皆禮送京師，不次擢用。而各省貢生亦由太學以進。於是罷科舉者十年，至十七年始復行科舉，而薦舉之法並行不廢。

時中外大小臣工皆得推舉，下至倉、庫、司、局諸雜流，亦令舉文學才幹之士。其被薦而至者，又令轉薦。以故山林巖穴、草茅窮居，無不獲自達於上，由布衣而登大僚者不可勝數。耆儒鮑恂、余詮、全思誠、張長年輩年九十餘，徵至京，即命為文華殿大學士。儒士王本、杜斆、趙民望、吳源特置為四輔官兼太子賓客。賢良郭有道，秀才范敏、曾泰，稅户人才鄭沂，儒士趙翥起家為尚書。儒士張子源、張宗德為侍郎。耆儒劉堉，關賢為副都御史。明經張文通、阮仲志為僉都御史。人才赫從道為大理少卿。孝廉李德為府尹。儒士吳顒為祭酒。賢良欒世英、徐景昇、李延中，儒士張璲、王廉為布政使。孝弟李好誠、聶士舉，賢良蔣安素、薛正言、張端，文學宋亮為參政。儒士鄭孔麟、王德常、黃桐生，賢良余應舉、馬衞、許安、范孟宗、何德忠、孫仲賢、王福、王清，聰明張大亨、金思存為參議，凡其顯擢者如此。其以漸而躋貴仕者，又無算也。嘗諭禮部：『經明行修練達時務之士，徵至京師。年六十以上七十以下者，置翰林以備顧問。四十以上六十以下者，於六部及布、按兩司用之。』蓋是時，仕進無他途，故往往多驟貴者。而吏部奏薦舉當除官者，多至三千七百餘人，其少者亦至一千九百餘人。又俾富户耆民皆得進見，奏對稱旨，輒予美官。而會稽僧郭傳，由宋濂薦擢為翰林應奉，此皆可得而考者也。

洎科舉復設，兩途並用，亦未嘗畸重輕。建文、永樂間，薦舉起家猶有內授翰林、外授藩司者。而楊士奇以處士，陳濟以布衣，遽命為《太祖實録》總裁官，其不拘資格又如此。自後科舉日重，薦舉日益輕，能文之士率由場屋進以為榮；有司雖數奉求賢之詔，而人才既衰，第應故事而已。

清·乾隆敕撰《清通典》卷一八《選舉一》　我朝自定鼎之初，鄉會開科，征名遺逸。聖祖仁皇帝，振興文治，培植士林，于常制鄉會之外，特舉博學鴻詞之科，以收奇才異能之士。世宗憲皇帝，循名責實，搜羅羣彥，廣開保舉之門，累頒求賢之詔，舉孝廉方正，舉孝友端方，增設翻譯之科，加惠邊遠之士。我皇上御極之初，親試鴻博，舉察孝行，復詔九卿薦舉經學。迨夫大駕六巡江浙，幸山東，臨天津，凡獻賦屬車之次，皆蒙召試授官，而揀選舉班，疏通淹滯，凡士之操一技以自見者，莫不甄綜無遺。猗歟休哉！多士之沐聖化而被恩榮者，宜何如其報效也。【略】

博學鴻詞一科，在唐極為優選。昌黎韓愈所云：吏部有以博學鴻詞舉者，其名甚美，且得美仕。可以知當日之趨向矣。而劉禹錫、柳宗元諸人皆以進士，復中此科入仕，為時所豐稱。迨宋紹興以後，此科得人亦號極盛，每科不過取三四人，或一人，選擇之慎如此。如洪遵、洪適、周必大，至因之以取宰相執政，其他亦多至侍從。元明以來，此科廢罷已久，惟進士一科孤行，議者所以有偏重之説也。我聖祖仁皇帝，立賢無方，旁招俊乂，猶恐懷奇負異之才，沈淪草澤，爰命內外臣工薦舉宿儒，征詣京師，特予召試，授以館職，而五十人中，如富平李因篤，秀水朱彝尊，吳江潘耒，無錫嚴繩孫，皆以布衣入選，徑授翰林檢討，尤從來所罕見。

又　卷一九《選舉二》　我朝八旗人士，無不以善射著稱，挽强命中之技，所在多有，不僅如漢人應武科者始能射也。至於取士之制，國朝文武並重，其武舉鄉會試，悉視文科例。會試及順天鄉試，則欽派大臣閱箭。各省鄉試，則巡撫主之。既以外場定其優劣，復以策論決其去留，法至善也。

清·昆岡等［光緒］《清會典事例》卷七三《吏部·除授·舉人揀選》　原定：舉人會試下第後，願就選者，考授推官、知縣、通判等官。

又　《舉人大挑》　乾隆二十九年諭：明歲丙戌春闈，各省舉人雲集，當於會榜後，特派大臣分別挑選引見，量其年力才具，及時録用。其有科分已深，非因丁憂事故，自分年老才庸，不願赴京會試者，亦聽其自便。其作何給予職銜，如何挑選録用，及選班中更有如何可以疏通之處，著大學士九卿會同詳議以聞，副朕體恤寒畯，及時登進羣才至意。

又　卷七五《薦舉孝廉方正》　康熙六十一年十一月恩詔：每府州縣衛各舉孝廉方正，暫賜六品頂戴榮身，以備召用。務期採訪真確，毋得濫舉。

又　《徵召山林隱逸》　康熙九年恩詔：地方有才品優長山林隱逸之士，著該督撫具奏，酌予録用。

又　《薦舉優行生員》　雍正四年諭：國家設學校以儲養人才，鄉會廷試，拔其尤者而用之，即古選士造士之遺意也。但士子作文，有一日之長短，縱使主司公明，搜羅豈能無遺，况去取惟憑文藝，其人品之高下，才能之優絀，無由得知。每有出羣拔萃之才，屢試不售，即或晚得一第，而年力衰邁，不堪為國家任使。朕思各省學政，奉命課士，黜劣舉優，係其專責。嗣後學政三年任滿，將生員中實在人品端方，有猷有為有守之士，大省舉四五人，小省二人，送部引見，朕親加考試，酌量擢用。現在報滿各學政，即遵照薦舉。其到任未久者，如有所知，亦即舉出。夫一省而舉數士，不可謂無人。學政巡歷各府，三年之久，日與士子相親，考文察行，不得謂不知，但能虛公衡鑑，所舉必得其人，且風聲所樹，凡讀書士子，必皆鼓舞振興，力學敦行，求為有用之儒，于士習人材，大有裨益。該學政其各實心奉行，毋得苟且塞責。

又　《幕賓議敘》　雍正元年議准：各省幕賓，凡籍隸本省者，概不得聘，如違，交部議處。其督撫幕賓，務令選熟練老成，深信不疑之人，先將姓名履歷，具題造册，報部存案。如果效力年久，勤慎無過者，該督撫保題議敘。原有職銜者，按其應得職銜，即行補用。無職銜者，量給職銜。如有才守出羣者，特疏薦引，從優議敘。

又　《各省書院掌教年滿議敘》　乾隆三十年諭：省會設立書院，所以樂育人材。前經降旨，令督撫等慎選院長，如果教術可觀，六年之後，著有成效，奏請酌量議敘，乃降旨以來，各督撫並未有遵旨具奏者。著將因何不行遵旨辦理之處，查明具奏。嗣後均以六年為滿，秉公考察，分別核辦，庶于勸學程功，均有實濟。著傳諭各該省督撫知之。欽此。遵旨議定：各省省會書院掌教，均以六年為滿，該督撫等秉公考察，如果教術可觀，著有成效，奏請分別議敘。

又　《吏員授職》　康熙三年題准：吏員考職，分為四等，一等以正八品經歷用，二等以正九品主簿用，三等以從九品雜職用，四等以未入流雜職用。

又　卷七六《捐納候選》　原定：各項捐納人員，俱令取具本籍赴選文結到部後，毋庸自行具呈驗照，吏部于二十日查明原捐衙門諮文，具稿註册。其有應行查者，亦于二十日內諮查。俟查覆到日，再行註册。各照捐納日期先後，歸於各班分缺選用，如有與例不符者，即行諮駁，不准註册。至捐納人員，有銓選無期，情願具呈註銷，准其註銷。進士舉人，仍照原科分補用。捐升離任官員，仍照原職補用。其貢監生員，准其仍以貢監生員應試。至未經出仕捐納數層，止具呈註銷一二層者，概不准行。已經出仕捐升者，准其註銷升銜，照原職用。未經出仕者，則將捐納悉行註銷，不准註銷一二層。如貢監生員捐州判，又捐知縣，又捐通判，止註銷通判知縣之類。

又　卷七七**《修書議敍》**　康熙十一年，世祖章皇帝實録稿竣，將纂修等官內停升轉之現任官員，停補授之候補官員，議敍以應升之缺先用，書吏以州判即用。

又**《武英殿修書議敍》**　乾隆三年諭：武英殿寫字需人，著在國子監肄業之正途貢生內，看其年力精壯，字畫端楷，情願效力者，選取十人，送武英殿，以備謄録繕寫之用。其在監肄業，每月所領膏火之資，仍照舊給予，若有缺出，該監照例送補，俟數年之後，行走若好，該館王大臣等秉公具奏，酌量議敍。

又**《議敍吏部堂司各員送都察院查辦》**　乾隆三十七年奏准：吏部滿漢堂司各員，遇有應行議敍之案，俱將應敍職名，開送都察院查辦。

又**《刑部司員駁正案件議敍》**　舊例：刑部題諮案件，細小事情，與例不符，應行駁詰者，毋庸置議外。其有各省將應擬重罪人犯，竟令脫網，或無辜之人，羅織擬罪，刑部司官細心查核駁行，復經審訊，果得實情者，於呈堂准行之時，即將定稿司官記名檔案，俟改正後，於每年十二月內具題，交部議敍。每一案，准其紀録二次。

又**《官員捐墾荒地議敍》**　乾隆三十年定：本省文武官員，捐給牛種招墾荒地十頃，捐銀一百兩者，准其紀録一次。四十頃，捐銀四百兩者，准隨帶加一級。多捐者計算增加。令該督撫隨案諮部備核，吏部附入年終匯奏。

又**《軍臺議敍》**　乾隆二十一年奏准：各部院現任筆帖式，派撥坐臺，三年期滿，更換回京，令該總管出具考語，分別等第，諮送吏部，帶領引見。如奉特旨指明以何項官録用者，遵旨辦理外，如奉旨准作一等者，准其加一級隨帶，二等者紀録二次，三等者紀録一次。

又**《廣東福建商民運米議敍》**　乾隆二十一年議准：廣東省生監商民，有自備資本，領照前赴安南等國，運米回省，糶濟民食者，令地方官查明，數在二千石以內者，酌量獎勵。數在二千石以上者，確查取結，奏請分別議敍。其間運米二千石以上至四千石者，生監給予吏目職銜，民人給予九品頂戴。四千石以上至六千石者，生監給予主簿職銜，民人給予八品頂戴。六千石以上至一萬石者，生監給予縣丞職銜，民人給予七品頂戴。福建省生監商民，前赴暹羅等國，運米回至漳州、泉州二府，糶濟民食者，令地方官查明，數在一千五百石以上至二千石者，生監給予吏目職銜，民人給予九品頂戴。二千石以上至四千石者，生監給予主簿職銜，民人給予八品頂戴。四千石以上至五六千石者，生監給予縣丞職銜，民人給予七品頂戴。六千石以上至一萬石者，生監給予州判職銜，民人賞給把總職銜。其帶回米石，情願運赴省城糶賣者，照漳州等處糶賣之例，仍按照米數，分別生監商民，給予職銜頂戴。其有已邀議敍之人，仍照米數遞加，如廣東省生監已遞加至縣丞職銜，民人已遞加至七品頂戴，福建省生監已遞加至州判職銜，民人已遞加至把總職銜，又有運米數多者，令該督撫酌量獎賞，毋庸再議加給職銜頂戴。

又**《捐栽蘆葦樹木議敍》**　乾隆三十七年定：江南蓄水諸湖，豫東二省黄河兩岸月格等堤內外，以及沮洳坑塘等處，栽種蘆葦，准其議敍。印河官員栽種蘆葦一頃者，准其紀録一次，二頃者紀録二次，三頃者紀録三次，四頃者加一級。民人有情願捐栽者，確查數目，分別造册，諮部議敍。如捐栽蘆葦不及議敍之數者，准其次年補栽，地方官先行查驗收管，申報河督存案，俟三年之內，統計種葦四頃者，造册報部議敍，給予九品頂戴榮身。至捐栽樹木，除福建、浙江、廣西三省，凡可種植樹木之處，業已栽種無遺，無事再為勸種。貴州省現在試種桑麻，俟有成效，再行酌辦外。其直隸等十五省地方官員，有能自出己資，在官山官地栽種樹木，三年後培養長成，該督撫委員查驗數目，造册送部，成活五千株者紀録一次，一萬株者紀録二次，一萬五千株者紀録三次，二萬株者加一級，分別議敍。各省商民，如在官山官地栽種，成活二萬株，及在己地內栽種成活一萬株者，給以九品頂戴榮身。如生監能於官地內栽種，成活四千株，及在己地內栽種成活二千株者，免其考職，給以主簿職銜。

又**《孳生馬匹議敍》**　乾隆三十年定：遊牧總管等所管馬羣，于應孳生額定正數外，多孳生馬一千五百匹者，以應升之缺即用。如再多生，以三百四計算，准加一級。

又《各倉監督議敘》　原定：各倉監督，定以二年更换。滿漢監督，每一年一員更替。二年內，有俸滿應升人員，准其照常升轉，仍俟差滿更换。二年之內，果能出入公平，糧儲無虧，倉廒不致滲漏，米石不致黴變，于任滿時，令倉場侍郎保題，交部議敘，准其加一級。

又《押運抵通無欠議敘》　乾隆二十三年議准：江南、浙江、江西、湖廣，押運同知、通判抵通，如一次無欠加一級，二次無欠加二級，三次無欠不論俸滿即升。其河南、山東，押運同知、通判抵通，一次無欠紀録二次，二次無欠紀録三次，三次無欠加一級，四次無欠不論俸滿即升。押運官員，俱令該督撫出具考語諮部，抵通之日，船糧起卸通完，倉場侍郎送部引見。如恭遇駕幸熱河，運員未便久候，吏部奏明，令該員親身押運回空，免其引見。

又《報開新廠督辦官員議敘》　乾隆三十六年議准：雲南開報新廠督辦之地方各官，有每年獲銅二十萬斤以上者紀録一次，三十萬斤以上者紀録二次，四十萬斤以上者紀録三次，五十萬斤以上者加一級。均於歲底查明，分別議敘。如能獲銅至八十萬斤以上者，該撫專摺奏請升用。如報開之廠，迄無成效，視年月之久近，查明該廠員若有玩忽，隨時查處。

又《承運銅鉛無欠議敘》　嘉慶三年奏准：雲南貴州同知、通判、知州、知縣，承運銅鉛抵京，依限運交足數，户部帶領引見後，知照過部，查明如係實授人員，任內並無不合例事故，與卓異之例相符者，准其入于卓異班內，按照引見日期先後升用。升署題署人員，按實授奉旨日期升用。如試用人員，題補者按到任日期，題署者按奉旨日期，統較先後。

又《好善樂施議敘》　原定：各省地方，遇有收成歉薄及修城、築堤、義學、社倉等項公事，紳衿士民，有蓋藏豐裕，樂於捐輸者，按其捐數多寡，大者題請議敘，小者量加旌獎。至應行議敘之員，該督撫務須核實具題，並飭令地方官，出具並無胥吏侵漁浮冒印結，一併諮部，仍將捐助動用數目，逐一造册具題。係賑濟則報户部，係工程則報工部，核實確查，如果相符，會同吏部分别議敘。儻有抑勒捐助，及以少報多者，或經人首告，或科道糾參，除本人不准議敘外，將題請之督撫，申明之地方官，一併交部議處。

又　卷一四四《吏部·蔭敘·恩蔭》　順治初年定：凡承蔭，先蔭嫡長子孫，嫡長子孫出仕，或有故，方蔭嫡次子孫。無嫡次子孫，方蔭庶長子孫。庶長皆無，方蔭弟暨兄弟之子應合承繼者。其子孫在詔後生者，不准蔭。

又《難蔭及加贈》　順治三年題准：凡各官員歿于王事者，均照本官應升品級加贈，並蔭一子入監讀書，六月期滿候銓。

又《特蔭》　乾隆三年諭：我皇考酬庸念舊，特立賢良祠于京師，我朝宣勞輔治完名全節之公正大臣，永享禋祀，垂譽無窮，實自古未有之曠典也。賢良大臣之子孫，已登仕籍者固多，其中或有不能自振，漸就零落之人，亦屬可憫。朕仰體皇考厚待耆舊之盛心，特加恩一次，除現在入祀諸臣之子孫，文官七品以上，武官五品以上者，已經録用毋庸查奏外，如子孫並無仕宦，或有品級而甚屬卑微者，著該部行文各旗都統及直省督撫，查係嫡裔，擇其品行材質，可以造就者，給諮送部帶領引見，候朕酌量加恩。

任用制度分部

綜　述

《元史》卷六《世祖紀三》　（至元二年十二月）庚午，宋子貞言：『朝省之政，不宜數行數改。又刑部所掌，事干人命，尚書嚴忠範年少，宜選老於刑名者為之。』

又　卷一二《世祖紀九》　（至元十九年九月壬申）釐正選法，置黑簿以籍阿合馬黨人之名。令諸路歲貢儒、吏各一人，各道提刑按察司舉廉能者升等遷敘。

又　卷一七《世祖紀十四》　（至元二十九年秋七月）庚辰，敕雲南省擬所轄州縣官如福建、二廣例，省臺委官銓選以姓名聞，隨給授宣敕。

又 卷二〇《成宗紀三》 （大德三年春正月庚寅）命中書省：自今后妃、諸王所需，非奉旨勿給；各位擅置官府，紊亂選法者，戒飭之。

又 卷二一《成宗紀四》 （大德七年二月）丁亥，詔自今除樞密院、御史臺、宣政院依舊奏選，諸司毋得擅奏，其舉用人員，並經中書省。【略】

（大德十年五月）丁亥，詔命右丞相哈剌哈孫答剌罕、左丞相阿忽台等整飭庶務，凡銓選錢穀等事一聽中書裁決，百司勤怠者各以名聞。

又 卷二五《仁宗紀二》 （延祐元年冬十月）乙未，敕：『吏人轉官，止從七品，在選者降等注授。』申飭內侍及諸司隔越中書奏請之禁。

又 卷二九《泰定帝紀一》 （泰定元年二月）庚午，選守令、推官。舊制，臺憲歲舉守令、推官二人，有罪連坐；至是言其不便，復命中書於常選擇人用之。【略】

（泰定二年春正月乙未）敕『御史臺選舉，與中書合議以聞。』

又 卷八一《選舉志一》 故其銓選之備，考覈之精，曰隨朝、外任，曰省選、部選，曰文官、武官，曰考數，曰資格，一毫不可越。而或援例，或借資，或優升，或回降，其縱情破律，以公濟私，非至明者不能察焉。是皆文繁吏弊之所致也。

又 卷八二《選舉志二·銓法上》 凡怯薛出身：元初用左右宿衛為心膂爪牙，故四怯薛子孫世為宿衛之長，使得自舉其屬。諸怯薛歲久被遇，常加顯擢，惟長官薦用，則有定制。【略】

凡臺憲選用：大德元年，省議：『臺官舊無選法，俱於民職選取，後互相保選，省、臺各為一選。宜令臺官，幕官聽自選擇，惟廉訪司官，則省、臺共選。若臺官於省部選人，則與省官共議之；省官於臺憲選人，亦與臺官共議之。』至元八年，定監察御史任滿，在職無異政，元係七品以下者例加一等，六品以上者升擢。其有不顧權勢，彈劾非違，及利國便民者，別議升除。或有不稱者，斟酌銓注。

凡選舉守令：至元八年，詔以户口增、田野闢、詞訟簡、盜賊息、賦役均五事備者，為上選。【略】

凡進用武官：至元十五年，詔：『軍官有功而升職者，舊以其子弟襲職，陣亡者許令承襲，若罷去者，以有功者代之。』【略】

太禧院。天曆元年，罷會福、殊祥二院而立之，秩正二品。其所轄諸司，則從其擢用。

宣徽院。皇慶二年，省臣奏：『其所轄倉庫、屯田官員，半由都省，半由本院用之。』奉旨，宜俱從省臣用之。

中政院。至大四年言：『諸司錢糧選法，悉令中書省掌之，可更選人任用，移文中書，給降宣敕。』延祐七年，院臣啓：『皇后位下中政院用人，奉懿旨，依樞密院、御史臺等例行之。』

直省舍人，內則侍相臣之興居，外則傳省闥之命令，選宿衛及勳臣子弟為之。又擇其高等二人，專掌奏事。【略】

凡禮儀諸職：有太常寺檢討，至元十三年，擬歷一百月，除從八品。【略】

至元九年，部議：『巡檢流外職任，擬三十月為一考，任迴於從九品遷敘。』【略】

腹裏諸路行用鈔庫，至元十九年，部擬：『州縣民官內選充，係八品、九品人員，三十月為滿，任回驗元資品，減一資歷，通理遷敘。庫使，受都省劄付，任滿從優遷敘。庫副，受本路劄付，二十月為滿，於本處上户內公選交替。陝西、四川、西夏中興等路提舉司鈔庫，俱係行省管領，合就令依上選擬庫官，移文都省，給降敕牒劄付。』【略】

凡稅務官升轉：至元二十一年，省議：『應敍辦課官分三等：一百錠之上，設提領一員、使一員。五十錠之上，設務使一員。五十錠之下，設都監一員。十錠以下，從各路差人管辦。都監歷三界，升務使，一周歲為滿，月日不及者通理。務使歷三界，升提領。提領歷三界，受省劄錢穀官，再歷三界，始於資品錢穀官並雜職任用。各處就差相副官，增及兩酬者，聽各處官司再差。增及三酬以上及後界又增者，申部定奪。』【略】

至元九年，部議：『凡總府續置提控案牘，多係入仕年深，似比巡檢例同考滿轉入從九。緣從九係銓注巡檢闕，提領案牘吏員文資出職，難應捕捉，兼從九員多闕少，本等人員不敷銓注。凡升轉資考，從九三任升從八，正九兩任升從八，巡檢提領案牘等考滿轉入從九，從九再歷三考升從八，通理一百二十月升。巡檢依已擬，提領案牘權擬六十月正九，再歷兩任，通理一百二十月升從九，較之升轉資考，即比巡檢庶員闕易就。都、吏目，擬吏目一考，轉充都目，一考，轉充提領案牘，考滿依上轉入流品。都、吏目應升無闕，止注本等職名，驗理升轉。』【略】

凡選取宣使奏差：至元十九年，部擬：『六部奏差額設數目，每一十名內，令各部選取四名，九十月與從九品，餘外合設數目，俱於到部巡檢、提領案牘、都吏目內選取，候考滿日，驗下項資品銓注。』【略】

凡匠官：至元九年，工部驗各管户數，二千户之上至一百户之上，隨路管匠官品級。【略】

凡諸王分地與所受湯沐邑，得自舉其人，以名聞朝廷，而後授其職。【略】

凡壕寨官：至元十九年，省部擬：『都水監併入本部，其壕寨官比依各部奏差出身。』大德二年，擬考滿除從九品。

凡入粟補官：天曆三年，河南、陝西等處民飢，省臣議：『江南、陝西、河南等處富實之家願納粟補官者，驗糧數等第，從納粟人運至被災處所，隨即出給勘合朱鈔，實授茶鹽流官，咨申省部除授。凡錢穀官隸行省者行省銓注，腹裏省者吏部注擬，考滿依例升轉。其願折納價鈔者，並以中統鈔為則。江南三省每石四十兩，陝西省每石八十兩，河南並腹裏每石六十兩。其實授茶鹽流官，如不願仕而讓封父母者聽。陝西省：一千五百石之上，從七品。一千石之上，正八品。五百石之上，從八品。三百石之上，正九品。二百石之上，從九品。一百石之上，上等錢穀官。八十石之上，中等錢穀官。五十石之上，下等錢穀官。三十石之上，旌表門閭。河南並腹裏：二千石之上，從七品。一千五百石之上，正八品。一千石之上，從八品。五百石之上，正九品。三百石之上，從九品。二百石之上，上等錢穀官。一百五十石之上，中等錢穀官。一百石之上，下等錢穀官。江南三省：一萬石之上，正七品。五千石之上，從七品。三千石之上，正八品。二千石之上，從八品。一千石之上，正九品。五百石之上，從九品。三百石之上，上等錢穀官。二百五十石之上，中等錢穀官。二百石之上，下等錢穀官。凡先嘗入粟遙授虛名者，今再入粟，則依驗糧數，照依資品，令實授茶鹽流官。陝西省：一千石之上，從七品。六百六十石之上，正八品。三百三十石之上，從八品。二百石之上，正九品。一百三十石之上，從九品。河南並腹裏：一千三百三十石之上，從七品。一千石之上，正八品。六百六十石之上，從八品。三百三十石之上，正九品。二百石之上，從九品。江南三省：六千六百六十石之上，正七品。三千三百三十石之上，從七品。二千石之上，正八品。一千三百三十石之上，從八品。六百六十石之上，正九品。三百三十石之上，從九品。先嘗入粟實授茶鹽流官者，今再入粟，則依驗糧數，加等升職。陝西省：七百五十石之上，五百石之上，二百五十石之上，一百五十石之上，一百石之上。河南並腹裏：一千石之上，七百五十石之上，五百石之上，二百五十石之上，一百五十石之上。僧道能以自己衣鉢濟飢民者，三百石之上，六字師號，都省出給。二百石之上，四字師號；一百石之上，二字師號；俱禮部出給。四川省所轄地分富實民户，有能入粟赴江陵者，依河南省入粟補官例行之。其糧合用之時，從長處置。江浙、江西、湖廣三省已糴官糧，見在價鈔於此差人赴河南省別與收貯，合用之時，從長處置。』

凡獲盜賞官：大德五年，詔：『獲强盜五人，與一官。捕盜官及應捕人，本境失盜而獲他境盜者，聽功過相補。獲强盜過五人，捕盜官減一資，至十五人升一等，應捕人與一官，不在論賞之列。』

凡控鶴傘子：至元二十二年，擬：『控鶴受省劄，保充御前傘子者，除充拱衛直都指揮使司鈐轄，官進義副尉。』【略】

凡玉典赤：至元二十七年，定擬歷三十月至九十月者，並與縣達魯花赤、進義副尉。一百月以上者，官敦武校尉。至大二年，令玉典赤權於州判、縣丞內銓注。三年，令依舊例，九十月除從七下縣達魯花赤，任回添一資。

凡蠻夷官：議：『播州宣撫司保蠻夷地分副長官，係遠方蠻夷，不拘常調之職，合准所保。其蠻夷地分，雖不拘常調之處，而所保之人，多有氾濫。今後除襲替土官外，急闕久任者，依例以相應人舉用，不許預報，違者罪及所由官司。』

又 卷八三《選舉志三·銓法中》 至元四年，詔：『諸官品正從分等，職官用廕，各止一名。諸廕官不以居官、去任、致仕、身故，其承廕之人，年及二十五以上者聽。諸用廕者，以嫡長子。若嫡長子有廢疾，立嫡長子之子孫，曾玄同。如無，立嫡長子同母弟，曾玄同。如無，立繼室所生。如無，立次室所生。如無，立婢子。如絶嗣者，傍廕其親兄弟，各及子孫。如無，傍廕伯叔及其子孫。諸用廕者，孫降子、曾孫降孫、婢生子及傍廕者，皆於合敍品從降一等。諸廕子入品職，循其資考，流轉升遷。廉慎幹濟者，依格超升。特恩擢用者，不拘此例。其有不務廉慎，違犯禮法者，依格降罰，重者除名。諸自九品依例遷至正三品，止於本等流轉，二品以上選自特旨。諸職官廕子之後，若有餘子，不得於諸官府自求職事，諸官府亦不許任用。』【略】

凡遷調閩廣、川蜀、雲南官員：每三歲，遣使與行省銓注，而以監察御史往涖之。【略】

凡遷調循行：各省所轄府州縣諸司，應合遷調官員，先儘急闕，次及滿任。急闕須憑各官在任解由、依驗月日、應得資品、及解由到行省月日，依次就便遷調。若有急闕，委無相應之人，或員闕不能相就者，於應敍職官內選用，驗合得資品上，雖有超越，不過一等。本管地面，若有遐荒煙瘴險惡重地，除土官外，依例公選銓注，其有超用人員，多者不過二等。軍官、匠官、醫官、站官、各投下人等，例不轉入流品者，雖資品相應，不許銓注。都省已除人員，例應到任，若有違限一年者，聽別行補注。應有合就彼遷敍人員，如在前給由已咨都省聽除，未經遷注照會，不曾咨到本省者，即聽就便開咨。無解由人員，不許銓注。諸犯贓經斷應敍人員，照例銓注。令譯史、奏差人等，須驗實歷月日已滿，方許銓注。邊遠重難去處，如委不可闕官，從差去官與本省官公同選注能幹人員，開具歷仕元由，並所注職名，擬咨都省，候回准明文，方許之任。應遷調官員，三品、四品擬定咨呈，五品以下先行照會之任。

凡文武散官：多採用金制，建官之初，散官例降職事二等。至元二十年，始升官職對品，九品無散官，謂之平頭敕。蒙古、色目，初授散官或降職事，再授職，雖不降，必俟官資合轉，然後升職。漢人初授官，不及職，再授則降職授官。惟封贈廕敍官職，各從一高，必歷官至二品，則官必從職，不復用理算法矣。至治初，稍改之，尋復其舊。此外月日不及者，惟歷繁劇得優，獲功賞則優，由內地入邊遠則優，憲臺舉廉能政迹則優，以選出使絶域則優，然亦各有其格也。

凡保舉職官：大德二年制：『各廉訪司所按治城邑內，有廉慎幹濟者，歲舉二人。』九年，詔：『臺、院、部五品以上官，各舉廉能識治體者三人，行省臺、宣慰司、廉訪司各舉五人。』

凡翰林院、國子學官：大德七年議：『文翰師儒難同常調，翰林院宜選通經史、能文辭者，國子學宜選年高德邵、能文辭者，需求資格相應之人，不得預保布衣之士。若果才德素著，必合不次超擢者，別行具聞。』

凡遷官之法：從七以下屬吏部，正七以上屬中書，三品以上非有司所與奪，由中書取進止。自六品至九品為敕授，則中書牒署之。自一品至五品為宣授，則以制命之。三品以下用金寶，二品以上用玉寶，有特旨者，則有告詞。其理算論月日，遷轉憑散官，內任以三十月為滿，外任以三歲為滿，錢穀典守以二歲為滿。而理考通以三十月為則。內任官率一考升一等，十五月進一階。京官率一考，視外任減一資。外任官或一考進一階，或兩考升一等，或三考升二等。四品則內外考通理。此秋毫不可越。然前任少，則後任足之，或前任多，則後任累之。一考者及二十七月，兩考者及五十七月，三考者及八十一月以上，遇升則借升，而補以後任。此又其權衡也。

凡選用不拘常格：省參議、都司郎中、員外高第者，拜參預政事、六曹尚書、侍郎，及臺幕官、監察御史出為憲司官。外補官已制授，入朝或用敕除，朝迹秩視六品，外任或為長伯。在朝諸院由判官至使，寺監由丞至卿，館閣由屬官至學士，有遞升之法，用人重於用法如此。又覃官，或准實授，或普減資升等，或內升等，或外減資，或外減內不減，斯則恩數之不常有者，惟四品以下者有之。三品則遞進一階，至正議大夫而止。若夫勳臣世胄、侍中貴人，上命超遷，則不可以選格論。亦有傳敕中書，送部覆奏，或致繳奏者，斯則歷代以來封駁之良法也。

凡吏部月選：至元十九年議：『到部解由即行照勘，合得七品者呈省，從七以下本部注擬，其餘流外人員，不拘多寡，並以一月一次銓注。』

凡官吏遷敍：至元十年，議：『舊以三十月遷轉太速，以六十月遷轉太遲。』二十八年，定隨朝以三十月為滿，在外以三周歲為滿，錢穀官以得代為滿，吏員以九十月日出職，職官轉補，與職官同。

凡覃官：至大二年，詔：『內外官四品以下，普覃散官一等，服色、

班次、封廕皆憑散官。三品者遞進一階，至正三品上階而止。其應入流品者，有出身吏員譯史等，考滿加散官一等。」【略】

凡減資升等：大德九年，詔：「外任流官，升轉甚遲，但歷在外兩任，五品以下並減一資。」部議：「外任五品以下職官，若歷過隨朝及在京倉庫官鹽鐵等職，曾經升等減資外，以後至大德九年格前，歷及在外兩任或一任、六十月之上者，並與優減，未及者不拘此格。」【略】

凡注官守闕：至元八年，議：「已除官員，無問月日遠近，許準守闕外，未奏未注者，許注六月滿闕，六月以上不得預注。」二十二年，詔：「員多闕少，守闕一年，年月滿者照闕注授，餘無闕者令候一年。」大德元年，以員多闕少，宜注二年。

凡注官避籍：至元五年，議：「各路地里闊遠，若更避路，恐員闕有所礙，止宜斟酌避籍銓選。」

凡除官照會：至元十年，議：「受除民官，若有守闕人員，當前官任滿，預期一月檢舉照會。錢穀官候見界官任滿，至日行下合屬照會。」二十四年，議：「受除官員省劄到部照勘，急闕任滿者，比之滿期，預先一月照會。」

凡赴任程限：大德八年，定赴任官在家裝束假限，二千里內三十日，三千里內四十日，遠不過五十日。馬日行七十里，車日行四十里。乘驛者日兩驛，百里以上止一驛。舟行，上水日八十里，下水百二十里。職當急赴者，不拘此例。違限百日外，依例作闕。

凡赴任公參：至元二年，定散府州縣赴任官，去上司百里之內者公參，百里之外者申到任月日，上司官不得非理勾擾，失誤公事。

凡官員給假：中統三年，省議：「職官在任病假及緣親病假滿百日，所在官司勘當申部作闕，仍就任所給據，期年後給由求敘，自願休閒者聽。」【略】

凡官員便養：至大三年，詔：「銓選官員，父母衰老氣力單寒者，得就近遷除，尤為便益。果有親年七十以上，別無以次侍丁，合從元籍官司保勘明白，斟酌定奪。」

凡遠年求敘：元貞元年，部擬：「自至元二十八年三月為限，於本處官司明具實迹保勘，申覆上司遷敘。」大德七年，議：「求敘人員，具由陳告，州縣體覆相同，明白定奪，依例敘用。」

又**《銓法下》** 凡省部令史、譯史、通事等：至元六年，省議：「舊例一百二十月出職，今案牘繁冗，難同舊日，會量作九十月為滿。其通事、譯史繁劇，合與令史一體。近都省未及兩考省令史譯史授宣，注六品職事，部令史已授省劄，注從七品職事。今擬省令譯史、通事，由六部轉充者，中統四年正月已前，合與直補人員一體，擬九十月考滿，注六品職事，回降正七一任，還入六品。中統四年正月已後，將本司歷過月日，三折二，驗省府月日考滿通理，九十月出職，與正七職事，並免回降。職官充省令譯史，舊例文資右職參注，一考滿，合得從七品，注從六品，未合得從七品，注正七品，如更勒留一考，合同隨朝升一等。一考滿，未得從七注正七品者，回降從七，還入正七。一考滿，合得從七注從六品，合得正七注正六品者，免回降。正從六品人員不合收補省令史、譯史，如有已補人員，合同隨朝一考升一等注授。中統四年正月已前，收補部令史、譯史、通事，擬九十月為考滿，照依已除部令史例，注從七品，回降正八一任，還入從七。中統四年正月已後，充部令譯史、通事人員，亦擬九十月為考滿，依舊例正八品職事，仍免回降。省宣使，舊例無此職名，中統以來，初立中書省，曾受宣命充宣使者，擬出職正七品職，外有非宣授人員，擬九十月為考滿，與正八品。」【略】

凡歲貢吏員：至元十九年，省議：「中書省掾於樞密院、御史臺令史內取，臺、院令史於六部令史內取，六部令史以諸路歲貢人吏補充，內外職官材堪省掾及院、臺、部令史者，亦許擢用。省掾考滿，資品既高，責任亦重，皆自歲貢中出，若不教養銓試，必致人材失真，今擬定例於後：諸州府隸省部者，儒學教授選本管免差儒户子弟入學讀書習業，非儒户而願學者聽。遇按察司、本路總管府歲貢之時，於學生內選行義修明、文學優贍、通經史、達時務者，保申解貢。各路司吏有闕，於所屬衙門人吏內選取。委本路長官參佐，同儒學教授考試，習行移算術，字畫謹嚴，語言辯利，《詩》、《書》、《論》、《孟》內通一經者為中式，然後補充。按察司書吏有闕，府州司吏內勾補，至歲貢時，本州本路以上，再試貢解。諸歲貢吏，當該官司於見役人內公選，以性行純謹、儒吏兼通者為上，才識明敏，吏事熟閑者次之，月日雖多、才能無取者不許呈貢。」

【略】

凡補用吏員：至元十一年，省議：『有出身人員，遇省掾有闕，擬合於正從七品文資職官並臺、院、六部令史內，從上名轉補。翰林兩院擬同六部令史，有闕於隨路儒學教授通吏事人內選補。樞密院、御史臺令史、省掾有闕，從上轉補，考滿依例除授，又於正從八品文資官及六部令史內轉補。省斷事官令史與六部令史一體三考出身，於部令史內發補。少府監令史，擬於六部並諸衙門考滿典吏內補用。』【略】

凡宣使、奏差、委差、巡鹽官出身：中書省宣使，至元九年，曾受宣命補充者，九十月考滿正七品。省劄宣使，九十月考滿比依部令史例從七品。其臺院宣使、各部奏差，比例定擬。【略】

凡庫藏司吏庫子等出身：至元二十六年，省准：『上都資乘庫庫子、本把，九十月近上錢穀官內任用。衛尉院利器庫、壽武庫庫子，踏逐者九十月近上錢穀官內任用。』【略】

凡書寫、銓寫、書吏、典吏轉補：至元二十五年，省准：『通政等二品衙門典吏，九十月補本院宣使。各寺監典吏，比依上例，考滿轉補本衙門奏差。户部填寫勘合典吏，與管勘合令史一體，考滿從優定奪。參議府、左右司、客省使令史、書寫，四十五月轉補，如補不盡，於提控案牘內任用，於各部銓寫及典吏內收補。會總房、承發司、照磨所、架閣庫典吏，各部銓寫，六十月轉補，已上，都吏內任用。各部典吏並左右部照磨所、架閣庫典吏，於都省參議府、左右司、客省使令史、書寫內以次轉補，如補不盡，六十月轉補各監令史，已上，吏目內任用。樞密院典吏、銓寫，依御史臺典吏一體，六十月轉部，轉補不盡，六十月已上，於都目內任用。御史臺典吏，遇察院書吏有闕，從上挨次轉補，通理六十月，補各道按察司書吏，部令史有闕，亦行收補。』【略】

凡衛翼吏員升轉：皇慶元年，樞密院議：『各處都府並總管高麗、女直、漢軍萬户府及臨清萬户府秩三品，本府令史有闕，於一考都目、兩考吏目並各衛三考典吏內，呈院發補，九十月歷提控案牘一任，於各萬户府知事內選用。』【略】

凡各萬户府司吏：蒙古都萬户府司吏有闕，於千户所司吏內選補，歷一百二十月，升千户所提領案牘，一考萬户府案牘，通理九十月，轉萬户府知事。漢軍萬户府並所轄萬户府及奧魯府司吏，於千户所司吏內補用，呈院准設，九十月充吏目，一考都目，一考升千户所或都千户所、奧魯府提控案牘，再歷萬户府或都府、奧魯府提控案牘兩任，於萬户府知事內用。各處都府令史，於一考都目、兩考吏目並各衛請俸三考典吏內，呈院發補，九十月為滿，再歷提控案牘一任，於各萬户府知事內選用。

【略】

凡提控案牘、都目：至元二十一年三月已後受院劄，九十月為滿，行省、行院劄一百二十月為滿，於萬户府知事內用。

《明史》卷七一《選舉志三》 任官之事，文歸吏部，武歸兵部，而吏部職掌尤重。吏部凡四司，而文選掌銓選，考功掌考察，其職尤要。選人自進士、舉人、貢生外，有官生、恩生、功生、監生、儒士，又有吏員、承差、知印、書算、篆書、譯字、通事諸雜流。進士為一途，舉貢等為一途，吏員等為一途，所謂三途並用也。京官六部主事、中書、行人、評事、博士，外官知州、推官、知縣，由進士選。外官推官、知縣及學官，由舉人、貢生選。京官五府、六部首領官，通政司、太常、光禄寺、詹事府屬官，由官廕生選。州、縣佐貳，都、布、按三司首領官，由監生選。外府、外衛、鹽運司首領官，中外雜職、入流未入流官，由吏員、承差等選。此其大凡也。其參差互異者，可推而知也。初授者曰聽選，升任者曰升遷。

選人之法，每年吏部六考、六選。凡引選六，類選六，遠方選二。聽選及考定升降者，雙月大選，其序定於單月。改授、改降、丁憂、候補者，單月急選。其揀選，三歲舉行。舉人乞恩，歲貢就教，無定期。凡升遷，必滿考。若員缺應補不待滿者，曰推升。內閣大學士、吏部尚書，由廷推或奉特旨。侍郎以下及祭酒，吏部會同三品以上廷推。太常卿以下，部推。通、參以下，吏部於弘政門會選。詹事由內閣，各衙門由各掌印。在外官，惟督、撫廷推，九卿共之，吏部主之。布、按員缺，三品以上官會舉。監、司，則序遷。其防邊兵備等，率由選擇保舉，付以敕書，邊府及佐貳亦付敕。薊、遼之昌平、薊州等，山西之大同、河曲、代州等，陜西之固原、靜寧等六十有一處，俱為邊缺，尤慎選除。有功者越次擢，悞封疆者罪無赦。內地監司率序遷，其後亦多超遷不拘次，有一歲中四五遷，由僉事至參政者。監、司多額外添設，守巡之外往往別立數銜，不能畫一也。在外府、州、縣正佐，在內大小九卿之屬員，皆常選官，選授遷除，一切由吏部。其初用拈鬮法，至萬曆間變為掣籤。二十九年，文選員外郎倪斯蕙條上銓政十八事，其一曰議掣籤。尚書李戴擬行報可，孫丕揚踵而行之。後雖有譏其失者，終明世不復更也。

洪武間，定南北更調之制，南人官北，北人官南。其後官制漸定，自學官外，不得官本省，亦不限南北也。

初，太祖嘗御奉天門選官，且諭毋拘資格。選人有即授侍郎者，而監、司最多，進士、監生及薦舉者，參錯互用。給事、御史，亦初授升遷各半。永、宣以後，漸循資格，而臺省尚多初授。至弘、正後，資格始拘，舉、貢雖與進士並稱正途，而軒輊低昂，不啻霄壤。隆慶中，大學士高拱言：『國初，舉人躋八座為名臣者甚衆。後乃進士偏重，而舉人甚輕，至於今極矣。請自授官以後，惟考政績，不問其出身。』然勢已積重，不能復返。崇禎間，言者數申『三途並用』之説。間推一二舉人如陳新甲、孫元化者，置之要地，卒以傾覆。用武舉陳啓新為給事，亦聲名潰裂。於是朝端又以為不若循資格。而甲榜之悞國者亦正不少也。

給事中、御史謂之科道。科五十員，道百二十員。明初至天順、成化間，進士、舉貢、監生皆得選補。其遷擢者，推官、知縣而外，或由學官。其後監生及新科進士皆不得與。或庶吉士改授，或取內外科目出身三年考滿者考選，內則兩京五部主事、中、行、評、博，國子監博士、助教等，外則推官、知縣。自推、知入者，謂之行取。其有特薦，則俸雖未滿，亦得與焉。考選視科道缺若干，多寡無定額。其授職，吏部、都察院協同注擬，給事皆實補，御史必試職一年始實授，惟庶吉士否。嘉靖、萬曆間，常令部曹不許改科道，後亦間行之。舉貢、推、知，例得與進士同考選，大抵僅四之一。嘉靖間，嘗令監生與選。已罷不行。萬曆中，百度廢弛。二十五年，臺省新舊人數不足當額設之半。三十六年，科止數人，道止二人。南科以一人攝九篆者二歲，南道亦止一人。內臺既空，外差亦缺，淮、揚、蘇、松、江西、陝西、廣東西、宣大、甘肅、遼東巡按及陝西之茶馬，河東之鹽課，缺差至數年。給事中陳治則請急考選，不報。三十九年，考選疏上，復留中不下。推、知擬擢臺省，候命闕下，去留不得自如。四十六年，掌河南道御史王象恆復言：『十三道御史在班行者止八人，六科給事中止五人，而册封典試諸差，及內外巡方報滿告病求代者踵至，當亟議變通之法。』大學士方從哲亦言：『考選諸臣，守候六載，艱苦備嘗。吏部議咨禮部、都察院按次題差，蓋權宜之術。不若特允部推，令諸臣受命供職，足存政體。』卒皆不報。至光宗初，前後考選之疏俱下，而臺省一旦森列矣。

考選之例，優者授給事中，次者御史，又次者以部曹用。雖臨時考試，而先期有訪單，出於九卿、臺省諸臣之手，往往據以為高下。崇禎三年，吏部考選畢，奏應擢給事、御史若干人，而以中書二人，訪單可否互異，具疏題請。帝責其推諉，令更確議，而不責訪單之非體也。京官非進士不得考選，推、知則舉貢皆行取。然天下守令，進士十三，舉貢十七；推、知行取，則進士十九，舉貢纔十一。舉貢所得，又大率有臺無省，多南少北。御史王道純以為言。帝謂用人當論才，本不合拘資格，下所司酌行之。初制，急缺風憲，不時行取。神宗時，定為三年，至是每年一舉。帝從吏部尚書閔洪學請，仍以三年為期。此選擇言路之大凡也。保舉者，所以佐銓法之不及，而分吏部之權。自洪武十七年命天下朝覲官舉廉能屬吏始。永樂元年命京官文職七品以上，外官至縣令，各舉所知一人，量才擢用。後以貪汙聞者，舉主連坐，蓋亦嘗間行其法。然洪、永時，選官並由部請。

至仁宗初，一新庶政，洪熙元年特申保舉之令。京官五品以上及給事、御史，外官布、按兩司正佐及府、州、縣正官，各舉所知。惟見任府、州、縣正佐官及曾犯贓罪者，不許薦舉，其他官及屈在下僚，或軍民中有廉潔公正才堪撫字者，悉以名聞。是時，京官勢未重，臺省考滿，由吏部奏升方面郡守。既而定制，凡布按二司、知府有缺，令三品以上京官保舉。宣德三年，況鍾、趙豫等以薦擢守蘇、松諸府，賜敕行事。十年用郭濟、姚文等為知府，亦如之。其所奏保者，郎中、員外、御史及司務、行人、寺副皆與，不依常調也。後多有政績。部曹及御史，由堂上官薦引，類能其官。而長吏部者，蹇義、郭璡亦屢奉敕諭。帝又慮諸臣畏連坐而不舉，則語大學士楊溥以全才之難，謂：『一言之薦，豈能保其終身，欲得賢才，尤當厚教養之法。』故其時吏治蒸蒸，稱極盛焉。沿及英宗，一遵厥舊。然行之既久，不能無弊，所舉或鄉里親舊、僚屬門下，素相私比者。方面大吏方正、謝莊等由保舉而得罪。而無官保舉者，在內御史，在外知府，往往九年不遷。

正統七年罷薦舉縣令之制。十一年，御史黃裳言：『給事、御史，國初奏遷方面郡守。近年方面郡守率由廷臣保升，給事、御史以糾參為職，豈能無忤於一人。乞敕吏部仍按例奏請除授。』帝是其言，命部議行。明年，給事中余忭復指正、莊等事敗，謂宜坐舉主。且言方面郡守有缺，吏部當奏請上裁。尚書王直、英國公張輔等言，方面郡守，保舉升用，稱職者多，未可擅更易。英宗仍從輔、直言，而採忭疏，許言官指劾。十三年，御史涂謙復陳，舉薦得方面郡守輒改前操之弊。請仍遵洪武舊制，於內外九年考滿官內揀擇升授，或親擇朝臣才望者任之。詔可。大臣舉官之例遂罷。

景泰中，復行保舉。給事中林聰陳推舉驟遷之弊，言：『今缺參政等官三十餘員，請暫令三品以上官保舉。自後惟布、按兩司三品以上官連名共舉，其餘悉付吏部。』詔並從之。成化五年，科道官復請保舉方面，吏部因并及郡守。帝從言官請，而命知府員缺仍聽吏部推舉。踰年，以會舉多未當，并方面官第令吏部推兩員以聞，罷保舉之令。既而都御史李賓請令在京五品以上管事官及給事、御史，各舉所知以任州縣。從之。

弘治十二年復詔部院大臣各舉方面郡守。吏部因請依往年御史馬文升遷按察使、屠滽遷僉都御史之例，超擢一二，以示激勸，而未經大臣薦舉者亦兼采之。並從其議。當是，孝宗銳意求治，命吏、兵二部，每季開兩京府部堂上及文武方面官履歷，具揭帖奏覽。第兼保舉法行之，不專恃以為治也。正德以後，具帖之制漸廢。嘉靖八年，給事中夏言復請循弘治故事，且及舉劾賢否略節，每季孟月，部臣送科以達御前，命著為令。而保舉方面郡守之法，終明世不復行矣。

至若坐事斥免、因急才而薦擢者，謂之起廢。家居被召、因需缺而預補者，謂之添註。此又銓法之所未詳，而中葉以後間嘗一行者也。【略】

兵部凡四司，而武選掌除授，職方掌軍政，其職尤要。凡武職，內則五府、留守司，外則各都司、各衛所及三宣、六慰。流官八等：都督及同知、僉事，都指揮使、同知、僉事，正副留守。世官九等：指揮使及同知、僉事，衛、所鎮撫，正、副千户，百户，試百户。直省都指揮使二十一，留守司二，衛九十一，守禦、屯田、衛牧千户所二百十有一。此外則苗蠻土司，皆聽部選。自永樂初，增立三大營，各設管操官，各哨有分管、坐營官、坐司官。景泰中，設團營十，已復增二，各有坐營官，俱特命親信大臣提督之，非兵部所銓擇也。

凡大選，曰色目，曰狀貌，曰才行，曰封贈，曰襲廕。其途有四，曰世職，曰武舉，曰行伍，曰納級。初，武職率以勳舊。太祖慮其不率，以武士訓戒録、大誥武臣録頒之。後乃參用將材，三歲武舉，六歲會舉，每歲薦舉，皆隸部除授。久之，法紀隳壞，選用紛雜。正德間，冒功升授者三千有奇。嘉靖中，詹事霍韜言：

成化中，增太祖時軍職四倍，今又增幾倍矣。錦衣初額官二百五員，今至千七百員，殆增八倍。洪武初，軍功襲職子弟年二十者比試，初試不中，襲職署事，食半俸。二年再試，中者食全俸，仍不中者充軍。其法至嚴，故職不冗而俸易給。自永樂後，新官免試，舊官即比試，賄賂無不中，此軍職所以日濫也。永樂平交阯，賞而不升。邇者不但獲馘者升，而奏帶及緝妖言捕盜者亦無不升，此軍職所以益冗也。

宜命大臣循清黃例，內外武職一切差次功勞，考其祖宗相承，叔姪兄弟繼及。或洪、永年間功，或宣德以後功，或內監弟姪恩廕，或勳戚駙馬子孫，或武舉取中，各分數等，默寓汰省之法。或許世襲，或許終身，或許繼，或不許繼，各具册籍，昭示明白，以為激勸。

於是命給事中夏言等查覈冒濫。言等指陳其弊，言：『鎮守官奏帶舊止五名，今至三四百名，蓋一人而奏帶數處者有之，一時而數處獲功者有之。他復巧立名色，紀驗不加審覈，銓選又無駁勘，其改正重升、併功加授之類，弊端百出，宜盡革以昭神斷。』部核如議。恩倖冗濫者，裁汰以數千計，宿蠹為清。萬曆十五年復詔嚴加察核。且嘗命提、鎮、科道會同兵部，品年資，課技藝，序薦剡，分為三等，名曰公選。然徒飾虛名，終鮮實效也。

武官爵止六品，其職死者襲，老疾者替，世久而絶，以旁支繼。年六十者，子替。明初定例，嫡子襲替，長幼次及之。絶者，嫡子庶子孫，次及之；又絶者，以弟繼。永樂後，取官舍旗軍餘丁曾歷戰功者，令原帶俸及管事襲替，悉因之。其降級子孫仍替見降職事。弘治時，令旁支減級承襲。正德中，令旁支入總旗。嘉靖間，旁支無功者，不得保送。凡升職官舍，如父職。其陣亡保襲者，流官一等。凡襲替官舍，以騎射試之。大抵世職難覈，故例特詳，而長弊叢姦，亦復不少。

官之大者，必會推。五軍都督府掌印缺，於見任公、侯、伯取一人。僉書缺，於帶俸公、侯、伯及在京都指揮，在外正副總兵官，推二人。錦衣衛堂上官及前衛掌印缺，視五府例推二人。都指揮、留守以下，上一人。正德十六年令五府及錦衣衛必由都指揮屢著勳猷者升授。諸衛官不世，獨錦衣以世。

清・昆岡等［光緒］《清會典》卷七《吏部・文選清吏司》 凡百官之任：有管理以重其務，有行走以供其職，有加銜以顯其秩，有稽察以慎其法，有兼充以省其官，有差委以寄其責，有分發以練其事，有署理以權其乏，與額缺官相輔焉。

分出身之途以正仕籍。凡官之出身有八：一曰進士，文進士，滿洲蒙古繙譯進士。二曰舉人，文舉人，滿洲蒙古繙譯舉人，漢軍武舉。三曰貢生，恩貢生，拔貢生，副貢生，歲貢生，優貢生，例貢生。四曰廕生，恩廕生，難廕生。五曰監生，恩監生，優監生，廕監生，例監生。六曰生員，文生員，滿洲蒙古繙譯生員，漢軍武生。七曰官學生，八旗官學生，義學生，覺羅學生，算學生。八曰吏，供事，儒士，經承，書吏，承差，典吏，攢典。無出身者，滿洲、蒙古、漢軍曰閒散，拜唐阿親軍、前鋒護軍、領催、馬甲就文職者，出身與閒散同。漢曰俊秀，武生行伍就文職者，出身與俊秀同。各辨其正雜以分職，文進士、文舉人出身者，均謂之科甲出身，與恩拔副歲優貢生、恩優監生廕生為正途。其餘經保舉者，亦同正途出身。旗人並免保舉，皆得同正途出身。其有仍視出身者，如滿洲翰林院編修檢討，皆進士出身。侍講以上官，國子監祭酒及滿洲司業，順天府教授訓導，皆科甲出身，其他出身人員，皆不得與。又考取中書筆帖式，閒散出身者不與考。漢內閣學士翰林院檢討以上官，詹事府贊善以上官，國子監祭酒司業，奉天府丞，皆進士出身。禮部尚書侍郎，順天府丞，內閣侍讀典籍中書，國子監丞博士助教學正學録，起居注主事，皆科甲出身。漢吏部禮部郎中員外郎主事，宗人府主事，皆進士出身。惟吏禮二部七品小京官，雖拔貢出身，亦准升本部司員。其業經升降出部者，即不復至吏禮二部。學政及考官同考官，皆進士出身。漢科道皆正途出身，其非正途出身者，雖經保舉不與。教職除進士舉人正途貢生外，其例貢生非由廩膳生員者不與。非監生出身，但由俊秀捐輸得官者，止授從九品未入流。其以醫祝僧道出身者，各授以其官而不相越。【略】

凡內外官之缺：有宗室缺，有滿洲缺，有蒙古缺，有漢軍缺，有內務府包衣缺，有漢缺。凡宗室京堂而上，得用滿洲缺，蒙古亦如之，內務府包衣亦如之。漢軍司官而上，得用漢缺。京堂而上，兼得用滿洲缺。凡外官，蒙古得用滿洲缺，滿洲蒙古漢軍包衣，皆得用漢缺。滿洲蒙古無微員，宗室無外任。【略】

凡授官之班有六：一曰除班，二曰補班，三曰轉班，四曰改班，五曰升班，六曰調班。凡特旨用者，則別為班焉。

又 卷八 凡官非特授者，有缺各考其班以請旨而授之。凡授官，大學士而下至京堂以開列，得旨則授。若太常寺，若鴻臚寺滿洲少卿，則開列以引見。不開列者有揀授，有推授。翰詹坊缺亦如之。科道皆引見，科則通列，道則列其記名者三人以候旨。司官，有留授，有調授，有揀授，皆引見，得旨則授，殊者又考授。筆帖式亦如之。五城二尹所屬官亦如之。外官督撫藩臬以開列，運使則請旨授焉。道府有請旨，有揀，有題，有調，有留，餘則選。廳州縣之缺，有揀，有題，有調，有留，餘則選。佐雜，要缺則留，諮與選分缺焉。教職亦如之，雜官亦如之。

又 卷九 定月選之法：雙月曰大選，單月曰急選，惟閏月不選。凡月選，滿洲、蒙古、漢軍官以上旬，漢官以下旬，筆帖式以中旬，前期截缺。凡月選之缺，有分，有合，各以其月選所開之缺，按其人之到班者而選之。凡選，有即選，有正選，有插選，有併選，有抵選，有坐選，各辨其積缺不積缺而選以其序。凡月選揀補者，不入餘月選。

又 卷一〇 凡銓政：別其流品，觀其身言，覈其事故，論其資考定其期限，密其回避，驗其文憑。凡官考試者，各以時請旨。若諮送，則引見焉。凡官予銜者，皆註於册。

論説

《元史》卷六《世祖紀三》 （至元二年十二月）庚午，宋子貞言：

『朝省之政，不宜數行數改。又刑部所掌，事干人命，尚書嚴忠範年少，宜選老於刑名者為之。』

又 卷一八四《陳思謙傳》 又言：『銓衡之弊，入仕之門太多，黜陟之法太簡，州郡之任太淹，朝省之除太速，欲設三策，以救四弊。一曰，至元三十年以後增設衙門，冗濫不急者，從實減并，其外有選法者，并入中書。二曰，宜參酌古制，設辟舉之科，令三品以下，各舉所知，得才則受賞，失實則受罰。三曰，古者刺史入為三公，郎官出宰百里，蓋使外職識朝廷治體，內官知民間利病。今後歷縣尹有能聲善政者受郎官御史，歷郡守有奇才異績者任憲使尚書，其餘各驗資品通遷，在內者不得三考連任京官，在外者須歷兩任，乃遷內職。績非出類、守不敗官者，則循以年勞，處以常調。凡朝缺官員，須二十月之上，方許遷除。』帝可其奏，命中書議行之。

又 卷一八五《李稷傳》 會朝廷方注意守令，因言：『下縣尹多從吏部銓注，或非其才，宜併歸省選。茶鹽鐵課，責備長吏，動受刑譴，何以臨民，宜分委佐貳。投下達魯花赤，蠹政害民，宜為佐貳。』帝悉可其奏。

又 卷二〇五《姦臣阿合馬傳》 初立尚書省時，有旨：『凡銓選各官，吏部擬定資品，呈尚書省，由尚書諮中書聞奏。』至是，阿合馬擢用私人，不由部擬，不諮中書。丞相安童以為言，世祖令問阿合馬。阿合馬言：『事無大小，皆委之臣，所用之人，臣宜自擇。』安童因請：『自今唯重刑及遷上路總管，始屬之臣，餘事並付阿合馬，庶事體明白。』世祖俱從之。

明·陳子龍等《明經世文編》卷七一《丘濬〈公銓選之法〉》 資格以用人，説者謂此法既立之後，庸碌者便於歷級而升，不致沉廢，挺特者不能脱穎而出，遂至邅迴，則是資格不可有也。然未有此法之前，選司注官，有老於下士，三十年出身不得禄者，則又是資格不可無也。夫羣千百人之才品，而決於一二人之耳目，苟無簿籍之稽考，法制之禁限，資次之循歷，而欲一一記憶之，人人掄選之，吾恐其智有所不周，力有所不逮，日有所不給矣！而況夫僞妄詐冒，請托干求，那移蒙蔽，姦計百出者哉。由是觀之，人固不可以不任，而法亦不可以不定，守一定之法，而任通變之人，使其因資歷之所宜，隨才器之所能，而量加任使，資格亦不純用。資格不用，資格所以待非常之才，任要重之職，釐繁劇之務。用資格，所以待才器之小者，任資歷之淺者，釐職務之冗雜者，其立為法一定如此，而又得公明之人以掌銓衡，隨才受任，因時制宜，而調停消息之，于常調之中，而有不常之調，調雖若不常，而實不出乎常調範圍之外。我祖宗立法之善，文職四品及在京堂上官，在外方面官五品以上員缺，皆具名以聞，自五品以下，吏部始得銓注，此所謂用資格而有不用者也。自尚書、侍郎以下惟才是用，雖若不分流品，然翰林院、國子監非通經能文者不授之，其餘流品，又未嘗不分焉。臣寮之在任也，則雖推舉不次用之，既秩滿到部，則必考其功績，按常調以用焉。祖宗良法美意有如此者，此又萬世所當遵守，而不可更革者也。

又 卷三七四《陸光祖〈覆請申明職掌會推閣臣疏〉》 題為申明職掌，以重閣臣之選事。本月十五日申時，伏蒙皇上召臣光祖與志皋，至會極門，傳奉敕諭。初未知為何事，恭捧到于朝房，然後知為升趙志皋禮部尚書，張位吏部左侍郎，俱入閣辦事。始臣等微聞申時行等密薦二臣，今乃果然。臣等素知二臣之賢，士論稱為正人君子，望其柄用。今皇上信納閣臣之言，用之輔理，良協輿情，臣等不勝忻躍，但事關職掌，有不容不言者。

夫爵人於朝，與衆共之。祖宗定制，凡大臣員缺，吏部與九卿會推，請旨簡用。至推吏、兵二部尚書，各邊總督及內閣大臣，則九卿之外，復益以六科十三道，蓋其任愈重，則舉當愈公，詢謀僉同，方敢推用，實所以廣忠集衆，而杜偏聽之姦，絕阿私之患也。自大學士張居正用事，閣臣進用，始有不由會推者，意在市恩蔑棄成法，天下共言其非矣。今時行等所薦，固為得人，即使會官廷推，二臣資望安知不在所推數中？奚庸私薦哉。臣愚以為，會推大典，祖制決不可廢，私薦內降，其端決不可啓。伏望皇上俯納臣言，以後閣臣員缺，仍敕吏部九卿科道官，照例會推，疏名以請。廣衆大廷之中，孰敢蔽賢，亦孰敢私所厚，庶朝廷有大公至正之體，而所舉之臣亦有光榮，得以殫心而任事矣。若一聽之獨舉密薦，誠恐異日狥私植黨之禍，殆有不可勝言者。

臣待罪銓衡，不敢不為國家存深長之慮，冒昧上言，不識忌諱。伏望聖明裁奪。謹題請旨。

又 卷三八七《魏允貞〈條陳救弊四事乞賜採納以弘治道疏〉》 一曰公文武之用。夫文吏隸於吏部，武吏隸於兵部，其常缺吏兵皆得推用。其官尊而職要，文如九卿，武如總兵之屬，皆多官會推，此定制也。故大學士張居正輔政以來，文職一命而上，吏部皆不得自推用，必預關白。以是清要之地，多及聞士鄉人；冗散之員，半是孤寒疏遠。如言官所論，曾省吾、王篆，皆其姻連死黨也。至於武職又有甚焉，勢囑利進，不能枚舉。以故二部之長，欲陟一賢，黜一不肖，不敢陟之黜之也。遇有員缺，即行請教，未上題疏，先具揭帖，朝以為賢而暮陟之為緩，暮以為不賢而朝斥之為後。陛下初未嘗怒趙世卿也，而文選郎輒希居正意，困之王府。亦未欲終棄鄒元標等也，而考功郎因居正矯命，輒壞成法以狥之。直枉混淆，舉錯倒置，物議朋興，則又諉曰權不在我也。臣愚以為，陛下宜與輔臣精察一部之長，而以其職事歸之於二部，遇有文武員缺，應具題者，務得真才；應會推者，務狥輿論；其所推稍不當者，閣臣擬旨，得以駁易；其涉私而不公者，科道官風聞，得以指參。夫輔臣不專吏兵之權以行其私，吏兵亦不敢乘輔臣之間以自行其私，如是何憂乎吏治之不得人也。

清·儲方慶《儲遯菴文集》卷七《銓政》 用人不可濫也，濫則爵禄不足重，而天下有僥倖功名之心。用人不可滯也，滯則激勸無所施，而天下有自甘棄廢之患。二者之患則均，而所以受患者不同，要其失則一也。今銓政之患，將在滯矣。說者謂富貴之途，人所奔趨，必使慎重而後遷，以明持久而難得，則人各安其分，不敢躁求，故與其失之于濫也，毋寧失之于滯，不知滯有以滯而生者，亦有以濫而生者。以滯生滯者，救滯之法不同于救濫。以濫生滯者，救滯之法卽存乎救濫。以今救滯之法，不爲不詳且周矣。京職既改外員，科目復減舊額，補者既多，而取者復少，積薪之患，或幸其無，而謁選之人，經年累月，守選都門而不得一官者比比如故，此豈法之猶未備歟，則以知滯之出于滯，而不知滯之出于濫也。以濫得滯，而不去其濫以爲疏通之本，則雖日從事于改補之令，裁減之方，徒以阻天下進取之心，而滋其壅塞已耳，豈能有所裨益于選政哉。竊嘗取天下官人之額而計之，京省大小之職，不啻二萬有奇，而士之由甲榜進身者，三年之中，不過百五十人耳。以百五十人之數，任此二萬有奇之官，卽參之以科貢，亦當沛然有餘，而今若是其壅遏者，乃他途之濫有以使之也。他途濫則正途不得不滯，不清他途之濫，而徒欲減正途之額，以求通于滯之中，其可得乎。至于京職候補者，其人固已積日累功以致此一旦，今徒以缺少而概補外員，則既無以酬服官之勞，而後之爲國任事者，亦無所望于超遷，而生其激發之念矣。夫濫升擢之名，而滯得官之實，則何如廣授任之門，而慎登進之始哉。然而議者必曰：京職少而選人多，其不得不滯者勢也，而他途竝進之法，又所以破科目之痼疾，安得盡闢之以待天下之士乎。愚以爲京職既少矣，今獨以主政一官，待天下郡縣吏，毋乃少而益少歟。謂宜少廣其途以示風厲也。至于科目之弊，患在得人之不精，而以他途混淆之，又未必其有濟。何則？擇人以識不以法也。識不足以知人，而徒曰吾有兼收之法焉，竊恐法立而人猶是矣。故夫今日之銓政，但當嚴核于正途之中，而不必任他途之濫，以滯正途。但當廣開其候補之門，而不可任改授之濫，以滯進取。如曰救滯之法，莫善于不次用也，則今之員多缺少，久已患之，豈可復開多門，以待巧進。若巧者侵奪已甚，則拙者迫怵無聊，其滯當有更甚于今者矣。蓋不次用人，可以救滯于滯，而不可救滯于濫。今天下之滯，以濫而滯者也。故愚願執事之除其濫焉。

清·陸隴其《三魚堂集·外集》卷三《銓政》 人才不患其壅滯也。天下之才無窮，而朝廷之官有限，以有限之官，給無窮之才，前後相守，歷歲月而不能卽登庸者勢也。是惟上之人有以鼓舞之，使已仕者樂於其職，而不見有升轉之難。未仕者安於在下，而不覺其選授之遲。上之人徐擇而用之，才愈多則官益得人，用之愈遲，則天下之才益磨厲，而有以效於上，故鼓舞之道得，則壅滯之端泯。善用才者，患無以鼓舞之，不患無以疏通之也。自古人才之多者，莫如三代，建官之少者，又莫如三代。然三代之時，不聞有壅滯之患者，無他，鼓舞之道得焉耳。後世之人才非加多於三代也，建官非加少於三代也，然而常患其壅滯者，無他，鼓舞之道失焉耳。今國家選法，初授者以考定先後為序，升遷者以歷俸多寡為序，一出於至公矣。乃出缺有限，選途日艱，宜執事鰓鰓以壅滯為慮，而欲求疏通之法，為鼓舞之道也。然愚以為，今日之銓政當以鼓舞為疏通，不必以疏通為鼓舞。鼓舞之道莫若於循格之中行破格之典，使中才不得越次而進，以守銓法之常，而英流間得超擢以登，以通銓法之變，天下之士將爭自磨厲，以求赴上之意，而不見有壅滯之形。竊以為凡今在籍候選之人，宜令所在督撫，每歲各以其職業考之，舉其最者一人，上送吏部，使得越次而選，而郡縣有司，亦令督撫歲舉其最者一人，使得越次而升。越次而選者，一省不過歲一人，既無礙於選法之常，而英流之士，得以及鋒而用，中才者亦將勉自滌勵，而不至於委靡自棄。選授之期雖遙，而皆有旦夕可升之望，則不見其遙。升轉之途雖難，而皆有旦夕可升之望，則不見其難。如此，尚何壅滯之足慮哉。此所謂於循格之中行破格之典，以鼓舞為疏通者也，今日銓政之要也。若夫就疏通言疏通，則又有其道矣。一曰入仕之途宜清也。夫今仕路之所以壅者，以流品之太雜也。自科目而外，有任子，又有例監，有投誠，有府史雜流，此固朝廷所以廣用人之途，而不可偏廢也，然其中豈無冒濫，而當核者乎。宜嚴其例，使一才一藝，皆得踴躍於功名，而不至開僥倖之門。一曰考課之典宜嚴也。夫不肖者安於其位，則賢才不得上升。宜令督撫察所屬，貪汙者不時糾參，而考課之時，不特一二等之擢者，不得濫施，即平常留任者，亦必奉身寡過，有吏習民安之便，而後使之久於其任。一曰辟召之法宜參用也。漢法長官得自辟曹掾，一時文學才俊之士，皆出其中。宜倣其制，令天下長官，得辟有出身士人為掾吏，既可息姦猾之風，而士之未就職者，亦得少展其才。此三者，皆今日疏通選政之道也。

清・賀長齡等《清經世文編》卷一七《吏政・銓選・任源祥〈銓法〉》 方今銓政，當講求畫一以定。一代之制，當隨宜變通，以收得人之效。何也？凡國家數世而後，貴於遵守而不貴於紛更。今雖守實創，正講求畫一之時也。凡開闢草昧之初，利用一切之法以整齊天下，而未暇揆其至當。今雖創亦守，正權宜通變之時也。嘗閱邸報，於銓政中大小節目，或屢更而著為例，或采臺諫議而斷自宸衷。如寄憑候選，順治來屢變不一，今定例投供點卯，以免參差。又憫候選之苦，一議截留，再議折半，所以重官守而體人情。舊例三途而外，惟生員得升正印，今更定吏員准貢監例，俱升正印，所以破資格而求異能。舊例選期錯出，今更定雙月授補，單月推升，所以絕那移而專視聽。六部互升，官如傳舍，今更定司屬於本部內升轉，所以習職掌而責成功。至於停薦劾，停考選，停大計，皆所以靜奔競而期實效。詳慎如此，復何議哉。然亦有見於廷議而未行者，愚請得而申之。一曰科道之改授宜酌也。科道職司言路，必使品行卓犖，敭歷時務者居之。舊例行取考選，出自睿裁，今惟論俸，以道府之郎中挨補，非設官本意。應如臺臣趙玉堂、張所志疏內事理，或仍行取推知考選，推知所升之中行評博改授，庶為得體。一曰內院中書之初授宜慎也。內院中書，係貢監生員加授職銜，舊例不以別衙門升用，今定得升主事府同知，與推知所升之中書科中書無別。夫撰文典籍，誠為近侍積勤，所當優擢，然既優其擢，當慎其選，合無如臺臣高而明、吳愈聖疏內事理，或與中行評博一體推授，或由推知升補，庶得其平。一曰外吏宜久任也。六部久任，仍可責成，本部升轉，已經允行，而有司膺民社之責，猶席不暇煖，即長才安所見乎。宜取江撫韓世琦所請留任三年之說，酌而行之，奏最必多也。一曰州縣宜更調也。地方之難易不同，材力之長短迥別，用違其材則兩受其弊，人地兩宜則並奏其效，各省督撫郎廷佐等紛紛入告，不約而同，宜酌而從之，成效必速也。而愚則更有說焉，掣籤之例，起於萬曆末年，當時有籤部之譏，今乃以掣籤為典要，非特初授掣籤，候補亦掣籤，推升亦掣籤，堂司監掣，科道監掣，凡以遠嫌疑，告無罪而已。嗟乎！朝廷所賴於冢宰者，謂其能遠嫌疑告無罪已乎。冢宰之職，惟遠嫌疑告無罪，遂為勝任而愉快乎。為官擇人，其誰之職乎。豈知人本不可學，而冥行聽數，亦有得半者乎。無已請於地類其衝者僻者，於人類其傑者庸者，分而掣之可乎。籤補籤升，亦於事酌其大小緩急，類而掣之可乎。語云：國爾忘家，公爾忘私。當此講求詳慎之時，任事者果不以私家為念，則嫌疑不必避，而惟以人事君之是圖，上亦稍寬其文法，而一代之制可定，得人之效可觀矣。

又《王心敬〈答問選舉〉》 或問選授外官之宜。答曰：自前代議法者曲生防範，設為本省人不得官本省之例，雖佐貳微員，倉巡賤職，亦不得仕於本省，其意蓋謂本省官本省，地近鄉邇，不特本官有私礙之情，亦莅事有難行之法耳。然究之所防之弊，正有出於所防之外，而中間隱伏十弊，重為國計民生士氣吏治之患害者匪淺也。十弊云何？其一，海內幅員萬里，以極南之人遇極北缺，極西之人遇極東缺，路途甚有在七八千里外者，縱令妻子眷數至少，亦且不下八九口十餘口人。況等而上之，自二十口以至三十口者往往有之。即初一赴任而費已不貲，又無論歲中必一一探候父母，顧盼全家之費矣。方其積年往來京師，非變易產業，便借貸親知，不但科貢從寒士出身為然，即廕生捐納，亦往往一赴遠任，即債累滿身矣。夫甫入仕途，而有滿身之債負，雖欲廉以莅官，而不能自遂其本心。官一不廉，而害不且隱中於國家歟。其二，吏為士民師表，首宜使之敦崇教道，作風化之倡。今有如兩親已老，更無昆弟，而一選遠地，即平日至性天成之士，不能不違其本心，而離親獨往，當亦非國家教孝之道也。其三，一選遠方，語言不通，官民上下之情，俱賴通於積年供役之侍吏，雖至明者，初至必受蒙籠欺詐之弊，更若書生即終一任，而上下均受其愚弄者，難以意量，是官與民俱受害也。其四，南北風氣迥殊，一選遠地，往往飲食起居不宜，有去以十餘口而歸僅四五口，甚且有本官不免者，是害在身家也。其五，則路途一遠，行程必淹滯時日，即曠廢職業之弊多，是害在廢職曠業也。其六，一選遠地，新舊相接，當不能一一交手，中間必加一署事之員，即此地之百姓，隱受其弊者，其端必衆，是害在百姓也。其七，本官有長路跋涉之苦，是害在本官之勞於無益也。其八，本衙之役胥，有遠接虛耗之費，是害在本官，又被於本衙役胥也。其九，則屬在大吏，夫馬騷擾之費，即不可言，是害在驛遞也。第十，則吏之能奏善治者，由於洞悉地方之利害情形耳，地境一遠，一切事情，素不能知，必當官而後問以知之，問果能盡此邑之情形乎。且邊缺升轉，大約在三四年內，故遠任之員，至有官階已轉，而尚不盡悉其州邑之情事者，此之為弊，又可勝言哉。欲變其弊，初無難事，亦祇依三單之法而善行之，即以十五省分南北中為三單，北單盛京、山東、山西、河南、陝西五省，中單江南、浙江、江西、四川、湖廣五省，南單雲南、貴州、福建、廣東、廣西五省，除督撫特差，邊將重任，司道府尹大寮，但論才識，不分南北外，其餘文自五品以下，武自四品以下，三單各自論俸，不得以極南人任極北缺，極北人任極南缺。惟是中單盡可通融，然通融者亦止於千五百里，甚至二千里為度，亦不可過於此限，庶幾公私盡便，中間暗收無窮之利耳。且古不但不避近省，亦且不避本省，無論昔之魯人仕魯，齊人仕齊，古有故事，又無論昔之朱買臣、張鎮周皆守本郡，范文正公昔亦曾守蘇州。前代更有成例，不一而足。且如本朝北京人皆仕王朝，各省中式武科，與行伍大小武員，本省無不任其試用，亦不聞盡屬扶同徇私，情法拘礙也。即盛京而天下可推，即武員而文員可推，即前事而後事可推，況下至佐貳，不過分令長之一臂，更至倉巡，其實下同役胥里正，而必隔省除授，遷轉於越省數千里外哉。故文官五品以下，武員四品以下，即不遇本省應得之缺，以千百里為衡，而佐貳以及倉巡，則應止以五六百里內外，為衡斯情理允協也。

又《田從典〈疏通選法疏〉》 臣謹題：為銓政原有定例，用人必在及時，謹陳舉貢壅滯亟求選法疏通事。臣聞帝王之治天下，使天下之人，皆踴躍鼓舞，自奮於功名，而國家因以收用人之效，則惟銓政之疏通使之也。夫天之生材，原足供一代之用，特是當其時而用之，雖偏長可與奇士爭能；而過其時而用之，即豪傑將與庸衆同伍。古之用人不拘資格，逮後世以資格用人，而先後多寡之間，乃至於壅滯，而人材遂困。然行之既久，未便驟更，按其額數，斟酌變通，不至紛更破例，而有疏通之實。我皇上闢門籲俊，連茹彙征，而又卓異之舉，時聞優者升以不次，寬大之詔屢下，過小予以更新。至於慎捐納必廷臣屢請，而後暫得舉行，疏正途則額數較多，而又永著為例，固已人思自奮，士慶彈冠矣。而臣猶有請者，則以舉貢一途，尚多壅滯，所當急議變通者也。夫往者進士嘗壅滯矣，疏之而已通。舉貢又壅滯矣，疏之而未即通，其故何也？今以選法論之，十七人為一班，推升捐納共得其七，進士舉貢共得其十，不為不多矣。然舉貢以兩途而得五人，不特少於進士，亦並少於推升捐納，何也？推升捐納人數即多，度不至如歷科揀選之舉人，動以千計，其途已自相壅滯矣，而又益以歷科之恩拔歲副貢生，至後之積薪者，又不可以數計，選法安得而不日滯，士氣安得而不日損乎。又其甚者，舉貢名為分選，而實則有停選之時，何者？今吏部選法，舉貢悉依科分前後，宜矣。而於每科舉人之後，附以教習貢生，舉完則及於貢，貢完則再及於舉，則當舉人挨選之時，而貢生曾不預其一，及輪至貢生挨選之際，而下科之舉人又曾不得預其一，其間豈無非常之士，率皆坐困於閒居之歲月，而不得以自表見於聖明之世。即幸而一綰半通，大概皆遲暮之年，甚可惜也。夫士之有老與少，猶日之有朝與暮也。今乃不用其朝氣，而用其暮氣，人材可惜不待言也。皇上待舉貢與進士一體，而壅滯若是者，則以選法定議之時，未能仰體上意，一通融其法耳。法不通融，則雖舉人揀選之例，無論由五科減為三科，即令其一科揀選，盡如邊省之例，而亦曾何與於選法之數乎。臣查舊例選法，以十三人為一班，後加至十七人，夫加則曷不可屢加也。合無量加一人，以十八人為率，使舉貢共得六人，而又將舉貢分而二之，使舉得其四，貢得其二，無使舉貢有偏枯之時。至科分挨次，悉如舊例，庶每選有舉，每選有貢矣。所謂不至紛更破例，而有疏通之實者此也。或曰：班數行之已久，永為定例，今特以舉貢之故而增人，若別途俱請增數，奈何？臣謂不然，夫若合舉貢之人數，與別途分晰較之，雖加猶為少也。今進士推升，俱得其平，無論矣。至捐納一途，多出勢豪之家，非有才能素著，而朝出貲而暮綰綬。皓首窮經之儒，終年戚戚，即諒增其數，彼更何説乎？此斷宜急變通者也。惟祈睿鑑施行。

考核制度分部

綜　述

《元史》卷一二《世祖紀九》（至元十九年夏四月丙辰）定內外官以三年為考，滿任者遷敍，未滿者不許超遷。

又　卷一五《世祖紀十二》（至元二十五年春正月）癸丑，詔：『行大司農司、各道勸農營田司，巡行勸課，舉察勤惰，歲具府、州、縣勸農官實迹，以為殿最。路經歷官、縣尹以下並聽裁決。或怙勢作威侵官害農者，從提刑按察司究治。』

又　卷一六《世祖紀十三》（至元二十八年二月）丙戌，詔：『改提刑按察司為肅政廉訪司，每道仍設官八員，除二使留司以總制一道，餘六人分臨所部，如民事、錢穀、官吏姦弊，一切委之。俟歲終，省、臺遣官考其功效。』

又　卷二一《成宗紀四》（大德八年三月戊辰）中書省臣言：『自內降旨除官者，果為近侍宿衛，踐履年深，依已除敍。嘗宿衛未官者，視散官敍，始歷一考，准為初階。無資濫進，降官二級，官高者量降。各位下再任者，從所隸用，三任之上，聽入常調。蒙古人不在此限。』從之。

又　卷三四《文宗紀三》（至順元年六月）癸巳，御史臺臣言：『宣徽院錢穀，出納無經，以上供飲膳，冒昧者多，不稽其案牘，則弊日滋。宜如舊制，具實上之省部，以備考覈。』從之。

又　卷八四《選舉志四·考課》　凡隨朝職官：至元六年格，一考升一等，兩考通升二等止。六部侍郎正四品，依舊例通理八十月，升三品。左右司郎中、員外郎、都事，考滿升二等。六部郎中、員外郎、主事，三十月考滿升一等，兩考通升二等。

凡官員考數：省部定擬：從九品擬歷三任，升從八。正九品歷兩任，升從八。正八品歷三任，升從七。從七歷三任，呈省。正七歷兩任，升從六。從六品通歷三任，升從五。正六歷兩任，升從五。從五轉至正五，緣四品闕少，通歷兩任，須歷上州尹一任，方入四品。內外正從四品，通理八十月，升三品。

凡取會行止：中統三年，詔置簿立式，取會各官姓名、籍貫、年甲、入仕次第。至元十九年，諸職官解由到省部，考其功過，以憑黜陟。大德元年，外任官解由到吏部，止於刑部照過，將各人所歷，立行止簿，就檢照定擬。

凡職官迴降：至元十九年，定江淮官已受宣敕，資品相應，例升二等遷去。江淮官員依舊於江淮任用。其已考滿者，並免回降。不及考者，例存一等。有出身未合入流品受宣者，任迴，三品擬同六品，四品擬同七品，正從五品同正八品；受敕者，正從六品同從八品，七品、八品同正從九品，正從九品同提領案牘、巡檢。無出身及白身人受宣者，三品同七品，四品同八品，正從五品同正九品；受敕者，正從六品同從九品，七品、八品同提領案牘、巡檢，正從九品擬院務監當官。其上項有資品人員，再於接連福建、兩廣溪洞州郡任用，擬升一等。兩廣、福建，別議升轉。至元十四年，都省未注江淮官已前，創立官府，招撫百姓，實有勞績者，其見受職名，若應受宣者，三品同七品，四品、五品擬同八品；若應受敕者，正從六品同正從九品，其七品、八品擬同提控案牘、巡檢，正從九品擬同院務監當官。無出身不應敘白身人，其見受職名，應受宣者，三品同八品，四品、五品同九品；應受敕者，正從六品同提控案牘、巡檢，七品以下擬院務監當官。其上項人員，若再於接連福建、兩廣溪洞州郡任用，擬升一等。兩廣、福建，別議升轉。至元十四年已後，新收撫州郡、准上例定奪。前資不應又升二等遷去江淮官員，任迴，擬定前資合得品級，於上例升二等，止於江淮遷轉，若於腹裏任用，並依上例。七品以下，已歷三品、四品者，比附上項有出身未入流品人員例，從一高。前三件於見擬資品上增一等銓注。二十一年，詔：『軍官轉入民職，已受宣敕不曾之任者，擬自準定資品換授，從禮任月日為始，理算資考升轉。若先受宣敕已經禮任，資品相應者，通理月日升轉外，據驟升人員前任所歷月日除一考外，餘月日與後任月日依準定資品通理升轉，不及考者，擬自準定資品換授，從禮任月日為始，理算資考升轉。腹裏常調官，除資品相應者依例升轉外，有前資未應入流品受宣敕者，六品以下人員，照勘有無出身，依驗職事品秩，自受敕以後歷一考者，同江淮例定擬，不及考者，更升一等。五品以上人員，斟酌比附議擬，呈省據在前已經除授者，任迴通理定奪。』

凡吏屬年勞差等：至元六年，吏部呈：『省部譯史、通事，舊以一百二十月出職，今案牘繁冗，合以九十月為滿。』【略】

凡吏員考滿授從六品：至元九年，省准：『省令史出身，中統四年已前，六品升遷，已後七品除授，至元之後，事繁責重，宜依準中統四年已前考滿一體注授。』【略】

凡吏員考滿授正七品：至元九年，部擬：『院、臺、大司農司令史出身，三考正七品。一考之上，驗月日定奪。一考之下，二十月以上為從八品；十五月以上正九品；十五月以下，十月之上為從九品，添一資，歷十月以下為巡檢。』【略】

凡吏員考滿授從七品：至元六年，省擬：『部令史、譯史、通事人等，中統四年正月以前收補者，擬九十月為滿，注從七品，回降正八一任，還入從七。以後充者，亦擬九十月為滿，正八品，仍免回降。』【略】

凡吏員考滿授正八品：至元十一年，省議：『祕書監從三品，令史擬九十月出為正八品，自用者降一等，有闕諸衙門考滿典吏內補填。』【略】

凡吏員考滿授正九品：至元二十年，省准：『宮籍監係隨朝從五品，令史擬九十月正九品，例革人員，驗月日定奪，自行踏逐，降一等。』【略】

凡吏員考滿除錢穀官、案牘、都吏目：至元十三年，吏、禮部言：『各路司吏四十五以下，以次轉補按察司書吏。補不盡者，歷九十月，於都目內任用；六十月以上，於吏目內任用。』【略】

凡通事、譯史考滿遷敘：至元二年，部議：『雲南行省極邊重地，令譯史等人員，擬二十月為一考，歷六十月，准考滿敘用。』

《明史》卷七一《選舉志三》 考滿、考察，二者相輔而行。考滿，論一身所歷之俸，其目有三：曰稱職，曰平常，曰不稱職，為上、中、下三等。考察，通天下內外官計之，其目有八：曰貪，曰酷，曰浮躁，曰不及，曰老，曰病，曰罷，曰不謹。

考滿之法，三年給由，曰初考，六年曰再考，九年曰通考。依《職掌》事例考覈升降。諸部寺所屬，初止署職，必考滿始實授。外官率遞考以待覈。雜考或一二年，或三年、九年。郡縣之繁簡或不相當，則互換其官，謂之調繁、調簡。

洪武十一年命吏部課朝覲官殿最。稱職而無過者為上，賜坐而宴。有過而稱職者為中，宴而不坐。有過而不稱職者為下，不預宴，序立於門，宴者出，然後退。此朝覲考覈之始也。

十四年，其法稍定。在京六部五品以下，聽本衙門正官察其行能，驗其勤怠。其四品以上，及一切近侍官與御史為耳目風紀之司，及太醫院、欽天監、王府官不在常選者，任滿黜陟，取自上裁。直隸有司首領官及屬官，從本司正官考覈，任滿從監察御史覆考。各布政使司首領官，俱從按察司考覈。其茶馬、鹽馬、鹽運、鹽課提舉司、軍職首領官，俱從布政司考覈，仍送按察司覆考。其布政司四品以上，按察司、鹽運司五品以上，任滿黜陟，取自上裁。內外入流并雜職官，九年任滿，給由赴吏部考覈，依例黜陟。果有殊勳異能、超邁等倫者，取自上裁。

又以事之繁簡，與歷官之殿最，相參互覈，為等第之升降。

其繁簡之例，在外府以田糧十五萬石以上，州以七萬石以上，縣以三萬石以上，或親臨王府都、布政、按察三司，并有軍馬守禦，路當驛道，邊方衝要供給處，俱為事繁。府糧不及十五萬石，州不及七萬石，縣不及三萬石，及僻靜處，俱為事簡。在京諸司，俱從繁例。

十六年，京官考覈之制稍有裁酌，俱由其長開具送部覈考。十八年，吏部言天下布、按、府、州、縣朝覲官，凡四千一百一十七人，稱職者十之一，平常者十之七，不稱職者十之一，而貪汙闒茸者亦共得十之一。帝令稱職者升，平常者復職，不稱職者降，貪汙者付法司罪之，闒茸者免為民。永、宣間，中外官舊未有例者，稍增入之。又從部議，初考稱職、次考未經考覈、今考稱職者，若初考平常、次考未經考覈、今考稱職者，俱依稱職例升用。自時厥後，大率遵舊制行之。中間利弊不可枚舉，而其法無大變更也。

考察之法，京官六年，以巳、亥之歲，四品以上自陳以取上裁，五品以下分別致仕、降調、閒住為民者有差，具册奏請，謂之京察。自弘治時，定外官三年一朝覲，以辰、戌、丑、未歲，察典隨之，謂之外察。州縣以月計上之府，府上下其考，以歲計上之布政司。至三歲，撫、按通核其屬事狀，造册具報，麗以八法。而處分察例有四，與京官同。明初行之，相沿不廢，謂之大計。計處者，不復敍用，定為永制。

洪武四年命工部尚書朱守仁廉察山東萊州諸郡官吏。六年令御史臺御史及各道按察司察舉有司官有無過犯，奏報黜陟，此考察之始也。洪熙時，命御史考察在外官，以奉命者不能無私，諭吏部尚書蹇義嚴加戒飭，務矢至公。景泰二年，吏部、都察院考察當黜退者七百三十餘人。帝慮其未當，仍集諸大臣更考，存留者三之一。成化五年，南京吏部右侍郎章綸、都察院右僉都御史高明考察庶官。帝以各衙門掌印官不同僉名，疑有未當，令侍郎葉盛、都給事中毛弘從公體勘，亦有所更定。

弘治六年考察當罷者共一千四百員，又雜職一千一百三十五員。帝諭：『方面知府必指實迹，毋虚文泛言，以致枉人。府州以下任未三年者，亦通核具奏。』尚書王恕等具陳以請，而以府、州、縣官貪鄙殃民者，雖年淺不可不黜。帝終謂人才難得，降諭諄諄，多所原宥。當黜而留者九十餘員。給事、御史又交章請黜遺漏及宜退而留者，復命吏部指實迹，恕疏各官考語及本部訪察者以聞。帝終以考語為未實，諭令復核。恕以言不用，且疑有中傷者，遂力求去。至十四年，南京吏部尚書林瀚言，在外司府以下官，俱三年一次考察，兩京及在外武職官，亦五年一考選，惟兩京五品以下官，十年始一考察，法大闊略。旨下，吏部覆請如瀚言，而京官六年一察之例定矣。

京察之歲，大臣自陳。去留既定，而居官有遺行者，給事、御史糾劾，謂之拾遺。拾遺所攻擊，無獲免者。弘、正、嘉、隆間，士大夫廉恥自重，以掛察典為終身之玷。至萬曆時，閣臣有所徇庇，間留一二以撓察典，而衛臣水火之爭，莫甚於辛亥、丁巳，事具各傳中。黨局既成，互相報復，至國亡乃已。【略】

武之軍政，猶文之考察也。成化二年令五年一行，以見任掌印、帶俸、差操及初襲官一體考核。十三年令兩京通考以為常。五府大臣及錦衣衛堂上官自陳候旨，直省總兵官如之。在內五府所屬并直省衛所官，悉由巡視官及部官註送；在外都司、衛所官，由撫、按造册繳部。副參以下，千户以上，由都、布、按三司察註送撫，咨部考舉題奏。錦衣衛管戎務者倍加嚴考，南、北鎮撫次之。各衛所及地方守禦并各都司隸巡撫者，例同。惟管漕運者不與考。

清・昆岡等［光緒］《清會典》卷一一《吏部・考功清吏司》 考覈吏之治，京官曰京察，外官曰大計。京察：有列題，尚書、侍郎、左都御史、副都御史、內閣學士兼禮部侍郎銜為一本，總督、巡撫為一本，由吏部繕履歷清單具題，候旨定奪。總管內務府大臣非由部院兼任者，亦照尚書侍郎之例進呈履歷。有引見，三品以下京堂及內閣侍讀學士、翰林院侍讀學士、侍講學士、左右春坊庶子，由吏部繕履歷清單引見。內務府三院卿員，將履歷清册，造送吏部，隨各衙門一體引見。奉天府尹、府丞引見與否，於京察本內請旨。有會覈。翰、詹、科、道、司官、小京官、中書、筆帖式，皆由本衙門註考，吏部會同大學士、都察院、吏科、京畿道定稿，繕等第黄册具題。大計：有考題，布政使、按察使。由督撫出考咨部。彙覈具題。候旨定奪。有會覆，各省及河員道以下，鹽員運使以下，由督撫、河督分應舉、應劾為二本具題。順天府所屬四路廳同知，二十四州縣正佐各官，由該府尹分別舉劾，移行直督，歸大計官具題，吏部會同都察院、吏科、京畿道，考覈題覆。三歲則舉行焉。京察於子卯午酉年舉行，凡由各衙門出考者，皆三月十五日以前送部。大計以寅巳申亥年舉行，凡由督撫舉劾者，皆以上年十二月內具題。其屆期督撫新任，而舊任官已覈定者，即密交代題。如距期尚遠，未覈定者，准奏請展限。藩司到任未及三月，舊任官未覈定者，亦准奏請展限三月。如舊任官已覈定者，即列舊任官銜名，用印代送，不展限。至臬司道府直隸州知州到任未及三月，如舊任官已覈定者，即列舊任官銜名，用印代送。未覆定者，即以無憑考覈申轉，不展限。

凡京察：堂官察其屬之職而註考焉，一等曰稱職，二等曰勤職，三等曰供職，乃定以四格：一曰守，有清，有謹，有平。二曰才，有長，有平。三曰政，有勤，有平。四曰年，有青，有壯，有健。以別其等而送部。守清，才長，政勤，年或青或壯或健，為稱職，列為一等。守謹，才長，政平，或政勤，才平，年或青或壯或健，為勤職，列為二等。守謹，才平，政平，或才長，政勤，守平，為供職，列為三等。無格，則以考別其等，太常寺所屬各壇廟奉祀、祀丞，四品五品六品官，贊禮郎，協律郎，讀祝官，司樂署丞，禮部所屬堂子七品八品官，鑄印局大使，鴻臚寺所屬鳴贊、序班，各陵寢贊禮郎、讀祝官，欽天監所屬五官正、中官正、春官正、夏官正、秋官正、冬官正、博士、司書、靈臺郎、監候、挈壺正、司晨，太醫院所屬御醫、八品九品吏目，皆不註四格。奉祀等官，以禮儀是否嫺熟，行走是否敬謹。鳴贊等官，以舉止是否安詳，音節是否洪暢。欽天監官，以數學是否精研。太醫院官，以醫理是否通曉。填註考語，分別稱職、勤職、供職，定一二三等。及會覈，一等者，二等三等之踰齒限者，京察二等三等者，年踰六十五，另班引見；太常寺四五品官年老者，不引見。皆引見以候旨，凡入於六法者，則劾。

凡大計：藩臬道府州縣，遞察其屬之職，州縣察其屬出考詳府，直隸州之屬縣，亦察其屬出考詳直隸州知州。知府直隸州知州，復徧察其屬出考詳道，直隸廳亦察其屬出考詳道。道復徧察其屬出考移司，司彙覈加考詳總督巡撫。河員則河廳察其屬出考詳管河道，河道復徧察其屬出考詳河道總督。鹽員則運使察其屬出考詳總督巡撫兼鹽政者，無運使省分，由鹽道詳該管總督巡撫。而申於總督巡撫。總督巡撫，乃偏察而註考焉。卓異者，必按其事而書於册，如無加派，無濫刑，無盜案，無錢糧拕欠，無虧空倉庫銀米，境内民生得所，地方日有起色之類。及題，則報部。凡官供職者，皆註考而咨焉。不入舉劾官，知縣以上，錢糧倉庫註其收管無虧，居官註其守才政年，該管上司申於總督巡撫，註考咨部。及會覆，卓異官知縣而上，皆引見以候旨。凡入於六法者，則劾。

凡京察一等，大計卓異，皆曰舉。未踰年限者，不舉；京察官丁憂告病坐補原衙門者，以到任踰半年為限，由別衙門升調官，及由外省升補者，以到任踰一年為限。若出差回任，及告假依限回任者，皆不扣年限。其告假違限者，回任後亦扣到任半年之限，未踰限者，不准列入一等。非歷俸滿者，不舉；京察官到任已踰年限者，前後所歷之俸，皆准接算，以歷俸三年為俸滿。其廢員起用，非本案開復，不勝道府改補京職，外任滿洲官親老改補京職者，前俸不准接算。部院議敘官生出身之員，以歷俸五年為俸滿。其先經行走期滿奏留又踰三年得缺，及奏留後未踰三年得缺而免試俸者，仍以歷俸三年為俸滿。奏留後未踰三年得缺未免試俸者，以歷俸四年為俸滿。其議敘官生出身之筆帖式，刑部司獄，五城兵馬司指揮、副指揮、吏目，仍以歷俸三年為俸滿。凡非歷俸滿者，不准列入一等。大計官均以歷俸三年為滿俸，其計俸題署之員，以引見後到任之日為始。升署之員，以實授之日為始。凡在本省前後所歷之俸，皆准接算，別省所歷之俸，不接算，非歷俸滿者，不准卓異。革職留任者，與錢糧之未完者，不舉；大計官有降級罰俸處分，仍准卓異。至有革職留任處分，及錢糧未清者，皆不准卓異。惟兼三兼四要缺官，或並非兼三兼四要缺在本省歷俸至五年以上，有錢糧未清者，經薦舉卓異，會覈時以應否引見請旨。其大計官前任及署任内，正項錢糧未完，已經卸事，無論曾否照離任官議結，俱准卓異。滿洲官不射布靶，與清語之不習者，不舉；凡滿洲派出隨圍之員，應射布靶，有託故不射者，皆註册，遇下届京察，不准列入一等。其不能清語者，京察亦不准列入一等。來京候簡官因案降補京職，及病痊改内用者，不舉。藩臬以上奉旨來京另候簡用之員，適因案降補京職，不准保送一等。外官告病開缺，病痊應坐補原缺，而奉旨内用者，亦不准保送。舉者，京官七而一，筆帖式八而一，道府廳州縣十有五而一，佐雜教職百三十而一，以是為率焉。【略】

六法：一曰不謹，二曰罷輭無為，三曰浮躁，四曰才力不及，五曰年老，六曰有疾。凡京察及大計，皆按其實而劾之。不謹者，浮躁者，則令著其事，及覆覈，乃處分焉，不謹者，罷輭無為者，革職。浮躁者，降三級調用。才力不及者，降二級調用。年老者，有疾者，休致。令送部以引見。京察六法官，皆引見。大計六法官，知縣以上交代清楚，限六月由總督巡撫給咨送部引見，踰六月者毋庸送部。年老有疾不能來京者聽。凡官貪者、酷者，則特參，不入於六法。

凡京察題者，引見者，有旨議敘則議，會覈者，一等則加一級。若記名，則令堂官加考引見以備外用。凡京察一等引見記名，交本衙門堂官再加考語，覆行引見。一等人員有老親年踰六十者，於初次引見圈出後，由原衙門呈明留養，移咨吏部扣除。如未經記名，覆帶時，亦照此例扣除。大計卓異則註册，引見者，得旨，則加一級回任候升焉。

凡官年老告休者，則令致仕。大臣予告者，或加銜，或食俸，皆出特恩，示優異焉。

凡京官有疾則告。滿洲官告病，准在家調治六月，踰六月則開缺。漢官告病，准開缺回籍調治。滿洲、蒙古、漢軍官，有故出京，則告。除程限外，假期不得過四月。漢官省親者，侍親以行者，修墓若遷葬者，娶者，則告。除程限外，假期不得過四月。既事，各返其衙門以供職。外官有疾，則告。及起復，乃坐補。外官道府廳州縣告病者，具題解任。州同以下官告病，咨部解任。及病痊起復，皆令其坐補原缺。

論説

《元史》卷一一二六《廉希憲傳》 又建言：『國家自開創已來，凡納土及始命之臣，咸令世守，至今將六十年，子孫皆奴視部下，都邑長吏，皆其皂隸僮使，前古所無，宜更張之，使考課黜陟。』始議行遷轉法。

又 卷一六三《馬亨傳》 未幾，朝廷以考課檄諸路轉運司，至則并轉運司入總管府，咸奪其制書，授亨工部侍郎、解鹽副使。亨乃上言：『以考課定賞罰，其人甫集，而一切罷之，則是非安在？宜還其命書，俾仕者有所勸勉。』從之。

又 卷一七三《崔彧傳》 與中書平章政事麥術丁奏曰：『近者，桑哥當國四年，中外諸官，鮮有不以賄而得者。其昆弟故舊妻族，皆授要官美地，唯以欺蔽九重、朘削百姓為事。宜令兩省嚴加考核，凡入其黨者，皆汰逐之。其出使之臣，及按察司官受賕者，論如律，仍追宣敕，除名為民。』

又 《馬紹傳》 桑哥集諸路總管三十人，導之入見，欲以趣辦財賦之多寡為殿最。帝曰：『財賦辦集，非民力困竭必不能。然朕之府庫，豈少此哉。』紹退至省，追録聖訓，付太史書之。

明·陸粲《陸子餘集》卷五《去積弊以振作人材疏》 一、慎考察。臣嘗見故大學士丘濬所著《大學衍義補》中論考察之弊，最為明切。濬之言略曰：本朝三年一朝覲，天下司府州縣，各齎須知文册來朝，六部都察院行查其所行事件，有未完者，當廷劾奏以行黜陟。近因選調積滯，設法疏通，輒憑巡按御史開具揭帖，不復稽其實迹，立為老疾、罷軟、貪酷、素行不謹等名以黜之，殊祖宗初意。按舊制官員給由到部，考得平常，及不稱職者，亦皆復任，必待九年三考，然後黜降。其有緣事降職除名，亦許伸理，其愛惜人才而不輕棄絶如此。彼哉何人，立為此等名目，加以空文。如死後節惠之謚，使受此曖昧不明之惡聲，没齒齎恨，何以厭服其心乎！伊尹曰：一夫不獲時，予之辜。使天下失職之人，布滿郡縣，豈朝廷之福哉！臣按濬此言，深中近世考察之弊。惟今天下所造須知文册，止是空文，部院雖或行查，亦不過虛應故事，其前項不謹等名目，行之既久，誠難猝變。然以祖宗之良法美意，彼妄庸者一朝而易之如反掌，況此等弊法，苟欲改革亦何難之有。至於所謂考語者，大抵駢四儷六，兩可難辨之詞。夫古之聖賢猶不能以一言蓋一人，今區區數語，欲盡夫人之情狀難矣，況未必盡公乎。若謂官吏賢否，吏部所知有限，不得不屬諸巡按，亦當使明著其迹。如昔人所謂，某人廉吏也，有某事以知其廉。某人能吏也，有某事以知其能。仍計其所開報之虛實多寡，以為巡按之殿最，則皆知所警懼，不敢以喜怒之私，上下其手，使公道昭明，黜陟惟允，賢者不至於失職，而不肖者亦無所苟容，其為國家之益大矣。

明·高拱《高文襄公集》卷九《公考察以勵衆職疏》 查得歷年考察調黜官員，多循以往定數，甚至掇拾曖昧之事以充之，且慮數有不足，乃將半載以前被劾官員，不行題覆，候臨期湊補，此皆本部累年之積弊也。臣等竊惟人才之在天下，賢與不肖豈有一定之數，而國家用人，見賢卽進，見不肖卽退，亦豈有明知不肖，留以備斥之理。至其所謂不肖，必是大姦大惡，殘民害政者，乃可當之，而細微之過，人所皆有，隱昧之事，人所難明，固不必虞羅乎此也。況考察之典，所以懲汰官邪，風示有位，所關至爲重大，而數十年來，每遇考察，其懲汰之數，大較前後不相上下，以是襲爲故常。其數既足，雖有不肖者姑置勿論；其數不足，雖無不肖者强索以充，可謂謬矣。乃其稱爲不肖者，又多苛求隱細苟應故事，而所謂大姦大惡者，或有所不敢問而佯若不知，或有所不能識而反稱高品，縱豺狼於當路，覓狐鼠以塞責，此人心所爲不服也。又於考察半載之先，撫按論劾者俱不題覆，留作明春之數。夫不善之人，面目未露，猶或有徼倖之心，少存顧忌，若面目已露，明知必去，則將無所不至矣。而乃留之在位，半載之間，民何以堪，此尤不通之甚者也。兹者又當考察之期，相應議處，合候命下，移咨都察院行各撫按官，自今以始，凡有糾劾官員具本之日，即先革任聽處，候有命下，本部即行題覆，其所去者，照依考察事例，不得他日朦朧復用。其所留者，待文書到日，方許管事。至於考察懲汰者，必是大姦大惡，眞正不肖之人，一切隱細，俱不必論。果不肖者多，不妨多去；果不肖者少，不妨少去；惟求至當，不得仍襲故常。如此，則官不得逞其且去未去之惡，民不至被其已甚更甚之殘。惡者不得倖免，既皆有以自懼。善者不至濫及，亦皆有以自安，懲汰風示之道，庶乎有得等因。隆慶四年八月初七日具題。初九日奉聖旨：是。

明·陳子龍等《明經世文編》卷一八一《桂萼〈申明考察疏〉》 臣查得舊例，三年考察，該吏部會同都察院，審據天下來朝官，及撫按合干賢否揭帖。其姦惡有力夤緣者，本部又行訪於六部九卿等衙門所聞，分別等第，奏請黜陟，命下之後，科道官仍查應黜未盡者，會本彈劾，吏部斟酌去留，取自上裁，名曰拾遺。然已退人員，即不復用，正德年間，權姦用事，有等不才官員，往往預投內閣，每遇考察章上，輒假以人才難得為詞，坐名批著留用，以致舉措乖張，人心不服，遂有三年考察，不過為吏部斂怨，為內閣改恩之議。臣惟此弊，雖緣輔臣不法，亦是舊例未備之失。誤留者獨喜拾遺，誤退者不與辯復，豈不失之偏重乎。臣乃於去年正月初九日題申明禁約，內開沙汰或有遺漏，如先年之大疏既許科道即時劾奏，議擬或有詿誤，如先年之多枉，亦許科道即時辯明。則自今以後立法公平，可行久遠。已奉皇上明旨，臣民通知，左右輔臣宜無有敢蹈舊習，招權納賄如前者之弊。但近日大臣之門，亦已聞有浙江按察司某，自知公論不容，於去年十二月二十七日，又昏夜微服叩首乞憐矣。某之外，其人尚多，萬一其計得僥倖苟免，長士人奔競之風，壞祖宗黜陟之典，蠹治召姦，為害不細。本部考察題本，以郊祀畢日封進，故不敢不預言也。

又 卷三〇二《高拱〈論考察〉》 國家仿虞廷之制，文官三年考滿，三考始論黜陟。然朝覲考察，既有所汰，而在任又有死亡、丁憂、事故去者，則安得便有九年滿者補之，故後又有推升之例。推升之例行，於是九年考滿者鮮矣。然前朝官尚久任，三考尚有其人，又後久任之法不行，固有未及三年而升者焉。蓋四五任未一考，而況三考乎。其九年考滿者，間見翰林史官、衛經歷等，而餘不復聞，然亦止有升而無黜，是考績黜幽之典廢，此考察所以不能無也。然法不能無弊，而行之既久，其弊更不可勝言，乃遂襲為故套，無復置議者，此士風日敗，而治理所以不興也。自今言之，以六年之官而考於三二人，以六年之事而核於三二日，則豈能得其善惡之真，所以毀譽肆出，飛語中傷，而行事者遂以為據，大姦任其彌縫，小過取其塞責，十分曾無一二之實，此一弊也。六年之間，其考滿者率加以美辭，又數升遷有至二三品者，而考察之時，乃又以原官指摘而黜謫之。夫使其不肖，固當處也，乃何以加以美辭，又數升遷。既加美辭數升遷，乃何又以原官黜謫之先後不一，自相矛盾，非所以示勸懲於天下，此又一弊也。每考察時所去之人，前後不相上下，其數未足，則必取盈，其數已足，即不復問，天下豈有六年之間，不肖者皆有定數，其為苟且了事可知，此又一弊也。考察各衙門皆須有人，如此衙門已有人矣，遂不復動，曰難為他衙門也。如彼衙門無人，亦必以人實之曰，柰何空此衙門也。夫考察本為去不肖也，使不肖者多，不妨盡去，無不肖者，不妨不去，而所為乃如此，徒使不肖者徼數年之幸，而賢者受轃數之苦，此又一弊也。惟其如此，遂使考察之時，不肖者造作言語，鼓弄風波，傾陷善人，以圖衙門有人，而可以免己，其善者則畏縮而無以自藏。蓋非惟不能去不肖，而尤以長人不肖之計，傷賢者之心，此又一弊也。被黜者既不許辯，科道糾劾不公之例又復不行，遂使姦權於此行忮害之毒，以為此乃死局，禁錮終身者矣。乃以平日所憾所忌所異己者，推入其中，使抱沒齒之恨，而不得再見天日，以此人視考察，如必不可脫之囹圄，如萬丈必不可出之陷穽，惟恐推其身於此。蓋曰平日之蹭蹬貶黜，猶可言也，一推身於此，則不可言也，而承奉權姦，無所不至，惟恐少忤其意而施毒於此焉。是以朝廷癉惡之條，徒為權姦作威固黨之具，不惟臨事行其傾陷之計，而平日猶持此以為嚇制之機，使朝臣垂首喪氣，無復志節，皆繇於此，此又弊之大者也。嗟乎！其弊一至於此，乃國家亦何利而為之。今宜以黜汰之事，令考功司、河南道行於三六九年考滿之時，於理為得。或曰祖宗九年議黜，三六年不為早乎？曰九年者，既百無一人焉，而三六年又不議黜，將遂無黜陟之典乎，且考察有不一載而去之者矣。三六年議黜，不有愈於不一載而去之者乎？且彼一人也，考功一司官考之，又總之於堂上；河南一道官考之，又總之於堂上；耳目既多，實自難掩，又非一日而了，乃得以從容體訪審核，是以衆人而考一人，以數時而完一事，復者復，升者升，黜者黜，謫者謫，事自精確，必不至於虧人，而是非大相遠也。蓋考察畧而考滿詳，考察粗而考滿精，考察曖昧而考滿明白，考察匆劇而考滿從容，較而言之自知矣。然又有未及三六九年考滿，而改節恣肆者，則考察亦不可無，但不必定在六年，只偶一為之，去其太甚者數人，示戒而已。其有被害虧枉者，許人指言研審得情，仍為昭雪，庶小人不得施其溷，飛語不得遂其讒，姦人不得終其毒。日日考焉，惡者不得徼六年之幸。人人自考焉，善者不至恐軼數之及，何不可者，獨柰何必舍精而事粗，舍詳而事畧，舍明白而事曖昧，舍從容審核而徒事於匆劇鹵莽者也。

又《高拱〈再論考察〉》 《大明會典》凡官員任滿考核及朝覲考察，各有定制，若因事考察，間一舉行，無常例，然在國初未有也。正統元年，始奏准兩京五品以下官員，從本衙門堂上官考察，如有不才及老疾者，本部驗實具奏定奪。景泰三年奏准，六部等衙門堂上官考察各屬主事等官，才力不勝者降典史，老疾官冠帶致仕。天順八年奏准，本部都察院會同內閣考察在京五品以下文職，並在外布、按二司官，有不公者，許令科道官指實劾奏。南京各衙門照例考察，有不公者，令南京科道官劾奏。成化四年，令兩京文職堂上官曾經科道糾劾及年老不堪任事，才德不稱職者，各自陳致仕，取自上裁。五品以下官，本部會同都察院及各堂上掌印官，公同考察，年老無為貪浮酷暴者革職。弘治元年，令兩京五品以下官，照例考察，其被黜之人有造言生事，摭拾妄奏者，發遣為民。十年，令兩京官照例考察，然皆十年一行，亦未有一定之題目，一定之處分也。至弘治十七年，始令六年一次考察，遂至今為然。然事例有八目：曰科，曰貪，曰酷為民，曰不謹，曰罷軟冠帶閑住，曰老，曰疾致仕，曰才力不及，曰浮躁淺露降調外任，法可謂密矣。乃行事者不體朝廷之意，而皆襲為含糊曖昧不明之説，曰貪而已，更不列其貪之狀；曰酷而已，更不列其酷之狀；曰不謹而已，更不列其不謹之狀；餘皆然。徒加之名，不指其實，不止罔者無以壓服其心，即當其罪者，亦無以壓服其心，何者未有以明之也。然此有二弊焉，訪之不的，知之不真，若明指其實，則不符者多矣，此其一也。內閣部院之臣，於內有所私意中傷，若明指其實，則必將以無作有，以輕作重，私害昭然在人矣，此又其一也。夫是以止加空名，而不指實事，使天下徒有駭疑而不得其故，言官縱欲指謫而不得其端，遂苟且了事之圖，泯權姦傾陷之迹，便己以殘人，假公以威衆，莫甚於此也，而朝廷法度可如是舉行，天下人才可如是摧折乎！今誠宜於考察時，令部院官務核名實，某也貪必列其貪之事，某也酷必列其酷之事，某也不謹必列其不謹之事，餘皆然。明言直指，與天下共罪之，而又申飭先朝有不公者科道指實劾奏之例，則庶乎私意中傷者不敢公然肆其所為，而其平日體訪，亦必務詳慎的確，不敢鹵莽塞責，以自取罪戾。斯不惟於懲汰不肖之中，存愛惜人才之意，而公道昭彰，人知勸懲，治理其可興矣。

清·賀長齡等《清經世文編》卷一九《吏政五·魏象樞〈請復入覲考察疏〉》 臣惟人君御世之權，莫大于賞善罰惡。國家察吏之典，不外乎黜幽陟明。故虞廷考三載之績，周官垂六計之法，典甚重也。我朝兩次展覲，方在定鼎之初，進退固嚴，規制未備，雖抒萬國拜舞之心，猶缺御前考察之事。今值皇上躬親大政，首舉計典，明一代之令甲。所以立萬禩之章程，大非從前草創可比者。臣爰考舊章，竊思三年朝覲，義取述職，其名為大計者，乃天子自計天下官員之賢否，令部院科道諸臣分理而共佐者也。即如御前有奏，大班有劾，怠職者有免冠之責，還任者有飭戒之敕，廉能超衆則面加獎賞，地方利弊則各許陳奏，在《會典》班班可按，前此皆未行之。今若嚴慎之心有加，清澄之效益著，苟令入覲諸臣，不聆天言之赫奕，尤非所以勸懲天下也。臣謂鱗集闕下者，布、按二司實為百官綱領，兩司稱職則道府州縣可知也。恭請皇上面召各省兩司等官，問水旱頻仍，有無救濟招徠？所報地荒丁逃者，誰為致之？問錢糧混冒，官侵吏肥，每至數百餘萬者，誰為掌之？問劣員紬課蠹國，久列優評者，誰為縱之？問款項混開，徵解淆亂，《賦役全書》，屢飭不定者，誰為司之？問地方有藐法行私，縱賊窩盜，罪害及於職官百姓者，誰為制之？問法律不明，任情出入人罪者，誰為議之？問欽案沈閣，久不完結者，誰為誘之？問姦蠹盜折官糧，成千成萬，弊由夤謀濫差者，誰為主之？凡三年中，國賦之盈縮，民命之生死，官評吏議之是非公私，關係大綱者，逐一面奏。稱職者作何獎賞，不稱職者作何處分，庶足為表率百僚之戒。倘有支吾欺飾，容科道官以白簡隨之，款款糾駁，以服其心，俾郡邑小吏，咫尺天威，怵然于雷霆雨露之下，仰見盛世之計典昭明，海內之人心鼓勵，即千萬世永為遵奉矣。

又《曹一士〈請分別賢能疏〉》 臣愚以為欲百姓之安，務在弗擾之而已，而其要莫先於慎擇督撫。督撫者守令之倡也，督撫不擾守令，守令不擾小民，而天下之民莫不安矣。自大吏以至小吏，皆有賢員，有能員，賢能兼者上也，賢而不足於能者次之，能有餘而賢不足者又其次也。何謂賢？務持大體，與民休息者是也。何謂能？趨事赴功，綜核名實者是也。天下能吏多而賢吏少，則吏治必有不得其平者，不可不亟加甄別也。臣查督撫之保題守令，其辭約有數端，曰年力富强也，為人明白也，辦事勤慎也。其實迹則錢糧無欠也，開墾多方也，善捕盜賊也。果如其言，洵所謂能吏也。乃未幾而或以贓汙虧空聞，或以草菅民命劾，所謂貪吏酷吏者，無一不出於能吏之中，彼誠有才焉，以濟其惡耳。若夫吏之賢者則不然，惻怛愛人而已，悃愊無華而已，方於事上，不為詭隨而已，吏人同聲，謂之不煩而已，此數者，皆督撫所視為無能者也。然而賢者，則必出於其中。度今世不少其人，而督撫薦剡曾未及此，毋亦重視能而輕視賢之故耶？抑亦狃於積習，以能吏即為賢吏耶？且臣恐督撫所謂能者，非真能也。以趨走便利而謂之能，則老成者為遲鈍矣。以應對捷給而謂之能，則木訥者為迂疏矣。以逞才喜事而謂之能，則鎮靜者為怠緩矣。且或以武健嚴酷，不恤人言，而謂之能，則勞於撫字，拙於鍛鍊者，謂之沽名釣譽、才力不及，而掇拾細故，以劾罷之矣。好尚一乖，取舍頓異，及至所取者潰敗決裂，則曰臣不合誤舉於前，統聽部議而已。夫有誤舉必有誤劾，誤舉者可議其罪，誤劾者復何從而加之罰乎。臣聞之子輿氏曰『尊賢使能』，又曰『賢者在位，能者在職。明賢與能之宜別也』。臣愚以為今之督撫，明作有功之意多，而惇大成裕之道少，損下益上之事多，而損上益下之義少，此誠當世治體所關也。治體一偏，必滋流弊，轉移之機，實在今日。伏見我皇上於凡丈量開墾，割隸州縣，改調牧令，一切紛更繁擾之舉，皆頒旨罷革，為督撫者，度無不承流而宣化矣。臣所慮者，彼或執其成心，則且飾非以自護，否或意為迎合，復將姑息以偷安，二者皆不明於賢能之義也。敢請皇上特頒諭旨一道，剖晰賢能，詳加開導，俾於精明嚴肅之中，布優游寬大之政，能者務勉於賢，而賢者益勵於能。《書》曰：『人之有能有為使羞其行。』蓋勉之於賢也。《詩》曰：『嗟爾君子，無恆安息。』蓋勵之於能也。若賢非真賢，能非真能，則必諭之而不悟，導之而不從，惟皇上即賜乾斷，以罷斥之，庶督撫靡不洗心滌慮，以仰答聖明矣。至其所屬守令，敕於保題薦舉時，各分填賢員能員字樣，然後條疏實事於下。如能員而有敗行，許督撫自行檢舉。若賢員而著劣迹，則督撫從重處分。倘其屬所舉皆能員而無一賢員，則非大吏乏正己率屬之方，即賢者有壅於上聞之患，督撫之賢否，且視其所舉而瞭如矣。如是則以知人之哲，為安民之惠，則皇上之仁心仁政，寄之數人，天下百姓，有不並受其福者哉。

又《姜希轍〈請禁躐升疏〉》 臣惟詔功詔德，朝廷載有爵禄，以賢以勞。臣子惟敦靖獻，良以職掌所在，矢心盡業，不敢曠厥官方，貽譏覆餗，否則降罰褫革，用警冥頑，所以勵振興而勤趨事也。若夫職業既舉，簠簋修飭，行不妨八法之議，材或有一得之長，積俸叙資，升遷罔後，未聞掩没勤勞，而不核乎名實也。乃今之吏治有大不然者，如逃人之拏獲，荒田之開墾，漕糧之報竣，或加級，或不論俸滿，躐等驟升，莫斯為甚。究其躐等之故，不過曰逃人易匿難獲也，荒田易拋難開也，漕糧易欠難完也，不得不開功名之路，以示磨鈍之權，否則人心不暢，而未易奏功也。夫此三者，皆臣子職分中所應為之事，以應為之職守，若泄玩不舉，則自有罰以懲其後，今則紀録不已，又復加級，前已升遷，後復再升，甚至級無可加，而升猶不止，在國家勸賢之典，不無濫觴，而臣子循分之心，亦覺未安。且此三者，非其人之有異能卓犖，以應不次之升者也，亦視其地焉。若于畿輔齊豫之間，即逃人不勝緝，荒田不勝墾，漕糧不勝完，而問之他省，或曰逃人非其故鄉而無隱匿也，或曰無尺寸之土不墾也，是無所用其力。至漕糧則又恃有天年焉，若歲荒民貧，雖欲竭智索能，又何所用其力哉。所謂貪天功以為己力者，豈可為臣下訓乎。臣以謂是三者，不宜有加級，并不論俸滿之特典，止宜一歲一考核，因事立程，盡職者紀録以旌其功，怠廢者嚴罰以創其後，何至令人以一事之修舉，勝三載之考績，薄循分之升遷，冀非常之倖進乎。且國家課功之典，不止三者，如徵輸、教士、祀神、勸農、練兵、訓將、興化、厚俗，未聞事事有加級，事事有升遷也。抑臣更有請者，捐俸亦屬臣誼，紀録用彰勸勉，乃竟有誇多鬬靡，金錢米穀，盈千累百者，是紀録不足以風示，而反足以獎貪也，是豈國家鼓勵之初心乎。嗣後懇皇上敕諭督撫按，務須核實數目，方行具題，毋得徒尚虛文，用誇耳目，是亦警戒之微權也。

俸禄制度分部

綜　述

《元史》卷五《世祖紀二》（中統三年二月）辛卯，始定中外官俸，命大司農姚樞講定條格。

又　卷六《世祖紀三》（至元三年）十一月辛卯，初給京、府、州、縣、司官吏俸及職田。【略】

（至元四年五月）壬子，敕諸路官吏俸，令包銀民户，每四兩增納一兩以給之。

又　卷七《世祖紀四》（至元七年五月丙辰）尚書省臣言：『諸路課程，歲銀五萬錠，恐疲民力，宜減十分之一。運司官吏俸禄，宜與民官同，其院務官量給工食，仍禁所司多取於民，歲終，較其增損而加黜陟。上都地里遥遠，商旅往來不易，特免收税以優之，惟市易莊宅、奴婢、孳畜，例收契本工墨之費。管民官遷轉，以三十月為一考，數於變易，人心苟且，自今請以六十月遷轉。諸王遣使取索諸物及鋪馬等事，自今並以文移，毋得口傳教令。』並從之。

又　卷一〇《世祖紀七》（至元十五年秋七月丙午）定江南俸禄職田。

又　卷一一《世祖紀八》（至元十七年冬十月）丙申，命在官者，任事一月，後月乃給俸，或廢事者斥之。

又　卷一三《世祖紀十》（至元二十一年六月壬子）增官吏俸，以十分為率，不及一錠者量增五分。

又　卷一八《成宗紀一》（至元三十一年秋七月壬子）禁内外諸司減官吏俸為宴飲費。

又　卷二一《成宗紀四》（大德七年三月甲辰）京朝官月俸外，增給禄米；外任官無公田者，亦量給之。【略】

（大德七年五月乙卯）詔中外官吏無職田者，驗俸給米有差，其上都、甘肅、和林諸處非産米地，惟給其價。

又　卷二二《武宗紀一》（至大元年十一月庚申）增官吏俸，以至元鈔依中統鈔數給之，止其禄米，歲該四十萬石。

又　卷二三《武宗紀二》（至大二年十二月）丁丑，詔：『增百官俸，定流官封贈等第。應封贈者，或使遠死節，臨陣死事，於見授散官上加之。若六品七品死節死事者，驗事特贈官。封贈内外百官，三品以上者許請謚。凡請謚者，許其家具本官平日勳勞、政績、德業、藝能，經由所在官司保勘，與本家所供相同，轉申吏部考覆呈都省，都省準擬，令太常禮儀院驗事迹定謚。若勳戚大臣奉旨賜謚者，不在此例。』

又　卷三八《順帝紀一》（至元元年十二月）丙辰，制省諸王、公主、駙馬飲膳之費。

又　卷四三《順帝紀六》（至正十三年秋七月戊辰）宦官至一品二品者，依常例給俸禄。

又　卷九六《食貨志四・俸秩》官必有禄，所以養廉也。元初未置禄秩，世祖既位之初，首命給之。内而朝臣百司，外而路府州縣，微而府史胥徒，莫不有禄。大德中，以外有司有職田，於是無職田者，復益之以俸米。其所以養官吏者，不亦厚乎！

禄秩之制，凡朝廷職官，中統元年定之；六部官，二年定之；隨路州縣官，是年十月定之。至元六年，又分上中下縣，為三等。提刑按察司官吏，六年定之。自經歷以下，七年復增之。轉運司官及諸匠官，七年定之。其運司依民官例，於差發内支給。至十七年，定奪俸禄，凡内外官吏皆住支。十八年，更命公事畢而無罪者給之，公事未畢而有罪者逐之。二十二年，重定百官俸，始於各品分上中下三例，視職事為差，事大者依上例，事小者依中例。二十三年，又命內外官吏俸以十分為率，添支五分。二十九年，定各處儒學教授俸，與蒙古、醫學同。【略】

職田之制，路府州縣官至元三年定之，按察司官十四年定之，江南行省及諸司官二十一年定之，其數減腹裏之半。至武宗至大二年，外官有職田者，三品給祿米一百石，四品給六十石，五品五十石，六品四十五石，七品以下四十石；俸鈔改支至元鈔，其田拘收入官。四年，又詔公田及俸皆復舊制。延祐三年，外官無職田者，量給粟麥。凡交代官芒種已前去任者，其租後官收之，已後去任者前官分收。後又以爭競者多，俾各驗其俸月以為多寡。【略】

至元二十二年百官俸例，各品分上中下三等：從一品：六錠，五錠。正二品：四錠二十五兩，四錠一十五兩。從二品：四錠，三錠三十五兩，三錠二十五兩。正三品：三錠二十五兩，三錠一十五兩，三錠。從三品：三錠，二錠三十五兩，二錠二十五兩。正四品：二錠二十五兩，二錠一十五兩，二錠。從四品：二錠，一錠四十五兩，一錠四十兩。正五品：一錠四十兩，一錠三十兩。從五品：一錠三十兩，一錠二十兩。正六品：一錠二十兩一錠，一十五兩。從六品一錠：一十五兩，一錠一十兩。正七品：一錠一十兩，一錠五兩。從七品：一錠五兩，一錠。正八品：一錠，四十五兩。從八品：四十五兩，四十兩。正九品：四十兩，三十五兩。從九品：三十五兩。【略】

職田數：至元三年，定隨路府州縣官員職田：上路達魯花赤一十六頃，總管同。同知八頃，治中六頃。府判五頃。下路達魯花赤一十四頃，總管同。同知七頃。府判五頃。散府達魯花赤一十二頃，知府同。同知六頃。府判四頃。上州達魯花赤一十頃，州尹同。同知五頃。州判四頃。中州達魯花赤八頃，知州同。同知四頃。州判三頃。下州達魯花赤六頃，知州同。州判三頃。警巡院達魯花赤五頃，警使同。警副四頃。警判三頃。録事司達魯花赤三頃，録事同。録判二頃。縣達魯花赤四頃，縣尹同。縣丞三頃。主簿二頃，縣尉、主簿兼尉並同。經歷四頃。

至元十四年，定按察司職田：各道按察使一十六頃，副使八頃，僉事六頃。

至元二十一年，定江南行省及諸司職田比腹裏減半。上路達魯花赤八頃，總管同。同知四頃。治中三頃。府判二頃五十畝。下路達魯花赤七頃，總管同。同知三頃五十畝。府判二頃五十畝。經歷二頃。知事一頃，提控案牘同。散府達魯花赤六頃，知府同。同知三頃。府判二頃。提控案牘一頃。上州達魯花赤五頃，知州同。同知二頃，州判同。提控案牘一頃。中州達魯花赤四頃，知州同。同知二頃。州判一頃五十畝。都目五十畝。下州達魯花赤三頃，知州同。同知二頃。州判一頃五十畝。上縣達魯花赤二頃，縣尹同。縣丞一頃五十畝。主簿一頃，縣尉同。中縣同上。無縣丞。下縣達魯花赤一頃五十畝，縣尹同。主簿兼尉一頃。録事司達魯花赤一頃五十畝，録事同。録判一頃。司獄一頃，巡檢同。

按察司使八頃。副使四頃。僉事三頃。經歷二頃。知事一頃。運司官：運使八頃。同知四頃。運副三頃，運判同。經歷二頃。知事一頃，提控案牘同。鹽司官：鹽使二頃。鹽副二頃，鹽判一頃。各場正、同、管勾各一頃。

明・申時行等［萬曆］《明會典》卷三九《廩禄二・俸給》 凡官員俸給，有本色，有折色。本色三：曰月米，每月一石。曰折絹米，歲兩月。曰折銀米，歲十月，後定絹一疋，折銀七錢。折色二：曰本色鈔，曰絹布折鈔，後又分上下半年之例，上半年支本色鈔錠，下半年以胡椒、蘇木，折鈔關支，後又以綿布折支，每俸一石，該鈔二十貫。每鈔二百貫，折布一疋，後又定布一疋，折銀三錢。其本色鈔錠不敷，或將贓罰、廣盈等庫附餘綾羅絹布衣物等件折支，先後事例不一，具列于後：

正一品，歲該俸一千四十四石，內本色俸三百三十一石二斗，折色俸七百一十二石八斗。本色俸內除支米一十二石外，折銀俸二百六十六石，折絹俸五十三石二斗，共該銀二百四兩八錢二分。折色俸內折布俸三百五十六石四斗，該銀一十六兩六錢九分二釐。折鈔俸三百五十六石四斗，該本色鈔七千一百二十八貫。

從一品，歲該俸八百八十八石，內本色俸二百八十四石四斗，折色俸六百三石六斗。本色俸內除支米一十二石外，折銀俸二百二十七石，折絹俸四十五石四斗，共該銀一百七十四兩七錢九分。折色俸內折布俸三百一石八斗，該銀九兩五分四釐。折鈔俸三百一石八斗，該本色鈔六千三十六貫。

正二品，歲該俸七百三十二石，內本色俸二百三十七石六斗，折色俸四百九十四石四斗。本色俸內除支米一十二石外，折銀俸一百八十八石，折絹俸三十七石六斗，共該銀一百四十四兩七錢六分。折色俸內折布俸二百四十七石二斗，該銀七兩四錢一分六釐。折鈔俸二百四十七石二斗，該本色鈔四千九百四十四貫。

從二品，歲該俸五百七十六石，內本色俸一百九十石八斗，折色俸三百八十五石二斗。本色俸內除支米一十二石外，折銀俸一百四十九石，折絹俸二十九石八斗，共該銀一百一十四兩七錢三分。折色俸內折布俸一百九十二石六斗，該銀五兩七錢七分八釐。折鈔俸一百九十二石六斗，該本色鈔三千八百五十二貫。

正三品，歲該俸四百二十石，內本色俸一百四十四石，折色俸二百七十六石。本色俸內除支米一十二石外，折銀俸一百一十石，折絹俸二十二石，共該銀八十四兩七錢。折色俸內折布俸一百三十八石，該銀四兩一錢四分。折鈔俸一百三十八石，該本色鈔二千七百六十貫。

從三品，歲該俸三百一十二石，內本色俸一百一十一石六斗，折色俸二百石四斗。本色俸內除支米一十二石外，折銀俸八十三石，折絹俸一十六石六斗，共該銀六十三兩九錢一分。折色俸內折布俸一百石二斗，該銀三兩六釐。折鈔俸一百石二斗，該本色鈔二千零四貫。

正四品，歲該俸二百八十八石，內本色俸一百四石四斗，折色俸一百八十三石六斗。本色俸內除支米一十二石外，折銀俸七十七石，折絹俸一十五石四斗，共該銀五十九兩二錢九分。折色俸內折布俸九十一石八斗，該銀二兩七錢五分四釐。折鈔俸九十一石八斗，該本色鈔一千八百三十六貫。

從四品，歲該俸二百五十二石，內本色俸九十三石六斗，折色俸一百五十八石四斗。本色俸內除支米一十二石外，折銀俸六十八石，折絹俸一十三石六斗，共該銀五十二兩三錢六分。折色俸內折布俸七十九石二斗，該銀二兩三錢七分六釐。折鈔俸七十九石二斗，該本色鈔一千五百八十四貫。

正五品，歲該俸一百九十二石，內本色俸七十五石六斗，折色俸一百一十六石四斗。本色俸內除支米一十二石外，折銀俸五十三石，折絹俸一十石六斗，共該銀四十兩八錢一分。折色俸內折布俸五十八石二斗，該銀一兩七錢四分六釐。折鈔俸五十八石二斗，該本色鈔一千一百六十四貫。

從五品，歲該俸一百六十八石，內本色俸六十八石四斗，折色俸九十九石六斗。本色俸內除支米一十二石外，折銀俸四十七石，折絹俸九石四斗，共該銀三十六兩一錢九分。折色俸內折布俸四十九石八斗，該銀一兩四錢九分四釐。折鈔俸四十九石八斗，該本色鈔九百九十六貫。

正六品，歲該俸一百二十石，內本色俸六十六石，折色俸五十四石。本色俸內除支米一十二石外，折銀俸四十五石。折絹俸九石，共該銀三十四兩六錢五分。折色俸內折布俸二十七石，該銀八錢一分。折鈔俸二十七石，該本色鈔五百四十貫。

從六品，歲該俸九十六石，內本色俸五十六石四斗，折色俸三十九石六斗。本色俸內除支米一十二石外，折銀俸三十七石，折絹俸七石四斗，共該銀二十八兩四錢九分。折色俸內折布俸一十九石八斗，該銀五錢九分四釐。折鈔俸一十九石八斗，該本色鈔三百九十六貫。

正七品，歲該俸九十石，內本色俸五十四石，折色俸三十六石。本色俸內除支米一十二石外，折銀俸三十五石，折絹俸七石，共該銀二十六兩九錢五分。折色俸內折布俸一十八石，該銀五錢四分。折鈔俸一十八石，該本色鈔三百六十貫。

從七品，歲該俸八十四石，內本色俸五十一石六斗，折色俸三十二石四斗。本色俸內除支米一十二石外，折銀俸三十三石，折絹俸六石六斗，共該銀二十五兩四錢一分。折色俸內折布俸一十六石二斗，該銀四錢八分六釐。折鈔俸一十六石二斗，該本色鈔三百二十四貫。

正八品，歲該俸七十八石，內本色俸四十九石二斗，折色俸二十八石八斗。本色俸內除支米一十二石外，折銀俸三十一石，折絹俸六石二斗，共該銀二十三兩八錢七分。折色俸內折布俸一十四石四斗，該銀四錢三分二釐。折鈔俸一十四石四斗，該本色鈔二百八十八貫。

從八品，歲該俸七十二石，內本色俸四十六石八斗，折色俸二十五石二斗。本色俸內除支米一十二石外，折銀俸二十九石，折絹俸五石八斗，共該銀二十二兩三錢三分。折色俸內折布俸一十二石六斗，該銀三錢七分八釐。折鈔俸一十二石六斗，該本色鈔二百五十二貫。

正九品，歲該俸六十六石，內本色俸四十四石四斗，折色俸二十一石六斗。本色俸內除支米一十二石外，折銀俸二十七石，折絹俸五石四斗，共該銀二十兩七錢九分。折色俸內折布俸一十石八斗，該銀三錢二分四釐。折鈔俸一十石八斗，該本色鈔二百一十六貫。

從九品，歲該俸六十石，內本色俸四十二石，折色俸一十八石。本色俸內除支米一十二石外，折銀俸二十五石，折絹俸五石，共該銀一十九兩二錢五分。折色俸內折布俸九石，該銀二錢七分。折鈔俸九石，該本色鈔一百八十貫。

武職府衛官，俸級視文職，惟本色米折銀，例每石二錢五分。其月米，折絹布鈔，俱與文職同。優給優養官，視見任，惟月米亦如例折給，不支本色。武品止從六，外有試百户月俸五石，署試百户月三石，米鈔兼支。若三大營副參遊佐官，每員月支米五石。巡捕營提督並參將亦如之。京營選鋒把總官，月支米三石。巡捕中軍把總官，月支口糧九斗，旗牌官半之。以上因事別給者，不在常禄之限。

《明史》卷八二《食貨志六》 國家經費，莫大於禄餉。洪武九年定諸王公主歲供之數：親王，米五萬石，鈔二萬五千貫，錦四十匹，紵絲三百匹，紗、羅各百匹，絹五百匹，冬夏布各千匹，綿二千兩，鹽二百引，花千斤，皆歲支。馬料草，月支五十匹。其緞匹，歲給匠料，付王府自造。靖江王，米二萬石，鈔萬貫，餘物半親王，馬料草二十匹。公主未受封者，紵絲、紗、羅各十匹，絹、冬夏布各三十匹，綿二百兩；已受封，賜莊田一所，歲收糧千五百石，鈔二千貫。親王子未受封，視公主；女未受封者半之。子已受封郡王，米六千石，鈔二千八百貫，錦十匹，紵絲五十匹，紗、羅減紵絲之半，絹、冬夏布各百匹，綿五百兩，鹽五十引，茶三百斤，馬料草十匹。女已受封及已嫁，米千石，鈔千四百貫，其緞匹於所在親王國造給。皇太子之次嫡子並庶子，既封郡王，必俟出閣然後歲賜，與親王子已封郡王者同。女俟及嫁，與親王女已嫁者同。凡親王世子，與已封郡王同，郡王嫡長子襲封郡王者，半始封郡王。女已封縣主及已嫁者，米五百石，鈔五百貫，餘物半親王女已受封者。郡王諸子年十五，各賜田六十頃，除租税為永業，其所生子世守之，後乃令止給禄米。

二十八年詔以官吏軍士俸給彌廣，量減諸王歲給，以資軍國之用。乃更定親王萬石，郡王二千石，鎮國將軍千石，輔國將軍、奉國將軍、鎮國中尉以二百石遞減，輔國中尉、奉國中尉以百石遞減，公主及駙馬二千石，郡王及儀賓八百石，縣主、郡君以二百石遞減，縣君、鄉君及儀賓以百石遞減。自後為永制。仁宗即位，增減諸王歲禄，非常典也。時鄭、越、襄、荆、淮、滕、梁七王未之藩，令暫給米歲三千石，遂為例。正統十二年定王府禄米，將軍自賜名受封日為始，縣主、儀賓自出閣成婚日為始，於附近州縣秋糧內撥給。景泰七年定郡王將軍以下禄米，出閣在前，受封在後，以受封日為始；受封在前，出閣在後，以出閣日為始。

宗室有罪革爵者曰庶人。英宗初，頗給以糧。嘉靖中，月支米六石。萬曆中減至二石或一石。

初，太祖大封宗藩，令世世皆食歲禄，不授職任事，親親之誼甚厚。然天潢日繁，而民賦有限。其始禄米盡支本色，既而本鈔兼支。有中半者，有本多於折者，其則不同。厥後勢不能給，而冒濫轉益多。姦弊百出，不可究詰。自弘治間，禮部尚書倪岳即條請節減，以寬民力。嘉靖四十一年，御史林潤言：『天下之事，極弊而大可慮者，莫甚於宗藩禄廩。天下歲供京師糧四百萬石，而諸府禄米凡八百五十三萬石。以山西言，存留百五十二萬石，而宗禄三百十二萬；以河南言，存留八十四萬三千石，而宗禄百九十二萬。是二省之糧，借令全輸，不足供禄米之半，況吏禄、軍餉皆出其中乎？故自郡王以上，猶得厚享，將軍以下，多不能自存，飢寒困辱，勢所必至，常號呼道路，聚詬有司。守土之臣，每懼生變。夫賦不可增，而宗室日益蕃衍，可不為寒心。宜令大臣科道集議於朝，且諭諸王以勢窮弊極，不得不通變之意。令户部會計賦額，以十年為率，通計兵荒蠲免、存留及王府增封之數。共陳善後良策，斷自宸衷，以垂萬世不易之規。』下部覆議，從之。至四十四年乃定宗藩條例。郡王、將軍七分折鈔，中尉六分折鈔，郡縣主、郡縣鄉君及儀賓八分折鈔，他冒濫者多所裁減。於是諸王亦奏辭歲禄，少者五百石，多者至二千石，歲出為稍紓，而將軍以下益不能自存矣。

明初，勳戚皆賜官田以代常禄。其後令還田給禄米。公五千石至二千五百石，侯千五百石至千石，伯千石至七百石。百官之俸，自洪武初，定丞相、御史大夫以下歲祿數，刻石官署，取給於江南官田。十三年重定內外文武官歲給祿米、俸鈔之制，而雜流吏典附焉。正從一二三四品官，自千石至三百石，每階遞減百石，皆給俸鈔三百貫。正五品二百二十石，從減五十石，鈔皆百五十貫。正六品百二十石，從減十石，鈔皆九十貫。正從七品視從六品遞減十石，鈔皆六十貫。正八品七十五石，從減五石，鈔皆四十五貫。正從九品視從八品遞減五石，鈔皆三十貫。勒之石。吏員月俸，一二品官司提控、都吏二石五斗，掾史、令史二石二斗，知印、承差、吏、典一石二斗；三四品官司令史、書吏、司吏二石，承差、吏、典半之；五品官司司吏一石二斗，吏、典八斗；六品以下司吏一石；光祿寺等吏、典六斗。教官之祿，州學正月米二石五斗，縣教諭、府州縣訓導月米二石。首領官之祿，凡內外官司提控、案牘、州吏目、縣典史皆月米三石。雜職之祿，凡倉、庫、關、場、司、局、鐵冶、遞運、批驗所大使月三石，副使月二石五斗，河泊所官月米二石，閘壩官月米一石五斗。天下學校師生廩膳米人日一升，魚肉鹽醯之屬官給之。宦官俸，月米一石。

二十五年更定百官祿。正一品月俸米八十七石，從一品至正三品，遞減十三石至三十五石，從三品二十六石，正四品二十四石，從四品二十一石，正五品十六石，從五品十四石，正六品十石，從六品八石，正七品至從九品遞減五斗，至五石而止。自後為永制。

洪武時，官俸全給米，間以錢鈔兼給，錢一千，鈔一貫，抵米一石。成祖即位，令公、侯、伯皆全支米；文武官俸則米鈔兼支，官高者支米十之四、五，官卑者支米十之六、八；惟九品、雜職、吏、典、知印、總小旗、軍，並全支米。其折鈔者，每米一石給鈔十貫。永樂二年乃命公、侯、伯視文武官吏，米鈔兼支。仁宗立，官俸折鈔，每石至二十五貫。宣德八年，禮部尚書胡濙掌戶部，議每石減十貫，而以十分為准，七分折絹，絹一匹抵鈔二百貫。少師蹇義等以為仁宗在春宮久，深憫官員折俸之薄，故即位特增數倍，此仁政也，詎可違？濙不聽，竟請於帝而行之，而卑官日用不贍矣。正統中，五品以上米二鈔八，六品以下米三鈔七。時鈔價日賤，每石十五貫者已漸增至二十五貫，而戶部尚書王佐復奏減為十五貫。成化二年從戶部尚書馬昂請，又省五貫。舊例，兩京文武官折色俸，上半年給鈔，下半年給蘇木、胡椒。七年從戶部尚書楊鼎請，以甲字形檔所積之布估給，布一匹當鈔二百貫。是時鈔法不行，一貫僅直錢二三文，米一石折鈔十貫，僅直二三十錢，而布直僅二三百錢，布一匹折米二十石，則米一石僅直十四五錢。自古官俸之薄，未有若此者。

清・昆岡等［光緒］《清會典事例》卷二四九《戶部・俸餉・文武京官俸祿》　正從一品俸銀一百八十兩，米一百八十斛。正從二品俸銀一百五十五兩，米一百五十五斛。正從三品俸銀一百三十兩，米一百三十斛。正從四品俸銀一百有五兩，米一百有五斛。正從五品俸銀八十兩，米八十斛。正從六品俸銀六十兩，米六十斛。正從七品俸銀四十五兩，米四十五斛。正從八品俸銀四十兩，米四十斛。正九品俸銀三十三兩一錢一分四厘，米三十三斛一斗一升四合。從九品俸銀三十一兩五錢二分，米三十一斛五斗二升。未入流俸銀祿米，與從九品同。宗人府宗室筆帖式，照給七品俸。各部院七品筆帖式，歲支俸銀三十三兩，米三十三斛。八品筆帖式二十八兩，米二十八斛。九品筆帖式二十一兩一錢一分四厘，米二十一斛五升。

又　卷二五〇《外藩俸祿》　喀爾喀汗、科爾沁三親王，歲給俸銀二千五百兩，緞四十疋。諸部落親王，俸銀二千兩，緞二十五疋。世子，俸銀一千五百兩，緞二十疋。科爾沁札薩克圖郡王，俸銀一千五百兩，緞二十疋。諸部落郡王，俸銀一千二百兩，緞十有五疋。長子，俸銀八百兩，緞十有三疋。貝勒，俸銀八百兩，緞十有三疋。貝子，俸銀五百兩，緞十疋。鎮國公，俸銀三百兩，緞九疋。輔國公，俸銀二百兩，緞七疋。札薩克台吉，俸銀一百兩，緞四疋。其下嫁外藩固倫公主，俸銀一千兩，緞三十疋。和碩公主，俸銀四百兩，緞十有五疋。郡主，俸銀一百六十兩，緞十二疋。縣主，俸銀一百一十兩，緞十疋。郡君俸銀六十兩，緞八疋。縣君，俸銀五十兩，緞六疋。鄉君，俸銀四十兩，緞五疋。六品格格，俸銀三十兩，緞三疋。固倫公主額駙，俸銀三百兩，緞十疋。和碩公主額駙，俸銀二百五十五兩，緞九疋。郡主額駙，俸銀一百兩，緞八疋。縣主額駙，俸銀六十兩，緞六疋。郡君額駙，俸銀五十兩，緞五疋。縣君額駙，俸銀四十兩，緞四疋。如額駙內有兼職任者，仍從多支食，其有蒙恩照宗室王公酌給俸米者，不在此例。一等子，俸銀二百有五兩。二等子，俸銀一百九十二兩五錢。三等子，俸銀一百八十兩。一等男，俸銀一百五十五兩。二等男，俸銀一百四十二兩五錢。三等男，俸銀一百三十兩。一等輕車都尉，俸銀一百有五兩。二等輕車都尉，俸銀九十二兩五錢。三等輕車都尉，俸銀八十兩。騎都尉，俸銀五十五兩。雲騎尉，俸銀四十二兩五錢。騎都尉又一雲騎尉，俸銀六十七兩五錢。賜達爾漢號者，俸銀二十兩，緞四疋。八品官，俸銀二十兩。乾清門行走一等台吉，歲支俸銀一百兩。二等台吉，八十兩。三等台吉，六十兩。四等台吉，四十兩。

又《**京官月費**》　凡京官公費，每銀一兩折制錢一千文。宗人府左右宗人，內閣大學士，各部院尚書，左都御史，均月支公費銀五兩。各部院侍郎，內務府總管，內閣學士，宗人府府丞，左副都御史，通政使司通政使，大理寺卿，太常寺卿，武備院卿，上駟院卿，奉宸苑卿，光禄寺卿，太僕寺卿，詹事府詹事，鑾儀衛鑾儀使，倉場侍郎，均月支銀四兩。倉場侍郎，每歲自十月支至正月止，餘月不支。通政使司副使，詹事府少詹事，鴻臚寺卿，國子監祭酒，內閣侍讀學士，各寺少卿，翰林院侍讀學士，侍講學士，侍讀，侍講，詹事府左右，坊庶子，司經局洗馬。欽天監監正，太醫院院使，宗人府理事官，六科給事中，各道御史，各部院郎中，鑾儀衛冠軍使，均月支銀三兩。內閣侍讀，通政使司參議，太常寺寺丞，詹事府左右中允，贊善，國子監司業，翰林院修撰，編修，檢討，宗人府副理事官，各部院寺員外郎，主事，奉宸苑苑丞，都察院都事，經歷，內閣中書，典籍，中書科中書舍人，通政使司知事，翰林院典籍，待詔，孔目，詹事府正字，尋裁主簿，大理寺左右寺丞，太常寺讀祝官，贊禮郎，光禄寺署正，署丞，鴻臚寺鳴贊官，欽天監監副，五官正，太醫院左右院判，七品御醫，七品吏目，五城兵馬司指揮，副指揮，吏目，户部三庫司庫，內務府、光禄寺、理藩院司務，司庫，武備院、奉宸苑、上虞處、營造司庫掌，鑾儀衛雲麾使，治儀正，內閣候補中書，翰林院，起居注，詹事府七八九品筆帖式，唐古特學司業，助教，均月支銀二兩二錢。各部院七品小京官，內閣貼寫中書，理藩院造册筆帖式，均月支銀二兩。大理寺評事，太常寺博士，典簿，司庫，六部、大理寺、步軍統領衙門司務，太僕寺主簿，通政使司經歷，鑾儀衛經歷，鴻臚寺序班，主簿，國子監監丞，博士，典簿，助教，算學生，光禄寺典簿，欽天監主簿，靈臺郎，挈壺正，司書，司晨，監候，博士，天文生，陰陽生，筆帖式，太醫院八九品吏目，額外吏目，醫士，鑾儀衛整儀尉，侍衛處筆帖式，刑部八品醫官，司獄，均月支銀一兩五錢。各部、院、寺、宗人府、內務府、奉宸苑、國子監、步軍統領衙門、六科、倉場衙門筆帖式，國子監典籍，學正，學録，各部繕本貼寫筆帖式，户部、內務府、理藩院、太常寺、光禄寺各庫使，武英殿庫掌，武備院營造司庫守，內務府執事人，均月支銀一兩。修書各館正總裁官，月支卓飯銀二十九兩三錢有奇。副總裁官，月支銀十四兩六錢五分有奇。提調，纂修官，月支銀八兩五錢有奇。校對，繙譯，收掌，滿謄録，月支銀四兩五錢八分有奇。漢謄録，月支銀三兩六分有奇。方略館繙譯官，月支銀八兩五錢有奇。各館正副總裁，提調，纂修等官，如有兼管處所，止就一處支領，其本衙門公費錢文，亦俱停支。凡遇小建，按日扣除。

又　卷二五一《**文武外官俸銀**》　凡在外文官俸銀，與京官一例按品級頒發，不給恩俸，不支禄米。其武官額俸，與京官異，各支薪銀有差。正一品，俸銀九十五兩八錢一分二釐，薪銀一百四十四兩。從一品，俸銀八十一兩六錢九分三釐有奇。正二品，俸銀六十七兩五錢七分五釐有奇。從二品，俸銀五十三兩四錢五分七釐有奇，薪銀均與正一品同。正三品，俸銀三十九兩三錢三分九釐有奇，薪銀一百二十兩。從三品同。正四品，俸銀二十七兩三錢九分三釐有奇，薪銀七十二兩。從四品同。正五品，俸銀一十八兩七錢五釐有奇，薪銀四十八兩。從五品同。正六品，俸銀一十四兩九錢六分四釐有奇，薪銀三十三兩三分五釐有奇。從六品同。七品，俸銀一十二兩四錢七分一釐，薪銀二十三兩五錢二分九釐。

又　卷二五九《**京官養廉**》　直省每年額解户部飯銀，約九萬二千三百餘兩，內給户部堂官養廉銀一萬七千二百餘兩，司員、筆帖式養廉銀一萬四千九百八十餘兩。內堂司各官養廉銀內，各半幫給內閣飯銀一千兩，軍機處飯銀一千兩，理藩院飯銀一千兩，起居注飯銀二百兩，盛京户部飯銀四百兩。銀庫郎中、員外郎，每年各二千一百二十六兩八分八釐。司庫，每年一千四百一十三兩二錢六分四釐。大使，每年二百兩。庫使，每年三百二十兩。筆帖式，每年八百兩。顏料庫郎中、員外郎、司庫，每年各一千兩。大使，每年三百兩。庫使、筆帖式，每年各一百八十兩。掌稿庫使、筆帖式，每年各二百七十六兩六錢有奇。緞疋庫郎中、員外郎、司庫，每年各四百五十兩。大使、庫使、筆帖式，每年各一百五十兩。掌稿庫使、筆帖式，每年各二百一十兩。三庫總檔房主事，每年三百六十兩。筆帖式，每年一百二十兩。

又 **卷二六一《外官養廉》** 順天府：府尹四百兩，府丞二百二十兩，治中二百兩，通判一百六十兩，教授四十五兩，訓導四十兩，府經歷四十五兩，府照磨三十三兩一錢一分四釐，府司獄、醫官、陰陽官各三十一兩五錢二分。

奉天府：府尹一千兩，府丞四百兩。學政養廉銀一百六十六兩。道員各三千兩。知府，錦州六百兩，昌圖二千兩。知州，寧遠州四百二十二兩八錢八分有奇，復州三百八十三兩九錢一分有奇，岫巖州三百兩，遼陽州二百九十三兩六錢四分有奇，義州二百八十二兩一分有奇。知縣，承德二百九十三兩，海城二百五十六兩，蓋平一百八十兩，開原一百三十九兩，鐵嶺一百二十五兩，錦縣四百二十四兩四錢四分有奇，廣寧一百七十一兩二分有奇，餘各八百兩。同知五百二十七兩六錢，通判、督糧通判二百五十兩，餘各三百兩。府經歷，奉天府經歷四十五兩，錦州府經歷四十兩。縣丞各四十五兩，道庫大使、主簿、府司獄、府照磨、吏目、巡檢、典史各三十一兩五錢二分。

直隸省：總督一萬五千兩，布政使九千兩，按察使八千兩。道員，津海關道四千兩，餘各二千兩。知府，保定府二千六百兩，承德府一千兩，餘各二千兩。知州，遵化州、易州各一千二百兩，延慶州、保安州、滄州、平泉州各八百兩，安州六百兩，餘各一千兩。知縣，清苑一千二百兩，大興、宛平、良鄉、永清、武清、寶坻、豐潤、盧龍、臨榆、博野、蠡縣、束鹿、河間、獻縣、任邱、天津、槁城、南宮、棗强、邢臺。鉅鹿、永年、肥鄉、曲周、大名。長垣、宣化、西寧、懷來各一千兩，房山九百兩，玉田、文安、大城、固安、東安、香河、順義、懷柔、密雲、三河、寧河、遷安、撫寧、灤平、赤峯、豐寧、建昌、朝陽、樂亭、安肅、唐縣、望都、完縣、淶水、廣昌、肅寧、交河、故城、吳橋、東光、寧津、青縣、靜海、南皮、正定、獲鹿、井陘、欒城、行唐、平山、元氏、無極、新樂、新河、衡水、武邑、柏鄉、隆平、寧晉、武强、饒陽、安平、曲陽、沙河、南和、平鄉、廣宗、唐山、內邱、邯鄲、成安、雞澤、威縣、元城、南樂、清豐、萬全、懷安各八百兩，餘各六百兩。布政司理問、經歷，按察司經歷，各一百二十兩。布政司庫大使，按察司司獄，未設養廉。同知，保定、熱河、多倫諾爾理事同知各一千兩，古北口、張家口、獨石口理事同知各八百兩，東西南北四路同知各一千兩，保定、永平二府同知各八百兩，餘各七百兩。通判，通州、易州通判各八百兩，保定、天津二府通判各七百兩，餘各六百兩。州同，易州、定州州同各二百兩，餘各六十兩。州判，遵化州、易州、冀州、趙州、深州州判各一百二十兩，涿州、延慶州州判各一百兩，餘各四十五兩。縣丞，大興、宛平縣丞各四十五兩，房山、良鄉縣丞各八十兩，餘各四十兩。府經歷，承德府經歷七十一兩五錢二分，餘各四十兩。主簿，各三十三兩一錢一分二釐。府司獄、吏目、倉大使、庫大使，各三十一兩五錢二分。巡檢，平泉州巡檢兼管吏目事，建昌、灤平、朝陽、赤峯、豐寧五縣巡檢兼典史事，張三營、土城子、郭家屯、黃姑屯、大閣兒、多倫諾爾、鄂爾土版巡檢，各七十一兩五錢二分，餘各三十一兩五錢二分。典史、驛丞，各三十一兩五錢二分。總督衙門筆帖式二百五十兩。【略】

山東省：巡撫一萬五千兩，布政使八千兩，按察使六千五十九兩，道員各四千兩。知府，濟南府四千兩，餘各三千兩。知州，德州、東平州、濮州、臨清州、高唐州、膠州、寧海州、濱州、濟寧州各一千四百兩，莒州、平度州各一千二百兩。知縣，歷城二千兩，章邱、齊河、禹城、長清、平原、東阿、惠民、海豐、滋陽、鄒縣、滕縣、嶧縣、泰安、魚臺、汶上、陽谷、單縣、菏澤、曹縣、蘭山、沂水、日照、聊城、茌平、恩縣、武城、益都、樂安、壽光、諸城、掖縣、昌邑、濰縣。即墨、蓬萊、福山、萊陽、文登、榮成、海陽各一千四百兩，鄒平、淄川、長山、齊東、濟陽、德平、肥城、新泰、萊蕪、陽信、樂陵、商河、利津、沾化、蒲臺、曲阜、寧陽、金鄉、嘉祥、壽張、城武、鉅野、鄆城、郯城、蒙陰、堂邑、博平、清平、冠縣、館陶、邱縣、夏津、博興、臨淄、臨朐、昌樂、安邱、高密、黃縣、招遠各一千二百兩，餘各一千兩。布政司經歷二百兩，布政司庫大使三百兩，按察司經歷一百兩，按察司司獄八十兩。同知，理事同知一千兩，餘各八百兩。通判，各六百兩。州同，各八十兩。州判，東平州、濟寧州、臨清州州判各六十兩，餘各八十兩。府經歷各一百兩，府司獄、縣丞、税庫倉大使各八十兩，主簿各六十兩，吏目、巡檢、典史各八十兩。

論　説

《元史》卷一二〇《立智理威傳》　大德三年，以參知政事為湖南宣慰使，繼改荆湖。荆湖多弊政，而公田為甚。部内實無田，隨民所輸租取之，户無大小，皆出公田租，雖水旱不免。立智理威問民所不便凡十數事上於朝，而言公田尤切。朝議遣使理之。會有詔，凡官無公田者，始隨俸給之，民力少蘇。

又　卷一七三《崔彧傳》　二十年，復以刑部尚書上疏，言時政十八事。【略】十曰官僚無以養廉，責其貪則苛。乞將諸路大小官，有俸者量增，無俸者特給。然不取之於官，惟賦之於民，蓋官吏既有所養，不致病民，少增歲賦，亦將樂從。

又　卷一七六《趙師魯傳》　久之，出為河間路轉運鹽使，除害興利，法度修飭，絶巡察之姦，省州縣廚傳贈遺之費，灶户商人，無不便之，歲課遂大增。

又　《秦起宗傳》　出為撫州路總管，至官，有司供張甚盛，問其費所從出，小吏不敢隱，曰：『借辦於民。』遂亟使歸之，几席僅給而已。自是官府僚佐有宴集，成禮即止，因諭衆曰：『我素農家，安儉約，務安静，庶使吾民化之。』居一歲，以老去官。

又　卷一八三《王守誠傳》　州縣官多取職田者，累十有四人，悉釐正之。因疏言：『仕於蜀者，地僻路遥，俸給之薄，何以自養。請以户絶及屯田之荒者，召人耕種，收其入以增禄秩。』

又　卷一九二《良吏傳・耶律伯堅》　縣居南北之沖，歲為親王大官治供帳於縣西，限以十月成，至明年復撤而新之，吏得並緣侵漁，其費不貲。伯堅命築公館，以代供帳，其弊遂絶。

明・馬文升《端肅奏議》卷四《為申明舊章以正罰俸事疏》　伏睹《大明律》内一款：凡祭祀及謁見園陵，若朝會行禮差錯，及失儀者罰錢半月。欽此。又伏睹《大明令》内一款：凡民官月俸，錢米相兼，罰俸止罰俸錢，軍官月俸錢米，如遇罰俸，合與民官一體扣算，追罰俸錢。欽此。此我聖祖立法，蓋因文武官員，凡有小過輕犯，不即加罪，止是罰俸，而又止罰俸錢，猶存俸米，使之得以養其妻子，不至失所，情法兩盡，其仁愛優恤臣下之心，雖古帝王無以加矣。但令内所載年久，未曾申明，近年以來，文武官或有大小罪責，荷蒙朝廷寬容罰俸，有一月二月者，有四月五月者，户部行令將月俸，不分錢米，盡行住支況邇因水旱災傷，倉糧數少，即今各官月俸，止支本色米三分，折色錢鈔七分，若不分錢米，全不關支，妻子無所養贍，未免啼饑。大官猶可，小官何以度日？誠非聖朝頒禄養廉，古者既富方穀之意也。恭惟皇上嗣位以來，凡事法祖，一應舊章，悉皆舉行，天下臣民，不勝慶幸，如蒙乞敕户部，遵依《大明令》内所載事理，通行在京大小衙門，今後凡奉欽依罰俸者，止將月俸折色錢鈔照數住支，仍存本色養贍妻子，庶祖宗舊章得以昭明，罰俸官員感蒙惠澤。臣叨任大臣，事干國體，職所當言者，不敢緘默。緣係申明舊章以正罰俸事理，未敢擅便，謹題請旨。

明・陳子龍等《明經世文編》卷三六《李賢〈達官支俸疏〉》　臣聞帝王之道，在赤子黎民，而禽獸夷狄。夫黎民而赤子，親之也。夷狄而禽獸，疏之也。雖聖人一視同仁，其施也，必自親以及疏，未有赤子不得其所，而先施惠於禽獸，況奪赤子之食以養禽獸，聖人忍為之哉。切見京師達人，不下萬餘，較之畿民，三分之一，其月支俸米，較之在朝官員，亦三分之一，而實支之數，或全或半，又倍蓰矣。且以米俸言之，在京指揮使正三品，該俸三十五石，實支一石，而達官則實支十七石五斗，是贍京官十七員半矣。《傳》曰：朝無幸位，則食者寡矣。此又非幸位之比也。夫以有限之糧，而資無限之費，欲百姓富庶，而倉廩充實，未之有也。近者連年荒旱，五穀不登，而國之用則不可缺，是以天下米粟，水陸並進，歲入京師數百萬石，而京軍民竭財殫力，涉寒暑，冒風霜，苦不勝言，然後一夫得數斛米至京師者，幸也。若其運至中途，食不足，衣不贍，而有司曾莫之恤，督責之愈急，是以不暇救死，往往枕藉而亡者，不可勝計。其達官坐享俸禄，施施自得。嗚呼！既奪赤子之食以養禽獸，而又驅其力使饋之，赤子卒至於饑困以死，而禽獸則充實厭足，仁人君子所宜痛心者。若夫俸禄所以養廉也，今在朝官員，皆實關俸米一石，以一身計之，其日用之費，不過十日。況其父母妻子乎。臣以為，欲其無貪不可得也。備邊所以禦侮也，今邊軍長居苦寒之地，其所以保妻子禦饑寒者，月糧而已，糧不足以贍其所需，欲其守死，不可得也。今若去此達官，臣愚以為除一害而得三利焉。何則？計達官一歲之俸，不下數十萬，省之可以全生民之命，可以贍邊軍之給，可以足京官之俸。全生民之命，則本固而邦寧也。贍邊軍之給，則效死而守職也。足京官之俸，則知恥而守廉也。得此三者，利莫大焉。臣又聞聖王之道，貴乎消患於未萌，《易》曰：『履霜堅冰至。』《書》曰：『惟幾惟康。』不可以不察也。臣切見達人來降絡繹不絕，朝廷授以官職，足其俸禄，使之久處不去腥膻畿內，無益之費尚不足惜，又有甚者焉。夫夷狄人面獸心，貪而好利，乍臣乍叛，荒忽無常，彼來降者，非心悦而誠服也，實慕中國之利也。且達人在胡，未必不自種而食，自致而衣，今在中國，則不勞其力而坐享其有，是故其來之不絕者。中國誘之也，誘之不衰，則來之愈廣，一旦邊備有警，其勢必不自安矣。前世五胡之亂可不鑑哉。是故聖人以禽獸畜之，其來也懲而禦之，不使之久處，其去也守而備之，不誘其復來，而為社稷生民之慮，至深遠也。近日邊塵數警，而達官羣聚京師，臣嘗恐懼而不安寢。伏願陛下斷自宸衷，為萬世長久之計，乞敕兵部，將達官漸次調除天下各都司衛所，彼勢既分，必能各安其生，不惟省國家萬萬無益之費，而又消其未萌之患矣。

又　卷二三三《侯綸〈欽奉聖諭禦邊疏〉》　本鎮四路各該關營寨堡，共二百五十餘處，原設提調管操，並墩臺夜不收隊伍等官，共計一千三十餘員，俱于各該衛所選用，其間有離邊一二百里者，應支俸糧，俱在各衛所造册關支，每月米一石，上半年支與本色，下半年俱是折色，富者猶之可也，貧者所關俸糧一石，上或父母，下或妻子，養贍尚不足用，豈能分送遠寨，供給邊官。所以各官到邊，無所用度，不免克扣軍士，雖常嚴加禁約，而犯者接踵。具告到官，中間或索要銀一二分者有之，米二三升者有之。行拘責問，據法難容，但原其情苦，似亦可憫，況人一日不食，則疲餒無力，又豈能披堅執鋭，以作勇敢之狀，以犯敵人之鋒乎。夫食無處，將見弊端益生，邊軍益困，軍氣不揚，軍威不振，亦未必不由於此也。乞敕户部查議，合無將前項守邊官員，除月糧一石，仍于各衛所內關支外，其在邊提調管操者，查照各邊行糧事例，每員日量給米三升，守關寨墩臺管夜不收管隊者，每員日給米一升五合，總計支三升者不過七十餘員，俱附造守邊軍士册內關支，備行薊州密雲管糧官會計給領，然尚有姦貪之弊，盡法處置，彼又何詞。如此則邊軍有助廉之資，而軍士免剝削之害矣。

清・錢陳羣《香樹齋詩文集》卷四《條陳耗羨疏》　再各省州縣，自酌定養廉之後，榮悴不能畫一。即一府之中，有儘足支應者，有左支右絀稱貸無門者。令督撫于通省中確查此等州縣，不論事繁事簡，每處酌添一二百兩，俾得稍寬裕。其耗羨有餘之省分，辦理足用外，尚有所餘，留貯藩庫，倘遇蠲免正項之處，耗羨無著，即將所餘銀兩添補。仍嚴飭州縣，勿得耗外加耗，以致累民，則既無加賦之名，並無全用耗羨辦公之事，而州縣各有贏餘，益知鼓勵矣。至于施從其厚，斂從其薄，古之制也。罷羨餘一事，豈有宋太祖能行之，以我皇上之至仁大知，事事法古，而未見及于此者。同一薄斂之事，行于三代封建之時易，行于一統之朝難。行于開創之日易，行于承平既久之時難。以今日幅員之廣，生齒之衆，供億之繁，有數倍于前代者，趁此倉庾充裕，民安物阜之時，內而公卿大夫，外而督撫大吏，仰體皇上宵旰勤勞之盛心，悉心調劑，使養廉之入，不為素餐，為上為德，為下為民，將見明作自能有功。惇大自然成裕，天休滋至。歲書大有，户慶豐亨，則帑藏自益長盈。然後以三十年之通制國用，或量撥公用，以資養廉，便可量減耗羨，以紓民力。

清・賀長齡等《清經世文編》卷一八《吏政六・黄晉良〈論官禄〉》

間讀貢禹上武帝書云：臣為諫大夫，俸月九千二百，廩食大官。及為光禄大夫，俸錢月萬二千，禄賜益厚，家日益富。又見蓋寬饒為司隸，俸錢數千，半以給吏民耳目言事者。然則官至光禄大夫，歲得俸錢一百二十金耳，便自足為已富，且司隸俸僅及其半，而又分給耳目言事者，未聞有不足之歎。事治民安，賢良輩出，何哉？得無時代。近古用度不雜，即公卿大臣絕無交際賄請之事，賢者固安於為賢，不肖者亦有所制而不敢行私，加之以儉，易于自足歟。及至成帝時，益大司馬、大司空俸錢月至六萬，御史大夫四萬，時愈下而祿益厚，用度益廣，其人才益鄙矣。唐初制祿，正一品，米七百石，錢九千八百。正二品，米五百石，錢八千。正三品，米四百石，錢七千，大率如此，而貞觀、永徽人才之盛，不可枚舉。至大歷中，權臣月俸，有至九千貫，刺史無大小，皆千貫，故元微之悼亡詩有云：『今日俸錢過十萬，與君營奠復營齋。』白樂天典校書，亦云：『俸錢萬六千，月給亦有餘。』校書小職也，月亦萬六千。其後羣枉迭興，遂至侈靡相尚，貨賄相傾，往往挾外以重內，尾大不掉矣。原盛衰之際，豈不由爵祿哉。雖然，此猶為朝制言也。從來小人祿薄者心競，祿厚者心侈，馴至流而不可制，固矣！今則不然，官之崇卑大小，其能否視乎得錢之强弱，一概絕口不道俸祿之事，而一取辦于民間，甚至錙銖未便，則以府藏為外帑，公聽並觀，習以為常，不足慮也。何則？恃有取償之術，不害於其身也。夫以區區遺黎，淫者於此取侈焉，弱者於此取力焉，榮者於此取志焉，辱者於此取助焉。銓叙於此整齊焉，色笑於此休暢焉，喜怒於此和平焉，功烈於此爛漫焉，千古於此破格焉，一代於此備材焉。嗚呼！盡之矣。《虞書》之命禹曰：『予欲左右有民。』夫古者有民，今者無民。古之治天下而制爵祿，命之曰並生。今之治天下而制爵祿，命之以民而已。命之以民，夫何事而不以民哉。然且孜孜然如傷惻忍之言，盈堂皇，蔽亭里，獨掩耳以聆其聲，豈不甚可痛哉。《詩》曰：『維南有箕，載翕其舌。維北有斗，西柄之揭。』杼柚亦既空矣，如此瘅人何。

又《高成齡〈議覆提解耗羨疏〉》 臣近閱邸抄，見內閣交出請禁提解火耗之條奏，臣竊不能無議。伏思直省錢糧正供之外，向有耗羨，雖多寡不同，皆係州縣入己。但百姓既已奉公，即屬朝廷之財賦，蒙皇上體恤羣臣，通院司道府，而酌盈劑虛，以補其常俸之不足，俾大小臣工，溥遍均沾，其法至善。今如條奏所云：竟以耗羨為州縣應得之物，上司不宜提解，殊不知耗羨與節禮，原屬相因。上司不提解耗羨，屬官必呈送節禮。夫下屬既送節禮以取悅上司，則有所恃而生其挾制，必至肆行無忌，上司即有所聞，亦礙於情面，徇隱不言，損名節，敗官常，朘民膏，虧國帑，實由於此。若禁止餽遺，一概不許收受，其不肖上司，必將尋隙勒詐，別生事端，恣其無饜之求，即有淡薄自甘者，思欲屏絕餽遺，而上司衙門別無養廉，枵腹辦事，勢實難行。故臣愚以為，州縣耗羨銀兩，自當提解司庫，聽憑大吏酌量分給，均得養廉，洵天理人情之至也。況耗羨提解於上，則通省遇有不得已之公費，即可支應，而不分派州縣。上司既不分派，則州縣無由借端科索里甲，是提解耗羨，亦可禁絕私派，豈非因時制宜之要務乎。再閱條議謂提解火耗，定限每兩若干，不得寓撫字於催科等語。如山西一省，現將州縣火耗，逐一詳查酌減，較之昔日已減大半，若不限以一定之數，不肖州縣，反得任意多徵。今既固封糧櫃，又較定分數，州縣不能入己，誰肯多徵，是提解耗羨，即禁止濫加，亦撫字之一法也。又謂公取分撥，非大臣鼓勵屬員之道，殊不知上司即清慎褆躬，亦必有請幕賓養家口之費，與其暗收餽遺，常懷貪黷之懼，何如明分養廉，共拜聖主之賜。且既不受餽遺，則亦無所瞻徇，廉者薦之，貪者劾之，未必非砥礪廉隅之道也。

又《趙青藜〈耗羨請仍歸公疏〉》 我世宗憲皇帝，悉知其弊，舉耗羨一項，輕其額而歸之公，俾有司不得濫取以病民，上官不得苛求以病吏，養廉有貲，公費有貲，條分縷析，光明正大，固補救之權宜，實弛張之善道也。我皇上恐或不便于官民，是用疇咨博採，期折衷于至當，所以殷殷致詢者，必有不欲終安于歸公者也。耗羨不歸公，則歸之民與歸之官二說而已。為歸民之說者，于義甚正，於利甚溥，而於時則有所未暇，于勢則有所難行，國家之經費有常，各官之養廉安給。臣願皇上時存此意，以徐俟之豫大豐亨之後，無遽責成效于目前也。為歸官之說者，謂以公濟公，使上之人多此一布置，何如以私還私，使官吏自為之通融，此亦足動明主之聽矣。然臣不知其所通融者，將仍舊額而操之自督撫乎？果爾，則取之民者如故也，與歸公何異，豈歸公為加賦，而此遂不為加賦乎！其不可一也。則且泯其額以聽之徵收之縣令乎，泯其額誠不為加賦而聽之州縣，其果以何為貪，以何為廉，將必有肆無厭之求以剝吾民者，其不可二也。且歸之州縣，即為州縣之私橐，遇有地方公務，必且按畝科派，封疆大吏亦心知其不合而徐原之，甚至上下相蒙，莫能究詰，其不可三也。且議歸州縣，則必議復上司之規禮，復上司之規禮，而一取一與，即為逢迎瞻徇之媒，彼藉端以苛索者，更無論矣，其不可四也。臣查耗羨視正稅為等差，今使各州縣私其耗羨，則正額多者俯仰有餘，正額少者且展轉維艱，同一牧民，而相懸不啻霄壤，政之不平，莫甚于此，其不可五也。然則歸民則格于時勢，歸官則有不可者五。故臣愚以為照舊歸公便，如以辦公不足，至動正帑，斷以損益之義，臣固知我皇上之必不少為靳惜也。近者江省連歉，蠲賑並施，故公項微有不足。臣計歉後必獲豐登，正供充盈，耗羨隨裕，核筭藩庫果有贏餘，請照雍正十一年河南、山東二省量免正税，撥補還項，則上無虧于國計，下有裨于民生矣。至官吏養廉，在始定諸臣，過于矜慎，誠有不敷，請仿漢制賜金以勸循良，則鼓舞其志氣，而且優恤其私計，此所謂裒多益寡，寬一分則受一分之賜者也。外此而創勸輸之説，立議敍之條，取富民以養窮民，意非不善，正恐挾餘貲者得議敍，而一旦與朝命同其榮，將益以動其相耀之心，倍珍其居奇之術，緩急不以相濟，有無不以相通，鄉里乏推讓之風，宗族無親睦之誼，又其甚者，父子異居，兄弟鬩墻，雖以骨肉至戚，臨勢利而輒變，實積為風俗人心之隱憂，臣尤願皇上慎之，無輕議變更也。議者或謂此項不除，積久之後，必視為正税，而耗羨外又另生耗羨。然臣謂既存其耗羨之名，自不得求多于正額之外，豈畫一之規模，反得以肆其巧，而無藝之徵歛，竟莫以售其姦，此尤不待辯而知其説之非矣。臣是以再四思維，終無以易于歸公之舊也。

品階勳爵部

散官分部

綜述

元·佚名《元典章》卷八《吏部》 奏准：職官文武散官照勘，各官若係漢兒人户，及必闍赤吏員出身者，擬授文散官。其承襲軍官功績諸色出身，擬授武散官。外遷轉官員，照出身擬授。

《元史》卷八《世祖紀五》 （至元十一年春正月）庚寅，初立軍官以功升散官格。

又 卷一五《世祖紀十二》 （至元二十五年春正月）乙未，賞征東功，從乘輿將吏升散官二階，軍士鈔人三錠，從皇孫將吏升散官一階，軍士鈔人二錠，死事者給其家十錠，凡為鈔四萬一千四百二十五錠。

又 卷二〇《成宗紀三》 （大德三年三月）甲午，命何榮祖等更定律令。詔軍官受贓罪，重者罷職，輕者降其散官，或決罰就職停俸，期年許令自效。

又 卷二一《成宗紀四》 （大德七年秋七月丙子）詔除集賢、翰林老臣預議朝政，其餘三品以下年七十者，各升散官一等致仕。

又 卷二二《武宗紀一》 （大德十一年十一月乙亥）玉宸樂院長謂：玉宸與刑部秩皆三品，官皆榮禄大夫；留不遣。中書以聞，帝曰：『凡諸司視其資級授之散官，不可超越，其閑冗職名官高者遵舊制降之。』

又 卷二三《武宗紀二》 （至大二年春正月）丙申，詔：天下弛山澤之禁，恤流移，毋令見户包納差税，被災百姓内郡免差税一年，江淮免夏税，内外大小職官普覃散官一等，有出身人考滿者加散官一等。

又 卷二九《泰定帝紀一》 （泰定元年六月己卯）詔：疏決繫囚，存恤軍士，免天下和買雜役三年，蜒户差税一年，百官四品以下，普覃散官一等，三品遞進一階，遠仕瘴地，身故不得歸葬，妻子流落者，有司資給遣還，仍著為令。

又 卷九一《百官志七》 文散官四十二：開府儀同三司，儀同三司，特進，崇進，金紫光禄大夫，銀青榮禄大夫以上俱正一品，光禄大夫，榮禄大夫以上從一品，資德大夫，資政大夫，資善大夫以上正二品，正奉大夫，通奉大夫，中奉大夫以上從二品，正議大夫，通議大夫，嘉議大夫以上正三品，太中大夫，中大夫，亞中大夫，以上從三品，舊為少中，延祐改亞中。中議大夫，中憲大夫，中順大夫以上正四品，朝請大夫，朝散大夫，朝列大夫以上從四品，奉政大夫，奉議大夫以上正五品，奉直大夫，奉訓大夫以上從五品，承德郎，承直郎以上正六品，儒林郎，承務郎以上從六品，文林郎，承事郎以上正七品，徵事郎，從事郎以上從七品，登仕郎，將仕郎以上正八品，登仕佐郎，將仕佐郎以上從八品。

右文散官四十二階，由一品至五品為宣授，六品至九品為敕授。敕授則中書署牒，宣授則以制命之。一品至五品者服紫，六品至七品者服緋，八品至九品者服緑，武官以下皆如之。其官常對品，惟九品無散官，則但舉其職而已，武官雜職亦如之。

武散官三十四階：龍虎衛上將軍，金吾衛上將軍，驃騎衛上將軍以上正二品，奉國上將軍，輔國上將軍，鎮國上將軍以上從二品，昭武大將軍，昭勇大將軍，昭毅大將軍以上正三品，安遠大將軍，定遠大將軍，懷遠大將軍以上從三品，廣威將軍，宣威將軍，明威將軍以上正四品，信武將軍，顯武將軍，宣武將軍以上從四品，武節將軍，武德將軍以上正五品，武義將軍，武略將軍以上從五品，承信校尉，昭信校尉以上正六品，忠武校尉，忠顯校尉以上從六品，忠勇校尉，忠翊校尉以上正七品，修武校尉，敦武校尉以上從七品，保義校尉，進義校尉以上正八品，保義副尉，進義副尉以上從八品。

右武散官三十四階，自龍虎衛上將軍至進義副尉，由正二品至從八品，其除授具前。

內侍散官一十四：中散大夫正二品，中引大夫從二品，中御大夫正三品，侍中大夫從三品，中衛大夫正四品，中涓大夫從四品，通侍郎正五品，通御郎從五品，侍直郎正六品，內直郎從六品，司謁郎正七品，司閽郎從七品，司奉郎正八品，司引郎從八品。

右內侍品秩一十四階，自中散至司引，由正二品至從八品，其除授具前。

司天散官一十四：欽象大夫從三品，明時大夫，頒朔大夫以上正四品，保章大夫從四品，司玄大夫正五品，授時郎從五品。靈臺郎正六品，候儀郎從六品，司正郎正七品，平秩郎從七品，正紀郎，挈壺郎以上正八品，司曆郎，司辰郎以上從八品。

右司天品秩一十四階，自欽象至司辰，由從三品至從八品，其除授具前。

太醫散官一十五：保宜大夫，保康大夫以上從三品，保安大夫，保和大夫以上正四品，保順大夫從四品，保沖大夫正五品，保全郎從五品，成安郎正六品，成和郎從六品，成全郎正七品，醫正郎從七品，醫效郎，醫候郎以上正八品，醫痊郎，醫愈郎以上從八品。

右太醫品秩一十五階，自保宜至醫愈，亦由從三品至從八品，其除授具前。

教坊司散官十五：雲韶大夫，僊韶大夫以上從三品，長寧大夫，德和大夫以上正四品，協律大夫從四品，嘉成大夫正五品，純和郎從五品，調音郎正六品，司樂郎從六品，協樂郎正七品，和樂郎從七品，司音郎，司律郎以上正八品，和聲郎，和節郎以上從八品。

右教坊品秩一十五階，自雲韶至和節，由從三品至從八品，其除授具前。

又 卷八二《選舉志二》 至元二十年議：『久侍禁闥、門地崇高者，初受朝命散官，減職事一等，否則量減二等。』

又 卷八三《選舉志三》 凡文武散官：多採用金制，建官之初，散官例降職事二等。至元二十年，始升官職對品，九品無散官，謂之平頭敕。蒙古、色目，初授散官或降職事，再授職，雖不降，必俟官資合轉，然後升職。

《明太祖實録》卷六〇 （洪武四年春正月）甲辰，吏部奏定內官、散官：正四品，中正大夫；從四品，中侍大夫；正五品，中衛大夫；從五品，侍直大夫；正六品，內侍郎；從六品，內直郎；正七品，正奉郎；從七品，正衛郎；正八品，司奉郎；從八品，司直郎。

又 卷六三 （洪武四年閏三月）乙丑，定欽天監官散官，監令，正儀大夫；少監，分朔大夫；五官正，司玄大夫；監丞，靈臺郎；五官保章正，平秩郎；五官靈臺郎，司正郎；五官挈壺正，挈壺郎。

又 卷八五 （洪武六年九月）癸卯，詔定散官資給。凡除授官員即與對品散官在京官，以三十月為一考，每考升一等，在外官以三歲為一考，每考升一階。

又 卷九三 （洪武七年九月）戊午，初定授散官資格。職三品者，授正五品下階散官；四品者，授正六品下階散官；五品者授正七品下階散官。及考滿，俱各比例，遞升六品而下亦依定制。先是，除授官員有不次升用者，俱與對品散官，故至是重定之。其已授散官者，須歷及所授散官品級，然後遞升。其有才德拔萃、特旨不次用者，不拘此例。

又 卷一一三 （洪武十年秋七月）壬寅，命給內外百司官散官，視其品給之。若所選官見任職卑而前授散官高者仍前，其降除者則照見職。

又　卷一一四　（洪武十年八月）壬子，定光禄司官、散官品秩。上即位以來，所用光禄司官，或内官，或流官，或庖人，出身不同，同於散官。至是，命吏部：凡内官除授者，照内官散官給授；流官除授者，照文官散官給授；庖人除授者，卿，從三品尚膳大夫，少卿，正五品奉膳大夫，司丞，從六品司膳郎，各署丞，從七品掌膳郎，監事，從八品執膳郎。

又　卷一三八　（洪武十四年秋七月丁未）定給授文職散官之制。凡布衣初入仕，雜職初入流，任内未及初考而遷調、改除、升等者，有罪及不稱者，貶降者，考核平常，量才降等，非貶降者皆得初授階。凡初考稱職，任内已及初考，遷調、改除而品級仍前者，任内已升授，未及再考，遷調、改除而品級仍前者，皆得升授階，凡及兩考而事迹顯著者，皆得加授階。

《明孝宗實録》卷三五　（弘治二年二月壬辰）以貴州有警，募民納銀備軍興之用。一百二十兩者，授正七品散官；八十兩者，正八品；六十兩者，正九品；四十兩者，與冠帶。從本布政司奏也。

明·申時行等［萬曆］《明會典》卷六《吏部·散官》　自榮禄大夫，至登仕佐郎，九等十八級。有初授、升授、加授，以歷考為差，至今遵行，而例小異。在京文職，初授散官，春秋類題，或遇覃恩，概與升授，惟考滿仍舊。

洪武二十六年定：凡白身人入仕，並雜職人等，初入流者，與對品初授散官，任内歷俸三年，初考稱職，與升授散官。又歷俸三年，再考功迹顯著，方與加授散官。若考覈平常者，止與初授。其任内未經初考，遷調改除者，仍照見授職事，與初授散官。已經初考，合得升授，遷調改除，仍係本等品級者，照見授職事，與升授散官。若升等者，止與對品初授，或有已得升授，未經再考，遷調改除，仍係本等品級者，照見授職事，與升授散官。已經再考，合得加授，遷調改除，仍係本等品級者，與加授散官。若升等者，止與對品初授。其有先曾歷仕二品三品等職，今次降用，若係有罪及闒茸不稱職貶降者，照依見授職事，與初授散官。若量材任使，不係貶降，但今授職事比與原授降等，其原授散官誥敕仍舊者，亦照見授職事，與對品初授散官，俱於三年之後，照例升授。其加贈一節，考驗本人生前功迹，合得加授者，照例給與。

又定：凡封贈文官散官，如上階特進光禄大夫，光禄大夫之類，非特奉聖旨者，不與。

《明史》卷七二《職官志一》　文之散階四十有二，以歷考為差。正一品，初授特進榮禄大夫，升授特進光禄大夫。從一品，初授榮禄大夫，升授光禄大夫。正二品，初授資善大夫，升授資政大夫，加授資德大夫。從二品，初授中奉大夫，升授通奉大夫，加授正奉大夫。正三品，初授嘉議大夫，升授通議大夫，加授正議大夫。從三品，初授亞中大夫，升授中大夫，加授大中大夫。正四品，初授中順大夫，升授中憲大夫，加授中議大夫。從四品，初授朝列大夫，升授朝議大夫，加授朝請大夫。正五品，初授奉議大夫，升授奉政大夫。從五品，初授奉訓大夫，升授奉直大夫。正六品，初授承直郎，升授承德郎。從六品，初授承務郎，升授儒林郎，吏材幹出身授宣德郎。正七品，初授承事郎，升授文林郎，吏材幹授宣議郎。從七品，初授從仕郎，升授征仕郎。正八品，初授迪功郎，升授修職郎。從八品，初授邊功佐郎，升授修職佐郎。正九品，初授將仕郎，升授登仕郎。從九品，初授將仕佐郎，升授登仕佐郎。【略】

凡武官六品，其勳十有二。正一品，左、右柱國。從一品，柱國。正二品，上護軍。從二品，護軍。正三品，上輕車都尉。從三品，輕車都尉。正四品，上騎都尉。從四品，騎都尉。正五品，驍騎尉。從五品，飛騎尉。正六品，雲騎尉。從六品，武騎尉。散階三十。正一品，初授特進榮禄大夫，升授特進光禄大夫。從一品，初授榮禄大夫，升授光禄大夫。正二品，初授驃騎將軍，升授金吾將軍，加授龍虎將軍。從二品，初授鎮國將軍，升授定國將軍，加授奉國將軍。正三品，初授昭勇將軍，升授昭毅將軍，加授昭武將軍。從三品，初授懷遠將軍，升授定遠將軍，加授安遠將軍。正四品，初授明威將軍，升授宣威將軍，加授廣威將軍。從四品，初授宣武將軍，升授顯武將軍，加授信武將軍。正五品，初授武德將軍，升授武節將軍。從五品，初授武略將軍，升授武毅將軍。正六品，初授昭信校尉，升授承信校尉。從六品，初授忠顯校尉，升授忠武校尉。

又　卷七四《職官志三》　（洪武）十年定光禄司散官品秩。時所用光禄司官，或内官，或流官，或庖人，出身不同，同授散官。至是定，内官除授者，照内官散官給授。流官除授者，照文官散官給授。【略】

（洪武）十四年改欽天監為正五品，設令一人，丞一人，屬官五官正

以下，員數如前所列，俱從品級授以文職散官。【略】

（洪武）十四年改太醫院為正五品，設令一人，丞一人，吏目一人。屬官御醫四人，俱如文職授散官。【略】

洪武四年，定內官散官。正四品，中正大夫。從四品，中侍大夫。正五品，中衛大夫。從五品，侍直大夫。正六品，內侍郎。從六品，內直郎。正七品，正奉郎。從七品，正衛郎。正八品，司奉郎。從八品，司直郎。尋定內使監令。正五品，授中衛大夫。丞，從五品，授侍直大夫。皇門正、局正、司正、東宮門正、局正，俱正六品，授內侍郎。尚寶、奉御、皇門副、局副、司副、東宮門副、局丞，王府承奉、門正、所正，俱從六品，授內直郎。尚冠等奉御、內府庫大夫、內倉監令、王府承奉副、門副、所副，俱正七品，授正奉郎。庫副使、倉丞，俱從七品，授正衛郎。六年改御用監為供奉司，秩從七品，設官五人。內倉監為內府倉，以監令為大使，監丞為副使。內府庫為承運庫。仍設大使、副使。尋置紀事司，以宦者張翊為司正，秩正七品。又考前代糾劾內官之法，置內正司，設司正一人，正七品，司副一人，從七品，專糾內官失儀及不法者。旋改為典禮司，又改為典禮紀察司，升其品秩。司正升正六品，司副升從六品。十年置神宮內使監，設監令，正五品，丞，從五品，司香奉御，正七品，典簿，從九品。天地壇、神壇各祠祭署，設署令，正七品，丞，從七品，司香奉御，正八品。甲、乙、丙、丁、戊五庫，各設大使，正七品，副使，從七品。及皇城門官端門等十六門，各設門正，正七品，副，從七品。十二年更置尚衣、尚冠、尚履三監，針工、皮作、巾帽三局。改尚佩局為尚佩監。十六年置內府寶鈔廣源、廣惠二庫，職掌出納楮幣，入則廣源庫掌之。出則廣惠庫掌之。寶鈔廣源庫，設大使一人，正九品，用流官；副使一人，從九品，用內官。寶鈔廣惠庫，設大使二人，正九品；副使二人，從九品。俱流官、內官兼用。

清・乾隆敕撰《清通典》卷四〇《職官・文武官階》 文職正一品曰光禄大夫，從一品曰榮禄大夫，正二品曰資政大夫，從二品曰通奉大夫，正三品曰通議大夫，從三品曰中議大夫，正四品曰中憲大夫，從四品曰朝議大夫，正五品曰奉政大夫，從五品曰奉直大夫，正六品曰承德郎，從六品曰儒林郎，正七品曰文林郎，從七品曰徵仕郎，正八品曰修職郎，從八品曰修職佐郎，正九品曰登仕郎，從九品曰登仕佐郎。若吏員出身者，其從六品、正七品俱為宣德郎，不及九品者為未入流。初制一品正從俱光禄大夫，從三品為中大夫，後改定凡官階五品以上為誥授，六品以下為敕授。

武官亦如之。武職正一品曰建威將軍，從一品曰振威將軍，正二品曰武顯將軍，從二品曰武功將軍，正三品曰武義將軍，從三品曰武翼將軍，正四品曰昭武都尉，從四品曰宣武都尉，正五品曰武德騎尉，從五品曰武德佐騎尉，正六品曰武畧騎尉，從六品曰武畧佐騎尉，正七品曰武信騎尉，從七品曰武信佐騎尉，正八品曰奮武校尉，從八品曰奮武佐校尉，正九品曰修武校尉，從九品曰修武佐校尉。初制正從一品俱榮禄大夫，正二品為驃騎將軍，從二品為驍騎將軍，正三品為昭勇將軍，從三品為懷遠將軍，正四品為明威將軍，從四品為宣武將軍，正五品為武德將軍，從五品為武畧將軍，正六品為昭信校尉，從六品為顯忠校尉，正七品為奮力校尉。經乾隆二十年改定：公侯伯及正一品俱光禄大夫，從一品為振威大夫，正二品為武顯大夫，從二品為武功大夫，正三品為武義大夫，從三品為武翼大夫，正四品為昭武大夫，從四品為宣武大夫，正五品為武德郎，從五品為武畧郎，正六品為武信郎，從六品為武信佐郎，正七品為奮武郎。以文職正一品起至從九品，共十八階；武職從一品起至正七品，共十二階；多寡懸殊，體制未協。經乾隆五十一年增設階品，改定封典名號，用昭畫一焉。

臣等謹按：《續通典》承杜佑《通典》之例，備載散官，蓋金元及明皆以官階為散也。本朝增設官制，凡文職十八階，武職亦照文階釐定，並為十八階。初制，凡遇覃恩及三年考滿，均給封贈，康熙九年停三年考滿之例，止遇覃恩按品頒給。一品封贈三代，二品三品封贈二代，四品至七品封贈一代。凡貤封贈者聽，均論服制，不准旁推。其八品以下，亦得貤封贈父母。

《清高宗實録》卷八〇〇 （乾隆三十二年十二月己巳）諭：朕披閱《清文鑑》定本，見所列文武官階，尚有未盡妥協者。如文職自二品以下咸分正從，惟一品俱誥授光禄大夫，未別等差，而一品武職所授榮禄大夫，考之前代，本屬文臣一品所授之階，若移為從一品文臣封典，於體制更為盡善。至文武事同一體，武職二品至六品並分正從，而一品、七品獨未區分，亦未免參差失當。著吏兵二部酌古準今，詳核定議具奏。至清文內所有文武官階翻譯之處，並著翻書房詳妥改定，俾品目秩然，以昭畫一。尋議，嗣後文職從一品誥授榮祿大夫，武職正一品誥授建威大夫，從一品誥授振威大夫，正七品授奮武郎，從七品授奮武佐郎。從之。

又　卷四九一（乾隆二十年六月）辛酉，定武職封階。諭：向來武職封階，自二品至五品，俱得授為將軍。此沿習漢唐以來，散官名號之謬也。國家制度，名實必取相孚。今授鉞專征，膺閫外之寄者，始稱將軍。而各省駐防，則一品大臣也，乃以加之都守等弁。名不正則言不順，此甚無謂。考宋制，武職原有武功大夫、武功郎等階。今一品武臣既封大夫，其二品至四品亦宜改稱大夫，五品以下則俱改稱為郎，但各冠以武字可耳。著軍機大臣等擬定字樣，候朕酌定，載入《會典》，以昭典制。其從前已領誥敕，亦不必追改。

勳官分部

綜　述

《元史》卷九一《百官志七》　勳一十階：上柱國，正一品。柱國，從一品。上護軍，正二品。護軍，從二品。上輕車都尉，正三品。輕車都尉，從三品。上騎都尉，正四品。騎都尉，從四品。驍騎尉，正五品。飛騎尉，從五品。

《明太祖實録》卷五三（洪武三年六月甲子）定五等勳爵。凡勳：正一品，上柱國；從一品，柱國；正二品，上護軍；從二品，護軍；正三品，上輕車都尉；從三品，輕車都尉；正四品，上騎都尉；從四品，騎都尉；正五品，雲騎尉；從五品，武騎尉。

明·申時行等[萬曆]《明會典》卷一〇《吏部·勳級》　凡文勳十，武勳十有二，文官一品至五品，武品一品至六品，歷再考應合授勳者，照依散官始得定擬奏聞給授。

又　卷一一八《兵部·勳禄》　凡有軍功升俸，後又有功升級者，若與所升俸級相同，即將原升俸住支，止支本等職俸。

《明史》卷七二《職官志一》　凡文勳十。正一品，左、右柱國。從一品，柱國。正二品，正治上卿。從二品，正治卿。正三品，資治尹。從三品，資治少尹。正四品，贊治尹。從四品，贊治少尹。正五品，修正庶尹。從五品，協正庶尹。自五品以下，歷再考，乃授勳。【略】

凡武官六品，其勳十有二。正一品，左、右柱國。從一品，柱國。正二品，上護軍。從二品，護軍。正三品，上輕車都尉。從三品，輕車都尉。正四品，上騎都尉。從四品，騎都尉。正五品，驍騎尉。從五品，飛騎尉。正六品，雲騎尉。從六品，武騎尉。

清·乾隆敕撰《清通志》卷七一《職官略·勳官》　世爵世職之等有九：曰公，曰侯，曰伯，曰子，視一品曰男，視二品曰輕車都尉，視三品曰騎都尉，視四品曰雲騎尉，視五品曰恩騎尉，視七品自公至輕車都尉，又各有三等。【略】

臣等謹按：公、侯、伯、子、男、輕車都尉、騎都尉、雲騎尉、恩騎尉之爵，以褒敍勳績酬庸懋賞次第，其功績之大小而錫以世襲之等。

封爵分部

綜　述

《元史》卷九一《百官志七》　爵八等：王，正一品。郡王，從一品。國公，正二品。郡公，從二品。郡侯，正三品。郡侯，從三品。郡伯，正四品。郡伯，從四品。縣子，正五品。縣男。從五品。右勳爵，若上柱國、郡王、國公，時有除拜者，餘則止于封贈用之。

明·申時行等[萬曆]《明會典》卷六《吏部·功臣封爵》　國初因前代之制，列爵五等，非有社稷軍功者不封，子男後革，所封公侯伯，皆給誥券，或世，或不世，各以功次為差。又有衍聖公世封，駙馬都尉、外戚恩澤之封。其封同，皆不給券。

又　卷五五《禮部·封爵》　國家稽古法，封同姓。王二等，將軍三等，中尉三等，女封主君五等，具載《祖訓》、《職掌》諸書，其後宗庶日蕃，禁防寖備，諸凡奏封等項，稽覈尤嚴。嘉靖末年，定為《宗藩條例》。萬曆十年，删訂畫一，欽定名曰《宗藩要例》，今見行。

清·乾隆敕撰《清通典》卷三一《職官·宗室封爵》 宗室封爵十有四等：一和碩親王，二世子，三多羅郡王，四長子，五多羅貝勒，六固山貝子，七鎮國公，八輔國公，九不入八分鎮國公，十不入八分輔國公，十一鎮國將軍，十二輔國將軍，十三奉國將軍，十四奉恩將軍。天潢宗派以顯祖宣皇帝本支為宗室，伯叔兄弟之支為覺羅。宗室束金黄帶，覺羅束紅帶。諸王授封以素行為封號，和碩親王、親王、世子皆金寶龜鈕，多羅郡王鍍金，銀印麒麟鈕。皇子生十五歲，由宗人府請封，其爵級出自欽定親王、郡王。適福晉所生子二十歲後，由宗人府請考試。親王適子奉特旨始封世子，其未封世子者，與餘子同授封爵，餘子考授不入八分公。

又《世爵世職》 世爵世職之等有九：曰公，曰侯，曰伯，曰子，曰男，曰輕車都尉，曰騎都尉，曰雲騎尉，曰恩騎尉。自公至輕車都尉，又各有三等。

論説

《元史》卷一六〇《王磐傳》 朝廷録平宋功，遷至宰相執政者二十餘人，因議更定官制，磐奏疏曰：『歷代制度，有官品，有爵號，有職位，官爵所以示榮寵，職位所以委事權。臣下有功有勞，隨其大小，酬以官爵，有才有能，稱其所堪，處以職位，此人君御下之術也。臣以為有功者，宜加遷散官，或賜五等爵號，如漢、唐封侯之制可也，不宜任以職位。』

《明太祖實録》卷六九 （洪武四年十一月）戊寅，命中書省定功臣祖父母封爵。禮部言：『古者，封爵有五，曰公、侯、伯、子、男，如父封某國公、某侯、某伯者，母封某國夫人、某侯夫人、某伯夫人。已封某國公、某侯、某伯者，妻封某國夫人、某侯夫人、某伯夫人。未授封爵應封贈者，父母以子貴，妻從其夫，祖降父一等，曾祖又降一等，並依品級授散官職事。』從之。

又 卷二二六 （洪武二十六年三月）是月，頒示《稽制録》於諸功臣。上自即位以來，封賞功臣，皆稽考前代典禮，凡封爵、禄食、禮儀等差，悉仿唐、宋之制，其間因時損益，皆適其宜。然功臣多武人，不知書，往往恃功驕恣，踰越禮分，甚或肆情廢法，奢僭不度。及藍玉以反誅，籍其家，見其服舍器用僭侈踰制。上因詔翰林院稽考漢、唐、宋功臣封爵食邑之多寡及名號虚實之等第，編輯為書，名曰《稽制録》，御製序文，頒示功臣，使之朝夕省覽，以遏其奢僭。

《明世宗實録》卷一〇六 （嘉靖八年十月己巳）府部科道等官奉旨會議外戚封爵事宜言：祖宗之制，非軍功不封。洪熙初，都督張昶始以外戚封彭城伯，其弟昇亦以都督乞封惠安伯，外戚之封自此始。其後侯孫忠、周壽、王源伯、周域、王清、王濬皆援張昶例。又其後伯錢承宗、公張鶴齡，復援王源例，循習至今，有一門而並公侯者，有一時而並侯伯者，有兄弟三人而並侯伯者，爵賚無章，轉相承襲，禄米歲增，國用愈詘。往時開國靖難之勳封者不滿五十人，未幾罷去者十有九人，後雖旋復收録，不過授以指揮使耳。彼托屬掖庭，一門數貴，而傳襲三四世，不已踰分乎！況盈虚消息，盛滿難居，漢樊、陰二氏之言，足為明鑑。臣等謹議得：魏、定二公，雖在戚里，皆一時佐命元勳。彭城、惠安二伯，即以恩澤封，而軍功居半。其餘外戚見封爵者，第宜終其身毋得請襲。自今皇親駙馬，並如祖宗舊制，毋得夤緣請封，有出特恩一時賞賚者，第如故事量授指揮、千百户等官終其身，有妄引洪熙以後例請者，聽吏部科道官糾舉，置之重典，以為貪冒不知止者之戒。上覽其議曰：外戚封爵，既無古典，原非祖制。魏定、彭城、惠安既有軍功，其襲封如故，餘以戚里濫膺封爵，名器既輕，人不知勸，固當裁革，念係先朝恩命，及今已封，姑與終身，子孫俱不准承襲。著為令。

《清高宗實録》卷二三 （乾隆元年七月戊申）總理事務王大臣遵旨議奏封爵之制。自成周以來，公、侯、伯、子、男，列爵惟五。秦漢時，爵二十級，並非世職，其世襲者，惟有侯爵，分縣侯、鄉侯、亭侯三等。唐宋並依周制，爵分五等。本朝定制，公侯伯之下，未立子男子爵，别立五等世職，但未定漢文之稱。今敬擬精奇尼哈番，漢文稱子；阿思哈尼哈番，漢文稱男；阿達哈哈番，漢文稱輕車都尉；仍各分一等、二等、三等。拜他喇布勒哈番，漢文稱騎都尉；拖沙喇哈番，漢文稱雲騎尉。從之。

又 卷三四三 （乾隆十四年六月戊戌）命定侯伯封號。諭：我朝定鼎以來，酬庸賞功，列爵惟五，分等惟三，以表世閥而第宏勳。雍正年間，因公爵居五等之首，仿古封號字義，錫以嘉名，此誠篤念勳舊，俾奕世子孫承襲者，顧名思義，意至厚也。但封爵之制，公侯伯一體優崇，前代侯則有冠軍、定遠之稱，伯則有誠意、威寧之號。今公爵令名炳著，而侯伯僅分等次，似屬缺略。朕欲推廣其意，凡我朝所封侯伯，考厥成勞，追加美號，庶伊嗣人咸念乃祖乃父之忠勤，紹修令緒，國家實攸賴焉。至於子男同位，古以地為號，未有別封，可仍其舊。其侯伯如何詳稽勳績，定制命名之處，該部妥酌定議以聞。

品官分部

綜 述

《元史》卷六《世祖紀三》 （至元四年冬十月）庚辰，定品官子孫廕敘格。

又 卷七《世祖紀四》 （至元八年）十一月辛酉朔，敕品官子孫儤直。

又 卷一七《世祖紀十四》 （至元三十年夏四月己亥）詔諸二品官府自今與各部文移相關。

又 卷二〇《成宗紀三》 （大德四年）八月癸卯朔，更定廕敘格，正一品子為正五，從五品子為從九，中間正從以是為差，蒙古、色目人特優一級。

又 卷二二《武宗紀一》 （至大元年）十一月己未，中書省臣言：『世祖時，省、院、臺及諸司皆有定員，後略有增者，成宗已嘗有旨併省。邇者諸司遞升，四品者三品，三品者二品，二品者一品，一司甚至二三十員，事不改舊而官日增。請依大德十年已定員數，冗濫者從各司自與減汰。衙門既升，諸吏止從舊秩出官，果應例者，自如選格。』從之。

元·佚名《元典章》卷七《吏部·拾存備照品官雜職》 正三品：宣撫司僉事、便宜都總帥、濟州泗汶等河渡運司、儲用司僉事、家令、達魯花赤、高麗、（雲）［安］南。使、統軍司、經略司、徵理司。卿、大理、武備、中御。同知。統制院、衛尉院、總制院、都功德使司。

從三品：衛尉院僉事、大理少卿、儲（峙）［用］所使、同知、都護府、都功德使司。淘金總管。

正四品：副留守、上都、大都。詹事院丞、司禋大夫、同僉衛尉院事、玉宸樂長、同知便宜都總帥、鞏昌路搞（傕）［榷］稅課所、大使、引進司大使、副達魯花赤、安南、高麗。同知、儲用司、徵理司。監。尚牧、尚醫、尚醞、尚用、尚舍、國子、尚饍、少府。

從四品：拱衛司達魯花赤、副統軍、中路宣課都提舉、丞、家令司、府正司、大（里）［理］司。同知。怯憐口、諸色人匠、諸司局。

正五品：留守司判官、大都、上都。安西王府郎中令、左右贊善大夫、詹事院判、行泉府司鎮撫、提舉、供帳司、羣牧司、尚食局、尚衣局。同提舉、上都宣課。詹事署令、典寶、典乘、典器、典藏。監、章佩、闌遺、尚醞、典瑞。達魯花赤、尚食、尚藥、御衣、御帶。副使、徵理司、儲用所、延慶司、玉宸樂院、勸農司、營田司。提點、尚食、宮城所、供膳司、少府監諸司、尚藥、大府監、五庫提點、唐梵像兩局。副總管、大都人匠、異樣局、諸色人匠、金玉人匠、雜造局。同知、大都甲匠總管府、斡脫府事。提舉、諸路雜造、諸路箭匠、弓匠、弦匠、下路宣課。統領羅羅斯都元帥宣慰司斷事官。

從五品：詹事院司獄、同知登聞、符寶郎、諸城所副統領、宮籍監、拱衛直副都指揮使、留守司判官、統制院經歷、中尚監丞、太常寺丞、少監、少府、尚醞、尚醫。使、尚衣局、犀牙象局、珍珠、修內局、祇應司、內藏。提點、尚藥、尚飲、沙糖、大有、奉宸庫、修內司、利用、玉器、器備、尚醞、永盈庫、羣牧所。提舉、都城所、柴炭局、備用庫、市令司、大都雜造。外處提舉、各處鐵局、真定弓匠、諸管匠、散府宣課。各萬户下鎮撫、行省副都鎮撫。

正六品：左右侍儀副使、安西王府長史、諸路斡脱副總管、判官、王宸樂、儀鳳司。提舉、諸管匠千户下、五百户上。同提舉、少府監、諸司局、漕運司、諸局匠鐵冶。監丞、尚舍、尚用、尚醞、尚醫、尚牧、典瑞、少府。使。修内司、器物庫、珠玉庫、大有庫、利用庫、永盈庫、柴炭庫。

從六品：札魯忽赤員外郎、左右侍儀僉事、修起居注、少府監丞、廣惠司令、都功德使司經歷、副提舉、御藥局、諸路官醫。副使、引進、諸茶場、御衣局。同提舉。御藥局、備用庫、甲匠、紘匠、資善庫、營田司、弓匠、箭匠。

正七品：著作佐郎、諸屯田署令、大使、砂糖局、通州甲局、柴炭局、醴源局、管匠局。詹事院庫使、承革、段疋、莊嚴、珠翠。豐潤、皮裘、坤珍、器皿、玩好。萬成、金銀等物。副使。祗應司、修内司、器物局、内藏庫、左右藏庫、利用庫、資用庫、資成庫、器備庫、尚食二局、大有庫、壽武庫、異樣局、侍儀司、教坊、法物庫、異樣局、永盈庫、柴炭局。

從七品：宫藉監丞、御藥院提領、衛尉院典簿、萬億監支納、都事、行樞密院、統制院。副使、大倉、兵馬指揮。署丞、廩犧、大樂、大廟、興文、藉田、靈祝、内教坊。經歷、大理寺、經略司、統軍司、尚膳監、軍器監、大常寺、徵理司、中御府、秘書監、乞力吉思等處斷事官、樞密院斷事官、宣政院斷事官。總管府經歷。大護國仁王寺財用總管府、諸路打捕總管府鷹房。

正八品：管勾承發架閣庫、扎魯忽赤、衛尉院。腹裏各路教授、廩給司令、行工部照磨覆斷官、知事、尚醞監、市令。諸管匠副使。詹事院五庫、承革、坤珍、萬成、大都平準行用庫、莊嚴、上都柴炭局。

從八品：照磨、左右部、尚牧監、司農寺、軍器監。市令司丞、府正照磨承發架閣管勾、判、大醫院、教坊。知事、乞力吉思等處斷事官、大理寺、儲用監、尚乘寺、三衛都元帥、徵理司、大常寺、秘書監、軍器監、經略司、中御府、統軍司、招討司。尚用監承發架閣管勾。

正九品：廩給司丞、祗應司都監、管軍。總管府下知事、中千户所彈壓。

《明太祖實録》卷二二二（洪武二十五年十一月）是月，上以中外文武百司職名之沿革、品秩之崇卑、勳階之升轉、俸禄之損益，歷年茲久，屢有不同，無以示成憲於後世，乃命儒臣重定其品階、勳禄之制，以示天下。正一品：宗人府宗人令、左右宗正、左右宗人、都督府左右都督，文武勳俱左右柱國階，俱初授特進榮禄大夫，升授特進光禄大夫，禄月米八十七石；從一品：都督同知，勳柱國階，初授榮禄大夫，升授光禄大夫，禄月米七十四石；正二品：六部尚書、都察院左右都御史、襲封衍聖公、真人、都督僉事、留守司正留守、都指揮使，文勳正治上卿階，初授善資大夫，升授資政大夫，加授資德大夫，武勳，上護軍階，初授驃騎將軍，升授金吾將軍，加授龍虎將軍，禄月米六十一石；從二品：左右布政使、都指揮同知，文勳正治卿階，初授中奉大夫，升授通奉大夫，加授正奉大夫，武勳護軍階，初授鎮國將軍，升授定國將軍，加授奉國將軍，禄月米四十八石；正三品：六部左右侍郎、都察院左右副都御史、通政使、大理寺卿、太常司卿、詹事府詹事、應天府尹、按察使、副留守、都指揮僉事、各衛指揮使，文勳，資治尹階，初授嘉議大夫，升授通議大夫，加授正議大夫；武勳上輕車都尉階初授昭勇將軍，升授昭毅將軍，加授昭武將軍，禄月米三十五石；從三品：光禄司卿、太僕寺卿、布政司參政、鹽運使、宣慰使、留守司指揮同知、各衛指揮同知，文勳資治少尹階，初授亞中大夫，升授中大夫，加授太中大夫；武勳輕車都尉階，初授懷遠將軍，升授定遠將軍，加授安遠將軍，禄月米二十六石；正四品：都察院左右僉都御史、通政司左右通政、大理、太常、太僕各少卿、詹事府少詹事、應天府丞、宣慰司同知、按察司副使、各府知府、各衛指揮僉事，文勳贊治尹階，初授中順大夫，升授中憲大夫，加授中議大夫，武勳上騎都尉階，初授明威將軍，升授宣威將軍，加授廣威將軍，禄月米二十四石；從四品：國子中都二監祭酒、布政司左右參議、鹽運司同知、宣慰司副使、宣撫司宣撫，文勳贊治少尹階，初授朝列大夫，升授朝議大夫，加授朝請大夫，武勳騎都尉階，初授宣武將軍，升授顯武將軍，加授信武將軍，禄月米二十一石；正五品：翰林院學士、華蓋、武英、文華殿、東閣、文淵閣、左右春坊大學士、左右庶子、尚寶司卿、六部郎中、應天府治中、欽天監、回回監正、通政司左右參議、光禄司少卿、太醫院使、太理寺左右寺丞、五軍都督府斷事官、各府同知、王府左右長史、宗人府經歷、按察司、宣慰司僉事、宣撫司同知、儀衛正、正千户，文勳修政庶尹階，初授奉議大夫，升授奉政大夫，武勳驍騎尉階，初授武德將軍，升授武節將軍，禄月米一十六石；從五品：翰林院侍讀、侍講學士、左右春坊左右諭德、司經局洗馬、五軍都督府經歷、左右斷事官、六部員外郎、尚寶司少卿、各州知州、鹽運司副使、鹽課提舉司提舉、招討司招討、宣撫司副使、安撫司安撫、衛鎮撫、副千户、儀衛副，文勳協正庶尹階，初授奉訓大夫，升授奉直大夫，武勳飛騎尉階，初授武略將軍，升授武毅將軍，禄月米一十四石；正六品：翰林院侍讀、侍講、國子、中都二監司業、左右春坊左右中允、詹事府丞、尚寶司丞、六部主事、太常司丞、欽天監、回回監副、五官正、太僕寺丞、京縣知縣、太醫院判、閤門使、兵馬司指揮、王府審理正、大理寺左右寺正、都察院經歷、神樂觀提點、僧録司左右善世、道録司左右正一、中都留守司並都司經歷、斷事、各府通判、長官司長官、副、招討、宣撫司僉事、安撫司同知、典仗、百户，文階初授承直郎，升授承德郎，武勳雲騎尉階，初授昭信校尉，升授承信校尉，禄月米一十石；從六品：大理寺左右寺副、左右春坊左右贊善、左右司直郎、翰林院修撰、光禄寺丞、應天府推官、光禄司各署正、僧録司左右闡教、道録司左右演法、鹽運司判官、布政司經歷、理問所理問、各州同知、鹽課提舉司同提舉、安撫司副使、長官司副長官、所鎮撫，文階初授承務郎儒，升授儒林郎，吏材幹宣德郎，武勳武騎尉階，初授忠顯校尉，升授忠武校尉，禄月米八石；正七品：監察御史、五軍都督府都事、太常司博士、典簿、京縣丞、通政司經歷、大理寺左右評事、兵馬副指揮、都察院都事、翰林院編修、營善所正、按察司經歷、五軍斷事官、五司稽仁、稽義、稽禮、稽智、稽信、王府審理副、煎鹽提舉司提舉、各府推官、各縣知縣、中都留守司並都司都事、副斷事、安撫司僉事、蠻夷長官司長官，文階初授承事郎儒，升授文林郎，吏材幹宣義郎，禄月米七石五斗；從七品：中書舍人、太僕寺主簿、應天府經歷、光禄司典簿、各署丞、翰林院檢討、太常司各祠祭等署奉祀、各州判官、欽天監、回回監五官靈臺郎、詹事府主簿、鹽運司經歷、鹽課提舉司副提舉、布政司都事、宣慰司經歷、理問所副理問、蠻夷長官司副長官，階初授從仕郎，升授徵仕郎，禄月米七石；正八品：六科都給事中、翰林院五經博士、通政司並各衛知事、京縣主簿、國子、中都二監丞、户部、刑部照磨、寶鈔、龍江提舉司提舉、欽天監、回回監主簿、五官保章正、太常司協律郎、典牧所提領、太醫院御醫、僧録司左右講經、道録司左右至靈、煎鹽提舉司同提舉、王府典寶正、奉祠正、良醫正、典膳正、紀善、元符宫、崇真宫、靈官、營繕所副、各府經歷、各縣丞、按察司知事、宣慰司都事，階初授迪功郎，升授修職郎，禄月米六石五斗；從八品：六科左右給事中、鹽運司、應天府知事、欽天監、回回監五官挈壺正、光禄司録事、各署監事、儀禮司正、翰林院典籍、神樂觀知觀、僧録司左右覺義、道録司左右玄義、王府典膳副、奉祠副、典寶副、良醫副、國子監博士、助教、典簿、宣撫司經歷、太常司各祠祭等署祀丞、布政司照磨、崇真宫副靈官，階初授迪功佐郎，升授修職佐郎，禄月米六石；正九品：六科給事中、儀禮司左右司副、左右司丞、太常司贊禮郎、詹事府録事、各府知事、各縣主簿、國子監學正、行人司正、户部、刑部檢校、司經局校書、翰林院侍書、典牧所大使、各牧監正、欽天監、回回監五官司曆、五官監候、龍江寶鈔提舉司副提舉、王府長史、司典、簿典、儀正、奉祠所典樂、會同館、茶鹽馬司、承運庫、寶鈔廣惠、廣積、贓罰、甲、乙、丙、丁、戊字形檔及作鞍轡、寶源、顔料局、應天府、織染局、文思院等大使、煎鹽提舉司副提舉、教坊司奉鑾、宣撫、安撫司知事、營繕所丞，階初授將仕郎，升授登仕郎，禄月米五石五斗；從九品：翰林院、承天門待詔、都税司大使、國子監學録、典籍、司經局正字、欽天監五官司辰、漏刻博士、各牧監副、儀禮司鳴贊、序班、軍儲倉大使、茶鹽馬司副使、寶鈔廣惠、廣積、贓罰、甲、乙、丙、丁、戊字形檔副使、宣課司大使、太常司司樂、典牧所副使、府學教授、行人司副、會同館副使、布政司庫寶泉、軍器、各府雜造、織染局、税課司並倉大使、王府典儀副、司牧司大使、承運庫、皮作、鞍轡、寶源局、文思院副使、觀察使、太醫院、千户所、鹽課提舉司、各州吏目、五軍斷事官、提控、案牘、巡檢、司獄、陰陽學正、術醫學正科、僧綱司都綱、道紀司都紀、應天府、織染局副使、教坊司左右韶舞、左右司樂，階初授將仕佐郎，升授登仕佐郎，禄月米五石；未入流：各部司務、州學正、縣典史、教諭、行人司行人、國子監掌饌、牧監録事羣長、翰林院孔目、王府引禮舍人、河泊所牐壩官、皋民司、税課分司、茶鹽課司、慶遠裕民司、揚州府邵伯瓜洲税課司、茶鹽批驗所、長史司、倉庫、州縣衛倉、生藥庫、巾帽、針工、税課、抄紙、印鈔、鑄印、惠民銀場、抽分、竹木等局並關大使、副使、遞運所、鐵冶所、司竹局、鹽運司、衛府州庫、河州軍民指揮使、遼陽青州府樂安三稅課司大使、軍儲京衛府倉、都稅宣課司、牲稅課等司、工部軍器局、布政司庫寶泉、軍器、各府織染雜造局副使、斷事、兵馬指揮長官司吏目、理問所提控、案牘、驛丞，禄月米有差；醫學典科、訓科、陰陽學典術、訓術、僧綱司副都綱、僧正司僧正、僧會司僧會、道紀司副都紀、道正司道正、道會司道會與僧道録司僧綱、道紀、醫學正科、陰陽學正術，俱不給禄。

明·申時行等[萬曆]《明會典》卷一〇《吏部·資格》 官吏資格，具載《諸司職掌》，其官職後有增減者，見文選司，吏員見驗封司，其品級舊定者備書此官。

正一品：太師，太傅，太保，宗人府宗人令，左右宗正，左右宗人。

從一品：少師，少傅，少保，太子太師，太子太傅，太子太保。

正二品：太子少師，太子少傅，太子少保，六部尚書，都察院左右都御史，襲封衍聖公，真人。

從二品：布政司左右布政使。

正三品：太子賓客，六部左右侍郎，都察院左右副都御史，通政使司通政使，大理寺卿，詹事府詹事，太常寺卿，順天、應天二府府尹，按察司按察使。

從三品：光禄寺卿，太僕寺卿，行太僕寺卿，布政司左右參政，苑馬寺卿，都轉運鹽使司運使，宣慰使司宣慰使。

正四品：都察院左右僉都御史，通政使司左右通政，大理寺左右少卿，詹事府少詹事，太常寺少卿，太僕寺少卿，行太僕寺少卿，鴻臚寺卿，順天、應天二府府丞，按察司副使，苑馬寺少卿，各府知府，宣慰使司同知。

從四品：國子監祭酒，布政司左右參議，都轉運鹽使司同知，宣慰使司副使，宣撫司宣撫。

正五品：中極殿大學士舊為華蓋殿大學士，建極殿大學士舊為謹身殿大學士，文華殿大學士，武英殿大學士，文淵閣大學士，東閣大學士，翰林院學士，左右春坊大學士，左右庶子，通政使司左右參議，大理寺左右寺丞，光禄寺少卿，尚寶司卿，六部各清吏司郎中，順天、應天二府治中，宗人府經歷司經歷，欽天監監正，太醫院院使，上林苑監左右監正，按察司僉事，各府同知，王府長史司左右長史，宣慰使司僉事，宣撫司同知。

從五品：翰林院侍讀學士，侍講學士，左右春坊左右諭德，司經局洗馬，尚寶司少卿，鴻臚寺左右少卿，六部各清吏司員外郎，五軍都督府經歷司經歷，都轉運鹽使司副使，鹽課提舉司提舉，市舶提舉司提舉，河渠提舉司提舉，各州知州，招討使司招討，宣撫司副使，安撫司安撫。

正六品：翰林院侍讀，侍講，詹事府府丞，左右春坊左右中允，國子監司業，尚寶司司丞，太常寺寺丞，太僕寺寺丞，行太僕寺寺丞，六部各清吏司主事，大理寺左右寺左右寺正，欽天監監副，春夏中秋冬官正，太醫院院判，都察院經歷司經歷，順天、應天二府通判，京縣知縣，兵馬指揮司指揮，上林苑監左右監副，神樂觀提點，太和山提點，僧録司左右善世，道録司左右正一，中都留守司經歷司經歷，斷事司斷事，都司經歷司經歷，斷事司斷事，各府通判，王府審理所審理正，長官司長官，招討司副招討，宣撫司僉事，安撫司同知。

從六品：翰林院修撰，左右春坊左右贊善，左右司直郎，光禄寺丞，鴻臚寺左右寺丞，大理寺左右寺左右寺副，光禄寺各署署正，順天、應天二府推官，僧録司左右闡教，道録司左右演法，布政司經歷司經歷，理問所理問，都轉運鹽使司判官，鹽課提舉司同提舉，市舶提舉司副提舉，河渠提舉司副提舉，各州同知，安撫司副使，長官司副長官。

正七品：翰林院編修，六科都給事中舊正八品，十三道監察御史，大理寺左右寺左右評事，五軍都督府經歷司都事，都察院經歷司都事，通政使司經歷司經歷，行人司司正舊正九品，太常寺博士，典簿，上林苑監左右監丞，蕃育嘉蔬二署典署，營繕所所正，京縣縣丞，兵馬指揮司副指揮，中都留守司經歷司都事，斷事司副斷事，都司經歷司都事，斷事司副斷事，按察司經歷司經歷，主府審理所審理副，煎鹽提舉司提舉，各府推官，各縣知縣，苑馬寺各監監正，安撫司僉事，蠻夷長官司長官。

從七品：翰林院檢討，中書舍人，六科左右給事中舊從八品，給事中舊正九品，行人司副舊從九品，詹事府主簿廳主簿，光禄寺典簿廳典簿，各署署丞，太僕寺主簿廳主簿，太常寺各祠祭署奉祀，順天、應天二府經歷司經歷，欽天監五官靈臺郎，布政司經歷司都事，理問所副理問，都轉運鹽使司經歷司經歷，鹽課提舉司副提舉，各州判官，錦衣衛經歷司經歷，各衛經歷司經歷，苑馬寺主簿廳主簿，王府護衛經歷，宣慰司經歷司經歷，招討司經歷，蠻夷長官司副長官。

正八品：翰林院五經博士，國子監監丞，行人司行人舊未入流，户刑二部照磨所照磨，都察院照磨所照磨，通政使司經歷司知事，太常寺協律郎，欽天監主簿廳主簿，五官保章正，太醫院御醫，上林苑監各署署丞，典牧所提領，營繕所所副，京縣主簿，寶鈔提舉司提舉，大通關提舉司提舉，龍江提舉司提舉，清江提舉司提舉，僧録司左右講經，道録司左右至靈，元符崇真二（官）［宫］靈官，煎鹽提舉司同提舉，按察司經歷司知事，王府典寶所典寶正，典膳所典膳正，良醫所良醫正，奉祠所奉祠正，紀善所紀善正，工正所工正，各府經歷司經歷，各衛經歷司知事，各縣縣丞，苑馬寺各監監副，宣慰使司經歷司都事，天全六番招討司都事。

從八品：翰林院典籍，左右春坊左右清紀郎，國子監典簿廳典簿，博士廳博士助教，順天應天二府經歷司知事，光禄寺典簿廳録事，各署監事，鴻臚寺主簿廳主簿，太常寺各祠祭署祀丞，欽天監五官挈壺正，神樂觀知觀，僧録司左右覺義，道録司左右玄義，元符崇真二宫副靈官，布政司照磨所照磨，都轉運鹽使司經歷司知事，王府典寶所典寶副，奉祠所奉祠副，典膳所典膳副，良醫所良醫副，宣撫司經歷司經歷。

正九品：翰林院侍書，司經局校書，國子監學正，户刑二部照磨所檢校，都察院照磨所檢校，太常寺贊禮郎，鴻臚寺二署署丞，欽天監五官司曆，五官監候，上林苑監典簿廳典簿，各署録事，會同館大使，承運庫大使，寶鈔、廣運、廣積、贓罰、甲、乙、丙、丁、戊字形檔各大使，皮作、鞍轡、寶源、顔料局各大使，文思院大使，織染局大使，營繕所所丞，典牧所大使，順天、應天二府織染局大使，龍江寶鈔提舉司副提舉，大通關提舉司副提舉，煎鹽提舉司副提舉，布政司照磨所檢校，按察司照磨所照磨，各府經歷司知事，各縣主簿，苑馬寺各牧監監正，茶鹽馬司大使，王府長史司典簿廳典簿，典儀所典儀正，奉祠所典樂，宣撫司經歷司知事，宣慰司知事，教坊司奉鑾。

從九品：六部都察院大理寺司務舊未入流，詹事府主簿廳録事，左右春坊左右司諫，司經局正字，通事舍人，翰林院待詔，國子監學録，典籍廳典籍，欽天監五官司晨，漏刻博士，鴻臚寺鳴贊，序班，太常寺司樂，太醫院吏目，順天應天二府照磨所照磨，京衛武學教授，寶鈔、廣運、廣積、贓罰、甲、乙、丙、丁、戊字形檔各副使，承運庫副使，節慎庫大使，都税司大使，宣課司大使，太平門税課司大使，崇文、安定二門税課司大使，會同館副使，典牧所副使，司牧局大使，司牲司大使，犧牲所吏目，皮作、鞍轡、寶源局各副使，軍器局大使，柴炭司大使，文思院副使，織染局副使，顔料局副使，順天、應天二府織染局副使，御馬倉大使，京府草場大使，京府庫大使，廣盈倉大使，軍儲倉大使，按察司照磨所檢校，各府照磨所照磨，各州吏目，各府儒學教授，宣慰使司儒學教授，各府陰陽學正術，各府醫學正科，都司庫大使，各牧監副，布政司庫寶泉、雜造、織染、軍器局各大使，都督府草場大使，布政司倉大使，宣慰司畢節倉大使，各府倉大使，各府税課司大使，各府織染雜造局大使，各司獄司司獄，巡檢司巡檢，千户所吏目，鹽課提舉司吏目，茶鹽馬司副使，茶馬司倉庫局大使，河渠提舉司吏目，苑馬寺各苑圉長，王府典儀副、伴讀、教授，僧綱司都綱，道紀司都紀，安撫司吏目，招討司吏目，宣撫司吏目，教坊司左右韶舞，左右司樂。

未入流：翰林院孔目，國子監掌饌廳掌饌，兵馬指揮司吏目，鑄印局大使、副使，印鈔局大使、副使，抄紙局大使、副使，税課局大使、副使，巾帽鍼工二局大使、副使，軍器局副使，抽分竹木局大使、副使，司竹局大使，生藥庫大使、副使，惠民藥局大使、副使，銀場局大使、副使，鐵冶所大使，司牧局副使，司牲司副使，各牧監録事、羣長，太倉銀庫大使，廣積庫典史，廣盈庫副使，都税司副使，宣課司副使，太平門税課司副使，崇文德勝二門税課司副使，宣德倉大使、副使，御馬倉副使，長安門倉副使，東安門倉副使，西安門倉副使，北安門倉副使，京衛照磨所檢校，京衛武學訓導，各府照磨所檢校，各府税課司副使，各府税課分司大使、副使，清江提舉司典史，龍江提舉司典史，關大使、副使，各府儒學訓導，各州儒學學正，各縣典史，各縣儒學教諭、訓導，孔顔孟三氏學學録，都司斷事司吏目，布政司理問所提控案牘，布政司庫副使，各都司倉庫副使，鹽運司衛所州庫大使，軍儲倉副使，各府倉副使，州縣税課局大使，縣庫大使，各州縣衛倉大使、副使，張家灣鹽倉檢校，煎鹽提舉司典史，茶鹽課司大使、副使，茶鹽批驗所大使、副使，鹽倉大使、副使，茶倉大使、副使，阜民司大使、副使，廣西慶遠裕民司大使、副使，河州衛軍民指揮使司税課司大使，遼陽税課司大使，揚州府邵伯瓜州税課司大使、副使，青州府樂安税課司大使，布政司寶泉、軍器、織染、雜造各局副使寶泉局副使革，各府織染雜造局副使，宣慰宣撫税課局大使，州織染局大使，水馬驛驛丞，遞運所大使，閘壩官，河泊所官，王府引禮舍人，長史司倉庫大使、副使，各州陰陽學典術、醫學典科，各縣陰陽學訓術，醫學訓科，僧綱司副都綱，道紀司副都紀，僧正司僧正，道正司道正，僧會司僧會，道會司道會，長官司吏目，蠻夷官，苗民官，千夫長，副千夫長，百夫長。

又　卷一一八《銓選一・官制》　凡内外大小軍職衙門官員，具在職掌，俱有額數及原定資格。其後武職升授漸多，不復能拘額數，但有見任帶俸之別，其資格仍舊武官額員及資格。

都督府：　左都督正一品，右都督正一品，都督同知從一品，都督僉事正二品。

留守司：　洪武初，置中都留守司。嘉靖十八年，增置興都留守司，次中都而序，設官同。正留守正二品，副留守正三品，指揮同知從三品。

都指揮使司：　都指揮使二員正二品，都指揮同知二員從二品，都指揮僉事四員正三品。

衛：　指揮使一員正三品，指揮同知二員從三品，指揮僉事四員正四品，衛鎮撫二員從五品。

所：　正千户一員正五品，副千户二員從五品，所鎮撫二員從六品，百户一十員正六品。

儀衛司：　儀衛正一員正五品，儀衛副二員從五品，典仗六員正六品，百户所鎮撫，各有試職。試職起永樂十五年，作一級，支半俸。

都督同知、都督僉事、都指揮使、同知、僉事、指揮使、同知、僉事、正副千户、試百户、試所鎮撫、各有署職。凡署職，遞加本職一級。署副千户，以實授百户。署試百户，試所鎮撫。俱以冠帶總旗。署職起景泰元年，作半級，不支俸。

土官額數及資格。　舊屬吏部文選司，洪武三十年，改屬兵部。宣慰使司：　宣慰使一員從三品，同知一員正四品，副使一員從四品，僉事一員正五品。

宣撫司：　宣撫一員四品，同知一員正五品，副使一員從五品，僉事一員正六品。

安撫司：　安撫一員從五品，同知一員正六品，副使一員從六品，僉事一員正七品。

招討司：　招討從五品，副招討正六品。

長官司：　長官正六品，副長官從七品。

蠻夷官、苗民官、千夫長、副千夫長、土官中頭目，原無專職品級。

《清世祖實録》卷一八　（順治二年閏六月）壬辰，定文武官員品級。御前内大臣，固山額真，六部尚書，都察院，理藩院，承政，昂邦章京，多羅額駙，為一品。内三院大學士，六部侍郎，都察院，理藩院参政，鑾儀衛官二員，梅勒章京，護軍統領，前鋒統領，鎮守盛京城總管官，貝勒壻多羅額駙，攝政王下内大臣，為二品。御前頭等侍衛，内三院學士，六部滿洲啓心郎，六部都察院理事官，鑾儀衛官四員，甲喇章京，管前鋒參領五城滿洲理事官，護福陵昭陵總管各二員，鎮守盛京，兩翼副管官、督催匠役總管官二員，鎮守寧古塔、雄耀、鳳凰各城總管官，固山額駙，攝政王頭等護衛，輔政王護衛七員，親王郡王下各護衛六員，攝政王管儀仗官二員，為三品。御前二等侍衛，内三院侍讀，都察院、理藩院滿洲啓心郎，副理事官主事，六部漢啓心郎，副理事官主事，鑾儀衛官六員，國子監祭酒，贊禮郎，五城滿洲副理事官，牛彔章京，守太廟總管官二員，護福陵、昭陵副管官各四員，鎮守盛京京城各旗章京，在外各城鎮守官，在外總管藩牧官，攝政王下二等護衛，輔政王下護衛七員，親王下護衛六員，郡王下護衛四員，貝勒下護衛六員，鎮國公輔國公壻，攝政王親王下各管儀仗官二員，為四品。御前三等侍衛，鑾儀衛官八員，半個牛彔章京，守太廟官六員，護福陵、昭陵官，迎送使，管墩臺兩翼官，駐防錦州護軍校，蒙古旗添設閒散官，舊設巡哨章京，總管牛羊蕃牧官，攝政王下三等護衛，輔政王下護衛九員，親王下護衛八員，郡王下護衛五員，貝勒下護衛四員，貝子下護衛六員，公下護衛四員，攝政王、親王、郡王下各管儀仗官二員，貝勒下管儀仗官一員，為五品。内三院、六部、都察院、理藩院他赤哈哈番，造滿漢曆日他赤哈哈番，鑾儀衛官十員，護軍校，驍騎校，攝政王下管儀仗官四員，親王、郡王、貝勒下各管儀仗官二員，貝子管儀仗官一員，為六品。內三院、六部、都察院、理藩院筆帖式哈番，兩翼教習三員，貝子下管儀仗官二員，公下管儀仗官一員，為七品。公下管儀仗官二員，為八品。諸王、貝勒下長史，各照初授品級。其漢官品秩俱仍舊制。

又　卷一二五（順治十六年閏三月）辛酉朔，更定在京各衙門滿漢官銜品級。翰林院侍讀學士，侍講學士，滿漢字俱稱侍讀學士，侍講學士。侍讀、侍講，滿漢字俱稱侍讀、侍講。修撰、編修、檢討，滿漢字俱稱修撰、編修、檢討。五經博士，滿漢字俱稱五經博士。典籍，滿漢字俱稱典籍。內閣撰文中書，滿漢字俱稱撰文中書。辦事中書，滿漢字俱稱辦事中書。以上品級仍舊。宗人府府丞，啓心郎，理事官，正四品。副理事官，從四品。稱謂仍舊。經歷，稱謂品級仍舊。六部滿漢尚書、侍郎、郎中、員外郎、主事、司務等官，稱謂品級俱仍舊。兵部督捕侍郎，稱謂品級仍舊。左右理事官，俱改為太僕寺少卿，仍協理兵部督捕堂上事務，正四品。理藩院尚書，稱禮部尚書，掌理藩院事，正二品；左右侍郎，稱禮部左右侍郎，協理理藩院事，正三品；副理事官，從五品；院判，仍正六品；知事、副使，稱謂品級如舊。都察院左都御史、左右副都御史、左右僉都御史、監察御史等官，稱謂品級俱仍舊；滿理事官，改稱監察御史，正七品；都事，正六品；司務，從九品，稱謂仍舊。通政使司通政使、左右通政、左右參議等官，稱謂品級俱仍舊；知事，正七品；司務，從九品，稱謂仍舊。大理寺卿、左右少卿、寺丞、寺正、寺副、評事等官，稱謂品級俱仍舊；司務，從九品，稱謂仍舊。六科都給事中、左右給事中、給事中，稱謂品級仍舊。太僕寺滿理事官、漢卿，俱稱卿；滿副理事官、漢少卿，俱稱少卿；主簿，稱謂品級仍舊。光禄寺滿理事官、漢卿，俱稱卿；滿副理事官、漢少卿，俱稱少卿寺丞；四署掌印署正、典簿，稱謂品級仍舊。國子監祭酒、司業、監丞、助教、博士、典簿、學正、學録、典籍，稱謂品級仍舊。欽天監監正、監副、春官正、夏官正、秋官正、冬官正、中官正、五官靈臺郎、五官保章正、主簿、五官挈壺正、五官監候、五官司曆、五官司晨、博士、太醫院院使、院判、御醫、吏目、上林苑監、左右監丞、署丞、中書科中書舍人、行人司司正、司副、行人，以上稱謂品級俱仍舊。户禮兵工四部各庫司庫，正七品，稱謂仍舊。禮部會同館通事，滿字稱通事、漢字稱通官，正八品。牛羊阿墩大，滿字稱吳爾哈伯喀達喇喇哈番，漢字稱司牲官，正八品。禮部鑄印局、户部寶泉局、兵部會同館大使、兵部督捕、刑部司獄、工部營繕所所丞，稱謂品級仍舊。

《清聖祖實録》卷一六五（康熙三十三年十二月）壬子，諭大學士等：武官品級比文官品級甚大，武官于行間效力，果有功績，品級自宜從優。今武官品級太過，宜作何裁定，爾等查議具奏。

又　卷一六六（康熙三十四年二月辛酉）兵部等衙門議覆：更定武職官員品級。除參將、遊擊大員品級，仍照舊例不改外，其掌印都司，管屯都司僉書，都司僉書，署都司僉書四項，俱升遊擊，應皆改授正四品。守備改正五品，守禦所千總改從五品，衛千總改正六品，營千總改從六品。其見任者，仍照原品。從之。

清·乾隆敕撰《清通典》卷四〇《職官·秩品·滿漢文職》　正一品：太師、太傅、太保、殿閣大學士。初定滿洲一品，漢人二品，後俱改為正二品，兼各部尚書銜，今定正一品。

從一品：少師、少傅、少保、太子太師、太子太傅、太子太保、各部院尚書、都察院左右都御史。初制尚書、都御史，滿洲俱一品，漢人俱二品，後俱改為二品，康熙六年復改滿洲為一品，九年俱定為正二品，雍正八年俱升為從一品。

正二品：太子少師、太子少傅、太子少保、各省總督。加尚書銜者從一品、各部院左右侍郎。初制，滿洲、漢軍二品，漢人三品，順治十六年改俱三品，康熙六年復改滿洲為二品，九年定俱為正三品，雍正八年升為從二品，乾隆十四年復升為正二品、內務府總管初定三品，今定正二品。

從二品：內閣學士、初定滿洲、漢軍二品，漢人三品，後改為正五品，以兼禮部侍郎銜從侍郎品級為正三品，今定從二品。翰林院掌院學士、初定正五品，以兼禮部侍郎銜從侍郎品級為正三品，今定從二品，無專員，以閣部大臣翰林出身者領之。各省巡撫加侍郎銜正二品、布政使司布政使。

正三品：都察院左右副都御史、宗人府府丞、通政使司通政使、滿洲初係二品，後改為三品，復改為二品，今定為正三品。大理寺卿、滿洲初係二品，後改為三品，復改為二品，今定為正三品。詹事府詹事、太常寺卿、順天奉天二府府尹、武備院卿、上駟院卿、奉宸苑卿、孔廟三品執事官、按察使司按察使。

從三品：光禄寺卿、太僕寺卿、都轉鹽運使司運使。

正四品：通政使司副使、滿洲初係三品，後改為正四品、大理寺少卿滿洲初係三品，後改為四品，復改為三品，今定為正四品。詹事府少詹事、太常寺少卿、太僕寺少卿、鴻臚寺卿、滿洲初係三品，後定為正四品。順天奉天二府府丞、四品太廟尉、陵寢掌關防官、陵寢尚茶正、陵寢尚膳正、孔廟四品執事官、各省守巡道。

從四品：内閣侍讀學士、初係三品，後改為從五品，兼太常寺卿銜，尋停兼銜後，定為從四品。翰林院侍讀學士、初係從五品，後定為從四品，侍講學士同。翰林院侍講學士、國子監祭酒、滿洲初係三品，後定為從四品，兼太常寺少卿銜，後停兼銜。都轉鹽運使司同知、各府知府。初係正四品，今定從四品。

正五品：左右春坊左右庶子、通政使司參議、滿洲初係四品，後定為正五品。光禄寺少卿、滿洲、漢軍初係四品，後定為五品。六科給事中、滿洲初係四品，康熙二年改為七品，六年復為四品，九年定俱為正七品，雍正七年升為正五品。宗人府理事官、初係三品，後改為四品，今定為正五品。各部院郎中、滿洲初係三品，後改為五品，復改四品，復改為三品，今定為正五品。五品壇尉、五品太廟尉、順天奉天二府治中、内務府管領、欽天監監正、滿洲初係四品，後改為三品，今定為五品。太醫院使、陵寢副掌關防官、孔廟五品執事官、盛京鳳凰城迎送官、各府同知、鹽運監掣同知。

從五品：翰林院侍讀、初係六品，後定為從五品，侍講同。翰林院侍講、司經局洗馬、各道監察御史、滿洲、漢軍初係三品，順治十六年改為七品，康熙六年改為四品，九年復為正七品，雍正七年定滿洲由員外郎，漢軍由郎中升授，漢人由内閣侍讀、編修、檢討、郎中、員外郎補授者，為正五品。由中行評傅行取知縣補授者，為正六品。乾隆十七年，俱改為從五品。鴻臚寺少卿、内閣侍讀、初係四品，今改為從五品。宗人府副理事官、各部院員外郎、滿洲初係四品，後改為五品，復改為四品，今定為從五品。鹽運使司副使、鹽課提舉司提舉、各州知州。

正六品：左右春坊左右中允、國子監司業、各部院主事、滿洲初係四品，後改為六品，復改為五品，今定為正六品。宗人府經歷、初係四品，後改為五品，今定為正六品。都察院經歷、都察院都事、大理寺左右寺丞、滿洲、漢軍初係四品，後改為六品，復改為五品，今定為正六品。内務府副内管領、内務府司俎官、武備院掌蓋、武備院庫掌、奉宸苑六品苑丞、奉宸苑六品庫掌、太常寺寺丞、六品壇尉、欽天監監副、滿洲初係三品，後改為四品，今定為正六品。欽天監春夏中秋冬官正、太醫院判、王府管領、孔廟六品執事官、京府通判、京縣知縣、兵馬司指揮、神樂署署正、六品朝鮮通事、盛京管京屯六品官、盛京管于丁六品官、盛京管理琉璃窯官、各府通判。

從六品：左右春坊左右贊善、翰林院修撰、光禄寺署正、初係四品，改為六品，復改為五品，今定為從六品。欽天監滿洲五官正、王府典膳、王府馬羣牧長、布政使司經歷、布政使司理問、鹽運司運判、各州同知。

正七品：翰林院編修、通政使司知事、初係四品，後定為正七品。通政使司經歷、大理寺左右評事、滿洲、漢軍初係四品，改為七品，復改為五品，後定為正七品。内閣典籍、滿洲、漢軍初係正五品，後改為從八品，今定為正七品。皇史宬尉、太常寺博士、太常寺典簿、七品堂子尉、國子監監丞、太僕寺滿主簿、各部寺内務府司庫、武備院司弓、武備院司幄、上駟院廄長、上駟院牧長、奉宸苑七品苑丞、奉宸苑七品苑副、奉宸苑七品庫掌、孔顔曾孟四氏儒學教授、孔廟七品執事官、孔廟司樂、孔廟管句、孔廟典籍、京府儒學滿漢教授、京府儒學滿訓導、兵馬司副指揮、京縣縣丞、各部院衙門七品筆帖式、七品朝鮮通事、盛京管理驛站官、盛京管千丁七品官、按察使司經歷、各縣知縣、各府儒學教授。

從七品：翰林院檢討、内閣撰文辦事中書舍人、中書科中書舍人、滿洲初係四品，後定為從七品。國子監助教、國子監博士、詹事府主簿、光禄寺典簿、光禄寺各署署丞、初係六品，康熙九年定為從七品。鑾儀衛經歷、順天府經歷、奉天府經歷、京府儒學漢訓導、太常寺各祠祭署奉祀、欽天監五官靈臺郎、王府司庫、布政使司都事、鹽運司經歷、各州州判、衛經歷。

正八品：翰林院五經博士、國子監學正、國子監學録、欽天監主簿、各部院衙門八品筆帖式、八品朝鮮通事、太常寺協律郎、太醫院御醫八品、堂子尉、内務府司匠、武備院司矢、武備院司匠、奉宸苑八品苑丞、奉宸苑八品苑副、孔廟八品執事官、布政使司庫大使、按察使司知事、各府經歷、同知經歷、各縣縣丞、各州儒學學正、各縣儒學教諭、鹽課司大使、鹽運司批驗所大使、各部院司務。初係從九品，今定為正八品。

從八品：翰林院典簿、國子監典簿、欽天監五官挈壺正、太常寺各祠祭署祀丞、神樂署署丞、太醫院八品吏目、王府司匠、王府牛羣牧長、王府羊羣牧長、布政使司照磨、鹽運司知事、各府州縣儒學訓導。

正九品：禮部太常寺、盛京讀祝官，初係五品，後定為正九品。内務府太常寺、盛京贊禮郎，滿洲初係四品，改為九品，後改為六品，復改為五品，後定為正九品。各部院九品筆帖式、寶泉寶源局大使、會同館大使、欽天監五官監候、欽天監五官司書、孔廟九品執事官、按察使司照磨、各府知事、茶馬司大使、各縣主簿。

從九品：翰林院待詔、國子監典籍、四譯館正教序班、太常寺司樂、鴻臚寺鳴贊、鴻臚寺序班、工部内務府製造庫司匠，初係七品，後定為從九品。欽天監博士、欽天監五官司晨、刑部司獄、京府照磨、京府司獄、太醫院九品吏目、府宣課司大使、布政司庫大使、按察司司獄、道庫大使、各府照磨、同知照磨、各州吏目、府税課司大使、各府司獄、通判司獄、巡檢司巡檢。

未入流：翰林院孔目、内務府庫掌、内務府署庫掌、内務府監造、奉宸苑未入流苑丞、奉宸苑未入流苑副、禮部鑄印局大使、兵馬司吏目、崇文門副使、各府檢校、各縣典史、府庫大使、鹽茶大使、驛丞、批驗所大使、鹽運司庫大使、州縣税課司大使、閘官、遞運所大使、河泊所所官、道倉大使、州庫大使、州倉大使、縣倉大使、營倉大使、長官司吏目。謹按：以上歷年裁省各官，其沿革具詳各職篇中。謹識。

又《滿漢武職》 正一品：領侍衛内大臣。

從一品：内大臣、八旗滿洲蒙古漢軍都統、外省駐防將軍、烏嚕木齊都統、察哈爾都統、提督。

正二品：左右翼前鋒統領、八旗護軍統領、提督九門巡捕五營步軍統領、八旗滿洲蒙古漢軍副都統、鑾儀使、外省駐防副都統、總兵。

從二品：散秩大臣、副將。謹按：舊辭署副將，今停，下署參將、遊擊、都司、守備並同。

正三品：一等侍衛、冠軍使、火器營翼長、健鋭營翼長、步軍翼尉、包衣護軍統領、圓明園營總、鳥鎗營總、前鋒參領、護軍參領、驍騎參領、陵寢總管、圍場總管、黑龍江總船炮水手總管、察哈爾總管、城守尉、王府長史、參將。

從三品：圓明園包衣營總、包衣護軍參領、包衣驍騎參領、吉林參領、黑龍江參領、察哈爾參領駐防協領、王府一等護衛、游擊。初係正三品，後改從三品。

正四品：二等侍衛、雲麾使、前鋒侍衛、副護軍參領、副鳥鎗護軍參領、副前鋒參領、副驍騎參領、佐領、步軍協尉、信炮總管、南苑總管、陵寢副總管、陵寢司工匠、圍場翼長、上都達布遜諾爾達里崗愛總管、太僕寺馬廠駝廠總管、防守尉、駐防參領、黑龍江吉林等處管水手四品官、貝勒府司儀長、都司。初係正三品，後改為從三品，復改正四品，又改從三品，今定正四品。

從四品：城門領、包衣副護軍參領、包衣副驍騎參領、包衣佐領、原列正四品，查包衣副參領係從四品，佐領與副參領體制相等，乾隆五十一年改正。察哈爾副參領、原列正四品，查察哈爾參領係從三品，副參領應列從四品，以符體制，乾隆五十一年改正。察哈爾佐領、原列正四品，乾隆五十一年改正。王貝勒府四品典儀、王府二等護衛。

正五品：三等侍衛、治儀正、步軍副尉、步軍校、監守信炮官、南苑門章京、陵寢防禦、陵寢管理燒造磚瓦官、分營佐領、蓋州牛莊二處滿洲掌印防禦、關口守禦、防禦、黑龍江吉林等處管水手五品官、守備。

從五品：四等侍衛、委署前鋒參領、委署護軍參領、委署鳥鎗護軍參領、王貝勒府五品典儀、王公府三等護衛、守禦所千總、河營委署守備。

正六品：藍翎侍衛、整儀尉、親軍校、前鋒校、護軍校、鳥鎗護軍校、驍騎校、監造火藥官、陵寢祭祀供應官、太僕寺馬廠駝廠翼長、黑龍江吉林等處管水手六品官、門千總、營千總。原列從六品，乾隆五十一年改正。

從六品：委署步軍校、內務府六品翎長、王貝勒貝子府六品典儀、衛千總。原列正六品，乾隆五十一年改正。

正七品：城門吏、弓匠固山達、盛京遊牧正尉、太僕寺馬廠駝廠固山達、七品蔭監生、把總。

從七品：盛京游牧副尉、貝子公府七品典儀。

正八品：盛京養息牧左右翼長、八品蔭監生、外委千總。

從八品：委署親軍校、委署前鋒校、委署護軍校、委署驍騎校、副護軍校、公府八品典儀。

正九品：各營藍翎長、外委把總。

從九品：太僕寺委署固山達，額外外委。

臣等謹按：八旗世爵，查《會典》不載入官品，內其公侯伯以下品級制度，子爵視一品官，男爵視二品官，輕車都尉視三品官，騎都尉視四品官，雲騎尉視五品官，恩騎尉本為七品官。改設另詳世爵世職篇。

又《土官武職》 正三品：指揮使。從三品：宣慰使、指揮同知。正四品：指揮僉事。從四品：宣撫使。正五品：千户。從五品：宣撫副使、安撫使、副千户。正六品：長官、百户。從六品：安撫副使。正七品：副長官。土官文職自知府、同知以下，至巡檢等官，俱與直省官品同。其武職品級，據現在官數，另編如右。

清·乾隆敕撰《清通志》卷七一《職官略·官品》 臣等謹按：國初所定官品，滿洲、漢軍、漢人每有參差。如大學士，滿洲初定一品，漢人二品；各部院尚書，初定滿洲一品，漢人二品；侍郎，初定滿洲二品，漢人三品；內閣學士，初定滿洲、漢軍二品，漢人三品等類；後皆更定滿漢畫一，備見班秩維均，規模宏遠。他如前卑而今崇，前大而今小者，亦皆斟酌得宜，俾其長知所統率，其屬知所遵循，上下相維，朝制益昭整肅焉。

封贈官分部

綜　述

元·佚名《元典章·吏部五·封贈申請狀式》 某路府州准某官申牒。見年若干，本貫某州府司縣某户，是何人氏。今照得某，見任得代某職，所帶官品依等第合封贈父母妻室。如應封贈三代者，即云合封贈曾祖父母、祖父母、父母並妻。二代者，云合封贈祖父母、父母並妻。其應封贈父、母父不曾犯十惡除名之罪，所封妻委是以禮娶到正室，並不是側室婢妾、姦婚、娼優，違法成親，中間亦無詐冒違礙等事，各無父母舅姑未終喪服。某自到任至今，其間並無私犯追奪等罪，保結是實，就抄初補末後所受宣敕的本粘連在前，開坐應封贈人姓名，乞轉申封贈施行，准此照勘相同，拆連元抄官吏准上保結是實，合行開坐，具申中書吏部，照詳施行。

又《失節婦不封贈》 今後如蒙除蒙古人外，漢人職官正室，如係再醮失節之婦，不許受封。

《元史》卷二三《武宗紀二》 （至大二年十二月）丁丑，詔：『增百官俸，定流官封贈等第。應封贈者，或使遠死節，臨陣死事，於見授散官上加之。若六品七品死節死事者，驗事特贈官。封贈內外百官，三品以上者許請謚。凡請謚者，許其家俱本官平日勳勞、政績、德業、藝能，經由所在官司保勘，與本家所供相同，轉申吏部考覆呈都省，都省準擬，令太常禮儀院驗事迹定謚。若勳戚大臣奉旨賜謚者，不在此例。』

又　卷二四《仁宗紀一》 （皇慶元年二月）甲戌，制定封贈名爵等級，著為令。【略】

（皇慶元年六月）丁亥，敕罷封贈，誡左右守法度，勤職業，勿妄僥倖加官。

又　卷二五《仁宗紀二》 （延祐元年秋七月）庚午，命中書省臣

議復封贈。【略】

（延祐三年夏四月庚子）命中書省與御史臺、翰林、集賢院集議封贈通制，著為令。

又　卷二八《英宗紀二》　（至治三年春正月）丁巳，定封贈官等秩。

又　卷八四《選舉志四》　凡封贈之制：至元初，唯一二勳舊之家以特恩見褒，雖略有成法，未悉行之。至元二十年，制：『考課雖以五事責辦管民官，為無激勸之方，徒示虛文，竟無實效。自今每歲終考課，管民官五事備具，內外諸司官職任內各有成效者，為中考。第一考，對官品加妻封號。第二考，令子弟承廕敍仕。第三考，封贈祖父母、父母。品格不及封贈者，量遷官品，其有政績殊異者，不次升擢，仰中書參酌舊制，出給誥命。』

至大二年，詔：『流官五品以上父母、正妻，七品以上正妻，令尚書省議行封贈之制。』禮部集吏部、翰林國史院、集賢院、太常等官，議封贈謚號等第，制以封贈非世祖所行，其令罷之。

至治三年，省臣言：『封贈之制，本以激勸將來，比因泛請者衆，遂致中輟。』詔從新設法議擬與行，毋致冗濫。

禮部從新分立等第：正從一品封贈三代，爵國公，勳正上柱國，從柱國，母、妻並國夫人。

正從二品封贈二代，爵郡公，勳正上護軍，從護軍，母、妻並郡夫人。

正從三品封贈二代，爵郡侯，勳正上輕車都尉，從輕車都尉，母、妻並郡夫人。

正從四品封贈父母，爵郡伯，勳正上騎都尉，從騎都尉，母、妻並郡君。

正五品封贈父母，爵縣子，勳驍騎尉，母、妻並縣君。

從五品封贈父母，爵縣男，勳飛騎尉，母、妻並縣君。

正從六品封贈父母，父止用散官，母、妻並恭人。

正從七品封贈父母，父止用散官，母、妻並宜人。

正從一品至五品宣授，六品至七品敕牒。

如應封贈三代者，曾祖父母一道，祖父母一道，父母一道，生者各另給降。封贈者，一品至五品並用散官勳爵，六品七品止用散官職事，從一高。

封贈曾祖，降祖一等，祖降父一等，父母妻並與夫、子同。父母在者不封，已致仕并不在仕者封之，雖在仕棄職就封者聽。

父母應封，而讓曾祖父母、祖父母者聽。　諸子應封父母，嫡母在，所生之母不得封。嫡母亡，得並封。若所生母未封贈者，不得先封其妻。

諸職官曾受贓，不許申請，封贈之後，但犯取受之贓，並行追奪。其父祖元有官進一階，不在追奪之例。

父祖元有官者，隨其所帶文武官上封贈，若已是封贈之官，止於本等官上許進一階，階滿者更不在封贈之限。如子官至四品，其父祖已帶四品上階之類。或兩子當封者，從一高。文武不同者，從所請。婦人因其夫、子封贈，而夫、子兩有官者，從一高。封贈曾祖母、祖母并母，生封並加太字，若已亡歿或曾祖、祖父、父在者，不加太字。

職官居喪，應封贈曾祖父母、祖父母、父母者聽。其應受封之人，居曾祖父母、祖父母、父母、舅姑、夫喪者，服闋申請。

應封贈者，有使遠死節，有臨陳死事者，驗事特議加封。

應封妻者，止封正妻一人，如正妻已歿，繼室亦止封一人，餘不在封贈之例。婦人因夫、子得封者，不許再嫁，如不遵守，將所受宣敕追奪，斷罪離異。

父祖曾任三品以上官，亡歿，生前有勳勞，為上知遇者，子孫雖不仕，具實迹赴所在官司保結申請，驗事迹可否，量擬封贈。無後者，許有司保結申請。

曾祖父母、祖父母、父母曾犯十惡姦盜除名等罪，及例所封妻不是以禮娶到正室，或係再醮倡優婢妾，並不許申請。

凡告請封贈者，隨朝并京官行省、行臺、宣慰司、廉訪司見任官，各於任所申請。其餘官員，見任并已除未任，至得替日，隨其解由申請。致仕官於所在官司申請。

正從七品至正從六品，止封一次。升至正從五品，封贈一次。升至正從四品，封贈一次。升至正從三品，封贈一次。升至正從二品，封贈一次。升至正從一品，封贈一次。

凡封贈流官父祖曾任三品以上者，許請謚。如立朝有大節，功勳在王室者，許加功臣之號。

至治三年，詔：『封贈之典，本以激勸忠孝，今後散官職事勳爵，依例加授，外任官員並許在任申請，其餘合行事理，仰各依舊制。』

泰定元年，詔：『犯贓官員，不得封贈，沉擱既久，宜許自新，有能滌慮改過，再歷兩任無過者，許所管上司正官從公保明，監察御史、廉訪司覆察是實，並聽依例申請。』

《明太祖實録》卷七〇 （洪武四年十二月乙酉）定文武官祖父封贈之典。初，中書議舉封贈之典。上意欲以功臣封爵為一例，以常銓官品秩為一例。於是中書定開國文武功臣一品至四品及常選除授一品至八品散官職事，付吏部。吏部議曰：『公、侯、伯、子、男不論品級，取自上裁，不在封贈常例，其一品至七品，不限文武内外，應封贈驗本身品級，皆止封贈散官。若奉特旨封公侯伯者，則隨其爵封贈。具其事以聞。』上曰：『爵以報功，漢高帝不功不侯，此最可法。朕今非吝封爵也，但無功受封，則有功于國者，又將何以待之耶？自今五等之爵，不論品級，非有大功于國者，雖官至丞相，亦不得封。其開國功臣已封公侯伯者，則其祖父亦依見授封爵封贈。若不係功臣，止依品級授散官職事，蓋功臣封爵與常選之品不同。爾吏部其以兩等著為定制，如無大功勞，所司朦朧奏請者，請者、授者皆罪之。』

又 卷七六 （洪武五年九月）丙寅，禮部奏定封贈之禮。凡文武官自一品至七品，得贈其曾祖、祖父母及妻有差，功臣没後加贈，則公封為王，侯封為公，没于王事，合加官爵，封謚者有司奏請。若領兵征伐而陷没者，不許褒贈，或舊有勳勞合追封者，有司不得輒請，取自上裁。凡功臣喪葬之禮，有司臨時上請，墳塋、享堂、碑亭，官為修治，其壙内房室及享堂加采色，惟公侯及一品得用，其餘不許。文官至二品，武官至三品，或敕葬，或賜錢帛。公、侯、省、府、臺、各指揮使等官之家，父母及妻喪，或遣官致祭，及賜予皆出自上恩。武臣没于王事者，自迎柩至葬，凡七次遣官致祭，小祥、大祥皆有司隨時上請，給賜之恩，取自上裁。指揮、千、百户亡没有優給之例，從征死事者全給，從征病卒者半之，邊上守禦病没及從征病還而卒者不得援例優給。其有勤勞立功者，優給之恩亦取自上裁，有司不得奏請。詔從之。

又 卷八五 （洪武六年九月癸卯）詔定文武官誥命制度。命禮部尚書牛諒、侍講學士宋濂等曰：『前代仕於朝者，必有封贈貤恩之典，既封贈則必給以誥命，所以上榮其祖考，下及其子孫也。卿等宜稽古，詳定其式。』於是諒等奏：『參考唐、宋誥命，皆由三省官列銜書名，復用吏部告身等印章。本朝誥敕既用御寶，則省臣不敢署，見造誥敕花様、簽軸制度，俱有等第，不須改作。又宋紹興年間，工部言官誥院所用綾紙，易以偽冒。乞下文思院別織一體花様，專充官誥。今議於誥尾添織某字第幾號，以為關防，及取工部神帛制敕局以造完誥命，書寫用寶，頒于文武官。』從之。其制：公侯、一品至五品誥命，六品至九品敕命，公侯及一品誥軸用玉，伯子男及二品用犀，五品以下用角。

又 卷一三四 （洪武十三年十一月）癸丑，吏部奏重定功臣及常選官封贈等第。凡功臣没而加封者，公追封為王，侯追封為公；其封贈三代者，祖降父一等，曾祖降祖一等，父與子同，妻從夫貴；其命婦因子孫官爵而見封者，並加太字，追封者則止依本封稱號。凡常選文官一品至七品，止封散官、職事，其合封贈三代、二代並父母及妻者，祖降父一等，曾祖降祖一等，父與子同，妻從夫貴；如有對品、散官而無對品職事者，則與其對品、散官授以次階職事；其命婦因子孫品級而見封者，並加太字，追封者則止依本封稱號。已上凡有申請，本部具聞，附書封贈爵職，用敕符御寶畢，然後頒降。上曰：『自今文官封贈必待三考其才能顯著者，方許給授，若一概與之，則何以示勸懲？其著為令。』

又 卷一四四 （洪武十五年夏四月辛巳）禮部奏定封贈官制：『凡封侯贈謚，不加散官職事。江陰侯吳良原贈特進榮禄大夫、上柱國、中軍都督府右都督，追封江國公，謚襄烈，今定開國輔運推誠宣力武臣、柱國，追封江國公，謚襄烈；中軍都督府都督僉事孫世原贈開國輔運推誠宣力武臣、光禄大夫、柱國、中軍都督府都督同知，追封富春侯，謚忠勇，今定贈開國輔運推誠宣力武臣，追封富春侯，謚忠勇；廣西都指揮使王真原贈開國輔運推誠宣力武臣、柱國、前軍都督府都督同知，追封臨沂侯，謚桓義，今定贈開國輔運推誠宣力武臣，追封臨沂侯，謚桓義。餘皆改正。』詔從之。

又　卷一五四　（洪武十六年五月）庚申，詔廷臣定擬文官封贈蔭敍之制。封贈例十一：其一，文官一品至七品，止封贈散官職事，其應封一代者父與子同妻從夫貴，應封二代者祖降父一級，應封三代者曾祖降祖一級，父見任者不封，已致仕及亡歿者封之，其在任棄職就封者聽；其二，應封父母者，嫡母在而所生之母不得封，嫡母亡得並封，若所生母未封，不得先封其妻；其三，父母有兩子當封者，從其高品，婦人因其子受封，而夫與子兩有官當封者從其高品，父、祖原有官既歿而因其子孫封贈者，進一階；其四，應封妻者，止封正妻一人，正妻未封而歿，繼室當封者，正妻亦得追封，凡繼室止封一人；其五，命婦因子孫品級封者，並加太字，若已歿及曾祖父母在者，不加；其六，凡從七品升至正從六品，封贈一次，升至正從五品，封贈一次，升至正從四品，封贈一次，升至正從三品，封贈一次，升至正從二品，封贈一次，升至正從一品，封贈一次；其七，曾祖父母、祖父母、父母曾犯十惡、姦盜、除名等罪，其妻非禮聘正室或再醮及娼優婢妾，並不許申請；其八，凡職官曾有贓私者，不許申請，其封贈之後，但犯贓私者，並追奪；其九，凡婦因夫貴，母因子貴，受封不許再醮，違者治之如律；其十，京官四品以上試職實授，頒給誥命，取自上裁，其已授誥命者亦須一考滿秩，方許封贈，五品以下官試職一年，考核稱職者實授，頒給誥敕，不稱職者黜降，其已授誥敕者亦須一考，方許封贈；其十一，凡在外三年為一考稱職者，頒給誥敕，再考稱職，聽請封贈，其有才能卓異，出自特恩者，不在此例。

又　卷二〇八　（洪武二十四年五月辛卯）詔定文武官封贈。兵部試尚書茹瑺等奏曰：『文武官員封贈舊制：一品封贈三代，二品、三品封贈二代，四品至七品封贈一代。』上命翰林院考古制，學士劉三吾奏宋制與今例同。詔從舊制。瑺又奏：『庶子襲父職，例止封贈嫡母，所生庶母無封贈。』覆命禮部翰林同考古制，三吾奏：『宋制：母以子貴，庶母亦依所生子之秩封贈。』詔從宋制。

明·申時行等〔萬曆〕《明會典》卷六《吏部·文官封贈》　文武職官，例有封贈，武職歸兵部，公侯伯見功臣推封，文職隸此。文官身後有加贈，見任有推封。嘉靖以後，復有移封本生及奏復父祖原職諸例。今備載之。其應得封贈者，有誥敕給授等例，詳誥敕中。不更載。

凡加贈。洪武二十六年定：文職官一品至五品，照依生前散官，果有功迹、合加封者，例與加贈。正德二年令：文職二品以上，政迹顯著者，方與加贈。嘉靖十六年題准：大臣升職未任者，不准贈官。三十四年題准：凡陣亡死節官，准加贈。

凡推封。洪武二十六年定：一品贈三代，二品三品贈二代，四品至七品贈父母妻室。一、凡文官一品至七品，止封贈散官職事。其合封一代二代三代者，俱照見授職事。父母見任者不封，已致仕并不在任者，封之。能在任棄職就封者聽。凡父職高於子者，依原職進一階，職卑者從子官封。一、凡諸子應封父母，嫡母在，所生之母不得封；嫡母亡，得並封。若所生母未封贈，不得先封其妻。一、兩子當封，從一高者。婦人因其子封贈，而夫子兩有官，亦從一高者。一、應封妻者，止封正妻一人，如正妻生前未封已歿，繼室當封者，正妻亦當追贈。其繼室止封一人。一、凡命婦因子孫品級封母并祖母者，並加太字，若已亡歿，或曾祖、祖父在者不加。成化二十三年令：凡武職子任在京文職，照依文官事例，父職高於子者，依原職進一階，職卑者從子官封。弘治元年題准：繼母當封者，止封一人。近例若前繼母，曾因其父授封，後繼母見在未封者，從子官封。十八年題准：凡當封贈母，而父官高於己者，如係嫡母，照舊例從父之官；如係生母，止照子官品。隆慶元年題准：嫡母受封，而生母先亡者，准追贈。二年題准：三母不得並封，今後封贈，止許嫡母一人，生母一人，繼嫡母不得概封。萬曆六年題准：文職官父任武職，品高於子者，仍舊進階，品卑者，照子官品，仍於武職內，對品封贈。階亦如之，即一品二品，亦照此例，移咨兵部，一體給與武軸。

凡封贈職級。洪武二十六年定：正一品至從七品，曾祖父、祖父、父，各照見授職事，依例封贈。正從一品曾祖母、祖母、母，各封贈夫人。後稱一品夫人。正從二品祖母、母、妻，各封贈夫人。正從三品祖母、母、妻，各封贈淑人。正從四品母、妻，各封贈恭人。正從五品母、妻，各封贈宜人。正從六品母、妻，各封贈安人。正從七品母、妻，各封贈孺人。凡遇前項封贈，依例具本奏聞，吏科給事中置立文簿，附寫各該封贈爵職。

欽用敕符御寶，本部抄録，具印信手本，送中書舍人書寫。

誥敕。其文職官員申請封贈，本部行移保勘，如果於例相應，然後照例施行。

凡封贈次數。洪武十六年奏准：正從四品，封贈一次。二十六年定：正從七品至正從六品，止封一次；升至正從五品，封贈一次；升至正從三品，封贈一次；升至正從二品，封贈一次；升至正從一品，封贈一次。

凡奏請移封。天順元年奏准：兩京官應封贈其父，有犯罪問革為民，不得受封，願將本身誥敕移封者，奏請定奪。成化元年題准：在京品官考滿，應得本身誥命，或以親老，乞停本身而移封其親者，吏部奏請定奪。嘉靖三十八年奏准：京官已封過繼父母，乞將本身及妻應得誥敕移封本生父母者，奏請准封。四十二年奏准：三品京堂官，已贈過繼祖父母，乞將本身及妻誥命移贈本生祖父母者，奏請准贈。

凡奏復父祖官職。嘉靖二十八年題准：凡當封贈父，而父曾經考察冠帶閒住，乞復父原職致仕者，吏部奏請定奪。隆慶六年奏准：凡遇覃恩，父祖曾經考察為民，不得封贈。乞停本身封典，准復父祖冠帶閒住者，奏請定奪。非係覃恩者，不准。萬曆六年題准：凡遇覃恩，有奏願停本身封典復父職者，查其父所犯，除貪酷不准外，若以別罪為民，准與閒住，閒住准與致仕，後復遇恩，不許又請遞加。近例，請復父職者，俱免停本身封典。七年題准：閒住復職，職高於子者，不分考滿、覃恩，不得濫請進階。

又《功臣封爵》 凡功臣歿後加封。洪武二十六年定：公追封為王，侯追封為公，伯追封為侯，合封三代者，照依追贈封爵，一體追封。其襲爵子孫，非建立奇功異能，生死只依本爵。正德二年令：公侯伯歷有軍功，方許加贈。

《清世祖實録》卷六三 （順治九年二月）庚辰，定官員封贈例。正一品從一品光禄大夫，妻俱一品夫人，封贈三代；正二品資政大夫，從二品通奉大夫，妻俱夫人；正三品通議大夫，從三品中大夫，妻俱淑人，封贈二代；正四品中憲大夫，從四品朝議大夫，妻俱恭人；正五品奉政大夫，從五品奉直大夫，妻俱宜人；正六品承德郎，從六品儒士出身儒林郎，吏員出身宣德郎，妻俱安人；正七品儒士出身文林郎，吏員出身宣義郎，從七品徵仕郎，妻俱儒人，封贈一代；正八品修職郎，從八品修職佐郎，正九品登仕郎，從九品登仕佐郎，止封本身。

《清世宗實録》卷三五 （雍正三年八月辛未）吏部等衙門議覆：吏部尚書朱軾條奏，四品以下官員，情願將本身妻室誥封，移封祖父母及本生祖父母者，應准其移封。又八九品官，向例止封本身，不封妻室，是以移封止及其父，嗣後應准其父母並封。又教授官止九品，學正、教諭、訓導並無品級，應將教授照知縣例封文林郎，學正、教諭照縣丞例封修職郎，訓導照主簿例封登仕郎，其有情願將本身應得封典，移封父母者，亦准其父母並封。又定例：封贈止封嫡母，嗣後生母、繼母，應准並給封典，其八九品之母，照七品官例，封為八九品孺人。俱應如所請。從之。

《清高宗實録》卷四 （雍正十三年冬十月乙亥）予丁憂官員封典。諭總理事務王大臣曰：朕登極恩詔内，凡内外滿漢官員，自一品以至九品，均予封贈，所以錫類敷恩，遂臣子顯揚之願，勵移孝作忠之風也。查舊例：丁憂人員，不得均邀封典。朕思丁憂之員乃恪遵朝廷定制，自盡其為子之情，與廢斥在家，告假回籍者不同，況在任守制者，俱得一體沾恩，而丁憂之員，反不得邀恩，以榮顯其親，情既可憫，而理亦未協。著該部查明伊等原官品級，一併給與封典，以成孝思。

又 卷四一四 （乾隆十七年五月丙寅）諭曰：廣東提督林君昇，山西按察使唐綏祖，各奏請將本身及妻室應得封典，貤贈高祖父母，殊屬不合。夫臣子封贈之典，以三代為限，此即古者大夫三廟之義。其貤封之例，蓋專為二三品官不能封贈其曾祖父母，四品以下不能封贈其祖父母，推廣錫類之恩，以曲成其報本之意也。若已得三代封典而又請貤贈高祖父母，是四代矣。綸綍之錫，上及三世，臣子之分，已為極榮，更等而上之，抑將何所限制乎。向來文武一品大臣，從無以此陳請者，誠知定分之不可踰也。林君昇本係武臣，不知國體，率意陳奏，尚無足責。唐綏祖久歷中外，曾任封疆，何亦昧昧若是。本應交部，以違例議處，但念其希恩之請，雖則非分，而追遠之念，尚屬可原。著傳旨申飭。

清・昆岡等［光緒］《清會典事例》卷一四二《吏部・世爵・陣亡贈

爵》　康熙九年題准：統兵參贊、都統，陣亡者，授拜他喇布勒哈番，兼一拖沙喇哈番。前鋒護軍統領、副都統，授拜他喇布勒哈番。委署同。營總參領、前鋒校、護軍校、驍騎校，暨有頂戴官，授拖沙喇哈番。

又　卷一四三《吏部·封贈·封贈品秩》　順治初年定：覃恩及三年考滿，例給封贈。一品至五品，皆授以誥命。六品至九品，皆授以敕命。正一品特進光禄大夫，從一品光禄大夫，正二品資政大夫，從二品通奉大夫，正三品通議大夫，從三品中議大夫，正四品中憲大夫，從四品朝議大夫，正五品奉政大夫，從五品奉直大夫，正六品承德郎，從六品儒林郎，吏員出身者宣德郎，正七品文林郎，吏員出身者宣議郎，從七品徵仕郎，正八品修職郎，從八品修職佐郎，正九品登仕郎，從九品登仕佐郎。正從一品曾祖母、祖母、母、妻，各封贈一品夫人。正從二品祖母、母、妻，各封贈夫人。正從三品祖母、母、妻，各封贈淑人。正從四品母、妻，各封贈恭人。正從五品母、妻，各封贈宜人。正從六品母、妻，各封贈安人。正從七品母、妻，各封贈孺人。正從八品母，封八品孺人。正從九品母，封九品孺人。

五年定：一品封贈三代，二品三品封贈二代，四品至七品封贈一代，八品九品封本身而止。軸制：一品四軸，二三品三軸，四品至七品二軸，八九品一軸。其軸頭一品用玉，二品用犀，三四品用裹金，五品以下用角。

又　《加級給封》　順治十四年題准：凡恩詔內有加級者，均以新加之級，給予封典。

康熙五十二年題准：凡加級請封人員，其級多者，仍限以制。七品以下不得逾五品，五六品不逾四品，三四品不逾二品。捐納之級，不准計算。

乾隆元年議准：外任官員有加級者，不論新舊，不准照加級請封。

又　《貤封彙辦》　乾隆二十七年諭：京員三品以上，例得自行奏請貤封，餘俱由該部查核匯奏，而外官文自藩臬，武自副參以下，一一皆專摺具奏，陳牘紛繁，殊於政體未協。嗣後著詳報督撫提鎮核明匯奏，仍敕交該部核覆准行。

又　《請封年限》　乾隆三十一年諭：國家覃恩，推仁中外，俾人子均沾慶澤，榮及其親。伊等志切顯揚，自應及時祇領，即所經各衙門加結轉申，不嫌考核詳慎，但任意延緩，遲越多年，不為定以期限，於體制殊未允協。嗣後凡遇覃恩，定以二年為限，全行辦給，不得仍前怠緩。其過期不呈請者，即毋庸頒給。

又　《推封事例》　順治初年定：父祖現任者，不得受子孫封，致仕及已故者許給，有願棄職就封者聽。

又定：兩子均仕，其父母受封，從其品大者。婦人因數封贈，而夫與子兩有官，亦從其品大者。

又定：封贈母而父官高於子者，如嫡母則從父官，如生母則從子官，或被出未改嫁，其子有官者，亦准封。

又定：命婦因子孫封者，並加太字。若已故，或曾祖、祖父、父在不加。

又定：內外官員為人後者，已封贈祖父母父母者，請以本身妻室應得封典，貤封本生祖父母父母者，亦准貤封。

又　《封贈妻室》　順治初年定：凡應封妻者，止封正妻一人，如正妻未封已歿，繼室當封者，正妻亦准追贈，其再繼者不准給封。

康熙二十九年議准：內外八九品官，有捐納榮親封典者，不封妻室。

雍正三年議准：凡八品以下各官，均准其封父母，不封本身妻室。如父母已受封，准封本身。

道光二十三年奏准：八品以下捐封人員，止封本身，不封妻室。如欲捐請及妻室者，准其加一倍報捐。

又　《封贈外祖父母》　康熙四十七年議准：仕宦至三品，幼為外祖父母撫養，其外祖父母歿無嗣者，許照伊官階捐贈。

乾隆五十年奏准：凡官員貤封外祖父母者，准其貤封，其餘外姻，一概不准貤封。

又　《給封限制》　舊例：官員遇覃恩，每任中止封贈一次。

順治十四年題准：京官升授在詔前者，不分已未到任，皆准給予封贈。

又題准：滿漢各官職銜，以詔下之日為定，給予封典，其有詔後身故者，仍准給封。

十六年題准：詔後降調官員，非犯貪酷者，仍給予前任封典。

又《補給封典》 順治初年定：凡各官有應封遺漏者，准其匯題補給。

又定：各官領過誥敕，偶因水火盜賊毀失者，許重給。

康熙九年題准：官員先緣事革職，後若還職者，仍准其具題補給。

道光二十三年奏定：子孫為伊祖父、父原職品級，追請封典者，亦准一體捐請。

又《改給封典》 順治十年題准：官員封贈或誤寫姓氏，遺忘履歷。檢舉求更改者，由部揭送內閣改給。

又《停給封典》 順治初年定：各官曾祖父母、祖父母、父母有犯十惡，及妻非禮聘，正室或再醮，不許請封。

十六年題准：各官凡失軍機，及犯貪汙事革職者，不得封贈。因公詿誤者，仍許封贈。其詔後犯事革職，及大計京察降調，亦不准給封。

又奏准：捐封人員，其祖父托業卑賤，三世孫概不准捐封，下逮四世孫，准其本身請封，其祖父仍不准濫邀封典。

又奏准：官員有犯鴉片煙禁革職者，不准援例捐請封典。

又《收藏誥敕不慎察議》 康熙十四年議准：官員將誥敕質當者革職，如收藏不慎，致蟲蛀損傷，或潮濕破壞汙染等項，皆罰俸六月。

又《緣事追奪》 原定：各官封贈後，但犯贓私者，並行追奪。

又定：婦人因夫與子得封者，不許再嫁，違者誥敕追奪，治如律。其祖父有官階非因子孫封贈者，不在追奪例。

順治九年題准：八旗職官之妻，已經受封，其夫亡故，願回母家者，許其父母領回，繳還誥敕。

康熙二十年題准：凡失誤軍機，貪汙革職者，追奪。若因公詿誤，與別項革職者，永免追奪。

又奏准：各官祖父、父革職有餘罪人員，捐請封典。其有匿情冒捐，經地方官查出，即將原領執照誥軸追繳。如報捐後自行呈明，准其補足銀數，免追誥軸。

又 卷五八三《兵部・恩錫・封贈》 順治初年定：滿漢武職，恭遇恩詔，一品至五品給誥命，六品以下給敕命，各官品級均以詔下之日為定。八旗武職由都統等造册，駐防官由將軍等造册，綠旗營武職由督撫提鎮造册，諮部核明，給以封典。滿漢公侯伯均封光祿大夫，公妻封為公妻一品夫人，侯妻封為侯妻一品夫人，伯妻封為伯妻一品夫人，仍分別一二三等。八旗一品官封光祿大夫，妻封一品夫人；二品官封資政大夫，妻封夫人；三品官封通議大夫，妻封淑人；四品官封中憲大夫，妻封恭人；五品官封奉政大夫，妻封宜人；六品官封承德郎，妻封安人。七品官封文林郎，妻封孺人；八品官封修職郎，九品官封登仕郎。綠旗營武職，正從一品官封榮祿大夫，妻均封夫人；正二品官封驃騎將軍，從二品官封驍騎將軍，妻均封夫人；正三品官封昭勇將軍，從三品官封懷遠將軍，妻均封淑人。正四品官封明威將軍，從四品官封宣武將軍，妻均封恭人；正五品官封武德將軍，從五品官封武略將軍，妻均封宜人；正六品官封昭信校尉，從六品官封忠顯校尉，妻均封安人。

功臣名號分部

綜　述

《元史》卷一七《世祖紀十四》（至元二十九年二月戊寅）詔加高麗王王（賰）[睶]太保，仍錫功臣之號。

又 卷一九《成宗紀二》（大德元年十一月）丁丑，詔以高麗王世子謜為開府儀同三司、征東行中書省左丞相、駙馬、上柱國、高麗國王，仍加授王昛為推忠宣力定遠保節功臣、開府儀同三司、太尉、駙馬、上柱國、逸壽王。

又 卷二三《武宗紀二》（至大三年夏四月己酉）賜高麗國王王璋功臣號，改封瀋王。

又 卷二九《泰定帝紀一》（泰定二年）以故翰林學士不花、中政使普顏篤、指揮使卜顏忽里為鐵失等所繫死，贈功臣號及階勳爵謚。

又 卷三二《文宗紀一》（致和元年十二月）庚子，赦天下。賜諸王滿禿為果王，阿馬剌台為毅王，宗正劄魯忽赤闊闊出等十七人並賜功臣號及階官爵謚，仍命有司刻其功於碑，賜鈔恤其家。

又　卷三八《順帝紀一》（元統二年五月戊申）贈故中書平章政事王泰亨謚清憲。舊令，三品以上官，立朝有大節及有大功勳於王室者，得賜功臣號及謚。時寢兀濫失實，惟泰亨在中書時，安南請佛書，乞以九經賜之，使高麗不受禮遺，為尚書貧不能自給，故特賜是謚。

明·申時行等［萬曆］《明會典》卷六《吏部·功臣封爵》　凡功臣封號。洪武十三年定功臣封號：曰開國輔運推誠宣力武臣、某公、某侯，食禄若干石。世襲者，曰世襲某公、某侯，食禄若干石。追封者，曰開國輔運推誠宣力武臣、某將軍、某公、某侯，追封某王、某公，謚某。二十六年定：凡功臣封號，如開國輔運守正文臣之類，非特奉聖旨不與。又定公侯伯子男，見職受封者，必須隨即奏請封號爵禄等級，及駙馬婚禮，俱用具奏給授誥命，劄付翰林院撰文，具手本送中書舍人書寫，尚寶司用寶完備，擇日具奏頒降。永樂間定功臣封號：曰奉天靖難推誠宣力武臣，或曰奉天翊運推誠宣力，或曰奉天翊衛宣力武臣，或曰欽承祖業推誠奉義。

《明史》卷七六《職官志五》　公、侯、伯，凡三等，以封功臣及外戚，皆有流，有世。功臣則給鐵券，封號四等：佐太祖定天下者，曰開國輔運推誠；從成祖起兵，曰奉天靖難推誠；餘曰奉天翊運推誠，曰奉天翊衛推誠。武臣曰宣力武臣，文臣曰守正文臣。歲禄，以功為差。已封而又有功，仍爵或進爵，增禄。其才而賢者，充京營總督，五軍都督府掌僉書，南京守備，或出充鎮守總兵官，否則食禄奉朝請而已。年幼而嗣爵者，咸入國子監讀書。嘉靖八年，定外戚封爵毋許世襲，其有世襲一二代者，出特恩。

清·昆岡等［光緒］《清會典事例》卷一四二《吏部·世爵等級》　國初定：世爵其等有八：曰公，曰侯，曰伯，曰精奇尼哈番，視一品；曰阿思哈尼哈番，視二品；曰阿達哈哈番，視三品；曰拜他喇布勒哈番，視四品；曰拖沙喇哈番，視五品。自公至阿達哈哈番，又各有三等。凡授爵自拖沙喇哈番始，如拖沙喇哈番，加一拖沙喇哈番，則合為一拜他喇布勒哈番，再加則為拜他喇布勒哈番，兼一拖沙喇哈番，再加為三等阿達哈哈番，遞加至一等阿達哈哈番。如加一拖沙喇哈番，則為一等阿達哈哈番，兼一拖沙喇哈番，再加則為三等阿思哈尼哈番，積拖沙喇哈番二十有六，則為一等公。

雍正元年諭：我國家膺圖受命，則有佐命元臣，際會風雲，開拓疆宇。至於承平之世，亦有勞臣宣力，綏靖不庭。凡厥鴻猷駿烈，焜燿旂常，於是酬庸獎功，賜以公爵，其中分為一等至三等，所以第其勳勞，表其閥閱，同于古者河山帶礪之盟，爰及苗裔，永久毋替，甚盛典也。朕考古封爵之制，漢唐以來，公侯皆係以郡縣之名，而漢世功名顯著者，則加以美號，如信武、冠軍、建忠、定遠之屬，並以榮名垂光史册。本朝封王者，皆選用嘉美字樣，其嗣襲封則因之，而公爵則但分等次，未有封號字樣。朕意欲考其當日勳庸，錫以嘉名，追加為某公，使勳勞之臣，顯功丕績，常赫赫在人耳目間，而其子孫承襲封號，亦皆顧名思義，共加奮勉，世為國家效忠抒力，期踵美前人之光，以副朕褒念勳舊之至意。至於宗室外戚，則仿古恩澤侯之例，命為奉恩公，或承恩公，以昭寵錫。其如何命名定制，並將歷來功臣勳戚加錫美號之處，著該部詳查定議具奏。欽此。遵旨恭擬進呈：欽定一二三等公美名，褒績公，忠達公，奉義公，超武公，雄勇公，果毅公，信勇公，建烈公，勇勤公，英誠公。

乾隆元年奏定：精奇尼哈番以下世爵，清文並改用漢文。一二三等精奇尼哈番為一二三等子，一二三等阿思哈尼哈番為一二三等男，一二三等阿達哈哈番為一二三等輕車都尉，拜他喇布勒哈番為騎都尉，拖沙喇哈番為雲騎尉。清文仍從其舊。

十四年諭：我朝定鼎以來，酬庸賞功，列爵惟五，分等惟三，以表世閥而第宏勳。雍正年間，因公爵居五等之首，仿古封號字義，錫以嘉名，此誠篤念舊勳，俾奕世子孫承襲者，顧名思義，意至厚也。但封爵之制，公侯伯一體優崇，前代侯則有冠軍、定遠之稱，伯則有誠意、威寧之號，今公爵令名炳著，而侯伯僅分等次，似屬闕略。朕欲推廣其意，凡我朝所封侯伯，考厥成勞，追加美號，庶伊嗣人咸念乃祖乃父之忠勤，紹修令緒，國家實有賴焉。至於子男同位，自古以地為號，未有別封，可仍其舊。其侯伯如何詳稽勳績，定制命名之處，該部妥酌定議以聞。欽此。遵旨恭擬進呈：欽定奉義侯，恭誠侯，順勤侯，順義侯，昭武侯，延恩侯，敦惠伯，翼烈伯，宣義伯，襄寧伯，昭毅伯，威靖伯，襄勤伯，誠毅伯，昭信伯，懋烈伯，誠武伯，勤宣伯。其公侯伯美名，由内閣撰擬，奉旨後，載入襲職誥敕内頒給。

十五年定：自一等公襲二十六次，至雲騎尉襲一次，均按所開襲次，載入誥敕。

又定：陣亡人等子孫襲次已完者，賞七品京官，令其世襲罔替。

十六年奏准：嗣後世襲七品官，定為恩騎尉，與國初所定，合為世爵九等。

又《**戰功議敘**》康熙九年題准：統兵參贊、都統、護軍統領、前鋒統領、副都統，得一等功牌二，二三四五等功牌各一，授為拖沙喇哈番。營總參領、散秩官、前鋒侍衛，得一等功牌三，二三四五等功牌各一，授為拖沙喇哈番。委署同。凡一二三四五等皆全者方受爵，或不全，有可抵算者，（準）［准］其以上等功牌一個，作下等功牌兩個，下等者不准接算上等。若前後兩任所得，亦准其合算。前鋒校、護軍校、驍騎校，得一等功牌四，再得二三四五等功牌各一，授為拖沙喇哈番。署前鋒校、護軍校、驍騎校，得一等功牌五，再得二三四五等功牌各一，授為拖沙喇哈番。多一倍至數倍者，由拖沙喇哈番遞加，不足者註冊。

又《**攻城議敘**》順治元年題准：頭等城池，第一登城者授一等參領，第二登城者授二等參領，第三登城者授三等參領，第四登城者授為佐領。又一分管佐領，第五登城者授為佐領，第六登城者授分管佐領，其都統及領梯攻戰官員俱授為佐領，指路及射箭官員授為分管佐領。二等城池，第一登城者授三等參領，第二登城者授為佐領。又一分管佐領，第三登城者授為佐領，第四登城者授分管佐領，其領梯攻城官員與第三登城者同，指路官員與第四登城者同。三等城池，第一登城者授為佐領。又一分管佐領，第二登城者授為佐領，第三登城者授分管佐領，其領梯攻戰官員與第三登城者同，指路官員克兩城者授分管佐領，克一城者註冊。四等城池，第一登城者授為佐領，第二登城者授分管佐領，其領梯攻戰官員與第二登城者同，指路官員克兩城者授分管佐領，克一城者註冊。五等城池，第一無梯登城者授分管佐領，率領攻戰官員克兩城者亦授分管佐領，克一城者註冊。凡登城死者，不論城池大小，授為佐領。

十三年定：登城死者，授拜他喇布勒哈番。

又議准：應授參領者改為阿達哈哈番，應授佐領者改為拜他喇布勒哈番，應授分管佐領者改為拖沙喇哈番。

又《**攻毀城池議敘**》順治元年題准：攻毀城池，第一超越之人，授分管佐領。

十三年題准：第一先登者，授拖沙喇哈番。

康熙九年題准：管領官弁，授拜他喇布勒哈番。

又《**水戰議敘**》順治十四年題准：登跳頭等船為首者授拜他喇布勒哈番，其次者授拖沙喇哈番，第三第四第五者註冊。登跳二等船為首者授拖沙喇哈番，第二第三第四者註冊。登跳三等船，第一第二第三者俱註冊，俟後得功積至三個頭等者，准授官職。如追退空船、小船及敗走之船者，不在此例。其委在船頭目，率領攻戰官員，各照所跳船隻，與第二人同。其餘官及前鋒校、護軍校、驍騎校，與第三人同。

乾隆五年奏准：凡軍功議敘，由兵部核定等第，移諮到部，由部題請授爵。

又《**陣亡贈爵**》康熙九年題准：統兵參贊、都統陣亡者，授拜他喇布勒哈番，兼一拖沙喇哈番。前鋒護軍統領、副都統，授拜他喇布勒哈番。委署同。營總參領、前鋒校、護軍校、驍騎校暨有頂戴官，授拖沙喇哈番。

大臣謚號分部

綜述

《**元史**》**卷一四**《**世祖紀十一**》（至元二十三年夏四月）庚戌，制謚法。

又　卷二三《**武宗紀二**》（至大二年十二月）丁丑，詔：『增百官俸，定流官封贈等第。應封贈者，或使遠死節，臨陣死事，於見授散官上加之。若六品七品死節死事者，驗事特贈官。封贈內外百官，三品以上者許請謚。凡請謚者，許其家俱本官平日勳勞、政績、德業、藝能，經由所在官司保勘，與本家所供相同，轉申吏部考覆呈都省，都省準擬，令太常禮儀院驗事迹定謚。若勳戚大臣奉旨賜謚者，不在此例。』

又　卷三八《順帝紀一》　（元統二年五月是月）贈故中書平章政事王泰亨謚清憲。舊令，三品以上官，立朝有大節及有大功勳於王室者，得賜功臣號及謚。時寖冗濫失實，惟泰亨在中書時，安南請佛書，乞以九經賜之，使高麗不受禮遺，為尚書貧不能自給，故特賜是謚。【略】

（至元元年五月）壬辰，命嚴謚法，以絶冒濫。

又　卷八四《選舉志四》　至大二年，詔：『流官五品以上父母、正妻，七品以上正妻，令尚書省議行封贈之制。』禮部集吏部、翰林國史院、集賢院、太常等官，議封贈謚號等第，制以封贈非世祖所行，其令罷之。【略】

凡封贈流官父祖曾任三品以上者，許請謚。

又　卷一四〇《太平傳》　太平又考求，凡死節之臣，雖布衣亦加贈謚，有官者就官其子孫，人尤感動。

《明太祖實録》卷八一　（洪武六年夏四月己卯）　詔定開國勳臣楚國公廖永安等謚號。禮部上議曰：『當元氏失馭，四海鼎沸，英傑之士或保障一方，或提率師旅，泯泯棼棼，莫知適從。屬真主奮興，天命有歸，人心向應，於是不期自至，若龍興而雲從，虎嘯而風生，故能開創洪基，輔成大業。既著勳勞，乃殞其身，誠宜加謚，以示追崇。按謚法，赴敵無避曰武，左國逢難曰閔，其楚國公廖永安宜謚曰武閔；殺身報國曰忠，戎業有光曰烈，其豫國公俞通海宜謚曰忠烈；危身奉上曰忠，致果殺身曰毅，其蔡國公張德勝宜謚曰忠毅；辟土斥境曰武，武而不遂曰壯，其高陽郡公耿再成宜謚曰武壯；折衝禦侮曰武，威而不猛曰莊，其越國公胡大海宜謚曰武莊；折衝禦侮曰武，壯而有力曰桓，其梁國公趙德勝宜謚曰武桓。又安永義侯桑世傑與漢光武封寇恂為承義侯、景丹為奉義侯同，不必重謚。此七人者皆熊羆之士，心膂之臣，當開創之初，没于王事。皇上混一天下，追悼厥功，隆其封贈，俾爵及子孫，祀於廟庭，崇報之恩，於斯為至。易名定謚，在禮實宜。』議上，詔皆從之。

明·申時行等[萬曆]《明會典》卷二一三《六科·禮科》　凡大臣曾經糾劾削奪，公論不與者。弘治四年令：本科記著，不許濫請贈謚。

凡祭葬、贈謚、廕子。正德二年題准：三品以上，未經三年考滿，未及關誥命，違例陳請者，本科糾奏。

又　卷二二一《翰林院》　凡朝廷祭告祝文。各王府謚册、壙誌、諭祭文，及文武大臣諭祭文，俱內閣擬撰。謚用等文，禮部抄出施行。【略】

凡親王及文武大臣賜謚。禮部奏准，開具揭帖，送內閣擬奏，請旨點用，抄出施行。

《清聖祖實録》卷九　（康熙二年五月）甲戌，諭禮部：滿漢官員恤典，已有定例，其一品官員與謚者，宜加優異，以示酬庸。以後一品官員，曾經予謚者，除造墳外，仍著予立碑。

又　卷九六　（康熙二十年六月壬午朔）大學士等奏：追贈諸王謚號。查前明時，親王謚號係用一字，郡王以下、護國將軍以上皆用二字。上曰：以後追謚郡王，滿漢文亦俱用一字。

《清高宗實録》卷九　（雍正十三年十二月己丑）命追謚諸臣。諭曰：易名之典，古昔所重，我朝賜謚，尤為謹嚴，亦有當時未蒙錫予，而追謚於數十年之後者，蓋以事久論定，協乎懿好之公也。皇考世宗憲皇帝風勵臣工，肇舉賢良祠祀，誠曠古鉅典。其列祠者，如一等公福善，大學士魏裔介，將軍佛尼勒、莽依圖，都統馮國相，尚書湯斌、徐潮、瑪律漢等，其歿時，皆有恤而無謚。朕思諸臣既與賢良之祀，似宜邀易名之典，其應否追謚之處，著九卿會議具奏。

清·乾隆敕撰《清通志》卷四八《謚略一》　謚法始于成周，歷代因之，各有增損。鄭樵作《謚畧》，列為二百有十品，前後繫以諸論，考核綦詳。臣等恭讀御製詠謚法詩案語，嘉許鄭樵。成周初無惡謚之論，聖訓煌煌，昭如日月，洵千古謚法之折衷也。伏攷前代議謚，多委太常博士諸臣定之，往往失當，未有如本朝謚典之悉稟上裁，斟酌盡善者。洪惟列祖列宗，聖德神功，列後徽音，令德昭融，顯懿卓躒前古，書之史册允矣，熙鴻號於萬年。至若諸王貝勒及內外大臣之例得請者，禮臣先以應否予謚奏，俟得旨後，閣臣擬以四字，恭候欽定，迴非前代議謚議駁，聚訟糾紛者比。又有以文臣品學而追謚者，有以監司守令盡節而獲謚者，又如改正前史之失追謚勝國之君，皆為特典。我世祖章皇帝定鼎之初，即下所司定明季甲申諸臣之謚，皇上表彰忠烈，復特頒諭旨，於故明殉節諸臣分析褒獎，賜以令謚，尤為從古未有之曠典。臣等敬謹纂輯《謚畧》八卷，用備考稽昭掌故焉。

又　卷五三《謚略六·庶官謚》　定例一品官以上應否予謚，請旨定奪，予謚者交内閣撰擬謚號，工部給碑價，翰林院撰擬碑文。二品以下無謚，其有謚者，係奉特旨，或効職勤勞，或没身行陣，或以文學，或以武功，均得邀逾格茂典，仰見我國家獎勵臣工之意。

又　《奪謚》　易名之典，自古重之，戎朝勸忠勵績于予謚，尤為謹嚴，其有功不掩罪，及備官竊禄，身後獲倖邀飾終殊禮者，或日久論定，或生前罪迹因他案而敗露，既追褫其爵，則必削奪其謚，書諸簡册，所以著炯戒也。

清·昆岡等［光緒］《清會典事例》卷四《宗人府·儀制·謚號》

康熙元年題准：凡承襲公侯伯精奇尼哈番，年至十八歲應上朝者病故，各照品級給予祭葬，應否予謚，候旨定奪。其未及上朝年歲者，不必賜恤。

四年定：諸王謚號，皆于封號加一字為謚。貝勒以下，輔國將軍以上，應否予謚，題請欽定，如奉旨賜給，以二字為謚。

九年題准：薨逝諸王未予謚號者，于封號下加謚號一字。已予謚號者，仍加寫封號。

乾隆十五年議准：追封王等，概不予謚。

三十六年諭：親王、郡王等為天潢一派，封爵尊崇，儀章自應從厚，易名表碣，固所宜然。至貝勒以下，均推世及之恩，叨膺榮寵，其禮當視諸王遞減，或其人任職宣勞，原可別示優異，若行事無所表見，例予祭葬，足副展親，而亦為請謚立碑，虚文飾奏，於事理殊為過當，於令典亦鮮區分。朕辦理庶務，悉惟崇實，此等深所未愜。所有各條定例，著大學士會同各該衙門，另行詳悉妥議具奏。欽此。遵旨議准：親王、郡王仍遵照定例辦理，貝勒以下，輔國公以上，如兼一品職任行走者，將應否予謚之處，請旨定奪。其兼二品以下職任，及不兼職任者，毋庸請謚立碑。鎮國將軍、輔國將軍，如兼一品職任者，亦將應否賜恤之處請旨。其兼二品以下職任者，毋庸奏請。

嘉慶二十五年諭：定例追封王等，概不予謚。綿勤係追封郡王，禮部本不應將撰擬碑文建立碑亭之處，率行具奏。嗣後凡追封王等，該部均毋庸請謚立碑。

又　卷四九九《禮部·恤典·王公大臣恤典》　（順治十八年定）滿洲公、侯、伯以下，文武二品以上大臣，由吏部確核功績勤勞，有應予謚者諮部，應否予謚，請旨定奪。漢官應予謚者，各省撫按及科道官公舉，由部酌議具題請旨。【略】

康熙元年議准：凡世襲公、侯、伯、精奇尼哈番，歲滿上朝後病故者，給予全葬，並致祭銀，遣官讀文致祭一次，應否予謚，候旨定奪。【略】

（康熙九年題准）凡予謚。一品官工部立碑，碑文内閣撰擬，其遣官致祭者，祭文均由内閣撰擬。【略】

（康熙）五十二年奉旨：文武官員之父，從無予謚之例，但其子不願加本身恩典，陳情懇切，且伊父勞績素著者，著給予謚。【略】

乾隆十一年議定：公、侯、伯、子等官，襲爵後不兼他職行走者，遵照定例，停給葬銀，止給一次致祭銀。或兼他職者，照定例給予全葬、半葬，並應否予謚，由部兩議，題請欽定。【略】

（乾隆三十六年）又議定：貝勒以下，輔國公以上，向例給予祭葬，讀文致祭二次。至應否予謚，由宗人府具題。石碑碑價，由工部辦理。嗣後如兼一品職任行走者，仍將應否予謚之處，題請欽定。其兼二品以下職任及不兼職任者，毋庸請謚立碑。【略】

（道光二十四年）又議准：一品官以上，應否予謚，請旨定奪。予謚者交内閣撰擬謚號，工部給碑價，翰林院撰擬碑文。二品官以下不請謚，特予者遵旨辦理。又議准：予謚官員祭文，翰林院撰擬。不予謚者，均由内閣撰擬。

圖畫臺閣分部

綜　述

元・王士點等《秘書監志》卷五《秘書庫》　大德四年七月十六日，準中書禮部關，奉中書省劄付來呈秘書監關，前平灤路鹽司副使唐文質呈：歷代遠方珍異者多矣，切以官爵姓名圖畫至今，後世傳之，以為盛事。

聖朝自創業以來，積有年矣，名臣烈士，尤盛於前代，俱未見於圖畫。文質不避僭越之罪，願盡平生之學，畫遠方職貢之圖及名臣之像，藏諸秘府，以傳永久。如准所言，實為盛事。具呈照詳。得此，議得依准唐文質所言圖畫，候有成績，至日聞奏，依上施行。奉此，關請照驗，准此行。據唐文質呈職貢圖名臣像，俱係流傳永久，不敢率易下筆，必須起草，倘有更換，易於改革，不惟有減物料，亦得效其所能。今來卑職編類次第，布置規模，自備紙劄，發下彩畫靜本，誠為便益，關請照驗。准此，照得先奉中書省劄付本部呈秘書監關，前平灤路鹽司副使唐文質呈歷代遠方貢珍異者多矣，功臣官爵姓名圖畫至今，後世傳之，以為盛事。聖朝自開國以來，名臣烈士，尤盛於前代，俱未見於圖畫，文質不避僭越之罪，願盡平生之學，畫遠方職貢之圖及名臣之像，藏諸秘府，以傳永久。都省議得：依准唐文質所言圖畫，候有成績，至日聞奏。仰行移依上施行。

《明太祖實録》卷四六　（洪武二年冬十月）庚辰，命圖中書右丞相魏國公徐達、開平王常遇春等攻戰之迹於雞籠山功臣廟，以示不忘。

又　卷二一八　（洪武二十五年六月丁卯）　後十三日，詔追封黔寧王，謚昭靖，賜葬于江寧縣之長泰北鄉，仍命塑像祀于功臣廟。後歲餘，父老復請立祠雲南城中，歲時祀之。

又　卷二四〇　（洪武二十八年八月戊辰）上輟視朝一日，遣使弔祭，仍命親王各遣官致祭，追封東甌王，謚襄武，賜葬鳳陽曹山之原，仍命塑像祀于功臣廟。

《明憲宗實録》卷一二〇　（成化九年九月丁巳）南京太常寺少卿劉宣言：自古聖帝明王，未嘗不謹於祀事。我祖宗定鼎金陵，百祀具舉，及北都以後，南京祀典或存廢，禮制亦多蹈舊襲訛而未備者，謹條陳十二事。【略】一、功臣廟壁。高皇具圖諸將戰功，蓋示創業艱難於後嗣，近漸磨滅，請完餙之。復略疏其事，刻其圖以傳，使上而九重，遠而四海，悉知祖宗垂裕之心，崇報之盛。

《清高宗實録》卷六二八　（乾隆二十六年春正月壬寅）紫光閣落成，賜大學士公傅恒以下，畫像諸功臣。

又　卷九八四　（乾隆四十年六月辛巳）現今大功告成在邇。凱旋後，當照平定準部、回部之例，於紫光閣圖畫功臣像，並繪戰圖，以垂示永久。

又　卷一〇〇二　（乾隆四十一年二月丙辰）命紫光閣繪功臣像。諭：此次平定金川，大功告蕆，自應照從前平定準噶爾、回部之例，於紫光閣圖畫功臣像，掄其功績最著者，為前五十功臣，朕親制贊，並録其較次者，為後五十功臣，著大學士于敏中等擬贊，紀實銘勳，用昭褒寵。前此以大學士忠勇公傅恒居首，此次殫誠宣力，百戰成功，實惟將軍阿桂一人之力，自應列為首功。其餘將佐，候朕另行定次。至隨朕辦理軍務之軍機大臣，五載以來，始終其事者，如大學士于敏中，承旨書諭，倍著勤勞；尚書公額駙福隆安，夙夜在公，克宣勞績；大學士舒赫德，於此事雖未全行承辦，而剿捕臨清逆匪，實屬可嘉。並著一體畫入前五十功臣像，以示核實酬庸之意。

又　卷一〇〇三　（乾隆四十一年二月己未）又諭：此次平定金川，曾降旨照前此平定準噶爾、回部之例，圖畫前後五十功臣像于紫光閣，並經軍機大臣酌擬諸臣名單進呈，其不敷人數，行令將軍阿桂，酌量增添移改，並注明事實，確核具奏。但前此圖畫功臣，曾將准部之薩喇勒等，回部之霍集斯伯克等數人並列，此次軍營隨征之各土司頭人內，頗有竭誠效力，奮勇著績者，自應甄録圖形，以昭盛典。著傳諭阿桂，令於在事各土司，掄其功績較著者，酌擬二三人，列入前五十功臣，並于頭人

內，擇其奮勉出衆者四五人，列入後五十功臣，一體注明事實略節，核實奏聞。【略】

（癸亥）又諭：文職漢大臣，由鼎甲出身者，向無賞戴花翎及賞黄褂之事。大學士于敏中，于辦理金川軍務，承旨書諭，倍著勤勞，昨因大功告蕆，特沛恩綸，畫入紫光閣功臣像，與其餘詞臣不同。著加恩賞戴花翎，並賞黄褂，以示優眷。【略】

（甲子）又諭曰：于敏中既賞戴花翎，並賞黄褂，伊現係大學士，且與大學士舒赫德、尚書公福隆安同列紫光閣功臣畫像，三人翎帽，自應畫一。于敏中著加恩賞戴雙眼翎。

配享從祀分部

綜述

《元史》卷六《世祖紀三》（至元三年冬十月丁丑）太廟成，丞相安童、伯顔言：『祖宗世數、尊謚廟號、增祀四世、各廟神主、配享功臣、法服祭器等事，皆宜定議。』命平章政事趙璧等集群臣議，定為八室。

又　卷七四《祭祀志三》　英宗之初，博士又言：『今冬祭即烝也。天子親裸太室，功臣宜配享。』事亦弗果行。

《明太宗實録》卷一三　（洪武三十五年冬十月）丙辰，享太廟。畢，遣官祭功臣于雞鳴山廟。先是，禮部侍郎宋禮言：『功臣自有廟，請罷太廟配享，但於本廟祭之。』上曰：『先帝所定配享，不可罷。』又曰：『此皆佐命開國之臣，既自有廟，俟太廟享畢，亦別遣官即其廟祭之，於義可也。』著為令。

明·申時行等[萬曆]《明會典》卷八六《禮部·廟祀》　功臣配享十壇：今十七壇。中山武寧王徐達，開平忠武王常遇春，岐陽武靖王李文忠，寧河武順王鄧愈，東甌襄武王湯和，黔寧昭靖王沐英，虢國忠烈公俞通海，蔡國忠毅公張德勝，越國武莊公胡大海，梁國武桓公趙德勝，泗國武莊公耿再成，永義侯桑世傑，河間忠武王張玉，以下四壇，俱洪熙元年增。東平武烈王朱能，寧國忠莊公王真，榮國恭靖公姚廣孝，嘉靖九年，還於大隆興寺。誠意伯劉基，嘉靖十年增。榮國威襄公郭英。嘉靖十六年增。

《明史》卷五二《禮志六·功臣配饗》　洪武二年享太廟，以廖永安、俞通海、張得勝、桑世傑、耿再成、胡大海、趙德勝配。設青布幃六於太廟庭中，遣官分獻。俟皇帝亞南將畢，行禮。每歲春秋享廟，則配食于仁祖廟之東廡。三年，定配享功臣常遇春以下凡八位。春夏于仁祖廟西廡，秋冬于德祖廟西廡，設位東向，遂罷幃次之設。更定三獻禮，皇帝初獻，時獻官即分詣行禮，不拜。四年，太祖謂中書省臣：『太廟之祭，以功臣配列廡間。今既定太廟合祭禮，朕以祖宗具在，使功臣故舊殁者得少依神靈，以同享祀，不獨朝廷宗廟盛典，亦以寓朕不忘功臣之心。』於是禮官議：『凡合祭時，為黄布幄殿，中祖考神位，旁設兩壁，以享親王及功臣，令大臣分獻。』制可。已而命去布幄。九年，新太廟成，以徐達、常遇春、李文忠、鄧愈、湯和、沐英、俞通海、張得勝、胡大海、趙德勝、耿再成、桑世傑十二位配於西廡，罷廖永安。建文時，禮部侍郎宋禮言：『功臣自有雞籠山廟，請罷太廟配享。』帝以先帝所定，不從。且令候太廟享畢，別遣官即其廟祭之。洪熙元年以張玉、朱能、姚廣孝配享太廟。遣張輔、朱勇、王通及尚寳少卿姚繼各祭其父。

《清高宗實録》卷一四九五　（嘉慶元年十一月）己巳，敕諭：國家立法，諸臣中有勤于王事，功績最著者，列入祀典，用示酬庸。其公忠體國，超衆宣勞之王大臣，並有配饗之例，所以答崇勳而昭異數。本朝開國殊勳，王大臣等俱配饗太廟，即雍正年間，怡賢親王，大學士鄂爾泰、張廷玉，皆循此例配饗。乾隆年間，復將超勇親王額駙策淩增入。今思原任大學士郡王銜福康安，久歷戎行，屢著勞勣。總督公和琳，在衛藏辦理軍需，整頓積習，尤能不避勞怨。嗣因黔楚苗匪聚衆滋擾，福康安由雲南馳往，和琳亦於途次星赴秀山，將黔川逆苗剿淨，同赴湖南，觸暑沖寒，跋涉險阻，攻奪苗寨，生擒首逆吳半生、吳八月。將屆功成，福康安因積勞成疾，溘逝軍營，和琳一手總統，督率將弁鼓勇進攻，生擒首逆石三保，收復乾州，亦因染患瘴癘，相繼溘逝，雖已疊沛殊恩，特建專祠，併入昭忠賢良祠，尚不足以崇獎豐功。朕早欲將伊二人從祀，未經宣示，今福康安、和琳靈柩已到，當親往賜奠，朕心益增棖觸，是用特頒恩賜配饗之旨，以慰忠魂。至福康安之父大學士公追贈郡王銜傅恒，曾平定金川，且宣勞日久，若不得列入，福康安心有所難安。又協辦大學士尚書公兆惠，平定回準二部，功伐懋著，均宜一體配饗太廟，以示軫念藎臣至意。該部察例即行。

《清宣宗實録》卷四九（道光三年二月辛丑朔）諭内閣：國家定制，諸臣中有勤于王事，功在社稷者，列入祀典，用示酬勳。其超衆宣勞之王大臣，並有配饗之例。本朝開國功臣王大臣等，俱配饗太廟。雍正年間，怡賢親王，大學士鄂爾泰、張廷玉，皆循此例。乾隆年間，增入超勇親王策淩。嘉慶年間，增入大學士傅恒，協辦大學士尚書兆惠，大學士福康安，甚盛典也。朕思原任大學士公阿桂，乾隆年間，仰蒙皇祖高宗純皇帝簡擢，平定西陲，旋經理新疆事務，妥協周詳，著有成效。嗣剿辦大小金川，畀以將軍重任，秉承方略，堅持定見，克蕆膚功。又剿捕撒拉爾及石峰堡回匪，立就殄平，圖形紫光閣者四次，入任綸扉，管理部務，贊襄樞要，二十餘年。其間奉使讞獄，修築河堤，捍禦海塘，懋績丕著。綜其生平，端謹持躬，公忠體國，有古大臣之風。嘉慶年間，業經特沛殊恩，賜謚文成，併入祀賢良祠，飾終之典，備極寵榮。朕眷懷耆舊，軫念功勳，宜隆追配之儀，用副酬庸之典。阿桂著配饗太廟，以示朕崇獎藎臣至意。該部察例即行。

清・昆岡等［光緒］《清會典》卷四二六《禮部・大祀・功臣配饗太廟》 崇德元年，武功郡王禮敦、武功郡王福晉，配饗太廟，設位東廡。直義公費英東、宏毅公額亦都，配饗西廡。

順治元年，武勳王揚古利配饗太廟，設位西廡。

九年，忠義公圖爾格昭勳公圖賴，配饗太廟，設位西廡。

十一年，多羅通達郡王雅爾哈齊、多羅慧哲郡王額爾袞、慧哲郡王福晉、多羅宣獻郡王界堪、宣獻郡王福晉，配饗太廟，設位東廡。

雍正二年，文襄公圖海配饗。前期，遣官一人祗告太廟，由部會同太常寺，豫將龕座幾案依次安設。至期，遣大臣詣造功臣神主處上香，行一跪三叩禮，奉主設彩亭內。前列引仗二，迎主至長安右門外，引仗彩亭止，奉主大臣奉主，鴻臚寺官二人前引，由北門進，入天安門左門，太廟街門北門，太廟南門、西門，戟門右門，太常寺贊禮郎二人，接引至太廟階下甬道右百官拜位處，向上立，奉主大臣跪安功臣神主于拜位。興，退。代行三跪九叩禮，不贊。禮畢，奉主興，太常寺官引至西廡，設於位次龕內，退，行一跪三叩禮，出，至時饗時同饗。神主龕位幾案，由工部製造。祭告大臣，由太常寺奏遣。奉主大臣，由部奏遣。祭文由翰林院撰擬，彩亭引仗由鑾儀衛豫備。

八年，怡賢親王允祥配饗。前期，遣官一人祗告太廟，至期，奉王主郡王至造神主處上香，行一跪三叩禮，奉主設彩亭內，前列吾仗二，由長安右門之北門入，至天安門外，吾仗彩亭止。奉王主郡王奉主由各門進，升東階至甬道左，安王主于階上王拜處。興。退，代行三跪九叩禮，奉主仍由東階降，設位東廡。畢，行一跪三叩禮。退，俟時饗時同饗。餘均照二年功臣配饗儀。

九年，追加直義公費英東為信勇公，忠義公圖爾格為果毅公，昭勳公圖賴為雄勇公，文襄公圖海為忠達公。

乾隆十年，襄勤伯鄂爾泰，配饗太廟，設位西廡，儀與雍正二年同。

十五年，超勇親王策淩，配饗太廟，設位西廡，儀與乾隆十年同。

二十年，大學士張廷玉，配饗太廟，設位西廡，儀與乾隆十五年同。

四十三年，禮烈親王代善、睿忠親王多爾袞、鄭獻親王濟爾哈朗、豫通親王多鐸、武肅親王豪格、克勤郡王岳托，配饗太廟，設位東廡。禮烈親王位列宣獻郡王之下，睿忠親王等以次列序，儀與雍正八年同。

又諭：超勇親王額駙策淩，移于東廡怡賢親王之次。

嘉慶元年：大學士贈郡王爵傅恒、大學士贈郡王爵福康安、協辦大學士尚書公兆惠，配饗太廟，設位西廡。傅恒牌位安設于大學士張廷玉之次，福康安兆惠以次安設，儀與乾隆二十年同。

道光三年，大學士公阿桂，配饗太廟，設位西廡，儀與嘉慶元年同。

又諭：禮部奏原任大學士公阿桂配饗太廟位次，朕思追配之文，本示酬庸之典，其安設牌位，自應以服官先後為序。兆惠雍正年間即已筮仕，傅恒、阿桂均係乾隆初年服官，福康安係乾隆三十二年始行供職。所有配饗西廡牌位，傅恒著列于兆惠之次，阿桂著列于傅恒之次，福康安著列于阿桂之次。

政治嬗變總部

皇朝迭興部

元朝多民族統一大國規模空前形成分部

綜　述

蒙古國建立

元・蘇天爵《元朝名臣事略》卷一　克烈王可汗為奈蠻氏曲薛窟撒不剌所困，王可汗之子亦剌哈詳穩繼為所傷，求援於我。太祖遣王暨博爾朮、博兒忽、赤老温引兵救之，殲其衆於按臺之下，獲甲仗輜重以還。於是王可汗見太祖聖德日隆，左右將士威聲益振，患之，乃合札木哈等潛襲我。會有以其謀來告者，太祖與王等簡精甲夜斫其壘，大破之。王可汗走死，諸大人聞風相率款附，諸部悉平。

《元史》卷一《太祖紀》　歲癸亥，汪罕父子謀欲害帝，【略】帝即馳軍阿蘭塞，悉移輜重於他所，遣折里麥為前鋒，俟汪罕至，即整兵出戰。先與朱力斤部遇，次與董哀部遇，又次與火力失烈門部遇，皆敗之。最後與汪罕親兵遇，又敗之。亦剌合見勢急，突來沖陣。射之中頰，即斂兵而退。怯里亦部人遂棄汪罕來降。【略】

帝既遣使于汪罕，遂進兵虜弘吉剌別部溺兒斤以行。至班朱尼河，河水方渾，帝飲之以誓衆。【略】汪罕兵至，帝與戰于哈闌真沙陀之地，汪罕大敗。其臣按彈、火察兒、札木合等謀殺汪罕，弗克，往奔乃蠻。答力台、把憐等部稽顙來降。【略】

帝移軍斡難河源，謀攻汪罕，復遣二使往汪罕，【略】汪罕信之，因遣人隨二使來，以皮囊盛血與之盟。及至，即以二使為鄉導，令軍士銜枚夜趨折折運都山，出其不意襲汪罕敗之，盡降克烈部衆。【略】

（歲甲子）帝以哈撒兒主中軍。時札木合從太陽罕來，見帝軍容整肅，【略】遂引所部兵遁去。是日，帝與乃蠻軍大戰。至晡，禽殺太陽罕。諸部軍一時皆潰，夜走絶險，墜崖死者不可勝計。明日，餘衆悉降。於是，朵魯班、塔塔兒、哈答斤、散只兀四部亦來降。【略】

（太祖元年）帝既即位，遂發兵復征乃蠻。時卜魯欲罕獵于兀魯塔山，擒之以歸。

西　征

元・耶律楚材《湛然居士文集》卷一四　（太祖十六年）辛巳，上與四太子進攻卜哈兒、薛迷思干等城，皆克之。大太子又克養吉干、八兒真等城。上駐軍於西域速里壇避暑之地，命忽都忽那顏為前鋒。秋，分遣大太子、二太子、三太子率右軍攻玉龍傑赤城。於是上進兵過鐵門關，命四太子攻也里泥沙兀兒等城。上親克迭兒密城。又破班勒紇城，圍守塔里寒寨。冬，四太子又克馬魯察葉可馬盧、昔剌思等城。【略】

（太祖十五年）春三月，太祖克蒲華城。夏五月，克尋思干城。

《元史》卷一《太祖紀》　夏六月，西域殺使者，帝率師親征，取訛答剌城，擒其酋哈只兒只蘭禿。

又　卷三《憲宗紀》　嘗攻欽察部，其酋八赤蠻逃於海島。帝聞，亟進師，至其地，適大風颳海水去，其淺可渡。【略】

八赤蠻謂守者曰：『我之竄入於海，與魚何異。然終見擒，天也。今水迴期且至，軍宜早還。』帝聞之，即班師。而水已至，後軍有浮渡者。復與諸王拔都征斡羅思部，至也烈贊城，躬自搏戰，破之。【略】

（三年）夏六月，命諸王旭烈兀及兀良合台等帥師征西域哈里發八哈塔等國。又命塔塔兒帶撒里、土魯花等征欣都思、怯失迷兒等國。【略】

八年戊午春正月朔，【略】諸王旭烈兀討回回哈里發，平之，禽其王，遣使來獻捷。

又　卷一二一《速不台傳》　（太祖十八年）癸未，速不臺上奏，請討欽察。【略】又奏以滅里吉、乃蠻、怯烈、杭斤、欽察諸部千戶，通立一軍，從之。略也迷里霍只部，獲馬萬匹以獻。

又　卷一二二《雪不台傳》　（太祖）十八年，討定欽察，鏖戰斡羅思大、小密赤思老，降之。

又　卷一二四《忙哥撒兒傳》　暨朕討定斡羅思、阿速、穩兒別里欽察之域，濟大川，造方舟，伐山通道，攻城野戰，功多於諸將。

又　卷一三四《闊里吉思傳》　曾祖八思不花，從攻乃蠻、欽察、兀羅思、馬紮兒、回回諸國，常為先鋒破敵，太祖嘉之，賜以虎符。

滅西遼

《元史》卷一《太祖紀》　帝既即位，遂發兵復征乃蠻。時卜魯欲罕獵于兀魯塔山，擒之以歸。太陽罕子屈出律罕與脫脫奔也兒的石河上。【略】

三年戊辰春，帝至自西夏。夏，避暑龍庭。冬，再征脫脫及屈出律罕。時斡亦剌部等遇我前鋒，不戰而降，因用為鄉導，至也兒的石河，討蔑里乞部，滅之。脫脫中流矢死，屈出律奔契丹。

滅金

元·耶律楚材《湛然居士文集》卷一四　（太宗四年）壬辰之冬，王師濟長河，破潼關，涉京索，圍汴梁。【略】

春二月，克鳳翔，攻洛陽、河中諸城，下之。

元·蘇天爵《元朝名臣事略》卷一　（太祖十五年）庚辰，由中都徇趙，至滿城，金真定府主武仙舉城降。

又　卷五　金亡，恒山公武仙潰于鄧州，其餘黨散入太原、真定間，據大明川，用金開興年號，衆至數萬，出沒劫掠數千里，詔會諸道兵討之，不克。公仗節開諭，降其渠帥，其黨悉平。

元·權衡《庚申外史》卷下　（至正二十一年）九月，命察罕征山東。

元·佚名《聖武親征録》　上與四太子馭諸部軍，由中道，遂破深、莫、河間、清、滄、景、獻、濟南、濱、棣、益都等城，棄東平、大名不攻，餘皆望風而拔。下令北還，又遣木華黎回攻密州，拔之。上至中都，亦來合。【略】

（太宗十一年）乙亥，金右副元帥七斤以通州降。木華黎攻北京，金元帥寅答虎等以城降。金御史中丞李英等率師援中都，戰於霸州，敗之。中都留守完顏福興仰藥死，抹撚盡忠棄城走，明安入守之。詔史天倪南征，取平州。木華黎遣史進道攻廣寧府，降之。是秋，取城邑凡八百六十有二。【略】

庚寅春，遣軍將攻守京兆。金主以步騎五萬來援，敗還，其城尋拔。秋七月，上與太上皇親征金國，發自闕郡隘過川，由官山鐵門關、平陽南下，渡河攻鳳翔。辛卯春，遂克鳳翔，又克洛陽、河中數處城邑而還。

《元史》卷一《太祖紀》　（七年）帝破昌、桓、撫等州。金將紇石烈九斤等率兵三十萬來援。帝與戰于獾兒觜，大敗之。秋，圍西京。金元帥左都監奥屯襄率師來援，帝遣兵誘至密谷口，逆擊之，盡殪。復攻西京，帝中流矢，遂撤圍。九月，察罕克奉聖州。冬十二月甲申，遮別攻東京，不拔。即引去，夜馳還，襲克之。【略】

（太祖八年）秋七月，【略】帝進至懷來，及金行省完顏綱、元帥高琪戰，敗之。追至北口，金兵保居庸。詔可忒、薄刹守之，遂趨涿鹿。金西京留守忽沙虎遁去。帝出紫荊關，敗金師於五回嶺，拔涿、易二州。契丹訛魯不兒等獻北口，遮別遂取居庸，與可忒、薄刹會。【略】

（太祖）十三年戊寅秋八月，兵出紫荊口，獲金行元帥事張柔，命還其舊職。木華黎自西京入河東，克太原、平陽及忻、代、澤、潞、汾、霍等州。金將武仙攻滿城，張柔擊敗之。【略】

（太祖十六年辛巳）夏四月，駐蹕鐵門關。金主遣烏古孫仲端奉國書請和，稱帝為兄；不允。金東平行省事忙古棄城遁，嚴實入守之。宋遣苟夢玉來請和。夏六月，宋連水忠義統轄石珪率衆來降，以珪為濟、兗、單三州總管。【略】木華黎出河西，克葭、綏德、保安、鹿、坊、丹等州；進攻延安，不下。【略】是歲，詔諭德順州。

又　卷一一九《塔察兒傳》　太宗伐金，【略】下河東諸州郡，濟河破潼關，取陝、洛。辛卯，從圍河中府，拔之。壬辰，【略】睿宗與金人戰於三峰山，大破之。詔塔察兒等進圍汴城。金主即以兄子曹王訛可為質，太宗與睿宗還河北。塔察兒復與金兵戰于南薰門，癸巳，金主遷蔡州，塔察兒復帥師圍蔡。甲午，滅金，遂留鎮撫中原，分兵屯大河之上，以遏宋兵。

滅西夏

元・陶宗儀《南村輟耕録》卷二二　我太祖皇帝二十有一年，春正月，征西夏。夏，取甘肅等城。秋，取西涼府。遂過沙陀，至黄河九渡。按昆侖當九渡下流，則昆侖固已歸我職方氏矣。

《元史》卷一二三《阿術魯傳》　太祖時，命同飲班朱尼河之水，扈駕親征有功，命領兵收附遼東女直，還。【略】覆命總兵征西夏，與敵兵大戰於合剌合察兒之地。西夏勢蹙，其主懼，乞降，執之以獻，太宗殺之，賜以所籍貲産。

又　卷一三一《懷都傳》　復帥師討西夏，大戰於合剌合察兒，擒夏主，太祖命盡賜以夏主遺物。

又　卷一五〇《何實傳》　甲申，孛魯征西夏，以實分兵攻汴、陳、蔡、唐、鄧、許、鈞、睢、鄭、亳、潁，所至有功，計梟首一千五百餘級，俘工匠七百餘人。

又　卷一五三《王檝傳》　丙戌，從征西夏。

滅大理

元・蘇天爵《元朝名臣事略》卷七　初，大理之役，我師至其城下，國主高祥拒命，殺我信使，一夕遁去，世祖怒，欲屠之。公與太保劉公、左丞姚公入言曰：『殺使拒命者，其國主耳，非民之罪。』世祖從之，特免殺掠，所活者無算。漢、鄂之役，王師方啓行，公與劉公、姚公數言：『王者之兵，有征無戰，當一視同仁，不可嗜殺。』世祖曰：『保為卿等守此言。』既入宋境，諸將分道兼進，各遣儒士相其役，禁戢軍士，毋肆殺戮，毋焚燒廬舍，所獲生口，悉縱遣之。其後混一之功，卒本於「不可嗜殺」等數語，信乎仁人之言，其利博哉。

《元史》卷三《憲宗紀》　（二年）秋七月，命忽必烈征大理，諸王禿兒花、撒丘征身毒，怯的不花征没里奚，旭烈征西域素丹諸國。【略】

冬十二月，大理平。【略】

（四年冬）忽必烈還自大理，留兀良合台攻諸夷之未附者，人覲於獵所。

又　卷四《世祖紀一》　（歲癸醜）十二月丙辰，軍薄大理城。初，大理主段氏微弱，國事皆決于高祥、高和兄弟。是夜，祥率衆遁去，命大將也古及拔突兒追之。帝既入大理，曰：『城破而我使不出，計必死矣。』己未，西道兵亦至，命姚樞等搜訪圖籍，乃得三使屍，既瘞，命樞為文祭之。辛酉，南出龍首城，次趙瞼。癸亥，獲高祥，斬于姚州。留大將兀良合帶戍守，以劉時中為宣撫使，與段氏同安輯大理，遂班師。

又　卷六一《地理志四》　元世祖征大理，凡收府八，善闡其一也，郡四，部三十有七。

又　卷一二一《兀良合台傳》　憲宗即位之明年，世祖以皇弟總兵討西南夷烏蠻、白蠻、鬼蠻諸國，以兀良合台總督軍事。【略】進師取龍首關，翊世祖入大理國城。【略】

乙卯，攻不花合因、阿合阿因等城，【略】自出師至此，凡二年，平大理五城八府四郡。

又　卷一二三《趙阿哥潘傳》　歲壬子，世祖以皇弟南征大理。

又　卷一四八《文用傳》　（歲）癸丑，世祖受命憲宗自河西征雲南大理。

又　卷一五七《張文謙傳》　歲辛亥，憲宗即位。【略】世祖征大理，國主高祥拒命，殺信使遁去。世祖怒，將屠其城。文謙與秉忠、姚樞諫曰：『殺使拒命者高祥爾，非民之罪，請宥之。』由是大理之民賴以全活。

又　卷二〇九《外夷傳二》　元憲宗三年癸丑，兀良合台從世祖平大理。世祖還，留兀良合攻諸夷之未附者。

建號定都

《元史》卷四《世祖紀一》　丙戌，建元中統，詔曰：祖宗以神武定四方，淳德御羣下。朝廷草創，未遑潤色之文。政事變通，漸有綱維之目。朕獲纘舊服，載擴丕圖，稽列聖之洪規，講前代之定制。建元表歲，示人君萬世之傳。紀時書王，見天下一家之義。法《春秋》之正始，體大《易》之乾元。炳焕皇猷，權輿治道。可自庚申年五月十九日，建元為中統元年。

又 卷七《世祖紀四》 （至元八年十一月）我太祖聖武皇帝，握乾符而起朔土，以神武而膺帝圖，四震天聲，大恢土宇，輿圖之廣，歷古所無。頃者，耆宿詣庭，奏章申請，謂既成于大業，宜早定於鴻名。在古制以當然，於朕心乎何有。可建國號曰大元，蓋取《易經》『乾元』之義。【略】嘉與敷天，共隆大號。

又 卷一一九《霸突魯傳》 世祖至開平，即位，還定都于燕。

又 卷一二六《廉希憲傳》 庚申，至開平，宗室諸王勸進，【略】世祖然之。明日即位，建元中統。

又 卷一五七《劉秉忠傳》 初，帝命秉忠相地於桓州東、灤水北，建城郭于龍岡，三年而畢，名曰開平。繼升為上都，而以燕為中都。四年，又命秉忠築中都城，始建宗廟宮室。八年，奏建國號曰大元，而以中都為大都。他如頒章服、舉朝儀、給俸禄、定官制，皆自秉忠發之，為一代成憲。

滅南宋

元·蘇天爵《滋溪文稿》卷二三 當金季世，將兵千人歸太師國王，復從大帥逐叛將武仙，克復真定，官至管軍千戶、真定同知權府事諱祥者，侯之祖也。佩金符，行軍千戶，戍鄧繕治壁壘，奪宋將張貴餉船於襄陽，敗江州都統軍鄂之武磯，追宋潰師于丁家洲，獲將士二百、戰艦五十，轉餽江淮數年不乏，官至懷遠大將軍、兩浙江淮行都轉運使，贈博陵郡侯，謚桓靖諱德彰者，侯之考也。

元·劉敏中《平宋録》卷上 （至元十一年）甲戌九月，大會兵於襄樊。是月丁亥，沿于漢江而下。前後延袤，旌旗數百里，水陸並進。【略】

（至元十一年）冬十一月戊子，大軍發郢城。丞相而下，平章阿珠及諸將帥，不滿百騎，殿後而進。前去大軍數里之間，後有郢州城將帥趙統軍帥精兵數千騎追之。丞相暨平章阿珠等未及介胄，而回渡迎敵，大破郢兵於漢上。丞相親將馬軍，揮戈斃之。其餘將士，死者不可勝計，生獲數十人。【略】

（至元）十二年正月癸酉，丞相從舟抵黄州城下，陳燮出降。次日，多示榜文，綏撫居民，内外帖然。【略】繼而遣使分道招諭，黄仙石、金剛臺諸山鎮悉降。

又 卷中 （至元十三年）丙子，丞相先行至瓜洲待之。阿達哈、張惠、阿喇哈、董文炳等於丁丑詰旦，武備嚴肅入宮，召宋太后、幼主聽皇帝詔，曰：『免牽羊繫頸之禮。』宋太后謂幼主曰：『荷天子仁慈不殺，活此性命，汝當望闕拜謝。』於是遷宋太后、幼主及宫人出宫，遂封府庫。謝太后以疾言，屢遣萬戶趙興祖詣丞相請命。丞相曰：『既不能起，留之無礙。』是日，宋太后、幼主同宫人出城，止宿北新橋船中。是日，悉收宋之所貯寶玉。督宋大臣以下僚屬俱從其行。丞相班師之日及遷宋君臣，百姓晏然不知。

元·張鉉《至大金陵新志》卷三《金陵表六》 大元遣丞相巴延會兵伐宋。

元·陳大震［大德］《南海志》附録二《取廣州始末》 至元十二年丙子，宋經略使兼知廣州徐直諒得驛報，天兵已下臨安，又聞江西、湖南皆降。時有淮將梁雄飛謫居於此，因遣之齎蠟書往江西歸附。未幾，又聞湖南行省亦遣使諭降。

《元史》卷二《太宗紀》 （八年）冬十月，闊端入成都。詔招諭秦、鞏等二十餘州，皆降。【略】

乙巳年秋，後命馬步軍都元帥察罕等率騎三萬與張柔掠淮西，攻壽州，拔之，遂攻泗州、盱眙及揚州。宋制置趙蔡請和，乃還。

又 卷三《憲宗紀》 （三年）三月，大兵攻海州，戍將王國昌逆戰於城下，敗之，獲都統一人。【略】

帝自將伐宋，由西蜀以入。命張柔從忽必烈征鄂，趨杭州。命塔察攻荆山，分宋兵力。宋四川制置使蒲澤之攻成都。紐鄰率師與戰，敗之，進攻雲頂山，守將姚某等以衆相繼來降。

又 卷四《世祖紀一》 （中統二年六月）庚申，宋瀘州安撫使劉整舉城降。

又 卷七《世祖紀四》 （至元七年五月）癸卯，陝西簽省也速帶兒、嚴忠範與東西川統軍司率兵及宋兵戰于嘉定、重慶、釣魚山、馬湖

江，皆敗之，拔三寨，擒都統牛宣，俘獲人民及馬牛、戰艦無算。【略】

（至元七年九月）宋將范文虎以兵船二千艘來援襄陽。阿術、合答、劉整率兵逆戰於灌子灘，殺掠千餘人，獲船三十艘，文虎引退。【略】

（至元八年六月）癸卯，宋將范文虎率蘇劉義、夏松等舟師十萬援襄陽，阿術率諸將迎擊，奪其戰船百餘艘，敵敗走。

又 卷八《世祖紀五》 （至元十二年春正月）甲戌，大軍次黄州，宋沿江制置副使、知黄州陳奕以城降，伯顏承制授奕沿江大都督。其子岩知漣州，奕遣人以書諭之，書至，岩即出降。【略】

敕左丞相伯顏率諸將直趨臨安；右丞阿里海牙取湖南；蒙古萬戶宋都帶，漢軍萬戶武秀、張榮實、李恒，兵部尚書呂師夔行都元帥府，取江西。【略】

（至元十二年）十一月丁卯，阿里海牙以軍攻潭州。乙亥，伯顏分軍為三，趨臨安：阿剌罕率步、騎自建康、四安、廣德以出獨松嶺；董文炳率舟師循海趨許浦、澉浦，以至浙江；伯顏、阿塔海由中道節度諸軍，期並會于臨安。

又 卷九一《百官志七》 至元十一年，右丞相伯顏伐宋，行中書省事於襄陽，尋以別將分省鄂州，為荊湖等路行中書省。十三年取潭州，即署省治之。十八年，復徙置鄂州，統有三十路、三府。

又 卷一一九《塔察兒傳》 丙申，破宋光、息諸州，事聞於朝，以息州軍民三千戶賜之。

又 卷一二一《按竺邇傳》 丙申，大軍伐蜀，皇子出大散關，分兵令宗王穆直等出陰平郡，期會于成都。【略】略定龍州。遂與大散軍合，進克城都。【略】

戊戌，從元帥塔海率諸翼兵伐蜀，克隆慶。己亥，攻重慶。庚子，圖萬州。【略】辛丑，伐西川，破二十餘城。成都守將田顯開北門以納師。

又《博羅歡傳》 會伐宋，【略】詔分大軍為二，右軍受伯顏、阿術節度，左軍受博羅歡節度。【略】師至，三城果皆下，清河亦降。宋主以國內附，而淮東諸城猶為之守。

又 卷一二三《拜延八都魯傳》 甲寅，領兵紫金山，破宋軍鹿角寨，奪其軍餉器械。丁巳，從都元帥紐鄰城成都，及領兵圍雲頂山，下其城。帝親征，元帥紐鄰既進兵，涉馬湖江，【略】道過新津寨，與宋潘都統遇，戰敗之，殺獲甚衆。

又《趙阿哥潘傳》 攻利州，生得其劉太尉，戰敗宋師於潼川。宋制置使劉雄飛進攻青居山，阿哥潘擊之，宵潰，四川大震。進逼成都，略嘉定，平峨眉太平寨，擒其將陳侍郎、田太尉，餘衆悉降。

又 卷一二七《伯顏傳》 （至元十一年）九月甲戌朔，會師於襄陽，分軍為三道並進。【略】十月戊午，行大澤中，郢將趙文義、范興以騎二千來襲，伯顏、阿術未及介冑，亟還軍迎擊之，伯顏手殺文義，擒范興殺之，其士卒死者五百人，生獲數十人。

又 卷一二八《阿術傳》 世祖以宋重兵皆駐揚州，臨安倚之為重，四月，命阿術分兵圍守揚州。庚申，次真州，敗宋兵于珠金砂，斬首二千餘級。既揚州，乃造樓櫓戰具於瓜洲，漕粟於真州，樹柵以斷其糧道。宋都統姜才領步騎二萬來攻柵，【略】衆軍佯北，才逐之，遂奮而回擊，萬矢雨集，才軍不能支，擒其副將張林，斬首萬八千級。

又《阿里海牙傳》 （至元）十一年九月，會師襄陽，遂破郢州及沙洋、新城。十二月，師出沙蕪口。宋制置夏貴守諸隘，甚固。【略】阿術遂以兵西渡青山磯，宋都統程鵬飛來迎戰，敗之江中。會貴兵亦敗走廬州，宣撫朱祀孫夜遁還江陵，知鄂州張晏然以城降，鵬飛以本軍降。【略】

（至元十一年）四月，至沙市，城不下，縱火攻之，沙市立破，宣撫朱祀孫、制置高達恐，即以城降。乃入江陵，釋繫囚，放戍券軍，除其徭賦及法令之繁細者。傳檄郢、歸、峽、常德、澧、隨、辰、沅、靖、復、均、房、施、荆門及諸洞，無不降者。

又《相威傳》 至元十一年，世祖命相威總速渾察元統弘吉剌等五投下兵從伐宋。由正陽取安豐，略廬，克和，攻司空山，平野人原。【略】進屯鹽官，伯顏已駐師臨安城下，得宋幼主降表。

又 卷一二九《阿剌罕傳》 （至元九年）九月，師次襄陽西安陽灘，逆戰宋兵，敗之。【略】十年春，樊城破，襄陽降。十一年秋，丞相伯顏與阿術會師襄陽，遣阿剌罕率諸翼軍攻郢、復諸州。十月，奪郢州南門堡。

又《唆都傳》 至元五年，【略】奪宋金剛臺寨、筲基窩、青澗寨、大洪山、歸州洞諸隘。【略】九年，攻樊城，唆都先登，城遂破。襄陽降【略】。十一年，移戍郢州之高港，敗宋師，斬首三百級，獲裨校九人。從大軍濟江，鄂、漢降。

又《李恒傳》 （至元）十六年二月，弘範至自漳州，直指崖山，恒率所部赴之。張世傑集海艦千餘艘，貫以巨索，為柵以自固。恒遣斷其汲路，其勢日迫，諭降不可，乃陣於船尾，由北面逆行，搗其柵，索絕，世傑猶死戰，自朝至晡，弘範督南面諸軍合擊，大敗之。陸秀夫先沉妻子于海，乃抱衛王赴海死。從死者十餘萬人，獲其金璽、後宮及文武之臣。其大將翟國秀、淩震等皆解甲降。焚溺之餘，尚得八百餘艘。是日，黑氣如霧，有乘舟南遁者，恒以為衛王，追至高、化，詢之降人，始知衛王已死，遁者乃世傑也。世傑繼亦溺死於海陵港。嶺海悉平，功成入覲，帝賞勞甚厚，將士預賜宴者二百餘人。

又卷一三二《步魯合答傳》 （至元）十一年，行院汪田哥以兵圍嘉定，步魯合答即率其衆攻九頂山，破之，嘉定降。進攻重慶，宋軍突圍出走銅鑼峽，行院忽敦遣步魯合答追之，至廣羊壩，斬首二百級。瀘州叛，還軍討之，步魯合答以所部兵攻寶子寨，歲餘不下，乃造雲梯先登，急擊，遂破之，殺虜殆盡。

又卷一三四《和尚傳》 （至元）十三年，從平章阿里海牙攻拔岳州，取沙市。至江陵，宋安撫使高達城守拒戰，和尚直抵城下，諭以禍福，達遂開門出降。

又卷一五五《史天澤傳》 師次復州，宋兵以舟三千鎖湖面為柵，天澤曰：『柵破，則復自潰。』親執桴鼓，督勇士四十人攻其柵，不逾時，柵破，復人懼，請降。

又卷一六六《賀祉傳》 （至元）七年，宋兵攻膠州，祉固守，戰退之。十年，領舟師五百艘為先鋒，攻五河口城。軍還，殿後。時宋兵以巨索橫截淮水，號混江龍，祉用大刀斷之，卻其救兵，清河城遂降。攻高郵、寶應，戰淮安城下，屍填壕中。

又《榮實傳》 （至元九年）己未，從世祖南征，駐陽羅渡。宋兵十萬、舟二千迎戰，橫截江水。帝以榮實習于水，命居前列，遂取輕舟

率麾下水校鏖戰北岸，獲宋大船二十，俘二百，溺死不可勝計，斬宋將呂文信。

又卷一六九《賀仁傑傳》 至元十三年，宋平，惟川蜀久不下。四川制置使張珏守重慶，合州安撫使王立守釣魚山，相拒二十餘年。詔建東西行樞密院，督兵進伐。合丹、闊里吉思領東院，攻釣魚山；不花、李德輝領西院，攻重慶。德輝分守成都，獲王立鈔卒張合，縱之使諭立降。立復遣張合等奉蠟書告德輝，能自來，即降。德輝遂從五百騎至釣魚山，與東院同受立降。

東征

《元史》卷三《憲宗紀》 （三年）冬十二月，大理平。帝駐蹕汪吉地。命宗王耶虎與洪福源同領軍征高麗，攻拔禾山、東州、春州、三角山、楊根、天龍等城。是歲，斷事官忙哥撒兒卒。【略】

（四年）夏，幸月兒滅怯之地。遣劄剌亦兒部人火兒赤征高麗。【略】是歲，改命答刺䚟與洪福源同征高麗。後此又連三歲，攻拔其光州、安城、中州、玄鳳、珍原、甲向、玉果等城。

又卷七《世祖紀四》 （至元九年五月）庚午，【略】詔議取耽羅及濟州。

又卷八《世祖紀五》 十年春正月乙卯朔，高麗國王王禃遣其世子愖來朝。戊午，敕自今並以國字書宣命。命忻都、鄭温、洪茶丘征耽羅。【略】

庚寅，敕鳳州經略使忻都、高麗軍民總管洪茶丘等將屯田軍及女直軍並水軍合萬五千人，戰船大小合九百艘征日本。移碉門兵戍合答城。

又卷一〇《世祖紀七》 （至元十六年二月）以征日本，敕揚州、湖南、贛州、泉州四省造戰船六百艘。

又卷一四《世祖紀十一》 （至元二十三年春正月）甲戌，帝以日本孤遠島夷，重困民力，罷征日本，召阿八赤赴闕，仍散所顧民船。以江南廢寺土田為人佔據者，悉付總統楊璉真加修寺。

又卷一二〇《朮魯台傳》 太宗元年，入覲。命與撒里答火兒赤征遼東，下之。三年，又與撒里答征高麗，下受、開、龍、宣、泰、葭等

十餘城。高麗懼，請和。吾也而諭之曰：『若能以子為質，當休兵。』十三年，遣其子綧從吾也而來朝。帝大悅，厚加賜予，俾充北京、東京、廣寧、蓋州、平州、泰州、開元府七路征行兵馬都元帥，佩虎符。

又　卷一二九《阿剌罕傳》（至元）十八年，【略】統蒙古軍四十萬征日本。

又　《阿塔海傳》（至元）二十年，遷征東行省丞相，征日本，遇風，舟壞，喪師十七、八。

又　卷一四九《移剌捏兒傳》庚寅，命攻高麗花涼城，監軍張翼、劉霸都殞於敵，買奴怒曰：『兩將陷賊，義不獨生！』趨出戰，破之，誅首將，撫安其民。進攻開州，州將金沙密逆戰，擒之，城中人出童男女及金玉器以獻，卻不受。遂下龍、宣、雲、泰等十四城。

又　卷一五二《劉通傳》（至元）十年，遷征東左副都元帥，統軍四萬、戰船九百，征日本，與倭兵十萬遇，戰敗之。

又　卷一五三《賈居貞傳》（至元）十七年，朝廷再征日本，造戰艦於江南。

又　卷一五四《洪俊奇傳》（至元九年）冬十一月，詔以其軍三千從國王頭輦哥討平之，遷江華島所有臣民，復歸王京。十二月，帝命茶丘率兵往鳳州等處，立屯田總管府。【略】十年，詔茶丘與欣都率兵渡海，擊破耽羅，獲通精，殺之，悉免其脅從者，高麗始平。

又　卷一六六《王綧傳》（至元）十一年，進昭勇大將軍，從都元帥忽都征日本國，預有戰功。【略】（至元）十八年，復征日本，遇風濤，遂沒於軍。【略】

（至元）十八年，東征日本，鼎率千餘人從左丞范文虎渡海。大風忽至，舟壞，鼎挾破舟板漂流三晝夜，至一山，會文虎船，因得達高麗之金州。合浦海屯駐散兵亦漂泛來集，遂領之以歸。

南征

元·佚名《皇元征緬録》朝廷以至元十年始遣使招緬，不至。十四年春，緬人犯邊，偏將忽都、土官信苴曰輩大敗之。十月，行省遣納速剌丁破其三百餘砦，然皆方面疆埸之事。二十年，始詔宗王相吾答兒往征，破其江頭城。二十二年，乃議納款，貢方物。既其王為庶子不速速古里所囚。大德二年，其臣阿散哥也復擅廢立。四年，命宗王闊闊、雲南省平章政事薛超兀兒、忙兀都魯迷失等率師問罪，功不就而還。臣作《政典》，見高麗有林衍、承化公、金通精之亂，今緬亦似之，皆蕞爾國而屢有弗靖，至煩朝廷兵鎮撫，可憐哉！

《元史》卷三《憲宗紀》（七年）冬十一月，兀良合台伐交趾，敗之，入其國。安南主陳日煚竄海島，遂班師。

又　卷六《世祖紀三》（至元六年九月）來奏稱占城、真臘二寇侵擾，已命卿調兵與不干併力征討，今覆命雲南王忽哥赤統兵南下。卿可遵前詔，遇有叛亂不庭為邊寇者，發兵一同進討，降服者善為撫綏。

又　卷一一《世祖紀八》（至元十七年二月）詔納速剌丁將精兵萬人征緬國。

又　卷一三《世祖紀十》（至元二十一年四月）敕發思、播田、楊二家軍二千從征緬。【略】

（至元二十一年七月）戊子，詔鎮南王脫歡征占城。遣所留安南使黎英等還其國。

又　卷一七《世祖紀十四》（至元二十九年二月）乙亥，【略】以泉府太卿亦黑迷失、鄧州舊軍萬戶史弼、福建行省右丞高興並為福建行中書省平章政事，將兵征爪哇，用海船大小五百艘、軍士二萬人。【略】

秋七月庚申朔，詔以史弼代也黑迷失、高興，將萬人征爪哇，仍召三人者至闕。【略】乙丑，阿里願自備船，同張存從征爪哇軍，往招占城、甘不察。【略】

丁未，也黑迷失乞與高興等同征爪哇，帝曰：『也黑迷失惟熟海道，海中事當付之，其兵事則委之史弼可也。』以史弼為福建等處行中省平章政事，統領出征軍馬。【略】

（至元三十年十二月）乙未，太陰犯井，遣使督思、播二州及鎮遠、黄平，發宋舊軍八千人從征安南。

又　卷一二九《唆都傳》（至元）十八年，改右丞，行省占城。十九年，率戰船千艘，出廣州，浮海伐占城。占城迎戰，兵號二十萬。唆都率敢死士擊之，斬首並溺死者五萬餘人，又敗之於大浪湖，斬首六萬級。占城降，唆都造木為城，辟田以耕。伐烏里、越里諸小夷，皆下之，積穀十五萬以給軍。

又　卷一三三《也罕的斤傳》　（至元）二十一年，與右丞太卜、諸王相吾答兒分道征緬，造舟于阿昔、阿禾兩江，得二百艘，進攻江頭城，拔之，獲其鋭卒萬人，命都元帥來世安守之。

又　卷一三七《察罕傳》　至元二十四年，從鎮南王征安南，師次瀘江。安南世子遣其叔父詣軍門自陳無罪，王命察罕數其罪而責之，使者辭屈，世子舉衆逃去。

又　卷一六二《史弼傳》　（至元二十九年）十二月，弼以五千人合諸軍，發泉州，風急濤湧，舟掀簸，士卒皆數日不能食。過七洲洋、萬里石塘，歷交趾、占城界，明年正月，至東董西董山、牛崎嶼，入混沌大洋橄欖嶼，假里馬答、勾闌等山，駐兵伐木，造小舟以入。

又　卷一六五《鮮卑仲吉傳》　子誠襲，授宣武將軍、高郵上萬戶府副萬戶，佩虎符，改授懷遠大將軍、僉武衛親軍都指揮使司事。領兵征爪哇，攻八百媳婦國。

又　卷一六六《張榮實傳》　（至元）二十四年，從參知政事烏馬兒征交趾，累戰有功。二十五年，師還，安南以兵迎戰，大戰連日，水涸舟不能行，玉死焉。

又　卷二〇九《外夷傳二》　二十四年正月，發新附軍千人從阿八赤討安南。又詔發江淮、江西、湖廣三省蒙古、漢、券軍七萬人，船五百艘，雲南兵六千人，海外四州黎兵萬五千，海道運糧萬戶張文虎、費拱辰、陶大明運糧十七萬石，分道以進。置征交趾行尚書省，奧魯赤平章政事，烏馬兒、樊楫參知政事總之，並受鎮南王節制。五月，命右丞程鵬飛還荆湖行省治兵。六月，樞密院復奏，令烏馬兒與樊參政率軍士水陸並進。九月，以瓊州路安撫使陳仲達、南寧軍民總管謝有奎、延欄軍民總管符庇成出兵船助征交趾，並令從征。

又　卷二一〇《外夷傳三》　（至元十四年）十月，雲南省遣雲南諸路宣慰使都元帥納速剌丁率蒙古、爨、僰、摩些軍三千八百四十餘人征緬，至江頭，深蹂酋首細安立寨之所，招降其磨欲等三百餘寨土官曲蠟蒲折戶四千、孟磨愛呂戶一千、磨奈蒙匡里答八剌戶二萬、蒙忙甸土官甫祿堡戶一萬、木都彈禿戶二百，凡三萬五千二百戶，以天熱還師。【略】

十七年二月，納速剌丁等上言：『緬國輿地形勢皆在臣目中矣。先奉旨，若重慶諸郡平，然後有事緬國。今四川已底寧，請益兵征之。』帝以問丞相脱里奪海，脱里奪海曰：『陛下初命發合剌章及四川與阿里海牙麾下士卒六萬人征緬，今納速剌丁止欲得萬人。』帝曰：『是矣。』即命樞密繕甲兵，修武備，議選將出師。五月，詔雲南行省發四川軍萬人，命藥剌海領之，與前所遣將同征緬。十九年二月，詔思、播、敍、諸郡及亦奚不薛諸蠻夷等處發士卒征緬。【略】

（至元）二十年十一月，官軍伐緬，克之。先是，詔宗王相吾答兒、右丞太卜、參知政事也罕的斤將兵征緬。是年九月，大軍發中慶。十月，至南甸，太卜由羅必甸進軍。十一月，相吾答兒命也罕的斤取道于阿昔江，達鎮西阿禾江，造舟二百，下流至江頭城，斷緬人水路；自將一軍從驃甸徑抵其國，與太卜軍會。令諸將分地攻取，破其頭江城，擊殺萬餘人。

論説

元·熊夢祥《析津志輯佚》　皇元肇造，經國理民，志遵古制。中統建元，始以右三部為一，左三部為一。至元之禩，合兵刑又為一。官數嘗有增減，而職無少異焉。七年，立尚書省，分置六部，設官敍職，庶事畢舉，于戲盛哉！【略】

天以正統命帝元，太祖皇帝奮起朔方，博爾朮、木華黎、博爾忽、赤老溫四傑輔之。滅克烈、滅乃蠻、滅夏、滅金，乃有天下三分之二。宋承中華之運，西距蜀楚，東際吳越，盡有荆揚益三州之野。世祖皇帝紹運撫圖，肆容大略，發兵二十萬，授丞相伯顏，不三年而滅宋。聖文神武，固勞造化，雋功偉烈，寔由折衝。四傑開之於其前，一相擴之於其後。國家接五帝三王之緒，保無疆歷服至於億萬維年。而功臣生分爵國，死配朝廷有以也夫。

清·魏源《元史新編·擬進呈元史新編表》　且元恃其取天下之易，既定江南，並大理，遂欲包有六合。日本、（瓜）［爪］哇，皆覆海師于數萬里外。又不度中外形勢，經畫鹵莽。外置嶺北、嶺西諸行省，動輒疆域數千里，馬行八九十日方至。內置江浙、湖廣各行省，舉唐、宋分道分路之制盡蕩覆之。旁通廣辟，務為侈闊，鞭長駕遠，控馭不及。於是阿里不哥、海都諸王叛於北，乃顔、合丹諸王叛于東，安南、緬甸、八百諸蠻叛于南。窮年遠討，虛敝中國，如外强中干之人，軀幹龐然，一朝屨木。於是黄河潰於北，海漕梗于南，盜賊起于東，大盜則一招再招。官至極品，空名宣救，逢人即授。屯膏吝賞於未熾之初，而曲奉驕子於燎原之後。人心愈渙，天命靡常。二三豪傑魁壘忠義之士，亦冥冥中輒自相蚌鷸，潛被顛倒，而莫為之所。若天意，若人事焉。嗚呼，孰使之然哉！

又　卷七一《地理一》　元起朔漠，并西域，平西夏，滅女直，臣高麗，定南詔，遂下江重而天下為一。其地東南所至不下區、唐，而西北則過之，有難以里數限者。

又　卷九〇《兵》　元起漠北，以武取天下。其初兵制之雄，至於囊括四海，包舉八荒。中葉以後，吞金平宋，一統中外，為從來所未有。

雜録

清·魏源《元史新編》卷一七《太祖平服各國》　金哀宗有言：『蒙古滅國四十，以及于夏，夏亡，以及於我，我亡，必及于宋。』然《蒙古源流》載太祖將征唐兀部時曰：『承上帝之命，駕馭天下十二强汗，平定諸惡劣小汗。』則四十國中，除各小部落外，其大部落亦不過十二。今可知者白韃塔爾部、泰赤烏部、蔑爾乞部一作蔑里吉、札木合部、克烈部、乃滿部、回鶻部、西契丹部即回回部，為契丹所據，亦名西遼、北印度部、阿羅思部、欽察部、阿速部，又所收服者東遼國即耶律留哥、東夏萬奴國，凡十四大國，皆在伐唐兀部之前。唐兀部即西夏

明朝多民族統一大國鞏固與加强分部

綜　述

明朝開國

《明太祖實録》卷二　（壬寅春正月戊午）和陽人聞廬州義兵至，父老以牛酒出迎。會日午，天佑兵從他道就食，遂誤前約。再成候之過期，不見舉火，意天佑必已進，遽率衆直抵城下。城中人始覺有兵，元平章也先帖木兒急閉城門，以飛橋縋兵出戰。再成戰不利，中矢走，衆皆潰。元兵追三十餘里，至千秋壩。會日暮，收兵還。天佑等始至，適與元兵遇，急擊之，追至和州小西門。城上抽橋急，我軍奪其橋而登，彼軍爭橋，總管湯和遽以刀斷其索。天佑等登城大呼，衣服相亂，遇舉火輒滅之。城北門舊用木柵，元兵在城外者不得入，乃燒門欲入。天佑等復以石塞其門，遂據其城。也先帖木兒倉卒無措，乘夜遁去。

又　卷四　（丙申春三月辛巳）上率諸軍取集慶，自太平水陸並進。癸未至江寧鎮，先攻陳兆先營，大破之。【略】及攻集慶，多先登陷陣。【略】

（丙申十一月）壬午，徐達兵圍常州久不下。上復益達精兵二萬人圍之，士誠守將誘我長興新附義兵，元帥鄭僉院以兵七千叛去。【略】常遇春、廖永安、胡大海自其壘來援，內外夾擊，大破之。

又　卷五　（丁酉春二月戊申）耿炳文克長興，獲戰船三百餘艘，禽士誠守將李福、安答夫蠻等義兵萬戶。蔣毅率所部二百人降。【略】

（丁酉夏四月丁卯）上命徐達、常遇春率兵取寧國，長鎗元帥謝國璽棄城走，守臣別不華、楊仲英等閉城拒守。城小而堅，攻之久不下，遇春中流矢，裹創與戰。上乃親往督師，既至，登高望曰：『如斗之城，敢抗吾師』。乃命造飛車，前編竹為重蔽數道，並進攻之。仲英等不能支，

開門請降。【略】

（丁酉秋七月丁丑）徐達兵徇宜興，取常熟，擊張士誠兵。敗之，獲馬五十四、船三十艘，降其兵甚衆。【略】

（丁酉秋七月庚辰）元帥胡大海等進兵徽州。守將元帥八思爾不花及建德路萬戶吳訥等拒戰，大海擊敗之，遂拔其城。訥與守臣阿魯灰、李克膺等退守遂安縣。大海引兵追及于白際嶺，復擊敗之。訥自殺。

又　卷六　（戊戌春正月乙卯）行樞密院判鄧愈遣部將王弼、孫虎及汪同、孫茂先等取婺源州，兵至城西，與元守將鐵木兒不花戰。自旦至日昊，殺傷五百餘人，不下。乃分門逼之，茂先攻北門，王弼、孫虎攻南門，汪同攻東門，三道並進，復殺三千餘人，遂拔其城。斬鐵木兒不花，獲士卒三千人。復遣萬戶朱國寶攻高河壘，克之。【略】

（戊戌三月丙辰）元帥胡大海率兵由徽州昱嶺關，進攻建德。【略】至是軍抵建德，元參政不花、院判慶壽、長鎗元帥謝國璽、達魯花赤喜伯都剌、總管楊瑀棄城遁。父老何良輔等率衆降。

又　卷七　（己亥夏四月）癸酉，復池州。初，趙普勝既陷池州，遣別將守之，而自據樅陽水寨，數往來寇掠境上。元帥徐達患其侵軼，遣院判俞通海等往擊，敗之，俘其將趙牛兒等。普勝棄舟陸走，又擒其部將洪鈞等，並獲艨艟數百艘，遂復池州。【略】

（己亥八月丁未）同僉常遇春克衢州。時遇春圍城兩月餘，攻擊無虛日。元樞密院判張斌度不能守，密遣其下詣遇春，約降。是夕，引軍士十餘人出小西門，迎大軍入城。宋伯顏不花不知其降也，猶督兵拒戰。俄頃城中舉火，大軍已入城，衆潰。總管馮浩赴水死，擒宋伯顏不花及院判朵粘等。得糧八千石，改衢州為龍遊府。【略】

（乙亥十一月壬寅）僉院胡大海率兵攻處州，克之。初，上既定婺州，即命耿再成駐兵縉雲之黃龍山，謀取處州。元處州守將石抹宜孫遣元帥葉琛屯桃花嶺，【略】元帥胡深守龍泉以拒我師，久之，將士怠弛，皆無鬬志。至是，深叛宜孫，間道來降，且言處州兵弱易取。大海聞之，大喜，即出軍抵樊嶺，與再成，合攻之，大敗其兵，連拔桃花嶺、葛渡二砦，遂簿城下。石抹宜孫戰敗棄城。【略】於是，處州七邑皆下。

又　卷八　（庚子閏五月庚申）上總大軍于盧龍山，令執幟者偃黃幟于山之左，赤幟於山之右，戒曰『寇至則舉赤幟，舉黃幟則伏兵皆起』，各嚴師以待。【略】

友諒麾其軍來爭，戰方合，適雨止，命發鼓，鼓震，黃幟舉，馮國勝、常遇春伏兵起，徐達兵亦至，張德勝、朱虎舟師並集，內外合擊，友諒兵披靡不能支，遂大敗。潰兵走趨舟，值潮退，舟膠淺，卒不能動，殺溺死者無計，俘其卒二萬餘人，其將張志雄、梁鉉、俞國興、劉世衍等皆降，獲巨艦名『混江龍』、『塞斷江』、『撞倒山』、『江海鼇』者百餘艘及戰舸數百，友諒乘別舸脫走。

又　卷一二　（癸卯秋七月丙戌）上帥諸軍由松門入鄱陽，諭諸將曰：兩軍相鬬勇者勝，陳友諒久圍洪都，今聞我師至而退兵迎戰，其勢必死鬬。諸公當盡力，有進無退，剪滅此虜，正在今日。諸將受命，皆自奮。【略】上命鳴角，舟師畢集。乃親布陣，復與友諒戰。諸軍奮擊敵舟，敵不能當，殺溺死者無算。【略】至晡，東北風起。上命以七舟載荻葦，置火藥其中，束草為人，飾以甲冑，各持兵戟，若鬬敵者。令敢死士操之，備走舸於後，將迫敵舟，乘風縱火，風急火烈。須臾，抵敵舟，其水寨舟數百艘，悉被燔，煙焰漲天，湖水盡赤，死者太半，友諒弟友仁、友貴及其平章陳普略等皆焚死。我師乘之又斬首二千餘級。

又　卷一九　（丙午春正月癸未）張士誠以舟師駐君山，又出兵自馬馱沙溯流窺江陰。守將以聞，上親督水軍及馬、步兵往救之。比至鎮江，寇已焚瓜州，掠西津而遁。乃命康茂才等出大江追之，別命一軍伏于江陰山麓。翌日，茂才追至浮子門，遇寇舟五百餘艘，遮海口乘潮來薄我師，茂才督諸軍力戰，大敗之，獲樓船三十餘艘，斬虜甚衆。有棄舟登岸者，伏兵又掩擊之。乘勝逐北，覆其巨艦無算，又獲其斗船十八艘，殺、溺死者過半，凡虜將校四百人，卒五千餘人。

又　卷二九　（洪武元年春正月壬辰）克建寧。時征南將軍胡廷美督兵攻建寧益急，達里麻不能支，夜潛至副將軍何文輝營納款。詰旦，總管翟也先不花亦率衆詣文輝降。廷美怒二人不詣已，欲屠其城。文輝止曰：吾與公同受命至此，為安百姓耳。今城降，欲以私忿殺人，可乎？廷美遂止。乃整軍入城，申嚴號令，毫髮無所犯。執參政陳子琦送京師，獲將士九千七百九十餘人，馬二百七十三疋，銀一萬六千三百兩，糧九萬八千六百四十石。命指揮費子賢領兵守之。

又　卷四六　（洪武二年冬十月庚午）上取安慶，破江州，回守龍灣。

又　卷六四　（洪武四年夏四月甲辰）是時大兵圍武昌，久不下。上以復仁友諒舊臣，令往招諭其子理，使降。復仁至城下，號慟不已，理怪之，使召之入。問故。復仁曰：今不降，大兵且屠城。城中民何罪？願蚤為之計，則家族可保也。理由是遂降。

又　卷一一六　（洪武十年十一月）戊戌，攻婺源。破元守將鐵木兒不花元帥寨，斬首五百餘級，追至婺源東門，殺其帥，獲士卒三千餘人。遂克婺源。

又　卷一五七　（洪武十六年冬十月）戊戌，拔江陰，破無錫陽山諸寨。敗偽吳張士誠兵於長興。

明·宋懍《革除遺事》卷六　耿炳文，【略】元末從高廟取滁、和，積功為明威將軍，管軍總管。其後，克採石，取金陵，日有功，炳文皆從焉。丙申歲，與張士誠戰宜興，君用賈勇先登而死。炳文代領其軍。明年取廣德、長興，擒士誠守將而降其兵。會立元帥府于長興，以炳文為總兵都元帥守之。辛丑，敗士誠將李伯昇，追斬五千餘級，拜指揮使，撫綏有方，湖人安堵。吳元年，破蘇州，士誠就擒。

明·郭勳《三家世典》　首取徐、泗。甲午，從克滁州。乙未，克和州。渡江，克採石、太平，攻溧水、溧陽。丙申，破陳也先營，取南臺及鎮江。丁酉，克常州、廣德、寧國、宣州、江陰、甘露。回征無錫，鎗傷右脅；攻破常熟，傷左足；進攻安慶，前哨與敵交戰，傷左臂；取杭州，戰于北辛橋；及攻高郵，弩傷右膝。戊戌，克宜興。己亥，攻安豐。壬寅，取隆興。癸卯，充帶刀舍人應援安豐，敗張士誠。

《明史》卷一《太祖紀一》　（至正十三年春）太祖收里中兵，得七百人。子興喜，署為鎮撫。【略】獨與徐達、湯和、費聚等南略定遠。計降驢牌寨民兵三千，與俱東。夜襲元將張知院於橫澗山，收其卒二萬。【略】

（至正）十六年三月庚寅，再敗元兵于蔣山。元御史大夫福壽，力戰死之，蠻子海牙遁歸張士誠，康茂才降。太祖入城，悉召官吏父老諭之曰：『元政瀆擾，干戈蜂起，我來為民除亂耳，其各安堵如故。賢士吾禮用之，舊政不便者除之，吏毋貪暴殃吾民。』民乃大喜過望。改集慶路為應天府。【略】

秋七月己卯，諸將奉太祖為吳國公。置江南行中書省，自總省事，置僚佐。貽書張士誠，士誠不報，引兵攻鎮江。徐達敗之，進圍常州，不下。【略】

（至正二十年夏五月）乃馳諭胡大海擣信州牽其後，而令康茂才以書紿友諒，令速來。友諒果引兵東。於是常遇春伏石灰山，徐達陣南門外，楊璟屯大勝港，張德勝等以舟師出龍江關，太祖親督軍盧龍山。乙丑，友諒至龍灣，【略】大破之，友諒乘別舸走。遂復太平，下安慶，而大海亦克信州。【略】

（至正）二十一年【略】八月，遣使于元平章察罕帖木兒。時察罕平山東，降田豐，軍聲大振，故太祖與通好。會察罕方攻益都未下，太祖乃自將舟師征陳友諒。戊戌，克安慶，友諒將丁普郎、傅友德迎降。壬寅，次湖口，追敗友諒于江州，克其城，友諒奔武昌。分徇南康、建昌、饒、蘄、黃、廣濟，皆下。【略】

（至正）二十三年【略】三月辛丑，太祖自將救安豐，珍敗走，以韓林兒歸滁州，乃還應天。【略】

秋七月癸酉，太祖自將救洪都。癸未，次湖口，先伏兵涇江口及南湖觜，遏友諒歸路，檄信州兵守武陽渡。友諒聞太祖至，解圍，逆戰於鄱陽湖。【略】丁亥，遇于康郎山，太祖分軍十一隊以禦之。戊子，合戰，【略】會日晡，大風起東北，乃命敢死士操七舟，實火藥蘆葦中，縱火焚友諒舟。風烈火熾，煙焰漲天，湖水盡赤。友諒兵大亂，諸將鼓譟乘之，斬首二千餘級，焚溺死者無算，友諒氣奪。辛卯，復戰，友諒復大敗。於是斂舟自守，不敢更戰。【略】

（至正）二十四年春正月丙寅朔，李善長等率羣臣勸進，不允。固請，乃即吳王位。【略】

（至正二十五年）冬十月戊戌，下令討張士誠。【略】乃命徐達、常遇春等先規取淮東。閏月，圍泰州，克之。【略】

（至正二十六年）夏四月乙卯，襲破士誠將徐義水軍于淮安，義遁，

梅思祖以城降。濠、徐、宿三州相繼下，淮東平。【略】

辛亥，命徐達為大將軍，常遇春為副將軍，帥師二十萬討張士誠。【略】甲戌，敗張天騏於湖州，士誠親率兵來援，覆敗之于阜林。九月乙未，李文忠攻杭州。冬十月壬子，遇春敗士誠兵于烏鎮。十一月甲申，張天騏降。辛卯，李文忠下余杭，潘原明降，旁郡悉下。【略】

冬十月，【略】癸丑，湯和為征南將軍，吳禎副之，討國珍。【略】甲子，【略】胡廷瑞為征南將軍，何文輝為副將軍，取福建。湖廣行省平章楊璟、左丞周德興、參政張彬取廣西。【略】

十一月辛巳，湯和克慶元，方國珍遁入海。【略】

十二月【略】丁未，方國珍降，浙東平。張興祖下東平，兗東州縣相繼降。己酉，徐達下濟南。胡廷瑞下邵武。【略】庚午，湯和、廖永忠由海道克福州。

又　卷二《太祖紀二》　（洪武元年）二月【略】廖永忠為征南將軍，硃亮祖副之，由海道取廣東。【略】

夏四月辛丑，【略】廖永忠師至廣州，元守臣何真降，廣東平。【略】甲辰，海南、海北諸道降。【略】

秋七月戊子，廖永忠下象州，廣西平。

又　卷一二五《徐達傳》　尋從破元兵於滁州澗，從取和州，子興授達鎮撫。【略】

從渡江，拔采石，取太平，與常遇春皆為軍鋒冠。從破擒元將陳野先，別將兵取溧陽、溧水，從下集慶。【略】

時張士誠已據常州，挾江東叛將陳保二以舟師攻鎮江。達敗之于龍潭，遂請益兵以圍常州。士誠遣將來援。達以敵狡而鋭，未易力取，乃離城設二伏以待，別遣將王均用為奇兵，而自督軍戰。敵退走遇伏，大敗之，獲其張、湯二將，進圍常州。明年克之。【略】

太祖自將攻婺州，命達留守應天，別遣兵襲破天完將趙普勝，復池州。【略】

進攻安慶，自無為陸行，夜掩浮山寨，破普勝部將于青山，遂克潛山。

又　《常遇春傳》　時將士妻子輜重皆在和州，元中丞蠻子海牙復以舟師襲據采石，道中梗。太祖自將攻之，遣遇春多張疑兵分敵勢。戰既合，遇春操輕舸，沖海牙舟為二。左右縱擊，大敗之，盡得其舟。江路復通。【略】

從元帥徐達取鎮江，進取常州。吳兵圍達于牛塘，遇春往援，破解之，擒其將，進統軍大元帥。克常州，遷中翼大元帥。

又　卷一二六《湯和傳》　從太祖攻大洪山，克滁州，授管軍總管。從取和州。時諸將多太祖等夷，莫肯為下。和長太祖三歲，獨奉約束甚謹，太祖甚悅之。【略】

尋拜征南將軍，與副將軍吳禎帥常州、長興、江陰諸軍，討方國珍。渡曹娥江，下余姚、上虞，取慶元。國珍走入海，追擊敗之，獲其大帥二人、海舟二十五艘，斬馘無算，還定諸屬城。遣使招國珍，國珍詣軍門降，得卒二萬四千，海舟四百餘艘。浙東悉定。

又　卷一二七《李善長傳》　太祖得巢湖水師，善長力贊渡江。既拔采石，趨太平，善長預書榜禁戢士卒，城下，即揭之通衢，肅然無敢犯者。

又　卷一二八《劉基傳》　友諒兵復陷安慶，太祖欲自將討之，以問基。基力贊，遂出師攻安慶。自旦及暮不下，基請逕趨江州，搗友諒巢穴，遂悉軍西上。友諒出不意，帥妻子奔武昌，江州降。

北伐滅元

《明太祖實録》卷三一　（洪武元年夏四月戊申）大將軍徐達等率師自虎牢關進，至河南塔兒灣。元將詹同脱因帖木兒以兵五萬迎戰，列陣于洛水之北十五里。我軍既成列，副將軍常遇春單騎突入其陣，敵發二十騎攢槊刺之。遇春發一矢斃其前鋒，彼軍奪氣。達遂麾衆乘之，時南風驟發，兵塵漲空，呼聲動天地，元軍陣亂退走。追奔五十餘里，俘獲無算。

又　卷四二　（洪武二年五月）丁酉，大將軍徐達師出蕭關，遂下平涼。父老相率，持羊酒來迎。

又　卷四六　（洪武二年冬十月庚午）上幸汴梁，謀取元都。七月，徐達與遇春渡大河，平河北諸郡。八月，兵抵元都時，元主已北奔，遂下其城。移兵攻太原，元守將廓擴帖木兒帥衆來禦，其鋒鋭甚。遇春與徐達謀曰：『我騎兵雖集，而步兵未至，未可與戰，莫若遣精騎夜劫其營，其衆必亂，衆亂則主將可縛也。』達如其言，廓擴帖兒果聞變而遁。【略】

洪武二年【略】五月，元將也速兵侵通州。命遇春以所部軍還北平，遂自永平搗會州，獲江文清士馬以千計。至大寧，也速遁。轉克開平。元君又北奔，追至北河，俘其宗王三人，及平章鼎住等。凡得軍士萬人，車萬兩，馬三千疋，牛五萬頭。

又　卷二四五　吴元年，擢鳳翔衛指揮副使從徐達平中原，取沂、莒、密三州，克益都、濟南、東昌，轉下汴梁、河南、嵩州，渡河取磁州、廣平、通州。進克元都，招降元將平章謝雪兒等八十餘人，獲馬五百餘匹。略永平，擒元將平章高家奴。下真定，平太原、平陽，自河中府渡河追元將孔興等。進取塵臺，攻鳳翔，逐李思齊，遂下鞏昌。克平涼，至定西、六盤，招降元知院毛翔，下臨洮。

《明史》卷二《太祖紀二》（洪武元年七月）辛卯，將還應天，諭達等曰：『中原之民，久為羣雄所苦，流離相望，故命將北征，拯民水火。元祖宗功德在人，其子孫罔恤民隱，天厭棄之。君則有罪，民復何辜。前代革命之際，肆行屠戮，違天虐民，朕實不忍。諸將克城，毋肆焚掠妄殺人，元之宗戚，咸俾保全。庶幾上答天心，下慰人望，以副朕伐罪安民之意。不恭命者，罰無赦。』【略】

壬子，常遇春克德州。丙寅，克通州，元帝趨上都。【略】

庚午，徐達入元都，封府庫圖籍，守宮門，禁士卒侵暴，遣將巡古北口諸隘。【略】

乙丑，常遇春下保定，遂下真定。冬十月庚午，馮勝、湯和下懷慶，澤、潞相繼下。【略】

戊寅，以元都平，詔天下。

平定秦晉

《明太祖實録》卷三一（洪武元年夏四月甲子）都督同知馮宗異進兵攻潼關，李思齊、張思道棄關宵遁。

又　卷四〇（洪武二年三月庚子）大將軍徐達師至鹿台，遂入奉元路。初元行省平章李思齊據鳳翔，副將許國英、穆薛飛等守關中，張思道與孔興、脱列伯、金牌張、龍濟民、李景春等駐鹿台，以衛奉元。及聞大兵入關，思道等先三日由野魚口遁去。達至，遣都督僉事郭子興將輕騎直搗奉元，而自率大軍繼進，渡涇渭至三陵坡。

又　卷四六（洪武二年冬十月庚午）洪武二年正月，進攻大同，竹貞棄城走，河東又平。遂西入秦，張良弼遁走，李思齊迎降。奉元、鳳翔、鞏昌、臨洮皆定。

又　卷五三（洪武三年六月庚辰）故元四大王寇大同、武州，太原衛指揮桑桂等擊走之。四大王者，元之宗室也。初，大軍克元都，遁入太原静樂岢嵐山中，聚衆結塞自固。至是寇武州，劫殺人民，桂與指揮鄭亨率兵擊之，追至牛尾莊。四大王遁走，獲其三大王脱忽的帖木兒，送京師。

《明史》卷二《太祖紀二》（洪武元年七月）癸未，詔徐達、常遇春取山西。【略】

十二月丁卯，徐達克太原，擴廓帖木兒走甘肅，山西平。【略】

（洪武二年夏四月）乙酉，徐達襲破元豫王於西寧。【略】

丁酉，徐達下平涼、延安。【略】

六月己卯，常遇春克開平，元帝北走。【略】

癸未，徐達克慶陽，斬張良臣，陝西平。【略】

秋七月己亥，鄂國公常遇春卒於軍，詔李文忠領其衆。辛亥，擴廓帖木兒遣將破原州、涇州。辛酉，馮勝擊走之。丙辰，明昇遣使來。八月丙寅，元兵攻大同，李文忠擊敗之。

又　卷九一《兵志三》　初，洪武六年命大將軍徐達等備山西、北平邊，諭令各上方略。從淮安侯華雲龍言，自永平、薊州、密雲迤西二千餘里，關隘百二十有九，皆置戍守。于紫荊關及蘆花嶺設千戶所守禦。又詔山西都衛於雁門關、太和嶺並武、朔諸山谷間，凡七十三隘，俱設戍兵。九年敕燕山前、後等十一衛，分兵守古北口、居庸關、喜峰口、松亭關烽堠百九十六處，參用南北軍士。

又　卷一二五《徐達傳》　捷聞，詔以元都為北平府，置六衛，留孫興祖等守之，而命達與遇春進取山西。遇春先下保定、中山、真定，馮勝、湯和下懷慶，度太行，取澤、潞，達以大軍繼之。時擴廓帖木兒方引兵出雁門，將由居庸以攻北平。達聞之，與諸將謀曰：『擴廓遠出，太原必虛。北平有孫都督在，足以禦之。今乘敵不備，直擣太原，使進不得戰，退無所守，所謂批亢擣虛者也。彼若西還自救，此成擒耳。』諸將皆曰：『善。』乃引兵趨太原。擴廓至保安，果還救。達選精兵夜襲其營。擴廓以十八騎遁去。盡降其衆，遂克太原。乘勢收大同，分兵徇未下州縣。山西悉平。【略】

（洪武）二年引兵西渡河。至鹿臺，張思道遁，遂克奉元。時遇春下鳳翔，李思齊走臨洮，達會諸將議所向。皆曰：『張思道之才不如李思齊，而慶陽易於臨洮，請先慶陽。』達曰：『不然，慶陽城險而兵精，猝未易拔也。臨洮北界河、湟，西控羌、戎，得之，其人足備戰鬭，物產足佐軍儲。蹙以大兵，思齊不走，則束手縛矣。臨洮既克，于旁郡何有。』遂渡隴，克秦州，下伏羌、寧遠，入鞏昌，遣右逼將軍馮勝逼臨洮，思齊果不戰降。分兵克蘭州，襲走豫王，盡收其部落輜重。還出蕭關，下平涼。思道走寧夏，為擴廓所執，其弟良臣以慶陽降。達遣薛顯受之。良臣復叛，夜出兵襲傷顯。達督軍圍之。擴廓遣將來援，逆擊敗去，遂拔慶陽。良臣父子投于井，引出斬之。盡定陜西地。

又 卷一二六《李文忠傳》 洪武二年春，以偏將軍從右副將軍常遇春出塞，薄上都，走元帝，語具《遇春傳》。遇春卒，命文忠代將其軍，奉詔會大將軍徐達攻慶陽。行將太原，聞大同圍急，謂左丞趙庸曰：『我等受命而來，閫外之事苟利於國，專之可也。今大同甚急，援之便。』遂出雁門，次馬邑，敗元遊兵，擒平章劉帖木，進至白楊門。天雨雪，已駐營，文忠令移前五里，阻水自固。元兵乘夜來劫，文忠堅壁不動。質明，敵大至。以二營委之，殊死戰，度敵疲，乃出精兵左右擊，大破之，擒其將脱列伯，俘斬萬餘人，窮追至莽哥倉而還。

又 卷一二九《馮勝傳》 洪武元年兼太子右詹事。坐小法貶一官，為都督同知。引兵溯河，取汴、洛，下陜州，趨潼關。守將宵遁，遂奪關，取華州。還汴，謁帝行在。授征虜右副將軍，留守汴梁。尋從大將軍征山西，由武陟取懷慶，逾太行，克碗子城，取澤、潞，擒元右丞賈成於猗氏。克平陽、絳州，擒元左丞田保保等，獲將士五百餘人。【略】

明年，從大將軍北征，破沂州，下青州。元丞相也速來援，以輕騎誘敵入伏，奮擊敗走之。遂取萊陽、東昌。明年從定汴、洛，收諸山寨。渡河取衛輝、彰德，至臨清，獲元將為嚮導，取德州、滄州。既克元都，偵邏古北隘口，守盧溝橋，略大同，還下保定、真定，守定州。從攻山西，克太原。擴廓自保安來援，萬騎突至。友德以五十騎沖卻之，因夜襲其營。擴廓倉卒遁去，追至土門關，獲其士馬萬計。覆敗賀宗哲于石州，敗脱列伯于宣府，遂西會大將軍，圍慶陽，以偏師駐靈州，遏其援兵，遂克慶陽。

用兵漠北

《明太祖實録》卷七一 （洪武五年春正月甲戌）遣征虜大將軍魏國公徐達、左副將軍曹國公李文忠、征西將軍宋國公馮勝等率師征王保保。上戒之曰：卿等立請北伐，志氣甚鋭。然古人有言，臨事而懼，好謀而成。今兵出三道，大將軍由中路出鴈門，揚言趍和林而實遲重，致其來，擊之，必可破也。左副將軍由東路自居庸出應昌，以掩其不備，必有所獲。征西將軍由西路出金蘭，取甘肅，以疑其兵，令虜不知，所為乃善計也。卿等宜益思戒慎，不可輕敵。

又 卷七四 （洪武五年六月戊寅）征西將軍馮勝、左副將軍陳德、右副將軍傅有德率師至甘肅，故元將上都驢降。初，勝等師至蘭州，友德先率驍騎五千直趨西涼。遇元失剌罕之兵戰敗，至永昌又敗，元太尉朵兒只巴於忽剌罕口大獲其錙重牛馬，進至掃林山。勝等師亦至，共擊走胡兵。友德手射死其平章百花，追斬其黨四百餘人，降太尉鎖納兒加、平章管著等。至是，上都驢知大將軍至，率所部吏民八百三十餘戶迎降。勝等撫輯其民，留官軍守之。遂進之，亦集乃路元守將卜顏帖木兒全城降。師次別篤山，元岐王朵兒只班遁去，追獲其平章長加奴等二十七人，及馬駝牛羊十餘萬。友德復引兵至瓜沙州，又敗其兵，獲金銀印，馬駝牛羊二萬而還。

又 卷一六〇 （洪武十七年三月己亥）七年三月，文忠駐兵代縣，遣將四出。至三不剌，擒其平章陳安禮木屑飛，至順寧楊門，斬其將真珠驢，至白登，俘其國公鄧孛羅帖木兒，至朔州，擒其太尉伯顏不花。七月攻大寧、高州、大石崖，克之，斬其宗王朵朵先里，擒承旨百家奴。復遣指揮唐某追至氊帽山，遇故元魯王營於山下，以兵圍之，斬魯王等，獲其妃蒙哥頽並金印一、玉圖書一。八月，文忠師進豐州，分道追擊胡兵，擒其故官十二人，虜衆百二十餘人，馬駝牛羊甚衆。又聞胡兵駐伯干兒之地，遣兵追之，不及而還。

又　卷一九四　（洪武二十一年十二月壬戌）二十一年四月，進兵踰嶺。而北至捕魚兒海，直擣虜營，虜主驚奔，獲其次子地保奴及妃主，諸王、太尉、平章等二千四百餘人，並寶璽、金銀印、車輛，軍士、家屬六萬九千餘口，盡得其馬駝襍畜。

明·佚名《北平録》　（洪武三年）五月，李文忠等兵至應昌，元主前一月已殂。其太子愛猷識理達臘僅以數騎北奔，乃獲其皇孫買的里八剌及其后妃、寶册等物，悉送京師。

《明史》卷二《太祖紀二》　（洪武五年正月）甲戌，魏國公徐達為征虜大將軍，出雁門，趨和林，曹國公李文忠為左副將軍，出應昌，宋國公馮勝為征西將軍，取甘肅，征擴廓帖木兒。【略】

戊寅，馮勝克甘肅，追敗元兵于瓜、沙州。

又　卷一三〇《耿炳文傳》　（洪武）十四年從大將軍出塞，破元平章乃兒不花于北黃河。【略】二十一年從永昌侯藍五北征至捕魚兒海。

又　卷一三二《藍玉傳》　時順帝孫脱古思帖木兒嗣立，擾塞上。二十一年三月命玉帥師十五萬征之。出大寧，至慶州，諜知元主在捕魚兒海，間道兼程進至百眼井。去海四十里，不見敵，欲引還。定遠侯王弼曰：『吾輩提十餘萬衆，深入漠北，無所得，遽班師，何以覆命？』玉曰：『然。』令軍士穴地而爨，毋見煙火，乘夜至海南。敵營尚至海南。敵營尚在海東北八十餘里。玉令弼為前鋒，疾馳薄其營。敵謂我軍乏水草，不能深入，不設備。又大風揚沙，晝晦。軍行，敵無所覺。猝至前，大驚，迎戰，敗之。殺太尉蠻子等，降其衆。元主與太子天保奴數十騎遁去。玉以精騎追之，不及。獲其次子地保奴、妃公主以下百餘人。又追獲吳王朵兒只、代王達里麻及平章以下官屬三千人、男女七萬七千餘人。並寶璽符敕金牌金銀印諸物、馬駝牛羊十五萬餘，焚其甲仗蓄積無算。

又　卷三二七《外國傳八》　（洪武）十三年春，西平侯沐英師出靈州，渡黃河，歷賀蘭山，踐流沙，擒脱火赤、愛足等於和林，盡以其部曲歸。冬，完者不花亦就擒。明年春，徐達及副將軍湯和、傅友德征乃兒不花，至河北，襲灰山，斬獲甚衆。

經略西北

《明太祖實録》卷七二　（洪武二年二月辛卯）置秦州茶馬司，設司令，正六品。司丞，正七品。

又　卷九一　（洪武七年秋七月己卯）詔置西安行都指揮使司于河州，升河州衛指揮司韋正為都指揮，使總轄河州、朵甘、烏思藏三衛。升朵甘、烏思藏二衛為行都指揮使司，以朵甘衛指揮同知瑣南兀即爾、管招兀即兒為都指揮同知。詔諭之曰：朕自布衣，開創鴻業，荷天地眷佑，將士宣勞。不數年間，削平羣雄，混一海宇。惟爾西番朵甘、烏思藏各族部屬，聞我聲教，委身納款，已嘗頒賞。授職建立武衛，俾安軍民。邇使者還言各官，公勤乃職，軍民樂業，朕甚嘉焉。尚慮彼方地廣民稠，不立重鎮治之，何以宣布恩威？兹命立西安行都指揮使司于河州，其朵甘、烏思藏亦升為行都指揮使司，頒授銀印，仍賜各官衣物。

又　卷九三　（洪武七年九月己未）置河州茶馬司，官制與秦州茶馬司同。

明·許進《平番始末上》　西域自漢武通後，歷代廢置不一。我太祖革元命，統一寰宇。洪武五年，宋國公馮勝兵至河西，元守臣掠人民遁入沙漠，遂略地至嘉峪關而置甘州、肅州等衛，是即漢人斷匈奴右臂之策也。洪武、永樂中，因關外諸番內附，復置哈密、赤斤、罕東、阿端、曲先、安定等衛，授以指揮等官，俱給誥印，羈縻不絕，使為甘肅藩蔽。後因諸番入貢者衆，皆取道哈密，乃即其地封元之遺孽脱脱者為忠順王，賜以金印，使為西域襟喉，凡夷使入貢者，悉令哈密譯語以聞，而諸國之向背虛實因賴其傳報。由是諸番唇齒之勢成，華夷內外之力合，邊境寧謐，餘八十年。

《明史》卷七五《職官志四》　洪武中，置洮州、秦州、河州三茶馬司，設司令、司丞。十五年改設大使、副使各一人，尋罷洮州茶馬司，以河州茶馬司兼領之。三十年改秦州茶馬司為西寧茶馬司。

又　卷八〇《食貨志四》　洪武【略】四年，戶部言：『陝西漢中、金州、石泉、漢陰、平利、西鄉諸縣，茶園四十五頃，茶八十六萬餘株。四川巴茶三百十五頃，茶二百三十八萬餘株。宜定令每十株官取其一。無主茶園，令軍士薅采，十取其一，以易番馬。』從之。於是諸產茶地設茶課司，定稅額，陝西二萬六千斤有奇，四川一百萬斤。設茶馬司于秦、洮、河、雅諸州，自碉門、黎、雅抵朵甘、烏思藏，行茶之地五千餘里。山後歸德諸州，西方諸部落，無不以馬售者。

又　卷九二《兵志四》　茶馬司，洪武中，立於川、陝，聽西番納馬易茶，賜金牌信符，以防詐僞。每三歲，遣廷臣召諸番合符交易，上馬茶百二十斤，中馬七十斤，下馬五十斤。以私茶出者罪死，雖勳戚無貸。末年，易馬至萬三千五百餘匹。永樂中，禁稍弛，易馬少。乃命嚴邊關茶禁，遣御史巡督。

又　卷三三〇《西域傳二》　原夫太祖甫定關中，即法漢武創河西四郡隔絕羌、胡之意，建重鎮於甘肅，以北拒蒙古，南捍諸番，俾不得相合。又遣西寧等四衛土官與漢官參治，令之世守。且多置茶課司，番人得以馬易茶。而部族之長，亦許其歲時朝貢，自通名號于天子。彼勢既分，又動於利，不敢為惡。即小有蠢動，邊將以偏師制之，靡不應時底定。自邊臣失防，北寇得越境闌入，與番族交通，西陲遂多事。然究其時之所患，終在寇而不在番，故議者以太祖制馭為善。

平定雲南

《明太祖實録》卷一三九　（洪武十四年九月壬午朔）上御奉天門，命潁川侯傅友德為征南將軍，永昌侯藍玉為左副將軍，西平侯沐英為右副將軍，統率將士，往征雲南。友德等既受命。上諭之曰：雲南僻在遐荒，行師之際，當知其山川形勢，以規進取。朕嘗覽輿圖，諮詢於衆，得其扼塞。取之之計，當自永寧先遣驍將別率一軍以向烏撒大軍，繼自辰沅以入普定，分據要害，乃進兵曲靖。曲靖，雲南之喉襟，彼必並力於此，以拒我師。審察形勢，出奇取勝，正在於此。既下曲靖，三將軍以一人提勁兵趨烏撒，應永寧之師，大軍直搗雲南，彼此牽制，彼疲於奔命，破之必矣。雲南既克，宜分兵徑趨大理，先聲已振，勢將瓦解。其餘部落，可遣人招諭，不必苦煩兵也。

又　卷一四三　（洪武十五年閏二月己未）更置雲南布政司，所屬府州縣為府五十有二，【略】州六十有三，【略】縣五十有四。

又　卷一四八　（洪武十五年九月）雲南諸夷復叛。右副將軍西平侯沐英等討平之。先是，征南將軍潁川侯傅友德等既平雲南，即分兵四出，攻諸蠻寨之未服者。雲南城守者少，諸夷因相扇為叛謀。【略】時英等駐兵烏撒，聞之，即選驍騎一萬還救。【略】賊衆驚愕，遂拔營宵遁。【略】雲南復平。

又　卷二一八　（洪武二十四年）九月，命英同潁川侯傅友德征雲南，遂克普定、普安。將至曲靖，聞元司徒平章達里麻等擁兵十餘萬，屯曲靖。英謀于友德等曰：彼不意我師至，若倍道疾趨，出其不意，破之必矣。遂進師。值大霧，師至白石江，霧霽。達里麻擁兵扼于水上，英拔劍督師濟江，與之大戰數合，英縱鐵騎搗之，敵遂大敗。擒達里麻，俘甲士二萬餘，長驅而進。元梁王把匝剌瓦爾密赴滇水死。【略】

（洪武）十五年，遣將兵略建昌、澂江、臨安、沅江、尋甸、楚雄、洱海，皆下之，進師大理。土酋叚世聚衆扼下關。英率衆造攻具，以夜四鼓出，點蒼山後，立旗幟，酋衆驚亂。英身先士卒，策馬渡河，斬關而入。麾兵前後夾攻，遂克其城，下鶴慶、麗江、金齒，於是摩些、和尼、車里、平緬皆相率來降，得府州縣宣慰司長官司一百八，民七萬四千六百餘戶。復討烏撒、東川，諸蠻下之。

明・楊慎《滇載記》　洪武十四年，授以宣慰。壬戌春正月，天兵破善闡，梁王自鴆，黨屬悉俘。【略】甲子正月十七日，川侯傅友德，復自七星關回軍大理，平鄧川，破佛光寨，因定賦法，築城隍，設衛堡，立學校，比於中州列郡焉。

《明史》卷二《太祖紀二》　（洪武五年春正月）戊辰，傅友德大敗元兵于白石江，遂下曲靖。壬申，元梁王把匝剌瓦爾密走普寧自殺。

又　卷三《太祖紀三》　（洪武十五年春正月辛巳），【略】景川侯曹震、定遠侯王弼下威楚路。壬午，元曲靖宣慰司及中慶、澂江、武定諸路俱降，雲南平。

又　卷七五《職官志四》　（洪武十五年）置雲南布政司。二十二年定秩從二品。

又　卷一二六《沐英傳》（洪武十四年）尋拜征南右副將軍，同永昌侯藍玉從將軍傅友德取雲南。元梁王遣平章達里麻以兵十餘萬拒于曲靖。英乘霧趨白石江。霧霽，兩軍相望，達里麻大驚。友德欲渡江，英曰：『我兵罷，懼為所扼。』乃帥諸軍嚴陣，若將渡者。而奇兵從下流濟，出其陣後，張疑幟山谷間，人吹一銅角。元兵驚擾。英急麾軍渡江，以善泅者先之，長刀斫其軍。軍卻，師畢濟。鏖戰良久，復縱鐵騎，遂大敗之，生擒達里麻，僵屍十餘里。長驅入雲南，梁王走死，右丞觀音保以城降，屬郡皆下。獨大理倚點蒼山、洱海，扼龍首、龍尾二關。關故南詔築，土酋段世守之。英自將抵下關，遣王弼由洱水東趨上關，胡海由石門間道渡河，扳點蒼山而上，立旗幟。英亂流斬關進，山上軍亦馳下，夾擊，擒段世，遂拔大理。分兵收未附諸蠻，設官立衛守之。回軍，與友德會滇池，分道平烏撒、東川、建昌、芒部諸蠻，立烏撒、畢節二衛。土酋楊苴等復煽諸蠻二十餘萬圍雲南城。英馳救，蠻潰竄山谷中，分兵捕滅之，斬級六萬。【略】

（洪武）十七年，曲靖亦佐酋作亂，討降之。因定普定、廣南諸蠻，通田州糧道。二十年平浪穹蠻，奉詔自永寧至大理，六十里設一堡，留軍屯田。

又　卷一二九《傅友德傳》　十四年，【略】秋，充征南將軍，帥左副將軍藍玉、右副將軍沐英，將步騎三十萬征雲南。至湖廣，分遣都督胡海等將兵五萬由永寧趨烏撒，而自帥大軍由辰、沅趨貴州。克普定、普安，降諸苗蠻。進攻曲靖，大戰白石江，擒元平章達里麻。遂擊烏撒，循格孤山而南，以通永寧之兵，遣兩將軍趨雲南。元梁王走死。友德城烏撒，羣蠻來爭，奮擊破之，得七星關以通畢節。又克可渡河，降東川、烏蒙、芒部諸蠻。烏撒諸蠻復叛，討之，斬首三萬餘級，獲牛馬十餘萬，水西諸部皆降。

又　卷三一四《雲南土司傳二》　洪武初，改名馬龍他郎甸長官司，直隸雲南布政司。後升為新化州。十七年以普賜為馬龍他郎甸副長官。

管轄西藏

《明太祖實録》卷四二　（洪武二年五月甲午朔）遣使持詔諭吐蕃，詔曰：昔我帝王之治中國，以至德要道民，用和睦推及四夷，莫不安靖。向者胡人竊據華夏，百有餘年，冠履倒置，凡百有心，孰不興憤？比歲以來，胡君失政，四方雲擾，羣雄分爭，生靈塗炭。朕乃命將率師，悉平海內，臣民推戴為天下主，國號大明，建元洪武，式我前王之道，用康黎庶。惟爾吐蕃，邦居西土，今中國一統，恐尚未聞故。茲詔示使者至吐蕃，吐蕃未即歸命，尋復遣陝西行省員外郎許允德往招諭之。

又　卷六八（洪武四年十月乙未）置朵甘衛指揮使司。

又　卷七九（洪武六年二月癸酉朔）詔置烏思藏朵甘衛指揮使司、宣慰司二、元帥府一、招討司四、萬戶府十三、千戶所四。以故元國公南哥思丹八、亦監藏等為指揮同知、僉事、宣慰使同知、副使、元帥、招討、萬戶等官，凡六十人，以攝帝師喃加巴藏卜為熾盛佛寶國師。先是，遣員外郎許允德使吐番，令各族酋長舉故官至京授職。至是，南加巴藏卜以所舉故元國公南哥思丹八、亦監藏等來朝貢，乞授職名。

又　卷九一（洪武七年秋七月己卯）詔置西安行都指揮使司于河州，升河州衛指揮司韋正為都指揮使，總轄河州、朵甘、烏思藏三衛。升朵甘、烏思藏二衛為行都指揮使司。

明·陳洪謨《松窗夢語》卷三　明興，洪武中令諸酋舉故官授職，以攝帝師喃加藏卜為熾盛佛寶國師，餘為都指揮、同知、宣慰使、元帥、招討等官。自是番僧各有封號，貢使咸自四川黎州入，有贊化王者，自陝西洮州人。每貢百人，多不過百五十人。凡諸王嗣封，皆有賜誥。

《明史》卷四二《地理志三》　河州元河州路，屬吐蕃宣慰司。洪武四年正月置河州衛，屬西安都衛。六年正月置河州府，屬陝西行中書省。七年七月置西安行都衛於此，領河州、朵甘、烏斯藏三衛。八年十月改行都衛為陝西行都指揮使司。九年十二月，行都指揮使司廢，衛屬陝西都指揮使司。

又　卷九〇《兵志二》　西番即古吐番。洪武初，遣人招諭，又令各族舉舊有官職者至京，授以國師及都指揮、宣慰使、元帥、招討等官，俾因俗以治。自是番僧有封灌頂國師及贊善、闡化等王，大乘大寶法王者，俱給印誥，傳以為信，所設有都指揮使司、指揮司。

又　卷三三一《西域傳三》　洪武二年，太祖定陝西，即遣官齎詔招撫。又遣員外郎許允德諭其酋長，舉元故官赴京。攝帝師喃加巴藏卜及故國公南哥思丹八亦監藏等，於六年春入朝，上所舉六十人名。帝喜，置指揮使司二，曰朵甘，曰烏斯藏，宣慰司二，元帥府一，招討司四，萬戶府十三，千戶所四，即以所舉官任之。廷臣言，來朝者授職，不來者宜弗予。帝曰：『吾以誠心待人。彼不誠，曲在彼矣。萬里來朝，俟其再請，豈不負遠人歸向之心。』遂皆授之。降詔曰：『我國家受天明命，統御萬方，恩撫善良，武威不服。凡在幅員之內，咸推一視之仁。乃者攝帝師喃加巴藏卜率所舉故國公、司徒、宣慰、招討、元帥、萬戶諸人，自遠入朝。朕嘉其識天命，不勞師旅，共效職方之貢。已授國師及故國公等，為指揮同知等官，皆給誥印。自今為官者務遵朝廷法，撫安一方。僧務敦化導之誠，率民為善，共用太平，永綏福祉，豈不休哉。』並宴賚遣還。初，元尊番僧為帝師，授其徒國公等秩，故降者襲舊號。

統一東北

《明太祖實録》卷六一 （洪武四年二月壬午）故元遼陽行省平章劉益，以遼東州郡地圖並藉其兵馬錢糧之數，遣右丞董遵、僉院楊賢奉表來降。【略】上覽表嘉其誠，詔置遼東衛指揮使司，以益為指揮同知。

又 卷六七 （洪武四年秋七月辛亥）置定遼都衛指揮使司，以馬雲、葉旺為都指揮使，吳泉、馮祥為同知，王德為僉事，總轄遼東諸衛軍馬，修治城池，以鎮邊疆。時上以劉益之變，而元臣納哈出等未附，故命雲等鎮之。

又 卷一〇二 （洪武八年十二月）是月，納哈出寇遼東。【略】都指揮使馬雲等探知納哈出將至，命蓋州衛指揮吳立、張良佐、房暠等嚴兵城守，虜至，堅壁勿與戰。及納哈出至，見城中備禦嚴，不敢攻，乃越蓋州城，徑趨金州。時金州城垣未完，軍士寡少，指揮韋富、王勝等聞虜至，督勵士卒分守諸城門，選精銳登城以禦之。【略】納哈出不利，慮援兵且至，引兵退走。以蓋州有備，不敢經其城，乃由城南十里外沿柞河遁歸。【略】已而虜兵至，旺等俟其過，城南炮發，伏兵四起，兩山旌旗蔽空，鼓聲雷動，矢石雨下。納哈出倉皇北奔，趨連雲島，遇冰城，馬不能前，皆陷入阱中。遂大潰，雲於城中亦出兵，追擊至將軍山畢栗河，斬戮虜人馬及凍死者甚衆。

又 卷一八二 （洪武二十年五月丁未）大將軍宋國公馮勝駐師金山東北，遣右副將軍藍玉至納哈出營降其衆。【略】及是大軍逼之，納哈出計無所出，乃剌吾因勸之降，納哈出猶豫未決。適大將軍馮勝遣指揮馬某往諭之，納哈出乃遣使至大將軍營。陽為納款，而實覘兵勢。勝遂遣玉往一秃河受其降。虜使見大將軍師盛，還報納哈出，納哈出聞知，乃指天嘖嘖歎曰：天不復與我有此衆矣。遂率數百騎，自詣玉約降。

《明史》卷二《太祖紀二》 （洪武二年二月）壬午，至自中都。元平章劉益以遼東降。

又 卷三《太祖紀三》 （洪武）二十年春正月癸丑，馮勝為征虜大將軍，傅友德、藍玉副之，率師征納哈出。【略】

夏四月【略】丁未，納哈出降。閏月庚申，師還。

又 卷四一《地理志二》 洪武四年七月，置定遼都衛。六年六月置遼陽府、縣。八年十月改都衛為遼東都指揮使司。治定遼中衛，領衛二十五，州二。十年，府縣俱罷。東至鴨緑江，西至山海關，南至旅順海口，北至開原。

又 卷一二九《馮勝傳》 久之，大將軍達、左副將軍文忠皆卒，而元太尉納哈出擁衆數十萬屯金山，數為遼東邊害。二十年命勝為征虜大將軍，穎國公傅友德、永昌侯藍玉為左右副將軍，帥南雄侯趙庸等以步騎二十萬征之。鄭國公常茂、曹國公李景隆、申國公鄧鎮等皆從。帝復遣故所獲納哈出部將乃剌吾者奉璽書往諭降。勝出松亭關，分築大寧、寬河、會州、富峪四城。駐大寧逾兩月，留兵五萬守之，而以全師壓金山。納哈出見乃剌吾驚曰：『爾尚存乎！』乃剌吾述帝恩德。納哈出喜，遣其左丞探馬赤等獻馬，且覘勝軍。勝已深入，逾金山，至女直苦屯，降納哈出之將全國公觀童。大軍奄至，納哈出度不敵，因乃剌吾請降。勝使藍玉輕騎受之。【略】勝遣觀童諭之乃降，得所部二十餘萬人，牛羊馬駝輜重亙百餘里。還至亦迷河，復收其殘卒二萬餘、車馬五萬。

又 卷三二七《外國傳八》 納哈出既降，帝以故元遺寇終為邊患，乃即軍中拜藍玉為大將軍，唐勝、郭英副之，耿忠、孫恪為左、右參將，率師十五萬往征之。冬，元將脫脫等降於玉。明年春，玉以大軍由大寧至慶州，聞脫古思貼木兒在捕魚兒海，從間道馳進，【略】遂大破其軍，斬太尉、蠻子數千人。

論說

明·鄧世龍《國朝典故》卷六《平吳録下》 史官曰：張氏據吳建國，偃然自王，其勢若甚易者，何哉？蓋當四方擾攘，民心皇皇，無所依歸，有能保障之者，亦可得以苟安也。惟當時主以遊談之人，濟之以脆輭之卒，上下逸豫，遂忘遠圖。終焉以天兵一臨，獸伏鳥散，三吳故疆，竟歸真主。使張氏如錢俶之見幾待命，不勞血戰，亦足以庇其子孫，何至國蹙城破，身為俘囚，如劉鋹耶！雖然，倔强激烈，負氣而死，其弟兄妻子亦不受辱，較之李重光之柔懦則過之矣。故嘗以所聞故老之語，及士大夫所記，參以史書所載，為録以藏之，後世必有考焉。

明·鄧士龍《平夏録》 且向者亂雄如陳友諒、張士誠，竊據吳、楚，造舟塞江河，積糧過山嶽，强將勁兵，自謂莫敵。然鄱陽一戰，友諒授首；旋師東討，張氏面縛。此非人力，實天命有在也。

雜録

明·皇甫録《皇明紀略》 元至正乙未夏，渡江自和州取太平路，丙申春取集慶路，丁酉春取寧國路，秋取揚州路，戊戌春取建德路，冬取婺州路，己亥秋取衢州處州路，庚子夏取信州路，辛丑冬取饒州路，壬寅春取江西諸路，癸卯秋亢偽漢陳友諒，甲辰春稱吳王，湖南北江東西諸郡皆平，秋取盧州路，乙巳春取寶慶路，夏取襄陽路，丙午春取高郵、淮安、徐宿、濠泗、潁安豐諸路，冬取湖、杭、嘉、紹諸路，丁未春取沅州路，秋取平江路，張士誠平。冬取益都路，及濟寧、萊州東平，由海道取福州，戊申春即皇帝位，南取建寧、延平路，北取東昌路，秋克燕京，元帝北遁。

明·施顯卿《奇聞類記》卷五《神紀》 國初，太祖高皇帝起兵，自和州渡江，大奮天威，剿除僭亂，一戰而取荆襄，再戰而取吳粵，三戰而閩海悉從，四戰而席捲全齊。所過都邑勢如破竹，不數十年奄有天下，唯偽漢陳友諒未降。上率三萬騎大戰於鄱陽湖，敵人咸見空中數萬甲兵，衣絳衣以輔虞，幟上書『蕭王』二字，大敗其師，疑即漢ガ侯也。神荼、鬼栗、玄捜、青海、昆侖、大漠、交址、鐻耳之國，罔不獻琛。是歲戊申，建元洪武，即皇帝位。

清·趙翼《廿二史劄記》卷三六《明史》 明祖之取江州。《明史·趙德勝傳》：至正癸卯，太祖西征陳友諒，破安慶水寨，乘風泝小孤山，距九江五里，友諒始知，倉皇遁去。是友諒不及戰，即往武昌也。《劉基傳》亦云：明祖攻安慶，自旦及暮不下，基請徑趨江州，遂悉軍西上，友諒出不意，帥妻、子奔武昌。亦見國初禮賢録。然御製西征記：抵皖城，寇舟不戰，水陸固守，我師遂宵晝弗停，次日午後，直抵潯陽，與彼交戰，再衝再折，若此者三，彼負而我勝，友諒逃遁，遣將伏降。是明兵到時，友諒亦曾拒戰，既敗而逃。當以西征記為準。【略】

徐達縱元君之誤。陸深《玉堂漫筆》：徐達之蹙元順帝於開平也，開一角，使逸去，常遇春怒無大功，達曰『是常君天下，將裂地封之乎？抑遂甘心也？既皆不可，則縱之固便。』徐禎卿《翦勝野聞》亦謂：達追順帝，忽傳令班師，遇春大怒，馳歸告達反，達料遇春歸必有譖言，乃亦引軍歸，別白此事，謂『若執以歸，將焉用之？』云云。按洪武元年，達、遇春至通州，以八月庚午克元都，順帝已於七月丙寅開建德門北走，固未有故縱之事。二年春，達方在陝西戡定鞏昌、臨洮、慶陽等處，遇春以通州有元丞相也，速來窺伺，乃與李文忠還師北平，既敗元兵，遂追入開平，順帝已北走沙漠，遇春歸，亦卒於柳河途次。是開平之役，達未在行，遇春亦無歸朝面奏之事。且達小心恭謹，當平江攻張士誠時，遣使請事，帝嘉其忠，而以『將在外，君不御』勉之。胡德從征擴廓，違令致敗當斬，達以功臣胡大海之子，械送京，帝曰『將軍效衛青不斬蘇建耳，繼自今，毋姑息。』是達之不敢自專可知。況滅國大事，敢故縱其君乎？《明史》謂：上幸汴梁時，達密請於帝，謂『元帝若北走，將窮追之乎？』帝曰『元運衰矣！行自澌滅，出塞之後，慎固封守可也。』此事較為得實，然達並未追順帝也。陸、徐著述頗可觀，此事乃謬誤如此，蓋徒得之傳聞，而未嘗見實録也。

清朝多民族統一大國進一步發展分部

綜述

後金立國與清朝建號

《滿洲實録》卷一《諸部世系》 太祖欲報祖父之仇，止有遺甲十三副，遂結諸米納，共起兵攻尼康外郎，時癸未歲夏五月也，太祖年二十五矣。【略】諸米納遂背約不赴。太祖乃起兵往攻之，尼康外郎在秃隆城預知，遂遣軍民攜妻子走甲板，太祖兵不滿百，甲僅三十副，克秃隆而回。秋八月，太祖復率兵攻甲板，不意諸米納與其弟奈哈答暗遣人往報，尼康外郎復棄城逃至撫順所東南河口臺，其守邊軍不容進邊，正攔阻時，太祖追至，不料攔阻之故，疑為漢兵助尼康外郎來戰，遂退兵紥營。【略】遂陰定破諸米納之計，陽與諸米納合兵攻城。太祖謂諸米納曰：『爾兵可先攻。』諸米納不從，太祖曰：『爾既不攻，可將盔甲器械與我兵攻之。』諸米納不識其計，將器械盡付之。兵器既得，太祖執諸米納、奈哈答殺之，遂取撒兒湖城而回。其逃散之衆，有復歸者，太祖盡還其妻孥，仍令居撒兒湖，衆修整其城，復叛。【略】

（丙戌年五月）明邊吏遣使言：『尼堪外蘭既入中國，豈有送出之理，爾可自來殺之。』【略】太祖令齋薩帶四十人往索之，及至尼堪外蘭，一見即欲登臺趨避，而臺上人已去其梯。尼堪外蘭遂被齋薩斬之，而回明國因前誤殺太祖父、祖，自此每年與銀八百兩、蟒段十五疋通和好焉。【略】

（丁亥年八月）癸巳年，葉赫國主布齋納林布禄貝勒因太祖不順，糾合哈達國主蒙格布禄、烏拉國主滿泰、輝發國主拜音達哩四國兵馬，於六月内劫去瑚卜察寨。太祖即率兵追之。【略】敗其敵衆，殺兵十二人，獲甲六副、馬十八匹而回。【略】

（辛卯年九月）太祖兵到，立陣于古呼山險要之處，與赫濟格城相對。令諸王大臣等各率固山兵分頭預備，布陣已完，遣額亦都領兵一百挑戰。葉赫見之，遂不攻城，收兵來敵。滿洲兵一戰殺九人，葉赫兵稍退。【略】是戰也，殺其兵四千，獲馬三千匹，盔甲千副，滿洲自此威名大震。

又 卷三 （丁未年九月）時輝發國拜音達里貝勒族衆多投赴葉赫，其部屬亦有叛謀，拜音達里聞之，以七臣之子為質，借兵于太祖，太祖以兵一千助之。【略】太祖復遣使曰：『今質子已歸，汝意又何如也？』拜音達里恃城垣已固，遂絶親。太祖即于九月九日率兵往伐其國，十四日兵到，即時克之，殺拜音達里父子，屠其兵，招服其民，遂班師。輝發國從此滅矣。

又 卷四 （乙卯年）太祖削平各處，於是每三百人立一牛彔額真，五牛彔立一甲喇額真，五甲喇立一固山額真，固山額真左右立梅勒額真，原旗有黄白藍紅四色，將此四色鑲之，為八色成。八固山行軍時，若地廣則八固山並列，隊伍整齊。中有節次地狹，則八固山合一路而行，節次不亂。軍士禁諠嘩，行伍禁紛雜，當兵刃相接之際，披重鎧，執利刃者令為前鋒；披短甲〔即兩截甲也〕善射者，自後衝擊；精兵立於別地相機，勿令下馬，勢有不及處即接應之。預畫勝負謀略，戰無不勝，克城破敵之後，功罪皆當，其實有罪者，即至親不貰，必以法治；有功者即仇怨不遺，必加升賞。用兵如神，將士各欲建功，一聞攻戰，無不忻然。攻則爭先，戰則奮勇，威如雷霆，勢如風發。凡遇戰陣一鼓而勝，又立理國政聽訟大臣五員，札爾固齊十員。太祖五日一朝，當天設案焚香，以善言曉諭國人，宣上古成敗之語。凡事札爾固齊先審理，次達五大臣，五大臣鞫問再達諸王，如此循序問達令。訟者跪于太祖前，先聞聽訟者之言，猶恐有冤抑者，更詳問之，將是非剖析明白，以直究問。故臣下不敢欺隱，民情皆得上達矣。太祖聰明睿智、法度精詳，敬老尊賢，黜讒遠佞，恩及無告，為國事日夜憂勤，上體天意，下合人心，於是滿洲大治。欺詐不生，拾物不匿必歸其主，若不得其主，懸於公署令認識之。五穀收穫畢，縱牲畜于山野，莫有敢竊害者，因是諸王大臣會議恭上尊號，遂表聞于太祖。丙辰歲正月朔甲申，八固山諸王率衆臣聚於殿前，排班。太祖升殿，諸王大臣皆跪，八大臣出班，進御前跪呈表章。太祖侍臣阿敦轄額爾德尼巴克什接表額爾德尼立于太祖左，宣表頌為列國沾恩英明皇帝建元天命。帝於是離座，當天焚香，率諸王大臣三叩首，畢。升殿諸王大臣各率固山叩賀正旦，時帝年五十八矣。

又 卷五 （天命四年正月）明萬曆四十七年正月初二日，征葉赫。

又 卷六 （辛酉天命六年三月）初十日，帝自將諸王大臣，領大兵取瀋陽。【略】

十八日，帝聚諸王大臣曰：『瀋陽已拔，敵兵大敗，可率大兵乘勢長驅，以取遼陽。』

又 卷八 （乙丑天命十年十一月）初五日，鄂巴洪台吉遣五使告急曰：林丹汗舉兵來侵，其勢已迫。帝遂調各路軍士，于初十日，率諸王大臣領大兵往助之。【略】圍遂解，諸王乃還。太祖率兵攻寧遠。

《清太祖武皇帝實録》卷二 （癸丑年正月）親率大兵征之。布占太擬十八日送子與夜黑為質，太祖大兵十七日已至，攻取孫札塔城，領兵前進，克郭多、俄莫二城屯兵。次日，布占太率兵三萬，越弗兒哈城迎敵。太祖部下領兵諸王大臣欲抵敵，太祖止之曰：『豈有伐大國能遽使之無孑遺乎？』仍將前諭之言復申之。【略】諸王臣軍士皆衝擊，兀喇兵遂敗，十損六七，其餘抛戈棄甲，四散而逃。【略】兀喇國自此滅矣。【略】

（戊午天命三年）四月十三壬寅，巳時，帝將步騎二萬征大明，臨行，書七大恨告天。【略】次日，分二路進兵，令左側四固山兵取東州、馬根單二處，親與諸王率右側四固山兵及八固山擺押拉即精鋭内兵也，取撫順所【略】。至十五日晨，往圍撫順城，執一人齎書與遊擊李永芳，令之降。【略】李永芳覽畢，衣冠立南城上言納降事，又令城上備守具。滿洲兵見之，遂豎雲梯以攻，不移時，即登城，永芳衣冠乘馬，方出城降。固山厄真阿溧引之，永芳下馬跪見，帝於馬上拱手答禮。其攻城相敵時死者死，城已克，乃傳令勿殺，皆撫之。此舉下撫順、東州、馬根單三城，臺堡五百餘，乃收兵，各於所進之處安歇，帝宿撫順。

《清太祖高皇帝實録》卷六 （天命四年三月甲申朔）先是，明經略楊鎬齎書之人以二月二十四日至，而二十九日，明總兵杜松等督兵六萬，乘夜列炬，出撫順關。【略】遂督兵赴界凡，對明兵營壘，陣而待。初衆貝勒兵未至時，我國防衛築城夫役之兵四百人，伏撒爾湖谷口，伺明總兵杜松、王宣、趙夢麟之兵過谷口將半，尾擊之。【略】我兵仰而射之，奮力衝擊，不移時，破其營壘，死者相枕籍。【略】明總兵杜松、王宣、趙夢麟等，皆没於陣。【略】大貝勒回至都城，入宫。皇后妃及衆公主方以二路兵至，聚集内廷。見大貝勒至，遂問禦敵策。大貝勒曰：『撫順、開原二路敵兵已破，誅戮且盡。此來兵，已遣將往禦，且彼不能驟至，我待父皇命，當即往破之。』於是，大貝勒復出城十五里，迎上於大屯之野。【略】

（天命四年六月丙午）上率貝勒諸臣統兵攻明之鐵嶺城，圍之。其時，城外各堡兵奔入城，其不得入者，悉奔竄。我軍樹梯楯，攻城之北。明遊擊喻成名、史鳳鳴、李克泰督兵拒守，鎗礮矢石交下。我軍即登雲梯，毁陴堞，摧鋒突入，城上兵驚潰。陣斬喻成名、史鳳鳴、李克泰，盡殲其衆。【略】

（天命四年春正月丙戌）上征葉赫，命大貝勒代善率大臣十六人、兵五千，往守札喀關，防禦明兵。上親率貝勒諸臣，統大軍至葉赫。辛卯，深入其界，自克亦特城、粘罕寨，略至葉赫城東十里，俘獲其人民畜産，焚其十里以外廬舍，又取大小屯寨二十餘，及蒙古遊牧畜産，整兵而還。離葉赫城六十里駐營。當進兵之日，葉赫懼，遣使向明開原總兵馬林告急。林率兵來助，與葉赫合，出城四十里，見我國兵勢强盛，馬林懼，不敢戰而退，上亦班師。【略】

（天命四年六月辛酉）上率兵四萬，取明開原城。【略】丁卯，平旦，薄開原城。明總兵馬林、副將於化龍、權道事推官鄭之範、參將高貞、遊擊於守志、守備何懋官等嬰城守，城上列少兵，餘皆陳四門外。我軍設楯梯進攻，而以偏師掩擊東門外所陳兵，敗之。明兵爭入城，填擁於門。我兵奪門搏戰，而攻城之兵雲梯未布，即踰城入。城上兵四面皆潰，城外三門兵見城破，大驚奔竄。我兵據門堵禦，壕不得渡。盡殲之。【略】

（天命四年八月己巳）上率貝勒諸臣，統大軍復征葉赫國。【略】我軍冒矢石、穴其城、城摧、遂入城。

又 卷七 （天命六年三月壬子）上率貝勒諸臣，統大軍征明，取瀋陽。

又　卷八　（天命七年春正月己未）上率貝勒大臣，統大軍赴廣寧。**【略】**大軍行至廣寧城東三里許之望昌岡，城中比戶焚香，紳士庶民，備乘輿，設鼓樂，執旗張蓋，俯伏迎謁。未刻，上入廣寧城駐蹕。**【略】**凡四十餘城守禦官，各率其所屬百姓來降。上駐軍十日，從廣寧城移大軍向山海關。明經略熊廷弼，盡焚沿途村堡廬舍而走。

又　卷一〇　（天命十一年春正月戊午）上率諸貝勒大臣，統兵征明。庚申，次東昌堡。翼日，渡遼河。軍行，分左右翼，排列曠野。一翼直届南海岸，一翼越遼東至廣寧大路。**【略】**及大凌河、小凌河、杏山、連山、塔山、七城守將軍民，聞我軍至，皆震慴，焚其廬舍糧儲而遁。丁卯，大軍至寧遠。**【略】**明總兵滿桂、寧遠道袁崇煥、參將祖大壽嬰城固守，火器礮石齊下，死戰不退。我兵不能攻，且退。

《清太宗實録》卷一四　辛未歲，上率大兵圍大淩河。

又　卷一五　（天聰七年八月壬戌）遣貝勒阿巴泰、阿濟格、薩哈廉、豪格等，**【略】**往略明山海關。

又　卷三〇　（崇德元年八月癸未）命和碩睿親王多爾袞、和碩豫親王多鐸、多羅貝勒岳托、豪格，及固山貝子諸大臣，率大軍往征明國，分兩翼，先後啓行。先是，上諭諸王貝勒大臣曰：多羅武英郡王統兵往征明國，今將出邊，宜別遣大軍往山海關進發。明國知我兵至，恐山海關有失，必來救援。武英郡王兵，庶得乘隙，從容出邊。其各遵諭行。

又　卷四五　（崇德四年三月丙寅）征明左翼奉命大將軍和碩睿親王多爾袞、右翼多羅貝勒杜度等**【略】**奏報**【略】**曰：『臣等率兵，毀明邊關而入，兩翼兵約會於通州河西。由北邊過燕京，自涿州分兵八道，一沿山下，一沿運河，于山河中間縱兵前進。燕京迤西千里內，六府俱已蹂躪，至山西界而還。復至臨清州，渡運糧河，攻破山東濟南府。至京南天津衛，仗皇上威福，大軍深入，克城三十四座，降者六城，敗敵十七陣，俘獲人口二十五萬七千八百八十。將士凱旋，無一傷者。此皆由皇上神謀睿算，指授方略，臣等謹遵奉行。故所在奏績，亦由皇上訓練有素，將士同心協力之所致也。』右翼杜度疏曰：『臣等從明燕京，西至山西界，南至山東濟南府，蹂躪其地。共克十九城，降者二城，敗敵十六陣，殺其二總督及守備以上官共百餘員，生擒一親王，一郡王，一奉國將軍，俘獲人口二十萬四千四百二十有三，金四千三十九兩，銀九十七萬七千四百六十兩。』

《清世祖實録》卷六　（順治元年秋七月癸巳）上以中原平定，遷都于燕。遣官祭告上帝、太廟、福陵。**【略】**告太廟文曰：臣聞流寇李自成，鴟張肆逆，陷明北京，崇禎帝自經。**【略】**隨命攝政睿親王多爾袞為奉命大將軍，統師西征。未抵山海關，明總兵吳三桂遣使來迎我師。比至，開門納款。我兵即以是日，整伍入關。自成猶擁馬步軍二十餘萬，逆我顏行。大將軍多爾袞，奮張三軍，一戰敗之，追逐四十餘里，俘斬無算。賊首尾不相顧，狼狽西遁。我大兵躡其後，撫諭所過郡縣，直抵燕京。自成惶懼，焚明宮闕，竄走西秦。大將軍復簡精兵，令各王同固山額真等，統領追賊。隨親率師入京，安撫百姓。其大軍追擊賊兵至真定之慶都，兩戰兩敗之。賊勢益不支，鳥獸駭散。河北、山東、山西郡縣人民，悉聞風歸降，接踵恐後，此皆我皇祖之素志也。

《清聖祖實録》卷一三八　（康熙二十七年十二月甲辰）丙辰春正月，恭上尊號曰『覆育列國英明皇帝』，建元天命，時年五十有八。越二年，定策征明。明政久弛，棄絕和好，援我仇讎，蕩搖我邊陲。於是誓告有衆，類帝禡旗而行。遂拔撫順，降臺堡五百所，繼下清河。明大舉稱兵，會于瀋陽，號四十七萬，張左右翼。左翼以杜松，王宣，趙夢麟，張銓由渾河出撫順關，馬林麻岩，潘宗顏由開原合葉赫兵，出三岔口。右翼以李如柏，賀世賢，閻鳴泰由清河出鴉鶻關，劉綎，康應乾，合朝鮮兵出寬奠口。向董鄂四路來侵，太祖皇帝分精騎奮擊，大破其衆，五日而悉殲之。城界凡，取開原，破鐵嶺，滅葉赫。五年，克遼陽、瀋陽，定議建都，始築東京。尋取廣寧，拔撫順。十年，遷都瀋陽。由是東漸海。西訖遼。南及朝鮮。北暨嫩、烏龍江。以至使犬、諸落、諸路，罔不臣服。

定鼎北京與消滅南明政權

《清世祖實録》卷五　（順治元年五月庚寅）攝政和碩睿親王諭兵部曰：今本朝定鼎燕京，天下罹難，軍民皆吾赤子，出之水火而安全之。**【略】**

（順治元年六月丁卯）攝政和碩睿親王多爾袞與諸王貝勒大臣等定

議，應建都燕京。遣輔國公吞齊喀、和托、固山額真何洛會等，齎奏迎駕。奏言：仰荷天眷，及皇上洪福，已克燕京。臣再三思維，燕京勢踞形勝，乃自古興王之地。有明建都之所，今既蒙天界。皇上遷都於此，以定天下，則宅中圖治，宇內朝宗，無不通達，可以慰天下仰望之心，可以錫四方和恒之福。

（順治元年六月甲戌）攝政和碩睿親王諭京城內外軍民曰：我朝剿寇定亂，建都燕京。【略】自今伊始，燕京乃定鼎之地，何故不建都於此，而又欲東移？

又　卷一〇　（順治元年十月戊寅）檄諭河南、南京、浙江、江西、湖廣等處文武官員軍民人等，曰：爾南方諸臣，當明國崇禎皇帝遭流賊之難，陵闕焚毁，國破家亡。不遣一兵，不發一矢，如鼠藏穴，其罪一；及我兵進剿流賊西奔。爾南方尚未知京師確信，又無遺詔，擅立福王，其罪二；流賊為爾大讐，不思征討，而諸將各自擁衆，擾害良民，自生反側，以啓兵端，其罪三。惟此三罪，天下所共憤，王法所不赦，用是恭承天命，爰整六師，問罪征討。凡各處文武官員，率先以城池地方投順者，論功大小，各升一級。抗命不服者，本身受戮，妻子為俘。若福王悔悟前非，自投軍前，當釋其前罪，與明國諸王一體優待。其福王親信諸臣，早知改過歸誠，亦論功次大小，仍與禄養。檄到之處，民人無得驚惶，農商照常安業。特茲曉諭，咸使聞知。

又　卷一四　（順治二年二月辛酉）諭定國大將軍和碩豫親王多鐸曰：聞爾等破流賊於潼關，遂得西安，不勝嘉悦。【略】爾等相機即遵前命，趨往南京。大丈夫為國建功，正在此時，汝其勉之。【略】

（順治二年二月己巳）諭鎮守平陽固山額真阿山、馬喇希、梅勒章京阿哈尼堪等，將滿洲蒙古官兵，與科爾沁兵，及漢軍唐玉、郎紹貞親隨之兵，俱會合定國大將軍和碩豫親王，往征南京。

又　卷一七　（順治二年六月丙寅）以福王就擒，遣侍衛綽克圖、巴克善等齎敕往諭和碩豫親王多鐸等，敕曰：覽王等奏捷，不勝喜悦。江南既定，福王就擒，此皆王與諸臣協力效忠所致。以天下為一家，正此時矣。王可移文各該地方，宣布德意招撫居民。【略】

（順治二年六月）己卯，以南京平定，頒赦河南、江北、江南等處。詔曰：【略】本朝立國有年，幅員既廣，醇樸為治，無意並兼，向來疆埸構兵，本欲言歸於好。不期寇凶極禍，明運永終。於是整旅入關，代為雪耻。猶以賊渠未殄，不遑起居，隨命二王，誓師西討。而南中乘釁立君，妄僭尊號，罔念國恤，亟行亂政，重困人民，負四海不義之名，阻東南向化之路。朕用是夙夜祗懼，思救煢黎，西賊既摧，旋命南伐。上托祖宗之休烈，下藉叔父之成謨，定國大將軍豫親王，扶義而東，兵無頓刃，河南江北，次第歸誠。甫克維揚，隨平江左，金陵士女，紹我見休。既獲福藩，南土略定，從此輕徭薄賦，可漸進于昇平。

又　卷二二　（順治二年十二月癸巳）江西總兵官金聲桓奏報：閩中擁立唐藩，遍加偽職。督臣佟養和發兵三營，合臣馬步兵，四路進剿。遣副將李士元、王得仁、湯執中等攻南贛，擊敗偽閣部李永茂、鄉紳楊廷麟，劉同昇、萬元吉、揭重熙，及福建之永寧王、羅川王、饒州之偽閣部黄道周、袁州之偽總督何騰蛟等數十萬衆。擒獲偽都督陳祖恩、方重志、余時、張禮、沙孟志、蔡欽、金世任、督兵內監胡應龍。

又　卷二九　（順治三年十一月癸卯）征南大將軍多羅貝勒博洛，既定全浙，隨分兵由衢州、廣信兩路進師福建。固山額真公圖賴等擊敗偽閣部黄鳴駿等，于仙霞關遂破浦城。前鋒統領努山等擒斬偽巡撫楊廷清、李暄，分遣署護軍統領杜爾德、前鋒參領拜尹岱等攻下建寧、延平等府。聞偽唐王朱聿釗遁走汀州，遣護軍統領阿濟格尼堪、杜爾德等，率兵追襲，直抵城下。我軍奮擊先登，擒斬朱聿釗，及偽陽曲王朱盛渡、西河王朱盛洤、松滋王朱演漢、西城王朱通簡，並偽官偽伯等，撫定汀州。偽總兵姜正希，率兵二萬，復襲汀州，乘夜登城。我兵擊敗之，斬殺萬餘級。

又　卷一三四　（順治十七年夏四月丙午）平西王吴三桂疏言：滇南負固有年，一朝戡定。獨逆渠李定國等，挾偽永曆，遁出邊外。是滇土雖收，滇局未結。

清・吴偉業《鹿樵紀聞》卷下《桂王上》　明永明王由榔，神宗之孫也。崇禎末，隨父桂王避賊梧州。及兩京浙閩相繼覆滅，其時桂王已薨，於是廣中督撫丁魁楚、瞿式耜迎永明王肇慶，稱監國。唐王之弟聿鐭在羊城，聞之，使陳邦彦來約和。永明王召其下，問和與戰孰便？邦彦因進説曰：『天潢之序，固應屬王，何和之有？然外患方興，奈何尋蹤譚尚？為今計，不若早正大位，以一人心。』魁楚然之，遂以順治三年十月僭號，改元永曆，遣彭耀往諭廣州。比至，聿鐭已稱帝，執耀殺之。臘月，命瞿式耜東討聿鐭，前部林佳鼎輕進敗没。丁亥正月，王師克羊城，乘勝而西，永明王走梧州，丁魁楚為李成棟所誘，死于藤江。是月，肇慶破，瞿式耜以永明王奔桂林。二月，太監王坤勸永明王入楚，永明王從之，出駐全州，留式耜守桂林。三月，李成棟襲桂林，式耜與總兵焦璉力戰拒之，王師不能克。四月，武岡守將劉承胤以永明王如武岡，李成棟復攻桂林，弗克。八月，定南王兵渡洞庭，何騰蛟戰敗，自長沙南奔，永州守將曹志建亦棄永州走鎮峽。王師進駐湘潭，尚王從東路渡江攻燕子窩，總兵陳士明等迎降。耿王別率兵趨湖西，破郝永忠，從寶慶直抵武岡。劉承胤見事急，乃偽降，密使副將謝復榮以永明王奔古尼，追兵迫，復榮以五百人斷後，皆死焉。九月，正師進攻沅州，守將張璧先棄城走。永明王復自古尼走柳州，道阻，還次象州，資用乏絕，從臣狼狽，皆以青布裹頭，漸欲散去；會王師於全州失利，撤兵北去，始得復還桂林。

清·邵廷采《東南紀事》卷二《魯王以海》 大清盡取雲南地。夏六月，成功北舉，克鎮江，圍南京，張煌言先驅，抵蕪湖、徽、寧、池、太諸郡皆下。秋，大清將梁化鳳襲破海師，煌言亡歸台州。

《清聖祖實録》卷六 （康熙元年二月庚午）先是，平西大將軍平西王吳三桂、定西將軍內大臣公愛星阿等，奉命征緬。兩路進兵，于順治十八年十一月初八日，會師木邦。偽晉王李定國，先奔景線。偽鞏昌王白文選，遁據錫波，憑江為險。官兵自木邦，晝夜行三百餘里，臨江造筏將渡。白文選復奔茶山，吳三桂、愛星阿遣總兵官馬寧等，率偏師追之。自領大軍，直趨緬城。【略】十二月初一日，大軍至緬城。緬酋震懼，遂執朱由榔，獻軍前。殺偽華亭侯王維恭等一百餘人。總兵官馬寧等追及白文選於猛養，白文選降，滇南平。

裁撤三藩與興復臺灣

《清聖祖實録》卷一〇 （康熙二年十二月甲午朔）靖南王耿繼茂、福建總督李率泰等疏報：十月二十一日，臣等統率大軍渡海，攻克廈門。賊衆驚潰登舟，水師提督施琅，會荷蘭國夾板船，邀擊之，斬首千餘級。

乘勝取浯嶼、金門二島。逆賊鄭錦、周全斌等，勢窮宵遁。

又 卷四四 （康熙十二年十二月丁巳）四川湖廣總督蔡毓榮疏報：吳三桂反，偽稱天下都招討兵馬大元帥，以明年甲寅為周王元年。【略】

命西安將軍瓦爾喀進四川，諭曰：四川與滇省接壤，今吳三桂已反，爾可率副都統一員，悉領騎士，選撥將領，星馳赴蜀。凡自滇入川險隘之地，俱行堅守，大兵不日進剿雲南。

又 卷四六 （康熙十三年三月）庚辰，杭州將軍圖喇疏報：耿精忠據福建反。

又 卷四八 （康熙十三年六月甲午朔）今湖廣遣寧南靖寇大將軍多羅、順承郡王勒爾錦，由湖南進剿雲貴，吳逆指日授首。鎮南將軍尼雅翰，統領大兵，由廣西進剿雲貴。四川遣安西將軍赫業，及西安將軍瓦爾喀等，統領大兵，已攻克七盤、朝天等關，直抵保寧，克期底定全川，並剿雲貴。定南將軍希爾根，統領大兵，由江西進剿福建。平南將軍賴塔，由浙江進兵。平寇將軍根特巴圖魯，由廣東進剿福建。又遣揚威將軍阿密達、鎮西將軍席卜臣、安南將軍華善、鎮東將軍喇哈達等，各統領大兵，駐紮江南京口等處，調度征剿。耿精忠殲滅，在於旦夕。【略】尋又諭平南將軍賴塔、浙江將軍圖喇、總督李之芳、巡撫田逢吉、提督塞白理等：耿精忠作逆。蹂躪地方。大干國法。已遣發大兵。於浙江、江西、廣東。三路進剿。

又 卷五一 （康熙十三年十二月庚子）定西大將軍多羅貝勒董額疏報：是月初四日，提督王輔臣兵叛于寧羌州。

又 卷五二 （康熙十四年春正月戊子）上諭之曰：逆賊吳三桂，久據湖南，奸宄乘勢竊發，滇、黔、川、閩，遂爾淪陷，廣西、陝西，逆孽猖獗，湖南一隅，誠賊根蒂，四方羣寇所觀望，必速滅吳三桂，底定湖南，則各地小醜，聞風自散。今荊州兵未能渡江，而岳州兵又難驟進。王抵江西，宜由袁州，直取長沙，一以斷賊餉道，一以分賊兵勢，一以扼廣西咽喉，一以固江西門戶。烏合之衆，自當瓦解，荊岳大兵，即可乘機直進。【略】

（康熙十四年正月辛酉）諭兵部：逆賊吳三桂，據守岳澧諸處，恃

有長沙衡州之粟。今安親王率師往江西，可令一到南昌，即簡江西軍中馬匹，由袁州取長沙，斷賊糧道，夾攻岳州。【略】

（康熙十四年二月辛丑）奉命大將軍和碩康親王傑書疏報：桃花嶺與縉雲逼近，乃恢復處州要路。逆賊耿精忠，遣僞總兵沙有祥，屯守處州，踞嶺險要。因遣副都統馬哈達、總兵官李榮等，率兵往攻。自已至酉，奮勇剿殺，毀柵而入，當陣招降僞遊擊張漢皋，殺賊五百餘。遂逾桃花嶺，乘勝克復處州。

又　卷六〇　（康熙十五年四月）辛酉，江西總督董衛國疏報：賊犯廣東，總兵官苗之秀、副將吳啓鎮等，相繼叛。尚之信陰與賊通，受吳三桂招討大將軍僞號，於二月二十一日，守其父尚可喜第，倡兵作亂。

又　卷六一　（康熙十五年六月壬子）撫遠大將軍都統大學士圖海疏報：臣統兵抵平涼，大敗賊於平涼城下。即遣劄授參議道周昌，入城招王輔臣，王輔臣隨遣其副將謝天恩乞降。【略】

（康熙十五年六月戊寅）撫遠大將軍都統大學士圖海奏言：臣接奉赦詔，於本月初六日，復令周昌，齎詔入城。次日，王輔臣遣僞布政使龔榮遇等，率士民詣軍門，獻軍民冊。又遣其子王繼楨，及僞總兵蔡元等，繳所受吳逆僞敕二紙，僞平遠大將軍印、陝西東路總管將軍印，各一顆，及諸僞劄。臣見王輔臣尚懷疑懼，於十三日，復遣周昌，並臣侄前鋒侍衛保定前往，温言開諭。王輔臣於十五日，即至臣營，叩頭謝恩，遂入城薙髮，率衆來降。

又　卷六三　（康熙十五年十月庚午）奉命大將軍和碩康親王傑書，帥師抵延平，僞將軍耿繼美等以城降，耿精忠聞之大懼。隨遣精奇尼哈番劉蘊祥等，赴延平，獻僞總統將軍印。續遣子耿顯祚，來迎康親王師。抵福州府，令侍讀學士尹泰，齎免死敕諭前往。耿精忠於十月初四日，率僞文武官員，出城迎降，獻所屬官兵冊籍，尋耿精忠請隨大兵立功贖罪。康親王以聞。上命耿精忠，仍留靖南王爵，率伊所屬官兵，隨大兵征剿海逆，圖功贖罪。原任巡撫劉秉政等，俱著來京。其藩下官員，及兩鎮標下武弁，仍留原任。兵丁照額設外，其餘願效力者，分隸提鎮各標，願歸農者，原籍安插。

又　卷六四　（康熙十五年十二月丁巳）尚之信遣人齎密疏，至揚威大將軍和碩簡親王喇布軍前乞降。

又　卷六六　（康熙十六年三月甲申）諭議政王大臣等：今閩地悉定，大將軍安親王，圍困長沙已久。將軍穆占，復帥師進剿。將軍鄂內，統兵水陸赴岳，殲滅吳逆，蕩平諸寇，在此一舉。康親王宜及兵威大振之時，分遣官兵，同耿精忠兵，進取潮州。【略】尋尚之信、傅弘烈密疏納款。劉進忠、苗之秀，各報投誠。上以尚之信等原疏，抄發康親王傑書等，令速進廣東。

又　卷六七　（康熙十六年六月乙未）諭平南王尚之信齎奏參將羅思漢曰：【略】據今時勢，剿滅吳三桂，甚為緊要，大兵進取，務貴神速。吳逆近在湘潭，其意蓋以大兵必從衡永、廣東進攻，故據此為備。今廣西若能反正，爾正即宜率兵三路進剿。滿洲大兵，亦令各路遣發。前此，吳三桂率領僞將軍十八人，賊兵十萬，屯聚長沙，挑濠立樁，僅可支援旦夕。若大兵數路並進，吳逆斷無如許僞將賊兵，隨處備設濠樁，以與大兵相抗，其滅亡可翹足而待矣。

又　卷七六　（康熙十七年八月甲申）尋議政王大臣等奏：吳逆首啓亂階，諸方震擾。皇上特抒神略，命將出師，分路進征，剿撫並用。陝西、福建、江西、浙江、廣東諸省，以次削平，僅吳三桂困守一隅，旦夕可滅。【略】

（康熙十七年八月乙未）揚威大將軍和碩簡親王喇布疏報：吳三桂初病中風噎膈，有犬登其案而坐，因病甚，口不能張，且下痢，於本月十七日遂死。賊黨閉衡州城門，潛調僞將軍胡國柱、馬寶等，于永興諸處，取吳三桂孫于雲南。越四日，胡國柱等自永興至衡州，始啓城門，通行旅。征南將軍穆占，亦疏報：據護軍統領喇賽、前鋒統領薩克察巴圖魯報：賊自本月初二，以至二十日，屢逼永興。滿漢官兵，晝夜堅守，屢退賊衆。二十一日夜，賊焚其營遁。上諭議政王大臣等曰：覽大將軍簡親王等奏，逆賊吳三桂已死，渠魁既殞，賊必內變。諸路將軍，宜乘時各統大兵，分路進剿，克復疆圉。永興賊既遁去，簡親王宜由茶陵赴安仁，進逼衡州。其永興官兵，勞苦已久，可駐茶陵諸處暫息。自陝西調來副都統誇代所領每佐領兵二人，不必遣赴茶陵，即留岳州軍前。大將軍貝勒察尼等，務水陸夾擊，速取岳州。

又　卷八八　（康熙十九年二月丁卯）諭議政王大臣等：成都、保寧、順慶諸府，今已恢復，四川底定。湖廣大兵，今正分道進定雲貴。其廣西滿洲緑旗大兵，休息日久，亦當乘機速進。大將軍簡親王，留每佐領兵一人于桂林，其餘官兵，王盡帥之，往屯柳州。大將軍平南王，可駐守貴縣。將軍莽依圖、馬承蔭、都統馬九玉、總督金光祖等，可各率所部官兵，並酌調平南王藩下官兵，分道進取雲貴。

又　卷一一〇　（康熙二十二年六月己巳）福建水師提督施琅題報：臺灣逆賊劉國軒，知臣等將乘南風進剿，傾巢而來，堅守澎湖。凡沿海之處，小船可以登岸者，盡築短墻，安置腰銃。臣總統舟師，六月十六日進發。署右營遊擊藍理等，以鳥船首先攻敵。時值潮水正發，前鋒數船，被賊圍困。臣親駕船沖入，殺退賊船。興化鎮臣吴英，繼後夾攻，焚殺偽將軍沈誠等大小賊目七十餘員、賊兵三千餘名。十八日，進取虎井、桶盤嶼。二十二日，遣總兵官陳蟒、魏明等，領船五十隻為奇兵，直入雞籠嶼、四角山，夾攻。又遣隨征總兵官董義、康玉等，駕船五十隻為疑兵，直入牛心灣牽制。又將大鳥船五十六隻居中，分為八隊，每隊駕船七隻，各作三疊，留船八十隻，為後援。臣指揮督率，直進撲剿，賊船齊出迎戰，總兵官林賢、朱天貴等，繼進夾擊。自辰至申，我師奮不顧身，戮力殺賊，擊沉大小賊船一百九十四隻，焚殺偽官三百餘員、賊兵一萬二千有奇。劉國軒力不能支，乘快船從吼門潛遁，偽將軍楊德等一百六十五員，率賊兵四千八百餘名，倒戈投降。是役也，以七日夜，破數十年盤踞之賊。抵澎之後，海不揚波。進師之時，潮漲四尺，以佐成功。此皆皇上天威所致。

又　卷一一一　（康熙二十二年八月戊辰）福建水師提督施琅題報：臣於八月十一日，率領官兵，自澎湖進發。十三日，入鹿耳門，至臺灣。十八日，鄭克塽及偽文武官，俱已薙髮。宣讀赦詔，鄭克塽等，歡呼踴躍，望闕叩頭謝恩。所有鄭成功之子偽輔政公鄭聰等六人、鄭錦之子鄭克塽，及其弟偽恭謹侯鄭克舉等九人、偽武平侯劉國軒、偽忠誠伯馮錫范等子弟，及明裔朱桓等十七人，並續順公下官兵家口、海澄公家口，俱撥船配載，官兵陸續護送，移入内地。並移諮侍郎蘇拜，及督撫聽其安插。其餘偽文武各官家口，見在趣令起行。兵丁有願入伍及歸農者，聽其自便。至於江浙閩粵各省，被獲男婦，臣仰體皇仁，已悉令回籍。其偽冊印劄付，已次第追繳。倉庫、人民、戶口、冊籍、船艘、軍器，俱令巡海道線一信等察收。

又　卷一一五　（康熙二十三年夏四月己酉）差往福建料理錢糧侍郎蘇拜會同福建督撫提督疏言：『臺灣地方千餘里，應設一府三縣，設巡道一員分轄。應設總兵官一員、副將二員、兵八千，分為水陸八營。澎湖應設副將一員、兵二千，分為二營。每營各設遊守千把等官。』從之。

清·劉獻廷《廣陽雜記》卷一　施琅於康熙二十二年六月十九日破澎湖，七月十三日自澎湖進兵，十九日至鹿耳門，入臺灣。二十二日，延平王鄭克爽奉故明魯王第八子朱柏、朱慈爌、侯劉國軒、伯馮錫蕃等，奉表歸降。荊南寧靜王朱術桂一門八口，即日自盡。

又　卷二　吴三桂據湖南，兵駐松滋久。乙丙之間，和碩安親王統大兵自江西袁州直趨湖南，兵至長沙之東。三桂聞穆將軍為戰將，不敢輕敵，丙子二月，自松滋退軍長沙距戰。梁質人自江西為韓非有求援，三桂之意先敗安王而後援吉安，訂於三月初一日合圍，留質人曰：『汝於壁上觀吾軍容。歸以語東方諸豪傑也。』官山在長沙東南，與瀏陽相值。安親王軍長沙東，官山之後；三桂軍長沙西，連營岳麓山，亙數十里，軍容之盛，近古未有也。三桂欲自與安親王決戰，諸將苦諫而止，皆誓死以戰。三桂坐瀏陽門樓，質人以三桂命立城上。安親王發兵十九路，自城北鐵佛寺後布陣至城之西南，長數十里；三桂亦發兵十九路以應之。將軍王緒先陷陣，清兵合圍之數重，旗幟盡偃，金鼓無聲，城上人盡失色，以為此軍全没矣。少頃，聞交鎗連發如急鼓，清兵紛紛墮騎，王緒軍衝突無前，莫有攖其鋒者，深入敵境，獲全勝而返。偽將軍吴應貴者，三桂之侄也，搏戰為流矢所中，貫腮墮馬，夏國相力戰，救之而歸。穆將軍追至城下，三桂於近城設伏以防，巨象伏岡下，敵至，起而沖之，清兵披靡而走。交鋒者凡三路，馬寶軍大捷，餘殺傷略相當，呼聲動天地。血戰至日中，天忽大雨，交鎗不得開，各斂軍而退。三桂初意氣吞官山，先發十九路，餘軍駐岳麓，留為更番地，不勝則後軍繼之，必平官山而後已。及見應貴傷，復值大雨，為之奪氣。曰：『天意不測。』遂入城而守，清兵亦掘濠不復出。未幾，應貴死。

清・董含《三岡識略》卷八《削平諸逆》 三桂以移藩，據滇反叛，僭號大周，於甲寅正日稱帝於衡州，建起宮殿，改元昭武，鑄錢曰『利用通寶』。四方起兵從逆者，則有靖南王耿精忠，平南王尚之信，廣西將軍孫延齡，陝西提督王輔臣，潮州總兵劉進忠，四川提督鄭蛟鱗，雲南總兵馬寶，四川總兵譚弘，襄陽總兵楊來嘉等。羣衆蜂起，望風歸附，大者擁衆數十萬，小者亦不下數萬，羽檄交馳，區分割裂。乃八年之內，睿謀獨運，以次削平，信乎神器不可以力爭也。

統一蒙古與戡定回疆

《清聖祖實録》卷七六 （康熙十七年戊午八月庚午）靖逆將軍甘肅提督侯張勇疏言：【略】有鄂齊爾圖汗屬下達爾漢哈什罕，曾為噶爾丹擄去，今往西海，遇而問之。彼言噶爾丹既殺鄂齊爾圖汗，今歲二月內，令其屬下兵丁殷實者，各備馬十匹、駝三隻、羊十隻，窘乏者，馬五匹、駝一隻、羊五隻，自其地起兵，不知何向。

又 卷一三一 （康熙二十六年九月庚子）喀爾喀土謝圖汗、戴青墨爾根台吉遣使奏言：噶爾丹書至，我等曾遣使致覆，彼意終不釋然。且喀爾喀之在厄魯特處者，及厄魯特之向與喀爾喀通好者，俱言噶爾丹分南北兩路來攻，喀爾喀右翼人等，除札薩克圖汗，及得克得黑戴青台吉之外，餘俱言噶爾丹興兵是實。【略】尋議覆：厄魯特、喀爾喀，俱係本朝職貢之國，應遣敕令其罷兵，同歸於好。仍敕達賴喇嘛，令其遣使，諭令罷兵。其土謝圖汗敕書，即發來使布延圖寨桑等齎去；噶爾丹敕書，即交來使陶賴哈什哈等乘驛齎去；達賴喇嘛處敕書，發與喇嘛商南多爾濟、郎中布顔圖齎去。上從之。

又 卷一三五 （康熙二十七年六月庚申）尚書阿喇尼疏報：噶爾丹率兵掠厄爾德尼沼居民，直抵喀喇卓爾渾之地，距澤卜尊丹巴所居，僅一日程。

又 卷一三六 （康熙二十七年秋七月丁丑）巴林王納木達克台吉阿拉卜坦等奏報：喀爾喀兵敗于厄魯特，土謝圖汗、澤卜尊丹巴遁走。其屬下台吉等，入內奔竄，來投者甚多。

又 卷一三七 （康熙二十七年九月丁丑）先是，巴林、烏朱穆秦、蒿齊忒、克西克騰、科爾沁、阿霸哈納、蘇尼特、阿霸垓、札魯特、歸化城、土默特之各旗蒙古王、台吉等，節次奏報：喀爾喀戴青台吉等，共二十八人，各率所屬人衆，入邊請降。奉旨令：來降之喀爾喀，准於汛界以內遊牧。

又 卷一四八 （康熙二十九年八月辛酉）撫遠大將軍和碩裕親王福全等疏報：七月二十九日，臣等聞厄魯特，屯于烏闌布通，即整列隊伍。八月初一日，黎明前進，日中見敵，設鹿角鎗礮，列兵徐進。未時，臨敵，發鎗礮擊之，至山下，見厄魯特于林內隔河高岸相拒。橫臥駱駝，以為障蔽。自未時交戰，至掌燈時，左翼由山腰捲入，大敗之，斬殺甚多。右翼進擊，為河崖淖泥所阻，回至原處而立。本欲盡滅餘賊，但昏夜地險，收兵徐退。其噶爾丹死於亂兵與否，俟後查明另奏。【略】

（康熙二十九年八月癸酉）先是，撫遠大將軍和碩裕親王福全等疏言：噶爾丹迫於追襲，自什拉穆楞河載水，橫度大磧山，連夜遁走于剛阿惱爾。臣等欲追，而馬力不能前進，又恐噶爾丹去遠，因與濟隆胡土克圖約，使噶爾丹近我而止，以定禮好。遣侍衛吳丹、護軍參領塞爾濟等，偕濟隆往諭之。【略】上命議政王大臣集議。尋議：【略】王等仍率大軍駐彼，探噶爾丹出邊遠去實音。令蘇爾達軍，照常防守。從之。

又 卷一七四 （康熙三十五年六月癸丑）達賴喇嘛使人戈尼爾羅卜臧派克巴格隆等，奉諭自西寧至京。上命領侍衛內大臣索額圖、大學士伊桑阿傳諭曰：噶爾丹敗于烏闌布通，遁走之時，首頂威靈佛像，設誓云：不但聖上屬下人民，即喀爾喀降人以外，再不敢復犯矣。去年又背誓，至克魯倫地方，殘害喀爾喀，掠我降人納木札爾陀音。於是朕親統大軍往討，噶爾丹懼而奔遁，適遇我防禦之兵，誅殺過當。噶爾丹率數人逃竄，餘者盡降，厄魯特遂滅。

又 卷一九〇 （康熙三十七年冬十月乙巳）命勒昭莫多碑文曰：康熙三十五年，歲次丙子，五月丙辰朔，十三日戊辰。大清皇帝征討厄魯特噶爾丹。大兵邀擊于昭莫多之地，盡殲賊衆。御筆勒銘：天心洪佑，翦逆摧凶。困獸西竄，膏我軍鋒。一鼓而殲，漠庭遂空。磨崖刻石，丕振武功。

又 卷二八八 （康熙五十九年十月）乙卯，撫遠大將軍允禵疏報：平逆將軍延信等，率領大兵，於八月十五日，駐紮卜克河地方。是夜，策零敦多卜等率衆來犯，擊敗之，奪其馬匹器械。十九日，自卜克河起程。二十日，駐紮齊嫩郭爾地方。三更時，有賊兵二千餘人來襲我師。我師嚴整備禦，賊衆久持，不能抵敵，遂奔北。二十一日，自齊嫩郭爾起程。二十二日，駐紮綽馬喇地方。是夜五更，又有賊兵千餘劫營，因營中四面哨兵，鎗礮矢石齊發，賊兵被傷身死者甚多，餘賊皆望風而遁。延信等，隨率領漢官兵，于九月初八日，自達穆地方起程，送新封達賴喇嘛進藏。【略】

丁巳，靖逆將軍富寧安疏言：今歲，阿勒泰、巴爾庫爾兩路官兵，襲擊策妄阿喇布坦邊境。將軍延信等，進兵安藏。各遵皇上指授，大振軍威。賊人聞之，心膽俱碎。或因窘迫之故，遣使投降，詐為緩兵之計，亦未可定。

《清世宗實録》卷七九（雍正七年三月丙辰）命領侍衛内大臣三等公傅爾丹，為靖邊大將軍，北路出師。川陝總督三等公岳鍾琪，為寧遠大將軍，西路出師。征討準噶爾、噶爾丹策零。

又　卷九四（雍正八年五月丁丑）諭大學士等：準噶爾噶爾丹策零，藏匿負罪，潛逃之羅卜藏丹津，抗違國法。因特發兩路大兵，聲罪致討。期於今年進發，直搗伊里。今噶爾丹策零，遣使特磊，奉表陳奏，謂已將羅卜藏丹津解送天朝。因聞進兵之信，暫行中止。若天朝俯念愚昧，赦其已往，即將羅卜藏丹津解送等語。朕欲將特磊遣回，並差大員至準噶爾，諭以受封定界，敦族睦鄰，速將逃匿送出。伊若一一聽命，朕當寛宥其罪。其進兵之期，暫緩一年。俟特磊起身之後，著寧遠大將軍岳鍾琪、靖邊大將軍傅爾丹、參贊大臣陳泰、蘇圖來京，其靖邊大將軍印務，著副將軍巴賽護理。

又　卷一〇八（雍正九年秋七月癸酉）靖邊大將軍傅爾丹摺奏：臣等於六月初九日進兵，十七日擒獲賊夷，已陸續奏聞。二十日，遇賊二萬餘人，連日交戰，殺賊數千。因賊夷踞山拒險，難以仰攻，移營和通腦兒地方。誘賊邀擊，賊人益兵尾追，圍困軍營。索倫、察哈爾、歸化城、土默特、喀喇沁兵丁，俱乘機潰散逃遁。臣等整齊殘兵，且戰且走。賊人追擊，晝夜力戰。臣傅爾丹等，渡哈爾哈納河，於七月初一日，已至科布多修城地方。前因索倫等處逃兵，妄造訛言。都統衮泰等，以全軍失利奏聞。今因賊人有從科布多河兩路來犯之信，臣現在辦理防守之事，其每日交戰情形，陣亡大臣官員，查明續奏。

《清高宗實録》卷四〇七（乾隆十七年正月甲申）定邊左副將軍成衮扎布奏：據防卡驍騎校齊克慎報稱，準噶爾、宰桑瑪木特等，遣人前來告稱，本處台吉達瓦齊作亂，在納林布魯爾地方，被我兵殺敗。達瓦齊與阿睦爾撒納等十二人逃出，不知去向。是以我台吉令阿爾台等處遊牧宰桑三人，帶兵往烏蘭大阪、努克穆隆、都什托羅海、華碩羅圖、洪郭爾鄂隆、舒魯克圖、得樓等七處隘口駐紮，以防達瓦齊與阿睦爾撒納遠遁。

又　卷四六九（乾隆十九年七月丁酉）諭軍機大臣等：據策楞等奏，輝特台吉阿睦爾撒納等，移帶眷屬四千餘戶，前來投誠。阿睦爾撒納係準噶爾大台吉，今與達瓦齊離異，輸誠歸順，深可嘉憫。

又　卷四七七（乾隆十九年十一月甲午）以進剿達瓦齊，宣諭准部，詔曰：誕告爾准夷有衆，昔爾台吉噶爾丹策零，衹服朕訓，恭順無失。朕嘉其誠篤，二十年來，疊沛恩施，俾爾有衆，各得休息。逮策妄多爾濟那木紮勒，承襲台吉，朕復加恩悉如其舊。乃策妄多爾濟那木札勒，賦性暴戾，不恤其衆。喇嘛達爾札，因而篡弒，于時曾欲代申天討，殲此逆亂。念噶爾丹策零後嗣，惟有喇嘛達爾札一人，用是恩施格外，未加剿除。達瓦齊以噶爾丹策零臣僕，敢行篡弒，致噶爾丹策零後嗣滅絶。且又殘害同人，酷虐其下，敗壞黄教，悉令還俗。朕念噶爾丹策零，恪恭敬順，事朕有年，安忍視其宗滅地亡。使衽席黎元，流歸左道。又值杜爾伯特台吉車淩、車淩烏巴什、輝特台吉阿睦爾撒納等，不勝其虐，率屬投誠。朕君臨天下，一視同仁，車淩等瀝誠祈請，朕焉有不收留撫養之理？【略】今為爾衆兩路興師，北路命將軍班第、阿睦爾撒納，西路命將軍永常、薩喇勒，率兵前進，平定準部。

又　卷四九二（乾隆二十年秋七月丁丑）又諭：現達瓦齊已被擒獲，准部悉平。著薩喇善告知達賚喇嘛，令其欣悦。

又　卷四九六（乾隆二十年九月丁丑）諭曰：阿睦爾撒納，包蓄異志，敢為逆亂，實由和托輝特郡王青滚雜卜逢迎慫恿所致。又承阿逆風旨，將派出入覲之諸爾布、丹津帶往烏梁海地方。情罪斷難寛宥，著傳諭哈達哈，將青滾雜卜，從容令至軍營，即拏解來京。並曉諭和托輝特人衆，青滾雜卜獲罪擒治，與爾等無涉。

又　卷五〇六　（乾隆二十一年二月壬子）又諭曰：逸賊阿睦爾撒納，現已就擒，軍務告竣。

又　卷五四七　（乾隆二十二年九月己酉）諭：據兆惠、富德奏稱，詢問自森博羅特遇見之人，據伊供稱，逆賊阿睦爾撒納，帶領八人，前赴俄羅斯，被俄羅斯人拏獲，送往察罕汗。又有由哈薩克投來之厄魯特，供亦相同。看來逆賊阿睦爾撒納，往投俄羅斯屬實。

又　卷五五五　（乾隆二十三年正月丙辰）以平定準噶爾，及哈薩克歸降，宣諭布嚕特部落。諭曰：準噶爾自噶爾丹策零身故以來，互相殺害，羣生不得寧居。朕為天下共主，罔有內外，一體撫綏，何忍坐視其亂。用是特遣大兵，平定伊犁，擒獲達瓦齊，安集衆厄魯特部落，俾得其所。乃準噶爾人等聽逆賊阿睦爾撒納之言，反覆逃叛，為大兵擊敗。阿睦爾撒納逃入哈薩克，我兵深入追襲，哈薩克阿布賚拒戰，大敗，僅以身免，始悔為逆賊所誤。于上年遣使歸誠，欲擒獻阿睦爾撒納，逆賊知覺，復逃入俄羅斯。今已出痘身死，俄羅斯遣人送屍請驗。在準噶爾人等，罪惡深重，不得已始行剿滅，以靖邊陲。

又　卷五六六　（乾隆二十三年秋七月庚寅）又諭：據雅爾哈善等奏稱，逆酋霍集占，率賊衆數千，親援庫車。大臣官兵等，斬馘搴旗，逆酋負傷僅免。

又　卷五七一　（乾隆二十三年九月丙午）定邊將軍兆惠疏奏：阿克蘇回衆頗拉特等歸誠。諭軍機大臣等：據兆惠奏稱，大兵已抵阿克蘇，回衆出降。現領兵速進，計霍集占不久就擒。

又　卷五七七　（乾隆二十三年十二月壬午）參贊大臣尚書舒赫德奏：十二月初三日，有回人托克托默特，自葉爾羌來投。詢據大兵至葉爾羌，布拉呢敦自喀什噶爾領馬步五千人，霍集占領馬步萬人，合圍大兵三十餘日。因聞喀什噶爾所屬英吉沙爾城，忽被布嚕特搶掠，二賊猝謀禦敵。是日薄暮，將軍領兵縱火，奪賊營二，劫殺看守人衆過半。二賊相謂，此必將軍與布嚕特有約，即圍守經年，諒難取勝，且力亦不支，莫若議和。因遣所屬，及厄魯特各一人通信。將軍拘留不遣，以矢射書傳諭云，爾兄弟果欲納款，當入覲大皇帝，否則不允。

又　卷五九七　（乾隆二十四年九月丁丑）諭曰：將軍兆惠、富德等先後奏報，大兵追剿逆賊霍集占、布拉呢敦，抵巴達克山界。其部長素勒坦沙告稱，遵將軍大人諭，邀擊二賊，現已槍斃霍集占，生擒布拉呢敦。所差侍衛薩穆坦，俱經目睹。但回部信奉經典，從無自擒族類，轉送與人之例。若竟呈獻天朝，恐別部落必來滋事，是以求免等語。已傳諭兆惠、富德等，令即克期勒兵向索，且曉譬順逆。以該部落既知歸誠內屬，理應獻賊自效。【略】自兆惠、富德統兵以來，掃其巢穴，分路進剿，屢獲全勝。

又　卷六〇〇　（乾隆二十四年十一月辛亥）以平定回部，頒詔中外。詔曰：朕寅紹丕基，統御方夏，勤求莫釋，懷保時殷，總期九域之胥安，罔有一隅之失所。若乃武功耆定，遐裔敉寧，殲厥渠魁，靖數載未誅之寇，疆以戎索，開萬古未辟之區。斯聲教益溥於要荒，將惠愷愈覃於海寓。殊勳既奏，慶典宜宣。逆酋大和卓木布拉呢敦、小和卓木霍集占者，本屬回部渠酋，向為准夷拘縶。我師平定伊犁時，特出諸禁縶，俾長乃穴巢，詎期曾不逾時，轉行反噬。是以不得已而申討，初非更有事於窮兵。自昨歲以來，既創其赴援之師，兼克其拒守之邑。而事機未副，俘馘尚稽，爰易將以進兵，俾犁庭而掃穴，所過皆壺漿恐後，弩矢前驅。屬當征騎稍疲，以孤軍而堅守重圍者數月，已而援兵繼入，以偏師而轉戰重地者經旬。

又　卷六六二　（乾隆二十七年閏五月戊辰）諭：從前準噶爾部落，素不安分，憑陵衆蒙古。自噶爾丹時，即肆跳樑，侵擾喀爾喀西藏。是以我皇祖、皇考，不惜帑金，先後興兵征討。數十年來，上煩聖慮，伊等野性難馴，喜相爭奪，以致自生內亂，互相殘滅。爰有車淩等，各率所屬歸誠。朕以機會可乘，特選將出師，掃除凶逆。大兵所至，勢如破竹，不一二年，平定其亂，肅清疆宇。擬欲撫綏其衆，俾各安生計。

清・趙慎畛《榆巢雜識》上卷《蒙古歸附》　蒙古諸部，係元之部族，自明以來，攻伐之事未嘗絕。迨我朝隆興，東土惟察哈爾林丹汗恃其頑梗，卒就滅亡。其餘，則天命四年，科爾沁首先內附，郭爾多斯、杜爾伯忒、札賴特隨之。天聰元年，敖漢、奈曼來歸。二年，巴林、札魯特來歸。三年，圭默特來歸。六年，阿禄科爾沁、歸化城土默特來歸。七年，四子部落、吳喇忒、翁牛特、喀喇沁來歸。八年，嵩齊忒、烏朱穆秦、克西克騰、毛明安來歸。九年，阿霸垓、蘇尼特、鄂爾多斯來歸。崇德初，阿霸哈納爾亦來歸。

又《平準噶爾》 準噶爾部落，係出元阿魯台，譯語轉音，故稱『尼魯特』。天命時，嘗遣使入貢。世祖錫以封爵，俾自領其衆。迨噶爾丹侵擾喀爾喀諸部，聖祖親討平之，北邊以寧。其侄策妄阿拉布坦先與噶爾丹構釁，跳而西遁，潛伏伊犁，後生息漸蕃，稍為邊患。我聖祖、世宗屢申撻伐，折其逆萌。澤旺阿拉布坦之子噶爾丹策，始戢鋒受命，高宗純皇帝示以綏柔，許通貢市，用廣覆載之仁。後達瓦齊戕噶爾丹策之子喇嘛達爾札，擁衆自立，部曲不附，紛紛内向款關，準噶爾遂大亂。乾隆三十七年，大學士傅恒等所撰《方略》，前編五十四卷，所紀自康熙三十九年七月乙未，至乾隆十七年九月壬申，即祥述其緣起也。嗣杜爾伯特台吉策淩烏巴什、輝特台吉阿睦爾撒納等先後來歸，籲請天討。特詔六師，兩道出討。兵不血刃，五月而定伊犁，浮達瓦齊于圖爾滿。既而，阿睦爾撒納豺狼反噬，波羅尼都、霍集占同惡相濟，俱即時授首，拓地二萬餘。是書正編八十五卷，所紀自乾隆十八年十一月甲戌，至二十五年三月戊申，裹備録其始末也。至續編三十三卷，則乾隆二十五年三月庚戌以後，至三十年八月乙亥，凡一切列戍開屯、設官定賦、規畫久遠之制，與討定烏什及絶域諸蕃，占風納贐者，咸載焉。

清・昭槤《嘯亭雜録》卷三《西域用兵始末》 初，策零拉布坦欲叛中國也，以衛、藏據其右臂，欲與之和，使無後顧之患，因以其女妻拉藏王子，入贅其國。陰説拉藏王頗羅鼐叛中國，頗感仁皇帝之恩，固守臣節，策逆怒，遂親率師由回部之沙雅爾潛襲衛、藏。近星宿海，為導者誤入大澤中，沮洳難行，人馬多死，窮蹙而歸，遂斬其贅婿。其妻有遺腹女，長而適阿逆父，阿逆初生時，滿身鮮血，或謂其復仇而來也。達瓦齊既立，不能統馭其屬，歲多叛亡，每遇急難，必檄阿逆至，與之調停。阿逆誚讓之，達瓦齊不甘，曰：『彼雖才能，終為我之臣僕，何敢以臣淩君，而忘其己為所立也。』其後，達部署漸定，因曰：『不誅阿某，禍終未艾。』因統傾國兵討之。阿逆不敵，十九年，遂率所部二萬餘人來降，且乞師往靖亂，欲藉我兵力滅達瓦齊而己得據其位也。純皇帝實知其國內亂之可乘，足以竟先朝數十年未竟之緒，今事會適至，乃天以其國畀我大清，時不可失，遂決意用兵。時舉朝不知準噶爾內亂，狃于辛亥敗兵之事，不願勞師動衆，惟傅文忠公一人力贊成之。上曰：『卿朕之張華、裴度也。』阿逆入覲，上以撫綏事急，乘馬三日而至熱河，命王公大臣皆從往陪宴。阿逆行抱見禮，上從容撫慰，並賜上駟與之乘，親與其分較馬射，並以蒙古語詢其變亂始末，賜宴而退。阿逆悚然，時冬月嚴寒，阿逆汗下如雨，退告其下曰：『真天人也，敢不讋服！』傅文忠退曰：『余今日膽裂，自不知生死矣！』乙亥春，遂兩路進兵：北路以班直義公第為定北將軍，阿逆為定邊左副將軍副之；西路以陝督董鄂公永常為定西將軍，薩賴爾為定邊右副將副之，盡簡八旗子弟，吉林、索倫諸精鋭士卒從之。所至准夷各部落，大者數千戶，小者數百戶，無不攜酒牽羊以降，兵行數千里，無一人敢抗者。五月五日，齊抵伊犁，達瓦齊阻淖為營，衆尚萬餘。我兵追及之，侍衛阿玉錫以二十二騎直薄其營，呼譟突入，賊衆驚潰。達瓦齊竄走，陰計阿克蘇回人伯克霍迪斯為己所立，必不負之，因率親丁百餘騎逃至回疆。去阿克蘇四十里，霍迪斯已遣人具牛酒以迎。達瓦齊之黨以為不可信，而達以為與其有恩，遂殺牛酌酒，與衆酣醉後，霍迪斯盡縛之入城。後承班公檄，獻諸軍門，並獲青海叛賊羅卜藏丹津，先後檻入，行獻俘禮。上御午門樓受之。以達瓦齊人固庸懦可憫，特赦之，封以親王，賜第寶禪寺街，擇誠隱郡王孫女配之。然不耐中國風俗，日惟向大池驅鵝鴨浴其中，以為樂而已。體極肥，面大於盤，腰腹十圍，膻氣不可近。上命為御前侍衛，終優容之。

又 卷六《平定回部本末》 大和卓木波羅泥都、小和卓木霍集占者，其先世本葉爾羌、喀什噶爾回酋，自策妄阿拉布坦時，即令率其回人至伊犁種地出租賦，遂囚於地牢者數載。我兵平伊犁時，釋使歸，俾仍長所部。二十一年，將軍遣侍衛托倫泰往，未能定要約。阿敏道先使人往招撫，波羅泥都謂霍集占曰：『我家三世為准夷所拘，蒙天朝釋歸，得統所部，此恩何可忘也？』霍集占曰：『我方久困於准夷，今屬中國，則又為人奴，不如自長一方。』乃詭詞誑阿敏道入庫車城，拘繫之弗使歸。時方討阿睦爾撒納，兼有青滾雜卜之變，未暇問及也。已而阿敏道復為彼所害，是其負恩肆逆不可不討。二十三年春，以兆惠、富德尚剿洗厄魯特餘孽，乃用雅爾哈善為靖逆將軍。五月，兵至庫車城，賊目阿卜都克勒木據城守，於是趣兵進攻。回人素懦怯，然守城遵古制，雅固書生，未嫻將略，惟聽偏裨等出策，令不畫一。霍集占來救，率最精巴拉烏槍八千，由阿克蘇之戈壁捷徑而來，與我兵遇于城南，鏖戰竟日，大敗入城。其城依山岡，用柳條沙土密築而成，炮攻不入。時提督馬得勝獻掘地道計，於城北一里掘入。已及城矣，而將軍急於收功，嚴令晝夜力掘，回賊瞥見燈光，其機遂泄。賊匪自內用水灌之，士卒盡沒，雅將軍咄嗟無他策，惟嚴守之，待其自斃。新降回目鄂對告曰：『語云「困獸猶鬬」，今霍集占困守危城，食力已盡，必不坐而待縛。其必乘我不備以免脱之，返其巢穴，整兵復來，其事未可量也。今城西渭干愛曼，水淺可涉，又有北山口要路通戈壁，走阿克蘇，若于二路各伏兵一千，則賊酋成擒矣。』雅以其言叵信，唯下令並力攻取。一日暮，索倫老卒於城下牧馬，聞城中駝鳴似負重狀，歸奔告將軍曰：『其駝鳴高且健，賊將遁矣！』將軍時飲酒，笑曰：『健卒，爾何知！』酌酒如故。其夜霍集占開西門，由渭干愛曼涉水遁，果如鄂對言，而我兵未知覺也。後數日，阿拉難爾等開城降。先是，霍集占入庫車城，怨鄂對之不附己也，凡其親屬皆殺之。其妻依熱木亦被獲，方少艾，霍集占欲納之，依熱木不從，因縛其二子一女，擲城下撲殺之。困依熱木於高樓，日加窘辱，依熱木乘間逃匿阿克蘇。庫車既降，鄂對手刃其仇三十餘人焉。事聞，純皇帝以雅爾哈善坐守軍營，聽賊去來自如，略不設備，乃革其職，命尚書納木劄爾代之，侍郎三泰參贊軍務，皆馳驛往。又以兆文毅公剿伊犁賊將盡，命即以其兵自伊犁徑赴回地。上復念兆所統兵久勞於外，皆已疲，乃預調索倫、察哈爾往濟師。

清·昆岡等［光緒］《清會典事例》卷四一三《禮部》 （康熙）三十五年，撫遠大將軍伯費揚古，大破額魯特噶爾丹于昭莫多之地，凱旋後，留駐斥堠。

又 卷五八〇《兵部》 去年夏，賊于克魯倫地方，自度力不能抗，倉皇宵遁。朕親追至土喇河，適西路大兵遮截其後，擊敗之于昭莫多，賊勢大挫。冬月復駐蹕鄂爾多斯，收撫其降衆，遏截其外援，而賊益困蹙。機會所在，刻不可失，遂以今年春，西巡邊境，從寧夏出塞，遣發大兵，兩路進剿。而青海烏思藏人等，皆先後輸忱自效，哈密國人又俘獻噶爾丹之子於行在。噶爾丹窮迫已極，一聞大軍壓境，計無復之，隨于阿察阿穆塔臺地方飲藥自盡。揆之料敵成謀，適相符合。自此寇氛盡滌，邊圉永安。而朕為民除害不得已而用兵之意，亦可曉然共喻於天下臣民矣。

治理西藏

《清世祖實録》卷七四 （順治十年夏四月丁巳）遣禮部尚書覺羅郎球、理藩院侍郎席達禮等，齎送封達賴喇嘛金冊金印於代噶地方。文用滿漢及圖白忒國字。冊文曰：朕聞兼善獨善，開宗之義不同。世出世間，設教之途亦異。然而明心見性，淑世覺民，其歸一也。茲爾羅布藏札卜素達賴喇嘛，襟懷貞朗，德量淵泓，定慧偕修，色空俱泯。以能宣揚釋教，誨導愚蒙。因而化被西方，名馳東土。我皇考太宗文皇帝聞而欣尚，特遣使迎聘。爾早識天心，許以辰年來見。朕荷皇天眷命，撫有天下，果如期應聘而至，儀範可親，語默有度。臻般若圓通之境，擴慈悲攝受之門，誠覺路梯航，禪林山斗，朕甚嘉焉。茲以金冊印，封爾為西天大善自在佛，所領天下釋教普通瓦赤喇怛喇達賴喇嘛，應劫現身，興隆佛化，隨機説法，利濟羣生，不亦休哉。印文曰：『西天大善自在佛所領天下釋教普通瓦赤喇怛喇達賴喇嘛之印』。

《清聖祖實録》卷二五三 （康熙五十二年春正月戊申）諭理藩院：班禪胡土克圖，為人安靜，熟諳經典，勤修貢職，初終不倦。甚屬可嘉。著照封達賴喇嘛之例，給以印、冊，封為『班禪額爾德尼』。

又 卷二八九 （康熙五十九年冬十月）定西將軍噶爾弼疏報：臣等領兵至拉里地方，探知吹穆品爾寨桑，帶領賊兵二千六百人，由章米爾戎一路，來拒我師。臣等議乘其不備，先取墨朱工喀地方。於八月初四日，臣率滿漢官兵，自拉里前進。王師所至，望風回應。隨有朱貢之胡土克圖獻地來降。次日進取墨朱工喀，賞賚第巴頭目，安輯民人。臣遣千總趙儒等，往諭第巴達克雜來降。又喇嘛鍾科爾頭目，亦陸續來降。臣等隨令第巴達克雜，聚集皮船，於八月二十二日渡河。復令侍衛訥秦等，率領官兵，分為三隊，二十三日五鼓時分起程，進取西藏。傳西藏之大小第巴頭目，並各寺廟喇嘛，聚集一處，宣示聖主拯救西藏民人至意。隨將達賴喇嘛倉庫，盡行封閉。西藏附近重地，紮立營寨，撥兵固守，截準噶爾之往來行人及運糧要路。隨據三廟之坎布，將各廟所有準噶爾之喇嘛，共一百一人擒獻。內有為首喇嘛五人，據第巴達克雜及三廟坎布等首告，彼皆策零敦多卜，授為總管之喇嘛。於是將此五名喇嘛，即行斬首。其餘九十六名準噶爾之喇嘛，盡行監禁。得旨：噶爾弼等遵朕指授，率領官兵，曆從古用兵未到之絕域，各加奮勵，克取藏地，將準噶爾人等信用之逆惡番僧五人正法，撫綏唐古特，土伯特人民，甚屬可嘉。

《清世宗實録》卷三八　（雍正三年十一月乙未）議政王大臣等議覆：川陝總督岳鍾琪奏稱，打箭爐界外之里塘、巴塘、乍了、乂木多，雲南之中甸、乂木多之外，羅隆宗嚓哇、坐爾剛、桑噶、吹宗、袞卓等部落，雖非達賴喇嘛所管地方，但羅隆宗離打箭爐甚遠，若歸併內地，難以遙制。應將原係內地土司所屬之中甸、里塘、巴塘，再沿近之得爾格特、瓦舒、霍耳地方，俱歸內地，擇其頭目，給與土司官銜，令其管轄。其羅隆宗等部落，請賞給達賴喇嘛管理。特遣大臣前往西藏，將賞給各部落之處，曉諭達賴喇嘛知悉。再，康濟鼐、阿爾布巴，既封為貝子，管理西藏事務。請令康濟鼐總理，阿爾布巴協理，頒給敕諭，曉諭唐古特人等，盡令遵奉二人約束，庶免擾亂之患。至從前年羹堯奏請噶達地方，設立總兵官駐札，今若將羅隆宗等處，賞給達賴喇嘛，則噶達地方，設立總兵官之處，請行停止。俱應如所請。得旨：畫定內地疆界，給與達賴喇嘛地方，曉諭番人之事，著遣副都統宗室鄂齊、學士班第、札薩克大喇嘛格勒克綽爾濟前往，會同提督周瑛，詳細辦理。

又　卷五九　（雍正五年秋七月癸酉）西藏噶隆札薩克台吉頗羅鼐等奏報：康濟鼐與準噶爾構兵，所辦諸事，洵有裨益。乃阿爾布巴、隆布奈、札爾鼐等，會同前藏頭目，于六月十八日，將康濟鼐殺害。臣即收聚後藏軍兵，防守駐紮，阿爾布巴等，復發兵來侵，被臣殺傷無算。今臣帶領兵衆剿捕阿爾布巴等，伏祈皇上速遣官兵進藏，剿滅逆魁，以安西藏。

又　卷七一　（雍正六年秋七月辛酉）川陝總督岳鍾琪奏報：據西藏駐紮之參將顏清如呈稱，五月二十五日，頗羅鼐率所部兵，由潘玉口至喀巴地方。先遣兵一千餘名，沖戰喀木卡倫，與隆布奈之兵相敵。是夜，西藏斥堠兵丁，俱隨從頗羅鼐。二十六日，頗羅鼐率兵直抵西藏。駐藏大臣馬臘、僧格即往布達拉地方，守護達賴喇嘛。頗羅鼐一面安撫西藏，一面派兵將布達拉地方圍困。

《清高宗實録》卷二七七　（乾隆十五年十一月乙卯）現據達賴喇嘛奏請，立班第達為郡王，亦以藏衆不可一日無人統率，為此權宜之計。若如所請，則數年之後，未能保其不滋事釁。朕意欲仿衆建而分其勢之意，另為籌畫措置。雖現在已著策楞等領兵搜討逆黨，將來藏地仍留駐官兵，塘汛文書往來，關係緊要，並噶隆事務，俱應歸駐藏大臣管理，呼應方靈。其打箭爐地方，亦應添駐兵丁，以壯聲援。

又　卷三八五　（乾隆十六年三月乙丑）四川總督策楞等奏：《酌定西藏善後章程》：一，西藏辦事噶隆，向例四人。噶隆布隆簪失明，被珠爾默特那木紮勒革退，現存班第達、策楞旺札勒、色裕特塞布騰三人。班第達、特旨以公職辦噶隆事，策楞旺札勒、色裕特塞布騰，查無黨逆情形，且係奉旨原放噶隆，並賞有札薩克頭等台吉職銜，應仍留辦噶隆事。布隆簪缺，選放深于黃教喇嘛一人，賞給札隆大喇嘛名色。一，噶隆會辦事件，舊于噶沙公所會辦自頗羅鼐後，各噶隆俱辦事私宅，舍官放之員，不用添用私人。嗣後應仍赴公所會辦，私放之員裁革。一，各處喋巴等官，有管理地方教養百姓之責。珠爾默特那木札勒各放私人，其人又不親往，差家奴赴辦，擾害地方。嗣後噶隆等，應公同稟報達賴喇嘛，並駐藏大臣。補放家奴代辦者，徹回，人地不相宜者，換補。至各寺堪布喇嘛，並照舊由達賴喇選派。一，卓呢爾、商卓特爾、曾本、隨本各官名色，惟達賴喇嘛前有。頗羅鼐封王后，亦照添設，應查革。祇于公所設立卓呢爾二人，兼領原設之仲意筆七格等辦公。一，噶隆向祇辦地方事，兵馬卡隘，俱責成代奔。後藏地小，且設代奔三人，衛地大，僅代奔一人。遇差假，無人彈壓地方，護衛達賴喇嘛，應添設一員，與現有代奔，于補放時一體頒敕。一，全藏人民，向屬達賴喇嘛，按地方大小，人戶多寡，均定差徭。頗羅鼐等任意侵佔，或市私濫賞，甚至擅給免差文書，于所憎則加派。嗣後噶隆、代奔等，應公查舊檔，除因功勸賞，毋庸徹回外，私賞濫免者，查稟達賴喇嘛徹繳，加派者，減。一，達賴喇嘛差務，向由地方百姓供應。自頗羅鼐等任事後，凡噶隆、代奔等，差人往西寧打箭爐、色爾喀馬、阿里克、等處交易，亦私出牌票，致烏拉派累百姓。嗣後應禁止。遇公事，稟明達賴喇嘛，發給印票遵行。一，達賴喇嘛倉庫，向係倉諸巴專管，公事動用，噶隆等稟明達賴喇嘛代理，啓閉俱以達賴喇嘛印封為憑。頗羅鼐等，始行擅取。嗣後應仍照舊辦理。一，哈拉烏蘇，接壤青海，阿里克，接壤準噶爾。應令達賴喇嘛，選員駐紮，並諮部奏給號紙。一，達木蒙古，前經頗羅鼐奏由該王差遣，珠爾默特那木札勒被誅後，潛回達木。查該蒙古等，皆無罪之人，既願歸達木候差，自宜妥為安頓。其現有頭目八人，名號或稱宰桑，或稱台吉，均係頗羅鼐等妄加，應改為固山達。所屬擇授佐領、驍騎校，各八人，給頂戴，歸駐藏大臣統轄。仍令每佐領各派十人，駐藏備差。至向駐藏地糊口之蒙古數十戶，查明存案，准其留藏。得旨：著照所定行。

又　卷一四二一　（乾隆五十八年正月乙卯）軍機大臣會同大學士九卿議覆：欽差大學士公管兩廣總督福康安等奏《酌籌藏內善後章程》：一，接壤藏地各番部落差人來藏，令邊界營官，稟明駐藏大臣驗放。有稟駐藏大臣者，由駐藏大臣給諭。有呈達賴喇嘛者，俱稟送駐藏大臣譯驗，商發諭帖。其寄信噶布倫等，亦令呈駐藏大臣，與達賴喇嘛商給回諭，不准噶布倫等私通資訊，違者革退。一，藏地邊界，如濟嚨、聶拉木、絨轄等處，道通廓爾喀，向無界址。現各設鄂博，釐定疆域，不准私越。一，邊界地方向能辦事營官，因該處氣候惡劣，俱願在前藏當差，濫派無能冗員往辦，致滋弊端。請嗣後擇幹練之小缺營官，及營兵之甲繃番目調補，三年換回。記名以戴綳，等缺升用，不勝任者革退。一，面藏世家子弟，稱為東科爾，凡大小番目，均由達賴喇嘛挑補東科爾之通書算而家殷實者。其餘番民，無進身之路。且不告知駐藏大臣。請嗣後令駐藏大臣與達賴喇嘛公選，其非東科爾，而技熟力勉之充當兵丁番民，亦准由定綳洊升戴綳。其餘辦事番目，仍選東科爾，按等補用。不准襲祖父職，以杜冒濫。至挑取小中譯噶廈卓尼爾小缺營官等番目，須核明年十八以上，不准幼小濫充。一，堪布喇嘛，係一寺首領，向多營求補放。請嗣後各大寺坐床堪布缺出，達賴喇嘛會同駐藏大臣揀補。小寺堪布，仍專令達賴喇嘛揀補。一，藏內各寨番衆，供應烏拉夫馬，達賴喇嘛等向多濫給免差照票。又噶布倫、戴綳，及大喇嘛等莊戶，亦多求免差稅牌票，請嗣後概行徹銷。惟實著勞績者，令達賴喇嘛告知駐藏大臣給票。其番民挑定額兵，亦由駐藏大臣及達賴喇嘛給票免差，事故革退，繳銷。一，衛藏各寨地方，雖統于達賴喇嘛，而戶民增減去留，無從稽核。請嗣後令達賴喇嘛將所管大小廟喇嘛造冊，並令噶布倫將衛藏所管地方，乃呼圖克圖等所管寨落戶口，一體造冊。于駐藏大臣衙門，及達賴喇嘛處，各存一分備查。一，青海、蒙古王公等差人赴藏，延喇嘛誦經，向不盡稟知駐藏大臣。請嗣後令西寧辦事大臣行文到藏，由駐藏大臣給照，諮明西寧辦事大臣，互相稽核。一，喇嘛番目人等，向多私用烏拉。請嗣後惟公事差遣，准稟明駐藏大臣，及達賴喇嘛，給以印票，標定號數，沿途照用。一，衛藏舊制：犯罪罰贖。近年噶布倫等意為高下，倍罰肥私，甚至挾嫌捏聳達賴喇嘛，抄沒番目人等家產。請嗣後譯寫罰贖舊例一本，交駐藏大臣酌核擬辦。一，西藏官兵所需火藥，工布地方產磺，製造火藥，較運從內地費省。請就近制運。其鉛丸火繩，由川省運解。一，達賴喇嘛賞給噶布倫戴綳等官房莊田，向有事故缺出，不交後任者。請查明隨任交代，不准私占。一，喇嘛支領錢糧，向多先期透領。請嗣後按期支放，違者究治。一，各寨徵收租賦，向多牽混。請嗣後令商卓特巴，按年立限嚴催，請交商上，並查實絕戶荒田，隨時豁賦。一，駐藏大臣衙門，向設譯字房通事，不諳廓爾喀字迹言語。請添設識廓爾喀字人役一名，通廓爾喀語通事一名，並另派唐古忒番民三四名，學習備充。一，廓爾喀貢使，進京道長，請每遇貢期，令該酋長豫稟駐藏大臣，以便駐藏大臣及四川總督，派員接替護送。均應如所請。從之。

論説

清·魏源《聖武記》卷一《開國龍興記五》　臣源曰：貞元肇造，則必有熊羆之士，不二心之臣。大清之興也，兵維八旗，將帥皆親藩枝附，或疑虎賁爪牙之士，有定制，有定數，其在關外之日，眞人親御鼓桴，以師兵爲營衛，故取諸八旗有餘；入關以後，內衛京師，外馭九服四夷，且中原鹿駭龍戰尚十餘載，軍麾數道並出，安能盡資羽林期門佽飛之力？謹告之曰：『八旗有禁旅，有駐防。禁旅八旗，滿洲六萬，並蒙古、漢軍共十萬。其人則皆東海、扈倫諸部落，無在黑龍江北、寧古塔東者，其漢軍亦無遠在山海內者。此周廬執戟之親兵，勢不能盡數以行。若夫駐防之兵，則卽八旗佐領中之餘丁，佐領外之新附，隨時編籍，人無定額，散處遼河東西諸城，無事射獵耕屯，有事馳驅介胄。故自天命十一年攻寧遠時，兵已十三萬，崇德中，遠蹂燕、薊，近摧寧、錦，旁撻朝鮮、蒙古，用兵常十餘萬，已不僅六軍矣。平地則八旗並驅，險隘則八旗魚貫，斯其制也；矛楯如牆前進，輕騎旁伺電發，又其制也；前鋒火器超鹿角以出陣，反則分前鋒之半為殿，又其制也。』

又　卷三《國朝綏服蒙古記二》　臣源曰：禹分天下為九州，外薄四海，咸建五長，而聲教朔南所暨，説者謂北距大漠，不能越乎其外。《周禮·職方氏》，蠻服、夷服、鎮服、藩服，特居九服之四。而疆以戎索，近在汾晉，豈非西不盡流沙，皆以瀚海所界為海哉？至我朝而龍沙雁海之外，萬潼億毳之民，獨峯駝無尾羊之部，奔湊萬里，臣妾一家；內隸理藩院旗籍司及王會司，視功大小以區承襲之等差，酌途遠近以定朝貢之疏數。是以其間氣英靈，鞭撻沙磧，與國為旗常帶礪，與國爲干城腹心。洵哉，九州之表有奇傑，《六經》之外有事功者乎！其附庸于喀爾喀者，又有北屬國二，亦游牧而非元裔。一曰烏梁海，卽兀良哈，在烏里雅蘇臺之北，俄羅斯之南，舊役于厄魯特，乾隆蕩平，始歸王化。其所置佐領，分屬定邊左副將軍者二十五，札薩克圖汗部者五，賽音諾顏部者十三，哲布尊丹巴呼圖克圖者三。一曰科布多，橫亘于準、喀二部東西之間，南依阿爾泰山，北界俄羅斯，參贊大臣治之。其地則擴于康熙，其人則安插于乾隆。有新土爾扈特，有新和碩特，有杜爾伯特，有輝特，有札哈沁，有明阿特，有阿爾泰烏梁海，皆準夷舊部所徙。故一地而隸之者七種，彷彿西南之有青海焉。乾隆二十三年，定邊左副將軍成袞札布奏言：『新附烏梁海人，如山獸河魚，止可聽其行走，難盡束以法律。大凡有命無不貪生，若順其性則不勞防範，而亦省兵餉。』大哉言乎！尤百世御要荒者之鵠。

又　卷四《乾隆蕩平准部記》　臣源曰：漢之西域，前稱山北六國，後又稱車師六國。車師有前後部，前王庭則今吐魯番，後王庭則今烏魯木齊也。其西為烏孫，則今伊犁；其北為北匈奴地，則今塔爾巴哈台也；皆為天山北路，行國非居國。當其阻於風氣，間於山川，我朝亦嘗勤天下之力以經營之，幾與漢世匈奴、大宛無異；一旦追天時，順人事，列亭障，置郡縣，人又或以為取之雖不勞，而守之或太費。抑思兵果否嘗增耶？財果否嘗費耶？南北兩路養兵萬有九千餘名，設官千有四百餘員。有駐防，有換防，駐防携眷之滿洲、索倫、蒙古、厄魯特兵，則移自盛京、黑龍江，移自張家口，移自熱河。其換防番戍之綠營兵，則調自陝、甘。歲支俸餉銀六十有七萬八千九百餘兩，卽內地應領之額項，其增兵者安在？內有新疆本地租稅、茶、馬、疋棉、花布，可抵銀七萬八千餘兩。三十七年十有一月，高宗斥四川總督文綬開捐之請，諭曰：『自平定西陲以來，酌減沿邊防秋兵馬，及酌裁各省駐防漢軍糧餉、馬幹等項，除抵補新疆經費外，每年節省銀九十餘萬兩。歷今十有餘載，歲出較少，約積存千有餘萬。』是以乾隆初年戶部庫銀止三千三四百萬，今已多至七千八百餘萬，有盈無絀，是新疆不惟未嘗糜餉，而且節帑，其費財者又安在？案：《新疆識略》第二卷：甘肅等處所減草料，及京口、杭州等處出旗漢軍俸餉、口糧、馬幹、折色等項，每歲節省銀一百二十九萬餘兩，除抵新疆各城廉俸經費外，止餘銀二十一萬一千五百餘兩。詳後《武事餘記》。且北路屯田二十三萬八千六百餘畝，南路四萬九千四百餘畝，歲交糧米共十四萬三千餘石，盡支放外，尚不敷二萬三千石，于舊存倉貯五十萬石內支補。其屯田有兵屯、有回屯、有民屯、有旗屯，開渠疏泉牛給官廠計屯丁十有餘萬，移安西提督于烏魯木齊以轄之。自官田外，餘地聽民自占，農桑輻輳阡陌成群賦稅徭役如內地。且夫一消一息者，天之道；衰多益寡者，政之經。國家提封百萬，地不加增，而戶口日盛，中國土滿人滿。獨新疆地大物博，牛、羊、麥、麪、蔬、蓏之賤，澆植貿易之利，金礦、銅礦之旺，徭役賦稅之簡，且哈薩克茶、馬、布緞互市之利，又皆什伯內地。邊民服賈牽牛出關，至輒闢汙萊，長子孫，百無一反。是天留未闢之鴻荒，以爲盛世消息尾閭者也；是聖人損益經綸之義，所必因焉乘焉者也。中外一家，老死不見兵革。較之康熙、雍正間烽火偪近畿，邊民寢鋒鏑，中國運餉屯甲于科布多、巴里坤，且守且戰，先後糜帑七千餘萬者，其勞敝又安在？夫狃近安，忘昔禍，不可謂智。生齒日孳，民財日匱，反欲閉其大源，不可謂智。國用之絀，由名糧武俸之增，河工歲修之費，八旗口糧之重，文銀出洋之甚，皆倍于乾隆中葉以前；不探其本，而漫咎于新疆，耳食道聽，不可謂智。孟子曰：『天下之生久矣，一治一亂。』西域之不治，自上古至今數千載。

天欲使化荊棘而康衢，化幽谷而白日，化榛狉而冠裳，化氈帳而閭井，則必得聖人而畀之，且必剷銷磨盪一掃其舊而後畀之。《傳》曰：『文王基之，武王鑿之，周公内之。』言其道同，終始相成。臣是以反覆于西陲軍事之本末，覩一支，念全體，觀一隅，厘中國，益三歎于始事之固難，與終事之不易焉。

又　卷五《國朝撫綏西藏記下》　臣源曰：佛法出五印度，更在烏斯藏西，逾葱嶺，越廓爾喀，其水爲恆河，西南流入海。今通互市之南洋孟買、孟加臘等國，即南印度，其海名印度海者是也。烏斯藏則在葱嶺之東，水皆東流。故唐以前羅什、玄奘譯經，皆從涼州西出陽關、玉門，達摩諸高僧又至自南海，皆不經藏地。西藏誠非古佛國，而自元、明以來，佛教則衛藏爲盛。其始不過内受册封，師弟相嗣，至宗喀巴崛起，不藉中朝封號，而敻出諸大法王上，兼以修夙命通，化身轉世為神奇，西北諸行國常視爲嚮背，中國常用爲銜勒。亦佛法因緣有時會，興廢非人力歟！夫大雄涅槃，不聞轉世，即宗喀巴經亦言達賴、班禪轉生止于六七世，自後不復再來。今之黄教非昔之黄教，尤非古之釋教，宜若可以已焉。然葱嶺以東，惟回部諸城郭國自爲教外，其土伯特四部、青海二十九旗、厄魯特汗王各旗、喀爾喀八十二旗、蒙古游牧五十九旗、滇、蜀邊番數十土司皆黄教，使無世世轉生之呼畢勒罕以鎮服僧俗，則數百萬衆必互相雄長，狼性野心，且決驟而不可制。南北朝時，西域數十國迎法師，求舍利，動至兵爭，爲部落安危所係。蓋邊方好殺，而佛戒殺，且神異能降服其心，此非堯、舜、周、孔之教所能馴也。高宗神聖，百族稟命，詔達賴、班禪兩汗僧當世世永生西土，維持教化。故衛藏安，而西北之邊境安；黄教服，而準、蒙之番民皆服。《傳》曰：『修其教，不異其俗，民可由，不可使知。』蓋至金奔巴瓶之頒，而大聖人神道設教變通宜民者，如山如海，高深莫測矣。天章丁寧申諭，比于吏部之為籤部，視元代尊奉帝師于紀妨政者，曷可復道里計？允矣，曼殊師利天可汗哉！允矣，曼殊師利天可汗哉！　達賴進表稱曼殊師利大皇帝，蓋曼殊音同滿珠，即滿洲轉音也。

又　卷八《康熙勘定臺灣記》　臣源曰：中國山川兩幹，北盡朝鮮、日本，南盡臺灣、琉球。過此則爲落漈尾閭，亦名萬水朝東，舟楫所不至。故琉球、日本以東之國無聞焉。臺灣地倍于琉球，其山脉發于福州之鼓山，自閩安越大洋爲彭湖三十六島，又東渡洋百里至臺灣，爲中國之右臂，可富可强，可戰可守。方鄭氏之初平也，廷議以其孤懸海外，易藪賊，欲弃之，專守彭湖。施琅以爲『天下東南形勢在海而不在陸，陸之爲患有形，海之藪奸莫測。臺灣雖一島，實腹地數省之屏蔽。弃之，則不歸番不歸賊，而必歸于荷蘭；恃其戈船火器，又踞形勝膏沃爲巢穴，是藉寇兵而資盜糧。且彭湖不毛之地，不及臺灣什一。無臺灣，則彭湖亦不能守。』誠深識遐慮之言哉。初，朝廷以沿海奸民逋逃通寇，下遷界之令，移沿海居民于内地，蕩析流離，又失海上魚鹽之利，于是總督范承謨再疏而復之；臺灣已服，尚禁商舶出洋互市，則施琅、藍鼎元等屢議而開之；至漳、泉仰給于臺米而禁其流通，臺民渡海以億計而禁其攜眷，則高其倬、吴士功慷慨而陳之。於是開鼓鑄之錢，編鄉試之號，易竹樹之城，闢生番之地。誠所謂仁者設其施，智者申其辯，勇者奮其斷，而後鱗介乎冠裳，睢盱乎禮樂。觀其菑畬攘剔，亦勞臣志士曠代之所纏綿也。

清・方濬師《蕉軒隨録》卷九《金史》　我朝得姓曰愛辛覺羅氏國語謂金曰愛辛，可為金源同派之證。蓋我朝在大金時未常非完顔氏之服屬，猶之完顔氏在今日皆為我朝之臣僕。普天率土，統於一尊，理固如斯也。譬之漢、唐、宋、明之相代，豈皆非其勝朝之臣僕乎？又有云我祖宗時曾受明龍虎將軍封號，亦無足異。我朝初起時，明國尚未削弱，因欲與我修好，藉此以結兩國之歡，我朝固不妨為樂天保世之計。迨我國聲威日振，明之綱紀日隳，且彼妄信讒言，潛謀戕害，於是我太祖赫然震怒，以七大恨告天，興師報復。薩爾滸、松山、杏山諸戰，大敗明兵。明人欲與我求和，斥而不許，彼尚安能輕侮我朝乎？且漢高乃秦之亭長，唐祖乃隋之列公，宋為周之近臣，明為元之百姓，或攘或侵，不復顧惜名義。若我朝乃明之與國，當闖賊擾亂，明社已移之後，吴三桂迎迓王師入關，為之報仇殺賊，然後我世祖章皇帝定鼎燕京，統一寰宇。是得天下之堂堂正正，孰有如我本朝者乎？

雜録

清・鈕琇《觚賸》卷八《粵觚下・五華山故宮》　南五華山，永曆故宮在其上。順治丁亥，洪承疇督師由貴竹大路取滇，李定國拒戰曲靖，吴三桂由廣西、四川旁搗其虚，至黄草壩，入省城。永曆遁至阿瓦，三桂重購得之，縊于貴陽府。三桂以功封平西王，遂據山上故宫，增修二十餘載，備極崇麗。康熙癸丑三桂反，出攻長沙抗命，乙卯僭尊號，丁巳病死。偽周洪化其孫也。戊午，諸王貝勒討賊，駐軍曲靖。賴將軍平耿精忠，由福建進征西粤，亦由四川黄草壩直薄省城，俘偽洪化斬之，滇南大定。

清·昭槤《嘯亭雜録》卷一《平西域》 乾隆初，既命傅閣峰尚書鼐等與準噶爾議和，互通市易。甲子歲，噶爾丹策零既没，不數年間篡弑相仍。辛未春，酋長薩喇爾來降，上素諳蒙古語，已悉知其篡弑之情。甲戌秋，輝特長阿睦爾撒納款關請降，欲請兵收復四衛拉，時諸耆舊狃習辛，亥敗兵事，皆以不納為便。上深悉其情，謂『天與人歸，時不可失』，乃内斷於衷，立主用兵。三載之間，拓地二萬餘里，天山雪窟，無不隸我版圖。其間雖有成功賞賚之費，然視往昔邊防轉餉，十不一二，足見上之貽謀宏遠，非人臣所及也。

清·陳康祺《郎潛紀聞二筆》卷一《本朝肇基王業》 我朝以明神宗四十四年丙辰，太祖皇帝始俯順諸貝勒大臣恭上尊號，建元天命。太宗嗣位，建元天聰。天聰九年，以收服察哈爾全部，獲歷代傳國玉璽。明年四月，始建國號曰大清，改元崇德。國人初尊太祖為聰睿貝勒，至天命九年，恭上尊號曰覆育列國英明皇帝。太宗崇德元年，羣臣恭上尊號曰寬温仁聖皇帝。昔成周豳岐創業，太王、王季，猶待追崇，不若聖朝天造經綸，戡亂攻昧，當洪基創建之初，已赫然有撫中國、子萬民氣象也。

國家强盛部

元世祖之治分部

綜　述

元·佚名《元典章》卷二《聖政一》 中統五年八月初四日，中書省欽奉聖旨内一款節該：諸縣尹品秩雖下，所任至重，民之休戚繫焉。往往任用非其人，致使恩澤不能下及，民情不能上通，掊克侵淩，為害不一。今擬於省並到州縣内，選差循良廉幹之人以克縣尹，給俸、公田，專一撫字吾民，布宣新政。仍擬以五事考較而為升殿：戶口增、田野辟、詞訟簡、盗賊息、賦役平，五事備者為上選，内三事成者為中，選五事俱不舉者黜。【略】

至元二十二年□月，欽奉聖旨節該：建立朝省，分布州縣，設置州吏，本以為民耳目。今見任京府州縣官吏内，有循良勤幹，亦有贓汙不公之人，未嘗升遷黜罰。以致官冗事繁，因循苟且，政無可考，害及民多。擬三十個月一次考功過為最殿，以憑遷轉施行。庶有為官廉能者知有賞，貪污者知有罰，為民絶侵漁之患，享有生之樂。【略】

中統元年五月，欽奉詔書内一款：朕自即位以來，宵衣旰食，孜孜求治。然天下之大，萬事之衆，豈能偏知。自今凡政令之未便，人情之未達，朝廷得失，軍民利害，有上書陳言者，皆得實封呈獻。其在内者，呈省聞奏，其在外者，赴各處宣撫司投進繳申。赴省聞奏，若言不可采，並無罪責；如其可用，朝廷優加遷賞，以旌忠直。【略】

至元三十一年四月□日，欽奉登位詔條内一款：學校之設，本以作成人才，仰各處教官。正官欽依先皇帝已降聖旨，主領敦勸，嚴加訓誨，務要成才，以備擢用。仰中書省議行貢舉之法。其無學田去處，量撥荒閑田土給贍生徒，所司常與存恤。【略】

至元七年二月，欽奉皇帝聖旨，宣諭諸路府州司縣達魯花赤、管軍官、管民官、諸投下官員、軍民諸色人等：近為勸課農桑，已嘗遍諭諸路牧民之官與提刑按察司講究到先後合行事理，再命中書省、尚書省參酌衆議，取其便民者，定立條目。特設司農司，勸課農桑，興舉水利。凡滋養栽種者，皆附而行焉。仍分布勸農官及知水利人員，巡行勸課，舉察勤惰。委所在親民長官不妨本職，常為提點。年終通考農事成否，本管上司類申司農司及戶部照驗。任滿之日，于解由内明注此年農桑勤惰，赴部照勘，以為殿最。提刑按察司更為體察，期於敦本抑末，功效必成。【略】

至元十九年，欽奉聖旨内一款：鰥寡孤獨、老弱殘疾不能自存之人，照依中統元年已降詔書，仰所在官司支糧養濟。仍令每處創立養濟院一所，有官房者就用官房，無官房者為起蓋，專一收養上項窮民，仍委本處正官一員主管。應收養而不收養、不應收養而收養者，仰御史臺，按察司計點究治。【略】

至元元年八月十九日，欽奉詔書節文：可大赦天下，改中統五年為至元元年。八月十六日昧爽以前，除殺祖父母、父母不赦外，其餘罪無輕重，咸赦除之。

又　卷三一《禮部四》　中統二年六月，欽奉聖旨：道與大名等路宣撫司並達魯花赤、管民官、人匠、打捕諸頭目及軍馬、使臣等：宣聖廟，國家歲時致祭。諸儒月朔釋奠，宜常令灑掃修潔。今後禁約諸官員、使臣、軍馬，無得廟宇內安下，或聚集理問詞訟，及褻瀆飲宴，管工匠、不得于其中營造，違者嚴行治罪。管內凡有書院，亦不得令諸人搔擾，使臣安下。欽此。

《元史》卷四《世祖紀一》　（中統元年十二月丙申）帝至自和林，駐蹕燕京近郊。始製祭享太廟祭器、法服。以梵僧八合思八為帝師，授以玉印，統釋教。【略】

（中統二年秋八月）丙午，太白犯歲星。以許衡為國子祭酒。丁未，以姚樞為大司農，竇默仍翰林侍講學士。先是，以樞為太子太師，衡為太子太傅，默為太子太保，樞等以不敢當師傅禮，皆辭不拜，故復有是命。【略】

（中統二年秋九月）戊辰，大司農姚樞請以儒人楊庸教孔、顏、孟三氏子孫，東平府詳議官王鏞兼充禮樂提舉。詔以庸為教授，以鏞特兼太常少卿。【略】

（中統二年）是歲，天下戶一百四十一萬八千四百九十有九。

又　卷五《世祖紀二》　（至元元年八月乙巳）詔新立條格：省並州縣，定官吏員數，分品從官職，給俸祿，頒公田，計月日以考殿最；均賦役，招流移；禁勿擅用官物，勿以官物進獻，勿借易官錢；勿擅科差役；凡軍馬不得停泊村坊，詞訟不得隔越陳訴；恤鰥寡，勸農桑，驗雨澤，平物價；具盜賊、囚徒起數，月申省部。又頒陝西四川、西夏中興、北京三處行中書條格。定立諸王使臣驛傳稅賦差發，不許擅招民戶，不得以銀與非投下人為斡脫，禁口傳敕旨及追呼省臣官屬。【略】

又　卷六《世祖紀三》　（至元三年）八月【略】丁卯，以兵部侍郎黑的、禮部侍郎殷弘使日本，賜書曰：『皇帝奉書日本國王：朕惟自古小國之君，境土相接，尚務講信修睦，況我祖宗受天明命，奄有區夏，遐方異域畏威懷德者，不可悉數。朕即位之初，以高麗無辜之民，久瘁鋒鏑，即令罷兵，還其疆埸，反其旄倪。高麗君臣，感戴來朝，義雖君臣，而歡若父子。計王之君臣，亦已知之。高麗，朕之東藩也。日本密邇高麗，開國以來，時通中國，至於朕躬，而無一乘之使以通和好。尚恐王國知之未審，故特遣使持書布告朕心，冀自今以往，通問結好，以相親睦。且聖人以四海為家，不相通好，豈一家之理哉？以至用兵，夫孰所好，王其圖之。』【略】

（至元三年）是歲，天下戶一百六十萬九千九百三。【略】

（至元五年）是歲，天下戶一百六十八萬四千一百五十七。

又　卷七《世祖紀四》　（至元七年二月乙未）高麗國王王禃來朝，求見皇子燕王，詔曰：『汝一國主也，見朕足矣。』禃請以子愖見，從之。詔諭禃曰：『汝內附在後，故班諸王下。我太祖時亦都護先附，即令齒諸王上，阿思蘭後附，故班其下，卿宜知之。』又詔令國王頭輦哥等舉軍入高麗舊京，以脫朵兒、焦天翼為其國達魯花赤，護送禃還國。仍下詔：『林衍廢立，罪不可赦。安慶公淐本非得已，在所寬宥。有能執送衍者，雖舊在其黨，亦必重增官秩。』世子愖奏乞隨朝及尚主，不許，命隨其父還國。【略】

（至元七年）是歲，天下戶一百九十二萬九千四百四十九。

又　卷八《世祖紀五》　（至元十年九月）丙戌，劉秉忠、姚樞、王磐、竇默、徒單公履等上言：『許衡疾歸，若以太子贊善王恂主國學，庶幾衡之規模不致廢墜。』又請增置生員，並從之。秉忠等又奏置東宮宮師府詹事以次官屬三十八人。【略】

（至元十年十二月）天下戶一百九十六萬二千七百九十五。

（至元十一年三月）遣要速木、咱興憨失招諭八魯國。帝師八合思八歸土番國，以其弟亦鄰真襲位。建大護國仁王寺成。【略】

（至元十二年三月）庚子，從王磐、竇默等請，分置翰林院，專掌蒙古文字，以翰林學士承旨撒的迷底里主之。其翰林兼國史院，仍舊纂修國

史、典制誥、備顧問，以翰林學士承旨兼修《起居注》和禮霍孫主之。【略】

（至元十二年）天下户四百七十六萬四千七十七。

又 卷一〇《世祖紀七》 （至元十六年三月甲戌）中書省下太常寺講究州郡社稷制度，禮官折衷前代，參酌《儀禮》，定擬祭祀儀式及壇壝祭器制度，圖寫成書，名曰《至元州縣社稷通禮》，上之。

又 卷一三《世祖紀十》 （至元）二十二年春正月戊寅，以命相詔天下。民間買賣金銀、懷孟諸路竹貨、江淮以南江河魚利，皆弛其禁。諸處站赤飲食，官為支給。遣官諸路慮囚，罪輕者釋之。徙屯衛輝新附軍六千家，廩之京師，以完倉廩。發五衛軍及新附軍濬蒙村漕渠。

又 卷一四《世祖紀十一》 （至元二十三年四月己未）中書省臣言：『比奉旨，凡為盜者毋釋。今竊鈔數貫及佩刀微物，與童幼竊物者，悉令配役。臣等議，一犯者杖釋，再犯依法配役為宜。』帝曰：『朕以漢人徇私，用《泰和律》處事，致盜賊滋衆，故有是言。人命至重，今後非詳讞者，勿輒殺人。』【略】

（至元二十四年閏二月）辛未，以復置尚書省詔天下。除行省與中書議行，餘並聽尚書省從便以聞。設國子監，立國學監官：祭酒一員，司業二員，監丞一員，學官博士二員，助教四員，生員百二十人，蒙古、漢人各半，官給紙劄、飲食，仍隸集賢院。設江南各道儒學提舉司。

又 卷一五《世祖紀十二》 （至元二十五年四月己未）壬寅，禮部言：『會同館蕃夷使者時至，宜令有司仿古《職貢圖》，繪而為圖，及詢其風俗、土產、去國里程，籍而録之，實一代之盛事。』從之。

又 卷一六《世祖紀十三》 （至元二十八年五月）何榮祖以公規、治民、禦盜、理財等十事緝為一書，名曰《至元新格》，命刻版頒行，使百司遵守。【略】

（至元二十八年）户部上天下户數，内郡百九十九萬九千四百四十四，江淮、四川一千一百四十三萬八百七十八，口五千九百八十四萬八千九百六十四，遊食者四十二萬九千一百一十八。司農司上諸路所設學校二萬一千三百餘，墾地千九百八十三頃有奇，植桑棗諸樹二千二百五十二萬七千七百餘株，義糧九萬九千九百六十石。宣政院上天下寺宇四萬二千三百一十八區，僧、尼二十一萬三千一百四十八人。

又 卷一七《世祖紀十四》 （至元二十九年二月）庚午，斡羅思招附桑州生貓、羅甸國古州等峒酋長三十一，所部民十二萬九千三百二十六户，詣闕貢獻。【略】

（至元三十年）是歲，天下路、府、州、縣等二千三十八：路一百六十九，府四十三，州三百九十八，縣千一百六十五，宣撫司十五，安撫司一，寨十一，鎮撫所一，堡一，各甸部管軍民官七十三，長官司五十一，録事司百三，巡院三。官府大小二千七百三十三處，隨朝二百二十一；員萬六千四百二十五，隨朝千六百八十四。户一千四百萬二千七百六十。賜皇后、親王、公主如歲例。賜諸臣羊馬價，鈔四十三萬四千五百錠、幣五萬五千四百一十錠。周貧乏，鈔三萬七千五百二十錠。作佛事祈福五十一。【略】

世祖度量弘廣，知人善任使，信用儒術，用能以夏變夷，立經陳紀，所以為一代之制者，規模宏遠矣。

又 卷四八《天文志一》 元興，定鼎于燕，其初襲用金舊，而規環不協，難復施用。於是太史郭守敬者，出其所創簡儀、仰儀及諸儀錶，皆臻於精妙，卓見絶識，蓋有古人所未及者。其説以謂：昔人以管窺天，宿度餘分約為太半少，未得其的。乃用二線推測，于餘分纖微皆有可考。而又當時四海測景之所凡二十有七，東極高麗，西至滇池，南逾朱崖，北盡鐵勒，是亦古人之所未及為者也。

又 卷六三《地理志六》 元有天下，薄海内外，人迹所及，皆置驛傳，使驛往來，如行國中。至元十七年，命都實為招討使，佩金虎符，往求河源。都實既受命，是歲至河州。州之東六十里，有寧河驛。驛西南六十里，有山曰殺馬關，林麓穹隘，舉足浸高，行一日至巔。西去愈高，四閲月，始抵河源。是冬還報，並圖其城傳位置以聞。其後翰林學士潘昂霄從都實之弟闊闊出得其説，撰為《河源志》。

又 卷六四《河渠志一》 世祖至元二十八年，都水監郭守敬奉詔興舉水利，因建言：『疏鑿通州至大都河，改引渾水溉田，於舊閘河蹤迹導清水，上自昌平縣白浮村引神山泉，西折南轉，過雙塔、榆河、一畝、玉泉諸水，至西水門入都城，南匯為積水潭，東南出文明門，東至通州高麗莊入白河，總長一百六十四里一百四步。塞清水口一十二處，共長三百一十步。壩閘一十處，共二十座，節水以通漕運，誠為便益。』從之。首事於至元二十九年之春，告成於三十年之秋，賜名曰通惠。【略】

船既通行，公私兩便。先時通州至大都五十里，陸挽官糧，歲若干萬，民不勝其悴，至是皆罷之。

又　卷八一《選舉志一》　世祖至元八年春正月，始下詔立京師蒙古國子學，教習諸生，於隨朝蒙古、漢人百官及怯薛歹官員，選子弟俊秀者入學，然未有員數。以《通鑑節要》用蒙古語言譯寫教之，俟生員習學成效，出題試問，觀其所對精通者，量授官職。

又　卷八五《百官志一》　世祖即位，登用老成，大新製作，立朝儀，造都邑，遂命劉秉忠、許衡酌古今之宜，定內外之官。其總政務者曰中書省，秉兵柄者曰樞密院，司黜陟者曰御史臺。體統既立，其次在內者，則有寺，有監，有衛，有府；在外者，則有行省，有行臺，有宣慰司，有廉訪司。其牧民者，則曰路，曰府，曰州，曰縣。官有常職，位有常員，其長則蒙古人為之，而漢人、南人貳焉。於是一代之制始備，百年之間，子孫有所憑藉矣。

又　卷九三《食貨志一》　元初，取民未有定制。及世祖立法，一本於寬。其用之也，于宗戚則有歲賜，於凶荒則有賑恤，大率以親親愛民為重，而尤惓惓于農桑一事，可謂知理財之本者矣。世祖嘗語中書省臣曰：『凡賜與雖有朕命，中書其斟酌之。』

又　卷九七《食貨志五》　海運。元自世祖用伯顏之言，歲漕東南粟，由海道以給京師，始自至元二十年，至於天曆、至順，由四萬石以上增而為三百萬以上，其所以為國計者大矣。

又　卷一五五《史天澤傳》　中統元年，世祖即位，首召天澤，問以治國安民之道，即具疏以對，大略謂：『朝廷當先立省部以正紀綱，設監司以督諸路，沛恩澤以安反側，退貪殘以任賢能，頒奉秩以養廉，禁賄賂以防奸，庶能上下丕應，內外休息。』帝嘉納之。繼命往鄂渚撤江上軍，還，授河南等路宣撫使，俄兼江淮諸翼軍馬經略使。二年夏五月，拜中書右丞相。天澤既秉政，凡前所言治國安民之術，無不次第舉行。又定省規十條，以正庶務。

論說

元·郝經《郝文忠公陵川文集》卷三二《立政議》　臣聞所貴乎有天下者，謂其能作新樹立，列為明聖，德澤加于人，令聞施于後也。非謂其志得意滿，苟且而已也。志得意滿，苟且一時，與草木並朽而無聞，是為身者也，于天下何有？有志于天下者不貴也，為人之所不能為，立人之所不能立，變人之所不能變，卓然與天地並，沛然與造化同，雷厲風飛，日星明而江河流，天下莫不貴之，而已不以為貴，以為己所當為之職分也。古之有天下者莫不然，後之有天下者亦莫不當然。天下，一大器也。用之久則必敝窳殘缺，甚則至于破碎分裂，置而不修，則委而去之耳。

又　《便宜新政》　臣謹裁新政便宜十六事上進，不勝惶恐，戰越之至，條例如左：

一，大有為以定基統；【略】

二，嚴備禦以防不虞；【略】

三，定都邑以示形勢；【略】

四，置省部以一紀綱；【略】

五，建監司以治諸侯；【略】

六，誅兇渠以示勸懲；【略】

七，親諸王以庇本根；【略】

八，行寬政以結人心；【略】

九，赦罪戾以去舊汙；【略】

十，罷冗官以寬民力；【略】

十一，總錢穀以濟國用；【略】

十二，減吏員以哀良民；【略】

十三，堅凝果斷以成中興；【略】

十四，擴充誠明以絶猜狙；【略】

十五，明賞罰以定功過；【略】

十六，定儲貳以塞亂階。

元・胡祗遹《紫山大全集》卷一四《賀正表》 履端正始，禮莫重於三朝，祈天惠民，數無先於百穀。八風應律，萬物更新。欽惟皇帝陛下，體元乾綱，立正人統，巍巍乎與天為大，蕩蕩乎使民無名。德冠百王，功垂億代。不寶遠物，而遠物畢至，懷柔百神，而百神效靈。無歲不年，有生咸遂。不以富庶易恭儉之德，不以强武出争鬬之兵。祚維繼於守成，功愈光於創業。握乾中之大一統，徹海外而無二家。太寧綿綿，和氣皞皞。臣某等遠叨貴職，遥拱坣宸，歡溢赤心，班阻丹陛。願祝無疆之聖壽，敢陳有斐之蕪辭。

元・王惲《秋澗集》卷一《中統神武頌》 維二年春王正月，逆璮悖負天恩，扞我大刑，哀奸株頑，嘯兇東土，於是命將致討。天戈一麾，不五月而克清大憝。兹蓋皇帝陛下，寅奉天心，布昭神武，睿智足臨，有征無戰故也。昔肅宗中興唐室，而元結獻頌，用歌大業，垂示無極。臣惲忝屬太史，親覩盛事，頌聲不作，咎將曷歸？敢綴緝所聞，謹撰《中統神武頌》一首，凡千有一百二十四字，雖辭理未應，庶幾神武仁聖之德，鏗鍧炳燿，播宣金石。振一代之徽烈也。

又 卷三五《貢舉議》 貢舉人材，肇自唐虞，而法備于周。漢興，乃用孝廉秀才等科，策以經術時務，以州郡大小限其歲貢之數，以賞罰責長吏極其人材之精，猶古貢士法也。歷魏至於後周，中間因時更革，固為不一，要之不出漢制之舊。迨隋始設進士科目，試以程文，時勢好尚有不得不然者。至唐有明經進士等科，既明一經，復試程文對策。中者雖鮮，號稱得人，至有龍虎將相之目。其明經立法敷淺，易于取中，當時亦不甚重。又有設制科，以待天下非常之士，故前宋易明經為經義，其賦義法度嚴備，考較公當，至于金極矣，後世有不可廢者！

又 卷四〇《傳國玉璽記》 斯璽也，自秦迄今千六百餘載，其間顯晦固為不常，今者方皇太孫嗣服之際，弗先弗後，適當其時而出，此最可重者。蒙宣諭而退。臣惲等復考其近而明見者，按金《集禮》云：玉璽一十五面，俱得之于宋內，受天璽者，宋紹聖間得之咸陽段氏。當時命禮部翰林太常等官考驗，實係漢前傳璽，遂以禮祇受。金亡，莫究其所在。今之所進，其文章、制度、玉色，校《集禮》所載，即此璽也。昔晉見麟璽于江左，唐得賜寶于崔侁，事出惝怳，傳疑後人。元帝猶藉之以中興，代宗尚因之而紀號，俱未若斯璽，實前代有天下者之鎮寶，應運呈瑞，不涉誕妄，非人力所致，而一旦自至，意者上天申祐，奉而大之，赫為新朝受命貞符昭昭矣。抑表夫曆數斯在，開邦家無疆之休者，光賁前古矣。

《元史》卷一五七《劉秉忠傳》 世祖在潛邸，海雲禪師被召，過雲中，聞其博學多材藝，邀與俱行。既入見，應對稱旨，屢承顧問。秉忠於書無所不讀，尤邃于《易》及邵氏《經世書》，至於天文、地理、律曆、三式六壬遁甲之屬，無不精通。論天下事如指諸掌。世祖大愛之，海雲南還，秉忠遂留藩邸。後數歲，奔父喪，賜金百兩為葬具，仍遣使送至邢州。服除，復被召，奉旨還和林。上書數千百言，【略】世祖嘉納焉。

又 卷一五八《許衡傳》 中統元年，世祖即皇帝位，召至京師。時王文統以言利進為平章政事，衡、樞輩入侍，言治亂休戚，必以義為本。文統患之。且竇默日於帝前排其學術，疑衡與之為表裏，乃奏以樞為太子太師，默為太子太傅，衡為太子太保，陽為尊用之，實不使數侍上也。【略】

至元二年，帝以安童為右丞相，欲衡輔之，復召至京師，命議事中書省。衡乃上疏曰：【略】臣雖昏愚，荷陛下知待如此其厚，敢不罄竭所有，裨益萬分。【略】書奏，帝嘉納之。

元・孔齊《至正直記》卷三《世祖一统》 世祖一統。世祖能大一統天下者，用真儒也。用真儒以得天下，而不用真儒以治天下。八十餘年，一旦禍起，皆由小吏用事。自京師至於遐方，大而省、院、臺、部，小而路、府、州、縣以及百司，莫不皆然。縱使一儒者為政，焉能格其弊乎？況無真儒之為治者乎？故吾謂壞天下國家者，吏人之罪也。

永樂盛世分部

綜述

《明太宗實録》卷一〇 （洪武三十五年秋七月甲申）吏部言：建

文中改舊官制。【略】

凡中外大小衙門，有創革升降官員額數有增減者，及所更改文武散官，併合遵復舊制。上曰：如切係軍民利害者，可因時損益。既於軍民利害無所關涉，何用更改？況前人創立制度，皆有深意。今行之既久，無弊輒改，為此其所以敗亡也。俱速改復舊制。

又　卷一七　（永樂元年二月乙卯）命監察御史分詣各布政司，巡視民瘼。陛辭。上諭之曰：父母于赤子，先寒而備之衣，先饑而備之食。適其温飽之，宜避温就燥以處之，無所不盡其心。人主為民父母，理亦當然。朕居深宫，一飲一食，未嘗不念及軍民。然在下之情，不能周知。爾等為朝廷耳目，其往用心諮訪。但水旱災傷之處，有司不言者，悉具奏來。軍民之間，何利當興？何弊當革者？亦悉以聞。

又　卷二〇上　（永樂元年五月辛巳）上謂廷臣曰：北京，朕舊封國，有國社國稷。今既為北京，而社稷之禮未有定制，其議以聞。

又　卷二四　（永樂元年十月）辛亥，上謂禮部臣曰：帝王居中，撫馭萬國，當如天地之大，無不覆載。遠人來歸者，悉撫綏之，俾各遂所欲。近西洋回回哈只等，在暹羅聞朝使至，即隨來朝。遠夷知尊中國，亦可嘉也。今遣之歸，爾禮部給文為驗，經過官司毋阻。自今諸番國人願入中國者，聽。

又　卷二六　（永樂元年）是歲，天下戶千一百四十一萬五千八百二十九，口六千六百五十九萬八千三百三十七人。稅糧三千一百二十九萬九千七百四石，布帛一十萬五千四百二十六匹，絲棉三十七萬九千二百一十五斤，綿花絨十六萬二千二百四十九斤，課鈔五百六十萬六千八十七錠，金五十兩，銀八萬一百八十五兩，銅二千四百二十三斤，鐵七萬九千八百六斤，鉛六萬二千四十二斤，硃砂千八百五十五兩，海肥二十六萬六千七百五十四索，茶百六十七萬八千一百七十斤，鹽百二十九萬二千八百六十二引，屯田子粒二千三百四十五萬七百九十九石，馬三萬七千九百九十三匹。

又　卷三六　（永樂二年十一月）丁巳，翰林學士兼右春坊大學士解縉等進所纂録韻書，賜名《文獻大成》。賜縉等百四十七人鈔有差，賜宴於禮部。【略】

先是，上命翰林院學士兼右春坊大學士解縉等於新進士中選質英敏者，俾就文淵閣進其學。至是，縉等選修撰曾啓、編修周述【略】二十八人入見。上諭勉之曰：人須立志，志立則功就。天下古今之人，未有無志而能建功成事。其汝等簡拔于千百人中，為進士，又簡拔于進士中，至此固皆今之英俊。然當立心遠大，不可安于小成。為學必造道德之微，必具體用之全。為文必並驅班馬韓歐之間。如此立心，日進不已，未有不成者。古人文學之至，豈皆天成？亦積功所至也。

又　卷四三　（永樂三年六月己卯）遣中官鄭和等齎敕往諭西洋諸國，並賜諸國王金織、文綺、彩絹各有差。

又　卷五七　（永樂四年閏七月）壬戌，文武羣臣淇國公丘福等請建北京宫殿，以備巡幸。遂遣工部尚書宋禮，【略】選民丁，期明年五月，俱赴北京聽役。率半年更代，人月給米五斗。其徵發軍民之處，一應差役及閘辦銀課等項，悉令停止。

又　卷七三　（永樂五年十一月乙丑）太子少師姚廣孝等進重修《文獻大成》，書凡二萬二千二百一十一卷，一萬一千九百五本。更賜名《永樂大典》，上親製序以冠之。

又　卷八〇　（永樂六年六月）庚辰，詔諭北京諸司文武羣臣曰：北京軍民，數年之前或效力戎行，或供億師旅，備歷艱難。平定以來，勞悴未蘇。比以營建北京，國之大計，有不得也。【略】

方今盛暑，軍民赴工者，宜厚加撫恤，飲食作息必以時，無過於勞疾，疾悉與醫藥。爾等其體朕恤民之意，歛怨為功，朕所不取。

又　卷一一三　（永樂九年二月）己未，開會通河。河自濟寧至臨清，舊通舟楫。洪武中，沙岸沖決，河道淤塞。【略】

至是，濟寧州同潘叔正言：『會通河道四百五十餘里，其淤塞者三之一，濬而通之，非惟山東之民免轉輸之勞，實國家無窮之利。』乃命工部尚書宋禮、都督周長往視。禮等還，極陳疏濬之便，且言天氣和霽，宜極時用工。於是遣侍郎金純發山東及直隸、徐州民丁，繼發應天、鎮江等府民丁，并力開濬。民丁皆給糧賞而蠲免其他役及今年田租。尚書宋禮總督之。

又　卷一二九　（永樂十年六月）甲戌，敕戶部臣曰：朕為天下主，所務安民而已。民者，國之本。一民不得其所，朕之責也。故每歲遣人巡行羣邑，凡歲之豐歉，民之休戚，欲周知也。近者，河南民饑，有司不以聞，而往往有言穀豐者。若此欺罔，獲罪於天，此亦朕任非其人之過。其速令河南發粟賑民。凡郡縣及朝廷所遣官，目擊民難不言者，悉追下獄。

又 卷一四一 （永樂十一年七月甲申）瓊州府臨高縣民黃茂奉命招諭深峒那呆等二十四峒生黎。至是，率黎首王聚符喜等朝貢馬。黎民來歸者計戶四百有奇，口千三百有奇。蓋自初至今，招撫諸黎來歸者千六百七十處，戶三萬有奇。

又 卷一八二 （永樂十四年十一月）壬寅，復詔羣臣議營建北京。

又 卷一八三 （永樂十四年十二月）丁卯，古里、爪哇、滿剌加、占城、錫蘭山、木骨都束、溜山、南渤利、不剌哇、阿丹、蘇門答剌、麻林、剌撒、忽魯謨斯、柯枝、南巫里、沙里灣泥、彭亨諸國及舊港宣慰使司臣辭還，悉賜文綺襲衣，遣中官鄭和等齎敕及錦綺、紗羅、彩絹等物偕往。賜各國王，仍賜柯枝國王可亦里印誥，並封其國中之山為鎮國山。上親制碑文賜之。

又 卷二三一 （永樂十八年十一月）戊辰，上以明年御新殿受朝，詔天下曰：開基創業，興王之本為先，繼體守成，經國之宜尤重。昔朕皇考太祖高皇帝，受天明命，君主華夷，建都江左，以肇邦基。肆朕纘承大統，恢弘鴻業，惟懷永圖。眷茲北京，實為都會，惟天意之所屬，寔卜筮之攸同。乃做古制，徇輿情，立兩京，置郊社宗廟，創建宮室。上以紹皇考太祖高皇帝之先志，下以貽子孫萬世之弘規。爰自營建以來，天下軍民，樂於趨事，天人協贊，景貺駢臻。今已告成，選永樂十九年正月朔旦，御奉天殿朝百官，誕新治理，用致雍熙。於戲！天地清寧，衍宗社萬年之福，華夷綏靖，隆古今全盛之基。故茲詔示，咸使聞之。

明·申時行等［萬曆］《明會典》卷一三《事故》 永樂元年，令極刑家屬官有才能，本部明白具奏，不拘例用。

又 《訪舉》 永樂十三年，敕：軍民之中，有懷才抱德，堪為任用者，許諸人薦舉，官司以禮遣送赴京。

又 卷二二一 《翰林院》 永樂五年，設四夷館。內分八館，曰韃靼、女直、西番、西天、回回、百夷、高昌、緬甸，選國子監生習譯。

《明史》卷六《成祖紀二》 （永樂元年正月）乙卯，遣御史分巡天下，為定制。【略】

（永樂三年十月）戊子，頒《祖訓》于諸王。【略】

（永樂十年十月）丙申，鄭和復使西洋。【略】

（永樂十五年）九月丁卯，曲阜孔子廟成，帝親製文勒石。【略】

（永樂十六年）冬十二月戊子，諭法司：『朕屢敕中外官潔己愛民，而不肖官吏恣肆自若，百姓苦之。夫良農必去稂莠者，為害苗也。繼今，犯贓必論如法。』【略】

贊曰：『文皇少長習兵，據幽燕形勝之地，乘建文孱弱，長驅內向，奄有四海。即位以後，躬行節儉，水旱朝告夕振，無有壅蔽。知人善任，表裏洞達，雄武之略，同符高祖。六師屢出，漠北塵清。至其季年，威德遐被，四方賓服，明命而入貢者殆三十國。幅隕之廣，遠邁漢、唐。成功駿烈，卓乎盛矣。』

又 卷四〇《地理志一》 自黃帝畫野置監，唐、虞分州建牧，沿及三代，下逮宋、元，廢興因革，前史備矣。明太祖奮起淮右，首定金陵，西克湖、湘，東兼吳、會，然後遣將北伐，並山東，收河南，進取幽、燕，分軍四出，芟除秦、晉，訖於嶺表。最後削平巴、蜀，收復滇南。禹迹所奄，盡入版圖。近古以來，所未有也。

又 卷四七《禮志一》 永樂中，頒《文公家禮》於天下，又定巡狩、監國及經筵日講之制。

又 卷四九《禮志三》 永樂中，建壇京師，如南京制，在太歲壇西南。石階九級。西瘞位，東齋宮、鑾駕庫，東北神倉，東南具服殿，殿前為觀耕之所。護壇地六百畝，供黍稷及薦新品物地九十餘畝。每歲仲春上戊，順天府尹致祭。後凡遇登極之初，行耕耤禮，則親祭。

又 卷六九《選舉志一》 永樂五年，選監生三十八人隸翰林院，習四夷譯書。九年辛卯，鍾英等五人成進士，俱改庶吉士。壬辰、乙未以後，譯書中會試者甚多，皆改庶起士，以為常。歷事生成名，其蒙恩遇如此。

又 卷七二《職官志一》 成祖即位，特簡解縉、胡廣、楊榮等直文淵閣，參預機務。閣臣之預務自此始。然其時，入內閣者皆編、檢、講讀之官，不置官屬，不得專制諸司。諸司奏事，亦不得相關白。

又　卷七七《食貨志一》　《記》曰：『取財於地，而取法於天。富國之本，在於農桑。』明初，沿元之舊，錢法不通而用鈔，又禁民間以銀交易，宜若不便於民。而洪、永、熙、宣之際，百姓充實，府藏衍溢。蓋是時，劭農務墾辟，土無萊蕪，人敦本業，又開屯田、中鹽以給邊軍，餫餉不仰藉於縣官，故上下交足，軍民胥裕。

又　卷七八《食貨志二》　永樂中，既得交阯，以絹，漆，蘇木，翠羽，紙扇，沉、速、安息諸香代租賦。廣東瓊州黎人、肇慶瑤人內附，輸賦比內地。天下本色稅糧三千餘萬石，絲鈔等二千餘萬。計是時，宇內富庶，賦入盈羨，米粟自輸京師數百萬石外，府縣倉廩蓄積甚豐，至紅腐不可食。歲歉，有司往往先發粟振貸，然後以聞。雖歲貢銀三十萬兩有奇，而民間交易用銀，仍有厲禁。【略】

成祖聞河南饑，有司匿不以聞，逮治之。因命都御史陳瑛榜諭天下，有司水旱災傷不以聞者，罪不宥。又敕朝廷歲遣巡視官，目擊民艱不言者，悉逮下獄。

又　卷八九《兵志一》　成祖增京衛為七十二。又分步騎軍為中軍，左、右掖，左、右哨，亦謂之五軍。歲調中都、山東、河南、大寧兵番上京師隸之。

論說

《明太宗實錄》卷首《進實錄表》　太宗體天弘道，高明廣運，聖武神功，純仁至孝。文皇帝剛健中正，廣大高明，體天之心，行天之道，勵精為理，躬儉愛人，載奠邦家，中興鴻業。文治光昭于日月，武烈弘靖于華夷。大略雄材，茂功偉績，規模宏遠，卓冠百王。

又　卷二三　永樂元年九月丙子朔，敕諭中外文武羣臣曰：為治之道在寬猛適中，禮樂刑政，施有其序。唐虞三代，至漢唐宋，率由茲道。舜誅四凶，明五刑，夏禹承之，聲教達于四海。周公相武王，滅國五十，至成康而後，刑措不用。漢高祖初定天下，命蕭何定律，令韓信申軍法，至文景挾書之律，肉刑之慘，一皆除之。唐高祖革隋弊政，定官制，頒律令，太宗承之，懲斬趾，禁鞭背，力行仁義，幾致刑措。宋初，太祖懲五代之亂，用刑頗重，咸平以後，務從寬仁。載之前史，可考見矣。朕皇考太祖高皇帝，奮起布衣，當胡俗沉浸百年之後，奸雄睥睨，反側之餘，撥亂反正，不得已而用刑，特權一時之宜。及立為典常，既有定律，頒之天下，復為《祖訓》，垂憲子孫，而墨劓剕宮，並禁不用。朕以菲德，纘成大統，仰思聖謨，夙夜祇服。惟欲舉賢材，興禮樂，施仁政，以忠厚為治。爾文武羣臣，尚思各共乃職，敬乃事，勿為朋比，勿事貪黷，勿恣情縱欲，以干匪彝，至於用刑，必欽必慎，期於刑措，用臻康理。以上不負皇考創業之艱，而朕于守成之道亦庶幾焉。爾惟欽哉。

又　卷二六四　（永樂二十一年十月）己巳，【略】上曰：『華夷本一家。朕奉天命為天子，天之所覆，地之所載，皆朕赤子，豈有彼此？天道恒與善人，為君體天而行，故為善者必賜之以福爾。今順天道而來，君臣相與，共用富貴，勿憂。』也先土干及其部屬皆叩頭呼萬歲。命悉賜酒饌。也先土干退謂所親曰：『大明皇帝真吾主也，舍此何適哉？』

明・朱健《古今治平略》卷五《國朝屯田》　文帝即位之初。此文皇帝繼守可以為法者也。

明・余繼登《皇明典故紀聞》卷六　成祖嘗謂侍臣曰：『凡開創之主，其經歷多，謀慮深，每作一事，必籌度數日乃行，亦欲子孫世守之。故《詩》、《書》所載後王之善，必曰「不愆不忘，率由舊章」，于警戒後王曰「率乃祖攸行」，曰「監于先王成憲」，此皆老成之言。後世輕佻諂諛之徒，立心不端，以其私智小見，導嗣君改易祖法。嗣君不明，以為能而寵任之。徇小人之邪謀，至於國弊民叛而喪其社稷者有之矣。豈可不以為戒！』【略】

永樂初，遣御史分詣郡國，巡視民瘼。諭之曰：『父母于赤子，先寒而備之衣，先饑而備之食，適其溫飽之宜，避濕就燥以處之，無所不盡其心。人主為民父母，理亦當然。朕居深宮，一飲一食，未嘗不念及軍民。然在下之情，不能周知。爾等為朝廷耳目，其往，用心諮訪，但水旱災傷之處，有司不言者，悉具奏來。軍民之間，何利當興，何弊當革者，亦悉以聞。』【略】

成祖因與侍臣論政，曰：『朕即位未久，常恐民有失所，每宫中秉燭夜坐，披閲州郡圖籍，靜思熟計，何郡近罹饑荒，當加優恤。何郡地迫邊鄙，當置守備，旦則出與羣臣計議行之。近河南數處蝗旱，朕用不寧，故遣使省視，不絶於道。如得斯民小康，朕之願也。』【略】

成祖謂侍臣曰：『我朝大經大法，皆太祖皇帝所立，以傳子孫。昨有憸人為朕言，朝廷法太寬，非所以為治，朕已斥之。今朕當守成之日，正安養生息之時，乃嚴法為治，豈不反有傷乎？孔子言天地大德曰生，聖人大寶曰位，守位曰仁，何嘗謂嚴法也』【略】

成祖嘗與侍臣論刑賞，侍臣進曰：『古稱賞人以官，不若賞人以財。』成祖曰：『以朕論之，亦未盡善。若人君一心愛民，則二者皆重。蓋知財出於民力，則必不肯輕與；知官所以養民，則必不肯輕授。』

仁宣之治分部

綜　述

《明仁宗實録》卷一　帝行之，帝亦孜孜，惟仁之施，或有水旱饑饉，民兵失所，未嘗不戚焉，思有以賑恤之。每論文武大臣曰：卿等為國柱石，宜深體至尊聖仁，以惠黔黎，毋為苛刻，以摇邦本。其後監國，所惠被下人甚厚，故天下咸屬心焉。

又　卷五　（永樂二十二年十月壬寅）上曰：祖宗所以令天下奏雨澤者，蓋欲前知水旱，以施恤民之政，此良法美意。【略】

水没薊州、平峪等州縣田五千五百三十頃，徐州、蕭沛等州縣田七千二百九十頃有奇。事聞，詔悉蠲其今年租税。浙江于潛、樂清兩縣，饑事聞，命發預備倉粟賑之。

又　卷六　（永樂二十二年十月癸丑）順德府廣宗縣奏：『今歲雨水下田，傷稼頗多，乞寬其租税。』上謂戶部臣曰：『比登萊諸羣，雨水傷麥，已蠲其永樂二十年逋税。其二十一年所逋者，令折輸鈔廣宗，可准此例寬恤之。若使核實而行，則民困於有司之督責，其速行之。』【略】

（永樂二十二年十月乙卯）上命吏部令在京七品在外五品以上文武及知縣于五品以下見任官及軍民中訪舉德性淳篤，行止端方，或才能出衆，政績顯著，或文學有稱，識見優遠者，量才擢用。若有蔽賢及濫舉者，論罪如律。所舉之人，後犯贓罪，舉連坐。又諭之曰：朝廷比年數下詔舉賢，而奉行者率多狥私背公，或以賄賂舉，或以親故舉，所得實用十不三四，政事何由而理？生民何由而安？自今必嚴舉主連坐之法，庶得實材。【略】

大理寺奏決重囚。上曰：人命甚重，帝王以愛人為德，卿等理刑宜贊輔德政，罔俾無辜，含冤地下，傷國家之和氣。昔法吏有于死獄求生道者，天有顯報，不在其身，在其後人，卿等勉之。遂命五府六部通政司六科同三法司於承天門會審，特召大學士楊士奇、楊榮、金幼孜至榻前，諭曰：此年法司之濫，朕未常不知，其所擬大逆不道，往往出於羅織煅煉，先帝數切戒之。故死刑至四五覆奏，而法司不留意，甘為酷吏而無愧。自今凡決審重囚，卿三人往同審，有冤抑者，雖細故必以聞，遂命三法司今後審決重囚，必會三學士同審。

又　卷七　（永樂二十二年十一月壬申）御劄付禮部尚書呂震曰：建文中，奸臣其正犯已悉受顯戮，家屬初發教坊司、錦衣衛、浣衣局並習匠，及功臣家為奴今有存者，既經大赦，可宥為民，給還田土。凡前為言事失當謫充軍者，亦宥為民。【略】

上諭禮部臣曰：大學聚天下之士，教之以備任用，蓋因其已成而益充之。今郡縣歲貢生率記誦陳言以圖僥倖，求其實學，百無二三。爾禮部宜敕有司督學官嚴訓誨，必通經成才，方得充貢。蓋學者先立根本於鄉學，然後進而充廣大學者。若在鄉學全未有成，而望有成于國學，焉有此理。

（永樂二十二年十一月）甲戌，上以在朝文武羣臣進言者寡，敕諭之曰：朕以菲德承大統，君臨億兆，顧天下之廣，庶務之繁，豈一人所克獨理？亦唯賴文武羣臣相與協德，共圖康濟。矧屬亮陰之際，尤切倚毗之心。是以嗣位之初，首詔中外，旁求直言，此實意也。而涉月累旬，言者無幾，夫京師首善之地，四方之所視法。今人困于下而不得聞弊，膠于習而不知革為。國以得賢為重事，君以進賢為忠。今居官者，或廉貪雜處，賢否無別，其何以望治效？典兵者或部伍不實，紀律不肅，其何以嚴防禦？仕者之禄不足，而冗食之員甚衆。法吏所尚平恕，而罪人或困于深文。推之百司之務，夫豈皆適於中近者？如斯何以法遠？豈非憲紀不正，言路有壅。夫有功必賞，有罪必罰，賢者必進，不肖者必退，至公之典，朕不敢私。卿等皆受國家股肱心膂之寄，無以直心而慮後讒，君臣同體，相與至誠，必有嘉謨嘉猷，輔朕不逮，庶副倚重賢人君子之意。

又 卷八 （永樂二十二年十二月甲辰）上諭吏部臣曰：師儒之職，不可濫授，此欲其成就人才德。古以模範稱之，模範不正其所造器，何由得正？比來國子生務實學者甚少，大率于諸司歷事，苟延歲月，以圖出身，固是學者志趨卑下，亦由師範失職所致。卿等每引選國子監官，皆循資格升之，不聞舉一道德老成之士，如何望太學之師皆得人？自今宜慎重其選。

又 卷九 （永樂二十二年十二月癸丑）禮部尚書呂震奏：『有旨賜衍聖公孔彥縉一品金織衣，衍聖公是二品，如旨賜之，過矣。』上曰：『朝廷用孔子之道，治家國天下。今孔子之徒在官有一品服者，孔子之後襲封承先師之祀，服之何過？且先帝時，五品儒臣有賜二品服者，亦何過哉？其賜之，用稱朕崇儒之道意。』【略】

是歲，天下戶一千六萬六千八十，口五千二百四十六萬八千一百五十二。賦稅：糧三千二百六十萬一千二百六石，布帛十四萬三百五十二匹，絲綿二十二萬三千六百九十七斤，綿花絨六萬九千五百七十五斤。課：鈔一千九百二十七萬六千五十四錠，金千二百兩，銀十七萬五千六百八十六兩，銅錢三千一百六貫，銅二千一百二十八斤，鉛二萬七百八十斤，朱砂千五百九十五斤，鹽一百六萬八千九百八十引，馬一百七十三萬六千六百一十八疋。饋運北京糧二百五十七萬三千五百八十三石。

（洪熙元年春正月）丙戌，大祀天地於南郊。畢，還御奉天門，文武羣臣行慶成禮。頒詔中外曰：【略】

一，農桑，衣食之本。學校，風化之原。有司宜加勸課。【略】

一，天下嶽鎮海瀆及各處山川社稷等壇、帝王陵寢、先聖先賢忠臣義士旗纛、城隍祠廟常須潔淨。【略】

一，軍民之間有孝子順孫、義夫節婦，合該上司審覆明白，具實奏聞，以憑旌表。一，軍民有鰥寡孤獨及廢殘疾無依之人，所司常加存恤。【略】

一，文職官自永樂二十二年八月十五日已前，有犯罪充辦事官及吏典承差者，並送吏部隨才授職，但犯贓罪不在此例。一，武職官子孫除應襲外，其餘子弟果有德行才識，可取者聽所在官司薦舉，以憑擢用。

又 卷一二 （洪熙元年三月）上諭刑部尚書金純、都察院左都御史劉觀、大理寺卿虞謙曰：往者，法司無公平寬厚之意，尚羅織為功。能稍有片言，涉及國事，輒論誹謗中外，相師成風。奸民欲嫁禍良善者，輒飾造屋罔以誹謗為説。一掛名於此，身家破滅，莫復辨理。今數日間，覺此風又萌。夫治道所急者，求言所患者，以言為諱，況今所急尤在於通下情。卿等宜體朕心，自今告誹謗者悉勿治。顧大學士楊士奇等曰：此事必以詔書行之。

又 卷一三 （洪熙元年三月）洪熙元年三月己丑，詔天下曰：朕恭承大統，為天下生民之主。惟我皇祖、皇考愛民之仁，秖率不怠，旦夕思念，人命甚重，哀矜庶獄，惓惓在懷。夫刑以禁暴止邪，道民於善，豈專務誅殺哉？故律令制善，善長而惡短，罰之輕重，咸適厥中。顧執法之吏，不能皆平，有虛飾其情，傳致死罪，而比附謬妄尤甚枉人，朕深憫之。夫五刑之條，莫甚大辟之施，身首異處，斯已極矣。自今有犯死罪，律該淩遲者，依律科決。其餘死罪，止於斬絞。

《明宣宗實録》卷九 （洪熙元年九月）仁宗皇帝以為近年科舉太濫，命禮部翰林院定議額數。【略】

大抵國家設科取士，為致治之本。其冒貢非才，蓋是有司之過。人既苟得，遂啓幸心。今解額已定，果行之以公，不才者不得濫進，自然人知務學。其令各處，凡考試官及諸執事，先須擇賢，庶免冒濫。

又 卷一一 （洪熙元年十一月）行在工部尚書吳中言，製造御用朱紅戧金龍鳳膳亭及器皿所用物料不足，請買於民間。上曰：漢文服御帷帳無文繡，史稱其恭儉愛民。朕方慕之，以儉約率下，所造服食器用，當從樸素，不須華靡，所用物料，孰庫藏中給用，不必買於民。

又 卷一七 （洪熙元年五月甲午）諭三法司曰：古者，孟夏斷薄刑，出輕繫，仲夏拔重囚，益其食。所以順時令，重人命也。我祖宗之時，每遇隆寒盛暑，必命法司審録囚繫。卿等皆先朝舊臣，嘗所聞知者。朕體祖宗之心，敬慎刑獄，冀不往民命，上格天心。今天氣向炎，不分輕重而悉繫之，非欽恤之道。古人謂刑為祥刑，以其用之至當，足以召和氣，福國家。卿等當體此心，即量情罪輕重而區別之，務存平恕，毋致深刻。

又 卷二〇 （宣德元年八月）壬午，駐蹕樂安城南。高煦將出，叛黨王斌等固止之曰：寧一戰以死，不可為人禽也。高煦紿斌等，復入宮。遂潛從間道出，為官軍所執以獻。文武羣臣列奏其罪，請正典刑。上曰：彼固不義，《祖訓》於待親藩自有成法，羣臣復言春秋之法，大義滅親。上卻之，但命以羣臣劾章示之高煦，跽言：臣罪萬死，惟生殺在皇上。遂令高煦為書，召諸子同歸京師。又遣其所親信內侍還府中，慰安宮眷。下令城中罪止坐同謀者，脅從者勿治。【略】

甲申，遣書報趙王高燧曰：姪祇承祖宗之位，所賴者宗室。諸叔父為之藩屏，相與鞏固國家，同享太平悠久之福。姪于漢王事，以叔父未嘗違禮，今者無故謀為不軌，圖危宗社。【略】

不得已親率將士往問之。【略】

仰賴天地垂祐，宗社之靈，彼為城中諸人所迫以來，以至親之故，不忍罪之，令同宮眷回北京居住。【略】

惟叔父為皇考同氣至親，不可不告，多人所首之事，略具別楮，言之痛心，惟叔父鑑之。並遣書諭諸王，頒詔中外。

又 卷三〇 （宣德二年八月）庚申，上語行在吏部尚書蹇義等曰：國家建學育才，以資任用。祖宗以來，得人為多。比者各處考黜生員，例應充吏，有以患病為詞者，告乞再試。彼既恥於罷黜，必能悔過自新，又或是學業垂成，不甘中棄者，宜從所請。然須令翰林院嚴切考試，庶幾人知所警，自然向學。

又 卷三二 （宣德二年十月）壬申，上御文華殿翰林儒臣進講《易觀大象》畢。上曰：古者帝王有巡狩之禮，後世何以不行？講臣對曰：古之君臣，上下往來，以通禮意。至秦尊君抑臣，斯禮遂廢。上曰：亦世勢不同也，舜時五載一巡狩，《虞書》所載一年遍天下。後世人君一出，千乘萬騎，百姓騷驛。成周十二年一巡，已與虞時不同矣，況後世乎！予謂治貴實效。巡狩之禮，考制度，觀民風，明黜陟，此其大節也。誠能體帝王之心，選賢任良，不患不振。若以後世侍衛之衆，徵求之廣，欲行時巡之禮，難矣。

又 卷四三 （宣德三年五月丙辰）巡撫蘇松等處大理寺卿胡概奏：浙江嘉湖杭三府人民蕃多，税糧浩大，府縣有治農官理辦税糧，宜增布政司官一員以總之。庶農務以時，糧税不欠。上謂行在吏部臣曰：税糧自是常賦，國初以來，徵斂輸送已有定制，朕方裁抑冗濫，豈得復設？古語『省事不如省官』，所奏不允。

又 卷四六 （宣德三年八月辛巳）上御武英殿，問侍臣歷代戶口盛衰。【略】

上曰：戶口之盛衰，足以見國家之治，忽其盛也，本於休養生息，其衰也，必由土木兵戈。觀漢武承文景之餘，煬帝繼隋文之後，開元之盛，遂有安史之亂，豈非恃其富庶而不知儆戒乎？漢武末年，乃知悔過，煬帝遂以亡國，玄宗至於播遷，皆足為世之大戒。

又 卷五三 （宣德四年四月甲申）上退朝御便殿，與儒臣論史。因問漢唐諸君在位孰久？對曰：漢之武帝，唐之玄宗，皆在位久。上曰：漢武好大喜功，海內費耗，末年能懲前過。玄宗初政，有貞觀之風，久而恣欲，疏忠任邪，遂至禍亂，竄身失國。武帝猶為彼善於此。又曰：善心生則明，慾心生則闇，武帝以田千秋為賢，玄宗以李林甫為賢，此治亂所由異也。

又 卷五四 （宣德四年五月）乙丑，行在工部尚書吳中言：『昨山西代州圓果寺奏，本寺是古迹道場，為國祝釐之所。舊塔損壞，今欲修理，未敢擅造。且力不能自備，乞於農閒之日，役民為之。』上曰：『卿欲藉此求福乎？朕以安民為福，其止之，勿勞吾民。』

又 卷五六 （宣德四年七月壬子）行在戶部上戶口登耗之數。上視朝退，因語侍臣曰：『隋文帝時，戶口繁殖，財賦充足，自漢以來，皆莫能及。議者以在當時必有良法，後世因其享國不永，故無取焉。此未必然。夫法存乎人，理財國之大務。若漢唐初間之法，未嘗不善，至其子孫，或恃富厚，力役頻興，費用無度，天下不能不凋敝。若隋文克勤政事，自奉儉薄，足致富庶，豈徒以其法哉？秦法多非先王之制，後世猶有存者，亦未嘗計其享國長短也。大抵人君恭儉，國家無事，則生齒日繁，生齒繁則財賦自然充足。』又曰：『天下富庶，致理之本，民物凋耗，兆亂之階。使煬帝不縱其奢欲，能謹守隋文之業，安得遽至敗亡哉？』

又　卷六二　（宣德五年正月乙丑）行在吏部奏選官退。上因與侍臣論前代官制，上曰：『省官安民之道，唐虞建官，惟百夏，商官倍，秦漢以下，視夏商官益增多，何也？』侍臣對曰：『時世不同也。』上曰：『唐虞三代，事簡民淳，不可比。儗唐太宗定內外官七百三十員，去古未遠，亦足為法。』侍臣對曰：『然必由君心靜則事可簡，事簡則官可省，官省則民安矣。若國家多事，政務煩雜，小人幸進，冗食者多，欲百姓免于煩擾，難矣。』上曰：『此誠確論，清心者省事之本。』

又　卷八六　（宣德七年正月）丙戌，上念即位以來，四方番國皆來朝貢，惟日本未至。遂命內官柴山齎敕往琉球國，令中山王尚巴志遣人齎往日本諭之。敕曰：昔我皇祖太宗文皇帝臨御之日，爾日本先王源道義能敬順天道，恭事朝廷，是以朝廷眷待彌厚。朕今紹承皇祖之志，廣一視同仁之德，特敕諭王，王其益順，天心恪遵爾。先王之志，遣使來朝，朕之待爾，一如皇祖之待爾先王，非惟一家一國受福於無窮，且使海濱之民皆得以永享太平之福。爾其欽哉。

又　卷九二　（宣德七年六月）是月，《御製官箴》成，以示百官。上諭之曰：朕承大寶，臨撫兆民，實賴中外文武羣臣同心同力，以興起治功。昔舜命九官十二牧，皆孜孜訓諭，虞史書之。夫以大舜為君，禹、皋、稷、契輩為之臣，猶致儆如此。況朕菲薄，敢不究心。然遠臣既不得數見而人諭之，近臣雖朝夕相接，亦不得數以言諭。因取古人箴儆之義，凡中外諸司，各著一篇，使揭諸廳事，朝夕覽觀，庶幾有儆。然古之君臣有交儆之道，凡在位君子有以嘉謨告朕者，尤朕所樂聞也。

又　卷一一五　（宣德九年）是歲，天下戶口：戶九百七十萬二千三百二十二，口五千六十二萬七千四百五十六。田地四百二十七萬一百六十一頃九十三畝。田賦：米麥二千八百五十二萬四千七百三十二石，絲一十七萬五千八十四斤，綿二十三萬二千六十八斤有奇，絹一十萬六百三十一匹，布一十三萬六匹，綿花二十四萬二千八百九斤。折色鈔二萬五千三百六十錠有奇，雜課鈔三千五百二十八萬六千九百九十三錠，米麥五萬九千九百一十四石，銀四千一百九十八兩，銅一千九百八十九斤，鐵五十五萬五千二百六十七斤有奇，布二百八十七匹。鹽課：鹽五百五十二萬六千六百六十引有奇，折色鈔一千六百五十萬九千一百三十四錠，米四十六萬三百九十九石有奇，綿布四萬三千九百八十一匹。茶課：茶四十七萬一千七十二斤，折色鈔一萬五千七百六錠。屯田子粒二百三十萬七千八百七石。採納：金三百三十五兩，銀三十二萬七千六百八兩，水銀五千三百四十斤，硃砂九百一十斤石，綠三千六百九斤，雄黃二百一十二斤有奇。漕運：北京米麥豆五百二十一萬三千三百三十石。減免天下官田等項稅糧計米麥七千三百九十三石有奇。

《明史》卷八《仁宗紀》　（永樂二十二年八月）丁巳，即皇帝位。大赦天下，以明年為洪熙元年。罷西洋寶船、迤西市馬及雲南、交阯採辦。戊午，復夏原吉、吳中官。己未，【略】復設三公、三孤官，以公、侯、伯、尚書兼之。進楊榮太常寺卿，金幼孜戶部侍郎，兼大學士如故，楊士奇為禮部左侍郎兼華蓋殿大學士，黃淮通政使兼武英殿大學士，俱掌內制，楊溥為翰林學士。【略】甲子，汰冗官。【略】

戊辰，官吏謫隸軍籍者放還鄉。己巳，詔文臣年七十致仕。【略】

（九月）庚辰，河溢開封，免稅糧，遣右都御史王彰撫恤之。壬午，敕自今官司所用物料于所產地計直市之，科派病民者罪不宥。【略】

戊戌，賜吏部尚書蹇義及楊士奇、楊榮、金幼孜銀章各一，曰『繩愆糾繆』，諭以協心贊務，凡有闕失當言者，用印密封以聞。【略】

（永樂二十二年）十一月壬申朔，詔禮部：『建文諸臣家屬在教坊司、錦衣衛、浣衣局及習匠、功臣家為奴者，悉宥為民，還其田土。言事謫戍者亦如之。』【略】

（洪熙元年二月）己丑，詔曰：『刑者所以禁暴止邪，導民於善，非務誅殺也。吏或深文傅會，以致冤濫，朕深憫之。自今其悉依律擬罪。或朕過於嫉惡，法外用刑，法司執奏，五奏不允，同三公、大臣執奏，必允乃已。諸司不得鞭囚背及加入宮刑。有自宮者以不孝論。非謀反。勿連坐親屬。古之盛世，采聽民言，用資戒儆。今奸人往往摭拾，誣為誹謗，法

吏刻深，鍛練成獄。刑之不中，民則無措，其餘誹謗禁，有告者一切勿治。』【略】

贊曰：『當靖難師起，仁宗以世子居守，全城濟師。其後成祖乘輿歲出北征，東宮監國，朝無廢事。然中遘媒孽，瀕於危疑者屢矣，而終以誠敬獲全。善乎其告人曰「吾知盡子職而已，不知有讒人也」，是可為萬世子臣之法矣。在位一載。用人行政，善不勝書。使天假之年，涵濡休養，德化之盛，豈不與文、景比靈斯哉。』

又 **《宣宗紀》** （宣德三年）夏四月癸亥，敕凡官民建言章疏，尚書、都御史、給事中會議以聞，勿諱。閏月壬寅，録囚。免山西旱災税糧。甲辰，命有司振恤。【略】

（宣德三年）冬十一月癸酉，錦衣指揮鍾法保請采珠東莞，帝曰：『是欲擾民以求利也』，下之獄。【略】

（宣德五年）二月壬辰，罷工部采木。癸巳，頒寬恤之令，省災傷，寬馬政，免逋欠薪芻，招流民賜復一年，罷採買，減官田舊科十之三，恤工匠，禁司倉官包納，戒法司慎刑獄。【略】

（宣德五年）三月戊申，道見耕者，下馬問農事，取耒三推，顧侍臣曰：『朕三推已不勝勞，況吾民終歲勤動乎。』命賜所過農民鈔。【略】

（宣德七年）夏四月辛丑，免山西逋賦。壬寅，募商中鹽輸粟入邊。六月癸卯，録囚。癸丑，罷中官入番市馬。是月，作《官箴》成，凡三十五篇，示百官。【略】

（宣德八年）二月壬子，録囚，宥免五千餘人。【略】

（宣德八年）夏四月戊戌，詔蠲京省被災逋和、雜課，免今年夏税，賜復一年。【略】

贊曰：仁宗為太子，失愛于成誼。其危而復安，太孫蓋有力焉。即位以後，吏稱其職，政得其平，綱紀修明，倉庾充羨，閭閻樂業。歲不能災。蓋明興至是歷年六十，民氣漸舒，蒸然有治平之象矣。若乃强藩猝起，旋即削平，掃蕩邊塵，狡寇震懾，帝之英姿睿略，庶幾克繩祖武者歟。

又 **卷七七《食貨志一》** 宣宗之世，屢核各屯，以征戍罷耕及官豪勢要占匿者，減餘糧之半。迤北來歸就屯之人，給車牛農器。分遼東各衛屯軍為三等，丁牛兼者為上，丁牛有一為中，俱無者為下。

又 **卷七九《食貨志三》** 宣德四年，瑄及尚書黄福建議復支運法，乃令江西、湖廣、浙江民運百五十萬石於淮安倉，蘇、松、寧、池、廬、安、廣德民運糧二百七十四萬石於徐州倉，應天、常、鎮、淮、揚、鳳、太、滁、和、徐民運糧二百二十萬石於臨清倉，令官軍接運入京、通二倉。民糧既就近入倉，力大減省，乃量地近遠，糧多寡，抽民船十一或十三、五之一以給官軍。惟山東、河南、北直隸則徑赴京倉，不用支運。尋令南陽、懷慶、汝寧糧運臨清倉，開封、彰德、衛輝糧運德州倉，其後山東、河南皆運德州倉。

又 **卷八〇《食貨志四》** 仁宗立，以鈔法不通，議所以斂之之道。戶部尚書夏原吉請令有鈔之家中鹽，遂定各鹽司中鹽則例，滄州引三百貫，河東、山東半之，福建、廣東百貫。宣德元年停中鈔例。三年，原吉以北京官吏、軍、匠糧餉不支，條上預備策，言：『中鹽舊則太重，商賈少至，請更定之。』乃定每引自二斗五升至一斗五升有差，召商納米北京。戶部尚書郭敦言：『中鹽則例已減，而商來者少，請以十分為率，六分支與納米京倉者，四分支與遼東、永平、山海、甘肅、大同、宣府、萬全已納米者。他處中納悉停之。』又言：『洪武中，中鹽客商年久物故，代支者多虚冒，請按引給鈔十錠。』帝皆從之，而命倍給其鈔。甘肅、寧夏、大同、宣府、獨石、永平道險遠，趨中者少，許寓居官員及軍餘有糧之家納米豆中鹽。

又 **卷八二《食貨志六》** 仁宗初，光禄卿井泉奏，歲例遣正官往南京采玉面狸，帝叱之曰：『小人不達政體。朕方下詔，盡罷不急之務以息民，豈以口腹細故，失大信耶！』宣宗時，罷永樂中河州官買乳牛造上供酥油者，以其牛給屯軍。命御史二人察視光禄寺，凡內外官多支及需索者，執奏。

又 **卷八六《河渠志四》** 宣德六年從武進民請，疏德勝新河四十里。八年，工竣。漕舟自德勝北入江，直泰興之北新河。由泰州壩抵揚子灣入漕河，視白塔尤便。於是漕河及孟瀆、德勝三河並通，皆可濟運矣。

明·申時行等［萬曆］《明會典》卷一三《訪舉》 洪熙元年，詔民間有行已廉正、才堪撫字者。經明行修、可充教職者。許見任官，具實保舉。

又　卷一七《田土》　宣德四年詔各處官田，每畝舊例納糧一斗至四斗者各減十分之二，四斗一升至一石以上者各減十分之三。

又　卷三七《茶課》　洪熙元年，令四川保寧等府所屬原額官茶，照例辦納，罷買民茶。若官倉見積茶堪中換馬者，仍留支用。芽茶依當地時價，作官吏俸給支銷。不堪換馬葉茶，具奏覆驗燒毀

又　卷七七《問擬刑名》　洪熙元年，令一應罪犯悉依大明律科斷，法司不許深刻妄引榜文及諸條例比擬。

又　卷七九《恤孤貧》　宣德三年，令天下軍民貧病者，惠民藥局給與醫藥。

論　説

《明仁宗實録》卷四　（永樂二十二年九月丙戌）平江伯陳瑄上言七事：一曰重國本；【略】二曰擇賢能；【略】三曰蘇民力；【略】四曰興學校；【略】五曰整軍位；【略】六曰謹邊防；【略】七曰專漕運。【略】上覽奏，以付翰林臣曰：瑄言皆當，令所司速行。又曰：大臣能用心如此，亦難，遂降敕奬諭之。【略】

（永樂二十二年十月戊午）禮部左侍郎胡濙言十事：一曰勤庶政；【略】二曰任賢良；【略】三曰務節儉；【略】四曰篤親親；【略】五曰納諫諍；【略】六曰明賞罰；【略】七曰親經史；【略】八曰守成憲；【略】九曰嚴祀事；【略】十曰精武備；【略】上嘉納之。

又　卷九　（永樂二十二年十二月癸丑）辦事官程富上言曰：為治之道，在於考前代得失之迹，審察成敗之由，則勸戒昭明，而知所從違矣。得理而興者，當以為法唐虞三代是也，唐虞之盛，固未易及。然求治不以三代為法，是有願治之名，而無躬行之實，豈足以成至治也哉？失理而廢者，必以為戒秦隋是也，苟不痛懲其弊，則前日惡之而後日效之，言既非之，而復踵之，其不駸駸然與覆車同軌者幾希。且三代之時，治日常多，而亂日常少者，主聖臣賢，同心協德之所至也。秦隋之時，治日常少，而亂日常多者，君暗臣佞，荒淫多欲之所召也。臣觀歷代之君，孰不欲追三代而超漢唐，究其治效不如漢唐之盛，去三代而益遠者，無他，好名之心勝，力行之功虧也。恭惟陛下稟不世出之資，藴大有為之志，鄉者潛德，東宮仁孝恭儉，天下共聞。及乎尊臨大寶，道路相賀，莫不延頸以望太平。陛下誠欲有以副民之望，仰追三代而超漢唐，當開言路以來諫諍，言有可采，量賜褒奬，如不足取，免加罪責。庶使忠言讜論日聞於上，誠不可以拒諫飾非，陽褒陰貶，名為升之，日則逐之，使中外杜口，以言為諱也。

又　卷一〇　（洪熙元年春正月）乙亥，敕諭天下文武羣臣曰：朕惟天地以生物為德，人君以安民為務，設官分職，簡賢任能，所以相成其功。朕祇紹洪圖，仰惟祖宗創業守成之難，夙夜惓惓，體天為治。嗣位之初，蠲逋負，赦有罪，不急之務，一切停罷，選任賢良，共圖惟新之治，期與天下安于太平。今天下庶事未盡理，生民未盡安，斯朕之責，亦爾文武羣臣之責，尚思勉之。【略】

夫君臣一體，上下相須。朕勉于修德，爾尚勵于忠貞，弼（咸）[成]治化以躋斯民，於雍熙泰和之盛，不其偉歟？【略】

（洪熙元年十月）湖廣布政司左參政恭黃澤言：恭惟皇上嗣登大寶，下詔求言，以圖至理。臣切惟至治之道，其要有十：曰正心，曰恤民，曰敬天，曰納諫，曰練兵，曰重農，曰絕貢獻，曰明賞罰，曰遠嬖幸，曰汰冗官。凡此十者，足以端治本，救時宜。小試之，則小康，大試之則大治。願陛下納臣之言，力行無怠，太平之效，豈不見於今日哉？【略】臣所陳十事，時加省覽，必踐其實，且宣示羣臣，各謹其職，輔翼佐理，以亮天工，務施寔惠，毋尚虚文。如此，則君德日盛，宗社尊安，華夷咸服，而國祚萬年矣。上嘉納之。

《明宣宗實録》卷一一　（洪熙元年十一月）四川成都府雙流縣知縣孔友諒言六事：一曰汰冗員；【略】二曰任風憲；【略】三曰重守令；【略】四曰慎科目；【略】五曰厚俸禄；【略】六曰薄征徭。【略】命行在禮部會議行之。

又　卷二六　（宣德二年三月己丑）上御奉天門策試舉人趙鼎等，制曰：朕惟禮樂之道，原於天地，具于人心，所以治天下國家之大器也。蓋以和神人，以辨上下，以厚俗化，皆由於斯，故聖帝明王咸所重焉。我

國家自太祖皇帝暨我皇祖、皇考，聖聖相承，功成治定，法古主制，極于盛矣。爰及朕躬，獲承鴻緒，永惟海宇之廣，生齒之繁，化理之方，躬行為要，肆夙夜飭，勵恭己思，道罔敢怠。寧諸生學古有年，究于治理。夫合父子之親，明長幼之序，以敬四海之內，而兵革不試，五刑不用，百姓無患，此盛治之至也，爰始行之，其事何先，樂由中出，禮自外作。近世大儒，又謂其本皆出於一。夫欲安上治民，移風易俗，不考其本，何以施之？【略】

（宣德二年三月辛丑）上罷朝，御左順門，少師吏部尚書蹇義侍。上曰：朕昨讀《漢書》，觀其所載循吏，有感於心，因序論之。今以示卿，卿宜有以副朕意。其文曰：班固作西漢書，載循吏文翁、王成、黃霸、龔遂、朱邑、召信臣六人，然觀其事，興學校，勤勞來，勸課農桑，修舉水利，恭儉愛人而已，非有奇才異能，以傾駭人之視聽，然而傳之者何哉？以其奉職循理，而民自化，異乎尚威嚴以為治者。自古有天下者，皆以民為本。【略】今天下之郡邑多矣，予惟師舜禹之道，以教養斯民。故於守令之選，加嚴焉。詩曰：『豈弟君子，民之父母』，安得皆有如六人者布滿天下郡邑哉？

又　卷一一五　（宣德十年正月）上在位十有一年，壽三十八。上豁達大度，致孝尊親，惇睦宗族。朝政所施，動諮成憲。至於恤下，惓惓推仁。四方奏水旱蝗災，即遣人馳視賑濟，除其租稅。聞江南細民困斃，詢厥所由，知自宋元來官田租額過重，量與減除。愛惜人才，非有大過，常保全之。慎於用人，廷臣有闕，博諮於衆，而後授之方嶽。郡守不輕，付畀必命，羣臣會舉，著於令甲。數詔天下求賢，廷臣有不舉賢，屢敕督責。親作《官箴》，以勵百司。不嗜殺人，法司奏刑名，常垂寬宥。惟贓吏不少假借，曰此百姓蟊賊。雖貴近有犯必罰，傷敗風化者，必寘諸法，雖親不原。曰不去此不能為治。審於聽言，有言涉刻薄，正色斥之，或言臣下過失，必詳察之，言實而非大過，寘不問，言之不實，輕則疏斥，言者重則嚴治以懲。間有直言忤旨，旋復覺寤，奬遇加隆。嘗謂侍臣曰：『君臣一體，猶元首之有股肱，以為賢人君子，而用之則當信任之。古之帝王，推赤心置人腹中，人樂為用，若既用而復疑，上下之情不通，惡在其為一體也。』敬禮大臣，每讌見從容諮訪，必使盡其意。待勳舊尤厚，嘗曰是皆效力先朝，所宜與國家同享悠久。而奬賢褒能，賞功不吝。遇事剛果，裁決悉當。臨御以來，賢才進用，田里安業，四裔賓服。聞暇常引儒臣商論理道，喜學不厭，所遊息處，率寘典冊以覽閱。為文章必傳正義，聰明卓越，真英主云。

明·陳子龍等《明經世文編》卷一五《楊士奇〈計議除授方面等官疏〉》　臣愚見，伏望聖明仍遵宣宗皇帝敕旨而行。大抵宣宗皇帝仁民之心，皆是上體太祖皇帝、太宗皇帝、仁宗皇帝三聖仁民之心而行，非是有所更改，但因時損益耳。替者堯、舜、禹、湯、文、武，數聖人相承之政，皆因時損益，所謂因時損益者，或太過則當損，不足則當益，以合于時宜也。替我太宗皇帝于洪武之政，仁宗皇帝于永樂之政，皆有因時損益之宜，亦皆是上體祖宗保民之心而行。故當其時，無人曾有異議。

明·沈德符《萬曆野獲編》補遺卷一《禁自宮》　永樂二十九年，仁宗初即位，長沙府民，有自宮求為內侍者。上曰：『遊惰不孝之人，忍自絕于父母，豈可在左右？發為卒戍邊。』未幾，興州左屯衛軍余徐翊奏有子自宮，今為內豎，乞除軍籍。上曰：『為父教子，為子養親。爾有子不教，自傷其體，背親恩，絕人道，皆原於爾，出其子使代軍役。』又諭刑部尚書金純等曰：『今後有自宮者死不貸，若加宮刑者，朕亦惡之。宮刑下死刑一等，須嚴禁止。』因顧學士楊士奇等曰：『此事須以詔書行之。其禁止自宮，並宮刑如此。』然洪熙元年，宣宗登極，赦書內又云：『在京工人犯罪被刑，劓刺已成殘疾者，即與開除差役。』是年行在工部奏舊經閹刺銀匠周阿佛等七十六人，自陳老疾乞免役。上曰：『刑餘之人，其稱老疾必不妄，令免役閑住。』則肉刑在太宗朝未除也。至本年有軍民任本等數人，自宮求用。上曰：『皇考時，有自宮者皆發戍交趾，此人尚敢爾耶？』即循例發遣。以上兩朝兩年事也。未幾，宣宗又下太僕卿戴希文子懷恩，及前翰林庶起士成敬於蠶室，豈僅禁自宮，而腐刑仍用耶？宣德以後始廢論腐，英宗禁自宮尤嚴，犯者俱戍極邊。

又　補遺卷二《閣臣事寄》　洪熙元年正月，仁宗肇建弘文閣，蓋昉太祖弘文館，而改閣名，謂大學士楊士奇等曰：『卿等各有職務，朕欲選端謹老儒數人備顧問。』於是鑄印章，命翰林學士楊溥掌閣事，親以印付之，命之曰：『朕用卿等於左右，欲廣知民事，為治道之助。如有建白，即以此封識進來。』其委寄幾出文淵閣之上。時，楊溥未為輔臣，而士奇以少師進華蓋殿，楊榮以少保進謹身殿矣。因以侍講王進，及儒士陳繼等三人，改授官以佐溥。

清·谷應泰《明史紀事本末》卷二八《仁宣致治》 谷應泰曰：明有仁、宣，猶周有成、康，漢有文、景，庶幾三代之風焉。然高、成肇造，享國長久，六七十年之間，倉廩贍足，生齒繁殖，而兵革數起，脫劍未祀。後之哲王，但當愉愉煦煦，撫摩瘡痏，斲雕為樸，廢觚為圓，是所尚矣。語有之，承平之主，與戡亂異。假令永樂以前，施仁、宣之政，則行軍而用鄉飲；洪熙以後，用高、成之治，則無疾而食烏喙也。故余以仁、宣之朝，專務德化，雖曰度量，蓋亦有時勢焉。乃仁宗之初御也，停罷採買，平反冤濫，貢賦各隨物產，陂池與民同利，施經帶於常朝，録外吏於西省，凡此皆善政也。而戈謙直言坐徙，馬騏矯旨不誅，李時勉廷諍被擊，毋亦外示止輦，內則瑱規，讓善即喜，翹君即怒耶？此則仁宗之失也。方宣宗之即位也，法祖重農，賑荒懲貪。文事則經史在御，武備則車駕待邊。又且卻騶虞之祥，禁白烏之瑞。《豳圖織婦》，訓誥同風。《招隱猗蘭》，四詩媲美。凡此皆善政也。而棄交趾於荒外，廢胡后於長門，係陳祚於犴狴。毋亦稽中之德，大醇小疵，克終之規，百里九十耶？此則宣宗之失也。雖然，創業固難，守成匪易。仁、宣之治，非高、成不開；而高、成之政，非仁、宣不粹也。嘗考仁宗一祀不永，而繼以宣之濟美，則久道化成。宣宗十載未多，而溯於仁之監國，則重熙累洽。故原其初造，則仁危於宣，席其已安，則宣光於仁。劉緒纘於元嘉，宋治盛於慶曆。王道無旦夕之效，禮樂必百年而興。嗚呼！此其時哉。然而三楊作相，夏、蹇同朝。所稱舟楫之才，股肱之用者，止士奇進封五疏，屢有獻替耳。其他則都俞之風，過於籲咈；將順之美，踰於匡救矣。假使齊桓樂善，管子勉之至王；孝公奮烈，商鞅進之於帝，則仁、宣之間，化理郅隆，又能進賢退不肖，而數世之後，固可蒙業而安也。奈何章帝賓天，太后震怒，論誅王振，大臣緘口，坐令勃韃之禍伏於多魚，石顯之事萌於病已。而仁、宣之業，則幾乎熄，朝廷尚為有人哉！

弘治中興分部

綜　述

《明孝宗實録·序》 惟我皇考孝宗敬皇帝，在位十有八年。事天法祖，以綱常為治。用人行政，御世理民之道，罔不具盡。是以人安物阜，海宇晏然。

又　卷一八　（弘治元年八月）丁亥，巡按直隸監察御史史簡陳鹽法十事：一，謂申舊禁以杜越境夾帶之弊；二，謂灶丁窘乏乞免追補逋欠之數；三，謂勸借商人宜損減以蘇其困；四，謂奸頑腳夫宜懲革以除其害；五，謂諸場官吏宜仍舊制以時交代；六，謂及時開中以足邊餉；七，謂草蕩不均乞量度分給；八，謂灶役繁重乞定科差使其歸一；九，謂盤鐵久缺請增鑄以盡人力；十，謂鹽運往來宜修河塘以便商民。戶部覆奏。從之。

又　卷二六　（弘治二年五月庚辰）庚申，河南守臣奏河決。【略】上曰：黃河沖決，民居蕩析，朕深湣念。其即行巡撫官督所司役五萬人修築，務使河復故道，不為民害，以副朝廷捄災恤患之意。

又　卷三三　（弘治二年十二月）乙未，以水災免直隸保定等五府今年秋糧十一萬九千四百餘石，草二百二十八萬九千五百七十束，綿花三萬四千三十四斤，保定在等十二衛屯糧二萬二千三百餘石。【略】

丁未，以水旱災免河南開封等六府並汝州麥二十一萬三千三百四十餘石，絲一十一萬九千九百六十餘兩，宣武、彰德等八衛所麥二萬九百石有奇。

又　卷三五　（弘治三年二月）壬辰，以水災免河南開封等六府並汝州弘治二年分秋糧三十七萬五千八石，草四十八萬二千二百七十餘束，及懷慶等八衛屯糧六千三十餘石。

又　卷四四　（弘治三年十月庚申）以旱災免河南開封府弘治三年

夏税麥十三萬四千七百三十七石，絲七萬八千五百一十七兩，河南府麥六萬六千四百九十四石，絲三萬八千四百六十六兩，南陽府麥三千九百一十五石，絲二千二百六十六兩，彰德府麥一萬八千二百一十三石，絲一萬三百七十二兩，衛輝府麥一萬五千五百五十三石，絲八千九百二十四兩，懷慶府麥六萬六千一百七十五石，絲三萬八千五百一兩，汝州麥三萬四千七百一十三石，絲二萬一百六十六兩，及宣武、陳州、睢陽、彰德、懷慶、弘農、河南、洛陽、歸德九衛並嵩縣守禦等三所屯糧麥二萬二千六百九十四石有奇。

又　卷一二三　（弘治十年三月戊申）内閣大學士徐溥等言：臣等奉敕纂修書籍，必須斷自宸衷，賜以名目，使中外有司曉然。知聖意所在，纂修者有所依據，承行者易於遵奉。上命書名《大明會典》。【略】

（弘治十三年二月庚寅）三法司奉詔看詳歷年《問刑條例》，定經久可行者條具奏請。上以獄事至重，下諸司大臣同議之。議上二百七十九條，請通行天下，永為常法。上從之。

又　卷一九四　（弘治十五年十二月）己酉，纂修《大明會典》成，翰林院進呈。上御奉天殿受之。文武百官各朝服侍班行禮畢，賜總裁等官少傅兼太子太傅戶部尚書謹身殿大學士劉健等宴於禮部，命英國公張懋及六部尚書都察院左都御史侍宴。

又　卷二〇〇　（弘治十六年六月）戊申，吏科右給事中徐昂言四事：一，專考績；一，重籍冊；一，練世胄；一，更例條。命所司看詳以聞。

又　卷二一八　（弘治十七年）是歲，天下戶一千五十萬八千九百三十五，戶口六千一十萬五千八百三十五口。田八百四十一萬六千八百六十二頃。田賦：米一千八百九十八萬九千八百九十七石八斗九升，麥八百七十九萬八千九百八十九石九斗七升三合五勺，絲三萬六千七百零三斤七兩五錢，綿一百六十五萬二千九百四十六斤五兩三錢，絹一十七萬八千六百九十七匹三尺四寸五分，布一百一十五萬一千七百七十九匹三丈一寸三分，綿花一十三萬一千二百斤，草三千八百九十八萬八千九百包束。戶口鈔八千八百四十二萬六千九百八十二貫，雜課鈔共七千三百九十二萬九千一十九貫，折米一千四百七十二石。鹽課二百四萬九千八引，折米五千七百八十七石四斗，折布二萬一千七百九十五匹。茶課七萬一千二百斤。屯田三十萬八千一百八十一頃九畝，子粒二百九十七萬四千七十八石。金銀課共三萬一千九百二十兩，水銀停止。硃砂四十六斤八兩。儹運糧四百萬石。各處運納米麥共一千五百二萬一千七十五石四斗一合三勺四抄一撮七粟六粒。減免稅糧八百九十八萬九千八百九十九石三斗，草八百八十九萬八千九百束。

又　卷二二三　（弘治十八年五月）先是，上以久旱憂切於心，欲降敕諭頒寬恤十五事：一，內外重囚，情可矜疑者，令問刑衙門奏讞；一，內外緝獲強盜、妖言、奸細，多有貪功罔利，及戳翻之徒，誣陷重罪，令問刑衙門從公研審，如有冤枉，即與辯理；一，監追贓物，囚犯有年久家產盡絕者，查奏發落；一，做工未滿，囚犯例該發遣者，俱免做工；一，京營官軍俱免做工；不急工程悉皆停止。外衛上班違限官軍五月內到者，俱免罰班問罪；一，逃亡匠役，俱許自首免罪。弘治十七年以前災傷地方失班人匠俱免罰工；一，京邊騎操及各處孳牧寄養馬匹倒失虧欠買補追陪未完者，量為寬免；一，各處稅糧並額辦坐派物料，弘治十六年以前小民拖欠者，量為寬免；一，各衙門科派物件具奏減免；一，各處解納錢糧內外管事人員需索使用，以致上納不敷重復徵解，令該部申明禁治；一，近來冗食數多，該部查議裁減；一，各處欽賞莊田，有自收子粒管莊人等分外需索，逼民逃竄。今後令有司徵收送用；一，一，南京運送馬槽馬椿等物，勞擾軍民，悉皆停止，令在京造用；一，各王府及鎮守等官貢獻方物，勞擾道路，除舊例外，悉皆停止；一，各處盜賊有因饑寒失業，嘯聚為非者，所司出榜曉諭，許其自首免罪；一，內外府州縣養濟院，令戶部及巡撫巡按官申明舊例，乞食貧民嚴督所司牧養。已令內閣視草，會上不豫，不果頒。今上遺念先帝遺志，乃載入登極詔，及恭上兩宮尊號詔內。行之。

《明史》卷一五《孝宗紀》　（成化二十三年八月）丁未，斥諸佞幸侍郎李孜省、太監梁芳、外戚萬喜及其黨，謫戍有差。【略】

（成化二十三年十月丁卯）汰傳奉宮，罷右通政任傑、侍郎蒯鋼等千餘人，論罪戍斥。革法王、佛子、國師、真人封號。【略】

（弘治元年）是年，土魯番殺忠順王罕慎，復據哈密。琉球、占城、

撒馬兒罕、烏斯藏入貢。【略】

（弘治四年）二月己巳，敕法司曰：『曩因天道示異，敕天下諸司審録重囚，發遣數十百人。朕以為與其寬之於終，孰若謹之於始。嗣後兩京三法司及天下問刑官，務存心仁恕，持法公平，詳審其情罪所當，庶不背于古聖人欽恤之訓』【略】

（弘治七年）三月癸巳，貴州黑苗平。

（弘治十七年）八月戊辰，命天下撫、按、三司官奏軍民利病，士民建言可采者，所司以聞。

（弘治十八年）二月戊辰，御奉天門，諭戶、兵、工三部曰：『方今生齒漸繁，而戶口、軍伍日就耗損，此皆官司撫恤無方、因仍苟且所致。其悉議弊政以聞。』

明·申時行等〔萬曆〕《明會典》卷五《選官》 弘治六年奏准，每科一選，不拘地方，不限年歲。待進士分撥辦事之後，行令有志學古者，各録其平日所作古文十五篇以上，限一月以里，投送禮部。禮部閲試訖，編號分送翰林院考訂。文理可取者，按號行取。吏部該司，仍將各人試卷，記號糊名，封送。【略】

弘治十三年奏准：文職官吏、監生、知印、承差人等，但係年老事故，或考察退任，並為事問革，例不入選者，若買求官吏，增減年歲，改洗文卷，隱匿過名，或詐作丁憂起復，以圖選用，事發問罪，於吏部門首枷號一箇月。未曾除授者，發原籍，已經除授者，發口外，俱為民。

又 卷一七《田土》 弘治十五年，十三布政司並直隸府州實在田土，總計六百二十二萬八千五十八頃八十一畝零。

又 卷一九《戶口一》 弘治四年造冊戶口數目：人戶，總計九百一十一萬三千四百四十六戶。人口，總計五千三百二十八萬一千一百五十八口。

論説

《明孝宗實録》卷七 （成化二十三年十一月甲子）巡按直隸御史姜洪上疏言八事：一曰正君心。謂自古天下治亂，繫君心邪正，請時加兢業，持守此心，則治道所出者正矣；二曰務聖學。請上御經筵，無間寒暑，講官進説經史，宜兼及善惡，庶知所勸懲；三曰納諫諍。謂近日詔書無諸人言事之條，而科道有言事不實之禁。【略】請開御前奏事之例；【略】四曰辨邪正。謂內外大臣奸邪者多，【略】請皆罷歸田里，或謫之遠方，【略】文武得人，政事修舉；五曰禁近習；六曰黜異端；七曰省進奉。謂南方上進之物，如時鮮、段匹、兵器之類，或薦太廟，或供國用固，不可缺，其餘花石、禽鳥，請皆禁止勿進；【略】八曰慎始終。上曰：所言多已施行，其干係朝廷大臣者，自有處置，所司知之。

又 卷八 （成化二十三年十二月己丑）巡按直隸監察御史曹璘上疏言十事：一，修聖學；【略】一，納諫諍；【略】一，公任使；【略】一，釋怨女；【略】一，慎將領；【略】一，謹細微；【略】一，節財用；【略】一，寬租賦；【略】一，息異端；【略】一，惜名器。命下其奏于所司。

又 卷一二 （弘治元年三月）辛卯，壽州知州劉概言四事：一曰總攬大權；【略】二曰存恤大體；【略】三曰頻御經筵；【略】四曰大開言路。【略】命禮部集議，僉謂其言可行。上納之。

又 卷四八 （弘治四年二月）己巳，敕刑部都察院大理寺曰：朕惟刑以輔治，用之貴得其平。刑平則善有所勸，惡有所懲，而人心服，天道和。不平則不足以勸善懲惡，而人心不服，天道乖，災變之來，誠有不能免焉。曩因天道示異，曾敕天下諸司審録重囚，發遣過情可矜疑及准辨者。奚翅十數百人，雖曰勿拘成案，原問官亦不坐罪，此特廣仁愛之意，欲全民命爾。其間實有訊鞫不真，而失入可罪者，然亦有無可矜疑而强為出脱者，要之皆非大中至正之道。茲當萬物發生之時，朕體天地好生之德，以為刑者民命所繫，與其寬之於終，孰若謹之於始。故特戒敕爾等，各加敬慎。仍行南京三法司及天下大小問刑衙門，今後問刑之際，務必存心以仁恕，持法以公平，察辭辨色，詳審其情。罪所當重者重之，以懲惡，毋務姑息，而不顧縱惡長奸之非。罪所當輕者輕之，以宥過，毋事苛刻，而致有抑鬱稱冤之歎。其或證驗無憑，情隱難明者，尤當加意推究，毋或傳致于一時，而冀不坐罪於他日。如此庶不背古聖人欽恤之訓，而於朕刑期無刑之治，亦有裨益焉。爾等其欽承之，毋忽，故諭。

又 卷二二四 上在位改元弘治，歷年十有八，壽三十六。上天性誠篤，簡言慎動，涵養充實，而未嘗自耀，淵然莫測也。敬天事神，夙夜不怠，每五鼓必起祝天。值水旱災異，輒齋心露禱，或為減稅、緩獄。郊祀奏樂有誤，必召樂官詰之。尊祖敬宗，惇敍彝典，援引稽據，動必以太祖為准，恒曰吾為祖宗守得法度在，惟恐有失。

《明史》卷一五《孝宗紀贊》 明有天下，傳世十六，太祖、成祖而外，可稱者仁宗、宣宗、孝宗而已。仁、宣之際，國勢初張，綱紀修立，淳樸未漓。至成化以來，號為太平無事，而晏安則易耽怠玩，富盛則漸啓驕奢。孝宗獨能恭儉有制，勤政愛民，兢兢於保泰持盈之道，用使朝序清寧，民物康阜。《易》曰：『無平不陂，無往不復，艱貞無咎。』知此道者，其惟孝宗乎！

明·李東陽《燕對録》 按：孝廟初年，平臺、暖閣時勤召對，君臣上下如家人父子，情意藹然，雖都俞盛朝何以加此！至陵廟一事，則以關係綱常，尤深注意，區畫周詳，皆斷自宸衷，勤勤懇懇，歸於至當，非聰明仁孝之至，孰能若此者乎！

清·谷應泰《明史紀事本末》卷四二《弘治君臣》 谷應泰曰：三代而上，成、康、啓、甲尚矣。降是，其漢文、宋仁乎？乃予所聞，於明之孝宗近是。人主在繈褓，則有阿姆之臣；稍長，則有戲弄之臣；成人，則有嬖幸之臣；即位，則有面諛之臣。千金之子，性習驕佚，萬乘之尊，求適意快志，惡聞已過，宜也！漢文止輦受言，張釋之、馮唐皆以片言悟主；宋仁開天章閣圖治，韓、范、富、歐無不先後登朝。

孝宗之世，明有天下百餘年矣。海内乂安，戶口繁多，兵革休息，盜賊不作，可謂和樂者乎！而孝宗恭儉仁明，勤求治理，置亮弼之輔，召敢言之臣，求方正之士，絶嬖幸之門。卻珍奇，放鷹犬，抑外戚，裁中官，平臺暖閣，經筵午朝，無不訪問疾苦，旁求治安。非如曲江興慶，賞花釣魚，歌鳳凰於卷阿，醉豐草於湛露，流連清燕，擬迹成周，恣詠太平，比蹤虞德者也。當是時，冰鑑則有王恕、彭韶；練達則有馬文昇、劉大夏；老成則有劉健、謝遷；文章則有王鏊、丘濬；刑憲則有閔珪、戴珊。夫孔甲好龍，真龍降豢；孝武好馬，天馬西來。上所好者，下有甚焉。延攬之門開，外吏封還誥敕；誹謗之禁疏，小臣執奏椒姻。黃鍾大呂，能生瓦石之音；帝室皇居，不棄櫨梴之器。雍雍濟濟，斯為盛矣！

康雍乾盛世分部

綜　述

《清聖祖實録》卷一 （順治十八年正月辛未）兵部尚書管左都御史事阿思哈等，遵旨嚴議巡方事宜十款：一，禁地方官諂媚巡方，私派供應；一，察州縣官于額外私派，果有私派，即行糾參；【略】一，巡按於屬官內，清廉賢能者，不舉而反劾。貪酷闒茸者，不劾而反舉。被臣衙門及科道訪察糾參，革職，從重處分；一，糾參大貪。應首嚴於藩臬道府。今後若但以庸冗老病塞責者，將該御史從重治罪；一，巡按於地方利弊。要必實心詳察；【略】一，訪拏衙蠹。必先本院衙門奸惡，其次督撫司道府廳州縣分司衙門，及地方棍豪，實係大奸大惡之人。務須嚴拏；【略】一，巡按入境，及出巡地方；【略】一，巡按入境後，屬員不得越境參謁；【略】一，互糾之法。原欲彼此覺察，然從未有督撫指參一巡方者。今後御史倘有不法，而督撫明知不糾者，一併議處；一，考核御史。立為上中下三等。【略】

得旨：這所議各款，務須恪遵力行，不得視為虛文，著通行嚴飭。

【略】

（順治十八年二月）乙未，諭吏部、刑部等大小各衙門：朕惟歷代理亂不同，皆係用人之得失。大抵委任宦寺，未有不召亂者。加以僉邪附，和其間，則為害尤甚。我太祖太宗，痛鑑往轍，不設宦官。先帝以宮闈使令之役，偶用斯輩，繼而深悉其奸，是以遺詔有云，祖宗創業，未嘗任用中官，且明朝亡國，亦因委用宦寺。朕凜承先志，厘剔弊端，因而詳加體察。【略】

十三衙門，盡行革去。凡事皆遵太祖太宗時定制行，内官俱永不用。

（順治十八年三月）丙寅，諭吏部等大小各衙門：國家紀綱法度，因革捐益，代有不同。必開創之初，籌畫精詳，貽謀弘遠，所定典例，可以垂之奕世，永行無弊。我太祖太宗，創制立法，垂裕後昆，自當世守勿替。今應將大小各衙門見行事務，如銓法、兵制、錢穀、財用、刑名律例，內外文武各官一應恩、恤、廕、贈、諭祭、造葬，款項繁多，難以枚舉，或滿漢分別，參差不一者，或前後更易，難為定例者，著議政王貝勒大臣九卿科道，會同詳考太祖太宗成憲，斟酌更定，彙集成書，勒為一代典章，永遠遵行。其有今昔異宜，時勢必須變通，有滿漢懸殊，定例難於歸一者，亦須斟酌至當，詳明具奏。

又　卷二二　（康熙六年）六月甲戌朔，內弘文院侍讀熊賜履遵旨條奏：【略】學校為賢才之藪，教化之基，而學術事功之根柢也。今者庠序之教，缺焉不講，師道不立，經訓不明，士子惟揣摩舉業，以為弋科名之具，絕不知讀書講學，以求聖賢理道之歸。其高明者，又或氾濫百家，沉淪二氏，惑世誣民，莫斯為甚。伏乞皇上隆重師儒，興起學校。畿輔則責成學院，各省則責成學道，使之統率士子，講明正學，非六經語孟之書不讀，非濂洛關閩之學不講，敦崇實行，扶持正教。

又　卷二三　（康熙六年七月）乙巳，先是三月內，輔政公索尼等奏請皇上親政。上留中未發。至是下旨曰：『朕年尚幼沖，天下事務殷繁，未能料理，欲再俟數年。輔政臣屢行陳奏，朕再三未允。輔政臣等奏云：世祖章皇帝亦于十四歲親政，今主上年德相符，天下事務，總攬裕如，懇切奏請。朕乃率輔政臣，往奏太皇太后。太皇太后諭以帝尚幼沖，如爾等俱謝政，天下事何能獨理，緩一二年再奏。輔政臣等復奏：「主上躬親萬几，臣等仍行佐理。」太皇太后俞允，擇吉親政。其吉期，禮部選擇以聞。』

又　卷七一　（康熙十七年正月）乙未，諭吏部：自古一代之興，必有博學鴻儒，振起文運，闡發經史，潤色詞章，以備顧問著作之選。朕萬几餘暇，游心文翰，思得博學之士，用資典學。我朝定鼎以來，崇儒重道，培養人材。四海之廣，豈無奇才碩彥，學問淵通，文藻瑰麗，可以追蹤前喆者？凡有學行兼優，文詞卓越之人，不論已仕未仕，令在京三品以上，及科道官員，在外督撫布按，各舉所知，朕將親試録用。

又　卷八七　（康熙十八年十二月乙亥）內閣學士徐元文疏言：纂修《明史》，請以翰林院侍讀學士傅臘塔、內閣侍讀學士王國安為明史館提調官。右春坊右庶子盧琦、翰林院侍讀王士正、侍講董訥、王鴻緒、右春坊右諭德孟亮揆、左春坊左中允李録予、左春坊左贊善陳論、翰林院編修翁叔元、沈涵、李應薦、李濤、檢討李振裕、沈上墉、徐潮、王尹方、李楠等為纂修官。會同薦舉考授翰林院編修彭孫遹等五十員分纂。從之。

又　卷九九　（康熙二十年十二月己亥）上御太和門，王以下文武各官上表行慶賀禮。頒詔天下。詔曰：朕纘承丕緒，統御寰區。仰惟天地眷祐之庥，祖宗付託之重，聖祖母太皇太后慈訓之殷。蚤夜孜孜，勤求化理。期於兵革寢息，海宇乂安。不意逆賊吳三桂，負國深恩，倡為變亂。陰結奸黨，同惡相援，抗違詔令，竊據疆土。滇、黔、閩、浙、楚、蜀、關、隴、兩粵、豫章之間，所在驛騷，肆騁痛毒。吳三桂僭稱偽號，逆焰彌滋，負罪尤甚。朕恭行天討，分命六師，剿撫並施，德威互濟，或縶頸于闕下，或駢戮于師中，擒捕誅鋤，以次收服。【略】

今羣逆削平，疆圉底定，悉翦歷年之蝥賊，永消異日之隱憂。用是蕩滌煩苛，維新庶政，大沛寬和之澤，冀臻熙皞之風。於戲！體覆載好生之德，秋肅必繼以春溫，法帝王更化之模，義正尤期於仁育。誕告天下，咸使聞知。

又　卷一一一　（康熙二十二年八月戊辰）福建水師提督施琅題報：臣於八月十一日，率領官兵，自澎湖進發。十三日，入鹿耳門，至臺灣。十八日，鄭克塽及偽文武官。俱已薙髮。宣讀赦詔，鄭克塽等歡呼踴躍，望闕叩頭謝恩。【略】

（康熙二十二年十一月）丁丑，上召入大學士等，問曰：『所修《明史》若何？』李霨奏曰：『草本已有大略，自萬曆以後，三朝事煩而雜，尚無頭緒，方在參酌。』上曰：『史書永垂後世，關係最重，必據實秉公，論斷得正，始無偏詖之失，可以傳信後世。夫作文豈有一字一句，不可更改者。當彼此虛心，互相推究。即如朕所製之文，亦常有參酌更定之處。今觀翰林官所撰祭文碑文。亦俱不樂改易。若不稍加更定。恐文章一道。流於偏私矣。爾等將此諭。傳示修史各官知之。』

又　卷一一五　（康熙二十三年四月己巳）纂修《大清會典》，命大學士勒德洪、明珠、李霨、王熙、吳正治、為總裁官。內閣學士麻爾圖、阿哈達、金汝祥、王鴻緒、湯斌為副總裁官。諭大學士等：朕聞一代之興，必有一代之治法。著為道揆，布在方策，用以昭示臣民，垂憲萬世，至弘遠也。我太祖高皇帝，大業開基，規模肇造。太宗文皇帝，膺功耆定，軌物聿興。曁我世祖章皇帝，統一寰區，創垂兼裕。諸凡命官定制，靡不准今酌古，綱舉目張，鬱鬱彬彬，無以尚矣。逮朕御極以來，恪遵成憲，率由弗渝，間有損益，亦皆因時制宜，期臻盡善。俾中外羣工，知所稟承，勿致隕越。顧其條例事宜，多散見於卷牘，在百司既艱於考稽，而兆姓亦無由通曉。今命部院大小等衙門，各委屬員，詳加察輯，用成會典一書。時命卿等為總裁官，其董率各員，恪勤乃事，務使文質適中，事理咸備，行諸今而無弊，傳諸後而可徵。悉心考訂，克成一代之典。俾子孫臣庶，遵守罔愆，以副朕法祖圖治之意。卿等其勉之。欽哉。【略】

（康熙二十四年四月）辛丑，諭戶部：朕撫馭方夏，愛養黎元，早作夜思，勤求治理，閭閻疾苦，無時不深軫念。欲使民生樂業，比屋豐盈，惟當己責蠲租，萬姓得沾實惠。直隸地方，頻遇旱災，小民匱乏，宜加恩恤。順、永、保、河等處圈佔地方，應徵康熙二十一年地丁錢糧，已經詔行蠲免。所有直隸八府，康熙二十三年未完地丁錢糧，盡與豁除。其順、永、保、河、未經圈佔地方，及真、順、廣、大等處，康熙二十四年應徵地丁各項正賦，俱著免三分之一。爾部速行該地方官，遵行曉諭。務使人人得被膏澤，以副朕勤恤民隱至意。如有不肖有司，藉端朦混，私行重徵者，或經參奏，或被告發，定行從重治罪。爾部即遵諭行。特諭。

又　卷一四八　（康熙二十九年八月辛酉）撫遠大將軍和碩裕親王福全等疏言：八月初一日，擊敗噶爾丹，薄暮收軍。

又　卷一五四　（康熙三十六年五月癸卯）和碩顯親王丹臻等疏言：『皇上聖德神功，超越千古。臣下私衷請崇加尊號，以光鉅典，未蒙俞允。臣等欽惟十餘年以來，皇上永清四海，手致太平。下臺灣，殲滅察哈爾，定鄂羅斯，收喀爾喀，從古未經服屬之疆土，悉隸版圖。其梗化於朔漠以外者，獨厄魯特、噶爾丹耳。今噶爾丹，又復剿滅，其同族之青海台吉，皆刻期來朝。又素臣服于厄魯特之哈密諸回人，亦皆輸誠效命。治化之隆，蔑以加矣。昔年三逆蕩平，羣臣請崇上尊號，奉旨不允。及收服喀爾喀，又經上請，亦未允行。于時廷臣再疏陳奏，曾有諭旨，以噶爾丹尚未撲滅，命將原本收貯閣中，茲噶爾丹既滅，羣臣遭遇昌時，欣睹盛事合詞上籲，實出至誠。仰乞皇上曲鑑下情，特賜俞允，臣等幸甚，天下臣民幸甚。』得旨：『所奏已悉，著仍遵前旨行。』

又　卷一九五　（康熙三十八年九月戊申）上以于成龍所繪河圖示大學士等，諭曰：今四海太平，最重者治河一事。朕前巡視，知水之不治，由洪澤湖水勢甚大，既不能洩，又加黃運兩河合併，勢愈浩瀚，以致泛溢。昔時原有歸仁堤，遙為捍御，此法最善。今已淹沒不可考。靳輔則築減水壩，名為減水，而四處奔瀉漂決甚多，彼但顧上河而不顧下河，水何以治？朕意惟有導河稍北，使彼不得侵入清水，而疏洩洪澤湖，使之下流，全用清水以刷沙淤。如此，則水自無不治矣。

又　卷二四九　（康熙五十一年二月壬午）諭大學士九卿等：朕覽各省督撫奏編審人丁數目，並未將加增之數，盡行開報。今海宇承平已久，戶口日繁。若按見在人丁，加徵錢糧，實有不可。人丁雖增，地畝並未加廣，應令直省督撫，將見今錢糧冊內，有名丁數，勿增勿減，永為定額。其自後所生人丁，不必徵收錢糧。

又　卷二五四　康熙五十二年，三月戊寅朔，諭諸王、貝勒、貝子、公、大學士、九卿等：朕昨進京，見各處為朕六十壽誕慶賀保安祈福者，不計其數。朕實涼德，自覺愧汗。從來帝王之治天下，罔不以民生為念。若為一己之私，即不能擴而充之矣。朕若先知，必令止之。今已成矣，難違衆志。夜來思之達旦，朕為天下萬國蒼生之主，萬姓安，即朕之安，天下福，即朕之福。若能祈禱雨暘時若，家給人足，則朕安寢飽食，可以卻病延年。此朕之求福，非有妄想也。傳之各處，凡有祝延萬壽者，必以雨暘時若，萬邦咸寧為先。朕已老矣，有若無，實若虛，夙夜匪懈，履薄臨深之念，與日俱增，豈敢自有滿假乎？

又　卷二九五　（康熙六十年）是歲，人丁戶口二千四百九十一萬八千三百五十九。又永不加賦滋生人丁四十六萬七千八百五十。田、地、山、蕩、畦地、七百三十五萬六千四百五十頃五十九畝有奇。徵銀二千八百七十九萬七千五百五十二兩有奇。米、豆、麥六百九十萬二千三百五十三石有奇。草四百八十六萬四千四十九束。茶二十九萬五千五百七十引。行鹽五百一十一萬四千五百四十引。徵課銀三百七十七萬二千三百六十三兩有奇。鑄錢四萬三千七百三十二萬五千八百有奇。

《清世宗實録》卷一（康熙六十一年十一月）乙巳，總理事務王大臣等奏大行皇帝尊謚廟號，伏候皇上親定。得旨：皇考大行皇帝尊謚廟號，諸王大臣等請朕親定。朕思子臣尊崇君父之心，何有止極？然必須至允至當，方乎千秋定論。若少有溢美之詞，不獨失天下之至公，且開後人之僭越。是因臣子之愚忠愚孝，轉將君父盛德大業之實行，涉于讚頌之虛文，朕心殊不安也。我皇考大行皇帝，纘繼大統，舊典本應稱宗，但經云祖有功而宗有德，我皇考鴻猷駿烈，冠古轢今，拓宇開疆，極於無外。且六十餘年，手定太平，德洋恩溥，萬國來王。論繼統則為守成，論勳業實為開創，朕意宜崇祖號，方副豐功。但追崇大典攸關，理應僉謀共協，爾諸王大臣等，會同九卿詹事科道、文六品以上、武四品以上詳考舊章，從公確議，毋得依違，毋得附和，務期紀實，以垂萬年。【略】

（康熙六十一年十二月癸亥）陳夢雷處所存《古今圖書集成》一書，皆皇考指示訓誨，欽定條例，費數十年聖心，故能貫穿今古，匯合經史。天文地理，皆有圖記，下至山川草木，百工製造，海西秘法，靡不備具，洵為典籍之大觀。此書工猶未竣，著九卿公舉一二學問淵通之人，令其編輯竣事。原稿內有訛錯未當者，即加潤色增刪。仰副皇考稽古博覽至意。

又 卷二（雍正元年是月癸酉）撫遠大將軍年羹堯摺奏：十月十九日，賊人來侵鎮海堡。臣令都統武格，率察哈爾兵、西安滿洲兵援救。【略】

多巴之囊素阿旺丹津，從前叛歸卜藏丹津，今為我兵擒獲，理應正法。但軍務未完，暫行監禁。

又 卷一七（雍正二年三月癸未）撫遠大將軍川陝總督年羹堯奏報：二月初八日，遣奮威將軍岳鍾琪率大軍往剿青海逆賊羅卜藏丹津。【略】

大軍隨後沿途進擊，擒獲羅卜藏丹津之母阿爾太喀屯，及其妹夫克勒克濟農藏巴吉查等，並男女牛羊無數。【略】

現今羅卜藏丹津之母，及賊黨阿爾布坦温布等八人，及歸降之盆蘇克汪札爾等四人，俱解送軍前，青海部落悉經平定。

又 卷四三（雍正四年四月乙亥）朕臨御以來，時時以教育人材為念。但期實有益於學校，不肯虛務課士之美名。蓋欲使士習端方，文風振起，必賴大臣督率所司，躬行實踐，宣導於先，勸學興文，孜孜不倦。俾士子觀感奮勵，立品勤學，爭自濯磨。此乃為政之本。

又 卷四五（乾隆二年六月壬寅）户部議准：『山東巡撫法敏疏報：德州、德州衛、臨清、恩縣、夏津、武城六州縣衛，黄運二河，堤壓柳占地畝，共一十四頃五十三畝有奇。又東平、東阿、陽谷、東平守禦所、單縣、曹縣、聊城、堂邑、博平等九州縣所，堤壓地畝，共一百二十九頃三十六畝有奇。俱係確查，礙難耕種，所有舊徵銀米，請自乾隆元年為始，一體豁除。』從之。

又 卷四九（雍正十二年）是歲，人丁户口二千六百四十一萬七千九百三十二。又永不加賦滋生人丁九十三萬七千五百三十。田地、山蕩、畦地八百九十萬一千三百八十七頃二十四畝有奇。徵銀二千九百九十萬一千六百三十一兩有奇。米、豆、麥四百七十九萬三千八百二十八石有奇。草五百五十七萬四千六十九束。茶三十四萬三千七百十一引。行鹽四百九十三萬六百二引。徵課銀三百九十九萬二千五百五十七兩有奇。鑄錢六萬八千五百三十九萬有奇。

又 卷五五五（乾隆二十三年正月丙午）又諭：準噶爾一事，自用兵以來，伊犁既已蕩定。【略】

今其人已死，其屍已得，準噶爾全域，自可以告厥成功。【略】

（乾隆三十八年二月庚午）諭：昨據軍機大臣議覆朱筠條奏校核《永樂大典》一摺。已降旨：派軍機大臣為總裁，揀選翰林等官，詳定規條，酌量辦理。茲檢閱原書卷首序文，其言采掇搜羅，頗稱浩博，謂足津逮四庫。【略】

尋議：『查《永樂大典》一書，但誇繁博，殊無體例。搜羅古籍，採録固在無遺，別擇尤宜加審，今欲徵完冊，以副秘書，則部分去取，不可不確加校核。謹遵旨將應行條例，公同悉心酌議。此後如尚有應行酌辦之處，隨時另行妥議具奏。再此書卷帙浩繁，必須多派人員，方能迅速排纂。謹派分校翰林官三十員，專司纂輯。仍派辦事翰林，並酌選軍機司員，作為提調。翰林院典簿等官，作為收掌。常川趕辦，毋致作輟。再查翰林院署內，迤西房屋一區，從前修輯《皇清文穎》、《功臣列傳》各書，在內纂辦。此次應即將此項房屋，作為辦事之所，檢查較為近便。』得旨：『依議，將來辦理成編時，著名《四庫全書》。』

又　卷九六三　（乾隆三十九年七月己巳）又諭：兩金川平定後，如噶拉依、勒烏圍、僧格宗、美諾、大板昭等處，必須安設官兵。其餘亦須一例布置，營協相連，方為一勞永逸之計。

又　卷九六七　（乾隆三十九年是月乙未）乙未，命建文淵閣于文華殿後，御製文淵閣記。

又　卷一一四九　（乾隆四十七年正月）丙寅，《四庫全書》告成。

又　卷一一五九　（乾隆四十七年七月）甲辰，命續繕《四庫全書》三分，分庋文匯、文宗、文瀾閣。

又　卷一三五一　（乾隆五十五年三月乙巳）敕諭緬甸國長孟隕曰：據雲貴總督富綱奏，爾深感天朝厚恩，敬備表貢，遣使叩祝萬壽，並欲求請封號。已將表文呈覽。朕披閱表內，詞義肫懇，祈籲情殷，誠悃實屬可嘉。朕維懷柔藩服，德化所先，效悃將虔，宜加褒錫。爾自嗣攝國事以來，即遣陪臣具表叩關，輸誠納贐。朕特鑑爾恭順，降敕褒獎，並賜爾佛像、文綺、珍玩、器皿等物。用昭優眖。

又　卷一四一一　（乾隆五十七年八月）戊子，諭：廓爾喀係邊外荒徼小部落，從前未列職方。乾隆五十三年，因鹽稅銀錢細務，與唐古忒人等彼此爭競。在後藏濟嚨邊界滋擾。【略】

前因廓爾喀自作不靖，是以加之天討，今既畏懼悔罪，疊次遞稟乞降，情詞尚為恭順。朕仰體上天好生之德，廓爾喀民人，猶吾民人也，不忍多事誅夷。況福康安等，此次帶兵進攻，每戰必克，賊匪望風膽落，故以畏服之詞，為歸誠之請。較之前此安南受降納款，更足以尊國體而示軍威。

又　卷一四一七　（乾隆五十七年十一月壬子）諭軍機大臣曰：福康安等奏稱，行抵前藏，將善後章程大意告知達賴喇嘛，察看達賴喇嘛感戴出於至誠，一切惟命是聽，斷不敢稍形格礙等語。朕節次所示條款內，如嚴禁達賴喇嘛左右近侍親族及噶布倫等幹與滋事，併發去金奔巴瓶，簽掣呼畢勒罕各款，皆係保護黃教，去彼世襲囑託私弊。達賴喇嘛，自當一一遵奉，此係極好機會，皆賴上天所賜。福康安等，當趁此將藏中積習湔除，一切事權，俱歸駐藏大臣管理。俾經久無弊，永靖邊隅，方為妥善。

又　卷一四六七　（乾隆五十九年）會計天下民數，各省通共大小男婦三萬一千三百二十八萬一千七百九十五名口。各省通共存倉米穀四千五百萬三千三百九十七石二斗三升五合四勺。

清・昆岡等［光緒］《清會典事例》卷一五七《戶部六・戶口四・編審》（康熙）五十一年諭：**【略】**

民之生齒實繁，朕故欲知人丁之實數，不在加徵錢糧也。今國帑充裕，屢蠲免，輒至千萬，而國用所需，並無不足之虞。故將現徵錢糧冊內有名人丁，永為定數。嗣後所生人丁，免其加增錢糧。但將實數造冊具報，豈特有益於民，亦一盛事也。直隸各省督撫及有司，自編審人丁時，不將所生實數開明具報者，特恐加徵錢糧，是以隱匿，不據實奏聞。豈知朕並不為加賦，止欲知其實數耳。

又　卷一六四　乾隆五年諭：從來野無曠土，則民食益裕。即使地屬奇零，亦物產所資。民間多闢尺寸之地，即多收升斗之儲。乃往往任其閒曠，不肯致力者，或因報墾則必升科，或因承種易致爭訟，以致愚民退縮不前。前有臣工條奏及此者，部臣以國家惟正之供，無不賦之土，不得概免升科，未議准行。朕思則壤成賦，固有常經，但各省生齒日繁，地不加廣，窮民資生無策，亦當籌畫變通之計。向聞山多田少之區，其山頭地角閒土尚多，或宜禾稼，或宜雜植，即使科糧納賦，亦屬甚微。而民夷隨所得之多寡，皆足以資口食。即內地各省，似此未耕之土不成坵段者，亦頗有之，皆聽其閒棄，殊為可惜。嗣後凡邊省內地零星地土可以開墾者，悉聽本地民夷墾種，免其升科。並嚴禁豪強首告爭奪，俾民有鼓舞之心，而野無荒蕪之壤。

又　卷一六八《戶部一七・田賦一〇・勸課農桑》（雍正）二年諭：國家休養生息，數十年來，戶口日繁，而土地止有此數，非率天下農民竭力耕耘，兼收倍穫欲家室盈寧，必不可得。《周官》所載巡稼之官，不一而足。又有保介田畯，日在田間，皆為課農設也。今課農雖無專官，然自督撫以下，孰不兼此任，其各督率所司悉心相勸，並不時諮訪疾苦。有絲毫妨於農業者，必為除去。仍於每鄉中擇一二老農之勤勞作苦者，優其賞，以示鼓勵。再舍旁田畔，以及荒山不可耕種之處，度量土宜，種植樹木。桑柘可以飼蠶，棗栗可以佐食，柏桐可以資用，即榛楛雜木，亦足以供炊爨。其令有司課令種植，仍嚴禁非時之斧斤，牛羊之踐踏，姦徒之盜竊。至孳養牲畜，如北方之羊，南方之彘，牧養如法，乳字以時，於生計不無裨益。所賴親民之官，委曲周詳，多方勸導，庶踴躍爭先，人力無遺，而地利可盡。不惟民生可厚，風俗亦可還，該督撫等各體朕惓惓愛民之意，實力奉行。

又 卷二六五《戶部一一四・蠲恤一・賜復一》（康熙）四十五年諭：直隸山東地方，雖屢收穫，民氣漸舒，而所有宿逋，尚應輸納。朕念黎元方有起色，辦賦猶難，一時新舊並徵，勢難兼應，宜更加寬恤，以宏休養。直隸自康熙四十一年至四十三年各府屬未完民欠銀八萬二千七百兩有奇，糧五千九百石有奇，山東自康熙四十二年各府屬未完民欠銀一百六十九萬千七百兩有奇，糧五千九百石有奇，或現在徵取，或分年帶徵，著通行蠲免。

又 卷二六八《戶部一一七・蠲恤四・免科》（康熙）六十一年諭：朕惟治安天下，欲兵民並得其所，必以敷恩減賦為要。比年以來，策妄阿喇布坦狂逞逆命，發師致討，四川陝西官兵，經由險道，往返萬有餘里，甚屬勞苦，朕深憫念。其倒斃駝馬價銀，及口外沿途與西藏留駐兵丁續補駝馬價銀，著悉免追賠。

又 《戶部一一九・蠲恤六・矜罪囚》（乾隆）四十四年諭：向來刑部及各省監獄，凡在禁囚犯，有給鐙油之例，甚屬無謂。著傳諭刑部堂官，查明此項燈油，因何給予，必係多年相沿陋例。如禁卒坐監看守，自應酌給燈油，至獄囚則斷不宜予以燈油，著即行妥議具奏。行知各省一體遵照。欽此。遵旨議定：將刑部監獄例給監犯燈油銀兩，改歸看犯禁卒項下支銷。通行直省各督撫等，轉飭有獄衙門一體遵照。應更正者更正，應裁汰者裁汰，酌定章程報部，嗣據議准。

又 《撫難夷》 乾隆二年諭：今年夏秋間，有小琉球國裝載粟米棉花船二隻，遭值颶風，斷桅折柁，飄至浙江定海象山地方。隨經該省督撫查明人數，資給衣糧，將所存貨物，一一交還。其船及器具，修整完固，諮送閩省附伴歸國。朕思沿海地方，常有外國夷船遭風飄至境內者，朕胞與為懷，內外並無歧視，外邦民人，既到中華，豈可令一夫失所？嗣後如有似此被風飄泊之船，著該督撫督率有司加意撫恤，動用存公銀賞給衣糧，修理舟楫，並將貨物給還，遣歸本國，以示朕懷柔遠人之至意。將此永著為例。

又 卷二七一《戶部一二〇・蠲恤七・賑饑一》（康熙）四十六年諭：江南地方，今年自夏入秋，雨澤愆期，該督撫先後奏至。因念小民久未被災，驟罹荒旱，所關甚鉅，隨命九卿等詳議應行事宜。業經飭令停徵，並發倉穀賑濟，顧倉穀數少，未足給。惟各州縣截留漕米，可以實惠及民。目下時已屆冬，總漕無事，著會同總督巡撫，親往各州縣被災地方，備加查勘。將本年所徵漕糧，每州縣或留八九萬石，或留十萬石，酌量足支賑給之數，分別多寡，存留支散。及今漕米尚未開兑，截現收之糧，以濟待哺之，實於民生大有裨益。此朕殷殷懷保赤子軫念如傷之至意，戶部即移文該督撫等實心奉行，仍開具賑濟實數奏聞。

論説

《清聖祖實録・雍正序》 世祖開天建極，統一寰區。暨我皇考天亶神靈，丕承先烈，【略】親政六十餘年，夙夜勵精，始終惟一。臨軒召對，虛己求言，敷陳有益於民生，必蒙採録。廉能實見諸治效，立荷寵褒，眷耆舊而體貌優崇，簡俊乂而程材器使，小廉大法，百僚皆得其人。綱舉目張，庶司各修其職，四方之利弊周知，萬里之情形洞燭。愛民如子，軫恤維殷，普樂利於農桑，裕蓋藏於積貯，偶遇水旱，立沛恩施，發帑蠲租，動以數百萬計。即在屬國，運粟賜糧，視同一體，德洋恩溥。故黎庶樂業，中外阜康，慎重刑章，哀矜庶獄，每於奏讞明允之中，施仁法外，嚴寒停遣，盛夏弛刑，大逆寬族誅，叛人無孥戮，如天好生之德，洽于民心，欽恤之仁，無以加矣。講幄弘開，精研道要，考六藝之折中，抉性理之精義，宸翰則鸞回鳳翥，天章則玉振金聲，御定諸書，包涵萬有，融貫百家，緗帙瑤編，充牣冊府。生知天縱，莫名聖學之高深，加以重道尊師，表章儒術，親詣闕里，瞻拜加虔，賜博士于五賢，躋紫陽於十哲。訓飭多士，敦崇實學，加科廣額，惠浹儒林，壽考作人，于斯極盛。聖武布昭，神謨密運，天戈所指，立奏膚功，平三逆，收臺灣，布林尼應期而授首，鄂羅斯望風而請命，躬率六師，三臨朔漠，殲噶爾丹而藩服乂安，命將徂征，長驅絶域，復達賴喇嘛而西陲寧謐，銷鋒灌燧，俾薄海內外，永慶昇平。廑念河防，親臨指授，覽全河之形勢，運疏瀹之神功，開中河，築高堰，而淮黃厎績，東南獲衽席之安，浚永定，堤子牙，而漳滏順流，畿甸享膏腴之利，地平天成，萬世永賴。至若躬行節儉，而大官服御，務崇樸素之風。秉德謙沖，而徽號鴻名，屢卻廷臣之請，至誠不息。而朝乾夕惕，本行健以法天，聖敬日躋，而肅廟雝宮，儼動容之中禮。凡茲盛美，莫罄名言。是以久道化成，太和翔洽，天庥滋至，歲奏屢豐，戶樂盈寧，人登仁壽。自古未賓之國，重譯踵至，戴高履厚，莫不尊親。升遐之日，自僻壤遐陬，遠暨蠻夷荒服，含生負氣之倫，感慟哀號，如喪考妣。羣臣恭擬廟謚，曰聖曰仁，祇薦祖號，萬口一心，允孚公論，猗歟休哉，至矣大矣。

又《乾隆序》 皇祖聖祖仁皇帝臨御六十一年，耿光大烈，融爍古今，積惠襲恩，淪浹寰宇，功德之盛，具載實録。垂千萬禩。【略】

皇祖自親政之始，即手鉏三蘖，蕩定南疆，滇黔閩粵之奥，揭日月而掃氛霿。海內赤子，喁喁向風。【略】

數十年之間，南奠臺澎，北犂沙漠，命將肆征，而閭左無徵發之警。親臨淮河，指授方略，歷吳會，陟會稽，登岱宗，謁闕里，西巡關隴，抵雲中，三覲祖陵，觀於東海，歲出塞外，獮狩上都。天行之健，古無以加。

又 卷三四 （康熙九年十月）癸巳，諭禮部：朕維至治之世，不以法令為亟，而以教化為先。其時人心醇良，風俗朴厚，刑措不用，比屋可封，長治久安，茂登上理。蓋法令禁于一時，而教化維於可久。若徒恃法令，而教化不先，是舍本而務末也。【略】

朕今欲法古帝王，尚德緩刑，化民成俗。舉凡敦孝弟以重人倫，篤宗族以昭雍睦，和鄉黨以息爭訟，重農桑以足衣食，尚節儉以惜財用，隆學校以端士習，黜異端以崇正學，講法律以儆愚頑，明禮讓以厚風俗，務本業以定民志，訓子弟以禁非為，息誣告以全良善，誡窩逃以免株連，完錢糧以省催科，聯保甲以弭盜賊，解讎忿以重身命。以上諸條，作何訓迪勸導，及作何責成內外，文武該管各官，督率舉行，爾部詳察典制，定議以聞。

又 卷二 （康熙六十一年十二月甲子）諭戶部：自古惟正之供，所以儲軍國之需，當治平無事之日，必使倉庫充足，斯可有備無患。皇考躬行節儉，裕國愛民。六十餘年以來，蠲租賜復，殆無虛日，休養生息之恩至矣。而近日道府州縣虧空錢糧者，正復不少，揆厥所由，或係上司勒索，或係自己侵漁，豈皆因公那用？皇考好生知天，不忍即正典刑，故伊等每恃寬容，毫無畏懼，恣意虧空，動輒盈千累萬。【略】

朕深悉此弊，本應即行徹底清查，重加懲治。但念已成積習，姑從寬典，除陝西省外，限以三年，各省督撫，將所屬錢糧，嚴行稽查。凡有虧空，無論已經參出，及未經參出者，三年之內，務期如數補足，毋得苛派民間，毋得藉端遮飾。如限滿不完，定行從重治罪。

又 卷四 （雍正十三年十月）甲戌，諭總理事務王大臣：治天下之道，貴得其中。故寬則糾之以猛，猛則濟之以寬，而記稱一張一弛，為文武之道。凡以求協乎中，非可以，矯枉過正也。皇祖聖祖仁皇帝，深仁厚澤，垂六十年，休養生息，民物恬熙，循是以往，恐有過寬之弊。我皇考紹承大統，振飭紀綱，俾吏治澄清，庶事厘正，人知畏法遠罪，而不敢萌徼幸之心，此皇考之因時更化，所以導之於至中。而整肅官方，無非惠愛斯民之至意也。皇考嘗以朕為賦性寬緩，屢教誡之。朕仰承聖訓，深用警惕。茲當御極之初，時時以皇考之心為心，即以皇考之政為政。惟思剛柔相濟，不競不絿，以臻平康正直之治。夫整飭之與嚴厲，寬大之與廢弛，相似而實不同。朕之所謂寬者，如兵丁之宜存恤，百姓之宜惠保，而非謂罪惡之可以悉赦，刑罰之可以姑縱，與庶政之可以怠荒而弗理也。朕觀近日王大臣等所辦事務，頗有遲延疏縱之處。想以朕寬大居心，諸臣辦理，可以無事於整飭耶？此則不諒朕心，而與朕用寬之意相左矣。

清·勒德洪《平定三逆方略》卷一 恭維皇上御極以來，政教覃敷，恩澤翔洽。薄海內外，罔不率俾。方偃戈櫜甲，以文德懷柔四方。煦嫗生息，休養萬姓，相容並覆，銷弭孽芽。時二三藩臣久分閫於外，便藩錫予，異數有加。慮或怙寵而驕盈，深欲保全其終始。因其乞骸之陳請，爰有勞還之簡書。處其田廬，豐其廩餼，道里芻秣之費悉戒於有司，俾歸故鄉，長享茀禄。生民無饋餉之艱，士卒無遠戍之苦。如天之福，甚深甚厚。乃滇逆吳三桂背恩反叛，閩逆耿精忠、粵逆尚之信相繼煽惑，生民荼毒，奄及八年。當是時，凶渠陸梁，鴟張豕突。丑類蔓延，蜂結蟻聚。仰荷天威赫濯，六師四征。戰守機宜，悉從指授。三方竊踞，次第削平。三桂窮蹙，首伏冥殛。精忠、之信既降復謀叛，先後皆伏誅。獨三桂孽孫世璠猶困守一隅，逋誅逆命。至康熙二十年冬十月，大兵平雲南，世璠授首。十一月，露布至京師，上命宣捷午門，擇日告郊廟社稷，躬謁列祖山陵。

清・楊捷《平閩記・序》 我皇上天威赫濯，四征不庭。歲在戊午，業已罪人歸命，六寓率俾矣，顧閩海遊魂，恃其險遠，跟跳波濤，蹂躪城邑，泉圍告警。皇上勿忍以小丑陸梁，釋而不討也，特簡江南提督楊公，六月禡師，往殲厥寇。公登壇鞠旅，拜表即行，三載徂征，膚功克奏。皇上嘉乃崇勳，將膺懋賞，因念大臣久勞戎馬，即以軍中所拜昭武將軍，仍管江南提督事還鎮雲間，甚盛典也！

清・姚元之《竹葉亭雜記》卷一 聖祖仁皇帝之登極也，甫八齡。其時大臣鼇拜當國，勢焰甚張，且以帝幼，肆行無忌。帝在內，日選小內監强有力者，令之習布庫以為戲。布庫，國語也，相斗賭力。鼇拜或人奏事，不之避也。拜更以帝弱且好弄，心益坦然。一日入內，帝令布庫擒之，十數小兒立執鼇拜，遂伏誅。以權勢薰灼之鼇拜，乃執于十數小兒之手，始知帝之用心，特使權奸不覺耳。使當日令外廷拿問，恐不免激生事端。如此除之，行所無事。神明天縱，固非凡人所能測也。

清・陳康祺《郎潛紀聞二筆》卷一四 聖祖御宇六十一年，高祖御宇六十年，為太上皇又四年，各以一朝，梁、唐、晉、漢、周五代而復過之，自殷中宗後，無能企及者。享國之永，此其一。中國既大一統，又合以東三省、內外蒙古、前後藏，及雍正中滇、黔、川、楚、粵改土歸流諸郡縣，乾隆中，復蕩平準部、回部，拓土二萬里，為開闢以來所創見。疆圉之廣，此其一。國初平大小金川，平臺灣，平西藏，平新疆；其在內地則平甘回，平湖、貴苗，平川、楚教匪，平粵寇、撚寇及黔之苗匪、教匪，滇及陝之回匪，皆若炳炎火以燎枯蓬。武功之盛，此其一。自康熙三十年至乾隆六十年，詔普免天下錢糧凡八次，蠲免七省漕糧凡二次，其餘因恩詔、因軍務、因水旱偏災，蠲豁民欠者，不可以億兆京垓計。蠲恤之優，此其一。康熙中減地丁銀四十萬，雍正初減蘇松一道地丁銀四十五萬，南昌一道地丁銀十七萬，乾隆二年減江浙地丁銀二十萬，同治四年減江南地丁銀三十萬。舉南宋前明之苛政，以次除之。減賦之仁，此其一。自古有丁即有役，康熙五十二年特詔：滋生人丁，永不加賦；雍正四年詔：攤丁於地，別無力役之征。宮中有大工役，發帑雇工，給傭值如平人。乾隆十一年，停婦女編審；二十七年，並停編審，民間益相安於無事。力役之寬，此其一。功令，死刑分二等：曰情實，曰緩決，又有雖情實而不勾決者。勾囚之日，皇帝賜大學士坐，一一商榷之，講官科道侍。先時，繇部核定爰書，加以九卿會議，法司簽商。蓋自有司定讞，至予勾決，更心目以數十計。凡肉刑及夷三族、廷杖、下鎮撫司獄、妻女發樂籍諸條，一概革除。刑獄之平，此其一。自古宦官、女禍，至漢唐而極。漢之十常侍，唐之門生天子，明之九千歲，及呂、武、韋諸後覆轍，不可枚數。我朝宮闈肅穆，內官不過六品，斜封、墨敕諸敝政，一掃而空之。家法之善，此其一。前代人主，率耽安逸，明神宗二十八年不見大臣。我朝列聖宵衣旰食，無日不召見臣工，文自知縣，武自守備以上，一一寓目，雖在萬里外，纖悉必聞。政治之勤，此其一。凡興朝于勝國諸忠義，多仇視之，國初甫入關，即褒恤崇禎殉難諸臣，欽定《通鑑輯覽》，命附紀唐、桂二王事迹；欽定《勝國殉節諸臣録》，凡明季抗王師殉節，及建文朝殉難諸忠，並予專謚、通謚，所以維萬世綱常也。忠義之崇，此其一。凡降將宣力興朝，殷士祼將周京，皆締造時所不廢，然臣節當為之坊，乾隆中，特命國史館編立《明季貳臣傳》，得謚者追奪之，雖有功不貸；又命《貳臣傳》分甲、乙二編，俾人品仍有區別，以示萬世之公。衮鉞之嚴，此其一。至若聖學淵深，天章美富，《聖祖御製詩文集》百七十六卷，《世宗御製詩文集》三十卷，《硃批諭旨》三百六十卷，《高宗御製詩文集》五百餘卷，合詩文四萬二千餘篇，古今儒生，窮年著述，無希其萬一者。

平定禍亂部

討平藩王宗親叛亂分部

綜述

元

《元史》卷一四《世祖紀十一》（至元二十四年夏四月）是月，諸王乃顔反。【略】

五月己亥，遣也先傳旨，諭北京等處宣慰司，凡隸乃顔所部者，禁其往來，毋令乘馬持弓矢。庚子，以不魯合罕總探馬赤軍三千人出征。【略】帝自將征乃顔，發上都。【略】壬子，高麗王（瞔）［賰］請益兵征乃顔，以五百人赴之。【略】

六月庚申朔，百官以職守不得從征乃顔，願獻馬以給衛士。壬戌，至撒兒都魯之地，乃顔黨塔不帶率所部六萬逼行在而陣，遣前軍敗之。乙丑，敕遼陽省督運軍儲。壬申，發諸衛軍萬人、蒙古軍千人戍豪、懿州。諸王失都兒所部鐵哥率其黨取咸平府，渡遼欲劫取豪、懿州，守臣以乏軍求援，敕以北京戍軍千人赴之。【略】車駕駐干大利斡魯脱之地，獲乃顔輜重千餘，仍禁秋毫無犯。

又 卷一五《世祖紀十二》（至元二十六年）秋七月戊寅朔，海都兵犯邊，帝親征。

又 卷二二《武宗紀一》（大德）四年八月，與海都軍戰於闊別列之地，敗之。十二月，軍至按臺山，乃蠻帶部落降。五年八月朔，與海都戰於迭怯里古之地，海都軍潰。越二日，海都悉合其衆以來，大戰於合剌合塔之地。師失利，親出陣力戰，大敗之，盡獲其輜重，悉援諸王、駙馬衆軍以出。明日，復戰，軍少卻，海都乘之，帝揮軍力戰，突出敵陣後，全軍而還。海都不得志去，旋亦死。

又 卷四五《順帝紀八》（至正二十年）是歲，陽翟王阿魯輝帖木兒擁兵數十萬屯于木兒古徹兀之地，將犯京畿，使來言曰：『祖宗以天下付汝，汝已失其太半；若以國璽付我，我當自為之。』帝遣報之曰：『天命有在，汝欲為則為之。』命樞密院事禿堅帖木兒等將兵擊之，不克，軍士皆潰；禿堅帖木兒走上都。

又 卷四六《順帝紀九》（至正二十一年）九月戊午，陽翟王阿魯輝帖木兒伏誅。阿魯輝帖木兒以宗親，見天下盜賊並起，遂乘間隙肆為異圖，詔少保、知樞密院事老章率諸軍討之。老章遂敗其衆。尋為部將同知太常禮儀院事脱歡所擒，送闕下，詔誅之。於是詔加老章太傅、和寧王，以阿魯輝帖木兒之弟忽都帖木兒襲封陽翟王。

又 卷六三《地理志六》 至元五年，海都叛，舉兵南來，世祖逆敗之於北庭，又追至阿力麻里，則又遠遁二千餘里。上令勿追，以皇子北平王統諸軍于阿力麻里以鎮之，命丞相安童往輔之。

又 卷一一九《玉昔帖木兒傳》 至元二十四年，宗王乃顔叛東鄙，世祖躬行天討，命總戎者先之。世祖至半道，玉昔帖木兒已退敵，僵屍覆野，數旬之間，三戰三捷，獲乃顔以獻。詔選乘輿橐駝百蹄勞之。謝曰：『天威所臨，猶風偃草，臣何力之有。』世祖還，留玉昔帖木兒剿其餘黨，乃執其酋金家奴以獻，戮其同惡數人於軍前。

又 卷一二一《博羅歡傳》 諸王乃顔叛，帝將親征。博羅歡諫曰：『昔太祖分封東諸侯，其地與户，臣皆知之，以二十為率，乃顔得其九，忙兀、兀魯、紥剌兒、弘吉剌、亦其烈思五諸侯得其十一，惟征五諸侯兵，自足當之，何至上煩乘輿哉？臣疾且愈，請事東征。』帝乃賜鎧甲弓矢鞍勒，命督五諸侯兵，與乃顔戰，敗之。

又 卷一二七《伯顔傳》 初，海都稱兵内向，詔以右丞相安童佐皇子北平王那木罕，統諸軍于阿力麻里備之。十四年，諸王昔里吉劫北平王，拘安童，脅宗王以叛。命伯顔率師討之，與其衆遇于斡魯歡河，夾水而陣，相持終日，俟其懈，麾軍為兩隊，掩其不備，破之，昔里吉走死。

又 卷一二八《土土哈傳》 宗王海都構亂，世祖以國家根本之地，命皇太子北平王率諸王鎮守之。

又　卷一六二《李庭傳》　（至元）十三年春，【略】諸王昔里吉、脱脱木兒反，庭襲擊，生獲之，啓皇子只必帖木兒賜之死。

又　卷二〇六《阿魯輝帖木兒傳》　會兵起汝、潁，天下皆震動，帝屢詔宗王，以北方兵南討。阿魯輝帖木兒知國事已不可為，乃乘間擁衆數萬，屯于木兒古兀徹之地，而脅宗王以叛。【略】於是降詔開諭，俾其悔罪，阿魯輝帖木兒不聽，乃命知樞密院事秃堅帖木兒等擊之。行至稱海，起哈剌赤萬人為軍。其人素不習為兵，而一旦驅之使戰，既陣，兵猶未接，皆脱其號衣，奔阿魯輝帖木兒軍中，秃堅帖木兒軍遂敗績，單騎還上都。【略】

（至正）二十一年，更命少保、知樞密院事老章，以兵十萬擊之，且俾阿魯輝帖木兒之弟忽都帖木兒從征軍中，遂大敗其衆。阿魯輝帖木兒遂謀東遁。其部將脱歡知其勢窮，乃與宗王囊加、玉樞虎兒吐華擒阿魯輝帖木兒送闕下，帝命誅之。

明

《明宣宗實録》卷二〇　宣德元年八月壬戌朔，漢王高煦反。【略】太宗皇帝北征晏駕，高煦之子瞻圻時在北京，凡朝廷所設施皆潛遣人馳報高煦，一晝夜六七遣行，高煦亦數十遣人，潛伏京師伺察。事浸上聞，左右或言宜乘其謀未著，發兵禽之易耳。仁宗皇帝不聽，待之加厚，遣書召之，既至，倍增歲禄，賜賚寶物，動以萬計。【略】高煦既歸國後，有自樂安來者，往往在下私語高煦有反謀，獨未有聞於朝。仁宗皇帝大漸時，上在南京，被召還。高煦謀伏兵邀于路，倉猝不果。上即位，賜賚漢、趙二府寶玉諸物加厚，而高煦所請求於朝廷者無虚日，悉見聽允。【略】廷有出使者還言于上曰：漢王謀反已彰，護衛軍悉四出劫奪，百姓驚懼。上曰：朝廷待之無不及者，理未應遽爾。已而軍民上高煦反狀者益衆，送駝馬者及楊瑛中道聞之，皆卻還。上曰：其果然耶：而高煦遣親信人枚青等入京約舊功臣為內應，青至太師英國公張輔所，輔暮夜縶之以聞。上親問之，悉得其實，而山東都司、布政司、按察司及所屬府州縣及真定等衛奏皆至。【略】上曰：朕任卿一人足以擒賊，但新即位，小人尚有懷二心者，亦當有以懾服之。朕行決矣，分遣諸將，嚴各城守備，中外戒嚴。下令京城搜索高煦所遣奸細，許自首免罪給賞。敕各處守帥，以兵從征。【略】

（宣德元年八月戊寅）高煦初聞朝廷遣薛禄將兵，喜曰：『此易制也。』及聞上親征，始有懼心。羣臣聞所言，皆叩首曰：『皇上精於料敵，賊不足平矣。』上曰：『困獸猶鬭，不可忽也。卿等慎之。』於是授歸正者官而厚賚之，仍給榜俾還樂安諭衆。上遣書諭高煦曰：『人言王反，朕初不信，及得王奏，知王志在禍生靈、危宗社。朕興師問罪，非得已也。王，太宗皇帝之子、仁宗皇帝之弟。朕嗣位以來，事以叔父禮，不虧毫髮，今何為而反耶？』

（宣德元年八月辛巳）辛巳昧爽，至樂安，駐蹕城北。時城中黑氣黯黮如死灰，上分命諸將壁其四門。高煦率叛黨偽太師王斌等乘城舉炮，大軍四門神機銃炮壘發，震如雷霆。其城中烏合之衆，環聚城堞，顧望股栗，然迫於威虐，不敢引退。從征將士皆爭奮，請一鼓拔其城。上念矢石之下，禍及無辜，不聽。乃遣敕諭高煦云：【略】朕以祖宗付畀之重，天下生民大計，親率問罪之師，已至城下。爾不來朝，亦不遣護衛及王府官出見，是負固不服。今以誠心待爾，爾能戰則戰，不能則詣軍門面陳爾情，庶得保全始終，如怙終不受命，城破之日，悔罔及矣。【略】城中人多欲執高煦來獻者，高煦狼狽失據，密遣人詣行幄陳奏，願寬假今夕，與妻子別，明旦躬赴軍門歸罪。上許之。【略】

（宣德元年八月壬午）高煦將出，叛黨王斌等固止之。【略】高煦給斌等，復入宫。遂潛從間道出，為官軍所執以獻。文武羣臣列奏其罪，請正典刑。上曰：彼固不義，祖訓於待親藩，自有成法，羣臣復言『春秋之法，大義滅親』。上卻之，但命以羣臣劾章示之，高煦踞言，臣罪萬死，惟生殺在皇上。遂令高煦為書，召諸子同歸京師。又遣其所親信內侍還府中，慰安宫眷。下令城中罪止坐同謀者，脅從者勿治，遂執其同謀王斌、王彧、韋達、朱恒、錢巽等數十人，悉下錦衣衛獄。

《明武宗實録》卷六二　（正德五年夏四月庚寅）慶府安化王寘鐇及指揮何錦、周昂、丁廣反，殺鎮守寧夏太監李增、少監鄧廣、總兵官姜漢、巡撫都御史安惟學、少卿周東，執分守參議侯啓忠，囚之。【略】

（正德五年夏四月丙午）命右都御史楊一清總制陝西、延綏、寧夏、甘凉各路軍務。寘鐇反狀聞，兵部請以大臣總制，乃起一清，仍敕星夜馳赴鎮。時遭劉瑾之虐，人人思亂，及聞寘鐇舉兵，中外危懼。【略】

（正德五年夏四月己酉），以寘鐇反下廷臣議。於是，兵部會英國公張懋等議曰：『我祖宗深仁厚澤，培養宗枝，恩同覆載。今寘鐇不守祖訓，與逆賊何錦、周昂、丁廣等謀為不軌，賊害重臣，反形已具。伏望斷以大義，先將寘鐇削去封爵，選命武將一人，與總制都御史楊一清聲罪致討。且舉涇陽伯神英可任將。』上批答曰：『寘鐇反形已露，即遣官祇告宗廟，革其王爵。神英佩平胡將軍印，充總兵官，同楊一清節制京營並陝西、寧夏、延綏、甘凉各路軍馬，討之。』【略】

（正德五年夏四月）辛亥，赦天下。詔曰：自古帝王，法天立政，布德明刑，不可偏廢。朕嗣位以來，仰荷上天、祖宗付託之重，勵精圖治，越五六年。念惟世久承平，人多玩法，振起綱維，剗革奸弊，期與斯人登於至理。而有司不能悉體朕心，奉行過當，虛懷徒切，和氣弗臻。乃自今春以來，亢旱為厲，時雨愆期，風霾屢作，星異迭見。四川、湖廣等處，寇盜縱橫，撫捕未定，而陝西、寧夏都指揮何錦等，戕害守臣，拒殺官兵，屠戮居人，謀立安化王寘鐇為主，出給印信、票帖，詔誘諸路，索要軍馬地圖，各鎮官員，連日奏報，具有實迹。爰下皇親廷臣會議，僉謂寘鐇悖逆天道，得罪祖宗。朕不敢赦，祇告太廟，革其封爵，削其屬籍，命將出師，正名討罪，誅剿首惡，分釋脅從，撫定軍民，安靖邊境。

又 卷七二 （正德六年二月丙申）會多官詳議，乃請執寘鐇赴文華門外，親鞫之。是日，上御文華殿，皇親公侯駙馬伯府部大臣及六科十三道以次跪奏曰：寘鐇大逆不道，宜如諸王議，割恩正法。上曰：寘鐇圖危社稷，得罪祖宗，既天下諸王及羣臣皆欲正法，論出於公，朕不敢赦。但念宗支，令自盡，焚棄其屍，以示戒其子孫。

又 卷一七九 （正德十四年冬十月癸亥）大學士楊廷和等具疏言：近宸濠叛逆，皇上念宗社大計，不得已親統六師，奉行天討，旬月之間，元惡就擒，餘黨悉滅，此皆皇上聖武神功，內外諸臣協心奉命之所致也。宜即日班師，御朝宣捷。俟宸濠囚檻至日，通行各親王及多官會問，擬罪正刑，論功行賞，詔告天下。

《明世宗實録》卷七 （正德十六年十月癸未）宸濠反，毅皇帝自將

稱威武大將軍，以泰為威武副將軍，率兵討之。未至而王守仁已擒濠，泰欲奪之，不能得，則縱部卒掠平人為功，所株逮以千數，冤死者百餘人。

《明史》卷九《宣宗紀》 （宣德元年）八月壬戌，漢王高煦反。丙寅，宥武臣殊死以下罪，復其官。己巳，親征高煦，命鄭王瞻埈、襄王瞻墡居守，陽武侯薛祿、清平伯吳誠將前鋒，大賚五軍將士。辛未，發京師。辛巳，至樂安，帝兩遣書諭降，又以敕繫矢射城中諭禍福。壬午，高煦出降。癸未，改樂安曰武定州。乙酉，班師。九月丙申，至自武定州，錮高煦於西內。戊戌，法司鞫高煦同謀者，詞連晉王、趙王，詔勿問。

又 卷一六《武宗紀》 （正德五年）夏四月庚寅，安化王寘鐇反，殺巡撫都御史安惟學、總兵官姜漢。丙午，起右都御史楊一清總制寧夏、延綏、甘、涼軍務，涇陽伯神英充總兵官，討寘鐇。辛亥，詔赦天下。太監張永總督寧夏軍務。是日，遊擊將軍仇鉞襲執寘鐇，寧夏平。【略】

（正德十四年）六月丙子，寧王宸濠反，巡撫江西右副都御史孫燧、南昌兵備副使許逵死之。戊寅，陷南康。己卯，陷九江。秋七月甲辰，帝自將討宸濠，安邊伯朱泰為威武副將軍，帥師為先鋒。丙午，宸濠犯安慶，都指揮楊銳、知府張文錦禦卻之。辛亥，提督南贛汀漳軍務副都御史王守仁帥兵復南昌。丁巳，守仁敗宸濠於樵舍，擒之。八月癸未，車駕發京師。丁亥，次涿州，王守仁捷奏至，秘不發。【略】

十一月庚申，治交通宸濠者罪，執吏部尚書陸完赴行在。十二月己丑，宸濠伏誅。甲午，還京師，告捷於郊廟社稷。

又 卷一一八《高煦傳》 仁宗崩，宣宗自南京奔喪。高煦謀伏兵邀于路，倉卒不果。及帝即位，賜高煦及趙王視他府特厚。高煦日有請，並陳利國安民四事。

帝命有司施行，仍復書謝之。因語羣臣曰：『皇祖嘗諭皇考，謂叔有異志，宜備之。然皇考待之極厚。如今所言，果出於誠，則是舊心已革，可不順從。』凡有求請，皆曲徇其意。高煦益自肆。【略】

是月，高煦遣百戶陳剛進疏，更為書與公侯大臣，多所指斥。帝歎曰：『漢王果反。』乃議遣陽武侯薛祿將兵往討。大學士楊榮等勸帝親征。帝是之。張輔奏曰：『高煦素懦，願假臣兵二萬，擒獻闕下。』帝曰：『卿誠足擒賊，顧朕初即位，小人或懷二心，不親行，不足安反

側。』於是車駕發京師，過楊村，馬上顧從臣曰：『度高煦計安出？』或對曰：『必先取濟南為巢窟。』或對曰：『彼曩不肯離南京，今必引兵南下。』帝曰：『不然。濟南雖近，未易攻，聞大軍至，亦不暇攻。護衛軍家樂安，必內顧，不肯徑趨南京。高煦外誇詐，內實怯，臨事狐疑不能斷。今敢反者，輕朕年少新立，衆心未附，不能親征耳。今聞朕行，已膽落，敢出戰乎。至即擒矣。』【略】

帝令大軍蓐食兼行，駐蹕樂安城北，壁其四門。賊乘城守，王師發神機銃箭，聲震如雷。諸將請即攻城。帝不許。再敕諭高煦，皆不答。城中人多欲執獻高煦者，高煦大懼。乃密遣人詣行幄，願假今夕訣妻子，即出歸罪。帝許之。是夜，高煦盡焚兵器及通逆謀書。明日，帝移蹕樂安城南。高煦將出城，王斌等力止曰：『寧一戰死，無為人擒。』高煦紿斌等復入宮，遂潛從間道出見帝。羣臣請正典刑。不允。以劾章示之，高煦頓首言：『臣罪萬萬死，惟陛下命。』帝令高煦為書召諸子，餘黨悉就擒。赦城中罪，脅從者不問。命薛禄及尚書張本鎮撫樂安，改曰武定州，遂班師。廢高煦父子為庶人，築室西安門內錮之。王斌等皆伏誅，【略】編邊氓者七百二十人。帝製《東征記》以示羣臣。高煦及諸子相繼皆死。

論說

明·王世貞《弇山堂別集》卷三二《同姓諸王表》 明興，高皇帝損益百代，以成彝典。而其大指在封建本支，翼衛磐石。【略】高皇帝既厭羣臣，太孫御曆，而二十三王者，皆叔父行，以意行國中自如，禮樂刑政，幾不自上。裁之則傷恩，縱之則傷法，於是齊黃以鼂大夫之謀進，而掩襲時下，僇辱繼之，諸叔惴惴，人不自保。文皇因燕之成資，奮戈南向，僅三載而易大物。雖神武絕倫，猛將僇力，蓋亦有天助焉。高煦狃前勝，宸濠乘國瑕，用其螳蜋之斧，蛙黽之鼓，而當伏軾，不旋踵而糜碎。雖順逆之理懸，亦强弱異也。

清·谷應泰《明史紀事本末》卷二七《高煦之叛》 谷應泰曰：高煦為文皇第二子，强力善騎射。燕藩兵起，摧鋒陷敵，從征有功。而仁宗之在青宮也，性仁柔，體肥足疲，高煦輕之，以為可取而代也。於是潛謀奪長，飛語傾危，私造兵器，陰養死士，中傷東宮官屬，自比天策上將。而駙馬王寧、淇國公丘福，亦復官府交通，陰圖翼戴。自非居守功高，嫡長分定，又且張妃執爨，陰教克修，則成師名子，如意類吾，文皇之意亦未保其克終也。然而煦者，不過桀驁不臣，非有深圖遠算，特以成祖喜其猛鷙，昭帝曲加友愛，於時父兄見驕，恃愛肆奸。封雲南，則恚怒不去，封青州，則托故不行。支解無罪，僭用乘輿，逆節所萌，有自來矣。然而煦之謀，非有湘東刻檀之狡也；煦之才，非有曹植自試之銘也；地不過樂安，煦非有吳、楚七國之强也；人不過王斌、朱烜，煦非有貫高、伍被之佐也。乃以宣宗初御，輕其年少，陳兵踞坐，聲罪朝廷。所幸神機內斷，親督六師。煦不先爭濟南，轉躪河北，而困守孤城，束身就縛，豈非外多誇詐，內實怯懦，宣宗料敵真神算也。【略】其後逍遙城中，煦嬰鎖縶。檻猿未嘗不牢，縛虎未嘗不急，而忽伸一足，勾上踣地，以致銅缸燃炭，身首為灰。彼豈真有闔戕戴吳，築擊秦庭之智哉！要不過桀驁不臣，適以殺其軀耳。雖然，高煦之後，寘鐇、宸濠，反者踵起，豈前車之鑑，不足懾以天誅，抑靖難之風，若或貽以家法。蓋觀於漢庶人之變，而歎螟蠃之類我也。

又 卷四四《寘鐇之叛》 谷應泰曰：正德二年四月，慶府寘鐇反。十四年六月，寧府宸濠反。逆同罪均，固已。然古者天子居重馭輕，先奠根本，分建宗子，次固維城。無事則修職稱貢，率土歸王；有事則環甲荷戈，用紓國難。是以家裕苞桑，國鞏盤石，計深遠也。劉瑾威劫大臣，權傾萬乘，帶刃畜何羅之謀，術士進蒯通之論，二世之禍，直須時耳。寘鐇聲罪發難，志清君側。夫產、禄在而興居之兵非叛，武曌篡而敬業之兵亦正。惜其溺志巫覡，擅殺命卿。狼狽稱戈，既無觀變之智；徘徊河上，初無撥亂之心。所以身膏斧鑕，而秦人莫之哀也。不然，扶蘇受沙丘之詔而吞聲自裁，湘嶽得臺城之命而環甲不進，强枝固本，又何以稱焉！雖然，寘鐇一狂悖豎子也。天誘其衷，狡焉思逞。天殆借鐇為逆瑾授首資乎？寘鐇不反，則張、楊夜半之謀不合；寧夏不亂，則武宗腹心之愛不割。張父趙母，社稷之憂，詎有艾歟！觀楊一清道聞鐇擒而急反京兵，緩誅惡黨，豈非狡童遊魂，應時剪滅，而瑺毒方深，人心易震，內憂未靖，外寧非福。豹房之計得行，而後戰勝之賀，乃在廟堂也。然則寧夏之功不在寧夏，在於楊一清乘寘鐇以誅城社之奸；南昌之捷不在南昌，在於王守仁滅宸濠以寒覬覦之膽。嗚呼！皆可謂大臣者矣。

又　卷四七《宸濠之叛》　谷應泰曰：武宗慢棄神器，王綱不守，累葉金甌，視為中原之鹿。於是羣邪睥睨，蕭牆之內，眈眈虎視，人有風雲之想矣。宸濠復護衛於正德二年，舉兵於正德十四年。十餘年之間，棋布星羅，賊黨幾遍海內。當其始也，覘螽斯龍種之衰，妄冀千秋萬歲之約，畜梁孝、淮南之志，要結伍被、嚴助之歡。輿服升朝，儼然大寶；稱戈喋血，詎其本懷。既而玉歷無疆，妖謀漸泄。羅絡彌嚴，腹心愈廣。其骨鯁不附者，內則大學士費宏，外則巡撫孫燧、副使許逵數人已耳。宮掖樹其私人，六卿半其羽翼，京省津梁，飛騎立達，荆蠻、百越，振臂能呼。知義旗之莫舉，料乘輿之必東，設伏關輔之間，陰謀博浪之事。嗟乎！飛鷹揚羽，已上其鞲，遊魚鼓鬐，已吞其餌。武宗方且改號將軍，貶名鎮國，右挈江彬，左倚忠、永，張皇國門，有同兒戲，豈不危哉！所幸宸濠身居彭、蠡之間，結聚椎埋之客，地利既失，人謀不臧。玉燭灰而復明，皇輿昃而旋正，是乃天意，夫豈人事焉？

削平疆臣割據叛亂分部

綜述

元

《元史》卷五《世祖紀二》　（中統三年二月）己丑，李璮反，以漣、海三城獻于宋，盡殺蒙古戍軍，引麾下趨益都。前宣撫副使王磐脫身走至濟南。驛召磐，令姚樞問計，磐對：『豎子狂妄，即成擒耳。』帝然之。庚寅，宋兵攻新蔡。【略】甲午，李璮入益都，發府庫犒其將校。【略】辛丑，李璮遣騎寇蒲臺。癸卯，詔發兵討之。以趙璧為平章政事。修深、冀、南宮、棗强四城。甲辰，發諸蒙古、漢軍討李璮，命水軍萬戶解成、張榮實、大名萬戶王文幹及萬戶嚴忠範會東平，濟南萬戶張宏、歸德萬戶邸浹、武衛軍炮手元帥薛軍勝等會濱棣。詔濟南路軍民萬戶張宏、濱棣路安撫使韓世安各修城塹，盡發管內民為兵以備。召張柔及其子弘範率兵二千詣京師。丙午，命諸王合必赤總督諸軍。以不只愛不干及趙璧行中書省事于山東，宋子貞參議行中省事，以董源、高逸民為左右司郎中，許便宜從事。真定、順天、河間、平灤、大名、邢州、河南諸路兵皆會濟南。以中書左丞闊闊、尚書怯烈門、宣撫游顯行宣慰司於大名，洺滋、懷孟、彰德、衛輝、河南東西兩路皆隸焉。己酉，王文統坐與李璮同謀，伏誅，仍詔諭中外。【略】壬子，李璮據濟南。癸丑，詔大名、洺磁、彰德、衛輝、懷孟、河南、真定、邢州、順天、河間、平灤諸路皆籍兵守城。宋兵攻滕州。丙辰，詔拔都抹台將息州戍兵詣濟南，移其民于蔡州；東平萬戶嚴忠範留兵戍宿州及蘄縣，以餘兵自隨。【略】

（三月）癸酉，命史樞、阿術各將兵赴濟南。遇李璮軍，邀擊、大破之，斬首四千，璮退保濟南。【略】戊寅，萬戶韓世安率鎮撫馬興、千戶張濟民，大破李璮兵于高苑，獲其權府傅圭，賜濟民、與金符。詔以李璮兵敗諭諸路。禁民間私藏軍器。【略】

夏四月丙戌朔，大軍樹柵鑿塹，圍璮於濟南。丁亥，詔博興、高苑等處軍民嘗為李璮脅從者，並釋其罪。【略】

（至元年夏四月）丁卯，追治李璮逆黨萬戶張邦直兄弟及姜郁、李在等二十七人罪。

又　卷一三一《懷都傳》　中統三年春，李璮叛，詔懷都從親王哈必赤討之，圍璮濟南。夏四月，璮夜出兵，四面衝突求出，懷都直前奮擊，斬百餘級，俘二百餘人，奪兵仗數百，璮退走入城，懷都晝夜勒兵與戰。秋七月，破濟南，誅璮。哈必赤第其功，居最，詔賜金虎符，領蒙古、漢軍，攻海州，略淮南廬州。

清

《清聖祖實錄》卷四四　（康熙十二年十一月）丙辰，差往貴州備辦吳三桂夫船芻糗事務兵部郎中黨務禮、戶部員外郎薩穆哈馳驛到京，奏稱：雲南貴州總督甘文焜，向臣等言，吳三桂於十一月二十一日，殺雲南巡撫朱國治，以所部兵反。前差往搬移吳三桂家口侍郎折爾肯等被留，臣等星夜馳驛來京。上召議政王大臣等，面諭曰：今吳三桂已反，荊州乃咽喉要地，關係最重，著前鋒統領碩岱，帶每佐領前鋒一名，兼程前往，保守荊州，以固軍民之心，並進據常德，以遏賊勢。前往官兵，若沿途住歇秣馬，必至遲誤，著派戶部賢能司官，於每日宿處，齊備草豆應付。其陸續遣發大兵征剿之處，著議政王大臣等，速議具奏。【略】

（康熙十二年十一月）丁巳，四川湖廣總督蔡毓榮疏報：吳三桂反，僞稱天下都招討兵馬大元帥，以明年甲寅為周王元年。貴州提督李本深，叛應之。

又　卷四六　（康熙十三年三月）庚辰，杭州將軍圖喇疏報：耿精忠據福建反。總督范承謨，罵賊不屈，賊幽之。巡撫劉秉政降賊。

又　卷六〇　（康熙十五年四月）辛酉，江西總督董衛國疏報：賊犯廣東。總兵官苗之秀、副將吳啓鎮等，相繼叛。尚之信陰與賊通，受吳三桂招討大將軍僞號，於二月二十一日，守其父尚可喜第，倡兵作亂。

又　卷六三　（康熙十五年十月庚午）奉命大將軍和碩康親王傑書帥師抵延平，僞將軍耿繼美等以城降。耿精忠聞之大懼，隨遣精奇尼哈番劉蘊祥等赴延平，獻僞總統將軍印，續遣子耿顯祚來迎康親王師，抵福州府。令侍讀學士尹泰，齎免死敕諭前往。耿精忠於十月初四日，率僞文武官員，出城迎降，獻所屬官兵冊籍，尋耿精忠請隨大兵立功贖罪。康親王以聞。上命耿精忠：仍留靖南王爵，率伊所屬官兵，隨大兵征剿海逆，圖功贖罪。

又　卷六四　（康熙十五年十二月丁巳）尚之信遣人齎密疏，至揚威大將軍和碩簡親王喇布軍前乞降。簡親王喇布以聞。上敕諭尚之信曰：昔太祖高皇帝肇造鴻業，爾父航海歸誠，功猷茂著，後命駐防粵省平定海疆。自吳逆叛亂以來，益矢忠藎，屢建功勳，故特封爾父為親王，授爾為討寇將軍。正期克奮勇略，掃除逆賊，不圖粵省變亂，道路梗阻。今覽爾密奏，稱父子世受國恩，斷不敢懷異念，願立功贖罪，來迎大師。知爾父子不忘報國，念篤忠貞，因事出倉卒，致成變異。朕心深為惻憫，今特降旨：將爾已往之罪並爾屬下官兵，概行赦免。倘能相機剿賊，立功自效，仍加恩優敘。爾當益竭悃誠，勉圖後效，以副朕始終曲全至意。

又　卷七六　（康熙十七年八月）乙未，揚威大將軍和碩簡親王喇布疏報：吳三桂初病中風噎膈，有犬登其案而坐，因病甚，口不能張，且下痢，於本月十七日遂死。

又　卷九九　（康熙二十年十二月甲申）諭禮部：逆賊吳三桂，背恩反叛，煽惑地方，罪惡貫盈，已服冥殛。逆孽吳世璠，敗遁雲南，竊據省城。今大將軍貝子章泰等，遵奉成命，統兵進剿，吳世璠窘迫自刎，逆黨咸服厥辜。僞官軍人民等，革心來歸，疆域大定。念數年以來，大兵進剿，士卒疲于荷戈，民生困於轉運，今逋寇蕩平，兵民得以休息，此皆仰荷天地祖宗眷祐。應行告祭禮，仍布告中外，與民更始，以昭維新之化。爾部即擇吉具儀以聞。

平定部族首領叛亂分部

綜　述

明

《明宣宗實録》卷四二　（宣德三年閏四月乙酉）雲南總兵官太傅黔國公沐晟奏：『麓川宣慰使思任發，侵奪南甸、騰沖等處地方，請發雲南、貴州、四川官軍五萬人及各處土兵，討之。』上敕諭晟曰：『麓川之事，前已命卿等計議撫諭。雖蠻夷作過，必當威服，但念數年來，征交阯，討四川，番寇軍民，勞弊未蘇，今莫若且遣敕諭之。卿即同雲南三司、巡按、監察御史再遣人招撫，如能順服，不必用兵。果執迷不悛，止調雲南官軍土軍及木邦宣慰司等處夷兵剿之。卿國家勳戚，久鎮邊隅，老成練達，其于益國利民之事，講究有素，不待朕言。興兵動衆，勞擾實多，不可不熟思遠慮。』

《明英宗實録》卷七五　（正統六年春正月乙卯）命定西伯蔣貴佩平蠻將軍印，充總兵官，都督同知李安充左副總兵，都督僉事劉聚充右副總兵，都指揮使宮聚充左參將，都指揮僉事冉保充右參將，行在兵部尚書兼大理寺卿王驥總督軍務，統率大軍，征討麓川叛寇思任發。蔣貴、王驥先往雲南會計軍餉，相度方略。李安、宮聚統領四川、貴州官軍，劉聚、冉保統領南京、湖廣並安慶等衛官軍，以俟調用。

又　卷八九　（正統七年二月乙未）以麓川平，遣官祭告天地、宗廟、社稷及山川等神。曰：比因麓川叛寇思任發悖逆不道，侵奪鄰境，毒害生靈，屢抗王師。已嘗祗告，命將出師，往問其罪。天道助順，人心協和，所至克捷，遂底成功。今既班師，謹用告謝。

又　卷九四　（正統七年秋七月壬午）雲南總兵官右都督沐昂奏：據木邦宣慰使罕蓋法言，叛寇思任發遁投緬甸。已遣人督罕蓋法，合干崖、南甸等處夷兵，擒思機法兄弟，並募緬甸土官混孟平擒思任法。上敕昂等悉心擒剿，務在得獲。

又　卷一三六　（正統十年十二月丙辰）雲南千戶王政誅麓川賊思任發於緬甸。先是，總兵官黔國公沐斌等遣政齎敕幣諭賚緬甸宣慰男卜剌浪馬哈省以速剌，索思任發。卜剌浪馬哈省以速剌猶豫，不即遣。適晝晦二日，術者曰：『天兵至矣。』卜剌浪馬哈省以速剌懼，於是發思任發及其妻孥部屬三十二人，付政。時思任發不食已數日，政慮其即死，遂戮於市，函首及俘馳獻京師。

又　卷一四三　（正統十一年秋七月戊子）敕諭思機發曰：爾祖父以來，受朝廷大恩，設立衙門，授以官職，管治人民。爾父思任發悖逆不道，殺掠鄰境。朝廷不得已，命將率兵，往問其罪，殺爾黨類。爾父為緬人斬首來獻，朝廷誅惡之典已行矣。朕復念罰弗及嗣，帝王盛德。況聞爾父為惡，爾累勸諫，及屢遣弟招賽等來朝請罪，近者又差陶孟、刀克猛等朝貢到京，稱爾欲親身來朝。慮為惡已深，恐獲重罪。然朕以大信治天下，豈肯失信於遠人？已令該部及雲南總兵鎮守等官曉諭刀克猛等，並遣人護送回爾處。今特差人齎敕前去，悉赦爾前罪。爾即親帶頭目人等，赴京朝見，朕量授爾官職，撥與土地人民管屬。如爾猶豫，不遵朕言，必命大將，統率精兵，直壓孟養，擣爾巢寨。此時，雖悔無及矣。

《明神宗實録》卷二四七　（萬曆二十年四月甲辰）總督三邊尚書魏學曾奏：寧兵初以激變為名，實是謀為叛逆，陽以劉許為首，實是哱拜主謀。賊過鳴沙，為官兵擒，斬氣稍阻，奪回城堡，漸近鎮城。不謂勾虜鴟張，外有強援，以故招之不從，剿之不易，非調選宣大驍兵助戰，恐無以剪滅此也。上命宣大督撫即選驍兵六七千，擇勇將，星夜督赴寧夏助討。督臣務責將領殺賊，毋令披猖。

又　卷二五二　（萬曆二十年九月甲戌）寧夏巡撫朱正色題：八月初七日，搜出著力兔與哱賊書一紙，約集虜兵三萬餘騎，定期過河助賊。隨行道將嚴哨探，定方略。李如松、蕭如薰調發遊擊李寧等迎敵，斬獲達級三十五顆，生擒虜賊男女十四名，奪獲馬畜一千一百有奇。已聞達賊萬餘，渡河大舉。仍統麻貴、馬化英等迎敵，沖斫二十餘陣，斬級六十九顆，生擒勾虜反賊二名，器械馬畜無算。【略】上謂賊已被圍，虜復大創，厥功可嘉。【略】

（萬曆二十年九月）庚辰，兵部上總督葉夢熊、監軍梅國楨飛報九月十六日攻破寧城平賊捷音。詔：逆賊久逋天誅，聞捷，深用慰悅，俟奏至日，告郊廟，宣捷。仍大升賞以答忠勞。

又　卷二五三　（萬曆二十一年十月丁酉）總督陝西三邊葉夢熊題：寧夏大逆，皆哱賊父子造謀。因臣前後設間以離其心，遂手刃東陽等，妄求脫罪家丁尚二千人，真夷過半，恐奔虜構禍，朔方終非我有。臣痛心切齒，會同巡撫朱正色、監軍御史梅國楨，授計總兵李如松、參將楊文等，限十七日滅哱氏。哱承恩沖出至南關，楊文登時擒獲。李如松同如樟攻圍哱拜，賊丁披甲，棄死拒敵，如松諭令投順者，給令箭，免罪，乃漸棄甲投奔。哱拜獨與真夷抗敵，用火攻之，如樟撲入斬首，真夷盡戮。

又　卷二七二　（萬曆二十二年四月）辛亥，兵部以貴州撫按林喬相等請嚴責四川撫按協剿楊應龍，因言：應龍初本效順，後乃暴虐，四川以功故而援之，貴州以罪故而窘之。本犯有可寬之條，朝廷無必誅之意，祗緣再提結案，遂爾計出無聊，將謂負險可幸脫樊，不思行賂反塞解網。王師既抗，剪滅何疑？並論土司安疆臣等，共效忠猷。如應龍父子悔禍，許自縛請罪，即與奏聞定奪，否則罔赦。上命兩省會兵擒治，惟除首惡，以靖地方。

又　卷三四五　（萬曆二十八年三月壬戌）總督侍郎李化龍題報分布八路進剿形勢部署、官將名目，並録神誓文與軍誓以進。上深然之。

又 卷三四八 （萬曆二十八年六月己亥）兵部題：偏沅巡撫江鐸塘報：六月初六日，各路合攻破海龍囤。楊應龍勢急自盡，生擒伊妻子並逆黨何漢良等，一鼓蕩平，功收底定。上報聞。

又 卷三五四 （萬曆二十八年十二月壬午）兵部覆：督臣李化龍檻送逆酋楊應龍妻子族黨六十九名口，行法司擬罪，獻俘。禮部擇日告廟，宣捷。上御門受賀，其所獲器物，赴內府交納。允之。

《明熹宗實録》卷一四 （天啓元年九月乙卯）四川永寧司宣撫奢崇明叛，戕巡撫徐可求等，遂據重慶。初，崇明與其子奢寅久懷逆志。因調兵援遼，遣其婿樊龍、部黨張彤等，領兵至重慶，久駐不發。而巡撫徐可求為調兵科道明時舉等所挾，移鎮重慶。是日，於教場內點發各兵，而樊張二惡，以增行糧為名，乘機作亂，殺撫臣及道府各官。孫好古、駱日升、李繼周、章文炳、洪世科、熊嗣先、王三宅、段高選等，總兵黃守魁，別將萬全、王登爵，皆遇害。明時舉、李達逃竄得脫。分兵攻合江、納溪，破瀘州及富、內、資、簡，遂攻成都，偽號大梁。

又 卷一九 （天啓二年二月癸酉）水西土同知安邦彥叛，圍貴州。先是以奢酋之變，調兵水西，安邦彥素懷異志，宣慰使安位幼弱不能制。又有鹽倉土目安效良者，沾益土官，安遠叔也。先以謀襲沾益不遂，伺安遠公出，遣叛目阿借等伏途截殺，遇救得免。滇撫沈儆炌聞於朝，檄責效良，俾縛阿借等以獻，效良不悛，復糾東川土官禄阿伽焚掠新屯，陰與邦彥謀叛。正月二十八日，安酋率兵二萬至畢節，陽稱報效，陰襲畢節。守將知其謀，固守不下，效良助之，遂陷畢節，分兵攻破安順、平壩、沾益、龍里等處，遂圍貴陽。

又 卷三〇 （天啓三年正月壬子）川貴總督張我續塘報貴陽圍解，言：貴州撫臣王三善於二年十二月初一日同監軍道向日升親率副總兵劉超、參將楊明楷、劉志敏、孫元謨、王建中、中軍都司陳嘉謨等衆將，于初三日進龍里，當斬賊級二百餘顆。初四日早，三戰三捷，大破賊兵十萬。安邦彥僅以身免，燒毀賊衆帳房無數，斬獲大頭目十餘人，部下玀賊千有餘級，死傷戰馬不計，生擒大頭目一名阿得。初七日，進各腳鋪，安賊兵阻畢鋪，大戰，參將孫元謨、楊明楷、劉志敏、李世將、馬之將大破賊兵三十餘萬，斬賊首萬餘級，得獲戰馬千餘匹，焚燒營房一百二十餘座，斬獲頭目邦彥親弟阿倫等數十人，直進至老鴉關。貴陽圍解。初八日，撫臣王三善進省，隨即出城，督率各將官攻克宅溪，其老鴉關、襄陽橋俱係我兵把守，米糧絡繹運入城內，犁掃指日可期。

又 卷四二 （天啓三年十二月丁未）總督貴州兵部左侍郎楊述中言：『撫臣王三善入巢五捷，安邦彥、奢寅父子等僅以身免，棄甲投箐，斬殺宗目，俘獲渠魁，計首功不下萬有八千餘級，戰馬甲仗無算。賊勢披靡，已逼過渭河，我大兵一二日間，準備過河。』得旨：『黔師深入，撫臣王三善身自督戰，斬首至一萬八千餘級，西南奇捷，自來罕有。朕心忻慰。』【略】

（天啓三年十二月己酉）總督四川等處兵部右侍郎朱燮元疏言：『總兵官李維新、監軍副使李仙品、僉事劉可訓等，統率各將五路進兵，殺入龍場地方鏖戰，當陣生擒首凶奢崇明偽軍師蔡金貴，並酋妻安氏，斬偽將偽相首級千餘，鞍馬槍刀無算。奢寅中二槍，扶馬而逃，扶國禎亦中箭逃箐。官兵見在摎拏奢崇明中藥箭，命在須臾等情。』得旨：『凶首奢崇明等，俱已擒獲，深可嘉尚。逆寅及各逋目，催兵速捕，務期蕩平。督臣朱燮元，調度勤勞，其監軍並有功將士，俱候獻俘，一體優敘。』

《明史》卷三《太祖紀三》 （洪武十八年）冬十月，【略】癸丑，麓川平緬宣慰使思倫發反，都督馮誠敗績，千戶王昇死之。【略】

（洪武二十二年）冬十一月，【略】己卯，思倫發入貢謝罪，麓川平。

又 卷一〇《英宗前紀》 （正統三年六月）乙亥，都督方政、僉事張榮同征南將軍黔國公沐晟、右都督沐昂，討麓川叛蠻思任發。【略】

（正統八年）夏五月己巳，復命平蠻將軍蔣貴、王驥帥師征麓川思任發子思機發。

又 卷二〇《神宗紀一》 （萬曆二十年）三月戊辰，寧夏致仕副總兵哱拜殺巡撫都御史黨馨、副使石繼芳，據城反。【略】壬申，總督軍務兵部尚書魏學曾討寧夏賊。

又 卷二一《神宗紀二》 （萬曆二十五年秋七月）是月，楊應龍叛，掠合江、綦江。【略】

（萬曆二十七年二月）是月，貴州巡撫江東之遣兵討楊應龍，敗績。三月己亥，前兵部侍郎李化龍總督川、湖、貴州軍務，討楊應龍。【略】

（萬曆二十八年）夏六月丁丑，克海龍囤，楊應龍自縊死，播州平。

又　卷二二《熹宗紀》（天啓元年九月）乙卯，永寧宣撫使奢崇明反，殺巡撫徐可求，據重慶，分兵陷合江、納溪、瀘州。丁卯，陷興文，知縣張振德死之。【略】

（天啓二年）二月癸酉，水西土同知安邦彦反，陷畢節、安順、平壩、沾益、龍里，遂圍貴陽，巡撫都御史李橒，巡按御史史永安固守。【略】

（天啓五年三月）甲戌，朱燮元總督雲、貴、川、湖、廣西軍務，討安邦彦。

又　卷二三《莊烈帝紀一》（崇禎二年）秋八月甲子，總兵官侯良柱、兵備副使劉可訓擊斬奢崇明、安邦彦於紅土川，水西賊平。

又　卷一七一《王驥傳》（正統）八年五月覆命蔣貴為平蠻將軍，調土兵五萬往，發卒轉餉五十萬人。驥初檄緬甸送思任發。緬人陽聽命，持兩端。是年冬，大軍逼緬甸，緬人以樓船載思任發覘官軍，而潛以他舟載之歸。驥知緬人資木邦水利為脣齒，且慮思機發將以獻其父故仇之，故終不肯獻思任發。驥乃趨者藍，破思機發巢，得其妻子部落，而思機發獨脫去。

又　卷二三八《麻貴傳》（萬曆十九年）明年，寧夏哱拜反。廷議貴健將知兵，且多畜家丁，乃起戍中為副將，總兵討賊。屢攻城不克。其五月，哱拜以套寇五百騎圍平虜堡，貴選精卒三百間道馳卻之。俄以總督魏學曾命撫著力兔、銀定、宰僧於橫城。啖以重利，皆不應，貴乃還攻城。寧夏總兵董一奎攻其南，固原總兵李昫攻其西，故總兵劉承嗣攻其北，牛秉忠攻其東，貴以遊兵主策應。哱拜自北門出戰，將往勾套部，貴逐之入城，別遣將馬孔英、麻承詔等擊套寇援兵，俘斬百二十人。拜初與套部深相結，諸部長稱之為王。日坐著力兔帳中，主籌畫，至是不敢復出。

又　卷二四九《徐如珂傳》徐如珂，字季鳴，【略】天啓元年，遷川東兵備副使。擊殺奢崇明黨樊龍，復重慶。奉檄搗藺州土城。賊借水西兵十萬來援，前軍少卻。捍子軍覃懋勳挽白竹弩連中之，賊大潰。轉戰數十里，斬首萬餘級，遂拔藺州，崇明父子竄水西去。

又　卷三一四《雲南土司傳二》帝以斌師出無功，覆命兵部尚書靖遠伯王驥總督軍務，都督同知宮聚佩平蠻將軍印，率南京、雲南、湖廣、四川、貴州官軍、土軍十三萬人往討之。至是，驥凡三征麓川矣。帝密諭驥曰：『萬一思機發遠遁，則先擒刀變蠻，平其巢穴。或遁入緬地，緬人黨蔽，亦相機擒之。庶蠻衆知懼，大軍不為徒出。』又敕諭斌，軍事悉與驥會議而行。又敕諭木邦、緬甸、南甸、干崖、隴川等宣慰司罕蓋發等，各整兵備船，積糧以俟調度。

又　卷三一五《雲南土司傳三》（正統）六年，麓川宣慰思倫發叛，詔給車里信符、金牌，命合兵剿賊。

又　卷三一六《貴州土司傳》萬曆二十六年，國亨子疆臣襲職。會播州楊應龍反，疆臣亦以戕殺安定事為有司所案。科臣有言其逆節漸萌者，詔不問，許殺賊圖功。疆臣奏稱：『播警方殷，臣心未白。』上復優詔報之。巡撫郭子章許疆臣以應龍平後還播所侵水西烏江地六百里以酬功，於是疆臣兵從沙溪入。有蜚語水西佐賊者，總督李化龍檄詰之，疆臣遂執賊二十餘人，率所部奪落濛關，至大水田，焚桃溪莊。應龍伏誅。【略】

奢崇明自號大梁王，安邦彦自號四裔大長老，其部衆悉號元帥。悉力趨永寧，先犯赤水。燮元授意守將佯北，誘深入，度賊已抵永寧，分遣別將林兆鼎從三岔入，王國禎從陸廣入，劉養鯤從遵義入。邦彦分兵四應，力不支。羅乾象復以奇兵繞其背，急擊之，賊大驚潰，崇明、邦彦皆授首。邦彦亂七年而誅。燮元乃移檄安位，赦其罪，許歸附。位豎子不能決，其下謀合潰兵來拒。燮元扼其要害，四面迭攻，斬首萬餘級。復得嚮導，輒發窖粟就食，賊益饑。復遣人至大方燒其室廬，位大恐，遂率四十八目出降。燮元奏請許之，報可。而前助邦彦故宣慰宋萬化之子嗣殷亦至是始剿滅。乃以宋氏洪邊十二馬頭地置開州，建城設官。燮元復遣兵平擺金五洞諸叛苗，水西勢益孤。十年，安位死，無嗣，族屬爭立。朝議欲乘其敝郡縣之。燮元奏未可驟，乃傳檄土目，諭以威德，諸苗爭納土獻印。貴陽甫定，而明亦旋亡矣。

清

《清聖祖實録》卷一八三（康熙三十六年四月甲寅）諭大學士伊桑

阿：【略】初，噶爾丹併吞吐魯番、葉爾欽、薩瑪律漢、哈薩克等千餘部落，本朝並不之問。當厄魯特與喀爾喀戰時，本朝若助厄魯特，今如何能破噶爾丹乎？噶爾丹既克喀爾喀，直侵內地。朕始領兵剿滅。

又　卷一四六　（康熙二十九年六月甲申）上將出師，遣使賜噶爾丹敕曰：朕統御宇內，懷柔萬邦，惟願率土生民，咸得其所，相與協和，無分中外。夫兵，兇器，戰，危事。互相仇怨，無有已時，非計也。【略】今遣員外郎阿爾必特祐、笪賴齎敕諭爾，爾尚可以改圖。爾既入邊，我諸部王及貝勒、台吉等，行且興兵擊爾，故亦遣來使止之，恤爾至矣。其速給還所掠，歸我使人，爾其明白回奏。

又　卷一四七　（康熙二十九年七月辛卯）噶爾丹深入烏朱穆秦地。上命和碩裕親王福全為撫遠大將軍，皇子允禔副之，出古北口。和碩恭親王常寧為安北大將軍，和碩簡親王雅布、多羅信郡王鄂紥副之，出喜峰口。內大臣舅舅佟國綱、佟國維、內大臣索額圖、明珠、阿密達、都統蘇努、喇克達、彭春、阿席坦、諾邁、護軍統領苗齊納、楊岱、前鋒統領班達爾沙、邁圖，俱參贊軍務。諸軍前發，惟佟國維、索額圖、明珠留京。俟大將軍至陰山，馳往會之。

又　卷一四八　（康熙二十九年八月）撫遠大將軍和碩裕親王福全等疏言：『八月初一日，擊敗噶爾丹，薄暮收軍。次日，即前進剿殺餘寇，見噶爾丹據險堅拒，故使我將士暫息。而噶爾丹適遣伊拉古克三胡土克圖來，復理前説，請以土謝圖汗、澤卜尊丹巴畀之。且云，一二日內，濟隆胡土克圖，即來講禮修好。臣等悉遵聖諭，數噶爾丹前後逆惡而遣之矣。初四日，濟隆果率其弟子七十餘人來，言博碩克圖汗，信伊拉古克三及商南多爾濟之言，深入汛界，部下無知，搶掠人畜，皆大非理。』【略】得旨：『出征諸王大臣當同心效力，大將軍王與皇子，失誤機宜，衆大臣不正言抗阻，軍律甚明，歸時斷不姑宥。此役所關甚鉅，今科爾沁、烏喇、盛京之兵，初四五間，可至達爾腦爾矣，若又失機會，不進逼之，王與大臣等，此行何所事耶？』

又　卷一四九　（康熙二十九年冬十月甲申）時噶爾丹敗遁出汛界，伊拉古克三胡土克圖、侍郎額爾賀圖等，齎敕追及之。噶爾丹具疏謝罪，疏曰：『向以一道同軌，通使請安，貿易往來。間因喀爾喀變亂，使人失詞，遂生小釁。兩胡土克圖來，宣布諭旨，使歸於好。神聖垂慈，不勝歡忭。嗣以遠來糧畜匱乏，妄行獲戾，而伊拉古克三胡土克圖傳旨，使全禮法，仍歸和好。既已加恩，又許陳情，心甚喜悦，惟有欽遵諭旨，奉行不違而已。』上諭大學士等曰：『大將軍裕親王兵，著撤回，及防守遵化州緑旗兵，亦著各歸本汛。』

又　卷一八三　（康熙三十六年四月）甲子，御舟泊布古圖地方。撫遠大將軍伯費揚古疏報：『康熙三十六年四月初九日，臣等至薩奇爾巴爾哈孫地方。厄魯特丹濟拉等，遣齊奇爾寨桑等九人來告曰：「閏三月十三日，噶爾丹至阿察阿穆塔臺地方，飲藥自盡。丹濟拉、諾顏格隆、丹濟拉之壻拉思倫，攜噶爾丹屍骸及噶爾丹之女鍾齊海，共率三百戶來歸。」』

又　卷二九九　（康熙六十一年九月乙酉）諭議政大臣等：從前曾有以朕每年出口行圍，勞苦軍士條奏者。不知國家承平雖久，豈可遂忘武備？前噶爾丹攻破喀爾喀，並侵擾我內地紥薩克至烏闌布通。朕親統大兵征討，噶爾丹敗走。後又侵犯克魯倫，朕統兵三路並進，至昭莫多剿滅之。

《清世宗實録》卷一二　（雍正元年冬十月戊申）敕諭撫遠大將軍年羹堯：【略】羅卜藏丹津等，宜遵朕旨，式好無尤。乃肆意稱兵，侵襲親王戴青和碩齊察罕丹津、郡王額爾得尼厄爾克托克托柰等，殺戮抄掠。以至察罕丹津等，情急投入內境。顯負朕恩，悖逆天常，擾害生靈，誅戮不可少緩。故加天討，遣發大兵，聲伐羅卜藏丹津。朕欲拯救西域生靈，大張天威，特命爾為撫遠大將軍，統領滿洲蒙古緑旗大兵。一切事宜，爾與蘇丹、岳鍾琪、常壽等，酌定方略。

又　卷一七　（雍正二年三月癸未）撫遠大將軍川陝總督年羹堯奏報：二月初八日，遣奮威將軍岳鍾琪率大軍往剿青海逆賊羅卜藏丹津。由布林哈屯，直抵賊巢額母訥布隆吉地方，分兵一千，往北路柴旦木豫截賊衆逃往噶斯要路。岳鍾琪率兵，從南路尾追二十日，探知賊衆逃往烏蘭穆和兒地方，及至其地，賊衆復逃往柴旦木地方。又分兵一千追逐。大軍隨後沿途進擊，擒獲羅卜藏丹津之母阿爾太喀屯，及其妹夫克勒克濟農藏巴吉查等並男女牛羊無數。二十二日，至柴旦木。羅卜藏丹津帶二百餘人，逃竄潛匿。隨分兵至烏蘭白克地方，擒獲吹拉克諾木齊札錫敦多卜，並男女駝馬無算。其助亂之八台吉等，亦並擒獲。現今羅卜藏丹津之母，及賊黨阿爾布坦温布等八人，及歸降之盆蘇克汪札爾等四人，俱解送軍前。【略】

（雍正二年三月甲申）諭總理事務王大臣等：青海逆賊羅卜藏丹津之事，大將軍年羹堯、奮威將軍岳鍾琪，以及兵丁皆奮勇殺賊，於十五日內，即能逆賊剿滅平定，殊為可嘉。年羹堯，著授為一等公，再賞一精奇尼哈番。岳鍾琪，著授為三等公。凡效力官兵，俱加優恩策勳外。著戶部動用錢糧二十萬兩，送至大將軍年羹堯處，分別官兵效力等次賞給，以示格外加恩之意。

又　卷二一　（雍正二年六月乙酉）禮部題、請撰擬平定青海碑文。勒石國學。頒發直省。以昭功德。碑文曰：【略】而羅卜藏丹津，昏謬狂悖，同黨吹拉克諾木齊，阿爾布坦温布藏巴劄布等，實為元惡。謂國家方宏浩蕩之恩，不設嚴密之備，誕敢首造逆謀，迫脅番羌，侵犯邊城，反狀彰露，用不可釋於天誅。遂命川陝總督太保公年羹堯為撫遠大將軍，聲罪致討。以雍正元年十月，師出塞，自冬涉春，屢破其衆。凡同叛之部落，戈鋋所指，應時摧敗，招降數十萬衆。又降其貝勒、貝子、公、台吉等，二十餘人。朕猶閔其蠢愚，若悔禍思愆，束手來歸，不尚可全宥，而怙惡不悛，負險抗違，乃決翦滅之計。以方略密付大將軍年羹堯，調度軍謀，簡稽將士，用四川提督岳鍾琪為奮威將軍，于仲春初旬，禡牙徂征，分道深入，搗其窟穴，電掃風馳，搜剔岩阻，賊徒倉皇糜潰，窮蹙失據。羅卜藏丹津之母及謀逆渠魁，悉就俘執。擒獲賊衆累萬，牲畜軍械，不可數計。賊首逃遁，我師踰險窮追，獲其輜重人口殆盡。羅卜藏丹津，孑身易服，竄匿荒山，殘喘待斃。自二月八日至二十有二日，僅旬有五日，軍士無久役之勞，內地無轉輸之費，克奏膚功，永清西徼。三月之朔，奏凱旋旅，鐃鼓喧轟，士衆訢喜。四月十有二日，以倡逆之吹拉克諾木齊等三人獻俘廟社。

《清高宗實録》卷二八七　（乾隆十二年三月己酉）諭：據四川巡撫紀山奏稱，大金川土司莎羅奔，勾結黨與，攻圍霍耳章谷，千總向朝選陣亡。並侵壓毛牛，槍傷遊擊羅於朝等語。經軍機大臣議，令該督撫等迅速派官兵，遴選將弁，統率前往，相機進剿。已令星速行文知照。前將張廣泗調任川陝總督，已諭令速赴川省。今觀紀山此奏，勢不可緩。可再傳諭張廣泗，令其即速前赴，會同紀山，相度機宜。如慶復已經赴川，一同商酌進兵，迅速剿滅。

又　卷三〇五　（乾隆十二年十二月甲申）諭軍機大臣等：大金川逆酋不法，現命張廣泗聲罪致討。據奏，明春二三月間，可以克期取勝。前此瞻對跳梁，勞師動衆，幾及歲餘。此二役俱屬軍旅重務，必令天下共見共聞者。夫國之大事，惟祀與戎，古者命將出師，罪人既得，則執馘獻俘，我朝向曾舉行。今此次大金川莎羅奔，負固拒命，恃其戰碉之險，久抗王師。前此班滾狡計免脫，俱係凶逆渠魁，應生擒正法，以申軍律。可傳諭張廣泗，若于交鋒之際，礮矢所加，已經授首，不及生擒，亦只得如此辦理。如能擒執逆酋，著拏解京師獻俘，明正典刑。如此，則中外皆知班滾現已就擒，可釋前疑。而慶復、李質粹，亦益自知罪矣。

又　卷三三五　（乾隆十四年二月甲午）又諭曰：大學士張廷玉、來保等，以金川蕩平，膚功迅奏。由朕指授機宜，應垂方冊。請照皇祖聖祖仁皇帝《平定朔漠》纂修方略之例，編緝成書。【略】

御製《平定金川》告成，【略】粵有金川莎羅奔者，【略】夜郎自大，構釁鄰番。【略】大學士忠勇公傅恒，義同休戚，毅然請肩斯任。乃命以經略印，益厚集諸路軍，芻粟相繼，閭閻不驚，卜吉於戊辰十一月之三日，禡牙以指所征。朕親御武帳，賜經略酒以行。【略】則又經略獨勤其勞，而諸武臣有所不知，有弗能共者。恩威既明，士用益勵，度番落如戶庭，過部伍于衽席，奸酋授首，軍聲大振。復以巨礮擊其碉，堅碉以摧，將俟諸軍之集搗其中堅，而番酋駭瞿駾喙，稽首請降。【略】於是經略宣朕明旨，登壇受降。己巳二月之望日，金川平定，捷音至京。是役也，罙入數千里，奏凱未七旬，而振旅之師，多有返自中途，未究其用者。

又　卷四八九　（乾隆二十年五月辛卯）諭軍機大臣等：據班第奏，擒獲羅布藏丹津，派侍衛臺布等，解送來京。【略】羅布藏丹津，負恩悖叛，逃往準噶爾，偷生三十餘年。今兩路大兵，直抵伊犁，無路奔逃，並將投降潛逃之巴朗一併擒獲，實足以彰國憲而快人心。

又　卷四九八　（乾隆二十年冬十月庚戌）命傳諭準噶爾部衆曰：【略】今逆賊阿睦爾撒納，負恩逃叛，妄思併吞爾衆，肆行驚擾。念爾各部，豈有不願為天朝臣僕，反附和亂逆，甘受驅使之理？特被其脅從，無由自拔耳。數年來令爾准部不得安生，皆達瓦齊、阿睦爾撒納所致。達瓦齊已屬昏愚，阿睦爾撒納尤為暴虐，爾衆素所稔知。朕今命將興師，聲罪致討，諮爾有衆，能擒獲阿睦爾撒納者，必加恩封賞，以示鼓勵。此時甘心黨惡者，不過阿巴噶斯、哈丹、克什木、敦多克曼集數人，其餘或為宰桑等挾制，非其本心。有能擒獲從逆之宰桑得木齊等，即行優敘。

又 卷五五五 （乾隆二十三年正月癸丑）以回酋霍集占罪狀，宣諭回部各城。諭曰：朕為天下共主，罔有内外，一體撫綏，無使失所。前因準噶爾變亂，自相戕害，厄魯特等俱不聊生。不忍坐視，興師平定伊犁，擒獲達瓦齊，就其台吉宰桑等級，分封錫爵，普加恩賚。【略】至布拉呢敦、霍集占兄弟，在噶爾丹策零時，被拘于阿巴噶斯、哈丹鄂拓克，我兵初定伊犁，釋其囚縶，令為回人頭目，方欲加恩錫爵，授以土田。乃乘厄魯特變亂，率伊犁回人，逃往葉爾羌、喀什噶爾。朕以其或懼厄魯特騷擾，暫避以圖休息，尚未加兵，第遣使招撫。不料竟敢戕害使臣，僭稱巴圖爾汗，情尤可惡，若不擒獲正法，則回衆終不得安生。用是特發大兵，聲罪致討。但聞霍集占，起意倡亂，布拉呢敦，被迫從行，已命分別辦理。夫伊等以兄弟至親，朕尚較其情罪輕重，期無枉抑，何況爾等回衆，全無干涉，豈有株連擾害之理。惟是霍集占，頗稱奸狡，自知身犯重辟，或圖苟延殘喘，造言惑衆，以厄魯特多被剿殺為比。殊不思爾等皆無罪之人，朕何忍與叛逆之徒，一體誅戮。此次興師，特為霍集占一人，爾等若將霍集占縛獻，自必安居如舊，永受殊恩。如執迷不悟，聽從逆酋指使，大兵所至，即不復分善惡，悉行剿除，悔之何及。【略】

（乾隆二十三年正月乙巳）又諭：昨俄羅斯報稱，逆賊阿睦爾撒納，入伊邊境，出痘身死，將屍送驗等語。看其情節，尚非虛假。蓋前此逆賊尚存，俄羅斯未必不思留用，是以遲久未見擒送。今伊已死，留屍無益，又恐反傷和好，因報明送驗，此亦情理之可信者。已遣琳丕勒多爾濟，往取逆賊之屍。著傳諭兆惠，於進兵之便，再留心訪查使所得資訊，與俄羅斯告語相符，則尤確實足信矣。然逆賊阿睦爾撒納雖死，而哈薩克錫喇、舍楞等，尚未就擒。兆惠等，勿因此稍存懈怠，務宜加意奮往，速奏膚功。並傳諭雅爾哈善等知之。

又 卷五七七 （乾隆二十三年十二月壬午）參贊大臣尚書舒赫德奏：十二月初三日，有回人托克托默特，自葉爾羌來投。詢據大兵至葉爾羌，布拉呢敦自喀什噶爾領馬步五千人，霍集占領馬步萬人，合圍大兵三十餘日。因聞喀什噶爾所屬英吉沙爾城，忽被布嚕特搶掠，二賊猝謀禦敵。是日薄暮，將軍領兵縱火，奪賊營二，劫殺看守人衆過半。二賊相謂，此必將軍與布嚕特有約，即圍守經年，諒難取勝，且力亦不支，莫若議和，因遣所屬及厄魯特各一人通信。將軍拘留不遣，以矢射書傳諭云，爾兄弟果欲納款，當入覲大皇帝，否則不允。後二賊亦射書，願送口糧，徹圍相見。將軍不報。從此俱未交鋒。

又 卷五九七 （乾隆二十四年九月辛未）諭軍機大臣等：兆惠奏稱，差往探信之侍衛等回報，逆賊布拉呢敦、霍集占，俱為巴達克山人拏獲等語。看來二賊被擒，情事屬實。雖未據富德奏報，計此時正在促令縛獻。如罪人斯得，則大功告成。【略】

（乾隆二十四年九月丁丑）諭曰：將軍兆惠、富德等，先後奏報大兵追剿逆賊霍集占、布拉呢敦，抵巴達克山界。其部長素勒坦沙告稱，遵將軍大人諭，邀擊二賊，現已鎗斃霍集占，生擒布拉呢敦。所差侍衛薩穆坦，俱經目睹。但回部信奉經典，從無自擒族類，轉送與人之例。若竟呈獻天朝，恐別部落必來滋事，是以求免等語。已傳諭兆惠、富德等，令即克期勒兵向索，且曉譬順逆。【略】如果該部落即日遵諭獻出，則膚功自可告竣。

又 卷五九九 （乾隆二十四年十月庚子）是日，定邊右副將軍富德等奏到，巴達克山素勒坦沙，獻逆賊霍集占首級，全部納款捷音。諭：將軍富德等奏報，巴達克山素勒坦沙，奉檄拘禁逆賊霍集占等於柴札布。嗣因霍集占，欲與琿都斯等部落，暗行攻襲。當將霍集占、布拉呢敦剿殺，呈獻霍集占首級。並看守逆屍人等，隨經驗看明確，馳送京師等語。前此大兵平定準噶爾，各部悉入版圖，而東西布嚕特，左右哈薩克，無不傾心向化。獨逆酋霍集占兄弟，辜恩反噬，不得不興師問罪。雖葉爾羌，喀什噶爾等城，以次撫降，設官定賦。

又 卷六〇〇 （乾隆二十四年十一月辛亥）御製平定回部告成太學碑文曰：【略】故犁准夷之庭，掃回部之穴，五年之間，兩勳並集。

始遲疑猶未敢信，終劼劬以底有成。【略】我師既定伊犁，乃釋其囚。以兵送大和卓木布拉呢敦歸葉爾羌，俾統其舊屬。而令小和卓木霍集占，居於伊犁，撫其在伊犁衆回。乃小和卓木，助阿逆攻勤王之台吉宰桑等，阿逆賴以苟延，及我師再入，阿逆遂逃入哈薩克，而霍集占亦即收其餘衆，竄歸舊穴。【略】小和卓木，乃以計誘阿敏道而拘之。及我師抵庫車問罪，彼擕阿敏道以來援，至中途害之，及從行者百人。彼猶逞其狂勃，抗我師顔，且敢冒死入庫車城。乃雅爾哈善，略無紀律，致彼出入自由。然我滿洲索倫衆兵士，無不念國家之恩，效疆埸之力，故能以少勝衆，逆渠懼而免脱。

又　卷六七八　（乾隆二十八年春正月己巳）賜愛烏罕愛哈默特沙敕書曰：【略】至准、回諸部，朕非利其土地人民，因伊等自相殘害，羣生不安，是用發兵拯救。從前準噶爾達瓦齊乘機自立，旋為大兵擒獲，阿睦爾撒納已降復叛，大兵窮追至俄羅斯，遂伏冥誅。及回部霍集占兄弟，負恩反噬，敗逃至巴達克山，為素勒坦沙所殺，獻馘歸誠。今伊犁、葉爾羌等處，咸入版圖。

又　卷九一二　（乾隆三十七年秋七月癸卯）又諭：現在進剿小金川後，必須並剿金川，屢降諭旨甚明。但向于進剿金川一節，恐其聞風豫防，未經宣露。因思索諾木與僧格桑黨惡，敢於助兵抗拒，諒必早作準備。且其惡迹已彰，莫若明斥其罪，使知鬼蜮伎倆，不能潛匿，抉其微，庶足以褫其魄。並使番衆知索諾木罪大惡極，為覆載所難容，不值舍死助逆，自罹誅戮，或可令番心離散，翦其黨羽，自屬先聲制勝之道。竟當傳檄金川云：【略】今爾索諾木，怙終稔惡，法在必誅，豈能復思效爾父郎卡之故智乎？至爾金川番衆，本屬良民，久安作息。自索諾木肆惡以來，爾等為其驅遣，代小金川死守窮碉，捐棄室家，身攖鋒鏑，已屬非計。向或不知索諾木逆惡，甘心為爾土司出力。今將索諾木罪迹宣布，爾等知索諾木不遵父訓，即為不孝，不感國恩，即為不忠，抗拒天朝，即為叛逆。似此不忠不孝叛逆凶豎，與禽獸何異。爾等良善番衆，何必為禽獸致力取死？雖至愚必不出此。爾番衆等，如能明於順逆之道，及早投降，仍令爾等安居善地，原可飽暖樂善。倘或不知審擇，甘助逆渠，即屬逆黨，將來大兵一至，有誅無赦，悔之晚矣。

又　卷一〇〇一　（乾隆四十一年正月乙未）諭：前據將軍阿桂等奏，官兵攻剿金川，將賊境悉行掃蕩，僅餘噶喇依賊巢，通計不及百分之一。現在水陸圍攻，為掃穴擒渠之舉，計日可以獻俘闕下。原擬俟露布馳聞，舉行告功大典。兹復據阿桂奏，連日將噶喇依緊要碉寨，節經克獲，並斷其水道，兼用大礮轟擊，摧其垣壁，殲賊甚多。且索諾木之長兄岡達克及其母阿倉、姑阿青等，並倡謀助惡之大頭人山塔爾薩木坦、達什阿庫魯、雍中旺爾結等數犯，現皆拘獲在營，可舉獻俘之典。至蟻衆聚於一窟，苟延殘喘，實同釜底遊魂，無從他竄，擒捕亦屬非難。惟能將逆酋索諾木、逆黨丹巴沃咱爾，俱生致解京，自為盡善。即或賊酋等勢迫自戕，亦可俘馘同獻。是蕩平金川，大功業已全定，更無俟馳報紅旗。今諏吉於二月初九日啓鑾，先謁東陵，再謁西陵，申達集勳忱悃。

又　卷一〇〇二　（乾隆四十一年二月乙卯）又諭曰：將軍阿桂等奏，金川全境蕩平，逆酋兄弟及助惡頭人，悉皆擒獲。大功告成，紅旗報捷，此皆仰賴昊蒼鴻佑。朕惟日凜敬寅，而邊徼輯寧，從此銘勳偃武。

《清宣宗實録》卷九　（嘉慶二十五年十一月庚辰）諭軍機大臣等：據慶祥奏，查明張格爾糾同蘇蘭奇等，謀逆大概情形一摺。此案逆裔張格爾，欲圖搶復喀什噶爾，與蘇蘭奇潛通信息，糾結謀逆。蘇蘭奇煽惑回衆，首先接應，燒毁卡倫，殘害官兵。是該逆等久蓄逆謀，尚無激變枉殺情事，現在賊氛四散，餘黨殲捦。惟有張格爾、蘇蘭奇，竄逸未獲，斷無有因一二逋賊，帶領大兵，深入夷地，窮追大索之理。慶祥所辦甚是。

又　卷一一八　（道光七年閏五月）辛亥，諭内閣：回疆自入版圖以來，安居樂業者六十餘年，大小回衆，向化傾心，均極恭順。惟當日在逃之逆裔薩木薩克，匿居外夷地方，多年漏網，其子張格爾，于嘉慶二十五年潛圖煽亂，擾及卡倫。歷任參贊大臣等，既不能即時掩捕，又未能嚴密防範，以致該逆于上年六月間，竄據阿爾圖什回莊，乘機勾結白帽回子，肆行猖獗，喀什噶爾等四城先後陷没，並擾及阿克蘇。經長清等屢挫賊鋒，該逆始不敢東來窺伺。朕君臨天下，必應特申天討，殲厥渠魁。乃命長齡為揚威將軍，楊遇春、武隆阿為參贊大臣，頒給印信，帶巴圖魯侍衛，調吉林黑龍江勁旅，及陝甘四川等處並火器健鋭營曾經出師官兵，諭令剿撫兼施。于本年二月初六日，由渾巴什河進兵，天戈所指，如摧枯拉朽，洋阿爾巴特、沙布都爾、阿瓦巴特等處，三戰皆捷，殺賊至十餘萬，生擒數千名，張逆僅以數騎逃去。

又 卷一三三 （道光八年二月丙子）諭軍機大臣等：寄諭署陝甘總督鄂山，前據長齡等奏，生擒首逆張格爾，業於正月初六日，派委誠端等，帶領凱撤吉林等處官兵，解送起程，並諮明前途，一體派撥官，接替前進。張逆罪大惡極，必應生致京師，明正典刑，以彰國法而快人心。

又 卷一三六 （道光八年五月壬子）御廓然大公殿，廷訊逆俘張格爾罪狀畢，諭內閣：逆裔張格爾，著即寸磔梟示。派協辦大學士尚書富俊、尚書明山、侍郎鍾昌、奕經，前往監視行刑。

清·昆岡等［光緒］《清會典事例》卷四一四《禮部三·軍禮四·受俘》 （乾隆）二十年，擒獲叛逆巴朗孟可特墨爾，並雍正年間叛逆之羅卜藏丹津，獻俘於太廟。

論 說

清·谷應泰《明史紀事本末》卷六三《平哱拜》 谷應泰曰：哱拜以嘉靖中亡抵朔方，屢立戰功。萬曆中，備位副將，其子承恩襲爵。乃拜雖請老，而多蓄蒼頭軍，聲言報國，蓋不無異志焉。方其矍鑠請纓，挾其子，從三千人而西也，毋亦觀諸鎮之虛實，結套部為腹心，潛伏陰謀，待時而動，豈真有廉頗之壯志，文淵之據鞍哉！乃以不給壯馬，侵克月糧，為黨馨罪。此特哱氏之權譎，藉為兵端者耳。以故劉東暘之變，則拜嗾之；哱雲、文秀之怨，則拜陰中之。揣拜之意，不過恃套為長城，緩則倚之為外援，急則引之為內助。夫是以立於有勝而無敗，敢於倡亂而輕於為叛逆也。若然，則善剿者不當剿拜而當剿套，不在挫套、拜之鋒銳而在隔套、拜之聲援。套絕，則拜者孤雛腐鼠，取之如寄者耳。想其初，拜、套聲言，聯為一家，即可驗其情狀，而東暘之恐喝，則曰：『與套馳潼關。』著力兔之入寇，則曰：『畀以花馬池。』克力蓋之求援，則能遠致莊克賴。如是即拜之恃套相倚為命者也。善乎葉夢熊為帥，而五路分兵，扼守寧夏，拜不得出城，套不敢渡河，而哱氏之計窮蹙極矣。迨至打正鶩奔，賀蘭遠遁，拜雖遊魂，可坐而縛也。尤有幸者，文秀見殺於東暘，東暘蒙誅於國柱，許朝隕命於承恩。始則虎狼之殘，物以類聚，繼而昆蟲之螫，還相為攻，倘所謂天道，是耶？非耶？比神宗受賀，承恩俘馘，雖師武諸臣協謀有力，而葉夢熊聲請討賊，自辦糗糧，梅國楨仗劍從軍，力保李氏，蕭如熏之妻楊氏，簪珥犒軍，羣婦固守，則尤卓犖者也。

又 卷六九《平奢安》 谷應泰曰：天啓中，奢崇明以猓玀種據重慶，安邦彥以水西酋反貴州，蓋苗俗叛服不常，乃其天性。而兩家者，又倚為唇齒，時通姻婭，所謂同功一體之人也。乃謀亂之初，則奢先而安繼；窮追之日，則奢敗而安亡。覆轍相尋，合若符契，小丑墜宗，於人何尤焉。以予觀奢崇明陰鷙有謀，其子寅招納亡命，一舉而全蜀震動，剽銳莫當，宜非邦彥所敢望也。然而邦彥之師，尚堪持久，而崇明之衆，旋即挫衄。又往往降於水西，投於安部者，則以安之地大而力盛也。奢酋竊發，止蜀道一隅。而安酋轉戰，西通巴、棘，南壓滇、黔，又合烏沾、安南諸部落，綿亙長驅，動搖數省，此之不戢，真江、楚之深憂也。以故恢蕩之功，亦以平安為首，平奢次之。平奢者，秦良玉之夜襲兩河，杜文煥之佛圖奪壘，盧元卿之紅崖積仗，其功不可泯也。平安者，王三善之奮斬十萬，秦衍祚、侯良柱之夜拔三寨，張雲鵬之八路進兵，許成名之三方深入，其功更不可泯也。乃崇明、邦彥同時陣殲，奢寅淫橫，內自相圖，既平五洞叛傜，又開清平四衛，新設亭障，增置遊徼者，凡一千六百餘里。雖漢之樓船十道，西通冉駹，其盛不能及也。然其時發蹤指示，出奇無窮，多出於督臣朱燮元之方略。論者以固守成都，蕩滅羣妖，招降安位，為燮元功不世出。而不知善後撫綏，分裂其地，使南人不復反者，皆燮元之長算也。善乎燮元之疏曰：『今分水西之壤，授諸渠長，及有功漢臣，咸俾世守。蓋地大者跋扈之資，而勢弱者保世之策也。』昔主父偃令宗室得分王子弟，而藩服益削，則知衆建土司而少其力者，其真馭遠之良規歟！

挫敗朝臣叛逆活動分部

綜　述

明

《明太祖實録》卷一二九　（洪武十三年春正月甲午）御史中丞塗節告左丞相胡惟庸與御史大夫陳寧等謀反及前毒殺誠意伯劉基事，命廷臣審録，上時自臨問之。初，自楊憲誅，惟庸總中書之政，以上信任之重也，專肆威福，生殺黜陟，有不奏而行者，內外諸司，封事入奏，惟庸先取視之，有病己者，輒匿不聞。私擢奏差胡懋為巡檢，營其家事。由是四方奔競之徒，趨其門下，及諸武臣諛佞者，多附之，遺金帛名馬玩好，不可勝數。魏國公徐達，深嫉其奸邪，嘗從容言於上。惟庸忌之，達有閽者福壽，惟庸陰誘致為己用，冀得其力，以圖達，為福壽所發。誠意伯劉基亦嘗為上言惟庸奸恣不可用，惟庸知之，由是怨恨基。及基病，詔惟庸視之，惟庸挾醫往以毒中之，基竟死。【略】惟庸乃告以己意，且令其在外收輯軍馬以俟，二人從之。又與陳寧坐省中閱天下軍馬，籍令都督毛驤取衛士劉遇寶及亡命魏文進等為心膂，曰：『吾有用爾也。』太僕寺丞李存義者，善長之弟，惟庸之壻父也，以親故，往來惟庸家。惟庸令存義陰説善長同起，善長驚悖曰：『爾言何為者？若爾九族皆滅。』存義懼而去，往告惟庸，惟庸知善長素貪，可以利動。後十餘日，又令存義以告善長，且言事若成，當以淮西地封公為王。善長雖有才能，然本文吏，計深巧，雖佯驚不許，然心頗以為然。又見以淮西之地王，己終不失富貴，且欲居中觀望，為子孫後計。乃歎息起曰：『吾老矣，由爾等所為。』存義還告，惟庸喜，因過善長，善長延入，惟庸西面坐，善長東面坐，屏左右款語良久，人不得聞，但遥見頷首而已，惟庸欣然就辭。出使指揮林賢下海招倭軍，約期來會。又遣元臣封績致書稱臣於元，請兵為外應，事皆未

發。會惟庸子乘馬馳驟于市，馬奔入挽輅中，傷死焉，惟庸即殺是挽輅者。上怒命償其死，惟庸請以金帛給其家，上不許。惟庸懼，乃與善長及塗節、陳寧等謀起事，便遣人陰告四方及武臣之從己者。上日朝，覺惟庸等舉措有異，怪之。塗節恐事覺，乃上變告。時商暠謫降為中書省吏，亦以惟庸陰事來告。上曰：『朕不負惟庸輩，何得至是？』命羣臣更訊惟庸，辭窮不能隱，遂吐實。【略】

（洪武十三年春正月戊戌）羣臣奏胡惟庸等罪狀，請誅之。於是賜惟庸、陳寧死。又言：塗節本為惟庸謀主，見事不成，始上變告，不誅無以戒人臣之奸宄者，乃並誅節。餘黨皆連坐。

又　卷二〇二　（洪武二十三年五月戊戌）監察御史劾奏太師韓國公李善長罪狀。先是，胡惟庸謀亂，密遣元臣封績使於元主。及惟庸誅，績懼不敢歸。後永昌侯藍玉敗元兵于捕魚兒海，獲績，善長匿不以奏。至是，有告之者，捕之下獄，訊得反狀及善長私書。刑官請逮問善長，詔勿問。於是，監察御史劾奏善長，始由小吏遭遇龍興，無介胄之勞，乏匡輔之德，皇上念其閭里舊人，艱難扈從，服勤左右，多歷年所，錫之公爵，位及人臣，禄及子孫，恩覃骨肉。而善長柔奸隱匿，屍位素飡，楊憲謀叛，置若罔聞，知胡陳不軌，又為謀主。皇上累加曲貸，恬不知恩。今按得封績往來沙漠私書，有善長手迹，大逆不道，罪狀甚明。天恩寬大，尚存矜恤，王法無私，罪在不赦。

又　卷二二五　（洪武二十六年二月乙酉）涼國公藍玉謀反伏誅。初，玉以開平王常遇春妻弟，屢從征伐有功。胡陳之反，玉嘗與其謀，上以開平之功，及親親之故，宥而不問。後諸老將多歿，乃擢為大將，總兵征伐，所向克捷，甚稱上意。然玉素不學，性復狠愎，見上待之厚，又自恃功伐，專恣暴横，畜莊奴假子數千人，出入乘勢漁獵。嘗占東昌民田，民訟之，御史按問，玉捶逐御史。及征北還，私其駝馬珍寶無算。夜度喜峰關，關吏以夜不即納，玉大怒，縱兵毁關而入。上聞之，不樂。會有發其私元主妃者，上切責之，玉漫不省。嘗見上命坐或侍宴飲，玉動止傲悖，無人臣禮。及總兵在外，擅升降將校，黥刺軍士，甚至違詔出師，恣作威福，以脅制其下。至是征西還，意覬升爵，命為太傅，玉怒攘袂大言曰：吾北回，當為太師，乃以我為太傅。及時奏事，上惡其無禮，不從，

玉退，語所親曰：上疑我矣，乃謀反。當是時，鶴慶侯張翼、普定侯陳桓、景川侯曹震、艫侯朱壽、東莞伯何榮、都督黃輅、吏部尚書詹徽、侍郎傅友文及諸武臣嘗為玉部將者，玉乃密遣親信召之，晨夜會私第謀，收集士卒及諸家奴，伏甲為變，約束已定。為錦衣衛指揮蔣瓛所告，命羣臣訊狀，具實，皆伏誅。

《明英宗實録》卷三一一　（天順四年春正月乙巳）文武羣臣言：石亨誹謗妖言，圖為不軌，具有實迹，論謀叛罪，當斬，其家當籍。上曰：然，其令內官同御史及錦衣衛官籍之。

又　卷三三〇　（天順五年秋七月）庚子，司設監太監曹吉祥及其侄昭武伯欽等反，命懷寧伯孫鏜等率官軍討之。欽敗，死，執吉祥下獄。**【略】**

（天順五年秋七月癸卯）曹吉祥伏誅。上出吉祥，命羣臣廷鞫之，具伏。詔磔於市，並磔欽、鐸、濬等屍以徇。

《明史》卷二《太祖紀二》　（洪武）十三年春正月戊戌，左丞相胡惟庸謀反，及其黨御史大夫陳寧、中丞塗節等伏誅。

又　卷三《太祖紀三》　（洪武二十六年二月乙酉）涼國公藍玉以謀反，並鶴慶侯張翼、普定侯陳桓、景川侯曹震、舳艫侯朱壽、東莞伯何榮、吏部尚書詹徽等皆坐誅。**【略】**

（洪武二十六年九月癸丑）赦胡惟庸、藍玉餘黨。

又　卷一二《英宗後紀》　（天順五年）秋七月庚子，總督京營太監曹吉祥及昭武伯曹欽反，左都御史寇深、恭順侯吳瑾被殺，懷寧伯孫鏜帥兵討平之。癸卯，磔吉祥於市，夷其族，其黨湯序等悉伏誅。

又　卷九四《刑法志二》　胡惟庸、藍玉兩獄，株連死者且四萬。

又　卷一三二《藍玉傳》　（洪武）二十六年二月，錦衣衛指揮蔣瓛告玉謀反，下吏鞫訊。獄辭云：『玉同景川侯曹震、鶴慶侯張翼、舳艫侯朱壽、東莞伯何榮及吏部尚書詹徽、戶部侍郎傅友文等謀為變，將伺帝出耤田舉事。』獄具，族誅之。列侯以下坐黨夷滅者不可勝數。手詔布告天下，條列爰書為《逆臣録》。至九月，乃下詔曰：『藍賊為亂，謀泄，族誅者萬五千人。自今胡黨、藍黨概赦不問。』胡謂丞相惟庸也。於是元功宿將相繼盡矣。

遏制突發事件分部

綜　述

元

《元史》卷一二《世祖紀九》　（至元十九年三月）益都千戶王著以阿合馬蠹國害民，與高和尚合謀殺之。壬午，誅王著、張易、高和尚于市，皆醢之，餘黨悉伏誅。

又　卷一六九《高觿傳》　（至元）十九年春，皇太子從帝北幸。時丞相阿合馬留守大都，專權貪恣，人厭苦之。益都千戶王著與高和尚等，因構變，謀殺之。**【略】**

三月十七日，觿宿衛宮中，西蕃僧二人至中書省，言今夕皇太子與國師來建佛事。省中疑之，俾嘗出入東宮者，雜識視之。觿等皆莫識也，乃作西蕃語詢二僧曰：『皇太子及國師今至何處？』二僧失色。又以漢語詰之，倉皇莫能對，遂執二僧屬吏。訊之皆不伏。觿恐有變，乃與尚書忙兀兒、張九思，集衛士及官兵，各執弓矢以備。頃之，樞密副使張易，亦領兵駐宮外。觿問：『果何為？』易曰：『夜後當自見。』觿固問，乃附耳語曰：『皇太子來誅阿合馬也。』夜二鼓，忽聞人馬聲，遙見燭籠儀仗，將至宮門。其一人前呼啓關，觿謂九思曰：『他時殿下還宮，必以完澤、賽羊二人先，請得見二人，然後啓關？』觿呼二人不應，即語之曰：『皇太子平日未嘗行此門，今何來此也。』賊計窮，趨南門。觿留張子政等守西門，亟走南門伺之。但聞傳呼省官姓名，燭影下遙見阿合馬及左丞郝禎已被殺。觿乃與九思大呼：『此賊也！』叱衛士急捕之，高和尚等皆潰去，惟王著就擒。黎明，中丞也先帖木兒與觿等馳驛往上都，以其事聞。帝以中外未安，當益嚴武備，遂勞使遣亟還。高和尚等尋皆伏誅。

又　《張九思傳》　（至元）十九年春，世祖巡幸上都，皇太子從，丞相阿合馬留守。妖僧高和尚、千戶王著等謀殺之，夜聚數百人為儀衛，稱太子，入健德門，直趨東宮，傳令啓關甚遽。九思適直宿宮中，命主者不得擅啓關，語在《高觿傳》。賊知不可紿，循垣趨南門外，擊殺丞相阿合馬、左丞郝禎。時變起倉卒，且昏夜，衆莫知所為，九思審其詐，叱宿衛並力擊賊，盡獲之。賊之入也，矯太子命，徵兵樞密副使張易，易不加審，遽以兵與之。易既坐誅，而刑官復論以知情，將傳首四方。九思啓太子曰：『張易應變不審，而授賊以兵，死復何辭！若坐以與謀，則過矣，請免傳首。』皇太子言于帝，遂從之。九思討賊時，右衛指揮使顔進在行，中流矢卒，怨家誣為賊黨，將籍其孥。九思力辯之，得不坐。

又　卷二〇五《奸臣傳》　（至元）十九年三月，世祖在上都，皇太子從。有益都千戶王著者，素志疾惡，因人心憤怨，密鑄大銅鎚，自誓願擊阿合馬首。會妖僧高和尚，以秘術行軍中，無驗而歸，詐稱死，殺其徒，以屍欺，逃去，人亦莫知。著乃與合謀，以戊寅日，詐稱皇太子還都作佛事，結八十餘人，夜入京城。旦遣二僧詣中書省，令市齋物，省中疑而訊之，不伏。及午，著又遣崔總管矯傳令旨，俾樞密副使張易發兵若干，以是夜會東宮前。易莫察其僞，即令指揮使顔義領兵俱往。著自馳見阿合馬，詭言太子將至，令省官悉候于宮前。阿合馬遣右司郎中脫歡察兒等數騎出關，北行十餘里，遇其衆，僞太子者責以無禮，盡殺之，奪其馬，南入健德門。夜二鼓，莫敢何問，至東宮前，其徒皆下馬，獨僞太子者立馬指揮，呼省官至前，責阿合馬數語，著即牽去，以所袖銅鎚碎其腦，立斃，繼呼左丞郝禎至，殺之。囚右丞張惠。樞密院、御史臺、留守司官皆遥望，莫測其故。尚書張九思自宮中大呼，以為詐，留守司達魯花赤博敦，遂持梃前，擊立馬者墜地，弓矢亂發，衆奔潰，多就禽。高和尚等逃去，著挺身請囚。【略】

壬午，誅王著、高和尚于市，皆醢之，並殺張易。著臨刑大呼曰：『王著為天下除害，今死矣，異日必有為我書其事者。』【略】

阿合馬死，世祖猶不深知其奸，令中書毋問其妻子。及詢孛羅，乃盡得其罪惡，始大怒曰：『王著殺之，誠是也。』乃命發墓剖棺，戮屍于通玄門外，縱犬啖其肉。

明

《明神宗實録》卷三三七　（萬曆二十七年七月丙辰）初，臨清之變，羣情洶洶，皆云馬堂殺人，斬首盤武示威。天津汪巡撫以聞，與山東撫按奏報稍異，鄉官工部郎中傅光宅疏參馬堂而語侵撫按，謂奏不實。山東按臣陳大謨不勝憤憤，疏駁傅光宅，而顧似為馬堂辯誣。堂遂據以奏，謂臣無殺人斬首之情。撫按皆知之訛傳者，差官楊國治也。於是，上命逮國治於理。科臣郭如星復上疏，右光宅而左大謨，上皆寘之，而敕撫按查為首倡亂者。至是撫臣劉易從以首惡王朝佐一人抵法，命即梟首本處，以儆衆心，亦不復問餘黨也。

又　卷三五八　（萬曆二十九年四月壬午）大學士沈一貫言：臣伏病在寓，知楚事更多，不敢不奏。武昌之亂，因陳奉既參馮應京去任，即大出告示，數其過惡，誇張得意。小民家家痛哭，追送應京，因而互相殺傷，以激此變。陳奉見勢危急，躲入楚府，不則奉為虀粉矣。小民恨巡撫曲護陳奉，隨車痛駡，放火燒其衙門。昨巡撫疏中但言失火，諱之也。今小民羣聚，圍繞實未嘗散，就使暫散，安知不復聚而相擊乎？不獨省城，即通省無不怨奉，故道途皆梗，消息不通，衆怒如有水火，不可犯也。蓋武昌之民，前年已曾遭亂，冀奉猶有改圖，今日甚一日，決然不與俱生。臣慮奉必遭毒手，奉不足惜，如國體何耳？今皇上必宜早發一諭，治奉之罪，另選老成忠慎者，往以安楚，不宜待百姓殺奉而後圖也。楚民素悍好勇亂，且陳友諒子孫甚繁，兼以苗夷雜處，易動難安，皇上宜萬萬加意。且今税使滿天下，而為天下所共指詈者，獨三四人而已。陳奉不能悦皇上之心，而反令皇上惹惱生憂，皇上亦何愛陳奉而不以安楚四千里地，活楚百萬生靈，以定反側之謀乎？出一旨意，易一税使，而亂民以定，國體以尊，且税亦未嘗少，其利甚大。臣在床蓐，千回萬轉，草此揭以請，伏祈皇上萬萬留意，幸甚幸甚。

又　卷三六一　（萬曆二十九年七月丁未）蘇杭等處提督織造兼理税務司禮監太監孫隆及巡撫應天右僉御史曹時聘俱以蘇州民變事上聞。隆疏言：亂民葛賢等，造言聚衆，焚掠劫殺，圍逼織造衙門，要脅罷税，其詞頗激。時聘疏言：『吴民生齒最煩，恆産絶少，家杼軸而戶纂組，機戶出資，織工出力，相依為命，久矣。往者税務初興，民咸罷市，孫隆在吳日久，習知民情，分別九則，設立五關，止榷行商，不徵坐賈，一時民心始定。然榷綱之設，密如秋荼，原奏參隨本地光棍以榷徵為奇貨，吳中之轉販日稀，織戶之機張日減，加以大水無麥，窮民之以織為生者，岌岌乎無人路矣。五月初旬，隆入蘇會議五關之税，額數不敷，暫借庫銀那解。參隨黃建節交通本地棍徒湯莘、徐成等十二家，乘委查税，擅自加增。又妄議每機一張，税銀三錢，人情洶洶，訛言四起。於是機戶皆杜門罷織，而織工皆自分餓死，一呼響應，斃黃建節于亂石之下，付湯莘等家於烈焰之中。而鄉宦丁元復家，亦與焉，不挾寸刃，不掠一物，預告鄰同里，防其沿燒毆殺竊取之人，拋棄買免之財。有司往諭，則伏地請罪曰：「若輩害民已甚，願等而甘心焉，不敢有他也。」及湯莘等被責枷示，一揮而散，葛賢挺身詣府自首，願即常刑，不以累衆，其憤激之情，亦可原矣。吳民輕心易動，好信訛言，浮食奇民，朝不謀夕，得業則生，失業則死。臣所睹記，染坊罷而染工散者，數千人，機戶罷而織工散者，又數千人，此皆自食其力之良民也。一旦驅之死亡者也，臣竊悼之。四郡額賦，歲不下數百萬，何有于六萬之税？不亟罷之，以安財賦之重地哉。』奉旨：『蘇州府機房織手，聚衆誓神，殺人毀屋，大干法紀本，當盡法究治。但赤身空手，不懷一絲，止破起釁之家，不及無辜一人，府縣官並税監出示曉諭，旋即解散，原因公憤，情有可矜。召禍奸民湯莘及為首鼓噪葛賢等八名，著撫按官嚴究正法。具奏。其餘脅從，俱免追究，以靖地方。』

《明史》卷一七《世宗紀一》 （嘉靖三年）八月癸巳，大同兵變，殺巡撫都御史張文錦。

又　卷二一《神宗紀二》 （萬曆二十七年夏四月）是月，臨清民變，焚税使馬堂署，殺其參隨三十四人。【略】

（萬曆二十九年三月）是月，武昌民變，殺税監陳奉參隨六人，焚巡撫公署。【略】

（萬曆二十九年）五月，蘇州民變，殺織造中官孫隆參隨數人。【略】

（萬曆二十七年）十二月丁丑，武昌、漢陽民變，擊傷税使陳奉。【略】

（萬曆三十四年春）三月己卯，雲南人殺税監楊榮，焚其屍。

又　卷九四《刑法紀二》 天啓時，魏忠賢用駕帖提周順昌諸人，竟激蘇州之變。

又　卷一九七《黃綰傳》 初，大同軍變，殺總兵官李瑾，據城拒守，總制侍郎劉源清、提督郤永議屠之。城中恟懼，外勾蒙古為助，塞上大震。巡撫潘仿急請止兵，源清怒，馳疏力詆仿。璁及廷議並右源清，綰獨言非策。及源清罷，侍郎張贊往代，未至，而郎中詹榮等已定亂。叛卒未盡獲，軍民瘡痍甚，代王請遣大臣綏輯之。疏下禮部，夏言以為宜許，而極詆前用兵之謬，語侵璁。璁怒，力持不欲遣。帝委曲諭解之，乃特以命綰，且令察軍情，勘功罪，得便宜行事。綰馳至大同，宗室軍民牒訴官軍暴掠者以百數，無告叛軍者。綰一無所問，以安其心。有為叛軍使蒙古歸者，綰執戮之，反側者復相煽。綰大集軍民，曉以禍福。罹害者陳牒，綰佯不問，而密以牒授給振官，按里核實，一日捕首惡數十人。卒尚欽殺一家三人，懼不免，夜鳴金倡亂，無應者，遂就擒。綰復圖形購首惡數人，軍民乃不復虞詿誤，遂令有司樹木柵，設保甲四隅，創社學教軍民子弟，城中大安。

又　卷二〇〇《蔡天祐傳》 嘉靖三年，大同兵亂，巡撫張文錦遇害。詔曲赦亂卒，改巡撫宣府都御史李鐸撫之。鐸以母憂不至，乃擢天祐右僉都御史，巡撫大同。天祐從數騎馳入城，諭軍士獻首惡，衆心稍定。會尚書金獻民、總兵官杭雄出師甘肅，道大同，亂卒疑見討，復鼓噪。天祐懼，急請再赦。兵部言元惡不除無以警後，請特遣大臣總督宣、大軍務，以制其變。乃命戶部侍郎胡贊偕都督魯綱統京軍三千人以往。贊等未發而進士李枝齎餉銀至。亂卒曰：『此承密詔盡殺大同人，為軍犒也。』夜中火起，圍枝館，出牒示之乃解。尋復殺知縣王文昌，圍代王府，脅王奏乞赦。王急攜二郡主走宣府。巡按御史王官言：『亂卒方囂，大兵壓境，是趣之叛也。請亟止禁軍，容臣密圖。』乃命贊駐兵宣府。頃之，天祐奏總兵官桂勇已捕五十四人，請止京軍勿遣。帝責以阻撓，令必獲首惡郭鑑等。既而贊次陽和，勇、天祐令千戶苗登擒斬鑑等十一人，函首送贊，請班師。甫二日，鑑父郭疤子復糾徐氈兒等夜殺勇家人，又毀苗登家。贊言非盡殲不可。帝乃切讓天祐，召勇還京，以故總兵朱振代之，赦贊仍駐宣府。居無何，天祐捕戮徐氈兒等，贊等遂班師。明年正月，侍郎李昆、孟春，總兵官馬永交章言疤子潛逃塞外，必為後患。帝將遣使勘，會贊還京言逃卒無足患，帝乃罷勘官勿遣。疤子復潛入城，焚振第。明旦，天祐閉城大索。獲疤子及其黨三十四人，悉斬以徇。盡宥脅從，人心乃大定。事聞，賚銀幣。已，進副都御史，巡撫如故。

清

《清聖祖實録》卷一三五　（康熙二十七年六月甲辰）荆州將軍噶爾漢、安徽巡撫楊素蘊等，各疏報：楚省裁兵，夏包子等，鼓譟搶劫，聚衆作亂。巡撫柯永昇，投井身故。賊等竊據武昌城。上命都統瓦岱為振武將軍，率兵往討之。【略】

（康熙二十七年六月辛亥）敕諭都統瓦岱曰：茲以湖廣督標裁兵鼓譟，特命爾瓦岱為振武將軍，馳驛前往江寧。爾到江寧，帶領江寧滿兵、京口漢軍兵丁、京口鎮標水師營兵、江南江西督標火器兵丁，戰船酌量帶領，水陸並進，星速前往湖廣，與荆州將軍巴渾德、江寧將軍博霽、副都統倭賀，商酌而行，務須平定亂兵，撫定黎庶，毋得遲延，致令滋蔓。仍宜剿撫並用，嚴加偵探，毋得疎虞。大兵一到，抗拒不順者戮之，有先被賊脅從，即時迎降者，俱免誅戮。有能擒殺賊渠投誠者，分別升賞。須嚴禁兵將，申明紀律，經過地方，毋得騷擾百姓。歸順良民，加意撫綏，以副朕定亂救民之意。其行間將領，功績及重罪，俱察實紀明匯奏。各官有犯小過者，當即處分。至於驍騎校以下，無論大小罪過，俱商酌徑行處治。務期速平鼓譟兵丁，安定地方。爾受茲重任，宜殫竭心力，早奏捷功。欽哉。

又　卷一三六　（康熙二十七年秋七月癸巳）徐治都又疏報：『七月十八日，武昌城內偽總兵胡耀乾，及偽文武官弁等，獻城投降。差人齎獻偽軍師妖僧大原首級，並大元帥偽印一顆，總督巡撫參將關防三顆。口稱逆首夏包子戰敗之後，帶領餘賊數百，逃回武昌，在城偽官弁等，閉門不納，夏賊復行逃竄，其妻子家口，俱已收繫城內。臣於十九日，帶領官兵，入武昌府，安撫軍民。又二十二日，振武將軍瓦岱移文內，稱我師至武昌縣，賊衆聞風逃遁。我師追剿至黄州府，偽總兵趙得等，於二十日獻城投降。有黄岡縣生員宜畏生等，擒獻賊首夏包子，磔斬軍前。武昌、黄州等府，俱已恢復。謹密疏奏聞。』得旨嘉獎，下部議敍。

《清仁宗實録》卷六八　（嘉慶五年五月庚戌）諭軍機大臣等：阮元等奏，艇匪竄入浙境，即馳赴台州，督飭防剿一摺。自應上緊搜捕，竭力堵禦，仍行逼回閩粵洋面，以便該二省迎頭截剿，斷不可令其登岸，致沿海居民，猝被滋擾。朕聞浙省海疆土盜甚多，艇匪鳳尾蔡牽等幫肆行勾結為害，押人勒贖。更有奸民通盜，寧波之姚家浦為最，地方官總因處分太重，故不嚴辦。阮元尤當嚴行查察，勿令潛行勾結，並嚴禁沿海匪民，接濟糧米淡水等物。李長庚向來在洋捕盜，素有威望，經賞戴花翎。此次追剿艇匪，應令温州、黄岩兩鎮，聽其關會，協同策應，以期號令專一，肅清洋面。

又　卷一六四　（嘉慶十一年秋七月庚午）諭軍機大臣等：倭什布奏，寧陝新兵滋事，馳往查辦一摺。新兵敢於放火戕官，叛逆顯然，惟當悉力剿捕，不必再為招撫之計。現在方維甸、楊遇春，業已帶兵往剿，復經特派德楞泰赴陝督辦，倭什布此時，著不必再行赴陝。惟應于甘省交界處所，悉力堵截。前已諭令勒保，飛飭豐紳田朝貴等，在七盤關一帶駐劄堵剿。所有甘省兩當徽縣一帶，既與陝西黑河雲霧山等處毗連，著倭什布即在彼嚴密截拏、設探，聞該犯等人數較多，即當調派甘省官兵，與陝省川省之兵，三面合擊，儻防堵不嚴，致被闌入兩當徽縣一帶，則惟倭什布是問。將此諭令知之。

又　卷一六八　（嘉慶十一年冬十月甲申）諭內閣：寧陝叛賊滋事一案，該叛賊曾經身隸營伍，敢於糾約匪徒，肆行不軌，攻城毁署，戕害官員，以致洋縣、城固、孝義、鄠縣、盩厔、郿縣等各處地方民人，均被其擄掠蹂躪，情罪重大，惡貫滿盈。前經特派德楞泰前往統兵剿辦，德楞泰自到陝以後，並未趕緊進剿，藉稱調兵未齊，在彼等候。該叛賊見無兵攔阻，任意奔竄，潛出峪口窺伺鎮安。現據賊供，因同夥內人心不齊，未即東竄。此實德楞泰遲延，予賊以暇，迨經朕屢次降旨飭催，始據奏報進兵。經楊芳、紥克塔爾、楊遇春，先後截剿，即已大挫凶鋒。賊匪倉皇奔竄，始相率乞降。昨據奏報到時，朕以賊匪既經窮蹙請命，人數衆多，自斷無概予駢誅之理。然其犯罪甚重，豈能不分別懲辦？因降旨德楞泰，令其於賊營造冊到時，除實係裹脅難民，先行釋放外，其餘從賊之犯，仍當按律定擬，分別監禁，具奏請旨，酌量核辦。

又　卷一六九　（嘉慶十一年十月乙未）諭內閣：阿林保、李長庚奏，舟師剿捕得勝，擊斃著名賊目等情一摺。據稱，蔡逆匪船，南竄至竿塘一帶游奕，經阿林保知會李長庚率師躡剿，追及盗船，揮令兵船攻剿，擊沈盗船一隻，匪犯全行落海。又有蔡逆之侄蔡添來坐船，經李長庚督兵圍住，攻打擊壞，擒獲匪犯六十七名，斬獲首級五顆，蔡添來被官兵礮傷，胸前穿透落海各等語。此次李長庚督領兵船，攻剿蔡逆幫匪，擊沈盗船一隻，並將蔡添來坐船擊壞，該匪受傷落海，計擒獲及落海者共有數百人。看來賊船日少，其勢日就窮蹙，李長庚督率舟師圍捕，不遺餘力，奮勇可嘉。俟拏獲蔡牽，再賞世職酬勳。至蔡添來一犯，係蔡逆胞侄，助逆肆惡，本為緊要賊目，今經官兵擊斃，翦其羽翼，蔡逆自必聞而喪膽。阿林保正當乘此機會，催令李長庚上緊圍捕，速擒巨憝，以靖海疆。

論　説

明・陳子龍等《明經世文編》卷一六五《林希元〈與黃久庵兵侍書〉》　是有見於大同之事不用征乎？抑不可征也。若謂不庸征，此則可説。若謂不可征，此則當辨之，請詳之。今夫士卒戕殺主帥，事在必討，其理不待智者而後知也。往殺巡撫許銘張文錦，姑息不治，積習而至今日則撫之不可善後，又彰彰明甚也。以此觀之，但見征之為是，撫之非是也。若謂不可征，不能征，不得已而行姑息之政，以圖目前之安，尤非也。【略】然則天下叛軍，有如大同者，皆不可攻耶？萬一叛卒狃于常勝，此後復殺撫帥如張文錦、李瑾，亦曰不可攻而不攻耶！殆未通之論也。

又　卷一八七《霍韜〈大同事宜疏〉》　臣竊謂大同叛卒，頑悍之日久矣。始殺張文錦，是謂以下犯上，律皆合斬。再殺李瑾，凡共謀者不分首從，亦合斬。彼乃死罪不忌，復聚衆搶劫人財，奸人妻女，抗拒官軍，勾引達虜，殺我平民，是謂謀叛，律亦皆斬。然而在列臣工，無一人敢執正律定議其罪者，何也？蓋由儒臣素不知兵，少遇變故，即倉皇失措，故皆苟且自安之計而已矣，非有能為久遠之慮者也。【略】叛卒殺主將，其來有漸。其始也只殺參將賈鑑，若巡撫張文錦能善處焉，豈至殺身。及殺張文錦，爾時即正首惡之罪，脅從者赦之，散遣之，各復原籍，俾各相安，不生疑畏，不相屯聚，則無今日之變矣。今殺李瑾，復拒官軍，復圖叛逆，罪亦著矣，雖聖明寛大之恩赦不問矣。

政治改革部

元英宗至治新政分部

綜　述

《元史》卷二七《英宗紀一》　（延祐七年三月）戊戌，汰上都留守司留守五員，定吏員秩止從七品如前制。庚子，降太常禮儀院、通政院、都護府、崇福司，並從二品；蒙古國子監、都水監、尚乘寺、光禄寺，並從三品；給事中、闌遺監、尚舍寺、司天監，並正四品；其官遞降一等有差，七品以下不降。【略】

（延祐七年四月）乙卯，復國子監、都水監，秩正三品。罷回回國子監、行通政院。【略】

（延祐七年四月己未）命平章政事王毅等征理在京諸倉庫糧帛虧額，申嚴和林酒禁。【略】

（延祐七年五月己丑）復置稱海、五條河屯田。【略】

（延祐七年五月辛卯）遣使榷廣東番貨，弛陝西酒禁。【略】

（延祐七年五月）丙申，太白犯畢。禁宗戚權貴避徭役及作奸犯科。【略】

壬寅，監察御史請罷僧、道、工、伶濫爵及建寺、豢獸之費。【略】

（延祐七年六月）戊午，罷徽政院。【略】

己未，定邊地盜孳畜罪犯者，令給各部力役，如不悛，斷罪如内地法。【略】

（延佑七年六月丁丑）罷章慶司、延福司、羣牧監、宮正司、遼陽萬戶府，復徽儀司為繕珍司，善政司為都總管府，内宰司、延慶司、甄用監復為正三品。【略】

（延佑七年七月）壬午，立普定路屯田，分烏撒、烏蒙屯田卒二千赴之。運和林糧於札昆倉，以便邊軍，市馬三萬、羊四萬給邊軍貧乏者。【略】

（延佑七年九月甲申）罷上都、嶺北、甘肅、河南諸郡酒禁。【略】

（延佑七年十一月庚辰）禁京城諸寺邸舍匿商税。【略】

（延佑七年十二月乙巳）開燕南、山東河泊之禁，聽民採取。【略】監察御史、廉訪司歲舉可任守令者二人。七品以上官，有偉畫長策可以濟世安民者，實封上之。士有隱居行義，明治體，不求聞達者，有司具狀以聞。【略】

（至治元年五月）乙未，命世家子弟成童者入國學。

又　卷二八《英宗紀二》　（至治二年正月辛巳）敕：『臺憲用人，勿拘資格。』【略】

（至治二年二月）庚子，置左、右欽察衛親軍都指揮使司，命拜住總之。【略】

（至治二年）三月己巳，中書省臣言：『國學廢弛，請令中書平章政事廉恂、參議中書事張養浩、都事孛術魯翀董之。外郡學校，仍命御史臺、翰林院、國子監同議興舉。』從之。【略】

庚辰，敕：『江浙僧寺田，除宋故有永業及世祖所賜者，餘悉税之。』【略】

（至治二年三月丙戌）復置市舶提舉司於泉州、慶元、廣東三路，禁子女、金銀、絲綿下番。【略】

（至治二年十一月）己亥，以立右丞相詔天下。【略】流民復業者，免差税三年。【略】站戶貧乏鬻賣妻子者，官贖還之。【略】凡差役造作，先科商賈末技富實之家，以優農力。【略】因敕羣臣亦當修飭，以謹天戒。罷世祖以後冗置官。【略】

（至治二年十一月甲辰）罷徽政院。【略】

（至治三年正月壬寅）以行中書省平章政事復兼總軍政，軍官有罪，重者以聞，輕者就決。【略】

罷上都、雲州、興和、宣德、蔚州、奉聖州及雞鳴山、房山、黄蘆、三義諸金銀冶，聽民采煉，以十分之三輸官。【略】

授前樞密院副使吳元珪、王約集賢大學士，翰林侍講學士韓從益昭文館大學士，並商議中書省事。拜住言：『前集賢侍講學士趙居信、直學士吳澄，皆有德老儒，請徵用之。』帝喜曰：『卿言適副朕心，更當搜訪山林隱逸之士。』遂以居信為翰林學士承旨，澄為學士。增置上都留守司判官二員，以漢人為之，專掌刑名。置仁宗中宮位提舉司二，秩正五品，隸承徽寺。【略】

（至治三年二月辛巳）格例成定，凡二千五百三十九條，内斷例七百一十七、條格千一百五十一、詔赦九十四、令類五百七十七，名曰《大元通制》，頒行天下。【略】

（至治三年四月）甲戌，命張珪及右司員外郎王士熙勉勵國子監學。【略】

己卯，詔行助役法，遣使考視税籍高下，出田若干畝，使應役之人更掌之，收其歲入以助役費，官不得與。【略】

（至治三年）五月辛卯，設大理路白鹽城榷税官，秩正七品；中慶路榷税官，秩從七品。【略】

（至治三年五月）乙巳，嶺北米貴，禁釀酒。【略】

（至治三年）秋七月辛卯朔，宣政使欽察台自傳旨署事，中書以體制非宜，請通行禁止，從之。

又　卷八一《選舉志一》　至治元年春三月，廷試進士達普化、宋本等六十有四人。

又　卷九九《兵志二》　至治元年，置蒙古、漢軍籍。

論　説

元·伯杭等《通制條格·序》　翀惟聖人之治天下，其為道也，動與天準，其為法也，粲如列星，使民畏罪遷善，而吏不敢舞智禦人。鞭笞斧鉞，禮樂教化，相為表裏。及其至也，民協於中，刑措不用，二帝三王之盛，盡於此矣。雖刑罰世輕世重，而士制百姓于刑之中，以教祇德，古之制也。聖朝因事制宜，因時立制，時有推遷，事有變易，謀國之臣，斟酌損益，以就中典，生民之福也。仁廟開本於先，皇上繼志於今，萬世慮也。雖然，明罰敕法，朝廷之道揆在焉，惟良折獄，哀敬折獄，有司之法守親焉。源則濬矣，流斯承之，可不慎歟！

《元史》卷一七五《張珪傳》 政出多門，古人所戒。今內外增置官署，員冗俸濫，白丁驟升出身，入流壅塞日甚，軍民俱蒙其害。夫為治之要，莫先于安民；安民之道，莫急於除濫費、汰冗員。世祖設官分職，俱有定制。至元三十年已後，改升創設，日積月增，雖嘗奉旨取勘減降，近侍各私其署，夤緣保祿，姑息中止。至英宗時，始銳然減罷崇祥、壽福院之屬十有三署，徽政院斷事官、江淮財賦之屬六十餘署，不幸遭罹大故，未竟其餘。比奉詔：凡事悉遵世祖成憲。若復循常取勘，調虛文，延歲月，必無實效，即與詔旨異矣。臣等議：宜敕中外軍民，署置官吏，有非世祖之制，及至元三十年已後改升創設員冗者，詔格至日，悉減並除罷之；近侍不得巧詞復奏，不該常調之人亦不得濫入常選。累朝斡耳朵所立長秋、承徽、長寧寺及邊鎮屯戍，別議處之。

清·邵遠平《元史類編》卷七《英宗皇帝》 冊曰：三載承乾，庶務銳始；大饗躬親，致哀盡禮；剛過鮮終，肘腋禍起；不察幾先，勵精徒爾。』

雜録

元·蘇天爵《滋溪文稿》卷二二《榮禄大夫樞密副使吳公行狀》 英宗勵精圖治，獨任東平忠獻王為右丞相，君臣相契，慷然欲復中統、至元之盛。優詔起公，及安陽韓公從益、大興王公約商議中書省事，於是絀姦邪、蠹弊政、舉材能、興禮樂，以稱天子責任之意，天下之民亦皆悚然思見其治矣。

元·劉孟保《南臺備要》 至治三年正月，欽奉聖旨：諭中書省以下，內外諸衙門官吏人等：中書省總理庶政，御史臺糾劾百司，猶股肱耳目，體用相助。近命拜住為中書右丞相，整治省事，已嘗詔示天下。今命御史大夫帖實振舉臺綱，同心協力，弼成治功，期於奸貪屏息，中外乂安。式副委任責成之意。【略】

至治三年五月十二日，欽奉聖旨：『中書省、樞密院、御史臺官人每根底，行中書省、行御史臺官人每根底，內外有的諸衙門官人每根底，衆百姓每根底，宣諭的聖旨。拜住題：「世祖皇帝立御史臺以為耳目，糾察奸邪來。」我也想著開言路有責任，官府本為安撫軍民，做好勾當，交天下生民得濟來。若體著咱每的意，行的好的薦揚，歹的合戒飾糾劾。有今後，御史大夫帖實為頭臺官每，監察御史，廉訪司官，似咱委付來的本意，一般用心體察著。行於國家大體例上頭，但凡有得濟便益的好勾當，頻題説者，有可采的言語呵交行，不可采的言語有呵饒也者。臺綱正要有氣力，好生行呵，官吏也不做賊説謊，即漸的行好勾當，交衆百姓每得安也者。』

元·高德基《僑吳集》卷一一《長洲縣達魯花赤元童君遺愛碑》 初，至治三年行津助賦役法，所謂津助者，田畝什抽一以助役。二十年間，田貿易、主屢遷，而役悉仍舊，殊為民病。君考之縣乘，驗其消長而均徵之。君資精明，善記憶，吏毋敢欺。於是，民讙趨事，甫及期而糧已告足。

明·陳邦瞻《元史紀事本末》卷二一《律令之定》 英宗至治二年十一月，御史李端言：世祖以來所定制度，宜著為令，使吏不得為奸，治獄者有所遵守。從之。三年二月，命完顏納丹曹伯啓等，纂集累朝格例而損益之，凡為條三千五百三十有九，名曰《大元通制》，頒行天下。其書之大綱有三：一曰詔制，二曰條格，三曰斷例。凡詔制為條九十有四，條格為條一千一百五十有一，斷例為條七百十有七。

元順帝至正改革分部

綜述

元・劉孟保《南臺備要・整治臺綱》 諭中書省樞密院，內外百司官吏人等：朕惟臺諫之官，執憲中朝，紀綱治道，古今所重。我世祖皇帝，肇立御史臺，總司耳目，糾察奸邪，垂法示訓，粲然有章。列聖繼統，罔不克紹，厥猶政肅民安，令行禁止，于茲有年。朕自即位以來，益崇斯任，屢嘗作新，播告中外，尚慮言路未通，民生未遂。【略】今後三臺監察御史、各道廉訪司官，除糾言不許隔越外，但有所知材堪風憲者，不限遠邇，悉聽舉揚。一，監察御史，體覆廉訪司官聲迹，以憑黜陟，不為不重。比者往往輕聽浮言，不加詢訪，以致毀譽失真，淑慝難辯。今後須要據實呈報，如蹈前非，並依舊制黜退。一，各處罪囚起數，每季申達廉訪司，已有定制。其監察御史廉訪司官，重加審理，本欲析寃決罪，不使人淹囹圄，死於非命，有傷和氣。比聞有司官吏，不體此意，惟恐按臨所至，預將囚徒非理致死，以圖自便，誠可哀憫。今後監察御史廉訪司官，審理去處，雖報無囚，必須遍歷，若有非理死損者，嚴加究治。一，各道廉訪司官，責任至重，務在宣明教化，勸課農桑，興舉學校，其于益國便民之事，分所當為，有能恪盡厥心，處事平允者，不次升擢。其或苛虐生事，釋其有罪，刑及無辜，仰監察御史糾言黜退。一，各道總司檢舉分司文卷，已有定制。近年以來，上下相容，視為文具。今後總司苟有似前容情廢法者，仰巡歷監察御史，體察糾言。一，各道廉訪司官，分巡時月，已有定例。近年以來，多不遵守，托故往返，巡歷不周，以致訟繁政弛，甚失委任之意。今後巡歷未遍，及出還不依期者，聽監察御史糾言黜退。一，比者臺察廉訪司官。往往妄稱事故。及托故不行赴任。若加論罪。有乖憲體。今後如有托故不行赴任，及妄稱事故離職者，風憲不許再用。一，監察御史分巡守省，體覆聲迹，若令照刷各處宣慰司元帥府文卷，地里窵遠，難於遍歷。今後宣慰司元帥府文卷，並依舊制，令拘該廉訪司照刷。一，臺察之設，糾繩奸慝，言路通塞，有關治道。曾經彈劾被問，經斷之人，無得摭拾元問元言官吏，違者究治。一，官吏貪婪，病民為甚，廉訪司職，當追問不得轉委有司，已有定制。比聞分司所至之處，遇有告言取受，往往憚於追問，巧為沮遏，吾民重困，寔在於斯。仰巡歷監察御史，悉心體訪，違者糾劾以聞。一，該載不盡事理，並依世祖皇帝立御史臺以來聖旨，條畫事意施行，體覆災傷。

《元史》卷四〇《順帝紀三》 （後至元六年七月）戊寅，命翰林學士承旨腆哈、奎章閣學士巎巎等刪修《大元通制》。【略】

（後至元六年）十二月，復科舉取士制。國子監積分生員，三年一次，依科舉例入會試，中者取一十八名。【略】

至正元年春正月己酉朔，改元，詔曰：【略】爰自去春，疇諮於衆，以知樞密院事馬劄兒台為太師、右丞相，以正百官，以親萬民。尋即控辭，養疾私第，再三諭旨，勉令就位，自春徂秋，其請益固。朕憫其勞日久，察其至誠，不忍煩之以政，俾解機務，仍為太師。而知樞密院事脫脫，早歲輔朕，克著忠貞，乃命為中書右丞相；宗正劄魯忽赤帖木兒不花，嘗歷政府，嘉績著聞，為中書左丞相，並録軍國重事。夫三公論道，以輔予德，二相總政，以弼予治，其以至元七年為至正元年，與天下更始。【略】

是月，命脫脫領經筵事。【略】

（至正元年二月）辛巳，立廣福庫，罷藏珍等庫。【略】

（至正元年）五月戊申，以崇文監屬翰林國史院。【略】

己未，罷河西務行用庫。【略】

（至正元年）六月戊午，禁高麗及諸處民以親子為宦者，因避賦役。【略】

（至正元年十一月）庚辰，分吏部、禮部、兵部、刑部為二庫，戶部、工部為二庫，各設管勾一員。【略】

（至正元年）十二月乙卯，詔：『民年八十以上，蒙古人賜繒帛二表裏，其餘州縣，旌以高年耆德之名，免其家雜役。』【略】

（至正二年）三月戊寅，親試進士七十八人，賜拜住、陳祖仁及第，

其餘出身有差。【略】

（至正二年）六月戊申，命江浙撥賜僧道田還官征糧，以備軍儲。【略】

（至正二年七月己亥）立司獄司於上都，比大都兵馬司。【略】

（至正二年八月）癸卯，罷上都事產提舉司。【略】

（至正二年十月）甲子，杭州、嘉興、紹興、溫州、台州等路各立檢校批驗鹽引所，權免兩浙額鹽十萬引，福建餘鹽三萬引。

又　卷四一《順帝紀四》　（至正三年正月）庚寅，沙汰怯薛丹名數。【略】

（至正三年三月）戊寅，詔：『作新風憲。在內之官有不法者，監察御史劾之；在外之官有不法者，行臺監察御史劾之。歲以八月終出巡，次年四月中還司。』【略】

（至正三年）六月壬子，命經筵官月進講者三。【略】

（至正三年）是歲，詔立常平倉，罷民間食鹽。【略】

（至正）四年春正月辛未，享於太廟。辛巳，詔：『定守令黜陟之法，六事備者升一等，四事備者減一資，三事備者平遷，六事俱不備者降一等。』【略】

（至正四年二月）辛丑，四川行省立惠民藥局。【略】

（至正四年）五月乙未，右丞相脫脫辭職，不許；甲辰，許之，以阿魯圖為中書右丞相。【略】

（至正四年九月）辛亥，以南臺治書侍御史秦從德為江浙行省參知政事，提調海運。癸丑，命御史大夫也先帖木兒、平章政事鐵木兒塔識知經筵事，右丞達識帖睦邇提調宣文閣、知經筵事。【略】

（至正四年）十一月丁亥朔，以各郡縣民饑，不許抑配食鹽。復令民入粟補官，以備賑濟。【略】

（至正五年）三月辛卯，帝親試進士七十有八人，賜普顏不花、張士堅進士及第，其餘賜出身有差。【略】

（至正五年）五月己丑，詔以軍士所掠雲南子女一千一百人放還鄉里，仍給其行糧，不願歸者聽。【略】

（至正五年七月丙午）詔作新風紀。【略】

（至正五年九月）是月，革罷奧魯。【略】

（至正五年十月）辛酉，命奉使宣撫巡行天下，詔曰：『朕自踐祚以來，至今十有餘年，托身億兆之上，端居九重之中，耳目所及，豈能周知？故雖夙夜憂勤，覬安黎庶，而和氣未臻，災眚時作，聲教未洽，風俗未淳，吏弊未祛，民瘼滋甚。豈承宣之寄，糾劾之司，奉行有所未至歟？若稽先朝成憲，遣官分道奉使宣撫，布朕德意，詢民疾苦，疏滌冤滯，蠲除煩苛。體察官吏賢否，明加黜陟，有罪者，四品以上停職申請，五品以下就便處決。民間一切興利除害之事，悉聽舉行。』命江西行省左丞忽都不丁、吏部尚書何執禮巡兩浙江東道，前雲南行省右丞散散、將作院使王士弘巡江西福建道，大都路達魯花赤拔實、江浙行省參知政事秦從德巡江南湖廣道，吏部尚書定僧、宣政僉院魏景道巡河南江北道，資政院使鑾子、兵部尚書李獻巡燕南山東道，兵部尚書不花、樞密院判官靳義巡河東陝西道，宣政院同知伯家奴、宣徽僉院王也速迭兒巡山北遼東道，荊湖北道宣慰使阿乞剌、兩淮運使杜德遠巡雲南省，上都留守阿牙赤、陝西行省左丞王紳巡甘肅永昌道，大都留守答爾麻失里、河南行省參知政事王守誠巡四川省，前西臺中丞定定、集賢侍講學士蘇天爵巡京畿道，平江路達魯花赤左答納失里、都水監賈惟貞巡海北海南廣東道。黃河泛溢。辛未，遼、金、宋三史成，右丞相阿魯圖進之，帝曰：『史既成書，前人善者，朕當取以為法，惡者取以為戒，然豈止激勸為君者，為臣者亦當知之。卿等其體朕心，以前代善惡為勉。』【略】

（至正五年）十一月甲午，《至正條格》成。【略】

（至正五年）十二月丁巳，詔定薦舉守令法。【略】

（至正六年四月癸丑）頒《至正條格》於天下。【略】

（至正六年十二月）己卯，改立山東東西道宣慰司都元帥府，開設屯田，駐軍馬。【略】

（至正七年正月丙寅）詔以怯薛丹支給浩繁，除累朝定額外，悉罷之。【略】

（至正七年）三月甲辰，中書省臣言：『世祖之朝，省、臺、院奏事，給事中專掌之，以授國史纂修。近年廢弛，恐萬世之後，一代成功無從稽考，乞復舊制。』從之。【略】

（至正七年三月）庚戌，試國子監，會食弟子員，選補路府及各衛學正。【略】

戊午，詔編《六條政類》。【略】

（至正七年三月壬申）命有司定弔賻諸王、公主、駙馬禮儀之數。【略】

（至正七年十二月）丙子，以連年水旱，民多失業，選臺閣名臣二十六人出為郡守縣令，仍許民間利害實封呈省。【略】

（至正七年）是歲，置中書議事平章四人。【略】

（至正八年二月）壬辰，太平言：『孛答、乃禿、忙兀三處屯田，世祖朝以行營舊站撥屬虎賁司，後為豪有力者所奪，遂失其利，今宜仍前撥還。』從之。【略】

（至正八年三月）癸卯，帝親試進士七十有八人，賜阿魯輝帖木兒、王宗哲進士及第，餘出身有差。【略】

壬戌，《六條政類》書成。【略】

（至正八年四月）乙亥，帝幸國子學，賜衍聖公銀印，升秩從二品。定弟子員出身及奔喪、省親等法。【略】

詔：『守令選立社長，專一勸課農桑。』詔：『京官三品以上，歲舉守令一人，守令到任三月，亦舉一人自代。其玉典赤、拱衛百戶，不得授縣達魯花赤，止授佐貳，久著廉能則用之。』【略】

（至正八年七月）辛丑，復立五道河屯田。

又　卷四二《順帝紀五》　（至正九年正月）癸卯，立山東河南等處行都水監，專治河患。【略】

（至正九年五月）庚戌，命翰林國史院等官薦舉守令。【略】

丙辰，定守令督攝之法，路督攝府，府督攝州，州督攝縣。【略】

（至正九年七月）壬辰，詔命太子愛猷識理達臘習學漢人文書，以李好文為諭德，歸暘為贊善，張仲為文學。李好文等上書辭，不許。【略】

（至正九年）九月甲子，凡建言中外利害者，詔委官選其可行之事以聞。【略】

（至正九年）漕運使賈魯建言便益二十餘事，從其八事：其一曰京畿和糴，二曰優恤漕司舊領漕戶，三曰接運委官，四曰通州總治豫定委官，五曰船戶困于壩夫、海糧壞於壩主戶，六曰疏濬運河，七曰臨清運糧萬戶府當隸漕司，八曰宜以宣忠船戶付本司節制。冀寧平遙等縣曹七七反，命刑部郎中八十、兵馬指揮沙不丁討平之。【略】

（至正十年九月）先是，歲祀以醫官行事，江西廉訪使文殊訥建言，禮有未備，乃敕工部具祭器，江浙行省造雅樂，太常定儀式，翰林撰樂章，至是用之。【略】

（至正十年十月）乙未，吏部尚書偰哲篤建言更鈔法，命中書省、御史臺、集賢、翰林兩院之臣集議之。【略】

（至正十年十一月）己巳，詔天下以中統交鈔一貫文權銅錢一千文，准至元寶鈔貳貫，仍鑄至正通寶錢並用，以實鈔法，至元寶鈔通行如故。【略】

（至正十二年正月）壬子，中書省臣言：『河南、陝西、腹裏諸路，供給繁重，調兵討賊，正當春首耕作之時，恐農民不能安于田畝，守令有失勸課，宜委通曉農事官員，分道巡視，督勒守令，親詣鄉都，省諭農民，依時播種，務要人盡其力，地盡其利。其有曾經盜賊、水患、供給之處，貧民不能自備牛、種者，所在有司給之。仍令總兵官，禁止屯駐軍馬，毋得踐踏，以致農事廢弛。』從之。【略】

（至正十二年三月）庚午，詔：『隨朝一品職事及省、臺、院、六部、翰林、集賢、司農、太常、宣政、宣徽、中政、資正、國子、秘書、崇文、都水諸正官，各舉循良材幹、智勇兼全、堪充守令者二人。知人多者，不限員數。各處試用守令，並授兼管義兵防禦諸軍奧魯勸農事，所在上司不許擅差。守令既已優升，其佐貳官員，比依入廣例，量升二等。任滿，驗守令全治者，與真授；不治者，全削二等，依本等敘；半治者，減一等敘。雜職人員，其有知勇之士，並依上例。凡除常選官於殘破郡縣及迫近賊境之處，升四等；稍近賊境，升二等。』【略】

（至正十二年閏三月）立淮南江北等處行中書省，治揚州，轄揚州、高郵、淮安、滁州、和州、廬州、安豐、安慶、蘄州、黃州。

又　卷四三《順帝紀六》　（至正十三年正月）庚辰，中書省臣言：『近立分司農司，宜於江浙、淮東等處召募能種水田及修築圍堰之人各一千名為農師，教民播種。宜降空名添設職事敕牒一十二道，遣使齎往其地，有能募農民一百名者授正九品，二百名者正八品，三百名者從七品，即書填流官職名給之，就令管領所募農夫，不出四月十五日，俱至田所，期年為滿，即放還家。其所募農夫，每名給鈔十錠。」從之。

論說

元・趙汸《東山存稿》卷五《書蘇奉使本末後》 自帝王巡狩省方之禮廢後，世人主尊居九重，懼憂民一念，無以自達下情，或不得而上通也。於是始遣使分行天下，以問疾苦，明黜陟為事，所謂揭日月於久昏，轟雷霆於重瞶，誠承平之曠典，聖哲之宏規矣。若乃委任隆重，戒勑諄嚴，由乎睿斷，則未有若皇上至正五年明詔之盛者焉。故輶軒未出國門，而四方萬里至於海隅，蒼生寒餓滯屈鰥寡孤獨皆翹然有惠鮮之望矣。

雜録

元・周伯琦《近光集・序》 今天子在位之八年，當至元庚辰之歲，斥大姦，進羣才，一新治化。

又 卷一 是年復科舉取士制，承中書檄，以八月十九日至上京，即國子監，為試院考試鄉貢進士紀事。上國興王地，神州避暑宮。規模三代廓，聲教萬方隆。至正儒科復，留司造士充。周南麟趾厚，冀北馬羣空。【略】

元・權衡《庚申外史》卷上 庚辰至元六年，【略】詔福行科舉。

辛巳至正元年。詔選儒臣歐陽玄、李好文、黃縉、許有壬等數人，五日一進講，讀五經、四書，寫大字，操琴彈古調。常幸宣王閣，用心前言往行，欽欽然有向慕之志焉。大興國子監，蒙古、回回、漢兒人三監生員，凡千餘。【略】

丙戌至正六年。詔遣使巡行天下，黜陟幽明，問民疾苦，求訪賢俊，分十道處之。然奉使者，類皆脂韋貪濁，多非其人。惟四川一道，得王士熙、武子春，稍振綱紀，餘皆鼓吹而已。【略】

命選天下郡守。凡其人之官，皆陛辭聽旨，諭之曰：『汝守令之職，如牧羊然。饑也，與之草；渴也，與之水。饑渴勞逸，無失其時，則羊蕃息矣。汝為我牧此民，無使之失所，而有饑渴之患，則為良牧守矣。』時上方有勵精圖治之意，凡選轉某人為某官，必問曰：『此人已前行過事迹，果然一一皆善否？為我悉陳之可也。』【略】

庚寅至正十年。【略】薛世南、武子春建言，謂至元鈔法，經久當變制，宜為『中統交鈔』。交叉臥置貫文，與銅錢子母相權並用。脫脫奏用其言，立寶泉提舉司，鑄『至正通寶』錢。

嘉靖新政分部

綜述

《明世宗實録》卷一 （正德十六年四月壬寅）皇兄之意，茲欲興道致治，必當革故鼎新，事皆率由乎舊章，亦以敬承夫先志，自惟涼德方在沖年，尚賴親賢共圖新治，其以明年為嘉靖元年，大赦天下，與民更始，所有合行事宜條列於後：一，自正德十六年四月二十二日昧爽以前，官吏軍民人等，有犯除謀反、逆叛、子孫謀殺祖父母父母、妻妾殺夫、奴婢殺家長。【略】至死罪者不赦外，其餘【略】咸赦除之。敢有以赦前事相告言者，以其罪罪之；一，弘治十八年五月十八日以後，正德十六年四月二十二日以前，在京在外內外大小官員人等，有因忠直諫諍及守正被害去任、降調、升改、充軍為民等項，及言事忤旨，自陳致仕養病等項，各該衙門備查明白，開具事情，奏請定奪。【略】一，正德十四年，文武官員人等，為因諫止巡遊跪門，責打降級改除為民充軍等項，該部具奏，起取復職，酌量升用。被打死者，情尤可憫，各遺贈諭祭，仍蔭其一子入監讀書。內有充軍故絕者，一體追贈諭祭，查訪親屬，量與優養；一，王府冊封，朝廷大體。今後該部務照舊制，一年一次舉行；一，各處王府應得禄米有缺少者，各處巡撫、都御史督率所屬查催完納；一，各處郡王將軍府子女有應請名、請封、選婚者，本府即與保勘奏請，承奉、長史等官，不許刁蹬。其有年已長成，未曾婚配，貧難無力者，所在官司量為助給；一，各處郡王、將軍、中尉，有因事革減禄米者，除毆殺人命、敗倫傷化外，其餘自詔書到日為始，俱照舊支給。儀賓有因成婚年遠，不曾赴京謝恩參奏者，悉皆宥免；一，自正德元年以來諸色人等，傳升、乞升大小官職，盡行裁革。【略】一，兩京五府見任掌印、僉書、管事公、侯、伯、都督及都指揮，六部等衙門，見任文職四品以上官，並各處巡撫官，俱聽自陳去留，取自上裁。武職內有傳旨管事者，革去管事，照舊帶俸。文職五品以下，兩京吏部照例會官考察；一，內府各衙門見任官員，有侍從年久，供事勤勞，願告優閑者，許各具本陳請，取旨定奪；一，給事中、御史，職當言路，今後凡朝廷政事得失，天下軍民利病，許直言無隱。文武官員有貪暴奸邪者，務要指陳實迹糾劾，在外從巡按御史糾劾；【略】一，武職官降級調衛者，除失機事、干邊情不宥外，其餘俱復職回衛。內原係錦衣衛者，調在京別衛。文職因公錯並公事詿誤降級者，復原職。內原係京官者，對品別用。【略】一，各處武職有因私役軍人不及五名，例前問擬降級者，守邊失誤被賊搶虜人民不及五名，情輕律重降級者，俱復還原職。【略】一，應歲派、歲辦、奏派，但係該納官錢糧物件拖欠未徵者，盡數蠲免，以蘇民困。【略】一，浙江等十三布政司並南、北直隸，嘉靖元年分內，除漕運糧斛四百萬石照舊徵兑起運，其餘夏秋税糧【略】等料，不分存留起運，以十分為率，俱免五分，以蘇民困；一，京通二倉、水次倉、皇城各門、京城九門各馬房倉場、各皇莊等處，但係正德年間額外多添，內臣司禮監照弘治初年例，查奏取回。【略】一，近年各處鎮守、協守、分守、守備等官，違例奏帶人衆，到於地方，科斂財物，奪占功次。所在不才官員因而乘機指一科十，貪利成風，以致百姓受害，深可痛心。詔書到日，例外奏帶人員，即便各回原衛原籍閑住當差，違者許撫按並按察司官察訪參奏拏問。【略】一，漕運官軍，儹運糧儲，經年累歲，不得休息，貧苦可憫。正德十四年以前，京通二倉若有掛欠糧米、席皮、板木、脚價，一切赦免。【略】一，漕運官軍借欠債負，利上生利，為害百端。自正德十五年以前，借者不拘多寡，俱不許還，以蘇漕運。【略】一，私自淨身人多在京潛住，希圖收用。著錦衣衛緝事衙門巡城御史嚴加訪拏究問。今後各處軍民，敢有私自淨身者，本身並下手之人處斬，全家發煙瘴地面充軍，兩鄰並歇家不舉首者，俱治以罪；【略】一，法司錦衣衛見監罪囚中間，或鍛煉成獄，或拘泥文案，多有枉抑。今後問刑，務要法當其情，不許深刻。所問犯人及在外問成解來人犯，申訴冤枉，或調別衙門或多官會審，務要從公推問實情，果有冤枉，即與辯理，不許拘執成案逼勒招認；【略】一，兩京各監局等衙門，近年額外增添器物，如龍船、戰車、神像、店房等項數多，管事人員，乘機作弊，將物料工作任情冒派，侵克害民。今後除舊額器物、房屋應修理成造者，俱照《會典》所載舊定數目，從實會計。除本衙門並各庫會有外，會無者，量為從省派辦，不許隱匿冒濫，改舊添新，並招買那借，貽害小民。違者治罪；一，內府禁密之地，不許蓋造離宮別殿。載在《祖訓》，萬世當遵。【略】一，河防水利，小民衣食之源，關係最重，各有專官管理。該管官員，務要躬親巡曆，嚴督所屬，修築圩岸，疏濬溝渠。但有權豪刁潑之家，修建池亭，設立碾磨，阻壞水利，坑陷錢糧者，並聽自首，拆毁改正，與免本罪。若有抗拒官府，執迷不首者，許鄰佑之人告舉究治。所在官司，容情故縱者，事發一體治罪；【略】一，正德元年以來，傳升、乞升法王佛子、國師、禪師等項，禮部盡行查革。各牢固枷釘，押發兩廣煙瘴地面衛分充軍，遇赦不宥。近日奏討葬祭，一切停革。其中有出入內府，住坐新寺，誘引蠱惑，罪惡顯著，見在京者，禮部通查明白，錦衣衛還拏送法司問擬罪名，奏請定奪；【略】一，今後照依舊例，給事中有缺，于進士內考選奏補。御史有缺，進士與行取人員相兼考選除授；一，朝廷政事得失，天下軍民利病，許諸人直言無隱；一，已上興革政令，詔書到日，有司即便奉行。如有延緩者，許巡按御史、按察司訪察究問，俱以違制論。嗚呼！君人之道在昭德以塞違，繼世之規惟更化而善治，特頒渙號，用慰輿情，弘施大賚之恩，永賜太平之福。四方臣庶，咸使聞知。

又 卷一四 （嘉靖元年五月）丁未，命上林苑監內臣照弘治間員額存留，其占種地土、草場，悉令改正。養牲種菓蔬人戶，除供應正役外，一切科擾通行查革，從戶部請也。永樂初設上林苑，監于京師取山西平陽澤潞之民充之，使蕃育樹藝，以供上用品物，時止設文官，職專進送，於民無擾。後增設內臣九員，至弘治間漸增一十八員，正德間添設總督、僉書、監工等名，至九十九員。於是科擾百出，擅將牲地草場徵派子粒，佔用伴當禦牢名目，逼索月錢，節年通計誅求至銀三十五萬餘兩，逼死人命數多。上登極詔汰革之，止存一十九員，民始稱便。未幾，又傳奉添設至六十二員，弊復滋甚。至是，戶部以舊額及節添員數並占種場地頃畝開奏，請如舊額厘革。上是之。

又　卷一五　（嘉靖元年六月戊寅）初，上登極詔書查革冒濫軍職，尋遣科道部屬錦衣衛官公同查審，應存應革，已奉旨遵守矣。至是，錦衣衛千戶劉瓚等各糾衆奏辯。兵部覆奏：『瓚等皆正德間違例奏帶之人，或一人而數處報功，或一時而數處並功，甚者足迹未出京城，軍功已報邊閫，一歲轉遷，不啻數級，一家通顯，何止數人。既經清查削革，仍欲夤緣覬復，宜治以罪。』上是部議，命弘治十八年以前升授職級如故，正德元年以後升授盡行查革。再有奏擾者，罪之。

又　卷四三　（嘉靖三年九月丙子）今彝倫攸敘，大禮告成，朕方欲同心，以和典禮之衷，敬事以建臣民之極。爾內外諸司百僚，務宜體朕之意。有官守者脩其職，有言責者盡其忠，凡舊章未復，斃政未除，人才未用，民生未安，邊備未飭，軍儲未充，一切有裨於政理，利於軍民者，其一一條具奏聞，朕將舉而行之。期於得萬國之歡心，致夫人之祐助，以成至治，以全大孝。則朕之志於是乎可慰矣。

又　卷六五　（嘉靖五年六月壬戌）吏部尚書廖紀等覆奏霍韜內外官升遷資格之議言：『韜以翰林吏部不遷外任，臣謂翰林設官之意，本與常調不同，在史局則國典攸存，在經筵則君德所係，或以備顧問，或以代王言。故累朝優異之典，視他官為重。所以崇奬儒臣，而責效亦自別也。』【略】上曰：『朕以人君，深居宮禁，不知外事，必賴左右大臣協力贊佐。若為大臣而不能實察民情，何益治道？翰林官有才堪布政、參政及提學副使者，量加升擢，正欲其實歷民事，以資聞見，以備他日重用。吏部及諸曹年深者，亦宜察其才識，內外兼用之，豈可循資輕授耶？我太祖初年，法制草創者固難，比擬以後定制，及列聖成憲不可不遵，但用人圖治，亦當因時制宜，豈能一一拘定常格？況予奪皆出朝廷，自今內外官出入遷轉，所司隨時斟酌以聞。』

又　卷七七　（嘉靖六年六月己巳）禮部右侍郎桂萼上言：『陛下以堯舜之資，勵精圖治，而故大學士楊廷和廣樹私黨，蒙蔽陛下者六年，幸次第斥逐，然遺奸猶在言路。昔憲宗初年，嘗詔科道官於拾遺之後互相糾察，言路遂清。臣請以時舉行如舊例。』事下吏部，侍郎孟春覆言：『憲宗初年，無此詔旨。而萼言在被論之後，情涉報復，無以厭衆心，昭公論。且考察已定，不當別議。』萼又言：『旨出憲宗，卷案具在，而春奉職無狀，欲媚言官，以圖倖免，公肆欺侮，並宜究治。』上覆命吏部覆查事例以聞，戒勿回護。於是吏部覆言：『成化中，廷臣會舉科道超升巡撫有劾奏所舉不勝任者。憲宗乃命互相糾劾，一時外補者七人，非考察拾遺事例，且憲綱所載，內外風憲官得相糾舉，未及六科，與萼所稱例不合。』上終以萼言為是，詰吏部黨護，令科道互相糾舉，考察遺漏者以聞。

又　卷八〇　（嘉靖六年九月戊戌）署都察院事兵部左侍郎兼學士張璁條陳慎科目三事：一，正文體。請令主司校文務取平實，《爾雅》有裨實用，仍于《周禮》、《儀禮》中出策一道，使之習於禮學，然後責以事君使民。一，《明實録》言鄉會試録，宜取生儒原卷，稍增損一二字，不必盡出己筆，分考校之功。一，慎考官。言各省鄉試宜如兩京例，擇翰林科部官為之主考，毋令權歸外簾，得預結生徒，暗通關節。上深善其言，令所司如儀舉行。各省鄉試主考，令禮部舉京官或進士每省二人馳往供事，監臨官不得參預內簾。兩京鄉試主考外五經房仍各加科部官一員。

又　卷八一　（嘉靖六年十月丁未）署都察院事侍郎張璁請申明憲綱，令巡按御史有所遵守：一言巡按御史及按察司官得互相糾舉，其清軍巡鹽刷卷御史同在地方者，一體覺察；一言巡歷所至，無得出郭迎接，方面官得與巡按御史均禮，左右對拜分坐，不許伺候作揖；一言御史當遍歷郡國，交代不得過期，違限怠事者，定行參究；一言御史不得訪察濫及無辜，斷獄皆自下而上，情重者乃自臨決；一言有司久任有殊績者得舉，五品以上貪污著者得劾，薦舉毋濫加於庸流，彈劾勿下及于丞尉；一言風憲之官貴厚，用法貴寬，不得輒用酷刑，有犯重辟者，必須親審無冤，以體聖明欽恤之意；一言按部所至，無多用導從，飲食供帳宜從儉約，凡設彩鋪氈無名供饋之屬，皆不許用，庶免小民供億之繁。疏奏。上深善其言，令巡按御史及按察司官遵行，有違犯者，必罪不貸。

又　卷八二　（嘉靖六年十一月甲午）大學士楊一清等言：【略】又蒙御批處分御用監地土，益見陛下是心，推而達諸仁民之政，此其一端也。臣等切見近畿八府土田，多為各監局及戚畹勢豪之家乞討，或作草場，或作皇莊，民既失其常產，非納之死地，則驅而為盜耳。既往無論，已願陛下自今以來，凡勢豪請乞，絕勿復許，小民控訴，亟賜審斷，庶使畿內之民有所恃以為命。夫王畿，四方之本，王畿安則四海安矣，惟留意焉。上曰：卿等所言，深合朕意。近者八府軍民徵糧地土多為奸人投獻，勢衆朦朧請乞，侵奪捶撻逼取地租，雖時有勘斷，終不明白，民失常產，何以為命？京畿如此，在外可知。今宜令戶部推侍郎及科道官有風裁者各一人領敕往勘，不問皇親勢要，凡係氾濫請乞及額外多占侵奪民業曾經奏訴者，查冊勘還。各項草場，亦有將軍民地土混占者，一體清理。外省令御史按行，諸王府及功臣家，惟祖宗欽賜有籍可據則已。凡近年請乞及多餘侵佔者，皆還軍民。各處勢要，亦有指軍民世業為拋荒及乘在官田土之閑廢而獵有之，皆宜處置。僧寺之業，佃租本輕，多為官豪違例典賣，倚勢兼併，田連阡陌，科取重租，甚者僧舍佛廬並為己有，亦宜改正。【略】

（嘉靖六年十二月）癸丑，吏部尚書桂萼言：古之聖王，井地授民，而取之有制。後世井田不行，但能因時力法，以均取民之制而已。臣謹條其一二以獻，惟聖明擇焉。一曰分豁災傷田租。夫天下田租，國用所從出也。而凶荒不常，於是乎有通融之術。臣聞祖宗漕運之法，必預儲百萬米于淮安，乃令督運之官會計江南諸省歲入之數，有災傷不足者，諸省自為通融補之，又不足，則繼以淮安餘米。此誠良法也，而今廢之久矣。臣請以各關鈔錢及南方諸省缺官銀兩盡發淮安，乘豊積米，以備四方災傷，則民困蘇而國用足，一舉而兩得也；一曰分豁里甲官錢。夫戶部正賦，隨丁田所出也。禮工諸部所派雜色物料，豈容獨異？臣聞之江南諸省，止論里甲科派，其有占役優免，則所以代役者，率小民也，以困憊逃亡。臣請今之天下郡縣，皆區畫官中無礙餘銀起解，而免其科派，如不得已，則如侍郎周忱立為定法，不分有無役占，一切隨田徵科，庶可免里甲代充之累。【略】上曰：覽卿之奏，皆恤民圖治之意。分豁災傷、里甲二事，戶部其斟酌可否以聞，務圖經久利便之規，無為苟且。

又　卷九七　（嘉靖八年正月丙寅）禮部尚書方獻夫等以災異陳言：『【略】又今郡縣守令，多不得人。蓋由進士額少，勢不得不用舉貢充入，途輕人玩，自難稱職。今宜倍取進士五六百名，百名以外悉置三甲，以次銓注。知縣仍令吏部略仿漢法，著為令。不由知縣者，不得推臺郎，不由郡守者，不得至侍郎，列卿庶可以休養齊甿而導和氣也。』上曰：『覽卿等言，具悉誠懇和德，朕當加勉。大臣彼此立異，實傷國體，自後務同寅協恭，共持國是，勿自生猜忌也。議禮諸臣，向已有旨，多取進士，朕知之矣。』次日，諭輔臣曰：『朕覽尚書方獻夫等奏陳弭災之宜數事內多取進士一節，朕欲與卿等別議行，故說：知道了。朕惟多取進士，以為所缺縣令之補，此為途亦狹耳。夫舉人監生，非自待之不遠，實因以概輕之故也。豈無過於進士之者，每為所輕而亦豈不枉人才乎？又如進士之保守身名，固有而恃，縱肆為惡者不無。如今以各處地方災重，令牧用人，則進士舉人監生並用，其果才能廉潔，為我愛民者一體擢用，獎勸上司。不許自為輕重之別，庶幾可多獲人才，亦民或多得安利之日也。』

又　卷九九　（嘉靖八年三月甲子）兵部覆御史毛鳳韶疏請復舊制革鎮守言：『內臣外差太冗，如浙江福建有鎮守，有提督市舶，浙江又有織造，遼東、宣府、大同、寧夏、甘肅有鎮守，又有監槍，俱二三人，當令一人攝之，其一可省。若河南、江西、山東鎮守，當悉裁革，薊州有分守，有守備十人，宣府分守三人，守備六人，大同分守二人，守備三人，三鎮東西相拒不二千里，而內臣已有二十五人矣。役軍擾民，為患不訾，宜酌議裁省。』上命如議。

又　卷一〇〇　（嘉靖八年四月）己巳，大學士楊一清等奉旨考選庶起士，以唐順之、陳束、任翰三人廷試策為上所批奬，即以為冠，而取胡經【略】等二十人疏具其名，因請命官教習。上曰：『起士之選，乃我太宗之制，其在當時，固為盡善。但邇年以來，每為大臣狥私選取，市恩立黨，自此始矣，于國何益？自今不必選留，唐順之等一體除用，果有才行卓異，問學優正者，吏部舉奏收之翰林，以備擢用。朕意如此，吏二部及翰林院會議以聞。』於是，吏部尚書方獻夫等議奏曰：『館閣為儲才之地，于進士中選俊異者培養其間，以備任使，祖宗之法，誠至善也。

邇來收選未公，乃奉行者之未善耳。今奉聖諭，不必選留，臣等無容別議。顧翰林員額，載之職掌者有數，近以收用起士及升遷太濫遂溢于常額，官無定員，是非可久之道也。乞於職掌外量增數員，著為成法，每科一甲三人，有缺即銓注，無缺則添注，餘皆從吏部遇缺推補。如諸司例，凡兩京及在外官員果有學行可任者，即推用之，其中有弗稱者，亦令外補。如此則事體畫一，經久可行。』疏詔如議。

又　卷一〇四　（嘉靖八年八月）戊辰，刑科給事中戴儒言：『頃奉明詔，令兩京大臣科道及在外撫按官詢訪賢才，各舉所知。旬月以來，竟無一人應詔者，豈直無一人可舉耶？但人情狃于故常，以為循資計俸，敘甲問年，乃邇來官人之法，或有所舉未必盡諧衆口，所舉雖賢未必能破格登用，甚則忌人者多有偪逼之嫌，自固者恐致朋比之謗，百慮橫生，相視莫敢先發耳。請申前旨，嚴立期限，【略】凡被五人以上同薦者，即時擢用，三四人同薦者，留備採訪，一二人同薦者，如常遷轉，廢格者，罰無貸。如是則各舉所知，而豪傑之才咸得舉用矣。』疏入。上曰：『舉用人才，屢有旨令。兩京大臣科道及在外撫按官詢訪論薦，何通不遵行？宜照前旨，用心諮訪，果有才識優異，堪以任重者，不拘資格，從公舉薦。吏部遇缺，酌量奏請簡用，不許避嫌推託。』

又　卷一〇五　（嘉靖八年九月癸丑）外戚之家，御之有法，則胤嗣綿延，待之過優，則門祚衰絕，上下千年，皆有明鑑。我皇上正宜行法於近，以示不濫之賞，通變於今，以求可久之術。不然，則傳世愈遠，勳爵愈多，祿糧愈冗，國何由供？伏望聖明嚴責錢氏，毋令瀆請，則恩封嚴重而人鮮覬覦之私矣。上深然其言，曰：外戚封爵，實非古道。我皇祖定制，公侯重爵，止許加之軍功，外戚之封，出自後世，非可為據。今爵秩日冗，祿糧日增，深可為慮。且使無功者坐享重職，非古帝王報功之典，朕甚不取。近諸臣有建議及此者，無非愛國之心，卿等其即會府部院寺科道等官從公議處以聞。

又　卷一〇九　（嘉靖九年正月戊申）巡撫保定右副都御史錢如京言：畿輔地重，守令宜慎其選，請悉銓以進士，無已則舉人，不宜濫授歲貢。吏部覆上其議。上曰：『畿輔親民之官，固當慎擇。然四方萬姓，皆祖宗赤子，授官分牧，不宜有異。前屢敕所司，隨才任用，不拘資格。但有治行宜民者，一體旌擢。蓋科貢乃國家取才正途，不可偏有所重。茲所議似特重進士而視歲貢大輕，令人何以自奮保民之道？奚由廣及？宜申明前旨行。』【略】

（嘉靖九年正月）乙卯，都察院右都御史汪鋐言：『近奉敕諭惓惓，以考察巡按為言，且責臣等堂上官不能振揚風紀，避讒遠怨。臣淬勵自勉，冀仰答聖意。竊以御史言官，朝廷耳目之寄。今欲考汰其不職，必真有顯然實迹，而後可。臣謹以憲綱及皇上敕諭，竊取其宏綱大旨，謹條為巡按約束十二事，凡御史歲終得代，則逐條核其奉行之狀而廢置之：一，宣德意。皇上勵精圖治，恩詔屢降，而惠不及民，則郡國吏承宣無狀，所致御史奉命專察一方，坐視有司慢令，而不能詰其罪，又烏可辭也？今後凡詔例所載事宜，責御史督郡國吏加意舉行，刻期日而考成焉，誅其虛文相抵冒者。一，勤巡歷。御史必遍歷郡邑，然後官吏之否臧，生民之休戚，可得而知，宜定為制。自今御史抵任一月以外，不許安駐會城，務出巡曆，每府十日以上，州縣五日以上，雖偏方下邑，必期周到。【略】一，精考察。御史廉核官吏務須廣詢密訪，或延問耆老，或博諏田夫，靡人不訪，無事不察，毋或於一偏，毋膠於一節，毋摎求細事而羅織深文，毋獨任己私而昧於公是。回道之日，務將詢訪根因詳注各官職名下，以憑參訂；一，慎舉劾。今後巡按薦舉，務遵弘治以前規制。每牘多不過四五人，少二三人，其糾劾亦不許濫及無辜，任情作惡，皆須明著實迹。【略】一，謹關防。御史事權既重，所至之地防閑最所當謹。凡衣卷箱篋，及監生書吏出入，俱督各地方官明白檢識；一，禁逢迎。近來御史駐泊會城，則兵備守巡逐日候謁，巡曆郡邑，則三司長吏絡繹問安。【略】莫此為甚。宜行巡按御史嚴革，違者聽臣等體訪考黜；一，親聽斷。今後御史奉本院牒行親提人卷勘問冤獄者，務須遵依提吊人卷，虛心秉公自行勘辯，不得轉委他官，及酷加拷掠，固執偏見。【略】一，稽儲蓄。積貯民命所關，郡邑先務，巡按御史所至，須稽其儲蓄有無多寡，以為賢否殿最，籍報吏部，以備黜陟；一，嚴督率。布按分司官例，該二月初出巡，五月終回司，七月初出巡，十一月終回司。御史宜嚴督各官，依期巡曆，如違即行參奏；一，戒奢侈。御史令行禁止，可以移易風俗。宜以身率物，躬行節儉，然後立為條教。凡飲食宴會，服飾車馬，婚姻喪祭等項，悉為品節限制，禁其侈靡；一，謹禮度。憲綱所載，御史與方面官往來相見禮節甚明，及運使運同知府知州有事不許跪白。近蒙皇上申飭前規，至為諄切，足以一洗數十年相傳陋習。自今御史有不遵定議，仍令兩司隅坐運使等官跪稟者，聽臣等訪實參治；一，慎請差。巡按地方，繁簡難易不同，當視人之才力。近觀御史惟以到任先後挨差，殊失聖明慎命之意。自今宜不拘歷任先後，唯選才力相應者二員，請旨簡用，庶巡按得人，地方受惠。』上曰：『御史巡歷地方，振揚風紀，關係甚重。舊章成法，具載憲綱，朕已屢諭舉行，而人心怠玩如故，覽疏深切時弊，俱准行。』

又　卷一一九　（嘉靖九年十一月己酉）詔天下曰：【略】天之立君，本以為民。今天下之廣，兆民之衆，為人君者，豈能人人而加之惠哉？惟在內外大小諸司得人任用而已。我祖宗朝雖定科舉、歲貢之法，猶有薦舉之例，並列三途。自夫科舉之法重，而尤以偏用進士為重，而歲貢之法遂輕，薦舉之路已盡塞矣。夫三途並用，則無偏重，而人材有餘，由是懷才抱德之士，斯德顯於世，非特求之文詞之徒而已。今舉人無九卿之望，歲貢禁方面之升，田野絶舉保之路，有一員缺，必求進士出身者，斯得推補以致人尚浮詞，不修實行，甚至修於家而壞于天子之庭，欲求為上為德、為下為民者，卒未易得也。今後著吏禮二部即便考求祖宗以來舊典，備細開具，奏請定奪。務要科舉、歲貢、薦舉三途並舉，但有真才實德者，不拘近年資格，一體不次擢用。庶忠義向風，浮薄改行，內外大小諸司，各得其人，以為惠民致治之本。

又　卷一二一　（嘉靖十年正月）庚寅，先以南郊禮成詔吏、禮二部：考求祖宗朝科舉、歲貢、薦舉三途並用事例，廣求人才，以備任使。於是吏部舉洪武十九年以後弘治十一年以前故事，請令天下有司訪求地方，有懷才抱德，經明行修，不干名利，素為鄉評所重，伏在巖穴者，舉諸撫按兩司官，核實送部，考驗奏請，量才擢用。狥私濫舉者罰。舉人、監生官才德出衆，屢形薦剡者，一體擢用京堂方面。得旨：用賢圖治，國家急務。我祖宗朝三途用，人取之至廣，俾才德者，各稱其位，故仁覆天下，澤被生民。後來專務科之學，偏重進士之選，以致人尚浮辭，不脩實行，蠹國害民者在在有之。今後務遵照累朝事例，三途並用，必求得人，以稱朕用賢澤民之意。所奏俱允行。

又　卷一二三　（嘉靖十年三月）己酉，御史傅漢臣言：『頃行一條編法，十甲丁糧總於一里，各里丁糧總於一州一縣，各州縣總於府，各府總于布政司，布政司通將一省丁糧均派。一省徭役內，量除優免之數，每糧一石，審銀若干，每丁審銀若干，斟酌繁簡，通融科派，造定冊籍，行令各府州縣，永為遵守，則徭役公平，而無不均之歎矣。廣平府知府高汝行等以為遵照三等九則舊規，照畝攤銀，而不論地之肥磽，論丁起科，而不論其產之有無，則偏累之弊，誠不能免。宜更查勘，取殷厚之產補砂薄之地，然後周悉。』奏入，俱下所司。

又　卷一二七　（嘉靖十年閏六月戊申）吏部考核國子監監丞等奏：『當留者十五員，當黜者五員。因言國初設國子監官，專取問學優常，德器老成者任之，使天下生徒有所觀法，以為成材之地。邇來進士外選者，輒求改監職，苟歷年資，遂得內補，以賢關為捷徑，非祖宗立法養士之意。且令進士之科皆若此輩，則民社之責屬之何人？自今宜著為例，有補外而求改監職者，非材力不及，則學術不正，不得擅改京職，以長奔競。』上然之，命如議，禁革著為例。

又　卷一三七　（嘉靖十一年四月）丙午，吏部以推官知縣等官管見等三十六員職名疏請，行取選補科道。且言近歲兼選辦事進士，今新科進士尚未開選。得旨：科道乃朝廷耳目，必端謹老成，斯能稽職。疏內開具人員，如擬行取，慎加考選，仍查節降三途用人詔旨，如有賢能彰著，實心愛民者，無論舉人、歲貢出身，一體取用。其進士宜復祖宗舊制，授職後習知民事，積有年勞，始如例行取選用。著為令。

明・俞汝楫《禮部志稿》卷七〇《學校備考・請禁沙汰生員》　嘉靖十一年十月內，禮部題該吏科都給事中李鳳來等稱：近來提學官遵奉新例，沙汰生員，奉行過刻，乞要弘文教憫遺才等因，抄呈到部。臣等竊惟教化者，治世之首務，而學校者，人才之所出也。求之必廣，而養之以豫，故上有隨材成就之仁，而下無甘於自棄之患。古之治朝，所以或增廣太學諸生，或增立學官弟子員，書之史，俱為一時之盛事。皇上聖德中興，銳精教化，而建議之臣，乃創為沙汰生員之例。其提學官承望風旨，奉行太過，將所該管府衛州縣學生員，或有未經考較輒據一時風聞訪察及點名不到等項名目，將在學生員不分年少可進及文行無玷之人，一概盡行降黜，毀譽失真，賢否莫辨。良才竟遺於寸朽，斬伐先逮于萌芽，堙塞化源，沮喪士氣，深為可惜。今據給事中李鳳來等所陳，實係振舉文教，愛惜人才至意。相應酌擬覆。奉欽依：通行天下撫按衙門，令各府、衛、州、縣，除經提學官歲考以文理不通黜退過生員照例罷斥外，其奏例沙汰之名，一時點名訪察，遽爾遞降黜退者，盡行收録，造成清冊一本，候新任提學官至日，通行起送查明，復學肄業，候歲考之時，與在學諸生一體嚴加考試。如果年力衰邁，文詞疵謬，方行黜退，其文學稍通，年資可進者，一體作養。

明・申時行等［萬曆］《明會典》卷二〇《戶口二・賦役》 嘉靖六年，令撫巡等官查考各州縣。有令見年里甲本等差役之外，輪流直日，分投供給米麵、柴薪、油燭、菜蔬等項。及遇親識往來、使客經過，任意攤派下程、陳設酒席、饋送土宜、添撥腳力者，拏問罷黜。若二司官縱容不舉，撫按官以罷軟開報。又令近京地方新添白地買地等項銀兩，巡按官通行查明，即便停革。【略】

（嘉靖）九年，令各該司府州縣審編徭役。先查歲額各項差役若干，該用銀若干，黃冊實在丁糧，除應免品官監生生員吏典貧難下戶外，其應役丁糧若干，以所用役銀酌量每人一丁，田幾畝，該出銀若干，儘數分派。如有侵欺餘剩聽差銀兩入己者，事發查照律例，從重問擬。【略】

（嘉靖）十五年題准：今後凡遇審編均徭，務要查照律例，申明禁約。如某州縣銀力二差原額，各該若干，實該費銀若干，從公查審，刊刻成冊，頒布各府州縣。候審編之時，就將實費之數，編作差銀，分為三等九則，隨其丁產，量差重輕，務使貧富適均，毋致偏累。違者糾察問罪。

明・佚名《皇明詔令》卷二〇《寬恤詔》 （畿內之地）除已賞莊田地土照舊，亦不必查勘，今後再不許聽信撥置，動將有主之田朦朧陳乞，以致小民窮苦不得安生。敢有違，聽該部該科參究處治。

《明史》卷三〇四《張忠傳》 世宗習見正德時宦侍之禍，即位後御近侍甚嚴，有罪撻之至死，或陳屍示戒。張佐、鮑忠、麥福、黃錦輩，雖由興邸舊人掌司禮監，督東廠，然皆謹飭不敢大肆。帝又盡撤天下鎮守內臣及典京營倉場者，終四十餘年不復設，故內臣之勢，惟嘉靖朝少殺云。

又 卷一九六《桂萼傳》 嘗陳時政，請預六年田租，更登極初宿弊，寬登聞鼓禁約，復塞上開中制，懲奸徒阻絶養濟院，聽窮民耕城垣硬地，停外吏赴部考滿，申聖敬，廣聖孝，凡數事。多議行。

論說

明・張璁《張文忠公集》奏疏卷六《論用人》 今巡撫官未見一體推舉振作，而反請重進士之選，臣竊恐其所示不廣，而與前敕旨相悖戾也。夫進士顧名圖進者多，而恃勢虐民者亦不少。若一切以科名為重，而監生之輩盡輕棄之，則彼皆不惜其身，無復奮發，誰為朝廷盡心撫寧百姓邪？伏乞聖明將此本垂覽。或令吏部再行議擬，庶取材之途不狹，而仁覆天下者廣矣。

明・韓邦奇《苑洛集》卷一《順天府鄉試録序》 仰惟皇上，中興起運，聖學緝熙，明德峻極，剗先朝之弊、祖宗之舊，而於人材一事，尤加意焉。【略】惟我皇上以非常之主，龍飛特起，而於文衡之司，今特用以非常之選者，此無他異，得夫非常之才耳。責望之深，付託之重，凡我諸執事其不自懼以求自副乎？此無他，其道惟公與明耳。公則取之有其本，而不才者不得以亂真，明則照之有其具，而不才者不能以亂真。明非臣等所敢知也，是惟孜孜於公，以求自盡而免折覆之咎焉。

明・李樂《見聞雜紀》卷一一 世宗皇帝繼統，年齡雖小，英斷夙成，待此輩不少假藉。又得張公孚敬以正佐之，盡革各省鎮守內臣，司禮監不得干預章奏。往瑾時，公卿大臣相見，無敢抗禮，甚有拜伏者。自張公當國，司禮以下各監局巨璫，見公竦息敬畏，不敢並行並坐，至以『張爺』呼之，不動聲色，而潛消其驕悍之心。蓋自漢唐宋元以來，宦官斂戢士氣，得申國體尊嚴，未有如今日者，誠千載一時哉！

雜録

明・焦竑《玉堂叢語》卷五《義概》 霍韜己丑主考會試，簾內外弊鏟革殆盡，文體為之一變。楊少師博、葛尚書守禮、程尚書文德、唐都憲順之、羅修撰洪先、楊編修名、楊御史爵並表表，皆公所録士也。公諄諭諸士，不可以門生座主結私恩而忘大義。超俗之見，時所僅聞。

明·鄧世龍《國朝典故》卷三五《世宗實録一》 國初，惟歲貢為特重。後乃開科取士，專重進士，而歲貢淪落，甘於廢棄。張璁為首輔，則以科、貢正途，宜一體取用，世廟深信而力行之，於是人知自奮。

清·褚人獲《堅瓠廣集》卷四《罷鎮》 明武宗朝，命宦者出鎮，各省刺史以下皆伏謁，得便宜敕奏府縣非法事，氣焰縱橫可畏。世宗即位，年才十六，時永嘉驟相，君臣相得，每上殿，輒賜繡墩命坐。一宦者過殿下，永嘉故改容起立，世宗注視良久。明日竟罷鎮，曰：『張先生猶畏此輩，況其他乎！』

張居正改革分部

綜　述

《明神宗實録》卷一九 （萬曆元年十一月）庚辰，大學士張居正等題：『天下之事，不難於立法，而難於法之必行，不難於聽言，而難於言之必效。近年以來，章奏繁多，各衙門題覆殆無虚日，然敷奏雖勤，而實效蓋鮮。上之督之者雖諄諄，而下之聽之者恒藐藐。請申明祖宗成憲，凡六部都察院遇各章奏或題奉明旨或覆奉欽依，轉行各衙門，俱先酌量道里遠近，事情緩急，立定程限，置立文簿存照。仍另造文冊二本，一送該科註銷，一送内閣查考。其各撫按官奉行事理，有稽遲延閣者，該部舉之；各部院註銷文冊有容隱欺蔽者，科臣舉之，六科繳本具奏有容隱欺蔽者，臣等舉之。如此，月有考，歲有稽，不惟使聲必中實，事可責成，即建言立法者，亦慮其終之罔效，不敢不慎其始矣。致治之要，無踰於此。』詔依行。

又 卷一〇六 （萬曆八年十一月丙子）戶部奉旨，令各省直清丈田糧，條為八款以請：『一，明清丈之例，謂額失者丈，全者免；一，議應委之官，以各右布政使總領之，分守兵備分領之，府州縣官則專管本境；一，復坐派之額，謂田有官、民、屯數等，糧有上中下數，則宜逐一查勘，使不得詭混；一，復本徵之糧，如民種屯地者，即納屯糧，軍種民地者，即納民糧；一，嚴欺隱之律，有自首歷年詭占及開墾未報者，兑罪，首報不實者，連坐，豪右隱占者，發遣重處；一，定清丈之期；一，行丈量磨算之法；一，處紙劄供應之費。』上依其議，令各撫按官悉心查核，著實舉行，毋得苟且了事，及滋勞擾。

又 卷二〇〇 （萬曆十六年閏六月乙未）山西行一條鞭法，將每歲額徵税糧、馬草酌定銀數，分限徵收，以省紛紛頭緒，致滋里書飛灑之奸，從撫臣沈子木之請也。

明·張居正《張太岳集》卷二五《答冏卿李漸庵論用人才》 天生一世之才，自足一世之用，顧銓衡者，每雜之以私意，持之以偏見，遂致品流混雜，措置違宜，乃委咎云『乏才』，誤矣！僕之淺薄，雖不足以與知人，然一念為國之公，實無所作。故自當事以來，諄諄以此意告于銓曹，無問是誰親故鄉黨，無計從來所作管過，但能辦國家事、有禮於君者，即舉而録之。用三驅以顯比，懸一鏡以虚照，故一時羣才，咸有帝臣之願。今部署已定，以後仍當綜核名實，一一而吹之。第恐人樂混同，必有以為刻核者。然非是無以考成績而亮天工也。

又 卷二六《答應天巡撫宋陽山論均糧足民》 自嘉靖以來，當國者政以賄成，吏朘民膏以媚權門。而繼秉國者，又務一切姑息之政，為逋負淵藪，以成兼併之私。私家日富，公室日貧，國匱民窮，病實在此。僕竊以為賄政之弊，易治也；姑息之弊，難治也。何也？政之賄，惟懲貪而已。至於姑息之政，倚法為私，割上肥己，即如公言。豪家田至七萬頃，糧至二萬，又不以時納。夫古者，大國公田三萬畝，而今且百倍于古大國之數，能幾萬頃而國不貧？故僕今約己敦素，杜絶賄門，痛懲貪墨，所以救賄政之弊也。查刷宿弊，清理逋欠，嚴治侵漁攬納之奸，所以砭姑息之政也。上損則下益，私門閉則公室强。故懲貪吏者，所以足民也；理逋負者，所以足國也。官民兩足，上下俱益，所以壯根本之圖，建安攘之策，倡節儉之風，興禮義之教，明天子垂拱而御之。假令仲尼為相，由、求佐之，恐亦無以逾此矣！

明·申時行等［萬曆］《明會典》卷一四八《驛傳四·驛遞事例》

萬曆三年議准、通行各省撫按、將合屬驛遞、編審站銀、嚴追盡完、及時給發。拖欠者、查參住俸降級。【略】

又題准、北直隸州縣協濟站銀、與京邊錢糧、一體徵解。每季終、各驛將未完錢糧州縣、開報順天府、將州縣官照例查參。其浙江江西蘇常等處、南馬銀兩、順天府每年將原派銀兩、造冊送部、諮行各撫按官、督令驛傳道徵解。每年終、巡按御史將完過數目呈院諮部。未完者照例查參。【略】

又議准、陝西西安、延安、平涼、慶陽、鳳翔、漢中六府驛遞民支改為官支。其編審支直等銀、應該一倍、倍半、二倍者、每歲照糧均派。俱要先期完解。如春季分應用者、於上年冬季終解到。夏季分應用者、於本年春季終解到。【略】

（萬曆）四年題准：各省府南馬水夫等銀，並所屬州縣協濟，每年共四萬餘兩，順天府每先一年將數目呈部。查取衛經歷並州縣首領等官，量其地里遠近，銀兩多寡，差委分投守催，刻期完解該府貯庫，以便給發支用。其積餘銀兩，專備各驛遞緩急，不得別項支銷

明·萬曆敕撰《問行條例·戶律》第一六條 凡宗室置買田產，恃强不納差糧者，有司查實，將管莊人等問罪。仍計算應納差糧多寡，抵扣祿米。若有司阿縱不舉者，聽撫、按官參奏重治。

又 第四七條 各處勢豪大戶，無故恃頑，不納本戶秋糧，五十擔以上，問罪。監追完日，發附近；二百石以上，發邊工，俱充軍。如三月之內，能完納者，照常發落。【略】

各處勢豪大戶，敢有不行運赴官倉，逼軍私兑者，比照不納秋糧事例，問擬充軍。如各府州縣掌印，不即按時催收田賦，縱容遲誤，一百石以上者，提問，住俸一年。二百石以上者，提問，降二級。三百石以上者，比照罷軟事例罷黜。

明·陳子龍等《明經世文編》卷三二八《張居正〈與張心齋〉》 西虜俺答之求貢，自嘉靖十六七年始矣。我畏之而不敢許，然當其時，廟堂失策，制禦乖方，雖許之，未如今日之款順也。【略】今東虜於我，非有平生懇款之素也，非有那吉納降之事也，非有執叛謝過之誠也。侵盜我內地，虔劉我人民，其迫脅無禮如此，堂堂天朝，何畏于彼而曲狥之乎？且西虜以求之懇而後得之，故每自挾以為重。今若輕許於東，則彼亦將忽而狎視之。九邊皆安，遼東獨戰，我力專而成功易矣。且一順一逆，提衡其間，即兵機也。他日且別有請，乞以厚要於我，啓釁渝盟，必自此始。是威褻於東，而惠竭於西也。故在今日宜且故難之，以深鈎其欲，而益堅西虜之心。異日者，東虜之敢大舉深入，以西虜為之助也。今東虜有求而不獲，則西虜以我之重之也，亦挾厚賞以自重，必不從東虜矣。虜不得西虜之助，則嫌隙愈構，大有縱横之術，而其勢愈孤，而吾以全力制之。縱彼侵盜，必不能為大患，是我一舉而樹德於西，耀威于東，計無便於此者矣。

《明史》卷七八《食貨志二》 隆、萬之世，增額既如故，又多無藝之征，逋糧愈多，規避亦益巧。已解而愆限或至十餘年，未徵而報收，一縣有至十萬者。逋欠之多，縣各數十萬。賴行一條鞭法，無他科擾，民力不大絀。一條鞭法者，總括一州縣之賦役，量地計丁，丁糧畢輸於官。一歲之役，官為僉募。力差，則計其工食之費，量為增減；銀差，則計其交納之費，加以增耗。凡額辦、派辦、京庫歲需與存留、供億諸費，以及土貢方物，悉並為一條，皆計畝徵銀，折辦於官，故謂之一條鞭。立法頗為簡便。嘉靖間，數行數止，至萬曆九年乃盡行之。

又 卷二一三《張居正傳》 居正為政，以尊主權、課吏職、信賞罰、一號令為主。雖萬里外，朝下而夕奉行。黔國公沐朝弼數犯法，當逮，朝議難之。居正擢用其子，馳使縛之，不敢動。既至，請貸其死，錮之南京。漕河通，居正以歲賦逾春，發水横溢，非決則涸，乃采漕臣議，督艘卒以孟冬月兑運，及歲初畢發，少罹水患。行之久，太倉粟充盈，可支十年。互市饒馬，乃減太僕種馬，而令民以價納，太僕金亦積四百餘萬。又為考成法以責吏治。初，部院覆奏行撫按勘者，嘗稽不報。居正令以大小緩急為限，誤者抵罪。自是，一切不敢飾非，政體為肅。【略】

居正用李成梁鎮遼，戚繼光鎮薊門。成梁力戰卻敵，功多至封伯，而繼光守備甚設。居正皆右之，邊境晏然。兩廣督撫殷正茂、淩雲翼等亦數破賊有功。浙江兵民再作亂，用張佳胤往撫即定，故世稱居正知人。然持法嚴。核驛遞，省冗官，清庠序，多所澄汰。

論説

《明神宗實録》卷一二五（萬曆十年六月丙午）居正沉深機警，多智數，為史官時，常潛求國家典故及政務之切時者剖衷之，遇人多所諮詢，及贊政，毅然有獨任之志，受顧命于主少國疑之際，遂去首輔，手攬大政，勸上力守祖宗法度。上亦悉心聽納，十年内海寓肅清，四夷讋服，太倉粟可支數年，冏寺積金錢至四百餘萬，成君德抑近幸，嚴考成綜名實，清郵傳核地畝，洵經濟之才也，使其開誠布公，容賢逮佞，持止足之戒，惇寬大之風，雖古賢相何以加焉。

明·謝肇淛《五雜俎》卷一五《事部三》　江陵行事雖過操切，然其實有快人意者。如沙汰生員，廢書院，裁減郡縣，去諸冗員是也。至於久任稍苦，諸守令禁勘合，則苦諸行旅，是以人多怨之。至其結馮保以收諸内豎之柄，北任戚繼光而虜不敢窺塞垣，南任譚綸而倭寇服，其才智明決，有過人者。昔張乖崖謂衆人千言不盡，寇准一言而盡，江陵有焉。而末節驕奢縱恣，以覆其宗，則亦不學無術之過矣。

清·賀長齡等《清經世文編》卷一四《林潞〈江陵救時之相論〉》　江陵官翰苑日，即已志在公輔，戶口阨塞，山川形勢，人民强弱，一一條列，一旦柄國，輔十齡天子，措意邊防，綢繆牖戶。故能奠安中夏，垂及十年，至江陵歿，蓋猶享其餘威，以固吾幸者，又十年也。

雜録

明·焦竑《玉堂叢語》卷二《政事》　漕河通，張居正謂歲賦往往迂緩，逾春而後發，即水横溢，非決則涸。乃采漕臣議，督艘卒以孟冬月兑運，及歲初而畢發，未少罹水患。其始，司農頗不便之，久而習以為常。太倉粟至支十年。

明·周暉《金陵瑣事》卷一《雅謔》　友人沈生予云，張江陵鈐束科道，兩衙門官不敢揚眉吐舌，略陳異已之説。士人因編一謔語云：科道缺官，文選郎中請于張江陵。張謂科道官最難得其人，即如孔門四科十哲，未必人人可用。文選云：『德行如顔回，何如？』張曰：『回也，於吾言無所不説，未可用也。』『文學如子夏，何如？』張曰：『子夏入聞聖道，而説出見，紛華美麗，而説未可用也。』『政事如冉求，何如？』張曰：『求也，非不説子之道，力不足也，未可用也。』政事如子路，但恐其好勇耳。張曰：『子見南子，子路不説。盡可用也，盡可用也。』文選唯唯而退。

清·孫承澤《春明夢餘録》卷四六《開膠萊新河》　隆慶五年，漕河大決，漕運為梗。憂國計者始起而議海運。【略】於是海運行。至萬曆元年，高新鄭拱去國，張江陵盡反其所行。戶科賈三近奏罷。

改土歸流分部

綜述

《明神宗實録》卷三九（萬曆三年六月）庚寅，先是雲南臨安地方土官普崇正勾引儂賊，殺占地方，拒敗官兵。撫臣鄒應龍議調兵剿殄，削平之後，改土為流。兵部議覆，以為崇正等猖亂弄兵，罪誠不赦，該鎮宜出奇擒剿，以絶禍根。至於改土為流，似亦善後長策，然祖宗時，平定寰區，力屈羣雄，豈不盡天下土宇而郡縣之，而不儘然者，良有深意。譬之蜂蟻，令之以類相從，亦王者不深治之意。改流之説，宜令新撫臣王凝議妥以聞。

又　卷五〇（萬曆四年五月乙未）廣西督撫按合言：養利州舊與左州均屬改土為流，隸太平左州，辟聚素出養利下，業建學，而養利顧無，不宜獨異。下禮部覆，如議。建學銓官，仍令提學加意土著，嚴禁附籍生員名額，不必取盈，俟人文漸開，酌議起貢。其雲南四川，凡改土為流州縣，及土官地方建學者，一以養利州為例。從之。

《清聖祖實録》卷四（順治十八年閏七月己卯）雲南貴州總督趙廷臣疏言：馬乃土司，應改設流官，俟三年後，風俗漸移，人心漸正，立之學宮，以廣文教。從之。

又　卷六　（康熙元年六月）甲子，雲南總督趙廷臣疏言：曹滴司改土為流，請令黎平府經歷管理。從之。

又　卷一一三　（康熙二十二年十二月戊申）吏部議覆：差往貴州料理土司事宜兵部侍郎庫勒納會同雲南貴州總督蔡毓榮疏言，平遠、大定、黔西三處，原係水西宣慰司安坤所屬，威寧一處，原係土知府安重聖所屬。自康熙四年，改為四府，設立流官，相安已久。糧差諸務，並未違誤，不便復設土官。應如所請。從之。

又　卷二二七　（康熙四十五年十二月）甲辰，兵部議覆：貴州巡撫陳詵疏言前撫臣王燕參劾清平縣凱里土司楊國興貪婪各款，業經督臣貝和諾，審明具題。茲土苗人民，俱願改土歸流，應如所請，將該土司糧賦，歸清平縣管理。從之。

又　卷二九二　（康熙六十年五月）乙亥，吏部議覆：廣東廣西總督楊琳疏言，廣西太平府思明土知州黄而芸，貪殘不法，已參革論絞。請改土歸流，其所轄地方，歸併太平府知府管理，該土州原設吏目一員，仍存留以司捕務。應如所請。從之。

《清世宗實録》卷五五　（雍正五年閏三月癸亥）吏部議覆：川陝總督岳鍾琪疏言，烏蒙土知府禄萬鍾，奉旨革職，提至川省質審。烏蒙沿途土民，俱各投順，惟白女底、禄未申二人，率所屬苗衆，截路拒敵，被官兵剿擊，旋亦投誠歸附。白女底、禄未申，應行提究。烏蒙人民，為土酋殘虐，應請改土歸流，以蘇邊氓積困。【略】

又議覆：川陝總督岳鍾琪疏言，鎮雄土知府隴慶侯，孱弱無知，不能約束土目，懇請改土歸流。適准雲貴督臣鄂爾泰諮稱，隴慶侯向與禄萬鍾勾通作惡，今復唆使逃匿，抗拒官兵，法所難寬等語。查鎮雄土府，界連黔蜀二省，應行令該督，將隴慶侯解赴雲南質審。其應否改設流官，歸併何省管轄，亦令會同雲貴總督鄂爾泰妥議再奏。得旨：隴慶侯著解送雲南審明，其鎮雄地方，改土為流，歸併雲南就近管轄。【略】

（雍正五年閏三月癸酉）今烏蒙、鎮雄兩土府，俱已平定。現在量留官兵彈壓，一面委員查勘界址，並戶口錢糧實數，以便改土歸流。其兩府設官安營事宜，及應歸何省管轄之處，聽陝西督臣岳鍾琪詳議請旨。得旨：禄萬鍾、隴慶侯等，已有旨，解雲南質審。鄂爾泰辦理甚屬可嘉，著議敘。其在事人員，著查明分別議敘賞賚。

又　卷六〇　（雍正五年八月丁未）刑部等衙門議覆：雲南巡撫楊名時疏言，鎮沅府土知府刁瀚，奸占民妻，強奪田地凶淫貪劣，應擬絞監候。鎮沅地方，已經改土為流，應將刁瀚家口遷住省城，無留土屬滋事。應如所請。得旨：疏内所稱將刁瀚家口遷住省城之處，朕思伊之家口，若仍留本省，管束太嚴，則伊等不得其所，若令疎放，恐又復生事犯法。刁瀚之家口，著遷往江寧省城，令該督酌量安頓，務令得所。凡有改土為流之土司，其遷移何處，及如何量給房產，俾得存養之處，著九卿酌量該土司所犯罪案，分別詳議具奏。

又　卷六二　（雍正五年冬十月甲申）九卿遵旨議覆：雲南、貴州、四川、廣西、湖廣五省改土為流之土司，有犯斬絞重罪者，其家口應遷於遠省安插，犯軍流罪者，土司並家口應遷於近省安插。飭令該地方文武官稽查，不許生事疎縱。從之。

又　卷六四　（雍正五年十二月己亥）諭兵部：向來雲貴川廣以及楚省各土司，僻在邊隅，肆為不法，擾害地方，剽掠行旅，且彼此互相仇殺，爭奪不休。而于所轄苗蠻，尤復任意殘害，草菅民命，罪惡多端，不可悉數。是以朕命各省督撫等，悉心籌畫，可否令其改土歸流，各遵王化。此朕念邊地窮民，皆吾赤子，欲令永除困苦，咸樂安全。並非以煙瘴荒陋之區，尚有土地人民之可利，因之開拓疆宇，增益版圖，而為此舉也。今幸承平日久，國家聲教遠敷，而任事大臣，又能宣布朕意，剿撫兼施。所在土司，俱已望風歸向，並未重煩兵力，而願為内屬者，數省皆然。自此土司，所屬之夷民，即我内地之編氓，土司所轄之頭目，即我内地之黎獻。民胞物與，一視同仁，所當加意撫綏安輯，使人人得所，共登衽席，而後可副朕懷也。

又　卷六六　（雍正六年二月戊戌）吏部等衙門議覆：雲貴總督鄂爾泰疏稱，烏蒙、鎮雄既經改土歸流，並歸滇省管轄。謹查烏蒙、鎮雄地方，接壤千有餘里，而烏蒙地勢尤廣，請仍設為府治，其扼要之地。一為天砥，去舊治七里，軒敞寬平，可建城垣。【略】一為天關，去府城窵遠，設通判一員駐紮。又米貼地方，去府治西北三百里，控馭險要，設知縣一員。【略】又魯甸鹽井渡地方，各設巡檢一員駐紮。至於鎮雄較烏蒙稍隘，請改為州治，稍移而南建立城垣，設知州一員。【略】其夷良地方，設州同一員駐紮。威信地方，設州判一員駐紮。毋享地方，設巡檢一員駐紮。俱歸烏蒙府管轄。至府州縣文武童生，請暫照小學例，各取進十名。均應如所請。從之。尋定烏蒙曰烏蒙府，附郭縣曰永善縣，鎮雄曰鎮雄州。【略】

（雍正六年二月壬寅）諭兵部：永順土司彭肇槐，恪慎小心，恭順素著，兼能撫輯土民，遵守法度，甚屬可嘉。據湖廣督撫等奏稱，彭肇槐情願改土為流，使土人同沾王化，朕本不欲從其所請。又據辰沅靖道王柔面奏，彭肇槐實願改土為流，情詞懇切。朕念該土司既具向化誠心，不忍拒卻，特沛殊恩，以示優眷。彭肇槐著授為參將，即於新設流官地方補用，並賜以拖沙喇哈番之職，世襲罔替。再賞銀一萬兩，聽其在江西祖籍地方，立產安插，俾其子孫永遠得所。

又　卷七二　（雍正六年八月乙酉）諭湖廣督撫等：桑植土司向國棟、保靖土司彭禦彬，暴虐不仁，動輒殺戮，且骨肉相殘，土民如在水火。朕聞之深加憫惻，既有被害男婦紛紛來歸，情願編入版籍，以免殘虐，若拒而不納，則結怨之土民，必至無遺類矣。朕撫有四海，內地苗疆，皆朕版圖，漢土民人，皆朕赤子，偶有一夫不獲，皆廑朕懷，況數千里土民，安忍置之度外。今俯順輿情，俱准改土為流，設官綏輯彈壓，其應行審理之舊案，著該督撫，一併審結。但帶兵入內官弁等，須仰體朕心，不得殺戮無辜。並曉諭平日奉法之土司，仍各安居樂業，不必疑懼，其土民向被桑植、保靖二土司殘虐者，著加意撫恤，去其苛政，務使出水火而登衽席，以副朕除暴安民之意。

又　卷七四　（雍正六年十月）辛卯，諭吏部：湖廣土司甚多，各司其地，供職輸將，與流官無異。其不守法度者，該督撫題參議處，改土為流，以安地方。若能循分奉法，撫綏其民，即與州縣之循良相同，朕深嘉悅，何必改土為流，使失其世業。前據湖南巡撫王國棟奏稱，下峒長官司向鼎晟懇請改土為流，甚為誠切，朕未准行。今又奏稱土民有控告該土司之案，正在查審。朕思從前該土司改土為流之請，大抵由於土民之慫恿，及土司所請，未曾准行。而土民復又列款控告，冀朕嚴治土司之罪，而盡改為流，其所控必非實情，著該撫留心詳察。凡屬土民必不敢控告土司，皆由漢奸唆使播弄，冀生事端，以便從中逞奸滋弊耳。若各處土司等，因他處已改為流，不得已而仿傚呈請者，朕皆不准。若被漢奸唆使控告，俾土司獲罪，而改土為流者，朕更不忍。該督撫等，當以朕內外一體之懷，通行曉諭，俾土司等守土奉法，共受國恩，不必改土為流，始為向化。至於土司實在不法，惡迹確著者，該督撫據實參劾治罪。

又　卷八一　（雍正七年五月庚申）四川提督黃廷桂奏報：黃螂土司國保呈請歸流，情詞懇切，應行具奏請旨。得旨：各處土司呈請改土為流者，朕俱不允，屢降諭旨甚明。今據黃廷桂摺奏，黃螂土司國保，屢次具呈，懇請題達。且稱祖遺土地，多被鄰封侵佔，兼以轄屬愚頑，難以管教，惟恐貽累子孫等語。朕念該土司國保，素知遵奉法紀，自會剿米貼，軍興以來，隨營效力，更為恭順，其所轄土民，亦無助逆惡迹。今屢次懇請改土為流，既于伊身及其子孫有益，朕不忍違其所請，著給與守備職銜，並賞銀五千兩，為立產安居之用。其願居何處，著該提督向伊詢明，悉心酌議，善為安插。俾其永遠得所，以副朕懷。

又　卷一一五　（雍正十年二月庚寅）吏部議覆：廣西巡撫金鉷疏言，歸順土知州岑佐祚，緣事革職，查無應襲之人，請改土為流。設知州一員，吏目一員，駐紮州城，舊設州同一員，移駐舊州地方，把總一員，移駐隴邦村。其頻峝屯隘上勾榮勞四邦各隘，酌設百隊土兵，以資防守。均應如所請。從之。

清・愛新覺羅・胤禛《世宗憲皇帝硃批諭旨》卷一二五之二《硃批鄂爾泰奏摺》　奏為剪除夷官，清查田土，以增租賦，以靖地方事，竊以苗猓逞兇，皆由土司土司肆虐，並無官法，恃有土官土目之名，行其相殺相刲之計。漢民被其摧殘，夷人受其荼毒，此邊疆大害，必當剪除者也。臣受恩深重，職任封疆，日夜籌思，若不盡改土歸流，將富强横暴者漸次擒拏，懦弱昏庸者漸次改置，縱使田賦兵刑盡心料理，大端終無頭緒。稍有瞻顧必不敢行，稍有懈怠必不能行，不敢與不能之心，必致負君父而累官民。故以臣愚昧，統計滇黔，必以此為第一要務。然改歸之法，計擒為上策，兵剿為下策，令自投獻為上策，勒令投獻為下策。【略】再查附近鎮沅之者樂甸地方，與元江新平景東接壤，四面皆漢土，一線緊逼哀牢，素為野賊出没門戶，其江形山勢，尤為險阻。且當按版各井，馱鹽要道，原係世襲土長官司管轄，該長官司刀聯斗昏庸乖戾，受漢奸把目主使，為害地方，民夷怨恨。若不一併改流，終難善後。臣就告發各件，即委楊國華同劉洪度止帶兵一百名，徑至者樂甸質審案擬，相機行事。而刀聯斗自知罪無可逃，隨即出迎投獻印信號紙，但求免死，情願歸流。據此情狀，猶有可原。除俟臣題參改土歸流外，仰懇聖恩，但收其田賦，稽其戶口，仍量予養贍，授以職銜冠帶終身，以示鼓勵。則强不如安於蕃、刀瀚，勢不如刀聯斗者，皆將遵法輸誠，不煩威力，而邊地糧餉，亦不無小補矣。至於黔省土司，與滇省異，一切凶頑，半出寨目，因地制宜，更須別有調度。臣已面與新提臣楊天縱詳細密商，並將各要件逐一開單，交付查訪，以便會辦，務期兩省邊方永遠謐。

清·魏源《聖武記》卷七《雍正西南夷改流記上》　有觀於西南夷者曰：曷謂苗？曷謂蠻？魏源曰：無君長不相統屬之謂苗，各長其部割據一方之謂蠻，若粤之僮、之黎，黔楚之猺，四川之僰、之生番，雲南之倮、之野人，皆無君長，不相統屬，其苗乎。若《漢書》南夷，君長以十數，夜郎最大。其西靡莫之屬，以十數，滇最大。自滇以北，君長以十數，邛都最大。在宋爲羈縻州，在元為宣慰、宣撫、招討、安撫長官等土司，其受地遠自周漢，近自唐宋，而元明賞功授地之土府、土州縣，亦錯出其間，其蠻乎？蠻强則羣苗亦供其指嗾。明代播州、藺州、水西、麓川皆勤大軍數十萬，殫天下力而後剷平之，故雲貴川廣恆視土司爲治亂。國初因明制，屬平西、定南諸藩鎮撫之，康熙三年，吳三桂督雲貴兵兩路討水西宣慰安坤之叛，平其地，設黔西、平遠、大定、威寧四府。【略】

三藩之亂重啗，土司兵爲助，及叛藩戡定，餘威震於殊俗，至雍正初而有改土歸流之議。初，明洪武中，未下滇，先平蜀，招服諸蠻。故烏蒙、烏撒、東川、芒部四軍民府舊屬雲南者，皆改隸四川。然諸土司皆去川遠，去滇黔近，烏蒙、東川近滇，烏撒、鎮雄、播州近黔。嘉靖中，雖改芒部爲鎮雄府，旋因隴氏之亂，仍革流歸土。【略】

雍正初，世宗憲皇帝勤求民瘼，鰥寡有辭于苗。四年春，以鄂爾泰巡撫雲南，兼總督事，奏言：雲貴大患，無如苗蠻。【略】俾臣得相機改流。【略】自元迨明，代爲邊害，論者謂江外宜土不宜流，江內宜流不宜土，此雲南宜治之邊夷也。【略】臣思前明流土之分，原因煙瘴新疆未習風土，故因地制宜，使之鄉導彈壓。今歷數百載，相沿以夷治夷，遂至以盜治盜。【略】世宗知鄂爾泰才，必能辦寇。即詔以東川、烏蒙、鎮雄三土府改隸雲南。六年，復鑄三省總督印，令鄂爾泰兼制廣西，於是自四年至九年，諸不法土司悉改流，而羣苗亦先後歸順其治。川邊諸土司也，初以烏蒙、鎮雄兩土府相狼狽，而東川六營土目附和之。四年夏，先革東川土目，即進圖烏蒙。時烏蒙土府禄萬鍾、鎮雄土府隴慶侯皆年少，兵權皆握于其叔禄鼎坤、隴聯星。鄂爾泰令總兵劉起元屯東川，招降禄鼎坤。惟禄萬鍾制於漢奸，約鎮雄兵三千，攻鼎坤於魯甸，鄂爾泰遣游擊哈元生敗之。又檄其相仇之阿底土兵，共擣烏蒙，連破關隘，賊遂走鎮雄。鄂爾泰復招降隴聯星，而禄鼎坤亦以兵三千攻鎮雄之脅。兩酋皆遁。四川於是兩土府旬日平，以烏蒙設府，鎮雄設州，又設鎮于烏蒙，控制三屬，時四年十二月也。【略】六年春，遣兵破禽法戛，又遣副將郭壽域以兵三百捕米貼賊，逃渡小金沙江，糾四川沙馬司及建昌、涼山各夷倮數千潛回，襲陷官兵。爾泰遣總兵張耀祖、參將哈元生三路搜討，詔四川建昌、永寧官兵聽爾泰節制。於是自小金沙江外，沙馬、雷波、吞都、黃螂諸土司地，直抵建昌，袤千餘里，皆置營汛，形聯勢控，並擒雷波土司楊明義；而哈元生回軍覆敗阿盧土司之衆數千，屯田東川，歲收二萬餘石，課礦歲萬金，資兵餉。事甫定，而八年秋，復有烏雄鎮之變。【略】賊遂陷鎮城，盡戕兵民，徧煽東川、鎮雄及四川涼山蠻數萬叛。鄂爾泰奏言：臣用人僨事，請別簡大臣總督三省，暫假臣提督，將兵討賊雪憤。上慰留之。爾泰調官兵萬餘，土兵半之，三路進攻。【略】鄂爾泰先檄川兵扼涼山及金沙江走路，時禄萬福兄弟族黨盡匿東川巧家營，張耀祖遣兵三千惟責令縛獻，不應。爾泰檄徐有貞一戰悉禽之，禄鼎坤亦自河南逮至，訊實伏誅。【略】

其治滇邊諸夷也，先刻霑益土州安於蕃、鎮沅土府刁澣及赭樂長官土司、威遠州廣南府各土目改流，以威遠廳同知劉洪度權知鎮沅府。而刁氏之族舍土目不肯獻所占民田，煽糾威遠黑倮於五年正月夜圍府署，縛劉洪度於柱而戕之，旋爲官兵所殄。其逸誅者，於次年春夏多暴病，見洪度奮擊而死，詔祠之。於是，盡徙已革土司、土目他省安置，並搜剿黨逆之威遠、新平諸猓，冒瘴突入，禽斬千計，而我將士亦患瘴死二百餘。又進剿瀾滄江內孟養茶山土夷，即明王驥兵十二萬，大舉再征。諸蠻驚，謂自古漢兵所未至者也。其時，不先截江外走路，繼不設官戍守，僅立石界江，是以兵至則遁緬甸，兵退則還巢穴。鄂爾泰於六年五月先檄車里土兵，截諸江外官兵，各持斧鍬，開路焚柵，湮溝以盾禦弩，以滾龍收竹籤，連破險隘，直抵孟養。【略】惟江外歸車里土司，江內民夷數萬改流。【略】

其治黔邊諸夷也，終于古州，而始於廣順州之長寨。【略】七年遣侍讀春山、牧可登至軍察之，並頒犒師銀十萬兩。鄂爾泰約廣西巡撫金珙赴貴陽會籌邊事，乃議黎平府設古州鎮，而都匀府之八寨、丹江鎮，遠府之清水江，設協營，增兵數千，爲古州外衛。後復改清江協為鎮，與古州分轄。【略】

其治粵夷也，先改土司，次治土目。【略】六年八月首討思陵州之八達寨。【略】八年，復檄討思明土府所屬之鄧橫寨，三路進攻，一鼓而克。【略】於是，遠近土目爭繳軍器二萬餘，巡邊所至，迎扈千里，三省邊防皆定。【略】

其湖廣苗接黔者，於五年張廣泗會湖南副將劉策名，有謬沖花苗之剿。七年，銅仁知府姚謙率苗目田金保有徧招楚界諸苗之役。惟四川重慶府屬之酉陽土司冉元齡與湖廣容美土司田旻如，均以不法，爲邊民所愬，籲請改流。【略】爾泰奏請二土司暫改隸黔，乘威招諭，可不煩兵而服。【略】至是，酉陽繼之，西南民夷稍息肩焉。又于雲貴交界之平越及安順別開二路，凡十六驛，省舊驛者五，濬椏州至桂林之河，一水直達。

論說

明·陳子龍等《明經世文編》卷一三一《王守仁〈赴任謝恩遂陳膚見疏〉》 臣又聞諸兩省士民之言，皆謂改土設流之弊已稔，知之矣。流官之設，亦徒有虛名，而反受實禍。詰其所以，皆云思恩未設流官之前，土人歲出土兵三千，以聽官府之調遣，既設流官之後，官府歲發民兵數千，以防土人之反復。即此一事，利害可知。且思恩自設流官以來，十八九年之間，反者五六起。前後征剿曾無休息，不知調集軍兵若干，費用糧餉若干，殺傷良民若干？朝廷曾不能得其分寸之益，而反為之憂勞徵發，啖良民之膏血，而塗諸無用之地。此流官之無益，亦斷然可曙矣。但論者皆以為既設流官，而復去之，則有更改之嫌，恐啓人言而招物議。是以寧使一方之民，久罹塗炭而不敢明為朝廷一言，寧負朝廷而不敢犯衆議，甚哉人臣之不忠也！苟利於國而庇於民，死且為之矣，而何人言物議之足計乎？臣始至地方，雖未能周知備歷，然形勢大畧，亦可槩見。田州切鄰交趾，其地若此，雖設官，久之亦必不守耳。其間深山絶谷，皆瑤僮之所盤據，動以千百，必須仍存土官，則可藉其兵力，以為中土遮罩。若盡殺其人，改土為流，則邊鄙之患，我自當之，自撤藩籬，非便安之計，後必有悔。

又 卷一四九《王廷相〈與胡靜庵論芒部改流革土書〉》 我太祖平定川蜀之後，不盡以為郡縣，即官其酋長，以主族類。是蓋聖人知內之為重，而不輕於事外，羈縻駕馭，經久遠略，無過於此。今之議者，必曰改置流官，不幾于與聖祖之見有乖乎？使土官不為我所統屬，而設流即為我之臣子，如此折論事體，明啚如唐之維州，宋之靈州，我棄之，彼即有之。設流改土有益於國宜也，今芒部百餘年來，為我輸租稅矣，為我應站驛矣，為我來朝貢矣，不流固為我之服屬，流亦為我之服屬，當事者何苦於擾擾設流，以啓兵端而困我之地方，疲我之人民耶？聖人廓然太公，物來順應之見，恐不如此。其不可者二也，夫設流官，必建城池，有城池必須軍守，有軍守必須糧食，此事勢必然而不可易者也。以芒部言之，自納溪南入七百餘里方至其境，中間永寧、赤水、畢節等衛，皆隸貴州，必須乞運重慶敍瀘腹裏之糧，而後克濟。以七百里之程，轉輸糧斛，以充軍餉，不惟勞擾百姓，而軍士亦恒有饑色矣。既非拓土開疆之功，實為勞民費財之舉，棄著緊之倉儲，而區區從事于無益于國之夷，智者深慮遠計，應不如此。所謂務虛名而實受患者，此也。

又 卷四一九《郭子章〈播平善後事宜疏〉》 一議五司改流。夫五司之毒于楊應龍也久矣，夷其丘隴，妻其婦女，奪其官職，焚其室廬，殺其父子兄弟，其形之奏牘，止為報讎，欲改土為流，非一日矣。朝廷合三省之力，費數百萬金錢，豈獨為五司復讎計哉？亦欲計安地方，為百年長慮耳。若復立五司，於蜀無損，於黔大不便。黔中一線之路，四顧皆苗，即五司之地也。頃屬於播淪於異域，下衛走馬抗頑不上，驛遞之困，實由於此。今乘此時郡縣之，則廓清線路，通為孔道郡縣歲入，不累驛馬，用夏變夷，千載一時。若復立其後，則黔封疆之狹猶故，黔驛遞之罷猶故，是何愛黔，不如愛五司也。夫五司與應龍一類也，昔也應龍强而五司弱，則五司以窮歸我，應龍以索五司之故，東寇西擾，業已貽害邊民。播滅而五司强，此自然之勢，故當先事為處置之計。今也應龍滅而五司復强，夷狄之性，決不安靜，復有如應龍者出，弱肉强食，又將擾我邊民。何也？虎狼不可以為鄰，蛇蝮不可與共床也。【略】查得鎮遠龍安新貴改流，其土官俱改文銜，既不失朝廷興滅繼絶之意，又不釀異日以强淩弱之禍。原任宣慰同知，當改為府土同知，原任安撫，當改為州土同知，原任正長官，當改為土縣丞，副長官當改為土主簿。一切俸薪儀節，在府以鎮遠龍安為例，在縣以新貴為例。若土官從逆者如楊正邊之類，正當絶其爵土，而以傍枝入繼者，又當改為土巡檢。庶幾夷漢相安，邊圉允乂矣，伏乞聖裁。

清·魏源《聖武記》卷七《雍正西南夷改流記下》 臣源曰：五帝不沿禮，三王不襲樂。今日腹地土司之不可置，亦如封建之不可行。鄂爾泰受世宗曠世之知，功在西南，至今百年享其利。其祀於大烝也，宜哉！始事難者終必易，于孟養長寨見之，始事易者終必難，於烏蒙古州見之，其中有人事，亦有天數焉。初雍正五年，四川副將張瑛言：歸流之民，不當復轄於土目，席其椎髻裹氈之舊，巫蠱械鬭之常，宜令薙髮易服，盡戲兵器，分設里長甲首，而遷土目於內地。命鄂爾泰議之。鄂爾泰言：冠髮必其願遵，若强之改薙，將悍苗反與齊民無別，繳械亦惟生苗頗難，若盡勒出之，將良苗反爲惡苗，所制其土目，即可改爲里長甲長，若必盡徙，恐兩不相習，不若以夷治夷。斯言也，果何如哉？禄氏、刁氏土目不遷，則復反；長寨而外兵未盡繳，則復反；生苗改流不改椎髻，則復反。不數載而言盡驗，果何如哉？夫修其教不易其俗，齊其政不易其宜，此因土之事，非改土歸流之事。人即不革之，苗亦必自大變動，以大更革之，小變則小革，大變則大革，小革則小治，大革則大治，後笑先咷，安知非福？鄂爾泰説弧於前，卒張弧於後，一時之創夷，百世之恬熙。不然揄修袂養姁步者，且安拱而議其後也。

雜　録

明·王士性《廣志繹》卷五《西南諸省》 廣右異於中州，而柳、慶、思三府又獨異。蓋通省如桂平、梧、潯、南寧等處，皆民夷雜居，如錯棋然，民村則民居民種，僮村則僮居僮耕，州邑鄉村所治猶半民也。【略】故民無一畝自耕之田，皆僮種也，民既不敢居僮之村，則自不敢耕僮之田，即或一二貴富豪右有買僮田者，止買其券而令入租耳，亦不知其田在何處也。想其初改土為流之時，止造一城，插數漢民于夷中則已，是民如客戶，夷如土著，田非不經丈量，亦皆以空牒塞責，故幅員雖廣而征輸寡、逋負多。

清·陳康祺《郎潛紀聞二筆》卷二《鄂文端佩三省總督印》 雲南、貴州、廣西三省羣苗，雍正初屢次煽動。自鄂文端公任滇撫，奏言：欲保百年無事，非改土歸流不可；欲改土歸流，非大用兵不可。奏上，世宗大悦，親詣養心殿，鑄三省總督印授之，果成大功。

思想文化政策調控部

表彰儒學分部

綜　述

元

《元史》卷二《太宗紀》 （五年六月）詔以孔子五十一世孫元措襲封衍聖公。

又 卷八一《選舉志一》 元初，太宗始得中原，輒用耶律楚材言，以科舉選士。世祖既定天下，王鶚獻計，許衡立法，事未果行。至仁宗延祐間，始斟酌舊制而行之，取士以德行為本，試藝以經術為先，士褒然舉首應上所求者，皆彬彬輩出矣。**【略】**

太宗始取中原，中書令耶律楚材請用儒術選士，從之。

又 卷六八《禮樂志二》 太宗十年十一月，宣聖五十一代孫衍聖西元措來朝，言於帝曰：『今禮樂散失，燕京、南京等處，亡金太常故臣及禮冊、樂器多存者，乞降旨收録。』於是降旨，令各處管民官，如有亡金知禮樂舊人，可並其家屬徙赴東平，令元措領之，于本路税課所給其食。

又 卷八三《選舉志三》 諸州府隸省部者，儒學教授選本管免差儒戶子弟入學讀書習業，非儒戶而願學者聽。遇按察司、本路總管府歲貢之時，于學生內選行義修明、文學優贍、通經史、達時務者，保申解貢。各路司吏有闕，於所屬衙門人吏內選取。委本路長官參佐，同儒學教授考試，習行移算術，字畫謹嚴，語言辯利，《詩》、《書》、《論》、《孟》內通一經者為中式，然後補充。

又 卷一三〇《不忽木傳》 為今之計，如欲人材衆多，通習漢法，必如古昔遍立學校然後可。若曰未暇，宜且於大都弘闡國學。擇蒙古人年十五以下、十歲以上質美者百人，百官子弟與凡民俊秀者百人，俾廩給各有定制。選德業充備足為師表者，充司業、博士、助教而教育之。使其教必本於人倫，明乎物理，為之講解經傳，授以修身、齊家、治國、平天下之道。

又 卷一五八《許衡傳》 帝久欲開太學，會衡請罷益力，乃從其請。八年，以為集賢大學士，兼國子祭酒，親為擇蒙古弟子俾教之。衡聞命，喜曰：『此吾事也。國人子大樸未散，視聽專一，若置之善類中涵養數年，將必為國用。』乃請征其弟子王梓、劉季偉、韓思永、耶律有尚、呂端善、姚燧、高凝、白棟、蘇郁、姚敦、孫安、劉安中十二人為伴讀。詔驛召之來京師，分處各齋，以為齋長。時所選弟子皆幼稚，衡待之如成人，愛之如子，出入進退，其嚴若君臣。其為教，因覺以明善，因明以開蔽，相其動息以為張弛。課誦少暇，即習禮，或習書算。少者則令習拜跪、揖讓、進退、應對，或射，或投壺，負者罰讀書若干遍。久之，諸生人人自得，尊師敬業，下至童子，亦知三綱五常為生人之道。

明

《明太祖寶訓》卷一《興學》 洪武二年三月戊午，詔增築國子學舍。初，即應天府學，為國子學。至是，太祖以規制未廣，諭中書省臣曰：太學育賢之地，所以興禮樂、明教化，賢人君子之所自出。古之帝王建國，君民以此為重，朕承困弊之餘，首建太學，招來師儒，以教育生徒。今學者日衆，齋舍卑隘，不足以居，其令工部增益學舍，必高明軒敞，俾講習有所，遊息有地，庶達材成德者，有可望焉。**【略】**

洪武六年正月庚申，禮部奏：增廣國子生。太祖曰：**【略】**朕觀前代學者，出為世用，雖由其質美，寔亦得師以造就之，後來師不知所以教，弟子不知所以學，一以記誦為能，故卒無實。今民間俊秀子弟可以充選者雖衆，苟無端人正士為之模範，求其成材，難矣。故曰務學不如務求師，今祭酒乏人，卿等宜為朕詢采天下名士，通今博古，才德兼備，宜為人師者，以名聞。**【略】**

洪武十五年四月丙戌，詔天下通祀孔子，賜學糧，增師生廩膳。太祖諭禮部尚書劉仲質曰：孔子明帝王之道，以教後世，使君君、臣臣、父父、子子，綱常以正，彝倫攸敘，其功參於天地。今天下郡縣廟學並建，而報祀之禮止行京師，豈非闕典？卿與儒臣其定釋奠禮儀，頒之天下學校，令以每歲春秋仲月通祀孔子。

《明太宗寶訓》卷三《崇儒》 永樂四年三月辛卯朔，上幸太學。先是，敕禮部臣曰：朕惟孔子，帝王之師，帝王為生民之主，孔子立生民之道，三綱五常之理，治天下之大經大法，皆孔子明之，以教萬世。朕皇考太祖高皇帝，膺君師億兆之任，正中夏文明之統，復禮樂衣冠之舊。渡江之初，首建學校，親祀孔子，御筵講書，守帝王之心法，繼聖賢之道學，集其大成，以臻至治。朕承鴻業，惟成憲是遵。今當躬詣太學，釋奠先師，以稱崇儒重道之意。

《明英宗寶訓》卷一《崇儒》 宣德十年四月壬戌，以元學士吳澄從祀孔子廟庭。**【略】**楊士奇等議曰：澄自十歲得朱熹所著《大學》，讀之即知為學之要，既而潛心《語》、《孟》、《中庸》，遂大肆力于諸經，十五即有志聖賢之學，專務踐履，以道自任。【略】蓋元之正學大儒，惟許衡及澄二人，故卒後皆謚文正。我國家表章《四書》、《五經》及性理之學，凡澄所言，皆見採録，其發明斯道之功，朱熹以來，莫或過之。今若升澄從祀，允愜公議。上以崇儒重道，正在旌異先賢，命禮部即行兩京國子監及天下府州縣儒學，一體從祀，永為定制。

《明英宗實録》卷一六三（正統十三年二月）甲戌，福建延平府將樂縣儒學訓導王昌順言：本縣有宋儒龜山楊時，師事二程，得理學之傳。其注解五經四書，國朝頒降大全，多見採録。心術之正，理學之微，誠有益於治教。且閩之大儒，若羅從彦、李侗、朱熹輩，道學淵源，實自時始。乞准令從祀，庶以上昭國家崇祀之典，下彰先儒傳道之功。上命禮部定議。

又 卷一九六《廢帝郕戾王附録》（景泰元年九月甲子）江西道監察御史許仕達言：【略】今陛下欲實明聖學以立大本，以承天意，則當於經筵之外，延儒臣深明理學者，寘之便殿，不論寒暑，但于應務之餘，即與講求經史。堯舜之仁，桀紂之暴，善者固可以為法，惡者亦可以為戒。實用工夫，務求通貫，驗之于史，會之於心，以應當世無窮之變，將見遇所當為而必為，所不當為而必止，天下有不治者未之有也。

又 卷二七〇《廢帝郕戾王附録》（景泰七年九月庚寅）福建按察司僉事呂昌奏：頃奉明詔，以顔、孟、程、朱有功道學，特令有司建祠奉祀。其崇儒重道之典，至矣！近者，臣謁朱文公祠，見其左列文肅公黄榦、文簡公劉爚，右列文正公蔡沈、文忠公真德秀，如孔門四配之設。每於春秋祭祀之日，欲合四子而並祀之，於例有違，欲出朱子而獨祀之，於義不安。況四子皆傳朱子之道，其于朱子著書立言，闡明治道，未必無補。乞敕儒臣會議，于春秋祭祀朱子之日，增豬羊各一析為四，分其羹酒菜菓，並如朱子之儀，以合祀四子於一堂之內，庶於祀典無遺。從之。

《明憲宗實録》卷二六 成化二年二月癸酉，朔。重脩闕里孔子廟成，上制文以紀其成。曰：朕惟孔子之道，天下不可一日無焉。何也？蓋孔子之道，即堯、舜、禹、湯、文、武之道，載於《六經》者，是已孔子從而明之，以詔後世。【略】祖宗大興學校，益隆祀典，自京師以達於天下郡邑，無處無之。而在闕里者，尤加之意焉。故太祖高皇帝登極之初，即遣官致祭為文，以著其盛。太宗文皇帝重脩廟宇而一新之，亦為文，以紀其實。皆勒于貞石，可考也。朕嗣位之初，躬詣大學，釋奠孔子。【略】蓋以廣吾祖宗崇儒重道之意於無窮焉。

《明武宗實訓》卷一《崇儒》 正德二年七月乙卯，浙江台州府知府徐鵬舉奏：宋儒朱熹仕於浙東，講明道學，修舉荒政，濬河築堤，民享灌溉，台人德之，立祠以祀。但祀典出於朝廷，歲遠則廢。乞今有司撥人役護視祠宇，歲供祭品，每春秋祭主以本府正官。庶報功之典可久，而台人之願亦伸矣。禮部議覆。上曰：朱熹有功斯道，遺愛在台，固宜有祠。其如鵬舉所奏，行之。

《崇禎長編》卷一七（崇禎二年己巳正月）壬申，山東道御史吳甡因幸學條上五事：一曰執兢業以新聖學；【略】一曰禮老臣以光大典；【略】一曰端師範以養人才；【略】一曰提忠孝以正人心；【略】一曰表正學以勵風教。自治亂迴圈，止恃此聖賢一脉，繼挽人心，理學莫盛于宋，故故侑食孔廟獨多。我朝議謚從祀，惟薛瑄、胡居仁、陳憲章、王守仁四賢，而其餘名儒輩出，國典未彰。【略】乞敕禮部速行諮訪，將道學諸臣應從祀者從祀，應贈恤者贈恤，應與謚者與謚，表章正學，激揚風教，尤視學吃緊一事也。帝嘉納之。

《明史》卷七〇《選舉志二》 初設科舉時，初場試經義二道，《四書》義一道；二場，論一道；三場，策一道。中式後十日，復以騎、射、書、算、律五事試之。後頒科舉定式，初場試《四書》義三道，經義四道。《四書》主朱子《集注》，《易》主程《傳》、朱子《本義》，《書》主蔡氏《傳》及古注疏，《詩》主朱子《集傳》，《春秋》主左氏、公羊、穀梁三傳及胡安國、張洽《傳》，《禮記》主古注疏。永樂間，頒《四書五經大全》，廢注疏不用。其後，《春秋》亦不用張洽《傳》，《禮記》止用陳浩《集説》。

又 卷一八一《邱濬傳》 濬以真德秀《大學衍義》于治國平天下條目未具，乃博采羣書補之。孝宗嗣位，表上其書，帝稱善，賚金幣，命所司刊行。

又　卷二八二《儒林傳一》　明太祖起布衣，定天下，當干戈搶攘之時，所至徵召耆儒，講論道德大學問明王守仁著。為其在嵇山書院講授《大學》的記，修明治術，興起教化，焕乎成一代之宏規。雖天亶英姿，而諸儒之功不為無助也。制科取士，一以經義為先，網羅碩學。嗣世承平，文教特盛，大臣以文學登用者，林立朝右。而英宗之世，河東薛瑄以醇儒預機政，雖弗究於用，其清修篤學，海内宗焉。吴與弼以名儒被薦，天子修幣聘之殊禮，前席延見，想望風采，而譽隆於實，詬誶叢滋。自是積重甲科，儒風少替。白沙而後，曠典缺如。

清

《清世祖實録》卷九　（順治元年十月丙辰）户科給事中郝傑言：從古帝王，無不懋修君德，首重經筵。今皇上睿資凝命，正宜及時典學。請擇端雅儒臣，日譯進大學衍義及尚書典謨數條，更宜遵舊典，遣祀闕里，示天下所宗。得旨：請開經筵，祀闕里，俱有裨新政，俟次第舉行。

又　卷九〇　（順治十二年三月）壬子，諭禮部：朕惟帝王敷治，文教是先，臣子致君，經術為本。自明季擾亂，日尋干戈，學問之道，闕焉未講。今天下漸定，朕將興文教，崇經術，以開太平。爾部即傳諭直省學臣，訓督士子，凡經學、道德、經濟、典故諸書，務須研求淹貫，博古通今。明體則為真儒，達用則為良吏，果有此等實學，朕當不次簡拔，重加任用。

《康熙朝起居註册》　（康熙五十四年十一月十七日己酉）爾等皆讀書人，又有一事當知所戒，如理學之書，為立身根本，不可不學，不可不行。朕嘗潛玩性理諸書，若以理學自任，則必至於執滯己見，所累者多。反之於心，能實無愧於屋漏乎？【略】昔熊賜履在時，自謂得道統之傳，其没未久，即有人從而議其後矣。今又有自謂得道統之傳者，彼此紛爭，與市井之人何異？凡人讀書，宜身體力行，空言無益也。

《清聖祖聖訓》卷一二　（康熙三十二年癸酉四月壬辰）上諭大學士等曰：翰林官以文章為職業，今人好講理學者，輒謂文章非關急務。宋之周、程、張、朱，何嘗無文章？其言如是，其行亦如是。今人果能如宋儒言行相顧，朕必嘉之，即天下萬世亦皆心服之矣。傳諭翰林官知之。

清・鄂爾泰等《國朝宫史》卷三五《書籍》　惟古昔聖，所以繼天立極而君師萬民者，不徒在乎法法之明備，而在乎心法道法之精微也。執中之訓肇自唐虞，帝王之學莫不由之。言心則曰『人心惟危，道心惟微』，言性則曰『若有恆性，克綏厥猷惟後』。蓋天性問然之理，人心固有之良，萬善所以出焉。本之以建皇極，則為天德王道之純；以牖下民，則為一道同風之治。欲修身而登上理，舍斯道何由哉？【略】迨明永樂間，命儒臣纂集《性理大全》一書，朕常加繙閲。見其窮天地陰陽之藴，明性命仁義之旨，揭主敬存誠之要，微而律數之精意顯，而道統之源流以至君德、聖學、政教、紀綱，靡不大小兼該，而表裏咸貫，洵道學之淵藪，致治之準繩也。

清・來保等《清會典則例》卷六九《禮部・儀制清吏司・學校二》

乾隆元年，諭：國家以經義取士，將使士子沉潛於四子五經之書，含英咀華，發攄文采，因以覘學力之淺深，與器識之淳薄，而風會所趨，即有關於氣運，誠以人心士習之端倪，呈露者甚微，而徵應者甚鉅也。

清・昆岡等［光緒］《清會典事例》卷三八八《禮部・學校・頒行書籍》　（乾隆三年）又諭：從前頒發聖祖仁皇帝御纂經史諸書，交直省布政使敬謹刊刻，准人刷印，並聽坊閒刷賣。原欲士子人人誦習，以廣教澤。近聞書板收藏藩庫，士子及坊閒刷印者甚少，著各省撫藩將書板重加修整，俾士子易於刷印。坊閒有情願翻刻者，聽其自便，毋庸禁止。如御纂諸書内，有為士子所宜誦習而未經頒發者，著該督撫奏請頒發，刊板流布。【略】

（乾隆三年）又諭：士子書藝之外，當令究心經學，以為明道經世之本。我皇祖御纂經書多種，紹前聖之心法，集先儒之大成，已命各省布政使敬謹刊刻，聽人刷印。亦准坊閒翻刻廣行。恐地方大吏不能盡心經理，則士子購覓，仍屬艱難。著督撫藩臬等善為籌畫，將士子應讀之書，多行印發，以為國家造士育材之助。【略】

（乾隆）十六年諭：經史學之根柢也，會城書院，聚黌序之秀而砥礪之，尤宜示之正學。朕時巡所至，有若江寧之鍾山書院，蘇州之紫陽書院，杭州之敷文書院，各賜武英殿新刻《十三經》、《二十二史》一部，資髦士稽古之助。【略】

（乾隆）五十七年諭：《五經》為聖賢垂教之書，士子有志進取，竟有未讀全經者，可見士習之荒疏卑靡。著通諭各督撫及學政等，務須實心查察，嚴行禁止，俾士各通經，文風振作。其應如何立法查禁以端士習之處，著軍機大臣會同禮部妥議具奏。欽此。【略】

（嘉慶）二十年諭：士子研經稽古，於《五經》、《三傳》，自應誦讀全書，融鑄淹貫，發為文章，方足以覘學識。乃近多鈔撮類書，勦襲撫拾，冀圖詭遇，不可不嚴行飭禁。嗣後坊間如有售賣删本經傳，及鈔撮類書者，著該學政隨時查禁，責令銷毀。如科考校生童等，有仍將此等類聯鈔録者，即擯棄不録，以正文風而端士習。

論説

明・丘濬《大學衍義補》卷七八《治國平天下之要》　我太祖開國之先，首建學校，未幾詔行科舉，一以《五經》、《四書》教人取士，士各專一經，而兼治《四書》。太宗又命諸儒輯《五經》、《四書》、《性理大全》，《書》、《易》主程朱，《書》主蔡氏，《詩》主朱氏，《春秋》主胡氏，《禮記》則用陳澔《集説》，《四書》之訓則一本朱子《集註》、《章句》焉。【略】我列聖又表章之，遂為千古不刊之大典，不易之定論。是以道德一而無岐轍之差，風俗同而無疆界之別，斯世斯民得以見天地之純，全識聖賢之至理，享帝王之盛治，一何幸歟。

明・何良俊《四友齋叢説》卷三《經三》　太祖時，士子經義皆用《注疏》，而參以程朱《傳注》。成祖既修《五經》、《四書大全》之後，遂悉去漢儒之説，而專以程朱《傳注》為主。夫漢儒去聖人未遠，學有專經，其傳授豈無所據？況聖人之言，廣大淵微，豈後世之人單辭片語之所能盡？【略】自程朱之説出，將聖人之言死死説定，學者但據此略加敷演，湊成八股，便取科第。而不知孔孟之書為何物矣。以此取士，而欲得天下之真才，其可得乎？嗚呼！

清・沈佳《明儒言行録序》　明初百年間，天下所尊信為儒者之言者未有貳于宋五先生者也。自白沙出而其言一變，當其時而不變者，胡敬齋、章楓山、羅一峰也。姚江、增城出而其言再變，當其時而不變者，羅整庵、呂涇野、蔡虚齋也。

雜録

明・葉盛《水東日記》卷一九《太宗重修孔廟碑文》　太宗文皇帝御製重修孔廟碑文：『道原於天，而畀于聖人，聖人者，繼天立極而統承乎斯道者也。若伏羲、神農、黄帝、堯、舜、禹、湯、文、武、周公，聖聖相傳，一道而已。【略】朕纘承大統，丕法成憲，尚推孔子之道，皇考之所以表章者若此，其可忽乎！【略】但凡觀於斯者，有所興起，致力於聖賢之學，敦其本而去其末，將見天下之士，皆有可用之材，以贊輔太平悠久之治，以震耀孔子之道，朕於是深有所望焉。

清・李光地《榕村集》卷一〇《進讀書筆録及論説序記雜文序》　自朱子而來，至我皇上，又五百年，應王者之期，躬聖賢之學。【略】伏惟皇上承天之命，任斯道之統，以升於大猷。

崇道限道和奉佛排佛分部

綜述

元

元・佚名《元典章》卷三三《禮部六・釋道》　革罷僧司衙門。至大四年□月，福建宣慰司承奉江浙行省劄付：准中書省諮：至大四年二月二十七日，特奉皇太子令旨一件：除宣政院、功德使司兩個衙門外，這裏有的管和尚的總統所衙門革罷了，他每的印，如今便銷毁了者。又各處路分裏、州縣裏有的僧録司、僧正、都綱等，但是和尚的衙門，都交革罷了，拘收了他每的印，銷毁了者。不揀有甚合歸斷的等勾當有呵，管民官歸斷者。麽道，令旨了也，敬此。

又 《禮部六·釋道·道教》 宮觀不得安下。至元十四年十一月，欽奉聖旨節該：成吉思皇帝、哈罕皇帝聖旨裏：和尚、也里可温、先生，不揀甚麼休著者，告天，與俺每祝壽祈福者。麽道的有來，如今依著在先聖旨體例裏，不揀甚麼休著者。依著太上老君教法裏，告天，與俺每祝壽祈福者。麽道，這演法靈應沖和真人張天師根底，江南田地裏應有的衆先生每為頭兒掌管者。麽道，這般聖旨與了也。這的每宮觀裏房舍，使臣休安下者，不揀是誰，休倚氣力住坐者。

《元史》卷九《世祖紀六》 （至元十三年二月）前代聖賢之後，高尚儒、醫、僧、道、卜筮，通曉天文歷數，並山林隱逸名士，仰所在官司，具以名聞。【略】

（至元十四年二月丁亥）詔以僧亢吉益、憐真加加瓦並為江南總攝，掌釋教，除僧租賦，禁擾寺宇者。

又 卷二六《仁宗紀三》 仁宗天性慈孝，聰明恭儉，通達儒術，妙悟釋典，嘗曰：『明心見性，佛教為深；修身治國，儒道為切。』又曰：『儒者可尚，以能維持三綱五常之道也。』

又 卷一〇二《刑法志一》 諸僧、道、儒人有爭，有司勿問，止令三家所掌會問。諸哈的大師，止令掌教念經，回回人應有刑名、戶婚、錢糧、詞訟並從有司問之。諸僧人但犯奸盜詐偽，致傷人命及諸重罪，有司歸問。其自相爭告，從各寺院住持本管頭目歸問。若僧俗相爭田土，與有司約會；約會不至，有司就便歸問。諸各寺院税糧，除前宋所有常住及世祖所賜田土免納税糧外，已後諸人布施並己力典買者，依例納糧。

又 卷二〇二《釋老傳》 帝師八思巴者，土番薩斯迦人，族款氏也。【略】中統元年，世祖即位，尊為國師，授以玉印。【略】遂升號八思巴曰大寶法王，更賜玉印。【略】（至元）十六年，八思巴卒，訃聞，賻贈有加，賜號皇天之下一人之上開教宣文輔治大聖至德普覺真智佑國如意大寶法王、西天佛子、大元帝師。至治間，特詔郡縣建廟通祀。泰定元年，又以繪像十一，頒各行省，為之塑像云。【略】

八思巴時，又有國師膽巴者，一名功嘉葛剌思，西番突甘斯旦麻人。幼從西天竺古達麻失利傳習梵秘，得其法要。中統間，帝師八思巴薦之。【略】大德七年夏卒。皇慶間，追號大覺普惠廣照無上膽巴帝師。【略】

丘處機，登州棲霞人，自號長春子。【略】太祖時方西征，日事攻戰，處機每言欲一天下者，必在乎不嗜殺人。及問為治之方，則對以敬天愛民為本。問長生久視之道，則告以清心寡欲為要。太祖深契其言，曰：『天錫仙翁，以寤朕志。』命左右書之，且以訓諸子焉。於是錫之虎符，副以璽書，不斥其名，惟曰『神仙』。【略】

正一天師者，始自漢張道陵，其後四代曰盛，來居信之龍虎山。相傳至三十六代宗演，當至元十三年，世祖已平江南，遣使召之。至則命廷臣郊勞，待以客禮。及見，語之曰：『昔歲己未，朕次鄂渚，嘗令王一清往訪卿父，卿父使報朕曰：後二十年天下當混一。神仙之言驗於今矣。』因命坐，錫宴，特賜玉芙蓉冠、組金無縫服，命主領江南道教，仍賜銀印。【略】

真大道教者，始自金季，道士劉德仁之所立也。其教以苦節危行為要，而不妄取於人、不苟侈於己者也。五傳而至酈希成，居燕城天寶宮，見知憲宗，始名其教曰真大道，授希成太玄真人，領教事，內出冠服以賜；仍給紫衣三十襲，賜其從者。至元五年，世祖命其徒孫德福統轄諸路真大道，錫銅章。二十年，改賜銀印二。【略】

太一教者，始金天眷中道士蕭抱珍，傳太一三元法籙之術，因名其教曰太一。四傳而至蕭輔道。世祖在潛邸聞其名，命史天澤召至和林，賜對稱旨，留居宮邸。以老，請授弟子李居壽掌其教事。至元十一年，建太一宮於兩京，命居壽居之，領祠事，且禋祀六丁，以繼太保劉秉忠之術。十三年，賜太一掌教宗師印。

明

《明太祖實録》卷八六 （洪武六年十二月戊戌）并僧、道寺觀，禁女子不得為尼。時上以釋、老二教近代崇尚太過，徒衆日盛，安坐而食，蠹財耗民，莫甚於此。乃令府、州、縣止存大寺觀一所，並其徒而處之，擇有戒行者領其事。若請給度牒，必考試精通經典者方許。又以民家多女子為尼姑、女冠。自今年四十以上者聽，未及者不許。著為令。

又 卷一四四 （洪武十五年夏四月辛巳）置僧、道二司，在京曰僧録司、道録司，掌天下僧道；在外府州縣設僧綱、道紀等司，分掌其事。俱選精通經典、戒行端潔者為之。

又　卷一八四　（洪武二十年八月壬申）詔民年二十以上者不許落髮為僧，年二十以下來請度牒者，俱令于在京諸寺試事三年，考其廉潔無過者，始度為僧。

又　卷二三一　（洪武二十七年春正月戊申）命禮部榜示天下僧寺道觀：『凡歸併大寺，設砧基道人一人，以主差税，每大觀，道士編成班次，每班一年高者率之，餘僧道俱不許奔走於外及交構有司，以書冊稱為題疏，强求人財。其一二人於崇山深谷修禪及學全真者聽，三四人勿許，仍毋得創庵堂。若游方問道必自備道里費，毋索取於民，民亦毋得輒自侮慢。凡所至僧寺，必揭周知冊以驗其實，不同者獲送有司，僧道有妻妾者諸人許捶逐，相容隱者罪之，願還俗者聽，亦不許收民兒童為僧，違者並兒童父母皆坐以罪。年二十以上願為僧者亦須父母具告有司奏聞，方許三年後赴京考試，通經典者始給度牒，不通者杖為民。有稱白蓮、靈寶、火居及僧道不務祖風，妄為論議沮令者，皆治重罪。』

《明太宗寶訓》卷五　（永樂十年五月丙午）上謂禮部臣曰：佛道二教，本以清淨利益羣生。今天下僧道，多不守戒律，民間脩齋誦經，動輒較利厚薄，又無誠心，甚至飲酒食肉，遊蕩荒淫，略無顧忌。又有一種無知愚民，妄稱道人，一概蠱惑，男女雜處無別，敗壞風化。洪武中，僧道不務祖風及俗人行瑜珈法稱火居道士者，俱有嚴禁，即揭榜申明，違者殺不赦。【略】

永樂十六年十月癸卯，上以天下僧道不通經典而私簪剃者多，命禮部定通制，榜示天下：今後願為僧道者，府不過四十人，州不過三十人，縣不過二十人，限年十四以上，二十以下，父母皆允，方許陳告有司，行鄰里保勘無礙，然後得投寺觀從師授業。俟五年後，諸經習熟，然後赴僧録司、道録司考試，果諳經典，始立法名，給與度牒，不通者，罷為民。若童子與父母不願及有祖父母父母無他子孫侍養者，皆不許出家。有亡命避罪出家者，並寺觀住持罪之。

《明英宗實録》卷二七四　（天順元年正月戊子）雲南道監察御史沈性【略】以六事條列上聞：【略】六曰汰僧道。釋老之教，名為異端，無君臣之義，無父子之親，清淨寡欲，可以治身而不可以治人，虛無寂滅，足以愚俗，而不足以化國。時君世主所當斥絶，豈可崇其道而行其教哉？乞勅禮部榜示天下，今後寺觀除祝延聖壽之處，餘並不許擅度僧道。並四散雲遊沿街布施，如此則異端之教稍息，户口之數必增。上曰：所言保天命、固人心二事，朕已自知。修書寫經及度僧道，准。

《明憲宗實録》卷一九五　（成化十五年冬十月庚子）命禁約遊僧。監察御史陳鼎奏：自成化二年起，至十二年，共度僧道一十四萬五千餘人。而私造度牒者，尚未知其數。此輩遊食天下，奸盜詐偽，靡所不為。使不早為處置，大則嘯聚山林，謀為不軌，小則興造妖言，扇惑人心，為患非細。今蘇州等處累獲强盜，多係僧人。乞勅所司禁約，禮部為覆奏。命通行天下，禁之。

又　卷二七七　（成化二十二年夏四月辛巳）禮部奏：給度天下僧道，已至十一萬人矣，乞停止。從之。

《明孝宗寶訓》卷二《正風俗》　弘治二年四月丙辰，僧録司左善世周吉祥等奏：比壽州僧告知州劉概擅拆毁寺、觀，乞治概罪，且請令天下諸僧道司免行拆毁。禮部覆奏，概所行非妄，宜坐吉祥等以『故違禁例，阻撓新政』之罪。上曰：近年僧道不守清規，傷敗風化，及私創寺觀，費耗錢糧者甚多，朝廷累有禁約。周吉祥何為輒便奏擾，法當究治，姑貸之。

《明孝宗實録》卷一一三　（弘治九年五月辛亥）工科都給事中柴昇言：今之僧道幾與軍民相半，此類非天地別生一種人，不過出於軍民匠籍之家，即今天下軍多缺伍，匠多缺役，里甲日耗，田土日荒，皆由此輩避重投閑。近年各處獲妖言謀逆之黨，中間多此輩為倡。今日之勢，正當以計消除，俾漸復祖宗之額，豈可滋之轉蔓，而為將來不可救之患哉。【略】伏願查照禮部先次擬奏事理，仍將十年一度事例停止，待後僧道原額不足，另行具奏定奪，通行禁約各處寺觀，僧道不許來京，夤緣攪擾。

《明武宗實録》卷一二　（正德元年夏四月庚申）嚴天下僧道潛住京師之禁。

又　卷二六　（正德二年五月）戊午，准度在京在外僧三萬名，道一萬名。僧録司左善世定暟等奏，謂已及十年給度之期，宜如例舉行。事下禮部，侍郎張瀿等覆議，前此度僧道視額數已逾十倍，今止宜照缺度補，不可濫度，以蠹耗民財，陰損戶口。不從。

《明世宗寶訓》卷五（嘉靖六年）十二月壬子，禮部尚書方獻夫等言：尼僧道姑，有傷風化，欲將見在者發回改嫁，以廣生聚。年老者，量給養贍，依親居住。其庵寺拆毀變賣，敕賜尊經護敕等項追奪。戒諭勳戚之家，不得私度。詔悉如其言。

《明神宗實録》卷一五六（萬曆十二年十二月）辛酉，戶部尚書王遴條奏：【略】議異端。洪武二十七年，禁僧道募化，私創庵堂者，戍。永樂元年，禁軍民私自披剃者，戍。乃今邪教盛行，琳宮梵宇，日恢月盛，寧負公家之賦而私會香錢，則不敢少寧爽官府之比而私約會期，必不敢違借貸以償典賣。以應民俗若此，奈何不窮且盜也。今後凡披剃年四十以下並無度牒者，放歸農；流寓遞還本籍土著，收入里戶；私會者悉坐，以左道惑衆之律。疏入，上嘉納之。

又 卷三九〇（萬曆三十一年十一月癸酉）禮部覆：康丕揚奏請禁僧道，一，禁止白蓮教、無為教、羅道教；一，驅逐各寺觀遊士、山人；一，禁止婦女入寺觀；一，嚴緝集衆進香，擅造儀仗違禁之物；一，禁止四方來遊僧道及搭蓋茶房，街衢打坐，物幡張榜，身衣綺紈。詔：悉依議行之。

明·余繼登《典故紀聞》卷七 永樂十六年十月，成祖以天下僧道多私簪剃，定制，願為僧道者，府不過四十人，州不過三十人，縣不過二十人。限年十四以上二十以下，行鄰里保勘無礙，然後得投寺觀從師受業，俟五年後，諸經習熟，然後赴僧録司考試，果諳經典，始立法名，給與度牒。不通者，罷還為民。亡命黥刺者不許。

又 卷一一 正統中，御史彭勖疏言僧道三害，請凡僧尼未度者，皆令還俗，叢林不許創立，官民之家不許修齋設醮。事下禮部、都察院，尚書胡濙等查洪武間禁約條例入奏，英宗命都察院遵例禁約，違者依律罪之。寺觀有賜額者，聽其居住，今後再不許私自創建。

又 卷一七 嘉靖時，禮部尚書方獻夫等言：『尼僧道姑，有傷風化，乞將見在者發回改嫁，以廣生聚。年老者量給養贍，依親居住。其庵寺拆毀變賣，敕賜尊經護敕等項追奪。戒諭勳戚之家，不得私度。』世廟是其言，因諭獻夫曰：『昨霍韜言，僧道盛者，王道之衰也。所言良是。今天下僧道無度牒者，其令有司盡為查革，自今永不許開度及私創寺觀庵院，犯者罪無赦。』

《明史》卷七四《職官志三》 洪武元年，立善世、玄教二院。四年革。五年，給僧道度牒。十一年，建神樂觀於郊祀壇西，設提點、知觀。初，提點從六品，知觀從九品。洪武十五年升提點正六品，知觀從八品。凡遇朝會，提點列于僧録司左善世之下，道録司左正一之上。十五年，始置僧録司、道録司。各設官如前所列。僧凡三等：曰禪，曰講，曰教。道凡二等：曰全真，曰正一。設官不給俸，隸禮部。二十四年，清理釋、道二教，限僧三年一度給牒。凡各府州縣寺觀，但存寬大者一所，並居之。凡僧道，府不得過四十人，州三十人，縣二十人。民年非四十以上、女年非五十以上者，不得出家。二十八年，令天下僧道赴京考試給牒，不通經典者黜之。其後，釋氏有法王、佛子、大國師等封號，道士有大真人、高士，高士等封號，賜銀印蟒玉，加太常卿、禮部尚書及宮保銜，至有封伯爵者，皆一時寵倖，非制也。

又 卷一三九《李仕魯傳》 帝自踐阼後，頗好釋氏教。詔征東南戒德僧，數建法會于蔣山。應對稱旨者輒賜金襴袈裟衣，召入禁中，賜坐與講論。吳印、華克勤之屬，皆拔擢至大官，時時寄以耳目。由是其徒橫甚，讒毀大臣。舉朝莫敢言，惟仕魯與給事中陳汶輝相繼爭之。汶輝疏言：『古帝王以來，未聞縉紳緇流，雜居同事，可以相濟者也。今勳舊耆德咸思辭禄去位，而緇流憸夫乃益以讒間。如劉基、徐達之見猜，李善長、周德興之被謗，視蕭何、韓信，其危疑相去幾何哉？伏望陛下于股肱心膂，悉取德行文章之彥，則太平可立致矣。』帝不聽。諸僧怙寵者，遂請為釋氏創立職官。於是以先所置善世院為僧録司。設左、右善世，左、右闡教，左、右講經覺義等官，皆高其品秩。道教亦然。度僧尼道士至逾數萬。仕魯疏言：『陛下方創業，凡意指所向，即示子孫萬世法程，奈何舍聖學而崇異端乎！』章數十上，亦不聽。

清·鄒福保《日知録之餘》卷三《僧禁》 洪武十六年六月戊戌，並僧道寺觀，禁女子不得為尼。時上以釋、道二教，近代崇尚太過，徒衆日盛，安坐而食，蠹財耗民，莫甚於此。乃令府州縣大寺觀一所，並其徒而處之，擇有戒行者領其事。若請給度牒，必考試精通經典者方許之。

又以民家多以女子為尼姑、女冠，自今年四十以上者聽，未及者不許。著為令。【略】

（洪武）十七年閏十月癸亥，禮部尚書趙瑁言：『自設置僧道二司，未及三年，天下僧尼已二萬九百五十四人，今來者益多，其實假此以避有司差役。請三年一次，出給度牒，且嚴加考試，庶革其弊。』從之。【略】

（洪武）二十四年六月丁巳，命禮部清理釋、道二教，敕曰：『佛本中國異教也，自漢明帝夜有金人入夢，其法始自西域而至。當是時，民皆崇敬。其後有去鬚髮出家者，其所修行則去色相，絕嗜欲，潔身以為善。道教始於老子，以至漢張道陵，能以異術役召鬼神，禦災捍患，其道益彰。故二教歷世久不磨滅者以此。今之學佛者曰禪、曰講、曰瑜伽；學道者曰正，一曰全真。皆不循本俗，汙教敗行，為害甚大。自今天下僧、道，凡各府州縣，寺觀雖多，但存其寬大可容衆者一所，並而居之，毋雜處於外，與民相混。違者治以重罪，親故相隱者流，願還俗者聽。其佛經翻譯已定者，不許增減詞語。道士設齋醮者，亦不許拜奏青詞，為孝子慈孫演誦經典報祖父母者，各遵頒降科儀，毋妄立條章，多索民財。及民有效瑜伽教稱為善友，假張真人多私造符籙者，皆治以重罪。』七月丙戌朔，詔天下僧、道，有創立庵堂子寺觀非舊額者，悉毀之。【略】

（洪武）二十八年十月己未，禮部言：『今天下僧道數多，皆不務本教，宜令赴京考試，不通經典者黜之。』詔從其言，年六十以上者免試。【略】

永樂五年正月，直隸及浙江諸郡軍民子弟私披剃為僧，赴京師冒請度牒者千八百餘人。禮部以聞，上怒甚，曰：『皇考之制，民年四十以上始聽出家，今犯禁若此，是不知有朝廷矣。』命悉付兵部，編軍籍，發戍遼東、甘肅。九月庚午，直隸蘇州府嘉定縣僧會司奏：『縣舊有僧六百餘人，今僅存其半，請小民之願為僧者，令披剃給度牒。』不聽，上諭禮部臣曰：『國家之名民，服田力穡，養父母，出租賦，以供國用。僧坐食于民，何補國家？度民為僧，舊有禁令，違者必罪。』【略】

（永樂）十五年閏五月癸酉，禁僧尼私建庵院。上以洪武年間天下寺院皆以歸併，近有不務祖風者仍以僻處私建庵院，僧尼混處，屢犯憲章。乃命禮部榜示天下，惲守清規，違者必誅。

清

《清世祖實録》卷五四　（順治八年閏二月丁丑）諭禮部：國家生財，自有大道。僧道納銀給牒，瑣屑非體，且多有輸納無措，逃徙流離，殊為可憫。以後僧道永免納銀，有請給度牒者，該州縣確查，呈報司府，申呈禮部，照例給發。著即傳諭通知。

又　卷六八　（順治九年九月）戊子，諭禮部：佛教清淨，理宜嚴飭。今後凡僧人、道士、尼僧，已領度牒者，務宜恪守戒規，穿戴本等衣帽，各居住本寺廟，敬供神佛。如未領度牒，私自為僧、道、尼僧往來者，及僧、道、尼僧，假裝喇嘛，穿戴喇嘛衣帽往來者，定行治罪。如有此等妄行，各寺廟、庵、觀住持，僧、道、尼僧，知而不舉，一體治罪。其京城附近寺廟，居住喇嘛之徒弟，理藩院定就數目，若有喇嘛徒弟，不敷其定數，有本身願作徒弟者，及有願給與做徒弟之人，俱稟問理藩院，該院酌量，應補其數者，記檔給與。不許越理藩院定數，私自為徒弟，及以人與喇嘛為徒弟。又有婦女，或叩拜喇嘛，或叩拜寺廟觀宇，必隨本身丈夫同行，不許婦女私自叩拜喇嘛、寺廟、庵觀，如違治罪。

又　卷七四　（順治十年四月丁巳）遣禮部尚書覺羅郎球、理藩院侍郎席達禮等齎送封達賴喇嘛金冊金印於代噶地方。文用滿漢，及圖白忒國字。

《清聖祖實録》卷一五　（康熙四年六月）丁丑，戶部議覆：廣東總督盧崇峻疏言，異端僧道，惑世耗民。請敕地方官，勒令還俗，使其開墾新荒，可以增朝廷粟米之供，昭戶口生聚之盛，況去此蠱惑小民之術，則金錢不致耗散。【略】得旨：無度牒為僧道，及男女聚會者，著該地方官嚴行察拏，若仍前怠玩不拏，或科道糾參，或旁人出首，將該地方官一併從重治罪。餘依議。

又　卷一一一　（康熙二十二年七月乙未）吏部題：正一真人張繼宗疏請恩詔誥命及父母祭葬。查正一真人，故從無賜恤致祭之例，應不准行。其恩詔誥命，應如所請。得旨：張繼宗見號真人，即著照所襲銜名，給與誥命。一切僧道，原不可過於優崇，若一時優崇，日後漸加縱肆，或別致妄為。爾等識之。

《清高宗實録》卷一六　（乾隆元年四月庚午）禮部遵旨詳議：清釐僧道之法，莫善於給度牒，而給度牒之法，必盡令其恪守清淨。請令順天府、奉天府、直省督撫轉飭該地方官，于文到三月内，將各戒僧、全真道士，年貌籍貫，焚修處所，清查造冊，取具印結，申送匯齊到部，發給度牒，轉飭地方官，當堂給發。各僧道收執，遇有事故，追出匯繳。嗣從情願出家之人，必請給度牒，方准簪剃受戒，如有藉名影射，及私行出家者，查出治罪。

又　卷一八六　（乾隆八年三月）辛酉，諭軍機大臣等：二氏之教，由來已久，其遵守戒律，閉戶焚修者，固於民無害。即尋常僧道，或因無力營生，藉此以免饑寒，亦難盡行沙汰。但遊手之徒，藉名出家，耗民財而妨民俗，自不可聽其引而日盛，不為清釐。是以從前屢降諭旨，令該部頒發度牒。

清·昆岡等［光緒］《清會典事例》卷七五二《刑部·戶律·戶役·私創庵院及私度僧道》　凡寺觀庵院，除現在處所先年額設外，不許私自創建增置，違者杖一百，僧道還俗，發邊遠充軍，尼僧女冠，入官為奴，基地材料入官。若僧道不給度牒，私自簪剃者，杖八十。若有家長，家長當罪，寺觀住持及受業師私度者，與同罪，並還俗，入籍當差。【略】

附律條例一：僧道擅收徒弟，不給度牒，及民間子弟，戶内不及三丁，或在十六以上而出家者，俱枷號一月，並罪坐所由。僧道官及住持，知而不舉者，各罷職還俗。【略】

僧道犯罪，雖未給度牒，悉照僧道科斷，該還俗者，查發各原籍當差。若仍于原寺觀庵院，或他寺觀庵院潛住者，並枷號一月，照舊還俗。其僧道官及住持，知而不舉者，各治以罪。【略】

凡僧道犯法，問擬斬、絞、免死、減等、發遣及軍流、充徒、枷號等罪者，俱勒令永遠還俗，至遣戍之所，令該管官嚴行稽查。其釋回者，亦令地方官嚴行稽查，不許復為僧道。【略】

民間有願創造寺觀神祠者，呈明該督撫具題奉旨，方許營建。若不俟題請，擅行興造者，依違制律論。【略】

由禮部頒發度牒，給在京及各省僧綱司等，如情願出家之人，必須給予度牒，方准披剃。仍飭地方官嚴查，僧官胥吏，毋得藉端需索，擾累僧徒，違者從重治罪。【略】

崇德八年諭：除部冊紀載寺廟外，有不遵禁約，新行創建修整者，治以重罪，其該管佐領領催亦罪之。【略】

康熙六年議准：凡喇嘛將家人及私收人為班第，並隱留部冊無名之喇嘛者，喇嘛處絞，家產籍没。總管大喇嘛罰牲三九，劄薩克喇嘛罰牲二九，得木齊等罰牲一九入官，俱革所管之職。旗下官員人等，隱留私自行走之喇嘛班第，及將家人送與喇嘛為班第者，係官議革，係平人處死，該管都統、副都統、參領罰俸一年。佐領、驍騎校，革任。【略】

雍正五年諭：僧人皈依釋教，自當確守清規，置身方外，始為清淨之徒。若干犯王章，身蹈罪戾，已為佛法所不容，何得復稱釋教，俾得藉以為非。嗣後凡僧人犯法，問擬斬、絞、免死、減等、發遣、軍流、充、徒、枷號等罪者，俱勒令永遠還俗，至遣戍之所，令該管官嚴行稽查。其釋罪回籍者，亦令地方官嚴行稽查，不許復為僧人。著為定例遵行。【略】

（雍正）十三年九月諭：朕觀各處地方寺觀廟宇甚多，而年久傾圮者亦復不少，每致棟宇摧頹，佛像露處，雨淋日炙，無人問及。【略】至若立願廣大，材力豐盈，特欲興寺觀神祠者，必呈明督撫，具題奉旨，方准營建。若不俟題請，擅為興造者，必加究治。

論說

《元史》卷二〇二《釋老傳》　釋、老之教，行乎中國也千數百年，而其盛衰每係乎時君之好惡。是故佛于晉、宋、梁、陳，黄、老于漢、魏、唐、宋，而其效可睹矣。元興，崇尚釋氏，而帝師之盛，尤不可與古昔同語。維道家方士之流，假禱祠之説，乘時以起，曾不及其什一焉。【略】

元起朔方，固已崇尚釋教。及得西域，世祖以其地廣而險遠，民獷而好鬭，思有以因其俗而柔其人，乃郡縣土番之地，設官分職，而領之于帝師。乃立宣政院，其為使位居第二者，必以僧為之，出帝師所辟舉，而總其政於内外者，帥臣以下，亦必僧俗並用，而軍民通攝。於是帝師之命，與詔敕並行於西土。百年之間，朝廷所以敬禮而尊信之者，無所不用其至。雖帝后妃主，皆因受戒而為之膜拜。正衙朝會，百官班列，而帝師亦或專席於坐隅。且每帝即位之始，降詔褒護，必敕章佩監絡珠為字以賜，蓋其重之如此。

明·姚士觀《明太祖文集》卷一五《心經序》　三綱五常以示天下，亦以五刑輔弼之。有等凶頑不循教者，往往有趨火赴淵之為，終不自省，是凶頑者非特中國有之，盡天下莫不亦然。俄西域生佛，號曰『釋迦』。其為佛也，行深願重，始終不二，於是出世間，脫苦趣。其為教也，仁慈忍辱，務明心以立命，執此道而為之，意在人皆若此，利濟羣生。【略】以朕言之則不然，佛之教，實而不虛，正欲去愚迷之虛，立本性之實。【略】是空相愚及世人，禍及古今，往往愈墮彌深，不知其幾。斯空相，前代帝王被所惑而幾喪天下者，周之穆王、漢之武帝、唐之玄宗、蕭梁武帝、元魏主燾、李後主、宋徽宗，此數帝廢國怠政，惟蕭梁武帝、宋之徽宗以及殺身，皆由妄想飛昇及入佛天之地。【略】如為國君及王侯者，若不作非為，善能保守此境，非佛天者何如？不能保守，而偽為用妄想之心，即入空虛之境，故有如是。

明·陳邦瞻《元史紀事本末》卷一八《佛教之崇》　元自太祖起朔方時，已崇尚釋教。及得西域，世祖以其地廣且險遠，俗獷好鬭，思有以柔服其人，乃郡縣土番之地，設官分職，盡領之於帝師。乃立宣政院，其為使位居第二者，必以僧為之。帥臣以下，亦僧俗並用，軍民盡屬統理。於是，帝師之命，與詔敕並行西土。百年之間，朝廷所以敬禮而尊信之者，無所不用其至，雖帝、后、妃、主，皆因受戒而為之膜拜。正衙朝會，百官班列，而帝師亦或專席於坐隅。且每帝即位之始，降詔褒護，必敕章佩監絡珠為字以賜，蓋其重之如此。

雜録

元·釋念常《佛祖歷代通載》卷二一《大元》　辛巳至元十八年十月二十日，僧道二家辯析。特奉聖旨：【略】如今張平章等衆衆人回奏，這先生家藏經，除《道德經》是老子真實經旨，其餘皆後人造作演説，多有詆毀釋教偷竊佛語，更有收入陰陽、醫藥、諸子等書，往往改易名號，傳注訛舛，失其本真，偽造符咒妄言，【略】今擬得除老子《道德經》外，隨路但有道儀説謊經文並印板，盡宜焚去。又據祈真人、李真人、杜真人等奏告，據《道藏》經內，除老子《道德經》外，但係後人捏合不實文字，情願盡行燒毀了，俺也乾淨，准此。【略】聖旨到日，不以是何官吏、先生、道姑、秀才、軍民、人匠、鷹房、打捕、諸色人等，應有收藏道家一切經文本處，達魯花赤管民官，添氣力用心拘刷見數，分曉分付差去官眼同焚毀，更觀院裏畫著的右鐫著的《八十一化圖》，盡行除毀了者。自宣諭已後，如有隱匿道家一切説謊捏合，譭謗釋教偷竊佛語，窺圖財利誘説妻女，此誑惑百姓符咒文字，及道家大小經文，若所在官司不添氣力拘刷，與隱藏之人一體要罪過者。外民間諸子醫藥等書，自有板本，不在禁限，准此。

明·陳邦瞻《元史紀事本末》卷一八《佛教之崇》　世祖至元十九年，帝師額琳沁死，達爾瑪巴拉實哩嗣。初，土番人帕克斯巴者，相傳自其祖多爾濟，以其法佐國主，霸西域十餘世。帕克斯巴生七歲，誦經數十萬言，能約通其大義，國人號之聖童。年十五謁帝于潛邸，與語，大悅，日見親幸。【略】

（至元）十六年，帕克斯巴死，詔贈皇天之下一人之上宣文輔治大聖至德普覺真智佑國如意大寶法王西天佛子大元帝師。自額琳沁嗣，凡六歲，至是死，復以達爾瑪巴拉實哩嗣立，自是每帝師一人死，必自西域取一人為嗣，終元世無改焉。

明·沈德符《萬曆野獲編》卷二七《釋教盛衰》　我太祖崇奉釋教，觀宋文憲《蔣山佛會記》以及諸跋，可謂至隆極重。至永樂，而帝師哈立麻『西天佛子』之號而極矣。歷朝因之不替。惟成化間，寵方士李孜省、鄧常恩等。頗於靈濟、顯靈諸宮加獎飾。又妖僧繼曉用事，而佛教亦盛，所加帝師名號，與永樂年等，其尊道教亦名耳。武宗極喜佛教，自列西番僧唄唱無異，至託名『大慶法王』，鑄印賜誥命。世宗留心齊醮，置竺乾氏不談，初年用工部侍郎趙璜言，刮正德所鑄佛鍍金一千三百兩，晚年用真人陶仲文等議，至焚佛骨萬二千斤。逮至今上，與兩宮聖母，首建慈壽、萬壽諸寺，俱在京師，穹麗冠海內。至度僧為替身出家，大開經廠，頒賜天下名刹殆遍，去焚佛骨時未二十年也。

清・陳康祺《郎潛紀聞二筆》卷一二《高宗不沙汰僧道》　高宗御製詩云：『有以沙汰僧道為請者，朕謂沙汰何難，即盡去之，不過一紙之頒，天下有不奉行者乎？但今之僧道，實不比昔日之横恣，有賴於儒氏辟而辟之，蓋彼教已式微已，且藉以養民。分田授井之制，既不可行，將此數千百萬無衣無食、遊手好閒之人，置之何處。故為詩以見意云：頹波日下豈能回，二氏於今亦可哀，何必辟邪猶泥古，留資畫景與詩材。』頗真洋洋聖謨也。

敕編各類大型圖籍和開館修書分部

綜述

元

《元史》卷二《太宗紀》（八年六月）耶律楚材請立編修所於燕京，經籍所於平陽，編集經史，召儒士梁陟充長官，以王萬慶、趙著副之。

又　卷二八《英宗紀二》（至治三年二月辛巳）格例成定，凡二千五百三十九條，內斷例七百一十七、條格千一百五十一、詔赦九十四、令類五百七十七，名曰《大元通制》，頒行天下。

又　卷三三《文宗紀二》（天曆二年九月）戊辰，敕翰林國史院官同奎章閣學士采輯本朝典故，准《唐》、《宋會要》，著為《經世大典》。

又　卷三四《文宗紀三》　至順元年春正月丙辰，命趙世延、趙世安領纂修《經世大典》事。【略】

（二月庚寅）以修《經世大典》久無成功，專命奎章閣阿鄰帖木兒、忽都魯都兒迷失等譯國言所紀典章為漢語，纂修則趙世延、虞集等，而燕鐵木兒如國史例監修。

又　卷三五《文宗紀四》（至順二年五月乙未）奎章閣學士院纂修《皇朝經世大典》成。

又　卷三九《順帝紀二》（後至元四年三月）辛酉，命中書平章政事阿吉剌監修《至正條格》。

又　卷四一《順帝紀四》（至正五年）十一月甲午，《至正條格》成。【略】

（至正七年三月）戊午，詔編《六條政類》。

又　卷一〇二《刑法志一》　及世祖平宋，疆理混一，由是簡除繁苛，始定新律，頒之有司，號曰《至元新格》。仁宗之時，又以格例條畫有關於風紀者，類集成書，號曰《風憲宏綱》。至英宗時，覆命宰執儒臣取前書而加損益焉，書成，號曰《大元通制》。

又　卷一五〇《趙秉温傳》（至元）十九年，遷昭文館大學士、知太史院侍儀司事。《授時曆》成，賜鈔二百錠，進階中奉大夫。二十九年，編《國朝集禮》成，帝特命其子慧襲侍儀使。

又　卷一六八《何榮祖傳》　先是，榮祖奉旨定《大德律令》，書成已久，至是乃得請於上，詔元老大臣聚聽之。未及頒行。

又　卷一七二《曹元用傳》　又奉旨纂集甲令為《通制》，譯唐《貞觀政要》為國語。書成，皆行于時。

又　卷一八〇《趙世延傳》　至順元年，詔世延與虞集等纂修《皇朝經世大典》，世延屢奏：『臣衰老，乞解中書政務，專意纂修。』帝曰：『老臣如卿者無幾，求退之言，後勿復陳。』

又　卷一八三《李泂傳》　泂既為帝所知遇，乃著書曰《輔治篇》以進，文宗嘉納之。朝廷有大議，必使與焉。會詔修《經世大典》，泂方卧疾，即强起，曰：『此大製作也，吾其可以不預！』力疾同修。書成，既進奏，旋謁告以歸。

明

《明太祖實録》二八（吳元年十二月）甲辰，《律令》成，命頒行之。初，命李善長等詳定《律令》。【略】及是始成，上與廷臣復閲視之，去煩就簡，減重從輕者居多，凡為令一百四十五條，吏令二十，戶令二十四，禮令十七，兵令十一，刑令七十一，工令二。律准唐之舊而增損之，計二百八十五條，吏律十八，戶律六十三，禮律十四，兵律三十二，刑律一百五十，工律八。命有司刊布中外。

又　卷五六　（洪武三年九月）修禮書成，賜名曰《大明集禮》，其書以吉、凶、軍、賓、嘉、冠服、車輅、儀仗、鹵簿、字學、樂為綱，【略】凡升降儀節制度名數，纖息備具，通五十卷。詔頒行之。

又　卷五九　（洪武三年十二月）辛酉，《大明志書》成。先是命儒士魏俊民、黃篪、劉儼、丁鳳、鄭思先、鄭權六人編類天下州郡地理形勢，降附始末為書，凡天下行省十二，府一百二十，州一百八，縣八百八十七，安撫司三，長官司一，東至海，南至瓊崖，西至臨洮，北至北平。至是書成，命送秘書監鋟梓頒行。

《明太宗實録》卷一六八　（永樂十三年九月己酉）《五經》、《四書大全》及《性理大全》書成。先是，上命翰林院學士兼左春坊大學士胡廣等編類是書，既成，廣等以槀進。上覽而嘉之，賜名《五經》、《四書》、《性理大全》，親製序於卷首。至是，繕寫成帙，計二百二十九卷。廣等上表進，上御奉天殿受之。命禮部刊賜天下。

又　卷一八三　（永樂十四年十二月）壬申，《歷代名臣奏議》書成。先是，上以璽書諭皇太子，令翰林院儒臣黃淮、楊士奇等采右名臣直言，如張良對漢高、鄧禹對光武、諸葛孔明對昭烈及董賈、劉向、谷永、陸贄奏疏之類匯録，以便觀覽。至是書成以進，上覽而嘉之，賜名《歷代名臣奏議》。

《明世宗寶訓》卷二《聖孝》　嘉靖六年八月庚申，上命學士張璁、桂萼等纂脩《大禮全書》。至是，以初稿六冊呈覽，上曰：朕覽稿，具見編摩至意，尚書席書前所著論，猶似闕略，紀載欠詳，宜通查詳定其先儒所論，定漢魏宋事，果於禮合褒進之，使後人有所守繆，而否者貶斥之，亦使後人無所惑。且斯禮也，不但創行於今日，實欲垂法乎萬世，以明人倫，正紀綱，『大禮全書』四字未盡其義，宜更名曰《明倫大典》。【略】

嘉靖七年六月辛丑朔，《明倫大典》書成進呈，上親製序文。

又　卷三《聖孝》　嘉靖四十二年八月乙丑。初，文皇帝命儒臣匯粹秘閣書籍，分韻類載，以便檢考，供事編輯者三十餘人，為卷凡三萬有奇，名曰《永樂大典》。書成，貯之文樓，其帙甚鉅。

《明世宗實録》卷二七四　（嘉靖二十二年五月丁卯）累朝《御製文集》、《聖學心法》及《四書》、《五經》、《性理大全》成。

《明神宗實録》卷二四　（萬曆二年四月甲寅）禮部覆：禮科給事中林景暘疏言，《大明會典》一書即唐宋《六典》、《會要》之遺意，以昭一代之章程，垂萬年之法守，至精且當。顧其為書，成於弘治之末，至今代更四聖，歲踰六紀，典章法度，不無損益異同，其條貫散見於簡冊卷牘之間凡百，有司艱于考據，諸所援附，鮮有定畫，以致議論繁滋，法令數易，吏不知所守，民不知所從，甚非所以定國是而一人心也。但今兩朝《實録》已漸次告成，而披閱較正，日不暇給，若復兼修《會典》，未免顧此失彼，勢難並行。合候《實録》進呈日，將《會典》專一纂修。自嘉靖二十八年至隆慶六年，詳加編摩，附于嘉靖年間續修《會典》之後，彙輯成書，永為遵守。及照《文獻通考》，乃先朝儒士馬端臨所著，以續《通典》之末，彼其紀載該博誠足以裨考鑑之資。第其書出於臣下私述，原非制書，今欲付之史局編摩，似於事體未當。且《會典》既修，則國朝二百餘年之文獻布在方策，固已燦然可考，而《通考》一書，可無俟于續修矣。從之。

《崇禎長編》卷三四　（崇禎三年五月甲辰）戶部主事陳振豪等上言：臣等奉旨纂修《賦役全書》，職方郎中周夢尹疏謂未嘗身到地方，即成亦舛錯謬戾，而無濟於事，信哉斯言。【略】定例，自書成後，俱照數免派，則一代維新之治，上常足而下常有餘，天下之人登春臺游華胥矣。帝謂纂修《賦役全書》須經制周詳，便民裕國，應否行各省定式查造，並所議裁省抽扣事宜，所司可與督糧官酌妥具奏，早勒成書。

明·焦竑《玉堂叢語》卷四《纂修》　吳元年，初置翰林院，首召陶安為學士，時方召四方宿儒集闕下議禮，命安總之，詔修律令，安為議律官。十二月甲辰，律令成，命刊布中外。洪武元年正月，大明令刊修，分吏、戶、禮、兵、刑、工，《大明律》亦如之。儒臣奉二書以進，上曰：『律令者，治天下之法也，令以教之於先，律以齊之於後。今所定律令，芟繁就簡，使之歸一，直言其事，庶幾人人易知而難犯。』八月己卯，上念律令尚有輕重失宜，有乖大典，命儒臣四人同刑部官講唐律，日寫二十條取進，上擇其可者從之。其或輕重失宜，則親為損益，務求至當。六年十月，覆命刑部與本院審定《大明律》，七年二月律成，學士宋濂撰表以進。二十二年八月，更定《大明律》，初命本院同刑部官將比年律條參考折衷，以類編附，曰名例律，附於斷獄下。至是特載諸篇首，頒行之。

清・黃虞稷《千頃堂書目》卷三《四書類》 《四書大全》三十六卷。永樂十二年十一月，諭胡廣、楊榮、金幼孜曰：《五經》、《四書》皆聖賢精義要道，傳注之外，諸儒議論有發明精蘊者，爾等采其切要至當之言，增附於下。命廣等總其事，仍命舉朝臣及在外文學者同纂修，開館於東華門外，命光禄寺給酒饌。十三年九月書成，命禮部刊刻。十五年正月，頒於六部及兩京國子監、天下郡縣學，賜纂修官鈔幣有差。

又 卷四《國史類》 《皇明寶訓》一百二十二卷。自洪武至隆慶凡十朝，萬曆初，大學士呂本彙刊，一作三十九卷。【略】

《明倫大典》二十四卷。嘉靖六年正月敕修，【略】。明年七月書成，【略】。始名《大禮全書》，復更定曰《明倫大典》，上自製序，仍命一清等五人序於後。

又 卷六《地理類上》 《寰宇通志》一百十九卷。景泰七年，大學士陳循等奉敕修。

又 卷一〇《政刑類》 《大明律》三十卷。洪武六年，命刑部尚書劉惟謙詳定。【略】。及成篇，命學士宋濂為表以進。九年十月，又謂猶有擬議，命右丞相胡惟庸、御史大夫汪廣洋復詳加考定，釐正者凡十有三條，餘如故，頒行。【略】

《更定大明律》三十卷。洪武二十八年刑部言：比年律條增損不一，在外理刑官及初入仕者不能盡知，致令斷獄失當。請頒編類頒行，俾知所導守。遂令翰林院同刑部官取比年所增者參考折衷，以類編附，舊律名例附斷獄之下，今移載篇首，凡四百六十條。

又 卷一五《類書類》 《永樂大典》二萬二千二百一十一卷。【略】二年十一月丁巳書成，賜名《文獻大成》。既而帝覽以為未備，遂命重修，而敕太子少師姚廣孝，刑部侍郎劉季箎及翰林學士兼右春坊大學士解縉總之。【略】永樂五年十一月書成，更賜名《永樂大典》，帝自製序以冠之。【略】其書凡一萬一千九十五冊，賜纂修廣孝等二千一百六十九人鈔有差。

《明史》卷一七《世宗紀一》 （嘉靖七年）六月辛丑，《明倫大典》成，頒示天下。

又 卷四七《禮志一》 明太祖初定天下，他務未遑，首開禮、樂二局，廣征耆儒，分曹究討。洪武元年，命中書省暨翰林院、太常司，定擬祀典。乃歷敘沿革之由，酌定郊社宗廟儀以進。禮官及諸儒臣又編集郊廟山川等儀，及古帝王祭祀感格可垂鑑戒者，名曰《存心録》。二年，詔諸儒臣修禮書。明年告成，賜名《大明集禮》。

又 卷九三《刑法志一》 五年定宦官禁令及親屬相容隱律，六年夏刊《律令憲綱》，頒之諸司。其冬，詔刑部尚書劉惟謙詳定《大明律》。

清

《清高宗實録》卷一三一 （乾隆五年十一月）甲午，新修《大清一統志》書成，議敍總裁、纂修等官有差。御製序文。

又 卷二八四 （乾隆十二年二月）丙寅，諭：《會典》一書，上自郊廟朝廷，行之直省州縣，凡禮樂兵刑之實，財賦河防之要，城池郵驛之詳，大綱小紀，無不並包薈萃。必使制度沿革，本末了然，條貫井井，方足備一代之典章，垂之冊府，非若詞章之僅資諷詠，紀纂之但誇淹博而已。今既有事重修，爾總裁官，其敬率纂修諸臣，詳悉參考，事必究其遵行，令必徵其實據。

又 卷一〇五二 （乾隆四十三年三月壬戌）軍機大臣等奏：查各處纂輯應進各書，共十四種。自上年五月按卯呈進。如《臨清紀略》、《蒙古源流》、《通鑑輯覽》三書，已於限內辦竣。《明史》及《明紀綱目》、《國子監志》、《日下舊聞考》等書，約可如限進完。至《金川方略》、《大清一統志》、《元史》、《遼史》、《西域圖志》、《音韻述微》、《熱河志》等書，卷帙較多，請展限趕辦。得旨：各處應進之書，止須按卯分進，轉不必立定期限，如届期遲誤，即奏明參處。

又 卷一一五一 （乾隆四十七年二月癸未）戶部尚書和珅、兵部左侍郎曹文埴奏：臣等承辦《一統志》，查自乾隆二十九年開館以來，已閲十九年，陸續進過十五省，共二百八十餘卷。尚有江蘇、安徽、江西、浙江、四省，及外藩一門，現在趲辦。

清·昆岡等［光緒］《清會典事例》卷五二四《樂部·職掌·樂律》

（康熙）五十三年，恭纂《律呂正義》書成。

又　卷一〇四九《翰林院·職掌·纂修書史一》　（康熙）十八年，敕纂《欽定皇輿表》。敕續修《明史》。【略】

（康熙）二十三年，敕纂《大清會典》。【略】

（康熙）二十四年，敕譔《大清一統志》。敕編《古文淵鑑》。【略】

（康熙）四十三年，敕譔《佩文韻府》。【略】

（康熙）四十六年，敕編《全唐詩》、《歷代題畫詩類》、《歷代詩餘》。【略】

（康熙）四十九年，敕譔《康熙字典》及《淵鑑類函》。【略】

（康熙）五十八年，敕譔《駢字類編》。【略】

（康熙）六十年，敕譔《書經傳説彙纂》、《詩經傳説彙纂》及《子史精華》、《分類字錦》。【略】

（雍正）四年，敕續修《大清會典》。【略】

（雍正五年）敕纂《八旗通志初集》。【略】

（乾隆元年）敕譔《大清通禮》。【略】

（乾隆）二年，敕譔《授時通考》。【略】

（乾隆十年）敕纂《續文獻通考》及《皇朝文獻通考》。【略】

（乾隆）十三年，敕纂《大清會典》、《大清會典則例》。【略】

（乾隆）十六年，敕譔《皇朝職貢圖》。【略】

（乾隆二十九年）敕修《大清一統志》。

又　卷一〇五〇《翰林院·職掌·纂修書史二》　乾隆三十二年，敕纂《續通典》、《續通志》及《皇朝通典》、《皇朝通志》並《御批通鑑輯覽》。【略】

（乾隆三十九年）又奉旨：　武英殿現辦《四庫全書》活字板，著名為武英殿聚珍板。【略】

（乾隆三十二年）又諭：　前開館續纂《文獻通考》一書，並添輯本朝一切典制，分門進呈。朕親加披覽，隨時裁定。全書現在告竣，經該總裁等奏請將館務停止，因思馬端臨《通考》，原踵杜佑《通典》、鄭樵《通志》而作，三書實相輔而行，不可偏廢。曩因舊本多訛，曾命儒臣詳為校勘，鐫刻流傳，加惠海內。今《續通考》復因王圻舊本改訂增修，惟《通典》、《通志》尚未議及補輯，士林未免抱闕如之憾。著仍行開館，一體編輯，所有開館事宜，著大學士詳悉定議具奏。【略】

（乾隆）三十八年，奉旨：　軍機大臣議覆朱筠條奏，内將《永樂大典》擇取繕寫各自為書一節，著即派軍機大臣為總裁官，仍于翰林等内選定員數，責令及時專司查校，將原書詳細檢閲，並將《圖書集成》互為校核，擇其未經採録，而實在流傳已少，尚可裒綴成編者，先摘開目録奏聞，候朕裁定。至朱筠所奏，每書必校其得失，撮舉大旨，敍於本書卷首之處，於檢查洵為有益。應俟移取各省購書全到時，即令承辦之員，將書中要旨檃括，總敍厓略，黏貼開卷副頁右方，用便觀覽。【略】

（乾隆三十八年）又諭：　《永樂大典》，其中每多世不經見之本，而外省奏進書目，亦頗裒括無遺，合之大内所儲，朝紳所獻，不下萬餘種。特詔詞臣詳為勘核，厘其應刊應鈔應存者，系以提要，輯成總目，依經史子集，部分類聚，命為《四庫全書》，簡皇子大臣為總裁以董之。間取各書繙閲，有可發揮者，親為評詠，題識簡端，以次付之剞劂。其應鈔者，則于雲集京師士子中，擇其能書者，給劄分鈔，共成善本。第全書卷帙，檢玩為難，摛藻堂向為宫中陳設書籍之所，朕每憩此觀書，取攜最便，著於全書中擷其菁華，繕為薈要，其篇式一如全書之例，著總裁于敏中、王際華專司其事。書成即以此旨冠於薈要首部，以代弁言。【略】

（乾隆三十九年）又諭：　辦理《四庫全書》處進呈總目，于經史子集内分析應刻、應鈔、應存書名三項，各條下俱經撰有提要，將一書原委，撮舉大凡，並詳著書人世次爵裏，可以一覽了然。若不載明係何人所藏，則閲者不能知其書所自來，亦無以彰各家珍弆資益之善。著通查各省進到之書，其一人而收藏百種以上者，即應將其姓名附載於各書提要末，其在百種以下者，亦應將由某省督撫某人採訪所得，附載於後。其官板刊刻，及各處陳設庫者，俱載内府所藏，使其眉目分明，更為詳備。至現辦《四庫全書總目提要》，多至萬餘種，卷帙甚繁，自應於提要之外，另刊簡明書目一編，止載某書若干卷，注某朝某人撰，則篇目不煩，而檢查較易。

又　卷一〇五一《翰林院·職掌·纂修書史三》　（乾隆四十六年）又諭：《四庫全書》，體大物博，將來書成之日，舉何為序？所有歷次所降諭旨，列之總目首卷以當序。至朕題《四庫》諸書詩文，分別入朕《御製詩文集》內，而《四庫》書內，朕所題各書詩文，列在本籍首卷，庶眉目清而開帙了然。【略】

（乾隆四十六年）又諭：所有《四庫全書》經史子集各部，俱著各按撰述人代先後，依次編纂。至我朝欽定各書，仍各按門目，分冠本朝著録諸家之上。【略】

（乾隆）五十年，諭：前命阿彌達前往青海迤上，窮溯河源，旋京具圖呈覽。隨御製河源詩文，並令館臣編輯河源紀略，録入四庫全書，以昭傳信。【略】

（乾隆）五十一年，敕修《南巡盛典》。【略】

（乾隆）五十六年，敕纂《八旬萬壽盛典》。【略】

（乾隆）五十八年，敕纂《八旗通志》。【略】

（嘉慶）六年，敕續修《大清會典》及《會典事例》。【略】

（嘉慶）十三年，敕編《全唐文》。【略】

（嘉慶）十六年，敕重修《清涼山志》、《大清一統志》。敕纂《西巡盛典》。【略】

（嘉慶）二十四年，敕續纂《通禮》。【略】

（道光）七年，敕重刊《字典》。

論　說

《明世宗寶訓》卷三《聖孝》　嘉靖九年六月庚午，刻《大明集禮》成，上親製序曰：《大明集禮》一書，我皇祖高皇帝之所制也。所謂吉、凶、軍、賓、嘉，五禮也。【略】莫不詳備，允為萬世之法，程子孫之所世守而遵行推衍之也。昨歲，禮部請刊布中外，俾人有所知見，乃命內閣發秘藏，令其刊布。茲以訖工，遂使廣行宣傳，以彰我皇祖一代之制。朕素不知禮，又兼無學，因以刊布之意，而述之於首，是為序。

明·郎瑛《七修類稿》卷三七《詩文類》　洪武書目：痛三綱淪而九法斁，無以新耳目而示勸懲，首作《大誥》三編；欲戒後代人君臣民之愚癡，作《資世通訓》；以禮樂不協于中，成書曰《大明集禮》；仿《周禮》而為治天下之宏綱，作《諸司職掌》曰《大明律》；曰《大明令》，所以立世法也；曰《洪武禮制》、曰《禮儀定式》，所以詳世禮也；《清教録》，所以戒僧道也；《大明一統曆》，所以欽天道也；定字義書曰《洪武正韻》，後以未當，命劉三吾重編，曰《韻會定正》；念農勞而命戶部計田之數，以為文武俸數，作《省貪簡要録》；見功臣器用逾制，命翰林院考漢、唐、宋封爵之數，編《稽制録》，編歷代宗室諸王善惡者以類，曰《永鑑録》，後又有《昭鑑録》；編歷代為臣善惡可以勸戒者，曰《世臣總録》；訂正蔡氏書傳，名曰《書傳會選》；取大禹所敍、箕子所陳、有益治道者，作《洪範注》；紀天下道路者，書曰《寰宇通衢》，載文武官屬體統及簽書案牌次第、軍士月糧宿衛屯田者，曰《政要録》；自敍得之之艱難，與更胡俗書，曰《祖訓録》；又欲貽孫謀以昭燕翼，成書曰《皇明祖訓》；言喪服者曰《孝慈録》；取五經四書敬天忠君孝親而成者，曰《精誠録》；集歷代祭祀祥異感應可為鑑戒者，名曰《存心録》；編漢唐宋災異應於臣下者，名曰《省躬録》；以致《道德》有注，《論語》有解，諸經、《元史》有纂。至哉王心！無一事不加之意也。創業之君，所以難歟。

雜　録

明·祝允明《前聞紀·修書》　太宗皇帝大崇文教，以《四書》、《五經》經宋儒發明之後，又諸說不一，命儒臣胡廣、楊榮、金幼孜等會萃去後，並纂先儒論議，有俾斯道者為《四書五經性理大全》，書通二百二十九卷。當時供賜甚渥，惟《禮記》先修，書成，最號精當，餘下帙聞日久催纂之故，或未協輿議云。或云《禮經》最後成，未審其後。又開局修《永樂大典》，凡古今言行，巨細網羅無遺意，如宋《太平御覽》之類，而浩博過之，乙太穰濫，竟未完淨而罷，聞其目録且幾百卷云。

明·沈德符《萬曆野獲編》卷一《重修會典》　《會典》一書，蓋昉《唐六典》而加詳焉。太祖初著諸司職掌，至英宗復辟，復命詞臣纂修條格，以續職掌之後，蓋《會典》已權輿於此，但未及成帙耳。至弘治十年丁巳始創立，此書成於弘治十五年。賜名《大明會典》。

明・沈德符《萬曆野獲編補遺》卷一《總裁永樂大典》　文皇帝修《永樂大典》，其書為古今第一浩繁，卷帙且至數萬。【略】今人但知濟曾為重修《太祖實録》總裁耳。《大典》一書，初文皇命翰林學士兼春坊大學士解縉等修輯，未期而書成，上賜宴賞拜恩者百四十七人，賜名《文獻大成》，時永樂二年十一月也。既而上以紀載尚多未備，仍命重修。【略】至永樂五年十一月書成，【略】上為更名曰《永樂大典》，御製序弁其首。

清・鄭達《野史無文》卷三《烈皇帝遺事上》　永樂大典書成未刊，上命刻日蝕卷行世。今《永樂大典》刻本惟此。達聞《永樂大典》寫本有數萬卷，厄於賊火。惜哉！

設館修史分部

綜　述

元

《元史》卷四《世祖紀一》　（中統二年七月）癸亥，初立翰林國史院。王鶚請修遼、金二史，又言：『唐太宗置弘文館，宋太宗設內外學士院。今宜除拜學士院官，作養人才。乞以右丞相史天澤監修國史，左丞相耶律鑄、平章政事王文統監修《遼》、《金史》，仍採訪遺事。』並從之。

又　卷一四《世祖紀十一》　（至元二十三年十二月）戊午，翰林承旨撒里蠻言：『國史院纂修太祖累朝實録，請以畏吾字繙繹，俟奏讀然後纂定。』從之。

又　卷一八《成宗紀一》　（至元三十一年六月）甲辰，詔翰林國史院修《世祖實録》，以完澤監修國史。

又　卷二二《武宗紀一》　（至大元年三月）己卯，命翰林國史院纂修《順宗》、《成宗實録》。

又　卷二四《仁宗紀一》　（至大四年五月）丙子，命翰林國史院纂修先帝實録及累朝皇后、功臣列傳，俾百司悉上事迹。【略】

（皇慶元年十月戊子）翰林學士承旨玉連赤不花等進《順宗》、《成宗》、《武宗實録》。【略】

（皇慶二年四月）甲申，詔遴選賢士，纂修國史。

又　卷二七《英宗紀一》　（延祐七年十一月）甲申，敕翰林國史院纂修《仁宗實録》。【略】

（至治元年三月）甲申，敕纂修《仁宗實録》，《后妃》、《功臣傳》。

又　卷二八《英宗紀二》　（至治三年二月）丙寅，翰林國史院進《仁宗實録》。

又　卷二九《泰定帝紀一》　（泰定元年十二月）丙寅，命翰林國史院修纂《英宗》、《顯宗實録》。

又　卷三三《文宗紀二》　（天曆二年十一月）乙卯，翰林國史院臣言：『纂修《英宗實録》，請具倒剌沙款伏付史館。』從之。

又　卷三四《文宗紀三》　（至順元年五月）丁卯，翰林國史院修《英宗實録》成。

又　卷三八《順帝紀一》　（後至元元年四月）己卯，詔翰林國史院纂修累朝實録及后妃、功臣列傳。

又　卷四一《順帝紀四》　（至正三年三月）是月，詔修遼、金、宋三史，以中書右丞相脱脱為都總裁官，中書平章政事鐵木兒塔識、中書右丞太平、御史中丞張起岩、翰林學士歐陽玄、侍御史呂思誠、翰林侍講學士揭傒斯為總裁官。【略】

（至正五年十月）辛未，遼、金、宋三史成，右丞相阿魯圖進之，帝曰：『史既成書，前人善者，朕當取以為法，惡者取以為戒，然豈止激勸為君者，為臣者亦當知之。卿等其體朕心，以前代善惡為勉。』

又　卷一三八《脱脱傳》　（至正）三年，詔修遼、金、宋三史，命脱脱為都總裁官。又請修《至正條格》頒天下。帝嘗御宣文閣，脱脱前奏曰：『陛下臨御以來，天下無事，宜留心聖學。頗聞左右多沮撓者，設使經史不足觀，世祖豈以是教裕皇哉？』即秘書監取裕宗所授書以進，帝大悅。

又 卷一六〇《王鶚傳》 世祖即位，建元中統，首授翰林學士承旨，制誥典章，皆所裁定。至元元年，加資善大夫。上奏：『自古帝王得失興廢可考者，以有史在也。我國家以神武定四方，天戈所臨，無不臣服者，皆出太祖皇帝廟謨雄斷所致，若不乘時紀録，竊恐久而遺亡，宜置局纂就實録，附修遼、金二史。』又言：『唐太宗始定天下，置弘文館學士十八人，宋太宗承太祖開創之後，設内外學士院，史冊爛然，號稱文治。堂堂國朝，豈無英才如唐、宋者乎！』皆從之，始立翰林學士院，鶚遂薦李冶、李昶、王磐、徐世隆、高鳴為學士。復奏立十道提舉學校官。

又 卷一八一《揭傒斯傳》 詔修遼、金、宋三史，傒斯與為總裁官，丞相問：『修史以何為本？』曰：『用人為本，有學問文章而不知史事者，不可與；有學問文章知史事而心術不正者，不可與。用人之道，又當以心術為本也。』且與僚屬言：『欲求作史之法，須求作史之意。古人作史，雖小善必録，小惡必記。不然，何以示懲勸！』由是顏然以筆削自任，凡政事得失，人材賢否，一律以是非之公。至於物論之不齊，必反覆辨論，以求歸於至當而後止。四年，《遼史》成，有旨獎諭，仍督早成金、宋二史。傒斯留宿史館，朝夕不敢休，因得寒疾，七日卒。

又 卷一八二《歐陽玄傳》 元統元年，改僉太常禮儀院事，拜翰林直學士，編修四朝實録。【略】

詔修遼、金、宋三史，召為總裁官，發凡舉例，俾論撰者有所據依。史官中有悻悻露才、論議不公者，玄不以口舌爭，俟其呈稿，援筆竄定之，統系自正。至於論、贊、表、奏，皆玄屬筆。五年，帝以玄歷仕累朝，且有修三史功，諭旨丞相，超授爵秩，遂擬拜翰林學士承旨。及入奏，上稱快者再三。【略】

修實録、《大典》、三史，皆大製作。屢主文衡，兩知貢舉及讀卷官，凡宗廟朝廷雄文大冊、播告萬方制誥，多出玄手。

又 《謝端傳》 居翰林久，至順、元統以來，國家崇號，慈極升祔先朝，加封宣聖考妣，制冊多出其手。預修文宗、明宗、寧宗三朝實録，及累朝功臣列傳，時稱其有史才。初，文宗建奎章閣，搜羅中外才俊置其中，嘗語阿榮曰：『當今文學之士，朕惟未識謝端。』

清·錢大昕《元史藝文志》卷二《正史類》 《遼史》一百一十六卷。都總裁中書右丞相脱脱，總裁官中書平章政事鐵睦爾達世，中書右丞相賀唯一，御史中丞張起岩，翰林學士歐陽原功，侍御史呂思誠，翰林侍講學士揭傒斯，史官兵部尚書廉惠山海牙，翰林直學士王沂，秘書著作佐郎吳昺，國史院編修官陳繹曾。至正四年三月進。【略】

《金史》一百三十五卷。領三史事中書右丞相阿魯圖，丞相別兒怯不花，都總裁前中書右丞相脱脱，總裁官御史大夫鐵睦爾達世，中書平章政事賀唯一，翰林學士承旨張起岩，翰林學士歐陽原功，治書侍御史李好文。【略】至正四年十一月進。【略】

《宋史》四百九十六卷。領三史事中書右丞相阿魯圖，丞相別兒怯不花，都總裁前中書右丞相脱脱，總裁官中書平章政事鐵睦爾達世，御史大夫賀唯一，翰林學士承旨張起岩，翰林學士承旨歐陽原功，治書侍御史李好文。【略】至正五年十月進。

又 《實録類》 《太祖實録》。大德七年，翰林國史院進太祖、太宗、定宗、睿宗憲宗五朝《實録》。【略】

《太宗實録》。至元二十七年，大司徒撒里蠻、翰林學士承旨兀魯帶進太宗、定宗、《實録》。【略】

《世祖實録》二百一十卷，《事目》五十四卷，《聖訓》六卷。

明

《明太祖寶訓》卷六 洪武二年二月丙寅朔，詔修《元史》。

《明太祖實録》卷五四 洪武三年秋七月丁亥朔，續修《元史》成，計五十有三卷，紀十，志五，表二，列傳三十六。凡前書未備者，悉補完之，通二百一十二卷。翰林院學士宋濂率諸儒以進。詔刊行。

《明太宗實録》卷一三 （洪武三十五年十月）己未，修《太祖高皇帝實録》。敕【略】曰：【略】比者，建文所修《實録》，遺逸既多，兼有失實，朕鑑之，誠有歉焉。今命儒臣重加纂修，務在詳備，庶幾神功聖德，明昭日月，垂裕萬世。

《明宣宗實録》卷五 （洪熙元年閏七月）乙巳，以纂修《仁宗昭皇帝實録》，敕禮部曰：【略】自皇考仁宗昭皇帝留守南京至嗣承天位，二十餘年，聖德聖政，爾禮部悉恭依倣皇祖《太宗文皇帝實録》事例，通行中外。【略】夫述先朝之盛典，用垂憲于永世，所繫甚重，勉罄厥誠。欽哉。

《明穆宗實録》卷八 （隆慶元年五月）庚辰，敕諭太師兼太子太師成國公等曰：茲者恭修皇考《世宗肅皇帝實録》，【略】于元年六月初一日開館。【略】爾等宜悉心綜理，夙夜勤事，毋忽以致遺，毋誇以失實，毋偏以廢公，毋怠以玩歲，殫乃心方，用一代之令典，以覲揚我皇考之耿光，稱朕意焉。【略】

（隆慶元年五月丁卯）禮部奏纂修《世宗實録》事迹，令各省提學官采輯編匯，齎送史館，免差官採訪。從之。

《明神宗實録》卷五 （隆慶六年九月）乙巳，大學士張居正等請纂修《穆宗莊皇帝實録》。

又 卷一九六 （萬曆十六年三月）壬辰，大學士申時行奏，禮部覆：司業王祖嫡請復建文年號，改正《景皇帝實録》。【略】上諭：景皇帝位號已復，《實録》候纂修改正，建文年號仍已之。

清·黄虞稷《千頃堂書目》卷四《國史類》 《太祖高皇帝實録》二百五十七卷。建文元年正月敕修《太祖實録》，【略】。三年十二月書成。靖難後成祖命重修，【略】。永樂元年六月書成進呈。至九年，帝以景隆、瑺心術不正，又成於急促，未及精詳，乃命胡廣【略】等為纂修，而命姚廣孝、夏原吉監修。十六年五月書成進上，始於元至正辛卯，終於洪武三十一年戊寅。【略】

《太宗文皇帝實録》一百三十卷。洪熙元年癸酉，命行在禮部翰林院修《太宗實録》，【略】至宣德五年正月，書成進御。【略】

《仁宗昭皇帝實録》十卷。洪熙元年閏七月命纂修，總裁即修太宗實録諸人，惟監修增太子太保成山侯王通。至宣德五年五月，書成進御。【略】

《宣宗章皇帝實録》一百十五卷。宣德十年七月丙子，命大學士楊士奇、楊榮、禮部尚書兼翰林院學士楊溥為總裁，以少詹事王英、王直副之。至正統三年四月乙丑，書成進呈。士奇等各進一官，以他官纂修者，俱改翰林院官。【略】

《英宗睿皇帝實》録三百六十一卷。天順八年□月，憲宗即位，敕修《英宗實録》，【略】。成化三年八月書成進御，起宣德十年正月，迄天順八年正月，首尾三十年。附景泰帝事實於中，稱廢帝郕戾王，《附録》凡八十七卷。【略】

《憲宗純皇帝實録》二百九十三卷。弘治元年閏正月敕修【略】。弘治四年八月，書成進御。【略】

《孝宗敬皇帝實録》二百二十四卷。正德元年十二月敕修【略】。至四年五月，書成。【略】

《武宗毅皇帝實録》一百九十七卷。正德十六年六月敕修【略】。至嘉靖四年六月，書成。【略】

《世宗肅皇帝實録》五百六十六卷。隆慶元年五月，命徐階等總裁。纂修未及成，神宗登極，再命張居正、呂調陽、張四維為總裁，馬自強、萬鏜、申時行、王錫爵副之。五年八月，書成進御。【略】

《穆宗莊皇帝實録》七十卷。隆慶六年十月敕修【略】。二年七月，書成進御。【略】

《神宗顯皇帝實録》五百九十四卷。天啓□年敕修。【略】

《光宗真皇帝實録》八卷。總裁大學士葉向高等修。天啓三年七月書成，熹宗御製序。後逆閹柄國政，給事中黄承昊題請改修，於是霍維華等大肆塗抹，未及上而熹宗崩。至崇禎元年二月始進呈，閣臣施鳳來請焚向高先所修本，司禮監太監王體乾以前所修，亦係奉旨事理，國朝無焚實録之例，請並貯皇史宬中。其後詞臣文震孟、許士柔疏請改修，震孟請刊定改録所筆，士柔則抉摘録所削帝紀、皇子女誕生事，俱奉不必煩議之旨，照原本。卒以不焚得並行云。【略】

《熹宗哲皇帝實録》八十四卷。缺天啓四年□月及七年□月。【略】

李長春纂修熹宗七年《都察院實録》十四卷。崇禎時以纂修《熹宗實録》，六部都察院各命官纂修事實，都察院以浙江監察御史李長春董其事，長春乃輯泰昌元年九月以後為一卷，天啓元年至六年各上下二卷，七年正月至八月為一卷，共十五卷，今缺五年下卷。【略】

《獻皇帝實録》五十卷。嘉靖四年三月甲戌，敕修《獻皇帝實録》，命藩府内外臣僚將當日嘉言善行輯送翰林院編纂。【略】先是費宏疏言：獻皇帝享國長久，嘉言懿行，舊邸承奉長史等官必有成書，宜遣官取付史館，並促張元昶速進長史張景明原撰：《日録》。詔從之。

又《正史類》 宋濂等修《元史》二百十二卷。洪武二年二月丙寅，詔修《元史》，上謂廷臣曰：近克元都，得元十三朝《實録》，元雖亡國，事當紀載，況史記成敗示勸懲，不可廢也。乃詔中書左丞相宣國公李善長為監修，【略】，開局天界寺，取元《經世大典》諸書以資參考。至八月癸酉書成，善長表進。

又《編年類》 《續宋元資治通鑑綱目》二十七卷。成化九年敕修，遵朱熹《資治通鑑綱目》例，纂宋元二史上續其書，總裁大學士彭時，戶部尚書商輅，獲部尚書萬安。【略】

《歷代通鑑纂要》九十二卷。弘治十八年，論內閣李東陽等纂輯《綱目》及《續編》切於治道者，以備觀覽，正德□年書成。

《明史》卷二《太祖紀二》 （洪武二年八月）癸酉，《元史》成。

又 卷五六《禮志十》 建文時，《太祖實録》成，其進儀無考。永樂元年，重修《太祖實録》成。【略】萬曆五年，《世祖實録》成，續定進儀。

又 卷九七《藝文志二》 明《太祖實録》二百五十七卷建文元年，董倫等修。永樂元年，解縉等重修。九年，胡廣等復修。起元至正辛卯，訖洪武三十一年戊寅，首尾四十八年。萬曆時，允科臣楊天民請，附建文帝元、二、三、四年事迹於後。【略】

《日曆》一百卷，洪武中，詹同等編，具載太祖征討平定之績，禮樂治道之詳。《寶訓》十五卷，《日曆》即成，詹同等又請分類更輯聖政為書，凡五卷。其後史官隨類增至十五卷。【略】

《成祖實録》一百三十卷，《寶訓》十五卷，楊士奇等修。【略】

《仁宗實録》十卷，《寶訓》六卷，蹇義等修。【略】

《宣宗實録》一百十五卷，《寶訓》十二卷，楊士奇等修。【略】

《英宗實録》三百六十一卷，成化元年，陳文等修，起宣德十年正月，訖天順八年正月，首尾三十年。附景泰帝事迹於中，凡八十七卷。《寶訓》十二卷，與《實録》同修。【略】

《憲宗實録》二百九十三卷，《寶訓》十卷，劉吉等修。【略】

《孝宗實録》二百二十四卷，正德元年，劉健、謝遷等修。未幾健、遷皆去位，焦芳等續修。《寶訓》十卷，與《實録》同修。【略】

《武宗實録》一百九十七卷，《寶訓》十卷，費宏等修。【略】

《睿宗實録》五十卷，《寶訓》十卷，嘉靖四年，大學士費宏言：『獻皇帝嘉言懿行，舊邸必有成書，宜取付史館纂修。』從之。【略】

《世宗實録》五百六十六卷，《寶訓》二十四卷，隆慶中，徐階等修，未竣。萬曆五年，張居正等續修成之。【略】

《穆宗實録》七十卷，《寶訓》八卷，張居正等修。【略】

《神宗實録》五百九十四卷，《寶訓》二十六卷，温體仁等修。【略】

《光宗實録》八卷，天啓三年，葉向高等修成，有熹宗御製序。既而霍維華等改修，未及上，而熹宗崩。至崇禎元年，始進呈向高原本，並貯皇史宬。【略】

《熹宗實録》八十四卷，温體仁等修。【略】

《元史》二百十二卷，洪武中宋濂等修。

又 卷一二八《宋濂傳》 洪武二年詔修《元史》，命充總裁官。是年八月史成，除翰林院學士。明年二月，儒士歐陽祐等采故元元統以後事迹還朝，仍命濂等續修，六越月再成，賜金帛。

又 卷一三六《曾魯傳》 洪武初，修《元史》，召魯為總裁官。史成，賜金帛，以魯居首。乞還山，會編類禮書，復留之。

又 卷一四一《方孝孺傳》 時修《太祖實録》及《類要》諸書，孝孺皆為總裁。

又 卷一四三《廖昇傳》 建文初，修《太祖實録》，董倫、王景為總裁官，升與高遜志為副總裁官，李貫、王紳、胡子昭、楊士奇、羅恢、程本立為纂修官，皆一時選。

又 卷一四五《姚廣孝傳》 重修《太祖實録》，廣孝為監修。又與解縉等纂修《永樂大典》。書成，帝褒美之。

又 卷一四七《胡儼傳》 當是時，海內混一，垂五十年。帝方內興禮樂，外懷要荒，公卿大夫彬彬多文學之士。儼館閣宿儒，朝廷大著作多出其手。重修《太祖實録》、《永樂大典》、《天下圖志》皆充總裁官。

又　卷一四八《楊士奇傳》　專修《太宗實録》，與黄淮、金幼孜、楊溥俱充總裁官。

清

《清世祖實録·序》　康熙十一年。聖祖仁皇帝特開史館纂輯實録，凡一百四十六卷。雍正十二年，皇考世宗憲皇帝恭閲全書，復令儒臣重加校訂。

《清高宗實録》卷九　（雍正十三年十二月壬辰）纂修《明史》總裁大學士張廷玉等奏：纂修《明史》告成。得旨：《明史》纂修多年，稿本今得告竣，但卷帙繁多，恐其中尚有舛訛之處，著展半年之期。該總裁率同纂修官，再加校閲，有應改正者，即行改正，交武英殿，刊刻陸續進呈。

又　卷八三　（乾隆三年十二月甲午）《八旗通志》書成，總裁大學士伯鄂爾泰等恭進。得旨：志書留覽，該館各員，著交部分別議敘。

又　卷一〇二九　（乾隆四十二年三月乙未）軍機大臣等奏：遵查承辦未竣書籍，共十六種，内《通典》、《通志》二書，派有專管總裁，《日下舊聞考》亦派有總裁，惟《一統志》、《西域圖志》及《遼》、《元》、《明史》、《熱河志》、《明紀綱目》、《通鑑輯覽》、《音韻述微》、《太學志》等書，未經特派，應派專管之員，責成定限速纂。

又　卷一〇三二　（乾隆四十二年五月）辛未，諭：《元史》、《遼史》、《明史》、《通志》、《通典》、《音韻述微》、《蒙古源流》、《臨清紀略》各書，仍著於敏中，同原派之大臣等閲辦。

《清德宗實録》卷一〇三　（光緒五年十一月）辛未，諭内閣：沈桂芬等奏，覆纂《臣工列傳》書成一摺，國史館《臣工列傳》，自道光十六年，至同治十三年，均覆加編纂，查改畫一，分別繕寫清漢正本，擇日送藏皇史宬。並另繕清漢正本各一分，存館備查。現在全書一律完竣，數在五百卷以上。

清·昆岡等［光緒］《清會典事例》卷一〇四九《翰林院·職掌·纂修書史一》　天聰元年，命恭纂《太祖高皇帝實録》。【略】

（天聰）九年，諭文館諸臣：朕睹漢文史書，殊多飾詞，雖全覽無益也，今宜於《遼》、《宋》、《金》、《元》四史内，擇其勤於求治，而國祚昌隆，或所行悖道，而統緒廢墜，與夫用兵行師之方略，以及佐理之忠良，亂國之姦佞，有關政要者，彙纂繙譯成書，用備觀覽。【略】

順治二年，敕修《明史》。

（順治）九年，敕恭纂《太宗文皇帝實録》。【略】

康熙六年諭：世祖章皇帝勵精圖治，敬天法祖，無事不以國計民生為念。鴻功偉業，載在史冊，理宜纂修《實録》，垂示永久，以昭大典。【略】

（康熙）二十二年，命【略】重修《太祖高皇帝實録》、《聖訓》。【略】

（康熙二十二年）又命【略】恭修太宗文皇帝、世祖章皇帝《聖訓》，諭監修總裁官大學士勒德洪等：卿等督率各官，敬慎纂修，速竣大典，表彰謨烈，以副朕繼述顯揚先德之意。【略】

雍正元年，命大學士馬齊為監修總裁官，【略】恭纂《聖祖仁皇帝實録》。諭：皇考御極六十一年，聖謨神烈甚多，卿等督率各官，務期悉心敬纂，迅速告成，俾永垂方冊，以副朕繼述顯揚先德之意。【略】

（雍正元年）又敕恭纂《聖祖仁皇帝聖訓》。【略】

（雍正）十三年十月，諭：大學士鄂爾泰等奏請纂修皇考《世宗憲皇帝實録》，朕思記事之文，務期確實，方可信今傳後。【略】為臣子者，自當慎重考覈，編述詳明，期於聖德神功，廣大悉備，庶可昭簡冊，傳示萬年。【略】

乾隆元年，敕恭纂《世宗憲皇帝聖訓》。是年，國史館總裁大學士鄂爾泰等恭進《太祖高皇帝本紀》。奉旨：四朝本紀，現在編纂，我皇考本紀，亦應及時敬謹編輯。又據奏稱表志列傳等項，俟四朝本紀編定之後，次第排纂等語。表志列傳，若俟本紀編定之後，方行排纂，則曠日持久，書成未免太遲。著一面辦理本紀，一面將表志列傳等排纂。

又　卷一〇五〇《翰林院·職掌·纂修書史二》　（乾隆四十三年）又諭：我國家開創之初，明季諸臣，望風歸附者多。雖皆臣事興朝，究有虧於大節，自不當與范文程諸人，略無區別。因命國史館以明臣之降順者，另立《貳臣傳》，據實直書，用彰公是。

又　卷一〇五一《翰林院·職掌·纂修書史三》　（嘉慶四年）又諭：朕惟溯勳華者，道寓典謨，宗文武者，政存方策。自古帝王，皆有實録，所以昭當時之政治，垂後世之法程，較之大事記時政記諸書，體例為尤備焉。我皇考高宗純皇帝體元行健，久道化成。【略】恭修《實録》，【略】務期文極雅馴，事徵確核，恪勤朝夕，丕昭懋典，稱朕意焉。【略】

（嘉慶四年）又敕恭纂《高宗純皇帝聖訓》。【略】

（嘉慶八年）又奉旨：向來史書皆有《本紀》，以為弁冕。我朝列聖相承，均經國史館恭修《本紀》，敬謹存藏。伏念皇考高宗純皇帝聖德神功，登三咸五，業於四年春，特命纂修《實録》，自應恭修《本紀》，以垂史冊。著國史館總裁，派提調等督率編纂，隨時進呈，務於《實録》告成後，陸續辦竣。【略】

（嘉慶二十五年）又敕恭纂《仁宗睿皇帝實録》。【略】

（嘉慶二十五年）又敕恭纂《仁宗睿皇帝聖訓》。【略】

道光二年，敕恭修《仁宗睿皇帝本紀》。

論說

清·計六奇《明季南略》卷四《累朝闕典未行疏》　先臣楊守陳嘗議修『建文實録』有云：『國可廢，史不可廢』。卓哉兩語，可稱要言不煩。宏治中，布衣繆恭伏闕上書，請復建文時故號，爵其後裔奉祀。時繫恭獄，以聞於上；敬皇帝詔勿罪。夫滅曲直不載，不若直陳往事而示之以無可增加也；削廟號弗隆，不若引景帝故事，還懿文當日追尊故號，祀之園寢，而配以建文君也。二事並係大典，伏乞皇上敕下廷臣集議：『建文實録』作何開局纂修？懿文故號、祀典作何厘正？若此舉告成，千秋萬世之下必傳為美談。

清·趙翼《廿二史劄記》卷三一《明史》　近代諸史，自歐陽公五代史外，《遼史》簡略，《宋史》繁蕪，《元史》草率，惟《金史》行文雅潔，敘事簡括，稍為可觀。然未有如《明史》之完善者。日久功深，蓋自康熙十七年，用博學宏詞諸臣分纂明史，葉方藹、張玉書總裁其事，繼又以湯斌、徐乾學、王鴻緒、陳廷敬、張英先後為總裁官，而諸纂修皆博學能文，論古有識。後玉書任志書，廷敬任本紀，鴻緒任列傳，至五十三年，鴻緒傳稿成，表上之，而本紀、志、表尚未就，鴻緒又加纂輯，雍正元年再表上，世宗憲皇帝命張廷玉等為總裁，即鴻緒本，選詞臣再加訂正，乾隆初始進呈，蓋閱六十年而後訖事。古來修史，未有如此之日久而功深者也。惟其修於康熙時，去前朝未遠，見聞尚接，故事迹原委，多得其真，非同《後漢書》之修於宋，《晉書》之修於唐，徒據舊人記載而整齊其文也。又經數十年參考訂正，或增或刪，或離或合，故事益詳而文益簡。且是非久而後定，執筆者無所徇隱於其間，益可徵信，非如元末之修宋遼金三史、明初之修元史，時日迫促，不暇致詳而潦草完事也。

雜録

明·姜清《姜氏秘史》卷二　敕修《太祖高皇帝實録》，以禮部左侍郎兼翰林院學士董倫、右侍郎兼翰林院學士王景彰為總裁官，太常寺少卿廖昇、翰林院侍讀學士高遜志為副總裁官，翰林院修撰、國子監博士王紳、陝西漢中府學教授翳子昭、齊府審理副楊士奇、江西崇仁縣學訓導羅恢、雲南馬龍池郎甸長官司吏目程本立等為纂修官，給大官撰，寵眷有加。

清·趙翼《廿二史劄記》卷二三《宋遼金史》　元順帝時，命托克托（舊史名脱脱）等修遼、宋、金三史。自至正三年三月開局，至正五年十月告成。以如許卷帙，成之不及三年，其時日較明初修元史更為迫促。然三史實皆有舊本，非至托克托等始修也。各朝本有各朝舊史，元世祖時，又已編纂成書，至托克托等，已屬第二、三次修輯，故易於告成耳。【略】

元世祖中統二年，王鶚請修《遼》、《金》二史，詔左丞相耶律鑄平章政事、王文統監修，尋又詔史天澤亦監修。【略】可見元世祖時，三史俱已修訂。而《元史·托克托傳》並謂『延祐、天曆間，又屢詔修之。』則不惟修之於世祖時，而世祖後又頻有修輯矣。

又　卷二九《元史》　直至世祖中統三年，始詔王鶚集廷臣商議史事，鶚請以先朝事付史館。至元十年，又敕翰林院採集累朝事迹，以備纂輯。其後撒里蠻等進累朝實録。【略】又成宗時，兀都帶等進太宗憲宗、世祖實録【略】今案《金史》世紀敘先世事，至盈一卷。而《元史》敘孛端叉兒以下十世，不過千餘字。可見國史院已無可徵，世祖以來，始有實録。至元二年，敕儒士編修國史。五年，以和禮霍孫等充翰林待制兼起居注，以記政事。滅宋後，詔作平金、平宋録及諸國臣服傳，命耶律鑄監修。成宗即位，詔完澤監修世祖實録。元貞七年，國史院進太祖、太宗、定宗、睿宗、憲宗五朝實録。武宗時，詔國史院纂修順宗、成宗實録。仁宗時，纂修武宗實録及累朝后妃、功臣傳，俾百工各上事迹。英宗時，詔修仁宗實録及《后妃》、功臣傳。泰定帝詔修英宗、顯宗實録。文宗時，又詔修英宗實録並具書倒剌沙款伏狀。順帝時，詔修累朝實録及後妃、功臣傳。【略】

案明洪武二年，得元十三朝實録，命修元史，宋濂、王褘為總裁，二月開局，八月成書。而順帝一朝，史猶未備，乃命儒士往北采遺事。明年二月，重開史局，六月書成。

文字獄分部

綜　述

清·翁廣平《書湖州莊氏史獄》 廷鑨，字子美，年十九拔貢，目旋盲。因思史遷有『丘明失明，厥有《國語》』之説，遂欲著書，成一家言。故相朱公嘗取國事及公卿志狀疏草，命胥鈔録數十帙。廷鑨得之，則招致賓客，日夜編輯，為《明書》。書垂成而廷鑨卒。【略】之榮計不得行，特購初刊本，遂入京奏之四大臣。大怒，遣官之杭，執廷鑨之父允城及其兄廷鉞及弟侄之列名於書者十八人，皆論死。允坤死于成書前，不列名不坐。而發廷鑨墓，焚其骨。籍没其家產。【略】是獄也，死者七十餘，遣戍者百餘人。吳之榮卒以此起用。並以所籍朱佑明之產給之。後仕至右僉都當讞獄。時浙之大吏與刑部侍郎鑑於松魁，且畏之榮，復有言，雖冤者，不敢奏雪也。

《清聖祖實録》卷二四八 （康熙五十年十月）丁卯，都察院左都御史趙申喬疏參翰林院編修戴名世，妄竊文名，恃才放蕩。前為諸生時，私刻文集，肆口游談，倒置是非，語多狂悖。今身膺恩遇，叨列巍科，猶不追悔前非，焚削書板。似此狂誕之徒，豈容濫廁清華。祈敕部嚴加議處，以為狂妄不謹之戒。得旨：這所參事情，該部嚴察審明具奏。

又　卷二四九 （康熙五十一年正月）丙午，刑部等衙門題：察審戴名世所著《南山集》、《孑遺録》，內有大逆等語，應即行凌遲。已故方孝標，所著《滇黔紀聞》內，亦有大逆等語，應銼其屍骸。戴名世、方孝標之祖父子孫兄弟，及伯叔父兄弟之子，年十六歲以上者，俱查出解部，即行立斬。【略】上曰：此事著問九卿具奏。案內方姓人，俱係惡亂之輩，方光琛投順吳三桂，曾為偽相，方孝標亦曾為吳三桂大吏，伊等族人，不可留本處也。

又　卷二五三 （康熙五十二年二月乙卯）大學士等以刑部等衙門審擬戴名世私造《南山集》，照大逆例凌遲一案，請旨。上諭曰：戴名世，從寬免凌遲，著即著斬。方登嶧、方雲旅、方世樵，俱從寬免死，並伊妻子，充發黑龍江。此案內干連人犯，俱從寬免治罪，著入旗。

《清世宗實録》卷三九 （雍正三年十二月辛巳）刑部等衙門議奏：妄作《西征隨筆》之汪景祺，照大不敬律，擬斬立決。得旨：汪景祺作詩譏訕聖祖仁皇帝，大逆不道，應當處以極刑。今大臣等定擬立斬具奏，姑從其請，著將汪景祺立斬梟示。其妻子發遣黑龍江，給與窮披甲之人為奴。

又　卷四二 （雍正四年三月）壬戌，大學士九卿等奏：食侍講俸之錢名世，作詩投贈年羹堯，稱功頌德，備極諂媚。且以平藏之功，歸美年羹堯，謂當立碑于聖祖仁皇帝平藏碑之後，甚屬悖逆。應革職，交與刑部從重治罪。得旨：向來如錢名世、何焯、陳夢雷等，皆頗有文名，可惜行止不端，立身卑污。所以聖祖仁皇帝擯斥不用，置之閒散之地。而錢名世諂媚性成，作為詩詞，頌揚奸惡，措詞悖謬，自取罪戾。今既敗露，益足以彰聖祖知人之明，但其所犯，尚不至於死，伊既以文詞諂媚奸惡，為名教所不容，朕即以文詞為國法，示人臣之炯戒。

又　卷四四　（雍正四年五月庚子）又諭：賜錢名世『名教罪人』四字，著伊製匾，懸于居宅。又諭旨一道及諸臣所賦刺惡之詩，一併交與錢名世刊刻進呈，由直省學校所在，各頒一部，以示鑑戒。

又　卷四八　（雍正四年九月乙卯）諭内閣九卿翰詹科道等：『查嗣庭向來趨附隆科多。【略】今閱江西試録所出題目，顯露心懷怨望，譏刺時事之意。料其居心，淺薄乖張，平日必有紀載。遣人查其寓所及行李中則有日記二本，悖亂荒唐，怨誹捏造之語甚多。又于聖祖仁皇帝用人行政，大肆訕謗，【略】查嗣庭讀書之人，受朕格外擢用之恩。而伊逆天負恩，譏刺咒詛，大干法紀。著將查嗣庭革職拿問，交三法司嚴審定擬。

又　卷五一　（雍正四年十二月癸未）諭内閣：【略】乃查嗣庭私編日記，譏訕朝政，而於賞賜進獻之物，則以無為有，以少為多，將來散布流傳，必致人議論。【略】祇因查嗣庭之妄行訕謗，是以有禁止漢官進獻之旨，即年節賞賜之事，朕意亦躊躇，蓋恐照舊行之，故啓無知小人之議論。

又　卷五七　（雍正五年五月壬戌）内閣等衙門議奏：查嗣庭蒙恩擢用，歷官至禮部侍郎，陰懷二心，忍行横議。臣等謹將查嗣庭所著日記，悖逆不道大罪，並夤緣請托關節私書，逐款究審。嗣庭亦俯首甘誅，無能置喙。除各輕罪不議外。應照大逆律，淩遲處死。

又　卷八一　（雍正七年五月乙丑）呂留良身為本朝諸生十餘年之久，乃始幡然易慮，忽號為明之遺民，千古悖逆反覆之人，有如是之怪誕無恥，可嗤可鄙者乎？自是著邪書，立逆説，喪心病狂，肆無忌憚，其實不過賣文鬻書，營求聲利。而遂敢於聖祖仁皇帝任意指斥，憑虚撰造，公然罵詛。【略】已故逆賊呂留良及見在子孫嫡親兄弟子侄照何定例治罪之處，著九卿翰詹科道會議，直省督撫提督兩司秉公，各抒己見，詳核定議具奏。

又　卷八二　（雍正七年六月）辛丑，諭内閣：據順承郡王錫保以在軍前效力之謝濟世注釋《大學》，毁謗程朱，參奏前來。朕觀謝濟世所注之書，意不止毁謗程朱，乃用《大學》内見賢而不能舉兩節，言人君用人之道，藉以抒寫其怨望誹謗之私也。其注有拒諫飾非，必至拂人之性，驕泰甚矣等語。觀此，則謝濟世之存心，昭然可見。【略】謝濟世以應得重罪之人，從寬令其效力，乃仍懷怨望，恣意謗訕，甚為可惡。應作何治罪之處，著九卿、翰、詹、科、道秉公定議具奏。

又　卷八三　（雍正七年秋七月丙午）諭内閣：據順承郡王錫保奏，在軍前效力之陸生楠，細書《通鑑論》七十篇，抗憤不平之語甚多。其論封建之利，言詞更屬狂悖，顯係非議時政。【略】以上皆陸生楠論斷《通鑑》中語，朕指出數條如此。陸生楠生當盛世，服習詩書，身叨乙榜，赴選朝官。非若曾静之僻處深山曠野，不知天高地厚，冥頑不靈之人也。【略】陸生楠罪大惡極，情無可逭。朕意欲將陸生楠于軍前正法，以為人臣懷怨誣訕者之戒。著九卿翰詹科道，秉公定擬具奏。【略】

（雍正七年秋七月戊申）九卿等議奏：謝濟世批註《大學》，肆行譏訕，怨望毁謗，怙惡不悛。陸生楠編寫《通鑑》，妄抒憤懣，倡狂恣肆，悖逆已極。俱應擬斬立決，即于軍前正法。得旨：陸生楠、謝濟世二人，議罪之本仍交與順承郡王錫保，發與陸生楠、謝濟世看本内所載諭旨各條，伊等有何辨對。著詢明確供具奏。

又　卷八九　（雍正七年十二月壬戌）刑部等衙門議奏：陸生楠藉論《通鑑》妄抒議訕，謝濟世批點《大學》，肆行毁謗，悖逆已極。【略】應將陸生楠、謝濟世俱擬斬立決，於軍前即行正法。【略】至妄行注釋之書，俱著嚴查燒毁。得旨：陸生楠著交與該將軍，于軍前即行正法，其父母祖孫兄弟，俱從寬免其流徙。謝濟世從寬免死，交與順承郡王錫保，令當苦差效力贖罪。

清·蕭奭《永憲録》卷一　辛卯秋，左都御史趙申喬劾編修戴名世所著《南山集》、《孑遺録》於前代事立言狂悖。聖祖震怒，逮治名世，詞連引據故内閣學士方孝標所著《滇黔録》。名世處決，孝標戮屍，兩家有服宗族皆發旗，方苞與焉，牽連者編修劉巖等，巖尋卒。上以苞勤勞内廷，特施曠典，赦回籍。

《清高宗實録》卷四　（雍正十三年十月癸酉）又諭：曾静大逆不道，雖置之極典，不足蔽其辜。乃我皇考聖度如天，曲加寬宥。夫曾静之罪，不減于呂留良，而我皇考于呂留良則明正典刑，于曾静則屏棄法外者，以留良謗議及于皇祖而曾静止及於聖躬也。今朕紹承大統，當遵皇考辦理呂留良案之例，明正曾静之罪，誅叛逆之渠魁，洩臣民之公憤。著湖廣督撫將曾靜、張熙即行鎖挐，遴選幹員，解京候審，毋得疎縱洩漏。其嫡屬交與地方官嚴行看守候旨。

又　卷一四　（乾隆元年三月庚子）諭總理事務王大臣：朕查閱汪景祺等舊案，景祺狂亂悖逆，罪不容誅。但其逆書《西征筆記》，乃出遊秦省時所作，其兄弟族屬，南北遠隔，皆不知情。今事已十載有餘，著將伊兄弟及兄弟之子，發遣寧古塔者，開恩赦回，其族人牽連革禁者，悉予寬宥。查嗣庭本身已經正法，其子侄等拘繫配所，亦將十載，亦著從寬赦回。

又　卷四八四　（乾隆二十年三月丙戌）上召大學士九卿翰林詹事科道等，諭曰：我朝撫有方夏，於今百有餘年，【略】凡為臣子，自乃祖乃父以來，食毛踐土，宜其胥識尊親大義。乃尚有出身科目，名列清華，而鬼蜮為心，於語言吟詠之間，肆其悖逆，詆訕怨望，如胡中藻者，實非人類中所應有。其所刻詩，題曰《堅磨生詩鈔》，「堅磨」出自《魯論》，孔子所稱磨涅，乃指佛肸而言，胡中藻以此自號，是誠何心？從前查嗣庭、汪景祺、呂留良等詩文日記，謗訕譸張，大逆不道，蒙我皇考申明大義，嚴加懲創，以正倫紀而維世道。數十年來，意謂中外臣民，咸知警惕，而不意尚有此等鴟張狺吠之胡中藻，即檢閱查嗣庭等舊案，其悖逆之詞，亦未有累牘連篇，至於如此之甚者。【略】此所關於世道人心者甚大，用俾天下後世，共知炯鑑。張泰開著革職交刑部，胡中藻、鄂昌已降旨挐解來京。

又　卷一〇四三　（乾隆四十二年十月癸丑）諭軍機大臣曰：海成奏，據新昌縣民王瀧南呈首舉人王錫侯刪改《康熙字典》，另刻《字貫》，實為狂妄不法，請革去舉人，以便審擬等因一摺。朕初閱以為不過尋常狂誕之徒，妄行著書立說，自有應得之罪，已批交大學士九卿議奏矣。【略】將該犯王錫侯迅速鎖押解京，交刑部嚴審治罪。

又　卷一〇四七　（乾隆四十二年十二月己酉）吏部奏：署江西布政使贛南道周克開、按察使馮廷丞，閱看王錫侯《字貫》一書，不能檢出悖逆重情，竟同聲附和，有乖大義，應請革職，交刑部治罪。其失察妄著書籍之大學士管兩江總督高晉，照例降級留任。得旨：周克開、馮廷丞俱著革職，交刑部治罪。高晉著降一級留任。

又　卷一〇四八　（乾隆四十三年正月辛未）諭軍機大臣等：據郝碩奏，接奉部議，將署布政使周克開、按察使馮廷丞革職，委員分別管押，解交刑部治罪一摺。前已有旨交部矣。逆犯王錫侯妄作《字貫》，於凡例內敢於悖逆，該司道等，不能詳細檢查，罪有應得，但不至如海成之重耳。

又　卷一〇六五　（乾隆四十三年八月甲申）諭軍機大臣等：據劉墉奏，如皋縣民人童志璘投遞呈詞，繳出泰州徐述夔詩一本、沈德潛所撰《徐述夔傳》一本。其徐述夔詩內，語多憤激，現移督撫搜查辦理等語。徐述夔身係舉人，而所作詩詞，語多憤激，使其人尚在，必應重治其罪。

又　卷一〇六九　（乾隆四十三年十月甲戌）又諭曰：徐述夔逆詞一案，蔡嘉樹在陶易處呈控徐食田藏匿其祖逆詞，並摘其狂悖語句，黏單具控。【略】朕初閱之，即疑必係劣幕有心袒護開脫，而陶易與之商同舞弊，欲圖消弭。今陶易解到，朕親加鞫訊，據供此稿係幕友陸炎所改，伊並未寓目，即果如所供，陶易之罪，亦不能稍減。而陸炎敢於舞文玩法，有意消弭，情節可惡，其罪亦斷難輕逭。

又　卷一〇七一　（乾隆四十三年十一月）癸丑，大學士九卿等議奏，徐述夔編造悖逆詩句一案，應照例將各犯，分別戮屍斬決。得旨：逆犯徐述夔、徐懷祖俱著照議戮屍，即派乾清門侍衛阿彌達，馳驛前往東臺縣，會同該撫楊魁，監視辦理。其沈德潛墓所，應行撲毀之祭葬碑文，並著阿彌達前往蘇州，會同該撫，監看磨毀字迹，並將其石，移棄他處，以昭炯戒。至徐述夔之孫徐食田、徐食書及列名校對之徐首發、沈成濯，並陶易之幕友陸炎，俱著從寬改為應斬監候。秋後處決。

又　卷一一二八　（乾隆四十六年四月丁巳）諭軍機大臣：據英廉奏，查辦尹嘉銓所著各書內，有《近聖編》四本。據尹嘉銓供，此書是在山東藩司任內纂的，有汶上彭知縣看見，帶到蘇州去刻等語。尹嘉銓所著各書，種種狂妄迂謬，不可枚舉，現交軍機大臣等重復校勘，加簽進呈。

又　卷一一三〇　（乾隆四十六年五月甲申）又諭：前以尹嘉銓所著各書，多狂妄悖謬之處，因傳諭各督撫實力查辦，解京銷毀。如查辦不實，致有隱漏，別經發覺，必將原辦之督撫治罪。此內如《小學》等書，本係前人著述，原可毋庸銷毀，惟其中有經該犯疏解編輯，及有序跋者，即當一體銷毀。至其自著各書，尤當實力通行查禁。著再傳諭各督撫，務須嚴切查辦，將查出各書，遵照前旨解京銷毀，毋令稍有存留，致干咎戾。

清・趙翼《廿二史劄記》卷三二《明史》　明初文字之禍。明祖通文義，固屬天縱，然其初學問未深，往往以文字疑誤殺人，亦已不少。【略】

《朝野異聞録》：三司衛所進表箋，皆令教官為之，當時以嫌疑見法者：浙江府學教授林元亮為海門衛作謝增俸表，以表內『作則垂憲』誅；北平府學訓導趙伯寧為都司作萬壽表，以『垂子孫而作則』誅；福州府學訓導林伯璟為按察使撰賀冬表，以『儀則天下』誅；桂林府學訓導蔣質為布按作正旦賀表，以『建中作則』誅；常州府學訓導蔣鎮為本府作正旦賀表，以『睿性生知』誅；澧州學正孟清為本府作賀冬表，以『聖德作則』誅；陳州學訓導周冕為本州作萬壽表，以『壽域千秋』誅；懷慶府學訓導呂睿為本府作謝賜馬錶，以『遙瞻帝扉』誅；祥符縣學教諭賈翥為本縣作正旦賀表，以『取法象魏』誅；亳州訓導林雲為本府作謝東宮賜宴箋，以『式君父以班爵禄』誅；尉氏縣教諭許元為本府作萬壽賀表，以『體乾法坤，藻飾太平』誅；德安府學訓導吳憲為本府作賀立太孫表，以『永紹億年，天下有道，望拜青門』誅。蓋『則』音嫌於『賊』也，『生知』嫌於『僧』也，『帝扉』嫌於『帝非』也，『法坤』嫌於『髮髡』也，『有道』嫌於『有盜』也，『藻飾太平』嫌於『早失太平』也。【略】

《閑中今古録》又載：杭州教授徐一夔賀表，有『光天之下，天生聖人，為世作則』等語，帝覽之大怒曰『生者僧也，以我嘗為僧也；光則薙髮也；則字音近賊也。』遂斬之。禮臣大懼，因請降表式，帝乃自為文播天下。又僧來復謝恩詩，有『殊域及自慚，無德頌陶唐』之句，帝曰『汝用殊字，是謂我歹朱也，又言無德頌陶唐，是謂我無德，雖欲以陶唐頌我，而不能也。』遂斬之。

清・趙慎畛《榆巢雜識》卷上《查嗣庭案》　雍正四年，閣學查嗣庭典試江西，所出題目，露譏刺時事之意，並於行李中查出日記本，語皆怨誹、捏造。如以翰林改授科道為可恥，以裁汰冗員為當厄，以欽賜進士為濫舉，以多選庶常為蔓草等語。經革職交三法司審擬，依照大逆淩遲。旋以病斃，戮梟。上以嗣庭玷辱科名，停浙江人鄉、會試，設觀風整俗使。可信人之居心，一涉澆薄、乖張，必遭天譴。戰悸記之以自警。是科江西副考官俞鴻圖與查嗣庭收受舉人牌坊、銀兩。嗣庭另案服罪，鴻圖降編修，後任河南學政，以營私納賄，服大辟。

論説

清・賀長齡等《清經世文編》卷九二《刑政三・律例下・曹一士〈請寬妖言禁誣告疏〉》　聖人有兩觀之誅，誅惡其惑衆也。至於造作語言，顯有悖逆之迹，如戴名世、汪景祺等，聖祖仁皇帝暨世宗憲皇帝因其自蹈大逆而誅之，非得已也。若夫賦詩作文，語涉疑似，如陳鵬年任蘇州知府，游虎邱作詩，有密奏其大逆不道者，聖祖仁皇帝明示九卿，以為誣陷善類，如神之哲，洞察隱微，可為萬世法則。比年以來，閭巷細人，不識兩朝所以誅殛大憝之故，往往挾睚眥之怨，藉影響之詞，攻訐私書，指摘字句。有司見事生風，多方窮鞫，或致波累師生，株連親族，破家亡命，甚可憫也。臣愚以為井田封建不過迂儒之常談，不可以為生今反古，述懷詠史不過詞人之習態，不可以為援古刺今。即有序跋偶遺紀年，亦或草茅一時失檢，非必果懷悖逆，敢於明布篇章。若此類悉皆比附妖言，罪當不赦，將使天下告訐不休，士子以文為戒，殊非國家義以正法，仁以包蒙之至意也。

清・胡思敬《國聞備乘》自序　國朝自莊廷鑨、呂留良、戴名世連興大獄，文字之禁極嚴，內外士夫罔敢談國故者。予來京師，七年之間，經甲午、戊戌、庚子三大變，私歎史官失職，起居注徒戴空名。歷朝纂修實録，館閣諸臣罕載筆能言之士，但據軍機檔冊草率成書，凡一切內廷機密要聞，當時無人紀述，後世傳聞異辭，家自為説，遂失是非褒貶之公。俯仰三百年廟堂擘畫之勤、將相經營之苦，慨然于弓髯喬木之感，未嘗不戚戚於懷也。

清・佚名《康雍乾間文字之獄・陸生楠之獄》　以論前史而獲罪者，

自陸生楠之獄始。自茲以往，非惟時事不敢論議，即陳古經世之書，亦不敢讀矣。此真歷代文字獄所未前聞也。

又《謝濟世之獄》 觀謝濟世之獄，而歎監謗之道，至矣盡矣。

又《胡中藻之獄》 康熙間屢次文字獄，雖文網深密，然因天下未定，其所對付者，亦半屬實意為難之人。霸者為自衛計，尚非得已也。至如乾隆間胡中藻一案，觀其成讞之詞，真可以『莫須有』三字盡之矣。【略】

吾嘗讀乾隆間御史曹一士請寬比附妖言之獄，兼禁挾仇誣告詩文，以息惡習一摺云：『古者大史采詩，以觀民風。藉以知列邦政治之得失，俗尚之美惡。即《虞書》在治忽以出納五言之意，使下情之上達也。降及周季，子產猶不禁鄉校之議。惟是行僻而堅，言偽而辨，雖屬聞人，聖人亦必有兩觀之誅，誠惡其惑衆也。往者造作語言，顯有背逆之迹，如罪人戴名世、汪景祺等，聖祖世宗，因其自蹈大逆而誅之，非得已也。若夫賦詩作文，語涉疑似。如陳鵬年任蘇州府知府，《游虎邱》作詩。有密奏其大逆不道者，聖祖明示九卿，以為古來誣陷善類，大率如此。如神之哲，洞察隱微，可為萬世法則。』

雜録

明·嚴從簡《殊域周諮録》卷二《東夷》 時又有僧來復，字見心，豫章人。通儒術，工詩文。一時名士皆與之友，與泐齊名。上聞召見之，嘗承賜御食。謝詩云：『淇園花雨曉吹香，手援袈裟近御床。闕下彩雲生雉尾，座中紅拂動龍光。金盤蘇合來殊域，玉碗醍醐出上方。稠疊濫承天上賜，自慚無德頌陶唐。』上見詩大怒。曰：『汝詩用殊字，是謂我為歹朱耶？又言無德頌陶唐，是謂朕無德不若陶唐也。何物奸僧，敢大膽如此！』遂誅之。

清·福格《聽雨叢談》卷一一《習氣不除利害不同》 及鄂没未幾，胡中藻左遷光禄寺卿，怨妄悖逆，行於吟詠，刊刻成集，被人奏劾，經御筆摘出悖亂之詩成帙，置以大辟。鄂之侄巡撫鄂昌，因與胡中藻唱和詩詞，牽涉下獄。此實習氣未除之害也。

清·方濬師《蕉軒隨録》卷八《沈確士先生》 戊戌秋，徐述夔逆詞案發，沈德潛曾為作傳，稱其品行文章皆可法，直視悖逆詩句為泛常，轉欲為之記述流傳，則良心澌滅盡矣。使其身尚在，獲罪不小，雖已死，亦不可竟置不論。因下廷臣議，僉云應削奪所有階銜祠謚，並仆其墓碑，以為衆衆戒。並從之。今作懷舊詩，仍列詞臣之末，用示彰癉之公，且知余不負德潛，而德潛實負余也。徐述夔家饒於貲，德潛為之作傳，不過圖其潤筆，貪小利而諛大逆，不知有恥，並不知畏法矣。

清·陳康祺《郎潛紀聞初筆》卷一一《盛名為累》 國初，莊廷（鉞）〔鑨〕、朱佑明私撰《明史》一案，名士伏法者二百二十一人。莊、朱皆富人，卷端羅列諸名士，蓋欲藉以自重。故老相傳，二百餘人中，多半不與編纂之役。甚矣，盛名之為累也。

清·佚名《康雍乾間文字之獄·戴名世之獄》 桐城方孝標【略】因著《鈍齋文集》、《滇黔紀聞》，極多悖逆語，戴名世見而喜之。所著《南山集》多採録孝標所紀事，尤雲鶚、方正玉為之捐資刊行。雲鶚、正玉及同官汪灝、朱書、劉巖、余生、王源皆有序。板則寄藏于方苞家。都諫趙申喬奏其事，九卿會鞫終，戴名世大逆，法至寸磔，族皆棄市，未及冠笄者發邊。朱書、王源已故，免議。尤雲鶚、方正玉、汪灝、劉巖、余生、方苞以謗論罪絞。時方孝標已死，以戴名世之罪罪之，子登嶧、雲旅，孫世樵並斬。【略】是案也，得恩旨全活者三百餘人。康熙辛卯壬辰間事也。

又《查嗣庭之獄》 雍正四年，江西正考官為禮部侍郎查嗣庭，試題曰『維民所止』。有許者謂『維止』二字，是取『雍正』二字去其首也，獄遂起。

又《曾靜、呂留良之獄》 曾、呂之獄，本朝諸文字獄中第一巨案也。世宗至將其始末自著一書，名曰《大義覺迷録》，頒之學官，使秀才人人同讀，與臥碑聖諭、廣訓等同視。後至乾隆間，而《大義覺迷録》始為禁書。雍正間之頒之學官，世宗之深心也。乾隆間之列為禁書，又高宗之深心也。各從其時，要之皆專制國之雄主矣。

禁毁悖逆違礙圖籍和淫穢諸書分部

綜述

元

元・伯杭等《通制條格》卷二八《禁書》 至元三年十一月十七日，中書省欽奉聖旨節該：據隨路軍民人匠，不以是何投下諸色人等，應有天文圖書、《太乙雷公式》、《七曜曆》、《推背圖》，聖旨到日，限壹伯日赴本處官司呈納。候限滿日，將收拾到前項禁書如法封記，申解赴部呈省。若限外收藏禁書並習天文之人，或因事發露，及有人首告到官，追究得實，並行斷罪。欽此。【略】

至元十八年三月，中書省御史臺呈：江南行臺諮，都昌縣賊首杜萬一等指白蓮會為名作亂。照得江南見有白蓮會等名目，五公符、推背圖、血盆，及應合禁斷天文圖書，一切左道亂正之術，擬合禁斷。送刑部，與秘書監一同議得：擬合照依聖旨禁斷拘收。都省准擬。【略】

至元二十一年五月，中書省為河間路捉獲賊徒隱藏苗太監偽造圖讖文書，奏奉聖旨施行外，又奏：這般星曆文書每，在先教拘收者道來，不好生拘收來的一般有。如今隨路里行榜文，這般文書教拘收呵，怎生？奏呵，奉聖旨：這的索甚問？那般者。欽此。

元・佚名《元典章》卷三二《禮部五・學校二・陰陽學》 禁收天文圖書。至元三年十月，欽奉聖旨：道與中書省，據隨路軍人匠，不以是何投下諸色人等，應有天文圖書及《太一雷公式》、《七曜曆》、《推背圖》，聖旨到日，限一百日赴本處官司呈納。候限滿日，收拾前項禁書，如法封記，申解赴部呈省。若限外收藏禁書，並私習天文之人，或因事發露，及有人告首到官，追問得實，並行斷罪。欽此。【略】

禁斷《推背圖》等。至元十八年三月，中書省諮：刑部呈，奉省判：『御史臺呈，行臺諮，都昌縣賊首杜萬一等，指白蓮會為名作亂。照得江南見有白蓮會等名目，《五公符》、《推背圖》、《血盆》及應合禁斷天文圖，盡一切左道亂正之術，擬合欽依禁斷，仰與秘書監一同擬議連呈』事。奉此。移准秘書監關議得：擬合照依聖旨禁斷拘收，外據前項圖書封記發來事。本部議得：若依秘書監所擬，將《五公》、《推背圖》等天文等圖書，並左道亂正之術，依上禁斷拘收，到官封記，發下秘書監收頓。相應都省行下，禁斷拘收，發來施行。

《元史》卷一三《世祖紀十》 （至元二十一年五月庚午）括天下私藏天文圖讖《太乙雷公式》、《七曜曆》、《推背圖》、《苗太監曆》，有私習及收匿者罪之。

又 卷一〇五《刑法志四》 諸陰陽家天文圖讖應禁之書，敢私藏者罪之。諸陰陽家偽造圖讖，釋老家私撰經文，凡以邪說左道誣民惑衆者，禁之，違者重罪之。在寺觀者，罪及主守，居外者，所在有司察之。諸妄言禁書者，徒。諸陰陽家者流，輒為人燃燈祭星，蠱惑人心者，禁之。諸妄言星變災祥，杖一百七。諸陰陽法師，輒入諸王公主駙馬家者，禁之。諸以陰陽相法書符咒水，凡異端之術，惑亂人聽，希求仕進者，禁之，違者罪之。

明

《明英宗實録》卷九〇 （正統七年三月辛未）國子監祭酒李時勉言五事：【略】近年，有俗儒假託怪異之事，飾以無根之言，如《剪燈新話》之類，不惟市井輕浮之徒爭相誦習，至於經生儒士多舍正學不講，日夜記意，以資談論。若不嚴禁，恐邪説異端日新月盛，惑亂人心，實非細故。乞敕禮部行文內外衙門，及提調學校僉事、御史，並按察司官巡歷去處，凡遇此等書籍，即令焚毁，有印賣及藏習者，問罪如律，庶俾人知正道，不為邪妄所惑。詔下禮部議。

《明憲宗寶訓》卷三《禁非為》 （成化十年五月戊申）上諭都察院臣曰：曩因愚民捏造妖言，扇惑人心，屢犯刑憲，雖以榜禁，而冥頑之徒不改前非，犯者愈衆。宜申明禁例，再揭榜示衆，今後官吏、軍民、僧道人等，但有收藏妖書，勘合等項，限一月以裏，盡行燒毁，與免本罪。

敢有仍前捏造、收藏、傳用、惑衆者，許諸人赴官首告，正犯處死，全家發煙瘴地面充軍。首告得實之人，量給官錢充賞，優免雜泛差役三年。

《明憲宗實録》卷一三六 （成化十年十二月甲午）都察院左都御史李賓等奏：錦衣衛鎮撫司累問妖言罪人，所追妖書圖本，舉皆妄誕不經之言，小民無知，往往被其幻惑，乞備録其妖書名目，榜示天下，使愚民咸知此等書籍，決無證驗，傳習者必有刑誅，不至再犯。奏可。

《明世宗寶訓》卷五《裁恩澤》 嘉靖元年十月乙未，禮科給事中章僑言：三代以下，論正學者，莫宋儒朱熹。近有倡為異説以壞人心者，宜行禁革。上曰：祖宗表章《六經》，頒賜敕諭，正欲崇正學，迪正道，端士習，育真才，以成正大光明之業。百餘年間，人材渾厚，文體純雅。近年士習多詭異，文體務艱險，所傷治化匪細。自今教人取士，一依程朱之言，不許妄為叛經背道之書，私自傳刻，紊亂正學。

《明世宗實録》卷九九 （嘉靖八年三月甲子）太僕寺寺丞陳雲章進所著《書傳疏》六秩、《大學疑》一帙、《中庸疑》一帙、《夜思録》一帙。上曰：《大學》、《中庸》經傳，先儒具有定論。我祖宗已表章頒示天下，邇時造邪説者，又有旨禁約。雲章輒敢剽竊謬言，淆亂經傳，何狂誕若此？所進《書傳疏》，禮部姑收著，《大學》、《中庸疑》、《夜思録》即毀之。有踵此者，罪毋赦。

《明穆宗實録》卷六一 （隆慶五年九月辛巳）廣東東莞人陳建私輯《皇明資治通紀》，具載國初至正德間事，梓行四方，内多傳聞失真者。工科給事中李貴和言：我朝列聖《實録》皆經儒臣奉旨纂修，藏在秘府。建以草莽之臣，越職僭擬，已犯自用自專之罪矣。況時更二百年，地隔萬餘里，乃欲以一人聞見，臧否時賢，熒惑衆聽。若不早加禁絶，恐將來訛以傳訛，為國是之累非淺淺也。疏下禮部，覆議請焚毀原板，仍諭史館毋得採用。從之。

清

《清聖祖實録》卷一二九 （康熙二十六年二月）甲子，九卿議覆：刑科給事中劉楷條奏，請禁止淫詞小説。應如所請。上曰：淫詞小説，人所樂觀，實能敗壞風俗，蠱惑人心。朕見樂觀小説者，多不成材，是不惟無益，而且有害。【略】俱宜嚴行禁止。

又 卷二五八 （康熙五十三年四月）乙亥，諭禮部：朕惟治天下，以人心風俗為本，欲正人心，厚風俗，必崇尚經學，而嚴絶非聖之書，此不易之理也。近見坊間多賣小説淫辭，荒唐俚鄙，殊非正理，不但誘惑愚民，即縉紳士子，未免遊目而蠱心焉。所關於風俗者非細，應即行嚴禁。其書作何銷毀，市賣者作何問罪，著九卿詹事科道會議具奏。尋議：凡坊肆市賣一應小説淫辭，在内交與八旗都統、都察院、順天府，在外交與督撫，轉行所屬文武官弁，嚴查禁絶，將板與書一併盡行銷毀。如仍行造作刻印者，係官，革職；軍民，杖一百、流三千里；市賣者，杖一百、徒三年。該管官不行查出者，初次，罰俸六個月；二次，罰俸一年；三次，降一級調用。從之。

《清高宗實録》卷九七〇 （乾隆三十九年十一月）戊午，諭：前以各省購訪遺書，進到者不下萬餘種，並未見有稍涉違礙字迹，恐收藏之家，懼干罪戾，隱匿不呈。因傳諭各督撫，令其明白宣示，如有不應留存之書，即速交出，與收藏之人，並無干礙。今據李侍堯等，查出逆犯屈大均各種書籍，粘簽進呈，並請將私自收藏之屈大均族人屈稔湞、屈昭泗問擬斬決等語。屈大均悖逆詩文，久經毀禁，本不應私自收存。但朕屢經傳諭，凡有字義觸礙，乃前人偏見，與近時無涉。其中如有詆毀本朝字句，必應削板焚篇，杜遏邪説，勿使貽惑後世，然亦不過毀其書而止，並無苛求。朕辦事光明正大，斷不肯因訪求遺籍，罪及收藏之人。所有粵東查出屈大均悖逆詩文，止須銷毀，毋庸查辦。其收藏之屈稔湞、屈昭泗亦俱不必治罪。並著各督撫再行明切曉諭，現在各省，如有收藏明末國初悖謬之書，急宜及早交出，概置不究，並不追問其前此存留隱匿之罪。今屈稔湞、屈昭泗係經官查出之人，尚且不治其罪，況自行呈獻者乎？若經此番誠諭，仍不呈繳，則是有心藏匿偽妄之書，日後別經發覺，即不能復為輕宥矣。

又 卷九九五 （乾隆四十年閏十月）辛酉，諭軍機大臣等：朕昨檢閲各省呈繳應毀書籍，内有僧澹歸所著《遍行堂集》，係韶州府知府高綱為之製序兼為募資刊行。因查澹歸名金堡，【略】其人本不足齒，而所著詩文中，多悖謬字句，自應銷毀。高綱身為漢軍，且係高其佩之子，世受國恩，乃見此等悖逆之書，恬不為怪，匿不舉首，轉為製序募刻，其心實不可問。使其人尚在，必當立寘重典。因令查閱其家，收存各種書籍。今于高綱之子高秉家，查有陳建所著《皇明實紀》一書，語多悖謬。其書板自必尚在粵東，著傳諭李侍堯等，即速查明此書板，及所有刊印之本，一併奏繳。【略】

又查出《喜逢春傳奇》一本，亦有不法字句，係江寧清笑生所撰。曲本既經刊布，外間必有流傳，該督撫等，從前未經辦及，想因曲本搜輯不到耳。一併傳諭高晉、薩載，于江寧、蘇州兩處，查明所有刷印紙本及板片，概行呈繳。高綱為澹歸作序，朕于無意中閱及，可見天理難容，自有應得之罪，已交刑部審辦。此專因高綱為八旗大臣子孫，其家藏有應毀之書，不可不示懲儆。至陳建在明天啓間，即清笑生，似亦明末時人，其兩家即有子孫，均可不必深究。設或民間尚有藏者，但經獻出，均可免罪。

又 卷九六四 （乾隆三十九年八月丙戌）諭軍機大臣等：前曾諭令各督撫，採訪遺書，彙登冊府。下詔數月，應者寥寥。彼時恐有司等，因遺編中，或有違背忌諱字面，懼涉干礙，而藏書家因而窺其意指，一切秘而不宣。因復明切宣諭，即或字義觸礙，乃前人偏見，與近時無涉，不必過於畏首畏尾，朕斷不肯因訪求遺籍，於書中尋摘瑕疵，罪及收藏之人。若仍前疑畏，不肯盡出所藏，將來或別露違礙之書，則是有意收存，其取戾轉大。所降諭旨甚明，並寄諭江浙督撫，以書中或有忌諱誕妄字句，不應留以貽惑後學者，進到時，亦不過將書毀棄。轉諭其家不必收存，與藏書之人，並無干涉。

又 卷一〇五七 （乾隆四十三年五月乙酉）諭軍機大臣等：前經各省將查出應毀違礙各書，陸續送京。經該館大臣派員查辦，分別開單進呈，請旨銷毀。所有應毀各書，著該館開單，行知各督撫，一併實力查辦。其中有浙江寧波周乃祺所撰《曆志》一本，冊面題曰第二十一卷，尚非完書，此外存留卷帙，恐復不少。著傳諭王亶望即行加意訪查，勿使私藏干戾。至此書或有流傳他省者，並諭各督撫一體查察，隨時送京銷毀，毋得視為具文。

又 卷一〇六一 （乾隆四十三年閏六月）乙亥，諭軍機大臣等：據巴延三奏，查獲《六柳堂集》二本，係明人袁繼咸所著，張自烈編輯，語多悖逆。【略】著傳諭郝碩，留心訪覓，務將其書本及版片悉行查出，解京銷毀。至《六柳堂集》一書，既久經刊刻，流播山西，其餘各省，自必有流傳之本。而江南、浙江尤書籍所彙聚，更宜訪查。著傳諭江、浙兩省督撫，實力查繳，毋稍疏漏，並令各省督撫一體確查，均勿以具文塞責。

又 卷一〇七〇 （乾隆四十三年十一月丁亥）又諭：前經降旨各督撫查繳違礙書籍，並令明白宣示，如有收藏明末國初悖謬之書，急宜及早交出，與收藏之人並無干礙。又因王錫侯逆詞一案，並令各督撫一體嚴查。雖節經各督撫陸續收繳呈進，譬之常人，設遇詬其祖宗之字，亦將泚而不視，而況國家乎？而況食毛踐土之臣民乎？但查辦業經數載，仍復有續獲之書，此非近日之認真，皆由前此之忽略。且如徐述夔所著逆詞，狂悖顯然，其刊板已久，該督撫並未能豫行查出，即可為奉行不力之據。蓋因查書向未定期，各督撫視為末務，每隔數月，奏繳數種塞責。如此漫不經意，何時可以竣事？而挾讎告訐，騷擾欺嚇，將百弊叢生，其藏書之人，亦不免意存觀望，呈繳逾期，皆各督撫經理不善之故。著通諭各督撫，以接奉此旨之日為始，予限二年，實力查繳。並再明白宣諭，凡收藏違礙悖逆之書，俱各及早呈繳，仍免治罪。至二年限滿，即毋庸再查，如限滿後，仍有隱匿存留，違礙悖逆之書，一經發覺，必將收藏者，從重治罪。不能復邀寬典。

又 卷一〇七二 （乾隆四十三年十二月乙丑）又諭：前據高晉奏繳違礙書籍內，有《九十九籌》一書，計四本，係明人顏季亨所撰，其中詆斥之處甚多，較尋常違禁各書，更為狂悖不法。隨即銷毀外，但此書既已流傳，必不止此一部。著傳諭薩載、楊魁于江省再行切實搜查，如有續行查出者，即封固送京，不必俟匯齊他書奏繳。並應查此書有無刊刻板片，一併起出解京。並恐各省，亦有傳布收藏者，著傳諭各督撫，一體嚴查，盡數解京銷毀，毋使片紙隻字存留。

又 卷一〇七五 （乾隆四十四年正月甲寅）又奏：湖南巡撫李湖

查出明季檢討陶汝鼐《榮木堂集》，及其孫陶煊同張燦所選《國朝詩的》，遵旨覆核，簽出違礙語。又江西巡撫郝碩查出明季進士黎元寬《進賢堂集》，及其子黎祖功所著《不已集》，均核有違礙語。除將原書繳銷，並行文各督撫嚴禁。黎元寬僅一子祖功，祖功早被賊戕，無嗣，陶汝鼐、張燦案，請仍飭李湖辦理。得旨：陶汝鼐、黎元寬所刻詩集各種，雖俱有違悖語句，但其人係明季科目，在本朝未經出仕。至陶煊、張燦選刻《國朝詩的》，將錢謙益、屈大均等詩選入，尚在未曾查禁之前，本人久已身故，其子孫亦無另行刊刻之事，均非徐述夔一案可比，所有各項書籍，自應一體行查銷毀。

《清仁宗實録》卷二七六 （嘉慶十八年十月丙午）又諭：御史蔡炯奏，飭禁民間結會拜會，及坊肆售賣小説等書並查核僧道一摺。愚民燒香拜會，原祇惑於因果利益之説，然至聚集多人，鳴鑼結會，即有莠民溷迹其間，日久必滋生事端。著步軍統領、五城、順天府，及各督撫，各飭所屬，實力查禁，並勤加化導，俾小民曉然于安分守業，即係為善獲福之端，自不為邪説所惑。至稗官小説，編造本自無稽，因其詞多俚鄙，市井粗解識字之徒，手挾一冊，薰染既久，鬬狠淫邪之習，皆出於此，實為風俗人心之害。坊肆刊刻售賣，本干例禁，並著實力稽查銷毀毋得視為具文。至僧道亦齊民之一，由來已久，領牒剃度，本有定制，無庸另設禁令，以省煩苛。

清·昆岡等［光緒］《清會典事例》卷三八八《禮部·學校·頒行書籍》 （康熙）五十三年諭：朕惟治天下以人心風俗為本，而欲正人心厚風俗，必崇尚經學，嚴絶非聖之書。近見坊肆間多賣小説淫辭，鄙褻荒唐，瀆亂倫理，不但誘惑愚民，即搢紳子弟，未免遊目而蠱心，傷風敗俗，所關匪細。著該部通行中外，嚴禁所在書坊，仍賣小説淫辭者，從重治罪。【略】

（乾隆元年）又覆准：通行直省督撫，轉飭地方官，凡民間淫辭小説，有收存舊本，限文到三月，悉令銷毀。如過期不銷毀，及開鋪租賃者，均照定例治罪。又定例：如有違禁造作刊行，該管官失於覺察者，一次罰俸六月，二次罰俸一年，三次降職一級調用。嗣後地方官若任其收存租賃，明知故縱者，照禁止邪教不能察緝例，降二級調用。

又 卷三九九《禮部·風教三·訓飭風俗一》 （嘉慶）十五年諭：御史伯依保奏請禁小説一摺。坊本小説，無非好勇鬬狠、穢褻不端之事，在稍知自愛者，尚不為其所惑。而無知之徒，一經入目，往往被其牽誘，於風俗人心，殊有關係。本干例禁，但日久奉行不力，而市賈又以此刊刻取利，其名目尚不止如該御史所奏數種。著五城御史出示曉諭禁止，如有此等刻本，即行銷毀。亦不得令吏胥等藉端向坊市紛紛緝查，致有滋擾。

又 卷四〇〇《禮部·風教四·訓飭風俗二》 嘉慶七年諭：經史為學問根柢，自應悉心研討。至諸子百家，不過供文詞涉獵，已屬藝餘。乃鄉曲小民，不但經史不能領悟，即子集亦束置不觀，惟喜瞽詞俗劇，及一切鄙俚之詞。更有編造新文，廣為傳播，大率不外乎草竊姦宄之事。而愚民之好勇鬬狠者，溺於邪慝，轉相慕效，糾夥結盟，肆行淫暴，概由看此等書詞所致，於世道人心，大有關係，不可不申飭嚴禁。但此時，若紛紛查辦，未免假手吏胥，轉滋擾累。著在京之步軍統領順天府五城各衙門，及外省之各督撫，通飭地方官出示勸諭，將各坊肆及家藏不經小説，現已翻刻者，令其自行燒毀，不得仍留原板。此後並不准再行編造，以端風化而息詖詞。

又 卷一〇三八《都察院·五城·黜邪》 （雍正三年）又奏准：凡坊肆市賣一應淫詞小説，在內，交與都察院等衙門，轉行所屬官弁嚴禁，務搜板書，盡行銷毀。有仍行造作刻印者，係官，革職。軍民，杖一百、流三千里。市賣者，杖一百、徒三年。買看者，杖一百。該管官弁，不行查出，按次數分別議處。仍不許藉端出首訛詐。【略】

（嘉慶七年）自我朝一統以來，始學漢文，曾將五經及四子通鑑等書，繙譯刊行。近有不肖之徒，不繙譯正傳，反將水滸西廂記等小説繙譯，使人閱看，誘以為惡。甚至以滿洲單字還音，鈔寫古詞者俱有，滿洲習俗之偷，皆由於此，不可不嚴行禁止等因。欽此。仰見我皇考崇正黜邪，為風俗人心計者，至深且遠。從前滿洲盡皆通曉清文，是以尚能將小説古詞，繙譯成編。皇考深恐為習俗之害，嚴飭禁止。【略】

（嘉慶十八年）又諭：居民人等，如有家存奸盜邪淫小説，及違礙經卷，或自行燒毁，或呈繳到官，巡城御史衙門匯送軍機處，驗明查銷。

論說

清・湯斌《湯子遺書》卷九《嚴禁私刻淫邪小説戲文告諭》　為政莫先于正人心，正人心莫先於正學術。朝廷崇儒重道，文治修明，表章經術，罷黜邪説，斯道如日中天。獨江蘇坊賈，惟知射利，專結一種無品無學，希圖苟得之徒，編纂小説傳奇，宣淫誨詐，備極穢褻，汙人耳目。繡像鏤板，極巧窮工，游佚無行，與少年志趣未定之人，血氣搖盪，淫邪之念日生，奸偽之習滋甚，風俗淩替，莫能救正，深可痛恨。合行嚴禁。

清・賀長齡等《清經世文編》卷六八《禮政・正俗上・劉楷〈禁刊邪書疏〉》　自皇上嚴誅邪教，異端屏息，但淫詞小説，猶流布坊間，有從前曾禁而公然復行者，有刻於禁後而誕妄殊甚者。臣見一二書肆刊單出賃小説，上列一百五十餘種，多不經之語、誨淫之書。販買於一二小店如此，其餘尚不知幾何？此書轉相傳染，士子務華者，明知必無其事，僉謂語尚風流，愚夫鮮識者，妄擬實有其徒，未免情流蕩佚，其小者甘效傾險之輩，其甚者漸肆狂悖之詞，真學術人心之大蠹也。【略】臣請敕部通行五城直省，責令學臣並地方官，一切淫詞小説，【略】立毀舊板，永絕根株。

雜録

明・顧起元《客座贅語》卷一〇《國初榜文》　永樂九年七月初一日該刑科署都給事中曹潤等奏：乞敕下法司，今後人民倡優裝扮雜劇，除依律神仙道扮，義夫節婦，孝子順孫，勸人為善，及歡樂太平者不禁外，但有褻瀆帝王聖賢之詞曲、駕頭、雜劇，非律所該載者，敢有收藏傳誦、印賣，一時拏送法司究治。奉旨：『但這等詞曲，出榜後，限他五日，都要乾淨將赴官燒毀了，敢有收藏的，全家殺了。』此等事，國初法度之嚴如此，祖訓所謂頓挫奸頑者。後一切遵行律誥，湯網恢恢矣。

清・梁恭辰《北東園筆録四編》卷四《西廂記》　汪棣香曰：施耐庵成《水滸傳》，奸盜之事，描寫如畫，子孫三世皆啞。金聖歎評而刻之，復評刻《西廂記》等書，卒陷大辟，並無子孫。蓋《水滸傳》誨盜，《西廂記》誨淫，皆邪書之最可恨者。而《西廂記》以極靈巧之文筆，誘極聰俊之文人，又為淫書之尤者，不可不毀。

又《紅樓夢》　《紅樓夢》一書，誨淫之甚者也。乾隆五十年以後，其書始出，相傳為演説故相明珠家事。以寶玉隱明珠之名，以甄真寶玉賈假寶玉亂其緒，以開卷之秦氏為入情之始，以卷終之小青為點睛之筆。摹寫柔情，婉孌萬狀，啓人淫竇，導人邪機。自是而有《續紅樓夢》、《後紅樓》、《夢紅樓》、《後夢紅樓》、《重夢紅樓》、《復夢紅樓》、《再夢紅樓》、《幻夢紅樓》、《圓夢》諸刻，曼衍支離，不可究詰。【略】其稍有識者，無不以此書為誣衊我滿人，可恥可恨。若果尤而效之，豈但書所云驕奢淫佚將由惡終者哉。我做安徽學政時，曾經出示嚴禁，而力量不能及遠，徒喚奈何。有一庠士頗擅才筆，私撰《紅樓夢節要》一書，已付書坊剞劂，經我訪出，曾褫其衿，焚其板，一時觀聽頗為肅然。

禁止民間傳習天文諸學分部

綜述

《明英宗實録》卷二〇七　（景泰二年八月丙戌）吏科給事中毛玉言：傳用妖書、妖言，私習天文禁書，俱律有常禁。邇者遇民因此潛謀不軌，多罹顯戮，如趙才興、吳伯通是也。夫輦轂之下尚有此，誠慮四外無籍之輩，收藏天文星象之圖、左道讖諱之術，指以天象垂戒，妄論氣運興衰，以扇惑人心。及其自罹刑辟，何殊赤子入井？宜敕法司通行天下，榜諭：有收藏及知而不發覺者，重罪之。都察院謂正統十四年已有榜諭，今宜更申諭天下。從之。

又　卷二一二《廢帝郕戾王附録》第三〇　（景泰三年正月庚申）欽天監奏：本監監正廖義仲於正統十四年八月十五日失《觀象玩占》、《祥異》等書於口外，恐為軍民人等所拾，傳録私習。乞令都察院揭榜曉論，遇有拾得天文禁書，許令赴官出首封記，差人送京，與免其罪。從之。

《明孝宗寶訓》卷一《遵舊制》 弘治十年十二月丁亥，南京欽天監主簿諸昇奏曆法有差，乞命大臣為總裁，選通曉天文曆理之人，改定曆法。禮部覆奏：國初更定《大統曆》，頒行天下，其法至精至密，百餘年來，凡以推步測候，頒朔授時，鮮聞有失。若必欲更改歲差，求合天度，事體重大，有非臣下所敢議者。況私習天文，律有明禁，以故通曉曆法者，亦未易見。又昇所奏，亦自有訛桀，請治其罪。

《明孝宗實録》卷一四九 （弘治十二年四月庚寅）戶部又言：祖宗設立內臺，典以內官，職專占候，不惟欲知災祥之便，又以關防外臺之欺。其地至密，所以看守灑掃，皆不使外人得預，獨與各監局異者，蓋防微杜漸，為久遠之慮也。況私習天文，律有明禁，今一旦增入外人，名為看守灑掃，自典守者論之，似為便利，誠恐日復一日，往來稔熟，奸者設心以潛伺，愚者騰口以妄言，鼓惑衆聽，致誤大事。

《明憲宗實録》卷二八八 （成化二十三年三月）癸丑，刑部左侍郎何喬新、錦衣衛指揮劉綱勘奏：【略】又交通唐府，密書往來，私習兵法、天文，潛謀不軌，事皆誣奏。上詔：以（張）淵捏造妖言，謀害人命，深奸占婦女，誣奏親王。俱斬。

《明武宗實録》卷六七 （正德五年九月辛巳）十三道御史平世用等奏：五官挈壺正皇甫政為瑾相看塋宅，五官司晨李文及其父監正源教瑾侄私習天文，丁憂員外郎邵伯宗希永進用，以其子舉人昇為瑾侄壻，全無廉恥。乞明正其罪。詔：政，革職為民；文，降天文生。源，姑宥之，停俸六月。伯宗、昇，俱為民。

清・昆岡等［光緒］《清會典事例》卷七六七《刑部・禮律・儀制》 康熙二十三年議准：凡習學天文之人，及演算法儀器，不必禁止。若有妄言禍福煽惑愚人者，仍照律擬罪。

論説

清・顧炎武《日知録》卷三〇《天文》 三代以上，人人皆知天文，七月流火，農夫之辭也，三星在天，婦人之語也。月離於畢，戍卒之作也，龍尾伏晨，兒童之謠也。後世文人學士，有問之而茫然不知者矣。樊深《河間府志》曰：『愚初讀律書，見私習天文者有禁，後讀制書，見仁廟語楊士奇等曰：「此律自為民間設耳，卿等安得有禁」，遂以天元玉曆祥異賦賜羣臣。由律書之言觀之，乃知聖人所憂者深。由制書之言觀之，乃知聖人之所見者大。』

雜録

明・祝允明《野記》 仁廟一日謂三楊公曰：『見夜來玄象否？』對曰：『不見。高皇帝有私習天文之禁，故臣等不能曉。』上曰：『大臣與國同休戚，豈可論此？朕夜中觀之，紫微垣有事甚急，不可解矣。』沉思久之，長歎拊髀而起。明日遂晏駕。

明・焦竑《玉堂叢語》卷一《文學》 正德丁丑歲，武廟閲《文獻通考》天文星名有注張，問欽天監，不知為何星也。內使下問翰林院，同館相視愕然。楊公慎曰：『注張，柳星也。周禮以注鳴者，注，注，咮也，鳥喙也，音咒。南方諸鳥七宿，柳為鳥之咮也。《史記律書》：「西至於注張。」《漢書・天文志》：「柳為鳥喙。」』因取《史記》、《漢書》二條示內使以復。同館戲曰：『子言誠辯且博矣，不干私習天文之禁乎？』

防遏民間秘密宗教分部

綜述

元

元・伯杭等《通制條格》卷二八《雜令》 至元十八年三月，中書省御史臺呈，江南行臺諮：都昌縣賊首杜萬一等，指白蓮會為名作亂。照得江南見有白蓮會等名目，五公符、推背圖、血盆及應合禁斷天文圖書，一切左道亂正之術，擬合禁斷。送刑部與秘書監一同議得：擬合照依聖旨禁斷拘收。都省准擬。

又　卷二九《僧道》　至大元年五月十八日，中書省奏：江西、福建奉使宣撫並御史臺官人每，俺根底與將文書來，『建寧路等處有妻室孩兒每的一枝兒白蓮道人名字的人蓋著寺，多聚著男子婦人，夜聚明散，佯修善事，扇惑人衆作鬧行有，因著這般別生事端去也。又他每都是有妻子的人有，他每的身已不清淨，與上位祝壽呵怎生中？將這的每合革罷了。』麼道。與將文書來有。俺商量來，將應有的白蓮堂舍拆毀了；他每的塑畫的神像，本處有的寺院裏教放著，那道人每發付元籍，教各管官司依舊收繫當差，已後若不改的人每根底重要罪過。更其餘似這般聚著的，都教管民官禁約；不嚴呵，教監察御史廉訪司糾察呵，怎生？麼道。奏呵。奉聖旨：那般者。欽此。

《元史》卷二二《武宗紀一》（至大元年五月丙子）禁白蓮社，毀其祠宇，以其人還隸民籍。

又　卷二八《英宗紀二》（至治二年閏月）癸卯，禁白蓮佛事。

又　卷一〇五《刑法志四》　諸以白衣善友為名，聚衆結社者，禁之。

明

《明太祖實録》卷五三　（洪武三年六月甲子）禁淫祠。制曰：『朕思天地造化，能生萬物而不言，故命人君代理之。【略】其僧道建齋設醮，不許章奏上表，投拜青詞，亦不許塑畫天神地祇。及白蓮社、明尊教、白雲宗、巫覡、扶鸞、禱聖、書符、咒水諸術，並加禁止，庶幾左道不興，民無惑志。』詔從之。

《明太宗實録》卷五九　（永樂四年九月丙子）湖廣蘄州廣濟縣妖僧守座聚男女，立白蓮社，毀形斷指，假神扇惑。事覺，官捕誅之。

明·倪岳《青谿漫稿》卷一一《奏議·祀典三》　臣惟國之大事，在祀與戎。祀典不正，則神人瀆亂，妖誕所由興，人心所由不正也。【略】方今聖明御極，欲其首正人心，必先修明祀典。【略】若神非其地者，氣非其類者，非有功德於民者，非天地之正者，悉皆除去，勿使惑人，務效狄梁公毀淫祀之法，推西門豹投妖巫之心。凡民間拜天告斗，修齋設醮，假降邪神，妄稱彌勒，一切佯修善事，扇惑人心者，嚴加禁約，有犯如律。【略】凡師巫假降邪神、書符呪水、扶鸞禱聖、自號端公、太保、師婆及妄稱彌勒佛、白蓮社、明尊教、白雲宗等會，一切左道亂正之術，或隱藏圖像，燒香集衆，夜聚曉散，佯修善事，扇惑人民，為首者絞，為從者，各杖一百，流三千里。

《明孝宗實録》卷二〇六　（弘治十六年十一月辛丑）誅妖人李道明，治告反不實者罪。道明，山西應州人，幼為道士，住宣府白家泉長生觀。忻州人樊二漢等尊信之，因迎致道明，會聚燒香，為白蓮社。道明又自稱金盆李家後裔，撰為妖詞，歌唱惑人。忻州官發其事，巡撫山西都御史魏紳奏行宣府都御史劉聰，委千戶張英捕道明甚急。【略】上命道明依律處斬。

《明世宗實録》卷五三三　（嘉靖四十三年四月辛丑）兵科給事中趙格條陳七事：一，請禁都城內外妄稱彌勒佛、白蓮社者。【略】上從部議。

《明神宗實録》卷二三四　（萬曆十九年閏三月）己丑，禮部題：異端之害，惟佛為甚，緣此輩有白蓮、明宗、白雲諸教，易以惑世生亂，故禁宜嚴。近福建有僧妄稱欽差，欲重建支提寺，以覬銀坑之利。又有番僧亦乞內地造寺，為通番之計。漢上棧道，亦復有遊僧妄稱差遣。即京師中，近有五臺僧，自號密藏禪師，潛住惑衆。合嚴行禁逐。上命嚴逐重治之。

又　卷三九〇　（萬曆三十一年十一月癸酉）禮部覆，康丕揚奏請禁僧道：一，禁止白蓮教、無為教、羅道教；【略】一，嚴緝集衆進香擅造儀仗違禁之物；【略】詔：悉依議，行之。

又　卷五三三　（萬曆四十三年六月）庚子，禮部請禁左道以正人心，言：近日妖僧流道，聚衆談經，醵錢輪會。一名捏槃教，一名紅封教，一名老子教，又有羅祖教、南無教、淨空教、悟明教、大成無為教，皆諱白蓮之名，實演白蓮之教。有一教名，便有一教主，愚夫愚婦，轉相煽惑，寧怯於公賦而樂於私會，寧薄於骨肉而厚於夥黨，寧駢首以死而不敢違其教主之令，此在天下，處處盛行，而畿輔為甚，不及今嚴為禁止，恐日新月盛，實煩有徒，張角、韓山童等之禍，將在今日。乞敕下臣部，行文五城、廠衛，嚴令禁戢，立刻解散。如有仍為傳頭者，訪出依律從重究擬。有功員役，比照拏獲大盜給賞。仍通行各省直，一體欽遵，嚴禁訪拏。庶異教可回，人心歸正，而千萬世太平之業，終賴之矣。

又　卷五九四　（萬曆四十八年五月乙巳）禮部右侍郎孫如游上言：竊惟徼福免禍者，人情也，而巧言禍福以中人心者，左道也。此在白蓮、無為等教，已兩經臣部具題，嚴禁驅逐。近又有紅封、大成等教，則避白蓮之名，而傳其鉢，逃無為之號，而廣其派，四方各有教首，謬稱佛祖，羅致門徒。甚至皇都重地，輒敢團坐談經，十百成羣，環觀聚聽。且以進香為名，踵接于路，無論輿仗擅龍鳳，為王法所不容。而旌旗蔽日，金鼓喧天，萬一草澤奸盜，或景附以潛藏，奴穴細人，或竄入以內應，是玩視之以為緇衣黄冠之流者，正醞釀之以成緑林、黄巾之變者也。方今天不悔禍，人皆幸災，凡枵腹亡命之輩，方苦棲身無處，而左道適為之窟，歸附愈多，勢焰愈熾，未必無劉福通其人者，生心窺伺。而四海兵餉又為遼左徵調殆盡，誠恐變出不虞，未易撲也。【略】上是之。

《明光宗實録》卷三　（泰昌元年八月丙午）邪術誣世，如無為、白蓮、紅封、大乘等教，廣布傳頭，結連亡命，甚至造符印，擁兵仗，一呼百應，莫可誰何？矧有奸民專以賽會進香為事，輿蓋雕龍畫鳳，旗鼓蔽日喧天，違法殊甚，宜嚴緝教師會首，依律究罪，餘黨解散。邇來淫祠日盛，細衣黄冠所在如蟻，今後敢有私創禪林道院，即行折毁，仍懲首事之人。僧道無度牒者，悉發原籍還俗。

又　卷五　（泰昌元年八月庚申）御史劉有源疏言：京都首善之地，邇來習氣益澆。惡棍結把害人，一呼百和，假會茶之名，積聚銀錢，或數千或數百，若把惡事犯，即用此打點官司，以必勝制人。如林之勢方張，履霜之漸當戒。目今白蓮、無為等教，妖術惑人，糾合無賴，所在而是。萬一嘯聚萑苻，能保此輩不齎資回應？恐久則難圖，銀錢日積，勾連不已，必經追没而後可杜其端。

《崇禎實録長編》卷三二　（崇禎三年三月戊申）河南巡按吳甡疏奏：開封、歸德之間近河諸州縣與山東直隸棋置壤錯，原有邪妖一種，窟穴其中，藉白蓮金禪之教，煽惑村愚，勾結亡命。自邊境孔棘，徵調煩興，奸宄之徒伺隙生心，分布號召，在在有之。臣與撫臣申飭有司，嚴保甲，練鄉兵，三令而五申之一二，長吏力行不懈，擒之於未著，撲之于方張。如近日所獲諸大盜，皆挾妖書，稱王號，焚劫村民，縱横閭左，跨州連邑，布滿三四百里之內，謠言紫微星失道，謀舉大事，豈僅僅胠篋探丸之雄已哉？惟保甲鄉兵之法行，而不軌邪謀終無逃於天網。

又　卷三四　（崇禎三年五月癸未）兩河間緑林哨聚，日不絶聞。更有邪教一種，以奸雄自命，其口談非仙非佛，其期待為帝為王。其受用好色貪財，其結果成佛作祖，厚蓄不軌之謀，故創不經之説。初不過一二黠者主盟召號，究也遠近奔走，蟻附景從，煽動勾連，不疾而速。如此，直之濬、滑，南直之淮、徐，山東之曹、濮，實繁有徒。中州則其穴窟所在，先年固始之變，已見於前事矣。

《大明律》卷一八《刑律一・盜賊》　造妖書妖言。凡造讖緯、妖書妖言及傳用惑衆者，皆斬。皆者，謂不分首從，一體科罪。餘條言皆者，並准此。若私有妖書，隱藏不送官者，杖一百，徒三年。

《明史》卷二四〇《孫如游傳》　時白蓮、無為諸邪教横行，宗彥嘗疏請嚴禁，如游復申其説。帝從之。

清

《清世祖實録》卷一〇四　（順治十三年十一月辛亥）諭禮部：朕惟治天下必先正人心，正人心必先黜邪術。儒釋道三教並垂，皆使人為善去惡，反邪歸正，遵王法而免禍患。此外乃有左道惑衆，如無為、白蓮、聞香等教名色，邀集結黨，夜聚曉散，小者貪圖財利，恣為姦淫，大者招納亡命，陰謀不軌。無知小民，被其引誘，迷罔顛狂，至死不悟。曆考往代，覆轍昭然，深可痛恨，向來屢行禁飭。

《清高宗實録》卷一〇七　（乾隆四年十二月壬寅）湖廣總督班第奏：湖廣素多邪教之名，究其實，皆無賴哄惑鄉愚，科斂香錢，以資衣食。現有孝感民嚴維臣，自稱白蓮教，業據縣稟密拏，飭司查究外，因思果係邪教，自當嚴拏黨羽按擬，如僅藉名誆騙香錢，似應分別首從，酌量枷責完結。

又　卷二六五　（乾隆十一年四月甲申）又諭曰：張廣泗奏，白蓮教招引徒衆一摺，可銷録密寄與四川、雲南督撫閲看，留心辦理。此等邪教惑人，乃地方不應有之事，何以近日屢見之，務須辦理得宜，毋縱毋濫，以除後患。

又　卷二六九　（乾隆十一年六月）又奏：白蓮教煽徒甚衆，現又續獲邪犯周鳳翩、郭廷璧等五十餘名，其中有知情而倡為齋頭，給人授記，輾轉相招者，有聽從邪説，吃齋入夥者。飛飭分别解省，並據涪州等屬，將前獲劉奇等六犯，陸續解到。臣率同布按兩司，逐一研訊，究出陰謀不軌，大逆不道確情。並冒稱李開花之蘇君賢，現在巴縣墾種，當即專差往拏。

又　卷八一八　（乾隆三十三年九月丁亥）諭軍機大臣等：昨據吴壇奏，于蘇州城外，訪出久經奉禁之大乘、無為二教經堂，拏獲各堂師徒七十餘人一摺。業經降旨彰寶，悉心根究，嚴切定擬。

又　卷八一九　（乾隆三十三年九月丙午）又諭：據阿思哈奏，汝陽縣拏獲民人周世禄，聚衆念經。許州拏獲民人徐國泰等，形迹可疑。【略】徐國泰等，以邪教餘孽，仍復引誘愚民，且敢造作逆詞，妄傳惑衆，實為罪不容誅。著傳諭該撫，定擬此案，應照大逆例辦理，不得少存姑息。

又　卷八二一　（乾隆三十三年十月辛未）又諭：據彰寶奏，查出龍華邪教僧人吴時濟之徒張仁、杜玉良，前經發配甘肅，仍敢與舊時同教之人書劄來往。恐在配所，亦不無誘惑之事。【略】著傳諭該督，即將張任、杜玉良二犯緝拏拘禁。

又　卷九六九　（乾隆三十九年十月丙申）又諭：據嘉謨奏，臨清有郭大、郭三、郭七、郭浩，都是白蓮教等語。著傳諭舒赫德、楊景素，即行嚴飭查拏務獲，審明照例辦理。

又　卷一一九二　（乾隆四十八年十一月壬寅）諭軍機大臣等：本日福長安奏，有直隸南宫縣人魏玉凱喊稟，訊據供稱，在本縣魏家莊居住，該莊有鄉約李存仁及魏學宗、簡七、王三、嚴齡等，與山東王倫都是高口地方之李姓徒弟。從前原係白蓮邪教，演習拳腳，四十六年後，又改為義和拳，各人俱藏有繩鞭等語。【略】自應徹底查辦。未便因其挾有微嫌。將就完事。

《清仁宗實録》卷一九八　（嘉慶十三年七月戊寅）諭軍機大臣等：給事中周廷森奏請嚴懲聚衆匪徒一摺。據稱，近日江南之潁州府、亳州、徐州府、河南之歸德府、山東之曹州府、沂州府、兖州府一帶地方，多有無賴棍徒，拽刀聚衆，設立順刀會、虎尾鞭、義和拳、八卦教名目，横行鄉曲，欺壓善良。【略】既有此等匪徒，自應嚴行懲辦，以靖閭閻。

又　卷二八二　（嘉慶十九年正月丙寅）諭軍機大臣等：教匪蠱惑良民，已非一日，燒香斂錢之事，何處蔑有？愚民無知，被其煽惑，雖有從教之實，並無謀叛之心。此次林清等造謀悖逆，係藉傳教為名，勾結同類，其平素入教者，並非盡知逆謀。此時但誅叛匪，不誅邪教，即平日素非邪教，而此次知情，亦在所必誅，其平日雖係習教，而此次並不謀逆，亦不深究。

又　卷三〇八　（嘉慶二十年七月戊子）又諭：馬慧裕等奏，拏獲習教斂錢傳咒各犯，審訊大概情形一摺。此案孫家望聽從戴添幅等倡言青蓮、紅蓮、白蓮教名目，並有朱元係彌勒佛臨凡，李朱為教頭之語，膽敢拜師念咒，習教斂錢，並輾轉傳授楊添玉等，不法已極。除朱元、李朱二犯，現已另降諭旨，交胡克家嚴緝務獲。

又　卷三一四　（嘉慶二十年十二月丙寅）諭軍機大臣等：那彦成奏，查明石佛口王姓實係邪教總匪惡根，已將傳教之人拏獲審訊大概情形一摺。所辦甚好。

《清宣宗實録》卷二八四　（道光十六年六月戊辰）又諭：有人奏，山西省陽曲、盂縣、代州、崞縣、五臺、忻州、定襄一帶，與直隸相近，有傳習邪教者，土人因其燒香念經，不戒葷酒，稱為五葷道，實即白蓮教之别名。此等愚民受人煽惑，拜師傳徒，夜聚曉散，假名偽號，暗相封授。請密飭查辦，杜絶禍源等語。晉省邪教，向由直隸傳染，現在直隸辦理教案，各處搜查，難保該匪徒等不聞風逋逃，潛匿晉省。著該撫密飭各州縣勿露風聲，細心查訪，一經得有端倪，即行嚴拏到案，按律懲辦。惟不得誤信讎陷，株連無辜，致滋擾累。

清・昆岡等［光緒］《清會典事例》卷三九九《禮部・風教三・訓飭風俗一》　（嘉慶）十七年諭：常明奏查禁川省傳習無為老祖邪教緣由

一摺。據稱，該省從前教匪未起以前，曾有無為老祖教名目，其教亦崇奉神佛，惟習教之家，俱供聖祖仁皇帝龍牌，曾經地方官嚴行查禁。自教匪平定後，近年以來，未聞復有此教名目。現仍密飭嚴查，並曉諭令各首明悛改等語。邪教惑衆斂錢，最為風俗之害，若不及早禁絕，日久蔓延，轉難查辦。該省從前既有此項無為教名目，不可不嚴密稽查，湔除惡俗。【略】

又諭：給事中葉紹楏奏，民間邪教，最干法紀，每因傳播日久，姦宄叢生。請飭令各督撫臬司出示曉諭，將律定罪名，刊刷通行，俾小民深知遠害，自行改悟。並請令各督撫，體訪各該省習俗所易犯而大干法禁者，一一摘録律文，明白曉諭，廣為禁止等語。』

又諭：各省邪教之起，其始止於燒香拜會，聚衆斂錢，或由數人至數十人，多亦不過百餘人。地方官一經訪聞，隨時拏獲，按律懲辦，邪説自可漸熄。無如州縣因循怠玩，於所屬鄉鎮，匪徒夜聚晝散，傳教授徒等事，俱視為故常，不加究詰。久之姦民徒黨衆多，潛懷悖亂，養癰滋蔓，貽害至不可勝言。【略】嗣後各直省州縣官到任後，【略】將境內有無邪教，申報該管上司，如訪有萌芽，立即查拏究辦，毋稍玩泄。

又 卷七六六《刑部·禮律·祭祀·禁止師巫邪術》 凡師巫假降邪神，書符咒水，扶鸞禱聖，自號端公、太保、師婆名色，及妄稱彌勒佛、白蓮社、明尊教、白雲宗等會，一應左道異端之術，或隱藏圖像，燒香集衆，夜聚曉散，佯修善事，煽惑人民，為首者絞監候，為從者各杖一百流三千里。若軍民裝扮神像，鳴鑼擊鼓，迎神賽會者，杖一百，罪坐為首之人。里長知而不首者，各笞四十。其民間春秋義社，以行祈報者，不在此限。【略】

凡傳習白陽白蓮八卦等邪教，習念荒誕不經咒語，拜師傳徒惑衆者，為首擬絞立決，為從年未逾六十，及雖逾六十，而有傳徒情事，俱改發回城給大小伯克及力能管束之回子為奴。【略】儻再有傳習邪教情事，即按例加一等治罪，若拏獲到案，始行改悔者，各照所犯之罪問擬，不准寬免。【略】

各項邪教案內，應行發遣回城人犯有情節較重者，發往配所，永遠枷號。【略】

邪教惑衆，照律治罪外，如該地方官不行嚴禁，在京五城御史，在外督撫，徇庇不行糾參，一併交部議處。旁人出首者，於各犯名下，並追銀二十兩充賞，如係應捕之人拏獲者，追銀十兩充賞。【略】

私習羅教，為首者，照左道異端煽惑人民律擬絞監候。不行查報之鄰佑總甲人等，均照律各笞四十。其不行嚴查之地方官，交部議處。【略】

各省遇有興立邪教，哄誘愚民事件，該州縣立赴搜訊，據實通稟，聽院司按核情罪輕重，分别辦理。儻有諱匿，輒自完結，别經發覺，除有化大為小，曲法輕縱别情，嚴參懲治外，即罪止枷責，案無出入，亦照諱竊例，從重加等議處。【略】

（順治）十三年諭：凡左道惑衆，如無為、白蓮、聞香等教名色，起會結黨，迷誘無知小民，殊可痛恨。今後再有踵行邪教，聚會燒香，斂錢號佛等事，在京著五城御史及地方官，在外著督撫司道有司等官，設法緝拏，窮究奸狀，於定例外加等治罪。【略】

（康熙）五年覆准：凡邪教惑衆，在京行五城御史，在外行督撫，轉行文武各地方官嚴禁查拏。如不行查察，督撫等徇庇不參。事發，在內，該管官每案罰俸三月，在外，州縣官降二級調用，督撫罰俸一年。【略】

（康熙）七年覆准：凡邪教惑衆者，照律遵行，其地方各官，仍照例一併治罪。【略】

（康熙）五十七年議准：各處邪教，令該督撫嚴行禁止。若地方官不行嚴查，或别處發覺者，將地方官及該督撫一併嚴行查議。【略】

嘉慶十八年奏：辦理邪教，總以有無傳習經咒，供奉邪神，拜授師徒為斷。至白陽教，即係白蓮教，及八卦教之别名，最足為害。嗣後為首，照左道異端煽惑人民律，擬絞監候。為從，發新疆給額魯特為奴。【略】

（嘉慶）二十一年奉旨：嗣後各直省遇有倡立邪教，惑衆騙錢，案內應行發遣之犯，著該督撫於審明定案時，酌留一二名，於該省犯事地方，永遠枷號示衆。【略】

道光元年諭：方受疇奏邪教案內留于本境永遠枷號人犯，請即行解配等語。邪教案內應行發遣人犯，留于本境枷示，原以化誨愚蒙，俾知儆戒。【略】

（道光）十二年諭：此案尹老須即尹資源，接管劉功離卦教，自稱南陽佛，創立朝考等場、黑風等劫名目，神奇其説，煽惑至數千人之多，句結至三省之遠，狂悖已極。尹老須即尹資源，著即淩遲處死。仍傳首犯事地方，以昭炯戒。

又　卷七七九《刑部・刑律・賊盜》　凡興立邪教，及挾讎編造邪説煽惑人心等項，照大逆定罪之案。【略】興立邪教，及挾讎編造邪説，煽惑人心，比照反逆定罪之案。

又　卷一〇三八《都察院・五城・黜邪》　（康熙）二十六年覆准：無賴狂徒，假藉僧道為名，或稱祖師降乩，或妄逞邪説，托言前知，或以虚妄之談，蠱惑愚蒙，至有羣相禮拜甘作徒從者，此等邪教，行令五城官嚴行禁止。【略】

（乾隆）四十九年奏准：紅陽教經卷，令步軍統領衙門及五城司坊各官，嚴行查禁，不得存留。

雜録

明・謝肇淛《五雜俎》卷八《人部四》　今天下有一種吃素事魔及白蓮教等人，皆五斗米賊之遺法也，處處有之，惑衆衆不已，遂成禍亂。

清・昭槤《嘯亭續録》卷五《明末風俗》　世皆以明人重理學，尚氣節，係崔挽唐、宋頽風，有返樸還淳之盛，殊不知近日陋僞，實皆起於明末之時。徐鴻儒數于山東燒香聚衆，稱白蓮教，沿至嘉慶初年，三省教匪弄兵九載。其後京師復有林清之變，皆其流毒，鄉塾興高頭講章，議論紕繆，北省村儒，奉為圭臬，不復知先儒注疏為何物也。

清・昭槤《嘯亭雜録》卷六《癸酉之變》　白蓮邪教起自元末紅巾之亂，明季唐賽兒、徐鴻儒等相沿不絶，蓋由狐怪所傳，其經卷皆盜襲釋氏之文，而鄙褻不成文理。又以『真空家鄉，無生父母』八字為真言，書于白絹，暗室供之。其教以道祖為重，又有天魔女諸名位，以持齋修善為名，而暗蓄逆志，謀為不軌。其教自京畿迤南學習者衆衆，乾隆中，傅文忠任九門提督時，曾捕獲黄村妖婦某氏伏法，其黨懲治有差，其風稍熄。而蔓延至楚、豫、秦、蜀諸省，遂有嘉慶丙辰楚北揭竿之亂，兵興九載，然後撲滅。其傳習京畿者，久而益熾，又變為八卦、榮華、紅陽、白陽諸名，大吏相安無事，不復根究。

清・胡思敬《國聞備乘》卷一《會匪》　嘓匪窟穴南山，與白蓮教相勾結。棚匪結夥入山謀食，支帳露宿，初無異謀，人既龐雜，奸民誘煽其間，遂相聚為匪，川楚甌脱棄地往往有之。四川哥老會蔓延最廣，餘省名號不同，燒香結盟，斂錢米，陰相部勒，先後皆祖其術。近歲亂歸德者曰混元會，亂川南者曰孝義會，亂兩粤者曰三點會，亂福建者曰鐵尺會，亂江皖者曰邊錢會，張妙相亂桃源曰彌陀教會，杜亦勇亂金嚴曰天元會，陳慶、王泉亂廈門曰小刀會，各以邪術誘脅鄉愚，統謂之會匪。當發匪初入長江，凡添弟會、串子會、捆柴會、丁叉會、紅黑會、一股香會諸匪目皆附之，亂遂大熾。黄河發源甚微，沿途匯衆流，勢洶洶，漸不可遏，過三門而東無大山夾持，乃為中國患害，不可不知也。

清・佚名《研堂見聞雜記》　吴下固多邪教，如大成、圓果之類，各立門牆，以十數計，專以吃菜事魔惑人。一入其黨，終身不敢毁。或聚説法，或立壇宣咒，鄉愚狐行鼠伏，晨出夜歸。而一二黠者為之號召，一呼百應，裹糧以從，識者久知其有揭竿之變。順治庚子夏，湖寇蠢動，其黨潛與相應，糗糧衣甲之屬皆備具矣。乃草一檄文，以大板書之，數十人潛舁至府學前屹立，其大旨無非假名義帝之類。見者哄然，思迹捕之，而其黨即扁舟至穹窿足下，大張筵會，優舞雜遝。山民疑焉，蹤迹追捕，得其渠魁幾人，攀染株及幾遍東南。府縣承風追緝，窮村荒落雖家無擔石，亦必飽索金錢去。至姓名在籍者，則合門圍捉，罄掃而後已。是役也，（疑有脱誤）應小創，而蚩蚩之民，不詳厥故，謂吾茹素，曾何預縣官事？愚可哀已！

限制外來宗教傳布分部

綜述

元・佚名《元典章》卷三三《禮部六・釋道》　也里可温教。禁也里可温攙先祝贊。大德八年，江浙行省准中書省諮：禮部呈，奉省判集賢院呈，江南諸路道教所呈，泉州路有也里可温創立掌教司衙門，招收民戶充本教戶計，及行將法籙先生誘化侵奪管領，及于祝聖處、祈禱去處，必欲班立于先生之上，動致爭競，將先生人等歐打，深為不便。申乞轉呈上司禁約事。得此。照得江南自前至今，止存僧、道二教，各令管領，別無也里可温教門。近年以來，因隨路有一等規避差役之人，投充本教戶計，遂於各處再設衙門，又將道教法籙先生侵奪管領，實為不應。呈乞照驗。得此。奉都堂鈞旨，送禮部照擬。議得：即目隨朝慶賀班次，和尚、先生祝贊之後，方至也里可温人等，擬合依例照會。外據擅自招收戶計並攙管法籙先生事理，移諮本道行省，嚴加禁治相應。具呈照詳。得此。都省諮請照驗，依上禁治施外，行移合屬並僧道録司，也里可温掌教司，依上施行。

《明神宗實録》卷五四七（萬曆四十四年七月戊子）禮科給事中余懋孳疏言辟異教，嚴海禁。大略謂自西洋利瑪竇入貢，而中國復有天主之教，不意留都王豐肅、陽瑪諾等，煽惑百姓，不下萬人，朔望朝拜，動以千計。夫通夷有禁，左道有禁，使其處南中者，夜聚曉散，效白蓮、無為之尤，則左道之誅，何可貸也？使其資往偵來，通濠鏡嶴夷之謀，則通番之戮，何可後也？故今日解散黨類，嚴飭關津，誠防微之大計。

又 卷五五二（萬曆四十四年十二月丙午）命押發遠夷王豐肅等於廣東，聽歸本國。先是遠夷利瑪竇偕其徒龐迪峨入京，上嘉其向化之誠，予之餼廩。瑪竇死，復給以葬地。而其徒日繁，蹤迹亦復詭秘。王豐肅等在留都以天主教扇惑愚民，一時信從者甚衆。又蓋屋於洪武岡，造花園于孝陵衛寢殿前。【略】下禮部，覆言：此輩左道惑衆，止於搖鐸鼓簧，倡夷狄之道於中國，是書所稱蠻夷猾夏者也。此其關係在世道人心，為禍顯而遲。但其各省盤踞，果爾神出鬼没，透中國之情形於海外，是書所稱寇賊奸宄者也。此其關係在廟謨國是，為禍隱而大。閣臣亦力言之。有旨：王豐肅等立教惑衆，蓄謀叵測，可遞送廣東撫按督，令西歸。

《崇禎長編》卷三四（三年五月丙午）澳夷專習天主教，其說幽渺，最易惑世誣民。今在長安，大肆講演，京師之人，信奉邪教十家而九，浸淫滋蔓，則白蓮之亂可鑑也。查成化年間，番僧領占竹誘惑漢人演習番教，為禮科糾劾遣還。萬曆年間，番人龐迪峨、王豐肅等煽惑京師，為禮部疏參驅逐。

《清聖祖實録》卷二七二（康熙五十六年四月戊戌）兵部議覆：廣東碣石總兵官陳昴疏言，天主一教，設自西洋，今各省設堂，招集匪類。此輩居心叵測，目下廣州城，設立教堂，內外布滿，加以同類洋船叢集，安知不交通生事。乞敕早為禁絕，毋使滋蔓。查康熙八年，會議天主教一事，奉旨：天主教除南懷仁等照常自行外，其直隸各省立堂入教，著嚴行曉諭禁止。但年久法弛，應令八旗、直隸各省並奉天等處，再行嚴禁。從之。

《清高宗實録》卷二六九（乾隆十一年六月庚寅）又諭：現在福建福寧府屬，有西洋人倡行天主教，招致男女，禮拜誦經。又以番民誘騙愚氓，設立會長，創建教堂。種種不法，挾其左道，煽惑人心，甚為風俗之害。天主教，久經嚴禁，福建如此，或有潛散各省，亦未可知。可傳諭各省督撫等，密飭該地方官，嚴加訪緝。如有以天主教引誘男婦，聚衆誦經者，立即查拏，分別首從，按法懲治。

又 卷三一五（乾隆十三年五月壬寅）又諭：據喀爾吉善奏稱，呂宋為天主教聚集之所，內地民人，在彼甚多，商船往來，難免無傳遞資訊之事。【略】可傳諭喀爾吉善等，嗣後務將沿海各口，私往呂宋之人，及內地所有呂宋吧黎往來蹤迹，嚴密訪查，通行禁止。

又 卷一二一五（乾隆四十九年九月戊辰）諭軍機大臣等：據李綬奏，湖南湘潭、武陵、沅江等縣，俱有學習天主教之人，看來各州縣，必皆有傳習之處。現飭各州縣嚴密訪查，不動聲色，妥為辦理，不得張惶急迫，致令吏胥藉端滋事等語。所辦是。天主教與回教相仿，雖不比別項邪教，但究係違例，自應查禁。

又 卷一二二七（乾隆五十年三月癸酉）至內地民人，傳習天主教者，雍正年間，久經禁止。哆羅輒敢私派多人，赴各省傳教惑衆，而梅神甫、安多呢等，亦以西洋人藏匿山西山東，至一二十年之久，殊干例禁，不可不徹底嚴查。此案本應按律定擬，將該犯等即寘重辟，第念伊等究係夷人，免其一死，已屬法外之仁，未便仍照向例，發回該國懲治，因令刑部將各該犯牢固監禁，以示儆儆。

《清仁宗實録》卷二四六 （嘉慶十六年秋七月壬辰）嚴禁西洋人潛住內地。諭內閣：西洋人住居京師，原因其諳習演算法，可以推步天文，備欽天監職官之選。【略】至外省地方，本無需用西洋人之處，即不應有西洋人在境潛住。從前外省拏獲習教人犯，每稱傳播始于京師。今京師已按名稽核徹底清厘，若外省再有傳習此教者，必係另有西洋人在彼煽惑，地方匪徒私自容留，不可不加之厲禁。

又 卷二八四 （嘉慶十九年二月乙巳）又廣東民人多有潛入天主教者，香山等縣婦女亦多人教，更恐奸民潛蹤教內，轉相引誘滋事等語。粵東粵西，地廣人稠，良莠不齊，茲又有匪徒潛匿拜會肆劫，亟應嚴密查辦。至香山嶴門一帶，地迫外洋，為夷人寄居之所，近復傳習天主教，久之亦恐滋患。現飭各省編查保甲，著蔣攸銛、董教增各飭所屬，將此等習教拜會匪徒，設法嚴查究辦。

又 卷二八八 （嘉慶十九年三月癸丑）又所奏專禁內地民人傳習天主教一節，自應如此辦理。天主教本傳自外洋，該夷人居住嶴門，自習其教，原可不必過問。惟該夷人若向內地民人傳授，則恐其煽惑流毒，此不可不嚴切申禁。一經查出，不但將內地習教之人按律懲辦，其傳教之西洋人，亦一併嚴懲。

又 卷二九〇 （嘉慶十九年五月甲午）再天主教絕滅倫理，乃異端為害之尤者。此在西洋人自習其教，原可置之不問，若傳習內地民人，不止大干例禁，為國家之隱憂，貽害最大，比白蓮教為尤甚，豈可不思深慮遠乎？著蔣攸銛等廣為刊示，曉諭該處沿海商民，並來粵交易之西洋人等，一體知悉。如中國民人有私習天主教者，地方官立即訪拏，從重治罪。其西洋人誘惑內地商民者，一經究出，拏獲一體治罪，斷不寬貸。

又 卷三五五 （嘉慶二十四年三月丙申）又諭：本日據御史李遠烈條奏四款，天主教實為人心風俗之害，惟應嚴禁傳徒。若將其置典取租房屋，概行掣出入官，召民認買，事屬難行。嗣後著嚴行稽查，如有藉租屋為名，被誘習教者，一經查出，將傳教與入教之人，一體嚴行治罪。

《清宣宗實録》卷三〇九 （道光十八年閏四月乙亥）又諭：嗣後刑部審辦天主教案，無論該犯等改悔與否，均著該部堂官當堂親訊明確，其情願改悔者，著即將該犯家內供奉之十字架，令其跨越，以昭核實。

又 卷三三一 （道光二十年二月）甲申，諭內閣：嗣後傳習天主教人犯，于赴官首明出教，及被獲到官，情願出教，俱著遵照嘉慶年間諭旨，將該犯等家內起出素所供奉之十字木架，令其跨越。果係欣然試跨，方准免罪釋放。

又 卷三三七 （道光二十年七月癸丑）又諭：周天爵等奏，拏獲傳教惑衆之西洋人並信習邪教各犯，分別審擬一摺。此案董文學，以西洋人膽敢潛入內地傳習天主教，講經惑衆，實屬罪大惡極。該州縣即將該犯拏獲，並訪獲習教多人。【略】著各直省督撫嚴飭各州縣查拏，務獲究辦。

清・昆岡等［光緒］《清會典事例》卷五〇一《禮部・方伎・僧道》 （乾隆元年）又覆准：八旗人等不得入天主教，令各該旗都統等通行曉諭禁止，違者從重治罪。

又 卷一〇三八《都察院・五城・黜邪》 （乾隆）三十三年奏准：五城內外，如有前經入天主教之人，許其自首免罪，儻別經發覺，按律重懲。

清・梁章鉅《浪迹叢談》卷五《天主教》 康熙中，黄岡令劉公澤溥深惡之，議毀其廟，逐其人，胥吏有從其教者，懲以重典，不旬日而上官下檄，反責以多事，蓋錢可通神也。雍正二年，浙江制府滿公上言其惡，朝廷納之，禮部議覆：奉旨西洋人除留京辦事人員外，其散處直隸各省者，應通行各該督撫轉飭各地方官，查明果係精通天文及有技能者，起送至京效用，餘俱遣至澳門安插。其從前曾經內務府給有印票者，盡行查送內務府銷毀。其所造天主堂，令皆改為公所。凡誤入其教者，嚴為禁諭，令其改行，如有仍前聚衆誦經者，從重治罪。地方官若不實心禁飭，或容隱不報，如之。三月，奉通檄盡逐其人，以其堂為義學、公所，百年污穢，一旦洗濯，因喜書其事云云。

論説

清・葛士濬《清朝經世文續編》卷一一二《徐賡陛〈奏覆教民案件〉》 賡陛履任以來，一面剴切曉諭，謂天主耶穌等教，不過與釋老相同，釋老亦來自殊方，習久則毫不為怪，僧道雖所服異教，盛世亦何所不容？吾民但自修其本，原不必羣驚其非類。一面延到各教士，告以民間詞訟，無論教與不教，皆吾子民，但問莠良，不分民教。【略】故條約之文，載明教士不得干預詞訟，誠以我國自有政體事權，不容或撓。爾國亦重邦交，攙越終嫌非分也。

清·方濬師《蕉軒隨録》卷八《海洋記略》　西人既受中國寵任，倡行耶穌之教，幾遍海內。物忌太盛，乾隆中乃有楊光先者著《不得已》一書，極言天主教之害。其言謂寧可天算違行，不可任用西士，學士大夫亦交口醜詆，於是嚴行驅禁，毀其堂宇，西士絕迹於中土者近百年。然臺官循其法不能變，軍火利器依舊式製造，亦無奇巧變幻之方。孰意智巧之士，伏於海外，殫精竭慮，日新月異，其鋒馴致不可當，而中國未知也。

清·梁廷枏《海國四説·耶穌教難入中國説》　今泰西人知尊天而不知尊地，舉國無貴賤皆得入堂禮拜，守其教，讀其書，積久已沿為風俗，何足深辨。惟彼中人意，釋教既入中國，已遍延郡邑，合中國之賢愚長幼，無不合掌祈拜於土木偶像之前，於是舉一至尊、至大、至顯之天，以相形而伸其勸阻。彼蓋習見其俗之七日行拜，以為中國之人之溺於釋教者，當復如是。又其所識，皆內地商賈者流，徒知求利，無所據以祛其疑。彼之為此過慮，厥有所以。殊不知佛門蔓延至今，其徒衆之繁，已難屈指，合之適成天下一大養濟院。齊無父子、無家室之衆，散置於禪房紺宇，俾與蚩蚩之氓，並生並育，不耕而食，不織而衣，聽其自為祝禱，不責效亦不禁止，及其犯法，則官懲之，編其所居，隸諸保甲，與凡民等。所以待之者如是，蓋此輩信之不能利人，聽之亦不能損人。可杜絕于芽蘖之初萌，而不能斬刈於枝條之既蔓。【略】

唐虞三代以來，周公、孔子之道，燦然如日月麗天，江河行地。歷代諸儒，衍其支流，相與講明而切究者，簡冊班班可考。凡政治之本，拜獻之資，胥出於是焉。其入人也，方且洽肌膚淪骨髓甚深且久，斯即有背道不遠者，日參其側，終不能搖而奪之，易而移之，況毫釐千里者哉？泰西人既知讀中國書，他日必將有聰慧之人，翻然棄其所學，而思從堯、舜、禹、湯、文、武、周、孔之道，如戰國之陳良者。然則，今日欲以彼教行于中國，聞予言其亦可以返思矣。

末世敗政部

元順帝腐化分部

綜述

元·權衡《庚申外史》卷上　太后亦每言，帝不用心治天下，而乃專作戲嬉，故此舉雖出於權臣，實亦帝心之所欲也。尚書高保哥奏言：『昔文宗制詔天下，有曰：「我明宗在北之時，謂陛下素非其子。」』帝聞之大怒，立命撤去文宗神主於太廟，並問當時草詔者為何人，遂欲殺虞伯生、馬雍古祖常。二人呈上文宗御批，且曰：『臣受勑紀載，實不獲已。』脫脫在旁，因曰：『彼皆負天下重名，後世只謂陛下殺此秀才。』故舍之而不問。【略】

是時，資政院使隴卜亦進西番僧善此術者，號『秘密佛法』，謂上曰：『陛下雖貴為天子，富有四海，亦不過保有見世而已，人生能幾何？當受我「秘密大喜樂禪定」，又名「多修法」，其樂無窮。』上喜，命哈麻傳旨，封為司徒，以四女為供養；西番僧為大元國師，以三女為供養。【略】在帝前男女裸居，或君臣共被，且為約相讓以室，名曰『些郎兀該』，華言『事事無礙』。倚納輩用高麗姬為耳目，刺探公卿貴人之命婦、市井臣庶之儷配，擇其善悅男事者，媒入宮中，數日乃出。庶人之家，喜得金帛；貴人之家，私竊喜曰：『夫君隸選，可以無窒滯矣。』上都穆清閣成，連延數百間，千門萬戶，取婦女實之，為大喜樂故也。

又　卷下　帝嘗為近侍建宅，自畫屋樣；又自削木構宮，高尺餘，棟樑楹榱，宛轉皆具，付匠者按此式為之，京師遂稱『魯般天子』。內侍利其金珠之飾，告帝曰：『此房屋比某人家殊陋劣。』帝輒命易之，內侍因刮金珠而去。祁后見帝造作不已，嘗挽上衣諫曰：『使長年已大，太子

年已長，宜稍息造作。且諸夫人事上足矣，無惑于天魔舞女輩，不自愛惜聖躬也。』帝拂然怒曰：『古今只我一人耶？』【略】

帝嘗謂倚納曰：『太子苦不曉秘密佛法，秘密佛法可以益壽。』乃命禿魯帖木兒教太子秘密佛法。未幾，太子亦惑溺於邪道也。噫！【略】

建清寧殿，外為百花宮，環繞殿側。帝以舊例，五日一移宮，不厭其所欲；又酷嗜天魔舞女，恐宰相以舊例為言，乃掘地道盛飾其中，從地道數往就天魔舞女，以晝作夜，外人初不知也。【略】

帝又造龍舟，巧其機括，能使龍尾、鬣皆動，而龍爪自撥水。帝每登龍舟，用彩女盛妝，兩岸挽之，一時興有所屬，輒呼而幸之。又令諸嬪妃百餘人，皆受大喜樂佛戒。太倉積粟盡入女寵家，百官俸則抵支茶、紙、雜物之類。

《元史》卷三八《順帝紀一》（後至元元年）十一月庚辰，敕以所在儒學貢士莊田租給宿衛衣糧，詔罷科舉。

又 卷三九《順帝紀二》（後至元二年六月辛卯）禮部侍郎忽里台請復科舉取士之制，不聽。【略】

（後至元三年正月）戊午，帝獵于柳林，凡三十五日。

又 卷四三《順帝紀六》（至正十四年）帝于內苑造龍船，委內官供奉少監塔思不花監工。帝自製其樣，船首尾長一百二十尺，廣二十尺，前瓦簾棚、穿廊、兩暖閣，後吾殿樓子，龍身並殿宇用五彩金妝，前有兩爪。上用水手二十四人，身衣紫衫，金荔枝帶，四帶頭巾，於船兩旁下各執篙一。自後宮至前宮山下海子內，往來遊戲，行時，其龍首眼口爪尾皆動。又自製宮漏，約高六七尺，廣半之，造木為匱，陰藏諸壺其中，運水上下。匱上設西方三聖殿，匱腰立玉女捧時刻籌，時至，輒浮水而上。左右列二金甲神，一懸鍾，一懸鉦，夜則神人自能按更而擊，無分毫差。當鍾鉦之鳴，獅鳳在側者皆翔舞。匱之西東有日月宮，飛仙六人立宮前，遇子午時，飛仙自能耦進，度仙橋，達三聖殿，已而復退立如前。其精巧絕出，人謂前代所鮮有。時帝怠於政事，荒于遊宴，以宮女三聖奴、妙樂奴、文殊奴等一十六人按舞，名為十六天魔，首垂髮數辮，戴象牙佛冠，身被纓絡、大紅綃金長短裙、金雜襖、雲肩、合袖天衣、綬帶鞋襪，各執加巴剌般之器，內一人執鈴杵奏樂。又宮女一十一人，練槌髻，勒帕，常服，或用唐帽、窄衫，所奏樂用龍笛、頭管、小鼓、箏、綏、琵琶、笙、胡琴、響板、拍板。以宦者長安迭不花管領，遇宮中贊佛，則按舞奏樂。宮官受秘密戒者得入，餘不得預。

又 卷二〇五《奸臣傳》 初，哈麻嘗陰進西天僧以運氣術媚帝，帝習為之，號演揲兒法。演揲兒，華言大喜樂也。哈麻之妹婿集賢學士禿魯帖木兒，故有寵於帝，與老的沙、八郎、答剌馬吉的、波迪哇兒禡等十人，俱號倚納。禿魯帖木兒性奸狡，帝愛之，言聽計從，亦薦西蕃僧伽璘真於帝。其僧善秘密法，謂帝曰：『陛下雖尊居萬乘，富有四海，不過保有見世而已。人生能幾何，當受此秘密大喜樂禪定。』帝又習之，其法亦名雙修法。曰演揲兒，曰秘密，皆房中術也。帝乃詔以西天僧為司徒，西蕃僧為大元國師。其徒皆取良家女，或四人、或三人奉之，謂之供養。於是帝日從事於其法，廣取女婦，惟淫戲是樂。又選采女為十六天魔舞。八郎者，帝諸弟，與其所謂倚納者，皆在帝前相與褻狎，甚至男女裸處，號所處室曰皆即兀該，華言事事無礙也。君臣宣淫，而羣僧出入禁中，無所禁止，醜聲穢行，著聞於外，雖市井之人，亦惡聞之。皇太子年日以長，尤深疾禿魯帖木兒等所為，欲去之未能也。

論說

元·權衡《庚申外史》卷下 野史斷曰：【略】觀庚申帝漫爾而命擴廓，擴廓亦漫爾而受之，其根本已非矣。而又庚申帝宣淫於上，擴廓肆愚於下，上淫而下愚，上虐而下暗，處則昧經國之大計，出則失兵家之神機，及大兵一動，君臣俱及其禍，豈不宜哉！

帝在位三十六年，當元統、至元間，帝受制權臣，相繼或死或誅，帝恐懼之心弛，而寬平之心生。【略】惜乎元朝之法，取士用人，惟論根腳，其餘圖大政為相者，皆根腳人也；居糾彈之首者，又根腳人也；莅百司之長者，亦根腳人也。而凡負大器、抱大才、蘊道藝者，俱不得與其政事。所謂根腳人者，徒能生長富貴，臠膻擁毳，素無學問。內無侍從臺閣之賢，外無論思獻納之彥，是以四海之廣，天下之大，萬民之衆，皆相率而聽夫臠膻擁毳、飽食暖衣、腥膻之徒，使之坐廊廟，據樞軸，以進天下無籍之徒。嗚呼！是安得而不敗哉？故庚申帝寬平之心因是益進矣。是故《易·大傳》有曰：『危者，安其位者也；亡者，保其存者也；亂者，有其治者也。是故君子安而不忘危，存而不忘亡，治而不忘亂，是以身安而國家可保也。』向使庚申帝持其心常如至正之初，則終保天下，何至於遠遁而為亡虜哉！【略】

予聞之友人暢申之曰：『帝不嗜酒，善畫，又善觀天象。』【略】始雖留意政事，終無卓越之志，自溺于倚納大喜樂事，耽嗜酒色，盡變前所為。又好聽讒佞，輕殺大臣，致使帝舅之尊，帝弟之親，男女雜揉，何殊聚麀？其後祁后諫己，强其子使學佛法。文公有云：『中國一變為夷狄，夷狄一變為禽獸。』堂堂人主，為禽獸行，人紀滅亡，天下失矣。或曰：庚申帝以昏愚而失天下，非也。庚申帝豈昏愚者哉！觀其欲殺是人也，未嘗不假手於人，外為不得已之狀，內實行其欲殺之志。【略】人雖至於死，未嘗有歸怨之者，豈昏愚者所能為之也！

或又曰：庚申帝以優柔不斷失天下，亦非也。庚申帝豈優柔不斷者哉！自至正改元以來，凡權臣赫赫跋扈有重名者，皆死於其手，前後至殺一品大官者，凡五百餘人，皆出指顧之間，而未嘗有悔殺之意，此豈優柔不斷者所能哉！然則竟以何者而失天下？曰：由其陰毒故也。且自古有天下之君，蒞九五之位，惟秉陽剛之德、總攬陽剛之權者，為能居之。若操陰毒之性者，適足亡天下耳！故《大易》稱聖人之德也，必曰『聰明睿知，神武不殺』而後已。夫外有聰明之聞見，內有睿知之機運；外有神武之雄略，內有不殺之仁慈；外聰明而內睿知，外神武而內不殺，然後為聖人之全德，而可以居九五之大位。彼庚申帝者，何足以語此？而其為亡虜也，不亦宜乎？

明·湛若水《格物通》卷九三《慎賞賜下》　元順帝當水旱飢饉災蝗之際，不知修德節用以荅天譴，而以府庫百年所積之寶物，偏賜僕御閽寺之流、乳稚童孩之子，是不唯暴殄天物，輕遺宗器，賞不以功，賚不以親，而於世守之義亦安在哉？

明·馮從吾《少墟集》卷二〇《關學編三》　元順帝廢學縱欲，盛有臺沼，我太祖代取之，人主可不深念？

清·黃宗羲《明文海》卷四四七《墓文十九·吳寬〈王俊伯墓表〉》　自元順帝嗣位，其末世，政益弛，俗益壞，天下悉變於詐，而澆薄奢僭，大抵與賈生之論秦者無異。

清·邵遠平《元史類編》卷一〇《順帝》　冊曰：絕人巧智，惟事荒恣；綱紀懈弛，用殄厥世；稗史所稱，非明宗嗣；附會詔書，事近曖昧。

《清太祖聖訓》卷四《輯人心》　元順帝不畏天威，不治國政，疎斥賢能，信任姦慝，致盜賊蠭起，國祚遂亡，此皆天厭凶德，不以國之大而且强以庇之也。

清·謝旻等〔雍正〕《江西通志》卷一四四《藝文》　元順帝即位，荒淫日久，百度廢弛。當時，羣臣靡然，相師號令不明，賞罰不嚴，淪溺敗壞，不可救藥。故雖有二君子之烈如唐顏張輩，不能補其亡也。此其所由異歟？向使元綱紀稍振，則二臣之死，豈徒然哉？

清·蔣溥等《御覽經史講義》卷七《周易》　元順帝當熙洽之餘，忽盈成之戒，荒於逸樂，朝政日紊。是時，羣雄割據，四海鼎沸。而帝猶不悟，迎西番僧行運氣之術，教宮女作天魔之舞，又於內苑造龍船，俱五綵金裝，日於後宮海子內遊戲。荒淫如此，安得不亡？由是觀之，治極則亂，安極則危，憂亂者其國常治，恃安者其國常危。此理之必然者也。

雜録

明·徐應秋《玉芝堂談薈》卷三《宮室土木之侈》　元順帝又乘龍舟泛月池上，池起浮橋三處，每處分三洞，洞上結綵為飛樓，樓上置女樂。【略】又設一橋，接乎三橋之上，被畢則宴飲其中，謂之爽心宴。池旁有潭，曰香水積香，水以注池中，又置温玉狻猊、白晶鹿、紅石馬等物。嬪妃浴澡之餘，則騎以為戲。惟戈小娥體白而紅，著水如桃花含露，愈爭妍美。帝曰：此夭桃女也，因呼為賽桃夫人。

清·毛祥麟《對山餘墨》　時元順帝不修政治，耽宮室苑囿之娛，窮輿馬珠玉之玩，令四方貢珍奇，運花石，天下擾亂，羣雄並起。張士誠據高郵，陷泰州；陳友諒破安慶，攻隆興；明太祖兵起和陽，渡江取太平路，克金陵，戰爭遂無虛日。鶴皋謂二生曰：『烽煙遍野，百姓死亡殆盡矣。蒿目時艱，誰能出水火而登衽席？』二生曰：『今封圻大吏，溺於聲色，廝養都紈絝。賊氛一動，如以菌受斧，元祚其終於此耳。』

明神宗荒怠刻剥分部

萬曆怠政

綜述

《明神宗實録》卷一九一　（萬曆十五年十月）庚申，大學士申時行等題：近日諸司章奏，間有停留，近者踰旬，遠者經月，亦有二三月未發者。聖心慎重，非臣下所能窺測，但部院科道諸臣，詢問所繇，若責臣等以因循誤事，輔導失職，臣等靦顔愧心，不能措對。乞將御前見在章奏，即賜裁發，則政事日修，而臣等愚忠，亦獲少盡矣。

又　卷一九三　（萬曆十五年十二月）丁丑，大學士申時行等言：今歲自開講一次之後，未蒙再御，雖燕閑温習或不廢于深宫，而開導敷陳則久疏於廣廈。宋儒有言：明君以務學為急，蓋學者所以學，為治天下之道也。帝王修齊治平之理，具在經傳，廢興存亡之迹，具在史書。人主日覽經傳，討論義理，則治平之效可致，日覽史書，鑑觀成敗，則危亡之轍可更。我太祖經營草昧，勤勞可知，然日與儒臣宋濂、陶安、王褘、朱昇等講《易》，講《書》，講《大學》、《論語》、《孟子》。至洪武二十九年，聖壽幾七十矣，猶命博士許存仁進講史書。皇祖世宗經筵日講之外，復講《大學衍義》，蓋臨御二十餘年，聖齡幾四十，未嘗間也。皇上以二祖為法，自明歲春和以後，留神經史，勤御旃帷，則聖學日益淵邃，聖志日益清明，其於聖德、聖政，裨益不淺矣。

又　卷二〇〇　（萬曆十六年閏六月甲申）御史潘士藻奏：頃以火災，欽承聖諭，共圖修省。臣竊謂天心仁愛，惟人主一身，人主克謹天戒，惟在慎養此身，以勝萬几之繁，而振百官之怠，區區戒飭諸司，猶為未也。今天下之患，莫大於召對之典久曠，而君臣之隔不通。無論章皇帝之于楊士奇，敬皇帝之于劉大夏，肅皇帝之于張孚敬，面議大政，著在《實録》。【略】蓋對賢人君子之時多，自能以莊敬易安肆，以理義奪情欲也。持是聖情日暢，聖躬日强，施之萬几，無有不當，修省之實無過此者矣。

又　卷二〇六　（萬曆十六年十二月）庚寅，大學士申時行奏問起居，以李沂一事，上怒甚，連日稱疾，不視朝也。

又　卷二〇九　（萬曆十七年三月）丙辰，上久不視朝。是日，遣內使言：奏對數多，不耐勞劇。大學士申時行等奏，謝恩見辭人員應候面者，除升任出京已奉旨遵行，其在京升授應面恩者，如免朝三次，具疏奏知。因擬傳諭帖以進。上即宣付鴻臚，從此臨御益稀矣。

又　卷二一〇　（萬曆十七年四月）南京兵部武選司主事周弘禴上疏曰：邇者遠近喧傳，謂上奏之疏，十留六七，以臣所睹記，似亦不誣。姑即南京言之，正月以來，兵部尚書等官吳文華、陸光祖、姜寶等有疏矣，太常寺、國子監、禮科等衙門給事中等官朱維藩、趙用賢、趙參魯等有疏矣，曠月因循，迄無明旨，果已經上裁而不及批發乎？抑未經裁定而有為通政司之所停閣，文書房之所阻滯，調旨輔臣之所規避乎？皇長子年已八齡，正出就外傳之日，大小臣工，不謀而合，接踵連疏，可以知人心矣。皇上竟未聞，發號正名，曉示天下，徒使無知之人據私意而揣摩。乞采舉朝輿論，一應章疏，俱賜省發，冊立大事，尤宜獨斷，則國本定而言路通，萬世之治安可保矣。不報。

又　卷二一二　（萬曆十七年六月乙酉）上久不御朝，南北諸臣多疑以張鯨不用，遂廢朝政者。吏部尚書楊巍等言：皇上不視朝，則諸臣猜疑益甚，願俯從臣等所言，加意珍攝，庶秋日可以視朝，羣心胥慶，豈但釋諸臣之疑哉？太常寺卿趙世卿等亦具公疏以請。俱報聞。

又　卷二一四　（萬曆十七年八月己丑）大學士王家屏上疏曰：臣叨蒙特召，再點班行，入京以來，已踰三月，尚未一瞻天表。獨念堂陛之交，惟有朝講，軍國之政，惟有章疏。臣往年竊睹，宵衣聽政，日昃横經，無時少懈，乃今久輟不御，原其初，偶以聖躬靜攝，暫時傳免耳，及其安恬之久，遂至郊廟奏祭、冊封遣官亦皆傳免而不親，下臣賤吏，訛言疑議，必然之理也。目今聖壽屆期，捧表入賀者雲集，萬國之所屬目也，尚可端居大內，不一出乎？臣往年竊記，暖閣諮詢、郊壇宣諭，無言不納，乃今章疏頻留不下，原其初，偶以聖意未協，間一留覽耳，及其停閣之多，遂至官職遷除，刑章輕重，亦皆遲回而後發，佞人睥睨，釁端難詰，此又不然之慮也。目今皇儲虛位，上書力請者鱗次，四海之所傾心也，尚可留中而不早定乎？不報。

又 卷二五〇 （萬曆二十年七月）丁亥，大學士趙志皋等題：自賊夷煽亂，臺省諸臣請上御朝視講，修德勤政，以張威除逆。疏滿公車，未奉俞旨。茲際中秋令節，內外百官祝聖壽，望天顏。伏乞臨朝受賀，從此面議大政，聲震四夷，麼麼豈足平哉？未報。

又 卷二六二 （萬曆二十一年七月庚申）禮科都給事中張貞觀復疏請廟享。緣秋祭屆期，恐聖心玩愒日久，復以遣代為常。【略】今茲之祭秋祭也，其自宮至廟為地幾何？奠獻祼將為時幾何？質明而行，頃刻可竣，何得以暑為解，即聖體之調攝為信乎？則陛下之久處深宮，果日飡苓餌木耶？抑不免耽麴蘖也，果日斂精嗇神耶？抑不免溺佳冶也，果寢興有度耶？抑不免俾晝作夜也。陛下當自知之。

又 卷二九九 （萬曆二十四年七月）丁卯，吏部尚書孫丕揚奏：數月以來，廷推閣矣，行取停矣，年例廢矣，諸臣中或以功高優敍，或以資深量遷，或服闋而除補，或覆題而注授，其生平素履原不在擯棄之列者，乞體國政設官之意，念國步多事之日，將近日推官章疏簡發，間有注擬未當，亦乞明示另推，容臣再行酌補。不報。

又 卷三五四 （萬曆二十八年十二月）癸巳，大學士沈一貫奏言：『臣以菲才，待罪密勿。自甲午到京，恭遇皇上御門，獲申一謝。其後相繼免朝，不覩天顏之喜巳者，七載於茲矣，饑渴之懷，難以言喻。伏遇皇上以征播功成，御樓受俘，正天下快睹之期。微臣媚茲之日，查萬曆三年獻俘，輔臣有扈從登樓之例。竊不自揆，仰徼聖慈，容臣是日扈從登樓，一申起居，以表瞻天就日之誠，以明泰交晉接之禮。盛既畢，臣仍退就大班，同羣臣拜舞慶祝于闕下，用成大禮，是不惟微臣竊藉寵榮，而聖主推心降接之隆，有光疇昔盛世君臣同游之盛，不減祖宗矣。』上答曰：『朕正欲召卿面見，以昭君臣泰交之義。但朕近日偶盛風寒，服藥調揖，不耐勞煩。且征播功成，獻捷大慶，又不可曠行，勉力御樓，以成典禮。覽卿奏，具悉忠愛懇至，免其扈從，照常隨班行禮。特諭卿知。』

又 卷二九六 （萬曆二十四年四月）丁巳，大學士趙志皋題謝內言：倭情反覆，冊使潛回王京，不勝驚駭。身為大臣，不能為國安攘，遺我皇上東顧之憂，罪實難諉。切思食君之祿，自當分君之憂，當此時艱，何敢堅臥求去？謹遵聖諭，入閣辦事，與在廷諸臣謀求備禦之策，以舒宵旰之懷。但念軍國重務，乞皇上面陳商確，俾任事諸臣，遵以奉行，且使外夷聞之，知皇上銳意邊防，無不悚服矣。【略】朕意亦欲召見卿等，但朕近來動火，不時眩暈，連日服藥，須當靜攝。卿宜遵諭，速出辦事，以副眷懷。其備禦事機，卿等與該部詳議具奏。

又 卷四九四 （萬曆四十年四月丙寅）南京、河南等道御史等官上言：臣等歷觀祖宗朝二百餘年，未有皇太子六七年不開講，而滿朝催請，付之不理者。未有輔臣孑然孤立，勛勸無人，而久不枚卜者。未有兩都六曹正亞卿缺乏至一二人者。未有臺臣空匱，經年不補，至科場大典缺監臨者。未有候命科道至三年外，猶然株守旅邸者。未有二十餘年不接大臣一面，不議國家一言者。諸如此類，皆足為皇上聖明之累。大臣之去留，非小臣比，頃吏部尚書孫丕揚以不得行其志，掛冠以去，大臣為之，小臣效之，即未得請，輒悻悻以去，國家紀綱之謂何？長此不變，不知數年後，誰與皇上治多事之天下也？

又 卷五五八 （萬曆四十五年六月丁巳）大學士方從哲、吳道南言：自題留之法行而行取廢，然其始，隨留隨考，隨考隨下，於政體固無妨也。今則不然，既已留矣，需之歲月而後考，既已考矣，遲之數年而始下。庚戌一詔，尚在三年之內，而癸丑一詔，已逾五年之外，歲復一歲，茫無授職之期。今六科十三道，才數人耳，現任者人領數差，苦分身之無術，待命者經年坐守，嗟效用之無繇。皇上縱不為諸臣惜，獨不為朝廷體統惜，為祖宗二百五十年培養之人才惜乎？

又 卷五八六 （萬曆四十七年九月）丙申，大學士方從哲題：照得吏部會推閣員，蒙皇上點用史繼偕、沈紘二員，今已一月矣，缺兩年而後允推，允推三月而後欽點，慎之又慎，遲之又遲，無論皇上御極以來，無此異事，稽之故事，國朝二百餘年，從未有推補閣臣如此之難者也。考之前代，自漢唐宋迄今幾千百年，亦未有簡任宰輔如此遲疑不決者也。且政本何地，此時何時？而以一庸病之臣，支援拯救，有終不至於誤國者乎？前八月初，臣恭詣宮門長跽候旨，皇上戒臣以急迫，許臣以即下，臣敢不屏息靜聽？乃既典之後，又復留中，催請頻煩，堅持如故。皇上將付以股肱心膂之寄，乃以方信忽疑之意置之不進不退之間，傳之四方，書之史冊，恐非所以隆輔弼之體，示聖眷之專也？留中。

明·朱賡《茶史》（萬曆十六年四月）至是，始以部務繁重，免日講。計恭侍講幄不輟寒暑者，十有一年。自餘罷日講，上亦不復御講筵。只日進一講章，充故事矣。

清·顧炎武《日知録》卷一八 自萬曆末年，章疏一切留中，抄傳但憑閣揭。

《明史》卷二一《神宗紀二》（萬曆四十年）夏四月丙寅，南京各道御史言：『臺省空虛，諸務廢墮，上深居二十餘年，未嘗一接見大臣，天下將有陸沈之憂。』不報。

又 卷二一七《王家屏傳》 申時行當國，許國、王錫爵次之，家屏居末。【略】抵京師，三月未得見。家屏以為言，請因聖節御殿受賀，畢發留中章奏，舉行冊立皇太子禮。不報。復偕同官疏請。帝乃于萬壽節强一臨御焉。俄遣中官諭家屏，奬以忠愛。家屏疏謝，復請帝勤視朝。居數日，帝為一御門延見，自是益深居不出矣。

又 卷二一八《方從哲傳》 未幾，大清兵連克開原、鐵嶺。廷臣于文華門拜疏，立請批發，又候旨思善門，皆不報。從哲乃叩首仁德門跪俟俞旨，帝終不報。俄請帝出御文華殿，召見羣臣，面商戰守方略，亦不報。請補閣臣疏十上，情極哀，始命廷推。及推上，又不用。從哲復連請，乃簡用史繼偕、沈紘，疏仍留中，終帝世寢不下。御史張新詔劾從哲諸所疏揭，委罪君父，誑言欺人，祖宗二百年金甌壞從哲手。御史蕭毅中、劉蔚、周方鑑、楊春茂、王尊德、左光斗，山西參政徐如翰亦交章擊之。從哲連疏自明，且乞罷。帝皆不問。自劉光復繫獄，從哲論救數十疏。帝特釋為民，而用人行政諸章奏終不發。帝有疾數月。會皇后崩，從哲哭臨畢，請至榻前起居。召見弘德殿，跪語良久，因請補閣臣、用大僚、下臺諫命。帝許之，乃叩頭出。帝素惡言官。前此考選除授者，率候命二三年，及是候八年。從哲請至數十疏，竟不下。

又《沈一貫傳》 自一貫入內閣，朝政已大非。數年之間，礦稅使四出為民害。其所誣劾逮繫者，悉滯獄中。吏部疏請起用建言廢黜諸臣，並考選科道官，久抑不下，中外多以望閣臣。一貫等數諫，不省。而帝久不視朝，閣臣屢請，皆不報。一貫初輔政面恩，一見帝而已。東征及楊應龍平，帝再御午門樓受俘。一貫請陪侍，賜面對，皆不許。上下否隔甚，一貫雖小有救正，大率依違其間，物望漸減。

又 卷二三四《盧洪春傳》（萬曆）十四年十月，帝久不視朝，洪春上疏曰：『陛下自九月望後連日免朝，前日又詔頭眩體虛，暫罷朝講。時享太廟，遣官恭代，且云「非敢偷逸，恐弗成禮」。臣愚捧讀，驚惶欲涕。夫禮莫重於祭，而疾莫甚於虛。陛下春秋鼎盛，諸症皆非所宜有。不宜有而有之，上傷聖母之心，下駭臣民之聽，而又因以廢祖宗大典，臣不知陛下何以自安也。【略】疏入，帝震怒。傳諭內閣百餘言，極明謹疾遣官之故。以洪春悖妄，命擬旨治罪。閣臣擬奪官，仍論救。帝不從，廷杖六十，斥為民。諸給事中申救，忤旨，切讓。諸御史疏繼之，帝怒，奪俸有差。

又 卷二四〇《何宗彦傳》（萬曆）四十六年六月，京師地震。上修省三事。時帝不視朝已三十載，朝政積弛，庶官盡曠。明年秋，遼事益棘。宗彦率僚屬上言：『自三路喪師，開原、鐵嶺相繼没，審陰孤危。請陛下臨朝，與臣等面籌兵食大計。』帝亦不報。

又 卷二四三《孫慎行傳》 當是時，郊廟大享諸禮，帝二十餘年不躬親，東宮輟講至八年，皇長孫九齡未就外傅，瑞王二十三未婚，楚宗人久錮未釋，代王廢長立幼，久不更正，臣僚章奏一切留中，福府莊田取盈四萬頃，慎行並切諫。已，念東宮開講，皇孫出閣，繫宗社安危，疏至七八上。

論說

明·計六奇《明季北略》卷二四《國運盛衰》 神廟沖齡踐祚，睿哲夙成，慈聖內訓甚肅。輔臣張居正擅而才，以法制天下，朝令夕行，【略】府庫充實，賦斂不苛。士大夫以氣節相矜詡，雖無姚宋之輔，亦無愧開元間也。自貴妃寵盛，上漸倦勤，御朝日希，迨國本論起，而朋黨以分，朝堂水火矣。爭國本者，竟滿公車。上益厭惡之。斥逐相繼，持論者益堅。上以為威攝之，不若冥置之，批答日寡，後遂絕不視朝。竟疏十九留中矣。郊祀不躬，經筵久輟，推陞者不下，被糾者不處。上之一切鄙夷也，以大臣無足仗也。所用益寡，一人摻數柄，益得以持權矣。以言路無可采也，置之。然竟一上，不待上旨處分，而被糾者即去。臺省益恣行矣。【略】民益貧而吏益寡，風俗日壞，將士不知殺敵，惟知害民。文官不知職業，惟習貪緣。雖以烈皇帝之憂勤，而不能挽回萬一。嗚呼！一日二日萬几，而可以高臥治乎？高皇帝一日兩視朝，未明而興，夜分而寐，非好勞也。文之日昃不食，良不容已，舜稱無為，特言其政治云爾。豈以不事事為無為哉？乃謂萬曆以寬弛得承平，崇禎以操切致禍亂，抑何悖也！

雜録

清・趙翼《陔餘叢考》卷一八《有明中葉天子不見羣臣》　神宗初年猶有召見大臣之事。《張居正傳》：帝御文化殿，居正侍講畢，以給事中所陳災傷疏奏上。又居正服闋，帝御平臺召對，慰諭久之。自萬曆十七年以後，漸不復見廷臣。本紀書是年三免升授官面謝，自是臨禦遂簡。《王家屏傳》云：家屏服闋，召入閣，三月未得見。家屏以為言，帝乃于萬壽節强一臨。家屏又請勤視朝，帝為一御門，自是益深居不出。家屏疏方言：『臣一歲間兩覲天顏而已。』按家屏服闋入閣，十七年事也，本紀又書十八年正月始乃見申時行等於毓德宮，出皇太子見之。七月召見閣臣議邊事。一歲中兩見閣臣，至特書之以為異事。十九年四月，享太廟，自後廟祀皆遣代。則十九年以後太廟亦不親祭矣。二十四年，大學士趙志皋請視朝發章奏，不報。直至四十三年，以梃擊事起，始召見羣臣于慈寧宮。蓋自十七八年至此凡二十四年，羣臣始得一望顏色耳。《馬孟正傳》：萬曆三十九年，怡神殿火，孟正疏言：『陛下二十年來郊廟、朝講、召對、面議俱廢，通下情者惟恃章奏，而疏入旨出，悉由內侍，未知果達御前否？』《吳道南傳》：萬曆四十一年，道南以大學士入閣。故事，廷臣受官，先面謝乃蒞任，帝不視朝久，皆先蒞任。道南至，不獲見，不敢入。同官方從哲以為言，帝令先視事。迨梃擊案起，慈寧宮召見羣臣，道南始得一見，自是亦不得再見云。本紀又書：四十七年，羣臣請視朝行政，不報。四十八年，南京科道言：『上深居二十餘年，未嘗一接見大臣，天下將有陸沉之憂。』亦不報。則自四十三年梃擊事一見羣臣後，終神宗世，不復有召見之事也。【略】

萬曆中不惟不見羣臣，又有聽大臣自去而不問者。《本紀》：三十七年九月，左都御史詹沂封印自去。三十九年十月，戶部尚書趙世卿拜疏自去。四十年正月，吏部尚書孫丕揚拜疏自去。九月，大學士李廷機拜疏自去。四十一年七月，兵部尚書掌都察院事孫瑋拜疏自去。九月，吏部尚書趙煥拜疏自去。四十二年七月，禮部侍郎孫慎行拜疏自去，朝廷既不聞追留，又不聞詰責，聽其自來自去而不問，古來所未見也。按三十五年給事中翁憲祥言：『撫按官解任，宜候命，不宜聽其自去。』則三十五年以前撫按官已有投劾自去者，不自三十七年始也。

清・夏燮《明通鑑》卷六九　（萬曆十八年二月）罷日講，時上每遇講期多傳免，申時行請『免日講，仍進講章，以備觀覽』，自後講筵遂永罷。

礦稅朘剥

綜述

《明神宗實録》卷三二四　（萬曆二十六年七月癸巳）吏科給事中吳文燦條上四事，曰：開採當停，店稅當蠲，買珠當罷，罪臣當釋。大略為四方民窮已極，枵腹懸磬，在在如是，宜加休息，而可困以礦務乎？則停之便。畿輔民力已竭，饑饉流離，道路相望，宜加撫循，而可困以店税乎？則蠲之便。買珠之價動至四十萬，及戶部執奏僅姑緩進其半，而尤嚴續進之旨，非所以明儉德也，則罷之便。

又　卷三四三　（萬曆二十八年正月庚戌）山西巡按趙文炳因火災陳言極論礦税事：一，革羣小以完國課而安疲民。中使一到地方，自有應周員役，如鈔關諸臣，不帶一人，國課亦完，此輩競攫如肉入餓虎之吻，民輸十倍，無一二入官者。縣役入鄉，雞犬猶為一空，況此輩之鯨吞乎。

又　卷四一六　（萬曆三十三年十二月）壬寅，諭戶、工二部：朕以頻年天象示警，心常兢惕，責己省愆，不遑寧處。昨覽該部再疏，題請鼎建殿門以完鉅典，因思物力難支，何時就緒？連日熟計，見今河工城工一時並舉，工程浩大，錢糧數多，內外帑藏俱匱，民窮財盡，困於徵輸，致使正供錢糧反無所出，京邊之費，一時多乏，朕甚惻然。已遣內官監經管內官查理通灣見貯木植回奏，且大工浩費不貲，其開礦抽税，原為濟助大工，不忍加派小民，采徵天地自然之利。今開礦年久，各差內外官俱奏出砂微細，朕念得不償費，都著停免。若有見在礦銀就著礦差內外官員一併解進，馳驛回京，原衙門應役凡有礦洞，悉令各該地方官封閉培築，不許私自擅開，務完地脉靈氣。其各省直税課俱著本處有司照舊徵解，税監一半並土產解進內庫，以濟進賜供應之用，一半解送該部，以助各項工費之資，有餘以濟京邊之用，其各處奏帶員役，止著押解催儹錢糧，行文差用，不許私設關津，指稱委官，容令地方棍徒肆行攘奪，致民生不安，商旅不行，反虧國家正課。撫按官還同該監不時訪拏治罪，明顯朕仰體上天仁愛，祖宗鑑臨，敬畏修省實政，昭示朝廷權宜，濟助大工，愛民固本德意。待大工稍可措辦，便奏請通行停免，爾部概行各省直內外官，遵行毋忽。

清·谷應泰《明史紀事本末》卷六五《礦税之弊》　（萬曆）二十五年春正月，御史況上進、給事中楊應文言建採木之害，人夫渡瀘觸瘴死者被野，吏胥假公行私，毒流百姓。不報。戶科程紹言開礦事變多端，疏凡五上，俱不報。【略】

（萬曆二十五年）三月，浙江巡按王業弘言礦税不便者六，乞停罷。不報。【略】

（萬曆二十五年）四月，刑部侍郎呂坤言：『洮蘭之絨，山西之紬，浙、直之緞、絹，積於無用。若服有定期，歲用千匹，而江南、山、陝之人心收採木之害，饑渴瘴疫，死者亡論。乃一木初臥。礦税無利，勒民間納銀，民不能支，括庫銀代，豈開礦之初意哉？誠敕各省使臣，嚴禁散砂，不許借解，而各省之人心收。自趙承勛造四千之説而皇店開，朝廷有內官之遣而事權重。且馮保八店，為屋幾何，而歲四千金，不奪市民，將安取乎？誠撤各店之內官，而畿內之人心收。』不報。【略】

（萬曆二十六年）七月，神武衛千戶朱仁等奏湖口船税，可萬餘金。鴻臚寺主簿田應璧言兩淮没官餘鹽。命內監李道督税湖口，魯保經理淮鹽，俱許節制有司。戶科給事包見捷上言開礦之害：『陛下謂徒取諸山澤，在礦使實奪取之閭閻。搥擊入山者十二載，虎狼出柙者半天下。』科臣趙完璧、郝敬，道臣許聞造、姚思仁，交章言之。不報。奪保定巡撫李盛春等俸，以天津店税銀解進遲延，故罰。【略】

（萬曆二十六年）九月，益都知縣吳宗堯奏：『礦務太監陳增，罔上營私。益都有鉛砂無銀礦，增强之入銀，業非法矣。更强採者代納，稍緩，逮及吏民。陛下所得十一，而增私橐十九。』山東巡撫尹應元參增罪狀二十餘條，忤旨，奪俸。宗堯下鎮撫司，削籍。【略】

（萬曆二十七年）七月，南京守備大監郝隆、劉朝用，採寧國、池州等礦。戶科給事李應策、姚文蔚以播警乞停中官礦税。不報。【略】

（萬曆）三十年二月己卯，上偶不豫，急召輔臣沈一貫入，諭以勉輔太子並及罷礦税、起廢、釋禁諸事。翌日，上安，諸事遂寢。停税諭已出，上悔，急令追之。【略】

（萬曆）三十二年三月，都御史溫造言礦税毒虐，乞逮廣東税使李鳳，撤陝西税使梁永、雲南税使楊榮。不報。

《明史》卷七四《職官志三》　神宗礦税之使，無一方不罹厥害。

又　卷七七《食貨志一》　神宗乃加賦重征，礦税四出，移正供以實左藏。中涓羣小，横斂侵漁。民多逐末，田卒汙萊。吏不能拊循，而覆侵刻之。海內困敝，而儲積益以空乏。

又　卷八一《食貨志五》　（萬曆）二十四年，張位秉政，前衛千戶仲春請開礦，位不能止。開採之端啓，廢弁白望獻礦峒者日至，於是無地不開。中使四出：【略】皆給以關防，並偕原奏官往。礦脉微細無所得，勒民償之。而奸人假開採之名，乘傳橫索民財，陵轢州縣。有司恤民者，罪以阻撓，逮問罷黜。時中官多暴橫，而陳奉尤甚。富家巨族則誣以盜礦，良田美宅則指以為下有礦脉，率役圍捕，辱及婦女，甚至斷人手足投之江，其酷虐如此。帝縱不問。自二十五年至三十三年，諸璫所進礦税銀幾及三百萬兩，羣小藉勢誅索，不啻倍蓰，民不聊生。山西巡撫魏允貞上言：『方今水旱告災，天鳴地震，星流氣射，四方日報。中外軍興，百姓困敝。而嗜利小人，藉開採以肆饕餮。倘釁由中作，則礦夫冗役為禍尤烈。至是而後，求投珠抵璧之説用之晚矣。』河南巡按姚思仁亦言：『開採之弊，大可慮者有八。礦盜哨聚，易於召亂，一也。礦頭累極，勢成土崩，二也。礦夫殘害，逼迫流亡，三也。雇民糧缺，饑餓嗥呼，四也。礦洞遍開，無益浪費，五也。礦砂銀少，强科民買，六也。民皆開礦，農桑失業，七也。奏官强横，淫刑激變，八也。今礦頭以賠累死，平民以逼買死，礦夫以傾壓死，以爭鬬死。及今不止，雖傾府庫之藏，竭天下之力，亦無濟於存亡矣。』疏入，皆不省。識者以為明亡蓋兆於此。

又　卷二二〇《温純傳》　礦税使四出，有司逮繫累累，純極論其害，請盡釋之，不報。已，諸閹益横，所至剽奪，汙人婦女。四方無賴奸人蜂起言利：有請開雲南塞外寶井者；或又言海外呂宋國有機易山，素產金銀，歲可得金十萬銀三十萬；或言淮、揚饒鹽利，用其筴，歲可得銀五十萬。帝並欣然納之，遠近駭震。純言：『緬人方伺隙，寶井一開，兵端必起。余元俊一鹽犯，數千贓不能輸，而欲得五十萬金，將安取之？機易山在海外，必無遍地金銀，任人往取；不過假藉詔旨，闌出禁物與番人市易，利歸羣小，害貽國家。乞盡捕諸奸人，付臣等行法，而亟撤税監之害民者。』亦不報。當是時，中外爭請罷礦税，帝悉置不省。純等憂懼不知所出，乃倡諸大臣伏闕泣請。帝震怒，問誰倡者，對曰：『都御史臣純。』帝為霽威，遣人慰諭曰：『疏且下。』乃退。已而卒不行。廣東李鳳、陝西梁永、雲南楊榮並以礦税激民變，純又抗言：『税使竊弄陛下威福以十計，參隨憑藉税使聲勢以百計，地方奸民竄身為參隨爪牙以萬計。宇内生靈困于水旱，困于採辦、營運、轉輸，既囂然喪其樂生之心，安能復勝此千萬虎狼耶！願即日罷礦税，逮鳳等置於理。』亦不報。

又　卷二二三《王士昌傳》　礦税興，疏言：『近日御題黄纛，遍布關津；聖旨朱牌，委褻蔀屋。遂使三家之村，雞犬悉盡；五都之市，絲粟皆空。且税以店名，無異北齊之市肆；官從内遣，何啻西苑之斜封。』不報。

又　卷二二五《李戴傳》　及礦税害劇，戴率九卿言：『陳增開礦山東，知縣吳宗堯逮。李道抽分湖口，知府吳寶秀等又逮。天下為增、道者何限，有司安所措手足。且今水旱頻仍，田里蕭耗，重以東征增兵益餉，而西事又見告矣。民不聊生，奸宄方竊發，奈何反為發其機，速其變哉！』不報。

又　卷二二七《李頤傳》　時礦税使四出。馬堂駐天津，王忠駐昌平，王虎駐保定，張曄駐通州。頤疏言：『燕京王氣所鍾，去陵寢近，開鑿必損靈氣。』又言：『畿輔地荒歲儉，而敕使誅求不遺纖屑，恐臨清激變之慘，復見輦轂下。』已，遼東税使高淮誣劾山海同知羅大器，頤復言：『内監外僚，初無統攝，且遼陽礦税何預薊門？若皆效淮所為，有司將無遺類。陛下奉天之權，制馭宇内，今盡落宦豎手，朝奏夕報，如回應聲。縱所劾當罪，尚非所以為名，何況無辜，暴加摧折。』皆不報。

又　卷二三二《余懋衡傳》　時以殿工，礦税四出，驕横。懋衡上疏言：『與其騷擾里巷，榷及雞豚，曷若明告天下，稍增田賦，共襄殿工。今避加賦之名，而為竭澤之計，其害十倍於加賦。』忤旨，停俸一年。

又　卷二三六《湯兆京傳》　時礦税繁興，奸人競言利。有謂開海外機易山，歲可獲金四十萬者，有請征徽、寧諸府契税，鬻高淳諸縣草場者，帝意俱向之。兆京偕同官金忠士、史學遷、温如璋交章力諫，不報。出按宣府、大同，請罷税使張曄，礦使王虎、王忠，亦不納。

又　卷二四一《張問達傳》　俄陳礦税之害，言：『閹尹一朝銜命，輒敢糾彈郡守，甚且糾撫按重臣。而孫朝所攜程守訓、陳保輩，至棰殺命吏，毁室廬，掘墳墓。不一按問，若萬方怨恫何！』

又　卷三〇五《宦官傳·陳增》　陳增，神宗朝礦税太監也。【略】至二十年，寧夏用兵，費帑金二百餘萬。其冬，朝鮮用兵，首尾八年，費帑金七百餘萬。二十七年，播州用兵，又費帑金二三百萬。三大征踵接，國用大匱。而二十四年，乾清、坤寧兩宫災。二十五年，皇極、建極、中極三殿災。營建乏資，計臣束手，礦税由此大興矣。其遺官自二十四年始，其後言礦者爭走闕下，帝即命中官與其人偕往，天下在在有之。【略】通都大邑皆有税監，兩淮則有鹽監，廣東則有珠監，或專遣，或兼攝。大璫小監縱横繹騷，吸髓飲血，以供進奉。大率入公帑者不及什一，而天下蕭然，生靈塗炭矣。

論説

《明史》卷二三七《王正志傳贊》 神宗二十四年，軍府千戶仲春請開礦助大工，遂命戶部錦衣官各一人同仲春開採。給事中程紹言嘉靖中採礦，費帑金三萬餘，得礦銀二萬八千五百，得不償失，因罷其役。給事中楊應文繼言之。皆不納。由是卑秩冗僚，下至市井黠桀，奮起言利。而璫使四出，毒流海內，民不聊生，至三十三年乃罷。嗣是軍興徵發，加派再三。府庫未充，膏脂已竭，明室之亡於是決矣。

又 卷二八一《循吏傳》 神宗末年，徵發頻仍，礦税四出，海內騷然煩費，郡縣不克修舉厥職。而廟堂考課，一切以虛文從事，不復加意循良之選。吏治既以日媮，民生由之益蹙。仁、宣之盛，邈乎不可復追，而太祖之法蔑如矣。重內輕外，實政不修，謂非在上者不加之意使然乎！

清・谷應泰《明史紀事本末》卷六五《礦税之弊》 谷應泰曰：【略】逮至萬曆二十四年，張位主謀，仲春建策，而礦税始起。【略】大璫雜出，諸道紛然。而民生其間，富者編為礦頭，貧者驅之墾採，繹騷凋敝，若草菅然。又不特此也，礦務之外，天津有店租，廣州有珠榷，兩淮有餘鹽，京口有供用，浙江有市舶，成都有鹽茶，重慶有名木，湖口長江有船税，荊州有店税。又有門攤、商税，油、布雜税，莫不設璫分職，横肆誅求。有司得罪，立繫檻車；百姓奉行，若驅駝馬。雖漢室牢盆，桑、孔乘傳，熙、豐手實，雞豚悉空，曾未若斯之酷也。至乃國法恣睢，人懷痛憤，反爾之誡，覆舟之禍，亦間有之。【略】當斯時也，瓦解土崩，民流政散，其不亡者幸耳！而深宮不省，疏入留中。其始因礦税而設璫者，繼則璫熒然托命言礦税。其始因璫媚而迎合在礦税者，繼則璫肥而交結在宮闈。植根深固，未易卒拔也。善乎！侍郎馮琦之疏曰：『皇上之心，

但欲裕國，不欲病民。羣小之心，必自瘠民，方能肥己。』逮至三十三年，而税歸有司，礦使停罷，輪臺之悔，不亦晚乎！然且兩載以還，税監不革，七年之後，為池復開，比之衛武飲酒之悔，秦穆臨河之誓，抑何習與性成也。

雜録

明・沈德符《萬曆野獲編》卷六《陳增之死》 礦税流毒，宇內已無尺寸淨地，而淮徐之陳增為甚。增名下參隨程守訓者，徽人也，首建礦税之議。自京師從增以出。增唯所提掇，認為侄婿。又不屑與諸參隨為伍，自納銀助大工，特授中書舍人，直武英殿。自是愈益驕恣，署其銜曰『欽差總理山東直隸礦税事務兼查工餉』，以示不復服屬內監。旋於徽州起大第，建牌坊，揭黄旗于黄竿曰『帝心簡在』，又匾堂為『咸有一德』。

明・周暉《金陵瑣事》卷三《焚燈草》 礦税繁興，萬民失業，均之取怨也，而税尤甚焉。有陸二者，往來吳中，以賣燈草為活計。萬曆二十八年，税官如狼如虎，與强盜無異。陸之草價不過八兩，數處抽税，用銀半之。船至青山，又來索税，囊中已罄。計無所出，取燈草上岸，一火焚之。此舉可謂癡絶，而心之怨恨也，為何如哉？

清・顧炎武《日知録》卷九《宦官》 至於萬曆中年，礦税之使旁午四出，而藉口於祖宗之成例，則外廷之臣交章爭之，而無可如何矣。是以『武王不泄邇』。

又 卷一二《言利之臣》 自萬曆中礦税以來，求利之方紛紛，且數十年，而民生愈貧，國計亦愈窘。然則治亂盈虛之數從可知矣。為人上者，可徒求利而不以斯民為意與？

清・梁章鉅《浪迹叢談》卷五《開礦議》 萬曆間歲有進礦税銀三百餘萬兩。今人無不言開礦有害者，大都鑑於前明之用宦官監收礦税耳，不知委用宦官，則凡事皆有害，何獨開礦？我朝康熙五十二年，大學士、九卿議禁開礦，上諭曰：『天地自然之利，當與民共之，不當以無用棄之，要在地方處置得宜，毋致生事。』

明熹宗庸懦嬉戲分部

綜　述

明・文秉《先撥志始》卷上《附妖言十大説》　上性好走馬，又好作水戲，種種機械，出人意表。又好蓋房屋，凡斧斤之類，皆躬自操之，雖巧匠不能過也。忠賢每欲有所處分，即令王體乾等伺其經營鄙事時，即從旁奏請。聽畢，便曰：『你們用心行去，我知道了。』所乙太阿下移，而忠賢輩得以操縱如意也。

明・劉若愚《酌中志》卷一四《客魏始末紀略》　先帝好馳馬，好看武戲，又極好作水戲，用大木桶、大銅缸之類，鑿孔削機啓閉灌輸，或涌瀉如噴珠，或澌流如瀑布，或使伏機於下，借水力沖擁圓木球，如核桃大者，于水涌之大小般旋宛轉，隨高隨下，久而不墜，視為戲笑，皆出人意表。逆賢客氏喝采讚美之，天縱聰明非人力也。聖性又好蓋房，凡自操斧鋸鑿削，即巧工不能及也。又好油漆匠，凡手使器具皆御用監、內官監辦用，先帝與親昵近臣如塗文輔、葛九思、杜永明、王秉恭、胡明佐、齊良臣、李本忠、張應詔、高永壽等，朝夕營造，成而喜，喜不久而棄，棄而又成，不厭倦也。且不愛成器，不惜天物，任暴殄改毀，惟快聖意片時之適。當其斤斫刀削，解服磐礴，非素昵近者不得窺視，或有緊切本章，體乾等奏文書，一邊經管鄙事，一邊傾耳注聽。奏請畢，玉音即曰：『爾們用心行去，我知道了。』所已太阿之柄下移。南樂、薊州東光輩，及在京之徐大化等一派，線索如枸鼓之捷應也。先帝每營造得意，即膳飲可忘，寒暑罔覺，可惜玉體之心思精力，盡費於此。然皇極等三殿落成於天啓之年，肯堂肯構，先帝之好土木，豈亦天啓其眹兆耶？抑逆賢之幹濟才智，刻意督催之迹，或藉此以難泯耶？

明・朱長祚《玉鏡新譚》卷一《進用》　熹宗登大寶，加封近御諸人，而忠賢素所寵信，氣指頤使，驟列大璫。且倚客氏，表裏為奸，事權一旦把握矣。

清・谷應泰《明史紀事本末》卷七一《魏忠賢亂政》　（天啓元年）九月，上以客氏保護聖躬，命戶部擇田二十頃，以為護墳香火之用。魏忠賢侍衛有功，命工部於陵工成，敍録。御史王心一奏云：『梓宮未殯，先規客氏之香火；陵工既成，强入忠賢之勤勞，於禮為不順，於事為失宜。忠臣愛君，必防其漸。』上怒，責之。

《清聖祖實録》卷二四〇　（康熙四十八年十一月癸未）天啓呼魏忠賢為老伴，凡事委之，已竟不與。

又　卷二九一　（康熙六十年三月丙子）天啓庸懦稚子，承繼統緒，客氏、魏忠賢等專擅，至使左光斗、楊漣輩，皆相繼而斃，天下大亂。

論　説

明・李清《三垣筆記》附録《劉承幹跋》　溯明季門戶之爭，始于神宗之倦勤，清流之禍，極于熹宗之庸闇。至莊烈踐阼，毀三朝要典，定逆案，贈恤冤陷諸臣，是非大明，庶幾陰霾見晛，曜召爽于光明矣。

清・谷應泰《明史紀事本末》卷七一《魏忠賢亂政》　谷應泰曰：【略】乃熹宗之初御，忠賢輒伺嚬笑，欲攬太阿。而乳媪客氏，又以妖幸毀政之姿，為洽比對食之舉。於是勢同羶附，情昵晏私。王聖寵而京、閏煽孽，趙嬈尊而甫、節媾禍，女子小人朋淫於國矣。

《明史》卷二二《熹宗紀贊》　明自世宗而後，綱紀日以陵夷，神宗末年，廢壞極矣。雖有剛明英武之君，已難復振。而重以帝之庸懦，婦寺竊柄，濫賞淫刑，忠良慘禍，億兆離心，雖欲不亡，何可得哉。

藝　文

清・黃越《壹齋集》卷二二　堯規舜矩工倕指，大巧何妨作天子？朱干玉戚匠國成，手把太阿身負扆。惜哉熹宗不務此，但執斧柯兒戲耳。婦寺類永貞，刀敕甚羣鬼。今年領東廠，明年黨禍起。籲嗟乎！一斫兮萬熛亡，再斫兮楊左死。汝輩為之朕悉矣，斧兮斧兮斫未已。

徐世昌《晚晴簃詩匯》卷一四六《明熹宗小斧》　委鬼當頭政令弛，太阿之柄倒持矣。何事君王執斧柯，競傳兒戲深宮裏。金字煌煌斧背鐫，龍飛歲月明天啓。九重宴坐一事無，鎮日摩挲此奇技。惜把銛鋒誤指揮，不斬貂璫斬正士。廟堂鍾虡歎銷沈，內殿旋聞斧聲起。從來淫巧蕩君心，無愁豈是真天子。此鐵何人鑄六州，大錯幾將神器徙。

雜録

明・劉若愚《酌中志》卷一四《客魏始末紀略》　六年十月初六日，中宮張娘娘千秋，適先帝欲幸內教場圍獵，聖性最好手刺獐狼、狐兔以為樂，是日張娘娘不肯出廷，至辰時以後方始同出，止略散銀枝個，竟累年未批賞，非舊典也。【略】

凡客氏生日，先帝亦必臨幸，陛座歡宴，賞賜無限。

又　卷一六《內府衙門職掌》　先帝最好武戲，於懋勤殿升座，多點岳武穆戲文，至瘋和尚罵秦檜處，逆賢常避而不視，左右多笑之。自天啓六年以後，凡御前插科打諢，本有鍾鼓司僉書王進朝，綽號王瘸子，抹臉詼諧，公然稱讚惜薪司怎樣軫恤商人，內府庫怎樣米積天堆，東廠怎樣釐奸剔弊，寶和店怎樣裕國通商，內修朝政，外鎮邊疆，或稱好個魏公公，或誇好個魏太監。逆賢居之不疑，自以為美，先帝聖顏亦為喜悅。回想憲廟時，汪直擅權，尚有懷恩之流，居帝左右，所以阿醜敢譎諫也。今王體乾既熟軟巧媚，在王瘸子不過俳優賤役，自然因而化之，可歎也。

又　卷一七《大內規制紀略》　門之西，舊有核桃、棗樹數株，乃二百餘年所培植者，逆賢因天啓二年夏風變伐去，以便跑馬耳。十庫之後，亦有隙地堪跑馬者，逆賢從臾先帝，薙其蒿萊而馳騁焉。

清・鎖綠山人《明亡述略》卷一　當熹宗時，太監魏忠賢用事，而與乳母客氏通，日引熹宗為聲色狗馬之事，御史楊漣首發其二十四大罪，魏大中、左光斗之徒，羣起擊之，皆為誣死於獄，而榜海內賢人姓名數百人，削籍禁錮，名曰東林黨。歲常出遊，服物擬乘輿，所過士大夫迎拜稱九千歲，其橫如此。而客氏嘗以計墮張皇后娠，又譖殺裕妃，熹宗遂無子。

明思宗加賦至極分部

綜述

《崇禎長編》卷一四　（崇禎元年冬十月甲申）初，臺省諸臣請蠲免錢糧者不一，【略】至是，戶部尚書畢自嚴復云：諸臣章疏反覆互觀，大約謂民間窮苦，勢難並徵，天地生財，止有此數，而科臣瞿式耜、臺臣曹暹復為備陳其苦，且謂舊欠盡免一意，新收徵解之數，必有過於昔年者，臣又何敢不從？諸臣後以蠲免為皇上請也。【略】而諸臣復以瘠土與糧重地方不宜加派為請，或者遐方甘苦，調停尚有未均，當行各撫按，酌量地方，曲為損益，即於今歲之冬，預報臣部，以崇禎二年改正派征。然餉方告匱之極，俱於本省自為裒益，勿致虧減額數也。若夫軍屯加派原照征播事例，每糧一石加派八分，除劇邊免派外，各省直皆未嘗免，惟湖廣、四川、廣西、雲南改兑黔餉耳。至雜派、官員俸薪、胥役工食等項，搜剔滋斃，原非美事，亦以年來遼餉額虧，無計填補，藉此以補加派之窮。姑俟遼事稍寧，再議蠲除可也。從之。

又　卷一五　（崇禎元年十一月丙寅）戶部言：崇禎二年關寧歲餉以四百八十萬為額，督師責成臣部預先積貯，按月待支。請仍照天啓六、七年例，將崇禎二年加派地畝銀兩，查照糧多戶大之家，俱以文到日為始，預徵十分之三，隨征隨解。仍照道路遠近定期，最近者限正月內，稍遠者在二月中旬，極遠者限二月末旬，起解到部。如議行。

又　卷三八　（崇禎三年九月庚子）戶部尚書畢自嚴等以軍興煩費新餉不支，奉旨會同兵部尚書梁廷棟等講求開節大端公疏覆奏曰：今日而思開節之法，誠難言之議者，或欲開礦而慮得不償失，仍滋亂階，或欲加稅而關稅已增，徒撓商旅，至於間架門攤，均屬苛細苟且之政，權衡子母，又鮮實心任事之人。為今日之計，求其積少成多，衆擎易舉，無踰加派一策。查自有遼事以來，加派由七釐增至九釐，率皆欣然終事，即別項有掛欠，而加派獨先完，總以率土同仇，人心實有不約而同者。按宇內地土，照每畝九釐再加三分之一。【略】但其中有地稱瘠疲，素難完納，如南直桃源、清河等處，陝西延安等處，前此州縣等官甘心參罰而不能辦，寧有餘力以待加徵，合聽撫按勘實酌議，或免派，或量減，可也。至於北直八府，向以畿輔重地，久荷蠲免寬恩，今除順、永二府新罹敵患，當從優恤外，其餘保、河六府，目擊剥膚之災，均有纓冠之義。今議每畝加派六釐，較之別省減免一倍，歲可得銀二十二萬二千餘兩，以少佐召買之不足，而充軍興之儲偫，亦均平之一法也。帝謂加派一事，朕實軫念民艱，未忍催徵太甚，倘賦加而貪吏仍復誅求舊額，依然混冒，恐軍興無濟，民困轉深，慮始宜詳衆思當集。仍令會同九卿科道確議以聞。

《明崇禎實録》卷四　崇禎四年春正月乙亥，【略】刑科給事中吴執御上言加派之害，上責其妄言。吴執御復奏：『臣見部臣題核云，今日生財，無踰加派。夫古理財雖曰多端，豈有以賦民為生財者乎？』上責其支飾。執御又言：『理財加派，尚屬不得已之心，而捐助、搜括二者，尤難為訓。』上曰：『加派原不累貧，捐助，聽之好義，惟搜括滋奸，若得良有司奉行，撫按稽察，豈至病民？』

又　卷八　（崇禎八年正月）乙亥，議湖廣加派。

又　卷一〇　（崇禎十年正月）甲子，刑科給事中李如燦上言：今日之旱，殆非尋常災異也。天下財賦之地已空其半，又遇驕陽亢旱，吴、越、楚、豫、燕、齊之間，不知幾千萬里，是所未盡空者，殆將並空矣。而所以斂怒干和者，皆理財為之害也，財用別無足法，恃有政事，國朝酌定經制，千古稱善。今者不念下民卒癉，但云急當治標，自增兵而民始不得安其身，更加餉而農始得不有其食，有兵不練，兵愈增而餉愈難措，有餉不核，餉日加而兵愈得冒。即今核寔之，使四出而抽克，屢聞清派之令日嚴，而占冒未減，可謂有政事乎？【略】上怒，下汝燦於獄。

又　卷一七　（崇禎十七年三月戊子）復頒罪己詔於天下曰：朕承天御宇以來，十有七年，夙夜不遑，思臻上理。流寇又作，調兵措餉，實非得已，乃年年征戰，加派日多，本欲安民，未免重累，朕之罪也；貪官污吏，乘機巧取，加耗鞭樸，日為爾苦，朕深居九重，不能體察，朕之罪也。【略】今與爾士民約，錢糧剿餉，已行蠲免，郡縣官有私徵私派、濫罰濫刑，朕不時密訪正罪。【略】一切不便於民之事，盡行革除。

明·張岱《石匱書後集》卷一三《蔣德璟》　崇禎庚辰，【略】四月十三日，上傳召對平臺，德璟在列。【略】奏曰：傳聞兵十萬，虛冒每有一半，蠹餉不貲；此是最病痛處。皇上每患餉銀之少，在臣卻患餉銀之多。祖制各邊養軍，祗屯、鹽、民運三項，原無京運銀兩；自正統間始有京運數萬兩，至萬曆末亦止三百餘萬分運各邊。自戊午後，漸漸加派至九百餘萬，名曰『遼餉』；又有『剿餉』，並舊餉約計二千餘萬，比萬曆末加至五、六倍。民窮財盡，而兵反少於往時。且兵食米麵，馬食草豆，今本色津運甚多，卻多置之浥爛；而動輒索銀，解去千萬，正不知作何銷耗？

明·計六奇《明季北略》卷一五《楊嗣昌代熊文燦》　嗣昌首倡衆斂一議加剿餉三百萬兩，又加練餉七百三十餘萬兩，合舊派每年加二千三百萬，以致民窮盜起。

《明史》卷二四《莊烈帝紀二》　（崇禎十二年四月）己酉，抽練各鎮精兵，復加徵練餉。

又　卷七八《食貨志二》　崇禎三年，軍興，兵部尚書梁廷棟請增田賦。戶部尚書畢自嚴不能止，乃於九釐外畝復徵三釐。惟順天、永平以新被兵無所加，餘六府畝徵六釐，得他省之半，共增賦百六十五萬四千有奇。後五年，總督盧象昇請加宦戶田賦十之一，民糧十兩以上同之。既而概徵每兩一錢，名曰助餉。越二年，復行均輸法，因糧輸餉，畝計米六合，石折銀八錢，又畝加征一分四釐九絲。越二年，楊嗣昌督師，畝加練餉銀一分。兵部郎張若麒請收兵殘遺産為官莊，分上、中、下，畝納租八斗至二三斗有差。御史衛周胤言：『嗣昌流毒天下，剿練之餉多至七百萬，民怨何極。』御史郝晉亦言：『萬曆末年，合九邊餉止二百八十萬，今加派遼餉至九百萬。剿餉三百三十萬，業已停罷，旋加練餉七百三十餘萬。自古有一年而括二千萬以輸京師，又括京師二千萬以輸邊者乎？』疏語雖切直，而時事危急，不能從也。

又　卷二五二《楊嗣昌傳》　因議增兵十二萬，增餉二百八十萬。其措餉之策有四：曰因糧，曰溢地，曰事例，曰驛遞。因糧者，因舊額之糧，量為加派，畝輸糧六合，石折銀八錢，傷地不與，歲得銀百九十二萬九千有奇。溢地者，民間土田溢原額者，核實輸賦，歲得銀四十萬六千有奇。事例者，富民輸資為監生，一歲而止。驛遞者，前此郵驛裁省之銀，以二十萬充餉。議上，帝乃傳諭：『流寇延蔓，生民塗炭，不集兵無以平寇，不增賦無以餉兵。勉從廷議，暫累吾民一年，除此腹心大患。其改因糧為均輸，布告天下，使知為民去害之意。』

《清世祖實録》卷三〇（順治四年二月癸未）以浙東福建平定，頒詔天下詔曰：**【略】**浙閩運司鹽課，前代天啓崇禎年間，加派名色甚多，深為商厲。今盡行蠲免，止照萬曆年間舊額，按引徵課。

論說

明·葉夢珠《閱世編》卷六《賦稅》 即如崇禎之季，軍興餉缺，大司農屢屢告匱，朝廷特遣科臣，嚴清積逋，法綦重矣。正糧之外，有練餉，有加派，徵亦苛矣。

清·黃宗羲《明夷待訪録·田制三》 何謂積累莫返之害？**【略】**萬曆間，舊餉五百萬，其末年加新餉九百萬，崇禎間又增練餉七百三十萬，倪元璐為戶部，合三餉為一，是新餉、練餉又併入於兩稅也。至今曰以為兩稅固然，豈知其所以亡天下者之在斯乎！使練餉、新餉之名不改，或者顧名而思義，未可知也；此又元璐不學無術之過也。嗟乎！稅額之積累至此，民之得有其生也亦無幾矣。今欲定稅，須反積累以前而為之制。授田於民，以什一為則；未授之田，以二十一為則；其戶口則以為出兵養兵之賦；國用自無不足，又何事於暴稅乎？

清·賀長齡等《清經世文編》卷三一《戶政·賦役三·閻若璩〈論折田〉》 漢武帝之橫征，危而不至亡，祗在田賦不加。明懷宗之勤樸，卒無補於危亡，則在屢加田賦，此誠古今治亂之大關也。

清·鐵保等《八旗通志》卷一二五《人物志五》 王欽承**【略】**前朝弊政，莫如加派遼餉，外又有剿餉、練餉，數倍正供。遠者二十年，近者十數載，天下嗷嗷，朝不及夕。更有召買糧料諸名目，巧取殃民。

雜録

明·李清《三垣筆記》卷上《崇禎》 朝議以國計不足，暫借民間房租一年，於是怨聲沸京城，呼崇禎為重徵。

明·計六奇《明季北略》卷一九《袁州兵荒》 當時兵賦雜遝，荒寇交至，民不聊生，內翰方以智不勝感悼，作田稼荒一詞，以悲時事云：『田稼荒，農夫亡，老幼走者死道傍。走入他鄉亦餓死，朝廷加派猶不止。壯者晝伏夜行歸，歸看雞犬人家非。賊去尚餘一茅屋，官軍又來燒不足。』此實事也。可為三歎。

清·徐鼒《小腆紀傳》卷二四《蔣德璟傳》 崇禎十五年，以禮部尚書兼文淵閣大學士。時楊嗣昌已死，而練兵、加餉之弊未革；又造鈔發賣，京商騷然，卷篋而去。德璟皆力言其非；不見聽。最後，以給事中光時亨追論練餉殃民之咎，德璟擬旨云：『向時聚斂小人倡議搜括，致民窮禍結，誤國良深。』帝不悅，召閣臣及吏、戶二部臣入文華殿，取時亨疏，詰以聚斂小人主名。德璟不敢斥言楊嗣昌，以原任戶部尚書李待問對；帝曰：『朕如何是聚斂！只欲練兵。』德璟曰：『皇上豈肯聚斂！因既有舊餉五百萬、新餉九百餘萬，復增練餉七百三十萬，當時部、科實難辭責！』帝責其朋比。諸輔臣申救，意乃解。復具疏言：『邊臣練餉，立說或數千、或數百抵塞明主；而全鎮新舊餉兵馬數萬，概言不足，是因有練餉而兵馬反少也。臣私心恨之！又近日直省各官每藉練餉名色，追比如火；致百姓困窮，遇賊輒迎。臣又私心恨之！蓋致外無兵、內無民，且並餉亦不能完，故推咎於練餉之人。冒昧愚戇，罪當死！』因引咎出直；都給事中孫承澤、汪惟效力爭之。

嘉道中衰分部

綜　述

《清仁宗實録》卷四一　（嘉慶四年三月戊子）又片奏：『密查東省各州縣官虧約有七十餘萬。其中情節，微有不同，或沖途差務，供應浩繁，或驛站口分，例價不敷，或前官已故，交代難清，或窮苦小缺，疲於捐墊者有之，或狃於積習，應酬饋送，私囊無措，因而挪用者亦有之。至若人多心計，缺本素豐，雖一體逢迎，而倉庫齊全者，亦復不乏。故有虧空者不盡劣員，無虧空者亦不盡能吏，總之大吏不能潔己率屬，費用奢靡，取給無度，上司既有欲不剛，屬員遂有恃無恐，種種弊端，皆由於此。今惟有接限勒令完交，而吏治官方，亦力加整肅，以冀起色。』得旨：『徐徐辦理，自有成效，百姓足，君孰與不足？培養元氣，勝於倉庫實貯，奚啻萬倍。至於大吏潔己率屬，各員裁草陋規，皆為善政，以此彌補足矣。捐廉罰銀等事，朕必不為，朕非晏坐深宮不知菽麥之主，汝其勉慎為之。』

又　卷一〇〇　（嘉慶七年七月癸未）諭內閣：本日户部奏，將兵丁扣餉之例，請自本年八月起，永行停止等因一摺。已依議行矣。八旗兵丁，日用所需，惟賴餉銀資給，朕軫念伊等，將應行扣餉之項，加恩停止，原為伊等生計起見。但伊等用度所以不足者，固由生齒日繁，物價昂貴，亦由平日不知撙節，若能將衣食二者，隨時加意省嗇，即可免於匱乏。乃往往耽於口腹，餉銀一經入手，不為度日之計，輒先市酒肉，以供醉飽，不旋踵而貲用業已告竭。又支領官米，隨即賤價售與鋪家，祇顧目前得錢使用，不肯稍為儲蓄，而家中食米，轉零星用貴價向鋪戶糴買，此皆失算之甚者。我滿洲淳樸舊風，衣服率多布素，近則狃於習俗，兵丁等競尚鮮華，多用紬緞，以穿著不及他人為恥。試思旗人原以學習清語騎射為本，伊等技藝生疏，何以不知愧恥，惟於衣飾欲圖體面耶？國家恩養八旗，體恤周至，即如內城不許開設戲館，亦恐旗人花費銀錢，是以特加禁止。又旗地一項，因伊等屢行典賣，官為贖回，將所得租銀於年終普行頒賞。所以加惠伊等者不一而足，現又將扣餉之例，永行停止，無非欲伊等家計有資，漸臻饒裕。伊等亦應仰體朕惠愛勤拳之意，不可習於浮靡坐耗物力。

又　卷一三〇　（嘉慶九年六月）戊辰，先是吏部書吏舞弊，將告病治中趙曰濂虛選運同事覺，上命大學士保寧等會同刑部查辦。至是，諭內閣：君臨天下，敕政治民，仔肩至重，奚能獨任哉？我朝特設內閣，綜理樞機，六卿分職，各率其屬，即古之四嶽九官輔弼匡贊之職也。朕德薄才疏，寅承大統，惟求天下乂安，兆民蒙福，孜孜圖治，不敢暇逸。奈諸臣全身保位者多，為國除弊者少，苟且塞責者多，直言陳事者少。甚至問一事則推諉于屬員，自言堂官不如司官，司官不如書吏，實不能除弊去害，是甘於旅進旅退，忘職思其居之義矣。諸臣皆我皇考所用之人，似此委靡不振，自暴自棄，諸臣自為計則可矣，何以報皇考數十年之恩遇乎？自大學士尚書侍郎以及百司庶尹，唯諾成風，皆聽命於書吏，舉一例牢不可破，出一言惟令是從，吏部京兆相爭一事，任書吏之顛倒是非，變幻例案，各堂官受其愚弄，冥然不覺，所爭之情節，與所為之弊竇，毫無干涉，良可慨歎。一部推而至於五部。若堂司如此庸碌，書吏如此狡猾，上無道揆，下無法守，太阿倒持，羣小放恣，國事尚可問乎？

又　卷二六〇　（嘉慶十七年八月戊午）諭內閣：户部奏查明各省積欠錢糧及耗羨雜税等款銀兩數目一摺。直省丁賦錢糧，皆國家惟正之供，每歲量入為出，以給俸餉諸大端。度支所繫，國有常經，户部具報月摺，毫無額外支銷，此中外所共知者。且內府歲用所需，不特從不取之部庫，歷年以來，每將內府餘款，撥給户部應用，歲不下數十萬，有將及百萬者。而核計部中正項錢糧積欠，竟至一千九百餘萬兩之多，屢經飭催，報解寥寥，此實歷任直省大吏催徵不力所致。除單內奉天、山西、廣西、四川、貴州五省皆年清年款，並無積欠，雲南省僅有積欠五百餘兩，均無庸議外。其安徽、山東積欠各多至四百餘萬兩，江寧、江蘇積欠各多至二百餘萬兩，疲玩尤甚。

又　卷二七四　（嘉慶十八年九月）庚辰，頒朱筆遇變罪己詔，曰：朕以涼德，仰承皇考付託，兢兢業業，十有八年，不敢暇豫。即位初，白蓮教煽亂四省，黎民遭劫，慘不忍言，命將出師，八年始定。方期與吾赤子永樂昇平，忽於九月初六日，河南滑縣又起天理教匪，由直隸長垣至山東曹縣，亟命總督温承惠率兵剿辦。然此事究在千里之外，猝於九月十五日變生肘腋，禍起蕭牆，天理教逆匪七十餘衆，犯禁門，入大內，戕害兵役。【略】我大清國一百七十年以來定鼎燕京，列祖列宗深仁厚澤，愛民如子，聖德仁心，奚能縷述。朕雖未能仰紹愛民之實政，亦無害民之虐事，突遭此變，實不可解，總緣德涼愆積，唯自責耳。然變起一時，禍積有日，當今大弊，在『因循怠玩』四字，實中外之所同。朕雖再三告誡，舌敝唇焦，奈諸臣未能領會，悠忽為政，以致釀成漢唐宋明未有之事，較之明季梃擊一案，何啻倍蓰。思及此，實不忍再言矣，予唯返躬修省，改過正心，上答天慈，下釋民怨，諸臣若原為大清國之忠良，則當赤心為國，竭力盡心，匡朕之咎，移民之俗。若自甘卑鄙，則當掛冠致仕，了此一身，切勿屍祿保位，益增朕罪。筆隨淚灑，通諭知之。

又　卷二九四　（嘉慶十九年八月甲子）又諭：　初彭齡奏，查辦虧空，嚴禁密奏之弊一摺。所奏甚是，可謂實心任事，能任勞任怨矣。各省倉庫查有虧缺，原應隨時懲辦，前因積弊已久，現任官大半非原虧之人，是以令清查確實，截止數目，以期分限彌補。乃自有清查以來，各該督撫不但不能依限勒令彌補，且不免有續虧，每藉口于原報之數不實不盡，以致每隔數年續查一次，其數倍多於前，此非續虧而何？初彭齡所稱名為密摺陳情，實則通同舞弊，此二語確盡情事。即如江蘇省，嘉慶六年岳起查奏時，各屬虧短銀三十餘萬兩，若能分年彌補，迄今已越十年，每年約補三四萬金，早已據報全完。乃張師誠任內續查，已增至七十餘萬兩，至慶保任內續查，竟增至二百二十萬餘兩，江寧藩司又報出九十六萬餘兩，江蘇一省，共虧銀三百十八萬餘兩，較岳起初報之數，多至十餘倍。試思自嘉慶六年以後，並無南巡大差，亦無論令豫備巡幸之事，豈東南一路，有兵差徵調可以藉口乎？又豈在京諸大臣中有似從前和珅貪婪者，致該省督撫傾貲饋送乎？如果有之，著即據實陳奏，毋稍隱諱。計惟南河屢舉大工，及災歉賑恤，數年之間，所費甚鉅，然皆出自國家左藏，共撥銀數千萬兩，何嘗絲毫累及地方？乃該省歷次清查虧空，有增無減。若再姑息不辨，何以警官邪而慎國帑？

《清宣宗實録》卷四六　（道光二年十二月戊申）又諭：　御史尹佩棻奏請嚴禁私食鴉片煙。據稱鴉片煙之來，福建、浙江、江南、通海口地方。俱有私帶。總以來自廣東者為最。一由於地方官不認真查拏。或差一二武弁巡查，徒為該弁肥囊之計。一由於粵海關之包稅。洋船一到，即有包攬上税者，將煙雇載漁船，先行寄頓，然後查船。且聞鴉片非數換不賣，獨巡海兵丁，不惜減價賣給，居心尤為可惡等語。鴉片煙流行內地，大為風俗人心之害。民間私販私食，久干例禁。節經降旨，嚴飭稽查，而此風未盡革除，總由海口守巡員弁，賣放偷漏，以致蔓延滋甚。

又　卷三二三　（道光十九年六月戊辰）諭內閣：　國家經費有常，度支有節。凡各省應納之賦，及其餘税課，均于徵收後隨時入撥報解，不容絲毫短少，所以重帑項而權出入。茲據戶部查明，積年漸久，延欠頻仍。綜計欠解銀數，除鹽務懸引未完及帑利等款，准其分別展緩外，其餘拖欠有二千九百四十餘萬兩之多。若不亟加整頓，何以備度支而裕國用。著各直省督、撫、將軍、府尹、鹽政、監督暨該管司道等認真稽考，將未完各款，逐一清釐。應解者按限起解，應撥者趕令入撥。如查有州縣彌縫掩飾等弊，迅即嚴參示懲，斷不准通融隱飾，將就目前。經此次查辦之後，儻仍延宕不完，一經發覺，定將各該管大吏重懲不貸。

清·李桓《清朝耆獻類徵初編》卷三二一《王傑傳》　（嘉慶）八年二月，傑疏言略曰：　【略】各省虧空之弊，起於乾隆四十年以後，州、縣有所營求，即有所饋送；往往以缺分之繁簡，分賄賂之等差。此等贓私，初非州、縣家財，直以國帑為夤緣之具。上司既甘其餌，明知之而不能問；且受其挾制，無可如何。間有初任人員天良未泯，小小畏咎，不肯接收，上司轉為之説合；懦者千方抑勒，强者百計調停，務使之虛出通關而後已。一縣如此，通省皆然；一省如此，天下皆然。於是大縣有虧空十餘萬者，一遇奏銷，橫徵暴斂、那新掩舊，小民困于追呼而莫之或恤；靡然從風，恬不為怪。至於名為設法彌補，而彌補無期。清查之數，一次多於一次；完繳之銀，一限不如一限。輾轉相蒙，年復一年，未知所極！竊謂嘉慶四年以前之州、縣，此時或遷他處，或經物故，原難責之見任補償；然從前州、縣用度不節，因而侵那倉庫。

清・昆岡等［光緒］《清會典事例》卷九八《吏部・處分例・書役》

（嘉慶五年）又諭：內外大小各衙門充當書吏之人，遇事需索使費，日久竟成陋規，所得陋規逐漸加增，因而書吏役滿，繼受之人，出錢頂補，名曰缺底。此等名目，本干例禁，亦且貽累軍民，所關匪淺。【略】

又諭：內外衙門書吏，積慣舞弊，最為惡習。外省各官，遇有題陞調補、議敘、議處、報銷各項，並刑名案件，每向部中書吏賄囑，書吏乘機舞弊，設法撞騙，是其常技。至運京餉銅顏料各項，解員尤受其累，自投文以至批回，稍不滿欲，多方勒掯，任意需索，動至累百盈千，名曰部費，公然斂派。即督撫亦往往明知故縱，至外省督撫藩臬以及州縣各衙門，凡應辦事件，亦不能不經書吏之手，藉端滋弊。甚至上下句通，均所不免。

又　卷一〇七《吏部・處分例・徵收地丁錢糧》　（道光）五年諭：前據戶部奏，各省節年未完地丁正耗銀兩，請飭該督撫藩司勒限嚴催，並飭將經徵督催復參處分按限查參一摺。已依議行矣。直省地丁錢糧，若非災歉緩徵，豈容任意拖欠？乃自嘉慶二十二年普免民欠後，又歷年積欠至三百八十餘萬之多。總緣地方官經徵不力，各上司不認真查催所致，即因災緩帶徵錢糧，亦節年積至八百四十九萬有奇。

又　卷一七三《戶部・田賦・催科考成》　道光三年諭：戶部奏請飭催各省，節年未完雜税銀兩，分別開單呈覽，朕詳加披閱。除盛京、山西、湖南、浙江、四川、陝西、貴州等省年清年款，甘肅、雲南兩省未完銀兩，為數無多。由該部隨案諮催外，所有直隸、山東、河南、江蘇、安徽、江西、福建、湖北、廣東、廣西等省，節年積欠銀兩，自道光元年奏催後，尚未完銀一百八十三萬四千一百二十二兩零，嘉慶二十五年並道光元年，復有未完銀四十八萬一千六百二十三兩零。各省雜税銀兩，向係隨同地丁錢糧奏銷，自應盡收盡解，乃各該省歷年積欠，竟至數十萬兩之多，地方官恃無展參處分，任意遲玩，延不報解。

又　卷六三七《兵部・簡閱・八旗簡閱軍士》　（嘉慶）十七年諭：本年閱看黑龍江官兵射布靶十八人，內中四箭者止一人，中三箭者五人，並無射中五箭。東三省官兵等，素稱善射，該將軍等派令隨圍，自係選擇純熟，乃此次黑龍江學習隨圍人等，射中布靶甚少，此皆該將軍平日並未認真訓練。前因斌靜叩謝天恩，繕寫漢字，當傳旨申飭。今閱該省官兵射箭平常，可見斌靜平日于訓練之時，並不留心。斌靜著再行申飭，嗣後該將軍等務須將該管官兵實心教導，毋得怠惰。

論説

清・賀長齡等《清經世文編》卷四六《戶政・漕運上・引包世臣〈剔漕弊〉》　漕為天下之大政，又為官吏之利藪，貪吏之誅求良民，奸民之挾制貪吏，始而交徵，繼必交惡，關係政體者甚鉅。説者皆謂漕弊已極，然清厘實無善策，或以為州縣一年用度，取給於漕，故不能不縱之浮收勒折。是無漕州縣，其用度又將何出乎？或以為幫丁需索兑費，盈千累萬，裁革此項，勢必誤運。州縣虧空，實由於此，是無漕及有漕而不起運之州縣，其虧空又從何來乎？凡此二説，皆貪黷州縣，造作言語，以愚弄上司，以遂其朘民肥橐之私。而為之上司者，或受其愚而不加省察，或利其賄而為之飾詞，以致浮勒日甚也。

清・洪棄生《寄鶴齋選集・文選一・跋林文忠公事後》　嗚呼！此中國盛衰强弱之機，而東亞盈虛消長之始也。方中國乾隆之代，天下繁盛已極；而盛極則衰，民俗漸即於澆漓、風氣日趨於嗜好，宇宙浮孽之氣遂伏諸洋藥之中。夫洋藥之為害於人，宜禁而不宜行也，天下皆知之矣。道光之季，天下之錮於洋藥者，其習已深。【略】嗟乎！咸豐庚申之役，京師不保，割租界、立教堂，中國包羞不已；迨今日而四分五裂，棄地之事日有所聞。禍端之來，皆自此一敗開之也；而英之强盛于亞洲，横行無忌，亦自此一敗成之也。然則諸權奸之蒙蔽朝廷，為外人報仇一一持和議、擯謀臣，使戰士短氣，望風瓦解；奸人之肉，尚足食乎！

清・梁廷枏《夷氛聞記》卷一　嘉慶以來，猶徵豐裕。士大夫之家，以及鉅賈大賈，奢靡成習，較之目前，不啻天壤。豈愈奢則愈豐，愈儉則愈嗇耶。臣竊見近來銀價遞增，每銀一兩，易錢一千六百零。非耗銀於內地，實漏銀於外夷。蓋鴉片煙流入中國，我仁宗睿皇帝知其必有害也，故告戒諄諄，例有明禁。然當時亦不料其流毒至於此極。【略】故道光三年以前，每歲漏銀數百萬兩。其初不過紈褲子弟，冒為浮靡，尚知斂迹。嗣後上自官紳，下至士商以及婦女、僧尼、道士，隨在吸食，置買煙具，為市日中。盛京等處、為我朝根本重地，近亦漸染成風。外夷來煙漸多，另有躉船載煙，不進虎門海口，停泊零丁洋中之老萬山、大嶼山等處。此粵省奸商勾通巡海兵弁，用扒龍、快蟹等船，運銀出洋，運煙入口。故自道光三年至十一年，歲漏銀一千八百萬兩。自十一年至十四年，歲漏銀二千餘萬兩。自十四年至今，漸漏銀至三千餘萬兩之多。此外福建、浙江、山東、天津各海口，合之方數千萬兩。以中國有用之財，填海外無窮之壑，易此害人之物，漸成病國之憂。

雜録

清・昭槤《嘯亭雜録》卷八《私造假印案》 嘉慶己巳冬，工部有書吏王書常者，私鐫假印，冒支國帑。其於欽派歲修工程，皆假捏大員名姓，重復向戶曹支領，每歲耗銀至數十餘兩。久之為工頭某告發，始置書常於法，大吏降黜有差。夫水曹支領銀兩，必須諸司空簽押畢，關知戶曹，度支大員復加查核，然後發帑，定例本為詳慎。乃諸部曹僉緣為奸，伺大員談笑會飲時，將稿文雁行斜進，諸大員不復寓目，仰視屋樑，手畫大諾而已。更有倩幕友代畫者。其習已久，故使奸蠹胥吏得以肆其奸志。嗟夫！于照常供職之事，尚復泄遝若此，又安望其興利除弊，致吾民於熙皥之世也哉？宜夫我皇上屢降明諭諄諄之告誡也。

清・葛士濬《清經世文續編》卷二五《戶政二・理財中・賀熙齡〈請禁鹽務河工侈靡錮習疏〉》 河工以購料為先，以辦工為要。臣近聞河工所堆料物，多係空松，全不堅實，蓋緣廳員購料之時，多係包辦於人，所給料價，已多侵減，因之工友門丁、書役處處分肥，層層剥蝕，料未到廠，早已克扣不貲。遂至虛貯花堆，惟以塗掩耳目，此實河工通弊，貽誤非輕。河南料價，本多於東河，而料轉小於東河，臣風聞河南每料一報即辦，得至足已可獲贏餘四五十兩不等。近則偷減益甚侵蝕逾多，惟飽私囊，不顧國計，河務日壞，職此之由。至於辦工之要，全在冬勘春修，每年霜降水落之後，廳汛營員能于所管境內詳細履勘，悉心估定，一交春令次第興辦，工期做足，料實工堅，入伏經秋，必鮮失事。近聞處工程，不于春修做足，暗留為搶險地步，蓋以一經搶險，則事在倉皇，尤易侵蝕。故三汛搶修之時，一切浮冒，更難究詰。而該廳員等，又惟知聲色自娛，耽于逸樂，但逢玩好之物，不惜浪擲千金，一入飲博之所，動輒流連旬日，別項既多所虛糜，則工料必益多偷減。是以挑河築壩，既無不浮估冒銷，防險辦工一委于家人幕友。以歲入有限之金錢，徒供河員之浪費，糜帑耗工。伊於何底，是國家之一大出項，又壞於奢而已見其多也。

政治家部

耶律楚材分部

傳記

元・宋子貞《中書令耶律公神道碑》 國家之興，肇基於朔方，惟太祖皇帝以聖德受，恭行天罰，馬首所向，蔑有能國。太宗承之，既懷八荒，遂定中原，薄海內外，罔不臣妾。於是立大政而建皇極，作新宮以朝諸侯，蓋將樹不拔之基，垂可繼之統者也。而公以命世之才，值興王之運，本之以廓廟之器，輔之以天人之學，纏綿二紀，開濟兩朝，贊經綸於草昧之初，一制度于安寧之後，自任以天下之重，屹然如砥柱之在中流，用能道濟生靈，視千古為無愧者也。【略】

公以明昌元年六月二十日生。文獻公通術數，尤邃太玄，私謂所親曰：『吾年六十而得此子，吾家千里駒也，他日必成偉器，且當為異國用。』因取左氏之楚雖有材，晉實用之，以為名字。【略】

己丑，太宗即位，公定冊立儀禮，皇族尊長皆令就班列拜。尊長之有拜禮蓋自此始。諸國來朝者多以冒禁應死。公言：『陛下新登寶位，願無汙白道子。』從之。蓋國俗尚白，以白為吉故也。【略】

先是諸路長吏兼領軍民錢穀，往往恃其富强，肆為不法。公奏長吏專

理民事，萬户府總軍政，課税所掌錢穀，各不相統攝，遂為定制。【略】

辛卯秋八月，上至雲中，諸路所貢課額銀幣及倉廩米穀簿籍具陳於前，悉符元奏之數。上笑曰：『卿不離朕左右，何以能使錢穀流入如此？不審南國復有卿比者否？』公曰：『賢於臣者甚多，以臣不才，故留于燕。』上親酌大觴以賜之。即日授中書省印，俾領其事，事無巨細，一以委之。【略】

初，汴京未下，奏遣使入城索取孔子五十一代孫襲封衍聖公元措，令收拾散亡禮樂人等，及取名儒梁陟等數輩。于燕京置編修所，平陽置經籍所，以開文治。【略】

甲午，詔括户口，以大臣忽覩虎領之。國初方事進取，所降下者，因以與之。自一社一民各有所主，不相統屬，至是始隸州縣。朝臣共欲以丁為户，公獨以為不可。皆曰：『我朝及西域諸國莫不以丁為户，豈可舍大朝之法而從亡國政邪？』公曰：『自古有中原者，未嘗以丁為户。若果為之，可輸一年之賦，隨即逃散矣。』卒從公議。【略】

既葬公七年，今丞相持進士趙衍狀以銘見屬。國家承大亂之後，天綱絕，地軸折，人理滅，所謂更造夫婦肇有父子者，信有之矣。【略】若此時非公，則人之類又不知其何如耳！

《元史》卷一四六《耶律楚材傳》 耶律楚材，字晉卿，遼東丹王突欲八世孫。父履，以學行事金世宗，特見親任，終尚書右丞。楚材生三歲而孤，母楊氏教之學。及長，博極羣書，旁通天文、地理、律曆、術數及釋老、醫卜之説，下筆為文，若宿構者。【略】

太祖定燕，聞其名，召見之。楚材身長八尺，美髯宏聲。帝偉之，曰：『遼、金世仇，朕為汝雪之。』對曰：『臣父祖嘗委質事之，既為之臣，敢仇君耶！』帝重其言，處之左右。【略】

帝自經營西土，未暇定制，州郡長吏，生殺任情，至孥人妻女，取貨財，兼土田。燕薊留後長官石抹咸得卜尤貪暴，殺人盈市。楚材聞之泣下，即入奏，請禁州郡，非奉璽書，不得擅徵發，囚當大辟者必待報，違者罪死，於是貪暴之風稍戢。燕多劇賊，未夕，輒曳牛車指富家，取其財物，不與則殺之。時睿宗以皇子監國，事聞，遣中使偕楚材往窮治之。楚材詢察得其姓名，皆留後親屬及勢家子，盡捕下獄。其家賂中使，將緩之，楚材示以禍福，中使懼，從其言，獄具，戮十六人于市，燕民始安。【略】

己丑秋，太宗將即位，宗親咸會，議猶未決。時睿宗為太宗親弟，故楚材言于睿宗曰：『此宗社大計，宜早定。』睿宗曰：『事猶未集，別擇日可乎？』楚材曰：『過是無吉日矣。』遂定策，立儀制，乃告親王察合台曰：『王雖兄，位則臣也，禮當拜。王拜，則莫敢不拜。』王深然之。及即位，王率皇族及臣僚拜帳下。既退，王撫楚材曰：『真社稷臣也。』國朝尊屬有拜禮自此始。時朝集後期應死者衆，楚材奏曰：『陛下新即位，宜宥之。』太宗從之。【略】

中原甫定，民多誤觸禁網，而國法無赦令。楚材議請肆宥，衆以為迂，楚材獨從容為帝言。詔自庚寅正月朔日前事勿治。且條便宜一十八事頒天下。【略】帝悉從之，唯貢獻一事不允，曰：『彼自願饋獻者，宜聽之。』楚材曰：『蠹害之端，必由於此。』帝曰：『凡卿所奏，無不從者，卿不能從朕一事耶？』【略】

太祖之世，歲有事西域，未暇經理中原，官吏多聚斂自私，貲至巨萬，而官無儲偫。近臣別迭等言：『漢人無補於國，可悉空其人以為牧地。』楚材曰：『陛下將南伐，軍需宜有所資，誠均定中原地税、商税、鹽、酒、鐵冶、山澤之利，歲可得銀五十萬兩、帛八萬匹、粟四十餘石，足以供給，何謂無補哉？』帝曰：『卿試為朕行之。』乃奏立燕京等十路徵收課税使，凡長貳悉用士人，如陳時可、趙昉等，皆寬厚長者，極天下之選，參佐皆用省部舊人。辛卯秋，帝至雲中，十路咸進廩籍及金帛陳於廷中，帝笑謂楚材曰：『汝不去朕左右，而能使國用充足，南國之臣，復有如卿者乎？』對曰：『在彼者皆賢於臣，臣不才，故留燕，為陛下用。』【略】

壬辰春，帝南征，將涉河，詔逃難之民，來降者免死。或曰：『此輩急則降，緩則走，徒以資敵，不可宥。』楚材請制旗數百，以給降民，使歸田里，全活甚衆。舊制，凡攻城邑，敵以矢石相加者，即為拒命，既克，必殺之。汴梁將下，大將速不台遣使來言：『金人抗拒持久，師多死傷，城下之日，宜屠之。』楚材馳入奏曰：『將士暴露數十年，所欲者土地人民耳。得地無民，將焉用之！』帝猶豫未決，楚材曰：『奇巧之工，

厚藏之家，皆萃於此，若盡殺之，將無所獲。』帝然之，詔罪止完顏氏，餘皆勿問。時避兵居汴者得百四十七萬人。【略】

楚材又請遣人入城，求孔子後，得五十一代孫元措，奏襲封衍聖公，付以林廟地。命收太常禮樂生，及召名儒梁陟、王萬慶、趙著等，使直釋九經，進講東宮。又率大臣子孫，執經解義，俾知聖人之道。置編修所於燕京、經籍所於平陽，由是文治興焉。

時河南初破，俘獲甚衆，軍還，逃者十七八。有旨：居停逃民及資給者，滅其家，鄉社亦連坐。由是逃者莫敢舍，多殍死道路。楚材從容進曰：『河南既平，民皆陛下赤子，走復何之！奈何因一俘囚，連死數十百人乎？』帝悟，命除其禁。【略】

有於元者，奏行交鈔，楚材曰：『金章宗時初行交鈔，與錢通行，有司以出鈔為利，收鈔為諱，謂之老鈔，至以萬貫唯易一餅。民力困竭，國用匱乏，當為鑑戒。今印造交鈔，宜不過萬錠。』從之。【略】

秋七月，忽都虎以民籍至，帝議裂州縣賜親王功臣。楚材曰：『裂土分民，易生嫌隙，不如多以金帛與之。』帝曰：『已許奈何？』楚材曰：『若朝廷置吏，收其貢賦，歲終頒之，使毋擅科征，可也。』帝然其計，遂定天下賦稅。【略】既定常賦，朝議以為太輕，楚材曰：『作法於涼，其弊猶貪，後將有以利進者，則今已重矣。』時工匠製造，糜費官物，十私八九，楚材請皆考核之，以為定制。【略】

時侍臣脫歡奏簡天下室女，詔下，楚材尼之不行，帝怒。楚材進曰：『向擇美女二十有八人，足備使令。今復選拔，臣恐擾民，欲覆奏耳。』帝良久曰：『可罷之。』又欲收民牝馬，楚材曰：『田蠶之地，非馬所產，今若行之，後必為人害。』又從之。

丁酉，楚材奏曰：『制器者必用良工，守成者必用儒臣。儒臣之事業，非積數十年，殆未易成也。』帝曰：『果爾，可官其人。』楚材曰：『請校試之。』乃命宣德州宣課使劉中隨郡考試，以經義、詞賦、論分為三科，儒人被俘為奴者，亦令就試，其主匿弗遣者死。得士凡四千三十人，免為奴者四之一。【略】

先是，州郡長吏，多借賈人銀以償官，息累數倍，曰羊羔兒利，至奴其妻子猶不足償。楚材奏令本利相侔而止，永為定制，民間所負者，官為代償之。至一衡量，給符印，立鈔法，定均輸，布遞傳，明驛券，庶政略備，民稍蘇息焉。【略】

楚材因陳時務十策，曰：『信賞罰，正名分，給俸祿，官功臣，考殿最，均科差，選工匠，務農桑，定土貢，制漕運。皆切於時務，悉施行之。【略】

太原路轉運使呂振、副使劉子振，以贓抵罪。帝責楚材曰：『卿言孔子之教可行，儒者為好人，何故乃有此輩？』對曰：『君父教臣子，亦不欲令陷不義。三綱五常，聖人之名教，有國家者莫不由之，如天之有日月也。豈得緣一夫之失，使萬世常行之道獨見廢於我朝乎！』帝意乃解。【略】

自庚寅定課稅格，至甲午平河南，歲有增羨，至戊戌，課銀增至一百一十萬兩。譯史安天合者，諂事鎮海，首引奧都剌合蠻撲買課稅，又增至二百二十萬兩。楚材極力辨諫，至聲色俱厲，言與涕俱。帝曰：『爾欲搏鬭耶？』又曰：『爾欲為百姓哭耶？姑令試行之。』楚材力不能止，乃歎息曰：『民之困窮，將自此始矣！』【略】

歲辛丑二月三日，帝疾篤，醫言脉已絕。皇后不知所為，召楚材問之，對曰：『今任使非人，賣官鬻獄，囚繫非辜者多。古人一言而善，熒惑退舍，請赦天下囚徒。』後即欲行之，楚材曰：『非君命不可。』俄頃，帝少蘇，因入奏，請肆赦，帝已不能言，首肯之。【略】

皇后乃馬真氏稱制，崇信奸回，庶政多紊。奧魯剌合蠻以貨得政柄，廷中悉畏附之。楚材面折廷爭，言人所難言，人皆危之。【略】

甲辰夏五月，薨於位，年五十五。皇后哀悼，賻贈甚厚。後有譖楚材者，言其在相位日久，天下貢賦，半入其家。後命近臣麻里札覆視之，唯琴阮十餘，及古今書畫、金石、遺文數千卷。至順元年，贈經國議制寅亮佐運功臣、太師、上柱國，追封廣寧王，謚文正。

論説

元・蔡行秀《領中書省湛然居士文集序》 萬松一日過其門，見執菜根蘸油鹽，飯脫粟。萬松曰：『子不太儉乎？』曰：『圍閉京城，絕粒六十日。』守職如恆，人無知者。以至扈從西征六萬餘里，歷艱險，困行役，而志不少沮；跨崑崙，瞰瀚海，而志不加大。客問其故。而曰：『汪洋法海涵養之力也。』若乃罟聖安而成贊，戲清溪而發機，行九流而止縱橫，立三教而廢邪僞。外則含弘光大，禦侮敵國之雄豪；內則退讓謙恭，和好萬方之性行。世謂佛法可以治心不可以治國，證之於湛然正心修身家肥國治之明效。吾門顯訣，何愧於大學之篇哉！

元・孟攀鱗《領中書省湛然居士文集序》 惟我中書湛然居士天姿英挺，上智誠明，蓍龜其識，鈞鼎其器，聳四方之具瞻，遇千載之嘉會，作朝廷之翰，維社稷之楨，牢籠區夏，宰制山川，提封不牧之邦，郡縣不毛之地。正璣衡而泰階平，明曆數而靈符定。開元建極，盡瀰綸之術；驟帝馳王，入酬酢之計。以唐虞吾君為遠圖，以成康吾民為己任。

元・李微《湛然居士文集序》 今吾湛然居士其庶幾乎！公當聖朝開創之際，膺鹽梅鼎鼐之任，仰贊天子，茂弘德威，臣上古所不臣之國，籍禹貢所不籍之地，公之功業著見於天下炳如日星，雖月氏殊俗，蠻荊遠方，莫不仰戴其威名。

元・芳郭無名人《湛然居士文集後序》 移剌文正公為成吉思佐命，扞圉邊庭，國威遐震，草創法度，功在廟社。諫革初制之苛猛，蘇息民物之瘡痍，豐功偉烈，衣被天下，非劉秉忠諸人所能望。振興儒教，進用士人，以救偏任武夫及色目種人之弊，亦開姚許之先聲。意者其學術必有服習六藝，秕穅衆流，立天地之心，以佐龕拯之業者。

元・蘇天爵《元朝名臣事略》卷五之一《中書耶律文正王》 庚辰，上駐驛於西域尋斯干城。時二月、五月朔，微月皆見於西南，公因別造庚午元曆進之，其進表云：『漢、唐以來，其書大備，經元創法，無啻百家。其氣候之早晏，朔望之疾徐，二曜之盈衰，五星之伏見，疏密無定，先後不同，蓋建都立國之各殊，或涉歷歲年之漸遠，不得不為差也。唐曆八徙，宋曆九更，良以此夫。金用大明，百年纔經一改。此去中原萬里，不啻千程，昔密今疏，東微西著，以地遙而歲久，故勢異而時殊。今以二月、五月朔，微月皆見於西南，較之於曆，悉為先天，誠所未聞而未見也。若夫漢、唐以來，曆算之書備矣，俱無此說。以是論之，月惟至晦則一日不見，是二十九日有月也。豈聖人命月之意本諸此乎！今以星曆考之，是年正月、四月雖皆為大盡，蓋亦未有朔日見月者也。』【略】

公天資英邁，迥出人表，雖案牘滿前，左酬右答，咸適其當。平居不妄言笑，及一被接納，則和氣溫溫，令人不能忘。素不嗜酒，間與賓僚宴集，終日端坐。平生不治生產，及其薨也，人有譖之者曰：『公為相二十年，天下貢奉皆入私門。』後使衛士視之，庫藏惟名琴數十張，古今書畫、金石遺文數千卷而已。篤于好學，不舍晝夜。嘗誡其諸子曰：『公務雖多，晝則屬官，夜則屬私，亦可學也。』【略】

國家承大亂之後，天綱絕，人理滅，所謂更造夫婦，肇有父子者，信有之矣。加以南北之政，每每相戾，其出入用事者，又皆諸國之人，言語之不通，趣向之不同，當是之時，而公以一書生，孤立于廟堂之上，而欲行其所學，戛戛乎其難哉。幸賴明天子在上，諫行言聽，故奮袂直前，力行而不顧。然而其見於設施者，十不能二三，而天下之人，固已均受其賜矣。若此時非公，則人之類又不知其何如耳。

元・陶宗儀《南村輟耕録》卷二《治天下匠》 中書令耶律文正王（楚材），字晉卿，在金為燕京行省員外郎。國亡，歸於我朝，從太祖征伐諸國。夏人常八斤者，以治弓見知於上，詫王曰：『本朝尚武，而明公欲以文進，不已左乎？』王曰：『且治弓尚須弓匠，豈治天下不用治天下匠耶？』上聞之，喜，自是用王益密。

明・沈德符《萬曆野獲編》卷二八《耶律楚材》 耶律楚材，大有造於中國，功德塞天地。元世祖眷之，亦異他將相，其封域想必屬當時恩錫者。近日，一友人治別業於京師外西山，忽發一塚，開櫬得大頭顱加常人幾倍，不知為何人葬地。余聞之，諫止之曰：『此無論何代，殆必異人。盍早納其元，封閉之。』未幾，掘得碣石，則楚材墓也。

雜録

《元史》卷二《太宗紀》 （太宗三年八月）始立中書省，改侍從官名，以耶律楚材為中書令，粘合重山為左丞相，鎮海為右丞相。【略】

（太宗八年）秋月，命陳時可閱刑名、科差、課稅等案，赴闕磨照。詔以真定民戶奉太后湯沐，中原諸州民戶分賜諸王、貴戚、斡魯朵【略】，並于東平府戶內撥賜有差。耶律楚材言非便，遂命各位止設達魯花赤，朝廷置官吏收其租頒之，非奉詔不得徵兵賦。

又　卷五二《曆志一》　中書令耶律楚材以《大明曆》後天，乃損節氣之分，減周天之秒，去交終之率，治月轉之餘，課兩曜之後先，調五行之出没，以正《大明曆》之失。且以中元庚午歲，國兵南伐，而天下略定，推上元庚午歲天正十一月壬戌朔，子正冬至，日月合璧，五星聯珠，同會虚宿六度，以應太祖受命之符。又以西域、中原地里殊遠，創為里差以增損之，雖東西萬里，不復差忒。遂題其名曰《西征庚午元曆》，表上之，然不果頒用。

又　卷八一《選舉志一》　元初，太宗始得中原，輒用耶律楚材言，以科舉選士。

明・敖英《東谷贅言》卷上　元世祖欲盡殺漢人，以中國為牧馬草場，賴耶律楚材諫而止。予曰：『華夷天所限也。元人逆天，欲滅我華夏而夷之，其一念之毒，上通於天，是諫也，天贊之也。』昔劉定公睹雒汭安流而思禹功曰：『微禹吾其魚乎？』予亦曰：『微耶律文正王吾其馬乎？』嗚呼危哉！嗚呼幸哉！

明・于慎行《穀山筆麈》卷一二《賦幣》　蒙古、西域皆以丁為戶，元人欲以是施之中國，耶律楚材以為不可，曰：『自古有中原者，未嘗以丁為戶，若果行之，可輸十年之賦，隨即逃散矣。』蓋有戶有口，三代以來至於今日，未有之改也，以丁為戶，惟蒙古、西域之俗為然，而近日條鞭之法，不分戶，則止以見丁制役，是亦以丁為戶之法矣。

劉秉忠分部

傳　記

《元史》卷一五七《劉秉忠傳》　劉秉忠，字仲晦，初名侃，因從釋氏，又名子聰，拜官後始更今名。其先瑞州人也，世仕遼，為官族。**【略】**秉忠生而風骨秀異，志氣英爽不羈。八歲入學，日誦數百言。年十三，為質子于帥府。十七，為邢臺節度使府令史，以養其親。居常鬱鬱不樂，一日，投筆歎曰：『吾家累世衣冠，乃汨没為刀筆吏乎！丈夫不遇于世，當隱居以求志耳。』即棄去，隱武安山中。**【略】**

世祖在潛邸，海雲禪師被召，過雲中，聞其博學多材藝，邀與俱行。既入見，應對稱旨，屢承顧問。秉忠於書無所不讀，尤邃于《易》及邵氏《經世書》，至於天文、地理、律曆、三式六壬遁甲之屬，無不精通。論天下事如指諸掌。世祖大愛之，海雲南還，秉忠遂留藩邸。後數歲，奔父喪，賜金百兩為葬具，仍遣使送至邢州。服除，復被召，奉旨還和林。上書數千百言。**【略】**世祖嘉納焉。**【略】**

癸丑，從世祖征大理。明年，征雲南。每贊以天地之好生，王者之神武不殺，故克城之日，不妄戮一人。己未，從伐宋，復以雲南所言力贊於上，所至全活不可勝計。**【略】**

中統元年，世祖即位，問以治天下之大經、養民之良法，秉忠采祖宗舊典，參以古制之宜於今者，條列以聞。於是下詔建元紀歲，立中書省、宣撫司。朝廷舊臣、山林遺逸之士，咸見録用，文物粲然一新。

秉忠雖居左右，而猶不改舊服，時人稱之為聰書記。至元元年，翰林學士承旨王鶚奏言：『秉忠久侍藩邸，積有歲年，參帷幄之密謀，定社稷之大計，忠勤勞績，宜被褒崇。聖明御極，萬物惟新，而秉忠猶仍其野服散號，深所未安，宜正其衣冠，崇以顯秩。』帝覽奏，即日拜光禄大夫，位太保，參領中書省事。詔以翰林侍讀學士竇默之女妻之，賜第奉先坊，且以少府宫籍監戶給之。秉忠既受命，以天下為己任，事無巨細，凡有關於國家大體者，知無不言，言無不聽，帝寵任愈隆。燕閑顧問，輒推薦人物可備器使者，凡所甄拔，後悉為名臣。

初，帝命秉忠相地於桓州東灤水北，建城郭于龍岡，三年而畢，名曰開平。繼升為上都，而以燕為中都。四年，又命秉忠築中都城，始建宗廟宫室。八年，奏建國號曰大元，而以中都為大都。他如頒章服，舉朝儀，給俸禄，定官制，皆自秉忠發之，為一代成憲。**【略】**

秉忠自幼好學，至老不衰，雖位極人臣，而齋居蔬食，終日淡然，不異平昔。自號藏春散人。每以吟詠自適，其詩蕭散閑淡，類其為人。有文集十卷。無子，以弟秉恕子蘭璋後。

論說

元・蘇天爵《元朝名臣事略》卷七之一《太保劉文正公》 公自幼好學，至老不衰，通曉音律，精算數，善推步，仰觀占候，六壬遁甲，易經象數，邵氏皇極之書，靡不周知。初，丁太夫人憂，毀瘠骨立，衣一弊裘三歲不易。及録事公卒，雖身從天竺之教，而服食貶損，容貌衰戚，與循禮典而執通喪者無少異也。【略】

國家列聖相承，咸以武功戡定禍亂，豐功偉績之臣，不為不多。若夫輔佐聖天子，開文明之治，立太平之基，光守成之業者，實惟公為稱首。上在潛邸，士之所以涉遠道冒風霜而至者，往往有所陳訴祈請，惟公獨無所求。閑燕之際，每承顧問，輒推薦南州人物可備器使者，宜見録用，由是弓旌之招，蒲輪所迓，耆儒碩德，奇才異能之士，茅拔茹連，致無虚月。逮今三十年間，揚歷朝省，班市郡縣，贊維新之化，成治安之功者，皆公平昔推薦之餘也。

元・陶宗儀《南村輟耕録》卷二《錢幣》 世皇嘗以錢幣問太保劉文貞公（秉忠）。公曰：『錢用於陽，楮用於陰。華夏，陽明之區；沙漠，幽陰之域。今陛下龍興朔漠，若臨中夏。宜用楮幣。俾子孫世守之，若用錢，四海且將不靖。』遂絕不用錢。迨武宗，頗用之。不久，輒罷。此雖術數讖緯之學，然驗之於今，果如所言。

明・李贄《焚書》卷二《書答・又與周友山書》 元世祖初平江南，問劉秉忠曰：『自古無不敗之家，無不亡之國。朕之天下，後當何人得之？』秉忠對曰：『西方之人得之。』及後定都燕京，築城掘地，得一石匣，開視，乃一匣紅頭蟲，復詔問秉忠，秉忠對曰：『異日得陛下天下者，即此物也。』由此觀之，世祖方得天下，而即問失天下之日；秉忠亦不以失天下為不樣，侃然致對，視亡若存，真英雄豪傑，誠不同于時哉！秉忠自幼為僧，世祖至大都見之，乃以釋服相從軍旅間，末年始就冠服，為元朝開國元老，非偶然也。我塔事無經營之苦，又無抄化之勞，聽其自至，任其同力，只依我規制耳。想兄聞此，必無疑矣。

雜録

《元史》卷五《世祖紀二》（至元元年八月）癸丑，命僧子聰同議樞密院事。詔子聰復其姓劉氏，易名秉忠，拜太保，參領中書省事。【略】

丙辰，劉秉忠、王鶚、張文謙、商挺言，燕王既署相銜，宜於省中別置幕位，每月一再至，判署朝政。

又 卷七《世祖紀四》（至元七年二月）丙子，帝御行宮，觀劉秉忠、孛羅、許衡及太常卿徐世隆所起朝儀，大悅，舉酒賜之。

又 卷八五《百官志一》 世祖即位，登用老成，大新製作，立朝儀，造都邑，遂命劉秉忠、許衡酌古今之宜，定內外之官。

又 卷一五八《李俊民傳》 俊民在河南時，隱士荊先生者，授以邵雍《皇極》數。時之知數者，無出劉秉忠之右，亦自以為弗及也。

明・祝允明《野記》卷四 元中統初，與劉秉忠從沙門海雲遊，博學精于易，尤深學百家方術，靡不洞習。至元間，秉忠為相，謙乃棄釋從儒，遊雲川，交趙孟頫。

明・于慎行《穀山筆麈》卷一七《釋道》 劉秉忠，僧也，輔佐元主平定海內；姚少師，僧也，擁翊成祖創守太平。其人地才品大略相似，亦古今之奇也。秉忠輔政日久，猶仍野服散號，王鶚以為言，拜太保，領中書。少師在一品班，衣猶補衲，後見其不便，乃賜冠帶長髮。然今崇國所祀少師畫像，猶是僧服，而春秋秩祀，但稱恭靖公，亦未書官，未知何故。

姚樞分部

傳記

《元史》卷一五八《姚樞傳》 姚樞，字公茂，柳城人，後遷洛陽。

少力學，内翰宋九嘉識其有王佐略，楊惟中乃與之偕覲太宗。歲乙未，南伐，詔樞從惟中即軍中求儒、道、釋、醫、卜者。會破棗陽，主將將盡坑之，樞力辨非詔書意，他日何以覆命，乃蹙數人逃入篁竹中脱死。拔德安，得名儒趙復，始得程頤、朱熹之書。辛丑，賜金符，為燕京行臺郎中。時牙魯瓦赤行臺，惟事貨賂，以樞幕長，分及之。樞一切拒絶，因棄官去。攜家來輝州，作家廟，別為室奉孔子及宋儒周敦頤等象，刊諸經，惠學者，讀書鳴琴，若將終身。時許衡在魏，至輝，就録程、朱所注書以歸，謂其徒曰：『曩所授受皆非，今始聞進學之序。』既而盡室依樞以居。【略】

世祖在潛邸，遣趙璧召樞至，大喜，待以客禮。詢及治道，乃為書數千言，首陳二帝三王之道，以治國平天下之大經，匯為八目，曰：修身，力學，尊賢，親親，畏天，愛民，好善，遠佞。次及救時之弊，為條三十，【略】各疏施張之方，其下本末兼該，細大不遺。世祖奇其才，動必召問，且使授世子經。【略】

憲宗即位，詔凡軍民在赤老温山南者，聽世祖總之。世祖既奉詔，宴羣下，罷酒將出，遣人止樞，問曰：『頃者諸臣皆賀，汝獨默然，何耶？』對曰：『今天下土地之廣，人民之殷，財賦之阜，有加漢地者乎？軍民吾盡有之，天子何為？異時廷臣間之，必悔而見奪，不若惟持兵權，供億之需取之有司，則勢順理安。』世祖曰：『慮所不及者。』乃以聞，憲宗從之。【略】

壬子夏，從世祖征大理，至曲先腦兒之地。夜宴，樞陳宋太祖遣曹彬取南唐不殺一人、市不易肆事。明日，世祖據鞍呼曰：『汝昨夕言曹彬不殺者，吾能為之，吾能為之！』樞馬上賀曰：『聖人之心，仁明如此，生民之幸，有國之福也。』明年，師及大理城，飭樞裂帛為旗，書止殺之令，分號街陌，由是民得相完保。【略】

世祖即位，立十道宣撫使，以樞使東平。既至郡，置勸農、檢察二人以監之，推物力以均賦役，罷鐵官。【略】

樞奏曰：『在太宗世，詔孔子五十一代孫元措仍襲封衍聖公，卒，其子與族人爭求襲爵，訟之潛籓，帝時曰：「第往力學，俟有成德達才，我則官之。」又曲阜有太常雅樂，憲宗命東平守臣輩其歌工舞郎與樂色俎豆至日月山，帝親臨觀，飭東平守臣，員闕充補，無輟肄習。且陛下閔聖賢之後《詩》、《書》不通，與凡庶等，既命洛士楊庸選孔、顏、孟三族諸孫俊秀者教之，乞真授庸教官，以成國家育材待聘風動四方之美。王鏞煉習故實，宜令提舉禮樂，使不致崩壞。』皆從之。【略】

詔赴中書議事，及講定條格，且勉諭曰：『姚樞辭避臺司，朕甚嘉焉。省中庶務，須賴一二老成同心圖贊，其與尚書劉肅往盡乃心，其尚無隱。』及修條格成，與丞相史天澤奏之，帝深嘉納。【略】

（至元）十年，拜昭文館大學士，詳定禮儀事。【略】

（至元十年）其年，襄陽下，遂議取宋。樞奏如求大將，非右丞相安童、知樞密院伯顔不可。十一年，樞言：『陛下降不殺人之詔。伯顔濟江，兵不逾時，西起蜀川，東薄海隅，降城三十，戶逾百萬，自古平南，未有如此之神捷者。今自夏徂秋，一城不降，皆由軍官不思國之大計，不體陛下之深仁，利財剽殺所致。【略】宜申止殺之詔，使賞罰必立，恩信必行，聖慮不勞，軍力不費矣。』【略】

又請禁宋鞭背、黥面及諸濫刑。【略】

（至元）十三年，拜翰林學士承旨。十七年，卒，年七十八，謚曰文獻。

雜録

清・黄宗羲《宋元學案》卷九〇《魯齋學案・魯齋講友・文獻姚雪齋先生樞》 姚樞，字公茂，柳城人。少力學，内翰宋九嘉識其有王佐略。後從中書楊惟中南伐，得名儒趙氏後，以傳程、朱之學。棄官居輝州時，許魯齋在魏，至輝，就録程、朱所注書，遂依先生以居焉。世祖在潛邸，召之，待以客禮。詢治道，以治國平天下之大經，匯為八目，曰：修身，力學，尊賢，親親，畏天，愛民，好善，遠佞。次及救時之弊，分條而陳之。從征則以不殺一人為規，佐世祖以定天下，累官翰林學士承旨。年七十八卒，謚文獻。

元・蘇天爵《元朝名臣事略》卷八之二《左丞姚文獻公》 公天質含弘而仁恕，恭敏而勤儉。理生惟務本實，不事末作。未嘗疑人欺己，有負其德，亦不留怨胸中。憂患之來，不見言色。有來即謀，必反復忠告，惟恐吾言之不盡。及秉筆中書，或咎公獨遺門牆故人，公曰：『用人威權，當出天子。果若賢才，烏避不聞。其鎖尾者，烏敢藉權樹親賓市私恩乎！』

劉基分部

傳記

《明太祖實録》卷九九 （洪武八年五月丁巳）誠意伯劉基卒。基，字伯温，處州青田人。幼敏悟絶倫，讀書過目輒領其要。元至順癸酉，以明經登進士第，除高安丞。初，基於都市書肆見天文書一帙，借閲之，翊日談誦若流，其人大驚，欲以授基，基謝弗受。曰：己得之矣。【略】

及丞高安，有進賢人鄧祥甫者，通天文術數之學，見基而奇之，以其術授焉。基治高安有能聲，江西行省辟為掾。未幾，辭去。尋起為江浙儒學副提舉，嘗與魯淵宇文公諒等遊西湖，適有異雲起西北，光照湖中，淵等以為慶雲，將賦詩紀之，基獨縱飲不顧，徐言曰：『此天子氣也，應在金陵，十年後當有王者起。』其下時杭城猶全盛，淵等大駭，以為狂人，亦無能知者。【略】

上以基久疾，命給驛傳，遣使送還鄉里。御製文以賜之，其略曰：『爾基括蒼奇士，英才偉器，海内知聞。方元季世，羣雄競起，孰辨雌雄？卿能仰觀俯察，獨斷無疑，千里相從，言合計用。天下既定，論功行賞，特加顯爵。俾垂令名，仍賜歸鄉里，冀永壽祺何圖？咎生鄉曲，有干國憲，重在勳舊，俯從議章，故但奪其禄而不奪其名，此國之政體，不得不然也。卿能不辨即趨於朝，非善自處，何以能之？今卿年邁，老病日侵，筋力益衰，久客京邸，朕甚憫焉。夫禽鳥生於叢林，羽翼成而揚去，時顧舊巢，猶必回翔，情不能已，况於人乎？卿既病篤，可即還鄉里，以終天年，庶稱朕優待勳舊之意。』【略】

基居家一月而卒，年六十五。上痛悼之，賻遺甚厚。基未卒前數日，以所藏天文書授璉，使服闋以進，且戒之曰：勿令後人習也。

《明史》卷一二八《劉基傳》 劉基，字伯温，青田人。【略】基幼穎異，其師鄭復初謂其父爚曰：『君祖德厚，此子必大君之門矣。』元至順間，舉進士，除高安丞，有廉直聲。行省辟之，謝去。起為江浙儒學副提舉，論御史失職，為臺臣所阻，再投劾歸。基博通經史，於書無不窺，尤精象緯之學。西蜀趙天澤論江左人物，首稱基，以為諸葛孔明儔也。【略】

方國珍起海上，掠郡縣，有司不能制。行省復辟基為元帥府都事。基議築慶元諸城以逼賊，國珍氣沮。及左丞帖里帖木兒招諭國珍，基言方氏兄弟首亂，不誅無以懲後。國珍懼，厚賂基。基不受。國珍乃使人浮海至京，賄用事者。遂詔撫國珍，授以官，而責基擅威福，羈管紹興，方氏遂愈横。【略】基遂棄官還青田，著《鬱離子》以見志。時避方氏者爭依基，基稍為部署，寇不敢犯。【略】

及太祖下金華，定括蒼，聞基及宋濂等名，以幣聘。基未應，總制孫炎再致書固邀之，基始出。既至，陳時務十八策。太祖大喜，築禮賢館以處基等，寵禮甚至。【略】

太祖問征取計，基曰：『士誠自守虜，不足慮。友諒劫主脅下，名號不正，地據上流，其心無日忘我，宜先圖之。陳氏滅，張氏勢孤，一舉可定。然後北向中原，王業可成也。』太祖大悦曰：『先生有至計，勿惜盡言。』會陳友諒陷太平，謀東下，勢張甚，諸將或議降，或議奔據鍾山，基張目不言。太祖召入内，基奮曰：『主降及奔者，可斬也。』太祖曰：『先生計安出？』基曰：『賊驕矣，待其深入，伏兵邀取之，易耳。天道後舉者勝，取威制敵以成王業，在此舉矣。』太祖用其策，誘友諒至，大破之，以克敵賞賞基。基辭。【略】

基喪母，值兵事未敢言，至是請還葬。【略】國珍素畏基，致書唁。基答書，宣示太祖威德，國珍遂入貢。【略】

太祖數以書即家訪軍國事，基條答悉中機宜。尋赴京，太祖方親援安豐。基曰：『漢、吴伺隙，未可動也。』不聽。友諒聞之，乘間圍洪都。太祖曰：『不聽君言，幾失計。』遂自將救洪都，與友諒大戰鄱陽湖，一日數十接。【略】時湖中相持，三日未決，基請移軍湖口扼之，以金木相犯日決勝，友諒走死。其後太祖取士誠，北伐中原，遂成帝業，略如基謀。【略】

吳元年以基為太史令，上《戊申大統曆》。熒惑守心，請下詔罪己。大旱，請決滯獄。即命基平反，雨隨注。因請立法定制，以止濫殺。太祖方欲刑人，基請其故，太祖語之以夢。基曰：『此得土得衆之象，宜停刑以待。』後三日，海寧降。太祖喜，悉以囚付基縱之。尋拜御史中丞兼太史令。【略】

太祖即皇帝位，基奏立軍衛法，初定處州稅糧，視宋制畝加五合，惟青田命毋加，曰：『令伯温鄉里世世為美談也。』【略】

帝幸汴梁，基與左丞相善長居守。基謂宋、元寬縱失天下，今宜肅紀綱。令御史糾劾無所避，宿衛宦侍有過者，皆啓皇太子置之法，人憚其嚴。【略】

會基有妻喪，遂請告歸。時帝方營中都，又鋭意滅擴廓。基瀕行，奏曰：『鳳陽雖帝鄉，非建都地。王保保未可輕也。』已而定西失利，擴廓竟走沙漠，迄為邊患。其冬，帝手詔敘基勳伐，召赴京，賜賚甚厚，追贈基祖、父皆永嘉郡公。累欲進基爵，基固辭不受。【略】

初，太祖以事責丞相李善長，基言：『善長勳舊，能調和諸將。』太祖曰：『是數欲害君，君乃為之地耶？吾行相君矣。』基頓首曰：『是如易柱，須得大木。若束小木為之，且立覆。』及善長罷，帝欲相楊憲。憲素善基，基力言不可，曰：『憲有相才無相器。夫宰相者，持心如水，以義理為權衡，而己無與者也，憲則不然。』帝問汪廣洋，曰：『此褊淺殆甚於憲。』又問胡惟庸，曰：『譬之駕，懼其僨轅也。』帝曰：『吾之相，誠無逾先生。』基曰：『臣疾惡太甚，又不耐繁劇，為之且孤上恩。天下何患無才，惟明主悉心求之，目前諸人誠未見其可也。』後憲、廣洋、惟庸皆敗。【略】

（洪武）三年授弘文館學士。十一月大封功臣，授基開國翊運守正文臣、資善大夫、上護軍，封誠意伯，禄二百四十石。明年賜歸老於鄉。【略】

基佐定天下，料事如神。性剛嫉惡，與物多忤。至是還隱山中，惟飲酒弈棋，口不言功。邑令求見不得，微服為野人謁基。基方濯足，令從子引入茆舍，炊黍飯令。令告曰：『某青田知縣也。』基驚起稱民，謝去，終不復見。其韜迹如此，然究為惟庸所中。【略】

未幾，惟庸相，基大慼曰：『使吾言不驗，蒼生福也。』憂憤疾作。八年三月，帝親製文賜之，遣使護歸。抵家，疾篤，以《天文書》授子璉曰：『亟上之，毋令後人習也。』又謂次子璟曰：『夫為政，寬猛如迴圈。當今之務在修德省刑，祈天永命。諸形勝要害之地，宜與京師聲勢連絡。我欲為遺表，惟庸在，無益也。惟庸敗後，上必思我，有所問，以是密奏之。』居一月而卒，年六十五。

基虬髯，貌修偉，慷慨有大節，論天下安危，義形於色。帝察其至誠，任以心膂。每召基，輒屏人密語移時。基亦自謂不世遇，知無不言。遇急難，勇氣奮發，計畫立定，人莫能測。暇則敷陳王道。帝每恭己以聽，常呼為老先生而不名，曰：『吾子房也。』又曰：『數以孔子之言導予。』顧帷幄語秘莫能詳，而世所傳為神奇，多陰陽風角之說，非其至也。所為文章，氣昌而奇，與宋濂並為一代之宗。所著有《覆瓿集》、《犁眉公集》傳於世。

雜録

《明太祖實録》卷三六上 （洪武元年十一月癸亥）上以手書召御史中丞劉基曰：前太史令御史中丞劉基，世居括蒼，懷先聖道。天下初亂，聞朕親將金華，旋施建業，爾即別閭里，捐丘隴，棄妻子，應聘而起。從朕于羣雄未定之秋，居則匡輔治道，動則仰觀天象，察列宿之經緯，驗日月之光華，發縱指示三軍，往無不克。曩者攻皖城，拔九江，撫饒郡，降洪都，取武昌，平處城之内變，爾多輔焉。至於彭蠡之鏖戰，礮聲激烈如雷霆之臨乎上，諸軍大呼鬼神，為之悲號，自旦至暮，如是者凡四爾，時亦在舟中，豈非同患難者哉？今秋，告以失伉儷，攜幼子還閭里，久而未至，朕心缺然。今天下一家，爾當疾至，輔成治功，庶不負昔者多難之相與。特以手書諭意，命駕一來，良慰朕心。

明・劉辰《國初事迹》 太祖聞劉基、章溢、葉琛皆國士也，特遣宣使樊觀齎幣禮徵聘。基等到京，授基中丞、溢中丞，授琛洪都知府。劉基知天文。基自少穎敏，於書無所不讀，凡天文、地理、陰陽、卜筮、諸子百家之言，莫不涉獵。元末登第，為高安縣佐。太祖嘗以「國師」、「先生」稱之，後封誠意伯。按：劉基為高安縣佐，耆老有知天文術數之學者，其書甚備。基與之語，其人曰：「公聰明絕人而器識宏遠，當為一代偉人。吾書盡相付。」基遂得究觀其説而領其要。嗚呼，留侯受書於圯橋之老而興漢，伯温受書于高安之老而興我皇明，孰謂天果無意乎？【略】

劉基言：「處州青田縣山多田少，百姓多於山上壘石作田耕種，農事甚難。」太祖曰：「劉基有功於我國家，本縣田畝止是一等起科五合，使百姓知劉基之心。」

明・戴冠《濯纓亭筆記》卷一　誠意伯劉基初見太祖，太祖曰：「能詩乎？」基曰：「詩，儒者末事，何謂不能？」時帝方食，指所用斑竹筷使賦之。基應曰：「一對湘江玉並看，湘妃曾灑淚痕斑。」帝顰蹙曰：「秀才氣味。」基曰：「未也。」復云：「漢家四百年天下，盡在張良一藉間。」帝大悅，以為相見晚。

明・徐禎卿《翦勝野聞》　青田劉基伯温，嘗攜客泛舟於西湖，抵暮，仰瞻天象而言曰：「天子氣在吳頭楚尾，後十年當興，予其輔之。」及過蘇閶門，見張士誠，曰：「貴不過封侯，何能久也。」夜登虎丘山，復曰：「天子氣尚在吳楚之間。」時郭子興據濠上，就見之，遇太祖，曰：「吾主翁也。」深自結納，曰：「後十載，主君當為天子，我其輔之。」乃拂衣而去。

明・焦竑《玉堂叢語》卷三《寵遇》　太祖尊禮劉基，嘗稱老先生而不名。又曰：「吾子房也。」

明・沈德符《萬曆野獲編》卷五《劉基》　至洪武元年十一月十八日詔中有云：【略】述往日艱虞之苦，及近日鰥居之戚，真如家人父子。至封誠意伯，制云：「如諸葛亮、王猛，獨能當之。」其讚譽極矣！至四年後，以弘文館學士告歸，則宰相得請也。未幾，以請設本鄉淡洋巡司事，為胡惟庸所譖，謂劉欲以淡洋為墓，因再入京師，不敢復歸。居久之，遂為惟庸所毒，胸有卷石二物，上始遣歸，其敕略曰：「君子絕交，惡言不出。忠臣去國，不潔其名。爾劉基，千里兼程謁朕，用征四方，爾亦助焉。是用加以顯爵，敕歸老桑梓，以盡天命。雲龍會合，千古稀覯，而不克終如此，君臣之際難矣哉！【略】基歿後十五年，為洪武二十三年庚午十月二十七日，上命基孫薦襲爵，其制略曰：「爾劉薦祖父誠意伯劉基，括蒼之士，居勍敵之陲，遯山賊之寨，間道廉程，馳來附朕，歷數有在。議戡定之機，其為人正氣凜然，奸邪莫可犯。所以父子相繼，歿于奸臣紊政之秋，此果不移節也。初授伯爵，終身固節弗移。今特以前爵授爾薦為誠意伯，增禄二百六十石，共五百石，子孫世襲。朕與爾誓，若非謀逆，其餘親犯死罪，免一死，以報爾祖父之德。」按是年五月，韓公李善長以罪自殺，而後下此詔，則當時譏基者，不止胡惟庸一人，韓公與胡善，當亦與焉。故至此時，上始大悟，昭雪青田，以流爵而得世封，且加禄免死，基亦可無憾於地下矣。後存子又不得襲，至憲宗朝，始授五經博士，孝宗改處州衛指揮使；武宗朝，追贈基太師，謚文成；世宗嘉靖八年，紹封功臣，以存之後瑜嗣爵，加禄為七百石，至今不絕。

明・佚名《國初禮賢録》卷上　劉基陳時策一十八欵，上從之。會陳氏入寇，獻計者或謀以城降；或以鍾山有王氣，欲奔據之；或欲決死一戰，不勝而走未晚也。基獨張目不言。上召基入內，基奮曰：「先斬主降議及奔鍾山者，乃可破賊爾。」上曰：「先生計將安出？」基曰：「如臣之計，莫如傾府庫，開至誠，以固士心。且天道後舉者勝，宜伏兵伺隙擊之。取威制敵，以成王業，在此時也。」上遂用基策，乘東風發伏兵擊之，斬獲凡若干萬。上以克敵之功賞基，基悉辭不受。【略】

中書省設御座，將奉小明王，以正月朔旦行慶賀禮。劉基大怒，罵曰：「彼牧豎爾，奉之何為？」遂不拜。適上召基，基遂陳天命所在，上大感悟，乃定征伐之計。【略】

上以劉基為太史令，值熒惑守心，羣臣震懼。基密奏上，宜罪己以回天意。次曰，上臨朝，即以基語諭羣臣，衆心始安。後大旱，上命基諗滯獄，凡平反出若干人，天應時雨。上大喜。基因奏請立法定制，遂從之。

【略】

上適以事責丞相李善長，淩悅因彈之。基為上言：「善長舊勳，且能輯和諸將。」上言：「是數欲害汝，汝乃為之地邪。汝之忠勳，足以任此。』基叩頭曰：『是如易柱，必須得大木然後可。若束小木為之，將速顛覆。以天下之廣，宜求大才勝彼者。如臣駑鈍，尤不可爾。』上怒遂解。

又　卷下　上幸鳳陽，使劉基居守。基志在澄清天下，乃言於上曰：『宋、元以來，寬縱已久，當使紀綱振肅，而後惠政可施也。』乃命憲司糾察諸道，彈劾無所避。基案劾中書省都事李彬侮法等事，罪當死。丞相李善長素愛彬，乃請緩其事。基不聽，遣官齎奏行在，上從基議，處彬死刑。基承旨即斬之。由是與善長大忤。

于謙分部

傳　記

《明史》卷一七〇《于謙傳》　于謙，字廷益，錢塘人。生七歲，有僧奇之曰：『他日救時宰相也。』舉永樂十九年進士。【略】

宣德初，授御史。奏對，音吐鴻暢，帝為傾聽。顧佐為都御史，待寮屬甚嚴，獨下謙，以為才勝己也。【略】

扈蹕樂安，高煦出降，帝命謙口數其罪。謙正詞嶄嶄，聲色震厲。高煦伏地戰慄，稱萬死。帝大悅。【略】

出按江西，雪冤囚數百。【略】

疏奏陝西諸處官校為民害，詔遣御史捕之。【略】

帝知謙可大任，會增設各部右侍郎為直省巡撫，乃手書謙名授吏部，超遷兵部右侍郎，巡撫河南、山西。謙至官，輕騎遍歷所部，延訪父老，察時事所宜興革，即俱疏言之。一歲凡數上，小有水旱，輒上聞。【略】

正統六年疏言：『今河南、山西積穀各數百萬。請以每歲三月，令府州縣報缺食下戶，隨分支給。先菽秫，次黍麥，次稻。俟秋成償官，而免其老疾及貧不能償者。州縣吏秩滿當遷，預備糧有未足，不聽離任。仍令風憲官以時稽察。』詔行之。【略】

河南近河處，時有沖決。謙令厚築堤障，計里置亭，亭有長，責以督率修繕。並令種樹鑿井，榆柳夾路，道無渴者。【略】

大同孤懸塞外，按山西者不及至，奏別設御史治之。盡奪鎮將私墾田為官屯，以資邊用。威惠流行，太行伏盜皆避匿。【略】

初，三楊在政府，雅重謙。謙所奏，朝上夕報可，皆三楊主持。而謙每議事京師，空橐以入，諸權貴人不能無望。【略】

通政使李錫阿振指，劾謙以久不遷怨望，擅舉人自代。下法司論死，繫獄三月。已而振知其誤，得釋，左遷大理寺少卿。山西、河南吏民伏闕上書，請留謙者以千數，周、晉諸王亦言之，乃覆命謙巡撫。【略】

時山東、陝西流民就食河南者二十餘萬，謙請發河南、懷慶二府積粟以振。又奏令布政使年富安集其衆，授田給牛種，使里老司察之。【略】

（正統）十三年以兵部左侍郎召。明年秋，也先大入寇，王振挾帝親征。謙與尚書鄺埜極諫，不聽。埜從治兵，留謙理部事。及駕陷土木，京師大震，衆莫知所為。郕王監國，命羣臣議戰守。侍講徐珵言星象有變，當南遷。謙厲聲曰：『言南遷者，可斬也。京師天下根本，一動則大事去矣，獨不見宋南渡事乎！』王是其言，守議乃定。時京師勁甲精騎皆陷沒，所餘疲卒不及十萬，人心震恐，上下無固志。謙請王檄取兩京、河南備操軍，山東及南京沿海備倭軍，江北及北京諸府運糧軍，亟赴京師。以次經畫部署，人心稍安。【略】

郕王方攝朝，廷臣請族誅王振。而振黨馬順者，輒叱言官。於是給事中王竑廷擊順，衆隨之。朝班大亂，衛卒聲洶洶。王懼欲起，謙排衆直前掖王止，且啓王宣諭曰：『順等罪當死，勿論。』衆乃定。謙袍袖為之盡裂。退出左掖門，吏部尚書王直執謙手歎曰『國家正賴公耳。今日雖百王直何能為！』當是時，上下皆倚重謙，謙亦毅然以社稷安危為己任。【略】

初，大臣憂國無主，太子方幼，寇且至，請皇太后立郕王。王驚謝至再。謙揚言曰：『臣等誠憂國家，非為私計。』王乃受命。【略】

（正統十四年）九月，景帝立，謙入對，慷慨泣奏曰：『寇得志，要留大駕，勢必輕中國，長驅而南。請飭諸邊守臣協力防遏。京營兵械且盡，宜亟分道募民兵，令工部繕器甲。遣都督孫鏜、衛穎、張軏、張儀、雷通分兵守九門要地，列營郭外。都御史楊善、給事中王竑參之。徙附郭居民入城。通州積糧，令官軍自詣關支，以贏米為之直，毋棄以資敵。文臣如軒輗者，宜用為巡撫。武臣如石亨、楊洪、柳溥者，宜用為將帥。至軍旅之事，臣身當之，不效則治臣罪。』帝深納之。【略】

（正統十四年）十月敕謙提督各營軍馬。而也先挾上皇破紫荊關直入，窺京師。石亨議斂兵堅壁老之。謙不可，曰：『奈何示弱，使敵益輕我。』亟分遣諸將，率師二十二萬，列陣九門外，【略】當也先。以部事付侍郎吳寧，悉閉諸城門，身自督戰。下令，臨陣將不顧軍先退者，斬其將。軍不顧將先退者，後隊斬前隊。於是將士知必死，皆用命。【略】。帝喜，令謙選精兵屯教場以便調用。【略】

初，也先深入，視京城可旦夕下。及見官軍嚴陣待，意稍沮。【略】庚申，寇窺德勝門。謙令亨設伏空舍，遣數騎誘敵。敵以萬騎來薄，副總兵范廣發火器，伏起齊擊之。【略】相持五日，也先邀請既不應，戰又不利，知終弗可得志，又聞勤王師且至，恐斷其歸路，遂擁上皇由良鄉西去。謙調諸將追擊，至關而還。【略】

景泰元年三月，總兵朱謙奏敵二萬攻圍萬全，敕范廣充總兵官禦之。已而寇退，謙請即駐兵居庸，寇來則出關剿殺，退則就糧京師。【略】

大同參將許貴奏，迤北有三人至鎮，欲朝廷遣使講和。謙曰：『前遣指揮季鐸、岳謙往，而也先隨入寇。繼遣通政王復、少卿趙榮，不見上皇而還。和不足恃，明矣。況我與彼不共戴天，理固不可和。萬一和而彼肆無厭之求，從之則坐敝，不從則生變，勢亦不得和。貴為介胄臣，而恇怯如此，何以敵愾，法當誅。』移檄切責。自是邊將人人主戰守，無敢言講和者。【略】

謙上言：『南京重地，撫輯須人。中原多流民，設遇歲荒，嘯聚可虞。乞敕內外守備及各巡撫加意整飭。防患未然，召還所遣召募文武官及鎮守中官在內地者。』【略】

于時八月，上皇北狩且一年矣。也先見中國無釁，滋欲乞和，使者頻至，請歸上皇。大臣王直等議遣使奉迎，帝不悅曰：『朕本不欲登大位，當時見推，實出卿等。』謙從容曰：『天位已定，寧復有他，顧理當速奉迎耳。萬一彼果懷詐，我有辭矣。』帝顧而改容曰：『從汝，從汝。』先後遣李實、楊善往。卒奉上皇以歸，謙力也。【略】

上皇既歸，瓦剌復請朝貢。先是，貢使不過百人，正統十三年至三千餘，賞賚不饜，遂入寇。及是又遣使三千來朝，謙請列兵居庸關備不虞。京師盛陳兵，宴之。因言和議難恃，條上安邊三策。【略】

謙使都督孫安以輕騎出龍門關據之，募民屯田，且戰且守，八城遂復。【略】

貴州苗未平，何文淵議罷二司，專設都司，以大將鎮之。謙曰：『不設二司，是棄之也。』議乃寢。【略】

謙之為兵部也，也先勢方張；而福建鄧茂七、浙江葉宗留、廣東黃蕭養各擁衆僭號；湖廣、貴州、廣西、瑤、僮、苗、僚所至蜂起。前後徵調，皆謙獨運。當軍馬倥傯，變在俄頃，謙目視指屈，口具章奏，悉合機宜。僚吏受成，相顧駭服。號令明審，雖勳臣宿將小不中律，即請旨切責。片紙行萬里外，靡不惕息。其才略開敏，精神周至，一時無與比。至性過人，憂國忘身。上皇雖歸，口不言功。東宮既易，命兼宮僚者支二俸。諸臣皆辭，謙獨辭至再。自奉儉約，所居僅蔽風雨。帝賜第西華門，辭曰：『國家多難，臣子何敢自安。』固辭，不允。乃取前後所賜璽書、袍、錠之屬，悉加封識，歲時一省視而已。

帝知謙深，所論奏無不從者。嘗遣使往真定、河間采野菜，直沽造干魚，謙一言即止。用一人，必密訪謙。謙具實對，無所隱，不避嫌怨。由是諸不任職者皆怨，而用弗如謙者，亦往往嫉之。【略】諸御史以深文彈劾者屢矣，賴景帝破衆議用之，得以盡所設施。【略】

景泰八年正月壬午，亨與吉祥、有貞等既迎上皇復位，宣諭朝臣畢，即執謙與大學士王文下獄。【略】

丙戌改元天順，丁亥棄謙市，籍其家，家戍邊。【略】

謙自值也先之變，誓不與賊俱生。嘗留宿直廬，不還私第。素病痰，疾作，景帝遣興安、舒良更番往視。聞其服用過薄，詔令上方制賜，至醯菜畢備。又親幸萬歲山，伐竹取瀝以賜。或言寵謙太過，興安等曰：『彼日夜分國憂，不問家產，即彼去，令朝廷何處更得此人？』【略】

及籍沒，家無餘資，獨正室鐍鑰甚固。啓視，則上賜蟒衣、劍器也。死之日，陰霾四合，天下冤之。指揮朵兒者，本出曹吉祥部下，以酒酹謙死所，慟哭。【略】都督同知陳逵感謙忠義，收遺骸殯之。逾年，歸葬杭州。【略】皇太后初不知謙死，比聞，嗟悼累日。英宗亦悔之。【略】謙既死，【略】俄有邊警，帝憂形於色。恭順侯吳瑾侍，進曰：『使于謙在，當不令寇至此。』帝為默然。【略】

是年，有貞為亨所中，戍金齒。又數年，亨亦下獄死，吉祥謀反族誅，謙事白。

成化初，冕赦歸，上疏訟冤，得復官賜祭。誥曰：『當國家之多難，保社稷以無虞，惟公道之獨恃，為權奸所並嫉。在先帝已知其枉，而朕心實憐其忠。』天下傳誦焉。弘治二年，用給事中孫需言，贈特進光祿大夫、柱國、太傅，謚肅愍。賜祠於其墓曰『旌功』，有司歲時致祭。萬曆中，改謚忠肅。杭州、河南、山西皆世奉祀不絕。

雜録

《明憲宗實録》卷一四 （成化元年二月己丑）監察御史趙敔言：【略】往年尚書于謙等為石亨等設誣陷害，榜示天下，冤抑無伸。其後，亨等不一二年，亦皆敗露，實天道好還之明驗。今陳循、俞士悅等，前後遇蒙恩宥，天理已明，無俟臣言。獨正統十四年，虜犯京城，賴于謙一人保固，其功不小，而已冤死矣，餘亦可憫。伏乞收回前榜，凡死者贈官遣祭，存者復職致仕，或擇其可用者取用。上曰：御史言是，自昔奸凶之徒，不誣人以惡則不能甚人之罪，不甚人之罪則不能大己之功。朕在青宮，稔聞謙冤，蓋謙實有安社稷之功，而濫受無辜之慘，比之同時駢首就戮者，其冤尤甚。所司其悉如御史言，亟行之。

又　卷三三 （成化二年八月）丁卯，命諭祭故少保兵部尚書于謙，復其子冕為府軍前衛副千戶。時，冕累奏：其父謙曆事列聖，頗效勤勞。正統十四年，多事之秋，親督大軍，奮身出戰，守護京師，敵退强虜，保安國家之功，天下共知。止以平素奉公不阿，致怨權奸，被石亨等誣害以死。伏望聖恩憫念，量與祭祀，以諭先臣之冤。仍加優恤，使臣得延喘息以奉先祀，則存没幸甚。章上。上曰：于謙有勞于國，與衆不同。翰林院其撰文遣行人往祭其墓，其文曰：卿以俊偉之器，經濟之才，歷事先朝，茂著勞績。當國家之多難，保社稷以無虞。惟公道而自持，為權奸之所害，在先帝已知其枉，而朕心實憐其忠。故復卿子官，遣人諭祭。嗚呼！哀其死而表其生，一順乎天理，厄於前而伸於後，允愜乎人心。謙有功于國而死於非命，人久為之冤憤，至是，少慰釋云。

明·尹直《謇齋瑣綴録》卷三 景泰間，用人多密訪于少保于謙。時缺祭酒，翰林徐有貞向意補之，以門生楊宜為少保內姻，托為之請，至於再四，少保曲意從之，因中使言於上。一日退朝，宣少保至文華殿，辟左右諭之曰：『徐有貞雖有詞華，然其存心奸邪，豈堪為祭酒？若從汝用之，將使後生秀才皆被他教壞了心術。』少保無所對，惟叩頭謝而已，退則汗出浹背。左右遙聞祭酒之說而未悉，有貞竟不得知，遂銜少保。至天順元年正月十七日事，果誣以重罪。按：景帝信任于公而不足于有貞，固帝知人之明，而于公之禍實胎於此時。廷鞫于謙，上念于有功，不忍加罪。有貞曰：『不殺于謙，則今日為無名。』遂與王文同斬，籍没其家，有貞心術真險矣哉！

而廉清方正，一錢不私，世所罕知。景廟時力遜賜第，止宿直房。與夫人董氏居，共甘淡泊，旁無姬妾，食不重味，衣不重裘。鄉廬數椽，僅蔽風雨，薄田數畝，才供饘粥。後英廟復辟，石亨、徐有貞謀殺公，時年六十。籍其家，無長物，惟上賜盔甲袍帶。英廟悔悟曰：『于謙囊橐蕭然，乃言贓穢山積。賢否相去，奚啻天壤！』亨從旁聽之，低首大慚。俄有邊警，廷議紛紜。恭順侯吳瑾曰：『謙不死，虜豈至此耶？』夫公之精忠，廟謚肅湣，誠為未當。余向為巡撫傅公孟春言之，乃具疏請改忠愍。廷議謂：『死天下之事易，成天下之事難。于謙之謚，第當表其所以成，不必悼其所以死也。』乃更謚忠肅。

明·陳洪謨《松窗夢語》卷七《忠廉紀》 忠肅于公勳業在朝廷，世人共仰。

明·王世貞《皇明盛事述》卷三《浙江三大功文臣》 洪武三年庚戌，御史中丞劉基以謀策功封誠意伯；天順十四年己巳，兵部尚書于謙以靖亂功加少保；正德十六年辛巳，南京兵部尚書王守仁以擒叛功封新建伯。文臣中最為灼然者，皆浙人。劉贈太師，于贈太傅，王贈侯，皆在易世論定之後，于事尤奇。

明·嚴從簡《殊域周諮録》卷一七《韃靼》 初，喜寧既道也先入關，復嗾六七大臣議和，索金帛以萬萬計。禮部使往問于謙，謙曰：『今日止知有軍旅，他非所敢聞。』對壘七日，竟不議和，而虜自退。初議者欲燒通州倉以絶虜望。于謙曰：『國之命脉，民之膏脂，顧不惜耶！』傳示城中，有力者悉取之。數日粟盡入城矣。人謂謙材過李綱，謙謝之不敢當。

清·谷應泰《明史紀事本末》卷三三《景帝登極守禦》 于死東曹，登貶南都，忠臣義士所以仰天椎心而泣血也。

清·趙起士《寄園寄所寄》卷二《鏡中寄》 于謙籍其家，惟上賜盔甲一副，裕陵追悔。秦紘籍其家，止黄絹一匹，英宗動色，此清之鑑主上也。魏驥見王振，惟帕一方，振不之較；張秦遺劉瑾止土葛，雖銜之而不螫，此清之感宵人也。

清·吴慶坻《蕉廊脞録》卷三《于謙不諫易儲疑案》 于忠肅不諫易儲事，後人爭疑之。相傳齊次風侍郎嘗宿祠中，夢忠肅告曰：『當日諫易儲疏，留中不發，外人無知者。子異日入史館，當為我表章之。』既而侍郎果直禁廷，與修《明史》，遍檢前明檔案無之。餘姚邵二雲先生習聞其語，入館後留意搜訪，最後於通政使署得當時舊冊，有大學士于某為太子事一折，具載月日。數百年疑案，至是始定。惜疏稿卒不可得見。

張居正分部

傳記

《明史》卷二一三《張居正傳》 張居正，字叔大，江陵人。少穎敏絶倫。十五為諸生。巡撫顧璘奇其文，曰：『國器也。』未幾，居正舉於鄉，璘解犀帶以贈，且曰：『君異日當腰玉，犀不足溷子。』嘉靖二十六年，居正成進士，改庶起士。【略】徐階輩皆器重之。授編修，請急歸，亡何還職。【略】

居正為人，頎面秀眉目，須長至腹。勇敢任事，豪傑自許。然沉深有城府，莫能測也。嚴嵩為首輔，忌階，善階者皆避匿。居正自如，嵩亦器居正。遷右中允，領國子司業事。與祭酒高拱善，相期以相業。尋還理坊事，遷侍裕邸講讀。王甚賢之，邸中中官亦無不善居正者。而李芳數從問書義，頗及天下事。尋遷右諭德兼侍讀，進侍講學士，領院事。【略】

階代嵩首輔，傾心委居正。世宗崩，階草遺詔，引與共謀。尋遷禮部右侍郎兼翰林院學士。【略】

月餘，與裕邸故講官陳以勤俱入閣，而居正為吏部左侍郎兼東閣大學士。尋充《世宗實録》總裁，進禮部尚書兼武英殿大學士，加少保兼太子太保，去學士五品僅歲餘。時徐階以宿老居首輔，與李春芳皆折節禮士。居正最後入，獨引相體，倨見九卿，無所延納。間出一語輒中肯，人以是嚴憚之，重於他相。【略】

神宗即位，保以兩宮詔旨逐拱，事具拱傳，居正遂代拱為首輔。帝御平臺，召居正獎諭之，賜金幣及繡蟒斗牛服。自是賜賚無虚日。【略】

帝虚己委居正，居正亦慨然以天下為己任，中外想望豐采。居正勸帝遵守祖宗舊制，不必紛更，至講學、親賢、愛民、節用皆急務。帝稱善。【略】

大計廷臣，斥諸不職及附麗拱者。復具詔召羣臣廷飭之，百僚皆惕息。

帝當尊崇兩宮。故事，皇后與天子生母並稱皇太后，而徽號有別。【略】議尊皇后曰仁聖皇太后，皇貴妃曰慈聖皇太后，兩宮遂無別。慈聖徙乾清宮，撫視帝，內任保，而大柄悉以委居正。【略】

居正為政，以尊主權、課吏職、信賞罰、一號令為主。雖萬里外，朝下而夕奉行。【略】

當是時，太后以帝沖年，尊禮居正甚至，同列呂調陽莫敢異同。及吏部左侍郎張四維入，恂恂若屬吏，不敢以僚自處。【略】

居正喜建豎，能以智數馭下，人多樂為之盡。俺答款塞，久不為害。獨小王子部衆十餘萬，東北直遼左，以不獲通互市，數入寇。居正用李成梁鎮遼，戚繼光鎮薊門。成梁力戰卻敵，功多至封伯，而繼光守備甚設。居正皆右之，邊境晏然。兩廣督撫殷正茂、淩雲翼等亦數破賊有功。浙江

兵民再作亂，用張佳胤往撫即定，故世稱居正知人。然持法嚴。核驛遞，省冗官，清庠序，多所澄汰。【略】

時承平久，羣盜蝟起，至入城市劫府庫，有司恒諱之，居正嚴其禁。【略】

慈聖太后將還慈寧宮，諭居正謂：『我不能視皇帝朝夕，恐不若前者之向學、勤政，有累先帝付託。先生有師保之責，與諸臣異。其為我朝夕納誨，以輔臺德，用終先帝憑几之誼。』【略】

時帝顧居正益重，常賜居正劄，稱『元輔張少師先生』，待以師禮。【略】

居正乞歸葬父，【略】仍命撫按諸臣先期馳賜璽書敦諭。範『帝賚忠良』銀印以賜之，如楊士奇、張孚敬例，得密封言事。戒次輔呂調陽等『有大事毋得專決，馳驛之江陵，聽張先生處分。』【略】

時帝漸備六宮，太倉銀錢多所宣進。居正乃因戶部進御覽數目陳之，謂每歲入額不敵所出，請帝置坐隅時省覽，量入為出，罷節浮費。疏上，留中。帝復令工部鑄錢給用，居正以利不勝費止之。言官請停蘇、松織造，不聽。居正為面請，得損大半。復請停修武英殿工，及裁外戚遷官恩數，帝多曲從之。帝御文華殿，居正侍講讀畢，以給事中所上災傷疏聞，因請振。復言：『上愛民如子，而在外諸司營私背公，剥民罔上，宜痛鉗以法。而皇上加意撙節，于宮中一切用度、服御、賞賚、布施，裁省禁止。』帝首肯之，有所蠲貸。【略】

居正以江南貴豪怙勢及諸奸猾吏民善逋賦，選大吏精悍者嚴行督責。賦以時輸，國藏日益充，而豪猾率怨居正。【略】

帝初即位，【略】慈聖訓帝嚴，每切責之，且曰：『使張先生聞，奈何！』於是帝甚憚居正。及帝漸長，心厭之。（居正）因勸帝戒遊宴以重起居，專精神以廣聖嗣，節賞賚以省浮費，卻珍玩以端好尚，親萬几以明庶政，勤講學以資治理。帝迫于太后，不得已，皆報可，而心頗嗛保、居正矣。【略】

帝初政，居正嘗纂古治亂事百餘條，繪圖，以俗語解之，使帝易曉。至是，復屬儒臣紀太祖列聖《寶訓》、《實録》分類成書。【略】其辭多警切，請以經筵之暇進講。又請立起居注，紀帝言動與朝內外事，日用翰林官四員入直，應制詩文及備顧問。帝皆優詔報許。【略】

亡何，居正病。帝頻頒敕諭問疾，大出金帛為醫藥資。【略】及卒，帝為輟朝，諭祭九壇，視國公兼師傅者。居正先以六載滿，加特進中極殿大學士；以九載滿，加賜坐蟒衣，進左柱國，廕一子尚寶丞；以大婚，加歲禄百石，録子錦衣千戶為指揮僉事；以十二載滿，加太傅；以遼東大捷，進太師，益歲禄二百石，子由指揮僉事進同知。至是，贈上柱國，謚文忠，命四品京卿、錦衣堂上官、司禮太監護喪歸葬。【略】

帝命司禮張誠及侍郎丘橓偕錦衣指揮、給事中籍居正家。誠等將至，荊州守令先期録人口，錮其門，子女多遁避空室中。比門啓，餓死者十餘輩。誠等盡發其諸子兄弟藏，得黃金萬兩，白金十餘萬兩。其長子禮部主事敬修不勝刑，自誣服寄三十萬金於省吾、篆及傅作舟等，尋自縊死。事聞，時行等與六卿大臣合疏，請少緩之；刑部尚書潘季馴疏尤激楚。詔留空宅一所、田十頃，贍其母。【略】後言者復攻居正不已。詔盡削居正官秩，奪前所賜璽書、四代誥命，以罪狀示天下，謂當剖棺戮死而姑免之。【略】

終萬曆世，無敢白居正者。熹宗時，廷臣稍稍追述之。而鄒元標為都御史，亦稱居正。詔復故官，予葬祭。崇禎三年，禮部侍郎羅喻義等訟居正冤。帝令部議，復二廕及誥命。十三年，敬修孫同敞請復武廕，並復敬修官。

贊曰：徐階以恭勤結主知，器量深沉。雖任智數，要為不失其正。【略】張居正通識時變，勇於任事。神宗初政，起衰振隳，不可謂非幹濟才。而威柄之操，幾於震主，卒致禍發身後。《書》曰『臣罔以寵利居成功』，可弗戒哉！

綜　述

《明神宗實録》卷一二五　（萬曆十年六月）丙午，太師兼太子太師吏部尚書中極殿大學士張居正卒。上震悼，輟朝一日。【略】既而禮部以例聞，賜祭九壇，加祭七壇。遣官造葬，謚文忠，仍贈上柱國，廕一子尚寶司丞。居正，湖廣江陵人。登嘉靖丁未進士，改庶起士，授編修，常侍裕邸。【略】先帝即位，遷禮部右侍郎，升吏部左，入內閣，充《世宗實録》總裁，知經筵，主會試，歷禮部尚書，轉吏部，加少保，兼太子太保，至今官，人臣之位極矣。

居正沉深，機警多智，數為史官，時常潛求國家典故及政務之切時者，剖衷之，遇人多所諮詢。及贊政，毅然有獨任之志，受顧命于主少國疑之際，遂去首輔，手攬大政，勸上力守祖宗法度，上亦悉心聽納。十年內海宇肅清，四夷讋服，太倉粟可支數年，冏寺積金錢至四百餘萬。成君德，抑近幸，嚴考成，綜名實，清郵傳，核地畝，洵經濟之才也。使其開誠布公，容賢逮佞，持止足之，戒惇寬大之風，雖古賢相，何以加焉？惜其褊衷多忌，小器易盈，箝制言官，倚信佞幸，方其怙寵奪情時，本根已斲矣。威權震主，禍萌驂乘，何怪乎身死未幾，而戮辱隨之也。識者謂居正功在社稷，過在身家，諒夫後數十年，人追訟其功。天啓元年辛酉，復其官如制。

明·王世貞《皇明異典述》卷六《詔敕不名》 萬曆初，江陵尤被隆禮，凡內閣敕諭、部疏御批，俱稱元輔或張先生而不名。其聞喪以後，尤委曲敦至，敕諭中外：『凡大事待張先生還朝而行。』又，以遼左報捷，諭內閣：『歸功元輔平日加意運籌，候疏上，卿等一録封此諭，著兵部差人星夜馬上前去與張先生看。』隱然文終、宣成之不名矣。

又 《大臣面呼先生》 萬曆初元，上敬禮江陵，稱先生，雖宮中亦稱『張先生』。嘉靖末，命宮中不得名華亭公，稱『徐閣老』，皆異數也。

又 卷八《手敕問大臣疾》 （嘉靖）四十四年，少師、太子太師、吏部尚書、建極殿大學士徐階有疾，上遣御醫徐偉視疾，中涓賜豬、羊、甜醬瓜、茄、酒、米如例。已，復出尚方珍劑二瓿，命司禮貴臣王本齎手紮諭公：『痰火一疾，惟須自慎。既不可用寒劑，又不宜名降火。又有謂痰隨氣降，此非治法也。但仍以凉平性品用之，便消順耳。又青州白丸子，真者亦效，非其本地合者無益。至於牽扯背肩痛，當以祛風順氣之劑，間服之，亦少資云。』【略】

萬曆十年，諭太師張太岳：『朕自沖齡登極，賴先生啓沃佐理，心無所不盡，迄今十載，四海升平。朕垂拱受成，先生真足以光先帝顧命。朕方切永賴，先生屢次辭，忍離朕耶？朕知先生竭力國事，致此勞瘁，然不妨在京調理。閣務且總大綱，著次輔協理，先生專養精神，省思慮，自然康復，慰朕朝夕乾惕至意。』按：大臣有疾，賜米及羊、豬、醬瓜、茄，遣醫診視，此恒典也。徐、楊、于三公獲敕諭已為優禮；而永嘉、華亭獨拜手和之藥，辭旨眷眷，逾於骨肉；江陵至以三公署別號稱先生，真殊典哉？特非上意耳。

又 《大臣歿後儀典》 萬曆十年六月，故太師、吏部尚書、中極殿大學士張居正卒於位，上賜齋壇、麻布五十筒、筒十四、米二百石、香燭油薪稱是。又與仁聖、慈聖兩宮、潞王共賻白金二千三百兩，兩宮復賜齋糧、米、麻布二百匹、香燭油薪有差，祭九壇，外加七壇，大約視親王及國公之加師傅者，贈上柱國，謚文忠。遣官會布政司營葬，仍命京堂四品官、錦衣堂上官各一員護喪。其子編修等辭謝疏，上批答：『朕念先生承先帝顧命，鞠躬盡瘁，歿而後已，忠勞可憫。他還有高年之母在京，著差司禮監太監陳政護送還鄉，馳驛前去。』然未幾奪其官，並追一切恩典。

又 《太后還宮賜敕》 今上將大婚，慈聖太后還慈寧宮，特以上付託少師張居正，仍賜坐蟒蟒衣各一襲、彩緞八表裏、白金二百兩。其敕辭云：『皇帝大婚禮在邇，我當還本宮，不得如前時常常守著看管。恐皇帝不似前向學勤政，有累聖德，為此深慮。先生親受先帝付託，有師保之責，比別不同。今特申諭，交與先生，務要朝夕納誨，以輔其德。用終先帝付託重義，庶社稷蒼生永有賴焉。先生其敬承之。故諭，外賜坐蟒蟒衣各一襲、彩緞八表裏，銀二百兩，示朕惓切至意。』

明·謝肇淛《五雜俎》卷一五《事部三》 江陵之才智，十倍分宜，值今上初年，生殺予奪，惟意所嚮，而江陵生平多用申、韓之學，政事過於操切，十年之間，雖海內乂安，比靈斯成昭，而國家元氣，不無斫喪矣；逮夫末年，固位挾勢，奪情起復，殛竄言官，子弟相繼襲取大魁，而人心始大失所望矣。分宜性鷙而難犯，江陵器小而易盈。故嚴之老死牖下，識者猶以為幸，而張之功罪自當不相掩也。江陵行事雖過操切，然其實有快人意者。如沙汰生員，廢書院，裁減郡縣，去諸冗員是也。至於久任稍苦，諸守令禁勘合，則苦諸行旅，是以人多怨之。至其結馮保以收諸內豎之柄，北任戚繼光而虜不敢窺塞垣，南任譚綸而倭寇畏服，其才智明

決，有過人者。昔張乖崖謂衆人千言不盡，寇准一言而盡，江陵有焉。而末節驕奢縱恣，以覆其宗，則亦不學無術之過矣。【略】

當江陵柄國時，其誕日，有以『天與人歸』四字題冊子送之者，有以禪授廢立命題者，其留奪情之旨，有朕『不日舉疇庸之典』者。當時已作首相矣，又將登庸，非禪位乎？一時臣工以逢迎為戲，諛之惟恐不足，而為人臣子者，受之而不疑，當之而無驚畏之色，是尚可立於天地間乎？

明·徐樹丕《識小録》卷一《張江陵》 霍光功名，伊尹之後，一人而已。千古而下，惟本朝張居正可以匹之。其持法峻明，忘身狥國，主威常伸，四夷賓服，兩公一也。處身之法亦略同居正，幸而不遇昌邑之事，又幸而無霍顯者為之妻，故免於族滅耳。光之功，逾宣、元至成而始褒，居正亦表明於今上，又何其遇之一也。

又 卷三《張江陵》 江陵在事，振綱肅紀，修内攘外，使天下晏然如覆盂，不可謂無功。其苞苴饋遺，多卻而少受，不可謂黷貨。無論其他，即江南諸郡所與相關通者，惟徐相國家與林太僕耳。此外，即算器食，莫有致者。惟是好攬權而喜坿己，則於賢者若擲沙遺沈而莫之恤，於佞者若嗜腥蜕膻而莫之厭，故一時舉措，多拂人意。又其交内豎以固位，進珍玩以希寵，甚非大臣之道。至於奪情拒諫，鼎甲其子，而名行大墮人心，大失矣。所謂君子有大道，忠信以得之，驕泰以失之，於斯驗哉！

又 《張江陵》 江陵公年十四，值顧東橋為湖廣巡撫，行部江陵試。閣郡諸生，擢公居首，曰：『此公輔器也』，賜之金帶，曰：『子他日且圍玉，詎止金花？其善自珍。』年十六，舉鄉薦赴禮曹，下第歸。同輩皆居間郡邑，公獨閉戶不一謁。封公屢促之，卒不出，封公怒，斷其肉食，供以蔬糲，曰：『若不乞潤郡邑，惡有阿堵市芻豢哉。』公竟藿食五六年，後計偕至京，東橋居少宰，憐其貧，贈以五十金，公以金分諸同輩曰：『以廣吾師德也。』自編修告歸，七八年，絕足都邑，嘗騎一牛往來鄉間。又時至衡山篸嶺，或數月不反，其後貴顯，亦罕受饋遺。獨晚節戀位據權，患失心重，遂至邇匪人，抑言官，為天下所指詈。卒後，被抄没其家，所畜不及十萬，率封公及子弟輩所斂，公未嘗輕取也。遼帥李成梁封伯時，饋公銀萬兩，金千兩為謝，公卻之。語其使曰：『若主以血戰功封一官，我若受之，是且得罪于高皇帝，其無再瀆。即此一事，今之宰相能乎？蓋江陵之過，固不能辭，其善與功，終不可泯。

明·于慎行《穀山筆麈》卷二《紀述一》 江陵相君柄政，上眷顧殊絶，古今無兩。每日御講筵，講臣出就直廬，平漏，相君以侍書入，在文華後殿東偏張一小幄，相君、司禮侍立，造膝密語，於此見之，上顧相君有所欲語，正字即避走，出殿門，少刻，聞語止乃入。一日，江陵在直廬感病，上御文華後閣，親調椒湯，使使賜之。又盛暑御講，上先就相君立處，令内使搖扇殿角，試其涼暄；隆冬進講，以氈一片鋪丹地，上恐相君立處寒也。

又 卷四《相鑑》 分宜在位，權寵震世，華亭屈己事之，凡可以結歡求免者，無所不用，附籍、結姻以固其好，分宜不喻也。其後，分宜寵衰，華亭即擠而去之。林御史潤復奏世蕃怨望謀逆，有旨藉没其家，將處以極刑。分宜托華亭之客楊豫孫、范惟丕者居間求解，以重賂進，華亭欲弗受，二客曰：『公若不受，彼將疑公，受之以釋其疑可也。』賂入，華亭心動，欲為道地，免世蕃死，二客又曰：『彼若得免，人將疑公，殺之以絕衆疑可也。』翌日命下，世蕃赴市矣。二客幸于華亭，意氣張甚，知者意其必有陰報。【略】

分宜業罷，華亭柄政，人心向慕，羽翼亦廣，新鄭高公拱一入樞府，即與爭權。隆慶改元，新鄭自以御日登極，又性素直率，圖議政體，即從旁可否，華亭積不能容。廣平人齊康者，新鄭門人也，上疏劾華亭，極其醜詆，時新鄭勢甚孤，又康言多謬，於是，舉朝大臣各具一疏，劾新鄭及康，而為華亭解請，自六卿、棘寺下迨中書、行人，外至藩臬無遺者，凡二十八疏，時上方向用新鄭，左右又多其舊人，堅欲留之，後見舉朝嘵嘵，不得已罷新鄭。方是時，江陵張公居正與新鄭厚，見其狀，不平，往請華亭，華亭不聽。一日，華亭以政務諮之，江陵謝曰：『某今日進一語，明日為中玄矣。』其明年戊辰，華亭即罷。蓋江陵有力焉。【略】

萬曆初年，江陵用事，與馮璫相倚，共操大權，於君德夾持不為無益，惟憑藉太后挾持人主，束縛鈐制，不得伸縮，主上聖明，雖在稚齡，心已默忌，故禍機一發，遂不可救。世徒以江陵摧抑言官，操切政體，以為致禍之端，以奪情起服、二子及第為得罪之本，固皆有之，而非其所以

敗也，江陵之所以敗，惟在操弄主之權，鈐制太過耳。【略】

江陵剛愎自用，頗類王安石，亦有『三不足』之説，為御史傅應禎所劾，然其心術之公，尚不如安石遠矣。一日雷擊奉天吻，臺諫欲上公疏，往請，江陵止之曰：『何必紛紛如此，既是雷電，如何能不擊物。』此其一證也。方江陵盛時，士論洶洶，以為必有異圖，予獨策其不然。自古奸雄欲盗人國，未有不結人心者，江陵十年在位，所行無一事不失人心者，此無他志可知也。又諸子連舉鼎甲，各列華要，方且慕圭組之華以為榮寵，使其果有大志，安用此為？以此二事，策其不然。

清・谷應泰《明史紀事本末》卷六一《江陵柄政》 谷應泰曰：【略】凡以養蒙作聖，不專在於宣之綜核，明之察察耳。世稱張居正相業，譽者或許其幹略，毁者僅惡其專恣。然予以皆非事實，真知居正者也。考居正大節，特傾危陗刻，忘生背死之徒耳。而其他緣飾以儒術，炫耀以智數，譬之楊子艾牆高基下，陽處父華而不實。求其論思密勿之地，表帥百寮之間，此實難矣。方夫穆宗凴几，顯帝沖齡，居正、拱、儀同受顧命，而内臣馮保竊叢於側。斯時逐刁之議未行，弔讓之謀潛固。賣交附璫，漏言市重。彼商鞅之因景監，相如之藉繆賢。揆之結主，固如是乎？卒之會極傳宣，新鄭被斥。而馮保以快己之怨者，即以酬次輔之恩。居正以去保之疾者，還以固綸扉之寵。鬻權誇毗，若互市然。及乎九齡遠引，頤浩外徙，始乃宮府交通，更唱迭和。馮倚執政則言路無憂，張恃中涓即主恩罔替。以故扇殿清暑，鋪氈禦寒，居正所蒙，壹皆媚璫之力也。至於犯蹕具獄，詞連拱奴，謀發宰臣，風生内侍，苟非天變見於上，公議格於下，則上官黠詐，立碎奉車，易之飛文，赤誅魏氏。居正之包藏禍心，傾危同列，真狗彘不食其餘矣。若夫父喪奪情，太阿不釋，李幼孜倡之於外，馮保應之於内。而居正貌乞持服，心冀慰留，無魯伯禽之東郊不啓，蹈翟方進之脱衰視事。語云：『求忠於孝。』又云：『移孝作忠。』居正其無人心者乎？何相倍之戾也！矧乃三月歸葬，六月還朝。宰我之意，惟在短喪；曹瞞之心，恐失兵柄。而且吳中行、趙用賢俱以星變陳言，艾穆、沈思孝、鄒元標各以忘親入告，乃復横被鎖鐐，咸加杖戍。又且論死劉臺，瘦斃士期。錫爵以刎頸驚奔，張瀚以拊膺被斥。雖王巨君之芟除忤恨，梁將軍之收拷太史，淫刑以逞，不是過也。又況懋修、敬修，非列巍科，則躋清秩。是豈向、歆之學冠於漢廷，抑亦京、縧之派相援宋室乎？蓋至身死踰年，遼妃訴闕。而東園秘器，甫賜泉門；緹騎金吾，旋圍府第。匪漢元虧師傅之恩，亦田蚡貽滅族之釁也。乃論者以居正之為相也，進《四書經解》而聖學修明，進《皇陵碑》、《帝鑑圖》而治具克舉，請詞林入直而清燕無荒，請宮費裁省而國用以裕，任曾省吾、劉顯而都蠻悉平，用李成梁、戚繼光而邊陲坐拓，厥罪雖彰，功亦不泯焉。然予以居正救時似姚崇，褊激則似趙普，專政似霍光，剛鷙則類安石。假令天假之年，長轡獲騁，則吏道雜而多端，治術疵而不醇。斯豈貞觀之房、杜，而元佑之司馬乎？更可異者，自居正以錢穀為考成，而神宗中葉大啓礦税。居正以名法為科條，而神宗末造叢脞萬機。嗚呼！手實之禍，萌自催科，申、商之後，流為清靜，則猶居正之貽患也。

雜録

明・焦竑《玉堂叢語》卷五《識鑒》 張居正少穎敏絶人，為諸生渺小，而是時尚書顧公璘撫楚，行郡，試其文，奇之。已，得召見，復大奇之，曰：『此兒國器也。』遺以金錢為膏油費。明年舉于鄉，謁謝，璘解所繫犀帶以贈，曰：『為若異時圍腰飾，然當且玉，不足久溷也。』

明・周暉《金陵瑣事》卷四《嘉靖來南場剩事》 張江陵堂中懸舜禹授受圖一軸。主試出舜，亦以命禹，正是迎合其意。御史丁此呂之追論，誠意伯劉世延之波及，又何怪乎？

明・劉若愚《酌中志》卷五《三朝典禮之臣紀略》 神廟登極十齡矣。時馮太監保掌司禮監印兼掌東廠，其僕徐爵號『小野』，頗通文理，達事情。馮與江陵張相公居正，内外同心，翌戴沖聖，自新鄭高相公拱退後，凡江陵在外之相業，聖母聖廟之眷注，皆馮納約自牖之驗也。神廟左右内臣如孫海、客用之流，日以狗馬拳棍導神廟以武，馮則凡事導引以文，蒙養之績，在馮為多。司禮監所刻《啓蒙集》、《四書書經》、《通鑑直解》、《帝鑑圖説》等書，至今見之者，每為諮嗟歎息焉。

明・楊士聰《玉堂薈記》卷下 江陵柄政，一切機宜，皆從書劄得之。今《江陵集》中，可考而知也。外而督撫，内而各部，無一刻不痛癢相關。凡奏疏所不能及者，竿牘往來，罔非至計。蓋奏疏拘而書劄暢，奏疏板而書劄活，奏疏僅可一二，而書劄不嫌於再三，奏疏或虞洩漏而書劄他人無從見。功業之盛，所自來矣。

清・黃宗羲《明夷待訪録・原臣》　萬曆初，神宗之待張居正，其禮稍優，此于古之師傅未能百一；當時論者駭然，居正之受無人臣禮。夫居正之罪，正坐不能以師傅自待，聽指使於僕妾，而責之反是，何也？是則耳目浸淫於流俗之所謂臣者以為鵠矣！又豈知臣之與君，名異而實同耶？

清・劉獻廷《廣陽雜記》卷一　又曰：『明祇一帝，太祖高皇帝是也；明祇一相，張居正是也。』

清・方浚師《蕉軒隨録》卷八《人臣存心當敬》　明神宗沖齡在講筵，讀《論語》『色勃如也』，誤讀作背。張居正忽從旁厲聲曰：『當作勃字。』上悚然而驚，同列皆失色。身後卒致削奪之禍。嗚乎！霍光驂乘，漢宣帝若有芒刺在背，及安世代光，而帝乃從容肆體。傳曰：『為人臣止於敬。』何二公之見不及此也！

清・梁章鉅《浪迹叢談》卷六《張居正》　近日梨園有演《大紅袍》全部者，其醜詆江陵張文忠與奸佞同科，並形容其子懋修等，為亂臣賊子之不如，殊為過當。張太岳當前明神宗朝，獨持國柄，毀譽迄無定評，要其振作有為之功與威福自擅之罪，俱不能相掩，即其子懋修等，亦並非紈袴下流。

多爾袞分部

傳記

清・乾隆敕撰《宗室王公功績表傳》卷四《和碩睿親王多爾袞傳》

（崇德）八年八月，世祖章皇帝即位，禮親王集諸王、貝勒、大臣議以鄭親王與王輔政；王自誓曰：『如不秉公輔理、妄自尊大，天地譴之！』越日，郡王阿達禮潛語王曰：『王正大位，我當從王。』貝子碩托亦言：『內大臣及侍衛皆從我謀，王可自立。』王遂與禮親王發其謀，阿達禮、碩托並伏誅。【略】

（崇德八年）十二月，同鄭親王集衆定議，罷諸王、貝勒、貝子管理六部。【略】

順治元年正月，卻朝鮮國王李倧饋物；告鄭親王及諸大臣曰：『朝鮮國王因予取江華島時全以妻子，常以禮來饋，較諸王獨厚；向曾奏聞先帝，受之。今我等輔政，誼無私交，不當受。』遂定議禁外國饋送諸王、貝勒。【略】

（順治元年正月）是月，鄭親王集內三院、六部諸大臣，諭以『凡政事，先白王；書銜名，亦先之』。【略】

（順治元年四月）王即軍前承制進三桂爵『平西王』，下令關內軍人皆薙髮；以馬、步兵萬隸三桂，先驅追賊。乃誓諸將曰：『此行除暴救民，滅賊安天下；勿殺無辜，勿掠財物，勿焚廬舍。不如約者，罪之。』仍諭官民以『取殘不殺，共用太平』之意。自關以西各城堡百姓逃竄山谷者，皆還鄉里，薙髮迎降；遂以捷音馳奏。【略】

王入京師，明文武百官率軍民老幼焚香跪迎朝陽門外；設故明鹵簿，請乘輦。王曰：『予法周公輔成王，不當乘輦。』諸臣以周公負扆攝政固請；王曰：『予來定天下，不可不從衆意。』乃乘輦入武英殿，下令安輯百姓；飭將士皆乘城，毋入民舍。有卒屠民家犬、射傷犬主，斬以徇；民皆安堵如故。為崇禎帝發喪三日，具帝禮葬。歸順諸臣，俱以明原官任事。武英郡王等追賊至望都，自成奔西安，畿輔諸城俱納款；分遣都統覺羅巴哈納、石廷柱、葉臣及侍郎王鼇永等招撫山東、山西、河南。以京城內外經賊蹂躪，鰥寡孤獨無生計者，飭所司贍養。告官吏軍民曰：『養民之道，莫大於省刑罰、薄稅斂。自明季禍亂，刁風日競，以越訴誣告為常；設機構訟，敗俗傷財；心竊痛之。自今嘉與維新，凡五月初二日昧爽以前，罪無大小，悉行宥免。違諭興訟，即以所告罪罪之。鬬毆、婚、田細事，就有司告理；重大，經撫、按結案。非機密重情，毋得入京越訴。訟師誣陷良民，加等反坐。前朝敝政，莫如加派遼餉外，又有勦餉、練餉，數倍正供，遠者二十年、近者十餘載；天下嗷嗷，朝不

及夕。更有召買糧科諸名目，巧取殃民。今與民約：額賦外，一切加派盡予刪除。』【略】

（順治）二年五月，鄭親王等議定攝政王儀制，視諸王有加禮；王曰：『上前未敢違禮，他處如儀行。』翌日，入朝，見諸臣皆跪，遂回輿，責大學士剛林等曰：『諸臣何故跪！此皇上之朝門也。他處行此禮，尚可；乃行之朝門，豈有竟受之理！其諭衆官知之。』御史趙開心疏言：『攝政王見諸臣跪迎即回，因諸臣徒知尊王，而不知王之尊皇上也。以叔父之親，兼攝政之尊；原與諸王有異。然羣臣謁王，當與朝見皇上禮不同；宜明定儀制。又，正號必先正名。上諭稱「攝政叔父王」，「叔父」惟皇上得稱之；若臣庶皆稱，則尊卑無異。臣以為當於「叔父」上加一「皇」字，庶上下辨而名義定。』疏下禮部議行。【略】

（順治二年十月）是月，同鄭親王、肅親王入謝上賜良馬恩出，諭曰：『凡遇朝賀大典，朕受王禮；若此等小節，無與諸王同。』王奏：『上年幼沖，臣不敢違禮。俟上春秋鼎盛，凡有寵恩，自不敢辭。』【略】

（順治二年）十二月，集諸王、貝勒、貝子、公大臣等，遣人傳語，以尊崇皇上，戒諂媚己；且曰：『太祖、太宗所貽之業，予必力圖保護。俟皇上春秋鼎盛，即行歸政。』【略】

（順治三年）二月，集尚書公英俄爾岱等，語曰：『予為上攝政，惟恐事多闕誤，生民失所，日夜焦思。又素嬰風疾，勞瘁弗勝。予有過，毋或瞻徇，其一一指陳。至國家事，各有專屬；戶部惟英俄爾岱、內院惟范文程、剛林、寧完我，額色特是賴。皆當勉力，勿憚勞。』【略】

（順治六年六月）諭禮部曰：『予師行在外，所出政令必諭六部、都察院、鑾儀衛之事，原設印信不便攜行，今仿古制，別鑄印各一，加『行在』二字。以後差遣侍衛，用鑾儀衛印。』【略】

乾隆四十三年正月，上諭廷臣曰：『睿親王首先統衆入關，定國開基，厥功最懋。顧以誣告謀逆，經諸王定罪除封；其時我世祖章皇帝尚在沖齡，未嘗親政也。朕每覽《實録》，見王之立心行事，實能篤忠藎、感厚恩，深明君臣大義，為史冊所罕覯；乃令王之身後久抱不白之冤於泉壤，心甚憫焉！假令當時王之逆迹稍有左驗，削除之罪果出我世祖聖裁，朕亦寧敢復翻成案；乃實由宵小奸謀，構成冤獄，而王之政績載在《實録》，皆有大功而無叛迹，又豈可不為昭雪！著加恩復還睿親王封號，追謚曰「忠」；補入玉牒！補繼襲封。照親王園寢制度，修其塋墓。仍令太常寺春秋致祭，並配享太廟。』

清·鐵保等《八旗通志》卷一二五《和碩睿忠親王多爾袞傳》

（順治元年）四月，上御篤恭殿，授王奉命大將軍印。曰：『我皇祖肇造丕基，皇考底定宏業，重大之任，付於渺躬，今蒙古、朝鮮，俱已歸服，漢人城郭土地，漸次攻克。征討之舉，所關甚重，朕年幼沖，未能親履戎行。特命爾攝政和碩睿親王多爾袞，代統大軍，用加殊禮，錫以御用纛蓋等物，及奉命大將軍印，往定中原。一切賞罰，俱便宜從事，至攻取方略，爾王欽承皇考聖訓，諒已素諳。其諸王、貝勒、貝子、公、大臣？；事大將軍當如事朕，同心協力，以圖進取。庶祖考英靈為之欣慰，欽哉！【略】

於是多爾袞追復舊封，配享太廟。其睿親王爵，世襲罔替。御製紀事詩曰：流言恐懼似周公，公則生前王已終。無倖位心真是睿，有開基業孰齊忠。謚增一字非私惠，論定千秋付衆同。配食襲封推祖澤，睦親惇敍最宗功。

清·錢儀吉《碑傳集》卷一《和碩睿忠親王多爾袞傳》 睿親王多爾袞，太祖高皇帝第十四子也。生而聰慧多智，謀略絕人。【略】

天聰二年三月，與弟多鐸從太宗徵察哈爾，大捷；振旅還瀋陽，於途中大宴羣臣，以多爾袞初出征即有功，喜甚，特賜號墨爾根岱青貝勒。【略】

（天聰）三年九月，從伐明；逼燕京，擊敗明袁崇煥、祖大壽援兵二萬。【略】

（天聰）五年八月，隨太宗攻克大淩河。是年初設六部，命掌吏部事。【略】

（天聰）六年五月，略明歸化城黃河一帶，降其民。【略】

（天聰）七年六月，多爾袞陳伐明之策曰：『宜乘春時整士卒，待我耕種既畢，彼穀將熟，入邊直逼燕京；截其援兵，殘毀屯堡，因糧於敵為久駐計，可坐而待其斃也。』【略】

（天聰）八年五月，從太宗伐明；分道入邊，略朔州至五臺山而還。

【略】

（天聰）九年六月，獻伐所獲山西俘並所收察哈爾全部。【略】

崇德元年四月，以功封和碩睿親王。【略】

（崇德元年）八月伐明，率右翼兵由錦州入。【略】

（崇德元年）十二月，從征朝鮮；別從容甸路取昌州，敗敵衆，克江華島。【略】

（崇德）三年二月，監築遼陽都爾弼城。【略】

（崇德三年）七月，更定各衙門官制。【略】

（崇德三年）十月，授奉命大將軍，與岳托分道伐明。【略】略地至山西界；復東趨臨清，破濟南，克城四十餘。十七戰皆捷。【略】

（崇德）六年六月，代濟爾哈朗；圍錦州，敗其援兵。八月，明經略洪承疇以兵十三萬來援，軍容甚盛；太宗聞之，親統大軍渡遼河，疾馳六日至七家堡。多爾衮請進軍駐松、杏之間，太宗從之。【略】明總兵吳三桂等單騎奔入杏山，乃率兵還。【略】

（崇德）七年三月，復與濟爾哈朗圍錦州；明總兵祖大壽力竭，以城降。四月，又破塔山、杏山，關門以東盡入版圖。【略】

（崇德）八年八月，世祖章皇帝即位，代善等集諸貝勒、大臣議，以多爾衮與濟爾哈朗同輔政。先是，阿達禮等謀立多爾衮；多爾衮與代善發其謀，誅之。【略】

順治元年四月，將大舉南征；世祖御篤恭殿，賜多爾衮大將軍敕印，加殊禮，賜以御用纛蓋。時流寇李自成已破燕京，明山海關總兵吳三桂遣其將郭雲龍等致書請兵；多爾衮以書報之。【略】師次連山，三桂復請速進兵。多爾衮得書，率兵夜馳；【略】師至山海關，三桂開關，親出迎；多爾衮【略】使之先驅，遂入關。時李自成所率賊二十餘萬，【略】戰良久，我兵從三桂陣右突出，沖賊中堅，萬馬騰躍，飛矢雨墮；天大風，沙石飛走，擊賊如雹。自成方登高岡觀戰，知為我兵，膽俱落，急策馬下岡走。我兵無不一當百，追奔四十里；賊衆大潰，自相踐踏，僵屍遍野，溝水盡赤，自成奔還京師。乃以馬步兵一萬隸三桂追賊，向北京。多爾衮與諸將誓曰：『此行志在滅賊救民，以安天下；勿殺無辜、掠財物、焚廬舍，不如約者罪。』【略】

（順治元年）五月，整兵入燕京，以帝禮葬崇禎帝，發喪。三日，遣武英郡王阿濟格等分道追自成，連破之；自成走西安。燕京附近各城俱納款，畿輔肅清，山東、山西以次悉定；乃定議迎世祖都燕京。【略】

時明南京諸臣擁立福王朱由崧稱帝號，其大學士史可法督師揚州；多爾衮欲招之使降，令南來副將韓拱薇等賫書致可法【略】。可法遣人報書曰：『【略】法北望陵廟，無涕可揮；身陷大戮，罪應萬死。所以不即從先帝於地下者，實為社稷之故。傳曰：「竭股肱之力，繼之以忠貞」；法處今日，鞠躬致命，克盡臣節，所以報也。惟殿下實昭監之』！多爾衮接書，知可法不能屈；遂定議下江南。【略】

（順治元年）九月，世祖車駕至京師，加封多爾衮為叔父攝政王。是年冬，遣豫親王多鐸南征江南、英親王阿濟格西征逆闖。十二月，河南皆盡。【略】

（順治）五年十二月，大同總兵姜鑲叛；六年二月，多爾衮征之。會有言喀爾喀將犯邊者；乃遣別將討鑲，自出張家口擊喀爾喀。七年十二月師還，至喀喇城，薨；世祖率王、貝勒、大臣等迎其喪於東直門外。【略】

（順治）八年二月，蘇克薩哈等首告多爾衮薨時，其侍女烏爾庫尼將殉，呼近侍羅什、博爾惠等，告以多爾衮曾制八團龍補黃袍等衣，屬令潛置棺內。羅什等如言以殮；又多爾衮欲于永平圈房，率衆移駐，與和洛會等密議已定，特以出獵稽遲，未行。事聞，經王、大臣等定議：追削王爵，並黜宗室。

綜　述

《清世祖實録》卷九　（順治元年十月丁巳）是日，上御皇極門，頒即位詔於天下。以多爾衮功多，加封為叔父攝政王，賜冊寶。【略】

賜多爾衮冊文曰：『太祖武皇帝肇基鴻業，垂裕後昆。太宗文皇帝嗣位，西並蒙古，東臣朝鮮，拓土開疆，顯庸創制。皇考命叔父攝政王征討元裔察哈爾國，俘其后妃世子，遷其邦族，獲制誥玉寶。又隨皇考征朝鮮，率領水師破江華島，盡擄其國王眷屬，遂平朝鮮。各處征伐，皆叔父倡謀出奇，攻城必克，野戰必勝。叔父幼而正直，義無隱情，體國忠貞，助成大業。皇考特加愛重賜以寶冊，先封和碩睿王，又輔朕登極佐理朕躬。歷思功德高於周公，昔周公奉武王遺命輔立成王，代理國政，盡其忠孝，亦皆武王已成之業。我皇考上賓之時，宗室諸王人人覬覦，有援立叔父之謀，叔父堅誓不允。念先皇殊常隆遇，一心殫忠精誠為國，又念祖宗創業艱難，克彰大義，將宗室不軌者盡行處分。以朕係文皇帝子，不為幼沖，翊戴擁立，國賴以安。及乎明國失紀，流賊竊位，播惡中原。叔父又帥領大軍，入山海關，破賊兵二十萬，遂取燕京，撫定中夏，迎朕來京，膺受大寶，此皆周公所未有而叔父過之。碩德豐功，實宜昭揭於天下，用加崇號。封為叔父攝政王，錫之冊寶，式昭寵異。重念我叔父靖亂定策，輔翊渺躬，推誠盡忠，克全慈孝，中原賴以廓清，萬方從而底定。有此殊勳，尤宜褒顯，特令建碑紀績，用垂功名于萬世。』

又　卷二六　（順治三年五月）庚申，攝政王多爾袞，以信符收貯大內，每經調遣，奏請不便，遂貯王府。【略】

又　卷五三　（順治八年二月）己亥，追論睿王多爾袞罪狀，昭示中外。【略】朕聞之，即令諸王大臣詳鞫，皆實。除將何洛會正法外，多爾袞逆謀果真，神人共憤，謹告天地、太廟、社稷。將伊母子，並妻所得封典悉行追奪，布告天下，咸使聞知。

《清高宗實録》卷九二六　（乾隆三十八年二月）壬戌，諭曰：睿親王多爾袞，當世祖章皇帝沖齡踐阼時，攝政有年，威福自專，不能恪盡臣節。身歿之後，因其屬人首告，經諸王大臣定罪除封，成案具在。第念我朝定鼎之初，睿親王實先統衆入關，肅清京輦，檄定中原，前勞未可盡泯。今其後嗣廢絕，而塋域之在東直門外者，歲久益就榛蕪，亦堪憫惻。著交内務府派員前往相視，其牆屋傾頹者，酌加繕葺。仍為量植松楸，並准其近支王公等以時祭掃，用昭朕篤念成勳，瑕瑜不掩之至意。

又　卷一〇四八　（乾隆四十三年正月辛未）命追復睿親王封爵，及復開國有功諸王原號，並予配享。【略】因念睿親王多爾袞，當開國時，首先統衆入關，掃蕩賊氛，肅清宮禁，分遣諸王追殲流寇，撫定疆陲，一切創制規模，皆所經畫。尋即奉迎世祖車駕入都，定國開基，以成一統之業，厥功最著。【略】朕以為應加恩復還睿親王封號，追謚曰『忠』，補入玉牒。並令補繼襲封，照親王園寢制度，修其塋墓，仍令太常寺春秋致祭。其原傳尚有未經詳敍者，並交國史館，恭照《實録》所載，敬謹輯録，添補《宗室王公功績傳》，用昭彰闡宗勳至意。

清·方濬師《蕉軒隨録》卷七《記睿親王事》　攝政睿親王以順治七年十二月初九日戌時薨於喀喇城，年三十有九。未幾，蘇克薩哈、詹岱、穆濟倫首告王謀篡逆迹，罷追封，撤廟享。十年，諭工部：『睿王墳園，因伊罪惡，竟行廢壞，似屬不忍。其房屋門牆，俱著修理，柱用黑色。仍命信郡王看守。』十二年，副理事官彭長庚言：『諸王俱樹勳勞，而睿王之功為冠，當其初薨，尚無異議，乃為時無幾，朝議紛起，論事削爵，毀滅過甚。方今水旱相繼，似同風雷之警，或其中不無冤抑，乞賜昭雪。』又一等子許爾安言：『睿王罪固難辭，而功亦不可泯。乞篤親親之誼，隆敬大臣之典。』均奉旨密議，經王、大臣等議，彭長庚欺誑妄言，許爾安與長庚無異，均應斬決。蒙恩改徙寧古塔。迨乾隆四十三年正月初十日，内閣奉上諭：【略】所有睿親王、禮親王、豫親王、鄭親王、肅親王、克勤郡王俱著補置牌位，配享太廟，用以妥功宗而昭渥典。至通達郡王係顯祖之子，武功、慧哲、宣獻三郡王係景祖之子，當時雖身與配享，第以宗支而論，已在覺羅之列，是以宗室王公表傳内未經列傳，但思宗室傳既限於支派，國史傳又以屆在宗潢，令此四王無所附麗，亦覺欠缺。著並交國史館查明四王事實，補為立傳，列于國史諸大臣傳之前。即或當時紀載簡少，其功績無由稽核，無妨不拘詳略，各立一傳，以征信實。並將此通諭知之。欽此！』大哉王言，所以篤念親藩、表揚忠績者，至深且切。蓋我純皇帝之心，即列祖、列宗之心也。濬師備員薇省，校修玉牒，曾閱王之事迹，退而筆之於書。復檢家藏邸報，謹恭録之，俾覽者有所考焉。

雜録

清·韓菼《江陰城守紀》卷上　四月，平西伯吳三桂將援京師，未及而陷，令副將等走清朝乞師。世祖命睿親王（多爾袞）代統大軍，授奉命大將軍印，錫以御用纛蓋，星夜進發，遇賊將唐通于一片石，邀擊之，斬百餘人，賊遁。三桂率屬迎謁，乃入關。闖賊率馬步二十餘萬，自北山橫亙至海，列陣以待，大風迅作，塵沙蔽天，呼噪奮擊，追殺至四十里，賊遁走燕京。因晉三桂爵為平西王，命統馬步一萬，追殺流賊。大清定鼎燕京。

清・昭槤《嘯亭雜録》卷一《雪睿王冤》　大兵平定中原，睿忠王方攝政，定鼎規模，多所裁定，薨後議罪革爵。饒余郡王阿巴泰父子略定河北，征討吳逆，累功封安親王，以其後嗣依附廉親王允祀，故世宗特斥其封。純皇夙知二王功高，於乾隆戊戌特復睿王封爵，令其五世孫淳穎襲封，並命配享太廟；安王嗣封輔國公，以承其祀，實盛德事也。

清・陳其元《庸閑齋筆記》卷一一《復封攝政睿親王冊文》　本朝攝政睿親王，輔世祖定天下，有周公之功。身歿未幾，被誣削奪。高宗登極，昭雪復封，誠千秋曠典也。茲于《皇朝文典》中，見追復封冊文，敬録於右：闡宗勳於故府，典重睦親；察往迹於遺聞，義彰繼絕。念精白具征信史；兼偉代以昭垂直。平反追核爰書，煥明綸而光復。爾，多爾袞造邦翊運，作翰宣勞。入關克展壯猷，遂集勳以大定；當軸更襄碩畫，爰攝政以多年。羣不逞怨積於生前，『莫須有』反誣諸地下。值沖歲未親幾務，衆因矯命以除封。詎深文竟指斂衣，久令銜冤於没世。朕恭稽《實録》，惻念純誠。拒二王勸進之勤，誓死力全顧托；成一統廓清之業，奉迎式肇基圖。勖尊親則切誡羣工，持法紀則靡私同氣。貞心如揭，軌事咸存。祚以世封，聿淮懿藩之舊；列之瑤牒，仍延似續之常。葺園寢而祀秩春秋，侑廟廡而位循伯仲。傳以表勳，謚以褒忠。茲復封為和碩睿親王，世襲罔替，錫之冊命。於戲！削除匪出於聖裁，獄久成為不白；功伐久彰於實典，忱尤耿其如丹。遠昭盈篋之誣，篤棐期風百世；載錫維城之命，沈淪庶雪九原。式慰爾靈，垂休無。

清・陳康祺《郎潛紀聞初筆》卷五《復還國初親王始封爵號》　國初，睿親王多爾袞以元勳懿戚，橫被流言，乾隆間始特旨昭雪，復爵予謚。並以禮烈親王後人改封巽親王，又改封康親王，鄭獻親王後人改封簡親王，豫通親王後人改封信郡王，肅裕親王後人改封顯親王，克勤郡王後人改封衍禧郡王，又改封平郡王，均非初封之名，不足昭示後世，悉命復還始封爵號。我先朝褒功録舊如此，河山帶礪，亙古長延矣。

又　卷六《起復劾馮銓諸臣原官》　順治初，睿親王攝政，凡言官劾大學士馮銓者多降革。九年十一月，范文肅公乃匯原疏進呈，世祖覽畢問曰：『諸臣所劾誠當，何為以此罷？』公對曰：『諸臣疏劾大臣，無非為君為國，皇上當思所以愛惜之。』遂命俱以原官起用。我朝直臣輩出，權貴不敢奈何者，由此舉開其端也（按：公平居言：治天下惟在得賢，庶官有才者不以一眚掩，湔除拔擢，時為奏請焉，真休休宰相之度。）

范文程分部

傳記

清・鐵保等《八旗通志》卷一八九《范文程傳》　范文程，瀋陽人。【略】文程少好讀書，穎敏沉毅，與兄文寀並為生員。天命三年，大兵克撫順，文程年二十有一。太祖高皇帝見而器之，召與語，知其熟於當世之務，使隨行。及取遼陽，度三岔，攻西平，下廣寧，皆參謀帷幄。【略】

天聰三年，以文館官從太宗文皇帝伐明，入薊門，克遵化，招服潘家口、馬蘭峪、三屯營、馬欄關、大安口五城。會我師在太安，為敵所圍，文程以火器進攻，圍解。太宗自將臨永平，令守遵化。敵兵掩至，文程率先力戰，敵敗走，論功授三等輕車都尉世職。【略】

（天聰）五年八月，師圍大淩河城，文程招降西山一臺，命即統其衆。【略】

（天聰）六年六月，太宗詢廷臣伐明之策，文程與寧完我等言：『我軍如欲深入，當乘其無備，直抵北京。訊其和否，毀山海關水門而歸，以壯軍威。計所從入，惟雁門關為便，並諭沿路軍民，俟版圖歸我，酌免賦税，示愛養意。』太宗嘉納之。

崇德元年五月，授秘書院大學士。初，八旗置都統，衆議首推文程。太宗曰：此職，一軍耳，朕方資為心膂，其別議之。時文程所領皆樞密事，每入對，必漏下數十刻始出，或未及食息，復奉召入。凡宣諭各國敕

書，率撰擬以進。至是改文館為内三院，遂有是命。【略】

（崇德）八年八月，世祖章皇帝嗣位，命以其族屬隸鑲黄旗。【略】

順治元年，睿親王多爾袞將統兵伐明，文程上議曰：乃者明之流寇煽亂，其君若臣，不能相保，雖天數使然，良由我先皇帝憂勤肇造，諸王大臣夾輔沖主，忠格蒼穹，上帝潛為啓佑也。【略】今日，有已服者，有未服宜撫者，是當申嚴紀律，秋毫勿犯。復宣諭，以昔日不守内地之由，及今進取中原之意，官仍其職，民復其業，録賢能，恤無告，大河以北，可傳檄而定也。【略】文程從師渡遼河。【略】

明山海關總兵吴三桂以闖賊陷北京，來乞師。文程曰：『自闖寇倡狂，中原塗炭。近且傾覆京師，戕厥君後，此必討之賊也。』【略】於是申嚴紀律，妄殺者有罪。既敗流賊二十萬於山海關，我兵長驅而西，民多逊匿。文程草檄宣諭曰：義兵之來，為爾等復君父仇，所誅者惟闖賊，師律素嚴，必不汝害。民心遂安。

師入北京，建議備禮葬明崇禎帝。時宫闕灰燼，百度廢弛，文程收集諸曹冊籍，布文告，給軍需，事無巨細，咸與議焉。明季賦額屢增，籍皆燬於寇，惟萬曆時故籍存，或欲於直省求新冊。文程不可曰：『即此為額，猶恐病民，豈可更求哉？』自是天下田賦，悉照萬曆年間則例徵收，除天啓、崇禎時諸加派，民獲蘇息。【略】

（順治二年）十月，江南既平。上疏言：治天下在得民心，士為秀民，士心得則民心得矣，宜廣其途以蒐之。請於丙戌會試，後八月再行鄉試，丁亥二月再行會試。從之。【略】

（順治）三年、四年，兩充會試主考官。五年十一月，晉一等男，賜巴克什號。六年正月，充纂修《太宗實録》總裁官。二月，復為會試主考官。七年，遇恩詔，加一雲騎尉世職。八年正月，進二等子。【略】

（順治）九年，遇恩詔，晉一等子。尋任議政大臣，疏曰：『臣見直省土地荒蕪，賦虧餉絀，國家大害在此，然軍屯可興，國家大利，亦在此。昔明太祖嘗言，養兵百萬，不費民間一粒，亦當元季亂後，地曠行屯故耳。今湖廣、江西、河南、山東、陝西五省，寇亂日久，人民稀少，請設興屯道綜理之，同知分理之。地之無主者，即為官屯，其有主而抛棄者，多方招徠，過期不至，乃為官屯。凡土著流戶，願來耕者，均給以地，量助牛種，官分子粒三之一。三年後，為永業。編行保甲，使守望相助，其無本者，官給僱直。則遠近饑民，聞風踵至，亦救荒之術也。』【略】

（順治十一年）九月，以疾乞休。奉諭曰：大學士范文程，任事多年，忠誠練達，朕所倚賴。乃近以積勞成病，仍夙夜在公，未得專事藥餌，深繫朕懷。暫令解任，安心調攝，俟病痊召用。特晉太傅兼太子太師，頻賜藥餌存問。【略】

（順治）十四年，詔晉秩一級，圖其象，藏之内府。聖祖仁皇帝嗣位，奉命祭告太宗山陵。康熙五年八月，卒，年七十。賜祭立碑，謚『文肅』。五十二年，御書『元輔高風』，以額其祠。

清·錢儀吉《碑傳集》卷一《開國輔臣》（范文程）公勳烈垂國史，懿德載家乘，遐裔荒陬，無勿識其姓字，即百世可知也。【略】則安以一言擬之曰：古之大人而已。敬繫銘曰：維古大人，正已物正，合才與誠。誠乎一德，才協造邦，乃覩良民。創而變伐，篳路偕起，恢拓夤紘。守而垂裕，盜壹覯若，奏效平成。天眷興朝，盡畀所覆，賚以良弼。應連惟公，早契魚水，獨領機密。出而折衝，入而藉箸，鞠躬罔逸。太祖太宗，愛暨世祖，列朝如一。今上嗣統，公以元老，德望彌優。廉頑立懦，餘風及物，高蹈林邱。古稱相業，規隨謀斷，詞偏匪周。公實兼之，才誠創守，足掩前修。

又《宋犖〈筠廊二筆〉》范文肅公文程，為本朝名相，開創規模，皆其翊贊。當王師入關之初，公首建大議，佐成國家無疆丕基。觀其致諸王啓，諄諄以任賢撫衆，秋毫無犯，為言嘉謨，讜論非仰承文正公家學，曷克有此？

清·李元度《清朝先正事略》（范文程）國家肇興東土，光宅方夏，開國佐命之英，皆天潢貴胄，位列親藩，勳在冊府，未敢援入『先正』之列；即翊運勳臣之侑饗太廟者，【略】又皆立功天命、天聰、崇德間，在世祖章皇帝統一區宇之先。故論入關後宣力文臣，必以范文肅公稱首。乃歷事太祖、太宗，當王師入關時，首定大計，勸進兵，詔敕檄諭，皆出其手。終世祖朝，位元輔，經營草昧，用弼成我國家丕丕基。薨于聖祖康熙五年；躬閲四朝，登上壽。子孫繼武，為國宗臣。視漢之酇侯、留侯，唐之房、杜，宋之趙中令，元之耶律文正，明之誠意伯，有過之，無不及已。

雜録

《清世祖實録》卷八六（順治十一年九月己丑）諭吏部：少保兼太子太保内翰林秘書院大學士范文程，自太宗時，委用辦事二十餘年，忠誠練達，不避艱辛，朕所倚賴。乃近以積勞成病，雖暫假調理，心仍夙夜在公，未得專事藥餌，旦夕奏效，深繫朕懷。可暫令解任謝事，安心調攝。特加聖太傅兼太子太師，昭朕眷體大臣至意。佇俟病痊，以需召用。

《清聖祖實録》卷二〇（康熙五年九月）庚寅，予故太傅兼太子太師内秘書院大學士一等精奇尼哈番范文程，祭葬，謚『文肅』。

清・黄宗羲《海外慟哭記》附録二《大學士機山錢公神道碑銘》　先是，崇煥守寧遠，大兵屢攻不得志，太祖患之。范相國文程時為章京，謂太祖曰：『昔漢王用陳平之計，間楚君臣，使項羽卒疑范增而去楚；今獨不可踵其故智乎？』太祖善之。使人掠得小奄數人，置之帳後，佯欲殺之。范相乃曰：『袁督師既許獻城，則此輩皆吾臣子，不必殺也。』陰縱之去。奄人得是語密聞於上。上頷之，而舉朝不知也。崇煥戰東便門，頗得利，然兵已疲甚，約束諸將不妄戰，且請入城少憩。上大疑焉，復召對。縋城以入，下之詔獄。

清・王士禛《池北偶談》卷一〇《范文肅家法》　文肅范公（文程）家法最嚴，子弟不稍假色笑。長子官戶部侍郎，次子官翰林學士，往往侍立終日，不命之坐不敢坐。故忠貞（承謨）歷官督撫，皆以清節著聞，終殉逆藩之難，論者以為家教云。忠貞弟承勳，今為雲貴總督侍郎。

清・昭槤《嘯亭雜録》卷二《范文肅公厚德》　范文肅公文程為宋忠宣公裔。國初仗劍謁軍門，太祖曰：『名臣後，宜厚待之。』遵化四城之役，公守灤州，獨得保全闔郡生靈。大兵入關時，公參決幃幄，勸睿忠王秋毫無犯，為明帝發喪，並護送倪文貞公靈柩南歸，凡忠義之士皆褒獎之。時定賦税，有司欲以明末練餉諸苛政為殿最，公曰：『明之亡由於酷苛小民，激成流寇之變，豈可復蹈其所為？』因以萬曆中征冊為准，歲減數百萬兩，民賴以蘇。

清・鐵保等《八旗通志》引《國史賢良小傳》　文程歷事四朝，深被倚任，在盛京時，列聖但呼為范章京而不名。嘗侍膳，有殊方珍味，逡巡不下箸，太宗識其意，即撤賜其父，乃拜謝。順治中，遣畫工就第圖其像，藏之内府。居恒言天下治安，惟在得賢，故時以汲引人材為念，所薦用，率皆稱職。

清・陳康祺《郎潛紀聞初筆》卷八《瀋陽范氏》　國初瀋陽范氏，勳業鼎盛。文肅公文程，翼贊龍飛，為我朝阿衡、尚父。康熙初，三孽不靖，忠貞公承謨方撫閩，三年土室，卒殉封疆，又為我朝睢陽、常山。偉略藎忠，後先踵起，洵海内第一世家。康祺按：范氏自有明中葉，由吳往戍，蓋文正公裔孫也。名相雲礽，閱五百餘年又成閥閱，世皆謂天平塚地使然。天平山，屬蘇州，文正祖墓在焉。不知文正父子，世德鬱積，實足致公侯復始之祥。而天祚聖清，蚤於前朝全盛之年，預置高平一脉於大東，為異日真人之佐命。事關興廢，豈區區疑龍撼龍之説所能為功哉？

清・陳康祺《郎潛紀聞二筆》卷一《范文肅三大議》　巨清開國元輔，在漢臣中必首推范文肅公文程，其遭遇如漢之留侯、明之誠意，而建樹宏遠則過之。世傳其三大議，尤足固根本。流賊破明燕京，吳三桂來乞師，睿親王召公籌策。公曰：『賊惡稔矣，可一戰破。惟好生者天之道，古未有嗜殺人而得天下者，國家欲統一方夏，非乂安百姓不可。』王用其言，入關，申嚴紀律，妄殺者罪，遂定京師；一大議也。明季賦額屢增，民不堪命，公廷對請用萬曆時額，從之，天下大悦；二大議也。闖、獻亂後，土曠民稀，公條上軍屯事宜，詔議行之，流亡漸集，裁兵不嘩；三大議也。公以孔孟之學術，為伊旦之經綸，張、劉兩文成，烏足語此。

清・陳康祺《郎潛紀聞三筆》卷六《聖呼范文肅官而不名》　范文肅公文程在盛京時，列聖皆呼其官而不名，以其形貌頎偉。御賜衣冠，皆出特制。蓋其時漢臣在班列者尚寥寥，公獨受股肱心膂之寄也。

對外關係總部

通道關設部

陸上通道分部

綜　述

入朝鮮道

明·倪謙《朝鮮紀事》 丙戌，遼東起程。【略】自遼東抵鴨緑江舊有八站，今廢，官齎帳房隨行。過高麗沖、頭館站、東嶺，至浪子山下人家宿。

丁亥，浪子山起程，過背陰山、盤道嶺，至新寨人家宿。

戊子，新寨起程，過高嶺至連山東關口宿。東關係華夷界限。

己丑，出東關，過分水嶺至龍鳳山下營。

庚寅，龍鳳山起程，過八度斜列嶺至鳳凰山下營。

辛卯，鳳凰山起程，過開州站至湯站。朝鮮義州兵馬節制使趙石岡遣通事金滿、吉里送米酒下程迎犒，下營宿。

壬辰，湯站起程，將近鴨緑江，石岡率軍馬供帳逆于江上。【略】宴罷，宿。

癸巳，留義順館，給遼東軍馬酒飯行糧遣回，約回期，至館接。石岡設宴，宿。

甲午，義順起程，自此至各處俱有軍馬迎送。四十里至所串館，定寧郡事某設宴。過五十里至良策館，秦川郡事李昀、龍川郡事高某設宴，宿。

乙未，良策起程，四十里至車輦館，錢山郡事某設宴。過五十里至林畔館，通訓大夫、定州牧使洪益生，宣州郡事吳仲宇設宴，宿。

丙申，林畔起程，四十里至雲興館，郭山郡事崔潤玉設宴。過五十里至新安館，隨川郡事某、博川郡事鄭得孫設宴，宿。

丁酉，新安起程，七十里至嘉平館，嘉山郡事某設宴。過五十里至安興館，王遣禮曹參判李邊來問安，設宴。【略】宿。

戊戌，安興起程，七十里至肅寧館，肅川郡事某設宴。過六十里至安定館，順安縣令禹元球設宴，宿。

己亥，安定起程，六十里至西京平壤府。【略】拜詔罷，設宴。宴罷，辭回覆命。【略】宿。

庚子，西京起程，六十里至生陽館，中和郡事劉强、咸從縣令朴參設宴。過六十里至黄海道，【略】宿。

辛丑，黄州起程，七十里至鳳山郡，行長淵縣監李師鳴、松和縣監徐習設宴。過三十里至劍水館，不下馬。過三十五里至龍泉館，守瑞興都護府使羅寅、載寧郡事李伯倫、行康翎縣監黄禮軒設宴。【略】宿。

壬寅，龍泉起程，四十里至安成館。平山都護府使柳陽植、谷山郡事庾智設宴。【略】過三十里至金岩館。新溪縣令李森設宴。【略】宿。

癸卯，金岩起程，三十里至興義館，行甕津縣令張希俊設宴。過三十里至金郊館。牛峰縣令奇效稔、兔山縣令吳用採設宴。過三十里至開城府。京畿道都觀察使朴仲林率僚屬迎詔。【略】

甲辰，開城起程。三十五里至東坡館。楊州都護府使閔謹、朔寧郡事金恕、臨津縣監張有良設宴。過五里至臨津江。冰已解，乘舟而渡。尹户曹、樸觀察舟中置酒。二十五里至原平府。守原平都護府使柳規、行川寧縣監韓繼胤設宴。宿。

乙巳，原平起程。四十里至碧蹄館。【略】

閏正月丙午朔，四更，碧蹄起程。四十里至接官廳，工曹、觀察設小宴。遲明，至慕華館。宗親百官具香亭、龍亭、黄儀仗、鼓樂、雜戲迎詔。行禮，導入城。至景福宫門東南，二面盛結鼇山、舞妓。進至勤政殿，宣詔受敕皆如禮。禮畢，世子扶病於殿東幄中相見茶話，諭以朝廷恩意而别。退就太平館。【略】

丁卯，開城起程，至金郊，又至興議接待過，至金岩，設宴。宿。

戊辰，金岩起程，至寶山，又至安城接待過，至龍泉。詣尹中官墳上致祭，回，設宴。宿。

己丑，龍泉起程，至劍水，又至鳳山接待過，至黄州。王預遣光德大夫尹季童設宴。侍宴者黄海道都觀察使申自謹。宿。

庚午，黄州起程，至生陽接待過，至平壤府大同館。王預遣光德大夫韓惋設宴。侍宴者平安道都觀察使韓確。宿。

辛未，平壤起程，城中謁宣聖、檀君、箕子三廟，廟皆木主。有《謁箕子廟詩》。出城西，謁箕子墓。有《謁墓詩》。至安定接待過，至肅寧設宴。宿。

壬申，肅寧起程，至安州安興館。王預遣工曹判書鄭麟趾設宴。侍宴者安州牧使朴以寧。【略】宿。

癸酉，安州起程，麟趾、以寧具舟送過薩水。【略】午，濟博川，【略】至嘉平接待過，至新安設宴。宿。

甲戌，新安起程，【略】至林畔設宴。宿。

乙亥，林畔起程，至車輦接待過，至良策，設宴。宿。

二月丙子朔，良策起程，至所串接待過，至義州義順館，義州兵馬節制使趙石岡設宴，王先遣中樞院事安進具馬并方物赴京謝恩，會聚於此。遼東軍馬俱在館迎接。【略】

戊寅，義順起程，至鴨緑江。【略】出境不録。

計自鴨緑江至王城，凡歷公館二十八處，共一千一百七十里。

明·鄭若曾《鄭開陽雜著》卷五《朝鮮圖説·國朝至朝鮮東界地里》

山海關起。山海關至中前所三十里，中前所至前屯衛四十里，前屯衛至高嶺站五十里，高嶺站至中後所六十里，中後所至小沙河六十里，小沙河至寧遠六十里，寧遠至答山六十里，答山至杏山六十里，杏山至大凌河六十里，大凌河至小凌河六十里，小凌河至十三站六十里，十三站至閭陽驛六十里，閭陽驛至廣寧驛四十里，廣寧驛至盤山驛五十里，盤山驛至高平三十里，高平至沙嶺五十里，沙嶺至牛莊六十里，牛莊至海州四十里，海州至安山六十里，安山至遼陽六十里，遼陽至水田站九十里，水田站至連山關三十里，連山關至通袁堡六十里，通袁堡至雪里站六十里，雪里站至鳳凰城四十里，鳳凰城至湯站六十里，湯站至九連城二十里，九連城至義州四十里。此後俱朝鮮地方。

義州至所川三十五里，所川至良策四十三里，良策至車輦三十里，車輦至林畔四十五里，林畔至雲興四十五里，雲興至新安三十五里，新安至加平六十五里，加平至安興五十里，安興至肅寧六十三里，肅寧至安定六十里，安定至平壤五十六里。平壤至生陽五十五里，生陽至黄州六十里，黄州至鳳山五十五里，鳳山至劍水三十里，劍水至龍泉四十五里，龍泉至安城三十里，安城至寶山四十里，寶山至金巖二十里，金巖至興義三十里，興義至金郊三十里，金郊至狻猊三十里，狻猊至開城三十里，開城至東坡嶺五十五里，東坡嶺至馬山三十里，馬山至碧蹄四十五里，碧蹄至迎曙三十里，迎曙至王京二十里。王京至良才二十五里，良才至藥生三十里，藥生至龍仁縣三十三里，龍仁縣至陽智三十五里，陽智至佐贊驛二十五里，佐贊驛至祝山四十里，祝山至無極驛四十里，無極驛至用安驛四十里，用安驛至忠州丹月驛四十里，忠州丹月驛至延豐保安驛四十里，延豐保安驛至聞慶縣四十里，聞慶縣至幽谷四十里，幽谷至延昌縣四十里，延昌縣至尚州二十九里，尚州至善山都護府四十里，善山都護府至仁同縣三十五里，仁同縣至昌州地八莒縣三十里，昌州地八莒縣至大邱府三十里，大邱府至清道郡三十里，清道郡至榆川四十三里，榆川至密陽府三十里，密陽府至黄山驛三十里，黄山驛至梁山五十里，梁山至蘇山十里，蘇山至東萊府三十里，東萊府至釜山浦二十里，釜山渡洛東江，越海抵對馬島，即日本國地方。

王京起由東路至南原府程途。王京至良才二十五里，良才至藥生三十里，藥生至龍仁縣三十三里，龍仁縣至陽智三十五里，陽智至佐贊驛二十五里，佐贊驛至祝山四十里，祝山至無極驛四十里，無極驛至用安驛四十里，用安驛至忠州丹月驛四十里，忠州丹月驛至延豐保安驛四十里，延豐保安驛至聞慶縣四十里，聞慶縣至幽谷四十里，幽谷至咸昌縣四十里，咸昌縣至尚州二十九里，尚州至金山七十里，金山至知禮四十里，知禮至新倉七十里，新倉至居昌三十里，居昌至山陰九十里，山陰至咸陽三十里，咸陽至雲峰三十里，雲豐至南原府三十里。

明·慎懋賞《四夷廣記·東夷廣記·朝鮮·本朝至鴨緑江至高麗旱程》

自義州義順館起，肆拾里所串館，伍拾里，渡河南至龍泉郡良策館，叁拾里鐵山郡車輦館，肆拾里宣川郡林畔館，伍拾里郭山郡雲興館，叁拾伍里定州牧新安館，肆拾里定州牧納清亭，叁拾里嘉山郡嘉平館，柒拾里，渡河南至博川，陸拾里，渡河南至安州牧安興館，叁拾伍里，俱平安道。安州牧雲巖院，叁拾伍里肅川府肅寧館，柒拾伍里順安縣安定館，陸拾柒里平壤府大同館。大郡陸拾叁里，渡河南至中和郡生陽館，叁拾伍里黄州牧貯福院，叁拾里，渡河南至黄州牧敬天館，叁拾伍里鳳山郡沙里院，叁拾里鳳山郡同仙館，叁拾伍里鳳山郡劍水館，肆拾陸里瑞興府龍泉館，伍拾里平山府安城館，肆拾里平山府寶山館，叁拾肆里，俱黄海道。平山府金巖院，叁拾陸里牛峰縣興義館，肆拾里江陰縣金郊館，伍拾伍里開城府太平館。大郡叁拾肆里，渡河南至長湍府東坡館，叁拾里坡州牧，伍拾伍里高陽郡碧蹄館，叁拾里楊州牧迎曙館，叁拾伍里王京慕華館。在崇禮門西北。

入安南道

明・鄭若曾《鄭開陽雜著》卷六《安南圖説・國朝至安南道路》

按入交道三：一由廣西，一由廣東，一由雲南。由廣東則用水道，伏波以來皆行之。廣西道，宋行之。雲南道，元及我朝始開。

廣西道。廣西道亦分為三：其一道從憑祥州入者，由州南關隘，一日至交之丈淵州坡壘驛；復經脱朗州北，一日至諒山衞；又一日至温州之北險徑，半日至鬼門關；又一日經温州之南新麗邨，經二十江，一日至保禄縣，半日渡昌江，又一日至安越縣南市橋江下流北岸。

其一道由思明府入，過摩天嶺，一日至鬼陵州；過辨强隘，一日至禄平州。州西有路，一日半至諒山府。若從東南行，過車里江。此江永樂中黎季犛堰之，以拒王師。後偵知其堰處，乃決之，以濟師。一日半至安博州，又一日半過耗軍峒，山路險惡。又一日至鳳眼縣，又分二道：一道一日至保禄縣，亦渡昌江；一道入諒江府，亦一日至安越縣之南市橋江北岸，各與前道會。

其一道自龍州入者，一日至平而隘，又一日至七源州；二日至文蘭州、平茄社，又分為二道：一道從文蘭州，一日經右隴縣北山徑，出鬼門關，平地四十里渡昌江上源，經右隴之南，沿江南岸而下，一日至世安縣，平地至安勇縣，又一日亦至安越縣之中市橋江北岸。一道從平茄社西，一日半經武崖州山徑，二日至司農縣，平地又一日半，亦進至安越縣之北市橋江上流北岸。市橋江在安越縣境中，昌江之南，諸路總會之處，隨處皆可以濟。一日至慈山府，又至東岸嘉林等縣，富良江以入。

雲南道。雲南亦有二道：其一道由蒙自縣經蓮花灘，入交州之石隴關下程瀾峒，循洮江源右岸，四日至水尾州，又八日至文盤州，又五日至鎮安縣，又五日至夏華縣，又三日至清波縣，又三日至臨洮府。洮水即富良江上流，其北為宣化江，南為沱江，所謂三江者也。臨洮二日至山圍縣，又二日至興化府，即古多邦城。自興化一日至白鶴神廟、三岐江，又四日至白鶴縣，渡富良江。其一道自河陽隘循洮江左岸，十日至平源州，又五日至福安縣，又一日至宣江府，又二日至端雄府，又五日亦至白鶴廟、三岐江。然皆山徑，欹側難行。其循洮江右岸入者，地勢平夷，乃大道也。

明・鄺露《赤雅》卷二《粤西入安南三路》 一、繇憑祥州出鎮南關，一日至六淵州。一由思明州入邱温，過摩天嶺，一日至思陵州。一由龍州入，一日至平西隘。

清・李仙根《安南使事紀要》卷一 （康熙七年十二月）十九日至思明府。【略】

初六日行，宿受降城，可六十里。

初七日，宿幕府營，可四十里。前抵南關密邇矣。自廣西桂林陸路至南關止一千六七百里，因山路荒險，夫馬不便，故從漓水下梧，逆流上潯邕，泝左江，幾多轉七八百里。

初八日，至南關，可二十餘里。【略】

初九日，抵諒山府，可四十里。有古城，居民多在城外，平原曠野，山水環秀。【略】

十一日，重裘乃行，抵安州，可百里。

十二日，過鬼門關。具祝文猪羊酒物祭伏波馬將軍，舊例也。宿屯糜，可九十里。

十三日，抵茶山，可七十里。自屯糜至此，漸入平地。【略】

十四日，抵昌江，可五十里。

十五日，抵市橋，可四十里。

十六日，抵安詳，可四十里。【略】

十七日，抵交州臨賀館，可三十里。自南關至交州，約四百八十里許。惟諒山至鬼門關百里間，山環林密，絶無人烟，澗溪九十餘渡。餘俱平衍大道，不濘不沙，可以方軌聯轡矣。

入緬甸道

元・蘇天爵《元文類》卷四一《趙世延等〈經世大典序録・政典・征伐・緬〉》 （至元）十二年四月，建寧路安撫使賀天爵言，金齒人阿郭知入緬三道：一由天部馬，一由驃甸，一由阿郭地，俱會緬之江頭城。

《元史》卷二一〇《外夷傳・緬》 今白衣頭目是阿郭親戚，與緬為鄰，嘗謂入緬有三道：一由天部馬，一由驃甸，一由阿郭地界，俱會緬之江頭城。

明・楊慎《南詔野史》上卷《大蒙國・豐佑》 考自永昌府騰越州入緬，止三十四程：騰越一日南甸，一日羅必斯，一日嘌郎，一日甸頭，一日甸尾，一日蒙腰，一日甸藍，一日蒙憐路，一日空地，一日蒙來路，一日大市，一日龍江，一日鍋地，一日入列渡，一日江頭城，一日景憐步，一日歩及，一日馬來城，一日賴當，一日山頭，一日甸頭，一日阿只，一日吳細辰，一日折弓，一日阿越，由阿越下水，九日卽至緬城。其地有五大城，江頭、太公二城之外，又有馬來、安正國、蒲甘緬王三城。【略】

入緬又有三道：一由潞江西上；一由騰越七日至麓川；一由景東從木通甸至灣甸渡，入芒市，十日至麓川。此外從潞江上流蒙來渡至景樂沼河有小渡十餘處，皆可通。又有三道：一由天部馬，一由灣甸，一由阿（郊）〔郭〕地界，皆可入緬。

清・馮甦《滇考》卷下《元征緬與八百媳婦國》 緬國不載於前史，《唐書・驃國傳》在永昌南二千里。今緬自永昌西南行，四日至騰越州，又十五日至其國之江頭城，又十日至太公城，又八日至馬來城，又五日至安正國城，又五日至蒲甘緬王城，所謂緬中五城也，計程已三千餘矣。

清・師範《滇繫》卷一一之二《旅途下・入緬路程》 至於臨夷之路則有五：一自騰北道四程至茶山界。〔一〕自騰西道八程至里麻界，十程抵孟養境。一自州南一程至南甸，二程至干崖，四程至盞達蠻哈山，十程由蠻暮至猛密，二十七程至緬甸，三千里有奇至南海。一自騰南一程至南甸，四程至隴川，自隴川西南又十程至猛密，轉達緬；自隴川東道又十程至木邦，轉達景線卽古八百媳婦國。一自騰東南道二程至蒲竊，二程至芒市，轉達鎮康。舊謂古臨夷之路，皆撫剿所必由。

清・魏源《海國圖志》卷一〇《東南洋五・附入緬路程》 由騰越州城南六十里，爲曩宋，爲南甸土司，故爲府。由南甸左行六十里，爲龍拘樹。又五十里，爲杉木籠山，山之險者也。又三十里，爲蠻隴。又六十里，爲隴川土司。又四十里，爲邦中山。又一百里，爲猛卯土司。凡四百五十里。自南甸右行二十里至沙沖，二十里至猛宋，五十里至黄陵岡，五十里至千崖土司，八十里至盞達土司，三十里至太平街，又自翁輪三十里至銅壁關，凡三百五十里。此自騰越州南分左右之里數也。自隴川八十里至臘撒土司，户撒在其北三十里。自臘撒至鐵壁關八十里，由鐵壁而左，二十里至蠻等，七十里至虎踞關，又五十里至南喜，三十里至等拐，又十里至天馬關，此境內南行之里數也。至於臨夷之路，則有五：一自騰北道，四程至茶山界，自騰西道，八程至里麻界，十程抵孟養境。一自州南，一程至南甸，二程至千崖，四程盞達蠻哈山，十程由蠻暮至猛密，二十七程至緬甸，三千里有奇至南海。一自騰南，一程至南甸，四程至隴川，西南又十程至猛密，轉達緬，自隴川東道又十程至木邦，轉達景綫國。一自騰東南道，二程至蒲竊，二程至芒市，轉達鎮康，舊謂古臨夷之路，皆撫剿所必由。惟茶山而西，號野人境，峭壁不可梯繩，弱水難於舟筏。而茶山里麻，前明設有兩長官司。明季時爲野人所驅，奔入內地，今尚有早土司後裔，已爲齊民，其地閉塞不通久矣。至阿瓦之道，出銅壁、鐵壁、虎踞三關，皆可乘船赴緬。惟猛卯出天馬關，陸路多於水道。前用兵時，密探其路自天馬關五十里而小濫，又五十里而蔑布，三十里而猛卡，四十里而蠻空，四十五里而猛老，四十里而猛勒，四十五里而蠻黑，六十里而猛密土司，三十里而布亞，七十里而章穀洞，三十里而尼孤。凡五百九十五里，然後下船，兩日即抵阿瓦。歷彥得上漿謬直埂至阿瓦，約三百里。計天馬關至阿瓦，水陸兼行，不過九百里耳。而明將軍征緬由木邦，出天生橋，取宋寨，其地散漫小徑叢出，深入無繼，必至潰散。傳經略由萬仞關四十里，歷猛弄蠻埋止丹來戛南盞河，又三十里出戛鳩，渡江十里蠻乃，三十里蠻赧，又三十里麻里，而至猛拱，百五十里南烏賴，三十五里沙河，三十里深溝，又六十里而至孟養。其地至阿瓦甚遠，且路徑不熟，炎天瘴盛，因回師而駐老官屯。其路則出鐵壁關，五十里而至猛卡，又五十里而至楞木，又十里而至洗帕河，歷猛允猛映而至新街，趙宏榜所敗績處也。南行即爲老官屯，臨大金沙江。

入暹羅道

明・慎懋賞《四夷廣記・海國廣記・暹羅國・雲南至暹羅》 暹羅北去二百餘里，有一市鎮，名上水，可通雲南後門。番人五六百家居之，諸色番貨皆有。

入俄羅斯道

清・鄂尔泰等《八旗通志》卷一五二《人物志三十二・大臣傳十八・圖理琛》 （康熙）五十一年四月，特命復職，出使土爾扈特，【略】齎敕往諭，假道俄羅斯。五月，圖理琛等自京起行，七月達俄羅斯境，駐楚庫柏興，以假道，故俟其國察罕汗信。五十二年正月，信至，始行，由烏的柏興，越柏海爾湖，而北抵厄爾庫。其駐托波爾之噶噶林遺屬博爾科泥來迎，噶噶林者，彼國所稱總營也。圖理琛等欲行，博爾科泥言噶噶林令迎天使，由水路行，而昂噶拉河冰未泮，請駐候之。五月，由昂噶拉河乘舟，抵伊聶謝柏興，登陸。閏五月，抵麻科斯科。復乘舟由揭的河順流而行，所經者曰那里穆柏興、蘇爾呼特柏興、薩瑪爾斯科、狄穆演斯科。七月，至托波爾。噶噶林名馬提飛費多里魚赤者，迎至署。留八日，仍遣博爾科泥護之行，抵鴉班沁，登陸，由費耶爾和土爾斯科，越佛落克嶺，抵索里喀穆斯科。以路濘守凍，十月始行，所經者曰改郭羅多、黑林諾付、喀山、西穆必爾斯科。十一月，至薩拉托付，是為俄羅斯與土爾扈特界。水自東北來，折而南，俄羅斯呼為佛爾格，土爾扈特則呼為額濟勒。阿玉奇汗駐牧地曰瑪努托海，距此十日程，以雪盛不能行。五十三年四月，阿玉奇遣台吉偉徵等來迎。五月，圖理琛等渡額濟勒河，喇喇布珠爾之父納扎爾瑪穆特遣人獻馬，却之。六月朔，至瑪努托海，阿玉奇擇吉聽宣敕。【略】圖理琛等遂行，由舊路歸俄羅斯，遣護如初。五十四年三月，還京。是役也，往返三載餘，經行數萬里，蓋土爾扈特為俄羅斯所隔，遠阻聲教，而俄羅斯又故導我使紆道行。圖理琛等自奉使及反命，無辱焉。既歸，圖理琛撰《異域録》，首冠《輿圖》，次為《行記》一卷，呈覽。上嘉悅，授兵部員外郎。

又 卷一二〇《藝文志》 《異域録》一卷。圖理琛撰。【略】是編乃康熙五十一年五月，圖理琛以原任内閣侍讀奉命出師土爾扈特，由喀爾喀越俄羅斯國至其地；五十四年三月，回京師復命，因述其道路山川、民風物産以及應對禮儀，恭呈御覽。冠以輿圖，次隨日記，載見聞。其體例畧如宋人行記，但宋人行記以月日為綱，而地理附見，此則以地理為綱，而月日附見。

所歷俄羅斯境，曰楚庫柏興，曰烏的柏興，曰柏海爾湖，曰尼爾庫城，曰昂噶拉河，曰伊聶謝柏興，曰麻科斯科，曰揭的河，曰那里木柏興，曰蘇爾呼忒柏興，曰薩瑪爾斯科，曰狄木演斯科，曰托波爾，曰鴉班沁，曰費耶爾和土爾斯科城，曰費耶爾和土爾斯科佛落克顏嶺，曰索里喀穆斯科，曰改果羅多，曰黑林諾付，曰喀山，曰西穆必爾斯科，曰薩拉托付，曰嗒喇斯科，曰托穆斯科，曰伊里木城，皆其大聚落也。

其地為自古輿記所不載，亦自古使節所未經。如《史記》述匈奴北海，頗作疑詞，故儒者類言無北海。今據圖理琛所記，知伊聶謝柏興距北海大洋一月程。又《唐書》稱薛延陀夜不甚暗，猶可博奕，僅得之於傳聞。圖理琛以五月至其地，知夏至前後，確有是事。皆我聖祖仁皇帝德化覃敷，威稜震疊，故軺車所至，莫不具驛傳，供芻精，涉越三四萬里，如行閩闥，故得以從容游覽，見所未見，聞所未聞，纂述成編，以補亘古黄圖所未悉。今備録其文，使天下萬世知聖化彌綸，迴出於章亥所步之外；且所記俄羅斯、土爾扈特畏懷恭順之忱，尤足見堯天丕冒，砥屬無垠，凡在方趾圓顱，無不鱗集仰流，效誠恐後，為三五以來所未有。今土爾扈特已全部内附，而所記俄羅斯南路十四國，乾隆乙亥以後又以盡入版圖，併以見武烈文謨，顯承啓佑，所由拓億禩之丕基者，非偶然也。

入西域道

元・耶律楚材《西游録》 居士曰：予始發永安，過居庸，歷武川，出雲中之右，抵天山之北，涉大磧，逾沙漠。未浹十旬，已達行在。山川相繆，鬱乎蒼蒼。車帳如雲，將士如雨，馬牛被野，兵甲赫天，煙火相望，連營萬里，千古之盛，未嘗有也。

越明年，天兵大舉西伐，道過金山。時方盛夏，山峰飛雪，積冰千尺許。上命斵冰為道以度師。金山之泉無慮千百，松檜參天，花草彌谷。從山巔望之，群峰競秀，亂壑爭流，真雄觀也。自金山而西，水皆西流，入於西海。噫，天之限東西者乎！

金山之南隅有回鶻城，名曰別石把，有唐碑，所謂瀚海軍者也。瀚海去城西北數百里。海中有嶼，嶼上皆禽鳥所落羽毛也。城之西二百餘里有輪台縣，唐碑在焉。城之南五百里有和州，唐之高昌也。亦名伊州。高昌之西三四千里有五端城，卽唐之于闐國也。出烏白玉之二河在焉。

既過瀚海軍千餘里，有不剌城，附庸之邑三五。不剌之南有陰山，東西千里，南北二百里。其山之頂有圓池，周圍七八十里許。既過圓池，南下皆林檎木，樹陰蓊翳，不露日色。既出陰山，有阿里馬城。西人目林檎曰阿里馬，附郭皆林檎園囿，由此名焉。附庸城邑八九。多蒲桃梨果。播種五穀，一如中原。

又西有大河曰亦列。河之西有城曰虎司窩魯朵，卽西遼之都也。附庸城邑數十。

又西數百里有塔剌思城、又西南四百餘里有苦盞城、八普城、可傘城、芭欖城。苦盞多石榴，其大如拱，甘而差酸，凡三五枚，絞汁得盂許，渴中之尤物也。芭欖城邊皆芭欖園，故以名焉。芭欖花如杏而微淡，葉如桃而差小。每冬季而華，夏盛而實，狀類匾桃，肉不堪食，唯取其核。八普城西瓜大者五十斤，長耳僅負二枚，其味甘涼可愛。

又苦盞之西北五百里有訛打剌城，附庸城十數。此城渠酋嘗殺大朝使命數人、賈人百數，盡有其財貨。西伐之意始由此耳。

訛打剌之西千里餘有大城曰尋思干。尋思干者西人云肥也，以地土肥饒故名之。西遼名是城曰河中府，以瀕河故也。尋思干甚富庶。用金銅錢，無孔郭。百物皆以權平之。環郭數十里，皆園林也。家必有園，園必成趣，率飛渠走泉，方池圓沼，柏柳相接，桃李連延，亦一時之勝概也。瓜大者如馬首許，長可以容狐。八穀中無黍糯大豆，餘皆有之。盛夏無雨，引河以激。率二畝收鍾許。釀以蒲桃，味如中山九醖。頗有桑，鮮能蠶者，故絲繭絕難，皆服屈眴。土人以白衣為吉色，以青衣為喪服，故皆衣白。

尋思干之西六七百里有蒲華城，土產更饒，城邑稍多。尋思干乃謀速魯蠻種落梭里檀所都者也。蒲華、苦盞、訛打剌城皆隸焉。

蒲華之西有大河名曰阿謀，稍劣黄河，西入於大海。是河之西又五里犍城，梭里檀之母后所居也。富庶又盛於蒲華。

又西瀕大河有斑城者，頗富盛。又西有摶城者亦壯麗。城中多漆器，皆長安題識。

自此而西直抵黑色印度城。其國人亦有文字，與佛國字體聲音不同。國中佛像甚多。國人不屠牛羊，但飲其乳。風俗：夫先亡者，其室家同荼毗之。詢詰佛國，反指東南隅。校之以理，此國非正北印度，乃印度北鄙之邊民也。土人不識雪。歲二獲麥。盛夏置錫器於沙中，尋卽鎔鑠。馬糞墮地為之沸溢。月光射人如中原之夏日，遇夜人輒避暑於月之陰。此國之南有大河，闊如黄河，冷於冰雪，湍流猛峻。從此微西而來，注於正南稍東而去。以意測之，必注入南海也。又土多甘蔗，廣如禾黍，土人絞取其液，釀之為酒，熬之成糖。

黑色印度之西北有可弗叉國。數千里皆平川，無復丘垤。吁，可怪也！不立城邑，民多羊馬。以蜜為釀，味與中原不殊。此國晝長夜促，羊胛適熟，日已復出矣。正符《唐史》所載骨利幹國事，但國名不同耳。豈非歲遠時久，語音訛舛邪？尋思干去中原幾二萬里，印度國去尋思干又等，可弗叉國去印度國亦等。雖縈迂曲折，不為不遠矣，不知其幾萬里也。

歲在涒灘，天兵振旅。以西夏失信背盟，丙戌之春二月，六師迭進，一鼓而下之，獨夫就戮，萬姓懷安。沙州、瓜州，漢所置也。肅州卽鄯善也。甘州卽張掖也。靈州卽靈武也。噫！天涯海角，人所不到，亦一段奇事。予之西遊也，所見大略如此。

元·李志常《長春真人西游記》卷上 以二月八日啓行，時天氣晴霽，道友餞行于西郊。【略】十日，宿翠屏口。明日，北度野狐嶺，登高南望，俯視太行諸山，晴嵐可愛，北顧但寒烟衰草，中原之風，自此隔絕矣。【略】北過撫州，十五日，東北過蓋里泊，盡丘垤鹹鹵地，始見人煙二十餘家。南有鹽池，迤邐東北去，自此無河，多鑿沙井以汲。南北數千里，亦無大山，馬行五日，出明昌界。【略】又行六七日，忽入大沙陀，其磧有矮榆，大者合抱。東北行千里外，無沙處絶無樹木。三月朔，出沙陀，至魚兒泊，始有人煙聚落，多以耕釣為業。時已清明，春色渺然，凝冰未泮。【略】

三月五日，起之東北，四旁遠有人煙，皆黑車、白帳，隨水草放牧。盡原隰之地，無復寸木，四望惟黃雲白草。行不改途，又二十餘日，方見一沙河，西北流入陸局河。水濡馬腹，旁多叢柳。渡河北行三日，入小沙陀。四月朔，至斡辰大王帳下，冰始泮，水微萌矣。【略】十七日，大王以牛馬百數、車十乘送行。馬首西北，二十二日，抵陸局河，積水成海，周數百里，風浪漂出大魚，蒙古人各得數尾。並河南岸西行，時有野韭得食。

五月朔亭午，日有食之，既衆星乃見，須臾復明，時在河南岸。其地朝涼而暮熱，草多黃花。水流東北，兩岸多高柳，蒙古人取之，以造廬帳。行十有六日，河勢繞西北山去，不得窮其源，其西南接魚兒濼驛路。【略】又行十日，夏至，量日影三尺六七寸，漸見大山峭拔，從此以西，漸有山阜，人煙頗衆，亦皆以黑車白帳為家。其俗牧且獵，衣以韋毳，食以肉酪。男子結髮垂兩耳，婦人冠以樺皮，高二尺許，往往以皂褐籠之，富者以紅綃，其末如鵝鴨，名曰『故故』，大忌人觸，出入廬帳須低徊。俗無文籍，或約之以言，或刻木為契，遇食同享，難則爭赴，有命則不辭，有言則不易，有上古之遺風焉。【略】又四程，西北渡河，乃平野，其旁山川皆秀麗，水草且豐美。東西有故城，基址若新，街衢巷陌可辨，製作類中州。歲月無碑刻可考，或云契丹所建，既而地中得古瓦，上有契丹字，蓋遼亡士馬不降者西行所建城邑也。又言西南至尋思干城，萬里外回紇國最佳處，契丹都焉，歷七帝。

六月十三日至長松嶺後宿，松檜森森，干雲蔽日，多生山陰澗道間，山陽極少。十四日過山，渡淺河，天極寒，雖壯者不可當。是夕宿平地。十五日曉起，環帳皆薄冰，霜已三降，河水有澌，冷如嚴冬。土人云：常年五六月有雪，今歲幸晴暖。師易其名曰『大寒嶺』，凡遇雨多雹，山路盤曲，西北且百餘里，既而復西北，始見平地。有石河長五十餘里，岸深十餘丈，其水清泠可愛，聲如鳴玉。峭壁之間，有大葱，高三、四尺，澗上有松，高十餘丈。西山連延，上有喬松鬱然。行五、六日，峰迴路轉，林巒秀茂，下有溪水注焉。平地皆松樺雜木，若有人煙狀。尋登高嶺，勢若長虹，壁立千仞，俯視海子，淵深恐人。二十八日，泊窩里朵之東，宣使先往奏稟皇后，奉旨請師渡河。其水東北流，彌漫没軸，絶流以濟。入營駐車。【略】

七月九日，同宣使西南行。五、六日，屢見山上有雪，山下往往有墳墓，及升高陵，又有祀神之迹。又三、二日，歷一山，高峰如削，松杉鬱茂，西有海子，南有大峽，則一水西流，雜木叢映于水之陽，韭茂如芳草，夾道連數十里。北有故城，曰『曷剌肖』，西南過沙場二十里許，水草極少，始見回紇決渠灌麥。又五、六日，踰嶺而南，至蒙古營宿。拂旦行，迤邐南山，望之有雪。【略】郵人告曰：此雪山北是田鎮海八剌喝孫也。八剌喝孫，漢語為『城』。中有倉廪，故又呼曰『倉頭』。【略】八日，攜門人虛靜先生趙九古輩十餘人，從以二車，蒙古驛騎二十餘，傍大山西行，宣使劉公、鎮海相公又百騎。【略】西南約行三日，復東南過大山、經大峽，中秋日，抵金山東北少駐。復南行。其山高大，深谷長阪，車不可行。三太子出軍始辟其路。乃命百騎挽繩縣轅以上。約行四程，連度五嶺，南出山前，臨河止泊。從官連幕為營，因水草便，以待鋪牛、驛騎，數日乃行。【略】渡河而南，前經小山，石雜五色。其旁草木不生，首尾七十里。復有二紅山當路。又三十里，鹹鹵地中有一小沙井，因駐程挹水為食。傍有青草，多為養馬踐履。宣使與鎮海議曰：『此地最難行處，相公如何則可？』公曰：『此地我知之久矣。』同往諮師，公曰：『前至白骨甸，地皆黑石，約行二百餘里，達沙陀。北邊頗有水草。更涉大沙陀百餘里，東、西廣袤不知其幾千里。及回紇城，方得水草。』師曰：『何謂白骨甸？』公曰：『古之戰場，凡疲兵至此，十無一還，死地也。頃者，乃滿大勢亦敗於是。遇天晴，晝行人馬往往困斃，惟暮起夜度，可過其半。明日向午得水草矣。少憩，俟晡時即行。當度沙嶺百餘，若舟行巨浪然。又明日辰、巳間，得達彼城矣。夜行良便，但恐天氣黯黑，魑魅魍魎為祟，我輩當塗血馬首以厭之。』師乃笑曰：『邪精妖鬼逢正人遠避，書傳所載，其孰不知？道人家何憂此事。』日暮，遂行，牛乏，皆道棄之，馭以六馬，自爾不復用牛矣。初在沙陀北南望天際，若銀霞。問之，左右皆未詳。師曰：『多是陰山。』翌日過沙陀，遇樵者，再問之，皆曰然。【略】

八月二十七日，抵陰山後，回紇郊迎。至小城北，酋長設蒲萄酒及名果、大餅、渾葱。裂波斯布，人一尺，乃言曰：『此陰山前三百里和州也。』其地大熱，蒲萄至夥。翌日沿川西行，歷二小城，皆有居人。時禾麥初熟，皆賴泉水澆灌得有秋，少雨故也。西即鱉思馬大城【略】唐之邊城，往往尚存。其東數百里，有府曰「西涼」。其西三百餘里有縣曰輪台。師問曰：『更幾程得至行在？』皆曰：『西南更行萬餘里即是。』【略】

九月二日西行。四日宿輪台之東，迭屑頭目來迎。南望陰山，三峰突兀倚天。【略】又歷二城，重九日至回紇昌八剌城。其王畏午兒與鎮海有舊，率衆部族及回紇僧皆遠迎。【略】翌日傍陰山而西，約十程。又度沙埸，其沙細，遇風則流，狀如驚濤，乍聚乍散，寸草不萌，車陷馬滯，一晝夜方出。蓋白骨甸大沙分流也。南際陰山之麓，逾沙又五日，宿陰山北。詰朝。南行，長阪七、八十里，抵暮乃宿。天甚寒，且無水。晨起，西南行約三十里，忽有大池，方圓幾二百里，雪峰環之，倒影池中，師名之曰「天池」。沿池正南下，左右峰巒峭拔，松樺陰森，高逾百尺，自巔及麓，何啻萬株。衆流入峽，奔騰洶湧，曲折灣環。可六、七十里。二太子扈從西征，始鑿石理道刊木為四十八橋，橋可並車。薄暮宿峽中，翌日方出，入東西大川，水草盈秀。天氣似春，稍有桑棗。

次及一程，九月二十七日至阿里馬城。鋪速滿國王暨蒙古塔剌忽只領諸部人來迎，宿於西果園。土人呼「果」為「阿里馬」，蓋多果實，以是名其城。其地出帛，目曰「禿鲁麻」，蓋俗所謂種羊毛織成者。時得七束為禦寒衣，其毛類中國柳花，鮮潔細軟，可為線為繩為帛為綿。農者亦決渠灌田，土人惟以瓶取水戴而歸。及見中原汲器，喜曰：『桃花石諸事皆巧。』桃花石，謂漢人也。【略】又西行四日，至答剌速没輦，水勢深闊。抵西北流，從東來截斷陰山，河南復是雪山。

十月二日乘舟以濟，南下至一大山，山北有一小城。又西行五日，宣使以師奉詔來，去行在漸近，先往馳奏，獨鎮海相公從師西行。七日度西南一山，逢東夏使回，禮師於帳前，因問：『來自何時？』使者曰：『自七月十二日辭朝，帝將兵追算端汗至印度。』明日，遇大雪，至回紇小城，雪盈尺，日出即消。十有六日，西南過板橋，渡河，晚至南山下，即大石林牙，其國王遼後也。自金師破遼，大石林牙領衆數千，走西北，移徙十餘年，方至此地。其風土、氣候與金山以北不同，平地頗多，以農桑為務。釀蒲萄為酒，果實與中國同，惟經夏秋無雨，皆疏河灌溉，百穀用成。東北西南，左右山川，延袤萬里。傳國幾百年，乃滿失國，依大石，士馬復振，盜據其土。繼而算端西削其地，天兵至，乃滿尋滅，算端亦亡。又聞前路多阻。適壞一車，遂留之。十有八日，沿山而西。七、八日山忽南去，一石城當途，石色盡赤，有駐軍古迹。西有大塚若斗星相連。又渡石橋，並西南山行五程，至塞藍城，有小塔，回紇王來迎入館。

十一月初，連日雨大作。四月，土人以為年，傍午相賀。【略】西南復三日，至一城，其王亦回紇，年已耄矣，備迎送禮，供以湯餅。明日又歷一城。復行二日，有河，是為霍闡没輦。又浮橋渡，泊於西岸。河橋官獻魚于田相公，巨口無鱗。其河源出東南二大雪山間，色渾而流急，深數丈，勢傾西北，不知其幾千里。河之西南絶無水草者二百餘里，即夜行，復南，望大雪山而西，山形與邪米思干之南山相首尾。【略】又至一城得接水草。復經一城，回紇頭目遠迎，飯于城南獻蒲萄酒。且使小兒為緣杆、舞刀之戲。再經二城，山行半日入南北平川，宿大桑樹下，其樹可蔭百人。前至一城，臨道一井，深踰百尺。有回紇叟驅一牛挽轆轤汲水以飲渴者。初，帝之西征也，見而異之，命蠲其賦役。

仲冬十有八日，過大河至邪米思干大城之北，太師移剌國公及蒙古、回紇師首載酒郊迎，大設帷幄，因駐車焉。宣師劉公以路梗留，座中白師曰：『頃知千里外有大河，以舟梁渡，土寇壞之。況復已及深冬，父師似宜來春朝見。』師從之。少焉，由東北門入。其城因溝岸為之，秋、夏常無雨，國人疏二河入城，分繞巷陌，比屋得用。方算端氏之未敗也，城中常十萬餘户。國破而來，存者四之一，其中大率多回紇人，田園不能自主，須附漢人及契丹、河西等。其官長亦以諸色人為之，漢工匠雜處。城中有岡，高十餘丈，算端氏之新宮據焉。太師先居之。以回紇艱食，盜賊

多有，恐其變，出居於水北。【略】其蒲萄經冬不壞。又見孔雀、大象，皆東南數千里印度國物。【略】

是歲閏十二月將終，偵騎回，同宣使來白父師言，二太子發軍復整舟梁，土寇已滅。曷剌等詣營謁太子，言師欲朝帝所，復承命云：『上駐蹕大雪山之東南，今則雪積山門百餘里，深不可行，此正其路爾。為我請師來此聽候良便，來時當就彼城中遣蒙古軍護送。』師謂宣差曰：『聞河以南千里絕無糧養，吾食須米麵、蔬菜，可回報太子帳下。』

壬午之春正月，杷欖始華，類小桃。俟秋采其實，食之味如胡桃。【略】三月上旬，阿里鮮至自行宮，傳旨云：『真人來自日出之地，跋涉山川，勤勞至矣。今朕已回，亟欲問道，無倦迎我。』【略】師問阿里鮮以途程事，對曰：『春正月十有三日自此初發，馳三日，東南過鐵門。又五日，過大河。』二月初吉，東南過大雪山，積雪甚高，馬上舉鞭測之，猶未及其半。下所踏者復五尺許。南行三日至行宮矣。且師至，次第奏訖。上悅，留數日方回。

師遂留門人尹公志平輩三人於館，以侍行五六人同宣使輩三月十有五日啓行，四日過碣石城。預傳聖旨：令萬户播魯只領蒙古、回紇軍一千護送過鐵門。東南度山，山勢高大，亂石縱橫。衆軍挽車，兩日方至前山前，沿流南行，軍即北入大山破賊。五日至小河，亦船渡，兩岸林木茂盛。七日舟濟大河，即阿母沒輦也。乃東南行，晚泊古渠上，渠邊蘆葦滿地，不類中原所有。其大者經冬葉青而不凋，因取以為杖，夜横轅下，轅覆不折。其小者葉枯春換。少南山中有大實心竹，士卒以為戈戟。又見蜥蜴，皆長三尺許，色青黑。時三月二十九日也。【略】又四日，得達行在，上遣大臣喝剌播得來迎，時四月五日也。館舍定，即入見，上勞之曰：『他國徵聘皆不應，今遠踰萬里而來，朕甚嘉焉。』對曰：『山野奉詔而赴者，天也。』【略】有報：回紇山賊指斥者，上欲親征，因改卜十月吉。師乞還舊館，【略】又三日，命阿狗督回紇酋長以千余騎從行，由他路回。遂歷大山，山有石門，望如削蠟，自巨石横其上若橋焉。其流甚急，騎士策其驢以涉，驢遂溺死，水邊多横屍。此地蓋關口，新為兵所破。【略】始師來覲三月竟，草木繁盛，羊馬皆肥。及奉詔而回，四月終矣，百草悉枯。【略】繼日乘涼宵征五六日，達邪米思干城，諸官迎師入館，即重午日也。

又　卷下　七月裁生魄，遣阿里鮮奉表詣行在，稟論道日期。八月七日得上所批答。八日即行。太師相送數十里。【略】十有二日，過碣石城。十有三日得護送步卒千人、甲騎三百，入大山中行，即鐵門外別路也。涉紅水澗，有峻峰高數里。谷東南行，山根有鹽泉流出，見日即為白鹽，因收二斗，隨行日用。又東南，上分水嶺，西望高澗若冰，乃鹽耳，山上有紅鹽如石，親嘗見之。東方惟下地生鹽，此方山間亦出鹽。回紇多餅食，且嗜鹽，渴則飲水，冬寒，貧者尚負餅售之。十有四日，至鐵門西南之麓，將出，其山門險峻，左崖崩下，澗水伏流一里許。中秋抵河上。其勢若黄河流，西北乘舟以濟，宿其南岸。西有山寨，名團八剌，山勢險固。【略】溯河東南行三十里，乃無水。即夜行過班里城，甚大。其衆新叛去，尚聞犬吠。黎明飯畢，東行數十里，有水北流，馬僅能渡，東岸憩宿。二十二日，田鎮海來迎。【略】二十七日，車駕北回，在路屢賜蒲萄酒、瓜、茶食。九月朔，渡河橋而北。【略】二十有六日，即行。

十二月二十三日，雪寒，在路牛馬多凍死者。又三日，東過霍闡沒輦，至行在，聞其航橋中夜斷散。【略】十有一日，馬首遂東，西望邪米思干千餘里，駐大果園中。【略】二十一日，東遷一程，至一大川，東北去賽藍約三程。水草豐茂，可飽牛馬，因盤桓焉。【略】十日，辭朝行。答剌汗以下皆攜蒲萄酒、珍果，相送數十里。臨別衆揮涕。三日至賽藍大城之東南山。有蛇兩頭，長二尺許，土人往往見之。【略】二十有三日，宣差阿狗追餞師於吹沒輦之南岸。又十日，至阿里馬城西百餘里，濟大河。

四月五日，至阿里馬城之東園。【略】翌日師所乘馬突東北去，從者不能挽。【略】晚抵陰山前宿。又明日，復度四十八橋，緣溪上五十里，至天池海，東北過陰山後，行二日，方接原歷金山南大河驛路，復經金山東南，東北傍山行。四月二十八日大雨雪。翌日，滿山皆白，又東北並山行。三日至阿不罕山前。【略】居人常歲疏河灌田圃，至八月禾麥始熟，終不及天雨。秋成則地鼠為害，鼠多白者。此地寒多，物晚結實。五月河岸土深尺餘，其下堅冰亦尺許，齋後，日使人取之。南望高嶺積雪，盛暑不消，多有異事。少西海子傍有風塚，其上土白堊，多粉裂其上，二、三月中即風起南山，巖穴先鳴，蓋先驅也。風自塚間出，初旋動如羊角者百千數，少焉，合為一風，飛沙走石，發屋拔木，勢震百川，息於巽隅。又東南澗後有水磨三四，至平地則水漸微而絶，山中俄而突出，魚虾隨之，或漂没居民。仲春漸消，地乃陷。西北千餘里儉儉州，出良鐵，多青鼠，亦收禾麥。漢匠千百人居之，織綾羅錦綺。道院西南望金山，其山多雨雹，五、六月間，或有大雪深丈餘。北地間有沙陀，先肉蓯蓉，國人呼之唆眼，水曰兀速，草曰愛不速。深入陰山，松皆十丈許。【略】

阿里鮮等白師曰：『南路饒沙石、鮮水草，使客甚繁、馬甚苦，恐留滯。』師曰：『分三班以進，吾徒無患矣。』五月七日，令宋道安、夏志誠、宋德方、孟志温、何志堅、潘德沖六人先行。十有四日，師携尹志平、王志明、于志可、鞠志圓、楊志靜、綦志清六人次之，餞行者夾谷妃、郭宣差、李萬户等數十人送二十里，皆下馬再拜泣别，師策馬亟進。十有八日，張志素、孫志堅、鄭志修、張志遠、李志常五人又次之。師東行，十六日過大山，山上有雪，甚寒，易騎於拂廬。十七日，師不食，但時時飲湯。東南過大沙場，有草木，其間多蚊虻，夜宿河東。【略】行又經沙路三百餘里，水草絶少，馬夜進不息。再宿乃出，地臨夏人之北陲，廬帳漸廣，馬亦易得，後行者乃及師。

六月二十一日，宿漁陽關，師尚未食。明日度關而東五十餘里至豐州元帥以下來迎。【略】七月朔，復起。三日至下水，元帥夾谷公出郭來迎，館于所居，來瞻禮者無慮數千人。【略】翌日遂行。是月九日，至雲中，宣差總管阿不合與道衆出郭，以步輦來迎歸於第接居。【略】八月初，東邁楊河，歷白登、天城、懷安，渡渾河，凡十有二日至宣德，元帥具威儀，出郭西遠迎。

元・劉郁《西使記》 壬子歲，皇弟錫喇統諸軍奉詔西征，凡六年，拓境幾萬里。己未正月甲子，常德（字仁卿）馳驛西覲。自和林出烏孫中，西北行有二百餘里，地漸高入，站經瀚海，地極高寒，雖暑酷雪不消，山石皆松文。西南七日，過瀚海，行三百里，地漸下，有河數里，曰罕穆納，夏漲以舟楫濟。數日過龍骨河，復西北行，與伯實巴哩南以相直，近五百里多漢民，有二麥黍穀。河西注瀦為海，約千餘里，曰赫色勒巴實，多魚可食，有碾磑，亦以水激之。行漸西，有城曰伊瑪，又西南行，過博囉城，所種皆麥稻，山多柏不能株，絡石而長，城居肆囿，間錯土屋，牕户皆琉璃。城北有海，鐵山風出，往往吹行人墮海中。西南行二十里，有關曰鐵穆爾徹，辰守關者皆漢民，關徑崎嶇似棧道，出關至阿里麻里城，市井皆流水交貫，有諸果，唯蒲萄、石榴最佳，回紇與漢民雜居，其俗漸染，頗似中國。又南有齊默克城，居民多并汾人。有獸似虎，毛厚，金色無文，善傷人。有蟲如蛛，毒中人則煩渴，飲水立死，惟過醉葡萄酒，吐則解，有嗜酒。博囉城迤西，金銀銅為錢，有文而無孔方。至瑪哈中，以馬摔拖牀遞鋪，負重而行疾，或曰奇爾濟蘇，易馬以犬。

二月二十四日，過伊都，兩山間土平民夥，溝洫映帶，多故壘壞垣，問之，蓋契丹故居也。計其地去和林萬五千里，而近有河，曰伊遜流，洶洶東注。土人云，此黄河也。二十八日，過塔喇寺。三月一日，過薩蘭城，有浮圖，諸回紇禮拜之所。三日，過巫實南，諸回紇貿易，如上巳節。四日，過呼展河，渡船如弓鞋，然土人云，河源出南，大山地多産玉，疑為崑崙山。以西多龜蛇，行相雜郵亭客舍，甃如浴室，門户皆以琉璃飾之，民賦歲止輸金錢十文，然貧富有差。八日，過塔實干城，大而民繁，時羣花正開，唯梨花、薔薇、玫瑰如中國，餘多不能指名。城之西所植皆蒲萄，粳稻有麥，亦秋種，其地産藥十數種，皆中國所無，藥物療疾甚效，曰阿哲爾，狀如苦參，治馬鼠瘡、婦人損胎及打撲内損，用豆許嚥之自消。曰阿錫爾，狀如地骨皮，治婦人産後衣不下，又治金瘡膿不出，嚼碎傅瘡上即出。曰努格薩爾，形似桔梗，治金瘡及腸與筋斷者，嚼碎傅之自續，餘不能盡録。十四日，過安巴河，夏不雨，秋則雨，溉田以水，地多蝗，有飛鳥食之。十九日，過琳沁城，其地有桑棗，征西鄂囉屯駐於此。二十六日，過瑪勒城，又過諸爾桑城，草皆苜蓿，藩籬以柏。二十九日，塔舒爾城，滿山皆鹽，如水晶狀。近西南六七里新得國，曰穆錫，其牛皆駝峰黑色，地無水，土人隔山嶺鑿井，相沿數十里，下通流以溉田。所屬山城三百五十，已而皆下，惟檐寒西一山城，名奇塔卜不，孤峰峻絶，不能矢石。丙辰年，王師至城下，城絶高險，仰視之帽為墜，諸道並進，敵大驚，令相和、卓納色爾來納欵，已而烏爾方納蘇勒坦出降，蘇勒坦猶國王也。其父領兵别據山城，令其子取之，七日而陷，金玉寶物甚多，一帶有直銀千笏者。其國兵皆刺客，俗見男子勇壯者，以利誘之，令手刃殳兒，然後充兵，醉酒扶入窟室，娛以音樂美女，縱其慾數日，復置故處，既醒問其所見，教之能為刺客，死則享福如此，因授以經呪日誦，蓋使蠱其心志，死無悔也。令潛使未服之國，必刺其主而後已，雖婦人亦然。穆錫國在西域中最為凶悍，威脅鄰國覇四十餘年，王師既克誅之無遺類。

四月六日，過奇拉爾城，所産蛇皆四跗，長五尺餘，首黑身黄，皮如鯊魚，口吐紫艷。過阿勒鼎城，密藏達爾人被髪，率以紅帕勒首，衣青如鬼，然王師自入西域，降者幾三十國，有佛國名克實密爾，在印毒西北，蓋傳釋迦氏衣鉢者。其人儀狀甚古，如世所繪達摩像，不茹葷酒，日啖粳一合，所談皆佛法，禪定至暮方語。丁巳歲，取布達國，南北二千里，其王曰哈里巴，其城有東西城，中有大河，西城無壁壘，東城固之以甓繪，其上甚盛。王師至城下，一交戰破勝兵四十餘萬，西城陷，皆盡屠其民，尋圍東城，六日而破，死者以數十萬，哈里巴以舸走，獲焉。其國俗富庶，為西域冠，宫殿皆以沉檀、烏木、降真為之，壁皆以黑白玉為之，金珠珍貝不可勝計，其妃后皆漢人。所産大珠曰太歲、彈蘭石、瑟瑟、金剛鑽之類，帶有值千金者。其國六百餘年，傳四十世，至哈里巴則亡。人物頗秀於諸國，所産馬名托必察，哈里巴不悦，以橙漿和糖為飲。琵琶三十六絃，初哈里巴患頭痛，醫不能治，一伶人作新琵琶七十二絃，聽之立解。土人相傳布達諸國之祖，故諸國皆臣服。布達之西，馬行二十日，有天房，内有天使，神國之祖葬所也。師名班巴爾，其房中懸鐵絙，以手捫之，心誠可及，不誠者竟不得捫。經文甚多，皆班巴爾所作，轄大城數十，其民富實。西有密實勒國，尤富，地産金，人夜視有光處，誌之以灰，翌日發之，有大如棗者。至布達六千餘里，國西即海，海西有富浪國，婦人衣冠如世所畫菩薩狀，男子僧服皆善，寢不去衣，雖夫婦亦異處。有大鳥，駝蹄蒼色，鼓翅而行，高丈餘，食火，卵如升許。其實喇斯國出珍珠，其王名烏蘇阿都巴，云西南海也，採珠盛以革囊，止露兩手，腰絙石墜入海，手取蚌幷泥沙貯于囊中，遇惡蟲以醋噀之即去，既得蚌滿囊，撼絙，舟人引出之，往往有死者。印毒國去中國最近，軍氏一千二百萬户，所出細藥、大胡桃、珠寶、烏木、雞舌、賓鐵諸物。國中懸大鐘，有訴者擊之，司鐘者紀其事，及時王官亦紀其名，以防姦欺民。居以蒲為屋，夏大熱，人處水中。

己未年七月，烏林國阿必鼎蘇勒坦來降，城大小一百二十，民一百七十萬，山産銀。黑契丹國名奇勒揚王，名和達瑪鼎勒坦，聞王賢，亦來降，其巴爾斯大城。獅子雄者，鬃尾如纓拂傷人，吼則聲從腹中出，馬聞之怖溺血。狼有鬃，孔雀如中國畫者，惟尾在翅内，每日中振羽。香猫似土豹，糞溺皆香如麝。鸚鵡多五色，風駝急使乘，日可千里，鵓鴿傳日亦千里，珊瑚出西南海，取以鐵網，高有至三尺者。蘭赤生西南海山石中，有五色鴨，其價最高。金剛鑽出印毒，以肉投大澗底，飛鳥食其肉，糞中得之。薩巴爾出西海中，蓋蝳蝐之遺精，蛟魚食之吐出，年深結成，價如金，其假者即犀牛糞為之也。骨篤犀，大蛇之角也，解諸毒。龍種馬出西海中，有鱗角，牝馬有駒，不敢同牧，被引入海，不復出。皁鵰一産三卵，内一卵生犬，灰色而毛短，隨母影而走，所逐禽無不獲者。壠種羊，出西海，以羊臍種土中，溉以水，聞雷而生，臍系地中，及長，驚以木臍斷便行齧草，至秋可食，臍内復有種。又一婦人解馬語，即知吉凶，甚驗。其怪異等事，不可殫紀。往返凡一十四月。

郁歎曰：西域之開，始自張騫，其土地山川固在也。然世代浸遠，國號變易，事亦難考。今之所謂瀚海者，即古金山也。印毒，即漢身毒也。曰駝鳥者，即安息所産大馬爵也。密實勒，即唐拂菻地也，觀其土産風俗可知已，又《新唐書》載拂菻去京師四萬里，在西海上，所産珍異之物，與今日地里正同，蓋無疑也。中統四年三月記。

［意］馬可波羅《馬可波羅行紀》卷一《第一章・波羅弟兄二人自孔士坦丁堡往游世界》 馬可君之父尼古剌，同尼古剌之弟瑪竇，自物搦齊亞城負販商貨，而至孔士坦丁堡。兹二人乃華胄，謹慎而賢明。基督降生後之一二六〇年，實在博丹爲孔士坦丁堡皇帝之時，此兄弟二人商議後，決定付黑海營商，於是購買珍寶，從孔士坦丁堡出發，遵海而後抵速達克。

又《第二章・波羅弟兄二人之离速達克》 他們到了克里米亞後，商量不如仍往前進，於是從速達克首途。騎行多日，抵達一個韃靼君主駐所。此韃靼君主名稱別兒哥汗，其主要汗牙有二，一名撒萊，一名不里阿爾。別兒哥頗喜他們弟兄二人之來，待遇優渥。他們以所賫珍寶悉獻於別兒哥，別兒哥樂受之，頗愛其物，乃償以兩倍以上之價。

他們留居汗牙一年後，別兒哥同東韃靼君主旭烈兀之大戰發生。彼此戰鬥很烈，末了西韃靼君主敗衄。

雙方死亡之人不少。因有此次戰事，凡經行道路之人，皆有被俘之虞。波羅弟兄二人所遵之來途，危險尤大。若往前進，倒可安然無事。他們既不能後退，於是前行。

他們從布里阿爾首途，行抵一城，名稱兀迦克，是爲別兒哥所領國土之盡境。他們渡乎勒伽大河，經行沙漠十有七日，沿途不見城市村莊，僅見韃靼人的畜皮帳幕同牧於田野之牲畜。

又《第三章・波羅弟兄二人經過沙漠而抵不花剌城》 他們經過此沙漠以後，抵一城，名不花剌。城大而富庶，在一亦名不花剌之州中。其王名稱八剌。此城是波斯全境最要之城。他們抵此城時，既不能進，又不能退，遂留居此不花剌城三年。

他們居留此城時，有東韃靼君主旭烈兀遣往朝見世界一切韃靼共主的大汗之使臣過此。使臣看見此物搦齊亞城的弟兄二人，頗以爲異。因爲他們在此國中，從未見過拉丁人。遂語此二人曰：『君等若信我言，將必享大名而躋高位。』他們答云，愿從其言。使臣復曰：『大汗從未見過拉丁人，極愿見之。君等如偕我輩往謁大汗，富貴可致。且隨我輩行，沿途亦安寧也。』

又《第四章・波羅弟兄二人從使臣言往朝大汗》 波羅弟兄二人遂預備行裝，隨從使臣首途。先向北行，繼向東北行，騎行足一年，始抵大汗所。他們在道見過不少奇異事物，茲略。蓋馬可亦曾親見此種事物，後在本書中別有詳細之敘述也。

又《第五章・波羅弟兄二人抵大汗所》 他弟兄二人抵大汗所以後，頗受優禮。大汗頗喜其至，垂詢之事甚夥。先詢請皇帝如何治理國土，如何斷絕獄訟，如何從事戰爭，如何處理庶務。復次詢及諸國王、宗王及其他男爵。

又《第六章・大汗詢及基督教徒及羅馬教皇》 已而大汗詳詢關於教皇、教會及羅馬諸事，并及拉丁人之一切風俗。此弟兄二人賢智而博學，皆率直依次對答。蓋彼等熟知韃靼語言也。

又《第七章・大汗命波羅弟兄二人使教皇所》 全世界同不少國

土的韃靼皇帝忽必烈汗，聆悉波羅弟兄二人所言拉丁人一切事情以後，甚喜。自想命他們爲使臣，遣往教皇所。於是力請他們同其男爵一人爲使臣，同奉使往。他們答言，愿奉大汗之命如奉本主之命無異。由是大汗命人召其男爵一人名豁哈塔勒一人來前。命他預備行裝，偕此弟兄二人往使教皇所。豁哈塔勒答言，必竭全力而行主命。

已而大汗命人用韃靼語作書，交此弟兄二人及此男爵，命他們賫呈教皇，並命他們面致其應答之詞。此類書信之內容，大致命教皇遣送熟知我輩基督教律，通曉七種藝術者百人來。此等人須知辯論，並用推論，對於偶像教徒及其他共語之人，明白證明基督教爲最優之教，他教皆爲僞教。如能證明此事，他（指大汗同其所屬臣民，將爲基督教徒，並爲教會之臣僕。此外並命他們將耶路撒冷救世主墓上之燈油攜還。

大汗命他三個使臣，韃靼男爵、尼古剌波羅、瑪竇波羅三人、賫呈教皇書內容如此。

又《第八章・大汗以金牌賜波羅弟兄二人》 大汗畀以使命以後，又賜彼等以金牌。其上有文曰，使臣三人所過之地，必須供應其所需之物，如馬匹及供保護的人役之類。使臣三人預備一切行裝既畢，遂辭大汗首途。

彼等騎行不知有若干日，韃靼男爵得病不能前進，留止於一城中，病愈甚。波羅弟兄二人乃將他留在此城養病，別之西行。所過之地皆受人敬禮。凡有所需，悉見供應，皆金牌之力也。

如是騎行多日，抵於阿美尼亞之剌牙思，計在途有三年矣。因爲氣候不時，或遇風雪、或遇暴雨，兼因沿途河水漫溢，所以耽擱如是之久。

又《第九章・波羅弟兄二人之抵阿迦城》 他們從剌牙思首途，抵於阿迦，時在一二六九年之四月。及至，聞教皇已死，他們遂往見駐在埃及全國之教廷大使梯博。既見，告以奉使來此之意。大使聞之，既驚且喜，以此事爲基督教世界之大福大榮。

於是大使答應波羅弟兄曰，君輩既知教皇已死，則應等待後任教皇之即位，然後履行君輩之使命。

他們見大使所言屬實，遂語之曰，此後迄於教皇即位以前，我們擬還物搦齊亞省視家庭。乃自阿迦首途，抵奈格勒朋，復由奈格勒朋登舟，而抵物搦齊亞。既抵物搦齊亞，尼古剌君聞其妻死，遺一子，名馬可，年十五歲。此人即是本書所言之馬可波羅。弟兄留居物搦齊亞二年，等待教皇之即位。

又《第一〇章・波羅弟兄二人攜帶尼古剌子馬可往朝大汗》　他們弟兄二人等候許久，教皇尚未選出。於是互相商量，以爲回去復命大汗時，未免太遲。於是他們攜帶馬可，從物搦齊亞出發，徑赴阿迦，見著那個大使，告以這種情形。並請他允許他們往耶路撒冷去取圣墓燈油，俾能復命於大汗。

大使許之。他們遂自阿迦赴耶路撒冷，取了圣墓燈油，重還阿迦。復見大使，語之曰：『教皇既未選出，我們想回到大汗所，因為我們耽擱時間業已過久了。』大使答曰：『君等既想歸去，我亦樂從。』於是命人作書致大汗，證明此弟兄二人業已奉命來此。惟無教皇，故其使命未達。

又《第一一章・波羅弟兄二人攜帶馬可從阿迦首途》　他們弟兄二人得到大使的書信以後，從阿迦首途，擬往復命大汗。行到剌牙思，不久聽説大使梯博業已當選爲教皇，號格烈果兒。他們大喜，會大使遣使者至剌牙思，告此弟兄二人云，奉教皇命，不必再往前進，可立回阿迦謁見教皇。於是阿美尼亞國王以海舶一艘，載此弟兄二人赴阿迦。

又《第一二章・波羅弟兄二人還謁教皇格烈果兒十世》　他們到了阿迦以後，卑禮晉謁教皇。教皇以禮待之，並爲祝福。嗣命宣教士二人往謁大汗，履行職務。此二人皆爲當時最有學識之人。一名尼古勒，一名吉岳木。教皇付以特許狀及致大汗書。他們四人接到書狀以後，教皇賜福畢，遂攜帶尼古剌君之子馬可，辭别教皇，從阿迦至剌牙思。

他們到了剌牙思以後，適聞巴比倫算端奔多達里統領回教大兵侵入阿美尼亞，大肆蹂躪，行人大有被殺或被俘之虞。此二宣教士懼甚，不敢前進，乃以所有書狀交給尼古剌、瑪竇二君，與之告別，回投聖堂護衛長所。

又《第一三章・尼古剌瑪竇馬可三人赴大汗所》　他們弟兄二人攜帶馬可首途，騎行久之，經冬及夏，抵大汗所。時大汗所駐之城曰上都，大而且富。至若他們來往途中所見所聞，後在本書中詳細敍述，茲不贅言。他們歸程已費時三年有半，因為氣候不時，同天氣嚴寒，所以耽擱如是之久。大汗聽説他的使臣尼古剌波羅同瑪竇波羅二人歸來，命别的使臣迎之於四十日程之外。他們來去并受沿途敬禮，凡有所需，悉皆供應。

又《第一四章・尼古剌瑪竇馬可覲見大汗》　他們弟兄二人攜帶馬可到此大城以後，遂赴宮廷覲見君主。時其左右侍臣甚衆，他們三人跪見，執禮甚卑。大汗命他們起立，待遇優渥，詢問他們安好及别後之事。他們答復沿途無恙，於是呈遞其所賫之教皇書狀。大汗甚喜。已而進呈圣墓燈油，大汗亦甚歡欣。及見馬可在側，詢爲何人，其父尼古剌答曰：『是爲我子，汗之臣僕。』大汗曰：『他來甚好。』

此後之事毋庸細説。讀著只須知道大汗宮中大宴以慶其至，宮中諸人皆禮款之，他們偕諸侍臣留居朝中。

又《第一五章・大汗遣馬可出使》　尼古剌君之子馬可，嗣後熟習韃靼的風俗語言，以及他們的書法，同他們的戰術，精練至不可思議。他人甚聰明，凡事皆能理會。大汗欲重用之。所以大汗見他學問精進、儀態端方之時，命他奉使至一程途距離有六個月之地。

馬可慎重執行他的使命，因爲他從前屢見使臣出使世界各地，歸時僅報告其奉使之事，大汗常責他們説：『我很喜歡知道各地的人情風俗，乃汝輩皆一無所知。』大汗既喜聞異事，所以馬可在往來途中注意各地之事，以便好歸向大汗言之。

又《第一六章・馬可之出使歸來》　馬可奉使歸來，謁見大汗，詳細報告其奉使之事。言其如何處理一切，復次詳述其奉使中之見聞。大汗及其左右聞之咸驚異不已，皆説此青年人將必爲博識大才之人。自是以後，人遂稱之曰：『馬可波羅閣下』，故嗣後在本書中常以此號名之。

其後馬可波羅仕於大汗所垂十七年，常奉使往來於各地。他人既聰明，又能揣知大汗之一切嗜好，於是他頗習知大汗樂聞之事。每次奉使歸來，報告詳明。所以大汗頗寵愛之。凡有大命，常派之前往遠地，他每次皆能盡職。所以大汗尤寵之，待遇優渥，置之左右，致有侍臣數人頗妒其寵。

馬可波羅閣下因是習知世界各地之事尤力。尤專事訪詢，以備向大汗陳述。

《元史》卷六三《地理志六》　元有天下，薄海内外，人迹所及，皆置驛傳，使驛往來，如行國中。

又　卷一〇一《兵志四》　元制站赤者，驛傳之譯名也。蓋以通達邊情，布宣號令，古人所謂置郵而傳命，未有重於此者焉。凡站，陸則以馬以牛，或以驢，或以車，而水則以舟。其給驛傳璽書，謂之鋪馬聖旨。遇軍務之急，則又以金字圓符為信，銀字者次之；內則掌之天府，外則國人之為長官者主之。其官有驛令，有提領，又置脫脫禾孫於關會之地，以司辨詰，皆總之於通政院及中書兵部。而站户闕乏逃亡，則又以時簽補，且加賑卹焉。於是四方往來之使，止則有館舍，頓則有供帳，饑渴則有飲食，而梯航畢達，海宇會同，元之天下，視前代所以為極盛也。今故著其驛政之大者，然後紀各省水陸凡若干站，而遼東狗站，亦因以附見云。

明·陳誠《西域行程記》 永樂十二年正月十三日巳時，出行。由陝西行都司肅州衛城北門外，過澗水八九處，約行五里，度一大溪，北岸祭西域應祀之神，以求道途人馬平安。祭畢安營，住二日。

十六日，晴。早起，向西行，約有七十里，至嘉峪山關近安營。

十七日，晴。過嘉峪關，關上一平岡，云即古之玉門關，又云榆關，未詳孰是。關外沙磧茫然。約行十餘里，至大草灘沙河水水邊安營。

十八日，晴。早起，向西行，南北皆山。約行七十里，地名回回墓，有水草處，

十九日，晴，大風。明起，向西行約五十里，地名騸馬城，安營。

二十日，晴。三更起，向西行約九十里，有古城一所。城南山下有夷人種田，城西有溪水北流，地名赤斤，安營。

二十一日，晴。四更起，向西北行。渡溪水，入平川。當道盡皆沙礫，四望空曠。約行百餘里，有古牆垣，地名魁里，安營。

二十二日，晴。大風。平明起，向西北行。道傍有達達帳房。約行五十里，有古牆垣，地名王子莊，安營，住一日。

二十四日，晴。早起，向北行。途中有樹，枝幹似桑榆，而葉如銀杏，名梧桐樹。約行七十里，地名蘆溝兒，安營。

二十五日，晴。早起，向北行。一路沙磧高低，四望空曠，惟南有山。約行一百餘里，有夷人種田處，富水草，地名卜隆吉，安營。住二日，大風。

二十八日，晴。明起，過卜隆吉河，向西北行，入一平川，四望空曠，並無水草，惟黑石磷磷。沿途多死馬骸骨。北有遠山，白日極冷。約行百餘里，不得水，止路傍少憩一宿。

二十九日，晴。早起，向北行，約五十餘里，始盡平川。有小澗凍冰處安營，鑿冰煮水，以飲人馬。

二月初一日，晴。早起，向西北行。一路沙磧高低，絕無水草。約行七十餘里，至小溝凍冰處安營，鑿冰得水，飲馬。

初二日，晴。早起，向北行。一路岡源高下，並無水草，亦無凍冰，人馬不得飲食。約行五十里，至晚於沙灘上空宿。

初三日，晴。早起，向北行，入山峽中，山粗惡，中道有小冰窟，不能周給。通行百五十里，有冰處，地名斡魯海牙，安營。

初四日，晴。早起，向西行，四望空闊。約有五十餘里，有泉水一處，地名可敦卜剌，安營。

初五日，晴。平明起，向北行，山道崎嶇，絕無水草。約行一百餘里，至晚於山谷間安歇。

初六日，晴。早起，向北行。過一平川，渡一大溪，名畏兀兒河，溪南有古寺，名阿里忽思脫因。有夷人種田，好水草，系哈密大煙墩處。約行七十餘里，安營，住一日。

初八日，晴。早起，向西行，過一平川，約行一百三十里，方有水草，安營。哈密使人來接。

初九日，晴。明起，向西行，皆平川。約行九十里，至哈密城東南果園邊安營，住五日。

十五日，晴。明起，由哈密城東門外渡溪水，向西行，皆平川。約行有七十餘里，有人煙好水草處，安營。

十六日，晴。明起，向西行，有古城名臘竺，多人煙樹木，敗寺頹垣。此處氣候與中原相似。過城通行九十餘里，好水草，安營。

十七日，晴。早起，向西北行，高低沙磧，絕無人煙，路徑粗惡。約行九十餘里，略有水草處，安營。

十八日，晴。早起，向西北行。上坡下坡，盡皆黑石。約五十餘里，地名探里，有少水草處，安營。

十九日，晴。早起，向西北行，入大川，絕無水草。午後至一沙灘，上有梧桐數株，云是一站，亦無水草。行至中宵，又到一處，有土屋敷

間，小水窟三二處，苦水一池，云是一站，人馬難住，仍行。至二十日巳時分，又至一所，有土房一二處，小水窟二處，畧飲人馬。復行至一沙灘，有小泉孔三四處，少供人飲，於此少息。中夜復行。至二十一日巳時分，至一大草灘，旁有小山，山下有大泉，山上有土屋一所，地名赤亭。自十九日起入大川，行經二晝夜，約有五百里，方出此川。于此安營，住一日。

二十三日，晴。早起，向西行，中途有古城一處。約行九十里，有夷人帳房處，地名必殘，安營，住一日。

二十五日，晴。早起，向西北行。道北山青紅如火焰，名火焰山。道南有沙岡，雲皆風卷浮沙積起。中有溪河一派，名流沙河，約有九十里，至魯陳城，于城西安營，住四日。

三月初一日，晴。明起，向西行，中道有小城，人煙甚富，好田園。約行五十餘里，至火州城，于城東南安營，住三日。

初五日，晴。向西北行平川地。約有七十里，至土爾番城，于城東南安營，住一日。

初七日，晴。移營於城西三十里崖兒城邊水草便處，安營，住十七日。

二十四日，晴。明起，由崖兒城南順水出峽，向西南行。以馬哈木王見居山南，遂分南北兩路行。約有五十里，於有草處安營。

二十五日，晴。明起，向西行。平川地，約行五十餘里，有小城，地名托遜。于城東南水草便處安營。

二十六日，晴。明起，向西行，約行五十餘里，于人家近處安營。

二十七日，晴。明起，向西行，約有三十餘里，有水草處，地名奚者兒卜剌，安營。

二十八日，晴。中宵起，向西行，經一平川，約行一百五十餘里，有一大煙墩，地名阿魯卜古迹里。過此入山峽中，沿石澗西行，至晚于澗邊路旁安歇，馬食枯葉而已。

二十九日，晴。明起，沿澗水向西行，四面皆石山，路徑崎嶇，約行六十餘里，于石灘上安歇。

三十日，晴。明起，沿澗水向西行，約有五十餘里，一草灘上安歇。

四月初一日，晴。五更，沿澗水西行，過石崖四五處，路稍寬。約行一百餘里，於草灘上安營。

初二日，晴。微明起，向西北行，過高山二處，第二山上有水一泓，地名窟丹納兀兒。下山度一平川，約有九十餘里，於南邊山傍，地名哈喇卜剌，安營。是夜大雪，住三日。

初六日，晴。明起，向西北行，過高山三處，路徑崎嶇。約行九十里，一高山博脫禿，於下山峽中安歇。

初七日，晴。明起，向西南行，順三峽而出，復西北行，盡平川地，約行七十里，地名點司禿，安營。夜大雪。

初八日，雪，晴。早起，向西北行，路上雪深數尺。午至一石崖下，名塔把兒達剌。復大雪，約行九十餘里，於原上雪中安營。

初九日，雪，晴。明起，向西行，平坦路，多澗水。約行七十餘里，地名尹禿司，安營。

初十日，晴。早起，向西南行，度平川，多澗水。約行百餘里，近川口北山下安營。地名斡鹿海牙。

十一日，晴。早起，向西南出峽口，山根亂泉湧出，地多陷。出峽，復向北行，又一大川，約行百里，於山坡安營。夜大雪。

十二日，雪。明起，順行。向西北行約七十餘里，於山坡雪中安營。

十三日，晴。明起，向北行，過阿逵打班，山高雪深，人馬迷途。先令人踏雪尋路，至暮方得下山。約有五十餘里，亂歇沙灘上。

十四日，晴。明起，向北行，皆平地。約行五十餘里，有青草處，地名納剌禿，安營。

十五日，大雪，午後晴。起北行，遇一山，約行五十餘里，下山。東西一大川，有河水西流，地名孔葛思，安營，住一日。

十七日，晴。明起，向西行。約有五十餘里，地名忒勒哈喇，近夷人帳房處安營。馬哈木王遣人來接，住一日。

十九日，晴。明起，順河西下，行五十里，近馬哈木王帳房五七里設站舍處安營。住十三日。

五月初三日，晴。起營，順川向西行三十餘里安營。住一日。

初五日，晴。明起，向西行，順平川約有五十餘里，地名迭力哈喇，安營。

初六日，晴。明起，向西行，渡一大溪水，沿途有種小麥地。約行五十里，於溪邊安營。

初七日，晴。明起，向西順川約行五十里，於沙灘上安營。

初八日，晴。明起，向西南過長山，約行七十里，地名阿剌石，河邊人煙處安營。夜雨，住二日。

十一日，陰。晴起，向西行，渡山河二處，水勢沖急，俱於岸窄處石崖上架木馬橋，約行七十里，地名忒哥橋，安營。

十二日，晴。明起，向西北行，度長板，下平川，約有九十里，近衣烈河邊有人煙處安營。

十三日，晴。明起，向西行，約有七十里，近河邊安營。

十四日，晴。明起，向西行，過矮山三四重。約行九十里，近過渡處安營。

十五日，晴。明起，向西行。順河而下，約行九十里，於河邊安營，住一日。

南北路皆至此河兩岸安營。差百户哈三進馬回京。

十七日，晴。明起，順河西下，約行五十里，於河岸安營。

十八日，陰雨。早起，順河岸向西行約九十里，近水邊安營。

十九日，晴。明起，順河西下，約行五十里，於阿力馬力口子出，至河邊渡頭安營。住一日。

二十一日，晴。早起，向南山下行，約一百三十里，至山近有人煙種田處安營。

二十二日，晴。早起，向西南入山峽中。過巷里打班，山徑崎嶇，雪深數尺。約行九十餘里，下山，有青草處安營。

二十三日，陰。明起，順山澗水向西行，約有五十餘里，有夷人帳房處安營。

二十四日，大雪。早起，約行有五十里，於松山下安營。

二十五日，晴。明起，向西行，順流水平川，約有九十里安營，住一日。

二十七日，晴。明起，向西行，平川地，水東流。約行七十里，安營。

二十八日，晴。明起，向西行。渡平川，轉西北行，約有八十里，地名闊脱禿，人煙多處安營。

二十九日，晴。明起，向西行，入山坡中，有水一大池。路北邊有石一大堆，若矮山，地名爽塔石。過此通行一百餘里，於山川中安營。

六月初一日，陰，大風微雨。明起，向西行平川，道北山甚高。約行七十里，於草灘上安營。住一日。

初三日，陰雨，午後止。起，向西行，約有四十里安營。

初四日，明起，向西行。平川地，有一海子，南北約百里，東西一望不盡，名亦息渴兒。約行九十里，於海邊安營。

初五日，晴。明起，向西行，沿海岸約行五十里，於岡山安營。

初六日，晴。明起，向西行，沿海岸約行七十里，於有草處安營。

初七日，晴。明起，向西南入山峽中。約行九十里，於山坡上安營。

初八日，晴。明起，向西行。過長山，約一百二十里，下山，於草灘上安營。

初九日，晴。明起，向西南行。平川地，約九十里，於山下安營。

初十日，晴。早起，向西南行。上高山，名塔兒塔石打班，石徑崎嶇，高百丈，雪深數尺。約行七十里，過山，於草處安營。

十一日，晴。明起，順川水向南行，約五十里，近夷人帳房，地名哈剌烏只，山坡上安營，近頭目忽歹達帳。住三日。

十五日，下雪。明起，向北行。過山下平板，復向西行，約有五十餘里，於草灘上安營。

十六日，晴。明起，順川流西行，渡水七八回，水勢沖急。約行九十里，於草灘上安營。

十七日，晴。明起，順山峽西行。復北向上一高山，路徑嶮峻，人馬不得並行。約五十餘里，下山安營。

十八日，晴。早起，入山峽中，向西北行。過山，下平川，約有百餘里，於川中安營。午雨雹。

十九日，晴。早起，向西行，順川過水，入峽中。約行百餘里，於水邊安營。

二十日，晴。早起，順山峽逆流向西行，過打班，約行一百五十餘里，於山下安營。

二十一日，晴。早起，向西行，平川，路多溪水。上坂下川，通行一百五十餘里，于岡上安營。

二十二日，晴。早起，向西入山。大溪水東流，經平川，通行一百五十里，於山邊安營。

二十三日，晴。早起，向西北上山，過坂，下山順川西行，約一百里安營。

二十四日，晴。早起，向西行，出山口，一大平川。約行一百五十里，於川中有古牆垣處安營。

二十五日，晴。早起，順川西行，約有一百五十里，於河邊安營。

二十六日，晴。早起，向西行五十餘里，至養夷城邊息馬。午後復行，至晚，通行一百五十里，於有草處安營。

二十七日，晴。明起，向西行，皆平川地。約行一百里，有回回阿兒哥處安營。

二十八日，晴。明起，向西南行，約一百五十里，於原上安營。

二十九日，晴。明起，向西行，一路平坦。約行七十里地方哈卜速安營。塞藍頭目差人來接。北路亦先至此相會。住一日。

七月初二日，晴。早起，向西行約五十餘里，過塞藍城西邊，近水處安營，住二日。

初五日，晴。早起，向西行。平坦路，約行一百里，有水草，地名月都孤兒巴，安營。

初六日，晴。中夜起，向西南行，約有一百五十里，人家近處安營。撒馬兒罕差人來接。

初七日，晴。早起，向西行，約四十里，近達失干城東田中安營。住二日。

初十日，晴。早起，向西南，皆平路。約有一百里，地名渴牙兒，安營。

十一日，晴。早起，向西南行，經平川，約行七十里，至一渾河，地名大站，有船五六隻，可渡行李。馬由水中渡，泥陷，死者甚多。住一日。

十三日，晴。分人去沙鹿黑葉，賞賜頭目也的哥兒哈班。午起，向西南行，入一大川，並無水草。約行三百里，至有人家處，地名底咱，安營。住一日。

十五日，晴。早起，向西南行，皆平地。約行九十里，地名米咱兒，安營。住二日。

十八日，晴。中宵起，向西行，經一石峽，約行七十里，地名多礡，安營。

十九日，晴。五更起，向西行，皆平地。約行七十里，地名石剌思，安營。

二十日，晴。早起，向西行平川地，約行七十里，地名哈剌卜蘭，安營。

二十一日，晴。早起，向西行，過大溪水，灘淺而寬，約行四十餘里，至撒馬兒罕城東果園，安營。住十日。

八月初一日，晴。大風。明起，向西南行，約有三十里，地名米昔兒，安營。

初二日，晴。向午方起，向西南行。度小岡，約行三十里，有高土屋一所，居石山上，舊時帖木駙馬所築，地名塔達哈剌赤，安營。

初三日，晴。午後起，向西南入山峽中，山徑崎嶇。約行七十里，天晚，於山上亂宿。

初四日，晴。明起，向西南下長坂，至一大村。約行六十里，地名沙李三，安營。

初五日，晴。明起，向西南行十餘里，近渴石城邊安營。住一日。

初七日，晴。明起，向南行。度平川，約有五十里，地名脫里把剌鎮，安營。

初八日，晴。早起，向西南行，皆矮上。約行六十里，地名火進滿剌，小河邊安營。

初九日，晴。早起，向南行。度平岡，復向東行，約七十里，地名大亦迭里，河邊安營。

初十日，晴。早起，向南度山，約行一百里，地名白阿兒把，山上安營。

十一日，晴。五更起，向南行，入山峽，或東行度一石峽，名鐵門關。出關渡小河，約行七十里，於草灘上安營。

十二日，晴。早起，向南行。渡一石橋，約行百里，地名屑必藍，安營。

十三日，晴。早起，向南度山，經一大村。約行六十里，地名鸚哥兒，安營。

十四日，晴。早起，向南行，復東向，經大村，約有六十里，地名阿必阿母，人家近處安營。

十五日，晴。早起，向南行，經大村，約行五十里，一河邊，河名阿木，有小舟七八個。東岸有城池，名迭里迷，于河岸上安營。住二日，過渡。

十八日，晴，渡人馬至晚，連夜就行，向西南過沙川，無水。至十九日早，通有一百五十里，至大村中，地名斜吉兒，安營。

二十日，晴。早起，向西南行。經大村，約行六十里，近八剌黑城東北安營。住二日。

二十三日，晴。早起，向西行，或西北行。四面空闊，維南有遠山。約行百里，渴石安營。

二十四日，晴。早起，向西北行，皆大村。約行五十里，有山，河水，駕石橋過，地名孛里哈荅，于橋頭安營。

二十五日，晴。早起，向西北行，一路平坦。約行一百里，地名奧禿，安營。

二十六日，晴。早起，向西行。一路平坦。約有六十里，地名都克，安營。

二十七日，晴。向晚起，西行。過沙川，無人煙。行至二十八日早，約有一百餘里，近俺都淮城東安營。住三日。

九月初二日，晴。早起，向西南行，一路軟沙。約行一百里，地名奧赤下兒山，河邊安營。

初三日，晴。早起，向西南行，平沙地。約行九十里，地名哈令卜板，有人煙處安營。

初四日，晴。早起，向西南行，皆平岡。約行九十里，地名巴里暗，安營。

初五日，陰。早起，向西南行。度山峽，出大村，約行九十里，地名買母納，安營。住三日，以同行之人多病。

初九日，晴。早起，向西南行。度山峽，出大村中，約六十里，地名丫里馬力安營。

初十日，晴。早起，向西南上山，度峽，約行六十里，地名納鄰安營。

十一日，晴。早起，向西行，上山下阪，出一大村，約行四十里，地名海婁兒，安營。

十二日，晴。中宵起，向西行，度山峽，至一大村，約行一百里，地名車扯禿，安營。住半月，候沙哈魯出征回。

二十八日，晴。早起，向西行。經平川，約行七十里，地名跛看，安營。

二十九日，晴。早起，向西行，度南邊山坡，出大村中，地名馬剌奧。約行七十里，于田中安營。住一日。

閏九月初一日，晴。天明起，順河西行，度山峽，出平川。約行五十里，地名骨里巴暗，田中安營。住五日。

初七日，晴。明起，向西北行，約十餘里，地名馬剌綽，人家多處安營。

初八日，晴。日中起，向西南入平山，順峽西南行。至初九日巳時分，方出山。約行二百餘里，至村中，地名色忒兒革，河邊安營。

初十日，晴。四更起，順川向西南行，約有八十里，地名吐端，人家近處安營。住一日。

十二日，晴。四更起，向西南行。度矮山，約一百三十里，地名紥剌等吉，安營。

十三日，晴。三更起，向南行，入山峽，路徑崎嶇。約有一百二十里，地名脫忽思臘巴兒，下山安營。

十四日，晴。明起，向西南度矮山。行約三十餘里，出山口，近哈烈城東邊安營。計在途九匝月，尚在哈烈。

明·王直《抑菴文集》卷四《西域行程記序》 西域之國，哈里差盛強，其次則賽瑪爾堪，蓋自肅州嘉峪關西行九千餘里，至賽瑪爾堪，又二千八百餘里乃至哈里所，經城郭諸國凡十五六，其人物生聚有可觀者蓋無幾，唯此二國物産之饒，風俗之豪侈，遠近賓客之所輻輳，大畧相似，然無舊志可考，不知於漢唐為何國，此地之所以陋也。我太祖皇帝受命有天下，四夷君長莫不奉貢，唯西域遠國，不能自達，仰聲明文物之盛，而興其謳歌朝覲之心久矣。太宗皇帝入正大統，仁恩義澤，靡不沾被，其諸君長則皆稽首南向，曰聖人之德猶天也，庶幾其撫我乎！上知之，擇廷臣之賢者往焉，而陳公子魯實當其選。公忠厚樂易，恭己愛人，敬慎之心，久而彌篤，徧歷諸國，宣布明天子德意，未嘗鄙夷其人，是以其人不間小大賤貴，皆嚮風慕義，尊事朝廷，奔走送迎，惟恐或後。既而各遣使者，來謝恩闕下，貢水土物，公則以其所歷山川之險易，人民之多寡，土壤之肥瘠，貲畜之饒乏，與其飲食衣服言語好尚之不同，備録成書，上之。蓋一舉目之間，可以想見萬里之外，公之用心，亦至矣。

明·慎懋賞《四夷廣記·海國廣記·天方國·古里國至天方路程》 又陸路一年可達中國，貢道從嘉峪關入。

又《拂菻國·拂菻至中國路程》 東自大食、于闐、回紇抵中國。《唐書》謂其去京師四萬里。

［羅馬尼亞］米列斯庫《中國漫記》第五章《通往中國的陸路》 雖然以前已有許多道路，世界各國人民沿著這些道路進入中國，可是現在發現了更多更穩妥的道路，其中從印度和波斯通往中國的道路是耶穌會士發現的。而從西伯利亞通往中國的道路則是我們俄國人發現的。頭一條從印度通往中國的陸路是耶穌會士走的，這些耶穌會士受一個有蒙古名字的印度大帝的委託，到中國去打探情況。他們帶了一支由五百人組成的大馬幫，走了一年多才到達。根據他們的描寫，這條道路艱難而危險，路上盜賊蜂起，旅客必須穿過荒漠和山嶺。這是最早的一條路，完全是陸路，因為從大陸邊緣的海岸開始，中印之間完全是陸地接壤。第二條路是從波斯國到中國，也可以從阿斯特拉罕到中國，耶穌會士走過這條路，布哈拉人通常都是經過撒馬爾罕、吐魯番、哈布爾等布哈拉城市，也有經過博隆塔拉的，達賴喇嘛就住在這裏。由於缺水，沿途盡是沙漠，這條道路非常艱難，這裏的飲水要走幾天的路程才能運來，許多牲畜由於乾渴而死。還有一個危險就是：經常有遊牧的喀爾木克人搶劫馬幫，前幾年就有這種情況。這條道路通向中國的邊界城市肅州，此地盛産大黃，托博爾斯克人也曾和布哈拉人一起走過這條路，尋找大黃，並將大黃運往歐洲各國。從肅州到中華帝國的京城北京，要沿長城行走大約一個月。第三條道路是通常走的巴依科夫路，在這條路上，布哈拉人和喀爾木克人，還有我們俄國人曾多次用平底船航行在額爾齊斯河上，從托博爾斯克到大鹽湖，然後從這裏起，穿過喀爾木克國和蒙古到達中國的美麗城市庫庫河屯。這是建造在平原上的一個城市，位於抵禦喀爾木克人的長城外面，從這裏到北京有兩個星期的路程。這條道路十分艱難，因為缺水，同時也十分危險，因為喀爾木克人盜賊經常出没於此，他們之間也經常發生戰爭，搶劫馬幫，幾年前曾發生過一次，有一千人被殺或被擄。關於這兩條道路，阿玉奇台吉可以作更多的介紹，經過他那裏的道路既短，也較平安，雖然他也是屬於平原喀爾木克族。這兩條道路的不同之處還在於，他們經過長城的不同關口。除了長城上修建的關口，任何其他地方都無法越過長城，也進不了中國。在這些道路之間，還有其他一些小路，中國的一些順民、邊境地區的蒙古人和喀爾木克人就走這些小路，因為長城上海修建了不少小關口。通常只有走大馬幫的路才算是大路。第四條路是最近才發現的一條新路，它越過平原，從色楞格斯克起穿過鄂齊爾賽因汗和庫圖塔喇嘛統治的蒙古地區，像幾年前商人和士兵那樣帶著馬幫行進，這條路要走八個星期。這條路上險阻不大，只需遠路取水，柴薪匱缺之處不多，不過仍有危險，尤其是搶劫，因為蒙古人經常在夜間偷盜馬匹和駱駝，需悉心守護。如果向鄂齊爾汗和庫圖塔喇嘛餽贈禮品，則不會再有別的盜匪之患，因為他們會派遣嚮導，並一直護送到中國。從托博爾斯克和色楞格斯克出發的兩條路就在這個國家的邊緣地區相匯，一直通往中華帝國。第五條通往中國的道路，是經過涅爾琴斯克、達呼爾地區、腦温河通向中華帝國的一條路，我們這次走的就是這條路。從俄羅斯帝國算起，這是最短的一條路，正如前述，從涅爾琴斯克到居住著中國人和達斡爾人的腦温河，帶著駝隊和馬幫只要走三個星期即可到達。這裡的官員出租牲口、供給飼料，直到帝國。從涅爾琴斯克到腦温的距離和從腦温到北京的距離相等，絲毫不必顧及土

著人的侵擾，因為額爾古納河上居住的是中華帝國的順民，而從額爾古納河再往前走，只居住著幾個和善的蒙古人，他們畏懼俄國人。所以，在所有的各條道路中，此路可算最佳，因為從涅爾琴斯克到帝國，沿途有充足的水源和柴薪，没有被搶劫的危險，也無需向任何台吉餽贈禮品，與中國人通商之所得可全歸俄國人，而不會落入外人之手。現在越過貝加爾海到色楞格的道路，比以前通過巴爾古津河的道路易行，我們找到了一條從色楞格到達呼爾地區堡壘的新路，是一條沿烏達河的平坦道路。今天，士兵、官員和商人們從西伯利亞到達呼爾地區都是走的這條路，因為貝加爾海和巴爾古津河一帶既荒涼，又有崇山峻嶺。還有第六條道路，這是最後一條陸路。這最後一條路也是離俄羅斯帝國最近和最少危險的一條路，從阿爾巴津和阿穆爾河到腦溫河直到京都，攜帶輜重，行程也只需十天。這裏，從西伯利亞帝國到中國之間没有任何土著民族，只有經商的俄國人和中國人；而在冬季，他們就在阿穆爾河上一起獵貂，此外没有任何其他人，所以也没有任何危險。乘船從阿穆爾河上順流而下，從涅爾琴斯克城堡到阿爾巴津只需五天五夜，如走陸路則需兩星期。從阿爾巴津再往下，還需走一個星期的水路。從阿穆爾河沿河而下，到結雅河也需一個星期。就在這裏，現在阿爾巴津的哥薩克人決定建造一座堡壘。從結雅河往下，直到松花江，又要走一個星期的水路。在結雅河兩岸生長著葡萄、穀物，以及各種水果蔬菜，像腦溫河、松花江一樣。在松花江兩岸居住著許多中國順民，所以中國話把辛加爾河成為『松花』江。如果在松花江口建一城堡，中國人就無法乘船在阿穆爾河上航行了。也許還會發現一些從中國流入松花江的河流，據中國侍郎介紹，從通往嫩江的長城關口（我們就是從這個關口進入中華帝國的）到靠海的長城終端，還有八道關口，歸順于中國的各個民族，即通過這些關口與中國通商，但不許任何外國人通過。在腦温可以買到中國貨，因為這裏的商人經常出入中華帝國，他們的售價也比蒙古人便宜。第七條道路是最近發現的，穿過車臣汗的蒙古地區和達賚湖。據阿斯卡尼阿馬說，没有比這條路再短的了，因為從涅爾琴斯克到達賚湖只需一個星期，在達賚湖周圍居住著中國的順民，他們種植糧食，用牛車把糧食運到帝國只需三個星期。在達賚湖附近可以建一座城堡。有一條名叫額爾古納的大河從達賚湖通到阿穆爾河，船隻可以航行。在額爾古納河附近，當地人不久前在地面上發現了鉛礦。這裏還有錫和銀，可以看到古時開採挖的礦坑。當地人說，直至今天在這些洞穴裏還可以找到礦砂。當我在色楞格斯克停留時，我曾遣使車臣汗的兄弟色布騰台吉，商談通商事宜，並探問道路。他允諾派嚮導把使臣一直帶到中國，沿途絶無任何風險，而且一年三次也可。這段路程如果車隊需走五星期，若騎馬需三星期，即使未獲准進入中國，仍可在長城邊緣，在邊境城市經商。因此，我從色楞格斯克派了一些兵士，攜帶國禮，去探問道路，了解是否像阿斯卡尼阿馬説的那樣，或者越過達賚湖的最短道路爲另外一條。阿斯卡尼阿馬還說，從嫩江關口到達賚湖關口的道路行程一個星期。從達賚湖到色楞格斯克的道路也是一個星期的行程；從色楞格斯克關口到托博爾斯克是十天的行程，而所有的關口和道路都和北方皇城北京保持著相等的距離。皇都建於此是為了防禦博格達人、喀爾木克人和蒙古人，它同長城的四個關口也保持著相等的距離，即爲一百三十俄里。

除了我們尚書的那些道路，無論是從俄羅斯帝國、西伯利亞帝國，還是任何其他帝國都不再有、也不會再有別的道路，因為中華帝國位於邊緣地區，在東方的起端，然後向南延伸。没有任何其他帝國比西伯利亞更接近中華帝國了，特别是它的皇城，因為從阿爾巴津到北京騎馬只要三天。如果有河流向下流入阿穆爾河，那麼乘船航行就會更快，不過這也就有待時間和上帝的造化了。

海上通道分部

綜　述

東海航路

明·慎懋賞《四夷廣記·東夷廣記·朝鮮·本朝天津到朝鮮水路程》

天津壹百伍拾里至大沽，大沽壹百貳拾里至齊口河，壹百貳拾里至大鋸河，大鋸河叁拾里至沙頭河，沙頭河廿里至套兒河，套兒河貳拾里至潑油河，潑油河陸拾里至蔣河，蔣河貳拾里至混水望，混水望叁拾里至丁河，丁河乙百廿里至系網口，系網口玖拾里至塘頭，塘頭玖拾里至泊浪河，泊浪河伍拾里至淮河，山東萊州府管。淮河乙百貳拾里至芙蓉島，芙蓉島陸拾里至三山島，三山島乙伯貳拾里至珻鷄島，珻鷄島肆拾里至桑島，桑島拾伍里至黄河營，山東登州府管。黄河營陸拾里至廟島，廟島拾伍里至珍珠門，廟島有奶奶廟，過須享祀。南星石落在中間，舟行必兩邊避之。珍珠門乙百捌拾里至它磯島，它磯島陸拾里至欽島，欽島叁拾里至羊角島，羊角島叁拾里至皇城島，皇城島叁百里至旅順口，遼東地方，開船要南西風。旅順口四拾里至大王玉川，二拾里至平島，叁拾里至沙河口，沙河口拾伍里至菱角灣，四拾里至黑山島。黑山島捌拾里至三粗牛，三粗牛肆拾里至海清島，海清島叁拾里至蒲家灘，蒲家灘陸拾里至廣禄島，廣禄島肆拾里至大長山，大長山壹百廿里至石城島，石城島乙百廿里至洛鳳閣，洛鳳閣乙百廿里至小橦子島，小橦子島九十里至馬頭山，馬頭山伍拾里至流江浦。始達朝鮮地。天津衛至朝鮮地界共貳千玖百陸拾里。

馬頭山至愛州城，愛州城至下江口泥川堡，共壹百伍拾里。泥川堡至堡糧子口，壹百柒拾里。堡糧子口至野雞島，乙百肆拾里。野雞島至猪島，伍拾里。猪島至養馬島，伍拾里。養馬島至黄糧鎮口，乙百陸拾里。平壤口至皇城，貳百里。皇城至開城，開城至釜山，至狼牙止。此處有座皇城，甚是難行。走彌串堡，到王京三千里。王京到釜山，叁千里。

清·允禄等《駢字類編》卷八〇《數目門三·一·一望》（明）陸釴《渤海圖論》：自碣石通朝鮮諸國，直抵扶桑，一望汪洋浩瀚，溟涬無際，外控夷落，内衛諸夏，則山東形勢，實稱險絶。

清·岳濬等［雍正］《山東通志》卷二〇《海疆志·附海運攷》 萬曆二十五年詔征倭，自登州運糧至朝鮮。

［朝鮮］金指南等《通文館志》卷三《事大·航海路程》 古者通中國以水路，自豐川乘船渡赤海。白海、黑海數千里，經許多洲嶼，候風潮取路而上。副使書狀各異船，各具一本表咨，以備不虞。故麗末上使洪師範淹死，而書狀鄭國隱夢周得達。入我朝，自永樂己丑從陸朝天，天啓辛酉遼沈路梗，復從海路。一起使行使、副使、書狀官、堂上通官、大通官、次通官、跟隨通官、管廚通官、前路通官、方物押領通官、軍官、醫員、寫字官及所帶奴子通共三十餘員名，而一起船隻以五爲限，每船水手三十名，又有各樣工手以備修補損壞。該載物件有表咨文書、進獻方物及上下員役口糧、盤纏、衣服等物。蓋三使各乘一船，賫擎表咨、方物。其他員役分坐別船云。出《野談》及《谿谷集》。

自宣川宣沙浦，或從威從，或從安州老江鎮。發船至鐵山椵島，六十里。丁卯以後自甑山、石多山發船，三百里到椵島。車牛島，一百四十里。鹿島，五百里。自此屬遼界石城島六百里。長山島，三百里。廣鹿島，二百里。三山島，二百八十里。平島，二百里。皇城島，一千里。鼉磯島，二百里。廟島，二百里。登州。八十里。以上海路。【略】

共水路三千七百六十里，陸路一千九百里。崇禎己巳，爲鈐制椵島毛文龍，寧遠督臣建請易路。自平島分路，四十里到旅順口，四十里到鐵山嘴，八十里到羊島，四十里到雙島，五百里到南汛口，一百七十里到北汛口，一千里到覺華島，十里到寧遠衛，自此登陸至北京。共陸路九百一十一里，水路四千一百六十里。改陸後，覺華島水路遠倍登州。所經鐵嘴一帶，巨海接天，絶無島嶼，而多藏暗礁，險惡無比。數年之間，陪臣淹死者五人，聖祖欽賜符驗及表咨方物幷皆漂失。島帥既斃，督臣亦誅之後，請解舊禁，再從登路事，壬申奏請。出《考事撮要》及《槐院謄録》。

明·嚴從簡《殊域周諮録》卷三《日本國》 拘邪韓國，方可五百里。在新羅、百濟東南。渡一海約千餘里，曰對海國，居絶島，方可四百餘里。山險多深林，禽鹿千余成群。户無良田，食海物自活，乘船南北市糴。又南渡一海，約千餘里，曰瀚海國，方可三百餘里。多竹林叢林，户三千餘，差有田地，食不給，亦南北市糴。又渡一海約千餘里，曰末盧國，户四千餘，濱山海居。草木茂盛，行不見前人，好食魚鰒，水無淺深，皆沉没取之。東南陸行五百里，曰尹都國，户千有餘。又東南百里，曰奴國，户二萬餘。又東行百里，曰不彌國，户千有餘。又南水行二十日，曰投馬國，户五萬餘。又南水行十日，陸行一月，曰邪馬一國，即邪摩維國，大倭王所都。

明·李言恭等《日本考》卷二《貢船開泊》 本國七道，三道額定造船朝貢。南海道應貢，土佐州造船，至秩子塢開洋。山陽道應貢，于周防州造船，花旭塔開洋。西海道應貢，豐後州造船，五島開洋。但海外有秧子塢、養久山塢、葉落埠三島，乃海之咽喉，琉球及南海道貢船，必由此而分行；南行係琉球，西行至大唐。

惟西海道五島開洋。此島又為秧子塢三島之總喉，西行至中華，北行至高麗。由此島至中國普陀山，隔海四千里，如得東北順風，五日五夜至普陀山。如風靜寧息，程途有限。如值逆風，卸邳篷帆，任其蕩行，力不可挽。倘不幸遭暴風壞之，復回本國，造船再行；如不壞船，縱風不便，不過半月有餘，已到中國。來貢之舟，每泊台州、定海，請驗勘合，令其收拾兵器貯庫，移至寧波佳賓堂，給贍住候朝命。詔至，留從伴一半守船，一半入京朝見。寧波市貨彼國缺者，肯重價買之，故此地若貢使至得其利。朝鮮與各同返，燕賞之物與守船者均之。

明·鄭若曾《鄭開陽雜著》卷四《日本圖纂·使倭針經圖說·太倉使往日本針路》 見《渡海方程》及《海道針經》。太倉港口開船，用單乙針，一更，船平更者，每一晝夜分為十更，以焚香枝數為渡，以木片投海中，人從船面行，驗風迅緩，定更多寡，可知船至某山洋界。吳淞江。用單乙針及乙卯針，一更，平實山到南匯嘴，用乙辰針，出港口，打水六七丈，沙泥地，是正路。三更，見茶山。茶山水深十八托，一云行一百六十里，正與此合。自此用坤申針及丁未針，行三更，船直至大小七山灘。山在東北邊灘山下，水深七八托。用單丁針及丁午針，三更，船至霍山。霍山用單午針，至西後門。西後門用巽已針，三更，船至茅山。茅山用辰已針，取廟州門，船從門下行過，取升羅嶼。廟州門水深急流。升羅嶼用丁未針，經崎頭山，出雙嶼港。升羅、崎頭俱可泊船，崎頭水深九托。雙嶼港用丙午針，三更，船至孝順洋及亂礁洋。雙嶼港口水流急，孝順洋水深十三托，泥地。亂礁洋水深八九托。取九山以行，九山西邊有礁，打水行船宜仔細。一云亂礁洋水深六托，泥地。九山用單卯針，二十七更，過洋至日本港口，打水七八托，泥地，南邊泊船

又有從烏沙門開洋，七日即到日本。若陳錢山至日本，用艮針。

又《福建使往日本針路》 梅花東外山開船，用單辰針、乙辰針或用辰巽針，十更，船取小琉球。小琉球套北過船，見鷄籠嶼及花瓶嶼、彭嘉山。彭嘉山北邊過船，遇正南風，用乙卯針，或用單卯針，或用單乙針；西南風用單卯針；東南風用乙卯針。十更，船取釣魚嶼。釣魚嶼北邊過，十更船南風，用單卯針；東南風，用單卯針，或用乙卯針。四更，船至黃麻嶼。黃麻嶼北邊過船，便是赤嶼。五更船南風，用甲卯針；東南風，用單卯針；西南風，用單甲針，或用單乙針。十更，船至赤坎嶼。赤坎嶼北邊過船，南風用單卯針及甲寅針，西南風用艮寅針，東南風用甲卯針。十五更，至古米山。古米山北邊過船，有礁宜知避。南風用單卯針及甲寅針。五更，船至馬岿山。馬岿山南風用甲卯針或甲寅針。五更，船至大琉球。大琉球那霸港泊船。土官把守港口，船至此用單卯針及甲寅針，行二更，進那霸內港，以入琉球國中。

那霸港外開船，用單子針，四更，船取離倚嶼外過船，南風用單癸針。三更，船取熱壁山以行，熱壁山南風用單癸針。四更，船取硫黃山，硫黃山南風用丑癸針。五更，船取田嘉山，又南風用丑癸針。三更半，船取夢加剌山，南風用單癸針及丑癸針。三更，船取大羅山，大羅山用單癸針。二更半，船取萬者通七島山，西邊過船，萬者通七島山，用單寅針。五更，船取野顧、七山島內，各叫兵之妙。是麻山嶼、野顧山用巽寅針。二更半，船取但午山，用艮寅針。四更，船取亞甫山。

一云野顧山對面行六十里，有小礁四五箇，最宜畏避，在北邊過船用艮寅方，行一百五十里至旦午山，用艮寅方，行二百四十里至亞甫山。

亞甫山平港口，其水望東流甚急，離此山用艮寅針。十更，船取亞慈理美妙。若不見此山，用單艮針；二更，船又艮寅針。五更，船取灣倣烏佳眉山，沿灣倣（一云治渡倣）沿灣倣烏佳眉山，用單癸針，三更船。若船開時，用單子針。一更，船至而是麻山，而是麻山南邊有沉礁，名套礁。一云名佐沉長礁。東北邊過船，用單丑針。一更船是正路，却用單子針。四更，船取大門山中。大門山傍西邊門過船，用單丑針。三更，船取兵褲山港。兵褲港循本港，直入日本國都。

若曾按：已上針路，乃歷代以來及本朝國初中國使臣入番之古道也。頻年倭寇之人往往取間道突至，便利特甚。予已稍從《入寇圖》中指畫，然不欲條書之者，恐傳者或貽奸孽，以倖釁也。有志於經世者，必須以意會之，而得予之所以不詳書焉，斯善矣。

又 卷二《萬里海防圖論下·日本入寇論》 始倭之通中國也，實自遼東。由六朝及今，乃從南道浮海，率自温州、寧波以入。風東北迅，

自彼來此，約可四五日程，而西南風迅，自此之彼，約亦四五日程。蓋其去遼甚遠而去閩浙甚邇。若盡其國界，則東西也長，行可四五月；南北也短，行三月而皆極於海。其西北至高麗也，必由對馬島開洋，順風僅一日二日。南至琉球也，必由薩摩州開洋，順風七日。其貢使之來，必由博多開洋，歷五島而入中國，以造舟水手俱在博多故也。貢舶回則徑收長門，抽分司官在焉故也。

明・唐順之《武編前集》卷六《日本往太倉針路》 日本爪哇港口開洋，單艮針。二十二更，船取南麂山，在温州府瑞安縣南二百里，丑艮針。二更，取東洛及黄裙山，丑艮針。四更，船取披山，丑癸針。四更，船取眞谷山及牛崎山，東邊過，子癸針。五更，船取東西雞山及壇頭山開，有片礁，内外過，壬子針。二更，船取九山及孝順洋幷亂礁洋，壬子針。三更，船取雙嶼港，癸丑針。取崎頭，過廟州門，出西後門，單子針。四更，船取灘山，癸丑及丑艮針。三更，船取大小七山，乾亥針。四更，船取茶山，東北來，辛亥針。取港洪及南湖嘴幷寶山，收太倉劉家河。

又《太倉往日本針路》 太倉港口開船，用單乙針。一更，船平吳淞江，用單乙針及乙卯針。一更，平寶山，到南嘴匯，用乙辰針。出港口，打水六七丈，正路沙泥地。三更，見茶山，在東北邊，用巽已針。三更，船見大小七山，一路打水六七托，用坤未針及丁未針。三更，船取灘山，打水七八托，用單丁針及丁午針。三更，船藿山，用單午針，入西後門，用巽已針。三更，船取茅山，用乙辰針。取廟州門内，過崎頭，取昇羅嶼，用丁未針。出雙嶼港，用丙午針。三更，船取孝順洋及亂礁洋，打水八九托，十度到九山，在闕國西南海洋二百里，大嵩南二百里。用單卯針。二十七更，過洋，至日本爪哇山港，打水七八托，泥地。東北邊有坤申，西南邊有低嶼三箇，小嶼平平，抛船，底有三角港。中央港是瓜生港，口有沙壇線，過西入港，打水二三度。

明・慎懋賞《四夷廣記・東夷廣記・日本・寧波至日本路程》 浙江寧波府由烏沙門開洋，七日即到日本。若由陳錢山，用艮寅鍼，海程肆拾捌更，船至日本。

又《寧波往日本針位》 寧波往日本，普它開船，正南風，用單辰針，西南風，用乙辰針，俱北風，用艮寅針。若一色南風，用單辰及乙卯針。使二日二夜，隨返甲卯及甲寅針，共筭四十五更船了，即見山。或船身在南邊，即見野故山。船身在北倚，即見天堂。欲往四布至日向豐州，用甲卯針。見至布志，用艮寅及丑癸針，使至六更，船平日向。不收日向，用丑癸及壬子針，十更，船到豐州。欲往野交踏，只用艮寅及申寅針，妙也。

又《日本往寧波針位》 硫黄山開船，離山了，用辛戌及辛酉針，使至三夜二日了，隨還庚酉針，即見山為妙也。

又《松浦出港》 用坤未針，使至五更，船用坤申針。硫黄山開，用坤申為妙也。

又《漳州往琉球幷日本針位》 太武山開洋，用單艮針，七更，船取烏坵山。用艮寅針，四更，船取牛嶼。用艮寅針，五更，船取東湧山。用單辰針，西南風用乙辰針，東南風用辰巽針。八九更，船取小硫球幷籠嶼外平彭佳山。南風用單卯針，東南風用乙卯針，十更，船取釣魚嶼邊過船。南風用單卯，東南用丹卯針。四更，船取黄麻嶼北邊過。南風用單卯及甲寅針，西南風用艮寅針，東南風用甲卯針，十五更，船取粘米山，北邊過船，有礁，行船子細。南風用單卯及甲卯針，十五更，船取馬齒山。用甲卯及甲寅針，使二更，船取琉球港口。進港大吉，妙也。

開洋，用單子針，四更，船取椅山。用單癸，三更，船取葉礁山。用單癸，四更，船取硫磺山。用丑癸，五更，船取田佳地山。用丑癸，三更半，船取度加剌山。用單癸及丑癸，三更，船取大羅山。用單癸，三更半，船取萬者通七島山，兩邊過船。單寅針，五更，船取野故山内過。用艮寅針，二更半，船取旦尔山。用艮寅，四更，船取亞甫山，平港口。其水東流，十分緊。用單寅，十更，船取亞慈子里美哉其山。或不見山，用單癸針，三更船。若船身開，用單子針，一更，船取而是麻山。南邊有一沉礁，名佐長礁。東北邊過船，用單丑，一更是正路。用單丑，四更，船平兵庫港，為妙也。

又《兵庫港回琉球幷漳州針位》 兵庫開船，用單未針，四更，船用單午針，四更，船取山門，傍西門過。用單午針，四更，船取而是麻山。用單丁針，三更，船取沿渡奴烏佳眉山。用單申針，五六更，取亞慈子里美妙其山。用單申針，十更，船取亞甫山。用單坤，六更，船取亘尔山。用坤申針，二更半，取野故山。用坤申針，五更，船取七島內，名叫兵之奴是爾麻山，共野故對面，一更船，有小礁十四五個，千萬子細，在北邊過船。用單丁，三更半，船取大羅山。用單丁針，三更，船取度加剌山。用丁未針，三更半，船取田佳地山。用丁未針，五更，船取硫磺山。用單丁針，四更，船取葉壁山，外過船。用單丁針，三更，船取椅山。用單午針，四更，船取琉球港口。用坤申針，取溪剌麻，山尾雙連平平。用坤申及單申針，一更半，船取平郡邑是麻山。用辛酉針，三更，船取粘米山。開洋，南邊過船，用乾戌，四更，船用單乾針，六更，船取赤嶼。用單庚及單酉，十更，船取黃麻山。用單酉針，四更，船取釣魚嶼。用單針，十更，船取彭佳山。用單卯針，一更，船取雞籠嶼。用單戌針，八更，船取東湧山。用單申針，取牛嶼。用坤申針，四更，船取烏坵山。用單坤針，七更，船取大武山，是漳州為妙也。

又《日本貢道》 由博多開洋，歷五島，入寧波府定海關，因造舟水手俱在博多故也。貢舶回，則徑收長門，因抽分司官在焉故也。

又《日本南至琉球國水程》 由薩摩州開洋，順風七日可到。

又《日本西北至高麗水程》 由對馬島開洋，各島之人俱至堆沙几撒思乃山谷。三嶴開洋至高麗之則失多，順風壹日約五百里。

又《朝鮮釜山往日本路程地里》 六月十六日，自釜山舟出大洋，渡海面凡五百餘里，晚至推薩矶。其地惟樵舍數十家。又一日，放舟傍山，東北行三百餘里，薄暮抵對馬島，即福州島。四圍皆高山，山有營民，居千餘，人可萬計。有迎天使館，館後為國分寺，景最優雅。自對馬島，傍山東南行四百八十餘里，晚至益祁島，館創小山上，居民數百，家家業漁。益祁島屬飛鸞島，即先年汪直為寇者。自益祁島，依山西南行二百餘里，昏抵南柯崖，即名護屋，山上新創小城。山有五層樓，登眺大海，天使館亦在其中。中多倭將房屋，關白寇朝鮮來此所建。兵計萬餘，居屋數百餘。華番商舶亦有至者。循小島，東北行二百六十餘里，晚至耶奴世馬，傳舍俱新創。其地無民居，館東北數武有仙岩，狀若石梁。自耶奴世馬，傍山東北行三百餘里，昏抵長門，倭言加末世矶。此地上控倭京，下環大海，實一關隘也。向島各為主，防禦最嚴。今關白蕩平諸島，彼此通行無禁。民居三百餘，兵可千計。倉廩所積，天使館即倭將營房也。館東北有山寺。自長門東行，左依山麓，右望大海，間見遠山，日夜行三百五十餘里，始達看馬世矶。看馬世矶東北行三百餘里，始抵通門，倭言恰馬甲里。自恰馬甲里，東北行三百餘里，至鞆浦，倭言土木，屬備後州。居民頗稠，最重中元節，皆張燈祀先供佛。館新創，館東南有福禪寺。向東北行二百餘里，抵牛萬都，倭言烏世慢多。居民四百餘家。傳云此島始焉民居千餘，多劫掠洋海，最為惡俗。關白殲其渠魁，徙其遺衆，始得安。東北行二百三十里，抵木羅，即攝津，居民四五百家。向東行二百餘里，沿海之地，萬山聯絡，尤多平曠，農居連屬。禾黍盈疇。晚抵兵庫，民居亦稠。行一百五十餘里，抵和泉州沙界，無城廓，民居寸地如金。周圍凡十餘里。其地街巷風景，交易制作，宛類中華，而華物番貨無所不有，第其值稍昂耳。人煙輻輳，甲於通國云。此地素不懼兵燹，一遇攻敵，則輸求降。富者居積貨殖，有至百萬，儼一都會也。

明·張燮《東西洋考》卷六《外紀考·日本》 倭地北跨朝鮮，南盡閩、浙。其往朝鮮也，自對馬島開洋，信宿至。閩、浙順風，旬月至。

清·佚名《指南正法·寧波往日本針》 普陀放洋，用單卯十四更，又用單卯十更，又用甲寅八更，又用單甲八更見天堂，收入長崎。

又《回寧波針》 港口開舡，用丁午更取天堂山尾放洋。用庚申十三更，又用單口八更，用庚酉十八更，又用單酉十更收普陀，即寧波港是也。

又《溫州往日本針路》 溫州開舡，用單甲五更，用甲寅六更，用單寅二十更，用艮寅十五更，取日本山，妙也。

又《日本回寧波針路》 五島開舡，用坤申七更，用庚申十五更，用單庚及庚酉二十五更收入寧波是也。

又《鳳尾往長岐》 出港西南風，用甲寅五更、單寅六更、艮寅二更、長寅十八更、單寅八更見里慎馬，甲寅七更收入港甚妙。

又《普陀往長岐》 放洋南風，用甲寅十更、單寅十更、甲寅三更，見里甚馬，艮寅七更收入妙也。

又《沙埕往長岐》 開舡南風，用甲寅四更離山，單寅七更、艮寅二十二更、單寅八更，見里甚馬南過，艮寅七更收入妙也。

又《盡山往長岐》 開舡北風，用單寅十五更、艮寅九更，取五島，單寅五更收港可也。

又《普陀往長岐針》 東南風用甲寅，西南風用甲寅，三十二更見里甚馬，取五島。普陀南風用單辰及乙卯使二冥日，又用甲卯及甲寅。咸或寧波地界開舡，用甲卯四十五更，若見七島山及野故山。或牛嶼往長崎，用甲寅五更取東湧。用單辰十八更，用艮寅十五更、單寅二十更，用單甲假天堂，正用乾戌三更、子癸五更收入。或東湧往長崎用艮寅五更、單寅十六更，北風用單寅八更、丑寅七更、艮寅八更見冰甚馬，用艮寅收入。或寧波往長崎開舡用甲卯十更、甲寅十五更取長崎。長崎回寧波，離港單申七更、庚申十五更，用單庚及庚酉七更取寧波，妙哉。或南杞往長崎用單卯十更，用艮七更，又艮寅壬五更見里甚馬，照前針收入，妙甚。

或九山往長崎，北風艮寅三十二更近五島。單寅五更收入長崎，妙甚妙甚。

或盡山往長崎，北風用單寅十五更、艮寅九更取五島。單寅五更收入，妙也。

或見馬齒用壬子取天堂，妙也。

或見温二，用單癸及壬子取天堂北頭過，用子癸收入。若在天堂南頭過，用乾亥收入，妙也。

或貪南見七島，用壬子七更取温裕。

或設子馬用乾亥三更見交刀帽，單亥取天堂。或貪北見高麗山。用辰巽十一更取五島，單寅收入港。或見水甚馬，巽巳五更取五島，單寅收入港。

温二直隨即是設子馬地界。沿山使上見桃里馬。桃里馬上是阿金美，阿金美上是主舊灣，主舊灣内有白沙波，沿山使上是京泊洋，京泊洋上是阿九根，阿九根上是野馬居沙，野馬居沙上四更洋審馬己哪，洋審馬己哪上是一枝花，一枝花上是長崎，長崎上是旺浮郡，旺浮郡上是魚鱗島，魚鱗島上是隴居仔，隴居仔上是花脚踏踏，花脚踏踏上是沂對東地是興丹，興丹上四更是望高，望高上是野故島牛裕，牛裕上是花脚踏，花脚踏上三更是艮山國鼊那西渠雄。設子馬斷水過是野故大山，有七島山，設子馬若後東去使上是夜明高山，號叫開門山。使上即是空虚甚馬。對過是牽支綿澳友子相德。入去即是布至，過去即去斷嶼，過去雄家入去是望高，即是皇丹。有條水去萬丹，其水甚急，開有五嶼，其山甚高大，若收此處為妙。

若魚鱗島山東去即是隴居仔，對去即是一收山，西北邊水甚馬，對南是甚馬，相連即是高麗朝鮮。

又《廣東往長崎針》 失筆羅開駕，單寅五更、艮寅四十二更取大星。艮寅十五更取南澳，單寅十五更取圭籠大山。艮寅三十三更單寅見天堂妙。

又《長崎回廣南針》 長崎港口放洋，單申七更取美慎馬。用坤申三十五更、單坤五更，見山隴。用丁未七更取白犬。丁未五更取牛嶼。丁未四更取烏坵。北風用坤申、東北風用單坤，十五更取南澳坪山外過。用坤申十五更取大星尖。用單坤三十五更取大洲頭。用坤申十五更取尖筆羅爲妙也。

又《厦門往長崎》 大担開舡，用甲卯離山。用艮寅七更取烏坵，内是湄洲媽祖，往祭獻。用艮寅及單寅七更取雞籠頭。用艮寅二十更，取單寅下十五更，單艮上十五更，取天堂。用子癸並壬亥收入港，妙也。

北山開舡往長崎只有二十五更。西長外嶼有小嶼二個是五島，認真隴是五島大山。過東來有六七個石嶼尖是美慎馬。用單艮七更取長崎。對東七更是天堂，似南港様，或頭入見天堂門。壬子癸門隴，斟酌轉變尋坎馬甚馬，收入天堂。東去有一個嶼，隴近看似東椗様，是温二。温二對東五更一山尖高一頭赤色，東南有一嶼多是馬齒山，船抵用子癸取天堂，妙也。

清·陳倫炯《海國聞見録》卷上《東洋記》 （朝鮮）其南隔一洋，日本國屬之對馬島，順風一夜可抵，明關白為亂者是也。自對馬島而南，寅甲卯東方一帶七十二島，皆日本倭奴之地，而與中國通貿易者，惟長崎一島。【略】

所綂屬國二：北對馬島與朝鮮為界，朝鮮貢於對馬，而對馬貢於日本；南薩峒馬，與琉球為界，琉球貢於薩峒馬，而薩峒馬貢於日本。二島之王，俱聽指揮。氣候與山東、江浙齊。

長崎與普陀東西對峙，水程四十更。厦門至長崎七十二更。北風從五島門進，南風從天堂門進。對馬島坐向登州，薩峒馬坐向温台。【略】普陀往長崎，雖東西正向，直取而渡横洋，風浪巨險。諺云：『日本好貨，五島難過。』厦門往長崎，乘南風，見臺灣雞籠山，北至米糠洋、香蕈洋，再見薩峒馬大山、天堂，方合正針。糠、蕈二洋，洋中水面若糠秕，水泡若蕈菌，呼之為『米糠洋』、『香蕈洋』。

薩峒馬而南，為琉球也。居於乙方，計水程六十八更，中山國是也。

明·鄭若曾《鄭開陽雜著》卷七《琉球圖説·福建使往大琉球鍼路》

梅花東外山開船，用單辰鍼、乙辰鍼，或用辰巽鍼。十更，船取小琉球。小琉球套北過船，見雞籠嶼及花瓶嶼，至彭嘉山。彭嘉山北邊過船，遇正南風用乙卯鍼，或用單卯鍼，或用單乙鍼；西南風用單卯鍼；東南風用乙卯鍼。十更，船取釣魚嶼，釣魚嶼北邊過，十更，船南風用單卯鍼，東南風用單卯鍼，或用乙卯鍼。四更，船至黄麻嶼。黄麻嶼北邊過船，便是赤嶼。五更，船南風用甲卯鍼，東南風用單卯鍼，西南風用單甲鍼，或用單乙鍼。十更，船至赤坎嶼。赤坎嶼北邊過船，南風用單卯鍼及甲寅鍼，西南風用艮寅鍼，東南風用甲卯鍼。十五更，至古米山。古米山北邊過船有礁，宜知避。南風用單卯鍼及甲寅鍼。五更，船至馬屺山，馬屺山南風用甲卯鍼或甲寅鍼。五更，船至大琉球那霸港，泊船，土官把守港口。船至此，用單卯鍼及甲寅鍼，行二更，進那霸内港，以入琉球國中。

又《回鍼》　出港用單申鍼，放洋辛酉鍼。一更半，見古米山幷麻山，用辛酉鍼。四更，辛戌鍼。十二更，乾戌鍼。四更，單辛戌鍼。五更，辛酉鍼。十六更，見南紀山，坤未鍼。三更，取台山，水深二十托，西邊過，取有横礁，出水用丁未鍼。三更，取黑麻桑山，單辛鍼。三更，取官塘山，入千户所五虎門。

明·陳侃《使琉球録》　二日，祭海登舟【略】連日風逆，五日始發舟，不越數舍而止，海角尚淺。至八日，出海口，方一望汪洋矣。【略】九日，隱隱見一小山，乃小琉球也。十日，南風甚迅，舟行如飛；然順流而下，亦不甚動。過平嘉山、過釣魚嶼、過黄毛嶼、過赤嶼，目不暇接，一晝夜兼三日之程；夷舟帆小，不能及，相失在後。十一日夕，見古米山，乃屬琉球者；夷人鼓舞於舟，喜達於家。夜行徹曉，風轉而東；進寸退尺，失其故處。又竟一日，始至其山；有夷人駕小舠來問，夷通事與之語而去。十三日，風少助順，即抵其國。奈何又轉而北，逆不可行，欲泊於山麓，險石亂伏於下，護避之遠，不敢近。【略】翼午，風自南來，舟不可往，又從而北，始悔不少待也。計十六日旦，當見古米山；至期，四望惟水，杳無所見。【略】亟令人上桅以覘，云遠見一山巔微露，若有小山伏於其旁。詢之夷人，乃曰：『此熱壁山也，亦本國所屬；但過本國三百里。至此，可以無憂。若更從而東，即日本矣。』申刻，果至其地，泊焉。【略】

十二日，登舟，官民送者如蟻。【略】泊舟之港，出海僅一里。中有九曲，夾岸皆石，惟滅風而後可行。坐守六日，王日使人侍於其側，且致慰詞，仍遣看針通事一員、夷梢數人護送【略】。十八日，風少息，挽舟而出，亦斜倚於岸。衆恐其傷于石，大驚；幸前月親督修舵，不為所傷，復止。二十日，始克開洋，夷舟同行。二十一日夜，颶風陡作，舟蕩不息，大桅原以五木攢者，竟折去。須臾，舵葉亦壞，幸以鐵梨木為柄，得獨存。【略】翼日，風如故，尚不敢易舵。衆皆廢寢食以待斃，不復肯入艙上水。同行夷舟遂相失，不知所往。二十三日，黑雲蔽天，風又將作。【略】衆遂躍然起舵，【略】舵既易，衆始有喜色。二十六日【略】是夕，果疾風迅發，白浪拍天，巨艦如山，漂蕩僅如一葦。【略】予等懼甚，【略】又相與歎曰：『聖天子威德被海内外，百神皆為之效職；天妃獨不救我輩乎！當此風濤中而能保我數百民命，真為奇功矣。當為之立碑，當為之奏聞於上。』言訖，風若少緩，舟行如飛。徹曉，已見閩之山矣。舟人皆踴躍鼓舞，以為再生，稽首於天妃之前者，若崩厥角也。二十八日，至定海所。

明·郭汝霖《使琉球録》卷上　（嘉靖四十一年四月）二十八日祭海等舟，【略】二十九日至梅花開洋，幸值西南風大旺，瞬目千里，【略】過東湧小琉球。三十日過黄茅。閏五月初一日，過釣嶼。初三日，至赤嶼焉。赤嶼者，界琉球地方山也。再一日之風即可望姑米山矣。奈何屏翳絶馳，纖塵不動。【略】初六日午刻，得風乃行，見土納己山。土納己山，琉球之案山，洋路從姑米山而入，正也。時東南風旺，用舵者欲力駕而東勢。既未捷，至申刻乃見小姑米山。小姑米山在琉球之西，稍過即熱壁山。幸而小姑米山夷人望見船來，【略】二頭目一面令夷船入報，渠遂躬在余船道駕，從小姑米山而入，且云得一日一夜之力，即未遽登岸，可保不下熱壁山矣。【略】晝夜趕行，初七日未刻，望見王城哪霸港焉。然東風為多，相隔僅五十里，不能輒近。【略】初九日辰刻，遂達岸焉。【略】

十月初九日登舟。登舟之後，方圖舉帆而風雨驟至。【略】至十八夜，天忽朗霽，月光如晝。四更時，諸人與夷官稍乃導而出。出港後，東北風旺，舟行如飛。二十日午後【略】颶風旋至。【略】至二十六，許嚴等來報曰：『漸有清水，中國山將可望乎。』二十七日，果見寧波山。【略】二十九日，忽至福寧，見定海山，心始安焉。從五虎門入，十一月初二日入省城。

明·蕭崇業《使琉球録》卷上 （萬曆八年五月）二十二日，從梅花所開洋。【略】二十三日，風少東，舟折而南下。二十四日，東風益劇。【略】風既相左，針路遂舛誤，倀倀莫知所之。連行七餘日，而窾闊窅無山嶼。【略】當是時，舟人望山之切，真不啻朝饑之忙粱穀，又如弱孺恩慈嫗而弗得親也。三十日，余令夷梢上桅以覘，輒欣然白曰：『雲間隆隆起者，非古米，即葉璧山也。去此可五六百里許，當無慮已。』於是舟中人無不拍手大歡。【略】六月初一日，過葉璧山前。【略】初三日，世子始遣法司官具牛酒以勞從者，亦如例分左右維一纜以挽舟，逡巡至。初五日而後，泊哪霸港口。

旋國時，卜以十月十三日。因旬內雨頻，風又東西忽易，無可准。守候至二十四日，始出港口，頃刻數里。回盼琉球，若有若無，而葉璧、馬齒等山，眇猶覆盂。【略】二十六日，風益助順，令楫師五帆幷張，搖揚披拂，獵獵不可禦，蓋與歸心飛相送也。但抵暮，陰雲四塞，乃大雨。於是西風為梗，終食弗進尋丈。幸一日夜，輒轉而北矣。【略】二十九日晚，見台州山；於是無不嘩呼舞蹈，哄然色笑焉。【略】三十日，由台歷温，溯官澳，望晴嶼。十一月朔日，經台、奎二山，福寧在其北。夜無風，舟不能行。初二日午，薄黄崎，進定海所。

明·夏子陽《使琉球録》 （萬曆三十三年五月）二十四日黎明開洋，南風迅發，一望汪洋。【略】二十六日，過平佳山、花瓶嶼。二十七日【略】午後過釣魚嶼。次日過黄尾嶼。【略】二十九日，望見粘米山，夷人喜甚，以為漸達其家。【略】三十日，過土那奇山。【略】午後，望見琉球山，殊為歡慰。【略】去那霸港四十里也。次日為六月朔，世子遣【略】夷舟十餘隻布左右，以纜挽舟。次日，始達那霸港。【略】

（十月）十五日，祭海登舟。【略】二十日，舟遂出港，下碇泊焉。廿一日向曉開洋。【略】廿二日早，過粘米山。【略】二十九日早，隱隱望見一船。衆喜，謂有船則去中國不遠，且水離黑入滄，必是中國之界。【略】衆僉曰：『從粘米山至此七日矣，奈何一山莫覩？此一飄也，不知將何所底止乎！』【略】二更餘，忽見對面火光如炬，【略】次日黎明，果見福寧州山。由是入鼇嶼，遡官塘山、大嶼，舉舟歡呼雷動。【略】十一月朔日，舟入五虎門，應定海所。

明·慎懋賞《四夷廣記·東夷廣記·琉球國·大明往琉球針位》

正南風用單卯針，西南風用單卯針，東南風用乙卯針，拾更船，取釣魚嶼。北邊過船，南風用單卯針，東南風用單卯針及乙卯針，肆更船，取黄尾嶼。南風用申卯針，東南風用單卯針，西南風用單申針，拾更船，取赤嶼。北邊過船，南風用單卯及甲寅針，西南風用艮寅針，東南風用甲卯針，拾伍更船，取粘米山。北邊過船，十分子細，妙也。南風用單卯及甲卯，肆更船，取馬齒山。南風用甲卯及甲寅針，貳更船，取琉球，進港妙也。

港口開船，用單子，肆更船，取椅山。用單癸，肆更船，取硫磺山。用單癸，伍更船，取田佳地山。用癸丑，叁更半船，取度加剌山。用單癸及丑癸，叁更船，取大羅山。用丑癸，叁更船，取七島山，兩邊過船。用艮寅，伍更船，取野故大山，內邊過船。用艮寅，貳更半，船取旦尔山。

明·佚名《順風相送·福建往琉球》 太武放洋，用甲寅針七更船取烏坵。用甲寅並甲卯針正南東墻開洋。用乙辰取小琉球頭。又用乙辰取木山。北風東湧開洋，用甲卯取彭家山。用甲卯及單卯取釣魚嶼。南風東湧放洋，用乙辰針取小琉球頭，至彭加花瓶嶼在內。正南風梅花開洋，用乙辰取小琉球。用單乙取釣魚嶼南邊。用卯針取赤坎嶼。用艮針取枯美山。南風用單辰四更，看好風單甲十一更取古巴山，即馬齒山，是麻山赤嶼。用甲卯針取琉球國爲妙。

不入港欲往日本，對琉球山豪霸港可開洋。琉球放洋用單丁針，四更船取椅山外過。單癸針二更半是葉壁山，離椅山了。單癸四更取流橫山。

又用丑癸五更取田家地。用丑癸三更半取萬者通七島山邊。用單寅針，五更取野故山内過船離野故山用艮針二更半取但爾山。又單艮四更取西甫山平港口，其水望東流十分緊。單寅十更船取啞慈子里美山，其山用單艮二更、單寅三更沿度奴烏佳眉山。用癸針三更，船若是船開單子一更取是麻山邊，南邊有沉礁，名做長礁，東邊過船。單丑一更船是正路。用子針四更船取大山門中傍西邊門過船，用單丑是兵庫港爲妙。

又《琉球回福建》 港口用坤申一更半平古巴山是麻山。用辛酉四更半，用辰戌十二更、單乾四更、單辛五更、辛酉十六更認是東路山，望下勢是南犯，坤未三更半臺山，三更是烏麻山，坤針見官塘。五更平官塘，取定海千户所前抛爲妙。

又《琉球往日本針路》 計山對四個椅山，共五十七更，船豪霸港口開船。單子四更取椅山外過。用癸針二更半取葉壁。單癸四更取流横山。用丑癸五更取田家地山。用丑癸三更半取夢加利山。單癸三更取大羅山。單癸二更半取萬者通七坵山邊過。單寅五更取野故山内過。艮針二更半取但爾山。又艮針四更取野角利山平港口，流水望東十分急。離野里山單寅十更取啞慈子里美山妙，佳眉。單癸三更若是船開，單子一更取而麻山，邊一個沉礁石名做長礁，東邊過船。單丑十更船是正路。子針三更取大山門中傍西邊門過船。單丑三更取兵庫港爲妙。

又《兵庫港回琉球針路》 港口開船，單未三更、單午四更，取大門山中傍西邊過。用午四更取麻山。單丁三更取沿渡奴島佳眉山。單辛針取啞慈子里美山，其山用辛針十一更取啞甫利山。單坤六更取但爾山。坤申四更取名野故山。坤申五更取萬者通七島山内過，山名曰坵奴名山，共野山對面一更船有小礁，五更船千萬仔細，使船在北邊過。單丁三更取大羅山，丁未三更取夢加利山。用丁未五更取葉壁山外過。單丁三更取馬蹄山。單午四更取琉球港口爲妙。

清・佚名《指南正法・福州往琉球針》 梅花開舡，用乙辰七更取圭籠長。用辰巽三更取花矸嶼。單卯六更取釣魚臺北邊過。用單卯四更取黄尾嶼北邊。甲卯十更取枯美山。看風沉南北用甲寅，臨時機變。用乙卯七更取馬齒北邊過。用甲卯寅取豪灞港，即琉球也。

又《琉球回福州針》 琉球回舡，用單申一更取包而是麻山。用辛卯取枯美山。用辛酉四更，又用辛戌十五更、單酉十九更，又用辛酉十五更取南杞山。坤未三更取臺山，用坤未三更取霜山。用單坤取官塘，收入定海千户所。

清・張學禮《使琉球記》（康熙二年六月）初七日，【略】出海口，中流風作。【略】初九日，浪急風猛，水飛山立。【略】舟子曰：『入大洋矣』。【略】十二日，過糠洋。【略】十五日，有風自北來，又見一山，如長蛇蜿蜒水中。至晚抵山下，見薪柴堆積，知有居民。【略】差王大夫、鄭通事上山探問，云是琉球北山，與日本交界，舉舟歡忭。【略】十八日，南風起，風逆不能起舵。彼地方官撥小船百余牽挽出口。【略】廿五日，次温鎮，抵那霸港。

是年十一日冬至，十二日登舟。【略】十四日，東北風期，出那霸港，暮抵馬齒，過狐米。十六日，颶風大作。【略】十九日，風息。【略】廿二日，海水漸渾，中國相近。【略】行至申刻，見一山浮于天際。廿三日，舟子曰：『是浙江之定海北，是普陀西，是九山也。』喜甚。

清・徐葆光《中山傳信録》卷一《針路》 琉球在海中，本與浙閩地勢東西相值，但其中平衍無山，船行海中，全以山爲準。福州往琉球，出五虎門，必取雞籠、彭家等山。諸山皆偏在南，故夏至乘西南風，參用辰巽等針，衺繞南行，以漸折而正東。琉球歸福州，出姑米山，必取温州南杞山。山偏在西北，故冬至乘東北風，參用乾戌等針，衺繞北行，以漸折而正西。雖彼此地勢東西相值，不能純用卯酉針，徑直相往來者皆以山爲準，且行船必貴占上風故也。

《指南廣義》云：福州往琉球，由閩安鎮出五虎門東沙外開洋，用單（或作乙）辰針，十更取雞籠頭、見山卽從山北邊過船。以下諸也皆同。花瓶嶼、彭家山，用乙卯並單卯針。十更取釣魚臺，用單卯針。四更取黄尾嶼，用甲寅或作卯針。十或作一更取赤尾嶼，用乙卯針。六更取姑米山，琉球西南方界上鎮山。用單卯針，取馬齒，甲卯及甲寅針，收入琉球那霸港。

福州五虎門至琉球姑米山，共四十更船。

琉球歸福州，由那霸港用申針放洋，辛酉針一更半，見姑米山並姑巴甚麻山。辛酉針四更，辛戌針十二更，乾戌針四更，單申針五更，辛酉針十六更，見南杞山。屬浙江温州。坤未針三更，取臺山。丁未針三更，取里麻山。一名霜山。單申針三更，收入福州定海所，進閩安鎮。

琉球姑米山至福州定海所，共五十更船。【略】

臣葆光按：琉球針路，其大夫所主者，皆本於《指南廣義》。其失在用卯針太多，每有落北之患。前使汪楫《記》云，『封舟多有飄過山北，已復引回』。稽諸《使録》，十人而九。明嘉靖，一年始達那霸。封舟不至落北者，惟前明册使夏子陽及本朝汪楫二人。【略】要其病，皆由於用卯針太多，又不能相風用針。夫西南風固皆爲順，而或自午，或自丁，或自未與坤者，方位又各不同。今《指南廣義》所録，則專言針，混言風，又多用卯針，故往往落北，不見姑米而見葉壁也。

又《歷次封舟渡海日期》 臣葆光按：封舟以夏至後乘西南風往琉球，以冬至後乘東北風回福州，此言其概也。南風和緩，北風凛冽，故歸程尤難，非但内外水势有順逆也。嘉、萬封舟回閩，率先冬至。在九、十月中，朔風猶未勁，歸帆最宜。十一月、十二月冬至前後，則風勢日勁，浪必從船上過矣。若正月，則風颶最多，且應期不爽，萬無行舟之理。二月中，則多霧，龍出海矣。然春風和緩，兹役親驗之，浪無從船上過者，殆遠勝於冬至前後也。海船老夥長言：十月二十日後，東風送順爲吉。葆光在琉球，無日不占風所向，歷考數月内，風自東來不間斷者，惟十月二十日後、十一月初五日前半月中爲然。因考陳侃以來，惟蕭崇業之歸閩較爲安吉，其出海日期乃十月二十四日，爲不誣也。附此以告後來者。

清・周煌《琉球國志略》卷五 臣謹按：琉球海道雖與福州東西徑直，然船身宜上，不宜太下。【略】臣兹役深鑑前車，獨删《指南廣義》主用卯針之説，折衷於夏、汪二《録》，時飭本舟夥長敬謹遵用。以故由五虎開洋三日之間，直至姑米，方謂媲美前封。迺臣等奉使無狀，陡遭巨颶，閣礁壞舶，幾至顛覆。幸以詔敕在舟，神靈顯應保護，天章紅光示見，俾臣等獲登彼岸，使事有終。

南海航路

[意]馬可波羅《馬可波羅行紀》卷一《第一七章・尼古剌瑪竇馬可之求大汗放還本國》 他們弟兄二人同馬可留在大汗所的時間，前此已經説過。後來他們想歸本國，數請於大汗，並委婉致詞。然大汗愛之切，欲置之左右，不許其歸。

會東韃靼君主阿魯渾之妃卜魯罕死，遺命非其族人不得襲其位為阿魯渾妃。因是阿魯渾遣派貴人曰兀剌台、曰阿卜思哈、曰火者三人，攜帶侍從甚盛，往大汗所，請賜故妃卜魯罕之族女為阿魯渾妃。

三人至大汗所，陳明來意。大汗待之優渥，召卜魯罕族女名闊闊真者來前。此女年十七歲，頗嬌麗，大汗以示三使者，三使者喜，願奉之歸國。

會馬可閣下出使自印度還，以其沿途所聞之事，所經之海，陳述於大汗前。三使者見尼古剌、瑪竇、馬可皆是拉丁人，而聰明過人，擬攜之同行。緣其計畫擬取海路，恐陸道跋涉非女子所宜，加以此輩拉丁人歷涉印度海諸地，熟悉道路情形，尤願攜之同往。

他們於是請求大汗遣派此三拉丁人同行，蓋彼等將循海道也。大汗寵愛此三拉丁人甚切，前已説過。兹不得已割愛，許他們偕使者三人護送賜妃前往。

又《第一八章・波羅弟兄同馬可别大汗西還》 大汗見他們弟兄二人同馬可閣下將行，乃召此三人來前。賜以金牌兩面，許其馳驛，受沿途供應。並付以信札，命彼等轉致教皇、法蘭西國王、英吉利國王、西班牙國王及其他基督教國之國王。復命備船十三艘，每艘具四桅，可張十二帆。關於此類船舶者，後再敍述，因言之甚長也。

船舶預備以後，使者三人、賜妃、波羅弟兄同馬可閣下，遂拜别大汗，攜帶不少隨從及大汗所賜之兩年糧食，登船出發。航行有三月，抵南方之一島，其名曰爪哇。島上奇物甚衆，後再詳細言之。已而從此島解維，航行印度海十八月，抵其應至之地。他們所見異物不少，後此言之。

元・伯杭等《通制條格》卷二七《雜令・蒙古男女過海》 至元二十八年六月初一日，欽奉聖旨：泉州那裏每海船裏，蒙古男子婦女，人每做買賣的往回回田地裏忻都田地裏將去的有，麽道聽得來。

元・周達觀《真臘風土記・總敍》 真臘國或稱占臘，其國自稱曰甘孛智。今聖朝按《西番經》名其國曰澉浦只，蓋亦『甘孛智』之近音也。自温州開洋，行丁未針，歷閩、廣海外諸州港口，過七洲洋，經交趾洋到占城。又自占城順風可半月到真蒲，乃其境也，又自真蒲，行坤申針，過崑崙洋，入港。港凡數十，惟第四港可入，其餘悉以沙淺，故不通巨舟，然而彌望皆修藤古木，黄沙白葦，倉卒未易辨認，故舟人以尋港為難事。自港口北行，順水可半月，抵其地曰查南，乃其屬郡也。又自查南換小舟，順水可十餘日，過半路村、佛村，渡淡洋，可抵其地曰干傍，取城五十里。

明・鄭若曾《鄭開陽雜著》卷六《安南圖説・國朝至安南道路》

廣東道。若廣東海道，自廉州烏雷山發舟，北順風利，一二日可抵交之海東府。若沿海岸以行，則自烏雷山一日至永安州白龍尾，白龍尾二日至玉山門，又一日至萬寧州，萬寧州一日至廟山，廟山一日至屯卒巡司，又二日至海東府，海東府二日至經熟社，有石堤，陳氏所築，以禦元兵者。又一日至白藤海口，過大寮巡司，南至安陽海口，又南至塗山海口，又南至多漁海口，各有支港，以入交州。

其自白藤海口而入，則經水棠、東潮二縣，至海陽府；復經至靈縣，過黄徑、平灘等江。

其自安陽海口而入，則經安陽縣，至荆門府，亦至黄徑等江，由南策、上洪之北境以入。

其自塗山海口而入，則取古齋，又取宜陽縣，經安老縣之北，至平河縣，經南策、上洪之南境以入。

其自多漁海口而入，則由安老、新明二縣至四岐，遡洪江，至快州，經鹹子關以入。

多漁之南為太平海口，其路由太平、新興二府，亦經快州、鹹子關口，由富良江以入。此海道之大畧也。

交州之東有海陽、荆門、南策、上洪、下洪、順安、快州等府，去海頗遠，各有支港穿達，迤邐數百里，大艦不能入，故交人多用平底淺舟，以便入港云。

清・楊炳南《海録・西南海》 萬山，一名魯萬山。廣州外海島嶼也。山有二，東山在新安縣界，西山在香山縣界。沿海魚船，藉以避風雨。西南風急，則居東澳。東北風急，則居西澳。凡南洋海艘，俱由此出口，故紀海國，自萬山始。既出口，西南行，過七洲洋，有七洲浮海面，故名。又行經陵水，見大花、二花、大洲各山。順東北風，約四五日，便過越南會安、順化界，見呫嗶羅山、朝素山、外羅山。順化，即越南王建都之所也。其風俗土產，志者既多，不復録。又南行約二三日，到新州。又南行約三四日，過龍柰，又謂之陸李，即《海國見聞》所謂禄賴也，為安南舊都。由龍柰順北風，日餘至本底國。

明・茅元儀《武備志》卷二四〇《航海・自寶船廠開船從龍江關出水直抵外國諸番圖（鄭和航海圖）》 茅子曰：《禹貢》之終也，詳哉言聲教所及。儒者曰：先王不務遠，夫勞近以務遠，君子不取也。不窮兵，不疲民，而禮樂文明赫昭異域，使光天之下，無不沾德化焉，非先王之天地同量哉！唐起於西，故玉關之外將萬里。明起于東，故文皇帝航海之使，不知其幾十萬里。天實啓之，不可强也。當是時，臣爲内豎鄭和，亦不辱命焉。其《圖》列道里國土，詳而不誣，載以昭來世，志武功也。

太倉港口開船，用丹乙針，一更，船到南匯嘴，平招寶。用乙辰針，三更，船出洪，打水丈六七，正路見。茶山在東北邊過，用巽己針，四更，船見大小七山，打水六七托。用坤申及丁未針，三更，船取灘山。用丹午針，三更，船取霍山。用丹午針，入西後門，用巽己針，三更，船取大磨山。用乙辰針，一更，船取小磨山，轉崎頭升羅嶼。用丁未針，一更，船出雙嶼港。用丙午針，一更，船取孝順洋，一路打水九托，平九山。對九山西南邊，有沉礁，打狼出水，行船仔細。用辛午針，二更，船平檀頭山，東邊有江片礁，西邊見大佛頭山，平東西崎山。用丁午針，五更，船平羊琪及大陳三母黄礁，前見直谷山。用丁未針，三更，船平石塘山。用丁未針，三更，船平狹山外過。用坤未針，二更，船取黄山，打水十七八托，平中界。用坤未針，一更，船取東洛山。用坤未針，一更，船取南巳山外過。用丹坤及坤未針，三更，船取台山，打水二十托。用坤未針，三更，船取東桑西桑山。用坤未針，二更，船取芙蓉山，外過平洪山。一更，用坤申針及丹坤針，二更，船取北交。東洛山門内過，用庚申及坤申針，二更，船平鳳凰山。過南巳山，打水三十托。用坤未針，三更，船取台山内過。用坤未針，三更，船取東桑内過，船取坤未針，二更，船取芙蓉山内過。用丁未針，一更，船過小西洋山。用丁午針，一更，船取北交頭門内過，沿山，取定海所前過。用丁午針，二礁，船取五虎山。用乙辰針，平官塘二礁外過，用丙巳針，取東沙。用丹己針，三更，船平牛山。

蘇門答剌開船，用乾戌針，十二更，船平龍涎嶼。龍涎嶼開船，過洋，用丹辛針，四十更，船又用辛酉針，五十更，船見錫蘭山。龍涎嶼開船時用丹辛針，十更，船見翠蘭嶼。用丹辛針，三十更，船用辛酉針，五十更，船見錫蘭山。在華蓋辛五指內去，到北辰星四指，坐斗上山勢，坐癸丑針，六十五更，船收葛兒得風哈甫兒雨。千佛堂用丹庚針。別羅里用庚酉針，四十五更，船收官嶼。別羅里用辛酉針，四十五更，船收任不知溜。別羅里用辛戌針，五十更，船收起來溜。別羅里用丹戌針，五十五更，船收加平年溜。官嶼溜用申卯針，四十九更，船收甘巴里頭。官嶼溜用丹申針，二十五更，船收小葛蘭。官嶼溜用庚酉針，一百五十更，船收木骨都束。別羅里用寅針，五十更，船收古里國。別羅里用寅針，二十五更，船收柯枝國。加平年溜用乙卯針，二十五更，船收柯枝國。加平年溜用甲卯針，二十八更，船收古里國。在三指一角頭山勢去到六指二角，直遶那裏寅上。又在六指一角內山，指坐布司上，用丹艮，十指去到十一指坐取船。五指莽葛奴兒用丹戌針，八十五更，又用辛戌針，四十更，船收加剌哈。阿者刁用辛戌針，一百更，船收加剌哈。六指阿者刁用丹戌針，一百十更，船收加剌哈。六指二角纏打兀兒用辛酉針，八十七更，船收加剌哈。九指二角用丹辛針，一百六十六更，船收都里馬新富。嘴頭也有十指，在十指山勢去到十二指吳實記落。不到丹戌子針，五十更，船收忽魯謨斯。嘴頭去到二十指，坐乾亥小斗落，又在十二指嘴頭去到十指二角，坐乾丹布司落，去到十二指嘴頭。去十三指二角坐正北。忽魯謨斯用丹乙針，二十八更，船收古里國。安都里溜用卯針，十五更，船收古里國。安都里溜用卯針，十六更，船收加加溜。

蘇門答剌開船，用丑艮及乙辰針，五更，平急水灣巴碌頭，有淺。用辰巽針，十五更，船平亞路。用乙辰針，五更，船取單嶼。再用辰巽針，四更，船取雙嶼。用丹巽及辰巽針，十五更，船取雞骨嶼。用丹辰及辰乙針，三更，船平棉花淺。用乙辰及丹辰針，三更，船平棉花淺。用辰巽針，十更，船平滿剌加。用辰巽針，五更，船平射箭山。用辰巽針，三更，船平毗宋嶼。用丹巽針，取吉利。五更船，用乙辰針及丹辰針，取長腰嶼，出龍牙門。用甲卯針，五更，船取白礁。用癸丑及丹癸針，五更，船平東竹山外過用子丑及丹癸針，□□，船取昆侖山外過。用癸丑針，十五更，船取赤坎山。用丑艮及丹艮。用壬子及丹壬針，五更，船平洋嶼，取笅杯山。用壬子針，七更，船取外羅山外過。用癸丑及單癸針，二十一更，船平獨豬山。用單艮針，五更，船用艮寅針，十更，船平大星尖外過。用丹寅針，十五更，船平南澳山，外平山外過。用艮寅針，三更，船平大甘小甘外過。用丹艮針，四更，船平大武山。用丹艮針，七更，船平烏邱山。用艮寅針，四更，船平牛山。用丑寅針，五更，船取東沙山。用丑寅針，一更，船平官塘山。用丑寅針，一更，船取五虎山。用丑艮針，二更，船取龜嶼。用丑艮針，一更，船取東湧山外過。用丑艮針，二更，船平東桑山西桑山。用丑艮針，二更，船平台山。用丑艮針，三更，船取南己山。用丑艮針，二更，船取東洛山。用丑艮針，一更，船平中界山及黃山。用癸丑針，二更，船取狹山外過。用癸丑針，三更，船平直谷山。用癸丑針，二更，船取羊琪山及大陳三母山。用子癸針，二更，船取東西崎山。用子癸針，三更，船取檀頭山外過。對開有礁，內外過船。東北邊有沉礁打浪，仔細內外過船。用子癸針，三更，船取九山及亂礁洋。用壬子針，二更，船過孝順洋，取雙嶼港。用癸丑針，一更，船取升羅嶼廟州內過，轉崎頭。用辛戌針，二更，船取大唐山。用乾亥針，二更，船出西後門，用丹子針，取霍山。用丹子及子癸針，三更，船取灘山。用癸丑針，三更，船取七山。用乾亥針，四更，船見茶山。用辛酉針，三更，船取南匯嘴收洪，平寶山。用辛酉針，三更，船過吳淞江，到太倉口繫船。

明·費信《星槎勝覽》卷一《占城國》 永樂七年己丑，上命正使太監鄭和王景弘等統領官兵二萬七千餘人，駕使海船四十八號，往諸番國開讀賞賜。是歲秋九月，自太倉劉家港開船，十月到福建長樂太平港泊。十二月，福建五虎門開洋，張十二帆，順風十晝夜，到占城國。其國臨海有港曰新洲，西抵交趾，北連中國。

又《交欄山》 自占城、靈山起程，順風十晝夜可到。

又《暹羅國》 自占城起程，順風十晝夜可至。

又《爪窪國》 自占城起程，順風二十晝夜可至其國。

又《舊港》 自爪哇國起程，順風八晝夜至。

又《滿剌加國》 自舊港起程，順風八晝夜至此。

又 卷二《淡洋》 其處與阿魯山相連，去滿剌迦三日之程。

又《龍牙門》 在三佛齊之西北也。

又《吉里地悶》 居重迦邏之東。

又《彭坑國》 在暹邏之西。

又《麻逸國》 在交欄山之西。

又《假里馬丁國》 其地與交欄山相望海洋中。

又《重迦邏》 其地與爪哇界相接。

又《蘇祿國》 居東海之洋。

明・馬歡《瀛涯勝覽・占城國》 占城國，其國卽釋典所謂王舍城也。在廣東海南大海之南。自福建福川府長樂縣五虎門開船往西南行，好風十日可到。

又《爪哇國》 爪哇國者，古名闍婆國也。其國有四處，皆無城郭。其它國船來，先至一處名杜板，次至一處名新村，又至一處名蘇魯馬益。再至一處名滿者伯夷，國王居之。

又《舊港國》 舊港，卽古名三佛齊國是也。番名曰浡淋邦，屬爪哇國所轄。東接爪哇國，西接滿剌加國界，南距大山，北臨大海。諸處船來，先至淡港，入彭家門里，繫船於岸。岸上多磚塔。用小船入港內，則至其國。

又《暹羅國》 自占城向西南船行七晝夜，順風至新門台，海口入港，才至其國。

又《滿剌加國》 自占城向正南，好風船行八日到龍牙門。入門往西行，二日可到。此處舊不稱國，因海有五嶼之名，遂名曰五嶼。

又《啞魯國》 自滿剌加國開船，好風行四晝夜可到。其國有港名淡水港一條，入港到國，南是大山，北是大海，西連蘇門答剌國界，東有平地。

又《蘇門答剌國》 蘇門答剌國，卽古須文達那國是也。其處乃西洋之總路，寶船自滿剌加國向西南，好風五晝夜，先到濱海一村，名荅魯蠻。系船，往東南十餘里可到。【略】其國南去有百里數之遠，是大深山；北是大海；東亦是大山，至阿魯國界；正西邊大海。其山連小國二處，先至那孤兒王界，又至黎代王界。

又《那孤兒國》 那孤兒王，又名花面王。其地在蘇門答剌西，地里之界相連，止是一大山村。

又《黎代國》 黎代之地，亦一小邦也。在那孤兒地界之西。此處南是大山，北臨大海，西連南浡里國為界。

又《南浡里國》 自蘇門答剌往正西，好風行三晝夜可到。【略】國之西北海內有一大平頂峻山，半日可到，名帽山。其山之西亦皆大海，正是西洋也，名那沒洋。西來過洋船隻收帆，俱望此山為准。

又《錫蘭國裸形國》 自帽山南放洋，好風向東北行三日，見翠藍山在海中。其山三四座，惟一山最高大，番名按篤蠻山。【略】過此投西，船行七日，見鶯歌嘴山，再三兩日，到佛堂山，才到錫蘭國馬頭名別羅里。自此泊船，登岸陸行。【略】又北去四五十里，才到王居之城。

又《小葛蘭國》 自錫蘭國馬頭名別羅里開船，往西北，好風行六晝夜可到。

又《柯枝國》 自小葛蘭國開船，沿山投西北，好風行一晝夜，到其國港口泊船。本國東是大山，西臨大海，南北邊海，有路可往鄰國。

又《古里國》 卽西洋大國。從柯枝國港口開船，往西北行，三日方到。其國邊海，山之東有五七百里，遠通坎巴夷國；西臨大海；南連柯枝國界；北邊相接狠奴兒地面。西洋大國正此地也。

又《溜山國》 自蘇門答剌開船，過小帽山投西南，好風行十日可到。【略】國之西去程途不等，海中天生石門一座，如城闕樣。有八大處，溜各有其名：一曰沙溜，二曰人不知溜，三曰起泉溜，四曰麻里奇溜，五曰加半年溜，六曰加加溜，七曰安都里溜，八曰官瑞溜。此八處皆有所主，而通商船。

又《祖法兒國》 自古里國開船投西北，好風行十晝夜可到。

又《阿丹國》 自古里國開船，投正西兌位，好風行一月可到。

又《榜葛剌國》 自蘇門答剌國開船，取帽山并翠藍島，投西北上，好風行二十日，先到浙地港泊船，用小船入港，五百餘里到地名鎖納兒港，登岸，向西南行三十五站到其國。

又《忽魯謨厮國》 自古里國開船投西北，好風行二十五日可到。

又《天方國》 此國卽默伽國也。自古里國開船，投西南申位，船行三個月方到本國馬頭，番名秩達。【略】自此再行大半日之程，到天堂禮拜寺，其堂番名愷阿白。【略】又往西行一日，到一城，名驀底納。其馬哈嘛聖人陵寢正在城內，至今墓頂豪光，日夜侵雲而起。

明・黄省曾《西洋朝貢典録》卷上《占城國》 由福州而往，鍼位：取官塘之山。又五更取東沙之山，過東甲之嶼。又五更平南澳。又四十更平獨豬之山。又十更見通草之嶼，取外羅之山。又七更收羊嶼。海行之法，六十里為一更，以托避礁淺，以鍼位取海道。

又《爪哇國》 由占城而往，針位：取靈山，靈山之水可六十托。又五十更曰蜈蜞之嶼。由嶼尾礁而西，五更平冒山。又十更望東蛇龍之山。貫園嶼、雙嶼之中。經羅幃之山，山之水十有八托。又五更取竹嶼。又四更取雞籠之嶼。又十更至勾攔之山，可以治薪、水。又三十更平吉里門之山。又五更平胡椒之山。又三更平那參之山，由是而至杜板。又五更而至爪哇之新村。

又《三佛齊國》 由爪哇新村而往，鍼位五更至杜板。又五更平那參之山。又四更平胡椒之山。又四更至吉里門之山。又三十五更至三麥之嶼。又五更至夾門大山。又五更至舊港。其淡港潮汐咸二。港之兩涯多磚塔，自港而入爲彭家門，由是至國。

又《滿剌加國》 由舊港而往，鍼位：十更過官嶼之左，又五更至長腰之嶼，見三佛之嶼、鰲魚之嶼。又五更至甘八門之水。其溜迅疾，右曰仁義之礁，左曰牛尾之礁，前曰鬼嶼。又五更平披宋之嶼。又五更取射箭之山。又五更至五嶼。循山而至其國。或曰入由龍牙山門，門之狀如龍角，是多寇鈔。以國有五嶼也，舊名五嶼。

又 卷中《暹羅國》 由漳州而往，鍼位：見南澳，取東董之山，山之狀如唐冠。又取銅鼓之山。又經獨豬之山。又取外羅之山。又過校杯之嶼，嶼之水十有八托。又過洋嶼。又過靈山，過伽喃模之嶼，位在乙卯，其出水之礁有三。又過羅灣，見赤坎之山。又取崑崙之山。又七更過真王之嶼，嶼之水十有七托。有過大横之山、小横之山。又過筆架之山。又過竹嶼，由大峯之山而入港。由占城而往者入由新門臺。

又《蘇門答剌國》 由滿剌加而往，五更至假五之嶼。嶼之水三十托。又五更過吉貝之嶼之淺。又四更平雞骨之嶼。又八更至雙嶼。又四更過單嶼之左。又五更至阿魯國之港。又十更至淡洋。又五更至大魚之港。又五更至巴剌之嶼。又五更至急水之灣，有泥礁而鼓浪焉。又五更至國。國人稱爲古須文達那國，乃西洋轄路。滿剌加西南行五晝夜至濱海一村，番名答魯蠻繫舶。又東南行十餘里至國。

又《南浡里國》 由沙里八丹而入，鍼位：十晝夜見覩延之嶼，又平中央之嶼，又巡牛嶺之山，以至其國。蘇門西行，善風三晝夜到國。

又《溜山國》 由彭加剌而往，取北辰四指有半；又取北辰三指有半；又取北辰一指三腳之半；又取北辰一指三腳。又過鸚鵡嘴之山，又無更見鐵砧之嶼。又七更見佛舍座之山。又五更見牙里之大山。由是至溜官之嶼而及其國。

又《錫蘭山國》 由蘇門答剌而往，鍼位：十二更見南帽之山。又四更半歷龍涎之嶼。又十更過翠藍之嶼，嶼之水三十托。一曰桉篤蠻山，山有七門，四疊而一峻山。人之出也則乘獨木之舟。夏爲巢居，冬爲穴居。其體裸，不可以布帛，被之則浥爛。紐綴樹葉而爲蔽。山芋、菠蘿蜜、芭蕉子、魚、蝦爲食。又九十更見鸚鵡嘴之山。又至佛堂之山。又五更平牙里，其下有沉牛之礁鼓浪焉。外過之水三十托。又十更至別羅里，是為錫蘭國之港。又北行五十里至國。

又《榜葛剌國》 由蘇門答剌而往也，取帽山、翠蘭，西北而行，善風二十日至浙地之港，一曰泊察地。小舟以入，五百里至鎖納兒之港，港有城池街市。又行二十站，及坂獨哇而至國。

又 卷下《小葛蘭國》 其國在别羅里西北可一千二百里。由是而歸南巫里也，鍼位：第一之日丁未、丁午，第二之日丙午，第三之日丙，第四之日丙巳，第五之日巽巳，第六之日辰巽，第七之日乙辰、乙卯，以求南巫里焉。

明・慎懋賞《四夷廣記・海國廣記・占城國・永樂七年鄭和由福建至占城水程》 永樂七年十二月，太監鄭和自長樂五虎門開洋，西南行，順風十晝夜，至其國東北百里海口。港曰新州，有石塔為標，舟至是繫焉。岸上一寨，番名投比祭，二頭目主之，五六十家居住，晝夜守港。去西南一日程，到王都，番名佔。其城以石壘砌四門，令人把守。

又《正統六年吳惠由廣東至占城水程》 正統六年，給事中舒□、行人吳惠於十二月廿三日，發東莞縣。廿四日，過烏豬洋。廿五日，過七洲洋，瞭見銅鼓山。廿六日，至獨豬山，瞭見大周山。廿七日，至交趾界。有巨洲橫截海中，怪石廉利，風橫舟觸即靡碎。舟人甚恐，須臾風急過之。廿八日，至占城外羅洋校杯墅中。至七年五月十五日，歸東莞。

按：詔使往占城者，惟鄭、吳舟迹可考。然和由新州入，惠由校杯入，豈二路皆可通，而隨風所泊故異耳！

又《福建往占城針位》 五虎開船，用乙辰針，取官塘山，行船三礁東北邊過。用丙巳針，取東沙山，西邊過船，打水六七托。用單巳針，叁更船，平牛嶼。用丁午針壹更船，用坤未針貳更船，用坤申針壹更船，取烏坵山。用坤申針，柒更船，取太武山。用坤申針及單申針，柒更船，取南澳外彭山。用坤申針，拾伍更船，取平大星尖。用坤未針，柒更船，平東姜山。用坤未針，伍更船，取烏豬山。用坤未針，拾叁更船，平七州山。用坤未針，柒更船，平獨豬山。用單未針，貳拾更船，取占畢羅。用單未針，伍更船，取外羅山外。用丙午針，柒更船，取校杯嶼，內過船，沿山使入新州港口也。

又《占城回福建針路》 新州港口開洋，用單壬針，取校杯嶼。用壬子針，柒更船，取外羅山內過。用丑癸針及單丑針，貳拾更船，平獨豬山。用單艮針伍更船，艮寅針貳拾伍更船，平大星尖山。用單寅針，拾伍更船，平南澳外彭山。艮寅針，拾伍更船，取大小甘山外過。用單寅針，肆更船，平大武山。用單艮針，柒更船，平烏坵山內過。用艮寅針，肆更船，平牛嶼。用丑艮針，伍更船，平東沙山外過，取海塘山，灣頭外有玳瑁州，子細。

又《真臘國・浙江溫州至真臘路程》 自溫州開洋，行丁未針，歷閩廣海外諸港口，過七州洋，經交趾洋到占城。又自占城順風可半月到真蒲，乃其境也。又自真蒲，行坤申針，過崑崙洋入港。港凡數十，惟第四港可入。其餘悉以沙淺，不通巨舟，然彌望皆修藤古木，黃沙白葦，未易辨認，故舟人以尋港為難事。自港口北行，順水半月可抵其屬郡，曰查南。又自查南換小舟，順水十餘日，過半路村、佛村，渡淡洋，抵其地曰干傍，去城五十里。

又《赤坎往占巤針位》 赤坎開船，用坤申針，肆更船，平覆頂山，沿使，打水柒捌托。用庚酉針，貳更船，平一小員嶼。用單庚針，叁更船，沿山使，打水柒捌托，硬沙地，平小山嘴貼，上有一派石欄，不出水，行船仔細。用坤申針，壹更船，遠看單未上有一路水，色黃，打水肆伍托，沙地。過去貼補山嘴，用庚申針，壹更船，取員山嘴，名叫佛山。此前頭併坤申上，自無山嶼看見，只見前面一平洲，在灣裏洲內托上，正是真角港口。船從山嘴上，可收隴，打水叁肆托路正路。收隴坤申邊，打水肆伍托，泥地。沿坤申使至中平洲，將平洲放在船尾，船頭向港，近馬户沙壩些，莫要船帆舖進，離沙壩內無礙進去。三二灣有人家，馬户邊莫放心他為妙。

又《占巤回赤坎山針路》 在梹榔港出，用丙午針，伍更船，見大崑崙山，在西南上看遠用單丑。

又《暹羅國・廣東東莞縣至暹羅鍼路》 自廣東東莞縣之南亭門放洋，南至烏瀦洋、獨瀦洋、七洲洋，星盤坤未針至外羅。坤申針肆拾伍程至占城舊港。經大佛靈山，其上烽墩，則交趾屬也。又未針，至崑 山。又坤未針，至玳瑁洲、玳瑁額及于黿山。西針至暹羅，由盈和門臺海口入港。水中長洲隱隆如壩，海舶出入，如中國車壩然，亦國之一控扼也。少進，為一關，守以夷酋。又少進，為二關，即國都也。

又《廣東往暹羅針路》 南亭門開洋，用坤未針，伍更船，平烏豬山，在馬户邊。用坤未針，拾叁更，平七洲山。又用坤未針，柒更，平獨豬山。如見獨豬山，可用丁未針，貳拾更，取外羅山。用丙午針，柒更，平校杯嶼及新州港。用丙午針，伍更船，平大佛靈山。用單午，叁更船，平伽藍貌山。用丁午針，平羅灣頭。用坤未針，伍更船，平赤坎山。船身開，恐犯玳瑁州。船身隴，恐犯玳瑁鳴、玳瑁礁。若船身近赤坎山，看不見玳瑁州，用丁未及單未針，拾伍更船，取大崑崙山，內過船，打水拾伍陸托。用庚酉針，叁更船，取小崑崙山。用庚酉針，拾更船，取真嶼山。山內過船，打水拾肆伍托。用辛戌，拾更船，取大橫山，內外可過船。用辛戌針，伍更船，取小橫山，內外可遠山過船。用乾戌針，貳拾伍更船，取筆架山。用壬子針，拾更船，取陳翁嶼。用單壬針，叁更船，上淺，收進暹羅為妙也。

又《暹羅回廣東針路》 離淺，用丙巳針，平陳翁嶼。用丙午針，拾更船，平筆架山。遠放洋，用單丙針及丙巳針，貳拾伍更船，取小橫山，在帆舖邊。用丙巳針，伍更船，平大橫山，帆舖户邊。用單辰針，拾更船，取真嶼山，在帆舖邊。用申卯針及單卯針，拾叁更船，取大崑崙山，在馬户邊。用單丑及丑癸針，拾伍更船，取赤坎山。若船身開，恐犯玳瑁洲。若船身隴，恐犯玳瑁鴨、玳瑁礁。用單丑，伍更船，取羅灣長。用單丑及丑癸針，伍更船，取伽藍貌。用單子針，叁更船，平大佛靈山。用子癸針，伍更船，平校杯嶼及羊角嶼，内是新州港口。用壬子針，柒更船，取外羅山，東邊過船。用丑癸針，貳拾更船，取獨豬山。用丑艮針及單艮，伍更船，平銅鼓山。用丑艮針，貳更船，平七洲山。用丑艮針，拾叁更船，取烏豬山。用單艮針，伍更船，收南亭門姜山為妙也。

又《暹羅往跤趾針路》 出港，離淺水了，用丁午針，拾更船，取筆架山過洋。用單巳及丙巳針，叁拾更，小橫山。用巽巳針，伍更船，取大橫山，船在帆舖邊過。用單辰針及乙辰針，拾更船，取真嶼。用甲卯針，拾更船，取大小崑崙山。用丑艮針伍更船，用單丑拾更船，取赤坎山。用單艮針，伍更船，取羅灣頭。用單癸針，伍更船，取伽藍貌。用子癸針，取靈山。用單子針，伍更船，取新州洋嶼。用單子針及壬子針，伍更船，取外羅山。用單亥針，伍更船，取占畢羅山。用單亥針，伍更船，取大琅瑚山。用壬子及單子針，拾更船，取黎母山。用單亥及壬亥針，伍更船，取海寶山，正路。用單亥及乾亥針，伍更船，取唱雞門。

又《跤趾回暹羅針路》 在唱雞門出，辰巽針，伍更船，取海寶山、黎母山。用辰巽針，拾伍更船，取海南山尾。用單巳及巽巳針，拾貳更船，取占畢羅山。用單辰巽針，伍更船，取外羅山。用單午及午針，柒更船，取新州洋嶼。用單午針，伍更船，取靈山。用單丁針，五更船，取伽藍貌。用單丁及丁未針，伍更船，取羅灣頭。用坤未針，伍更船，取赤坎過洋。用單未針，拾伍更船，取大小崑崙山，子細。用庚酉針，拾更船，取真嶼。用辛酉針，伍更船，取假嶼。用辛酉針，伍更船，取大橫山。用乾戌針，伍更船，取小橫山。見山一個，都在馬户邊，不可近沍山。打水五六托，入到中心鼻頭，有淺沙，出水近過，打水三四托，巡灣使，莫中路過，大嶼有淺，橫入坤申，灣尾有石牌出水，名叫婆剌昭昔利同。可近過，打水陸托，使乙辰針，前見角隴，肆箇嶼有三門，若入大門，有嶼在外，肆箇嶼在内，打水拾壹托。次門，叁嶼在内，打水陸托。沍灣使，不可貪在外，有淺沙，打水叁托。過了，用單辰針，遠見白礁，有坤申相見崛隴港口。東邊有一箇山嶼在門邊，打水捌托，泥地，在外使。單辰針，前取烈，又有角自忌在，有通公涼老在，近坤申及此嶼邊有石牌，角烈内外可過，打水拾貳托。又用卯針，取大小攬攬山二嶼，在西邊使，入門不可近坤申。山鼻長，有石牌沉水，半浮在邊，使子細。大嶼在馬户邊，近嶼使，不可從中路使，都是沉石。又有三個嶼，都在馬户邊。取角攬攬山，鼻長，打水十二三托，討水柴藤，嶼灣都有礁淺在，山長出，對嶼來有沙灣，高平水有礁淺在頭，不可近山，子細，打水叁肆托，看中路出門，門尾有一小嶼，名叫角阿靈，在帆舖邊，打水伍托。近此嶼出門了，用單辰針，叁更船，取剌池塔州府。又長員大小嶼在兩邊門，貳嶼在北邊，有叁箇小嶼在南邊。有一小嶼，名叫角托，落在魚尾，有沉石牌出水，不可近使。前見都崙山，有叁門都通過。若入山門，打水叁拾貳托。若入第二門過洋，用單乾針，貳拾更船，用乾亥針，取筆架山。用壬亥，叁更船，取黎頭山。連坤申，用單子針，叁更船，取竹嶼。用單子針，伍更船，打水柒捌托，收港入門為妙也。

又《暹羅往東邊路沿山使收苧麻山》 出港，離淺了，用丙針，伍更船，使角思厰，地頭有石牌出水。若從外過，打水拾捌托。遠看北邊高，南邊低，嶼内有三箇小嶼近大嶼，都在外邊山使過，打水拾叁托是正路。用單午針，貳更船，取角婆崙在外，從内過。用單午針使前，見牛嶮山，打水捌玖托是正路。對坤申有石礁，可近過不可遠，子細外使。又有一小嶼、大嶼在此。小嶼頭内有沉礁石牌，從嶼面橫出來到中路，不可從中過。可近坤申，沿山使，打水捌玖托。用丁未針，叁更船，前見白礁碑，在馬户邊，子細收用架嶮山頭，都小嶼，不可嶼邊過。沿山使，打水拾貳叁托。嶼尾有小嶼，不可近使，有沙淺白礁。巡山使，出嶼門尾，前見角台小菩南途灣，有貳嶼，都在帆舖邊。前見大菩南途灣在外，及有貳叁個小嶼，都在馬户邊。又有一小嶼對頭來，名叫角自氣，在帆舖邊橫出，是正路，可近嶼頭使。有一白小嶼近大嶼，有淺，莫近過。過山使，灣尾有石牌出水，在帆舖邊。可近過，打水陸托。用甲寅針，近山使，有小嶼在半灣，名忌吉。用甲寅針，取鼻頭山。前見靈禄樹，若打水捌玖托，子細有沉礁在山頭下，打水陸托是正路。外是角思密，入門先巡坤申使，打水肆伍托，平山尾過。取角思密頭，近佛家昔過，打水肆伍托是正路。灣内有所，名叫都崙山，在山邊外過來都是礁淺，莫過中路。過出門坤申邊有肆伍箇小嶼，都在帆館邊。過門口，有小嶼，名叫角華帶。外邊有老古，内外通過。若在内過，打水捌托，泥地，又用單乙針。若要外過，用單卯針，叁更船，取角南稍嶼，是占伴港口。

對開洋，遠有光石生浪出水。遠看山不見，坤申子細使，若打水拾壹托，正看此石。若内過，打水捌玖托可過。若稱外過，打水拾貳叁托通過。坤申有三箇小嶼，頭有石牌近。又用乙辰針，伍更船，取角象坎山，在馬户邊。近嶼打水捌玖托。中有老古，不可過。若内過，子細看象，中央過水，内外通過，打水五六托。大嶼尾有二三箇小嶼，近嶼使，莫近坤申，怕長腰嶼有淺石牌。遠使過了，小嶼尾，前見角匙嶼，山尾是角泰嶼及角骨嶼，打水八九托。用巽巳針，伍更船，取角沙巴及公嶼，在外過，打水十二三托，平朋格刷港。只有一嶼在外，兩邊是正港，近嶼使。丙巳針，叁更船，取角沖。有一個小嶼近坤申有礁，不可近過，打水十一托入門，角沖及有大小嶼十，中打水二十一托，老古地。若入第三門，中打水十五六托，也是老古地。若入山門，使到中灣三個小嶼，嶼須好拋船討柴水。使出門，用單巳針，前見角革使嶼，在馬户邊，討水八托過了。用單巳針，伍更船，取角生，内外通過。若内打水八托，連大菓子嶼，在帆舖邊。若在外過，打水十一二托，用單針。若内過，用丙巳針，伍更船，取假嶼，内外通過船。内有三嶼，名叫角婆囉塵，在帆舖邊，打水十二托。若戧風使，不得緊甚，甚又真假在帆舖邊，入去又有一長嶼，在馬户邊入，打水陸托。在真嶼好拋船討柴水，看好日好風，方纔開得使船。在真嶼開洋，用丙巳針，貳拾更船，打水十五六托，若是白水是正路。又用丙巳針拾更船，又用單午針伍更船，順風肆拾肆托，沙地。用單午針，伍更船，望見苧麻山。

又《東夷廣記・琉球國・琉球國船往暹羅針路》 崑崙山，用庚西針及單酉針，拾更船，真嶼，打水十七托正路，若十五六托亦妙，在真嶼内過。用壬亥針，伍更船，取假嶼内通過，近山使，打水十七八托。用壬亥針，伍更船，取籠嶼，即角生，打水伍陸托為妙。就大横，在外洋，坐西上。又用壬亥及單亥針，伍更船，平都崑大高山。近前，用壬亥針，上有兩山，便討柴水。此處正平涼山嶼，大小角欖欖二山。船身高，山在西上，船身正平涼山嶼。用乾亥針，叁更船。用壬亥針及單壬針，壹更船，見赤龜礁出在海中心，在亥上。若夜晚，平涼山嶼，用乾亥針必逢赤龜礁。若打水二十一托，用單亥針，正逢礁。打水十八九托、二十一托正路，船身在赤龜礁内過是正路。赤龜正平角龍。赤龜礁出水，赤白色，船身在内過。用單亥針及乾亥針，好風叁更船，平崩格刷，回頭望赤龜礁在西上。望見前一山出，横在甲壬亥上，就時打水二十三四托，近見方認得是野豬嶼，即角公。此處拋碇，有松魚多。野豬嶼好風，用乾亥針及單亥針，肆更船，取仙髻山，即角麥、角骨相連象次，打水二十、打水二十一二托是正路，船身平仙髻山相連。用乾亥針，伍更船，取三山長沙，打水十九托、二十托是正路。若平仙髻山，打水十八九托，好落碇，十分小魚食。船平三山尾，有斷嶼，生開幷，幷有個出水小礁，亦生開在嶼邊。夜間行船，避防子細。沿坤申岸，打水十六七托，勒打水沿打水。沿山使用辛酉針，取海潮門妙也。

又《海國廣記・滿剌加國・廣東至滿剌加針路》 自廣東東莞縣南亭門放洋，南至烏豬洋、獨豬洋、七洲洋。星盤坤未針，至外羅。坤申針四拾五程，至占城舊港。經大佛靈山，其上烽墩，則交趾屬也。又未針，至崑 山洋。直子午，收龍牙門港。西行貳日程，至其國。

又《福建安民鎮往滿喇咖國針路》 五虎門安民鎮出門，過梅花淺，船從三叁礁外，打水壹丈捌尺。過淺，取官塘山，打水，船行叁礁東北正路過。用巽巳針，取東沙山。用巳針，叁更船，取牛嶼。用坤申針，肆更船，平烏坵山。用坤申針，柒更船，打水柒捌托，西邊過船。近山泥地，好住船，平太武山。用坤申，柒更船，平南灣山及外洋平山。用單申針，拾伍更船，平大星尖。用坤未針，柒更船，平東姜山及南亭門。用坤未針，伍更船，取烏豬山。用坤未針，拾叁更船，平七州洋山。用坤未針，柒更船，平獨豬山。用單未針，貳拾壹更船，取外羅山山外過。用丙午針，柒更船，見校杯嶼及羊嶼，外過船。用丙午，伍更船，平大佛靈山。用單午針，叁更船，平伽藍貌山。用丁午針，伍更船，平羅灣頭。用坤未針，伍更船，平赤坎山外洋過，有玳瑁鴨，船近坤申，看不見玳瑁州。用單未針，拾伍更船，取崑崙山外過。用單丁未針，肆拾叁更船，取苧麻山及東西竹，將軍帽內有火燒山。用丁針，柒更船，平馬鞍山及達羅漢嶼併白礁，北邊進妙。用丁針，伍更船，取龍牙門，夜間不許行船，切防南邊牛屎礁。過長腰嶼，又防南邊沙塘淺及涼傘嶼。用單午針，貳更船，平吉里悶山。用單乾針，叁更船，取崑宋嶼。用單亥針，叁更船，取射箭山。用乾針，伍更船，取五嶼，收滿喇咖為妙。

又《滿喇咖回福建五虎門針路》 五嶼開船，用辰巳針，伍更船，平射箭山，打水十九拾玖、貳拾托。用辰巽，叁更船，平崑宋嶼，對開南邊有淺，北邊坤申尾有老古淺。用單巽針，叁更船，取吉里問山，沿北邊坤申都是泥淺。用單辰針及乙辰針，叁更船，平長腰嶼，不可貪南。南邊有涼傘嶼及沙塘淺。出龍牙門，不許夜間行船。用單卯針，取官嶼，不可貪南。南邊有牛屎礁。用申卯針，伍更船，取白礁，北邊過船，打水拾伍托正路。船身又不可貪北邊，切防達羅漢礁及有高低石礁。若離白礁遠了，用癸丑針，柒更船，取將軍帽及東西竹併苧麻山，內過船。用子癸針，肆拾伍更船，取平崑崙山，外過船。用癸丑針，拾伍更船，平赤坎山。若船身開，犯玳瑁州。船身隴，恐玳瑁鴨、玳瑁礁。用丑艮針，伍更船，取羅遠頭。用單癸針及癸丑針，伍更船，取伽藍貌。用單子針，叁更船，取平大佛靈山。用壬子，伍更船，取校杯嶼及平羊嶼併新州港口。用壬子針，柒更船，取外羅山，東邊過船。用單丑及丑癸針，貳拾更船，平獨豬山。用單艮針，伍更船，平銅鼓山。用艮寅針，貳拾更，平大星，外過船。用艮寅，拾伍更船，平南澚及山平山。用艮寅，叁更船，大小耳山，外過船。用單艮，肆更船，平大武山。用單艮針，柒更船，平烏坵山，內過船。用艮寅針，肆更船，平中嶼。用丑艮針，伍更船，討東沙山，外過船。用壬寅針，取三礁及官塘，收五虎門妙也。

又《崑崙往暹羅暹羅往滿喇咖針位》 離淺，用丁午針，拾更船，平佛嶼。用單丙針，拾更船，大小蘇梅山。山內有三門，都是可過船。用單午針，拾伍更船，平玳瑁嶼。嶼內是中朴淺，船不可近坤申行。用丙午針，拾更船，平孫姑那港口，有二嶼，名叫角奴、角貓，外過船。用丁午針，伍更船，取六坤下池。其坤身尾有淺，生開是孛大泥地方。用單丙針，柒更船，平吉蘭丹港口。用丙午針，肆更船，平三角嶼。內過船，見吉貝嶼在船頭，并有一圓光嶼，可近外大嶼行妙，內有小嶼不可近也。用單午針，伍更船，平斗嶼，內過船。用單丙針，伍更船，取彭坊港口。用單丙針，伍更船，平地盤山及東西竹、將軍帽，俱在外，火燒山及豬母山俱放在內門也，可行。丙午針，柒更船，取達羅漢嶼。嶼北邊坤申有淺，船在達羅漢嶼內，過船妙。若不行內門，往外尋白礁。望白礁，打水拾伍托正路。若白礁在馬户邊，過船又不可近羅漢嶼。用庚酉針，伍更船，入龍牙門。流水緊，夜間不可行船。用庚戌及辛戌針，叁更船，取吉里悶山。用乾戌針，叁更，取崑宋嶼。用單乾針，伍更，取射箭嶼。用乾亥針，伍更船，取五嶼，肆伍托，拋船坤申，是滿喇咖為妙也。

又《滿喇咖回暹羅針路》 五嶼開船，用巽巳針，伍更船，平射箭嶼。用單巽針，伍更船，取昆宋嶼，南邊有淺。用單辰針，叁更，取吉里悶山，沿北邊坤申使。用乙辰針，叁更船，討長腰嶼，防嶼南邊有涼傘礁及塘淺沙。入龍牙門，防北邊牛屎礁。用乙卯針，伍更船，取馬鞍嶼。嶼內可過船，防北邊坤申尾有淺。若是外出，望白礁，打水拾伍托正路。船在白礁凡舖過，船離礁遠。用單子針及子癸針，伍更船，平火燒山及外東西竹并將軍帽，并前地盤山。用單壬針及壬癸針，伍更船，平彭坊港口。用單子針，拾更船，取斗嶼，船在內過。用壬子針，伍更船，取吉貝嶼及一員頂嶼，俱在外過船，在此嶼內行妙，不可貪西邊小嶼，有沉礁。前頭是三角嶼，放在外上，內有小嶼放在內邊，船往中行。用壬子針，肆更船，吉蘭丹港口。用單子針，柒更船，取孛大泥及六神下地，其坤申尾有淺生開。用壬子針，伍更船，取孫那姑港口。口外有二嶼，名喚奴、角貓。用壬子針，拾更船，取玳瑁嶼內過，防坤申邊中朴淺，生開，打水肆伍托行為妙。用單子針，拾更船，取大小蘇梅山。山內有三門，都可過船。用壬子針，拾更船，取佛嶼。用單壬針，拾更船，取龜山。用單壬針，伍更船，平筆架山。用單子針，拾更船，收暹羅港口為妙也。

又《爪哇國・占城至爪哇國路程》 自占城起程，順風二十晝夜，至其國。港口有村曰杜板，僅千家，二頭目主之。人多閩廣流寓者。雞羊魚菜甚賤。海灘一小池，曰聖水，甘淡可飲，即元將史弼、高興錨鎗海中、祝天而湧者也。又東行半日，入北馬頭，曰厮村，中國人成聚落，遂

名新村。約千餘家，

居民環接，編茭樟葉覆屋，鋪店連村。各處番舶至此，互市金寶番貨。又南水行半日，至淡水港。其港流出淡水，沙淺，大船難進，只用小艇。行二十餘里，至蘇魯馬益，有千餘家，半中國人。港旁大洲，林木蔚茂，多長尾猢猻。又水行八十里，至漳沽登岸，西南陸行，半日至滿者百夷，國王所居之地。僅二三百家，總領七八人。王宫磚墉，墉高三丈，方三十餘里。屋高四丈，地覆板。其所屬有蘇吉丹、打板、打網、底勿數種。

又《廣州往爪哇針位》 南亭門開洋，用坤位未針，伍更船，平烏豬洋。用坤未針，拾叁更船，取七洲洋。用坤未針柒更船及未針貳拾更船，取外羅山。用丙午針，柒更船，取校杯嶼及羊嶼。用丙午針，伍更船，取大佛山。用丙午針，拾叁更船，取東董山。用丙午針拾伍更船，用單午針叁更船，取陀龍山。東南邊大山是銅鼓山。入門打水拾伍托，近看都是坤申。門中西邊有小嶼，名叫沙潮皮。東邊過船正路。用單丁針，柒更船，取大嶼，一小嶼生開在外，西邊過船正路。用丁午針，肆更船，取雞籠嶼。用午針，拾更船，取美蘭山。東邊高大，北邊看有一個小嶼，是雞籠嶼樣，西邊抵長，北長拋尾。門中一小嶼，東有泥淺，西邊過船正路。用丙午針，拾叁更船，取吉里悶山。用單午針及丙午針，伍更船，取椥椒山。用丙巳及單巽針，拾更船，取是爪哇。

又《爪哇回廣東》 那森開洋，用壬子針，拾更船，取吉里悶山邊，看使大船牽杉板樣，近東長高大，成一個大山，西邊坤申尾有老古離山。若是東南風用壬子針，若是東風用壬子針，拾更，打水十七八托，硬地。用壬子針，拾更船，取美蘭山。用癸子針及單癸針，取煆里馬打山。用單壬針，拾伍更船，取嗅哄嶼。用單壬針，伍更船，取搭林嶼。用壬子針，伍更船，取馬鞭山。用壬子及壬癸針，肆拾伍更船，取赤坎山。用單丑針，伍更船，取羅灣。用癸丑針，肆更船，取伽藍貌山。用子癸針，叁更船，取大佛靈山。用子針，伍更船，取校杯嶼及羊嶼。用子癸針，柒更船，取外羅山。用子癸針，貳拾更船，平獨豬洋。用單癸針，柒更船，平七州洋。用癸丑針，拾叁更船，平烏豬洋。用單癸針，柒更船，取南亭門是也。

又《地滿往舊港針路乃爪哇地方》 地滿山生東南尖，用丙午過，用單午針，是東西竹。又丙午針，十更船，取長腰嶼。用丁午針，十更船，見龍牙門山，在馬鋪邊過。單午針，三更船，取饅頭嶼。用單午針及丁午針，三更船，見七嶼，在帆鋪邊來。用單午針及丁未針，四更、七更船平家，在帆鋪來，西南山第二山見沉礁。用坤申針，收舊港。見坤申三港，中間一港是正路也。

又《舊港收回地滿山針路》 出港口，用壬子針，四更船，取七嶼。用單癸針，三更船，取饅頭嶼。癸丑及子癸針，十更船，取龍牙門。用壬子針，十更船，取長嶼。用單子針，取東西竹，收到地滿是也。

又《爪哇往舊港針路》 爪哇杜板開洋，用壬子針，離用乾亥針，十二更船，取吉里悶山，東北外過。單乾針，使五更，用乾戌針，三十更船，取三麥嶼。打水九托十托，北邊過船正路。打水八九托，南邊過船。打水四五托，用壬亥針，進峽門。用單乾戌針，十更船，取港口。坤申有三港，中間一港有小嶼，是正路，入港是也。

又《舊港回爪哇針路》 舊港開洋，用乙卯針，平第一坤身尾，用單辰針，沿坤身使，取彭家山尾，見三麥嶼。用巽巳針，前面二邊有淺水，打水四五托。嶼邊有老古石，不可近嶼使，東邊過船。東風用巽辰針三更船，用乙辰針七更船，用辰巽針二十更船，見香爐山。南邊山高大，若西南風用乙針使，見山在尾後，打水三十二三托。用乙辰，五更船，見吉里悶山，在船頭對來。用單辰針，取椥椒山、剌嗲、麻里東山，收托板是也。

又《崑崙往爪哇針位》 崑崙放洋，用丁未針貳拾更船，用單未針貳拾伍更船，取苧麻山及東西竹山。用丙午針，拾更船，取長腰嶼。用丁午針，拾更船，見龍牙門山，在馬户邊。用單午針，叁更船，取彭家山，在帆鋪邊。用辰巽及單巽針，拾更船，是進夾門。用單丙針，見麥嶼，南北貳邊有淺，打水肆伍托。嶼邊有老古石，不可近，嶼東邊過船是正路。東風使用辰巽針及單巽針，二十更船，見香爐山在南邊，山高大。若西南風，用單乙針使，見山在頭尾後，打水六七托。用單辰針，伍更船，見吉里悶山，在船頭對來。用單辰針，見椥椒山、剌嗲、麻里東，收托板是也。

又《爪哇回崑崙針位》　爪哇開洋，用壬子針，離山遠用乾亥針，貳拾更船，取吉里悶山外過。單乾針伍更船，用乾戌針三十更船，取三麥嶼，打水九托十托。東北邊過船正路，打水八九托。南邊過船，四五托。用壬癸針，進峽門。用單乾針及乾戌針，拾更船，平舊港口。外是彭家山，用壬子針，叁更船，見七嶼。用癸針，叁更船，取饅頭嶼。用癸丑針，拾更船，平龍牙門大山。用壬子針，拾更船，取長腰嶼。用單子針，拾更船，取東西竹及苧麻山。用子丑針及單癸針，四十五更船，取崑崙是也。

又《三佛齊國·爪哇國至三佛齊路程》　自爪哇起程，順風八晝夜，可至其國。自淡港入彭家門裏繫船，岸多塔。用小船入港，至其國。累甓為城，多廣東、漳、泉人流寓。地方不廣，水多地少。頭目之家，皆在岸上造屋居住。其餘民庶，於木筏上蓋屋而居，覆以椰葉，用木樁拴繫，水長則筏浮。或欲別居，起樁去之，不勞財力。港中朝暮二次暗長潮水。今為爪哇所轄，有十五州。又有旁近屬國，曰單馬令、凌牙斯、蓬豐、登牙儂、細蘭。凡往三佛齊，法當南行二日即轉而東，否則值焦土，船必麋碎。

又《雲臺廣記·西南夷·古里國·柯枝國往古里路程》　自柯枝國港口，往西北行三日，可到其國。

又《海國廣記·榜葛剌國·蘇門答剌至榜葛剌路程》　自蘇門答剌國開船，取收貎山并翠藍島，投西北順風行二十日，先到海口察地港，有抽分所，海船俱泊於此，復用小船入港。五百餘里至地名鎖納兒港，登岸西南行三十餘站，至國中。有城郭，大小衙門俱在城內。

又《天方國·古里國至天方路程》　自古里國開船，投西南坤位行，順風十五日至忽魯謨斯國。又四十晝夜到本國馬頭，番名秩達，有大頭目把守。自秩達往西行一日，到王都，名默伽國。

又《佛朗機國·占城國往佛郎機路程》　自占城起程，順風貳拾晝夜，可至其國。

明·張燮《東西洋考》卷九《西洋針路》　鎮海衛太武山。打水二十托。宋《圖經》稱，未有生人時，太武夫人拓土以居，其上有壇。出大擔門，半更，船過此，用丁未針，四更，取大小柑橘嶼。內是銅山所，欽依把總置寨於此。船從外過，內打水十五托，外二十五托，用坤未針，三更，取南澳坪。

南澳坪山。南澳是漳、湖接連處，萬曆四年設副總兵鎮此。築城周圍五百丈。其外玄鍾寨屬漳，柘材寨屬湖，最稱重鎮。坪山者，遠望只一山，近有三門，西南邊一派沉礁，與澳相連。內打水十八托，外打水二十五托，舶從外過，用坤申，十五更，取大星尖。

大星尖。屬廣州東莞縣，其內為大鵬所，洪武間築城守之。大星尖，赤石甚尖，故名。內打水三十五托，外四十五托，用坤申針，七更，過東姜山。

東姜山。對開，打水四十五托。其前為弓鞋山。

弓鞋山。山如弓鞋樣。對開，打水四十九托，内外俱可過船，其前為南亭門。

南亭門。對開，打水四十七托，用單坤，五更，取烏猪山。

烏猪山。上有都公廟，舶過海中，具儀遙拜，請其神祀之，回用彩船送神。洋中打水八十托，用單申針，十三更，取七州山。

七州山七州洋。《瓊州志》曰：在文昌東一百里，海中有山，連起七峰，內有泉，甘洌可食。元兵劉深追宋端宗，執其親屬俞廷珪之地也。俗傳古是七州沈而成海，舶過，用牲粥祭海厲，不則為祟。舟過此極險，稍貪東便是萬里石塘，即《瓊志》所謂萬州東之石塘海也。舟犯石塘，希脱者。七州洋打水一百三十托。若往交阯東京，用單申針，五更，取黎母山。

黎母山。在瓊州定安縣南四百里。《廣東通志》曰：五指山一名黎母，生黎峒中，五峰如人指屹立。《圖經》云：島上四洲，黎母為主。每辰巳後，雲霧收斂，則一峰聳翠插天，申酉間復蔽不見，此南極星芒所降之地。又云：婺女星見此山，因名黎婺，後訛呼黎母。《虞衡志》曰：山極高，常在雲霧中，黎人自鮮識之。久晴，海氣清明，見翠尖浮半空。明丘濬詩：『五峰如指翠相連，撐起炎荒半壁天。夜盥銀河摘星斗，朝探碧落弄雲煙。雨餘玉筍空中見，月出明珠掌上懸。豈是巨靈伸一掌，遙從海外數中原。』用庚酉針，十五更，取海寶山。

海寶山。用單亥針及乾亥，由塗山海口，五更，取雞唱門，即安南雲屯海門也。

交阯東京。《一統志》曰：東至海，西至老撾，南至占城，北至思明府。

又從七州洋。用坤未針，三更，取銅鼓山。

銅鼓山。《廣東通志》曰：在文昌東北。諸獠鑄銅為大鼓，懸庭中。讐殺相攻，則擊此鼓，到者雲集，後瘞此山。鄉人掘得之，故名。《瓊州志》曰：銅鼓海極深險。坤未針，四更，取獨珠山。

獨珠山。俗名獨猪山。《瓊州志》曰：獨州山一名獨珠山，在萬州東南海中。峰勢高峻，周圍五六十里。南國諸番修貢，水道視此為準。其洋為獨珠洋。舶人云：有靈伯廟，往來祭獻。打水六十五托，用坤未針，十更，取交阯洋。

交阯洋。唐沈佺期有《渡海詩》：『嘗聞交阯郡，南與貫胸連。四氣分寒少，三光置日偏。越人遙捧翟，漢將下飛鳶。北斗崇山掛，南風漲海牽。別離頻改月，容鬢驟催年。虛道崩城淚，明心不應天。』打水七十托，用坤未針，取占筆羅山，是廣南港口。

廣南。漢為日南郡，隋唐為驩州，國朝為乂安府。

又從交阯洋。用未申針，三更，取望瀛海口，入清華港。

清華港。漢為九真郡，隋唐為愛州，交阯為西京，國朝為清化府。

又從交阯洋。取小長沙海口，入順化港。

順化港。國朝為順化府。

又從交阯洋。用坤未針，十一更，取外羅山。

外羅山。遠望成門，近看東高西低，北有椰子塘，西有古老石。船傍西行，打水四十五托，用丙午針，三更，取馬陵橋，其內為提夷，是交阯屬縣。

提夷馬陵橋。打水二十五托，內外俱可過。船南邊有礁。出水，用丙午針，四更，至交杯嶼，即新州港口。

新州港。國朝為新安府。

新州交杯嶼。兩嶼相對如交杯狀，故名。內打水十八托，用丙午，三更，取羊嶼。

羊嶼。有小石塔，好拋船。內打水八九托，外二十托。南有羊角礁，不可近。用丙午針，三更，取煙筒。

煙筒山。此交阯、占城分界處也。以狀似煙筒，故名。雖極澄霽，亦頂上有氤氳氣。用丙午針，三更，取靈山。

靈山。《星槎勝覽》曰：與占城山連接，峻嶺而方，有泉下繞如帶，山頂一石塊似佛頭，故名靈山。往來販舶於此樵汲，崇佛誦經，燃放水燈彩船，以禳人船之災。開，打水六十托，用單午針，二更，取伽㑲貌。

伽㑲貌山。港內有三嶼，潮漲則不見山。遠過打水十五托，用坤未針，五更，由圭龍嶼取羅灣頭，即占城港口。

占城國。《一統志》曰：東距海，西抵雲南，南接真臘，北連安南。東北至廣東，舟行可半月程；至厓州，可十日程。古名林邑，唐名環王國，後始名占城。

占城國羅灣頭。打水五十托，用坤申針，五更，取赤坎山。

赤坎山。宋時占城王常避交人，徙居玆山。近打水二十托，外十八托，用單申針，四更，取鶴頂山。

鶴頂山。打水二十五托，洋中有玳瑁洲，宜防。若往柬埔寨，由此分路。用單庚，四更，取柯任山。

柯任山。自赤坎沿山而行，因風應變，外任尋港，用庚申針，開，有石爛礁在西南，若行船放落嶼下，開頭用單庚及庚申針，看風讓高，收毛蟹洲。

毛蟹洲。打水六七托，船頭對洲收入。有三托水，在淺內，船恐犯洲，尾淺，要認毛蟹洲，須見兩邊坤身頭崎便是。天暑清明，潮水曉退，在外任開船，東風小，午到淺，至午進港為妙。

柬埔寨。即古真臘地也，又名占臘。將至港，俱是泥地，故名占臘泥國。人自呼甘孛智，後訛為甘破蔗，舶人又訛為柬埔寨。《一統志》曰：東際海，西接蒲甘，南連加囉唏，北抵占城。

又從赤坎山。單未，十五更，取崑崙山。

崑崙山。此非河源之崑崙，然自海中一大名勝。《星槎勝覽》曰：節然瀛海中，山高而方，山盤廣遠。俗云『上怕七州，下怕崑崙。針迷舵失，人船莫存。』用單庚及庚酉，三更，取小崑崙。

小崑崙。兩邊有礁。出水用庚酉及單酉，八更，取真嶼。

真嶼。看成三山。內過，打水十四托，泥地。外過，打水十八托，沙地。遠過只七八托便是假嶼，水淺，不可行，只從真嶼東北邊出水，礁南邊過船，用庚戌針，五更，取大橫山。

大橫山。到此是暹羅界。外過，南邊打水二十五托為正路，北邊水淺，只五托水，船在南邊見小橫山。

小橫山。其山多樹。打水十四托。辛戌，十更，單戌，十更，乾戌，十更，取筆架山。

筆架山。遠望形如筆架，故云。山下打水十四托。開，打水二十托，壬亥，五更，取陳公嶼及黎頭山。

黎頭山。西邊高大，東南稍低，其內有嶼，西北一派是石排山。用壬子針，五更，取圭頭淺。

圭頭淺。打水四十托，用單乾，三更，取竹嶼。

竹嶼。淺口，打水四五托。用壬子及乾亥，沿山坤申，尾即暹羅。

暹羅。乃古赤土及婆羅剎地，至本朝合暹與羅斛二國，名暹羅。《一統志》曰：在古城極南。

又從崑崙山。用坤申及庚酉針，三十更，取吉蘭丹。

吉蘭丹。即大泥港口。用坤申，七更，入港是大泥國。

大泥國。即古渤泥也。我朝貢道由福建入。

又從崑崙山。取真嶼，用辛酉針，二十八更，取六坤。

六坤。暹羅屬國也，其地與大泥相連。

又從崑崙山。用坤未針，三十更，取斗嶼。

斗嶼。用丁午針，五更，取彭亨國。

彭亨國。一名彭坑。單午，五更，取地盤山。

地盤山。在彭亨港外。外打水二十八托，內四十四托，三更，至東西竺。

東西竺。此柔佛地界也。用丁未針，十更，取羅漢嶼，即柔佛港口。

柔佛國。一名烏丁樵林。

羅漢嶼。有淺，宜防，往來尋白礁為準。往滿剌加從北邊過船，用庚酉，五更，入龍牙門。

龍牙門。《星槎勝覽》曰：山門相對如龍牙狀，中通船。田瘠穀薄，男女穿短衫，圍稍布。擄掠為豪，番船於此防之。今人夜舶不敢行，以其多盜，且南有涼傘礁也。中打水三十托，北二十托，南八九托，又過淡馬錫門，用庚酉及辛戌針，三更，取吉里問山。

吉里問山。打水二十七托，兩邊有淺。用乾亥針，三更，取崑宋嶼。

崑宋嶼。打水二十五托，用單亥針，五更，取箭嶼。

箭嶼。打水三十四托，用乾戌針，五更，取五嶼。

五嶼。先時酋開鎮於此。此中有真五嶼，假五嶼，沿山而入為麻六甲。

麻六甲。即滿剌加國也，舶人音訛耳。在古為哥羅富沙地。

又從東西竺。用丙午針，十更，取長腰嶼。

長腰嶼。北邊正路，打水二十六托。若往丁機宜，用坤申，四更，取獨石門。

獨石門。出門，用單酉針，過鐵釘嶼。

鐵釘嶼。其外水流急甚，用單庚及庚申針，四更，至鱷魚嶼。

鱷魚嶼。西是坤身，晝南流而夜北流。再進由第二港入，是丁機宜國。

丁機宜。爪哇屬國。

又從長腰嶼。用丁午針，十更，取龍雅大山。

龍雅山。在馬戶邊過，用單午針，三更，取饅頭嶼。

饅頭嶼。收入即是詹卑，七更可到。

詹卑。三佛齊人稱其國王為詹卑。其國既為爪哇所破，故王徙居于此，因以名地。

七嶼。從饅頭嶼駕開，用丁午針，三更到此。又用丁未，七更，取彭家山。

彭家山。用坤未，三更，取西南第二山，有沉礁，收坤申針，收入舊港。

舊港。即三佛齊故都也。其先為干陁利國，初時為爪哇所幷，改名舊港，以別於彼之新村。

又從彭家山。用辰巽針，十更，取進峽門。

進峽門。用丙巳，巡坤身，七更，見三麥嶼。

三麥嶼。過嶼用單丁及丁午，五更。單未，五更，取都麻橫港口。

都麻橫港口。中望一山，名真不真假不假。正路打水十七托，用單午針，十更，取覽邦港口。

覽邦港口。覽邦夷人好食人，故舶無維纜者。外有小嶼名奴沙牙，近嶼打水八九托。用丁午，三更，取奴沙剌，打水十四托，又用丁午針，三更，遠望錫蘭山。

錫蘭山港口。即梁時所通狼牙脩也，今訛為石旦。隋常駿至林邑，遙望見焉。夷言高山為『錫蘭』，因名。今稱錫蘭港口者，亦就望見言之，其實去彼尚遠。《星槎勝覽》曰：地廣人稠，亞於爪哇。山頂産黄鴉鶻石、青紅寶石。海旁有珠簾沙，常取螺蚌傾入池中，作爛淘珠，貨之。海邊有一盤石，上印足迹，長三尺許，常有水不乾，稱先世釋迦從翠藍嶼來，登此足躡迹，至今尚存。永樂間，其王來貢，旋復負固不恭。鄭中貴和虜其王歸，上命釋之。其後貢使歲以為常。洋中凡五嶼，正門打水四五托，用丙巳針，六更，至下港。

下港。即古闍婆，在南海中者也。亦名社婆，至元始稱爪哇，今下港正彼國一巨鎮耳。舶人亦名順塔。再進入為咖嚁吧。

又從滿剌加國五嶼。分路入蘇門答剌，用單乾針，五更，取綿花嶼。

綿花嶼。第三灣正好過船，打水七八托，外二十托，用單戌針過淺。辛戌，四更，取雞骨嶼。

雞骨嶼。對開，打水六十六托，有淺，船宜遠過。用乾戌針，十更，取雙嶼。

雙嶼。對開，打水三十五托，即正路所經也。用乾戌幷辛戌，四更，取單嶼。

單嶼。內打水十六托，外四十托，用辛戌針，十更，認亞路。

亞路。坤身，打水三托，洋中二十托。用壬亥及乾亥針，若離山用乾戌針，十五更，取巴禄頭。

巴禄頭。其旁為九州山。《星槎勝覽》曰：林木叢生，枝葉茂翠。永樂間，鄭和遣人入山採香。有長六七丈者數株，香味清遠，黑花細紋，山人張目吐舌，言天朝威力若神。單亥及乾戌，五更，取急水灣。

急水灣。西邊有灣，沉礁打浪。對開，水二十五托，用辛酉針，五更，取啞齊。

啞齊國。即蘇文答剌國也。其先名大食，今一名蘇文達那。《廣東通志》曰：自滿剌加九晝夜可至。

又從玳瑁洲。用丁未針，三更，取東西董。

東西董。從西董過船，遠似石礁狀，用單丁，五更，丁未，三十更，取失力大山。

失力大山。近山，用坤未針，五更，取馬鞍嶼。

馬鞍嶼。用巽巳，五更，取塔林嶼。

塔林嶼。山尖有老古石，正路在西，用辰巽針，三十更，取吉寧馬哪。

吉寧馬哪山。山上有池，貯水不竭。池上石壁有古篆。用單巳針，七更。單丙，六更，取勿里洞山。

勿里洞山。丙午，十五更，取吉里問大山。

吉里問大山。西面坤身，拖尾甚長，有老古淺，離山宜防。用辰巽，四更，取保老岸山。

保老岸山。山與吉里問相對，俗訛呼巴哪大山，《一統志》所謂『番舶未到，先見此山，頂聳五峰，雲覆其上』者也。用巽巳，四更，取椒山。

椒山。即猪蠻地。沿山取磨嶼，七更，收入饒洞。

思吉港饒洞。即蘇吉丹國，政與爪哇王國相近，而吉力石為之主。

又從保老山。用乙辰針，五更，取吉力石港。

吉力石港。即爪哇之杜板村，史所謂通蒲奔大海者也。打水八九托，用乙辰針，一更，取雙銀塔。

雙銀塔。用丁未針，五更，取磨里山。

磨里山。即《星槎勝覽》所謂彭里者也。俗尚寇掠。用單乙，三更，取郎木山。

郎木山。山下有三吧哇嶼，嶼前有老古淺。用單卯，五更，取重迦羅。

重迦羅。舶人訛呼『高螺』。《星槎勝覽》曰：地與爪哇界相接。高山奇秀，內一石洞，前後三門，可容萬人。用單卯針，五更，取火山。

火山。內是里馬山，有真里馬、假里馬。過火山門，用辰巽針，二更，取大急水。

大急水。一名雙牌，水深流急。出門，用乙辰針，三更，至髻嶼。

髻嶼。用乙卯，十更，取大雲螺、小雲螺。

大小雲螺。又乙卯針，六更，單卯針，七更，取蘇律山。

蘇律山。有紅毛番居此，不宜進泊。用乙辰，三更，收山取印嶼。

印嶼。用單卯針，二更，至美羅港，即是池悶。

池悶。即吉里地門，是諸國最遠處也。

又從吉寧馬礁。往文郎馬神分路，用丙巳及巽巳。五更，取吧哩馬閣。

吧哩馬閣。即白水洋。打水八托是正路。近嶼有淺可防。用乙卯針，五更。甲卯，五更，單卯，五更，取三密港。

三密港。用乙卯針，二更，取龜嶼。打水六托，是正路。

龜嶼。稍開有石六七塊，名猫著萬里。淺，用單巳。三更，取單戎世力山。

單戎世力山。有淺宜防，打水五托是正路。用單巳及巽巳，四更，又辰巽，收美啞柔。

美啞柔港口。是處多盜，好夜殺人。前有大山是馬神國。

文郎馬神國。古稱文狼。

又　卷九《東洋針路》　太武山。用辰巽針，七更，取彭湖嶼。

彭湖嶼。是漳、泉間一要害地也。多置遊兵，防倭于此。用丙巳針，五更，取虎頭山。

虎頭山。用丙巳，七更，取沙馬頭澚。

沙馬頭澚。用辰巽針，十五更，取筆架山。

筆架山。遠望紅豆嶼幷浮甲山，進入為大港。

大港。用辛酉針，三更，取哪哦山。

哪哦山。再過為白土山，用辛酉針，十更，取密雁。

密雁港。南是淡水港，水下一灣，有小港，是米呂蓐，下一老古灣是磨力目，再過山頭為岸塘。

又從密雁港。幞頭門，用丙午、單午，十更，取六藐山。

六藐山。下有四嶼。用單巳針，五更，取郎梅嶼。

郎梅嶼。單午，四更，取麻里荖嶼。

麻里荖嶼。用丁午，五更，取蘇安山及玳瑁港。

玳瑁港。東是傍佳施欄，用壬子針，四更，及癸丑，五更，取表山。

表山。山甚高，為濤門之望，故名。用丙午及單午，五更，取里銀中邦。

里銀中邦。丙巳，五更，取頭巾礁。

頭巾礁。用單午，五更，收呂宋國。

呂宋國。國初，貢路由福建入。用丙巳及乙辰針，十更，取沙塘淺，開是猫里務。

猫里務國。即合猫里國也。永樂時，與呂宋貢使偕來。

又從呂宋。取猪未山，入磨荖央港。

又從呂宋。過文武樓，沿山至龍隱大山，為以寧港。

以寧港。山尾十更，西邊取里攞翰至高藥港。

又從以寧港。用丙巳針，取漢澤山，即屋黨港口。

漢澤山。用單巽針，取海山。

海山。用單巳針，五更，取吶嗶嘽，其內為沙瑤。

又從漢澤山。用丙午針，二十更，取交溢，一名班溢。

交溢。稍下為逐奇馬山，用乙辰，七更，取魍根礁老港。

魍根礁老港。用乙辰針，七更，見紹山。

紹山。又用乙辰針，十更，入千子智港，是米洛居地，今佛郎機駐此。

千子智港。對面是直羅里，稍上是紹武淡水港，紅毛夷駐處。

紹武淡水港。此處大山凡四，進入即美洛居，舶人稱米六合。

又從交溢。對西開船，取犀角嶼。

犀角嶼。外有三四白礁，南勢開船，用單坤針，入蘇祿國。

蘇祿國。國初朝貢，有東王、西王、峒王。其後只東王來貢不絕，疑是為東王所并矣。商舶所至，則峒王地。

又從呂蓬。用坤未針，五更，取芒煙山。

芒煙山。用丁未針，十更，取磨葉洋。

磨葉洋。用單未針并丁未，取小煙山。

小煙山。其上有仙人掌。用丁未針，五更，取七峰山。

七峰山。用單丁，五更，取巴荖圓。

巴荖圓。用丁未，五更，取羅葡山。

羅葡山。用丁未針，三更，取聖山。

聖山。自聖山東去，突出二大尖，兩傍皆老古石，中只一溝，舟行甚險。用單未及坤未針，五更，取崑崙山。

崑崙山。此又別一崑崙，是舶人强名之耳。用坤未針，取長腰嶼。

長腰嶼。舶過嶼門，用單午針，五更，取鯉魚塘。

鯉魚塘。收毛花蠟，即文萊港口。

文萊國。即婆羅國。此東洋最盡頭，西洋所自起處也，故以婆羅終焉。

明·佚名《順風相送·福建往交趾針路》 五虎門開船，用乙辰針，取官塘山。船行有三礁任東邊，用丙午針取東沙山西邊過，打水六七托，用單乙針三更船取浯嶼，用丁午針一更坤未針取烏坵山，坤申七更船平太武山，用坤申及單申七更平南澳山，用坤申針十五更平大星尖，用坤未針七更平東姜山，坤未針五更平烏豬山，用單坤針十三更平七州山，單申針七更平海南黎母山，即是青南頭，用庚申針十五更取海寶山，正路用單亥及乾亥針五更取雞唱門，即是安南國雲屯州海門也。

又《回針》 雞唱門外開船用辰巽針，五更船取寶山過洋。十五更船取黎母山，用單艮針。二十更船取平獨豬山，單艮針五更，艮寅十五更船平大星尖，單寅針十五更船平南澳彭山外過，艮寅針三更船平大小柑山過。外單寅四更船平太武山。單艮針七更船平烏坵山內過。艮寅針四更船平牛嶼。艮丑針五更船取東沙外過官塘山五虎門也。

又《往東埔寨針路》 浯嶼開船，用丁未及單未七更船平南澳彭山外過。用坤申十更，船用單坤五十更，船用單未七更，船取外羅山外過。用丙午針十更，船取羊嶼。用丁未及單丁針十更，船見伽俑貌。用坤未針五更，船取羅灣頭。用坤申五更，船取赤坎山。用單申四更，船取鶴頂山。用庚申二更，取真嶼。用庚申二更，船取嘴貼頭山。拋船妙也。有瓜石蘭，生開，不出水，去入港，船到使出山頭，用坤未針及坤申針，單申及庚申、辛酉針入港為妙也。

又《回針》 用甲卯針四更，船用單甲三更，船用甲寅針四更，船取鶴頂山、赤坎山。用艮寅五更取羅灣頭。用單艮針五更，船取伽倆僗山。單丑三更，取靈山大佛。子癸針及單子針五更，船取羊嶼。用壬子針七更，船取外羅山外過。用單丑十更，船用丑艮針二十五更，用單艮針十更，船取弓鞋山。用艮寅針七更，船取大星尖。用艮寅十五更，船取南澳山外過。用丑癸針十更，船取浯嶼為妙。用心看風汛使船，若風東風西，臨時機變。

又《福建往暹羅針路》 五虎門開船，用乙辰針取官塘山。船行三礁外過，東北邊使用巽巳針，取東沙山。西邊打水六七托用單巳針，三更船平牛嶼，用丁午針，一更坤未，二更坤申，一更平烏坵山，用坤申針七更，船平太武山，遠過同單申針四更，船取大小甘山外過。用坤申針三更，船取南澳山外過。用坤申十五更，船取大星尖。用坤針七更，船取東姜山。坤七更船取獨豬山。單坤及坤未二十更，船取外羅山外過。用丙午針七更，船取校杯嶼及羊嶼外過。用丁午針五更，船取靈山大佛往回放彩船。用坤未針三更，船取伽倆僗。用坤未五更，船取羅頭灣。用坤未五更，船取赤坎山及鶴頂山。洋中有玳瑁州，大山邊有老古石，名曰林郎淺。用坤未及單未針十五更取崑崙。高大，在帆鋪邊來內過，打水十七八托，爛泥地，外過硬沙地。用單庚及單酉針三更，船取小崑崙山。西邊有礁出水，內過。用庚酉及單酉針八更，取真嶼山內過。打水十四五托，泥地，外過打水十四五托，沙地。遠過只有七八托便是假嶼。山北面水淺不可行船，恐風不順難以出船，至此十分低了又不是正路，只從真嶼東北邊出水礁南邊過船為正路。用辛戌針五更，取大橫山外過，南邊打水二十五托為正路，近北邊水淺只有五托水，船身在南邊見小橫山或三個各山皆是樹木，用辛戌針十更船單戌針，十更船用乾戌，十更船取筆架山。在帆鋪邊用壬亥針五更，船取陳公嶼及黎頭山，用壬子針取烏泥淺打水四五托。用單乾針三更，船取竹嶼。用單子針五更船到淺，打水四五托。用壬子及乾亥針，沿山坤身尾便是暹羅港口也。用子癸針，船尾坐竹嶼入港正路。

又《回針》 港口開船用巽巳針。取烏泥淺尾用單巳針。取陳公嶼用丙午針。五更船取筆架山。開洋用單巳及巽巳針，三十五更取大橫山，若見是小橫山，門中又礁，南邊過船，遠看小橫或三個山俱是樹木，用乙辰針，十更船取真嶼，東風見假嶼，或二個山，東南邊一個小山，東北尾低西邊高，此小樹木便假嶼山。看見真臘泥尾，都是坤身，西北邊過船。用單未針，三更船取真嶼山，遠看看真嶼或三個山有門開東北邊，有礁出水，外過用甲寅針，內過用甲卯針，二十更船取崑崙頭，有礁，山頭赤色，用癸丑十五更船取赤坎山。船身高恐犯玳瑁州，仔細行船，用丑癸針二十更船平獨豬山。用單丑癸丑針五更船取銅鼓山。用丑艮針二十更船取弓鞋及東姜山並南亭門。用艮寅二十更船取南澳坪山外過。用艮寅針三更船取大小甘山外過。用艮寅四更船取太武山。用單艮針七更船取烏坵山。用艮寅針三更船取牛嶼。用艮寅五更取東湧山外過，取東沙山，入閩安鎮，內是福州。

又《浯嶼往大泥吉蘭丹》 浯嶼開船舵內開。用丁未及單丁針七更船平南澳坪山外過。用坤申針十五更船平大星尖。用坤申針七更船取南亭門。用單坤五更取烏豬山，用單坤及坤未針十三更平七州洋。用坤未七更平獨豬山，用坤未針二十更取外羅山外過。用丙午針七更取校杯嶼及羊嶼。用丙午針五更取靈山大佛。用單午針三更船取伽倆僗山。用丁午針五更取羅灣頭。用單坤及坤未針五更船取赤坎。用坤未針十五更船取崑崙山外過。用坤申及庚酉針三十更船取吉蘭丹港口。是泥地拋船。用單申針七更船六坤，坤身尾有淺，過西邊入港是大泥。

又《大泥回針》 大泥離淺用甲寅針，開山用甲卯針及單卯針，十更船用甲寅針，二十更船取崑崙山外過。用丑癸針，或內用單丑針及丑艮針十五更船取赤坎山。用丑艮針五更取羅灣頭山。用丑癸針五更船取伽倆僗山。用子癸三更船取靈山大佛山。用壬子及壬針五更船取校杯及羊嶼。用子壬針七更船取外羅山外過。用單丑六更船二十更船取獨豬山。用單艮針五更船取銅鼓山。用丑艮及丑癸針二十更船取東姜山及南亭門。用艮寅針七更船到大星尖。用艮寅針十五更船到南澳。七更船見浯嶼外羅開船。或直使用單丑針十更，用丑艮針三十二更取南亭門。或照古使用單丑針二十更船平獨豬山。用丑艮二十更船平弓鞋嶼。用艮寅針二十二更船平南澳外坪山。用艮寅七更船平太武為妙。

又《太武往彭坊針路》 丁針四更船平州山。開用未針三更取南澳。用坤申針十五更取大星。用坤未七更取東姜山。用單坤五更取烏豬山。用單坤十五更取七州洋。用單坤針七更取獨豬山。用坤未針二十更取外羅山外過。用丙午針七更船取校杯及羊嶼。用丙午針七更船取靈山大佛山。用單午針取伽俑貌。用丁午針五更船取羅灣頭。用坤未針五更船取赤坎。身開，恐犯玳瑁州；籠，恐犯玳瑁礁及玳瑁鴨。在山兜用單未十五更船取崑崙山。用坤未四十更船取彭坊港口為妙。

又《回針》 彭坊港口回澳，用艮寅六更船取綿花嶼。用單艮針七更，又用艮並丑艮針六更，船用單丑及丑癸二十更船取崑崙山外過。用丑癸十五更取赤坎。用丑艮五更船取羅灣頭。用丑癸五更船取伽俑貌。用子癸三更船取靈山大佛。用壬子單壬針五更船取校杯嶼及羊嶼。用壬子針七更船取外羅山外過。用丑癸及單丑二十更船取獨豬山。用單艮五更船取銅鼓山。用艮寅十三更取東姜。用艮寅針七更船取大星尖。用單寅針十五更船取南澳。用艮寅二更取甘山。用艮寅三更取太武妙。

又《廣東往磨六甲針》 南亭門放洋。用坤未針五更船取烏豬山。用單坤十三更取七州洋。坤未針七更船平獨豬山。單未針二十更取外羅山外過。丙午針七更船平校杯及羊嶼。內外可過，船沿山使前是占城新州港口嶼外過船。用丙午針五更是靈山大佛，放彩船。丙午針三更取伽俑貌。用丁午針五更船取羅灣頭，用坤未針五更船取赤坎山。船身開，恐犯玳瑁州；籠，恐犯玳瑁礁。用坤未十五更船取崑崙山外過。用丁未二十更船用單未二十五更取苧盤山及東西竹將軍帽。遠看見將軍帽內及火燒山。丁未針十五更船取白礁。北及南鞍並羅漢嶼。白礁在帆鋪邊過船。用單酉針五更船取龍牙門。夜不可行船，防南邊有牛屎礁。過門平長腰嶼，防南邊沙淺及涼傘礁。用辛戌針三更船取吉里悶山。乾亥針五更船平崑宋嶼，單亥針五更船取前嶼。乾針五更取五嶼。沿山使取磨六甲妙。

又《滿喇咖回廣東針路》 浯嶼門放洋，用辰巽五更船平射箭山。打水十九托，用辰巽五更船取崑宋嶼。打水十二托。對門南有泥淺，北邊坤身尾有老古石淺。單巽針三更取吉里悶山，沿山使北邊坤身尾謹防。單辰並乙辰，二更取長腰嶼不可行，南，恐犯涼傘礁及沙塘淺。出龍牙門，夜間不可行船。單卯針取官嶼，防北邊牛屎礁。甲卯針五更船取白礁北邊過行船，打水十五托正路，防北邊羅漢嶼，有礁，打水六七托正路，要防礁淺，方出門離白礁遠。用丑癸十更船平苧盤山外，東西竹在東邊內過。用子癸針及單癸四十五更船取崑崙山，照前取浯嶼為妙。

又《苧盤往舊港并順塔針路》 苧盤山南邊生角尖有山嶼。西頭低，用丙午針過東西竹山。用丙午針十更取長嶼。用丁午針十更取龍牙門山，在馬户邊來過山，用單午針三更取饅頭嶼。用單丁三更船取七嶼。在帆鋪邊第二山有沉礁。用坤申針取舊港正路。用辰巽針十更船取進峽門。用丙巳針，南邊打水四五托，北邊打水八九托。用單申針三更，船打水十托、沙泥港地連坤身。使單丁針及丁午針五更船。丁未船五更都取麻橫港口。單午針收林麻塔，有淺不可近，嶼身外打水有九托，離了嶼用乙辰三更船見奴沙喇，在帆鋪邊來，打水十四托。離了用丁午針三更船遠望見類旦大，單午針五更船取石旦港口。有五嶼在馬户邊，二嶼在你帆鋪邊，近正門打水四五托，抛碇平安。前來南邊六更船使是順塔，進入為妙。

又《順塔往舊港及苧盤針路》 港口放洋前去西北六更，船取石旦。甲寅針取交剌。單丑針十更船打水二十五托是正路。用單子一路打水十二托，用壬子針十更船打水七八托是三麥嶼。左邊淺有淺，右邊深可過船，打水四五托。沿坤身使十更，船打水五六托見帆鋪邊有港口，有一州在馬户邊來，便是舊港。

又《福建往爪哇針路》 浯嶼開船，召前使取外羅山外過，用丙午針七更船取羊嶼。用丙午針五更船大佛山。用丙午針十三更船取東西董山。用丙午十五更，用單午三十更取東蛇龍山，遠過打水四十托，低不見蛇龍山，只是蜈蜞嶼生得平平，近看坤身相連。蜈蜞嶼若見門向東南都是坤身相連若見。用單巳針四更使過東蛇龍山，北邊有三個小嶼內有大山，一個是大龜山，東南大山是銅鼓山。入門打水十五托，近看是坤身，門中二邊都是小嶼平平，號為沙湖嶼，使往東邊過。用單丁七更船平大山尾，有一大嶼有一箇小嶼，生門在外過，西邊正路。用丁午四更船平雞籠嶼，四邊低長，北邊拖尾門中有小嶼一個，西邊正路。丁午針十更平交蘭山，見東邊高大，北邊有一個小嶼，西邊過船是正路。出門莫得東邊有淺。用單午針三十更取吉里悶，用單午針五更取胡椒山。沿山使用丙午及巽巳針十更船取杜板山，即是爪哇也。

又《回針》　爪哇放洋，用壬亥針十更船取吉里悶山。遠看似大船牽杉板，近看東頭高成九個大山，西邊又坤身尾老古離山遠是。西南風用壬子針，若東南風用單子針，十五更船打水十七八托，硬地，是正路。壬子針十更見交蘭山，東邊山高大，北邊有二個嶼似雞籠樣，西南邊有一嶼。打水十五托，用單壬針使三更見十二子山。遠看三個大山，近看六七個，遠看四五個大嶼，東頭低西頭低，有小嶼有老古。南有門好行船，北邊有一礁相似船帆樣，號石屎柘白泥山為准。離山單壬針十五更見蜈蜞嶼，遠看蜈蜞樣，近看橄欖樣，西北路打水十五六托。用單壬針五更船取塔林嶼，遠看尖西北正路。用壬子針五更船取馬鞍嶼，遠看是南鞍，近打水四十六托近去，防南邊有礁出水，名做帽頭礁。離山放洋用壬子針及壬亥針四十五更取赤坎山，用單丑針五更取羅灣頭。照前取浯嶼妙。

又《赤坎往柬埔寨針》　赤坎開船，用坤申四更取鶴頂山，沿山使船打水七八托。用庚酉針二更取員嶼。用單庚二更沿山，打水七八托，硬沙地，平小山嘴。貼山有一派石欄不出水，行船仔細。用坤申一更，船遠看有一條水色黃，打水四五托，沙地，過此貼補山嘴。用庚寅針一更平員嶼。山嘴名曰此前並崑莘上無山嶼，看見前面有一小平州在灣內，船在山嘴，可收帆打水四五托，正路。取崑莘打水四五托，泥地。沿山使至平半洲放船尾來船頭向港，近馬户邊沙壩莫妄過船，船放帆鋪邊進沙壩無礙。進去二三十灣，有大人家在馬户邊為妙也。

又《柬埔寨毛蟹洲出淺》　毛蟹洲對南出淺，上水漲四托，一路打水三托半，看見毛蟹洲對港口北邊崑莘腰正路。出淺用甲卯針四更，用單寅四更取鶴頂山及赤坎山。其餘照前針。

又《赤坎往彭亨針》　赤坎開船，用坤未十更取崑崙，在西邊過。若在東邊過，用坤未並單未三十更取斗嶼。用丁午針五更入港妙。

又《回針》　港口開船，用艮寅六更取斗嶼及綿花嶼。用艮寅七更、用丑艮六更、單丑二十更取崑崙山外過。丑艮並丑癸十五更取赤坎。

又《柬埔寨往大泥》　港口開船離淺，打水七八托，用丁午針三更、單申五更、單坤四更見真糍。單坤十更、單申五更、庚申十更見寨里大山。用辛戌四更沿崑莘使沿山使打水十六七托。前去崑莘尾是六坤，下池有淺。過西邊巡山入大泥港地。

又《回針》　大泥開船，用單申八更取石碑礁。西南用甲寅二十二更取真糍山。用艮寅八更，用甲寅七更船船尾坐崑崙仔，取柬埔寨南港。

又《暹羅往大泥彭亨磨六甲》　暹羅出淺用丙午針十更取筆架山，打水十五托外過，有小嶼。用單丙午五更取龜山，打水十二托外過，打水十八托，外有小嶼。用丙午三更取碗碟嶼。打水三四托。用單午針五更取穿心山，打水廿四托。用丙午針五更取佛嶼，打水廿五托，泥地。用丙午針三更取欄山，打水廿七托。丙午五更取塘山，打水廿四托，對門蘇梅山在帆鋪邊，打水二十托，丙午五更取小蘇梅山，在帆鋪邊，打水二十托。用丙午針五更取大蘇梅山，內外三門俱可過船，崑莘邊有一個山名曰葫蘆山，馬户邊小嶼多。用單午針五更取錫山，平港口，打水十二托。丙巳三更取公婆山，都是崑莘，都是十六托。單午五更取崑莘大山，打水十四托。丙午針五更取六坤港口，打水九托。崑莘外有一嶼名玳瑁州，打水十五托。丙午三更取六坤，仔細行船，打水六七托。用丙午針取角奴貓山孫姑那港口，即崛頭隴，打水十二托，內過打水五六托。丙巳三更取角奴山，打水十二托。丙巳七更取六坤、下池，沿崑莘使西邊巡山入大泥港，中路有淺不可進，記之。大泥港口沿山使七更，船取吉蘭丹港口，丙午四更取三角嶼內，門有大山當頭夾，名角員山，內外可過，單午三更取綿花嶼。單午五更取斗嶼。單午五更取彭亨港口。單午五更取苧盤山，小船可從內過，大船在外過。前去見東西竹及將軍帽、火燒山、豬母山俱在外。丙午七更取羅漢嶼，有淺仔細，淺上打水八九托，往來須尋白礁為準，打水十五托。礁在帆鋪邊馬户邊，亦不可近嶼，防淺，打水八九托正路。用庚酉五更入龍牙門，流水急，夜不可行。出門了又過淡馬錫門，用庚酉並辛戌針三更取吉里悶山。乾亥三更取崑宋嶼，打水廿五托。單乾五更取射箭山。乾戌五更取五嶼，打水廿五托。前去崑莘，一更即麻六甲港口也。

又《磨六甲回暹羅》　五嶼放洋，巽巳針五更船取射箭山。單巽五更取崑宋嶼，南邊有淺。用辰巽五更取吉里悶山。沿崑莘使北邊，用乙辰三更取淡馬錫門及長腰嶼，防南邊涼傘礁並沙塘淺。出龍牙門南邊有牛屎礁，夜間不可行船。用乙辰五更取羅漢嶼，嶼邊有白礁，門中可過，防北崑崒尾淺，打水八九托正路。子癸並單癸三更取火燒山、將軍帽，見東西竹，前去苧盤山。用單子五更取彭亨港口。單子五更取綿花嶼，西南邊有沉礁。單子三更取三角嶼並吉蘭丹港口。單子七更取六坤、下池是大泥港口。壬子五更取孫姑那港口，是卽崛頭隴。壬子十更取玳瑁州內過。單子十五更取大小蘇梅山門中過。壬子十更取佛嶼。壬子十更取龜山。壬子五更取筆架山。單子五更取陳公嶼。子癸五更取竹嶼崑崒，船尾坐竹嶼，進去是港。

又《羅灣頭往六甲針》 羅灣頭用坤未針取赤坎，看不見州鴨。用坤未八更、坤申七更取崑崙北邊過。庚酉八更取真糍。單酉十更、辛酉二十三更取玳瑁州仔內，船尾坐玳瑁州，船頭對鶴頂山，又要對船頭對庚酉針坐正，方可進港。防南邊中央淺，生開遠，記之。

又《回針》 淺口開，用甲卯五更取玳瑁州仔內過。用乙卯二十更、單乙及乙辰二十更取真糍。用甲寅十更取崑崙。丑癸五更、單癸一更取鶴頂及赤坎山。用單寅五更取羅灣頭。

又《苧盤往丁機宜針》 苧盤開船，五更過東西竹、將軍帽，有帽帶礁，仔細。丙午四更見緬丹山及過長腰嶼。用坤未及單坤入長腰第二嶼齊，用單坤入門妙。出豬母頭用庚酉、庚申二更見崑崒，使崑崒去，見港須認是也。

又《回針》 出獨石門，用單卯五更見後面山。用甲寅並單艮，又用丑癸及子癸，五更取長腰嶼。用壬子及單壬十更取失力馬鞍嶼山。用壬子、壬亥二更取東西竹，前去苧盤是也。

又《赤坎往舊港順塔》 赤坎開洋。用坤未十五更取崑崙山外過。丁未四十五更取苧盤。丙巳針過東西竹。丙午十更取長腰嶼，用丁未三更取龍雅大山。單午三更取饅頭嶼。單丁三更取七嶼，在帆鋪邊。丁未七更取彭家山，牛腿琴在帆鋪邊東南邊第二山頭，對開有沉礁。同坤申針船尾坐牛腿琴山，收入舊港。崑崒有三港，中港正路，內有小嶼是也。若不入舊港，用辰巽十更出峽門，用丙巳南邊打水四五托，北邊打水七八托，正路可過。三麥嶼在馬户邊，左邊打水八九托，右打水四五托，硬地。用坤申三更打水四五托，沙泥地，沿崑崒下次。單丁、單午取都横港口。單丁、單行林麻塔港口，有淺，船不可離坤身看不真，亦不可太近坤身淺。若看不真是正路。打水六七托。高下地。用單丙及丙午十更見高大，覽邦港口外有二個小嶼，名曰奴沙牙。若近嶼外打水八九托，離嶼用乙辰、丁午三更見奴沙剌在帆鋪邊近，打水十四托，離了用丁午三更遠看類旦港口大山。單午五更取石旦港口，有四五個嶼在馬户邊，二個在帆鋪邊，船在門打水四五托住船妙。前去東南七更是順塔港。

又《回針》 順塔港口前去西北邊使六更取石旦港門，同甲寅針取奴沙剌山。單丑十更取打水廿四托，正路，單子十更一路打水十二托。壬子十更取打水七八托，取三麥嶼，左右有門可過，左邊有淺，右邊深，打水四五托，船尾坐三麥嶼，用乾亥收對內峽港口，沿西邊崑崒打水四為托。行至峽中，見牛腿琴山，崑崒在帆鋪邊，中有一州，卽舊港港口，不入舊港，用壬子針，第二山頭防有碎礁生開。離牛腿琴山頭，用單癸七更取七嶼，單癸三更取饅頭嶼。單癸三更取龍雅大山門。壬子五更取長腰嶼，單子十更取東西竹及苧盤山，用丑癸針四十五更取崑崙山外過。用丑癸十五更取赤坎。洋中有沙，可防礁鴨。

又《順塔外峽》 浮呂開船，壬子六更，又用單辰取奴沙剌山，中有一條大沙線。西南風用單丑十更，用丑艮十更，恐東南風，用艮寅針，取忙甲山皮大山頭脫落山尾第一門。用單子三更出門了。前面有一大山似筆架樣，西邊有二個白□仔，西北邊有二個白礁，西邊個水漲不見不可近。用單壬二十更，用壬亥二十更，見東西竹及苧盤。

又《萬丹往池汶精妙針路》 萬丹出嶼外，用乙卯、單卯、甲卯。沿茭荖園頭、遮里門過問、吧哪大山及胡椒山，對開是吉里悶山，西邊有嶼四五個。乙卯八更取雙印嶼，遠看見是印樣，此嶼在隴。甲卯十更取勿流哪山，山頭內是鐃潼、吉力石、暨雙銀塔門在內，亦可過。巡山使盡生得平平長長，山尾有門三個，頭門尾有老古淺，二門正路，三門有礁可防。用丙午三更取本仔女千山，遠看似香爐樣。用乙辰三更取麻離大山。用乙卯三更取郎木山。乙卯八更灣內是三巴哇大山，不可入灣。灣尾盡見有崑崒平嶼二個，嶼頭有老古淺，石坪看頭仔細。用乙卯針三更見一員嶼，取高螺大山東頭，山尾有三個饅頭嶼，一大二小似饅頭樣，內有灣遠看成門，與麻離大山相對連。用辰巽五更取火山門過、門由邊山尾近看似山寨嘴頭。有老古淺，東邊是火山二尖，東邊山尖高，西邊山尖出火，船近火山進門妙。過門右邊有灣好泊船，待水過急水門祭獻。單巽更半取急水門右邊是色力礁牌港，門中有嶼一列四五個不可近，東北邊有老古坪，對中央流勢是。丙午更半取單戌武岩。山頭邊看是鵝角樣嘴頭，開有嶼，流水甚急。出門外用乙辰三更取髻仔山，山尖似髻樣。對開南邊有見巡巴山港口亦出香。前去見雲螺二大小山，用乙卯針八更見蘇律門，乃是佛郎所住之處，在左邊，右邊是池汶山。用甲卯五更收山，不可高低。大山尖下是居邦，欲收北面港口是息里尖，對開有一嶼使進是老虎，使過是美□港，此是王居之地，出香甚多。過是啞森，前有一石頭白，過是吧哪吉知，過是六圭，又過是匏笨出蚋之處。欲收南山之門，從居邦面前對南山門，出見一白石頭是吧哪匏滴。過是脩脩，過是啞媽魯班，此處出香多，過是匏洛，過是西寧，俱是一灣頭內，即是港門。但欲收南山，流水甚急，俱是挨洋東南起早難抛船。此一針路詳考無差。美□港門亦有淡水，港頭隴是灣，兩邊是老古，佛郎亦居此港。對面是魚油山、麻力汝沙山暨一連是食人山，天山明亮見之。

又《順塔往遮里問淡目》 港口開船，用乙卯三更取茭禄巴山。用乙辰三更又辰巽沿山使巡崑崒，使四更，用乙辰三更平崑崒尾。用乙辰及丁午沿使四更取遮里問，前面有出烟大山名特結。用辰巽三更、乙辰三官取五角嶼。用卯三更見崑崒淡目港口，打水十托，正路，防淺。

又《回針》 淡目開船，用辛酉三更取五角嶼。辛戌三更、乾戌沿崑崒使更見出烟大山，遮里問大山對開。一更有三角嶼一個可防。若船在遮里問港內，開船用子癸，離嶼用辛戌四更平崑崒尾，用辛戌三更、乾戌四更、又辛戌四更取茭禄巴大山。單酉及辛酉近隴嶼淺。三更取順塔，崑崒開嶼，南邊有淺沙壇防之，使一更收入妙。

又《萬丹往馬神》 港口開船，用乙卯、乙辰針沿崑崒使，十七更取遮里問，見出烟大山，用乙卯單卯十更取吧哪大山開，是吉里問山。放洋用艮寅三十更取三密港口。沿崑崒用乙卯二更至龜嶼。開勢有石大小六七塊，名貓着萬里淺，生帶嶼，遠看似船帆樣，赤色坐北邊，若見石夜間使船防，東南崑崒甚長。用單巳三更取單戌占萬丹，有淺，打水三托，不可行，五托正路，看崑崒不見。用單巳及巽巳，四更，用辰巽收隴取美啞柔港口。前面有大山，中是馬神港口。船入港不可貪西，東邊打水四五托，正路。

又《回針》 港口開船，用單坤三十更取吉里問，沿山使至萬丹入港。

又《舊港往杜蠻》 開洋，用乙卯沿山使十更取山尾，見三麥嶼門，用巽巳三更取三麥東門過，打水八九托正路，西門打水四五托，硬沙地邊有老古淺可防。用乙辰十更、辰巽二十更見香爐嶼並大高山在西邊，用乙辰五更見吉里問山在船頭。用單辰三更取胡椒山及那參、杜蠻、饒潼是也。

又《回針》 饒潼開船用壬子，離山遠了用單亥，五更取吉里問山，東邊過。用單亥五更、乾戌三十更取三麥嶼東邊過，打水七八托正路，切不可近嶼。近西門打水四五托，用壬子進門內。使三更取彭家山港口。在馬户邊及有一嶼名郎家嶼不可近，有老古淺。生開，對帆鋪邊崑崒尾嘴生去有淺，不可近。用乾戌十更收舊港正路，中有一州，左右看有人家是也。

又《大泥往池汶針路》 港口開船，丙午取三角嶼內過。單午五更取綿花嶼。丙巳五更取斗嶼，單午五更取地盤山。乙辰十更取七嶼。單辰廿五更取吉寧馬踏，在帆鋪邊大山便是。單午三十更取吉里問山，在頭前正手邊對依吧哪大山。用乙辰五更取吉力石港，打水八九托。乙辰八更取雙艮港。丁丑三更取貓里大山，單乙三更取郎木大山，山下便是三巴哇大山，有二個平嶼，嶼頭有老古淺、老古坪、當看頭。單卯五更取高麗大山。單卯五更取火門山。丙午五更取雙排，即急水門。出門齊五更船遠南邊見巡巴尋山。乙辰十五更便是池汶，或是崑崒平。若要南四五更，看見池汶大山。若要北單卯及甲卯池汶大山右邊見。若左邊見便是蘇律大山，不可進。左收山不可高低盡是池汶界也。

又《浯嶼往杜蠻饒潼》 太武、浯嶼照前原針順行，取靈山大佛。用丙午十三更取東西董。用丙午十五更單午三十更見龍蛇山，東西邊有大小山是銅鼓山，入門打水十五托，近看都是崑崒，門中有一小嶼名沙湖皮，東邊過船正路。用丁午四更取雞籠嶼。單午十四取色蘭山，東邊高大，北邊看一小嶼是雞籠樣，西邊低長，北邊拖尾，門中有小嶼，東邊西淺，西邊過船正路。用丙午三十更取吉里問山，單午及丙午五更取胡椒山，丁巳及丙巳十更取豬蠻。饒潼地與豬蠻相連。吧哪卽吉里問山對籠。

又《回針》 饒潼開船，壬子十五更取吉里問山，遠看似大船牽杉板樣，近看東頭高大一行大山。西邊崑崒尾有老古。離山若是南風，用壬子針，若是東南用單子，十更打水十七八托，硬地。用壬子十更取色蘭山。用子癸及單癸十更取假里馬。單子十五更取蜈蜞嶼。單壬五更取塔林嶼，壬子五更取馬鞍嶼，壬子及單亥四十更取赤坎，照前針收入浯嶼。

又《豬蠻饒潼回針再詳》 至色蘭山，離了用單壬及壬子十五更取假里馬，遠看似帽樣，西南有一小嶼，打水十五托。用單壬五更見十二子山，遠看二三個，近看六七個，看相似，有大山東高西低。又一嶼有老古石，南邊過，北邊有礁似帆樣，鳥屎汙白頂山為準。離了頭單壬放洋，用壬子及壬亥四十五更取赤坎。

又《浯嶼取諸葛擔籃》 太武開船，用前針順取苧盤及東西竹。用乙辰四更，用乙辰、單乙四更，又單乙及乙卯四更，見是獨嶼，名巳養顏。遠看北邊高南邊低小，略似弓鞋樣。南風船在嶼北過，見外面獨嶼四個平長。內面是淡勿蘭州府，前去見外嶼一列四五個，又見頭嶼仔大小二個在馬户邊，俱在嶼內過，俱是北風。又見前頭嶼生開用單午使開，恐西南風內面灣裏嶼多，是三嗹氏州府。恐無風船身挨開，看崑崒內獨嶼南頭高員拖尾，又見前頭大小嶼生在馬户邊來是吉寧馬哪。丙午收第二門過，又在竹嶼邊過，用單甲收諸葛擔籃是也。

又《回針》 出港，用辛酉針取竹嶼吉寧馬哪山門。離了用乾戌五更，若遇西風大在繚使二更用乾戌三更前去見然丹山。用辛戌三更，又用辛戌取將軍帽，用壬子取苧盤，照原針取浯嶼。

又《浯嶼往荖維》 太武、浯嶼開船，照原針取苧盤放洋。單乙五更見舵嶼，乙辰十更取仙丹山在正手邊。單辰七更取旗嶼，東邊有尖山四個甚尖。單午五更見崑崒，便是荖維港口。開勢有二個大山名隴膠山，打水八九托。隴膠山門打水二十三托，流水甚緊。乙辰三更荖維港口有淺甚遠水二三托，入港用丙巳甚妙。

又《馬神往高兜令銀》 港口開船見崑崒稍現。單酉、辛酉五更取單戌萬丹，有淺，開過。三更崑崒尾，三更見石名貓著萬里，在龜嶼，對開。有大小六七塊沙淺，共嶼相連，在北邊遠赤似船帆樣可防。二更見三密港口，有淺，開勢過船。四更見芒芒港口，有淺名鯽魚淺，開過。用單西四更取單戌旁水，一更見單戌母丁甚長，開充西南仔細。用單西或庚西一更盡崑崒尾，打水十外托，急。用壬子一更、癸丑單丑三更過灣，灣內不見崑崒。灣口有白沙，水退出水，不可見或見不可近。船頭見崑崒頭雙艾磨交見崑崒。船頭不可貪東，有沉淺。沿崑崒入港，不可貪開，有淺，過淺方妙。

又《阿齊回萬丹》 阿齊開船港口出淺，一更到山尾名蠻突，有一小嶼出椰子，嶼上有聖人。出急水門有嶼四個在西邊，不可近，不可拋出額頭，巡山邊開勢流水急。單午四更取匏呂你沙，有人家可拋船，打水二十托。丙午四更匏呂你沙開，有嶼可拋，內可過，打水十托。沿崑崒在北邊大山，單巳二更、巽巳三更取單戌十馬厭，打水十托可拋。單巽四更沿崑崒打水十托，單巽三更是泥地，辰巽二更打水三十五托，到大山沿山行，辰巽四更、巽巳二更到蘆水澳，有小人家可拋。巽巳四更到浮呂斤，內有老古石，打水二十托，是泥地。丙午三更沿崑崒有死樹高高看見，有港口，開有老古淺，打水四托，仔細內過不可開西邊。對開有尖山三個，崑崒尾近東北行，有小嶼三個。辰巽四更巡崑崒收入貓律港，港口前面有老古石，後面可拋開。有大山出泉在半山，白色流落。須認此山為記。

又《貓律回加里仔蠻》 港口開船，丙午七更巡崑崒到浮呂武郎員，員內過可拋。巡大山，單午六更，打水二十托，西邊有崑崒一條不可開使。內有大尖山一個。丙巳六更到掘心蠻港口，有人物。丙巳三更到池渠面有小嶼三個，中嶼可拋。辰巽三更到加里仔蠻山，似筆架樣，港口有老古石線二條，開有小嶼三個，頭嶼可拋，嶼上有井不可取水，有聖人在焉。

又《加里仔蠻回萬丹》 加里仔蠻開船，丙午四更到浮呂，有小嶼四個。丙巳七更到雞里蠻，丙午五更到崑崒，打水十五托。沙地。巽巳九更到大山，下是浮呂螺岅，外有浮呂居靜浮呂池掘二嶼，內行，十六托水。單巳四更、巽巳五更到大山尾，看山行船，不可開，流水拖開甚緊，到息里巫洋。辰巽七更取大山尾，巽巳三更到雞里蠻，嶼內過，打水二十托，近嶼行，不可貪灣。單卯五更到浮呂勿系可拋。單卯三更浮呂上香順覽旁邊仔盡了，須看風汛可緊過門，門中流水甚緊，拋南。單卯四更取師公大山，巡山行入班讓進港。

又《磨六甲往阿齊》 五嶼開船，單乾並乾戌五更取假五嶼。單乾五更取綿花嶼，辛戌過洋，四更過淺，取雞骨嶼。乾戌十更取雙嶼。乾戌並辛戌四更取單嶼。辛戌十更取亞嶼港口，防沙淺。辛戌、乾亥離山遠了。乾戌十五更取巴鹿頭。單亥並乾亥五更取急水灣頭，水八九托，有礁淺仔細遠過妙。辛酉五更取蘇門嶐剌為妙。

又《回針》 開船艮寅，離山乙辰，取急水灣，頭內有礁淺，船隴行妙。辰巽沿山五更，又五更取巴鹿頭。辰巽十五更取亞嶼港口，辰巽五更取單嶼內過。單辰、辰巽四更取雙嶼。又單辰、辰巽十五更取雞骨嶼。乙辰三更取綿花嶼，水廿四托，正路。辰巽五更取假五嶼進入妙也。

又《阿齊往羅里》 開船單子離山遠，乾戌十二更取伽倫傚，龍涎嶼北邊時月早過洋。辛戌、單辛十更取翠蘭嶼山。單亥十更、辛戌五十更取色蘭山，番名僧伽那。若船身高有鶯歌嘴，恐犯石城礁，開過妙。沿山二十更取竹牌、鐵鑽嶼。單酉、庚酉八更取大佛堂。辛酉五更取牙里坎，有礁打浪，開妙。壬亥十更取羅里山進港，妙。

又《回針》 開船，丙午十更取牙里坎放洋。乙卯五更取大佛堂，單卯八更取鐵鑽山並竹牌礁，若看見鶯歌嘴放開使。若船身高見色蘭山，用乙辰五十更、單巳三十更取翠蘭山。乙辰針時月早過洋，取龍涎並伽倫傚。辰巽十二更沿山使單午取阿齊。

又《阿齊往傍伽喇》 開船，单子离山远，乾戌十二更取伽倫傚山边。单乾、乾亥四十五更取安德蛮南头山。单壬及子十二更取平中尖大小山。单亥五十更取赤塗山，水十托。单亥五更见瀼列当头來，水六七托，寻㩳地港口入門，是傍伽喇矣。

又《回針》 離淺單坤六更水廿五托，單坤五更，單巳六十更取佛心米山。若緊見山，單丙、丙巳五更取竹牌礁。若淺戧起用辛戌，水四十托，北頭正路水四托，過淺用巽巳七更平渤往速山，單巳平九嶼各門速過船。單午二十更取阿齊、蘇文嶐喇是也。

又《阿齊往古里》 開船用乾戌，沿山十五更取伽倫傚山。庚針離華蓋雙星八指，辛酉二十更、辛戌五十更、乾亥五更，看華蓋雙星七指，取色蘭山。壬亥五更、壬子十五更、單子十五更、壬子十五更，取甘巴里山頭。壬子十更取小葛蘭山，單子、壬子十五更取柯枝，子癸針沿山使收古里也。

又《回針》 離山單午並丙午取柯枝。丙午十五更取小葛蘭山。丙午十官取甘巴里山頭開洋。用單午十更、丙午十五更、丙巳五更取色蘭山。離華蓋雙星八指，甲卯七十更取伽倫傚山。沿山使落用辰巽五更取蘇文嶐喇也。

又《古里往忽魯謨斯》 開船乾亥離石欄，水十五托，看北辰星四指、燈籠星正十一指半，單亥五更取白礁。沿山使用壬亥四十五更取丁得把昔。看北辰星七指，看燈籠骨七指半，好風過洋。乾戌、單戌一百更姑馬山，若戧風用單戌八十五更，見山遠的打水五托，船身低了見美之那山。見看北辰星四指半，沿山使用辛酉五更取伽里塔馬山頭。壬亥、單亥三更取迭微討水。乾亥五更取麻里實吉。辛戌取龜山門中過船，水十一托，是老古地。單亥及乾亥四更討亞剌食機山南邊，看山平成三個。乾亥廿五更取沙剌抹山，看東西二處都是山。用單子五更取忽魯謨斯，看北辰星十四指，燈籠星一指半是也。

又《回針》 開船取嘴頭水四托。單午五更取沙剌抹山。單丙十更、單巳五更、巽巳十更取亞剌食機山外過。巽巳五更取迭微山討水，取伽里塔馬山頭並龜山外過。巽巳十更內是麻里實吉。沿山五更取沙姑馬山，看北辰及華蓋雙星各十二指，看燈籠星四指半開洋。單巽、巽巳五十更，水五十托，泥地，見山及花埪。若不見山，乙辰、辰巽、單辰三十更看北辰四指、燈籠星十一指取古里山過白礁，水十三四托。夜間不可行，怕流水急，沿山使乙辰三更也。

又《古里往阿丹》 開洋乾亥離石欄外十五托，看北斗星四指、看燈籠星十一指半。單亥五更取白礁外過。乾戌五更平希星嶼。用乾亥二十更，看北斗辰五指三角，看燈籠星正十指三角，平莽角雙兒。過礁開洋，用辛酉一百二十五更平直蕉塔那山，看北辰五指、燈籠星十指取塔巴里付山。沿山一更取小赤塔密兒，取水。巡山使單坤二十更取阿丹馬頭。看北斗五指、燈籠星十指半，水六七托，沙泥地，是阿丹港矣。

又《回針》 開船，用艮寅沿山使三十更平乃加泥。甲寅三十更平法塔喇山嘴，看北斗五指半、燈籠星十指，單卯廿五更平莽角雙兒，水四十托。乙辰、辰巽十五更平希星嶼，巽巳五更取白礁，單巳五更取古里也。

又《古里往祖法兒》 開船，乾戌離石欄外水十五托，單亥五更取白礁外過。乾亥五更平希星山。單乾二十更，看北辰五指一角，燈籠十指一角，平莽角雙兒。過礁頭開洋，辛戌五十更，看北辰六指三角、燈籠星八指三角；單辛七十更，看北斗七指三角、燈籠星七指三角，取祖法兒馬頭，水六托，泊船是也。

又《回針》 開洋，乙辰五更離山遠，看北辰七指半、燈籠八指，單乙五十更、乙卯四十更取礁頭。看北辰五指半、燈籠十指，單乙、乙卯廿五更取莽角雙兒，水四十托。乙辰、辰巽二十更平希星嶼。巽巳五更取白礁。巽巳五更取古里國是也。

又《柬埔寨南港往筆架並彭坊西》 港口用乙辰看北勢上崑崒尾齊。宜貪東，打水三托，泥沙地，正路。離淺了，用坤申十三更取真糍山。用單戌十更取大横山。用辛戌五更取小横山。用辛戌二十更取筆架山。用壬子五更取陳公嶼及黎頭嶼。用壬子五更取烏泥淺，沿崑崒約二更見內山有塔是淺，乃彭坊西也。

又《回針》 筆架開船，用單巳及巽巳二十更，用巽巳五更取大横山。若外過用乙辰，若內過用辰巽。十更取真糍山乃過。用單寅十三更進南港是也。

又《柬埔寨往烏丁礁林》 宜貪東，用乙辰看崑崒尾齊出淺。用單丁三更離小崑崙山。用丁未十一更、用單未十五更、用坤未十八更取苧盤山，在帆鋪邊。用單坤收入將軍帽。帽內有帽帶生開仔細。用單丁沿崑崒使至羅漢嶼收入，防淺，不可遠不可近，量看使船。港口邊有淺礁出水，水大看不見。頭灣北邊有淺，又轉灣北有礁。船使至半路，收入烏丁礁林，在北邊為是也。

又《回針》 出港用乙辰，使出羅漢嶼北邊。用單癸及癸丑十一更取苧盤山，內外俱可過。用單癸五更取斗嶼。用單癸二十更、用子癸三十更，用丑癸五更，取真糍山。沿崑崒使打水三四托，正路。以甲寅十二更到港口，淺上二托水。過西北些兒，莫貪東，恐犯呂宋淺。船尾坐崑崙，收入港下。崎頭內有一假港，使至中州，須南邊行船，讓風頭使至赤面港仔，不從北面欲從南入。使至撻浪港仔口有山，船尾坐山，從東邊入港是也。

又《柬埔寨往暹羅》 出淺開船，用坤未五更、用單坤八更見真糍山。用乾亥四更見假真糍山，用單辛戌十更取大横。用乾戌三十五更取筆架山。用子癸取暹羅港是也。

又《回針》 出港開船，用丙午五更取烏頭山。用單午五更取筆架山。放洋用單巳及巽巳三十更取大横，若不見恐見內山。用單巳及丙巳二十更取真糍。恐南風見假糍，用單巳四更見真糍。用甲寅及單寅取南港口，貪隴不可犯淺，仔細入港。

又《暹羅往馬軍》 離淺用單午十更取筆架山。丙巳五更取大横山。辰巽八十更取赤土白面山，打水三十二托。丑艮十五更取淡水港。丑艮十更取長腰嶼，此是索羅港口。在馬户邊，有一崑崒，東北邊有一小嶼。丑艮五更取崑崙山，遠看三個尖山內過。丑艮十更取聖山五嶼，在帆鋪邊。艮寅五更取犀角山，子癸五更取蘿蔔山，門中有青嶼在馬户邊，帆鋪邊有香爐礁，大小四個。辰巽及巽巳取羅婆畔。甲卯、乙卯三十更取馬鞍山。丑艮十更取巴里山，巡山使丑艮十更取陀羅山，望見馬軍婆婆門，進港是也。

又《回針》 離淺辛酉取陀羅山，丁未十更取巴里山尾，單酉十更、庚酉十更見北邊沙塘淺，有礁出水。單酉十更見沖山，有一大山是七峰山，山尾有處長崑崒在山邊。單酉五更見一小嶼，三牙嶼相對，小嶼不可抛船，水十七八托。庚酉三更見白嶼在帆鋪邊，入門是蘿蔔山，單午及丁午十更取五嶼，取聖山。庚酉十更取真崑崙山內過。單未五更取長腰嶼。單未十更取淡水港口。東風用辛酉，北風單坤，四十更取東蛇羅。若在赤土白面山放洋用辛戌、單亥五十更、單乾四十五更取筆架山邊。用丑艮取竹嶼，子癸取淺，是港也。

又《苧盤往文萊》 在苧盤開，用乙卯十五更取林哪喏山，在帆鋪邊。乙卯二十五更見東邊有大山，卽是東西蛇羅山，番名叫單戎獨山，並有小嶼。用單寅二十更取單戎嘮梅山，番名單絨絲立山，小平是崑崒，並有淺，打水三托。用單寅十一更取赤土白面山，遠看山上有石壁似帆樣。沿山使十更取淡水港口，亦有淺，打水三四托，船不可開。甲寅並單寅十更取汶萊港口，有二個小嶼是石，東邊有大山，北是長腰嶼，港口取毛花蠟，住船為是。

又《回針》 文萊港口開船，二嶼是石。單辛並庚十更取淡水港口，船不可開，打水三托有淺，便是港口。沿山使十更取赤土白面，遠看山上有石壁似帆樣。單庚十更取單戌嘮梅山，一小平生是崑崒，對開有淺，打水三托。單申二十更取西蛇龍山，辛酉二十五更取林嘮喏山，在馬户邊。辛酉十五更取苧盤，是港也。

又《瞞喇咖往舊港》 開船用辰巽五更取射箭山，打水二十托。辰巽取崑宋嶼，西邊有淺，打水四五托。巽巳、單巳五更取吉里問山，夜不可行。丙巳、單巳四更取鬼嶼東南過，西南恐犯牛屎礁，水漲不見，對過是甘巴港口有仁義礁。單巽四更取甘巴門過。單丙及丙巳十更取鱷魚嶼。單巳四更取佛寺嶼西邊過。單巳四更取單嶼。單巳及丙巳五更沿山打水六七托，使五更取舊港口，中有一州是正路，須認真為是。

又《回針》 開船壬亥三更取彭家山尾，中間有沉礁，沙淺可過，帆鋪沿崑崒使，打水六七托。壬癸、單癸十更取單嶼。單壬四更取佛堂嶼。單亥四更取鱷魚嶼。壬亥、單壬十更取甘巴門。單乾四更取仁義礁。對甘巴門港口可防，恐犯牛屎礁，水漲不見，近北邊中央行妙。單壬及壬癸取鬼嶼東邊過。單壬四更取吉里問山。單亥四更取崑宋嶼過。西邊有淺打水四五托。單亥、乾亥取大小射箭山。單乾五更取五嶼，內是滿喇伽。

若船往柬埔寨，至靈山大佛，單丙三更取伽倫傚。丁未五更取羅頭灣。坤未五更取赤坎。坤申三更取鶴頂山。坤壬四更收外任山落碇。看水漲船頭對南船尾坐外任山。使一二更之久，便見西南有毛蟹州。欲入港，船頭對毛蟹州，船尾坐甲卯，使至淺打水四托乃正路。船當近毛蟹州北邊邊過，乃崑身腰見港口入港內，船沿北邊崑崒使甚妙，不可偏南。使四五日至外崑廊。若船柬埔寨出港口，離坤身船頭對毛蟹州，尾去近毛蟹州，可轉北邊出淺。船頭對東近看見州近或泥或沙無防，當用甲卯四更取鶴頂山，餘依前法而行為妙也。

又《太武往呂宋》 太武開船，巳巽七更取彭湖山。巳丙五官見虎仔山。單丙及巳丙六更取沙馬歧頭。單丙二十更取筆架山，與大港口相對及紅荳嶼。丙午七更取射崑美山。丙午及單巳十更取月投門。單丙三更、坤未三更取麻里茎表山，平長，遇夜不可貪睡，可防。丙午及單午五更取里銀大山，二港相連開勢沙表，表生在洋中可防，表尾記之極仔細。巳丙五更取頭巾礁，單午五更取呂宋港口，雞嶼內外俱可過船，無沉礁有流水。其船可從東北山邊入港為妙。

又《回針》 雞嶼出洋，壬子、單亥十更，壬亥、單亥七更，取麻里茎，見表放洋。壬子、單子二十五更往回取彩船祭獻。此處流界甚多，則是浯嶼洋。壬子、壬亥二十更，單亥五更，取太武。

又《表上放洋》 若表上放洋，壬子二十更取射崑美大山。单子三更取紅荳嶼。丑癸十更是浯嶼洋。丑癸八更取沙馬歧頭。癸十一更取彭湖。壬亥七更取太武入浯嶼。

又《呂宋往文萊》 雞嶼開船，用巳丙及乙辰十更沙塘石開船，到呂蓬港口。若是呂蓬山外過討麻里呂。坤未五更取芒煙山。丁未及午丁十更取麻干洋了討鬱山，無風搖櫓二日三夜。單午及丁未取小烟山前密。丁未五更取三牙七峰山。單丁五更取芭茎員。丁未五更取蘿蔔山文滴古樸山頭，高大有雲，犀角山。單未、單丁見聖山。單未、坤未取崑崙山外有老古石過門去。坤未、坤申使見長腰嶼。丁未討鯉塘嶼，丁未便是文萊勃泥港也。

又《文萊回呂宋》 港口開船出鯉塘嶼，單癸五更取長腰嶼門中通。丑艮三更取崑崙，遠看見成三個嶼是崑崙。丑癸五更取望烟山，高大有雲，往回放彩船祭獻。丑艮三更取五崙，丑艮八更取樸山。對開有老古石，行船極仔細。癸五更取淺馬頭。丑癸五更取芭茎員。丑癸五更取七峰山。丑癸五更取赤葉，水色清染，打水六十托。丑艮十更取呂蓬山外過。丑癸五更取藤綁大山，是呂宋港口中一雞嶼，北邊是覆鼎安大山。南邊豬黎尾入妙。

又《松浦往呂宋》 柯子門開船，丙、丁午及丁未十更見五島山。過去遠用坤申放洋五十四更，若不見山，用丁未二更見小琉球雞籠頭山。巡山使上用丙午六更見北港沙馬頭大灣山。丙午三十五更取射崑美山。丙午、單巳十更取月投門。丙午三更、坤未三更取麻里茎表崎尾邊平過，夜不可睡，仔細。單巳五更取東樓山，丙午五更取里銀山。壬丙五更取里安山。丙巳五更取覆鼎安山，上是大小藤綁山，下是呂宋港，有雞嶼，內外俱可過船，無沉礁，有流水，進從東北邊妙，南邊是佳逸，拋弗朗船，取銃城，妙矣。

又《呂宋回松浦》 雞嶼開船離洋，巳亥及壬子五更取里安山。丑癸五更取里仁大山。單癸五更取東樓山。壬亥、單亥五更取麻里荖表，俱是平平崑崒，過夜不可睡。用壬子放洋二十五更取浯嶼，放彩船。單癸、子癸十更取沙馬頭大灣內山。巡山使子癸六更見雞籠頭山為準。離山有四五更放洋，艮寅五十六更見山。船身在南，見野故山，在北有雲貳山、天堂。欲至松浦，船過天堂，用壬亥、壬子十更收入柯子門。松浦卽平戶津，土名魚麟島，港內水急，中有一小員嶼，須當水準進。欲往護屋，平戶出港用艮寅三更收入護屋，卽隴車仔也。若去西北風大，或從雞籠後過之，若來西南風大。或雞籠後過有之，須當仔細。

又《泉州往勃泥即文萊》 長枝頭開船，單丙一夜一日、丙午針好風五日，看見小呂蓬山。丙午一夜一日見芒烟大山，北邊是呂蓬大山，見門內從邊落去。丁未見有一門不可入，沿山邊落用單丁見三牙七峰，洋者有淺礁，礁行船仔細。又使二日一夜見沙奇頭有淺，船使竹山邊，見一列老古，船身半奇頭。單午一夜一日出見大小羅模山，見古樸山，又見聖山，對開來高大有雲，犀角山尖。坤未取崑崙山，外有老古淺，平使船門。坤未、單未沿崑崒使，取長腰嶼有門，丁午去鯉魚嶼，收毛花蠟，是勃泥也，卽文萊。

又《浯嶼往麻里呂》 太武開船，單巳廿五更取浯嶼洋，往來放彩船祭獻。丙巳取射崑美山。沿山使三更取白土山並萬安旦港口及玳瑁港討蘇安。單丙四更取麻里荖斷嶼過表是里銀並陳公大山，尾見里安大山。看見八個安山開洋，中是呂蓬山，平沿山使取呂宋港口，有雞嶼，下是居民港，看見豬來尾山。貓荖英開山是呂里山，上有白處是麻里呂也。

又《回針》 貓里呂開船，丑癸單丑四十更取里銀山並麻里荖表平平長。壬子、壬癸廿五更取浯嶼洋中，用壬子廿五更取浯嶼入太武也。

又《泉州往彭家施闌》 長枝開船，丙巳七更取彭湖。丙午七更取虎尾山。沿山五更取沙馬頭，住船二邊有雞籠嶼。辰巽十更取毛架及五嶼，遠看見是紅荳嶼並東浮甲在東邊及廿里，輕取大港，若風東用辰巽取小港出港。辛酉七更取射崑美，若見紅荳嶼如不收入大港，當用丙午沿山使一二更取哪哦山尾見白土山，沿山使好風，使一日一夜收三嶼密雁港口，便是樸頭門，卽殺牛坑。丙午、單午十一更取十六兒山，下是四嶼。單巳五更取郎梅嶼下住船。單午取麻里老斷嶼，丁午五更取蘇安港，沿山使是玳瑁港，過東是傍家施蘭港。

又《泉州往杉木》 長枝頭開船，丙午七更取彭湖。丙午三十更、丙巳取三嶼。沿山使丙午收表。丙巳見里銀大山。辰巽入呂宋。單巽取芒煙大山，沿山使用巽巳，取平嶼過洋。單辰五更取高西山右邊離山。辰巽取里沙大山，沿山落丙巳取大山尾，丙巳好風二十更單巳取麻安大山，單午見雙里山，船在山西邊過。丙午十五更取蘇祿。單酉並坤申出崑崒門，庚酉並辛酉三十更取麻里犇山，在北邊離山。巽巳十更入崑崒尾在右邊來。單巳取筆架山入港，東加蠟拋船，是杉木。

又《杉木回浯嶼》 東加蠟開船見麻里犇山。離崑崒尾用乾亥取麻里奔山，若見半洋小嶼在東邊過船。乾亥取麻里奔山，離山尾壁頭起身。子癸五更取半洋離崑崒。子癸十更壬子並壬癸取三牙七峰，沿山使見南頭高。單酉取糞箕嶼。單亥取蘇祿出門過洋。乾亥五更單亥離巴漢頭山。十更單子取里銀山，並麻里荖表。壬子廿五更取浯嶼洋中，壬子廿五更取浯嶼也。

清・佚名《指南正法・雙口針路》 大担開船，用辰巽七更取澎湖。丙巳針七更取虎頭山。單丙六更取沙馬岐頭門。又單丙十更，又丙午十二更取刣牛坑上。丙午五更遇四嶼，入是玳瑁四嶼。丙午五更過，丙午及單丙十更取艮白 仔生開洋，仔細，須防之。丙巳十更，取雙口雞嶼口。箄風觀水入爲妙也。

又《雙口往惡黨》 雞嶼南過用丙午取文武樓門。用巽巳五更取以寧山，用單巽四更取鬱司嶺大山。用單巽四更取漢澤大山尾。用單午沿山直落，取惡黨內嶼，妙哉。

又《回針》 惡黨開針，用坤未使筆架山。用乾亥在嘮東山外過。用乾亥三更見一小嶼如白土，遠如船頭來可防。用乾亥七更取以寧山，以寧山外一連大山萬里擺限，山用單亥四更取呂帆。用壬亥取頭巾礁回唐可也。

又《浯嶼往雙口針》 浯嶼開舡，用辰巽七更取澎湖。用丙巳五更取虎仔山。用單丙及丙巳六更取沙馬岐頭。單丙二十更取筆架山及紅豆嶼。用丙午取剑牛坑。用丙午十更取頭門。單丙五更取里銀大山，二港相連。開有白表仔生在洋中，當可防。表尾盡不可用丙巳，可用丁午。開二三更過白表仔，用丙巳五更取頭巾礁。單午五更取圭嶼南過。候水漲進港可也。

又《回浯嶼針》 圭嶼放洋，用單亥及壬亥七更取麻哩老表。放洋用壬子、單壬二十更，往回祭獻。此處流水甚多，即是浯嶼洋。用壬子及壬亥針二十更，單亥五更取太武。若表上放洋，用壬子十七更取浯嶼洋。癸丑八更取沙馬岐頭。用單癸十一更取澎湖。

又《長岐往雙口針路》 長岐開舡用坤申二更、單申五更、坤申五十五更，舡頭對烏坵山。用單丁三更、丁午五更，見澎湖山。用丁午五更、單午五更，又單午並丙午十五更、丙巳五更、單巳三更、用巽巳四更見表山。巡山進入圭嶼，水漲入港為妙。

又《回長岐針》 圭嶼回山使見表尾。單壬五十更見太武。西南風用艮寅並丑艮五更見烏坵。南風單寅六更過圭籠頭。用艮寅二十更、用單艮十五更、單寅十一更收入天堂。

又《大担往交趾》 太武開舡，用坤申七更取南澳彭外過。單坤十五更取大星尖。用坤未七更取東姜。坤未五更取烏猪。坤申三更取七洲洋。用單申五更取海南犁母山。單酉十五更取海寶山，正路。用乾亥、單亥五更雞叫門，即安南國港口也。

又《回針》 港口開舡，用辰巽五更取海寶山。過洋用甲卯五更取海南犂母山。用單艮二十更取烏猪。用艮寅十五更取大星尖。用單寅十五更取南澳外過。寅艮三更取柑桔外過。用單寅收入太武。

又《大担往柬埔寨針》 大担開舡，椗內過，用丁未及單未七更取南澳彭外過。用坤申十五更平大星尖。用坤申七更取東姜並南亭門。用坤未五更取烏猪。用坤未十三更取七洲洋。用坤未七更取獨猪山。用坤未二十更取外羅外過。用丙午七更取交杯嶼及羊角嶼正路新州港口過。用丙午五更取靈山大佛，往回放彩舡祭獻。用丙午及單午三更取伽倆儸山。用丁未五更取羅灣頭。用坤未五更取赤坎山，身開，恐犯玳瑁州，身隴，玳瑁鴨。用坤申及單申四更取鶴頂山，打水七八托。用單庚二更取一員小嶼，又單庚二更沿山使打水八托，見馬鞍形是外任，看大水好風進港，妙也。

又《回大担針》 毛蟹州出淺，用單卯離州有四五箭遠，用辰巽及乙辰，貪南看毛蟹州對南港口出淺。從北昆身正路用甲卯四更取覆鼎。用單申二更，用艮寅二更、單寅二更取赤坎。用艮寅及丑艮三更取羅灣頭，用丑癸五更取伽倆儸。用單子三更取大佛，放彩舡。用單子及壬子五更取羊角嶼。壬子七更取外羅。用丑癸十更、丑艮十更、艮寅二更，普施用艮寅五更，普施二王艮寅五更，送都公用艮寅五更，用單艮十更取南澳彭外過。用丑艮七更取太武，收入思明。

又《雙口往柬埔寨》 二月初七雙口開舡，東南風用單辛三更，北風用單酉及單辛六更，又東風用單酉四更，北風單酉五更，初十上午用單庚七更，十二日用單坤七更，夜單庚七更，取外任進港。

又《回針》 五月十四日出淺用單卯五更、用甲卯四更，十五日見東洞、西洞及玳瑁中央過。單乙五更，十六日用單卯五更，又用單卯五更，十七日甲卯五更，夜用甲卯五更，十八日甲卯二更夜無風，十九日念三日東北風，至念四日南風用乙卯四更，夜東北風至三十日俱無風，到文武樓收入港為妙。

又《大担往暹羅針》 大担開舡，用坤未四更柑桔外過。用坤申三更取南澳評外過。用坤申十五更取大星。用坤申七更取東姜。坤未七更取烏猪。用單坤十三更取七洲洋，祭獻。用坤未七更取獨猪。用坤未二十二更取外羅。丙午七更取校杯。丙午五更取靈山佛，放彩舡。單午五更取伽倆儸。用丁午五更取羅灣頭。坤未五更取赤坎及覆鼎大山，邊有老古名是林郎淺。單坤十五更取崑崙，東有檳榔嶼在帆鋪尾外過。用庚酉三更取小崑崙，西有沉礁出水，過了用庚酉八更取真糍，東邊有礁，南邊是正路。三更取假糍，便見占臘泥尾。坤申有小港不可行，恐風不順，難出。辛戌十五更取大横，南邊正路。用辛戌及乾戌五更取小横，成三個門，門中有礁，俱是横木正路。辛戌十五更取筆架，在帆鋪邊。用單子及壬亥五更取陳公嶼及犂頭山。用單子三更取烏頭淺。用單乾三更取竹嶼。單子五更取淺口，用子癸坐竹嶼進港。

又《回唐針》 淺口開舡，用巽巳取烏頭淺。單巳取陳公嶼及犂頭山，丙午五更取筆架放洋。單巳及巽巳三十五更取大橫南開。單巽十更取真糍，東見假糍成三個，東邊有礁，內是占臘港泥尾。用甲卯十一更取崑崙。用丑艮十五更取亦坎，恐犯玳瑁州，子細、單丑五更取羅灣頭。丑癸五更取伽俻儭。用子癸三更取靈山大佛。用壬子五更取羊嶼。單子七更取外羅，單艮五更、丑艮三十九更取弓鞋。丑癸二十更取獨猪，單丑及丑癸五更取銅鼓。用丑癸二十一更見東姜。艮寅二十二更取南澳。用艮寅七更取太武入浯嶼。

又《浯嶼往咬嚠吧》 依前針取崑崙，單未並丁未二十五更、單未二十四更取地盤。用丙午三更取東竹。用丙午十更取長腰。用丁未十更取龍牙大山。單午三更取饅頭嶼。丁未三更取七星。丁未七更取彭家大山，郎牛腿琴，舡取西邊南邊第二山頭封峽門。丙己沿崑身便取三更嶼南打水四五托，東西竹打水七八托，東邊是正路。丙午四更見昆身，打水六七托是高下地。單丁五更打水十托，單子五更取羅山制覽傍大山，離羅牙十里之地一條老古線是沙地。丁未見頭，丁未五更取嚠咬吧為妙。

又《咬嚠吧往暹羅針》 本港用丑癸五更、子癸八更，又用子癸五更取三拔嶼腳，打水十四托，開西勢打水六七托，用壬子人峽門。用壬子八更，打水八九托，是正路。若收入舊港，舡尾坐艮寅，入中門有嶼是正路。若往暹羅，用艮寅三更開，用丑癸五更取長腰嶼。用丑癸七更取七星嶼及龍牙。單子三更、子癸五更、單子五更，取長腰嶼。壬子十三更取地盤，內壬子取彭亨港口。單子十更取斗嶼。單亥五更取綿花及員光嶼，內外俱可過舡。單戌見二嶼，可近，不可近崑身邊，有淺及石碑礁出水。過門用單乾三更取三角嶼。壬亥三更崑身尾是正路。吉蘭丹港口用辛戌七更沿昆身駛見六坤下池，取大泥。起身用壬子五更，取孫姑那港口，外有二嶼仔名用奴角貓。壬子十更取玳瑁嶼內過，可防昆身尾中朴淺，此淺生開打水四十一托。行舡用單子十五更取大小蘇梅嶼，嶼有三門，俱可過舡。壬子十更，取孛丑。單壬十更平龜山。單壬五更取筆架。若收彭亨西用乾亥收隴。若收暹羅，用單壬爲妙。

又《暹羅往日本針》 出淺，用單庚取望高西打水七八托。用單巳三更取烏頭淺外過。單巳五更取陳公嶼。丙午五更取筆架。巽巳及單巳二十五更取小橫門，中有沉礁，南邊過。用辰巽及乙辰十五更取真 外過，遠看有三個門，南邊有一小嶼，東北尾低西邊高，有樹木，即是假 ，遠看成三個門。開用甲寅，隴用甲卯，十一更取大崑崙。西有弓鞋石礁赤色。用癸丑十五更取赤坎。丑癸五更取羅灣頭，丑癸五更取伽俻儭。單子三更取靈山大佛。壬子五更取羊角嶼及交杯。壬子七更取外羅，用單丑五更、丑艮十六更取獨猪。丑艮五更取銅鼓山。丑艮二十更取弓鞋。艮寅二十二更取南澳坪外。艮寅七更取太武。艮寅七更取烏坵。艮寅十更取圭籠，單□二十五更見流界，用艮寅二十一更取天堂外過。壬子十更收入竹篙嶼，妙也。

又《暹羅往長崎日清》 五月二十一日晚在筆架放洋，西南倚捍用單丙三更。二十三日原風，丙巳三更半夜原風，丙巳二更半。二十三日夜原風，丙巳六更。二十四日夜原風，丙巳六更。二十五日早見小橫山，在蚱鋪邊過，夜用單巳三更。二十六日單巳二更，下午弔頭巾頂，用辰巽二更，夜用乙卯三更光真 齊身。二十七日用甲卯二更半，夜用單甲及甲寅一更半。二十八早見崑崙頭，晚平崑崙，夜用丑艮光平大崑崙。二十九日丑艮二更半夜用單艮二更半。三十日無風，至中午南風，丑艮一更半，夜用單丑光見鶴頂山。初一日無風，下午西南風，艮寅晚平覆鼎，初二日西南風，艮寅平赤坎見玳瑁州在開。晚至羅灣頭。夜西南風艮寅及丑艮並子癸光平伽俻儭，用子癸平大伏。夜用子癸光平烟箭，風西。初四早平馬陵橋，風西用單子二更。初四夜原風用子癸三更半光平外羅放洋。南風用子癸及單癸四更，夜西南風用丑癸三更、丑艮一更。初六夜東南風硬繚用丑艮三更光靜。初七晚風東，子癸一更，夜南風用丑艮三更。初八晚靜見員山，夜風微光靜。初九夜風東南，用單寅二更半。初十早原風原針三更，夜南風單反一更光靜。十一夜東南風微。十二日東南風，夜平弓鞋，用單乙及乙辰光，西南風用單寅六更。十八日南風見圭籠頭。十九日見魚船甚多。用艮寅五更，夜微風單艮一更半。二十日靜風東南用艮寅，夜風東南用艮寅一更半。廿一日夜原風，艮寅三更。念二日夜南風，單寅五更光原風單寅四更，夜南風艮寅四更光，艮寅三更，夜西南風，艮寅四更。廿五日原風艮寅，下午單三更半，夜原風單艮五更半。廿六日單艮五更下午見温裕，夜丑艮三更光平天堂，用子癸五更入港。

又《咬嚠吧回長岐日清》 乙丑年四月廿八日在澳內開船，至下午任澳外寄旋。夜五更開船，用丑癸。廿九日寄任鬼仔嶼西南勢，至五更開船，用丑癸及單癸。初一晚寄在嶼頭東南勢，至二更天開船，風東，用子癸光平頭嶼。初二日風東南子癸並壬四更夜原風用子癸四更。初三日無定風，下午子癸三更，夜東風，打水十三托，用子癸及丑。近二更拋，至五更開船，用子癸光打水見三麥嶼在下勢。初四日用壬子及乾戌亥小午拋三麥嶼南。下午南風巡西邊昆身開，至三更拋在香港下東北勢開。初七早西風不得過琴山拋，下午南風，用乾戌亥大暗平琴西。夜用乾壬亥，下半夜用單子光見七嶼在面前東北勢。小午平七嶼，見前面饅頭嶼。下午風微，用醜癸至饅頭嶼東南勢，夜風東南，用醜癸光平豬母山開。初七日用壬子癸五更，晚至羅漢嶼，夜用子癸及丑光平長腰嶼開，用壬子四更，晚見東西竹在帆下。夜用壬子光見地盤山，船在東勢開。地盤當頭有尖角三個西北邊拖尾。十一日並夜西南風，用子癸十二更。十二日並夜原風原針，十二更暗打水十八九托，用癸及子十更光見水色青白。用單癸五更，見崑崙在船頭。用丑癸下半冥見崑崙，在船頭東過。用丑癸光離山三更。十五日丑癸五更，夜用丑癸光見伏鼎，並見假任及正任。用醜艮寅暗至羅灣頭，下半冥用丑癸及艮光見伽倆儺下勢。用丑癸及子暗至圭籠與，夜靜用子癸及丑三更。十八日風嶼用子癸暗過煙箭。上夜用子癸三更光見交杯。用子及壬暗在交杯上，光見外羅在西北上，船在東南開勢靜，至日午風東南單子二更，夜南風用子癸及丑光見大小茜諒，離山有三更。二十一日靜晚東南風，用丑癸一更，夜南風用丑癸四更。四更光風東南用丑癸四更，夜風東南丑癸三更光，無定風，夜西南風用丑癸及艮三更。二十四日並夜風西用單癸六更光見海南山及大洲。二十五日風西用艮寅，用五更略平獨豬，船在東南開勢，夜風西用艮寅四更。二十六日風北硬繚，用丑艮寅二更，至午北風狂坐湧，用未及坤並丁，暗有四更，夜用丙午丁一更返西南，用艮寅及丑四更。二十七日西風狂坐湧，用艮寅三更，夜用艮寅及丑四更。二十八日夜用艮寅九更。二十九日夜用單艮十一更。三十日用艮寅六更，貪艮小半，夜用艮寅三更。初一日早見山認未定，用艮寅，下午甲寅四更暗見帆下有舡一隻。夜用甲寅及卯四更光見舡在上势，舡頭角。初二日用艮寅四更暗見魚舡一隻，略在户門上，夜用艮寅五更。初三日見舡仔舡十餘隻，並見北港大山在東南勢，又見洋舡二隻。夜用艮寅五更光平淡山

下，東北上亦有討魚舡。初四日艮寅六更暗平圭籠頭。夜西北風，用單寅二更半冥西南風，用單寅一更光見梅花嶼在西南邊。初五日用艮寅六更貪寅小半，夜西南風，艮寅三更。初六日夜西風艮寅九更。初七日夜艮寅九更暗見馬齒，舡在東邊過。夜用單子光温裕在東邊過，並見南势野故、南衢、磺山，東北邊是開門山，北邊交刀帽，西北邊見天堂。用子癸及壬亥暗在天堂内過，用壬子及乾亥光在紅尾里開。十一早北風創門，用丁午單坤暗在天堂内嶼仔後，西南風用壬亥及乾暗平紅尾里開，夜東風用壬亥光平設身灣在下勢。十二日風東，壬子及亥暗在塔口嶼外，風西北，不得進港，創開隴，十四日方得進港。

又《長崎往咬𠺕吧日清》 己丑年十一月初九日開舡，用庚申暗平五島中山，夜用庚申光平至五島頭南勢，開庚申及酉暗在里甚焉西北勢。見前面小石嶼仔，夜用庚申三更。十一日風東北，用坤申二更，下午用丁未及單未三更，夜用單午五更，下半夜用單丁二更。十二日風順，用單申單五更，夜用庚酉辛三更，下午夜用單申一更光靜，用庚酉申一更，下午風西北用坤未及申二更，夜原風用丙午三更，下半夜用坤未及申三更，光用坤申四更，夜用單坤四更。十五日用坤申四更，夜坤申三更。十六日用庚及申三更，下午用未及坤二更，夜用坤申見梅花嶼在下勢尾角，圭籠頭在舡頸，頭帆尾外。用庚酉申五更，夜用庚申及單申七更。十八夜坤申十更，光見柑桔間。用坤未五更見南澳，有二更。夜用坤申七更，寅坤小半。二十日並夜用坤申十二更。二十一日用坤申七更略平烏猪，夜用坤未七更。二十三開，夜坤未七更。二十四日用坤未小午至沙岐下馬陵橋對開。用丙午暗過交杯，夜用丙午七更。二十五日用丁未及單未暗過羅灣頭，並夜用未及坤至二更。恐隴些，用單未二更坤未三更。或要開去，尋玳瑁州，或要隴，尋赤坎。用單坤取崑崙。夜用未及坤，至二更盡到玳瑁州雨邊硬繚，用乾戌一更至玳瑁州並鴨東邊過，用申及坤三更。二十八日坤未四更，夜單未六更。二十九日夜丁未十三更光見水色青白。初一日夜丁未十二更。初二日丁未至午見山在上勢，船頭認未定硬繚，用乙辰一更見東勢開，山甚多，東南一山似笠一樣。用坤駛過身西盡暗有一更開後認是失力大山。夜用坤未三更打水四十托，用坤未四更光打水六十托，夜一更盡打水三十五托，用坤未四更光見西邊有一高山，舡頭有一小嶼並坤身

頭，打水二十六托，後是長腰嶼。初五日用丙午四更，夜用丁及午光見猪母山，在舡邊開。初六日用丁及未，日中午至饅頭嶼，在東邊近過，下午單未暗平七嶼西，夜風西用單未光見牛退琴，北面山亦見

後過七嶼。初七日至下午在牛退琴北勢，用未及丙午丁用辰巽巳一更寄椗在泊港口開。初八日巡西南昆身，用乙辰巽暗到峽門内一更時分寄椗。光用辰巽及丙午，巡西邊昆身打水四十五托，時在三麥嶼西。夜風北，下午冥風西，用單午五更光北風微微，用單丙四更打水十托，夜風西北，用單午及丙光在嶼頭開東勢。初十日丙午丁巡城外駛至東勢，寄椗在鬼仔嶼西北勢，巡五嶼用丁午巡合板嶼東入門，午至淺口住舡。

又《咬嚁吧往臺灣日清》 辛卯年四月二十二日開舡，至午寄灣外。下半冥開舡，用丑艮及子光見鬼仔嶼東邊，下午用壬子及癸，下午用子及壬，暗過嶼頭寄椗嶼北。二十四日早風東南，用子及癸，下午用子及壬暗過嶼頭，有一更寄椗，至二更開舡。風東，用子癸一更。二十五日原風用子癸及壬，四更，夜東南風用子癸及壬，光見三麥嶼在頭帆尾外。二十六日用壬亥及乾戌至午入三麥嶼内，一更巡西邊昆身開，用乾戌亥暗寄。二十六日巡昆身到港口，開用戌乾及壬子，暗在牛退琴西，夜用壬子及癸光平七嶼西。二十九日用癸及丑，至午平饅頭嶼東邊過，用癸丑暗在猪母嶼下東南勢，在用丑癸光離山二更。三十日用子癸暗平羅漢嶼頭，舡在羅漢嶼下東南勢開。夜子癸及單子光在長腰嶼上東北，初一日風西南，用壬子暗平東竹開。風輕，用壬子光平地盤，開東南勢失力山，初二日風輕，用子癸三更。初三日風輕，開夜用子癸六更。初四日夜用子癸六更。初五日用子及癸四更，夜風輕用子癸二更。初六日夜風西，用單癸四更。初七日無定風，用子癸一更，夜西南風，用癸及子二更。初九日南風，下午西南，用單酉二更半，下午用酉及辛一更半，夜用辛酉近一更，乾亥子癸一更，半冥一更，北風用坤未及申二更，又單丁二更光，用午及丁未六更，夜丁午及未三更，下半冥丁及坤三更。十四日並夜坤申八更光，坤申四更，夜坤申及未七更，光坤未及申四更，夜用庚申六更見山是臺。

【略】

開南勢。二十七日用丁未，下午東湧外過，用丁未暗平白犬開。夜用丁未及未七更光見北港大山，在東勢過，倚捍用坤申及庚七更。二十九日坤申六更暗平坪山，夜用坤申八更光並夜用坤申十更。十二月初一日並夜用坤申十一更光，並夜用坤申十三更，光用坤申及未四更，午見大州頭在馬户邊，夜用坤及未六更。初四日用坤未五更，夜用坤未見外羅，在左邊帆鋪外，光過帆開捍用辰巽巳三更暗過外羅。下半冥用丙午，光用丙子，暗平新州港口。夜丙午光平大佛下，用單午及丁未暗過羅灣頭，下半冥用坤未光見覆鼎不只三更開。用單未及坤六更，夜用未及坤七更見光見崑崙在舡勢，用丁未過山午過崑崙西。用庚酉晚過小崑崙，外看見西邊礁，夜用申及坤午庚七更。初十日幷夜坤申及庚十二更，晚有山認未定，光並夜用申及庚三更至半冥過帆用壬亥及子癸。十二日用辛酉巡昆身有五更，至一更時分寄椗昆身尾，十三早入淺妙甚。

又《大泥回長崎日清》 戊子年五月十六日西南風在淺尾開船，用甲寅離山暗近五更，夜用甲卯及寅四更光。甲寅六更，夜用單寅及艮寅並申共三更。十八日用單寅及甲卯平真糍外用醜艮一更單寅二更過泥尾，並開針用辰巽，近合板舡再用子癸在昆身隴，隴寄椗。十九日至晚用甲卯二更，夜甲卯四更，至早飯軍泥崙山。二十日並夜用單醜十更。廿一日醜及艮，下午見覆鼎山，暗平赤坎，開下勢，夜用醜艮，下半冥近山用寅及甲卯返醜癸，在羅灣頭下勢。廿二日用丑艮，夜用子癸，光見煙甯，用子癸及亥，夜用壬亥光在新州下勢。用子癸暗平交杯。夜巡山使。廿五日用子癸暗平馬陵橋。夜風西北用子沿山使。廿七日至外羅沙岐頭，夜沿山使。廿八日到尖筆羅住船，至六月初二日放洋，用單寅二更艮寅二更。初三日寅及艮三更，夜用艮寅四更。初四日夜用艮寅七更。初五日南風，用艮寅七更。初六日並夜用艮寅近有五更。初七日夜用單艮八更。初八日夜單艮八更。初九日用艮寅三更，下午見山認未定，東南風硬繚用艮寅二更，下半冥南風，用甲寅三更。初十日風東北用子癸一更，南風，用丑艮及甲三更，夜用甲寅三更。十一日用艮寅及甲七更。十二日用艮寅日小午見魚船，問是大境，開暗平户門，夜用單艮五更，光見北港大山南勢。十三日夜用艮寅八更。十四日用艮暗見雞籠頭未齊身。夜用單艮五更，十五日並夜用艮寅十一更，貪艮半字。十六日用艮寅六更，貪艮小半，夜用艮寅五更光單艮六更，半夜用艮寅六更，貪艮。十八日艮寅三風，下午風西，用甲卯及寅一更半，下半冥用壬子癸一更。十九日見山是温二，用壬

子癸及亥一更，無風，至午後風西南，用壬亥，暗見山在東南邊過身。夜用壬亥四更，光見山在東南勢。用壬子癸下午入長崎可也。

又《寧波往東京針路》 出中窑可用丙午，離山一更用丁未，六更見鳳尾。用丁未十九更見牛嶼，用坤未四更見烏坵。單申七更見太武。起用坤申七更見南澳坪外，用坤申十五更見大星。用坤未七更見東姜。用坤未七更兄烏猪。用單坤十三更見七州。用單申二更見銅鼓。用單坤五更見獨猪。用坤未四更兄海南犁母。用庚酉十五更取海寶。用單亥及乾亥五更取雞唱門入港。涯州尾，巽乾單戌五更、單乾巽戌三更、乾亥巽巳單乾二更、亥壬巳單亥丙五更。

又《太武往大泥針路》 用單未七更見南澳外過，用坤未十五更取大星。用坤申七更取南亭門。用單坤五更取烏猪。用坤未十三更取七洲。用坤未七更取獨豬。用坤未二十一更取外羅。丙午七更取交杯嶼。用丙午五更取靈山大佛。用丙午三更取伽倆院。丁丑五更取羅灣頭。單坤及坤未五更取赤坎山。坤未十五更取崑崙山。用坤及庚申三十更取吉蘭丹港口，泥地，好抛船。開辛戌，隴用乾亥巡山駛六崑。下七更打水七八托是朱居勢。又來屈頭隴連至東勢是大泥，有涼傘樹，在崑身岸上，前去崑身尾取六崑，下泥尾有淺，船過西南邊入為妙。

或見嵫可用庚申針來見大泥。大泥身西內馬交大山是屈頭隴，隴上去西北是宋居嘮，宋居嘮上是六坤。

又《大泥回浯嶼》 大泥、六崑、下池離淺，用甲寅針開舡。用甲寅及甲卯十五更，用甲寅及單寅二十更，取崑崙山外過，用丑癸內過。用單丑及丑艮十五更取赤坎山。船身開用單丑，隴用艮寅，五更取羅灣頭。用丑癸五更取伽㒵倆。用子癸三更取靈山大佛。用壬子五更取交杯。用壬子七更取外羅，用丑少艮四十六更取南亭門。用艮寅二十更取南澳。用艮寅七更取太武收入厦門為妙。

又《浯嶼往麻六甲針路》 依前崑崙針路，用坤未、單未四十五更取茶盤及東西竹。遠看將軍帽在內及火燒山。用丁未十更取白礁及馬鞍山並羅漢嶼，沿白礁外邊過。用單酉五更取龍牙門，夜間不可行船，切防。南邊有半床礁是長腰嶼，亦防南邊有淺沙塘並涼傘礁。用辛戌三更吉里汶，又單乾三更取崑宋嶼，打水十三托。用單亥五更取大小射箭嶼。用乾亥五更取五嶼，沿山駛是麻六甲，妙也。

又《麻六甲回浯嶼針路》 開駕用辰巽，五更取射箭嶼。用辰巽三更取崑宋嶼，打水十三托，對開有淺，北返有崑身尾。在茎古石淺。用辰巳三更取吉里汶，前北邊崑身尾須防。用單辰及乙辰三更，取長腰嶼，切莫過南邊，宜行北邊過船，打水十四五托，又防北邊羅漢嶼北有礁，打水十七八托，正路打水出門須防白礁嶼，用亥並壬子五更取茶盤，一更開用子癸四十更，打水三十托，見崑崙在船頭上勢角。用單癸平崑崙。三更開，依前針路而行，妙哉。

又《太武往彭亨》 太武開船，依大泥針直取崑崙。用坤未四十更取彭亨港。

又《彭亨回太武針》 彭亨開船，用艮寅六更取綿花及斗嶼。用丑艮十三更、單丑及丑癸二十更取崑崙山外過。其依大泥針回太武入浯嶼，妙哉。

又《太武往咬嵧吧針》 至崑崙用單坤及坤申十更。用單申及庚申十八更取綿花嶼好抛船，取柴水。用單巽五更平斗嶼。用單巳八更取地盤外過。單巳三更取東西竹內過，用單丙十一更過長腰嶼。用單午四更、丁午四更平饅頭嶼，單未四更取七嶼。單未四更取琴山。單未五更、單巽三更、巽巳六更取三麥嶼內過，用丙巳三更、單午八更取頭嶼。用單午並丙巳入甲板嶼收澳。

又《咬嵧吧回太武針路》 港口放洋，用丑癸八更平頭嶼，用子癸七更、單子四更、壬子二更取三麥嶼。乾戌四更、乾亥六更平琴山。子癸三更、單子四更取饅頭嶼。子癸四更取龍牙大山。子癸十五更取馬鞍嶼。用壬子癸變用五十餘更取崑崙內過。用丑艮十八更取羅灣頭，妙哉。

又《咬嵧吧澳回唐》 澳內用子癸平頭嶼，平頭嶼用子癸四更，又子癸三更，打水十三托，用子及癸丑二更，子癸見三麥嶼。三麥嶼用乾戌壬亥，三麥與過一更巡西崑身駛，又用乾戌巡崑身到舊港。

舊港用乾戌及壬亥至琴。

琴用丑癸七更取七星嶼。

七星嶼用單癸取饅頭嶼。

饅頭嶼用子癸丑取猪母山。

猪母　用子癸三更取龍牙大山，門有石產不出水。

龍牙山用壬子十更取長腰嶼。

長腰嶼用子癸及癸十更取東竹。長腰大山用丁午四更取饅頭嶼，打水三十托，南邊有小嶼三四個，用丁未十更取龍牙。

東西竹用乾亥壬子三更取地盤。東竹遠看似馬鞍樣，內外打水二十五托，西邊有小嶼二個，打水二十五托。西竹山亦是馬鞍樣，西邊低，內有將軍帽，有火燒塔及猪母甲子。用丙午十更取長腰，內打水二十二托，西有小嶼二個，打水十五托。

地盤山。一更開子癸三十更、子十更，打水二十三托，見崑崙在船頭上勢角。用單癸平崑崙。二更開，用丑癸十五更取覆鼎。

覆鼎山。一更開。用丑癸及艮二更取赤坎。

赤坎。用丑癸取羅灣，隴用艮寅取羅灣，拆五更遠。

羅灣頭。半更開，用丑癸五更取伽㒵俑。一更開用子癸三更取靈山大佛，往回放彩舡。

靈山大佛山。用壬子五更取羊角嶼。壬子七更取外羅。丑癸二十一更取獨猪山。用丑癸三更取銅鼓嶼。艮寅二十一更取東姜。

東姜山。用艮寅二十二更取南澳。用艮寅七更取太武，收入浯嶼，哉妙。

清·顧祖禹《讀史方輿紀要》卷一〇〇《廣東一·海》　《海道考》：廣州舶船往諸番，出虎頭門，始入大洋，分東西二路，東洋差近，西洋差遠。宋于中路置巡海水師營壘，今為東莞縣南頭城。東南海路二百里，至屯門山，水皆淺，日可行五十里。乃順帆風西行，一日至九州石，又南二日至象石。若用東風西南行，七日至九乳螺洲，又西南行，三日至占不勞山，西去占城二百里。又南二日至陵山，其山峻而方，有泉下繞如帶，即占城地也。陸行至賓童國一月程，東去麻逸國二日程。水行一日至東西竺昆侖洋，又一日行至古笪國，其王號笪屈，即真臘也。又半日行至奔沱浪洲，即丹眉流國。又二日至軍突弄山，又五日至海硤，南北百里，北岸則羅越國，即暹羅也；南岸則佛逝國，占城屬國也。又東水行四五日至訶陵國，今瓜哇也，為南海中最大洲。又西出硤三日至葛葛僧祇國，即佛逝西北隅之別島。國人多鈔暴，乘舶者多畏之，疑即昔之婆利國，今佛朗機也。其北岸則阿羅國，一名阿羅陀，今滿剌加也。阿羅西則阿谷羅國，一名阿羅單。又從葛葛僧祇四五日行至婆露國，一名阿魯。又六日行至婆那國，一名須文達那，即今蘇門答剌國也。又西至伽藍洲，一名翠藍嶼。又北四日行至師子國，其地在西洋之西北岸，距南天竺大岸百里。自伽藍洲行二十日至榜葛剌國，即西天竺也，一曰西印度。海口有察地岡，番商於此抽分云。天竺之西千五百里曰注輦國。宋大中祥符八年，其貢使言：從本國舟行七十七日，歷那勿丹山、娑里西蘭山，至古羅國。又行七十一日，歷加八山、占不勞山、舟寶龍山，至三佛齊國。又行十八日，渡蠻山水口，歷天竺山，至賓頭狼山之西王母塚，距舟所將百里。又行二十日，度羊山、九畏山，至廣州之琵琶洲。離本國凡千一百五十日云。又雷州，控入海水路，從州東至海三十里，渡海抵化州吳川縣之碙洲，入廣州，通閩浙。從州南陸行一百七十四里，至遞角場抵海南，泛海一程，可至瓊州。從州西陸行一百五十里泛海水路，至安南諸番國。又瓊州，東至海一百二十里，直通大洋，故諸番舶，雖東洋、琉球等國，被風漂，多至瓊州也。

清·陳倫炯《海國聞見録·東南洋記》　鳳山沙馬崎之東南有呂宋，居巽方，厦門水程七十二更。【略】

利仔戈之東南，隔海對峙有五島：班愛、惡黨、宿務、貓務煙、網巾礁腦，中國俱有洋艘往通。【略】水程必由呂宋之利仔戈海而南：呂宋至班愛十更，至惡黨二十三更，至宿務二十四更，至網巾礁腦五十八更。【略】

其東南又有萬老高、丁機宜二國，居於巳方；國土、人物、產類相似。水程，呂宋至萬老高一百七十四更，至丁機宜二百一十更。

由呂宋正南而視，有一大山，總名無來由息力大山。山之北為蘇祿【略】。西鄰吉里問；又沿西文萊，即古婆羅國；再繞西朱葛礁喇；大山之正南為馬神。【略】蘇祿、吉里問、文萊三國，皆從呂宋之南分籌，而朱葛礁喇必從粵南之七州洋過崑崙、茶盤，向東而至朱葛礁喇一百八十八更。馬神亦從茶盤、噶喇吧而往，水程三百四十更。厦門由呂宋至蘇祿，水程不過一百一十更，共在一山，南北遠近，相去懸殊矣。又隔東海一帶，為芒佳虱大山。由馬神至芒佳虱，水程二十七更。復繞而之東，即係丁機宜，東北，係萬老高。【略】呂宋至吉里問三十九更、至文萊四十二更。

又《南洋記》 南洋諸國，以中國偏東形勢，用針取向，俱在丁未之間；合天地，包涵大西洋。按二十四盤分之，即在巽巳矣。【略】廈門至廣南，由南澳見廣之魯萬山、瓊之大洲頭，過七洲洋，取廣南外之咕嗶囉山，而至廣南，計水程七十二更。交址由七州洋西繞北而進；廈門至交阯，水程七十四更。七州洋在瓊島萬州之東南，凡往南洋者，必經之所。中國洋艘不比西洋呷板，用渾天儀量天尺較日所出，刻量時辰離水分度，即知為某處。中國用羅經，刻漏沙，以風大小順逆較更數。每更約水程六十里，風大而順則倍累之，潮頂風逆則減退之，亦知某處。心尚懷疑，又應見某處遠山，分別上下山形，用繩駝探水深淺若干，各各配合，方為確準。獨於七州大洋、大洲頭而外，浩浩蕩蕩，無山形標識，風極順利，對針亦必六、七日始能渡過，而見廣南咕嗶囉外洋之外羅山，方有準繩。偏東，則犯萬里長沙、千里石塘，偏西，則恐溜入廣南灣，無西風不能外出。且商船非本赴廣南者入其境，以為天送來，稅物倍加，均分猶若不足。比於紅毛人物兩空，尚存中國大體。所謂差毫釐、失千里也。【略】廣南沿山海至佔城、祿賴，繞西而至柬埔寨。廈門至佔城，水程一百更，至柬埔寨，水程一百一十三更。【略】自柬埔寨大山繞至西南為暹羅，由暹羅沿山海而南為斜仔、六坤、大哖、丁噶呶、彭亨。山聯中國，生向正南，至此而止。又沿海繞山之背過西，與彭亨隔山而背坐為柔佛。由柔佛而西為麻喇甲，即丁噶呶之後山也。由麻喇甲而西，出雲南、天竹諸國之西南為小西洋戈什塔。【略】廈門至暹羅，水程過七州洋見外羅山，向南見玳瑁洲、鴨洲，見崑崙，偏西見大真嶼、小真嶼，轉西北取筆架山，向北至暹羅港口竹嶼一百八十八更，入港又四十更，共水程二百二十八更。而東聯柬埔寨，僅水程一百十三更。何以相去甚遠？蓋柬埔寨南面之海，一片盡屬爛泥，故名『爛泥尾』，下接大橫山、小橫山，是以紆回外繞而途遠也。

由暹羅而南，斜仔、六坤、宋腳，皆為暹羅屬國。大哖、吉連舟、丁噶呶、彭亨諸國沿山相續，俱由小真嶼向西分往，水程均一百五、六十更不等。【略】而柔佛一國，山雖聯於彭亨，其勢在下，水程應到崑崙用未針取茶盤轉西。至柔佛，計廈門水程一百七十三更。【略】由柔佛而西，麻喇甲【略】往西海洋，中國洋艘從未經歷。到此而止，廈門水程二百六十更。

麻喇甲南，隔海對峙大山為亞齊，係紅毛人分駐。凡紅毛呷板往小西洋等處埔頭貿易，必由亞齊經過，添備水米。

自亞齊大山生繞過東南，為萬古屢；盡處與噶喇巴隔洋對峙。紅毛回大西洋者必從此洋出，然後向西南過烏鬼呷，繞西至大西洋。

就中國往噶喇吧而言，必從崑崙、茶盤純用未針，西循萬古屢山而至噶喇吧，廈門計水程二百八十更。【略】外統下港、萬丹、池問三處。下港產胡椒，萬丹另埔頭，池問產胡椒、檀香。而噶喇吧甲諸島番埔頭之盛，各處船隻聚集貿易。中國、大西洋、小西洋、白頭、烏鬼、無來由島番，罄珍寶物食，無所不至。荷蘭建城池，分埔頭。中國人在彼經商耕種者甚多，年給丁票銀五、六金，方許居住。中國人口浩盛，住此地何啻十餘萬。近荷蘭亦以『新唐』禁革，不許居住，令隨船而回。

茶盤一島，居崑崙之南，毗於萬古屢山之東。皆南洋總路水程分途處。

又《小西洋記》 小西洋，居於丙午、丁未方。【略】從麻喇甲、暹羅繞西沿山而至於白頭番國。【略】烏鬼國東北山與阿黎米也相聯，向西南生，出坤申方，大洋何啻四五國之遠，其盡處曰呷，即中國支山入海盡處；曰表，表者，標也。佛蘭西曰呷，英圭黎曰岋，皆順毛烏鬼地方。是以紅毛呷板從小西洋來中國者，由亞齊之北，麻喇甲之南穿海，過柔佛，出茶盤而至崑崙。自呷而東至戈什嗒，自戈什嗒而東至亞齊，其海皆呼曰小西洋。

又《大西洋記》 西洋人誌四方洋名，以東南缺處之海洋為小東洋，與戈什嗒少西為小西洋相對，以日本之洋為大東洋，與紅毛大西洋相對。

自烏鬼地方，係順毛烏鬼，北與小西洋阿黎米也之山相聯，沿海生向西南坤申方，而盡呷處方繞向西北，與閭年烏鬼王國為界。又於呷之東面懸海大山，係嗎里呀氏簡烏鬼一國，間有舟楫通粵東。【略】

中海沿邊之地，南、北、東諸國三面夾繞，惟西通外海，是為中海。海產珊瑚。西洋人來中國者，謂中海阿黎米也之地西聯烏鬼陸地處，恨不能用刀截斷，即於中海可通阿黎米也內海，而出小西洋戈什塔，至亞齊，出茶盤，何用繞極西、極西南、極東南而至噶喇吧，北上茶盤，遠近相去，年餘之遠也？

明·艾儒畧《職方外紀》卷五《海道》 儒略輩從歐邏巴各國起程，遠近不一，水陸各異，大都一年之内，皆聚於邊海波爾杜瓦爾國里西波亞都城，候西商官舶，春發入大洋，從福島之北過夏至線在赤道北二十三度半，踰赤道而南，此處北極已没，南極漸高。又過冬至線在赤道南二十三度半，越大浪山，見南極高三十餘度。又逆轉冬至線，過黑人國老楞佐島夾界中。又踰赤道至小西洋南印度卧亞城，在赤道北十六度。風有順逆，大率亦一年之内可抵小西洋。至此則海中多島，道險窄難行矣。乃换中舶，亦乘春月而行，抵則意蘭，經榜葛剌海，從蘇門答蠟與滿剌加之中，又經新加步峽，迤北過占城、暹邏界。閲三年方抵中國嶺南廣州府。此從西達中國之路也。

若從東而來，自以西把尼亞、地中海過巴爾德峽，往亞墨利加之界有二道：或從墨瓦蠟尼加峽去太平海，或從新以西把尼亞界泊舟，從陸路出孛露海過馬路古、吕宋等島至大明海，以達廣州。然某輩皆從西而來，不由東道西來之路經九萬里也。行海晝夜無停，有山島可記者，則指山島而行。至大洋中，常萬里無山島，則用羅經以審方。其審方之法全在海圖，量取度數，即知海舶行至某處，離某處若干里，瞭如指掌，百不失一。

清·南懷仁《坤輿圖説》卷上 且予自大西浮海入中國，至晝夜平線，已見南北二極，皆在平地，畧無高低。道轉而南，過大浪山，已見南極出地三十五度，則大浪山與中國，上下相為對待矣。而吾彼時只仰天在上，未視之在下也。故謂地形圓而週圍皆生齒者，信然矣。

又 卷下《歐邏巴州·以西把尼亞》 歐邏巴初通海道，周經利未亞，過大浪山，抵小西洋，至中國貿易者，從此國始。

清·張玉書《張文貞集》卷八《外國紀·西洋國》 按西洋總名歐邏巴，在中國極西，故謂之大西；以海而言，則又謂之大西洋。距中國計程九萬里，自大西行六萬餘里，至小西天竺國登岸，晝夜浮海，風順者半載可達。又有過大浪山，不得達小西者，冬月必泊黑人國，越二年始抵小西，自小西又一年，可抵中國。海舶高六七重，廣亦如之，度可容千人，所需五穀六畜等物俱載焉。

清·樊守義《身見録》 憶自康熙丁亥歲季冬之月，遠西修士艾先生諱［艾若瑟］者，奉命遣往泰西，偕余同遊。【略】起自澳門，登巨艦，備資糧，浩浩洋洋，洪無際涯，向西南而晝夜行焉。行二月，經過之國，巴辣哥亞也，莫爾乃阿也，瑪辣加也，盤噶也，穌瑪爾辣也，及多海島。【略】内瑪辣加國有大府名巴打斐亞者，乃河濫打國商客集居之地。【略】余於是（府）［乎］停舟候風十五日而後行。約行三四月，始見大（狼）［浪］山。因舟中乏水，遂至亞墨里加州巴以亞府。【略】是年八月初，始抵大西洋波爾多嘞爾國。【略】爰起程，往東行，過依大利亞國地中海，南望亞非利加，北眺大西洋。程途一月，風阻（巴斯）［斯巴］尼亞國，有城如波爾多嘞爾亞國者，忘其名矣。【略】兩月後，乃至意大里亞國界。曾入一城，余於此留住一日，因大舟難進，易小舟行。【略】二月下旬，至蛇奴劃國。其屬國名格爾西加者，【略】在西洋（郡）［群］稱是國爲冠也。【略】至都司格納諸侯之國里務爾諸府，【略】余於此始行陸程，至比撒府，乃古府也。【略】余居數日而後行，往教化王之國。其京都名羅瑪府，乃古來總都，城圍百里，教王居焉。【略】至康熙五十七年二月，復回波爾多噶利亞國，於五十八年三月初旬，（至）［自］大西洋波爾多噶利亞國起身回中國。於康熙五十九年六月十三日至廣東廣州府。

清·乾隆敕撰《清文獻通考》卷二九八《四裔考六·南·意達里亞》 臣等謹按，西洋去中國水程八萬里，其道由地中海西出大洋，南行過福島，東南行，泛利未亞海，過大浪山，折而東行，過西南海，東北行，過小西洋，又東行，至吕宋，入廣東境。

清·楊炳南《海録·西北海》 咩哩干國在嘆咭利西，由散爹哩西少北行約二月，由嘆咭利西行約旬日可到，亦海中孤島也。疆域稍狹。原為嘆咭利所分封，今自為一國。風俗與嘆咭利同，即來廣東之花旗也。【略】

凡船來中國，皆南行過峽，轉東南，經地問、噶喇叭，置買雜貨。北入噶喇叭峽，過茶盤，即地盆，經紅毛淺而來，若不泊噶喇叭，則由地問北經馬神、崑甸，西至茶盤，北經紅毛淺而來。九月以後，北風急，則由地問借風向文來、蘇禄、小吕宋、東沙而來。其往小西洋貿易者，則由噶喇叭西北行，經蘇禄之西，呢是之東，又西北經呢咕吧拉而往。由小西洋復來中國，則東南行經亞齊東北、麻六呷西南，八白石口，轉茶盤而來。遇北風，則由白石口東南行，至細利窪，入小槐，亡海山仙館本作卜卷。經蘇禄、小呂宋、東沙而來。內港船來往，則必乘南北風。其蘇禄、呂宋一道，從未有能借風而行者。此其大略也。

清·王之春《清朝柔遠記》卷二《康熙二年至康熙三十年·康熙九年》 大西洋去中國水程八萬里。其道由地中海西出大洋，南行過福島，島在利未亞洲之西，西人言地輿者，昔以此島為中綫，以分東西緯度。東南行泛利未亞海，過大浪山，折而東，過西南海，東北行，過小西洋，又東行，至小呂宋，入廣東境。此往時大西洋來華海道迂折所經，故稱八、九萬里。後益熟悉道里，漸趨直徑。至同治間，各國商人在土耳其之東、埃及國蘇益微地，開蘇彝士新河百七十里，由西紅海達地中海，以通輪舟，較當日海道省二萬里。

［羅馬尼亞］米列斯庫《中國漫記》第四章《通向中華帝國的衆多海路》 雖然路途艱險，但是通向中華帝國的道路仍然十分衆多，而且從來沒有像現在這樣為人們熟知。頭一條海路是在一五〇年前，由葡萄牙人發現的。當時他們發現了東印度，並征服了海岸諸國，然後自印度繼續向中國東航，來到中國沿海各地和廣州。當時，葡萄牙人和中國人發生了嚴重衝突，經歷了許多場海戰，許多葡萄牙人被打死，中國人繳獲了六條大船，俘獲了葡萄牙使者，將他囚進監獄，直至死去，因為中國人把他當成滲入帝國的奸細。葡萄牙人離開中國後，在洋面上遇到特大風暴，風暴把他們帶到了一個大島，日本帝國。此前，從未有人聞及世上有個日本島，關於這個島，我們在下面再專門論述。葡萄牙人第二次又來到中國的廣東省，並同中國人和解了，開始在這個國家經商。後來，中國人發現做生意對他們有好處，便准許葡萄牙人在這個地區，在一個名叫澳門的大島上建立一個城堡。今天，由於葡萄牙人的經營，澳門已經成為一個大城市，住著許多士兵，主教駐地也在這裏，還有許多天主教堂，許多耶穌會士從這裏出發，深入到中華帝國全國各地，直至日本島和其他島嶼。自此，中國人開始在海上和陸地上同外國人經商，和睦相處直至今天。只有海南曾崛起反對博格達人。中國的瓷器和其他商品，就是從這裏經過波斯和印度，運到君士坦丁堡的。將近三十年前，荷蘭人目睹葡萄牙人發了大財，也三次派出自己的使節，經海上來到北京，來到中華帝國，要求與中國人通商。但是，澳門的葡萄牙人會同北京的耶穌會士從中作梗，所以中國人沒有接受同荷蘭人通商的要求，回復他們說，你們來了也好，但是不來更好。荷蘭人看到自己的使節受到污辱，要求通商的建議又被拒絕，便不再派遣使節了。葡萄牙人乘機散布謠言，說荷蘭人盡是些强盜，幹不出什麼好事來。這是在海上同中國發生聯繫的兩個僅有的基督教王國，這條海路也是通向中國的第一條海路。從荷蘭和葡萄牙經海上漂泊抵達中國，約需一年時光，如果氣候好，時間還可縮短些。可是海上常遇風暴和旋渦。氣候惡劣或其他原因，往往使旅行者中途喪命。不過在途中，沿岸可以抵達不少中國城市和港口，中國人從這裏出海去印度經商，印度人也從海上來到中國。就在附近，荷蘭人統治著一個海島，名叫福摩薩，他們從這裏同沿海一些城市交往，悄悄地同中國官員經商。這條通往中國的海路被認為是去中國各城鎮港灣的第一條通道，甚至可以通往京城，先走海路，然後溯河而上，四天的行程便可到達北京。

雖然尚不為人所知，但確實還存在一條通往中國的海路：從阿穆爾河流入東海的入海口，這裏森林密布，有各種木材，可以製造任何船隻。經海口抵達中國，路程很近。這條水路的唯一困難是：從這裏到遼東半島，然後到中國的最大港口天津，必需繞過朝鮮帝國半島。但是，從這個城市再到北京，就只剩二百俄里的水路了。從中華帝國的各地，走海路和水路，通過天津市都可以到達北京。從阿穆爾河起，大海左邊是封凍的，而右邊只是近岸部分冰凍，其間海水較深的航道上並不結冰，所以任何船隻在任何季節都可航抵中國，但是，至今還沒有任何人走過這條道路。二十年前曾在阿穆爾河上同中國人作戰的我國哥薩克人說，從阿穆爾河口溯流而上，有一個人工鑿成的山洞，裏面掛有一口重二十一普特的中國鐘，那裏還有三處刻在山岩上的中國文字，當地土著人告訴我們的哥薩克人說，古代有一位中國皇帝走海路來到阿穆爾河，為了留念，刻下了那些文字，並留下了這口鐘，還說，這條海路不但可以通到中國，還可以通到日本大島，他們在那裏開鑿了一百多口礦井，開採銀子。在阿穆爾河口，站在高峰上，可以在海上眺見一個大島，當地土著人從那個島上給我們的哥薩克人帶來一些日本居民戴的日爾曼式的帽子。那裏住著許多葡萄牙人和耶穌會士。在阿穆爾河口附近，我們的哥薩克人還發現了一艘破碎的日爾曼式船隻，形似那些來到阿爾汗格爾斯克城的船隻，這表明中國和日本都離此不遠，因為葡萄牙人是不斷同日本經商的。當哥薩克人到阿穆爾河口時，生活在當地海邊的基里亞克人對他們説，從河口起在岸上行走七天，可以到達一個中國的石頭城，那裏有銀礦。不過哥薩克人没敢去，因為人數太少。基里亞克人還説，那裏有大河，流入大海，這些留待專門敍述阿穆爾河時再説吧。

除了這些海口以外，没有别的海口可以通向中國。英國人和荷蘭人都曾不止一次地試圖從北冰洋上，繞過鄂畢河口和葉尼塞河口以及其他西伯利亞河口，抵達阿爾汗格爾斯克城，直至中國，因為通過這條路同中國和印度經商，路程短而贏利高。但是，無論如何也過不去，因為夏天有大塊浮冰，而冬天冰凍極深，此外，黑暗湮没大海，因而許多船隻覆没於此，或掉轉船頭返航。不過，至今他們仍在盡力尋找這條通道。這是上帝的安排，致使北方冰天雪地，一片漆黑，伸手不見五指。此外，不存在别的通往中國的海路，不但没有海路，也没有其他水路，因為流經北京以南的兩條大河都起源於沙漠，這裏居住著蒙古人和喀爾木克人，這裏没有森林，也没有城市。此外，整個中華帝國，從阿穆爾河口到戈壁沙漠，四周環繞的盡是巨大的岩石山和長城，而發源於山那邊的河流均流向中國，然後流入大海；發源於山這邊的河流，則流入阿穆爾河或腦温江，或松花江，或達賚河。没有任何一條河流是穿越大山流入中國的。不過這次我們從腦温江出發，中午就到了沙拉木倫河，去中國路程的一半，傍晚就到了另一條河老哈河岸。這兩條河匯合成一條大河，穿越大山，跨過長城。博格達人就是在冰上越過這條河，不久前征服了中國的。在河的兩岸，生長著茂密的森林，聚居著許多居民。這裏可以建造船隻，可以進入中國的遼東。這些是中國侍郎和其他一些人告訴我們的。他們還説，附近有一些小湖，湖裏有蚌，蚌裏有珍珠。我們在這裏也的確找到了珍珠。除了這些道路，如果還有通往中國的水路，那就要看松花江以南是不是還有來自中國的河流流入阿穆爾河，或者在阿穆爾河口，是不是還有河流向東流入大海或達賚湖，或者從達賚湖是不是有什麽河流流向中國。不過這些地區只能留待將來再去考察了。

商港口岸部

通紀概説分部

綜述

元·蘇天爵《元文類》卷四〇《趙世延等〈經世大典序録·市舶〉》

皇朝平定江南，幅員既廣，貢賦益夥，于是泉州、上海、澉浦、温州、慶元、廣東、杭州鄰海諸郡，與遠夷蕃民往復互易。

元·佚名《元典章》卷二二《市舶·合併市舶轉運司》 至元二十三年三月，御史臺承奉中書省劄付：爲盧右丞建言市舶等事，移准上都中書省咨：

六月二十九日本省官奏過［事］内一件：『這課程的勾當裏，兩件兒勾當有。一件勾當：盧市舶司的勾當，係官錢裏一十萬定要了，他着海船裏交做買賣行，别個民户做買賣的每休交行。麽道，奏來。去近衆官人每、老的每等：「官司做買賣的罷了，百姓做買賣的每，市舶的勾當做者，依着在先體例裏，要課程抽分者。市舶司根底轉運司裏合併。」道來。』麽道，奏呵，『那般者。』麽道，聖旨了也。欽此。

《元史》卷一七《世祖紀十四》（至元三十年）夏四月己亥，行大司農燕公楠，翰林學士承旨留夢炎言：杭州、上海、澉浦、温州、慶元、廣東、泉州置市舶司，凡七所。

又 卷九四《食貨志二·市舶》 於是至元十四年，立市舶司一於泉州，令忙古解領之。立市舶司三於慶元、上海、澉浦，令福建安撫使楊發督之。每歲招集舶商，於番邦博易珠翠香貨等物。及次年迴帆，依例抽解，然後聽其貨賣。【略】二十一年，設市舶都轉運司於杭、泉二州。【略】二十二年，併福建市舶司入鹽運司，改曰都轉運司，領福建漳、泉鹽貨市舶。【略】泉州、上海、澉浦、温州、廣東、杭州、慶元市舶司凡七所。【略】大德元年，罷行泉府司。二年，併澉浦、上海入慶元市舶提舉司，直隸中書省。

又　卷九一《百官志七》　市舶提舉司。至元二十三年，立鹽課市舶提舉司，隸廣東宣慰司。三十年，立海南博易提舉司。至大四年罷之。禁下番船隻。延祐元年，弛其禁，改立泉州、廣東、慶元三市舶提舉司。

《明太宗實録》卷七五　（永樂六年春正月戊辰）設交趾雲屯市舶提舉司，置提舉、副提舉各一員。

又　卷八四　（六年十月庚子）設新平、順化二市舶提舉司。

明・鄭曉《今言》卷四《三一一》　國初設官市舶，正以通華夷之情，遷有無之貨，如西邊茶市，北邊馬市亦然。觀其官以市舶為名，意可知矣。

明・胡宗憲《籌海圖編》卷一二《經略二・開互市》　通政唐順之云：國初浙、福、廣三省設三市舶司。在浙江者，專為日本入貢，帶有貨物，許其交易。在廣東者，則西洋番船之輳，許其交易而抽分之。若福建，既不通貢，又不通舶，而國初設立市舶之意，漫不可考矣。

明・鄭若曾《鄭開陽雜著》卷四《日本圖纂・市舶》　洪武初，設市舶於太倉，名黃渡市舶司，尋以近京師，改設於福建、浙江、廣東。在廣東者，專為占城、暹羅諸番；在福建者，專為琉球；在浙江者，專為日本而設。日本入貢而來也，許帶方物，官設牙行，與民貿易，謂之互市。

洪武七年九月罷，未幾復設。大祖後絶日本，而市舶卒不廢。蓋東裔有馬市，西裔有茶市，東南海裔有市舶，所以通華裔之情，遷有無之貨，收征税之利，減戍守之費，禁海賈，抑姦商，使利權在上也。

明・沈德符《萬曆野獲編》卷一二《户部・海上市舶司》　太祖初定天下，於直隸太倉州黃渡鎮，設市舶司，司有提舉一人、副提舉二人，其屬吏目二人、驛丞一人。後以海夷狡詐無常，迫近京師，或行窺伺，遂罷不設。洪武七年，又設於浙江之寧波府、廣東之廣州府，其體制一同太倉。其後寧波尋廢，今止廣州一司存耳。蓋以寧波亦近畿甸，為奸民防也。【略】我朝書生輩，不知軍國大計，動云禁絶通番，以杜寇患。不知閩廣大家，正利官府之禁，為私占之地。如嘉靖間，閩浙遭倭禍，皆起於豪右之潛通島夷。始不過貿易牟利耳，繼而强奪其寶貨，靳不與直，以故迹憤稱兵。撫臣朱紈談之詳矣。今廣東市舶，公家尚收其羡以助餉。若閩中海禁日嚴，而濱海勢豪，全以通番致素封。頻年閩南士大夫，亦有兩種議論：福興二府主絶，漳泉二府主通，各不相下。則何如官為之市，情法可並行也。況官名市舶，明示以華夷舟楫，俱得住泊，何得寬于廣而嚴於閩乎？況邇年倭侵高麗，亦何曾問閩廣海道也。

《明史》卷七五《職官志四・市舶提舉司》　吳元年，置市舶提舉司。洪武三年，罷太倉黃渡市舶司。七年罷福建之泉州、浙江之明州、廣東之廣州三市舶司。永樂元年復置，設官如洪武初制，尋命内臣提督之。

又　卷七四《職官志三・宦官》　市舶。廣東、福建、浙江三市舶司，各設太監提督。後罷浙江、福建二司，惟存廣東司。

又　卷八一《食貨志五・市舶》　海外諸國入貢，許附載方物與中國貿易。因設市舶司，置提舉官以領之，所以通夷情，抑奸商，俾法禁有所施，因以消其釁隙也。洪武初，設於太倉黃渡，尋罷。復設於寧波、泉州、廣州。寧波通日本，泉州通琉球，廣州通占城、暹羅、西洋諸國。【略】

（嘉靖）三十九年，鳳陽巡撫唐順之議復三市舶司。部議從之。四十四年，浙江以巡撫劉畿言，仍罷。福建開而復禁。萬曆中，復通福建互市，惟禁市硝黃。已而兩市舶司悉復，以中官領職如故。

清・王士禎《北歸志》　（康熙二十四年六月）初二日，遇族姪兵部榮恩奕臣奉使搉浙江海税。臺灣平後，海禁解嚴。閩粵泊吳越，皆設沿海搉司。江南駐松江，浙江駐寧波，福建駐泉州，廣東駐廣州次固鎮。

清・姜宸英《湛園集》卷四《論日本貢市入寇始末》　當洪武時，以貢舶之來衆，設三市舶司於福建、廣東、浙江，聽與民間交易，而官收其利。廣以西洋，福以琉球，浙以日本。【略】

康熙二十三年，克臺灣。各省督撫臣先後上言，宜弛航海之禁，以紓民力。于是詔許出洋，關收其税，民情踴躍爭奮，自近洋諸島國以及日本諸道，無所不至。四榷關之設，異于市舶之設。上操其利權，譏其貨物而下不得以為纖芥之害。中國主其出入，而島人潛處帖伏而不敢動。比年以來，報課日足，比之唐、宋則利倍之，比之于明則絶其隱患。此所謂不寶遠物而遠人格者，與夫疲敝百姓以逞志于荒服之外者，異矣。

又　卷四《海防總論》　（康熙）二十三年五月，克臺灣。十月，兵部議請各省開界。【略】商舶交於四省，遍於占城、暹羅、真臘、滿剌加、浡泥、荷蘭、呂宋、日本、蘇祿、琉球諸國，乃設榷關四，於廣東澳門、福建漳州府、浙江寧波府、江南雲臺山，置吏以莅之，使泉貨流通，則奸萌自息，此上策也。

清·愛新覺羅·胤禛《聖祖仁皇帝聖訓》卷二七《理財·康熙二十八年己巳閏三月丁未》　上諭户部：【略】近聞江浙閩廣四省海關，於大洋興販商船遵照《則例》，徵取額課，原未累民。但將沿海地方採捕魚蝦及貿易小船概行徵稅，小民不便。今應作何徵收，俾商民均益，著九卿、詹事、科道會同確議以聞。

清·乾隆敕撰《清文獻通考》卷二六《征榷考》　（康熙二十八年）又議定：江浙閩廣四省海關徵稅之例。

又　卷一六《錢幣考四》　查洋船出口收口，俱由江蘇上海、浙江寧波二海關查驗，為辦銅扼要。

清·乾隆敕撰《清通志》卷八三《食貨略三·賦稅上》　（康熙二十八年）又諭：江浙閩廣四處海關有沿海捕採魚蝦及民間日用貨物僅為餬口者，免稅。其海關各差一員管理。

清·紀昀等《歷代職官表》卷六二《關稅各差表·關稅各差·國朝官制·關稅各監督》　江南海關一人。以江蘇巡撫兼管，委松太道監收。

福建海關一人。以福州將軍兼管。

浙江海關一人。以巡撫兼管，委寧紹台道監收。

廣東海關一人。以内務府官員簡充。

清·夏燮《中西紀事》卷三《互市檔案》　國朝康熙二十二年，滅鄭氏，臺灣平。越二年，疆臣請開海禁，報可。于是設榷關四。在于粵東之澳門，福建之漳州府，浙江之寧波府，江南之雲臺山。

清·王之春《清朝柔遠記》卷二《康熙二年至康熙三十年·康熙二十二年》　開海禁。時沿海居民雖復業，尚禁商舶出洋互市，施琅等屢以為言。又荷蘭以曾助剿鄭氏，首請通市。許之。而大西洋諸國因荷蘭得請，於是凡明以前未通中國、勤貿易而操海舶為生涯者，皆爭趨。疆臣因請開海禁。設粵海、閩海、浙海、江海榷關四，於廣州之澳門，福建之漳州，浙江之寧波府，江南之雲臺山，署吏以莅之。

廣州分部

綜　述

元·陳大震［大德］《南海志》卷六《稅賦》　聖朝混一，首以寬民力為第一義。凡宋無名之賦，一切蠲除之。廣為極邊，愈加優恤。惟種田納地稅，買賣納商稅，商稅三十稅一。魚鹽舶貨之征，隨土所有。自此之外，秋毫不擾。

又　卷七《物產》　廣東南邊大海，控引諸蕃，西通牂牁，接連巴蜀，北限庾嶺，東界閩甌。或產於風土之宜，或來自異國之遠，皆聚于廣州。所以名花異果，珍禽奇獸，犀珠象貝，有中州所無者。《漢志》云：粵地處近海，多犀象珠璣、銀銅玳瑁之湊。謂其自遠方來也。

又　《舶貨》　『貨通獅子國』，昌黎嘗有是詩矣。山海為天地寶藏，珍貨從出，有中國之所無。風化既通，梯航交集。以此之有，易彼之無，古人貿通之良法也。廣為蕃舶湊集之所，寶貨叢聚，實為外府。島夷諸國，名不可殫，前志所載者四十餘。聖朝奄有四海，盡日月出入之地，無不奉珍效貢，稽顙稱臣。故海人山獸之奇，龍珠犀貝之異，莫不充儲於內府，畜玩于上林，其來者視昔有加焉。而珍貨之盛，亦倍於前志之所書者。

又　卷一〇《水馬站·舊志館驛遞鋪·館驛》　來歸館在沖霄門外。來遠驛在蕃巷。

又　《局務倉庫·廣州路·市舶》　市舶庫，在子城直街，內有來遠樓。

市舶亭，在朝宗門外，至元十九年創建。

又　《市舶司》　市舶司，在鎮安門外。

又《廨宇・提舉市舶司》　勝己齋，在廳事東。以下皆廢。

公生明，在勝己齋後。

戲彩堂，在廳事北。

山齋，在戲彩堂西。

九思堂，在廳事西。

達觀樓，在九思堂後。

南風堂，在後園。

鑑正，在南風堂左。

叢秀，在鑑正東。

元・吳萊《淵穎集》卷九《南海山水人物古迹記》　當今廣為大府，自江嶺而上，經大庾關隘之高峻；自閩徼而入，過潮陽嵐路之稀遠。自牂牁而下，則又將歷灘江、湟水、瀧石之嵓崿。黄茅青草，炎瘴襲人，毒蛇猛虎，山谷盤踞。是故世之仕者，恆未嘗願至，至則常數期日，而或不足以償其苟且塞責之心。然而晴天勝景，山霾開而海氣伏，珍禽嚶鳴，異草叢生，花有素馨、朱槿，果有荔枝、龍眼、檳榔、蒟醬之屬，芬香艷冶，鮮甜爽脆。魚鷄蜆菜，堆積於市，酒支數年。苟能順其風氣，時其調適，宜若無間於中州。至於控制山獠，壓服海外大蠻夷，歲時蕃舶金珠、犀象、香藥、雜産之富，充溢耳目，抽賦帑藏，蓋不下鉅萬計。又必賴夫涕泣還金之吏，而後有以愧夫輕生好貨之俗。厥任至重，故常劇於他郡，而必欲其稱職，是又豈得以其險遠之故，毒瘴乘之而或略於民事者哉？

元・孛蘭肹等《元一統志》卷九《江西等處行中書省・廣州路・風俗形勢》　海接島夷，自唐始通大舶，賈人雲集，商賈輻輳。至今賈人自外番來者，謂之少唐。《番禺續志》云。

元・袁桷《延祐四明志》卷四《人物考・桃源王先生》　孫勳，提舉廣南市舶，一錢之利，皆歸有司。家人不識舶貨之名，及卒，賈胡率錢二百萬為賻。子正己卻之曰：『吾父以廉直聞，雖貧，猶能負喪以歸，不愧廉叔度也。』

元・脱因《至順鎮江志》卷一九《人材・焦禮》　其先高郵人，居京口。壯歲游京師，言海運，授進義校尉、瑞安縣管領海船、上百户。改將仕郎、廣東鹽課市舶提舉。財貨淵藪，一無所取。

元・蘇天爵《滋溪文稿》卷一六《真定杜氏先德碑銘》　廷議以廣東海舶病民，命侯罷之，悉收舶貨入官，一毫無所私。

元・黄溍《文獻集》卷九下《中憲大夫淮東道宣慰副使致仕王公墓誌銘》　公諱良，字止善，姓王氏，越之諸暨人。【略】遷廣州市舶提舉，輟俸資，造庫屋，舶商欣然出私錢為助，不踰月而告成。先是，吏胥恣為姦利。凡舶貨擇其善者出而售之，不善者積久不售。公始為設法，均配立號，募商人掣籤取物，庫藏為之清。

元・楊翮《佩玉齋類藁》卷四《送王庭訓赴惠州照磨序》　世傳嶺南諸郡近南海，海外真臘、占城、流求諸國蕃舶歲至，象犀、珠璣、金貝、名香、寶布諸凡瑰奇珍異之物寶於中州者，咸萃于是。

明・李賢等［天順］《明一統志》卷七九《廣州府・公署》　廣東市舶提舉司。在府城内壽寧坊。

又《名宦・元》　卜天璋。廣東廉訪使。先是，豪民瀕海堰，專商舶以射利，累政以賂，置不問。天璋至發，卒決去之。

明・林文俊《方齋存稿》卷四《送鄒君守廣州序》　嶺以南為郡凡十，而廣州在會府，部使者及藩憲臨之於上，政務尤繁。其他擅山海之饒，番舶時至，名珍異寶充斥境中，不可勝用。是故擇守於廣州者，非其才與守卓然過人者，尤未可輕畀之。

明・葉權《賢博編・遊嶺南記乙丑年》　廣城人家大小俱有生意，人柔和，物價平，不但土產如銅錫俱去自外江，製爲器，若吳中非倍利不鬻者，廣城人得一二分息成市矣。以故商賈驟集，兼有夷市，貨物堆積，行人肩相擊，雖小巷亦喧填，固不減吳閶門、杭清河坊一帶也。

清・杜臻《粵閩巡視紀略》卷二　洪武二年，初置市舶提舉司，設署廣州城外一里，即宋市舶亭、海山樓故址也。永樂間，遣内臣鎮守，領市舶事，尋於廣州蜆子步創室一百二十間，以處番人，隸提舉司。【略】國朝不設市舶提舉，兼領於鹽課提舉司，禁海幷罷。復通後，令番舶駐前山寨，陸運貨物至香山，令藩幕一員監之，今遣部屬董其事。

清・顧祖禹《讀史方輿紀要》卷一〇一《廣東二・廣州府》　今府城也。【略】《城塚記》：郡南城，建安二十二年步騭遷州時築，規制尚隘。唐廣明間，為黄巢所焚。天祐間，清海節度劉隱更築，鑿平禺山以益之，始稱壯麗。宋慶曆四年，經略使魏瓘增築子城，周五里。皇祐四年，儂智高寇廣州，不能陷，命瓘再知廣州。瓘復環城浚池，築東西南三門甕城。熙寧三年，經略使呂居簡議修東城，未果。轉運使王靖城之，袤四里，合於子城。明年，經略使程師孟築西城，周十有三里。紹興二十二年，經略使方滋修中城及東西二城，以禦寇。嘉定三年，經略使陳峴以城南闤闠稠密，無所捍蔽，乃增築兩翅，以衛民居。東長九十丈，西五十丈，謂之雁翅城。紹定二年，經略方大琮增修。端平二年、開慶元年，皆嘗葺治。景炎二年，蒙古攻廣州，州將張鎮孫以城降。明年，蒙古毀天下城隍，廣州子城及兩翅城無恙。明洪武三年，復因舊壘修葺。十三年，永嘉侯朱亮祖等以舊城低隘，乃改築府城，連三城為一，東北包粵王臺山，北連馬鞍至於白雲山之麓，岡阜相連不斷。又建五層樓於北城上，高八丈，名鎮海樓，稱為雄勝。成化二年、弘治十六年、嘉靖十三年，皆嘗修築。萬曆以來，亦相繼營繕。有門七，惟東南曰定海，西南曰歸德，餘各以方位為名。北枕山阜，三面環濠，城周二十一里有奇。

清·屈大均《廣東新語》卷一七《宮語·濠畔朱樓》　廣州濠水，自東西水關而入，逶迤城南，經歸德門外。背城舊有平康十里，南臨濠水，朱樓畫榭，連屬不斷，皆優伶小唱所居，女旦美者，鱗次而家。其地名西角樓，隔岸有百貨之肆，五都之市，天下商賈聚焉。屋後多有飛橋跨水，可達曲中，讌客者皆以此爲奢麗地。有爲濠畔行者曰：花舫朝昏爭一門，朝爭花出暮花人。背城何處不朱樓，渡水幾家無畫楫。五月水嬉乘早潮，龍舟鳳舸飛相及。素馨銀串手中燈，孔雀金鋪頭上笠。風吹一任翠裙開，雨至不愁油壁溼。是地名濠畔街，當盛平時，香珠犀象如山，花鳥如海，番夷輻輳，日費數千萬金，飲食之盛，歌舞之多，過於秦淮數倍，今皆不可問矣。噫嘻！

清·郝玉麟等［雍正］《廣東通志》卷三九《名宦志省總二·元》

塔爾海，哈勒哈人。至元十九年，為廣東宣慰使。【略】海舶多為司馬存所侵，奉省檄提調之。廉而不擾，蕃商大悅，其後舶至者常倍焉。計其任內，增居民二萬七百餘户，官課七萬八千錠，税糧五萬一千五百餘石。立水旱站一十餘，水舖一十五起，蓋倉庫、驛舍、官廨等七百一十餘區。

又　卷四〇《名宦志省總三·明·按察使》　黄光昇，字明舉，晉江人。習《易》，得蔡清之傳。嘉靖己丑進士。【略】歷廣東按察副使。廣民與番市於洋海中，互相摽掠，則為置符籍以勾稽之，嚴踐更以防閑之。先是，番舶稅重，商人欲計免，光昇為制，減十之六，商乃樂輸。光昇錙銖不染，歲額盈數萬，後罕有能繼其廉者。

又　卷五七《嶺蠻志·雜蠻》　番禺有海獠雜居，其最豪者蒲姓，號曰番人，本占城之土人也。因浮海遇風，憚於反復，乃請于其主，願留南方，以通往來之貨，主許焉。歲久，定居城中，屋室侈靡踰禁，富盛甲一時。其俗尚鬼而好潔，終日膜拜祈福。有堂焉，以記名。如西方之佛而無像設，稱謂聱牙，人莫能曉。堂中有碑，高袤數丈，上皆刻異書，如篆籀，是為像主，拜者皆嚮之。旦輒會食，不置匕箸，用金銀為巨槽，合鮭炙、粱米為一，灑以薔露，散以冰腦。坐皆置右手于褥下，不用羣，以左手攫取，飽而滌之。

番商者，諸番市舶交易綱首所領也。自唐設結好使于廣州，自是商人立户，迄宋不絕。詭服殊音，多留寓海濱灣泊之地，築室聯城，為長久計。【略】

至明洪武初，令番商止集舶所，不許入城。通番者，有厲禁。正德中，始有番人私築室於灣澳者，以便交易。每房一間，價至數百金。嘉靖三十五年，海道副使汪柏乃立客綱、客紀，以廣人及徽、泉等商為之。三十八年，海寇犯潮，始禁番商，毋得入廣州城。

又　卷五八《外番志》　元世祖嘗立提舉司，尋罷之。英宗至治中，遣使榷廣東番貨，乃復立之，聽海商貿易，歸徵其稅。順帝元統元年，罷廣東提舉二司。至正二年，復立廣東提舉，申嚴市舶之禁。三年，仍聽海商貿易，歸徵其稅。【略】

（永樂四年）八月，置懷遠驛於廣州城蜆子步，建屋一百二十間，以居番人，隸市舶提舉司。然內官總貨，提舉官吏惟領簿而已。成化、弘治之世，貢獻至者日夥，有司惟容使者入見，餘皆停留驛館，惟設燕管待，方許入城。正德十二年，因西海番人佛朗機亦稱朝貢，突入東莞縣，火銃迅烈，震駭遠邇，御史丘道隆、何鼇奏之，奉命誅逐出境。自是海舶，悉行禁止。例應入貢諸番，亦鮮有至者。貢舶乃往漳、泉，廣城市肆蕭然，非舊制矣。兩廣巡撫、都御史林富稽祖訓，遵《會典》奏聞，報可，由是番舶復通焉。

清・和坤等〔乾隆〕《清一統志》卷三三九《廣州府一・城池》　廣州府城。舊有三城，明洪武中合為一。周二十一里三十二步，門八。池周二千三百五十六丈五尺。嘉靖間，增築新城，長一千一百二十四丈，前臨珠江。本朝順治四年，築東西翼城，各長二十餘丈。康熙九年修，十一年又修，乾隆十七年、十九年重修。

又《廣州府一・山川》　海。府境南瀕海。自惠州府歸善縣西至新安縣，又西北至東莞縣西南六十里，名三門海，中有三洲，海潮自東南來，至此分為三道，因名。又西至番禺縣東南，《元和志》廣州東八十里，有村號曰古斗，自此出海，浩淼無際。又西南至香山縣南九十里，又西少南至新會縣南百里，曰厓門海。《縣志》兩山高峙，其口如門，外達烏猪大洋。又西至新寧縣，舊《志》新寧縣西南二百里為寨門海，番舶往來之衝。迤東至下川山南，曰大牌海。又東至上川山右，曰小金門海。諸夷入貢遇逆風，則從此進。又至上川山左，曰大金門海，迤北為銅鼓海。又東北，即厓門海。《海道考》：廣州舶船往諸番者，出虎頭門，始入大洋，分東西二路，東洋差近，西洋差遠。宋於中路置巡海水師營壘，今為東莞縣南頭城。《海防考》：海環廣南界濱海諸郡，而廣州居其中。其備屯門、雞棲、佛堂門、冷水角、老萬山、虎頭門等澳，而南頭城在虎門之東，尤為省會門户。又西則峽門、望門、大小横琴山、零丁洋、仙女澳、九竈山、九星洋諸處，而浪白澳在香山澳之南，為番舶等候接濟之所。又西為厓門、寨門海、萬斛山、硇州諸處，而望峒澳在厓門之西，為番舶停留避風之所。此海濱戍守之地也。

明黄佐《南海圖經》云：從廣城東道八十里出古斗村南，又東南二百里抵東莞南海衛，又南六十里出虎頭門，又南一百五十里抵南頭城，下海可抵甌越。西道七十里出上弓灣，見西海壖，又西南二百里，抵新會縣，出城八十里為厓門，又南七十里廣海衛，扼其要衝。南海居東南委輸之極，為萬水所宗，故出虎頭、甲子二門，則東、西二洋，隨舶所之，東可以至倭國，西可以通西蕃，此海中往來之道也。

清・仇池石《羊城古鈔》卷一《城池》　内城。即今老城。越稱南武，漢築番禺。番山之北，步隲廣之，禺山之平，劉隱鑿焉，要皆世遠年湮，名存迹滅矣。宋元以來，復有三城之築。自明洪武十三年承嘉侯朱亮祖以舊城低隘，始合三城爲一，更闢東北山麓以廣之，此即今之内城也。爲門七：曰正東，曰正西，曰正北，稍東曰小北，曰正南，稍東曰定海。俗呼爲小南門。稍西曰歸德。城東西之外，因舊浚池，唯城北一面枕倚嶺嶠，不能浚濠，乃於正北門外築甕城以蔽之。成化三年，總督韓雍築正南歸德二門月城，俱上建層樓，下闢三門，故至今最爲雄壯。宏治十六年，復修東西門月城，濠之東西各疏水關一。嘉靖十三年，增築定海門月城。萬歷二十七年，始開文明門。國朝康熙十三年，因滇逆之變閉之。巡撫李士楨以郡學前門文明宜啓，遂復開。

外城。即今新城。《廣東通志》：宋嘉定三年，經略使陳峴築鴈翅城，東長九十丈，西長五十丈，上建高樓，東曰番禺都會，西曰南海勝觀，其後榷刹。至明嘉靖四十二年，都御史吳桂芳刱築自西南角樓，以及五羊驛，遶環至東南角樓新城，以固防禦。爲門八：東曰永安，南曰永清，西曰太平，東南曰便門，西南曰五仙，曰靖海，曰油欄，曰竹欄，殆今之外城也。而宋之雁翅城，不可考也。

東西二翼城。《廣東通志》：宋開慶元年，經略使謝子强曾築羊馬墻，高六尺許，於鴈翅城下隙壤，植以水栅翼面至海。今不考。國朝順治四年冬，總督佟養甲築東西二翼城，各長二十餘丈，直至海旁，爲門各一，即今所謂雞翼城也。

又　卷二《山川・南海》　南海。在郡城一百里，浩淼無際，東流閩浙，南通島彝。潮源于東南大洋，入于虎頭甲子二門，以達于斜西海，其南則入于崖山，故曰祝融之汪南海也。停水曰汪。《廣州府志》。

又　卷七《古迹・光塔》　光塔。在懷聖寺。唐時番人所建，高十六丈五尺，其形圓，輪囷直上，至肩膊而小，四周無梱欄，無層級。頂上舊有金雞，隨風南北。每歲五月，番人望海舶至，以五鼓登頂呼號，以祈風信。明洪武間，金雞爲風所墮，乃易以風磨銅蒲盧，上有榕一株，白鶴樓之。成化四年，都御史韓雍重修。花塔、光塔爲一城之標，形勝家常謂會城如大舶，二塔其檣，五層樓其舵樓云。

又　《海鰲塔》　海鰲塔。在城東南四十里琵琶洲上。明萬歷間，縉紳王學會、郭棐、楊瑞雲、屈羣言等建。洲當會城下游，有二山連綴，穹然若魁殳之邛。其内一石，山象高平，建塔其上，名曰海鰲。蓋以常有金鰲浮出，光如白日也。赤岡、海鰲兩塔屹然與白雲之山並秀，爲越東門户；引海印、海珠爲三關，而全粵扶輿之氣乃完且固。蓋吾粵諸郡以會城爲冠冕，會城壯則全粵皆壯。乃今三塔在東，三浮石在西，西以鎖西、北二江之上游，東以鎖西、北二江之下流。而虎門之內，又有浮蓮塔以東海口，使山水迴顧有情，勢力愈重。是浮蓮塔又爲江上之第三道塔云。

清・梁廷枏《粵海關志》卷五《口岸一》 臣謹案：粵東之海東起潮州，西盡廉，南盡瓊崖，凡分三路，在在均有出海門户。自海禁既開，帆檣鱗集，瞻星戴斗，咸望虎門而來，是口岸以虎門爲最重。而濠鏡一澳，雜處諸番，百貨流通，定則徵稅，故澳門次之。餘如惠、潮，如肇、高、雷、廉、瓊，各有港汊，亦各設口岸征榷。凡貨之自外入、自內出者，得查驗之，蓋卽古者詰奸禦暴之意也。而臣愚以爲，講關榷之口岸與論海防異。海防重其險而難犯，口岸則取其通而易行。見今所設有正稅之口，有稽查之口，有掛號之口。正稅之口三十有一，在瓊州者十，在潮州者九，在惠州者四，在廣州、雷州、廉州者各二，在肇慶、高州者各一。稽查之口二十有二，在雷州者八，在廣州、高州者各五，在惠州者三，在廉州者一。掛號之口亦二十有二，在潮州者十，在廣州者九，在惠州者三。是非有往來之利，無覆溺之虞，何以雲集各口者，舟航絡繹如此哉？

又　卷二四《市舶・歷年夷船來數附》 乾隆十四年己巳十二月二十六日起，至十五年十二月二十五日止，一年期內來庚午年分船十有八。

謹案：乾隆十三年以前，案牘無存。可考者自十四年始，每年連閏月統算，以足十二月。爲一年有餘月，卽歸下年接算。閏月遞積遞多，以干支年份按之，每溢本年之外。關例如此，今仍之。

十六年十一月二十五日止，來辛未年分船十有九。
十七年來壬申年分船二十有五。
十八年期同上來癸酉年分船二十有六。
十九年十月二十五日止，來甲戌年分船二十有七。
二十年期同上來乙亥年分船二十有二。
二十一年閏九月二十五日止，來丙子年分船十有五。
二十二年九月二十五日止，來丁丑年分船七。
二十三年期同上來戊寅年分船十有二。
二十四年八月二十五日止，來己卯年分船二十有三。
二十五年，來庚辰年分船十有三。
二十六年，期俱同上來辛巳年分船十有三。
二十七年七月二十五日止，來壬午年分船十。
二十八年，來癸未年分船十有七。
二十九年，期俱同上來甲申年分船二十有四。
三十年六月二十五日止，來乙酉年分船二十有一。
三十一年，來丙戌年分船三十。
三十二年，期俱同上來丁亥年分船二十。
三十三年五月二十五日止，來戊子年分船二十有三。
三十四年，來己丑年分船二十有三。
三十五年，期俱同上來庚寅年分船二十有九。
三十六年四月二十五日止，來辛卯年分船二十有六。
三十七年，期同上來壬辰年分船三十。
三十八年閏三月二十五日止，來癸巳年分船二十有八。
三十九年三月二十五日止，來甲午年分船三十有一。
四十年，期同上來乙未年分船三十有四。
四十一年二月二十五日止，來丙申年分船二十有六。
四十二年，來丁酉年分船三十有九。
四十三年，期俱同上來戊戌年分船三十有三。
四十四年正月二十五日止，來己亥年分船二十有八。
四十五年，來庚子年分船二十有五。
四十六年，期俱同上來辛丑年分船三十有五。
又四十六年十二月二十五日止，來壬寅年分船二十有四。
四十七年，來癸卯年分船十有四。
四十八年，期俱同上來甲辰年分船三十有六。
四十九年十一月二十五日止，來乙巳年分船三十有五。
五十年，來丙午年分船四十有六。
五十一年，期俱同上來丁未年分船六十有八。
五十二年十月二十五日止，來戊申年分船七十有三。
五十三年，期同上來己酉年分船六十有五。
五十四年九月二十五日止，來庚戌年分船八十有三。

五十五年，來辛亥年分船五十有九。
五十六年，期俱同上來壬子年分船三十有八。
五十七年八月二十五日止，來癸丑年分船五十有五。
五十八年，來甲寅年分船四十有四。
五十九年，期俱同上來乙卯年分船四十有三。
六十年七月二十五日止，來丙辰年分船五十有九。
嘉慶元年，期同上來丁巳年分船五十有三。
二年閏六月二十五日止，來戊午年分船五十有一。
三年六月二十五日止，來己未年分船六十有三。
四年，期同上來庚申年分船五十。
五年五月二十五日止，來辛酉年分船五十有九。
六年，來壬戌年分船六十有四。
七年，期俱同上來癸亥年分船七十。
八年四月二十五日止，來甲子年分船八十有四。
九年，來乙丑年分船七十有七。
十年，期俱同上來丙寅年分船八十有五。
十一年三月二十五日止，來丁卯年分船九十有七。
十二年，來戊辰年分船九十有六。
十三年，期俱同上來己巳年分船八十有七。
十四年二月二十五日止，來庚午年分船六十有六。
十五年，來辛未年分船七十有七。
十六年，期俱同上來壬申年分船五十有一。
十七年正月二十五日止，來癸酉年分船七十有三。
十八年，來甲戌年分船五十有一。
十九年，期俱同上來乙亥年分船四十有七。
又十九年十二月二十五日止，來丙子年分船五十有二。
二十年，期同上來丁丑年分船七十有三。
二十一年十一月二十五日止，來戊寅年分船一百四。
二十二年，來己卯年分船一百一。
二十三年，期俱同上來庚辰年分船八十有八。
二十四年十月二十五日止，來辛巳年分船九十。
二十五年，來壬午年分船九十有六。
道光元年，期俱同上來癸未年分船九十有四。
二年九月二十五日止，來甲申年分船八十有四。
三年，期同上來乙酉年分船六十有五。
四年八月二十五日止，來丙戌年分船七十有一。
五年，來丁亥年分船一百一十有二。
六年，期俱同上來戊子年分船八十有九。
七年七月二十五日止，來己丑年分船一百三。
八年，來庚寅年分船八十有六。
九年，期俱同上來辛卯年分船七十有六。
十年六月二十五日止，來壬辰年分船九十有九。
十一年，來癸巳年分船七十有七。
十二年，期俱同上來甲午年分船八十有七。
十三年五月二十五日止，來乙未年分船一百五。
十四年，來丙申年分船一百四十有三。
十五年，期俱同上來丁酉年分船一百四十有九。
十六年四月二十五日止，來戊戌年分船一百九十有九。
十七年，來己亥年分船二百十有三。
十八年，期俱同上來庚子年分船一百二十有九。

清·方濬師《蕉軒隨録》卷八《海洋記略》　『番船初到時，先於虎門口外寄碇，如擔杆山、銅鼓洋、大嶼山、零丁洋、尖沙嘴、仰船洲、琵琶洲、上下磨刀、沙灣、石筍、九洲沙、瀝潭、仔雞頸等洋，皆向准洋船寄泊之所，此等洋面雖在老萬山以內，而老萬山並無口門，洋船必僱引水小船，報明引入虎門口內，停泊黃浦，始得開倉驗貨，按則報稅互市。其在虎門以外寄泊中路各洋者，皆未入口之船。』道光十九年七月，廣督林則徐奏摺。據此，虎門乃天險也。險而能守，是在人事。

清·瑞麟等［光緒］《重修廣州府志》卷一五《輿地略七·風俗》

廣州望縣，人多務賈與時逐，以香、糖、果箱、鐵器、藤、蠟、番椒、蘇木、蒲葵諸貨，北走豫章、吳浙，西北走長沙、漢口。其黠者，南走澳門，至東西二洋，倏忽千萬里。以中國珍麗之物相貿易，獲大贏利。農者以拙業力苦利微，輒棄耒耜而從之。

又　卷六五《建置略二·廨署》　粵海關監督署在外城五仙門內，即鹽院舊署。謹按：元時提舉鹽課司舊在利通街。明洪武二年，以元提舉司改建按察司，故別建鹽課提舉司於府城東南，府學之左。四年，提舉薛有琮建其西為廣盈庫。成化十三年，提舉江朝宗重修，別建批驗所於郡城南清水濠街。嘉靖元年，設屯田鹽法道於郡西武安街，分守嶺南道東。九年，別建于正南門外批驗所故址。據此，疑舊鹽院署即此。康熙二十四年，設海關監督，改建為監督署。粵盈庫及大使署在本署東街，乾隆五十二年建。據阮《通志》修

清·李翰章等《新修會典廣東輿地圖說》卷一《廣東全省·附録》　康熙二十四年南洋開禁，夷商來粵者，洋樓雖樓於省岸，市舶皆聚於黄埔。

論　說

明·張寧《方洲集》卷一四《送鄭世昌赴廣東市舶司提舉序》　漢初與南粵通貨易，其後閉關絶行。至孝文時，遣陸賈詔喻，復通貢互易，廣之財賄始流於中國。唐有廣州市舶使。宋咸平中，泉、明、杭、廣皆有市舶司，以他官兼領。元豐始專置提舉，後皆廢革。言者以閩廣物殖滋殷，獨留不罷。我朝撫臨華夏，提封萬國，蠻夷貢獻，商賈貿遷，交屬廣道，其物利環奇浩瀚，常甲于天下，金山珠海，信哉為天府之南庫。故市舶所掌，至今盛於他州，而提舉之職，亦常為經國者所重。然新進之士，累皆昧於實見，自惑於務財先利之訓，一切視理財之司為常散。吾友鄭君世昌，自太學生授市舶提舉，不知其心果安於是乎哉？

夫立法制，以定天下後世者，莫盛乎周公。周公之書，有關市之賦，玩好之用，斂滯待賈之法，則凡可以利用厚生者，皆聖人經訓之餘術，而況市舶之良哉！自古法既變，世下務繁，中國之産，生不給用，積不酬散，上豐則下嗇，官侈則民約，盈虛消息，不過推移轉換之間，安在其能生蓄阜蓄也？

彼蠻夷險遠，阻山絶海之區，事為苟略，征斂未嘗天之所生，地之所産。自古及今，殆有儲委閟藏而未發者，於是乎致之有道，取之有法，因其所利而為之招懷鼓運，更互流易，使財貨之在中國之外者皆為吾府庫用，而來遠裕民之政，實行乎其間，此市舶建置之初意也。夫致遠不勞民，取利不失義，雖周公亦樂為矣，而可忽遇哉？古語有之：『不知其義守其數。』仕縻於職務之末、失其本旨者，不特祝史一人，毋異乎以理財為常散也。

世昌力學能文，通知典故，吾邑未能或之先。是行當推先代之法，準當世之務，即其所以致之取之者而加時措之宜。梯航踵來，商賈四集，使財貨所入，足以資不貲非時之費，則中土貢賦，庶幾安於常供，無復加科覆斂之舉，然後本末兩得，不失來遠裕民之遺意。若此，則子之理財，過唐宋人遠矣，豈一州之利哉？顧不知其能專之否也。因其行，聊以此贈別。

明·黄佐［嘉靖］《廣東通志》卷六六《外志三·夷情上》　南海者，萬川之所會極，而廣藩則四夷之所歸趨者也。粵臺之下，旨稱胡賈雜居，不過西域色目，如《桯史》所云海獠爾。迄今則有蒙古韃靼官舍以附兵防者焉。是則戎狄厠混，非特《禹貢》所謂島夷也。夫《春秋》慎華夷之辨，中國而夷狄猶且夷狄之憂，況外夷乎？珠厓入我版圖，則雕題儋耳之國也，賈捐之猶謂麟介易我冠裳，而況航浮索引，重九譯而至者乎？且東西二洋，道分南海，而國於島者，蓋菽如也。番舶往來，繇是以貢獻市易，則有國家之典在。如或狡焉，我封畛，無因而至，斯禁遏之矣。夷情國用，於此乎繫，是惡可以不慎哉？

清·陳倫炯《海國聞見録》卷上《天下沿海形勢録》　廣省左扞虎門，右扼香山，而香山雖外護順德、新會，實為省會之要地。

清·顧祖禹《讀史方輿紀要》卷一〇一《廣東二·廣州府》　府連山北峙，鉅海東環，所謂包山帶海，險阻之地也。封域綿邈，田壤沃饒，五嶺以南，此為都會。

清·金光祖等［康熙］《廣東通志》卷二《疆域·廣州府·形勝》
廣地負山險阻，水絶壤斷，集楊以係南藩，濱際海隅，委輸交部。郭璞謂。南海盛衣冠之氣，而《地理志》稱番禺一都會。順德平衍可居，河流若襟帶。東莞疆畛，綿跨山海，户口繁夥。新會則金峯高峙，龍津縈

曲。香邑外接百蠻中藏萬井島嶼洲潭，不可勝計。三水控扼，二廣頻際三江。增城龜峯矗聳，增江曲流清遠，北踞中宿之峽，東塹湞湟之水。五嶺上游，龍門七峯蔚聳，一水縈纏。從化鵤鴣秀拔，流溪下溉。花縣崗名盤古，峯稱瑞雲。闢草昧于羣山。控險隘乎數邑。新安層巒疊嶽屏衛環列。新寧三台迭擁于非，文逕高聳于南，東列連珠，西排實鴨。連州北接九嶷，南連衡嶽，山水為嶺南冠。連山萬山層疊，曲澗盤迴。陽山壤土彝曠，嶺嶠嵯峨楚粵門户。此十七屬州邑，臂指相聯，犬牙基布，設險固圉，為首郡稱雄云。

清・仇池石《羊城古鈔》卷首《自序》 且以吾粵，而論南交地宅。半壁開移鄒魯於海濱，聚仙靈於窟宅，其地其人固多足紀。又況省會之區，尤為領袖。百粵冠冤災洲者也。

又《省會城郭圖説》 廣州之城，周赧王時，粵人公師隅始築號日南武厥，後任囂佗，相繼增脩。又因楚時，五羊含穗之異稱以五羊廣城之建。其來已久當鑑於往事。宋慶歷四年，經略使魏瓘加築，子城兼完雉堞。儂智高寇大通港，遙望城堅不得逞。而去紹興，二十二年修繕三城經略使方滋增加，井幹樓櫓堅固，章貢盜起，將寇廣州，亦望而宵遁千里提封，萬民生聚所賴不綦重乎。嘉定三年，增築雁翅，城東西俱袤數十丈，上建高樓。東日番禺都會，西日南海勝觀。端午二年，又築外城，三面環抱。列門一十有四。明永嘉侯朱亮祖以舊城低隘，請連三城為一闢東北山麓以擴之。于是後倚粵秀，前俯珠江牂牁西來，羅浮東峙。又築五層鎮海樓，以壯觀瞻。闉堞烽，規模宏廠，洵足以襟帶全粵而壓制諸蕃為嶺南一重鎮矣。夫高城深池，古稱天險，茲城向有舊濠，繞新城而南入珠江；又右渠有六，貫串丙城，可通舟楫。使渠通於濠，濠達江海，城中可無水患，實會垣之水利。乃屢濬屢湮，六渠遺迹，自大市至五子城，迄今尚可履考。疏濬之功，宜及時圖度云。

清・李翰章等《新修會典廣東輿地圖説》卷一《廣東全省》 省城於天文為牛女翼軫分野，地則介居嶺海。東接甌閩，西扼交越，南襟洋島，北枕江湘，險阻四塞。市舶之利，魚鹽之饒，誠南疆雄服也。廣州宅中而治三江內匯六門，外鎖山川環拱，一大都會。

又《廣州府》 府境當重洋之要衝，為三江所總匯，誠嶺海奧區也。南海番禺附郭，左右分治，閭閻填咽，梯航輻湊。其餘十二縣，四面環繞，或數十里而近，或二百里而遙。花縣從化，清遠龍門山勢連緜，為後屏障，新安、香山、新會、新甯海道錯出，為前藩圍。東莞增城夾東江之下游，三水扼兩江之孔道。順德支流絡繹，亦近郡襟喉焉。

藝文

元・吳萊《淵穎集》卷二《夜聽李仲宏説廣州石門貪泉》 大粵控南海，茫然天地陬。石門屹有限，巉瀑蓄為湫。何哉清潔名，坐與貪濁侔？使軺一杯飲，鑾賄即繭抽。金珠混寶蛤，孔翠爛相繆。烏文暎呿陀，器物窮雕鎪。剫髻蛟龍悚，纖毳虎豹愁。島嶼刮欲竭，民夷起爭仇。聖王不忘遠，姦暴合汝郵。靈若尚畜貨，惡風無時休。饞波半梧杓，渴沫萬斛矛。氣機乃日變，掊克非人謀。私疑勢至極，實爾釁所由。妖巫挾左道，峒獠稱豪酋。支祁妄解鏁，蝘蜓怒翻舟。人鮓或併命，吏商豈良籌？逝將尋泉源，纖滓忽不留。復思漱泉瀨，麁穢悉以瘳。洗除崐崘窟，疏瀹渤澥流。一塵了不動，六合嚴如秋。嗟吾此身小，幸獨為國憂。從茲斥聚斂，矧彼畜羊牛。馬援空薏苡，王陽但衣裘。百世不易操，嗚呼我賢侯！

元・呂誠《來鶴亭集》卷一《南海口號六首》 其一 象郡大蕃當百粵，羊城方面鎮南州。環山雉堞雲霞曉，落日旌旗海岳秋。

其二 荒服未嘗沾政化，島夷今始識衣冠。船來爭市龍魚鮓，客至先需荔子盤。

其三 誰家女兒高髻妝，行春踏花屐齒香。留客不將茶當酒，銅盤蔞葉進檳榔。

其四 春看客裏逢元夕，大市小市燒燈紅。女郎手鼓如杯大，半夜答歌明月中。

其五 炎方物色異東吳，桂蠹椰漿代酪奴。十月煖寒開小閣，張燈團坐打邊爐。

其六 儋耳夷人不着衣，纈花藜布滿身圍。輕舟似葉爭飄海，載得檳榔換米歸。

明・孫蕡《西菴集》卷三《廣州歌》 嶺南富庶天下聞，四時風氣長如春。長城百雉白雲裏，城下一帶春江水。少年行樂隨處佳，城南南畔更繁華。朱樓十里映楊柳，簾櫳上下開户牖。閩姬越女顏如花，蠻歌野曲聲咿啞。岢峨大舶映雲日，賈客千家萬家室。春風列屋艷神仙，夜月滿江聞管絃。良辰吉日天氣好，翡翠明珠照烟島。亂鳴鼉鼓競龍舟，争覩金釵鬬百草。遊冶留連望所歸，千門燈火爛相輝。遊人過處錦成陣，公子醉時花滿堤。扶留葉青蜆灰白，盤飣檳榔邀上客。丹荔枇杷火齊山，素馨茉莉天香國。别來風物不堪論，寥落秋花對酒樽。回首舊遊歌舞地，西風斜日淡黄昏。

明・李夢陽《空同集》卷一八《廣州歌送羅參議》 麗哉遐乎，廣之為州兮！闢炎區奧，雄跨乎南陲。天作五嶺奠玄武，排空下走何崔嵬！拓邦幾千祀，浩蕩人文開。秦還漢往不復識，但見古城蒼蒼生綠萊。上則盤岡曲丘，龍蜿虎蹲。其下膏塲繡澮，晻曖而渟洄。水銀丹砂布平地，珍錯奚翅犀與瑰。夷舲賈舶競追遂，白首浩淼誰曾回？土產之異尚如此，何況四民者，挺然參三才！

明・陶安《陶學士集》卷五《送趙心德赴番禺令》 去天萬里海南邊，甘露清泠洗瘴烟。邑附羊城民按堵，路通獅國賈開船。荔枝雨後千巖麗，榔葉雲間百粤連。玉節金符皆大府，喜聞子賤畫鳴絃。

明・劉嵩《槎翁詩集》卷八《廣州雜韻》 其一 垂根榕樹三千尺，結子芭蕉百萬頭。異味薦盤隨地有，繁陰壓屋半天浮。

其二 趨蹌木屐兒童慣，織作蕉絲婦女能。老去只疑鹽是雪，寒來不信水成冰。

其三 峒商販米籠千頭，結竹浮江下廣州。擊鼓燒香南海廟，買羊沽酒市街樓。

其四 炎州果木人難識，詰問慚為口腹勞。滋味却緣相濟好，也拈柑橘食羊桃。

其五 天邊日出霧難收，海上潮來水逆流。一自征夫下番去，南風日日誤登樓。

其六 筋竹長篙鐵木船，兩檣夾立引藤牽。越童狎水仍輕悍，蕩槳踏歌驚晝眠。

明・徐賁《北郭集》卷六《廣州雜詠和劉主事子高・其二》 遶門龍眼樹森然，香蠟時來海外船。木屧蒲葵已成俗，紅蕉丹荔不論錢。

明・王世貞《弇州四部稿》卷三三《詩部・送馮郎中守廣州》 承明初厭漢臣班，開府霜清瘴裏山。炎荒齒革銜艫集，横海旌旗列戍閒。天闊羊城秋雁少，月明鮫浦夜珠還。試問貪泉誰更酌？不妨駐馬漱潺湲。

清・王士禛《精華録》卷九《廣州竹枝六首》 潮來濠畔市名接江波，魚藻門邊淨綺羅。兩岸畫欄紅照水，蜑船爭唱木魚歌。

海珠石上柳陰濃，隊隊龍舟出浪中。一抹斜陽照金碧，齊將孔翠作船篷。

梅花已近小春開，朱槿紅桃次第催。杏子枇杷都上市，玉盤三月有楊梅。

佛桑花下小迴廊，曲院深深牡蠣牆。細爇海沈銀葉火，金籠倒掛試收香。

鬈雲盤髻簇宮鴉，一線紅潮枕畔斜。夜半髮香人夢醒，銀絲開遍素馨花。

才到花朝似夏闌，雨紗霧縠間冰紈。洋船新買紅鸚鵡，卻苦羊城特地寒。

清・陳廷敬《午亭文編》卷一五《送張僉事之海南》 五羊城邊竹馬過，琵琶洲上估人歌。使君不飲貪泉水，沈絲休挂珊瑚柯。

清・彭孫遹《松桂堂全集》卷五《送楊自西赴任高要》 近傳嶺表銷狼燧，生翠明珠迢遞至。樓船猶駐五羊城，桂蠹爭馳萬里器。

清・查慎行《敬業堂詩集》卷四八《珠江櫂歌詞四首》 一生活計水邊多，不唱樵歌唱櫂歌。蜑子裹頭長泛宅，珠孃赤脚自凌波。

剪得青蒲織作篷，平鋪如席卷如筒。往來慣是乘潮便，不使朝南暮北風。

生男不娶城中婦，生女不招田舍郎。兩兩鴛央同水宿，聘錢幾口是檳榔。

米價高于珠價無，就船剖蚌換青蚨。近來官長清如水，不是珠池亦產珠。

清・沈季友《檇李詩繫》卷二五《陸世楷〈廣州〉》 嶺外常如五夏天，珠江潮汐浩無邊。萬家水檻迎朝日，隔岸花村起暮烟。瀾市喧闐番帽集，濠居宛轉妓衣連。滿城第宅勳簪據，横海帆檣異國傳。里社舊分誰辨樹？街衢新闢已分廛。機中織錦霞同艷，櫝裡藏珠月共圓。帳剪異綃忘酷暑，爐焚奇腦識沈涎。文牕贈客珊瑚格，綺館留賓玳瑁筵。每怪細蟲多入饌，還誇珍果倍盈前。脂凝瓠齒檳榔染，玉繞雲鬟茉莉穿。巧士材童矜婉孌，華琚金飾儼神仙。名區自昔稱都會，沃野于今更曼延。火映千林丹荔圃，風摇數里緑蕉田。小園障日思葵扇，深閣迎寒憶木棉。蛤粉為泥塗壁堊，蠔房似石叠牆堅。行人曉起催雞粥，估客宵歸覓蜑船。留我鷓鴣啼莫惱，昵他鸚鵡語堪憐。只愁瘴癘炎方甚，逐客孤踪獨黯然。

又 卷二八《趙沺〈羊城行〉》 江口三板舸，行行抵溟渤。乘月掛長帆，客程指南越。南越迴環大海波，番禺兩岫争嵯峨。樓船自昔通楊僕，左纛由來罷尉陀。聞説炎荒多瘴癘，古今翻覆仍佳麗。大道朱門卓鄭家，康衢繡户王侯第。靖南已去平南留，公子嬌娥射獵進。百萬明粧調駿馬，十千美滴弄箜篌。宫中别館横天半，五層樓閣迎仙觀。相傳舊是越王臺，越王當日曾朝漢。五羊郭外島夷船，進奉還將市舶連。翡翠文犀隨處有，明珠琥珀不論錢。大新街去濠畔落，外江賈客聲相錯。廿年前是亂離人，今日相逢成土著。天南幸已斬長鯨，嚣門烽息瓊厓清。蒿丘難覓任囂壘，落日重過陸賈城。海濱遷户何從辨，忍使嗸嗸集鴻雁。極目黎人蜑子愁，昇平惟此猶遺患。可憐粤女踏歌新，乞食還生滿路春。素馨匝地香零亂，空向花田憶美人。

雜録

《明宣宗實録》卷一一二 （宣德九年九月丁丑）廣東市舶提舉司奏：『懷遠驛乃永樂初所置，以館海外番國貢使。今廳堂門廡頹壞，使臣往來，皆無所寓。』命軍衛有司協同繕治。

《明孝宗實録》卷七三 （弘治六年三月丁丑）兩廣總督都御史閔圭奏：『廣東沿海地方，多私通番舶，絡繹不絶。不待比號，先行貨賣，備倭官軍為張勢，越次申報，有司供億，糜費不貲，事宜禁止。況夷情譎詐，恐有意外之虞。宜照原定各番來貢年限事例，揭榜懷遠驛，令其依期來貢。凡番舶抵岸，備倭官軍押赴布政司，比對勘合相同，貢期不違，方與轉呈。提督市舶太監及巡按等官具奏起送。如有違礙，捕獲送問。』下禮部議：『據圭所奏，則病番舶之多，為有司供頓之苦。據本部所見，則自弘治元年以來，番舶自廣東入貢者，惟占城、暹羅各一次，意者私舶以禁弛而轉多，番舶以禁嚴而不至。今欲揭榜禁約，無乃益沮向化之心，而反資私舶之利。今後番舶至廣，審無違礙，即以禮館待，速與聞奏。如有違礙，即阻回，而治交通者罪。送迎有節，則諸番咸有所勸，而偕來私舶，復有所懲而不敢至。柔遠足國之道，於是乎在。』從之。

明·梁儲《鬱洲遺稿》卷四《廣州新開西河記》 吾廣州城濠之水出入，舊有二道。在東南隅者，由永安橋而北入，中折而西，至歸德橋而止。在西南隅者，由太平橋而北入，中折而東，亦至歸德橋而止。及潮汐既退，則二水中分，而出若相背馳然者。談者病之久矣。

今巡按廣東監察御史南昌涂公相之始出京也，則嘗聞其語于廣之士夫矣。答曰：『某未至仙城，是未可以懸度也。』既而使車至，則有監臨鄉試，策試武舉，巡按當行之務，蓋未遑也。既而登鎮海南望，慨然嘆曰：『此固嶺以南一都會之地，然水中分而出，非一方悠久之利也。』三司諸公皆曰『然』，歸而以地圖呈公。既諦觀之，曰：『夫歸德之水中分而出者，以太平之水直流迅急。今移建太平橋於城西十四舖之東滘，而用其疏鑿之土填實橋南北之水道，則環城之水自然合流東注，而併歸於一道矣。』於是從此橋之西而益鑿之。或因其窪下以為深，或順其地勢以為曲，深皆丈二尺，廣皆七丈，長直過十八舖柳橋館迤西之南滘，而水由橋中入以出焉，長可四百餘丈。其疏鑿之處，或有與民居相礙者，則别以官地、官帑償之。他日東滘之橋宜仍曰『太平』，存舊額也；南滘之橋宜扁曰『大觀』，侈新制也。大觀之坤隅，又宜鎮以觀海之樓，於以觀風問俗，望氛祲而察災祥，無不可者。衆咸對曰：『然。』

又明日，則通判劉君瓘、李君公信、推官孫君益往視事焉。歸而以財用所需為請，公曰：『府庫不可妄費，民勞不可煩役。近歲有官鬻淫祠之值，有問刑罰贖之餘，皆貯庫以俟用。其支此以顧役乎！』三君應曰：『諾。』未幾，知府范君禄至，又從而綜理之。於是良工受直而克勤，耆民分曹而勸勞。費用節，故財雖少而不匱；用財當，故事雖半而功倍。比公至自南巡，則役已告完矣。

廣人士迺挐舟而縱觀之，見水之環城東注者，有顧我欲留之意；見水之出入西濠者，有縈迴旋繞之勢。其外又得珠江鉅刹而左鎮之。昔之僻地，今即通津。居賈行商，往來絡繹，脱遇風濤驟作，則千艘萬舫，皆可以銜艫而入避。喜曰：『兹固昔無而今有者也。』

既而范君洎同知朱君鼒輩偕來，以《記》為屬。予謹追惟往事而幷志之，曰：斯河也，昔巡撫都御史姑蘇葉公盛、韓公雍俱嘗有志於改為矣。葉公欲修文以致治，故先斥鹽司廢倉之故地，以大開府學之黌舍。韓公欲講武以衞民，故先作南門歸德之重樓，以新當時之耳目。然修學成而葉公遷，重樓作而韓公去，故改為之議輟焉。厥後都御史桂陽朱公英始委官議作之，議者以為帑金非萬兩計，倉糧非萬石計，丁夫非數千名計，日月非假之以周歲，則土木金石之功未易就。朱公憮然歎曰：『吾方節用以愛人，可遽勞民而傷財乎？竢力役寬，民心悦，乃徐議之耳。』嗚呼！朱公謙讓，未遑於四紀之前，志在安民。公今審度于一心，協謀于諸司，擇二三賢守佐而委任之，曾不踰三月，而一方悠遠無疆之利肇於此，又未始傷財勞民也，豈非所謂殊途同歸者乎？

公又嘗奏設三水縣，以寬三縣迎送之民力。別建鄉賢祠于府學之西，俾吾邦士夫有專祠，不至與名宦相混淆。似此之類，不一而足，其有功于廣人甚大。予老矣，儻更一二年而不死，尚當為廣人嗣書之。嘉靖丙戌九月戊子。

明・夏良勝《東洲初稿》卷二《送驛宰鄧景昇之蜆江序》 日者鄉人鄧景昇以從事選新會蜆江驛丞，盛冠服來謁夏子。夏子曰：『偉哉丞也，若習於丞矣。爾無卑丞矣乎？』景昇曰：『資也何敢卑？敢請所以丞者。』曰：『知之矣。昔在學，有師譚公，新會人也。嘗為言之，於今未忘。廣州會府，隸州一縣十，南海最大，新會次之。州縣所隸水驛十有一，馬驛五，惟新會隸水馬驛二，蜆江其一，是必當水陸孔道也。道孔而驛任勞，縣大而辦亦劇。馬卒舟人行資居費，委積於郊野，衡鹿於山林，薪蒸於藪澤，鹽蜃於祈望，日填於驛巡。比而出入專之者，丞也。使臨賓寓而節迎郊勞，授館供帳，致餐獻餼，展車陳芻，至者如歸，歸之丞也。蜆江且岸海，聖化薄内外，海國在服若暹羅、浡泥、占城、真蠟、蘇門答剌、爪洼之屬，歲時朝貢，候風潮而來者日集。番舶胡賈，交市奇物，帖而入，激而犬羊。雖疏簡節目，而必制之。丞亦與有責也。夫辦劇則勾稽富彊，易其賄者有矣。爾不貨也，益以守丞乎？道孔則迎送煩鞅，掌其愉者有矣。爾不沾也，濟以幹丞乎？古以候覘鄰者，矧兹夷夏！爾修能布常，有藝不採藜藿也，於國事有裨無壞。丞乎惟職匪小，曠匪大，景昇無卑丞矣乎？』景昇曰『丞亦有是哉！何敢卑也？』

明・王臨亨《粵劍編》卷三《志外夷》 西洋之人，深目隆準，秃頂虬髯。身着花布衣，精工奪目。語作撐犁孤塗，了不可解。稅使因余行部，祖於海珠寺。其人聞稅使宴客寺中，呼其酋十餘人，盛兩盤餅餌、一瓶酒以獻。其餅餌以方尺悅覆之，以為敬。稅使悉以餽余。餅餌有十餘種，各一其味，而皆甘香芳潔，形亦精巧。吾鄉巨室舉閨秀之技以從事，恐不能稱優孟也。悅似白布，而作水紋，亦吾鄉所不能効。今與瓶酒俱擬持歸，以貽好事者。

西洋古里，其國乃西洋諸番之會，三四月間入中國市雜物，轉市日本諸國以免利，滿載阿堵物也。余駐省時，見有三舟至，舟各棄白金三十萬投稅司法稅，聽其入城與百姓交易。

清・屈大均《廣東新語》卷一八《舟語・洋舶》 洋舶之大者曰獨檣舶，能載一千婆蘭。一婆蘭三百斤，番語也。次牛頭舶，於獨檣得三之一；次三木舶，於牛頭得三之一；次料河舶，於三木得三之一。底二重，皆以鐵力木厚三四尺者為之，錮以瀝青、石腦油、泥油，填以碣石。砢以獨鹿木，紮以藤，縫以椰索。其碇以鐵力、水杪。釘以桄榔，簩，滓釘以蛇皮内膏。蓋海水鹹咸，爛帖妨磁石，故皆不用鐵物云。桅凡三，一桅常植，二桅以風常植。桅長者十四五丈或二三接，中接橫一杆，上有望斗，容四十餘人。又以木為人，或升或降，遍置梯繩之間。前木照後柁以黑鬼善没者司之，其舶小者，四圍皆密，腹中僅留一孔，自上而下。飄洋時，梢公轉身桅下，餘悉在舶腹之中。凡上舶，容人千餘；中者，數百；皆有舵師、曆師，然必以羅經指南。尸羅經者為一舶司命，毫末分利害焉。每舶有羅經三，一置神樓，一舶尾，一在半桅之間，必三鍼相對不爽乃敢行海。大魚至，以銅硫擊而退之；大魚去，而波浪為怪，以長創斬之。其人，為西南諸番將卒、工商之屬，一一凶狠，海寇皆莫敢近。故得輪其珠寶奇物。以辐輳五羊。嘗有賀蘭國舶至閩，有客往觀之，謂其舶崇如山嶽，有樓櫓百十重，上至懸五色幡帜，環飛盧皆木偶以疑遠。內則含伏大佛朗機百位，外則裹牛革數重，月以丹漆塗概一周以為固。梯以藤結而上下，客登則番人從雀室探其首，眼皆碧緑，髮黄而面驚，以手相援；見之驚猶魑魅。登未及半，則施放火器，黄霧蔽人，咫尺渺不相見，聲如叢雷，轟闐足底。譯人云：『此吾國所以敬客，願毋恐。』其人無事皆細羢大笠，著紅罽长襆金纽，连綿至地，或持骨朶。或負手閒行。自晨至暮不息。帆繩交結如網羅，或皆在其上坐臥。帆以布，凡七張之，繩以棕、細藤，窗牖以玻瓈嵌之。艙以辟支緞鋪之，凡十數重。酒以葡萄、以香春，器以寶玉椀，高傾以瀉注貫珠為禮。瓜蔬，味皆酸脆、碧色。筆管以木為之，如冠簪而細小。有一卷長二丈餘繪畫山川，有番字識其下。考之，皆五虎門內稅深淺處，其心故不可測也。賀蘭舶亦嘗至廣州，予得登焉。舶腹凡數重，縋之而下，有甜水井、菜畦、水櫃。水垢濁，以沙礬濾之復清。懸釜而炊，張錦綳白、氈而臥，名曰『耎床』。人各以柔韋韜手，食則脱之。食皆以蘇合油煎烙，曼頭、牛臑皆度色如金黄乃食。其刀可屈信如蛟蛇，左右盤拏，類古之魚腸劍然。時鼓弄銅琴、銅絃，拍手弁肩對舞以娱客，似有禮者。吾廣承平時，西南諸番嘗至者有十五國。其安南、占城、暹羅、眞臘斛、鎖里五國，歲一朝貢，餘則或至或不至。所患者，吾奸民為彼舌人通事，時或椎髮環耳，佅僸入羣，為之鄉導，誘之以婦女妖淫，告之以官司重輕，示之以地形虚實，為我腹心禍患。正德間，佛朗機紿稱入貢，自西海突犯莞城，大肆殺掠，此其明徵矣。賀蘭從古未至，而紅毛鬼者長身赤髮，深目藍睛，勢尤猙獰可畏，比年數至廣州，其頭目號曰『白丹』。每多閩漳人偽為之，其驕恣多不可制。紅毛鬼所居大島在交趾南，蓋倭奴之别種也，常入洋中為盜。其船有五桅者、九桅者，首尾皆有舵以利迴旋。舵工分班使風，晝夜兼行，惟視羅經所向，時登桅視千里鏡，見遠舟如豆子大則不可及，若大如拇指許，卽接長其桅而追之。桅有雌雄二竅，籀而楔之，益左右帆，數百里之遥，逾時可及。吾船亦有三五桅者，兩舷作木城，搖櫓於中，且行且戰；若大砲多，風順，亦可逸去。倘衆寡不敵，為所擒，則盡屠矣。紅毛鬼之為惡若此。嗟夫，吾粤三面阻海，而南嶼為左蔽，瀾州為右翼，虎門為前屏，此皆險要。倭與紅毛。若乘汛舉連天之舶而前，則南嶼必先受敵。虎門犄角二隅，未多置兵。則內户不鍵也。諸舶既往來飄忽，而山寇陰行勾引，其為禍可勝道哉！

清・姜宸英《湛園集》卷二《送王少詹使祀南海序》 嶽鎮海瀆之有定祀，皆本於《唐開元禮》。百川之水，惟海為太，而南海居委輸之極，從廣州城南受三江之水，分東西二道，東南直抵甌闗，西南抵駱越，以及東西洋以往諸國，無所不到，於四海之中，號為尤大，稱天池焉。故祀典獨重南海。

清・藍鼎元《鹿洲初集》卷一〇《游珠江閣記》 五羊城南大江中，小渚拳然，昔人謂之海珠，此珠江所由名也。【略】壬子夏初，偕友人泛舟江上，由日近亭溯海珠，巨砲周羅，勢甚雄壯，中間高閣接天，丹雘巍雅，曩所未嘗見者。因問此閣由來，從者言方伯王公倡建。余曰：『噫！善政也。附城砲臺，以海珠為最要，東西犄角，作省屏籓，地利得焉。第處江心，不能居高望遠，是其所不足者。自建斯閣，靡遐弗矚，四面八方，一人一騎，無能飛跳而越直。作大江望樓，為國家磐石之衛，非僅騷人逸士遊覽登臨之所。方伯公之功，斯為大矣。』拾級而登窮，最上一層，東望虎門，南望順德、香山，汪洋萬頃，歷歷足下；白雲西樵，羅列西北，山川之要害，形勝之阨塞，人民土田、番舶梯航之衆盛，胥於一覽收之。

明・葉權《賢博編・遊嶺南記乙丑年》 廣東軍餉資番舶。開海市，華、夷交易，夷利貨物，無他志，固不為害。乃今數千夷團聚一澳，雄然巨鎮，役使華人妻奴子女。守澳武職及抽分官但以美言奬誘之，使不為異，非能以力鈐束之也。蓋海市當就舶上交易，貨完卽行，明年又至可也。舍船而屋居岸上，夷性變詐，叛賊亡人各相煽惑，知中國短長，一水竟連城下，其勢何可久哉！此肉食者謀之。

明・王士性《廣志繹》卷四《江南諸省・廣東》 香山嶴乃諸番旅泊之處，海岸去邑二百里，陸行而至，爪哇、渤泥、暹羅、真臘、三佛齊諸國俱有之。其初止舟居，以貨久不脱，稍有一二登陸而拓架者，諸番遂漸效之。今則高居大厦，不減城市，聚落萬頭。雖其貿易無他心，然設有草澤之雄，睥睨其間，非我族類，未必非海上百年之隱憂也。番舶渡海，其制極大，大者横五丈，高稱之，長二十餘丈，內為三層，極下鎮以石，次居貨，次居人，上以備敵、占風。每一舶至，報海道，檄府倅驗之，先截其桅與柁，而後入嶴，若入番江，則舟尾可擱城垛上，而舟中人俯視城中。又番舶有一等人名昆侖奴者，俗稱黑鬼，滿身如漆，止余兩眼白耳。其人止認其所衣食之主人，即主人之親友皆不認也。其生死惟主人所命，主人或令自刎其首，彼即刎，不思當刎與不當刎也。其性帶刀好殺，主人出，令其守門，即水火至死不去，他人稍動其扃鐍則殺之，毋論盜也。又能善没，以繩系腰入水取物。買之一頭值五六十金。

清・郝玉麟等［雍正］《廣東通志》卷六四《雜事志・廣州府・澳門》　香山百里外，其山從海濱發支，如蓮蓬插入海中。有城，皆番人所居，無漢人。離澳設關，以稽人口出入。其地不產米鹽蔬菜，俱內地運出。城中有西洋官職如侍郎，粵東文書事件往還，俱用通事。其俗見人以摘帽為禮。凡內地所用犀象、香珀、哆囉、嗶吱、羽緞、羽紗、蘇木、椒檀、玻瓈種種洋物，皆與之互市。《嶺南雜記》

清・趙翼《簷曝雜記》卷四《諸番》　香山縣之澳門，久為番夷所僦居，我朝設一同知鎮之。諸番家於澳，而以船販海為業。女工最精，然不肯出嫁人，惟許作贅婿。香山人類能番語，有貪其利者，往往入贅焉。

清・姚元之《竹葉亭雜記》卷三　夷船只許進澳門，易小舟進黃埠，此外不得至也。戊寅，有一夷船至，守口者問之，答以遭風，將整篷索而後去。越數日，篷索不整，亦不去。守者稟於制府，禁米菜小艇不得出口。夷船不得食，具狀以訴，不由其大班轉稟。阮制府令責其大班，以該船既不應到所不當到之地，乃又不訴所應當訴之，何該國漫無統屬至此。大班乃實訴，其船係為提取軍餉六十萬而來，非數日所能卒辦，俟餉齊即去。乃不禁米艇，越半月果去。蓋紅毛時為雁雕戰敗而提餉也。紅毛善水戰，雁雕善弓矢，引以登陸，以强弩毒矢射之，大喪其師。紅毛近漸强，橫遭此損折，是亦天挫其鋒也。

清・印光任《澳門紀略》卷上《形勢篇》　濠鏡澳之名，著于《明史》，其曰澳門。【略】今西洋意大里亞夷人僦居，環以海，惟一逕達前山。【略】前明故有提調、備倭、巡緝行署三，今惟議事亭不廢。國朝設有海關監督行臺及稅館。

泉州分部

綜述

元・吳澄《吳文正集》卷二八《送姜曼卿赴泉州路録事序》　泉，七閩之都會也，番貨遠物、異寶奇玩之所淵藪，殊方別域富商巨賈之所窟宅，號為天下最。

元・王惲《秋澗集》卷五五《大元故中順大夫徽州路總管兼管內勸農事王公神道碑銘并序》　（至元）廿四年，授中順大夫、泉州路總管兼府尹。泉據南海津會，豪僧吏商假權貴聲勢，日凌轢請索，紊大府紀綱，牟取衆利。公折以理，拒以威，輒落其機牙，束手噤語而去，公堂為肅然。

元・虞集《道園學古録》卷一六《大宗正府伊克扎爾固齊高昌王神道碑》　世皇賓天，成宗進紹大位。【略】又以泉南之地，外接海島，颿舶互市，蠻夷交關，非慎密者不足以當其任，命以為泉州市舶使，且僉閩海省事，以重之。

元・黃溍《文獻集》卷九下《中憲大夫淮東道宣慰副使致仕王公墓誌銘》　公諱良，字止善，姓王氏。越之諸暨人。【略】入江浙行中書省，為掾史。會朝廷遣使，復立諸市舶司，公從之至泉州，建言：若買舊有之船以付舶商，則費省而工易集，且可絶官吏侵欺掊克之弊。中書報如公言。凡為船六艘，省官錢五十餘萬緡。

元・唐元《筠軒集》卷一二《松江府判致仕呂公墓銘》　其為浙東帥閫掾史也，從阿都拉宣慰抽分番貨於泉州，衆所啗利如飢渴，然公獨不為動。

元・汪大淵《島夷志略・三島》　男子嘗附船至泉州經紀，罄其資囊，以文其身。既歸其國，則國人以尊長之禮待之，延之上座，雖父老亦不得與爭焉。習俗以其至唐，故貴之也。

又《古里地悶》　昔泉之吳宅發舶稍衆，百有餘人到彼貿易。既畢，死者十八九，間存一二爾。多羸弱之力，駕舟隨風回舶。

又　卷末《後序》　皇元混一，聲教無遠弗届。區宇之廣，曠古所未聞。海外島夷無慮數千國，莫不執玉貢琛，以脩民職，梯山航海，以通互市。中國之往復商販於殊庭異域之中者，如東西州焉。【略】至正己丑冬，大淵過泉南，適監郡偰侯命三山吳鑑明之續《清源郡志》，顧以清源舶司所在，諸番輻輳之所，宜記録不鄙，謂余方知外事，屬《島夷志》附於《郡志》之後，非徒以廣士大夫之異聞，蓋以表國朝威德如是之大且遠也。

[意] 馬可波羅《馬可波羅行紀》卷二《第一五六章·刺桐城》　離福州後，渡一河，在一甚美之地騎行五日，則抵刺桐城，城甚廣大，隸屬福州。此城臣屬大汗。居民使用紙幣而為偶像教徒。應知刺桐城港即在此城，印度一切船舶運載香料及其他一切貴重貨物咸莅此港。是亦為一切蠻子商人常至之港，由是商貨寶石珍珠輸入之多竟至不可思議，然後由此港轉販蠻子境內。我敢言亞歷山大或他港運載胡椒一船赴諸基督教國，乃至此刺桐港者，則有船舶百餘，所以大汗在此港徵收稅課，為額極巨。

凡輸入之商貨，包括寶石、珍珠及細貨在內，大汗課額十分取一，胡椒值百取四十四，沉香、檀香及其他粗貨值百取五十。

[阿拉伯] 伊本·白圖泰《游記·沿途保護商旅》　讓我們談談我們的旅行吧！我們渡海到達的第一座城市是刺桐城，中國其他城市和印度地區都没有油橄欖，但該城的名稱卻是刺桐。這是一巨大城市，此地織造的錦緞和綢緞，也以刺桐命名。該城的港口是世界大港之一，甚至是最大的港口。我看到港內停有大艟克約百艘，小船多得無數。這個港口是一個深入陸地的巨大港灣，以至與大江會合。該城花園很多，房舍位於花園中央，這很象我國希哲洛瑪賽城的情況一樣。穆斯林單住一城。

《元史》卷二一〇《外夷傳·爪哇》　自泉南登舟海行者，先至占城，而後至其國。

明·程敏政《新安文獻志》卷八六《[元]程文〈貞白先生鄭公千齡行狀〉》　至順元年，陞從仕郎、泉州録事。是時廷臣有言泉南竝海，多諸番寶貨，宜擇廉能吏為守令者，故起公馳驛就職。

明·宋濂《宋景濂未刻集》卷下《元故朝列大夫同知婺州路總管府事致仕趙侯神道碑銘有序》　侯少闓敏，通蒙古字學，遂以譯曹椽起家，補泉州録事。泉為寶貨之府，大商巨室犬牙而居，侯不少狥。

明·王彝《王常宗集補遺·送朱道山還京師序》　上以聰明神聖肇王業，十年之間，海內僭亂以次平一，既而海外諸國亦每梯航而來貢。夫明王之化遠，被百蠻，固有至神而莫測者，然亦有其故焉。朱君道山，泉州人也。以寶貨往來海上，務有信義，故凡海內外之為商者，皆推焉以為師。時兩浙既臣附，道山首率羣商，入貢於朝，上嘉納。道山之能為遠人先，俾居輦轂之下，優游詠歌，以依日月末光，示所以懷柔遠人之道。海外聞之，皆知道山入貢之榮有如是也。至是海舶集於龍河，而遠人之來，得以望都城而瞻宮闕；且人見中國衣冠禮樂之盛，而相與詠歌之者，又不啻道山入貢之榮也。夫以道山之能為遠人先也，不在於他時而在於今日，蓋聖上有作，必有一代之人物以共事於此，而道山亦與有榮於其間焉，非偶然也。適道山自京來婁江者數月矣，將還，其親友田勝祖、孫文富、陳寶生咸徵贈言於余，余故喜遠人之方來而未已也，茲用表而出之，以為向化者之勸。

又《泉州兩義士傳》　孫天富、陳寶生者，皆泉州人也。天富為人外沈毅而含弘，寶生性更明秀，然皆勇於為義。初，寶生幼孤，天富與之約為兄弟，乃共出貨泉，謀為賈海外。【略】其所涉異國，自高句驪外，若闍婆、羅斛與凡東西諸夷，去中國亡慮數十萬里。其人父子君臣、男女衣裳、飲食居止、嗜好之物，各有其俗，與中國殊。方是時，中國無事干戈，包武庫中，禮樂之化煥如也。諸國之來王者，且颿蔽海上而未已；中國之至彼者，如東西家然。然以商賈往，不過與之交利而竟貨。兩人者，雖亦務商賈，異國人見此兩人者為人有特異也。自王化被海外，且及百年，中國之人至彼如此兩人者，亦不多也。此兩人者，迺身往其地而親其人，使其人皆見而信之，有切於所傳聞者。

兩人異姓也，長為兄，少為弟，如同氣然。異國人曰：『彼兄若弟非同胞者，吾同胞宜何如？』寶生至言其母事則泣，天富亦母事寶生母。每慷慨為諸國人言其事，輒欷歔乃已。異國人曰：『我與彼，皆人也。人誰無父母、夫婦、子孫者？』兩人客萬里裔夷，動必服中國禮俗，言必稱二帝三王、周公孔子，又能道今國家聖德神功、文章禮樂，與凡天下之人材，異國於是益信吾中國聖王之道，海內外可共行也。異國有號此兩人者，譯之者曰『泉州兩義士』也。中國之賢士大夫聞之，亦皆以為然云。【略】至正二十五年八月蜀郡王彝生製。

明・王直《抑菴文後集》卷一四《送劉知縣序》 晉江知縣劉子珪予，泰和人。始以才舉，歷事吏部，以勤慎有名，久之擢知晉江。晉江屬泉州，濱大海，去北京幾萬里。凡朝廷遣使往諸蕃與諸蕃之來朝貢者，多道泉。送往迎來與夫貢輸徭役，視他縣為劇。子珪治之，無廢事，其民亦皆安於其所，而凡達官顯人自泉來及福建藩憲大臣之有事於京師者，亦未嘗或非之，則子珪之稱其任，可知矣。

明・李賢等［天順］《明一統志》卷七五《泉州府・公署》 福建市舶提舉司。在府治南。永樂元年建。

明・陽思謙等［萬曆］《重修泉州府志》卷三《輿地志下・風俗》 晉江人文，甲於諸邑。石湖安平，番舶去處大半市易上國及諸島夷，稍習機利，不能如山谷淳朴矣。

又 卷四《規制志上・城池》 郡七邑，各有城。晉江附郡，內為衙城。外為子城，又外為羅城。衙城卽州治之垣墻。【略】

元至正十二年，監郡偰玉立始拓南羅城以就翼城，周三十里高二丈一尺。城東西北基，廣各二丈四尺，外甃以石。南基廣二丈，內外皆石。為門七，東西北暨東南西南門皆仍舊名，改南門曰德濟，廢通津門而於臨漳德濟之間，建門曰南薰。

國朝洪武初，指揮李山復增高五尺，基廣二丈四尺，凡內外皆甃以石。建月城六，惟南薰無月城。門各有樓曰望海，北有樓曰望山，窩鋪凡百四十。自天順至成化間，都指揮武成、守張嵓、徐源、指揮王濬、李珏等，相繼修葺。弘治十三年，臨漳門東半里許，水齧城下路數丈，將及城，守張濂築二壩闌之。正德五年，行春門災，守向一陽重建。嘉靖三年，門樓窩鋪多壞，守高越同知李緝大修之。三十七年，倭寇煽亂，久盆猖獗，擁衆直抵城下。晝夜戒嚴，百姓走入城中，城門閉數日不開，以為常。

是年德濟門災，守熊汝達重建之，改通淮門曰迎春，南薰門曰通津，餘仍舊名。幷修各月城。兵備僉事，萬民英亦以城北隅外壕，磐石不能通水，迺建小城樓，臨壕圍以木柵，築羊馬墻以為防守，其後倭平，城晏然無事矣。隆萬以來枹鼓不驚，崇墉如故，間有修葺，無大興繕。萬曆三十二年十一月，地大震，樓鋪雉堞傾圮殆盡。副使姚尚德守姜志禮，請帑金修復。委生員詹仰憲，千户張振宗等董其役，旬月之間，圮者植，壞者葺，磚者易以石，費無冒破而功告成云。

又 卷七《版籍志下・雜課》 市舶稅課。宋開寶二年，置市舶司于廣州。雍熙中，遣內侍八人賫勑書金帛，分四路招致商人之往番國販易者。元祐中，置市舶司於泉州。南渡後，舶司歲入充盈，然金銀銅鐵，海舶飛運，所失良多。元至元二十一年，設市舶司於杭泉二州。獨泉州於抽分之外，又取三分之一以為稅。凡金銀銅鐵男女並不許私販入番。大德七年罷。尋置罷者三四。

國朝禁海，船不許通番。其諸番入貢者，至泉州惟大琉球。所貢番物。則市舶司掌之。成化八年，市舶司移置福州。而比歲人民，往往入番商販。所販國名曰呂宋，諸番以時萃焉。其稅則在漳州澄海防同知掌之，謂之市舶司，可也。萬曆三十二年，礦稅役興，有妄男子張嶷上書言，夷中有機易山者，産金可采。因入呂宋國中，漳泉二郡。賈客奉以為天使。呂宋夷人慮我欲圖其國，俟嶷去，盡屠諸賈人。而近日之趨利者，航海不休，將來隱憂非小《舊志》所紀互市諸夷及諸貨物，今不具載。

清・顧祖禹《讀史方輿紀要》卷九九《福建五・泉州府・晉江縣》 刺桐城。即府城，以昔時城下多植刺桐樹而名。《志》云：郡舊有衙城、子城、羅城、翼城，內外有濠，舟楫可通。城市歲久，類多堙廢。衙城在子城內，相傳留從效所築。子城則唐天祐中王審知所築也，羅城亦留從效所築。子城周三里有奇，羅城周二十三里有奇。宋太平興國二年，陳洪進挈地歸朝，詔三城皆隳壞。宣和以後，復葺舊址。嘉定四年，始大加修治。紹定三年，郡守游九功於羅城之南築翼城，甃石二里有奇。元至正十二年，以四方盜起，監郡偰玉立議尋故址增築，乃拓羅城、翼城而一之，周三十里有奇。城在五代時名葫蘆城，以城不正方也。改築後，象其形曰鯉魚城。明朝洪武初增修，天順至成化中復相繼修葺，弘治、嘉靖間亦時有營繕。萬曆三十二年，地震城圮，益加葺治。城內有濠，頗深廣，瀠洄三面，獨東北阻山麓無濠。濠本在城外，元末拓城，城南濠因入城中。城有門六，水門一，隆慶二年增為三。周廣皆因元舊。

海。府東南八十三里。府境群川，畢達於此。舊《志》：自城東海道正東行二日至高華嶼，又二日至鼅鼊嶼，又二日即琉球國也。

清·郝玉麟等［雍正］《福建通志》卷六《城池·泉州府》 府城。郡舊有子城，有衙城，有羅城，有翼城。子城唐天祐間，王審知命築。周三里許，高一丈。門凡四：東曰行春，南曰崇陽，西曰肅清，北曰泉山。衙城在子城內，羅城在子城外，俱留從効所築。羅城周二十餘里，高丈八尺。門凡六：東曰仁風，南曰鎮南，西曰義成，北曰朝天，西南曰臨漳，曰通津。別有水門，曰通淮。

清·和珅等［乾隆］《清一統志》卷三二八《泉州府·城池》 泉州府城。周三十里，門六，水門三。元至正十二年拓築，明萬曆三十二年重修。本朝順治十五年，康熙三年、二十七年屢葺，雍正九年奉旨修葺，乾隆十六七年重修。

又《山川》 海。【略】《舊志》：府境之海，東接莆田，西接海澄，延袤三百餘里。明時分設衛所，以防門户。佛堂、蚶江兩澳為肘腋要地。南安縣東南海口有石井巡司及淵尋、運河二澳頭，為守禦之處。惠安縣東南濱海，北自樂嶼，南屬岱嶼並海，凡百餘里。明時築沿江五城，以為屏障。

論說

明·吳儼《吳文肅摘稿》卷三《送泉州太守包君之任序》 泉之為郡，左吳右粵，又濱于海隅，號為閩之奧區。

清·陳倫炯《海國聞見録》卷上《天下沿海形勢録》 泉州北崇武、獺窟，南祥芝、永寧，左右拱抱，內藏郡治，下接金、厦二島，以達漳州。

清·顧祖禹《讀史方輿紀要》卷九九《福建五·泉州府》 府倚山為險，濱海稱雄，北奠吳會之藩籬，西連嶺粵之唇齒。一有不虞，不惟八閩數州同憂共患而已。蓋水陸異用，戰守殊趣，一隅之地，而千里之形在焉。論泉南者第謂其土膏民沃，華實所資，抑末矣。

藝文

元·貢師泰《玩齋集拾遺·泉州道中》 千山落日丹霞北，萬里孤城白水南。玉椀霜寒凝紫蔗，金丸露暖熟黃柑。海商到岸纔封舶，蕃國朝天亦賜驂。滿市珠璣醉歌舞，幾人為爾竟沈酣。

元·錢惟善《江月松風集》卷一〇《送方叔高之泉州南安尉》 枳籬茅屋共桑麻，韓偓詩中是縣衙。政喜簿書辭帥府，久勞弓劍慰山家。海州風靜來犀象，岩洞巢空竄虺蛇。有詔令民皆復業，繞城新植刺桐花。

明·釋宗泐《全室外集》卷四《清源洞圖為潔上人作》 泉南佛國天下少，滿城香氣栴檀繞。纏頭赤脚半蕃商，大舶高檣多海寶。

明·謝肅《密庵集》卷三《至泉州府决漳州衛獄寓分司作》 莫道泉南非要地，遥從海外控諸夷。雲濤大舶來犀象，烽櫓雄城駐虎貔。正擬觀風敷帝德，先應决獄示皇威。此時若有民愁嘆，按部深慚著繡衣。

明·王恭《白雲樵唱集》卷三《送人從温陵軍》 温陵南海上，孤劍獨横行。策馬經花縣，看山到柳營。明珠來市舶，荖葉遍山城。長揖嫖姚幙，從容論五兵。

明·王恭《草澤狂歌》卷四《送人游温陵》 送君南去柳條新，匹馬蕭蕭滿路塵。天近温陵常見日，潮歸滄海遠無津。刺桐葉暗千門曙，紫荚花開四座春。聞説此鄉多寶貝，昔時全盛只今貧。

明·袁華《可傳集·泉州兩義士》 下通舟船上軒車，琉球一髮雲外孤。蠻蜑出没乘舳艫，南金大貝犀為珠。川傾山積來委輸，九日特立青蓮柎。

雜録

《元史》卷一五六《董文炳傳》 又曰：『昔者泉州蒲壽庚以城降，壽庚素主市舶，謂宜重其事權，使為我扞海寇，誘諸蠻臣服，因解所佩金虎符佩壽庚矣，惟陛下恕其專擅之罪。』

又 卷二〇五《盧世榮傳》 又奏：『於泉、杭二州立市舶都轉運司，造船給本，令人商販，官有其利七，商有其三。禁私泛海者，拘其先所蓄寶貨，官買之；匿者許告，没其財，半給告者。』

明·王慎中《遵巖集》卷八《修天妃宮記》 泉州之有天妃宮，其來已久，海上尤神之，故宮於吳越、閩廣之間尤多。成祖文皇帝時，嘗遣內臣齎大賚，譯賜島外諸蠻，隨以重兵便宜，討其不庭，蠻酋讐悚受賜，奉約束，使節所指，遂窮日骨出之域。神最有光恠靈變，使者奉之謹，故泉州之宮，內使張謙修建也。

明・陳懋仁《泉南雜誌》卷上　閩之遠海近番處，有燕名金絲者，首尾似燕而甚小，毛如金絲，臨卵育子時，羣飛近汐沙泥有石處，啄蠶螺食。有洵海商聞之土番云：蠶螺背上肉有兩肋，如楓蠶絲堅潔而白，食之可補虛損，已勞痢。故此燕食之，肉化而肋不化，并津液嘔出，結為小窩，附石上，久之與小雛鼓翼而飛。海人依時拾之，故曰燕窩也。

明・陽思謙等［萬曆］《重修泉州府志》卷五《規制志下・市廛》　晉江縣有西街市，在肅清門外。南街市在南門橋頭會通市在市曹巷。車橋市在德濟門外。東新橋市在德濟門外。南浮橋市在石筍橋南官路尾。安平市在八都安平鎮，即今安海。吳店市在二十七都。

廈門分部

綜　述

清・夏琳《閩海紀要》卷下　（康熙十四年六月）英圭黎及暹羅貢物於鄭經，乞互市，許之。先是，廈門為諸洋利藪。癸卯破之，番船不至。至是，英圭黎及萬丹、暹羅、安南諸國貢物於經，求互市，許之。島上人煙，輻輳如前。

清・顧祖禹《讀史方輿紀要》卷九九《福建五・泉州府・同安縣》　五通嶺。【略】又嘉禾嶼，在縣西南七十里海中。舊嘗產嘉禾，因名。一名鷺嶼，一名廈門。廣袤五十餘里，五峰並立而無盡。巖居其中，最高者曰洪濟山，有巖嶺洞石之勝。其最著者有云頂巖，亦曰留雲洞。又有嶺曰薛嶺，前後居民舊凡千餘家。

浯洲嶼。縣東南大海中，陸行至縣九十里，水行五十里。嶼廣袤五十餘里。有山十數，最高者曰太武，狀若兜鍪，隔海望之，若仙人倒地。又有海印巖、石門關諸勝。其地亦名五澳，實番人巢窟也。明初設浯嶼水寨於此。嘉靖中，倭自浙江舟山南行，泊浯嶼，福建大震。旁又有大擔嶼、小擔嶼，周圍皆數里。嘉靖二十七年，賊攻沙頭嶴，衝大擔外嶼，官軍擊卻之，賊因流劫北茭、羅浮諸處。又有列嶼，廣二十里。上有大小山數十。其高者曰吳山，牧山、樓山、湖山，而吳山為最。牧山前有軍營山，後有馬砦，有草湖，昔嘗置場，牧馬於此。

海。縣南八十里，與海澄縣接界。《志》云：縣三面距海，而金門、廈門尤為險要。今既設兵戍守，又於圍頭諸處分布營哨，相為應援，所以嚴門户之防也。其澳頭若列嶼、五通、劉五店、神泉諸處，亦為防禦之要，而廈門港、塔頭澳其最著者。

清・穆彰阿等［嘉慶］《清一統志》卷三二八《泉州府・山川》　大擔嶼。在同安縣東南八十里，周圍四里。相連有小擔嶼，在廈門所前，周圍四里。又有椗榔嶼，與小擔相連。明嘉靖二十七年，賊攻沙頭嶼，衝大擔外嶼，官軍擊卻之。

列嶼。在同安縣東南八十里，金門、廈門之中。周二十里。中有大小山數十，其高者曰吳山、牧山、樓山、湖山，而吳山為最。牧山之前，舊有牧祠，有軍營。山後有馬寨，有草湖，昔嘗置牧馬場于此。

浯洲嶼。即金門，在同安縣東南海中。去縣陸行九十里，水行五十里。廣袤五十餘里。有山數十，最高者曰太武，狀若兜鍪。山有海印上下二岩，又有大武岩、玉几案、蘸月池、眠雲石、偃蓋松、跨鰲石、石門、石室、蟳眼泉、倒影塔、千丈壁、一覽亭等十二奇。又南有南太武山，特立海中，高出羣峰，其地亦曰五澳。

嘉禾嶼。在同安縣西南六十里海中。舊嘗産嘉禾，故名。一名鷺嶼，一名廈門。廣袤五十餘里。五峰並峙而無盡。岩居中，最高曰洪濟山，上有雲頂岩，兩旁大石為門。西北有薛嶺，嶺南為唐文士陳黯居，嶺北為唐薛令之居，時號南陳北薛。北臨江渚有石，名釣魚磯。堂側有金榜石，又動石在篔簹港口，潮至石動。又有浮沉石，潮漲則浮水面，潮退則沉海底。天將風，則石有聲。又有虎山，山下有龍湫潭。

鼓浪嶼。在同安縣西南六十里，廈門西北。多大石，相近有雜浦嶼，在高崎西北。

海。【略】《舊志》：【略】同安縣三面距海。其浯洲與嘉禾俱沿海衝要之地。《圖説》：晉江之永寧衛，同安之金門、廈門、高浦三所，為沿海重鎮。

清・周凱等［道光］《廈門志》卷首《序》　廈門，宋曰嘉禾嶼、明曰中左所，同安縣十一里之一里耳。廣袤不及七十里，田畝未及百十頃。區區一島，孤懸海中。有志何也？蓋自臺灣入版圖，我國家聲教所暨，島夷卉服，悉主悉臣，求朝貢而通市者，史不絶書。厦門處泉、漳之交，扼臺灣之要，為東南門户，十閩之保障，海疆之要區也。故武則命水師提督帥五營弁兵守之，文則移興泉永道，泉防同知駐焉。賈商輻湊，帆檣雲集，四方之民雜處其間，涵濡沐浴乎聖神之化者，百有餘年。士蒸蒸而蔚起，民蚩蚩以謀生。雖一里也，而規模廓於一邑矣。

又《黎攀鏐序》 厦門本同邑之一嶼，面海環山，地形嶮要。自我朝國家奄有臺灣，其地遂爲渡臺之阨塞。於是設水師提督，以統巡哨；移興泉永道，以資鎮撫；復設分守，以理民事，斷庶獄。文武具備，城市亙延。百餘年來生齒日繁，闤闠民居不下數萬户，儼然東南一都會焉。

又 卷二《分域略》 厦門自宋以上，無可考。幅員雖小，而形勢險要，山川雄峻。前明屢被兵燹，為倭奴、偽鄭所覬覦。自康熙十九年奠定後，人民蕃庶，土地開闢，市廛殷阜，四方貨物輻湊，駸駸乎可比一大都會矣。

又《分域略·官署》 閩海關監督署，在養元宫。事詳《關賦》。

又 卷七《關賦略》 厦門為通洋正口，故海關設焉。而通省關稅，又以厦口為最。其地不過五六十里，田賦地稅無多，餘惟漁課。因首海關，附他稅，志關賦。

海關 厦門海關，始於康熙二十二年。臺灣既入版圖，靖海侯施琅請設海關。二十三年設立，派户部司官一員榷徵閩海關稅務，一年一更。雍正七年，議歸巡撫管理。泉州府屬海關稅務，巡撫委府道徵收。乾隆三年，改歸鎮閩將軍轄辦。其隸泉州者，在南門外及同安縣之厦門港。凡商船越省及往外洋貿易者，出入官司徵稅。《府志》。

稅口 厦關正口所轄清單口岸三：曰厦門港、鼓浪嶼、排頭門。餞糧口岸二：曰劉五店、石碼。稽查口岸四：曰浦頭、玉洲、澳頭、石潯。檔册。

厦門正口，在島美路頭，稱大館。面臨海，南通大擔，西達漳州，北至同安。房屋十餘間，離衙署六里。其衙署在塔仔街張厝保，即前監督所居也，房屋三十餘間。自歸將軍管理，委員一人住正口總辦，四小口就近稽查。小事稟委員主裁，大事由委員請示將軍。凡外洋渡臺，南北商船出入，到關請驗。米粟、書籍免稅，餘皆照則例徵收。其外來洋船，委員親臨封倉，按貨課稅。商船則遣人丈量淺深，計算多寡，分別徵餉。自本地出者，挑赴正口大關報稅，給青單放行，謂之『出水』。

厦門港小口，設海沙坡，離正口二里，派書役查驗。海船進港，先赴驗明放行，正口徵稅。稽查金門、烈嶼、安海、浯嶼、島美各渡貨物。

鼓浪嶼小口，設鼓浪嶼後内厝澳，離正口水路十里，與嵩嶼亦隔水對面，水陸皆通漳州。設館一所，槳船一隻，輪派書役稽查石碼、海澄及漳屬各小船貨物。

排頭門小口，設厦門西北牛家村，離正口水路二十里，與厦門港、鼓浪嶼二小口相為犄角。分派書役稽查同安、内安、澳頭、鼎尾各渡貨物。以上三口，均驗明給單，押赴正口徵稅。

又 卷八《番市略》 閩南瀕海諸郡，田多斥鹵，地瘠民稠，不敷所食。故將軍施琅有開洋之請，巡撫高世倬有南洋之奏，所以裕民生者非細。富者挾資販海，或得稇載而歸；貧者為傭，亦博升斗自給。厦門專設海關，為通販南洋要區。

又 卷五《船政略·洋船》 洋船，即商船之大者。船用三桅，桅用番木。其大者可載萬餘石，小者亦數千石。粤省澳門定例：准番船入口貿易，厦門准内地之船往南洋貿易。其地為噶喇吧、三寶隴、實力、馬辰、赤仔、暹羅、柔佛、六坤、宋居朥、丁家盧、宿霧、蘇禄、柬浦、安南、呂宋諸國。其出洋貨物，則漳之絲綢紗絹，永春窯之瓷器及各處所出雨傘、木屐、布疋、紙劄等物。閩中所產茶、鐵，在所嚴禁。【略】

按厦門販洋船隻，始於雍正五年，盛於乾隆初年。時有各省洋船載貨入口，倚行貿易徵稅，並准呂宋等夷船入口交易，故貨物聚集，關課充盈。至嘉慶元年，尚有洋行八家、大小商行三十餘家，洋船商船千餘號，以厦門為通洋正口也。

又《番船》 按呂宋夷船，每次載番銀十四五萬來厦貿易。所購布匹之外，如磁器、石條、方磚，亦不甚貴重。非特有利於厦門，閩省通得其益。故乾隆四十七年，奏准外夷商船到閩海關，貨物照粤海關則例徵收。

又 卷一五《風俗記》 厦門人民、商賈、番船輳集，等諸郡縣。《漳州府志》。【略】

市井繁華，鄉村繡錯，不減通都大邑之風。楊國春《鷺門形勢記》。田少海多，民以海為田。自通洋弛禁，夷夏梯航雲屯霧集。魚鹽蜃甲之利，上裕課而下裕民。莫鳳翔《水仙宫碑》。

又《俗尚》 服賈者以販海為利藪，視汪洋巨浸如衽席。北至寧波、上海、天津、錦州，南至粵東，對渡臺灣，一歲往來數次。外至呂宋、蘇禄、實力、噶喇巴，冬去夏回，一年一次。初則獲利數倍至數十倍不等，故有傾產造船者。然驟富驟貧，容易起落，舵水人等藉此為活者，以萬計。

論說

清·陳倫炯《海國聞見録》卷上《天下沿海形勢録》 金為泉郡之下臂，廈為漳郡之咽喉。

清·周凱等［道光］《廈門志》卷首《陳化成序》 廈門東抗臺、澎，北通兩浙，南連百粵，人煙輻輳，梯航雲屯，豈非東南海疆一大都會哉！

又 卷二《分域略·形勢》 廈門四面皆海，西接寶珠、高埔，東聯烈嶼、金門。太武當其南，洲横於北。西南界海澄、龍溪，白礁峙焉；東南出大擔、小擔，澎湖通焉。西北有美人、天馬之奇，東南擁鴻漸、香山之秀。洵泉郡之名區、海濱之要地也。《鷺江志總論》。

又《形勢·楊國春〈鷺江山水形勢記〉》 禾島自同邑分龍，迤邐西界而來。由天柱，越仙旗，起伏五十里餘，崗巒重疊。東行至文圃山，嶄然屹峙，蜿蜒而下逾龍門，過朱嶺，朱子所到處。挺起大屏山，頓伏跌斷。至排頭門，列嶂横飛，蓄勢臨江，崩洪渡海。天馬北峙，太武南雄，左輔寶珠，右弼猴嶼，日月護峽分明。北有金髻、鏡臺、鼠嶼為送，南有東坑、白嶼、嵩嶼為護。過海突起一山，如眠牛形，名牛家村，廈之龍基焉。盤礴鬱積，崔巍特挺，為小文圃。金頭水肩鎮重，如大文圃，倒降兩支逆龍，如北之婆姐砦、小天馬、釣魚翁、狗嶼、虎嶼是也。又如南之觀音山、官潯山、東渡蟾蜍山是也。又東行，至浮雲山，歷塘邊，南山聳焉，腰落一支，結店前、后蓮、竹坪等鄉。又東起東阮山，傍抽一支，結籃后、坂上、鍾宅等鄉。遂東向斷跌，翻轉南行，一山横列二里許，雙龍合結，中有天池，養蔭龍氣，名薛嶺山。奔躍十餘里，洪濟山聳焉。岃崱巍峨，為廈島諸山之冠。其間鄉社纍纍，如后坑、后埔、浦園、呂厝、蓮坂等社，一皆行龍所縈拂也。又自洪濟，東分一支，結虎山、東澳、湖邊、何厝、高林、五通諸社。中從雲頂，重峰疊嶂，頓跌西南，雁塔鄉其分支也。行十餘里，至獅山，出御屏，邊海南行，龍蟠虎踞，控水尖而引陽臺；鶴膝蜂腰，歷天界而挺虎岫。老龍脱潤，從靖山卸落，結聚入首處。平地特出三台，明江夏侯周德興相陰陽，觀流泉，度地居民，建城其中。南分一支，由石泉山越鎮南關而下，勢如長蛇，迴環包裹。外而鼓浪嶼前拱，又外而青浦諸山作案。北有美頭山、水雞腿為城後界。城前霞溪一水，北流筤簹之元繞案，會潮而出東南，水口則有虎頭山、龍頭山對峙關鎖，外有大、小擔兩嶼為捍門。西南則太武、鎮海旗尾護焉，東北則鴻漸、烈嶼環焉。至若全廈水勢歸宿，北則同安、安海北界，水會聚於廈東南；西則漳州、海澄東界，水會歸於廈西南。四水東注，八面旋繞，其中源於生氣，朝於大旺，流於囚榭，千形萬狀，難以盡述。經云：火從地中特地起，真形勢之奇也。雖其島縱横三十里許，而山峰拱護，海潮迴環，市肆繁華，鄉村繡錯，不減通都大邑之風。此扶輿磅礴之氣所鍾，可於小中見大焉。

又《形勢·孫雲鴻〈嘉禾海道說〉》 廈門，在宋為嘉禾嶼。屹然海中，周五十餘里。環嘉禾者，為嘉禾海。北望高浦，西界海澄，東阨烈嶼，南臨大海，汪洋浩瀚，障以太武。外與金門相為犄角，二嶝防於内，大嶝、小嶝。二擔捍於外。大擔、小擔。浯嶼則孤懸海表，控制要衝。於是東南海口布置扃鑰，固若金湯。潮流歧分，因地屈折，南分三門，大擔門、小擔門、青嶼門。東岐二派，南流從南而轉北，東流由東而旋西。島居泉、漳交錯之地，故潮流亦達焉。自東來者，由北而至同安。自南來者，西繞鼓浪嶼而抵漳州。諸溪匯流，朝宗於海。潮汐濚洄，常一日而再至；港汊孔多，噴餘波以四達。斯大小帆檣之集湊，遠近貿易之都會也。自擔門東渡黑洋，至於臺澎，上接沙埕，下連南澳，據十閩之要會、通九譯之番邦，則在嘉禾海以外矣。

藝文

清·周凱等［道光］《廈門志》卷九《藝文略·［明］紀許國〈浯嶼〉》 但愁炊少米，不苦食無魚；日日戈船鬧，採真何處居？

又 《［明］范咸〈登大擔嶼〉》 瞥見山坳翠欲流，葱籠密樹景清幽。嵐光遙與群峰別，海色還看四面收。日暮碧雲驚異彩，雨過寒氣逼深秋。天南鎖鑰横江外，不放鯨魚夜出游。

又 《［明］張對墀〈鷺門觀海〉》 康回憑怒折地維，精衛木石無所施。茫茫大地匯為水，至今東南名天池。天池何浩浩，近接鷺門島。帆影蔽津梁，桅尖拂蒼昊。龍户耳目奇，馬人鬚眉老。鑿齒雕題重譯聲，南金大貝諸夷寶。家塗翠碧與丹青，人飾珊瑚及瑪瑙。試問此物所從來？盡説梯航由海道。海色漭然，朝宗百川。白回島嶼，蒼繞市廛。山頭返照，港口横煙。汹汹涌涌，淼淼囦囦。九年水不潦，七年旱不乾。昔聞黄河之水天上來，今見滄海之水天外接。更上山頭第一峰，海外奇觀收目睫。排天風浪雪山傾，浴日鯨波金冶洩。十尋樓櫓掛高篷，看似空中舞片葉。須臾萬里乘長風，依稀篷影亦澌滅。縱有錢鏐之弩能射潮，伍胥之風能鼓浪，一旦對此亦應心魂怯。吁嗟乎！海之源無底止，海之闊無涯涘。洞庭雲夢真可吞，江淮河漢浮漚耳。我欲臨流乘風訪八遐，衝風破浪不用指南車。直向吾家博望借仙槎，扶桑暘谷皆游遍，身騎燭龍排雲霞，回首泥塗煦沫者，紛紛轍鮒與井蛙。

又 《［明］洪和長〈鷺門紀概〉》 錦繡煙花自一洲，無邊風景似杭州。樓臺半蘸晴江水，簫鼓時聞畫鷁舟。芳草遺釵春拾翠，紅綃顧曲夜纏頭。我來不作繁華夢，為有青山約未酬。

又 《［清］孫爾準〈廈門〉》 厦門本荒碕，何年盛都會？海壖數繁要，彈丸乃稱最。自從鯨頭人，於此建大斾。金門依輔車，浯嶼互襟帶。臺陽跨天險，澎島通地肺。倔强波濤間，自覺夜郎大。七星兆妖讖，兩豎效狼狽。終日尋戈矛，先後伏椹鈇。大帥設中權，四鎮屯下瀨。碧澥澄波瀾，黄圖大無外。浮天走估舶，隘地集市儈；南琛獻丹于，上貨羅紫貝。榷估設關梁，譏苛筦舟軌。姦富操奇贏，末游藉沾丐。邇來頗凋，褊陋等自鄶。盛衰有倚伏，物理戒其大。龜毛詎成氈？蟬腹將欲脱。寄語桑大夫，心計曷足賴？廉如蕭廣州，方物倍司會。

雜録

清·周凱等［道光］《廈門志》卷二《分域略·街市》 橋亭街。在南門外。火燒街。在鳳儀宫後。

碗街。在外關帝廟左邊。磁街。在碗街中，直行向海。

中街。在紙街左邊。石埕街。在懷德宫前。

紙街。在外關帝廟右邊。木屐街。在中街頭。

提督街。在磁街右邊。局口街。在長寮河墘。

菜媽街。在海岸隘門內。神前街。在外關帝廟前。

塔仔街。在大使宫前。轎巷街。在火燒街横過。

竹仔街。與提督街連。亭仔下街。在中街横頭。

新仔街。在大使宫後。港仔口街。在亭仔下街轉灣。

走馬路街。在廿四崎上。橋仔頭街。在北門外。

五崎頂街。在走馬路轉灣。關仔內街。在西門外。

島美路頭街。與港仔口接連。厦門港市仔街。在圓山宫後。

關帝廟後街。在廟後。以上皆采《同安縣志》、《鷺江志》。

按厦門街市窄狹，民居稠密，架蓆片薄板蔽日，而又堆積糞土，薫蒸潮濕，宜時疏其溝道，俾水得暢流，宣洩湮鬱。道光十年，厦防同知許原清疏溝最善，并立石禁止堆積糞土。石上夜燃燈，以為路燈。

又 卷一五《風俗記·俗尚》 梯航既通，南琛北賮，百貨叢闐，不脛而走。第地窄人稠，物價數倍，民多食紅薯、雜糧。先湖廣歲販米不絶，粤東亦時至。自臺灣既入版圖，則內地一大倉儲也，穀食仰於臺運。風潮遲滯，則米價騰湧。又山皆童山，束芻尺薪皆自外來。春雨連綿，有米珠薪桂之慮焉。**【略】**

港之內，或維舟而水處，為人通往來、輸貨物。浮家泛宅，俗呼曰『五帆』。五帆之婦，曰『白水婆』。

寧波分部

綜述

元・孛蘭肹等《元一統志》卷八《江浙等處行中書省・慶元路・土產》 蘇合香油，慶元路市舶物貨。倭櫓，市舶物貨，慶元路產。

元・袁桷《延祐四明志》卷三《職官考下》 慶元市舶提舉司。至元十五年，立提舉慶元市舶使司。大德七年，例革。至大元年，再立慶元市舶提舉司。四年，例革。延祐元年，復立。七年，再例革。

又 卷八《公宇》 市舶庫，在録事司東南隅靈橋門裏宋舊市舶務。遇有舶商到港，官為抽分。其物皆貯于此，不常設官。

元・王元恭《至正四明續志》卷一《土風》 《舊志》則曰古鄮縣，乃取貿易之義。居民喜游販魚鹽，頗易抵冒而鎮之以靜，亦易為治。南通閩廣，東接日本，北距高麗，商舶往來，物貨豐溢出。

又 卷五《土產・市舶物貨・細色》 珊瑚 玉 瑪瑙
水晶 犀角 琥珀
馬價珠 生珠合經抽解 熟珠舶務合收稅錢
倭金 倭銀 象牙
玳瑁 龜筒 翠毛
南安息 蘇合油 檳榔
血竭 人參 鹿茸
蘆薈 阿魏 烏犀
膃肭臍 丁香 丁香枝
白荳蔻 苾澄茄 没藥
砂仁 木香 細辛
五味子 桂花 訶子
大腹子 茯苓 茯神
舶上茴香 黄芪 松子
榛子 松花 黄熟香
麤熟 黄熟頭 速香
沈香 暫香 箋香
蟲漏香 没斯寧 蟹殼香
蓬萊香 登樓眉香 舊州香
生香 光香 阿香
委香 嘉路香 吉貝花
吉貝布 木棉 三幅布單
番花棋布 毛駝布 襪布
鞋布 吉貝紗 胡椒
降眞香 檀香 糖霜
苓苓香 麝香 腦香
人面乾 紫礦 龍骨
大楓油 澤瀉 黄蠟
八角茴香 金顏香 硃砂
天竺黄 桔梗 [illegible]香
剉香 鵬砂 新羅漆
寫穪香 烏黑香 搭泊香
水盤香 肉荳蔻 水銀
乳香 嘖嗟香 龍涎香
梔子花 紅花 龍涎
修割香 硇砂 牛黄
雞骨香 雌黄 樟腦
赤魚鰾 鶴頂 羅紋香
黄緊香 賴核香 黑腦香油
崖布 緣礬 雄黄
軟香 脊蛉皮 三泊
馬鴉香 萬安香 交趾香
土花香 化香 羅斛香

高麗青器　高麗銅器　苾撥
沙魚皮　桂皮
又《**粗色**》　紅豆　殼砂　草荳蔻
倭枋板枰　木龜子　丁香皮
良姜　蓬术　海桐皮
滑石　藿香　破故紙
花黎木　射香　掠木
烏木　蘇木　赤藤
白藤　螺頭　鯙鮎
瓊芝榮　倭鐵　苧麻
硫黄　没石子　石斛
草菓　廣漆　史君子
益智　香脂　花梨根
椰子　鉛錫　石珠
螺殼　相思子　荳蔻花
倭條　倭櫓　蘆頭
椰簟　三賴子　蕪荑仁
硫黄泥　五倍子　白术
銅青　甘松　花蕊石
合簟　印香　京皮
牛角　桂頭　鑊鐵
鹿皮　鹿角　山馬角
牛皮　牛蹄　香肺
焦布　手布　生布
藤梓　椰子殼　生香粒
石決明　梔明　雲白香
眞爐　黄丁　斷白香
暫腳香　畫黄　杏仁
歷青　松香　磨珠
細削香　條截香

元・程端禮《**畏齋集**》**卷五**《**慶元路總管沙木思廸音公去思碑**》

皇元統御萬方，薄海内外，悉為郡縣。郡有守，守職視列侯，任至重也。明為浙東大郡，其陽大海，遠邇方物，夷商貿遷，風帆浪舶，萬里畢集，事視他郡尤劇。守是土者，必躬率以廉，為治持大體，寬嚴適中，乃稱任。

《**元史**》**卷一三二**《**哈喇觧傳**》　（至元）十六年，日本商船四艘，篙師二千餘人至慶元港口。哈喇歹諜知其無他，言于行省，與交易而遣之。

又　卷一七《**世祖紀十四**》　（至元二十九年六月）己巳，日本來互市，風壞三舟，惟一舟達慶元路。

明・李賢等［**天順**］《**明一統志**》**卷四六**《**寧波府・公署**》　浙江市舶提舉司。在府治西北。永樂元年建。

明・楊寔等［**成化**］《**寧波郡誌**》**卷五**《**廨宇考・附郡公署**》　浙江市舶提舉司。府治西北一里許，旧在縣學之西。元至正二十五年　。大明永樂元年致設以方谷真遺屋為之。四年，又啓安遠驛，以驛西谷真花廳為市舶司，添建吏目廳于右。

明・鄭若曾《**鄭開陽雜著**》**卷四**《**日本圖纂・國朝貢式・貢道**》

寧波府定海關收舶。設市舶提舉司官二員，專主日本入貢禮儀、互市。

明・張時徹等［**嘉靖**］《**寧波府志**》**卷四**《**疆域志**》　寧波緣海尔郡，南界於台，西界於紹，而東與比則直以海爲界。東南極海岸，凡百有四里。東南極海岸，凡百一有十有二里。東比極海岸，凡七十有二里。比極海岸，凡六十有二里。而自海岸而遡於大海，東極於石馬山之洋，可六百里。東南極於踞門山之洋，可八百里。比極於蘇州之洋，可千五百里。東比泛於大海，可千里。此蓋以海潮測計之也。

又　卷六《**疆域志・山川下・川**》　洋。大洋。東曰钱塘，南曰大睦，西南曰東門，皆蕃舶閩船之所經。自錢塘而北則定海，自東門而南則台温。港。北港。東達于洋，西踞鲒埼，由陳山渡一潮至方門，再潮至烏埼，三潮至府下城。

又　卷八《**經制志・公署・鄞縣・附署**》　提舉司。在海道司西。中爲廳。凡三间。右爲耳房，凡二間。東爲正提舉宅，西爲副提舉宅，又爲吏目宅，前爲露臺爲外門。

安遠驛。在提舉司前五十步，中爲廳，凡三间。扁曰寶梯。左右廊房各六間，前爲賽門，爲外門。國朝永樂初，以方國珍遺屋爲提舉司，四年改爲驛，今因之，以待夷貢。

東庫。在城靈橋門內。中爲廳，凡三間。左爲土神祠。右爲庖舍，前爲儀門，爲外門。宋爲市舶務，元改爲庫，方氏改爲倉。國朝洪武初因之。永樂三年復爲市舶司庫，今庫圮。

嘉賓館。在府治東南江心里。中爲廳，凡三間。周圍井屋，凡三十六間。廳後爲川堂，凡三間。又爲後堂，凡五間。堂之左爲庖舍，右爲土神祠，爲大門門之外，東西爲閲坊。東曰觀國之光，西曰怀遠以德。通衢之東，復建二驛館，以便供應。今並圮。故爲境清寺，嘉靖六年守高第改為館。凡遇倭夷入貢，處正副使臣於中，處夷衆於四旁舍。

清·顧祖禹《讀史方輿紀要》卷九二《浙江四·寧波府·鄞縣》

鄮城。府東三十里。《志》云：自秦以來，皆置縣於此。一名官奴城，相傳漢光武曾賞田奴為貿鄮令也。唐開元中，為州治。大曆六年，袁晁作亂，始移縣於今治。長慶初，并移州治焉。吴越改鄮為鄞，宋因之。《城邑考》：郡城唐咸通中刺史黄晟築，宋元豐初增築，寶慶二年重修，寶祐間改拓，開慶二年又復營繕，元毁。至正二十年，築城以禦方國珍，尋為國珍所據，亦加修治。二十七年，城歸於明太祖。洪武六年因舊址營築，十四年增葺。嘉靖三十五年以後，屢經修治。有門六，城周十八里。

清·曹秉仁等［雍正］《寧波府志》卷一一《公署·府·海關行署》

海關行署在府治南。中爲正廳五間，簷廳三間，两旁廊屋各五間。前爲儀門，又前爲大門，門左爲土地祠。東西兩轅門而南爲照墻，後爲川堂，又後爲內衙，計六間。書室三間。雍正五年，署關事知府江承玠捐造庖屋三間。東北內署，前後共八間。

清·嵇曾筠等［雍正］《浙江通志》卷二三《城池上·寧波府城池鄞縣附郭》 《寶慶四明志》：羅城周回二千五百二十七丈，計一十八里。奉化江自南來，限其東。慈谿江自西來，限其北。西與南，皆它山之水環之。唐末刺史黄晟所築。

《成化四明郡志》：唐末規制未弘，宋元豐元年曾鞏受詔完之。寶慶二年，守胡榘因其圮剝重修。寶祐間，制置使吴潛復拓舊城，設雉堞，立巡舖，寘卒以邏。越三載畢工。又於開慶二年，建望京鄭堰，下卸三門。其甬水靈橋東度，則以次繕治。元初，隳天下城池，民居侵蝕，漸為坦途。至正八年，台州方國珍為寇。二十年，浙東都元帥納琳哈喇以台密邇慶元，復築城以備。劉基為之記。後國珍受招安之命，據城開江浙分省，復加修治。洪武六年，指揮馮林更新之，崇三之一，浚東、南及西三面之壕。十四年，指揮李芳更增葺之。

《嘉靖寧波府志》：府據甬水為城，南匯它泉，北源姚江，合流桃津，峙為崇築。高二丈五尺，址廣二丈二尺，面一丈五尺，周回二千二百一十六丈，延袤一十八里。闢為六門：東曰靈橋、東渡，南曰長春，西曰望京，北曰永豐，東北曰和義。其四門可通輿馬，獨西、南為漕運水路，新設重門，外設弔橋。門各有樓，羅以月城。城之上有敵樓四十六，雉堞三千五百六十四，警舖六十五。外為壕，自北至西、南環繞，通二千一百四十四丈。自和義抵北永豐門，通三百四十三丈，濱大江不設。嘉靖三十五年，守張正和重建甕門敵臺，大加繕修。聞淵《重修府城記》：寧波古於越東偏之地，秦為鄞邑，隸會稽郡，嗣後廢置不一。及唐開元中，始定為明州。城作於刺史黄晟，即今郡城也。更五代，歷宋代為修葺，及元隳城，舊築斯廢。方國珍倡亂，民罔奠居，於是廢址復城。邇來海上荷戈，惟憑城固守。郡守邱侯玳甫至，上其事，巡按侍御胡公宗憲暨諸藩臬司咸檄，命出公帑，以資其費，遂擇日戒事。而以調衢州去，衢守張侯正和來代，即身任其役。因兼屬貳守侯君國治董其事。又分督以五邑之令夏君儒、曹君本、蕭君萬解、宋君繼祖、毛君德京，而張侯則總其成於上。計城周凡二千七百八十七丈，修者二千一百八十二丈，造斥堠六十有六，敵樓四十有六，馬步階七。巡海憲副孫公宏軾、王公珣暨張侯，復修築西南二水門，羅以月城。總費帑銀七千五百五十兩有奇，役民户之富者四百有奇。經始於乙卯八月，迄工於丙辰正月。雉堞煥如，萬年保障於是乎在。

國朝順治十五年增高併堵，歲久漸圮。雍正六年，總督管巡撫事臣李衛因瀕海重地，檄行司道會勘，具摺奏請興修。

又 卷三五《關梁三·鎮海縣·定海關》 《嘉靖定海縣志》：在南薰門外。國朝康熙二十四年重設。

又 卷四三《古迹五·寧波府》 帥府園。《嘉靖寧波府志》：在帥府，元建，右置花園，古石嘉木，高臺曲池，至今尚存。改建市舶提舉司。

又 卷八六《榷稅設關·海關》 《鎮海縣志》：在鎮海縣南薰門

外。國朝康熙二十四年建。《寧波府志》：海關行署在府治南，舊理刑廳館地，雍正五年寧波府知府江承玠護理關事增葺。又榷關公署在定海縣城東。康熙三十七年海關監督張聖詔建。謹按：浙江向嚴海禁，自康熙二十三年臺灣既入版圖，海氛盡殄，乃差巡海大人弛各處海禁，通市貿易。康熙二十四年，部議覆准浙江照福建、廣東例，亦許用五百石以下船隻出海貿易，地方官登記人數，船頭烙號，給發印票，令防守海口官員驗票放行。

又　卷一三《山川五·寧波府》　海。《嘉靖寧波府志》：環府境，東際鄞之嶦崎湖、頭蔡家墩，東北際定海之招寶山、後海塘，西北際慈谿之觀海、龍山，東南際象山之爵溪、東門，奉化之鮚埼、襄港。海潮自定海入鄞江，六十里至府城東北，分為二江，西北通慈谿，東南通奉化。潮汐往來，各有其候。

又　卷一四《山川六·寧波府下·定海縣》　大海。《定海縣志》：東接三韓、日本，南通閩粵，西北直抵遼東。潮汐往來，日有定候。

清·乾隆敕撰《清文獻通考》卷二七《征榷考·征商二關市》

（乾隆）二十二年，更定浙江海關洋船稅例。户部覆准閩浙總督喀爾吉善、兩廣總督楊應琚奏稱，設關分榷，原以裕課通商，而因地制宜，亦須權衡公當。如外洋紅毛等國番船，向俱收泊廣東，少至浙江，是以浙海關稅則略而不詳。今自乾隆二十年以來，外洋番船收泊定海，舍粵就浙，歲歲來寧。若不將比較則例更定章程，必至私扣暗加，不特課額有虧，亦與番商無補。臣等悉心會商，將粵海關征收外洋船隻入口出口貨物現行徵稅則例及比例規例，併外洋船出口貨物估價科征各册，逐一查核。除比例一册緣天下之物類繁多，稅則未能備載，以此例彼，比照征收，原無軒輊。【略】

奉諭旨：依議。此摺内所稱若不更定章程，必致私扣暗加，課額有虧，與商無補等語，尚未深悉更定稅額本意。向來洋船俱由廣東收口，經粵海關稽察征稅。其浙省之寧波，不過偶然一至。近來奸牙勾串漁利，洋船至寧波者甚多。將來番舶雲集，留住日久，將又成一粵省之澳門矣。於海疆重地，民風土俗，均有關係。

清·和珅等［乾隆］《清一統志》卷二二四《寧波府·城池》　寧波府城。周十八里，門六，水門二。北面濱江，三面為濠。唐咸通中創築，本朝雍正、乾隆中屢修。

又　《山川》　海。府境東、南、北三面環海，東通日本，南通閩廣諸番，北接江蘇崇明、上海。舊《志》云：大海自台州府寧海縣折而東，在象山縣東二十里曰錢塘，南三十五里曰大睦，西南二十里曰東門。自錢塘而北則定海，自東門而南則台、温。定海縣四面皆瀕海，東為蓮花洋，東北為灌門，海中有砥柱屹峙中流，水滙于此，旋涌若沸。舟行必投以物，殺其勢而後過。鎮海縣東北兩面據海，由東而南，接象山縣界；由北而西，接慈谿縣界。慈谿縣北距海六十里，西接餘姚，北界海壖，以黄牛、桑嶼二山為界。

論說

明·邱濬《重編瓊臺藁》卷一二《送伍通判序》　四明山水名天下。形勝偉特，羣山秀拔，湖蕩清溢，衆流斯委，號為東南奥區。内絡湖渠，原田交灌，外濱漲海，海錯雜出，號為東南樂土。

明·張時徹等［嘉靖］《寧波府志》卷首《范惟一序》　我皇明洪武十四年，鄭軍仲友奏明州同國號，請更名。上以郡有定海縣。海定則波寧，始定今名云。嗟乎！大哉謨也，何其深識遠覽若是哉！夫自古王者總一四海。諸侯分治列國。其經經緯萬端，靡所不貫。然舉其綱維，則無踰安、攘二者矣。後世俊得專祀其境山川社稷，擅政令教化之之權，比古諸侯王國。而寧波於浙，東偏負海而郡接島夷，鯨鱷之居，為吳浙門户，審勢絜重，又豈直他郡等哉。

又　卷四《疆域志·形勝》　郡故會稽屬邑。自唐肇爲明州。州以四明山名。四明爲三十六洞天之一，見《福地記》。蓋發自天台，屹峙於郡治之坤隅。上有二百八十峯，綿亘明、越、台三郡之境，迤西入東比，則爲錫山，爲大雷，爲蜜巖，樓、松巖鱉、山。西山出石塘，外爲城山、赭山、大隱，極於驃騎、天柱，挹於大海，比極海之陽山。迤南而東，則雪竇鎮亭亘連，山走鄞城，越新嶺，金峩天童太白，駺鄮峯、玉几而東盡於穿山崎頭入海。復峙爲翁山，散爲桃花、金塘、岱秀、補□諸山。其南分天台之支爲象山，東分太白餘支入海，爲蛟門、虎蹲，所謂天設之險。其伏龍之支則循沙而行，奠定海之浹口，爲招寶、大既。山發於坤，東比而走，而海抱於艮，仰接下沙，中爲定海之江，直接甬水，南匯比渡，源鎮亭宅山之泉，比入丈亭，通餘姚江，上接昌嵊諸流，合抱於郡城之下。定江之南，又環以小浹，百里而接於五鄉之碶，又南則黄溪、澹港，直抵長亭古洞，包奉化之山，而比則瀠以曹娥，岔爲外沙。唐於姚縣并入以句章，蓋服此。蓋郡之形勝，山水吐吞高深，暎帶東南扶輿之氣，實鬱盤於斯。吳虞翻云，東漸巨海，西通五湖，南暢無垠，比豬浙江，負溟渤，控扶桑，倚巨鎮，吞長江，抱負滄海，枕山臂江，實東南之要會。蓋衣冠之淵藪，而神仙之窟宅也。袁桷《志》地，浮贏海，等高而賦，則東比三方，皆巨浸滔天，岱與圓嶠、方壺瀛洲、蓬萊，古稱神仙窟宅。又人參天地。英才間生，一郡衣冠之盛，百世不改，其山川之儲精毓秀乎。最其奇者，丹山赤水，近暎天門，雪竇金峩，遙瞰南障。其他煙州霞嶼，雲谷龍宮，水簾留鬼谷之居，蓮嶠著遺塵之迹，雖十洲既遠，月湖为景，今廢。三島終遐亦騷墨之所遊騁者乎，地西南阻山，東比限海，非叔季之世，絶鮮壞地之爭。自唐大曆，始亂袁鼂，復亂，裘甫。殆於元木，而方氏入據。中間金人之屠，則繫宋連之衰廢。豈百二十二將，亦比之齊秦非邪？乃若茫茫巨海，窮睇無際，番舶會集貨貝騈臻，誠足爲利，而不逞狡夷，弋利釁邊，每亦由此。故望海之鎮，自宋已經國家雄圖於今滋重。南控昌國，比掎臨觀，經象山則石浦、錢爵扼其衝，制慈谿則龍山、觀海議其後，控定海則穿山、嵩霩捍其南，宅翁洲則岑寶、螺岱維其外。艨艟雲馳，砲大飈發，遠邏陳錢，近把蛟口，而居重於定海，首尾長蛇，蓋不特郡治之壯，而五邑之保障，胥此為固矣。若夫川原之互經，險阻之盤礴，原非四戰之地。邇者逋寇流突，恆自台來。然而越銅壇，過虎跑，即四境之外可以制守。而近自缸窯，又近而西店，十面埋伏，皆斫樹白書之地，要在先發以制人乎！

又《形勝·定海》 邑當郡之咽喉，環以長江，匯以溟渤、蛟門、虎蹲，重關天設，達蓬巀嵲而東趨，伏龍蜿蜒而南首。盤礐據三十六盤之勝，瑞嚴堤十有二峯之奇，嶔岑崒嵂，倚矗雲隈。翁山則鸑鷟星羅，金塘則芙蓉青削。寶陀馬迹東霍桃花，舍靈毓秀碧洞丹崖，為幽怪之托踪者，蓋不可勝紀也。招寶則屹立海口，抵障狂瀾。升高縱覽，旁眺八垠，溟涬鴻濛，浩乎無涯。洪濤天際，卷雪轟雷，元氣吞吐，地軸推移。驗海潮之應月，觀旭日於扶桑，條若凌虛倒影，排雲御風。三山赤水，飛仙往來之處，恍忽可得而窺也。至如高麗、日本、琉球、三韓之屬，峙列島嶼，若鳧若鷖，若隱若見，納質貢琛，帆舶踵至，魚鹽商賈，航甌舶閩，浮會達吳，率以是為通衢。萬竈雲屯，舟師鱗萃，扼險而守，于今最稱重鎮焉。

明·夏良勝《東洲初稿》卷二《贈郭君達誠守寧波序》 達誠守郡曰寧波，以濱海故，名有微義也，請以為喻。波者，海之餘也；海者，水之委也。水，靜物也，波則動，動之極則激，激亦有所害，是以思靜也。故欲寧，寧則靜之極矣。動靜見天地之心，是天地之理也。識動靜，為天下，其可也，而况郡乎！

清·黄宗羲《明文海》卷八一《錢薇〈海上事宜議〉》 海石子曰：【略】且松江、寧波，先曾各設市舶。市舶者，與倭舶市也。然則貢而商，亦國制所許也。或曰：胡兩市舶，今無一耶？海石子曰：史言松江，宋建市舶司，元有市船務，國朝為市舶監，在澱湖之北，後以官多民擾罷之，而并於四明市舶。四明者，寧波也。嘉靖二年，市舶内官陰為瑞佐嚮道，是市舶首尾為始禍，故四明市舶廢。【略】

或曰：嘗覽《海經》，南自汀、漳，北抵登、萊，沿海之區皆可駐舶，何必寧波？海石子曰：考之倭奴貢道，唐天寶以前率由百濟、新羅入山東境。自倭與新羅讎殺，乃不北而南，由明、越州矣。又《山川略》中載永樂時所封壽安鎮國山，與四明相值。春時東風便帆，直抵寧波境為便。聞之海濱人云：江淮未設總督，海商或由海門入建業，潛相貿易。今江上有操江中丞，巡江有兩都史，海口有總督，太倉有兵憲，彼勢日窘，故必之寧波。

清·顧祖禹《讀史方輿紀要》卷九二《浙江四·寧波府》 府控海據山，為浙東門户。浙東有難，必先中於明州。説者曰：明州三面皆海，而北面尤為孤懸，吳松、海門，呼吸可接。明州有難，必先中于江淮。往者晉有孫恩之禍，明有倭夷之禍，其大較也。夫明州北望成山，南指嶺表，樓船十萬，破浪乘風，用以震疊海外，此亦一發之樂也，乃虞自保無策哉？舊《圖經》：四明據會稽之東，抱負滄海，枕山蔽江，重阜崇嶺，連亙數千里，又為海道輻輳之地，南則閩廣，東則倭夷，商舶往來，物貨豐衍，東出定海有蛟門、虎蹲天設之險，亦東南要會也。

清·曹秉仁等［雍正］《寧波府志》卷首《李衛序》 寧郡六縣，縣皆濱海。蛟門虎蹲，雄峙海口。招寶一山，屏障大洋，西南自嶺粵，東北達遼左，延袤一萬四千餘里。商番舶，乘潮出没，無不取道蛟門，經由招寶，内側聯絡衆省，外側控制東倭。通省之門户，實亦東南一大關鍵也。

清·嵇曾筠等［雍正］《浙江通志》卷一《圖説·寧波府圖》　句章在越為甬東地，海道輻輳之所，陸雲謂北接青徐，東洞交廣，放船長驅，一舉而千里者也。唐置明州，宋為慶元路，明改寧波府，緣海為郡。南界台州，西界紹興，而東北直與大海為際。舊領縣五，附郭者曰鄞，府西北曰慈谿，西南曰奉化，東北切於海岸者曰定海，東南曰象山。國朝康熙二十六年，以舊昌國衛經明季遷遣以來，地名舟山，孤懸海中，為海疆門户。展復招徠，特命建立縣治，增置重兵，鎮守彈壓，更名定海，而以舊定海縣為鎮海，並隸於府。生聚日久，既富且教，遂成壯縣。而招寶山之外，蛟門、虎蹲，重關疊戍，皆天設之險，控制得宜。考明洪武時，遣信國公湯和經略邊海，於寧郡海濱諸處添設衛所，較他郡獨多，而扞禦稍弛，驛騷滋起。今則威以服之，恩以懷之，鯨氛永息，海波不揚。鎮定之民與鄞、奉諸邑，同享魚鹽之利，優游化日之舒。斥鹵奥區，鞏若磐石焉。蓋聖世之規模宏遠，迥越千古云。

又　卷二二《形勝·寧波府》　鄞縣。貝瓊《送顧伯載歸四明序》：海門潮汐，雷奔雪湧，彷彿激萬弩而西。

《嘉靖寧波府志》：内外二江，潮汐吞吐，支流緒派，包絡市廛。登邑而望，江南諸山，懸青獻碧，拱若玉屏。

潘夢良《三江亭記》：大江横其前，羣山拱其外，島嶼出没，雲煙有無，浪泊風帆，來自天際。

余寅《鄞縣學記》：惟鄞負滄海之沃若，奠名山之崔嵬，爰晶爰灝，是稱阜藩。

舊《浙江通志》：四明廣袤，限隔台、越，陽堂霞嶼，盤鬱蘢葱。

《鄞縣志》：縣之東、西、北三面皆山，前横三江，江之南羣山來朝，蒼翠迴環。

定海縣。吴萊《甬東山水古迹記》：昌國，古會稽海東洲也。東控三韓、日本，北抵登萊海泗。

《嘉靖寧波府志》：南通甌越，北涉江淮，皆以南北兩洋為要會。而南北之哨，則以舟山為根柢。

謹按，普陀山雄峙東溟，四面際海，北渡為沈家門，居定海之東，相去二潮，乃寧、紹二府之外籓也。過此則蓮花洋，外則陳錢、馬迹、羊山、大衢諸山，皆孤懸海面，探哨莫及，故外洋貢舶商艘多泊於此，實為海疆門户，出入要津。明湯和設立水寨，屯兵置艦，以禦倭警，與馬墓、長塗、浙西兵船，相為犄角。聖朝德威遐播，海不揚波，凡商民之詣普陀者皆安流順渡，而特於沈家門增設官兵，以時防禦，蓋有備無患，可謂扼形勢之要云。

藝　文

元·貢師泰《玩齋集拾遺·海歌十首》　黑面小郎棹三板，載取官人來大船。日正中時先轉柁，一時舉手拜神天。

出得蛟門才是海，虎蹲山下待平潮。敲帆轉艙齊著力，不見前船正過焦。

大星煌煌天欲明，黄旗上寫總漕名。願得順風三四日，早催春運到燕京。

隻嶼山前放大洋，霧氣昏昏海上黄。聽得柁樓人笑道，半天紅日掛帆檣。

四山合處一門開，雪浪掀天不盡來。船過此間都賀喜，明朝便可到南臺。

千户火長好家主，事事辛苦不辭難。明年載糧直沽去，便著緑衮歸作官。

大工駕柁如駕馬，數人左右拽長牽。萬鈞氣力在我手，任渠雪浪來滔天。

碇手在船功最多，一人唱聲百人和。何事淺深偏記得，慣曾海上看風波。

亞班輕捷如猿猱，手把長繩飛上高。你每道險我不險，只要竿頭著脚牢。

上篷起柂氣力强，花布纏頭袴兩襠。説與衆人莫相笑，喫酒著衣還阿郎。

元・張翥《蛻菴集》卷一《送黄中玉之慶元市舶》 昔我遊四明，壯觀溟海波。褰裳寶山頂，曙色寒嵯峨。日輪鎔生金，涌出萬丈渦。雲氣忽破碎，朱光相盪摩。决眥蓬萊宮，攜手扶桑柯。羣仙迎我笑，佩羽紛傞傞。颶風欻驚潮，騰擲鱷與鼉。浮槎徑可攀，從此超天河。精神動百靈，上下煩撝訶。歸來已十載，遠夢時一過。君家賢父兄，儒術傳世科。薄言捧省檄，舶署聊婆娑。是邦控島夷，走集聚商舸。珠香雜犀象，税入何其多。權衡較低昂，心計寧有訛？資閲須歷試，壯圖詎蹉跎！惟君官事隙，為訪巖之阿。懸想仙者徒，往往笑且歌。遐征渺不見，空響遙相和。因聲兩黄鵠，持我紫玉珂。豈無滄洲興，奈此塵劫何！

元・吴萊《淵穎集》卷四《次定海候濤山》 悲歌忽無奈，天海何渺茫！放舟桃花渡，回首不可量。南條山斷脈，北界水畫疆。居然清泠淵，枕彼黄茅岡。朝滲日星黑，夜凄金碧光。蹲虎巖倚伏，鬬雞石乖張。磨礱越湛盧，盪汨吴餘皇。幽波視若鏡，巨壑深扶桑。招徠或外域，貿易叢兹鄉。嘔啣燕國語，傎倒龍文裳。方物抽所實，水犀警非常。驅鰌作旗幟，駕鼇為橋梁。似予萬里眼，徙倚千尺檣。稍疑性命輕，終覺意氣强。寄言漆園叟，此予直望洋。便擬學仙子，被髮窮大荒。

明・唐順之《荆川集》卷二《送沈君守寧波》 五馬去趁趕，孤城積水含。地收蚶蛤税，人與龍蛇參。夷貢珠頻入，僊書穴可探。清貧君已慣，海味不須甘。

清・胡文學《甬上耆舊詩》卷七《［明］張琦〈鄮州歌〉》 山入關門海入州，海中白蜃吐高樓。公家政簡民安作，細雨斜陽歸飯牛。

扁舟白髮芰荷香，共指前頭賀監鄉。西去洞天還有路，人家兩岸種昌陽。

斥鹵青陽滄海濱，扶桑隔水是文身。江城新市無風雪，畫鼓朱旛迎早春。

又 卷三〇《［明］汪彦〈與沈源美杜言登候濤山觀海六十韻〉》 浩淼乾坤裏，緣蘿陟寶坊。披軒汎容與，適意縱徜徉。粉堞潮聲撼，青峰練影涼。九州分控帶，萬里盡微茫。直是奔元氣，寧容遡濫觴！偶時能震地，何谷不遵王？受露疑無底。浮天似有傍。乘衰輪巨壑，避礙度迴塘。險阻蛟門設，咽喉鼇柱當。及秋風作浪，未曉日登光。形勝猶同昔，蕭森此一方。數丸占漲汐，跳沫走平岡。白晝驚鳧夢，寒霾失雁行。收鮮歸近浦，濯網掛危檣。積濕衝衣潤，淪陰合岸黄。懸洲歌伐木，鶩渡競鳴榔。島潤潮雞應，流深贔屭强。濤翻如峭壁，瀾靜即康莊。浪指尾閭洩，虚傳鰌穴張。無繇窮地脈，總道接天潢。海味居民熟，風波過客嘗。大魚吞雀舫，姹女舞霓裳。蜃結孤樓迴，鼇擎別嶼長。援琴情易寫，銜木恨難忘。入水禽形化，凝鞭石血藏。揚塵説清淺，滿屋記滄桑。方士憐徐福，飛仙笑始皇。當空餘鳥道，寥廓斷鼉梁。梵刹遺金鉢，蓬瀛敞玉堂。潛靈時出没，陰火暮輝煌。牛啖紅蓮鐵，人餐白石糧。本非塵世界，只在水雲鄉。肉骨少輕舉，真如莫闡揚。畏途正洶洶，東海自泱泱。决注頻觀彗，炊烟遍煮霜。珍奇資奥府，捆載集行商。盤淚鮫人泣，冰蠶泉室將。榷征多踞虎，朝貢久無狼。遙望鯨鯢窟，還憂魚鱉殃。徵兵聞羽檄，移汛戒艅艎。不犯斗牛象，誰殲金虎芒？鴻冥青漢冷，龍蟄紫雲荒。一嘯陽侯遁，三山神瀵香。翼從沈髮北，愁已散眉眶。魯氏偏逃爵，任公肯釣璜。呼開閼九豹，吹落管雙凰。所見銀宮闕，應銷土胃腸。烟霞因世癖，傲睨覺身妨。色界冥濛老，年華搏激忙。蓬飄隨泡聚，機息共鷗翔。薄俗渾皆濁，吾生且獨狂。珠遺聊復隱，蠡測那能量？河伯趨堪歎，波臣語漫傷。掀髯照塵幘，回首問慈航。桂樹搖明鏡，芙容吐碧鋩。懷材方百六，選勝豈尋常？歷覽真都幻，登臨殊未央。眼前襟曠蕩，杯底興淋浪。禪月頻揮麈，佺期屢據床。醉來攜手去，箕踞看扶桑。

清・曹秉仁等［雍正］《寧波府志》卷三五《藝文中・［元］曇噩〈驃騎山賦〉》 會稽，東南之鎮也。汰為鄞，衍為鄮，會一氣之未㓞也。有巋其間，抑其閏也。屈煙霞之下垂，燿張錦而立玉，怒孤雄之高騫，駥萬駿之翹陸。蓮花之倚媚，達蓬之豪偉，睢盱睥睨，辟易讋縮。飛者踏翼，走者踠足，劃羣，衆之莫曹。超儻恍，而見獨。故能儲粹美孕清淑，洩天藏發神伏。爰景之圭，爰食之龜，郡表東海，實焉是依。謂若負扆而南面也，節擁龍虎，沙宿熊羆，㽞威風於島嶼，湛恩波於渺瀰。際天之域，莫不來歸。於是元帥之府，羅弓矢，樹羽儀，於以示中國之體勢，羌率土之怀綏。謂若負墻而北面也，舶賦象犀，簟賂珠瓊，徵斥鹵於富媪，索驌藁於馮夷，管海之利，無復餘遺。於是遠方之貨具包篚，貢京幾於以效外藩之職。羌庶物之咸熙，面勢攸在，陰陽厥宜，嘉生挺拔，秉懿萃奇。蓋物之大者人秉之靈，人之顯者物之托名。

又《藝文下·［清］李鄴嗣〈鄮東竹枝詞〉》　太平海國久無塵，雨瑞風祥四序均。虎不嚙生龍不怒，沙颯何物得浸人！

海船齊到大嗚鑼，上水黃魚網得多。先買肥牲供羊廟，弋陽子弟唱婆娑。

明·張時徹等［嘉靖］《寧波府志》卷四《疆域志·［明］張得中〈四明形勝賦〉》　甬東故郡，寧波新府，域占雜揚，星分牛女，夫差封越於其間，勾踐徙吳於厥處。嬴秦置鄮縣之名炎漢隸會稽之部。唐號明州，宋升節度，紹興制更為慶元，有元則改府為路。際我皇朝作興斯土，觀其俯臨渤澥，高枕群山。大江帶其東比，太湖漫其西南，蛟門屹立，自天設險。虎蹲雄距，阻海為關。日本、琉球之列國，高麗、閩廣之諸番，揚帆來貢，舉棹回還。魚監輻輳，寶貨滋繁。喜黎氓之富庶，宜田野之寬間。若夫丹山赤水之洞天，方丈蓬萊之仙島，鄮峰凭玉凡之高，雷竇瞰金峩之好。松风廿里，天童瑞應於長庚，寶塔千寻，舍利光騰於晴昊。大梅登萬廟以為梁，丹桂入禁林而品藻。它山疊石，火推諸堰之尊，天井潛龍，屢應甘霖之禱兩湖涇日月之華，六縣出東南之表。若乃虹桥壓水，雉堞連雲，樓臺突兀，金碧嶙峋。梵宇傅燈於三佛，鯨門 武于千軍。衆樂亭開，見輿情之悅懌，鲒埼亭在，知海錯之紛纭。由是土地鐘靈，人材英傑。黃公應聘以安劉，賀監休官而歸越。隱居虞喜，千載幽，好學闞生一區，舊宅。忠於君者，孫沔、樓大防；孝於親者，董黯、張無擇。豐稷論蔡京，而憂國柄之危，陳禾論童貫，而引御衣之。林侍郎獻《龜鑑》之言，高憲敏集《春秋》之説。俞充舒亶礱服羌夷，劉俣孳，袪除虎穴。汪大猷居翰苑之榮，袁廣徽總天宮之列。鄭清之條十事以前陳。樓迂齋選古文而有《訣》。八行史太師之後，一門三相，功業巍巍。大隱楊先生而下，九老同祠，儒聲赫赫。编《玉海》之書者王應麟，著《日抄》之書者黃東發。袁伯長有《清容》之藁，程端禮有《讀書》之法。文獻相承，簪纓不乏。至若寵膺禄秩，仕宦茲邦，房琯起慈谿之邑宰，荆公居鄮水之琴堂。陳了翁著尊堯之文集，曾南豐稱蓋世之詞章。范成大從容乎郡守，栁耆卿題詠於鹽場。揆古如斯，于今何似？人材輩出乎俊良，仕宦鼎來琪諸子。錢唐爭舍奠之儀，傅恕纂有元之史。鮑忠持節，神明之號連城；陶鑄廉閩，天眼之謠盈耳。桂彥良任師傅於王宮，單仲友播聲詩於玉陛。余唐典郡德澤猶存；孔泠親民，芳名不死。羌濟濟其多賢，莫區區而殫紀。嗚呼！山川形勝兮，固足瑰奇。人材兼美兮，信難得之。矧在德兮，不在險；爲之守者，在四夷。緊文風兮丕振，偉吾道兮增輝。民俗還淳於前古，官師迥出於當時。幸綉衣之攬轡，來閭巷之歌詩。愧鯫生兮淺識，敢拜手兮陳辭。

雜録

元·程端禮《畏齋集》卷五《監抽慶元市舶右丞資德約蘇穆爾公去思碑》　至正三年冬，資德大夫、江浙等處行中書省右丞約蘇穆爾公監抽慶元市舶。既去郡，耆老述舶户王良臣之言曰：良臣等為舶户有年，監抽官之廉明革弊，未見如公者。實德在人，弗能忘，願有所紀，刻之貞石，以式來者。謹按，國朝因唐、宋於慶元、泉、廣建市舶司，設提舉官。酌古今之宜，頒舶法二十有二條。抽分省官親臨，具有定制。惟是近年或委他官，選擇未精，法外生弊，舶户病之。洪惟今上龍御内外，任官惟賢惟才，大綱小紀惟監成憲，重熙累洽，太平之功格於皇天。乃二年十一月，預以蕃舶回帆，申命行省，而我公實來。【略】今監抽一事，未足贊公才美，然以玉雪之操，金石之節，久孚朝野。【略】《易》曰：『理財正辭，禁民為非曰義。』惟舶人通道九夷，憑國威靈，必戒生事，中國所寶，必截其出，是曰禁非。徽商薄入，曰與曰取，是曰正辭。理財之義既詳，諸法以義為利，可為盡善。自非大人君子克畏四知，目眩珍貨，鮮不動心，矧其遠涉鯨波，往以歲計，疫寇不虞，捐生易利，期償稱貸，何忍法外攟摭而取之乎？

明·王鏊《震澤集》卷二八《福建布政使左參政姜公墓誌銘》　公姜姓，諱昂。字恆頫。【略】乃改知寧波。寧波聞公至，同官皆減去輿馬華飾，俳優雜劇不一陳於前。日本入貢過郡，望公迎戢六年。

明·楊寔等［成化］《寧波郡誌》卷四《里閭考·鄞縣》　大市。縣西自崇孝坊，東至宣化坊。中市。縣前宣化坊，東至按察分司前。後市。縣後魏家巷北，東至東婆門，西至乾碶頭按察分司後。甬東市。縣東五里東津橋東。寶幢市。縣東四十里，界六都、七都，舊名下莊市。小白市。縣東四十五里，屬七都。東吴市。縣東四十五里，在八都、九都。下水市。縣東四十里，屬十都。韓嶺市。縣東南四十五里，屬十五都。橫溪市。縣東南四十五里，屬二十二都。小溪市。縣南四十里，屬鎮都，舊名小溪鎮。林村市。縣西南三十五里，界四十六都、四十七都。西郭市。縣西三里西門外。梅墟市。縣東三十里，屬四都。櫟社市。縣南二十五，屬四十三都。西郭八市。郡守陸阜改置南郭，同知劉文顯因民便，復置三市。東津四市九市。郡守張璜置。大街。縣西自樓前崇孝坊，東至按察分司前。鑑街。縣西北鑑橋，南至貫橋。大梁街。縣南萬壽寺前。小梁街。縣南阜財坊，西至粘家橋。砌街。縣東南，自東橋西至新牌橋。沙泥街。縣東南，東至錦樂坊，西至狀元坊。

又 卷二《市鎮》 城中。大市。縣治前東牌坊至丙牌坊。中市。縣治東按察分司前。後市。縣治後魏家巷北，西至乾碶頭。大廟前市。縣治南靈應廟前。三角地頭市。縣治南，舊名龍舌頭。紫薇街市。貫橋市。西門內早市。

东鄉。甬東市。在靈橋門外浮橋之東。寶幢市。界六、七都。小白市。七都。東吴市。界八、九都。下水市。十都。盛店橋市。三都。

東南鄉。韓歡市。十五都。橫溪市。二十二都。陳婆渡市。縣東南二十二里。莫枝堰市。縣東南十六里。

南鄉。南郭市。在長春門外。櫟社市。四十三都。石碶市。四十三都。小溪市。鎮都。

西南鄉。石塘市。界四十六、七都。林村市。界四十六、七都。鳳嶴市。十字港市。黃公林市。三市俱桃源邪。

西鄉。西郭市。在望京門外。望春橋市。縣西八里。賣麵橋市。縣西十里。高橋市。縣西二十里。《俱閩志》。

《明世宗實録》卷五五〇 （嘉靖四十四年九月）丙申，罷浙江寧波府市舶議。先是，言者嘗欲比廣東事例，開市舶以通海夷，至是浙江巡撫都御史劉畿言：『寧波舊設市舶司，聽其貿易，徵其舶稅。行之未幾，以近海奸民侵利啓釁，故議裁革。今人情狃一時之安，又欲議復，不知浙江沿海港口多而兵船少，最難關防。此釁一開，則島夷嘯聚，其害有不可勝言者。』户部亦以為然，事遂寢。

《明宣宗實録》卷八九 （宣德七年夏四月甲寅）浙江温州府知府何文淵奏：『瑞安縣耆民言，洪武、永樂間，琉球入貢，舟泊寧波，故寧波有市舶提舉司安遠驛，以貯方物，館穀使者。』

明·黃潤玉《寧波府簡要志》卷三《郵驛志》 安遠驛。府治西北一百十步，寧波衞後。國朝永樂四年，以方國珎遺下房屋開設。選官置吏，專待番貢使客。馬房一十間，鋪陳什物三十副，館夫二十名。

清·愛新覺羅·玄燁《聖祖仁皇帝御製文第三集》卷一四《諭浙江巡撫黃秉中》 寧波府介在海濱，地方緊要。知府陳一夔不必與湖州更調。康熙四十八年正月二十三日。

上海分部

綜 述

《元史》卷六二《地理志五·江浙等處行中書省·松江府》 領縣二：華亭、上，倚郭。上海。上。本華亭縣地。至元二十七年以户口繁多，置上海縣，屬松江府。

明·李賢等［天順］《明一統志》卷九《松江府·建置沿革》 上海縣。在府城東北九十里，本華亭縣地。居海之上洋，舊曰華亭海。宋時商販積聚，名上海市。元至元中，置上海縣，本朝因之。編户六百四十九里。

又《山川》 海。在府城東南一百里。有司春秋致祭。

滬瀆江。在府城西北六十里。松江東瀉海，而靈怪者曰滬瀆。《廣韻》：滬，水名。《白虎通》：發源而注海曰瀆。瀆上有壘，晉虞潭、袁崧防海處。傍有蘆浦，俗呼為蘆子城。唐皮日休詩：全吴臨滄溟，百里到滬瀆。

松江。在府城北七十二里，一名吴淞江。源出太湖口，東注於海。《書》曰三江既入，震澤厎定。此其一也。

黃浦。在府城東南一十八里。其水自杭州嘉興經華亭西南入浦，又東北流，至上海縣，入於海。湍流悍急，舟楫必趁潮汐往還並浦。兩縣之田，胥資灌溉。

元張之翰詩：黄浦春風正怒號，扁舟一葉渡驚濤。諸君來問民間苦，何用潮頭幾丈高！

明・鄭若曾《江南經略》卷四下《上海縣境考》 上海在府治東北，故稱華亭海。秦時為海鹽北境。梁武帝太清三年，為前京縣地。唐天寶中，立華亭縣，實為華亭境。宋神宗時，海舶輻輳，即其地立市舶提舉司及榷貨場，為上海鎮。以地居海之上洋，亦稱上洋。元至元二十三年，分華亭東北五鄉建縣。

東至川沙堡，濱海五十里。西至七寶鎮，華亭縣界三十六里。南至閔行鎮，華亭縣界七十二里。北至栅橋，嘉定縣界一十八里。東南至南滙所，華亭縣界八十里。西南至莘莊鎮，華亭縣界三十六里。東北至吳淞所，嘉定縣界一十八里。西北至蟠龍塘，華亭縣界一十四里。自縣治至府城，九十里。

又《上海縣城池考》 上海，宋時特為海船所駐之地。元至元間，開設縣治。原無城垣可守。嘉靖三十二年，邑人顧光禄從禮奏請築城，知府方廉、知縣喻顯科始甃築之。三十六年，府同知羅拱辰於城四門，益以敵樓三楹，沿城益以箭臺二十座，環濠益以土牆；又於要害處，益以高臺層樓。

城周圍凡九里，高二丈四尺。池東即黄浦。西、南、北三方各濶六丈，深一丈七尺，周圍縈繞，外通潮汐。陸門六座：東曰朝宗，西曰儀鳳，南曰跨龍，北曰晏海，小東曰寶帶，小南曰朝陽。水關三座，其東者，跨肇嘉浜。其在小東門者，跨方浜。敵樓四座，平臺二座，箭臺二十座，窩舖七十八座，雉堞三千六百九十五垛。

明・鄭洛書［嘉靖］《上海縣志》卷一《總敍》 上海爲松江屬縣，其地古揚州之域。春秋爲吳爲越爲楚，秦漢爲會稽、吳郡。孫吳時爲陸氏侯封，始有華亭之名。至唐天寶十年，始縣華亭，此曰華亭海。迨宋末，人煙浩穰，海舶輻軸，即其地立市舶提舉司及榷貨場，爲上海鎮。元至元二十九年，割華亭長人、高昌、北亭、新江、海隅五鄉爲縣。據錢全衮《續松江志》，以爲從知府散翰文之請。唐時措縣治，《記》又謂請自參政。龔公曰：上海者，以居海之上洋也。分野於吳爲斗，疆域在元，東至江灣，里一十有八，西至烏泥涇，里三十。南至下沙場，北至青龍鎮，里皆五十。共東西四十八里，南北一百里。

國朝東至大海，里五十，極海無際。西至華亭縣界，里百有十。到蘇州府，里百有八十。南至華亭縣界，里七十有二。到下沙場，里六十。北至嘉定縣界，里十有八。到吳淞江巡檢司，里十有二。東南到南滙觜千户所，里八十。西南到府治，里九十。東北到嘉定江灣巡檢司，里二十有四。西北到嘉定縣治，里七十有三。共東西百有六十里，南北九十里。北到京師，三千八百里。到南京，八百里。其編户，凡六百三十里云。

又《風俗》 上海故爲鎮，時風颿浪舶之上下，島夷交廣之涂所自出，爲徽商計吏、鼎甲華腴之區，鎮升爲縣。

又 卷三《建置》 縣署。舊市舶司。元初立縣於鎮守衙，即故宋榷場地。大德戊戌，併舶司于四明，遂爲縣，明年，達魯花赤雅哈雅建鼓樓，增葺堂宇。

市一十一：曰崧宅市，在四十六保。曰泰來橋市，在唐行南鹹魚港上。曰杜村市，在四十七保。曰白鶴江市，一名新市，在白鶴江上。曰楊林市，在三十一保，吳淞之北。曰諸翟市，俗呼爲諸地，在三十保。曰鶴坡市，在二十一保。曰東溝市，在二十二保，東溝浦上。曰北蔡市，在二十保。曰閔行市，在十六保，横瀝東。曰高家行市，在二十二保。

又 卷六《古迹・公宇》 市舶提舉司，即今縣治。堂曰清節，曰古修亭，曰受福。

清・葉夢珠《閲世編》卷三《建設》 上海之有榷關，始於康熙二十四年乙丑。關使者初至松，駐劄漴闕，後因公廨窄陋，移駐邑城。往來海舶，俱入黄浦編號。海外百货俱集，然皆運至吳門發販，海邑之民，殊無甚利，惟邑商有願行貨海外者，較遠人頗便。大概商於浙、閔及日本者居多。據歸商述日本有長耆島者，去其國都尚二千馀里，諸番國貨舶俱在此貿易，不得入其都。島上居民，華夷雜處，格物者多利比中國，不能倍價。凡奇技淫巧，市俱有禁，惟必需之物方收，若細帛書籍尤易售，嚴禁西洋貨及畫像，攜入者必置重典。向來交易，俱用紋銀，今日濫惡，祇八九成，直有三成者，客商扣算資斧及官税外，餘利無變矣。其人物土俗，願有華風，初尚直樸，今漸狡猾，恐任其往來，奸民或糾合倭之黠者，如明嘉靖中故事，又爲地方釀禍耳！當事者不可不防之。

清・顧祖禹《讀史方輿紀要》卷二四《南直六・松江府・上海縣》

上海縣。府東北九十里。西至青浦縣九十里，西北至蘇州府嘉定縣七十二里。本華亭縣地，居海之上洋，曰華亭海。宋時海舶輻輳，乃立市舶提舉司及榷貨場，為上海鎮。元至元二十九年，始割華亭五鄉置縣，屬松江府，未有城郭。嘉靖三十二年，因海寇突犯不時，始築城為備，周九里，環以大濠，外通潮汐，頗為險固。今城周八里有奇，編户六百二十一里。

海。縣東七十里。北起嘉定，南抵華亭，為縣所轄，松江與黄浦合流入焉，混茫無際。東接諸蕃，惟日本最近。宋元間入貢，皆繇青龍市舶司，後漸徙於四明，貢者不復取道。沿海皆灘淺，物產鮮少，俗號『窮海』，獨鹽利為饒。自清水灣以南，較川沙以北，水鹹宜鹽，故舊置鹽場。近有沙堤壅隔，水味寖淡，滷薄難就，而煮海之利亦微。元時潮汐繇吳淞口入，朔望以子午為信。萬曆八年，潮決李家洪，去故道南二十里，潮汐遂早數刻，飄舶出没甚便，不可無備云。

吳淞江。在縣北。自青浦、華亭縣流入境，又東北接嘉定縣境入海。自宋以來，屢經濬治。元大德八年，濬上海界吳淞舊江，東抵嘉定石橋洪，迤邐入海。長三十八里有奇，闊二十五丈。十年，復濬上海界趙屯、大盈、白鶴江、分莊嘴、樊浦、西浜、盤龍舊江，開挑計長三十七里有奇。數內樊浦為頭一河，下接新涇舊江，面闊二十丈餘。既又於廟涇、盤龍以東，挑出水口子凡五處。明弘治中，命工部侍郎徐貫復治吳淞江，自上海西界帆歸浦至分莊七十餘里。隆慶四年，撫臣海瑞按行上海，開濬吳淞江，自黄渡起至宋家口，凡七十餘里，蓋縣當吳淞委流也。今有吳淞江巡司，在縣西北三十里。

黄浦。在縣東，大海喉吭也。自華亭縣界迤而東，受南北兩涯之水，乃折而北，受東西兩涯之水，經城東二里許，又折而東北，合於吳淞江以入海。明初，吳淞江淤塞，自上海閘橋以西之水悉壅入三泖，而黄浦當其下流，盤旋汎溢，不達江海。永樂初，夏原吉乃導黄浦繇范家浜以達吳淞江，其入江處曰南蹌浦口，自是匯流以入海。毛節卿曰『三江既塞，三泖南源由黄浦北折而入淞江之下流』是也。《海防考》：黄浦入江，東北去吳淞口不五十里。吳淞為海寇突犯之衝，而黄浦逼近縣城僅一二里，循浦而南，繇江而西，皆直達郡城。此誠肘腋之虞，防禦所當加意者也。《志》云：浦口舊闊三十餘丈，今横闊幾二里。蓋三江之縮斁，僅黄浦云。有黄浦巡司，在縣南三十里。

清・愛新覺羅・胤禛《世宗憲皇帝硃批諭旨》卷三二《硃批張楷奏摺》（雍正三年四月三十日江蘇巡撫張楷）奏為委員管理上海關稅務仰祈聖鑒事。【略】臣查上海一關，界連海面出口之處甚多，稽察宜嚴。據奏，以蘇松道經理上海關稅務，遴委甚屬妥協，照所請行。

清・趙宏恩等［雍正］《江南通志》卷二二《輿地志・公署》 督理海關署。在上海縣城内，即舊察院。康熙二十四年建。

又 卷二五《輿地志・關津一・松江府》 海關。在上海縣。康熙二十四年設立，即舊北察院行臺為公署。於六十年歸併蘇撫協理，今專委蘇松巡道監督。

又 卷一〇五《職官志・文職七・國朝統部》 榷關使者。【略】松江有海關。康熙二十四年分設，每年輪差部員。康熙六十一年，歸江蘇巡撫管理。

又 卷一二《輿地志・山川二・松江府・大海》 環府之東南二境，淞江與黄浦會而入焉。其會處曰蹌口，其南與紹興、寧波相望。耆老云：深夜籟寂時，越中雞犬之聲相聞。今天日晴明，南岸諸山皆歷歷可指。自金山東過勝山，為南洋。又東至洋山，又東南為南大洋。北至高家嘴，為蘇州洋。又東為東大洋。宋元間諸番貢道，皆由青龍市舶司。今於上海設海關。

松江。在府北七十四里上海縣界，府因以名。一名吳淞江，亦曰松陵江。其源出太湖，自吳江長橋東流，至尹山北流，至甫里東北流，至澱山北合趙屯浦，東合大盈浦，又東合顧會浦、崧子浦、盤龍浦，凡五大浦。至宋家橋東南流，與黄浦會而入海。將入海，別為滬瀆，在上海縣北十里，上有城壘。

黄浦。在南匯縣西六十里。戰國時楚黄歇所鑿，土人因稱為黄浦，一稱春申浦。其首曰潢潦涇，上源為黄橋、斜塘，為三泖，為澱湖，為急水港，為白蜆江。其下流經奉賢、南匯、上海之境，而北會吳淞江入海，名上海浦。此水視淞、婁二江為大，故論者以為即古之東江云。海潮一日二至，從浦出入。

又 卷二〇《輿地志・城池一・松江府・上海縣》 明嘉靖間，知府方廉因倭亂築城，圍九里，高二丈四尺。門大小凡六，堞三千六百有奇。濠廣六丈，深一丈七尺。同知羅拱辰於四門益以敵樓、箭臺，環濠為土牆。萬曆中，知縣許汝魁奉檄，城加五尺，開小南門水關，引薛家浜水，以通市河，民利賴焉。後知縣徐可求、劉一爌相繼甃石。【略】國朝康熙十三年重修。二十二年，上海知縣史彩重葺。五十七年，郡同知鄭山督修。

清・和坤等〔乾隆〕《清一統志》卷五八《松江府・建置沿革》 上海縣。在府東北九十里。東西距五十四里，南北距八十四里。東至南滙縣界十八里，西至青浦縣界三十六里，南至奉賢縣界七十二里，北至太倉州寶山縣界十二里，東南至南滙縣界八十里，西南至華亭縣界三十六里，東北至寶山縣界十八里，西北至太倉州嘉定縣界三十六里。漢海鹽、婁二縣地。梁以後為海鹽、崑山二縣地。唐宋為華亭縣之地，居海之上洋，曰華亭海。宋時立舟舶提舉司及榷貨場，為上海鎮，元至元二十九年，即其地置上海縣，屬松江府。泰定三年，屬嘉興路。天曆元年，復屬松江府。明不改，本朝因之。

又《山川》 海。府境東、南二面濱海，北自太倉州寶山縣界入境，南經上海縣東五十四里，又南經南滙縣東二十三里，又西南至奉賢縣東南一里，又西經華亭縣南八十里，又西經金山縣南一里，又西接浙江海鹽縣界。上海縣東北為吳淞江會黄浦入海之口，曰蹌口。《海防考》：郡境三面環海，金山當其南，南滙當其北，而青村為東南三面轉屈處，與中洋山相傳。明陸深《集》：潮退于南滙嘴，旋分兩派，南派入錢塘江，北派入揚子江。南滙嘴者，海之一曲也，在邑東南百里。《府志》：南與浙江之紹興、寧波相望。當天日晴明，南岸諸山歷歷可指。深夜籟寂，越中雞犬之聲相聞。自金山東過勝山為南洋，又東至洋山，又東南為南大洋。北至高家嘴為蘇州洋，又東為東大洋。自南大洋又南歷閩、廣，通南海。自東大洋北歷山東，通遼海。

松江。源出蘇州府之太湖。自崑山縣東南流入，經青浦縣北二十里，北與太倉州嘉定縣接界，又東經上海縣北，南與黄浦江合，又東入海，曰吳淞海口。說者謂即《禹貢》三江之一，郡以此名。亦曰吳淞江。庾仲初《揚都賦》注：松江下七十里分流，東北入海者為婁江，東南流者為東江，并松江為三江。《史記正義》：三江者，在蘇州東南三十里。一江西南上七十里至太湖，名曰松江，古笠澤江。一江東南上七十里至白峴湖，名曰上江，亦曰東江。一江東北下三百餘里入海，名曰下江，亦曰婁江。於其分處，號曰三江口。桑欽《水經》：南江又東北為長瀆，歷湖口東，則松江出焉。江水岐分，謂之三江口。酈道元注：《吳越春秋》稱『范蠡去越，乘舟出三江之口，入五湖之中』者也。《宋史・河渠志》：崇寧二年，通直郎陳仲方議濬吳淞江，自大通浦入海。大觀元年，中書舍人許光凝奏：姑蘇欲去水患，莫若開涇濬浦，蓋太湖在諸郡間，必導之入海，然後水有所歸。自太湖距海有三江，有諸浦。吳人謂開一江，有一江之利；濬一浦，有一浦之力。願委本路監司詳究利害。詔吳擇仁相度以聞。開江之議復興矣。《元史・河渠志》：浙西諸山之水受之太湖，下為吳淞江，東滙澱上湖，以入海，而朝汐來往，迎湧觸沙，上湮河口。是以宋時設置擦洗軍人，專掌修治。元初，勢豪租占，為蕩為田，以置湮塞不通，公私俱失其利。泰定元年，江淛行省言，吳淞江等處河道塞壅，宜為疏滌，仍立牐以節水勢，至二年工畢。曹學佺《名勝志》：吳淞江在青浦縣北，自吳江長橋東流至長洲尹山，北流至甫里，東北流又過華亭澱山，乃入縣境。隆慶三年，巡撫都御史海瑞議開濬，自縣境屬於崑山江流湍駛灌莽之區，漸成沃壤。《府志》：自湖至海，凡五滙四十二灣。五滙者，安亭、白鶴、盤龍、河沙、顧會浦，乃江潮與湖水相會合之地也。其將入海處，别名滬瀆。其别派自吳江分流，由急水、港鍾為太湖，曰薛澱。陳繼儒《志》：自太湖從吳縣鮎魚口北入運河，經郡城婁門東，流入上下雉瀆，抵崑山至和塘東，合新洋江，經太倉塘，合劉家港入海者，為婁江。自太湖從吳江縣長橋東北，合龐山湖，入長洲界，過大姚浦，抵崑山界，分為二：南為吳淞江，北為蒯娘江。復合為一，東流入嘉定界，經上海合黄浦水入海者，為吳淞江。自白蜆江從急水港過澱山湖，東至華亭，合上海黄浦，由黄浦經上海宋家港，合吳淞江，北入海者，為東江。

黄浦江。首受三泖，東流經金山縣北、婁縣南、華亭縣東南、奉賢縣西北，滙南北諸水。又東北經南滙縣西六十里，又南北經上海縣城東，又東北與吳淞江合，東入海，曰蹌口，即吳淞江口也。聖祖仁皇帝南巡御製《泛黄浦江詩》。單諤《水利志》：明永樂二年，夏原吉以黄浦為通江要道，其旁至南蹌口，可逕入海，乃濬令廣深上屬黄浦，盡從諸水入浦，不得東注淞江。《府志》：黄浦為南境巨川，其首曰黄潦涇，受黄橋、斜塘及秀州塘水，東流至詹家滙，為爪涇塘，演迤而東，受南北兩滙之水，折而北流，趋上海縣，受東西兩滙之水，東北會吳淞江，以入海。源自三泖來，其上為澱湖，為白水港，為白峴江；又自松江分派而來，至入海處，約二百五十餘里，舊傳即古之東江。戰國時，楚黄歇鑿其旁支流，因稱為黄浦，亦稱春申浦。《華亭縣志》：今吳淞江流與浦合，其出海之口雖名吳淞江，實黄浦口也。合流之處經上海而北，其澗六七里。

又《城池》 上海縣城。周九里有奇，門六，濠廣六丈。明嘉靖中築。本朝康熙十九年修葺，雍正九年重修，乾隆四十年又修。

清・宋如林等〔嘉慶〕《松江府志》卷一五《建置志三・古署》 上海市舶司。今爲縣治。張之象《邑志》。

又 卷二八《田賦志・附關榷》 國朝康熙二十四年，設江海關于上海專司海舶稅鈔。是年詔弛海禁九卿會議，江南。設海關於上海，以內務府司員監收，筆帖式副之，定例一年更換。《上海志》。

康熙六十一年，江海抽分歸并蘇州巡撫帶管，委員代理。《上海志》。

雍正三年，巡撫張楷奏，委蘇松道管理關務，并請移駐上海從之。

雍正八年，分巡松太兵備道，始移駐上海。

關使者初在華亭漴闕，後移上海寶帶門內，即舊巡按行署，於康熙二十六年前監督舒詳請改設，四十年監督三保重修。有《碑記》。今改爲公所。巡道盛保有《記》。

分巡兵備道兼管海關署，在上海縣署東南，雍正九年以入官房屋兼買民地改建。巡道王　慧有《碑記》。

大關在上海縣小東門外，統轄海口二十四所，雍正七年以廟灣等六口歸并淮榷，今存十八所，皆在大關六百里以内云。

又《稅則》　凡安南商船貨稅，進口出口俱以七折徵收。東洋商船貨稅，進口以六折徵收，出口不論貨物槩收銀一百二十兩。閩廣商船貨稅，進口出口自三月至八月，以七折徵收，九月至二月，以五折徵收。山東、關東商船貨稅并各口貨稅，俱八折徵收。又安南、關東山東商船貨稅，俱以加一優免。東洋、閩廣商船貨稅，例免五分，優免五分。又凡銅鐵及銅鐵器皿，禁止出洋。其衣食日用、雜貨船料稅，則俱遵戶部則例，令該管官詳刻木榜，豎立關口。又定制，民間日用各物數不及則及零星貿易僅及十餘金，沿海小船采捕魚蝦者，皆免稅。

凡海洋貿易商船，令報明監督，及地方官查明，確係殷實良民，姓名、住居及往何洋貿易，取具保結，依式成造。船身烙號刊名，江南青漆黑白字。給報照，於出口時驗放回日銷號。其從外洋進口者，亦必詳查注册。或因風信不能回籍請照，即在經由該地方官具保給照，回日仍赴原衙門銷之。

論說

明・鄭洛書［嘉靖］《上海縣志》卷八《文志下・［元］唐時措〈縣治記〉》　上海縣襟海帶江，舟車輳集，故昔有市舶，有榷場，有酒庫，有軍隘、官署、儒塾、佛宮、僊館。甿廛、賈肆，鱗次櫛比，實華亭東北一巨鎮也。

又　卷首《自序》　上海據吳會之東，負海帶江，天下稱壯縣。

明・王鏊《震澤集》卷一二《上海志序》　今天下大郡稱蘇松，松之屬邑二，曰華亭，曰上海，上海故華亭之東維耳。至元割為縣，土壤始分。非獨人之為也，天之分野，地之形勢，民之習俗，亦若有殊焉。

明・鄭若曾《江南經略》卷四下《上海縣總論》　上海與華亭同為雲間屬邑，而形勝迥異，守禦亦殊，何哉？賊之來也，多自吳淞江，而西南不五十里為黃浦。黃浦逼近縣治，賊至即抵城下矣，然後分鯮循黃浦而南，或由吳淞江而西，皆可達郡城。是一郡之要害在上洋，上洋之要害在黃浦，黃浦之要害在吳淞。守吳淞江口拒賊游，守黃浦遏賊橫渡，庶幾免夫！

清・宋如林等［嘉慶］《松江府志》卷首《圖經・上海縣全境圖說》　上海在府東北，線治當黃浦、吳淞合流處，勢極浩瀚。然地形高亢，支港為潮泥所壅，水田絶少，僅宜木棉。唯富商大賈，北販遼左，南通閩粵，百貨萃集，民每因其利。其境北接寶山，東則沿海，十五圖，新分川沙，管轄西南，均居腹內。故邑號海疆，而境無洋面云。

清・葛元煦《滬游雜記》卷首《袁祖志序》　嘗考《上海邑志》，載本邑於前明分自華亭，蓋濱海一小縣耳，我朝因之。自太倉之瀏河口淤淺後，海舶改由吳淞出入，於是漸臻繁盛。

藝文

清・顧嗣立《元詩選初集》卷六八《惟則〈曉行吳淞江〉》　水轉沙涂又一灣，迎船孤塔出煙嵐。長江一道橫風起，兩岸爭飛上下帆。

明・袁華《耕學齋詩集》卷八《渡吳松江》　三江東海入，渺渺際天浮。魚蟹松陵市，珠犀滬瀆舟。季鷹終託興，魯望舊追遊。自媿猶馳逐，臨流羨白鷗。

明・陸深《儼山集》卷二二《江東竹枝詞四首》　黄浦灣灣東轉頭，吳淞江下碧如油。不用并州剪刀快，水晶簾下上西樓。

二月春風滿地鋪，茅針蘆筍一齊麤。海門東來春潮上，春水連潮漫白塗。

濱口航船一字幫，櫂歌和起自成腔。潮來上南潮落北，南到湖南北到江。

明月垂楊獨樹橋，橋西熟酒好良宵。紅香細剝鶯哥嘴，嫩白鮮羹玉白條。

清·朱彝尊《明詩綜》卷七《殷弼〈望海〉》 吳淞江口海門東，萬里京師咫尺通。白柂紅旗三月浪，紫簫花鼓午潮風。

又 卷一二《顧觀〈過吳淞江〉》 吳淞三萬六千頃，震澤與之俱渺茫。鴻雁一聲天接水，蒹葭八月露為霜。輕風漫颭漁郎笛，落日偏驚估客航。我亦年來倦游歷，解纓隨處濯滄浪。

清·愛新覺羅·玄燁《聖祖仁皇帝御製文第三集》卷四九《船泊三江口》 滿眼湖山麗，九峰負海隅。沃野吳淞境，橫雲館驛衢。觀風來澤國，非是喜靈區。雨過泊舟處，星連映水珠。

清·毛奇齡《西河集》卷一五八《黃浦午日作》 海榴花發日正長，我游滬瀆逢端陽。朱絲乍綰艾符小，畫舫欲開蒲葉香。南風吹水水波動，簫鼓中流遠相送，入浦疑投碧玉壺。滿盤堆出黃金糉，連橈並纜宛結筏。驟見戈船遶堤發，橫矛舞槊戲艨間。紫旆紅旌映天末，須臾甲士振臂呼。盤旋五色蛟龍趨，拔幟似將驅海若。哀歌直欲驚天吳，主人徐幹發清興。況復風流對仙令，碧醑頻傾細玳廻。紅船幾處新粧靚，當筵絲竹次第陳。沐蘭剪艾申江春，十年未續羈栖命，欲繫新繒愁煞人。

清·朱彝尊《曝書亭集》卷二《渡黃浦》 極浦連天闊，驚濤壯海門。揚舲辭驛路，放溜入雲根。白霧魚龍伏，蒼煙日月昏。樓臺朝作市，雷雨暗翻盆。疏鑿千年久，舟航萬里奔。摩霄盤野鶴，吹浪湧江豚。杳渺通長島，虛無出遠村。祠因黃歇起，茸以陸機存。上客今何在？高文不可論。乘槎應未得，搖落問乾坤。

清·楊光輔《淞南樂府》 淞南好，鎖鑰仰雄關。商貨萬檣通嶺表，軍需千舸運臺灣，海道慶安瀾。廣東估船由海道達浦，往來僅須匝月，閩海尤近。乾隆丁未，大兵討臺匪，各省撥餉，由黃浦僱海艘，出吳淞口，運赴軍前，旋卽平定。

淞南好，抱郭怒潮流。船亞如龍浮浦面，樓丹爲鳳出城頭。形勝控遐陬。海船多繪龍形，以威水族，使吞舟之魚不敢近。丹鳳樓在寶帶門北，高出麗譙，登此則萬檣悉在足下。【略】

淞南好，海舶塞江皐。羅袖爭春登白肚，琉瓶卜夜醉紅毛，身世總酕醄。海船全身白堊，俗呼白肚皮。船俱泊浦心，日將暮，小船載土妓分宿各幫。紅毛酒味如丁香，貯以玻璃瓶。【略】

淞南好，市價日高低。海舸販來紅木段，洋行收去白花衣，民瘦客商肥。紅木可充花梨、紫檀，土人市諸廣船，製爲器用。棉花之上白者，碾去核曰花衣。洋行街鋪戶代閩粵諸商賤值收之。

清·張春華《滬城歲事衢歌》 萬國衣冠拜冕旒，堯天春色麗江洲。桃符户户開新序，第一良辰入唱酬。樹樹危檣燈影姸，其年轉漕海波恬。夜珠萬顆千船火，星斗一天水印圓。炎氣蒸雲三伏中，晴穹杲杲烈浮空。連朝忽地涼於水，海上初來舶趠風。春申浦岸此凝眸，江水從來截海流。舶客書來眠不穩，料量十八避潮頭。商賈頻年輻輳來，浙東財賦海陬推。補苴億萬過除夕，誰向江干覓債臺。

清·秦溫毅《上海縣竹枝詞》 縣境秦瞜漢屬婁，會吳郡領幾多秋。梁陳改屬崑山縣，隋隸吳蘇兩郡州。李唐縣又屬華亭，宋領初傳上海名。元至元中方置縣，松江府路隸嘉興。前明松府隸南京，上海沿元未建成。嘉靖年輪三十二，備倭創築縣城成。舊縣元明領五鄉，長新海北並高昌。頃田二萬圖五百，計里開方六百强。縣置元初四境雄，山圍西北海環東。街長廿里青龍鎮，也隸泱泱大國風。一分青浦縣無山，南匯重分割海灣。十五川沙圍更劈，賸圖二百十餘環。今縣縱横百里方，三千里路抵京長。到松一百蘇三百，千里江甯路備詳。縣東卅里界川沙，四九西偏青浦遮。南界滙城七十二，寶山十二北非遐。界滙東南里不齊，寶山東北路堪稽。西南廿四華亭界，卅里離嘉西北隄。東北吳淞帶水環，西南黃浦曲襟彎。中間百里膏腴壤，最是城廂閙闤闠。南通閩粵北遼燕，海陸珍羅價萬千。邑號海疆形勝地，却無洋而禦烽煙。淞礮臺屬寶山，邑城扼守浦彌艱。但堪榷稅千餘萬，江海新關與舊關。

雜録

元·徐碩《至元嘉禾志》卷一四《古迹》 滬瀆壘，舊有東西二城。

東城廣萬餘步，有四門，今徙於江中，餘西南一角。西城極小，在東城之西北，以其兩旁有東西蘆浦，俗遂呼為蘆子城。按瀆之有壘，舊矣。《晉史・虞潭傳》：潭為吳國內史。成帝時年荒，百姓饑饉，脩滬瀆壘，以防海寇。又《通鑑》：晉隆安四年冬十一月，吳國內史袁崧築滬瀆壘，以備孫恩。明年，恩陷滬瀆，崧被害。《寰宇記》以為袁崧城在縣東百里滬瀆江邊，波濤所衝，半毁江中。

明・陸深《儼山外集》卷一二《玉堂漫筆・卷中》　扈瀆今在上海縣北十里，本海鹽之東堰，晉袁崧築壘以禦孫恩者。

清・顧祖禹《讀史方輿紀要》卷二四《南直六・松江府・上海縣》

滬瀆城。在縣東北。【略】宋寶元初，兩浙運使葉清臣開盤龍匯，繇滬瀆江入海。明《永樂大典》亦云：「淞江側有滬瀆壘。」今淞江水直趨而東，又七十里入海，無復有瀆，兩岸皆平疇茂林，故壘寂然，其東西蘆浦，亦止通潮汐而已。元貢師泰有詩云：「避難吳淞江，出遊滬瀆壘。世道苦變更，形勢總隳圮。」蓋壘在元時，已不可考矣。

清・和坤等［乾隆］《清一統志》卷五八《松江府・古迹》　滬瀆城。在上海縣北。《晉書》：永和中，吳國內史虞潭修滬瀆壘，以防海寇。隆安四年，吳國內史袁山松修滬瀆城，以備孫恩。五年，恩自海鹽進，陷滬瀆，殺山松。《太平寰宇記》：城在縣東北百里滬瀆江邊，今為陂湖所衝，已半毁江中。《府志》：滬瀆東城、西城。東城元時陷於江中，僅存西南一角。西城在東城之西北，寬有東西蘆浦，俗呼為蘆子城。今江流轉徙，無復遺迹。

清・褚華《滬城備考》卷一《核實・吳淞》　吳淞舊自蘆子城下迤東北行，而復南出于虬江、沙洪之間，以入海。闊一百五十丈，是名舊江。宋時商舶自舊江直達青龍江，後因上流壅塞，遂設上海市舶提舉司，以榷其貨，由江以通榷場。蓋自宋江家浜入泊，順濟廟下，不與黃浦相涉。今沿城一帶之浦，乃明初浚范家浜故道。黃浦在宋元時，從華亭東，流入上海界。其勢悉折而東北，爲今匯、牐港、周浦等水，以趨于南蹌口，始與江合。至明初，緣吳淞舊江淤塞，黃浦東流之水亦不便利，遂自南廣福寺，浚范家浜以通浦，又引而東注于海，北注吳淞新港，乃反爲黃浦附庸焉。

又《黃浦》　舊説黃浦在至元、大德間，水面闊，盡一矢力。後上流建牐，其勢稍緩，兩岸遂成沙塗，居民以蒔葭華。按，浦雖狹，原未嘗兩面建牐，其所謂牐，即泰定間所作潘家浜、烏泥涇二牐也。二牐受吳淞之水，南注黃浦，其時浦小于江，故反謂之上流。元王逢《文輋洲》詩曰：我來初避地，黃浦漸生洲。逢棲隱處正在烏泥涇上，此可爲黃浦至元季愈狹之證。

中江分部

綜述

清・乾隆敕撰《清通典》卷九七《邊防一・東・朝鮮》　（天聰）二年，開市中江，通貿易。

清・乾隆敕撰《清文獻通考》卷二九三《四裔考一・東・朝鮮一》

（天聰元年）九月，上命鎮守義州將士還歸其城於朝鮮，并許贖所俘人民。十月，倧遣使來謝，獻方物。十二月，命參將英俄爾岱往諭通市。二年二月，開市中江。倧獻米二千石，別具千石供市糴。

又　**卷二九四《四裔考二・東・朝鮮二》**　（康熙三十六年）十一月，焞疏言，請於中江貿易米糧。部議不准行，得旨：朕撫馭天下，內外視同一體。朝鮮盡職奉貢，克効敬慎。今聞連歲荒歉，百姓艱食，朕心深為憫惻。現今盛京，積貯甚多。著照該國王所請，於中江地方貿易。【略】

四十一年，遣員外郎鄧德監收中江稅，以四千兩為額。

（乾隆）二年，昑遣正使海興君李橿、副使吏曹判書金龍慶入貢。四月，昑奏請，仍中江通市。舊例：初，每歲二、八月間，八旗臺站官兵齎貨赴中江，與朝鮮互市。上以旗人有巡守職，且不諳貿易，恐遠人稽未便，改令內地商民往為市。及昑奏入，從之。【略】

（十一年）九月，減中江稅額。

又　**卷三三《市糴考・市舶互市》**　（康熙三十六年）又准朝鮮國於中江地方貿易米穀。朝鮮國王李焞言：請於中江地方貿易米糧。奉諭旨：朕撫馭天下，內外視同一體。朝鮮國王世守東藩，盡職奉貢，克效敬慎。今聞連歲荒歉，百姓艱食，朕心深為憫惻。今盛京積貯甚多，著照該國王所請，於中江地方，令其貿易。

是月，遣户部侍郎貝和諾往奉天督理朝鮮糶米事務。尋户部遵旨議言：奉天米石運至中江貿易，應令殷實誠信之人取具地方官印結，前赴奉天領米輓運，照時價交盛京户部。所賣米不許過倉石二萬石。其朝鮮進貢來使有貿穀帶去者，聽。又鹽商張行等呈稱，情願前往朝鮮貿易。應令將銀買倉米二萬石運往，俟朝鮮歲稔時停止。此時運往米石，令伊國將所產之物酌量兑換。從之。

明年正月，遣吏部右侍郎陶岱將運往朝鮮米三萬石，以一萬石賞賚朝鮮國，以二萬石平糶。其商人貿易米二萬石，交與户部侍郎貝和諾監視。尋朝鮮國王李焞奏：皇上創開海道，運米拯救東國，以甦海澨之民，饑者以飽，流者以還。目前二麥熟稔，可以接濟八路生靈，全活無算。下所司知之。【略】

臣等謹按：市之有海舶，有關市，有在館交易，皆以通商旅而柔遠人。糴之有截漕，有採運，有平糶，皆以籌積貯而裕民食。我聖祖仁皇帝特允朝鮮國王之請，運米穀於中江，濟艱鮮於八路，不特市易溥遍，而且賑糶兼行。天庚之澤，無遠弗届，誠補助之極功，綏柔之曠典也。【略】

（乾隆）二年，命朝鮮仍循舊例，在中江地方與兵丁交易。先是，八旗臺站官兵歲於二、八月間往中江與朝鮮國人交易，相沿已久。元年十二月，上以旗人等有看守巡查之責，停其前往，令內地商民赴彼貿易，即著中江税官查察。至是，禮部奏該國王咨請，仍照舊例遵行。得旨：朕前因臺站官兵每年二、八月間攜帶貨物前往中江，與朝鮮國貿易。兵丁既不諳貿易之事，且不無需索擾累，誠恐遠人到邊守候羈遲，殊多未便，是以降旨，令內地商民前往均平交易。內地商民即指附近臺站之百姓而言，並非於京師關內另有派遣。此朕體恤遠人之意也。今該國王既請仍如舊制，著照所請，可傳諭該國王知之。

清·乾隆敕撰《清通志》卷九〇《食貨略十·關榷》（雍正二年）又更定鳳凰城中江税務，在盛京五部司官內遴選派往例。向繫城守尉等官管理。

又 卷九三《食貨略十三·市易》 時朝鮮國比歲薦饑，公私困窮，八路流殍，相續於道，國王李焞籲請中江開市貿穀。上允其請，並令户部侍郎貝和諾往奉天督理朝鮮糶米事務，尋定令：殷實之户取具地方官印結，前赴奉天領米輓運，照時價交盛京户部。其朝鮮國進貢來使有貿穀帶回者，聽。候朝鮮國歲稔時停止。明年，復遣吏部侍郎陶岱將所運米三萬石，以一萬石賞賚朝鮮，以二萬石平糶。時有鹽商呈請願往，令將鹽務銀買倉米二萬石，運往平糶，欽差户部侍郎監視。

清·鄂爾泰等《八旗通志》卷一五二《人物志三十二·大臣傳十八·貝和諾》（康熙三十六年）十一月，禮部奏朝鮮國王李焞以旱澇頻仍，廪庾空乏，八路流離，請開市義州、中江貿穀。得旨：覽奏朝鮮乞糴，朕心深為憫惻。可賞給米一萬石，令侍郎陶岱督運前往，再運二萬石，令侍郎貝和諾往中江監視貿易。三十七年五月事竣，李焞表謝八路生靈，賴得全活。

又 卷一七七《人物志五十七·大臣傳四十三·陶岱》（康熙）三十七年二月，上以朝鮮告饑，籲請于中江開市貿穀，命陶岱運米三萬石往朝鮮，以萬石賚之，二萬石平糶。七月疏言：臣于四月進中江，將賞米萬石分賑。其二萬石，交户部侍郎貝和諾監視貿易。國王李焞具表謝章，下所司。御製《海運朝鮮記》，以紀其事。

清·允祹等［乾隆］《清會典》卷五六《禮部·主客清吏司·朝貢》 若夷商自以貨物來內地交易者，朝鮮於盛京邊界，中江每歲春、秋兩市，會寧歲一市，慶源間歲一市。以禮部通官二人，寧古塔筆帖式、驍騎校各一人監視之，限二十日畢市。

又 卷六五《兵部·職方清吏司·關禁》 以互市通財用。朝鮮貿易，設市於中江。

清·來保等《清會典則例》卷四七《户部·關税上》 一、鳳凰城中江税三千二百九十四兩。凡朝鮮國貢使往還與內地客商互相貿易，不拘何項貨物，內地商人計價一兩，收税銀三分。朝鮮人免税。

又 卷四八《户部·關税下》 （雍正）六年諭：鳳凰城中江税務，向來皆繫城守尉等官管理。但此處繫外國交易之地，關繫緊要。見今盛京五部司官均繫朕簡選補授之人，嗣後著盛京五部侍郎於五部司官內簡選奏聞，點出管理，一年更代。欽此。

又題準：嗣後中江税差，一年差滿更代。令盛京户部照例簡選保舉，送部引見，恭候欽差。【略】

（乾隆十二年）又題準：中江税銀酌定每年以三千二百九十四兩作為額徵。如朝鮮貿易一年四次之外，有多交次數，盡收盡解。其貿易貨物，令該城守尉、守邊門官造册報部。管理税務仍就近委盛京五部司官監收。凡所需用歲給銀二百兩，於火耗銀内動支。

又　卷九四《禮部・主客清吏司・朝貢下》（乾隆）二年，朝鮮國王奏請中江貿易，令内地商民，多有未便，懇照舊例。奉旨：著照所請，仍循舊例，與兵丁按期交易。

清・阿桂等［乾隆］《盛京通志》卷三八《田賦二・八旗城守税額》

鳳凰城中江税額。設監督一員徵收。初收一千二百兩。雍正七年，税額四千八百零六兩。其税羨二千五百兩，于雍正十一年准作民員養廉之用。乾隆十二年，户部議准：以正税銀二千七百四十五兩、耗銀五百四十九兩二項，共銀三千二百九十四兩，作為每年定額。該監督一年經費銀二百兩，即于耗銀項下動支。其餘羨耗銀兩，作為奉省民員養廉。

清・紀昀等《歷代職官表》卷六二《關税各差表・關税各差・國朝官制・關税各監督》　中江一人。以盛京將軍衙門章京及五部司員差充。

清・博明《鳳城瑣録》　榷使國初不可考。康熙三十九年七月初九日，户部題：據盛京户部侍郎海帕題稱：盛京各税俱交城守尉管取。此亦交鳳凰城城守尉，並先派京員試收欽依行。

雍正五年十月十七日，奉上諭：鳳凰城中江税，著盛京五部堂官於五部司員内揀選奏聞，派出管理，一年更換。欽此。遂於是年揀選具題旋經戶部議，令嗣後俱送部引見。税額初定二千兩。見康熙三十八年海帕題疏。

康熙四十一年，經自京揀派員外郎鄧德試收，增至四千兩。

雍正七年，郎中伊爾們增火耗八百兩。

乾隆九年三月，侍郎變喜因每歲闕額奏請，派京官試收。乾隆十一年八月奉旨，派出試收之。内務府佐領恩特二年期滿具報，經户部酌中議定，以三千二百九十四兩作爲定額，以歲春冬之季徵之。蓋朝鮮賀正旦使以三月出邊，領《時憲書》，員役以十二月初旬出邊也。

雍正十一年十二月，户部議定，飯銀領册檔十六兩，季報各十六兩，考核三十二兩。

國家嘉惠遠人，凡鮮人之物毫無收取，所抽乃邊門商民之互市者。馬市之兵丁、臺站門柵人等所易牛馬、農器，亦納税焉。其有非時之謝恩稱慶諸典禮往來者，則別爲造報。

馬市設於中江。歲春、秋仲月望後，朝鮮員役以牛貨濟，陳於江干。駐防兵丁、臺驛夫以布七千五百十四段，易牛二百，鹽二百九十九包，海菜萬五千八百斤，海參二千二百斤，大小紙十萬八千張，綿麻布四百九十九段，鐵犁二百具。以京幾、平壤黄海三道商各一人承辦，義州知府率員役領之。所具糗餌薨魚，稱之曰宴，其官商曰別將。

榷使無衙署，僦民廛以居。無胥役，惟城尉撥有兵丁三人供使，令歲支公用銀二百兩。蓆屋柴門，終日静坐。是以家瀋城者，率以榷事小畢，即促裝歸，幾數往返焉。其京員試收者，給費用銀四百兩，旋停。其貢物自邊門城尉僱車至瀋，將軍衙門派員僱車解禮部，交納攜帶之貨物，則攬頭代爲僱車運京。

《中外舊約章彙編・［光緒九年二月中江］奉天與朝鮮邊民交易章程》　第四條　中江距義州一水之隔，商民貿易，朝至夕返，非如各海口岸通商，貨物運自遠來，必須卸裝寄頓。兹既勘定中江附近九連城之前及義州西域之外，設立關卡，修建市廛，往來甚便。所有奉省邊界不准朝鮮人人民建房設棧。中國人民在朝鮮界内交易，亦照此辦理。

第五條　徵收税課，填發驗單，需員經理。向來欄門原設監督，專司水務。現在改立新章，另建關卡，所有督理税務之員，由盛京將軍、奉天府府尹、咨商北洋大臣會議酌派，請旨定奪，欽遵施行。

第十條　中江互市原爲邊民隨時交易，與各海口岸准令各國通商毫不相涉，不得仿照海關章程另分正税、子税，致滋流弊。凡奉省商民販運貨物至義州開市之處，無論何處貨物，均照章交納正税一次。朝鮮商民販運貨物至中江開市之處，無論何處貨物，亦照章交納正税一次，均不重征。如商民不願將外國貨物販至開市處所者，悉聽其便，官不得强爲抑制。

第十一條　欄門按季互市，既改移中江隨時交易，向來春、秋定期按季互市，自應一律停止。其由中江至柵門舊有貢道，除貢差往來不禁外，其餘商民未請執照，不准任便販運出入，自當嚴申禁防，杜絶偷漏。

第十二條　中江與義州相距甚近無勞跋涉，出入往來既有限制，其中江與義州上下各處均有小徑歧途，應即概行禁止。冬、春之時氷堅水淺，處處可通，更應查重拏辦。有犯必懲，以昭嚴密。

第十四條　奉省商民赴朝鮮交易，只准在義州，朝鮮商民赴奉省交易，只准在中江設卡處所。凡奉天所轄均係陪都重地，應遵原奏，即採買土貨亦衹準由鳳凰邊門出入，仍由貢道折回，不得肆意遊行。至朝鮮爲天朝蜀國，視同内服，奉省商民亦不得違禁侵越，犯者懲辦。

第二十一條　舊時柵門每於夜間交易，難免偷漏隱匿等弊，現即改移中江，不得仍沿舊習，自應從嚴禁絶，不准黑夜入市，犯者懲辦。

雜録

清·愛新覺羅·胤禛《世宗憲皇帝上諭内閣》卷六一《雍正五年九月》　初五日，奉上諭：　前胡嘉佩等虧欠帑銀，開出朝鮮國人賒欠銀六萬餘兩，以抵公項。朕恐胡嘉佩等開報不實，或有累及外國之處，故令行文詢問，並令内地貿易之人與朝鮮賒欠之人在中江地方質對明白，使中外之人不得互相推諉，以息擾累。今據盛京禮部奏呈朝鮮國王李昑咨文，朕見其詞甚支離，意多巧飾。據此，則該國之人欠銀之處，顯然矣。本應照議政所議，令中外之人質對明白，按數追還。朕思當日朝鮮已故國王李焞才幹優長，政令嚴肅，深蒙聖祖仁皇帝眷注嘉奬。李焞曾將伊國負欠之人正法，想見其辦事之公明。向聞李昑柔懦無能，權移於下。觀此咨文推托牽强之語，必其陪臣所為，非該國王口氣，蓋因不得自主之所致。似此清查積欠之事，該國王必不能辦理。今若以不能辦理之事委之，甚非朕柔遠之意。此案不必質對，其朝鮮國人應還之銀，著從寬免追。此朕加恩於外藩，並非疏法於内地也。至從前該國王李焞理民馭下之善，朕至今思之。

清·來保等《清會典則例》卷一一四《兵部·職方清吏司·關禁》

雍正二年，奏準朝鮮國人每年携帶貨物到中江貿易，時有將内地禁止之物私行貨賣者，監收税課之。鳳凰城城守尉及將軍委出之協領等官知情故縱者，革職提問。不知情者革職，失察之將軍、副都統降三級留任。

又　卷一二九《工部·虞衡清吏司·採捕》　盛京鳳凰城等處邊柵私自出入，官員領催兵丁守關門，門尉、筆帖式不察拏，及通同受賄者，照巡察官兵例治罪。

清·乾隆敕撰《清文獻通考》卷二九四《四裔考二·東·朝鮮二》

（雍正）九年五月，奉天將軍那蘇圖疏言：　鳳凰城邊外設立陸路防汛之虎耳山諸處，有草河、靉河二水，俱自邊内發源，至邊外之莽牛哨，滙流入中江。中江之中有洲，名江心沱。沱西屬鳳凰城管轄，東為朝鮮國界。

清·阿桂等［乾隆］《盛京通志》卷五一《兵防一·鳳凰城邊門在城西南十里》　中江卡路。在鳳凰城邊門外，係鳳凰城守派官一員、兵二十名防禦。兩月一更，每年四月起，至十月撤回。

清·博明《鳳城瑣録》　鴨緑江，古馬訾水源。出長白山，與佟家江合流，南入海。至朝鮮義州府城北分二流，南行二十里復合焉。西支在東支及靉河之中，故稱中江。

邊門在鳳凰城東南三十里。鳳凰山之麓，植木柵為繚垣。屋三椽，中為門，施管鑰焉，邊門章京司之。是為通朝鮮之孔道。康熙二十八年，初設領催一名，兵九名。雍正五年，添領催一名，兵十九名。乾隆六年，添兵二十名。十一年，於兵額内改領催二名。

鳳凰城邊柵，北自石人子，與靉陽接界，南至海濱，亙百六十里有奇。出柵至與朝鮮分界之中江，北遠而南近。其地皆棄同甌脱者，蓋恐邊民擾害屬國，乃朝廷柔遠之仁。設官置汛立法綦嚴。

［朝鮮］金指南等《通文館志》卷三《事大·開市》　崇德間，定鳳凰城等處官人等，往義州市易。每年定限二次，春二月、秋八月。寧古塔人每年會寧市易，庫爾喀人等每二年一次往慶源市易。禮部差通官二員，寧古塔官員驍騎校、筆貼式各一員監視。貉、貛、騷鼠、灰鼠、鹿、狗等皮準其市易，貂、水獺、猞猁猻、江獺等皮不准市易。定限二十日即回。出《大清會典》。義州則開城府及兩西監營分定農牛鹽紙等項，于各邑另差別將聚待灣上。及其期日，差使員同譯學訓導領往中江，順治丙戌，户部咨請開市，照舊就于中江設場，定以三月十五日、九月十五日二次交易。丁亥春

市，差官等將衙門文書要買馬一百五十匹。本國以馬非土產，而兵革之後加以疫斃，驛郵難繼不得應副咨會户部。其冬，户部又以為三月則春耕已過。九月則秋收將畢，于民甚覺未便，議改于二，八月聽民照例貿易，奉旨咨會。與鳳城通官、章京定價相換。而私販人及牝馬、人參等一切禁物，府尹勾管嚴察。始於萬曆癸已，自本國請于中江設場開市，買取軍糧馬匹。辛丑，因弊端滋興又乞還罷。撫院咨會本國及鎮江游擊府曰，邇來倭犯朝鮮，暫議開市以濟軍需，不過一時權宜之計。況今倭奴業已退遁，即將中江交易盡行停止。再不許違禁貿易致起爭端云云。順治間，雖迫於諮請聽施其賣牛，而但令該管之人以官辦牛鹽照例貿換而已，並不許私商隨往。近年以來，本國禁令漸弛，而私商濫隨恣意交易，名之曰中江後市。康照庚午間。遼鳳車户十二人稱曰攔頭。我行人往來卜物榷其車腳，腳價倍增。而攔頭等益饒於財。乃與關東貪吏締交為利，自願納稅于沈庫，多輸貨物，又專其後市之利，而又於使行出入柵時，灣上及松都商人等，潛持銀參混在夫馬之中販物牟利，始微而漸繁，終至於燕還車腳故令遲運，而先送使臣出柵，無所憚壓，然後任情買賣而歸，是則名之曰柵門後市。在昔春秋信使時，以南草，紙布到沈中換取銀子，丁丑至甲申猶然。自往北京，初開帶銀之例。而其時，陽坡鄭相公以户判建議廟堂複諮，以為目今事勢多有拘礙，雖難於用一切之法，若不定數，國中公私之儲將必不久而盡。只員役許帶五十兩，仍嚴飭賈之禁。而至於歲幣方物交付後回來人馬，則另差團練使禁緝奸濫。其後團練使反為商賈之將領，落留累日盡情買賣，順載于回馬以歸，是則名之曰團練使後市。義州府尹守在關津，掌握弛張，故由其謹忽朝令而買賣以之盛衰。於是而有户部諮請，聽民互市無間斷以征課額。國家至是深患之，諮複不許，仍益飭灣府嚴察。而商賈之混入者愈夥。然後市之數一年至為四五次，而每次銀或至十餘萬，合每起使行應帶八包計之，則一歲渡江之銀，幾至五六十萬。而倭銀換絲全無舊套，但取緞帽等物行於京外，以至僻邑窮鄉無不衣被唐貨。始陽坡相公以千余兩之渡江猶憂其難繼，今至於五六十萬，公私之積安得不匱，庶民衣飾安得不侈。丁亥，備局啓辭有曰，後市之事，前後非不嚴明申禁，而義州府不謹奉行，近來猶有此弊雲，挾禁物潛商亦由於此。今後如有後市因事現露，當該府尹拿問定罪，事節目判下，而買賣無減於前。蓋以赴市之日，府尹例不躬行搜檢，而幕裨代監者，易以賄動故也。其後府尹覺其濫雜，以為犯者既衆難於一一查治，無寧收税而以助運餉之需，遂不檢入去之人，而但令還者計包抽稅。向之潛渡者，至是而肆行無忌憚。乙未，府尹韓祉官市外不許一人挾雜，守法不撓，其弊頗息。先是，關東土曠人稀，而民不樂業。鳳城之內人户蕭條，只居八旗兵丁食錢糧者而已。地皆抛荒，無異於柵外。近自十餘年買賣漸盛以來，生理益勝，人居益繁，為一巨鎮。柵下又成大村，而自柵至城皆成隴畝，雞犬相聞。每當市期，金、複、海、蓋之載棉花者，瀋陽、山東之載大布三升者，中後所、遼東之運販帽子者，車馬輻湊，南方商船直泊于牛莊海口。近有北京之人，又以絲貨載到於柵門。而城中所開店鋪幾如關內大處，閭閆櫛比，商人等衣服車騎之盛擬於公侯。而我民則松都及關西至義州，凡以商為業者人皆折本負債，甚至於子孫敗絶，而管運餉不虞之儲，並作虛簿鬼録。既曰互市，則其為利病彼此宜均。而今若此，蓋以我民之齎以赴市者，非人參禁物則必銀子也。銀非國產，而公私之蓄皆有其限數。且民俗貪其子貸之利，不肯經歲閑積，而每市必傾儲送去，一入而無還。所買來者，只是上項物貨也，散之通國，衣之用之，只為奢侈之助。而未到一年弊盡無餘，其勢日趨困耗。若夫上國之人，則貨出種養而得之於力作。年年取辦換得銀子，散之於國而為益饒之資，蓄之於家而為無盡之藏，此銀與物貨買賣之辨也。其繼出之難易，雖婦人孺子可知。彼此之相懸自來如此。而此外又有禍階。彼日益饒而此日益耗，故漸致有去價不足而賒貨以還者。國制，逋欠異域罪至於死。賒久不還而彼制其死命矣。然則何求而不得意外之患，亦不可不念也。且鳳城資我而益盛，關東大地日就殷富，終非我利。防市之令若不撓，則不出數年自當如舊。至如我民則一月可省一月之奢侈，一年可減一年之耗弊。自此而民無冗費而財聚於公私，挽回古俗，未有大於此者云。

恰克圖分部

綜　述

清·傅恆等《平定準噶爾方略前編》卷一七（雍正五年八月）甲辰，定俄羅斯疆界。【略】議政王大臣等議，覆曰：【略】『至於定恰克圖口為貿易所，應遣理藩院司官一人管理貿易。人數不得過二百，如例。』【略】上從之。

又　卷五〇（乾隆十二年）五月壬辰，飭禁買馬兵民私越卡倫。辦理軍機大臣等奏言：從前【略】安西各營，由布隆吉爾西喇呼魯蘇一路行走，在北路喀爾喀蒙古庫倫、恰克圖一帶購買，業經部議覆准。

清·傅恆等《平定準噶爾方略正編》卷三六 （乾隆二十二年春正月）戊午，定邊將軍成衮扎布疏奏採買馬駝事宜【略】查烏梁海、恰克圖一帶地方，可採買馬數千匹，已遣員帶銀八萬兩，令其買馬六千匹，駝數百隻，以備軍行之用。奏入，報聞。

又 卷六八 乾隆二十四年二月丙辰，議購買俄羅斯馬匹事宜。喀爾喀親王桑寨多爾濟奏言：查内地商民於恰克圖購買俄羅斯皮張等物，又於布里雅特以布疋、茶葉換易馬匹牲隻，似於軍需有益，應請旨，交與管理貿易司員，或以官銀令商民承辦，或仍令商民置買，每年可得馬一二千匹。奏入得旨：軍機大臣議奏，尋議收買俄羅斯馬匹牲隻，事屬可行。但必須遴選幹員前往查理。藩院員外郎佛禄曾在恰克圖辦事，頗悉該處情形。户部郎中范清注習於貿易。張家口、恰克圖等處又有伊商夥臣等，酌議派令前往。遣人詢訪俄羅斯馬匹實價，再動支官銀購買，仍不露官辦形迹。俟交易後，派員送至張家口，將騸馬彌補牧羣欠數，騍馬、兒馬交總管等歸入牧羣孳生，於軍需備用自有裨益。奏入，上從之。

清·允祹等［乾隆］《清會典》卷六五《兵部·職方清吏司·關禁》 以互市通財用。【略】鄂羅斯貿易，設市於恰克圖。從人有定數，市期有定限，經紀司其事，毋相欺詐。

又 卷八〇《理藩院·典屬清吏司》 凡互市：庫倫設市一，通喀爾喀貿易。恰克圖設市一，通俄羅斯貿易。其來京貿易之期，以子、辰、申年，並令簡約輿從，從經紀貿易，限八十日啓行。

清·來保等《清會典則例》卷一四二《理藩院·典屬清吏司》 （雍正五年）又議準：喀爾喀恰克圖地方設立互市，通俄羅斯貿易。設監視官一人，由本院司官内簡選，二年一次更代。

十年議準：駐劄喀爾喀庫倫、恰克圖兩處監看貿易之司官，向例皆馳驛前往，二年一次更代，自備盤費。惟駐劄喀爾喀三部落偵探之司官，每日各折廩給銀一兩。嗣後駐劄庫倫、恰克圖兩處監看貿易之司官，亦照此例，每日各折廩給銀一兩。【略】

（乾隆）十一年議準：恰克圖駐劄司官，改為三年一次更代。【略】二十四年【略】又議準：庫倫、恰克圖地方貿易事務日繁，駐劄司官應給關防各一顆。

清·乾隆敕撰《清文獻通考》卷三〇〇《四裔考八·北·俄羅斯》 （雍正五年）八月，遣郡王額駙策凌、伯四格、侍郎圖理琛等與俄羅斯使臣薩瓦定議。【略】並以恰克圖口為常互市所，人數不得過二百定例，遣理藩院司官一員照料。

清·鄂爾泰等《八旗通志》卷三五《兵制志四·八旗駐防兵制·西北各處駐防》 庫倫辦事大臣一人，司員一人，分駐恰克圖辦事司員一人。掌俄羅斯之往來，明其禁令及稽察貿易諸務。

清·紀昀等《歷代職官表》卷一七《理藩院表·理藩院·國朝官制·典屬清吏司》 凡烏魯木齊、伊犁防守屯田之政，庫倫、恰克圖互市之事，咸綜其法式，以頒布焉。

又 卷六三《各處駐劄大臣表·各處駐劄大臣·國朝官制》 分駐恰克圖辦事司員一人，掌鄂羅斯貿易諸務，聽節制於庫倫大臣。【略】今庫倫、恰克圖司官掌貿易之政，與古之交易監略為相髣，而幅員所暨，境地綿濶，則迴非前代之所及矣。

清·乾隆敕撰《外藩蒙古回部王公表傳》卷四五《傳第二十九·喀爾喀土謝圖汗部總傳》 （雍正）五年，以庫倫及恰克圖為所部與俄羅斯互市地，詔非市期，毋許俄羅斯踰楚庫河界。

又 卷五九《傳第四十三·扎薩克一等台吉多爾濟達什列傳》 （乾隆）二十六年，督牧軍駝，尋命赴恰克圖，助土謝圖汗部親王桑齋多爾濟購馬。

清·穆彰阿等《嘉慶重修一統志》卷五三三《庫倫·屬境》 恰克圖。雍正七年，立市集於此，派理藩院司員董其事。乾隆二十七年，始駐大臣，辦理夷務。

清·何秋濤《朔方備乘》卷三七《俄羅斯互市始末敍》 臣秋濤謹案：【略】俄羅斯國在明代阻於朔漠，未通中國。然我朝崇德三年，喀爾喀土謝圖汗貢物有俄羅斯烏鎗，車臣汗貢物亦有俄羅斯烏鎗，蓋二部地居嶺北，因以市易所購，獻諸天府也。可知謙河、菊海之間，早有通商之事。至康熙、雍正年間，喀爾喀已全部内屬，俄羅斯亦遣使入貢。始於庫倫、恰克圖等處派員經理，著於令甲，乾隆以來派駐大臣，規制益爲詳備。

又《俄羅斯互市總載》 臣秋濤謹案：我朝與俄羅斯互市凡三，曰京師互市，曰黑龍江互市，曰恰克圖互市。【略】此外塔爾巴哈台所屬之和尼邁拉呼卡倫，定例不准通商，又卡外之唐努山烏梁海等處，禁止商民前往貿易，皆於便民利用之中，寓杜漸防微之意，亦不可不知也。

又《恰克圖互市》 菊海以南，燕然以北，廣袤數千里，商賈皆萃於庫倫所屬之恰克圖，亦朔漠之間一都會也。康熙年間初設互市，本在庫倫。迨雍正五年，卡倫既設，乃遷於卡倫外之恰克圖，而庫倫駐大臣司稽覈焉。【略】其內地商民至恰克圖貿易者，强半皆山西人。由張家口販運煙茶緞布雜貨，前往易換各色皮張氊片等物。初時俗尚儉樸，故多利，嗣是百貨雲集，市肆喧闐，恰克圖遂爲漠北繁富之區云。【略】乾隆二年，監督俄羅斯館御史赫慶奏言，俄羅斯互市，止宜在於邊境，其住居京城者，請禁貿易。自此以後，統歸恰克圖貿易矣。

又 卷九《北徼條例考》 雍正五年，與俄羅斯定喀爾喀界，會議通商定約十一條。【略】

一、恰克圖之小河溝地方，有俄羅斯卡倫房間，鄂爾輝圖山上有中國卡倫鄂博，於此卡倫房間、鄂博之中間，分中設立鄂博，為南北通商之地。【略】

乾隆五十七年遵旨，與俄羅斯定約五條。

一恰克圖互市於中國，初無利益。大皇帝普愛衆生，不忍爾國小民困窘，又因爾薩那特衙門籲請，是以允行，若復失和，罔再希冀開市。

一、中國與爾國貨物，原係兩邊商人自相定價，爾國商人應由爾國嚴加管束。彼此貨物交易後，各令不爽約期，即時歸結，勿令負欠，致起爭端。

一、令爾國守邊官皆恭順知禮，我游牧官羣相稱好。爾從前守邊官皆能視此，又何致兩次妄行失和，以致絶市乎？嗣後爾守邊官當慎選賢能，與我游牧官遜順相接。

一、恰克圖以西十數卡倫，爾之布里雅特、哈里雅特不法，故致有烏呼敕咱之事。今爾國宜嚴加禁束，杜其盜竊。

一、此次通市，一切仍照舊章，已頒行爾薩那特衙門矣。兩邊民人交涉事件，如盜賊人命，各就近查驗，緝獲罪犯，會同邊界官員審訊明確後，本處屬下人由本處治罪，爾處屬下人由爾處治罪。各行交知照示衆。其盜竊之物，或一倍或幾倍罰賠，一切皆照舊例辦理。【略】

增纂

恰克圖部員回賞俄羅斯禮物，准其覈銷。

一、俄羅斯致送恰克圖部員禮物，其回禮，准酌量彼處應用顏色綢緞賞給，仍呈明庫倫辦事大臣查覈報銷。臣秋濤謹按此條嘉慶五年議准。

清・松筠《綏服紀略》 先是，沿邊市易並無定所。時疆界既明因即附近相度有恰克圖地處適中。雍正七年奉旨，著於該處設立市集並派理藩院司員，三年一換，駐箚總理。由是俄羅斯咸歸恰克圖貿易矣。迆東卡倫二十有八。係土謝圖汗、車臣汗兩部所設。迆西十九卡倫，係扎薩克圖、三音諾彥兩部所設。是恰克圖為四部卡倫，適中之通衢。山勢雄峻，林木森然，貿易商民，建立木城，起蓋房屋，費力無多，頗為堅固。對面俄羅斯建有市圈，其貿易商民亦皆恭順。蓋外國人初同内地之人於市集交易，一切惟恐見笑，故其辭色似少遜讓。經恰克圖司員論以中外一家之道，俄羅斯歡欣感激，信睦尤著。所有恰克圖貿易商民皆晉省人，由張家口販運煙茶段布雜貨，前往易換各色皮張氈片等物。初立時，商民俗尚儉樸，故多獲利。

俄羅斯多食魚須大黄以解魚毒，特派頭人專司收買，散給屬下，官賣濟衆。恰克圖販賣大黄者，獨有一家，係青海回民，俄羅斯最為信服。他商販此勿能售也。

清・姚元之《竹葉亭雜記》卷三 恰克圖，我國與俄羅斯交界之所，庫倫大臣所轄也。庫倫，土謝汗地，商民皆居毳帳，大臣衙門壁瓦則皆以木。交易即在恰噶爾，設監督焉，彼亦遣人於恰噶爾總其事。以我之茶葉、大黄、磁、線等物易彼之哦噔紬、灰鼠、海龍等物。恰噶爾地最高，至其地如登嶺。然俄羅斯地漸窪下，故其國氣候恆燠若矣。我之貨往，客商由張家口出票，至庫倫換票，到彼繳票。庫倫者，圈子之謂也。庫讀若平聲。今有喇嘛圈子，圈内皆喇嘛，買賣圈子，圈内皆買賣人。客貨俱載以駱駝。俄羅斯人每以千里鏡窺之，見若干駝即知所載若干物。商未至前四五日已瞭然，蓋其鏡已見於三四百里外矣。子爵策侍衛楞言之。

徐珂《清稗類鈔・農商類・國際貿易》 買賣城，即恰克圖，外蒙古土謝圖汗境内。雍正丁未，是年與俄立《恰克圖條約》，准通商，後禁止。乾隆壬子，復約互市。

雜録

清・來保等《清會典則例》卷一四二《理藩院・典屬清吏司》 （雍正）九年奏準：俄羅斯買賣人來時，喀爾喀土謝圖汗等報院，具奏請旨，委官一人馳驛，前往恰克圖地方伴接，沿途照看。其買賣人仍依原議，不給口糧食物，一應夫馬，聽其自備。由張家口至京路途歇寓，令官兵護送看守。到京進館後，兵部奏點副都統及官兵看守。買賣人出館行走，皆令護軍等伴行。

《清高宗實録》卷六九四 （乾隆二十八年九月戊午）又諭：據福德奏稱，昨理藩院行文俄羅斯薩納特衙門，俄羅斯迫於我之不肯通商一節，勢必懇請，如果情詞恭順，請將恰克圖貿易停止，移於依琫地方，或亦折伏俄羅斯之一法等語。恰克圖為兩處交界，酌行貿易，彼此屬下之人易於約束。若移依琫，不但滋擾，設遇盜賊詞訟之事，必致妄行狡賴。著傳諭福德，將辦理貿易之事暫且停止。俟俄羅斯回文到時，如何辦理之處，候朕降旨施行。

又 卷八一六 （乾隆三十三年八月丁卯）又諭曰：瑚圖靈阿等奏恰克圖通商一事，業將理藩院議定十三條，行知俄羅斯郭密薩爾，郭密薩爾一一欽遵辦理等語。俄羅斯既知遵照章程，著准其通商，其由内地前往貿易人等，交理藩院辦理遣往。

又 卷一三八九 （乾隆五十六年十月）又諭：【略】理藩院行文俄羅斯薩納特衙門查詢，今據該衙門覆稱，【略】從前恰克圖貿易通商，於俄羅斯大有裨益，敢乞施恩，復准開市等語。【略】今既覆稱並無其事，是薩邁林前次帶投書信，其為捏造無疑，而俄羅斯並無誘致土爾扈特之心，尤可概見。至所懇求通貿易，措詞恭順，已降旨，准其通市矣。

清・松筠《綏服紀略》 （乾隆）二十九年，因附近卡倫之喀爾喀俄羅斯互有遺失馬匹，數至逾千，無從稽查，而俄羅斯以少報多，殊為狡猾。奉諭旨，嚴行申飭，遂閉恰克圖，不與市易。俄羅斯後知悔過，於三十三年遣使申請馬匹舊事，概無庸議，懇乞開關交易。時欽差庫倫辦事大臣慶桂同喀喇沁貝子瑚圖靈阿懍遵訓旨，會議章程，復以俄羅斯恭順情形入奏。蒙恩旨俯准市易如舊。後於四十三年，恰克圖有俄羅斯頭目因會審夷犯，該頭目並不即時會辦，經庫倫辦事大臣索林一面閉關，一面奏請暫停市易，未免過於急迫，因奉論旨嚴行責飭。時尚書博清額奉命馳往，率同土謝圖汗徹登多爾濟悉心查辦，俄羅斯悔罪，懲治夷犯，求開市，於四十五年奉旨，准其仍前交易。此先後兩次閉關之事，仰賴聖明指示，霓猛並濟，故俄羅斯咸知感畏。【略】五十六年冬，奉旨著典屬檄行俄羅斯，准其所請，開關市易。時以俄羅斯誠心恭順我聖皇天字小，故有是檄。又欽奉諭旨，此次開關市易，必須詳查情形，安為定議章程，明白曉諭，俾俄羅斯永遠遵奉，方為盡善。余懍遵訓旨，酌議規條，奏請檄調固畢納訂期會議。【略】據情列款具奏，奉旨以俄羅斯咸遵約束，誠多恭順，即著擇吉開關，遂於孟夏望日，通商市易。【略】高宗純皇帝以恰克圖市易勿使内外商販互有欺詐，致啓釁端，因即擬定禁款，出示曉諭。

恰克圖商販從前多有奢侈太過者，自然為造物所忌，閉關八年以來，前之不安本分者，盡至困苦，是亦上天垂教示懲之意。因論商民回思舊習，痛加改悔，示以所禁之條，心各悅服。總之官買皮張均按時價，而自上率以樸素，則風俗漸歸惇厚。其間或有頑民驟難化導，誠以格之，不過初費唇舌久則懷德自化，免致生事。至沿邊各旗札薩克游牧，往往有商民以值數錢銀之甎茶，賒與蒙古，一年償還，揹不收取，必欲按年增利，年復一年。索其犬馬收之。此弊不但有關蒙古生計，而貪饕如此，竟有被蒙古憤恨致斃者。雖有國法懲兇，何能壓服蒙古。因定以一本一利，通飭遵行。如此則邊氓無重利之害，而恰克圖商民自知警戒，亦不敢愚弄夷商，致生憤恨。

俄羅斯雖屬荒夷，其為人也頗知信睦。從前恰克圖市圈夜火，俄羅斯市圈頭人聞知，遣兵役前救，立即撲滅，是皆聖皇德化所致也。

對外貿易部

通紀概說分部

綜述

元・陳大震［大德］《南海志》卷七《舶貨》 『貨通獅子國』，昌黎嘗有是詩矣。山海為天地寶藏珍貨從出，有中國之所無。風化既通，梯航交集。以此之有，易彼之無，古人貿通之良法也。廣為蕃舶湊集之所，寶貨叢聚，實為外府。島夷諸國，名不可殫，前志所載者四十餘。聖朝奄有四海，盡日月出入之地，無不奉珍效貢，稽顙稱臣。故海人山獸之奇，龍珠犀貝之異，莫不充儲於內府，畜玩於上林，其來者視昔有加焉。而珍貨之盛，亦倍於前志之所書者。

元・王元恭［至正］《四明續志》卷五《土產・市舶物貨・細色》

珊瑚 玉 瑪瑙 水晶 犀角 琥珀 馬價珠 生珠合經抽解 熟珠舶務合收稅錢 倭金 倭銀 象牙 玳瑁 龜筒 翠毛 南安息 蘇合油 檳郎 血竭 人參 鹿茸 蘆薈 阿魏 烏犀 膃肭臍 丁香 丁香枝 白荳蔻 苾澄茄 沒藥 砂仁 木香 細辛 五味子 桂花 訶子 大腹子 茯苓 茯神 舶上茴香 黃芪 松子 榛子 松花 黃熟香 麤熟 黃熟頭 速香 沈香 暫香 菱香 蟲漏香 沒斯寧 蟹殼香 蓬萊香 登樓眉香 舊州香 生香 光香 阿香 委香 嘉路香 吉貝花 吉貝布 木棉 三幅布 番花棋布 毛駝布 襪布 鞋布 吉貝紗 胡椒 降真香 檀香 糖霜 苓苓香 麝香 腦香 人面乾 紫礦 龍骨 大楓油 澤瀉 黃蠟 八角茴香 金顏香 硃砂 天竺黃 桔梗 厤 蚪香 鵬砂 新羅漆 篤耨香 烏黑香 搭油香 搭泊香 水盤香 肉荳蔻 水銀 乳香 噴噠香 龍涎香 梔子花 紅花 龍涎 修割香 硇砂 牛黃 雞骨香 雌黃 樟腦 赤魚鰾 鶴頂 羅紋香 黃緊香 賴核香 黑腦香油 崖布 緑香 雄黃 軟香 脊蛉皮 三泊 馬鶉香 萬安香 交趾香 土花香 化香 羅斛香 高麗青器 高麗銅器 苾撥 沙魚皮 桂皮

又《粗色》 紅豆 殼砂 草荳蔻 倭枋板柃 木鼈子 丁香皮 良姜 蓬木 海桐皮 滑石 藿香 破故紙 花梨木 射香 摠木 烏木 蘇木 赤藤 白藤 螺頭 鯚鮎 瓊芝菜 倭鐵 苧麻 硫黃 沒石子 石斛 草菓 廣漆 史君子 益智 香脂 花梨根 椰子 鉛錫 石珠 爐甘石 條鐵 紅柴 螺殼 胡思子 荳蔻花 倭條 倭櫓 蘆頭 椰簟 三賴子 蕪荑仁 硫黃泥 五倍子 白朮 銅青 甘松 花蕊石 合蕈 印香 京皮 牛角 桂頭 鑊鐵 丁鐵 銅錢 鹿皮 鹿角 山馬角 牛皮 牛蹄 香肺 焦布 手布 生布 藤棒 椰子殼 生香粒 石決明 梔明 雲白香 真爐 黃丁 斷白香 暫脚香 畫黃 杏仁 歷青 松香 磨珠 細削香 條截香

《元史》卷一〇《世祖紀七》 （至元十五年八月辛巳）詔行中書省唆都、蒲壽庚等曰：『諸蕃國列居東南島嶼者，皆有慕義之心，可因蕃舶諸人宣布朕意。誠能來朝，朕將寵禮之。其往來互市，各從所欲。』

明・鞏珍《西洋番國志・諸番國名・古里國》 中國寶舡一到，王即遣頭目並哲地及米納凡來會。【略】但會時先告以某打價。至期將中國帶去各色貨物對面議定價值，書左右合契，各收其一。哲地乃與坐舡內臣各相握手。米納凡言過吉日，就中指一掌為定，自後價有貴賤，再不改悔。以後哲地並富戶各以寶石、珍珠、珊瑚來看。惟是議論價錢最難，疾則一月，徐則兩三月方定。如某寶石若干該紵絲某物貨若干，即照原打手價無改。

明・馬歡《瀛涯勝覽・古里國》 其二大頭目受中國朝廷陞賞，若寶船到彼，全憑二人主為買賣。王差頭目并哲地未訥几几計書算于官府。牙人來會，領船大人議擇某日打價。至日，先將帶去錦綺等物，逐一議價已定，隨寫合同價數，彼此收執。其頭目哲地即與內官大人衆手相拏，其牙人則言，某月某日於衆手中拍一掌已定，或貴或賤，再不悔改。然後哲地富戶纔將寶石、珍珠、珊瑚等物來看議價。非一日能定，快則一月，緩則二三月。若價錢較議已定，如買一主珍珠等物，該價若干，是原經手頭目未訥几計算。該還紵絲等物若干，照原打手之貨交還，毫釐無改。

明・黃省曾《西洋朝貢典録》卷下《古里國第十九》 寶船至彼，王遣頭目、哲地、米納几見正使，擇日論價，將中國錦綺百貨議定，乃書合同價數各存之。頭目、哲地與正使衆手相挐，其牙人言曰：『某月日衆手拍一掌無悔。』哲地始攜珊瑚、珍珠、寶石來議價。二三月方定。原經手頭目米納几算番物若干該紵絲等物若干，照原打手之貨交易。

明・鄭舜功《日本一鑑》卷六《窮河話海・海市》 備按，【略】元至元丁丑，遣商人持金來市銅錢，詔許之。大德戊戌，僧寧一山者，附商舟往使，不報。至大初，招其來市。明年己酉，彼從之來互市，慶元路卽不滿所欲，卒燔儀門及天寧寺館而去。

皇明洪武辛亥，福建興化衞指揮李興、李春私遣人出海行賈，上命都督府臣嚴處之。洪武丙辰，日本人藤八郎以商至，獻弓馬、刀甲、硫黃之類，卻之。伏按國制毋倭商市之條，惟入貢夷順帶貨物，許諸人互市。嘉靖甲午，給事中陳侃出使琉球，例由福建津發，比從役人皆閩人也。既至琉球，必候汎風乃旋。比日本僧師學琉球，我從役人聞此僧言，日本可市，故從役者即以貨財往市之，得獲大利而歸，致使閩人往往私市其間矣。

明・何喬遠《閩書》卷三九《版籍志・雜課》 市舶稅課。【略】諸蕃以互市至者，曰大食，曰日本，曰注輦，曰三佛齊，曰靈牙蘇嘉，曰麻逸，曰三嶼，曰白蒲延，曰真臘，曰日囉亭，曰真里富，曰三泊，曰單馬令，曰闍婆，曰占城，曰賓達儂，曰渤泥，曰羅斛，曰雪峰，曰俱輪，曰須華公，曰琶離，曰佛囉安，曰逹囉希，曰吉蘭舟，曰西棚，曰登流眉，曰波斯蘭，曰高麗。唯大食多寶貨，最速，鮮有至者。三佛齊在海外諸番差大，商舶所聚，故貨物自三佛齊至者，往往竊大食以售，而三佛齊所產乳香、安息香、蘇合香油、真珠、琉璃、梔子花，他國無及者。香之所產，以占城、賓逹儂爲上。沉香在三佛齊名藥沉，真臘名香沉，實則皆不及占城。渤泥有梅花金脚腦，又有水札腦。登流眉有薔薇水。【略】細色貨物曰金，曰銀，曰沉香，曰夾煎香，曰箋香，曰細胃頭，曰亞顯香，曰安息香，曰琥珀龜鼊皮，曰夾煎黃熟香，曰腽肭臍，曰木香，曰蘆薈，曰蘇合油，曰珊瑚，曰琉璃，曰火丹子，曰蕃油，曰龍涎，曰金頭香，曰阿魏，曰血竭，曰丁香，曰鹿茸，曰鵬砂，曰薑黃，曰没蘗，曰米腦，曰腦板，曰速腦，曰朱砂，曰牛黃，曰硫磺，曰臘油，曰梔子花，曰萬耨腦，曰梅花腦，曰金脚腦，曰木札腦，曰赤倉腦，曰丁香母，曰白荳蔻，曰薔薇水，曰萬耨皮，曰鷄舌香，曰兜羅錦，曰没石子，曰萬耨瓢，曰石碌，曰鬼谷珠，曰番紅花，曰毛絲布，曰瑪瑙珠，曰草竭，曰玳瑁，曰龜筒，曰象牙，曰犀柴磺，曰真珠，曰木珠，曰藥珠，曰頂珠，曰條珠，曰麻珠，曰束香，曰乳香。粗色貨物：曰暫香，曰檀香，曰胡椒，曰黃蠟，曰黃熟香。曰生香，曰丁香，曰香札，曰桂皮，曰茴香，曰蘇水，曰粗熟香，曰降真香，曰修割香，曰肉荳蔻，曰荳蔻花，曰蓽澄茄，曰丁香皮，曰洗銀硃，曰土琥珀，曰赤石珠，曰鷄骨香，曰水牛角，曰海桐皮，曰香螺厴，曰大石芎，曰青桂頭·曰烏庫香，曰扶律膏，曰石決明，曰烏紋木，曰花梨木，曰桂花，曰蒔蘿，曰番布，曰訶子，曰犀蹄，曰大黃，曰魚膠，曰胡芹，曰水藤，曰麂皮，曰香沉，曰榛子，曰魚皮，曰草蓆·曰番絲，曰牛皮，曰鹿皮，曰杏子，曰松子，曰蓽撥，曰硇砂，曰益智，曰白錫，曰黑錫，曰楮皮，曰麻粣，曰椰子，曰高良薑，曰石花菜，曰麝香木，曰水盤頭，曰赤白藤，曰大腹子，曰吉貝紗，曰帽頭香，曰吉貝，曰松花，曰螺殼，曰苧，曰麻，曰藾，曰布，曰簟。

清・程日炌《噶喇吧紀略》 本朝威德四備，遠人賓服，功令不禁通商，漳、泉、湖、廣之人爭趨之，度其飲食衣服器皿藥餌之所需如茶、漳煙、絲襪、絲綢、花緞、絲帶、紙料、瓷器、銅壺、川漆、龍眼、柿果、青果、麵粉、人參、土茯諸藥材等類，而畢致之以市利，視其土之所產如胡椒、蘇木、烏木、檀香、束香、沈香、奇柟、冰片、白藤、經文席、象牙、犀角、鹿筋、燕窩、海參、白糖、冰糖、椰、檳榔、鉛、錫、珍珠、銼石、西洋布、哆哆呢、嗶吱、羽緞、硫磺、鴉片、丁香、漏孝、葡萄酒、火酒、西國米、孔雀、鸚哥類，而悉購之以居奇。然操贏餘者，揚帆而往，鼓棹而歸。

清・何秋濤《朔方備乘》卷二九《考二十三・北徼方物考・販運中國貨物類》 茶葉

臣秋濤謹案：《總記》曰：恰克圖互市中國茶葉。《華事夷言》曰：俄羅斯不准船到粤，只准陸路帶茶六萬六千箱，計五百萬棒。因陸路所歷風霜，故其茶味更佳，非如海船經過南洋暑溼，致茶味亦減。《澳門月報》曰：歐羅巴銷用茶葉以荷蘭、俄羅斯兩國爲最。俄羅斯茶在北邊古地方買茶，道光十年買五十六萬三千四百四十棒，道光十二年買六百四十六萬一千棒，皆係黑茶，由喀克圖旱路運至擔色，再由水旱二路分運娜阿額羅。

大黄

臣秋濤謹案：《總記》曰：恰克圖互市中國大黄。《簷曝雜記》曰：俄羅斯以中國之大黄爲上藥，疾病非此不治。《綏服紀略》曰：俄羅斯多食魚，需大黄以解魚毒。乾隆間，因俄羅斯有數事渝約，絶其互市，遂禁大黄，不許出口。嗣因俄羅斯悔過籲懇，情詞恭順，始准其開市，詳見《互市始末篇》内。

磁器

臣秋濤謹案：《總記》曰：恰克圖互市中國磁器，每年交易約值二三十萬棒。臣秋濤謹案：《備考》言厄羅斯國産磁器，蓋所産不多，故仍資於中國也。

絲

臣秋濤謹案：《總記》曰：恰克圖互市中國絲。又案：《總記》言薩加社産絲，又巴社販來之絲多售於阿薩塔干之地。説詳下。

髮

臣秋濤謹案：《總記》曰：恰克圖互市中國髮。又案：《總記》言薩加社産髮，又巴社販來之髮多售於阿薩塔干之地，蓋本境所産無多，故仍資中國及巴社貿易也。

棉花

臣秋濤謹案：《總記》曰：恰克圖互市中國棉花。

煙葉

臣秋濤謹案：《總記》曰：恰克圖互市中國煙葉。《龍沙紀略》言黑龍江邊卒攜煙草三四斤，易俄羅斯一牛。又案：俄羅斯本境亦產煙，詳前。

飲食類

燒酒

清・周凱等［道光］《廈門志》卷七《關賦略・海關・關稅科則・衣類》　衣類綢緞紗羅錦、絹綾呢羽吱、皮絨絲布葛、氊毯苧棉棕、冠帽鞋靴襪、領帕帶荷包、枕蓆被褥帳、椅披墊桌圍

綢：綢每疋例徵二分，綢每疋例一分，綢袍料每件例五分，綢褂料、衫料每件例四分，短襖例三分，綢鄉綢褲每件例一分七釐以上廈關均照徵，綢裙每條例二分廈［關］加徵四分，綢夾褂、綢大戲甲、戲衣、戲蟒每件例七分，綢小軍甲每件例二分，套褲每付例一分七釐，綢故衣每百件例八錢，背身每件例二分，繡綢裙每條例五分，洋綢每疋例八分，宮綢、宮綢袍料每件例一錢，宮綢褂每件例七分，宮綢馬褂每件例二分五釐以上廈關均照收，綿綢每疋例四分廈［關］折徵二分，綿綢袍例四分，綿綢褂襖每件例四分，衫例二分，鄉例一分七釐褲例同，串綢每疋例五分，串綢袍例一錢，褂例七分，衫例五分，素綢每疋例五分，素綢褂料例七分，衫例五分以上廈關照徵，重綢每疋例五分廈［關］折徵二分，潞綢每疋例五分，西洋綢例一錢以上廈關均照徵，春紬例四分廈［關］折徵二分，紡綢、大紅縐綢、花縐紗綢每疋例五分廈［關］照徵，中花綢、色綢、長行綿綢、衣著綿綢每疋例四分廈［關］折徵二分，線綢例一錢，線綢褂例七分，綿綢例二分以上廈關照徵，綿綢例一分七釐折徵一分，綿綢褲例一分七釐折徵一分，綿綢馬褂例一分，烏綢例二分，杭綢例二分，輕綢例二分，東京綢例四分，寧綢、寧綢袍料例一錢，寧綢褂料例七分，廣繭綢例四分以上廈［關］照徵，繭綢例六分折徵三分，繭綢袍例六分，繭綢衫例三分，鄉褲、短襖例一分五釐，繭綢襖例三分，又夾被例三分六釐以上廈［關］照徵，牛郎綢每件二錢五分廈關每疋作八身，每身徵二錢五分。

緞：上緞每疋例一錢廈［關］徵四分，中緞每疋例七分廈［關］徵四分，錦緞、全絨緞每疋、緞袍料每件例例一錢，緞褂料例七分，小緞袍例五分，小緞褂例三分五釐以上廈［關］照徵，緞馬褂料例二分廈［關］加徵二分五釐，織絨緞馬褂例二分廈［關］加徵二分五釐，緞背身例三分五釐，緞襖例七分，緞褲裙例一分七釐，緞披肩例一分八釐八毫，緞大戲甲、戲衣例七分，戲蟒袍、緞夾褂例七分，又蟒袍、緞織絨袍例一錢，緞褂番衣、緞織絨褂例七分，緞小軍戲甲例二分，緞錦裙例七分，繡金裙例七分，繡金襖例一錢，緞故衣百件例八錢，大紅繡緞袍例一錢，繡金緞背身例五分，繡披風襖例七分，繡女褂、絹女衣、繡褂、絹霞背每件例七分，繡緞襖例一錢，小緞襖例四分，線緞每疋例一錢，線緞袍例一錢，線緞褂

例七分，又馬褂例二分五釐以上廈關照徵，中閃緞每疋七分廈［關］折徵四分，宮緞每疋、宮褂袍料每件例一錢，又褂料例七分，馬褂料例二分五釐，漳緞、倭緞每疋例七分，朝衣、紡緞每件例一錢，補褂每件例七分，緞織絨領套每件例二分七釐以上廈關照徵。

紗：中紗每疋例七分廈［關］徵四分，紗袍料例一錢，褂料例七分，衫料例四分，紗䘙褲例一分七釐，紗蟒袍、繡襖例一錢，紗裙例七分以上廈［關］照徵，紗馬褂例二分廈關加徵二分五釐，紗錦裙例二分八釐，背身例三分五釐，繡金紗裙例七分，繡金紗背心例五分，繡紗裙例七分，湖紗每疋、湖紗衫料例四分，漳紗每疋例五分，漳紗袍料例一錢，褂料例七分，衫料例五分，漳紗䘙褲例一分七釐，桂花紗每疋、衫料例五分以上廈［關］照徵，上廣紗每疋例一錢廈［關］徵四分，鶴紗每疋、生紗、羅斗紗、燈紗、生紗衫料例二分，軟紗每疋例五分，土紗、帳紗每疋例一分，銀條紗、輕紗、輕紗褂料例二分，春紗每疋例五分以上廈［關］照徵，輕紗衫、裙例七分廈［關］徵均四分，漆紗每疋例四分廈［關］照徵，大縐紗每疋例五分，上縐紗、花縐紗、中縐紗每疋、又褂料、衫料例四分，袍料例五分，縐紗褲、縐紗甲仔每件一分七釐，縐紗襖例四分，短襖例三分，繡襖、紗織絨褂每件例七分，繡縐紗裙例五分，紗織絨袍例一錢以上廈關照徵。

羅：上羅、軟羅每疋、羅裙、衫每件例五分，羅褲例一分七釐，繡羅雲肩例六釐，繡羅裙例七分，彩畫背心身例二分，又裙例四分以上廈［關］均照徵。

錦：上嘉錦每疋例六分，中例四分，柳條錦、中片錦每疋、錦裙每條例七分以上廈［關］照徵。

絹：純絹每疋例五分，絹、里絹每疋例二分，東京絹、斗紋絹每疋例四分，土絲絹、土絹每疋例一分，西洋絹每疋例七分以上廈［關］照徵。

綾：上綾每疋例五分廈［關］徵三分，中綾、烏綾、輕綾每疋例四分廈［關］徵三分，綾袍料例五分，褂料、襖料、畫綾襖、衫料每件例四分，小襖、小衫例三分，背身例二分，褲褪例一分七釐，裙例四分，繡綾裙、綾織絨褂每件例五分，綾織絨袍例七分以上廈［關］照徵，西機每疋、溪尖每疋例四分廈［關］徵三分。

呢：紅呢一丈為一身，每疋作十身每身例三錢廈［關］照徵，小呢一丈五尺為一身，每疋作五身每身例二錢五分廈［關］照徵，雜色哆囉呢每疋例二錢五分廈［關］徵一丈為一身，每疋作八身，每身二錢五分，呢袍褂料例二錢五分，馬褂料例二錢二分五釐，裙例二錢，呢碎每十斤折呢平口面二百個每百個二錢五分以上廈［關］均照徵。

羽：羽毛每疋例二兩廈［關］徵每疋作五身，一丈五尺為一身，每身三錢，羽毛緞褂料、裙料例二錢，馬褂料一錢五分，羽毛紗二丈為一身每身例一錢五分，羽毛紗袍料、褂料例一錢五分，馬褂料例五分，羽縐袍例一錢，羽縐褂例七分以上廈關均照徵。

吱：嗶吱緞每丈例一錢五分廈［關］一丈五尺為一身，每疋作五身，每身例一錢五分，嗶吱紗、嗶吱絨二丈為一身每身例一錢五分，褂料、袍料、襖料例一錢五分，馬褂料例七分五釐以上廈關均照徵。

皮：銀鼠皮每百張例二兩，銀鼠皮緞袍例一兩二錢四分，緞褂例八錢四分，緞馬褂例四錢二分，銀鼠尾每條例一分，狐皮每百張例五錢，狐皮緞袍例一錢五分，狐皮褂料、緞襖例一錢，馬褂料、綢緞短襖例五分，狼皮每百張例十兩，狼皮袍料例六錢，褂料例四錢，馬褂甲仔例二錢，灰鼠皮每百張例八錢，灰鼠皮袍料例四錢八分，褂料例三錢二分，馬褂料例一錢六分袍褂有緞面者加四分、馬褂有緞面者加二分，灰鼠皮甲仔料例八分，獺皮每百張例三錢五分，褂料例一錢，馬褂料例三分，獺皮布馬褂例三分，又緞馬褂例五分，貂皮每張例五分，尾每條例二分五釐，海龍皮每張例一分，緞馬褂例四錢二分，石鼠皮百張例三錢，褂料例一分八釐，馬褂例九釐，川鼠皮褂料例一錢，羔羊皮百張例三錢，羔羊皮袍料例九分，又緞袍例一錢三分，又呢袍例三錢四分，又布袍例九分六釐，羔羊皮褂料例六分，緞褂面者例一錢，呢面者例三錢六分，布面者六分六釐，羔羊皮馬褂料例三分，緞面例五分，呢面例一錢五分五釐，布面三分六釐，羔羊皮短襖料例三分，緞面、繭綢面者例五分，羊羔皮甲仔料例三分，緞面例五分，布面例三分三釐，山羊皮每百張例三錢，袍料例三分，褂料例一分八釐，緞面、綢面例六分，山羊皮馬褂料例九釐，綢面、緞面例二分三釐，老羊皮每百張例三錢，袍料例二分，緞面例七分，布面例三分六釐，老羊皮褂料例一分八釐，綢面例五分八釐，布面例二分四釐，老羊皮馬褂料例九釐，緞面例二分三釐，布面例一分二釐，老羊皮短襖料例九釐，緞面例二分三釐，布面例一分二釐，老羊皮背身料、甲仔料、褲料、布甲仔每件例均九釐，老羊皮繭綢短襖、布褲二分二釐，山狗皮每百張五錢，狗皮每百張三錢，狗尾百尾例八釐，山狗皮緞馬褂例五分，布者例三分，狗皮褥例九釐，鹿皮、騷皮、石虎皮每百張例五錢，貓皮每百張三錢，貓皮布馬褂例一分二釐，犀牛皮、虎皮每張一錢，豹皮每張例一錢，豹皮馬褂甲仔例二錢，沙魚皮百張例二錢，兔皮百張例三分，兔皮綢緞馬褂例二分三釐，又褂料例一分八釐，又馬褂料九釐，鹿皮、貉皮、貛皮、麇皮每百張例三錢五分，鹿皮緞馬褂例五分，獐皮每百張五錢，牛皮、馬皮、驢皮、騾皮、猄皮每百張例一兩五錢，緑蛇皮每百張例五錢，碎皮、臭皮每百斤例一分，牛馬皮條、碎犀象牛皮、弓皮每百斤一錢，太平貂皮每張二分五釐以上廈〔關〕均照徵。

絨：剪絨每疋例六分，平絨、漳絨、虎皮絨每疋七分，羊、牛絨每疋二分，傘絨、絨緯、經、絨帶每百斤二兩六錢，小絨番八絲每疋作五身每身一錢五分，漳絨袍例一錢，又絨褂、霞背、女襖、姑絨褂料每件例七分，姑絨袍料例一錢，織絨每疋例二分，織絨袍料、襖料例二分，姑絨每疋例一錢，牛郎絨每疋一兩五錢，織絨布馬褂例一分二釐以上廈〔關〕照徵。

絲：湖絲百斤例二兩六錢廈〔關〕徵一兩二錢，土絲百斤例八錢廈〔關〕照徵，蠶絲百斤例六錢，金線、各色絲線例二兩六錢廈〔關〕徵一兩二錢，絃線、縱線、重線、絲鞭帶每百斤例二兩六錢出洋者百斤加徵五兩二錢，絲班柔每疋例四分，羽纓百斤三兩，舊帽緯、帳緯、舊羽纓每百斤例八錢，小絲幔、絲布幔每條、線番扣每百粒例一分以上廈關照徵。

布：細冬夏布各色細布每疋例六釐廈〔關〕照徵，粗冬夏布各色粗布每疋例三釐廈〔關〕加徵六釐，布馬褂、短襖例六釐，布襖例一分二釐，布織絨襖例一分六釐，織絨短襖、布織絨馬褂每件例一分三釐，布𧞣褲例三釐，布外套例六釐，布番衣、戲衣、小軍戲甲例一分，竹布、紙布每疋二分，布故衣百件、烏卵布百斤、烏灰布百斤、大小揖布百斤例四錢，象布、大白布、帳幔每百斤例八錢，雲布、絲布、繭布每疋例二分，西洋斜文布每疋例一錢五分，中西洋布例八分，洋布衫料例二分，繭布𧞣、褲例一分，羅布、絨布每疋例六釐，絲布班柔每疋、襖料每件例二分，夏布裙、衫、棉布裙、衫例六釐，潮黃麻布每疋、蕉布衫每件例一分，粗麻布百斤例二錢，蕉布每疋例三分，蕉布𧞣褲每件、斜文布、永春布、綿布、眉布每疋例六釐，羅布袋、棉布袋每百斤例三錢，粗夏布袋、袋每百斤二錢，破布、布幫百斤例一分，布帳眉每塊例一釐，洋布包袱每個二分，布幔每條六釐，布簾、包袱、水幔例三釐以上廈〔關〕照徵。

葛：大西洋葛、海葛例一錢，上葛布每疋例四分，中葛布、海南葛、山城葛例三分，武平葛、琉球葛、草葛、土葛每疋一分，葛布袍每件四分，衫每件例一分五釐，𧞣褲例七釐五毫，哆囉麻每疋例三分以上廈關均照徵。

氈：噌囉氈每件例一錢，假噌囉氈每疋、各色氈條例二分，粗氈、鞍籠百斤例二錢，氈碎每百斤一分，南京氈褂每件例一錢五分，氈馬褂例二分五釐，褐子每疋、褐子袍、褂、襖、衫羓子、鶴衫每件例二分以上廈〔關〕照徵。

毯：猩猩毯每丈例三錢廈〔關〕徵每疋作十身，每身三錢，番毯、洋毯、花毯、印花皮毯每條八分，棉紗毯百斤三錢，綢頭毯、氈片、川口毯每條二分以上廈〔關〕照徵，毛毯百斤例三錢廈〔關〕徵二錢，繡絨布毯、繡布毯每條八分，嗶吱繡毯例一錢五分，羢條布線毯每條例二分，呢毯例二錢五分，氈毯百斤例二錢以上照徵。

苧：苧麻苧繽每百斤例八分，苧繩、線、新網線、𦂅紗每百斤三錢，破舊網紗百斤例三分，黃麻、黃絡麻例二分以上照徵。

棉：淨棉花百斤例一錢六分，番花、班枝花百斤例二錢，湖棉即絲棉百斤例一兩二錢，棉花子百斤例一分六釐散艙五折，帶子、臭棉、舊棉百斤例六分，火艾棉百斤例三錢三分二釐，棉紗班柔每疋例二分，棉紗線、紅頭繩、髻縧、棉帶、搭連、被囊、各色布料物件百斤三錢以上廈〔關〕均照徵。

棕藤附：棕片、棕衣、棕絲、棕每百斤例八分，黃白藤、藤絲、鞭桿、洋藤著俱照上以上照徵。

冠帽：絹冠、絨冠、銀冠、錫冠、銅冠每百頂例八分，戲冠，鳳冠百頂三錢，無纓騷皮、海龍皮、狐狸皮、有緯剪絨帽每百頂例五錢，無緯剪絨帽、獺皮帽、氈雨帽、呢氈帽每百頂三錢，有緯騷皮帽百頂例七錢，番牙帽每頂五分，緞帽、小紗帽、軟緞帽、籐涼帽、番籐帽、草涼帽、粗氈帽百頂例二錢，絨帽、番絲帽、戲帽、烏尾和尚帽每百頂三錢，小呢帽、絨帽、緞帽、小帽仔百頂例一錢五分，羊皮帽、小皮帽、小軟紗帽、小絨帽、孩帽、棉紗帽、油布雨帽每百頂一錢，布帽、卜軟帽百頂五分，油紙雨帽百頂二分，緞帽胎百頂一錢五分，剪絨帽邊、羽毛緞邊、哆囉呢邊、緞帽坯、縐紗帽邊、羊兔皮邊每百頂例一錢五分，絨帽面每疋二分，海龍皮帽邊百頂例二錢五分，獺皮帽邊例二釐，貂皮帽邊每條例二分五釐，錦帽頂、帽結每百個例八釐，繡笠胎、籐笠胎每百頂例二錢，草帽胎、草笠帽面百個例一錢，錦笠頂百個八釐，戲網巾百頂例三錢，髻巾、壽巾、君子巾百頂例一錢，紗女巾、雪巾百個例五錢，烏巾每連例三分以上廈［關］照徵。

靴鞋：緞紗靴、馬皮靴百雙例一兩小號者五錢，小布靴、小皮靴每百例三錢，牛皮靴、布靴每百雙六錢，綢緞鞋、氈鞋、羅鞋每百二錢五分，小綢緞鞋、緞鞋面每百例一錢二分五釐，布、皮、草心鞋每百例一錢五分小號者例七分五釐；布鞋面同，棕柴鞋每百例一錢五分，木櫥、木套杯每百例二分小號一分，棕屐、木屐，木履百雙例四分，靴鞋底每百六分以上廈［關］照徵。

襪：緞、紗襪每百例八錢紬、綢襪例同，小綢紗、小緞絲襪、布襪、綢緞襪面、紗襪、布單襪每百例四錢，小布襪、氈襪、綢緞護膝膝褲、氈綾護膝膝褲每百例二錢，絨襪百斤例三錢，布襪頭、半襪每百例一錢，襪底每百例三分以上照徵。

領：兔狗皮領、紗緞領、絨嗶吱領百條例一錢，狐皮領百條例二錢五分，獺皮繡緞呢領每百二錢，貂皮領每百例二兩五錢，海龍皮領每百例一兩，披風領每條例一分八釐八毫，氈布、絲布領每百例五分，太平貂領每百例一兩二錢五分以上廈［關］均照徵。

帕帶：縐紗帕、帶、綢手巾、帶、姑絨手巾、絲布手巾、番布手巾、絲布班柔巾、番布巾、絲腰帶、綾緞包頭、紬絨包頭、緞手巾、綾綢、絨、紗手帕、緞綾、絨、紗腰帶、緞綾、絨、紗汗巾、綢帶、布扣帶、番扣、皂帕每百條三錢，繡縐紗手帕、縐紗帶、大紅鏡蓋、繡鏡蓋、繡補繡紗鞭帶每條一分八釐八毫，西洋手帕、番綾桃每條例一分，洋絲綢手巾每疋例四分，布手巾、布班柔手巾、葛巾每百例五分，葛布手巾每條例一釐，斜文手巾百條、布手巾百疋例六錢，小絲帶、緞帶、小綢帶、絲腰帶百副、緞帶環、梅花邊、飄風帶、紗飄帶每百例一錢，宮燈條、裙條、繡鏡裙每百例六錢以上廈［關］均照徵。

荷包袖口附：呢平［口］百個例五錢，緞平口荷包、肚兜、嗶吱平口絨平口綢緞煙包、嗶吱絨煙包、羽毛煙包每百例三錢，呢緞小平口、嗶吱小平口呢炮包、綢緞火連包每百例二錢，皮平口荷包氈者、布者、布皮肚兜氈者、布皮煙袋氈者、綢緞鏡袋、皮火連包每百例一錢，呢平口面每百例二錢五分，呢煙包袋每百例五錢，綢緞煙包、綢緞眼鏡袋、綢緞腰包、綢緞鎖匙袋每百例一錢，布皮煙包，皮紙袋氈煙包每百例五分，小布、皮氈煙包每百例二分五釐，皮搭連、皮衣包每個例六釐，氈衣包百個例六錢，凡紙皮牙籤袋、檳榔袋、板指袋、鏡袋呢者每百例二錢，如綢、緞、絨、綾、嗶吱、羽毛者與各料消息袋例同每百一錢，緞扇袋百個二錢，錦香袋面每百八釐以上均照徵、貂皮袖口豹皮每副例五分，太平貂每副例二分五釐，銀鼠例二分，灰鼠例八釐，老羊皮、羔羊皮例三釐，狐皮、獺皮、山狗皮、麂皮、石虎、川鼠例五釐，海龍皮例二分、綢、緞、絨、紗每副例六釐，繡緞手袖例三分七釐，繡金例六釐，兔皮例一釐五毫以上每副。廈關照徵。

枕：皮籐枕每百例一錢，蒲枕每百例四分，枕杯每百五分，鑲緞佳絞蓆枕、緞靠枕、繡金枕每副例六釐，鑲布佳緞蓆枕每個三釐，呢靠枕、羽毛靠枕每個一分八釐八毫，靠枕每個四釐，布佳紋蓆籐枕每個例二釐，呢枕面、金絨緞枕面每副一分二釐，緞綢、絨、錦緞枕面每副例六釐以上廈［關］照徵。

蓆：上佳紋蓆每領例一錢五分中例一錢、下例二分，細籐每領五分粗一分，細龍鬚席每領例五分粗二分五釐，蒲席百領四分，竹席、戈里蒿每百例二錢，草席每百例六分，牙席每條例一錢五分，藤竹枕衣每百一錢以上廈［關］均照徵。

被褥：繡呢被面每床例二錢五分，嗶吱例七分繡者例一錢五分，鏽絨布、洋綢被例八分洋綢褥同，繡布被例二分以上廈［關］照徵，線緞閃緞、絲幔緞被面、閃緞褥每床例七分廈［關］折徵四分，綢被例四分，繭綢被例三分六釐，縐紗被例五分，布被每床、斜紋布被、花布被每疋例六釐，絨褥面、虎皮絨褥、倭緞褥每床例五分，繡緞被褥、金絨緞被褥、洋綢褥、倭緞被、錦被每床例七分，呢被褥例一錢五分，洋綢被例一錢，西洋布被褥、番布絲布被例二分，繡廣藺被褥例八分以上廈〔關〕均照徵。

帳：洋布織錦幔天帳、彩錦幔天帳例二錢，紗帳、縐紗帳、綢綾帳每頂例八分，漳紗帳、羅帳、繡帳例一錢，夏布帳，羅布帳每床例一分有眉者加一釐，生紗、銀條紗帳例一分，緞帳眉、緞帳眉、繡紗帳眉每條例一分八釐八毫以上廈〔關〕均照徵。

椅披墊、桌圍：羽毛桌圍、椅褥、呢桌圍、椅褥每條例四分，呢轎圍每副、洒線桌圍、椅褥、鑲緞布椅褥、灑線嗶吱桌園椅褥、呢墊、倭緞轎褥、轎墊、椅褥、金絨緞椅墊每個例一分八釐八毫以上廈〔關〕照徵。緞椅墊每個例一分八釐八毫廈〔關〕徵六釐，金絨緞椅褥、桌圍每個例三分七釐六毫，鑲緞布椅墊每個六釐，布椅墊、皮椅褥墊、布桌圍例三釐，皮印花床圍繡者例均四分，綉呢床圍每條例一錢二分五釐以上廈關均照徵。

又《食類》 食類醃魚山海味、藥材酒茶煙、糖蜜乾果油

醃山：醃肉百斤、醃豬每隻例三分廈〔關〕徵每百斤三分，醃鵝每個五釐，醃雞、鴨每個例一釐，牛鹿脯每百斤一錢二分，鹿脯百斤一錢五分，醃蛋千個五分，醃豬肚、舌百斤例三分以上廈〔關〕照徵，鹿筋、鹿腿、獐腿、獐脯、鹿百斤例二錢，牛筋、馬筋、醃牛肉、牛脯百斤例一錢，火腿百斤例二錢以上照徵。

海味魚：燕窩百斤例【略】廈〔關〕徵三兩四錢。紅者百斤例【略】廈〔關〕徵二兩。毛燕比燕窩例或三、七或四、六酌量折徵，鮑魚、鰻魚、魚翅四錢五分五釐，沙魚尾百斤二錢二分七釐五毫，龜肉、蝦米、紫菜、螺乾、蟶乾、淡菜、蜩乾、魚肚、龍虱、蛤乾、龍腸、魚鮑、鰻肚、蠔乾、蝦乾、目魚乾、殼菜乾、銀魚乾、丁香乾、沙蠶乾、沙魚乾、鰻乾、蝦乾每百斤例一錢，海粉百斤一兩，海參、柔魚百斤例三錢，魚仔百斤一錢五分，海蜇百斤六分，海白菜、糟時魚、龜脚菜、雞脚菜、鹿角菜、糟魚每百斤例八分，蝦殼多屬洋船回日，稅免徵百斤三分，鹽目魚肚、蝦糠百斤例一分五釐，鰺鯗、魚脯、鰻鯗、蝦皮、蝦脯、鮦鮭、鰮鮭、鹽蜆、鹽蜆、鹽螺、鹽蟹、沙枟、黃爪鯗、江魚脯、蠣醬、蝦醬、滷蠣、扁魚、鹽沙魚、鰆鮭醬、魚餌、熟鮦、鹽目魚、鹽鰮鮭、竹蟶鮭、鹽青鱗、鹽魚子、滷殼菜、沙魚、魚肉、鎖管鮭、鹽殼菜、蠔鮭、醃魚蝦等百斤例三分、魚膠百斤例二錢，沙羅子、苔菜、苔脯百斤例一分五釐以上廈〔關〕照徵。

藥材：冰片油每斤例二錢，人參、熊膽、冰片、牛黃每斤、五味子、樟腦、石黃、砂仁、當歸、羌活、茯苓百斤例三錢，洋參例一錢五分，黃連、官連、鹿茸、冰片土、熊掌每斤例三分，生硫黃每百斤、蛇乾、蜈蚣百條例二分，冰片糠百斤照冰片八折，没藥百斤一兩二錢三分，竹黃、鹿角膠、石蟹、紫河車、龜膠、虎骨膠、阿魏、羚羊角、肉桂、肉果、阿膠、豆蔻百斤例一兩五錢六分，蘆薈、沿石子、膏藥、象皮膏、川貝母、川附子、水銀、雄黃、硼砂百斤例一兩二錢，硃砂、仁砂、輕粉、紫金錠百斤例一兩三錢，鐘乳百斤例七錢，牛黃丸丸藥每包十粒每百粒、蘇子、草麻子百斤例六分，附子、石燕百斤六錢，膽礬、枸杞、川芎百斤例五錢五分，青黛、虎骨膏百斤三錢五分，兒茶、血竭、烏丁泥、蘄艾百斤例三錢三分三釐，龜筒百斤例三錢三分，五倍子百斤例二錢，餅藥、拋皮百斤例四分，水檳榔百斤例五分，海馬每對五釐，牛膽每個三釐，蘄蛇每條例一分，人中白每礶例二分，凡熟硫黃、桂皮，自然銅、皮膠、糞渣、桂子、南星、半夏以及粗藥材一百六十餘品每百斤例一錢，鬱金百斤例一兩一錢以上廈〔關〕均照徵。

酒茶：順昌酒並各色酒每瓶例一釐五毫，惠泉酒、小酒每罈四釐五毫，大酒、紹酒每埕九釐，火酒、膏糧百瓶一錢，紅毛酒每瓶二分，土酒百瓶例五分，細茶百斤例六錢中三錢、粗一錢以上廈〔關〕照徵。

煙：倭煙、鼻煙百斤例一兩六錢，煙絲、土煙百斤例一錢五分，煙葉百斤例八分，碎煙、煙末百斤例四分以上廈〔關〕照徵。

糖蜜：冰糖、蜂蜜百斤例一錢二分，白糖、桔餅百斤例一錢，青糖、赤糖例六分，黑糖、烏糖、糖膏、米糖、麥芽糖每百斤例三分，水糖例一分，甜葡萄百斤例二錢五分酸者一錢二分，蜜浸呵躂子、丁香、蜜檳榔、蘭花、桂花、冬瓜、薑等及一切蜜浸食物每百斤例八分五釐以上廈關均照徵。

乾果：龍眼、荔枝、核桃肉、花生仁、花椒、松菰、紅菰、釣錦菜、鵝掌菜、烏菜、菜頭子、乾簍葉、乾尾茹、仙草乾百斤例一錢，龍眼膏、

肉百斤五錢，菱米、楊梅乾百斤五分，雜果百斤八分五釐，胡椒皮百斤六錢，香簞、香菰、八角例二錢，木耳、黄花、金針、上國米一錢二分，西國米二錢五分，京米百斤六分，紅曲、米曲例四分，鹽桃豉百斤三分，筍乾、豆豉、面醬、醬油、緑筍、赤菜、香芋、慈、醬瓜、石花、石衣百斤例八分，米麵粉、面茹粉、葛粉、蕨粉、水醬、菜子、芝麻、大小麥、蕎麥、油渣餅、田豆百斤例一分五釐，荸薺、菱角、梨、姜、紅果百斤照上，核桃、松子、橄欖仁、蓮子、藕粉、青梅、花生、瓜子等細乾果百斤例六分，桔子、石榴、香圓、佛手柑、鹽楊梅、蜜羅柑等細鮮果百斤例二分以上廈關照徵，胡椒每百斤例八錢廈［關］徵七錢四分。

油燭：香油、麻油、柏油、茶油、牛油、牛油燭、火油、熟油、豆油、桐油百斤例八分，白臘油百斤例一兩二錢，黄臘、洋臘燭百斤例六錢，打馬燭百斤例四分以上廈［關］照徵。

又《用類》 用類琥珀珍珠玉、珊瑚瑪瑙晶、玻璃燒煉鏡、玳瑁石磁螺、牙角毛樂物、紙花扇傘燈、金銀銅鐵錫、顏料香漆器

琥珀：蜜琥珀每斤例一錢，琥珀器每斤例八分又碎每斤例六分、又朝珠串例四分，波羅松百斤例一兩一錢以上廈［關］均照徵。

珍珠：二分上者每顆照殼珠花籃例五分，八、九釐至一分上者每顆例三分，六、七釐上者例一分，三釐下者每兩三錢藥珠每兩同，假藥珠每斤二錢，米珠每斤或百串、殼珠千粒例四分素珠例同以上廈［關］均照徵。

玉：玉器每斤例一錢，玉帶頭、鼻煙盒每個例二分，玉雄黄碗又盃、玉香爐每個上號例四分次號例二分。以上廈［關］均照徵。

珊瑚：珊瑚樹每斤例五錢，珊瑚枝又器皿每斤例三錢，珊瑚碎又珠每斤例二錢以上廈關照徵。

瑪瑙：瑪瑙每斤、器皿每斤例一錢，朝珠每串例四分以上照徵。

水晶：水晶石百斤例二錢又器皿百斤三兩五錢，眼鏡百個五錢，素珠、朝珠每串例四分，短素珠每串例四釐，鼻煙盒、帶頭每個例一分以上廈［關］均照徵。

玻璃：玻璃器百斤例三兩五錢，鏡大者每個例五錢，中例二錢五分、小例五分，小鏡屏每個例五釐，眼鏡百個例五錢以上廈［關］均照徵。

燒煉：燒煉器百斤例二錢，大鏡百個例五錢、小鏡百個例二錢五分，燒煉鏡册頁每部例一錢，帶頭、鼻煙盒每個例五釐以上照徵。

鏡：西洋眼鏡百個例五錢，土眼鏡、乾坤鏡百個例一錢，米神鏡百個例二錢，千里鏡每個例五錢中二錢五分、小五分。以上照徵。

玳瑁：玳瑁器皿百［斤］例三兩碎者百斤例一錢，茶盤、酒杯、梳百個例二錢，小盒百個例八錢，硯盒每個例八釐，煙盒每個二釐，小甲萬、小箱每個例二分五釐，玳瑁小角盒每個例四釐以上廈［關］照徵。

石：寶砂石、玉田砂每百斤例二錢，赤石百斤、壽山石鼻煙壺百個、盆景每座、册頁每部均例一錢，紋石器、壽山石器百斤例八錢，圖書石百斤、哈石崘朝珠每串、碎石、火刀石、羊肝石、壽山石硯、硯磚百斤、石小碗小盤百個例四分，哈石崘每斤例八分，又鼻煙盒、石中碗盤、酒瓶、花瓶每個例一分，小石屏百個例四錢，小石几每個例四釐，壽山粧臺、棹屏、箱、匣每個例一錢小者五分，又卓仔、箱仔每個例二分，樓房例五分，壽山石人物坐獸大百個例八錢、中八分、小八釐，壽山石十景每座例三錢石龜同。以上廈［關］照徵。

磁：洋磁器百斤例五錢，細磁器、德化磁、粗磁器每斤例一錢，花磁器盤、碟、鐘百斤例二錢以上廈［關］照徵。大碗一斤一個、一斤個半又三個一斤碗四個一斤、五個一斤、又六個一斤鍾、十個一斤鍾、六個一斤五六寸碟、白者亦照上尺寸百斤例二錢，粗者亦照上百斤例一錢土碗同。以上廈［關］明秤照徵，粗磁、香爐、宜興罐器百斤例一錢，大缸十個四分，酒罈百個例六分，土缽、砂罐、酒瓶、傾銀礶、銀窩百個例一分，紅毛酒罐百個例二錢以上廈關照徵。

螺：螺細器、壳器百斤例九錢二分五釐，螺鈿盒每個例二分、小每個例一分螺鈿箱每個、粗螺壳、蚌壳、鱟壳二個作一斤、鱟杓一枝作一斤、明瓦百斤、鱟杓百枝例均五分以上廈［關］均照徵。

牙：上象牙百斤例三兩二錢、中例二兩五錢、下例二兩廈關三等均徵二兩七錢，牙梳掠、篦箕每百例二錢，牙骨、碎牙百斤二錢七分七釐，牙箱、牙花籃、人物每個例五分，牙筷、牙器百斤例三兩二錢，牙刷、抿子百枝例八釐，牙船、牙塔、樓房每座例三錢，朝珠每串例四分，山馬齒百斤例二兩七錢，烏木器百斤例二錢四分六釐牙鑲烏木牌百副折牙器三十斤、烏木器七十斤。以上照徵。

角：　牛角、番牛角百斤例五分，鹿角百斤例二錢七分七釐，鹿毛角百斤折茸三十斤、折角七十斤例共三兩二錢七分七釐，角器百斤、又梳掠、帶頭、鏡盒每百個例一錢，小角盒、篦梳百個例八釐，角帶百條三錢，角蛇每條例一分，犀角每對例六分以上廈［關］均照徵。惟藥角，廈［關］徵每斤例九分。

毛：骨尾附：　豬毛、羊毛、兔毛、短頭毛、碎毛、牛骨碎者：　豬骨、角尖每斤例一分，長頭髮百斤例四錢以上廈［關］照徵，短頭髮百斤例四分廈［關］徵二錢，翎鳥毛每二百枝折作一百枝翠毛、孔雀毛百枝例四分，牛馬尾百斤例二錢，骨器百斤二分以上廈［關］照徵。

樂器：　琵琶、三弦、月琴、胡琴、洋琴、笙每枝、大鼓每個例四釐，七弦琴每張、大木魚百個例四分，小鼓每個二釐，小木魚百個、竹笛百枝例八釐，混天球、自鳴鐘每個例一兩，時辰表每個例五分以上廈［關］照徵。

人物：　堆絹人物每扇大例三分、小一分，灰瓩仔百身例八釐出洋者例八分，扳不倒、土瓩仔、泥人馬、紙人馬百身例八釐，絹人物例八分出洋者例一錢六分，洋蚋人物每座例三錢以上照徵。

雜物：　日圭每個例四釐，羅經百斤例九分二釐五毫，雙陸棋盤百副、犀角杯、鶴頂每對例六分，算盤百個、象棋、骨牌百副、番藤燭百個例四分，圍棋子每斤例四分廈［關］免徵，天平架每副例三釐，柳�、洋漆筆百個八分，燈草百斤例四錢，通草百斤、草片百斤例二錢，碎通草百斤例一錢，箭桿、戰桿百枝、肥皂百斤例八釐，椰殼、椰杓百斤例三分六釐，水膠、皮膠百斤一錢，洋火印每個例五釐，鑲紫檀杯百個例二錢未鑲者例一錢，洋樹子百粒例一錢五分，椰串百串例四分，未鑲椰碗每個例二釐，未鑲椰杯每個例一釐，椰子百斤例一分八釐，茶子、柏子百斤例一分六釐以上廈［關］均照徵。

紙：　海紙、竹紙、白紙、古紙、鬼紙、煙紙、甲紙、扛連紙、竹傘紙、黃古紙、川連紙、桂山紙、溪南紙、草古紙、數簿每百斤六分三釐，連四紙、時連紙、京文紙、色紙、毛邊紙每千張例六分四釐，紅紙表箋紙、大油紙、大涇紙百張、白封套每千個百斤例四分，箋紙、小油紙、小涇紙百張、紅單單每千張、紅全帖手本百個例二分，紗紙、烏金紙千張、紙冠、紙炮千個、門神紙畫百張、替身面千個、紙馬面百個例八釐，白全帖手本千個例三分二釐、甲紙邊、火紙百斤一分八釐，草紙百斤例一分六釐，紙梳頭千個、紅簽、利市錢千張例一分，紙畫、洋畫百張、綾綢裱畫千張、絹畫千張例六錢，婚書百副、護書百副例八分，紙十三花百張、大小紙匣、鏡匣、西洋景匣百個六分，紙馬、紙錢、元寶灰百斤例一錢，綢絹紙、對聯百對例四分，匣箋紙每匣例四錢以上廈［關］照徵。

花：　絨花、絹花百枝、草花千枝、銅金花、銅花百枝例八釐，牙花每盆例五分，銀花、石花翠花、珀花百枝八分以上廈［關］照徵。

扇：　金扇、牙扇百枝例一錢，紗絹扇、白扇、油扇、細葵扇、竹絲扇、紙葵扇、鵝毛扇百枝六分，粗葵扇、小白扇、油扇、白扇面、扇骨、上油紙扇百枝例三分，金扇面百張例五分，小粗白扇百枝例一分五釐以上廈［關］照徵。

傘：　大紅涼傘又緞傘每把例七分，呢傘例一錢四分，馬傘、小布傘百枝例二錢，油紙傘百枝例一錢，綢馬傘百枝例八錢，油布雨衣每領六釐，布馬傘每把、油紙雨衣每十件例四釐以上廈［關］照徵。

燈：　混天球每個一兩，大珠燈、大料絲、大玻璃、大宮燈、百步燈每盞例四分各色小者例一分，大紗燈每盞例八釐小四釐，傘燈、掛燈每盞八釐，大羊角燈每盞例一分二釐中八釐、小四釐。大中小琉光例同，明瓦燈百張例五分以上廈［關］照徵。

金銀：　大金簿百帖例六分小三分，羊皮金百張例一錢一分假者六分，黃金簿百帖、土金簿百張、銀簿百帖例六釐，銀器每斤、銀船、銀蟹、銀美人每個三錢，銀湯匙、鑲杯碟百個例一錢，銀爵、盃、鑲銀椰碗每個例四釐，銀花籃、小人物每個一錢六分以上廈［關］照徵。

銅：　白銅百斤例一兩，青銅百斤例六錢，紅銅、熟銅百斤例四錢，黃銅、響銅百斤例三錢，生銅、廢銅、銅碎百斤例二錢，銅燭、扣帶每副例四釐，東洋烏金爐每個例四分，銅簿百張例六分，銅羅經鏡每個例一分，中簿銅鐲每副例二釐小八分番扣百粒例一錢，小番扣、番仔面百個一分，鈕扣、銅鈴每百粒、銅絲盒每個二釐，銅絲、銅髻、煙吹、銅葉、駝子、銅器以及鎖、帳鉤等難以計件者每百斤例徵五錢以上廈［關］照徵。

鐵：　鐵線、鐵絲、網鐵百斤例三錢，爪鈀百個例八釐，小刀百把例二分洋者二錢，鑲金紅毛刀每口例一錢小者五分，紅毛鳥鎗每枝例五錢中二錢五分、小五分，釣鉤百個、鐵針百根例三釐，糖鍋、大鍋、中鍋、小鍋、大足銚、次足銚、古合銚、算銚、大小犁頭、煎盤、廣銚、甲萬鎖面、鐵門圈、煙刀、鈀齒、鋸、剪刀、藥刀、剃頭刀、各色鐵器每百斤例二錢，鐵條、木屐釘、釘、生鐵、廢鐵、銀鏪、火刀、煙吹頭百斤例八分以上廈［闕］均照徵。

錫：番錫百斤例六錢，錫扣百粒二錢，錫鈴百粒四釐，錫粉、無紙錫薄百斤例三錢，有紙錫薄、印花紙薄、鉛粉、錫器、廢錫、錫桶每百斤例二錢，鉛百斤例二錢五分以上廈［闕］均照徵。

顏料：大青、石青百斤例七兩，洋青、碗青、毛青百斤例一兩六錢，銀珠、印色百斤例一兩三錢，銅綠、石綠、漆綠、大綠百斤例一兩二錢，紅花、胭脂米、呀蘭米百斤例六錢，大胭脂百張例二分小一分，薯榔、榆皮、茭茳、樗乾葉百斤一分八釐，梅皮、明礬、皂赤礬、烏梅、烏煙百斤例五分，藤黃百斤例五錢五分，徽墨百斤例五錢，土墨例二錢五分，紅丹、飛丹、黃丹、紫草、靛花、蘇木膏百斤例三錢五分，面粉、紫粉、槐花百斤例二錢，碗鈿、姜黃、土粉百斤例一錢以上廈［闕］照徵，土礬百斤例五分廈［闕］徵減半，紅曲、碗坭、碗土、土紅、土丹百斤例四分廈［闕］徵五分，碗藥百斤例四分，水靛、青靛、柿水百斤例三分五釐，白粉土、粉石百斤例三分五釐，浭水、柿水百斤例二分，粩皮、烏紫藤百斤例九釐以上廈［闕］照徵。

香：麝香、龍涎香百斤、薩木香油每斤例三錢，丁香油每斤例一錢二分，母丁香油每斤例三分六釐，沉香、奇南香每斤例三分，速香每百斤例一兩五錢廈［闕］徵一兩一錢七分，合香每百斤例一兩三分四釐，檀香百斤上者例一兩廈［闕］徵九錢一分，丁香百斤例二兩，蘇合香油、安息香、乳香每百斤例一兩二錢，次檀香百斤例七錢，廣木香百斤例九錢，香柴百斤例六錢，桂花油、木香、牙香、桂花米、降香、蘭花米、桂香、蘭香、樹香、上黃熟香百斤、香墜、香串、香珠、香袋百斤例四錢如論串者百串例四分，中黃熟香、宗香、黑香百斤二錢六分，大茴香百斤例二錢，元香百斤例一錢，線香、芸香、小茴香、排草、松香、竹香、青皮香、松膠、各色粗香、香草、香肥皂百斤例八分，薔薇露每罐例二分以上廈［闕］均照徵。

漆器木料附：生漆、熟漆、洋火漆百斤例一兩二錢，龍鳳柴燭每四釐小二釐，大漆盒、扶手小鏡盒、檢粧、薦盒、漆盤、漆香几、拜盒、枕箱、香爐、皮盒、燭台、盤架、漆盒、大漆盤、皮帽盒、漆箱、鹿皮拜盒每百例四，漆桶、小漆盒、鏡盒、漆盤、竹絲盤盒、硯盒、漆帽盒、面盆、茶盤、十景盒、煙盒、木匣每百個例一錢六分小筆筒同，大筆筒百個例二錢，漆湯匙、粉牌、漆抿刷、柴燭臺仔百個八釐，漆柴花瓶、香筒每百二錢，三尺闊皮箱、花皮箱、皮箱、洋漆硯盒例二分，小皮箱、白皮箱、端箱、描金茶盤、箱枑、套盒、梳箱、粧台、描金套盒、洋漆盒每個例一分，描金漆瓶、洋漆硯盒、小洋提拒、洋漆拜盒、香几中盒中盤每個一分五釐，描金皮西洋畫有方架者每扇、番藥柜有屜數十者、洋漆大盤大盒、洋檢粧、提柜每個例五分，描金皮花瓶式每塊例三釐，番描金皮椅十二扇例三錢，甲萬每個二分小一分，神龕每個例二分小一分，洋漆大箱每個例二錢中一錢、小一分五釐，洋漆小盤小盒、碗、盃碟、木匣、洋碗每個例四釐，大洋烏箱、走馬屏例五錢，大雕漆圍每架例五錢小三錢，桌屏一錢，神主牌每個例二釐五毫以上廈［闕］均照徵。

木料：花梨木百斤例一錢二分又器例二錢四分，紫榆木、紫檀百斤、紅木、紅柴百節例三錢，紫檀器百斤九錢二分五釐以上廈［闕］照徵，烏木百斤例一錢五分，炭烏木每百斤例六分又器百斤二錢四分六釐。以上廈［闕］均徵一錢一分三釐，蘇木上百斤例二錢、中一錢五分、下二錢。廈［闕］均徵一錢六分；惟暹羅者一錢八分，楠木、相思木百斤例六分，番紅木百斤例三分以上廈［闕］照徵，杉木圍五尺上者每根例八錢，四尺上者例二錢四分，四尺者者二錢，三尺上者一錢，三尺者六分，二尺五上者四分，二尺上者二分，二尺者一分六釐，一尺五上者九釐，一尺上者三釐以上杉木，廈［闕］照徵，例對折。連段長二丈外、頭三尺上者廈［闕］徵四分，長一丈上、頭三尺上者廈［闕］徵一分二釐，長七尺上、頭三尺上廈［闕］徵二分，長七尺上、頭二尺五寸廈［闕］徵六釐，沙木壽板、各色壽板例每塊八分護頭四分，火板每塊例四分護頭二分，水板每塊例二分護頭一分，方板每塊例一分汀板如驗壽板折作火板例，火板折作水板例，水板折作方板例，屋料七柱每間例一兩、五柱例四錢、三柱例二錢、小披例一錢五分，門每扇一分，窗每扇五釐，杉板、枋板每塊、車板百塊、桶板、桶柴、桶杯、槔板每捆一分，大杉筒二分小六釐，小杉木、杉仔、杉節、雜木、横杠、門柱、門檻、山城板、薄杉枋、松板、寸板、槽板、車身、各色木枋連栓每枝每塊三釐，門板、門楣、分板、柳板、槐板、雷木每塊三釐，雜木板百塊三錢，椽每枝三毫，簿塗板百塊，椽頭百枝一錢，椽仔、桶仔百枝三分，丈寸板、丈分板、丈厚板百塊六錢，丈方板二錢，油車、穀櫳、便棺每個一錢，碓身每隻八釐，桶板小捆五釐，杉尾百枝三分，土杉仔百枝一錢五分小六分，松、柳、槐木如五尺上折作四尺上每根二錢四分、四尺上折作三尺上［者］每根一錢、三尺上折作二尺五寸上四分、二尺五寸上折作二尺上二分，樟木長二丈外、圍七尺上每枝三錢，長一丈外、圍六尺上者二錢長一丈內、圍五尺下者每枝比壽、火、水、方板例算，樟板長二丈外、闊三尺上、厚七八寸每片三錢，長一丈五尺外、闊二尺五上、厚六寸二錢，長一丈外、闊二尺上、厚五寸一錢長一丈內、闊二尺、厚五寸下者比壽、火、水、方板例算，大小樟極每塊一分，樟枝百枝、樸杯百枝三錢，香桅每根、鹽拜舵每門一兩六錢，大舵每門八錢中舵六錢，小舵四錢，大椗每根三錢中二錢、小一錢，含櫝鹿耳大三錢中二錢、小一錢，上金每塊八分，下金每塊四分，椗齒、櫓杯每枝三釐，柁牙每枝例一錢。

又 卷八《番市略・東洋》 朝鮮 交易：廈門商舶罕至其地；抵奉天錦州者，亦間至焉。【略】

日本 日本即倭子，在東海中。與中國貿易，在長崎港；與普陀東西對峙，由此達彼水程四十更。自廈門至長崎，水程七十二更《縣志》作六十三更。北風由五島入，南風由天堂入。雍正七年通市。《會典》【略】

交易：在長崎之大唐街。貿易不用金銀，以所有易所無。賈舶至，則盡驅入土庫，擇貴者送以妓；歸，計日以贈縃。愛臺灣之白糖、青糖、鹿獐等皮，價倍他物；古迹書畫，更無論價矣。《臺灣府志》

按今蘇州銅局商人，歲至日本購銅，以貨物易之。言其國皆世官、世職，即甲長、奴隸、牙商、工賈皆世為之。有罪，則剖腹；人佩短刀二；以一禦人，以一自剖。凡有罪，自剖腹而死，謂已知罪，仍世其守；否則，上將軍治之，革除世守。男女衣服，大領、闊袖；女加長曳地，畫染花卉文采。無盜賊，奸禁甚嚴。為妓者皆唐人所生女也，別為籍以居之；生子，則為輿夫。用紫銅鑄錢；《宋史》錢文曰『乾元大寶』，今曰寬永通寶。

又 《東南洋》 呂宋 呂宋居東海中；在臺灣鳳山沙馬崎之東。至廈門，水程七十二更。明時，為佛郎機所併，仍其國名；永樂三年入貢。國朝康熙五十六年，禁南洋貿易；雍正五年，始通市如故。《會典》【略】

交易：舟至，遣人馳詣酋，以幣為獻，徵稅頗多。我人往即留者，利其近且成聚也。彼有戒心，輒下令：每船至，不得過二百人；回船，則人必倍之。我人當放舟時，多詭名充數，聽其查覈；中流仍回彼土。《東西洋考》

班愛 班愛在東南海中，與利仔友對峙。中國賈舶往市，由呂宋之利仔友海而南，水程十五更。產與呂宋同。《海國見聞録》【略】

吶嗶嗶 交易：僻土無他長物；我舟往販，所攜僅磁器、鍋釜之類，極重至石疋石片也。舟至詣酋，亦有徵贈；交易樸直。俱《東西洋考》

貓里霧 一作貓務煙，東南海島也；與利仔友隔海相對。中國商船，水程由利仔友往市。產與呂宋同。《海國聞見録》小國見華人遻然喜，不敢凌厲相加；故市法最平。《東西洋考》

莽均達老 莽均達老國，在東南海中；距廈門水程一百五十更。雍正七年後通市。《會典》綢巾礁腦即『莽均達老』近音，海島也；在利仔友東南。中國商舶往市，從呂宋水程五十八更可至。其王謹守國土，人愚罔有知識；家無所蓄，需中國布帛以蔽身。《海國聞見録》【略】

文萊 交易：華船到，進王方物。其貿易，則有大庫、二庫、大判、二判、秤官等酋主其事。船難出港，最宜蚤行；有時貿易未完，必先駕在港外。《東西洋考》

吉里問 交易：市去城稍遠；每賈舶至，王自出城外臨之，妻子及姬侍皆從。防衛甚盛，日有輸稅亦不多。夷人砍伐檀香絡繹而至，與商貿易。倘王歸，則貿易者不得自來，慮有紛紜也；須請王更出，乃至。《東西洋考》

蘇禄 交易：舟至，將貨盡數取去，攜入彼國深處售之；或別販旁國。歸，乃以夷貨償我。值歲多珠時，商人得一巨珠攜歸，可享利數十

倍；獲珠少，則所償數亦減，顧逢年何如耳。夷人慮我舟之不往也，每返掉，輒留數人為質，以冀後日重來。以上《東西洋考》【略】

文郎馬神　交易：故王有賢德，始開港時，待賈舶大有恩信；王子三十一人，俱不令出外，恐擾遠人也。其妃，為買哇柔國主之妹。故王既殂，嫡子嗣立。買哇柔人導之為欺詐，買貨輒緩償直；至解維，每多負逋。商人從此稀造矣。其地女人恣蕩小舟，以飲食來市；至售貨物，則男人司之。市用鉛錢。《東西洋考》

舊港　交易：舟至，獻果幣；有成數詹卑人商量物價，雖議償金多少，然非償金，實償椒也。如值金二兩，則償椒百石；其大較云。喜買夷婦，他國多載女子易其椒以歸。舊港則用鉛錢矣。三佛齊夙稱蕃盛，國破以後，漸覺蕭條，賈人亦稀造。《東西洋考》

丁機宜　交易：只就舟中，與我人為市。大率多類柔佛而俗較馴，貨較平。自為柔佛所侵，彼國有風聲鶴唳之虞，而舶人亦抱林木池魚之患；此揚帆者所以掉臂希顧也。《東西洋考》

又《南洋》　越南　交易：賈舶既到，司關者將幣報酋；舶主見酋行四拜禮，所貢方物[具]有成數。酋為設食，給木牌於廛舍，聽民貿易。酋所需者輦而去，除給官價以償。廣南酋號令諸夷埒於東京，新州提夷皆屬焉。凡賈舶在新州提夷者，必走數十程，詣廣南入貢；廣南酋亦給木牌。民過木牌，必致敬乃行，無敢譁者。順化多女人來市。女人散髮而飛旁帶，如大士狀；入門以檳榔貽我，通慇勤。士人嗜書，每重資以購焉。以上《東西洋考》

道光十一年六月，越南國王遣其臣工部郎中陳文忠、禮部員外郎高有翼送前故彰化縣知縣李振青眷屬及遭風難民回籍，至廈門。船名『瑞龍』，桅三節、布帆；衛尉黎順靖帶兵百餘名。所載貨物，肉桂、砂仁、燕窩、沉香、象牙、犀角、黃蠟、白錫、烏木、錦紋木、白糖、蝦米、魚乾、白兔皮。人皆束髮，官則烏紗、圓領、角帶，禮貌恭順，亦通文墨；兵丁服短衣、舵水人等服黑短衣，衣有領。總督孫爾準入奏，降旨嘉獎，賞賚有差；照例給與鹽菜飯食銀兩、修船銀一百六十兩，許貿易。十二月，回國。

占城　交易：【略】船至，獻果幣於王；王為設食。國人狠而狡，貿易往往不平。五、六月，商人出必戒嚴。《東西洋考》。【略】

暹羅　國之西北有市，曰上水居；百貨咸集。其交易，以金銀、以海𧴩。《朝貢典録》。黃衷《海語》云：『暹羅港水中，長洲隱隱如壩。舶出入，如中國車壩國中之一控扼也。少進為一關，守以夷酋；又少進為第二關，即國都。有奶街，為華人流寓之居；西洋諸國異產奇貨，輻輳其地。』【略】

六崑　六崑，在西南海中。其地東與赤仔接，距廈門水程一百五十更。雍正七年通市。《會典·通市之國》【略】交易：與暹羅同。

赤仔　赤仔，在西南海中。其地東北與宋腒朥接，距廈門水程一百八十更。雍正七年通市。《會典·通市之國》【略】

宋腒朥　宋腒朥，在西南海中；為暹羅屬國，距廈門水程與赤仔同。雍正七年通市。《會典》【略】

噶喇吧　噶喇吧，在南海中。本爪哇故土，為荷蘭兼併，仍其國名；距廈門水程二百八十更。雍正五年通市。《會典》。【略】貿易用中國古錢，最重中國花磁暨麝香、花絹、羅綺。《名山藏》【略】

交易：【略】凌晨各上澗貿易，至午而罷，王日徵其稅。又有紅毛番來下港者，起土庫在大澗東；佛郎機起土庫在大澗西。二夷俱哈板船，年年來往。貿易用銀錢。如本夷，則用鉛錢，以一千為一貫、十貫為一包；鉛錢一包，當銀錢一貫云。下港為四通八達之衢，我舟到時，各州府未到，商人但將本貨兑換銀錢、鉛錢。迨他國貨到，然後以銀、鉛錢轉買貨物。華船開駕有早晚者，以延待他國故也。《東西洋考》

麻喇甲　交易：本夷市道稍平。既為佛郎機所據，殘破之後，售貨漸少。而佛郎機與華人酬酢，屢肆譸張，故賈船稀往。直詣蘇門答剌必道經彼國，佛郎機見華人不肯駐，輒迎擊於海門，掠其貨以歸。數年以來，彼路斷絕。然彼與澳夷同種，片帆詣香山，便與澳人為市，亦不藉商舶也。《東西洋考》

又《西南洋》　大泥　大泥，在西南海中；一名大年。東北與六崑接，距廈門水程一百五十更「同安縣志」作大連，一百五十五更。雍正七年通市。《會典》【略】

交易：華人流寓甚多；舶至，獻果幣如他國。初亦設食相待，後此禮漸廢。貨賣彼國，不敢徵稅。惟與紅毛售貨，則湖絲百斤稅紅毛五斤、

華人銀錢三枚；他税稱是。若華人買彼國貨下船，則税如故。《東西洋考》

柬埔寨　柬埔寨，在西南海中，即古真臘國；介越南、暹羅間，距廈門水程一百七十更往廣東，由虎門入口，計程七千二百里。旁有尹代嗎，距廈門水程一百四十更。皆雍正七年通市。《會典》【略】

交易：船至篱木，以柴為城，酋長掌其疆。政果幣以將，遂成賈而徵償。夷性頗直，以所鑄官錢售我，我受其錢，他日轉售其方物以歸。市道甚平，不犯司虣之禁；間有鯁者，則熟地華人自為戎首也。《東西洋考》

荷蘭　交易：商舶未有抵其地者；特暹羅、爪哇、渤泥之間，相與互市。華人貨有當意者，輒厚償之，不較值；故貨為紅夷所售，則價驟湧。《東西洋考》

嘆咭唎　其國人貿易於噶喇吧者，遵荷蘭約束；而荷蘭待之，不敢有失近有新墾之地，在麻六甲之西、吉礁之南，與大哖相鄰，名曰檳榔嶼。中國賈舶亦往市焉。《海島逸志》【略】

干絲臘　按荷蘭、嘆咭唎、法蘭西、干絲臘諸國，皆在西北外洋，中國賈舶不到其地。然呂宋、噶喇吧已為所有，來此通市者衆。廈門賈舶常往二處，彼此交易。【略】

柔佛　柔佛，在西南海中。歷海洋九千里，達廣東界，由虎門入口；距廈門水程一百八十更《海國聞見録》作一百七十三更，《縣志》作一百六十更。雍正七年後通市。《會典》【略】

交易：柔佛地不產穀，土人時駕小舟載方物，走他國易米。道逢賈舶，因就他處為市；亦有要之入彼國者。我舟至止，都有常輸。貿易只在舟中，無復舖舍。《東西洋考》

彭亨　彭亨在西南海中；與柔佛連界，柔佛屬國也。雍正五年後通市。《會典》【略】

交易：舟抵海岸，國有常獻。國王為築舖舍數間，商人隨意廣狹輸其税而託宿焉。即就舖中以與國人為市，去舟亦不甚遠。舶上夜司更，在舖中臥者音響輒相聞。《東西洋考》

法蘭西　法蘭西一曰佛郎西，即明之佛郎機，在西南海中；併呂宋後，分其衆居之，仍遙制於法蘭西。其國人自明季入居香山之澳門，國朝仍之。每歲令輸地租銀，惟禁其人入省會。由其國至中國，水程五萬餘里。《會典》【略】

亞齊　亞齊，在西南海中；相傳舊為蘇門答剌國。雍正五年通市。《會典》【略】

交易：舶到，有把水瞭望；報王，遣象來接。舶主隨之入，進見果幣於王，王為設食。貿易輸税，號稱公平。此國遼遠，至者得利倍於他國。蓋宋時稱本肆，多金銀、綾錦，工匠技術咸精。其能至今富饒猶昔也。《東西洋考》

清・梁廷枏等《粵海關志》卷九《税則二・正税・衣物》　衣：番布衣每百斤税銀三錢，各色哆囉絨羽紗番衣每件税八分，絨衣各色翦絨番衣每件各税四分。帽：絨帽每百斤税三錢，象牙帽每頂税一錢三分，氈帽每百斤税二錢，粗草帽每百斤税一錢，綿紗帽每八頂、絲帽每四頂、番帽每一頂各税四分。帽邊：海龍皮帽邊每副税二釐四毫。帶：燻金銀織絲帶每百斤各税二兩二錢，金線帶每斤税一錢。中衣：羽紗翦絨紬緞番褲每二條税四分。襪：緞襪、絲襪，絨襪每百雙各税八錢，綿紗襪每百雙税四錢，氈襪每百斤税二錢。靴：緞靴每百雙税一兩。

又《食物》　米：東洋米、沙穀米每百斤各税二錢五分。芝麻每百斤税二錢。番荳每百斤税一錢。麪：花麪、麪頭乾每百斤各税五分。酒：包酒每十包、蒲酒每罎、豆酒每大罎各税三分，豆酒每小罎税三釐。洋酒每瓶税二分，每五斤、每五圓罐，皆作每瓶科算。順酒、桂酒每十瓶，惠泉酒每罎，各税一分五釐。茶：番茶每百斤税三錢三分三釐，細土茶每百斤税二錢，粗土茶每百斤税一錢。煙：倭煙每百斤税一兩五錢，倭煙葉每百斤税三錢，煙每百斤税二錢。葷味：白燕窩每百斤税四兩，紅燕窩每百斤税二兩，紅白對報每百斤税三兩。魚翅每百斤税三錢，鹿筋每百斤税二錢五分，海參、鮑魚、鰇魚、鰻、破肚子每百斤各税二錢，火腿每百斤税一錢二分，蝦米、澹菜、牛乳、油餅每百斤各税一錢，海菜每百斤税五分。蔬菜：海粉每百斤税九錢二分，蘑菇、羊肚菜每百斤各税三錢，香蕈、紫菜、番小菜每百斤各税二錢，木耳、閩笋每百斤各税一錢。作料：胡椒每百斤税四錢，八角茴香、番醬油、醬油每百斤各税二錢，麻油、荳油每百斤各税一錢，蒜頭每百斤税五分。果品：蜜餞、丁香、桃乳、葡萄乾、棗、番蜜餞各色糖果每百斤各税五錢，蜜餞糖果每百斤税三錢六分，松子每百斤税三錢，核桃肉、榛子肉、酸子每百斤各税二錢，圓眼、荔枝每百斤各税一錢二分，各色京果每百斤税一錢，柚子、落花生每百斤各税五分。蜜糖：蜜糖每百斤稅二錢，麥芽糖、白糖、冰糖每百斤各稅一錢。黃糖、片糖每百斤，糖水每三百斤，各稅六分。凡瓊、潮、高、惠、雷、廉白糖、黃糖、片糖，每一百八十斤作一百斤科稅，大關仍照百斤實算。

又《用物》 緞、紬、紗、錦、綾、羅、絹、絨、褐：天鵝絨每疋稅四兩，各色緞、紬、紗、錦、綾、羅、絹、錦、糚緞、金緞、織花紅緞、姑絨、翦絨、零絨、灑線料每百斤各稅二兩二錢，土綿紬、土紗、土絹、土絨、織絨每百斤各稅一兩八錢，羽緞每丈、褐子每百斤各稅一兩，羽紗每丈稅六錢，番牛郎、各色鎖鞋喇、洋金緞每丈各稅五錢，各色番鎖袱每丈、小絨每丈各稅三錢。嗶嘰、緞紗、番紦、番斜紋、洋翦絨每丈，交趾絹、西洋紬絹每疋，各稅一錢五分。布：繡梭布、繡斜紋布每百斤各稅二兩二錢。梭布、夏布、雲布、葛布、波羅每百斤，一等西洋布每疋，各稅五錢。斜紋布、交趾粗布、交趾粗花布每百斤各稅四錢，綿布、油布、幔布每百斤各稅三錢，二等西洋布、柳條布、袈裟布、番斜紋布、番布幔、繡布幔每疋各稅二錢二分，麻布每百斤稅二錢。西洋葛布、海葛每疋，羽布每丈，各稅一錢五分。番邊每疋稅一錢，西洋粗布每疋稅五分，琉球粗葛布每疋稅一分。絲絮、纓線：湖絲、絲經每百斤各稅五兩四錢，烏纓每百斤稅三兩，洋金線、洋銀線、金線、線絨每百斤各稅二兩二錢，天蠶絲、洋絲、土線每百斤各稅一兩八錢，土絲、縱土絲、湖綿、番紅綿紗每百斤各稅一兩，波羅麻料每百斤稅四錢，雨纓每十斤稅三錢，綿花、花絨每百斤各稅一錢五分，金銀線每斤稅一錢，帶子綿花每百斤稅七分五釐。皮張：象皮、犀牛皮每百斤各稅一兩，山馬皮、麞皮每百斤各稅二錢六分，鹿皮、小花片獐皮每百斤各稅二錢五分，銀鼠皮、灰鼠皮、貉貛皮、獺皮每百張各稅二錢四分，牛皮每百斤、兔皮每百張各稅二錢，貂皮、虎皮、豹皮每張各稅一錢。狐皮每張，小者每二張作一張，各稅五分。臭皮每百斤稅三分。沙魚皮、蛇皮每張，土沙魚皮每四張，各稅一分。氈毯：大皮花毯、西洋大氈每張各稅一兩。中皮花毯、西洋中氈、西洋毛毯、西洋小氈，係翦絨綿花被面者，每張各稅五錢。土氈各百斤稅四錢，氈條每百斤稅三錢，線毯每百斤稅二錢，小皮花毯、洋白氈、西洋小坐氈每張各稅一錢。大絨條每條稅六分，小絨條每條稅三分。布、帛、羢、皮、翠飾、零星用物：烏帕香袋、紗汗巾、緞棹圍椅褥每百斤各稅二兩二錢，翠花、絨花每百斤各稅一兩八錢，皮手套每百雙稅四錢。番小帳係錦花被面者，每張稅二錢。洋大手帕每條、洋花大棹布每塊、絨包每箇各稅二分，西洋小手帕、洋花小棹布每塊各稅一分。金銀器：纍絲金器每件、銀器每斤各稅八分，洋纍絲銀器每比稅四分。各色金銀器：金推鐘、小金亭鑲標每箇，掛推鐘、金亭掛、金標、金亭座每座，各稅一兩六錢。小銀自鳴鐘每箇稅一兩，金標、銀標鐘每箇各稅八錢，銀規矩、金鼻煙盒每箇各稅二錢，大銀人物每件、金絲標鍊每副各稅八分。小銀人物、銀鼻煙盒每箇，金絲帶扣、銀絲標鍊、金鈕扣每副，金劍頭事件、鍍金女事件每件，金戒指、銀鞋扣每四箇，金鈕每四夥，銀扣每二十箇，金鞋扣、小銀調羹叉、銀鞭桿頭每二箇，各稅四分。法藍器：大土燒法藍器、洋小法藍器每件各稅四分，小土燒法藍器每件稅二分。各色法藍器：洋法藍器、自鳴鐘每箇稅四兩，洋法藍標每箇稅八錢，洋法藍酒杯、洋法藍小菜蝶每箇各稅二錢，土法藍片盤每件稅八分。銅錫器：番銅器每百斤稅五分，銅器每百斤稅三錢五分，錫器每百斤稅三錢。各色銅器：大自鳴鐘每箇稅十兩，中自鳴鐘每箇稅五兩。渾天球、量天尺每架，小自鳴鐘、大弔駝鐘每箇，洋羅經每百箇，各稅一兩。大銅畫每張稅六錢，大銅標、弔駝標、時辰標、銅自行珠箱、銅架、大顯微鏡每箇，銅規矩每四箇，番銅花每二枝，各稅四錢。小銅畫每張稅三錢，銅日規每箇稅二錢，剃頭小規矩每箇稅一錢，烏金茶壺、酒壺、水壺每件各稅八分，洋大天屏架每副稅五分，烏金爐每箇稅四分，洋小天屏架每副稅二分五釐。鐵器：熟鐵器每百斤稅一錢，生鐵器每百斤稅八分。各色鐵器：大洋鳥鎗每枝稅四錢。鐵鍋不論二三四五口等連，每六連作一百，稅二錢。小洋鳥鎗每枝、洋針每斤各稅一錢，洋劍刀每把稅三分，洋刀叉、洋小刀、洋翦刀每把各稅一分。木器：紫檀器、檀香器、影木器每百斤各稅九錢，鳳眼木器、花梨木器、鐵梨木器、烏木器每百斤各稅一錢。各色竹木器：紫檀大圍屏每架稅五兩，紫檀小圍屏每架稅二兩五錢，花梨木大圍屏、楠木大圍屏每架各稅五錢。粘金小木棹每張，大番琴、大風琴每架，小番琴每二架，木小千里鏡每二十箇，各稅四錢。粘金木鸖每箇、小風琴每架各稅二錢，柳杯每十箇、柳瓢每百箇各稅三分五釐，織絨花竹每二斤稅一分八釐，粘金木扣每二粒、粘銀木扣每四粒各稅一釐。各色珍玩器：珊瑚器每斤、大蜜珀箱每對、蜜珀鏡架每箇、波羅松器每十斤各稅一兩。珊瑚、蜜珀、牙花盆景每盆，玉器每十件，鶴頂紅器每斤，小蜜珀箱每對，各稅四錢。大草珠塔盒每箇、珀器每斤、雄黃器每十件各稅二錢，小草珠塔盒每箇稅八分，琥珀沙漏每斤稅五分。各色石器：青金石磬每架，咖石喻茶杯、咖石喻大規矩每箇，各稅八錢。咖石喻小規矩每箇稅六錢。青金石杯盤器每件，青金石鼻煙盒，咖石喻水罐、鼻煙罐、鼻煙盒，洋花石小箱每箇，鑽石花每枝，各稅四錢。緑松石器每斤、石器每百斤各稅二錢，小咖石喻器每件、咖石喻煙球每箇各稅一錢二分，瑪瑙器每斤稅一錢，青金石小鼻煙壺、洋花石小盒每箇各稅八分，瑪瑙杯碟每件稅五分。金精石器、水精石器每件，洋花石鼻煙壺每箇，洋花石調羹每枝，洋花石珠每顆，咖石喻刀叉每把，咖石喻鈕扣大者每十粒、小者每二十粒，咖石喻珠大者每五粒、小者每十粒，咖石喻快子頭每條，各稅四分。瑪瑙鼻煙盒每箇稅二分五釐。蠟石器：蠟石器每二斤、大蠟人物每箇各稅二錢，小蠟人物每箇各稅八分。磁器：洋磁器、細磁器每百斤各稅三錢，中磁器每百斤稅二錢，粗磁器每百斤稅一錢，土磁器每百斤稅三分。凡磁器不秤，每十枝作一百斤，又每一桶亦作一百斤，不折算，係古磁器另算。土器：細土罐每百斤稅二錢，大泥人物每箇稅四分，小泥人物每箇、傾銀鐕每百箇各稅二分，傾銀罐每百箇稅一分，泥煙筒每枝稅一釐。燒料器：大玻璃燭臺每對、玻璃缸每箇各稅六分，玻璃箱每箇稅五錢。玻璃日規、千里影每箇，千里鏡大者每一箇、小者每四箇，玻璃球大者每箇、小者每二箇，各稅四錢。小玻璃燭臺每對，玻璃影蓋、時辰牌每箇，玻璃杯壺瓶盤每十箇，各稅三錢。凡玻璃杯壺盤瓶大者另算。大玻璃燈每箇稅二錢四分，洋料絲棹亭每架、玻璃燈每箇各稅二錢，玻璃時辰牌、小玻璃燈、玻璃小酒桶每箇各稅一錢二分。玻璃鏡高七寸、寬五寸者每面，玻璃鏡櫃每面，玻璃影畫箱每箇，各稅一錢。玻璃畫、鼻煙盒、大土玻璃燈、小人物每箇各稅六分。百步燈每箇稅六分，大珠燈、大料絲燈每箇各稅四分。小土玻璃燈每箇、玻璃鈕扣每二十箇、玻璃水中人每五箇各稅三分，小珠燈、小料絲燈每箇各稅二分，玻璃鼻煙盒每箇稅一分五釐。洋小火鏡、玻璃圓小手鏡、玻璃小影盒、顯微鏡每箇，玻璃時辰標蓋每二箇，各稅一分。漆器：漆大圍屏每架稅五錢，番漆器每百斤稅四錢，漆小圍屏每架稅三錢，雜色漆器每百斤稅二錢五分。骨、角、皮、革器：牙器每百斤、象牙席每張各稅二兩三錢，雕花牙屋每座稅一兩六錢，小牛角千里鏡每十箇、牙船每隻各稅四錢，骨器、角器、角帶子每百斤各稅二錢，牙扇每百把稅一錢，大洋角燈每箇稅五分，小羊角燈每一箇稅二分五釐，雕花牙器每件、洋小皮盒鏡每箇各稅二分。瑇瑁器：每斤稅六分。螺蜔器：每百斤稅三錢，海螺杯每百斤稅二錢，螺蜔扇每百把稅一錢，螺蜔鼻煙盒每箇稅一分。諸色鑲嵌器：洋磁器鑲時辰標假山每座稅四兩，乘金鑲鑽石花標鐘風琴每架稅三兩，瑪瑙鑲金推鐘、瑪瑙鑲鑽石大規矩每箇各稅一兩六錢，瑪瑙鑲鑽石小規矩每箇稅一兩二錢，玻璃影畫時辰鐘每箇、紫檀鑲石圍屏每架各稅一兩。鍍金鑲標玻璃圓手鏡每面、鑲瑪瑙金標、瑪瑙鑲鑽石鼻烟罐、鑲花石金標、鍍金銅柱棹標、鑲水晶石架標每箇各稅八錢。鍍金絲瑪瑙規矩、鑲花石小規矩、洋法藍鑲鑽石鼻煙盒、洋法藍鑲金銀鼻煙盒、鑲瑪瑙鼻煙盒、鑲花石金鼻煙盒每箇各稅四錢。鑲銀大玻璃箱、銀鑲邊玻璃油畫盒、鑲油畫玻璃盒每箇，皮鑲玻璃小沙漏每十箇，各稅三錢。鑲瑪瑙鼻煙罐、鑲蜜珀鼻煙盒每箇各稅二錢，鑲銀小玻璃箱每箇稅一錢五分，玻璃鏡鑲玻璃油畫每面稅一錢，鑲金鼻煙盒、銀鑲沙魚皮鼻煙盒、鑲洋法藍鼻煙壺、鑲洋花石杯、金鑲烏木檳榔箱每箇各稅八分，銅鑲玻璃鼻烟盒每箇稅六分。銀鑲螺蜔鼻煙盒、鑲鑽石戒指每箇，鑲鑽石扣每粒，銅鑲磁器鼻煙盒、銅鑲瑇瑁鼻煙盒、鑲寶石扣每二箇，鑲銀杯每二十箇，鑲銀箸每二十對，各稅四分。銀絲小玻璃鏡每箇稅一分。諸色裱褙器：大繡洋畫每張稅一兩二錢，推公洋屏油畫每架稅九錢，小繡洋畫、大油畫每張各稅六錢，絹裱圍屏、大紙圍屏每架各稅五錢，紙小圍屏每架、小油畫每張各稅三錢，西洋紙畫每百張各稅一錢，油絹裱畫每軸、紙裱畫每二十軸、沙畫每三張、洋大畫每張各稅六分，紙畫每百張、小册頁每套各稅三分。藤草器：一等佳紋席每張稅四錢，二等每張稅二錢，三等每張稅一錢。謾咀席一等每張稅一錢，二等每張稅五分。番花藤席三尺五寸以上者，每張稅二錢；三尺五寸以下者，每張稅一錢。藤鎗桿每百枝稅一錢二分，粗藤席每張、洋鞭桿藤桿每百斤各稅一錢。龍鬚席每張，粗者兩張作一張，雜用藤桿每百斤，各稅五分。棕杯每十箇稅三分五釐，番單草席每張稅三分，番夾草席每張稅二分五釐。諸色零星用物：番眼鏡每百箇稅一兩。交趾扇、川扇、金扇、紗扇每百把，雨傘、面桿每百斤，各稅一錢。紙面每百把、土眼鏡每百箇各稅五分。大紗燈每箇稅八釐，小紗燈每箇稅四釐。

又《雜貨》

藥料、雜販一切藥材：除後開各項，每百斤稅二錢。黃連、丁香每百斤各稅二兩。牛黃每斤，肉桂皮、沙血蝎、没石子、山羊血、三七每百斤，各稅一兩五錢。丁香子、荳蔻、縮砂每百斤各稅一兩四錢，蘆薈、烏藥、没藥每百斤各稅一兩二錢三分，雄黃、天竺黃、忽金、付子、川貝母、蠟丸、丸藥、紫河車、羚羊角、石蠏、阿魏每百斤各稅一兩二錢。紫梗米、牙囒米、象皮膏、膏藥、番紅花、好木香每百斤各稅一兩，低木香每百斤稅五錢，好低對報每百斤稅七錢五分。好冰片每斤稅一兩，低冰片每斤稅六錢，好低對報每斤稅八錢，冰片泥每四斤稅一兩。好乳香每百斤稅九錢，低乳香每百斤稅五錢，好低對報每百斤稅七錢。龜鹿膠、阿膠、砂仁、肉硼砂、鹿茸、大黃膏每百斤各稅六錢，交趾土桂皮每百斤稅五錢，臙脂米、紅花米、紅花、蓽茇子、紫梗每百斤各稅四錢，知古辣、苦果、兒茶、檳榔膏每百斤各稅三錢三分三釐。人參每斤，人參鬚每十斤，砂仁、樟腦每百斤，各稅三錢。火艾、通大海、爐底石每百斤，水安息每斤，各稅二錢。猴棗每箇稅一錢八分七釐五毫，桃核、良薑、薑黃、黃薑、黃蘗、土艾、訶子、冷飯團、大楓子、紫草、山柰、沙蠶乾每百斤各稅七分，石膏、藿香葉每百斤稅五分。象膽、熊膽、蟾酥每斤，薯苓、香樹皮、紅樹皮、紙樹皮每百斤，各稅三分。顏料：硃砂每百斤稅二兩四錢，盌青每百斤稅一兩六錢，藤黄每百斤稅一兩五錢。洋紅每斤，各色洋顏料、硇砂、銀硃每百斤，各稅一兩二錢。石緑每百斤稅八錢，土硃每百斤稅六錢，徽墨、靛花每百斤各稅三錢，銅緑、黄丹、好低蘇木每百斤各稅二錢。土墨、土粉、烏煙每百斤，泥金末每二斤，各稅一錢。大青每斤稅六分三釐，猩猩紅每斤稅五分，二青每斤稅三分一釐，染靛每百斤稅三分。香料：好番速香每百斤稅二兩，低番速香每百斤稅一兩四錢，好低對報每百斤稅一兩七錢。安息香每百斤稅一兩二錢。上檀香每百斤稅一兩，下檀香每百斤稅七錢，上下對報每百斤稅八錢五分。速香每百斤稅八錢，洋麝香每斤稅五錢，黄熟牙香、桂蘭香、各色細香每百斤各稅四錢。好伽楠香每斤，香末樹香、大降香每百斤，稅二錢，大小對報每百斤稅二錢五分。麝香每斤、麝香壳每四斤、苓香每百斤稅二錢，奇速香每斤稅一錢二分，中伽楠香每斤稅一錢，沉香每斤稅六分，排香、各色粗香每百斤各稅五分。雜料：蘇合油、冰片油、檀香油每百斤各稅三兩，水銀每百斤稅一兩二錢，白蠟每百斤稅一兩，洋蠟燭、甎蠟、洋蠟每百斤各稅八錢，洋漆每百斤稅六錢，丁香油每斤稅五錢，土黄蠟、火漆每百斤各稅四錢，漆每百斤稅三錢。稿燭、蠟燭、魚膠、硫磺每百斤，安息油每斤，各稅二錢。花露油每瓶稅一錢五分，每罐稅三分。靦每百塊稅一錢二分，牛油燭、稿油、牛油、柳子油、牛皮膠、青白礬、松香每百斤各稅一錢，爁焉油每三斤稅三分。花露水、后福水每瓶、每五罐各稅二分。紙劄、各色紙：每百斤稅二錢。金銀版紙每百斤稅二兩二錢，洋白紙每百斤稅四錢，錫箔紙每百斤稅三錢，千張紙每百斤稅二錢，粗紙每百斤稅一錢，烏金紙每千張稅八釐，金箋紙每張稅一釐。

雜色紙料：紙蓪、花紙扇面每百斤稅二錢，金扇面每二斤稅一錢，紙堆花每張稅一釐三毫七絲五忽。雜色珍玩：一等珊瑚枝每斤，三等珊瑚枝、蜜珀、藥珠每十斤，各稅一兩。糟爛大珊瑚珠每斤稅八錢，二等珊瑚枝、糟爛小珊瑚珠每斤各稅六錢，四等珊瑚枝、碎琥珀、玻瓈松每十斤各稅五錢。大洋法藍片每塊稅四錢，小洋法藍片每塊，珍珠、鶴頂紅每斤，草珠每百斤，稅二錢。琥珀末每五斤稅五分。各色石料：瑪瑙、硨磲、緑松石、嗆鐵石每十斤各稅一兩。大咖石喻片每片，黑地白花石、蠟石每百斤，各稅四錢。寶心石每箇稅三錢七分五釐。小咖石喻片每斤，片咖石喻石每斤，寶沙石每百斤，石階磚每二百斤，各稅二錢。瑪瑙珠每斤，洋花石、洋青石、洋花石片每二斤，各稅一錢。大青金石片每斤稅八分，小青金石片每片稅四分，水晶石每斤稅二分五釐，瑪瑙片每塊稅一分二釐五毫，火石每百斤稅一分。燒料：土琉璃、圍棋子每百斤各稅二錢，洋燒料每斤稅三分。金、銀、銅、錫、鉛、鐵、雜貨：皮金、銀箔每百斤各稅二兩二錢，番錫每百斤稅八錢，錫箔每百斤稅六錢，銅絲、銅箔每百斤各稅五錢，番銅每百斤稅四錢，銅、番鋼、鐵線、倭鉛、黑鉛、鉛砂每百斤各稅三錢，爛銅鐵錫粉每百斤各稅二錢，爛錫每百斤稅一錢五分，金箔每斤稅一錢，爛鐵每百斤稅五分，雷公銅每斤稅四分。骨、角、羽毛、雜貨：大象牙每百斤稅三兩八錢，小象牙每百斤稅三兩，大小對報每百斤稅三兩四錢，碎象牙每百斤稅三兩。馬尾每十斤稅八錢，小螺殼每百斤稅五錢，龜筒即瑇瑁每十斤稅三錢，虎骨、鹿角每百斤各稅二錢，犀角每斤稅一錢八分，珠海殼、牛角每百斤各稅一錢，藥每斤稅九分，洋明角片料每五斤稅五分。鸞翔每副，池雞毛、翠鳥毛每百枝，海鵝翎每十斤，各稅四分。象骨、牛骨、豬骨每百斤各稅三分。竹木料：楠木壽枋、杉木壽枋各按五塊爲一副，如係板頭，以兩塊作一塊，凡每副各稅五錢。大竹五寸以外者，每百枝稅三錢。竹木牌凡木圍八寸以下者，每連稅二錢。大木圍二尺以上者，每根稅六分。中木圍一尺五寸以上者每根，杉木板枋每十板，楠木板、鐵梨板每塊，各稅二分。小木圍一尺五寸以下者每根，雜木板枋每十塊，椽子木每十根，雜木壽枋每塊，如係板頭，以兩塊作一塊，各稅一分。零星竹木、藤草、雜貨：紫檀每百斤稅九錢，紫榆每百斤稅三錢，紫檀、紫榆對報每百斤稅六錢。蓪草每百斤稅二錢，藤絲每百斤稅一錢五分，花梨板、烏木、沙藤、包索、麻繩每百斤各稅一錢，番花梨、番黄楊、鳳眼木、鴛鴦木、紅木、影木每百斤各稅八分。楠木、花梨木、鐵梨木、黄白藤、涼粉草、荖葉乾每百斤，柳子每百箇，各稅五分。蔡樧榔每百箇稅三分，柳青、桄榔絨每百斤各稅二分，桄榔木每百斤、爁焉每十枝各稅一分。諸色零星雜貨：每百斤除前開各項稅二錢。

又 卷二四《市舶》 臣謹按：明時泰西利瑪竇進《萬國圖》，分天下爲五大州：一曰亞細亞，二曰歐邏巴，三曰利未亞，四曰亞墨利加，五曰墨瓦臘泥加，其後艾儒略因之爲《職方外紀》。雖其説近於夸誕，然明列爲圖，實指其地，似亦非全無依據者。竊以爲前史所載外域，大都闋於方隅，是以有明中葉，尚不知有大西洋，其栖泊島嶼之國，更無論矣。

國家當頓紘壹軌之際，九譯來王，見聞倍確。卽今市舶所集，若暹羅、若呂宋、若葪喇、若噶喇巴，則亞細亞州之地也；若荷蘭、若意達里亞、若暎咭唎，則歐邏巴州之地也；若加那暎咭唎、若咪唎嘫，則利未亞之地也。此誠韓愈所謂東南際天地以萬數者，莫不瞻星戴斗，會極朝宗，裒而録之，亦以見我聖天子無外之量，有以包函而覆幬之焉爾。

呂宋國【略】

國朝崇德中，吕宋遣使貢於明，使臣留閩未還。至順治三年，福建平，守臣送其使入朝。四年六月，世祖章皇帝賜以服物，賜勅諭於其王，遣歸本國。

康熙五十五年，奉聖諭大學士等曰：『朕訪聞海外有吕宋、噶喇巴兩處地方，噶喇巴乃紅毛國泊船之所，吕宋乃西洋泊船之所。彼處藏匿盜賊甚多，内地之民希圖獲利，往往於船上載米帶去並賣船而回，甚至有留在彼處之人，不可不預爲措置也。』次年定制，禁止商船往南洋吕宋、噶喇巴等處貿易。【略】

雍正十三年正月，福建提督王郡言：『吕宋國以麥收歉薄，附洋船載穀二千石、銀二千兩、海參七百斤來厦，賣銀糴麥，多則三千石，少則二千石。臣查五穀出洋，律有明禁，可否准以穀易麥，候欽定。』得旨：『朕統御寰區，内外皆爲一體，吕宋雖隔重洋，朕心並無岐視。著該督、撫、提督等轉飭有司，按照穀麥時價，均平糶糴，不許内地之人抑勒欺詐，俾番船載麥回國，以濟其用，并將朕旨傳諭來商知之。』

乾隆十八年六月，吕宋番官龍番敎魯那羅船被風飄入内地，照例支給口糧，護送歸國。

乾隆四十九年進口貿易。

小吕宋國

小吕宋即是班牙，西北臨大洋，東南俯中海，西鄰葡萄牙，東北接佛郎機。

乾隆六十年，總督長麟、巡撫朱珪、監督舒璽諭澳門口委員等：查乾隆五十一、二等年，因米價昂貴，經前總督孫士毅飭令商民人等，如有挾貲赴外洋糴濟，及自行專載米石到粵者，均免其輸納船鈔。現值省城米價昂貴，自應援照辦理。查小吕宋爲產米之區，其程途又較別國最近，一帆直達，可以計日往還，除另飭委員傳諭大班運濟外，合就飭知遵照，免其輸納船鈔，以示招徠。

嘉慶十一年，小吕宋及唊咭唎之孟雅拉皆運米進口。

道光十二年十一月，布政司會詳稱，奉總督盧坤札開：粵東產米無多，向藉西省接濟。至雍正、乾隆、嘉慶年間，遇有外洋貨船載米來粵者，寬其貨稅。道光四年，復經前總督阮元奏請，運米夷船無夾帶貨物者，進口特免其丈輸船鈔，凡所以廣招徠而裕民食也。近年以來，夷船歲至，洋米未見有餘，是否管口押船人役有暗中加索規費，致令夷販不前，或亦囤戶把持。查夷商貿易，洋商專任其事，自應著落該洋商查明釐剔，設法招徠，俾洋米源源而來，柔遠便民，所裨不淺。札司即便會同臬、運二司，督糧道查明妥議，詳候覈飭遵照，即諭洋行總商限日議覆。茲據洋商禀稱：夷船載米來粵，其米多產自小吕宋，亦有由噶喇巴埠頭裝載來者。凡裝米來粵之各國夷船，均係各由本國駛船前往小吕宋等處買米，裝載來粵。該處市價每百斤洋銀或一圓一二毫，或一圓三四毫不等，總以價在一圓五毫之内。各米船裝米，每船多者不過四五千石，少者止二三千石，在六七千石以上者頗少。查道光十年分，各國共入口米船一十五隻，共裝米五百九十六萬五千餘斤，洋穀一百二十二萬四千餘斤，二共七百一十八萬九千餘斤。又，道光十一年分，各國共入口米船一十七隻，計裝洋米六百九十二萬五百餘斤，洋穀九十二萬八千餘斤，二共七百八十四萬九千餘斤。本年十一月二十日以前，共計入口米船二十九隻，共裝米一千二百二十六萬四千零十五斤，洋穀一十五萬零一百餘斤，二共一千二百四十一萬四千一百餘斤。以前兩年比較，則米船、米石進口，年多一年，今年又多至十餘隻，似無因有弊端，致令夷販不前之事。洋米來自夷洋，因受海風、潮氣，每易霉壞，不能囤貯日久，似尚無囤積把持之弊。再查洋米船隻入口，已於道光四年奏定免徵船鈔，出口時向有大關征收放關銀共五百一十四兩八錢四分八釐，糧道衙門征收放關銀一百一十六兩四錢二分四釐，二共放關銀六百三十一兩二錢七分二釐，事涉關政，且係帑款，商等未敢輕議等語。本司道等伏查粵東民食，向藉西省接濟，原不全需洋米。但西穀貴賤豐歉不常，不能必其年年價賤而到多。至洋米價值極貴之時，猶較少於内地極賤之數。若使源源而至，雖西穀偶缺，亦可恃以無虞。且洋米產自小吕宋、噶喇巴二處，不過一隅之地，興販亦只港脚、花旗諸國。至關税自有唊咭唎呢羽、洋布各貨爲大宗，米舶雖多，斷無損於税額。惟向來洋米到省，設使任洋行全數留貯，恐市價或致增昂，今只暫留一半，聽候官用，仍有一半流通，且操縱在官，市儈雖欲把持而無所施其技。應請如該商等所議，自後洋米入口，每船由洋行存留一半，以二萬石爲率，其發賣、存留數目，每季由洋行報知南海縣轉報院、司、道、府各衙門查照，統歸糧道衙門經理。洋行承受洋米，不准標價搶買，并請移咨海關衙門，放關銀兩照例征收。倘有管口押船人役暗中加索規費，隨時查究懲辦。

呢喇喇國

呢利喇卽小吕宋，其地宜稻米，賤時石值三四錢，卽昂貴亦不過一兩，遇風便十日可至澳門。

米時哥國

米時哥亦吕宋屬國，其地多鑄花邊錢，無物產。海舶至粤者，惟載銀錢而已。

噶喇巴國【略】

謹按：噶喇巴爲巫來由種。巫來由者，莽均達老國也，地在東南海中。雍正七年以後，嘗入中國通市，恭載《皇朝通考》。而《海國聞見録》以噶喇巴有土番無來由種，謂俗以外番之無可考者爲巫來由，其誤甚矣。【略】

（乾隆元年）又，廣東道監察御史李清芳奏言，商人往東洋者十之一，南洋者十之九。江、浙、閩、廣稅銀多出於此，一加禁遏，則四省海關稅額，必至於缺，每年統計不下數十萬，其有損於國帑，一也；大凡民間貿易，皆先時而買，及時而賣，預爲蓄積，流通不窮。今若一旦禁止，商旅必至大困，二也；應暫停噶喇巴貿易，俟其哀求，然後再往，至南洋各道，不宜盡禁。奏入，高宗純皇帝令江、浙、閩、廣督撫詳查議奏。嗣兩江總督德沛、浙閩總督那蘇圖、署福建總督策楞、兩廣總督慶復，皆遵旨議奏。王大臣會同兵部奏言：臣等查各督、撫所議，或請毋庸禁止南洋商販，或請暫禁噶喇巴往來，雖所議不同，其大意皆以仰體皇上懷柔無外之盛心，令海外遠夷悔過自新，均霑德澤。卽議令暫禁噶喇巴者，原欲使其畏懼。今聞噶喇巴已將夷目黜責，於我船返棹時加意撫慰護送，囑令再往，並無擾及商客之意，宜仍准其通商爲便。奏入，得旨俞允。

乾隆十五年四月，閩督喀爾吉善等奏言：龍溪縣民陳怡老久居噶喇巴貿易，娶夢噶適番女高冷爲妾，賄通夷目，謀充甲必丹，於十四年五月潛回厦門，爲地方官訪獲以聞，照例遠遣。乾隆二十四年，禁絲斤出洋。二十七年，復弛暎咭唎、瑞、嗹諸國之禁，而南洋噶喇巴諸國飭禁如故。二十九年十二月，廣督李侍堯等奏言：噶喇巴諸國仰望殊恩，懇將上絲及二蠶粗絲准一體酌帶，其數應以一千六百斤爲率。時江南督、撫亦以爲請，懇嚴立限制，不使外番求售無厭，或致市價加昂。奏入，報可。由是南洋諸國皆得衣被聖朝章采，奉職彌謹云。

瑞國【略】

通市始自雍正十年，後歲歲不絶。每春、夏之交，其國人以土產、黑鉛、粗絨、洋酒、葡萄乾諸物來廣，由虎門入口，易買茶葉、瓷器諸物，至初冬回國。乾隆二十七年，特旨准配買絲斤。是年十月，瑞國商棉是咀等呈稱：夷等外洋各國雖有絲斤，不諳織作，以不能自織之國，若止准帶絲斤，仍屬無由服用。現在瑞國已缺乏紬緞二三年，懇先准帶紬緞成疋者二千斤，由兩廣總督蘇昌代奏，并請嗣後每絲千斤，止准帶紬緞八百斤，毋得額外多求。至現在瑞國懇先帶紬緞二千斤之處，爲數無多，臣等仰體皇上優恤遠夷至意，業准其帶往。奏入，報聞。【略】

嗹國【略】

自雍正間，有夷商來廣通市，後歲以爲常。每夏、秋之交，由虎門入口，至廣東易買茶葉、瓷器、絲斤，至冬初風信到時，駕船而歸。本港商人無至其國者。乾隆元年進口貿易。

謹按：瑞、嗹二國皆與俄羅斯接壤。《海國聞見録》有黄祁、普魯社、各因、細密里也四國，皆在北海。以地圖覈之，卽瑞、嗹二國也。

咪唎㗐國【略】

乾隆五十二年，進口貿易，其後來舶甚多，幾與暎咭唎相埒。其舶較他國差小，隨時可至，非如他國必八、九月始能抵口也。【略】

咊哎唎國

咊哎唎前世未通中國，亦佛卽機屬也。乾隆七年進口貿易，地近噶喇巴。其進口也，由噶喇巴所屬之曼打拉撒陸路三二日可至。若舟行遇東北風，一日卽至云。

馬塔喇國

馬塔喇前世未通中國，其地與小西洋望娑羅、麻倫你二國，皆沿海長數千里，回回種也。土產緜花、花椒、魚翅。乾隆七年進口貿易。

⿰口望⿰口眉國

⿰口望⿰口眉國，紅毛所屬也。【略】暎咭唎、嘵包補、即肚諸國，在此貿易。紅毛居其國者常數千人，其後爲嘵包補地。乾隆四年進口貿易。

蘇喇國【略】

內地商船常往貿易。自⿰口望⿰口眉國北，舟行三日，陸路四五日，可至其國。風俗同⿰口望⿰口眉，物產惟血蝎爲⿰口望⿰口眉所無。乾隆九年進口。

雙鷹國

雙鷹又名打嗹，奉天主教，風俗與西洋同。與單鷹國爲兄弟，患難相恤。海舶來粵者，用白旗上畫一鷹二頭。乾隆四十五年進口。

單鷹國

單鷹在雙鷹西北，風俗與雙鷹同，市舶用白旗畫一鷹。乾隆五十二年進口。

鷹國

鷹國，紅毛種也。乾隆五十一年進口。

謹按：雙鷹、單鷹與鷹國，皆不知其名，但據旗識爲稱。

⿰口臨國

⿰口臨國，紅毛種也。乾隆三年進口。

⿰口半啫哩國

⿰口半啫哩，紅毛種。乾隆五年進口。

吡唎⿰口時國

吡唎⿰口時，紅毛種。乾隆十七年進口。

數間盧國

數間盧，紅毛種。乾隆五十二年進口。

甚波立國

甚波立，亦紅毛種也。嘉慶七年進口。

呫味⿰口臣國

乾隆五十一年，總督孫士毅咨准監督咨開：粵東近省州縣，春、夏以來，雨水愆期，以致近山田畝，收成歉薄，米價昂貴。據洋商與各國夷人詢悉，附近呂宋國地方，米穀平賤等語。當經面諭，洋商僱船赴買，運回接濟。隨據萬和行洋商蔡世民稟稱：覓有呫味⿰口臣夷船前往外洋呂宋國，採買一萬餘千石，回粵糶賣，所有該船載米進出鈔規，懇恩寬免。查夷船進出稅鈔，一年一次徵收，今去而復回，其求免似屬情理等因，准此。

查乾隆八年十月二十七日，准戶部咨，欽奉諭旨：『外洋來粵米石，在萬石以上，例止免船貨稅銀十分之五。今呫味⿰口臣前往外洋呂宋國買米，請免稅鈔。夷船進出稅鈔，一年一次征收，今去而復回，求免似屬情理。雖與定例稍有未符，但該船貨來粵應徵鈔稅，業已報納。茲該船出洋採買，事屬因公，自可免其徵鈔，相應咨覆查照。』

⿰口路⿰口臣國

⿰口路⿰口臣即俄羅斯也。俄羅斯例在恰克圖通市。嘉慶十年十二月，有該國夷商嚕⿰口臣噸、⿰口尔囋⿰口時二船，載皮張、銀兩至廣東貿易，經總督那彥成奏奉諭旨：『那彥成奏，先准延豐咨商，有⿰口路⿰口臣國即俄羅斯商船二隻，載有皮張、銀兩來廣貿易，應准開艙輸稅。咨商會銜具奏，那彥成正在議駁間，又接延豐來字，以新任阿克當阿抵粵，延豐即日交卸起程，將此案事宜會銜具奏。那彥成阻止不及，因飛札與新任監督暫止開艙卸貨，以免日後滋弊，各等語。此事前據延豐奏到，朕即以伊等所辦麤率，傳旨申飭，並將延豐議處，那彥成、孫玉庭均交部察議。諭令吳熊光即查明該商船如尚未卸貨，即令停止納稅，奏聞候旨遵行。茲那彥成奏，俄羅斯僻在極北，向止許在恰克圖一帶通市，今請來廣貿易，恐奸商貪利私售，且來往熟悉海道及內地情形，亦多未便等語。那彥成辦理此事，與朕意相符，所見甚是。那彥成有此一節可嘉，其在粵東總督任內，所獲各罪愆，將來議上時，朕尚可加恩末減。現在那彥成業已飛札阿克當阿，止其開艙卸貨。吳熊光應即會同阿克當阿，曉諭該商，以爾等船向止在恰克圖通商貿易，本有一定界限，不可輕易舊章，著即將船隻貨物駛回本國，不許在廣逗遛。並著吳熊光迅飭海船各口岸，或該商駛往別處海口，懇求通市，均一體駁回。並著嗣後嚴密稽查，如各海口有似此越界欲求通市者，俱實力禁止，免滋事端。』

又奉諭旨：『昨因延豐於⿰口路⿰口臣國商船至粵擅令交易一事，辦理麤率，已降旨申飭。並因延豐摺內有札商那彥成及會商孫玉庭之語，是以將延豐交部議處，那彥成、孫玉庭交部察議。本日據那彥成奏稱：於陸豐途次接准延豐咨商，⿰口路⿰口臣國即俄羅斯商船二隻來廣，懇請貿易，咨商會銜具奏。那彦成正在議駁間，適接延豐來字，以新任監督阿克當阿抵粤，延豐即日交卸，已將此案事宜會銜具奏。那彦成接信後，已阻止不及，因飛札新任監督暫止開艙卸貨，以免日後滋弊，各等語。那彦成所見甚是，與朕意適相符合。而前此延豐具奏，摺尾後聲敍，督臣那彦成現在出省巡閲，與之札商，並與撫臣孫玉庭面商，意見相同，合詞具奏。是延豐於辦理此事，既經札商督臣，並不候那彦成札覆，是否准貿易之處，熟商妥辦，輒敢擅將意見相同之語，誑詞入奏，實屬專擅乖謬。前經交部議處，尚覺稍輕。延豐著交部嚴加議處，那彦成於俄羅斯商船來粤通市，接延豐札商時，即欲議駁，原無不合。所有前次交部察議之處，著即行撤回。至孫玉庭現駐在省城，於延豐會商時，未經阻止，亦隨同准令卸貨輸稅，實屬錯誤，孫玉庭仍著交部察議。』

嘉慶十一年正月，奉諭旨：『據吴熊光等奏，查明⿰口略⿰口巨國來廣貿易情形一摺，⿰口略⿰口巨國即俄羅斯國，向例止准在恰克圖地方通市貿易，本有一定界限。今該國商船駛至粤東，懇請赴關卸貨，自應照例駁回。乃延豐擅准進埔卸貨，實屬冒昧。且該國商船於十月初八、十七等日，先後進口，延豐於二十九日始行具奏。又於咨商總督後，並不候那彦成回咨，輒以意見相同之語，捏詞入告，其咎甚重，前經降旨將延豐降爲七品筆帖式，尚不足以示懲，延豐著即革職，仍令在萬年吉地工程處効力行走。接任監督阿克當阿，因延豐已准該夷商起卸一船貨物，亦即不候那彦成移知，率准後船進埔卸載。吴熊光、孫玉庭未經詳查明確，遽准開船回國，均屬辦理未協，不能無咎。吴熊光、孫玉庭、阿克當阿均著交部議處。嗣後遇有該國商船來廣貿易者，惟當嚴行駁回，毋得擅准起卸貨物，以昭定制。』

又奉諭旨：『⿰口略⿰口巨國貿易船隻，業據行商承保起卸貨物，自未便復行稽阻，此次姑著准其貿易。嗣後再有該國船隻來至澳門，即應嚴行斥駁，不得擅與通市。此一節並諭阿克當阿知之。』

啞咻國

道光四年，奉上諭：『據阮元等奏，小西洋啞咻國⿰口皮嗖喉嚧夷船一隻，載有胡椒、檳榔等貨來至零丁洋面寄椗。該國從前並未來過，詢係夷商各自各夥，並非該國王遣令貿易，暫令停泊候旨等語。該夷遠涉重洋，此次姑照嘉慶年間成案，暫准貿易，以示體恤。該督等即飭令洋商傳諭該夷等，此處暫准易貨回國，係天朝特恩，不得援以爲例，嗣後斷不准再來通市。將此諭知阮元等並傳諭七十四知之。』

越南國【略】

道光九年四月，上諭：『此次越南國王因內地生監遭風漂收到境，卹給衣糧盤費，護送回粤，實屬恭順可嘉。所有帶來各貨，及將來出口貨物，均著加恩免其納稅。至該國王請由海道來粤通市一節，自當照例駁回，但須妥爲曉示。著李鴻賓等傳諭該國王，現據爾國王請由海道來粤通市，業經奏聞大皇帝，以爾國王久列藩封，素爲恭順。爾國地界毗連兩廣，向與內地商民有陸路交易處所，貨物流通，足資利用，非他國遠隔重洋，必須航海載運者可比。外夷諸國，如有於各海口越界求通貿易，例禁綦嚴。今若允爾國王所請，誠恐各外夷船隻偶有攙越混入，以致滋生事端，於爾國王諸多未便，轉非所以體恤。是以仍令爾國王恪守舊章，於廣東欽州及廣西水口等關各陸路往來貿易，毋庸由海道前來。此係大皇帝格外施恩，曲加優眷，爾國王其善體此意，敬謹遵循爲要。該督等接奉此旨，即行遵照，妥爲辦理。』

道光十三年六月，上諭：『本日據盧坤等由驛馳奏，越南國呈覆照會捕盜咨文，並報到漂失師船，已在該國收泊，欵給修整送回一摺。上年十二月二十五日，廣東提標中營二號米艇，配帶官兵七十員名，因遭風漂流越南茶山洋面收泊，經該國王迎救抵次，優給供頓資用，代修船隻，在彼閲四月之久。外委梁國棟，因遭風受瘴身故，復爲遣官料理，祭贈有加。及師船起程，各兵又有賞賚，並撥醫隨行，派兵幫駕，添械防禦，已於本年五月初四日駛進虎門。越南國遠隔重洋，素稱恭順，今該國王於內地兵船遭風漂收到境，優待欵給，種種周詳曲到，虔恪盡禮，可嘉之至，著降敕褒奬，並賞賜該國王蟒緞四疋、內緞四疋、素緞四疋，以示寵嘉。此次該國王帶有押艙貨物，及將來出口貨物，俱著加恩免其納稅，仍循照舊章，先行開艙起貨銷售，俾免稽遲。所有該國差官黎之謙等，著該督、撫優加賞賚，交該國頒賞。該督先行文該國王知之。』

[越] 黎貴惇《撫邊雜録》 順、廣二處無銅礦，日本出紅銅，每年艚到，即令收買，每百斤古錢四十五貫。至如上國福建、廣東各艚有載紅銅，亦具聞報，依價買之。官買之餘，始許各艚貿易。【略】查前艚司令

史武道代計稅例：上海艚到，稅例錢三千貫；廣東艚到，稅例錢三千貫，回稅例錢三百貫；福建艚到，稅二千貫，回稅二百貫；海南艚到，稅五百貫，回稅五十貫；西洋艚到，稅八千貫，回稅八百貫；瑪羔艚到，稅四千貫，回稅四百貫；日本國艚到，回稅亦如之；暹羅艚到，稅二千貫，回稅五百貫，呂宋艚到，稅二千貫，回稅二百貫；舊港處艚到，稅五百貫，回稅五十貫；河仙艚到，稅三百貫，回稅三十貫；山都客艚到，稅三百貫，回稅三十貫。上海者浙江船，有時天朝奉差官採賣。

［越］鄭懷德《嘉定通志》卷六《城池志·藩安镇》 柴棍鋪距鎮南十二里。當官路之左右，是為大街。直貫三街，際於將盡，橫以中街一、下沿江街一，各相貫穿，如田字樣。聯檐斗角，華康雜處，長三里許。貨賣錦緞、瓷器、紙料、珠裝。書坊、藥肆、茶鋪、麵店，南北江洋，無物不有。大街北頭，本鋪關帝廟。福州、廣東、潮州三會館分峙左右。大街中之西天后廟，稍西温陵會館。大街南頭之西漳州會館。凡佳晨良夜，三元朔望，懸燈設案，斗巧爭奇，如火樹星橋，錦城瑤會，鼓吹喧閙，男女簇擁，是都會鬧熱一大鋪市。大街中古井甘水洋溢，四時不竭。橫街小溪架大板橋，兩廊瓦店列構其上，帷幔蔽日，街路蔭涼，如行高堂之下。鋪中大街東平安市，海錯山肴，地產土貨，夜猶燒燭以買賣。

又《邊和鎮》 農耐大鋪在大鋪洲西頭。開拓初，陳上川將軍招致唐商，營建鋪街。瓦屋粉墻，岑樓層觀，炫江耀日，聯絡五里。經畫三街，大街鋪白石甃路，橫街鋪蜂石甃路，小街鋪青磚甃路。周道有砥，商旅輻湊，洋舶江船收風投椗，舳艫相銜，是爲一大都會。富商大賈，獨此爲多。

又《定祥鎮》 定祥鎮莅所在建和縣建盛總美政村地。世宗己未三十二年春二月十八日，龍門將楊彥迪等自大明詣京投誠，旨准舍差文貞將臣吏文昭賫遞諭文，敕高綿秋王分其地以處之。五月，文貞經引龍門兵弁船艘進營於美湫地方，起房舍，集華夷，結成廛里。暨縣宗時，於市北立爲府治，隸藩鎮營。睿宗時改設長屯道，有該奇或該隊與書記各一合守，後立爲營鎮，俱隨時遷徙，南北進退，要不外於此地局，而城堡則未築也。治南爲美湫大鋪市，瓦屋雕甍，高亭廣寺，洋江船艘，帆檣往來如織，繁華喧閙，爲一大都會。【略】良富市距鎮東十四里餘，店舍稠密。【略】東頭佛寺津皆居賈穀米之家，故買米船必於是乎集，亦稱大市。

又《河仙鎮》 河仙鎮署坐乾嚮巽，以屏山爲後護，蘇州爲前案，溟海塹其南，東湖濠其前。【略】鎮市東瞰湖津，津起魚寨。公庫之北會同廟，廟北盪船廠，縱橫區畫，界以大路。關帝殿左爲釣橋鋪，津頭板橋跨海接大金嶼。釣橋鋪東爲舊市鋪，又東祖師市鋪繼之。以大鋪皆鄚琮公舊時經營，胡同穿貫，店舍絡繹，華民、唐人、高綿、闍閩類聚以居，洋舶江船往來如織，海陬之一都會也。

龍川道莅所在鎮之東濱海際，外海多巨鱗，江多鱷魚。【略】道前鋪市，華唐、高綿湊集，暹船多來貿易焉。其出力墾地者，惟唐人爲勤，而海網江簦，行商居賈，亦唐人主其事矣。

出口貨物分部

綜　述

絲綢瓷器

元·周達觀《真臘風土記·欲得唐貨》 其地想不出金銀，以唐人金銀為第一，五色輕縑帛次之。

元·汪大淵《島夷志略·麻逸》 貿易之貨用鼎、鐵塊、五采紅布、紅絹、牙錠之屬。

又《交趾》 貿易之貨，用諸色綾羅匹帛、青布、牙梳、紙扎、青銅、鐵之類。

又《占城》 貨用青磁花碗、金銀首飾、酒、色布、燒珠之屬。

又《民多朗》 貨用漆器、銅鼎、闍婆布、紅絹、青布、斗錫、酒之屬。

又《真臘》 貨用金銀、黄紅燒珠、龍段、建寧錦、絲布之屬。

又《遐來勿》貿易之貨，用占城海南布、鐵線、銅鼎、紅絹、五色布、木梳、飥子、青器、粗碗之屬。

又《彭坑》貿易之貨，用諸色絹、闍婆布、銅鐵器、漆磁器、鼓、板之屬。

又《丁家盧》貨用青白花磁器、占城布、小紅絹、斗錫、酒之屬。

又《羅衛》貿易之貨，用棊子手巾、狗迹絹、五色燒珠、花銀、青白碗、鐵條之屬。

又《東沖古剌》貿易之貨，用花銀、鹽、青白花碗、大小水埕、青緞、銅鼎之屬。

又《八都馬》貿易之貨，用南北絲、花銀、赤金、銅、鐵鼎、絲布、草金緞、丹山錦、山紅絹、白礬之屬。

又《尖山》貿易之貨，用牙錠、銅鐵鼎、青碗、大小埕甕、青皮單、錦、鼓樂之屬。

又《八節那間》貿易之貨，用青器、紫鑛、土粉、青絲布、埕甕、鐵器之屬。

又《三佛齊》貿易之貨，用色絹、紅硝珠、絲布、花布、銅鐵鍋之屬。

又《浡泥》貨用白銀、赤金、色緞、牙箱、鐵器之屬。

又《爪哇》貨用硝珠、金銀、青緞、色絹、青白花碗、鐵器之屬。

又《重迦羅》貿易之貨，用花銀、花宣絹、諸色布。

又《都督岸》貿易之貨，用海南占城布、紅緑絹、鹽、鐵銅鼎、色緞之屬。

又《蘇門傍》貿易之貨，用白糖、巫崙布、油絹衣、花色宣絹、塗油、大小水埕之屬。

又《文老古》貿易之貨，用銀、鐵、水綾、絲布、巫崙八節那間布、土印布、象齒、燒珠、青磁器、埕器之屬。

又《古里地悶》以銀、鐵、碗、西洋絲布、色絹之屬為之貿易也。

又《龍牙門》貿易之貨，用赤金、青緞、花布、處磁器、鐵鼎之類。

又《須文答剌》貿易之貨，用西洋絲布、樟腦、薔薇水、黄油傘、青布、五色緞之屬。

又《勾欄山》貿易之貨，用穀米、五色絹、青布、銅器、青器之屬。

又《特番里》貿易之貨，用麻逸布、五色紬緞、錦緞、銅鼎、紅油布之屬。

又《班達里》貿易之貨，用諸色緞、青白磁、鐵器、五色燒珠之屬。

又《大八丹》貿易之貨，用南絲、鐵條、紫粉、木梳、白糖之屬。

又《加里那》貿易之貨，用青白花碗、細絹、鐵條、蘇木、水銀之屬。

又《土塔》貿易之貨，用糖霜、五色絹、青緞、蘇木之屬。

又《加將門里》貿易之貨，用蘇杭五色緞、南北絲、土紬絹、巫崙布之屬。

又《波斯離》貿易之貨，用氈毯、五色緞、雲南葉金、白銀、倭鐵、大風子、牙梳、鐵器、達剌斯離香之屬。

又《撻吉那》貿易之貨，用沙金、花銀、五色緞、鐵鼎、銅線、琉磺、水銀之屬。

又《須文那》貿易之貨，用五色細緞、青緞、荳蔻、大小水罐、蘇木之屬。

又《小唄喃》貿易之貨，用金錢、青白花器、八丹布、五色緞、鐵器之屬。

又《朋加剌》貿易之貨，用南北絲、五色絹緞、丁香、荳蔻、青白花器、白纓之屬。

又《大烏爹》貿易之貨，用白銅、鼓板、五色緞、金、銀、鐵器之屬。

又《馬八兒嶼》貿易之貨，用砂金、青緞、白礬、紅緑燒珠之屬。

又《哩伽塔》貿易之貨，用金、銀、五色緞、巫崙布之屬。

又《天堂》貿易之貨，用銀、五色緞、青白花器、鐵鼎之屬。

又《層搖羅》貿易之貨，用牙箱、花銀、五色緞之屬。

又《甘埋里》去貨丁香、荳蔻、青緞、麝香、紅色燒珠、蘇杭色緞、蘇木、青白花器、甆瓶、鐵條，以胡椒載而返。

又《烏爹》貿易之貨，用金、銀、五色緞、白絲、丁香、荳蔻、茅香、青白花器、鼓瑟之屬。

明·鞏珍《西洋番國志·諸番國名·占城國》其買賣交易，惟以七成色淡金使用。所喜者中國青磁盤碗等器，及紵絲綾絹硝子硃等物，皆執金來轉易而去。

又《爪哇國》國人最喜青花磁器並麝香、花繡、紵絲、硝子珠等貨。

又《錫蘭國》甚愛中國麝香、紵絲、色絹、青磁盤碗、銅錢，就以寶石珍珠易換。

又《祖法兒國》中國寶舡到，開讀詔書並賞賜勞，王即遣頭目徧諭國人，皆以乳香、血竭、蘆薈、没藥、安息香、蘇合油、木別子之類來易紵絲磁器等物。

明·費信《星槎勝覽·前集·交欄山》貿易之貨，用米穀、五色絹、青布、銅器、青碗之屬。

又《暹羅國》貨用青白花磁器、印花布、色絹、段疋、金銀銅鐵、燒珠、水銀雨傘之屬。

又《舊港》貨用燒煉五色珠、青白磁器、銅鼎、五色布絹、色段、大小磁器、銅錢之屬。

又《滿刺加國》貨用青白磁器、五色燒珠、色絹、金銀之屬。

又《蘇門答剌國》貨用青白磁器、銅錢、金銀、爪哇布、色絹之屬。

又《花面國》貨用段帛、磁器之屬。

又《錫蘭山國》貨用金銀銅錢、青花白磁、色段色絹之屬。

又《小唄喃國》貨用丁香、荳蔻、蘇木、色段、麝香、金銀銅器、鐵線、黑鉛之屬。

又《柯枝國》貨用色段、白絲、青白花磁器、金銀之屬。

又《古里國》貨用金銀、色段、青花白磁器、珍珠、麝香、水銀、樟腦之屬。

又《忽魯謨斯國》貨用金銀、青白花磁器、五色段絹、木香、金銀香、檀香、胡椒之屬。

又《刺撒國》貨用金銀、色段、色絹、磁器、米穀、胡椒之屬。

又《榜葛剌國》貨用金銀、布緞、色絹、青白花磁器、銅錢、麝香、銀珠、水銀、草蓆、胡椒之屬。

又《後集·眞臘國》貨用金銀、燒珠、錦段、絲布之屬。

又《彭坑國》貨用金銀、色段、爪哇布、銅鐵器、鼓板之屬。

又《麻逸國》貨用銅鼎、鐵塊、五采布絹之屬。

又《重迦邏》貨用花銀、花絹。

又《渤泥國》貨用白銀、赤金、色緞、牙箱、鐵器之屬。

又《大唄喃國》貨用金錢、青白花磁器、布段之屬。

又《阿丹國》貨用金銀、色段、青白花磁器、檀香、胡椒之屬。

又《佐法兒國》貨用金錢、檀香、米穀、胡椒、色段、絹、磁器之屬。

又《竹步國》貨用土珠、色段、色絹、金銀、磁器、胡椒、米穀之屬。

又《木骨都東》貨用金銀、色段、檀香、米穀、磁器、色絹之屬。

又《溜洋國》貨用金銀、色段、色絹、磁器、米穀之屬。

又《卜刺哇國》貨用金銀、段絹、米荳、磁器之屬。

又《天方國》貨用金銀、段疋、色絹、青花白磁器、鐵鼎、鐵銚之屬。

又《阿魯國》貨用色段、色絹、磁器、燒珠之屬。

明·馬歡《瀛涯勝覽·占城國》其買賣交易使用七成淡金或銀，中國青磁盤碗等品，紵絲綾絹燒珠等物，甚愛之，則將淡金換易。

又《爪哇國》國人最喜中國青花磁器，幷麝香、銷金、紵絲、燒珠之類，則用銅錢買易。

明・黄省曾《西洋朝貢典録》卷中《錫蘭山國第十五》　中國麝香、紵絲、色絹、青磁、銅錢、樟腦等物，彼則以寶石、珍珠易換。

又　卷下《天方國第二十三》　宣德中使鄭和至西洋，遣通事其人賚麝香、磁器、緞匹同本國船至國，一年往回，易得各色奇異寶石幷麒麟、獅子、駝雞等物，幷畫《天堂圖》一册回京。

明・嚴從簡《殊域周咨録》卷二《東夷・日本國》　先是王直者，徽州歙縣人，少落魄，有任俠氣。【略】嘉靖庚子年，直與葉宗滿等造海舶，置硝黄、絲綿等違禁貨物抵日本、暹羅、西洋諸國，往來貿易，五六年致富不貲。

又　卷八《南蠻・暹羅》　貨用青白花磁器、印花布、色絹、色段、金、銀、銅、鐵、水銀、燒珠、雨傘之屬。

又《滿剌加》　貨用青白磁器、五色燒珠、色絹、金銀之屬。

又《三佛齊》　以金銀貿易，貨用燒五色珠、青白磁器、銅鼎、五色布、絹、色緞、大小瓷甕、銅鐵之屬。

又　卷九《南蠻・蘇門答剌》　貨用青白磁器、銅、鐵、爪哇布、色絹之屬。

又《錫蘭》　貨用金錢、銅錢、青花白磁器、色緞、色絹之屬。

又《忽魯謨斯》　貨用金銀、青花磁器、五色段絹、木香、胡椒之屬。

又　卷一一《西戎・榜葛剌》　貨用金、銀、緞絹、青花白磁器、銅、鐵、麝香、銀珠、水銀、草蓆之屬。

又《天方國》　貨用金、銀、段疋、色絹、青白花磁器、鐵鼎、鐵銚之屬。

明・李言恭等《日本考》卷一《倭好》　絲所以為織絹紵之用也。蓋彼國自有成式花樣，朝會宴享，必自織而後用之，中國絹紵但充裏衣而已。若番舶不通，則無絲可織。每百斤直銀五六十兩，取去者其價十倍。

絲綿髡首裸裎不能耐寒，冬月非此不煖。常因匱乏，每百斤價銀至二百兩。

【略】

磁器擇花樣而用之，香炉以小竹節為尚，碗碟以菊花稜為尚，碗亦以葵花稜為尚。制若非觚，雖官窑不喜也。

明・王世懋《閩部疏》　凡福之紬絲、漳之紗絹、泉之藍、福延之鐵、福漳之橘、福興之荔枝、泉漳之糖、順昌之紙，無日不走分水嶺及浦城小關，下吳越如流水。其航大海而去者，尤不可計，皆衣被天下。所仰給它省，獨湖絲耳，紅不逮京口，閩人貨湖絲者，往往染翠紅而歸織之。

明・沈德符《萬曆野獲編》卷三〇《外國・夷人市瓷器》　余于京師，見北館伴當，館夫裝車，其高至三丈餘，皆韃靼女眞諸虜，及天方諸國貢夷歸裝所載，他物不論，卽瓷器一項，多至數十車。

明・張燮《東西洋考》卷五《東洋列國考・沙瑤吶嗶嘽・交易》　我舟往販，所攜亦僅磁器、鍋釜之類。

又　卷三《西洋列國考・大泥・交易》　貨賈彼國，不敢徵稅，惟與紅毛售貨，則湖絲百斤，稅紅毛五斤，華人銀錢三枚，他稅稱是。

明・顧炎武《天下郡國利病書・福建備録・傅元初〈請開洋禁疏〉》　海外之夷，有大西洋，有東洋。大西洋，則暹羅、柬埔諸國，【略】而東洋，則呂宋，其夷佛郎机也，【略】是兩夷者皆好中國綾緞雜繒，其土不蠶，惟藉中國之絲到彼，能織精好緞匹，服之以為華好，是以中國湖絲百斤，值銀百兩者，至彼得價二倍。

清・屈大均《廣東新語》卷一五《貨語・紗緞》　廣之線紗與牛郎綢、五絲八絲、雲緞、光緞，皆為嶺外京華東西二洋所貴，予廣州竹枝詞云。洋船爭出是官商，十字門開向二洋。五絲八絲廣緞好，銀錢堆滿十三行。

清・靳輔《文襄奏疏》卷七《生財裕餉第二疏開洋》　臣聞内地紬絲等一切貨物載至日本等處，多者獲利三四倍，少者亦有一二倍。

《清高宗實録》卷五九一　（乾隆二十四年閏六月癸卯）戶部議准：御史李兆鵬奏稱，查絲斤私出外境，律有明禁，邇年江浙等省，因奸商漁利，私販出洋，以致絲價昂貴，請敕下該督撫轉飭濱海地方官，嚴行查禁，違者照販米出洋例究治，該管官分別奏處。從之。

又　卷五九六　（乾隆二十四年九月辛亥）兩廣總督李侍堯奏：現准部諮，嚴絲出外洋之禁，文到之日為始，實力稽查，俾無透漏。惟是外洋夷船，向係五、六月收泊進港，至九、十月出口回帆。本年陸續進口夷船，計二十三隻，除威嚙臣一船，原系上年壓冬之船，已於五月内出口外，其餘二十二船，各夷商已將出口貨物買齊，或已搬之下船，或貯行館。請將外洋夷船絲禁，以乾隆庚辰年為始。其本年各夷商已買絲貨，准其載運出口，不致守候變售。得旨：如所議行。

又　卷六〇三　（乾隆二十四年十二月丁酉）户部議奏：據兩廣總督李侍堯諮稱，本年御史李兆鵬奏，請禁絲斤販賣出洋，經部議准在案。至綢緞綿絹，是否應禁，設有私販出洋，應否與絲斤一併計算輕重定擬等語。查綢緞等物，總由絲斤所成，自應一體嚴禁，請嗣後綢緞綿絹，如有偷漏私販者，亦按斤兩多寡，分別科罪，失察文武官弁，照例議處。從之。

《史料旬刊》第五期《李侍堯〈奏請將本年洋商已買絲貨准其出口摺〉》　兩廣總督李仕堯謹奏：惟外洋各國夷船到粵，販運出口貨物，均以絲貨爲重，每年販買湖絲並綢緞等貨，自二十萬餘斤至三十二三萬斤不等。統計所買絲貨，一歲之中價值七八十萬兩或百餘萬兩，至少之年亦買價至三十餘萬兩之多。其貨均係江浙等省商民販運來粵，賣與各行商，轉售外夷載運回國。

清·乾隆敕撰《清文獻通考》卷三三《市糴考·市舶互市》　（乾隆）二十五年，議定銅船准帶紬緞數目。先是，絲斤出洋，經大學士等議准御史李兆鵬條奏禁止。尋江蘇巡撫陳宏謀言，採辦洋銅，向係置辦紬緞絲斤幷糖藥等貨，前往日本，易銅回棹，分解各省，以供鼓鑄。今絲斤已禁，若將紬緞一槩禁止，所帶粗貨不敷易銅，請將紬緞紵絹等准其買辦。尋部議，令將該商等額辦洋銅共需銅本若干，應需配搭紬緞若干，裝載船隻若干，幷經由何口出洋，何地輸稅，查明具奏再議。至是議定，該商每年共辦銅二百萬斤，需銅本銀三十八萬四千餘兩，除雜費幷置買藥材、糖貨外，應於每船配搭紬緞三十三捲，分裝十六船，每捲照向例計重一百二十斤，毋許浮多，每船三十三捲，計額船十六隻，應攜帶五百二十八捲，責成浙江之乍浦、江南之上海二處官員，照例秤驗，輸稅出口，辦銅供鑄，仍彼此隨時知會，以杜重複影射，幷將糖、藥、紬緞各數出口日期及所收稅銀，一面呈報該管上司，轉詳報部，幷令該撫轉飭實力稽查，如有夾帶偷越及守口官員徇隱情弊，即行嚴參治罪。【略】

二十七年，准暎咭唎夷商配買絲斤奉諭旨：蘇昌等奏，暎咭唎夷商噸等以絲斤禁止出洋，夷貨艱於成造，籲懇代奏，酌量准其配買，情詞迫切一摺。前因出洋絲斤過多，內地市值翔踴，是以申明限制，俾裕官民織紝，然自禁止出洋以來，並未見絲斤價平，亦猶朕施恩特免米豆稅而米豆仍然價踴也。此蓋由於生齒日繁，物價不得不貴，有司恪守成規，不敢通融調劑，致遠夷生計無資，亦堪軫念。著照該督等所請，循照東洋辦銅商船搭配紬緞之例，每船准其配買土絲二千斤、二蠶湖絲三千斤，以示加惠外洋至意，其頭蠶湖絲及紬綾緞匹，仍禁止如舊，不得影射取戾。【略】

二十八年，【略】又准琉球國配買絲斤。琉球國中山王尚穆奏請市買絲絹，以飾冠服，部議該國王奏内並無請買定數，恐啓奸商影射之弊，應不准行。得旨：琉球國疏請配買絲斤，部臣議駁，自屬遵循例禁。第念該國為海澨遠藩，織紝無資，不足以供章服，據奏情詞懇切，著加恩照暎咭唎國例，准其歲買土絲五千斤、二蠶湖絲三千斤，用示加惠外洋至意，餘悉飭禁如舊，所有稽查各關口岸及出入地方仍加意核查，以杜影射。

二十九年，准咖喇吧等國夷商配買絲斤。兩廣總督蘇昌等言：粵省本港船户林長發等呈稱，咖喇吧、暹羅港口、安南、嗎嗁、叮嘰呶、舊港、柬埔寨等處各國夷民，呈懇配買絲斤紬緞，請令每船酌帶土絲一千斤、二蠶湖絲六百斤，紬緞八折扣算。疏下部議。尋議：内地絲斤，外洋勢所必需，而海外銅斤可資内地應用，應照商船採辦銅斤之例，准其配買絲斤、紬緞，隨帶出洋易銅，既使海外屬國同沐皇仁，而於内地鼓鑄亦有裨益，其酌定數目并立法稽查之處，行令該督等詳議具奏，到日再議。從之。

又，弛絲斤出洋之禁，并定江浙閩廣各省商船配絲數目。先是奉諭旨，據尹繼善等奏，覆議弛洋禁絲斤以便民情一摺，前因内地絲斤紬緞等物價值漸昂，經御史李兆鵬等先後條奏，請定出洋之禁，以裕民用，乃行之日久，而内地絲價仍未見減，且有更貴者，可見生齒繁衍，取多用宏，蓋物情自然之勢，非盡關出洋之故，曾降旨江浙閩廣各督撫，令其各就該省情形，悉心體察，將應否即行開禁之處詳悉妥議具奏。今尹繼善等籌酌定議，奏請弛禁，而莊有恭並稱前撫浙時體察杭、嘉、湖三府民情，亦以絲斤弛禁為便等語。江浙之情形如此，則餘省亦可概見，蓋緣出洋絲斤本係土絲及二、三蠶鸁糙之絲，非腹地紬緞必須精好物料可比，徒立出洋之禁，則江浙所産鸁絲轉不得利，是無益於外洋而更有損於民計，又何如照舊弛禁，以天下之物，供天下之用，尤為通商便民乎。況所産鸁絲既不准出洋，勢不得不充雜於頭蠶好絲之内，一體售買，於民間組織，尤多未便。且暎咭唎、咖喇吧等國先後以織絍不供，懇請賣給貨買，俱已特旨准其酌帶配用。是外洋諸國取給於蠶絲者正復不少，亦宜一視同仁，曲為體恤。現在新絲將届收成，所有出洋絲斤，既著弛禁，仍遵照舊例行，其中各省情形或微有不同，應作何酌定章程及設法稽查之處，俟各該督撫奏齊時，該部詳悉妥議具奏。尋議：採辦洋銅之官商范清、洪額商、楊裕和等，每年出東洋額船十六隻，應請每船准配二、三蠶糙絲一千二百斤，按照紬緞舊額，每一百二十斤抵紬緞一捲扣算，如願照舊攜帶紬緞者，亦聽其便。其非辦銅商船，仍不得援例夾帶。其由江蘇省往閩、粤、安南等處商船，每船攜帶糙絲，准以三百斤為限，不得逾額多帶。閩、浙二省商船，每船准配土絲一千斤、二蠶鸁絲一千斤，其紬緞紗羅及絲綿等項，照舊禁止。至粤省外洋商船較他省為多，其配往各洋絲斤亦較他省加廣，請令每船於舊准帶絲八千斤外，再准加帶鸁絲二千斤，連尺頭總以一萬斤為率。其頭蠶湖絲、緞匹等項，仍嚴行查禁，不得影射夾帶滋弊。從之。

又 **卷二九八《四裔考六・南・瑞國》** 乾隆二十七年，特旨准配買絲片。是年十月，瑞國商棉是呾等呈稱，夷等外洋各國，雖有絲斤，不諳織作，以不能自織之國，若止准帶絲斤，仍屬無由服用。現在瑞國已缺乏綢緞二三年，懇先准帶綢緞成疋者二千斤，由兩廣總督蘇昌代奏以聞，并請嗣後每絲千斤止准帶綢緞入百斤，毋得額外多求。至現在瑞國懇先帶綢緞二千斤之處，為數無多，臣等仰體皇上優恤遠夷至意，業准其帶往。奏入，上從之。

清・乾隆敕撰《清通典》卷九八《邊防二・南序畧・舊港》 雍正七年，粤省商船載磁器、缸瓦、色紙、京菓諸物往彼互市。

清・乾隆敕撰《清通志》卷九三《食貨略・市易》 （雍正七年）准粤東商人每歲冬春間，以茶葉、瓷器、色紙諸物往柔佛諸國互市。

《清高宗實録》卷八〇八 （乾隆三十三年四月丁卯）又諭：鑾暮新街一帶，聞向為緬夷貿易處所，沿江而下，並有緬夷税口，則其地交易之貨必多。但彼處所恃以通商者何物？其仰給内地，必于欲得者何物？**【略】**尋奏：查緬夷仰給内地者，鋼鐵、鑼鍋、綢、緞、氈、布、磁器、煙、茶等物。

清・藍埔等《景德鎮陶録》卷二《鎮器原起》 洋器專售外洋者，商多粤東人。販去與洋鬼子載市。式多奇巧，歲無定樣。

清・周凱等［道光］《廈門志》卷五《船政略・番船》 乾隆四十六年六月，吕宋夷商萬梨落及郎嗎叮先後來廈，番梢六十餘名，貨物燕窩、蘇木；各帶番銀一十四萬餘圓，在廈購買布疋、磁器、桂皮、石條各物。

四十七年二月，夷商郎安敦、牛黎美亞，番梢七十餘名，遭風到廈，貨物蘇木、檳榔、烏木；在廈購買白紙、青白石器、石條、花磚、方磚各物。

四十八年九月，夷商郎萬雷來廈，番梢五十餘名，貨物蘇木、檳榔、呀蘭米、海參、鹿脯；在廈購買布疋、磁器、雨傘、桂皮、紙墨、石條、石磨、藥材、白羯仔。

清・梁廷枏等《粤海關志》卷二三《貢舶三》 （乾隆五十八年）敕諭曰：『英吉利國王知悉**【略】**天朝物産豐盈，無所不有，原不藉外夷貨物以通有無，特因天朝所産茶葉、磁器、絲斤爲西洋各國及爾國必需之物，是以恩加體恤，在澳門開設洋行，俾得日用有資並沾餘潤。』

故宮博物院《清代外交史料（嘉慶朝）》第三册《兩廣總督百齡密奏英國現在情形並預籌控禦辦法片十四年四月初八日》 訪問該夷國公司生意，如鐘錶、呢羽等貨，係我領該國王本錢名為祖家船。又有該國夷商自出資本置買海味食物，均至内地售賣，復由内地置買絲布磁器等物，回國轉售獲利甚厚。

茶葉

清・乾隆敕撰《清文獻通考》卷二九八《四裔考六・南・瑞國》 每春夏之交，其國人以土産黑鉛、粗絨、洋酒、葡萄乾諸物來廣，由虎門入口，易買茶葉、瓷器諸物，至初冬回國。

又 **《嗹國》** 每夏秋之交，由虎門入口，至廣東易買茶葉、瓷器、絲斤。至冬初風信到時，駕船而歸。

清・趙翼《簷曝雜記》卷一《茶葉大黄》 大西洋距中國十萬里，其番舶來，所需中國之物，亦惟茶是急，滿船載歸，則其用且極於西海以外矣。

《清高宗實録》卷一四三五 （乾隆五十八年八月乙亥）又諭，前因嘆咭唎貢使呈出覆信，令其原船先行回國，業將原信發交長麟，轉給該夷官遵照。茲該貢使又稟稱，伊等帶有夷官嗎庚哆嘶一名，因求一同瞻覲，是以帶同前來，但伊系專管船隻之官，若不令其回至船上，恐官役等無人彈壓，欲求令嗎庚哆嘶同一西洋人，作為通事，前往珠山，並欲在浙購買茶葉等物，懇求准令購買等語。【略】至該貢使求在浙省購買茶葉等物，自可准行。著長麟傳知該夷官速行購買，以便料理起身，仍飭地方官傳知各鋪戶，令其公平交易，毋致苛刻，並將所買茶葉等物，已經奉旨加恩免其納税之處，諭知該夷官，令其倍知感激。

又 卷一四三六 （乾隆五十八年九月辛丑）諭軍機大臣曰：松筠奏遵旨傳示該貢使等欣感情形一摺，内稱該貢使向松筠述稱，意欲沿途買物，當經松筠諭以爾等需買茶葉、絲斤，業奉恩旨准在寧波置買，沿途地方貿易商人，向不與外國交易，若欲在途買物，斷不可行等語。所諭甚當。該貢使等見小貪利，實為可笑。松筠遵旨嚴辭阻止，諒不敢再行瀆請。至伊等到定海後，購買茶葉、絲斤等物，必須官為經理，定立價值，公平交易，勿令牙行鋪戶人等經手，致啓奸商勾結等弊。

又 卷一四三八 （乾隆五十八年十月庚午）諭軍機大臣等：據松筠奏，遵旨傳諭該貢使等感激凜畏緣由一摺，據稱貢使等向松筠告稱，前蒙恩准在寧波置買茶葉、絲斤，但我等所帶銀兩無多，現在浙省停泊之船，原系貨船，不知可否將洋貨兑換等語。前因該貢使懇請在寧波置買茶葉、絲斤，原已降旨允准，今該貢使等又以銀兩無多為詞，欲將洋貨在彼兑換，總不知足，實為可鄙。經松筠諭以寧波地方向無洋行，無從交易，應赴澳門、黄埔，將貨物交易，自應如此辦理，並著長麟于到粤時酌量妥辦。浙江向無洋行，亦不值為伊等特調粤省洋行之人，遠赴浙省也。【略】倘伊等因松筠飭諭，不復在彼置辦，即聽其前赴澳門、黄埔購買，更覺省事。若聽其一事，彼又生法求恩不已矣。將此各五百里傳諭知之。

《清仁宗實録》卷三〇〇 （嘉慶十九年十二月戊午）諭軍機大臣等：【略】近來嘆咭唎國護貨兵船，不遵定制，停泊外洋，竟敢駛至虎門，其詭詐情形，甚為叵測。【略】該夷船所販貨物，全藉内地銷售，如呢羽、鐘錶等物，中華盡可不需，而茶葉、土絲在彼國斷不可少，儻一經停止貿易，則其生計立窮。

又 卷三六五 （嘉慶二十四年十二月丙午）諭軍機大臣等：董教增奏閩省廈門洋船請仍販運茶葉一摺，所奏甚屬非是。前此閩浙等省販粤茶葉，多由海道運往，經蔣攸銛以洋面遼闊，漫無稽查，恐有違禁夾帶等弊，奏請仍照舊例，改由内河行走，業經明降諭旨，通行飭禁。自諭禁之後，洋面日見肅清，海口無從偷漏，即黠夷如嘆咭唎，不能串通奸商，私相售買，亦皆遵奉禁令，虔受約束，為法甚善，必應永遠遵行。今董教增忽請准廈門洋船仍販茶葉，則與由海販粤何異？明係受奸商慫恿，冒昧陳請。董教增著傳旨申飭，所奏不准行。將此諭令知之。

《清宣宗實録》卷三〇九 （道光十八年閏四月丙申）諭軍機大臣等：有人奏内地人民不盡皆食鴉片，而茶葉、大黄為外夷盡人必需之物，請酌定價值，祇准以紋銀交易，不准以鴉片及洋貨抵交等語。自鴉片流毒中國，紋銀出洋之數，逐年加增，以致銀貴錢賤，地丁漕糧鹽課，因而交困。若不及早防維，力圖籌復，將以中國有用之財，填海外無窮之壑，於國計民生，大有關係。所奏似屬可行。著鄧廷楨、怡良會同豫堃，揣時度勢，密計熟籌，於復還財用之中，隱寓震懾外夷之意。其各省出產茶葉、大黄地方，應如何稽查轉運，設立票據，歸沿海地方官員兼管，及絲斤出洋一律辦理之處，著即悉心籌畫，妥議章程具奏，不得任聽屬員，率以積重難返為詞，一味因循，阻撓不辦。原摺著鈔給閲看，將此諭知鄧廷楨、怡良並傳諭豫堃知之。

又 卷三一三 （道光十八年八月庚寅）諭内閣：前據御史周頊奏請酌定茶葉、大黄價值，祇准外夷以紋銀交易，並絲斤出洋一律辦理一摺。當降旨令鄧廷楨、怡良會同粤海關監督豫堃，熟籌妥議具奏。茲據該督等奏稱，查通商外夷約有十餘國，若令以紋銀購買茶葉、大黄，則彼轉得藉詞於置貨之外，餘賸銀兩，攜帶出口，是紋銀出洋，從前猶屬巧取，此後竟屬公行。並查向來出口之貨，茶葉、大黄、絲斤，核計價值，居其大半。今以銀購買，則其餘内地之貨與入口之貨，不敷抵兑，夷人餘賸之貨，將無所歸。至欲酌定價值，則出產之區，轉運之路，亦有不齊。若官為定價，偶值歉收價貴之年，必至官價不敷，商本虧折。若由出產地方出立票據，恐徒為不肖官吏增益陋規，商賈轉多擾累。種種窒礙難行，所有該御史原奏，著毋庸議。

清·梁廷枏《夷氛聞記》卷一　英夷狡焉思逞志於內地久矣。**【略】**國朝康熙初，**【略】**許買食內地米石，計口而授。月兩啓放，內貨隨之，得航出大黄、茶葉如故。

清·何秋濤《朔方備乘》卷三七《紀事始末一·俄羅斯互市·恰克圖互市》　其內地商民至恰克圖貿易者，强半皆山西人。由張家口販運烟、茶、緞布、雜貨，前往易换各色皮張氊片等物。**【略】**

（乾隆）二十四年二月，桑齋多爾濟請以茶布易俄羅斯馬。詔如所請。

又《俄羅斯互市雜記》　南界有甲他城，即內地所稱恰克圖。中國與俄羅斯人互市於此，庫倫辦事大臣司其事彼以皮來，我以茶往。

清·周凱等［道光］《廈門志》卷五《船政略·洋船》　雍正六年，廈門正口始設；販夷洋船準載土產茶葉、碗、傘等貨，由海關汛口掛驗出口，販往各番地兑换燕菜、呢羽等物。

又《船政略·番船》（嘉慶）十四年五月，船戶郎棉一、番梢六十名，番銀十四萬圓，貨物海參、蝦米、檳榔、鹿筋、牛皮、玳瑁、紅燕窩、呀囒米、火艾棉；在廈購買布疋、麻線、土茶、冰糖、藥材、雨傘各物。

清·王之春《清朝柔遠記》卷四　（雍正七年）西南洋諸國來互市。**【略】**至是，海禁既弛，諸國咸來互市，粵閩浙商亦以茶葉、瓷器、色紙往市，後並準帶土絲及二蠶胡絲。

又　卷五　甲辰乾隆四十九年（公元一七八四年）米利堅來購茶。**【略】**新國既立，即於十年遣船至中國購茶，是為米利堅來粵互市之始。

進口貨物分部

綜　述

香料與奢侈品

元·陳大震［大德］《南海志》卷七《舶貨》　香貨

沉香 速香 黄熟香 打拍香 暗八香 占城 麗熟 烏香 奇楠木 降香 檀香 戒香 薔薇水 乳香 金顏香

寶物

象牙 犀角 鶴頂 真珠 珊瑚 碧甸子 翠毛 龜筒 玳瑁

元·汪大淵《島夷志略·蘇禄》　地產中等降真條、黄蠟、玳瑁、珍珠，較之沙里八丹、第三港等處所產，此蘇録之珠，色青白而圓，其價甚昂。中國人首飾用之，其色不退，號爲絶品。有徑寸者，其出產之地，大者已值七八百餘錠，中者二三百錠，小者一二十錠。

又《沙里八丹》　地產八丹布，珍珠由第三港來，皆物之所自產業，其地採珠，官抽畢，皆以小舟渡此國互易，富者用金銀以低價塌之。舶至，求售於唐人，其利豈淺鮮哉！

《元史》卷九四《食貨志二·市舶》　於是至元十四年，立市舶司一於泉州，令忙古觪領之。

立市舶司三於慶元、上海、澉浦，令福建安撫使楊發督之。每歲招集舶商，於番邦博易珠翠香貨等物。

（至元二十年）是年十月，忙古觪言，舶船皆以金銀易香木。

明·王圻《續文獻通考》卷三一《市糴考·市舶互市》　（世祖至元）十九年用耿左丞言以鈔易銅錢，令市舶司以錢易海外金珠諸物，仍聽舶戶通販抽分。

清·嵇璜等《續文獻通考》卷二六《市糴考·市舶互市》　（大德）

九年八月，商胡塔齊爾以寶貨來獻，以鈔六萬錠售其直。

《明太祖實録》卷二三一（洪武二十七年正月甲寅）緣海之人往往私下諸番，貿易香貨。

明·鞏珍《西洋番國志·諸番國名·溜山國》 中國寶舡亦一二往彼，收買龍涎香、椰子等物。

又《柯枝國》 名哲地者專收買寶石珍珠香貨，以待中國寶船及各處番舡。珍珍以分數論價，每顆重三分半者，彼處賣金錢一千八百箇，直銀一百兩。珊瑚連枝柯者以斤論價，做成珠者以分論價。哲地多收買珊瑚枝柯，僱匠制造成珠，論分兩賣。

又《阿丹國》 永樂十九年上命太監李充正使，齎詔敕往諭旨。李□到蘇門答剌國，令内官周□□□等駕寶舡三隻往彼。王聞即率大小頭目至海濱迎入，禮甚敬謹。開詔畢仍賜王衣冠。王即諭其國人，凡有寶物俱許出賣。此國買到猫精一塊重二錢許，並大顆珍珠各色鴉鶻等石，珊瑚樹高二尺者數株，枝柯為珠者五櫃，及金珀、薔薇露、麒麟、獅子、花福鹿、金錢豹、駝雞、白鳩之類。

又《天方國》 宣德五年，欽奉朝命開詔，徧諭西海諸番，太監洪保分䑸到古里國，適默伽國有使人來，因擇通事等七人同往，去回一年。買到各色奇貨異寶及麒麟、獅子、駝雞等物，幷畫天堂圖回京奏之。

明·馬歡《瀛涯勝覽·溜山國》 中國寶船一二隻亦往彼處，收買龍涎香、椰子等物。

又《柯枝國》 名稱哲地者，皆是財主，專一收買下。寶石珍珠香貨之類，候中國寶石，船或別國番船客人來買，珍珠以分數論價而賣，且如珠每顆珠重三分半者，賣彼處金錢一千八百個，直銀一百兩。珊瑚枝梗，其哲地論斤重買下，顧倩匠人，剪斷車璇成珠。洗磨光净。亦秤分量而賣。

又《阿丹國》 永樂十九年，欽命正使太監李等，齎詔敕衣冠賜其王酋。到蘇門答剌國，分䑸内官周領駕寶舡數隻往彼，王問其至，即率大小頭目至海濱迎接詔齎賞賜。至王府禮甚恭謹感伏，開讀畢，國王即諭其國人，但有珍寶許令賣易。在彼買得重二錢許大塊。猫睛石、各色鴉姑等異寶，大顆珍珠、珊瑚樹高二尺者數株，又買得珊瑚枝五櫃，金珀、薔薇露、麒麟、獅子、花福鹿、金錢豹、駝鷄、白鳩之類而還。

又《天方國》 宣德五年，欽蒙聖朝差正使太監内官鄭和等往各番國開讀賞賜。分䑸到古里國時。内官太監洪見本國差人往彼，就選差通事等七人，賫帶麝香、磁器等物，附本國船隻到彼。往回一年，買到各色奇貨異寶：麒麟、獅子、駝鷄等物，幷畫天堂圖真本回京。

明·黄省曾《西洋朝貢典録·自序》 西洋之迹，著自鄭和。【略】乃大賫西洋，貿採琛異。【略】由是明月之珠，鴉鶻之石，沉南龍速之香，麟獅孔翠之奇，梅腦薇露之珍，珊瑚瑤琨之美，皆充舶而歸。

又《阿丹國第二十二》 永樂辛丑，正使太監李充等賫詔賜其王奠到冠服。蘇門答剌國分䑸周等領寶船往彼，王率頭目迎入王府甚肅。開讀賞賜畢，王諭國人，有珍寶者許易。

《明英宗實録》卷二八七（天順二年二月戊申）司禮監太監福安奏：【略】永樂、宣德間屢下西洋收買黄金、珍珠、寶石諸物。

《明武宗實録》卷六七（正德五年九月癸未）戶部覆議：兩廣鎮巡官奏謂盜賊連年為亂，軍餉不支，乞將正德三年、四年抽過番貨除貴重若象牙、犀角、鶴頂之類解京，其餘粗重如蘇木等物，估價該銀一萬一千二百有奇，宜變賣留充軍餉。報可。

《明世宗實録》卷五七（嘉靖四年十一月戊午）太監梁棟奏：内府供用金珠寶石缺乏，請下戶部措處。戶部尚書秦金等言，内府供用，例取之各解到折糧折革等項數内，其金止雲南年例一千兩，急缺則該部量為辦用。今朝廷經費多端，太倉所餘無幾，此外別無區處，乞行催各省應之數。至於珠石原非中土所產，祖宗朝俱有内藏，皇上躬行節檢，必不以此玩好之具，勞民動衆，矧廣東、雲南等處災異頻仍，一聞採取，民何以堪。上不允，令照先年事例採買。

明·陳懋仁《泉南雜誌》卷上 泉州市舶稅課云，香之所產，以占城賓達儂為上。沈香在三佛齊，名藥沉。眞臘名香沉，實則皆不及占城渤泥。有梅花腦、金脚腦，又有水札腦，登流眉，有薔薇水，占城賓達儂三佛齊、眞臘、渤泥、登流眉，皆諸番名。

明·嚴從簡《殊域周咨録》卷八《暹羅》 嘉靖元年，暹羅及占城等夷各海船番貨至廣東，未行報稅，市泊司太監牛榮與家人蔣義山、黄麟等私收買蘇木、胡椒幷乳香、白鑞等貨，裝至南京。

明·何喬遠《閩書》卷三八《風俗志》 海澄，有番船之饒，行者入海，居者附貲。【略】

犀象、瑇瑁、胡椒、蘇木、沈檀之屬，麕然而至。

明·周嘉胄《香乘》卷二五《獵香新譜·兩朝取龍涎香》 自嘉靖至今，夷舶聞上供，稍稍以龍涎來市，始定買解事例，每兩價百金。然得此甚難。

明·張燮《東西洋考》卷七《餉稅考·陸餉》 萬曆四十三年，恩詔量減各處稅銀。【略】抽稅見行則例：

胡椒，每百斤稅銀二錢一分六釐。蘇木，西洋每百斤稅銀四分三釐，東洋每百斤稅銀二分一釐。檀香，成器者每百斤稅銀四錢三分二釐，不成器者每百斤稅銀二錢七釐。奇楠香，每斤稅銀二錢四分二釐。【略】沈香，每十斤稅銀一錢三分八釐。没藥，每百斤稅銀二錢七分六釐。【略】肉豆蔻，每百斤稅銀四分三釐。【略】烏木，每百斤稅銀一分五釐。【略】降香，每百斤稅銀三分四釐。白豆蔻，每百斤稅銀一分二錢一釐。血碣，每百斤稅銀三錢四分六釐。【略】束香，每百斤稅銀一錢八分一釐。乳香。每百斤稅銀一錢七分三釐、木香，每百斤稅銀一錢五分五釐。【略】丁香，每百斤稅銀一錢五分五釐。蘇合油，每十斤稅銀八分六釐。安息，每百斤稅銀一錢四釐。象牙，成器者每百斤稅銀八錢六分四釐，不成器者每百斤稅銀四錢三分二釐。【略】犀角，每十斤花白成器者稅銀二錢九分四釐，烏黑不成器者稅銀一錢四釐。【略】玳瑁，每百斤稅銀五錢一分八釐。【略】番金，每兩稅銀四分三釐。【略】龜筒，每百斤稅銀一錢七分三釐。

《明史》卷三二三《外國傳四·美洛居》 東洋不產丁香，獨此地有之，可以辟邪，故華人多市場。

又 卷三二四《外國傳五·暹羅》 （洪武二十年）時温州有民市共沉香諸物者，所司坐以通番，常棄市。帝曰：『温州乃暹羅必經之地，因其往來而市之，非通番也。』乃獲宥。

明·顧炎武《天下郡國利病書·交阯西南夷備録·蘇門答剌國》 嘉靖二十四年三月，司礼監傳奉聖諭：『你部裏作速訪賣沉香一千紫色降真香三千龍涎香一百斤，即日來用。』就令在京訪買，已淂沉香、降香進訖，尚有能涎香出示，京城採買未得，奏行浙江等十三省及各沿海番舶等處收買。

又《佛郎機國》 西洋交易多用廣貨，回易胡椒等物。其貴細者，往往滿舶，若暹羅產蘇木，地悶產檀香，其餘香貨，各國皆有之。【略】成化、弘治之世，貢獻至者日夥，有司惟容其番使入見，餘皆留停于驛，往來設燕管待，方許入城。衣服詭異，亦有帽金珠、衣朝霞者，老稚咸競觀之。椒木、銅鼓、戒指、寶石溢于庫，市番貨甚賤，貧民承令博買，多致富。

清·杜臻《粵閩巡視紀略》卷二 今嶴門諸彝。【略】故事，彼國洋船到布政司驗票，收入其物胡椒、蘇木、哆囉呢、洋酒。其來嘗以盛暑，其去嘗以臘底，因風便也。【略】

（市舶司）明初復設，凡東洋交市多用絲紵回易鶴頂等物，西洋交市多用川廣貨回易胡椒等物。沉香有黄沉、烏角沉，至貴有蠟沉，惟奇南木乃沉之生結者。犀角有烏犀、花犀、通天犀，至貴有復通犀。

清·愛新覺羅·胤禛《世宗憲皇帝硃批諭旨》卷七之二《硃批孔毓珣奏摺》 （雍正三年九月初九日）又奏為奏明到粵外國洋船事。竊照本年【略】七月十七日，到暎咭唎國洋船一隻、噶沙國洋船一隻、咖喇吧國洋船一隻，所載胡椒、蘇木、檀香等貨。七月十八日，到嗎吧喇斯國洋船一隻。二十八日，到暎咭唎國洋船二隻，所載係胡椒、檀香、黑鉛、番錢等貨。以上六、七月，共到外國洋船十隻，俱灣泊黄埔地方，委員彈壓稽查，不許内地閒雜人等，擅入夷船生事，併嚴飭牙行通事人等，貿易貨物公平交易，務在年内乘風信，盡令開發歸國所有到粵外國洋船數目，理合奏報。臣謹奏。

知道了。嚴加約束稽查，不可仍令沿襲故套。

清·趙翼《簷曝雜記》卷四《廣東珠價》 廣東珠價初未嘗貴，自某巡撫收買，於是價日增。而珠之來自外洋者，亦無所不有。有蠔、蚌二種：蠔珠有底稍平，狀如饅頭，而色微赤；蚌珠則有極圓者，光潔白可愛，然圓者亦不易得也。品珠先論形體，稍有欹側及皺紋，弗貴也。珠又多疵。體或圓矣，而有一、二點黄暈，又珠之累也。圓而無疵矣，又須有精光，乃為上品。或因有微疵，而稍加磨治，則光閃爍不定矣。余嘗見一顆重三錢，大如龍眼，果惜有黄暈如豆許，然已索價萬金，若無疵，雖二萬金不得也。數珠亦用此莊嚴。數珠一百八粒，或用碧霞洗，或用珊瑚及青金石、伽倆香之類，價不過三、四千金。其旁有記念三掛，掛各十顆，以珠為之，每顆重四、五分，欲取其形體光彩一樣相同者，須於數百顆中選配始成。大約重四分者，以四、五千金為率；重五分者，以六、七千金為率。此記念也。記念之末，又有小垂角，須體長而上鋭下圓者。每顆重六、七分，則價七、八百金，重八分以上，則千金矣。三垂角又以三千金為率。而數珠之後，又有一絲縧懸於背者，中爲背雲，下為大垂角。背雲徑二寸，非一珠可滿也，則中嵌一大珠，重六、七分者，價率二千金，旁嵌四珠，重五、六分者，價亦如之。大垂角亦珠也，其形亦上鋭下圓，而重須二錢以外始相稱，則索價不貲，率五、六千金矣。又有佛頭四顆，間於百八珠之間，則以碧霞洗及珊瑚之類為之，大者亦須二千金。總計數珠一掛，必三萬餘金始完善。而珠之形，又有天然奇巧者：或為葫蘆形，或如膽瓶狀。此又偶然一遇，欲求成對，雖數年不得。余在廣一年，所見珠頗多，然置之暗中絶無光。不知古所謂夜明珠者，又何物也。

又《緬甸安南出銀》　銀本出内地，如五代時五臺山僧繼顒以採銀佐北漢之類，宋以前不取於邊地也。今内地諸山有銀礦處俱取盡，故採至滇徼。然滇中惟樂馬廠歲出銀數萬而已，他皆恃外番來。粤、閩二省用銀錢，悉海南諸番載來貿易者。滇邊外則有緬屬之大山廠，粤西邊外則有安南之宋星廠，銀礦皆極旺。而彼地人不習烹鍊法，故聽中國人往採，彼特設官收税而已。大山廠多江西、湖廣人，宋星廠多廣東人。大山自與緬甸交兵後，廠丁已散，無復往採者。明將軍曾過其地。老廠、新廠兩處民居遺址，各長數里，皆舊時江、楚人所居。採銀者，歲常有四萬人。人歲獲利三、四十金，則歲常有一百餘萬賫回内地。當緬酋攻廠時，各廠丁曾馳禀滇督，謂只須遣官兵三千，來助聲勢，則廠丁四萬自能禦敵。時滇督恐啓封疆釁，遂不果。宋星廠距余所守鎮安郡，僅六日程。鎮安土民最懦鈍無用矣，然一肩挑針線鞋布諸物往，輒倍獲而歸。其所得銀，皆製鐲貫於手，以便攜帶，故鎮郡多鐲銀，而其大夥多由太平府之龍州出口。時有相殺事，恃人衆則擇最旺之山踞之，別有糾夥更衆者則又來奪占，以是攻剽無寧歲。安南第主收税，不問相殺事也。有一黄姓者，廣東嘉應州人，在廠滋事，由安南國王牒解廣督。余訊以所得幾何，而在外國滋事如此。渠對云：『利實不貲。礦旺處，畫山僅六尺，只許直進，不許旁及。先索僦直六百金，始聽採，卽有人立以六百金僦之。則其利可知也。』

《清高宗實録》卷一九九　（乾隆八年八月己卯）浙江巡撫常安奏：慈溪縣民邵士奇，飄依蘇禄國已久，彼國主授以甲必丹之職，因有請貢之舉，交付邵士奇燕窩、珍珠等貨，共計銀三千七百餘兩，令先赴蘇杭貨賣。邵士奇竟將各貨變銀，捲逃回籍。貢使懇求究追，現在審訊邵士奇銀兩多已花費，臣即將司庫程費銀内動支，照數交明正使馬光明等攜回，並將聖恩宣揚，諭明該國王。至邵士奇貨銀，容陸續追出還項。得旨：此事汝所辦甚屬可嘉，知道了。

又　卷七一〇　（乾隆二十九年五月壬子）又諭：向來粤海關官辦年貢，不過尋常西洋物件，今端陽節貢，乃買有珍珠紀念等項，並非精好，價浮於物，而一經購覓，行商徒藉此居奇，或猶以為抑勒官買，似此無益之事，蘇昌不應為，著飭行。嗣後不必置辦，並將此傳諭方體浴知之。

又　卷一〇三一　（乾隆四十二年四月戊午）諭軍機大臣曰：【略】兹悉心體訪，緬地物產，棉花頗多，次則碧霞玒、翡翠玉，近年以來，彼處玉石等物，雲南、廣東二省售賣頗多，皆由内地每差土人擺夷出關偵探，兵役因見官差要務，於隨身行李搜檢未嚴，夾帶勢所不免。

又　卷一二〇一　（乾隆四十九年三月甲寅）又諭曰：留京辦事王大臣議覆福康安、舒常等籌酌粤省洋行事宜一摺，内稱該督撫及監督等土貢内，購買洋貨鐘錶等物，務令洋行各商公同定價。又洋貨内珍珠、寶石等項，抽税易於偷漏，應令新任總督監督等悉心籌酌，以期永久無弊等語。國家撫恤外洋，不貴異物，每歲番民與内地洋行交易貨物，俾霑利益，原所體恤商夷。至洋貨内鐘錶等物，不過備驗時刻，向來粤海關原有官買之例，而廣東督撫、監督等往往于土貢内亦有呈進者。今内務府造辦處，皆所優為，更無事外洋購覓，既經查明，自應嚴諭裁禁。嗣後督撫等於鐘錶一項，永遠不准再行呈進。至珍珠、寶石等項，原無需用之處，向來海關抽税，亦屬無多。況此等物件，本難定價，易至居奇，且便於攜帶藏匿，勢難保無偷漏分肥，否則過於吹求。若設法嚴禁，逐項搜查，實屬不成事體。現在京師及各處關隘商稅則例內，本無此項稅課，不如聽商人等自行交易，免其收稅，則諸弊悉清，更無庸多為防範。嗣後粵海關珍珠、寶石，概不准徵收稅課，著為令。

清·梁廷枏等《粵海關志》卷二一《貢舶一》 乾隆四十六年正月，暹羅國長鄭昭遣使臣朗丕彩悉呢霞、握撫突等二人入貢。【略】得旨：【略】所貢之物，賞收象一隻，犀角一擔，其象牙、洋錫、籐黄、胡椒、蘇木，准其在廣省自行變價，併壓艙貨物一體免稅。

大米

明·張燮《東西洋考》卷七《餉稅考·陸餉》 萬曆四十三年，恩詔量減各處稅銀。【略】貨物抽稅見行則例：【略】番米，每石稅銀一分。【略】紅花米，每百斤稅銀二錢。【略】萬曆四十五年，督餉通判王起宗呈洋番舶載米回港，徵稅如西國米例。詳文略曰：【略】即今盤驗數船除物貨外，每船載米或二三百石，或五六百石。又有麻里呂船商陳華，滿船載米，不由盤驗，竟自發賣。問其稅，則曰：『規則所不載也。』訪其價，則又夷地之至賤也。夫陸餉照貨科算，船盈則貨多，貨多則餉足，今不載貨而載米，米不徵餉，不費而獲厚利，孰肯載貨而輸餉乎？誠恐貪夫徇利後，不載貨而載米，國課日以虧也。查規則內番米每石稅銀一分二釐，今此米獨非番地來者乎？今後各商船內有載米五十石者，準作食米免科。凡五十石外，或照番米規則，或量減科徵，庶輸納惟均，而國餉亦少補也。

明·沈國元《兩朝從信錄》卷二〇 （天啓三年十二月）晁關大捷。平遼東總兵毛文龍塘報：【略】先是蒙解到銀一萬兩，除將五千五百兩給賞前功，餘盡付差官李華先賫往朝鮮買米接濟，後復備布權賞。

《清聖祖實録》卷二九八 （康熙六十一年八月壬戌）又諭曰：暹羅國人言其地米甚饒裕，價值亦賤，二三錢銀即可買稻米一石。朕諭以爾等米既甚多，可將米三十萬石分運至福建、廣東、寧波等處販賣。彼若果能運至，與地方甚有裨益。此三十萬石米係官運，不必取稅。

《清世宗實録》卷二五 （雍正二年十月己亥）廣東巡撫年希堯奏報：暹羅國王入貢稻種、果樹等物，應令進獻，並運米來廣貨賣。【略】得旨：暹羅國王不憚險遠，進獻稻種、果樹等物，最為恭順，殊屬可嘉，應加獎賚。其運來米石，令地方官照粵省見在時價，速行發賣，不許行戶任意低昂，如賤買貴賣，甚非朕體恤小國之意。嗣後且令暫停，俟有需米之處，候旨遵行。其壓船隨帶貨物，一概免徵稅銀。

又 卷五四 （雍正五年三月辛丑）兵部議覆：福建總督高其倬疏言，閩省福、興、漳、泉、汀五府，地狹人稠，自平定臺灣以來，生齒日增，本地所產不敷食用，惟開洋一途，藉貿易之贏餘，佐耕耘之不足，貧富均有裨益。從前暫議禁止，或慮盜米出洋，查外國皆產米之地，不藉資於中國，且洋盜多在沿海直洋，而商船皆在橫洋，道路並不相同。又慮有逗漏消息之處，現今外國之船許至中國，廣東之船許至外國，彼來此往，歷年守法安靜。又慮有私販船料之事，外國船大，中國船小，所有板片桅柁，不足資彼處之用。應請復開洋禁，以惠商民，並令出洋之船，酌量帶米回閩，實為便益。應如所請，令該督詳立規條，嚴加防範。從之。

又 卷六六 （雍正六年二月壬辰）禮部議覆：福建巡撫常賚疏言，暹羅國王誠心向化，遣該國夷商運載米石貨物，直達廈門，請聽其在廈發賣，照例徵稅，委員監督。嗣後暹羅運米商船，來至福建、廣東、浙江者，請照此一體遵行。應如所請。得旨：依議。米穀不必上稅，著為例。

又 卷七四 （雍正六年十月己卯）戶部議覆：福建總督高其倬遵旨議奏，洋船出入海口，必按定期限，方易稽查。【略】至每船應酌帶米石，暹羅大船三百石，中船二百石；噶喇巴大船二百五十石，中船二百石；呂宋等處大船二百石，中船一百石；埭仔等處，中船各一百石。如有偷漏，以接濟外洋例論罪。

又 卷八一 （雍正七年五月辛酉）兵部議覆：浙江總督李衛疏言，內地商民船隻，向例禁止出洋，嗣因閩省產米，不敷食用，准督臣高其倬奏，令該省與南洋貿易，他省仍行禁止。但查浙江洋面，接連閩省，恐奸商趨利，冒險前往，而沿途洋汛，以非閩船，反致稽查不及。請照閩省准其一體貿易，其洋船向無買米裝回之事，仍循舊例，毋庸與閩省相同。應如所請。從之。

又 卷八二 （雍正七年六月庚子）禮部議覆：廣東總督孔毓珣疏言，暹羅載米船隻，因風飄泊廣東，已飭各屬加意撫恤，其撈回壓艙貨物，仍請准其輸稅發賣。得旨：暹羅載米船隻既遭風飄泊廣東，其壓艙貨物，著免其輸税。

清・來保等《清會典則例》卷一一四《兵部・職方清吏司・海禁》

（雍正三年）又覆準：福建産米無多，往販外番船，酌定帶回米以資民食。往暹羅者，大船帶米三百石，中船帶米二百石；噶喇巴，大船帶米二百五十石，中船帶米二百石；呂宋、柬埔寨、馬辰、柔桑四處，大船各帶米二百石，中船各帶米百石；埭仔、六坤、安南、宋居朥、丁家盧、宿霧、蘇禄七處，中船各帶米百石。於入口時將數目驗明，若有多餘，一并造報，均聽照時價發賣。如不足數，及有偷漏情弊，照接濟姦匪例治罪。

清・乾隆敕撰《清文獻通考》卷三三《市糴考・市舶互市》（康熙）六十一年，詔暹羅國分運米石，至福建、廣東、寧波等處販賣。【略】

（乾隆）十八年議定商船赴暹羅國買米之例。先是，十六年奉諭旨：朕閲潘思榘摺内稱，本年六月内收入厦口暹羅商船一隻，買回米四千石等語。閩浙各處現在需米孔殷，若官為辦理，豈不於民食更有裨益，但慮官辦或致外人多疑，或聞内地官為購覓，即乘勢居奇，多方措勒，必致價值日益昂貴，并使商船來往亦不能隨便攜帶。著傳諭喀爾吉善、潘思榘，令其會同酌量，若無此慮，可於暹羅等國産米之處官為購運，或先行試買，看其嗣後可以源源接濟，不致啓番人措勒之弊，抑或應仍聽商人陸續運帶，一一詳籌奏聞。尋總督喀爾吉善等言：該國地土廣不過百餘里，戸口無幾，每年餘米有無多寡，並無一定，官赴採買，番情趨利如鶩，難免居奇昂價，止宜聽商自行買運，尚可資其緩急，官為購運未便舉行。得旨俞允。至是，喀爾吉善復言：暹羅地方近年雖有商船帶回米石，於民食不無裨濟，但欲採買補倉，勢須委員領帑前往買運，若向商船招買過洋之米，止可隨到隨糶，不能日久貯倉。今復加籌酌，與其官買補倉，不如仍聽商販帶運，隨其多寡，皆足有濟民食。從之。嗣自乾隆十九年以後，該督等將節年南洋回厦各商船入口帶運米石奏請就厦糶賣，分散漳、泉二郡，接濟民食，并運米之商人酌量議敘。經部議行，令照依時價出糶，仍不時巡察，勿使奸民囤積射利，有妨民食。凡内地商民有自備資本，領照赴暹羅等國運米回閩糶濟，數至二千石以上者，按數分別生監、民人，賞給職銜頂帶。

《清高宗實録》卷一七六（乾隆七年十月庚寅）王大臣等議覆：【略】其洋船進口帶米一節，既據江廣閩浙督撫等查明，或經奏准聽從商便，或食米餘剩，糶賣多寡不一，或向無買米裝回，應令各該督撫等遵照原議辦理。【略】從之。

又 卷二〇〇（乾隆八年九月甲申）又諭：朕軫念民艱，以米糧為民食根本，是以各關米税，概行蠲免，其餘貨物，照例徵收。至於外洋商人，有航海運米至内地者，尤當格外加恩，方副朕懷遠之意。上年九月間，暹羅商人運米至閩，朕曾降旨免徵船貨税銀，聞今歲仍復帶米來閩貿易，似此源源而來，其加恩之處，自當著為常例。著自乾隆八年為始，嗣後凡遇外洋貨船，來閩粤等省貿易，帶米一萬石以上者，著免其船貨税銀十分之五，帶米五千石以上者，免其船貨税銀十分之三。其米聽照市價公平發糶，若民間米多，不須糶買，即著官為收買，以補常、社等倉，或散給沿海各標營兵糧之用，俾外洋商人得沾實惠，不致有糶賣之艱。該部即行文該督撫將軍，並宣諭該國王知之。

又 卷二〇四（乾隆八年十一月辛巳）諭軍機大臣等：前因暹羅國商人連年帶米來閩，朕曾降旨免徵船貨税銀，並令嗣後凡外洋商民運米至内地者，酌量米石多寡，分別免税，著為常例。蓋外洋果有餘米，運來内地貿易，於沿海各處民食，自不無裨益，加恩免税，所以嘉惠遠商，亦為内地民食計也。

又 卷二七五（乾隆十一年九月戊午）諭：據福州將軍兼管閩海關事務新柱奏報，本年七月内，有暹羅國商人方永利一船，載米四千三百石零，又蔡文浩一船，載米三千八百石零，並各帶有蘇木鉛錫等貨，先後進口。查該番船所載米石，皆不足五千之數，所有船貨税銀，未便援例寬免等語。該番等航海運米遠來，慕義可嘉，雖運米不足五千之數，著加恩免其船貨税銀十分之二，以示優恤。該部即行文該將軍知之。

又 卷二八五（乾隆十二年二月丙戌）大學士等議覆：福建巡撫陳大受奏稱，暹羅産米甚多，向例原准貿易，向來獲利甚微，興販者少。今商人等探聽暹羅木料甚賤，易於造船，自乾隆九年以來，買米造船運回者，源源接濟，較該國商人自來者尤便，但無牌照可憑，稽查未為嚴密，且恐守口兵役，藉端索詐，致阻商民急公之念，應請給牌照，以便關津查驗。其無米載回，只造船載貨歸者，應倍罰船税示儆。均應如所請。從之。

又　卷四二四　（乾隆十七年十月己亥）又諭：阿里衮奏稱，本港洋船載米回粤，請照外洋船隻之例，一體減免貨税等語。外洋貨船隨帶米石，至閩粤等省貿易，前經降旨，萬石以上，免其貨税十分之五，五千石以上，免其貨税十分之三，原因閩粤米價昂貴，以示招徠之意。若内地商人載回米石，伊等權衡子母，必有餘利可圖，若又降旨將船貨照例減税，設一商所載，貨可值數十萬，而以帶米五千石故，遂得概免貨税十分之三，轉滋偷漏隱匿情弊，殊非設關本意。至上年新柱在粤，因米價未平，出示曉諭，乃隨時酌量辦理之事，豈可援以為例耶？著傳諭阿里衮知之。

又　卷六八七　（乾隆二十八年五月癸未）户部等議准：兩廣總督楊應琚疏稱，南海縣民蔡陳、江琛、監生黄錫璉，由咖喇吧、暹羅等國運米二千餘石回粤，糶濟民食，請給從九品職銜吏目頂戴，以示鼓勵。從之。

《清宣宗實録》卷二四四　（道光十三年十月甲辰）以廣東省城被水，糧價增昂，撥司庫銀採買廣西米石，並購洋米平糶，免各關津米税。

清・王慶雲《石渠餘紀》卷六《紀海舶米糧》　市舶之設，利一而害十。所謂利者，非課税之謂，米糧是也。康熙初，即禁江浙販米出洋，四十七年，僉都御史勞之辨請撤海關，一槩不許商船往來，以絶私販。然海禁已開，不可驟止。部議：第令各海口稽查食米外，多帶至五十石以上者入官。六十一年，暹羅國人言地饒稻米一石直銀二、三錢，諭令販運三十萬石，於閩粤寧波免其税。雍正二年，米至粤，得旨：暹羅國王不憚險遠，進獻稻種、果樹，恭順可嘉。令地方官照時價發買，特免壓船貨税，其後至各省免米税如例。時以閩浙産米不敷，弛南洋之禁，令民得往貿易。十三年，吕宋麥收歉，薄載穀至閩，易麥提督王郡以聞許之。乾隆八年，定外洋運米貿易者，萬石以上免貨税十之五，五千石以上免十之三，時運三四千石者亦得邀免。並諭：以若民間米多，即官爲收買，以補常社各倉或散給兵糧，俾洋商得沾實惠並宣諭該國王知之。十三年，令商人暹羅買米得造船運回，巡撫陳大受言：該國木料甚賤，十六年以購運洋米，官商孰便？詢疆臣，督臣喀爾吉善奏：暹羅土地廣不過百餘里，産米並無一定。官赴采買難免居奇。十八年，復言過洋之米不能日久貯倉，不如聽商采買。隨其多寡皆足有濟民食。次年，定運米二千石以上分别議敍之例。蓋海濱斥鹵開禁之後，商漁生聚日蕃，往往待哺於賈舶，兹故於市舶之外别爲篇。

清・梁廷枏等《粤海關志》卷二一《貢舶一・會驗暹羅國貢物儀注》　雍正四年，覆准暹羅國前經奉旨，暫停運米，所差探貢二船，帶有米石貨物，伊等由該國起行，尚在未奉旨之先既已涉險遠來，聽其就近發買，俟風訊回國。

棉花

明・張燮《東西洋考》卷七《餉税考・陸餉》　萬曆十七年，提督軍門周揚允陸餉貨物抽税則例：【略】子綿，每百斤税銀四分。【略】貨物抽税見行則例：【略】子綿，每百斤税銀三分四釐。【略】别有貨物，先年無開載者，今依時估附記於後：【略】西洋布，每匹税銀一分七釐。東京烏布，每匹税銀二分。

《清高宗實録》卷一〇三一　（乾隆四十二年四月戊午）諭軍機大臣曰：李侍堯奏，籌辦緬甸邊務情形。【略】兹悉心體訪，緬地物産，棉花頗多。【略】至棉花一項，臣在粤省時，見近年外洋脚船進口，全載棉花，頗為行商之累。【略】今到滇後，聞緬匪之晏共、羊翁等處，為洋船收泊交易之所，是緬地棉花，悉從海道帶運。

又　卷一三五一　（乾隆五十五年三月乙巳）諭軍機大臣等：據富綱等奏，緬甸國長孟隕差親信頭目便居末駝等齎送金葉表文，貢品象只，叩祝萬壽。【略】並據該國長懇請敕賞封號，管理阿瓦地方，求開騰越關禁，俾通市易等語。【略】該國自禁止通商以來，需用中國物件，無從購覓，而該國所産棉花等物，亦不能進關銷售。今既納贐稱藩，列於屬國，應准其照舊開關通市，以資遠夷生計。【略】著傳諭該督等，一面照會孟隕，以該國懇請開關，業經代奏，欽奉大皇帝恩旨准行，即一面飭知沿邊官員，定期開關市易，以示嘉惠遠人之意。

《清宣宗實録》卷五四　（道光三年七月戊寅）又諭：明山奏體察

滇省地方情形，分別辦理一摺。【略】其查禁私鉛一條，滇省河口地方販賣之鉛，係通商白鉛，例准行銷，非銅鐵黑鉛可比。該處與交阯久經通關，且交阯內附，恭順有素，自應仍准售給交商，抵換棉花布匹等物，以示懷柔。

毛織品

元・陳大震［大德］《南海志》卷七《舶貨》　剪絨單　剪毛單

明・張燮《東西洋考》卷七《餉税考・陸餉》　萬曆十七年，提督軍門周揚允陸餉貨物抽税則例：【略】鎖服，每匹紅者税銀一錢六分，餘色税銀一錢。【略】萬曆四十三年，恩詔量減各處税銀。【略】貨物抽税見行則例：【略】鎖服，每匹紅者税銀一錢三分八釐，餘色税銀八分六釐。【略】別有貨物，先年無開載者，今依時估附記於後：哆羅嗹，每匹紅色税銀五錢一分九釐，餘色每匹三錢四分六釐。

明・王臨亨《粵劍編》卷三《志外夷》　天鵝絨、瑣袱，皆產自西洋，會城人效之，天鵝絨贋者亦足亂真，瑣袱真僞不啻霄壤。

《明清史料己編》第六本《刑部殘題本》　康熙陸年，【略】其總督差去時同徐忠、潘鼎臣到澳門去向鬼子等將哆囉絨、伽楠香、珊瑚樹等物，折銀柒千兩要了，交與潘鼎臣送與總督。【略】

還有總督的大管家師泰，旗鼓陳勳宇、官商程之復、李之鳳，都是往澳門裏去的。這四個人裝的都是檀香、胡椒、珍珠、珊瑚、牛黄、冰片、翠毛、多羅絨這些好貨。

清・郝玉麟等［雍正］《廣東通志》卷六四《雜事志・澳門》　凡内地所用犀象、香珀、哆囉、嗶吱、羽緞、羽紗、蘇木、椒檀、玻瓈種種洋物，皆與之互市。

《清高宗實録》卷五九三　（乾隆二十四年七月甲戌）又諭、據李侍堯奏：李永標在監督任內，尚無因官辦克扣，及自買貨物，全不酬價之事。惟訪聞該家人每遇洋船進口，置買絨呢羽紗等項，順帶至京售賣，以圖重利，而此地又不以實價給發，各行未免賠累。

《清宣宗實録》卷一九一　（道光十一年六月乙巳）諭軍機大臣等：前因有人陳奏，廣東貿易夷人日增桀驁，嘆咭唎動違禁令各款。【略】該國夷商並各國夷商亦皆歸怨，因所帶羽毛大呢等貨，不能即時起卸，致經潮濕，半多蟲蛀，虧折本錢。

又　卷二五二　（道光十四年五月丙戌）諭軍機大臣等：有人奏，近聞嘆咭唎國大船終歲在零丁洋及大嶼山等處停泊，名曰躉船。【略】各洋呢羽等貨，税課較重，亦多由躉船私行售買等語。

清・何秋濤《朔方備乘》卷五一《考訂諸書十一・考訂俄羅斯國總記》　中國恰克圖城爲俄羅斯與中國互市之所，以皮貨、呢絨、玻璃易中國茶葉、大黄、磁器、絲髮、棉花、煙葉。磁器每年交易約值二三十萬棒。

清・梁廷枏等《粵海關志》卷二三《貢舶三・嘆咭唎》　嘉慶九年十二月，總督倭什布等會奏：言嘆咭唎國王表稱，與咈囒哂國爭鬭，及咈囒哂國有著人到中國謠言疏間等語。【略】總督那彦成、監督延豐奏言：『臣等欽遵諭旨，傳諭夷目，諭以該國王呈進表貢，業荷大皇帝賞收，併諭以大皇帝君臨萬國，恩被四表，無論內地、外夷均係大皇帝百姓，即如汝國鐘表、大呢、羽毛等物，原非中國必需之物，所以准汝國貿易通商者，皆出大皇帝垂憐外夷子民，一視同仁之恩。』

毛　皮

元・陳大震［大德］《南海志》卷七《舶貨》　皮貨　沙魚皮　皮蓆　皮枕頭　七鱗皮

明・張燮《東西洋考》卷七《餉税考・陸餉》　萬曆十七年，提督軍門周洋允陸餉貨物抽税則例：【略】鹿皮，每百張税銀八分。【略】牛皮，每十張税銀四分。【略】虎豹皮，每十張税銀四分。【略】沙魚皮，每百斤税銀六分八釐。【略】獐皮，每百張税銀六分。獺皮，每十張税銀六分。【略】

馬尾，每百斤税銀一錢。【略】錦魴魚皮，每百張税銀四分。【略】貨物抽税見行則例：【略】鹿皮，每百張税銀六分九釐。【略】孔雀尾，每千枝税銀二分七釐。【略】牛皮，每百張税銀三錢四分六釐。【略】虎豹皮，每百張税銀三錢四分六釐。【略】沙魚皮，每百張税銀五分九釐。【略】獐皮，每百張税銀五分二釐。獺皮，每百張税銀五分二釐。

【略】馬尾，每百斤稅銀九分。【略】錦魴魚皮，每百張稅銀三分四釐。【略】別有貨物，先年無開載者，今依時估附記於後：【略】犀牛皮，每百斤稅銀一錢。馬皮，每百張稅銀三錢四分六釐。蛇皮，每百張稅銀二錢。猿皮，每百張稅銀一錢。翠鳥皮，四十稅銀五分。

清·傅恆等《平定準噶爾方略正編》卷六八　乾隆二十四年二月丙辰，議購買俄羅斯馬匹事宜。喀爾喀親王桑寨多爾濟奏言，查內地商民於恰克圖購買俄羅斯皮張等物。

《清高宗實録》卷一三六七　（乾隆五十五年十一月）乙巳。諭軍機大臣曰：【略】朕聞外洋夷地與俄羅斯相連，近年俄羅斯因未通貿易，北邊一帶稽查嚴緊，私將海龍、黑狐等項皮張貨物，由洋船販至廣東售賣，恐該關稅課充盈，或由於此。俄羅斯需用內地大黃、茶葉等物，刻不可離，若私販皮貨至粵，自必易換該國必需之物，透漏出洋。是名為閉關，仍不能全行禁絶。著傳諭福康安等，於粵海關洋船進口時，嚴密稽查，有無前項情弊，如販有海龍等物，務須嚴行查禁，毋任稍有偷越，亦不得因稽查違禁貨物，遂將稅銀短少也。

又　卷一四〇一　（乾隆五十七年四月庚申）戶部議准：署兩廣總督郭世勳奏稱，內地大黃為西洋各國治病要藥，前因不准俄羅斯通市，每年每國販買不許過五百斤。現在已准俄羅斯通市，該處洋商呈請照前買運，不必限以五百斤之數，其海龍、黑狐皮張，並准進口售賣。從之。

清·何秋濤《朔方備乘》卷三七《紀事始末一·俄羅斯互市雜記》　惟皮貨專售中國。【略】最珍貴者，皮貨如狐、貂、海龍、駱駝絨、洋灰鼠之類。專以供中國之用。入海船而載至中國，計無不朽敗者。通市之在陸而不由海，職是故也。【略】自亞細亞極東北至亞墨利加海中，各島稱亞律羣島，迤南接日本各島稱，古利羣島，皆產皮。俄羅斯船往來收皮，鬻於中國。【略】俄羅斯西土海東波蘭及高加索三部地之所產者，五穀之外，麻與皮爲多麻織帆布，售於各國，皮轉售於中國。

北亞墨利加、英吉利屬部，【略】英人窮險極幽，獵野獸而取其皮。貂鼠、騷鼠、洋灰鼠、海龍、海駝之屬，皆有之所得之。皮由俄羅斯轉鬻中國。

礦產品

《明太祖實録》卷一〇五　（洪武九年）夏四月甲申朔，刑部侍郎李浩還自琉球，市馬四十匹，硫黃五千斤。

明·張燮《東西洋考》卷七《餉稅考·陸餉》　萬曆十七年，提督軍門周洋允陸餉貨物抽稅則例：【略】黑鉛，每百斤稅銀五分。番錫，每百斤稅銀一錢六分。【略】礦土，每百斤稅銀一分。【略】錢銅，每百斤稅銀五分。萬曆四十三年，恩詔量減各處稅銀。【略】貨物抽稅見行則例：【略】番錫，每百斤稅銀一錢三分八釐。【略】礦土，每百斤稅銀九釐。【略】錢銅，每百斤稅銀四分三釐。【略】別有貨物，先年無開載者，今依時估附記於後：【略】紅銅，每百斤稅銀一錢五分五釐。爛銅，每百斤稅銀八分七釐。

清·乾隆敕撰《清文獻通考》卷一六《錢幣考四》　臣等謹按：海外諸國多產銅錫，銅斤來自東洋，其出入由江浙海口，皆江浙商人出洋採辦，官為給照，歲有常額。點錫來自南洋，自內地商人販運之外，復有外國夷商及附居澳門之西洋夷商載運進口，各隨市舶之便，無一定之期與一定之額也。凡南洋互市之地，若噶喇吧、呂宋諸島，不下數十國，其水程近者或數十更，遠者至二三百更不等。自康熙二十三年始開海禁，五十六年復禁往南洋，惟聽各國夷船自來。雍正五年仍令內地商船亦照常往市，其時商販之錫並資民用。乾隆五年定以點錫配鑄青錢，於是京局及各省局鼓鑄多於粵東取給焉。至於點錫之外，若西洋諸國商船亦間有銅鉛，悉隨時和買，以充本省鑄局之用。溟渤之涯，雲帆相望，大瀛一統之閎規，實為超軼前古者也。

又　卷一七《錢幣考五》　臣等謹按：採買洋銅例往東洋日本，自康熙二十二年設立海關，是時洋銅即已流通內地，逮三十八年以京局額銅交商辦解，尋改為八省分辦，復改為江浙總辦，皆取給於東洋。至乾隆三年，京局改用滇銅，而江浙等省仍用洋銅配鑄，自是年奏定商額，以後各船歲往日本之長崎澳易銅以還，分供鑄局。鯨波萬里，來往不驚，蓋由聖世承平，商民樂業，以東鯷遠產而歲致中邦，宛如內地官山之利焉。猗與盛哉！

《清高宗實録》卷一五　（乾隆元年三月辛亥）戶部議覆署江蘇巡撫顧琮條奏採辦銅斤事宜。一、八省採辦洋銅、滇銅，共四百四十三萬餘斤。今戶、工兩局鑄錢，每文改重一錢四分為一錢二分，兩局現有存銅六百余萬斤，已足供丁巳年鼓鑄之用。應如所請，減少數十萬斤，每年以四百萬斤為率，於滇洋分辦。一、海關為辦銅扼要之地，應如所請，將管關道員加以兼管銅務職銜，至解銅官員，須揀委府佐，脚價本省支領。一、銅牌磨對，應如所請停止，倘有低潮，責成承辦人員，爐頭稱手，有低昂情弊，該堂官究治。一、招商承買，應如所請，令該道于洋商內擇其身家殷實者，吊驗倭照，取連名互結，册報該撫給價，毋得克扣，陋規一概革除。一、洋商正銅之外，尚有餘銅，應如所請，正銅解交足額，餘銅聽其售賣，可杜奸民銷毁之弊。從之。

又　卷七一　（乾隆三年六月戊戌）大學士等會同九卿科道遵旨議覆：湖廣道御史陶正靖條奏，近日錢價轉昂，皆由經紀從中阻撓，兵役搜查擾害，請一切革罷。【略】近聞海關無赴洋買銅之商，而江蘇亦無可收之銅，實因官價與民價懸殊，孰肯冒越風濤，以資本賠墊？請敕該督撫，除洋人自帶銅斤，應照部議平買收貯外，其有商民過洋購來者，聽其售賣，不必官收，一切領照認充。包攬需索等弊，嚴行禁止。如此則官民銅斤俱足，錢價自平。應如所請。從之。

又　卷八八　（乾隆四年三月辛酉）軍機大臣議覆：內閣侍讀學士祖尚志奏，加卯鑄錢，以備加數放餉。【略】前經戶部議令今年寬解銅一二百萬斤，加以粵東奏准開採銅礦，官商承辦採買洋銅，多方籌畫，銅斤自可充裕。

又　卷一四四　（乾隆六年六月辛丑）戶部議覆：蘇州巡撫徐士林、浙江巡撫盧焯、廣東巡撫王安國、管理閩海關福州將軍策楞會奏，前據雲南巡撫張允隨奏稱，浙、閩、江蘇三省，皆因錢貴，請買滇銅開鑄。查滇省銅斤，除供京局及本省川黔鼓鑄外，餘剩無多，請于沿海各關，凡商船來自日本長奇島者，應納稅銀，悉令以銅代稅銀完納等語。據查海關銅稅，歷來徵銀，若改徵銅，事屬創始，必須官無紛擾，商民便易，方可行之經久。今閩海既無銅進口，江浙海關銅數無幾，與官商未便。江浙等省需用銅斤，現于洋商自本辦回銅內按數抽買，一應商販船隻，似應照舊徵收，毋庸紛更。應如所請。從之。

又　卷一五五　（乾隆六年十一月丁丑）九卿議覆：貴州道監察御史孫灝奏稱，銅之為用，在官則供鼓鑄，在民則供器用。今鼓鑄之銅，盡求之滇，器用取給洋銅，洋銅之來，或多或寡，商多空匱，故銅價貴。【略】至浙江海關現在洋銅歲入幾何，倘出販無人，應設法召募。再，從前停采洋銅，原因清厘積欠，事出權宜，即督臣尹繼善原疏亦有日後衰旺靡常之慮。洋產既停買收，官銅終缺儲備，公帑久不出洋，商人必漸稀少，應聽江、浙、雲南三省大臣從容詳度等語。【略】至現在江浙海關，每歲俱有洋銅進口，官商分買，賈舶流通，但各商資本有限，出販無多。應如所奏，令江浙督撫廣為設法召募。從之。

又　卷二一二　（乾隆九年三月戊子）諭：近來各省錢價日加昂貴，民間日用不便。朕時時留心籌畫，曾諭山東、山西等省巡撫，於該省開局鼓鑄，以濟民用，銅斤取於何處，令該撫悉心妥議具奏。今據阿里衮奏稱，山西購覓銅斤，惟有招選殷實商人，採買洋銅之一法。現有平陽府洪洞縣監生劉光晟，家道殷實，呈稱世受國恩，心切報效，情願領辦洋銅，以資鼓鑄，少盡犬馬微勞等語。阿里衮既稱劉光晟情願承買洋銅，辦公效力，著即准其承辦。其如何給與銅斤價值，及一切運費等項之處，著該部詳悉定議具奏。

又　卷二一八　（乾隆九年六月庚戌）山西巡撫阿里衮奏：戶部諮開，劉光晟運辦洋銅，議照范毓馪辦運西安、保定陸路定價每百斤價脚銀十四兩之例，詢明該商，自備資本，出洋採辦，俟回時給價，抑或先行量給價脚，於就近藩庫內撥發。臣即傳詢該商，據稱自備資本，買銅五十萬斤，照例定限一年，運回交局，其價脚銀兩，俟回時具領。奏入，報聞。

又　卷二二七　（乾隆九年十月）兩廣總督那蘇圖等奏：承准廷寄御史衛廷璞、歐堪善條奏二件，請停緩開採礦山，奉旨交臣等定議。【略】查粵省山海交錯，五方雜處，兵民商賈，在在需用錢文，鼓鑄一事，萬難緩待，而銅斤之產於東洋者，江浙等省紛紛購買，尚慮虧缺。

又　卷二五三　（乾隆十年十一月）（廣東巡撫准泰）又奏：廣東省本年七月開鑄以來，存銅僅七萬餘斤，赴滇採辦之銅，又須省貯高銅數萬斤配搭。粵省雖開銅礦，尚難懸擬，請將夷商喲㘓嗧載到紅銅一萬九千七百十八斤，免其輸稅，照閩省官買洋銅例，每百斤給價十七兩，收買配鑄。得旨：知道了。

又 卷三一八 （乾隆十三年七月庚寅，工部）又議覆：福建巡撫潘思榘奏稱，琉球國額貢硫磺一萬二千六百斤外，夷目水手多帶餘磺，向有奸商代售，臣飭諭該夷使據實報出，官為收買。查閩省各標協營操演火藥，每年以貢磺撥用，遇有不敷，前經議往臺郡淡水、雞籠地方開採磺泥，淡水孤懸海外，番民雜處，磺廠一開，恐聚匪滋事，若收買琉球餘磺，免至淡水開採，海區更為嚴密。應如所請。從之。

又 卷三二六 （乾隆十三年十月乙未）工部等部議准：閩浙總督喀爾吉善等奏稱，閩省營伍需用鉛，向係往楚採辦。今楚省鉛價倍昂，官價不敷。查南洋回棹商船，向有黑鉛運廈發賣，請照官價抽買四萬五千餘斤，以供歲需。倘遇閩省配鑄洋銅需用黑鉛之年，亦一併向商抽買。從之。

又 卷五三五 （乾隆二十二年三月己未）又諭：據鐘音奏稱蘇商夏履端往洋辦銅，遭風飄至閩省，其所帶銅斤，請照商人高山輝前案照例給價等語。上年浙商高山輝銅船抵閩，情願運局收買，曾准該撫所奏，此不過偶然遭風飄至，是以降旨允行。今蘇商夏履端復蹈此轍，其中必有情弊。洋船收口，于閩近而于蘇遠，水脚之費，相去懸殊。若一概給以江蘇官價，商人趨利若鶩，將來閩銅雲集，洋船赴蘇者少，勢必銅價漸昂，適以滋弊。著傳諭喀爾吉善，將此項收買銅斤，另為查辦，嗣後蘇商運銅到閩，應作何定價，方免流弊之處，著詳悉妥酌辦理，可一併傳諭知之。

又 卷八四九 （乾隆三十四年十二月壬申）軍機大臣等會議：大學士陳宏謀奏請停辦洋銅一摺。查洋商每年承辦銅九十八萬餘斤，合之歲產滇銅，分解京局各省，以供鼓鑄。若將洋銅全行停辦，分撥必致不敷。其所慮商人居奇之説，尚係當日情形。現在各商承辦，俱無缺誤，自可毋庸另議。**【略】**

（是月）兩廣總督李侍堯等覆奏：臣等遵查粤省現在鼓鑄情形，自乾隆三十二年以後，並無洋銅到省，詢據夷商俱稱西洋向不產銅，惟荷蘭國與日本鄰近，間或以貨易銅轉運內地，因近年價昂，不能販售。查洋銅每百斤，從前定價十七兩。滇銅到粤，買價運脚，共十三兩有零，核計成本，自以滇銅配鑄為宜。

又 卷九六〇 （乾隆三十九年六月癸巳）軍機大臣等議覆：江蘇巡撫薩載奏動支耗羨摺內，開有添辦紅銅七千三百餘斤一款，諭令查核。查製造器皿，向以洋銅質淨，較勝滇銅，是以遇有應辦之件，俱取洋銅供用。

又 卷一一八六 （乾隆四十八年八月丁卯）又諭：據閔鶚元奏，蘇州官商承辦洋銅，除每年額解六省官銅五十一萬餘斤外，其多餘之銅，俱令一律繳官，俟年清年款之後，仍准該商變賣餘銅。

《清仁宗實録》卷一六五 （嘉慶十一年八月己亥）諭軍機大臣等：吳熊光等奏查明粤省硝黄情形，籌辦透漏一摺。據稱粤省產黄各廠煎解年久，時虞缺乏，查有夷船壓艙鹹沙一項，亦可煎硝，曾經辦理有案，且洋船壓帶硫黄，例准收買壓艙鹹沙，較之倭黄更多，若收買不盡，尤易透漏，似應仿照辦理。應請俟夷船進口時，即將壓艙鹹沙及所帶黄斤一併飭商認買，俟二項充足，可備一二年之用，將黄廠封閉，硝廠亦一併暫停采煎等語。硝黄二項，例禁綦嚴，今盜船火藥甚多，自應設法嚴防，杜其接濟。著如所奏辦理。

清·周凱等［道光］《廈門志》卷五《船政略·洋船》 洋船由廈門洋行保結出洋。**【略】**又歲購黑鉛額耗四萬三百二十一斤，解福州理事廳庫及廈門水師中軍交繳，亦由洋行承辦。每百斤，藩庫撥給價銀三兩。

又 卷八《番市略·東洋·日本》 今蘇州銅局商人，歲至日本購銅，以貨物易之。

禁限進出口貨物分部

綜述

元·伯杭等《通制條格》卷一八《關市·市舶》 一、金、銀、銅、錢、鐵貨、男子婦女人口，絲綿、段疋、銷金、綾羅、米粮、軍器，並不許下海私販諸番。違者，舶商、船主、綱首、事頭、火長，各決壹伯柒下，船物俱行没官，若有人首告得實，於没官物内壹半充賞。重者，從重論。發船之際，仰本道廉訪司　嚴加體察。【略】

一、海商所用兵器幷銅鑼作具，隨舶泊處具數申所屬依例寄庫，起舶司給付。除外多餘將帶，同私販法。【略】

一、舶商下海開船之日，仰市舶司輪差正官壹員，親行檢視各各大小船内有無違禁之物。如無夾帶，即時放令開洋，仍取本司檢視官重甘罷職結罪文狀。如將來有人告發，或因事發露，但有違禁之物。決杖捌拾柒下，解見任，降貳等。受財容縱者，以枉法論。却不得因而非理搔擾舶商，本道肅政廉訪司嚴加體察。

又《下番》　至元二十五年八月，中書省御史臺呈：海北廣東道提刑按察司申，廣州官民於鄉村糴米伯碩阡碩至萬碩者，往往般運前去海外占城諸番出糶。營求厚利，擬合禁治。都省准呈。

又《中寶》　至大四年三月，欽奉詔書内一欵：諸人中寶，蠹耗國財。比者寶合丁乞兒八荅私買所盗内府寶帶，轉中入官，既已伏誅。今後諸人毋得似前中獻，其扎蠻等所受管領中寶聖旨，亦仰追收。欽此。

元・阿吉剌等《至正條格》卷二八《關市・違禁下番》　延祐六年七月二十六日，中書省奏：『「下番船隻拘該行省，宣慰司・市舶司官每，不得稍帶錢物，下番買賣，如違，斷罪不敍，錢物没官，内一半付告人充賞者，在先有聖旨來。如今泉州路有的軍民官司，合關防舶商，不得夾帶違禁等物，他每卻稍帶鐵物，下番做買賣有，似這般行呵，怎生禁約得別的？依體例合禁革。」麼道，江浙省官幷本道廉訪司官與將文書來有，依他每説將來的，本處見任軍民官員，不教下番做買賣，行的，依例教禁革呵，怎生？』奏呵，奉聖旨：『那般者。』

至順元年五月，（聖）［詔］書内一款：『金銀銅鐵、良家子女，比聞嗜利之徒、出使人員、海商市舶，下番轉賣遠方，並行禁止，拘該官司，關津隘口，嚴加盤詰，若有違犯，依條處斷，監察御史、廉訪司，用心體察。』

又《禁中寶貨》　至治三年十二月初四日，詔書内一款：『珍奇異貨，朕所不貴，諸人中獻，已嘗禁止。下海使臣，指稱根尋稀罕寶物，冒支官錢。私相博易，屈節番邦，深玷國體。亦仰住罷，所給聖旨、牌面，盡數拘收，舶商下番，聽從民便，關防法則，並依舊制。』

天曆元年九月，詔書内一款：『諸人中寶，耗蠹國財，累朝已嘗禁止。比者，奸臣倒剌沙、烏伯都剌等，違衆任情，擅將中寶回回人一概朦朧支給價錢，仰中書省照勘追理。今後似前中獻者，以違制論。』

元・佚名《元典章》卷二二《戶部八・市舶・市舶則法二十三條》

一、金、銀、銅錢、鐵貨、男子婦女人口，並不許下海私販諸（番）［物］。如到番國，不復前來，亦於元賫去公驗空紙内明白開除，附寫緣故。若有一切違犯，止坐舶商船主。【略】

一、舶商下海開舡之際，合令市舶司輪差正官一員，於舶舡開岸之日，親行撿視各各大小舡内有無違禁之物。如無夾帶，即時開洋，仍取檢視官結罪文狀。如將來有人告發，或因事發露，但有違禁之物，及因而非理騷擾舶商、取受作弊者，檢視官並行斷罪。肅政廉訪司臨將體察。

《元史》卷一〇四《刑法志三・食貨》　諸市舶金銀、銅錢、鐵貨、男女人口、絲綿、段匹、銷金綾羅、米糧、軍器等，不得私販下海。違者舶商、船主、綱首、事頭、火長，各杖一百七，船物没官。有首告者，以没官物内一半充賞。廉訪司常加糾察。【略】諸中賣寶貨，耗蠹國財者，禁之。諸雲南行使𧴪法，官司商賈則以他𧴪入境者，禁之。

明・王圻《續文獻通考》卷三一《市糴考・市舶互市》　（世祖至二十年）十月忙古碍言舶商皆以金銀易香木，於是下令禁之，惟鐵不禁。【略】

（二十三年）正月禁賫金銀銅錢越海互市，違者罪之。【略】

成宗元貞二年八月，禁舶商毋以金銀過海。【略】

英宗至治二年【略】特禁子女金銀絲綿下番，餘並無沮。

清・嵇璜等《續文獻通考》卷二六《市糴考・市舶互市》　（至大二年九月，詔海舶興販金銀、銅錢、綿絲、布帛下海者禁之。

《明太祖實錄》卷一八一　（洪武二十三年四月庚寅）禁番使毋得以麻鐵出境，仍命揭榜海上，使咸知之。

又　卷二〇五　（洪武二十三年十月乙酉）詔戶部申嚴交通外番之禁。上以中國金銀、銅錢、段疋、兵器等物自前代以來不許出番，今兩廣、浙江、福建愚民無知，往往交通外番，私易貨物，故嚴禁之。沿海軍民官司縱令私相交易者，悉治以罪。

又　卷二三一　（洪武二十七年正月）甲寅。禁民間用番香番貨。先是，上以海外諸夷多詐，絶其往來，唯琉球、真臘、暹羅許入貢，而緣海之人往往私下諸番，貿易香貨，因誘蠻夷為盗，命禮部嚴禁絶之，敢有私下諸番互市者，必寘之重法。凡番香番貨皆不許販鬻，其見有者限以三月銷盡，民間禱祀止用松柏楓桃諸香，違者罪之。其兩廣所產香木聽土人自用，亦不許越嶺貨賣，蓋慮其雜市番香，故並及之。

明・劉惟謙等《大明律》卷一五《兵律三・關津・私出外境及違禁下海》　凡將馬牛、軍需、鐵貨、銅錢、段匹、紬絹、絲綿，私出外境貨賣，及下海者，杖一百。挑擔馱載之人，減一等。物貨船車，並入官。於内以十分爲率，三分付告人充賞。若將人口軍器出境及下海者，絞。因而走泄事情者，斬。其拘該官司及守把之人，通同夾帶，或知而故縱者，與犯人同罪。失覺察者，減三等，罪止杖一百。軍兵又減一等。

《明英宗實録》卷一五八　（正統十二年九月戊戌）禁約兩京並陝西、河南、湖廣、甘肅、大同、遼東沿途驛遞鎮店軍民客商人等，不許私將白地青花瓷器皿賣與外夷使臣。

又　卷二一七　（景泰三年六月）命刑部出榜禁約福建沿海居民，毋得收販中國貨物，置造軍器，駕海交通琉球國，招引為寇。時有言黄蕭養之亂，多由海寇嘯聚，故禁之也。

《明憲宗實録》卷一七二　（成化十三年十一月）乙亥。詔許朝鮮國市弓角。朝鮮國王李娎以朝廷禁外國互市銅鐵弓角等物奏言，小邦北連野人，南鄰島倭，五兵之用，俱不可缺，而弓材所需牛角，仰于上國，竊惟高皇帝時，嘗賜小邦火藥火炮，待遇異于諸藩，今望特許收買弓角，不與胡人一例禁約為幸。兵部言，朝鮮奉正朔，謹朝貢，恪守臣節，與諸夷不同，若一切禁止，恐失效順之心，宜許以互市而限其數。上以朝鮮奏乞懇切，每歲許買弓角五十，不許過多。

又　卷一九九　（成化十六年正月戊子）禁雲南邊境軍民交通外夷。時總兵官黔國公沐琮奏，金齒、騰沖為諸夷喉襟要地，比土人多以違禁貨物興之貿易寶石，乞加禁止。從之。

《明武宗實録》卷一一三　（正德九年六月）廣東布政司參議陳伯獻奏：嶺南諸貨出於滿剌加、暹羅、爪哇諸夷，計其產不過胡椒、蘇木、象牙、玳瑁之類，非若布帛菽粟民生一日不可缺者，近許官府抽分，公為貿易，遂使奸民數千駕造巨舶，私置兵器，縱横海上，勾引諸夷，為地方害，宜亟杜絶。事下禮部議，令撫按等官禁約番船，非貢期而至者即阻回，不得抽分，以啓事端，奸民仍前勾引者治之。報可。

明・李東陽等［弘治］《明會典》卷一一四《兵部九・關津一・巡檢司事例》　凡盤獲私販硫黄五十斤、焰硝一百斤以上者問罪，硝黄入官。賣與外夷者，不拘多寡，比照私將軍器出境律條坐罪。其合成火藥賣與鹽徒者，問發邊衛充軍。兩鄰知而不舉者，各治以罪。

又　卷一〇一《禮部六十・給賜一・諸番四夷土官人等一・事例・暹羅國》　一、給賞畢日，出給告示，許於會同館開市，除書籍及玄黄紫皂大花西番蓮段疋，并一應違禁之物不許收買，其餘聽貿易。

明・白昂等［弘治］《問刑條例》　一、官員軍民人等，私將應禁軍器賣與夷人圖利者，比依將軍器出境因而走泄事情者律，各斬。爲首者，仍梟首示衆。【略】

一、私自販賣硫黄五十斤，焰硝一百斤以上者，問罪，硝黄入官。賣與外夷者，不拘多寡，比照私將軍器出境律條坐罪。其合成火藥賣與鹽徒者，亦問發邊衛充軍，兩鄰知而不舉，各治以罪。

明・申時行等［萬曆］《明會典》卷一六七《私出外境及違禁下海》

凡將馬牛，軍需，鐵貨，銅錢，緞疋，紬絹，絲綿，私出外境貨賣，及下海者，杖一百。挑擔馱載之人，減一等。貨物船車，併入官。於内以十分為率，三分付告人充賞。若將人口、軍器出境及下海者，絞。因而走泄事情者，斬。其拘該官司，及守把之人，通同夾帶，或知而故縱者，與犯人同罪。失覺察者，減三等，罪止杖一百。軍兵又減一等。

《明熹宗實録》卷七〇　（天啓六年四月）上傳諭禮部：近有奸民希圖重利，將鐵器等物賣與進貢夷人，大屬違禁，四夷館提督官職掌何在？著設法密拶，轉置他處，毋令帶去。又聞三河縣等處居民私造兵器，待夷人車過，公然賣與，此係地方官之責，作速移文順天巡撫，嚴行禁約，有司縱容者參奏重治。

又 **卷八二** （天啓七年三月甲戌）朝鮮國王李倧咨請：賀冬陪臣貢回，乞照先年備倭例，買硝黄以禦奴。禮部代奏。得旨：硝黄中國長技，祖制嚴禁，不許闌出外夷。朕念朝鮮累世忠順，且奴患方棘，准炤嘗收買，仍諭該國使臣加意謹防，勿得疏虞，反以資敵，並移文登撫，一體遵行。

《明史》卷八一《食貨志五・市舶》 萬曆中，復通福建互市，惟禁市硝黄。

清・嵇璜等《續文獻通考》卷二六《市糴考・市舶互市》 （正統）四年四月，禁夷人市耕牛及銅鐵器。

《清世祖實録》卷三三 （順治四年七月丁丑）戶部議覆：兩廣總督佟養甲疏言，佛朗西國人寓居濠鏡澳，以其攜來番島貨物與粵商互市，蓋已有年，後深入省會，至於激變，遂行禁止。今督臣以通商裕國為請，然前事可鑑，應仍照故明崇禎十三年禁其入省之例，止令商人載貨下澳貿易可也。從之。

又 **卷一一一** （順治十四年八月辛卯）禮部奏言：朝鮮國使臣李沉目、金南重等違禁買硝，事關重大，原應照欽差大學士額色黑等同該國王審擬治罪，但事在赦前，其下役金秋立等既已免死，沉目等亦應免罪，以布皇恩。從之。

《清聖祖實録》卷六四 （康熙十五年十一月己卯）禮部等衙門議覆：朝鮮國王李焞奏言，頃陪臣使還，購買前明十六朝紀一書。【略】外國使臣來京，禁買史書，今違禁購買，應遣官往朝鮮國，會同該王嚴加詳審議處，伊所進禮物，交來使帶回。得旨：這本内事情，免遣大臣往審，著國王將私買史書人犯逐一嚴拏詳審，確議具奏。餘依議。

又 **卷一一七** （康熙二十三年十月丁巳）九卿詹事科道遵旨會議：今海外平定，臺灣、澎湖設立官兵駐劄，直隸、山東、江南、浙江、福建、廣東各省先定海禁處分之例，應盡行停止，若有違禁將硝黄軍器等物私載在船，出洋貿易者，仍照律處分。從之。

又 **卷一五二** （康熙三十年六月己丑）禮部題：朝鮮國進貢使臣違禁私買《一統志》書，查《一統志》載天下山川輿地、錢糧數目，所關甚重，應將違禁私買《一統志》書之内通官張燦革職，發伊國邊界充軍，正使李沉、副使徐文重等失於覺察，並應革職，朝鮮國王李焞姑免議。得旨：李沉、徐文重從寬免革職，餘如議。

又 **卷二三二** （康熙四十七年正月）庚午。都察院僉都御史勞之辨疏言：江浙米價騰貴，皆由內地之米為奸商販往外洋所致，請申嚴海禁，暫徹海關，一概不許商船往來，庶私販絶而米價平。上諭大學士等曰：聞內地之米販往外洋者甚多，勞之辨條陳甚善，但未有禁之之法，其出海商船何必禁止！洋船行走俱有一定之路，當嚴守上海、乍浦及南通州等處海口，如查獲私販之米，姑免治罪，米俱入官，則販米出洋者自少矣。

又 **卷二七一** （康熙五十六年正月）庚辰。兵部等衙門遵旨：會同陛見來京之廣東將軍管源忠、福建浙江總督覺羅滿保、廣東廣西總督楊琳議覆，凡商船照舊東洋貿易外，其南洋呂宋、噶羅吧等處，不許商船前往貿易，於南澳等地方截住。【略】每日各人准帶食米一升並餘米一升，以防風阻，如有越額之米，查出入官，船戶、商人一並治罪。至於小船偷載米糧，剝運大船者，嚴拏治罪。【略】從之。

《清世宗實録》卷一〇四 （雍正九年三月乙酉）工部議覆刑部尚書勵廷儀疏言：天生五材，鐵居其一，用以備軍資而造器物，所係綦重。向例鐵貨不許私出外境，而廢鐵不在禁例。近聞射利之徒，專收廢鐵鎔化，運至近邊近海地方貨賣。此風漸不可長，請嗣後有將廢鐵潛出邊境及海洋貨賣者，照越販硝磺之律科斷，以除奸弊。應如所請。從之。

又 **卷一一三** （雍正九年十二月癸巳）廣東布政使楊永斌條奏：定例鐵器不許出禁貨賣，而洋船私帶，禁止尤嚴。粵東所產鐵鍋，每連約重二十斤。查雍正七、八、九年，夷船出口，每船所買鐵鍋，少者自一百連、二三百連不等，多者至五百連，並有至一千連者，計算每年出洋之鐵約一二萬斤，誠有關係。應請照廢鐵之例，一體嚴禁，違者船戶人等照例治罪，官役通同徇縱，照徇縱廢鐵例議處，嗣後令海關監督詳加稽察。至商船煮食器具，銅鍋、砂鍋俱屬可用，非必盡需鐵鍋，亦無不便外夷之處，於朝廷柔懷遠人之德意，並無違礙。得旨：鐵斤不許出洋，例有明禁，而廣東夷船每年收買鐵鍋甚多，則與禁鐵出洋之功令不符矣。楊永斌所奏甚是。嗣後稽察禁止及官員處分、商人船戶治罪之處，悉照所請行。粵東既行查禁，則他省洋船出口之處，亦當一體遵行。永著為例。

清・三泰等《大清律例》卷二〇《兵律・私出外境及違禁下海・條

例》　一、凡沿海地方姦豪勢要及軍民人等私造海船，將帶違禁貨物下海，前往番國買賣，潛通海賊，同謀結聚，及爲鄉道劫掠良民者，正犯比照謀叛已行律，處斬梟示，全家發近邊充軍。其打造海船，賣與外國圖利者，造船與賣船之人為首者立斬，為從者發近邊充軍。若將船隻雇與下海之人分取番貨，及糾通下海之人私行接買番貨，與探聽下海之人番貨到來私買，販賣蘇木、胡椒至一千斤以上者，俱發近邊充軍，番貨並入官。【略】

一、沿邊沿海地方有將黃金販賣出洋者，照鐵貨、銅錢等物私出外境下海律治罪。

一、姦民圖利，將廢鐵、鐵貨潛出邊境及海洋貨賣，一百斤以下者杖一百，徒三年；一百斤以上及舟車捆載者發近邊充軍；若賣與外國及海邊賊寇者，照將軍器出境下海律絞監候。關隘官弁徇私故縱，照例議罪。如內地貨賣官弁兵役借端索詐，計贓治罪。其漢、夷船隻有將鐵鍋出洋貨賣者，亦照此例行。至商船每日煮食之鍋，照舊置用，官吏不得借端勒索滋擾。

一、商人收買鐵斤，除近苗產鐵處所，令呈明該地方官外，其內地興販，悉從民便。若在沿海地方遞運鐵斤交賣商、漁船隻，為首照將軍器出境下海律絞監候，為從杖一百，流三千里。船戶挑夫，減本犯罪一等。【略】

一、姦徒偷運米穀、潛出外洋、接濟奸匪者，擬絞立決。若止將米穀偷運出口圖利，並無接濟奸匪情弊者，米過一百石，發近邊充軍；一百石以下，杖一百，徒三年；不及十石者，枷號一箇月，杖一百。為從及船戶知情不首告者，各減一等。穀每二石，作米一石科斷。以上船隻、貨物俱入官。汛口文武各官失察故縱，交部照例分別議罪。【略】

一、凡外國貢船到岸，未曾報官盤驗，先行接買番貨及爲外國收買違禁貨物者，俱發近邊充軍。

一、凡外國差使臣人等朝貢到京，與軍民人等交易，止許光素紵絲、絹布、衣服等件，不許買黃紫黑皂大花西番蓮緞疋，並不得收買史書及一應違禁軍器、硝黃、牛角、銅鐵等物。如有將違禁貨物圖利賣與進貢外國者，為首依私將應禁軍器出境因而走泄事情律斬監候，為從發近邊充軍。【略】

一、興販鴉片煙，照收買違禁貨物例枷號一箇月，發近邊充軍。如私開鴉片烟館，引誘良家子弟者，照邪教惑衆律擬絞監候，為從杖一百，流三千里。船戶、地保、鄰佑人等俱杖一百，徒三年。如兵役人等藉端需索，計贓照枉法律治罪，失察之汛口地方文武各官，並不行監察之海關監督，均交部嚴加議處。【略】

一、凡將豆麥雜糧偷運出洋、接濟姦匪者，照偷運米穀例擬絞立決。如止圖漁利並無接濟姦匪情事，計所偷運石數，照二穀一米之例，分別科斷。其為從及知情不首之船戶，亦照米石例減等問擬。船隻、貨物入官。失察各官照例議處。

一、凡商民出洋，將紅黃銅器、銅斤私販各洋貨賣圖利，為首者照姦民圖利將廢鐵鐵貨潛出海洋貨賣例，一百斤以下者杖一百，徒三年；一百斤以上發近邊充軍。為從及船戶各減一等。貨物、銅斤、船隻入官。其關汛文武員弁失察故縱賣放者，分別議處治罪。【略】

一、絲斤違例出洋，過一百斤照米石出洋例發近邊充軍，不及百斤者杖一百，徒三年，不及十斤者枷號一個月，杖一百。為從及船戶知情不首告者，各減一等。船隻、貨物入官。其違例偷漏紬緞綿絹等物，按照絲斤分兩多寡，分別治罪。失察之汛口文武各官，並照失察米石出洋例分別議處。

清·允祹等［乾隆］《清會典》卷六五《兵部·職方清吏司·海禁》

凡貨物出洋之禁：硝硫黃、鋼鐵，出洋船不得私載。食米計人定數，油麻足備船用而止，不得多攜，以杜出售外夷、接濟姦匪之弊。

凡軍器出洋之禁：商船往東洋、南洋貿易者，酌帶弓矢、刀槍、火礮，以備不虞，於執照內登注，回日依數察驗。有沉失者，於所在地方官報明，取同船人結狀呈繳備案。近洋商船及漁樵船，不得越禁私攜。

清·來保等《清會典則例》卷一一四《兵部·職方清吏司·海禁》

一、貨物出洋之禁：康熙二十三年，覆準焰硝、硫黃、軍器、樟板等物，違禁私載出洋，接濟姦匪者，照例治罪。該管汛口文武官弁盤察不實者革職，知情賄縱者革職提問；兼轄官降四級調用，統轄官降二級留任，提督降一級留任。

四十七年，覆準出洋船所帶食米不得過五十石，如多帶出洋販賣者，照例治罪，將米入官。【略】

六十一年，覆準外洋番國進貢順帶貨物，願自出夫力，帶來京城貿易者聽。如欲在彼處貿易，該督撫委廉能官監看貿易，完日造册報部。如貢船到岸，未曾報官盤驗，先行售賣，及内地民人為外國收賣違禁貨物者，皆照例治罪。至不繫進貢之船，有裝載貨物前來貿易者，照例投行納税，聽其貿易。回櫂之日，不許收買違禁貨物。

雍正三年，議準附居廣東澳門之西洋人所有出洋商船，每年出口時將照赴沿海該管營汛挂號，守口官弁將船號、人數、姓名逐一驗明，申報督撫存案。如出口夾帶違禁貨物，並將中國之人偷載出洋，守口官弁狥情疏縱者革職。【略】

又覆準，外洋行走之船動經數月，鐵釘、油灰、椶絲、黄麻等物準酌量携帶，於照内填注數目，以備察驗。如有動用同船之人，出具甘結存案。倘有借端多帶者，照例治罪。

七年，覆準出洋船食米若於酌定數目之外多帶售賣，或實繫接濟姦匪，或止繫圖利察出，將米入官，賣米之人分别治罪。守口官弁隱諱不報者革職，如受賄故縱革職治罪。

九年，奉旨：鐵器不許出洋貨賣，《律》有明禁。乃聞粤東出産鐵鍋，凡洋船貨賣，向未禁止。夷船出口，每船所買鐵鍋，少者百連，至二三百連不等，多者買至五百連，並有至千連者。每連約重二十斤不等，五百連約重萬斤，千連約重二萬斤，計算每年出洋之鐵為數甚多，誠有關繫。嗣後鐵鍋應照廢鐵之例，一概嚴禁。無論漢、夷商船，均不許貨賣出洋。違者照捆載廢鐵出洋之例治罪。官役通同狥縱，亦照狥縱廢鐵例議處。凡遇洋船出口，仍交與海關監督，一例稽察。至於商船每日煮食之鍋，仍照舊置用，官役不得借端勒索滋擾。倘地方官弁視為具文，奉行不力，經朕訪聞或别經發覺，定行從重議處。各省洋船出口之處，均令一體遵行。永著為例。

又覆準，一切廢鐵，除内地販賣聽從民便，無庸禁止；如有將廢鐵潛出邊境及海洋貨賣，立即拏究，照例治罪。該管官知情故縱者革職，受賄者革職提問。

乾隆元年，覆準米穀偷運出洋及在洋接濟姦匪，該管文武官弁除通同受賄知情故縱，仍照律治罪外，如繫失察，偷運米百石以上、穀二百石以上者，降一級留任；米百石以下、穀二百石以下者，罰俸一年；米不及十石、穀不及二十石者，罰俸六月。

二年，覆準洋船换買錢若數目過多，恐有販銷之弊，令守口官弁實力稽察。如有姦商圖利、多載錢出洋者，即拏治罪。

十三年，覆準雜糧麥豆偷運出洋，除接濟姦匪者與米一例科斷外，若止繫圖利，計所運數目，照二穀一米之例減等問擬。至官弁受賄故縱及失察處分，仍照米穀例行。

十四年，覆準紅黄銅器及銅私販出洋貨賣者，分别首、從治罪，銅及銅器並船均入官。守口官弁知情故縱者革職，受賄者革職提問，失察者降一級調用。

一、軍器出洋之禁：雍正六年，覆準商船、漁船不許携帶槍礮器械。至往販東洋、南洋之大船原與近洋不同，準其携帶鳥槍不得過八，腰刀不得過十，弓箭不得過十副，火藥不得過二十斤。洋商投行買貨，即同牙人將應帶軍器數目呈明海關，給票照數製造，鏨書姓名號數。完日報官點驗，填入照内，守口官弁驗明放行。回日如有短少，即行訊究。果繫遺失，取通船甘結存案。

八年，覆準往販東洋、南洋之大船，準携帶之礮每船不得過二位，火藥不得過三十斤，造礮時呈明地方官，給與印票，赴官局製造。完日，地方官親驗，鏨鑿某縣某人姓名、某年月日製造字樣，仍於照内注明所帶之礮輕重大小，以備海關及守口官弁察驗。回日繳官貯庫，開船再行請領。倘本船遭風，礮致沉失，即於所在地方官報明，免其治罪。如其船無恙、妄稱沉失者，即行訊究。若商船内買有外番紅銅礮，許其帶回，交地方官給與時價，以充鼓鑄之用。

又　卷九四《禮部·主客清吏司·朝貢下》（順治元年）又議準，凡外國貿易，不許收買史書、黑黄紫皂大花西番蓮段並一應違禁兵器、焰硝、牛角等物。各行戶人等將貨物入館交易，染作布絹等項立限交還。如有賒買及故意遲延欺詐，致外國人久候並私相交易者，會同館内外四鄰軍民人等有代外國人收買違禁貨物，及將一應兵器、銅鐵違禁等物賣與外國人圖利者，各問罪。貿易時，由部出示曉諭。

又定外國貢使歸國，伴送人員不許將違禁貨物私相貿易。

清·乾隆敕撰《清文獻通考》卷三三《市糴考·市舶互市》 （康熙）五十九年，又禁止出洋商船攜帶礮位軍器。

（雍正）九年，禁止洋船販賣鐵鍋。先是，本年二月，工部議准刑部尚書勵廷儀疏請：凡有將廢鐵潛出邊境及海洋貨賣者，照越販硝磺之律科斷。至是廣東布政使楊永斌言：定例，鐵器不許出境貨賣，而洋船私帶，禁止尤嚴。粵東所産鐵鍋，每連約重二十斤。查雍正七、八、九年造報夷船出口册內，每船所買鐵鍋，少者自一百連至二三百連不等，多者買至五百連，併有至一千連者。計算每年出洋之鐵約一二萬斤，誠有關係。應請照廢鐵例一體嚴禁。違者該商船戶人等照廢鐵出洋例治罪。官役通同徇縱，亦照徇縱廢鐵例議處。凡遇洋船出口，仍交與海關監督，一體稽查。至商船煮食器具銅鍋、砂鍋，俱屬可用，非必盡需鐵鍋，亦無不便外夷之處。得旨：鐵斤不許出洋，例有明禁，而廣東夷船每年收買鐵鍋甚多，則與禁鐵出洋之功令不符矣。楊永斌所奏甚是。嗣後稽察、禁止及官員處分、商人船戶治罪之處，悉照所請行。粵東既行查禁，則他省洋船出口之處，亦當一體遵行，永著為例。

又 卷一九五《刑考一》 臣等謹按，海禁至康熙二十三年始開，其貿易處斬之例俱停止，惟出洋販賣硝磺者，仍照例治罪。

《清高宗實録》卷二一 （乾隆元年六月壬午）禮部議、暹羅國使臣昭丕雅大庫代伊國王呈請恩賞蟒緞大袍一二件，又該國造福送寺需用銅斤，欲赴粵採辦七八百斤。查舊例賞賜已有蟒緞蟒紗等物，銅鐵出洋，久經嚴禁，該國王所請，應毋庸議。得旨：暹羅國遠處海洋，抒誠納貢，除照定例給賞外，著特賞蟒緞四匹。至採買銅斤一項，該國王稱係造福送寺之用，部議照例禁止，不許令其採買，固是。今特加恩賞給八百斤，後不為例。

又 卷三三八 （乾隆十四年四月辛卯）戶部等部議覆：浙江巡撫方觀承奏稱，南洋地不產銅，現查浙海關出洋紅黃銅貨，以准江南、廣東、福建各海口所出海，年不下十餘萬斤，積年所耗實多。應如所請。嗣後一應銅器銅斤，俱嚴禁出洋，不許攜售，並將各海口通禁，如圖利私販，為首者照奸民潛將鐵貨出洋貨賣例，百斤以下者，杖一百，徒三年，百斤以上者，發邊衛充軍，為從及船戶減等，貨物船隻入官。其不行搜查之關汛文武官弁，均照出洋漁船夾帶硝磺等物將汛口官員革職例革職。若止失察者，照內地商人貿易外國偷帶禁物守口官不行查出例，降一級調用。從之。

又 卷四四一 （乾隆十八年六月甲辰）諭軍機大臣等：御史沈景瀾請嚴販米出洋之禁一摺，所奏亦非實在情形。外洋諸國決無仰食於中國之理，從前洋商船只，尚有載回米石者，其漁船多帶米石，或以資近島居人，及洋面匪船，是不可不禁耳。【略】各省米價之貴，不盡由於販米出洋，而查禁之法，惟在實力奉行，不在多定禁例。著將此摺鈔寄沿海各督撫，令其閱看，並將各該省現在如何查禁，是否仍有透漏，與內地米價究竟有無妨，各據實奏聞。

又 卷八二九 （乾隆三十四年二月壬午）又諭：向來硫磺出入海口，俱有例禁，原因磺斤係火藥所需，自不便令其私販。若奸商以內地硫磺偷載出洋，或外來洋船，私買內地硫磺載歸者，必當實力盤詰治罪。乃定例于洋船進口時，亦不許其私帶，殊屬無謂。海外硫磺，運至內地，並無干礙，遇有壓艙所帶，自可隨時收買備用，于軍資亦屬有益，何必于洋舶初來，多此一番詰禁乎。嗣後惟于海船出口時，切實稽查，不許仍帶磺斤，以防偷漏之弊，違者照例究治。其各省洋船入口禁止壓帶硫磺之例，概行停止，著為例。

又 卷一〇三一 （乾隆四十二年四月庚申）諭軍機大臣等：昨據李侍堯奏稱，在粵省時，見近年外洋脚船進口，全載棉花，頗為行商之累，因與監督德魁嚴行飭禁，嗣後倘再混裝棉花入口，不許交易，定將原船押逐，初不知緬地出產棉花。今到滇後，聞緬地土產棉花最多，而緬匪之晏共、羊翁等處，尤為洋船收泊交易之所，是緬地棉花，悉從海道帶運，似滇省閉關禁市，有名無實等語。所奏甚是，業經傳諭楊景素會同李質穎、德魁于海口嚴行查禁矣。外洋海面，處處皆通，恐洋船裝載緬地棉花求售者，因粵省各口查禁，復往他省混行入口，亦未可定。況內地處處出產棉花，供用極為寬裕，何藉取給外洋，與之交易，致滋弊混。著傳諭凡有海口之將軍督撫，設法嚴行查禁，如有裝載棉花船隻，概不許其進口，務令實力奉行，勿以空言塞責，仍不時留心訪察，或有胥役等受賄私放者，立即重治其罪，仍將如何設法查禁之處，具摺覆奏。將此遇各該將軍督撫奏事之便，傳諭知之。

又　卷一二六〇　（乾隆五十一年閏七月辛巳）又諭：據孫士毅奏，暹羅國長鄭華遣使進貢請封，俟八月中旬，委員伴送赴京，其所稟懇恩欲在粵東置辦銅甲二千，領回本國，防禦緬匪一節，殊屬不知分量，擬檄稿駁飭等語。所見甚是，自當如此辦理。兵丁禦敵，自古皆用鐵甲，從未聞有銅甲之名，蓋銅質本脆，槍箭易入，不能如鐵性之堅，何以該國欲於粵東置備銅甲，自係該國須用銅斤，因例禁出洋，是以捏稱備禦緬匪，須用銅甲，以掩其迹，尤屬非分干求。現已令軍機大臣將該督所擬檄稿，添改發往該督，即可遵照檄諭傳示。檄曰：兩廣總督孫士毅檄諭暹羅國長，接閱該國長來稟遣使進貢，懇請封號等因，現委員伴送來使，恭齎表文方物，由驛入都，藉副遠悃。至稱與緬匪成敵，欲在廣東置備銅甲二千，殊屬非是。天朝功令森嚴，銅斤例禁出洋。查乾隆四十六年，爾父國長存日，曾請買銅盤銅爐等物，前任督撫以事屬違例，未經代奏。今請辦銅甲，更非尋常器用可比。國長甫經襲職，尚未得受封號，宜事事小心，以邀恩眷，不應忘分越請，上瀆聖聰。且從古及今，俱用鐵甲，該國長豈不知銅質之脆，不如鐵性之堅，難資抵禦？明係爾國缺少銅斤，托言置備銅甲，冀邀恩允，尤屬非是。本部堂職任封圻，惟知恪遵成憲，何敢違例代奏，致幹愆戾！用是明白檄知，嗣後國長其益勵恪恭，承受天朝恩寵。

《清仁宗實録》卷三八　（嘉慶四年正月，浙江巡撫玉德）又奏：浙省緝盜章程，繕單呈覽。【略】一、嚴禁米石出洋。一、嚴禁奸徒偷漏硝黃火藥出洋濟匪。一、嚴禁私販鐵斤鐵器出洋。【略】得旨：所辦甚是，惟應實心實力，莫作空談。

又　卷一八五　（嘉慶十二年九月丁未）諭軍機大臣等：【略】澄海縣商民領照赴暹羅等國買米，接濟內地民食，雖行之已閲四十餘年，但此項運米船隻，據報回棹者不過十之五六，而回棹之船所載米石，又與原報數目不符，安知非捏詞影射，藉以通盜濟匪？自應停止給照。將此諭令知之。

又　卷一八九　（嘉慶十二年十二月丁丑）又諭：伊沖阿奏，拏獲私買朝鮮米石民人，並嚴審坐卡官兵情形一摺。此案趙玉富等以內地民人膽敢與外國奸商違禁買賣，坐卡官兵等本有查拏之責，乃敢得受錢米，知情賄縱，實屬藐法。著將坐卡官委驍騎校穆騰額、領催雙住、兵明山、明喜、達七那、依拉那、諾欽布、都隆太、札庫那，均行斥革，並將現獲之買米民人趙玉富、尤貴之父尤得禄及在逃之周得明、尤貴，嚴行緝獲，一併交伊沖阿會同穆克登額嚴切究訊，將如何勾通販運私買違禁貨物，及是否尚有合夥逸犯，徹底根究，嚴行定擬。

又　卷二四〇　（嘉庆十六年三月）己酉朔。諭內閣：錢楷奏，外洋鴉片煙透入內地，貽害多端，請飭嚴禁一摺。所奏甚是，鴉片煙一項，流毒無窮，無賴匪徒沉迷癖嗜，刻不可離，至不惜以衣食之資，恣為邪僻，非特自甘鴆毒，伐性戕生，而類聚朋從，其蹤迹殆不可問，大為人心風俗之害。前經降旨飭禁，而奸商販鬻如故，流行浸廣，皆由濱海各關查禁不力，縱容偷越所致。著責成各處海關監督，嚴加禁遏，並交廣東、福建、浙江、江蘇沿海各督撫認真查察。嗣後海船有夾帶鴉片煙者，立行查拏，按律懲辦。如委員胥吏有賣放情弊，均予重懲。儻竟透入內地貨賣，一經發覺，著窮究來從何處，買自何人，不得以買自不識姓名商船搪塞朦混，當將失察賣放之監督及委員吏役人等一併懲辦不貸。

又　卷二七一　（嘉慶十八年七月甲戌）又諭：【略】鴉片煙一項，由外洋流入內地，蠱惑人心，戕害生命，其禍與鴆毒無異。奸商嗜利販運，陷溺多人，皆由各處海關私縱偷越。前曾降旨各省海關監督等嚴行查禁，乃數年來迄未遏止，並聞各海關竟有私徵鴉片煙稅銀者。是竟導奸民以販鬻之路，無怪乎流毒愈熾也。著再嚴飭廣東、福建、浙江、江蘇等省沿海各關，如查有奸民私販鴉片煙冒禁過關，一經拏獲，將鴉片煙立時拋棄入海，奸商按律治罪。儻管關監督等陽奉陰違，並私收稅課，著該省督撫實力查參，將該監督先行革職，由驛具奏，朕必從重懲治。其各處輾轉營販之徒，並著五城順天府步軍統領衙門及各直省督撫等一體嚴查，按律究辦。

又　卷二九〇　（嘉慶十九年五月甲午）諭軍機大臣等：本日崇禄等奏，盤獲廣東貢生盧贇跟隨僕人張四攜帶鴉片煙一案，已交刑部審辦矣。鴉片煙一物，其性至為毒烈，服之者皆邪慝之人，恣意妄為，無所不至，久之氣血耗竭，必且促其壽命，實與自餌鴆毒無異，輾轉流傳，最為人心民俗之害。其來由於番舶，先至廣東，進關後以漸販往各省。若粵海各口查禁認真，不許絲毫透入內地，則外夷商人皆知鴉片煙為中國厲禁之物，不能售賣獲利，自必不復攜帶。如仍有違禁私與中國商民交易者，查出按例治罪，杜其來源，較之內地紛紛查拏，實為事半功倍。

又 卷三〇四 （嘉慶二十年三月己酉）又諭：蔣攸銛等奏，酌定查禁鴉片煙章程，請於西洋貨船到澳門時，先行查驗，並明立賞罰，使地方官知所懲勸等語。鴉片煙一項，流毒甚熾，多由夷船夾帶而來，嗣後西洋貨船至澳門時，自應按船查驗，杜絕來源。至粵省行銷鴉片煙，積弊已久，地方官皆有失察處分，恐伊等瞻顧因循，查拏不力，嗣後有拏獲鴉片煙之案，除查明地方委員等有得規故縱情事，應嚴參辦理外，其僅止失察者，竟當概行寬免處分。至所請拏獲興販煙斤自二百斤至五千斤以上，分別紀録加級及送部引見，並軍民人等拏獲獎賞以及誣良治罪之處，俱著照該督等所請行。

清·嚴如熤《洋防輯要》卷二《洋防經制上·稽查商漁船夾帶禁物》

商販出洋貿易，如有私將銅斤、鐵斤並銅鐵器攜帶貨賣圖利者，按照斤數分別首從治罪。貨物銅斤船只入官，外其關汛武職員弁知情賄縱者，革職治罪，失察者降一級調用。

清·周凱等［道光］《廈門志》卷七《關賦略·海關·例禁》 （雍正）九年，議準廢鐵潛入邊境及海洋販賣者，一百斤以下杖一百，徒三年；一百斤以上，發邊衛充軍；若賣與外國及明知海寇，賣與者絞監候。沿口近邊關隘冒弁，有徇私故縱，該首上司題參。又定鐵鍋出洋，照廢鐵之例一體嚴禁。又黃金販賣出洋者，照鐵貨銅錢等物治罪。

乾隆元年，議準嗣後如有奸徒偷運米穀接濟外洋者，照出洋船隻多帶米糧接濟外洋例，擬絞立決。其有希圖厚利，但將米穀偷運出口販賣，並無接濟奸匪情弊者，計算米一百石以上，穀二百石以上，照將鐵貨潛出海洋貨賣一百斤以上例，發邊衛充軍；米一百石以下，谷二百石以下，照越渡關津例，杖一百，徒三年；至米不及十石，穀不及二十石，照違制律，杖一百，仍枷號一個月示警。為從及船戶知情者，各減一等。米穀、船隻，照例變價入官。其在內地河港販賣接濟民食並不出口過海者，不在違禁之例。文武各官除知情故縱，仍照違禁貨物出口律治罪外，如失察偷運米一百石以上、穀二百石以上，將各員弁均降一級留任；米一百石以下，穀二百石以下，罰俸一年；米不及十石、穀不及二十石者，罰俸六個月。又覆準邊海居民採捕魚蝦單桅船隻，將免納稅；如有違例徵收，即行題參。【略】

（乾隆）十三年，準偷運麥、豆、雜糧出洋者，照偷運米穀例科斷。

十四年，覆準將紅黃銅器、銅斤私販各洋貨賣者分別治罪貨物、船隻入官。其關汛員弁不行搜拏、知情故縱者革職；如係賣放，照例治罪；若止失察，降一級調用。

《清宣宗實録》卷二六 （道光元年十一月丙寅）又諭：阮元奏請將徇隱夾帶鴉片之洋商摘去頂帶一摺。鴉片流傳內地，最為人心風俗之害，夷船私販偷銷，例有明禁。該洋商伍敦元並不隨時稟辦，與衆商通同徇隱，情弊顯然，著將伍敦元所得議敘三品頂帶，即行摘去，以示懲儆，仍責令率同衆洋商實力稽查，如果經理得宜，鴉片漸次杜絕，再行奏請賞還頂帶。儻仍前疲玩，或通同舞弊，即分別從重治罪。

又 卷四六 （道光二年十二月戊申）又諭：御史尹佩棻奏請嚴禁私食鴉片煙，據稱鴉片煙之來，福建、浙江、江南通海口地方，俱有私帶，總以來自廣東者為最。一由於地方官不認真查拏，或差一二武弁巡查，徒為該弁肥囊之計。一由於粵海關之包稅，洋船一到，即有包攬上稅者，將煙雇載漁船，先行寄頓，然後查船。且聞鴉片非數換不賣，獨巡海兵丁，不惜減價賣給，居心尤為可惡等語。鴉片煙流行內地，大為風俗人心之害，民間私販私食，久干例禁，節經降旨，嚴飭稽查，而此風未盡革除，總由海口守巡員弁，賣放偷漏，以致蔓延滋甚，著阮元、達三於通海各口岸地方，並關津渡口，無論官船民載，逐一認真查拏，毋任員弁稍有揑飾。儻查有奸民以多金包攬上稅及私運夾帶進口等弊，立即從嚴懲辦，以除積蠹。總在有犯必懲，慎勿日久生懈，仍歸具文也。將此諭知阮元並傳諭達三知之。

又 卷五〇 （道光三年三月戊戌）粵海關監督達三奏查禁鴉片煙。得旨：鴉片一項，果能禁絕，著有成效，方為不負差委，勉慎為之。

又　卷一五〇　（道光九年正月庚申）諭軍機大臣等：御史章沅奏粤洋通市，不得違例私易銀錢，請旨飭議章程一摺。【略】至鴉片煙一物，流毒尤甚，該處偽標他物名色，夾帶入粤，每歲易銀至數百萬兩之多，非尋常偷漏可比，若不極力嚴禁，弊將何所終極。【略】其違禁貨物，尤應隨時稽察，不准私入，著李鴻賓、盧坤、延隆會同詳查，妥議章程具奏。將此諭知李鴻賓、盧坤並傳諭延隆知之。

又　卷一五八　（道光九年七月己亥）兩廣總督李鴻賓等奏遵議嚴禁官銀出洋及私貨入口章程。【略】一、販賣鴉片，罪有明條，久經設法查拏。現在嚴飭巡洋舟師及地方文武，嚴密巡查，儻有民船攏近夷船，立即拏解究辦，以防代運。至夷船進口，仍飭沿途守口員弁，逐一嚴查，儻帶有鴉片等物，即時飛稟查辦，如稍隱匿，從重懲處。得旨：覽奏均屬周妥，實力奉行，日久無懈為要。

又　卷一六三　（道光九年十二月丙子）諭軍機大臣等：【略】鴉片流行內地，吸者日衆，鬻者愈多，幾與火菸相等，耗財傷人，日甚一日，皆由番舶裝載鴉片，駛至澳門、廈門等處附近關津停泊，或勾通書差，暗中抽稅，包庇進關；或巡哨兵役，游奕往來，私為奸夷夾帶，代為發販；或得規容隱，任聽奸夷分銷各省商船，載往各處售賣。行銷之路既多，來者日衆，該兵丁等且藉以抽分吸用，賤價留買，南北各省情形，如出一轍，較洋錢之害為尤甚。若不究明弊源，嚴行查禁，不特徒滋紛擾，轉使作奸犯科之輩，益復無所顧忌。【略】至鴉片煙泥，則又以外夷之腐穢，潛耗內地銀兩，昨據李鴻賓等密陳暎咭唎請改貿易章程摺內，亦經籌議及此。該督等通達治體，深悉積弊，必須將如何截其來路，如何禁其分銷，外夷之詭譎不行，內地之銷耗胥免，其於言出法隨，不致徒為文告故事，有名無實，方為妥善。該督等素稱曉事，當能仰體朕意也。將此諭令知之。

又　卷一七〇　（道光十年六月）癸卯，諭內閣：李鴻賓等奏會議查禁紋銀出洋及鴉片分銷各弊章程。前因外夷海舶，有以洋錢私易內地紋銀，及夾帶鴉片行銷之弊，當經飭交李鴻賓等將如何絶其來路，如何禁其分銷，詳籌妥議。茲據核議章程六條具奏，所議尚為詳悉。鴉片流毒內地，較紋銀出口為尤甚。該督等既經厘定章程，自應認真查察，務當嚴飭所屬實力奉行，有犯必懲，無得視為文告故事，日久又致有名無實，該部知道。

又　卷一八九　（道光十一年五月丙子）又諭：有人陳奏鴉片煙積弊，請杜絶來源一摺。據稱夷船私帶煙土來粤，竟敢于附近虎門之大魚山洋面，另設夷船囤積，稱為鴉片躉，並有夷目兵船，名曰護貨，同泊一處，勾通土棍，以開設錢店為名，暗中包售煙土，呼為大窰口，如省城之十三行，聯興街，多有此店，奸商到店，與夷人議價立券，以憑到躉交貨，謂之寫書。又有包攬走漏之船，名曰快鞋，來往如飛，呼為插翼，其船星夜遄行，所過關津，遇有巡丁追邏，竟敢施放槍炮，關吏莫敢誰何，又不報官懲辦，是以肆無忌憚。此種快鞋，現有一二百隻之多，凡由躉送貨至窰口者，皆係此等船包攬，各巡船通同作弊，按股貪贓，包庇行私，其弊尤甚。其銷售各路，如福建之廈門、直隸之天津、廣東之雷瓊二府，皆由窰口立券，到躉交貨。其餘各省私販，入口出境，均係快鞋船包送。出境必由之口，如南海屬之仙管汛、闌石汛、紫洞口、落公海口、香山屬之黄圃、三水屬之西南汛、蘆包埠等處，其由大窰口分銷內地，悉因奸民串同各衙門蠹役，開設私局，名為小窰口，各處城鄉市鎮，所在皆有。查煙土一項，私相售賣，每年紋銀出洋，不下數百萬，是以內地有用之財，而易外洋害人之物，其流毒無窮，其竭財亦無盡等語。鴉片煙流毒最甚，前已屢降諭旨，通飭各直省督撫各就地方情形，設立章程，嚴行查禁。惟鴉片煙多系來自外洋，實聚於廣東，若不杜絶來源，是不揣本而齊末，雖內地嚴定章程，於事究無裨益。現經有人條奏，所陳各弊，是否實在情形，著李鴻賓等確加查核，如何使煙土不能私入，洋面不能私售，各夷於貨船之外，不得另設船隻之處，悉心酌議，務將來源杜絶，以淨根株，勿令流入內地，以除後患。該督等若能盡心盡力，除中原一大害，厥功不小矣，勉益加勉。將此諭令李鴻賓、朱桂楨並傳諭中祥知之。

又　卷二〇五　（道光十二年二月壬午）又諭：李鴻賓等奏查禁鴉片煙來源一摺。鴉片煙來自外洋，必應遏止來路，現據該督等查明載運銷售各路，嚴定章程，絶其洋面私售之由，著照所請。嗣後夷人來粤貿易，該督等剴切出示曉諭各夷，並嚴飭洋商向各夷開導，勿將煙土夾帶貨艙，儻經查出，不准該夷開艙賣貨，立即逐回，並嚴諭以貨船之外，毋許另設船隻，以杜私入之源，仍於省河禁止走私快艇，潮瓊各屬商船不得攏近零丁洋面，並著直隸閩浙等省各督撫嚴飭海口各地方官，凡出洋販貿船隻，逐一給與牌票，查驗出入貨物，毋許仍前偷販情弊。該督等務當隨時查禁，有犯必懲，不得日久生懈。

又　卷二一五　（道光十二年七月乙卯）戶部議准：協辦大學士兩廣總督李鴻賓等奏外夷各國均已產鉛，請暫停白鉛出洋。得旨：依議。粵東濱臨大海，通洋水道甚多，現在白鉛停止出洋，誠恐日久疏於防範，以致奸商販運，復有偷漏營私等辦，著該督等嚴飭關津要隘地方各官，隨時認真巡查，遇有私販鉛斤，即照違禁例分別嚴辦，仍于年終取具關廠各官並無出洋白鉛切實印結，送部查核，並酌定稽查章程，報部核辦，以垂永久而杜流弊。

又　卷二四一　道光十三年七月庚寅。諭內閣：御史黃爵滋奏紋銀洋銀應並禁出洋，務絕仿鑄之弊，並嚴科罪之條一摺，著刑部再行妥議具奏。尋奏：前經酌定黃金白銀出洋，均請照私運米穀出洋例治罪。茲該御史奏稱，紋銀出洋有禁，而洋銀出洋無禁，內地仿鑄洋銀者多，誠恐不能盡絕偷漏，自應另定治罪專條。惟仿鑄洋銀，究與私鑄銅錢不同，未便遽問擬重辟。請嗣後內地奸民有摹造洋板、銷化白銀、仿鑄洋錢圖利者，一經當場拏獲，如數在一百圓以上者，即照白銀出洋一百兩以上例，發近邊充軍；一百圓以下，杖一百徒三年；不及十圓者，枷號一個月杖一百，為從者各減一等。纂入例册，永遠遵行。至該御史請將洋銀並禁出洋，于海洋交易事宜有無窒礙，應請飭下沿海各督撫酌核。得旨：據刑部將仿鑄洋銀明定治罪科條具奏，著照所議辦理。其禁止洋銀出洋，是否可行，著沿海各督撫體察情形，妥議章程具奏。

又　卷二五〇　（道光十四年三月壬辰）尋奏：訊明王略屢經勾引夷船，代為運送鴉片煙土，並代夷人收買樟腦，查樟腦為製造火罐火箭必需之物，即與硝磺無異，王略應比照將違禁等物圖利賣與進貢外國者為首斬監候律，該犯勾引夷船，不遵驅逐，情罪較重，審明後即行處所斬，仍傳首海濱示衆。林金條出洋販運煙土，並開設煙館，誘惑愚民，在逃多年，應擬絞立決，餘分別問擬流徒，楊妹妹訊系捕魚窮民，實無勾引接販情事，即行保釋，下部議。從之。

又　卷三三七　道光二十年七月壬子。諭內閣：御史焦友麟奏請嚴禁私販焰硝出洋等語。內地私販焰硝本干例禁，況與外夷交接，私販出洋，甚至弁兵營私賣放，實屬法所難宥，必應隨時拏辦，以杜奸私。著各該將軍督撫等督飭各關監督嚴定章程，如遇私販焰硝出洋者，拏獲按律懲辦，出力弁兵量予鼓勵，賣放者查出從重治罪。一切商船漁船出海，著照舊定章程認真查核，務使內奸日靖，海疆漸就肅清，不准稍有疏懈，仍致有名無實，將此通諭知之。

又　卷三三八　（道光二十年八月辛酉）又諭：御史焦友麟奏風聞葉爾羌地方，有旱路與暎咭唎夷人交易之處，當設法嚴防等語。奸民私販焰硝，本干例禁，況與外夷交易，情罪更重。著恩特亨額確查葉爾羌地方，如果旱路可通，尤宜妥為防範，毋稍疏縱。將此諭令知之。

清·昆岡等［光緒］《清會典事例》卷六二八《兵部·邊禁》（嘉慶）九年諭：前據裘行簡奏請仍禁商船配帶炮械出洋，降旨諭令玉德等體察情形，詳議具奏。茲據奏稱，往返外夷之大洋船，該商等貲本重大，應仍准其照例每船攜帶炮位、火藥、鳥槍、腰刀、弓箭等項，不得逾例多帶。其在內地南北兩洋貿易商船，一概不准配帶炮械等語。外洋商販船隻，貲重道遠，若不准令配帶炮械，設中途遇盜，不足以資防禦。然准令配帶，漫無稽核，恐出洋以後，盜匪乘機劫奪，轉致藉寇兵而齎盜糧，並恐奸商牟利，以之濟匪，亦所不免。嗣後除內洋船隻不准配帶外，其外洋商船，著照所議，准其按照舊例，攜帶炮位器械等件，不得有逾定額，仍著於船隻出洋時，飭令海口員弁，將攜帶炮械數目驗明並無多帶，填給執照放行。俟該商進口時，仍將原領執照送官查驗，並令該商將在洋曾否禦盜，據實呈明。儻炮械或有短缺，即令將因何失落緣由，詳細聲明，一一登記，以備稽考。如有捏報情事，別經發覺，即將該商按例懲治。如此立定章程，自可不致滋弊。該督撫當嚴飭海口員弁，實力奉行，毋得縱容吏胥啓勒索訛詐之端為要。

十四年諭：米石出洋，例禁綦嚴，節次降旨諭令各督撫等，於沿海口岸實力稽查，以杜偷漏。乃積習因循，仍不免視為具文。即如浙江省本年並無水旱偏災，所產米穀，自足供閭閻粒食，市價亦應平賤，乃甚為昂貴，自係入市者少，出海者多，以致民食不能充裕。可見地方官平日嚴斷接濟，竟屬紙上空談。浙省如此，他省可知。試思各口岸如果食米不放出洋，則盜匪日形困乏，何以現在浙閩粵三省盜船尚多，猶煩兵力剿捕。且各衙門不肖胥吏兵役，為之護庇，通同濟匪，得受陋規，甚至有食海俸名目。而各海關所用之人，又多係官親長隨，牟私骫法，其縱容包庇者，正復不少。不可不嚴行飭禁，用杜弊源。著各該督撫及管理海關大員，一體嚴密留心，實力查察，將前項弊端，剔除淨盡，務使盜源盡絶，民食日充，以期海洋寧謐，地方豐裕。設經此次嚴諭之後，陽奉陰違，仍致偷漏，朕惟執法從事，恐該督撫等不能當此重咎也。

清・王之春《清朝柔遠記》卷四（雍正六年）閏七月，禁運米出洋。先是，上聞近海地方偷運米石出海之弊尚未盡除，論交清查之員一併嚴查。是月，御史伊拉齊奏稱：『臣已與督撫臣會銜飭沿海文武各員嚴禁稽查，數月並無一盤獲。雖向有無賴小民因西洋人收買，希圖重價，將米石載小船偷渡出界，近亦無之，惟間有窮苦漁船多買食米，零星賣與洋船。聞松江府城天主堂西洋人畢登榮莫滿，托言暫住養病，時或出門拜客，士民多有歸其教者。按此西洋人常有貿易船隻往返走洋，恐有偷賣米石之弊。又聞各省尚有潛住之洋人，煽惑愚民，實無異於中國而有損政教。仰懇皇上飭江南督撫，令各府州縣細查，如有潛住之西洋人，盡行報出，作何遞送回澳之處，一面料理，一面奏明，通行各省督撫一體遵查，不惟黜異端以崇正學，亦可杜偷運米石出海之弊。』報可。【略】

癸丑，雍正十一年春二月，禁販鐵出洋。時有商民陳秦使販鐵出洋，經閩洋巡船查獲稟陳，總督郝玉麟，巡撫趙國麟將貨物入官，並奏請通行嚴禁。奉上諭：『如此實心任事，何患諸弊不除、吏治民風之不就理也，殊屬可嘉之至！』

又 卷五 己卯，乾隆二十四年，【略】禁絲斤出洋。時禁英吉利商船赴浙貿易，於是皆收泊廣東，每夏秋交由虎門入口。又時方嚴絲斤出洋之禁，兩廣總督李侍堯言：『近年英吉利洋商屢違禁令，潛赴寧波，今絲斤禁止出洋，可抑外洋驕縱之氣，惟本年絲斤已收，請仍準運還。』奏入報可。

又 卷七 甲戌，嘉慶十九年春正月，禁洋商運銀出洋。蘇楞額奏稱：『近年來夷商賄通洋行商人，藉護回夷兵盤費為名，每年將內地銀兩偷運出洋，至百數十萬之多，復將低潮洋銀運進，任意欺蒙商賈，以至內地銀兩漸行短絀，請旨飭禁。』奉上諭：『夷商交易，原令彼此以貨物相準，俾中外通易有無，以便民用，若將內地銀兩每年偷運出洋百數十萬，歲積月累，於國計民生均有關係。若蔣攸銛，祥紹查明每歲夷商等偷運足色銀兩出洋實有若干，應如何酌定章程，嚴密禁止，會同妥議具奏。』【略】

乙亥，嘉慶二十年春三月，申禁鴉片煙。【略】至是，粵督蔣攸銛等奏查禁鴉片章程，奉上諭：『鴉片煙一項，流毒甚熾多有夷船夾帶而來，嗣後西洋貨船至澳門時，自應按船查驗，杜絶來源。至粵省行銷鴉片煙，積弊已久，地方官皆有失察處分，恐伊等瞻顧因循，查拿不力，嗣後有拿獲鴉片煙之案，除查明地方委員等有得規故縱情事，應嚴參辦理外，其僅止失察者，竟當概行寬免處分。至所請獲與販煙斤自二百斤至五千斤以上，分別紀録加級，及送部引見，並軍民人等拿獲獎賞，以及誣良治罪之處，俱著照該督等所請行。』【略】

十一月，禁買洋人奇巧貨物。時蔣攸銛等奏：『查洋商拖欠夷人貨帳銀兩，業經停利劈本，請勒限分車請還。』奉上諭：『此項詳商節年拖欠夷人貨帳銀兩，據該督等查明，各行欠項自嘉慶十七年至十九年，共還過銀一百三十萬兩零，見尚欠夷帳一百六萬兩，按照欠數多寡，分定年限歸還，該商等經此次清釐之後，自應遵照定限，一律清還，毋令再有拖欠。惟是該夷人以貨易貨，乃壟斷盤剝，任令疲商除欠，即明知有不得過十萬之舊章，朦朧匿報，亦應嚴行飭禁。近年內地銀兩為外夷貿易攜去者，動逾百萬，日久幾同漏卮，著該督撫及該監督留心稽察，如外夷有以奇巧貨物攜至洋行，私行留用此等物件，饑不可食，寒不可衣，令其將中土財貝潛就消耗，殊為可惜，果能實力禁絶，該夷人等知內地不寶異物，不能行銷，則來者漸少，易去銀兩亦必日減，亦節財流之一道也。』【略】

己卯，嘉慶二十四年冬十二月，禁廈門洋船運茶。時，董教增奏閩省廈門洋船仍販運茶葉，上諭軍機大臣等：『所奏甚屬非是。前閩浙等省販粵茶葉，多由海道運往，經蔣攸銛以洋面遼闊，漫無稽查，恐有違禁夾帶等弊，奏請仍照舊例，改由內河行走，業經明降諭旨，通行飭禁。自諭禁之後，洋面日見肅清，海口無從偷漏，即黠夷如英吉利，不能串通奸商私用售買，亦皆遵奉禁令，虔受約束，為法甚善，必應永遠遵行。今董教增忽請準廈門洋船仍販運茶葉，則與由海販粵何異？明係受奸商慫恿，冒昧陳請。董教增著傳旨申飭，所奏不准行。』

又 卷八 辛巳，道光元年，申鴉片煙禁。初，禁鴉片時已裁稅額，禁雖嚴，而私銷益廣，價亦日增，鴉片躉船泊於澳門者，繼仍移入黄埔，皆於貨物中夾帶私售。至是查出，奉旨重申前禁，凡洋艘至粵，先由行商出具所進黄埔貨船並無鴉片甘結，方准開倉驗貨，其行商容隱，經事後查出者，加等治罪。

朝貢封賜部

通紀概説分部

綜述

清・允祹等［乾隆］《清會典》卷五六《朝貢》　凡四夷朝貢之國，東曰朝鮮，東南曰琉球、蘇禄，南曰安南、暹羅，西南曰西洋、緬甸、南掌，西北番夷見理藩院皆遣陪臣爲使，奉表納貢來朝。凡敕封國王，朝貢諸國遇有嗣位者，先遣使請命於朝廷。朝鮮、安南、琉球欽命正副使奉敕往封，其他諸國以敕授來使齎回，乃遣使納貢謝恩。朝鮮國王、王妃與王同封，子長則請封世子，皆三品以上官，充正副使，服色儀從各從其品。安南、琉球以翰林院科道禮部五品以下官充正、副使，特賜一品麒麟服，以重其行。儀從皆視一品，使歸還其服於所司。凡貢期，朝鮮歲至，琉球間歲一至，安南六歲再至，暹羅三歲，蘇禄五歲，南掌十歲一至，西洋、緬甸道遠，貢無定期。凡貢道，朝鮮貢使渡鴨緑江入境，由鳳凰城陸路至盛京，入山海關赴京師。琉球由福建閩安鎮，蘇禄由廈門，西洋由廣東澳門，暹羅由虎門，皆浮舟於海，經涉重洋入境。安南由廣西太平府，緬甸由雲南永昌府，南掌由普洱府，皆陸行，款關入境。各至省城督撫，具疏以聞，由部覆準，命下，乃禮遣入京。凡貢物，各將其國之土實，非土産者勿進。朝鮮、安南、琉球、緬甸、蘇禄、南掌，皆貢有常物。西洋、暹羅無常貢，惟其所獻，或輸内務府，或入武備院，或納鑾儀衛，或留於盛京及邊省，各付所司應用，有因事慶賀及謝恩加貢者，廩餼賚予如常貢，其方物，則留充正貢之數。凡從人，朝鮮貢使從書狀官一人，大通官三人，護貢官二十四人。有賞，從役三十人。無賞，從役無常數。琉球、西洋、暹羅、蘇禄貢舟無過三，每舟人無過百，赴京無過二十。安南、緬甸、南掌入貢人無過百，赴京無過二十。其不赴京者，留於邊境，邊吏廩餼之，俟使回至邊，率之歸國。凡進表，各國貢使就館，次日黎明，禮部設案於堂正中，提督會同四譯館、鴻臚寺少卿朝服，率貢使暨從官各服其國朝服，由館赴部入左角門，俟於階下。禮部侍郎一人出，立於案左，儀制司官二人，鴻臚寺鳴贊二人，立於左右楹南，咸朝服。館卿先升，立於階前，鳴贊贊進表，司賓、序班二人，引貢使奉表升階，副使從官隨升，贊跪，正使以下皆跪，贊接表，侍郎恭接，陳於案正中，復位立，贊跪叩，興正使以下行三跪九叩禮，畢，序班引退。儀制，司官奉表送内閣恭俟，命下，納方物於所司。凡朝儀，貢使至京，遇大朝、常朝之期，皇帝御太和殿，王公百官朝賀畢，序班引貢使暨從官各服其國朝服，就丹墀西班末聽贊，行三跪九叩禮，賜坐，賜茶，皆如儀。詳見《儀制司》。若不遇朝期，由部奏請召見，皇帝御便殿，領侍衛内大臣侍衛左右侍立，禮部尚書一人采服引貢使服其國朝服入，至丹墀西，行三跪九叩禮畢，引由右階升，通事一人從升，至殿門外跪。禮部尚書傳旨慰問，貢使以其國語對，通事譯言，禮部尚書代奏，禮畢，引出，如待以優禮，則議政大臣、内大臣、八旗大臣咸補服入殿侍立，禮部尚書引貢使至丹墀西，行三跪九叩禮，升右階入殿右門，立右翼大臣之末，乃賜坐。貢使隨衆跪一叩，坐，賜茶，跪接，坐飲，皆行一叩禮。皇帝慰問，貢使起，跪，奏對如前。儀禮畢，引出。賜食於朝房，翼日詣午門外謝恩，如常儀。凡賜予，由部疏請得旨行，諸司供具，届期設案於午門外御道左，户部、工部、内務府司官各陳賜物於案，上駟院陳馬於庭，各國惟朝鮮國王及貢使賜馬。禮部堂官一人立案南，西面主客司官隨後立，御史四人，鴻臚寺鳴贊二人，序班二人，夾御道左右東西面立，咸朝服。提督會同四譯館、鴻臚寺少卿朝服率貢使暨從官各服其國朝服，由長安左門入，至午門外立。御道右東面，鳴贊贊排班，序班引貢使從官北面序立聽贊，行三跪九叩禮畢，乃頒賜於國王。主客司官奉授貢使，貢使跪受，轉授其從人，次頒賜於正副使及從官從人。主客司吏奉授，各跪受訖，乃謝恩，行三跪九叩禮畢，引貢使退，堂官以下皆退。凡館餼，各國貢使就館，工部飾房宇，備器具，給炭薪，户部支粟米芻豆，光禄寺日具脯資餼牽，詳見精膳司。皆館卿稽察而均調之。凡賜燕，各國貢使朝貢事竣，賜燕於部。將歸，燕於館舍，詳見精膳司。主席以禮部堂官一人。歸及邊境，燕於省城，主席以司道一人。凡迎送，朝鮮貢使以禮部通官迎於鳳凰城，送亦如之。各國貢使由各省督撫遣丞倅迎於邊，界即令伴送至京，及朝貢禮畢。安南、琉球、暹羅、緬甸、蘇祿均疏列。禮部滿漢司官各二人引見恭候。欽點一人，送至各省會城，督撫遣官伴送出境。南掌仍以伴送來京之人送往。西洋貢使以內務府司官暨西洋人之供職欽天監者，迎送於廣東。皆往來乘傳所需舟車夫馬次舍饔餼，有司官憑郵符供備，經過地方遞撥官軍防護，以達遠人。凡市易，各國貢使入境，其舟車附載貨物，許與內地商民交易，或就邊省售於商行，或攜至京師市於館舍。所過關津皆免其徵。若夷商自以貨物來內地交易者，朝鮮於盛京邊界中江每歲春秋兩市，會寧歲一市，慶源間歲一市，以禮部通官二人，寧古塔筆帖式驍騎校各一人，監視之，限二十日畢市。海外諸國於廣東省城，每夏乘潮至省，及冬候風歸國，均輸稅於有司，與內地商民同。凡禁令，外國有事陳請專差陪臣齎文赴部，或外由督撫爲之轉奏。專達於朝者，禁。貢使入境，及貢道所經各定地界不由正道，越行他省者，禁。私買違制服色、史書、兵器、銅鐵、油蔴、焰硝及帶內地人口米穀出境者，禁。江海相際越境漁採者，禁。陸界甌脱之地，中外軍民設屯堠，闢田廬，逋逃寄寓者，禁。封疆文武官，不因公事通文書於外國者，禁。奉使出疆，多受餽遺，往來送迎，私索土宜者，禁。有干禁令者論如法。凡賙恤，朝鮮、安南、琉球國王卒，其嗣子遣使告哀，乃賜故王謚，以敕封嗣，王之使兼充諭祭使，齎祭文、香帛、白金往其國諭祭。貢使歿於內地，在京遣祠祭司官，在道遣所在有司致祭，願攜柩歸國者聽願。葬內地者，有司擇地封窆立表以識之，費資於官。其國有大饑饉，遣使乞糴者，令鄰疆官吏發倉庾以平其價，仍以粟賙之。凡拯救外國商民船，有被風飄至內洋者，所在有司拯救之疏，報難夷名數，動公帑給衣食，治舟楫，候風遣歸。若內地商民船被風飄至外洋者，其國能拯救資贍治舟送歸，或附載貢舟以還，皆降敕褒獎該國王，賜其陪臣有差。

清・來保等《清會典則例》卷九三《朝貢上》 敕封：崇德二年，朝鮮國王李倧舉國歸附，敕封爲朝鮮國王，賜龜紐金印，給誥，封王妻爲王妃，子爲世子。順治元年，定外國繳送明季敕印者，聽地方官具題。六年，遣正副使齎詔敕往封朝鮮國世子李淏爲朝鮮國王，妻爲王妃。是年，題準，往封朝鮮國王詔敕各一道，由內院撰擬，正副使啓塗，工部給黃繖旗仗、欽差牌、肅静迴避牌各一對，兵部給郵符，起沿塗夫馬給兵票，撥營汛兵護送至山海關出關，撥旗兵送至朝鮮國界，給路引，載隨行通事官從人及車馬弓矢佩刀之數，以備出關稽察。八年，覆準琉球國納欵差陪臣齎表及通事到京，頒敕一道，諭該國將明季敕印繳換，即令差官齎回。十一年，琉球國世子尚質遣陪臣繳到明季鍍金銀印一顆，襲封王爵，詔一道，敕書一道，遣正副使齎詔敕各一道，及鍍金駝紐銀印一顆，往封琉球國世子尚質爲中山王。是年，題準，往封琉球國王，開列內閣典籍，中書舍人、翰林院讀講編檢、六科給事中、禮部郎中員外郎、主事、行人司行人恭候。欽點正副使，各給蟒段朝衣、麒麟補服，工部豫行福建督撫備渡海大舟，務擇精良者至，啓行乘傳給繖仗旗牌，皆如例。十六年，遣使齎詔敕往封朝鮮國世子李棩爲朝鮮國王。是年，定往封朝鮮國王，開列內大臣、散秩大臣、一等侍衛、滿内閣學士、翰林院掌院學士、禮部侍郎恭候，欽點正副使各一人。十八年，覆準安南國王黎維禔奉表投誠，照琉球國例頒敕一道，令來使齎奉回國。康熙元年，覆準，順治十一年往封琉球正副使至閩，因道阻未及渡海，行令閩浙總督造舟送往。三年，以荷蘭國王助兵克取廈門、金門，頒敕諭二道褒獎。是年，部覆安南國世子黎維禧請封一疏，奉旨竢該國繳送明季敕印再行議奏。五年，安南國世子黎維禧送到明季敕一道印一顆，遣正副使齎敕及鑄給鍍金駝紐銀印，往封黎維禧爲安南國王。又題準，往封安南國王，開列正副使及給蟒段朝衣、麒麟補服，悉照出使琉球之例。十二年，暹羅國請封，給與敕書並駝紐鍍金銀印，貢使於午門外祇領，並行令該國王恭迎各如儀。十四年，遣正副使齎詔敕封朝鮮國世子李焞爲朝鮮國王，妻爲王妃。二十一年，遣使齎敕往封琉球國世子尚貞爲琉球國中山王。二十二年，遣使齎敕封安南國世子黎維正爲安南國王，以舊印糢糊並換給新鑄駝紐鍍金銀印。三十年，朝鮮國王廢妃仍封爲妃，補給誥命，其側室仍處以副室，繳前所封誥命。三十六年，諭朝鮮國奏稱正妃無子，請將側室所生之子李昀封爲世子，應准其所請，賜物照例由户部支取，遣正副使臣齎敕往封。四十二年，定朝鮮國王繼室，照例封爲王妃，其誥命及賜封王妃禮物均與封適妃同。五十七年，琉球國王世曾孫尚敬具奏，自四十八年中山王尚貞薨逝，世子尚純早世，世孫尚益權署國事，未及請封亦薨，今遣耳目官正議大夫等請封襲王爵，奉旨琉球國世守臣節忠誠可嘉，準該國王世曾孫尚敬所請，敕賜承襲琉球國中山王，遣使行敕封禮。五十八年，遣使齎敕封安南國世子黎維祹爲安南國王。五十九年，遣使齎敕封朝鮮國世子李昀爲朝鮮國王。是年，朝鮮故王妃奏准世子原配追贈王妃，繼室封王妃，頒賜誥命。六十一年，朝鮮國王奏請封其弟李昑爲世弟，部覆與例不符，奉旨照所請行，遣使齎敕往封其弟李昑爲朝鮮國王世弟。雍正二年，遣使敕封朝鮮國王世弟李昑爲朝鮮國王，妻爲王妃。三年，朝鮮國王請封側室所生之子爲世子，奉旨建立世子，該王必再三斟酌，始懇切具呈著，照所請行。是年，遣使齎敕往封其子李緈爲朝鮮國王世子。是年，西洋教化王入貢頒敕一道，付來使齎回。五年，西洋博爾都噶爾國入貢，頒敕一道，付來使齎回。是年，諭：蘇祿國向來未通職貢，今該國王輸誠嚮化，遣使遠來，進貢方物，奏辭懇切，具見悃忱，其有應行議奏之處，著大學士九、卿詳議。欽此。遵旨議準。蘇祿國入貢照東南海外安南、琉球、荷蘭、暹羅諸國。初次奉表納貢之例，欽頒敕諭一道，給賜該國王，即令來使齎奉還國。七年，暹羅國入貢，內閣撰敕一道，付來使齎回。八年，南掌國入貢，欽頒敕諭，照蘇祿國初次納貢之例。十一年，遣使敕封安南國世子黎維祜爲安南國王。乾隆二年，朝鮮國王李昑以世子李緈早世，遣使請封子李愃爲世子，奉旨該王既稱遲暮之年，子李愃知識漸長，輿情所在，願名位早定，情辭懇切，著照所請行。是年，遣使齎敕往封李愃爲朝鮮國王世子。是年，遣使齎敕封安南國王弟黎維禕爲安南國王。十六年，奏准緬甸國入貢，照蘇祿各國初次入貢之例，欽頒敕諭一道，賜該國王，以示嘉獎，即令來使齎奉還國。二十一年，遣使齎敕封琉球國王世子尚穆爲琉球國王。一貢期：崇德二年，定朝鮮每年進貢一次，並聖節、元旦、冬至三大節爲四貢同進。順治十一年，定琉球貢期二年一次。十三年，諭：荷蘭國慕義輸誠航海修貢，念其道路險遠，著八年一次來朝。欽此。康熙二年，覆準，安南貢期三年一次。四年，定，暹羅貢期三年一次。七年安南國入貢，乞將三年一貢之例改爲六年兩貢，得旨允行。二十五年，覆準荷蘭國入貢，原定貢期八年一次今該國王感被皇仁更請定期改爲五年一次。雍正元年，奉旨朝鮮國所進萬壽表文貢物，不必於九月內來京，著仍照例於十二月內與年貢並進。七年，諭：朝鮮王世篤恭順虔修職貢，昔蒙世祖章皇帝軫念藩封，特頒敕諭：令聖節、元旦、冬至表儀皆準與年貢同進，以彰柔遠至意，近見該國王於領受賞賚等事皆遣使臣齎表奏謝，朕念該國距京三千餘里，貢使往來未免勞費。嗣後凡屬謝恩表章，皆著與三大節表一同齎奏，不必特遣使臣，永著爲例，欽此。八年，覆準，南掌貢期定爲五年一次。乾隆八年，蘇祿國王齎表進貢，奉旨覽王奏具見悃忱，爾國遠隔重洋，再修職貢，良可嘉尚，至所請三年復貢之處，恐該國道遠，風信難期，著仍遵雍正五年所頒敕諭，酌俟五年之外一修歲獻之旨行。又諭：南掌國貢象舊例，以五年爲期，朕思該國僻處天末，遠道致貢，未免煩勞，著改爲十年一貢，欽此。

一、貢道：崇德二年定，朝鮮貢道由鳳凰城。順治八年，議準，琉球貢道由福建。十三年，議準，荷蘭貢道由廣東。康熙元年，議準緬甸貢道由雲南。四年，議準安南貢道由廣西太平府。六年，議準西洋貢道由廣東。又議準，暹羅貢道由廣東。二十五年，覆準荷蘭貢道改由福建。雍正二年，議準，嗣後安南貢使來京，令廣西巡撫填給勘合，由湖廣、江西、山東等處水路進京，回日，兵部照原勘合換給，由水路歸國，永爲例。又諭：向來驛遞供給差遣，多有騷擾，曾降諭旨定例外不許溢額，今安南國王慶賀登極大禮，遣使遠來，應加恩恤，其經過地方供給日用，酌量加增，欽此。四年，議準，蘇祿貢道由福建。七年，議準，南掌貢道由雲南。

一、貢物：崇德二年定，朝鮮貢物：年貢黃金百兩、白金千兩、苧布二百疋、各色棉紬四百疋、各色木棉布四千四百疋、龍紋席二、花席二十、鹿皮百、水獺皮四百、豹皮百四十有二、青黍皮三百、佩刀十、大小紙五千卷、米百石，萬壽聖節禮物：各色苧布三十疋、各色棉紬七十疋、龍紋席二、各色花席六十、豹皮十、水獺皮二十、白棉紙二千卷、厚油紙十部。元旦、冬至二節減棉紬三十疋，及水獺皮油紙二種。皇后千秋節：苧布三十疋、棉紬三十疋、花席三十。元旦、冬至二節加螺鈿梳函一具。三年，朝鮮國王恭進慶賀方物：苧布六十疋、棉紬七十疋、龍紋席二、花席四十五、豹皮五、白棉紙二千卷，又進，謝恩方物如之，又陳奏方物減苧布二十疋、花席五，加水獺皮二十、青黍皮三十、筆百枝墨五十笏，恭進皇后苧布二十疋、棉紬二十疋、花席二十。順治元年，議準，外國朝貢，以表及方物爲憑，該督撫察驗的實方準具題入貢。又定貢使到京，所貢方物，會同館報部提督，該管司官赴館察驗，撥役管領由部奏聞，貢物交進内務府，象交鑾儀衛，馬交上駟院，刀、鹿皮、青黍皮等物交武備院，硫黄交該督撫收貯。十一年，琉球國王世子尚質進貢慶賀方物：金飾柄匣佩刀、銀飾柄匣佩刀、金酒鉼、銀酒鉼、泥金畫屏、泥金扇、泥銀扇、蕉布、苧布、紅花、胡椒、蘇木，又恭進二年一次，常貢方物：馬十四、螺殼三千、硫黄萬二千六百斤。十三年，荷蘭國王恭進御前方物：鑲金鐵甲、鍍金馬鞍、鑲銀劍、鳥銃、琉藥袋、鑲銀千里鏡、玻璃鏡、八角大鏡、珊瑚、珊瑚珠、琥珀、琥珀珠、哆囉絨、嗶吱段、西洋布、花被面、大氈、毛纓、丁香、番木蔻、五色番花、桂皮、檀香。恭進皇后方物：玻璃鏡、玳瑁匣、玻璃匣、烏木、飾人物匣、珊瑚珠、琥珀珠、琥珀哆囉絨、嗶吱段、西洋布、白倭段、花氈、花被面、玻璃杯、花石合、白石畫、薔薇露。十八年，安南國王差陪臣奉表投誠入貢方物：金香鑪、花鉼銀盆、沉香、速香、紫降香、白木香、黑綫香、白絹、犀角、象牙。康熙元年定，朝鮮國每年進貢太皇太后，皇太后二大節及遇慶賀謝恩陳奏，進貢方物，均與皇后禮同。三年，定外國慕化來貢方物，照其所進，收受不拘舊例。是年，琉球國王尚質因謝敕封恩進貢方物：金飾佩刀、銀飾佩刀、漆柄大刀、漆杆槍、漆盔甲、泥金畫屏、泥金扇、泥銀扇、畫扇、紅銅、胡椒、絲綿、土苧布、蕉布。四年，覆準，琉球國王補進慶賀貢物，與順治十一年同。貢船在梅花港口遭風飄，失貢物，免其補進。是年，暹羅國王差陪臣入貢，御前方物：龍涎香、西洋閃金段、象牙、胡椒、籐黄、荳蔻、速香、烏木、大楓子、金銀香、蘇木、孔雀龜，凡十有三種。皇后前方物並同，各減半，例於常貢，外有加貢，無定額。五年，琉球國王補貢四年方物，奉旨琉球國王補進飄失貢物，具見恭順，但前已有旨免進，這補進金銀器皿，仍著發還。六年，琉球國王進常貢方物，加紅銅五百斤、螺鈿漆盤十。又覆準，琉球進貢硫黄，應留福建督撫收貯，餘貢物令該撫差人解送，來使不必到京，即給賞遣回，下次貢使仍令賫表入京。是年，荷蘭國王進貢方物：大馬鞍轡具、鑲金鑲銀銃、起花金刀、哆囉呢、嗶吱段、嗶吱紗、荷蘭絨、大花段、荷蘭五色大花段、大紫色金段、紅銀段、大珊瑚珠、五色絨毯、五色毛毯、西洋五色花布、西洋白細布、西洋小白布、西洋大白布、西洋五色花布褥、大玻璃鏡、玻璃鑲鐙、荷蘭地圖、小車、大西洋白小牛，並進大琥珀、丁香、白胡椒、大檀香、大象牙，並琉璃器皿一箱。八年，琉球國王入貢，於常貢外加貢紅銅千斤、絲煙百匣、螺鈿茶鍾百。九年，西洋國王阿豐肅遣陪臣奉表入貢方物：國王畫像、金剛石飾金劍、金珀書箱、珊瑚樹、珊瑚珠、琥珀珠、伽枏香、哆囉絨、象牙、犀角、乳香、蘇合油、丁香、金銀乳香、花露、花幔、花氈，凡十有七種。十年，琉球國世子尚貞入貢，於常貢外加貢鬃煙、番紙、蕉布。十二年，諭：暹羅國航海遠來，抒誠進貢，其蟲蛀短少等物，免令補進，嗣後各國皆照此例，欽此。十七年，西洋國王阿豐肅遣陪臣奉表貢獅子。二十年，奉旨琉球國進貢方物，以後衹令貢硫黄、海螺、殼紅銅，其馬匹、絲煙、螺鈿器皿，均免進貢。二十一年，聖祖仁皇帝恭謁祖陵，朝鮮國王遣陪臣至盛京迎接，進貢方物：豹皮、鹿皮、水獺皮、青黍皮、倭劍、全鰒八帶魚、大口魚、海參、海帶、萊紅蛤、浮椒、白蜜、柏子、銀杏、黄栗、柹乾。二十三年，琉球國王尚貞因敕封謝恩，進貢方物與康熙三年同，又以特賜御書加貢金鶴一對。二十五年，奉旨朝鮮國王謝恩引罪，進獻禮物，嗣後均停收。又覆準，荷蘭道路險遠，航海艱辛，嗣後進貢方物酌量減定，令貢珊瑚、琥珀、哆囉絨織金毯、嗶吱段、自鳴鐘、鏡、馬、丁香、檀香、冰片、鳥槍、火石，餘均免貢。二十七年，琉球國因準陪臣子弟入監讀書，於常貢外加貢圍屏紙三千張、嫩蕉布五十疋。是年，奉旨琉球國航海入貢塗遠勞煩，海螺殼嗣後免進。三十二年，奉旨朝鮮世篤悃忱，克殫恭順，頃復輸應軍需，捐進鳥槍三千，可嘉年貢内黄金百兩，及藍青紅、木棉，嗣後永著停止。是年，琉球國以免常貢海螺殼，補進白剛錫千斤。三十七年，朝鮮國王爲平糶及賞給米穀，恭進謝恩禮物，奉旨爲平糶謝恩禮物發回，爲賞給米穀所進謝恩禮物準收。三十九年，諭：朝鮮國王因送回飄溺人民賞賜謝恩，其禮物不必收，嗣後此等奏謝著停其進貢。四十七年，暹羅國王遣陪臣恭進表文入貢方物，外加貢物九件，其副貢船、貢馴象二隻，外加貢金絲猴二。五十一年，諭：朝鮮國慎守封圻，恪循儀度，四十餘年來，未嘗稍懈，朕用嘉美，將該國貢典屢加裁減，至於甚輕，今貢物内有白金千兩、紅豹皮百四十二張，猶恐艱於備辦，嗣後將二項永停貢獻。又覆準，朝鮮國前次謝恩禮物，既停收受，復念路塗遙遠，帶囬維艱，著與收留，準作本年貢物。今該國復進禮物謝恩，又奉旨蠲免，仍照前例準留作貢物，但所貢筆墨不在貢例，豹皮已永停貢獻，仍交來使帶回。五十四年，覆準，朝鮮國謝恩禮物久已停收，留作正貢，復行曉諭該國王，嗣後謝恩照常進表，其禮物不必進獻。五十五年，奉旨安南路遠，解送重物甚屬勞苦，嗣後犀角、象牙，免其進獻，金香鑪、花缾、銀盆，準折作金銀，同其餘貢物均交廣西藩庫收貯，如有應用之物，内務府咨部移咨該撫差官解送。五十六年，安南國王嗣子黎維祹以諭旨軫念該國路遠，免其解送重物，請遣陪臣謝恩，照例准其進貢之年進表。五十九年，暹羅國王遣陪臣恭奉金葉表文，貯以金筩，裹以錦袱，上飾金珠三、金圈七、合二重，内合飾螺鈿，外合飾金紫，梗牌二，入貢馴犀，又貢使呈稱國王命加貢西洋金段二、大西洋潤宋錦一。雍正元年，諭：朝鮮國自歸順我朝，恪供藩職，列聖以來，屢次施恩減免貢物，今所貢或尚有可減者，著確議具奏，欽此。遵旨議準朝鮮貢物，明時有金銀器皿、人參、馬匹、苧布、棉紬等數十種，我太宗文皇帝崇德二年免本年常貢之半，五年免貢米九千包，世祖章皇帝時，凡金銀器皿、人參馬匹，槩與停免，聖祖仁皇帝康熙三十二年，免黄金百兩，青紅藍木棉布六百疋。五十年，免白金千兩紅，豹皮百四十二，視明時貢物已免過半，今惟年貢内可減去青黍皮三百、水獺皮百、木棉布八百疋、白棉紙二千卷，餘貢如常。二年，琉球國王恭進慶賀登極方物：金銀飾佩刀、金銀缾、泥金畫屏扇、團屏紙、紅銅、白剛錫、蕉布、夏布，恭進皇后金銀粉匣扇、蕉布、夏布。是年，安南國王慶賀登極並謝恩，恭進方物，均如常貢。又暹羅國進獻穀種、果樹、洋鹿、獵犬等物，奉旨暹羅國欽遵聖祖仁皇帝諭旨，不憚險遠，進獻諸物，最爲恭順，殊屬可嘉，其穀種鹿犬已經差官送至，各種果樹，竢來歲春和，再行委解。三年，奉旨朕垂念遠方，時存軫恤，朝鮮國既有哀戚之事，其因賜祭諡謝恩禮物，朕心甚爲不忍，著不必收納，至封王所貢儀物照例收受。是年，西洋伊達里亞國教化王伯納第多，遣使奉表慶賀登極，進貢方物：厚福水、緑玻璃鳳壺、各色玻璃、鼻煙壺、玻璃碁盤、碁子、哩阿□波羅盃、蜜蠟盃、小盃、小缾、小刀柄、法琅小圓牌、銀纍絲連座船、四輪船、缾花、大小花盤、小花缾、小漏盤、小銅日晷、水晶滿堂紅鐙、咖什倫鼻煙罐、蓋杯緑石鼻煙合、帶頭片各寶鼻煙壺、玩器、圓毬、素珠、賓地銀花盤、花匣小罐、素鼻煙合、花砂漏、環寶石花線、花畫、皮畫、皮扇面畫、繡花紙盤、花紙盤、花石鐵花盆、巴爾薩木油、阿噶達片番、銀筆裏、金規矩、環牙片、瑪瑙、刀柄鼻煙壺、珠各色石鞭頭小石合、珊瑚珠、香枕囊、火漆石印紐、火漆八包、顯微鏡、火鏡、照字鏡、大紅羽段、周天球鼻煙，凡六十種。四年，諭：琉球國王，因朕頒賜御書匾額，及采段、玉器等件，特遣使臣進表謝恩，貢獻儀物，具見悃誠，朕加惠遠藩，不受貢物，但既航海遠來，不忍令其帶回本國，向來朝鮮國王進獻禮物，若不收受，有交送内務府存留，準作年貢之例。今琉球國王所進禮物準作三年一次正貢，欽此。又覆準安南國王恭進謝恩禮物，應令暫停，仍照定例，竢正貢之年一并具表赴京。五年，奉旨朝鮮年貢之例，每年貢米百石，朕念該國路塗遙遠，運送非易，著減去稻米三十石、糯米三十石，每年進貢糯米四十石，足供祭祀之用，永著爲例。是年，西洋博爾都噶爾國王若望遣使麥德樂等具表慶賀，恭請聖安，因進方物：大珊瑚珠、寶石、素珠、金法琅合、金環咖什倫缾、蜜蠟合、瑪瑙合、銀環咖什倫合、藍石合、銀鍍金環玳瑁合、銀鍍金環雲母合、各品藥露五十缾、金絲段、金銀絲段、金花段、洋段、大紅羽段、大紅哆囉呢、洋製銀柄武器、洋刀、長劍、短劍、鍍銀花火器、自來火長槍、手槍、鼻煙、葛巴依瓦油、聖多默巴爾撒木油、壁露巴爾撒木油、伯肋西里巴爾撒木油、各品衣香、巴斯第里葡萄紅露酒、葡萄黄露酒、白葡萄酒、紅葡萄酒、咖什倫各色法琅、烏木環青石桌面、環黄石桌面、烏木環各色石花條桌、織成遠視畫，凡四十一種。其來使呈稱國王，蒙聖祖仁皇帝撫恤多年，兼慶皇上御極，仍一視同仁，感戴洪恩，敬備方物，願恭奉至御前，親身進獻，庶得達國王敬奉皇朝之盛心，其表文由内閣繙譯，貢物由部具奏，奉旨准其進獻。又蘇禄國王母漢末母拉律林遣正使奉表入貢方物：珍珠玳瑁描金花布、金頭牙薩白幼洋布、蘇山竹布、燕窩、龍頭花刀、夾花標槍、滿花番刀、藤席猿，凡十有二種。六年，議準琉球國前進謝恩禮物，奉旨存留作貢，今循舊例進到四年正貢，應遵前旨存留，作六年正貢，其六年應進表文，仍令遣使恭進。七年，諭：據福建巡撫奏稱，琉球國中山王尚敬差耳目官毛鴻基等進貢方物，照例進港安插館驛，朕以琉球歷來恪守臣節，不失貢期，而地處重洋之外，使臣遠涉風濤，深可軫念，是以令其四年進貢方物準作六年正貢，其六年應進表文竢八年正貢，一同恭進，所以寬其朝貢之期，與海邦休息之意也。今該國王以未接部文仍按期遣使，實因未知朕之明旨，並非有違成例，且其船已經進港，行李已安頓館驛，寧可以不合例而却之，使空往返於洪濤巨浪中乎？著照例准其入貢，該撫委官伴送來京，一應廩餼舟楫，悉遵二年例，從厚辦給，欽此。又諭：琉球處重洋之外，奉表脩貢，遠涉風濤，朕心深爲軫念，是以從前降旨將雍正四年該國王所貢謝恩儀物，準作六年正貢，以示恩眷，今該國王以六年正貢之期，仍遵定制，遣使奉表，情詞懇切，具見悃誠，著將六年貢物準作八年正貢，若八年貢物已經遣使起程，即準作十年正貢，欽此。是年，暹羅國王遣陪臣朗微述申黎呼等齎金葉表文，貯以金筩、錦囊，與康熙五十九年同，入貢御前方物：馴象、龍涎香、幼鏌石、冰片、沉香、犀角、孔雀尾、翠鳥皮、象牙、速香、安息香、紫降香、荳蔻、螣黃、胡椒、大楓子、烏木、蓽撥、紫梗、桂皮、兒茶皮、樟腦、硫黃、檀香、樹膠香、織金頭白袈裟、桃紅袈裟、幼花布、濶幼花布、織金頭白幼布、濶紅布、花幼幔、大荷蘭氊、冰片油、薔薇露、皇后前方物不進象，餘物減半。又加進寶劍、仗劍、金地交枝柳條版帶。奉旨：暹羅國王遣使遠來，貢獻方物，具見悃誠。朕念該國遠隔海洋，齎送不易，欲酌量裁減，以示恩恤遠藩之意。但此次貢物，既齎送前來，難以帶回，著照往例收納。其常貢內，有速香、安息香、袈裟布疋等十件，無必須用之處。嗣後將此十件，免其入貢。永著爲例。欽此。遵旨議準：免貢速香、安息香、胡椒、紫梗、紅白袈裟、白幼布、幼花布、濶幼花布、花布幔等物。皇后前照此免貢。八年，安南國王黎維祹遣陪臣丁輔益等進四年、七年正貢，又爲謝賜御書書籍、段幣、寶玉、器皿恭進禮物，並進金龍黃紙二百張、玳瑁筆百枝、斑石硯二方、土墨二包，又爲賜給疆地，及準貢使經由水路各進謝恩，禮物照例收受，又恭進奏事，禮物停收。又南掌國蘇瑪喇薩提拉烏孫，差頭目叭猛花、叭猛腊、叭細禮松發帶先目後生人等，到京奉銷金緬字蒲編表文一道，貢馴象二隻。九年，諭：朕因琉球地處重洋之外，奉表脩貢，深爲軫念，曾經降旨，將雍正八年貢物準作十年正貢，今該國王奏請按期入貢，情辭懇切，具見悃誠，著仍遵前旨，若十年貢物已經起程，即準作十二年正貢，十一年不必遣使前來。欽此。九年，琉球國官生業成歸國，國王加進謝恩禮物，嫩蕉布百疋、圍屏紙五千張，照例收受。十二年，諭：琉球國八年進貢，曾經降旨準作十年正貢，今該國王復行奏請，仍遵舊典，按期入貢，情詞懇切，具見悃誠，著仍遵前旨行。欽此。乾隆二年，諭：朝鮮國王爲請封世子進獻禮物，若仍令來使齎回，未免徒滋往返，著暫留收貯，準作來年正貢。欽此。六年，琉球國進謝賜御書恩，禮物照雍正四年例留準七年正貢，該使呈請謝恩禮物免其準貢，奉旨仍遵前旨行。是年，議準琉球國王進到七年正貢，準作九年正貢，其九年應進表文，照例遣使恭進。八年，車駕恭謁盛京祖陵，朝鮮國王遣陪臣迎接，進貢方物與康熙二十一年同。十一年，朝鮮國王遣陪臣陳奏，莽牛哨設兵並柵外起墾之事，恭進禮物，仍留準貢。十二年，朝鮮國王爲停止鳳凰城展柵，及莽牛哨設兵並柵外起墾之事謝恩，恭進禮物，仍留準貢。十四年，暹羅國王遣陪臣朗呵、派哌提等奉金葉表文，入貢御前方物：象二、龍涎香一斤、犀角六、沉香二斤、土璇石十一兩二錢、象牙、紫降香、大楓子、荳蔻、螣黃、烏木各三百斤，胡椒、花、桂皮、□樸、齒舌皮、樟腦、檀香、硫黃各百斤，蘇木三千斤，上冰片一斤，冰片二斤，冰片油二十瓢，翠毛六百副，孔雀尾十屏，紅布幔十疋，賀南氊二塊。皇后前不貢象，餘物各減半。又附洋船貢到黑熊、鬬鷄、金絲猿，令其進獻。十六年，緬甸國王遣陪臣希里覺填奉表入貢，御前方物，氊段四、緬布十有二、馴象八，皇太后前馴象二，一從人。順治九年，議準各國由陸路進貢，每次不得過百人，入京止許二十人，餘皆留邊聽賞，由海道進貢，不得過三船，每船不得過百人，一應接貢探貢等船，不許放入。十一年，議準琉球進貢人數不得過百五十人，正副使從人十有五名入京，餘留邊聽賞。十三年，議準荷蘭入貢，貢役不得過百人，入京員役止二十名，餘留住廣東該地方，文武官嚴加防衛，竢進京人回，一同遣還，不得久住海濱。康熙四年，議準暹羅正貢船二，令員役二十人來京，補貢船一，令六人來京。六年，覆準暹羅國進貢不得過三船，每船不得過百人來京，員役二十二人，存留邊界，梢目給與口糧，其接貢探貢等船，槩不許放入。七年，覆準安南貢船不得過三，每船不得過百人來京，員役不得過二十人。又覆準西洋國入貢，正貢一船，護貢三船，嗣後船不許過三，每船不許過百人，令正副使及從人二十二名來京，其留邊人役地方官給與食物，仍加防守。十八年，琉球國補進十七年貢物，除赴京官伴外，其餘員役令先乘原船歸國。二十八年，議準琉球國入貢兩船人數，准其加增，共不過二百名，接貢一船，亦免收税，合三船之數。四十二年，琉球國遣耳目官入貢，除留閩官伴外，其餘員役照例先回。雍正八年，議準南掌國進貢員役不得過百人赴京，止許二十人。乾隆十六年，議準，緬甸國進貢員役不得過百人赴京，止許二十人。一朝儀。崇德二年，朝鮮國王李倧舉國歸附太宗文皇帝，命坐於和碩親王之上，其長子李溰，次子李淏，三子李濬，坐於貝勒之次。又定凡朝鮮國來使，有職銜稱君者，俟朝賀行禮畢引入殿内，坐於右翼輔國公之下，隨班賜茶。康熙五十九年，西洋國遣使臣斐拉理奉表來朝，是日，設表案於暢春園九經三事殿階下正中，聖祖仁皇帝御殿升座，禮部鴻臚寺官引貢使奉表陳案上，退行三跪九叩禮，仍詣案前奉表進殿左門，升左陛，膝行至寶座傍，恭進聖祖仁皇帝受表，轉授接表大臣，貢使興仍由左陛降出左門於階下，復行三跪九叩禮，入殿賜坐，賜茶畢，謝恩退。雍正三年，安南國王遣陪臣入貢方物，奉旨召見。四年，琉球國王尚敬爲賜御書匾額、玉器、采段，遣使恭進謝恩禮物，其正使紫巾官召見。五年，西洋國遣使臣麥德樂等進表慶賀，儀與康熙五十九年同。七年，奏准，朝鮮國差陪臣驪川君李增謝恩來京，未遇升殿，世宗憲皇帝御乾清宮寶座，禮部堂官一人引來使，隨帶通事一人，由乾清門右門入，至丹墀西，行三跪九叩禮畢，引入乾清宮右門，賜坐於右翼大臣之末，賜茶，來使叩頭飲訖，世宗憲皇帝慰問，來使跪聆畢，引出至乾清門外謝恩，齊集之。大臣咸補服。議政大臣及應齊集大臣均入内大臣班列，坐豹尾班侍衛隨進扈衛，不賜茶。在圓明園召見，於正大光明殿，儀同。又諭：嗣後朝鮮差來陪臣有職銜稱君者，遇升殿之日，照常賜茶，如未遇升殿，著禮部於使臣起程之前奏聞，令其便殿進見，賜茶遣回，欽此。又奏准，琉球國差陪臣耳目官毛鴻基等入貢來京，恭遇聖駕升殿，俟百官行禮畢，將耳目官毛鴻基、正議大夫鄭秉彝引至丹墀西，行三跪九叩頭禮畢，於右翼衆官之末賜坐，賜茶。又議準，暹羅國來使共四人，或召見大貢使一人，或四人，一同召見。奉旨著大貢使，於同來貢使内選一人，令二人進見。八年，奏准，南掌國通事刁猛，原繫緬人，雖通漢語，但語言蹇澁，恐奏對時不能明晰，有伴送貢使之把總康天錫，熟悉南掌國言語，令其隨貢使進見。十二年，奏准，朝鮮國陪臣密昌君李樴、安南國陪臣范公容、琉球國陪臣温思明等，於元旦令節聖駕升殿，已經行禮，停其進見。乾隆元年，議奏暹羅國陪臣朗三立、哇提等四人入貢來京，或召見大貢使一人，或四人，或令其選一人，同大貢使二人進見，或停其進見，奉旨皆令進見。又奏朝鮮國來使召見賜坐、賜茶，原因其該國王族人稱君者，與我國内大臣位次不甚相懸，故相待如此之優，至琉球、安南、暹羅等國差來陪臣，若繫該國王兄弟世子來朝，自應如朝鮮之例。若尋常貢使，乃伊國陪臣與大臣相去懸遠，召見儀注似不宜照朝鮮國稱君來使之例。今暹羅國貢使朗三立、哇提等召見之日，皇帝御乾清宮寶座，應入班之内大臣、侍衛等照例排班序立，禮部堂官引來使隨帶通使一人，由乾清門西門入於丹墀西邊，行三跪九叩禮畢，禮部堂官由西階引至乾清宮中門外跪通事，在來使西邊稍後跪，皇帝慰問畢，引出候旨，賜茶，或賜飯畢，引至午門外謝恩。其議政大臣等齊集賜坐、賜茶之處，似應停止，嗣後琉球、安南等國來使，如蒙召見，皆照此例遵行，奉旨所奏是此次仍照世宗憲皇帝召見例行。四年，議準，琉球國使臣王舅向啓猷等已於本年元旦隨班行禮，例應停其進見，但雍正二年，琉球國遣王舅翁國柱等來京朝賀，已經隨班行禮，蒙世宗憲皇帝特旨召見，今向啓猷等援例，呈請應准其進見。八年，奏准，蘇禄國使臣，雖經召見，尚未起程，恭遇升殿之期，應令其謝恩行禮。九年，奏准，朝鮮國陽平君李橧事已告竣，未遇升殿，自當照例進見，據李橧呈稱年已七旬，素患氣喘，兼有足疾，恐難如儀，應將李橧照例停其進見。十四年，奏准，暹羅國使臣朗呵、派哌提等奉表來京，恭遇車駕巡狩，於起鑾之日，禮部滿堂官引來使等四人，並通事一人至圓明園宮門外，於車駕未啓行之先，行三跪九叩禮，恩賞該國物件於宮門前賞給，隨率至王公百官送駕排班之末，跪候瞻仰，如蒙慰問來使，跪聆畢，禮部堂官領回。十六年，奏准，緬甸國使臣希里覺填等奉表來京，恭遇升殿，已經行禮，應照例停其進見。十八年，奏准，暹羅國使臣郎損呑派沛等奉表來京，恭遇駕幸南苑，已令使臣道旁瞻仰，應照例停其召見。又奏准西洋國使臣巴哲格等奉表來京，令來使候於後左門，恭候皇帝御乾清宮寶座，禮部堂官一人率領在京居住西洋人一人，引來使進見進表，儀與雍正五年同。是日，齊集之大臣咸補服，議政大臣入内大臣班不賜茶，豹尾班侍衛照常隨進，扈衛如儀一賜予。崇德二年，賜朝鮮國王裘帽及鞍馬一匹、貂皮百有二十、銀百兩，正副使各鞍馬一匹、貂皮五十、朝韡一雙、銀五十兩，書狀官、押物官貂皮銀韡，從人銀布各有差。順治五年，賜朝鮮國王世子鞍馬、貂冠、貂裘、狐裘羅袍、段袍、朝韡，内監甲將通事外郎貂皮，銀各有差。六年，議準，朝鮮國告哀使臣賜大段帽、段彭、段紬各一，銀五十兩，書狀官一人大段紬各一、銀二十兩，大通官三人各彭段一、紬一、銀十五兩，從官十有八人，各彭段一、銀十兩，從役二十三名，各銀四兩。又議準，敕封朝鮮國王，賜國王黑狐皮裘、黑貂皮一百、玲瓏鞍轡馬一匹、大蟒段大段四，團補段各二，小蟒段、粧段、錦段、石青段各一，王妃大蟒段、粧段、錦段、倭段、閃段、帽段、青段、石青段各二，大段、彭段各三，紡絲紗各四，付封使齎往。十年，議準，朝鮮國王賀萬壽聖節，賜國王鞍馬一匹、黑貂皮二十、貂皮一百、銀百兩，正使大段、帽段、彭段、紬紡絲各一，銀五十兩、氈襪一等韡、鞍馬，副使同書狀官大段、彭段、紬各一，銀五十兩、氈襪二等韡，大通官三人，各大段一、紬一、銀三十兩、氈襪馬皮韡，押物官二十四人，各彭段一，紬一，銀二十兩、氈襪牛皮韡，從人三十名，各銀五兩。元旦節，賜國王及正副使以下如聖節例。又奏准，黑貂皮二十，折采段表裏各五疋，貂皮百，折銀百五十兩。又議準，進年貢及賀冬至節，賜國王與正副使如元旦例，惟不給鞍馬，其書狀官以下員役賞給有差。十一年，議準，琉球國進貢，賜國王：蟒段二、采段六、藍段三、素段、閃段各二，錦三、紬羅紗各四；王妃采段四，粧段、閃段各一，藍段、青段、錦段各二，羅紗各四。正使王舅采段表裏各四，閃段一、羅二、紬紗各四，副使正議大夫采段表裏各三，藍段一、羅紬紗各二，使者采段表裏各二、藍段、紬羅紗各一，通事從人段、紬、紗、布、銀各有差。十三年，議準荷蘭國進貢，賜荷蘭國王大蟒段、粧段、倭段各二，花段八、閃段、帽段、藍段、青段各四，綾紡、絲羅各十，銀三百兩。使臣二人，每人大蟒段、粧段、倭段各一，花段六、藍段三、綾紡絲絹各四，銀百兩。標官粧段、倭段、藍段各一，花段三、綾紡絲絹各二，銀五十兩。通事從人段紬絹銀各有差。十八年，議準，朝鮮領時憲書差來使臣，賞銀三十兩，通事八兩，從人各四兩，凡有咨部事件，齎咨官及通事從人賞銀同。又議準頒詔天下，遣正副使齎詔頒於朝鮮國王如恩詔，有外藩王公加恩賜一款，賜朝鮮國王大蟒段、粧段、補段、片金段、倭段各二，帽段、閃段、藍段、青段各五，各色段十、洋段十，共五十。又恩詔有外藩福晉夫人加恩賜一款，賜朝鮮王妃大蟒段、粧段、錦段、倭段、閃段、帽段、素段各二，大段、彭段各三，藍段二、紡絲紗各四，共三十。又議準，朝鮮國遣陪臣慶賀謝恩，及有事陳奏，各進貢方物，賜來使至從人與元旦節同。若附正貢同來統於正貢之賜，非正貢而數事並來者，總賜一次。又議準，安南國王進貢，賜國王及來使銀段等物，照琉球國例賞給。又安南出兵助剿海寇，賜國王大蟒段、粧段、錦段各二，采段表裏各十有二，銀五百兩。康熙元年，題準，安南擒獻明裔，照前恩賞，表裏加三十疋，銀加五百兩。三年，議準安南國進貢，賜國王大蟒段、粧段、倭段、閃段、錦段各二，采段表裏各十。使臣每人段表裏各五，紗羅各一，絹七、韡一雙。通事行人、從人段紗羅絹紬布各有差。又琉球國進貢，賜國王蟒段二、采段四、藍段、青段、閃段、錦段、紬羅紗各二。正使、王舅采段表裏各四，羅四、韡一雙、采段三。副使紫金大夫采段表裏各四，羅三、韡一雙。使者采段表裏各二，布四。通事從人段布有差。是年，荷蘭國王遣陪臣助克金門、厦門，賜銀千兩、大蟒段、粧段、錦段各四，采段表裏各二十四，又賜國王銀二千兩、大蟒段、粧段、倭段、錦段、閃段、片金段各五，采段表裏各三十五，遣本部筆帖式齎往同該督給付國人帶回。四年，暹羅國進貢，賜國王段紗羅各六，織金段、紗羅各四，王妃各減二，正副使每人正賞采段、羅各四、絹二、布一、衣段表裏各一，加賞織金羅采段各二，韡一雙，通事從人段羅絹布韡有差。六年，題準，荷蘭國入貢，給賞照順治十三年例，加賜國王大蟒段、粧段、倭段、片金段、閃段、帽段、藍段、素段各一，花段、綾紡絲各四，絹二，正使蟒段、大段各一。七年，暹羅國入貢，賜國王、王妃與四年同，正副使每人段七、羅四、織金羅絹各二，裏紬一、布一、韡一雙，通事從人及留邊人給賞各有差。八年，議準琉球國入貢，照例恩賞，惟正使不繫王舅，與副使正議大夫賞同。九年，西洋國入貢，賜國王大蟒段、粧段、倭段各三，閃段五、片金段一、花段十、帽段、藍段、青段各五，綾紡絲各十有四、羅十、絹

二、銀三百兩，使臣大蟒段一、糚段、倭段二、帽段一、花段六、藍段三、綾紡絲各四、絹二、銀百兩，護貢官從人段、紬、綾、絹、銀各有差。十七年，西洋國入貢，賞例照九年，外加賜國王大蟒段、糚段、倭段、片金段、閃段、帽段、藍段、青段各一，花段二、綾紡絲各四，紬二，共百，加賞貢使綾紡絲羅各二，絹一，共三十，護送官從人各加賞有差。二十一年，議準遣使敕封琉球國王，賜國王蟒段、閃段、青段各二，石青、采段、藍采段、錦段各三，紗羅紬各四，王妃石青、采段、藍采段、藍段、青段各二，糚段、閃段各一，紗羅各四，特賜國王御書『中山世土』四字。二十二年，遣使敕封安南國王，賜國王御書『忠孝守邦』四字。二十三年，奏准暹羅官照例頒賞，其韈皆折絹，嗣後琉球等國賞韈，亦照例折絹。二十四年，議準琉球國王，原賞段二十，今加三十。安南國王原賞段三十，今加二十。暹羅國王原賞段三十四，今加賞十六，各表裏五十。二十五年，荷蘭國入貢，賜國王及正使均照六年加賞例，其副使照順治十三年賞標官例，夷目官、掌書記伴送官、通事從人各賞紬、段、絹、袍、銀有差。二十九年，議準賞賜朝鮮國使臣，其正使全城君職銜稱君，除照正使賞例外，加段五、段衣一、襲作帽貂皮十。三十年，奏准，琉球國官生入監讀書，文學有成，該國王請令歸養，應照通事之例燕賞，給驛隨貢使歸國。三十六年，遣使封朝鮮世子，賜世子織金段四、段紗羅各四，裏各四。四十七年，暹羅國入貢，賜國王、王妃及貢使均照二十四年議定之例，其副貢人四名，照從人賞例絹各二，布各七，廣東伴送經歷，亦照例賞彭段袍一領。五十六年，諭朝鮮國王李焞安靜奉法，人民愛戴四十餘年，伊國中享太平之福，未有如此之久者，朕甚嘉之。覽禮部奏請王因病目來購空青，朕聞王疾，深爲軫念，即於行在特簡正副使齎空青往賜，此繫格外之恩，凡一應禮節使臣到時，令王不必拘於成例，隨處可以相見，并傳諭知之。欽此。六十年，議準琉球國入貢，加賜蟒段、閃段、錦段各二，青藍采段、藍素段、素段、紬羅紗各四，正副使每人加段紡絲各二，羅絹各一，都通事加段絹各一，青布二，從人加毛青布各二；留邊通事加段絹各一，毛青布二，從人加毛青布各二。又議準，安南國入貢，照荷蘭國例，加賜國王蟒段、糚段、倭段、閃段、錦段各二，青段表裏各十，陪臣每人加表段及裏紗羅絹各一，行人每名加表段及裏絹布各一，從人每名加紬毛青布各一。六十一年，遣使封朝鮮世弟李昑，賜世弟織金段四、段紗羅各四，裏各四。又議準暹羅國入貢，照安南國例，加賜國王段八、紗四、羅八、織金段、紗羅各二，王妃段織、金段、紗織、金紗羅、織金羅各二，貢使四人每人加段羅、織金羅、絹各一，裏一，通事四人二人加段羅絹各一，裏一，二人加段羅絹各一，從人二十一名，加絹布各一。又定暹羅補進犀牛貢使乃微員，比具表進貢之使酌減，賞段六、羅三、織金羅二、絹三、裏二、布一，通事段羅各三、絹二，從人四名，絹各二、布各六，伴送驛丞彭段袍一領。雍正元年，朝鮮國王以慶賀入貢，特賜國王《周易折衷》《朱子全書》各一部，松花石硯、法瑯器、筆墨等物。二年，琉球國王遣王舅入貢，照康熙六十年加賜之例，又特賜國王御書『輯瑞球陽』四字、內庫段二十、松花石硯、玉器、瓷器、法瑯器等物，又加賞王舅銀百兩、內庫段八，通事段四、銀三十兩。又議準，暹羅國入貢，照康熙六十一年加賜之例，至船長照通事例，番梢照從人例，加賞段羅絹布有差。又船長雖非貢使可比，但載運米糧，向化遠來，於原賞布十疋外，再各加賞十疋。又特賜國王各色段二十、松花石硯、玉器、瓷器、法瑯器等物。差司官齎賞物一并送至廣東，交與該撫付船長領回。三年，安南國入貢，特賜國王御書『日南世祚』四字，《古文淵鑑》、《佩文韻府》、《淵鑑類函》各一部、內庫段二十、松花石硯、玉器、瓷器、法瑯器等物，陪臣各賞銀百兩、內庫段六。又西洋國教化王入貢，奉敕覽王奏並進方物，具見悃誠，我聖祖仁皇帝怙冒萬方無遠，弗屆龍馭升遐中外，臣民悲思，永慕朕纘承大統，勉思紹述前徽教化王遠行陳奏，感先帝之垂恩祝，朕躬之衍慶周詳懇至，辭意虔恭，披閱之下，朕心嘉慰，使臣遠來，朕已加禮優待。至於西洋寓居中國之人，朕以萬物一體爲懷，時教其謹飭安靜，果能慎守法度，行止無愆，朕自推恩撫恤。茲因使臣歸國，特頒斯敕並賜糚段、錦段、大段六十疋、次段四十疋，王其受領，悉朕惓惓之意。是年，賜國王大蟒段、糚段、倭段各四，片金段二、閃段、藍花段、青花段、帽段、藍段、青段各六，綾紡絲各十有八，羅十、絹四、銀三百兩，使臣大蟒段、糚段、倭段、帽段、藍花段、青花段、藍段各二，綾紡絲各六，絹四、銀二百兩，又特賜國王貂皮、人參、各色糚段、錦段、大段、次段、洋漆器、瓷器、芽茶、紙墨絹扇等物。是年，琉球國王爲賜御書、玉器、采段謝恩入貢，賜國王及正副使，皆照康熙六十年加賞之例，其都通事賞采段二、裏一、絹一、毛青布六，留邊通事同至京從人毛青布各六，留邊從人同伴送官及土通事彭段袍各一領。又特賜國王内庫段二十、玉器十件、玻璃器二種共十件、瓷器十二種共百五十件、法瑯器一件、松花石硯二方，正使紫巾官内庫段八疋、銀百兩。又諭：琉球國遠隔海洋，該國王受賜不必專遣使臣謝恩，著於正貢之年一同奏謝，將此諭該國王知之。欽此。五年，西洋博爾都噶爾國入貢，賜國王大蟒段、粧段、倭段各六，片金段四、閃段、藍花段、藍段、帽段、素段各八，綾紡絲各二十二，羅十三，絹七，貢使大蟒段一、粧段、倭段各二，帽段一、藍花段、青花段、藍段各三，綾紡絲各六，絹三，銀百兩。護貢官十人，每人倭段一、藍花段、青花段、藍素段、綾各二，紡絲三，紬二，絹一，銀五十兩。從人三十名，每名各紬紡絲三，絹二疋，銀二十兩。廣東伴送把總彭段袍一領。又特賜國王人參、内庫段、瓷器、洋漆器、荔枝酒、芽茶、紙墨、絹鐙扇、香囊等物，來使亦加賜有差。又議準，蘇禄國入貢，其奉表使臣頒賞及遣官伴送等事宜，均照琉球國例舉行，賜國王蟒段六，青藍采段、藍段、青段各十，閃段八、錦段六、紬羅紗各十，來使采段六、裏四、羅四、紡絲絹各二，通事照都通事例賞采段二、裏一、絹一、毛青布六，從人五名賞毛青布各六。特賜國王玉器、瓷器等物，正使加賞内庫段六、銀八十兩，副使段二、銀二十兩。是年，琉球國王入貢，照康熙六十年加賜之例，其肄業官生業成歸國照都通事之例，賞給各采段一、裏一、毛青布四，從人二名照例賞毛青布各四，奉旨加賞官生内庫段二、裏二，從人每名官段一。七年，諭：朕覽禮部具題頒賜朝鮮國王儀物，本内開載賞賜銀百兩，又貂皮折銀百五十兩，朕思賞賜之例，既已開載貂皮，何以又折爲銀？至於賞銀百兩，亦應用儀物，以示朕優重藩王之意。爾等酌議具奏，其餘鞍馬段疋等物，亦應將精良者賞給，著禮部堂官於頒賜時驗看稽察，其所賞正副使臣段疋，亦著内庫取用。欽此。遵旨議準賞貂皮一百，不必折價，其段疋均於内庫取用，令該衙門遵奉施行至賞給國王銀百兩，改爲内庫粧段四疋、雲段四疋，永著爲例。是年，琉球國入貢，照康熙六十年加賜之例，又特賜國王内庫段二十、玉器十件、玻璃器二種共八件、瓷器十四種共百五十件、法瑯器一、白玉硯、松花石硯各一方，使臣内庫段四、銀五十兩。又暹羅國入貢，照康熙六十年加賞例，賜國王段羅各十有八，紗十有二，錦段、織金段、羅紗各八，王妃段羅紗各六，織金段、紗羅各四，來使四人每人各段八、羅絹五、織金羅三、裏二、布一，通事各段羅五、絹三，從人各絹三、布八，特賜國王御書『天南樂國』四字、内庫段二十、玉器八件、法瑯器一件、松花石硯二方、玻璃器二種共八件、瓷器十四種共百四十六件，貢使内造段八、銀百兩。又南掌國入貢，頒賞照蘇禄國初次納貢例。又特賜國王玻璃器八件、瓷器十八種共百三十三件、粧段、大段各四，倭段、蟒段各二，錦段八、猩猩氊二、人參六斤，正使蟒段一、大段三、銀百兩，副使大段四、銀五十兩。九年，琉球國入貢，照年例加賞外，特賜王舅玻璃器三、玉器三、瑪瑙器一、石器二、銅法瑯器二、青緑鼎一、漆器八、瓷器十二種共十有九件。乾隆元年，暹羅國入貢，照康熙六十一年加賜之例，又貢使呈稱國王衷曲懇祈轉奏，乞邀恩眷，頒賜蟒龍大袍一二襲，奉旨暹羅遠處海洋，抒誠納貢，除照定例賞給外著特賞蟒段四端。四年，琉球國進登極賀禮並入貢，照康熙六十年加賜之例，又特賜御書『永祚瀛壖』四字，並敕諭：琉球遠隔重洋，不必專遣使臣謝恩，俟正貢之年一同奏謝。欽此。六年，南掌國入貢，賜國王蟒段六、青藍采段、藍素段、青素段各十，閃段八、錦六、紬、羅、紗各十，貢使采段六、裏四、羅四，紡、絲、絹各二，先目二人采段各三、裏各二、絹各一、毛青布各六，通事二人采段各二、裏各一、絹各一、毛青布各六，後生九名毛青布各六，伴送典史千總彭段袍各一領。八年，駕幸盛京，朝鮮國王遣陪臣入貢，奉旨朝鮮世篤忠誠，謹遵軌物，今朕恭謁祖陵，因至盛京，特遣陪臣進表貢獻，具見悃忱，理合逾格加恩，以昭敬順。朕已手書匾額，匾額式表東藩頒賜，再應如何賞賚，著内務府議奏。遵旨議準賜國王弓矢全副、貂皮百、鞍馬一，紅粧段、龍襴段各四，大段、紡絲各五，正使粧段一、段四、韡襪鞍馬銀五十兩。書狀官段二、韡襪銀四十兩，大通官三人每人各賞中段一、韡襪及銀三十兩，押物官十有五人各賞段一、銀二十兩，從人二十名，各賞銀五兩。是年，琉球國、安南國並入貢，賞賚均照康熙六十年之例。十四年，暹羅國入貢，照康熙六十一年加賜之例。又特賜國王御書『炎服屏藩』四字，蟒段、片金段、粧段、閃段各二，錦段四、各色段八、玉器六、瑪瑙器二、法瑯鑪餅一副、松花石硯二方、玻璃器五種共十件、瓷器二十三種共百四十六件。是年，南掌國入貢，賜國王及正使等均照乾隆六年例。十六年，緬甸國入貢，諭：緬甸越在荒裔，自前明嘉靖後，職貢不通，兹復專遣陪臣賫表闕廷嚮化奉琛，具昭忱悃，向來南掌等國入貢筵，燕賞賚均照各國貢使之禮，所有緬甸貢使到京一應接待事宜，亦應照各國例，以示綏懷。欽此。賜國王蟒段、錦段各六，閃段八，青藍采段、藍段、素段、紬羅紗各十，王妃織金段、織金紗、織金羅各四，段、紗、羅各六，貢使采段六、裏四、羅四、紡絲絹各二，緬目四人每人采段三、裏二、絹一、毛青布六。象奴十有九名，緬役十有四名，各毛青布六疋。伴送官彭段袍各一領。加賜國王御書『瑞輯西琛』四字、青白玉玩器六、玻璃器十五種共二十九件、瓷器九種共五十四件、松花石硯二方、法瑯鑪餅一副、内庫段二十。貢使内庫段八、銀百兩。十八年。西洋國入貢。賜國王及正使均照雍正五年例。其副使總理官每人蟒段帽段各一，糚段、采段、藍花段、青花段、藍段各二，綾、紡、絲各四、絹二，護送官每人各潞紬紡絲各四，絹二、銀五十兩，從人每名各潞紬紡絲絹二、銀五十兩。又加賜國王龍段四、糚段十二，糚花段、線段各八，綾、紡、絲各二十二，羅十三、絹七、册頁一、瑪瑙、玉器六件、法瑯器二種十二件、漆器十九種四十八件、瓷器三十三種共一百八十八件、及紫檀木器、畫絹、香袋、香餅、紙墨、扇茶等物，正使糚段二、花段、線段四、玉器二、法瑯器二、漆器三種五件、瓷器八種共三十三件、及畫絹、紙墨、扇茶等物。又隨敕書賜國王龍段、片金段各二，蟒段、倭段各三，糚段七、花段六、閃段、花段、藍花段、青花段、藍段、青段、帽段、線段各四，綾、紡、絲各二十二，羅十有三、絹七。又五月初一日，於圓明園賜國王紗四十、葛百、及香囊香串宫扇藥錠等物，正使紗三十、葛四十，副使總理官紗十有二、葛十、及香囊香串宫扇藥錠等物，各有差，從人紗五十，葛百。

又　卷九四《朝貢下》　一、迎送：崇德二年定，朝鮮進貢及奉表，奏事豫稟守邊大臣，詢明來由，開報來使職名人役，由部奏准，移咨兵部，給發信票移文守關官，仍由部移文守關官，迎接撥人伴送至東京，再撥人送至盛京，守關官驗票放入。回時，兵部仍給信票遣官伴送出關，守關官驗票放出，由部委官伴送到東京，再撥人送至邊界，沿塗驛遞、人夫、車馬、食物等項，均照例給發。順治元年，定貢使歸國差司，賓序班一人，給勘合由驛遞伴送，沿塗防護促行，不得停留騷擾及交易違禁貨物，交明該督撫即還，該督撫照例送出邊境。八年定，凡外國貢使及定額，從人來京，沿塗口糧驛遞夫馬舟車，該督撫照例給發，差官伴送及兵丁護送來京，及回日，沿塗口糧驛遞夫船，兵部給與勘合，其留邊人役，該地方官照例給與食物，嚴加防守，貢使回時同送出境。十二年，覆準，廣東撫臣題稱，荷蘭國遣使賫表入貢，該撫量差官員兵丁護送來京，仍擇諳曉荷蘭語言三四人偕來。康熙元年，定朝鮮來使回國，由部差通官一人伴送至山海關，移咨兵部，給與山海關、鳳凰城路引量給官兵護送至關，自關撥兵護送至鳳凰城，沿塗行糧食物，移咨户部、光禄寺照例給發。七年，奏准，安南國貢使歸國，差司賓序班一人，伴送至廣西，交與該督撫差官護送出境。九年，奏准西洋國貢使回國，差司賓序班一人，伴送至廣東，交該督撫差官護送出境。十七年，西洋國入貢，沿塗兵部給口糧驛遞夫船，部仍差官伴送至廣東，交該督撫差官護送出境。二十三年，諭：暹羅國進貢員役回國有不能乘馬者，官給夫轎，從人給舁夫。欽此。又覆準，除護送來京官外，特差本部司官筆帖式各一人伴送。四十七年，暹羅國入貢，其副貢船被風漂至安南地面，續至粤西，仍差官伴送至京。五十一年，諭：聞朝鮮沿塗館舍傾圮，進貢奏事人員甚爲勞瘁，著該地方官修葺堅固。欽此。六十一年，奏准，暹羅貢使回國，遣本部漢司官一人伴送。雍正三年，西洋國教化王入貢，奉旨其來使賜燕畢差司賓序班一人，伴送至廣東，該督撫差官護送出境。四年，諭：從前安南國遣使來京，朕曾降旨令經過地方，於一切供給日用之物酌量增加，令其充足。今琉球國使臣前來，著照此例。欽此。又覆準，琉球國王賫表謝恩員役，回國照例差司賓序班，給與驛遞伴送至福建，交該督撫送至邊境。是年，蘇禄國王遣陪臣航海入貢，奉旨蘇禄國遠在海外，隔越重洋，從來未通職貢，今輸誠向化，甚屬可嘉，閩省起送來京之時，著沿塗地方官護送照看，應用夫馬食物從厚支給。欽此。五年，議準，西洋博爾都噶爾國王，感被德化，特遣使臣，不比尋常進貢，所帶貢物，今其由水路來京，其來使從人願帶來京者，聽願留粤省者，令該地方官從豐撥給房舍食物。又奏准，該國初次進貢，遣内務府郎中一人，同在京居住西洋人一人，往迎來使，至回國時，仍遣前往迎之人伴送，由水路至廣東，交該督撫護送出境。七年，覆準，嗣後遇有差送使臣等事，令禮部堂官將行人司與本部司官一同簡選引見，聽候差往。是年，老撾、南掌國奉表入貢，奉旨南掌國遠在西南徼外，從來未通職貢，今輸誠向化，甚屬可嘉，滇南起送來京之時，著沿途地方官護送照看，應用夫馬食物從厚支給。欽此。八年，定，南掌國貢使歸國，即著原護送來京之官送往，交該督撫照例送出邊境。十三年，覆準，朝鮮貢使入京，沿途館舍量加修葺，並令迎送官不限程途，准其於人煙輳集之村莊賃店投宿。乾隆三年，奏准安南國使臣，從前皆由陸路來京，後改由水路，今值冬令冰凍，水路難行，聽由陸路至江南換船。五年，蘇禄國王遣番目人等奏請朝貢，奉旨蘇禄國隔越重洋，道路遥遠，該國王傾心向化，著准其所請，俟使臣來時，地方官加意照看。十四年，覆準朝鮮貢使入邊時，由鳳凰城城守尉率領官兵點驗入關，沿途官兵護送到京。回國之日，由部行文，兵部差旗員驍騎校各一人、官兵二十名，給官兵告示一道，毋許沿途私買禁物，令其遞行護送。其沿途住宿，令地方官計其人馬數目，豫備店舍。仍令護行官兵日間看守店門。如該國人役購買物件，檢點出入人數，撥兵跟隨稽防違禁物件，夜間更番巡邏。倘内地旗民窺探句引，即拏禀地方官，立時究治；或迎送通官與該國人稔熟，附和生事，許地方官申詳府尹；或地方官豫備店舍不周，許護行等官揭報府尹；或護行官檢點看守不周，及撥兵短少許迎送通官揭報將軍；或護行官縱兵擾累地方，許該管旗民官揭報各該上司，皆行咨部議處。十五年，覆準，朝鮮貢使入邊將帶來行李及貿易貨物，報明察驗車馬數目，沿途按界委地方官催趲車輛，與貢使一同按程行走，仍令各界地方官於報單内注明經過日期，以便稽察。若塗中車馬捐乏，即令前塗豫爲雇覓，並小心防範，無使行李貨物遺失。如朝鮮員役有托故落後者，責之迎送通官，如催趲車輛不力，致朝鮮人行李貨物有疏虞，專責成該管旗民地方官。

一、市易：崇德年間，定，凡鳳凰城等處官兵人等往義州市易者，每每年定限二次：春季二月，秋季八月。寧古塔人往會寧地方市易者，每年一次。庫爾喀人往慶源地方市易者，每二年一次。由部差朝鮮通事官二人，寧古塔官驍騎校筆帖式各一人，前往監視。凡貉獾、騷鼠、灰鼠、鹿狗等皮許其市易，外貂、水獺、猞猁猻、江獺等皮不許市易，定限二十日即回。順治初年，定，凡外國貢使來京，頒賞後在會同館開市，或三日或五日，惟朝鮮、琉球不拘期限，由部移文户部先撥庫使收買咨覆，到部方出示差官監視，令公平交易。又定，外國船非正貢之故，無故私來貿易者，該督撫即行阻逐。又定，正貢船未到，護貢探貢等船不許交易。九年，定朝鮮國人來京貿易者，奏聞方準貿易。十六年，題準暹羅國再來探貢，所帶壓船貨物就地方交易，其抽丈船貨税銀清册，移送户部察覈。康熙二年，荷蘭國助剿海逆，並請貿易，奉旨著二年貿易一次。三年，定，凡外國進貢，順帶貨物貢使，願自出夫力帶來京城貿易者，聽如。欲在彼處貿易，該督撫委官監視，毋致滋擾。五年，奉旨荷蘭國，既八年一貢，其二年貿易，永著停止。二十四年，定，外國貢船所帶貨物停其收税，其餘私來貿易者，准其貿易，聽所差部員，照例收税。又定，番船貿易完日，外國夷人一并遣還，不得久留内地。又定，貢船回國帶去貨物，免其收税。二十五年，定，荷蘭國止許在福建、廣東兩省貿易，完日即令回國。二十八年，定，内地商民船至朝鮮者，停其解京，除原禁貨物外，聽其發賣回籍，仍將姓名、籍貫、人數、貨物於貢使進京時彙開報部，如其船遭風破壞，難以回籍，令該國王將人口解送至京。四十七年，覆準，暹羅國進貢馴象船，其壓船貨物，願自出夫力帶來京城貿易者，聽如。欲在廣東地方貿易，著該督撫委官監視其交易貨物數目，及監視官職名造册，報部壓船貨物，照例停其徵税。五十六年，諭：海中東洋可往貿易，若南洋不可令往，紅毛等國船聽其自來。欽此。遵旨議準南洋、吕宋、噶喇吧等處，内地商船槩不許前去，其外國夾版船聽其前來貿易。六十一年，覆準，暹羅國王進貢表文，内奏請海洋通舟，來往貿易，著遵五十六年定例行。又奉旨朕聞暹羅國米甚豐足，價亦甚賤，若於福建、廣東、寧波三處各運米十萬石來此貿易，於地方有益，此三十萬石米，乃爲公前來，不必收税。禮部問暹羅使臣定議具奏，遵旨會問來使，據稱該國米用内地斗量，每石價值二三錢。今議定載米到時，每石給價五錢，除爲公運三十萬石不收税外，其帶來米糧貨物任從貿易，照例收税。雍正元年，覆準，暹羅貿易船，被風漂至浙省，其貢使請遣貢伴赴浙就便發賣，行令該撫委官監看，並將原船交貢伴領回。二年，諭：暹羅欽遵聖祖仁皇帝諭旨運米，令地方官照粵省見在時價，速行發賣，不許行户任意低昂，今部議每石定價五錢，賤買貴賣，甚非朕體恤小國之意，著行文浙、閩，此次已到之米，及該國見今發運續到者，皆照粵省之例，嗣後令且暫停運米，俟有需米之時，降旨遵行。其壓船隨帶貨物，本應照例收稅，但該國王實能輸誠向化，冒險遠來，此次應徵稅銀，一槩免徵。欽此。四年，覆準暹羅國，前經奉旨停其運米所差探貢二船，帶來米及貨物，由該國起行時，尚在未奉旨之先，既涉險遠來，聽其就近發賣，乘風信還國。五年，暹羅國商民運米至閩，奉旨所運之米，不必上稅，永著爲例。六年，暹羅商民運米至福建、浙江，奉旨不必上稅，永著爲例。乾隆元年，諭：朝鮮歸順我朝，恪守藩封之職，累世恭謹，向來八旗臺站官兵，於每年二八月帶攜貨物前往中江，與朝鮮貿易。朕思旗人皆有看守巡察之責，無暇貿易，且亦不諳貿易之事，遠人到邊，恐致稽遲守候，多有未便，嗣後著内地商民與朝鮮國人貿易，即令中江管稅官實力稽察，務須均平交易，毋得需索滋擾。欽此。二年，朝鮮國王奏請中江貿易，令内地商民多有未便，懇照舊例，奉旨著照所請，仍循舊例，與兵丁按期交易。八年，諭：上年九月間，暹羅商人運米至閩，朕曾降旨免徵貨船稅銀，聞今歲仍復帶米來閩貿易，似此源源而來，其加恩之處，自當著爲常例。著自乾隆八年爲始，嗣後凡遇外洋貨船來閩、粵等省貿易，帶米萬石以上者，著免其船貨稅銀十分之五，帶米五千石以上者，免其十分之三。其米聽照市價，公平發糶。若民間米多不需糴買，即著官爲收買，以補常社等倉，或散給沿海各標營兵糧之用。俾外洋商人得沾實惠，不致有糶賣之艱。欽此。

一、禁令：崇德二年，定，凡内地人口逃往朝鮮者，行令該國王解送。順治元年，議準，外國餽送該督撫禮物，永行禁止。又議準，朝鮮一應事宜，不許越奏御前敍功等事申吏部，地畝倉庫錢糧等事申户部，朝賀貢獻婚娶等事申禮部，軍務逃盜等事申兵部，辭訟告首等事申刑部，修理城池邊關等事申工部。其應申各部之文，均由部轉發。又議準，凡外國貿易，不許收買史書、黑黄、紫皂、大花、西番蓮段，並一應違禁兵器、焰硝、牛角等物。各行户人等，將貨物入館交易，染作布絹等項立限交還。如有賒買及故意遲延欺詐，致外國人久候，並私相交易者，會同館内外四鄰軍民人等，有代外國人收買違禁貨物，及將一應兵器銅鐵違禁等物賣與外國人圖利者，各問罪。貿易時，由部出示曉諭。又定，外國貢使歸國伴送人員，不許將違禁貨物私相貿易。康熙五年，定，凡外國奏疏，不得交遣往使臣帶來，令專差官交該督撫轉奏。又遣學士齎敕諭朝鮮王，所與奉使臣禮物，先已減免，今慮仍煩百姓，特再酌減，永爲定例。【略】

又議準，安南國給送奉使官路費銀布絹等物，令其收受，餘物槩不準收。六年，議準，外國投文，各省該督撫即開閱原文議題。又覆準，督撫提鎮等官，不許擅自移文外國。又題準，荷蘭國違例從福建入貢，除今次不議外，嗣後遇進貢之年，務由廣東，别道不許放入。二十四年，覆準，貿易番船回國，除禁物外，不許附載内地人口及潛運造船。正使銀五百兩，棉紬布二百疋、苧布六十疋、豹皮十、獺皮三十、青鼠皮十五、鹿皮七、大紙五十卷、小紙百卷、花席二十、順刀二把、小刀十把、被褥一副、靴襪各一雙、鞍馬閑馬各一匹，副使減銀百兩，餘同。一等人役銀百兩，棉紬四十疋、布百疋、小紙八十卷，二等人役銀六十兩、棉紬二十六疋、布八十疋、小紙八十卷，三等人役銀四十兩、棉紬二十疋、布五十疋、小紙六十卷、各被褥一副、大木鐵釘油麻等物糧米，止準酌帶口糧，不許多販，貿易畢回國時，該督撫委官察禁。又覆準，内地人口有流落外國，願附船回籍者，聽其歸還具報，該地方官察明，準回原籍。又覆準，内地貿易商人來往大洋，所帶防身軍器、火礮等項，應照船之大小，人之多寡，該督撫酌量定數。起程時給與照票，令海口防守及收稅等官稽察數目，準其帶往，回時仍照原數驗入。三十年，議，朝鮮國進貢，正使及通官私買《一統志》書，通官革職，發其國邊界充軍，正副使、書狀官奉旨從寬免議，書貯庫。四十年，覆準，漁採船並貿易人等至朝鮮國，侵擾地方，令察驗船票人數、姓名、籍貫，開明報部，轉行該地方官從重治罪，並行文各該撫嚴飭，沿海地方官有以海上貿易漁採爲名，往來外國，販賣違禁貨物肆行侵擾者，嚴行禁止。四十三年，諭：朝鮮國王敬慎夙著，其國人越境行劫，隨經拏獲監禁，奏請勘斷，不必遣大臣察審，即令該國王審明，擬結具奏。欽此。又覆準，朝鮮國人二次越境，過江殺人，掠取段帛、人參等物，除各犯正法外，其地方官各革職，免其發遣，該國王能即行拏獲勘斷奏請，從寬免議。四十八年，朝鮮貢使行至玉田縣，被盜竊去本章副本，將該地方駐防官員議處，其朝鮮正使奉旨從寬，免交該國王治罪。四十九年，諭：海賊被剿，餘黨散走，恐朝鮮不知情由，謂大國之人不敢設備，反受侵掠，著曉諭該國沿海地方，用心防守。欽此。五十年，覆準，朝鮮國與奉天府、金州、復州、海州、蓋州相近地方，令盛京將軍、奉天府尹嚴禁沿海居民，不許往朝鮮近洋漁採，或別地漁採人到朝鮮境，亦令捕獲解送，若違禁漁採及不能捕獲者，從重治罪，該地方官一并議處。五十一年，諭：朝鮮海洋漁採船曾經申飭嚴緝，今尚有船至朝鮮邊界捕漁，是即海寇，嗣後許該國即行追剿，如有生擒者，即速解送，毋因內地之人以致遲疑。欽此。又具奏朝鮮國民，越江殺人，掠取人參等物，差官往鳳凰城，會同該國陪臣審明，各犯交該國王擬罪正法，奉旨本朝例，兄弟皆擬正法者，存留一人養親。此案罪犯有親兄弟三四人，亦照此例存留一人養親，可傳諭該國王遵行。五十四年，覆準，嚴禁漁採及私行越江之人，行文盛京將軍、奉天府尹及山東、江南、福建、浙江、廣東督撫，申飭沿海水師營嚴拏治罪，並咨朝鮮國王，亦令嚴飭該國沿邊官兵，不時巡察，如有犯越民人，即行拏獲解送。又覆準，渾春之庫爾喀齊等住處，與朝鮮止隔土門江，居人太近，恐往來生事，將安都立他木努房室窩舖，即行拆毀，與寧古塔移去官兵之屯莊，皆令離江稍遠居住，嗣後沿邊近處蓋屋種地，嚴行禁止，如有違禁，兵民從重治罪，該管官題參議處移咨寧古塔將軍，並知會朝鮮國王。又覆準，朝鮮解到越江人一名，除照越度關塞例治罪外，移咨盛京將軍察明，此處巡邏官兵交部議處。又朝鮮貢使回國，從人違禁潛買黑角弓材至鳳凰城搜出，該國即行呈報，奉旨交該國王審明具奏。五十六年，覆準，內地人民嗣後或飄風至朝鮮國，有票文未生事者，仍照例送回。若並無票文，私自越江生事，許該國王緝拏，照其國法審擬，咨明禮部請旨，竢命下日，行文該國，即於彼處完結，仍報部存案。六十一年，覆準，暹羅國奏稱，彼國有二紅皮船，前因禁洋被留，令廣東督撫察明，交貢使帶回。其在廣駕船水手人等繫內地者，各發原籍安插。繫暹羅夷人，令隨船回國。雍正二年，諭：暹羅國來船梢目，雖繫廣東、福建、江西等省人民，然住居該國已經數代，各有親屬妻子，實難勒令還歸，著照所請，仍令回國居住。欽此。六年，諭：據朝鮮國王咨禮部文，稱本國賊黨恐有潛逃，懇飭關口防汛詷察等語，朝鮮世效恭順，彼國逆犯即繫朝廷，法所應誅之人，著行文盛京、山東等處邊界地方官員，朝鮮語言、衣服與內地迥別，易於稽察，倘有此等罪犯潛逃者，著即嚴拏解京，如有窩留藏匿等情，是明知故犯，定將本人從重治罪，十家一并連坐。欽此。七年，諭：據禮部奏，朝鮮國王咨稱，其國居民七人冒越疆界，將節度等官革職拏問定罪等語，愚民圖利，冒越疆界，即內地之人亦間有此，該管官失於覺察，其過尚小，今該國王擬以革職拏問，處分太重，嗣後凡遇刑罰案件，務期準情，酌理輕重允當，著行文該國王知之。欽此。又暹羅國貢使呈，稱京師爲萬國所景仰，國王意欲令伊等觀光上國，遍覽名勝，回述以廣見聞，奉旨不必禁止，著賢能司官帶領行走，仍賞銀千兩，若所喜物件，聽其購買。又呈稱奉國王命本國所產馬匹甚小，久慕天朝所產馬駝羸驢高大，請各買三四疋回國，奉旨著照所請，准其購買，所買價值著內庫支給。又福建撫臣奏稱，暹羅國王令貢使採買東京弓二十張、紅銅線十擔，應否准其採買。部議以違禁不準具奏。奉旨暹羅遠隔重洋，恭順修職，歷有年所其請採買物件，該撫採買賞給。九年，盛京將軍奏請，於草河、靉河匯流入江之莽牛哨設立水路防汛。奉旨朕思該將軍所奏設立水路防汛之處，既與朝鮮連界，著該部行文詢問該國有無未便之處，竢奏到日再議。嗣據朝鮮國王咨稱懇請，仍遵舊例，經部轉奏奉旨，前據盛京將軍奏請設立水路防汛於草河靉河等處，朕因與朝鮮連界降旨詢問，今著照該國王所請，不必增設防汛。十三年十二月，諭：朝鮮感戴我朝之恩，虔修貢職，甚爲恭敬，凡大臣官員差往彼國者，向有餽送舊例。朕以厚往薄來爲念，著從此次詔使始。凡餽送白金儀物等項，悉按舊裁減一半，永著爲例。欽此。是月，議準，朝鮮國人越境搶劫人參，殺傷人命，照例令該國王分別定議治罪，除首犯三人奉旨正法，餘犯及糾束不嚴之官員，皆援本年九月初三日恩詔赦免釋放。該國王將兇犯多人全數拏獲，免其議處。乾隆元年，諭：嗣後凡出差朝鮮使臣回京，路經奉天及山海關等處，著該將軍及監督稽察，倘有於正禮外多帶儀物者，即行參奏。若代爲隱匿，將來發覺，一并議處。欽此。又諭：朝鮮歸順我朝，恪守藩封之職，蒙我列祖皇考怙冒深恩，至優至渥，即如貢獻一節，屢經裁減，厚往薄來，無非加惠遠人之至意。朕即位以來，又將該國餽送使臣儀物諭令減半，以示體恤，乃使臣等於正禮外復照舊日陋規開都請別請兩單，私相授受，其罪固不可逭，而該國王即照陋例應付，亦屬不合。若能體朕心，自當以恪遵諭旨爲恭，不當以私厚使臣爲順也。著禮部行文該國王，嗣後三日，恩詔赦免，釋放該國王將兇犯多人全數拏獲，免其議處。乾隆元年，諭：嗣後凡出差朝鮮使臣回京，路經奉天及山海關等處，著該將軍及監督稽察，倘有於正禮外多帶儀物者，即行參奏。若代爲隱匿，將來發覺，一并議處。欽此。又諭：朝鮮歸順我朝，恪守藩封之職，蒙我列祖皇考怙冒深恩，至優至渥，即如貢獻一節，屢經裁減，厚往薄來，無非加惠遠人之至意。朕即位以來，又將該國餽送使臣儀物諭令減半，以示體恤，乃使臣等於正禮外復照舊日陋規開都請別請兩單，私相授受，其罪固不可逭，而該國王即照陋例應付，亦屬不合。若能體朕心，自當以恪遵諭旨爲恭，不當以私厚使臣爲順也。著禮部行文該國王，嗣後凡有奉差彼國，務宜遵朕前旨，將餽送正禮裁減一半，至陋規等項悉行禁止，不得私與，既干功令復負朕懷遠之恩。欽此。是年，暹羅國貢使呈稱，銅器自奉禁後，彼國乏用，懇恩許其赴粵採辦。奉旨該國呈稱銅鑿造福送寺之用，部議照例禁止。固是今特加恩賞給八百斤，後不爲例。二年，議準，安南國餽送封使禮物，令奏明收受。四年，覆準，朝鮮國使臣出入關口通事，及迎送守關等官，不得索取土物陋規，及沿途抑勒，不令在大莊寬房住宿。該將軍嚴行督禁，如有犯者，參奏治罪。五年，題準，朝鮮國民金時宗雖繫私越疆界，與內地民人王高士等彼此往來，結幕住宿，有犯禁限，但尚無劫殺重情，應將金時宗等照『越度緣邊關塞因而交通外境者』律，擬絞監候，秋後處決。又定，朝鮮人犯經刑部擬監候者，行文該國王，照例監候，俟明歲由刑部入於秋，審冊內覈擬具奏。又題準，寧古塔將軍咨稱，拏獲越界朝鮮人西嫩達伊年等二十五名，均繫覓食窮人，解交盛京將軍，俟朝鮮貢使帶回。又題準，朝鮮國王咨稱，拏獲越邊民人鄭世弼宣明等，既該國王嚴加質訊，皆繫覓食窮民，並無採參及越邊情弊，應免其治罪。七年，諭：朝鮮國民人越境犯法，屢荷寬典，乃朕格外之恩，若無知之人，見屢次從寬，漸流於縱肆，則犯法者轉多，非朕保全外藩民人之本意矣。該國王當嚴加約束，不時稽察，俾各安分，不致再罹法網。欽此。九年，諭：內地人民，違禁冒出朝鮮地方生事，原奉皇祖皇考諭旨，準該國王即行追拏擒送，使匪類知懼。今據該國王咨稱，昨年春間，有撐船人等成羣出來，幸將軍遣兵追捕，不意今夏又復採獵行走。此等違禁越境之人，即應遵奉皇祖皇考諭旨，於此時擒拏解送，或即飛咨盛京將軍嚴拏務獲。乃國王自行疏縱，但具文咨部懇請轉奏，以致曠日持久，匪類遠颺，殊屬不合。該部可傳旨該國王，並行文盛京將軍，嚴拏務獲，毋得忽視。欽此。十一年，朝鮮國王奏稱，莽牛哨增設汛兵並柵外起墾，懇請停止等，因奉旨朕思加恩朝鮮，從來優渥，今莽牛哨增設兵丁巡察一事，既經勘明與該國界址無慮溷雜滋擾。且於內外均屬有益，而該國王又陳奏其不便，情辭懇切，究未知該地實在情形如何，著詳加察勘。如果在中國界內，則設兵置汛以杜姦宄，所以肅靖邊防，自屬應行之事。即該國王懇請亦不便準行。若其地界或有犬牙相錯，難免溷淆之處，亦即據實奏聞，候朕別降諭旨，至從前議展邊墾土一案。該國王既稱鳳凰城樹柵之外，向留空地百餘里，務使內外隔截，以免人煙輳集溷雜滋事之患。此奏尚屬可行，著將鳳凰城展柵之處照所請停止。又奉旨朝鮮國王世戴國恩，甚屬恭順，若莽牛哨設汛，彼國無知小民倘有違禁者，恐致獲罪，是以奏請其安設此汛之處。雖有江灘分界，不過一二里之遥，相隔甚近。如彼屬下人等不能遵奉該國王禁令，以致該國王得罪朕心，有所不忍。著照所請莽牛哨增設汛兵之處停止，令該國王將所屬人等嚴加約束。至於察拏內地偷越之人，並應行咨報之處，仍照原議實力奉行，不必交部再議。十二年，題準，朝鮮國跟役私同內地旗人越邊買馬，照律定罪外，該國王即將失察之貢使、書狀官聲明革職，免其察議。十三年，覆準，朝鮮國王咨稱，日本關白新立，該國照例通使。又朝鮮國人李云吉，誘脅女口越疆轉賣，照律擬絞監候，仍照乾隆五年定例，入於秋審冊內，覈擬具奏。又題準，朝鮮國王咨稱，彼國訓戎鎮越江東邊，有烏喇民人造家墾田，照康熙五十四年定例行，令寧古塔將軍確察禁止，所蓋房屋拆毁，其違禁民人及不行察禁之該管官，察明照例辦理。又題準，朝鮮人入山海關所帶貨物，如繫彼國土產，該監督稽察與鳳凰城總管印文相符，及出關所帶貨物與本部劄付相符，仍免其輸稅。至印文劄付所開之外，如別帶物件，及不繫彼國所產者，即照數按則輸稅，以杜沿途夾帶之弊。倘有察出違買禁物，該監督即行報部治罪。

一、賙恤：順治元年，議準，外國貢使或在塗病故，由部具題，令內院撰擬祭文，所在布政使司備祭品，遣官致祭一次，仍置墳塋，立石封識。如同來使人自願帶回骸骨者，聽。若到京病故，給棺木、紅段，遣祠祭司官諭祭，該兵部應付車馬人夫，其應賞等物，仍付同來使臣頒給。若進貢從人在京病故者，給棺木、紅紬。在塗病故者，聽其自行埋。六年，朝鮮國王李倧卒，遣陪臣赴京告哀進貢，題準賜謚、賜祭、謚號，祭文內院撰擬，遣正、副使前往讀文致祭，祭品用檀香一、帛一、銀壺一、爵三、犢牛一、羊豕各二、饌筵二十席、酒二尊，並給素綾六、素紬六、藍紬二。十六年，朝鮮國王李淏卒，賜謚、賜祭，與六年同。康熙二年，安南國王黎維禔卒，世子維禧權管國事，赴告廣西，由巡撫疏報。覆準命遣陪臣告哀，恭請朝命。三年，覆準，諭：祭安南故王，祭文由內閣撰擬，白金百兩、絹五十疋，由户部移取，遣內院、禮部官各一人齎往讀文致祭。七年，琉球國王尚質卒，世子尚貞權管國事赴告福建，由巡撫疏報。覆準，俟該國世子尚貞請封，到日將賜恤禮物，交封使齎往。十三年，朝鮮國王母妃張氏卒，遣使諭祭一次祭品與國王同。是年，朝鮮國王李棩卒，遣陪臣告哀，議準賜恤朝鮮故王，照例致祭一次，又從優加祭一次。又安南國王黎維禧卒，其弟維䄇遣陪臣告哀。二十年，議準，賜恤故琉球國王自金百兩、絹百疋，並祭文即令封使齎往。二十一年，安南國權管國事黎維䄇卒，其弟維正遣陪臣告哀。二十二年，覆準康熙十三年安南國王黎維禧卒，因廣西道阻，未及遣使致祭，今其弟維䄇又卒，應一并遣使賜恤。是年，遣翰林院禮部官爲正、副使齎祭文銀絹，諭祭故安南國王黎維禧及其弟維䄇。三十七年，朝鮮歲饑，表請中江開市，奉旨準以積貯米穀水陸共運四萬石，至中江平糶。遣大臣一人前往監糶，又特發米萬石賞給。四十八年，覆準，琉球國王尚貞卒，世子尚純先亡其賜恤之禮，俟該國世孫尚益請封，到日再議。五十二年，覆準，琉球國世孫尚益卒，其恤典俟該國世曾孫尚敬請封，到日再議。五十六年，安南國王黎維正卒，世子黎維裪權管國事，俟命於朝遣陪臣赴京告哀。五十七年，覆準賜恤故琉球國王尚貞，及未受封之世孫尚益，銀絹祭文均照例，交封使齎往。五十八年，覆準賜恤安南國故王，祭文銀絹照琉球國例，即交封使齎往，嗣後均照此例行。五十九年，朝鮮國王李焞卒，遣使賜恤，照例致祭一次，又加祭一次。雍正元年，諭：琉球國進貢，來使等頭號船內員役皆衝礁覆沒，甚屬可憫，所失表文方物免其補進，準作送到京師。二號船所存方物，交與來使帶回，仍準作進貢到京。向有賞給國王及貢使等恩例，今作何賞給之處照例具奏，俟降旨後行文該地方官賞給令其起程遵旨議準，琉球國進貢賜該國王之物，應由內閣撰敕行文，該督備辦，照數賞給，交與都通事帶回，移咨該國王祇領。二年，議準朝鮮國王李昀卒，權署國事世弟李昑奉表告哀，其賜恤故王祭文銀幣，照琉球安南之例，交封使齎往讀文致祭。又議準，琉球國入監讀書官生內一名病故，賜銀三百兩，以百兩交本部官於近京地方營，以二百兩付貢使，附回其家。五年，安南國王黎維裪因雲南開化鎮清釐地界，奉表謝罪，奉旨覽王奏感恩悔過，辭意虔恭，朕特沛殊恩，將督臣等清出之地四十里賞賜該國王。六年，覆準朝鮮國王咨稱朝鮮國人賒欠內地商人銀六萬兩，令該國王將已收銀存於彼國，如有應用之處，聽其支用，其未完者，槩行免追。七年，諭：朝鮮國王奏稱，其國賊黨謀逆，旋即敗露，遣兵捕緝，醜類全獲，已正典刑等語。朝鮮世效恭順，受朝廷怙冒之德，彼國兇醜即繫干犯天討之人，該國王先事覺察，不使漏網，從此境內無警，官民乂安，朕心深爲嘉慰。茲因使臣回國，著於常賜外加賜國王段四十疋、內府書籍四種。《康熙字典》、《性理精義》、《詩經傳説》、《音韻闡微》各一部。其該國官員兵丁等，發姦捕賊，效力有功，亦屬可嘉。著頒帑銀萬兩，交與該國王，分别賞給，務令均霑。欽此。是年，朝鮮國王告其世子李緈卒，遣使諭祭一次。八年，朝鮮國王李昑爲嫂妃魚氏卒，遣使告哀，照例遣使諭祭一次。九年，安南國王黎維裪卒，嗣子維祜遣使告哀。十一年，賜恤故安南國王祭文、銀絹，即交封使齎往。又議準，蘇禄國王母漢末母拉律林奏稱，其祖東王於永樂間來朝，歸在山東德州地方病故，其墳墓及子孫存留賙恤之處，經今三百餘年，廢墜已久，懇請給復等情。蘇禄國遠隔重洋，久未通貢，從前該國王墳墓，本朝額設春秋二祭，久載山東祀典。至雍正五年，該國王奉表進貢，今復奏請伊祖東王墳墓，以及子孫在德州地方，懇請整理賞給，應令山東巡撫轉飭該地方官清釐墓址，並神道、享亭、牌坊等項，估計修葺，准其支用錢糧造册報銷，仍令伊孫安汝奇温崇楷立爲族長，看守墳墓，至該國王請復給子孫月糧薪帛之處，久經停止，不必更給。但安、温二姓，皆繫蘇禄國王適派，應令該地方官，於二族中遴選稍通文墨者各一人，爲東王奉祀，照各省奉祀生例給與，頂帶有闕，則遞行遴補，永爲定例。乾隆二年，安南國王黎維祜卒，弟維禕遣使告哀，賜恤祭文銀絹即交封使齎往。七年，諭：今年天氣炎熱，蘇禄國使臣在京，著禮部委官加意照看，多給冰水及解暑湯藥，並遣醫人時往看視。欽此。十八年，覆準琉球國王尚敬卒，其恤典俟該國世子尚穆請封到日再議。

一、拯救：崇德二年，定，凡内地民人駕船被風飄至朝鮮境内者，令該國解送。康熙二年，暹羅國正貢船行至七洲海面，遇風飄失，止有護貢船一隻來至虎門，仍令遣回。二十三年，議準，朝鮮國解送漂海内地人口賞差官銀三十兩，小通事八兩，從人各四兩，於户部移取。嗣後外國有解到漂失人口者，均照此例賞給。其彼處收養漂失人口之人，行令該國王奬賞。四十一年，琉球貢使回國，颶風壞船，柯那什、庫多馬二人以拯救免。奉旨著地方官加意贍養，俟便資給發還。此等船損壞，皆因修船不堅所致，嗣後貢使回國時，該督撫驗視其船務令堅固。四十二年，琉球國入貢，員役有先回者，將拯救在閩之柯那什、庫多馬二人附回。四十五年，福建商船遭風，飄至朝鮮國南桃枝地方沉没，該國王令地方官拯救貨物，給還商人，差官押送，遞發各原籍，嗣該國王報稱募善泅者，取得黑角、象牙、蘇木等物，除交該國王奬勵賞賜外，奉旨黑角、象牙解送京師，有累驛遞蘇木亦不必變價，均令該國王酌量處置。四十六年，琉球國入貢，附回飄風，商民十有八人，飭行原籍安插。四十九年，朝鮮國廣州人七名往本國海州貿易，被風漂至江南泰州救存，該撫照琉球國失風例，給與口糧棉衣，委官護送至京，奉旨著朝鮮通事一名，該部行文由驛遞送，至朝鮮所屬易州地方，由彼轉送歸籍。五十二年，琉球國神山船載人三十口飄至閩省地方，著安插柔遠驛，按名支給口糧銀米，附貢船歸國。五十四年，琉球國人四十三名飄至廣東文昌縣，遞送閩省，給與口糧附貢船回國。雍正七年，諭：覽福建巡撫所奏吕宋被風夷船，既開往廣東佛山，著廣東督撫給與口糧，加意撫恤，聽其候風回國。嗣後凡有外國船飄入内地者，皆著該地方詢明緣由，悉心照料，動公項給與口糧，修補舟楫，俾得安全回國。欽此。乾隆二年，諭：沿海地方常有外國船遭風飄至境内，朕胞與爲懷，内外並無歧視，豈可令一夫失所？嗣後如有飄泊人船，著該督撫督率有司動用存公銀，賞給衣糧，修理舟楫，並將貨物給還遣歸，將此永著爲例。欽此。五年，諭：據福建巡撫奏稱，莆田縣民人出洋貿易，遭風飄至朝鮮國楸子島，拯救得生，該國王給以薪米衣服，又爲修整舟楫，加給食米三十石，俾得回籍等語。中國商民出洋遭風，朝鮮國王加意資助，俾獲安全，甚屬可嘉。著該部行文傳旨嘉奬。欽此。又諭：據浙江提督奏稱，江南商民五十三人，被風飄入琉球國葉壁山地方，彼處官員撈救人貨，供給養贍，該國王遣都通事護送福建交卸等語。中國商民飄入外洋，該國王加意養贍資送，不令失所，甚屬可嘉，著該部行文，傳旨嘉奬。遣來都通事著該督撫賞賚。欽此。又福建提督奏稱，蘇禄國王遣番目人等送回内地遭風，海澄縣商民二十五人奉旨嘉奬。十七年，諭：據福建巡撫奏稱，琉球國貢使在洋遭風，業經收回本島，該國王將原船修葺，並將閩縣遭風船户蔣長興等、常熟縣商民瞿長順等，留養二年，給與口糧，隨船護送來閩等語。中山王尚敬素稱恭順，今貢船遭風，堪爲軫念，又將内地遭風商民留養，附送至閩，甚屬可嘉，著於進貢常例外，加賜該國王蟒段、閃段、錦段各二端、采段、素段各四端，以示嘉奬。其在船官伴水梢人等，該撫分别賞賚。欽此。又諭：據福建巡撫奏稱，同安縣民林順泰船在洋遭風，飄至琉球國宇天港地方，該番目遵國王之令，代爲修葺，資給口糧，俾得回櫂等語。琉球遠隔重洋，素稱恭順，今番目遵其王令，將内地遭風商船修葺資送，誠款可嘉。著賜該國王蟒段、閃段、錦段各二端、采段、素段各四端，以示嘉奬。番目著該督撫優加賞賚，交與國王頒給均俟貢使回國帶往。欽此。又朝鮮國人十二名被風飄至浙江定海縣地方，照例伴送來京安插館内，給與口糧附貢使歸國。又朝鮮國人七名飄至福建臺灣地方，照例送京安插，附貢使歸國。

清·薩迎阿等［嘉慶］《禮部則例》卷一六八《祭祀清吏司·賜外國王恤典》　一、凡朝鮮國王、母妃、王妃、世子卒，俱來告哀遣使諭祭，給與祭品及牛犢桌張，折價銀兩。國王賜謚其琉球、越南國王卒，告哀遣使諭祭，給銀及絹。母妃、世子俱不告哀，不賜恤。

一、外國遣使告哀，具文報部，照例題請恤典得旨後，應用祭物，行文各衙門取用，並和會科道及各該國王。

一、朝鮮國王謚號，内閣撰擬；朝鮮、琉球國王祭文，翰林院撰擬；朝鮮世子、越南國王祭文，内閣撰擬。如奉旨加祭一次，用祭文二道。

一、朝鮮國王母妃、王妃，給檀香一炷、帛一匹、白綾六匹、白紡絲六匹、藍紡絲二匹，其牛犢一隻、羊二隻、豬二口、桌席二十張、酒二罎，折給價銀二百兩，均移咨戶部給發。銀壺一，重二十兩、銀爵三，每隻重四兩，移咨工部給發如奉旨加祭一次，銀壺銀爵仍照例備辦，其香帛及牛犢折價銀兩均加一倍給與。

一、朝鮮世子，給檀香一炷、銀壺一重二十兩。銀爵三，每隻重四兩。白綾五匹、白紡絲四匹、藍紡絲一匹、白絹一匹，其牛犢一隻、羊一隻、豬一口、桌席十二張、酒一罎，折給價銀一百五十兩，致祭一次。謹按乾隆五十一年朝鮮國王世子李㬀病故，禮部照例奏請賜恤。奉上諭，禮部奏朝鮮國王李祘差齎咨官沈樂洙等赴京投咨，稱該國王世子李㬀病故，請照例備物，遣官致祭等語，朝鮮國王恪守藩封，歲修職貢，於屬國中最稱恭順，今聞其世子李㬀病故，朕深爲悼惜，著加恩於例賞祭品之外，加一倍賞給，以示優恤。該國王正在壯年，亦不必過傷，俟得有子嗣即行奏明，册封世子，承續宗祧，用延國慶。餘著照該部所請行。又奉旨，朝鮮國王世子李㬀病故，著派工部侍郎蘇凌阿爲正使，內閣學士瑞保爲副使，馳驛前往致祭。

一、越南國王及琉球國王，給銀一百兩、絹五十匹，移咨戶部給發。

一、諭祭朝鮮、琉球、越南等國王，即以敕封嗣王之使兼充祭物即令齎往。

一、諭祭朝鮮國母妃、王妃、世子，由禮部奏請。欽派正副使各一員往祭。正使開列內大臣、散秩大臣、頭等侍衛；副使開列內閣滿洲學士、翰林院滿洲掌院學士、禮部滿洲侍郎。謹按乾隆二十二年諭，祭朝鮮國王母妃。奉旨，摺內開列應派大臣官員、內將宗室亦行開列。宗室遣往朝鮮國致祭於理未協，以後宗室大臣官員職位名不必開列。嘉慶十年朝鮮國王李玜曾祖母，莊順王妃病故，遣使臣來京告訃，禮部奏准，賜祭一次。

一、諭祭朝鮮，用包祭文黃綾一丈六尺、黃布一丈八尺，移文戶部給發寫祭文黃表紙二張、盛祭文畫筒一個、擱祭文木架一座、盛綾匹等物皮箱一隻，長二尺五寸，寬二尺，高一尺、裹箱白氊一條，長五尺寬三尺、粗繩一丈六尺、馱鞍一副鞦轡具、御仗一對、龍旗一對、黃纛一對、欽差牌一對、迴避肅靜牌各一對、前行牌一面，套罩備，移咨工部給發，其綾匹裹箱，應用馱馬一匹，及仗旗牌纛祭筒，所用騎馬夫役，均移咨各部照例撥給，送至鳳凰城。正副使起行時，將牌文移送該部位，由驛遞至朝鮮境。

一、諭祭朝鮮，付主客司派通事、跟隨正副使前往，其出山海關、鳳凰城，路引正副使及通事跟役車輛騾馬、撒袋腰刀，各按名數移咨兵部照例給發。

一、諭祭琉球、越南，包祭文用黃綾一丈六尺、黃布一丈八尺，咨戶部移取祭文黃紙二張、盛祭文筒一個、擱祭文木架一座、紡絲油單一塊、盛絹皮箱兩隻，長二尺五寸，寬二尺，高一尺、皮條四根、銅鎖二把、裹箱白氊二條，長六尺，寬四尺、油布單二塊，均咨工部移取。

賜外國貢使恤典附。

一、貢使在京病故，題請恤典棺木於工部取用紅緞一匹、白布五匹、於戶部取用，內閣撰擬祭文，光禄寺備祭品，太常寺備香燭紙，鴻臚寺派讀祭文官，和聲署備官樂，遣祠祭司官一員，詣官舍讀文致祭一次。其應用包祭文黃綾一丈六尺、黃布一丈，寫祭文黃紙二張，盛祭文畫筒，行文戶、工二部給發，并知會科道覆銷，如願攜柩歸本國者，行文兵部給發車輛人夫，將棺木送至交界。

一、貢使在途病故，該省巡撫具題，照例題覆。給棺價銀二十兩，行文內閣撰擬祭文一道，頒發該撫轉飭布政使備祭品，願攜柩歸國者，聽願；葬內地，擇地封窆，立表識之。

又 卷一七一《主客清吏司・朝貢通例》 一、凡外夷屬國，遣陪臣恭齎表文、方物，按期修貢，既達境，所在督撫查明具題，由部覆准，行該督撫填給勘合，於該省文武員弁中，揀派二三員伴送入京，以資沿途彈壓。或非例貢年分，另行謝恩、進貢等事，由各該督撫奏准，鈔録原奏咨部。經過各省，仍豫派幹員護送趲行，按省更遞，沿途給與館舍廩餼，夫馬船隻，各管汛遞遣官兵防護。朝鮮入貢，由盛京將軍給與路引，鳳凰城守尉派防禦一員，伴送貢使。謹按嘉慶十六年伴送琉球恭使同知，在京病故，禮部具奏奉旨著順天府派員伴送起程，各省接替伴送，福建巡撫僅派一員，致該員病故，無人伴送，著交部察議，并行知各省。外藩貢使赴京時於文武員弁，揀派二三員伴送，不得止派一員致有貽誤。

一、外國貢使隨從員役，不得過百人，赴京不得過二十人，餘皆留旁聽賞。進貢船不得過三隻，每船不得過百人。朝鮮不在此例。

一、貢使至京，行崇文門監督，驗明行李照入，免稅，次日具摺奏聞。舊例，貢使至京，行兵部及步軍統領，出派官兵看守。謹按乾隆五十三年，緬甸進貢，禮部照例奏派官兵。奉上諭，緬甸貢使來京，本有道員遊擊各官護送，即其在館居住時，儘可令護送等官妥爲照料，何必多派官兵，徒爲沿習具文。嘉慶十六年，雲南委員知府、副將、守備、把總於貢使瞻仰時，先期傳知，該委員均未前往，除貢録，乾隆五十三年諭旨，傳該員等遵照外，行知該督撫查辦。

一、外國表文。貢使到館後，赴部恭進。有用外國字體者，由督撫譯出漢字副本。儀制司接表，送内閣繙譯具題。其金葉表文，内閣收後，即將上届所進者交出，由禮部送交内務府。舊例金葉表文，直送内務府，謹按乾隆五十五年二月奉旨改定。如貢使奉國王命，表文方物，願親進獻者，呈明禮部轉奏請旨。如准其親獻者，傳知貢使遵行，並知照該國王。朝賀表奉旨後，由儀制司知照謝恩及陳奏表。奉旨後，由主客司知照。

一、所貢方物。金寶器幣，交内務府，象，交鑾儀衛，馬，交上駟院，腰刀、鹿皮、青黍皮等，交武備院。俟貢物到京，由會同館監督查驗，撥員照料，即片行各該處，於三日内收貢覆部，以憑具奏。各該國有存留抵準貢物，呈覽清單内，先開存留物件，次開備進抵準物件，再開除抵存留物件，以免貽誤。謹按乾隆五十四年，暹羅貢象，在廣東倒斃，該巡撫將象牙、耳鼻、尾，委員送内務府查收。嘉慶十六年，緬甸貢象，至房山縣倒斃，除照前例辦理外，將委員交部察議，象奴扣例賞，行知各該處。

一、朝鮮員役及伴送來京之員役，所用口糧食物，付精膳司轉行光禄寺給發；其馬匹料豆，行戶部給發；草束，行戶部給銀出買；木柴木炭，行工部給發。均用印領。其餘各國來京使臣及隨從人等，應行照料事宜，俱由内務府經理禮部派委員二員，幫同照應。舊例，各國貢使供具並由禮部行光禄寺給發。謹按乾隆五十五年，奉旨交内務府。

一、貢使在京，恭遇三九大節及凡升殿日期。應與朝賀豫行鴻臚寺傳貢使演禮，付儀制司於儀注本内聲明，令其於百官未行禮，届期派員率大使等領入貞度門伺候。如該國遇有孝服，朝賀加賞俱照常，惟停止迎送入宴。

一、貢使來京，恭遇皇帝巡幸木蘭。禮部堂官一員帶領赴行在瞻仰，行各該處豫備。謹按乾隆五十五年、五十六年安南貢使、五十八年暎咭唎貢使、六十年南掌、緬甸二國貢使自京赴行在車輛，行知直隸順天府給發，赴行在後。居處并車輛，行直隸并熱河道承德府豫備，兵部給發出口路票。嘉慶八年，帶越南使臣赴行在照此辦理。

一、貢使來京，恭遇萬壽聖節。帶入同樂園聽戲。十月初四、初五、初六、初七等日，帶使臣早赴同樂園祇候。皇帝駕臨，禮部堂官帶站班。初六日，賞緞匹器物，禮部堂官帶上叩頭謝恩，或即在座位叩謝。謹按嘉慶十八年，越南貢使奉旨初六日，著在乾清門外行禮，即入寧壽宮聽戲。

一、恭遇筵宴，帶使臣入座。各國使臣俱東邊西面，以次序坐，查除夕前一日重華宮宴，迎駕後，即帶，堂官不帶。内右門發名單。軍機處、奏事處、侍衛處送緑頭名籤。除夕，保和殿宴，堂官帶，入殿賜酒，司官各帶一人，至寶座前歸飲，叩頭出，臨時聽旨。正月初旬，紫光閣宴或山高水長蒙古包宴，堂官帶使臣在閣後左門北東向迎駕。山高水長蒙古包，帶使臣出卷棚外西向迎駕。均使臣跪，堂司官肅立。正月十五日，正大光明殿宴，堂官帶賜酒，均與保和殿同。悅心殿或瀛臺看沐嬉，即本日帶瞻仰迎送之堂官帶，臨時聽旨。山高水長，看鐙戲盒子。十三日常服在月欄外，堂官不帶。十四、十五兩日綵服，在月欄内，堂官帶，臨時聽旨。十九日，請安回國。係常服，堂官帶。十八、十九、二十等年，俱不入慶豐圖、重華宮、紫光閣或山高水長蒙古包。併恭和御制詩章，加賞凡三分，均由軍機處奏交朝鮮書狀官，加賞三分，與正副使臣同。又查内廷宴併重華宮宴，山高水長看煙火。止正副使入座，書狀官不入座。禮部宴，即從人均得入座，其餘各國視此。至使臣赴園，除朝鮮自備車馬外，餘俱先行兵部撥坐車，併裝載行李大車。二十四年十月軍機處傳旨。初八日，正大光明殿筵宴朝鮮、越南、暹羅、南掌四國使臣。各帶正使一人，豫備賜酒。十二月十九日，保和殿筵宴因帶暹羅使臣四員，軍機處傳旨，嗣後筵宴賜酒，各國止帶正副使二人。

一、貢使在京，如已與朝賀，奏明停其召見，有未與朝賀者，於貢使回國時，將應否召見奏請。得旨令見者，行欽天監擇日時具緑頭牌，奏請欽定，届期恭進儀注旨下，行知内閣、起居注内大臣、内務府、内鑾儀衛、景運門武備院、鴻臚寺、欽天監併吏兵二部轉傳文武大臣咸集。僅按乾隆十八年，奏准，暹羅國使臣奉表來京，恭遇駕幸南苑，已令使臣道旁瞻仰，應照例停其召見。

一、貢使在京有已與朝賀，應停其召見，而該貢使援例呈請見者，均據呈代奏，請旨遵行。謹按乾隆四年，琉球遣王舅向啓猷入貢，呈請照雍正二年，王舅翁國柱等已與朝賀，仍准其進見之例。又七年，琉球遣正使翁鴻業入貢，呈請照。雍正四年，紫巾官向得功等已與朝賀，應准其進旨允行。

一、恭遇皇帝出入，帶使臣瞻仰天顏，並迎送聖駕，查不設儀仗，不帶。遇忌辰，不帶。若祭壇廟遇忌辰，仍帶。請安後，不帶。該國有孝服，不帶。午門前帶，使臣在吏、禮二部朝房前稍南儀仗之内，送在甬道西，迎在甬道東，均居蒙古回子之次。瞻仰堂官跪奏，司官肅立，迎送堂官跪不奏。司官皆跪別處帶。瞻仰迎送同壇廟，禮成，幸圓明園。午門前迎送用朝衣、朝冠，西三座門送駕應蟒袍、補褂。皇上祭壇廟前日出宿齋宮，蟒袍、補褂。次日還宮，朝衣、朝冠。本日出入，均朝衣、朝冠。又本日出宮，天色尚早，俟還宮時帶。若迎送出入，均帶。御前大臣處，遞使臣，並帶領堂官名單。

一、貢使在館時有請出寺廟遊覽等事，先行奏聞，仍將所行街道知會步軍統領。謹按嘉慶三十年，琉球副使呈請赴張家灣致祭伊父墳墓，禮部奏准行各處豫備。二十年，琉球使臣因官生學成回國，呈請瞻仰文廟，堂官面奏，奉旨准其瞻仰，著在丹墀下行禮。二十二年，琉球使臣呈請瞻仰文廟，并副使呈請致祭伊叔祖墳墓，均經具奏，奉旨允准。

一、貢使回國時，午門頒賞，行都察院派御史四員，行鴻臚寺派贊四員，序班二員，行護軍統領彈壓，行工部鋪設桌張，知照戶科、工科，陝西道及各督撫並該國王向由步軍統領衙門撥兵防護。謹按嘉慶四年，奏准照筵宴例，即令原管宴之護軍統領一體彈壓，並令行開列之人，輪流監視，毋庸奏派。惟朝鮮領時憲書員役，應在禮部頒賞。

一、貢使在途遇有事故，照來京貢使之例，一併賞給。留守從人，亦照來京從人之例賞給，交來使帶回。查《會典》內載外國貢使在途病故，由禮部具題，會內閣撰祭文，所在布政使司備祭品，遣官致祭一次，仍置墳塋，立石封識。如來使願攜柩回國者，聽。若到京病故，給棺木、紅緞，遣祠祭司官諭祭，行兵部付車馬人夫。從人在京病故，給棺木、紅紬，在途病故，聽其自行埋葬。謹按嘉慶元年，奉上諭安南國使臣阮光裕患病身故，特賞銀三百兩，經理喪事，並詢知該國，俗尚僧人念經超度之事，用選緇流替作佛事以祈冥福，至靈櫬遄歸，已令伴送官員沿途妥爲照料，一併諭知。

六年，暹羅二貢使在廣州南海地方病故，奉旨著加恩，再賞銀三百兩，遇有該國使臣，即令先行帶回，將銀兩給伊家屬，不必等候。嗣後遇有此等外國使臣在內地身故之事，即照此例辦理。

十二年，琉球正使至浙江病故，該督據呈轉奏，將正使棺柩在閩埋葬，立石封識，部奏除照例賞給外，並遵六年諭旨加賞銀三百兩，行文浙江於藩庫給發。

二十四年，暹羅正使至廣東西路外洋遭風，查無下落，其爲漂没無疑，除例賞外，加賞銀三百兩，由兵部一併發，交兩廣總督頒給。

一、貢使回國時，題明正在部筵宴一次，在館筵宴一次，付知精膳司辦理。回京，至原來省分，筵宴一次，行知各督撫辦理。除夕，保和殿。正月初旬，紫光閣，或山高水長蒙古包。十五日，正大光明殿，各筵宴俱由內務府辦理。

一、例賞緞匹有抵換與例不符者，豫行內務府奏明，交部以憑，開單奏賞，定日頒給。如遇兩國，分日頒給。併移會內閣撰入敕書。謹按嘉慶十四年，奉上諭：戶部內務府各庫存緞匹等名目，往往舊時所有，而近日將所無遇有頒賞事宜，各該處仍開舊時名目，將所缺之項用他物抵補，以致名實不符。此次越南國賞件，與敕書所載即有參差，殊非覈實之道。嗣後頒賞緞匹，就庫中現有之物，擬用何項，即名再行抵換，致有歧異。

一、賞賜物件，上駟院備馬，工部備鞍、轡、靴、襪，戶部備銀兩，內務府備緞紬絹布貂皮，俱令各衙門將精良者頒給，届日禮部堂官驗看，如將不合式之物潦草充數者，據實恭奏。

一、貢使回國有敕書者，行工部取畫筒，行戶部取包裹布匹。筒長二尺五寸，黃綾一丈，黃布一丈五尺。

一、貢使回國，由各該省原伴送官護送，行兵部換給勘合，朝鮮則換給山海關路引。經過各省仍遴委幹員更遞護送，禮部將起程日期知照各該處督撫，仍令該督撫將貢使出境日期題明報部。留邊人役，地方官照例給以口糧。貢使回時，同送出境。謹按嘉慶十七年，琉球貢使遲至，次年正月初七日到京，大學士奉旨傳問，伴送官遲延緣由具奏，奉旨海慶祝錦堂明全俱交部議處，嗣貢使回國前二日道員海慶患病起程。二十二年，伴送琉球貢使道員張汝驤患病，不克引見，奏令原伴送之同知、遊擊伴送起程。

一、專派送外國貢使之文武員弁，照直省州縣以上押運、押解之例，該督撫出具考語，送禮部帶領引見。如引見未滿三年，該督撫於咨內聲明，即毋庸帶領引見。其乘便伴送來京者，應歸卓異俸滿，各本案文員仍由吏部帶，武弁仍由兵部帶。謹按嘉慶九年，伴送越南貢使通判，該撫給咨引見，因設咨吏部及咨送到部，已定有起程日期，不及奏帶引見。二十五年正月，奉旨嗣後伴送外國貢使來京之文武官員，除文職同知以下，武職副將以下，由該部帶領引見外，其文職知府以上，武職總兵，俱令於事竣時自行遞摺請訓。又禮部尚書穆克登額面奉諭旨，道府遞摺請訓召見時，試其人材賢否，如同知知州，雖經該督撫題補，知府尚未引見，該部仍帶領引見。於摺內聲明。

儀注：凡貢使至京先於禮部進表，豫設表案於堂正中，監督朝服，率貢使暨從咨各服本國朝服，由館赴部入左角門竚立階下之左，禮部堂官一員出立於案左，儀制司官二員，分立於左右楹，均朝服，監督先升，立於左楹之西，通事二員，序班二員，引貢使以次升階立，皆跪。正使奉表舉授監督，轉授禮部堂官，禮部堂官受表陳於案正中，退立。正使以下行三跪九叩禮，興序班引退，監督率貢使從官皆出，儀制司官捧表退。次日，送交內閣。恭遇萬壽聖節、元旦、冬至朝賀，及皇帝陞殿之日，主客司官暨監督大使等率貢使至午門前朝房祇候，引入貞度門。皇帝御太和殿，序班引貢使暨從官詣丹墀西班末，聽贊。行三跪九叩禮。詳儀制司。若不遇朝期，由部奏請，或奉旨召見，至期，禮部堂官一員，蟒袍、補服率貢使服其國朝服，通事補服，詣宮門外祇候。皇帝常服御便殿，御前大臣、領侍衛內大臣、內大臣、侍衛左右侍立。常儀禮部堂官引貢使入，通事隨入，至丹墀西，行三跪九叩禮畢，引由西階升。通事一員從升至殿門外跪。皇帝降旨慰問，禮部堂官承旨傳知通事，轉論貢使。貢使奏對，通事譯言，禮部堂官代奏，禮畢引出。如待以優禮，是日，入班咸集之。滿洲大臣、漢大臣咸蟒袍、補服，按翼侍立。禮部堂官引貢使至丹墀，行禮畢，引由西階升入殿右門，立右翼大臣之末。通事隨入，少後立。皇帝降旨賜坐，領侍衛內大臣、內大臣入班咸集之。滿洲大臣、漢大臣及禮部堂官一叩頭，序坐，貢使隨跪，一叩頭，坐，賜茶。正進皇帝茶，衆跪叩。侍衛徧授大臣及貢使茶，咸跪受，一叩頭，飲畢，跪叩如初。皇帝降旨慰問，禮部堂官承旨俱如前儀，禮畢，禮部堂官引貢使出，至朝房，承旨賜貢使尚方飲食，訖，監督率以退。舊例，朝鮮來使有稱君者，坐於右翼，輔國公之下隨班賜茶。謹按乾隆元年，議准琉球、安南等國差來陪臣若係該國王兄弟世子來朝，應如朝鮮稱君之例。若尋常貢使等，召見其大臣咸集，賜坐、賜茶之處，應行停止。翼日黎明，午門外謝恩。鴻臚寺傳贊、序班引貢使就丹墀西北面，行三跪九叩禮，如儀。如見於圓明園，由出入賢良門西邊入，至正大光明殿西槅扇，引入殿內，餘俱如前儀。頒賞之日，豫設案於午門外道左，陳賜物於案。監督朝服，率貢使暨從官各服本國朝服，由東長安門、天安門、端門至西朝房前東面序立，禮部堂官一員立案北西面，主客司司官及各執事員役俱立案南西面，監禮御史及鴻臚寺鳴贊官四員，分立御道左右東西面，序班二員立貢使之北東面，均朝服。鳴贊贊齊班序班引貢使至西丹墀內序立北向東，上贊進贊跪叩，興行三跪九叩禮，主客司司官奉頒給國王賜物，率通官授貢使，貢使跪受，轉授從人，乃以次授貢使、從人賜物，各跪受訖。贊叩興復行三跪九叩禮典引退，監督率貢使及從官、從人皆出。

又 卷一八〇《主客清吏司·西洋諸國朝貢》 西洋諸國在西南海外，遠越重洋，不計道里。其通貢者曰博爾都嘉利亞國，曰意達里亞國，曰博爾都噶爾國，曰暎咭唎國。貢道均由廣東澳門水路達京師。

一、西洋諸國貢無定期，既至廣東澳門，由該督府代提敕部議准後，知照該督撫，令貢使入京。

一、貢使船不得過三隻，每船不得過百人，正、副使及從人來京者不得過二十二人，餘俱留邊聽賞。謹按雍正五年，西洋博爾都噶爾國進貢，時議准共來使從人六十名，來京者不拘定例，餘仍留邊聽賞。乾隆五十八年，暎咭唎國進貢，坐駕洋船五隻，兵役匠作水稍共七百二十名，來京一百員名，餘俱留天津聽賞。嘉慶元年，兩廣總督奏，暎咭唎國呈進貢物，奉旨准其賞收。【略】二十一年，暎咭唎國遣使進貢來京，屆期，據理藩院尚書和世泰奏，該正、副使患病未能瞻覲，奉旨遣令回國。又奉旨賞收該國王、王妃畫像並圖畫，賞該國王白玉如意一柄、翡翠朝珠一盤、大荷包二對、小荷包八個。頒發敕書派原任天津監政廣惠送至廣東，並派沿途各省藩司、臬司接替護送彈壓。

一、貢物無定額。謹按康熙九年，西洋博爾都嘉利亞國王阿豐肅遣使恭進聖祖仁皇帝前國王畫像一幅、金剛石稀金劍一柄、金珀書箱一座、珊瑚樹一枝、珊瑚珠一串、琥珀珠六串、伽南香一炷、金銀乳香六桶、哆囉絨三匹、象牙十枝、犀角四枝、丁香一籠、蘇合油一桶、花露一箱、花幔四端、花氊一鋪，恭進皇后前大玻璃鏡一面、珊瑚珠一串、琥珀珠十串，花露一箱，丁香、金銀乳香各一籠，花幔四端、花氊一鋪。十七年，該國上阿豐肅遣使進獅子。雍正五年，西洋意達利亞國王伯納第多遣使恭進厚福水五十瓶，玻璃鳳壺、瑪瑙刀柄各一把，波囉杯、蜜蠟杯各一個，蜜蠟小瓶三個，蜜蠟小道柄二把、琺瑯小圓牌三片，銀纍花香、寶石花各二枝，水晶滿堂紅鐙一架，各寶器十八件，各色玻璃鼻煙壺十二個、各寶圓球八十二個、各寶鼻煙壺十六個、銀纍絲花盤四面，寶地銀花盤、銀絲小漏盤各一個，花紙盤七個、繡花紙盤四個，伽石倫鼻煙盒、綠石鼻煙盒、瑪瑙鼻煙壺、花匣各一個，線花畫五張、皮書九張、皮扇面畫十二張、小銀罐二十九個、花石片大小十八塊，連銀纍絲瓶、鐵花盆各二個，巴爾薩嗎油二盒，小蜜蠟杯、伽石倫鼻煙罐、伽石倫蓋杯、連銀纍絲小花瓶、小石盆、石頭火漆印把、鎏金皮規矩、銀花素鼻煙盒、鑲銀沙漏各一對，阿葛達片四塊、伽石倫帶頭片大小二十四兜、番銀筆一對、各色石鞭、頭香枕囊各六個，珊瑚珠二串、瑪瑙珠四串、各寶素珠十四串、顯微鏡一套、火字鏡一面、照字鏡二架、玻璃棋盤一面、玻璃棋子二盒、火漆八包、大紅羽緞四匹、鼻煙五十罐、小銅日規、周天球各一座，凡六十一種。五年，西洋博爾都噶爾兩國王若望遣使恭進大珊瑚珠、寶石珠各一串，金鑲伽石倫瓶、蜜蠟盒、瑪瑙盒、銀鑲伽石倫盒、藍石盒、度金鑲玳瑁盒、銀度金鑲雲母盒各一個，各品藥露五十瓶、金絲緞、金花緞各一匹，洋緞三匹、大紅羽緞、大紅哆囉呢各一匹，洋製銀柄武器、鍍銀花火器各一具，洋刀、長劍、短劍各一把，自來火長槍各一桿，手槍二桿、鼻煙二十瓶，【略】葛爾撒木油、伯勒西里巴爾撒木油各二瓶，各品衣香、巴斯第里葡萄紅露酒、葡萄黃露酒、白葡萄酒、紅葡萄酒各二十瓶，伽石倫二大塊、各色珐瑯四十塊、烏木鑲青石桌面、烏木鑲黃石桌面、烏木鑲各色石花條桌各二張，織成各種遠視畫九張，凡四十一種。

乾隆十七年，該國王若瑟恭進：自來火長鳥鎗二把、自來火手把鳥鎗四把、珐瑯洋刀一把，赤金文具、伽石倫文具、螺鈿文具、瑪瑙文具、緑石文具、赤金鼻煙盒、伽石倫鼻煙盒、螺鈿鼻煙盒、瑪瑙鼻煙盒各一個，緑石鼻煙盒二個，銀裝春夏秋冬四季花各一枝，金絲花緞、銀絲花緞、金絲表緞、銀絲表緞各一匹，各色哆囉呢六匹、織人物花氈七鋪、露酒二十瓶，白葡萄酒、紅葡萄酒、巴爾撒木油、鼻煙各二十瓶，洋糖二十六瓶、香餅三十瓶、銀裝蠟臺一對。貢使貢進方物，銀盤、玻璃瓶、銀架、玻璃瓶、意大石文具、銀圓香盒、銀長香盒、蜜蠟香盒、剪子各一對，意大石牙籤、玻璃牙籤各一個，異石煙盒一個。

五十八年，嘆咭唎國王遣正使嗎嘎爾呢、副使嘶噹嗹恭進：天文地理音樂大表一件、地理運轉全架一件、天球一件、地球一件、指引月光盈虧測看天氣陰晴一件、【略】玻璃燈一對、絲毛金線毯一大箱、大毯毯一大箱、馬鞍一對、涼暖車二輛、成對相連鎗四桿、自來火金鑲鎗一桿、自來火銀鑲鎗一桿、自來火小鎗四桿、小火鎗四桿、大火鎗二桿、鋼刀十六把、巧益架子一件、早晚運動能長人精神西洋船樣、哆囉呢羽紗、雜色毛貨共三十件、千里眼兩個。

嘉慶元年，嘆咭唎國王呈進：黄色大呢六版、醬色大呢六版、眉哥爾大呢六版、新樣大呢六版。

十年，嘆咭唎國王呈進：洋花地氈五張、醬色眉哥呢一匹、太平貂呢一匹、山羊絨一匹、新樣黄緑藍呢三匹、新樣黄嗶嘰一匹、絲呢一匹、花袈裟布七匹、花洋布十匹、紅小呢一匹、圓鏡一對、圓鏡一面、洋花露一箱、鼻煙五、辣金鑲洋刀十二把、洋剪刀十二把、新樣洋剪刀三把。

一、頒賞無定額，屆期將上次賞賜物件開單具題，請旨賞給，如軍機處先期奏准交出正賞加賞清單，將賞賜國王物件開送內閣撰人，敕內交來使賚回。謹按康熙九年，嘉利亞國王蟒緞、粧緞、倭緞各三匹，錦緞一匹，閃緞、帽緞、藍花緞、青花緞、藍素緞、青素緞各五匹，綾紡絲各十四匹、絹二匹、羅十匹，共八十匹，銀三百兩。貢使蟒緞、帽緞各一匹【略】。從人十五名，紬、紡、絲各一匹，共八匹。隨來官一員，照護貢官例，正使男一名，照從人例。

雍正三年，賜國王緞匹銀兩，與康熙十七年同。貢使蟒緞、粧緞、倭緞、藍花緞、青花緞、藍素緞各二匹，綾紡絲各六匹，絹四匹、銀二百兩。又特賜國王貂皮、人參、各色雜緞、錦緞、大緞、次緞、洋漆器、磁器、芽茶、紙墨、絹扇等物。

五年，賜國王蟒緞、倭緞各六匹，片金四匹、閃緞、絹緞、藍花緞、青花緞、藍素緞各八匹，綾、紡、絲各二十匹，羅十三匹、杭綢七匹，共一百三十四匹，銀三百兩。貢使蟒緞、絹緞各一匹，雜緞、倭緞各二，藍花緞、青花緞藍素緞、杭紬各三匹，綾、紡、絲各六匹，共三十匹，銀一百兩。護貢官十員，每員倭緞一匹、藍花緞、青花緞、藍素緞、綾紬各二匹，紡絲三匹、絹一匹，共十五匹，銀五十兩。從人三十五，各每名紬、紡、絲各三匹、絹二匹，共八匹，銀二十兩。又特賜國王人參四十斤、庫緞二十五匹、瓷器一百三十件、洋漆器六十六件、紙三百張、墨二十匣、字畫絹一百張，及荔枝酒、哈密瓜、松糕茶、膏芽茶、香餅、鐙扇、香囊等物。加賞來使倭緞、磁器、漆器、紙墨、絹扇等物。

乾隆十八年，賜國王及正使緞匹，均人與雍正五年同，惟不賞銀。其副使、總理官每員蟒緞、帽緞各一匹，【略】綾、紡、絲各四匹，杭二匹紬。護送官八員，每員潞紬、紡絲各四匹、杭紬、紡絲各二匹，銀五十兩。又特賜國王龍緞四匹、粧緞、花緞、線緞各八匹，【略】杭紬七匹、册頁一副、紗燈六對、瑪瑙器一件、玉器六件、珐瑯器十二件、漆器四十件、葫蘆器九件、磁器一百八十二件、紫檀木書格二對、畫絹一百張、灑金五色字絹一百張、墨二十匣、箋紙高麗紙各二百張、白露紙一百張、香袋三十二匣、宮扇二十六柄、扇二百柄、香餅八匣、普洱茶八十團、武藝茶、六安茶各二十瓶、茶膏、松糕各十匣、哈密瓜乾、香瓜乾各二匣、蓮子藕粉各六匣，【略】又隨敕書賜國王龍緞、片金各二匹，蟒緞、倭緞各三匹，粧緞七匹、百花、粧緞六匹，【略】帽緞、線緞各四匹，綾、紱、絲各二十二匹、羅十三匹、杭紬七匹。又因端陽節賞國王紗四十匹、葛一百匹、宮扇八柄、扇五十匣、香袋二十匣、掛香袋十二匣、香串十匣、藥錠二十二匣，正使紗三十匹、葛四十匹、官扇二柄、扇十二匣、扇器六匣、香串四匣、藥錠二十五匣。副使、總理官各紗十二匹、葛十匹、官扇一柄、扇四匣、扇器二匣、香袋四匣、香串二匣、藥錠二匣。兵丁從人等共紗五十匹、葛一百匹。又賞正使玉如意一柄、象牙片條幾、成宮扇一柄、册頁一副、磁瓶一個、荷包、香袋兩匣。

五十八年八月初四日，暎咭唎國貢使到熱河，初十日進表，是日，萬樹國入宴，加賞該國王玉如意一柄、龍緞三匹、蟒緞二匹、糚緞七匹、百花糚緞六匹、倭緞三匹、片花二匹，閃緞、袍緞、藍緞、綵緞、青花緞、衣素緞、線緞、帽緞各四匹，綾、紡、綵各二十二匹，羅十三匹、杭綢七匹、玉雙環瓶一件、戰圖一匣、紅雕漆桃式盒九件、朱漆菊瓣盤四件、絹箋五十張、蠟箋五十張、掛鐙四對、十錦香袋八匣、繡香袋、連三香袋各四匣，宮扇十三柄、扇二百柄、香餅四匣、普洱茶四十團，茶膏、柿霜各五匣，哈密瓜乾、香瓜乾各一匣，武彝茶、六安茶各十瓶，藕粉蓮子各四匣，加賞正使龍緞、糚緞、藍緞、醬色緞、葉緞各二匹，倭緞、八絲緞各一匹，後杭、紬、紡、絲各四匹，磁盌六件、磁盤八件、霽青白裏磁盤六件、扇二十柄、普洱茶六團、六安茶、六瓶茶膏二匣、磚茶二塊、哈蜜瓜乾二匣，加賞副使龍緞、糚緞、倭緞、藍緞、醬色緞、素緞各一匹，後杭、紬、紡絲各二匹，磁盌二件、磁盤八件、霽青白裏磁盤四件、扇十柄、普洱茶四團、六安茶四瓶、茶膏、哈密瓜乾各一匣，副使之子龍緞、糚緞、素緞、八絲緞、錦漳絨、羽綯綾各一匹、花緞、紡絲各二匹、磁盌、磁盤各四件、十錦扇十柄、普洱茶四團、六安茶四瓶，茶膏、冰糖各一匣，雕漆盤一件、大荷包一對、小荷包二對，代筆官總兵官二員，每員閃緞、糚緞、倭緞、藍緞、綾花緞各一匹，磁盌、磁盤各二件，十錦扇十柄、普洱茶二團、六安茶二瓶，茶膏、冰糖各一匣，大荷包一對、小荷包一對，副總兵官、管兵官、職事官、管船官等七員，每員閃緞、糚緞、藍緞各一匹，磁盌、磁盤各二件，扇一匣、普洱茶二團、大荷包一對小荷包一對。

十一日，該使臣瞻仰如意洲等處，賞正使大卷緞二匹、大卷紗二匹，閃緞、錦各一匹，大荷包一對、小荷包二對、磁鼻煙壺一個、磁瓶一對，賞副使大卷緞二匹、大卷紗一匹、錦一匹、大荷包一對、小荷包二對、磁鼻煙壺一個、磁瓶一對、副使之子大卷緞二匹、大卷紗一匹，大荷包、小荷包各一對，磁鼻煙壺一個、磁四足鑄一對，總兵等官九員，每員大緞二匹、大荷包一對、小荷包一對、磁鼻煙壺一個。

十三日，高宗純皇帝萬壽，該使臣行慶賀禮隨瞻仰含青齊等處，賞正使大卷八、絲緞三匹、錦二匹、磁茶桶一對、磁奶茶盌一對、磁盤二件、宜典器一件，副使大卷八、絲緞三匹、錦一匹、磁茶桶一對、磁奶茶盌一對、磁盤一件，副使之子八絲緞二匹、錦一匹、皮茶桶一對、磁奶茶盌一對、磁盤一件，副使之子繪畫呈覽賞大荷包一對，通事總兵等官九員，每員八絲緞一匹。【略】

十四日，該使臣在清音閣入座聽戲，賞正使御筆書畫册頁一件、玉杯一件，磁盤、磁瓶、漆桃盒、葫蘆瓶各二件，【略】副使之子磁器四件、漆桃盒二件、磁瓶一件、小荷包一對，通事總兵等官九員，每員漆桃盒二件、磁器四件。

二十六日，高宗純皇帝回鑾，二十九日在太和門頒給敕書，賞該國王百花糚緞二匹、袍緞、線緞各四匹、紫檀綵漆銅掐絲琺瑯龍舟仙臺一座、玉器八件、瑪瑙盂盤一分、磁器二百二十件、漆器三十七件、葫蘆器十四件、文竹掛格、棕竹漆心炕格各一對、花卉册頁一册、畫絹二十張、灑金五色字絹二十張、箋紙二十張、白露紙二十張、高麗紙二十張、墨六匣、各樣扇四十柄、普洱茶八團、六安茶八瓶、武彝茶四瓶、茶膏、柿霜四匣，哈密瓜乾、香瓜各四匣，藕粉、蓮子各二匣，藏糖三匣，文隨敕書。賞國王龍緞三匹、蟒緞二匹、糚緞七匹、百花糚緞六匹、倭緞二匹、片金二匹，閃緞、袍緞、藍緞、絲緞、青花緞、衣素緞、線緞、帽緞各四匹，綾、紡、絲各二十二匹，羅十三匹、杭紬七匹、畫絹一百張、白露紙一百張、灑金五色絹五十張、五色箋紙、高麗紙各二百張、宮扇十三柄、十錦扇一百柄、連三香袋四匣、十錦香袋八匣、繡香袋四匣、香餅四匣、普洱茶四十團，茶膏、柿霜各五匣，哈蜜瓜乾、香瓜乾二匣，武彝茶、六安茶各十瓶，藕粉、蓮子各三匣，文竹炕桌一對、紅雕漆炕桌一對、掛燈六對、藏糖三匣、墨二十匣。賞正使龍緞、帽緞各一匹，糚緞、倭緞各二匹，藍緞、青花緞、綵緞、杭紬各三匹，綾、紡、絲各六匹，茶葉兩大瓶、茶膏二匣、磚茶二塊、大普洱茶二團、圍刮膘慶一架、青玉全枝葵花洗一件、瑪瑙葵花盌一件、瑪瑙葵花碟一件、藏糖二匣。副使龍緞、帽緞各一匹，糚緞、倭緞、藍青花緞、綵緞、綯紬各二匹，綾、絲各四匹，茶葉四小瓶、茶膏一匣、磚茶二塊、女兒茶十團、白玉全枝葵花洗一件、花瑪瑙菊花瓣盌一件、葫蘆器二件、藏糖二匣。副使之子龍緞、糚緞、倭緞、青緞、藍緞、錦漳絨、帽緞各一匹，綾、紡、絲各三匹，綯紬二匹、茶葉二瓶、磚茶二塊、茶膏一匣、女兒茶八團、藏糖一匣。總兵官、副總兵官二員，每員龍緞、糚緞、倭緞、藍緞、青緞、帽緞錦各一匹，緞、紡、絲各三匹，綯紬二匹、茶葉二瓶、磚茶二塊、茶膏一匣、女兒茶八團、藏糖一匣。通事管兵等官四員，每員龍緞、糚緞、漳絨錦、藍綾、綵緞各一匹，綾、紡、綵各二匹，茶葉二瓶、磚茶二塊。代筆醫生等官九員，每員龍緞、糚緞、錦、漳絨、藍緞、彭緞、綾、紡、絲各一匹，茶葉二瓶、磚茶二塊。貢使家人七名，每名綾、紬各二匹，布四匹、銀十兩。【略】丙地護送官二員，大緞各二匹，貢船留存、管船官等五名，每名回子布、高麗布、哗囉麻兼綵葛各二匹。留存貢船兵役水手等共六百十五名，每名高麗布、回子布、小增城葛、哚囉麻各一匹。

嘉庆元年，賜暎咭唎國王敕書一道，皮裏錦緞十四匣，內貯蟒緞、糚緞、閃緞、錦漳絨、大緞、官用緞、大卷紗、官用紗、杭綾、杭羅、湖縐、春紬、紡紬各十匹。

十年，賜暎咭唎國王敕書一道，蟒緞、糚緞、閃緞、錦漳绒、大緞、官用緞、大卷紗、官用紗、杭綾、杭羅、湖縐、春紬、紡紬各六匹，磁瓶、磁盤各四件、磁盌、磁碟各八件，春茶四匣，普洱茶四軸。

一、進表朝賀在館供給及頒賞歸國各事宜，均詳《朝貢通例》。如貢使受國王命必親獻表文、方物以表誠悃者，奏明請旨行，欽天監選擇吉日帶領該貢使，敬謹豫備其應於何處召見，屆期均俟特旨遵行。謹按康熙九年，聖祖仁皇帝御暢春園九經三事殿，禮部、鴻臚寺官引貢使捧表恭進。雍正五年，西洋貢使呈稱，國王咸戴洪恩，敬備方物，遣使願親奉進獻，禮部奏准，擇日於圓明園進獻，召見貢使。

乾隆十八年，西洋貢使呈稱，所齎表文係國王敬謹封，固必須親獻以表誠心，禮部奏准，擇吉帶領正、副使、總理官並理事官在後左門外預備，屆期於乾清宮召見正、副使總理官三員，正使捧表恭進。

五十八年八月初十日，高宗純皇帝御瞻泊敬誠殿，軍機大臣同禮部堂官帶領貢使恭捧表文跪遞，御前大臣恭接，轉呈御覽。其一應供給俱由內務府辦理，回國時，特派御前大臣侍郎松筠護送，由水路到廣東並沠提鎮，接遞管束。

一、西洋人有曉諳天文、算法、雕刻工作，諸倸能情願赴京效力者，由兩廣總督奏明，得旨後委員伴送來京，豫咨禮部行文，兵部、軍機處辦理。謹按嘉慶十年，西洋人慕王化呈稱，患病乞假，暫歸調理，奉旨准其回國，就痊後不必再行來京。經過地方，派員帶同前往，不可任其逗遛，與人交接，致滋事端。

又 卷一八四《四驛館事例》 一、朝鮮貢使館舍在正陽門內東江米巷，屋七十二間。遇有應行修理添設之處，該館監督報部查覈，移咨工部辦理。館外城根空地濶一丈八尺，徑三丈，小屋十五間。謹按乾隆五十五年奏准修，蓋爲。朝鮮喂養馬匹之所，向有宣武門內瞻雲坊、正陽門外横街兩處官房，爲外國貢使館舍，於嘉慶五年，奏交內務府收管。

一、稽查。會同四譯館大臣，開列六部、都察院、通政司、大理寺滿洲堂官各職名，奏請欽派二員，如有事故，另行更換。

一、會同四譯館監督給以鴻臚寺少鄉銜，於禮部滿洲郎中、漢郎中內揀選二員帶領引見，候旨。簡用一員，令其兼理，三年更換。如郎中有出差等事，一時不得其人，於員外郎內揀選堂官，出具考語，帶領引見。於摺內聲明。向設會同館，以待外國貢使四譯館習學各國文字。提督四譯館，加太常寺少卿銜。謹按乾隆十三年議准，將四譯館歸併，加鴻臚寺少卿銜。

一、大使一員，於序班內升用，由吏部論俸推補。凡外國貢使至，一應事宜，該大使呈明監督，付主客司辦理。

一、序班二員，於譯字生內挑取，令其教習，譯字生通曉各國文字。向設序班人員。謹按乾隆十三年，議準裁爲二員，序班缺出，傳齊各譯字生，當堂考試挑其習熟各國文字者充補。嘉慶十六年，議定遇有外藩到京，按名輪派譯字生二人當差，如有遺誤，四譯館監督自行註册，遇序班缺出，將册付主客司，傳齊各譯字生，當堂照例補用，以昭公允。

一、譯字生八名，行順天府，於在京童生內，取文義通順字畫端楷者，送部考試，挨次補用。向設譯字生九十六名。謹按乾隆十三年，議準朝鮮、琉球、安南表章，本用漢文，無須繙譯，其餘各國表章率由各督撫令通事譯録，具題譯字生無所事事，裁爲八名，以備體制。又是年奉上諭：四譯館所存外夷番字諸書，宜嚴爲搜輯，加之校正分門別類，彙爲全書，如海外諸夷並苗疆等處有各成書體者，一併訪録，將字音與字義用漢文註於本字之下，繕寫進呈，交館勘校。

嘉慶十五年，准會典館片查，查出四譯館舊存番字書一部，共計十種，繕簽呈覽，後仍付還四譯館存貯。二十一年，酌議章程候補譯字生，每季仲月初一日點卯，一卯不到停補，二卯不到降候補之末，三卯不到照三傳不到例扣除。患病出外俱赶，可呈明銷假後，扣滿五十五日，方准挨補。如出缺在前，假滿在後，不准攙補，至服闋人文俱經到部，遇缺挨補，毋庸扣限。

一、朝鮮通事八員，上三旗、下五旗各六品一員、七品一員、八品二員。其上三旗缺出，由內務府於該旗包衣佐領下，揀選通習朝鮮言語之人帶領引見補放。下五旗缺出，由禮部於鳳凰城無品級通事二人調取來京，帶領引見補放。無品級通事缺出，於下五旗高麗子弟內挑補發往。四譯館設朝鮮譯學生，先挑下五旗高麗子弟各四名，在館學習，擇熟諳譯語之現任通官爲教官。

一、接官廳，二處地畝，由四譯館監督招佃收租，作修理官廳之資。謹按嘉慶二十年，查得東直門外有接官廳三間，並量得餘地三十三畝有零，招佃領種，每年二季交租，制錢十七千文。齊化門外，有接官廳三間，並量得餘地二十餘畝，招佃領種，每年二季交租，制錢七千五百文。廳西橋北有官地一段，現有民人自蓋房屋三十餘間，每年交官地租，制錢二千文，存館以作修理二處接官廳之費。

貢使供具

一、貢使到館，該監督付主客司行工部備器用、薪炭，行戶部備粟米、芻豆，由司轉付精膳司，行光禄寺備廪餼，均照數按月支取。貢使回國日，知照扣支，仍具數申部查覈，報各衙門奏銷。遇禁止屠宰，其每日食物照常例給與。朝鮮供具仍由禮部咨取，其餘各國俱由内務府辦理。詳見《通例》。

一、移取器用。江米巷館第一層。臨街第二層，東西廂房六間，炕四，長各一丈三尺，寬各五尺五寸。第三層正房五間，炕二，長各一丈三尺，寬各五尺五寸。第四層正房五間，炕二，長寬各尺寸俱同上。第五層羣房三間，炕四，長各一丈二尺，寬各五尺五寸。官廳三間，炕二，長各一丈五尺五寸，寬各二尺九寸。木床一長六尺七寸，寬一尺八寸。東廂房四間，炕二，長各八尺，寬各五尺五寸。館内堂廳、房間、頂槅、窗欞、山檐、坎牆等處，及槅扇屏架俱應糊飾，土炕、木床各補白氈一條，土炕加席一領，其長闊俱照各炕尺寸，豫行工部備辦。貢使回國日徹回。

一、移取木柴。正使日給二十斤，若係稱君者日給三十斤，副使十七斤，書狀官十五斤，大通官、押物官每人日給十斤，從人每人日給四斤，馬每匹日給煮料柴二斤。

一、領時憲書員役移取木柴。齎咨官一員日給七斤，小通事一名日給四斤，從人馬匹與朝貢同。

一、移取烤手木炭。正、副使、書狀官每人日給十斤，大通官七斤，押物官每人日給五斤。自十一月初一日起至次年正月三十日止。從人以下不給。舊例琉球等國貢使入館，給厨役三名，水夫二名。正從人數不過二十名者，每日給硬煤五十斤，木炭十斤，人多酌量加增。正、副使每人日給烤手木炭十斤，都通事及先目行人等每人日給七斤。琉球正使日給木柴十五斤，副使十三斤，都通事十斤。安南貢使每人日給十五斤，行人每人日給十斤。蘇禄貢使日給十五斤，番目每人日給八斤，番丁每人日給四斤。南掌貢使日給十五斤，先目每人日給八斤，後生每人日給四斤。西洋正、副使每人日給二十斤，護送官每人日給十斤。緬甸正使日給十五斤，緬目八斤。暹羅正使日給十五斤，副使日給十三斤，三使日給十斤，四使日給八斤。其各國通事及伴送官員各八斤，從人跟役象奴等各四斤。謹按乾隆五十五年，奉旨各國供給俱交内務府辦理，詳見《通例》。又按煤炭柴斤烤炭俱經工部奏准照定例價值折給價銀自行置辦。

一、移取草料。每馬一匹日給草十四斤，料四升。有倒斃者，查明日期扣支，均知照戶部。

一、會同館每年領過料豆及採買草束銀兩，監督造册送司，咨戶部覈銷，領過木柴煤炭咨工部覈銷。

一、貢使人役有事故者，照例給紅紬等物，並付知精膳司扣支口糧食物。

清·昆岡等［光緒］《清會典事例》卷五〇二《朝貢·敕封》 凡襲封朝鮮，既命正副使，使者將入境。國王遣陪臣祗候，恭迎詔敕龍亭，行三跪九叩禮。見正副使，行一跪三叩禮。至國日，奉詔敕及頒賜器幣安於使館。行禮訖，其陪臣入謁使者，俱三叩，正副使受之，擇日宣讀。

詔敕，國王率世子陪臣至館肅迎。奉詔敕於龍亭。行禮畢，國王先回。詔敕龍亭及頒賜器幣，乃舉行鼓樂儀仗前導。正副使隨行。由中門入，正副使從。奉詔敕升殿，置正中黄案上。奉頒賜器幣陳於旁案，國王就拜位，率世子陪臣行三跪九叩禮興，詣受詔敕位跪。使者乃宣詔敕。宣畢奉置於案。國王俯伏行三跪九叩禮興，正副使出，國王率屬出送，乃返。如諭祭後再行册封禮。先行事於該國先王廟，設應祭之神位於廟中之東西嚮，奉安諭祭文於正中。正副使左右立列所賜銀絹於神位案上，世子率陪臣行三跪九叩禮畢，退立於神位案左，乃宣諭祭文。世子等皆俯伏。宣畢興，奉詣焚帛所。焚畢，世子就拜位，率陪臣行禮，正副使乃退。次行册封禮於該國正殿。如前儀，世子既受封，始稱王。告於廟，受該國羣臣朝。親詣使館謝封，燕勞正副使。正副使事竣，即還朝復命。琉球、越南遣使襲封儀仿此。如册封王妃，以國王受命。封世子，國王率之受命，禮亦如之。

崇德二年，朝鮮國王李倧舉國歸附，敕封爲朝鮮國王，賜龜紐金印，給誥封。王妻爲王妃，子爲世子。

順治元年定，外國繳送明季敕印者，聽地方官具題。

六年，遣使齎敕封朝鮮國世子李淏爲朝鮮國王。妻爲王妃，又題准。

往封朝鮮國王詔敕各一道，由內院撰擬，正副使啓途，工部給黃纖旗仗，欽差牌、肅靜迴避牌各一對。兵部給郵符，起沿途夫馬，給兵票，撥營汛兵護送至山海關。出關撥旗兵送至朝鮮國界，給路引，載隨行通事官、從人，及車馬弓矢佩刀之數。以備出關稽查。

八年，琉球國納款。差陪臣齎表及通事到京，頒敕一道。諭該國將明季敕印繳換，即令差官齎回。

十一年，琉球國世子尚質遣陪臣繳到明季鍍金銀印一顆，襲封王爵詔一道，敕書一道，遣使齎詔敕各一道，及鍍金駝紐銀印一顆。往封琉球國世子尚質爲中山王，又題准。往封琉球國王，開列內閣典籍中書舍人，翰林院讀講編撿六科給事中、禮部郎中、員外郎、主事、行人司行人，恭候欽點正副使，各給蟒緞朝衣麒麟補服。工部豫行福建督撫備渡海大舟，務擇精良者。至啓行乘傳給纖仗棋牌，皆如例。

十六年，遣使齎敕封朝鮮國世子李棩爲朝鮮國王。又定，往封朝鮮國王，開列內大臣、散佚大臣、一等侍衛滿洲內閣學士、翰林院掌院學士、禮部侍郎、恭候欽點正副使各一人。

十八年覆准，安南國王黎維禔奉表投誠，照琉球國例。頒敕一道，令來使齎奉回國。康熙元年覆准。順治十一年，往封琉球正副使至閩。因道阻未及渡海，行令閩浙總督，造舟送往。三年，以荷蘭國王助兵克取廈門、金門，頒敕諭二道褒獎。又安南國世子黎維禧請封。奉旨，俟該國繳送明季敕印，再行議奏。

五年，安南國世子黎維禧送到明季敕一道，印一顆，遣使齎敕及鑄給鍍金駝紐銀印，往封黎維禧爲安南王。又提准。往封安南國王，開列正副使，及給蟒緞朝衣麒麟補服，悉照出使琉球之例。

十二年，暹羅國請封，給予敕書，並駝紐鍍金銀印。貢使於午門外祗領。並行令該國王恭迎各如儀。

十四年，遣使齎敕封朝鮮國世子李焞爲朝鮮國王，妻爲王妃。

二十一年，遣使齎敕封琉球國世子尚貞爲琉球國王。

二十二年，遣使齎敕封安南國世子黎維正爲安南國王，以舊印模糊，並換給新鑄駝紐鍍金銀印。

三十年朝鮮國王廢妃仍封爲妃，補給誥命。其側室仍處以副室，繳前所封誥命。

三十六年諭。朝鮮國奏稱正妃無子，請將側室所生之子李昀，封爲世子。應准其所請，賜物照例由戶部支取，遣正副使臣齎敕往封。四十二年定朝鮮國王繼室，照例封爲王妃。其誥命及賜封王妃禮物，均與封嫡妃同。

五十七年，琉球國王世曾孫尚敬具奏，自四十八年中山王尚貞薨逝，世子尚純早世，世孫尚益權署國事，未及請封亦薨。今遣耳目官正儀大夫等，請封襲王爵。奉旨。琉球國世守臣節，忠誠可嘉，准該國王世曾孫尚敬所請。賜承襲琉球國中山王，遣使行敕封禮。

五十八年，遣使齎敕封安南國世子黎維祹爲安南國王。

五十九年，遣使齎敕封朝鮮國世子李昀爲朝鮮國王。又奏准，朝鮮國世子原配追贈王妃，繼室封王妃，頒給誥命。

六十一年，朝鮮國王奏請封其弟李昑爲世弟。奉旨照所請行。遣使齎敕封其弟李昑爲朝鮮國王世弟。

雍正二年，遣使齎敕封朝鮮國王世弟李昑爲朝鮮國王，妻爲王妃。

三年，朝鮮國王請封側室所生之子爲世子。奉旨，建立世子，該王必再三斟酌。始懇切具呈。著照所請行。旋遣使齎敕封其子李縡爲朝鮮國王世子。是年，西洋教化王入貢，頒敕一道，付來使齎回。

五年，西洋博爾都噶爾國入貢，頒敕一道，付來使齎回。又諭，蘇祿國向來未通職貢。今該國王輸誠嚮化，遣使遠來進貢方物。奏辭懇切，具見悃忱。其有應行議奏之處，著大學士九卿詳議。欽此。遵旨議定。蘇祿國入貢，照東南海外安南、琉球、荷蘭、暹羅諸國初次奉表納貢之例，欽頒敕諭一道，給賜該國王。即令來使齎奉還國。

七年，暹羅國入貢。內閣撰敕一道，付來使齎回。

八年，南掌國入貢。欽頒敕諭，照蘇祿國初次納貢之例。

十一年，遣使齎敕封安南國世子黎維祜爲安南國王。

乾隆二年，朝鮮國王李昑以世子李緈早世，遣使請封子李愃爲世子。奉旨。該王既稱遲暮之年，子李愃知識漸長，輿情所在，願名位早定。情辭懇切，著照所請行，旋遣使齎敕封李愃爲朝鮮國王世子。又遣使齎敕封安南國王弟黎維禕爲安南國王。十六年奏准。緬甸國入貢，照蘇祿各國初次入貢之例。欽頒敕諭一道，賜該國王以示嘉奬。即令來使齎奉還國。

二十一年，遣使齎敕封琉球國世子尚穆爲琉球國王。

二十五年，遣使齎敕封朝鮮國王繼室爲王妃。照康熙四十二年之例。

二十六年，遣使齎敕封安南國王嫡姪黎維褍爲安南國王。改鑄清篆鍍金駝紐銀印一顆，交封使齎往。舊印帶回銷鎔。

二十八年，朝鮮國王奏世子李愃病故，請封李愃之子李祘。奉旨。准其請封。內閣撰誥敕二道，奉諭。李祘以孫承祖。其稱名仍作世子，於義似屬未安，著交禮部。考據經書。及歷代史册，自來有無世孫名號，並檢查會典。該國從前曾否有似此立孫之事，務令悉心詳細稽考，折衷一是。具摺覆奏。欽此。遵旨議奏。《禮記·檀弓》云：公儀仲子舍其孫而立其子，子游問諸孔子。孔子曰：立孫，正其義也。《韓詩內傳》云：諸侯世子，所以名爲世子何？言欲其世世不絕也。可見襲封傳世之人，子孫本屬一理。考《宋書·禮志》，孝武帝大明二年六月。有司奏侯伯子男世子喪無嗣，求進次息爲世子。檢無其例，下禮官議。博士傅郁以爲君在而世子卒，厥嗣未育，次子有子，自宜紹爲世孫。又明王圻《續文獻通考》，載肅恭王貢錝子真淤，宏治四年封世子。嘉靖五年卒。真淤次子弼桄，初封鎮國將軍。嘉靖十一年，改封世孫。按此則世孫之名，昭然有據。外藩之與宗藩，事屬相同。所有朝鮮國王李昑之孫，自應改封世孫。奉諭。前內閣撰擬朝鮮世子誥敕：朕意李祘以孫承祖，其稱名仍作世子，於義未安，是以傳諭禮部，詳覈查覆。兹據奏考之史册，世孫名號，昭然有據。今李祘既係該國王之孫，自應援例封爲世孫，方爲名正言順，所有給予誥敕，即行改正頒發。欽此。尋遣使齎敕封李祘爲世孫。

四十一年，朝鮮國王妃奏國王李昑薨逝，故世子緈係屬長子，先受誥命。已正宗統。當在禰位，應以世孫李祘繼其後。懇請追賜故世子緈爵謚，及故世子婦誥命。經部覈議與請封之例不符。奉旨，照所請給予爵謚誥命，旋遣使齎敕封朝鮮世孫李祘爲朝鮮國王，並追封故世子李緈爲國王，故世子婦爲王妃。四十九年，奉旨，禮部奏據朝鮮國王李祘奏稱。自守藩封，已逾八載。年過三十，尚未有子，前歲始生子晫，今已齒及三齡，懇請賞給封號等語。朝鮮於藩服最爲恭順，是以恩賚便蕃，疊加優厚，兹因誕育冢嗣，懇請封號，殊堪欣慶。著准其所請，俾益綿宗緒，永守藩封，所有應封典禮，該部查例具奏。欽此。尋遣使齎敕封李晫爲朝鮮國王世子。

五十一年，暹羅國長鄭華遣使入貢，並具表請封，照康熙十二年之例，內閣撰擬誥命，禮部鑄造駝紐鍍金銀印，於午門前，交該國貢使祇領，恭齎回國。

五十三年，兩廣總督遵旨册封安南國嗣孫黎維祁爲安南國王，並頒給印信。

五十四年，安南國內訌，黎維祁棄印潛逃，國人推阮光平爲國長，敂關內附，並求親自到京瞻覲，遂命廣西按察使齎敕封阮光平爲安南國王，並頒給駝紐鍍金銀印。

五十五年奏朝鮮國王，先因世子李晫已故，今副室生男，當即爲奏請册封，但沖幼不能拜跪行禮，請待其稍長，以永方來之福，奉旨著照該國王所請。又封緬甸國長孟隕爲阿瓦緬甸國王，給予敕書。並駝紐鍍金銀印，交貢使恭齎回國。又封安南國王阮光平長子阮光纘爲世子。

五十八年，命廣西按察使齎敕封安南國世子阮元纘爲安南國王。

六十年，南掌國王召温猛遣使請封，給予誥敕，並駝紐鍍金銀印，交貢使恭齎回國。

嘉慶四年，遣使齎敕封琉球國王世孫尚温爲琉球國王。

五年，遣使齎敕封朝鮮國王李祘之子玜爲世子，尚未啓行，適該國王李祘薨逝，即以册封世子之正副使往封李玜爲朝鮮國王，又奏准，前往朝鮮諭祭册封之正副使等，車馬向係自備，嗣後照前往琉球安南例，一體給予勘合。

七年，農耐國長阮福映與安南搆兵，阮光纘棄印潛逃，阮福映併有安南之地，遣使納貢請封。懇賜建國名號，並縛獻海洋逋盜多名，恪恭請命，奉旨改稱越南，照例給予誥命敕書，並駝紐鍍金銀印，命廣西按察使帶同來使前往，宣封阮福映爲越南國王。

十二年，以琉球國王尚温薨逝，世子尚成權署國事，未及請封病故，遣使齎敕封該國世孫尚灝爲琉球國王，並給予故國王尚温卹典，其已故世子尚成，追封王爵，給予誥命及銀絹祭文均交封使齎往。

十五年，暹羅國遣使入貢，並請封世子鄭佛爲國王，照例給予誥命銀印，交該國使臣祇領，恭齎回國。

十七年，遣使齎敕封朝鮮國王李玜之子旲爲世子。

二十四年諭，南掌國自内附以來，乾隆五十九年，曾經頒給敕印，嗣因該國王召温猛懦不振，流徙越南，經越南國王將敕印恭繳，念其流離不加聲責，該國事聽其以召蛇榮代辦，現據召蛇榮之子召蟒塔度臘虔修職貢，籲懇再頒敕印。著加恩俯允所請，再行頒給，以示懷柔。又覆准，前繳印信字畫完好，毋庸另鑄，於頒給敕印外，照例再頒給誥命一道，交召蟒塔度臘祇領。

道光元年，遣廣西按察使潘恭辰齎敕封越南國世子阮福晈爲安南國王。

五年諭，暹羅國世子鄭福應行承襲，現在權理國政，因值例貢之期，虔備方物遣使入貢，並懇請敕封。該國使臣在洋遭風，擊碎船隻，淹斃水手多名，深堪憫惻。該使臣等萬里航海，幸獲生全，朕念其遠道申虔，即與詣闕齎呈無異，自應優加撫恤。該使臣等即令其在該省休息調養，毋庸遠道來京，應領誥敕，著該衙門照例撰擬，俟頒發到粤，該督撫等即交該使臣齎奉回國。

十一年，朝鮮國王李玜請封嫡孫李烉爲世孫，奉旨，該國王既稱伊子早逝，伊孫李烉器質粹美，國人繫望，援引乾隆二十八年成案，請封世孫，以定國本，情詞懇切，著照所請行，欽此。尋遣使齎敕封李烉爲朝鮮國王世孫。

十五年諭，朝鮮國王李玜已故，長子李旲前經封爲世子，因其早逝，未及襲爵，今該國王妃金氏請以世孫李烉襲封國王，因爲故世子李旲陳請追賜爵謚，及世子婦誥命，該部照例議駁固是，但念其以宗統斷序爲請，情詞懇切，揆之禮制，事屬可行。著加恩給予爵謚誥命，該部即遵照辦理，欽此。尋遣使齎敕封朝鮮國世孫李烉爲朝鮮國王，贈故世子李旲爲國王，謚康穆，妻爲王妃。

十七年，遣使齎敕封琉球國世子尚育爲琉球國王，又遣使齎敕封朝鮮國王李烉正室爲王妃。

二十一年，越南國王阮福晈薨逝，遣使齎敕封世子阮福暶爲越南國王。又諭，據禮部奏查明南掌國承襲王爵，應頒誥敕等語，著即遵照嘉慶二十四年成案，於敕書外再行頒給誥命一道，以符定制，俟該國年貢使臣到京時，一併給該使臣敬謹齎交該國王祇領。

二十五年，遣使齎敕封朝鮮國王繼室爲王妃，又諭向來派往朝鮮使臣，隨帶通官每至五六員之多，因思朝鮮職貢往來，語言熟悉，通官本可酌減，且恐該通官等隨至該國，或有騷擾需索等事，非所以示體恤，此次册封朝鮮王妃之使臣，著隨帶通官一員，嗣後凡遇派往朝鮮使臣，俱照此辦理。

二十八年，越南國王阮福暶薨逝，遣廣西按察使齎敕封阮福時爲越南國王。

二十九年，朝鮮國王李烉薨逝，遣使齎敕封李昪爲朝鮮國王。

咸豐二年，遣使齎敕封朝鮮國王李昪妻爲王妃，又奏准，歷届往封朝鮮正副使，奉旨派出，均在二十餘日以後起程，此次若照成案，該正副使等應於本月二十日間即須起程，計行至該國，尚在四月初旬，宣旨敕封，若用吉服將事，則在未經釋服之前，若用素服將事，則非優禮外藩之道，擬令該正副使於三月初旬起程，計行至該國，已在四月十一日以後，其應用服色及入燕之處，均可照定例舉行。

同治三年，朝鮮國王李昪薨逝，遣使齎敕封李熙爲朝鮮國王。五年，遣使齎敕封朝鮮國王李熙爲朝鮮國王。五年，遣使齎敕封朝鮮國王李熙正室爲王妃。又遣使齎敕封尚泰爲琉球國王。

光緒元年，遣使齎敕封朝鮮國王李熙之子坧爲世子。

貢期

崇德二年，定朝鮮每年進貢一次，並聖節、元日、冬至三大節爲四貢同進。

順治十一年定琉球貢期，二年一次。十三年諭，荷蘭國慕義輸誠，航海修貢，念其道路險遠，著八年一次來朝。

康熙二年覆准，安南貢期三年一次。四年定暹羅貢期三年一次。七年奏准，嗣後安南國入貢，將三年一貢之例，改爲六年兩貢。二十五年覆准荷蘭國入貢，原定貢期八年一次，今該國王感被皇仁，更請定期，改爲五年一次。

雍正元年奉旨，朝鮮國所進萬壽表文貢物，不必於九月内來京，著仍照例於十二月内，與年貢並進。七年，諭，朝鮮國世篤恭順，虔修職貢，昔蒙世祖章皇帝軫念藩封，特頒敕諭，令聖節元旦冬至表儀，皆准與年貢同進，以彰柔遠至意。近見該國王於領受賞賚等事，皆遣使臣齎表奏謝。朕念該國距京三千餘里，貢使外來未免勞費，嗣後凡屬謝恩表章，皆著與三大節表一同齎奏，不必特遣使臣，永著爲例。八年覆准南掌貢期，定爲五年一次。

乾隆八年，蘇祿國王齎表進貢，奉旨，覽王奏，具見悃忱，爾國遠隔重洋，再修職貢，良可嘉尚，至所請三年復貢之處，恐該國道遠，風信難期，著仍遵雍正五年所頒敕諭，酌俟五年之外一修歲獻之旨行。又諭南掌國貢象，舊例以五年爲期，朕思該國僻處天末，遠道致貢未免煩勞，著改爲十年一貢。五十五年，定緬甸貢期十年一次。五十七年議准安南貢期，改爲二年一貢，四年遣使來朝一次。

嘉慶八年議准越南國貢期，仍如安南舊例二年一貢，四年遣使來朝一次。

道光十二年諭，外藩遣使進貢，入關後即飭該使臣趕緊起程，並飭伴送官沿途照料，妥速行走，務於十二月二十日以前到京，以符定制。十六年諭，梁章鉅奏貢使進關日期一摺，越南國於明歲例屆貢期，所有該國齎貢使臣，著准其於明年七月到京。十七年諭鄧廷楨等奏，暹羅國遣使入貢，船已抵省，著即派委妥員伴送使臣，令其於本年封印前到京。十九年諭，向來越南國二年一貢，四年派遣使來朝一次，合兩貢並進。琉球國間年一貢，暹羅國三年一貢。在各該國抒誠效順，不敢告勞，惟念遠道馳驅，載塗雨雪，而爲期較促，貢獻頻仍，殊不足以昭體恤，嗣後越南琉球暹羅，均著改爲四年遣使朝貢一次，用示朕綏懷藩服之至意。二十年諭，吳文鎔奏，琉球國遣使來閩，籲請照舊間年進貢一摺，向來琉球國間歲一貢，上年降旨，改爲四年遣使朝貢一次，原所以示體恤外藩，茲據該撫奏該國王遣使來閩，請照舊間年進貢，情詞極爲真摯，著如所請行。

二十三年諭，前經特降諭旨，嗣後越南琉球暹羅，均著改爲四年遣使朝貢一次，以昭體恤，茲暹羅國王因未接奉改定貢期公文，以致仍照舊例，遣使呈進方物，並進二十一年萬壽，及補進二十年貢物，具見該國王恭順至誠，所有此次貢物，准其於本年呈進。二十四年諭，周之琦奏，越南國以乙巳年係屆貢期，請示何時進關一摺，越南國久列藩封，明年屆例貢之期，自應令該使臣恭詣闕廷，俾伸誠悃，著於道光二十五年封印前到京。二十八年諭，鄭祖琛奏，越南國豫期請示來年正貢進關日期一摺，越南國久列藩封，明年屆例貢之期，自應令該使臣恭詣闕廷，俾伸誠悃，著於道光二十九年七月内到京。該撫即酌定進關日期，知照該國遵照辦理。

咸豐二年諭，越南國久列藩封，明年例貢屆期，自應令該使臣恭詣闕廷，俾伸誠悃，著於咸豐三年五月内到京。六年諭，越南國王阮福時以丁巳年正貢屆期，咨呈勞崇光奏請於何月進關，計程恭進方物等情，具見該國王誠悃可嘉，惟現在用兵省分，尚未能一律肅清，若令統越程途，遠來跋涉，轉非所以示體恤，所有越南國此次例貢，著緩至下屆兩貢並進，用副朕懷柔遠方至意。十年諭，劉長佑奏，越南國入貢屆期，察看道路情形，請旨遵行一摺，現在廣西南太潯梧等府軍務未竣，道路尚多梗阻，所有越南國丁巳辛酉兩屆例貢。著暫行展緩，俟該省軍務平靖後，再由該撫具奏。

同治三年諭，張凱嵩奏越南國正貢屆期，據情代奏一摺，越南國王阮福時以乙丑年正貢屆期，請將丁巳辛酉兩貢一併恭進，咨呈張凱嵩奏請於何月進關，計程恭進方物等情，具見該國王誠悃可嘉，惟現在廣西南寧太平二府，道路尚多梗阻，若令繞越程途，遠來跋涉，轉非所以示體恤，所有越南國丁巳辛酉兩貢，並明年乙丑應進例貢，仍著暫行展緩，俟該省軍務完竣，由該撫奏明請旨。

貢道

崇德二年，定朝鮮貢道由鳳凰城。

順治八年議准琉球貢道由福建，十三年議准荷蘭貢道由廣東。

康熙元年議准緬甸貢道由雲南。四年議准安南貢道由廣西太平府。六年議准西洋貢道由廣東，又議准暹羅貢道由廣東。二十五年覆准荷蘭貢道改由福建。

雍正二年議准安南國貢使進京，廣西巡撫給予勘合，由廣西湖南、湖北、江西、江南、山東直隸水路行，回日由部照原勘合換給，仍由水路歸國。又諭，向來驛遞供給差遣，多有騷擾，曾降諭旨，定例外不許溢額，今安南國王慶賀登極大禮，遣使遠來，應加恩恤，其經過地方供給日用，酌量加增。四年議准蘇祿貢道由福建。七年議准南掌貢道由雲南。

乾隆六十年奏准，此次安南貢使改由廣西水路，經廣東之肇慶等府，至江西沙井起旱，取道入京。

嘉慶七年定越南貢道由陸路至廣西憑祥州，入鎮南關，由水路達京師。

道光九年諭，外夷各國貢道，或由水路，或由陸路，定例遵行，未可輕言改易。越南國遣使來京進貢，自康熙年間議定由陸路行走，今該國陪臣於進表後，在禮部呈遞禀啓，欲改由廣東水路，該部以事涉更張，實不可行，議駁甚是。所有該陪臣禀請改由水路以省勞費之處，著勿庸議。謹案安南貢道，康熙四年原定由廣西太平府，雍正二年議准，由廣西水路，均由鎮南關入，此次該國使臣因國都遷富春城，視舊都昇龍進關程途較遠，欲改由國城越海抵廣東，沿水路行，不由鎮南關入，是以議駁。

咸豐三年奏准越南貢道，現因武漢兩撫兵燹未靖，改由長沙常德，徑赴荊州，取道襄陽進京。又諭，張亮基奏，越南貢使請暫留荆州等語，著即妥爲安置，毋任稍有疏失，一俟前途肅清，再爲護送前進。八年諭，本年琉球貢船到閩後，著王懿德等察看情形，如未能依限進京，即飭官伴人等，照例安插館驛守候，表文、方物存儲司庫，俟各處道路疏通，再行派撥文武各員，伴送赴京，以示體恤。

十一年，奏准琉球貢船在閩守候，俟道稍通，即行進京。

同治六年，准奏東省捻氛不靖，琉球使臣等應由水路改道前進，又奏准琉球使臣事竣，改道回國，知照直隸、山東、河南、安徽、江蘇各督撫，轉飭沿途地方官，隨時偵探，妥爲護送。

八年，准奏暹羅國貢道，照舊航海，至廣東虎門起旱馳驛，毋庸改從海道由天津進京。

光緒元年，奏准朝鮮國貢包，經過奉省各境，務須恪遵定例，派員押解，設法催趲，更須由驛遄行，不得任意改從水道。又覆定朝鮮國副使，請往天津、煙臺探各關港稅務，從海道回國，覈與定例不符，飭仍由陸路回國。又諭，越南使臣定例由鎮南關經廣西北上，邇來法人搆兵，越地道途多梗，據該嗣王阮福昇文稱，現在權攝邦事，循例遣使，懇准由海道進京叩陳等語，情詞迫切，自應准如所請，暫予變通，以示體恤藩服之意，著李鴻章、左宗棠、張樹聲、曾國荃、裕寬、倪文蔚，密咨該國嗣王，此次暫准貢使由海道徑詣廣東省城，再附招商局輪船赴津入都，該使行李及貢物，准其查驗免稅，如有附帶商貨，仍令照例納稅，沿途經過地方，並著該督撫等飭屬一體妥爲照料，將來該使臣到京一切事宜，著禮部仍照向例辦理。

又 卷五〇三《朝貢·貢物一》 崇德二年定朝鮮貢物，年貢黄金百兩，白金千兩，苧布二百疋，各色綿紬四百疋，各色木棉布四千四百疋，龍紋席二，花席二十，鹿皮百水，獺皮四百，豹皮百四十有二，青黍皮三百，佩刀十，大小紙五千卷，米百石。萬壽聖節禮物，各色苧布三十疋，各色綿紬七十疋，龍紋席二，各色花席六十，豹皮十，水獺皮二十，白棉紙二千卷，厚油紙十部。元旦冬至二節，減綿紬三十疋及水獺皮油紙二種。皇后千秋節，苧布三十疋，綿紬三十疋，花席三十。元旦冬至二節，加螺鈿梳函一具。

三年，朝鮮國王恭進慶賀方物，苧布六十疋，綿紬七十疋，龍紋席二，花席四十五，豹皮五，白棉紙二千卷，又進謝恩方物如之，又陳奏方物，減苧布二十疋，花席五，加水獺皮二十，青黍皮三十，筆百枝，墨五十笏，恭進皇后苧布二十疋，綿紬二十疋，花席二十。

順治元年，議准外國朝貢，以表及方物爲憑，該督撫查驗的實，方准具題入貢。又定貢使到京，所貢方物，會同館報部，提督該管司官，赴館查驗，撥役管領，由部奏聞，貢物交內務府，象交鑾儀衛，馬交上駟院，刀、鹿皮、青黍皮等物交武備院，硫磺於未到京時，先交督撫收存。

十一年，琉球國王世子尚質進貢慶賀方物，金飾柄匣佩刀、銀飾柄匣佩刀、金酒瓶、銀酒瓶、泥金畫屏、泥金扇、泥銀扇、蕉布、苧布、紅花、胡椒、蘇木，又恭進二年一次常貢方物，馬十匹，螺殼三千，硫磺萬二千六百斤。十三年，荷蘭國王恭進御前方物，鑲金鐵甲、鍍金馬韂、鑲银剑、鸟銃、銃药袋、鑲银千里鏡、玻璃鏡、八角大鏡、珊瑚、珊瑚珠、琥珀、琥珀珠、哆囉绒、嗶嘰緞、西洋布、花被面、大氈、毛纓、丁香、番木蔻、五色番花、桂皮、檀香。恭進皇后方物，玻璃鏡、玳瑁匣、玻璃匣、烏木飾人物匣、珊瑚珠、琥珀珠、琥珀、哆囉绒、嗶嘰緞、西洋布、白倭緞、花氈、花被面、玻璃盃、花石盒、白石畫、薔薇露。又使臣進貢方物，哆囉绒、倭緞各二疋，嗶嘰緞六疋，西洋布二十四疋，琥珀十塊，琥珀珠、珊瑚珠各二串，鏡一面，人物鏡四面，白石畫二面，鑲金刀、鑲銀刀各一把，鳥槍、長槍各二杆，玻璃盃、雕花木盒、石山匣各二箇，纓帽一頂，皮小狗二箇，花鸚哥一箇，四樣酒十二瓶，薔薇露二十壺。

十八年，安南國王差陪臣奉表投誠，入貢方物，金花鑪、花瓶、銀盆、沈香、速香、紫降香、白木香、黑綫香、白絹、犀角、象牙。

康熙元年，定朝鮮國每年進貢太皇太后，皇太后二大節，及遇慶賀謝恩陳奏，進貢方物，均與進皇后禮同。

三年，定外國慕化，來貢方物，照其所進收受，不拘舊例。是年，琉球國王，因謝敕封恩，進貢方物，金飾佩刀、銀飾佩刀、漆柄大刀、漆杆槍、漆盔甲、泥金畫屏、泥金扇、泥銀扇、畫扇、紅銅、胡椒、絲綿、土苧布、蕉布。

四年，覆准琉球國王補進慶賀貢物，與順治十一年同，貢船在梅花港口遭風，飄失貢物，免其補進，是年，暹羅國王差陪臣入貢御前方物，龍涎香、西洋閃金緞、象牙、胡椒、藤黄、荳蔻、速香、烏木、大楓子、金銀香、蘇木、孔雀、龜，凡十有三種。皇后前方物並同，各減半，例於常貢外有加貢，無定額。

五年，琉球國王補貢四年方物，奉旨，琉球國王補進飄失貢物，具見恭順，但前已有旨免進，這補進金銀器皿，仍著發還。

六年，琉球國王進常貢方物，加紅銅五百斤、螺鈿漆盤十，又覆准，琉球進貢硫磺，應留福建督撫收儲，餘貢物令該撫差人解送，來使不必到京，即給賞遣回，下次貢使仍令齎表入京。是年，荷蘭國王進貢方物，大馬鞍、轡具、鑲金鑲銀銃、起花金刀、哆囉绒、嗶嘰緞、嗶嘰紗、荷蘭絨、大花緞、荷蘭五色大花緞、大紫色金緞、紅銀緞、大珊瑚珠、五色絨毯、五色毛毯、西洋五色花布、西洋白細布、西洋小白布、西洋大白布、西洋五色花布褥、大玻璃鏡、玻璃鑲燈、荷蘭地圖、小車、大西洋白小牛，並進大琥珀、丁香、白胡椒、大檀香、大象牙，並琉璃器皿一箱。又使臣進貢方物，珊瑚珠四串，琥珀一塊，沉香六塊，蜜蠟金匣、銀盤、盛珠銀盒各一箇，火雞蛋四箇，二眼長槍、二眼馬銃、小鳥銃各二把，鐵甲一領，白爾善國緞褥一條，哆囉絨十疋，海馬角二塊，小馬、銅獅各一箇，小狗二箇，銅山一架，銅礮二對，刀二把，照水鏡四面，薔薇露二十罐。八年，琉球國王入貢，於常貢外，加貢紅銅千斤、絲煙百匣，螺鈿茶鐘百。九年，西洋國王阿豐肅，遣陪臣奉表，入貢方物，國王畫像、金剛石飾金劍、金珀書箱、珊瑚樹、珊瑚珠、琥珀珠、伽楠香、哆囉絨、象牙、犀角、乳香、蘇合油、丁香、金銀乳香、花露、花幔、花氈，凡十有七種。十年，琉球國世子尚貞入貢，於常貢外，加貢鬃煙番紙、蕉布。十二年諭，暹羅國航海遠來，抒誠進貢，其蟲蛀短少等物，免令補進，嗣後各國皆照此例。十七年，西洋國王遣陪臣奉表，貢獅子。十二年奉旨，琉球國進貢方物，以後止令貢硫磺、海螺、殼紅銅，其馬匹絲煙螺鈿器皿，均免進貢。二十一年，聖祖仁皇帝恭謁祖陵，朝鮮國王遣陪臣至盛京迎接，進貢方物，豹皮、鹿皮、水獺皮、青黍皮、倭劍、全鰒、八帶魚、大口魚、海參、海帶菜、紅蛤、浮椒、白蜜、柏子、銀杏、黃栗、柿乾。二十三年，琉球國王尚貞，因敕封謝恩，進貢方物，與康熙三年同，又以特賜御書，加貢金鶴一對。二十五年奉旨，朝鮮國王謝恩引罪，進獻禮物，嗣後均停收。是年，荷蘭入貢方物，哆囉絨十疋，烏羽緞四疋，倭緞一疋，嗶嘰緞二十疋，織金花緞五疋，織金大絨毯四領，白幼輭布二百十九疋，文彩幼織布十五疋，大幼布三十疋，白幼毛裏布一百疋，大珊瑚珠六十八顆，琥珀十四塊，照身鏡、江河照水鏡各二面，照星月水鏡一面，自鳴鐘一座，琉璃鐙一架，聚耀燭臺一懸，琉璃盃五百八十箇，象牙五枝，鑲金鳥銃、鑲金馬銃、小馬銃、起花佩刀各二十把，馬銃、鳥銃、鑲金刀劍、利闊劍各十把，彩色皮帶二十佩，繡皮帶十佩，起花劍六把，火石一袋，雕製夾板船大、小三隻，丁香三十石，檀香二十石，冰片三十二斤，肉荳蔻四甕，丁香油、薔薇花油、檀香油、桂皮油各一罐，葡萄酒二桶。又覆准荷蘭道路險遠，航海艱辛，嗣後進貢方物酌量減定，令貢珊瑚、琥珀、哆囉絨、織金毯、嗶嘰緞、自鳴鐘、鏡、馬、丁香、檀香、冰片、鳥槍、火石，餘均免貢。又荷蘭使臣進貢方物，銀盤、銀瓶各一箇，西洋刀頭六柄，荷蘭花緞、哆囉呢、羽緞各一疋；哆囉絨四疋，倭絨、織金綫緞、嗶嘰緞各二疋，西洋咁馬氏布、西洋毛裏布、西洋沙喃匏布、西洋佛咬嘮布各二十疋。二十七年，琉球國因准陪臣子弟入監讀書，於常貢外，加貢圍屏紙三千張、嫩蕉布五十疋。是年奉旨，琉球國航海入貢，途遠勞煩，海螺殼嗣後免進。三十二年奉旨，朝鮮世篤悃忱，克殫恭順，頃復輸應軍需，捐進鳥槍三千可嘉，年貢內黄金百兩，及藍青紅木棉，嗣後永著停止。是年，琉球國以免常貢海螺殼，補進白鋼錫千斤。三十七年，朝鮮國王爲平糶及賞給米穀，恭進謝恩禮物，奉旨，爲平糶謝恩禮物發回，爲賞給未穀，所進謝恩禮物准收。三十九年諭，朝鮮國王因送回飄溺人民賞賜謝恩，其禮物不必收，嗣後此等奏謝，著停其進貢。四十七年，暹羅國王遣陪臣恭進表文，入貢方物外，加貢物九件，其副貢船，貢馴象二隻外，加貢金絲猴二。五十一年諭，朝鮮國慎守封圻，恪循儀度，四十餘年來，未嘗稍懈，朕用嘉美，將該國貢典，屢加裁減，至於甚輕，今貢物內有白金千兩、紅豹皮百四十二張，猶恐艱於備辦，嗣後將二項永停貢獻。又覆准，朝鮮國前次謝恩禮物，既停收受，復念路途遙遠，帶回維艱，著與收留，准作本年貢物，今該國復進禮物謝恩，又遵旨蠲免，仍照前例准留作貢物，但所貢筆墨，不在貢例，豹皮已永停貢獻，仍交來使帶回。五十四年覆准，朝鮮國謝恩禮物，久已停收，留作正貢，復行曉諭該國王，嗣後謝恩，照常進表，其禮物不必進獻。五十五年奉旨，安南路遠，解送重物，甚屬勞苦，嗣後犀角象牙，免其進獻，金香鑪花瓶、銀盆，准折作金銀，同其餘貢物，均交廣西藩庫收儲。如有應用之物，內務府咨部，移咨該撫，差官解送。五十六年，安南國王嗣子黎維祹，以諭旨軫念該國路遠，免其解送重物。請遣陪臣謝恩，照例准其進貢之年進表。五十九年，暹羅國王遣陪臣恭奉金葉表文，貯以金筩，裹以錦袱，上飾金珠三，金圈七，盒二重，內盒飾螺鈿，外盒飾金紫梗牌二。入貢馴犀，又貢使呈稱，國王命加貢西洋金緞二，大西洋闊宋錦一。

雍正元年諭，朝鮮國自歸順我朝，恪共藩職，列聖以來，屢次施恩，減免貢物，今所貢或尚有可減者，著確議具奏，欽此。遵旨議定，朝鮮貢物，明時有金銀器皿、人蔘、馬匹、苧布、綿紬、等數十種，我太宗文皇帝崇德二年，免本年常貢之半；五年，免貢米九千包；世祖章皇帝時，凡金銀器皿、人蔘、馬匹，概予停免；聖祖仁皇帝康熙三十二年，免黄金百兩，青紅藍木棉布六百疋；五十一年，免白金千兩，紅豹皮四百十二張，視明時貢物，已免過半；今惟年貢內，可減去青黍皮三百，水獺皮百，木棉布八百疋，白棉紙二千卷，餘貢如常。二年，琉球國王恭進慶賀登極方物，金銀飾佩刀、金銀瓶、泥金畫屏、扇圍屏紙、紅銅、白鋼錫，蕉布、夏布，恭進皇后金銀粉匣，扇、蕉布、夏布。又安南國王慶賀登極，並謝恩恭進方物，均如常貢，又暹羅國進獻穀種果樹洋鹿獵犬等物，奉旨，暹羅國欽遵聖祖仁皇帝諭旨，不憚險遠，進獻諸物，最爲恭順，殊屬可嘉，其穀種、鹿犬，已經差官送至，各種果樹，俟來歲春和，再行委解。三年奉旨，朕垂念遠方，時存軫恤，朝鮮國既有哀戚之事，其因賜祭謚謝恩禮物，朕心甚爲不忍，著不必收納，至封王所貢儀物，照例收受。是年，西洋伊遠里亞國教化王伯納第多，遣使奉表慶賀登極，進貢方物，厚福水、緑玻璃鳳壺、各色玻璃鼻煙壺、玻璃碁盤、碁子、哩阿期波羅盃、盃、小盃、小瓶、蜜蠟小刀柄、珐瑯小圓牌、銀纍絲連座船四輪船、瓶花大小花盤、小花瓶、小漏盤、小銅日晷、水晶滿堂紅鐙、咖什倫鼻煙罐、蓋盃、緑石鼻煙盒、帶頭片、各寶鼻煙壺、玩器、圓毯、素珠、實地銀花盤、花匣小罐、素鼻煙盒、花砂漏、鑲寶石花、綫花畫、皮畫、皮扇面畫、繡花紙盤、花紙盤、花石、鐵花盆、巴爾薩木油、阿噶達片、番銀筆、裹金規矩、鑲牙片、瑪瑙刀柄、瑪瑙鼻煙壺、珠、各色石鞭頭、小石盒、珊瑚珠、香枕囊、大漆石印紐、大漆八包、顯微鏡、大鏡、照字鏡、大紅羽緞、周天毬、鼻煙，凡六十種。四年，琉球國王謝賜御書恩，恭進金鶴一對，嵌螺黑漆盤椀各三十件，彩屏一對，扇二百柄，紙一萬張，青花蕉布五十疋，白花蕉布五十疋。是年諭，琉球國王因朕頒賜御書扁額，及綵緞玉器等件，特遣使臣進表謝恩貢獻儀物，具見悃誠，朕加惠遠藩，不受貢物，但既航海遠來，不忍令其帶回本國，向來朝鮮國王進獻禮物，若不收受，有交送內務府存留准作年貢之例，今琉球國王所進禮物，准作三年一次正貢。又覆准，安南國王恭進謝恩禮物，應令暫停，仍照定例，俟正貢之年，一併具表赴京。五年奉旨，朝鮮年貢之例，每年貢米百石，朕念該國路途遙遠，運送非易，著減去稻米三十石，糯米三十石，每年進貢糯米四十石，足供祭祀之用，永著爲例。是年，西洋博爾都噶爾國王若望，遣使麥德樂等，具表慶賀，恭請聖安。因進方物，大珊瑚珠、寶石素珠、金法瑯盒、金鑲咖什倫瓶、蜜蠟盒、瑪瑙盒、銀鑲咖什倫盒、藍石盒、銀鍍金鑲玳瑁盒、銀鍍金鑲雲母盒；各品藥露五十瓶，金絲緞、金銀絲緞、金花緞、洋緞、大紅羽緞、大紅哆囉呢，洋製銀柄武器、洋刀、長劍、短劍、鍍銀花火器、自來火長槍、手槍、鼻煙，葛巴依瓦油、聖多默巴爾撒木油、壁露巴爾撒木油、伯肋西里巴爾撒木油，各品衣香，巴斯第里葡萄紅露酒、葡萄黄露酒、白葡萄酒、紅葡萄酒，咖什倫各色法瑯，烏木鑲青石卓面、鑲黄石卓面、烏木鑲各色石花條卓，織成遠視畫，凡四十一種，其來使呈稱，國王蒙聖祖仁皇帝撫恤多年，恭逢皇帝御極，仍一視同仁，感戴洪恩，敬備方物，願恭奉至御前，親身進獻，庶得達國王敬奉皇朝之盛心。其表文由内閣繙譯，貢物由部具奏。奉旨，准其進獻。又蘇禄國王母漢末母拉律林，遣正使奉表入貢方物，珍珠、玳瑁、花布、金頭牙薩、白幼洋布、蘇山竹布、燕窩、龍頭花刀、夾花標槍、滿花番刀、藤席、猿，凡十有二種。六年議准，琉球國前進謝恩禮物，奉旨存留作貢，今循舊例，進到四年正貢，應遵前旨，存留作六年正貢，其六年應進表文，仍令遣使恭進。七年諭，據福建巡撫奏稱，琉球國中山王尚敬，差耳目官毛鴻基等進貢方物，照例進港，安插館驛，朕以琉球歷來恪守臣節，不失貢期，而地處重洋之外，使臣遠涉風濤，深可軫念，是以令其四年進貢方物，准作六年正貢，其六年應進表文，俟八年正貢，一同恭進，所以寬其朝貢之期，與海邦休息之意也，今該國王以未接部文，仍按期遣使，實因未知朕之明旨，並非有違成例，且其船已經進港，行李已安頓館驛，寧可以不合例而卻之，使空往返於洪濤巨浪中乎？著照例准其入貢，該撫委官伴送來京，一應廪餼舟楫，悉遵二年例，從厚辦給。又諭，琉球處重洋之外，奉表修貢，遠涉風濤，朕心深爲軫念，是以從前降旨，將雍正四年該國王所貢謝恩儀物，准作六年正貢，以示恩眷，今該國王以六年正貢之期，仍遵定制，遣使奉表，情辭懇切，具見悃誠，著將六年貢物，准作八年正貢，若八年貢物已經遣使起程，即准作十年正貢。是年，暹羅國王遣陪臣朗微述申黎呼等，齎金葉表文，儲以金筩錦囊，與康熙五十九年同。入貢御前方物，馴象、龍涎香、幼鐉石、冰片、沈香、犀角、孔雀尾、翠鳥皮、象牙、速香、安息香、紫降香、荳蔻、膃黄、胡椒、大楓子、烏木、蓽撥、紫梗、桂皮、兒茶皮、樟腦、硫磺、檀香、樹膠香、織金頭白袈裟、桃紅袈裟、幼花布、闊幼花布、織金頭白幼布、闊紅布、花布幔、大荷蘭氈、冰片油、薔薇露，皇后前方物不進象，餘物減半。又加進寶劍、仗劍、金地交枝柳條版帶。奉旨暹羅國王遣使遠來，貢獻方物，具見悃誠。朕念該國遠隔海洋，齎送不易，欲酌量裁減，以示恩恤遠藩之意。但此次貢物，既齎送前來，難以帶回，著照往例收納。其常貢内，有速香、安息香、袈裟布疋等十件，無必須用之處。嗣後將此十件，免其入貢。永著爲例。欽此遵旨議定：免貢速香、安息香、胡椒、紫梗、紅白袈裟、白幼布、幼花布、闊幼花布、花布幔等物。皇后前照此免貢。八年，安南國王黎維祹，遣陪臣丁輔益等，進四年、七年正貢。又爲謝賜御書、書籍、緞幣、寶玉器皿，恭進禮物，並進金龍黄紙二百張，玳瑁筆百枝，斑石硯二方，土墨二包。又爲賜給疆地及准貢使經由水路，各進謝恩禮物，照例收受，又貢進奏事禮物，停收。又南掌國蘇瑪喇薩提拉島孫，差頭目叭猛花、叭猛腊、叭細禮、松發帶先目後生人等到京，奏銷金緬字蒲編表文一道，貢馴象二隻。九年諭，朕因琉球地處重洋之外，奉表修貢，深爲軫念，曾經降旨，將雍正八年貢物，准作是年正貢，今該國王奏請按期入貢，情辭懇切，具見悃誠，著仍遵前旨，若十年貢物已經起程，即准作十二年正貢，十一年不必遣使前來。是年，琉球國官生業成歸國，國王加進謝恩禮物，嫩蕉布百疋、圍屏紙五十張，照例收受。十二年諭，琉球國八年進貢，曾經降旨，准作十年正貢，今該國王復行奏請，仍遵舊典，按期入貢，情辭懇切，具見悃誠，著仍遵前旨行。

乾隆元年，南掌國王遣使進貢，馴象二隻外，備餘象三隻。是年，暹羅國入貢方物，加進金緞二疋、花幔一條。二年，琉球恭進慶賀方物，與雍正二年同。又諭，朝鮮國王爲請封世子進獻禮物，若仍令來使齎回，未免徒滋往返，著暫留收儲，准作來年正貢。六年，琉球國進謝賜御書恩禮物，照雍正四年例，留准七年正貢，該使呈請謝恩禮物，免其准貢，奉旨，仍遵前旨行。是年議准，琉球國王進到七年正貢，准作九年正貢，其九年應進表文，照例遣使恭進。八年，蘇禄國王蘇老丹麻喊味呵稟勝寧，遣使進貢方物，珍珠、玳瑁、燕窩、跂踏牙薩、蘇山竹布、滿花番刀、夾花標槍，凡八種。是年，高宗純皇帝恭謁盛京祖陵。朝鮮國王遣陪臣迎接，進貢方物，與康熙二十一年同。十一年，朝鮮國王遣陪臣陳奏莽牛哨設兵，並柵外起墾之事，恭進禮物，仍留准貢。十二年，朝鮮國王爲停止鳳凰城展柵，及莽牛哨設兵，並柵外起墾之事謝恩，恭進禮物，仍留准貢。十三年，暹羅國入貢方物，外附洋船貢黑熊一隻，闘雞十二隻、太和雞十六隻、金絲白肚猿一隻。十四年，暹羅國王遣陪臣朗呵派呱提等，奉金葉表文入貢，御前方物，象二、龍涎香一斤、犀角六、沈香二斤、土璇石十一兩二錢，象牙、紫降香、大楓子、荳蔻、藤黃、烏木各三百斤，胡椒、花桂皮、棧樸齒舌皮、樟腦、檀香、硫磺各百斤，蘇木三千斤，上冰片一斤，冰片二斤，冰片油二十瓢，翠毛六百副，孔雀尾十屏，紅布幔十疋，荷蘭氈二塊，皇后前不貢象，餘物各減半，又附洋船貢到黑熊，鬭雞、金絲猿，令其進獻。是年，南掌國王遣使特貢馴象三隻。十六年，緬甸國王遣陪臣希里覺填，奉表入貢，御前方物，氈緞四、緬布十有二、馴象八，皇后前馴象二。十七年，西洋博爾都噶爾國王若瑟，遣使進貢方物，自來火鳥槍，自來火手槍，法瑯洋刀，銀製蠟臺，赤金文具，咖什倫文具，螺鈿文具，瑪瑙文具，綠石文具，赤金鼻煙盒，咖什倫鼻煙盒，螺鈿鼻煙盒，瑪瑙鼻煙盒，綠石鼻煙盒，銀製春夏秋冬四季花，金絲花緞，銀絲花緞，金絲表緞，銀絲表緞，各色哆囉呢，織人物花氈，露酒，白葡萄酒，紅葡萄酒，巴爾撒木油，鼻煙，洋糖，果香餅，凡二十八。貢使進御前方物，銀盤玻璃瓶，銀架玻璃瓶，意大石文具，銀圓香盒，銀長香盒，密蠟香盒，翦子各一對，意大石牙籤，玻璃牙籤各一，異石煙盒一。十八年，暹羅國入貢，加進西洋金花緞番袍，金花緞夾褲各一件，西洋金緞帶三。十九年，高宗純皇帝恭謁盛京祖陵。朝鮮國王遣陪臣迎接，照康熙二十一年例進貢，內銀杏、黃栗、易廣魚、榛子二種。是年，蘇禄國王蘇老丹麻喊味安柔律噒遣陪臣進貢方物：珍珠、玳瑁、燕窩、花藤席、花刀、花槍、花鏢、瓜鴉鐘、咾哮、丁香、跂踏、竹布、龍涎香、國土一包。

又該國王請以戶口人丁編入中國國籍。部議以窮島荒夷，傾心嚮化，則該國之土地人民，即在聖天子統御照臨之內，毋庸復行齎送圖冊。

二十二年，琉球國王尚穆恭進冊封謝恩禮物：金鶴盔甲，金飾腰刀，銀飾腰刀，漆飾鍍金腰刀，漆飾鍍金槍，漆飾鍍金衮刀，黑漆灑金馬鞌，金彩畫圖屏、扇、絲綿，練蕉布，紋蕉布，苧布，白鋼錫，紅銅，凡十有六種。

奉旨，中國加惠外藩，不欲頻煩貢獻，但航海遠來，又不便令其攜帶回國。著將所進方物，留作下次正貢。

二十四年，議准，琉球國應進二十三年貢物，業已到閩，不便令其帶回。仍遵照前旨，留作二十五年正貢。其應進二十五年表文，俟二十七年正貢時同進。

又琉球國遣陪臣子弟梁允治等四名入監讀書，恭進圖屏紙、蕉布，與康熙二十七年同。

二十五年，奏准，朝鮮國王爲冊封繼室，恭進寫恩禮物，照例免收，交來使帶回。

又朝鮮國王遣陪臣慶賀平定回部，恭進貢物，准收。

二十六年，安南國王嗣姪黎維褍請封，恭進隨表方物，沉香三十方，連香七十斤。

又議准，暹羅國貢船在粵遭風，飄失龍涎香、桂皮、荳蔻兒、茶皮、樹膠香五件，免議。

又南掌國王准第賀公滿遣使進表，慶賀孝聖憲皇后七旬萬壽。貢馴象二隻，與例貢馴象二隻同進。

又議准，安南國王恭進冊封謝恩貢物，應照例稍停。令其於正貢之年，一併具表來京。

二十八年，朝鮮國王慶賀加上孝聖憲皇后徽號，進獻禮物，准收。

是年，蘇禄國王遣陪臣進貢方物：珍珠、鸚鵡、玳瑁、燕窩、劍、標槍、吹筒、藤席、西洋布、花西洋布、竹絲布、丁香粒，凡十有二種。

三十年，琉球國入監官生鄭孝德等業成歸國，該國王加進謝恩貢物，與雍正九年同。

三十一年，暹羅國王森烈拍照廣敕馬噱陸坤司由提雅普埃遣陪臣奉金葉表文入貢，御前方物：馴象、犀角、沈香、上冰片、中冰片、降真香、大楓子、藤黃、烏木、象牙、荳蔻、土璇石、蘇木、樟腦、檀香、硫磺、蓽撥兒、茶皮、樹膠、香土、桂皮、翠毛、孔雀尾、龍涎香、冰片油、紅布幔、荷蘭氈，凡二十六種。中宮前不貢象，餘物減半。

三十二年，安南國王黎維褍遣陪臣恭進年貢，并因二十六年冊封該國王，及賜祭故國王。謝恩貢物，均照例收受。

是年，琉球恭進寫恩方物：金鶴一對，盔甲、馬鞌各一副，金銀飾佩刀各二把，漆飾鍍金佩刀二十把，衮刀及槍各十把，金彩畫屏一對，扇五百柄，絲綿二百束，練蕉布二百疋，紋蕉布、土苧布各一百疋，紅銅、白鋼錫各五百斤。

三十五年，猛拱遣頭目興堂札貢象三隻，照例交鑾儀衛收養。

三十六年，南掌國王遣陪臣齎蒲葉表文，貢馴象二隻，慶祝孝聖憲皇后八旬萬壽。照二十六年例，與年貢並進。

三十七年，安南國王奏請發還該國投誠內地民人黄公纘等。恭進陳奏貢物免收，交來使帶回。

三十八年，朝鮮國王慶賀加上孝聖憲皇后徽號，恭進貢物，與二十八年同。

四十年，諭，據奏，整欠土目召教、景海土目刀別遣使目四名，解獻象牙、犀角，並公具緬稟，懇求代爲申悃其應否遣員伴送進京，請旨遵行等語。該土司等既知依期納貢，並欲令使目瞻仰天顏，自不妨准其來京朝貢，俾知天朝威德，益切畏懷。

是年，該使目等至京，進象牙四對、犀角兩對，交內務府收儲。

四十一年，朝鮮國王李昑薨逝，權署國事世孫李祘請謚，恭進貢物。奉旨，覽奏進貢方物，具見悃忱。但該國王奄逝，朕心方切痛惻。這所進禮物，不必收受；若令其帶回，未免徒滋往返。著暫留收儲，准作來年正貢，以示朕體恤之意。

是年，該世孫李祘又請承襲，請追封故世子李緈，並故世子婦。恭進陳奏貢物，均奏准留抵下次正貢。

四十二年，孝聖憲皇后升遐。禮部奏請將朝鮮國王所進獻狀十一道，並隨狀禮物，遇使令該國使臣帶還。續因該國王情深感戴，不敢具領發還貢物。經部轉奏，奉旨，該國王所進禮物，本應發回。兹念其情辭懇切，具見悃忱。著准其收存，抵作本年正貢，以昭體恤。

是年，朝下國王李祘爲賜祭、賜謚及賜爵謚誥命，恭進謝恩貢物。奉旨，覽王奏謝賜祭、賜謚及追贈該故世子爵謚誥命恩典，並進獻方物，具見悃忱，朕心深爲軫念。所有因賜祭、賜謚及賜爵謚誥命隨表儀物，俱准作正貢，以示矜恤至意。又爲欽頒改鑄清漢篆金印，恭進謝恩貢物，均奏准留抵正貢。

四十三年，朝鮮國王爲恭上孝聖憲皇后尊謚，恭進慶賀貢物，准作正貢。

又朝鮮國王爲該國逆臣黨謀，蒙恩敕諭盛京將軍、山東巡撫，於該國接界邊隘海口，嚴飭所屬，留心查詰。恭進謝恩貢物，准作正貢。

是年，奏，安南國王慶賀平定金川貢物內，少金龜漆扇二種，多進連香十斤，與例不符。奉旨，凡外國進貢，正貢方物，自不可短少。若因慶賀、陳奏、謝恩等事加貢，間有短少，與例不符者，毋庸計較。

又朝鮮國王恭逢駕幸盛京，遣陪臣迎接，照例修貢。特賜該國王御書匾額，並弓箭、錦貂等物。恭進謝恩貢物，俱准作正貢。

四十四年，朝鮮國王遣陪臣恭進例貢，並因明歲供逢高宗純皇帝七旬萬壽，豫進慶賀貢物。

四十五年，奉旨，覽王奏，以本年朕屆七旬，遣使於春正慶賀，具見悃誠，知道了。所有進獻禮物，不必收受；若仍令來使帶回，未免徒滋往返。著暫行留儲，准作正貢，以示朕柔遠至意。

是年，朝鮮國王復進慶賀萬壽貢物。奉諭，朝鮮國王世守番封，素稱恭順。歲時職貢，祗慎可嘉。間遇特頒敕諭及資送歸國等事，如琉球等國亦俱奉章陳謝，惟朝鮮國王必備具土物，附表呈進，藉達悃忱。向因專使遠來，若令齎回，徒滋跋涉。是以歷次例准留作正貢，以示優恤。而該國王恪共職守，届應正貢時，仍復備物呈獻。往來繁複，轉覺多一儀文。我君臣推誠孚信，中外一體，又何必爲此繁縟之節耶？今歲朕七旬萬壽，該國王具表稱賀。業已宣命來使前赴行在，遂朝臣一體行禮燕賚。其隨表貢物，此次即行收受，以申該國王慶祝之誠。嗣後除歲時慶節正貢仍聽其照例備進外，其餘陳謝表章，所有隨表貢物，概行停止，毋庸備進。副朕柔惠遠人，以實不以文之至意。著禮部傳諭該國王知之。

又朝鮮國王爲停止陳謝隨表貢物；又爲慶祝萬壽，蒙恩加賞緞疋；各具表恭進謝恩貢物。奉旨，覽王奏謝，知道了。前經降旨，所有陳謝表章，隨進貢物，概令停止。今該國王奉到此旨，具表稱謝，復具表恭謝加賞緞疋，仍各具方物隨進。本不必收受，但既專使遠來，仍令齎回，徒滋往返；若照例留作正貢，該國王届正貢之期，仍似向年備物呈獻，非所以示推誠而昭體恤。此次貢物著收受，仍如賞賚馬、紬緞、貂皮等物。嗣後務宜恪遵前旨，毋庸備進。若再進必令齎回。該國王其善體朕柔惠遠人以實不以文之至意。

四十六年，南掌國王召翁遣使呈進年貢，並慶祝萬壽，進馴象四隻。

是年，暹羅國長鄭昭恭進例貢外，加進馴象、犀角、象牙、洋錫、藤黄、胡椒六種。奉諭，據奏暹羅國長鄭昭豫備正貢一分，具表懇請代奏，並備象牙、犀角、洋錫等物，以爲副貢等語。該國長輸誠納貢，備具方物。所有正貢一分，自應照例送京收納。至所備副貢，若概令齎回，致勞往返，轉非所以體恤遠人。著於副貢内止收象隻、犀角二項，同正貢一併送京。交禮部於照例賞給之外，查例加賞，以示厚往薄來之意。其餘所備貢物，准其在廣省自行覓商變價，並將伊等壓艙貨物，均一體免其納税。

又安南國王因拏獲竄粵匪犯，解送内地，蒙恩加賞緞疋，遣使恭進謝恩貢物，准作貢物。

又諭，安南國王黎維禑前因盤獲逃犯周貴，遣使押送入閩，賞給緞疋等物，齎表陳謝，並備具方物附表進呈。念其專使遠來，不令齎回。即准留作正貢，以示優恤。今據兩廣總督奏，該國王復行具表奏稱，接奉恩旨。准將此次謝恩儀物，充作正貢。下方葵藿，無以將誠，懇將此次奉晉方物，仍爲謝儀，洎四十八年歲貢之期，欽遵常例等語，具見該國王恭順悃忱，深可嘉尚。若復行卻還，轉無以達該國王述職輸忱之意。所有此次隨表方物，該部即行收受。其四十八年應進正貢，著減常年所進貢物之半。至嗣後該國王遇有陳謝奉奏，一概毋庸備物隨表呈進，以副朕柔惠遠人至意。並令該總督傳知該國王遵諭行。

四十八年，奉旨，據禮部堂官奏，朝鮮國使臣呈稱，本年遣陪臣恭赴盛京，蒙賜詩章，並賞賚物件。該國王心切獻芹之悃，謹致備物之儀，請照詳轉奏等語。今歲秋間，朝鮮國王因朕臨幸盛京，特遣陪臣迎鑾祝壽，誠敬可嘉，是以加恩賞賚，並賜詩章及古稀説。謹該國王接奉後，具表謝恩，兼輸忱悃，進獻方物，尤見恪恭。所有此次呈進物件，非尋常隨表備貢者可比，俱著收受，仍加恩賞賚，以昭優眷。嗣後如有謝恩表章，該國王務體朕意，仍遵前旨，不必備進方物。禮部堂官傳諭該國王知之。

四十九年，安南國王遣陪臣恭進慶賀，謝恩貢物，准收。

五十年，朝鮮國王爲欽遇乾隆五十年，奉表稱賀國慶。奉旨，覽王奏，以朕御極五十年，特遣使臣齎表慶賀，進獻方物，具見悃忱可嘉。所有呈進物件，該衙門知道，仍加恩賞賚，以昭優眷。

又諭，朝鮮國王於藩封中臣服最久，每遇萬壽、元旦、冬至、年節，俱備方物呈進。朕鑑其忱悃，俱令該衙門收存，仍優加賞賚。此外，遇有奏賀、奏謝及陳奏等事，亦均有隨表貢物。向例均不收受，准爲下次正貢，並經降旨，令於尋常陳奏事件，不必再具貢物。而該國王仍前備進，以致備抵之物，輾轉存積。在該國王恪守成規，固屬恭順之道。但存積日久，轉相抵算，並仍有餘出者，非朕厚往薄來，體恤屬國之至意也。素有朝鮮國歷年留存各物，竟著該衙門悉行收受，仍按照原物，從優加賞。嗣後該國於每歲正貢，及如千叟燕等類特舉曠典，自應照舊備物呈進，朕亦必收受，厚加賞賚。此外，凡遇尋常奏賀、奏謝、陳奏等事，止須備具表文，其隨表貢物，該國王務仰體朕心，恪遵諭旨，概行停止，毋事多儀，以副朕柔惠遠邦以實不以文之至意。

又奏准，朝鮮國王因生子甫及三歲，陳請豫建儲位，仰蒙恩允，進謝恩貢物。非尋常奏謝可必，應准其呈進。

又暹羅國長鄭華遣陪臣奉金葉表文入貢，御前方物：龍涎香、金鋼鑽、沈香、冰片、犀角、孔雀尾、翠皮、西洋氈、西洋紅布、象牙、樟腦、降真香、白膠香、大楓子、烏木、白荳蔻、蓽撥、檀香、甘蜜皮、桂皮、藤黄、蘇木、馴象二。中宫前方物不貢象，餘物減半。奉旨，覽國長奏，繼嗣父業，恪承先志。遣使航海遠來貢方物，誠悃可嘉。知道了。該部知道。

五十一年，諭，禮部奏朝鮮國王因賜祭該國世子，具表謝恩，并另進方物等語。向來該國王遇有謝恩事件，隨表備進方物，俱加恩准作正貢。但該國王素稱恭順，誠悃真摯。今業經備物原來，若不予收受，徒滋往返，該國王意必不安；即循例抵作正貢，亦屬虚文，轉非朕推誠加惠之意。所有該國王此次隨表呈進貢物，著該部收受，照例折賞。仍傳諭該國王，嗣後遇有具表謝恩事件。遵朕屢次所降諭旨，俱毋庸備進方物，以示體恤。該部即遵諭行。

五十二年，車里土司入貢馴象二隻，交鑾儀衛收養。

五十三年，緬甸國王孟隕遣頭目等齎金葉表文，入貢方物：嵌寶石金塔、嵌紅藍寶石象牙絲冠、嵌紅藍寶石金手箍、金箔象牙、紅口檀香、各色大呢、大頗幹盒、小頗幹盒、馴象八。

五十四年，安南國王阮光平始受封爵，遣使進謝恩貢物：花犀角、烏犀角、象牙、沈香、連香，凡五種。

又諭，據奏，成林到黎城後，諏吉於十月十五，宣旨錫封阮光平爲安南國王。該國王祇承恩命，感汴情形，實屬至誠流露。定於來年三月間，親自進京恭祝萬壽。現具表文，并謝恩貢品一分，又本年例貢一分，恭遣陪臣呈進等語。阮光平祇受封爵，備位藩封，仰藉寵榮，鎮撫該國。其恪恭感戴忱悃，出於至誠。情願趨附闕廷，謝恩祝嘏。並於例貢之外，復進謝恩貢品，實屬恭順可嘉。但念該國王造邦伊始，兩貢同時並進，未免太費。今貢品業已進關，若不一併賞收，轉恐阻其嚮化之誠。著加恩加本年例貢，留抵下次正貢，用示體恤。

是年，安南國王遣陪臣復進謝恩方物金二十鎰，銀百鎰，土絹百羅、紈百、象牙三對。

五十五年，奉旨，朝鮮國王恪修職貢，恭順可嘉。本年因朕八旬萬壽，普天同慶，特於萬壽正貢之外，另備貢物，輸誠祝嘏，前已命作爲次年正貢。今復咨部，懇請轉奏，仍行恭進萬壽貢品。情詞肫懇，具見悃忱。著照所請，准予賞收，届期自當優加賜賚，以示朕柔懷藩服，加惠遠人至意。該部即遵諭行。

又安南國王欽奉恩頒詔印詩章，遣陪臣進謝恩貢物：肉桂、花犀角、烏犀角、土絹、細布、象牙，凡六種。

又南掌國王召温猛遣頭目等慶賀萬壽，進象二隻，與年貢馴象二隻並進。

又安南國王率世子、陪臣，親赴闕廷，慶賀萬壽，進嘏詩金箋册、嘏詞金箋册、金如意、銀盆、金龍、金麟、金鶴、犀角、象牙、伽栟珠、沈香、土絹、細布、馴象二。

又緬甸國王孟隕遣頭目等齎金葉表文，慶賀萬壽，並請賜封號。進長壽佛、萬壽經、紅黄檀香、象牙、緬布、孔雀屏、緬錦、紅呢、馴象六、花象一。奉旨，覽王奏賀，進獻方物，具見悃忱。王奏請封號，現令頒給詔書。所懇開關通市，前經諭，令督臣等傳旨准行。至情殷職貢，奏詞肫切，足徵恭順。著准其十年進貢一次。

又耿馬土司罕朝瑗慶賀萬壽，進馴象二。

又朝鮮國王遣使慶賀萬壽，恭進貢物。奉旨，覽王奏賀，知道了。本年朕八旬壽辰，該國王已先期備物呈進，經降旨賞收，並准作爲次年萬壽正貢。今復具表稱賀，進貢方物，本無庸收受。但今齎回，非所以申該國王慶祝之忱，著仍行賞收。

又暹羅國王具表遣使進貢，並因慶祝萬壽。加進壽燭、沈香、紫膠香、冰片、燕窩、犀角、象牙、通大海、哆囉呢，凡九種。奉諭，據奏，暹羅國王遣使進貢祝釐，於七月一日正貢船甫到，副貢船尚未抵粤等語。該國王情殷祝嘏，恭進方物，閲其表文，歡欣踴躍，具見悃忱。但現届八月初旬，該國貢使抵粤較遲，既未能如期到京，隨班慶祝，自毋庸即令趲緊行程。著將該國前後抵粤貢使人等，俱酌量令其緩程行走，於年底到京，隨入燕，賞以示朕體恤遠人至意。

又緬甸國王以册封具表謝恩，進白石佛像、吉祥寶樹、象牙、孔雀屏、紅黄檀香、紅呢、緬布、馴象二。

又諭，琉球國王恪守藩封，素稱恭順，重洋遠隔，職貢維虔。此次於例貢之外，恭進謝恩方物。使臣等恐照向例，留作下次正貢，具呈禮部，請爲代奏。恩准賞收，下次仍請如期入貢。並稱臨行時國王再三諄囑，令使臣具呈籲請，情詞懇切，誠悃可嘉。著照所請，該部即將所進謝恩方物，准予賞收。下次正貢届期，該國遣使來京，再當優加賞賚，以示朕懷柔藩服之至意。

又安南國王瞻覲天顔回國，進謝恩貢物：金如意、象牙、肉桂、沈香、香蠟、土絹，凡六種。

五十六年，安南國王爲上年瞻覲天顔時，蒙恩格外優待，並疊賜物件。遣使進謝恩貢物：犀角、象牙、羅紈、土絹、白布、砂仁、胡椒，凡七種。

是年，該國王因謝恩使臣進關後，嗣奉恩頒御書壽字，並金寶器物。復遣使奉表，續進謝恩貢物：水撰玉頂金如意、銀盆、銀水臺、銀燈樹、銀鶴、銀蓮盒、銀香爐、土絹、土紈、土布、肉桂、犀角、象牙，凡十有三種。

五十七年，緬甸國王蒙恩特賜御書福字，並加賞多珍，具金葉表文，遣使謝恩。進緬石佛像、孔雀屏、紅黃檀香、紅呢、緬布，凡五種。

是年，安南國王遣使請定貢期，進獻犀角、沈香、連香、土絹、土紈、土布、萬象鉦、萬象鐲、萬象布衫、萬象蠟、萬象象牙、萬象象牙扇、萬象國戰書、萬象象二、黎維祁事件一本。

又奉旨，軍機大臣會同禮部議，覆安南國王阮光平請定貢期方物一摺。所稱從前舊例，該國三年一貢者，定爲兩年；六年遣使來朝一次者，定爲四年等語。著依議行。至呈進方物內，金銀器二項，雖係沿照舊例定議，但任土作貢，原視物產所宜，況此次新定該國貢期，已較前稍密，足以表該國王親敬之心。其舊例金銀器，著毋庸呈進。即此外沈香等物，若未能備數，不妨就該國所有，如土紈、絹、布等，均可進奉，不必拘定成例。所謂不惟其物，惟其意也。該國王尚其仰體朕心，欽承無斁，以副朕格外體恤至意。

五十八年，暎咭唎國王遣使臣馬嘎爾尼等進貢方物：天文地理音樂大表、地理運轉全架、天球、地球、指引月光盈虧、測看天氣晴陰、探氣架子運動氣法、西瓜礮、銅礮、椅子、火鏡、玻璃燈、印圖、絲毛金綫、大氈毯、馬鞌、涼暖車成對、相連槍、自來火金鑲槍、自來火銀鑲槍、自來火小槍、小火槍、大火槍、鋼刀、巧益架子、早晚運動能長人精神、西洋船樣、千里眼、各色哆羅呢、羽紗，凡二十九種。

是年，緬甸國王遣陪臣奉金葉表文來京祝釐，進洋石壽佛、金葉佛經、金鑲寶石頂朝盔、金朝牌、金鑲寶石鞘刀、金淨水樽、金鑲插金茶壺、黃絨繖、大象牙、紅黃檀香、各色呢、土紬、土絹、土布、紫花布、紅漆盒，凡十七種。

又安南國王世子阮光纘遣使請封，進貢方物：金十鎰、銀五十鎰、象牙四、犀角四、土絹百、土紈百。

又琉球恭進謝恩方物：金龜形一對、銀攢盒二具、銅火盆十箇、銅水罐十箇、染花土紬五十疋、染花苧布五十疋、蕉布五十疋、畫圖屏大小二對、護壽紙五千張、扇二百柄。

五十九年，諭，據禮部奏，琉球國使臣呈稱，國王此次恭進謝恩方物，懇照五十五年准予賞收，免抵下次正貢等語。該國王因前此特賜福字、如意等件，專遣使臣呈進方物。向來俱令抵作下次正貢，原以昭體恤而示懷柔。今據該使臣呈稱，伊等臨行時，國王再三囑，令將所進方物，懇請准予賞收，免抵下次正貢，具見該國王抒忱效悃，誠懇可嘉。所有此次呈進方物，既已賞收，著照所請。下次正貢時，仍當優加錫賚，用彰厚往薄來至意。該部即傳諭該使臣，令於回國時，轉告該國王知之。

是年，荷蘭國王遣使入貢，恭進萬年如意、八音樂鐘、時刻報喜、各式金表、鑲嵌金盒、鑲嵌帶版、珊瑚珠、琥珀珠、千里鏡、風槍、金銀綫、琥珀、各色花氈、各色羽緞、各色大呢、西洋布、地毯、大玻璃鏡、花玻璃鏡、玻璃挂燈、燕窩、檀香、荳蔻、丁香、檀香油、丁香油，凡二十六種。

六十年，朝鮮國王爲欽遇乾隆六十年，遣使進慶賀方物，照例收受。

又緬甸國王遣陪臣祝釐，齎金葉表文，進緬石長壽佛、貝葉緬字經、福字燈、金海螺、銀海螺、金鑲緬刀、金柄麈尾、黃緞繖、貼金象轎、洋槍、馬鞌、象牙、犀角、孔雀、木化石、元猴皮、各色呢、各色花布，凡十有八種。

又南掌國王遣陪臣祝釐，恭進長生經一卷、象牙四十、夷錦四十、阿魏二十斤。

又安南恭進甲寅、丙辰兩次例貢方物：象牙二對、犀角四座、土紈六百疋、土絹、土布各二百疋、沈香一千斤、連香二千斤。又恭進謝恩貢物：金十鎰、銀百鎰、花犀角四、象牙四、土紈百、土絹百。又恭進慶賀方物：象牙二對、犀角六座、土紈、絹、布各一百疋。

又暹羅入貢方物：龍涎香、沈香、檀香、白膠香、降真香、金鋼鑽、冰片、樟腦、孔雀尾、犀角、象牙、西洋氈、西洋紅布、翠鳥皮、甘蜜皮、桂皮、蓽撥、大楓子、荳蔻、藤黃、烏木、蘇木，恭進中宮方物，其數減半。

又　卷五〇四《朝貢・貢物二》　嘉慶元年，朝鮮國王遣使慶賀太上皇歸政，恭進貢物，照例收受。

又奉太上皇帝敕旨，行令此後外藩各國，查照年例，具表齎貢，毋庸添備貢物，作兩分呈進。

又暎咭唎國恭進貢物：黃色大呢、醬色大呢、嵋哷嘣大呢、新樣大呢各六版。

又暹羅國王遣使齎金葉表文，慶賀太上皇帝歸政，恭進龍涎香、上冰片、中冰片、沈香、金鋼鑽、孔雀屏、犀角、象牙、荷蘭毯、紅毛氈布、翠鳥皮、白檀香、白膠香、樟腦、甘蜜皮、桂皮、蓽撥、降真香、大楓子、白荳蔻、藤黄、烏木、蘇木，凡二十三種。恭進皇宫前，貢物減半。又慶賀仁宗睿皇帝登極，並進皇后貢物，均與慶賀歸政貢同。

又奉太上皇帝敕諭，爾朝鮮國久隸職方，抒誠賓服，與凡爲屬國者不同。每歲長至元旦令節，及萬象聖節，爾國遣使齎表慶賀，進獻方物，具見恪恭效順，悃款可嘉。此次以天朝疊慶重釐，均經備物呈進，梯航遠涉，出自至誠。允宜一律鑒收，並頒賞加賞國王，暨使臣等物件，錫賚便藩，以昭厚往薄來之意。至例外所有隨表貢物，著該部行知該國，准其抵作下次正貢，毋庸再行備進，用示體恤。

三年，琉球國王世孫尚温遣使慶賀太上皇帝歸政，恭進貢物：金罐、銀罐、銀攢盒、黑漆嵌螺鈿畫盆、銅火盆、雅扇貼金、銀煙筒、紫霞紙、護壽紙、金彩畫圖屏、土焦布、織花紬、染花綿布，凡十有三種。又慶賀仁宗睿皇帝登極貢物：金罐、銀罐、金靶鞘腰刀、銀靶鞘腰刀、淡黄土夏布、精熟土夏布、細嫩土蕉布、金彩畫圖屏、雅扇圖屏紙、紅銅、白鋼錫，凡十有二種。慶賀皇后貢物：金粉盒、銀粉盒、淡黄土夏布、精熟土夏布、土蕉布、雅扇，凡六種。

四年，朝鮮國王慶賀太上皇帝萬萬壽貢一分，表文九道。慶賀仁宗睿皇帝萬壽，及冬至、元旦貢三分，表文三道。使臣到京時，恭值太上皇帝升遐，照例將表文交該國使臣帶還，貢物留作二十七月後例貢。

又奉旨，禮部奏朝鮮國王李祘因恭上高宗純皇帝尊謚，遣使呈進表文方物一摺，具見該國王恭順悃忱。其所進貢物，停其收受，著存留准作年貢，以示體恤。

又諭，據奏，南掌國王遣使齎表，懇求赴京進香，該督將來使送至省城，是否准令進京，候旨遵行等語。南掌國感戴高宗純皇帝厚澤深仁，其哀痛實出至性。今遣使具表進香，具見悃忱。惟此時山陵已永遠奉安，外夷之人，向無帶赴叩謁之例；而二十七月之内，又不舉行筵燕。是該使臣到京後，既不能叩謁裕陵，又不能仰邀錫賚，徒勞遠涉，轉非仰體皇考恩撫外藩之意。著該督傳旨酌加賞賚，給予筵燕，將此旨内不令赴京加恩體恤之意，詳悉告知該使臣。其敕書一道，數日内即可修繕就發往。俟敕書寄到時，該督即交該使臣，敬齎回國。其所進表文，如尚輕使，即可附驛齎遞；否則專差送京，亦無不可。

又雲貴督臣遵旨，將金葉表文由驛進呈。所貢檀香三枝，解送到京，奏交太常寺。

又朝鮮國王恭進慶賀高宗純皇帝升祔太廟貢物一分，禮部查照舊例，奏請賞收。

五年，奏准琉球國王世孫遣使進貢，並請高宗純皇帝聖安。恭進表文，照例交來使帶還。其隨表貢物：銀鑚盒、黑漆畫盆、素蕉布、染花棉布、圖屏紙、護壽紙、雅扇，凡七種，準抵下次正貢。

又暹羅國王遣使齎祭文儀物，恭詣高宗純皇帝前進香，並進獻方物。經廣東巡撫遵旨，令該使臣毋庸進京，所有呈進儀物方物，令齎回。

又緬甸國王遣使齎金葉表文，恭進例貢：無量壽佛、藍呢、黄緑緬錦、五色洋花緞、細白洋布、金邊大洋布、白印花洋布、鑲玻璃盒、描金椀、紅黑漆椀、紅漆盒、象牙、孔雀屏，凡十有三種。又恭詣高宗純皇帝前進香，齎銀葉表文，貢檀香三筒。

六年，琉球國王恭進冊封謝恩貢物：金鶴、盔甲、金靶鞘腰刀、銀靶鞘腰刀、黑漆鞘鍍金腰刀、黑漆鞘鍍金槍、黑漆鞘鍍金衮刀、黑漆灑金馬韋、金彩畫圖屏、雅扇、土絲、綿練蕉布、土苧布、白鋼錫、紅銅，凡十有五種。又因欽賜御書匾額，加進金鶴二，俱奏准留，抵下次正貢。續據該使臣呈請賞收，經部轉奏，請旨，奉諭，禮部奏琉球國使臣呈稱，國王此次恭進謝恩方物，懇照乾隆五十九年准予賞收，免抵下次正貢等語。該國王因特賜御書匾額等件，專遣使臣呈進謝恩方物。曾經該部具奏，降旨準作下次正貢，原以昭體恤而示懷柔。今據該使臣呈稱，伊等臨行時，國王再三諄囑，懇請准予賞收，免抵下次正貢，具見該國王抒忱效悃，誠懇可嘉。著照所請，此次所進方物，准予賞收。下次正貢届期，該國遣使來京時，再當優加賞賚，用昭厚柔惠遠藩至意。該部即傳諭該使臣，令於回國時，轉告該國王知之。

又琉球國王遣使恭進高宗純皇帝前香貢，祭品銀百兩，交内務府收儲。

又琉球國王奏，上次恭進高宗純皇帝前請安貢物，懇恩賞收。奉旨，此項方物，准其留抵正貢，前旨甚明。但該國此次正貢，業經齎送前來；若令其攜回，轉滋勞費。是以姑予收受。所有此項方物，著準作再下一次正貢。該國王務須仰體朕懷，不必再行陳奏。

八年，越南國王阮福映納款入貢，進伽柟、沈香、連香、廣南生絹、象牙、翠鳥毛、荳蔻、砂仁、檳榔、犀角、玳瑁、海鵝翎、硨磲螺、花藤杆，凡十有四種。又進請封貢物：伽柟、象牙、犀角、沈香、連香、土紬、土紈、土絹、土布，凡九種。

又奏定，越南國應進年例貢物：象牙二對、犀角四座、土紬二百疋、土紈二百疋、土絹二百疋、土布二百疋、沈香六百兩、連香一千二百兩、砂仁九十斤、檳榔九十斤。慶賀方物：象牙二對、犀角四座、土紬百疋、土紈百疋、土絹百疋、土布百疋。至陳謝表奏等貢，應遵照乾隆四十六年諭旨，毋庸備進。

十二年，南掌國王遣使進馴象四隻、象牙四百斤、犀角三十斤、土絹一疋。解象委員回滇，照乾隆五十五年例，咨兵部給發勘合。

十四年，琉球遣使謝册封恩，貢金鶴形一對、鶴踏銀岩座各全盔甲一領、護手護膁各全、金靶鞘腰刀二把、銀靶鞘腰刀二把、黑漆靶鞘鍍金銅結束腰刀二十把、黑漆靶鞘鍍金銅結束槍十把、黑漆靶鞘鍍金銅結束袞刀十把、黑漆灑金馬鞌一座、轡御絡頭前後牽鞦屧脊障泥鐙俱全、金彩畫圖屏二對、精製雅扇五百柄、土絲綿二百束、練蕉布三百疋、土苧布一百疋、白鋼錫五百斤、紅銅五百斤。

又暹羅國王遣使祝嘏，進貢壽燭十對、金鋼鑽一斤、冰片二斤、燕窩十斤、沈香二十斤、犀角二十斤、孔雀尾五十屏、翠鳥皮五百張、檀香一百斤、降真香一百斤、砂仁米一百斤、紫杭一百斤、象牙二百斤、荳蔻二百斤、胡椒二百斤、藤黄二百斤、荷蘭氈二領。

又暹羅國世子遣使進貢請封，在洋遭風，沈失貢物九種。奉旨，此實人力難施，並非使臣不能小心防護，不必另行備進。

十六年，緬甸遣使進貢長壽圣佛一尊、象牙三對、孔雀尾九屏、各色緬錦三十疋、各色細緬布四十疋、洋氈六十牀、印花緬紬三疋、緬布抄子二十牀、描金椀二十箇、紅漆緬盒五十箇、紅漆緬椀五十箇、緬青布十疋、緬紫花布二十疋、緬白布二十疋、白印花布八疋、緬鴨色布六疋、緬白細布二疋、白布四疋、紅呢二版、馴象三隻。

又緬甸使臣孟幹稟請獻樂，禮部堂官面奏。奉旨，該國王並未表奏，亦無咨文到部，毋庸越分呈進。

十七年，朝鮮陳奏請封世子貢物，奉旨留抵下次正貢。

十八年，朝鮮因册封世子，恩賜物件，恭進貢物，奉旨仍作爲下次正貢。

又諭，蔣攸銛奏暹羅貢船失火一摺，暹羅國因届例貢之年，備表進貢，其正貢船在外洋失火焚燒，副貢船先已抵粤。著該督派員將現到貢使即行護送來京，將所存貢品十種呈進。其正貢船沈失貢物，不必另行備進，以昭體恤。

道光元年，越南陳奏請封，恭進象牙二對、犀角四座、沈香五十斤、連香一百斤、土紬一百疋、土絹一百疋、土布一百疋。奉旨，准其留抵正貢。

二年，越南國王恭進册封謝恩貢物：黄金四十鎰、白金二百鎰、犀角四端、肉桂二百斤、土絹二百疋、土紈二百疋、象牙四對。奉旨留抵。旋據陪臣等呈懇賞收。奉旨，准其一併賞收。

又朝鮮國王慶賀仁宗睿皇帝升配升祔，暨崇上皇太后尊號徽號，又因賞賜緞疋，頒詔謝恩，並陳奏事件，恭進宣宗成皇帝皇太后前各方物。奉旨，前三分著收受，餘九分留抵下次正貢。

又朝鮮國王恭進例貢，並慶賀册謚孝穆皇后，又爲賜祭謝恩，恭進宣宗成皇帝皇太后前各方物。奉旨，前二分著收受，後三分著留抵。

七年，琉球恭進例貢，並因二年特賜該國王御書匾額，恭進謝恩貢物。奉旨賞收。

又暹羅國王鄭福恭進册封謝恩禮物：龍涎香一斤八兩、沈香三斤、冰片一斤八兩、犀角九箇、白檀香一百五十斤、孔雀翎二十屏、翠毛九百張、象牙四百五十斤。奉旨，交内務府伺候呈覽。

八年，朝鮮慶賀平定回疆，又爲頒給敕書，暨加賞緞疋謝恩，恭進各貢物，俱留抵電磁正貢。

九年，朝鮮例貢，請旨賞收。其恭進謝恩貢物，留抵下次正貢。

十一年，朝鮮國王李玜偉賜祭該國故世子，並册封世孫賞賜物件，恭進謝恩貢物，均奏准，留抵下次正貢。

十三年，朝鮮國王因特賞緞疋，謝恩恭進貢物，留抵下次正貢。

十五年，朝鮮國王李玜薨逝，權署國事李奐，請謚並請承襲，恭進貢物。奏准，留抵下次正貢。

又因册立皇后，暨加上皇太后徽號，恭進慶賀貢物二分。照例賞收。其因上年頒給詔書，順付貢使齎回，並册立禮成，賞給該國王妃緞疋，恭進謝恩貢物二分。奏准奏准，留抵下次正貢。

又因故國王賜祭、賜謚及故世子賜爵、賜謚，並册封世孫李奐爲朝鮮國王，恭進謝恩貢物五分。均奏准，留抵下次正貢。

十六年，朝鮮國王慶賀皇太后六旬萬壽，加上徽號，恭進貢物。奉旨賞收。

十七年，朝鮮國王請册封王妃，恭進貢物。奏准，留抵下次正貢。

十八年，奏准朝鮮國王謝恩貢物，照歷届成案，留抵下次正貢。

十九年，琉球國王爲遣使册封，又恩賞御書，恭進謝恩貢物。奉旨，留抵下次正貢。旋據該使臣等呈懇賞收。奉諭，此次所進貢物，即照所請賞收，俾得遂其抒忱效悃之誠。該部即傳諭該使臣，令於回國時，轉告該國王知之。

又諭，越南國向例每届四年，兩貢並進。今既改爲四年一貢，所進貢物，自應減去一次。其舊例兩貢並進之處，著即停止。

又朝鮮國王恭進大行皇后前貢物三分，照乾隆四十二年、嘉慶四年例賞還。

又朝鮮國王因頒給敕諭，順附回國，恭進貢物謝恩。又以前貢物發還，仍懇轉奏賞收。奉旨，此次朝鮮謝恩貢物，著准其留抵下次正貢。其年貢孝全皇后前禮物，前經降旨發還。茲據該國使臣復將原貢帶來，情詞懇切，具見悃忱。著准其留抵下次正貢，以昭體恤。

二十五年，朝鮮國王因上年賜祭該王妃，謝恩。又請册封王妃，恭進貢物。奏准，留抵下次正貢。

又越南國王阮福暶因册封及賜祭故國王，進謝恩貢物，均留抵下次正貢。

又朝鮮國王李奐恭進例貢外，加進册封謝恩方物。奏准，留抵下次正貢。

二十九年，朝鮮權署國事李昪，並已故宣恪王王妃金氏，遣使爲該故國王李奐請謚，兼請襲封，恭進方物。奏准，留抵下次正貢。

又朝鮮年貢孝和睿皇后前禮物，先經援案奏，交使臣帶還。嗣該國進香使臣復懇請轉奏賞收。奉旨，此次朝鮮國王遣使進香，並帶呈前進貢物，本應發還。念其情詞懇切，具見悃忱。著准其收存，抵作正貢，以昭體恤。

又朝鮮使臣呈懇將發還恭進孝和睿皇后、宣宗成皇帝前謝恩貢物，仍予賞收。奏准，留抵下次正貢。

又朝鮮國王李昪因賜祭、賜謚及册封謝恩，恭進貢物。奉旨，交該國使臣帶還。

三十年，朝鮮使臣呈懇將發還謝恩貢物，仍予賞收。奏准，留抵下次正貢。

又朝鮮國王李昪因頒給孝和睿皇后遺詔，並慶賀登極，及頒給詔書賞賜緞疋謝恩，恭進貢物。奉旨，著一併留抵正貢。

咸豐元年，朝鮮國王遣使陳奏：伊本生祖李裀，嘉慶年間誣入該國邪教。懇請昭雪，恭進貢物。奏准，留抵正貢。

又琉球國王於例貢外，加進慶賀文宗顯皇帝登極方物，留抵正貢。

又諭，禮部奏琉球國使臣呈稱，該國世子此次恭進方物，懇照嘉慶六年、十四年、道光二年，准予賞收，免其留抵等語。該國世子因慶賀登極，專遣使臣呈進方物，前經降旨，准其留抵正貢，原以昭體恤而示懷柔。今據該使臣等呈稱，伊等臨行時，該國世子再三諄囑，懇請准予賞收，免抵下次正貢，具見抒忱效悃，誠懇可嘉。著照所請，此次所進方物，准予賞收。下次正貢届期，該國遣使來京時，再當優加賞賚，用昭厚柔惠遠藩至意。該部即傳諭該使臣，令於回國時，轉告該國世子知之。

又朝鮮於年貢外，加進慶賀崇上孝和睿皇后尊謚、宣宗成皇帝尊謚，並賞賜緞疋謝恩，及慶賀元旦令節貢物。奉旨，均著留抵。嗣據陪臣等呈懇賞收。奉旨，其年貢著賞收，餘仍留抵正貢。

二年，朝鮮國王恭進年貢，並慶賀孝德皇后册謚禮成，又因該國王生祖昭雪謝恩，並請封王妃，加進各貢物。奉旨，慶賀等貢物著留抵正貢。

又朝鮮國王因遣使往封該王妃，恭進謝恩貢物。奉旨，留抵正貢。

又暹羅例貢，向有減半方物一分，因中宮虛位，奏准留抵正貢。嗣因庫存該國減半方物三分，覈與正貢一分之數相符。奏准，仍遵道光二十七年諭旨，將該國舊存貢物，作爲此次正貢。此次例貢，留抵下次正貢。

三年，朝鮮國王於例貢外，加進慶賀宣宗成皇帝升祔升配，並頒給詔書，交貢使帶回謝恩各貢物。奉旨，謝恩貢物一分，著留抵正貢。

又朝鮮國王因册立皇后，恭進慶賀貢物，照例賞收。其因上年詔書，順付貢使齎回，並册立禮成，賞給該國王王妃緞疋，暨賞賜御書匾額，恭進謝恩貢物。准其留抵下次正貢。

又諭，吴文鎔、吴振棫奏請免南掌國貢使入京一摺，著該督撫傳旨該國使臣等，此次毋庸來京。貢物象隻，即著賞收，由督撫派員送京。其應行頒賞該國長及正副使臣等銀物，仍由該管衙門照辦齊全，發交雲南派員齎送出關，轉交祗領。

又越南國王阮福時因賜祭故國王，並恩准襲封，恭進貢物。奏准，留抵正貢。

又諭，羅繞典等奏緬甸國貢使入京，請變通辦理一摺，著該督撫傳旨該使臣等，此次毋庸來京。貢物象隻，即行賞收，一俟道路肅清，即由該督撫派員送京。其應行頒賞該國王及正副使臣等銀物，仍由該衙門照辦齊全，發交該省派員齎送出關，轉交祗領。

四年，諭，禮部奏遵議琉球貢使暫緩赴京一摺。琉球國王久列藩封，該貢使等航海輸誠，具見忱悃。現在用兵省分，尚未能一旅肅清。若令繞越程途，跋涉遠來，轉非所以示體恤。著王懿德於該使臣等貢船行抵閩境後，即行宣諭朕意。令其此次毋庸來京，仍優予犒賞，委員護送回國。所有進貢方物，即著賞收，由該督撫派員送京。其應行頒賞該國王世子及使臣等物件，著該管衙門查照舊章備辦，發交該督派員齎送，轉交祗領。

又諭王懿德等奏琉球貢使籲懇仍准入都一摺，前以用兵省分尚未肅清，諭令琉球使臣毋庸繞道來京，以示體恤。茲據王懿德等奏，據該國貢使等稟稱，此次除例貢進物外，尚有謝恩及恭賀表章，仍祈准予入都，藉達下忱等語。該貢使等殷殷籲懇，其意實出至誠；若比令其毋庸來京，非所以慰遠人之嚮慕。著王懿德等俟來歲道路疏通，即派員護送該貢使等赴京，俾輸忱悃。

五年，琉球國世子尚泰於例貢外，加進謝賞賜御書匾額恩，並慶賀册立皇后方物。奉旨，留抵下次正貢。旋據該使臣等呈懇賞收，免其留抵。奉諭，此次所進方物，准予賞收。下次正貢届期，該國使臣來京時，再當優加賞賚。該部即傳諭該使臣，令於回國時，轉告該國世子知之。

又朝鮮國王李昪因頒給孝靜康慈皇后遺詔，遣使謝恩，恭進方物，准其留抵正貢。

六年，朝鮮國王慶賀恭上孝靜康慈皇后尊謚，進獻方物，照例賞收。其因尊謚頒給詔書，交齎咨官帶回，謝恩方物，留抵下次正貢。

八年，朝鮮國王李昪因賜祭該國王母妃，遣使謝恩，恭進貢物，留抵下次正貢。

同治元年，奏准發還朝鮮國恭進文宗顯皇帝萬壽聖節，冬至令節，並謝恩各貢物，照道光元年成案一併留抵正貢。

又朝鮮國王慶賀穆宗毅皇帝登極，呈進兩宮皇太后前貢物二分，照例賞收。其慶賀登極貢物一分，又因頒詔、賜緞謝恩，恭進穆宗毅皇帝前貢物二分，兩宮皇太后前貢物四分，均照道光元年成案辦理。

二年，朝鮮國王於例貢外，加進慶賀崇上文宗顯皇帝尊謚，並崇上兩宮皇太后尊號、徽號，暨頒詔賞緞謝恩各貢物。奉旨，五分收受，十一分留抵。

又，朝鮮國王因鄭元慶所撰《二十一史約編》，記起國祖，語多訛誤，懇予刊正，恭進貢物。准其留抵下次正貢。

三年，下次權署國事李熙，遣使爲該故國王李昪請謚，並請襲封，恭進方物，准留抵下次正貢。

又朝鮮國王李熙因賜祭、賜謚及册封謝恩恭進貢物，准留抵下次正貢。又琉球國世子，慶賀穆宗毅皇帝登極，並進文宗顯皇帝香品，呈貢方物，准其留抵下次正貢，旋據該使臣等呈懇免抵，准予賞收。四年，朝鮮國王於例貢外，並呈進謝恩方物，奉旨，此次朝鮮國王，因上年慶源地方蒙賞材木，恭進謝恩方物，著留抵下次正貢。五年，朝鮮國王於例貢外，加進謝賞賜御書扁額恩，並兩宮皇太后前各方物，奏准留抵下次正貢。又朝鮮國王，恭賀文宗顯皇帝升祔，並册封該國王妃，恭進方物，准留抵下次正貢。六年，朝鮮國王因册封王妃，又爲排解法國搆兵，遣使謝恩，恭進貢物，准留抵下次正貢。又琉球國王，因賞賜御書扁額謝恩，恭進方物，准留抵下次正貢，旋據該使臣等呈懇免抵，准予賞收。八年，安南國王於例貢外，並補進上三届各年例貢，奉旨，補進方物，著留抵下三次正貢，以示體恤。十年，安南國王因逆匪竄擾，經大兵會剿蕩平，遣使謝恩，恭進馴象二隻，萬歲蟠桃金樹二盆，象牙二封，犀角三座，肉桂一百斤，土花綯緞一百匹，土綯紗一百匹，土花紗一百匹，土花紬一百匹，土絹一百匹，土紈一百匹，大項羽扇六把，並據該陪臣等呈懇將同治八年存抵下三届正貢，停其留抵奉旨，准其一併賞收。十一年，朝鮮國王，遣使慶賀穆宗毅皇帝大婚，加上兩宮皇太后徽號，恭進貢物，奉旨賞收。十二年，朝鮮國王，遣使慶賀穆宗毅皇帝親政，加上兩宮皇太后徽號，恭進貢物，照例賞收，其因上年册立皇后，頒給詔書，順付貢使賫回，暨賞賜該國王王妃緞匹謝恩，恭進方物，准留抵下次正貢。十三年，朝鮮國王於例貢外，並因親政頒給詔書，順付貢使賫回謝恩，恭進方物，准其留抵正貢。光緒元年諭，岑毓英奏緬甸國王呈進馴象，請旨遵行等語，該國王呈進馴象二隻，業經該撫答以衣料食物並優賞該夷官，辦理尚屬妥協，餘著照所請辦理。又奏准，發還朝鮮國恭進慶賀穆宗毅皇帝萬壽聖節，冬至暨元旦令節各貢物，照同治元年成案，一併留抵下次正貢。又朝鮮國王遣使慶賀皇帝登極，又爲頒給詔書，賞賜緞匹謝恩，恭進方物，准其留抵正貢。又朝鮮國王請封世子恭進方物，奉旨，該國王既稱伊子李坧，器質粹美，實堪負荷，請封世子以定國本，情詞懇切，著照所請行，其進獻禮物，准其留抵下次正貢，以示體恤。又朝鮮國王遣使恭進穆宗毅皇帝香貢，值孝哲毅皇后大事，頒給敕諭，並恭上穆宗毅皇帝孝哲毅皇后尊謚禮成頒給詔書，均交該使臣賫回謝恩，恭進方物，准其留抵下次正貢。二年，朝鮮國王遣使慶賀崇上穆宗毅皇帝尊謚，孝哲毅皇后尊謚，及元旦令節，又因恭進穆宗毅皇帝香貢，及該國撥舟濟軍，賞賜緞匹謝恩，呈進方物，准其留抵下次正貢。又朝鮮國王慶賀加上兩宮皇太后徽號，又因册封該國世子暨特賜國王並該國世子物件謝恩，恭進方物，准其留抵下次正貢。三年，朝鮮國王因慶賀加上兩宮皇太后徽號，賞給緞匹，並恭進孝哲毅皇后香貢，賞給緞匹謝恩，呈進方物，准其留抵下次正貢。八年，朝鮮國王慶賀孝貞顯皇后升祔，恭進慈禧端佑康頤昭豫莊誠皇太后貢物，照例賞收，又因前進孝貞顯皇后香貢，賞賜緞匹謝恩，呈進方物，均准留抵下次正貢。九年，朝鮮國王，慶賀崇上孝貞顯皇后尊謚，恭進慈禧端佑康頤昭豫莊誠皇太后貢物，照例賞收，至呈進皇帝前慶賀貢物，及恭上孝貞顯皇后尊謚詔書，交使臣賫回，又因該國亂黨滋事，派兵東援，並特派弁兵衛護謝恩，恭進各方物，准其留抵正貢。十一年，朝鮮國王，咨請伊本生父李昰應回國，恭進方物，准其留抵正貢。十二年，朝鮮國王，因本生父李昰應恩釋回國謝恩，恭進貢物，准其留抵正貢。

又 卷五〇五《朝貢·朝儀》 凡貢使至京，先於禮部進表，豫設表案於堂正中，館卿朝服率貢使暨從官，各服本國朝服，由館赴部，入左角門，竚立階下之左，禮部堂官一員，出立於案左，儀制司官二員，分立於左右楹，均朝服，館卿先升立於左楹之西，通事二員，序班二員，引貢使以次升階立，皆跪，正使奉表舉授館卿，轉授禮部堂官，禮部堂官受表陳於案正中，退立，正使以下行三跪九叩禮興，序班引退，館卿率貢使從官皆出，儀制司官奉表退。次日送交內閣，恭遇萬壽聖節元旦冬至朝賀，及皇帝升殿之日，主客司官暨館卿大使等，率貢使至午門前朝房祇候，引入貞度門，皇帝御太和殿，百官行禮畢，序班引貢使暨從官詣丹墀西班末，聽贊行三跪九叩禮，若不遇朝期，由部奏請或奉旨召見，至期，禮部堂官一員，蟒袍補服，率貢使服其國朝服，通事補服詣宮門外祇候，皇帝常服御便殿，御前大臣、領侍衛內大臣、內大臣、侍衛、左右侍立如常儀，禮部堂官引貢使入，通事隨入，至丹墀西行三跪九叩禮畢，引由西階升，通事一員從升，至殿門外跪。皇帝降旨慰問，禮部堂官承旨傳知通事，轉諭貢使，貢使奏對，通事譯言，禮部堂官代奏，禮畢引出，如侍以優禮，是日入班會集之滿漢大臣，咸蟒袍補服，按翼侍立，禮部堂官引貢使至丹墀行禮畢，引由西階升入殿右門，立右翼大臣之末，通事隨入，少後立，皇帝降旨賜坐，領侍衛內大臣、內大臣入班會集之滿漢大臣，及禮部堂官，一叩頭，序坐，貢使隨跪一叩頭，坐，賜茶，尚茶進皇帝茶，衆跪叩，侍衛徧授大臣及貢使茶，咸跪受一叩頭，飲畢，跪如初。皇帝降旨慰問，禮部堂官承旨俱如前，儀禮畢，禮部堂官引貢使出，至朝房，承旨賜貢使尚方飲食，訖館卿率以退。翼日黎明，午門外謝恩，鴻臚寺傳贊序班，引貢使就丹墀西北面，行三跪九叩禮如儀。如召見於圓明園，由出入賢良門西邊入，至正大光明殿西隔扇，引入殿內，餘俱如前儀。頒賞之日，豫設案於午門外道左，陳賜物於案，館卿朝服率貢使暨從官各服本國朝服，由東長安門天安門端門至西朝房前東面序立，禮部堂官一員立案北西面，主客司官及各執事員役，俱立案南西面，監禮御史及鴻臚寺鳴贊官四員，分立御道左右，東西面，序班二員立貢使之北東面，均朝服。鳴贊齊班，序班引貢使至西丹墀內序立，北面東上，贊進，贊跪叩興，行三跪九叩禮，主客司官奉頒給國王賜物，率通事授貢使跪受，轉授從人，乃以次頒貢使從人賜物，各跪受，訖贊叩興，復行三跪九叩禮，興，引退，館卿率貢使及從官從人皆出。

崇德二年，朝鮮國王李倧舉國歸附，太宗文皇帝命坐於和碩親王之上，其長子李溰、次子李淏、三子李濬坐於貝勒之次。又定，凡朝鮮國來使，有職銜稱君者，俟朝賀行禮畢，引入殿內，坐於右翼輔國公之下，隨班賜茶。

康熙五十九年，西洋國遣使臣斐拉理奉表來朝。是日，設表案於暢春園九經三事殿階下正中。聖祖仁皇帝御殿升座，禮部鴻臚寺官引貢使奉表陳案上，退，行三跪九叩禮，仍詣案前奉表，進殿左門，升左陛，膝行至寶座旁恭進。聖祖仁皇帝受表，轉授接表大臣，貢使興，仍由左陛降，出左門，於階下復行三跪九叩禮，入殿，賜坐，賜茶畢，謝恩。

雍正二年，琉球國王遣王舅翁國柱等，來京朝賀，業已隨班行禮，仍特旨召見。

三年，安南國王遣陪臣入貢方物，奉旨召見。

四年，琉球國王尚敬，爲賜御書扁額玉器綵緞，遣使恭進謝恩禮物，其正使紫巾官召見。

五年，西洋國遣使臣麥德樂等進表慶賀，儀與康熙五十九年同。

七年，朝鮮國差陪臣驪川君李增謝恩來京，未過升殿，世宗憲皇帝御乾清宮升寶座，禮部堂官一人，引來使，隨帶通事一人，由乾清門右門入，至丹墀西，行三跪九叩禮畢，引入乾清宮右門，賜坐於右翼大臣之末，賜茶，來使叩頭飲訖。世宗憲皇帝慰問來使跪聆畢，引出，至乾清門外謝恩，會集之大臣咸補服，議政大臣及應會集大臣，均入內大臣班列坐，豹尾班侍衛隨進扈衛，不賜茶，在圓明園，召見於正大光明殿儀同。

又諭，嗣後朝鮮差來陪臣，有職銜稱君者，遇升殿之日，照常賜茶，如未遇升殿，著禮部於使臣起程之前奏聞令其便殿進見，賜茶遣回。

又琉球國差陪臣耳目官毛鴻基等，入貢來京，恭遇聖駕升殿，俟百官行禮畢，將耳目官毛鴻基正議大夫鄭秉彝引至丹墀西，行三跪九叩頭禮畢，於右翼衆官之末，賜坐，賜茶。

又奏請召見暹羅國貢使，奉旨著大貢使於同來貢使內選一人，令二人進見。

八年奏准，南掌國通事刁猛，原係緬人，雖通漢語，但蹇澀不能明晰，有伴送貢使之把總康天錫，熟悉南掌國言語，令其隨貢使進見。

十二年，朝鮮國陪臣密昌君李樴安南國陪臣范公容琉球國陪臣温思明等，於元旦令節，聖駕升殿，已經行禮，停其進見。

乾隆元年，暹羅國陪臣朗三立哇提等四人入貢來京，均蒙召見，儀與雍正七年同。

又奏准，嗣後琉球安南暹羅等國來使，皆照雍正七年儀節行，停止議政大臣等會集賜坐賜茶之例。

四年，琉球國使臣王舅向啓猷等，已於元旦隨班行禮，仍准其進見。

八年奏准，蘇禄國使臣，雖經召見，尚未起程恭遇升殿之期，仍令其謝恩行禮。

九年，朝鮮國陽平君李櫓，因患病停其進見。

十四年，奏准暹羅國使臣朗呵派哌提等，奉辰來京，恭遇聖駕巡幸，於啓鑾之日，禮部滿堂官，引來使等四人，並通事一人，至圓明園宮門外，於聖駕啓鑾之先，行三跪九叩禮，恩賞該國物件，於宮門前賞給，隨率至王公百官送駕排班之末，跪候瞻仰，如蒙慰問，來使跪聆畢，禮部堂官領回。

十六年，緬甸國使臣希里覺填等，奉表來京，恭遇升殿，已經行禮，停其進見。

十八年奏准，暹羅國使臣郎損吞派沛等，奉表來京，恭遇駕幸南苑，已令使臣道旁瞻仰，照例停其進見。

又西洋國使臣巴哲格等，奉表來京，令來使候於後左門，恭候高宗純皇帝御乾清宮升寶座，禮部堂官一人，率領在京居住西洋人一人，引來使進見進表，儀與雍正五年同。是日會集之大臣咸補服，議政大臣入內大臣班，不賜茶，豹尾班侍衛照常隨進扈衛如儀。

三十六年，恭遇孝聖憲皇后八旬萬壽，琉球國貢使毛自煥等，同南掌國貢使叭哩門遮昆等，一體入班行禮。

又南掌國貢使，蒙召至熱河筵燕，令入於侍郎班次。

三十八年奏准，琉球國王遣陪臣向宣謨等進貢，恭遇孝聖憲皇后萬壽，由鴻臚寺官，引來使在午門前隨班行禮。

四十九年諭，安南國貢使，於本年二月十五日進關，因令軍機大臣覈歷次該國使臣行走程途日期，約於七月內可以到京，彼時正駐蹕熱河，自應令該使臣等即赴熱河瞻覲，毋庸在京候至年底，致需時日，欽此。遵旨奏准，該國陪陳范阮達等到京，即帶赴熱河，瞻仰天顏。

五十三年奏准，緬甸貢使業渺瑞洞等到京，由禮部堂官，帶領該貢使前赴熱河，瞻仰天顏。

又奏准，臺灣生番義民，於十二月到京，恭遇駕幸瀛臺，帶領瞻覲。

五十五年，安南國王阮光平，親詣闕廷，慶祝萬壽，至聖節日，安南國王於親王以下郡王以上班次，一體行禮，其朝鮮等國陪臣，俱照例在百官末行禮，均如儀。

五十八年，𠸄咭唎國遣使馬戛爾尼等入貢，高宗純皇帝御澹泊敬誠殿，軍機大臣同禮部堂官帶領貢使，恭奉表文跪遞，命御前大臣恭接，轉呈御覽。

嘉慶八年，越南國進貢請封使臣到京，由禮部堂官帶領該使臣前赴熱河瞻覲。

二十一年，𠸄咭唎國正貢使羅耳阿美士德等來京，稱病不能瞻覲，諭令即日遣回，該國王表文亦不必呈覽。

道光十二年，朝鮮琉球兩國王遣使臣奉表來京，除夕，保和殿筵燕；賜坐，賜茶。

十七年諭，嗣後朝鮮使臣來京，如遇駐蹕圓明園，該使臣到京一二日後，即著該衙門繕寫奏片，於本日引見時，在出入賢良門外，帶領瞻覲。

咸豐十一年諭，禮部奏朝鮮國王遣使臣瞻覲，可否帶赴行在等語，朝鮮國王因朕駐蹕熱河，遣使臣奉表詣行在恭申起居，具見悃忱，深堪嘉尚，惟朕身體違和，若該使臣遠來行在，未獲展覲，轉無以慰其瞻戀之誠，該國使臣到京後，著毋庸前赴行在，禮部仍照例筵燕。

同治八年，安南國王遣陪臣奉表來京，恭遇穆宗毅皇帝萬壽聖節，入班次行禮。

又 卷五〇六《朝貢·賜予一》 崇德二年，賜朝鮮國王裘帽及鞍馬一匹，貂皮百有二十張，銀百兩。正副使各鞍馬一匹，貂皮五十張，朝韡一隻，銀五十兩。書狀官貂皮銀韡。從人銀布各有差。

順治五年，賜朝鮮國王世子鞍馬、貂冠、貂裘、狐裘、羅袍、緞袍、朝韡。內監、甲將、通事、外郎、貂皮、銀，各有差。

六年，朝鮮國告哀使臣，賜大緞、帽緞、彭緞、綢各一，銀十五兩。書狀官一人，大緞綢各一匹，銀二十兩。大通官三人，各彭緞一匹、銀十五兩。從官十有八人，各彭緞一匹，銀十兩。從役二十三名，各銀四兩。

又敕封朝鮮國王。賜國王黑貂皮百張，玲瓏鞍轡馬一匹，大蟒緞、大緞、四團補緞各二匹，小蟒緞、糚緞、錦緞、石青緞各一匹。王妃大蟒緞、糚緞、錦緞、倭緞、青緞、石青緞各二匹，大緞、彭緞各三匹，紡絲、絲紗各四匹，付封使賫往。

十年，朝鮮國王賀萬壽聖節，賜國王鞌馬一匹，黑貂皮二十張，貂皮百張，銀百兩。正使大緞帽緞彭緞紬紡絲各一匹，銀五十兩，氈襪一等韡鞌馬。副使同。書狀官大緞彭緞紬各一匹，銀五十兩，氈襪二等韡。大通官三人，各大緞一匹，紬一匹，銀三十兩，氈襪馬皮韡。押物管二十有四人，各彭緞一匹，紬一匹，銀二十兩，氈襪牛皮韡。從人三十名，各銀五兩。

元旦節賜國王及正副使以下如聖節例。

又奏准，黑貂皮二十張，折綵緞表裏各五匹，貂皮百張，折銀百五十兩。

又議准，進年貢及賀冬至節，賜國王與正副使，如元旦例，惟不給鞌馬，其書狀官以下員役，賞給有差。

十一年，琉球國進貢，賜國王蟒緞二匹，綵緞六匹，藍緞三匹，素緞閃緞各二匹，錦三匹，紬羅紗各四匹。王妃綵緞四匹，糚緞閃緞各一匹，藍緞青緞錦緞各二匹，羅紗各四匹。正使王舅，綵緞表裏各四匹，閃緞一匹，羅二匹，紬紗各四匹。副使正議大夫，綵緞表裏各三匹，藍緞一匹，羅紬紗各二匹。使者綵緞表裏各二匹，藍緞紬羅紗各一匹。通事從人，緞紬紗布銀各有差。

十三年，荷蘭國進貢，賜國王大蟒緞糚緞倭緞各二匹，花緞八匹，閃緞帽緞藍緞青緞各四匹，綾紡絲羅各十匹，銀三百兩。使臣二人，每人大蟒緞糚緞倭緞各一匹，花緞六匹，藍緞三匹，綾紡絲絹各四匹，銀百兩。標官糚緞倭緞藍緞各一匹，花緞三匹，綾紡絲絹各二匹，銀五十兩。通事從人，緞紬絹銀各有差。

十八年議准，朝鮮領時憲書，差來使臣，賞銀三十兩，通事八兩，從人各四兩，凡有咨部事件，賫咨官及通事從人，賞銀同。

又議准，頒詔天下，如恩詔有外藩王公加恩賜一款，賜朝鮮國王大蟒緞、糚緞、補緞、片金緞、倭緞各二匹，帽緞閃緞藍緞青緞各五匹，各色緞十匹，洋緞十匹，共五十匹。又恩詔有外藩福晉夫人加恩賜一款，賜朝鮮王妃大蟒緞糚緞錦緞倭緞閃緞帽緞素緞各二匹，大緞彭緞各三匹，藍緞二匹，紡絲紗各四匹，共三十匹。

又議准，朝鮮國王遣陪臣慶賀謝恩及有事陳奏各進貢方物，賜來使及從人，與元旦節同，若附正貢同來，統於正貢之賜，非正貢而數事並來者，總賜一次。

又議准安南國王進貢，賜國王及來使銀緞等物照琉球國例賞給。

是年，安南出兵助剿海寇，賜國王大蟒緞糚緞錦緞各二匹，綵緞表裏各十有二匹，銀五百兩。

康熙元年，安南擒獻明裔，除照前恩賞外，加表裏三十匹，銀五百兩。

三年，安南國進貢，賜國王大蟒緞、糚緞、倭緞、閃緞、錦緞各二匹，綵緞表裏各十匹。使臣每人緞表裏各五匹，紗羅各一匹，絹七匹，韡一雙。通事行人從人，緞紗羅絹紬布各有差。

又琉球國進貢，賜國王蟒緞二匹，綵緞四匹，藍緞青緞閃緞錦緞紬羅紗各二匹。正使王舅，綵緞表裏各四匹，羅四匹，韡一雙，綵緞三匹。副使紫金大夫，綵緞表裏各四匹，羅三匹，韡一雙。使者綵緞表裏各二匹，布四匹。通事從人，緞布有差。

是年，荷蘭國王遣陪臣助克金門廈門，賜銀千兩，大蟒緞糚緞錦緞各四匹，綵緞表裏各二十有四匹。又賜國王銀二千兩，大蟒緞糚緞倭緞錦緞閃緞片金緞各五匹，綵緞表裏各三十有五匹，遣本部筆帖式賫往，同閩浙總督給付該國人帶回。

四年，暹羅國進貢，賜國王緞紗羅各六匹，織金緞紗羅各四匹，王妃各二匹。正副使每人正賞綵緞羅各四匹，絹二匹，布一匹，衣緞表裏各一匹，加賞織金羅綵緞各二匹，韡一雙。通事從人緞羅絹布韡有差。

六年，荷蘭國入貢，給賞照順治十三年例，加賜國王大蟒緞糚緞倭緞片金緞閃緞帽緞藍緞素緞各一匹，花緞綾紡絲各四匹，絹二匹。正使蟒緞大緞各一匹。

七年，暹羅國入貢，賜國王王妃與四年同。正副使每人緞七匹，羅四匹，織金羅絹各二匹，裏紬一匹，布一匹，韡一雙。通事從人及留邊人，給賞各有差。

八年議准，琉球國入貢，照例恩賞，惟正使不係王舅與副使、正議大夫賞同。

九年，西洋國入貢，賜國王大蟒緞、糚緞、倭緞各三匹，閃緞三匹，片金緞一匹，花緞十匹，帽緞、藍緞、青緞各五匹，綾紡絲各十有四匹，羅十匹，絹二匹，銀三百兩。使臣大蟒緞一匹，糚緞倭緞二匹，帽緞一匹，花緞六匹，藍緞五匹，綾紡絲各四匹，絹二匹，銀三百兩。使臣大蟒緞一匹，糚緞倭緞二匹，帽緞一匹，花緞六匹，藍緞五匹，綾紡絲各四匹，絹二匹，銀百兩，護貢官從人，緞紬綾絹銀各有差。

十七年，西洋國入貢，賞例照九年外，加賜國王大蟒緞、糚緞、倭緞、片金緞、閃緞、帽緞、藍緞、青緞各一匹，花緞二匹，綾紡絲各四匹，紬三匹，共百匹。加賞貢使綾紡絲羅各二匹，絹一匹，共三十匹，護送官從人各加賞有差。

二十一年，遣使敕封琉球國王，賜國王蟒緞閃緞青緞各二匹，石青綵緞藍綵緞錦緞各三匹，紗羅紬各四匹。王妃石青綵緞藍綵緞藍緞青緞各二匹，糚緞閃緞各一匹，紗羅各四匹。特賜國王御書中山世土四字。

二十二年，遣使敕封安南國王，賜國王御書忠孝守邦四字。

二十三年奏准，暹羅國照例頒賞，其韡皆折絹，嗣後琉球等國賞韡，亦照例折絹。

二十四年議准，琉球國王原賞緞二十匹，今加三十匹，安南國王原賞緞三十匹，今加二十匹，暹羅國王原賞緞三十四匹，今加十六匹，各表裏五十匹。

二十五年，荷蘭國入貢，賜國王及正使，均照六年加賞例。副使照順治十三年賞標官例，夷目官掌書記伴送官通事從人，各賞紬緞絹袍銀有差。

二十九年，賜朝鮮國使臣，其正使全城君，職銜稱君，除照正使賞例外，加緞五匹，緞衣一襲，作帽貂皮十張。

三十年奏准，琉球國官生入監讀書，業成歸國，照通事之例燕賞。

三十六年，遣使封朝鮮世子，並賜織金緞四匹，緞紗羅各四匹，裏各四匹。

四十七年，暹羅國入貢，賜國王王妃及貢使，均照二十四年議定之例。其副貢人員等，照從人賞例，絹各二匹，布各七匹，廣東伴送經歷，亦照例賞彭緞袍一領。

五十六年諭，朝鮮國王李焞，安靜奉法，人民愛戴，四十餘年，伊國中享太平之福，未有如此之久者，朕甚嘉之，覽禮部奏請，王因病目來購空青，朕聞王疾，深爲軫念，即於行在特簡正副使，賫空青往賜，此係格外之恩，凡一應禮節，使臣到時，令王不必拘於成例，隨處可以想見，並傳諭知之。

六十年，琉球國入貢，加賜國王蟒緞、閃緞、錦緞各二匹，青藍綵緞、藍素緞、素緞、紬羅紗各四匹。正副使每人加緞紡絲各二匹，羅絹各一匹。都通事加緞絹各一匹，青布二匹。從人加毛青布各一匹。留邊通事加緞絹各一匹，毛青布二匹。從人加毛青布各二匹。

又安南國入貢，照荷蘭國例，加賜國王蟒緞、糚緞、倭緞、閃緞、錦緞各二匹，青緞表裏各十匹。陪臣每人加表緞及裏紗羅絹各一匹。行人每名加表緞及裏絹布各一匹。從人每名加紬毛青布各一匹。

六十一年，遣使封朝鮮世弟李昑，並賜織金緞四匹，緞紗羅各四匹，裏各四匹。

又暹羅國入貢，照安南國例，加賜國王緞八匹，紗四匹，羅八匹，織金緞紗羅各二匹。王妃緞織金緞、紗織、金紗羅織、金羅各二匹。貢使四人，每人加緞羅織金羅絹各一匹，裏一。通事四人，二人加緞羅絹各一匹，裏一，二人加緞羅絹各一匹。從人二十一名，加絹布各一匹。

又暹羅補進犀牛，貢使係微員，比具表進貢之使酌減，賞緞六匹，羅二匹，織金羅二匹，絹五匹，裏二，布一匹。通事緞羅各三匹，絹二匹。從人四名，絹各二匹，布各六匹。伴送驛丞，彭緞袍一領。

雍正元年，朝鮮國王以慶賀入貢，特賜國王《周易折衷》、《朱子全書》各一部，松花石硯法瑯器筆墨等物。

二年，琉球國王遣王舅入貢，照康熙六十年加賜之例，又特賜國王御書輯瑞球陽四字，內庫緞二十匹，松花石硯玉器瓷器法瑯器等物。又加賞王舅銀百兩，內庫緞八匹。通事緞四匹，銀三十兩。

又暹羅國入貢，照康熙六十一年加賜之例，船長照通事例，番梢照從人例，加賞緞羅絹布有差。又船長於原賞布十匹外，再各加賞十匹，又特賜國王各色緞二十匹，松花石硯玉器瓷器法瑯器等物，差司官賫賞物，一併送至廣東，交該撫付船長領回。

三年，安南國入貢，特賜國王御書日南世祚四字，《古文淵鑑》、《佩文韻府淵鑑》、《類函》各一部，內庫緞二十匹，松花石硯玉器瓷器法瑯器等物，陪臣各賞銀百兩，內庫緞六匹。

又西洋國教化王入貢，奉敕覽王奏，並進方物，具見悃誠，我聖祖仁皇帝怙冒萬方，無遠弗屆，龍馭升遐，中外臣民，悲思永慕，朕纘承大統，勉思紹述前徽，教化王遠行陳奏，感先帝之垂恩，祝朕躬之衍慶，周詳懇至，辭意虔恭，披閱之下，朕心嘉慰，使臣遠來，朕已加禮優待，至於西洋寓居中國之人，朕以萬物一體爲懷，時教其謹飭安靜，果能慎守法度，行止無愆，朕自推恩撫恤，茲因使臣歸國，特頒斯敕，並賜糚緞錦緞大緞六十匹，次緞四十匹，王其受領，悉朕惓惓之意。

是年，賜國王大蟒緞、糚緞、倭緞各四匹，片金緞二匹，閃緞藍花緞、青花緞、帽緞、藍緞、青緞各六匹，綾紡絲各十有八匹，羅十匹，絹四匹，銀三百兩。又特賜國王貂皮人蔘，各色糚緞錦緞大緞次緞洋漆器瓷器芽茶紙墨絹扇等物。

又琉球國王爲賜御書玉器綵緞，謝恩入貢，賜國王及正副使，皆照康熙六十年加賞之例，其都通事，賞綵緞二匹，裏一，絹一匹，毛青布六匹，留邊通事同，至京從人，毛青布各六匹，留邊從人同，伴送官及土通事，彭緞袍各一領。又特賜國王内庫緞二十匹，玉器十件，玻璃器二種，共十件，瓷器十有二種，共百有五十件，法瑯器一件，松花石硯二方，正使紫金巾官，内庫緞八匹，銀百兩。

又諭，琉球國遠隔海洋，該國王受賜，不必專遣使臣謝恩，著於正貢之年，一同奏謝，將此諭該國王知之。

五年，西洋博爾都噶爾國入貢，賜國王大蟒緞、粧緞、倭緞各六匹，片金緞四匹，閃緞、藍花緞、藍緞、帽緞、素緞各八匹，綾紡絲各二十有二匹，羅十有三匹，絹七匹。貢使大蟒緞一匹，粧緞倭緞各二匹，帽緞一匹，藍花緞、青花緞、藍緞各三匹，綾紡絲各六匹，帽三，銀百兩。護貢官十人，每人倭緞一匹，藍花緞、青花緞、藍素緞、綾各二匹，紡絲三匹，紬二匹，絹一匹，銀五十兩。從人三十名，每名紬紡絲三匹，絹二匹，銀二十兩。廣東伴送把總，彭緞袍一領。又特賜國王人蔓，内庫緞、瓷器、洋錫器、荔枝、酒、芽茶、紙墨、絹鐙、扇、香囊等物，來使亦加賜有差。

又蘇禄國入貢，其奉表使臣頒賞，及遣官伴送等事宜，均照琉球國例舉行，賜國王蟒緞六匹，青藍綵緞、藍緞、青緞各十匹，閃緞八匹，錦緞六匹，紬羅紗各十匹。來使綵緞六匹，裏四，羅四匹，紡絲絹各二匹。通事照都通事例，賞綵緞二匹，裏一，絹一匹，毛青布六匹。從人五名，賞毛青布各六匹。特賜國王玉器瓷器等物，正使加賞内庫緞六匹，銀八十兩。副使緞二匹，銀二十兩又琉球國王入貢，照康熙六十年加賜之例，其肄業官生，業成歸國，照都通事之例，賞給各綵緞一匹，裏一，毛青布四匹，從人二名，賞毛青布各四匹，特加賞官生内庫緞二匹，裏二，從人每名官緞一匹。

七年諭，朕覽禮部具題，頒賜朝鮮國王儀物，本内開載賞賜銀百兩，又貂皮折銀百五十兩，朕賞賜之例，既已開載貂皮，何以又折爲銀，至於賞銀百兩，亦應用儀物，以示朕優重藩王之意，爾等酌議具奏，其餘奩馬緞匹等物，亦應將精良者賞給，著禮部堂官於頒賜時，驗看稽察，其所賞正副使臣緞匹，亦著内庫取用，欽此。遵旨議定，賞貂皮一百張，不必折價，其緞匹均於内庫取用，令該衙門遵奉施行，至賞給國王銀百兩，改爲内庫粧緞四匹，雲緞四匹，永著爲例。

又朝鮮國王陳奏伊國賊黨謀逆，遣兵緝獲，奉旨嘉獎，特賜國王緞三十有二匹，綾八匹，《康熙字典》《性理精義》《詩經傳説》《彙纂音韻闡微》各一部，賞該國兵丁銀一萬兩。

又琉球國入貢，照康熙六十年加賞外，特賜國王内庫緞二十匹，玉器十件，玻璃器二種，共八件，瓷器十有四種，共百有五十件，法瑯器一，白玉松花石硯各一方。使臣内庫緞四匹，銀五十兩。

又暹羅國入貢，照康熙六十年加賞例，賜國王緞羅各十有八匹，紗十有二匹，錦緞織金緞羅紗各八匹。王妃緞羅紗各六匹，織金緞紗羅各四匹。來使四人，每人各緞八匹，羅絹五匹，織金羅三匹，裏二，布一匹。通事各緞羅五匹，絹二匹。從人各絹三匹，布八匹。特賜國王御書天南樂國四字，内庫緞二十匹，玉器八件，法瑯器一件，松花石硯二方，玻璃器二種，共八件，瓷器十有四種，共百四十有六件。貢使内造緞八匹，銀百兩。

又南掌國入貢，頒賞照蘇禄國初次納貢例，又特賜國王玻璃器八件，瓷器十有八種，共百三十有三件，粧緞大緞各四匹，倭緞、蟒緞各二匹，錦緞八匹，猩猩氈二條，人蔓六斤。正使蟒緞一匹，大緞三匹，銀百兩。副使大緞四匹，銀五十兩。

九年，琉球國入貢，照年例加賞外，特賜王舅玻璃器三，玉器三，瑪瑙器一，石器二，銅法瑯器二，青緑鼎一，漆器八，瓷器十有二種，共十有九件。

又 卷五〇七《朝貢·賜予二》 乾隆元年，暹羅國入貢，照康熙六十一年加賜之例，又頒賜國王蟒龍大袍一二襲，奉旨，暹羅遠處海洋，抒誠納貢，除照定例賞給外，著特賞蟒緞四端。

四年，琉球國入貢，並進登極賀禮，照康熙六十年加賜之例，又特賜御書永祚瀛壖四字，並敕諭琉球遠隔重洋，不必專遣使臣謝恩，俟正貢之年一同奏謝。

六年，南掌國入貢，賜國王蟒緞六匹，青藍綵緞、藍素緞、青素緞各一匹，閃緞八匹，錦六匹，紬羅紗各十匹。貢使綵緞六匹，裏四羅四匹，紡絲絹各二匹。先目二人，綵緞各三匹，裏各二，絹各一匹，毛青布各六匹。通事二人，綵緞各二匹，裏各一，絹各一匹，毛青布各六匹。後生九名，毛青布各六匹。伴送典史千總，彭緞袍各一領。

八年，駕幸盛京，朝鮮國王遣陪臣入貢，賜國王弓矢全副，貂皮百，鞌馬一，紅糚緞龍襴緞各四匹，大緞紡絲各三匹，又特賜御書式表東藩扁額。正使糚緞一匹，緞四匹，韡襪、鞌馬、銀五十兩。書狀官緞二匹，韡襪銀四十兩。大通官三人，每人各賞中緞二匹，韡襪銀三十兩。押物官十有五人，各賞緞一匹，銀二十兩。從人二十名，各賞銀五兩。

又琉球安南二國入貢，照康熙六十年之例賞給。

十四年，暹羅國入貢，照康熙六十一年之例加賞，又特賜國王御書炎服屏藩四字，蟒緞、片金緞、糚緞、閃緞各二匹，錦緞四匹，各色緞八匹，玉器六，瑪瑙器二，法瑯鑪瓶一副，松花石硯二方，玻璃器五種，共十件，瓷器二十有三種，共百四十有六件。又因續進黑熊白猿等物，特賞國王庫緞十二匹。

又南掌國入貢，賞國王及正使等，均照乾隆六年例。

十六年，緬甸國初次入貢，賜國王蟒緞錦緞各六匹，閃緞八匹，青藍綵緞藍緞素緞紬羅紗各十匹。王妃織金緞織金紗織金羅各四匹，緞紗羅各六匹。貢使綵緞六匹，裏四，羅四，紡絲絹各二匹，緬目四人，每人綵緞三匹，裏二，絹一匹，毛青布六匹。象奴十有九人，緬役十有四名，各毛青布六匹。伴送官彭緞袍各一領。加賜國王御書瑞輯西琛四字，青白玉玩器六，玻璃器十有五種，共二十有九件，瓷器九種，共五十有四件，松花石硯二方，法瑯鑪瓶一副，內庫緞二十匹。貢使內庫緞八匹，銀百兩。

十八年，西洋國入貢，賜國王及正使，均照雍正五年例，其副使總理官，每人蟒緞帽緞各一匹，糚緞、綵緞、藍花緞、青花緞、藍緞各二匹，綾紡絲各四匹，絹二匹。護送官，每人潞紬紡絲各四匹，絹二匹，銀五十兩。從人每名潞紬紡絲絹各二匹，銀五十兩。又特賜國王龍緞四匹，糚緞十有一匹，糚花綫緞各八匹，綾紡絲各二十有二匹，羅十有三匹，絹七匹，册頁一，瑪瑙玉器六件，法瑯器二種十有二件，漆器十九種四十有八件，瓷器三十三種百八十有八件，及紫檀木器、畫絹、香袋、香餅、紙墨、扇、茶等物。正使糚緞二，花緞綫緞四，玉器二，法瑯器二，漆器三種五件，瓷器八種，三十有三件，及畫絹紙墨扇茶等物。又隨敕書賞國王龍緞片金緞各二匹，蟒緞倭緞各三匹，糚緞七匹，花緞六匹，閃緞、花緞、藍花緞、青花緞、藍緞、青緞、帽緞、綫緞各四匹，綾紡絲各二十有二匹，羅十有三匹，絹七匹。又於圓明園賜國王紗四十匹，葛百匹，及香囊串宮扇藥錠等物。正使紗三十匹，葛四十匹。副使總理官，紗十有二匹，葛十匹，及香囊香串宮扇藥錠等物各有差。從人紗五十匹，葛百匹。

又暹羅國入貢，特賜國王人薓四斤，錦緞共二十匹，玉器四瑪瑙器二法瑯器六、銅煖硯二、玻璃器十、瓷器百有四十。

十九年，蘇禄國入貢，賜國王及來使物件，與雍正五年同。

二十二年，暹羅國入貢，賜國王蟒緞、錦緞各二匹，閃緞片金各一匹，八絲緞四匹，玉器瑪瑙各一，松花石硯二方，法瑯器十有三，瓷器百有四。

又琉球國遣王舅入貢謝恩，照雍正二年之例賞給。

二十六年，南掌國慶賀孝聖憲皇后七旬萬壽，賜國王及使臣等物件，與雍正七年同。

二十七年，暹羅國入貢，賜國王物件，與二十二年同。

二十八年，琉球入監官生鄭孝德等，業成歸國，照雍正五年之例賞給。

又蘇禄國入貢，賜國王及來使物件，與十九年同。

三十一年，暹羅國入貢，賜國王物件，與二十七年同。嗣因該國爲鄰番所破，經兩廣總督奏明，將原件繳還。

三十六年，南掌國慶賀孝聖憲皇后八旬萬壽，賜國王糚緞、倭緞、蟒緞、錦緞、大緞各二匹，大紅猩猩氈、緑猩猩氈各二條，五色絹百匹，五色紙二百張，人薓三斤，玻璃器十，各色瓷器八十。貢使蟒緞一匹，大緞三匹，銀百兩，頒賞日，加賞先目各裏紬一匹，伴送官各五絲緞一匹。又貢使先蒙召至熱河筵燕，特賞貢使蟒緞四匹，先目緞各一匹，又於西直門接駕，賞貢使緞三匹，貂皮四張，先目每人緞二匹，貂皮二張。

四十三年，安南國王，解送竄越匪犯進關，於正賞外，加賜國王蟒緞、糚緞、倭緞、錦緞各一匹，閃緞、表緞各二匹。

是年，駕幸盛京，朝鮮國王遣使迎接，特賜國王御書東藩繩美四字。

四十五年，朝鮮國爲停止陳謝隨表儀物，遣使謝恩，仍進貢物，特賜國王二等鞌馬一匹，表緞紬各四匹，糚緞雲緞各二匹，貂皮五十張。

又朝鮮國王遣使來京，慶祝萬壽，賜國王緞十有八匹，正副使大通官押物官從人各加賞有差。

四十六年，暹羅國長鄭昭復國入貢，於例賞外，加賞國長物件，與二十七年同。

又安南國遣使謝恩，於熱河瞻覲天顔，賜國王蟒緞、倭緞、閃緞、錦緞各二匹，正副使綵緞八絲緞五絲緞各一匹，行人、從人絨緞、銀各有差。

又南掌國王遣使慶賀萬壽，賜國王及貢使等物件，與三十六年同。

四十七年，朝鮮、琉球、南掌三國使臣，入紫光閣燕，賜各國正使錦漳絨各三匹，八絲緞、五絲緞各一匹，大荷包各一對，小荷包各四對，酒鍾各一，副使錦漳絨各一匹，八絲緞五絲緞各三匹，大荷包各一對，小荷包各二對，酒鍾各一。嗣後凡紫光閣入燕使臣賞如例。朝鮮正副使，於正大光明殿入燕獻詩，賞八絲緞各一匹，絹箋各二卷，筆墨各一匣。嗣後朝鮮琉球安南使臣獻詩者賞如例。翼日，賞正使錦八絲緞各二匹，副使錦八絲緞各一匹。又賜國王内庫緞二十匹，硯二方，玉器五，玻璃器十，瓷器百，使臣各緞四匹，銀五十兩。

四十八年，恭謁祖陵，朝鮮國王先遣陪臣在盛京祇迎，恭祝萬壽，照上次加賞之例，加賜國王御製詩一章，玉如意一，德符心矩一，正副使各蟒緞一匹，中緞小緞各二匹，銀五十兩，書狀官中緞二匹，銀四十兩，大通官各中緞一匹，銀三十兩，押物官各小緞一匹，銀二十兩，從人跟役一百四十六名，銀各二兩。又賜接駕使臣燕，賞正副使各紙一卷，筆墨各一匣，硯一方，糚緞一匹，中緞、小緞各二匹，銀五十兩，餘賞使臣從人等銀兩緞匹，與前次頒賞之例同。

又朝鮮國王遣使進謝恩方物，賜國王物件，與四十五年同。

四十九年，安南國王遣使謝恩入貢，恭遇聖駕南巡，由禮部帶領該陪臣等，於江寧省城外迎接，恭領御題作詩。恩賞緞各一匹、紙筆墨硯各一分，特賜國王《古稀説》並御書『南交屏翰』四字，蟒緞、倭緞、閃緞、錦緞各二匹，陪臣三員綵緞、八絲緞、五絲緞各一匹，行人九員，漳絨、五絲緞各一匹，從人銀有差。嗣該國陪臣來京前赴熱河瞻覲，復奉旨作詩，賞與江寧同。特賜國王《御製詩》一章、瑞芝如意一，蟒緞、閃緞、漳絨、錦緞各一匹。正、副使三員，八絲緞、五絲緞、漳絨各一匹，瓷瓶、三荔支、茶膏、茶餅、南醬、鮮果等物，又賞正使漳絨、大紅緞、蘆花緞各一匹，如意、鼻煙壺各一，荷包一對。副使二員，大紅緞、寶藍緞各一匹，餘同。又賞藍宫紬面皮襖一領、腰刀一，牙箸、牙籤、瓷椀、瓷盤等物。行人通事、隨人銀緞、皮襖有差。又加賜朝鮮國王玉如意一、玉器二、錦緞、綵緞、閃緞、漳絨各四匹、紅洋氈一條、紅羽緞一匹、雕漆盒四件。又朝鮮國王遣使請封世子，加賜國王如意一，片金錦緞、綵緞、漳絨、大緞、寧紬各二匹，紅洋氈一條，加世子長壽佛一、小如意一、玉器一、硯一方、筆墨各二匣、絹箋二卷。又奏准安南國向無通事、廣西巡撫揀派通事一名，與陪臣同來，賞彭緞袍一領。

五十年，紫光閣筵，燕賞暹羅正使，錦緞四匹、絨緞二匹、各樣花緞十匹、荷包大小五對，二使三使四使錦緞各二匹、花緞各六匹、荷包大小各三對。

是年，舉行千叟燕。朝鮮國正副使入燕，特賜國王宋澄泥仿唐石渠硯一方，梅花玉版箋、仿澄心堂紙花箋、花絹各二十卷，徽墨二十錠，湖筆二十枝。正副使每員《御製千叟詩》一章，壽杖一，錦閃緞、漳絨各二匹，絹箋二卷、湖筆二十枝、硯一方、商絲茶盤二、如意一，蟒緞、大卷緞、倭緞各二匹，貂皮十有六張、硃紅絹福宇方二十、徽墨十錠、文竹香盒一、牙火鐮包一。又正副使進《千叟燕詩》，加賞八絲緞各一匹、絹箋二卷、筆墨各一匣。又恭遇臨雍盛典，令朝鮮使臣隨同觀禮，賞正副使大緞各一匹。書狀官、大通官八絲緞各一匹。又朝鮮國歷年留抵貢物，遵旨全行收受，加賞國王糚緞、倭緞各十匹、緞五十匹、素緞十有五匹、閃緞十匹，衣素緞、帽緞、寧紬宫紬各五匹，花紡絲二十匹。又朝鮮國王爲册封該國世子謝恩入貢，除照舊賞賚外，加賜國王仿宋板《五經》全部並筆墨等物。

五十一年，賜朝鮮國王玉如意一、玉器二、硯二方、絹箋四卷，筆、墨各二匣，洋瓷法瑯盒、瓷器、玻璃器、雕漆盤各四件。又特賜琉球國王御書『海邦濟美』四字，餘賞與朝鮮國王同。又朝鮮國王爲諭祭該國王世子，恭進謝恩貢物，賞國王龍緞、糚緞、片金、寧紬、春紬各四匹，貂皮百張，官用緞、彭緞、宮紬各八匹，紡、絲各二匹，二等鞍馬一匹。

五十二年，紫光閣筵燕，賞暹羅正副使與五十年同。

五十三年，紫光閣筵燕，賞琉球正副使與五十一年同。又使臣獻詩，賞正使大緞一匹、筆十枝、墨一錠、箋紙二卷。又緬甸國入貢，賜國王玉器、法瑯器各六，玻璃器二十有六，瓷器五十有四。貢使二名，八絲緞各八匹，銀各百兩，法瑯器、瓷器各二。該使臣行禮時，遇雨溼衣，特賞頭目龍緞、字緞、官用緞各一匹。緬目字緞、官用緞各一匹。

五十四年，紫光閣筵，燕賞暹羅正使，錦、漳絨各三匹，小卷、八絲緞、五絲緞各五匹，大荷包一對，小荷包四對，副使錦、漳絨各一匹，小卷、八絲緞、五絲緞各三匹，大荷包一對，小荷包二對。又安南國王遣正副使三人入貢，於熱河特賜國王五次。初次，玉如意、玉觀音、緑水晶朝珠、水晶瓶、紅瓷瓶各一，銀絲盒二、錦緞三匹、箋紙三卷。二次，蟒緞、閃緞、糚緞、錦緞各二匹。三次，鄭宅茶四罐，普洱茶團七、茶膏二盒，鼻煙二瓶，佛手一盤。四次，如意、鼻煙壺、木漆椀、法瑯椀各一，綵緞、漳絨各三匹。五次，大瓷瓶、瓷盤、漆碟、椀、鑪各二，小刀一。正使五次。初次，玉如意、瓷觀音、水晶瓶各一，錦緞二匹、銀絲盒二、箋紙二卷。二次，綵緞、八絲緞各二匹，小卷紗四匹。三次，蓮心茶一瓶、【略】瓷椀、瓷瓶各一，佛手一盤。四次，如意一，綵緞、漳絨各二匹，鼻煙壺一、荷包一對。五次，瓷花瓶、瓷盤、漆碟椀、小刀、小瓶各一。副使五次。初次，每員玉如意一、銀絲盒二、錦緞二匹、箋紙二卷。二次，綵緞、八絲緞各一匹，五絲緞六匹。三次，茶膏一盒，瓷椀一、普洱茶團四，佛手二盤。四次，綵緞一匹，如意一、荷包一對、鼻煙一瓶。五次，瓷盤、瓷椀、小刀各一。行人五名，銀各十兩。從人十名，銀各五兩。

五十五年，加賜朝鮮、安南國王御筆福字一、玉如意、玉香鑪、玉筆洗各一，琥珀碟、法瑯瓶、淡藍瓶、洋瓷盒各二，紅漆茶盤四、端硯二方、筆墨各三匣，花箋四卷，福字花箋百幅。安南陪臣元寶六。又加賜琉球、暹羅國王御筆福字一、玉如意一、玉器二，瓷器、玻璃器八，福字方百幅、絹箋四卷、硯二方、筆三匣、墨三匣、雕漆盤四。又諭：阮光平具表入奏，親赴闕祝釐，愛戴悃忱，深堪嘉尚。前經降旨派禮部侍郎德明，於該國王將次抵京時，前往良鄉迎迓賜茶，著届期派茶房侍衛章京一二員，帶茶跟對德明前赴良鄉俟該國王。到時賜茶，以昭優寵。欽此。旋安南國王率世子陪臣親詣闕廷，慶祝萬壽，賜該國王蟒緞、糚緞、錦緞，於常例外各加三匹，倭緞改漳絨加三匹，閃緞加二匹。又於熱河加賜國王九次。初次，《御製詩》一卷，蟒緞袍五，馬一匹，黄韁全副玉帶、金帶各一，金帽五，玉佛、玉如意、瓷瓶各一，茶葉六瓶、鼻煙二瓶、大團茶二、扇二、銀萬兩。二次，帶鐘時辰表一、玉攢盒二。三次，紅寶石頂三眼花翎涼帽一、黄馬褂衣袍一副，金黄帶荷包、全副四團龍補服、金黄蟒袍一副，緯帽一、珊瑚朝珠一盤。四次，御製詩扇一、如意一、珊瑚朝珠一盤、玉器二，蟒緞、糚緞、閃緞各四匹，錦緞六匹，瓷器、玻璃器、漆器各四，絹箋四卷，筆墨各四匣，硯二方。五次，御筆《西湖圖》一卷、御筆《木蘭秋獮》一卷。六次，《加福啓瑞圖》一、玉東方朔一。七次，玉如意一、緞二匹、漳絨一匹、綾三匹、洋瓶二，洋碟、漆椀、鼻煙壺各一。八次，《御製文》初集至二集二部、《御製詩》初集至四集四部、碧玉椀一、帶表、帶鉤一副。九次，瓷瓶、瓷椀、瓷盤各二，象牙茶盤一。賜世子金帽一。陪臣六員，賞凡六次。初次，一員大元寶二、扇一、茶葉二瓶、普洱茶膏二盒，瓷椀、瓷碟各一。五員，大元寶各一，餘皆同。二次，一員，紅頂緯帽一、錦雞補服、蟒袍一副、朝珠一盤、帶荷包全副。五員，藍頂緯帽各一，獬豸補服、蟒袍各一副，朝珠各一盤，帶荷包各全副。三次，每員綵緞、大緞、八絲緞、五絲緞各一匹，瓷器、玻璃器、漆器各二，箋紙各二卷，筆墨各二匣，硯各一方。四次，每員緞、漳絨各一匹，綾一匹、漆椀、鼻煙壺、火鑪各一。五次，瓷瓶、瓷椀、瓷盤、象牙茶盤各一。六次，進侍陪臣二員，各緞一匹、箋紙二卷、筆墨二匣。員從行人，大元寶共四。又員從每員五絲緞、紡、紬、澤、紬各四匹，紗綾各一匹。又每員大緞、漳絨、八絲緞各一匹，筆墨各一匣，箋紙一卷。行人每員五絲緞、漳絨各一匹，銀十兩。通事藍領緯帽一、朝珠一盤、蟒袍、補服帶荷包全副、元寶一。伶工、護衛隨人紬布銀有差。又在圓明園賜國王十四次。初次，杭緯二盒、普洱茶團一、茶葉二瓶、瓷盤一、蘋果四。

二次，御書聯扁一副、餘賞與初次同。三次，蟒袍二、玉如意一，漳絨、緞紬各一匹，荷包二對。四次，八絲緞、五絲緞各一匹、法瑯器、皮椀、瓷鼻煙壺各一、四不相一隻。五次，荷包三對、雕漆椀二、瓷器五、福圓膏錫罐一、茶盤一、四不相一隻。六次，回回小荷包一對。七次，銀絲盒九、紅漆卓一、瓷瓶二、瓷椀三、漆椀五、漆碟二、木瓜膏一椀。《萬壽衢歌樂章》一部。八次，狐狸二隻。九次，自鳴鐘、時辰表各一，十次，荷包五對。十一次，鑲玉如意一。十二次，玉石大椀一對。十三次，大紅呢、漳絨、紗錦各一匹，大緞四匹。十四次，玉如意一。陪臣六員，賞凡十次。初次，茶葉各二瓶、茶膏各一盒、瓷盤各一、蘋果各四。二次，賞與初次同。三次，漳絨、五絲緞各一匹，荷包各二對。四次，八絲緞、五絲緞各一匹，皮椀、瓷鼻煙壺各一。五次，茶盤各一、瓷器各一。六次，奶餅各一盒、奶皮阿爾察各二盒。七次，瓷椀、瓷碟各一，漆器各二、佛手各四。八次，荷包各二對。九次，頭號香五十枝、二號香四百枝。十次，緞各三匹、漳絨各一匹、花綢各一匹。賞留京官員從紬、緞、紗、綾、筆墨、箋紙等物。行人、伶工、護衛等紬、緞、布、銀有差。又朝鮮國王遣使慶祝萬壽賞凡十一次。初次，正副使二員，每員加賞緞三匹、漳絨二匹、荷包三對、鼻煙一筒、漆椀一。【略】大通官三員，各緞三匹、漳絨一匹、荷包一對、鼻煙一筒、漆椀一。又賞正副使瓷碟、瓷瓶、瓷椀、象牙、茶盤各一。書狀官、大通官每員減瓷瓶，餘與正副使同。二次，賞正副使茶葉一瓶、茶膏一盒、瓷盤一、蘋果四。書狀官、大通官減茶膏，餘與正副使同。三次，賞與二次同。四次，賞正副使漳絨、五絲緞各一匹，荷包二對。書狀官、大通官漳絨各一匹，荷包各一對。五次，特賜國王大紡絲、大緞各五匹，蟒緞、糚緞各六匹，玉如意一、絹箋二卷，錦緞、閃緞各二匹，筆墨各二匣，硯二方。正副使綵緞、大緞、八絲緞、五絲緞各一匹，箋紙二卷，筆墨各一匣，硯一方。書狀官漳絨、大緞、八絲緞各一匹，筆墨各一匣，箋紙一卷。大通官三員，漳絨、五絲緞各一匹，銀二十兩。又正副使、書狀官、大通官每員八絲緞、五絲緞各一匹，皮椀、瓷鼻煙壺各一。押物官、從人緞、銀各有差。六次，賞正副使瓷器、茶盤各一。書狀官、大通官賞同。七次，賞正副使奶餅各一盒，奶皮、阿爾察各二盒。八次，賞正副使瓷器各二、皮器各一、佛手各四。書狀官、大通官每員瓷器一，餘與正副使同。九次，賞正副使荷包各二對。十次，賞正副使頭號香五十枝、二號香四百枝。十一次，正副使、書狀官在正大光明殿入燕，賞大緞各二匹，寧紬、漳絨、縐紬各一匹。又南掌國王遣使慶祝萬壽，特賜國王三次。初次，玉佛、玉如意、金鑲玉亭、御書扇各一。二次，扇一、茶葉二瓶。三次，糚緞、倭緞、大緞各二匹、五色絹百幅、五色紙百張、玻璃器十。頭目二員，賞凡十五次。初次，每員大元寶一。二次，每員扇一、茶葉三瓶、茶膏二盒，瓷椀、瓷碟各一。三次，每員蟒緞、大緞各一匹，銀五十兩。四次，每員綾緞各二匹、漳絨一匹，火鐮、瓷鼻煙壺、漆木椀各一。五次，每員瓷瓶、瓷椀、瓷碟、象牙茶盤各一。六次，每員茶葉一瓶、茶膏一盒、瓷盤一、蘋果四，七次賞與六次同。八次，每員漳絨五、絲緞各一匹、荷包二對。九次，每員五絲緞、八絲緞各一匹，皮椀、瓷鼻煙壺各一。十次，每員茶盤瓷器各一。十一次，每員奶餅一盒、奶皮、阿爾察各二盒。十二次，每員瓷器二、皮器三、佛手三。十三次，每員荷包二對。十四次，每員平定金川戰圖、平定回部戰圖各一，頭號香五十枝、二號香四百枝。十五次，每員大緞一匹，寧紬、漳絨、縐紬各一匹。先目四員，賞凡十次。初次，大元寶二。二次，每員瓷碟、瓷椀各一，茶葉二瓶。三次，每員緞、綾、漳絨各一匹，火鐮瓷鼻煙壺、漆木椀各一。四次，每員漆木盤、瓷碟、瓷鐘各一。五次，每員茶葉一瓶、瓷盤一、蘋果四。六次，賞與五次同。七次，每員漳絨一匹、荷包一對。八次，每員八絲緞、五絲緞各一匹，皮椀、瓷碟、鼻煙壺各一。九次，每員瓷器一、茶盤一。十次，每員瓷器一、皮器三、佛手三。通事二名，後生九名，銀各五兩。又緬甸國王遣使慶祝萬壽，特賜國王三次。初次，玉佛、玉如意、金鑲玉亭各一。二次，御書扇一、又扇一、茶葉二瓶。三次，內庫緞二十疋、玉器六、石硯一方、玻璃器二十有九、琺瑯鑪瓶一、各色瓷器五十有四。大頭目四員，賞凡十有五次。初次，每員大元寶一。二次，每員扇一、茶葉三瓶，瓷椀、瓷碟各一，茶膏一盒。三次，每員蟒緞一匹、八絲緞四匹，琺瑯器、瓷器各二，銀五十兩。四次，每員綾二，緞、漳絨各一匹，或鐮瓷鼻煙壺、漆木椀各一。五次，每員瓷瓶、瓷椀、瓷碟、象牙、茶盤各一。六次，每員茶葉一瓶、茶膏一盒、瓷盤一、蘋果四。七次，賞與六次同。八次，每員漳絨、五絲緞各一匹，荷包二對。九次，每員八絲緞、五絲緞各一匹，皮椀、瓷鼻煙壺各一。十次，每員瓷器一、茶盤一。十一次，每員奶餅一盒，奶皮、阿爾察各二盒。十二次，每員瓷器二、皮器三、佛手三。十三次，每員荷包二對。十四次，每員平定金川戰圖、平定回部戰圖各一、頭號香五十枝、二號香四百枝。十五次，每員大緞二匹、寧紬、漳絨、縐紬各一匹。小頭目六員，賞凡十有一次。初次，大元寶三。二次，每員瓷椀、瓷碟各一，茶葉二瓶。三次，每員銀三十兩。四次，每員綾緞、漳絨各一匹，火鐮、瓷鼻煙壺、漆木椀各一。五次，每員瓷碟、瓷鐘、漆木茶盤各一。六次，每員茶葉一瓶、瓷盤一、蘋果四。七次，賞與六次同。八次，每員漳絨一匹、荷包一對。九次，每員八絲緞、五絲緞各一匹，皮椀、瓷鼻煙壺各一。十次，每員瓷器一、茶盤一。十一次，每員瓷器一、皮器二、佛手三。通事二名，緬役十八名，各小元寶五。又緬甸國王遣使謝恩，於例賞外特賜國王，御筆福字一、玉佛、玉如意各一，糚緞、蟒緞、閃緞、錦緞各二匹，硯二方，筆墨各四匣，絹箋十卷。又朝鮮國入貢，賜國王糚緞、蟒緞、閃緞、錦緞各四匹，澄泥硯、歙硯各二方，絹箋五百有四十卷，描金蠟箋八卷，仿宣紙一千張，新宣紙六百張，福字箋三百幅，湖筆三百枝，徽墨百錠，十錦扇百柄。五十六年，紫光閣筵燕，賞暹羅正使一員，大卷緞、大卷宮紬各四匹，大荷包一對，小荷包三對。副使一員，大卷緞、大卷宮紬各三匹，大荷包一對，小荷包二對。又特賞正副使八絲緞各一匹，筆墨各一匣，箋紙各一卷。又琉球、安南、緬甸、南掌朝貢例賞，奉旨改與暹羅一體辦理。又加賞朝鮮正副使，金鞘小刀、回子緞、回子紬、回子布。書狀官、大通官、押物官、從人，緞、紬、布有差。又加賞琉球、緬甸使臣等物件，與朝鮮同。又安南國王遣使謝恩，特賜國王四次。初次，玉如意、玉佛各一，朝珠一盤，香盒二，青玉瓶、瓷瓶各一，箋紙三卷，錦緞三匹。二次，蓮心茶、花香茶各一瓶，芽茶、洋煙各二瓶，茶膏二盒，大普洱茶團一、小普洱茶團六，佛手四，皮盤一。三次，玉如意一，瓷鼻煙壺一，羽緞、八絲緞各三匹，皮盤、洋瓷椀各一。四次，瓷椀、瓷瓶、瓷盤、皮椀、皮盤各二，小刀一。陪臣三員，賞凡五次。初次，如意各一，錦緞各二匹，香盒各一，箋紙各二卷。二次，普洱茶各四，佛手各三，瓷盤、皮椀各一，茶膏各一盒。三次，玉如意各一，五絲緞各三匹，小荷包各一對，瓷鼻煙壺各一。四次，特賞賦詩。陪臣二員，八絲、大緞各一匹，箋紙各二卷，筆墨各二匣。五次，瓷椀、瓷盤、小刀各一。行人六名，銀各十兩。從人五名，銀各五兩。又安南國王復遣使謝恩，特賜國王玉如意一、玉器二，玻璃器、瓷器各四，錦綵緞、閃緞、蟒緞各四匹。陪臣二員，金鞘小刀各一，回子緞各四匹，回子紬各五匹，回子布各二匹。通事一名，回子緞、回子布各一匹，回子紬二匹。行人六名，回子紬、回子布各一匹。從人九名，回子布各一匹。

五十七年，賞朝鮮、安南、琉球、緬甸國王各大緞二匹，福字箋百幅，絹箋四卷，雕漆茶盤四，硯二方，筆墨各四匣。又特賜安南國王玉如意一、玉器、丈竹器各二，玻璃器、瓷器各四，洋表一，貂皮五十張，帽緯八匣，片金、金綫緞、洋花緞、糚緞各二匹。

五十八年，賜安南國王物件，與五十七年正月同。並賞陪臣二員，芽茶、春橘、荷包、火鐮、玻璃器、玻璃鼻煙壺、瓷盤等物。又賞朝鮮國王物件，照五十七年之例。又賞暹羅國王物件，與朝鮮國王同。又緬甸國王遣使祝嘏，特賜國王玉佛一、如意一、佛經一、玉朝珠一盤，盆景二，錦八匹，緞四匹。又如意一，閃緞、錦、漳絨、綾紗、羅各二匹，玉器丈、竹器、雕漆器各四，玻璃器、瓷器各十，福字箋二十幅，絹箋十卷，扇二十柄，宮扇十柄，硯二方，筆四匣，墨二匣，茶葉十瓶，香袋二盒。正副使賞凡五次，正使一員，初次，元寶二。二次，錦、大卷紗、大卷緞、漳絨、宮紬、羅各二匹，大荷包一對，小荷包二對，瓷器四，茶葉四瓶。三次，茶葉二瓶，茶膏二盒，念珠一盤，丈竹小刀一，瓷器二。四次，紬二匹，緞、漳絨各一匹，皮椀、瓷煙瓶、火鐮各一。五次，大普洱茶團二，瓷瓶、茶盤各一，瓷椀二，荷包一。副使二員，初次，元賓客各一。二次，漳絨、綵緞、紗團、花緞各二匹，茶葉各二瓶，荷包各二對，磁椀、磁瓶各一。三次，茶葉各二瓶，茶膏各一盒，念珠各一盤，文竹小刀各一，瓷器各二。四次，緞、紬、漳絨各一匹，皮椀、瓷煙瓶、火鐮各一。五次，瓷椀各一，小普洱茶團各十，茶盤、小碟各一，荷包各一對。樂工十一名，小元寶各五。又西洋暎咭唎國入貢，特賜國王玉如意一、龍緞三匹，蟒緞二匹，糚緞七匹，百花糚緞六匹，倭緞三匹，片金二，閃緞、袍緞、藍緞、綵緞、青花緞、衣素緞、綫緞、帽緞各四匹，綾、紡、絲各二十有二匹，羅十有三匹、杭紬七匹、玉雙環瓶一、戰國一盒、紅雕漆桃式盒九、朱漆菊瓣盤四、絹箋蠟箋各五十卷、挂鐙四對、十錦香袋八盒，繡香袋、連三香袋各四盒，宮扇十有三柄、扇百柄、香餅四盒、普洱茶團四十，茶膏、柿霜各五盒，哈密瓜乾、香瓜乾各一盒，武彝茶、六安茶各十瓶，藕粉、蓮子各四盒。正使，龍緞、糚緞、藍緞、醬色緞、素緞各二匹，倭緞、八絲緞各一匹，綾杭紬、紡、絲各四匹，瓷椀六、瓷盤八、霽青白裏瓷盤六、扇二十柄、普洱茶團六、六安茶六瓶、茶膏二盒、哈密瓜乾二盒。副使龍緞、糚緞、倭緞、藍緞、醬色緞、素緞各一匹，綾杭紬、紡、絲各二匹，瓷椀二、瓷盤八、齊青白裏瓷盤四、扇十柄、普洱茶團四、六安茶四瓶、茶膏、哈密瓜乾各一盒。副使之子，龍緞、糚緞、素緞、八絲緞、錦、漳絨、羽緞、綾各一匹，花緞、紡絲各二匹，瓷椀、瓷盤各四十，錦扇十柄，普洱茶團四、六安茶四瓶，茶膏、冰糖各一盒，雕漆盤一、大荷包一對、小荷包二對。代筆官、總兵官二員，每員閃緞、糚緞、倭緞、藍緞、綾各一，瓷椀、瓷盤各二十，錦扇十柄、普洱茶團二、六安茶二瓶，茶膏、哈密瓜乾各一盒，大荷包、小荷包各二對。副總兵官、管兵官、聽事官、管船等七員，每員糚緞、扇緞、藍緞各一匹，瓷椀、瓷盤各二，扇一盒、普洱茶團二、大荷包、小荷包各一對。又於如意洲賞正使大卷緞、大卷紗各三匹，大荷包一對、小荷包二對、瓷鼻煙壺一、五彩雞尊一對。副使大卷緞、紗各二匹，大荷包一對、小荷包二對、瓷鼻煙壺一、五彩酒壺二。副使之子大卷緞二匹、大卷紗一匹，大荷包、小荷包各一對，瓷鼻煙壺一瓶、四足香鑪二。總兵等官九員，每員緞紗各一匹，大荷包一對、小荷包二對、瓷鼻煙壺一。恭遇高宗純皇帝萬壽聖節，該使臣等行慶賀禮，賞凡三次。初次，於含青齊賞正使大卷八絲緞、錦各二匹，瓷茶桶、瓷椀、瓷盤各二，宜興器一。副使大卷八絲緞三匹、錦一匹，瓷茶桶、瓷椀各二，瓷盤一。副使之子八絲緞二匹、錦一匹，皮茶桶、瓷椀各二，瓷盤一。副使之子繪畫呈覽賞大荷包二。通事總兵等官九員，每員八絲緞二匹、瓷椀二。二次，於清音閣賞正使御筆書畫冊頁一、玉杯一，瓷盤、瓷瓶、漆桃盒、葫蘆瓶各二。副使玉杯一，瓷器、漆桃盒、葫蘆瓶各二，小荷包一對。副使之子瓷器四、漆桃盒二、瓷瓶一、小荷包一對。通事總兵等官九員，每員漆桃盒二、瓷器四。三次，於太和門頒給敕書，賜該國王百花蟒緞二匹，袍緞、綫緞各四匹，紫檀彩漆銅掐絲琺瑯龍舟仙臺一、玉器八、瑪瑙盂盤一、瓷器二百有二十、漆器三十有七葫蘆器十有四，文竹挂格、棕竹漆心炕格各二，花卉冊頁一、書絹二十卷、墨六匣、各樣扇四十柄、普洱茶團八、六安茶八瓶、武彝茶四瓶，茶膏、柿霜四盒，哈密瓜乾、香瓜乾各四盒，藕粉、蓮子各二盒，藏糖三盒。又隨敕書賜國王龍緞三匹、蟒緞二匹、糚緞七匹、百花糚緞六匹、倭緞三匹、片金二，閃緞、袍緞、藍緞、綵緞、青花緞、衣素緞、綫緞、帽緞各四匹，綾紡絲各二十有二匹，羅十有二匹、杭紬七匹，畫絹百幅、白露紙百張、灑金五色絹五十幅，五色箋紙、高麗紙各二百張，宮扇十有三柄、十錦扇百柄，連三香袋四盒、十錦香袋八盒、繡香袋四盒、香餅四盒，普洱茶團四十，茶膏、柿霜各五盒，哈密瓜乾、香瓜乾二盒，武彝茶、六安茶各十瓶，藕粉、蓮子各三盒，文竹炕桌二、雕漆炕桌二、挂鐙十二、墨二十匣。正使，龍緞、帽緞各一匹，糚緞、倭緞各二匹，藍緞、青花緞、綵緞、杭紬各三匹，綾、紡、絲各六匹，茶葉二瓶、茶膏二盒、甎茶二塊、大普洱茶團二、刮膘吉慶一架、青玉全枝葵花洗一、瑪瑙葵花椀一、瑪瑙葵花碟一、藏糖二匣。副使，龍緞、帽緞各一匹，糚緞、藍緞、倭緞、青花緞、綵、縐、紬各二匹，綾、紡、絲各四匹，茶葉四瓶、茶膏一盒、甎茶二塊、女兒茶十、白玉全枝葵花洗一、花瑪瑙菊花瓣椀一、葫蘆器二、藏糖二匣。副使之子，龍緞、糚緞、倭緞、青緞藍緞、錦、漳絨、帽緞各一匹，綾、紡、絲各三匹，縐紬二匹、茶葉二瓶、甎茶二塊、茶膏一盒、女兒茶八、藏糖一匣。總兵官、副總兵官二員，每員龍緞、糚緞、倭緞、藍緞、青緞、帽緞、錦各一匹，綾、紡、絲各三匹，縐紬二匹、茶葉三瓶、甎茶二塊、茶膏一盒、女兒茶八、藏糖一匣。通事管兵等官四員，每員龍緞、糚緞、漳絨、錦藍緞、綵緞各一匹，綾、紡、絲各二匹，茶葉二瓶、甎茶二塊。代筆醫生等官九員，每員龍緞、糚緞、錦、漳絨、藍緞、彭緞、綾、紡、絲各一匹，茶葉二瓶、甎茶二塊。貢使從人七名，每名綾、紬各二匹，布四匹、銀十兩。吹樂匠作兵役等六十七名，每名綾、紬各二匹，布四匹、銀十兩。內地護送官二員，大緞各二匹。貢船留存管船官五名，每名回子布、高麗布、波羅麻兼絲葛各二匹。留存貢船兵役水手共六百十五名，各高麗布、回子布、小增城葛波羅麻各一匹。

五十九年，賞朝鮮國王物件，與五十八年同。又賞琉球國王物件，照五十七年之例。又荷蘭國入貢，例賞國王物件，內銀三百兩、折玉器二件。貢使，銀百兩，外加五十兩。大班一名，銀八十兩、緞匹照庫官掌案官之例。法蘭西番人二名，寫字人二名，醫生一名，緞銀俱與庫官掌案官例同。加賜國王玉如意一，大紅龍緞、蟒緞、百花糚緞、錦緞、閃緞各三匹，綾羅、紡絲、春紬各十匹。又御筆，福字一，龍緞、漳絨各二匹，玉器、琺瑯器各二，雕漆器、文竹器各四，瓷器八。貢使一名，石青蟒緞、糚緞、綫閃緞、紫錦緞各一匹，綾羅、紡絲、春紬各四匹，又大卷八絲緞、錦緞各一匹，瓷器四、茶葉四瓶、大荷包一對、小荷包二對，又大卷緞、閃緞各二匹，鼻煙壺一、瓷器二、大荷包一對、小荷包三對。大班一名，糚緞、錦緞、大緞、寧紬各一匹，綾、紡、絲各二匹，又大卷五絲緞、錦緞各一匹，瓷器二、茶葉二瓶、大荷包一對、小荷包二對、又大卷緞、閃緞各一匹，鼻煙壺一、瓷器二、大荷包一對、小荷包二對。法蘭西番人二名，糚緞、錦緞、大緞、寧紬各一匹，綾、紡、絲各二匹。寫字人二名，醫生一名，與法蘭西番人同。跟役、跟兵十八名，彭緞、紬各二匹，布各四匹。又於重華宮特賞朝鮮國正副使各花瓶二、茶葉二瓶、荷包二對、火鐮鼻煙壺各一。

六十年，特賜朝鮮國王龍緞二匹、福字方百幅，玻璃器、雕漆器各四，絹箋四卷、筆墨各四匣，硯二方。又紫光閣筵燕朝鮮使臣，賞正使二員，各錦三匹、漳絨三匹，大卷八絲、五絲緞各四匹，大荷包一對、小荷包四對。副使二員，各錦一匹、漳絨二匹、大卷八絲、五絲緞各三匹，大荷包一對、小荷包二對。又緬甸國、南掌國正副使臣等同在熱河瞻覲，賞正副使等錦、緞、紬、紗、漳絨、波羅麻、荷包、瓷器、茶葉、銀兩各有差。並特賜緬甸國王金針表二。又賞六次。初次，於萬樹國特賜緬甸國王、南掌國王玉佛、玉如意各一、玉朝珠各一盤、金字佛經各一部、盆景各二、雕漆椀各二、玉器各一、各色緞各十有二匹。正副使等茶葉、茶膏、念珠、小刀、瓷器等物並各荔支三瓶。伴送官大緞、縐、紬各一匹。二次，賞伴送官緞各一匹。三次，賞正副使普洱茶、漆皮椀、漆皮盤、佛手小刀等物。四次，賞正副使緞、綾、漳絨、葫蘆器、鼻煙壺、火鐮、荷包等物。五次，特賜南掌國王駱駝、馬羸各二。六次，於例賞外加賜緬甸國王，閃緞、錦、漳絨、綾紗、羅各二匹，宮扇十柄、扇二十柄、硯二方、筆四匣、墨二匣、絹紙十卷、香袋二匣、福字箋二十幅、茶葉十瓶，瓷器、雕漆器各十，葫蘆器、文竹器、玉器各四。正副使，茶葉、茶膏、瓷器、茶盤等物。加賜南掌國王龍緞、倭緞、大緞各二匹，絹箋、箋紙各百張，漆器十。賞正副使與緬甸正副使同。又朝鮮國王以慶賀歸政，遣使來京，召正副使、書狀官於重華宮入燕，召至御座前賜酒，特賜國王珊瑚珠一盤，荷包八，金元寶，銀元寶，金錢銀錢各二，金鈴銀鈴各八，正副使、書狀官，玻璃盤，福橘，茶葉，荷包，火鐮，鼻煙等物。

又 卷五〇八《朝貢・賜予三》 嘉慶元年，舉行千叟燕，朝鮮、安南、暹羅使臣同在寧壽宮入燕，特賜各國正使，每員聖製千叟燕詩一章，玉如意壽杖各一，錦緞、洋花緞、雲緞、大卷緞各二疋，福字箋一卷，絹箋二卷，湖筆二十枝，硃墨二十錠，硯一方，鼻煙一瓶，鼻煙盒，瓷牙籤筒，洋漆茶盤各一件，副使每員錦緞洋花緞各一疋，絹箋一卷，湖筆十枝，硃墨四錠，餘賞與正使同，又特賜朝鮮國王使臣，照乾隆六十年正月之例，特賜安南國王物件，與朝鮮國王同。

二年正月，紫光閣筵燕，特賞朝鮮、暹羅使臣，與元年同。三年正月，山高水長筵燕，加賞琉球正副使，與二年紫光閣賞朝鮮、暹羅同。又正大光明殿筵燕，使臣獻詩。賜國王及使臣，與二年賞朝鮮同。又山高水長筵燕，加賞琉球正使錦三疋，漳絨三疋，大卷八絲緞四疋，大卷五絲緞四疋，大荷包一對，小荷包二對，副使錦二疋，漳絨二疋，大卷八絲緞三疋，大卷五絲緞三疋，大荷包一對，小荷包二對，十五日獻詩，加賜國王蟒緞二疋，福字方一百幅，雕漆器四件，玻璃器四件，大小絹箋四卷，筆墨各四匣，硯二方，使臣二員，各大緞一疋，箋紙二卷，筆墨各二匣，又召朝鮮、暹羅使臣入重華宮燕，賞正副使荷包、芽茶、鼻煙壺、火鐮、玻璃椀、福橘等物。

四年諭，年班朝覲之各國使臣，向例俱於紫光閣筵燕一次，各有賞賚，今雖停止筵燕，所有伊等應得賞項，仍行賞給，以示朕仰體皇考數錫愷澤之至意，又奏准。凡午門外頒賞外國，即令原管筵之護軍統領，帶領護軍在午門前監視彈壓。是年，遣使册封琉球國王。特賜御書海表恭藩四字，又奉旨，此次頒發朝鮮國升配恩詔，著照例賞給該國王緞五十疋，交齎詔之正副使帶往，又琉球遣使來朝，停止筵燕，無加賞。

五年，緬甸國入貢，於例賞外，特賜國王御書錫藩彰順四字，閃緞、錦、漳絨、綾、紗、羅各二疋，宮扇十柄，扇二十柄，硯二方，筆四匣，墨、香袋各二匣，絹箋十卷，福字箋二十卷，茶葉十瓶，瓷器、雕漆器各十，玉器葫蘆漆器文竹器各四，正貢使二員，每員錦、八絲緞、宮紬、宮紗、漳絨、波羅麻各二疋，大荷包一對，小荷包二對，瓷器四，茶葉四瓶，銀五十兩。

六年，賞暹羅使臣各江紬羊皮襖一領，連纓皮帽一頂，綾小棉襖一領，綾棉中衣一件，紬棉襪一雙，緞韡一雙，從人各藍布羊皮襖一領，皮纓帽一頂，布小棉襖一領，布棉褲一件，布棉襪一雙，布韡一雙，又琉球遣使朝貢，於例賞外無加賞。

七年正月，賞暹羅、朝鮮正副使與二年同。十二月，重華宮筵燕，加賞朝鮮正副使書狀官，各茶葉二瓶，小荷包一對，玻璃鼻煙壺一箇，小瓷瓶二箇，火鐮一把，橘子五箇，崗榴一桶，橙子一桶，柑子一桶。

八年，越南國王阮福映初次納貢，特賜國王蟒緞、糚緞、錦緞、漳絨、閃緞各八疋，綫緞、春紬各二十有七疋，陪臣六員，各小卷八絲緞春紬六疋，紗綾二疋，羽紬八疋，録事行人，各亮花緞四疋，紡紬四疋，紗綾一疋，羽紬四疋，書記通事從人，各紬三疋，布八疋，廣西伴送官，各大緞二疋，又加賜國王蟒緞、糚緞、閃緞、錦緞各四疋，瓷器、漆器、漆桃拿瓷鼻煙壺各四，螺鈿漆檳榔盒二，茶葉四瓶。

九年正月，紫光閣筵燕，賞朝鮮正使錦漳絨各三疋，大卷八絲緞二疋，大荷包一對，小荷包二對，副使書狀官與二年同，又正大光明殿筵燕，使臣和詩，特賜國王及正副使書狀官，與二年同。是年，越南國王遣使謝恩，並進十年例貢，十月初一日，特賜陪臣三員，各藍緞灰鼠皮襖一領，月白紬棉襖一領，月白紬棉套褲一雙，藍緞棉襪一雙，緞韡一雙，紅布包袱一塊，行人九員，廣西巡撫揀派通事一名，各藍寧紬羊皮襖一領，紡紬棉襖一領，紡紬棉套褲一雙，棉襪一雙，緞韡一雙，藍布包袱一塊，隨价十五名，各藍布羊皮襖一領，紬面布裏棉襖一領，藍布棉套褲一雙，布棉襪一雙，緞韡一雙。初六日，萬壽聖節，特賜國王蟒緞四疋，糚緞四疋，閃緞四疋，錦緞四疋，瓷器四件，玻璃器四件，絹箋四卷，筆墨各四匣，硯二方。初七日，特賜陪臣三員，各綵紬二疋，大緞二疋，小卷五絲緞二疋，瓷器二件，玻璃器二件，箋紙二卷，筆墨各二匣，硯一方。初九日，使臣獻詩，特賜陪臣三員，各五絲緞一疋，筆墨各一匣，箋紙二卷。十二月，朝鮮、暹羅二國使臣，入重華宮筵燕，特賜朝鮮正副使書狀官，各茶葉二匣，瓷帶鉤一，鼻煙壺一，玻璃器二，瓷碟一，暹羅使臣四員，從人十九名，衣帽韡襪有差，並賞三貢使、四貢使，各瓷盤一，玻璃器二，瓷器一，小荷包一對，茶葉一瓶。

十年正月，賞暹羅大貢使錦、漳絨各三疋，大卷八絲緞，小卷五絲緞各四疋，大荷包一對，小荷包四對，二貢使錦、漳絨各二疋，大卷八絲緞小卷五絲緞各三疋，荷包同。三四貢使，每員錦、漳絨各二疋，大卷八絲緞小卷五絲緞各三疋，大荷包一對，小荷包二對。朝鮮正使，小卷五絲緞四疋，副使書狀官，小卷五絲緞各三疋，小荷包各四對。餘與乾隆六十年同。又使臣和詩，加賜國王蟒緞二疋，餘與二年同，正副使書狀官，均與二年同。是年，恭遇巡幸盛京，朝鮮國王遣陪臣迎駕，恩燕使臣，賞正使糚緞一疋，中緞小緞各二疋，銀五十兩，書狀官中緞二疋，銀四十兩，大通官各中緞一疋，銀三十兩，押物官各小緞一疋，銀二十兩，從人各銀二兩。十二月，朝鮮、琉球使臣來京，奉旨使臣現未釋服，紫光閣不必入燕，仍照例加賞，迎送儀節，俱不必行，又暹羅貢使入重華宮燕，賞玻璃瓶二，鼻煙壺一，磁帶鉤一，茶葉二瓶，橘一盤，荷包二對。二三四貢使，各玻璃椀二，餘俱與正貢使同。

十一年正月，紫光閣筵燕朝鮮、琉球使臣。加賞正副使，與三年同。

十二年正月，加賞朝鮮正副使書狀官，與二年同，停止筵燕。又朝鮮正副貢使入重華宮燕，各賞玻璃瓶椀一，廣橙五，瓷碟一，磁帶鉤一，茶葉二瓶，鼻煙壺一，荷包一對，書狀官玻璃椀一，餘同，惟無玻璃瓶、鼻煙壺，並賞大通官荷包一對，又琉球、暹羅二國使臣入重華宮燕，各賞玻璃椀二，鼻煙壺一，磁帶鉤一，茶葉二瓶，福橘五，瓷碟一，荷包一對，通事荷包一對。又南掌國貢使來京，初次，大頭目二員，各賞漳絨二疋，綾二疋，小卷五絲緞一疋，洋瓷牙籤筒一，鼻煙壺一，洋金皮漆茶盤二，大荷包一對，次頭目一員，漳絨一疋，綾二疋，小卷五絲緞一疋，瓷牙籤筒一，鼻煙壺一，皮漆茶盤二，小荷包一對。二次，大頭目二員，各賞小卷緞二疋，茶葉二瓶，茶膏二匣，茶盤一，瓷器三，次頭目一員，小卷緞一疋，茶葉二瓶，茶膏一匣，茶盤一，瓷器二，通事二名，各小卷五絲緞一疋。三次，賜國王龍緞大緞倭緞各二疋，絹箋箋紙各一百張，漆器十件。

十三年正月，朝鮮貢使入蒙古包，燕賞正副使書狀官，與二年紫光閣入燕同，使臣獻詩，賜國王龍緞改蟒緞，餘與乾隆六十年同，正副使書狀官並同。又琉球、暹羅二國使臣入蒙古包，燕賞與乾隆六十年朝鮮正副使同。

十四年十月，朝鮮國王遣使臣祝嘏來京。初次，賞正副使各玉如意一，玻璃器二，茶葉四瓶，哈密瓜一，大小荷包六，書狀官大小荷包二對，茶葉二瓶，餘與正副使同，惟無玻璃器。二次，使臣恭進詩章，賞大緞各一疋，箋紙各二卷，筆墨各二匣。三次，賞正副使各小緞三疋，紬一疋，書狀官小緞二疋，紬一疋。四次，賜國王紫檀嵌玉如意一，大卷八絲緞五疋，蟒緞、粧緞各六疋，錦緞、閃緞各二疋，大紡絲五疋，絹箋二卷，筆墨各二匣，硯二方，正副使各大卷八絲緞一疋，小卷八絲緞、五絲緞各二疋，箋紙一卷，筆墨各一匣，大通官三員，各小卷八絲緞一疋，小卷五絲緞二疋，漳絨一疋，銀二十兩，押物官二十一員，各小卷五絲緞一疋，銀十兩，從人二十七名，各銀十兩。五次，入正大光明殿燕，賞正副使書狀官各大緞二疋，小緞一疋，漳絨、繝紬各一疋。又琉球國遣王舅謝恩，於例賞外，加賞緞五疋，又越南國王祝嘏使臣入覲。初次，賞使臣等各嵌玉如意一，玻璃盤椀各一，大小荷包二對，福元膏一瓶，日鑄牙茶一瓶，普洱藥茶一瓶，哈密瓜一。二次，賞使臣三員，各嵌玉如意一，玻璃器二，福元膏二瓶，大小荷包二對，日鑄牙茶一瓶，哈密瓜一，普洱藥茶一瓶，使臣六員獻詩，加賞每員大緞一疋，箋紙二卷，筆墨各二匣。三次，賞使臣三員，各寧紬三疋，大紡紬一疋，四次，加賜國王嵌玉三鑲如意一，蟒緞六疋，大緞五疋，粧緞六疋，錦緞、閃緞各二疋，大紡紬五疋，絹箋二卷，筆墨各二匣，硯二方，使臣三員，各賞大緞一疋，八絲緞、五絲緞各二疋，綵緞一疋，箋紙二卷，筆墨各一匣，硯一方。行人九員，各八絲緞一匹，五絲緞二匹，漳絨一匹，銀二十兩。從人十五名，銀各十兩。五次，賞使三員，各小卷八絲緞一匹，寧紬紡絲各一匹。加賜國王蟒緞、閃緞、粧緞各四匹，瓷器、玻璃器各四，絹箋四卷，筆墨各四匣，硯兩方。使臣三員，各大緞、綵緞、八絲緞二匹，瓷器、玻璃器二，箋紙二卷，筆墨各二匣，硯一方。六次，正大光明殿，燕賞使臣六員，各大緞二匹，小緞、漳絨、繝紬各一匹。又暹羅貢使入重華宮，燕賞正使一員，洋瓷帶鉤一、玻璃鼻煙壺一、玻璃椀二、紅橘一碟、茶葉一瓶，荷包二對。副使一員，荷包一對，餘與正使同。

十二月，朝鮮使臣入重華宮，燕賞正副使書狀官，各茶瓶二，鼻煙壺一，瓷帶鉤一，柑橘五，瓷碟一，玻璃碟一。惟正使荷包二對，副使書狀官荷包各一對。

十五年正月，朝鮮使臣入蒙古包燕，賞正使，錦漳絨各三匹，大卷八絲緞、小卷五絲緞各四匹，大荷包一對，小荷包四對。副使、書狀官各錦二匹，漳絨二匹，大卷八絲緞、小卷五絲緞各三匹，大小荷包與正使同。使臣和詩，加賜，國王及正副使、書狀官均與乾隆六十年同，又暹羅貢使入蒙古包，燕加賞正副使，均與乾隆六十年朝鮮正副使同。

十二月，朝鮮使臣入重華宮，燕賞正使玻璃器二，瓷帶鉤一，瓷盤一，玻璃鼻煙壺一，橘子一碟，茶葉二瓶，荷包一對，餘與正使同。

十六年正月，朝鮮貢使入紫光閣，賞正副使，書狀官小荷包各二對，餘俱與十五年同。使臣和詩，加賜國王並正副使、書狀官，均與乾隆六十年同。又暹羅貢使入紫光閣，燕賞正副使四員，均與乾隆六十年朝鮮正副使同。

十月，琉球入貢，初次，賞正使茶葉二瓶，茶膏二匣，瓷椀三，瓷碟一。副使茶膏一匣，瓷碟二，餘與正使同。都通事茶葉一瓶，餘與副使同。二次，賞正使緞一匹，郣漳絨各二匹，荷包二對，漆盤二，牙籤筩一，瓷鼻煙壺一。副使漳絨一匹，漆盤一，餘與副使同。【略】三次，賞正使錦漳絨各三匹，八絲緞、小卷緞各四匹，大荷包一對，小荷包三對。副使錦漳絨各二匹，八絲緞、小卷緞各三匹，大小荷包與正使同。

十二月，朝鮮、緬甸使臣入重華宮，燕賞朝鮮正使玻璃瓶二，橘一碟，瓷茶鐘一，玻璃鼻煙壺一，茶葉二瓶，荷包二對。副使、書狀官荷包一對，餘與正使同。賞緬甸使臣玻璃器二，瓷鼻煙壺一，餘與朝鮮正使同。

十七年，緬甸使臣入蒙古包，燕賞使臣錦漳絨各三匹，大卷八絲緞、小卷五絲緞各四匹，大荷包一對，小荷包二對。又朝鮮使臣和詩，賜國王並正副使、書狀官均與乾隆六十年同。入蒙古包燕賞，加賞正副使、書狀官與十五年同。又朝鮮請册封世子，使臣來京，正使以病乞假，惟副使、書狀官入覲，賞副使、書狀官各大緞二匹，紬二匹，皮盤一，瓷鼻煙壺一，牙籤筩一，荷包一對。

十二月，朝鮮使臣入重華宫，燕賞正使副使、書狀官各玻璃瓶二，茶鍾瓷碟各一，玻璃鼻煙壺一，茶葉二瓶，大荷包二對。又特賜世子蟒緞四匹，緞四匹，紗羅各四匹。裹各四。加賜國王如意一，片金二，錦二，大紗漳絨、大緞、寧紬俱各二匹，紅洋氈一條。又加賞世子長壽佛一尊，如意一，筆墨二匣，硯二方，絹箋二卷，玉器一。又暹羅貢使入重華宫，燕賞正副使二員各玻璃瓶二，茶鍾一，玻璃鼻煙壺一，茶葉二瓶，大荷包四對。

十八年正月，朝鮮、暹羅使臣入紫光閣，燕賞與嘉慶元年同。恭遇駕幸圓明園，朝鮮、暹羅、琉球三國使臣送，加賞琉球正副使、都通事、從人帽帶韈襪有差。又插線使臣和詩，賜國王並正副使。【略】（十二月）副使以病乞假加賞，真是書狀官玻璃瓶、瓷器、鼻煙壺、茶葉、荷包等物。

十九年正月，朝鮮使臣入紫光閣筵燕，賞正副使，書狀官又使臣和詩，加賜國王及正副使、書狀官，均與十八年同。

二十年十二月，朝鮮使臣入重華宫燕，賞正使一員，玻璃瓶二，瓷椀碟各一，春橘五，玻璃鼻煙壺一，茶葉二瓶，荷包二對。副使、書狀官一員，荷包一對，餘與正使同。

二十一年正月，紫光閣燕筵朝鮮使臣，賞正副使、書狀官又使臣和詩，加賜國王及正副使、書狀官均與十九年同。十二月，朝鮮、琉球兩國入貢，賞琉球正副使、通事從人衣帽韈襪有差。兩國使臣入重華宫燕，賞朝鮮正副使、書狀官三員，各玻璃瓶二，鼻煙壺，瓷茶鍾一，紅橘一碟，茶葉二瓶。正使荷包二對，副使、書狀官各一對。賞琉球正副使二員各玻璃鼻煙壺磁器一，玻璃椀二，差額二瓶，荷包與朝鮮同。

二十二年正月，山高水長筵燕，朝鮮、琉球兩國使臣，賞與三年同。朝鮮使臣和詩，賜國王及正副使、書狀官與二十年同。九月，越南國入貢，賞凡五次。初次，陪臣行人、通事從人韈、襪、襖、褲有差。二次，每員各大緞一匹，筆墨二匣，箋紙二卷。三次，每員各銅手鑪、銀絲椀、玻璃鍾、鼻煙壺一，瓷盤二，荷包二對。四次，賜國王蟒緞、粧緞、閃緞、錦緞各四匹，瓷器、玻璃各四，絹箋四卷，筆墨各四匣，硯二方。陪臣每員紬緞、漳絨各一匹，面鏡雕漆鑲金椀、瓷鼻煙壺各一，荷包各三對。五次，加賞陪臣各各綵緞、大緞、五絲緞、八絲緞一匹，瓷器二，箋紙二卷，筆墨二匣，硯一方。

十二月，朝鮮使臣入重華宫燕，賞正副使、書狀官三員，各紅橘一碟，玻璃鼻煙壺、瓷鍾一，玻璃瓶二，茶葉二瓶，荷包，正使二對，副使各一對。

二十三年正月，紫光閣筵燕，朝鮮使臣，加賞正副使、書狀官，並赴圓明園和詩，加賜國王及使臣等均與二十二年同。又駕幸盛京，朝鮮國王遣陪臣恭迎，加賜國王《御製詩》章、御書福字，陪臣仍照例賞給。

十二月，朝鮮、琉球入貢，賞琉球正副使通事從人等衣帽、韈襪，與二十一年同。兩國使臣入重華宫燕，加賞朝鮮正副使、書狀官三員，各玻璃杯椀一，鼻煙壺一，描金木碟一，瓷碟一，茶葉二瓶，紅橘荷包正使二對，副使等各一對。琉球正副使與朝鮮同。

二十四年正月，朝鮮、琉球使臣和詩，賜國王及正副使臣。又兩國使臣於山高水長入燕，加賞均與三年同。九月，暹羅、南掌、朝鮮、越南四國王遣使臣祝嘏來京，賞凡七次。初次，南掌正副使二員，各賞平安吉慶花一匣，普洱茶芽一罐，茶膏一匣，茶葉二瓶，桂花膏一罐，瓷盤二，大小荷包各一對。暹羅副使一員，賞仙果獻瑞花一匣，人蔘膏一罐，餘與南掌正副使同。二次，賞越南、南掌、暹羅使臣行人、通事從人等衣帽、韈襪有差。三次，朝鮮正副使各賞流傳萬代花嵌、玉如意、普洱茶團、人蔘茶膏、雕木香盒各一，荷包正使三對，副使二對。賞越南使臣三員，同南掌。正副使二員，各賞文珠匣一，餘與朝鮮、越南使臣同。暹羅副使一員，賞玉如意一，餘與南掌正使同。四次，朝鮮、越南使臣各三員，賞大緞一匹，箋紙二卷，筆墨各二匣。五次，四國使臣入正大光明殿燕，加賜國王與十四年賞朝鮮國王同。四國使臣八員，各大卷八絲緞一匹，綵緞一匹，小卷八絲緞各二匹，箋紙二卷，筆墨各一匣，硯一方。六次，每員各賞大卷八絲緞二匹，小卷江紬一匹，漳絨、縐紬各一匹。書狀官一員，大卷八絲緞一匹，箋紙一卷，筆墨各一匣。大通官三員，各賞小卷八絲緞一匹，五絲緞二疋，漳絨一匹，銀二十兩。押物官二十員，各賞小卷五絲緞一匹，銀十。從人二十六名，銀各十兩。越南行人九員，通事二名，各賞小卷八絲緞一匹，五絲緞二匹，漳絨一匹，銀各二十兩。從人十五名，銀各十兩。南掌從生十名，暹羅通事二名，漢番書記二名，番吹手、番跟役從八名，賞各與越南同。七次，朝鮮正副使二員，賞小卷八絲緞二匹，五絲緞二匹，雕漆盒、玻璃器、皮馬鞊各一，荷包正使大小三對，副使大小二對。越南使臣三員，各賞雕漆盒二，玻璃盒一，江紬二匹，縐紬二匹，皮馬鞊一，荷包二對。加賞南掌國王，與二十四年賞朝鮮國王同。其正副使二員，各賞大卷紬一匹，小卷五絲緞一匹，小卷紬一匹，雕漆盒二，錫罐茶大小四瓶，玻璃盒一，皮馬鞊一，大荷包一對，小荷包二對。暹羅副使一員，賞大卷五絲緞一匹，花紅紬一匹。餘與南掌正副使同。十二月，朝鮮、暹羅使臣入重華宮燕。朝鮮正使一員，副使、書狀官二員，各賞鼻煙壺一，瓷椀一，玻璃器二，茶瓶二，紅橘一碟，荷包正使四對、副使等各二對。暹羅使臣四員，各賞鼻煙壺一，玻璃杯二，瓷器二，茶葉二瓶，柑四枚，荷包各二對。通事二名，從人二十名，袍、帽、鞾、襪等，與十八年賞琉球同。二十五年正月，山高水長筵，燕朝鮮、暹羅二國使臣。朝鮮正使一員，副使、書狀官二員，各賞與三年同。暹羅大貢使一員，賞大卷八絲緞四匹，小卷五絲緞四匹，綿紬三匹，漳絨三匹。餘貢使三員，各賞大卷八絲緞三匹，小卷五絲緞三匹，綿紬二匹，漳絨二匹。又入正大光明殿燕。加賜朝鮮國王及正副使、書狀官，均與乾隆六十年同。

又 卷五〇九《朝貢・賜予四》 道光元年四月，越南請襲封陪臣來京。加賜國王蟒緞、糚緞、閃緞、錦緞各四匹，瓷器四，洋漆蓋罐四，雕漆盒四，鼻煙壺四，文竹檳榔盒二，茶葉四瓶。陪臣二員，各賞綵緞二匹，大卷八絲緞二匹，綾二匹，小卷八絲緞二匹，瓷器二，玻璃器二，洋漆蓋罐二，瓷鼻煙壺二，文竹檳榔盒一，茶葉二瓶。又諭：本日禮部具奏賞賚朝鮮使臣員役物件，著照例給賞。其馬匹一項，恐該衙門以係例賞漫不經意，率以疲羸者充數。著上駟院堂官員留心察看。凡有賞賚外藩馬匹，該堂官俱親自挑選，擇其堪以充賞者，照例頒給。二年，頒給朝鮮國王《文獻通考》所載該國四臣《金昌集》等誣案已刊正者一編。十二月，暹羅、朝鮮、琉球使臣來京。暹羅貢使四員，通事二名，各賞袍、帽、鞾、襪等，與嘉慶十八年賞琉球同。三國使臣入重華宮燕，各賞春橘一碟，瓷器一，玻璃插斗一，瓷雙管瓶一，綠石鼻煙壺一，茶葉三瓶，荷包二對。三年正月，加賞朝鮮正使一員，大卷八絲緞二匹。副使、書狀官二員，各小卷八絲緞一匹。賞琉球、暹羅正副使，均與朝鮮同。又入紫光閣燕，加賞三國使臣，與嘉慶三年同，並賞琉球通事從人袍、帽、鞾、襪等，與嘉慶十八年同。琉球使臣和詩，加賜國王及正副使，亦與嘉慶三年同。又加賞朝鮮、琉球、暹羅三國正使，各大卷八絲緞六匹。副使各小卷八絲緞六匹。七月，暹羅國王遣使慶賀萬壽，兩次賞正使漳絨共五匹，錦三匹，銅手爐一，玻璃器二，瓷器二，銀裏艾瓢椀一，大卷八絲緞四匹，小卷五絲緞四匹，大荷包一對，小荷包二對。副使漳絨共四匹，錦二匹，大卷八絲緞三匹，小卷五絲緞三匹，餘與正使同。十二月，緬甸、朝鮮使臣來京，賞緬甸正副使五員，頭目八名，通事二名，跟役二十二名，袍帽鞾襪等件，與嘉慶十八年賞琉球同。兩國使臣入重華宮燕，加賞緬甸正副使五員，各鼻煙壺一，玻璃瓶二，瓷器一，茶葉二瓶，正使荷包二對，副使、通事各荷包一對。加賞朝鮮正副使、書狀官，三員，各甘橘一碟，餘與緬甸使臣同。四年正月，紫光閣筵燕緬甸、朝鮮使臣。加賞緬甸正使大小卷緞各七匹，荷包三對。副使四員各大小卷緞各五匹，荷包與正使同。加賞朝鮮正副使、書狀官，如嘉慶三年之例。又朝鮮使臣和詩，加賜國王及使臣等，與嘉慶三年賞琉球同。十二月，朝鮮、琉球使臣來京，賞朝鮮副使、書狀官，各鼻煙壺一，玻璃瓶二，茶椀一，茶葉二瓶，荷包一對。琉球正副使各橘五，餘與朝鮮使臣同。加賞琉球正副使、都同事、跟役袍帽鞾襪等與嘉慶十八年同。五年正月，紫光閣筵燕朝鮮、琉球使臣，賞朝鮮副使、書狀官，各錦二匹，漳絨二匹，八絲緞三匹，五絲緞三匹，荷包三對，羊肉一方。琉球正使，大卷八絲緞四匹，小卷五絲緞四匹，錦三匹，漳絨三匹，荷包三對。副使大小卷緞各三匹，錦二匹，漳絨二匹，荷包三對。又兩國使臣和詩，加賜各國王及使臣等，均與嘉慶三年同。七月，越南使臣祝嘏來京。陪臣六員，各賞小卷八絲緞一匹，漳絨二匹，瓷器一，綾二匹，錦匣鏡一，玻璃器一，大荷包一對，小荷包二對。又恭獻詩章，加賜國王及陪臣物件，與嘉慶二十二年同。十二月，朝鮮使臣入重華宮燕，賞正使一員，玻璃瓶二，瓷器二，鼻煙壺一，茶葉二瓶，荷包二對。副使、書狀官二員，各荷包一對，餘與正使同。六年正月，紫光閣筵燕朝鮮使臣，加賞物件。又使臣和詩，加賜國王及使臣等，均與嘉慶三年同。十二月，琉球、朝鮮使臣入重華宮燕，賞琉球正副使各玻璃器二，鼻煙壺一，瓷器二，柑五，茶葉一匣，茶葉瓶一，大小荷包各一對。又入保和殿燕，加賞正副使、通事、從人、跟役衣帽韈襪領衣等件。朝鮮正使，賞玻璃瓶二，鼻煙壺一，瓷器一，柑一碟，茶葉二瓶，荷包二對。副使、書狀官各荷包一對，橙柑各一桶，餘與正使同。七年正月，紫光閣筵燕朝鮮、琉球使臣，賞與前同。又入正大光明殿燕，並和詩，加賜國王及正副使，如嘉慶三年之例。十二月，朝鮮、暹羅使臣來京，賞貢使、通事、從人衣帽韈襪皮領等物，入重華宮燕，各使臣等均賞玻璃器二，瓷器二，橘五，茶葉大小瓶各二，荷包一對。八年正月，紫光閣筵燕朝鮮、暹羅使臣。賞正副使等。又朝鮮使臣和詩，加賜國王及使臣，均與七年同。是年，生擒逆首張格爾，朝鮮、暹羅使臣叩賀，特賜各國王蟒緞、閃緞、錦、漳絨各二匹。六月朝鮮國王遣貢使來京祝嘏，賞凡四次。初次，加賞正使紗四匹，扇二匣，香袋二匣，鼻煙二瓶，手巾一匣，茶葉二瓶。副使、書狀官二員，各紗二匹，香餅、香袋各一匣，手巾一條，餘與正使同。二次，時值凱旋，於正大光明殿入燕，加賜國王及使臣，與嘉慶二十四年同。三次，賞正副使、書狀官三員，各大緞二匹，江紬倭緞各一匹。四次，賞正副使二員，各玉如意一，茶膏二匣，瓷瓶一，雕漆器瓷茶瓶各一，香一匣，荷包三對。書狀官一員，荷包二對，餘與正副使同。十二月，朝鮮、琉球二國使臣入重華宮燕，賞朝鮮正副使、書狀官各玻璃器一，瓷器一，鼻煙壺一，橘一盤，荷包正副使各二對，書狀官二。賞琉球正使鼻煙壺一，玻璃器二，橘五，茶葉二瓶，荷包二對，副使荷包一對，餘與正使同。加賞琉球正副使、通事、從人衣帽韈襪等物，與七年暹羅同。九年正月，朝鮮、琉球二國使臣入紫光閣燕，加賞俱與八年同。又使臣和詩，加賜國王及正副使，亦與八年同。七月，越南國王遣陪臣祝嘏來京，賞凡四次。初次，特賜國王人蔘一斤。二次，陪臣三員，各賞漳絨二匹，綾二匹，小卷緞一匹，雕漆盒一，瓷器一，大荷包一對，小荷包二對，玻璃鼻煙壺一。又陪臣獻詩，加賜國王及陪臣，與嘉慶二十二年同。三次，陪臣三員，各賞大卷五絲緞一匹，箋紙二卷，筆墨二匣。四次，加賞陪臣三員，各紬、綿袍、紬裹夾襖、紬夾褲、夾套褲、緞、韈、襪各一。行人、通事、從人有差。是年九月，恭謁祖陵，朝鮮遣使迎駕，特賜國王御書『纘服揚休』四字，福、壽字各一，弓箭撒袋一分，玲瓏鞌韂全備，馬一匹，【略】銀五十兩。書狀官中緞二匹，銀四十兩，大通官三員，各中緞一匹，銀三十兩。押物官十六員，各小段一匹，銀共三百二十兩。從人一百六十員賞銀同。自正使一下，韈襪俱全分。十二月朝鮮、暹羅二國使臣入重華宮燕，賞朝鮮正副使，各玻璃器二，鼻煙壺一，瓷器一，柑一盤，小荷包二對，茶葉二瓶。書狀官二員，各玻璃器一，小荷包一對，餘與正副使同。賞暹羅使臣四員，各玻璃器一，瓷器二，橘橊各一桶，鼻煙壺一，茶葉二瓶，並加賞通事、從人衣帽韈襪等物，與二年同。十年正月，紫光閣燕，賞朝鮮正使，錦、漳絨各三匹，大小卷緞各四匹，大荷包一對，小荷包二對。副使、書狀官四員，每錦、漳絨各二匹，大小卷緞各三匹，荷包與正使同。又使臣和詩，加賜國王及使臣，與嘉慶三年賞琉球同。加賞暹羅正使綵緞六匹，大小卷緞各四匹，大荷包一對，小荷包二對，綠葡萄一袋。餘三員各綵緞四匹大小卷緞各三匹，荷包與正使同。十二月，朝鮮國入貢，賞正使玻璃器二，鼻煙壺一，瓷器一，橘一盤，茶葉二瓶，荷包二對。副使、書狀官，各賞玻璃椀一，瓷器一，插斗一，芽茶一瓶，荷包一對，餘與正使同。又賞正副使、書狀官，崗榴廣橙各一桶，羊肉一方，奶子饅首各一碟。又暹羅國王遣使臣祝嘏來京，入瀛臺燕，賞正使玻璃器一，瓷器二，餘與朝鮮正使同。副使荷包一對，餘與正使同，並加賞正副使、通事、從人，衣帽韈襪等物有差。十一年正月，紫光閣筵燕，賞朝鮮正使，錦、綵緞各三匹。副使、書狀官三員，每錦、綵緞各二匹，餘與十年同。加賜暹羅國王，與嘉慶二十四年同，賞正使與朝鮮同。又賞暹羅正使，大卷緞、綵緞各一匹，小卷八絲緞、五絲緞各二匹，箋紙二卷，筆墨二匣，硯一方。副使大卷八絲緞二匹，小卷江紬一匹，坐褥面一，繝紬一匹，錦、綵緞各二匹。加賞暹羅副使，大卷八絲緞、小卷五絲緞各三匹，大荷包一對，小荷包二對。通事、漢番書記四名，各八絲緞一匹，五絲緞二匹，坐褥面一，銀各二十兩。番吹手五名，各五絲緞一匹，銀各十兩。番跟役十三名，銀各十兩。又朝鮮國王遣使請封世孫。加賜國王及世孫物件與嘉慶十七年同。七月，越南國王遣使臣祝嘏來京，賞凡四次。初次，加賜國王與暹羅同陪臣獻詩。加賞三員各大緞一匹，箋紙二卷，筆墨二匣。二次，賞陪臣三員，與暹羅正使同。行人八員，各小卷八絲緞個一匹，五絲緞個二匹，漳絨一匹，銀各二十兩。從人九名，銀各十兩。三次，賞陪臣三員，各兩小卷八絲緞袍料一件，綾、漳絨各二匹，大荷包一對，小荷包二對，瓷器一，葫蘆器一，玻璃鼻煙壺一。四次，賞陪臣、行人、從人衣帽韡襪等物，與九年同。十二月，朝鮮正副使來京入瀛臺燕，賞正使玻璃器二，玻璃鼻煙壺一，瓷器一，盛鮮果瓷盤一，茶葉二瓶，小荷包二對。副使、書狀官二員，小荷包一對，餘與正使同。又琉球貢使來京入瀛臺燕，賞正使玻璃器一，鼻煙壺一，瓷器二，橘一盤，茶葉二瓶，小荷包二對。副使小荷包一對，餘與正使同。十二年正月，紫光閣筵燕朝鮮、琉球、暹羅三國使臣，加賞正副使等，俱與九年同。又朝鮮、琉球使臣和詩，加賜國王及使臣與嘉慶三年同。又南掌國王遣使臣祝嘏來京，入紫光閣燕。初次，賞與朝鮮正使同。加賜國王與越南國王同。正副使二員與越南陪臣同。頭目、通事各一名，與越南行人同。後生八名，與暹羅番吹手同。跟役一名，與越南從人同。二次，加賞衣帽韡襪等物，與暹羅正副使、通事、從人同。三次，偕暹羅使臣同入瀛臺，燕正使，各賞玻璃器二，鼻煙壺一盞，紅橘緑龍盤一，瓷器一，茶葉二瓶，荷包二對，副使荷包一對，餘與正使同。十二月，朝鮮、琉球兩國使臣入瀛臺燕，各賞玻璃器二，鼻煙壺一，瓷器一盞，鮮果瓷盤一，茶葉二瓶，小荷包二對，加賞琉球正副使、通事從人衣帽、韡襪等物，與二十年暹羅同。十三年正月，紫光閣筵燕朝鮮、琉球兩國使臣，賞正副使等，與十二年同。使臣和詩，加賜國王及使臣等，與嘉慶三年同。七月，越南國王遣陪臣祝嘏來京，賞凡四次。初次，陪臣三員，各賞漳絨二匹，綾二匹，小卷緞一匹，葫蘆器一，瓷器一，玻璃鼻煙壺一，大荷包一對，小荷包二對。二次，陪臣獻詩，加賜國王蟒緞、錦緞、糚緞、閃緞各四匹，瓷器、玻璃器各四，絹箋四卷，筆墨各四匣，硯二方。賞陪臣三員，各大卷五絲緞一匹，紙二卷，筆墨各二匣。三次，賞陪臣三員，各綵緞二匹，大緞二匹，小卷五絲緞、八絲緞各二匹，瓷器二，玻璃器二，箋紙二卷，筆墨各二匣，硯一方。四次，加賞陪臣、行人、隨人、通事袍褂韡襪有差。十二月，朝鮮、緬甸兩國入貢，值停止筵燕，賞朝鮮正副使、書狀官與十二年同。賞緬甸正副使與朝鮮同。十四年正月，停止顏燕，加賞朝鮮、緬甸正副使等俱十三年同。朝鮮使臣和詩，加賞國王及使臣等與嘉慶三年賞琉球同。並賞緬甸正副使、頭目、通事、跟役衣帽韡襪等物有差。是年，冊立皇后，禮成，特賜緬甸國王緞五十匹，王妃緞三十匹，交貢使齎回。十二月，朝鮮、琉球、暹羅三國正副使入宮燕，賞與十三年同。十五年正月，紫光閣筵燕朝鮮、琉球、暹羅各使臣，賞與十四年同。十二月，朝鮮國入貢，恭遇駕幸瀛臺，使臣於西華門外瞻覲，賞與十四年同。十六年正月，朝鮮使臣隋班叩賀，加賞與十五年同。四月，朝鮮遣使貢，例賞外無加賞。十二月，朝鮮、琉球兩國使臣入重華宮燕，賞朝鮮正副使、書狀官與十五年十二月同。賞琉球正副使與十五年正月同。十七年正月，紫光閣筵燕朝鮮、琉球使臣，賞朝鮮正副使、書狀官如嘉慶十五年之例。賞琉球正副使與嘉慶三年同。六月，朝鮮國王請封王妃，使臣無加賞。八月，越南國王遣陪臣祝嘏來京，賞凡五次，均與十三年同。又特賜國王御書『弼服海隅』四字，賞同前。十二月，朝鮮國入貢，正副使、書狀官於重華宮入燕，賞與十六年同。又暹羅、琉球二國使臣於重華宮入燕，賞與朝鮮同，加賞正副使、通事從人衣帽韡襪等物有差。十八年正月，朝鮮使臣和詩，加賜國王如嘉慶三年賞琉球之例。又偕暹羅使臣於紫光閣入燕，加賞與十七年同。十二月，朝鮮、琉球二國使臣於重華宮入燕，朝鮮賞與十七年同，琉球賞與十六年同。十九年正月，紫光閣筵燕朝鮮、琉球二國使臣，賞各正副使等與十八年同。使臣和詩，加賜國王使臣亦均同，並賞琉球正副使、都通事、土通事、從人衣帽韡襪有差。三月，琉球使臣來京，賞正副使、都通事、土通事衣帽韡襪等物。十二月，朝鮮使臣入瀛臺燕，賞與十八年同。二十年正月，紫光閣筵燕朝鮮使臣，賞與十九年同。嗣值孝全成皇后大事，該國正副使、書狀官大通官押物官共三十員，各賞孝布一，一體成服。五月，朝鮮使臣來京赴孝全成皇后几筵前進香，加賜國王糚緞、錦緞、大卷八絲緞、天青素緞各四匹。十二月，朝鮮使臣來京，賞與十九年同。二十一年正月，朝鮮使臣隋班叩賀賞，與二十年紫光閣筵燕同。閏三月，琉球使臣到京，賞正副使、都通事、土通事官生從人衣帽韈襪有差。七月，越南遣陪臣告訃，並請册封，賞國王及陪臣與元年同，加賞與十一年恭進萬壽貢同。十二月，朝鮮、南掌兩國使臣到京，入重華宮燕，各賞果盒一，果碟一，奶茶一椀，玻璃器二，鼻煙壺一，瓷器二，茶葉二瓶，小荷包二對。加賞南掌正副使、先目、通事後生、跟役衣帽韈襪有差。二十二年正月，紫光閣筵燕朝鮮、南掌二國使臣，賞朝鮮正副使、書狀官與二十一年正月同。加賜國王及使臣與嘉慶三年賞琉球同。賜南掌國王紫檀嵌玉如意一，蟒緞、糚緞各六匹，大卷八絲緞、大紡絲各三匹，綫紬閃緞各二匹，絹箋二卷，筆墨各二匣，硯二方。正使錦、綵緞各三匹，大卷八絲緞、小卷五絲緞各四匹，大荷包一對，小荷包二對。副使錦、綵緞各二匹，八絲緞、五絲緞各三匹，荷包與正使同。先目通事二名，各小卷八絲緞一匹，五絲緞二匹，綵緞一匹，銀二十兩。後生六名，跟役二名，各小卷五絲緞一匹，銀十兩。十二月，朝鮮、琉球二國使臣來京，各賞與二十年十二月同。二十三年，紫光閣筵，燕朝鮮、琉球二國使臣，賞朝鮮正副使等與二十二年同。加賞正使大卷八絲緞袍掛料一件，五絲緞袍掛料五件，紡絲二匹，貂皮十。賞琉球正副使與朝鮮同。加賜國王及正副使與嘉慶三年同。並賞正副使、通事從人衣帽韈襪有差。二十四年十二月，朝鮮、琉球二國使臣在重華宮瞻覲，各賞與二十二年同。二十五年正月，紫光閣筵燕朝鮮、琉球二國使臣，各賞俱於而十二年同。加賜各國王及使臣亦均同。【略】賞琉球正副使、通事、從人衣帽韈襪有差。十二月，朝鮮、越南二國使臣來京。賞朝鮮正副使等與二十四年同，賞越南國王及使臣與十七年八月同。二十六年正月，紫光閣筵燕朝鮮、越南二國使臣，各賞俱與二十四年同。加賜各國王及使臣亦均同。並賞越南陪臣行人同事衣帽韈襪有差。五月，朝鮮使臣來京，無加賞。十二月，朝鮮、琉球二國使臣來京，各賞與二十五年同。入保和殿燕，各賞與上年紫光閣筵燕同。改閃緞二匹，爲圓金緞二匹。二十七年正月，紫光閣筵燕朝鮮、琉球二國使臣，每員賞閃緞、漳絨各三匹，大小卷緞各四匹，大荷包一對，小荷包二對，加賜國王與二十五年同。又使臣入正大光明殿燕，各賞大緞一匹，箋紙二卷，筆墨各二匣。加賞琉球正副使、都通事、從人衣帽韈襪有差。十二月，朝鮮、暹羅二國使臣來京，各賞與二十六年十二月同。二十八年正月，紫光閣筵燕朝鮮、暹羅二國使臣，各賞與二十六年正月同。加賜各國王亦均同。朝鮮使臣入正大光明殿燕，賞與二十七年同。暹羅使臣回國，加賞正二三四貢使、通事、番漢書記、從人衣帽韈襪有差。十月，越南遣陪臣告訃，並請册封，各賞俱與二十一年七月同。咸豐二年，册立皇后，禮成賜朝鮮國王王妃緞匹，與道光十四年同。三年，諭暹羅貢使行抵商邱遇賊搶劫，著即改道，妥爲護送，回國所有賞賚各物，並御書扁額敕書，著補行頒給。四年，諭加賞緬甸國衣服等件，著歸雲貴總督辦理。十一年，駕幸熱河，朝鮮國王遣使臣奉表請安，賞該拉馬從人等一百四十六名銀，與乾隆四十八年同。同治元年，崇上慈安皇太后、慈禧皇太后徽號，賜朝鮮國王王妃緞三十匹。十二月，朝鮮使臣來京，賞與道光二十七年同。改閃緞爲蟒緞，改八絲緞爲江紬，改五絲緞爲綫紬。二年十二月，朝鮮使臣入紫光閣燕，賞與元年同。四年，特賜朝鮮國王御書『教敷箕壤』四字，特賜琉球國王御書『瀛嶠屏藩』四字。

又諭，現值朝鮮、琉球使臣來京朝貢，各該衙門於一切應行事宜，務須懔遵定例，揀派妥員，詳慎辦理，毋得任聽吏胥苟簡從事。該堂官等如查有辦理不能妥協之處，即將承辦之員，據實議處。

五年十二月，朝鮮使臣來京，入保和殿燕，賞與二年同。

六年五月，琉球國入貢，兼謝御書匾額使臣來京。賞正使蟒緞、漳絨各三疋，大卷五絲緞四疋，小卷綫縐四疋，大荷包一對，小荷包二對。加賞正使都通事、土通事從人錦衣、呢帽、韈襪有差。

十月，琉球恭謝册封使臣來京。賞正使蟒緞、漳絨各三疋，大卷宮紬四疋、小卷綫縐三疋，大荷包一對、小荷包二對。加賞正副使使者都通事、王舅通事、土通事從人皮衣帽、韈襪有差。

七年十二月，朝鮮國入貢。賞正使蟒緞、漳絨各三疋，大卷五絲緞四疋，羽紬四疋，大荷包一對，小荷包二對。副使書狀官，每蟒緞、漳絨各二疋，五絲緞、羽紬各三疋，餘與正使同。

八年正月，越南國入貢。賞凡四次，初次，賜國王蟒緞八疋，梅花糚緞、紫圓金緞各四疋，雕漆盒四，雕象牙盒二，瓷器四，玻璃鼻煙壺四，黑皮椀四，茶葉四瓶；陪臣三員，每蟒緞、大卷八絲緞、白羅各四疋，玻璃鼻煙壺四，漆盒二，玻璃器四，黑皮椀四，瓷器四，茶葉四瓶。二次，賞陪臣三員，染貂冠，貂皮領袖，錦襖褲，套褲，紬面狐皮袍，緞韡襪絲帶各一；行人、通事、隨人，衣帽，韡襪，有差。三次，賜國王鑲玉如意一，大緞五疋，蟒緞十有二疋，閃緞、圓金緞各一疋，大卷羅五疋，各色絹箋二卷，筆二匣，墨四匣，硯二方；陪臣三員，每大緞、蟒緞各一疋，小卷羽紬各四疋，箋紙二卷，筆一匣，墨二匣，硯一方；行人七員，各大卷羽紬一疋，小卷羽紬二疋，漳絨一疋，銀各二十兩；隨人九名，銀各十兩。四次，賞陪臣黎峻鑲青金如意一，大瓷花瓶、玉畫瓶、大瓶、鼻煙帽緯各一，羽紬二疋，大荷包二對，阮恩偶黄竝各鑲玉如意一，餘同。

八月，琉球國入貢。賜國王與嘉慶三年同。正使屯絹、羽紬各四疋，圓金緞三疋，漳絨三疋，大荷包一對，小荷包二對；副使屯絹、羽紬各三疋，圓金緞、漳絨各二疋，餘與正使同；加賞正副使、都通事官生、土通事、從人衣帽、韡襪有差。

十二月，朝鮮國入貢。賞正使蟒緞、漳絨各三疋，大卷江紬、小卷羽紬各四疋，大荷包一對，小荷包二對；副使蟒緞、漳絨各二疋，大卷江紬、小卷羽紬各三疋，餘與正使同。

九年十二月，朝鮮國入貢。賞正副使、書狀官與八年同，惟改羽紬爲屯絹。

十年二月，琉球國入貢。賞凡五次，初次，賜國王與嘉慶三年同，正使圓金緞、漳絨各三疋，彭緞、羽紬各四疋，大荷包一對，小荷包二對；副使圓金緞、漳絨各一疋，彭緞、羽紬各三疋，餘與正使同。二次，賞正副使都通事、土通事、從人衣帽、韡襪，有差。三次，賞正使天青羽紗、沈香紗各一疋，三鑲玉如意一，紅瓷瓶、椀各一，玉隻環瓶一，大蓮椀二，五福盤一，鼻煙一瓶，帽緯一匣，大荷包二對，茶葉四匣；副使玉方瓶一，無紅瓷椀，餘與正使同；都通事貴盤一，西紅椀二，茶葉三瓶。四次，賞正使蟒緞、漳絨各三疋，江紬、通海紬各四疋，大荷包一對，小荷包二對；副使蟒緞等各二疋，江紬等各三疋，荷包同；都通事江紬、漳絨各一疋，漆痰盂一，鼻煙壺一，小荷包二對。五次，賞正副使各織染局小卷袍褂料一件，如意一，玉器、瓷器各一，帽緯一匣，鼻煙壺一，大荷包二對。

八月，越南使臣來京。賜國王蟒緞八疋，圓金緞四疋，瓷器、皮盤各四，漆器、菊瓣碟四，洋漆香盒二，玻璃煙壺四，茶葉四瓶；陪臣三員，各蟒緞一疋，白羅二疋，八絲緞二疋，羽紬二疋，玻璃器、瓷器各二，皮盤二，鼻煙壺二，洋漆香盒一，並賞陪臣、行人、通事、隨人象醫專、牧皮袍、綿襖、皮冠、氈冠、韡襪有差。

十一年九月，大婚禮成，賜朝鮮國王王妃緞疋，與咸豐二年同。又加上慈安端裕皇太后、慈禧端佑皇太后徽號，賞與前同。

又朝鮮國慶賀大婚使臣來京。賜國王蟒緞六疋、圓金緞四疋、大卷宮紬六疋、大紡絲五疋、絹箋二卷，筆墨四匣，硯二方；正副使二員，各大卷八絲緞一疋，小卷八絲緞二疋，蟒緞一疋，小卷五絲緞二疋，箋紙二卷，筆墨二匣，硯一方；書狀官大卷八絲緞一疋，小卷八絲緞、五絲緞各二疋，漳絨一疋，箋紙一卷，筆墨各一匣；大通官三員，各小卷八絲緞一疋，小卷五絲緞一疋，漳絨一疋，銀二十兩；押物官十七員，各小卷五絲緞一疋，銀十兩；從人二十三名，銀各十兩。

又朝鮮例貢使臣來京，暨除夕入保和殿燕，賞均與八年同。

十二年三月，琉球使臣來京，賞凡四次，初次，賜國王蟒緞二疋，福字方百幅，大小絹箋四卷，筆墨四匣，硯二方，玻璃器四，墨漆木椀四；正使片金、漳絨各三疋，大卷八絲緞、小卷五絲緞各四疋，大荷包一對，小荷包二對。二次，賞正使玉如意一，玉筆牀一架，瓷瓶、瓷碟各一，瓷椀三，手鑪一，紬緞各二疋，帽緯一匣，茶葉二瓶，又二匣，荷包二對；副使瓷椀二，餘與正使同；都通事瓷椀、瓷碟各二，茶葉一瓶，又一匣。三次，上正使鑲玉如意一雙，玉環瓶一，白瓷瓶一，袍褂料一件，蟒緞、漳絨各三疋，大卷八絲緞、小卷五絲緞各四疋，手爐一，帽緯一匣，荷包二對；副使玉瓶一，紅瓷瓶一，蟒緞、漳絨各二疋，大卷八絲緞、小卷五絲緞各三疋，餘與正使同；都通事紬緞、漳絨各一疋，玻璃鼻煙壺一，墨漆木椀一，小荷包二對。四次，賞正副使、通事、從人衣帽、韡襪有差。

光緒元年，朝鮮國撥舟濟渡凱撤官兵。賜國王蟒緞、倭緞錦各一疋，閃緞、表緞各一疋。

二年，加上慈安端裕康慶昭和莊敬皇太后，慈禧端佑康頤昭豫莊誠皇太后徽號，賜朝鮮國王王妃緞三十疋。

又朝鮮使臣來京，賞與同治十一年同。

三年四月，越南使臣來京，賜國王蟒緞、錦緞、䌷緞、閃緞各四疋，瓷器、洋漆盤各四，玻璃鼻煙壺四，黑皮椀四，文竹檳榔盤二；陪臣三員，各蟒緞二疋，大小卷八絲緞各一疋，白羅二疋，玻璃器、瓷器各二，玻璃鼻煙壺二，黑皮椀二，文竹檳榔盤一，茶葉二瓶；並賞陪臣、行人、通事、隨人皮綿袍褂、帽領、鞾襪，有差。

十二月，朝鮮使臣來京，賞與二年同。

四年十二月，朝鮮使臣來京，賞與三年同。

五年十二月，朝鮮使臣來京，賞與四年同。

七年十二月，朝鮮使臣來京，賞與五年同。

八年十二月，朝鮮使臣來京，賞與七年同。

九年十二月，朝鮮使臣來京，賞與八年同。

十年十二月，朝鮮使臣來京，入保和殿燕，賞與九年同。

十一年十二月，朝鮮使臣來京，入保和殿燕，賞與十年同。

十二年十二月，朝鮮使臣來京，入保和殿燕，賞與十一年同。

清・梁廷枏《海國四説・粵道貢國説》卷四《西洋諸國》 謹案：西洋在西南海，去中國極遠，於古無可稱。明初，使中官鄭和遠使西洋。其時，始知有西洋各國而未盡詳。至萬曆九年，西洋有利瑪竇者，至廣州之香山澳。二十九年，以其方物進獻。其徒繼來者益衆，士庶多與遊者。崇禎初，曆法疏舛，禮部尚書徐光啓，請令西洋人羅雅谷、湯若望等，以其國新法相參校，開局纂修。書成未上，旋遭鼎革。本朝建元，採用其説，命若望等理欽天監事。醫學亦間用之。據利瑪竇及南懷仁等稱：所經歐羅巴洲地七十餘國。其大者曰以西把尼亞，拂郎察，意大里亞，熱爾瑪尼亞，拂蘭地亞，波羅泥亞，翁加里亞，大泥亞，厄勒察亞，莫斯哥未。風俗尚天主教，通曆數，善製造。歐羅巴洲大、小諸國，皆奉行其教。其婚娶，男子三十，女子二十。通國之中，一夫一婦居室，無買妾生子者。產五穀，以麥爲重。出五金，以金、銀、銅鑄錢爲幣。衣服：蠶絲者有天鵝絨、織金緞之屬。羊絨有毯罽、鎖哈剌之屬。又有苧麻之類名利諾者，爲布絶細而堅，輕而滑，敝則擣爲紙，極堅韌。相見以免冠爲禮。概衣青色，兵士勿論。女人以金寶爲飾服，御羅綺佩帶諸香。酒以葡萄釀成，可積至數十年。膏油之類，味美者阿利襪，是樹豆果，熟後即全爲油，其生最繁，以法制之最饒風味，其核又可爲炭，滓可爲鹼，葉可食牛羊。飲食用金、銀、玻璃及磁器。天下萬國坐皆席地，惟歐羅巴諸國用椅桌。其屋三等，最上純以石砌，其次磚爲牆，其下土爲牆。石屋、磚屋築基最深，上可累六、七層，高至十餘丈。地中亦有一層，既可容藏，亦可除濕。瓦或用鉛，或石板，或陶瓦。凡磚、石壁皆千年不壞。牆厚而實，外氣難通，冬不寒而夏不溽。其工作如木工、石工、畫工、塑工、繡工之類，皆知度數之學，製造精巧。其駕車，國王八馬，大臣六馬，其次四馬，或二馬。乘載騾馬互用，戰馬皆用牡，騸過則弱不堪戰矣。良馬止飼大麥及稈，不雜他草及豆，食豆足重不可行。此歐羅巴飲食宮室之大略也。諸國皆尚文學，廣設學校，分爲四科：一曰道科，主興教化。一曰教科，主守教法。一曰治科，主習政事。一曰醫科，主療疾病。官祿皆厚。在處皆有貧院，養鰥寡孤獨，又有幼院以育小兒，有病院養疾病。各城邑遇豐年多積米麥，饑歲以常價糶之。又小西洋，去中土萬里，屬於大西洋。遣夷目守之，衣冠狀貌與大西洋略同。夷婦青帕蒙首，著長衣，圍錦幅於前，摺袖、革履，習針黹。

又案：西洋諸國，前有治世王，有教化王，諸小國皆聽命焉。就中尤重教化。凡貿遷者，皆治世類也。康熙間來貢，尚稱教化王。

康熙六年，廣東巡撫奏稱：『西洋國遣官入貢，正貢船一隻，護貢船三隻。』又，議准：『西洋貢道由廣東。』

七年，題准：『西洋進貢，以後船不許過三隻，每船不許過百人。』

八年，題准：『令正、副使及從人二十二名來京。其留邊人役，該地方官給與食物，仍加防守。』

九年六月，西洋國王阿豐肅，遣陪臣奉表入貢方物：國王畫像、金剛石、飾金劍、金珀畫箱、珊瑚樹、珊瑚珠、琥珀珠、伽楠香、哆囉絨、象牙、犀角、乳香、蘇合油、丁香、金銀乳香、花露、花幔、花氈、大玻璃鏡等物。奉旨：『西洋地居極邊，初次進貢，具見慕義之誠。可從優賞賚。欽此。』

又，西洋國貢使嗎諾吻薩唎嗟惹到京具表進貢。賞賜筵宴畢，差司賓序班一員，伴送至廣東，交該督差官護送出境。賜國王大蟒緞、糚緞、倭緞各三，閃緞五，片金緞一，花緞十，帽緞、藍緞、青緞各五，綾、紡絲各十有四，羅十，絹二，銀三百兩；使臣大蟒緞一，糚緞一、倭緞二，帽緞一、花緞六、藍緞二，綾、紡絲各四，絹二，銀百兩；護貢官、從人緞、綢、綾、絹、銀各有差。

又，貢使嗎諾吻薩喇嗟惹行至江南山陽地方病故。禮部題准：『內院撰祭文，所在布政司備祭品，遣本司堂官致祭一次。仍置地塋葬，立石封識。若同來使臣願帶回骸骨，聽從其便。』

十七年八月，西洋國王阿豐肅遣陪臣本多白壘拉，奉表貢獅子，並奏言：『凡在所屬，瞻仰巍巍。大清國咸懷尊敬，願率諸國永遠沾恩，等日月之無窮』云云。聖祖仁皇帝召見於太和殿，宴賚遣歸。

御前貢物：國王像一幅，金剛石飾金劍一柄，金珀書箱一座，珊瑚樹一枝，琥珀珠六串，伽楠香二段，哆囉絨三疋，象牙一枝，犀角四隻，乳香六桶，蘇合油一桶，丁香一籠，金銀乳香二籠，花露一箱，花幔四端，花氈一鋪。皇后前貢物：大玻璃鏡一面，珊瑚珠一串，琥珀珠十串，花露一籠，丁香一籠，金銀乳香一籠，花幔四端，花氈一鋪。

又，西洋國入貢，賞例照九年，外加賜國王大蟒緞、糚緞、倭緞、片金緞、閃緞、帽緞、藍緞、青緞各一，花緞二，綾、紡絲各四，綢二，共百；加賞貢使綾、紡絲、羅各二，絹一，共三十；護送官、從人各加賞有差。

又，西洋國貢使回國，兵部給口糧、驛遞夫船，部仍差官伴送至廣東，交該督、撫差官護送出境。

二十四年，監督宜爾格圖奏言：『粵東向有東、西二洋諸國來往交易，係市舶提舉司徵收貨稅。明隆慶五年，以夷人報貨奸欺，難於查驗，改定丈抽之例，按船大小以爲額稅，西洋船定爲九等。後因夷人屢請，量減抽三分，東洋船定爲四等。國朝未禁海以前，洋船詣澳，照例丈抽。但往日多載珍奇，今係雜貨，今昔殊異，十船不及一船。請於議減之外，再減二分。東洋亦照例行。』奉旨俞允。

謹案：海禁之開，在是年之前一年。沿海民人，得以五百石以下船出洋貿易。其海口內橋津舟車等物，停止徵收。據此，則是舊例丈抽已行議減，是年，因再酌減也。

五十九年，西洋國王遣陪臣斐拉里奉表來貢。是日，設表案於暢春園九經三事殿皆下正中，聖祖仁皇帝御殿升座，禮部、鴻臚寺官，引貢使奉表陳案上，退行三跪九叩禮。仍詣案前奉表進殿左門，升左陛，膝行至寶座旁恭進。聖祖仁皇帝受表，轉授接表大臣。貢使興，仍由左陛降，出左門，於階下複行三跪九叩禮。入殿，賜坐，賜茶畢，謝恩退。

乾隆十八年，西洋國王遣陪臣巴哲格等，奉表來京。令來使候於後左門，恭候高宗純皇帝御乾清宮，升寶座，禮部堂官一人，率領在京居住西洋人一人，引來使進見。進表儀同雍正五年。是日，會集之大臣咸補服，議政大臣入內大臣班，不賜茶，豹尾班侍衛照常隨進，扈衛如儀。

謹案：雍正五年，西洋意達里亞、博爾都噶爾雅兩國並入貢，分載於後。

賜國王及正使，均照雍正五年例。其副使總理官，每人蟒緞、帽緞各一，糚緞、采緞、藍花緞、青花緞、藍緞各二，綾、紡絲各四，絹二；護送官，每人潞綢、紡絲各四，絹二，銀五十兩；從人每名潞綢、紡絲、絹各二，銀五十兩。又，加賜國王龍緞四，糚緞十二，妝花緞、線緞各八，綾、紡絲各二十二，羅十三，絹七，册頁一，瑪瑙玉器六件，琺瑯器二種十二件，漆器十九種四十八件，瓷器三十三種共一百八十八件，及紫檀木器、畫絹、香袋、香餅、紙墨扇、茶等物；正使糚緞二、花緞、線緞四，玉器二，琺瑯器二，漆器三種五件，瓷器八種共三十三件，及畫絹、紙墨扇、茶等物。又，隨敕書賜國王龍緞、片金緞各二，蟒緞、倭緞各三，糚緞七，花緞六，閃緞、花緞、藍花緞、青花緞、藍緞、青緞、帽緞、線緞各四，綾、紡絲各二十二，羅十有三，絹七。又五月初一日，於圓明園，賜國王紗四十、葛百，及香囊、香串、宮扇、藥錠等物；正使紗三十、葛四十；副使、總理官紗十有二、葛十，及香囊、香串、宮扇、藥錠等物各有差；從人紗五十、葛百。

三十一年，覆准：『嗣後西洋人來廣，遇有原進土物及習天文、醫科、丹青、鐘錶等技，情願赴京效力者，在澳門令告知夷目，呈明海防同知，在省令告知行商，呈明南海縣，隨時詳報總督具奏請旨，護送進京。

僅帶書信物件，由海防同知、南海縣交提塘轉遞。』

東亞諸國分部

朝　鮮

綜　述

《元史》卷一《太祖紀》　（十三年）契丹六哥據高麗江東城，命哈真、扎喇率師平之；高麗王㬚遂降，請歲貢方物。

又　卷五《世祖紀二》　（中統三年六月）丙申，高麗國王王植遣使來貢。

（中統四年三月）己酉，高麗國王王植遣其臣朱英亮入貢，上表謝恩。

（至元元年四月）戊辰，高麗國王王植遣其臣金禄來貢。

又　卷六《世祖紀三》　（至元二年春正月）高麗國王王禃遣其弟［廣平］公（琐）［愖］奉表來貢。

（八月）戊寅，高麗國王王植遣使來貢方物。

又　卷二〇八《外夷傳一・高麗》　入元，太祖十一年，契丹人金山、元帥六哥等領衆九萬餘竄入其國。十二年九月，攻拔江東城據之。十三年，帝遣哈只吉、劄剌等領兵征之。國人洪大宣詣軍中降，與哈只吉等同攻圍之。高麗王名缺奉牛酒出迎王師，且遣其樞密院使、吏部尚書、上將軍、翰林學士承旨趙冲共討滅六哥。劄剌與冲約爲兄弟。冲請歲輸貢賦。劄剌曰：『爾國道遠，難於往來，每歲可遣使十人入貢。』十二月，劄剌移文取兵糧，送米一千斛。十四年正月，遣其權知閤門祇候尹公就、中書注書崔逸以結和牒文送劄剌行營，劄剌遣使報之。高麗王以其侍御史朴時允爲接伴使迎之。帝又遣蒲里帒也持詔往諭之，高麗王迎拜設宴。九月，皇太弟、國王及元帥合臣、副元帥劄剌等各以書遣宣差大使慶都忽思等十人趣其入貢，尋以方物進。十五年九月，大頭領官堪古苦、着古歟等復以皇太弟、國王書趣之，仍進方物。十六年七月，有旨，諭以伐女直事，始奉表陳賀。八月，着古歟使其國。十月，喜速不（爪）［瓜］等繼使焉。十七年十月，詔遣着古歟等十二人至其國，察其納款之實。十八年八月，宣差山朮解等十二人復以皇太弟、國王書趣其貢獻。十九年一月，着（右）［古］歟等復使其國；十二月，又使焉，盜殺之於途，自是連七歲絶信使矣。【略】

（元太宗）六年，福源得請，領其降民遷居東京，賜佩金符。【略】

十年五月，其國人趙玄習、李元祐等率二千人迎降，命居東京，受洪福源節制，且賜御前銀符，使玄習等佩之，以招未降民户。又李君式等十二人來降，待之如玄習焉。十二月，㬚遣其將軍金寶鼎、御史宋彦琦等奉表入朝。

十一年五月，詔徵㬚入朝，㬚以母喪辭。六月，乃遣其禮賓卿盧演、禮賓少卿金謙充進奉使、副，奉表入朝。十月，有旨諭㬚，徵其親朝於明年。十二月，㬚遣其新安公王佺與賓鼎、彦琦等百四十八人奉表入貢。

十二年三月，又遣其右諫議大夫趙修、閤門祇候金成寶等奉表入貢。五月，復下詔諭之。十二月，㬚遣其禮賓少卿宋彦琦、侍御史權韙充行李使入貢。是歲，攻拔昌、朔等州。

十三年秋，㬚以族子綧爲己子入質。

當定宗、憲宗之世，歲貢不入。故自定宗二年至憲宗八年，凡四命將征之，凡拔其城十有四。憲宗末，㬚遣其世子倎入朝。

世祖中統元年三月，㬚卒，命倎歸國爲高麗國王，以兵衛送之，仍赦其境内。制曰：

我太祖皇帝肇開大業，聖聖相承，代有鴻勳，芟夷羣雄，奄有四海，未嘗專嗜殺也。凡屬國列侯，分茅錫土，傳祚子孫者，不啻萬里，孰非向之勍敵哉。觀乎此，則祖宗之法不待言而章章矣。今也，普天之下未臣服者，惟爾國與宋耳。宋所恃者長江，而長江失險；所藉者川、廣，而川、廣不支。邊戍自徹其藩籬，大軍已駐乎心腹，鼎魚幕燕，危在旦夕。

爾初［以］世子奉幣納款，束身歸朝，含哀請命，良可矜憫，故遣歸國，完復舊疆，安爾田疇，保爾室家，弘好生之大德，捐宿構之細故也。用是已嘗戒敕邊將，斂兵待命，東方既定，則將迴戈於錢塘。迨餘半載，乃知爾國内亂渝盟，邊將復請戒嚴，此何故也？以謂果内亂耶，權臣何不自立，而立世孫？以謂傳聞之誤耶，世子何不之國而盤桓於境上也？豈以世子之歸愆期，而左右自相猜疑，私憂過計而然耶？重念島嶼殘民，久罹塗炭，窮兵極討，殆非本心。且御失其道，則天下狙詐咸作敵；推赤心置人腹中，則反側之輩自安矣。悠悠之言，又何足校。申命邊閫，斷自予衷，無以逋逃間執政，無以飛語亂定盟。惟事推誠，一切勿問。宜施曠蕩之恩，一新遐邇之化。自尚書金仁儁以次，中外枝黨、官吏、軍民，聖旨到日已前，或有首謀内亂，旅拒王師，已降附而還叛，因仇讐而擅殺，無所歸而背主亡命，不得已而隨衆脅從，應據國人但曾犯法，罪無輕重咸赦除之。

世子其趣裝命駕，歸國知政，解仇釋憾，布德施恩。緬惟瘡痍之民，正在撫綏之日，出彼滄溟，宅於平壤。賣刀劍而買牛犢，捨干戈而操耒耜，凡可援濟，毋憚勤勞。苟富庶之有徵，冀禮義之可復，亟正疆界，以定民心，我師不復踰限矣。大號一出，朕不食言。復有敢踵亂犯上者，非干爾主，乃亂我典刑，國有常憲，人得誅之。於戲！世子其王矣，往欽哉，恭承丕訓，永爲東藩，以揚我休命。

四月，復降旨諭倎曰：『朕祗若天命，獲承祖宗休烈，仰惟覆燾，一視同仁，無遐邇小大之間也。以爾歸款，既册爲王還國，今得爾與邊將之書，因知其上下之情，朕甚憫焉。』倎求出水就陸，免軍馬侵擾，還被虜及逃民，皆從之。詔班師，乃赦其境内。六月，倎遣其子永安公僖、判司宰事韓即入賀即位，以國王封册、王印及虎符賜之。是月，又下詔撫諭之。

二年三月，遣使入貢。四月，倎入朝。六月，倎更名禃，遣其世子愖奉表以聞。八月，賜禃玉帶一，遣侍衛將軍孛里察、禮部郎中高逸民護愖還國。九月，禃遣其侍御史張鎰奉表入謝。十月，帝遣阿的迷失、焦天翼持詔，諭以開榷場事。

三年正月，罷互市。諸王塔察兒請置鐵冶，從之。請立互市，不從。賜禃曆，後歲以爲常。禃遣使入謝，優詔答之。四月，禃遣其左諫議大夫朴倫、郎將辛洪成等奉表入朝。六月，遣使入貢。八月，朴倫等還，賜西錦三段、間金熟綾六段。十月，詔諭禃籍編民，出師旅，輸糧餉，助軍儲。是月，禃遣使入貢。

四年二月，以禃不答詔書，詰其使者。禃表乞俟民生稍集，然後惟命。帝以其辭意懇實，允之。朝貢物數，亦命稱其力焉。自三月至于六月，禃凡三遣使入貢，賜禃羊五百。十一月，禃以免置驛籍民等事，遣其翰林學士韓就奉表入謝。

五年正月丁丑朔，禃遣使奉表入賀，諭還使，令禃親朝京師。四月，以西北諸王率衆款附，擬今歲朝王公羣牧于上都，又遣必闍赤古乙獨徵禃入朝，修世見之禮。五月，禃遣其借國子祭酒張鎰從古乙獨入見，六月乃親朝。九月，帝以改中統五年爲至元元年，遣郎中路得成持赦令，與禃郎將康允（玿）［紹］頒其國。十月，禃入朝。十二月，遣禃還國。是年春，禃遣使入貢。自是終世祖三十一年，其國入貢凡三十有六。

至元三年二月，立瀋州，以處高麗降民。帝欲通好日本，以高麗與日本鄰國，可爲鄉導。八月，遣國信使兵部侍郎黑的、禮部侍郎殷弘、計議官伯德孝先等使日本，先至高麗諭旨。十二月，禃遣樞密院副使宋君斐、借禮部侍郎金贊等導詔使黑的、殷弘等往日本，不至而還。

四年正月，禃遣君斐等奉表從黑的等入朝。六月，帝以禃飾辭，令去使徒還，復遣黑的與君斐等以詔諭禃，委以日本事，以必得其要領爲期。九月，禃遣其起居舍人潘阜、書狀官李挺充國信使，持書詣日本。

五年正月，禃遣其弟淐入朝。帝以禃見欺於淐，面數其事切責之。特遣北（京）［路］總管兼大（興）［定］府伊于也孫脫、禮部郎中孟甲持詔諭禃，其略曰：『向請撤兵，則已撤之矣。三年當去水就陸，而前言無徵也。又太祖法制，凡内屬之國，納質、助軍、輸糧、設驛、編户籍、置長官，已嘗明諭之，而稽延至今，終無成言。在太（祖）［宗］時，王綧等已入質，驛傳亦粗立，餘率未奉行。今將問罪於宋，其所助士卒舟艦幾何？輸糧則就爲儲積，至若設官及户版事，其意謂何？故以問之。』三月，于也孫脫等至其國。

四月，禃遣其門下侍郎李藏用奉表與也孫脫等入朝。五月，帝敕藏用曰：『往諭爾主，速以軍數實奏，將遣人督之。今出軍，爾等必疑將出何地，或欲南宋，或欲日本，爾主當造舟一千艘，能涉大海可載四千石者。』藏用曰：『舟艦之事即當應命，但人民殘少，恐不及期。往者臣國有軍四萬，三十餘年間死於兵疫，今止有牌子頭、五十户、百户、千户之類虛名，而無軍卒。』帝曰：『死者有之，生者亦有之。』藏用曰：『賴聖德，自撤兵以來，有生長者僅十歲耳。』帝又曰：『自爾來者言，海中之事，於宋得便風可三日而至，日本則朝發而夕至。舟中載米，海中捕魚而食之，則豈不可行乎？』又敕藏用曰：『歸可以此言諭爾主。』

七月詔都統領脫朵兒、武德將軍統領王國昌、武略將軍副統領劉傑等使其國，與其來朝者大將軍崔東秀偕行。八月，至其國，禃出昇天府迎之，蓋諭以閱軍造船也。九月，以禃表奏潘阜等奉使無功而還，復遣黑的等使日本，詔禃遣重臣導送。十二月，禃遣其知門下省事申思（全）［佺］、禮部侍郎陳井、起居舍人潘阜等從國信使黑的等赴日本，借禮部侍郎張鎰奉表從脫朵兒入朝。

六年正月，禃遣其大將軍康允（玿）［紹］奉表奏誅權臣金俊等。三月。禃復遣申思（全）［佺］奉表從黑的入朝。六月，禃遣其世子愖入朝。賜禃玉帶一，愖金五十兩，從官銀幣有差。七月，帝遣明威將軍都統領脫朵兒、武德將軍統領王國昌、武略將軍副統領劉傑相視耽羅等處道路，詔禃選官引達，以人言耽羅海道往南宋、日本甚易故也。【略】

十五年一月，（睶）［賰］以達魯花赤石抹天衢秩滿未代，請復留三年，從之。東征元帥府上言：『以高麗侍中金方慶與其子愋、愃、恂，婿趙（卞）［抃］等，陰養死士四百人，匿鎧仗器械，造戰艦，積糧餉，欲謀作亂，捕方慶等按驗得實，已流諸海島。然高麗初附，民心未安，可發征日本還卒二千七百人，置長吏，屯忠清、全羅諸處，鎮撫外夷，以安其民。復令士卒備牛畜耒耜，爲來歲屯田之計。』七月，改鑄駙馬高麗王印賜（睶）［賰］。

十六年正月，敕其國置大灰艾州、東京、柳石、孛落四驛。

十七年五月，（睶）［賰］以民饑，乞貸糧萬石，從之。七月，以其國初置驛站，民乏食，命給糧一歲，仍禁使臣往來勿求索飲食。十月，加（睶）［賰］開府儀同三司、中書左丞相、行中書省事。

十八年二月，（睶）［賰］言本國必闍赤不諳行移文字，請除郎中員外各一員以爲參佐。（睶）［賰］又請易宣命職銜，增駙馬字，從之。六月，（睶）［賰］言本國置驛四十，民畜凋弊。敕併爲二十站，仍給馬價八百錠。八月，升其僉議府爲從三品。十一月，金州等處置鎮邊萬户府，以控制日本。【略】

二十八年五月，以（睶）［賰］子謜爲世子，授特進、上柱國，賜銀印。十月，以其國饑，給以米二十萬斛。

三十年二月，（睶）［賰］遣使入奏，復更名昛，及乞功臣號。制曰：『特進、上柱國、開府儀同三司、征東行中書省左丞相、駙馬高麗王昛，世守王爵，選尚我家。載旌藩屏之功，宜示褒嘉之寵。可賜號推忠宣力定遠功臣，餘如故。益懋厥勳，對揚休命。』十一月，昛入朝。

成宗元貞二年七月，升其僉議司爲二品。

大德元年十一月，封昛爲逸壽王，以世子謜爲高麗王，從所請也。

二年七月，中書省臣奏謜有罪當廢，復以其父昛爲王。

三年正月，昛遣使入貢。丞相完澤等言：『世祖時，或言高麗僭設省、院、臺，有旨罷之，其國遂改立僉議府、密直司、監察司。今謜加其臣趙仁規司徒、司空、侍中之職。又昛給仁規赦九死獎諭文書。又擅寫皇朝帝系，及自造曆，加其女爲令妃。又立資政院，以崔冲紹爲興祿大夫。又嘗奉太后旨，公主與謜兩位下怯薛觧合併爲一。謜不奉旨。謜又擅殺千户金呂而以其金符給宦者朮合兒兒。又仁規進女侍謜，有巫蠱事。今乞將仁規、冲紹發付京兆、鞏昌兩路安置，不得他適。昛行事不法，謜年少妄殺無辜，乞降詔戒飭。』帝命杖仁規、冲紹而遣之。二月，詔諭昛并闔境臣民：『自今以始，勉遵守國之規，益謹畏天之戒。凡在官者，各勤乃事，協力匡贊，毋蹈前非，自干刑憲。緇黃士庶，各安其業。』

五月，哈散使高麗還，言昛不能服其衆，朝廷宜遣官共理之。遂復立征東行省，命闊里吉思爲高麗行省平章政事。九月，昛遣使入貢，以朝廷增置行省，上表陳情，其略言：『累世有勤王之功，凡八十餘年，歲修職貢。嘗以世子入侍，得聯婚帝室，遂爲甥舅，實感至恩。使小國不替祖風，永修侯職，是所望也。』【略】

昛自大德二年復位，八年而薨。子謜復襲王位。成宗初年，尚寶塔實憐公主。十一年，進爵瀋陽王，繼襲位高麗國王，生子燾。燾受遜位，以仁宗皇慶二年四月封高麗國王。是年，其弟暠立爲世子，以其父瀋陽王請於朝故也。自瞰傳其子禃，禃傳其子昛，昛傳其子謜，謜傳其子燾，燾傳其弟暠。禃初名倎；，昛初名愖，又名（睶）［賰］，後乃名昛；，謜則更名（章）［璋］云。

明・李賢等［天順］《明一統志》卷八九《外夷・朝鮮國》 本朝洪武二年，其主王顓表賀即位，賜以金印誥命，封高麗國王。二十五年其主瑶昏迷，衆推門下侍郎李成桂主國事，詔從其自爲聲教。成桂更名旦，徙居漢城，遣使請改國號，詔更號朝鮮。旦老，請以子芳遠襲。永樂元年，賜芳遠金印，誥命冕服。十七年，芳遠老，請以子裪襲。景泰元年，裪卒，命其子珦襲。珦卒，命其子弘暐襲。弘暐幼弱，其叔瑈以讓位請。七年，封瑈爲王。自旦以來，時歲貢獻不絶，其國置八道，分統府州郡縣。

明・羅日褧《咸賓録》卷二《朝鮮》 及元初，契丹人六哥等領衆九萬餘竄入其國。元太祖遣哈只吉剳剌等領兵征之。高麗王缺名奉牛酒出迎，且遣其將趙仲共討滅六哥。剳剌與仲結爲兄弟，仲請歲輸貢賦。自是後元每遣使趣其入貢而後進方物焉。

元太宗時征高麗，復遣阿兒禿與高麗降人洪福源招其主王瞮，瞮遣其弟王侹請和。許之，置京、府、縣，以達魯花赤七十二人監之，遂班師。頃之，瞮盡殺元所置達魯花赤七十二人以叛。尋率衆竄居海島。元遣將命福源領其衆。瞮復攻之，福源遂遷居東京。而元賜佩金符命同將唐古攻瞮，於是畏威獻琛矣。至乎憲、定之間，歲貢不入，元凡四命將征之。瞮遣世子禃入朝。瞮卒，元命禃歸國嗣王，兵衛送之。禃以元册封故，故終世祖之三十一年，其國入貢者凡三十有六焉。

是時，元欲通日本，以高麗與日本鄰，可爲鄉導，乃遣兵侍黑的等使日本，先至高麗，諭旨禃遣使導往日本，不至而還。元與高麗從此隙矣，而其歲貢如故也。後禃世子愖入朝，奏言本國邪臣林衍廢禃立淐之事。元大怒，發兵征之，而復王禃故位，詔西京内屬，改爲東寧府。禃死，子愖立，後更名昛，以尚元公主故，賜以駙馬高麗王印，而加號『特進上柱國開府儀同三司征東行中省左丞相駙馬高麗王』云。成宗時，哈散使高麗還，言昛不能服其衆，宜遣官其理之，遂復立征東行省，命闊里吉思爲高麗行省平章政事。未幾復罷，而奉命滋謹矣。昛卒，凡三傳而王暠嗣。王氏自建立國至暠凡二十八王，歷四百餘年云。

我朝洪武二年，王王顓表賀即位。遣符寶郎偰斯賜金印、誥命、大統曆、金綺，封爲高麗國王，並賜王母、妃、相國、諸陪臣文幣有差，仍以祝文、牲帛祭高麗境内山川云。未幾，復遣陪臣金柱來朝。柱頗知書，出《清宴閣燕記》，自言其八世祖金緣所作，乃宋徽宗讌蔡京事。不知蔡京爲中國所鄙云。五年王顓遣其禮尚吴季南等貢方物，表言耽羅國恃其險遠，不奉朝貢；蒙古人留居其國，宜徙之；蘭秀山逋逃所聚，亦恐爲寇患，乞發兵討之。上賜璽書，言：『暹羅隸爾國，蒙古亦人類，蘭秀山逋寇示以朕詔，一呼可至，勿用兵使。』十年，以高麗貢使煩數，遣故元樞密使延安答里諭意。顓遣使姜仁裕表謝，貢方物。

十七年，上因高麗使來不遵臣禮，以賄結逆臣胡惟庸事覺，遣其使還。以敕諭遼東守將唐勝宗、葉昇，令絶高麗。未幾，高麗果遣使至。勝宗、昇以聞。上復以敕褒奬之。二十年，遼東守將濮真以高麗叛服不常，引兵攻之，兵敗被執，自刺死。顓懼，上表請罪，歸真喪。顓卒，封禑爲高麗王，非顓親子，國人所共立也。二十一年，指揮高家奴等市馬高麗還，言高麗王禑表請不受馬直，上令擇可用者以直償之，餘駑弱者量減其直。仍敕高麗還遼陽、瀋城民昔避亂於其國者。禑遂遣使以遼、瀋流民奈朵里不歹等戶四十五、口三百五十人來歸。

頃之，國相李仁人廢禑而立王昌。仁人子成桂復廢昌而立王瑶。久之，竟廢瑶而自立也。王氏自五代至今，數百傳而始絶。成桂遣人請命，上以其遠夷，故置不問。成桂更名旦，徙居漢城，遣使請更國號。詔更號朝鮮。旦遣使請印誥，上覽表，怪旦不遜，詰使者。使者言：『表鄭集撰。』上盡卻方物，索集。旦懼，送集至京，安置雲南，自是遂令遼東絶高麗矣。

永樂初，旦請老，子芳遠嗣。聞朝廷欲廣屯田於遼東，遣使貢牛萬頭於遼東。命戶部每牛一頭酬絹一匹、布四匹，賜其王文綺表裏各百匹，仍敕以其牛分給屯田。芳遠卒，子裪嗣，遣使貢海東青。詔諭裪珍禽異獸非朕欲也，其勿獻。以後聖旦、元旦及請封慶吊使來無常期，而朝廷有大政頒詔其國。及王嗣封，亦皆遣使焉。至嘉靖中，王李峘疏乞改《大明會典》中所載成桂簒逆事，從之。

《明史》卷三二〇《外國傳一・朝鮮》 明興，王高麗者王顓。太祖即位之元年遣使賜璽書。二年送還其國流人。顓表賀，貢方物，且請封。

帝遣符璽郎偰斯齎詔及金印誥文封顓爲高麗國王，賜曆及錦綺。其秋，顓遣總部尚書成惟得、千牛衛大將軍金甲兩上表謝，并賀天壽節，因請祭服制度，帝命工部製賜之。惟得等辭歸，帝從容問：『王居國何爲？城郭修乎？兵甲利乎？宮室壯乎？』頓首言：『東海波臣，惟知崇信釋氏，他未遑也。』遂以書諭之曰：『古者王公設險，未嘗去兵。民以食爲天，而國必有出政令之所。今有人民而無城郭，人將何依？武備不修，則威弛；地不耕，則民艱於食；且有居室，無廳事，無以示尊嚴。此數者朕甚不取。夫國之大事，在祀與戎。苟闕斯二者，而徒事佛求福，梁武之事，可爲明鑑。王國北接契丹、女直，而南接倭，備禦之道，王其念之。』因賜之《六經》、《四書》、《通鑑》。自是貢獻數至，元旦及聖節皆遣使朝賀，歲以爲常。

三年正月，命使往祀其國之山川。是歲頒科舉詔於高麗，顓表謝，貢方物，并納元所授金印。中書省言：『高麗貢使多齎私物入貨，宜徵稅，又多攜中國物出境，禁之便。』俱不許。五年表請遣子弟入太學，帝曰：『入學固美事，但涉海遠，不欲者勿强。』貢使洪師範、鄭夢周等一百五十餘人來京，失風溺死者三十九人，師範與焉。帝憫之，遣元樞密使延安答里往諭入貢毋數。而顓復遣其門下贊成事姜仁裕來貢馬，其賀正旦使金湑等已先至，帝悉遣還。謂中書省臣曰：『高麗貢獻繁數，既困敝其民，而涉海復虞覆溺。宜遵古諸侯之禮，三年一聘。貢物惟所產，毋過侈。其明諭朕意。』

六年，顓遣甲兩等貢馬五十匹，道亡其二，甲兩以聞。及進，以私馬足之。帝惡其不誠，却之。七年，遣監門護軍周誼、鄭庇等來貢，表請每歲一貢，貢道從陸，由定遼，毋涉海，其貢物稱『送太府監』。中書省言：『元時有太府監，本朝未嘗有，言涉不誠。』帝命却其貢。是歲，顓爲權相李仁人所弒。顓無子，以寵臣辛旽之子禑爲子，於是仁人立禑。

八年，禑遣判宗簿事崔原來告哀，且言前有貢使金義殺朝使蔡斌，今嗣王禑已誅義，籍其家。帝疑其詐，拘原而遣使往祭弔。十年，使來請故王顓謚號，帝曰：『顓被弒已久，今始請謚，將假吾朝命，鎮撫其民，且掩其弒逆之迹，不可許。前所留使者，其遣之。』於是釋原歸。其夏，復遣周誼貢馬及方物，却不受。冬，又遣使賀明年正旦，帝曰：『高麗王顓被弒，奸臣竊命，春秋之義，亂臣必誅，夫又何言。第前後使者皆稱嗣王所遣，中書宜遣人往問嗣王如何，政令安在。若政令如前，嗣王不爲羈囚，則當依前王言，歲貢馬千匹，明年貢金百斤、銀萬兩、良馬百、細布萬，仍悉送還所拘遼東民，方見王位真而政令行，朕無惑已。否則，弒君之賊，必討無赦。』

十一年四月，禑復命誼來貢。十二年，敕遼東守將潘敬、葉旺等謹飭邊備。其冬，禑遣李茂芳等來貢，以不如約却之。十三年，遼東送高麗使誼至京師，帝敕敬等曰：『高麗弒君，又殺朝使，前堅請入貢又不如期，今遣誼來，以虛文飾詐，他日必爲邊患。自今來者，其絶勿通。』因留誼於京師。十六年來貢，却之，命禮部責其朝貢過期、陪臣侮慢之罪，誠欲聽約者，當以前五歲違約不貢之物并至。十七年六月，禑遣司僕正崔涓、禮儀判書金進宜貢馬二千匹。且言金非地所產，願以馬代輸，餘皆如約。遼東守將唐勝宗爲之請，帝許之。然請顓謚號，襲王爵，未允也。

十八年正月，貢使至。帝諭禮臣曰：『高麗屢請約束，朕數不允，而其請不已，故索歲貢以試其誠僞，非以此爲富也。今既聽命，宜損其貢數，令三年一朝，貢馬五十匹。至二十一年正旦乃貢。』七月，禑上表請襲爵，並請故王謚。命封禑爲高麗國王，賜故王顓謚恭愍。

十九年二月，遣使貢布萬匹、馬千匹。九月，表賀，貢方物。其後貢獻輒踰常額，且未嘗至三年也。冬，詔遣指揮僉事高家奴以綺布市馬於高麗。二十年三月，高家奴還，陳高麗表辭馬直，帝敕如數償之。先是，元末遼、瀋兵起，民避亂，轉徙高麗。至是因市馬，帝令就索之，遂以遼、瀋流民三百餘口來歸。十二月，命戶部咨高麗王：『鐵嶺北，東西之地，舊屬開元者，遼東統之。鐵嶺之南，舊屬高麗者，本國統之。各正疆境，毋侵越。』【略】

二十五年九月，高麗知密直司事趙胖等持國都評議司奏言：『本國自恭愍王薨，無嗣，權臣李仁人以辛旽子禑主國事，昏暴好殺，至欲興師犯邊，大將李成桂以爲不可而回軍。禑負罪惶懼，遜位於子昌。國人弗順，啓請恭愍王妃安氏擇宗親瑤權國事。已及四年，昏戾信讒，戕害勳舊，子奭癡騃不慧，國人謂瑤不足主社稷。今以安氏命，退瑤於私第。王氏子姓無可當輿望者，中外人心咸繫成桂。臣等與國人耆老共推主國事，惟聖主俞允。』帝以高麗僻處東隅，非中國所治，令禮部移諭：『果能順天道，合人心，不啓邊釁，使命往來，實爾國之福，我又何誅。』冬，成桂聞皇太子薨，遣使表慰，幷請更國號。帝命仍古號曰朝鮮。

二十六年二月，遣使進馬九千八百餘匹，命運紵絲綿布一萬九千七百餘匹酬之。六月，表謝，貢馬及方物，幷上前恭愍王金印，請更己名曰旦。從之。是月，遼東都指揮使司奏，朝鮮國招引女直五百餘人，潛渡鴨綠江，欲入寇。乃遣使敕諭，示以禍福。旦得敕，惶懼陳謝，上貢，幷械送逋逃軍民三百八十餘人至遼東。

二十七年，旦遣子入貢。二十八年遣使柳珣賀明年正旦。帝以表文語慢，詰責之。珣言表文乃門下評理鄭道傳所撰，遂命逮道傳，釋珣歸。二十九年送撰表人鄭總等三人至，云表實總等所撰，道傳病不能行。帝以總等亂邦搆釁，留不遣。三十年冬，復以表涉譏訕，拘其使。建文初，旦表陳年老，以子芳遠襲位。許之。

成祖立，遣官頒即位詔。永樂元年正月，芳遠遣使朝貢。四月復遣陪臣李貴齡入貢，奏芳遠父有疾，需龍腦、沉香、蘇合、香油諸物，齎布求市。帝命太醫院賜之，還其布。芳遠表謝，因請冕服書籍。帝嘉其能慕中國禮，賜金印、誥命、冕服、九章、圭玉、珮玉，妃珠翠七翟冠、霞帔、金墜，及經籍綵幣表裏。自後貢獻，歲輒四五至焉。

二年十二月，詔立芳遠子禔爲世子，從其請也。五年十二月，貢馬三千匹至遼東，命户部運絹布萬五千匹償之。六年，世子禔來朝，賜織金文綺。及歸，帝親製詩賜之。時朝鮮納女後宫，立爲妃嬪者四人。其秋，遣陪臣鄭擢來告其父旦之喪。命官弔祭，賜謚康獻。

十六年，奏世子禔不肖，第三子裪孝弟力學，國人所屬，請立爲嗣，詔聽王所擇。因上表謝，幷陳已年老，請以裪理國事。命光禄少卿韓確、鴻臚丞劉泉封裪爲朝鮮國王。時帝已遷北都，朝鮮益近，而事大之禮益恭，朝廷亦待以加禮，他國不敢望也。

二十年，芳遠卒，賜謚恭定。二十一年七月，裪請立嫡子珦爲世子，從之。先是，敕裪貢馬萬匹，至是如數至，賜白金綺絹。

宣德二年三月，遣中官賜白金紵紗，别敕進馬五千匹，資邊用。九月，如數至。四年賜裪書：『珍禽異獸，非朕所貴，其勿獻。』後又敕裪：『金玉之器，非爾國所産，宜止之，上物效誠而已。』八年，裪奏遣子弟詣太學或遼東學，帝不許，賜《五經》、《四書》、《性理》、《通鑑綱目》諸書。

正統元年三月，放朝鮮婦女金黑等五十三人還其國。金黑等自宣德初至京師，至是遣中官送回。三年八月，賜裪遠游冠、絳紗袍、玉佩、赤舄。先是，建州長童倉避居朝鮮界，已復還建州。朝鮮言：『昔以窮歸臣，臣遇之善。今負恩還建州李滿住所，慮其同謀擾邊。』建州長言，所部爲朝鮮追殺，阻留一百七十餘家。五年詔裪還之。七年五月諭裪曰：『鴨綠江一帶東寧等衛，密邇王境，中多細人逃至王國，或被國人誘脅去者，無問漢人、女真，至即解京。』初，瓦剌密令女真諸部誘朝鮮，使背中國。裪拒之，白其事於朝。帝嘉其忠，敕獎之，幷賜綵幣。九年春，倭寇犯邊，裪命將擒獲五十餘人，械送京師。十年又獲餘黨來獻。帝連敕獎諭，賜賚加等。十三年冬，命使調發朝鮮及野人女直兵會遼東，征北寇。時英宗北狩，郕王即位，遣官頒詔於其國。

景泰元年，貢馬五百匹。奏稱奉敕辦馬二三萬匹，比因鄰寇搆釁，馬畜踣斃，一時未能。詔曰：『寇今少息，馬已至者，償其直。未至者，止勿貢。』是年夏，裪卒，賜弔祭，謚莊憲，封子珦爲國王。會遼東奏報開原、瀋陽有寇入境，掠人畜，係建州、海西、野人女直頭目李滿住等爲嚮導，因諭珦相爲犄角截殺之。其秋，續貢馬千五百餘匹。賜冕服，幷償其直。冬又賜珦及妃權氏誥命，封其子弘暐爲世子。二年冬，以建州頭目潛與朝鮮通，戒珦絶其使。

三年秋，珦卒，來告哀，遣中官往弔祭，賜謚恭順，命子弘暐嗣立。弘暐立三年，以年幼且嬰夙疾，請以叔瑈權國事。七年上表遜位，乃封瑈爲國王。瑈請立子暲爲世子，從之。【略】

成化元年冬，陪臣李門炯來朝，卒於道。命給棺賜祭，幷賜綵幣，慰其家。時朝鮮頻貢異物，三年春，敕諭瑈修常貢，勿事珍奇。是時，朝廷用兵征建州，敕瑈助兵進剿。瑈遣中樞府知事康純統衆萬餘渡鴨綠、潑猪二江，攻破九獮府諸寨，斬獲多。

四年正月，遣官來獻俘。詔從厚賚，敕獎諭之。是年，瑈卒，賜謚惠莊。遣太監鄭同、崔安封世子晄爲王，給妃韓氏誥命。既行，巡按遼東御史侯英奏曰：『遼東連年被寇，瘡痍未起。今復禾稼不登，軍民乏食。太監鄭同等隨從人員所過驛騷。臣考先年曾於翰林院中，選有學行文望者出使。今同、安俱朝鮮人，墳墓宗族皆在，見其國王，不免屈節，殊褻中國體。乞寢成命，或翰林，或給事中及行人內推選一員，往使爲便。』帝曰：『英所言良是，自後賞賚遣內臣，其冊封正副使，選廷臣有學行者。』

六年，晄病篤，以所生子幼，命其兄故世子暲之子娎權國事，遣陪臣以聞。及卒，賜謚襄悼，命娎嗣位，娎妻韓氏封王妃。十年追贈娎父世子暲爲國王，謚懷簡，母韓氏爲王妃，從所請也。

十一年四月，娎奏建州野人糾聚毛憐等衛野人邊境不已，乞朝命戒飭。十二年十月，娎爲繼妻尹氏請封，賜誥命冠服。時禁外國互市兵器，娎奏：『小邦北連野人，南鄰倭島，五兵之用，不可缺一。而弓材所需牛角，仰於上國。高皇帝時嘗賜火藥、火礮，今望特許收買弓角，不與外番同禁。』兵部議歲市弓角五十，後以不足於用，請無限額，詔許倍市。

十五年十月，命娎出兵夾擊建州女直。娎遂遣右贊成魚有沼率兵至滿浦江，以氷泮後期。復遣左議政尹弼商、節度使金嶠等渡江進勦。十六年春，遣陪臣來獻捷，帝命內官齎敕奬其能繼先烈，賜金幣，領兵官賞賚如例。後使還，遣其臣許熙伴送。熙歸至開州，建州騎二千邀之，掠其從卒三十餘人，馬二百三十餘匹，他所亡物稱是。奏聞，英國公張懋、吏部尚書尹旻等以遼東連年用兵，未可輕動，宜以此意諭娎。敕遼東守臣整飭邊備，更令譯者窮究所掠，期在必得，仍賜熙白金綵幣慰安之。

十七年，娎奏繼妃尹氏失德，廢置，乞更封副室尹氏，從之。十九年四月，封娎長子㦕爲世子。

弘治七年十二月，娎卒，賜謚康靖，明年四月，封㦕爲國王，妻愼氏爲王妃。十二年，㦕奏：『本國人屢有違禁匿海島，誘引軍民，漸至滋蔓。乞許本國自行搜刷。其係上國地方，請敕官追捕。』時遼東守臣亦奏如㦕言，報可。十五年冬，封㦕長子頊爲世子。

正德二年，㦕以世子顓夭亡，哀慟成疾，奏請以國事付其弟懌，其國人復奏請封懌。禮部議命懌權理國事，俟㦕卒乃封。既，陪臣盧公弼等以朝貢至京，復請封懌，廷議不允。十二月，㦕母妃奏懌長且賢，堪付重寄。於是禮部奏：『㦕以痼疾辭位，懌以親弟承托，接受既明，友愛不失，通國臣民擧無異詞，宜順其請。』上乃允懌嗣位，遣中官敕封，幷賜其妃尹氏誥命。

初，成桂之自立也，與宰相李仁人本異族。永樂間，降祭海嶽祝文，稱成桂爲仁人子而祖訓亦載仁人子，成桂更名旦。後成桂子芳遠奏辨，太宗許令改正。至是修《大明會典》，仍列祖訓於朝鮮國。貢使市以歸，懌上疏備陳世系，辨先世無弑逆事，乞改正。禮部議：『會典詳載本朝制度，事涉外國，疑似之際，在所略。況成桂得國出皇祖命，其不繫仁人後，太宗詔可徵，宜從其請。』詔曰：『可。』

十五年冬，命內官封懌子峼爲世子，賜懌金帛珠玉，令括取異物及童男女以進。十六年，世宗即位，禮官言：『天子初踐阼，宜正中國之體，絶外裔狎侮之端。請諭懌非朝廷意，召內臣還，毋有所索取。』帝從之。

嘉靖二年八月，以俘獲倭夷來獻，幷送還中國被掠八人。賜白金錦紵。

八年八月，陪臣柳溥上言：『國祖李旦係本國全州人。二十八世祖瀚仕新羅爲司空。新羅亡，六世孫兢休入高麗。十三世孫安社仕元爲南京千户所達魯花赤。元季兵興，安曾孫子春與男成桂避地東遷。至正辛丑，當恭愍王之十年，有紅巾賊入境，成桂擊賊有功，授武班職事，時尚未知名。恭愍無嗣，陰蓄寵臣辛旽之子禑爲子，晚爲嬖臣洪倫、內豎崔萬生所弑。權臣李仁人誅倫、萬生而立禑，擢成桂爲門下侍中。禑遣成桂侵遼東，成桂不從，返兵。禑懼，遜位於子昌。昌以僞姓見黜，復立王氏裔定昌君瑶，竄仁人於外。瑶復不道，國人戴成桂，請於高皇帝，立爲王，更名旦。瞻瑶別邸，終其身，實未嘗爲弑。前永樂、正德間，屢經奏請，俱蒙俞允，而迄未改正。今遇重修《會典》，乞賜昭雪。』詔送史館編纂。

十八年二月，睿宗祔太廟，配享明堂禮成，懌表賀。帝特御奉天門引見，賜宴禮部。

二十三年冬，懌卒。二十四年正月來訃，賜謚恭僖。詔立其子峼。峼未踰年卒，賜謚榮靖。九月，峼弟權國事峘遣使謝祭謚，幷請襲封，詔許之。

二十五年，峘遣使送下海番人六百餘至邊，賜金幣。二十六年正月，峘咨稱：『福建人從無泛海至本國者，因往日本市易，爲風所漂，前後共獲千人以上，皆挾軍器貨物，致中國火礮亦爲倭有，恐起兵端。』詔：『頃年沿海奸民犯禁，福建尤甚，往往爲外國所獲，有傷國體。海道官員令巡按御史察參。仍賜王銀幣，以旌其忠。』

三十一年冬，以洪武、永樂間所賜樂器敝壞，奏求律管，更乞遣樂官赴京校習，許之。

三十五年五月，有倭船四自浙、真敗還，漂入朝鮮境。峘遣兵擊殲之，得中國被俘及助逆者三十餘人來獻，因賀冬至節，帝賜璽書褒諭。三十八年十一月奏：『今年五月，有倭寇駕船二十五隻來抵海岸，臣命將李鐸等剿殺殆盡，獲中國民陳春等三百餘人，内招通倭嚮導陳得等十六人，俱獻闕下。』復降敕奬勵，厚賚銀幣，并賜鐸等有差。

四十二年九月，峘復上書辨先世非李仁人後，今修會典雖蒙釐正，乞著始祖旦、父子春之名，帝令附録會典。

隆慶元年六月，遣官頒即位詔。時帝將幸太學，來使乞留觀禮，許之。是年冬，峘卒，賜謚恭憲，命其姪昖襲封。

萬曆元年正月，上穆宗尊謚、兩宫徽號禮成，昖表賀，獻方物馬匹。時昖屢請賜《皇明會典》，爲其先康獻王旦雪寃。十六年正月，《會典》成，適貢使愈泓在京，請給前書，以終前命。許之。十七年十一月，陪臣奇芩等入賀冬至，奏稱本年六月，大琉球國船遭風至海岸，所有男婦合解京，給文放歸。從之。【略】

時倭國内亂，對馬島主平義智悉遣降人還朝鮮，遣書乞和，且揚言秀吉將家康將輸糧數十萬石爲軍興資，以脅朝鮮。朝鮮與對馬島一水相望，島地不産五穀，資米於朝鮮。兵興後，絶開市，因百計脅款。秀吉死，我軍盡撤，朝鮮畏倭滋甚。欲與倭通款，又懼開罪中國。十二月，昖以島倭求款來請命。兵部以事難遥度，令總督世德酌議，詔可。三十年十一月，昖言倭使頻來要挾和款，兵端漸露，乞選將率兵，督同本國訓練修防。帝曰：『曾留將士教習，成法具在，無容再遣。』因命其使臣齎敕誡勵。三十三年九月，昖復請封琿爲世子，禮部仍執立長之議。三十五年四月，昖以家康求和來告，兵部議聽王自計而已。由是和款不絶，後三年始畫開市之事。

三十六年，昖卒。光海君琿自稱署國事，遣陪臣來訃，且請謚。帝惡其擅，不允，令該國臣民公議以聞。時我大清兵征服各部，漸近朝鮮。兵部議令該王大修武備，整飭邊防，并請敕遼左督撫鎮臣，遣官宣達毋相侵犯之意。從之。十月，封琿爲國王，從其臣民請也。三十七年三月，謚昖曰昭敬，遣官賜琿及妃柳氏誥命。

初，朝鮮失守，賴中國力得復，倭棄釜山遁。然陰謀啓疆，爲患不已。於是海上流言，倭圖釜山，朝鮮與之通。四十一年九月，總兵官楊宗業以聞。琿疏辨，詔慰解之。

四十二年四月，奏請追封生母金氏。禮部按《會典》，嫡母受封而生母先亡者得追贈，乃命封爲國王次妃。四十三年十一月，表賀冬至，因奏買回《吾學編》、《弇山堂別集》等書，載本國事與會典乖錯，乞改正。禮部言：『野史不足憑，今所請恥與逆黨同譏，宜憫其誠，宣付史館。』報可。初，琿爲生母已得封，至是復祈給冠服。禮臣以金氏側室，禮有隆殺，執不可。四十五年正月，琿請至再，帝以琿屢次懇陳，勉從之。

清·傅恆等《清職貢圖》卷一《朝鮮國》　唐至元屢服屢叛，明洪武中，李成桂自立爲王，遣使請改國號爲朝鮮。本朝崇德元年，太宗文皇帝親征，克之。其國王李倧出降。封爲朝鮮國王，賜龜紐金印。自是朝鮮遂服，慶賀大典，俱行貢獻禮。

清·穆彰阿等《嘉慶重修一統志》卷五五〇《朝鮮》　（崇德七年）上親率和碩禮親王代善、睿親王多爾袞等征高麗，渡鎮江至郭山城，及定州、安州進圍。朝鮮王都李倧遣妻子入島，而自遁入南漢山城。就圍之，分兵敗其諸道。援師李倧哀詞求和。始許其出城歸命。然倧猶疑懼不敢出，未幾。睿親王多爾袞破江華島獲倧妻子及羣臣妻子，令其内侍衞至軍并遺以書，倧乃率其長子溍及羣臣朝服出降，伏地請罪。上慰諭賜坐宴之，還其妻子及羣臣眷屬，封其國主爲朝鮮國王。賜誥命給龜紐金印，封王妻爲妃，王子爲世子賜裘帽、貂皮、鞍馬，遣人送入王都。至是，朝鮮遂服。慶賀大典俱行貢獻禮，於太宗文皇帝駐軍之地，豎立石碑，備書其事云。【略】

自後每年恭進，萬壽節、冬至、元旦年貢等四貢，俱以年終詞彙進遣正副使各一員，以其國吏曹、戶曹、禮曹等判書，或以判中樞府事等官充之。書狀官一員，大通官三員，押物官二十四員。乾隆八年，高宗純皇帝詣盛京，國王李昑接遣官駕，賞賜如例。四十一年，李昑薨，世孫李祘承襲。四十三年，上詣盛京，遣官齎表迎駕，【略】特賜『東藩濟美』匾額。四十八年八月，盛京值萬壽節，賜國王匾額詩章及《古稀説》。五十年，舉行千叟宴，命朝鮮酌派年六十以上者二三員充正副使，豫茲盛典上，聞國王好學能詩，賞内務府倣宋版《五經》全部幷筆墨等物。五十五年。上八旬萬壽。頒恩詔於朝鮮。國王表賀，貢方物。嘉慶四年，上高宗純皇帝尊謚國王遣使進表文方物。仁宗睿皇帝嘉其恭謹，准作年貢，以示體恤。五年，李祘薨，子玜立。六年，以本國辦理邪匪顛末臚章入告，並稱餘孽未靖，恐其潛入邊門。上諭其嚴飭臣民，敦崇正道，飭沿邊大吏一體嚴查，以示撫輯懷柔之意。八年，國王咨稱盛京高麗溝偷砍木植，奸民劉文喜六民竄入其國，緝獲劉青山、蔡法二名。劉文喜乘間復竄，已將龍川府使等拏勘。上嘉其恭謹，以首犯已獲，諭將勘處之員寬免十年。上詣盛京，遣官接駕，特賜『禮教綏藩』匾額。十二年，以其國義州商人與邊民私市，自將商人監禁，幷繳進銅鐵等物。上獎其恭順，厚賚之。二十三年，上詣盛京，遣陪臣跪迎瞻覲，賜御製詩章、御書福字。

清·薩迎阿等［嘉慶］《禮部則例》卷一七二《主客清吏司·朝鮮朝貢》

朝鮮即高麗。我國家龍興東土，效順最先，奉正朔修職貢者，百有餘年。所貢方物，節經奉恩，裁減定如今例。乾隆八年，遣陪臣等迎駕盛京。高宗純皇帝御書『式表東藩』匾額以賜之。乾隆四十三年，遣陪臣迎駕盛京，高宗純皇帝復御書『東藩繩美』以賜之。嘉慶十年，遣陪臣迎駕盛京，皇上御書『禮教綏藩』以賜之。該國於朝貢外，每歲恭領《時憲書》及齎咨來京者，俱優賞如例。貢道渡鴨緑江，由鳳凰城陸路至盛京，入山海關赴京師。

一、朝鮮每年四貢。

萬壽聖節、元旦、冬至，各令節及年貢均於歲杪至京。恭進皇帝前表文六通，皆有副表。皇太后、皇后前狀各三通，開印後一併具題。

一、朝鮮貢使，正副使各一員，以其國大臣或同姓親貴稱君者充。書狀官一員，大通官三員，護貢官二十四員，從人無定數，賞額凡三十名。

一、年貢。恭進白苧布二百匹，白綿紬二百匹，紅綿紬一百匹，緑綿紬一百匹，木綿布三千匹，五爪龍席二張，各樣花席二十張，鹿皮百張，獺皮三百張，腰刀十把，大小紙共五千卷，黏米四十石。朝鮮例貢有金銀器皿、人參、馬匹，均於順治年間恩旨停免。謹按康熙三十二年，免貢黃金百兩，青紅藍木綿布六百匹。五十年，免貢銀千兩，紅豹皮一百四十二張。雍正元年，免貢青黍皮三百張，水獺皮百張，木綿布八百匹，白綿紙二千卷。五年，復於例貢米百石内減去稻米三十石，糯米三十石。

一、萬壽聖節。恭進皇帝前黃苧布十匹，白苧布二十匹，黃綿紬三十匹，紫綿紬二十匹，白綿紬二十匹，龍文簾席二張，黃花席二十張，滿花方席二十張，雜彩花席二十張，獺匹二十張，白綿紙一千四百卷，厚油紙十部。恭進皇太后前紅苧布十匹，白苧布二十匹，紫綿紬二十匹，白綿紬十匹，黃花席十張，滿花席十張，雜彩花席十張。恭進皇后前儀物同。

一、元旦令節。恭進皇帝前黃苧布十匹，白苧布二十匹，黃綿紬二十匹，白綿紬二十匹，龍文簾席二張，黃花席十五張，滿花席十五張，滿花方席十五張，雜彩花席十五張，白綿紙一千三百卷。恭進皇太后前紅苧布十匹，白苧布二十匹，紫綿紬二十匹，白綿紬十匹，黃花席十張，滿花席十張，雜彩花席十張，螺鈿梳函一事。恭進皇后前儀物同。

一、冬至令節與元旦貢同。惟恭進皇帝儀物加進黃花席、滿花席、滿花方席、雜彩花席各五張。

一、恭遇慶典，具方物表賀恭進皇帝前黃苧布三十匹，白苧布三十匹，黃綿紬二十匹，紫綿紬二十匹，白綿紬三十匹，龍文簾席二張，黃花席十五張，滿花席十五張，滿花方席十五張，雜彩花席十五張，白綿紙二千卷。恭進皇太后前紅苧布十匹，白苧布二十匹，白綿紬二十匹，滿花席十張，雜彩花席十張。恭進皇后前儀物同。

一、該國王謝恩方物，與恭進慶賀方物同。謹按乾隆四十五年，奉旨朝鮮陳謝表章，所有隨表貢物概行停止，該國王遣使謝恩，仍貢方物，奉旨收受，仍飭嗣後毋庸再進。四十八年，該國王遣使謝恩，仍貢方物，奉旨收受，仍飭嗣後毋庸再進。五十一年，謝祭世子恩又謝，格外筵賞使臣恩俱貢方物。

一、該國王陳奏事件，恭進皇帝前黃苧布二十匹，白苧布二十匹，黃綿紬二十匹，紫綿紬二十匹，白綿紬二十匹，龍文簾席二張，黃花席十張，滿花席二十張，雜彩花席十張，獺匹二十張，青黍皮三十張，白綿紙二千卷，黃毛筆百枝，油煤墨五十錠。恭進皇太后前紅苧布十匹，白苧布十匹，白綿紬十匹，滿花席十張，雜彩花席十張。恭進皇后前儀物同。

一、恭遇巡幸盛京。朝鮮國王遣陪臣進表接駕，恭進方物豹皮二十張，鹿皮三十張，水獺皮五十張，青黍皮一百張，倭劍二柄，金鰒二十貼，八帶魚二十尾，大口魚二百尾，海參二百斤，海帶菜二百斤，紅蟶二百斤，浮椒、白蜜、柏子、銀杏、黄栗各十五斗，柿二十貼。謹按康熙二十一年，聖祖仁皇帝恭謁祖陵，朝鮮國王敬遣陪臣至盛京迎駕，恭進豹皮等物。乾隆八年、十九年、四十三年、四十八年，高宗純皇帝恭謁祖陵，巡幸盛京，朝鮮國王遣陪臣進表修貢儀同，惟銀杏、黄栗易廣魚一百尾，榛子十斗。嘉慶十年、二十三年，皇上恭謁祖陵，巡幸盛京，朝鮮國王遣陪臣進貢儀同。

一、朝鮮入貢鳳凰城，城守尉派防禦一員，伴送其入貢，包數由鳳凰城城守尉及山海關監督查驗貢物，內務府存貯，俟具題得旨知照該處查收，仍行知該國王。其年貢內，有盛京戶部例應截留者，由盛京禮部知會轉行內務府查照。其三大節貢內，如值 中宮虛位將恭進皇后箋文及方物，仍交來使帶回。乾隆四十二年，該國王咨懇奏，留禮部具奏，奉旨准作本年正貢。又該國載運貢包車向係給價。嘉慶十三年，奉旨著盛京將軍轉飭鳳凰城城守尉代爲僱覓，報部支銷，毋庸該國給價。

一、慶賀貢物，題請收受如常貢例，其謝恩及陳奏方物應否收受，或留抵下次正貢，具題請旨。如留抵下次正貢者，仍交內務府存貯，次年應貢時照數於本內聲明准抵抵充，不盡者再移入下次，仍行知該國王。謹按乾隆五十一年，該國謝祭世子恩貢物折銀九百三十九兩八錢，賞物折銀九百四十兩。嘉慶元年，朝鮮例貢外，添備太上皇弟傳位，皇帝登極慶賀并頒發恩諭表貢三分，奉旨准抵下次正貢。再奉旨此後外藩各國惟查照年例具表齎貢，毋庸添備貢物於太上皇帝。皇帝前作兩次呈進行知朝鮮并安南、暹羅、琉球各國王。二年，朝鮮國王以天朝累慶重鼇，欣逢太上皇帝萬萬壽聖節并皇帝萬壽聖節，均經備物呈進皇帝，敬奉太上皇帝，聖諭一律鑑收。至例外所有隨表貢物准其抵作下次正貢，毋庸再行備進。嘉慶四年，朝鮮國王歲貢外，恭進慶賀高宗純皇帝升祔太廟貢物一分，禮部查照雍正二年聖祖仁皇帝升祔。乾隆二年也宗憲皇帝升祔，該國慶賀禮物准收之，案奏請賞收。十七年，朝鮮陳奏請封世子貢物，奉旨留抵下次正貢。

一、朝鮮帶來貨物銀兩，鳳凰城城守尉查明註册，呈報各管衙門存查，聽該國人覓商車載運地方官，嚴行催趲行走，撥兵二十名，幫役二三十名巡查照料，更遞護送。□商貨銀偶有損傷，著落原商賠還，仍照棄毀官物治罪。如係偷竊賊犯，照竊餉治罪，地方官照村莊失事議處。隨帶銀物因失被竊，地方官及護送官照失餉議處。銀物著地方官及統轄專轄官分賠，賊犯照竊餉治罪，該國押物人員藉餉生事迎送通官據實具報禮部，行知該國王一體治罪。謹按嘉慶八年，貢使回國至盛京有偷竊案。十八年，貢使回國至薊州，因馬匹驚跑有失竊案，均照例辦理。

一、題准頒賞年貢。賜該國王表緞五匹，裏五匹，粧緞四匹，雲緞四匹，貂皮百張。正副使各大緞一匹，帽緞一匹，彭緞一匹，紬一匹，紡絲一匹，絹二匹，銀五十兩。書狀官大緞一匹，彭緞一匹，絹一匹，銀四十兩。大通官各大緞一匹，絹一匹，銀二十兩。護貢官各彭緞一匹，布二匹，銀十五。兩正副使等官從人各銀四兩。謹按康熙年間，朝鮮陪臣靈豐君李湜及福昌君李楨皆有同來內監一名，俱賞緞四匹，銀五十兩，靴一雙。

萬壽圣節貢賜該國王二等鞍馬一匹，表緞五匹，裏五匹，粧緞四匹，雲緞四匹，貂皮百張。正副使各三等鞍馬一匹，大緞一匹，帽緞一匹，彭緞一匹，紬一匹，紡絲一匹，絹二匹，銀五十兩。書狀官大緞一匹，彭緞一匹，紬一匹，絹一匹，銀五十兩。大通官各大緞一匹，紬一匹，絹一匹，銀三十兩。護貢官各彭緞一匹，紬一匹，布二匹，銀二十兩。正副使等官從人各銀五兩。舊例賞朝鮮國王銀一百兩，又貂皮一百張，折銀一百五十兩。謹按雍正七年，奉旨議准貂皮百張，不必折銀，至賞銀一百兩亦改爲粧緞四匹，雲緞四匹，其緞匹均於內庫取用，以示優重藩王之意。乾隆四十五年，遣使熱河慶賀萬壽，加賞國王緞十八匹。正副使緞各四匹。書狀官緞三匹。大通官緞各二匹。從官緞各二匹。從人六十四名，各銀二兩。嘉慶四年，恭進例貢內有恭進太上皇帝禮物一分，奏照乾隆四十二年之例，即交該使臣帶還，賞亦照前例扣除一分。

一、元旦貢與萬壽聖節貢賞賜同。冬至貢與年貢同。謹按乾隆四十七年正月初九日，紫光閣筵宴朝鮮使臣，奉旨入宴，賞正使錦三匹，漳絨三匹，八絲緞五匹，五絲緞五匹，大荷包一對，小荷包四對，酒鍾一對。副使錦一匹，漳絨一匹，八絲緞三匹，五絲緞三匹，大荷包一對，小荷包二對，酒鍾一個。十五日，正大光明殿賜宴觀鐙，使臣獻詩，恩賞八絲緞各一匹，絹箋各二卷，筆各一匣，墨各一匣。十六日，恩賞正使錦一匹，八絲緞二匹。副使錦一匹，八絲緞一匹。四十八年正月初五日，紫光閣筵宴賞正副使，與四十七年同。十二日，山高水長筵宴，使臣獻詩，賞與四十七年同。四十九年正月初九日，賜中正殿筵宴，賞正副使與四十八年正月紫光閣宴同。加賞國王玉如意一柄，玉器二件，錦四匹，大絲緞四匹，閃緞四匹，漳絨四匹，紅洋氊一版，紅羽緞一版，雕漆盒四個。五十年正月，舉行千叟宴，正副使入宴，加賞國王宋澄泥仿唐石渠硯一方，梅花玉版箋二十張，仿澄心堂紙二十張，花箋二十張，花絹二十張，徽墨二十錠，湖筆二十枝。加賞正副使每員《千叟宴詩》一章，壽杖一件，錦二匹，閃緞二匹，漳絨二匹，絹箋二十張，湖筆二十枝，硯一方，商絲茶盤二件，如意一柄，蟒緞二匹，大卷緞二匹，倭緞二匹，貂皮十六張，硃紅絹福字方二十張，徽墨十錠，文竹香盒一件，象牙火鐮包一件。正副使進千叟宴荷賞與四十八年進詩使臣同。又該國歷年留存備抵貢物，遵旨全行收受比照。加賞國王糚緞倭緞各十匹，緞五十匹，素緞十五匹，閃緞十五匹，衣素緞、絹緞、寧綢、宮綢各五匹，花紡絲三十匹。是年正月初二日，使臣入紫光閣筵宴，加賞正副使與四十九年五月中正殿筵宴同。二月，高宗純皇帝臨雍，令朝鮮國使臣觀禮，恩賞正副使大緞各一匹，書狀官一員、大通官三員八絲緞各一匹。五十一年正月初八日，紫光閣筵宴賞正副使與五十年同。十八日，使臣獻詩，賞與五十年進千叟宴詩使臣同。加賞國王玉如意一柄，玉器二件，硯二方，大小絹箋四卷，筆墨各二匣，洋磁琺瑯盒四件，磁器四件，玻璃器四件，雕漆盤四件。五十三年正月初九日，紫光閣筵宴賞正副使與五十一年同。十五日，正副使獻詩，賞與五十一年同。五十四年正月初五日，紫光閣筵宴，賞正副使，與五十三年同。十七日，正副使獻詩，賞與五十三年同。五十五年正月初六日，紫光閣筵宴，賞與五十四年同。十三日，使臣恭和御製詩章，賞與五十年同。加賞國王御筆福字一個，白玉如意一柄，白玉香爐、白玉筆洗各一件，【略】紅漆茶盤四個，端硯二方，筆墨各三匣，花箋四卷，福字花箋一百張。是年，朝鮮慶祝萬壽，加賞正副使二員每員緞三匹，漳絨二匹，荷包三對，鼻煙一筒，漆盤一個。書狀官一員，緞三匹，漳絨一匹，荷包二對，鼻煙一筒，漆盤一個。大通官一員，緞三匹，漳絨一匹，荷包一對，鼻煙一筒，漆盤一個。又賞正副使，每員磁碟、磁盤、磁瓶、象牙茶盤各一個。賞書狀官、大通官除磁瓶一個，餘與正副使同。八月初一日，賞正副使，每員茶葉一瓶，茶膏一匣，磁盤一個，蘋果四個。書狀官一員，大通官三員，除茶膏一匣，餘與正副使同。初二日，賞與初一同。初四日，賞正副使，每員漳絨、五絲緞各一匹，荷包二對。賞書狀官一員，大通官三員，漳絨各一匹，荷包各一對。初五日，加賞國王大紡絲五匹，大緞五匹，蟒緞漳絨各六匹，玉如意一柄，絹箋二卷，錦緞、閃緞各二匹，筆墨各一匣，硯二方。加賞正副使，每員絲緞大緞、八絲緞、五絲緞各一匹，箋紙二卷，筆墨各二匣，硯一方。又每員八絲緞、五絲緞各一匹，皮盌、磁鼻煙壺各一個。書狀官一員，漳絨、大緞八絲緞各一匹，筆墨各一匣，箋紙一卷，又八絲緞、五絲緞各一匹，皮盌、磁鼻煙壺各一個。大通官三員，每員五絲緞各一匹，銀二十兩，又八絲緞、五絲緞各一匹，皮盌、磁鼻煙壺各一個。押物官二十三員，每員漳絨、五絲緞各一匹，銀十兩。從人三十名，每名例賞銀五兩，加賞銀十兩。跟役拉馬從人共五名，每名銀四兩。初六日，賞正副使瓷器、茶盤各一個。賞書狀官一員，大通官三員，與正副使同。初八日，賞正副使，每員奶餅一匣，奶皮阿爾察各二匣。初十日，賞正副使，每員瓷器二件，皮器一件，佛手四個，又皮器各二件。書狀官一員，大通官三員，每員瓷器一件，餘與正副使同。十一日，賞正副使每員荷包二對。十八日，賞正副使頭號香五十枝，二號香四百枝。二十日，正副使二員，書狀官一員，在正大光明殿筵，宴畢，賞大緞各二匹，寧綢各一匹，漳絨各一匹，縐綢各一匹。是年十二月，加賞國王糚緞、閃緞、蟒緞、錦緞各四匹，澄泥硯、歙硯各二方，絹箋五百四十張，描金蠟箋八卷，仿宣紙一千張，新宣紙六百張，福字箋三百張，湖筆三百枝，徽墨一百錠，十錦扇一百柄。五十六年正月初九日，紫光閣筵宴，加賞正使大卷緞十六匹，大荷包一對，小荷包三對。【略】十九日，使臣獻詩，賞與五十五年同。是年十二月，加賞正使金鞘小刀一把，回子緞、回子紬各五匹，回子布二匹。副使金鞘小刀一把，回子緞、回子紬各四匹，回子布二匹。書狀官一員，回子緞、回子紬各三匹。大通官三員，回子緞各一匹，回子綢各二匹，回子布各一匹。押物官二十四員，回子綢各二匹。從人三十名，回子布各一匹。五十七年正月初五日，紫光閣筵宴，賞正副使與五十五年同。二十一日，使臣獻詩，賞與五十六年同。特賞國王大緞二匹，福字箋一百幅，大小絹箋四卷，雕漆茶盤四個，硯二方，筆墨各四匣。五十八年正月初八日，紫光閣筵宴，賞正副使，初九日加賞國王。十七日，使臣獻詩，賞均與五十七年同。是年十二月，賞使臣回子葡萄，又南鮮果品各二桶。五十九年正月初二日，紫光閣筵宴。賞正副使。加賞國王。十六日，使臣獻詩，賞均與五十八年同。又是年十二月二十八日，重華宮筵宴，賞正副使四員，各花瓶二個，茶葉一瓶，荷包四個，火鐮一把，鼻煙壺一個。除夕日，保和殿筵宴。六十年正月初九日，紫光閣筵宴，加賞正使二員，各錦三匹，漳絨三匹，大卷八絲緞四匹，大卷五絲緞四匹，大荷包一對，小荷包四對。副使二員，各錦二匹，漳絨二匹，大卷八絲緞三匹，大卷五絲緞三匹，大荷包一對，小荷包二對。十六日，加賞國王龍緞二匹，福字方一百幅，玻璃器四件，雕漆器四件，大小絹箋四卷，筆墨各四匣，硯二方。和詩使臣四員，各大緞一匹，筆墨各二匣，箋紙二卷。是年十二月二十九日慶賀，正副使、書狀官重華宮賞宴，並特賞國王珊瑚朝珠一盤，大小荷包四對，金銀元寶各二個，金銀鈴各八個。正使玻璃盤二個，福橘一盤，茶葉二瓶，荷包二對，火鐮一把，鼻煙壺一個。副使、書狀官各玻璃盤一個，荷包一對，餘與正使同。除夕日，正副使并年貢正副使保和殿筵宴。嘉慶元年正月初四日，太上皇帝舉行千叟宴，正副使寧壽宮入宴千叟宴詩，特賞正使二員，各《御製千叟詩》一章，玉如意一柄，壽杖一件，錦緞二匹，洋花緞二匹，雲緞二匹，大卷緞二匹，福字箋一卷，絹箋二卷，湖筆二十枝，硃墨十錠，硯一方，鼻煙一瓶，鼻炎盒一個，磁牙籤筒一個，副使二員，各錦緞一匹，洋花緞一匹，絹箋一卷，湖筆十枝，硃墨四錠，餘與正使同。初五日，紫光閣筵宴，加賞正副使與六十年同。初十日，山高水長筵宴。十五日，正大光明殿筵宴。十六日，使臣獻詩，加賞國王使臣與六十年同。除夕日，保和殿筵宴。二年正月初十日，紫光閣筵宴，加賞正副使與元年同。惟副使各小荷包四對。十五日，正大光明殿筵宴，使臣獻詩，加賞國王使臣與元年同。三年正月十一日，山高水長筵宴，加賞正副使與二年紫光閣賞同。十五日，正大光明殿筵宴，使臣獻詩，加賞國王使臣與二年同。是年十二月二十九日，重華宮筵宴，賞正使荷包二對，茶葉二瓶，鼻煙壺一個，火鐮一把，玻璃盌二個，福橘一盤。副使荷包一對，餘與正使同。四年正月二十九日，中正殿筵宴，加賞正副使與二年紫光閣年例加賞同。七年正月十二日，加賞正副使與二年同。是年十二月二十八日，重華宮筵宴，加賞正副使、書狀官各茶葉二瓶，小荷包一對，玻璃鼻煙壺一個，小磁瓶二個，火鐮一把，橘子五個，岡榴一桶，橙子一桶，柑子一桶。八年正月初八日，山高水長筵宴，賞正副使、書狀官與二年同。十六日，正大光明殿筵宴，使臣恭和御製詩章。十七日，加賞國王正副使與二年同。是年十二月二十八日，重華宮筵宴，加賞正副使二員，大通官一員，各玻璃盤一個，玻璃盌一個，磁盌一個，荷包一對，茶葉二瓶，鼻煙壺一個，火鐮一把，橘子五個。除夕日，保和殿筵宴。九年正月十二日，紫光閣筵宴，賞正使錦三匹，漳絨三匹，大卷八絲緞四匹，大荷包一對，小荷包四個。副使、書狀官與二年同。十五日，正大光明殿筵宴，使臣恭和御製詩章。十六日，加賞國王及正副使、書狀官與二年同。是年十二月二十九日，重華宮筵宴，加賞正副使、書狀官二員，各茶葉二匣，磁帶鈎一個，鼻煙壺一個，玻璃器二件，磁碟一個。十年正月初十日，山高水長蒙古包筵宴，加賞正使小卷五絲緞四匹，副使、書狀官小卷五絲緞各三匹，小荷包各四對，餘與乾隆六十年同。十六日，使臣恭和御製詩章，加賞國王蟒緞二匹，餘與二年同。正副使、書狀官均與二年同。是年十二月，使臣到京，奉諭旨使臣現未釋服紫光閣，不必入宴仍照例加賞，迎送儀節皆不必行。十一年正月初五日，紫光閣筵宴，加賞正副使、書狀官與二年同。十二年正月初四日，紫光閣筵宴，加賞正副使、書狀官與二年同，仍停止筵宴。是年十二月二十九日，入重華宮筵宴，加賞正副使各玻璃瓶一個，玻璃盌一個，廣橙五個，磁碟一個，磁帶鈎一個，茶葉二瓶，鼻煙壺一個，荷包一對。書狀官玻璃盌一個，茶葉二瓶，廣橙五個，磁碟一個，荷包一對。大通官一員荷包一對。十三年正月初十日，山高水長蒙古包筵宴，加賞正副使、書狀官與二年紫光閣同。十六日，使臣獻詩，加賞國王龍緞改蟒緞，餘與乾隆六十年同。正副使、書狀官并同。是年十二月二十八日，重華宮筵宴，加賞正使茶瓶一對，玻璃瓶一對，鼻煙壺一個，磁帶鈎一個，荷包二對，柑橘五個。副使、書狀官各茶瓶一對，玻璃瓶一對，鼻煙壺一個，磁帶鈎一個，荷包一對，柑橘五個，玻璃碟一個。二十九日，皇極殿入宴。十四年正月初四日，紫光閣筵宴，加賞正副使、書狀官均與二年同。十七日，使臣恭和御製詩章，加賞國王少玻璃器四件，餘與乾隆六十年同。正副使、書狀官並同。是年十月初一日，朝鮮祝嘏使臣入寧壽宮聽戲，加賞正副使各玉如意一柄，玻璃器二件，茶葉四瓶，哈密瓜一個，大小荷包三對。書狀官玉如意一柄，哈密瓜一個，大小荷包二對，茶葉二瓶。初五日，聽戲，使臣恭進詩章，加賞正副使、書狀官各大緞一匹，箋紙二卷，筆二匣，墨二匣。初七日，皇上幸圓明園，是日入同樂園聽戲。初八日，入同樂園聽戲，加賞正副使各小緞三匹，綢一匹。書狀官小緞二匹，紬一匹。又加賞國王紫檀嵌玉如意一柄，大卷八絲緞五匹，蟒緞六匹，糚緞六匹，錦緞二匹，閃緞二匹，大紡絲五匹，絹箋二卷，筆二匣，墨二匣，硯二方。又加賞正副使各大卷八絲緞一匹，綵緞一匹，小卷八絲緞二匹，小卷五絲緞二匹，箋紙二卷，筆一匣，墨一匣，硯一方。書狀官大卷八絲緞一匹，【略】漳絨一匹，箋紙一卷，筆一匣，墨一匣。大通官三員，各小卷八絲緞一匹，小卷五絲緞二匹，漳絨一匹，銀二十兩。押物官二十一員，各小卷五絲緞一匹，銀十兩。從人二十七名，各銀十兩。初九日，正大光明殿入宴，加賞正副使、書狀官各大緞二匹，小緞一匹，漳絨一匹，皺紬一匹。是年十二月二十九日，使臣重華宮筵宴，加賞正副使、書狀官各茶瓶一對，鼻煙壺一個，磁帶鈎一個，柑橘五個，磁碟一個，玻璃碟一個，惟正使荷包二對，副使、書狀官荷包各一對。十五年正月初十日，山高水長蒙古包筵宴，加賞正使錦三匹，漳絨三匹，大卷八絲，緞四匹，小卷五絲緞四匹，大荷包一對，小荷包四對。副使書狀官各錦二匹，漳絨二匹，大卷八絲緞三匹，小卷五絲緞三匹，大荷包一對，小荷包四對。十六日，使臣恭和御製詩章，加賞國王、正副使、書狀官均與乾隆六十年同。是年十二月二十九日，重華宮筵宴，加賞正使玻璃器二件，鼻煙壺一個，磁帶鈎一個，茶葉二瓶，磁盤一件，橘子一碟，小荷包二對。副使、書狀官各小荷包一對，餘俱與正使同。十六年正月初四日，紫光閣筵宴，加賞正副使、書狀官小荷包各二對，餘與十五年山高水長蒙古包賞同。十五日，使臣恭和御製詩章，加賞國王并正副使、書狀官均與乾隆六十年同，是年十二月二十九日，重華宮筵宴，加賞正使玻璃瓶一對，磁茶鐘一個，玻璃鼻煙壺一個，橘子一碟，茶葉二瓶，荷包二對。副使、書狀官各荷包一對，餘與正使同。十七年正月初二日，使臣恭和御製詩章，加賞國王正副使、書狀官均與乾隆六十年同。初九日，山高水長蒙古包筵宴，加賞正副使、書狀官與十五年同。是年，請封世子使臣來京。十月初三日，正使患病未能赴園。初四、五、六、七等日，副使書狀官入同樂園聽戲。初六日，加賞副使、書狀官各大緞二匹，紬二匹，皮盌一個，磁鼻煙壺一個，牙籤筒一個，荷包一對。是年十二月十八日，使臣重華宮筵宴，加賞正副使、書狀官各玻璃瓶一對，茶鐘一個，磁碟一個，玻璃鼻煙壺一個，茶葉二瓶，大荷包二對。十八日，正月初四日，紫光閣筵宴加賞正副使小荷包各二對，餘均與十五年山高水長蒙古包同。十六日，使臣恭和御製詩章，加賞國王、正副使、書狀官與乾隆六十年同。是年十二月二十八日，副使患病，正使、書狀官重華宮筵宴，加賞正使書狀官與十七年同。十九年正月初四日，紫光閣筵宴，加賞正副使、書狀官與十九年同。十四日，使臣恭和御製詩章，加賞國王、正副使、書狀官均與乾隆九十年同。是年十二月二十九日，使臣重華宮筵宴，加賞正使磁鼻煙壺一個，磁碟一個，玻璃瓶一對，茶盌一個，茶葉二瓶，春橘五個，荷包二對。副使、書狀官少春橘荷包一對，餘均與正使同。二十年正月初九日，紫光閣筵宴，加賞正副使、書狀官小荷包各二對，餘均與十五年同。十一日，使臣恭和御製詩章，加賞國王并使臣三員，均與乾隆六十年同。是年十二月二十九日，重華宮筵宴，加賞正副使、書狀官各玻璃鼻煙壺一個，磁盌一個，春橘五個，餘均與十九年同。二十一年正月初四日，紫光閣筵宴，加賞正副使、書狀官均與二十年同。十五日，使臣恭和御製詩章，加賞國王龍緞改蟒緞，其餘各件并加賞使臣三員，物件均與乾隆六十年同。是年十二月二十九日，重華宮筵宴，加賞正副使、書狀官各茶鐘一個，紅橘一碟，餘均與十九年同。二十二年正月初十日，山高水長蒙古包筵宴，加賞正副使、書狀官與二十一年紫光閣賞同。是日，使臣恭和御製詩章，加賞國王、正副使、書狀官均與二十一年同。是年十二月二十八日，使臣重華宮筵宴，加賞正副使、書狀官各磁鐘一個，餘均與二十一年同。二十三年正月初四日，紫光閣筵宴，加賞正副使、書狀官均與二十二年山高水長蒙古包賞同。十三日，使臣恭和御製詩章，十四日加賞國王、正副使、書狀官均與二十二年同。是年十二月二十九日，使臣重華宮筵宴，加賞正副使、書狀官各鼻煙壺一個，玻璃盌一個，玻璃杯一個，描金木碟一個，茶葉二瓶，磁碟一個，紅橘五個。二十四年正月初五日，使臣恭和御製詩章，加賞國王、正副使、書狀官均與二十三年同。初八日，山高水長蒙古包筵宴，加賞正副使、書狀官均與二十三年同。是年九月，恭祝萬壽，使臣到京。二十八日，賞使臣等蜜餞荔枝一錫瓶，哈密瓜各一個。十月初一、二、三、四、五等日，入寧壽宮聽戲。初六日，赴太和殿行禮，賞正副使各嵌玉如意一柄，普洱茶一大團、五小團，人參茶膏一柄，雕木香盒一個，流傳萬代花一匣。正使大荷包一對。是日，使臣恭進萬壽詩章，并入寧壽宮聽戲，加賞使臣三員，各大緞一匹，箋紙二卷，筆墨各二匣。初七日，入同樂園聽戲。初八日，正大光明殿筵宴并入同樂園聽戲，加賞國王紫檀嵌玉如意一柄，大卷八絲緞五匹，蟒緞六匹，糚緞六匹，錦緞二匹，閃緞二匹，大紡絲五匹，絹箋二卷，筆墨各二匣，硯二方。正副使二員各大卷八絲緞一匹，綵緞一匹，小卷八絲緞二匹，小卷五絲緞二匹，箋紙二卷，筆墨各一匣，硯一方。又加賞正副使各大卷八絲緞二匹，小卷寧紬一匹，漳絨一匹，皺紬一匹。書狀官大卷八絲緞一匹，小卷五絲緞二匹，漳絨一匹，箋紙一卷，筆墨各一匣。大通官三員，各小卷八絲緞一匹，小卷五絲緞二匹，漳絨一匹，銀二十兩。押物官二十員，各小卷五絲緞一匹，絲緞一匹，銀十兩。從人二十六名，各銀十兩。初九日，入同樂園聽戲，加賞正副使各小卷八絲緞二匹，小卷五絲緞二匹，雕漆盒一個玻璃器一個，皮馬鞊一副。正使大小荷包三對，副使大小荷包二對。是年十二月二十八日，使臣重華宮筵宴，賞使臣等鑪食一碟，奶餅一碟，橙子、柑子、岡榴各一桶，加賞正使鼻煙壺一個，磁盌一個，玻璃器一對，茶瓶一對，紅橘一碟，荷包二對。副使、書狀官荷包各一對，餘均與正使同。二十五年正月初十日，恭和御製詩章，加賞國王及正副使、書狀官。十一日，山高水長蒙古包筵宴，加賞正副使、書狀官均與二十四年同。

一、來使有稱君者，加賞緞五匹，衣一襲，貂皮十張，餘均與正副使同。

一、慶賀謝恩陳奏等，貢賞賜不及國王正副使以下，賞賜均與元旦貢同。惟不賞絹布，各加賞靴一雙。若附年貢同來者，不另賞。兩事並至者，總爲一賞。謹按雍正元年，朝鮮遣使慶賀，加賜國王《周易折中》、《朱子全書》各一部，及松花石硯、琺瑯器皿、筆墨等物。七年，陳奏伊國賊黨謀逆，遣兵緝獲，峰值嘉獎，特賜國王緞三十二匹，綾八匹，《康熙字典》、《性理精義》、《詩經傳説彙纂》、《音韻闡微》各一部，賞該國兵丁銀一萬兩。乾隆四十五年，奉上諭朝鮮陳謝表章，所有隨表貢物概行停止，該國王遣使謝恩仍貢方物，特賞國王二等鞍馬一匹，表緞四匹，紬四匹，糚緞二匹，雲緞二匹，貂皮五十張。四十八年，謝恩仍貢方物，奉旨收受，特賞國王與四十五年同。五十一年，謝祭世子恩貢物，折賞龍緞四匹，糚緞四匹，片金四匹，寧紬四匹，春紬一匹，貂皮一章張，緞八匹，官用緞八匹，彭緞八匹，官綢八匹，紡絲二匹，二等鞍馬一匹。

一、請封請謚等貢，賞賜不及，國王、正副使大緞、帽緞、彭緞、紬紡絲各一匹，銀各五十兩，靴襪各一雙，漆鞍全備三等馬各一匹。書狀官一員大緞一匹，彭緞一匹，綢一匹，銀五十兩，靴襪各一雙。大通官大緞各一匹，紬各一匹，銀各三十兩，靴襪各一雙。押物官彭緞各一匹，紬各一匹，銀各二十兩，靴襪各一雙。正副使等官從人銀各五兩。謹按乾隆四十九年，請封世子加賞國王如意一柄，片金二匹，錦二匹，大綵二匹，漳絨二匹，大緞二匹，寧綢二匹，紅洋璮一版，加賞世子長壽佛一尊，小如意一柄，筆墨各三匣，歙硯二方，絹箋二束，玉器一件。嘉慶十七年，請封世子欽賜世子蟒緞四匹，緞四匹，紗四匹，羅四匹，裏各四匹，加賞國王如意一柄，片金二匹，錦二匹，大綵二匹，漳絨二匹，大緞二匹，寧綢二匹，紅洋璮一版，加賞世子長壽佛一尊，如意一柄，湖筆二匣，徽墨二匣，歙硯二方，絹箋二束，玉器一件。

一、恭遇恩詔內有外藩王公及福晉夫人，加恩賜，一欵朝鮮國王應照在外，諸王以下公等以上恩賜例。賞蟒緞二匹，補緞二匹，糚緞二匹，片金緞二匹，倭緞二匹，閃緞五匹，衣素緞五匹，光素緞五匹，帽緞五匹，各色緞十匹，洋緞十匹。王妃照外藩諸王福晉以下公夫人以上恩賜例，賞蟒緞二匹，糚緞二匹，錦緞二匹，倭緞二匹，閃緞二匹，帽緞二匹，衣素緞二匹，大緞三匹，彭緞三匹，石青緞二匹，紡絲四匹，紗四匹。謹按嘉慶四年，頒發朝鮮恩詔內並無王公，賞賜曾奉旨賞給該國王緞五十匹，交齎詔使臣代往。六年，册立皇后，頒詔朝鮮該國王，照例賞賜。

一、萬壽聖節、元旦、冬至各令節及年貢等，賜物俟來使回時題請一併賞給。其慶賀謝恩陳奏等賞，各題交來使帶回，如遇頒詔賞賜，或交頒詔使臣齎往，或即交慶賀來使帶回，分別題明辦理。

一、每歲孟冬版朔該國差領時憲書之齎咨官一員，賞銀三十兩，小通事一名，賞銀八兩，從人每名賞銀四兩。凡遇該國齎咨來京，其賞使臣及通事從人例均同。謹按康熙五十六年，朝鮮差齎咨官來京，內有醫官一名，照年貢押物官例賞銀十五兩。嘉慶十四年，該國齎咨員役來京，因該國折買遭風難民鐵器至三千餘斤，奉旨減半賞，毋庸筵宴。

一、朝鮮使臣回國，行兵部給與山海關路引，撥章京二員，驍騎校二員，兵丁二十名，給牌沿途遞送。其領《時憲書》及齎咨來使回日，撥章京驍騎校各一員，兵丁十名，並令查看，不得貨買違禁之物。護送至下站，交牌官兵，以次接受其行禮數目，禮部開單知照山海關監督、副督統、鳳凰城城守尉查察放行，仍將出關口報部查。向例貢使啓程之前，例有五人五馬先行回國，據四譯館監督付印片，行兵部給撥路票，齎咨官無先行回國之例。謹按嘉慶十二年，該國領《時憲書》員役回國，鳳凰城搜出《史記》、銅錢、器皿，禮部奏交盛京禮、刑二部收貯。十三年，貢使回國，搜出鐵剪子一千把，交盛京邢部收貯，並行知該國王轉飭嚴禁。又是年，鳳凰城搜出齎咨官私帶《史記》銅鐵等器，奏交盛京禮、刑二部存貯，仍行知該國王轉飭嚴禁。

一、恭遇巡幸盛京，朝鮮國王差陪臣等接駕，進貢方物賜該國王弓矢全副鞍馬一匹，貂皮百張，紅糚緞，龍襴緞各四匹，大緞紡絲各五匹。正使糚緞一匹，緞四匹，靴襪各一雙，鞍馬一匹，銀五十兩。書狀官緞二匹，靴襪各一雙，銀四十兩。大通官各緞一匹，靴襪各一雙，銀三十兩。押物官各緞一匹，銀二十兩，從人各銀五兩。恭遇巡幸盛京，禮部先期照例具奏請旨，行知該國王遣官接駕幷移會各該處。謹按乾隆四十八年，恭遇巡幸盛京，朝鮮先期遣陪臣在盛京貢迎聖駕修貢，正賞內加跟役拉馬人各銀二兩，又加賞國王《御製詩》一章，如意一副，德符心矩一貼。加賞正副使各糚緞一匹，中緞二匹，小緞二匹，銀五十兩。書狀官中緞二匹，銀四十兩。大通官各中緞一匹，銀三十兩。押物官各小緞一匹，銀二十兩。從人銀各五兩。跟役人等銀各二兩。又恩宴使臣賞正副使各紙一軸，筆一匣，墨一匣，硯一方，糚緞一匹，中緞二匹，小緞二匹，銀五十兩。書狀官中緞二匹，銀四十兩。大通官各中緞一匹，銀三十兩。押物官各小緞一匹，銀二十兩。從人各銀五兩。跟役等各銀二兩。嘉慶十年，恭遇巡幸盛京，朝鮮先期遣陪臣在盛京恭迎聖駕修貢，恩宴使臣，加賞正使糚緞一匹，中緞二匹，小緞二匹，銀五十兩。書狀官中緞二匹，銀四十兩。大通官各中緞一匹，銀三十兩。押物官各小緞一匹，銀二十兩。從人各銀二兩。二十三年，恭遇巡幸盛京，朝鮮先期遣陪臣恭迎聖駕修貢，恩宴使臣，加賞正使、書狀官及員役緞匹銀兩與十年同。是年九月，奉上諭朝鮮世守東藩恪恭侯度，朕此次再蒞陪都，祗謁三陵，該國王遣使迎鑾，賫表修貢，忠悃可嘉，將旨除照例賞賚外，特加賜御製詩章幷御書福字，以昭優眷其所遣陪臣，幷照例給賞。

又 卷一八一《主客清吏司·朝鮮襲封》 凡朝鮮奏請襲封，敕下部議應封世子，或世弟世孫某爲朝鮮國王妻某氏爲朝鮮國王妃，題請頒詔，敕各一道，差正副使各一員，持節往封，賞賜國王及王妃禮物，即交使臣齎往得旨，移內閣典籍廳撰詔敕，行工部取節及節衣行，內務府上駟院、戶部、工部備賞賜衣幣鞍馬，并行知朝鮮國王。

一、正使開列內大臣、散秩大臣、一等侍衛職名，副使開列內閣滿洲學士、翰林院滿洲掌院學士、禮部滿洲侍郎職名，宗室官員不開，奏請欽派得旨，行知各該衙門。

一、册封朝鮮國，賜國王黑狐裘一襲，三等貂皮百張，鞍馬一匹，大蟒緞二匹，小蟒緞、糚緞、錦緞各一匹，大緞二匹，四團補緞二匹，石青緞一匹。賜王妃大蟒緞、糚緞、錦緞、倭緞、閃緞、帽緞、素緞、石青緞各二匹，大緞、彭緞各三匹，紗四匹，綢四匹，均移內閣載入敕書，交使臣齎往。

一、正副使起行，豫將日期報部，行工部取儀從。黃蓋一，旗杖各二，欽差牌、肅靜迴避等牌各二，前行牌一，及盛敕畫筒、皮箱、鞍駝等項，行戶部取包裹、布匹、包裹敕書用黃絹四庹，黃布四庹，包裹緞匹等物，用八庹長黃布四匹，行兵部豫發前行牌取牽馬人役及應用夫馬。其正副使即通事跟役人等，均由兵部給撥勘，合並出關，路引按站撥兵護送。向例頒詔正副使員役夫馬，由兵部填給勘合，册封使臣等車馬均係自備。謹按嘉慶五年，諭祭册封奏准照册封琉球、安南之例，一體馳驛。

一、朝鮮國王請封繼室爲王妃，遣使往封，均照嫡妃之例。

一、朝鮮國王請封世子，賜織金緞四匹，緞紗羅各四匹，裏各四匹；遣使往封。其封世弟世孫均如世子之例。謹按乾隆四十一年，朝鮮請追賜故世子李緈爵謚，及故世子婦趙氏誥命，奉旨允准。嘉慶十七年，册封該國王子李旲爲世子。

一、朝鮮告訃，使臣至，賜使臣大緞一匹，帽緞一匹，彭緞一匹，綢一匹，銀三十兩。書狀官大緞一匹，綢一匹，銀二十兩。大通官各彭緞一匹，綢一匹，銀十五兩。隨帶官各彭緞一匹，銀十兩。從人各銀四兩。所有恤典即交使臣齎往。

一、使臣回京之日，該國王餽送宴金，除例應收受者，使臣不得於正禮外多帶儀物，由盛京將軍及山海關監督查察行，禮違者參奏。舊例，正使銀五百兩，綿綢二百匹，布二百匹，苧布六十匹，豹皮十張，大紙五十卷，小紙一百卷，獺皮三十張，青黍皮十五張，花席二十張，鹿皮七張，順刀二口，小刀十把，被褥一副，靴襪各一雙，鞍馬一匹，閒馬一匹。副使銀四百兩，餘與正使同。一等人役銀一百兩，綿綢四十匹，布一百匹，小紙八十卷，被褥一副。二等人役銀六十兩，綿綢二十六匹，布八十匹，小紙八十卷，被褥一副。三等人役銀四十兩，綿綢二十匹，布五十匹，小紙六十卷，被褥一副。謹按雍正十三年，定，照舊例裁減一半，永著爲令。嘉慶四年，恭頒高宗純皇帝遺詔，該國王餽送禮物，使臣因面諭旨，堅卻不受，復經該國王將原奉高宗純皇帝准收正禮諭旨呈出，閱看仍不收受，奉旨所留土物，即遵前諭收回，俟該國遇有喜慶事件，遣使到彼，該國王仍可敬遵高宗純皇帝諭旨辦理，以盡事大之禮。

儀注。凡襲封，朝鮮既命正副使使者將入境，國王遣陪臣祇候恭迎詔，敕龍亭行三跪九叩禮。見正副使，行一跪三叩之禮，至國日，奉詔敕及頒賜器幣，安於行館行禮訖，其陪臣人謁使者俱三叩。正副使受之，擇日宣讀詔敕。國王率世子陪臣至館肅迎，奉詔敕於龍亭。行禮畢，國王先回詔敕龍亭及頒賜器幣，乃舉行鼓樂儀仗前導。正副使隨行，由中門入。正副使從奉詔敕升殿，置正中黃案上，奉頒賜器幣，陳於旁案。國王就拜位，率世子陪臣興三跪九叩禮，詣受詔敕位，跪。使者乃宣詔，敕宣畢，奉置於案。國王俯伏行三跪九叩禮，興正副使出。國王率屬出送，乃返。如諭祭後，再行册封禮，先行事於該國先王廟設應祭之神位，於廟中東西向，奉安諭祭文於正中。正副使左右立，列所賜銀絹於神位案上。世子率陪臣行三跪九叩禮畢，退立於神位案左，乃宣諭祭文。世子等皆俯伏，宣畢，興奉詣焚帛所，焚畢，世子就拜位，率陪臣行禮。正副使乃退。次行册封禮，於該國正殿，如前儀，世子既受封，始稱王，告於廟，受該國羣臣朝，詣使館謝封宴勞。正副使事竣回京復命。琉球、越南遣使襲封儀效此。如册封王妃，以國王受命封世子，國王率之受命禮，亦如之。謹按乾隆二十八年，奉上諭，向來欽差，高麗聞入境時，該國王備輿迎候，此固屬國敬禮天朝敕使，以昭恭順，但滿洲大臣素嫻鞍馬，而膺使命四牡，宣勤尤不應乘用肩輿自圖安逸，著該衙門行文該國王，嗣後欽差到境，祇需豫備馬匹，其舊用肩輿之處，永行停止。在奉使者既耽逸一時致忘習勞之義，而外藩亦稍省繁文，以示體恤著爲令。

日本

綜述

明·李賢等［天順］《明一統志》卷八九《外夷·日本國》 本朝洪武四年，國王良懷遣使臣僧祖朝貢，其後數歲一來，至今不絕。自永樂以來，其國王嗣立，皆受朝廷册封。

明·李言恭《日本考》卷二《朝貢》 宋自中葉歷久無貢。元世祖遣使招諭之，不從，乃命范文虎率兵十萬征之，至五龍山暴風破舟敗績，終元之世，使竟不至。

逮國朝洪武四年，國王良懷遣僧祖朝貢。七年復來，以無表卻之。其臣亦遣僧貢方物，不恪，卻其貢，僧人發陝西、四川各寺居住，著爲訓示，後絕不與通。至三十五年復來，詔定貢期約十年一貢。太宗嗣登大寶，國王嗣立受册封。自是或二三年，或五六年，貢無定期，皆詔至京師，燕賞優渥，稛載而歸。是以其貢而來也，於利不於義，往往各道爭先受遣之爲幸。正德四年，南海道刺史、右京兆大夫細川高國强請勘合，遣使宋素卿貢。正德六年，西海道刺史、左京兆大夫内藝興强請勘合，遣使省佐貢。

嘉靖二年，各道爭貢，國王源義植嗣位，幼沖，勢不能制。大内藝興遣使宗設謙導，西川高國遣使瑞佐、宋素卿交貢。舡舶寧波港，互相詆毁。宗設謙導等特忿，執鋭讎殺宋素卿伴從，追至紹興，所過地方，莫不搔動。十年復來貢。二十二年西海道遣使長門僧人福師駕舡三號來貢，一號遭風壞於半途，二號救載懷舡人從返，止一舟行，沿松門衛送至定海，詔令四十人朝見，燕賞如舊。二十七年復遣原使貢，卻之。彼慾將貢物易貨載回，督海衙門不容，叱歸。由此禁絕海商，以致海舡閣，商賈失務。三十二年間因而起釁，構黨犯津作耗，浙直大遭其殃。總制大司馬胡公命謀士蔣洲、陳可願詣國，假詔諭以言歸責於王，彼原不知所犯作耗者皆海内流商舡戶之類，非真倭也。三十六年遣使僧人清守、清乘稱貢，因其所貢無恪，又以先年將二僧留在四川寺内從伴令歸，自此每每拒絕不通。

又《貢船開泊》 本國七道，三道額定造船朝貢。南海道應貢，土佐州造船，至秧子塢開洋。山陽道應貢，於周防州造船，花旭塔開洋。西海道應貢，豐後州造船，五島開洋。但海外有秧子塢、養久山塢、葉落埠三島，乃海之咽喉，琉球及南海道貢船，必由此而分行：南行系琉球，西行至大唐。

惟西海道五島開洋。此島又爲秧子塢三島之總喉，西行至中華，北行至高麗。由此島至中國普陀山，隔海四千里。如得東北順風，五日五夜至普陀山。如風靜寧息，程途有限。如值逆風，卸卻篷帆，任其蕩行，力不可挽。倘不幸遭暴風壞之，復回本國，造船再行；如不壞船，縱風不便，不過半月有餘，已到中國。來貢之舟，每泊台州、定海，請驗勘合，令其收拾兵器貯庫，移至寧波佳賓堂，給贍住候朝命。詔至，留從伴一半守船，一半入京朝見。寧波市貨彼國缺者，肯重價買之。故此地若貢使至得其利。朝罷與各同返，燕賞之物與守船者均之。

明·羅日褧《咸賓録》卷二《日本》 宋亡，終元之世不肯奉命。元遣使黑的、趙良弼等并高麗使往諭之，不至。遂遣將忻都、范文虎及高麗將洪茶丘等往征之。至五龍山，暴風破舟，全軍皆没，而日本竟不至也。

及國初高皇帝即位，方國珍、張士誠既滅，諸豪悉航海糾島賊入寇，以故洪武時數寇山東、浙、福、蘇、松旁海諸郡。遣行人楊載招諭之。其使未至，於是復遣萊州同知趙秩賜璽書諭其王良懷。秩至，宣言中國威德，責其入貢。良懷以元嘗使趙姓者往欲襲之，今秩復姓趙，意將襲己，以謾語答之，命左右刃秩。秩不爲動，徐曰：『聖天子生華帝，華非蒙古比，爾殺我，禍不旋踵。我朝之兵，天兵也，無不一當百，其戰艦蒙古之戈船百不當一。况天命所在，人孰能違！』良懷聞之，氣沮股栗，禮秩有加。尋遣僧祖義隨秩奉表稱臣，入貢來朝，然其剽掠如故也。

十五年，明州備倭指揮林賢、交通樞密使胡惟庸謀叛，令日本使僧如瑤詐稱朝貢，獻巨燭，内藏火藥兵器，伏精兵貢艘中，計以表裏挾上；即不遂，掠庫物乘風而遁。會事露，悉誅，而發僧使於陝西、四川各寺中，著訓示後世，絕不與日本通。於是遣信國公湯和、江夏侯周德興等沿海規畫，自南直隸、山東、浙江、福建、廣東西咸置行都司，以備倭爲名，犬羊盤錯矣。

永樂初，太監鄭和等齎賞下西洋，諭諸海國。日本首先歸附，遣人來貢，並擒獻犯邊賊二十餘人。即付使人治之，縛至甑中烝死。詔厚賚之，封其鎮山曰壽安鎮國山，上爲文勒石，賜勘合百道與之期，期十年一貢。

明·張燮《東西洋考》卷六《日本》 （洪武）七年，來貢，無表文。九年，表貢語謾，詔詰責之。十三年，再貢，皆無表。以其征夷將軍源義滿所奉丞相書來，書倨甚，命錮其使。明年，復貢。命禮臣爲檄，數而卻之。已復納兵貢艘中，助逆臣胡惟庸。惟庸敗，事發，上乃著祖訓示後世，絶不與通。而令信國公湯和、江夏侯周德興分行海上，視要害地築城，設衛所兵戍之，犬羊盤錯矣。《吾學編》曰：信國公和致仕，居鳳陽。召至京，論曰：『日本小夷，屢擾東海上。卿雖老，强爲朕行，視要地築城防賊。』信國築登、萊至浙沿海五十九城。二十年，置浙東西防倭衛所。是年，遣江夏侯周德興築福建海上十六城。

永樂元年，王源道義遣使入貢。賜冠服、文綺，給金印。道義稍捕獲諸島寇來獻，賜賚甚豐，封其鎮山，賜勘合百道與期，期十年一貢。八年，道義死，子源義持立，遣使册封。頃之，我兵獻海上俘，其首皆倭人，羣臣請誅之。上釋歸，下璽書義持：『爾父畏天事大，職貢不愆，先烈之不圖，而輕犯上國，罪在必討。朕所隱忍者，未忘爾父之恭耳，爾熟計之。』義持奉表謝罪。未幾，復寇。遼左都督劉榮大破之。《吾學編》曰：都督劉榮總兵守遼東，繕海上堠堡，伏兵伺倭。十七年，倭入王家山島，傳烽沓至。榮率精兵疾馳望海堝。賊數千人直抵馬雄島，榮發伏出戰，遣奇兵詣山下，斷其歸路。賊奔入櫻桃闌。榮合兵攻之，斬首七百四十二，生捕八百五十七。是時方招來諸島夷，貢使絡繹，倭乘爲欺詐，瀕海復騷，賴是捷始戢。論功封榮廣寧伯。

宣德七年，命中使往諭。自後遞貢遞掠，羈縻而已。倭益縱無忌，至焚官庾，墟民舍，縛嬰兒竿上，沃以沸湯，卜孕婦男女，剖視賭酒爲樂，慘毒不忍言。成化時，廷臣議卻貢，竟從中格。

正德四年，王源義澄遣宋素卿來貢。素卿者，鄞人朱縞也，入倭，有寵于王，易姓名充使。守臣白發之。禮臣恐失外夷心，置不問，賜飛魚服遣歸。嘉靖二年，再奉使至。是時，國王源義植孱，不能御其酋，諸酋争貢，以邀互市及賞賚。右京兆大夫高貢使宋素卿來，左京兆大夫内藝興遣宗設兼道，先素卿至，俱留寧波。故事，夷使以先後至爲序。市舶中官賴恩墨素卿賄，先素卿。宗設大忿，攻素卿，遂躪諸旁縣，奪舟去。御史以聞，下素卿獄，論死。因罷市舶，絶貢者十七年。

至十八年，王源義晴復貢，乞易勘合。不許，仍申約，貢必如期，舟以三爲率，每舟不得過百人，不者卻勿受。夷性婪，輒約如故。内地奸豪往往與爲市，不償直，夷索逋急，則恫喝官府逐寇。兵出，則陰泄之倭，速其去，且樹德也。如是久之，倭大恨，言：『我挾王貲來，不得直，何以還報？』因盤據島中，海上亡命無賴之徒交搆爲亂，東南之禍大作。於時特設閩越中丞臺彈治之。撫臣朱紈日夜飭兵甲，嚴糾察，上章暴勢豪交通罪。

《明史》卷三二二《外國傳三·日本》 明興，高皇帝即位，方國珍、張士誠相繼誅服，諸豪亡命，往往糾島人入寇山東濱海州縣。洪武二年三月，帝遣行人楊載詔諭其國，且詰以入寇之故，謂：『宜朝則來庭，不則修兵自固。倘必爲寇盜，即命將徂征耳，王其圖之。』日本王良懷不奉命，復寇山東，轉掠温、台、明州旁海民，遂寇福建沿海郡。

三年三月又遣萊州府同知趙秩責讓之。泛海至析木崖，入其境，守關者拒弗納。秩以書抵良懷，良懷延秩入。諭以中國威德，而詔書有責其不臣語。良懷曰：『吾國雖處扶桑東，未嘗不慕中國。惟蒙古與我等夷，乃欲臣妾我。我先王不服，乃使其臣趙姓者訹我以好語。語未既，水軍十萬列海岸矣。以天之靈，雷霆波濤，一時軍盡覆。今新天子帝中夏，天使亦趙姓，豈蒙古裔耶？亦將訹我以好語而襲我也。』目左右將兵之。秩不爲動，徐曰：『我大明天子神聖文武，非蒙古比，我亦非蒙古使者後。能兵，兵我。』良懷氣沮，下堂延秩，禮遇甚優。遣其僧祖來奉表稱臣，貢馬及方物，且送還明、台二郡被掠人口七十餘，以四年十月至京。太祖嘉之，宴賚其使者，念其俗佞佛，可以西方教誘之也，乃命僧祖闡、克勤等八人送使者還國，賜良懷大統曆及文綺、紗羅。是年掠温州。五年寇海鹽、澉浦，又寇福建海上諸郡。六年以於顯爲總兵官，出海巡倭，倭寇萊、登。祖闡等既至，爲其國演教，其國人頗敬信。而王則傲慢無禮，拘之二年，以七年五月還京。倭寇膠州。

時良懷年少，有持明者，與之爭立，國内亂。是年七月，其大臣遣僧宣聞溪等齎書上中書省，貢馬及方物，而無表。帝命却之，仍賜其使者遣還。未幾，其別島守臣氏久遣僧奉表來貢，帝以無國王之命，且不奉正朔，亦却之。【略】

十六年，倭寇金鄉、平陽。十九年遣使來貢，却之。明年命江夏侯周德興往福建濱海四郡，相視形勢。衛所城不當要害者移置之，民户三丁取一，以充戍卒，乃築城一十六，增巡檢司四十五，得卒萬五千餘人。又命信國公湯和行視浙東、西諸郡，整飭海防，乃築城五十九。民户四丁以上者以一爲戍卒，得五萬八千七百餘人，分戍諸衛，海防大飭。閏六月，命福建備海舟百艘，廣東倍之，以九月會浙江捕倭，既而不行。

先是，胡惟庸謀逆，欲藉日本爲助，乃厚結寧波衛指揮林賢，佯奏賢罪，謫居日本，令交通其君臣。尋奏復賢職，遣使召之，密致書其王，借兵助己。賢還，其王遣僧如瑶率兵卒四百餘人，詐稱入貢，且獻巨燭，藏火藥、刀劍其中。既至，而惟庸已敗，計不行。帝亦未知其狡謀也。越數年，其事始露，乃族賢，而怒日本特甚，決意絶之，專以防海爲務。然其時，王子滕祐壽者，來入國學，帝猶善待之。二十四年五月特授觀察使，留之京師。後著《祖訓》，列不征之國十五，日本與焉。自是，朝貢不至，而海上之警亦漸息。

成祖即位，遣使以登極詔諭其國。永樂元年，又遣左通政趙居任、行人張洪偕僧道成往。將行，而其貢使已達寧波。禮官李至剛奏：『故事，番使入中國，不得私攜兵器鬻民。宜敕所司覈其舶，諸犯禁者悉籍送京師。』帝曰：『外夷修貢，履險蹈危，來遠，所費實多。有所齎以助資斧，亦人情，豈可概拘以禁令。至其兵器，亦准時值市之，毋阻向化。』十月，使者至，上王源道義表及貢物。帝厚禮之，遣官偕其使還，賚道義冠服、龜鈕金章及錦綺、紗羅。

明年十一月來賀册立皇太子。時對馬、臺岐諸島賊掠濱海居民，因諭其王捕之。王發兵盡殲其衆，縶其魁二十人，以三年十一月獻於朝，且修貢。帝益嘉之，遣行鴻臚寺少卿潘賜偕中官王進賜其王九章冕服及錢鈔、錦綺加等，而還其所獻之人，令其國自治之。使者至寧波，盡置其人於甑，烝殺之。明年正月又遣侍郎俞士吉齎璽書褒嘉，賜賚優渥。封其國之山爲『壽安鎮國之山』，御製碑文，立其上。六月，使來謝，賜冕服。五年、六年頻入貢，且獻所獲海寇。使還，請賜仁孝皇后所製《勸善》、《内訓》二書，即命各給百本。十一月再貢。十二月，其國世子源義持遣使來告父喪，命中官周全往祭，賜謚恭獻，且致賻。又遣官齎敕，封義持爲日本國王。時海上復以倭警告，再遣官諭義持剿捕。

八年四月，義持遣使謝恩，尋獻所獲海寇，帝嘉之。明年二月復遣王進齎敕褒賚，收市物貨。其君臣謀阻進不使歸，進潛登舶，從他道遁還。自是，久不貢。是年，倭寇盤石。十五年，倭寇松門、金鄉、平陽。有捕倭寇數十人至京者，廷臣請正法，帝曰：『威之以刑，不若懷之以德，宜還之。』乃命刑部員外郎吕淵等齎敕責讓，令悔罪自新。中華人被掠者，亦令送還。明年四月，其王遣使隨淵等來貢，謂：『海寇旁午，故貢使不能上達。其無賴鼠竊者，實非臣所知。願貸罪，容其朝貢。』帝以其詞順，許之，禮使者如故，然海寇猶不絶。

十七年，倭船入王家山島，都督劉榮率精兵疾馳入望海堝。賊數千人分乘二十舟，直抵馬雄島，進圍望海堝。榮發伏出戰，奇兵斷其歸路，賊奔櫻桃園，榮合兵攻之，斬首七百四十二，生擒八百五十七。召榮至京，封廣寧伯。自是，倭不敢窺遼東。二十年，倭寇象山。

宣德七年正月，帝念四方蕃國皆來朝，獨日本久不貢，命中官柴山往琉球，令其王轉諭日本，賜之敕。明年夏，王源義教遣使來。帝報之，賚白金、綵幣。秋復至。十年十月以英宗嗣位，遣使來貢。

正統元年二月，使者還，賚王及妃銀幣。四月，工部言：『宣德間，日本諸國皆給信符勘合，今改元伊始，例當更給。』從之。四年五月，倭船四十艘連破台州桃渚、寧波大嵩二千户所，又陷昌國衛，大肆殺掠。八年五月，寇海寧。先是，洪熙時，黄巖民周來保、龍巖民鍾普福困於徭役，叛入倭。倭每來寇，爲之鄉導。至是，導倭犯樂清，先登岸偵伺。俄倭去，二人留村中丐食，被獲，置極刑，梟其首於海上。倭性黠，時載方物、戎器，出没海濱，得間則張其戎器而肆侵掠，不得則陳其方物而稱朝貢，東南海濱患之。

景泰四年入貢，至臨清，掠居民貨。有指揮往詰，毆幾死。所司請執治，帝恐失遠人心，不許。先是，永樂初，詔日本十年一貢，人止二百，船止二艘，不得攜軍器，違者以寇論。乃賜以二舟，爲入貢用，後悉不如制。宣德初，申定要約，人毋過三百，舟毋過三艘，而倭人貪利，貢物外所攜私物增十倍，例當給直。禮官言：『宣德間所貢硫黄、蘇木、刀扇、漆器之屬，估時直給錢鈔，或折支布帛，爲數無多，然已大獲利。今若仍舊制，當給錢二十一萬七千，銀價如之。宜大減其直，給銀三萬四千七百有奇。』從之，使臣不悦，請如舊制。詔增錢萬，猶以爲少，求增賜物，詔增布帛千五百，終怏怏去。

天順初，其王源義政以前使臣獲罪天朝，蒙恩宥，欲遣使謝罪而不敢自達，移書朝鮮王，令轉請，朝鮮以聞。廷議敕朝鮮覈實，令擇老成識大體者充使，不得仍前肆擾，既而貢使亦不至。

成化四年夏，乃遣使貢馬謝恩，禮之如制。其通事三人，自言本寧波村民，幼爲賊掠，市與日本，今請便道省祭，許之。戒其勿同使臣至家，引中國人下海。十一月，使臣清啓復來貢，傷人於市。有司請治其罪，詔付清啓，奏言犯法者當用本國之刑，容還國如法論治。且自服不能鈐束之罪，帝俱赦之。自是，使者益無忌。十三年九月來貢，求《佛祖統紀》諸書，詔以《法苑珠林》賜之。使者述其王意，請於常例外增賜，命賜錢五萬貫。二十年十一月，復貢。弘治九年三月，王源義高遣使來，還至濟寧，其下復持刀殺人。所司請罪之，詔自今止許五十人入都，餘留舟次，嚴防禁焉。十八年冬來貢，時武宗已即位，命如故事，鑄金牌勘合給之。

正德四年冬來貢，禮官言：『明年正月，大祀慶成宴。朝鮮陪臣在殿東第七班，日本向無例，請殿西第七班。』從之。禮官又言：『日本貢物向用舟三，今止一，所賜銀幣，宜如其舟之數，且無表文，賜敕與否，請上裁。』命所司移文答之。五年春，其王源義澄遣使臣宋素卿來貢，時劉瑾竊柄，納其黄金千兩，賜飛魚服，前所未有也。素卿，鄞縣朱氏子，名縞，幼習歌唱。倭使見，悦之，而縞叔澄負其直，因以縞償。至是，充正使，至蘇州，澄與相見。後事覺，法當死，劉瑾庇之，謂澄已自首，並獲免。七年，義澄使復來貢，浙江守臣言：『今畿輔、山東盜充斥，恐使臣遇之爲所掠，請以貢物貯浙江官庫，收其表文送京師。』禮官會兵部議，請令南京守備官即所在宴賚，遣歸，附進方物，皆予全直，毋阻遠人向化心。從之。

嘉靖二年五月，其貢使宗設抵寧波。未幾，素卿偕瑞佐復至，互爭真僞。素卿賄市舶太監賴恩，宴時坐素卿於宗設上，船後至又先爲驗發。宗設怒，與之鬬，殺瑞佐，焚其舟，追素卿至紹興城下，素卿竄匿他所免。凶黨還寧波，所過焚掠，執指揮袁璡，奪船出海。都指揮劉錦追至海上，戰没。巡按御史歐珠以聞，且言：『據素卿狀，西海路多羅氏義興者，向屬日本統轄，無入貢例。因貢道必經西海，正德朝勘合爲所奪。我不得已，以弘治朝勘合，由南海路起程，比至寧波，因詰其僞，致啓釁。』章下禮部，部議：『素卿言未可信，不宜聽入朝。但釁起宗設，素卿之黨被殺者多，其前雖有投番罪，已經先朝宥赦，毋容問。惟宣諭素卿還國，移咨其王，令察勘合有無，行究治。』帝已報可，御史熊蘭、給事張翀交章言：『素卿罪重，不可貸，請并治賴恩及海道副使張芹、分守參政朱鳴陽、分巡副使許完、都指揮張浩。閉關絶貢，振中國之威，寢狡寇之計。』事方議行，會宗設黨中林、望古多羅逸出之舟，爲暴風飄至朝鮮。朝鮮人擊斬三十級，生禽二賊以獻。給事中夏言因請逮赴浙江，會所司與素卿雜治，因遣給事中劉穆、御史王道往。至四年，獄成，素卿及中林、望古多羅並論死，繫獄。久之，皆瘐死。時有琉球使臣鄭繩歸國，命傳諭日本以擒獻宗設，還袁璡及海濱被掠之人，否則閉關絶貢，徐議征討。

九年，琉球使臣蔡瀚者，道經日本，其王源義晴附表言：『向因本國多事，干戈梗道。正德勘合不達東都，以故素卿捧弘治勘合行，乞貸遣。望并賜新勘合、金印，修貢如常。』禮官驗其文，無印篆，言：『倭譎詐難信，宜敕琉球王傳諭，仍遵前命。』十八年七月，義晴貢使至寧波，守臣以聞。時不通貢者已十七年，敕巡按御史督同三司官覈，果誠心效順，如制遣送，否則却回，且嚴居民交通之禁。明年二月，貢使碩鼎等至京申前請，乞賜嘉靖新勘合，還素卿及原留貢物。部議：『勘合不可遽給，務繳舊易新，貢期限十年，人不過百，舟不過三，餘不可許。』詔如議。二十三年七月復來貢，未及期，且無表文。部臣謂不當納，却之。其人利互市，留海濱不去。巡按御史高節請治沿海文武將吏罪，嚴禁奸豪交通，得旨允行。而内地諸奸利其交易，多爲之囊橐，終不能盡絶。

二十六年六月，巡按御史楊九澤言：『浙江寧、紹、台、温皆濱海，界連福建福、興、漳、泉諸郡，有倭患，雖設衛所城池及巡海副使、備倭都指揮，但海寇出没無常，兩地官弁不能通攝，制御爲難。請如往例，特遣巡視重臣，盡統海濱諸郡，庶事權歸一，威令易行。』廷議稱善，乃命副都御史朱紈巡撫浙江兼制福、興、漳、泉、建寧五府軍事。未幾，其王義晴遣使周良等先期來貢，用舟四，人六百，泊於海外，以待明年貢期。守臣沮之，則以風爲解。十一月事聞，帝以先期非制，且人船越額，敕守臣勒回。十二月，倭賊犯寧、台二郡，大肆殺掠，二郡将吏並獲罪。

明年六月，周良復求貢，紈以聞。禮部言：『日本貢期及舟與人數雖違制，第表辭恭順，去貢期亦不遠，若概加拒絶，則航海之勞可憫，若稍務含容，則宗設、素卿之事可鑑。宜敕紈循十八年例，起送五十人，餘留嘉賓館，量加犒賞，諭令歸國。若互市防守事，宜在紈善處之。』報可。紈力言五十人過少，乃令百人赴都。部議但賞百人，餘罷弗賞。良訴貢舟高大，勢須五百人。中國商舶入海，往往藏匿島中爲寇，故增一舟防寇，非敢違制。部議量增其賞，且謂：『百人之制，彼國勢難遵行，宜相其貢舟大小，以施禁令。』從之。

日本故有孝、武兩朝勘合幾二百道，使臣前此入貢請易新者，而令繳其舊。至是良持弘治勘合十五道，言其餘爲素卿子所竊，捕之不獲。正德勘合留十五道爲信，而以四十道來還。部議令異時悉繳舊，乃許易新，亦報可。

當是時，日本王雖入貢，其各島諸倭歲常侵掠，濱海奸民又往往勾之。紈乃嚴爲申禁，獲交通者，不俟命輒以便宜斬之。由是，浙、閩大姓素爲倭内主者，失利而怨。紈又數騰疏於朝，顯言大姓通倭狀，以故閩、浙人皆惡之，而閩尤甚。巡按御史周亮，閩産也，上疏詆紈，請改巡撫爲巡視，以殺其權。其黨在朝者左右之，竟如其請。又奪紈官，羅織其擅殺罪，紈自殺。自是不置巡撫者四年，海禁復弛，亂益滋甚。

清・傅恒等《清職貢圖》卷一《日本》　明洪武初，常表方物，而夷性狡黠，時剽掠沿海州縣，叛服無常。

清・穆彰阿等《嘉慶重修一統志》卷五五五《日本》　本朝順治二年，其國番民一十三人，遭風漂至内地。諭守臣支給衣糧，隨朝鮮使臣津發回國。康熙三十二年，日本國船被風漂至廣東陽江縣。乾隆十八年，日本番人殿陪等十三名漂至浙江定海地方，皆奉旨撫恤如例，遣令歸國。二十四年，禁止絲斤出洋，惟往日採辦洋銅之額船，許帶綢緞絲斤焉。

琉球

綜述

明・李賢等［天順］《明一統志》卷八九《外夷・琉球國》　本朝洪武中，其國分爲三：曰中山王，曰山南王，曰山北王，皆遣使朝貢。永樂初，其國王嗣立，皆受朝廷册封，自後惟中山來朝，至今不絶，山南、山北二王蓋爲所併云。

《明史》卷三二三《外國傳四・琉球》　琉球居東南大海中，自古不通中國。元世祖遣官招諭之，不能達。洪武初，其國有三王，曰中山，曰山南，曰山北，皆以尚爲姓，而中山最强。五年正月命行人楊載以即位建元詔告其國，其中山王察度遣弟泰期等隨載入朝，貢方物。帝喜，賜《大統曆》及文綺、紗羅有差。七年冬，泰期復來貢，并上皇太子箋。命刑部侍郎李浩齎賜文綺、陶鐵器，且以陶器七萬，鐵器千，就其國市馬。九年夏，泰期隨浩入貢，得馬四十匹。浩言其國不貴紈綺，惟貴磁器、鐵釜，自是賞賚多用諸物。明年遣使賀正旦，貢馬十六匹，硫黄千斤。又明年復貢。山南王承察度亦遣使朝貢，禮賜如中山。十五年春，中山來貢，遣内官送其使還國。明年與山南王並來貢，詔賜二王鍍金銀印。時二王與山北王爭雄，互相攻伐，命内史監丞梁民賜之敕，令罷兵息民，三王並奉命。山北王怕尼芝即遣使偕二王使朝貢。十八年又貢，賜山北王鍍金銀印如二王，而賜二王海舟各一。自是，三王屢遣使奉貢，中山王尤數。二十三年，中山來貢，其通事私攜乳香十斤、胡椒三百斤，入都爲門者所獲，當入官。詔還之，仍賜以鈔。

二十五年夏，中山貢使以其王從子及寨官子偕來，請肄業國學。從之，賜衣巾靴襪并夏衣一襲。其冬，山南王亦遣從子及寨官子入國學，賜賚如之。自是，歲賜冬夏衣以爲常。明年，中山兩入貢，又遣寨官子肄業國學。是時，國法嚴，中山生與山南生有非議詔書者。帝聞，置之死，而待其國如故。山北王怕尼芝已卒，其嗣王攀安知，二十九年春遣使來貢。

令山南生肄國學者歸省，其冬復來。中山亦遣寨官子二人及女官生姑、魯妹二人，先後來肄業，其感慕華風如此。中山又遣使請賜冠帶，命禮部繪圖，令自製。其王固以請，乃賜之，并賜其臣下冠服。又嘉其修職勤，賜閩中舟工三十六户，以便貢使往來。及惠帝嗣位，遣官以登極詔諭其國，三王亦奉貢不絕。

成祖承大統，詔諭如前。永樂元年春，三王並來貢。山北王請賜冠帶，詔給賜如中山。命行人邊信、劉亢齎敕使三國，賜以絨錦、文綺、紗羅。明年二月，中山王世子武寧遣使告父喪，命禮部遣官諭祭，賻以布帛，遂命武寧襲位。四月，山南王從弟汪應祖亦遣使告承察度之喪，謂前王無子，傳位應祖，乞加朝命，且賜冠帶。帝並從之，遂遣官冊封。時山南使臣私齎白金詣處州市磁器，事發，當論罪。帝曰：『遠方之人，知求利而已，安知禁令。』悉貰之。三年，山南遣寨官子入國學，明年，中山亦遣寨官子六人入國學，并獻奄豎數人。帝曰：『彼亦人子，無罪刑之，何忍？』命禮部還之。部臣言：『還之，慮阻歸化之心，請但賜敕，止其再進。』帝曰：『諭以空言，不若示以實事。令不遣還，彼欲獻媚，必將繼進。天地以生物爲心，帝王乃可絕人類乎？』竟還之。五年四月，中山王世子思紹遣使告父喪，諭祭，賜賻冊封如前儀。

八年，山南遣官生三人入國學，賜巾服靴絛、衾褥帷帳，已復頻有所賜。一日，帝與羣臣語及之。禮部尚書呂震曰：『昔唐太宗興庠序，新羅、百濟並遣子來學。爾時僅給廩餼，未若今日賜予之周也。』帝曰：『蠻夷子弟慕義而來，必衣食常充，然後嚮學。此我太祖美意，朕安得違之。』明年，中山遣國相子及寨官子入國學，因言：『右長史王茂輔翼有年，請擢爲國相。左長史朱復，本江西饒州人，輔臣祖察度四十餘年，不懈。今年踰八十，請令致仕還鄉。』從之，乃命復、茂並爲國相，復兼左長史致仕，茂兼右長史任其國事。十一年，中山遣寨官子十三人入國學。時山南王應祖爲其兄達勃期所弒，諸寨官討誅之，推應祖子他魯每爲主，以十三年三月請封。命行人陳季若等封爲山南王，賜誥命冠服及寶鈔萬五千錠。

琉球之分三王也，惟山北最弱，故其朝貢亦最稀。自永樂三年入貢後，至是年四月始入貢。其後，竟爲二王所併，而中山益强，以其國富，一歲常再貢三貢。天朝雖厭其繁，不能却也。其冬，貢使還至福建，擅奪海舶，殺官軍，且毆傷中官，掠其衣物。事聞，戮其爲首者，餘六十七人付其主自治。明年遣使謝罪，帝待之如初，其修貢益謹。二十二年春，中山王世子尚巴志來告父喪，諭祭賜賻如常儀。

仁宗嗣位，命行人方彝詔告其國。洪熙元年命中官齎敕封巴志爲中山王。宣德元年，其王以冠服未給，遣使來請，命製皮弁服賜之。三年八月，帝以中山王朝貢彌謹，遣官齎敕往勞，賜羅錦諸物。

山南自四年兩貢，終帝世不復至，亦爲中山所併矣。自是，惟中山一國朝貢不絕。

正統元年，其使者言：『初入閩時，止具貢物報聞。下人所齎海肥、螺殼，失於開報，悉爲官司所没入，致來往乏資，乞賜垂憫。』命給直如例。明年，貢使至浙江，典市舶者復請籍其所齎，帝曰：『番人以貿易爲利，此二物取之何用，其悉還之，著爲令。』使者奏：『本國陪臣冠服，皆國初所賜，歲久敝壞，乞再給。』又言：『小邦遵奉正朔，海道險遠，受曆之使，或半歲一歲始返，常懼後時。』帝曰：『冠服令本邦自製。《大統曆》，福建布政司給予之。』七年正月，中山世子尚忠來告父喪，命給事中余忭、行人劉遜封忠爲中山王。敕使之用給事中，自茲始也。忭等還，受其黄金、沉香、倭扇之贈，爲偵事者所覺，並下吏，杖而釋之。十二年二月，世子尚思達來告父喪，命給事中陳傅、行人萬祥往封。

景泰二年，思達卒，無子，其叔父金福攝國事，遣使告喪。命給事中喬毅、行人童守宏封金福爲王。五年二月，金福弟泰久奏：『長兄金福殂，次兄布里與兄子志魯爭立，兩傷俱殞，所賜印亦毀壞。國中臣民推臣權攝國事，乞再賜印鎮撫遠藩。』從之。明年四月命給事中嚴誠、行人劉儉封泰久爲王。天順六年三月，世子尚德來告父喪，命給事中潘榮、行人蔡哲封爲王。

成化五年，其貢使蔡璟言：『祖父本福建南安人，爲琉球通事，傳至璟，擢長史。乞如制賜誥贈封其父母。』章下禮官，以無例而止。明年，福建按察司言：『貢使程鵬至福州，與指揮劉玉私通貨賄，並宜究治。』命治玉而宥鵬。七年三月，世子尚圓來告父喪，命給事中邱弘、行人韓文封爲王。弘至山東病卒，命給事中官榮代之。十年，貢使至福建，殺懷安民夫婦二人，焚屋劫財，捕之不獲。明年復貢，禮官因請定令二年一貢，毋過百人，不得附攜私物，騷擾道途。帝從之，賜敕戒王。其使者請如祖制，比年一貢，不許。又明年，貢使至，會册立東宫，請如朝鮮、安南，賜詔齎回。禮官議琉球與日本、占城並居海外，例不頒詔，乃降敕以文錦、綵幣賜其王及妃。十三年，使臣來，復請比年一貢，不許。明年四月，王卒，世子尚眞來告喪，乞嗣爵，復請比年一貢。禮官言，其國連章奏請，不過欲圖市易，近年所遣之使，多係閩中逋逃罪人，殺人縱火，奸狡百端，專貿中國之貨，以擅外蕃之利，所請不可許。乃命給事中董旻、行人張祥往封，而不從其請。十六年，使來，復引《祖訓》條章請比年一貢，帝賜敕戒約之。十八年，使者至，復以爲言，賜敕如初。使者攜陪臣子五人來受學，命隸南京國子監。二十二年，貢使來，其王移咨禮部，請遣五人歸省，從之。

弘治元年七月，其貢使自浙江來。禮官言貢道向由福建，今既非正道，又非貢期，宜却之。詔可。其使臣復以國王移禮部文來，上言舊歲知東宫册妃，故遣使來賀，非敢違制。禮官乃請納之，而稍減傔從賜賚，以示裁抑之意。三年，使者至，言近歲貢使止許二十五人入都，物多人少，慮致疏虞。詔許增五人，其傔從在閩者，并增給二十人廩食，爲一百七十人。時貢使所攜土物，與閩人互市者，爲奸商抑勒，有司又從而侵削之。使者訴於朝，有詔禁止。十七年遣使補貢，謂小邦貢物常市之滿剌加，因遭風致失期，命宴賚如制。正德二年，使者來，請比年一貢。禮官言不可許，是時劉瑾亂政，特許之。五年遣官生蔡進等五人入南京國學。

嘉靖二年，從禮官議，敕琉球二年一貢如舊制，不得過百五十人。五年，尚眞卒，其世子尚清以六年來貢，因報訃，使者還至海，溺死。九年，遣他使來貢，并請封。命福建守臣勘報。十一年，世子以國中臣民狀來上，乃命給事中陳侃、行人高澄持節往封。及還，却其贈。十四年，貢使至，仍以所贈黄金四十兩進於朝，乃敕侃等受之。二十九年來貢，攜陪臣子五人入國學。

三十六年，貢使來，告王尚清之喪。先是，倭寇自浙江敗還，抵琉球境。世子尚元遣兵邀擊，大殲之，獲中國被掠者六人，至是送還。帝嘉其忠順，賜賚有加，即命給事中郭汝霖、行人李際春封尚元爲王。至福建，阻風未行。三十九年，其貢使亦至福建，稱受世子命，以海中風濤叵測，倭寇又出没無時，恐天使有他虞，請如正德中封占城故事，遣人代進表文方物，而身偕本國長史齎回封册，不煩天使遠臨。巡按御史樊獻科以聞，禮官言：『遣使册封，祖制也。今使者欲遙受册命，是委君貺於草莽，不可一。使者本奉表朝貢，乃求遣官代進，是棄世子專遣之命，不可二。昔正德中，占城王爲安南所侵，竄居他所，故使者齎回敕命，出一時權宜。今援失國之事，以儗其君，不可三。梯航通道，柔服之常。彼所藉口者倭寇之警，風濤之險爾，不知琛賓之輸納，使臣之往來，果何由而得無患乎？不可四。曩占城雖領封，其王猶懇請遣使。今使者非世子面命，又無印信文移。若輕信其言，倘世子以遣使爲至榮，遙拜爲非禮，不肯受封，復上書請使，將誰執其咎？不可五。乞命福建守臣仍以前詔從事。至未受封而先謝恩，亦非故事。宜止聽其入貢，其謝恩表文，俟世子受封後遣使上進，庶中國之大體以全。』帝如其言。四十一年夏，遣使入貢謝恩。明年及四十四年並入貢。隆慶中，凡三貢，皆送還中國飄流人口。天子嘉其忠誠，賜敕奬勵，加賚銀幣。

萬曆元年冬，其國世子尚永遣使告父喪，請襲爵。章下禮部，行福建守臣覈奏。明年遣使賀登極。三年入貢。四年春，再貢。七月命戶科給事中蕭崇業、行人謝杰齎敕及皮弁、冠服、玉珪，封尚永爲中山王。明年冬，崇業等未至，世子復遣使入貢。其後，修貢如常儀。八年冬，遣陪臣子三人入南京國學。十九年遣使來貢，而尚永隨卒。禮官以日本方侵噬鄰境，琉球不可無王，乞令世子速請襲封，用資鎮壓。從之。

二十三年，世子尚寧遣人請襲。福建巡撫許孚遠以倭氛未息，據先臣鄭曉領封之議，請遣官一員齎敕至福建，聽其陪臣面領歸國，或遣習海武臣一人，偕陪臣同往。禮官范謙議如其言，且請待世子表至乃許。二十八年，世子以表至，其陪臣請如祖制遣官。禮官余繼登言：『累朝册封琉球，伐木造舟，動經數歲，使者蹈風濤之險，小國苦供億之煩。宜一如前議從事。』帝可之，命今後册封，止遣廉勇武臣一人偕請封陪臣前往，其祭前王，封新王，禮儀一如舊章，仍命俟彼國大臣結狀至乃行。明年秋，貢使以狀至，仍請遣文臣。乃命給事中洪瞻祖、行人王士禎往，且命待海寇息警，乃渡海行事。已而瞻祖以憂去，改命給事中夏子陽，以三十一年二月抵福建。按臣方元彥復以海上多事，警報頻仍，會巡撫徐學聚疏請仍遣武臣。子陽、士禎則以屬國言不可爽，使臣義當有終，乞堅成命慰遠人。章俱未報，禮部侍郎李廷機言：『宜行領封初旨，并武臣不必遣。』於是御史錢桓、給事中蕭近高交章爭其不可，謂：『此事當在欽命未定之前，不當在册使既遣之後，宜敕所司速成海艘，勿悞今歲渡海之期，俟竣事復命，然後定爲畫一之規。先之以文告，令其領封海上，永爲遵守。』帝納之。三十三年七月，乃命子陽等速渡海竣事。

當是時，日本方强，有吞滅之意。琉球外禦强鄰，内修貢不絶。四十年，日本果以勁兵三千入其國，擄其王，遷其宗器，大掠而去。浙江總兵官楊宗業以聞，乞嚴飭海上兵備。從之。已而其王釋歸，復遣使修貢，然其國殘破已甚，禮官乃定十年一貢之例。明年修貢如故。又明年再貢，福建守臣遵朝命却還之，其使者怏怏而去。四十四年，日本有取鷄籠山之謀，其地名臺灣，密邇福建，尚寧遣使以聞，詔海上警備。

天啓三年，尚寧已卒，其世子尚豐遣使請貢請封。禮官言：『舊制，琉球二年一貢，後爲倭寇所破，改期十年。今其國休養未久，暫擬五年一貢，俟新王册封更議。』從之。五年遣使入貢請封。六年再貢。是時中國多事，而科臣應使者亦憚行，故封典久稽。

崇禎二年，貢使又至請封，命遣官如故事。禮官何如寵復以履險糜費，請令陪臣領封。帝不從，乃命户科給事中杜三策、行人楊掄往，成禮而還。四年秋，遣使賀東宮册立。自是，迄崇禎末，並修貢如儀。後兩京繼没，唐王立於福建，猶遣使奉貢。其虔事天朝，爲外藩最云。

清·傅恆等《清職貢圖》卷一《琉球國》 本朝定鼎，其王航海輸誠遣使册封，屢賜御書匾額，常遣陪臣子弟入監讀書。

清·周煌《琉球國志略》卷三《封貢·招撫恩賜褒恤入監諸事附》

《書》云：『不寶異物，則遠人格。』故越雉旅獒，徵風聲之遠；而古先哲王，輒因以日懋厥德焉。國家文治郅隆，超唐軼虞；凡天之所覆，地之所載，莫不如衆星拱極，悉主悉臣。百餘年來，賫琛獻異，篚筐包匭，絡繹來庭；有《塗山》所未及輯、《王會》所難盡圖者，猗歟盛已。琉球，東南蕞爾，隋招之不至，元耆之不服。迄明初，始入貢稱臣，世爲屬國；然亦由明祖遣使慰諭而後致之。我世祖章皇帝應天受命，甫及三年，琉球則不需徵會，叩閩守臣，輸誠入貢。非夫赫聲濯靈，遠邇懷畏，何以得此！而其率先效順，世修侯度唯謹，亦足多也。聖祖仁皇帝六十餘年以來，三錫恩綸，賚予稠疊；且免其貢馬，及常貢内非其國所產概予捐除。世宗憲皇帝嘉其恭順，屢輟貢期；該國君臣益深感激，恪共典禮，歷久彌虔。恭逢皇上御極，揆文奮武，萬國梯航：東撫暹羅，南懷緬甸，西掃伊犁、大宛，罔不率俾；矧琉球世守藩封者哉！今茲臣忝膺介選，遠賫簡書；開讀之日，拜瞻三朝宸翰鸞翥龍翔，後先輝映：洵爲海邦世寶，榮寵莫踰。爰集封貢事宜，并以前代招撫諸事附見於篇：重昭聖朝綏來雅化，度越前古；亦以徵『東風入律，海不揚波』，良非虛語云爾。志封貢。

明洪武五年，太祖遣行人楊載齎詔至國。詔曰：『昔帝王之治天下，凡日月所照，無有遠邇，一視同仁。自元政不綱，天下兵爭者十有七年。朕起布衣，開基江左；命將四征不庭，西平漢主陳友諒、東縛吳王張士誠、南平閩越、北清幽燕。朕爲臣民推戴，即皇帝位，定有天下之號曰「大明」，建元「洪武」。是用遣使外邦，播告朕意；使者所至，稱臣入貢。惟爾琉球在中國東南，遠處海外，未及報知。茲特遣使往諭，爾其知之！』中山王察度遣弟泰期奉表貢方物。《中山世鑑》云：『貢物，馬、刀、金銀酒海、金銀粉匣、瑪瑙、象牙、螺殼、海巴、棹子扇、泥金扇、生紅銅、錫、生熟夏布、牛皮、降香、速香、檀香、黄熟香、蘇木、烏木、胡椒、硫磺、磨刀石』。

臣按隋大業元年，海師何蠻上言：『海上有煙霧狀，不知有幾千里；乃流求也。』流求之名，始見於此。三年、四年，屢遣使招之，不服。元世祖至元中，曾命將往伐，無功而還。成宗元貞初，亦以師征，卒不聽命。至明太祖洪武初，遣行人齎詔往諭，而方貢乃來。此琉球通中國之始也。

七年，王又遣泰期等入貢，并上皇太子箋。太祖賜《大統曆》及文綺、紗羅，賜泰期衣幣、靴襪；副使惹爬燕之及通事，從人皆有賜。是年，泰期復來貢，并上皇太子箋。

八年，太祖命附祭琉球山川於福建。先是，天下山川，太祖皆躬祀；太常以琉球入朝，亦請祀已兩年矣。至是，禮部尚書牛諒言『躬祀非禮』，始改命。

九年，太祖命刑部侍郎李浩齎賜文綺、陶鐵器；且以陶器七萬、鐵器千，就其國市馬及硫磺。王遣泰期從浩入，貢馬四十匹。浩言其國不貴紈綺，惟貴磁器、鐵釜；自是賞賚，多用是物。

十年，王又遣泰期等表賀元旦，貢馬及硫磺。

十一年、十三年，貢方物；賜賚悉如例。

十五年，王又遣泰期及亞蘭匏等貢馬及硫磺。太祖賜幣帛有加，命尚佩監奉御路謙送泰期等返國。

十六年，王遣亞蘭匏等表賀元旦，貢方物；山南王承察度亦遣其臣師惹等奉表入貢。太祖賜王鍍金銀印及幣帛七十二匹，賜山南王幣帛如之。時二王與山北王互相攻伐，遣中使梁民敕王。敕曰：『王居滄海之中，崇山環海爲國；事大之禮不行，亦何患哉！王能體天育民，行事大之禮；自朕即位十有六年，歲遣人朝貢。朕嘉王至誠，命尚佩監路謙報王誠禮；何期復遣使來謝！今令内使監丞梁民同前奉御路謙齎符，賜王鍍金銀印一。近使者歸，言琉球三王互爭，廢農傷民；朕甚憫焉！《詩》曰：「畏天之威，于時保之。」王其罷戰息民，務修爾德；則國用永安矣。』并敕諭山南王承察度、《福建通志》作承宗，誤。山北王帕《通志》作怕尼芝，敕曰：『上帝好生，寰宇之内，生民衆矣。天恐生民互相殘害，特生聰明者主之。邇者琉球國王察度堅事大之誠，遣使來報；而山南王承察度亦遣人隨使者入覲，鑑其至誠，深可嘉尚！近使者自海中歸，言琉球三王互爭，廢棄農業，傷殘人命；朕聞之，不勝憫憐！今遣使諭，二王能體朕意息兵養民，以綿國祚，則天佑之；不然，悔無及矣！』山南王、山北王皆遣使入謝；各賜衣幣。

十七年，王遣阿不耶等入貢；賜鈔幣。

十八年，表賀元旦，貢方物；太祖賜王海舟一。山南王如之，補給山南王、山北王駝紐鍍金銀印各一。

十九年，王遣亞蘭匏等貢馬百二十匹、硫磺萬二千斤；賜宴及鈔。

二十年，王遣亞蘭匏等貢方物，進皇太子箋，獻馬。山南王承察度叔汪英紫氏、山北王帕尼芝亦各遣使入貢。

二十一年，王遣使甚模結致等貢馬，賀天壽聖節。

二十三年，表賀元旦，貢方物；世子武寧亦貢馬五匹、硫磺二千斤、胡椒二百斤、蘇木三百斤。通事屋之結等私攜胡椒三百斤、乳香十斤爲門者所獲，當入官；詔還之，仍賜屋之結等六十人鈔各十錠。

二十四年，王及世子武寧遣亞蘭匏、嵬谷致等貢馬及方物。山南王叔汪英紫氏亦遣使表賀天壽聖節。

二十五年，王及世子武寧各進表箋，貢馬；並遣從子日孜每闊八馬、寨官子仁悦慈入國子監讀書，太祖各賜衣巾、靴襪并夏衣一襲、鈔五錠。秋，又賜羅衣各一襲及靴襪衾褥。此國人就學之始。山南王亦遣從子三五郎尾及寨官子實他盧尾賀段志等入監讀書，賚如中山例。遣歸惠州海豐所送至京采硫磺遭風人才孤那等二十八人，賜閩人善操舟者三十六姓，以便往來。今所存者七姓；然毛、阮二姓又萬曆間再賜者，實僅金、梁、鄭、林、蔡五家。賞通事程復、葉希尹以寨官兼通事職，加冠帶；從王請也。

二十六年，王遣使麻州等貢方物。已又遣使壽禮結致等貢馬，偕寨官子段志每入監讀書；太祖命賜夏衣、靴襪。秋，又賜羅、絹衣各一襲；傔從各給布衣。

二十七年，王遣亞蘭匏等貢方物；賜宴於會同館，賞亞蘭匏品秩、冠帶。以通事程復、葉希尹充千戶；從王請也。賜王相秩同中國王府長史，稱王相如故。

二十八年，王遣王相亞蘭匏貢方物，山北王珉、山南王叔汪英紫氏亦遣使入貢；賜鈔有差。

二十九年，王兩遣使貢方物，山北王攀安知、山南王承察度、山南王叔汪英紫氏亦入貢；詔遣三五郎亹。《實録》前作尾，今作亹。等歸省，賜銀鈔、緞匹有差。會世子武寧遣使入貢，偕寨官子麻奢理、誠志魯二人入監。三五郎亹復與俱來，請卒業；太祖許之，仍賜衣巾、靴襪。

三十年，王兩遣使貢馬及硫磺，山北王、山南王叔汪英紫氏亦入貢。

三十一年，王遣亞蘭匏等貢馬及硫磺，世子武寧貢如之；女官生姑魯妹偕入謝恩，以昔常在京讀書也。三月，太祖命以冠帶賜王，並賜臣下冠服。

永樂元年，太宗遣使以『即位詔』諭王，王遣從子三吾良亹奉表賀，且貢方物。大宗遣行人邊信、劉亢齎絨綿、綺幣賜王；還奏稱旨，擢信爲湖廣道監察御史、亢爲工科給事中。未幾，王卒，子武寧遣三吾良亹訃告於朝。山南王弟汪應祖遣長史王茂入貢。山北王攀安知遣使善住古耶貢方物，丐賜冠帶、衣服；太宗許之。

二年正月，太宗遣行人時中往祭，賻以布帛；詔武寧襲爵。詔曰：『聖王之治，協和萬邦；繼承之道，率由常典。故琉球國中山王察度受命皇考太祖高皇帝，作屏東藩，克修臣節；暨朕即位，率先歸誠。今既歿，爾武寧乃其世子，特封爾爲琉球國中山王，以承厥世。惟儉以修身、敬以養德、忠以事上、仁以撫下，克循茲道，作鎮海邦，永延世祚。欽哉！』四月，山南王承察度無子，遺命王弟汪應祖攝國事；遣隗谷結致貢方物，且奏乞如山北王例賜冠服。太宗謂吏部尚書蹇義曰：『國必有統，衆必有屬。既能事大、又能撫衆，且舊王所屬意也；宜從所言，以安遠人。』遂遣使齎詔封之，賜如所請。已而禮部尚書李至剛奏：其使擅詣處州市磁器，當逮問；成祖曰：『遠人知求利而已；朝廷于遠人當懷之，不足罪。』暹羅船往琉球，遭風漂至福建，布政司籍記所有請命；成祖諭至剛曰：『暹羅與琉球通好，自是番邦美事，豈可乘其危而利之！鄉有善人，猶能濟困；況朝廷統御天下哉！其令所司：舟壞，爲之修理；人乏食，給之粟。或歸、或往琉球，俟風便，導之去。』

三年，行人時中使琉球還，命復職。中初爲四川布政司右參議，罪當戍；上書願改過，遂命使。至是，還職。王遣三吾良亹奉表貢方物謝恩，已又遣養埠結制等賀萬壽聖節。山北王入貢。山南王亦入貢，又遣寨官子李傑赴國子監受學；賜衣如例。

四年，王及山南王、山北王皆表賀元旦。王遣寨官子石達魯等六人入監。王進閹者數人，太宗曰：『彼亦人子，無罪而刑之，何忍！』命禮部還之。禮部言：『恐阻遠人歸化之心，請但賜敕止其再進。』太宗曰：『諭之以空言，不若示之以實事。今不遣還，彼欲媚朕，必有繼踵而來者。天地以生物爲德，帝王乃可絶人類乎！』卒不受。

臣按汪楫《志》云：『《世纘圖》云：「洪武二十九年，王即位；凡在位二十六年。」』按其國繼世，類先自立而後請于朝；故所紀嗣位之年，與中朝遣封之時，多不合。而其後憚于供應，甚有遲至十餘年乃上請者。然明初貢使時通，封卒年歲不應參差如是。即云洪武二十九年嗣位，中更靖難，赴告逾期；顧在位二十六年，則永樂之末，宜尚無恙。何五年遂有祭賻之典耶？臣謹稽前史及其國纂記詳考始末，務求至當；疑者仍闕。參之《國統》，可以互見。

五年，世子尚思紹遣三吾良亹貢馬及方物，別遣使以其父武寧訃告。太宗命禮部賜祭賻，詔思紹嗣王爵。

六年，王遣使阿勃吾斯奉表貢方物謝恩，山南王亦貢馬；各賜鈔、幣。

七年，王遣使賀萬壽聖節，山南王亦貢馬；各賜衣幣。

八年，王遣三吾良亹入貢，山南王亦遣使賀萬壽聖節；皇太子皆賜之鈔、幣。王遣官生模都古等三人入監，皇太子各賜巾服等物。冬，太宗賜琉球生李傑等冬衣、靴襪。禮部尚書呂震曰：『昔唐太宗興學校，新羅、百濟皆遣子入學；當時僅聞給廩膳，未若今日賚予周備也。』太宗曰：『遠方慕中國禮義，故遣子入學；必足於衣食，然後樂學。太祖高皇帝命資給之，著于令典；所謂「曲成萬物而不遺者」，安得違之！』賜通事林佑冠帶。佑，本閩人。

九年，王遣三吾良亹賀元旦，偕王相子懷德、寨官子祖魯古入監；又遣使坤宜堪彌貢馬及方物。使人有匿不盡貢者，監察御史廉得其實以聞；太宗曰：『此非國王意也，宥之。』王遣使謝，貢方物。敕賜王鈔及彩幣。升長史王茂爲國相兼長史事，命長史程復致仕還鄉；皆從王請也。復，本江西饒州人；一作朱復。

十年，王遣使賀元旦，山南王亦入貢；已又遣使賀萬壽聖節。太宗賜鈔、幣，又賜琉球生夏布襴衫、絛靴。

十一年，王兩遣使貢馬，偕寨官子鄔同志久等三人入監。三人，一作三十人。已又與山南王各貢馬，賜鈔及永樂錢。模都古等三人奏乞歸省，太宗曰：『遠人來學，誠美事；思親而歸，亦人情。宜厚賜以榮之。』賜衣幣及鈔爲道里費，仍命兵部給驛傳。留學者皆賜冬、夏衣。

十二年，王遣使賀元旦，遣三吾良亹貢馬及方物。皇太子賜琉球生益智每等二人羅布衣等物，從人皆有賜。太宗賜鄔同志久等三人衣、鈔。

十三年，太宗遣行人陳李芳一作若等齎詔封山南王汪應祖世子他魯每爲琉球國山南王。時應祖爲其兄達勃期所弑，各寨官合兵誅達勃期，推他魯每攝國事，表請襲封；故遣使往，幷賜誥命、冠服及鈔萬五千錠。王及山北王俱遣使貢方物，世子尚巴志亦遣使宜是結制貢馬及方物；賜文綺三十表裏。

十四年，王遣三吾良亹貢馬及方物，謝遣使不謹之罪；先是，貢使直佳魯犯法，坐誅。太宗敕諭王曰：『比王所遣直佳魯等來京，朕優待之。及還至福建，乃肆狂悖，擅奪海舶，殺死官軍，毆傷中官，奪其衣物。直佳魯首罪，當寘大辟；已命法司如律。其阿勃馬結制等六十七人與之同惡，罪亦當死；眷王忠誠，特遣歸，俾王自治。自今遣使，宜戒約之，毋犯朝憲。』已又遣使貢馬。山南王遣使入貢謝恩。賜琉球生夏衣。

十五年，王及山南王俱遣使入貢，已又與世子尚巴志各遣使貢馬。

十六年，王兩遣使貢方物；賜使者冠帶、鈔、幣有差。

十七年，王三遣使貢馬及方物。

二十年，王遣使賀元旦；已又遣貢方物。

二十一年，世子尚巴志遣使奉表貢方物；皇太子令禮部宴勞之。《世鑑》云：二十一年癸卯秋，遣使奏曰：『我琉球國分爲三者百有餘年，戰無止時，臣民塗炭。臣巴志不堪悲歎，爲此發兵。山南、山北，今歸太平，伏願升下不違舊規，給臣襲封。謹貢土產馬及方物。』大明皇帝賜詔云：『爾琉球國分，人民塗炭百有餘年。比爾義兵復致太平，是朕素意。自今以後，慎終如始，永綏海邦，子孫保之。欽哉！故諭。』尚巴志之奏及成祖之諭，《明史》《實録》皆不載，姑存以備考。

二十二年二月，王訃聞於朝；遣官賜祭賻。九月，遣行人周彝齎敕以行。

臣按徐葆光《録》稱：『思紹，永樂五年嗣位；十九年，卒。』以《沿革志》稱二十三年卒爲非。又以《明實録》二十年以後尚書『王貢如常』，至二十二年始訃於朝；未詳其故。臣竊以《實録》止據本國疏文，比事屬辭；《沿革志》雖采《世纘圖》，實以《實録》爲主也。詳見《國統》。

臣又按汪楫《志》稱『山南王承察度遣從子三五郎尾又作亹入學，中山王察度遣從子三吾良亹入謝』，自是兩人無疑。第良亹既爲察度從子，則是武寧兄弟行矣。而武寧遣訃告哀及入謝，皆曰「侄」；至思紹，凡四遣入貢，亦皆曰「侄」；豈數人名稱皆同，抑臣主不以世系爲序耶？臣因詳考其故，蓋國人名字皆王所賜，子孫不改；多係采地，間有以官爲名者。至後人有能亢宗者，又別賜埰地，則更他名矣。且名字係有定制，大抵所名不過三、四十數，比戶多彼此同名者。問之，曰：『此琉球名也，亦別有姓名備而不用。』如按司，國音呼爲『安知』；山北王有攀安知者，必其上世有爲按司者，故以官名也。若斯之類，不一而足；豈僅驚座之陳遵、小冠之子夏哉！惟久米村唐人三十六姓及本國常充貢使選者，有姓字名號，仿效中華；聞亦各別有琉球名，與衆同其姓名，止爲朝貢設，國中不用也。想明初國俗猶樸故爾。

洪熙元年，仁宗遣中官柴山齎敕至國，封世子尚巴志嗣中山王。敕曰：『昔我皇考太宗文皇帝躬膺天命，統御萬方；恩施均一，遠邇歸仁。爾父琉球國中山王思紹，聰明賢達，茂篤忠誠；敬天事大，益久弗懈；我皇考良用褒嘉。今朕纘承大統，念爾父没已久，爾其嫡子，宜俾承續。特遣內官柴山齎敕命爾嗣琉球國中山王，爾尚立孝立忠，恪守藩服；修德務善，以福國人；斯爵禄之榮，延於無窮。尚其祇承，無怠、無忽！』仍賜冠帶、襲衣、文綺方仁宗遣山時，貢使已兩至，表稱世子賀成祖萬壽聖節。至是，始知改元。是年，凡四遣使貢馬及方物。

臣按夏子陽《録》作宣德三年事，有『副使阮姓，闕其名』；且謂『謂封自巴志始，父思紹係追封』。但抄《舊録》，未見《實録》故爾。

宣德元年，王遣使貢方物謝恩附奏曰：『臣祖父昔蒙朝廷大恩，封王爵，賜皮弁冠服。洪熙元年，臣奉詔襲爵，而冠服未蒙頒賜。』宣宗命行在禮部稽定制製以賜之。先是，仁宗遣封，已賜冠帶；而王復以爲請，以皮弁。故宣宗謂禮部尚書胡濙曰：『遠人歸誠，固是美事。特賜冠服，亦表異恩。古人言「招攜以禮、懷遠以德」，朕與卿等尤當念之。』又遣鄭義才進香長陵；賜海舟一。已又兩遣使貢馬及硫磺，賜襲衣、靴襪有差。

二年，王兩遣使貢方物，山南王他魯每亦遣使進香長陵。

三年，王遣鄭義才貢馬及方物，謝賜皮弁、海舟。宣宗遣使齎敕勞王，并賜王紵絲、紗羅、錦緞；已又遣內官柴山、副使阮漸齎敕賜王金織、紵絲、紗羅、絨錦。

四年，王遣使表貢，賀萬壽聖節；已又兩遣使貢馬及方物。山南王亦兩遣使入貢，賜宴及鈔、幣。又命山南王使齎敕及鈔、絹歸賜王汪《志》云：『自是，山南王不復遣使，蓋並於中山矣。永樂十三年以後，山北王不復入貢；則山北先山南而亡者，十四年矣。』

五年，王四遣使入貢；宴賚如例，仍賜王鈔。

六年，王兩遣使入貢，又表貢馬及金銀器皿謝賜錦幣。

七年，宣宗命內官柴山齎敕至國，令王遣人齎往日本，諭其朝貢。明年，日本遂來朝；命行在工部給王使漫泰來結制海舟一。是年，王四遣使入貢；宴賚如例。

八年，王兩遣使入貢；宴賚如例。

九年，王遣使貢馬及方物。已又遣使謝賜衣服、海舟；命貢使齎敕及幣歸賜王。

十年，王遣使謝。禮部尚書胡濙奏曰：『比奉旨，節一切冗費，以安軍民。今四裔使臣動以百數，沿途疲於供給；宜敕諸路總兵官並都、布、按三司繼今審其來者，量遣正副使、從人一二十人赴京，餘悉留彼處給待。』從之。

正統元年，英宗頒賜《大統曆》；適王遣貢使伍是堅至，令齎回。敕諭王及日本國王源義教；敕曰：『我國家統有天下，薄海內外，罔不臣服。列聖相承，無間遠近，一視同仁。爾爲國東藩，世修職貢，益永益虔；王遣使來朝貢馬及方物，禮意勤至。朕嗣承祖宗大寶，期與四海羣生，同樂雍熙。矧王篤於事大，良可嘉尚！使者還，特賜王及王妃白金、彩幣以答遠意。王其欽崇天道、仁恤有民，永保藩邦，以副朕意。』王再遣使貢馬及方物。使者至福建，如例止具貢物以聞。其自攜螺殼九十、海巴五萬八千，失於自陳；有司以漏報沒入。使者籲請給值，英宗命行在禮部如例給之。後浙江市舶提舉司王聰復以爲言，英宗謂禮部曰：『海巴、螺殼，遠人資以貨殖；取之奚用！』命悉還之，仍著爲令。

二年，王遣使義魯結制等貢馬及方物。附奏：『本國各官冠服，皆國初所賜；年久朽敝，乞更賜。』又言：『本國遵奉正朔，而海道險阻，受曆之使，或半載、一載方返。』事下禮部；覆奏，命『冠服，本國可依原降造用；《大統曆》，福建布政司給與之』。

三年，王遣使義魯結制等貢馬及方物；賜幣有差。

四年，王遣使梁求保入貢，已又遣阿普禮是等入貢；宴賚如例。巡按福建監察御史成規疏言：『琉球國往來使臣俱於福建停憩，館穀之需所費不貲。比者通事林惠、鄭長所帶番稍人從二百餘人，除日給廩米外，其茶、鹽、醯、醬等物出於里甲，相沿有例；乃故行刁蹬，勒折銅錢。今未半年，已用銅錢七十九萬六千九百有餘。按數取足，稍緩輒肆詈毆。雖遠人不足與較，而憑陵之風漸不可長。已行福州等府、縣止將例應供給之物，按日支與；不許私以銅錢支當。但煩瑣多端，終非久計。乞令該部定議：於人支日廩之外，量加少許，聽其自辦。其林惠等不行禁戢、坐視紛紜，請執治。』事下行在禮部，以爲於例止日給廩米，一切費宜悉罷之；其通事人員不行禁戢，請治罪。英宗以遠人姑示優容，令移文戒諭之。

五年，王遣使步馬結制等貢馬及方物；宴賚如例。先是，朝貢者朝參出入，皆給馬；至是，令止給正、副使；著爲令。

六年，英宗遣還東影山遭風往爪哇國市貢物通事沈志良等。福建巡按鄭顒疏言：『琉球國通事沈志良、使者阿普斯古載磁器等物並護船器械往爪哇國，遭風進港，妄稱進貢；今已拘收候旨。』英宗曰：『遠人宜加撫綏；況遇險失所，尤當矜憐。其悉以原物還之；聽自備工料修船，促還本國。』

七年，世子尚忠遣長史梁求保入貢，以巴志訃告，請封。遣給事中俞忭、行人劉遜齎詔敕至國，封世子尚忠爲王。詔曰：『昔我祖宗恭天明命，君主天下；無間遠邇，一視同仁。海外諸國咸建君長，以統其衆。朕承大寶，祗奉成憲，用圖永寧。故琉球國中山王尚巴志爰自先朝恭事朝廷，勤修職貢，始終如一。兹既云亡，其世子尚忠敦厚恭慎，克類前人；上能事天，下能保民。今遣正使給事中俞忭、副使行人劉遜齎敕封爲琉球國中山王，以主國事。爾大小頭目人等，其欽承朕命，盡心輔翼，惇行善道，俾國人咸樂太平，副朕仁覆蒼生之意。』并敕王曰：『爾遣長史梁求保奏爾父王尚巴志亡没，良深悼念！特遣使命爾爲琉球國中山王，以主國事。爾宜篤紹爾父之志，益堅事上之誠。敬守臣節，恭修職貢；善撫國人，和睦鄰境：庶幾永享太平之福。』仍賜王及妃皮弁冠服、金織襲衣、幣布等物。忭等未至，忠已兩遣使貢馬及賀明年元旦，猶稱『世子』。

九年，王四遣使入貢；賜使臣梁回海舟一。

十年，王兩遣使入貢；宴賚如例。

十一年，王兩遣使入貢；宴賚如例。

十二年，世子尚思達遣長史梁球一作求以其父尚忠訃告，請封。三月，命給事中陳傅、行人萬祥諭祭故王尚忠、封世子思達爲王。敕曰：『爾比遣長史梁球等奏，爾父王尚忠亡没，良深悼念！特封爾爲琉球國中山王，繼承爾父主理國事。爾宜篤紹先志，敬守臣節，恪修職貢；簡任賢良，善撫國人，和睦鄰境：以保國土。』仍以皮弁冠服、常服及織金、紵絲、羅緞等物賜王。復詔諭其國『臣庶盡心輔翼，各循理分，毋或僭逾：『俾凡國人同樂雍熙，副朕一視同仁之意』。王遣通事蔡讓等貢馬及方物；宴賚如例。

十三年，王遣使入貢。

十四年，王遣梁同等貢馬及方物，已又遣馬權度等入貢。王叔尚金福亦貢馬及方物；賜衣幣、冠帶，仍命齎敕並彩幣歸賜王及王妃、王叔。

景泰元年，王遣使百佳尼入貢；景帝命齎敕并文綺、彩幣歸賜王及妃。已又遣梁回貢馬及方物；宴賚如例。通事程鴻言：『船壞，願以賜幣造船。』禮部請移文福建三司，聽其自造，不得擾民。

二年，王遣使察都等入貢，已又遣亞間美等入貢。察都請自備工料造船；禮部言：『宜令候本國進貢通事李敬等回日，附載歸國。』景帝命左給事中喬毅《殊域周咨》作陳謨、行人童守弘童，一作董諭祭故王思達，封王叔尚金福爲王。

三年，金福兩遣使入貢，猶稱『王叔』；蓋命未達也。

四年，王四遣使入貢。未幾，王卒；王弟布里與其子志魯爭立，焚燒府庫，兩傷俱絶，所賜鍍金銀印亦熔壞。國人推尚泰久主國事。

五年，泰久以國難告，并請鑄印頒賜；命所司給之。已又遣使入貢；命齎敕及彩幣歸賜王弟。

六年，王弟兩遣使入貢。命給事中嚴誠《殊域周咨》作李秉彝、行人劉儉充正副使，齎詔敕封王弟尚泰久爲王。詔曰：『帝王主宰天下，恆一視而同仁；藩屏表率國中，或同氣以相嗣。朕躬膺天命，撫馭諸侯。琉球國王尚金福既薨，其弟尚泰久性資英厚，國衆歸心；兹特遣使齎敕封爲琉球國中山王，凡彼國中遠近臣庶，宜悉心輔翼，罔或乖違；長堅忠順之心，永享太平之福。故兹詔示，咸使聞知。』又敕王曰：『爾自先世恪守藩維，傳及爾兄，益隆繼述；敬天事上，久而愈虔。屬兹薨逝，軫于朕懷！爾乃王弟，宜紹國封。恃遣使齎詔封爾爲琉球國中山王，賜爾及妃冠服、彩幣等物。爾尚砥礪臣節，懷撫國人！欽哉。』

七年，遣使入貢，猶稱『王弟』。及册封後，遣使入謝，又別遣使入貢。

天順二年，王三遣使入貢。

三年，王遣使李敬貢馬及金銀器皿疏言：『本國王府失火，延燒倉庫銅錢；請照永樂、宣德間例，所帶貨物以銅錢給賜。』禮部以銅錢係中國所用，難以准給；宜將估計鈔貫，照舊六分京庫折支生絹，其四分移文福建布政司收貯紵絲、紗羅、絹布等物，依時值關給。從之。已又遣使亞羅佳其等入貢；宴賚如例。

四年，王遣使入貢。

五年，王遣使王察等貢馬及方物。

六年，王遣使程鵬等貢方物；宴賚如例。已又遣使入貢，以泰久訃告。英宗命吏科右給事中潘榮、行人司行人蔡哲充正副使，往祭故王泰久，齎詔封世子尚德爲王。詔曰：『朕紹帝王之統，纘祖宗之緒，主宰天下，一視同仁；撫馭華夷，靡間遐邇。惟爾琉球國僻居海島，密邇閩中；慕義來庭，受封傳業；蓋有年矣。故國王尚泰久克篤勤誠，敬天事大；甫餘六載，倏爾告終！先業攸存，可無承繼！其世子尚德性資仁厚，國衆歸心；今特遣正使吏科右給事中潘榮、副使行人司行人蔡哲齎詔往封爲琉球國中山王，仍賜以皮弁冠服等件。凡國中官僚、士庶，宜同心輔翼，作我外藩。嗚呼！循理謹度，永堅率俾之忠；親族睦鄰，丕冒咸寧之化。故兹詔示，咸使聞知。』

七年，王遣使崇嘉山等入貢；宴賚如例。

成化二年，王遣使程鵬等貢馬及方物；賜宴及衣幣。

三年，王遣長史蔡璟入貢；賜幣。

四年，王遣使程鵬、已又遣使讀詩貢馬及方物；俱賜衣幣。

五年，王遣長史蔡璟入貢，已又遣使查農是等入貢；宴賚如例。王卒，世子幼，國人廢之，共立御鎖側尚圓爲王廣東市舶司奏：『九星洋有遺風番舶，審知是琉球貢船，欲貿貨往閩，造船回國。』部覆令廣東巡撫嚴加譯審：果無虞詐，方許貿易；仍諭今後進貢，務由福建故道。並敕地方官禁約下人：不得因而侵損，失向化之心。

六年，王遣使程鵬貢馬及方物；宴賚如例福建按察司奏：『琉球貢使程鵬至福州，與委官指揮劉玉私通貨賄；俱應究治。』詔逮治玉而宥鵬。

七年，尚圓遣使蔡璟等入貢，以父尚德薨來告，請封。憲宗命戶部都給事中邱弘、行人司行人韓文充正副使，齎儀物行慶吊禮，封世子尚圓爲王。弘至山東病卒，改命兵科給事中管一作官榮偕文往貢使蔡璟以織金蟒羅制衣，爲錦衣衛校尉所訐，刑部鞫之；璟固稱是國王受賜於先朝者。稽舊籍，無有没入內庫；仍敕諭王知之。

八年，王遣長史梁應貢馬及方物；宴賚如例福建三司官奏：『琉球國先因進貢，潛居內地，遂成家業；應遣還。』禮部議：其人若承戶部勘合許入籍者，留；餘如請。

九年，王遣王舅武實入貢謝恩。奏稱：『王常遣人往滿剌加國收買貢物，遭風飄至廣東；有司轉送福建，願自備工料修船同回。』許之。

十年，王遣使沈滿志等貢馬及方物；宴賚如例仍以鈔、絹酬其自貢物值；滿志等乞如舊制折給銅錢，不許。

十一年，王遣使程鵬入貢附奏：『乞如常例，歲一朝貢』。禮部覆稱：去年福建守臣言：『琉球使臣登岸焚劫，訪察不獲；宜令鵬等齎敕省諭，並定貢期』。憲宗敕王曰：『王使朝貢，已如例賞賜遣還。近福建鎮守官奏：通事蔡璋等還次福州，殺人劫財，非法殊甚！今因使臣還，特降敕省諭。敕至，王宜問璋等故縱其下之罪，追究惡徒，依法懲治。自後定例：二年一貢，只許百人，多不過加五人。除正貢外，不得私附貨物並途次騷擾，有累國王忠順之意。其省之』。

十二年，王遣使梁應等入謝。會憲宗立皇太子，應因奏乞如朝鮮、安南例，賜詔齎回。禮部以海外國，例不頒詔。憲宗特命降敕，並以錦幣歸賜其王及妃。是年，王卒。

十三年，王遣使李榮奉表謝恩。已又遣使程鵬貢馬及方物，復請歲一遣使朝貢；不許。

十四年，世子尚真遣長史梁應等請襲封。命兵科給事中董旻、行人司右司副張祥充正副使，齎詔封世子尚真爲王；賜皮弁冠服、金鑲犀帶，並以綵幣賜王及妃。應等具奏乞仍一年一貢；不許。

十五年，王遣使李榮朝貢、迎封册；賜宴及衣幣。

十六年，王遣使馬怡世入謝。附奏：『臣伏讀祖訓條章，許臣國不時朝貢。故自臣祖、父以來，皆一年一貢。邇年舊撫福建大臣以臣國使有違法規利者，令臣二年一貢：此誠臣之罪也。然臣祖宗所以殷勤效貢者，實欲依中華眷顧之恩，杜他國窺伺之患。乞如舊制。』憲宗不許；敕王曰：『曩因爾國使臣入貢，往往假饋送爲名，汚我中國臣工；其實以爲己利。又不能箝束傔從，以致殺人縱火、强劫民財。又私造違禁衣服，俱有顯迹。故定爲二年一貢之例。朝廷富有萬方，豈爲爾一小國而裁省冗費哉！此例既定，難再紛更。特茲省諭，王其審之。』

十八年，王遣使貢馬及方物，乞以陪臣子蔡賓五人於南京國子監讀書；令有司歲給衣服、廩餼如例。王又以不時進貢爲請；疏言『以小事大，如子事父』。禮部言：『其意實假進貢，以規市販之利；宜勿聽。』仍敕王曰：『朝廷定爾國二年一貢，已具前敕。臣之事君，遵君之敕可也。屢違敕奏優，可乎？所以固拒者，非爲惜費；蓋二年一貢，正合中制。朕恤小之意，實在此。王其欽遵，毋事紛更。』禮部又言：『琉球國進貢，舊例到京少則四、五十人，多則六、七十人，俱給賞有差。邇因各國進貢率多奸弊，每國只許五七人，不過十五人到京；餘俱留邊以俟。今福建以例止容正議大夫梁應等十五人赴京，既已給賞；餘六、七十人俱留，布政司宜發官帑以次均給：庶不減削太甚，失柔遠之意。』從之。

二十年，王遣使程鵬貢馬及方物奏：永樂間所賜船破壞，止存其三；乞自備工料，於福建補造。部議許造其一。

二十二年，王遣使蔡曦貢馬及方物王咨部，請遣官生蔡賓等五人歸國省親。帝曰：『昔陽城在太學，諸生三年不歸省者，斥之。矧遠人，豈可長留不遣！其即放歸，以遂定省之私。』

二十三年，王遣使馬審禮等貢方物謝恩。孝宗賜冠帶、衣幣，仍命領詔賜王及妃錦幣。

弘治元年，王遣使皮揚那等入貢時從浙江入貢，帝命卻之；以貢道當由福建，且貢非其時。禮部言：『遠人之情可念；減賞從人，稍示裁抑。』從之。時蔡賓亦隨貢使至，言『成化中讀書南京國子監，今吏部侍郎劉宣時爲祭酒，特加撫恤；乞容執贄於宣所致謝』。許之。

三年，王遣使馬仁等進香，別遣王舅麻勃都入貢奏稱：『本國來貢人員，近只許二十五人赴京；物多人少，恐致疏失。』又請：『貢船抵岸，所在有司只給口糧百五十名，其餘多未得給。』命來京人員許增五人，增口糧二十名。

五年、七年，王皆遣正議大夫梁德入貢；賜王錦緞，宴賚如例。

九年、十三年，王皆遣正議大夫鄭玖入貢；賜王錦緞，宴賚如例。

十五年，王遣使入貢。

十六年，命廣東守臣送所獲國王遣使往滿剌加國收買貢物、遇風舟覆、漂至海南登岸之吳詩等百五十二人於福建守臣處給糧養贍，候本國貢使歸之。

十七年，王遣使補貢王具言：『前使遭風未回，致失二年一貢之期。』至是補貢，納之。武宗登極，命行人左輔頒詔至國。

正德二年，王遣王舅亞嘉尼施等貢馬及方物奏乞每歲一貢；禮部議：『彼因入貢違期，故爲此奏以飾非；宜勿聽。』武宗特許之。長史蔡賓奏乞自備工料修造貢船二只；部議：『驗實量修，不必改造。』賓復奏；武宗曰：『賓，善人也。令二船拆卸補造，第勿過式。』

四年，王遣正議大夫程璉入貢。

五年，王請遣官生蔡進等五人入國子監讀書。許送南監，給衣、廩如例。

六年，王遣正議大夫梁能；七年，遣正議大夫梁寛等入貢。宴賚如例。

十年，王遣長史陳義；十一年，遣正議大夫梁龍貢馬及方物。宴賚如例。

十二年，王遣正議大夫陳義入貢。

十三年，王遣長史蔡遷；十五年，遣長史金良貢馬及方物。宴賚如例。

嘉靖元年，王遣王舅達魯加尼進香、貢方物慶賀；詔賜王及妃錦幣，敕王仍遵先朝舊例：二年一朝貢，每年不得過百五十人。仍命福建巡撫、御史查勘驗放。

三年，王遣長史金良等二十人入貢良言：『先有正議大夫鄭繩領謝恩方物，風漂未至；表文在此，請得先進。』許之。明年，繩至，言方物以舟敗；至是，復進。福建守臣以聞。世宗命就彼中宴賚，遣還方物，令所司輔運；仍令繩齎敕轉敕日本國王，令捕系倡亂者以獻。

五年，官生蔡廷美等請就國子監讀書；令禮部給衣、廩如例。是年，王卒。

七年，第五子尚清《汪志》作天續王卜稱第五子；《徐録》云：尚真第五子遣正議大夫鄭繩等入貢請封；繩等回至海中溺死。

九年，又遣蔡瀚入貢，申前請。禮部以襲封重典，命福建鎮、巡官查訪申報。瀚請遣蔡廷美等四人歸娶；給賞有差《大學録》作十一年事。瀚又言：『來經日本國，王源義晴托齎表文，乞赦其使臣宋素卿之罪；并乞新勘合金印，復修常貢。』禮部驗無印篆，倭情譎詐，不可遽信。敕琉球國王遣人傳諭日本：令擒獻首惡，送回擄去指揮，奏請裁奪。

十一年，正議大夫金良齎國中人民結狀請封。世宗命吏科左給事中陳侃、行人司行人高澄充正副使，齎詔敕封世子尚清爲王。詔曰：『朕躬膺天命，爲天下君；凡推行乎庶政，必斟酌乎古禮。其於錫爵之典，未嘗以海内外而有間焉。爾琉球國遠在海濱，久被聲教；故國王尚真，夙紹顯封，已逾四紀。茲聞薨逝，屬國請封；世子尚清，德惟克類，衆心所歸，宜承國統。朕篤念懷柔之義，用嘉敬順之誠；特遣使齎詔封爾爲琉球國中山王，仍賜以皮弁冠服等物。王宜慎乃初服，益篤忠勤，有光前烈。國中耆俊、臣僚，其同寅翼贊，協力匡扶。尚殫事上之心，恪盡臣藩之節；保守海邦，永底寧謐。』又敕王曰：『惟爾世守海邦，繼膺王爵；敬順天道，世事皇明。爾父尚真自襲封以來，恭勤匪懈；比者薨逝，良用悼傷！爾以塚嗣，國人歸心，理宜承襲。茲特遣使封爾爲琉球國中山王，並賜爾及妃冠服、彩幣等物。爾宜祗承君命，克紹先業；修職承化，保境安民：以稱朕柔遠之意。』

十三年，遣正議大夫梁椿入貢，表稱『世子』；時詔命猶未達也詔弛朝鮮、琉球貢使在京五日出之禁，從朝鮮國王李懌請也。

十四年，陳侃等使還，言海中值風濤之險，多藉神庥，不致顛覆；乞賜祭以答神貺。禮部議：令福建布政司設祭一壇；升侃爲光禄寺少卿、澄爲尚寶司丞。王遣王勇毛實等入貢謝恩；仍以錦幣、雜物賜王先是，王以金四十兩饋侃等，不受；實等並以金奏，世宗命侃等受之。

十七年，王遣使陳賦入貢；宴賚如例。

十九年，王遣長史梁梓貢馬及方物奏請造海舟四；許之。

二十年，王遣使殷達魯等入貢；宴賚如例。

二十一年，長史蔡廷美招漳州人陳貴等駕船之國，因與潮陽船爭利互殺；遂安置貴等於舊王城，盡没其貲。貴等夜奔，爲守者多所掩殺；於是誣貴等爲賊，械送福建。廷美表將赴京陳奏，巡按徐宗魯會三司官譯審以聞，留廷美等待命。得旨：『貴等違法通番，著重治。琉球既屢與交通，今乃敢攘奪貨利、擅殺我民，且誣以賊；詭逆不恭，莫此爲甚！蔡廷美本宜拘留重處，念素係朝貢之國，姑且放回。後若不悛，即絶其朝貢。令福建守臣備行彼國知之。』

二十二年，王遣正議大夫陳賦等貢馬及方物；宴賚如例，並以禮幣報王。王請遣官生梁炫等歸娶；時炫等就學南監已踰七年，詔給資糧、驛騎，遣人護歸。

二十四年，王遣長史梁顯入貢，送還朝鮮漂流人口；宴賚如例。

二十六年，王遣使陳賦入貢賦與蔡廷會偕來。廷會祖璟，本閩人；永樂中，撥往琉球充水手，而產籍在閩。會來與給事中黃宗概上世有親，遂與交通饋謁。事覺，逮問。禮部請並罪賦；世宗曰：『陳賦無罪，賞如例。廷會交結朝臣，法當重治。念屬貢使，姑革賞示罰；仍行撫按官將廷會在閩產籍勘明處分。』

二十八年，王遣正議大夫梁顯入貢；宴賚如例。

二十九年，王遣官生蔡朝用等五人詣京，請入監讀書；許之。

三十二年，王遣長史梁炫入貢；宴賚如例。

三十四年，王遣正議大夫梁碩入貢，又請放官生蔡朝用等歸國省親；許之，遣使送歸。是年，王卒。

三十六年，尚清第二子尚元遣正議大夫蔡廷會等入貢請封。先是，三十五年，倭寇自浙敗還，入海至琉球境；世子尚元邀擊，盡殲之，得中國被掠人金坤等六名。至是，獻還；因乞每歲自行修買歸舟，不候題請。世宗嘉其忠順，許之；仍賜敕獎諭賞銀五十兩、彩幣四表裏，有功人馬必度及廷會等俱厚賜。

三十七年，命給事中吳時來、行人李際春充正副使，齎詔封世子尚元爲王。時來尋疏論大學士嚴嵩奸邪狀，嵩言其畏航海之險，故生事妄言；世宗怒，杖、戍時來。改命刑科給事中郭汝霖偕際春以行。

三十九年，汝霖等尚未行，正議大夫蔡廷會入貢，奉表謝恩時稱受世子命，以海中風濤叵測、倭人出没不時，恐使者有他虞，獲罪上國；請如正德中封占城故事，遣人代進表文、方物，而身同本國長史梁炫等齎回詔册，不煩遣使。巡按御史樊獻科以聞；下禮部議，言『琉球在海中諸國，頗稱守禮；故累朝以來，待之優異。每國王嗣立，必遣侍從之臣，奉命服、節册以往。今使者未至，乃欲遙受册命，則是委君貺於草莽：其不可一也。廷會奉表入貢，乃求遣官代進；昧以小事大之禮，棄世子專遣之命：其不可二也。昔正德中，流賊爲梗，使臣至淮安，撫、按官暫爲留住；俟事寧，即遣貢闕。丁占城國王爲安南所侵，竄居他所，故令使者齎回敕命，乃一時權宜；且此失國之君也。造無稽之詞以欺天朝，援失國之君以擬其主：其不可三也。梯航通道，柔服之常；彼所藉口者，特倭人之警、風濤之險耳，不知琛賓之輸納、貢使之往來，果何由而得無患也？其不可四也。當時占城雖領回詔敕，然其王沙古卜洛猶懇請遣使爲蠻邦光重。且廷會非世子面命，又無印信文移；若遽輕信其言，萬一世子以遣使爲至榮、請遙拜爲非禮，不肯受封，復上書請使如占城，將誰任其咎哉！其不可五也。令福建守臣以前詔從事便。至於未受封而先謝恩，亦非故典；宜止許入貢方物，俟受封後方進謝恩表文』。世宗從之。

四十一年，汝霖等始奉詔至國。詔曰：『朕受天命，主宰寰宇。凡政令之宣布，惟成憲之是循；其於錫封之典，遐邇均焉。爾琉球國遠處海陬，聲教漸被；修職效義，閱世已久。故國王尚清顯荷爵封，粤逾二紀；茲者薨逝，屬國請封。世子元，朕念厥象賢，衆心歸附，是宜承詔國統。特遣正使刑科右給事中郭汝霖、副使行人司行人李際春齎詔往封爲琉球國中山王，仍賜以皮弁冠服等物。王宜謹守禮度，益篤忠勤。凡國中官僚、耆舊，尚其同心翼贊，以佐王飭躬勵行，用保藩邦。故茲詔示，咸俾悉知。』王遣王舅源德偕汝霖等入謝；詔升汝霖爲光禄寺少卿、際春爲尚寶司丞初，王以金四十兩饋汝霖等爲謝，卻之。源德齎所饋金請命，世宗謂『朝廷命使，無受謝之義』；詔聽汝霖等辭。尋以二臣遠行著勞，各賜銀、幣。

四十二年，王遣正議大夫鄭憲入貢，送還中國漂流人口；世宗降敕褒諭，賜鏹、幣。憲因奏本國亦有流入中國者，乞命守臣恤遣；下其疏於瀕海所司。

四十四年，王遣長史梁灼貢馬及方物，送回本國北山守備鄭都所獲中國被掠人口；世宗嘉王忠順，再敕獎諭，仍賜銀五十兩、彩幣四表裏，灼、都各二十兩、一表裏。

隆慶元年，王遣使入貢；宴賚如例。

二年，王遣使入賀；宴賚如例。

三年，王遣守備由必都等歸日本掠去人口，守臣以聞；穆宗以王屢效忠誠，賞銀、幣同前，仍賜敕獎勵，由必都等給銀、幣有差。

五年，王遣正議大夫鄭憲入謝，又歸被掠人口；再敕獎勵，賜銀、幣，給賞如前。遣官生梁照等三人歸國；從王請也。明年，王卒。

萬曆元年，尚元世子尚永遣使入貢請封；禮部行福建鎮、巡官查勘。又送還被掠人民；獎賚如例。

二年，遣王舅馬中叟、長史鄭佑等十八人入貢，賀登極；宴賚如例。

三年，世子兩遣使入貢。

四年，世子遣正議大夫蔡朝器等貢方物；如例給賞外，神宗命每五日另給雞、鵝、米、麵、酒、果以示優異。命戶科左給事中蕭崇業、行人司行人謝杰充正副使，齎皮弁、玉圭往封尚永爲王。崇業等疏言四事：一、頒去詔敕如彼國懇留，宜如例俯循其請。一、秩祀海神，合舉祈、報二祭。一、造船宜專責府佐，副以指揮二員，造完一併隨行。一、飲食、物用、弓矢、器械以及觀星、占風、聽水、察土、醫卜、技藝之流畢備，許酌量取用。悉如所請。

五年，遣正議大夫梁灼入貢，表稱『世子』；時崇業等尚未行也。

八年，崇業等始齎詔敕至國。詔曰：『朕受天明命，君臨萬方；薄海內外，罔不來享。延賞錫慶，恩禮攸同。惟爾琉球國遠處海濱，恪遵聲教，世守職貢，足稱守禮之邦。國王尚元，紹序膺封，臣節罙謹。茲焉薨逝，悼切朕衷！念其侯度有常，王封當繼。其世子永，德惟象賢，惠能得衆；宜承國統，永建外藩。特遣正使戶科左給事中蕭崇業、副使行人司行人謝杰齎詔往封爲琉球國中山王，仍賜以皮弁冠服等物。凡國中官僚、耆舊，尚其協心翼贊，畢力匡扶；懋猷勿替於承先，執禮益虔於事上。綏茲有衆，同我太平；則亦爾海邦無疆之休。』又敕王曰：『惟爾先世守此海邦，代受王封，克承忠順。迨於爾父元，畏天事大，益用小心；誠節懋彰，寵恩洊被。遽焉薨逝，良用悼傷！爾爲冢嗣，克修厥美；羣情既附，宜紹爵封。茲特遣使封爾爲琉球國中山王，并賜爾及妃冠服、彩幣等物。爾宜恪守王章，遵述先志；秉禮守義，奠境安民；庶幾彰朕無外之仁，以永保爾有終之譽。』王遣王舅馬良弼入謝，偕陪臣子鄭周等三人就學；命送南監，給衣糧如例。

九年，王遣正議大夫梁燦入貢。

十一年，王遣使梁灼入貢。

十五年，王遣正議大夫鄭禮謝恩，別遣使貢方物。明年，王卒。

十九年，尚圓嫡孫尚寧遣使鄭禮入貢，言國方多事，未暇請封；部咨：『該國世子宜速請襲爵，鎮壓國人；毋以地方多事爲辭。』

二十三年，國人哈那等船飄溫州，浙江巡撫劉元霖以聞；神宗命優恤遣還。

二十七年，寧遣使鄭道等入謝，請封。部議：不必遣官；但取具該國王舅法司等官印結與世子奏本，到即頒封。神宗命選廉勇武臣一員同往。

二十九年，命兵科給事中洪瞻祖、行人司行人王士禎充正副使往。禮部右侍郎署尚書事朱國祚言：『琉球國僻處東南，世修職貢，時當承襲；屢遭倭警，延逗至今。既經世子尚寧奏請，相應准封。其該用皮弁冠服、紵絲等項，宜照例應付。遣官，已奉明旨；但據其陳乞情詞，援引《會典》，必以文臣爲請。惟聖明裁定。』得旨如請。時浙江巡撫劉元霖報獲海船係琉球國差探封貢聲息，其中類倭數人，衣笠、刀仗皆倭物；會同館譯問長史蔡奎，奎不能辨。神宗命待該國質審回奏，再遣瞻祖等往。已而瞻祖以憂去，以兵科右給事中夏子陽代之。

三十二年，寧遣王舅毛繼祖等入賀冊立東宮，并謝賜還本國漂流人口；各賜衣服、帽襪。

三十三年，神宗命夏子陽等作速渡海，以彰大信；仍傳諭彼國以後領封海上，著爲定規。先是，二十三年，琉球使臣於霸等爲世子請封。撫臣許孚遠以倭氛未息，議遣使齎敕至福建，聽來使面領；或遣慣海武臣，同彼國使臣往。得旨：『待世子表請，然後如議頒封。』迨二十八年，請封表至，則有『用武臣』之旨。二十九年，世子再疏乞差文臣；始改後命。於是夏子陽等方齎敕入閩，而巡按方元彥以濱海多事、警報頻仍，偕撫臣徐學聚請仍遣武臣前往；子陽等具言『屬國言不可爽，使臣義當有終。乞堅成命，以慰遠人』。俱未報；而禮部侍郎李廷機言『宜斷行領封初旨，並武臣之遣而罷之』。於是御史錢桓、給事中蕭道高各具疏力言其不可；且云：『此議當在欽命未遣之先，不當在冊使既行之後。宜行該撫速造海船，勿誤今年渡海之期。俟事竣復命，然後定爲畫一之規；先之以文告，令其領封海上，永爲遵守。』從之。子陽等齎詔敕至國；詔曰：『朕躬膺天命，誕受多方；爰暨海隅，罔不率俾；聲教所訖，慶賚惟同。爾琉球國僻處東南，世修職貢。自我皇祖稱爲禮義之邦，國王尚永祗襲王封，恪遵侯度；倏焉薨逝，良惻朕心！其世子寧，賢足長人，才能馭衆；間關請命，恭順有加。念其國統攸歸，人心胥屬；宜膺寵渥，固我藩籬。特遣正使兵科右給事中夏子陽、副使行人司行人王士禎齎詔往封爲琉球國中山王，仍賜以皮弁冠服等物。凡國中官僚、耆舊，尚其殫忠輔導，協力匡襄；堅事上之小心，鞏承先之大業；永綏海國，共享昇平。惟爾君臣亦世世永孚于休！』又敕王曰：『惟爾上世以來，建邦海外，代膺封爵，長固藩維。爾父永，恪守王章，小心祗畏；忠誠茂著，稱我優嘉。遽至長終，良深悼惻！爾爲冢嗣，無忝象賢；既允羣情，宜崇位號。茲特遣正使兵科右給事中夏子陽、副使行人司行人王士禎齎敕諭封爾爲琉球國中山王，並賜爾及妃冠服、彩幣等物。爾宜益虔侯度，克紹先猷；保又人民，奠安境土：庶幾恢朕有截之化，抑亦貽爾無疆之休！』

三十四年，子陽等事竣復命；升子陽爲太常寺少卿、士禎爲光禄寺丞。王遣王舅毛鳳儀、正議大夫阮國入謝。鳳儀等齎子陽等所辭金上於朝，神宗命來使齎回。王附奏：『洪、永間，賜閩人三十六姓，知書者授大夫、長史，以爲朝貢之司；習海者授通事，總爲指南之備。今世久人湮，文字、音語、海路、更針常至違錯；乞依往例更賜。』禮部覆之。

三十六年，王遣使鄭子孝等十三人入貢；宴賚如例。

三十八年，王遣王舅毛鳳儀、長史金應魁急報倭警，致緩貢期；巡撫陳子貞以聞。

四十年，浙江總兵官楊崇業奏報倭情，言『探得日本以三千人入琉球國，執中山王，遷其宗器；宜敕海上嚴加訓練』。而兵部疏言倭入琉球獲中山王，則三十七年三月事也時福建巡撫丁繼嗣奏：『琉球國使柏壽、陳華等執本國咨本，言王已歸國，特遣修貢。臣竊見琉球列在藩屬，固已有年。但爾來奄奄不振，被拘日本；即令縱歸，其不足爲國明矣。況在人股掌之上，保無陰陽其間！且今來船方抵海壇，突然登陸；又聞已入泉境，忽爾揚帆出海。去來倏忽，迹大可疑。今又非入貢年分，據云以歸國報聞；海外遼絶，歸與不歸，誰則知之！使此情果真，而貢之入境有常體，何以不服盤驗、不先報知，而突入會城！貢之尚方有常物，何以突增日本物於硫磺、馬、布之外！貢之齎進有常額，何以人伴多至百餘名！此其情態，已非平日恭順之意；況又有倭爲之驅哉！但彼所執有辭，不應驟阻，以啓疑貳之心。宜留正使及人伴數名，候題請處分；餘衆量給廩食，遣還本國。非常貢之物，一併給付帶回：始足以壯天朝之威、正天朝之體。』章下禮部，覆如撫臣言。

四十四年，王遣通事蔡廛來言：『邇聞倭寇造戰船五百餘只，欲脅取雞籠山。恐其馳突中國，爲害閩海；故特移咨奏報。』福建巡撫黄承玄以聞。

天啓元年，頒登極詔於福建布政司，轉命衛指揮蕭崇基齎詔之國。

三年，尚豐遣使蔡堅等貢硫磺、馬匹，請封尚豐。尚元第三子尚久之子，元之孫也。先是，定期二年一貢；萬曆間，國被倭難，詔停貢已十年。至是，以爲言；部議『本國休養未久，暫擬五年一貢；待册封後另議』。

五年，豐遣使入謝，並乞封典。

六年，豐遣使入貢。

七年，豐遣正議大夫蔡延等入貢，宴賚如例。

崇禎二年，豐遣使入貢，再申前請。禮官何如寵以履險糜費，請令陪臣領封；不從。命戶科左給事中杜三策、行人司司正楊掄充正副使，齎詔及儀物往封尚豐爲王。

六年，三策等始至國。王遣使入謝。

九年，王遣使入貢；宴賚如例。

十二年，王遣使蔡堅等入貢。明年，王卒。

十七年，尚豐第三子尚賢遣使金應元入貢，請封；會中朝道阻，不得歸。

大清順治三年，福建平，尚賢請封；使者與通事謝必振等至江寧投經略臣洪承疇，轉送入京。禮部言：『前朝敕印未繳，未便授封。』遣通事往諭。

六年，尚賢弟尚質自稱『世子』，遣本國通事周國盛齎表歸誠，隨通事入朝。

七年，質遣王舅阿榜琨、正議大夫蔡錦等奉貢入賀；船漂没，未達。

八年，世祖章皇帝令來使周國盛齎敕歸諭世子。

十年，世子遣王舅馬宗毅、正議大夫蔡祚隆等貢方物，繳前朝敕印，請封；備言其國王没，敕即隨葬；惟尚寧未葬，故即以寧敕繳。

十一年，又遣官進貢，請封；賜國王蟒緞二、彩緞六、藍緞二、素緞二、閃緞二、錦三、紬四、羅四、紗四，賜王妃彩緞四、閃緞一、藍緞二、素緞三、錦二、羅四、紗四。賞王舅彩緞表裏各四，正議大夫彩緞表裏各三、藍緞一、紬二、羅二，使者彩緞表裏各二、藍緞一、紬一、紗一、羅一，通事從人紗緞、紬布、銀兩各有差。遣兵科愛惜喇庫哈番張學禮爲正使、行人司行人王垓爲副使，齎詔書一道、鍍金銀印一顆，令二年一貢，進貢人數不得過一百五十人，許正副使二員、從人十五名入京；餘俱留邊聽賞。學禮等疏請十事，部議賜一品麟蟒服，於欽天監選取天文生一人、南方自擇醫生二人，賜儀仗，給驛護送，外給從人口糧。至福建，修造海船，選將弁二兵二百人隨往。因海氛未靖，還京未行。

聖祖仁皇帝御極，念遠人延佇日久，譴責學禮等，卒遣行。康熙二年至國，詔仍順治十一年所頒，敕則康熙元年也。

三年，王遣陪臣吳國用、金正春奉表謝封，進貢；且疏言：『捧讀敕諭，因臣使物故甚多、滯閩日久，將正副使併督、撫諸臣處治。但中外均屬臣子，臣躬承天庥，不能少爲諸臣之報，而反重爲諸臣之累；臣何人斯，豈能宴然清夜！』聖祖命還學禮等原職，賜國王蟒緞二、彩緞四、藍緞二、素緞二、閃緞二、錦二、綢二、羅二、紗二，賞王舅彩緞表裏各四、羅四、彩緞三、靴一雙，紫金大夫彩緞表裏各四、羅三、靴一雙，使者彩緞表裏各二、折紗布四，通事、從人緞布有差。王又另疏進學禮等所辭宴金正使一百兩、副使九十兩，請令二臣收受。部議不可；奉旨：『這琉球國所與宴金，仍著使臣收受。』

四年，王遣使進香，并賀登極；進貢。其貢物有在梅花港口遭風漂溺者，奉旨：『免其補進。』

五年，補進貢物；聖祖命發回。又令應進瑪瑙、烏木、降香、木香、象牙、錫、速香、丁香、檀香、黃熟香等十件不係土產，免其進貢；其硫磺留福建督、撫收貯，餘所貢方物令督、撫差人解送。其來使不必齎送到京，即給賞遣回。

六年，令貢使仍齎表入覲。明年，王卒。

八年，尚質世子尚貞遣使入貢；於常貢外，加進紅銅及黑漆嵌螺茶碗。照例給賜，惟正使不係王舅，與副使正議大夫賞同。

十年，進貢；於常貢外，加進鬃煙、番紙、蕉布。其被風飄失貢物，免其查議。

十三年，進貢；於常貢外，加進紅銅及火爐、絲煙。

十八年，補進十七年貢。除赴京存留官伴外，其餘員役，令先乘原船歸國。

十九年，世子遣使進貢；聖祖諭：『琉球國進貢方物，止令貢硫磺、海螺殼、紅銅；其餘不必進貢。』貢物，舊有金銀罐、金銀粉匣、金銀酒海、泥金彩畫圍屏、泥金扇、泥銀扇、畫扇、蕉布、苧布、紅花、胡椒、蘇木、腰刀、大刀、槍、盔甲、馬鞍、絲錦、螺盤；後俱免進。外有加貢物無定額，熟硫磺一萬二千六百斤、海螺殼三千個、紅銅三千斤。

二十年，世子遣使入貢。聖祖以貞恪共藩職，當耿精忠叛亂之際，屢獻方物，恭順可嘉！賜敕褒諭，仍賜錦幣五十。又於常貢內，免其貢馬；著爲例。

二十一年，世子遣耳目官毛見龍、正議大夫梁邦翰上言：『先王尚質，於康熙七年告薨；貞嫡嗣，應襲爵。具通國結狀，請封。』禮部議：航海道遠，應令貢使領封。見龍等固請，部議執不可；聖祖特允之，遣翰林院檢討汪楫、內閣中書舍人林麟焻爲正副使。楫等疏陳七事：一、請頒御筆；一、請照例諭祭海神；一、渡海之期，不必專候貢使；一、請帶修船官匠一同渡海；一、請給關防，以稽詐冒；一、請增兵護行，以壯國威；一、請預支俸銀爲辦裝貲。禮部盡議不行；仍令會同戶、兵、工三部再議。奏上，聖祖大書『中山世土』四字賜王，特許帶修船匠役隨行，制祭文二道祈報海神，並給俸二年以往。

二十二年，楫等至閩。時方治兵攻臺灣，遂不候造船，徑取戰艦渡海。六月，楫等至國，諭祭故王尚質，冊封尚貞爲王。王遣法司王舅毛國珍、紫金大夫王明佐等謝封。楫等回京，復爲題請『遠人向化，請賜就學』；禮部議覆准行。王又另疏進楫等所辭宴金一百九十二兩，請令二臣收受；部議不可。奉旨：『這琉球國所與宴金，仍著使臣收受。』

二十三年八月，奉聖祖諭：『汪楫等奉使琉球，往回甚速；黽勉盡職，可嘉！著吏部議敘具奏。』

二十五年，王遣官生梁成楫、蔡文溥、阮維新、鄭秉均等四人入太學；附貢使耳目官魏應伯、正議大夫曾夔船桅折傷，秉均飄至太平山修船。

二十七年，貢使到京；於正貢外，加屏風紙二千張、嫩蕉布五十匹。聖祖令成楫等三人照都通事例日廩甚優；四季賜袍褂、衫褲、靴帽、被褥俱備；從人皆有賜。又月給紙、筆、墨、硃銀一兩五錢。特設教習一人，又令博士一員督課。

三十年，王遣貢使耳目官溫允傑、正議大夫金元達到京，請官生歸國；賜宴，各給賞雲緞、綢布等，乘傳，厚給遣歸以後貢使，例遣耳目官一員爲正、正議大夫一員爲副；後不具書官名。他官則書。

三十二年，王遣馬廷器、王可發等入貢；宴賚有差。

三十四年，王遣翁敬德、蔡應瑞入貢。

三十六年，王遣毛天相、鄭弘良入貢。

三十八年，王遣毛龍圖、梁邦基入貢。

四十年，王遣毛得範、鄭職良入貢；得範至杭州，病卒。

四十二年，王遣毛興龍、蔡應祥入貢。

四十四年，王遣溫開榮、蔡肇功入貢。

四十六年，王遣馬元勳、程順則入貢。

四十八年，王遣向英、毛文哲入貢。國中多災，宮殿盡焚；颱颶頻作，人畜多死、草木皆枯。是年，王卒。

四十九年，尚貞世子尚純子尚益，以嫡孫嗣立。

五十年，益遣孟命時、阮維新入貢。

五十一年，尚益卒，未及請封。

五十二年，尚益世子尚敬嗣立。遣毛九經、蔡灼入貢；灼至福州，病卒。

五十四年，敬遣馬獻功、阮璋入貢。

五十六年，敬遣夏執中、蔡溫入貢；且告曾祖尚貞與其父尚益之喪，請封。

五十七年，遣翰林院檢討海寶、編修徐葆光充正副使往。

五十八年，又遣向秉幹、楊聯桂入貢；聯桂至通州，病卒。六月，海寶等至國，諭祭故王尚貞、尚益，冊封尚敬爲王。

五十九年，海寶等自琉球回，代請官生入學，并請給天妃春秋祀典；禮部議：俱准行。王遣王舅向龍翼、紫金大夫程順則入貢並謝封，貢金鶴、盔甲、馬鞍等物；宴賚有差。《徐録》：『金鶴二、銀座全、盔甲一副、護手護膁全、金靶鞘腰刀二、銀靶鞘腰刀二、黑漆靶鞘鍍金銅結束腰刀二十、黑漆靶鞘鍍金銅結束衮刀十、黑漆灑金馬鞍一、鞦鐙全、金彩畫圍屏四、扇五百、土綿二百、紋蕉布二百、土苧布一百、白鋼錫五百斤、紅銅五百斤；以上皆謝封貢物。舊例有胡椒，今缺；以鋼錫代之。其常年貢物，止白錫一千斤、紅銅三千斤、硫磺一萬二千八百斤；硫磺納藩庫，貢使齎銅、錫至京。前明於福州特設市舶提舉一員，專理琉球貢事；以内官領之。本朝省並其事於本府海防同知；今貢使猶稱之曰「提學」云。』王又另疏進海寶等所辭宴金一百九十二兩，請令二臣收受；部議不可。奉旨：『宴金仍著使臣照舊例收受。』

六十年，王遣毛廷輔、梁得宗入貢。聖祖諭：將琉球國王照安南國王於常賞緞匹數目外，增添緞匹加賞，交來使齎回賜王。其正副使、通事人等，各加賞緞匹有差。

六十一年，王遣毛弘健、陳其湘入貢，附遣官生四人入監；至閩洋觸礁，俱溺死。

雍正元年，王遣王舅翁國柱及曾信入貢，復遣官生鄭秉哲等四人入監；路卒一人。

二年，世宗憲皇帝召見王舅翁國柱於乾清宮，御書匾額『輯瑞球陽』四字賜王，及玉、緞等物交與翁國柱齎回；仍賞國柱銀、幣法瑯爐瓶盒一分、白玉盒一對、漢玉玦一件、白玉鎮紙二件、三喜玉杯一件、青玉爐一件、白玉提梁罐一件、漢玉螭虎筆洗一件、青玉三喜花插一件、白玻璃大碗四、白玻璃蓋碗六、磁胎燒金法琅有蓋靶碗六、青花白地龍鳳蓋碗十二、青花白地龍鳳蓋鍾十、藍磁片十二、霽紅碟十二、霽紅碗十、填白八寸盤十二、緑龍六寸盤二十、青花如意五寸盤二十、青團龍大碗十二、五彩宮碗十四、緑地紫云茶碗十、紫檀木盒緑端硯一方、棕根盒緑端硯一方、上用緞二十匹。賞王舅翁國柱銀一百兩、上用緞八匹。恤病故官生蔡宏訓銀三百兩留一百兩修理墳墓；其二百兩著翁國柱帶回，交宏訓之母養贍。王遣毛健元、蔡淵入貢。

三年，王遣紫巾官向得功及鄭士絢入貢。

四年，召見紫巾官向得功於乾清宮，賜王玉、緞等物，交得功齎回；仍賞得功銀、幣内造緞二十匹、玉方鼎一件、玉夔龍水注一件、漢玉方壺一件、玉五老雙壽杯一件、玉異獸花插一件、玉荷葉盤一件、玉龍鳳方盒一件、玉螭虎雙壽碗一件、玉雲喜卮一件、玉磬一架、白玻璃碗四、藍玻璃蓋碗六、青龍紅水龍暗水大宮碗十二、五彩蟠桃宮碗十四、霽紅盤十二、霽藍盤十二、七寸盤十二、霽紅白魚七、盤二十、青花如意五寸盤二十、緑地紫雲茶碗十、青紅龍高足有蓋茶碗六、青花龍鳳蓋碗十二、青花龍鳳蓋鍾十、法琅爐缾盒一分、紫檀木盒緑端硯一方、杏木盒緑端硯一方。賞紫巾官向得功内造緞八匹、銀一百兩。王遣毛汝龍、鄭廷極入貢，並進謝恩禮物。世宗命將進到四年貢物存留，准作六年正貢；其六年應進表文，仍令照例遣使赴京恭進。嗣因汝龍等呈請表文、方物一併來京，部議不許；仍令將六年表文，俟八年正貢時一併恭進。遣官生鄭秉哲、鄭謙等歸國。

六年，王遣毛鴻基、鄭秉彝入貢。

八年，王遣王舅向克濟及蔡文河入貢。

九年，禮部議：『琉球國王奏：進貢方物，請遵依舊典二年一貢，不敢愆期。應如所請。』奉諭旨：『朕因琉球地處重洋之外，奉表修貢，遠涉風濤，深爲軫念！曾經降旨將雍正八年貢物，准作十年正貢。今該國王奏請按期入貢，情詞懇切，具見誠悃；知道了。著仍遵前旨，若十年貢物已經遣使起程，即准作十二年正貢；十一年不必遣使前來。將此行文該國王知之。』

十年，賞王舅向克濟玉磁器物黄玻璃缾一對、紅玻璃缾一件、緑玻璃瓶一件、白玉筆擱一件、白玉雙龍觥一件、漢玉雙喜杯一件、紅瑪瑙水盛一件、牛油石福壽盒一件、銅法琅花缾一件、銅法琅茶盤一件、瓊石荷葉觥一件、青緑鼎一件、彩添小圓盤八件、哥窯四繫花囊一件、藍磁瓶一件、霽紅瓶二件、霽青膽瓶一件、哥窯瓶一件、官窯雙管瓶一件、填白雙圓瓶一件、紅粉紅磁小缾一件、青花磁桃式盒一件、五彩套杯一副、五彩酒鍾四件、洋紅酒鍾四件。王遣温思明、鄭儀入貢。

乾隆元年，王遣毛光潤、鄭國柱入貢；光潤至福建，病卒。

二年，王遣王舅向啓猷及金震入貢。

三年，王遣向維豪、蔡墉入貢。

四年，皇上以王遣使慶賀，忠藎可嘉；降敕獎諭，并御書匾額『永祚瀛壖』四字賜王及文綺等物。

五年，王遣王舅翁鴻業及蔡其棟入貢，并進謝恩禮物；其棟至福州，病卒。

六年，禮部議：『琉球國謝恩禮物，照雍正四年之例存留，准作二年一次正貢。』奉旨：『依議。』

七年，王遣毛文和、蔡用弼入貢。

九年，禮部議：『將琉球國進到禮物存留，准作九年正貢；其九年應進表文，仍令照例遣使赴京恭進。』奉旨：『依議。』

十一年，王遣毛允仁、梁珍入貢。

十三年，王遣向永成、鄭秉哲入貢。

十五年，王遣毛元烈、阮爲標入貢；元烈至福建，病卒。又遣都通事阮超羣等送回。十四年内地被風失舟吴永盛等四船九十二名；其林士興等六船一百三十名因船身堅固，先已撥給桅木、廪餼，資送回籍。閩浙總督喀爾吉善、巡撫潘思榘以聞；奉旨：『賜國王蟒緞二匹、閃緞二匹、錦二匹、彩緞四匹、素緞四匹，以示嘉獎。其伴送之都通事阮超羣、東觀旭等，亦著該督、撫優加獎賚有差。』

十六年，福撫潘思榘奏：『琉球國使臣毛如苞等二號貢船一只在洋遭風，飄回本島修葺補進；并將閩縣遭風船戶蔣長興等、常熟縣商民瞿長順等三十九人留養兩年，隨船護送來閩。』奉旨：『於常例外，賜國王蟒緞二匹、閃緞二匹、錦二匹、彩緞四匹、素緞四匹，以示優獎。其在船官伴人等，亦著該撫分別賞賚有差。』是年，王卒，世子尚穆遣陪臣鄭國貞告哀；署福建巡撫新柱以聞。

十七年，世子穆遣向邦鼎、楊大壯入貢。

十九年，世子穆遣毛元翼、蔡宏謨入貢，兼請襲封；疏云：『琉球國中山王世子臣尚穆謹奏：爲瀝懇循例封襲，以光世土，以效忠勤事。竊以敝國蕞爾彈丸，眇茲尺土；沐天朝深仁厚澤，有加無已。臣元祖尚質，於順治十一年荷蒙天恩頒給王爵印篆爲中山王，永奠海邦。臣高祖尚貞，於康熙二十一年恭沐詔敕册封。臣曾祖純、祖益，未及請封，早已辭世。臣父敬，於康熙五十七年叨蒙册封爲中山王。嗣爵以來，夙夜惟寅，矢勤矢慎，虔輸忠誠，恪恭匪懈；於乾隆十六年正月二十九日薨逝。念臣小子穆，恭循典例，以嫡繼統；謹遣陪臣耳目官毛元翼、正議大夫蔡宏謨等虔齎奏請，伏乞聖恩體循臣父事例，差選天使按臨蛟島，俾臣穆拜綸音於海表，永守藩疆；膺詔命於波區，代供貢職；則頂祝皇恩浩蕩，世世不朽矣。伏祈睿鑑，敕部施行；臣穆不勝惶悚待命之至！謹具奏以聞。』『琉球國中山王世子臣尚穆，誠惶誠恐，稽首、頓首，謹奉表上言：伏以玉版恢圖，煥規模於舊制；寶綸沛澤，隆體統於藩臣。率土莫不尊親，衆星拱北；普天咸稱神聖，諸水朝宗。歡洽臣民，慶騰宇宙。恭惟皇帝陛下覆育同天，光華匝地。躬桓蒲穀，悉歸王會之圖；侯甸要荒，盡入職方之府。臣穆世沐帝澤，代守海藩。胙土分茅，自古之帝王大典；請封襲爵，今日之臣子微忱。謹遣陪臣毛元翼、蔡宏謨等仰請綸音，望龍墀而悚栗；叩希天眷，瞻鳳詔以遙頒。伏願至德彌崇，覃恩愈廣。制儀制禮，因舊典以廣新恩；教孝教忠，由内臣而及外吏。將見川岳效靈，九有覲昭光之盛；江河獻瑞，萬方沾熙皞之隆矣。臣穆無任瞻天仰聖，激切屏營之至。謹奉表恭進以聞。乾隆十九年十月二十二日，琉球國中山王世子臣尚穆謹上表。』

二十年五月初七日，遣翰林院侍講全魁、編修周煌充正副使往封。

二十一年七月初八日，臣魁、臣煌至國，先行諭祭故國王尚敬；以八月二十一日，宣讀詔敕，册封尚穆爲琉球國中山王。是年，王遣向全才、阮超羣入貢。

二十二年正月，臣魁、臣煌自琉球還，代請官生入國子監讀書；并陳天威遠播，神應彌昭，請加天後封號，別頒諭祭文二道。事下禮部，部議俱准行。王遣王舅法司官馬宣哲、紫金大夫鄭秉哲入貢，奉表恭謝天恩，貢金鶴、盔甲、馬鞍等物；宴賚有差。

清·穆彰阿等《嘉慶重修一統志》卷五五一《琉球》 元世祖至元二十八年，沿海副萬戶楊祥使往招諭，不從。成宗元貞三年，福建省平章政事高興遣都鎮撫張浩等赴琉球國，擒生口而還。【略】

其國始建自天孫氏，傳二十五代爲逆臣，利勇所篡，浦添按司舜天者，日本人，討殺利勇，衆推爲王，遂代天孫氏。舜天之孫義本禪位於天孫氏，後英祖而自隱於北山。英祖三傳至玉成，荒淫無度，諸司不朝。大里按司稱山南王，歸仁按司稱山北王，玉成遂自稱中山王，國分爲三。玉成傳子西威，西威薨，國人廢其子而立浦添司察度。明洪武初，奉朝貢，遣子侄及陪臣子弟，來請肄業國學。帝許之，并賜閩人三十六姓善操舟者，令往來朝貢，自是三王嗣封，皆請於朝。未幾，山南佐鋪按司巴志者，合衆攻山南，繼攻山北，山北王自殺，復攻滅中山，巴志遂奉其父思紹爲王。永樂五年，請於朝，襲封中山王，爵巴志復滅山南王。自元延祐中，國分爲三，至是合爲一。賜尚姓。尚巴志五傳至尚德，國人廢其子而立伊平人尚圓，或曰義本之後，或以爲天孫氏裔。終明之世，修貢不絶。

本朝順治六年，琉球國遣使奉表納款。十一年，其國王世子尚質遣使進貢方物，詔册封尚質爲中山王，賜鍍金銀印，令二年一貢，著爲例。康熙二十年。中山王世子尚貞奏請襲封。二十一年。遣官册封琉球國王，并御書『中山世土』四字賜之。五十七年，琉球國王世曾孫尚敬奏稱，自四十八年中山王尚貞薨逝，世子尚純早世，世孫尚益權署國事，未及請封，亦薨，今遣耳目官正議大夫等奉表恭進方物，并請封襲王爵。奉旨，琉球國世守臣節，忠誠可嘉，准該國王世曾孫尚敬所請，敕賜承襲琉球國中山王。雍正元年，琉球國王尚敬遣王舅翁國柱及曾信入貢，復遣官生鄭秉哲等入監。二年，召見王舅翁國柱於乾清宮，御書『輯瑞球陽』四字賜之。乾隆元年、二年、三年，琉球國王俱遣使入貢。四年，高宗純皇帝以國王遣使慶賀，忠藎可嘉，降敕獎諭，併御書『永祚瀛壖』四字賜之。十九年，琉球國王世子尚穆奏稱，臣父敬於乾隆十六年薨逝，念臣小子穆恭循典例以嫡繼統，謹遣耳目官議大夫等虔齎方物，奏請循例封襲王爵。二十年，敕封尚穆爲琉球國中山王。二十四年，復遣官生梁文治等入監。五十年，御書『海邦濟美』扁額賜之。六十年，琉球國世子尚温恭逢國慶，遠進表恭，特頒敕諭並賚文綺等物。嘉慶四年，册封尚温爲琉球國中山王，御書『海表恭藩』四字賜之。十二年，琉球國世孫尚灝嗣立，詔封如例，自後二年一貢。其國有三十六島。

清·薩迎阿等［嘉慶］《禮部則例》卷一七三《主客清吏司·琉球朝貢》 琉球在東南海中。順治六年請貢，聖祖仁皇帝賜御書匾額曰『中山世土』。世宗憲皇帝賜御書匾額曰『輯瑞球陽』。高宗純皇帝賜御書匾額曰『永祚瀛壖』，又賜御書匾額曰『海邦濟美』。皇上復親灑宸翰曰『海表恭藩』以賜之，至該國王遣其陪臣子弟入學成均者，均優賞如例。貢道，航海由福建閩安鎮入境，達京師。

一、琉球貢期，間歲一貢，由閩浙總督代題，敕部議准後，知照該督行知該國王。

一、琉球貢使，正副使各一人，以其國王舅或耳目官及正議大夫、紫金大夫充。凡貢船至閩，該撫分爲三等，應摘回者先行歸國，應存留者留閩以待齎貢，入京者正副使以下都通事。使者從人等不得過二十名。謹按嘉慶十四年，遣使謝恩，留邊從人至二十七名之多。行文閩浙督撫，嗣后照例辦理，多者摘回并轉行知該國王。

一、正貢，硫磺一萬二千六百斤，紅銅三千斤，白鋼錫一千斤。琉球初貢方物頗夥。謹按康熙年間，以瑪瑙、烏木、降香、木香、象牙、錫、速香、丁香、檀香、黄熟香等十種，非其方物免貢。康熙二十年，奉旨，琉球國以后祇合貢硫磺、海螺殼、紅銅，其馬匹、煙絲、螺鈿器皿等，均免進貢。三十年，奉旨，琉球航海入貢，途遠勞煩，海螺殼亦免進貢。三十二年，該國王以免進海螺殼，補進白鋼錫一千斤。

一、恭遇慶典，表賀及謝恩進貢，皆以方物，貢無定額。謹按順治十一年，琉球國恭進慶賀方物，金飾佩刀、銀飾佩刀、金酒瓶、銀酒瓶、泥金畫屏、泥金扇、泥銀扇、蕉布、苧布、紅花、胡椒、蘇木。康熙三年，恭進謝恩方物，金飾佩刀、銀飾佩刀各二把，漆柄大刀、漆桿鎗各十把，漆盔甲一副，灑金馬鞍一副，泥金畫屏四個，泥金扇一百柄，泥銀扇畫扇各二百柄，紅銅、胡椒各五百斤，絲紬三百束，蕉布、苧布各一百匹。四年，恭進慶賀方物與順治十一年同。二十三年，恭進謝恩方物與三年同。又以特賜御書加進金鶴一對。雍正二年，恭進慶賀方物，金、銀飾佩刀各二把，金、銀罐各一個，泥金畫屏一對，扇二百柄，屏紙五千張，紅銅、白鋼錫各五百斤，蕉布、夏布各一百匹。恭進皇后前金、銀粉匣各一個，扇八十柄，蕉布、夏布各四十匹。四年，謝賜御書恩，恭進金鶴一對，嵌螺黑漆盤、盌各三十件，彩屏一對，扇二百柄，紙一萬張，青花蕉布五十匹，白花蕉布五十匹，素花蕉布五十匹。乾隆二年，恭進慶賀方物與雍正二年同。六年，謝賜御書恩方物與雍正四年同。三十二年，恭進謝恩方物，金鶴一對，盔甲、馬鞍各一副，金、銀飾佩刀各二把，漆飾鍍金佩刀二十把，刀及槍各十把，金彩畫屏一對，扇五百柄，絲綿二百束，錬蕉布二百匹，紋蕉布、土苧布各一百匹，紅銅、白鋼錫各五百斤。五十四年，謝恩方物與六年同。五十八年，謝恩方物，金龜形一對，銀座各全銀攢盒二具，漆彩畫盆各全銅火盆十個，漆彩畫座各全銅水罐十個，染花土紬五十匹，染花苧布五十匹，細嫩素花蕉布五十匹，精彩畫圍屏大小二對，護壽紙五千張，精製雅扇二百柄。嘉慶二年，慶賀太上皇帝方物，金罐一個，銀罐一個，銀攢盒二具，黑漆嵌螺畫盒各全銅火盆十個，精製雅扇二百柄，貼金銀煙筒一百個，紫霞紙三千張，護壽紙二千張，金彩畫圍屏一對，細嫩土蕉布一百匹，織金紬五十匹，染花棉布五十匹。皇帝方物，金罐一個，銀罐一個，金、銀靶腰刀各二把，精熟淡黃色土夏布五十匹，精熟土夏布五十匹，細嫩土蕉布一百匹，金彩畫圍屏一對，精製雅扇二百柄，圍屏紙五千張，紅銅五百斤，白鋼錫五百斤。皇后方物，金粉匣一個，銀粉匣一個，精熟淡黃色土夏布二十匹，精熟土夏布二十匹，細嫩土蕉布四十匹，精製雅扇八十柄。四年，恭進高宗純皇帝前請安禮物，銀攢盒二具，黑漆畫盆各全細嫩素光蕉布五十匹，染花棉布五十匹，圍屏紙二千張，護壽紙二千張，精製雅扇一百柄。六年，遣使册封進香恭代祭品，銀一百兩。謝恩方物，金鶴一對，盔甲一領，金、銀靶鞘腰刀各二把，黑漆靶鞘腰刀二十把，黑漆靶鞘鎗十把，黑漆靶鞘刀十把，黑漆灑金馬鞍一座，金彩畫圍屏二對，精製雅扇五百柄，土絲綿二百束，錬蕉布三百匹，土苧布一百匹，白鋼錫五百斤，紅銅五百斤。謝賜御書恩，恭進金鶴一對。十四年，遣使謝册封恩，貢金鶴形一對，鶴踏銀巖座各全盔甲一領，護手護臁各全金靶鞘腰刀二把，銀靶鞘腰刀二把，黑漆靶鞘鍍金銅結束腰刀二十把，黑漆靶鞘鍍金銅結束槍十把，黑漆靶鞘鍍金銅結束衮刀十把，黑漆灑金馬鞍一座，轡御絡頭前後牽鞧替脊障泥鐙俱全金彩畫圍屏二對，精製雅扇五百柄，土絲綿二百束，練蕉布三百匹，土苧布一百匹，白鋼錫五百斤，紅銅五百斤。

一、琉球貢物至，題請收受，得旨將到京貢物交內務府等處收明。其硫磺豫貯福建藩庫，知照該督聽工部於應用時取用。若非每年應進之貢，或奉旨留充正貢者，照正貢例交收，移咨閩省轉行知照該國王。謹按嘉慶四年，該國恭進高宗純皇帝圣安，表文正副各一道，奏本一件，謝恩奏本二件，照向例交該使臣帶還，其隨表恭進高宗純皇帝前禮物，奏准留抵下次正貢。八年，該國貢船在洋遭風，奉旨撈救，得生之官伴水手人等，著照常例加倍給賞。其沉失貢物，遠道申處，即與齎呈賞收無異。諭令不必另行備進。嗣後遇有外藩貢船，遭風漂没沉失貢物之事，均著照此辦理。十二年，該國接貢船隻在洋遭風，奉旨除撈救得生官伴水手人等，該督撫加倍賞給，併照例賞銀一千兩，以作僱船資用外，另賞銀五百兩給淹斃六十三名夷人家屬，以示軫恤。二十一年，該國例貢方物，分裝頭、二號船內，二號船在洋遭風，尚無下落，頭號船內硫磺六千三百斤，留貯藩庫，紅銅一千五百斤，白鋼錫五百斤，奏交內務府收貯。二十二年，福建巡撫奏，二號船正月抵閩，除硫磺照例貯庫外，其紅銅、白鋼錫暫貯藩庫，俟下次該國進貢時一并齊送進京。

一、題請頒賞賜該國王錦八匹，織金緞八匹，織金紗八匹，【略】紗十二匹，緞十八匹，羅十八匹。貢使各織金羅三匹，緞八匹，羅五匹，絹五匹，裹紬二匹，布一匹。使者都通事各緞五匹，羅五匹，絹三匹。從人各絹三匹，布八匹。伴送官彭緞袍一件。其土通事及留邊通事從人，賞同伴送官。所賜國王物件及特恩加賜物件，俱移內閣撰入敕內交貢使齊回。謹按康熙六十年，議准賜琉球國王蟒緞六匹，錦緞六匹，閃緞八匹，綵緞十匹，藍緞十匹，青緞十匹，紬十匹，羅十匹，紗十匹。正副使各綵緞六匹，裹四匹，羅四匹，紡絲二匹，絹二匹。使者綵緞三匹，裹二匹，絹一匹，毛青布六匹。都通事綵緞二匹，裹一匹，絹一匹，毛青布六匹。從人各毛青布六匹。其留邊通事從人賞同伴送官及土通事，各賞彭緞袍一件。乾隆五十六年正月，奉旨敀與賞賜暹羅同。

一、來使係該國王舅，加賞綵緞五匹。其王舅通事照都通事之例。謹按康熙五十九年，琉球國遣王舅謝恩，賞緞七匹，裹四匹，羅四匹，絹二匹。雍正二年，遣王舅慶賀，照康熙六十年加賜之例，共表裏二十三匹。乾隆二十二年，遣王舅謝恩，賞賜如雍正二年之例。嘉慶十四年，遣王舅謝恩，照例於例賞外加賞緞五匹，賞通事與都通事同。

一、遇慶賀及請封謝恩等事，遣使至者，賞賜國王及來使等並同常貢，如附貢使同來者，均不另賞。謹按雍正二年，琉球遣使慶賀，例加賜國王內庫緞二十匹，松花石硯二方，玉器十件，琺瑯鑪瓶一副，玻璃器十件，磁器一百五十件，賞紫金官緞八匹，銀一百兩。七年，進貢例賞外，加賜國王內庫緞二十匹，玉硯、松花石硯各一方，玉器十件，玻璃器八件，琺瑯器一件，磁器一百五十件。賞使臣緞四匹銀五十兩。八年，謝恩例賞外，特賜王舅玉器三件，玻璃瓶四件，石器琺瑯器各二件，瑪瑙器青緑鼎各一件，漆盤八件，磁杯一套，磁器十八件。乾隆四十七年，進貢例賞外，特賞國王內庫緞二十匹，硯二方，玉器五件，玻璃器十件，磁器一百件。特賞使臣緞各四匹，銀各五十兩。又是年正月初九日，紫光閣筵宴，恩賞使臣與朝鮮同。四十九年正月初九日，賜中正殿筵宴，賞正副使與四十七年紫光閣宴同。五十一年正月初八日，紫光閣筵宴賞正副使，與四十九年中正殿宴同。特賜國王玉如意一柄，玉器二件，磁器、玻璃器各四件，硯二方，大小絹箋四卷，筆墨各二匣，洋磁琺瑯盒雕漆盤各四件。五十三年正月初九日，紫光閣筵宴，賞正副使與五十一年同。十六日，使臣獻詩，賞正使大緞一匹，筆五枝，墨五錠，箋紙一卷。副使大緞一匹，筆十枝，墨一錠，箋紙二卷。五十五年正月初六日，紫光閣筵宴，賞正副使與五十三年同。加賞國王御書福字一個，玉如意一柄，玉器二件，磁器、玻璃器各四件，福字方一百幅，大小絹箋四卷，硯二方，筆墨各三匣，雕漆盤四件。賞正使小卷緞一匹，筆墨各一匣，箋紙一卷。賞賦詩副使大緞一匹，筆墨各三匣箋紙二卷。五十六年十二月，賞正使一員金鞘小刀一把，回子緞、回子紬各五匹，回子布二匹。副使一員金鞘小刀一把，回子緞、回子紬各四匹，回子布二匹。都通事土通事、留邊通事共三名，回子緞各一匹，回子紬各二匹，回子布各一匹。從人留邊從人共三十二名，回子布各一匹。五十七年正月初五日，紫光閣筵宴，賞正副使與五十五年同。特賞國王大緞二匹，福字箋一百幅，大小絹箋四卷，雕漆茶盤四個，湖筆四匣，硯二方，硃墨四匣。加賞正使及賦詩副使與五十五年同。五十九年正月初二日，紫光閣筵宴，加賞正副使與五十七年同。特賞國王與五十七年同。特賞賦詩正副使大緞各一匹，筆各一匣，墨各二匣，箋紙各二卷。嘉慶三年正月十一日，山高水長蒙古包筵宴，加賞正使錦三匹，漳絨三匹，大卷八絲緞四匹，大卷五絲緞四匹，大荷包一對，小荷包二對。副使錦二匹，漳絨二匹，大卷八絲緞三匹，大卷五絲緞三匹，大荷包一對，小荷包二對。十五日，獻詩加賞國王蟒緞二匹，福字方一百幅，雕漆器四件，玻璃器四件，大小絹箋四卷，筆墨各四匣，硯二方。使臣二員，各大小緞一匹，箋紙二卷，筆墨各二匣。四年，停止筵宴，無加賞。六年，照例賞，無加賞。十年十二月，使臣到京，奉諭旨，使臣現未釋服紫光閣不必入宴，仍照例加賞，迎送儀節，俱不必行。十一年正月初五日，紫光閣筵宴，加賞正副使與朝鮮同。十二年十二月二十九日，重華宫筵宴，加賞副使一員玻璃盌一對，玻璃鼻煙壺一個，磁帶鈎一個，茶葉二瓶，福橘五個，磁碟一個，荷包一對。土通事一名，荷包一對。十三年正月初十日，山高水長蒙古包筵宴，加賞副使與乾隆六十年賞朝鮮副使同。十六年十月初四日，使臣入同樂園聽戲，加賞正使茶葉二瓶，茶膏二匣，磁盌三個，磁碟一個。副使茶膏一匣，磁盌二個，餘與正使同。都通事茶葉一瓶，餘與副使同。初六日聽戲，加賞正使緞一匹，紬二匹，漳絨二匹，荷包二對，漆盤二個，毛箋筒一個，磁鼻煙壺一個。副使漳絨一匹，漆盤一個，餘與正使同。都通事紬一匹，餘與副使同。初七日聽戲，加賞正使錦三匹，漳絨三匹，八絲緞四匹，小卷緞四匹，大荷包一對，小荷包二對。副使錦二匹，漳絨二匹，八絲緞三匹，小卷緞三匹，大荷包一對，小荷包二對。十七年，貢使遲至。十八年正月初七日，始行抵京，除十三、四、六等日看煙火，十五日正大光明殿筵宴，有例賞，無加賞。十九年十二月二十九日，重華宫筵宴，加賞正副使各茶葉二瓶，紅柑一盤，茶杯一個，玻璃鼻煙壺一個。正使荷包二對，副使荷包一對。二十年正月初九日，紫光閣筵宴，加賞正副使與十六年十月初七日聽戲加賞同。十一日，使臣恭和御製詩章，加賞國王正副使與朝鮮同。二十一年十二月二十九日，重華宫筵宴，加賞正副使各磁盤一個，磁茶盌一個，茶葉二瓶，玻璃茶盌二個，玻璃鼻煙壺一個。正使荷包二對，副使荷包一對。二十二年正月初十日，山高水長蒙古包筵宴，加賞正副使與二十年紫光閣賞同。二十三年十二月二十九日，重華宫筵宴，加賞正副使各鼻煙壺一個，玻璃杯盌各一個，描金木碟一個，磁碟一個，茶葉二匣，紅橘五個。正使荷包二對，副使荷包一對。二十四年正月初五日，使臣恭和御製詩章，加賞國王正副使與朝鮮同。初八日，山高水長蒙古包筵宴，加賞正副使與朝鮮同。

一、該國王請以陪臣子弟入監讀書，奉旨恩准後，該國於常貢外加進圍屏紙三千張，蕉布五十匹。學成歸國，恭進謝恩方物，圍屏紙五千張，蕉布一百匹。陪臣子弟入監，係每届册封使臣回京，酌情奏請。謹按嘉慶十年，福建巡撫代請入監讀書，并入院學醫，奉旨向無學醫之例，著入監官生四名，隨貢使來京，其學醫四名，遣命回國，并諭該國王嗣後一切遵守舊章辦理。

一、入監官生至京，奏交國子監分派教習，撥給官房，屆期將官生劄送。肄業其供給等項，奏交各衙門辦給。官生每年冬季給緞面、細羊羔皮襖、羊皮褂、紡絲棉小襖、中衣各一件，染貂皮帽各一頂，鹿皮靴連氊襪各一雙。春秋二季給緞綿袍褂、紡絲衫中衣各一件，線纓涼帽各一頂，馬皮靴緞襪各一雙，貉皮帽紬被褥各一床。跟役每年冬季給布面老羊皮襖、棉布小襖、中衣各一件，貉皮帽各一頂，馬皮幫牛皮靴、布襪各一雙。春秋二季給布綿袍褂各一件。夏季給單布袍、布衫、中衣各一件，兩纓涼帽各一頂，棉布被褥各一床，所用器皿席子十領，白氊八條，書桌四張，高桌五張，椅子八張，板凳六條，錫燭臺四個，錫燈台四個，錫茶壺二把，錫酒壺二把，茶鍾十六個，酒鍾十個，大磁盌二十個，小磁盌二十個，筷子二把，木盤二個，磁碟十六個，廣鐵鍋二口，鍋蓋二個，小磁盤八個，大水缸二口，小水缸一口，連勾扁擔小桶一副，連繩柳罐一個，瓢二個，笤箒四把，埽箒四把，鐵通條二根，大小砂鍋六個，連蓋冬夏門簾各五掛，洗面銅盆四個，木勺四把，盛書竪櫃四頂，鐵火盆四個，每日應用硬煤十五斤，木炭五斤。係依官生四名，議定如名數不敷，視此酌減。以上向交工部。謹按乾隆二十四年，奉旨交內務府官生所用紙筆墨等項，每月各給銀一兩五錢，官生每日各給白米二升，跟伴每日各給白米一升。以上交戶部。官生每日各給雞一隻，肉二斤，茶葉五錢，豆腐一斤，花椒五分，清醬四兩，香油四兩，醬四兩，黃酒一瓶，菜一斤，鹽一兩，燈油二兩。跟伴每日各給肉一斤，鹽一兩，菜十兩。以上交光禄寺。并撥給廚子一名。禮部開單奏明，行各該處給發。至烤炭、羊燭、水塊、涼棚等項，由該監自行查例辦理。

一、入監官生歸國，每名例賞綵緞二匹，裏二匹，毛青布六匹。從人每人賞毛青布六匹，并將加賞緞各一匹。之處題本內夾單進呈旨下，在部頒給，如值貢使在京，於午門前一體頒給。謹按康熙三十年，議准賞入監官生歸國，照都通事之例。雍正六年，奉旨加賞表裏各二匹，從人加賞緞一匹，以後俱請旨遵行。查官生三年期滿，該國王奏請回國，禮部奏貢使例賞後，科鈔到部再奏官生回國事宜，并例賞照例聲明。該貢使在京於午門前一體頒給，其加賞物件卽於摺內，另繕夾單請旨。

一、入監官生遇有事故，國子監咨報奏明，恩賞銀三百兩，以一百兩營葬事，二百兩附回本家收領。從人在京者，仍照例賞給布匹，該國王於下次貢使來京時，附表謝恩。

一、貢使進表朝賀，在館供給及頒賞歸國各事宜，均詳《朝貢通例》。其入監官生學成歸國者，皆奏給驛馬與貢使同歸。

又 卷一八二《琉球襲封》 凡琉球奏請襲封，由閩浙總督、福建巡撫俱題，敕下部議，應封世子某爲琉球國中山王，提請頒詔，敕各一道，用正副使各一員，持節往封。

賞賜國王及王妃禮物，卽交使臣齎往，得旨移內閣典籍廳撰，詔敕行工部取節及節衣，行各衙門取賞賜物件，與朝鮮例同。

一、正副使用內閣典籍中書、翰林院侍讀、侍講、修撰、編修檢討、六科給事中、禮部郎中、員外郎、主事先行奏請，令各該衙門揀送儀度修偉之滿洲官、漢官暨揀，選禮部滿洲司官、漢官司官帶領引見，恭請應用得旨，行知該衙門及閩浙總督，轉知會該國王。

一、冊封琉球國

賜國王蟒緞、閃緞、青緞各二匹，綵緞六匹，藍緞、錦緞各三匹，紗羅紬各四匹。

賜王妃糚緞、閃緞各一匹，綵緞四匹，藍緞、青緞、錦緞各二匹，紗羅各四匹，俱移內閣載入。敕內交使臣齎往。

一、正副使起行，將日期報部行工部，取儀從及盛敕畫筒，行戶部取包裹布匹等項，行兵部豫發前行牌及應用夫馬，均與出使朝鮮例同。其正副使暨正使跟役二十名，副使跟役十五名，醫生二名及通事人等，均由兵部填給勘合，沿途撥兵護送。謹按嘉慶十二年，該國遣使恭迎冊封天使，船隻遭風淹斃，官伴人等奉旨賞銀一千兩，以作撈救得生官伴僱船回國之用。又賞銀五百兩，分給淹斃官伴家屬。又賞給銀五千兩，以資購辦迎接冊封使臣應用各物。

一、行福建巡撫豫備渡海大舟。遴委幹弁二員。幹兵二百名。護送并酌撥修船匠役帶往、

一、正副使許暫用正一品頂戴儀從，賜正一品蟒緞，披領袍各一件，麒麟補褂各一件，行工部辦給回日繳還，仍用本任品服。

一、正副使照現任品級行文，戶部頒支二年俸，回日繳還。

一、正副使遠涉海洋，賜給 諭祭 天后文二道，海神文二道，俱移會內閣撰擬，交使臣齎往福建，其致祭香祭品，行該督撫轉飭地方官備辦。謹按嘉慶四年，奏准增頒諭祭 天后文二道。

一、頒發外國詔敕，宣讀後例，應齎回繳還內。閣惟頒發琉球詔敕，歷次請留使臣得，允其請令該國王，仍於謝恩表聲明具奏。

一、册封琉球，所有該國故王恤典，俱應照例卽交使臣齎往。謹按嘉慶十二年，該國王世孫尚灝請封，並請追封已故世子尚成。禮部奏該國世子早故者例，不告哀賜，恤其會署國事，未經請封，身故者原典未署國事早故者不同，具奏請旨，奉旨允准，撰給誥命追封王爵。

一、正副使回京之日，該國王若饋送宴金，例辭不受，或該國王具奏懇請奉旨准令收受者，仍行知該國王。謹按康熙二十三年、五十九年，册封琉球使臣照例不受，該國具奏懇請，奉旨使臣奉命册封，自應仰體朕意，不欲滋擾外藩，所送宴金，不必收受，仍令來使帶回。嘉慶六年，册封使臣照例不受，該國王奏請奉旨此次册封，在皇考高宗純皇帝大事二十七月之内，所有宴金仍不必收受，令來使帶回。十三年，該國王奏饋送封使，奉旨此項宴金使臣等却還原屬，仰體朕意不欲滋擾外藩，今仍不必收受，令來使帶回。

東南亞諸國分部

越南

綜述

［越］黎崱《安南志略》卷二《大元詔制》 皇慶元年制加内附安南國陳益稷品秩

委質來朝，既去逆而效順；以爵馭貴，宜崇德以報功。誕播明綸，用孚衆聽。銀青榮禄大夫遥授湖廣等處行中書省平章政事安南國王陳益稷，知畏天以事大，朝保境以全民。慕帝王之有真，見機而作，懼祖宗之不祀，自拔而來。以忠孝之誠，而受知世皇；恢天地之量，而賜封故國。始者周王之赫怒，伐罪弔民；終焉舜帝之誕敷，班師整旅。（執）［彼］迷不悛，爾守彌堅。拯溺救焚，從我王師凡一再舉；適館授（餐）［粲］，留湖右幾三十年。身歷事於四朝，志不忘與出節。肆朕踐祚，亟其來庭。是用曾新秩以示恩，仍就封而授職。嗚呼！内寧外撫，朕不忘銅柱之南；近悦遠來，爾宜拱星辰之北，封揚休命。永堅一心。可加金紫光禄大夫，餘如故。

延祐五年制加安南國品秩

國家所重，莫先忠孝之褒；爵賞至公，豈有遐邇之間。服勤三紀，誠知君父之大，不顧兄弟之私。嘉此前功，蔚為舊德。蓋委質以自效，終秉節而不渝。文之以禮樂，衣冠同進於中土；加之以詩書，道義化及於南交。是用秩仍一品之隆，儀視三司之峻。嗚呼！信（者）順［者］臣之偉績，益勵初衷；懷柔者君之厚恩，再班新命。往膺恩命，尚迪予休。可加儀同三司，餘如故。

元統三年詔

上天眷命，皇帝聖旨。朕纂承正統，君臨萬方。洪惟我祖仁恩廣洽，聲教誕敷，一視同仁，無間中外。乃眷安南之國，世勤事上之誠。方物貢輸，臣禮靡闕，良用嘉尚。遣奉誠大夫吏部尚書鐵柱、奉直郎禮部郎中智熙善往諭朕旨，賜元統三年授時曆一本。卿其敬修藩職，益謹農時，用安遐邇之人，咸副寵綏之意。故茲詔示，念宜知悉。

《元史》卷五《世祖紀二》（中統三年九月）己未，安南國陳光昞遣使貢方物。【略】壬申，授安南國王陳光昞及達魯花赤訥剌丁虎符。

又 卷六《世祖紀三》（至元二年秋七月）癸亥，安南國王陳光昞遣使奉表來貢。

又 卷二〇九《外夷傳二·安南》 世祖中統元年十二月，以孟甲為禮部郎中，充南諭使，李文俊為禮部員外郎，充副使，持詔往諭之。其略曰：『祖宗以武功創業，文化未修。朕纘承丕緒，鼎新革故，務一萬方。適大理國守臣安撫聶只陌丁馳馹表聞，爾邦有嚮風慕義之誠。念卿昔在先朝已嘗臣服，遠貢方物，故頒詔旨，諭爾國官僚士庶，凡衣冠典禮風俗一依本國舊制。已戒邊將不得擅興兵甲，侵爾疆埸，亂爾人民。卿國官僚士庶，各宜安治如故。』復諭甲等，如交趾遣子弟入覲，當善視之，毋致寒暑失節，重勞苦之也。

二年，孟甲等還，光昺遣其族人通侍大夫陳奉公、員外郎諸衛寄班阮琛、員外郎阮演詣闕獻書，乞三年一貢。帝從其請，遂封光昺為安南國王。

三年九月，以西錦三、金熟錦六賜之，復降詔曰：『卿既委質為臣，其自中統四年為始，每三年一貢，可選儒士、醫人及通陰陽卜筮、諸色人匠，各三人，及蘇合油、光香、金銀、朱砂、沉香、檀香、犀角、玳瑁、珍珠、象牙、綿、白磁盞等物同至。』仍以訥剌丁充達魯花赤佩虎符往來安南國中。

四年十一月，訥剌丁還，光昺遣楊安養充員外郎及內令武復桓、書舍阮求、中翼郎范舉等奉表入謝，帝賜來使玉帶、繒帛、藥餌、鞍轡有差。

至元二年七月，使還，復優詔答之，仍賜曆及頒改元詔書。

三年十二月，光昺遣楊安養上表三通，其一進獻方物，其二免所索秀才工匠人，其三願請訥剌丁長為本國達魯花赤。四年九月，使還，答詔許之，仍賜光昺玉帶、金繒、藥餌、鞍轡等物。未幾，復下詔諭以六事：一，君長親朝；二，子弟入質；三，編民數；四，出軍役；五，輸納稅賦；六，仍置達魯花赤統治之。十一月，又詔諭光昺，以其國有回鶻商賈，欲訪以西域事，令發遣以來。是月，詔封皇子為雲南王，往鎮大理、鄯闡、交趾諸國。

五年九月，以忽籠海牙代訥剌丁為達魯花赤，張庭珍副之，復下詔徵商賈回鶻人。

六年十一月，光昺上書陳情，言：『商旅回鶻，一名伊温，死已日久。一名婆婆，尋亦病死。又據忽籠海牙謂陛下須索巨象數頭。此獸軀體甚大，步行甚遲，不如上國之馬，伏候敕旨，於後貢之年當進獻也。』又具表納貢，別奉表謝賜西錦、幣帛、藥物。

七年十一月，中書省移牒光昺，言其受詔不拜，待使介不以王人之禮，遂引《春秋》之義以責之，且令以所索之象與歲貢偕來，又前所貢藥物品味未佳，所徵回鶻輩，託辭欺誑，自今已往，其審察之。

八年十二月，光昺復書言：『本國欽奉天朝，已封王爵，豈非王人乎？天朝奉使復稱：王人與之均禮，恐辱朝廷。況本國前奉詔旨，令依舊俗，凡受詔令，奉安于正殿而退避別室，此本國舊典禮也。來諭索象，前恐忤旨，故依違未敢直對，實緣象奴不忍去家，難於差發。又諭索儒、醫、工匠，而陪臣黎仲佗等陛見之日，咫尺威光，不聞詔諭，況中統四年已蒙原宥，今復諭及，豈勝驚愕，惟閣下其念之。』【略】

比歲奉使還者言，王每受天子詔令，但拱立不拜，與使者相見或燕席，位加於使者之上。今覽來書，自謂既受王爵豈非王人乎？考之《春秋》，敍王人於諸侯之上，《釋例》云：王人蓋下士也。夫五等邦君，外臣之貴者也。下士，內臣之微者也。以微者而加貴者之上，蓋以王命為重也。後世列王為爵，諸侯之尤貴者，顧豈有以王爵為人者乎？王寧不知而為是言耶，抑辭令之臣誤為此言耶？至於天子之詔，人臣當拜受，此古今之通義不容有異者也。乃云前奉詔旨，並依舊俗，本國遵奉而行，凡受詔令，奉安於正殿而退避別室，此舊典禮也。讀之至此，實頗驚訝。王之為此言，其能自安於心乎？前詔旨所言，蓋謂天壤之間不啻萬國，國各有俗，驟使變革，有所不便，故聽用本俗，豈以不拜天子之詔而為禮俗也哉？且王之教令行於國中，臣子有受而不拜者，則王以為何如？君子貴於改過，緬想高明，其亮察之。

十一年，光昺遣童子冶、黎文隱來貢。

十二年正月，光昺上表請罷本國達魯花赤，其文曰：

微臣僻在海隅，得霑聖化與函生，驩忭鼓舞。乞念臣自降附上國，十有餘年，雖奉三年一貢，然迭遣使臣，疲於往來，未嘗一日休息。至天朝所遣達魯花赤，辱臨臣境，安能空回，況其行人，動有所恃，凌轢小國。雖天子與日月並明，安能照及覆盆。且達魯花赤可施於邊蠻小醜，豈有臣既席王封為一方藩屏，而反立達魯花赤以監臨之，寧不見笑於諸侯之國乎？與其畏監臨而修貢，孰若中心悅服而修貢哉。臣恭遇天朝建儲、冊后，大恩霶霈，施及四海，輒敢哀鳴，伏望聖慈特賜矜恤。今後二次發遣綱貢，一詣鄯闡奉納，一詣中原拜獻。凡天朝所遣官，乞易為引進使，庶免達魯花赤之弊，不但微臣之幸，實一國蒼生之幸也。

二月，復降詔：以所貢之物無補於用，諭以六事，且遣合撒兒海牙充達魯花赤，仍令子弟入侍。十三年二月，光昺遣黎克復、文粹入貢，以所奏就鄯闡納貢物，事屬不敬，上表謝罪，并乞免六事。

十四年，光昺卒，國人立其世子日烜，遣中侍大夫周仲彥、中亮大夫吳德邵來朝。

十五年八月，遣禮部尚書柴椿、會同館使哈喇脫音、工部郎中李克忠、工部員外郎董端，同黎克復等持詔往諭日烜入朝受命。初，使傳之通也，止由鄯闡、黎化往來，帝命柴椿自江陵直抵邕州，以達交趾。閏十一月，柴椿等至邕州永平寨，日烜遣人進書，謂：『今聞國公辱臨敝境，邊民無不駭愕，不知何國人使而至於斯，乞回軍舊路以進。』椿回牒云：『禮部尚書等官奉上命與本國黎克復等由江陵抵邕州入安南，所有導護軍兵，合乘驛馬，宜來界首遠迓。』日烜差御史中贊兼知審刑院事杜國計先至，其太尉率百官自富良（梁）江岸奉迎入館。十二月二日，日烜就館見使者。四日，日烜拜讀詔書。椿等傳旨曰：『汝國内附二十餘年，向者六事猶未見從。汝若弗朝，則修爾城，整爾軍，以待我師。』又云：『爾父受命為王，汝不請命而自立，今復不朝，異日朝廷加罪，將何以逃其責。請熟慮之。』日烜仍舊例設宴于廊下，椿等弗就宴。既歸館，日烜遣范明字致書謝罪，改宴于集賢殿。日烜言：『先君棄世，予初嗣位。天使之來，開諭詔書，使予喜懼交戰于胸中。竊聞宋主幼小，天子憐之，尚封公爵，於小國亦必加憐。昔諭六事，已蒙赦免。若親朝之禮，予生長深宮，不習乘騎，不諳風土，恐死於道路。子弟太尉以下亦皆然。天使回，謹上表達誠，兼獻異物。』椿曰：『宋主年未十歲，亦生長深宮，如何亦至京師？但詔旨之外，不敢聞命。且我四人實來召汝，非取物也。』椿等還，日烜遣范明字、鄭國瓚、中贊杜國計奉表陳情，言：『孤臣稟氣軟弱，且道路艱難，徒暴白骨，致陛下哀傷而無益天朝之萬一。伏望陛下憐小國之遼遠，令臣得與鰥寡孤獨保其性命，以終事陛下。此孤臣之至幸，小國生靈之大福也。』兼貢方物及二馴象。【略】

二十三年正月，詔省臣共議，遂大舉南伐。二月，詔諭安南官吏百姓，數日烜罪惡，言其戕害叔父陳遺愛及弗納達魯花赤不顏鐵木兒等事。以陳益稷等自拔來歸，封益稷為安南國王，賜符印，秀嵈為輔義公，以奉陳祀。申命鎮南王脫懽、左丞相阿里海牙平定其國，以兵納益稷。【略】

二十六年二月，中書省臣奏既罷征交趾，宜拘收行省符印。四月，日烜遣其中大夫陳克用等來貢方物。

二十七年，日烜卒，子日燇遣使來貢。【略】

三十年，梁會等使還，日燇遣陪臣陶子奇等來貢。廷臣以日燇終不入朝，又議征之。【略】

三十一年五月，成宗即位，命罷征。遣陶子奇歸國。日燇遣使上表慰國哀，并獻方物。六月，遣禮部侍郎李衎、兵部郎中蕭泰登持詔往撫綏之。其略曰：『先皇帝新棄天下，朕嗣守大統，踐阼之始，大肆赦宥，無間遠近。惟爾安南，亦從寬宥。已敕有司罷兵，遣陪臣陶子奇歸國。自今以往，所以畏天事（天）［大］者，其審思之。』【略】

武宗即位，下詔諭之，屢遣使來貢。至大四年八月，世子陳日㷆遣使奉表來朝。【略】

自延祐初元以及至治之末，疆埸寧謐，貢獻不絕。泰定元年，世子陳日爌遣陪臣莫節夫等來貢。

益稷久居於鄂，遙授湖廣行省平章政事；當成宗朝，賜田二百頃；武宗朝，進銀青榮禄大夫，加金紫光禄大夫，復加儀同三司。文宗天曆二年夏，益稷卒，壽七十有六，詔賜錢五千緡。至順元年，謚忠懿王。

三年夏四月，世子陳日焯遣其臣鄧世延等二十四人來貢方物。

又　卷二一〇《外夷傳三·占城》　占城近瓊州，順風舟行一日可抵其國。世祖至元間廣南西道宣慰使馬成旺嘗請兵三千人、馬三百匹征之。十五年，左丞唆都以宋平遣人至占城，還言其王失里咱牙信合八剌［麻］哈迭瓦有内附意，詔降虎符，授榮禄大夫，封占城郡王。十六年十二月，遣兵部侍郎教化的、總管孟慶元、萬户孫勝夫與唆都等使占城，諭其王入朝。

十七年二月，占城國王保寶旦拏囉耶邛南詖占把地囉耶遣使貢方物，奉表降。十九年十月，朝廷以占城國主孛由補剌者吾曩歲遣使來朝，稱臣内屬，遂命（古）［右］丞唆都等即其地立省以撫安之。既而其子補的專國，負固弗服，萬户何子志、千户皇甫傑使暹國，宣慰使尤永賢、亞蘭等使馬八兒國，舟經占城，皆被執，故遣兵征之。帝曰：『老王無罪，逆命者乃其子與一蠻人耳。苟獲此兩人，當依曹彬故事，百姓不戮一人。』【略】

二十年正月，行省傳令軍中，以十五日夜半發船攻城。至期，分遣瓊州安撫使陳仲達、總管劉金、總把粟全以兵千六百人由水路攻木城北面；總把張斌、百户趙達以三百人攻東面沙觜；省官三千人分三道攻南面。舟行至天明泊岸，為風濤所碎者十七八。賊開木城南門，建旗鼓，出萬餘人，乘象者數十，亦分三隊迎敵，矢石交下。自卯至午，賊敗北，官軍入木城，復與東北二軍合擊之，殺溺死者數千人。守城供餉餽者數萬人悉潰散。國主棄行宮，燒倉廩，殺永賢、亞蘭等，與其臣逃入山。十七日，整兵攻大州。十九日，國主使報答者來求降。二十日，兵至大州東南，遣報答者回，許其降，免罪。二十一日，入大州。又遣博思兀魯班者來言：『奉王命，國主、太子後當自來。』行省傳檄召之，官軍復駐城外。二十三日，遣其舅寶脱禿花等三十餘人，奉國王信物雜布二百匹、大銀三錠、小銀五十七錠、碎銀一甕為質，來歸款。又獻金葉九節標槍曰：『國主欲來，病未能進，先使持其槍來，以見誠意。長子補的期三日請見。』省官却其物。寶脱禿花曰：『不受，是薄之也。』行省傳度不可却，姑令收置，乃以上聞。【略】

二十一年三月六日，索多領軍回。十五日，江淮省所遣助唆都軍萬戶忽都虎等至占城唆都舊制行省舒眉蓮港，見營舍燒盡，始知官軍已回。二十日，忽都虎令百戶陳奎招其國主來降。二十七日，占城主遣王通事者來稱納降。忽都虎等諭令其父子奉表進獻。國主遣文勞卬大巴南等來稱，唆都除蕩其國，貧無以獻，來年當備禮物，令嫡子入朝。四月十二日，國主令其孫濟目理勒蟄、文勞卬大巴南等奉表歸款。

明·費信《星槎勝覽》卷一《占城國》 永樂七年己丑，上命正使太監鄭和等統領官兵二萬七千餘人，駕使海船四十八號，往諸番國開讀賞賜。是歲秋九月，自太倉劉家港開船，十月到福建長樂太平港泊。十二月，福建五虎門開洋，張十二帆，順風十晝夜，至占城國。其國臨海有港曰新洲，西抵交趾，北連中國。他番寶船到彼，其酋長頭戴三山金花冠，身披錦花手巾，臂腿四腕，俱以金鐲，足穿玳瑁履，腰束八寶方帶，如妝塑金剛狀。乘象，前後擁隨番兵五百餘，或執鋒刃短槍，或舞皮牌，搥善鼓，吹椰笛殼筒。其部領乘馬出郊迎接詔賞，下象膝行，匍匐感沐天恩，奉貢方物。

明·馬歡《瀛涯勝覽·占城國》 常將犀角、象牙、伽籃香等物進貢中國。

明·鞏珍《西洋番國志·占城國》 國王歲採方物，犀角、象牙、茄藍等香赴中國進貢。

明·李賢等［天順］《明一統志》卷九〇《外夷·安南》 本朝洪武初，陳日煃率先歸附，仍賜安南國王印。傳至日焜，其臣黎季犛篡立，僭稱偽號。永樂四年，詔遣新城侯張輔、西平侯沐晟率兵分道並進，俘獲季犛父子。詔求陳氏後立之，無所得，因郡縣，其地置府十七州五領，各州縣又建交趾布政司提刑按察司，及都指揮使司於交州府。洪熙元年，寇孽黎利攻刼郡邑，朝廷復命將討之。宣德二年，黎利勢屈，始奉表乞立陳氏後曰暠者主其國。詔封為安南王，後利篡暠而自立，朝臣復請加兵，會利遣使來貢謝罪請命，因而與之，至今朝貢不絕。舊所置府州縣列於左方。

又《占城國》 本朝洪武初，其主阿答阿者，首遣其臣虎都蠻來朝貢方物，詔遣中書省管勾甘桓等封為占城國王，自是朝貢不絕。每國王嗣立，必遣使請命於朝，遣使冊封，率以為常。

明·黃省曾《西洋朝貢典録》卷上《占城國》 其朝貢以三載。其傳位受皇帝之封。洪武二年，其主阿搭阿者首遣其臣虎都蠻來朝貢，詔遣中書省管勾甘桓等封為占城國王。四年，遣使奉金葉表來朝貢。十六年，復遣子來賀聖節，乃遣使齎與勘合文冊。二十四年，復來朝貢，以其臣弒立，命绝之。永樂後，其國與諸國皆來朝貢，始定每三年一來。正統後，其國襲封，遣使行禮。其貢物：象牙、犀牛角、犀、孔雀、孔雀尾、橘皮抹身香、龍腦、薰衣香、金銀香、奇南香、土降香、檀香、柏木、燒辟香、花黎木、烏木、蘇木、花藤香、蕪蔓番紗、紅印花布、油紅綿布、白綿布、烏綿布、圓壁花布、花紅邊縵、雜色縵、番花手巾、番花手帕、兜羅綿被、洗白布泥。

論曰：周公云：『德不加焉，則君子不饗其質；政不施焉，則君子不臣其人。』信斯言也。乃觀占城，洪武中與安南鬥爭；高皇帝降賜璽書諭令修睦，卒憬悟相調，保傳境土。及正統後，凡嗣王必請命而冊封焉，則德政之被於諸國者深矣，宜乎世世獻琛於天庭也。

明·羅日褧《咸賓録》卷六《安南》 我朝洪武元年，遣漢陽知府易濟頒詔安南。其王陳日煃遣陪臣同時敏、段悌、黎世安等朝貢，請封。上即遣學士張以寧、典簿牛諒往封日煃為安南王。以寧等十月至安南界，聞日煃已先殂，姪日熞嗣立。以寧護詔印洱江上，使牛諒入其國先諭旨。安南遣陪臣阮汝亮來迎，請即授詔印日熞。以寧不許，曰：『奉詔封爾先君耳，非世子名。爾國當遣使上請，必得旨，然後敢授。』於是日熞遣陪臣杜舜卿等告哀，請命于朝。以寧留安南俟命。因教安南人行三年喪及稽顙頓首拜謁諸禮儀。其後上聞之，大喜，賜以寧詩獎諭之。明年，舜卿以日煃訃音來告，且為日熞請封，上乃自製祭文，以翰林院編修王濂、吏部主事林唐臣齎詔往封日熞嗣王，并取以寧所護印詔賜物畀之。使至，日熞率其臣郊迎及俯伏聽詔，北面跪受，稽顙如藩臣禮。日熞遣使隨王濂等還朝入貢謝，張以寧亦還，卒于途。

未幾，安南陪臣陳叔明以兵收其王左右殺之，使人弑王日熞，遣使來貢，表稱叔明名。主客部已受表，尋取閱副封，見其名異，曰此必有變，亟白尚書詰之。使者不敢諱，直言日熞為叔明所逼死，遂篡位。禮部以聞。上曰：『島夷何敢狡詐如此。』卻其貢不受。久之，叔明復為宗人陳煓篡立，遣使貢方物甚豐。上置之不聞，第敕諭其貢物過豐而已。後煓攻占城，病死海濱。使來告哀，上遣使往祭之。【略】

季犛遁去，我軍遂窮追季犛父子於奇羅海口，悉獲之。詔求陳氏後，已絶。乃郡縣其地，置交趾布按都使司，府十七，州四十，七縣一百五十七。敕尚書黄福兼布按二司事，敕輔、晟求交趾有行能學藝者送京師擢用。九月，輔遣柳升露布獻俘，季犛、蒼及僞將相下獄，餘皆赦之。進封輔英國公，晟黔國公，封柳升安遠伯，餘各升賞有差。【略】

伯温等承制許之，約以十九年十一月初三日來降。守臣於鎮南關近地修設幕府將臺以待。時登庸子方瀛已死，乃留孫福海於其國。至日，登庸與姪莫文明並酋首阮汝桂等四十餘人入關，各尺組繫頸詣所設關庭，徒跣匍伏稽首，跪上降表。復詣軍門，匍伏再拜，盡籍國中土地軍民職官，悉聽處分。所侵四峒境土，願以内屬。仍請每頒正朔遵奉，舊賜印章謹護守以候更定。於是伯温等宣諭朝廷威德，暫令歸國俟命。伯温等疏上，詔從之。乃降安南國為安南都統使司，以登庸為都統使，從二品，子孫世襲，别給銀印。舊所僭擬制度削去，令三歲一貢。黎寧仍令守臣勘訪，果係黎氏之後，授與所據四府境土，以承宗祀，否則已。制下，莫登庸已死。伯温等復上疏，請以制命授其孫福海，從之。遂班師，伯温等進秩賞賚有差。未幾，福海復為黎寧所逐，黎氏仍據國。莫氏竄居南海島。朝廷置不問，而黎氏朝貢至今不絶。

又《占城》 我朝洪武二年，遣吳用、顔宗魯、楊載等使占城、爪哇、日本等國，賜玉璽書。是年遣使朝貢。我遣使封阿答阿者為占城國王。未幾，上聞安南、占城相攻，占城遣使來告，乃命編修羅復仁、主事張福以詔諭之，令宜畏天守分，各罷兵歸國，如互執兵端，禍不能逃。詔至，二國各聽命。四年，占城復遣使奉金葉朝貢，言安南數侵境，乞賜兵器、樂人，俾安南知我乃聲教所被輸貢之地，不敢欺凌。上憐之，命中書省諮言：『即諭安南罷兵。兵器不爾吝，但以安南故，賜爾是助爾構兵也。樂器有聲律，華夷方言本異，中國人不可遣，遣爾國人能習華音者來習樂。』十六年，遣子賀聖節，賜勘合文冊。二十四年，使至，以臣弑君故，絶之。

永樂四年，敕王占巴的賴，得黎賊父子及其黨惡即械送京。尚書陳洽在南交軍中，馳奏：『占城國王占巴的賴奉命出兵討安南，陰懷二心，愆期不進。及進至化州，輒肆虜掠。又以金帛、戰象資季擴，季擴亦以黎蒼女遺之。復約季擴舅陳翁挺等三萬餘人侵升華府隸四州十一縣地，驅掠人民。罪下季擴一等耳，請發兵討之。』上以交趾初平，不欲窮兵遠夷，遣使諭王歸我侵地，命三年一貢。

正統六年，國人請封其嗣王。成化中，遣使冊封。正使卒海上，副使論罪戍邊。弘治中復遣使告安南侵據狀，乞命官往正其罪。上欲從之，徐溥等上言：『春秋王者不治夷狄，今若遣使往至安南，彼小必掩過飾非，大必執迷抗命，置之損威，擊之貽患尤大，宜勿聽。』乃止。

又《賓童龍》 賓童龍，小國也，隸占城。永樂中，鄭和至其國。其地風土、人物、草木、物候與占城略同。惟喪禮之事能持孝服，設佛事而度死，擇僻地而葬之，此為佳也。其王乃占城選人為之王，出入乘馬象，張紅傘，從者百人，服飾亦與占城同。歲貢方物與占城。

明・張燮《東西洋考》卷二《占城》 元世祖詔降虎符，授榮禄大夫、占城郡王，即其地立省撫安之，然竟負固。大軍南討，國王戰敗逃遁，然不果降。

明興，高皇帝賜占城國璽書。國王阿答阿者遣使朝貢，蓋從此始歸款矣。四年，王為安南所苦，奉表乞賜兵器、樂人，俾安南知我為聲教所被，不敢輒欺負。上憐之，報曰：『兩國既共内附，豈宜擅兵相攻，業詔安南無開疆釁。兵器不爾吝，但以安南故賜爾，是助爾構兵也。樂有聲律，方言各異，中國人不可遣，爾國人能習華語者來習肄。』十六年，遣子入賀聖節。

永樂改元，遣使告諭即位。其王占巴的賴奉金葉表來貢。上使行人蔣賓、王樞往報之，賜金綺有差。且敕安南毋相侵掠，從來請也。四年，遣中貴馬彬諭以共伐安南，詔粵東諸將繕兵甲由海道與占城會。賜占城王鍍金銀印，他物甚侈。王出兵助征。《廣東通志》曰：復遣太監王貴通賚敕往勞，賜金幣。五年，奏言克復安南所侵地，獻俘，貢方物。上下詔褒美。數年間屢遣使來貢，悉厚答之，至命中貴彬護其使臣以歸。

十三年，兵部尚書陳洽馳奏：『初討安南時，占城王雖聽命出征，然實懷二心，愆期不進。又以金帛、戰象資季擴。季擴以黎蒼女遺之。復約陳翁挺侵升華府所隸地，罪下季擴一等耳。請發兵征之。』上以交趾初平，不欲窮兵遠夷，遣使諭王歸我侵地。其後三年一朝貢，詔使亦間往不絕。吳惠《日記》云：正統六年，奉使占城。王遣頭目迎詔，笳鼓填咽，旌麾晻靄，氈衣椎髻前奔，馳至行宮設宴。王乘象迓於國門，帳列戈戟，以羣象為衛。既宣詔，稽首受命。上元夜，請賞煙火，爇沉香燃火樹，盛陳樂舞。民多裸袒，士著苧衣。景泰末，王摩訶貴殂。天順初年，弟盤羅悅馳使請封，命給事中江彤、行人劉寅之持冊往，王亦遣使來謝云。

成化中，王茶全為交趾所破，嗣王徙居赤坎邦，遣使請封如故事。而安南陪臣據其故都，詭稱占城王迎詔。使臣馮乂誤謂真王也，持封冊給之。嗣王古來航海奔廣州投訴，更以來朝為辭。督臣屠滽命參議姜英覈其事。時安南納叛將而助之虐，申言古來不當嗣。滽從僉議，謂冊印元有古來名，宜王其地，具疏以聞。仍移檄安南，道之順逆。安南亦不敢大肆其狼噬，乃選官軍二千，令東莞商人張宣護送古來還國。弘治十八年，古來卒，沙古卜洛嗣。正德五年，奉詔冊封者，給事中李貫、行人劉廷瑞也。十二年，來朝。嘉靖二十一年再至云。

《明史》卷三二一《外國傳二·安南》 洪武元年，王日煃聞廖永忠定兩廣，將遣使納款，以梁王在雲南未果。十二月，太祖命漢陽知府易濟招諭之。日煃遣少中大夫同時敏，正大夫段悌、黎安世等，奉表來朝，貢方物。明年六月達京師。帝喜，賜宴，命侍讀學士張以寧、典簿牛諒往封為安南國王，賜駝紐塗金銀印。詔曰：『咨爾安南國王陳日煃，惟乃祖父，守境南陲，稱藩中國，克恭臣職，以永世封。朕荷天地之靈，肅清華夏，馳書往報。卿即奉表稱臣，專使來賀，法前人之訓，安遐壤之民。眷茲勤誠，深可嘉尚。是用遣使齎印，仍封爾為安南國王。於戲！視廣同仁，思效哲王之盛典；爵超五等，俾承奕葉之遺芳，益茂令猷，永為藩輔，欽哉。』賜日煃《大統曆》、織金文綺紗羅四十匹，同時敏以下皆有賜。

以寧等至，日煃先卒，姪日熞嗣位。遣其臣阮汝亮來迎，請誥印，以寧等不予。日熞乃復遣杜舜欽等請命於朝，以寧駐安南俟命。時安南、占城搆兵，帝命翰林編修羅復仁、兵部主事張福諭令罷兵，兩國皆奉詔。明年，舜欽等至告哀。帝素服御西華門引見，遂命編修王廉往祭，賻白金五十兩、帛五十匹。別遣吏部主事林唐臣封日熞為王，賜金印及織金文綺紗羅四十匹。廉既行，帝以漢馬援立銅柱鎮南蠻，厥功甚偉，命廉就祀之。尋頒科舉詔於其國，且以更定嶽瀆神號及廓清沙漠，兩遣官詔告之。日熞遣上大夫阮兼、中大夫莫季龍、下大夫黎元普等謝恩，貢方物。兼卒於道，詔賜其王及使臣，而送兼柩歸國。頃之，復仁等還，言却其贐不受，帝嘉之，加賜季龍等。

四年春，遣使貢象，賀平沙漠，復遣使隨以寧等來朝。其冬，日熞為伯父叔明逼死。叔明懼罪，貢象及方物。踰年至京，禮官見署表非日熞名，詰得其實，詔却之。叔明復朝貢謝罪，且請封。其使者抵言日熞實病死，叔明遜避於外，為國人所推。帝命國人為日熞服，而叔明姑以前王印視事。七年，叔明遣使謝恩，自稱年老，乞命弟端攝政，從之。端遣使謝恩，請貢期。詔三年一貢，新王世見。尋復遣使貢，帝令所司諭却，且定使者毋過三四人，貢物無厚。

十年，端侵占城，敗沒。弟煒代立，遣使告哀，命中官陳能往祭。時安南怙強，欲滅占城，反致喪敗。帝遣官諭前王叔明毋搆釁貽禍，以叔明實主國事也。叔明貢方物謝罪。廣西思明土官訴安南犯境，安南亦訴思明擾邊。帝移檄數其奸詐罪，敕守臣勿納其使。煒懼，遣使謝罪，頻年貢奄豎、金銀、紫金盤、黃金酒尊、象馬之屬。帝命助教楊盤往使，令餽雲南軍餉，煒即輸五千石於臨安。二十一年，帝復命禮部郎中邢文偉齎敕及幣往賜。煒遣使謝，復進象。帝以其頻煩，且貢物侈，命仍三歲一貢，毋進犀象。

時國相黎季犛竊柄，廢其主煒，尋弒之，立叔明子日焜主國事，仍假煒名入貢。朝廷不知而納之，越數年始覺，命廣西守臣絕其使。季犛懼，二十七年遣使由廣東入貢。帝怒，遣官詰責，却其貢。季犛益懼，明年，復詭詞入貢。帝雖惡其弑逆，不欲勞師遠征，乃納之。大軍方討龍州趙宗壽，命禮部尚書任亨泰、御史嚴震直諭日焜，毋自疑。季犛聞言，稍自安。帝又遣刑部尚書楊靖諭令輸米八萬石，餉龍州軍。季犛輸一萬石，餽金千兩、銀二萬兩，言龍州陸道險，請運至憑祥洞。靖不可，令輸二萬石於沲海江，江距龍州止半日。靖因言：『日焜年幼，國事皆決季犛父子，乃敢觀望如此。』時帝以宗壽納款，移兵征向武諸蠻，遂諭靖令輸二萬石給軍，而免其所餽金銀。明年，季犛告前王叔明之訃。帝以叔明本篡弑，弔祭則奬亂，止不行，移檄使知之。

思明土官黃廣成言：『自元設思明總管府，所轄左江州縣，東上思州，南銅柱為界。元征交阯，去銅柱百里立永平寨萬户府，遣兵戍守，令交人給其軍。元季喪亂，交人攻破永平，越銅柱二百餘里，侵奪思明所屬丘温、如嶅、慶遠、淵、脱等五縣地，近又告任尚書置驛思明洞登地。臣嘗具奏，蒙遣楊尚書勘實。乞敕安南以五縣地還臣，仍畫銅柱為界。』帝命行人陳誠、吕讓往諭，季犛執不從。誠自為書諭日焜，季犛貽書争，且為日焜書移户部。誠等復命，帝知其終不肯還，乃曰：『蠻夷相争，自古有之。彼恃頑，必召禍，姑俟之。』建文元年，季犛弑日焜，立其子顒。又弑顒，立其弟案，方在襁褓中，復弑之。大殺陳氏宗族而自立，更姓名為胡一元，名其子蒼曰胡奃，謂出帝舜裔胡公後，僭國號大虞，年號元聖，尋自稱太上皇，傳位奃，朝廷不知也。

成祖既承大統，遣官以即位詔告其國。永樂元年，奃自署權理安南國事，遣使奉表朝貢，言：『高皇帝時，安南王日煃率先輸誠，不幸早亡，後嗣絶。臣陳氏甥，為衆所推，權理國事，於今四年。望天恩賜封爵，臣有死無二。』事下禮部，部臣疑之，請遣官廉訪。乃命行人楊渤等齎敕諭其陪臣父老，凡陳氏繼嗣之有無，胡奃推戴之誠偽，具以實聞。賫奃使者遣還，復命行人吕讓、邱智賜絨錦、文綺、紗羅。既而奃使隨渤等還，進陪臣父老所上表，如奃所以誑帝者，乞即賜奃封爵。帝乃命禮部郎中夏止善封為安南國王。奃遣使謝恩，然帝其國中自若也。

思明所轄禄州、西平州、永平寨為所侵奪，帝諭令還，不聽。占城訴安思侵掠，詔令修好。奃陽言奉命，侵掠如故，且授印章逼為屬，又邀奪天朝賜物。帝惡之，方遣官切責，而故陪臣裴伯耆詣闕告難，言：『臣祖父皆執政大夫，死國事。臣母，陳氏近族。故臣幼侍國王，官五品，後隸武節侯陳渴真為裨将。洪武末，代渴真禦寇東海。而賊臣黎季犛父子弑主篡位，屠戮忠良，滅族者以百十數，臣兄弟妻孥亦遭害。遣人捕臣，欲加誅醢。臣棄軍遁逃，伏處山谷，思詣闕庭，披瀝肝膽，展轉數年，始睹天日。竊惟季犛乃故經略使黎國髦之子，世事陳氏，叨竊寵榮，及其子蒼，亦蒙貴任。一旦篡奪，更姓易名，僭號改元，不恭朝命。忠臣良士疾首痛心，願興弔伐之師，隆繼絶之義，蕩除奸凶，復立陳氏後，臣死且不朽。敢效申包胥之忠，哀鳴闕下，惟皇帝垂察。』帝得奏感動，命所司周以衣食。會老撾送陳天平至，言：『臣天平，前王日烜孫，奣子，日煃弟也。黎賊盡滅陳族，臣越在外州獲免。臣僚佐激於忠義，推臣為主以討賊。方議招軍，賊兵見迫，倉皇出走，竄伏巖谷，萬死一生，得達老撾。恭聞皇帝陛下入正大統，臣有所依歸。匍匐萬里，哀愬明庭。陳氏後裔止臣一人，臣與此賊不共戴天。伏祈聖慈垂憐，迅發六師，用章天討。』帝益感動，命所司館之。

奃方遣使賀正旦，帝出天平示之，皆錯愕下拜，有泣者。伯耆責使者以大義，惶恐不能答。帝諭侍臣：『奃父子悖逆，鬼神所不容，而國中臣民共為欺蔽。一國皆罪人也，朕烏能容。』

三年命御史李琦、行人王樞齎敕責奃，令具篡弑之實以聞。雲南寧遠州復訴奃侵奪七寨，掠其壻女。遣其臣阮景真從琦等入朝謝罪，抵言未嘗僭號改元，請迎天平歸，奉為主，且退還禄州、寧遠地。帝不虞其詐，許之。命行人聶聰齎敕往諭，言：『果迎還天平，事以君禮，當建爾上公，封以大郡。』奃復遣景真從聰等還報，迎天平。聰力言奃誠可信，帝乃令天平還國，敕廣西左、右副将軍黄中、吕毅将兵五千送之。

四年，天平陛辭，帝厚加賚，敕封奃順化郡公，盡食所屬州縣。三月，中等護天平入雞陵關，将至芹站，奃伏兵邀殺天平，中等敗還。帝大怒，召成國公朱能等謀，決意討之。七月，命能佩征夷将軍印充總兵官，西平侯沐晟佩征夷副将軍印為左副将軍，新城侯張輔為右副将軍，豐城侯李彬、雲陽伯陳旭為左、右參将，督師南征。能至龍州病卒，輔代将其軍。入安南坡壘關，傳檄數一元父子二十大罪，諭國人以輔立陳氏子孫意。師次芹站，遂造浮橋於昌江以濟。前鋒抵富良江北嘉林縣，而輔由芹站西取他道至北江府新福縣，諜晟、彬軍亦自雲南至白鶴，乃遣驃騎將軍朱榮往會之。時輔等分道進兵，所至皆克。賊乃緣江樹柵，增築土城於多邦隘，城柵連九百餘里，大發江北民二百餘萬守之。諸江海口皆下木樁，所居東都，嚴守備，水陸兵號七百萬，欲持久以老官軍。輔等乃移營三帶州箇招市江口，造戰艦。帝慮賊緩師以待瘴癘，敕輔等必以明年春滅賊。十二月，晟次洮江北岸，與多邦城對壘。輔遣旭攻洮州，造浮橋濟師，遂俱抵城下，攻拔之。賊所恃惟此城，既破，膽裂。大軍循富良江南下，遂擣東都。賊棄城走，大軍入據之，薄西都。賊大燒宮室，駕舟入海。郡縣相繼納款，抗拒者輒擊破之。士民上書陳黎氏罪惡，日以百數。

五年正月大破季犛於木丸江，宣詔訪求陳氏子孫。於是耆老千一百二十餘人詣軍門，言：『陳氏為黎賊殺盡，無可繼者。安南本中國地，乞仍入職方，同内郡。』輔等以聞。尋大破賊於富良江，季犛父子以數舟遁去。諸軍水陸並追，次茶籠縣，知季犛走乂安，遂循舉厥江，追至日南州奇羅海口，命柳升出海追之。賊數敗，不能軍。五月獲季犛及偽太子於高望山，安南盡平。羣臣請如耆老言，設郡縣。

六月朔，詔告天下，改安南為交阯，設三司，以都督僉事吕毅掌都司事，黄中副之，前工部侍郎張顯宗、福建布政司左參政王平為左、右布政使，前河南按察使阮友彰為按察使，裴伯耆授右參議，又命尚書黄福兼掌布、按二司事。設交州、北江、諒江、三江、建平、新安、建昌、奉化、清化、鎮蠻、諒山、新平、演州、乂安、順化十五府，分轄三十六州，一百八十一縣。又設太原、宣化、嘉興、歸化、廣威五州，直隸布政司，分轄二十九縣。其他要害，咸設衛所控制之。乃敕有司，陳氏諸王被弒者咸予贈謚，建祠治塚，各置灑埽二十户。宗族被害者贈官，軍民死亡暴露者瘗埋之。居官者仍其舊，與新除者參治。黎氏苛政一切蠲除，遭刑者悉放免。禮待高年碩德，鰥寡孤獨無告者設養濟院，懷才抱德之彦敦遣赴京。又詔訪求山林隱逸、明經博學、賢良方正、孝弟力田、聰明正直、廉能幹濟、練達吏事、精通書算、明習兵法及容貌魁岸、語言便利、膂力勇敢、陰陽術數、醫藥方脉諸人，悉以禮敦致，送京録用。於是張輔等先後奏舉九千餘人。九月，季犛、蒼父子俘至闕下，與偽将相胡杜等悉屬吏，赦蒼弟衛國大王澄、子芮，所司給衣食。

六年六月，輔等振旅還京，上交阯地圖，東西一千七百六十里，南北二千八百里，安撫人民三百一十二萬有奇，獲蠻人二百八萬七千五百有奇，象、馬、牛二十三萬五千九百有奇，米粟一千三百六十萬石，船八千六百七十餘艘，軍器二百五十三萬九千八百。於是大行封賞，輔進英國公，晟黔國公，餘敘賚有差。【略】

（宣德）五年春，琦等還，利遣使貢金銀器方物，復飾詞具奏，并具頭目耆老奏請令利攝國政。使臣歸，帝復以訪陳氏裔，還中國遺民二事諭之，詞不甚堅。明年夏，利遣使謝罪，以二事飾詞對，復進頭目耆老奏，仍為利乞封。帝乃許之，命禮部右侍郎章敞、右通政徐琦齎敕印，命利權署安南國事。利遣使齎表及金銀器方物，隨敞等入貢。七年二月達京師，比還，利及使臣皆有賜。明年八月來貢，命兵部侍郎徐琦等與其使偕行，諭以順天保民之道。是年，利卒。

利雖受敕命，其居國稱帝，紀元順天，建東、西二都，分十三道：曰山南、京北、山西、海陽、安邦、諒山、太原、明光、諒化、清華、乂安、順化、廣南。各設承政司、憲察司、總兵使司，擬中國三司。東都在交州府，西都在清華府。置百官，設學校，以經義、詩賦二科取士，彬彬有華風焉。僭位六年，私謚太祖。

子麟繼，麟一名龍。自是其君長皆有二名，以一名奏天朝，貢獻不絶如常制。麟遣使告訃，命侍郎章敞、行人侯璡敕麟權署國事。明年遣使入貢謝恩。

正統元年四月以宣宗賓天，遣使進香。又以英宗登極及尊上太皇太后、皇太后位號，並遣使表賀，貢方物。閏六月復貢。帝以陳氏宗支既絶，欲使麟正位，下廷議，咸以為宜。乃命兵部右侍郎李郁、左通政李亨齎敕印，封麟為安南國王。明年遣使入貢謝恩。時安南思郎州土官攻掠廣西安平、思陵二州，據二峒二十一村。帝命給事中湯鼐、行人高寅敕麟還侵地。麟奉命，遣使謝罪，而訴安平、思陵土官侵掠思郎。帝令守臣嚴飭。七年，安南貢使還，令齎皮弁冠服、金織襲衣賜其王。是歲，麟卒，私謚太宗。改元二：紹平六年，大寶三年。

子濬繼，一名基隆，遣使告訃。命光禄少卿宋傑、兵科都給事中薛謙持節冊封為國王。濬遣將侵占城，奪新州港，擄其王摩訶賁該以歸。帝為立新王摩訶貴來，敕安南使，諭濬歸其故王。濬不奉詔，侵掠人口至三萬三千餘，占城入訴。

景泰元年賜敕戒濬，迄不奉詔。四年遣使賀冊立皇太子。天順元年遣使入貢，乞賜袞冕，如朝鮮例，不從。其使者乞以土物易書籍、藥材，從之。二年遣使賀英宗復辟。三年十月，其庶兄諒山王琮弒之而自立。濬改元二：大利十一年，延寧六年。私謚仁宗。琮，一名宜民，篡位九月，改元天與，為國人所誅，貶厲德侯，以濬弟灝繼。灝，一名思誠。

初，琮弒濬，以游湖溺死奏。天朝不知，將遣官弔祭。琮恐天使至覺其情，言禮不弔溺，不敢煩天使，帝即已之。使者言濬無子，請封琮。命通政參議尹旻、禮科給事中王豫往封。未入境，聞琮已誅，灝嗣位，即却還。灝連遣使朝貢請封，禮官疑其詐，請命廣西守臣覈實奏請，從之。使臣言：『禮，生有封，死有祭。今濬死既白，請賜祭。』乃命行人往祭。六年二月命侍讀學士錢溥、給事中王豫封灝為國王。

憲宗踐阼，命尚書卿淩信、行人邵震賜王及妃綵幣。灝遣使來貢，因請冕服，不從，但賜皮弁冠服及紗帽犀帶。成化元年八月以英宗賓天，遣使進香，命赴裕陵行禮。

灝雄桀，自負國富兵强，輒坐大。四年侵據廣西憑祥。帝聞，命守臣謹備之。七年破占城，執其王盤羅茶全，逾三年又破之，執其王盤羅茶悦，遂改其國為交南州，設兵戍守。安南貢道，故由廣西。時雲南鎮守中官錢能貪恣，遣指揮郭景齎敕取其貨。灝素欲窺雲南，遂以解送廣西龍州罪人為詞，隨景假道雲南入京，索夫六百餘，且發兵繼其後，雲南大擾。兵部言雲南非貢道，龍州罪人宜解廣西，不必赴京。乃令守臣檄諭，且嚴邊備。

灝既得憑祥，滅占城，遂侵廣東瓊、雷，盜珠池。廣西之龍州、右平，雲南之臨安、廣南、鎮安，亦數告警。詔守臣詰之，輒詭詞對。廟堂務姑息，雖屢降敕諭，無厲詞。灝益玩侮無畏忌，言：『占城王盤羅茶全侵化州道，為其弟盤羅茶悦所弒，因自立。及將受封，又為子茶質苔所弒。其國自亂，非臣灝罪。』中朝知其詐，不能詰，但勸令還其土宇。灝奏言：『占城非沃壤，家鮮積貯，野絶桑麻，山無金寶之收，海乏魚鹽之利，止産象牙、犀角、烏木、沈香。得其地不可居，得其民不可使，得其貨不足富，此臣不侵奪占城故也。明詔令臣復其土宇，乞遣朝使申畫郊圻，俾兩國邊陲休息，臣不勝至願。』時占城久為所據，而其詞誕如此。

先是，安南入貢，多攜私物，道憑祥、龍州，乏人轉運，輒興讐釁。會遣使賀冊立皇太子，有詔禁飭之。十五年冬，灝遣兵八百餘人，越雲南蒙自界，聲言捕盜，擅結營築室以居。守臣力止之，始退。灝既破占城，志意益廣，親督兵九萬，開山為三道，攻破哀牢，侵老撾，復大破之，殺宣慰刀板雅、蘭、掌父子三人，其季子怕雅賽走八百以免。灝復積糧練兵，頒僞敕於車里，徵其兵合攻八百。將士暴死者數千，咸言為雷霆所擊。八百乃遏其歸路，襲殺萬餘人，灝始引還。帝下廷議，請令廣西布政司檄灝斂兵，雲南、兩廣守臣戒邊備而已。既而灝言未侵老撾，且不知八百疆宇何在，語甚誑誕。帝復慰諭之，迄不奉命。十七年秋，滿剌加亦以被侵告，帝敕使諭令睦鄰保國。未幾，使臣入貢，請如暹羅、爪哇例賜冠帶。許之，不為例。

孝宗踐阼，命侍讀劉戩詔諭其國。其使臣來貢，以大喪免引奏。弘治三年，時占城王古來以天朝力得還國，復愬安南見侵。兵部尚書馬文升召安南使臣曰：『歸諭爾主，各保疆土享太平。不然，朝廷一旦赫然震怒，天兵壓境，如永樂朝事，爾主得無悔乎？』安南自是有所畏。

十年，灝卒，私謚聖宗。其改元二：光順十年，洪德二十八年。子暉繼，一名鏳，遣使告訃，命行人徐鈺往祭。尋賜暉皮弁服、金犀帶。其使臣言，國主受王封，賜服與臣下無別，乞改賜。禮官言：『安南名為王，實中國臣也。嗣王新立，必賜皮弁冠服，使不失主宰一國之尊。又賜一品常服，俾不忘臣事中國之義。今所請，紊亂祖制，不可許。然此非使臣罪，乃通事者導之妄奏，宜懲。』帝特宥之。十七年，暉卒，私謚憲宗，其改元曰景統。子漳繼，一名敬甫，七月而卒，私謚肅宗。弟誼繼，一名璿。

武宗踐阼，命修撰倫文敘、給事中張弘至詔諭其國。誼亦遣使告訃，命官致祭如常儀。正德元年冊為王。誼寵任母黨阮种、阮伯勝兄弟，恣行威虐，屠戮宗親，酖殺祖母。种等怙寵竊權，四年逼誼自殺，擁立其弟伯勝，貶誼為厲愍王。國人黎廣等討誅之，立灝孫瞤，改謚誼威穆帝。誼在位四年，改元端慶。晭，一名瀅，七年受封，多行不義。

十一年，社堂燒香官陳暠與二子昺、昇作亂，殺晭而自立。詭言前王陳氏後，仍稱大虞皇帝，改元應天，貶晭為靈隱王。晭臣都力士莫登庸初附暠，後與黎氏大臣阮弘裕等起兵討之。暠敗走，獲昺及其黨陳璲等。暠與昇奔諒山道，據長寧、太原、清節三府自保，登庸等乃共立晭兄瀩之子譓，改謚晭襄翼帝。晭在位七年，改元洪順。譓將請封，因國亂不果。以登庸有功，封武川伯，總水陸諸軍。既握兵柄，潛蓄異志。黎氏臣鄭綏，以譓徒擁虛位，別立其族子西榜，發兵攻都城。譓出走，登庸擊破綏兵，捕西榜殺之，益恃功專恣，遂逼妻譓母，迎譓歸，自為太傅仁國公。十六年率兵攻陳暠，暠敗走死。

嘉靖元年，登庸自稱安興王，謀弑譓。譓母以告，乃與其臣杜温潤間行以免，居於清華。登庸立其庶弟懬，遷居海東長慶府。世宗踐阼，命編修孫承恩、給事中俞敦詔諭其國。至龍州，聞其國大亂，道不通，乃却還。四年夏，譓遣使間道通貢，并請封，為登庸所阻。明年春，登庸賂欽州判官唐清，為懬求封。總督張嵿逮清，死於獄。六年，登庸令其黨范嘉謨偽為懬禪詔，篡其位，改元明德，立子方瀛為皇太子。旋酖殺懬，謚為恭皇帝。踰年，遣使來貢，至諒山城，被攻而還。九年，登庸禪位於方瀛，自稱太上皇，移居都齋海陽，為方瀛外援，作《大誥》五十九條，頒之國中。方瀛改元大正。其年九月，黎譓卒於清華，國亡。

十五年冬，皇子生，當頒詔安南。禮官夏言言：『安南不貢已二十年，兩廣守臣謂黎譓、黎懬均非黎晭應立之嫡，莫登庸、陳暠俱彼國篡逆之臣，宜遣官按問，求罪人主名。且前使既以道阻不通，今宜暫停使命。』帝以安南叛逆昭然，宜急遣官往勘，命言會兵部議征討。言及本兵張瓚等力言，逆臣篡主奪國，朝貢不修，決宜致討。乞先遣錦衣官二人往覈其實，敕兩廣、雲南守臣整兵積餉，以俟師期，制可。乃命千户陶鳳儀、鄭璽等，分往廣西、雲南，詰罪人主名。敕四川、貴州、湖廣、福建、江西守臣，預備兵食，候征調。户部侍郎唐胄上疏，力陳用兵七不可，語詳其傳中。末言：『安南雖亂，猶頻奉表箋，具方物，款關求入。守臣以其姓名不符，拒之。是彼欲貢不得，非負固不貢也。』章下兵部，亦以為然，命俟勘官還更議。【略】

十八年冊立皇太子，當頒詔安南。特起黄綰為禮部尚書，學士張治副之，往使其國。命甫下，方瀛遣使上表降，並籍其土地、户口，聽天朝處分，凡為府五十有三，州四十有九，縣一百七十有六。帝納之，下禮、兵二部協議。至七月，綰猶未行，以忤旨落職，遂停使命。初，征討之議發自夏言，帝既責綰，因發怒曰：『安南事，本一人倡，衆皆隨之。乃訕上聽言計，共作慢詞。此國應棄應討，宜有定議，兵部即集議以聞。』於是瓚及廷臣惶懼，請如前詔，仍遣鸞、伯温南征。如登庸父子束手歸命，無異心，則待以不死，從之。登庸聞，大喜。

十九年，伯温等抵廣西，傳檄諭以納款宥罪意。時方瀛已卒，登庸即遣使請降。十一月率從子文明及部目四十二人入鎮南關，囚首徒跣，匍匐叩頭壇上，進降表。伯温稱詔赦之。復詣軍門匍匐再拜，上土地軍民籍，請奉正朔，永為藩臣。伯温等宣示威德，令歸國俟命。疏聞，帝大喜，命削安南國為安南都，統使司，授登庸都統使，秩從二品，銀印。舊所僭擬制度悉除去，改其十三道為十三宣撫司，各設宣撫、同知、副使、僉事，聽都統黜陟。廣西歲給《大統曆》，仍三歲一貢以為常。更令覈黎寧真偽，果黎氏後，割所據四府奉其祀事，否則已之。制下，登庸悚惕受命。

二十二年，登庸卒，方瀛子福海嗣，遣宣撫同知阮敬典等來朝。二十五年，福海卒，子宏瀷嗣。初，登庸以石室人阮敬為義子，封西寧侯。敬有女嫁方瀛次子敬典，因與方瀛妻武氏通，得專兵柄。宏瀷立，方五歲，敬益專恣用事。登庸次子正中及文明避之都齋，其同輩阮如桂、范子儀等亦避居田里。敬舉兵逼都齋，正中、如桂、子儀等禦之，不勝。正中、文明率家屬奔欽州，子儀收殘卒遁海東。敬詭稱宏瀷歿，以迎立正中為詞，犯欽州，為參將俞大猷所敗，誅死。宏瀷初立時，遣使黎光賁來貢，至南寧，守臣以聞。禮官以其國内亂，名分未定，止來使勿進，而令守臣覈所當立者。至三十年事白，命授宏瀷都統使，赴關領牒。會部目黎伯驪與黎寧臣鄭檢合兵來攻，宏瀷奔海陽，不克赴。光賁等留南寧且十五年，其偕來使人物故大半。宏瀷祈守臣代請，詔許入京，其都統告身，仍俟宏瀷赴關則給。四十三年，宏瀷卒，子茂洽嗣。萬曆元年授都統使。三年遣使謝恩，賀即位，進方物，又補累年所缺之貢。

時莫氏漸衰，黎氏復興，互相構兵，其國益多。故始黎寧之據清華也，仍僭帝號，以嘉靖九年改元元和。居四年，為登庸所攻，竄占城界，國人立其弟憲，改元光照。十五年廉知寧所在，迎歸清華，後遷於漆馬江。寧卒，其臣鄭檢立寧子寵。寵卒，無子，國人共立黎暉四世孫維邦。維邦卒，檢子松立其子維潭，世居清華，自為一國。

萬曆十九年，維潭漸强，舉兵攻茂洽，茂洽敗奔嘉林縣。明年冬，松誘土人內應，襲殺茂洽，奪其都統使印，親黨多遇害。有莫敦讓者，奔防城告難，總督陳蕖以聞。松復擒敦讓，勢益張。茂洽子敬恭與宗人履遜等奔廣西思陵州，莫履機奔欽州。獨莫敬邦有衆十餘萬，起京北道，擊走黎黨范拔萃、范百祿諸軍，敦讓得復歸。衆乃推敬邦署都統，諸流寓思陵、欽州者悉還。黎兵攻南策州，敬邦被殺，莫氏勢益衰。敬恭、敬用屯諒山高平，敬璋屯東海新安，懼黎兵追索，竄至龍州憑祥界，令土官列狀告當事。維潭亦叩關求通貢，識以國王金印。

二十一年，廣西巡撫陳大科等上言：『蠻邦易姓如奕棋，不當以彼之叛服為順逆，止當以彼之叛我服我為順逆。今維潭雖圖恢復，而茂洽固天朝外臣也，安得不請命而擅然戮之。竊謂黎氏擅興之罪，不可不問。莫氏孑遺之緒，亦不可不存。倘如先朝故事，聽黎氏納款，而仍存莫氏，比諸漆馬江，亦不翦其祀，於計為便。』廷議如其言。明年，大科方遣官往察，敬用即遣使叩軍門告難，且乞兵。明年秋，維潭亦遣使謝罪，求款。時大科已為兩廣總督，與廣西巡撫戴燿並以屬左江副使楊寅秋，寅秋竊計曰：『不拒黎，亦不棄莫，吾策定矣。』兩遣官往問，以敬恭等願居高平來告，而維潭求款之使亦數至。寅秋乃與之期，具報督撫。會敬璋率衆赴永安，為黎氏兵擊敗，海東、新安地盡失，於是款議益決。

時維潭圖恢復名，不欲以登庸自處，無束身入關意。寅秋復遣官諭之。其使者來報如約。至期忽言於關吏曰：『士卒饑病，款儀未備。且莫氏吾讐也，棲之高平，未敢聞命。』遂中宵遁去。大科等疏聞，謂其臣鄭松專權所致。維潭復遣使叩關，白己非遁。大科等再遣官諭之，維潭聽命。

二十五年遣使請期，寅秋示以四月。屆期，維潭至關外，譯者詰以六事。首擅殺茂洽，曰：『復讐急，不遑請命。』次維潭宗派，曰：『世孫也，祖暉，天朝曾錫命。』次鄭松，曰：『此黎氏世臣，非亂黎氏也。』然則何宵遁，曰：『以儀物之不戒，非遁也。』何以用王章，曰：『權倣為之，立銷矣。』惟割高平居莫氏，猶相持不絕。復諭之曰：『均貢臣也，黎昔可棲漆馬江，莫獨不可棲高平乎？』乃聽命。授以款關儀節，俾習之。維潭率其下入關謁御幄，一如登庸舊儀。退謁寅秋，請用賓主禮，不從，四拜成禮而退。安南復定。詔授維潭都統使，頒曆奉貢，一如莫氏故事。先是，黎利及登庸進代身金人，皆囚首面縛，維潭以恢復名正，獨立而肅容。當事嫌其倨，令改製，乃為俯伏狀，鐫其背曰：『安南黎氏世孫，臣黎維潭不得蒲伏天門，恭進代身金人，悔罪乞恩。』自是，安南復為黎氏有，而莫氏但保高平一郡。

又 卷三二四《外國傳五·占城》 洪武二年，太祖遣官以即位詔諭其國。其王阿答阿者先已遣使奉表來朝，貢象虎方物。帝喜，即遣官齎璽書、《大統曆》、文綺、紗羅，偕其使者往賜，其王復遣使來貢。自後或比歲貢，或間歲，或一歲再貢。未幾，命中書省管勾甘桓、會同館副使路景賢齎詔，封阿答阿者為占城國王，賜綵幣四十、大統曆三千。三年遣使往祀其山川，尋頒科舉詔於其國。

初，安南與占城搆兵，天子遣使諭解，而安南復相侵。四年，其王奉金葉表來朝，長尺餘，廣五寸，刻本國字。館人譯之，其意曰：『大明皇帝登大寶位，撫有四海，如天地覆載，日月照臨。阿答阿者譬一草木爾，欽蒙遣使，以金印封為國王，感戴忻悅，倍萬恒情。惟是安南用兵，侵擾疆域，殺掠吏民。伏願皇帝垂慈，賜以兵器及樂器、樂人，俾安南知我占城乃聲教所被，輸貢之地，庶不敢欺陵。』帝命禮部諭之曰：『占城、安南並事朝廷，同奉正朔，乃擅自搆兵，毒害生靈，既失事君之禮，又乖交鄰之道。已咨安南國王，令即日罷兵。本國亦宜講信修睦，各保疆土。所請兵器，於王何吝，但兩國互搆而賜占城，是助爾相攻，甚非撫安之義。樂器、樂人，語音殊異，難以遣發。爾國有曉華言者，其選擇以來，當令肄習。』因命福建省臣勿徵其稅，示懷柔之意。

六年，貢使言：『海寇張汝厚、林福等自稱元帥，剽劫海上。國主擊破之，賊魁溺死，獲其舟二十艘，蘇木七萬斤，謹奉獻。』帝嘉之，命給賜加等。冬，遣使獻安南之捷。帝謂省臣曰：『去冬，安南言占城犯境。今年，占城謂安南擾邊，未審曲直。可遣人往諭，各罷兵息民，毋相侵擾。』十年與安南王陳端大戰，端敗死。十二年，貢使至都，中書不以時奏。帝切責丞相胡惟庸、汪廣洋，二人遂獲罪。遣官賜王《大統曆》及衣幣，令與安南修好罷兵。

十三年遣使賀萬壽節。帝聞其與安南水戰不利，賜敕諭曰：『曩者安南兵出，敗於占城。占城乘勝入安南，安南之辱已甚。王能保境息民，則福可長享；如必驅兵苦戰，勝負不可知，而鷸蚌相持，漁人得利，他日悔之，不亦晚乎？』

十六年，貢象牙二百枝及方物。遣官賜以勘合、文冊及織金文綺三十二、磁器萬九千。十九年遣子寶部領詩那日忽來朝，賀萬壽節，獻象五十四，皇太子亦有獻。帝嘉其誠，賜賚優渥，命中官送還。明年復貢象五十一及伽南、犀角諸物。帝加宴賚。還至廣東，復命中官宴餞，給道里費。

真臘貢象，占城王奪其四之一，其他失德事甚多。帝聞之，怒。二十一年夏，命行人董紹敕責之，紹未至，而其貢使抵京。尋復遣使謝罪，乃命宴賜如制。

時阿答阿者失道，大臣閣勝懷不軌謀，二十三年弒王自立。明年遣太師奉表來貢，帝惡其悖逆，却之。三十年後，復連入貢。

成祖即位，詔諭其國。永樂元年，其王占巴的賴奉金葉表朝貢，且告安南侵掠，請降敕戒諭。帝可之，遣行人蔣賓興、王樞使其國，賜以絨、錦、織金文綺、紗羅。明年，以安南王胡奃奏，詔戢兵，遣官諭占城王。而王遣使奏：『安南不遵詔旨，以舟師來侵，朝貢人回，賜物悉遭奪掠。又畀臣冠服、印章，俾為臣屬。且已據臣沙離牙諸地，更侵掠未已，臣恐不能自存。乞隸版圖，遣官往治。』帝怒，敕責胡奃，而賜占城王紗幣。

四年貢白象方物，復告安南之難。帝大發兵往討，敕占城嚴兵境上，遏其越逸，獲者即送京師。五年攻取安南所侵地，獲賊黨胡烈、潘麻休等獻俘闕下，貢方物謝恩。帝嘉其助兵討逆，遣中官王貴通齎敕及銀幣賜之。

六年，鄭和使其國。王遣其孫舍楊該貢象及方物謝恩。十年，其貢使乞冠帶，予之，復命鄭和使其國。

十三年，王師方征陳季擴，命占城助兵。尚書陳洽言：『其王陰懷二心，愆期不進，反以金帛、戰象資季擴，季擴以黎蒼女遺之，復約季擴舅陳翁挺侵升華府所轄四州十一縣地。厥罪維均，宜遣兵致討。』帝以交阯初平，不欲勞師，但賜敕切責，俾還侵地，王即遣使謝罪。十六年，遣其孫舍那挫來朝。命中官林貴、行人倪俊送歸，有賜。

宣德元年，行人黄原昌往頒正朔，繩其王不恪，卻所酬金幣以歸，擢户部員外郎。

正統元年，瓊州知府程瑩言：『占城比年一貢，勞費實多。乞如暹羅諸國例，三年一貢。』帝是之，敕其使如瑩言，賜王及妃綵幣。然番人利中國市易，雖有此令，迄不遵。

六年，王占巴的賴卒，其孫摩訶賁該以遺命遣王孫述提昆來朝貢，且乞嗣位。乃遣給事中管瞳、行人吳惠齎詔，封為王，新王及妃並有賜。七年春，述提昆卒於途，帝憫之，遣官賜祭。八年遣從子且揚樂催貢舞牌黑象。

十一年敕諭摩訶賁該曰：『邇者，安南王黎濬遣使奏王欺其孤幼，曩已侵升、華、思、義四州，今又屢攻化州，掠其人畜財物。二國俱受朝命，各有分疆，豈可興兵搆怨，乖睦鄰保境之義。王宜祗循禮分，嚴飭邊臣，毋恣肆侵軼，貽禍生靈。』并諭安南嚴行備禦，毋挾私報復。先是，定三年一貢之例，其國不遵。及詰其使者，則云『先王已逝，前敕無存，故不知此令。』是歲，貢使復至，再敕王遵制，賜王及妃綵幣。冬復遣使來貢。

十二年，王與安南戰，大敗被執。故王占巴的賴姪摩訶貴來遣使奏：『先王抱疾，曾以臣為世子，欲令嗣位。臣時年幼，遜位於舅氏摩訶賁該。後屢興兵伐安南，致敵兵入舊州古壘等處，殺掠人畜殆盡，王亦被擒。國人以臣先王之姪，且有遺命，請臣代位。辭之再三，不得已始於府前治事。臣不敢自專，伏候朝命。』乃遣給事中陳誼、行人薛幹封為王，諭以保國交鄰，并諭國中臣民共相輔翼。十三年敕安南送摩訶賁該還國，不奉命。

景泰三年遣使來貢，且告王訃。命給事中潘本愚、行人邊永封其弟摩訶貴由為王。

天順元年入貢，賜其正副使鈒花金帶。二年，王摩訶槃羅悦新立，遣使奉表朝貢。四年復貢，自正使以下賜紗帽及金銀角帶有差。使者訴安南見侵，因敕諭安南王。九月，使來，告王喪，命給事中黃汝霖、行人劉恕封王弟槃羅茶全為王。

八年入貢。憲宗嗣位，應頒賜蕃國錦幣，禮官請付使臣齎回，從之。使者復訴安南見侵，求索白象。乞如永樂時，遣官安撫，建立界牌石，以杜侵陵。兵部以兩國方争，不便遣使，乞令使臣歸諭國王，務循禮法，固封疆，捍外侮，毋輕搆禍，從之。

成化五年入貢。時安南索占城犀象、寶貨，令以事天朝之禮事之。占城不從，大舉往伐。七年破其國，執王槃羅茶全及家屬五十餘人，劫印符，大肆焚掠，遂據其地。王弟槃羅茶悦逃山中，遣使告難。兵部言：『安南吞幷與國，若不為處分，非惟失占城歸附之心，抑恐啓安南跋扈之志，宜遣官齎敕宣諭，還其國王及眷屬。』帝慮安南逆命，令俟貢使至日，賜敕責之。

八年，以槃羅茶悦請封，命給事中陳峻、行人李珊持節往。峻等至新州港，守者拒之，知其國已為安南所據，改為交南州，乃不敢入。十年冬還朝。

安南既破占城，復遣兵執槃羅茶悦，立前王孫齋亞麻弗菴為王，以國南邉地予之。十四年，遣使朝貢請封，命給事中馮義、行人張瑾往封之。義等多攜私物，既至廣東，聞齋亞麻弗菴已死，其弟古來遣使乞封。義等慮空還失利，亟至占城。占城人言，王孫請封之後，即為古來所殺，安南以偽敕立其國人提婆苔為王。義等不俟奏報，輒以印幣授提婆苔封之，得所賂黃金百餘兩，又往滿剌加國盡貨其私物以歸。義至海洋病死。瑾具其事，幷上偽敕於朝。

十七年，古來遣使朝貢，言：『安南破臣國時，故王弟槃羅茶悦逃居佛靈山，比天使齎封誥至，已為賊人執去，臣與兄齋亞麻弗菴潛竄山谷。後賊人畏懼天威，遣人訪覓臣兄，還以故地。然自邦都郎至真臘止五處，臣兄權國未幾，遽爾隕殁。臣當嗣立，不敢自專，仰望天恩，賜之冊印。臣國所有土地本二十七處，四府、一州、二十二縣。東至海，南至占臘，西至黎人山，北至阿本喇補，凡三千五百餘里。乞特諭交人，盡還本國。』章下廷議，英國公張懋等請特遣近臣有威望者二人往使。時安南貢使方歸，即賜敕詰責黎灝，令速還地，毋抗朝命。禮官乃劾瑾擅封，執下詔獄，具得其情，論死。時古來所遣使臣在館，召問之，云：『古來實王弟，其王病死，非弑。提婆答不知何人。』乃命使臣暫歸廣東，俟提婆苔使至，審誠偽處之。使臣候命經年，提婆苔使者不至，乃令還國。

二十年敕古來撫諭提婆苔，使納原降國王印，宥其受偽封之罪，仍為頭目。提婆苔不受命，乃遣給事中李孟暘、行人葉應冊封古來為國王。孟暘等言：『占城險遠，安南搆兵未已，提婆苔又竊據其地，稍或不慎，反損國威。宜令來使傳諭古來，詣廣東受封，幷敕安南悔禍。』從之。古來乃自老撾挈家赴崖州，孟暘竣封事而返。古來又欲躬詣闕廷，奏安南之罪。二十三年，總督宋旻以聞。廷議遣大臣一人往勞，檄安南存亡繼絶，迎古來返占城。帝報可，命南京右都御史屠滽往。至廣東，即傳檄安南，宣示禍福。募健卒二千人，駕海舟二十艘，護古來還國。安南以滽大臣奉特遣，不敢抗，古來乃得入。

明年，弘治改元，遣使入貢。二年遣弟卜古良赴廣東，言：『安南仍肆侵陵，乞如永樂時遣將督兵守護。』總督秦紘等以聞。兵部言：『安南、占城皆祖訓所載不征之國，永樂間命將出師，乃正黎賊弑逆之罪，非以鄰境交惡之故。今黎灝修貢惟謹，古來膚受之愬，容有過情，不可信其單詞，勞師不征之國。宜令守臣回咨，言近交人殺害王子古蘇麻，王即率衆敗之，仇恥已雪。王宜自强修政，撫恤國人，保固疆圉，仍與安南敦睦修好。其餘嫌細故，悉宜捐除。倘不能自强，專籍朝廷發兵渡海，代王守國，古無是理。』帝如其言。三年遣使謝恩。其國自殘破後，民物蕭條，貢使漸稀。

十二年遣使奏：『本國新州港之地，仍為安南侵奪，患方未息。臣年已老，請及臣未死，命長子沙古卜洛襲封，庶他日可保國土。』廷議：『安南為占城患，已非一日。朝廷嘗因占城之愬，累降璽書，曲垂誨諭。安南前後奏報，皆言祗承朝命，土地人民，悉已退還。然安南辨釋之語方至，而占城控訴之詞又聞，恐真有不獲已之情。宜仍令守臣切諭安南，毋貪人土地，自貽禍殃，否則議遣偏師往問其罪。至占城王長子，無父在襲封之理。請令先立為世子攝國事，俟他日當襲位時，如例請封。』帝報允。尋遣王孫沙不登古魯來貢。

十八年，古來卒。子沙古卜洛遣使來貢，不告父喪，但乞命大臣往其國，仍以新州港諸地封之。別有占奪方輿之奏，微及父卒事。給事中任良弼等言：『占城前因國土削弱，假貢乞封，仰仗天威，讋伏鄰國。其實國王之立不立，不係朝廷之封不封也。今稱古來已歿，虛實難知。萬一我使至彼，古來尚存，將遂封其子乎？抑義不可而已乎？迫脅之間，事極難處。如往時科臣林霄之使滿剌加，不肯北面屈膝，幽餓而死，迄不能問其罪。君命國威，不可不慎。大都海外諸蕃，無事則廢朝貢而自立，有事則假朝貢而請封。今者貢使之來，豈急於求封，不過欲復安南之侵地，還粵東之逃人耳。夫安南侵地，璽書屢諭歸還，占據如故。今若再諭，彼將玩視之，天威褻矣。倘我使往封占城，羈留不遣，求為處分，朝廷將何以應。又或拘我使者，令索逃人，是以天朝之貴臣，質於海外之蠻邦。宜如往年古來就封廣東事，令其領敕歸國，於計為便。』禮部亦以古來存亡未明，請令廣東守臣移文占城勘報，從之，既而封事久不行。

正德五年，沙古卜洛遣叔父沙係把麻入貢，因請封。命給事中李貫、行人劉廷瑞往。貫抵廣東憚行，請如往年古來故事，令其使臣領封。廷議：『遣官已二年，今若中止，非興滅繼絕義。倘其使不願領封，或領歸而受非其人，重起事端，益傷國體，宜令貫等亟往。』貫終憚行，以乏通事、火長為詞。廷議令廣東守臣采訪其人，如終不得，則如舊例行。貫復設詞言：『臣奉命五載，似憚風波之險，殊不知占城自古來被逐後，竄居赤坎邦都郎，國非舊疆，勢不可往。況古來乃前王齋亞麻弗菴之頭目，殺王而奪其位。王有三子，其一尚存，義又不可。律以春秋之法，雖不興問罪之師，亦必絕朝貢之使。奈何又為采訪之議，徒延歲月，於事無益。』廣東巡按丁楷亦附會具奏，廷議從之。十年令其使臣齎敕往，自是遂為故事，其國貢使亦不常至。

嘉靖二十二年遣王叔沙不登古魯來貢，訴數為安南侵擾，道阻難歸。乞遣官護送還國，報可。

又《賓童龍國》　賓童龍國，與占城接壤。或言如來入舍衛國乞食，即其地。氣候、草木、人物、風土大類占城，惟遭喪能持服，葬以僻地，設齋禮佛，婚姻偶合。酋出入乘象或馬，從者百餘人，前後讚唱。民編茅覆屋。貨用金、銀、花布。

清·傅恆等《清職貢圖》卷一《安南國》　本朝康熙五年，黎惟禧款附，因封為國王，嗣後五年一貢。

清·穆彰阿等《嘉慶重修一統志》卷五五三《越南》　元世祖時封日烜子光昺為安南國王，尋叛。後陳益稷自拔來歸，仍其封。明洪武二年，其王日煃遣使奉表朝貢，封為安南國王，賜駝紐塗金銀印，已而日煃卒，其姪日熞襲封，四傳至日焜。其大臣黎季犛竊柄，廢立自擅。建文元年，遂大殺陳氏宗族而自立，更姓名為胡一元，名其子蒼曰胡奆，尋自稱太上皇，傳位於奆。成祖即位，奆自署權理安南、交趾，置交趾布政司。

本朝順治初，莫氏敬耀來歸，未授爵而卒，尋授其子元清為都統使。十八年，廣西巡撫奏稱，安南黎維祺奉表投誠。康熙五年，禮臣題准給與封典令照常朝貢。二十二年，遣官冊封黎維正為安南國王，賜以誥命，并換給新鑄駝紐鍍金銀印，御書『忠孝守邦』四字賜之。三十六年，安南國王奏請給還故地，移文責之。

雍正三年，安南國遣使進貢，御書『日南世祚』四字賜國王黎維祹。六年，雲南督臣請清查安南國地界，奉旨特賜安南鉛廠河內地四十里，遂以白馬小賭呪河為界。十二年，黎維祹卒，嗣子黎維祐承襲。乾隆二年，黎維祐卒，其弟黎維禕承襲。二十六年，黎維禕卒，嗣子黎維褍承襲。三十四年，安南莫氏後黃公纘居南掌猛天寨地方，為黎氏所逼，率屬內投。國王請索回處治，移檄責之。五十二年，廣南土目阮惠即阮光平因輔政鄭姓專國，人心不附，借除鄭姓為名，攻破黎城，擊滅鄭姓。黎維褍復受制於阮氏，旋卒亡失國印，嗣孫黎維祁懦弱，阮惠遂盡奪黎氏之地，黎維祁脫身逃竄。安南陪臣阮輝宿等奉黎維祁母妻及子敂關求救，巡撫孫永清入奏。

上命兩廣總督孫士毅經理之。孫士毅以順逆禍福檄諭安南，土目廠民相繼投順，大兵兩路進討破阮惠，守兵於市球江，又敗之於富良江，阮惠遁去，遂盡復安南舊境，封黎維祁為安南國王，錫之敕印命。命孫士毅班師回粵。

五十四年，【略】敕書諭之，阮光平於國內為陣亡，諸臣築壇建廟，請頒官銜，諡號遵照奉祀，又請於明年入覲，並懇封號。

上嘉其悃忱，封阮光平為安南國王，錫之敕印。阮光平以安南僻處炎荒，請頒正朔。又懇開水口關以通商販，上允之。五十五年七月，安南國王阮光平入覲。上御卷阿勝境，召見之，賜以詩章。八月，阮光平及外藩等國使臣行慶賀禮，前以黎維祁為黎氏宗支，令同屬下人戶來京，歸入漢軍旗下，即以黎維祁為佐領。又令阮光平訪問黎維祁親屬，護送進關，其前安插內地之西南夷人有繫懷故土者，即令阮光平善為撫綏，以示矜全。五十六年，阮光平接到搜捕洋盜咨會，即派屯將擒獲夥犯，解交內地。上嘉其恭順，優賞之。五十七年，議定安南貢期舊例，三年一貢者，定為兩年。六年遣使來朝一次者，定為四年。五十八年，阮光平卒，其子阮光纘襲封【略】。

六十年，廣東洋面捕獲盜船，內有一船係安南人。嘉慶元年，浙江又捕獲夷匪羅亞三等，供安南烏艚有總兵十二人船百餘號，並起獲印記。四年，農耐夷人與安南交兵，遭風漂至粵洋，照例賞給食米。六年，廣東順德民人趙大任被風漂至農耐，國長阮福映代為修船，給與口糧，並交給文稟感激上年賞卹難番之意。七年，農耐攻昇隆城，阮光纘敗走被獲，阮福映即縛送莫觀扶三犯來粵，又呈繳安南舊領敕印，復表陳搆兵之由，遣使納貢請封。上嘉其恭順【略】。

八年，改安南國為越南國，遣官冊封阮福映為越南國王【略】。

十一年，越南興化鎮目請以臨安府所屬六猛地方外附，檄諭國王，自行嚴懲之。十四年，越南國王阮福映遣員至諒關齎送。乾隆六十年，錫封南掌國王敕印，奉旨嘉獎，其貢期仍如安南舊例。

又　卷五五九《占城》　明洪武二年，太祖遣官以即位，詔諭其國，其王阿答阿者，先已遣使奉表來朝，貢象虎方物，乃命中書省管勾。甘桓會同館副使路景賢齎詔，封阿答阿者為占城國王。二十三年，阿答阿者失道，大臣閣勝弒王自立。明年，遣太師奉表來貢。帝惡其悖逆，卻之。永樂元年，其王占巴的賴奉金葉表朝貢，且告安南侵掠請降。敕戒諭許之，嗣後朝貢不絕。然安南南與占城以壤地相接，故互相侵略，搆兵不已，至成化七年，安南大舉兵破占城，執其王槃羅茶，全遂據其地，改為交南州，尋立前王孫齋亞麻弗菴為王，以國南邊地予之。十四年，遣使請封於朝，方命使而齋亞麻弗菴已卒，其弟古來請襲位安南，又立其國人提婆苔為王，竊據其地。朝議傳諭古來詣廣東受封，遣都御史屠滽傳檄安南存亡繼絕，迎古來返占城，安南以滽大臣奉特遣，護古來還國，不敢抗，古來乃得入。宏治元年，遣使入貢。

清・薩迎阿等〔嘉慶〕《禮部則例》卷一七四《主客清吏司・越南朝貢》　舊號安南古駱越地，秦屬象郡，漢之交趾、日南也，明初平其地，置軍民府後復棄之。我朝定鼎黎氏輸誠。助兵討賊厥後貢獻不愆。聖祖仁皇帝賜御書扁額曰『忠孝守邦』。世宗憲皇帝賜御書扁額曰『日南世祚』。高宗純皇帝復御書『南交屏翰』以賜之。

乾隆五十四年，黎氏失國，該國民人共推阮光平為國長，敂關內附，並求來京瞻覲，遂封阮光平為安南國王。

嘉慶七年，阮光纘負恩背叛，自取滅亡。農耐國長阮福映遣使齎進表貢縛送盜犯，並將安南舊領敕印呈繳。皇上鑑其恭順出力，封阮福映為越南國王，貢道由陸路至廣西憑祥州入鎮南關，由水路達京師。

一、貢期二年一貢，四年遣使來朝一次，合兩貢，並進應貢年分由兩廣總督廣西巡撫代題。敕部議准後，知照該督撫行知該國王。舊例三年一貢，六年遣使來朝。謹按乾隆五十七年，安南國王奏請啓定貢期，奉旨議准，二年一貢，四年遣使來朝。

嘉慶八年，越南國王遣使謝恩，請定貢期，奉旨議准，仍照前例。

一、貢使其來或二人或三人，祇稱姓名不署官爵。其次為行人，以中官充或四五人，或八九人。其下為從人，凡十餘名。

一、正貢兩貢並進方物：象牙二對，犀角四座，土紬土絖土絹土布各二百匹，沉香六百兩，速香一千二百兩，砂仁檳榔各九十斤，向例貢金香鑪，花瓶，銀盆，沉香，速香。謹按康熙三年，安南入貢，禮部奏查照《會典》，少熏衣香及紙扇二種，奉旨寬免。

五十五年，奉旨安南路遠，解送貢物甚屬勞苦，嗣後犀角、象牙免其進貢。金香鑪、花瓶、銀盆准折作金銀。

乾隆五十七年，奉旨舊例方物內金銀器二項著毋庸呈進，即沉香等物未能備數。就該國所有土紈絹布均可進奉，不必拘定成例。

六十年，恭進甲寅丙辰兩次例貢方物：象牙二對，犀角四座，土紈六百匹，土絹土布各二千匹，沉香一千斤，速香二千斤。

嘉慶八年，越南遣使謝冊封恩，請定歲貢品數，禮部擬減例貢及慶賀方物名數，具奏奉旨允准定為成式，永遠遵行。

一、恭遇慶典表進貢物：象牙二對，犀角四座，土紬土紈土絹土布各一百匹。向例貢金香鑪花瓶，銀香鑪花瓶，金龜，銀鶴，沉香，速香，漆扇。

謹按乾隆四十三年，安南慶賀平定金川，照例方物內少金龜漆扇二件，多速香十斤。禮部奏明奉旨凡外國進貢，正貢方物自不可短少。若因慶賀陳奏謝恩等事加貢間有短少，與例不符合者毋庸計較。

五十五年，安南國王親赴闕廷慶祝萬壽。貢物睱詩金箋一冊，睱詞金箋一冊，金如意一柄，金龍一對，金麟一對，金鶴一對，銀盆二面，犀角包金六表，上頂伽南一串，百粒沉香一百斤，象牙二對，上絹二百匹，細布一百匹，馴象二隻。

六十年慶賀方物，象牙二對，犀角六座。土紈絹布各二百匹。

一、陳謝表奏等貢毋庸備物。如該國王效悃抒忱仍備物呈進，應否恩准賞收或留抵下次正貢屆期請旨遵行。向例謝恩貢物，金香鑪花瓶，銀香鑪花瓶，銀鶴，沉香，速香，漆扇奏事方物。多金龜少漆扇，餘同謝恩方物。

謹按雍正八年，安南遣使謝恩進貢。又為謝賜御書，加進金龍黃紙二百張，玳瑁筆百枝，班石硯二方，土墨二包。

乾隆四十六年，安南國王遣使謝恩，隨表方物奉旨收受。令四十八年正貢著減一半。至嗣後遇有陳謝表奏一概毋庸備物。

五十四年九月，阮光平始封安南國王，謝恩方物：花犀角三表，重二斤四兩，烏犀角二表，重五斤，象牙五枝，重一百斤，沉香三座，重十六斤二兩，速香四座，重十八斤四兩。是年十二月謝恩方物金二十鎰，銀一百鎰，土絹一百匹，羅紈一百匹，象牙三對，重二百斤。

五十五年二月謝恩方物：肉桂九百兩，犀角六座，丙花犀四座，重五十兩，烏犀二座，重三十六兩四錢，土絹一百匹，細布一百匹，象牙二枝，重一千兩。是年八月，安南國王回國。謝恩方物：金如意一柄，肉桂五十斤，沉香二十斤，香蠟四十盒，象牙八枝，土絹二百匹。

五十六年七月謝恩方物：犀角一座，象牙一對，羅紈一百匹，土絹一百匹，白布一百匹，胡椒二百斤，砂仁一百斤。是年謝恩方物：水撰玉頂金如意一柄，重一百兩，銀盆一對，重四百兩，銀水臺一對，重一百五十兩，銀鐙樹一對，重一百五十兩，銀鶴子一對，重一百兩，銀香鑪一對，重一百兩，銀蓮盒一對，重一百兩，土絹二百匹，土布二百匹，土紈二百匹，肉桂十斤，犀角五對，象牙二對。

五十七年，安南國王請定貢期。進獻萬象象二隻，萬象鉦二面，萬象鐲二面，萬象布彩一百匹，萬象蠟三百斤，萬象象牙三對，萬象象牙扇十柄，《黎維祁事件》一本二十三張，《萬象國戰書》一頁，土絹一百匹，土紈一百匹，土布一百匹，犀角四座，沉香一座，速香一座。

五十八年，安南國請封進貢方物：金十鎰，銀五十鎰，象牙二對，重一百斤。犀角四座，土絹一百匹，土紈一百匹。

六十年謝恩方物：金十鎰，銀百鎰，犀角四座，象牙二對，紈絹各百匹。

嘉慶八年，農耐國長阮福映請封進貢方物：伽南二斤，象牙二對，犀角四座，沉香一百斤，速香二百斤，土紬纨絹布各二百匹，并謝恩進貢方物：伽南九斤，沉香九斤，速香九十斤，廣南生絹九匹，象牙九枝，共重三百一十斤。翠鳥毛九十個，荳蔻九十斤，砂仁九十斤，檳榔九十千斤，犀角九座，共重二十斤，玳瑁九十片，共十五斤，海鵝翎九束，硨磲螺九十件，共一百二十斤，花藤桿九十株，共二百三十斤。

一、越南貢至，貢使祗令齎表入京。其貢物該撫委員解交內務府查收後知照禮部，具題請旨。

一、題請頒賞常貢。賜該國王錦八匹，織金緞八匹，織金紗八匹，織金羅八匹，紗十二匹，緞十八匹，羅十八匹，貢使各織金羅三匹，緞八匹，羅五匹，絹五匹，裏紬二匹，布一匹，行人照暹羅通事之例。各緞五匹，羅五匹，絹三匹，從人各絹三匹，布八匹，伴送官通事官各彭緞袍一件，所賜國王物件及特恩加賞物件，俱移內閣撰人敕內交貢使齎回。

謹按康熙六十年議准，賞賜安南國王蟒緞五匹，糚緞五匹，錦緞五匹，倭緞五匹，閃緞六匹，綵緞二十七匹，裏紬二十七匹，貢使各表緞六匹，裏紬六匹，紗二匹，羅二匹，絹八匹，行人各表緞三匹，裏紬二匹，紗一匹，羅一匹，絹三匹，布三匹，從人各紬三匹，毛青布七匹。

乾隆五十六年，奉旨改與暹羅一體辨理安南向無通事。謹按乾隆四十九年廣西巡撫揀派通事一名，從陪臣同來。由部奏准，賞給彭緞袍一件。

一、慶賀及陳奏謝恩等事，遣使至者，賞賜國王及來使等並同，常貢如附貢使同，來者均不另賞。謹按順治十八年，安南出兵助剿海寇，特賜該國王蟒緞、糚緞、錦緞各二匹，綵緞表、裏各十二匹，銀五百兩。

康熙元年，該國擒獻明裔偽王，賜國王緞紬，照順治十八年例加倍賞給其六十匹，加賞銀一千兩，共一千五百兩。

雍正二年，安南遣使慶賀於例賞外加賜國王《古文淵鑑》、《佩文韻府》、《淵鑑類函》各一部，內庫緞二十匹，松花石硯二方，玉器八件，琺瑯器一件，玻璃器十件，磁器一百四十件，賞貢使三人各內庫緞六匹，銀一百兩。

乾隆四十三年，安南將窜越匪犯解送進關。於正賞外加賞國王蟒緞、糚緞、倭緞、錦緞各一匹，閃緞表緞各二匹。

四十六年，安南貢使謝恩。奉旨著禮部堂官帶至熱河瞻覲，特賞國王蟒緞、倭緞、閃緞、錦緞各二匹，正副使每員綵緞、八絲緞、五絲緞各一匹，行人每名漳絨、五絲緞各一匹，從人每名銀三兩。

四十九年，該國王遣陪臣謝恩入貢，恭遇聖駕南巡，帶領該陪臣等於江寧省城外接駕，欽領御題作詩，恩賞緞各一匹，紙筆墨硯各一分。特賜該國王扁額『南交屏翰』，賞給《古稀説》，又加賞國王蟒緞、倭緞、閃緞、錦緞各二匹，陪臣三員每員綵緞、八絲緞、五絲緞各一匹，行人九員，每員漳絨五絲緞各一匹，從人十三名，各銀二兩。將軍衙門筵宴。是年八月，該國進貢員役來京前赴熱河瞻覲，其陪臣三員奉旨作詩，賞與江寧作詩賞同，加賞國王《御製詩》一張，瑞芝如意一柄，蟒緞、閃緞、糚緞、錦緞各二匹，陪臣三員各八絲緞、五絲緞、糚緞各一匹，又共蜜浸荔枝二錫瓶，又共茶膏六匣，茶餅十四丸，磁瓶三個，南醬八寶茄蕫三品，鮮果三品，又正使糚緞一匹，大紅緞一匹，蘆花緞一匹，如意一柄，鼻煙壺一個，荷包一對，副使二員各大紅緞一匹，寶藍緞一匹，如意一柄，鼻煙壺一個，荷包一對，又陪臣三員各寶藍宮紬面羊皮襖一件，腰刀一把，牙箸一雙，牙簽一件，磁盌一個，磁盤一個。行人二名各糚緞一匹，五絲緞一匹，通事行人各藍綾面羊皮襖一件，隨人三名各銀二兩。

五十四年七月，該國貢使赴熱河，加賞國王五次，玉如意，玉觀音，綠水晶朝珠，水晶瓶，紅磁瓶各一件，銀絲盒二個，錦緞三匹，箋紙三幅，又蟒緞、閃緞、糚緞、錦緞各二匹。又鄭宅香片茶大小各二罐，大普洱茶一團，小普洱茶六團，茶膏二匣，鼻煙一瓶，佛手一盤，又如意，鼻煙壺，木漆盌，琺瑯盌各一件，綵緞漳絨各三匹。又大磁瓶、磁盤、漆碟、盌、鑪各二個，小刀一把。加賞正使五次，玉如意，磁觀音，水晶瓶各一件，錦緞二匹，銀絲盒二個，箋紙二幅，又綵緞小卷，八絲緞各二匹，小卷紗四匹，又蓮心茶一大瓶，紫陽茶一匣，茶膏二匣，普洱茶四團，鼻煙一瓶，磁盌、磁盤各一個，佛手一盤，又如意一柄，綵緞漳絨各二匹，鼻煙壺一個，荷包一對，又磁花瓶、磁盤、漆碟、盌小刀小瓶各一件。賞副使二員五次，每員玉如意一柄，銀絲盒一對，錦緞二匹，箋紙二幅，又綵緞、小卷八絲緞各一匹，小卷五絲緞六匹，又茶膏一匣，磁盌一個，小普洱茶四團，佛手二盤，又綵緞三匹，如意一柄，荷包一對，鼻煙一瓶，又磁盤、磁盌小刀各一件。賞行人五名銀各十兩，賞從人十名銀各五兩。

五十五年正月初六日，紫光閣筵宴，賞陪臣元寶六個，於與朝鮮使臣同，加賞國王與朝鮮國王同，賞和詩陪臣六員，與朝鮮和詩使臣同。是年七月十一日，安南國王及陪臣慶祝萬壽，例賞國王蟒緞、糚緞、錦緞加三匹，倭緞改漳絨加三匹，閃緞加二匹。在熱河加賞國王九次，《御製詩》一卷，蟒緞袍五領，馬一匹，黄韁全副玉帶一條，金帶一條，金帽五頂，玉佛一尊，玉如意一柄，磁瓶一個，茶葉大小六瓶，鼻煙二瓶，大團茶二個，扇二柄，銀一萬兩，又帶鐘時辰表一個，玉攢盒一對，又紅寶石頂三眼花翎涼帽一頂，黄馬褂衣袍一副，金黄帶荷包全副，四團龍補服金黄蟒袍一副，緯帽一頂，珊瑚朝珠一盤，又御製詩扇一柄，玉如意一柄，珊瑚朝珠一盤，玉器二件，蟒緞、糚緞、閃緞各四匹，錦緞六匹，磁器、玻璃器、漆器各四件，絹箋四件，筆墨各四匣，硯二方，又《御筆西湖圖》一卷，《御筆木蘭秋獮》一卷，又《加福啓瑞圖》一頁，玉東方朔一件，又玉如意一柄，緞二匹，漳絨一匹，綾三匹，洋瓶二個，洋碟、漆盤、鼻煙壺各一個，又《御製文》初集至二集二部，《御製詩》初集至四集四部，碧玉盌一件，帶表帶鈎一副，又磁瓶、磁盌、磁盤各一對，象牙茶盤一個。賞世子金帽一頂。加賞陪臣六次共六員，一員，大元寶二個，扇一柄，茶葉二瓶，普洱茶膏二匣，磁盌、磁碟各一件，五員大元寶各一個，於皆同。又陪臣一員，紅頂緯帽一頂，錦雞補服蟒袍一副，朝珠一串，帶荷包全副，五員藍頂緯帽各一頂，獬豸補服蟒袍各一副，朝珠各一串，帶荷包各全副。陪臣六員，每員綵緞、大緞、小卷八絲緞、小卷五絲緞各一匹，磁器、玻璃器、漆器各二件，箋紙二卷，筆墨各二匣，硯一方，又陪臣六員每員緞漳絨各一匹，綾二匹，漆盤、鼻煙壺、火鐮各一件。又陪臣六員每員磁瓶、磁盌、磁盤、象牙茶盤各一件。又進詩陪臣二員，每員緞一匹，箋紙一卷，筆墨各二匣。加賞員從三員，行人四員，大元寶共四個，又賞員從每員小卷五絲緞、紡紬、澤紬各四匹，紗綾各一匹，又每員大緞、漳絨、八絲緞各一匹，筆墨各一匣，箋紙一卷。加賞行人每員小卷五絲緞、漳絨各一匹，銀十兩。賞通事藍頂緯帽一頂，朝珠一串，蟒袍補服帶荷包全副，又小元寶一個。賞伶工十名、護衛十名、隨人二十名每名澤紬三匹，毛青布十匹，銀八兩。賞筵宴伶工九名小元寶各三個。又賞伶工九名通事一名小元寶各二個。八月，在圓明園加賞國王十四次，杭緯二匣，普洱茶一團，普洱茶二瓶，磁盤一個，蘋果四個，又聯扁一副，於物與初次賞同。又蟒袍二件，玉如意一柄，漳絨一匹，緞一匹，紬一匹，荷包三對，又小卷八絲緞一匹，小卷五絲緞一匹，琺瑯器一件，皮盌一個，磁鼻煙壺一個，四不相一隻，又荷包六個，雕漆盌二個，磁器五件，福圓膏錫罐一個，茶盤一件，四不相一隻，又回回小荷包一對，又《萬壽衢歌樂章》一部，又狐狸二隻，又自鳴鐘一座，表一個，銀絲匣九個，紅漆桌一張，磁瓶一對，木瓜膏一盌，磁盌三個，漆盌五個，漆碟二個，又荷包五對，又鑲玉如意一柄，又玉石大盌一對，又大紅呢一匹，漳絨一匹，紗一卷，錦一匹，大緞四匹，又玉如意一柄。加賞陪臣十次，茶葉各二瓶，茶膏各一匣，磁盤各一個，蘋果各四個，又賞一次與初次賞同。又漳絨各一匹，五絲緞各一匹，荷包各二對，又小卷八絲緞各一匹，小卷五絲緞各一匹，皮盌各一個，磁鼻煙壺各一個，又茶盤各一個，磁器各一件，又奶餅各一匣，奶皮各二匣，阿爾察各二匣，又磁盌各一個，磁碟各一個，漆器各二件，佛手各四個，又荷包各二對，又頭號香五十枝，二號香四百枝，又緞各三匹，漳絨各一匹，花縐各一匹。加賞留京員從六員，每員小卷五絲緞、紡紬、澤紬各四匹，紗綾各一匹，又每員漳絨小卷八絲緞、大緞各一匹，筆墨各一匣，箋紙一卷。加賞留京行人五名，每名漳絨、小卷八絲緞各一匹，銀十兩。賞留京伶工二名、護衛二十名、隨人二十六名管象人四名，每名澤紬三匹，毛青布四匹，銀八兩。

五十六年七月，該國王遣使謝恩。加賞國王四次，玉如意一柄，玉佛一尊，朝珠一盤，香盒一個，青玉瓶一個，磁瓶一個，箋紙三卷，錦緞三匹，又蓮心茶一大瓶，花香茶一大瓶，貴定芽茶二瓶，洋煙二瓶，茶膏二匣，大普洱茶一團，小普洱茶六團，佛手四個，皮盤一個。又玉如意一柄，磁鼻煙壺一個，羽縐三匹，皮盤一個，八絲緞三匹，洋磁盌一個，又磁盌二個，磁瓶二個，磁盤二個，小刀一把，皮盌二個，皮盤二個。加賞陪臣五次，共三員，如意各一柄，錦緞各二匹，盒各一個，箋紙各二卷，又普洱茶各四團，佛手各三個，磁盤各一個，茶膏各一匣，皮盌各一個，又玉如意各一柄，五絲緞各三匹，小荷包各一對，磁鼻煙壺各一個，賞賦詩陪臣二員八絲大緞各一匹，箋紙各二卷，筆各二匣，墨各二匣，又磁盌各一個，磁盤各一個，小刀各一把。賞行人六名銀各十兩，從人五名銀各五兩。是年十二月，該國王遣使謝恩，特賞國王玉如意一柄，玉器二件，玻璃器四件，磁器四件，錦四匹，大綵緞四匹，閃緞四匹，蟒緞四匹，加賞陪臣二員金鞘小刀各一把，回子緞各四匹，回子紬各五匹，回子布各二匹。賞通事一名回子緞一匹，回子紬二匹，回子布一匹。賞行人六名回子紬各一匹，回子布各一匹，從人九名回子布各一匹。

五十七年正月初五日，紫光閣筵宴。加賞使臣錦各一匹，漳絨各一匹，八絲緞各三匹，五絲緞各三匹，大荷包各一對，小荷包各二對。賞賦詩陪臣二員大緞各一匹，絹箋各二卷，筆各二匣，墨各二匣。加賞國王大緞二匹，福字箋一百幅。大小絹箋四卷，雕漆茶盤四個，湖筆四匣，硯二方，徽墨四匣。是年十二月，特賞國王玉如意一柄，玉器二件，玻璃器四件，磁器四件，洋表一個，文竹器二件，貂皮五十張，帽緯八匣，片金二匹，金絲緞二匹，洋花緞二匹，糚緞二匹。

五十八年正月初八日，紫光閣筵宴。賞與五十七年同。十九日，賞賦詩陪臣與五十七年同。加賞國王與五十七年正月賞同。加賞陪臣二員牙茶各一瓶，小荷包各二對，火鐮各一把，玻璃器各三件，玻璃鼻煙壺各一個，磁盤各一個，內盛春橘五枚。

嘉慶元年正月初四日，太上皇帝舉行千叟宴。正副使寧壽宮入宴獻千叟宴詩。特賞使臣與朝鮮同。初五日，紫光閣筵宴。加賞使臣與朝鮮同。十六日，使臣獻詩，特賞國王及使臣與朝鮮同。

八年八月初十日，萬樹園入宴，特賞陪臣各大綵緞二匹，大卷八絲緞二匹，小卷八絲緞二匹，綾二匹，磁器二件，玻璃器二件，茶葉二瓶，漆器二件，磁鼻煙壺二個，螺鈿漆檳榔盒一件。加賞國王蟒緞四匹，糚緞四匹，閃緞四匹，錦緞四匹，磁器四件，漆器四件，茶葉四瓶，漆桃盒四件，磁鼻煙壺四個，螺鈿漆檳榔盒二件。

九年十月謝恩，並進十年例貢，使臣到京。初一日加賞陪臣三員，各藍緞灰鼠皮襖一件。月白紬棉襖一件，月白紬棉套褲一雙，藍紬棉襪一雙，緞靴一雙，紅布包袱一塊。行人九員廣西巡撫揀派通事一名，各藍寧紬羊皮襖一件，紡紬棉襖一件，紡紬棉套褲一雙，棉襪一雙，緞靴一雙，藍布包袱一塊，隨价十五名各藍布羊皮襖一件，紬面布裏棉襖一件，藍布棉套褲一雙，布棉襪一雙，緞靴一雙。初六日萬壽聖節，加賞國王蟒緞四匹，糚緞四匹，閃緞四匹，錦緞四匹，磁器四件，玻璃器四件，絹箋四卷，筆墨各四匣，硯二方。初七日，加賞陪臣三員各綵緞二匹，大緞二匹，小卷五絲緞二匹，磁器二件，玻璃器二件，箋紙二卷，筆墨各二匣，硯一方。初九日使臣獻詩。賞陪臣三員各五絲緞一匹，筆墨各一匣，箋紙二卷。

十四年十月初二日，祝嘏使臣入寧壽宮聽戲。加賞使臣等各嵌玉如意一柄，玻璃盌一個，玻璃盤一個，大小荷包二對，福圓膏一瓶，日鑄芽茶一瓶，普洱蕊茶一瓶，哈密瓜一個。初三日聽戲。初五日聽戲。初六日進貢使臣聽戲。加賞使臣三員各嵌玉如意一柄，玻璃器二件，福圓膏二瓶，大小荷包二對，日鑄芽茶一瓶，哈密瓜一個，普洱蕊茶一瓶。是日使臣六員獻詩，加賞每員大緞一匹，箋紙二卷，筆二匣，墨二匣。初七日，皇上幸圓明園。是日，貢使六員入同樂園聽戲。加賞祝嘏使臣三員各寧紬三匹，大紡絲一匹。加賞國王嵌玉三鑲如意一柄，蟒緞六匹，大緞五匹，糚緞六匹，錦緞二匹，閃緞二匹，大紡紬五匹，絹箋二卷，筆二匣，墨二匣，硯二方。又加賞使臣三員各大緞一匹，八絲緞二匹，五絲緞二匹，綵緞一匹，箋紙二卷，筆一匣，墨一匣，硯一方。行人九員各八絲緞一匹，五絲緞二匹，漳絨一匹，銀二十兩，從人十五名銀各十兩。加賞進貢使臣三員各小卷八絲緞一匹，五絲緞一匹，寧紬一匹，紡絲一匹。加賞國王蟒緞四匹，閃緞四匹，粧緞四匹，磁器四件，玻璃器四件，絹箋四卷，筆四匣，墨四匣，硯二方。又加賞使臣三員各大緞二匹，綵緞二匹，五絲緞二匹，八絲緞二匹，磁器二件，玻璃器二件，箋紙二卷，筆二匣，墨二匣，硯一方。初九日，正大光明殿筵宴。又加賞使臣六員各大緞二匹，小緞一匹，漳絨一匹，繭紬一匹。

十八年十月初六日，萬壽聖節，使臣在乾清門外行禮畢，寧壽宮聽戲，御前大臣帶瞻仰。是日加賞國王蟒緞粧緞閃緞錦各四匹，磁器玻璃器各四件，絹箋四卷，筆墨各四匣，硯二方。使臣三員各綵緞二匹，大卷八絲緞二匹，小卷八絲緞二匹，小卷五絲緞二匹，玻璃器二件，磁器二件，絹箋二卷，筆墨各二匣，硯二方。

二十二年九月，恭進乙亥丁丑例貢使臣到京。十月初四日入同樂園聽戲，恭進詩章。賞陪臣二員各大緞一匹，箋紙二卷，筆墨各二匣。初五日聽戲，賞陪臣三員各銅手鑪一個，銀絲盌一個，荷包四個，玻璃鐘二個，鼻煙壺一個，磁盤二個。初六日聽戲，賞陪臣三員各大緞一匹，漳絨二匹，紬二匹，荷包六個，雕漆鑲金盌一個，面鏡一件，磁鼻煙壺一個。加賞國王蟒緞四匹，粧緞四匹，閃緞四匹，錦緞四匹，磁器四件，玻璃器四件，絹箋四卷，筆墨各四匣，硯二方。又加賞陪臣三員各綵緞二匹，大緞二匹，小卷五絲緞二匹，小卷八絲緞二匹，磁器二件，玻璃器二件，箋紙二卷，筆墨各二匣，硯一方。初七日聽戲，賞克食。

二十四年九月恭祝萬壽使臣到京。二十八日賞使臣等蜜餞荔枝一錫瓶，哈密瓜各一個。十月初一二三四五等日入寧壽宮聽戲。初六日赴太和殿行禮。加賞使臣三員各茶膏一瓶，荷包一對，餘與朝鮮同。是日使臣恭進萬壽詩章，並入寧壽宮聽戲。加賞使臣三員與朝鮮同。初七日入同樂園聽戲。初八日正大光明殿筵宴，並入同樂園聽戲。加賞國王並使臣三員與朝鮮同，行人九員與朝鮮大通官同。從人十五名與朝鮮從人同。初九日使臣入同樂園聽戲，加賞使臣三員各雕漆盒二個，玻璃盒一個，荷包二對，寧紬二匹，繭紬二匹，皮馬鞊一副。

一、貢使進表朝賀。在館供給及頒賞歸國各事宜，均詳《朝貢通例》。安南貢使往返率由水路。謹按乾隆三年十一月，內因潞河已凍，奏請改給車輛，至江南始行換舟。

三十七年正月，因北河尚未開凍，奏明照原來勘合給與車輛，至江南山陽縣換舟。

謹載該國王入覲，例案並儀注。

乾隆五十四年十一月，奉上諭，阮光平祇受封爵，亦係天朝臣子，與陪臣貢使不同。明歲來京瞻覲，經過沿途各省地方，與各督撫接見，自應以賓主之禮相待。所有一應接見《儀注》，著大學士會同禮部詳悉酌議，具奏大學士等議，以外國藩王趨赴闕廷，實為從來希有盛事。是以《會典》內所載相見《儀注》，其督撫接見外國各王禮儀從未載及，謹仿照外藩親王見宗室親王禮儀，詳悉酌定，如左直省總督、巡撫接見安南國王之禮：至轅門，從官致辭，執事官轉啓，賓乘輿至大堂。督撫延賓於大堂上，賓西面，主人東面，賓行一跪三叩禮，主人答拜，興。賓東主人西，升階，各就坐。安南從官，階下北面，西上行一跪三叩禮，興，執事官獻茶，賓受茶，揖，主人答。飲訖，令通事傳語慰問，致辭畢，從官階下，跪一叩，先退。賓離席，一叩，辭。主人答，興，下階，送賓升輿，退。司道以下各官接見，俱用賓主禮。其通事傳語慰問，較督撫遞如和省直省總督、巡撫筵宴安南國王之禮。總督、巡撫主席，在省之文武大小各官咸赴陪宴。賓席西向，主人席東向，均專席北上。安南從官席，檻外檐下，及露台上西向稍后，咸共席。賓至，主人迎入，行禮序坐，如相見儀。既入座，從官檻外行一跪三叩禮，各就坐。宴畢，從官謝宴，行禮先出，賓主各行禮出席，賓辭出，送如迎禮。謹按嘉慶八年，越南陪臣請定貢朝貢品并所過省府州縣相見禮數，禮部議奏，查外國陪臣入覲，向由督撫照例派員伴送，沿途遇有公事，有通事代為轉達，並無須接見地方官員。原人臣無外交之意義理至為分明，是以相見《儀注》、《會典》內俱不開載。即回至原來省，分例有筵宴禮節，各省皆有成例可循，亦不必再行更定，所有使臣相見《儀注》一節應毋庸議。

又 卷一八三《越南襲封》 凡越南奏請襲封，由兩廣總督代題，令遣陪臣齎表赴京陳奏。敕下部議應封嗣子某為越南國王，題請頒給詔敕各一道，用正副使各一具，持節往封得旨。移內閣典籍廳撰，詔敕行工部取節及節衣，所有該國故王恤典即交使臣一併齎往，與出使琉球例同。謹按乾隆五十八年，賜恤安南故王阮光平《御製誄詩》一章，上諭一道，銀三千兩，著該國告訃陪臣齎回。

一、開列正副使職名，奏請簡用，並賜給正副使蟒緞朝衣，麒麟補褂，暫用一品頂戴，均與出使琉球例同。謹按乾隆五十四年，安南國王黎維祁棄印潛逃，封阮光平為安南國王，應行頒給敕書印信，即令伊姪阮光顯入覲，歸國時恭捧齎回。

五十八年，封安南世子阮光纘為安南國王，特派廣西按察使成林前往。

嘉慶八年，冊封阮福映為越南國王，應給詔命敕印。奉旨交廣西按察使齎布森同來使齎捧前往宣示詔旨。

一正副使起程日，行工部備議從兵部給勘合沿途撥兵護送，均與出使琉球例同。

一、使臣回京之日，該國王餽送禮物，許受食物布幣，其程儀銀兩使臣不得收受。舊例冊封安南使臣。起程時，禮部將該國王餽送禮物應否收受之處用綠頭牌啓奏請旨。謹按乾隆二十七年，奉上諭，安南餽送使臣之物止應用該國土產，如食物、布幣之類。已足將敬，所有例備程儀銀兩究屬非體。嗣後著永行停止。

緬甸

綜述

《元史》卷二一〇《外夷傳三・緬》 （至元）二十三年十月，以招討使張萬為征緬副都元帥，也先鐵木兒征緬招討司達魯花赤，千户張成征緬招討使，並虎符。敕造戰船，將兵六千人征緬，俾禿滿帶為都元帥總之。雲南王以行省右丞愛魯奉旨徵金齒、察罕迭吉連地，撥軍一千人。是月，發中慶府，繼至永昌府，與征緬省官會，經阿昔甸，差軍五百人護送招緬使怯烈至太公城。二十四年正月，至忙乃甸。緬王為其庶子不速速古里所執，囚於昔里怯答剌之地，又害其嫡子三人，與大官木浪周等四人為逆，雲南王所命官阿南答等亦受害。二月，怯烈自忙乃甸登舟，留元送軍五百人于彼。雲南省請今秋進討，不聽。既而雲南王與諸王進征，至蒲甘，喪師七千餘，緬始平，乃定歲貢方物。

大德元年二月，以緬王的立普哇拿阿迪提牙嘗遣其子僧合八的奉表入朝，請歲輸銀二千五百兩、帛千匹、馴象二十、糧萬石，詔封的立普哇拿阿迪提牙為緬王，賜銀印，子僧合八的為緬國世子，賜以虎符。

三年三月，緬復遣其世子奉表入謝，自陳部民為金齒殺掠，率皆貧乏，以致上供金幣不能如期輸納。帝憫之，止命間歲貢象，仍賜衣遣還。

四年四月，遣使進白象。

五月，的立普哇拿阿迪提牙為其弟阿散哥也等所殺，其子窟麻剌哥撒八逃詣京師。令忙完禿魯迷失率師往問其罪。蠻賊與八百媳婦國通，其勢張甚。忙完禿魯迷失請益兵，又命薛超兀而等將兵萬二千人征之，仍令諸王闊闊節制其軍。六月，詔立窟麻剌哥撒八為王，賜以銀印。秋七月，緬賊阿散哥也弟者蘇等九十一人各奉方物入朝，命餘人置中慶，遣者蘇等來上都。八月，緬國阿散哥也等昆弟赴闕，自言殺主之罪，罷征緬兵。

五年九月，雲南參知政事高慶、宣撫使察罕不花伏誅。初，慶等從薛超兀而圍緬兩月，城中薪食俱盡，勢將出降，慶等受其重賂，以炎暑瘴疫為辭，輒引兵還。故誅之。十月，緬遣使入貢。

明・羅日褧《咸賓録》卷七《緬甸》 自是後元乘勝征緬不休。元帥納速剌丁征之，降戶三萬五千二百。右丞太卜等征之，破江頭城，擊殺萬餘人，以兵守其地。緬王震慴，遣使請納款。元遣使怯烈往其國。未及至，緬王為其庶子不速速古里囚執，而與大官木浪周等作逆。怯烈合雲南省軍征之，餘緬始平。乃定歲貢方物，請歲輸銀一千五百兩，帛千匹，馴象二十，糧萬石。元從之。大德初，封緬王的立普哇拿呵迪提牙為緬王，賜以銀印。自是朝貢不絕矣。

我朝洪武中，既平雲南，其酋遣使內附，立緬甸軍民宣慰司。正統時，有功麓川，事已具《滇南志》中。其朝貢自洪武至弘治時不絕。每遇朝廷改元，頒給敕諭一道，銅鑄信符一面，勘合號紙一百張，以『文行忠信』四字為號，付各宣慰司收掌，遇進貢或奏事情則填寫付京。另有底簿付雲南布政司以備查對。

清・傅恆等《清職貢圖》卷一《緬甸國》 元及明初，雖示羈縻，時多反覆。嘉靖後，莽瑞體父子雄長諸部，自稱緬甸國王，不通職貢。

本朝順治十八年，吳三桂領兵至阿凡城東，傳諭緬王，傾心向化。乾隆十五年，其王莽達喇製金銀二鈚篆刻表文，並貢塗金寶塔、馴象、緬布等物，嗣為木梳酋長甕藉牙所篡，子懵駁相繼佔據。

清・穆彰阿等《嘉慶重修一統志》卷五五六《緬甸》 元至元中，屢討之，後於蒲甘緬王城，置邦牙等處宣慰使司。【略】

（明）永樂中，賜緬甸冠帶印章信符，令三年一朝貢。嘉靖初，緬甸為孟養木邦孟密所破，訴於朝，不報。其後復稍稍雄制諸蠻。【略】

萬曆時，緬甸分道内侵，騰越遊擊劉綎、永昌參將鄧子龍大破之，率兵出隴川孟密，直抵阿瓦。時諸部咸殺緬使來歸，旋復解散，陰附於緬。巡撫陳用賓於騰衝築八關留戍，募人至暹羅，約夾攻緬，緬勢頓衰。阿瓦木邦相率入貢，而暹羅連歲攻緬為所殘破。自是不敢内犯，然諸近緬部附緬如初。天啓後，職貢遂絶。

本朝順治十六年，大兵平定雲南。永明王朱由榔逃入緬，緬人居之赭硜，以兵守之。十八年，大兵以緬人執永明王送軍前。乾隆十六年，緬酋蟒達喇遣使具表納貢，上頒敕奬諭，並賜銀幣器物。時緬國内亂，其頭目甕藉牙將謀自立，會貢使還至緬境，蟒達喇已被害，甕藉牙代立，其子懵駁與沿邊土司滋釁。總督劉藻揚應琚先後經理不善。三十四年，上命將督師前往勦辦，由戛鳩進兵，收取猛拱孟養，於新街大捷，進次老官屯，會懵駁專遣頭目奉蒲葉書詣軍門乞降。上以其地水土惡劣，不值久駐官軍，遂諭令班師。嚴飭邊關，示以禁絶。懵駁死，子贅角牙立，其國頻年内亂，殺贅角牙迎，孟隕立之。五十三年，孟隕遣其頭目業渺瑞洞、細哈覺控等款關納貢，悔罪輸忱。總督富綱以聞許之齎至金葉表文，金塔、馴象及其他方物。上於避暑山莊宣見緬使，宴賚甚渥，特敕嘉奬並頒賜佛像、如意、朝珠、銀幣諸物。至京師，令緬使詣闕隨班，行禮，畢，遣令歸國。五十五年，國長孟隕差頭目等敬備表貢，叩祝萬壽，懇賞封號，並求開騰越關禁，上皆允所請，錫之敕印、先禦書詩章以賜國王，尋備馴象土物遣使齎表入謝，復以内地民人羈留在緬者，各給路費咨送進關。上嘉其敬順優賚之，嗣後定例十年一貢。五十八年、六十年，皆遣使赴京祝釐，宴賞如例。嘉慶元年，恭逢國慶，特遣使臣齎表稱賀，總督勒保率行截面，上命撫臣檄諭國王，特賞蟒錦四端，以釋其向化未伸之誠。十二年，緬甸與暹羅搆爭，力不能敵，遣使求援督臣遵旨駁之。

清·薩迎阿等［嘉慶］《禮部則例》卷一七九《主客清吏司·緬甸朝貢》

緬甸朝貢。緬甸遠在西南徼外，不通中國，明初，置緬甸宣慰司，自嘉靖以後，不復修貢，乾隆十七年，該國王蟒達喇遣頭目希里覺塡等奉表入貢。高宗純皇帝賜御書匾額曰『瑞輯西球』。五十五年，封孟隕為阿瓦緬甸國王，開關通市。嘉慶五年，皇上御書錫藩彰順以賜之，貢期定為十年一次，貢道渡江，由陸路至雲南普洱府入境達京師。

一、貢期。十年一貢，貢使既至邊界，由雲貴總督雲南巡撫代題，敕部議准後，知照該督撫令其入貢。

一、貢使。凡員役不得過百人，其使稱頭目，次為緬目次為通事，為緬役，赴京者不得過二十名，謹按嘉慶十六年，緬甸使臣孟幹稟請獻樂，禮部堂官面奏，奉旨該國王並未表奏，亦無咨文到部，毋庸越分呈進。

一、貢物。無定額，俱交内務府查收，象交鑾儀衛，表用金葉，盛以象牙筒。謹按乾隆十七年，貢金葉表文一道、銀葉表文一道，恭進高宗純皇帝前，氊緞四疋、緬布十二疋、馴象二隻，恭進皇太后前，馴象二隻。五十三年貢金葉表文一道，金塔一座，高三尺，頂嵌寶石一顆，象牙絲冠一頂，上嵌紅寶石頂一顆，藍寶石頂一顆，牙盒裝貯，紅藍寶石嵌金鑲手箍，三道金箔，一百搭象牙二十枝，紅白檀香各十筒，黄紅緑大呢三卷，大頗幹盒四個，小頗幹盒五十個，馴象八隻。五十五年八月，遣使請封並祝萬壽，貢物金葉表文一道，長壽佛一尊，萬壽經一部，象牙五對，孔雀屏十對，紅黄檀香四十筒，紅呢三版，粗細緬布八十疋，緬錦四十疋，馴象六隻，花象一隻，又耿馬土司馴象一隻。是年十二月，謝冊封恩貢物，金葉表文一道，白石佛像一尊，佛龕全副，吉祥寶樹一本三枝，象牙五對，孔雀屏十對，紅黄檀香二十筒，紅呢三版，緬布八十疋，馴象二隻。五十六年十二月，遣使謝賞賜敕書福字等物，金葉表文一道，緬甸佛像一尊，紅黄檀香四十筒，大紅呢三版，緬布八十疋，孔雀尾二十屏。五十八年五月，遣使祝釐貢物金葉表文一道，洋石壽佛一尊，金葉佛經一頁，金鑲寶石頂朝盔一頂，附盔勒一圍，金朝牌一掛，金鑲寶石鞘刀一口，金淨水罇一座，金鑲插一對，金茶壺一座，黄絨繖一頂包金柄，金鈴，金葉，金牌各一百零八個，大象牙二枝，紅黄檀香二樹，各色呢六版，花土紬九疋，土絹五十疋，粗細土布五十疋，紫花土布五十疋，紅漆盒九套，每套五個。六十年，遣使祝釐貢物，金葉表文一道，緬石長壽佛一尊，貝葉緬自經一部，金福海鐙一座，金銀海螺各一對，金鑲緬刀一把，金柄麈尾一件，黄緞繖一頂，貼金象轎一乘，各色呢五版，各色花布百疋，洋槍一桿，馬鞍一副，象牙二對，犀角五副，木化石一塊，猿猴皮五十張，孔雀一對。嘉慶五年，遣使恭進，高宗純皇帝前銀葉表文一道，檀香三筒，副貢金葉表文一道，無量壽佛一尊，藍呢三版，黄緑緬錦十三疋，五色洋花緞三十六疋，細白洋布三十六疋，金邊寬大洋布三十六疋，白印花洋布七十疋，鑲玻璃盒大小三個，描金盌二個，紅黑漆盌四十四個，紅漆盒大小十個，象牙大小五對，孔雀尾九屏。十六年遣使進貢長壽聖佛一尊，象牙三對，孔雀尾九屏，各色緬錦三十疋，各色細緬布四十疋，洋氊六十床，印花緬紬三疋，緬布鈔子二十床，描金盌二十個，紅漆緬盒五十個，紅漆緬盌五十個，緬青布十疋，緬紫花布二十疋，緬白布二十疋，緬白印花布八疋，緬鴨色布六疋，緬白細布二疋，緬白布四疋，紅呢二版，馴象三隻。

一、題請頒賞。賜國王錦布八疋，織金緞八疋，織金紗八疋，織金羅八疋，紗十二疋，緞十八疋，羅十八疋，賜王妃織金緞四疋，織金紗四疋，織金羅四匹，緞六疋，紗六疋，羅六疋，貢使各織金羅三疋，緞八疋，羅五疋，絹五疋，裏紬二疋，布一疋，通事緞五疋，羅五疋，絹三疋，緬役及象奴各絹三疋，布八疋，伴送官彭緞袍一件。賞國王、王妃物件及特恩加賜物件，俱移內閣撰入敕內，交貢使齎回。舊例賜該國王蟒緞六疋，錦緞六疋，閃緞八疋，青緞十疋，藍緞十疋，素緞十疋，正紬十疋，羅十疋，紗十疋，賜王妃織金緞四疋，織金紗四疋，織金羅四疋，緞六疋紗六疋羅六疋，貢使綵緞六疋，裏四疋，羅四疋，紡絲二疋，絹二疋，緬目各綵緞三疋，裏二疋，絹一疋，毛青布六疋，通事綵緞二疋，裏一疋，絹一疋，毛青布六疋，緬役及象奴各毛青布六疋，謹按乾隆五十六年正月奉旨，賞與賞賜暹羅國同。五十三年，該國王遣使進貢，加賞國王玉器六件，琺瑯器六件，玻璃器二十六件，磁器五十四件，加賞貢使二名八絲緞各八疋，銀各一百兩，琺瑯器各二件，磁器各二件，是年，該使臣行禮時，遇雨濕衣，特賞頭目龍緞、字緞，官用緞各一疋，緬目字緞，官用緞各一疋。五十五年，慶祝萬壽，加賞國王玉佛一尊，玉如意一柄，金鑲玉亭一座，御青扇一柄，又扇一柄，茶葉二瓶，內庫緞二十疋，玉器六件，石硯一方，玻璃器二十九件，琺瑯鑪瓶一具，各色磁器五十四件，加賞大頭目四員十五次，每員大元寶一個，又每員扇一柄，茶葉三瓶，磁盌磁碟各一個，茶膏一匣，又每員蟒緞一疋，八絲緞四疋，銀五十兩，琺瑯器二件，磁器二件，又每員綾二疋，緞、漳絨各一疋，火鐮、磁鼻煙壺、漆木盌各一個，又每員磁瓶、器盌、磁碟，象牙茶盤各一個，又每員茶葉一瓶，茶膏一匣，磁盤一個，蘋果四個。又一次，賞同前。又每員漳絨、五絲緞各一匹，荷包二對，又每員八絲緞、五絲緞各一匹，皮盌、磁鼻煙壺各一個，又每員磁器一件，茶盤一個，又每員奶餅一匣，奶皮、阿爾查各二匣，又每員磁器二件，皮器三件，佛手三個，又每員荷包二對，又每員《平定金川戰圖》、《平定四部戰圖》各一分，頭號香五十枝，二號香四百枝，又每員大緞二匹，寧紬漳絨、宮紬各一匹。加賞小頭目十一次，共六員，大元寶三個，又每員磁盌、磁碟各一個，茶葉二瓶，又每員銀三十兩，又每員綾緞、漳絨各一匹，火鐮、磁鼻煙壺、漆木碗各一個，又每員磁碟、磁鐘、漆木茶盤一個，又每員茶葉一瓶，磁盤一個，蘋果四個。又一次，賞同前。又每員漳絨一匹，荷包一對，又每員八絲緞、五絲緞各一匹，皮盌、磁鼻煙壺各一個，又每員磁器一件，皮器二件，佛手三個。加賞通事二名，緬役十八名，每小元寶五個。是年十二月，該國遣使謝恩。加賞國王御筆福字一個，洋漆龕玉佛一尊，玉如意一柄，粧緞、蟒緞、閃緞、錦緞各兩匹，筆墨各四匣，硯二方，絹箋十卷。

五十六年正月初九日，紫光閣筵宴賞大頭目三員，每員大卷緞、大卷宮紬各四匹，大荷包一對，小荷包三對，又每員八絲緞一匹，筆墨各一匣，箋紙一卷。是年十二月，該國遣使謝。賞大頭目二員，每員金鞘刀一把，回子緞、回子紬各四匹，回子布兩匹。賞通事二名，每名回子緞一匹，回子紬兩匹，回子布一匹。從人六名，每名回子布一匹。

五十七年正月初五日，紫光閣賞大頭目二員，每員錦、漳絨各一匹，八絲緞、五絲緞各三匹，大荷包一對，小荷包二對。又每員大卷緞一匹，絹箋一卷，筆墨各一匣。特賞國王大緞二匹，福字箋一百幅，大小絹箋四卷，雕漆茶盤四個，湖筆四匣，硯二方，徽墨四匣。

五十八年七月，遣使祝如賞國王玉佛一尊，如意一柄，佛經一事，玉朝珠一串，盆景二件，錦八匹，緞四匹。又如意一柄，玉器四件，閃緞、錦漳、絨綾、紗羅各兩匹。又竹器四件，玻璃器十件，雕漆器四件，福字箋二十張，絹箋十卷，扇二十柄，宮扇十柄，筆四匣，墨二匣，硯二方，茶葉十瓶，磁器十件，香袋二匣。加賞正副使五次，正使一員，元寶二個。又錦、大卷紗、大卷緞、漳絨、宮紬、羅各二匹，大荷包一對，小荷包二對，磁器四件，茶葉四瓶。又茶葉二瓶，茶膏二匣，念珠一盤，文竹小刀一把，磁器二件。又紬二匹，緞、漳絨各一匹，皮盌、磁煙瓶、火鐮各一件。又大普洱茶二團，磁瓶、茶盤各一個，磁盌二個，荷包一個。副使二員，每員元寶各一個。又每員漳絨、綀緞、紗團花緞個二匹，茶葉二瓶，荷包四個，奶盌一個，磁瓶一件。又每員茶葉二瓶，茶膏一匣，念珠一盤，文竹小刀一把，磁器二件。又每員緞、紬、漳絨各一匹，皮盌、磁煙瓶、火鐮各一個。又每員磁盌一個，小普洱茶十團，茶盤、小碟、荷包各一個，藥工是一名，小元寶各五個。六十七年七月，祝慶使臣熱河瞻覲。加賞正使錦、大卷八絲緞、大卷宮紬、大卷宮紗、漳綾、羅麻各二匹，大荷包一對，小荷包二對，磁器四件，茶葉四瓶，銀五十兩。副使錦、大卷八丝緞、大卷宮紗、漳絨各二匹，大小荷包各一對，磁器二件，茶葉二瓶，銀四十兩。加賞國王金針表二個。八月初三日，萬樹國筵宴，特賞國王及正副使均與南掌同。十二月三日，特賞正副使均與南掌同。十五日，加賞國王閃緞、錦、漳絨、綾紗、羅各二匹，宮扇十柄，扇二十柄，香袋二匣，筆四匣，墨二匣，硯二方，絹綾十卷，福字箋二十張，茶葉十瓶，磁器十件，雕漆器十件，葫蘆器四件，文竹器四件，玉器四件。正使茶葉、茶膏各兩匣，磁器三件，茶盤一個。副使茶膏一匣，磁器兩件，餘與正使同。

嘉慶五年五月，遣使進香并進例貢，加賞國王與六十年七月、賞通正貢使二員與六十年熱河瞻覲賞同。十六年十二月二十九日，重華工筵宴，加賞使臣一員，玻璃器二件磁鼻煙壺一個磁茶鐘一個小荷包一對茶葉二瓶橘子一盤十七年正月初九日由高山水長蒙古包筵宴加賞使臣錦三匹漳絨三匹大卷八絲緞四匹小卷五絲緞四匹，花大荷包一對，小荷包二對。

一、貢使進表朝賀，在館供給，及頒賞歸國各事宜，均詳《朝貢通例》。

泰國

綜述

《元史》卷二一〇《外夷傳三·暹》 暹國，當成宗元貞元年，進金字表，欲朝廷遣使至其國。比其表至，已先遣使，蓋彼未之知也。賜來使素金符佩之，使急追詔使同往。以暹人與麻里子兒舊相讎殺，至是皆歸順，有旨諭暹人『勿傷麻里予兒，以踐爾言』。

大德三年，暹國主上言，其父在位時，朝廷嘗賜鞍轡、白馬及金縷衣，乞循例以賜。帝以丞相完澤答剌罕言『彼小國而賜以馬，恐其鄰忻都輩譏議朝廷』，仍賜金縷衣，不賜以馬。

明·馬歡《瀛涯勝覽·暹羅國》 其王每差頭目，將蘇木降香等寶進貢中國。

明·鞏珍《西洋番國志·暹羅國》 王遣常脩□□降真香等物進貢。

明·李賢等［天順］《明一統志》卷九〇《外夷·暹羅》 本朝洪武初，暹羅斛國王參烈昭昆牙遣使臣奈思俚儕、剌識悉替等朝貢。進金葉表。詔賜《大統曆》。永樂初，其國止稱暹羅國，其王昭禄羣膺哆囉諦剌遣使柰必表貢方物，詔賜《古今列女傳》，且乞量衡為國中式，從之。至今朝貢不絕。

明·黃省曾《西洋朝貢典録》卷中《暹羅國》 其朝貢以三載。洪武四年，其國王參烈昭毗牙遣使臣祭思俚儕、剌識悉替等來朝貢，進金葉表並方物，賀正旦。八年，遣使齎詔及印綬往賜之。十六年，給勘合文冊，凡中國使至，必照驗相同。永樂九年，其王昭禄羣膺哆羅諦剌遣使柰必表貢方物，乞量衡為國中式。自後定例每三年一朝貢。其貢物：象、象牙、犀角、孔雀尾、翠毛、龜筒、六足龜、寶石、珊瑚、金戒指、片腦、米腦、糠腦、腦油、腦柴、檀香、速香、安息香、木香、黃熟香、降真香、羅斛香、乳香、樹香、木香、烏香、丁香、阿魏、薔薇水、丁皮、碗石、紫梗、藤竭、藤黃、硫黃、没藥、烏爹泥、肉荳蔻、胡椒、白荳蔻、蓽撥、蘇木、烏木、大楓子、芯布、油紅布、白纏頭布、紅撒哈剌布、紅地紋節智布、紅杜花頭布、紅邊白暗花布、乍連花布、烏邊葱白暗花布、細棋子花布、織人象花文打布、西洋布、織花紅絲打布、剪絨絲雜色紅花被面、織雜絲打布、紅花絲手巾、織人象雜色紅花文絲縵。

明·羅日褧《咸賓録》卷六《暹羅》 暹羅，本暹與羅斛二國。暹國，漢赤眉之遺種也，土瘠不宜耕種。羅斛土腴衍，多獲，暹人歲仰給焉。自古不通中國。元至正間，暹人降于羅斛，合為一國。進金字表，欲元遣使至其國。比至，元已先遣使，彼蓋未之知也。賜來使素金符佩之，使急追詔使同往。大德初，暹國主上言，其父在位時朝廷嘗賜鞍轡、白馬、金縷衣，乞循舊例以賜。元賜以金縷衣，不賜以馬。

我朝洪武初，遣大理聞良輔往諭之。國王參烈昭昆牙遣使朝貢，併獻其國地圖。上遣人賜以印誥。永樂初，乞量衡為國中式。詔給之。頃之其國使與琉球修好，為風漂舟至福建省，布政司籍記船物請命。上曰：『番邦修好，美事也，豈可利其物而籍之。其令布政司舟壞者修理之，食者給粟，候有便風仍導之去。』使歸，暹人戴之，自是朝貢不絕。而我亦輒遣使封其嗣王。

成化間，其貢使有美亞者，乃本朝汀州士人謝文彬也。昔因販鹽下海，為風飄入暹羅，遂仕其國。嘗至南京，為其從子瓚偶遇識之，為織殊色錦綺貿易番貨。事覺下吏，始吐實焉。嘉靖中，國王遣使貢白象及方物。白象已斃，遺象牙一枝，長八尺。牙首鑲金石榴子十顆，中鑲珍珠十顆，寶石四顆，尾置金剛錐一根，又金盒內貯白象尾為證。隆慶時，為東牛國所攻，欽賜印信被兵焚無存，奏請另給。禮部議往彼國取印篆字樣并精通番字人員赴京教習。後使來，遂賜冠服留教習。

又《沙哈魯》 沙哈魯，古投和國也，隋時聞焉。唐貞觀中，遣使奉表，以金函盛之。又獻金榼、金鎮寶帶、犀、象、海物等數十品。自後未通。

我朝名沙哈魯。永樂間七十七人來貢。

又《答兒密》 答兒密，古丹眉流國也。自古不通。【略】

我朝永樂中，遣使十八人來朝，貢方物。

又 卷七《八百》 八百，世傳其土酋有妻八百，各領一寨，因名八百媳婦。自古不通中國。元世祖及成宗屢遣將征之，竟無功。其酋恃遠，叛服不常。至元統初，平章賽典赤遣使招附，置八百等處宣慰司使。

我朝洪武二十四年，其酋力攬那來貢方物，始立八百大甸軍民宣慰使司。每遇改元，則頒給敕諭金牌勘合，與緬甸同。

明·張燮《東西洋考》卷二《暹羅》 元元貞初，暹遣使入貢。賜來使素金符佩之。《元史》曰：元貞元年，進金字表，欲朝廷遣使至其國。比表至，已先遣使，蓋彼未之知也。使急追詔使同往。以暹人與麻里予兒舊相讎殺，至是皆歸順。有旨諭暹人勿傷麻里予兒，以踐爾言。大德三年，暹國主上言：『父時朝廷嘗賜鞍轡白馬及金縷衣，乞循故事以賜。』帝以丞相言彼小國而賜馬，恐其鄰祈都輩譏議朝廷，竟賜金縷衣，不錫以馬。迨至正間，暹降羅斛，遂稱暹羅斛。

洪武四年，國王參烈昭毘牙遣使奉金葉表來朝。七年，使臣沙里拔繼至，自言：『銜命來王，去秋八月，壞舟烏豬洋，漂至南海，所餘貢物，僅蘇木、降香、兜羅錦來獻，不敢自外於包茅。』上訝其無表，詭言舟覆，而方物乃存，必番商也，卻之。詔中書禮部曰：『古者中國諸侯，比年一小聘，三年一大聘。九州之外，則每世一朝，所貢方物，不過表誠敬而已。高麗稍近中國，頗有文物禮樂，與他番異，是以命依三年一聘之禮。其他遠國，如占城、安南、西洋瑣里、爪哇、浡泥、三佛齊、暹羅斛、真臘等處，新附國土，入貢既頻，勞費甚大，朕不欲也。令遵古典，不必頻煩，其移文使諸國知之。』

九年，國王哆羅禄遣其子昭禄羣膺貢象及方物。下詔褒諭，賜暹羅國王印。自是始稱暹羅，從朝命也。二十年，再貢。二十八年，哆囉禄殂。遣中使趙達往祭，兼賜嗣王昭禄羣膺及妃綺帛毯布有差。永樂元午，遣使賀即位。二年，表貢方物。遣中使李興往勞，賜文綺鈔帛。四年，貢使嗣至，表乞量衡式，許之，並賜《古今烈女傳》。是秋，國王遣使與琉球修好，遭風漂舟人閩，守臣籍記方物以請。上謂李至剛曰：『屬夷締盟，美事也，朕豈有利焉。鄉有善人猶能救人於危，況朝廷統禦天下哉！』令有司給粟，俟便風導之去。七年，使凡兩至，首春以祭仁孝皇后；秋九月，更修職貢，厚報之。時南海叛民何八觀等屯聚島外，竄入暹羅，至是使歸，兼諭國王毋為逋逃主。八年，貢使附送八觀等還，降敕嘉美。十年冬，貢復至。

十三年，昭禄羣膺殂，子三賴波磨札剌的賴嗣。暹羅於滿剌加，夙鞭箠使之，徵輸惟命，然猶歲歲開兵隙。十七年，詔暹羅國王俾與滿剌加平。十八年，貢又至。遣中使楊敏護其使還國，並報禮王。十九年春，奉表謝侵滿剌加之罪。七月，貢如常儀，蓋是歲使又兩至云。二十一年，貢至，賜鈔幣如礼。其後著令三載一贡。

至成化間，汀州士人謝文彬者以販鹽下海，飄入暹羅，因仕其國。後充貢使至，留都，遇從子瓚於途，為織錦綺貿易。事覺下吏，竟遣歸。然成化後大率六年一貢矣。嘉靖三十二年，使至，貢白象及方物。途中白象已斃，遺象牙一枝。使者以珠寶飾之，置金盤內，並貯白象尾毛為信。《廣志》曰：象牙一枝，長八寸，首尾廂金起花。牙首大五寸七分，廂石榴子十顆。中廂珍珠十顆，寶石四顆。尾大二寸，廂金剛鑽一顆信。上嘉其意而禮遣之。

隆慶初年，東蠻牛俗名放沙。求婚暹羅，暹羅拒之峻。東蠻牛恚甚，統沙外兵圍暹羅，破之。王自經死，虜其世子及中朝所賜印以歸。次子攝國，奉表請印，曰：『暹羅部領數十國，非天朝印不得調兵。』上命給予。時鄭汝壁為禮部郎，白內閣不知印文雲何。閣臣曰：『第鑄暹羅國王印予之可耳。』鄭曰：『國初受封，未必即稱王。且篆文尺寸或有未合，於彼不便。彼所存公移舊印文固在也，宜檄粵東撫臣往取，循以給之。』內閣曰：『然。』嗣取印文至，則都統使印也。徧考諸書，國王印是永樂所賜，而耳目刺謬若此，豈先朝佯為駕禦之術耶？抑邇來在事者因更給而故殺其權耶？存之以俟知者。暹羅既敗，其後頗為東蠻牛所制。嗣王整兵經武，志在復讎。萬曆間，東蠻牛復來寇，嗣王引兵迎擊之，殺其子，東蠻牛宵遁，不敢復窺暹羅。暹羅新雄海外，隨移軍攻真臘。真臘降。從此年年用兵，遂霸諸國矣。

《明史》卷三二四《外國傳五·暹羅》　暹羅，在占城西南，順風十晝夜可至，即隋、唐赤土國。後分為羅斛、暹二國。暹土瘠，不宜稼，羅斛地平衍，種多獲，暹仰給焉。元時，暹常入貢。其後，羅斛强，併有暹地，遂稱暹羅斛國。

洪武三年，命使臣呂宗俊等齎詔諭其國。四年，其王參烈昭毘牙遣使奉表，與宗俊等偕來，貢馴象、六足龜及方物，詔賜其王錦綺及使者幣帛有差。已，復遣使賀明年正旦，詔賜《大統曆》及綵幣。五年，貢黑熊、白猿及方物。明年復來貢。其王之姊參烈思寧別遣使進金葉表，貢方物於中宮，却之。已而其姊復遣使來貢，帝仍却之，而宴賚其使。時其王懦而不武，國人推其伯父參烈寶毘邪噻哩哆囉禄主國事，遣使來告，貢方物，宴賚如制。已而新王遣使來貢，謝恩，其使者亦有獻，帝不納。已，遣使賀明年正旦，貢方物，且獻本國地圖。

七年，使臣沙里拔來貢。言去年舟次烏猪洋，遭風壞舟，飄至海南，賴官司救護，尚存飄餘兜羅綿、降香、蘇木諸物進獻，廣東省臣以聞。帝怪其無表，既言舟覆，而方物乃有存者，疑其為番商，命却之。諭中書及禮部臣曰：『古諸侯於天子，比年一小聘，三年一大聘。九州之外，則每世一朝，所貢方物，表誠敬而已。惟高麗頗知禮樂，故令三年一貢。他遠國，如占城、安南、西洋瑣里、瓜哇、浡泥、三佛齊、暹羅斛、真臘諸國，入貢既頻，勞費太甚。今不必復爾，其移牒諸國俾知之。』然而來者不止。其世子蘇門邦王昭禄羣膺亦遣使上箋於皇太子，貢方物。命引其使朝東宮，宴賚遣之。八年再入貢。其舊明臺王世子昭孛羅局亦遣使奉表朝貢，宴賚如王使。

十年，昭禄羣膺承其父命來朝。帝喜，命禮部員外郎王恆等齎詔及印賜之，文曰『暹羅國王之印』，并賜世子衣幣及道里費。自是，其國遵朝命，始稱暹羅，比年一貢，或一年兩貢。至正統後，或數年一貢云。

十六年，賜勘合文冊及文綺、磁器，與真臘等。二十年貢胡椒一萬斤、蘇木一萬斤。帝遣官厚報之。時温州民有市其沈香諸物者，所司坐以通番，當棄市。帝曰：『温州乃暹羅必經之地，因其往來而市之，非通番也。』乃獲宥。二十一年貢象三十、番奴六十。二十二年，世子昭禄羣膺遣使來貢。二十三年，貢蘇木、胡椒、降香十七萬斤。

二十八年，昭禄羣膺遣使朝貢，且告父喪。命中官趙達等往祭，敕世子嗣王位，賜賚有加。諭曰：『朕自即位以來，命使出疆，周於四維，足履其境者三十六，聲聞於耳者三十一，風殊俗異。大國十有八，小國百四十九，較之於今，暹羅最近。邇者使至，知爾先王已逝。王紹先王之緒，有道於邦家，臣民懽懌。兹特遣人錫命，王其罔失法度，罔淫於樂，以光前烈。欽哉。』

成祖即位，詔諭其國。永樂元年賜其王昭禄羣膺哆囉諦剌駝鈕鍍金銀印，其王即遣使謝恩。六月，以上高皇帝尊謚，遣官頒詔，有賜。八月復命給事中王哲、行人成務賜其王錦綺。九月命中官李興等齎敕，勞賜其王，其文武諸臣並有賜。

二年有番船飄至福建海岸，詰之，乃暹羅與琉球通好者。所司籍其貨以聞，帝曰：『二國修好，乃甚美事。不幸遭風，正宜憐惜，豈可因以為利。所司治其舟給粟，俟風便遣赴琉球。』是月，其王以帝降璽書勞賜，遣使來謝，貢方物。賜賚有加，并賜《列女傳》百冊。使者請頒量衡為國永式，從之。

先是，占城貢使返，風飄其舟至彭亨，暹羅索取其使，羈留不遣。蘇門答剌及滿剌加又訴暹羅恃强發兵奪天朝所賜印誥。帝降敕責之曰：『占城，蘇門答剌、滿剌加與爾俱受朝命，安得逞威拘其貢使，奪其誥印。天有顯道，福善禍淫，安南黎賊可為鑒戒。其即返占城使者，還蘇門答剌、滿剌加印誥。自今奉法循理，保境睦鄰，庶永享太平之福。』時暹羅所遣貢使，失風飄至安南，盡為黎賊所殺，止餘孛黑一人。後官軍征安南，獲之以歸。帝憫之，六年八月命中官張原送還國，賜王幣帛，令厚恤被殺者之家。九月，中官鄭和使其國，其王遣使貢方物，謝前罪。

七年，使來祭仁孝皇后，命中官告之几筵。時奸民何八觀等逃入暹羅，帝命使者還告其主，毋納逋逃。其王即奉命遣使貢馬及方物，并送八觀等還，命張原齎敕幣獎之。十年命中官洪保等往賜幣。

十四年，王子三賴波羅摩剌劄的賴遣使告父之喪。命中官郭文往祭，別遣官齎詔封其子為王，賜以素錦、素羅，隨遣使謝恩。十七年命中官楊敏等護歸。以暹羅侵滿剌加，遣使責令輯睦，王復遣使謝罪。宣德八年，王悉里麻哈賴遣使朝貢。

初，其國陪臣柰三鐸等貢舟次占城新州港，盡為其國人所掠。正統元年，奈三鐸潛附小舟來京，訴占城劫掠狀。帝命召占城使者與相質。使者無以對，乃敕占城王，令盡還所掠人物。已，占城移咨禮部言：『本國前歲遣使往須文達那，亦為暹羅賊人掠去，必暹羅先還所掠，本國不敢不還。』三年，暹羅貢使又至，賜敕曉以此意，令亟還占城人物。十一年，王思利波羅麻那惹智剌遣使入貢。

景泰四年命給事中劉洙、行人劉泰祭其故王波羅摩剌劄的賴，封其嗣子把羅蘭米孫剌為王。天順元年賜其貢使鈒花金帶。六年，王孛剌藍羅者直波智遣使朝貢。

成化九年，貢使言天順元年所頒勘合，為蟲所蝕，乞改給，從之。十七年，貢使還，至中途竊買子女，且多載私鹽，命遣官戒諭諸番。先是，汀州人謝文彬，以販鹽下海，飄入其國，仕至坤岳，猶天朝學士也。後充使來朝，貿易禁物，事覺下吏。

十八年，遣使朝貢，且告父喪，命給事中林霄、行人姚隆往封其子國隆勃剌略坤息剌尤地為王。弘治十年入貢。時四夷館無暹羅譯字官，閣臣徐溥等請移牒廣東，訪取能通彼國言語文字者，赴京應用，從之。正德四年，暹羅船有飄至廣東者，市舶中官熊宣與守臣議，稅其物供軍需。事聞，詔斥宣妄攬事柄，撤還南京。十年進金葉表朝貢，館中無識其字者。閣臣梁儲等請選留其使一二人入館肄習，報可。嘉靖元年，暹羅、占城貨船至廣東。市舶中官牛榮縱家人私市，論死如律。三十二年，遣使貢白象及方物，象死於途，使者以珠寶飾其牙，盛以金盤，并尾來獻。帝嘉其意，厚遣之。

隆慶中，其鄰國東蠻牛求婚不得，慙怒，大發兵攻破其國。王自經，擄其世子及天朝所賜印以歸。次子嗣位，奉表請印，予之。自是為東蠻牛所制，嗣王勵志復仇。萬曆間，敵兵復至，王整兵奮擊，大破之，殺其子，餘衆宵遁，暹羅由是雄海上。移兵攻破真臘，降其王。從此，歲歲用兵，遂霸諸國。

六年遣使入貢。二十年，日本破朝鮮，暹羅請潛師直擣日本，牽其後。中樞石星議從之，兩廣督臣蕭彥持不可，乃已。其後，奉貢不替。崇禎十六年猶入貢。

清·傅恆等《清職貢圖》卷一《暹羅國》 明洪武時，封為暹羅國王，入國朝，尤恭順，國貢惟謹。

清·穆彰阿等《嘉慶重修一統志》卷五五二《暹羅》 元貞元初，暹人常遣使入貢。【略】

明洪武三年，命使臣呂宗俊等齎詔往諭之，國王參烈昭毘牙遣使奉金葉表文朝貢。十年，其世子昭祿羣膺承父命，復來朝。帝命使齎詔及印賜之，文曰『暹羅國王之印』，自是，其國遵朝命，自稱暹羅。永樂九年，國王昭祿羣膺哆囉諦剌遣使奈必表貢方物，且乞量衡為國永式，從之。萬曆間，暹羅嗣王發兵攻破都國東蠻牛，又移師破真臘，降其王，遂霸諸國。

本朝順治十年，遣使請貢。康熙四年、七年、十一年，皆入貢。十二年，暹羅國王森列拍臘照古龍拍馬嘑陸坤司由提呀菩埃遣使來進貢，并請封典，奉旨給予誥命，并駝紐鍍金銀印，嗣後朝貢不絶。六十一年，諭令暹羅國運米三十萬石於福建等處糶賣，免其收稅。【略】

雍正七年，入貢，御書『天南樂國』扁額賜之。乾隆十四年，入貢，御書『炎服屏藩』賜之。自後定例，三年一貢。三十一年，其國為花肚番所破，尋復。四十六年，該國鄭昭立為國長，遣使入貢。四十七年，鄭昭卒，子鄭華嗣立。五十五年，暹羅國王鄭華以該國舊有之丹荖氏、麻叨、塗懷三城，現被烏肚占據，烏肚即緬甸，表請諭令烏肚割回三城。上以從前緬甸與暹羅詔氏搆兵，係已故緬酋懵駮，現在緬甸已經易世，暹羅又係異姓繼立，丹荖氏等三城被緬甸侵占，本非鄭氏國土，相安已久，自應各守疆域，不當向其爭論，移檄諭之。嘉慶二年，暹羅國王鄭華以國慶重釐，倍進方物，奉旨褒獎加賜文綺等物。十二年，有內地商民代駕暹羅貨船來粵貿易，特頒敕諭永遵例禁。【略】

十五年，暹羅國世子鄭佛遣使表貢，懇請封襲王爵，上允所請，賜以敕命，即令該使臣領齎回國。二十四年，國王鄭佛遣官表賀萬壽，並進方物，宴賞如例。

清·薩迎阿等〔嘉慶〕《禮部則例》卷一七六《主客清吏司·暹羅朝貢》 暹羅在海南，順治十年遣使請貢，雍正七年入貢時，世宗憲皇帝御書『天南欒國』扁額以賜之，其地不産銅，乾隆元年，請市黄銅造佛，部議不許。高宗純皇帝特允給八百斤。十四年入貢，復賜御書『炎服屏藩』扁額。三十一年，為緬甸所破。四十六年，國人鄭昭復土報讎國王無後，吏民推昭為國長，遣使入貢，貢道航海至廣東虎門入境達京師。

一、貢期。三年一貢，由兩廣總督廣東巡撫代題，敕部議准，後知照該督撫令其入貢。

一、貢使。其來有正使，二使，三使，四史，其下為從人，赴京者不得過二十六人。

一、貢物。馴象、備象、龍涎香、幼嘆巽香、犀角、象牙、荳蔻、降香、膽黄、大楓子、土桂皮、烏木、蘇木、蓽撥、樟腦、兒茶皮、樹膠皮、硫磺、檀香、冰片、翠鳥皮、孔雀尾、闊紅布、大荷蘭壇、冰片油、薔薇露。又貢物一分，其數減半，或有加進之物，聽其隨宜進獻，題准收受交内務府，象交鑾儀衛，表用金葉貯以金筒錦袱錦袋，袋上有金鈕金圈，加盛以螺鈿盒一，貼金盒一，并有花緞盒套，套上各有金圈。謹按康熙三年入貢，方物凡十三種，有孔雀六足龜，後俱免進。七年，議准暹羅貢物内有神象幔一條，非進天朝之禮，交來使帶回。四十七年，副貢船加進金絲猴二隻，五十九年入贡方物，加進馴犀二隻，西洋金緞二疋，大西洋闊宋錦一疋。雍正二年，該國運來至廣附進穀種、果樹、洋鹿、獵犬等物。七年入貢方物，加進寶劍一、仗劍一，金地交枝柳條版帶二。是年，議准免貢安息香、速香、胡椒、紫梗、織金白袈裟、織金紅袈裟、織金紅幼布、闊幼花布、幼花布、花布幔等物十種，定如現額。乾隆元年入貢方物，加進金緞二疋，花幔一條。十三年入貢方物，外附洋船，貢黑熊一隻，鬪雞十二隻，泰和雞十六隻，金絲白肚猿一隻。十八年入貢方物，加進西洋金花緞、番袍金花緞、夾褲各一件。西洋金緞帶三條。四十六年，入貢方物，又備貢一分。奉旨收象一隻、犀角一擔。其象牙、洋錫、膽黄、胡椒、蘇木，准其在廣省自行變價併壓艙貨物，一體免稅。

六十年，入貢方物龍涎香、沉香、檀香、白膠香、降真香，金銅鑽、水片樟腦、孔雀尾、犀角、象牙、西洋壇、西洋紅布、翠鳥皮、甘蜜皮、桂皮、蓽撥、大楓子、荳蔻、膽黄、烏木、蘇木。皇宫方物，其數減半。

嘉慶元年，恭進太上皇帝番字金葉表文一道，漢字表文一道，表文亭一座，方物均與乾隆六十年同。皇宫方物其數減半。恭進皇上皇宫方物，均與恭進太上皇帝皇宫方物同。

六年，入貢方物，均與乾隆六十年同。

九年，入貢方物，均與六十年同。

十四年，祝嘏進貢，壽燭十對、金銅鑽一斤，水片二斤、燕窩十斤、沉香二十斤、犀角二十斤、孔雀尾五十屏、翠鳥皮五百張、檀香一百斤、降真香一百斤、砂仁米一百斤、紫梗一百斤、象牙二百斤、荳蔻二百斤、胡椒二百斤、膽黄二百斤、荷蘭氈二領。

十五年，暹羅國世子遣使進貢請封，在洋遭風，沉失貢物九種，奉旨此實人力難施，並非使臣不能小心防護，不必另行備進。

十八年，該國進貢正使船在洋失火，副貢船内止貢物十種，奉旨無庸補進，禮部遵旨將列賞物件，併敕書交兵部發交該督頒給。

十九年，該國遣使補貢，正貢船遭風漂至越南，副使在粵患病，該國王聞遭风之信，復補備貢物遣使來京。

二十年九月，奉旨將此次貢物作為二十一年例貢，存貯藩庫，明年，委員解京使臣巧鑾文是通留於粵省，俟本年進京使臣旋粵特，一體筵席回國該國王。明年，無用另備表文方物，其二十一年例賞物件，禮部奏明，同本年例賞，併敕書均在午門前頒給，賫帶回國。

一、題請頒賞。賜國王錦八匹，織金緞八匹，織金紗八匹，織金羅八匹，紗十二匹，緞十八匹，羅十八匹。賜王妃織金緞四匹，織金紗四匹，織金羅四匹，緞六匹，紗六匹，羅六匹。貢使各織金羅三匹，緞八匹，羅五匹，絹五匹，裏紬二匹，布一匹。通事緞五匹，羅五匹，絹三匹。從人各絹三匹，布八匹。伴送官彭緞袍一件。如貢使係微員，視職分酌減，通事從人等俱一例酌減。

賞給所賞國王王妃物件，及特恩加賜物件，俱移内閣撰入，敕内交貢使賫回。謹按雍正二年，該國運米至廣附進穀種果樹。賞船長羅緞貢十三匹，又加賞十匹，賞番梢每名絹布各十匹。特賜國王各色内緞二十匹，琺瑯器一件，各様玉器七件，松花石硯二方，玻璃盌十件，各色磁器一百四十六件，差禮部司官一員賫送廣東交於該督撫轉付船長領回。

七年，該國使臣請出館觀覽京師之勝，特賞銀一千兩，聽其購買物件，特賜國王與二年同。惟玉器增一件、玻璃盌減二件。賜貢使緞八匹、銀一百兩。

乾隆元年，該國貢使呈稱，國王衷曲懇祈轉奏乞賜蟒龍大袍一二襲，奉旨特賜蟒緞四端。

十四年，入貢，特賜蟒緞、金糚緞、閃緞各二匹，錦四匹，緞八匹，玉器六件，瑪瑙器兩件，琺瑯器四件，松花石硯二方，玻璃器十件，磁器一百四十六件，又因續進黑熊白猿等物，加賞國王庫緞十二匹。

十八年，特賜人參四斤，錦緞共二十匹，玉器四件，瑪瑙器二件，琺瑯器六件，銅炦硯二方，玻璃器十件，磁器一百四十件。二十二年，入貢，特賜國王蟒緞、錦緞各二匹，閃緞、片金各一匹，八絲緞四匹，玉器、瑪瑙器各一件，松花石硯二方，琺瑯器十三件，磁器一百四件。

二十七年又三十一年，特賞物件俱與二十二年同。後該國寫花肚番即緬甸所破，經兩廣總督奏明，將三十一年原頒賞賜繳進。

四十六年，鄭昭復國入貢，例賞外特賞國長蟒緞、錦緞各二匹，閃緞、片金各一匹，八絲緞四匹，玉器瑪瑙器各一件，松花石硯二方，琺瑯器十三件，磁器一百四件。

五十年正月初二日，紫光閣筵宴賞正使錦緞四匹，絨緞二匹，各樣花緞十匹，大小荷包十個。賞二使、三使、四使錦緞各二匹，花緞各六匹，大小荷包各六個。

五十二年正月初二日，紫光閣進宴賞與五十年同。

五十三年，該國遣使謝恩。又五十四年正月初五日，紫光閣筵宴，賞正使錦、漳絨各三匹，小卷八絲緞、五絲緞各五匹，大荷包一對，小荷包四對。賞副使錦漳絨各一匹，小卷八絲緞、五絲緞各三匹，大荷包一對，小荷包二對。

五十五年正月初六日，紫光閣筵宴賞正副使，與五十四年同。加賞國王御筆福字一個，玉如意一柄，玉器二件，磁器、玻璃器八件，福字方一百幅，大小絹箋四卷，硯二方，筆墨六匣，雕漆盤四件。賞正副使四員各小卷緞一匹，箋紙一卷，筆一匣，墨一匣。是年，該國恭祝萬壽使臣，於十二月到京。

五十六年正月初九日，紫光閣筵宴賞正使一員，大卷緞、大卷宮紬各四匹，大荷包一對，小荷包三對。加賞副使一員，大卷緞、大卷恭紬各三匹，大荷包一對，小荷包二對。又賞正副使八絲緞各一匹，筆各一匣，墨各一匣，箋紙各一卷。

五十八年正月初八日，紫光閣筵宴，賞正使一員、副使三員，與五十六年同。又一次，賞八絲緞等物，亦與五十六年同。加賞國王大緞二匹，福字箋一幅，大小絹箋四卷，雕漆茶盤四個，筆墨各四匣，硯二方。

六十年十二月除夕日，保和殿筵宴。嘉慶元年正月初四日，太上皇帝舉行簽叟宴正副使，寧壽宮入宴，特賞正副使與朝鮮同。初五日，紫光閣筵宴，加賞正副使，與朝鮮同。初十日，山高水長宴。二十五日，正大光明殿筵宴。是年十二月除夕日，慶賀使臣保和殿筵宴。二年正月初十日，紫光閣筵宴，加賞與朝鮮同。十五日，止大光明殿筵宴。三年十二月二十九日，重華宮賞與朝鮮同。四年正月二十九日，中正殿加賞正副使，與二年紫光閣年例加賞同。六年十二月二十五日，賞使臣各寧紬羊皮襖一件，連纓皮帽一頂，綾小棉襖一件，綾棉中衣一件，紬棉襖一雙，緞靴一雙。從人格藍布羊皮襖一件，皮纓帽一頂，布小棉襖一件，布棉褲一件，布棉襪一雙，布靴一雙。

七年正月十二日，賞正副使與二年同。九年十二月二十八日，加賞使臣四員，從人十九名，衣帽靴襪均與六年同。通事二員，與賞貢使同。二十九日，重華宮筵宴，加賞三員使、四貢使各磁盤一件。十年正月初十日，山高水長蒙古包筵宴，加賞大貢使錦三匹，漳絨三匹，大卷八絲緞四匹，小卷五絲緞四匹，大荷包一對，小荷包四對。二貢使錦二匹，漳絨二匹，大卷八絲緞三匹，小卷五絲緞三匹，大荷包一對，小荷包四對。三貢使、四貢使，各錦二匹，漳絨二匹，大卷八絲緞三匹，小卷五絲緞三匹，大荷包一對，小荷包一對。

十二年十二月二十九日，重華宮筵宴。加賞賜二貢使、四貢使各玻璃盤一對，玻璃鼻煙壺一個，磁帶鉤一個，茶葉二瓶，福橘五個，磁碟一個，荷包一對。副通事一員，荷包一對。是日，正貢使，三貢使，患病不克入宴。十三年正月初十日，山高水長蒙古包筵宴，加賞大貢使與乾隆六十年賞朝鮮正使同。二貢使、三貢使、四貢使與朝鮮副使同。十四年十二月二十九日，重華宮筵宴。加賞正使一員，洋磁帶鉤一個，玻璃鼻煙壺一個，玻璃盌一對，紅橘一碟，茶葉一包，荷包二對。副使一員，荷包一對。餘與正使同。十五年正月初十日，山高水長蒙古包筵宴，加賞正副使，均與乾隆六十年賞朝鮮正副使同。是年十二月二十九日，重華宮筵宴。加賞大貢使玻璃瓶二個，玻璃鼻煙壺一個，磁帶鉤一個，茶葉二瓶，橘子一盤，荷包一對。二貢使、三貢使、四貢使，各玻璃盌二個，荷包一對。餘俱與正使同。十六年正月初四日，紫光閣筵宴，加賞正副使四員，均與乾隆六十年賞朝鮮正副使同。十七年十二月二十八日，重華宮筵宴，加賞正副使二員，各玻璃瓶一對，茶鍾一個，磁碟一個，玻璃鼻煙壺一個，茶葉二瓶，大荷包二對。十九年正月初四日，紫光閣筵宴。加賞正副使，與乾隆六十年賞朝鮮正副使同。二十年十二月初五日，同樂園聽戲，加賞正貢使，玻璃瓶一對，磁盤一對，銅手爐一個，鑲金裏玳瑁盌一個，荷包二對。二貢使、三貢使、四貢使，各玻璃瓶一對，磁盌一對，銅手爐一個，鑲金裏玳瑁盌一個，荷包一對。初六日聽戲，加賞正使，小卷八絲緞一匹，漳絨二匹，綾二匹，大荷包一對，小荷包二對，玻璃鼻煙壺一個，湖鏡一面，金裏磁奶盌一件。二貢使、三貢使、四貢使，各小卷八絲緞一匹，漳絨一匹，綾二匹，大荷包一對，小荷包一對，金裏磁奶盌一個，湖鏡一面，磁鼻煙壺一個。又加賞正貢使，大卷八絲緞四匹，小卷五絲緞四匹，錦三匹，漳絨三匹，大荷包一對，小荷包二對。二貢使、三貢使、四貢使，各大卷八絲緞三匹，小卷五絲緞三匹，錦二匹，漳絨二匹，大荷包一對，小荷包二對。二十四年九月，恭祝萬壽。副使到京。二十二十一二三四五等日，入同樂園聽戲。二十五日，加賞副使，仙果獻瑞花一匣，普洱茶膏二匣，茶葉二瓶，普洱芽茶二罐，人參膏一罐，磁盤二個，大荷包一對，小荷包二對。二十八日，賞使臣，蜜餞荔枝一錫瓶，哈密瓜一個。十月初一二三四五等日，入寧壽宮聽戲，初六日，赴太和殿行禮，加賞副使王如意一柄，普洱茶一大團五小團，文珠匣一個，大小荷包各一對。初七日，入同樂園聽戲。初八日，正大光明殿筵宴，並入同樂園聽戲。加賞國王副使與朝鮮同。通事二名，漢番書記二名，與朝鮮大通官同。番吹手二名，與朝鮮押物官同。番跟役八名，與朝鮮從人同。初九日，入同樂園聽戲，加賞副使大卷五絲緞一匹，花紅紬一匹，小卷紬一匹，雕漆盒二個，錫罐茶大小四瓶，大小荷包一對，玻璃盒一個，皮馬鞍一副。是年，十二月二十八日，重華宮筵宴。賞使臣等鏞食一盤，饃首一盤，橙子、柑子、岡榴各一桶。又加賞使臣四員，各柑子四枚，荷包一對，鼻煙壺一個，玻璃杯二個，磁碟、磁杯各一個，茶葉二瓶。二十五年正月十一日，山高水長蒙古包筵宴。加上大貢使，大卷八絲緞三匹，小卷五絲緞四匹，綿紬三匹，漳絨三匹，二貢使、三貢使、四貢使，各大卷八絲緞三匹，小卷五絲緞三匹，綿二三匹，漳絨二匹。

一、貢使進表朝賀在館供給，及頒賞歸國各事宜，均詳朝鮮貢通例。

謹按雍正二年，暹羅梢目九十六名，係內地人民居住該國，已經數代，奉旨乃回該國居住。乾隆四十六年，暹羅梢目係內地民人，照雍正二年例，令回國。

清·梁廷枏《海國四説·粤道貢國説》卷一《暹羅國一·入貢通例》

順治元年定，外國朝貢，以表文、方物為憑。該督、撫查照的實，方准具題入貢。

又定，凡外國人送該督、撫禮物，永行禁止。

又定，貢使到京，所貢方物，會同館呈報禮部，提督該館司官，赴館查驗，分撥員役管領，該部奏聞。貢物交進內務府，象交鑾儀衛，馬交上駟院，腰刀、鹿皮、青黍皮等物，交武備院。凡進硫黃者，留交該督、撫收貯。

又定，外國貢使在途病故，禮部具題，令內院撰祭文，所在布政司備祭品，遣堂官致祭一次，仍置地塋，立石封識。若同來使臣自願帶回骸骨者聽。若到京病故，給棺木紅緞，遣祠祭司官諭祭，兵部應付車輛人夫。其應賞衣服、緞疋等物，仍付同來使臣領回頒給。若進貢從人在京病故者，給棺木紅綢；在途病故者，聽其自行埋葬。

凡進貢員役，順治元年定，每次不得過百人，入京員役止許二十人，餘皆留邊聽賞。其進貢船，不得過三隻。每船不得過百人。

又定，凡外國進貢，除定例船隻外，其接貢、探貢等船，一概阻回，不許放入。

順治八年，題准：『凡外國進貢正、副使及定額從人來京，沿途口糧、驛遞夫馬、船車，該督、撫照例給發，差官伴送，及兵丁護送到京。其貢使回國，沿途口糧、驛遞夫船，兵部給與勘合。其留邊人役，該地方官照例給與食物，嚴加防守，俟貢使回國時，同送出境。』

康熙五年，題准：『凡外國奏疏，不得交付遣往使臣帶來，合專差官交該督、撫轉奏。』

六年定，外國投文到該督、撫，該督、撫即開閱原文議題。

又，題准：『凡督、撫、提、鎮等官，不許擅自移文外國。』

乾隆三十六年六月，禮部奏：『奉聖諭：「據諾穆親奏：南掌國遣使貢象到滇，即照向例派員伴送起程。復檢查乾隆三十五年部議，嗣後外國入貢，俱令按省派員伴送，更換交代，毋許一人長送。乃並未詳查新例，仍照上屆辦理，實屬錯誤，請交部嚴加議處等語。已批該部議奏矣。此事禮部新定之例，未為妥協。該即因福建伴送琉球貢使到京逾期，議令派出伴送之員，按省更替，毋許一人長送，意在防其沿途稽滯，而未能切當事情。福建之于琉球，雲南之于南掌，貢使初至，該省皆有應行照料事宜，既派有承辦伴送之員，即當終始其事。而派員與貢使伴行日久，一切與之相習，途中屢易生手，亦覺非宜。若慮派員在路托故遷延，止須於經過各省，添派妥員護送儹［趲］行，自不虞其任意遲緩。若以此而論，議停長送專員，何異因噎廢食。所有外國貢使來京，及由京歸國，派員伴送及各省添員護送之例，著該部另行定議具奏。諾穆親雖未照禮部新例，而所辦未為錯誤，毋庸交部議處。欽此。」臣等伏查乾隆三十五年□月，臣部因琉球貢使自福建起身，行走四月有餘，直至正月二十一日始行到京，有誤元旦朝賀。當查福建撫臣所委伴送官，僅一試用舉人王紹曾，即不足以資彈壓，任意稽延，經過地方官，又不為趲送，以至沿途逗遛濡滯。是以奏請，嗣後貢使到省，該撫於同知、通判中遴委一員伴送，一面知照前途，亦按省派委同知等官一員，更換交代，毋須一人長送，以免隔省呼應不靈之弊。并請嗣後各省凡有外國入貢者，俱照此畫一辦理。奉旨允准通行在案。茲因南掌遣使慶賀萬壽，貢象到滇，該署撫諸穆親業已派員伴送起行，旋以未照新例辦理，請旨交部嚴加議處。奉硃硃批：『該部議奏。欽此。』復奉諭旨：『禮部新定之例，未為妥協，著另行定議具奏。諸穆親所辦未為錯誤，毋庸交部議處。欽此。』臣等伏讀聖諭，諄詳開示。仰見我皇上加惠遠人，辦理周密之至意。

伏思長途伴送夷使，原須彼此相習。若屢經更換，誠覺非宜。從前所定之例未為詳盡，臣等酌議：嗣後各省貢使到境，該撫即於同知、通判中遴委一員，應用武弁者，并酌派守備一員，伴行長送至京，俾沿途足資照料彈壓。并一面知照經過各省，預定添派妥員護送儹［趲］行，按省更替，庶不致委員逾省呼應不靈。其回國時，仍令原派委員長送，經過各省，亦仍遴委妥員護送出境。如此，則既有長伴熟習之人照看經理，復有沿途添派之員護送儹［趲］趲行，自不至稽延貽誤，而於柔遠之道，益昭周密矣。至琉球、蘇禄、安南等貢使回國，向例臣部揀選司員引見，派出伴送。嗣後應請停止，以歸畫一。』奉旨：『依議。欽此。』

五十六年，奉旨：『嗣後外藩各國齎表來京，貢獻方物，所有安南、緬甸、暹邏、南掌等國，來京使臣，及隨從人等，應行照料事宜，俱著內務府經理。仍著禮部派委司官二員幫同照應。欽此。』【略】

國初，定貢期三年一貢，由兩廣總督、廣東巡撫代題，敕部議准後，知照該督、撫令其入貢。其貢使來，有正使、二使、三使、四使，其下為從人。赴京者不過百二十六人。其貢物為：馴象、備象、龍涎香、幼嘆香、犀角、象牙、荳蔻、降香、膽黃、大楓子、土桂皮、息木、蘇木、蓽撥、樟腦、兒茶皮、樹膠皮、硫磺、檀香、冰片、翠鳥皮、孔雀尾、闊紅布、大荷蘭氈、冰片油、薔薇露。又，貢物一分，其數減半，或有加進之物，聽其隨宜進獻。題准收受，交內務府。象交鑾儀衛。表用金葉，貯以金筒、錦袱、錦袋，袋上有金鈕、金圈，加盛以螺鈿盒一，貼金盒一，並有花緞盒套，套上各有金圈。

其頒賞：賜國王錦八疋，織金緞八疋，織金紗八疋，織金羅八疋，紗十二疋，緞十八疋，羅十八疋；賜王妃織金緞四疋，織金紗四疋，織金羅四疋，緞六疋，紗六疋，羅六疋；貢使各織金羅三疋，緞八疋，羅五疋，裏綢二疋，布一疋；通事緞五疋，羅五疋，絹三疋；從人各絹三疋，布八疋；伴送官彭緞袍一件。如貢使係微員，視職分酌減，通事、從人等，俱一例酌減賞給。所賞國王、王妃物件，及特恩加賜物件，俱禮部移內閣撰入敕內，交貢使齎回。

順治九年十二月，遣使請貢，並換給印敕勘合。

十年，廣東巡撫奏：『暹羅國遣使請貢。』

十六年，兩廣總督題准：『暹羅國再來探貢，所帶壓船貨物，就地方交易，其抽丈船貨稅銀清冊，移送戶部察核。』

康熙二年，暹羅國正貢船，行至七洲海面遇風飄失，止有護貢船一隻來至虎門，仍令遣回。

三年七月，平南王尚可喜奏：『暹羅國來饋禮物。』卻不受。

是年，題准：『進貢正貢船二隻，令員役二十名來京；補貢船一隻，令六人來京。准該國貿易一次。』其年，暹羅入貢方物凡十三種，有孔雀、六足龜。

謹案：是年定制：孔雀、六足龜，後俱免進。

四年十一月，國王遣陪臣握坤司吝喇耶低邁禮等，齎金葉表文，航海入貢。表稱：『暹羅國王臣森列拍臘照古龍拍臘馬呼陸坤司由提呀菩埃誠惶誠恐稽首謹奏大清皇帝陛下：伏以新君御世，普照中天，四海沾蚺幪之德，萬方被教化之恩。卑國久荷天朝恩渥，未傾葵藿之心。今特躬誠朝貢，敢效輸款。敬差正貢使握坤司吝喇耶低邁禮、副貢使握坤心勿吞瓦替、三貢使握坤司敕博瓦綈、大通事揭帝、典辦事等臣，梯航渡海，齎奏金葉表文、方物、譯書一道，前至廣省，差官伴送京師進獻，用伸拜舞之誠，恪盡遠臣之職。伏冀俯垂寬宥不恭，微臣瞻天仰聖，曷勝屏營之至。謹具表稱奏以聞。』聖祖仁皇帝命從優賞賚。御前方物：龍涎香、西洋閃金緞、象牙、胡椒、膽黃、荳蔻、速香、烏木、大楓子、金銀香、蘇木、孔雀、龜、凡十有三種。皇后前，方物並同，各減半。賜國王緞、紗、羅各六，織金緞、紗羅各四；王妃各減二；正、副使每人正賞采緞、羅各四，絹二，布一，衣緞表、裏各一，加賞織金羅、采緞各二，靴一雙；通事、從人緞、羅、絹、布、靴有差。

又，議准：『該國正貢船二，令員役二十人來京；補貢船一，令六人來京。』

是年，題定：『暹羅國貢期三年一次，貢道由廣東，例于常貢外有加貢，無定額。』

又，覆准：『進貢船不許過三隻，每船不許過百人，來京員役二十名。其接貢、探貢船，概不許放入。』

謹按：暹羅貢道，據雍正年修《會典》，議在康熙四年；嘉慶年修《會典》，議在六年。年各異。

又按：是年暹羅進貢正貢船一隻，護貢船一隻，載象船一隻，故有是議。

五年十一月，國王遣陪臣握坤司吝喇耶低邁禮等來貢。部議以所貢物與《會典》不符，應令後次補貢。得旨：『暹羅小國，貢物有產自他國者，與《會典》難以相符，所少貢物，免其補進。以後但以伊國所有者進貢。欽此。』時貢物內有神幔一條，以非進奉天朝之禮，交來使帶回。賜國王、王妃與四年同。正、副使每人緞七、羅四，織金羅、絹各二，裹綢一，布一，靴一雙；通事、從人及留邊人，給賞各有差。

九年，遣使入貢如例。

十一年三月，國王遣其陪臣來貢。得旨：『貢使所攜貨物，願至京師貿易，則聽其自運；或願在廣東貿易，督、撫委官監視之。欽此。』

十二年二月，國王遣陪臣奉金葉表文入貢，表稱：『暹羅國王臣森烈拍臘照古龍拍臘馬嘑陸坤司由提呀菩埃誠歡誠忭，稽首頓首，啓奏大清皇帝陛下：伏以天生聖君，嗣登寶位，剛明果斷，國治民安。聲聞海外，澤及諸彝。卑國世荷皇恩，微臣繼襲踐祚，遠沾九重德化，莫能瞻仰天顏。幸遇貢期，敢效輸款。耑差正貢使臣握坤司吝喇耶低邁禮、二貢使臣握坤司殊噶剃耶西、三貢使臣握坤押派瓦吣、通官握坤心物邁知理揭帝、典辦事文司叨申理嘑等，梯航渡海，齎捧金葉表文、方物、譯書，前至廣省，差官伴送京師，朝貢進獻，代伸拜舞之誠，恪盡遠臣之職。恭祝皇圖永固，帝壽遐昌。伏冀府垂鑒納，庶存懷遠之義。微臣遵旨再陳：明季舊頒敕銀印，卑國以憑進京朝貢。前因宮殿火煨燼無存，今進京朝貢，無可為憑。微臣以表文內不敢瑣瀆，委握耶大庫具文，呈部轉奏。聖旨特賜敕銀印，以便進京奉貢。康熙九年三月，內貢使回國，禮部奉旨諮文到暹羅。內開：使臣具表題請，伏望聖恩頒賜敕印，以光屬國，庶朝貢有憑。按古例，貢船三隻到廣，貢使捧表進京朝貢，其船置辦國需，隨汛回國，庶臣早知聖體興隆，於次年再至廣省迎接聖敕回國。伏乞俞旨，賜依古例，特敕禮部行文廣省各衙門遵照施行。微臣不勝瞻天仰聖，歡忭踴躍之至。謹具表朝貢以聞。』後開貢物：皇帝方物：金葉表文一道，譯字表文一道，龍亭一座，安奉金葉表文。馴象一隻，孔雀四隻，六足龜四隻，龍涎香一斤，盌石一斤，沉水香二斤，犀角六座，速香三百斤，象牙三百斤，安息香三百斤，白荳蔻三百斤，膳黃三百斤，胡椒三百斤，大楓子三百斤，烏木三百斤，蘇木三千斤，胡椒花一百斤，紫梗二百斤，樹皮香一百斤，樹膠香一百斤，翠鳥毛六百張，孔雀尾十屏，兒茶一百斤，鮫綃布六疋，雜花色大布六疋，幔天四條，紅布十疋，紅撒哈喇布六疋，印字花布十疋，西洋布十疋，大冰片一斤，中冰片二斤，片油二十瓢，樟腦一百斤，黃檀香一百斤，薔薇露六十罐，硫黃一百斤；皇后方物一樣減半，內止少馴象。奉聖諭：『暹羅國航海遠來，抒誠進貢，其蟲蛀短少等物，免令補進。嗣後各國皆照比例。欽此。』四月，冊封暹羅國王，頒鍍金駝紐銀印，賜誥命，令使臣齎回。誥曰：『來王來享，要荒昭事大之誠；悉主悉臣，國家著柔遠之義。朕纘承鴻緒，期德教暨於遐陬；誕撫多方，使屏翰躋于康 。彝章具在，渙號宜頒。爾暹羅國森烈拍臘照古龍拍臘馬嘑陸坤司由提呀菩埃，秉志忠誠，服躬禮義。既傾心以向化，乃航海而請封。礪山帶河，克荷維藩之寄；制節謹度，無忘執玉之心。念爾悃忱，朕甚嘉焉。今封爾為暹羅國王，賜之誥命，爾其益矢忠貞，廣宣聲教，膺茲榮寵，輯乃封圻。於戲！保民社而王，纂休聲於舊服；守共球之職，懋嘉績於侯封。爾其欽哉！無替朕命。』貢使事畢，禮部堂官司員，朝服在午門前恭設幾案，鴻臚寺官引貢使等，行三跪九叩首禮，跪領誥印。移諮該國王，令王出城恭迎誥印。

二十三年，國王遣正使王大統、副使坤孛述列瓦提、從人三十名，具金葉文入貢。奉旨：『覽王奏，航海遠來，進貢方物，具見悃誠可嘉。知道了。餘著議奏。欽此。』又，奉聖諭：『暹羅國進貢員役，回國有不能乘馬者，官給夫轎，從人給舁夫。欽此。』

是年，國王附奏言：『貢船到虎跳門，地方官阻滯日久。迨進至河下，又將貨物入店封鎖，候部文到時，方准貿易，每至毀壞。乞敕諭廣省，嗣後貢船到虎跳門，具報之後，即放入河下，俾貨物早得登岸貿易。又，本國採辦器用，乞諭地方給照置辦。』下部議。尋經議准：『應如該國王所請行。』

又，奏准：『暹羅國照例頒賞，其靴皆折絹。』

又，覆准：『貢使回國，除護送來京官外，特差本部司官、筆帖式各一人伴送。』

二十四年，題准：『暹羅國王原賞緞三十四，今加十六，共表裏五十。』

四十七年，國王森烈拍臘照古龍拍臘馬嘑陸坤司由提呀菩埃，遣陪臣恭進金葉表文，進到貢物，外加進貢物九件。其副貢船被風漂至安南地面，續到。粵東省仍差官伴送至京。進馴象二隻，外添進金絲猴二隻。賜國王、王妃及貢使，均照二十四年議定之例，其副貢人員等，照從人賞例，絹各二，布各七。廣東伴送經歷，亦照例賞彭緞袍一領。

又，覆准：『暹羅國進貢船壓艙貨物，如願在廣東地方貿易，照例免其收稅。』

五十九年，國王遣陪臣恭奉金葉表文，貯以金桶，裹以錦袱，上飾金珠三，金圈七，盒三重，內盒飾螺鈿，外盒飾金紫梗牌二；入貢馴犀二隻。又貢使呈稱：『國王命加貢西洋金緞二疋，大西洋闊宋錦一疋。』

六十一年四月，國王遣使恭進金葉表文，於貢物外，獻金筒一，螺鈿盒一，貼金盒一，金球三，金圈七，錦袱二，紫梗牌一，馴犀一。又，貢使呈稱：『奉國王命，加貢大西洋金緞二，大西洋闊宋錦一。』俱交總管內務府。奉旨：『覽王奏，傾心向化，遣使航海遠來，進貢方物，具見悃誠，歷久彌篤，深為可嘉。欽此。』

又，議准：『暹羅國入貢，照安南國例。』加賜國王緞八，紗四，羅八，織金緞、紗、羅各二；王妃緞、織金緞、紗、織金紗、羅、織金羅各二；貢使四人每人加緞、羅、織金羅、絹各一，裏一；通事四人，二人加緞、羅、絹各一，裏一，二人加緞、羅、絹各一；從人二十一名加絹、布各一。

又，覆准：『暹羅國奏稱：彼國有二紅皮船，前因禁洋被留。令廣東督、撫查明，交貢使帶回。其在廣駕船水手人等，係內地者，各撥原籍安插；係暹羅夷人，令隨船回國。』

又，奏准：『貢使回國，遣禮部漢司官一人伴送。』

又，覆准：暹羅國進貢後，補進犀牛，貢使係微員，比具表進貢之使酌減，賞緞六，羅三，織金羅二，絹三，裏二，布一；通事緞三，羅三，絹二；從人四名，絹各二，疋各六件；送驛丞賞彭緞袍一領。奉旨：『朕聞暹羅國米甚豐足，價亦甚賤，若於福建、廣東、寧波三處，各運米十萬石來此貿易，於地方有益。此三十萬石米，係為公前來，不必收稅。禮部問暹羅使人，定議具奏。欽此。』遵旨會問來使，據稱：該國米用內地斗量，每石價值二三錢。今議定：載米到時，每石給價五錢。除為公運三十萬石不收稅外，其帶來米糧、貨物，任從貿易，照例收稅。

又 卷二《暹羅國二》 雍正二年十月二十八日，廣東巡撫年希堯師報暹羅國運米併進穀種等項。奉上諭：『暹羅國欽遵聖祖仁皇帝諭旨，不憚險遠，進獻穀種、果樹及洋鹿、獵犬等物，最為恭順，殊屬可嘉。作何獎賞，著定議具奏。所奏穀種、鹿、犬，已經差官送京。各種果樹，俟來歲春和，另行委解，知道了。運來米石，令地方官照粵省現在時價，速行發賣，不許行戶任意低昂。所奏每米一石，定價五錢，則賤買貴賣，甚非朕體恤小國之意。著行文浙、閩，此次已到之米，與該國現經發運續到者，皆照粵省一體遵行。嗣後且令暫停，俟有需米之處，候朕降旨遵行。其壓船隨帶貨物，本當照例徵稅，但該國王既能輸誠向化，冒險遠來，此次應輸稅銀，著一概免徵。來船梢目徐寬等九十六名，雖係廣東、福建、江西等省人民，然住居該國，歷經數代，各有親屬妻子，實難勒令遷歸。著照所請，免令徐寬等回籍，仍在該國居住，以示寬大之典。欽此。』御前貢物：龍涎香一斤，銀盒裝西洋閃金花緞六疋，象牙三百斤，胡椒三百斤，荳蔻三百斤，黃三百斤，蘇木三千斤，速香三百斤，烏木三百斤，大楓子三百斤，金銀香三百斤；皇后前貢物並同，數目減半。

又，議准：『暹羅國入貢，照康熙六十一年加賜之例，船長照通事例，番梢照從人例，加賞緞、羅、絹、布有差。其船長雖非貢使可比，但載運米糧，向化遠來，於原賞布十疋外，再各加賞十疋。又特賜國王各色緞二十、松花石硯、玉器、瓷器、珐瑯器等物，差司官齎賞物，一併送至廣東交與該撫，付船長領回。」

四年，覆准：「暹羅國前經奉旨暫停運米。所差探貢二船，帶有米石貨物，伊等由該國起行，尚在未奉旨之先。既已涉險遠來，聽其就近發（買）［賣］，俟風汛回國。」

六年，禮部議覆：「福建巡撫常賚疏言：『暹羅國王誠心嚮化，遣該國商人，運載米石貨物，直達廈門。請聽其在廈發賣，照例徵稅，委員監督。嗣後暹羅運米商船來福建、廣東、浙江者，請照此一體遵行。』應如該撫所請。」奉旨：「依議。米穀不必上稅，著為例。欽此。」

七年六月，該國載米船艘，因風飄泊。其撈回壓船貨物，並免其徵稅。

七月，國王遣陪臣朗微述申黎呼等齎金葉表文，貯以金筩、錦囊，與康熙五十九年同入貢。御前方物：馴象、龍涎香、幼饌石、冰片、沉香、犀角、孔雀尾、翠鳥皮、象牙、速香、安息香、紫降香、荳蔻、籐黃、胡椒、大楓子、烏木、蓽撥、紫梗、桂皮、兒茶皮、樟腦、硫黃、檀香、樹膠香、織金頭白袈裟、桃紅袈裟、幼花布、闊幼花布、織金頭白幼布、闊紅布、花布幔、大荷蘭氈、冰片油、薔薇露；皇后前方物不進象，餘物減半。又加貢寶劍、仗劍、金地交枝柳條板帶。奉旨：「暹羅國王遣使遠來，貢獻方物，具見悃誠。朕念該國遠隔海洋，齎送不易，欲酌量裁減，以示恩恤遠藩之意。但此次貢物，既齎送前來，難以帶回，著照往例收納。其常貢內，有速香、安息香、袈裟布疋等十件，無必須用之處。嗣後將此十件，免其入貢。永著為例。欽此。」遵旨議定：免貢速香、安息香、胡椒、紫梗、紅白袈裟、白幼布、幼花布、闊幼花布、花布幔等物。皇后前照此免貢。

又，奏請召見貢使。奉旨：「著大貢使於同來貢使內選一人，令二人進見。」時，貢使呈稱：「京師為萬國所景仰，國王意欲令伊等觀光上國，遍覽名勝回述，以廣見聞。」奉旨：「不必禁止，著賢能司官帶領行走，仍賞銀一千兩。若所喜物件，聽其購買。欽此。」又呈稱：「奉國王命：本國所產馬匹甚小，久慕天朝所產馬、駝、騾、驢之高大，請各買三四匹回國。」奉旨：「著照所請，准其購買。所買價值，著內庫支給。欽此。」照康熙六十年加賞例，賜國王緞、羅各十有八，紗十有二，錦緞、織金緞、羅紗各八；王妃緞、羅紗各六，織金緞、紗羅各四；來使四人，每人各緞八，羅、絹五，織金羅三，裏二，布一；通事各緞、羅五，絹三，從人各絹三，布八。特賜國王御書「天南樂國」四字，內庫緞二十，玉器八件，珐瑯器一件，松花石硯二方，玻璃器二種共八件，瓷器十四種共百四十六件；貢使內造緞八，銀百兩。

又，十一月三十日，奉上諭：「暹羅國遠隔重洋，輸誠向化，恭順修職，曆有年所。其所請採買物件，著行令該撫採買賞給，以示朕嘉惠遠人之意。欽此。」

乾隆元年六月，國王森烈拍照廣拍馬呼陸坤司由提呀菩埃以嗣立，故遣陪臣朗三立哇提等齎表及方物。例貢象一隻，因航海故，增一以備。又加進金緞二疋，花幔一條。並諮禮部言：「往時欽賜蟒龍大袍，藏承恩亭上，曆世久遠，難保無虞，懇再邀恩賜一二襲。」經據情代奏，奉旨：「暹羅遠處海洋，抒誠納貢，除照定例給賞外，可特賞蟒緞四匹。欽此。」禮部奏稱：「暹羅昭丕雅大庫呈稱：伊國造福送寺，需用銅斤，奉禁之後，無從採辦，懇請准其赴粵採買。查銅斤關係鼓鑄，禁止出洋，定例已久，今若准其採買，恐日後奸商藉此為由，越境滋弊，應毋庸議。」奉旨：「暹羅遠處海洋，抒誠納款。採買銅斤一項，該國王稱系造福送寺之用。部議照例禁止，不許令其採買，固是。今特加恩賞給八百斤，後不為例。欽此。」

又，議奏：「暹羅國陪臣朗三立哇提等四人入貢來京，或召見大貢使一人，或四人，或令其選一人同大貢使二人進見，或停其進見之處，請旨遵行。」奉旨：「皆令進見。」

又奏：「朝鮮國來使召見，賜坐、賜茶，原因其該國王族人稱君者，與我國內大臣位次不甚相懸，故相待如此之優。至琉球、安南、暹羅等國差來陪臣，若系該國王兄弟、世子來朝，自應如朝鮮之例；若尋常貢使，乃伊國陪臣，與內大臣相去懸遠，其儀注似不宜照朝鮮國稱君來使之例。今暹羅國貢使朗三哇提等召見之日，皇帝御乾清宮，升寶座。應入班之內大臣、侍衛等，照例排班序立，禮部堂官引來使，隨帶通事一人，由乾清門西門入，於丹墀西邊，行三跪九叩禮畢，禮部堂官由西階引至乾清宮中門外跪，通事在來使西邊稍後跪。皇帝慰問畢，引出，候旨賜茶，或賜飯畢，引至午門外謝恩。其議政大臣等會集，賜坐、賜茶之處，似應停止。嗣後琉球、安南等國來使，皆照比例遵行。』奉旨：『所奏是。此次仍照世宗憲皇帝召見例行。欽此。』

七年，福州將軍兼管閩海關事務新柱奏：『本年七月內，有暹羅國商人方永利一船，載米四千三百零；又蔡文浩一船，載米三千八百石，並帶有蘇木、鉛、錫等貨，先後進口。查該番船所載米石，皆不足五千之數，所有船貨稅銀，未便援例寬免。』得旨：『該番等航海運米遠來，慕義可嘉。雖運米不足五千之數，著免船貨稅銀十分之三，以示優恤。欽此。』

八年，奉聖諭：『上年九月間，暹羅商人運米至閩，朕曾降旨免徵貨船稅銀。聞今歲仍復帶米來閩貿易。似此源源而來，其加恩之處，自當著為常例。著自乾隆八年為始，嗣後凡遇外洋貨船來閩，粵等省貿易，帶米萬石以上者，著免其船貨稅銀十分之五；帶米五千石以上者，免其十分之三。其米聽照市價公平發糶。若民間米多，不需糶買，即著官為收買，以補常社等倉，或散給沿海各標營兵糧之用。俾外洋商人得沾實惠，不致有糶賣之艱。該部即行文該督、撫、將軍，並宣諭該國王知之。』

十三年，入貢方物外，附洋船貢黑熊一隻，鬬雞十二隻，太和雞十六隻，金絲白肚猿一隻。

十四年，國王遣陪臣朗呵派提等，齎奉金葉表文入貢。御前方物：象二，龍涎香一斤，犀角六，沉香二斤，土瑋石十一兩二錢，象牙、紫降香、大楓子、荳蔻、膳黃、烏木各三百斤，胡椒、花桂皮、檻樸齒舌皮、樟腦、檀香、硫黃各百斤，蘇木三千斤，上冰片一斤，冰片二斤，冰片油二十瓢，翠毛六百副，孔雀尾十屏，紅布幔十疋，荷蘭氈二塊；皇后前不貢象，餘物各減半。又附洋船貢到黑熊、鬬雞、金絲猿，令其進獻。

又，奏准：『暹羅國使臣朗呵派提等，奉表來京，恭遇聖駕巡幸，於啓鑾之日，禮部滿堂官引來使等四人並通事一人，至圓明園宮門外，於聖駕啓鑾之先，行三跪九叩禮。恩賞該國王物件，於宮門前賞給。隨率至王公百官送駕排班之末，跪候瞻仰。如蒙慰問，來使跪聆畢，禮部堂官領回。』又，是年照康熙六十一年加賜之例，特賜國王御書『炎服屏藩』四字，蟒緞、片金緞、糚緞、閃緞各二，錦緞四，各色緞八，玉器六，瑪瑙器二，琺瑯爐瓶一副，松花石硯二方，玻璃器五種共十件，瓷器二十三種共百四十六件。又因續進黑熊、白猿等物，特賞國王庫緞十二疋。

十六年，奉聖諭：『朕閱潘思榘摺內稱：本年六月內，收入廈口暹羅商船一隻，買回米四千石等語。閩、浙各處，現在需米孔殷，若官為辦理，豈不於民食更有裨益？但慮官辦或致外人多疑，或聞內地官為購覓，即乘勢居奇，多方指勒，必致價值日益昂貴，並使商船來往亦不能隨便攜帶。著傳諭喀爾吉善、潘思榘，令其會同酌量，若無此慮，可於暹羅等國產米之處，官為購運。或先行試買，看其嗣後可以源源接濟，不致啓番人措勒之弊，抑或應仍聽商人陸續運帶，一一詳籌奏聞。欽此。』尋經總督喀爾吉善等奏稱：『該國地土，廣不過百餘裡，戶口無幾，每年餘米有無、多寡並無一定，官赴採買，番情趨利如騖，難免居奇昂價，急官為購運，止宜聽商自行買運，尚可資其緩，未便舉行。』得旨俞允。

十八年，奏准：『暹羅國使臣郎損吞沠沛等奉表來京，恭遇駕幸南苑，已令使臣道帝瞻仰，應照例停其召見。』

是年，喀爾吉善奏：『暹羅地方，近年雖有商船帶回米石，於民食不無補濟，但欲採買補倉，勢須委員領帑前往買運，若向商船招買過洋之米，止可隨到隨糶，不能日久貯倉。今復加籌酌，與其官買補倉，不如仍聽商販帶運，隨其多寡，皆足有濟民食。』奉旨允行。

其年二月，入貢方物，加進西洋金花緞番袍、金花緞夾褲各一條，西洋金緞帶三條。並懇賜人參、犛牛、良馬、象牙及通徹規儀。內監部議不可。並請飭使臣於歸國後，曉諭國王，恪守規制，益勵敬恭。得旨：『方物照例收受，其筵宴賞賚，著加恩照上次例行。』加賜人參四斤，錦緞共二十疋，及玉器，瑪瑙器，琺瑯器，玻璃器，磁器，銅暖硯。

二十二年，入貢。特賜國王蟒緞、錦緞各二疋，閃緞、片金緞各一疋，八絲緞四疋，玉器、瑪瑙各一件，松花石硯二方，琺瑯器十有三件，瓷器百有四件。

二十六年，議准：『暹羅國貢船在粵遭風，飄失龍涎香、桂皮、荳蔻、兒茶皮、樹膠香五件，免議。』

二十七年，議准：『暹羅國上年貢物沉溺，免其補進。復遣探貢船呈請代謝天恩。所有餘艙貨物，因多黴濕，准其先行發賣，免徵税銀。」特賜國王物件，與二十二年同。

三十一年，國王森烈拍照廣敕馬嘑陸坤司由提雅普埃遣陪臣奉金葉表文入貢。御前方物：馴象、犀角、沉香、上冰片、中冰片、降真香、大楓子、籐黄、烏木、象牙、荳蔻、土礸石、蘇木、樟腦、檀香、硫黄、蓽撥、兒茶皮、樹膠香、土桂皮、翠毛、孔雀尾、龍涎香、冰片油、紅布幔、荷蘭氈，凡二十六種；中宫前不貢象，餘物減半。特賜國王物件，與二十七年同。適因該國為鄰番所破，經兩廣總督奏明，將原頒賞賜繳還。

謹按：鄰番為花肚番，即緬甸也。

四十六年正月，暹羅國長鄭昭遣使朗丕彩悉呢霞握撫突等二人入貢，並奏稱：『自遭緬匪侵陵，雖復土報仇，紹裔無人，兹羣吏推昭為長，遵例貢獻方物。』奉旨：『國長遣使航海遠來，具見悃忱。該部知道。原表並發。欽此。』賜宴使臣於山高水長。所貢之物賞收象一隻、犀角一擔。其象牙、洋錫、籐黄、胡椒、蘇木，准其在廣東自行變價，並壓艙貨物，一體免税。特賞國長蟒緞、錦緞、閃緞、片金、八絲緞、玉器、瑪瑙器、琺瑯器、瓷器、松花石硯。

是年入貢，暹羅國長鄭昭恭進例貢外，加進馴象、犀角、象牙、洋錫、籐黄、胡椒六種，奉旨：『據奏暹羅國長鄭昭，豫備正貢一分，具表懇請代奏。并備象牙、犀角、洋錫等物，以為副貢等語。該國長輸誠納貢，備具方物，所有正貢一分，自應照例送京收納。至所備副貢，若概令齎回，致勞往返，轉非所以體恤遠人。著於副貢内只收象隻、犀角二項，同正貢一併送京交禮部，於照例賞給之外，查例加賞，以示厚往薄來之意。其餘所備貢物，准其在廣省自行覓商變價，併將伊等壓艙貨物，均一體免其納税。欽此。』

五十年，暹羅國長鄭華，遣使奉金葉表文入貢。御前方物：龍涎香、金鋼鑽、沉香、冰片、犀角、孔雀尾、翠皮、西洋氈、西洋紅布、象牙、樟腦、降真香、白膠香、大楓子、烏木、白荳蔻、蓽撥、檀香、甘蜜皮、桂皮、籐黄、蘇木、馴象二；中宫前方物，不貢象，餘物減半。奉旨：『覽國長奏：繼嗣父業，恪承先志，遣使航海遠來，進貢方物，誠悃可嘉。知道了。該部知道。欽此。』

又，正月初二日，紫光閣筵燕。賞暹羅正使錦緞四疋，絨緞二疋，各樣花緞十疋，荷包大小十個；二使、三使、四使，錦緞各二疋，花緞各六疋，荷包大小各六個。

謹案：此次紫光閣筵燕，賞暹羅正、副使，與五十二年悉同。

五十一年，奉聖諭：『據穆騰額奏稱：「暹羅國每年正、副貢貢船到關，其隨帶之船，至十餘隻之多。又有藉名探貢船隻，俱屬内地商船，所帶貨物甚多。該監督查明應徵税銀若干，報明該督、撫具題概行寬免，殊非杜弊防奸之道。請將正、副貢船各一隻，照例免其納税，其餘船隻，俱按貨徵税」等語。暹羅國修職輸誠，遣使呈進方物。其正、副貢船，自應免其征納税銀。豈容内地商船藉名影射，希圖免税。此等商船到關時，該監督原可逐船履勘，除貢物之外，若有私帶船隻，無難一望而知，自應按貨徵税。該監督即當商之督、撫，分別辦理，何得概予具題邀免。此係該督、撫、監督等分内應辦之事，何必形之章奏，候朕降旨始奏行耶。除就近傳知穆騰額遵辦外，著傳諭富勒渾、孫士毅：于該國貢船到關，所有正、副貢船各一隻，仍照例具題免税，其餘若果查系夾帶客商私船，俱逐一查明，按貨納税，以杜奸商取巧通同弊混之計。將此傳諭知之。欽此。』

五十二年，入貢。賜宴紫光閣。賞正、副使有差。

五十三年，該國長遣使入謝。

五十四年正月初五日，紫光閣筵燕。賞暹羅正使錦、漳絨各三疋，小卷八絲緞、五絲緞各五疋，大荷包一對，小荷包四對；賞副使錦、漳絨各一疋，小卷八絲緞、五絲緞各三疋，大荷包一對，小荷包二對。

五十五年，暹羅國王具表遣陪臣進貢，並因慶祝萬壽，加進壽燭、沉香、紫膠香、冰片、燕窩、犀角、象牙、通大海、哆囉呢凡九種。奉上諭：『據奏：「暹羅國王遣使進貢祝釐，於七月十一日正貢船甫到，副貢船尚未抵粤」等語。該國王情殷祝嘏，恭進方物。閲其表文，歡欣踴躍，具見悃忱。但現屆八月初旬，該國貢使抵粤較遲，既未能如期到京隨班慶祝，自毋庸即令趲緊行程。著將該國前後抵粤貢使人等，俱酌量令其緩程行走，於年底到京，隨入燕賞，以示朕體恤遠人至意。欽此。』加賜暹羅國王御筆『福』字一，玉如意一，玉器二，瓷器、玻璃器八，『福』字方百幅，絹箋四卷，硯二方，筆三匣，墨三匣，雕漆盤四。

五十六年，入貢。正月初九日，紫光閣筵燕。賞暹羅正使一員大卷緞、大卷宮綢各四疋，大荷包一對，小荷包三對；副使一員大卷緞、大卷宮綢各三疋，大荷包一對，小荷包二對。又特賜正、副使八絲緞各一疋，筆、墨各一匣，箋紙各一卷。

六十年，入貢方物：龍涎香、沉香、檀香、白膠香、降真香、金鋼鑽、冰片、樟腦、孔雀尾、犀角、象牙、西洋氈、西洋紅布、翠鳥皮、甘蜜皮、桂皮、蓽撥、大楓子、荳蔻、臙黃、烏木、蘇木；恭進皇宮方物，其數減半。除夕，賜燕保和殿。

嘉慶元年，恭進太上皇帝、仁宗睿皇帝漢番字金葉表文並方物。正月初四日，舉行千叟燕。暹羅使臣在寧壽宮入燕。特賜正使聖制千叟燕詩一章，玉如意、壽杖各一，錦緞、洋花緞、雲緞、大卷緞各二，『福』字箋一卷，絹箋二卷，湖筆二十枝，朱墨十錠，硯一，鼻煙一瓶，鼻煙盒、瓷牙籤筒、洋漆茶盤各一；副使錦緞、洋花緞各一，絹箋一卷，湖筆十枝，硃墨四錠，餘賞與正使同。又燕於紫光閣、正大光明殿、山高水長，加賞有差。

其年，又遣使齎金葉表文，慶賀太上皇帝歸政，恭進龍涎香、上冰片、中冰片、沉香、金鋼鑽、孔雀屏、犀角、象牙、荷蘭毯、紅毛氊布、翠鳥皮、白檀香、白膠香、樟腦、甘蜜皮、桂皮、蓽撥、降真香、大楓子、白荳蔻、臙黃、烏木、蘇木，凡二十四種；恭進皇宮前貢物減半。又慶賀仁宗睿皇帝登極，並進皇后貢物，均與慶賀歸政貢同。

二年正月初十日，紫光閣筵燕。特賞暹羅使臣與元年同。

三年，使臣在京，召入重華宮筵燕。賞正、副使荷包、芽茶、鼻煙壺、火鐮、玻璃碗、福橘等物。

四年，入貢，賜宴如例。

五年，國王遣使齎祭文儀物，恭詣高宗純皇帝前進香，並進獻方物。經廣東巡撫遵旨：『令該使臣毋庸進京，所有呈獻儀物、方物，令齎回。欽此。』

六年，入貢。賞使臣羊裘、纓帽。奉聖諭：『暹羅國第二貢使帕窩們

孫哖哆呵叭突，在廣州南海地方患病身故，情殊可憫。現已飭地方官妥為照料。著加恩再賞銀三百兩。遇有該國便船，即令先行帶回，將銀兩給伊家屬，不必等候此次貢船回國，轉致稽緩。嗣後如遇有此等外國使臣在內地身故之事，著照此例辦理。欽此。』

七年正月十二日，賞暹羅正、副使與二年同。

八年十二月二十八日，賞暹羅使臣四員、從人十九名衣帽、靴襪，均與六年同，通事二員，與賞貢使同。二十九日，重華宮筵宴。特賞三貢使、四貢使各瓷盤一件，玻璃器二件，小荷一對，茶葉一瓶，瓷器一件。

九年，入重華宮筵宴。加賞使臣、通事有差。

十年正月初十日，特賞暹羅大貢使錦三疋，漳絨三疋，大卷八絲緞四疋，小卷五絲緞四疋，大荷包一對，小荷包四對；二貢使錦二疋，漳絨二疋，大卷八絲緞三疋，小卷五絲緞三疋，大荷包一對，小荷包四對；三貢使、四貢使各錦二疋，漳絨二疋，大卷八絲緞三疋，小卷五絲緞三疋，大荷包一對，小荷包二對。

十年十二月二十九日，暹羅貢使於重華宮入燕。加賞貢使玻璃瓶二個，玻璃鼻煙壺一個，瓷帶鉤一個，茶葉二瓶，橘子一盤，荷包二對；二貢使、三貢使、四貢使各玻璃碗二個，荷包一對，餘俱正貢使同。

十二年，暹羅貢使於重華宮入燕。加賞二貢使、四貢使各玻璃碗一對，玻璃鼻煙壺一個，瓷帶鉤一個，茶葉二瓶，福橘五個，瓷碟一個，荷包一對；副通事一員荷包一對。

九月，奉聖諭：『外洋諸國夷人，自置貨船來廣貿易，自應專差夷目親身管駕，不得令內地商人代為販運。今金協順、陳澄發，皆以內地客商，領駕暹羅國船隻，載貨販賣。雖詢明委係該國王所遣，並無假冒捏飾及夾帶違禁貨物。但該國王何以遽肯造船交伊等管帶，情節不無可疑。且恐日久相沿，必致奸徒潛往外夷賒欠誆騙，或竟冒為夷貨，代盜銷贓，不可不防其漸。吳熊光請敕下禮部，於該國貢使到京時，傳知飭禁。恐該貢使回國傳述未能詳切，現已另降敕諭，申明內外體制。所有金協順等船二隻，既已駛至內地，姑准其起貨納稅，另置新貨，給照回帆。自此次飭禁之後，如再有代駕夷船進口，即查明懲辦。欽此。』又敕諭：『暹羅國王鄭華，嘉慶十二年九月，據兩廣總督吳熊光奏稱：「有船商金協順、陳澄

發，裝載暹羅國貨物來粵貿易，並請於起貨後裝載粵省貨物，回赴暹羅。經地方官查明：金協順，係福建同安縣人。陳澄發，係廣東澄海縣人。飭傳暹羅國貢使丕雅史滑鰲詢問。據稱：金協順，陳澄發二船，委系由該國新造來粵。因該國民人不諳營運，是以多倩福、潮船戶代駕，並非冒捏，呈遞譯書稟結」等情。天朝綏懷藩服，准令外域民人赴内地懋遷貨物，惠逮遠人，恩至渥也。惟是中外之限，申畫釐然。設關譏禁，古有明訓。我朝撫御諸邦，如朝鮮、越南、琉球等國，各以本地物產來中土貿易，皆係其本國民人，附朝貢之便，齎帶前來，從未有中國之人代彼經紀者。今金協順、陳澄發，以閩廣商民，代暹羅營運，即屬違禁。中土良民，謹守法度，斷不敢越制牟利。其私涉外域者，此中良莠不齊，設將販運貨物隱匿拖欠，致啓訟端，亦於該國諸多未便。本應將金協順等飭法治罪，念其船隻係由該國製造，給令代駕，從前未經嚴立科條，此次且從寬免究，並施恩准其起貨售兌，仍給照令其置貨回帆。特降敕諭知該國王，宣明例禁。嗣後該國王如有自置貨船，務用本國人管駕，專差官自帶領同來，以為信驗，不得再交中國民人營運。若經此次敕禁之後，仍有私交内地商民，冒托往來者，經關津官吏人等查出，除不准進口起貨外，仍將該奸商治罪，該國王亦難辭違例之咎。柔遠能邇，寬既往以示含宏之義；宅中馭外，申明禁以嚴逾越之防。爾國王其凜遵毋忽！特諭。』

十三年，暹羅貢使入蒙古包燕。加賞大貢使與乾隆六十年朝鮮正使同；二貢使、三貢使、四貢使與朝鮮副使同。

十四年，暹羅國遣使祝嘏，進貢壽燭十對，金鋼鑽一斤，冰片二斤，燕窩十斤，沉香二十斤，犀角二十斤，孔雀尾五十屏，翠鳥皮五百張，檀香一百斤，降真香一百斤，砂仁米一百斤，紫梗一百斤，象牙二百斤，荳蔻二百斤，胡椒二百斤，膳黄二百斤，荷蘭氈二領。加賞正、副使筵宴重華宮如儀。其國王表請倩雇内商駕船。奉旨：『不准。表文給還夷目帶回。欽此。』

暹羅國世子鄭佛遺使進貢請封。在洋遭風，沉失貢物九種。奉聖諭：『據百齡等奏，暹羅國齎貢使臣抵粵一摺。該國貢船在香山縣屬荷包外洋，突遇颶風擊壞，沉失貢物。此實人力難施，並非使臣不能小心防護。其沉失貢物，不必另行備進，用昭體恤。所有鄭佛懇請敕封之處，著該衙門照例查辦。俟該使臣回國，即令領齎。欽此。』十月初一日，暹羅貢使於重華宮入燕。加賞正使一員，洋瓷帶鉤一個，玻璃鼻煙壺一個，玻璃碗一對，紅橘一碟，茶葉一瓶，荷包二對；副使一員，荷包一對，餘與正使同。

十五年，封世子鄭佛為國王。照例給與誥命、銀印，交該國使臣祇領，恭齎回國。正月初十日，暹羅國貢使入蒙古包燕。加賞正、副使，均與乾隆六十年朝鮮正、副使同。

十六年正月初四日，暹羅貢使於紫光閣入燕。加賞正、副貢使四員，均與乾隆六十年朝鮮正、副使同。

十七年十二月，暹羅國進貢方物，貢使於重華宮入燕。加賞正、副使二員，各玻璃瓶一對，茶盅一個，玻璃鼻煙壺一個，茶葉二瓶，大荷包二對。

十八年十二月，奉聖諭：『前據蔣攸銛奏：「暹羅國正貢船隻在洋失火，所載貢使人役及表文方物等件，俱無下落，僅有副貢船抵粵。」當經降旨，將該國副貢使及所存貢品十種，派員送京，無庸補備正貢。今又據蔣攸銛奏：「該副使唧拔察哪丕汶知突因在海船感冒風寒，又聞正貢船失火焚燒，致受驚恐，現在患病，難以起程，請俟醫治痊癒，再行護送入都」等語。該副貢使患病受驚，正需調理，長途跋涉，甚非所宜。現已屆年節，不必再令進京。著加恩令將所存貢品十種，就近交貯粵省藩庫，由該督委員解京。其副貢使令在粵休息，妥為調治。該國王抒忱納賮，其正、副貢使，適因事故不能到京，而航海申虔，即與齎呈無異。所有例賞該國王及貢使人役物件，著禮部查明奏聞，將賞件發交該督，轉行頒給該副貢使，令其於病痊之日，齎領回國。並將此旨傳知該國王，以示懷柔遠人之意。欽此。』禮部遵旨，將例賞物件並敕書，交兵部發交兩廣總督頒給。

十九年，該國遣使補貢。正貢船遭風，漂至越南，副使在粵患病。該國王聞遭風之信，復補備貢物，遣使來京。賜宴紫光閣。賞正、副使有差。

二十年九月，奉聖諭：『蔣攸銛等奏，暹羅國王聞上年貢船被風損壞，復備副貢船遣使補備方物到粵一摺。暹羅國所進嘉慶十八年正貢船，在洋焚燒，其副貢船所齎貢品，業經進呈。十九年，該國王敬補方物，分裝正、副船入貢，適遇颶風漂散。現在正、副船已先後收泊，其表文方物，由該貢使齎送赴京。該國王因聞貢船遭風之信，復備補貢方物來粵，其恭順實屬可嘉。該國向係三年一貢，明年又屆入貢之期，著加恩即將此次齎到方物，作為嘉慶二十一年例貢，交粵省藩庫存貯，俟明年委員解京。其使臣巧鑾紋是通，留於粵省，俟本年進京各貢使旋粵時，一體筵宴，俾令回國。並傳知該國王，明年無庸另備表文方物航海遠來，以示懷柔至意。欽此。』貢使到京，入同樂園聽戲。賞正、副貢使有差。國王復表，請用內地水手駕駛船隻。經禮部奏駁，奉旨：『依議。欽此。』

二十四年，副使至京，進萬壽貢：大壽燭五對，小壽燭五對，冰片二兩，金鋼鑽一斤，沉香二十斤，燕窩十斤，犀角二十斤，檀香一百斤，荷蘭毯二領，降真香一百斤，荳蔻二百斤，砂仁二百斤，胡椒二百斤，翠鳥皮五百張，孔雀尾五十屏，象牙三百斤，膡黄二百斤，紫梗二百斤。又貢方物如例。加賞副使玉如意、仙果、獻瑞花、普洱茶膏、人參膏、蜜餞、荔支、哈蜜瓜。賜宴正大光明殿，入同樂園聽戲。

道光二年，遣使入貢方物如例。

三年，遣使恭進萬壽貢。賞賜有差。

七年、九年，並入貢方物如例。

十年，恭進萬壽貢。

十一年、十四年、十七年，並入貢方物如例。

十九年三月，奉上諭：『向來暹羅三年一貢，著改為四年遣使朝貢一次，用示朕綏懷藩服之至意。』

暹羅國入貢儀注事例

貢使人等到省，委員備辦牛酒米麵筵席等項，俟起貯表文、方物後，前赴犒賞。

起貨，通事、船主先期將壓艙貨物，呈報廣州府轉報，委員查明其貨物數目斤兩冊，匯同表文、方物，由司詳候督、撫會疏題報。俟題允日，招商發賣。其應納貨餉，候奉部行，分別免徵。

貢使入京，通事將起程日期具報廣州府，轉報布政司，移會按察司，頒發兵部勘合一道，驛傳道路牌一張，並請院憲委護送官三員，隨同伴送。將上京貢使人員廩給口糧、夫船數目，填注勘合內，經過沿途州縣，按日辦應。其在省看守貢船人等，以奉旨准貢日，移明糧道，每名每日支米八合三勺。

貢使入京伴送官，文職應委道、府大員，武職應委參、副大員，並委丞倅一員隨往，長途護送進京外。自省起程，前抵韶州府，例委分巡廣州府之督糧道護送彈壓。自韶州府至南雄州度嶺，委該管之南韶連道護送、彈壓出境。仍飭各屬照例應付，不准絲毫濫應。京旋之日，一體照辦。

貢使進京，貢使、通事先將起程日期，報府轉報，預行取辦祭江豬隻、吹手、禮生應用，然後起程。

貢使、委員自京護送敕書大典回廣，船到河下迎請，安奉懷遠驛館，遵奉筵宴一次。等候風汛便日，上船回國。

貢使京回，廣州府即諭令各船修葺，俟風帆順便回國。所買回國貨物，除一切違禁物件不許買帶外，其應買貨物，俱照定例聽其買回。應委官一員，監督盤運下船，毋得違禁夾帶。并令護送該船出口，俟其揚帆回報。

會驗暹羅國貢物儀注

是日辰刻，南、番二縣委河泊所大使，赴驛館護送貢物，同貢使、通事由西門進城，至巡撫西轅門停放。貢使在頭門外帳房站立，候兩縣稟請巡撫開中門。通事、行商護送貢物，先由中門至大堂簷下擺列，通事復出，在頭門外候。兩縣委典史請各官穿補褂、掛朝珠，至巡撫衙門。通事引貢使打躬迎接。各官會齊，升堂開門。各官正坐，司道各官傍坐，通事帶領貢使由東角門報進，至大堂簷下，正行一跪三叩首禮。賜坐、賜茶。各官即起坐，驗貢畢，將貢物仍先從中門送出西轅門。通事引貢使由西角門出，至頭門外站立。候送各官回，將貢物點交，通事、行商、貢使同送回驛館貯頓。

貢使貢畢回國，在廣東省筵宴一次，額支銀一十七兩五錢。又，貢使船隻在省守候梢目、水手等，每名日給口糧米八合三勺，於奉旨准貢之日起支，貢使回廣之日住支。伴送之委員，自省赴京往回，額給盤費銀五十兩，均於廣東存公銀內，並地丁項下額支米內動支。

暹羅貢使坤匣沠拍紗來謁，列貢舶數以上，具言：『船名烏頭夾板舵正貢船，長九丈九尺，中廣二丈五尺三寸，深一丈五尺四寸，頭廣八尺，尾廣一丈四尺，桅名打馬樹，大者長七丈五寸，圍九尺，次長五丈九尺五寸，圍七尺。象船，長八丈二尺四寸，中廣一丈八尺，深一丈四尺，頭闊四尺八寸，尾闊一丈，大桅長六丈六尺，圍五尺五寸，次桅長五丈三尺八寸，圍四尺。正船空時食水七尺，裝載食水一丈一尺五寸。象船空時食水五尺，裝載食水一丈二寸。以康熙二十二年五月初二日發本國，正船於閏六月二十日抵虎門。象船於六月初十日自廣南外暹失風，漂至廈門，九月二十一日始至虎門。』

謹案：該國貢船大略如此。此見杜臻《粵閩巡視紀畧》。附引之，俾得其概云。

老撾

綜述

明・羅日褧《咸賓録》卷七《老撾》 老撾古屬哀牢，未通。永樂初，酋招攬章入貢方物，始置宣慰使司。

清・傅恆等《清職貢圖》卷一《老撾國》 南掌，古越裳氏地，自周以來不通中國。明永樂初，部長刀線歹入貢，始置軍民宣慰使。萬曆中，猶奉貢，後不復至。

本朝雍正八年，其部長素馬喇薩遣其頭目叭猛花等，奉金表稱南掌國王，貢牝牡二象。乾隆八年，定為十年一貢。

清・穆彰阿等《嘉慶重修一統志》卷五五五《南掌》 本朝雍正八年，南掌國遣頭目叭猛花等奉表貢象二隻，請定貢期，奉旨五年一貢，賜之敕諭並文綺等物，令使臣齎表回國。九年，奉表入謝。乾隆元年，上以南掌僻處天末，遠道致貢，未免勞煩，定為十年一貢。

二十六年，南掌國王準第駕公滿遣使齎表慶祝萬壽，進貢馴象二隻，同進三十六年亦如之。四十六年，南掌國王召翁遣使臣呈進年貢，並慶祝聖壽，與例貢馴象四隻。五十八年，以例進象隻為數已多檄，知南掌等國免其呈進，以省該國購覓之勞。六十年，南掌國王召温猛恭逢國慶遣使祝釐，特頒諭並允所請，賞駱駝、馬、騾各二，召温猛於乾隆五十九年請封，已在播遷之際，祗受敕印，後仍未能返其國都，流寓越南昭晉州地方。嘉慶十四年，越南國王阮福映遣員恭繳敕印，邊臣查明情形具奏，上以召温猛懦弱不振，在外流徙，遺棄敕印，豈能復掌國事？聽其在越南居住，內地不應收留。二十四年，南掌國長召蟒塔度腊遣使進貢，籲懇封號，上准所請，錫之敕印，【略】嗣後貢期如前。

清・薩迎阿等［嘉慶］《禮部則例》卷一七五《主客清吏司・南掌朝貢》 南掌在滇南極西徼外，卽古越裳氏之地，其國王自稱為島孫。雍正七年，奉銷金緬字蒲葉表文入貢，嗣後五年一貢。乾隆七年，高宗純皇帝念其僻處天末，遠道致貢，未免煩勞，定如今例。貢道，由陸路至雲南永昌府入境達京師。

一、貢期。十年一貢，由雲貴總督、雲南巡撫代題，敕部議准後，知照該督撫准其入貢。

一、貢使。凡員役不得過百人，其來使稱大頭目、次頭目，其次為先目，為通事，其次為夷目後生，赴京者不得過二十人。

一、貢物。南掌產象，所貢均以馴象由雲貴總督、雲南巡撫委員解送，或值嚴冬之期，仍先行奏明，知照該督撫，俟開歲春和後，另委專員解送。謹按嘉慶五年，該國王遣使進檀香三枝，奉旨該國使目不必進京，照例筵宴，分賚給賞，將敕書交該使目齎回。檀香三枝，經該撫委員解部奏交太常寺查收。

十二年，該國王遣使進馴象四隻，象牙四百斤，犀角三十斤，土紬一百匹。是年，解象委員回滇。照乾隆五十五年，例咨兵部給發勘合。

一、題請賜該國王錦八匹，織金緞八匹，織金紗八匹，織金羅八匹，紗十二匹，緞十八匹，羅十八匹。大頭目、次頭目照暹羅貢使之例，各織金羅三匹，緞八匹，羅五匹，絹五匹，裏紬二匹，布一匹。先目通事照暹羅通事之例，各緞五匹，羅五匹，絹三匹。夷目後生照暹羅從人之例，各絹三匹，布八匹。伴送官彭緞袍一件。如有特恩賞賜國王之處，由軍機處交出清單將該國王正賞、特賞物件，俱移內閣撰入敕內，交來使齎回。舊例，照琉球國之例，賜該國王蟒緞六疋、錦緞六疋、閃緞八疋、綵緞十疋、藍緞十疋、青緞十疋、紬十疋、羅十疋、紗十疋。賞貢使大頭目、次頭目，照琉球國正副使之例，各賞綵緞六疋、裏四疋、羅四疋、紡絲二疋、絹二疋。先目，照琉球使者之例，賞綵緞二疋、裏二疋、絹一疋、毛青布六疋。通事，照琉球都通事例，賞綵緞二疋、裏一疋、緞一疋、毛青布六疋。夷目後生，照琉球從人之例，賞毛青布各六疋。

謹按雍正八年，恩賞國王内庫緞二十疋、猩猩氈二片、人參六斤、五色紙二百張、玻璃器八件、瓷器一百三十三件。恩賞大頭目蟒緞一疋、大緞三疋、銀一百兩。次頭目大緞四疋、銀五十兩。

乾隆二十六年，慶賀皇太后七旬萬壽，恩賞該國王及貢使等，與雍正八年同。

乾隆三十六年，慶賀皇太后八旬萬壽，恩賞該國王糚緞二疋、倭緞二疋、蟒緞二疋、錦緞二疋、大緞二疋、紅猩猩氈二片、緑猩猩氈二片、五色絹一百張、五色紙二百張、人參三斤、玻璃器十件、各色磁器八十件。恩賞貢使蟒緞一疋、大緞三疋、銀一百兩。頒賞日，加賞先目各裏紬一疋，伴送文武官員各小卷五絲緞一疋，均内務府交出貢使。先蒙召至熱河筵宴，入於侍郎班次，特賞貢使蟒緞四疋，先目緞各二疋。在西直門接駕，賞貢使緞三疋、貂皮四張、先目緞各二疋、貂皮各二張。

四十六年，慶賀萬壽，恩賞該國王及貢使等，與三十六年同。

四十七年正月，紫光閣筵宴，特賞使臣，與朝鮮同。

五十五年八月，慶賀萬壽，加賞國王三次，玉佛一尊、玉如意一柄、金鑲玉亭一座、御書扇一柄、茶葉二瓶、扇一柄、糚緞、倭緞、大緞各二疋、五色絹、五色紙各一百張、玻璃器十件。加賞頭目十五次，共二員，每員大元寶一個，又每員扇一柄、茶葉三瓶、茶膏二匣、磁盌、磁碟各一個。又每員蟒緞、大緞各一疋，銀五十兩，又每員綾、緞各二疋、漳絨一疋、火鐮磁鼻煙壺、漆木盌各一個，又每員磁瓶、磁盌、磁碟、象牙茶盤各一個，又每員茶葉一瓶、茶膏一匣、磁盤一個、蘋果四個，又賞同前，又每員漳絨五絲緞各一疋、荷包二封，又每員小卷五絲緞、八絲緞各一疋，皮盌一個、磁鼻煙壺一個，又每員磁器一件、茶盤一個，又每員奶餅一匣、奶皮阿爾察各二匣，又每員磁器二件、皮器三件、佛手三個，又每員荷包二封，又每員平定金川戰圖、平定回部戰圖各一分、頭號香五十枝、二號香四百枝，又每員大緞二疋、寧紬、漳絨、羅紬各一疋。加賞先目十次，共四員，大元寶二個，又每員磁器、磁盌各一個、茶葉二瓶，又每員緞、綾、漳絨各一疋、火鐮磁鼻煙壺、漆木盌各一個，又每員漆木盤。磁碟、磁鍾各一個，又每員茶葉一瓶、磁盤一個、蘋果四個，又賞同前，又每員漳絨一疋、荷包一封，又每員小卷八絲緞、小卷五絲緞各一疋、皮盌、磁鼻煙壺各一個，又每員磁器一件、茶盤一個，又每員磁器一件、皮器三件、佛手三個。加賞通事二名，後生九名，銀各五兩。

五十六年，奉旨賞次與暹羅一體辦理。

六十年七月，祝慶並請封號，使臣熱河瞻覲，加賞正使錦一疋、大卷八絲緞二疋、銀五十兩，副使錦一疋、大卷八絲緞一疋、銀四十兩。八月初三日，特賞國王紫檀龕玉佛一尊、玉如意一柄、玉朝珠一盤、各色緞十二疋、金字佛經一部、盆景一封、雕漆盌一對、玉盌一個。正使茶葉四瓶、茶膏四匣、念珠一盤、小刀一把、磁器二件。副使茶葉二平、茶膏二匣，餘與正使同。十二日，特賞正副使大普洱茶二團、小普洱茶十團、漆皮盌二件、漆皮盤二件、佛手四桶、象牙小刀一把。十三日，特賞正使緞一疋、綾二疋、漳絨二疋、葫蘆器二件、磁鼻煙壺一個、火鐮一把、大荷包三個。副使緞一疋、綾二疋、漳絨一疋、葫蘆器一件、小荷包三個、磁鼻煙壺一個、火鐮一把。十四日，特賞國王駱駝二頭、馬二匹、騾二匹。十五日，加賞國王龍緞、倭緞、大緞各二疋、絹箋一百張、箋紙一百張、漆器十件。正使茶葉、茶膏各二匣、磁器三件、茶盤一個。副使茶膏一匣、磁器二件，餘與正使同。二十日，頒給誥命印信。

嘉慶十二年九月，該國貢使到京。十月初四日，入同樂園聽戲。初五日，入座聽戲。初六日，行慶賀禮，入座聽戲，加賞大頭目二員，各漳絨二疋、綾二疋、小卷五絲緞一疋、洋磁牙籤筒一件、洋磁鼻煙壺一個、洋金皮漆茶盤二件、大荷包一對。次頭目一員，漳絨一疋、綾二疋、小卷五絲緞一疋、磁牙籤筒一件、磁鼻煙壺一個、皮漆茶盤二件、小荷包一封。初七日，加賞大頭目二員，各小卷緞二疋、茶葉二瓶、茶膏二匣、茶盤一件、磁器三件。次頭目一員，小卷緞一疋、茶葉二瓶、茶膏一匣、茶盤一件、磁器二件。通事二名，各小卷五絲緞一疋。二十日，皇上升殿，該使臣隨班行禮。頒賞之日，加賞國王龍緞二疋、倭緞二疋、大緞二疋、絹箋一百張、箋紙一百張、漆器十件。

二十四年九月，恭祝萬壽，並請封，恭進例貢。使臣到京二十、二十一、二三、四、五等日，入同樂園聽戲。二十五日，加賞正副使二員，各平安吉慶花一匣、普洱茅茶一罐、普洱茶膏一匣、茶葉二瓶、桂花膏一罐、磁盌二個、大小荷包各一對。二十八日，賞使臣等蜜餞荔枝一錫瓶、哈密瓜各一個。十月初一、二、三、四、五等日，入寧壽宮聽戲。初六日，赴太和殿行禮，加賞正副使二員，各嵌玉如意一柄、普洱茶一大團、五小團、文珠匣一個、大小荷包各一對。初七日，入同樂園聽戲。初八日，正大光明殿筵宴，入同樂園聽戲，加賞國王、正副使，與朝鮮同；通事二名、先目二名，與朝鮮大通宮宮；後生十名，與朝鮮押物宮同。初九日，入同樂園聽戲，加賞正副使各大卷紬一疋，小卷五絲緞一疋、小卷紬一疋、雕漆盒二個、錫罐茶大小四瓶、大荷包一對、小荷包二對、玻璃盒一個、皮馬鞋一副。十三日，午門前頒給誥敕印信，冊封召蟒塔慶腊為國王。

一貢使進表朝賀，在館供給及頒賞歸國各事宜，均詳《朝貢通例》。

柬埔寨

綜述

明·李賢等［天順］《明一統志》卷九〇《外夷·真臘國》　本朝洪武初，國王忽兒那遣其臣奈亦吉郎等表獻方物，自是朝貢不絶。

明·黃省曾《西洋朝貢典録》卷上《真臘國》　其朝貢不常。洪武六年，其王忽兒那遣其臣奈亦吉郎等表獻方物。厥後朝貢不常。其貢物：象、象牙、蘇木、胡椒、黃蠟、犀角、烏木、黃花木、土降香、寶石、孔雀翎。

論曰：真臘肇自刹利氏，章矣。至宋慶元間，大舉於占城，墟其國，更王真臘氏。是時戰象幾二十萬，地方七千餘里，蓋南海盛强國也。洪武初乃自重譯而來賓，能不謂聖世盛靈之遠也哉！

明·羅日褧《咸賓録》卷六《真臘》　我朝洪武六年，國王忽兒那遣使表獻方物，賜《大統曆》、文綺，自是朝貢不絶。

明·張燮《東西洋考》卷三《柬埔寨》　元之置省占城也，嘗遣一虎符、一金牌同往真臘，為所拘執。元貞中，始招諭賓服之。

明興，國王忽兒那獻琛内附。二十年七月，行人唐敬還自真臘，王遣使貢象五十九頭、香六萬斤。永樂改元，遣使者諭即位。二年八月，國王參烈婆毘牙遣陪臣九人來貢，賜鈔幣有差。

先是，中貴人奉使彼中，將歸，有健兒三人夜遁去，索之不得。其王以國中三夷人充數，還朝，既引見，上曰：『華人自遁，何與彼事，而責償之過？且若輩語言不通，風土敻隔，將焉用此而令背井離鄉之為。』顧命禮部給道里費，善遣之。尚書李至剛曰：『臣意華人必不甘逃遁彼土，或為彼所匿，則此三人於法應留。』上曰：『何須逆詐人主，但推天地之心以待遠人，可也。』三年，參烈婆毘牙殂，命鴻臚王孜往祭之，封其子參烈昭平牙為王，賜綵幣。七年，奉金鏤表，貢馴象及方物。景泰三年，再貢。

《明史》卷三二四《外國傳五·真臘》　洪武三年，遣使臣郭徵等齎詔撫諭其國。四年，其國巴山王忽爾那遣使進表，貢方物，賀明年正旦。詔賜《大統曆》及綵幣，使者亦給賜有差。六年進貢。十三年，王參荅甘武者持達志遣使來貢，宴賜如前。十三年復貢。十六年遣使齎勘合文冊賜其王。凡國中使至，勘合不符者，即屬矯偽，許縶縛以聞。復遣使賜織金文綺三十二、磁器萬九千。其王遣使來貢。十九年遣行人劉敏、唐敬偕中官齎磁器往賜。明年，敬等還，王遣使貢象五十九、香六萬斤。尋遣使賜其王鍍金銀印，王及妃皆有賜。其王參烈寶毘邪甘菩者遣使貢象及方物。明年復貢象二十八、象奴三十四人、番奴四十五人，謝賜印之恩。二十二年三貢。明年復貢。

永樂元年遣行人蔣賓興、王樞以即位詔諭其國。明年，王參烈婆毘牙遣使來朝，貢方物。初，中官使真臘，有部卒三人潛遁，索之不得，王以其國三人代之，至是引見。帝曰：『華人自逃，於彼何預而責償？且語言不通，風土不習，吾焉用之？』命賜衣服及道里費，遣還。三年遣使來貢，告故王之喪。命鴻臚序班王孜致祭，給事中畢進、中官王琮齎詔封其嗣子參烈昭平牙為王。進等還，嗣王遣使偕來謝恩。六年、十二年再入貢。使者以其國數被占城侵擾，久留不去。帝遣中官送之還，并敕占城王罷兵修好。十五年、十七年並入貢。宣德、景泰中，亦遣使入貢。自後不常至。

清·穆彰阿等《嘉慶重修一統志》卷五五九《柬埔寨》　明洪武四年，國王忽兒那遣其臣奈而吉郎等表獻方物。永樂間，嘗再入貢，使者以其國數被占城侵擾，久留不去，帝遣中官送之還，并敕占城王罷兵修好，至景泰後，貢使不至。

菲律賓

綜述

明・費信《星槎勝覽》卷二《蘇禄國》　永樂十六年，其酋長感慕聖恩，乃挈妻攜子涉海來朝，進獻巨珠一顆，重七兩伍錢，罕古莫能有也。皇上大悦，加勞厚賜金印冠帶歸國。

明・李賢等［天順］《明一統志》卷九〇《外夷・古麻剌國》　本朝永樂中，國王哇來頓本親率其臣來朝，至福州，卒。詔謚曰康靖，敕葬閩縣，有司歲時致祭。

又《蘇禄國》　本朝永樂十五年，其國東王巴都葛叭答剌、西王巴都葛叭蘇哩、峒王叭都葛巴剌卜，各率其妻子頭目來朝，并貢方物。

又《呂宋國》　本朝永樂三年，國王遣其臣隔察老來朝并貢方物。

又《合貓里國》　本朝永樂三年，國王遣其臣回回道奴馬高等來朝，并貢方物。

明・黄省曾《西洋朝貢典録》卷上《蘇禄國》　其朝貢無常。永樂十五年，其國東王巴都葛叭答剌、西王巴都葛叭蘇里、峒王叭都葛巴剌卜各率妻子頭目來朝貢。十九年遣使來貢。其貢物：梅花腦、竹布、綿布、玳瑁、降香、蘇木、胡椒、蓽茇黄蠟、番錫。

論曰：余於《廣志》、《漢書》，觀二寸珠事。及讀《列仙傳》云，高后時下書募三寸珠，有朱仲者獻焉，賜五百金；魯元公主復私以七百金從仲求得四寸珠。以為誣矣。今《星槎篇》載蘇禄王所獻巨珠重幾八兩，乃始信之。宜乎金印之報錫也。雖然不寶遠物，則遠人格，天朝之致，此亦有由矣。

明・羅日褧《咸賓録》卷六《呂宋》　呂宋，小國也。其地產黄金，以故人亦富厚。俗樸恥訟。洪武、永樂初俱遣使朝貢。萬曆四年助討逋賊有功，來貢。貢道由福建入，於正賞外加賜如朝鮮國。

又《合貓里》　合貓里，小國也。永樂三年，國王遣使朝貢。

又《蘇禄》　蘇禄，其國王有三，曰東王、西王、峒王。惟東王為尊。永樂十五年，三王各率其妻子頭目朝貢。

明・張燮《東西洋考》卷五《蘇禄》　蘇禄在東南海中。永樂十五年，其國東王巴都葛叭答剌、西王巴都葛叭蘇哩、峒王巴都葛叭剌卜各率其妻子、酋目來朝，并貢方物。賜王冠服、金錢、錦幣、雜器，子女姻戚侍從賞賚有差。《會典》曰：賜王紗帽、金箱玉帶、鈒花金帶、金蟒龍衣、金銀錢鈔、錦紵絲紗羅、器皿等物。王妃冠服、銀紗、紵絲等物。餘冠帶衣服諸物。三王者，東王為長，西王亞之，峒王又亞之。空國來歸，鱗次闕下，亦嚮化之篤也。還次德州，東王以疾殂于驛亭，命有司營葬，更為文樹碑墓道，留其姬妾内侍十人守墳，滿三載然後還國。遣使册其子都麻合為蘇禄國東王。十九年，遣使來貢。

又《貓里務》　猫里務即合猫里國也。地小土瘠，國中多山，山外大海，海饒魚蟲，人亦知耕稼。永樂三年，國王遣使回回道奴馬高奉表來朝，并貢方物。國於呂宋鄰壤，故與呂宋使者偕來。其後漸成沃土，俗亦近馴，故舶人為之語曰：『若要富，須往猫里務。』蓋小邦之善地也。

《明史》卷三二三《外國傳四・呂宋》　呂宋居南海中，去漳州甚近。洪武五年正月遣使偕瑣里諸國來貢。永樂三年十月遣官齎詔，撫諭其國。八年與馮嘉施蘭入貢，自後久不至。萬曆四年，官軍追海寇林道乾至其國，國人助討有功，復朝貢。時佛郎機强，與呂宋互市，久之見其國弱可取，乃奉厚賄遺王，乞地如牛皮大，建屋以居。王不虞其詐而許之，其人乃裂牛皮，聯屬至數千丈，圍呂宋地，乞如約。王大駭，然業已許諾，無可奈何，遂聽之，而稍徵其税如國法。其人既得地，即營室築城，列火器，設守禦具，為窺伺計。已，竟乘其無備，襲殺其王，逐其人民，而據其國，名仍呂宋，實佛郎機也。先是，閩人以其地近且饒富，商販者至數萬人，往往久居不返，至長子孫。佛郎機既奪其國，其王遣一酋來鎮，慮華人為變，多逐之歸，留者悉被其侵辱。

又《合貓里》　合貓里，海中小國也。土瘠多山，山外大海，饒魚蟲，人知耕稼。永樂三年九月遣使附爪哇使臣朝貢。

又《古麻剌朗》　古麻剌朗，東南海中小國也。永樂十五年九月遣中官張謙齎敕撫諭其王幹剌義亦奔敦，賜之絨錦、紵絲、紗羅。十八年八月，王率妻子、陪臣隨謙來朝，貢方物，禮之如蘇禄國王。王言：『臣愚無知，雖為國人所推，然未受朝命，幸賜封誥，仍其國號。』從之，乃賜以印誥、冠帶、儀杖、鞍馬及文綺、金織襲衣，妃以下並有賜。明年正月辭還，復賜金銀錢、文綺、紗羅、綵帛、金織襲衣、麒麟衣，妃以下賜有差。王還至福建，遘疾卒。遣禮部主事楊善諭祭，謚曰康靖，有司治墳，葬以王禮。命其子剌苾嗣為王，率衆歸，賜鈔幣。

又 《馮嘉施蘭》 馮嘉施蘭，亦東洋中小國。永樂四年八月，其酋嘉馬銀等來朝，貢方物，賜鈔幣有差。六年四月，其酋玳瑁、里欲二人，各率其屬朝貢，賜二人鈔各百錠、文綺六表裏，其從者亦有賜。八年復來貢。

又 卷三二五《外國傳六·蘇禄》 永樂十五年，其國東王巴都葛叭哈剌、西王麻哈剌叱葛剌麻丁、峒王妻叭都葛巴剌卜並率其家屬頭目凡三百四十餘人，浮海朝貢，進金鏤表文，獻珍珠、寶石、玳瑁諸物。禮之若滿剌加，尋並封為國王。賜印誥、襲衣、冠帶及鞍馬、儀仗器物，其從者亦賜冠帶有差。居二十七日，三王辭歸。各賜玉帶一，黄金百，白金二千，羅錦文綺二百，帛三百，鈔萬錠，錢二千緡，金繡蟒龍、麒麟衣各一。東王次德州，卒於館。帝遣官賜祭，命有司營葬，勒碑墓道，謚曰恭定，留妻妾傔從十人守墓，俟畢三年喪遣歸。乃遣使齎敕諭其長子都馬含曰：『爾父知尊中國，躬率家屬陪臣，遠涉海道，萬里來朝。朕眷其誠悃，已錫王封，優加賜賚，遣官護歸。舟次德州，遭疾殞歿。朕聞之，深為哀悼，已葬祭如禮。爾以嫡長，為國人所屬，宜即繼承，用綏藩服。今特封爾為蘇禄國東王。爾尚益篤忠貞，敬承天道，以副眷懷，以繼爾父之志。欽哉。』

十八年，西王遣使入貢。十九年，東王母遣王叔叭都加蘇里來朝，貢大珠一，其重七兩有奇。二十一年，東王妃還國，厚賜遣之。明年入貢，自後不復至。萬曆時，佛郎機屢攻之，城據山險，迄不能下。

其國，於古無所考。地瘠寡粟麥，民率食魚蝦，煮海為鹽，釀蔗為酒，織竹為布。氣候常熱，有珠池，夜望之，光浮水面。土人以珠與華人市易，大者利數十倍。商舶将返，輒留數人為質，冀其再來。其旁近國名高藥，出玳瑁。

清·傅恆等《清職貢圖》卷一《蘇禄國》 明永樂間，其國有東西兩王，又有峒王，俱來朝貢，後不復至。本朝雍正四年，遣使入貢，因定期五年一來。

清·穆彰阿等《嘉慶重修一統志》卷五五五《蘇禄》 明永樂十五年，【略】其國東王巴都葛巴哈剌、西王麻哈剌叱葛剌麻丁、峒王妻叭都葛巴都剌卜，並率其家屬頭目來朝貢，進金縷衣、表文，獻珍珠、寶石、玳瑁諸物，因並封為國王，賜印、誥、襲衣、冠帶及鞍馬、儀仗器物。居二十七日，三王辭歸，其東王次德州，卒於館。帝遣官賜祭，命有司營葬，勒碑墓道，謚曰恭定，留妻妾傔從十人守墓畢，三年喪遣歸，乃遣使齎敕封其長子都馬舍為蘇禄國王。十八年，西王遣使入貢。十九年，東王母遣王叔叭都加蘇里來朝，貢大珠一，其重七兩有奇。二十一年，東王妃還國，厚賜遣之。明年入貢，後不復至。

本朝雍正四年，福建巡撫奏蘇禄國王毋漢末母拉律林遣使喇嘛禄達臣襲廷綵，副使巴禄達臣阿石丹，航海奉表貢獻方物。五年，其貢使至京，因欽頒敕諭一道，給賜國王即令來使齎奉還國，定例五年一貢。十一年，該國王以伊祖東王德州墳墓及其子孫存留賙恤之處，奏懇修理給復。上允之。【略】

乾隆五年，該國遣番丁護送遭風商人回内地，諭旨嘉獎。八年，貢使馬明光等至奏，請三年復修朝貢，奉旨仍遵舊定五年一貢之例。十九年，該國請以戶口人丁編入中國圖籍。二十七年，國王蘇老丹麻未案柔噒遣使入貢。蘇禄之西為吉里問，又西為朱葛礁喇，皆在息力山之北。息力山廣大不可測，人迹恆不至焉。

又 《呂宋》 自古不通中國，明洪武五年始遣使偕瑣里諸國來朝。永樂三年，遣官齎詔撫諭其國。八年，與馮嘉施蘭入貢，自後久不至。萬曆四年，官軍追海寇林道乾至其國，國人助討有功，復朝貢，尋為佛郎機所并，然與中國貿易，仍稱呂宋。【略】

本朝順治三年，福建平呂宋，前遣使明貢臣尚留閩未還，守臣送其使入京師，上賜以服物，遣歸本國。康熙五十六年，呂宋等國口岸多聚漢人，諭令禁止南洋貿易。雍正五年，復通市如故。十三年，呂宋以麥收歉薄附洋船載穀二千石來廈門，欲以易麥，邊臣以五穀出洋久有例禁奏入，上特沛殊恩，飭地方官平羅羅，使原船載歸，以濟其乏。

清·薩迎阿等〔嘉慶〕《禮部則例》卷一七七《主客清吏司·蘇禄朝貢》 蘇禄在東南海外，雍正五年通貢，乾隆十九年該國王請以戶口人丁編入中國圖籍，經部議以窮島荒夷，傾心向化，則該國之土地人民即在聖天子統御照臨之內，毋庸復行齎送圖冊。初定五年一貢，復陳請三年一貢。後奉旨定如今例。貢道，航海涉重洋，由福建廈門入境達京師。

一、蘇禄國王五年外一貢，由福建巡撫代題敕部議准後，知照該撫，令其入貢。

一、蘇禄貢使正副使各一人，通事一名，從人無定額。

一、蘇禄入貢，均以方物，貢無定額。謹按雍正五年，貢珍珠二顆，玳瑁十二片，花布一匹，金頭牙薩白幼洋布、蘇山竹各二匹，燕窩一箱，龍腦花刀、夾花標槍、滿花番刀、藤席各一對，活猿一對。乾隆八年，貢玳瑁一箱，珍珠二顆，燕窩一箱，跂踏牙薩各一匹，竹布六匹，滿花番刀、夾花標槍各一對。十九年，貢珍珠三顆，花藤席二領，玳瑁一匣，燕窩六匣，花刀、花槍、花標、爪鴉鐘各一對，咾哮丁香各一罐，跂踏二匹，竹布四匹，龍涎香一匣，國土一包。二十八年，貢珍珠二顆，玳瑁一匣，燕窩二匣，劍標槍、吹筒、藤席各一對，洋布、花布香二罐，鸚鵡一隻。

一、具體領賞，照加賞琉球國例。

賜該國王蟒緞六匹，錦緞六匹，閃緞八匹，絲緞十匹，藍緞十匹，青緞十匹，綢十匹，羅十匹，紗十匹，仍將上次恩賞之處，開列清單，於本內一併聲明請旨。其正副使照琉球貢使之例，賞綵緞六匹，裏四匹，羅四匹，紡絲二匹，絹二匹。如來使係內地人，照琉球國使者之例賞綵緞三匹，裏二匹，絹一匹，毛青布六匹。通事照琉球國通事之例，賞綵緞二匹，裏一匹，絹一匹，毛青布六匹。從人及留邊從人各毛青布六匹。伴送官彭緞袍一件，所賜國王物件俱移內閣載入，敕內交來使帶回。謹按雍正五年，恩賞該國王玉器五件，玻璃器六件，磁器六十件。加賞正使內緞六匹，銀八十兩。副使內緞二匹，銀二十兩。乾隆八年、十九年、二十八年，特恩加賞國王、來使，俱與雍正五年同。

一、貢使進表朝賀在館供給，及頒賞歸國各事宜，均詳《朝貢通例》。

馬來西亞

綜述

明·費信《星槎勝覽》卷一《滿剌加國》 永樂七年，皇上命正使太監鄭和等齎捧詔敕，賜以雙臺銀印，冠帶袍服，建碑封域，為滿剌加國，其暹羅始不敢擾。永樂十三年，酋長感慕聖，挈妻攜子貢獻方物，涉海朝謝，聖上賞勞歸國。

明·馬歡《瀛涯勝覽·滿剌加國》 此地屬暹羅所轄，歲輸金四十兩，否則差人征伐。永樂七年己丑，上命正使太監鄭和等統〔寶船〕齎詔勑，賜頭目雙臺銀印冠帶袍服，建碑封城，遂名滿剌加國，是後暹羅莫敢侵擾。其頭目蒙恩為王，挈妻子赴京朝謝，貢進方物，朝廷又賜與海船回國守土。【略】其國王亦自採辦方物，挈妻子帶領頭目駕船跟隨寶船赴闕進貢。

明·鞏珍《西洋番國志·滿剌加國》 永樂七年己丑歲欽奉上命遣使往諭諸番，到於本處，宣布詔旨。特恩賜其地主以雙臺銀印冠帶袍服，主國封王，建城豎碑。遂與諸番為敵體，而暹羅莫敢侵犯。【略】其國既受皇恩深重，其年乃攜妻子赴闕謝恩。又賜造大舡令其乘駕歸國守土。自前至今歲方物不缺進貢。

明·李賢等〔天順〕《明一統志》卷九〇《外夷·滿剌加國》 本朝永樂三年，其國王西利八兒速剌遣使朝貢，朝廷賜以印誥，封為滿剌加國王。九年，其嗣王拜里迷蘇剌親率其妻子來朝，厚賚而還，自是朝貢不絕。天順三年，國王無荅佛哪沙卒，其子蘇丹芒速沙請命，復遣使賚詔往封焉。

明·黃省曾《西洋朝貢典録》卷上《滿剌加國》 其朝貢不絕。永樂三年，其頭目西利八兒速剌遣使奉金葉表來朝貢。詔封為滿剌加國王，給印及誥。其王慕義願同中國屬郡，歲效職貢。又請封其國西山，詔封為鎮國之山，御制碑文賜之。九年，嗣王拜里迷蘇剌率其妻子及陪臣五百四十餘人朝貢。命官往勞，上御奉天門宴之。十年，遣使來貢。十二年，國王母來。二十二年，宣德九年，國王復來。正統十年以後，屢遣使來貢。其貢物：番小廝、犀角、象牙、玳瑁、鶴頂、鸚鵡、黑熊、黑猿、白鹿、鎖袱、金母鶴頂、金廂戒指、撒哈剌、白苾布、撒都細布、西洋布、花縵、片腦、梔子花、薔薇露、沉香、乳香、黄速香、金銀香、降真香、紫檀香、丁香、烏木、蘇木、大楓子、番錫、番鹽。

論曰：傳云，海島邈絶，不可踐量。信然矣，況夷心淵險不測，握重貨以深往，自非多區略之臣，鮮不敗事也。予觀馬歡所記載滿剌加云，鄭和至此，乃為城柵鼓角，立府藏倉廩，停貯百物，然後分使通於列夷，歸䑸則仍會萃焉。智哉其區略也。滿剌加昔無名號，素苦暹羅。永樂初始建碑封城，詔為王焉。其内慕柔服，至率妻子來朝，實若藩宗之親矣，則和之貯百物於此也，曷有他慮哉！智哉其區略也！

又 **《彭亨國》** 其朝貢無常。洪武十一年，遣使奉金葉表，貢番奴及方物。永樂十二年，復遣其臣蘇麻固門的里等來朝貢。其貢物：金、水罐、檀香、乳香、速香、片腦、胡椒、象牙。

論曰：祖訓有之：諸夷限山隔海，得其地不足以供給，得其民不足以使令。其聖主之謨言也，乃復列不征諸夷國名示諸將來。而眇爾彭亨，亦得載著金匱，何其華榮也。其稱同居海中者，有浡泥國，有三佛齊國，有百花國。

明·羅日褧《咸賓録》卷六《討來思》 討來思，即古赤土國也。【略】我朝名討來思。玄德六年，遣人入貢。

又 **《淡巴》** 淡巴，古狼牙修國也。【略】我朝名淡巴。洪武十年，國王佛喝思羅遣使朝貢。

又 **《滿剌加》** 滿剌加，永樂三年，王西利八兒速剌遣人朝貢。七年，我遣太監鄭和賜印誥，封為王。九年，嗣王拜里迷蘇剌率其妃子及陪臣五百四十人來朝。上御奉天門宴王，賜王並王妃及子侄賞各有差。十三年，國王子母幹撒子的兒沙來朝，告父卒。詔命嗣封。以後宣德、天順、成化時輒遣使來貢。成化末，給事中林榮、行人黄乾亨奉使冊封其王，溺海死，各蔭一子入監讀書。

又 **《彭亨》** 彭亨在海島中，洪武、永樂間，其王麻哈剌、惹答饒俱遣使朝貢，獻番奴及方物。地多平原，禽獸稀少，草茂土沃，物産無奇。

明·張燮《東西洋考》卷四《麻六甲》 永樂三年，酋西利八兒速剌遣使上表，願内附，為屬郡，效職貢。七年，上命中使鄭和封為滿剌加國王。賜銀印、冠服，從此不復隸暹羅矣。九年，嗣王拜里迭蘇剌率其妻子及陪臣五百四十人來朝。命中貴海壽、禮部郎黄裳迎勞於郊，敕有司供帳飾館待之。尋陛見，貢方物。上御奉天門宴王，賜玉帶、羽儀、鞍馬、金、銀、錢鈔、錦綺，王妃冠服，其下賞賚各有差。居久之，禮送還國。《廣東通志》曰：光禄日給牲牢，賜王金繡龍衣一襲，金銀器皿、帷帳、裀褥咸具，賜妃八兒迷速里及子侄、陪臣文綺、紗羅、襲衣有差，就館復賜宴。八月，賜黄金相玉帶、儀仗、鞍馬，并賜王妃冠服。九月，辭歸，賜宴奉天門，别宴王妃、陪臣如初。賜敕勞王，副以金相玉帶一、儀仗一副、鞍馬二疋、黄金百兩、白金五百兩、鈔四十萬貫、錢二千六百貫、錦羅六百疋、絹千疋、渾金文綺二、金織通袖膝襴二，妃以下各有差。禮部餞於龍江驛，復賜宴龍潭。十年，遣使入貢。十二年，王母來朝，賜如王妃。十七年，王亦思罕答兒沙嗣，更率妻子來朝，言：『為暹羅所侵，惟陛下卵翼之。』上為降詔暹羅國王，無開兵隙。暹羅旋遣使來謝侵伐之罪。滿剌加所得保境息肩者，皆中國賜也。

二十二年，王西里麻哈剌來朝。宣德九年，王復至，後先賜予甚厚。其後貢使不絶。天順三年，王无答佛哪沙卒，子蘇丹芒速沙請封，遣使冊立為王。成化末，給事中林榮、行人黄乾亨奉使，溺海死，以故罷遣云。

又 **《彭亨》** 洪武十一年，遣使奉金葉表朝貢。永樂十二年，遣蘇麻固門的里來朝，并貢方物。其後二百數十年而有柔佛之事。

《明史》卷三二五《外國傳六·滿剌加》 滿剌加，在占城南。順風八日至龍牙門，又西行二日即至。或云即古頓遜，唐哥羅富沙。

永樂元年十月遣中官尹慶使其地，賜以織金文綺、銷金帳幔諸物。其地無王，亦不稱國，服屬暹羅，歲輸金四十兩為賦。慶至，宣示威德及招徠之意。其酋拜里迷蘇剌大喜，遣使隨慶入朝貢方物。三年九月至京師，帝嘉之，封為滿剌加國王，賜誥印、綵幣、襲衣、黄蓋，復命慶往。其使者言：『王慕義，願同中國列郡，歲效職貢，請封其山為一國之鎮。』帝從之。製碑文，勒山上，末綴以詩曰：『西南巨海中國通，輸天灌地億載同。洗日浴月光景融，雨崖露石草木濃。金花寶鈿生青紅，有國於此民俗雍。王好善義思朝宗，願比內郡依華風。出入導從張蓋重，儀文裼襲禮虔恭。大書貢石表爾忠，爾國西山永鎮封。山君海伯翕扈從，皇考陟降在彼穹。後天監視久彌隆，爾衆子孫萬福崇。』慶等再至，其王益喜，禮待有加。

五年九月遣使入貢。明年，鄭和使其國，旋入貢。九年，其王率妻子陪臣五百四十餘人來朝。抵近郊，命中官海壽、禮部郎中黄裳等宴勞，有司供張會同館。入朝奉天殿，帝親宴之，妃以下宴他所。光禄日致牲牢上尊，賜王金繡龍衣二襲、麒麟衣一襲，金銀器、帷幔衾裯悉具，妃以下皆有賜。將歸，賜王玉帶、儀仗、鞍馬，賜妃冠服。瀕行，賜宴奉天門，再賜玉帶、儀仗、鞍馬、黄金百、白金五百、鈔四十萬貫、錢二千六百貫、錦綺紗羅三百匹、帛千匹、渾金文綺二、金織通袖膝襴二，妃及子姪陪臣以下，宴賜有差。禮官餞於龍江驛，復賜宴龍潭驛。十年夏，其姪入謝。及辭歸，命中官甘泉偕往，旋又入貢。

十二年，王子母幹撒于的兒沙來朝，告其父訃。即命襲封，賜金幣。嗣後，或連歲，或間歲入貢以為常。

十七年，王率妻子陪臣來朝謝恩。及辭歸，訴暹羅見侵狀。帝為賜敕諭暹羅，暹羅乃奉詔。二十二年，西里麻哈剌以父没嗣位，率妻子陪臣來朝。

宣德六年遣使者來言：『暹羅謀侵本國，王欲入朝，懼為所阻，欲奏聞，無能書者，令臣三人附蘇門答剌貢舟入訴。』帝命附鄭和舟歸國，因令和齎敕諭暹羅，責以輯睦鄰封，毋違朝命。初，三人至，無貢物，禮官言例不當賞。帝曰：『遠人越數萬里來愬不平，豈可無賜。』遂賜襲衣、綵幣，如貢使例。

八年，王率妻子陪臣來朝。抵南京，天已寒，命俟春和北上，别遣人齎敕勞賜王及妃。洎入朝，宴賚如禮。及還，有司為治舟。王復遣其弟貢駝馬方物。時英宗已嗣位，而王猶在廣東。賜敕奬王，命守臣送還國。因遣古里、眞臘等十一國使臣，附載偕還。

正統十年，其使者請賜王息力八密息瓦兒丢八沙護國敕書及蟒服、傘蓋，以鎮服國人。又言：『王欲親詣闕下，從人多，乞賜一巨舟，以便遠涉。』帝悉從之。

景泰六年，速魯檀無答佛哪沙貢馬及方物，請封為王。詔給事中王暉往。已，復入貢，言所賜冠帶燬於火。命製皮弁服、紅羅常服及犀帶紗帽予之。

天順三年，王子蘇丹芒速沙遣使入貢。命給事中陳嘉猷等往封之。越二年，禮官言：『嘉猷等浮海二日，至烏猪洋，遇颶風，舟壞，飄六日至清瀾守禦所獲救。敕書無失，諸賜物悉沾水。乞重給，令使臣復往。』從之。

成化十年，給事中陳峻冊封占城王，遇安南兵據占城不得入，以所齎物至滿剌加，諭其王入貢。其使者至，帝喜，賜敕嘉奬。十七年九月，貢使言：『成化五年，貢使還，飄抵安南境，多被殺，餘黥為奴，幼者加宫刑。今已據占城地，又欲吞本國。本國以皆為王臣，未敢與戰。』適安南貢使亦至，滿剌加使臣請與廷辯。兵部言事屬既往，不足深較。帝乃因安南使還，敕責其王，幷諭滿剌加，安南復侵陵，即整兵待戰。尋遣給事中林榮、行人黄乾亨冊封王子馬哈木沙為王。二人溺死，贈官賜祭，予廕，恤其家，餘敕有司海濱招魂祭，亦恤其家。復遣給事中張晟、行人左輔往。晟卒於廣東，命守臣擇一官為輔副，以終封事。

正德三年，使臣端亞智等入貢。其通事亞劉，本江西萬安人蕭明舉，負罪逃入其國，賂大通事王永、序班張字，謀往淳泥索寶。而禮部吏侯等亦受賂，偽為符印，擾郵傳。還至廣東，明舉與端亞智輩爭言，遂與同事彭萬春等劫殺之，盡取其財物。事覺，逮入京。明舉凌遲，萬春等斬，王永減死罰米三百石，與張字、侯永並戍邊，尚書白鉞以下皆議罰。劉瑾因此罪江西人，減其解額五十名，仕者不得任京職。

後佛郎機强，舉兵侵奪其地，王蘇端媽末出奔，遣使告難。時世宗嗣位，敕責佛郎機，令還其故土。諭暹羅諸國王以救災恤鄰之義，迄無應者，滿剌加竟為所滅。時佛郎機亦遣使朝貢請封，抵廣東，守臣以其國素不列王會，羈其使以聞。詔予方物之直遣歸，後改名麻六甲云。

滿剌加所貢物有瑪瑙、珍珠、玳瑁、珊瑚樹、鶴頂、金母鶴頂、瑣服、白苾布、西洋布、撒哈剌、犀角、象牙、黑熊、黑猿、白麂、火雞、鸚鵡、片腦、薔薇露、蘇合油、梔子花、烏爹泥、沈香、速香、金銀香、阿魏之屬。

又《彭亨》 彭亨，在暹羅之西。洪武十一年，其王麻哈剌惹答饒遣使齎金葉表，貢番奴六人及方物，宴賚如禮。永樂九年，王巴剌密瑣剌達羅息泥遣使入貢。十年，鄭和使其國。十二年復入貢。十四年，與古里、爪哇諸國偕貢，復令鄭和報之。

又 卷三二六《外國傳七·急蘭丹》 急蘭丹，永樂九年，王麻哈剌查苦馬兒遣使朝貢。十年命鄭和齎敕獎其王，賚以錦綺、紗羅、綵帛。

清·穆彰阿等《嘉慶重修一統志》卷五五七《彭亨》 明洪武十一年，其王麻哈剌惹遣使齎表貢番奴及方物，永樂中，屢入貢。

又《嘛六甲》 永樂三年，其酋拜里迷蘇剌遣使貢方物，封為滿剌加國王，賜誥印綵幣。其使者言王慕義願同中國列郡歲效職貢，因請封其山為一國之鎮，帝從之。九年，其王率妻子陪臣五百四十餘人來朝，宴賜有加禮，及歸，又賜宴龍潭驛以餞之。至王子母幹撒于的兒沙襲封亦賜金幣。後屢為暹羅所侵。

印度尼西亞

綜述

明·馬歡《瀛涯勝覽·爪哇國》 國王常差頭目以船隻裝載方物進貢中國。

又《舊港國》 國王亦每以方物进贡朝廷，逮今未绝。

又《蘇門答剌國》 永樂七年，效職進貢方物而沐天恩。【略】永樂十三年，正使太監鄭和等統領大寶船到彼，發兵擒獲蘇幹剌，赴闕明正其罪。其王子感荷聖恩，常貢方物於朝廷。

又《南浡里國》 其南浡里王常跟寶船，將降真香等物貢於中國。

明·鞏珍《西洋番國志·爪哇國》 國人最喜青花瓷幷麝香、花綉、紵絲、硝子珠等貨。國人常採方物，遣使進貢中國。

又《舊港國》 人喜博戲，如奕棋把龜鬭雞，皆賭財物。行市交易用中國銅錢並布帛之類。其王亦採方物赴中國進貢。

又《蘇門答剌國》 永樂七年老王入貢中國，十年還。前王子長成，陰與部屬合謀，殺老王而取其國。老王子蘇幹剌挈家逃入山，立寨以居，時率衆復父讎。永樂十三年太監正使等到，為發兵擒獲蘇幹剌送京，王子位始固，以此感恩義，常貢方物。

又《黎代》 土無所出，只出野犀牛，王亦遣人採捕。隨蘇門答剌國進貢。

又《南浡里國》 其南浡里國王嘗親齎土產異珍，隨寶紅朝貢中國。

明·李賢等〔天順〕《明一統志》卷九〇《外夷·爪哇國》 本朝洪武初，其王昔里八達剌遣其臣八的占必等朝貢，納元所授宣敕二道，自是朝貢不絕。

又《三佛齊國》 本朝洪武四年，國王哈剌札八剌卜遣其臣玉的力馬罕亦里麻思奉金字表來朝，幷貢方物，遂朝貢不絕。

又《蘇門答剌國》 本朝永樂中，國王鎖丹罕難阿必鎮遣其臣阿里來朝，幷貢方物，自是脩貢不絕。

又《古里班卒國》 本朝永樂三年，國王遣其臣馬的等來朝，幷貢方物。

又《婆羅國》 本朝永樂四年，國王遣其臣毋黎哥等來朝，幷貢方物。

又《碟里國》 本朝永樂三年，國王遣其臣馬黑木等來朝，幷貢方物。

又《日羅夏治國》 本朝永樂三年，國王遣其臣文那打時鎮等來朝，幷貢方物。

又《阿魯國》 本朝永樂五年，國王速魯唐忽先遣其臣滿剌哈三等來朝，幷貢方物。

明·黄省曾《西洋朝貢典録》卷上《爪哇國》 其朝貢無常。洪武三年，其王昔里八達剌遣其臣八的占必等貢方物，並納元所授宣諭二道。十四年上金葉表來貢，及黑奴三百人。後絕其貢。永樂二年，其國東王遣使朝貢，且請印章。命鑄鍍金銀印，遣使賜之。正統八年，定每三年一貢。自後朝貢無常。其貢物：胡椒、蓽茇、蘇木、黄蠟、烏爹泥、金剛子、島木、番紅土、薔薇露、奇南香、檀香、麻藤香、速香、降香、木香、乳香、龍腦、血竭、肉荳蔻、白荳蔻、藤竭、阿魏、蘆薈、没藥、大楓子、丁皮、番木鱉子、悶蟲藥、碗石、蓽澄茄、島香、寶石、珍珠、錫、西洋鐵、鐵槍、摺鐵刀、苾布、油紅布、孔雀、火雞、翠毛、鶴頂、犀角、象牙、龜筒、黄熟香、安息香。

論曰：淳化間，國使佗湛言，中國有真主，乃修朝貢禮云。故元世祖命史弼、高興發舟千艘，持一歲糧，虎符十、銀符百、鈔錠四萬，費大且勞矣，而卒敗没以歸。至高皇帝以來，不煩一旅，朝貢且百五十餘年，曾不厭怠。不遇真主，則彼高枕海外可矣，亦安肯低心遠汎以臣下於方内哉！

又《三佛齊國》 其朝貢無期。洪武四年，其國王哈剌扎八剌卜遣其臣王的力馬罕亦里麻思奉金字表文來朝貢。六年，復遣使賀正旦，並貢方物。八年，復遣使從詔諭拂菻國朝使來貢。十年，遣使奉表請印綬。命齎駝紐鍍金銀印賜之。其貢物：黑熊、火雞、孔雀、五色鸚鵡、諸香、兜羅綿被、苾布、白獺、龜筒、島椒、肉荳蔻、番油子、米腦。

論曰：廣人陳祖義，國初竄舊港為酋長，以寇钞為業，舶人苦之。鄭和至，有施進卿者白和，乃執祖義歸，之京师誅焉，而章绂進卿于其土云。然则和豈贸易珍寶之使哉！除異域之患，為天子光，和亦賢矣。又聞之和貌身長九尺，腰大十圍，洪音虎步。文皇帝初遣時咨諸相者袁生忠徹。袁生曰：『鄭三保姿貌材智，内侍中無與儔比。』故令统督以往，果所至畏服也。

又 卷中《阿魯國》 其朝貢無常。永樂五年，其王速魯唐忽先遣其臣滿剌哈三等附古里等國來朝并貢物。其貢物：象牙、熟腦。

論曰：西洋諸國，永樂間初來朝貢者四十有二。其阿魯雖瑣細島夷，因中使臨顧其地，故得牽聯而載之。若娑羅至日落等二十九國，皆未嘗至焉，不得誣而書也。

又《蘇門答剌國》 其朝貢無常。永樂三年，其王鎖丹罕難阿必鎮遣其臣阿里來朝貢，詔封為國王及誥。五年至宣德六年，屢遣使來貢，表用金葉。十年，復請其子封為王。其貢物：馬、犀牛、龍涎、撒哈剌、梭服、寶石、木香、丁香、降真香、沈速香、胡椒、蘇木、錫、水晶、瑪瑙、番刀、弓、石青、回回青、硫黄。

又《南浡里國》 其朝貢無期。永樂七年，王率臣下數十人自隨寶船至京進貢。

論曰：南浡里戶不過千餘，而王與牛羊雜處，其亦不足為國也矣。而往錫蘭諸國者必經焉。且其王嘗親浮海稽首於紫庭，斯可取也。

明·羅日褧《咸賓録》卷三《蘇門答剌》 我朝洪武初，國王遣使貢馬及方物。永樂初，國王宰奴里阿必丁遣使朝貢，封為蘇門答剌王，賜印誥金幣。既而國王與鄰國花面王戰敗死，子幼，有一漁翁奮志領兵攻殺花面王，遂妻故王妻，自稱老王而得其國。遣使來貢。無何，故王之子長大，陰與部目謀殺漁翁，復其故位。而漁翁之嫡子蘇幹剌者，逃居鄰谷，自立為王，率衆復父之仇。會太監鄭和至其國，發兵擒獲蘇幹剌赴京伏誅。王子感上德意，貢方物甚夥，至今不絶。

又 卷四《南巫里》 南巫里，小國也。洪武初，遣使貢降真香等物。

又 卷六《爪哇》 至我朝，其國分東西二王。洪武時凡兩遣使來貢。已而我使至三佛齊，爪哇要而殺之。置不問。至永樂三年，東王孛令達哈遣使請印，與之。五年，西王都馬板滅東王。時我使過東王城，西王殺我百七十人，後懼，遣使謝罪。敕令償死者黄金六萬兩。而爪哇遣使貢萬兩。上蠲其金曰：『朕利金耶？令遠人知畏爾。』十三年，獻白鸚鵡。令三年一貢。

又《三佛齊》 我朝洪武時，國王怛麻沙那阿者凡三遣使朝貢。賜《大統曆》、文幣。頃之，其使從我招諭拂菻。時其王怛麻沙那阿者死，賜王子麻那者巫里三佛齊國王印。有廣東人陳祖義者，脱罪避居其國，久之得為將領，暴掠番商。永樂中，太監鄭和至三佛齊。祖義鄉人名施進卿者訴於和。和擒祖義，獻俘闕下，以進卿代之。進卿没，女二姐嗣。

又《啞嚕》 啞嚕，小國也。洪武初詔諭海南，其國來貢。

明·張燮《東西洋考》卷三《下港》 大觀三年，再貢，詔禮之如交阯。元遣史弼、高興征之，終不能制。《元史》曰：世祖撫有華、夷，其出師海外諸番者，惟爪哇之役為大。

我朝洪武二年，遣行人賜爪哇國璽書。三年，王昔里八達剌遣使奉金葉表，貢方物及黑奴三百人，納元所授宣敕二道。已而我使至三佛齊，爪哇要而殺之。《宋史》曰：其國與三佛齊有仇怨，互相攻戰。十三年，王八達那巴那務來貢。上絶其使，下詔責王。永樂元年，西王都馬扳奉表，賀即位。二年，東王孛令達哈遣使朝貢請印，與之。西王亦歲歲貢使來朝。五年，西王與東王戰，滅東王。時我舟過東王城，西王殺我百七十人。西王懼，遣使謝罪。敕責西王，令償死者金六萬。已僅入貢萬金，禮官請索如約。上曰：『朕利金耶？令遠人知畏耳。』蠲其金，賜鈔幣，諭之。八年，貢馬及方物。十一年，復貢。

是時三佛齊已降爪哇，更名舊港。中貴人吴賓使爪哇還，奏言滿剌加國王詭稱朝旨，從爪哇索舊港地，爪哇人不敢即寧。上降敕，附來使慰諭之，俾無猜惑。十三年，都馬板更名楊惟西沙，專使謝恩。十六、十九年，凡再貢。而東王久不至，蓋先是為西王所破，詭言欲立其子，意竟不果而遂滅也。正統二年再貢，厚賜之。景泰時請封，賜蟒衣、織蓋。天順四年，王都馬班貢，使還國，以綵幣賜其王及妃。

又《舊港》 洪武二年，詔行人趙述往使其國。王怛麻沙那阿遣使隨述奉金葉表來貢。賜曆及文幣。六年，復貢。八年，遣使從使者招諭拂菻。九年，王殂，王子麻那者巫里表請紹封。詔授駝紐鍍金銀印，封三佛齊國王。久之，丞相胡惟庸事發，事連三佛齊，懼而貢絶。三十年，上念遠夷希至，謂禮臣曰：『惟庸謀叛，三佛齊乃生間諜，紿我使臣，至為爪哇聞知，禮送還朝。今度已悔禍，朕欲許其自新。暹羅在遠國中，最稱恭順，而爪哇則三佛齊所悉索敝賦以從者也，可移檄暹羅達于爪哇，俾戒諭三佛齊，嘉與更始。』禮臣如旨以行。

永樂初年，三佛齊竟為爪哇所破，廢為舊港。是時南海豪民梁道明竄泊兹土，衆推為酋，閩廣流移從者數千人。廷議遣行人譚勝受往招之。道明隨勝受來歸。《廣東通志》云：譚勝受，南海人，鄉薦，授臨桂丞，以最召拜監察御史，坐事降行人。時閩廣流徙從梁道明者數千人。指揮孫鉉使海南，遇其子及二奴挾與俱來。上以勝受同鄉，令偕其二奴齎敕往招道明，遂從入朝。賜道明襲衣、鈔百五十錠、文綺十二表裏、絹七十二疋。勝受奏事稱旨，擢浙江按察使。留副酋施進卿代領其衆。五年，中貴鄭和奉使西洋，還過舊港，遇流賊陳祖義。祖義詐降，潛謀要劫。和料賊無歸順意，整兵以待。賊倖至，與戰，大破之，斬獲無算，械祖義至京伏誅。諸夷聞之，震慴曰：『眞天威也。吾曹安意内向矣。』是年，施進卿遣壻朝貢。詔命進卿為舊港宣慰使，賜印誥、冠服及文綺。後進卿卒。二十一年，以子濟孫嗣，印燬於火，詔給之。

又 卷四《啞齊》 入明，始稱蘇門答剌。洪武初，國王奉金葉表，貢馬及方物。永樂三年，王鎖丹罕難阿必鎮遣使入貢。詔封為蘇門答剌國王，賜印誥、金幣。五年，再使來貢。已而王與花面王戰，中流矢死。子弱，不任嘗膽，其妃飲泣，令于國曰：『能復讎者，我與為夫，共圖國事。』有漁翁聞之，率衆殺花面王。妃遂從漁翁。《吾學編》曰：永樂七年，來貢，厚賜之。十年，遣使至其國。久之，故王假子率所部殺漁翁王，王子蘇斡剌以衆奔峭山。十一年，中貴人鄭和擒假王，俘至京伏法。漁翁王子感激聖天子威靈，條進方物甚夥。宣德中，貢使頻至。十年，封其王子嗣王，世世朝貢不絶。

《明史》卷三二三《外國傳四·麻葉甕》 麻葉甕，在西南海中。永樂三年十月遣使齎璽書賜物，招諭其國，迄不朝貢。

又 卷三二四《外國傳五·爪哇》 爪哇在占城西南。元世祖時，遣使臣孟琪往，黥其面。世祖大舉兵伐之，破其國而還。

洪武二年，太祖遣使以即位詔諭其國。其使臣先奉貢於元，還至福建而元亡，因入居京師。太祖復遣使送之還，且賜以大統曆。三年以平定沙漠頒詔曰：『自古為天下主者，視天地所覆載，日月所照臨，若遠若近，生人之類，莫不欲其安土而樂生。然必中國安，而後四方萬國順附。邇元君妥懽帖木兒，荒淫昏弱，志不在民，天下英雄，分裂疆宇。朕憫生民之塗炭，興舉義兵，攘除亂略。天下軍民共尊朕居帝位，國號大明，建元洪武。前年克取元都，四方底定。占城、安南、高麗諸國，俱來朝貢。今年遣將北征，始知元君已没，獲其孫買的里八剌，封為崇禮侯。朕倣前代帝王，治理天下，惟欲中外人民，各安其所。又慮諸蕃僻在遠方，未悉朕意，故遣使者往諭，咸使聞知。』九月，其王昔里八達剌蒲遣使奉金葉表來朝，貢方物，宴賚如禮。

五年又遣使隨朝使常克敬來貢，上元所授宣敕三道。八年又貢。十年，王八達那巴那務遣使朝貢。其國又有東、西二王，東蕃王勿院勞網結，西蕃王勿勞波務，各遣使朝貢。天子以其禮意不誠，詔留其使，已而釋還之。十二年，王八達那巴那務遣使朝貢。明年又貢。時遣使賜三佛齊王印綬，爪哇誘而殺之。天子怒，留其使月餘，將加罪，已，遣還，賜敕責之。十四年遣使貢黑奴三百人及他方物。明年又貢黑奴男女百人、大珠八顆、胡椒七萬五千斤。二十六年再貢。明年又貢。

成祖即位，詔諭其國。永樂元年又遣副使聞良輔、行人寧善，賜其王絨、錦、織金文綺、紗羅。使者既行，其西王都馬板遣使入賀，復命中官馬彬等賜以鍍金銀印。西王遣使謝賜印，貢方物。而東王孛令達哈亦遣使朝貢，請印，命遣官賜之。自後，二王並貢。

三年遣中官鄭和使其國。明年，西王與東王搆兵，東王戰敗，國被滅。適朝使經東王地，部卒入市，西王國人殺之，凡百七十人。西王懼，遣使謝罪。帝賜敕切責之，命輸黃金六萬兩以贖。六年再遣鄭和使其國。西王獻黃金萬兩，禮官以輸數不足，請下其使於獄。帝曰：『朕於遠人，欲其畏罪而已，寧利其金耶？』悉捐之。自後，比年一貢，或間歲一貢，或一歲數貢。中官吳賓、鄭和先後使其國。時舊港地有為爪哇侵據者，滿剌加國王矯朝命索之。帝乃賜敕曰：『前中官尹慶還，言王恭待敕使，有加無替。比聞滿剌加國索舊港之地，王甚疑懼。朕推誠待人，若果許之，必有敕諭，王何疑焉。小人浮詞，慎勿輕聽。』

十三年，其王改名揚惟西沙，遣使謝恩，貢方物。時朝使所攜卒有遺風飄至班卒兒國者，爪哇人珍班聞之，用金贖還，歸之王所。十六年，王遣使朝貢，因送還諸卒。帝嘉之，賜敕獎王，并優賜珍班。自是，朝貢使臣大率每歲一至。

正統元年，使臣馬用良言：『先任八諦來朝，蒙恩賜銀帶。今為亞烈，秩四品，乞賜金帶。』從之。閏六月遣古里、蘇門答剌、錫蘭山、柯枝、天方、加異勒、阿丹、忽魯謨斯、祖法兒、甘巴里、真臘使臣偕爪哇使臣郭信等同往。賜爪哇敕曰：『王自我先朝，修職勿怠。朕今嗣服，復遣使來朝，意誠具悉。宣德時，有古里等十一國來貢，今因王使者歸，令諸使同往。王其加意撫恤，分遣還國，副朕懷遠之忱。』五年，使臣回，遭風溺死五十六人，存者八十三人，仍返廣東。命所司廩給，俟便舟附歸。

八年，廣東參政張琰言：『爪哇朝貢頻數，供億費煩，敝中國以事遠人，非計。』帝納之。其使還，賜敕曰：『海外諸邦，並三年一貢。王亦宜體恤軍民，一遵此制。』十一年復三貢，後乃漸稀。

景泰三年，王巴剌武遣使朝貢。天順四年，王都馬班遣使入貢。使者還至安慶，酗酒，與入貢番僧鬭，僧死者六人。禮官請治伴送行人罪，使者敕國王自治，從之。成化元年入貢。弘治十二年，貢使遭風舟壞，止通事一舟達廣東。禮官請敕所司，量予賜賚遣還，其貢物仍進京師，制可。自是貢使鮮有至者。

其國近占城，二十晝夜可至。元師西征，以至元二十九年十二月發泉州，明年正月即抵其國，相去止月餘。宣德七年入貢，表書一千三百七十六年，蓋漢宣帝元康元年，乃其建國之始也。地廣人稠，性兇悍，男子無少長貴賤皆佩刀，稍忤輒相賊，故其甲兵為諸蕃之最。字類瑣里，無紙筆，刻於茭葦葉。氣候常似夏，稻歲二稔。無几榻匕箸。人有三種：華人流寓者，服食鮮華；他國賈人居久者，亦尚雅潔；其本國人最汚穢，好啖蛇蟻虫蚓，與犬同寢食，狀黝黑，猱頭赤脚。崇信鬼道。殺人者避之三日即免罪。父母死，舁至野，縱犬食之；不盡，則大戚，燔其餘。妻妾多燔以殉。

其國一名莆家龍，又曰下港，曰順塔。萬曆時，紅毛番築土庫於大澗東，佛郎機築於大澗西，歲歲互市。中國商旅亦往來不絕。其國有新村，最號饒富。中華及諸番商舶，輻輳其地，寶貨填溢。其村主即廣東人，永樂九年自遣使表貢方物。

又《闍婆》 闍婆，古曰闍婆達。宋元嘉時，始朝中國。唐曰訶陵，又曰社婆，其王居闍婆城。宋曰闍婆，皆入貢。洪武十一年，其王摩那駝喃遣使奉表，貢方物。其後不復至。或曰爪哇即闍婆。然元史爪哇傳不言，且曰：『其風俗、物産無所考。』太祖時，兩國並時入貢。其王之名不同。或本為二國。其後為爪哇所滅，然不可考。

又《碟里》 碟里，近爪哇。永樂三年遣使附其使臣來貢。

又《日羅夏治》 日羅夏治，近爪哇。永樂三年遣使附其使臣入貢。

又《三佛齊》 洪武三年，太祖遣行人趙述詔諭其國。明年，其王馬哈剌札八剌卜遣使奉金葉表，隨入貢黑熊、火雞、孔雀、五色鸚鵡、諸香、苾布、兜羅被諸物。詔賜《大統曆》及錦綺有差。户部言其貨舶至泉州，宜徵稅，命勿徵。

六年，王怛麻沙那阿者遣使朝貢，又一表賀明年正旦。時其國有三王。七年，王麻那哈寶林邦遣使來貢。八年正月復貢。九月，王僧伽烈宇蘭遣使，隨招諭拂菻國朝使入貢。

九年，怛麻沙那阿者卒，子麻那者巫里嗣。明年，遣使貢犀牛、黑熊、火雞、白猴、紅緑鸚鵡、龜筒及丁香、米腦諸物。使者言：『嗣子不敢擅立，請命於朝。』天子嘉其義，命使臣賫印，敕封為三佛齊國王。時爪哇强，已威服三佛齊而役屬之。聞天朝封為國王與己埒則大怒，遣人誘朝使邀殺之。天子亦不能問罪，其國益衰，貢使遂絶。

三十年，禮官以諸蕃久缺貢，奏聞。帝曰：『洪武初，諸蕃貢使不絶。邇者安南、占城、真臘、暹羅、爪哇、大琉球、三佛齊、浡泥、彭亨、百花、蘇門答剌、西洋等三十國，以胡惟庸作亂，三佛齊乃生間諜，紿我使臣至彼。爪哇王聞知，遣人戒飭，禮送還朝。由是商旅阻遏，諸國之意不通。惟安南、占城、真臘、暹羅、大琉球朝貢如故，大琉球且遣子弟入學。凡諸番國使臣來者，皆以禮待之。我視諸國不薄，未知諸國心若何。今欲遣使爪哇，恐三佛齊中途沮之。聞三佛齊本爪哇屬國，可述朕意，移咨暹羅，俾轉達爪哇。』於是部臣移牒曰：『自有天地以來，即有君臣上下之分，中國四裔之防。我朝混一之初，海外諸蕃，莫不來享。豈意胡惟庸謀亂，三佛齊遂生異心，紿我信使，肆行巧詐。我聖天子一以仁義待諸蕃，何諸蕃敢背大恩，失君臣之禮。倘天子震怒，遣一偏將將十萬之師，恭行天罰，易如覆手，爾諸蕃何不思之甚。我聖天子嘗曰：安南、占城、真臘、暹羅、大琉球皆修臣職，惟三佛齊梗我聲教。彼以蕞爾之國，敢倔强不服，自取滅亡。爾暹羅恪守臣節，天朝眷禮有加，可轉達爪哇，令以大義告諭三佛齊，誠能省愆從善，則禮待如初。』

時爪哇已破三佛齊據其國，改其名曰舊港，三佛齊遂亡。國中大亂，爪哇亦不能盡有其地，華人流寓者往往起而據之。有梁道明者，廣州南海縣人，久居其國。閩、粤軍民泛海從之者數千家，推道明為首，雄視一方。會指揮孫鉉使海外，遇其子，挾與俱來。

永樂三年，成祖以行人譚勝受與道明同邑，命偕千户楊信等賫敕招之。道明及其黨鄭伯可隨入朝，貢方物，受賜而還。

四年，舊港頭目陳祖義遣子士良，道明遣從子觀政并來朝。祖義，亦廣東人，雖朝貢而為盜海上，貢使往來者苦之。五年，鄭和自西洋還，遣人招諭之。祖義詐降，潛謀邀劫。有施進卿者，告於和。祖義來襲被擒，獻於朝，伏誅。時進卿適遣壻丘彦誠朝貢，命設舊港宣慰司，以進卿為使，錫誥印及冠帶。自是，屢入貢。然進卿雖受朝命，猶服屬爪哇，其地狹小，非故時三佛齊比也。二十二年，進卿子濟孫告父訃，乞嗣職，許之。洪熙元年遣使入貢，訴舊印為火燬，帝命重給。其後，朝貢漸稀。

又 卷三二五《外國傳六·蘇門答剌》 蘇門答剌，在滿剌加之西，順風九晝夜可至。或言即漢條枝，唐波斯、大食二國地。西洋要會也。

成祖初，遣使以即位詔諭其國。永樂二年，遣副使聞良輔、行人甯善賜其酋織金文綺、絨錦、紗羅招徠之。中官尹慶使爪哇，便道復使其國。三年，鄭和下西洋，復有賜。和未至，其酋宰奴里阿必丁已遣使隨慶入朝，貢方物。詔封為蘇門答剌國王，賜印誥、綵幣、襲衣。遂比年入貢，終成祖世不絶。鄭和凡三使其國。

先是，其王之父與鄰國花面王戰，中矢死。王子年幼，王妻號於衆曰：『孰能為我報讐者，我以為夫，與共國事。』有漁翁聞之，率國人往擊，馘其王而還。王妻遂與之合，稱為老王。既而王子年長，潛與部領謀，殺老王而襲其位。老王子蘇幹剌逃山中，連年率衆侵擾。十三年，和復至其國，蘇幹剌以頒賜不及已，怒，統數萬人邀擊。和勒部卒及國人禦之，大破賊衆。追至南渤利國，俘以歸。其王遣使入謝。

宣德元年遣使入賀。五年，帝以外蕃貢使多不至，遣和及王景弘遍歷諸國頒詔曰：『朕恭膺天命，祗承太祖高皇帝、太宗文皇帝、仁宗昭皇帝大統，君臨萬邦，體祖宗之至仁，普輯寧於庶類。已大赦天下，紀元宣德。爾諸蕃國，遠在海外，未有聞知。茲遣太監鄭和、王景弘等賫詔往諭，其各敬天道，撫人民，共享太平之福。』凡歷二十餘國，蘇門答剌與焉。明年遣使入貢者再。八年貢麟麟。

九年，王弟哈利之漢來朝，卒於京。帝憫之，贈鴻臚少卿，賜誥，有司治喪葬，置守塚户。時景弘再使其國，王遣弟哈尼者罕隨入朝。明年至，言王老不能治事，請傳位於子。乃封其子阿卜賽亦的為國王。自是，貢使漸稀。

成化二十二年，其使者至廣東，有司驗無印信勘合，乃藏其表於庫，却還其使。別遣番人輸貢物京師，稍有給賜。自後貢使不至。

又《須文達那》 須文達那，洪武十六年，國王殊旦麻勒兀達盼遣使俺八兒來朝，貢馬二匹，幼苾布十五匹，隔著布、入的力布各二匹，花滿直地二，番緜紬直地二，兜羅緜二斤，撒剌八二箇，幼賴革著一箇，撒哈剌一箇，及薔薇水、沈香、降香、速香諸物。命賜王《大統曆》、綺羅、寶鈔，使臣襲衣。或言須文達那即蘇門答剌，洪武時所更，然其貢物與王之名皆不同，無可考。

又《那孤兒》 永樂中，鄭和使其國。其酋長常入貢方物。

又《黎伐》 永樂中，嘗隨其使臣入貢。

又《南浡利》 永樂十年，其王馬哈麻沙，遣使附蘇門答剌入貢。賜其使襲衣，賜王印誥、錦綺、羅紗、綵幣。遣鄭和撫諭其國。終成祖時，比年入貢，其王子沙者罕亦遣使入貢。宣德五年，鄭和遍賜諸國，南渤利亦與焉。

又《阿魯》 永樂九年，王速魯唐忽先遣使附古里諸國入貢。賜其使冠帶、綵幣、寶鈔，其王亦有賜。十年，鄭和使其國。十七年，王子段阿剌沙遣使入貢。十九年、二十一年再入貢。宣德五年，鄭和使諸蕃，亦有賜。其後，貢使不至。

又 卷三二六《外國傳七・南巫里》 南巫里，在西南海中。永樂三年遣使齎璽書，綵幣撫諭其國。六年，鄭和復往使。九年，其王遣使貢方物，與急蘭丹、加異勒諸國偕來。賜其王金織文綺、金繡龍衣、銷金幃幔及傘蓋諸物。命禮官宴賜遣之。十四年再貢。命鄭和與其使偕行，後不復至。

又《古里班卒》 古里班卒，永樂中，嘗入貢。

清・穆彰阿等《嘉慶重修一統志》卷五五九《啞齊》 明洪武中，遣使奉表入貢。永樂三年，其酋宰奴里阿必丁已遣使入貢，詔封為蘇門答剌國王。比年入貢，終成祖世不絕。鄭和凡三使其國。

又《南渤利》 永樂十年，其王馬哈麻沙遣使附蘇門答剌使入貢。宣德五年，鄭和遍賜諸國，南渤利亦與焉。

又 卷五六〇《葛喇巴》 明洪武中，各遣使入貢。永樂中，東王為西王所滅。宣德七年，嘗入貢，表書一千三百七十六年，蓋漢宣帝元康元年，乃其建國之始也。自弘治後，貢使鮮有至者。

又《麻葉甕》 明永樂三年，遣使齎璽書，賜物招諭，迄不朝貢。

又《舊港》 明洪武四年，其王馬哈剌札剌卜遣使入貢。九年，命使者齎印敕封為三佛齊國王。

文萊

綜述

明・李賢等［天順］《明一統志》卷九〇《外夷・浡泥國》 本朝洪武四年，國王馬謨沙遣其臣亦思麻逸進表箋貢方物。永樂三年，詔遣使封浡泥國麻那惹加那乃為王，給印符誥命。六年，率其妻子來朝，卒於南京會同館，詔謚恭順，賜葬南京城南石子岡，命其子遐旺襲封歸國，自是朝貢不絕。

明・黄省曾《西洋朝貢典録》卷上《浡泥國》 其朝貢不絕。洪武四年，國王馬謨沙遣其臣亦思麻逸進金表銀箋及方物。永樂三年，遣使封其國王麻那惹加那乃為王，給印符誥命。六年，王率其妃及家屬陪臣來朝，至福建。遣內臣往宴勞之，令所過諸郡設宴。至京，王奉金字表文及諸珍物，妃進中宮東宮箋及方物。上御奉天門宴王。是年，王卒於南京會同館，輟朝三日，祭賻甚厚。詔謚恭順，賜葬南京城南石子岡，以西南夷人隸籍中國者守之，樹碑立祠，命有司春秋致祭。復令其子遐旺襲封，遣內官及行人護送還國。十二年及洪熙元年，俱來朝貢。其貢物：珍珠、寶石、金戒指、金絲環、龍腦、牛腦、梅花腦、降香、沉速香、檀香、丁香、肉荳蔻、黄蠟、犀角、玳瑁、龜筒、螺殼、鶴頂、熊皮、孔雀、倒掛鳥、五色鸚鵡、黑小廝、金銀八寶器。

論曰：余嘗游金陵，至石子岡，遇勃泥恭順王墓，未嘗不嘆天子待島夷之至而慶恭順之遭也。高皇帝時命都事沈秩、御史张敬之往输其國，至於撤王座令列拜於庭。且曰：『皇帝為天下主，即吾之君父。』其致词若此。而吾二臣者又却其金刀貝布之贈，則其慕中國而樂賓服者，非一日矣乎！

明·羅日褧《咸賓録》卷六《浡泥》 元至元中，王錫理麻喏復遣使貢方物。其使乞從泉州乘海船歸國，從之。

我朝洪武四年。王馬合謨沙遣使朝貢。永樂三年，遣使封其國主麻那惹加那乃為王。六年，王率其妃子及陪臣來朝。是年至福建，命中官往宴勞之，令所過諸郡設宴。至京，王奉金字表獻方物，妃箋獻中宮東宮。上御奉天門賜王宴。王卒於會同館。賜謚恭順，葬南京城外石子岡，樹碑立祠，有司春秋致祭，以西南夷人隸籍中國者守之。封其子遐旺嗣，護送歸國。後十二年、洪熙元年皆來朝貢。

明·張燮《東西洋考》卷三《大泥》 明興，洪武四年，王馬漠沙遣使進金表銀箋，并貢方物。《續文獻通考》曰：遣御史張敬之往諭其國。辛丑，遣其臣朝貢。詔賜金綺。永樂三年，遣使封其國主麻那惹加那乃為浡泥國王，賜印誥符幣。六年，王率其妻子來朝。遣使迎勞之。王上金表，獻珍物，妃箋獻中宮、東宮，上宴王奉天門。是年，王卒于都下，賜謚恭順，葬石子岡。《續文獻通考》曰：在安德門外。樹碑立祠，有司春秋致祭。封其子遐旺為王，賜玉帶、金銀、綺帛，他物稱是，禮送還國。遐旺請封其國後山。賜名長寧鎮國，上自為文，俾勒于石。十二年及洪熙元年，皆來朝貢。萬曆間，國王病卒。無子，族衆爭立，國中相誅殺俱盡，乃立其女主為王。

又 卷五《文萊》 文萊即婆羅國，東洋盡處，西洋所自起也。唐總章二年，王旃達鉢遣使者與環王使者偕朝，自後久絶。永樂四年，遣其臣勿黎哥來朝，并貢方物。賜王及妃文綺。

《明史》卷三二三《外國傳四·婆羅》 婆羅，又名文萊，東洋盡處，西洋所自起也。唐時有婆羅國，高宗時常入貢。永樂三年十月遣使者齎璽書、綵幣撫諭其王。四年十二月，其國東、西二年並遣使奉表朝貢。明年又貢。【略】

王有金印意，篆文，上作獸形，言永樂朝所賜。

又 卷三二五《外國傳六·浡泥》 浡泥，宋太宗時始通中國。洪武三年八月命御史張敬之、福建行省都事沈秩往使。自泉州航海，閱半年抵闍婆，又踰月至其國。王馬合謨沙傲慢不為禮，秩責之，始下座拜受詔。時其國為蘇禄所侵，頗衰耗，王辭以貧，請三年後入貢。秩曉以大義，王既許諾，其國素屬闍婆，闍婆人間之，王意中沮。秩折之曰：『闍婆久稱臣奉貢，爾畏闍婆，反不畏天朝邪？』乃遣使奉表箋，貢鶴頂、生玳瑁、孔雀、梅花大片龍腦、米龍腦、西洋布、降真諸香。八月從敬之等入朝。表用金，箋用銀，字近回鶻，皆鏤之以進。帝喜，宴賚甚厚。八年命其國山川附祀福建山川之次。

永樂三年冬，其王麻那惹加那遣使入貢，乃遣官封為國王，賜印誥、敕符、勘合、錦綺、綵幣。王大悦，率妃及弟妹子女陪臣泛海來朝。次福建，守臣以聞，遣中官往宴賚，所過州縣皆宴。六年八月入都朝見，帝奬勞之。王跪致詞曰：『陛下膺天寶命，統一萬方，臣遠在海島，荷蒙天恩，賜以封爵。自是國中雨暘時順，歲屢豐登，民無災厲，山川之間，珍奇畢露，草木鳥獸，亦悉蕃育。國中耆老咸謂此聖天子覆冒所致。臣願睹天日之表，少輸悃誠，不憚險遠，躬率家屬陪臣，詣闕獻謝。』帝慰勞再三，命王妃所進中宮箋及方物，陳之文華殿。王詣殿進獻畢，自王及妃以下悉賜冠帶、襲衣。帝乃饗王於奉天門，妃以下饗於他所，禮訖送歸會同館。禮官請王見親王儀，帝令準公侯禮。尋賜王儀仗、交椅、銀器、傘扇、銷金鞍馬、金織文綺、紗羅、綾絹衣十襲，餘賜賚有差。十月，王卒於館。帝哀悼，輟朝三日，遣官致祭，賻以繒帛。東宮親王皆遣祭，有司具棺槨、明器，葬之安德門外石子岡，樹碑神道。又建祠墓側，有司春秋祀以少牢，謚曰恭順。賜敕慰其子遐旺，命襲封國王。

遐旺與其叔父上言：『臣國歲供爪哇片腦四十斤，乞敕爪哇罷歲供，歲進天朝。臣今歸國，乞命護送，就留鎮一年，慰國人之望。并乞定朝貢期及傔從人數。』帝悉從之，命三年一貢，傔從惟王所遣，遂敕爪哇國免其歲供。王辭歸，賜玉帶一、金百兩、銀三千兩，及錢鈔、錦綺、紗羅、衾褥、帳幔、器物，餘皆有賜。以中官張謙、行人周航護行。

初，故王言：『臣蒙恩賜爵，臣境土悉屬職方，乞封國之後山為一方鎮。』新王復以為言，乃封為長寧鎮國之山。御製碑文，令謙等勒碑其上。

其文曰：

上天佑啓我國家萬世無疆之基，誕命我太祖高皇帝全撫天下，休養生息，以治以教，仁聲義問，薄極照臨，四方萬國，奔走臣服，充湊於廷。神化感動之機，其妙如此。朕嗣守鴻圖，率由典式。嚴恭祗畏，協和所統。無間内外，均視一體。遐邇綏寧，亦克承予意。

乃者浡泥國王，誠敬之至，知所尊崇，慕尚聲教，益謹益虔，率其眷屬、陪臣，不遠數萬里，浮海來朝，達其志，通其欲，稽顙陳辭曰：『遠方臣妾，丕冒天子之恩，以養以息，既庶且安。思見日月之光，故不憚險遠，輒敢造廷。』又曰：『覆我者天，載我者地。使我有土地人民之奉，田疇邑井之聚，宫室之居，妻妾之樂，和味宜服，利用備器，以資其生，强罔敢侵，衆罔敢暴，實惟天子之賜。是天子功德所加，與天地並。然天仰則見，地蹐則履，惟天子遠而難見，誠有所不通。是以遠方臣妾，不敢自外，踰歷山海，躬詣闕廷，以伸其悃。』朕曰：『惟天，惟皇考，付予以天下，子養庶民。天與皇考，視民同仁，予其承天與皇考之德，惟恐弗堪，弗若汝言。』乃又拜手稽首曰：『自天子建元之載，臣國時和歲豐，山川之藏，珍寶流溢，草木之無葩蘤者皆華而實，異禽和鳴，走獸蹌舞，國之黄叟咸曰，中國聖人德化漸暨，斯多嘉應。臣土雖遠，實天子之氓，故奮然而來觀也。』朕觀其言文貌恭，動不踰則，悦喜禮教，脱略夷習，非超然卓異者不能。稽之載籍，自古遐遠之國，奉若天道，仰服聲教，身致帝廷者有之。至於舉妻子、兄弟、親戚、陪臣頓首稱臣妾於階陛之下者，惟浡泥國王一人。西南諸蕃國長，未有如王賢者。王之至誠貫於金石，達於神明，而令名傳於悠久，可謂有光顯矣。

兹特錫封王國中之山為長寧鎮國之山，賜文刻石，以著王休，於昭萬年，其永無斁。系之詩曰：『炎海之墟，浡泥所處。煦仁漸義，有順無迕。慺慺賢王，惟化之慕。導以象胥，遹來奔赴。同其婦子、兄弟、陪臣，稽顙闕下，有言以陳。謂君猶天，遺以休樂，一視同仁，匪偏厚薄。顧兹鮮德，弗稱所云。浪舶風檣，實勞懇勤。稽古遠臣，順來怒趌。以躬或難，矧曰家室。王心亶誠，金石其堅。西南蕃長，疇與王賢。矗矗高山，以鎮王國。鑱文於石，懋昭王德。王德克昭，王國攸寧。於萬斯年，仰我大明。』

八年九月遣使從謙等入貢謝恩。明年復命謙賜其王錦綺、紗羅、綵絹凡百二十匹，其下皆有賜。十年九月，遐旺偕其母來朝。命禮官宴之會同館，光禄寺旦暮給酒饌。明日，帝饗之奉天門，王母亦有宴。越二日，再宴，賜王冠帶、襲衣，王母、王叔父以下，分賜有差。明年二月辭歸。賜金百，銀五百，鈔三千錠，錢千五百緡，錦四，綺帛紗羅八十，金織文繡、文綺衣各一，衾褥、幃幔、器物咸具。自十三年至洪熙元年四入貢，後貢使漸稀。

嘉靖九年，給事中王希文言：『暹羅、占城、琉球、爪哇、浡泥五國來貢，并道東莞。後因私攜賈客，多絶其貢。正德間，佛郎機闌入流毒，概行屏絶。曾未幾年，遽爾議復，損威已甚。』章下都察院，請悉遵舊制，毋許混冒。

萬曆中，其王卒，無嗣，族人爭立。國中殺戮幾盡，乃立其女為王。漳州人張姓者，初為其國那督，華言尊官也，因亂出奔。女主立，迎還之。其女出入王宫，得心疾，妄言父有反謀。女主懼，遣人按問其家，那督自殺。國人為訟冤，女主悔，絞殺其女，授其子官。後雖不復朝貢，而商人往來不絶。

清·傅恆等《清職貢圖》卷一《文來國》 明永樂間，常入貢。

清·穆彰阿等《嘉慶重修一統志》卷五五八《文萊》 明永樂三年，遣使者齎璽書綵幣，撫諭其王。四年，其國東、西二王并遣使奉表朝貢。至萬曆時，其為王者閩人也，或言鄭和使婆羅，有閩人從之，因留其地，後人遂據其國而王之。其王有金印一，篆文上作獸形，言永樂朝所賜。民間嫁娶必請此印印背上以為榮。

又 卷五六〇《浡泥》 明洪武三年，命御史張敬之往使，自泉州航海，閱半年抵闍婆。又踰月始至其國。國王乃遣使奉表箋來貢，表用金，箋用銀，字近回鶻，皆鏤之以進，帝宴賚甚厚。八年，命其國山川附祀福建山川之次。永樂六年八月，其王麻那惹加那泛海入朝。十月，王卒於館，葬於安德門外石子崗樹，碑神道謚曰恭順，賜敕慰其子遐旺命襲封國王。又從國王請封。其國之後山為一方鎮，御製碑文，系之以詩勒碑山上。至萬曆中，其王卒，無嗣，乃立其女為王，後遂不復朝貢，然商人猶往來不絶。

南亞諸國分部

斯里蘭卡

綜述

明・費信《星槎勝覽》卷一《錫蘭山國》 永樂七年，皇上命正使太監鄭和等齎捧詔敕、金銀供器、彩粧、織金寶幡，布施於寺，及建石碑以崇皇圖之治，賞賜國王頭目。其王亞烈苦奈兒負固不恭，謀害舟師。我正使太監鄭和等深機密策，暗設兵器，三令五申，使衆銜枚疾走，夜半之際，信炮一聲，奮勇殺入，生擒其王。永樂九年，歸獻闕下。尋蒙恩宥，俾復歸國，四夷悉欽。

明・馬歡《瀛涯勝覽・錫蘭國》 王常差人賫寶石等物，隨同回洋寶船進貢中國。

明・鞏珍《西洋番國志・錫蘭國》 王以金為錢使用。每錢官秤重一分六厘。甚愛中國麝香、紵絲、色絹、青磁盤碗、銅錢，就以寶石珍珠易換。王常遣使隨寶舡方物進貢中國。

明・李賢等［天順］《明一統志》卷九〇《外夷・錫蘭山國》 本朝永樂十年，詔諭其國王不剌葛麻巴思剌查。正統十年，國王遣其臣耶把剌謨的里啞等來朝，并貢方物。天順三年，其王葛力生夏剌昔利把交剌惹復遣使來貢。

明・黃省曾《西洋朝貢典録》卷中《錫蘭山國》 其朝貢不絶，永樂九年，以拒絶朝使歸路，破其城，生擒國王亞烈苦奈兒及家屬。命釋之，擇其屬之賢者立為王。十年，詔諭其國王不剌葛麻巴思剌查。正統十年，國王遣其臣耶把剌謨的里啞等朝貢。天順三年，其王葛力坐夏，昔利把交剌惹復遣使來貢。其貢物：寶石、珊瑚、水晶、金戒指、撒哈剌、象、乳香、木香、樹香、土檀香、没香、西洋細布、藤竭、蘆薈、硫黄、烏木、胡椒、碗石。

明・羅日褧《咸賓録》卷六《錫蘭山》 錫蘭山在大海中。永樂七年遣太監鄭和賫詔并賜物諭之。其國王亞烈苦奈兒，瑣里人也，負固不恭，謀害舟師。和暗設兵器，令衆夜半銜枚殺之，入其宮，生擒國王。至九年，獻俘闕下，朝廷赦之還國。封國人所推耶把乃那者為王。正統、天順間輒遣使來貢。

《明史》卷三二六《外國傳七・錫蘭山》 永樂中，鄭和使西洋至其地，其王亞烈苦奈兒欲害和，和覺，去之他國。王又不睦鄰境，屢邀劫往來使臣，諸蕃皆苦之。及和歸，復經其地，乃誘和至國中，發兵五萬劫和，塞歸路。和乃率步卒二千，由間道乘虚攻拔其城，生擒亞烈苦奈兒及妻子、頭目，獻俘於朝。廷臣請行戮，帝憫其無知，并妻子皆釋，且給以衣食。命擇其族之賢者立之。有邪把乃那者，諸俘囚咸稱其賢，乃遣使齎印誥，封為王，其舊王亦遣歸。自是海外諸蕃益服天子威德，貢使載道，王遂屢入貢。

宣德五年，鄭和撫諭其國。八年，王不剌葛麻巴忽剌批遣使來貢。正統元年命附爪哇貢舶歸，賜敕諭之。十年偕滿剌加使者來貢。天順三年，王葛力生夏剌昔利把交剌惹遣使來貢。嗣後不復至。

孟加拉

綜述

明・費信《星槎勝覽》卷一《榜葛剌國》 永樂十年並永樂十三年二次，上命太監侯顯等統領舟師，齎捧詔敕，賞賜國王、王妃、頭目，至其國海口，有港曰察地港，立抽分之所。其王知我中國寶船到彼，遣部領齎衣服等物，人馬千數迎接。港口起程十六站，至鎖納兒江，有城池街市，聚貨通商。又差齎禮象馬迎接，再行二十站，至板獨哇，是酋長之居處。城郭甚嚴，街道鋪店，連楹接棟，聚貨甚有。其王之居，皆磚石甃砌高廣，殿宇平頂，白灰為之。入去內門三重，九間長殿，其柱皆黃銅包飾，雕琢花獸。左右長廊，內設明甲馬隊千餘，外列巨漢，明盔明甲，執鋒劍弓矢，威儀之甚。丹墀左右，設孔雀翎傘蓋百數，又置象隊百數於殿前。其於正殿設高座，嵌八寶，箕踞坐其上，劍橫於膝。乃令銀柱杖二人，皆穿白纏頭，來引導前，五步一呼，至中則止。又金柱杖二人，接引如前禮。其王恭禮拜迎詔敕，叩謝加額。開讀賞賜，受畢，鋪絨毯於殿地，待我天使，宴我官兵，禮之甚厚。燔炙牛羊，禁不飲酒，恐亂其性，抑不遵禮，惟以薔薇露和香蜜水飲之也。宴畢，復以金盔、金繫腰、金盆、金瓶奉贈天使，其副使皆以銀盔、銀繫腰、銀盆、銀瓶之類，其下之官，亦以金鈴紵苧絲長衣贈之，兵士俱有銀錢，蓋此國有禮富足者矣。其後恭置金筒銀葉表文，差使臣齎捧，貢獻方物於廷。

明·馬歡《瀛涯勝覽·榜葛剌國》 王亦差人駕船往各番國買賣，取辦方物珍珠寶石，進貢中國。

明·鞏珍《西洋番國志·榜葛剌國》 王亦遣人駕舡往鄰邦買辦珍珠寶石進貢。

明·李賢等［天順］《明一統志》卷九〇《外夷·榜葛剌國》 本朝永樂六年，國王靄牙思丁遣使朝貢。十二年，又遣其臣把一濟等來朝貢麒麟等物。

明·黃省曾《西洋朝貢典録》卷中《榜葛剌國》 其朝貢無常。永樂六年，其國王靄牙思丁遣使來朝貢。九年，至太倉，命行人往宴勞之。十二年，又遣其臣把一濟等來朝，貢麒麟等物。正統三年，貢同，表用金葉。其貢物：馬、馬鞍、金銀事件、戧金琉璃器皿、青花白磁、撒哈剌、者扶黑答立布、洗白苾布、兜羅綿、糖霜、鶴訂、犀角、翠毛、鸚哥、乳香、龘黃熟香、烏香、麻藤香、烏爹泥、紫膠、藤竭、烏木、蘇木、胡椒。

論曰：榜葛剌，其饒富多儀之國也。夫觀其於天朝正使有金盔、繫腰盆瓶之獻，於副使有銀盔、繫腰盆瓶之獻，於行人有金鈴、紵紵長衣之獻，於兵士有銀錢之獻，非饒富多儀，曷克若此云。

明·羅日褧《咸賓録》卷三《榜葛剌》 又有榜葛蘭，即西天東印度也。永樂六年國王靄牙思丁遣人朝貢。十二年，王蹇弗丁遣使貢麒麟。禮部請上表賀，上曰：『卿等但當竭心輔治，以惠天下。天下既安，雖無麒麟，不害為治。其免賀。』以後二國久不通貢。

《明史》卷三二六《外國傳七·榜葛剌》 永樂六年，其王靄牙思丁遣使來朝，貢方物，宴賚有差。七年，其使凡再至，攜從者二百三十餘人。帝方招徠絶域，頒賜甚厚。自是比年入貢。十年，貢使將至，遣官宴之於鎮江。既將事，使者告其王之喪。遣官往祭，封嗣子賽勿丁為王。十二年，嗣王遣使奉表來謝，貢麒麟及名馬方物。禮官請表賀，帝勿許。明年遣侯顯齎詔使其國，王與妃、大臣皆有賜。正統三年貢麒麟，百官表賀。明年又入貢。自是不復至。

清·穆彰阿等《嘉慶重修一統志》卷五五八《榜葛剌》 明永樂六年，榜葛剌國王靄牙思丁，遣使來貢，正統後，不復至。

印度

綜述

明·馬歡《瀛涯勝覽·小葛蘭國》 雖是一小國，其王亦將方物差人貢於中國。

又《柯枝國》 國王亦差頭目隨共回洋寶船將方物進貢中國。

又《古里國》 永樂五年，朝廷命正使太監鄭和等齎詔敕賜其國王誥命銀印給賜，升賞各頭目品級冠帶，統領大寶船到彼，起建碑庭，立石云：『其國去中國十萬餘里，民物咸若熙皥同風，刻石於兹永示萬世。』【略】使回之日，其國王欲進貢，用好赤金五十兩，令番匠抽如發細金絲，結綰成片，以各色寶石大珍珠廂成寶帶一條，差頭目乃邦進奉中國。

明·鞏珍《西洋番國志·小葛蘭國》 土產蘇木、胡椒，但不多。果菜皆有。羊毛青，脚高二三尺，黃牛有重三四百斤者。人日二餐，皆以酥油沃飯。王以金鱗錢行使。用錢官秤重一分。雖小邦亦修貢獻。

又《柯枝國》 國中出產米、粟、麻、豆、黎、稷，無麥。牲畜則有象、馬、牛、羊、犬、貓、雞、鴨，無驢及鵝。

國王遣使貢獻中國。

又《古里國》 國王其年以赤金五十兩令匠抽絲如髮，結綰成片，以各色寶石珍珠廂成寶帶一條，遣頭目乃那進貢中國。

明・李賢等［天順］《明一統志》卷九〇《外夷・西洋古里國》 本朝永樂元年，國王馬那必加剌滿遣其臣馬戍來朝貢馬，自是，朝貢不絶。

又《鎖里國》 本朝洪武五年，國王卜納的遣其臣撒馬牙茶嘉兒幹的亦剌丹八兒奉金字表朝貢，并圖其土地山川以獻。

又《甘巴里國》 本朝永樂十二年，國王兆哇剌查遣其臣得名公葛葛等來朝，并貢方物。

又《柯枝國》 本朝永樂二年，國王可亦里遣其臣完者荅兒等來朝，并貢方物。

又《沼那樸兒國》 本朝永樂中，遣使齎詔諭其國王一不剌金。

又《加異勒國》 本朝永樂中，國王者麻里柰那遣其臣別里呆不來等來朝，并貢方物。

明・黄省曾《西洋朝貢典録》卷下《小葛蘭國》 其朝貢無常。永樂五年，附蘇門答剌國來朝貢。其貢物：珍珠傘、白綿布、胡椒。

又《柯枝國》 其穀宜黎、稻、稷、菽，其畜宜六擾，是多象。其朝貢無常。永樂三年，其國王可亦里遣其臣完者答兒來朝貢。十年，復遣使來請封其國之山。詔封為鎮國山，御制碑文賜之。

又《古里國》 其朝貢無常。永樂三年，遣使朝貢。詔封為古里國王，給印及誥。五年、七年，復遣使來朝貢。其貢物：寶石、金繫腰、珊瑚珠、琉璃瓶、琉璃碗、拂郎雙刃刀，寶鐵刀、蘇合油、阿思摸逢塗兒氣、龍涎、梔子花、花氊、單伯蘭布、苾布、紅絲花手巾、番花人馬象物手巾、線結花靠枕、木香、乳香、檀香、錫、胡椒。

論曰：昔扶南俗事天神，以銅為象。而有訟者，以金環雞子投沸湯中，令採取之，若無情者，必焦爛焉。而今之古里，亦有天神之談、探手之法。又云，扶南去林邑七千餘里，今校之亦合。余疑古里卽扶南之地云。

永樂三年，鄭和統大䑸寶船賫詔敕封為古里王，及頒誥命銀印，升賞頭目品級冠帶，建亭刻石。其略曰：『爾王去中國十萬餘里，民物咸若，皡熙同風。刻石於兹，永垂萬世。』

寶船至彼，王遣頭目、哲地、米納几見正使，擇日論價，將中國錦綺百貨議定，乃書合同價數各存之。頭目、哲地與正使衆手相挐，其牙人言曰：『某月日衆手拍一掌無悔。』哲地始攜珊瑚、珍珠、寶石來議價。二三月方定。原經手頭目米納几算番物若干，該紵絲等物若干，照原打手之貨交易。

明・羅日褧《咸賓録》卷三《天竺》 我朝有詔納樸兒，亦印度之一也。永樂中，遣太監侯顯等賫詔往諭之。至其境，國王一不剌金遣金銀、柱杖各二人奉迎引導。柱杖者，其國大臣名也。至，則其王拜詔，叩謝甚恭。及畢，鋪羢毯於殿地，待我天使，宴我天兵，燔炙牛羊。禁不飲酒，恐亂其性，惟以薔薇露和香蜜水飲之。宴畢，復贈正使、副使及諸官兵金銀、盔甲、瓶、盆、盞、蓋等物有差。尋置金筒銀葉表文，遣使隨顯等貢獻方物。

又卷四《古里》 古里乃西洋諸番之會，去中國十萬里。永樂元年，王沙米的遣人朝貢。五年，遣太監鄭和賜王誥幣，封為國王。升賞其將領有差。

又《加異勒》 加異勒，小國也。永樂、宣德間俱遣使朝貢。

又《瑣里》 瑣里，小國也。洪武五年，國王卜納的遣馬牙茶嘉兒幹的亦剌丹八兒奉金字表來朝，貢方物，并上其土地山川圖。詔優禮之，賜《大統曆》、金幣等物。永樂元年，復遣使朝貢，俗同西域，其地近西洋瑣里，勢力微弱，西洋瑣里輒侵辱之。

物產甚微，惟有撒哈剌諸布。其貢物雖有珍異，然皆自鄰國貿易來者，非本國所產也。

又《西洋瑣里》 西洋瑣里，比瑣里為差大。洪武三年遣使以金葉表朝貢。賜遇甚厚。永樂元年來貢。上令勿徵其番貨。二十九年，西洋十五國遣使一千二百人貢方物，至京師。西洋瑣里貢獨豐美。

又卷六《柯枝》 柯枝，古槃槃國也。東連大山，西南北皆海。漢、晉未通，宋、梁時俱三遣使入貢。隋大業中亦復遣使，後絶。獻物有佛畫、塔圖、菩提樹葉、舍利子。我朝洪武中來貢。至永樂二年，王可亦里遣使朝貢。十年復遣使請封其國大山，詔從之。是時太監鄭和使至其國。

又《百花》 百花，古注輦國也。【略】元時未聞，我朝謂之百花國，多奇花，故名。洪武十一年，國王剌丁剌者望沙遣使朝貢。

又《大唄喃》 大唄喃，小國也。洪武初，國王遣使入貢。

又《小唄喃》 小唄喃，小國也。永樂七年，太監鄭和至其國，國王遣使來貢。

又《甘把里》 甘把里，小國也。永樂間遣六人朝貢。

又《小葛蘭》 小葛蘭，小國也。永樂中，太監鄭和至其國，王遣人朝貢。

又《古里班卒》 古里班卒，小國也。永樂三年，國王遣使朝貢。

《明史》卷三二五《外國傳六·西洋瑣里》 西洋瑣里，洪武二年命使臣劉叔勉以即位詔諭其國。三年平定沙漠，復遣使臣頒詔。其王別里提遣使奉金葉表，從叔勉獻方物。賜文綺、紗羅諸物甚厚，並賜《大統曆》。

成祖頒即位詔於海外諸國，西洋亦與焉。永樂元年命副使聞良輔、行人寧善使其國，賜絨錦、文綺、紗羅。已復命中官馬彬往使，賜如前。其王即遣使來貢，附載胡椒與民市。有司請徵稅，命勿徵。二十一年偕古里、阿丹等十五國來貢。

又《瑣里》 瑣里，近西洋瑣里而差小。洪武三年，命使臣塔海帖木兒齎詔撫諭其國。五年，王卜納的遣使奉表朝貢，并獻其國土地山川圖。帝顧中書省臣曰：『西洋諸國素稱遠蕃，涉海而來，難計歲月。其朝貢無論疏數，厚往薄來可也。』乃賜《大統曆》及金織文綺、紗羅各四匹，使者亦賜幣帛有差。

又《覽邦》 覽邦，在西南海中。洪武九年，王昔里馬哈剌札的剌札遣使奉表來貢。詔賜其王織金文綺、紗羅，使者宴賜如制。永樂、宣德中，嘗附鄰國朝貢。其地多沙礫，麻麥之外無他種。商賈鮮至。山坦迤無峯巒，水亦淺濁。俗好佛，勤賽祀。厥貢，孔雀、馬、檀香、降香、胡椒、蘇木。交易用錢。

又《淡巴》 淡巴，亦西南海中國。洪武十年，其王佛喝思羅遣使上表，貢方物，賜賚有差。其國，石城瓦屋。王乘輿，官跨馬，有中國威儀。土衍水清，草木暢茂，畜産甚夥。男女勤於耕織，市有貿易，野無寇盜，稱樂土焉。厥貢，苾布、兜羅綿被、沉香、速香、檀香、胡椒。

又《百花》 百花，居西南海中。洪武十一年，其王剌丁剌者望沙遣使奉金葉表，貢白鹿、紅猴、龜筒、玳瑁、孔雀、鸚鵡、哇哇倒掛鳥及胡椒、香、蠟諸物。詔賜王及使者綺、幣、襲衣有差。國中氣候恆燠，無霜雪，多奇花異卉，故名百花。民富饒，尚釋教。

又 卷三二六《外國傳七·古里》 永樂元年命中官尹慶奉詔撫諭其國，賚以彩幣。其酋沙米的喜遣使從慶入朝，貢方物。三年達南京，封為國王，賜印誥及文綺諸物，遂比年入貢。鄭和亦數使其國。十三年偕柯枝、南渤利、甘巴里、滿剌加諸國入貢。十四年又偕爪哇、滿剌加、占城、錫蘭山、木骨都束、溜山、南渤利、不剌哇、阿丹、蘇門答剌、麻林、剌撒、忽魯謨斯、柯枝、南巫里、沙里灣泥、彭亨諸國入貢。是時，諸蕃使臣充斥於廷，以古里大國，序其使者于首。十七年偕滿剌加十七國來貢。十九年又偕忽魯謨斯等國入貢。二十一年復偕忽魯謨斯等國，遣使千二百人入貢。時帝方出塞，敕皇太子曰：『天時向寒，貢使即令禮官宴勞，給賜遣還。其以土物來市者，官酬其直。』

宣德八年，其王比里麻遣使偕蘇門答剌等國使臣入貢。其使入留都下，正統元年乃命附爪哇貢舟西還。自是不復至。

又《柯枝》 永樂元年遣中官尹慶齎詔撫諭其國，賜以銷金帳幔、織金文綺、彩帛及華蓋。六年復命鄭和使其國。九年，王可亦里遣使入貢。十年，鄭和再使其國，連二歲入貢。其使者請賜印誥，封其國中之山。帝遣鄭和齎印賜其王，因撰碑文，命勒石山上。其詞曰：

王化與天地流通，凡覆載之內、舉納于甄陶者，體造化之仁也。蓋天下無二理，生民無二心，憂戚喜樂之同情，安逸飽暖之同欲，奚有間於遐邇哉。任君民之寄者，當盡子民之道。《詩》云『邦畿千里，惟民所止，肇域彼四海』，《書》云『東漸於海，西被於流沙，朔南暨聲教，訖于四海。』朕君臨天下，撫治華夷，一視同仁，無間彼此。推古聖帝明王之道，以合乎天地之心。遠邦異域，咸使各得其所，聞風向化者，爭恐後也。

柯枝國遠在西南，距海之濱，出諸蕃國之外，慕中華而歆德化久矣。命令之至，拳跽鼓舞，順附如歸，咸仰天而拜曰：『何幸中國聖人之教，沾及於我！』乃數歲以來，國內豐穰，居有室廬，食飽魚鱉，衣足布帛，老者慈幼，少者敬長，熙熙然而樂，淩厲爭競之習無有也。山無猛獸，溪絕惡魚，海出奇珍，林產嘉木，諸物繁盛，倍越尋常。暴風不興，疾雨不作，札沴殄息，靡有害菑。蓋甚盛矣。朕揆德薄，何能如是，非其長民者之所致歟？乃封可亦里為國王，賜以印章，俾撫治其民。并封其國中之山為鎮國之山，勒碑其上，垂示無窮。而系以銘曰：『截彼高山，作鎮海邦，吐煙出雲，為下國洪龐。肅其煩歊，時其雨暘，祛彼氛妖，作彼豐穰。靡菑靡沴，永庇斯疆，優遊卒歲，室家胥慶。於戲！山之嶄兮，海之深矣，勒此銘詩，相為終始。』

自後，間歲入貢。

宣德五年，復遣鄭和撫諭其國。八年，王可亦里遣使偕錫蘭山諸國來貢。正統元年，遣其使者附爪哇貢舶還國，并賜敕勞王。

又《小葛蘭》 小葛蘭，其國與柯枝接境。自錫蘭山西北行六晝夜可達。東大山，西大海，南北地窄，西洋小國也。永樂五年遣使附古里、蘇門答剌入貢，賜其王錦綺、紗羅、鞍馬諸物，其使者亦有賜。王及羣下皆瑣里人，奉釋教。重牛及他婚喪諸禮，多與錫蘭同。俗淳。土薄，收穫少，仰給榜葛剌。鄭和嘗使其國。厥貢惟珍珠傘、白棉布、胡椒。

又《沼納樸兒》 沼納樸兒，其國在榜葛剌之西。或言卽中印度，古所稱佛國也。永樂十年遣使者齎敕撫諭其國，賜王亦不剌金絨錦、金織文綺、彩帛等物。十八年，榜葛剌使者愬其國王數舉兵侵擾，詔中官侯顯齎敕諭以睦鄰保境之義，因賜之彩幣；所過金剛寶座之地，亦有賜。然其王以去中國絕遠，朝貢竟不至。

又《加異勒》 加異勒，西洋小國也。永樂六年，遣鄭和齎詔招諭，賜以錦綺、紗羅。九年，其酋長葛卜者麻遣使奉表，貢方物。命賜宴及冠帶、彩幣、寶鈔。十年，和再使其國，後凡三入貢。宣德五年，和復使其國。八年又偕阿丹等十一國來貢。

又《甘巴里》 甘巴里，亦西洋小國。永樂六年，鄭和使其地，賜其王錦綺、紗羅。十三年遣使朝貢方物。十九年再貢，遣鄭和報之。

宣德五年，和復招諭其國。王兜哇剌札遣使來貢，八年抵京師。正統元年附爪哇舟還國，賜敕勞王。

其鄰境有阿撥把丹、小阿蘭二國，亦以六年命鄭和齎敕招諭，賜亦同。

又《沙里灣泥》 沙里灣泥，永樂十四年遣使來獻方物，命鄭和齎幣帛還賜之。

又《底里》 底里，永樂十年遣使奉璽書招諭其王馬哈木，賜絨錦、金織文綺、彩帛諸物。其地與沼納樸兒近，并賜其王亦不剌金。

又《剌泥》 剌泥，永樂元年，其國中回回哈只馬哈没奇剌泥等來貢方物，因攜胡椒與民市。有司請徵其稅，帝曰：『徵稅以抑逐末之民，豈以為利。今遠人慕義來，乃取其貨，所得幾何，而虧損國體多矣。其已之。』

清・穆彰阿等《嘉慶重修一統志》卷五五八《古里》 明永樂元年，命中官尹慶奉詔諭其國，其酋沙米的喜其酋沙米的喜《舊志作》其王馬那必加剌滿，今改正。遣使入貢。因封為國王，賜印誥及文綺，遂比年入貢。十四年偕爪哇、彭亨等國入貢。是時，諸蕃使臣充斥於廷，以古里大國，序其使者於首。宣德八年，其王比里麻，遣使偕蘇門答剌等國使臣入貢。其使久留都下，正統元年，乃命附爪哇貢舟西還。自是不復至。

又《柯枝》 順風一日夜可至，宋元嘉中，始通中國。梁、隋皆入貢。唐貞觀九年，來貢。永徽中，獻鸚鵡。明永樂六年，命鄭和使其國。九年，國王可亦里遣使入貢，使者請賜印誥，封其國中之山為鎮國之山。勒碑其上，繫以銘。宣德八年，王可亦里復遣使偕錫蘭山諸國來貢。正統元年，遣其使者附，附爪哇貢舶還國。

又《西洋瑣里》 明洪武三年，其王別里提始遣使奉金葉表，獻方物。永樂元年，又遣使來貢，附載胡椒與民市，命有司勿徵其稅。二十一年，偕古里、阿丹等十五國來貢，又有瑣里者，近西洋瑣里而差小。洪武五年，其王卜納的亦遣使奉表朝貢。

又卷五六〇《麻業甕》 又從國王請封其國之後山為一方鎮，御製碑文繫之以詩，勒碑山上，至萬曆中，其王卒，無嗣，乃立其女為王，後遂不復朝貢。

馬爾代夫

綜　述

明・李賢等〔天順〕《明一統志》卷九〇《外夷・溜山國》 本朝永

樂中，國王亦速福遣其臣來朝，并貢方物。

明・黄省曾《西洋朝貢典録》卷中《溜山國》　其朝貢無常。永樂五年，遣其臣來朝貢。

明・羅日褧《咸賓録》卷四《溜山》　溜山一名牒幹，小國也。洪武初，國王遣人朝貢。

《明史》卷三二六《外國傳七・溜山》　溜山，自錫蘭山別羅里南去，順風七晝夜可至；自蘇門答剌過小帽山西南行，十晝夜可至。永樂十年，鄭和往使其國。十四年，其王亦速福遣使來貢。自後三貢，並與忽魯謨斯諸國偕。宣德五年，鄭和復使其國，後竟不至。

中亞諸國分部

烏茲別克斯坦

綜述

明・李賢等［天順］《明一統志》卷八九《外夷・撒馬爾罕》　本朝洪武二十年，替木兒遣回回摩哩哈非思等貢駝馬。永樂間，其孫鄂勒伯遣使貢馬。正統二年，又貢馬及玉石。

明・羅日褧《咸賓録》卷三《撒馬爾罕》　宋時未通。我朝洪武中，國主帖木兒遣使貢駝馬，詔厚賜之。帖木兒者，故元主駙馬也。後復貢馬、貢海青，歷洪武朝凡四遣使奉貢馬。而我遣給事傅安、郭驥至西域，留撒馬爾罕，以其國豐腴偉麗，宜居故也。永樂初，安等還，言帖木兒死，孫哈里嗣。上遣使祭帖木兒，賜哈里璽書銀幣。哈里貢謝。復遣使傅安報使，至洪熙元年安始還國。

正統十二年，貢玉石。成化十九年，阿黑麻王貢二獅子。夷使請大臣出迎。郎中陸容言獅子之為獸，在郊廟不可以為犧牲，在乘輿不可以備馭服，理不宜受。禮尚周洪謨亦以為不可命官出迎。詔遣中官迎之。獅子日食生羊二、醋酣蜜酪各二瓶，官養獅人，光禄日供給焉。弘治二年，遣使貢獅子。夷人所過，横為侵擾。給事韓鼎上言：『珍禽異獸，非宜狎玩，且供費不貲，宜罷遣之。』未幾，廣東布政陳選上言：『撒馬兒罕使臣怕六灣貢獅子，欲從廣南浮海往滿剌加更市獅子入貢。不可貴異物，開海道利賈胡，貽笑安南諸夷。』三年，由南海貢獅子。禮官倪岳言：『南海非西域貢道，請卻之。』自後貢皆從嘉峪關入。嘉靖中，其國稱王者五十三人，皆遣人入貢。

阿富汗

綜述

明・李賢等［天順］《明一統志》卷八九《外夷・哈烈》　本朝洪武三十五年，遣使詔諭酋長，賜織金文綺。永樂七年，頭目莽賫等來朝，并貢方物。正統二年，指揮哈濟等貢馬及玉石。

奄蔡

綜述

明・羅日褧《咸賓録》卷四《阿速》　阿速，西海中為稍大國也。永樂中，遣使百十二人朝貢。

西亞諸國分部

阿　曼

綜　述

明・馬歡《瀛涯勝覽・祖法兒國》 其國王於欽差使者回日，亦差其頭目將乳香駝雞等物，跟隨寶船以進貢於朝廷焉。

明・鞏珍《西洋番國志・祖法兒國》 王以金鑄錢，名倘加。每錢官秤重二錢，徑一寸五分，一面有紋，一面為人形。又以紅銅鑄小錢徑四分零用。王亦遣人齎乳香、駝雞等物表進中國。

明・李賢等［天順］《明一統志》卷九〇《外夷・祖法兒國》 本朝永樂中，國王亞里遣其臣來朝，并貢方物。

明・黄省曾《西洋朝貢典録》卷下《祖法兒國》 其朝貢無常。永樂中，遣其臣朝貢方物。

明・羅日褧《咸賓録》卷四《祖法兒》 宋時未通。我朝永樂、宣德中，王亞里俱遣使朝貢。

《明史》卷三二六《外國傳七・祖法兒》 祖法兒，自古里西北放舟，順風十晝夜可至。永樂十九年遣使偕阿丹、剌撒諸國入貢，命鄭和齎璽書賜物報之。二十一年，貢使復至。宣德五年，和再使其國，其王阿里即遣使朝貢，八年達京師。正統元年還國，賜璽書獎王。

也　門

綜　述

明・馬歡《瀛涯勝覽・阿丹國》 永樂十九年，欽命正使太監李等，齎詔勅衣冠賜其王酋，到蘇門答剌國，分䑸內官周領駕寶船數只到彼。王聞其至，即率大小頭目至海濱迎接詔敕賞賜，至王府行禮甚恭謹感伏，開讀畢，國王即諭其國人，但有珍寶許令賣易。在彼買得重二錢許大塊貓睛石，各色雅姑等異寶，大顆珍珠，珊瑚樹高二尺者數株，又買得珊瑚枝五櫃、金珀、薔薇露、麒麟、獅子、花福鹿、金錢豹、駝雞、白鳩之類而還。【略】其國王感荷聖恩，特造金廂寶帶二條，窟嵌珍珠寶石金冠一頂，并雅姑等各樣寶石地角二枚，金葉表文，進貢中國。

明・鞏珍《西洋番國志・阿丹國》 國王感慕聖朝恩德，常修金葉表文，進金廂寶帶一條，窟嵌珍珠寶石金冠一項，並鴉鶻等各寶石蛇角等物進貢。

明・黄省曾《西洋朝貢典録》卷下《阿丹國》 其朝貢無常。永樂間，遣使修金葉表來朝貢。

明・羅日褧《咸賓録》卷四《阿丹》 阿丹，小國也。永樂九年，遣太監鄭和諭之，賜命互市。其王拜詔，待使禮俱甚恭。隨遣使進金廂寶帶、金冠、鴉鶻諸寶石蛇角等物。

《明史》卷三二六《外國傳七・阿丹》 阿丹，在古里之西，順風二十二晝夜可至。永樂十四年遣使奉表貢方物。辭還，命鄭和齎敕及彩幣偕往賜之。自是，凡四入貢，天子亦厚加賜賚。宣德五年，海外諸番久缺貢，復命和齎敕宣諭。其王抹立克那思兒即遣使來貢。八年至京師。正統元年始還。自後，天朝不復通使，遠番貢使亦不至。前世梁、隋、唐時，並有丹丹國，或言即其地。

又《剌撒》 永樂十四年遣使來貢，命鄭和報之。後凡三貢，皆與阿丹、不剌哇諸國偕。宣德五年，和復齎敕往使，竟不復貢。

伊　朗

綜　述

明・馬歡《瀛涯勝覽・忽魯謨廝國》 其國王亦將船隻載獅子、麒麟、馬匹、珠子、寶石等物并金葉表文，差其頭目人等，跟隨欽差西洋回還寶船，赴闕進貢。

明・鞏珍《西洋番國志・忽魯謨厮國》　國王修金葉表文遣使隨寶舡以麒麟、獅子、珍珠、寶石進貢中國。

明・李賢等［天順］《明一統志》卷九〇《外夷・忽魯謨厮國》　本朝永樂中，國王遣其臣馬剌足等來朝，并貢方物。

又《忽魯毋思國》　本朝永樂三年，國王遣其臣已卽丁等來朝，并貢方物。

明・黄省曾《西洋朝貢典録》卷下《忽魯謨厮國》　其朝貢無常。永樂五年，遣其臣將麒麟等物并備金葉表文跟隨回洋寶船進貢。

明・羅日褧《咸賓録》卷六《忽魯謨斯》　忽魯謨斯，永樂三年，太監鄭和至其國。國王遣人貢獅子、麒麟、馬匹、珍寶等物。

《明史》卷三二六《外國傳七・忽魯謨斯》　忽魯謨斯，西洋大國也。自古里西北行，二十五日可至。永樂十年，天子以西洋近國已航海貢琛，稽顙闕下，而遠者猶未賓服，乃命鄭和齎璽書往諸國，賜其王錦綺、彩帛、紗羅，妃及大臣皆有賜。王卽遣陪臣已卽丁奉金葉表，貢馬及方物。十二年至京師。命禮官宴賜，酬以馬直。比還，賜王及妃以下有差。自是凡四貢。和亦再使。後朝使不往，其使亦不來。

宣德五年復遣和宣詔其國。其王賽弗丁乃遣使來貢。八年至京師，宴賜有加。正統元年附爪哇舟還國。嗣後遂絶。

其國居西海之極。自東南諸蠻邦及大西洋商舶、西域賈人，皆來貿易，故寶物填溢。氣候有寒暑，春發葩，秋隕葉，有霜無雪，多露少雨。土瘠穀麥寡，然他方轉輸者多，故價殊賤。民富俗厚，或遭禍致貧，衆皆遺以錢帛，共振助之。人多白皙豐偉，婦女出則以紗蔽面，市列廛肆，百物具備。惟禁酒，犯者罪至死。醫卜、技藝，皆類中華。交易用銀錢。書用回回字。王及臣下皆遵回教，婚喪悉用其禮。日齋戒沐浴，虔拜者五。地多鹹，不產草木，牛羊馬駝皆噉魚臘。壘石為屋，有三四層者，寢處庖廁及待客之所，咸在其上。饒蔬果，有核桃、把聃、松子、石榴、葡萄、花紅、萬年棗之屬。境內有大山，四面異色。一紅鹽石，鑿以為器，盛食物不加鹽，而味自和；一白土，可塗垣壁；一赤土、一黄土，皆適於用。所貢有獅子、麒麟、駝雞、福禄、靈羊；常貢則大珠、寶石之類。

沙特阿拉伯

綜述

明・馬歡《瀛涯勝覽・天方國》　此國卽默伽國也。【略】宣德五年，欽蒙聖朝差正使太監內官鄭和等往各番國開讀賞賜。【略】其默伽國王亦差使臣，將方物跟同原去通事七人獻齎於朝廷。

明・鞏珍《西洋番國志・天方國》　宣德五年，欽奉朝命開詔，徧諭西海諸番，太監洪保分䑸到古里國。適默伽國有使人來，因擇通事等七人同往，去回一年。買到各色奇貨異寶及麒麟、獅子、駝雞等物，並畫天堂圖回京奏之。其國王亦采方物，遣使隨七人者進貢中國。

明・李賢等［天順］《明一統志》卷九〇《外夷・天方國》　本朝宣德中，國王遣其臣沙瓛等來朝，并貢方物。

又《默德那》　本朝宣德中，其國使臣隨天方國使臣來朝，并貢方物。

明・黄省曾《西洋朝貢典録》卷下《天方國》　其朝貢無常。宣德中使鄭和至西洋，遣通事七人賫麝香、磁器、綵匹同本國船至國，一年往回，易得各色奇異寶石并麒麟、獅子、駝鷄等物，並畫《天堂圖》一冊回京。其天方國王亦遣其臣沙瓛等將方物隨七人來朝貢。

明・羅日褧《咸賓録》卷四《默德那》　默德那，卽回回祖國也。宣德中，遣人隨天方來貢。

又《天方》　天方，古筠沖地，一名天堂。宣德五年，太監鄭和等往各番國，到古里，差使諭天方國王。王卽遣使來貢方物，並畫《天堂圖》以獻。

伊拉克

綜　述

明・李賢等［天順］《明一統志》卷九〇《外夷・白葛達國》 本朝宣德七年，國王遣其臣和者里一思等來朝，并貢方物。

《明史》卷三二六《外國傳七・白葛達》 白葛達，宣德元年遣其臣和者里一思入貢。其使臣言：『遭風破舟，貢物盡失，國主惓惓忠敬之忱，無由上達。此使臣之罪，惟聖天子恩貸，賜之冠帶，俾得歸見國主，知陪臣實詣闕廷，庶幾免責。』帝許之，使附鄰國貢舟還國，諭之曰：『倉卒失風，豈人力能制。歸語爾主，朕嘉王之誠，不在物也。』宴賜悉如禮。及辭歸，帝謂禮官曰：『天時漸寒，海道遼遠，可賜路費及衣服。』其國，土地瘠薄，崇釋教，市易用鐵錢。

歐洲諸國分部

希臘

綜　述

明・李賢等［天順］《明一統志》卷九〇《外夷・拂菻國》 本朝洪武四年，詔遣其國故民捏古倫齎詔諭之尋遣使來朝，并貢方物。

明・羅日褧《咸賓録》卷三《佛菻》 元時其國人多居中國者。我朝洪武初，遣其國故民捏古倫賚詔諭之。尋遣使朝貢。

《明史》卷三二六《外國傳七・拂菻》 元末，其國人捏古倫入市中國，元亡不能歸。太祖聞之，以洪武四年八月召見，命齎詔書還諭其王曰：『自有宋失馭，天絶其祀。元興沙漠，入主中國百有餘年，天厭其昏淫，亦用隕絶其命。中原擾亂十有八年，當羣雄初起時，朕為淮右布衣，起義救民。荷天之靈，授以文武諸臣，東渡江左，練兵養士，十有四年。西平漢王陳友諒，東縛吴王張士誠，南平閩、粤，戡定巴蜀，北定幽、燕，奠安方夏，復我中國之舊疆。朕為臣民推戴即皇帝位，定有天下之號曰大明，建元洪武，於今四年矣。凡四夷諸邦皆遣官告諭，惟爾拂菻隔越西海，未及報知。今遣爾國之民捏古倫齎詔往諭。朕雖未及古先哲王，俾萬方懷德，然不可不使天下知朕平定四海之意，故茲詔告。』已而復命使臣普剌等齎敕書、彩幣招諭，其國乃遣使入貢。後不復至。

清・穆彰阿等《嘉慶重修一統志》卷五五八《拂菻》 明洪武四年，召見命齎詔書還，諭其王，復命使臣普剌等齎敕書綵幣詔諭其國，乃遣使來貢，後不復至。

西班牙

綜　述

《明史》卷三二五《外國傳六・佛郎機》 佛郎機，近滿剌加。正德中，據滿剌加地，逐其王。十三年遣使臣加必丹末等貢方物，請封，始知其名。詔給方物之直，遣還。其人久留不去，剽劫行旅，至掠小兒為食。已而夤緣鎮守中貴，許入京。武宗南巡，其使火者亞三因江彬侍帝左右。帝時學其語以為戲。其留懷遠驛者，益掠買良民，築室立寨，為久居計。

意大里亞

綜　述

《明史》卷三二六《外國傳七・意大里亞》 大都歐羅巴諸國，悉奉天主耶穌教，而耶穌生於如德亞，其國在亞細亞洲之中，西行教於歐羅巴。其始生在漢哀帝元壽二年庚申，閱一千五百八十一年至萬曆九年，利瑪竇始汎海九萬里，抵廣州之香山澳，其教遂沾染中土。至二十九年入京師，中官馬堂以其方物進獻，自稱大西洋人。

禮部言：『《會典》止有西洋瑣里國無大西洋，其真僞不可知。又寄居二十年方行進貢，則與遠方慕義特來獻琛者不同。且其所貢《天主》及《天主母圖》，既屬不經，而所攜又有神仙骨諸物。夫既稱神仙，自能飛升，安得有骨？則唐韓愈所謂凶穢之餘，不宜入宮禁者也。況此等方物，未經臣部譯驗，徑行進獻，則內臣混進之非，與臣等溺職之罪，俱有不容辭者。及奉旨送部，乃不赴部審譯，而私寓僧舍，臣等不知其何意。但諸番朝貢，例有回賜，其使臣必有宴賞，乞給賜冠帶還國，勿令潛居兩京，與中人交往，别生事端。』不報。八月又言：『臣等議令利瑪竇還國，候命五月，未賜綸音，毋怪乎遠人之鬱病而思歸也。察其情詞懇切，真有不願尚方錫予，惟欲山棲野宿之意。譬之禽鹿久羈，愈思長林豐草，人情固然。乞速為頒賜，遣赴江西諸處，聽其深山邃谷，寄迹怡老。』亦不報。

已而帝嘉其遠來，假館授粲，給賜優厚。公卿以下重其人，咸與晉接。瑪竇安之，遂留居不去，以三十八年四月卒於京。賜葬西郭外。

清・傅恆等《清職貢圖》卷一《大西洋國》 大西洋，明永樂間，有古里瑣里、忽魯謨斯凡數十國來朝貢，後多不復至。萬曆中，西洋人利瑪竇航海來中國，自稱意大里亞國人。本朝康熙六年，通朝貢。雍正三年，意大里亞教化王來貢。五年，博爾都噶爾亞國來貢。乾隆十八年，復來。

清・穆彰阿等《嘉慶重修一統志》卷五五二《西洋》 建制沿革。去中國極遠於，古無可考，至明萬曆九年，有利瑪竇者始汎海抵廣州之香山嶴。二十九年，入京師。中官馬堂以其方物進獻，自稱大西洋人。【略】帝嘉其遠來，給賜甚厚。瑪竇安之，遂留居不云。嗣是以後，其徒來者益衆，皆祖述其説，盛相矜誇。【略】四十四年，禮部侍郎沈潅、給事中晏文輝等合疏，斥其邪説惑衆，且疑為佛郎機假托，乞急行驅逐。帝納其言，始令俱遣赴廣東，聽還本國命下，久之還延不行。至崇禎初，曆法疏舛，禮部尚書徐光啓請令西洋人羅雅谷、湯若望等以其國新法相參校，開局纂修，報可書成未上。會本朝建元，始採取其説，命若望等理欽天監事，卽醫學亦間用之。康熙九年，西洋國始遣使嗎𠿘吻薩喇達𠿘到京，具表進貢。十七年，其國王阿豐速遣使進獅子。雍正三年，意達里亞國教化王伯納第多遣使奉表進貢。五年，西洋博爾都噶爾國王若望復遣使奉表進貢。乾隆十八年，復遣使進貢。嘉慶十六年，嚴定西洋人傳教治罪專條。

清・梁廷枏《海國四説・粵道貢國説》卷四《意大里亞》 意大里亞國。卽意達里亞。

謹案：卽《會典》所稱之意達里亞。東與哪嗎接壤，地在博爾都噶爾雅之南稍西，佛蘭西之東，荷蘭之東南，並居大西洋中。《明史》云：『自古不通中國。萬曆時，其國人利瑪竇言：歐羅巴諸國，歷奉天主耶穌教。而耶穌生於如德亞，其國在亞細亞洲之中，西行教於歐羅巴。其始生在漢哀帝元壽二年庚申，閱一千五百八十一年，始汎海抵廣州之香山澳。至二十九年入京師，中官馬堂以其方物進獻，自稱大西洋人。禮部言：「《會典》止有西洋瑣里國，無大西洋，其真僞不可知。又寄居二十年，方行進貢，則與遠方慕義特來獻琛者不同。且其所貢《天主》及《天主母圖》，既屬不經，而所攜又有神仙骨諸物。夫既稱神仙，自能飛昇，安得有骨。況此等方物，未經臣部譯驗，徑行進獻，則內臣混進之非，與臣等溺職之罪，俱有不容辭者。及奉旨送部，乃不赴部審譯，而私寓僧舍，臣等不知其何意。但諸番朝貢，例有回賜，其使臣必有宴賞，乞給賜冠帶還國，勿令潛居兩京，與中人交往，别生事端。」不報。帝嘉其遠來，假館授粲，給賜優厚。公卿以下重其人，咸與晉接。瑪竇安之，遂留不去，以三十八年四月卒於京。賜葬西郭外。其年十一月朔，日食。曆官推算多謬，朝議將修改。明年，五官正周子愚言：「大西洋歸化人龐迪（莪）[我]、熊三拔等，深明曆法。其所攜曆書，有中國載籍所未及者。當令譯上，以資採擇。」禮部侍郎翁正春等，因請仿洪武初設回回曆科之例，令迪莪等同測驗。從之。

自瑪竇入中國後，其徒有王豐肅者，來居南京，專以天主惑衆，士大夫暨里巷小民，間為所誘。禮部郎中徐如珂惡之。其徒又自誇風土人物遠勝中華，如珂乃召兩人，授以筆劄，令各書所記憶。悉舛謬不相合，乃倡議驅斥。四十四年，與侍郎沈漼、給事中晏文輝等合疏，斥其邪説惑衆，且疑其為佛郎機假託，乞急行驅逐。禮科給事余懋孳亦言：『自利瑪竇東來，而中國復有天主之教。乃留都王豐肅、陽瑪諾等，煽惑羣衆，不下萬人，朔望朝拜，動以千計。夫通番、左道並有禁。（令）［今］公然夜聚曉散，一如白蓮、無為諸教。且往來（濠）［壕］鏡，與澳中諸番通謀，而所司不為遣斥，國家禁令安在。』帝納其言，至十二月，令豐肅及迪（莪）［我］等俱遣赴廣東，聽還本國。命下久之，乃遷延不行，所司亦不為督發。四十六年四月，迪（莪）［我］等奏：「臣先與利瑪竇十餘人，涉海九萬里，觀光上國，叨食大官十有七年。近南北參劾，議行屏斥。竊念臣等焚修學道，（專）［尊］奉天主，豈有邪謀。惟聖明垂憐，候風便還國。若寄居海嶼，益滋猜疑，乞並南都諸處陪臣，一體寬假。」不報。乃怏怏而去。豐肅等尋變姓名，復入南京，行教如故。其國善製礮，視西洋更巨。既傳入內地，華人多效之，而不能用。天啟、崇禎間用兵，數召澳中人入都，令將士學習，其人亦為盡力。崇禎時，曆法益疏舛，禮部尚書（羅）［徐］光啓，請令其徒羅雅谷、湯若望等，以其國新法相參較，開局纂修。報可。久之書成，即以崇禎元年戊辰為曆元，名之曰《崇禎曆書》。其法視《大統曆》為密。其國人東來者，大都聰明之士，意專行教，不求禄利。其所著書，多華人所未道，故一時好異者咸尚之。而士大夫如徐光啓、（季）［李］之藻輩，首好其説，且為潤色其文詞，故其教驟興。時著聲中土者，更有龍華民、畢方濟、艾如略、鄧玉函諸人。華民、方濟、如略及熊三拔，皆意大理亞國人。玉函，熱而瑪尼國即荷蘭國。人。龐迪（莪）［我］，依西把尼亞國。即以西把尼亞國。人。陽瑪諾，波而都瓦爾國即博爾都噶爾雅國。人。皆歐羅巴洲之國也。』

雍正三年，西洋意達里亞國教化王伯納第多，遣陪臣噶嘩都易德豐奉表，謝聖祖仁皇帝撫恤恩，并賀世宗憲皇帝登極，貢方物。使臣至京，貢厚福水五十瓶、綠玻璃鳳壺一、哩阿波羅杯一、蜜蠟杯一、小蜜蠟杯一對，蜜蠟小瓶三、琺瑯小員牌三、蜜蠟小刀柄二、銀纍絲四、輪船一、小銅日規一、連銀纍絲瓶二、纍絲花二、水晶滿堂紅燈一架、各寶玩器共十八件、咖石喻鼻煙罐一對、各色玻璃鼻煙壺十二、各寶員球八十二、各寶鼻煙壺十六、銀累絲大小花盤四、寶地銀花盤一、連座銀纍絲船二、銀花匣一、連銀纍絲小花瓶一對、鑲寶石花二枝、銀絲小漏盤一、線花畫五張、皮書九張、皮扇面畫十二張、繡花紙盤四面、小銀罐二十九、花石片大小十八塊、鐵花盆二，巴爾薩嗎油二盒、咖石喻蓋杯一對、鍍金皮規矩一對、鑲牙片鼻煙盒十一、銀花素鼻煙盒一對、鑲銀花砂漏一對、咖石喻、綠石鼻煙盒各一、阿噶達片四塊、番銀筆一對、咖石喻帶頭片大小二十四塊、瑪瑙刀柄一、瑪瑙鼻煙壺一、各色石鞭頭六、小石盒一對、珊瑚珠二串、瑪瑙珠四串、各寶素珠十四串、花紙盤七面、香枕囊六、顯微鏡一套、石頭火漆印把一對、火字鏡一、玻璃棋盤、棋子共二盒、火漆八包、大紅羽緞四、週天球一、鼻煙五十罐、照字鏡二架。

使臣歸國，令齎敕諭其王曰：『覽王奏並進方物，具見悃誠。我聖祖仁皇帝，怙冒萬方，無遠弗屆。龍馭升遐，中外臣民悲思永慕。朕纘承大統，勉思紹述。前徽教化王遠行陳奏，感先帝之垂恩，祝朕躬之衍慶，周詳懇至，詞意虔恭。披閱之下，朕心嘉慰。使臣遠來，朕已加禮優待。至於西洋寓居中國之人，朕以萬物一體為懷，時教其謹飭安靜。果能慎守法度，行止無愆，朕自推恩撫恤。茲因使臣歸，特頒斯敕。並賜糚緞、錦緞、大緞六十匹，次緞四十匹。王其領受，悉朕惓之意。』

賜國王大蟒緞、糚緞、倭緞各四，片金緞二，閃緞、藍花緞、青花緞、帽緞、藍緞、青緞各六，綾、紡絲各十有八，羅十，絹四，銀三百兩；使臣大蟒緞、糚緞、倭緞、帽緞、藍花緞、青花緞、藍緞各二，綾、紡絲各六，絹四，銀二百兩。又，特賜國王貂皮、人參、各色糚緞、錦緞、大緞、次緞、洋漆器、瓷器、芽茶、紙、墨、絹扇等物。

又，奉旨：『其來使賜燕畢，差司賓序班一人，伴送至廣東，該督撫差官護送出境。欽此。』

四年六月初五日，論意達里亞國教化王：『覽王奏請援釋放德里格之例，將廣東監禁之畢天祥、計有綱一體施恩釋放等語。查德里格於康熙五十九年，因傳信不實，又妄行陳奏，聖祖仁皇帝念系海外之人，從寬禁錮。及朕即位後，頒降恩詔：凡情罪可原者，悉與赦免，開以自新。德里格所犯與赦款相符，故得省釋。彼時廣東大吏未曾以畢天祥、計有綱之案入大赦冊內具題上聞。今據王奏請，朕查二人所犯，非在不宥之條，即王不行陳奏，朕亦必察出施恩。今特降旨與廣東大吏，將畢天祥、計有綱釋放，以示朕中外一體，寬大矜全之至意。茲因使臣回國，再賜人參、貂皮等項，用展朕懷，王其收受，故茲敕諭。』

五年，其國又遣使貢方物：大珊瑚珠、寶石素珠、金鑲咖石喻瓶、金琺瑯盒、金鑲蜜蠟盒、銀鑲咖石喻盒、金鑲瑪瑙盒、銀鑲藍石盒、銀鍍金鑲雲母盒、銀鍍金鑲玳瑁盒、玻璃瓶貯各品藥露、金絲緞、金銀絲緞、金花緞、洋緞、大紅羽毛緞、大紅哆囉呢、洋製銀柄武器、洋刀、長劍、短劍、針銀花火器、自來火長槍、手槍、上品鼻煙、石巴依瓦油、聖多默巴爾撒木油、璧露巴爾撒木油、伯肋西理巴爾撒木油、各品衣香、巴斯第理葡萄紅露酒、葡萄黃露酒、白葡萄酒、紅葡萄酒、咖石喻各色琺瑯料、烏木鑲青石桌面、烏木鑲黃石桌面、烏木鑲各色石花條桌、織成各種遠視畫。

法蘭西

綜述

清・傅恒等《清職貢圖》卷一《法蘭西》　法蘭西一曰弗郎西，即明之佛郎機也。自古不通中國，正德中遣使請封貢，不果。

清・梁廷枏《海國四說・粵道貢國說》卷四《博爾都噶爾雅國》

博爾都噶爾雅國。

謹案：地居暎咭唎之東南，佛蘭西之東北，意大里亞之南稍東。曰雅者，即譯音之亞也。在歐邏巴極西境，周七百里。西濱大洋。地分五道。四方商船皆聚國城。有大河曰德若，經由城西入海。通海大市凡六，水泉二萬五千。國有二學：曰阨物辣，曰哥應拔。歐羅巴高士多出此學。土產果實、絲棉，多水族，善釀葡萄酒，即過海至中國不壞。園囿有周數十里者，禽獸充牣，異國名王過其地往射獵焉。俗有仁會，恤孤寡煢獨。商船至，或有死而無主者，收其行李，訪其戚屬還之。國王隨處遣官為孤子治家，長則還所有，且加益焉。明以前未通中國。

雍正五年，西洋博爾都噶爾國王若望，遣陪臣麥德樂等具表慶賀，恭請聖安，進獻方物：大珊瑚珠一串，寶石素珠一串，金鑲咖石喻瓶一，金琺瑯盒一，金鑲蜜蠟盒一，銀鑲咖石喻盒一，金鑲瑪瑙盒一，銀鑲藍石盒一，銀鍍金鑲雲母盒五，銀鑲金鍍玳瑁盒一，玻璃瓶貯各品藥、露五十四瓶，金絲緞一，金銀絲緞一，金花緞一，洋緞三，大紅羽毛緞二，大紅哆囉呢二，洋制銀柄武器一具，洋刀一柄，長劍一柄，短劍一柄，針銀花火器一具，自來火長槍一口，手槍二柄，上品鼻煙十二瓶，右巴依瓦油四瓶，聖多默巴爾撒木油四瓶，璧露巴爾撒木油二瓶，伯肋西理巴爾撒木油二瓶，各品衣香十二瓶，巴斯第理十二瓶，葡萄紅露酒十二瓶，葡萄黃露酒十二瓶，白葡萄酒十二瓶，紅葡萄酒十二瓶，咖石喻二大塊，各色琺瑯料十四塊，烏木鑲青石桌面二張，烏木鑲黃石桌面二張，烏木鑲各色石花條桌二張，織成各種遠視畫九張。

來使呈稱：『國王蒙聖祖仁皇帝撫恤多年，兼慶皇上御極，仍一視同仁，感戴洪恩，敬備方物，願得恭捧至（官）［宮］，親身進獻，庶得達國王敬奉皇朝之誠心。』其表文由內閣翻譯，貢物由禮部摺奏，恭呈御覽。奉旨：『准其進獻。』頒敕一道，付來使齎回。賜國王大蟒緞、糚緞、倭緞各六，片金緞四，閃緞、藍花緞、藍緞、帽緞、素緞各八，綾、紡絲各二十二，羅十三，絹七；貢使大蟒緞一，糚緞、倭緞各二，帽緞一，藍花緞、青花緞、藍緞各三，綾、紡絲各六，帽三，銀百兩；護貢官十人，每人倭緞一，藍花緞、青花緞、藍素緞，綾各二，紡絲三，綢二，絹一，銀五十兩；從人三十名，每名綢、紡絲三，絹二，銀二十兩；廣東伴送把總彭緞袍一領。又，特賜國王人參四十斤，內庫緞二十五匹，瓷器百三十件，洋漆器六十六件，荔枝酒，哈蜜瓜，松糕，茶糕，芽茶，紙三百張，墨二十匣，絹一百張，燈扇，香囊等物。來使亦加賜倭緞、瓷器、漆器、紙、墨扇等物。

又，西洋國遣使臣進表慶賀，儀與康熙五十九年同。

又，議准：『西洋博爾都噶爾雅國王，感被德化，遣使來京，不比尋常進貢。所帶貢物，令其由水路來京，其來使從人，願帶來京者聽，願留粵省者，令該地方官從豐撥給房舍食物。』

又，奏准：『該國初次進貢，遣內務府郎中一人，同在京居住西洋人一人，往迎來使。至回國時，仍遣前往迎之人伴送，由水路至廣東，交該督撫護送出境。』

乾隆十八年三月，西洋博爾都噶爾雅國王若瑟，遣陪臣巴哲格等，進貢方物：自來火鳥槍，珐瑯洋刀，銀裝蠟臺，赤金文具，伽什倫文具，螺鈿文具，瑪瑙文具，緑石文具，赤金鼻煙盒，咖什倫鼻煙盒，螺鈿鼻煙盒，瑪瑙鼻煙盒，緑石鼻煙盒，銀裝春、夏、秋、冬四季花，金絲花緞，銀絲花緞，金絲表緞，銀絲表緞，各色哆囉呢，織人物花氈，露酒，白葡萄酒，紅葡萄酒，巴爾撒木酒，鼻煙，洋糖果，香餅，凡二十八種。貢使進御前方物：銀盤玻璃瓶，銀架玻璃瓶，意大石文具，銀圓香盒、銀長香盒、蜜蠟香盒、翦子各一對，意大石牙簽、玻璃牙簽各一，異石鼻煙盒一。

命欽天監監正劉松齡前途導引至京召見，巴哲格等賜宴。並賜敕諭博爾都噶爾雅國王曰：『覽王奏並進方物，具見悃忱。洪惟我聖祖仁皇帝、世宗憲皇帝，恩覃九有，光被萬方。因該國王慕義抒誠，夙昭恭順，是以疊沛温綸，並加寵錫。今王載遴使命，遠涉重瀛。感列聖之垂慈，踵闕廷而致祝。敬恭式著，禮數彌虔。披閱奏章，朕心嘉悦。既召見使臣，遂其瞻仰之願；復親御帳殿，優以宴賞之榮。西洋國人官京師者，晉加顯秩，慰王遠念。兹以使臣歸國，特頒斯敕。其錫賚珍琦，具如常儀。加賜彩緞羅、珍、玩器等物，王其祗受，悉朕眷懷。』

又，特賜該國王龍緞四匹，糚緞、花緞、線緞各八匹，百花糚緞十二匹，綾、紡絲各二十二匹，羅十三匹，杭綢七匹，冊頁一付，瑪瑙玉器六件，珐瑯器二種，漆器十九種，磁器三十三種，及紫檀木器、畫絹、香袋、香餅、紙墨扇、茶。又，加賞正使畫絹、紙墨扇、茶及文綺。又，隨敕書賜國王龍緞、片金緞各二匹，蟒緞、倭緞各三匹，糚緞七匹，花緞六匹，閃緞、花緞、青花緞、藍緞、青緞、帽緞、線緞各四匹，綾、紡織各二十二匹，羅十三匹，絹七匹。又因端陽節，加賞國王紗四十匹，葛百匹，香囊、香串、宮扇、藥錠等物，並正、副使紗、葛、香囊、香串、藥錠等物。蓋念其遠道涉險而來，故錫予優厚如此。

英國

綜述

清·穆彰阿等《嘉慶重修一統志》卷五五六《暎咭唎》 高宗純皇帝特沛殊恩，每船准買土絲五千斤，二蠶湖絲三千斤，其頭蠶湖絲及綢綾緞匹仍如舊禁止，後又准帶綢緞成匹者二千斤。自是，暎咭唎來廣互市，每船如額配買，歲以為常。五十八年，暎咭唎國遣使臣碼噶嘛呢等恭進表貢。【略】上御萬樹園大幄，次宣召正副使，宴賞有差，賜國王文綺珍玩特頒敕諭。【略】五十九年及嘉慶元年，暎咭唎國附進表貢，皆蒙賞收賜以敕書並錦緞等物。十三年，暎咭唎夷船帶兵擅入澳門，【略】經地方官奉旨嚴飭，夷目畏懼即行退回外洋。二十一年，暎咭唎國遣使入貢，賜國王白玉如意一柄，翡翠朝珠一盤，敕諭一道，以示懷柔。

清·梁廷枏《海國四説·粵道貢國説》卷五《暎咭唎國一》 謹案：暎咭唎本國在咈囒西之北，博爾都噶爾雅之東北，為荷蘭屬國。服飾相似。國頗富。男子多著哆囉絨，喜飲酒。婦人未嫁時束腰，欲其纖細，披髮垂肩，短衣重裙，出行則加大衣，以金縷盒貯鼻烟以自隨。《海國聞見録》云：『英機黎一國，懸三島於吝因、黄祁、荷蘭、佛蘭西四國之間。大西洋尊天主者，惟干絲蠟、是班牙、葡萄牙、黄祁為最，而辟之者，惟英機黎一國。今亦奉教惟謹。產生銀、哆囉呢、羽毛緞、嗶吱、玻璃等類。』又《舟車聞見録》云：『《明史》之丁機宜，《職方外紀》之諳厄利，《海國聞見録》之英機黎，以輿圖核之，即暎咭唎。』蓋對音翻譯，無一定之字也。其國本在歐羅巴之西，初屬荷蘭，後漸逞强，與荷蘭構兵，遂為敵國。復據北亞未利加之地，稱加那大暎咭唎，稱歐羅巴國為本國。其地產麥。所貿易屬地稱港脚，用其旗號，來舶甚多，距廣東界程五萬餘里。國中土地平衍，宜麥、禾、果、荳。有一山名間允，產黑鉛，民為開採，輸税入官。國人出入處，左有那邨，右有加鼇皮申村，皆設立礮臺，二村中皆有大海駕船往來。海邊多產火石。王所居名蘭侖，有城，距村各百餘里。北亞墨利加卽亞未利加。地，明成、弘間，意達里亞人首先開闢，佛蘭西、荷蘭繼之，嘆咭唎人又繼之。蓋萬曆年中事也。未幾，嘆咭唎人至益多，乃逐諸國之先至者而盡有之，開地十有三區，設官以治，使遙奉王命。本朝乾隆四十一年，以王改茶稅於買者，於是，十三處人併力拒之，自立為合省國，卽今來市之米利堅也。嘆咭唎自創設公司，使專貿易之事，凡海洋要道，輒據而守之，如孟阿臘、孟買、新埠之屬，皆以次據焉。然相隔每萬里至數萬里，合算之，雖遼廣而不能聯屬也。其本國，自漢以來，屢易其姓，並居蘭墩城，卽蘭侖。可考者自加力牛拉始，既而腓士蔽滅於羅馬。卽哪瑪。歷四百年，而西耳得乃以撒孫兵破而有之。歷五百二十八年，而加怒地以吝因兵破而有之。又歷二十四年，而撒孫故王子擁立於國人，遂復為撒孫有。又歷二十七年，而未廉以哪耳慢兵破而有之。大率始漢明迄明嘉靖間也。其王近者為弗氏京也治，傳子昔斤京也治，又傳子非立京也治。其名姓往往有重同者，如嘉慶九年表文，國王自名雅治，卽也治之譯音也。逮國朝康熙間，始來通市，後數年不復來。至雍正七年以後，則互市不絕。其時碣石鎮總兵官陳昂奏稱：『臣徧觀海外諸國，皆奉正朔，惟紅毛一種莫測，其中有英圭黎諸國，種類雖分，聲氣則一，請飭督、撫諸臣防範。』則當時已出沒海上矣。

乾隆七年十一月，嘆咭唎巡船遭風，飄至澳門海面，遣夷目至省城求濟。兩廣總督策楞，令地方官優給貲糧，修整船隻，俟風便歸國。先是，其互市處所，或於廣，或於浙。二十二年，部議嘆咭唎不准赴浙貿易，於是皆收泊廣東。每夏、秋交，由虎門入口。其土產則有大小絨、嗶嘰、羽紗、紫檀、火石，及所製時辰鐘表等物，精巧絶倫。二十四年，方嚴絲斤出洋之禁。兩廣總督李侍堯奏言：『近年嘆咭唎夷商屢違禁令，潛赴寧波。今絲斤禁止出洋，可抑外夷驕縱之氣。惟本年絲斤已收，請仍准運還。』奏入，報可。

是年，嘆咭唎夷商洪任輝，妄控粵海關陋弊。訊有徽商汪聖儀者，與任輝交結，擅領其國大班銀一萬三百八十兩，按交結外國，互相買賣，借貨財物例治罪。

二十七年，奉上諭：『據奏：「嘆咭唎夷商咱囒，以絲斤禁止出洋，夷貨難於成造，籲懇代奏，酌量准其配買，情詞迫切」一摺。前因出洋絲斤過多，內地市值翔踴，是以申明限制，俾裕官民織紝。然自禁止出洋以來，並未見絲斤價平。亦猶朕施恩特免米豆稅，而米豆仍然價踴也。此蓋由於生齒日繁，物價不得不貴。有司恪守成規，不敢通融調劑，致遠夷生計無資，亦堪軫念。著照該督等所請，循照東洋辦銅商船配搭綢緞之例，每船准其配買土絲五千斤，二蠶湖絲三千斤，以示加惠外洋至意。其頭蠶湖絲及綢、綾、緞匹，仍禁止如舊。欽此。』

謹案：此次因該國夷商白蘭等求，仍照前通市。兩廣總督蘇昌請照東洋銅商搭配綢緞之例，酌量配買。得旨：『每船准買土絲五千斤，二蠶湖絲三千斤。其頭蠶湖絲及綢、綾、緞匹，仍如舊禁止，不得影射取戾。』自是，嘆咭唎來廣互市，每船如額配買，歲以為常。其明年，並准帶綢緞成匹者二千斤。

五十七年九月初七日，署總督郭世勳會奏：『本年九月初三日，有嘆咭唎國夷人啵啷啞哩晚嚽哐等來廣，臣等會同傳見。據呈該國字稟二紙，隨令通事譯出。稱系該國王因前年大皇帝八旬萬壽，未及叩祝，今遣使臣嗎嘎爾呢進貢，由天津赴京。懇求先為奏明等語。臣伏思前年恭遇皇上八旬萬壽，中外臚歡。凡邊塞夷王酋長，駢集都下。今嘆咭唎國王涉歷重洋，遠道祝嘏，具見凡有血氣，莫不尊親。惟是外夷各國，凡遇進貢，俱由例准進口省分，先將副表貢單呈明督、撫，奏奉允准之後，委員伴送使臣，齎帶貢物，赴京呈進。而國歷來在粵東通商，今欲赴天津進口。該國王又無副表貢單照會到臣所遞稟札，僅據該國管理買賣頭目咈囒哂呧咟嚧差遣齎投。據稱：』該夷人起程之時，貢船尚未開行，約於八月自本國起程，明年二、三月可到天津。至貢物尚在備（辯）［辦］，伊等不知是何名目。又貢品繁重，由廣東水陸路程到京紆遠，恐有損壞，此時已由洋海徑赴天津，夷人等無從查探」各等語。臣等思夷船進口，向例定有停泊省分。若任由擇地收泊，於事非宜。現在若再照會該國王，令其至粵候旨遵行，則洋海遼濶，往返無時。該國王既稱感戴悃忱，理合據實具奏。幷將譯出底稿，一幷送呈御覽。如蒙聖恩，准其在天津進口，則所歷閩、浙各省海道，誠恐有風帆收泊各口岸之事，請敕下浙、閩及直隸省各督、撫，飭令所屬，查驗放行，由天津進京。是否如斯，伏候皇上聖明訓示。謹奏。』

附兩夷稟𠸄咭唎國總頭目官管理貿易事啞嚧謹呈天朝大人，恭請鈞安。我本國國王，管有呀囒吔嘧吨、佛囒哂、嗳喻等三處地方，發船來廣貿易。聞得天朝大皇帝八旬大萬壽，本國未曾着人進京叩祝萬壽，我國王心中十分不安。我國王說稱：『懇想求天朝大皇帝施恩通好。凡有我本國的人來廣，與天朝的人貿易，均各相好，但望生理愈大，餉貨豐盈。』今本國王命本國官員公輔國大臣嗎嘎爾呢，差往天津。倘邀天朝大皇帝賞見此人，我國王卽十分歡喜，包管𠸄咭唎國人與天朝國人永遠相好。此人卽日揚帆前往天津，帶有進貢貴重物件，內有大件品物，恐路上難行，由水路到京，不致損壞，并冀早日到京。另有差船護送同行。總求大人先代我國王奏明天朝大皇帝施恩，准此船到天津，或就近地方灣泊。我惟有虔叩天地保佑天朝大人福壽綿長。

又，稟請天朝大人鈞安。敬稟者：我國王自管三處地方，向有夷商來廣貿易，素沐皇仁。今聞天朝大皇帝八旬萬壽，未能遣使進京叩祝，我國王心中惶恐不安。今我國王命親信大臣公選妥幹貢使嗎嘎爾呢前來，帶有貴重貢物，進呈天朝大皇帝，以表其恭順之心。惟願大皇帝恩施遠夷，准其永遠通好，俾中國百姓與外國遠夷同沾樂利，物產豐盈，我國王感激不盡。現在，嗎嘎爾呢卽自本國起身，因貢物極大極好，恐由廣東進京，水陸路途遙遠，致有損壞，令其往赴天津，免得路遠難帶。為此具稟，求代奏大皇帝，懇祈由天津海口，或附近地方進此貢物。想來必蒙大皇帝恩准。謹稟。

十月二十日，奉上諭：『郭世勳等奏：「𠸄咭唎國夷人啵啷啞哩晚嚽啞等來廣稟稱：該國王因前年大皇帝八旬萬壽，未及叩祝，今遣使臣嗎嘎爾呢進貢，由海理至天津赴京」等語。並譯出原稟進呈。閱其情詞極為恭順懇摯，自應允其所請，以遂其航海向化之誠，卽在天津進口赴京。但海洋風帆無定，或於浙、閩、江蘇、山東等處近海口岸收泊，亦未可知。該督、撫等如遇該國貢船到口，卽將該貢使及貢物等項，派委妥員迅速護送進京，毋得稍有遲悞。至該國貢船，雖據該夷人稟稱，約於明年二、三月可到天津。但洋船行走，風信靡常，或遲到數月，或早到數月，難以預定。該督、撫等，應飭屬隨時稟報，遵照妥辦。再，該貢船到天津時，若大船難於進口，著穆騰額預備小船，卽將貢物撥送起岸，派員同貢使先行進京。不可因大船難以進口，守候需時，致有耽延也。將此傳論各督、撫等知之。欽此。』

又，正月十八日，奉上諭：『上年據郭世勳奏：「𠸄咭唎國夷人啵啷啞哩晚嚽啞等來廣稟稱：『國王因前年大皇帝八旬萬壽，未及叩祝，今遣使臣嗎嘎爾呢由海道至天津赴京』等語。並譯出原稟進呈。閱其呈詞極為恭順懇摯，因俯允所請，以遂其航海向化之忱。並以海洋風信靡常，該貢使船隻或於閩、浙、江南、山東等處近海口岸收泊，亦未可定。因降旨海疆各督、撫，如遇該國貢船進口，卽委員照料護送進京。因思乾隆十八年西洋博爾都噶爾國遣使進貢，系由廣東澳門收泊。其時兩廣總督阿里兖曾於海岸處所調派員弁，帶領兵丁，擺齊隊伍，旗幟甲仗等項，皆一體鮮明，以昭嚴肅。此次𠸄咭唎國貢船進口泊岸時，自應仿照辦理。此等外夷輸誠慕化，航海而來，豈轉虞有他意。但天朝體制，觀瞻所係，不可不整肅威嚴，俾外夷知所敬畏。現在海疆寧靖，各該督、撫皆未免意存玩忽，近海一帶營伍可想而知。著傳諭各該督、撫等：如遇該國貢船進口時，務先期派委大員，多帶員弁兵丁，列營站隊，務須旗幟鮮明，甲仗精淬。並將該國使臣及隨從人數，併貢件行李等項，逐一稽查，以肅觀瞻而昭體制。外省習氣，非廢弛因循，卽張大其事，甚或存畏事之見，最為陋習。此次承諭辦理，務須經理得宜。固不可意存苟簡，草率從事，亦不可迹涉張皇，方為妥善也。欽此。』

是年，貢方物：天文地理，音樂大表，地理運轉全架：天球、地球、指引月光盈虧、測看天氣晴陰、探氣架子、運轉氣法，西瓜礮，銅礮，椅子火鏡，玻璃燈，印圖絲毛金線毯，大氈毯，馬鞍，涼暖車，成對相連鎗，自來火，金鑲、自來火銀鑲鎗，自來火，小鎗，小火鎗，大火鎗，鋼刀，早晚運動能長人精神巧益架子，西洋船様，千里眼，各色哆囉呢、羽紗，凡二十九種。

特賜國王玉如意一，龍緞三，蟒緞二，糚緞七，百花糚緞六，倭緞三，片金緞二，閃緞、袍緞、藍緞、彩緞、青花緞、衣素緞、線緞、帽緞各四，綾、紡絲各二十二，羅十三，杭綢七，玉雙解瓶一，戰圖一盒，紅雕漆桃式盒九，朱漆蔔瓣盤四，絹箋、蠟箋各五十，掛燈四對，繡錦香袋八盒，繡香袋、連三香袋各四盒，宮扇十三扇，百香餅四盒，普洱茶團四十，茶膏、柿霜各五盒，哈密瓜乾、香瓜幹各一盒，武彝茶、六安茶各十瓶，藕粉、蓮子粉四盒；正使龍緞、糚緞、藍緞、醬色緞、素緞各二，倭緞八，絲、緞各一，綾、杭綢、紡絲各四，瓷碗六，瓷盤八，霽青白裏瓷盤六，扇二十，普洱茶團六，六安茶六瓶，茶膏二盒，哈密瓜乾二盒；副使龍緞、糚緞、倭緞、藍緞、醬色緞、素緞各一，綾、杭綢、紡絲各二，瓷碗二，瓷盤八，霽青白裏瓷盤四，扇十，普洱茶團四，六安茶四瓶，茶膏、哈密瓜乾各一盒；副使之子龍緞、糚緞、素緞八，絲緞、錦、漳絨、羽緞、綾各一，花緞、紡絲各二，瓷碗、瓷盤各四十，錦扇十，普洱茶團四，六安茶四瓶，茶膏、冰糖各一盒，雕漆盤一，大荷包二，小荷包四；代筆官、總兵官二員，每員閃緞、糚緞、倭緞、藍緞、綾各一，瓷碗、瓷盤各二十，錦扇十，普洱茶團二，六安茶二瓶，茶膏、哈密瓜乾各一盒，大荷包二，小荷包二；副總兵官、管兵官、聽事官、管船官等七員，每員糚緞、閃緞、藍緞各一，瓷碗、瓷盤各二，扇二盒，普洱茶團二，大荷包二，小荷包二。

又於如意洲賞正使大卷緞、大卷紗各三，大荷包二，小荷包四，瓷鼻烟壺一，五彩雞尊一對，副使大卷緞、紗各二，大荷包二，小荷包四，瓷鼻烟壺一，五彩滷壺二；副使之子大卷緞二，大卷紗一，大荷包、小荷包各二，瓷鼻烟壺一，瓷四足香爐二；總兵等官九員，每員緞紗一，大荷包一，小荷包二，瓷鼻烟壺一。

八月十三日，萬壽聖節，該使臣等行慶賀禮於含青齋。賞正使大卷八絲緞、錦緞各二，瓷茶桶、瓷碗、瓷盤各二，宜興器一；副使大卷八絲緞三，錦一，瓷茶桶、瓷碗各二，瓷盤一；副使之子八絲緞二，錦一，皮茶桶、瓷碗各二，瓷盤一；副使之子繪畫呈覽，賞大荷包二；通事、總兵等官九員，每員八絲緞二，瓷碗二。

十四日，於清音閣賞正使御筆書畫冊頁一，玉杯一，瓷盤、瓷瓶、漆桃盒、葫蘆瓶各二；副使玉杯一，瓷器、漆桃盒、葫蘆瓶各二，小荷包一；副使之子瓷器四，漆桃盒二，瓷瓶一，小荷包一；通事、總兵等官九員，每員漆桃盒二，瓷器四。

二十九日，於太和門頒給敕書。賜該國王百花蟒緞二，袍緞、線緞各四，紫檀彩漆銅掐絲琺瑯龍舟仙臺一，玉器八，瑪瑙盂盤一，瓷器二百有二十，漆器三十七，葫蘆器十四，文竹掛格、棕竹漆心炕格各二，花卉冊頁二，畫絹二十，洒金五色字絹箋紙、白露紙、高麗紙各二十，墨六匣，各樣扇四十，普洱茶團八，六安茶八瓶，武彝茶四瓶，茶膏、柿霜四盒，哈密瓜乾、香瓜乾各四盒，藕粉、蓮子各二盒，藏糖三盒。又，隨敕書賜國王龍緞三，蟒緞二，糚緞七，百花糚緞六，倭緞三，片金緞二，閃緞、袍緞、藍緞、彩緞、青花緞、衣素緞、線緞、帽緞各四，綾、紡絲各二十二，羅十三，杭綢七，畫絹、白露紙各百，灑金五色絹五十，五角箋紙、高麗紙各二百，宮扇十三，十錦扇百，連三香袋四盒，十錦香袋八盒，錦香袋四盒，香餅四盒，普洱茶團四十，茶膏、柿霜各五盒，哈密瓜乾、香瓜乾二盒，武彝茶、六安茶各十瓶，藕粉、蓮子各三盒，文竹炕桌二，雕漆炕桌二，掛燈十二，墨二十匣；正使龍緞、帽緞各一，糚緞、倭緞各二，藍緞、青花緞、彩緞、杭綢各三，綾、紡絲各六，茶葉二瓶，茶膏二盒，磚茶二塊，大普洱茶團二，刮膘吉慶一架，青玉全枝葵花洗一，瑪瑙葵花碗一，瑪瑙葵花碟一，藏糖二匣；副使龍緞、帽緞各一，糚緞、藍緞、倭緞、青花緞、彩緞、縐綢各二，綾、紡絲各四，茶葉四瓶，茶膏一盒，磚茶二塊，女兒茶十，白玉全枝蔡花洗一，花瑪瑙菊花瓣碗一，葫蘆器藏糖二匣；副使之子龍緞、糚緞、倭緞、青緞、藍緞、錦、漳絨、帽絨各一，綾、紡絲各三，縐綢二，茶葉二瓶，磚茶二塊，茶膏一盒，女兒茶八，藏糖一匣；總兵官、副總兵官二員，每員龍緞、糚緞、倭緞、藍緞、青緞、帽緞、錦各一，綾、紡絲各三，縐綢二，茶葉三瓶，磚茶二塊，茶膏一盒，女兒茶八，藏糖一匣；通事、管兵等官四員，每員龍緞、糚緞、漳絨、錦、藍緞、彩緞各一，綾、紡絲各二，茶葉二瓶，磚茶二塊；代筆、醫生等官九員，每員龍緞、糚緞、錦、漳絨、藍緞、彭緞、綾、紡絲各一，茶葉二瓶，磚茶二塊；貢使從人七名，每名綾、綢各二，布四，銀十兩；吹樂、匠作、兵役等六十七名，每名綾、綢各二，布四，銀十兩；內地護送官二員，大緞各二；貢船留存管船官五名，每名回子布、高麗布、波羅麻、兼絲葛各二；留存貢船兵役水手共六百十五名，各高麗布、回子布、小增城葛、波羅麻各一。

其時，貢使在京妄有陳請，所司代奏，奉旨：以『該貢使越例干瀆，斷不可行。』

頒給該國王敕諭曰：『暎咭唎國王知悉：爾國遠在重洋，傾心嚮化，特遣使恭齎表章，航海來庭，叩祝萬壽。並備進方物，用將忱悃。朕披閱表文，詞意肫懇，具見爾國王恭順之誠，深為嘉許。所有齎到表貢之正、副使臣，念其奉使遠涉，推恩加禮，已令大臣帶領瞻覲，錫予筵宴，叠加賞賚，用示懷柔。其已回珠山之管船官役人等六百餘名，雖未來京，朕亦優加賞賜，俾得普沾恩惠，一視同仁。至爾國王表内懇請派一爾國之人住居天朝，照管爾國買賣一節。此則與天朝體制不合，斷不可行。向來西洋各國，有願來天朝當差之人，原准其來京。但既來之後，即遵用天朝服色，安置堂内，永遠不准復回本國。此係天朝定制，想爾國王亦所知悉。今爾國王欲求派一爾國之人住居京城，既不能若來京當差之西洋人在京居住不歸，本國又不可聽其往來常通信息，實為無益之事。且天朝所管地方，最為廣遠，凡外番使臣到京，驛館供給行止出入，俱有一定體制，從無聽其自便之例。今爾國欲留人在京，言語不通，衣服殊制，無地可以安置。若必似來京當差之西洋人，令其一例改易服色，天朝亦從不肯强人以所難。設天朝欲差人常住爾國，亦豈爾國所能遵行？況西洋諸國甚多，非止爾一國，若俱似爾國王懇請派人留京，豈能一一聽許？是此事斷難准行。豈能因爾國王一人之請，以致更張天朝百餘年法度？若云爾國王為照料買賣起見，則爾國人在澳門貿易，非止一日，原無不加以恩視。即如從前博爾都噶爾亞、意達里亞等國，屢次遣使來朝，亦曾以照料貿易為請。天朝鑑其悃忱，優加體恤。凡遇該國等貿易之事，無不照料周備。前次廣東商人吳昭平，有拖欠洋船價值銀兩者，俱飭令該管總督，由官庫内先行動支帑項，代為清還，並將拖欠商人重治其罪。想此事爾國亦聞知矣。爾國又何必派人留京，為此越例斷不可行之請？況留人在京，距澳門貿易處所，幾及萬里，伊亦何能照料耶？若云仰慕天朝，欲其觀習教化。則天朝自有天朝禮法，與爾國不相同，爾國所留之人，即能習學，爾國自有風俗制度，亦斷不能效法中國，即學會亦屬無用。天朝撫有四海，惟勵精圖治，辦理政務。奇珍異寶，並不貴重。爾國王此次齎進各物，念其誠心遠獻，特諭該管衙門收納。其實天朝德威遠被，萬國來王，種種貴重之物，梯航畢集，無所不有，爾國之正使等所親見。然從不貴奇巧，並無更需爾國製辦物件。是爾國王所請派人留京一事，與天朝體制既屬不合，而與爾國亦殊覺無益。特此詳晰開示，遣令貢使等安程回國。爾國王惟當善體朕意，益勵款誠，永大恭順，以保乂爾有邦，共享太平之福。除正、副使臣以下各官，及通事、兵役人等，正賞、加賞各物件，另單賞給外，茲因爾國使臣歸國，特頒敕諭，並賜賚爾國王文綺珍物，具如常儀。加賜彩緞、羅綺、文玩器具諸珍，另有清單。王其祗受，悉朕眷懷。特此敕諭。』

並諭署總督郭世勳密行防範，毋任潛行佔住。郭世勳覆奏稱：『暎咭唎夷人貿易廣東，歷年既久，目睹西洋夷商居住澳門，未免心生歆羡。且同一夷人，而暎咭唎國人投澳居住，必向西洋人出租賃屋，形勢儼成主客。是以籲請賞給附近一地方，以為收存貨物之地，與西洋人澳門相埒。溯查西洋人住澳已二百餘年，已往者不必驅之使去，暫寄者豈可許其常留。況廣東附近各處，濱臨海洋，尤不容任聽外國夷人紛投錯處。誠如聖諭：「海疆一帶，戒備宜嚴。欽此。」欽遵辦理。再查夷人到廣，不在澳門居住，即在黄埔泊船，往來出入俱由該管官給票照驗，不容任意行走。現在密飭地方官嚴行查察，倘有洋行、通事、引水及地方無籍之徒，串通該夷人詭圖佔住，即密行拏究。』

又，十月二十八日，奉上諭：『長麟奏官帶暎咭唎貢使，趲出浙境日期，及該夷等悅服恭順情形一摺，覽奏已悉。又據奏：「該貢使向護送之道將等稱：該國王此次進貢，實是至誠。我們未來之前，國王曾向我們商議，此次回去，隔幾年就來進貢一次，是早經議定的。惟道路太遠，不敢定准年月，將來另具表文再來進獻。若蒙恩准辦理，即將表章、貢物、呈送總督衙門轉奏，也不敢强求進京，只求准辦，就是恩典」等語。此尚可行。著長麟即傳知該使臣，以爾國王此次差爾航海遠來，輸誠納貢，大皇帝原為嘉許，賞賚優加。嗣因爾等不諳中國體制，冒昧瀆請。天朝定例綦嚴，應准應駁，無不按例而行。爾等所請，於例不合，是以未准。大皇帝並無嗔怪爾等之心，爾等不必害怕。今據爾稟稱：將來尚欲另具表文，再來進貢。大皇帝鑑爾國王恭順悃忱，俯賜允准。但海洋風信靡常，亦不必拘定年限，總聽爾國之便。貢物到粵，天朝規矩，凡外夷具表納貢，督、撫等斷無不入告之理。屆時表貢一到，即當據情轉奏。大皇帝自必降旨允准，賞賜優渥，以昭厚往薄來之義。爾等回國時，可將此意告知爾國王。以此次爾國所請，未邀允准，係格於定例，大皇帝並無怪意。爾國王盡可安心。將來具表進呈，亦必恩准從優賞賚。如此明切曉諭，不特該使臣聞知益加悅服，將來回國告知該國王，亦必彌深欣感也。至此次該國貢船，因其初次效忱，是以將所帶貨物免其稅課。嗣後該國進貢，除貢船裝載物件外，其餘應納應免，惟在該督等會同監督，查照定例，臨時酌辦。固不可於例外加徵，亦不可照例寬免，使夷人等多得便宜，妄生冀倖也。欽此。』

六十年，暎咭唎國王雕咍，具表文、方物，由該國駐粵司理貿易之大班啵嘲，稟請總督代為奏進。表稱：『暎咭唎國王雕咍，管彿嚻哂國、嗳喻等處地方，呈天朝大皇帝：我國宗室議政大臣嗎甘呢，由天朝京都回到本國，帶有大皇帝書信，所諭情由恩典，我心中十分感謝歡喜。所差貢使進的禮物，蒙皇上賞收。此貢物不過表相好之心，并望同大皇帝永遠通好之意，多謝大皇帝賞臉與貢使及隨從人等。因貢使恭順誠敬進貢，已沾大皇帝恩典。我也看得他重，他賚到大皇帝御賜各物，當卽拜領。足感大皇帝記念的心，卽如大皇帝賞收我的貢物記念一樣。中華外國的物件，均是要緊合用之物，但至貴重的是，彼此相通的心事。我彼此雖隔重洋，但俱要通國太平無事，百姓安寧。是以彼此都要通好，相依相交。蒙大皇帝諭我稱：凡有我本國的人，來中國貿易，俱要公平恩待。這是大皇帝最大的天恩。雖然天朝百姓不能來我國貿易，若有來的，我亦要盡心一樣看待。我已吩咐在港脚等處地方官員，遇有天朝百姓、兵丁人等，務要以好朋友相待。為此，從前有一次，天朝差大將軍到啲嚱地方，我的兵總也曾相助。前貢使到京時，未得我們咽嘟吐呀地方音信，是以將此事奏明大皇帝，得見我們誠敬的真心。但將來亦有機會可以表我們的誠心，彼此通好。卽如貢使未起程時，亦曾奉上諭，恩准貢使再到廣東，候旨進京。將來或再差使叩見大皇帝，以表遠夷的誠心。據貢使回稱：大皇帝萬壽康寧，並稱我將來年壽，仰托大皇帝鴻福，均同一樣。我心實在感激。惟望大皇帝天下太平，中華同外國永久共沐天恩。順具本國些須土物，伏乞大皇帝賞收。』

十二月初六日，經總督朱珪會奏：『洋商稟，據暎咭唎大班啵嘲稱：伊國王備具恭進大皇帝表文、方物，由本國夷船寄粵，令伊面見總督、關部大人，將表貢賚呈，轉求代奏等語。臣等當卽傳見該大班，據將夷字正、副表二件，伊國自書漢字副表一件，貢物一方呈出。臣等公同閱驗，其漢字副表，雖係中華字書，而文理舛錯，難以句讀。隨令通曉該國字書之通事，將夷字副表，與漢字表核對，另行譯出。臣等核其文義，緣該國王因前年貢使進京，仰蒙皇上懷柔體恤，賞賚渥優，不勝喜歡感激。是以備具表文、土物呈進，以表悃忱。且聲明前年天朝差大將軍帶兵到啲嚱地方，伊國曾發兵相助。此事在從前貢使起身之後，他們不曾得知，是以未在大皇帝前奏明等語。臣等詢問該大班，啲嚱是何地方？據云：「在中國西北地方，與本國海道毗連」等語。是啲嚱似卽係廓爾喀地名。其所稱曾經發兵相助之語，措詞極為恭順，而又意存見好。外夷慕化輸誠，益仰聖主德威廣被。惟是各國進貢，向係專遣使臣賚奏，今該國並無貢使來粵，止係該大班接到表貢，求臣等轉奏，於例未符。謹繕録貢單同原表，恭摺奏呈御覽。其貢物如准賞收，候命下，委員齎京。』

又，片奏稱：『再，臣等傳見大班啵嘲時，據稱：伊國夷官啤　咑吐總管公班衙等，尚有寄送總督長大人、監督蘇大人禮物二分等語。臣等告以長大人、蘇大人俱已調任別省，禮物難以轉寄。且天朝大臣官員，例不與外國夷官交際，長大人、蘇大人卽在廣東，亦斷不收受禮物。竟可毋庸呈出。據該大班云：「當卽稟知本國，寄回原物」等語。合併奏聞。』

十二月二十五日，奉上諭：『朱珪奏暎咭唎國呈進表貢一摺，該國王因前年貢使進京，賞賚優渥，特具表文、土物呈進，具見悃忱。雖未專使來粵，有何不可，已准其賞收，並發給敕書一道，及賞賜緞匹等件。朱接到後，可卽交與該國大班啵嘲轉送回國。俾該國王益加感戴恭順，以示懷柔。至天朝官員例不與外夷交際，其致送前任總督、監督禮物，朱珪飭令寄回，所辦極是。欽此。』

又　卷六《暎咭唎國二》　嘉慶元年，暎咭唎國恭進貢物：黃色大呢、醬色大呢、嵋嘚嘣大呢、新樣大呢各六版。

九年十二月，暎咭唎國王雕咍具表文、方物，由該貿易商船恭齎至粵，稟請總督代為奏進。表稱：『暎咭唎國王雕咍，管嗳喻等處地方，呈天朝大皇帝：從前太上皇帝恩威遠播，四海昇平。今大皇帝仁慈威武，天下太平，均同一德。我十分喜歡。天朝同本國往來通好，定蒙大皇帝照太上皇帝一樣，永遠通好。從前凡有本國的人來中國貿易，俱蒙太上皇帝公平恩待。今聞近來本國的人到中國貿易，均蒙大皇帝一體公平恩待。我因天朝百姓不能來我本國貿易，我已吩附在港脚等處地方官員，如與中國相連地方，有天朝百姓、兵丁人等，務要加意相待。卽遇有別項事情，要我出力，我亦十分喜歡效力。我與咈囒哂國，前已修和。因和之後，伊國强横無理，是以我今復與伊國戰爭。我本意欲和好無事，豈料伊國强横淩辱，至我不能忍受，又於海口地方設立重兵，顯有歹意。我恐被伊國佔奪，無奈亦只得設立重兵防守，並非意存好鬬。我雖然與伊國爭戰，仍可照舊來中國貿易通好，並無阻礙。那咈囒哂國海口雖有重兵，我已用兵船圍住，伊不能出口。此外又多派兵船護送，是以我貿易船隻可保無虞。又幸遇大皇帝聖明，卽使咈囒哂國有着人到中國，謠言疏間我國，我想大皇帝必不聽信。再伊國不獨存心想佔奪我國，並欲佔奪我之屬國。伊國若兵力不能相敵，伊必另設陰謀。卽伊國恃强設計，我國均能設備提防，可保無虞。查該咈囒哂國内已亂了十三年。一切事宜，毋庸我細陳，定邀大皇帝洞悉。卽如咈囒哂老國王為人甚好，竟被伊國人弒害，料想大皇帝早已聞知，深為可憫可恨。如今伊國有一人做了國長，存心無道，意欲惑亂人心，使通國之人，不顧五倫，不畏天地。我想，伊斷不能惑中國，大皇帝英明素著，定然洞察其奸。恭祝大皇帝長享四海昇平之福，萬壽康寧。我將來戰爭平定，身體强健。中華同外國天下太平，我心實在歡喜。順具本國些須土物，伏乞大皇帝賞收。』其貢物：洋花地氈五張，醬色嵋哥呢一匹，太平貂呢一匹，山羊絨一匹，新樣黄、緑、藍呢三匹，新樣黄嗶嘰一匹，新樣紅嗶嘰一匹，絲呢一匹，花袈裟布七匹，花洋布十匹，紅小呢一匹，圓鏡一對高二尺四寸餘，圓鏡一面高二尺五寸餘，洋花露水一箱，鼻烟五竦，金鑲洋刀十二把，洋剪刀十二把，新樣洋刀三把。

十二月二十六日，總督倭什布會奏：『據洋商禀：據暎咭唎國夷目哆啉哎稱：伊國王唯治，備具恭進大皇帝表文、方物，交本國貿易夷船，恭賚到關，令伊面見奴才等，轉求代奏等語。當卽傳見該夷目哆啉哎，據將夷字正、副表二件、貢品一分呈獻。隨令將夷字副表譯出。表文詞義，備陳仰荷天朝懷柔至優極渥，以及該國王歡欣感激之意，極為敬謹恭順。惟外藩進貢，例應專遣使臣，今止據附賚來粵，令該國夷目求奴才等代奏。恭查乾隆六十年，該國呈進表貢，亦交該國夷船附賚到粵，經前署督臣朱珪等據情代奏，蒙高宗純皇帝俯賜賞收，並加恩賚。今此次呈進表貢，可否准令代為轉進之處，奴才等未敢擅便。謹將原正、副表二件，幷譯出漢字表文一件，貢單一件，一幷恭呈御覽。如蒙恩准賞收，俟命下之日，卽委員齎京呈進。』

同日，片奏：『再，暎咭唎國王表内所稱與咈囒哂國爭鬬，及「咈囒哂國有着人到中國，謠言疏間」等語。查係嘉慶七年八月間，有在澳居住之夷目唆嚟哆，寄信與在京居住之西洋人索德超言：「暎咭唎國有大戰船六隻，相近澳門停泊，恐有覬覦澳門情事。」轉呈管理西洋堂大臣蘇楞額具奏。欽奉諭旨查詢。經前督臣吉慶查明：「暎咭唎國護貨兵船，均已陸續回國。其在澳門外灣泊時，並未滋事。因該國向來恃强，住澳夷人是以驚疑」等情，奏蒙聖鑑在案。今該國王表文所稱謠言疏間之語，自係指前事而言。本年，該國亦有護送貨物兵船四隻來廣，隨卽護送貨船回國，並未絲毫滋事。且貿易夷船，暎咭唎國貨物最細，較別國買賣殷厚。該國夷目、夷商，均稱恭順。因與咈蘭西蠻觸相爭，恐為離間，有妨貿易，故表内特陳其事。再，據該夷目禀稱：該國宰相囉咖嗱哩，有寄呈天朝中堂書一封，總督書一封，幷禮物各一分。又，該國公班理事官呷吪㖸，有寄呈總督、關部書各一封，關部禮物一分。當諭以該國王表貢，不敢壅於上聞。至天朝國法森嚴，大臣官員不准與番國交接，不但中堂書信、禮物不便轉寄，卽我等亦不便接閱收受。令其毋庸呈出，遇便帶回本國。』

十年二月初七日，奉聖諭：『該國王重譯輸誠，情詞恭順。從前乾隆六十年間，該國曾經附進表貢，蒙皇考高宗純皇帝俯賜賞收，加以錫賚，賜之敕書。此次既據該國王備進方物，交夷船恭賚到關，自應照例賞收。着那彥成等，卽行查照辦理，並將貢品委員賚京投遞。彼時再行頒給敕書、賞件，俾遂忱悃而示懷柔。至另片所奏，該夷目禀稱：該國宰相有寄呈天朝中堂書一封、總督書一封、禮物各一分。又該國公班理事官寄呈總督、關部書各一封、呈關部禮物一分，業據倭什布等，以天朝法制，大臣官員不准與外夷交接，諭令毋庸呈出，帶回本國等語，所辦甚是。但外番呈進表貢，例由總督、關差轉奏，寄書通問，尚屬有因。至寄呈天朝中堂之書，必係該國王因從前進貢時，知有和珅（坤）在朝，且管理西洋堂事，是以此次專函備禮。看來所寄之書，未必係遍致大學士公函。現在倭什布等已將原信發還，不妨向該夷目等，將該國王所寄中堂之書，究係寄與何人之處，訊問明晰，遇便覆奏。至該國與咈囒哂國搆釁興兵，不過蠻觸相爭，儘可置之不問。惟所稱該國有護貨兵船四隻來廣一節，近聞外洋貨船到粵，各該國均有兵船護送，亦不獨暎咭唎國為然。必係因洋面不能肅清，自為守衛之計。各國貨船在外洋行走，恐遇盜劫，自設護衛，原與天朝無涉。迨駛至澳門，已近內地口岸，或致有竊掠之事，豈不貽笑外夷？該督等當嚴飭地方文武，整飭巡防，使澳門一帶商船停泊，得以安靜無虞。至伊等護貨兵船，向來自必定有灣泊處所，總當循照舊規、申畫界限，勿令任意越進為要。再閱該督譯出該國原表內稱：「遇有別項事情，要我出力，我亦十分歡喜效力」等語。此言似非無因。自係聞洋面時有盜警，或需伊國兵力幫同緝捕，是以隱躍其詞，亦未可知。海洋地面，番船往來，原應內地官兵實力查緝，焉有借助外番消除奸匪之理。那彥成到任後，惟當遵照節次諭旨，修明武備，整頓營伍，使奸徒聞風自遠，以懾外夷而靖海疆，方為不負委任。欽此。』

旋經總督那彥成、監督延豐覆奏：『臣等欽遵諭旨，傳諭夷目，諭以「該國王呈進表貢，業荷大皇帝賞收」。併諭以「大皇帝君臨萬國，恩被四表，無論內地外夷，均係大皇帝百姓。即如汝國鐘錶、大呢、羽毛等物，原非中國必需之物，所以准汝國貿易通商者，皆出大皇帝垂憐外夷子民，一視同仁之恩。此次汝國王恭進表貢，大皇帝鑑汝等恭順之心，諭令賞收。諭令我等大人們好生恩待汝等，併管束內地商人，平允交易。汝國來此貿易之人，亦須安分，謹遵禁令，毋得有違。俟將進到表貢委官恭送進京，再降恩旨。至汝國王子大臣等，與中國中堂大人們書信、禮物，天朝法度森嚴，大臣從無外交之事，汝等帶來禮物，斷不必送出。惟所帶書信，必須交出。我大人們也不敢私自拆閱，將原封恭呈大皇帝御覽，再請發回至汝國管理貿易頭人。不過專為汝國貿易事務，並無別項面見稟議事件。只須在此好好管束汝國之人，不得違禁生事。自來中國大人，從無私謁、私見之例，我大人們謹遵大皇帝恩旨，體恤夷商，管教內地民商，公平貿易。汝等須知天朝法度，感大皇帝之恩」等語，明白曉諭。該夷目等人人歡忭，叩頭感服。伏查外洋各國夷人，見小圖利，中國布帛、茶葉等物，亦其日用急需。各夷又互相蠻觸，是以生恐別夷國間其往來貿易。其書信因從前未經收受，是以帶回澳門。今臣等明白宣諭，伊等呈出原封書信、禮單。臣等又將副本令人譯出清稿，一併呈覽。

『查各國洋船，向來灣泊，均有一定處所。澳門離省三百餘里，係西洋夷人常川居住。向止准西洋夷船二十五隻，更替貿易。其餘各國夷船，例應收泊黃埔。欲收泊黃埔，必須先進虎門。虎門離省一百六十里，山岸陰沙，自然天險。其護貨兵船，衹准在虎門外之潭仔、零丁等洋面灣泊。而黃埔、虎門、潭仔、零丁等處，層層礮臺，常川均有兵船巡防。該夷船收埔時，臣等兩衙門仍派武弁、關役，彈壓稽查，立法極為周備。

『至各國夷船，俱無兵船，惟暎咭唎國貨船，有兵護送。而該國商船亦無兵船，惟其國王貨船，始有兵船四隻護送。其兵船在虎門外交易後，隨同貨船回國，不准少有逗遛。其餘各夷國貨船內，均有炮火器械，自資防範。於例原准攜帶。

『至該國原表稱「歡喜效力」等語，隱躍其詞，誠如聖諭，自係聞洋面不靖，或需伊等出力之意。查夷人不過沾沾計利，即如上年澳門夷目，願備兵船二隻，幫同師船出洋緝捕。臣延豐即以體制不符，且不能得力，與倭什布議，以後停止夷船協捕。而此二隻洋船，迄今無蹤，亦實無遭風失事等事。細揣情形，不過藉協捕為名，可以免此二船出入納稅。而暎咭唎國自亦得聞此事，希冀效尤免稅。又恐澳門夷船出力有功，或待彼國冷淡，其意不過如此。

『至各該國夷船，船隻既大，多載礮火，向來洋盜俱不敢搶劫。澳門等要處，又有師船巡防，不敢少有疏失。可以毋廑聖念。』

奉聖諭：『那彥成等覆奏暎咭唎國呈進貢表一摺，覽奏俱悉。暎咭唎獻表輸誠，呈進方物，前已降旨加恩賞收。現在那彥成等奏明，專員齊京。俟到京時，頒給敕書、賞件，用示懷柔。

『至摺內稱澳門夷目願留兵船協同緝捕之處，延豐以體制不符，且不能得力，與倭什布商議停止，所見甚是。緝捕洋匪，內地自有兵船，豈有天朝藉資外夷之理？且安知伊等不窺探虛實，因此生其輕視之心。乃倭什布、三義助上年於夷船請往協捕時，冒昧允准，今該夷船已查無蹤迹，可見並非認真出力。那彥成、延豐能見及此，較之倭什布、三義助有識多矣。

『至各國洋船向來灣泊，既有一定處所，自當仍循其舊。那彥成等自當督率所派員弁，隨時留心稽查彈壓，勿稍疏懈。

『又據覆奏：　譯出嘆咭唎貢使所帶該國宰相寄呈天朝中堂大人書信一節，那彥成等諭以「禮物不必送出，惟所帶書信必須交出，我們也不敢私拆，將原封呈覽」等語，此語甚是。但看所譯寄與天朝中堂書信，其語氣似專向一人而言，並非公信。那彥成等當再加以詢問，究竟書內所指中堂係屬何人？若該使臣係寄呈天朝中堂之公信，則當明白告知：以總督、關部俱駐劄粵省，經管各國夷船，爾國等寄呈書信，尚無不合，至於天朝大學士不止一人，皆隨大皇帝在朝辦事，從無外交，爾國宰相不應寄呈書函、禮物，此後不必再有呈遞。那彥成等詢問時，看該使臣如何登覆，著隨時具奏。欽此。』

總督那彥成奏：『據該夷目覆稱：「本國僻處重洋，不知天朝有幾位中堂，亦不知中堂名姓。以不過照常辦理，是以所寄書函並無專指」等語。』奉硃批：『覽。欽此。』

二十一年五月十一日，總督董教增會奏：『本年五月初九日，據洋商稟稱：　嘆咭唎國王遣夷官咖啦喊噤，帶同貿易公班司事嘪咖喃、呾啾唎、嗎噤嚧三名，持有夷稟，懇求面遞。臣等當即率同司道，在大堂傳見。據該夷官呈遞夷字稟一扣，譯出漢文查閱，係因該國太子攝政，思念高宗純皇帝恩德，仰慕大皇帝仁聖，遣使進獻，以輸誠敬，並鋪張征服咈囒哂功績，聲明貢使於一月後起程，查照二十三年前經由之路，由州山一路水程入都等情。臣等當詢以該國太子何年攝政？所貢係何品物？使臣幾人？隨從幾人？乘坐幾船？何時由該國起程？由州山一路水程入都，州山是何處地名？貢船因何徑赴天津，不由廣東行走？旋譯據該夷官覆稱：該國太子攝政已有四年，現因戰爭寧息，欽仰大皇帝德威遠播，誠心進貢。夷官上年九月間由本國起程，時貢使尚未登舟，所貢何物，使臣及隨從共有幾人，乘坐幾船，均不知道。州山是浙江地名。貢船於上年十一月由本國赴天津，須由浙江洋面經過。從前進貢，即係由此路行走。約本年五、六月間可到天津等語。臣等隨將該夷官等安頓驛館，恭候諭旨。並犒以茶、布等物。該夷官等免冠俯首，歡感形於顏色。

『臣等伏查嘆咭唎國夷人，在粵貿易歷有年所，仰沐天朝德化涵濡，至優極渥。該國曾於乾隆五十八年由天津進貢一次，又於乾隆六十年恭賫方物至粵，由前任督、撫臣代為呈進二次。茲因該國太子攝政，復遣使臣航海納賮，其恭順向化之心，實出至誠。惟該國貢船果否於上年十一月間起程，何時可抵天津，曾否經由浙江洋面？粵省無從查探。既據稱五、六月可到天津，誠恐差弁賫摺行走稽遲，臣等謹合詞恭摺，由驛四百里馳奏，並將夷字稟及驛出漢文，一併恭呈御覽。

『再，海洋風信靡常，該國貢船或漂泊別省，事未可定，請旨敕下直隸、江蘇、浙江、福建、山東各督、撫臣，一體查探防護，並候聖裁。』

附夷稟

嘆咭唎國宰相啷唻喊唅，奉本國王命，率同通國官員，恭請兩廣總督大人金安。今因奉命將本國情由詳述與總督大人知悉：我老國王撫有一國，地方遼闊。今因年老有病，將通國地方事務，全交與長太子掌管。我太子時常思（思）念天朝乾隆太上皇帝英明恩德，萬邦欽服。我太子自攝政以來，一向與咈囒哂國戰爭，無時止息。今因將咈囒哂假王嘅哪嗶吔捉獲，另立咈囒哂舊王親人做咈囒哂國真王，本國與各國俱安靜無事。我太子是以專差大臣敬詣天朝，叩見大皇帝，并賫呈書函及各方物。駕駛巡船於一個月後自本國起程，於二十三年前，經由州山一路水程行走入都，叩見天朝大皇帝仁心聖德，天下太平，萬邦頌揚，四海歡騰。奉本國太子命，肅具此書，寄與公班衙在粵辦理貿易事務頭人，轉呈兩廣總督大人得悉本國太子專差使臣入都情由。伏祈按例照料一切。以上皆係奉本國攝政太子之命。嘆咭唎國一千八百一十五年十月初七日。

又，六月十九日，總督董教增奏：『本年六月十五日，奉聖諭：「董教增等奏嘆咭唎國遣使入貢一摺。嘆咭唎國納賮輸誠，情詞恭順，自應准其入貢。其入貢船由天津登岸。現已降旨諭知那彥成、廣惠妥協辦理。該撫等因恐天津等處口岸無熟悉夷情之人，飭商選派諳曉夷語、夷字者二人，分送直隸、浙江督、撫衙門，以備繙譯之用，辦理甚為周妥。至該國王所遣夷官咖啦喊噤，現在粵東省城，該撫即傳諭該夷官，以爾國王輸誠納貢，業經奏明大皇帝，仰蒙允准爾國貢使到京，定邀恩賚。其夷官先行照例遣回本國可也。欽此。」臣董教增當即欽遵諭旨，逐一傳諭夷官咖啦喊禮，令其先行回國。據夷官覆稱：『渥蒙大皇帝允准貢使赴京，得邀恩賚，並令夷官先行回國。俟有便船，夷官即附搭回國，敬謹宣布聖慈。不但本國王感激榮幸，即舉國臣民無不頂戴大皇帝恩德』等語。察其歡欣鼓舞，出於至誠。臣祥紹現已選派諳曉夷語、夷字妥協之人，捐給盤費，遴委妥員，兼程分送直隸、浙江督、撫衙門，以備繙譯之用。

『至嘆咭唎國貢船，前據夷官咖啦喊禮稟稱：「由彼國駕駛，經過浙洋，直達天津。」臣等溯查乾隆五十八年，該國貢船曾由粵省老萬山外洋乘風駛過。此時或仍經由粵洋，亦未可定。當飭香山縣及巡洋舟師留心查探。旋據香山縣具稟：「風聞在澳西洋夷人，修葺夷館，似為欵接嘆咭唎國貢使。又，嘆咭唎國王以在澳夷商哃噹嗹粗知漢語、漢字，曾於乾隆五十八年隨從貢使入都，諳習禮節，有諭令附搭貢船進京之語。」正在批飭確查問，據洋商等代哃噹嗹遞具稟詞，內稱：奉伊國太子命，充副貢使臣，現赴外洋迎探貢船同行。並據香山縣探報：「哃噹嗹帶同在澳貿易夷商啵咟、嗎禮嗞、呀嚀喘、嗲吣時一共六人，乘坐船隻出洋」等情。臣等查國王，以夷商哃噹嗹曾經入都，諳習天朝禮節，諭令充當副貢使進京，係屬外藩臣服敬事之誠。即哃噹嗹稟明起程，亦屬小心恭順。現在該國貢船並未經過粵洋，哃噹嗹是否已經迎赴貢船，事在外洋，無從探悉。

『其西洋夷人，擬留嘆咭唎國貢使在奧居住一節，臣董教增現嚴諭西洋夷目，以各國貢使至粵，大皇帝恩禮優加，無庸該夷人代為款接。且嘆咭唎貢使，奉旨准由天津上岸，即不應繞道逗遛。澳門本係天朝地方，恩准西洋夷人寄居貿易，藉資生計，所以仰承皇仁者，至優極渥。其偶將夷館賃與各國夷商暫寓，不為深究，已屬格外施恩。如果擅留嘆咭唎貢使居住，則是私行交結，任意妄為。一經奏明大皇帝，即不能長承恩澤。並飭行水師各營協，於要隘口岸密行防範。查西洋夷人久居內地，懷德畏威，經此番飭諭之後，斷不致有違禁令。倘嘆咭唎貢船或因風漂泊粵東外洋，自應仍遵諭旨，令其駛赴天津。或尚需修葺船隻，耽延時日，應否由粵進京，臣等當妥為防護，一面另行馳奏，請旨遵行。

『刻下嘆咭唎貢船馳抵何處，查探並無確信。洋面風信靡常，事難懸揣，臣等不敢不先事熟籌，籲懇聖訓，俾有遵循。』

又，七月十五日，奉上諭：『此次嘆咭唎國貢使到天津時，謝筵不遵禮節，至通州已稱叩跪必能如儀，迨至御園，朕將次升殿，正、副使臣俱託病不能瞻覲。是以降旨：即日遣回。但念該使臣雖有失禮之愆，該國王萬里重洋，奉表納貢，其意至為恭順，未便絶之已甚，轉失字小之意，因將該國王貢品內，擇其至輕微者，地理圖四張，畫像二張，銅板印畫九十五張，加恩賞收。仍賞給該國王白玉如意一枝，翡翠玉朝珠一盤，大荷包二對，小荷包八個。交該貢使領齎回國，以示厚往薄來之意。該貢使等領到賞件，極為欣感，亦頗形悔懼。現已自通州啓行，俟到粵後，着蔣攸銛等仍照例給與筵宴一次。並諭以爾等福分淺薄，已至宮門，不能瞻仰天顔，大皇帝憐念爾國王慕化輸誠，仍酌收貢件，並賞爾國王貴重品物，爾等應感激天恩，迅速回國，俾爾國王敬悉恩意。其未收貢件，均妥為照料上船，勿令損失。倘曉諭之後，該貢使等復將未收貢件懇乞賞收，總以業經奉有明旨，不敢瀆請，正言拒絶。欽此。』

又，七月二十日，敕諭嘆咭唎國王曰：『爾國遠在重洋，輸誠慕化。前於乾隆五十八年，先朝高宗純皇帝御極時，曾遣使航海來庭。維時爾使臣恪恭成禮，不愆於儀，用能仰承恩寵，瞻覲、筵宴、錫賚便蕃。本年爾國王復遣使賫奉表章，備進方物。朕念爾國王篤於恭順，深為愉悅。循考舊典，爰飭百司，俟爾使臣至日，瞻覲宴賫，悉仿先朝之禮舉行。爾使臣始達天津，朕飭派官吏，在彼賜宴。詎爾使臣於謝宴時即不遵禮節。朕以遠國小臣，未嫻儀度，可從矜恕，特命大臣於爾使臣將次抵京之時，告以乾隆五十八年爾使臣行禮，悉跪叩如儀，此次豈容改異。爾使臣面告我大臣，以臨期遵行跪叩，不致愆儀。我大臣據以入奏，朕乃降旨，於七月初七日，令爾使臣瞻覲。初八日，於正大光明殿賜宴、頒賞，再於同樂園賜食。初九日，陛辭，並於是日賜遊萬壽山。十一日，在太和門頒賞，再赴禮部筵宴。十二日，遣行。其行禮日期、儀節，我大臣俱以告知爾使臣矣。初七日瞻覲之期，使臣已至宮門，朕將御殿，爾正使忽稱急病，不能動履。朕以正使猝病，事或有之，因祇令副使入見。乃副使二人亦同稱患病。其為無禮，莫此為甚！朕不加深責，即日遣令歸國。爾使臣既未瞻覲，則爾國王表文亦不便進呈，仍由爾使臣賫回。但念爾國王數萬里外，奉表納賫，爾使臣不能敬恭將事代達悃忱，乃爾使臣之咎。爾國王恭順之心，朕實鑑之。特將貢物內地理圖、畫像、山水、入像收納，嘉爾誠心，卽同全收。並賜爾國王白玉如意一柄，翡翠玉朝珠一盤，大荷包兩對，小荷包八個，以示懷柔。至爾國距中華遙遠，遣使遠涉，良非易事。且來使於中國禮儀不能諳習，重勞唇舌，非所樂聞。天朝不寶遠物，凡爾國奇巧之器，亦不視為珍異。爾國王其輯和爾人民，慎固爾疆土，無間遠邇，朕實嘉之。嗣後毋庸遣使遠來，徒煩跋涉。但能傾心效順，不必歲時來朝，始稱向化也。俾爾永遵，故茲敕諭。』

九月初七日，總督蔣攸銛奏：『本年八月二十六日，承准軍機大臣字寄，奉聖諭：「蔣攸銛等奏詳查暎咭唎國入貢情形一摺，朕覽奏甚為欣悅。該督等於數千里外，所諭事理，與朕前後飭辦情形無一不相符合，實能深知朕心，遇事能見其大，可嘉之至。現在暎咭唎貢使已由內地回粵，該督卽尊前旨，派員接護，不必問及京中之事。若有干求，總以正言杜絶，不可姑息，示以整肅。仍照例筵宴一次，令其乘坐原船回國。並諭知該正使，以哃嘡嗹既在粵充當大班，卽不應派充副貢使，本係爾國錯悞。哃嘡嗹此次既已承充貢使，則不應複令留粵，卽令該正使帶回本國，永遠不准再來澳門。至啵啞等五人，該督查明如係夷人，令該貢使等一併帶回。若係內地商人，卽分別安置，此後不許仍在澳門居住。並諭知該使臣等，現在天津口岸，已奉大皇帝諭旨不許爾國船隻再至該處收泊，如有違禁到彼者，該處官吏必立卽驅逐，不准登岸。爾國船隻，總應照向例，在粵洋收口，以遵定制。將該貢使等禮遣回國。如一、二年後，該國王復遣使來貢，該總督遵昨降諭旨，將表貢據情轉奏，由粵送京。頒賞之件，亦由京發往。其貢使令其在粵守候，由彼筵宴遣回，毋庸令其復來京師。」等因。欽此。

『伏念臣等識淺才庸，仰蒙簡畀海疆重寄，凡遇外夷交涉事件，防範中不可驟啓其疑，羈縻之尤須預杜其漸。仍時時凜遵聖訓，慎密持循，以冀辦理得臻妥協。乃以管蠡之敷陳，特蒙綸綍之褒獎，寸忱縷感，彌切慚惶。遵查暎咭唎國駛往天津貢船五隻，業有三隻駛回粵洋。並該國貨船每年在海關納稅數目，及酌議辦理各緣由，均經臣等先後具摺，奏蒙聖鑑。現聞未到二船，遭風漂泊呂宋。如果屬實，約計九月內，該二船亦可駛回粵洋，尚在貢使未到粵之前，可飭隨同回國。臬司明山、南韶連鎮總兵何君佐，現已遵旨前赴與江西交界之南雄州接護貢使。臣等札飭沿途營汛，弁兵、甲仗，務須一律整肅，以壯聲威而崇體制。倘貢使到粵後，妄有干求。臣等定當嚴詞杜絶，斷不姑息。

『查東粵向來筵宴暹羅國貢使，係於未入宴之先，臣等會同將軍、都統、海關監督，率同司道等，在巡撫衙門大堂，帶領該貢使行三跪九叩之禮，望闕謝恩，然後入宴。茲暎咭唎國貢使在天津筵宴時，謝宴已不能如儀。且查乾隆五十八年，粵東並未給予筵宴。應遵旨頒賞使臣筵席二桌，仍照例賞給牛羊等物，以廣皇仁。

『至該國來粵管理貿易大班，係該國王選派，數年一換，向不知會粵省。該國夷情貪詐，如從前充當大班之喇咈、嗌吪啞、哃嘡嗹，及現在代辦之嘪唽等數人內，惟嗌吪啞人稍誠實，餘俱性情詭譎。大率恃其船堅礮利，貨衆稅多，誇耀於在粵貿易之各國，而又妄思干請，以圖遂其壟斷牟利之心。凡夷商來粵貿易多年，每有能通漢話、精識漢字者。隨從哃嘡嗹入都之啵啞等五人，均係夷人。內嗎禮嚥一名，係其書記。該五人俱不過隨侍之人，無足重輕，非哃嘡嗹可比。若概責令貢使一併帶同回國，轉恐滋其疑懼。此時該貢使如或將五人一起帶回，或留一、二人隨後回國，似可聽從其便，更足以昭覆幬之仁。蓋夷情多詐而復多疑，駕馭在經權並用。國體宜崇，而尤宜慎措置，宜寬猛兼施。臣等惟有隨時隨事悉心籌度，期歸妥善，以仰副聖主諄諄垂訓之至意。』

又，片奏稱：『再，暎咭唎國大班哃嘡嗹，曾隨同前次貢使入都，又在粵年久，習知天朝禮節。乃此次奉使到京，不克成禮。欽奉諭旨：飭令隨同正使一併回國。頃閱邸抄，恭讀上諭：以此次暎咭唎國貢使至天津，筵宴不能如式，又將原船私行駛去，係蘇楞額、廣惠之咎。其至通州不能演禮，迨行至宮門復藉詞延宕，不克成禮，係和世泰、穆克登額奏對未明之咎。交部嚴議，通行中外。仰見聖明至公無私，中外一體之至意。第夷人愚昧無知，萬一悞會綸音，轉疑咎在大臣陳奏不明，竟以朝服未到為口實。而臣等節次所奉諭旨，並未明發，恐其藉詞延宕。彼時再行奏明，請旨往返，須遲至月餘，辦理不無窒礙。蓋暎咭唎夷人固屬狡悍，不知禮義。其是非之心，亦未盡泯。如果直揭其非，正言駁詰，未嘗不理屈詞窮。可否仰懇天恩，再行頒發明諭，令臣等轉發行該貢使知照。不特伊等無可置喙，而各國共凜然於朝儀不可稍紊，益生其敬畏之誠。計貢使十月初旬始可行抵粵省，裝載貢物及置買茶葉，尚有旬日耽擱，至速亦須十月望間放洋回國。如蒙俞允，仰祈聖恩頒發諭旨，敕部由驛五百里遞發到粵，尚不為遲。俟貢使由虎門出口後，謹將上諭刊布，曉諭各國夷商，一體遵照。」

謹案：該國自雍正十二年入市。其以嘆咭唎名來市，自乾隆八年始。

荷蘭

綜述

清·穆彰阿等《嘉慶重修一統志》卷五五一《荷蘭》 本朝順治九年，偽鄭成功率舟師攻安平城，荷蘭戰敗，因棄台灣而去。十年，廣東巡撫奏稱荷蘭國遣使航海，請修朝貢。十三年，貢使嗶嚦哦嘢哈哇嚱等到京。其貢道由廣東入。康熙三年，荷蘭國遣出海王統領兵船至閩安鎮，助剿海逆，克取廈門、金門，特頒敕諭二道，遣官齎賞賚銀緞至福建，令給付本國人帶歸。五年，荷蘭國王表貢方物。二十五年，改定荷蘭國貢道，由福建入。是年，荷蘭國遣使獻方物，以貢船例由廣東入，但廣東路近而泊地險，福建路遠而泊地穩，請嗣後由福建入，部議如所請。自是職貢彌謹。雍正初年，通市不絕，夏秋交來廣，由虎門入口，至冬乃回。乾隆元年，特命裁減荷蘭稅額。二十七年，准荷蘭國夷商每船配買土絲五千斤，後又准每絲千斤扣帶綢緞八百斤，著為例。五十年，上幸瀛臺，荷蘭國貢使於西苑門外瞻覲，宴賞優渥，賜國王彩緞羅綺文玩誅珍，錫之敕諭，以嘉悃忱。五十九年，荷蘭國王遣使入貢，宴賞如例。

清·薩迎阿等［嘉慶］《禮部則例》卷一七八《主客清吏司·荷蘭朝貢》 荷蘭國朝貢。荷蘭在東南海中。順治十年請貢，兼請貿易，經部議駁。十二年，復來請貢。世祖章皇帝念該國慕義輸誠，航海遠來，特允入貢。初定八年來朝一次，後復請五年一貢。重洋險遠，風信難期，聖朝亦寬大勿絕之而已。乾隆五十九年，復遣使奉表入貢，貢道航海至廣東入境達京師。

一、荷蘭貢無定期，原定五年一貢，由福建巡撫代題，敕部議准後知照該撫，令其入貢。謹按乾隆五十九年，該國遣使入貢，由廣東巡撫具奏。

一、貢使員役不得過百人，其來有正使、副使，或專以正使一員，其次為彝目官，為掌書記各一員，其下為從人，凡入京者，不得過二十名。

一、荷蘭貢物。大尚馬、珊瑚珠、照身鏡、琥珀、丁香、檀香、冰片、鳥鎗、火石、哆囉絨、嗶嘰緞、織金氈、自鳴鐘，凡十三種，皆無定數。謹按順治十三年，恭進世祖章皇帝前鑲金鐵甲一副，鑲金馬鞍一副，鑲金刀、鑲銀劍各六把，鳥銃十三口，鑲金鳥銃四口，短銃七口，細銃二口，銃藥袋三個，玻璃鏡四面，鑲銀千里鏡、八角大鏡各一面，琥珀五十斤，珊瑚珠、琥珀珠各二斤，珊瑚樹二十枝，哆囉絨五匹，嗶嘰緞四匹，西洋布一百匹，被十二床，花被面六床，大氈一床，中氈二床，毛纓六頭；丁香 五箱，共二百斤；番木蔻一箱，重三百六十斤；五色番花三包，共三百五十斤；桂皮二包，共二百一十斤；檀香十石，共一千斤。恭進皇后鏡一面，玳瑁匣、玻璃匣、烏木飾人物匣各一個，珊瑚珠、琥珀珠各三串，琥珀四塊，哆囉絨二匹，嗶嘰緞三匹，西洋布十八匹，白倭緞一匹，花氈一床，花被面二床，玻璃杯四個，花石盒三個，白石畫二面，薔薇露十壺。康熙五年貢物大尚馬四匹，鞍轡具；鍍金鑲銀馬銃、起花金刀各八把，鑲金鳥銃三把，鑲金小銃六把，大哆囉呢、大嗶嘰緞各十六匹，中哆囉呢、嗶嘰緞各八匹，小哆囉呢一匹，嗶嘰緞各四匹，荷蘭絨、大花緞各六匹，荷蘭五色大花緞三匹，大紫色金緞、紅銀緞各一匹，大珊瑚珠二百零二顆，五色絨氈、五色毛氈各二領，西洋花布三十六匹，西洋白細布、西洋小白布各一百匹，西洋大白布六十匹，西洋五色花布褥十五領，照身大鏡二面，小車一張，西洋白小牛二隻，琥珀四塊共五斤八兩，牡丁香、白胡椒各五百斤，檀香三千斤，象牙五枝，琉璃器皿一箱。康熙二十五年貢物哆囉絨十匹，烏羽緞四匹，倭緞一匹，嗶嘰緞二十匹，織金花緞五匹，織金大絨氈四領，白幼軟布二百十九匹，文彩幼織布十五匹，大幼布三十匹，白幼毛裹布一百匹，大珊瑚珠六十八顆，琥珀十四塊，照身鏡、江河照水鏡各二面，照星月水鏡一面，自鳴鐘一座，琉璃鐙一架，聚耀燭臺一懸，琉璃杯五百八十個，象牙五枝，鑲金鳥銃、鑲金馬銃、小馬銃、起花佩刀各二十把，馬銃、鳥銃、鑲金刀劍、利闊劍各十把，彩色皮帶二十佩，繡皮帶十佩，起花金劍六把，火石一袋，雕制夾板船大、小三隻，丁香三十石，檀香二十石，冰片三十二斤，肉荳蔻四甕，丁香油、薔薇花油、檀香油、桂皮油各一罐，葡萄酒二桶。是年議准嗣後荷蘭貢物止令進大尚馬、珊瑚等十三種。其織金緞、羽緞、倭緞盛各樣油、小箱、腰刀、劍、布、琉璃鐙、聚耀燭臺、琉璃杯、肉荳蔻、葡萄酒、象牙、皮袋、夾板樣船，俱免其進獻。乾隆五十九年恭進萬年如意八音樂鐘一對，時刻報喜各式金表四對，鑲嵌金小盒一對，鑲嵌帶版四副，珊瑚珠一百八顆，琥珀珠一百八顆，千里鏡二枚，風鎗一對，金銀線三十斤，琥珀四十斤，各色花氈十版，各色羽緞十版，各色大呢十版，西洋布十匹，地壇二張，大玻璃鏡一對，花玻璃壁鏡一對，玻璃掛鐙四對，燕窩一百斤，檀香五百斤，荳蔻一百斤，丁香二西五十斤，檀香油三十瓶，丁香油三十瓶。

一、荷蘭使臣有自進方物者俱照例題明准其收受謹按順治十二年使臣進貢方物哆囉絨、倭緞各二匹，嗶嘰緞六匹，西洋布二十四匹，琥珀十塊，琥珀珠、珊瑚珠各二串，鏡一面，人物鏡四面，白石畫二面，鍍金刀、鑲銀刀各一把，烏鎗、長鎗各二桿，玻璃杯、雕花木盒、石山匣各二個，纓帽一頂，皮小狗二個，花鸚哥一個，四樣酒十二瓶，薔薇露二十壺。康熙五年方物：珊瑚珠四串，琥珀一塊，沉香六塊，密蠟、金匣、銀盤、盛珠銀盒各一個，火雞蛋四個，二眼長鎗、二眼馬銃、小鳥銃各二把，鐵甲一領，白爾善國緞褥一條，哆囉絨十匹，海馬角二塊，小馬、銅獅各一個，小狗二個，銅山一架，銅礮二對，刀二把，照水鏡四面，薔薇露二十罐。二十五年方物：銀盤、銀瓶各一個，西洋刀頭六柄，荷蘭花緞、哆囉呢、羽緞各一匹，哆囉絨四匹，倭緞、織金線緞、嗶嘰緞各二匹，西洋咁馬氏布、西洋毛裏布、西洋沙喃麅布、西洋佛咬嘮布各二十匹。

一、具題頒賞賜該國王大蟒緞三匹、糚緞三匹、倭緞三匹、片金一匹、閃緞五匹、帽緞五匹、藍花緞五匹、青花緞五匹、藍素緞五匹、衣素緞五匹、綾十四匹、紡絲十四匹、羅十四匹、絹二匹、銀三百兩；正使：大蟒緞二匹、糚緞二匹、倭緞二匹、帽緞一匹、藍花緞四匹、青花緞四匹、藍素緞三匹、綾六匹、紡絲六匹、絹四匹、銀一百兩；標官：糚緞一匹、藍花緞二匹、青花鍛一匹、藍素鍛一匹、紡絲二匹、絹二匹、銀五十兩，副使同庫官、掌案官：倭緞一匹、藍花緞一匹、青花緞一匹、藍素緞一匹、紡絲一匹、綾一匹、綢一匹、絹一匹、銀四十兩；夷目官、掌書記官同從人：綢二匹、絹二匹、銀十五兩；通事及伴 送官各彭緞袍一件。所賜國王物件，禮部俱移內閣撰人敕內，交來使齎回。謹按順治十二年賞伴送官巡海道鑲領蟒袍一件，護送兵丁緞袍一件。康熙五年正使親男一名，係間散照從人例。賞給伴送守備三等馬一匹，照磨官及土通事各緞袍一件，護送兵丁彭緞袍一件。乾隆五十九年例賞國王物件內，銀三百兩，折玉器兩件，賚貢使銀一百兩外加五十兩，賞大班一名，緞匹與庫官掌案官同，銀八十兩，賞□□兩夷人二名，寫字人二名，醫生一名，緞銀俱與庫官掌案官同。加賞國王玉如意一柄，大紅龍緞三匹，大紅蟒緞三匹，百花糚緞三匹，閃緞三匹，錦緞三匹。綾十匹，紡絲十匹，羅十匹，春紬十匹。又賞御筆福字一個，龍緞二匹，漳絨二匹，玉器二件，琺瑯器二件，紅雕漆器四件，磁器八件，文竹器四件。加賞貢使一名，石青蟒緞一批，藍糚緞一匹，緑閃緞一匹，紫錦緞一匹，綾四匹，紡絲四匹，羅四匹，春紬四匹。又賞大卷八絲緞一匹，錦緞一匹，磁器四件，茶葉四瓶，大荷包一對，小荷包四個，萬壽山，賞大卷緞二匹，閃緞二匹，鼻煙壺一個，磁器二件大荷包一對，小荷包六個。加賞大班一各糚緞一匹，錦緞一匹，大緞一匹，寧紬一匹，綾二匹，紡絲二匹。又賞大卷五絲緞一匹，錦緞一匹，磁器二件，茶葉兩瓶，大荷包一對，小荷包四個，萬壽山，賞大卷緞一匹，閃緞一匹，鼻煙壺一個，磁器兩件，大荷包一對，小荷包四個。加賞咈囒哂夷人二名，糚緞各一匹，錦緞各一匹，大緞各一匹，寧紬各一匹，綾各二匹，紡絲各二匹，加賞寫字人二名，醫生一名與咈囒哂夷人同。加賞跟役跟兵十八名，彭緞各二匹，紬各二匹布各四匹。

一、進表朝貢，在館供給，及頒賞歸國各事宜，均詳《朝貢通例》。

清・梁廷枏《海國四説・粵道貢國説》卷三《荷蘭國》

凡荷蘭入貢，其貢使有正使、副使，或專以正使一員，其下為從人。凡入京者，不得過二十名。其貢物：大尚馬、珊瑚珠、照身鏡、琥珀、丁香、檀香、冰片、鳥鎗、火石、哆囉絨、嗶嘰緞、織金氈、自鳴鐘，凡十三種。皆無定數。使臣有自進方物者，俱照例題明准其收受。其頒賞賜：該國王大蟒緞三匹。糚緞三匹，倭緞三匹，片金一匹，閃緞五匹，帽緞五匹，藍花緞五匹，青花緞五匹，藍素緞五匹，衣素緞五匹，綾十四匹，紡絲十四匹，羅十匹，絹二匹，銀三百兩；正使大蟒緞二匹，糚緞二匹，倭緞二匹，帽緞一匹，藍花緞四匹，青花緞四匹，花素緞三匹，綾六匹，紡絲六匹，絹四匹，銀一百兩；標官糚緞一匹，藍花緞二匹，青花緞一匹，藍素緞一匹，紡絲二匹，絹二匹，銀五十兩；副使，同庫官、掌案官，倭緞一匹，藍花緞一匹，青花緞一匹，藍素緞一匹，紡絲一匹，綾一匹，綢一匹，絹一匹，銀四十兩；夷目官、掌書記官，同從人，綢二匹，絹二匹，銀十五兩；通事及伴送官各彭緞袍一件。所賜國王物件，禮部俱移內閣，撰入敕內，交來使齎回。

順治九年，鄭成功寇鎮江敗歸，謀取臺灣。會荷蘭通事何斌逋夷，負遁鹿耳門，説成功以水師從鹿耳門乘漲入，與荷蘭相持，久克赤嵌城。荷蘭戰敗，棄臺灣。

十年，使至廣東請貢，兼請貿易。巡撫具奏，經部議駁。

十二年，廣東巡撫奏：荷蘭國遣使齎表文方物請貢。經禮部議准：『該國從未入貢，今重譯來朝，誠朝廷德化所致。念其道路險遠，准五年一貢。貢道由廣東入。至海上貿易，已經題明不准。在館交易，照例嚴飭違禁等物。該督、撫量差官員兵丁護送來京。貢使不過百人，其到京人數不得過二十。餘留住廣東俟進京人回，一同還國。仍令該督、撫擇請曉荷蘭言語三、四人偕來。』奉旨：『荷蘭國慕義輸誠，航海修貢。念其道路險遠，著八年一次來朝，以示體恤遠人之意。欽此。』

使臣進貢方物：哆囉絨、倭緞各二匹，嗶嘰緞六匹，西洋布二十四匹，琥珀十塊，琥珀珠、珊瑚珠各二串，鏡一面，人物鏡四面，白石畫二面，鍍金刀、鑲銀刀各一把，鳥鎗、長槍各二桿，玻璃杯、雕花木盒、石山匣各二個，纓帽一頂，皮小狗二個，花鸚哥一個，四樣酒十二瓶，薔薇露二十壺。奉旨賞伴送官巡海道鑲領蟒袍一件，護送兵丁緞袍一件。

貢使歸國，特降敕諭賜其國王曰：『惟爾荷蘭國墨投為也甲必丹物馬綏掘，僻在西陲，海洋險遠。歷代以來，聲教不及。乃能緬懷德化，效慕尊親，擇爾貢使杯突高嚙惹諾皆色等赴闕來朝，虔修職貢，地逾萬里，懷忠抱義，朕甚嘉之。用是，優加錫賚大蟒緞二匹，倭緞二匹，閃緞四匹，藍花緞四匹，青花緞四匹，藍素緞四匹，帽緞四匹，衣素緞四匹，綾十匹，紡絲十匹，羅十匹，銀三百兩，以報孚忱。至所請朝貢，出入貿易有無。雖灌輸貨貝，利益商民，但念道里悠長，風波險阻，舟車跋涉，閱歷星霜，勞勛可憫。若朝貢頻數，猥煩多人，朕皆不忍。著八年一次來朝，員役不過百人，止令二十人到京。所攜貨物，在館交易，不得於廣東海上私自貨賣。爾其體朕懷保之仁，恪恭藩服，慎乃常賦，祇承寵命。』

十三年，荷蘭貢使嗶壢哦哾嘢哈哇嚱等到京，貢鑲金鐵甲一副，鑲金馬鞍一副，鑲金刀、鑲銀劍各六把，鳥銃十三口，鑲金鳥銃四口，短銃七口，細銃二口，銃藥袋三個，玻璃鏡四面，鑲銀千一，鏡、八角大鏡各一面，琥珀五十斤，珊瑚珠、琥珀珠各二斤，珊瑚樹二十枝，哆囉絨五匹，嗶嘰緞四匹，西洋布一百匹，被十二床，花被面六床，大氈一床，中氈二床，毛纓六頭，丁香五箱共二百斤，番木蔻一箱重三百六十斤，五色番花三包共三百五十斤，桂皮二包共二百一十斤，檀香十石共一千斤；恭進皇后鏡一面，玳帽匣、玻璃匣、烏木飾人物匣各一個，珊瑚珠、琥珀珠各三串，琥珀四塊，哆囉絨二匹，嗶嘰緞三匹，西洋布十八匹，白倭緞一匹，花氈一床，花被面二床，玻璃杯四個，花石盒三個，白石畫二面，薔薇露十壺。

賜國王大蟒緞二，糚緞二，倭緞二，閃緞四，花緞八，藍緞四，帽緞四，素緞四，綾十，紡絲十，羅十，銀三百兩。賞使臣二員，每員大蟒緞一，糚緞一，倭緞六，藍緞六、藍緞三，綾四，紡絲四，絹四，銀一百兩；賞標官糚緞一，倭緞一，花緞三，藍緞一，綾二，紡絲二，絹二，銀五十兩；通事、從人，緞、綢、絹、銀各有差。

康熙二年，荷蘭國王遣其臣稱出海王者，統領兵船至閩安鎮助剿海逆。三月，遣其戶部官老磨軍士丹、鎮統兵官巴連衞林等朝貢，請貿易。奉旨：『准二年貿易一次。』

三年，大兵渡海攻鄭錦等，進克廈門。荷蘭國率舟師助剿，以夾板船乘勢追擊，斬首千餘級，遂取浯嶼、金門二島。事由靖南王耿繼茂入奏。賜國王文綺、白金等物，頒敕諭二道褒獎。遣官齎至福建，令給付本國人帶回。賜出海王銀一千兩，大蟒緞四，糚緞四，錦四，彩緞表、裏各二十四。又賜國王銀二千兩，大蟒緞五，糚緞五，倭緞五，閃緞五，片錦五，彩緞表、裏各三十五。

五年，國王耀漢連氏、甘勃氏遣陪臣賓先巴芝奉金葉表。入貢大尚馬四匹，鞍轡具鍍金鑲銀，馬銃、起花金刀各八把，鑲金小銃六把，大哆囉呢、大嗶嘰緞各十六匹，中哆囉呢、嗶嘰緞各八匹，小哆囉呢一匹，嗶嘰、緞各四匹，荷蘭絨、大花緞各六匹，荷蘭五色大花緞三匹，大紫色金緞、紅銀緞各一匹，大珊瑚珠二百零二顆，五色絨氈、五色毛氈各二領，西洋花布三十六匹，西洋白細布、西洋小白布各一百匹，西洋大白布六十匹，西洋五色花布褥十五領，照身大鏡二面，小車一張，西洋白小牛二隻，琥珀四塊共五斤八兩，牡丁香、白胡椒各五百。又恭進珊瑚珠四串，琥珀一塊，沉香六塊，密蠟金匣、銀盤、盛珠銀盒各一個，火雞蛋四個，二眼長槍、二眼馬銃、小鳥銃各二把，鐵甲一領，白爾善國緞褥一條，哆囉絨十匹，海馬角二塊，小馬、銅獅各一個，小狗二個，銅山一架，銅礮二封，刀二把，照水鏡四面，薔薇露二十罐。

賞正使，親男一名係閒散，照從人例。賞給伴送守備三等馬一匹；照磨官及士通事各緞袍一件；護送兵丁彭緞袍一件。奉旨：『荷蘭國既八年一貢，其二年貿易，永遠停止。』

謹案：此次表文有云：『外邦之丸泥尺土，乃是中國飛埃；異域之勺水蹄涔，原屬天家滴露。』見《澳門記畧》。據《紀畧》云：『康熙初，征臺灣平，共王耀漢連氏、甘勃氏遣賓先巴芝入貢。』卽是年也。然考大兵剿鄭逆，平臺灣，在康熙三年。今二十五年，貢使同一人。此據《紀畧》補書其名耳。

六年五月，國王噶嘍吧王油煩馬綏極遣陪臣奉表文，入貢方物：大尚馬、鞍轡具鑲金鑲銀、荷蘭五色大花緞、大紫色金緞、紅銀緞、大珊瑚珠、五色絨毯、五色毛毯、西洋五色花布、西洋白細布、西洋小白布、西洋大白布、西洋五色花布褥、大玻璃鏡、玻璃鑲燈、荷蘭地圖、小車、大西洋白小牛，並進大琥珀、丁香、白胡椒、大檀香、大象牙，並琉璃器皿一箱。又，使臣進貢方物：珊瑚珠四串，琥珀一塊，沉香六塊，密臘金匣、銀盤、盛珠銀盒各一個，火雞蛋四個，二眼長槍、二眼馬銃、小鳥銃各二把，鐵甲一領，白爾善國緞褥一條，哆囉絨十匹，海馬角二塊，小馬、銅獅各一個，小狗二個，銅山一架，銅礮二對，刀二把，照水鏡四面，薔薇露二十罐。

奉旨：『照順治十三年例。』加賜國王大蟒緞、糚緞、倭緞、片金緞、閃緞、帽緞、藍緞、素緞各一，花緞、淩、紡絲各四，絹二；正使蟒緞、大緞各一。

又，題准：『荷蘭國遠例從福建來入貢，除今次不議外，嗣後遇進貢之年，務由廣東道入，別道不許放進。』

謹案：『此次貢物，有刀劍八，皆可屈伸。馬四，鳳膺鶴脛，迅速異常。

二十五年，國王耀漢連氏、甘勃氏，遣陪臣賓先巴芝表貢方物：哆羅絨十匹，烏羽緞四匹，倭緞一匹，嗶嘰緞二十匹，織金花緞五匹，織金大絨毯四領，白幼軟布二百十九匹，文彩幼織布十五匹，大幼布三十匹，白幼毛裏布一百匹，大珊瑚珠六十八顆，琥珀十四塊，照身鏡、江河照水鏡各二面，照星月水鏡一面，自鳴鐘一座，琉璃燈一架，聚耀燭臺一懸，琉璃杯五百八十個，象牙五枝，鑲金鳥銃、鑲金馬銃、小馬銃、起花佩刀各二十把，馬銃、鳥銃、鑲金刀、劍、利澗劍各十把，彩色皮帶二十佩，繡皮帶十佩，起花劍六把，火石一袋，雕制夾板船大、小三隻，丁香三十石，檀香二十石，冰片三十二斤，肉荳蔻四甕，丁香油、薔薇花油、檀香油、桂皮油各一罐，葡萄酒二桶。

又，覆准：『荷蘭道路險遠，航海艱辛，嗣後進貢方物酌量減定。令貢珊瑚、琥珀、哆囉絨、織金毯、嗶嘰緞、自鳴鐘、鏡、馬、丁香、冰片、鳥鎗、火石，餘均免貢。』

又，荷蘭使臣進貢方物：銀盤、銀瓶各一個，西洋刀頭六柄，荷蘭花緞、哆囉呢、羽緞各一匹；哆囉絨四匹，倭絨、織金線緞、嗶嘰緞各二匹，西洋咁馬氏布、西洋毛裏布、西洋沙喃袍布、西洋佛咬嘮布各二十匹。

賜國王及正使，均照六年加賞例；副使照順治十三年賞標官例；夷目官、掌書記、伴送官、通事、從人，各賞綢、緞、絹、袍、銀有差。賜敕諭曰：『朕惟柔遠能邇，盛化之嘉謨；修職獻琛，藩臣之大節。輸誠匪懈，寵賚宜頒。爾荷蘭國王，屬在遐方，克抒丹悃，遣使帶表納貢，忠藎之忱，良可嘉尚。用是降敕獎諭，並賜王文綺、白金等物。王其祗承，益勵忠貢，以副朕眷。』

又，議准：『荷蘭國進貢之期，原定八年一次，今該國王感被皇仁，更請定期，應五年一次。』

又定：荷蘭國貢道改由福建。

謹案：該國請定貢朝，以船入廣東路近而險，福建路遠而穩。部議如所請。

又，定減貢額。嗣後荷蘭貢物，止令進大尚馬、珊瑚等十三種，其織金緞、羽緞、倭緞及各樣油、小箱、腰刀、劍、布、琉璃鐙、聚耀燭臺、琉璃杯、肉荳蔻、葡萄酒、象牙、皮袋、夾板樣船，俱免其進獻。由是職貢彌謹。

乾隆元年，特命減荷蘭稅額，諭曰：『朕聞外洋紅毛夾板船到廣時，泊於黃埔地方，起其所帶礮位，然後交易。俟交易事竣，再行給還。至輸稅之法，每船按梁頭征銀二千兩左右，再照則抽其貨物之稅，此向例也。

乃近來夷人所帶礮位，聽其安放船中，而於額稅之外，將伊所攜置貨現銀，另抽一分之稅，名曰繳送。亦與舊例不符。朕思從前既有起礮之例，此時何得改易。至於加添繳送，尤非朕嘉惠遠人之意。著該督查照舊例，按數裁減。並將朕旨宣諭各夷人知之。欽此。』

二十七年，准荷蘭國夷商，每船配買土絲五千斤，二蠶湖絲三千斤。是年十月，荷蘭商人許力等呈稱：彼國無織紉之工，求量帶綢緞。經兩廣總督蘇昌奏准：每絲千斤，扣帶綢緞八百斤。著為例。

五十八年十月，奉聖諭：『據蘇楞額奏：「凡紅毛貨船進口，與各國夷船一律丈量收稅」等語。前因暎咭唎遣使航海遠來，輸誠納贐，是以格外加恩，將攜帶貨物免其納稅，係指此次貢船而言。外省辦事，往往膠柱鼓瑟，或因有此旨，意存拘泥，竟將該國別項貿易商船概行免稅，轉致西洋各國心生冀望，紛紛籲請一體免稅，成何事體。著傳諭蘇楞額，務遵前旨，固不可例外浮收，亦不得於貢船之外概行減稅。惟當按照定例收納。以昭平允。欽此。』

五十九年，荷蘭國王喊啉嗶蘭至哪嗖，遣陪臣余悚第生奉表入貢。表稱：『和蘭國王勃噒氏，委吧國公勃沙里仁直嘮兼管牛嶼暨公班衙等處地方事務泥律帽禄沃力丁勃里稽哖時袂力等頓首書：奉皇帝陛下以德臨御，宜履四海之福；以仁恤衆，將來無疆之壽。溯自聖祖仁皇帝以至於今，敝邑在粵東貿易，永承聖澤之廣被，而遠邇無不向化者也。來歲恭逢國壽，天下咸慶之期，萬民樂德之秋，歷稽開古以來，未有我皇上聖神建極之盛也。勃噒屬在遐陬，歷受惠澤，敢不聞風而致慶焉。謹遣來使余悚第生，恭赴闕下，謹行朝貢，兼賀皇太子來年踐祚，慶萬國之咸寧，叶千齡之廣運。來使倘禮法疏略，萬乞包容。仍懇速賜旋棹，曷勝激切仰慕之至。伏惟聖慈垂鑑。謹奉表以聞。』

又奏稱：『至大普惠仁慈中外洋溢天朝大皇帝陛下：呢德波、啡呢⿰口堅⿰口爾吐壓喇咑⿰口施啤喱四人，專主辦理囒⿰口賀國事務，恭代國王喊啉嗶囒至哪嗖具奏：保佑天朝大皇帝萬事遂心，吉祥如意。天降徵祥，從心所欲。因為聲教覃敷，天下一人。聖明睿智，天下無不感頌。再，⿰口賀囒國來廣東貿易，感沐天朝列祖大皇帝、天朝大皇帝格外施恩。緣本國王同公班衙世代沾恩感激，本國王久有心輸誠，命專主國事呢⿰口德啵四人，在叭咑咮就近探聽，聞得明年恭逢天朝大皇帝六十年大慶，普天同慶。本國王同公班衙十分歡喜，一面啓知本國王，一面專差貢使嘚⿰口勝，賫表到京叩賀。務求天朝大皇帝賞臉。今貢使嘚⿰口勝恭代國王來京虔誠叩首，恭賀千載難逢之盛典，卽如本國王親來叩賀一樣。貢使叩見天朝大皇帝面奏，惟願上蒼庇祐，歲歲天下太平，長生萬萬歲，將來天朝大皇帝親見皇太子受天庇佑，萬事如意，均同天朝大皇帝一樣。貢使得勝來京叩賀，定邀天朝大皇帝喜歡優容。惟願貢使回國時，面述天朝盛典，更加舞蹈歡呼。』末書千七百九十四年七月二十六日。

九月二十二日，總督長麟會奏：『本年九月十六日，據洋商稟稱：「有荷蘭國使臣嘚⿰口勝恭賫表貢到粵，叩祝明年大皇帝六十年大慶。船隻已抵虎門，懇求代奏」等語。臣等當卽派員將該貢使照料到省。據稱該貢使呈出表文，譯出漢字，詞意極為誠敬。臣等當卽會令貢使嘚⿰口勝進見。據該貢使先向北望闕行三跪九叩頭禮，並跪稱國王威啉嗶囒喃至哪嗖仰慕大皇帝仁德，傾心已久。因相距天朝甚遠，每遇慶典，得信較遲。且係海外遠夷，不諳天朝體制，是以未敢造次冒昧。國王原叫專主國事之呢⿰口德啵等四人，在叭咑咮地方就近探聽，如遇天朝慶典，卽一面啓知國王，一面預備表貢，遣官赴粵，不許稽遲。本年呢⿰口德啵等探知，明年系大皇帝六十年普天大慶，若俟回國修表備貢，叭咑咮地方相距本國來往十幾萬里，勢必遲誤。是以一面啓知國王，一面遵奉國王命代繕表文，恭備貢物，遣大頭目卽貢使嘚⿰口勝由叭咑咮地方起身來粵，籲求臣等代奏，懇恩准其進京叩祝等情。臣等察其詞色亦甚恭順，除查照向例，先行敬宣諭旨，賞給筵宴，併將該貢使妥為安頓外，恭摺請旨。倘蒙聖恩准其赴闕瞻覲，或應於本年十月內，令其由粵起身，趕於本年十二月到京，隨同各國外番輸誠叩祝。抑或令其在廣東暫住，恭候來年萬壽之前，再行到京。或將其表貢卽由臣等代進，毋庸貢使進京之處，恭候諭旨遵行。』

又片奏：『臣等伏查自上年暎咭唎進貢回國之後，各國在廣貿易夷人，無不感皇上如天恩威，較前倍覺恭謹。且見暎咭唎使臣得以進京瞻仰天顏，亦無不共生仰慕，引為榮幸。今荷蘭國遣使進貢，臣等查其表文，係公班大臣呢⿰口德啵等恭代國王出名，似與體制不符。但經臣等再三盤詰，據該國王實在誠心，早要納貢，呢⿰口德啵等因得信已遲，計算日期，不及回國繕表屬實。並非呢嘚啵等敢替國王擅作主意等語。倘蒙聖恩准其趨詣闕廷，隨班叩祝，不惟該國君臣幸叨恩寵，即在廣貿易之各國夷人，亦必更深欽仰，共戴寬仁，合併陳明。』

十月初九日，奉聖諭：『長麟等奏荷蘭國遣使賚表納貢，懇求進京叩祝一摺。此係好事，披閱長麟等譯出原表，該國王因明年係朕六十年普天同慶，專差貢使賚表到京叩賀，情詞極為恭順。長麟等因其表文係公班大臣呢嘚啵等代伊國王出名，與體制稍有不符，復加盤詰，何必如此深論。自應准其來京瞻覲，遂其向慕之忱。著長麟等即諭該使臣等知悉，並派委妥員護送起程，祇須於十二月二十日封印前一、二日到京，俾得與蒙古王公及外藩諸國使臣一體同邀宴賚。並著知會沿途經過省分，令各督、撫一體派員按例照料，以便如期到京。再，荷蘭國所進表文，在京西洋人不能認識，並著長麟等於住居內地之西洋人，有認識荷蘭字體兼通漢語者，酌派一、二人隨同來京，以備通譯。欽此。』

貢使至京，恭進萬年如意八音樂鐘一對，時刻報喜各式金表四對，鑲嵌金小盒一對，鑲嵌帶版四對，珊瑚珠一百八顆，琥珀珠一百八顆，千里鏡二枝，風鎗一對，金銀線三十斤，琥珀四十斤，各色花氈十版，各色羽緞十版，各色大呢十版，西洋布十匹，地毯二張，大玻璃鏡一對，花玻璃壁鏡一對，玻璃掛燈四對，燕窩一百斤，檀香五百斤，荳蔻一百斤，丁香二百五十斤，檀香油三十瓶，丁香油三十瓶。

賜該國王例賞物件，內銀三百兩，折玉器二件；貢使銀百兩，外加五十兩；大班一名，銀八十兩，緞匹照庫官、掌案官之例；弗蘭哂番人二名、寫字人二名、醫生一名，緞、銀俱與庫官、掌案官例同。加賜國王玉如意一，大紅龍緞、大紅蟒緞、百花糚緞、錦緞各三，綾、羅、紡絲、春綢各十；又御筆福字一，龍緞、漳絨各二，玉器、琺瑯器各二，雕漆器、文竹器各四，瓷器八；貢使一名：石青蟒緞、藍糚緞、緑閃緞、紫錦緞各一，綾、羅、紡絲、春綢各四，又大卷八絲緞、錦緞各一，瓷器四，茶葉四瓶，大荷包二，小荷包四，又大卷緞、閃緞各二，鼻煙壺一、瓷器三，大荷包二，小荷包六；大班一名，糚緞、錦緞、大緞、寧綢各一，綾、紡絲各二，又大卷五絲緞、錦緞各一，瓷器二，茶葉二瓶，大荷包二，小荷包四，又大卷緞、閃緞各一，鼻煙壺一，瓷器二，大荷包二，小荷包四；咈囒哂番人二名，糚緞、錦緞，大緞、寧綢各一，綾、紡絲各二；寫字人二名、醫生一名，與咈囒哂番人同；跟役、跟兵十八名，彭緞、綢各二，布各四。

十二月，奉聖諭：『上年暎咭唎國遣使來京，恭進表貢，所有經過各省，曾令各該督、撫給與筵宴。此次荷蘭國遣使來京，本日據陳淮具奏，未經給宴。但該國慕化輸誠，航海遠至，自因知上年暎咭唎使臣到京時，得蒙天朝恩錫優渥，宴賚駢蕃，是以聞風踵至。今該使臣等在途經過省分，未預筵宴，是同一西洋進貢使臣，轉似區分厚薄，失中國正大之體。該貢使等聞知，未免稍覺觖望。除俟該使臣等到京後，一體酌加賞賚外，著傳諭各該督、撫，將來該使臣等回程經過時，俱仍依照暎咭唎使臣之例，酌給筵宴。時並宣諭該使臣等，此次爾等慕化遠來，大皇帝鑑爾恭順，從前爾等進京時，原應筵宴，但因爾等趕於年內到京，沿途行走期限緊迫，恐耽延時日，是以未經筵宴。今爾等回程舒徐，仍遵旨賞爾等筵宴等語，向其明白宣示，該使臣等聞知，自必益臻歡感也。欽此。』

又奉上諭：『據奏：荷蘭國貢使搭坐商船來粵，船商咭時現已裝貨完畢放洋，業據咭時將入口出口船料稅銀等項全數交納。荷蘭國貢使遠來納貢，恭順可嘉，所有該貢使搭坐商船，除進口貨物照例納稅外，其應納船料及出口買帶貨物，著加恩免其交稅。今此項出口船料等稅，業據全交，著俟該貢使回國時，仍令給還。以示柔遠懷來至意。欽此。』

俄羅斯

綜述

清·穆彰阿等《嘉慶重修一統志》卷五五四《俄羅斯》 本朝順治十二年。其國察漢汗始遣使貢方物。十三年，復入貢，以來使不諳朝儀，卻其貢。十四年，復遣使進貢，表文不合體制，廷臣請逐之。上以外邦從化，宜加含容，以示懷柔，貢物查收，來使量與宴賞，不報書而遣之。康熙十五年，察漢汗又遣使進貢表，言俄羅斯僻處遠方，不諳中華文義，及奏疏禮儀兩次抒誠致多缺失，今特敬謹奉貢仰祈矜宥，上准其納貢。

非洲諸國分部

肯尼亞

綜述

明・李賢等［天順］《明一統志》卷八九《外夷・麻林國》 本朝永樂十三年，其王遣其臣獻麒麟等物。

明・羅日褧《咸賓録》卷四《麻林》 麻林，未詳其國所在。永樂十三年王遣使貢麒麟。厚賜之。

《明史》卷三二六《外國傳七・麻林》 麻林，去中國絶遠。永樂十三年遣使貢麒麟。將至，禮部尚書呂震請表賀，帝曰：『往儒臣進《五經四書大全》，請上表，朕許之，以此書有益於治也。麟之有無，何所損益，其已之。』已而麻林與諸蕃使者以麟及天馬、神鹿諸物進，帝御奉天門受之。百僚稽首稱賀，帝曰：『此皇考厚德所致，亦賴卿等翊贊，故遠人畢來。繼自今，益宜秉德迪朕不逮。』十四年又貢方物。

索馬里

綜述

明・羅日褧《咸賓録》卷四《白虎松兒》 白松虎兒舊名速麻里兒。先時有白虎出松林中，遇獸不食，遇人不傷，旬月餘不見。父老云：此西方白虎降精，故更今名。永樂中，遣使十六人來貢。

《明史》卷三二六《外國傳七・木骨都束》 木骨都束，自小葛蘭舟行二十晝夜可至。永樂十四年遣使與不剌哇、麻林諸國奉表朝貢，命鄭和齎敕及幣偕其使者往報之。後再入貢，復命和偕行，賜王及妃彩幣。二十一年，貢使又至。比還，其王及妃更有賜。宣德五年，和復頒詔其國。

又《不剌哇》 不剌哇，與木骨都束接壤。自錫蘭山別羅里南行，二十一晝夜可至。永樂十四年至二十一年，凡四入貢，並與木骨都束偕。鄭和亦兩使其國。宣德五年，和復往使。

又《竹步》 竹步，亦與木骨都束接壤。永樂中，嘗入貢。

又《比剌、孫剌》 又有國曰比剌，曰孫剌。鄭和亦嘗齎敕往賜。以去中華絶遠，二國貢使竟不至。

北美洲諸國分部

特立尼達和多巴哥

綜述

《明史》卷三二六《外國傳七・千里達》 千里達，永樂十六年遣使貢方物。賜其使冠帶、紵絲、紗羅、彩帛及寶鈔。比還，賜其王有加。

南美洲諸國分部

巴西

綜述

《明史》卷三二五《外國傳六・巴喇西》 巴剌西，去中國絶遠。正德六年遣使臣沙地白入貢，言其國在南海，始奉王命來朝，舟行四年半，遭風飄至西瀾海，舟壞，止存一小艇，又飄流八日，至得吉零國，居一年。至秘得，居八月。乃遵陸行，閲二十六日抵暹羅，以情告王，獲賜日給，且賜婦女四人，居四年。迄今年五月始附番舶入廣東，得達闕下。進金葉表，貢祖母緑一，珊瑚樹、琉璃瓶、玻璃盞各四，及瑪瑙珠、胡黑丹諸物。帝嘉其遠來，賜賚有加。

遣使通好部

亦黑迷失四使南亞分部

綜述

《元史》卷一三一《亦黑迷失傳》 亦黑迷失，畏吾兒人也。至元二年，入備宿衛。九年，奉世祖命使海外八羅孛國。十一年，偕其國人以珍寶奉表來朝，帝嘉之，賜金虎符。十二年，再使其國，與其國師以名藥來獻，賞賜甚厚。十四年，授兵部侍郎。

十八年，拜荆湖占城等處行中書參知政事，招諭占城。二十一年，召還。復命使海外僧迦剌國，觀佛鉢舍利，賜以玉帶、衣服、鞍轡。二十一年，自海上還，以參知政事管領鎮南王府事，復賜玉帶。與平章阿里海牙、右丞唆都征占城，戰失利，唆都死焉。亦黑迷失言於鎮南王，請屯兵大浪湖，觀釁而後動。王以聞，詔從之，竟全軍而歸。

二十四年，使馬八兒國，取佛鉢舍利，浮海阻風，行一年乃至。得其良醫善藥，遂與其國人來貢方物，又以私錢購紫檀木殿材并獻之。嘗侍帝於浴室，問曰：『汝踰海者凡幾？』對曰：『臣四踰海矣。』帝憫其勞，又賜玉帶，改資德大夫，遥授江淮行尚書省左丞，行泉府太卿。

二十九年，召入朝，盡獻其所有珍異之物。時方議征爪哇，立福建行省，亦黑迷失與史弼、高興並為平章。詔軍事付弼，海道事付亦黑迷失，仍諭之曰：『汝等至爪哇，當遣使來報。汝等留彼，其餘小國既當自服，可遣招徠之。彼若納款，皆汝等之力也。』軍次占城，先遣郝成、劉淵諭降南巫里、速木都剌、不魯不都、八剌剌諸小國。【略】以榮禄大夫、平章政事為集賢院使，兼會同館事，告老家居。仁宗念其屢使絶域，詔封吳國公，卒。

清・嵇璜等《續通志》卷四七〇《伊克默色傳》 伊克默色，輝和爾人。至元二年，入備宿衛。九年，奉世祖命使海外八羅孛國。十一年，偕其國人以珍寶奉表來朝。十二年，再使其國，與其國師以名藥來獻。十四年，授兵部侍郎。十八年，拜荆湖占城等處行中書參知政事，招諭占城，二十一年召還。二十二年，復以參知政事管領鎮南王府事，與平章阿爾哈雅、右丞索多征占城。【略】二十四年，使馬八兒國，浮海阻風，行一年乃至。得其良醫善藥，遂與其國人來貢。【略】以平章政事為集賢院使，告老家居。仁宗念其屢使絶域，詔封吳國公，卒。

清・徐乾學《資治通鑑後編》卷一五六《元紀四》 辛丑，馬八兒國遣使來朝。初，帝遣荆湖占城行省參政伊德默色使馬八兒國，取佛鉢舍利，浮海阻風，行一年乃至。得其良醫善藥，遂與其國人來貢方物，又以私錢購紫檀木殿材并獻之。嘗侍帝於浴室，問：『汝踰海者凡幾？』對曰：『臣四踰海矣。』帝憫其勞，遥授江淮行尚書省左丞，行泉府太卿。

雜録

《元史》卷一三《世祖紀十》 是歲，命江浙轉運司通管課程。【略】併省重慶等處州縣。占城行省參政亦黑迷失等以軍還，駐海外四州，遣使以聞，敕放其軍還。

清・姚之駰《元明事類鈔》卷二四《衣冠門・衣》 吉貝衣。《解醒語》：元至正間遣使至馬八兒國求奇寶，得吉貝衣十襲。吉貝，樹名。其花成時如鵞毳，紡之作布，亦染五色，織為斑布。

清・嵇璜等《續文獻通考》卷二〇七《封建考》 吳國公伊克穆蘇，輝和爾人。世祖時，屢奉使招諭海外諸國。家居，仁宗念其勞，詔封之。

楊庭璧三使俱蘭分部

綜述

《元史》卷一二《世祖紀九》（至元十九年九月辛酉）招討使所庭璧招撫海外，南番皆遣使來貢。俱藍國主遣使奉表，進寶貨、黑猿一。【略】

（至元）二十年春正月丙辰朔，高麗國王王睶遣其大將軍俞洪慎來賀。【略】

丁丑，以招討楊廷璧為宣慰使，賜弓矢鞍勒，使諭俱藍等國。

又 卷二一〇《外夷傳三・馬八兒等國》 海外諸蕃國，惟馬八兒與俱藍足以綱領諸國，而俱藍又為馬八兒後障，自泉州至其國約十萬里。其國至阿不合大王城，水路得便風，約十五日可到，比餘國最大。

世祖至元間，行中書省左丞唆都等奉璽書十通，招諭諸蕃。未幾，占城、馬八兒國俱奉表稱藩，餘俱藍諸國未下。行省議遣使十五人往諭之。帝曰：『非唆都等所可專也，若無朕命，不得擅遣使。』

十六年十二月，遣廣東招討司達魯花赤楊廷璧招俱監。

十七年三月，至其國。國主必納的令其弟肯那却不刺木省書回回字降表，附庭璧以進，言來歲遣使入貢。十月，授哈撒兒海牙俱藍國宣慰使，偕庭璧再往招諭。

十八年正月，自泉州入海，行三月，抵僧伽耶山，舟人鄭震等以阻風乏糧，勸往馬八兒國，或可假陸路以達俱藍國，從之。四月，至馬八兒國新村馬頭，登岸。其國宰相馬因的謂：『官人此來甚善，本國船到泉州時官司亦嘗慰勞，無以為報。今以何事至此？』庭璧等告其故，因及假道之事，馬因的乃託以不通為辭。與其宰相不阿里相見，又言假道。不阿里亦以它事辭。五月，二人蚤至館，屏人，令其官者為通情實：『乞為達朝廷，我一心願為皇帝奴。我使札馬里丁入朝，我大必闍赤赴算彈華言國主也。告變，算彈籍我金銀田產妻孥，又欲殺我，我詭辭得免。今算彈兄弟五人皆聚加一之地，議與俱藍交兵；及聞天使來，對衆稱本國貧陋。此是妄言。凡回回國金珠寶貝盡出本國，其餘回回盡來商賈。此間諸國皆有降心，若馬八兒既下，我使人持書招之，可使盡降。』時哈撒兒海牙與庭璧以阻風不至俱藍，遂還。哈撒兒海牙入朝計事，期以十一月俟北風再舉。至期，朝廷遣使令庭璧獨往。

十九年二月，抵俱藍國。國主及其相馬合麻等迎拜璽書。三月，遣其臣祝阿里沙忙里八的入貢。時也里可溫兀咱兒撒里馬及木速蠻主馬合麻等亦在其國，聞詔使至，皆相率來告願納歲幣，遣使入覲。會蘇木達國亦遣人因俱藍主乞降，庭璧皆從其請。四月，還至那旺國。庭璧復說下其主忙昂比。至蘇木都剌國，國主土漢八的迎使者。庭璧因喻以大義，即日納款稱藩，遣其臣哈散、速里蠻二人入朝。【略】

二十三年，海外諸番國以楊庭璧奉詔招諭至是皆來降。諸國凡十：曰馬八兒，曰須門那，曰僧急里，曰南無力，曰馬蘭丹，曰那旺，曰丁呵兒，曰來來，曰急蘭亦解，曰蘇木都剌，皆遣使貢方物。

清・徐乾學《資治通鑑後編》卷一五四 辛酉，俱藍國入貢。海外諸蕃，惟俱藍尤遠，自泉州至其境，約十萬里。招討使楊廷璧三往招之，遂遣使貢寶貨及黑猿一。

又 卷一五五 （至元二十三年）九月乙丑朔，海外諸番曰馬八兒、曰須門那、曰僧急里、曰南無力、曰馬蘭丹、曰那旺、曰丁呵兒、曰來來、曰急蘭亦解、曰蘇木都刺，凡十國，因楊廷璧屢奉詔招之，各遣其子弟上表來覲，仍貢方物。

清・嵇璜等《續通典》卷一四八《馬八兒諸國》 馬八兒與俱藍國接壤，比餘國最大。元世祖至元間，璽書招諭諸番，占城與馬八兒俱奉表稱藩，而俱藍諸國未下，尋遣廣東招討使楊廷璧招降俱藍國王，王即遣使入貢。俱藍既下，餘國曰須門那、曰僧急里、曰南無力、曰馬蘭丹、曰那旺、曰丁呵兒、曰來來、曰急蘭亦解，皆遣使入貢方物。

清・嵇璜等《續通志》卷六三八 馬八兒與俱藍國為海外諸蕃國綱領，元世祖至元間行中都省索多，奉璽書招諭馬八兒，奉表稱藩。十六年，復遣廣東招討使達嚕噶齊楊廷璧往招俱藍，得其降表。十九年三月，俱藍遣使入貢，是時因庭璧招諭遣使來貢者凡十國云。

論説

清·嵇璜等《續文獻通考》卷二八《土貢考》 十九年九月，招討使楊庭堅招撫海外，南番皆遣使來貢。先是，十七年十一月翰林學士承旨和爾果斯等言：『俱藍、馬八、闍婆、交趾等國俱遣使進表，乞答詔。』從之。至是年七月，闍婆國貢金佛塔。是月，俱藍國主遣使奉表，進寶貨、黑猿一。蘇木達國相臣那里八合剌攤赤因事在俱藍國，聞詔，代其主打古兒遣使奉表，進指環、印花綺段及錦衾二十合。寓俱藍國伊囉勒昆主綽和爾薩勒達亦遣使奉表，進七寶項牌一、藥物二瓶。

臣等謹按：《外國傳》海外諸番惟馬八兒與俱藍足以綱領諸國，而俱藍又為馬八兒後障。先是，十六年十二月遣廣東招討司達嚕噶齊楊廷璧招之。十七年三月附表以進，言來歲遣使入貢。至二十三年，諸國凡十皆來降。已見十六年占城國條。《輿紀》所載年月小異。

清·俞正燮《癸巳存稿》卷六《注輦方向程途書讀史方輿紀要後》 沈括《筆談》謂之珠輦國，《元史》謂之俱藍國。云俱蘭與馬八兒足以綱領諸國，俱蘭又為馬八兒後障。招討使楊廷璧三往招之，自泉州至其國，十萬里。世祖至元十九年九月入貢。

清·魏源《元史新編》卷六《世祖紀》 九月丁巳朔，定歲貢額。【略】辛酉，海外南番俱藍國主遣使奉表，進寶貨及黑猿一。那旺國主忙昂以其國無識字者，遣使四人，不奉表。蘇木都剌國主土漢八的亦遣使二人。蘇木達國相臣那里八合剌攤赤以事在俱藍，聞詔，代其主打古爾奉表，進指環、印花綺段及錦衾二十合。寓俱藍耶里可溫主兀咱爾撒里馬亦奉表，進七寶項牌、藥物。又管領木速蠻馬合麻亦遣使奉表，同日赴闕。諸番唯俱藍最遠，招討使楊廷璧三往招之，乃入貢。

雜録

清·畢沅《續資治通鑑》卷一八六 （至元十九年壬午）辛酉，俱藍國入貢。

海外諸蕃，俱藍尤遠，自泉州至其境約十萬里。招討使楊廷璧三往招之，遂遣使貢寶貨及黑猿一。

又 卷一八七 （至元二十三年）九月，乙丑朔，海外諸番，曰馬八兒，曰須門那，曰僧急里，曰南無力，曰馬蘭丹，曰那旺，曰丁呵兒，曰來來，曰急蘭亦䚟，曰蘇木都剌，凡十國，因楊廷璧屢奉詔招之，各遣其子弟上表來覲，仍貢方物。

清·嵇璜等《續通志》卷六〇 辛酉，誅耿仁蘇、都爾丹及阿哈瑪特第四子實都，招討使楊庭璧招撫海外，南番皆遣使來貢。按楊庭璧史紀誤作楊庭堅，今據《馬八兒國傳》改。

清·嵇璜等《續文獻通考》卷二八 （至元）十九年九月，招討使楊庭堅招撫海外，南番皆遣使來貢。

周達觀出使真臘分部

綜述

元·周達觀《真臘風土紀·總敍》 真臘國或稱占臘，其國自稱曰甘孛智。今聖朝按西番經，名其國曰澉浦只，蓋亦甘孛智之近音也。

自温州開洋，行丁未針，歷閩、廣海外諸州港口，過七洲洋，經交趾洋到占城。又自占城順風可半月到真蒲，乃其境也。又自真蒲行坤申針，過崑崙洋，入港。港凡數十，惟第四港可入，其餘悉以沙淺故不通巨舟。然而彌望皆修藤古木、黃沙白葦，倉卒未易辨認，故舟人以尋港為難事。自港口北行，順水可半月，抵其地曰查南，乃其屬郡也。又自查南換小舟，順水可十餘日，過半路村、佛村，渡淡洋，可抵其地曰干傍，取城五十里。

按《諸番志》稱其地廣七千里。其國北抵占城半月程，西南距暹羅半月程，南距番禺十日程，其東則大海也。舊為通商來往之國。

聖朝誕膺天命，奄有四海。唆都元帥之置省占城也，嘗遣一虎符萬户、一金牌千户同到本國，竟為拘執不返。

元貞之乙未六月，聖天子遣使招諭，俾余從行。以次年丙申二月離明州，二十日自温州港口開洋，三月十五日抵占城。中途逆風不利，秋七月始至，遂得臣服。至大德丁酉六月回舟，八月十二日抵四明泊岸。其風土國事之詳，雖不能盡知，然其大略亦可見矣。

明・嚴從簡《殊域周咨録》卷八《真臘》 按元成帝時，遣永嘉周達觀招諭真臘，往返一年半，悉得其國之風俗、道里、海物、土產，作《真臘風土記》，言：其國自稱曰甘孛智，自温州開洋，行丁未針，歷閩廣，過七洲洋，經交趾、占城，至真蒲，乃真臘境矣。自真蒲行坤申針，過崑崙洋入港。港凡數十，惟第四港可入，其餘悉以沙淺故，不通巨舟。【略】自港口北行，順水可半月，抵其屬郡曰查南。又換小舟，順水可十餘日，過佛村，渡淡洋，則抵其地矣。

藝文

元・吾丘衍《竹素山房詩集》卷二《周達觀隨奉使過真臘國作書紀風俗因贈三首》 裸壤無霜雪，西南極日天。豈知雲海外，不到斗天邊。異域聞周化，奇觀及壯年。揚雄好風俗，一一問張騫。

絶域通南舶，炎方接海濤。神化比徐巿，使者得王敖。異俗書能記，夷音孰解操。相看十年外，回首興滔滔。

漢界踰銅柱，蠻邦近越裳。遠行隨使節，蹈海及殊方。鴂舌勞重譯，龍波極大荒。異書君已著，未許劍埋光。

雜録

明・郎瑛《七修類稿》卷四五《事物類・真臘二事》 真臘國，在占城之西南；元成帝時，遣永嘉周達觀招諭之，往返一年半，悉得其國之風俗。

清・永瑢等《四庫全書總目》卷七一《地理類・真臘風土記》 達觀，温州人。真臘本南海中小國，為扶南之屬。其後漸以强盛。【略】元成宗元貞元年乙未，遣使招諭其國，達觀隨行，至大德元年丁酉乃歸。首尾三年，諳悉其俗。

傅安三使中亞西亞分部

綜述

《明太宗實録》卷六八（永樂五年三月癸卯）兵部給事中傅安、郭驥等自撒馬兒罕還。安等自洪武二十八年使西域，留撒馬兒罕者十有三年。至是，其頭目哈里聞上即位，乃遣使臣虎歹達等送安等還，并貢方物。賜虎歹達等鈔及金錢、文綺紗羅各十表裏。改安等禮科給事中，賜文綺襲衣。安等言：『元帖木兒駙馬已卒，哈里嗣之，乃帖木兒之孫。』遂命遣指揮白阿兒忻台等往祭帖木兒，而賜哈里璽書，銀幣，并賜其部屬有差。

又　卷七八（永樂六年四月）壬午，撒馬兒罕頭目沙黑奴兒丁等貢，辭歸，遣給事中傅安等偕行。賜其王哈里彩幣十四表裏，併賜哈烈等處頭目有差。

又　卷九三（永樂七年六月）己巳，給事中傅安等自哈烈、撒馬兒罕還。哈烈等處遣使臣麼賚等並所經火州等處各遣使貢西馬五百五十四，賜鈔各有差。尋遣安等送麼賚等還國，並賜其酋長錦綺彩幣。

又　卷一四五（永樂十一年十一月辛丑）別失八里八馬哈麻、火州王子哈三、土魯番萬户賽因帖木兒、柳城萬户觀音奴俱遣使從給事中傅安等貢名馬、海青。賜賚其使有差，復遣使賚敕慰諭馬哈麻等并賜之綵幣。

又　卷一五七（永樂十二年十月）壬辰，有使西域還者，言別失八里王馬哈麻之母及弟相繼卒，命給事中傅安等敕慰問并賜之文綺表裏。

又　卷一七四（永樂十四年三月壬寅）別失八里王馬哈麻姪納黑

失只罕遣使哈只等貢馬及方物，且告馬哈麻卒，無子。遣中官李達、給事中傅安等往祭馬哈麻，仍以璽書命納黑失只罕嗣為王，賜金織文綺盔甲弓刀並賜其母綵幣。

《明宣宗實録》卷四（洪熙元年七月癸巳）行在吏部言：行在禮科給事中傅安使撒馬兒罕，留二十餘年始歸。請給敕命，雖其歷年久，未經考覈，例難給授。

明・嚴從簡《殊域周咨録》卷一五《撒馬爾罕》 永樂元年，禮科都給事中傅安歸自撒馬爾罕。先是傅安使西域，為撒馬爾罕所羈留，凡十三載，至是始歸。上念其久勞於外，賜一品服致仕。是年，國主兀魯伯遣使貢馬。

明・尹守衡《明史竊》卷三四《傅安傳》 傅安，字志道，太康人也。洪武中爲都督府吏，起歷四夷館通事舍人、鴻臚序班，授兵科給事中。二十八年改禮科給事中，奉使西域通貢道。安至撒馬兒罕，國王帖木兒自以遠中國，負固不守外藩禮，且欲安稱臣，安曰：『我天朝命使，詎爲汝臣耶？具陳國家威德薄海內外，罔不臣服，汝何敢與我中國敵也。』王曰：『我國土何渠不及中國？』令人導安從西行南，還所至地方萬千餘里，六年始返其國。以安始終弗爲屈，遂不遣歸。永樂五年，王死，頭目哈里令虎歹達乃送安還朝，因獻名馬珠玉謝罪。安初同行太監劉帷、御史姚臣皆物故，官軍千五百人生還者十有七人而已。上以安羈西域十三年不屈節，賜第免朝。十三年，奉使往封別失別里納里失罕爲王，見羈北虜，復留九年，洪熙元年始歸。時安母且期頤矣，安自念老病不復能任事，上書乞骸骨，言：『臣離母膝下使絕域，先後二十二年，今幸生還，願得以白首餘生承歡，旦夕請賜。』敕命榮養。吏部言安歷年雖久，未經部考，例不得授，上曰：『安使遠夷，留滯廿餘載，良苦。何例爲？』予安，命歸養，令有司歲給月米一十二石，輿夫二名。宣德四年卒，上特遣官祭葬。

明・焦竑《國朝獻徵録》卷八〇《禮科都給事中傅公安傳》 公諱安，字志道，父嚴，母端氏。自太康徙居祥符之朱仙鎮。公以刀筆起家，為南京後軍都督府吏，歷四夷館通事舍人、鴻臚寺序班。洪武二十七年甲戌，欽授兵科給事中，明年乙亥調禮科給事中。累官本科都給事中。永樂初，廷臣奏天下雖定，四夷未賓，理合遣官前往西番撒馬兒罕及馬哈木王等處詔諭。蒙欽差太監劉惟、御史姚臣并公三人同率官軍千五百人至撒馬兒罕。酋長羈留十有三年，不屈節。永樂十六年戊戌回還。西番撒馬兒罕等夷人進獻名馬、駱駝、珠玉到涼。太監御史俱病故西番，柩還中土。官軍一千五百人存者止十有七人。公年老風疾，不能任事，賜一品服回籍，令有司歲給月米一十二石，人夫八名，以終其身。宣德四年病故。禮部奏准遣官諭祭，修墳安葬。墳在朱仙鎮岳王廟後岡上。今石羊虎存焉。

明・林之盛《皇明應謚名臣備考録》卷五《給事中傅安》 都給事中傅安，字志道，太康人。以縣吏歷四夷館通事舍人、鴻臚寺序班。洪武二十七年，轉兵科給事中。明年，遣禮科都給事中。奉命使西域撒馬兒罕。撒馬兒罕者，漢罽賓也，【略】上遣安及郭驥等持節往使其國，察其向背順逆狀，安至則帖木兒死，哈里嗣其酋長，負遠不服，諷安降，安不屈，遂羈留安等不得還，凡十三年，備受艱苦，志節益勵。哈里知終不可屈，永樂五年，令頭目虎歹達送安等還，且獻名馬珠玉以謝罪。安具言帖木兒本元駙馬，哈里其孫也。上遣人祭帖木兒，賜哈里璽書銀幣。已而兀魯伯復貢馬，遷安報使兀魯伯即哈里也。洪熙元年，安始還國，請敕命。吏部言安歷年雖久，未經考覈，例不得授。景陵曰：『安使遠夷，留二十餘年，良苦。何例爲？』遂與敕。安復以老病不能任事，上表乞骸骨。上泫然憫之，賜一品服，致仕有司，月給米二十石，輿夫八人。宣德四年卒。上遣官諭祭，仍命有司治葬事，或曰：哈里通貢後，西域道通終長陵弗絕。安，永樂十四年別持節封別失八里、納里失罕爲王，見羈北虜，又九年宣廟初始歸。

明・范景文《南樞志》卷一一一《朝貢部・朝貢考一》 洪武十八年十二月，命給事中傅安、郭驥使西域。

又 卷一一二《朝貢考二》（永樂五年）十二月，撒馬爾罕頭目哈里遣人送給事中傅安、郭驥還。安等使西域留撒馬爾罕者十有三年，至是頭目哈里令虎歹達送安等還，且貢方物。厚賜之。改安等禮科，賜衣。已而兀魯伯貢馬，復遣安報使，至洪熙元年始還國。【略】

永樂十一年八月，遣吏部員外郎陳誠偕中官李達使西域。

清・萬斯同《明史》卷一八二《傅安傳》 傅安，字志道，太康人。

洪武中，起家都督府吏，改通事，授序班，以才擢兵科給事中。二十八年，太祖將通西域，命安與給事中郭驥、御史姚臣、中官劉惟等賫璽書金幣，率將士千五百人以行。安等於是出嘉峪關，西行八百里抵流沙，又西北行二千餘里至哈梅里，西涉瀚海，行千三百里至火州。又西行至亦剌八里，又西行三千里至撒馬爾罕。所至，宣天子威德，頒賜金帛。其酋長多稽首，願通貢。惟撒馬爾罕酋長驕倨不順命，謂『中國去我遠，天子無如我何也。』安等反覆開諭，陳詞慷慨，其酋終不聽。遂羈使者，不令還。既而欲誇其國廣大，道使者由小安西至討落思安，又西至乙思不罕，又南至失剌思，還至黑魯諸城，周行萬數千餘里，閱六攫始返其國。安等始終不屈節，竟留不遣。至永樂五年，其酋長死，乃遣使臣虎返達等送使者還。於是安等羈絶域十三年矣。出使時年方壯，比歸鬚髮盡白，同行者多物故，將士得還者十七人而已。安等至闕下，天子大喜，厚賚之，賜安第東華門外，改官禮科給事中。安等為言其國王帖木兒駙馬已死，今其嗣者駙馬孫哈里也。天子於是遣指揮二人往祭其故王，而賜今王銀幣。自是，西域使者接迹中國矣。明年，其王遣使貢馬。詔安等與榮盛石化使偕行，賜以珍幣並頒賜哈烈諸國。又明年，撒馬爾罕、哈烈及火州諸國各遣使隨安等入朝，貢西馬五百五十匹。天子大喜，復遣安等送使臣還國，頒賜諸王。九年，別失八里王馬哈麻遣使貢方物。時安等已還朝，復詔送歸其使，璽書諭馬哈麻毋與瓦剌搆兵，所以頒賜甚厚。十一年，馬哈麻及火州、柳城、土魯番讀者君長咸遣使隨安等詣闕下，貢海青名馬，厚賚之，遣他使者送還其國。明年，使者歸，言馬哈麻有母及弟之喪。天子欲懷遠人，復遣安賫璽書慰問，賜之文綺。十三年，其國遣使者告馬哈麻之喪，且貢方物。天子憐之，遣安往祭，封其從子為王。【略】安前後使絶域者六，奉將威命殊方君長稽首稱臣效職貢者相屬，天子深嘉之，頻有賜賚。至是使還，自陳衰老，乞骸骨，歸鄉里。天子優詔不許，命食禄京師，不視事。已而念安有母在，俾奉養，不復遣。宣宗立，安請敕命，吏部以未經考覈執不許，帝曰：『安為朝廷通使西域，其勞多矣。可循常例乎？』遂給之。宣德四年，安卒，特賜祭。

《明史》卷三三二《西域傳四·撒馬爾罕》 洪武中，太祖欲通西域，屢遺全副我招諭，而遐方君長，未有至者。【略】二十七年八月，帖木兒貢馬二百。其表曰：『恭惟大明大皇帝受天明命，統一四海，仁德洪布，恩養庶類，萬國欣仰。咸知上天欲平治天下，特命皇帝出膺運數，為億兆之主。光明廣大，昭若天鏡，無有遠近，咸照臨之。臣帖木兒僻在萬里之外，恭聞聖德寬大，超越萬古。自古所無之福，皇帝皆有之。所未服之國，皇帝皆服之。遠方絶域，昏昧之地，皆清明之。老者無不安樂，少者無不長遂，善者無不蒙福，惡者無不知懼。今又特蒙施恩遠國，凡商賈之來中國者，使觀覽都邑、城池，富貴雄壯，如出昏暗之中，忽睹天日，何幸如之！又承敕書恩撫勞問，使站驛相通，道路無壅，遠國之人咸得其濟。欽仰聖心，如照世之杯，使臣心中豁然光明。臣國中部落，聞茲德音，歡舞感戴。臣無以報恩，惟仰天祝頌聖壽福禄，如天地永永無極。』照世杯者，其國舊傳有杯光明洞徹，照之可知世事，故云。帝得表，嘉其有文。明年，命給事中傅安等齎璽書、幣帛報之。其貢馬，一歲再至，以千計，並賜賓鈔償之。

成祖踐阼，遣使敕諭其國。永樂三年，傅安等尚未還，而朝廷聞帖木兒假道別失八里率兵東，敕甘肅總兵官宋晟儆備。五年六月，安等還。初，安至其國被留，朝貢亦絶。尋令人導安徧歷諸國數萬里，以誇其國廣大。至是帖木兒死，其孫哈里嗣，乃遣使臣虎歹達等送安還，貢方物。帝厚賚其使，遣指揮白阿兒忻台等往祭故王，而賜新王及部落銀幣。其頭目沙里奴兒丁等亦貢駝馬。命安等賜其王彩幣，與貢使偕行。七年，安等還，王遣使隨入貢。自後，或比年，或間一歲，或三歲，輒入貢。

又《哈烈傳》 洪武時，撒馬兒罕及別失八里咸朝貢，哈烈道遠不至。二十五年遣官詔諭其王，賜文綺、彩幣，猶不至。二十八年遣給事中傅安、郭驥等攜士卒千五百人往，為撒馬兒罕所留，不得達。三十年又遣北平按察使陳德文等往，亦久不還。

成祖踐阼，遣官齎璽書彩幣賜其王，猶不報命。永樂五年，安等還。德文徧歷諸國，説其酋長入貢，皆以道遠無至者，亦於是年始還。德文，保昌人，采諸方風俗作為歌詩以獻。帝嘉之，擢僉都御史。明年復遣安齎書幣往哈烈，其酋沙哈魯把都兒遣使隨安朝貢。七年達京師，復命齎賜物偕其使往報。明年，其酋遣使朝貢。

論說

明・王世貞《弇山堂別集》卷四《文臣久任》 兵科給事中傅安以洪武二十八年使西域，留滯者十二年，永樂五年始歸。十四年，封巴實伯里納琳實克為王，見羈北廷，留滯者復九年，宣德元年始歸。【略】前後為給事中三十二年，留北二十一年，白首生還，去蘇卿不遠也。

明・焦竑《國朝獻徵録》卷八〇《禮科都給事中傅公安傳》 國家自混一以來，仁覆宇內。凡蠻夷之國，上古所未賓服者，莫不奔走效職，貢惟恐後。洪武中西域撒馬兒罕遣使獻名馬、駱駝、騾、衣甲之屬，禮意甚恭，既而西北諸蕃往往傾向中國，欲盡事大之誠而弗可得。蓋當其時，太祖皇帝方大施恩信以懷遠人，使其知所感慕，乃遣禮科給事中傅安往事其國，以通道路，且修報施之禮焉。安遂由甘肅酒泉郡出玉門關八百里抵流沙，西北二千餘里至哈迷里。復西涉瀚海，歷千三百餘里至古高昌郡，【略】復西行至亦剌八里，自此水皆西流。又西三千里，始至撒馬兒罕，其主與其羣下意頗驕倨，安與論議，詞氣侃侃，且為具陳我朝富强，振古莫比。由是彼國亦欲誇其地之廣，遣人道小安西至討落思，南至乙思亦罕，又南至失刺思，還至黑魯諸城，計萬千餘里，凡六年始返其國。然以安始終弗為屈，遂不遣歸。迨太宗皇帝永樂改元之四，並其主乃死，始得還，於是十年餘矣。遂蒙恩給禄，免朝，不煩以事。其後屢出使西域馬哈麻諸國以宣布威信，由是皆先後入貢獅子名馬珍寶之物，不可勝計。既而以安母夫人年高俾之奉養，因弗復遣。於是朝士大夫皆以安節使絶域數萬里外，往來三二十年，得以周覽其山川疆域之形勝，其意氣豈不壯哉！於是皆為之賦《西遊勝覽》之詩，安萃為一卷，請予為序，予惟昔張騫為漢使以通西域，為匈奴所拘留，凡十有三年，不失漢節，歷大宛、康居諸國而還，以功封博望侯，其聲華功烈至今照映青史，何其盛哉！今安以一介之使，通道諸蕃，仗天子威靈，使羌夷部落莫不向風慕義，貢獻方物，無敢弗恭。其視騫之功業豈相遠哉！騫使僅載史傳，而安乃得大夫士播之泳歌，以傳誦於無窮，則其事迹之顯，名譽之振，又有非騫之所能有者也。後之有人有得是詩詠之，焉知其輿皇華駟牡之行相為照耀乎！

明・尹守衡《明史竊》卷三四《傅安傳論》 論曰：傅安久羈西域，視蘇武已為過之，不知勞苦之狀何如子卿。然而皇靈以宣，臣節不失，可謂老而彌壯者矣！家有白頭之母，橐無陸賈之金。首邱之日，猶能藉天子之寵光以終人子之養，不謂忠孝兩全者耶。

明・沈德符《萬曆野獲編》補遺卷四《外國・奉使仗節》 工科給事中傅安、郭驥等，自洪武二十八年奉使西域，留撒馬兒罕者十有三年，至永樂五年，始遣使臣送還。【略】安等僅以原官改禮科，其賞比之蘇屬國更薄。是時胡文穆、黄文簡、西楊、東楊在政府，蹇忠定為塚宰，皆建文故臣，豈愧見仗節之士，故有意抑之耶？

先是洪武二十七年，撒馬兒罕遣使奉表。【略】既向化歸誠，又何以久留使臣？史皆不言其故。及觀周王孫睦㮮為安傳，乃云安奉使時，酋長諷安使降，安叱之，因留虜廷，凡十三年，備嘗艱苦，知終不可屈，乃以禮送還，並獻名馬珠玉以謝。歸時以老病乞骸，上賜一品服致仕，仍月給米十二石、夫八人。宣德四年卒，上遣官祭，仍治葬。據此則安之寵數厚矣。然考之曾襄敏棨所為傅安《西遊勝覽詩卷序》，則殊不然。安字志道，世為中州名家。太祖方懷遠人，乃遣安往使，出玉關八百里，往流沙二千餘里，至哈迷哩；涉瀚海又千三百里，至古高昌；又西行至亦剌八里，自此水皆西流；又西三千里，始至撒馬兒罕。其主與羣下驕倨，欲誇其土地之廣，遣人導安西至討落思，安至乙思不罕；又南至失剌思，還至黑魯諸城，計萬千餘里，凡六年反其國，以終不為屈，遂不遣，至其主死，始得還。蒙給禄免朝，又屢出使西域馬哈麻諸國，皆入貢獅子名馬珍寶，既而以母夫人年高，俾之奉養，因不復遠出遣使。戶部侍郎王瀹《送安祭掃序》曰：『公竣事還朝，文皇屢加賞，賜第東華門外。宣德二年，追崇先考封母安人，許歸祭掃。』是安歸後，又仕宦出使二十餘年。初未嘗告老，並無一品服人夫之賜，死後亦不聞賜祭葬也。睦㮮過侈其鄉人，近陳眉公又因其説而筆之，未及詳考耳。

明・黄景昉《國史唯疑》卷二 兵科給事中傅安，以洪武二十八年使西域，留滯十三年，永樂五年始歸。十四年，遣封失別里，為王見羈，復九年。宣德元年始歸。給敕賜老而已。前後為給事中三十二年，留虜中二十一年，白首生還，去蘇子卿何遠！

明·林之盛《皇明應謚名臣備考録》卷五《給事中傅安》 安前後爲給事中三十二年，留虜二十一年，初出使方壯齡，比歸鬚眉盡白，皓首生還，人以比蘇卿之偉節。

明·茅瑞徵《皇明象胥録》卷七《撒馬爾罕》 （洪武）二十八年，遣兵科給事中傅安、郭驥等使西域，留撒馬爾罕。永樂五年還，夷目哈里遣使隨貢方物，安等言帖木兒卒，孫哈里應嗣，上賜哈里爾書、銀幣，且諭祭帖木兒，賜安等衣頃之。兀魯伯貢馬，復遣安報使，或曰兀魯伯即哈里。【略】洪熙元年，傅安始還國，請敕命。吏部言：安歷年雖久，未經考覈，例不得授。上曰：安留遠夷，二十餘年，良苦何例為，命特與之。

藝文

明·嚴從簡《殊域周咨録》卷一五《撒馬爾罕》 《見鴈懷友詩》云：『上林書札為誰將，漢節蘇卿憶帝鄉。萬里承恩來虜地，何年歸覲列鵷行。繡衣塵滿關山杳，驄馬星馳道路長。此日雲邊看鴈字，老懷無計附同窗。』

雜録

明·陳繼儒《見聞録》卷一 傅安，字志道，太康人也。以縣吏起家，歷四夷館通事舍人、鴻臚寺序班。洪武二十七年，轉兵科給事中。明年，遣禮科都給事中。永樂初，時西域撒馬爾罕費賓，上遣安持節往使。至其國，以順逆禍福諭之。撒馬爾罕酋長負固不服，且諷安使降。安曰：『吾天朝使臣，可從汝反耶！』酋長怒，因羈留虜庭，凡十三年。艱苦備嘗，志節益勵。酋長知終不可屈，乃以禮送還國，因獻名馬珠玉以謝。自是王貢遂通。安既歸，以老病不能任事，懇乞骸骨。上憫之，賜一品服致仕。仍令有司月給米十二石，輿夫八人。宣德四年卒於家。【略】初，安之使西域也方壯齡。比歸，鬚眉盡白。同行御史姚臣、太監劉惟俱物故。官軍千五百人，而生還者十有七人而已。

明·汪俊《四夷館考》卷上《撒馬爾罕》 （洪武）二十八年，遣兵科給事中傅安、郭驥等使西域，留撒馬爾罕。永樂五年，頭目哈里令虎友達送安等還，且貢方物，厚賜之。改安等禮科，賜衣。【略】已而兀魯伯貢馬，復遣安報使，【略】洪熙元年，安始還國，請敕命，吏部言，安歷年雖久，未經考覈，例不得授。景陵曰：安使遠夷，留二十餘年良苦何例為，遂與敕。

清·姚之駰《元明事類鈔》卷一三《人倫門·忠臣·留十三年》 朱睦㮮《集》：傅安持節使賽瑪爾堪國，酋長負固不服且諷之降，安曰：『吾天朝使臣，可從汝反耶？』因羈留北庭，凡十三年。酋長知不可屈，乃以禮送還國。時同行官軍千五百人，生還者十有七人而已。

清·孫奇逢《中人物志》卷三《忠節·傅給事安》 安，字志道，太康人也。以縣吏起家，歷四夷館通事舍人、鴻臚寺序班。【略】永樂初時，西域賽瑪爾堪弗賓，上遣安持節往使。至其國，以順逆禍福諭之，賽瑪爾堪酋長負固不服，且諷安使降。安曰：『吾天朝使臣，可從汝反耶？』酋長怒因羈留域庭，凡十三年，艱苦備嘗，志節益勵。酋長知終不可屈，乃以禮送還國，因獻名馬珠玉以謝，自是王貢遂通。【略】初，安之使西域也，方壯齡，比歸，鬚眉盡白，同行御史姚臣、太監劉惟俱物故，官軍千五百人，而生還者十有七人而已。

陳誠三使中亞西亞分部

綜述

《明太祖實録》卷二四五 （洪武二十九年三月壬午）遣行人陳誠立撒里畏兀兒為安定衛指揮使司。【略】遣誠立其部為安定衛，以銅印五十八給之，置官屬如諸衛。

又 卷二四七 （洪武二十九年九月甲午）安定衛酋長塔孩虎都魯來朝，貢馬四十匹。先是，上遣行人陳誠立撒里畏兀兒為安定衛，【略】

至是誠歸，塔孩虎都魯隨誠入貢。

《明太宗實録》卷一四三（永樂十一年九月）甲午，遣中官李達、吏部員外郎陳誠、户部主事李暹、指揮藍金哈藍護送哈烈等處使臣還，就賫敕幷文綺、紗羅、布帛等物剛哈烈、撒馬兒罕等處王子，報其來貢之勤也。

又　卷一六九（永樂十三年冬十月癸巳）中官李達、吏部員外郎陳誠等使喚西域還，西域諸國哈烈、撒馬兒罕、火州、土魯番、失剌思、俺都淮等處各遣貢文豹、西馬、方物。誠上《使喚西域記》，所歷凡十七國山川、風俗、物産悉備焉。

又　卷一七七（永樂十四年六月）己卯【略】失剌思、撒馬兒罕【略】等處朝貢使臣辭還，剛之鈔幣，命禮部諭所過州郡宴餞之。仍遣中官魯安、郎中陳誠等賫敕偕行，賜【略】失剌思頭目亦不剌金、撒馬兒罕頭目兀魯伯等白金、紵絲紗羅、絹布等物有差，幷賜所經俺的干、亦思弗罕【略】等處頭目文綺。

又　卷一九五（永樂十五年十二月）丙申，哈烈、撒馬兒罕【略】諸國各遣使隨中官魯安、郎中陳誠等來朝，貢馬及方物，賜文綺紗羅、襲衣有差。

又　卷二〇〇（永樂十六年五月）庚申，升行在吏部郎中陳誠為廣東布政司左參議，嘉其奉使哈烈之勞也。

又　卷二二六（永樂十八年六月）己酉，升廣東布政司右參議陳誠為右參政，命同中官郭敬等使哈烈諸國。時哈烈、撒馬兒罕、八答黑商【略】諸國皆遣使貢馬，故遣誠等賫敕各賜彩幣等物。

明·陳誠《竹山文集》内篇卷一《奉使西域復命疏》　行在吏部驗封清吏司員外郎陳誠謹奏：

爲聖德誕敷，遐荒格被，恭復使命以昭盛治事。臣誠不揣謭劣，謬荷陛下拔擢之榮，被以遠使西域之命，拜捧温綸，懼增木谷，深恐奔走不效，有負皇上柔遠之仁，重厪華夷一統之慮。乃仗威福，丕覃天驕，雕題鑿齒之倫，咸興聖作物覩之概。臣自某年月日領敕命由京師戒行，西出甘肅州衛嘉峪山関，抵哈烈撒馬兒罕諸國，經行數萬餘里，所歷西域一十六處。雖以臣藐藐一身，深入不毛之地，酋長部落，咸知敬禮。咨諭所及，罔不率俾，疆界立正，慕義無窮。乃復各遣信使隨臣入朝，畢獻方物，仰謝聖恩，覃矣皇靈，猗歟休哉！顧臣以一片赤心，三寸强舌，馳驅往回，三閲寒暑，踰越險阻，凡数萬程。周覽山川之異，備録風俗之宜，謹撰《西域記一册、《獅子賦》一册、《行程記》一册，並所寫安南辨明地界往復書札，彙呈御覽，用圖王會之盛，允協萬邦之和。伏惟皇上矜臣微勞，俯賜採納，臣不勝俟命之至。

又《獅子賦》　永樂癸巳春車駕幸北京，秋七月西域大姓酋長沙哈魯氏不遠數萬里遣使來朝。皇上推懷柔之恩，命中官臣達、臣忠、臣貴指揮臣哈藍伯、臣帖木兒卜花、臣馬哈木火者行報施之禮，且命吏部員外郎臣陳誠典書記。臣奉命惟謹，以是年九月初吉戒行。明年甲午春正月戊子發酒泉郡，出玉門關，道燉煌、月氏，經高昌、車師之故地，達蒙古、回鶻之部落。凡旌節所臨，悉皆壺漿簞食，迎勞惟勤。是皆德化之流行，致遠人之嚮慕也。十月辛未至哈烈城，沙哈魯氏仰華夏之休風，戴聖朝之威德，鞠躬俯伏，重譯慇懃，欲殫土地之所宜，願效野人之芹獻。

明·嚴從簡《殊域周咨録》卷一五《撒馬爾罕》　十三年，復遣陳誠使西域。誠行人進吏部員外郎，偕中使李達賫詔幣往。至撒馬兒罕，其國主遣使隨二人貢謝恩。

又《亦力把力》　永樂四年，國主沙迷查千遣使貢玉璞等方物。十一年上，遣吏部員外郎陳誠使其國。十六年，其臣速哥克剌滿剌入貢。

又《哈烈》　按西域種類繁多，古今名更易不一，難於考索。永樂中，前行人陳誠與户部主事李暹奉命招綏，魯歷哈烈，凡西番數十國無不徧歷，宣布朝廷威德。既而各國遣使隨誠等詣闕謝恩，往還凡三歷寒暑，備録其所覩山川、土産、人民、物壤、飲食、衣服、言語、好尚之異，為《西域行程記》獻之。詔付史館。

明·范景文《南樞志》卷一一二《朝貢考二》　永樂十一年八月，遣吏部員外郎陳誠偕中官李達使西域。【略】

（永樂十二年）十月，中官李達、吏部員外郎陳誠等使西域還。西域諸國哈烈、撒馬爾罕、火州、土魯番、失剌思、俺都淮等處各遣使貢文豹西馬方物。誠上《使西域記》，所歷凡十七國，山川、風俗、物産悉備焉。

清·萬斯同《明史》卷一八二《陳誠傳》 誠，字子實，吉水人。洪武中舉進士，以行人使沙里畏兀兒，立安定、曲先、阿端五衛。又使塔灘里，招諭夷人。尋偕全民呂讓使安南，令還所侵思明地，卻其賮。還擢翰林檢討，歷吏部員外郎。永樂十一年，哈烈入貢，詔誠偕中官李達、戶部主事李暹等送其使臣還，遂頒賜西域諸國。誠等於是遍歷哈烈、撒馬爾罕、俺都淮、八答商、迭里迷、沙鹿海牙、達失干、卜花兒、塞藍、渴石、養夷、別失八里、火州、柳城、土魯番、鹽澤、哈密，凡十七國，諭以『天子神聖，中國廣大，所以招懷遠』之意，其君長欣然咸欲自達於天子。於是各遣使者隨誠等入朝，貢文豹名馬珍寶之屬。誠所民過，輒圖其山川城郭，志其風俗物產，為《西域記》以獻，天子大悅，所以褒賚甚渥，擢誠郎中，餘進秩有差。十四年，哈烈、撒馬爾罕、俺都淮與失剌思諸國復遣使入貢。天子嘉其誠，詔誠偕中官魯安等送使者歸，所過州郡置宴，並頒賜俺的干亦兒弗罕諸部。其明年，諸國復各遣使隨誠入貢。天子以誠奉使勞，擢廣東參議。十八年，哈烈、撒馬爾罕、八答商及于闐復遣使貢名馬。詔進誠右參政，偕中官郭進等往諸國報聘。使還，累官右通政卒。誠數奉使，轍迹遍於西土，所至酋長服其威信，由是，麒麟獅象諸異獸歲進，尚方殊邦異域之寶充牣內府，天子心益侈，益發使者招徠。旁午於道，而中國所費亦不貲，西鄙之民力疲焉。

《明史》卷三二九《西域傳一·火州》 （永樂十一年）秋，命陳誠、李暹等以璽書、文綺、紗羅、布帛往勞。十三年冬，遣使隨誠來貢。自是久不至。正統十三年復貢，後遂絕。

又 卷三三二《西域傳四·撒馬爾罕》 （永樂）十三年遣使隨李達、陳誠等入貢。暨辭歸，命誠及中官魯安偕往，賜其頭目兀魯伯等白銀、彩幣。其國復遣使隨誠等入貢。十八年，復命誠及中官郭敬齎敕及綵幣報之。

又 《沙鹿海牙》 永樂間，李達、陳誠使其地，有酋即遣使奉貢。

又 《達失干》 達失干，西去撒馬兒罕七百餘里。城居平原，週二里。外多園林，饒果木。土宜五穀。民居稠密。李達、陳誠、李貴之使，與沙鹿海牙同。

賽藍，在達失干之東，西去撒馬兒罕千餘里。【略】陳誠、李貴之使，與諸國同。

又 《賽藍》 元太祖時，都元帥薛塔剌海從征賽藍諸國，以炮立功，即此地也。陳誠、李貴之使，與諸國同。

又 《養夷》 養夷在賽藍東三百六十里，城居亂山間。【略】永樂時，陳誠至其地。

又 《迭里迷》 迭里迷在撒馬爾罕西南，去哈烈二千餘里。【略】陳誠、李達嘗使其地。

又 《卜花兒》 卜花兒在撒馬爾罕西北七百餘里。城成平川，周十餘里，戶萬計。【略】永樂十三年，陳誠自西域還，所經哈烈、撒馬爾罕、別失八里、俺都淮、八答黑商、迭里迷、沙鹿海牙、賽藍、渴石、養夷、火州、柳城、土魯番、鹽澤、哈密、達失干、卜花兒凡十七國。悉詳其山川、人物、風俗，為《使西域記》以獻，以故中國得考焉。

又 《哈烈》 哈烈，一名黑魯，在撒馬兒罕西南三千里，去嘉峪關萬二千餘里，西域大國也。【略】成祖踐阼，【略】命都指揮白阿兒忻台齎敕諭之。【略】白阿兒忻台既奉使，徧詣撒馬兒罕、失剌思、俺的干、俺都淮、土魯番、火州、柳城、哈實哈兒諸國，賜之幣帛，諭令入朝。諸酋長咸喜，各遣使偕哈烈使臣貢獅子、西馬、文豹諸物。十一年達京師。帝喜，御殿受之，犒賜有加。自是，諸國使并至，皆序哈烈於首。及歸，命中官李達、吏部員外郎陳誠、戶部主事李暹、指揮金哈藍伯等送之，就齎璽書、文綺、紗羅、布帛諸物，分賜其酋。十三年，達等還，哈烈諸國復遣使偕來，貢文豹、西馬及他方物。明年再貢，及還，命陳誠齎書幣報之，所過州縣皆宴餞。十五年遣使隨誠等來貢。

又 《八答黑商》 在俺都淮東北，城周十餘里。【略】永樂六年，命內官把太、李達賜其酋敕書彩幣【略】諭以往琰通商之意，皆即奉命。自是東西萬里，行旅無滯。十二年，陳誠使其國。十八年，遣使來貢。命誠及內官郭敬賚書幣往報。天順五年，其王馬哈麻遣使來貢。

又 《于闐》 于闐，古國名，自漢迄宋皆通中國。永樂四年遣使來朝，貢方物。【略】十八年偕哈烈、八答黑商諸國貢馬，命參政陳誠、中官郭敬等報以綵幣。

又 《失剌思》 失剌思，近撒馬兒罕。永樂十一年，遣使偕哈烈、俺的干、哈實哈兒等八國，隨白阿兒忻台入貢方物，命李達、陳誠等齎敕偕其使往勞。十三年冬，其酋亦不剌金遣使隨達等朝貢。天子方北巡，至明年夏始辭還，復命誠偕中官魯安齎敕及白金、彩緞、紗羅、布帛賜其酋。

清·王鴻緒《明史稿》卷一三六《陳誠傳》 誠字子實，吉水人，洪武中舉進士，以行人使沙里畏兀兒，立安定、曲先、阿端五衛。又使塔灘里招諭夷人。尋諧同官呂讓使安南，命還所侵思明地，卻其贐。還，擢翰林檢討，歷吏部員外郎。永樂十一年，哈烈入貢，詔誠偕中官李達、户部主事李暹等送其使臣還，遂頒賜西域諸國。誠等乃遍歷哈烈、撒馬兒罕、俺都淮、八答黑商、迭里迷、沙鹿海牙、達失干、卜花兒、賽藍、渴石、養夷、別失八里、火州、柳城、土魯番、鹽澤、哈密，凡十七國，諭以天子神聖，中國廣大，所以招懷之意。其君長欣然咸欲自達，於是各遣使者隨誠等入朝貢。誠輒圖其山川城郭，誌其風俗物產，爲《西域記》以獻。帝悅，褒賚甚渥，擢誠郎中，餘進秩有差。十四年，哈烈、撒馬兒罕、俺都淮與失剌思諸國復遣使入貢。帝嘉其誠，詔誠偕中官魯安等送使者歸。所過州郡置宴，並頒賜俺的干、亦思弗罕諸部。其明年，諸國復各遣使隨誠入貢。帝以誠奉使勞，擢廣東參議。十八年，哈烈、撒馬兒罕、八答黑商及于闐復遣使貢名馬。詔進誠右參政，偕中官郭敬等往諸國報聘。使還，累官右通政，卒。誠數奉使，轍迹遍西土，所至酋長服其威信，多歸附者。

清·定祥等［光緒］《吉安府志·陳誠傳》 陳誠，字子魯，吉水人。洪武甲戌進士，授行人，詔往北平求賢、山東蠲租、安南諭夷，皆能不辱命。還升翰林檢討，署院事。永樂初，除吏部驗封主事，尋升員外郎，扈從北征。升廣東參議。時西域撒馬兒罕諸番國皆遣使入貢，詔誠報之。跋涉險阻，期年乃至，宣布朝廷威德。還，以《西域志》進，賜予甚厚，擢廣東參政，遂乞致仕。誠居官畏慎守職，不妄與人交。居閑三十餘年，絶口不掛外事，徜徉泉石，超然世外，時人高之。

論説

明·沈德符《萬曆野獲編》卷三〇《外國·使西域之賞》 文皇初平內難，即使給事中胡濙以訪仙爲名，潛行人間，又遣內臣鄭和等將兵航海使東南諸夷，最後則中使李達、吏部郎陳誠使西域，得其風俗程頓紀之以還，正與鄭和《星槎勝覽》堪互讀。但《星槎》板行已久，此則睹者甚尠，且水陸亦不同程也。陳誠以永樂十一年十月返命，偕哈密等國使臣來朝貢，上厚禮之。次年六月遣歸，又命誠及中使魯安賚敕伴送。及誠還朝，僅得轉布政使參議以出，後亦不顯。文皇初，以遜國伏戎爲慮，以故軺車四出，幾于上窮碧落下黄泉矣。其後胡濙階此窮極榮寵，而陳誠所得止此，是必有説。先是洪武末年，給事中傅安等使哈烈、撒馬兒罕諸國，留十餘年，至永樂七年還朝，并帶各國貢使至，得西馬五百五十匹，上仍命安伴送諸使還國，亦無褒賞，僅以工科改禮而已，後安終此官。

藝文

明·陳誠《竹山文集》內篇卷二《出京別親友》 二十餘年事漢王，幾回啣命使遐荒。丹心素有蘇卿節，行橐終無陸賈裝。青眼故人留別意，白頭慈母憶愁腸。上林若有南歸雁，煩寄音書至故鄉。

又《經赤斤城》 晨起駕征鞍，行行天未曉。依稀見古城，四壁虚靜悄。寂無雞犬聲，空有泉源繞。桑滄遷變多，車馬經行少。往事已悠悠，浮生胡擾擾。回頭憶君親，白雲掛天杪。

又《過卜隆古河》 翩翩征旆涉流沙，一派渾河滚浪花。遠塞深春無過雁，古臺落日有棲鴉。匈奴遠遁遺荒塚，漢使重來泛客槎。願祝聖皇千萬壽，誕敷聲教及天涯。

又《過川謠》 昔時盤古開天地，四海八荒同一氣。後人夷夏何由分，山岳不同風土異。自從奉使西入胡，胡地迥與中華殊。漠漠平沙連斷磧，人煙草木無纖須。黑石磷磷窮遠眺，恍若空原經野燒。寒日凝輝鐵色明，朔風卷地龍麟皺。五里十里無程期，遠山近山相參差。行行自卯將及酉，我心載渴還載饑。杯泉杓水求不得，且向道旁少休息。馬帶征鞍臥軟沙。人擁氈裘坐終夕。仰看斗柄昏建寅，離家已是秋復春，萬里迢迢去鄉國，寸心切切思君親。君親恩重何由補，丈夫壯節當勤苦。蘇武邊庭十九年，燁燁芳名垂萬古。

又《哈密城》 此地何由見此城，伊州哈密竟誰名。荒郵漠漠連天闊，衆木欣欣向日榮。靈鳳景星爭快覩，壺漿簞食笑相迎。聖恩廣闊沾遐邇，夷貊熙熙樂太平。

又《爔燭城》 孤城寥落倚荒郵，多少人家半掩門。輿地久知歸大漢，遺民空白説胡元。青青草緑生春澗，細細榆錢疊故垣。天氣融和三月候，恍疑風景似中原。

又《復過川二首》 世事應如夢，胡川又復過。古今陳迹少，高下斷崖多。識路尋遺骨，占風驗老駝。夷人稱瀚海，平地有烟波。

客行西域地，惟道此途艱。身世浮沉里，乾坤俯仰間。塞鴻飛不度，胡馬去應還。幸托天恩重，滔滔似等閑。

又《魯陳城》 楚水秦川過幾重，柳中城裏過春風。花凝紅杏臙脂淺，酒壓葡萄琥珀濃。古塞老山晴見雪，孤郵僧舍暮聞鐘。羌酋舉首遵聲教，萬國車書一大同。

又《崖兒城》 沙河二水自交流，天設危城水上頭。斷壁懸崖多險要，荒臺廢址幾春秋。羌兒走馬應辭苦，胡女逢人不解羞。使節直窮西域去，岸花漫草莫相留。

又《入峽》 亂峰叠崒峽幽深，一逕縈回入遠林。開鑿舊勞神禹力，懷來今屬帝王心。蕭蕭征馬無朝暮，汩汩流溪自古今。羈旅滿懷無處寫，仰天搔首賦微吟。

又《過打班》 四月陰山雪未消，山行猶苦陟岧嶤。纔踰鳥道窮三峽，又躡丹梯上九霄。西日啣山胡地冷，南天極目故鄉遥。書生不憚驅馳苦，願效微勞荅聖朝。

又《陰山雪》 使節西度陰山來，愁雲積雪掃不開。荒原野徑空寂寞，千峰萬嶺高崔嵬。行行早度阿達口，峽險山深雪猶厚。官馬迷途去去難，客衣著冷重重透。肌膚凍冽手足皴，玉樓起栗銀海昏。軍士唏嘘動顔色，天光晻淡凝寒氛。祝融司令行朱夏，赫赫炎威布天下。何獨陰山遏運機，無乃玄冥奪造化。明朝旭日當天中，積雪消盡愁雲空。玄冥玄冥爾何有，八荒四海春融融。

又《至別失八里國去馬哈木帳房》 乾坤浩蕩渺無垠，雨露沾濡及遠人。喜見馬牛成部落，始知蜂蟻有君臣。酒傾酥酪銀瓶冷，座擁氍毹錦帳春。禮度不同風土異，滔滔總是葛天民。

又《端午》 天涯爲客歎凄涼，節裏思親倍感傷。金黍玉蒲鄉國異，星槎漢海道途長。空懷細葛含風軟，且喜幽花遍地香。却憶去年逢此日，上林射雁沐恩光。

又《夏日遇雪》 塞遠無時敍，雲陰即雪飛。紛紛迷去路，點點濕征衣。地僻鴛鴦狎，山深苜蓿肥。何時窮絶域，馬首向東歸。

又《復過打班》 萬丈陰崖一徑遥，馬行人度不勝勞。峰連劍閣迷雲棧，水注銀河噴雪濤。路遠長安紅日近，地卑朔漠碧天高。東歸若問西遊處，六月嚴霜凍客袍。

又《至養夷城》 險逕崎嶇出萬山，孤城突兀白雲間。胡兒走馬來相語，西入戎羌第一關。

又《塞藍城》 繞堤楊柳緑毿毿，隄上荒城説塞藍。郭外人家多土室，眼前風物近江南。園瓜樹果郵郵熟，樽酒盤餐味味甘。向晚砧聲敲月下，忽驚鄉夢思難堪。

又《達失干城》 僻壤遐陬去國賒，爲農爲士共生涯。桑麻禾黍連阡陌，雞犬牛羊混幾家。旅肆經年留富貴，戍樓泊暮隱悲笳。當時博望知何處，空想銀河八月槎。

又《沙鹿海牙城》 山勢南來水北流，水邊城過倚山丘。野人撩亂迎天使，官渡縱横繫客舟。萬里嚴程沙塞遠，千年遺事簡編留。蒹葭兩岸風瀟瑟，又送寒聲報早秋。

又《至撒馬兒罕國主兀魯伯果園》 巍巍金壁聳古臺，窗户玲瓏八面開。陣陣皇風吹繡幕，飄飄爽氣自天來。

加趺坐地受朝參，貴賤相逢道撒藍。不解低頭施揖讓，惟知屈膝拜三三。

飯炊雲子色相兼，不用匙翻手自拈。漢使豈徒營口腹，肯教點染玉纖纖。

金鞍駿馬玉雕裘，寶帶珠纓錦臂鞲。身外不知天壤闊，妄將富貴等王侯。

又《迭里迷城》 荒城科枕碧溪頭，溪上人家土築樓。兩岸遠山俱北向，一川渾水自西流。沙邊官舫推楊柳，天上星槎入斗牛。客裏光陰容易過，好天佳節又中秋。

又《八剌黑城》　六月度陰山，陰山雪數尺。層冰結深崖，極冷無昕夕。西行幾千里，路入八剌黑。少昊司清秋，餘暑翻炎赫。日輪時當午，紈扇手不釋，汗流濕襟裾，衣重懷絺綌。園林草樹青，州渚菰蒲白。天時胡不齊，榮瘁那可測。吾皇敷德教，信義行夷貊。化日麗天中，仁風周八極。征軺不憚遠，萬里來西域。博望早封侯，蘇卿老歸國。男兒志四方，少壯宜努力。但祈功業成，勤苦奚足惜。願言播芳聲，千古垂竹帛。

又《俺都准城》　奉命辭金闕，山川跋涉多。雙旌隨斗轉，萬國共星羅。客路風霜慣，方言世事訛。邊城臨塞北，官馬度林阿。野草連天沒，秋風卷地過。遠人心匪石，酋長意無他。琥珀傾新酒，銀峰削紫駝。豪來搔秃首，醉後發狂歌。自説英雄甚，那知富貴何。九天施雨露，四海沐恩波。玉帛梯航貢，車書仁義摩。安邊寧口舌，制勝豈干戈。陸賈囊空載，班超鬢已皤。君親常在望，歸計莫蹉跎。

又《至哈烈城》　白首青衫一腐儒，鳴騶擁旆入西胡。曾因文墨通明主，要紀江山載地圖。中使傳宣持至節，遠人置酒滿金壺。書生不解侏離語，重譯慇懃問汝吾。

又《留車扯秃候國主出征回二首》　使車幾日駐荒郊，編户徵求餽餉勞。宛馬秋肥收苜蓿，香醪夜熟壓葡萄。匈奴遠去驚烽火，鴻雁高飛避節旄。爲客那堪良夜永，隔林轉聽曉雞號。

酋長巡邊久未回，暫留賓從此追陪。秋天漠漠連芳草，曉日荒荒照古臺。士馬凱歌征戰罷，女郎逐伴趁墟來。故園空望南飛雁，遠道音書不易裁。

又《詣哈烈國主沙哈魯第宅二首》　喬林秀木隱樓臺，帳殿氈廬次第開。官騎從客花外入，聖恩曠蕩日邊來。星凰至處人爭覩，夷貊隨宜客自裁。纔讀大明天子詔，一聲懽笑動春雷。

主翁留客重開筵，官妓停歌列管絃。酒進一行陳彩幣，人喧四座撒金錢。君臣拜舞因胡俗，道路開通自漢年。從此萬方歸德化，無勞征伐定三邊。

又《過忽蘭打班》　去時秋葉滿林黃，歸日春花遍地香。流水空山長自在，來牛去馬幾閒忙。停雲有意懷仁傑，縮地何由見長房。暫紀官程歸故國，共知王化被遐方。

又《榆林城》　烟樹蒼茫野色深，征軺拂曉度榆林。山凝紫黛遺仙迹，水湧波瓈快客心。到處胡兒誇好漢，誰家賈婦解南音。低眉細問家鄉事，背立東風泪滿襟。

又《入塞》　故國三年別，遐方萬里還。秋風吹客袂，夜月度關山。行李看看近，身心漸漸閑。遥瞻雙鳳闕，咫尺覲龍顏。

又《宴安南朝天閣》　天書看徹晝沉沉，綺席弘開酒滿斟。饌列金盤饒海味，樂陳絲竹總蠻音。威儀恐失番王禮，事體疑由輔相心。宗社幸安疆場淨，要知均拜帝恩深。

又《入塞圖》　玉面驕驄淡轡鞍，皇華節使舊郎官。腰橫弓矢應辭重，身擁袍裘不憚寒。絶域道途三萬里，殊方風俗幾多般。回朝若問西夷事，只好《行程記》裏看。

又《出塞圖》　紫騮踏雪度陰山，奉使重臨絶域還。羽箭絲鞭停素手，貂裘絨帽正蒼顔。乘槎博望尋河易，仗節中郎報國難。仰載聖皇威德重，此生三入玉門關。

明・曾棨《巢睫集》卷三《送陳司封使哈烈》　旌旆翩翩指曉霞，遠傳天語度流沙。據鞍馬援心猶壯，投筆班走眼鬢未華。路出玉關朝仗節，水通銀漢夜乘槎。西行恰值葡萄熟，醉臥涼州第幾家。

又《送陳郎中重使西域》　曾驅宛馬入神京，持節重為萬里行。河隴壺漿還出候，伊西部落總知名。天連白草寒沙遠，路遶黄雲古磧平。欲憶漢家勞戰伐，首傍空策貳師城。

紀事

明・陳誠《西域行程記》　永樂十二年正月十三日巳時，出行。

十六日，【略】至嘉峪山關。【略】

（二月）初八日，【略】向西行，【略】約行一百三十里，【略】哈密使人來接。【略】

二十五日，【略】至魯陳城。【略】

三月初一日，【略】至火州城。【略】

初五日，【略】至土爾番城。【略】

（四月）初七日，【略】向西南行，【略】約行七十里，地名點司禿安營。夜大雪。【略】

十七日，【略】西行。約有五十餘里，地名忒勒哈喇，【略】馬哈木王遣人來接。【略】

十九日，【略】順河西下，行五十里，近馬哈木王帳房五七里設站舍處安營。住十三日。

五月初三日，【略】起營，順川向西行。【略】

（六月）十一日，晴。明起，順川水向南行，約五十里，近夷人帳房，地名哈剌烏只，山坡上安營。近頭目忽歹達帳。住三日。【略】

二十九日，晴。明起，向西行，一路平坦。約行七十里地方哈卜速安營。塞藍頭目差人來接。北路亦先至此相會，住一日。【略】

（七月）初六日，晴。中夜起，向西南行，約有一百五十里，人家近處安營。撒馬兒罕差人來接

初七日，【略】向西行，約四十里，近達失干城東田中安營。【略】

十三日，晴。分人去沙鹿黑葉，賞賜頭目也的哥兒哈班。午起，向西南行，入一大川，並無水草。約行三百里，至有人家處，地名底咱安營。住一日。【略】

二十一日，晴。早起，向西行，過大溪水，灘淺而寬，約行四十餘里，至撒馬兒罕城東果園安營。住十日。【略】

（八月）二十三日，【略】向西行，或西北行。四面空闊，維南有遠山。約行百里，渴石安營。【略】

二十八日早，約有一百餘里，近俺都淮城東安營，住三日。【略】

（九月）初五日，【略】向西南行。度山峽，出大村，約行九十里，地名買母納安營。住三日，以同行之人多病。【略】

十二日，晴。中宵起，向西行，度山峽，至一大村，約行一百里，地名車扯禿安營。住半月，候沙哈魯出征回。【略】

（閏九月）十四日，【略】向西南度矮山。行約三十餘里，出山口，近哈烈城東邊安營。計在途九匝月，尚在哈烈。

雜録

明・陳誠《竹山文集》外篇卷一《胡廣〈送陈員外使西域序〉》 永樂十一年秋，上遣中使勞來之，擇庭臣之能者以佐其行。衆推吏部驗封員外郎陳誠子魯，才可當之。子魯在洪武間以名進士爲行人，輶迹遍四方，嘗使於沙里畏吾兒，立安定、曲先、阿端五衛，又使塔灘里，招攜胡虜，最後使安南取侵地，以書反覆曉其王，厥聲甚彰然則。是行也，舍子魯其誰歟？昔之使於外國者非擇果勇之士則必智術之人，冀僥倖成功於數萬里外鮮有不取敗辱者。國家以德綏萬方，遐邦異域，不令而化，無所用乎果勇智術，故獨取忠厚篤實之士而使之，蓋示之以誠信，俾益知所尊嚮。不然，則所擇者傅介子、班超之徒又惡用夫章縫之流哉！吾知子魯之將命，必能使遠人益化於歡感之間，則必不負於所擇矣。今之行，由玉門、陽關，歷伊吾、鄯善、車師之地，而踰瀚海、龍堆之外，此近燉煌、酒泉，地名猶可考見，踰此而往蓋邈然無故名可徵。予嘗問經西域者，過別失八里至塞藍城，又十餘程始至撒馬兒罕，考之於史，大月氏國治藍氏城，後爲藍氏，最後爲臘藍氏，豈即今之塞藍乎？而薩末鞬者，即康居國也，元魏謂之悉萬斤，豈薩末鞬訛而爲撒馬兒罕乎？若然則爲大月氏、康居之地幷大宛而有之。子魯宜考其山川著其風俗，察其好尚，詳其居處，觀其服食，歸日徵諸史傳，求有合焉者，則予言徵不妄也。他日國家修纂志書，稽諸西域以見聲教之達，其有待座位子魯之是行乎？

又《周孟簡〈送陳員外使西域序并詩〉》 司封員外郎陳公子魯，邑之賢者也。嘗爲郡庠生，以明經登進士第。已而列官於朝，屢使蕃夷，克舉厥職。一時士大夫咸推其賢，繇是子魯之名曄如也。永樂初，始拜擢今官。今年秋，皇上欲遣儒臣中能文武長才者，遠使西域。左右大臣咸以子魯薦。命下之日，子魯躩然，喜動顏色，告諸寮友曰：『士生明時，得委身于朝。苟可效涓埃之忱，雖冒寒暑，歷艱險，固當鞠躬瘁力，無所遜避。況西域雖遠，在吾聖天子聲教所暨之方乎。』於是，即治裝告行，抗手就道。噫！子魯其賢矣哉！夫忠義慷慨，從古希有，今子魯視去萬里若出門户，雖殷大夫何以過之。

又《鄭緝〈送陳員外重使西域序〉》　今上皇帝恩威誕布，被及遐壤，貢使來賓。上嘉其誠款，永樂十一年秋九月，詔遣使往報之。而吾陳君子魯以吏部員外郎實被命在行，自酒泉至玉門，道燉煌西，涉流沙踰高昌，度塞藍城阿木河，凡經十六國萬七千餘里，踰年而後至。其王既禮遇甚厚，即以其善馬、獅子及諸珍奇等物隨使者貢謝於京師。【略】皇上念惟遠人薦來懷之不可以不加厚也，詔復遣前使者往綏賚之焉。子魯於是進秩郎中，復治裝以往。

明·沈德符《萬曆野獲編》卷三〇《外國·西域記》　中官李達，吏部員外郎陳誠等，使西域還。西域諸國，哈烈、撒馬兒罕、火州、土魯番、失剌思、俺都淮等處，各遣使貢文豹、西馬方物。誠上《使西域記》，所歷凡十七國，山川風俗物產悉備焉。

智光兩使尼泊爾分部

綜　述

《明太祖實録》卷一五九　（洪武十七年春二月己巳朔）遣僧智光等使西天尼八剌國。

又　卷一八七　（洪武二十年十二月庚午）西天尼八剌國王馬達納。囉摩、烏思藏、朵甘二都指揮使司都指揮搠斡爾監藏等各遣使阿迦耶等來朝。上表貢方物、馬匹、鑌鐵劍及金塔、佛經之屬，賀明年正旦。

（洪武二十一年十二月庚午）僧智光等自尼剌國使還，獻馬八匹，卻之。

《明太宗實録》卷一一　（洪武三十五年八月戊午）遣僧智光齎詔諭館覺、靈藏、烏思藏、必力工瓦、思達藏、朵思、尼八剌等處，幷以白金、綵幣頒賜灌頂國師等，凡白金二千二百兩，綵幣百一十表裏。

《智光塔銘》　甲子（洪武十七年）春與其徒惠便奉使西域，至尼巴辣梵天竺國，宣傳聖化，衆皆感慕，已而謁麻曷菩提上師，傳金剛鬘壇場四十二會。禮地湧寶塔。其國敬以為非常人。

明·釋道深《崇恩寺碑》　西天大剌麻，梵名桑渴巴辣，乃中天竺國之人，則嘗言其幼出家，遊五天竺，參習秘密最上一乘，以抵西番烏思藏，遇我皇明冊封圓融妙慧淨覺弘濟輔國光範衍教灌頂廣善西天佛子大國師光無隱上師宣傳聖化，在彼藏中迎葛哩麻大寶法王，則于彼時禮無隱上師為師，傾心歸服，執事左右，已而同葛哩麻統諸番邦，進貢方物，來我中原，不啻數萬里，梯山航海，遠到南京朝覲太宗皇帝，獲蒙見喜，賞賜勞來之甚，命居西天寺，恆給光禄飲饌及任隨方演教，自在修行，即永樂三年也。

明·葛寅亮《金陵梵剎志》卷三二《天竺山能仁寺·楊榮〈西天佛子大國師志略〉》　大國師名智光，字無隱，山東武定州慶雲人。歲甲寅，奉太祖高皇帝命，於鐘山譯其師板的達《四衆弟子菩薩戒》，詞簡理明，衆所推服。甲子春，與其徒惠便等奉使西域，過獨木繩橋，至尼巴辣梵天竺國，宣傳聖化，衆皆感慕。已而，謁麻曷菩提上師，傳金剛鬘壇場四十二會，禮地湧寶塔。其國起敬，以為非常人，遂幷西番烏思藏諸國相隨入貢。比還，再往，復率其衆來朝。太宗文皇帝嘉念其往返勞勤，復與論三藏之說，領會深奥，大悦之。乙酉，擢僧録司右闡教。仁宗昭皇帝嗣位，寵錫封號，賜金印、冠服，復賜孔雀銷金傘蓋、幡幢，及銀鍍金攜爐、盆罐、供器，法樂、几案、坐床、輿馬，諸物悉備，仍廣能仁寺居之。今上皇帝即位之初，加封西天佛子。師於經藏之蘊，旁達深探，所譯顯密經義及所傳《心經》、《八支了義真實名經》、《仁王護國經》、《大白傘蓋經》，並行于世。宣德十年六月十三日，示寂。其徒請留偈示衆，荅曰：『大乘法門，無法可說。』衆復懇請，揚言云：『空空大覺中，永斷去來蹤。實體全無相，含虛寂照同。』既儼然而化，訃聞，上悼歎之，遣官賜祭。至荼毘法炬甫至薪下，其龕頂智火迸出，烟焰五色，光明昭灼。既畢，遺骨皆金色，得舍利盈掬，瑩潔如珠。進其遺像，上親製贊詞書之，曰：託生東齊，習法西竺。立志堅剛，秉戒專篤。行熟毘尼，悟徹般若。澄明自然，恬澹瀟洒。事我祖宗，越歷四朝。使車萬里，有勩有勞。攄瀝精虔，敷陳秘妙。玉音褒揚，日星垂曜。壽康圓寂，智炳幾先。雲消曠海，月皎中天。

明·釋明河《補續高僧傳》卷一《西天國師傳》 智光，字無隱，山東武定州王氏子也。父全，母董氏。幼而聰慧，閱讀輒不忘。十五，辭父母出家。尋禮西天迦濕彌羅國板的達薩訶咱釋哩國師，傳天竺聲明記論之旨。洪武己酉，以道廣無涯，未易津測，繇是鋭志參訪。遊五臺，感文殊現相。太祖高皇帝，聞其名，召至鐘山，命譯其師板的達四衆弟子菩薩戒，詞簡理明，衆所推服。丙辰，奉命訪補陀，於江南諸名山，踪迹殆遍。甲子春，與其徒惠辯等，奉使西域，過獨木繩橋，至尼巴辣梵天竺國，宣傳聖化，已而謁麻曷菩提上師，傳金剛鬘壇場四十二會，禮地湧寶塔，西國人敬之，師凡兩往西域。太宗文皇帝，念其往返勞勤，復與論三藏之説，領會深奥，大悦之。乙酉，擢僧録右闡教。明年，俾迎大寶法王，及還敷對多所毗贊，賜圖書輿服法供，詔居西天寺，升右善世。丁酉，召至北京，論義稱旨，俾居崇國寺，賜國師冠。仁宗昭皇帝嗣位，錫封，號曰圓融妙慧淨覺弘濟輔國光範衍教灌頂廣善大國師，賜金印冠服，復錫孔雀銷金傘蓋幡幢，及銀鍍金攜爐，盆罐供器，法樂几案，坐床輿馬，諸物悉備，誥曰，仍廣能仁寺居之。宣宗章皇帝即位，出內帑，創北京暘臺山大覺寺，俾居之以佚其老，幷敕禮官，度僧百餘人為其徒，恩德至厚，無以加矣。師，乃出累朝所賜金帛，及衆信所施，倩工累石，為塔於寺側，期栖神於他日。英宗皇帝即位之初，加封師號，賜玉印，寶冠，金織袈裟，禪衣。時服，棕輿鞍馬，法器之類，誥曰，前後遭遇列聖，眷待之隆如此。師性行純簡，朝廷凡命修建大齋，惟誠惟恪。每入對，惟以利濟萬有為説，仁宗所賜儀仗，出入屏不用，上知之，遣中貴人問故，對以平生但持經戒，非有汗馬之勞。寵錫所臨，謹受藏之足矣，用之豈不過耶，上歎異之，故制詞極其褒重，師於教義，精達深奥，所譯顯密經義。及所傳心經，八支了義真寔名經，仁王護國經，大白傘蓋經，並行於世，弟子數千人，各隨其器，而引掖之。道望名世者，數十人，壽齡既高，智益精敏。有求而問之者，即懇懇開説，不厭不怠。非養之有素，詎能然耶。宣德十年六月十三日，示寂。戒其徒，各勉精進。訃聞，上悼歎之。遣官賜祭，仍敕有司，具葬儀，增廣其塔幷創寺，賜名西竺。荼毗得舍利盈掬，瑩潔如珠。既葬，其徒桑渴巴辣，進其遺像，上親製贊詞書之曰：證明託生東齊，習法西竺。立志堅剛，秉戒專篤。行熟毗尼，悟徹般若。自然，恬憺蕭洒。事我祖宗，越歷四朝。使車萬里，有勣有勞。攄瀝精虔，敷陳秘妙。玉音褒揚，日星垂曜。壽康圓寂，智炳幾先。雲消曠海，月皎中天。

明·焦竑《國朝獻徵録》卷一一八《隱佚·楊榮〈灌頂廣善西天佛子智光大國師事實〉》 大國師名智光，字無隱，姓王氏，山東武定州慶雲人也。父諱全，母董氏，生元至正戊子十二月十六日，自幼聰慧，閱書輒不忘。年十五，至心向善，辭父母，出家北為京吉祥法雲寺，僧禮西天迦溼彌羅國板的達薩訶咱釋哩國師，傳天竺聲明記論遂受心印玄旨。洪武己酉，以佛道高深弘廣，未易窺測，遂遊五臺諸山，屢得瞻禮文殊聖相，人咸駭異以，為緣契不淺歲。甲寅，奉太祖高皇帝命於鍾山，譯其師板的達四衆弟子菩薩戒，詞簡理明，衆所推服。丙辰秋，奉命訪補陀，造天目。明年，寓寧國之水，西泛彭蠡，謁東林於匡廬，江南名勝蹤迹殆偏，參諸尊宿語契豁然。甲子春，與其徒惠便等奉使西域，過獨木繩橋，至尼巴辣梵天竺國，宣傳聖化，衆皆感慕，已而謁麻曷菩提上師，傳□剛鬘壇場四十二會，禮地湧寶塔，其國起敬以為非常人，遂併西番烏思藏諸國，相隨入貢。比還，再往，復率其衆來朝。太宗文皇帝，為念其往返勞勤，復與論三藏之説，領會深奥，大悦之。乙酉，擢僧録司右闡教。明年，俾迎大寶法王葛哩麻，及還敷對多所毘贊，賜圖書輿服法供之，具詔居西天寺，升右善世。丁酉，召至北京，與論諸經稱旨，恩遇甚至。俾居崇國寺，賜國師冠，金織袈裟，禪衣諸物。仁宗昭皇帝嗣位，寵錫封號，賜誥曰：朕惟佛氏之教，以大智慧而成無上之道，以大方便而開普度之門。上以翊衛於邦家，下以利安於品類。自昔有國家者莫不崇獎褒異以隆其教爾，智光安心寂靜，持戒精嚴，方便慈悲弘深，利益克光揚於佛道式敬事於朝廷，宜有褒榮以旌善行，今特封爾圓融妙慧淨覺弘濟輔國光範衍教灌頂廣善大國師，爾尚益加精進，永丕闡於宗風懋，乃忠誠式輝光於寵命欽哉。賜金印冠服，復賜孔雀銷金傘蓋旛幢，及銀鍍金携鑪，盆罐供器，法樂几案，坐床輿馬，諸物悉備，仍廣能仁寺居之。宣德戊申，宣宗章皇帝奉聖母太皇太后慈旨出內帑，所創北京暘臺山大覺寺，功德利濟無間，顯幽特命大國師居之，以佚其老幷敕禮官度僧百餘人，為其徒恩德至厚，無以加矣。大國師乃出累朝所賜金帛，及衆所施者倩工累石塔於寺側，期以棲神於他日。今上皇帝即位之初，加封西天佛子語，詞曰：朕惟佛之道，清淨慈悲，化度萬有，功德高廣，利濟無窮。自昔有國家者莫不崇奬褒異，以隆其教。今圓融妙慧淨覺弘濟輔國光範衍教灌頂廣善大國師智光夙究三乘，精嚴戒行，事我祖宗，始終一誠，肆朕嗣承大統，命脩薦揚之典，上資皇考宣宗章皇帝在天之福，益篤精虔，宜有崇奬。兹特頒誥印，加封為圓融妙慧淨覺弘濟輔國光範衍教灌頂廣善西天佛子大國師，於乎丕揚宗範式昭佛道之興，隆普濟有情用，賛皇圖於永久欽哉。賜玉印寶冠，金織袈裟，禪衣，時服，棕輿鞍馬，定器之類，前後遭遇列聖，眷待之隆如此，而其性行純實簡靜非衆所及。朝廷凡命脩建大齋，惟誠惟恪。每入對天顔，惟以利濟萬有為説。仁宗所賜儀仗，出入屏不敢用。上知之，遣中貴人問故，對以平生但持經戒，非有汗馬之勞，寵錫所臨，謹受藏之足矣，用之豈不益過耶。上嘗御便殿召問，對復如前，深歎異之。故制詞極其褒重，師於經藏之藴旁達深探，所譯顯密經義，及所傳《心經》、《八支了義真名經》、《仁王護國經》、《大白傘蓋經》，並行於世，人言其功不在鳩摩羅什之下。其中外弟子數千人，各隨其器，宇引掖之。上首則有僧録司，右講經月納耶實哩禪師吾巴帖耶實哩，左講經帖納實哩左覺義吾答耶實哩，拶耶實哩衣鉢侍者左覺義納耶實哩，左覺義禪牒實哩，右覺義三曼答實哩及高僧褒然。領袖者數十人，及以番字授諸生擢爲美官者，亦十數人。壽齡既高，智益精敏，有求而問之者，即懇懇開説，不厭不怠，非養之有素，詎能然耶。宣德十年六月十三日示寂，享年八十有八，僧臘七十三。未寂之先十數日，以經詮衣鉢及身，後事悉付其徒，而戒之各勉精進，及期其徒請留偈示衆，答曰大乘法門，無法可説，衆復懇請，揚言云：空空大覺中，永絶去來蹤，實體全無相，含虚寂照同。既儼然而化三日，入龕。又三日，掩龕。舉體柔和，容貌如生。訃聞，上悼歎之，遣官賜祭，文曰：爾梵學精專，毘尼嚴潔深造妙解了徹三乘，歷事五朝，惟誠惟敬，民祈福，國祝釐計。其初終多效勞，績臻於高壽翛然，示化聞訃，興歎重失老成，靈爽不亡服斯諭祭，敕有司，具葬儀，增廣其塔并創寺，宇賜名西竺，舉龕之旦朝貴僧俗送者，填溢道路。至荼毘所至，善大慈法王説偈舉法炬，甫至薪下，其龕頂智火迸出烟焰，五色光明昭灼，既畢，遺骨皆金色，得設利盈掬，瑩潔如珠。既葬，其徒有進其遺像者，上親製賛詞書之曰：託生東齊，習法西竺，立志堅剛，秉戒專篤，行熟毘尼，悟徹般若，澄明自然，恬澹瀟洒，事我祖宗，越歷四朝，使車萬里，有勣有勞，攄瀝精虔，敷陳秘妙，玉音褒揚，日星垂曜，壽康圓寂，智炳幾先，雲消曠海，月皎中天。

《明史》卷二九九《方伎傳》 時有浮屠智光者，亦賜號圓融妙慧淨覺弘濟輔國光範衍教灌頂廣善大國師，賜以金印。智光，武定人。洪武時，奉命兩使烏斯藏諸國。永樂時，又使烏斯藏，迎尚師哈立麻，遂通番國諸經，多所譯解。歷事六朝，寵錫冠羣僧，與淵然輩淡泊自甘，不失戒行。迨成化、正德、嘉靖朝，邪妄雜進，恩寵濫加，所由與先朝異矣。

又 卷三三一《西域傳三・烏斯藏大寶法王》 永樂元年命司禮少監侯顯、僧智光齎書幣往徵。其僧先遣人來貢，而躬隨使者入朝。

又 《大慈法王》 宣宗崩，英宗嗣位，禮官先奏汰番僧六百九十人，正統元年復以為請。命大慈法王及西天佛子如故，餘遣還，不願者減酒饌廩餼，自是輦下稍清。西天佛子者，能仁寺僧智光也，本山東慶雲人。洪武、永樂中，數奉使西國。成祖賜號國師，仁宗加號圓融妙慧淨覺弘濟輔國光範演教灌頂廣善大國師，賜金印、冠服、金銀器。至是復加西天佛子。

又 《闡化王》 成祖嗣位，遣僧智光往賜。永樂元年遣使入貢。

又 《賛善王》 賛善王者，靈藏僧也。其地在四川徼外，視烏斯藏為近。成祖踐阼，命僧智光往使。永樂四年，其僧著思巴兒監藏遣使入貢，命為灌頂國師。

又 《護教王》 成祖初，僧智光使其地。永樂四年遣使入貢，詔授灌頂國師，賜之誥。

又 《輔教王》 成祖即位，命僧智光持詔招諭，賜以銀幣。永樂十一年封其僧南渴烈思巴為輔教王，賜誥印、綵幣，數通貢使。

又 《西天尼八剌國》 洪武十七年，太祖命僧智光齎璽書、綵幣往，并使其鄰境地湧塔國。智光精釋典，負才辨，宣揚天子德意。其王馬達納羅摩遣使隨入朝，貢金塔、佛經及名馬方物。【略】終太祖時，數歲一貢。成祖復命智光使其國。永樂七年遣使來貢。

鄭和七下西洋分部

綜 述

《明太宗實録》卷四三 （永樂三年六月己卯）遣中官鄭和等齎敕往諭西洋諸國，并賜諸國王金織文綺綵絹各有差。

又 卷七一 （永樂五年九月）壬子，太監鄭和使西洋諸國還，械至海賊陳祖義等。初，和至舊港，遇祖義等，遣人招諭之，祖義等詐降，而潛謀要劫官軍，和等覺之，整兵隄備，祖義率衆來劫，和出兵與戰，祖義大敗，殺賊黨五千餘人，燒賊船十艘，獲其七艘，及僞銅印二顆，生擒祖義等三人。既至京師，命悉斬之。

又 卷八三 （永樂六年九月）癸酉，太監鄭和等，賫敕使古里、滿剌加、蘇門答剌、阿魯、加異勒、爪哇、暹羅、占城、柯枝、阿撥把丹、小柯蘭、南巫里、甘巴里諸國，賜其王錦綺紗羅。

又 卷一一六 （永樂九年六月）乙巳，内官鄭和等使西洋諸番國還，獻所俘錫蘭山國王亞烈苦柰兒并其家屬。和等初使諸番，至錫蘭山，亞烈苦奈兒侮慢不敬，欲害和，和覺而去。亞烈苦柰兒又不輯睦鄰國，屢邀劫其往來使臣，諸番皆苦之。及和歸，復經錫蘭山，遂誘和至國中，令其子納顔索金銀寶物，不與，潛發番兵五萬餘劫和舟，而伐木拒險，絶和歸路，使不得相援。和等覺之，即擁衆回船，路已阻絶，和語其下曰：『賊大衆既出，國中必虚，且謂我客軍孤怯，不能有為，出其不意攻之，可以得志。』乃潛令人由他道至船，俾官軍盡死力拒之，而躬率所領兵二千餘，由間道急攻土城，破之，生擒亞烈苦柰兒并家屬頭目。番軍復圍城，交戰數合，大敗之，遂以歸。羣臣請誅之，上憫其愚無知，命姑釋之，給與衣食，命禮部議擇其屬之賢者立為王，以承國祀。

又 卷一一七 （永樂九年七月）乙亥，古里國王沙米的、柯枝國王可亦里、蘇門答臘國王宰奴里阿必丁、阿魯國王速魯唐忽光、彭亨國王巴剌密鎖剌達羅息泥、急蘭丹國王麻哈剌查苦馬兒、南巫里國王及加異勒國頭目葛卜者麻、爪哇國新材材主八第的鑾各遣人奉表貢方物。賜其使冠帶、綵幣、鈔錢，仍命禮部賜宴。

又 卷一一八 （永樂九年八月）甲寅，禮部兵部奏議下西洋官軍錫蘭山戰功升賞例：

凡官軍奇功升二級，頭功升一級。指揮、千户、百户存者遞增其秩，亡殁者與其子。總旗奇功存者升實授百户，亡殁者子升試百户。頭功存者升試百户，亡殁者子升實授總旗。總甲奇功存殁俱升試百户，頭功存殁俱升實授總旗，小旗奇功存者升試百户，亡殁者子升總旗。頭功存者升總旗，亡殁者子升實授小旗。小甲奇功存殁俱升總旗，頭功存殁俱升實授小旗。校尉、力士、軍人、火長、帶管、舵工、稍班碇手、軍人奇功不問存亡，俱升總旗，頭功俱升小旗。舍人、餘丁、老軍、養馬、小廝奇功頭功，悉如校尉、軍人之例，不願升者，加倍給賞。奇功指揮每員賞鈔二百錠，綵幣六表裏。千户衛鎮撫鈔百六十錠，綵幣四表裏。百户所鎮撫鈔百二十錠，綵幣三表裏。御醫并番火長鈔百錠，綵幣一表裏，綿布二疋。校尉鈔九十錠，綿布五疋。旗甲、軍民、通事、火長、小廝、軍匠、軍行人鈔七十錠，綿布五疋。民醫、匠人、厨役、行人、稍水，并家人鈔三十錠，綿布二疋。

奇功次等指揮鈔百六十錠，綵幣五表裏。千户衛鎮撫鈔百三十錠，綵幣三表裏，絹三疋。百户所鎮撫鈔百錠，綵幣二表裏，絹二疋。御醫并番火長鈔八十錠，綵幣一表裏，綿布一疋。校尉鈔七十錠，綿布四疋。旗甲、軍民、通事、火長、小廝、軍匠、軍行人鈔六十錠，綿布四疋。民醫、匠人、厨役、行人、稍水并家人鈔四十五錠，綿布三疋。頭功例與奇功次等同。頭功次等指揮鈔百五十錠，綵幣四表裏，絹三疋，千户衛鎮撫鈔百二十錠，綵幣三表裏，絹二疋。百户所鎮撫鈔九十錠，綵幣二表裏，絹一疋。御醫并番火長鈔七十錠，綵幣一表裏，綿布一疋。校尉鈔六十五錠，綿布四疋。旗甲、軍民、通事、火長、小廝、軍匠、軍行人鈔六十五錠，綿布四疋。民醫、匠人、厨役、行人、稍水，并家人鈔四十錠，綿布三疋。陣亡者循前例賞外，在加賞：指揮鈔六十錠，綵幣二表裏。千户衛鎮撫鈔五十錠，綵幣一表裏。百户所鎮撫鈔四十錠，綵幣一表裏。御醫并番火長鈔三十錠，綿布二疋。

又　卷一三四　（永樂十年十一月）丙申，遣太監鄭和等齎敕往賜滿剌加、爪哇、占城、蘇門答剌、阿魯、柯枝、古里、南渤利、彭亨、急蘭丹、加異勒、忽魯謨斯、比剌、溜山、孫剌諸國王錦綺紗羅綵絹等物有差。

又　卷一六六　（永樂十三年七月）癸卯，太監鄭和等奉使西洋諸番國還。

又　卷一八三　（永樂十四年十二月）丁卯，古里、爪哇、滿剌加、占城、錫蘭山、木骨都束、溜山、喃渤利、不剌哇、阿丹、蘇門答剌、麻林、剌撒、忽魯謨斯、柯枝、南巫里、沙里灣泥、彭亨諸國及舊港宣慰使司臣辭還，悉賜文綺襲衣。遣中官鄭和等齎敕及錦綺紗羅彩絹等物，偕往賜各國王。

又　卷二一四　（永樂十七年七月庚申）官軍自西洋還。上諭行在禮部臣曰：將士涉歷海洋逾十數載萬里經數十國，蓋亦勞矣。宜賞勞之。於是都指揮人賞鈔二十錠，指揮人十八錠，千百户衛所鎮撫人十六錠，火長人等八十五錠，旗軍人等人十三錠。

又　卷二二五　（永樂十八年五月）辛未，命行在兵部：凡使西洋忽魯謨斯等國回還官旗二次至四次者，俱升一級。於是升龍江左衛指揮朱真為大寧都指揮僉事，掌龍江左衛事水軍右衛指揮使唐敬為都指揮僉事。餘升如例。

又　卷二三三　（永樂十九年正月）癸巳，忽魯謨斯等十六國使臣還國，賜鈔幣表裏。復遣太監鄭和等齎敕及錦綺紗羅綾絹等物，賜諸國，就與使臣偕行。

又　卷二五〇　（永樂二十年八月）壬寅，【略】中官鄭和等使諸番國還。暹羅、蘇門答剌、阿丹等國悉遣使隨和貢方物。

又　卷二六七　（永樂二十二年正月甲辰）舊港故宣慰使施進卿之于濟孫遣使丘彦成請襲父職，并言舊印為火所燬。上命濟孫襲宣慰使，賜紗帽及花金帶金織文綺襲衣印銀，令中官鄭和賚往給之。

《明宣宗實録》卷六七　（宣德五年六月）戊寅，遣太監鄭和等齎詔往諭諸番國，詔曰：

朕恭膺天命，祗嗣太祖高皇帝、太宗文皇帝、仁宗昭皇帝大統，君臨萬邦，體祖宗之至仁，普輯寧于庶類，已大赦天下，紀元宣德，咸與維新。尔諸番國遠處海外，未有聞知，兹特遣太監鄭和、王景弘等齎詔往諭，其各敬順天道，撫輯人民，以共享太平之福。

凡所歷忽魯磨斯、錫蘭山、古里、滿剌加、柯枝、卜剌哇、木骨都束、喃渤利、蘇門答剌、剌撒、溜山、阿魯、甘巴里、阿丹、佐法兒、竹步、加異勒等二十國及舊港宣慰司，其君長皆賜綵幣有差。

又　卷一〇五　宣德八年閏八月辛亥朔，蘇門答剌國王宰奴里阿必丁遣弟哈利之漢等，古里國王比里麻遣使葛不滿都魯牙等，柯枝國王可亦里遣使加不比里麻等，錫蘭山國王不剌葛麻巴忽剌批遣使門你得奈等，佐法兒國王阿里遣使哈只忽先等，阿丹國王抹立克那思兒遣使普巴等，甘巴里國王兜哇剌劄遣使叚思力鑑等，忽魯謨斯國王賽弗丁遣番人馬剌足等，加異勒國王遣使阿都儒哈蠻等，天方國王遣頭目沙獻等來朝貢麒麟象馬諸物，上御奉天門受之。

明·錢谷《吴都文粹續集》卷二八《道觀·鄭和〈婁東劉家港天妃宫石刻通番事迹碑〉》　和等自永樂初，奉使諸番，今經七次，每統領官兵數萬人，海船百餘艘，自太倉開洋，由占城國、暹羅國、爪哇國、柯枝國、古里國，抵於西域忽嚕謨斯等三千餘國，涉滄溟十萬餘里。【略】及臨外邦，其蠻王之梗化不恭者，生擒之；寇兵之肆暴掠者，殄滅之；海道由是而清寧，番人賴之以安業。

明·費信《星槎勝覽》前集《占城國》　永樂七年己丑，上命正使太監鄭和和王景弘等，統領官兵二萬七千餘人，駕使海舶四十八號，往諸番國開讀賞賜。

又《錫蘭山國》　永樂七年，皇上命正使太監鄭和等齎捧詔敕，【略】賞賜國王頭目。其王亞烈苦奈兒負固不恭，謀害舟師。我正使太監鄭和等深機密策，暗設兵器，三令五申，使衆啣枚疾走，夜半之際，信炮一聲，奮勇殺入，生擒其王。至永樂九年歸獻闕下，尋蒙恩宥，俾復歸國，四夷悉欽。

明·李栻《歷代小史下》卷八五《皇甫録〈皇明紀略〉》　洪武三年，命福建行省都事沈秩，監察御史張敬之使勃尼國。永樂五年，命太監鄭和使古里國，即西洋大國也。七年，使滿剌加國。十一年，【略】又命和使古里，歷占城、爪哇、暹羅、啞魯、蘇門答剌、南浮里、榜葛剌、錫蘭、小葛蘭、忽尔没斯、阿丹、天方四十一國。二十三年八月，詔停止。和與王景弘、侯之二率官兵萬七千六百有奇，船三十號，大者長四十五丈。會稽馬歡作《瀛洲勝覽》，太倉費信作《星槎勝覽》。

明・黃省曾《西洋朝貢典録》卷上《三佛齊國》 論曰：廣人陳祖義，國初竄舊港爲酋長，以寇鈔爲業，舶人苦之。鄭和至，有施進卿者白和，乃執祖義歸，之京師誅焉，而章紱進卿于其土云。然則和豈貿易珍寶之使哉！除異域之患，爲天子光，和亦賢矣。又聞之和貌身長九尺，腰大十圍，洪音虎步。文皇帝初遣時咨諸相者袁生忠澈，袁生曰：『鄭三保姿貌材智，内侍中無與儔比。』故令統督以往，果所至畏服也。

又《滿剌加國》 論曰：傳云，海島邈絶，不可踐量。信然矣，況夷心淵險不測，握重貨以深往，自非多區畧之臣，鮮不敗事也。予觀馬歡所記載滿剌加云，鄭和至此，乃爲城柵鼓角，立府藏倉廩，停貯百物，然後分使通於列夷，歸綜則仍會萃焉。智哉其區畧也。滿剌加昔無名號，素苦暹羅。永樂初始建碑封城，詔爲王焉。其内慕柔服，至率妻子來朝，實若藩宗之親矣，則和之貯百物於此也，曷有他慮哉！智哉其區畧也。

又 卷中《蘇門答剌國》 論曰：鄭和在舊港執陳祖義，至蘇門又執蘇幹剌，雖古之義人烈士，何以加焉！昔蘇門王中他王毒鏃死，王妻號於衆曰：『能報者身願爲偶。』有漁人舉兵滅之，王妻率踐盟配漁人。嗚呼！以踐臣而忝國母，履王位，破倫賊化，甚矣！蘇門王之子長而殺漁人，豈不偉哉！蘇幹剌者，漁人子也，因舊聚而圖蘇門王之子，和發兵執之，且不敢專殺，檻車京師，兩除島夷之害。和其賢臣也哉，和其賢臣也戰！

又 卷下《古里國》 永樂三年，鄭和統大腙寶船齎詔敕封爲古里王，及頒誥命銀印，陞賞頒目品級冠帶，建亭刻石。其略曰：爾王去中國十萬餘裡，民物咸若，皞熙同風，刻石於兹，永垂萬世。

明・陸容《菽園雜記》卷三 永樂七年，太監鄭和、王景弘、侯顯等，統率官兵二萬七千有奇，駕寶船四十八艘，齎奉詔旨賞賜，歷東南諸蕃，以通西洋。是歲九月，由太倉劉家港開船出海，所歷諸蕃地面，曰占城國，曰靈山，曰崑崙山，曰賓童龍國，曰真臘國，曰暹羅國，曰假馬里丁，曰交闌山，曰爪哇國，曰舊港，曰重迦邏，曰吉里地悶，曰滿剌加國，曰麻逸凍，曰彭坑，曰東西竺，曰龍牙加邈，曰九州山，曰阿魯，曰淡洋，曰蘇門答剌，曰花面王，曰龍嶼，曰翠嵐嶼，曰錫蘭山，曰溜山洋，曰大葛蘭，曰阿枝國，曰榜葛剌，曰卜剌哇，曰竹步，曰木骨都束，曰阿丹，曰剌撒，曰佐法兒國，曰忽魯謨斯，曰天方，曰琉球，曰三島國，曰浡泥國，曰蘇禄國，至永樂二十二年八月十五日，詔書停止。諸番風俗土産，詳見太倉費信所上《星槎勝覽》。

明・嚴從簡《殊域周咨録》卷八《瑣里・古里》 （永樂）七年，遣中官鄭和偕行人通西南夷，封海神宋靈惠夫人林氏爲護國庇民普濟天妃，建祠於京師儀鳳門。【略】

和等領甲士駕巨艦自福州長樂縣出五虎門航大海，西南行抵占城，正南行八晝夜抵滿剌加，以達西洋古里，分船遍往支國阿丹、忽魯謨斯等處。於是古里復遣使貢金絲寶帶，金絲細如髮，結花、綴八寶、珍珠、鴉鶻石於上。

二十二年，仁宗即位，從前户部尚書夏原吉之請，詔停止西洋取寶船，不復下番。宣德中復開，至正統初復禁。成化間，有中貴迎合上意者，舉永樂故事以告，詔索鄭和出使水程。兵部尚書項忠命吏入庫檢舊案不得，蓋先爲車駕郎中劉大夏所匿。忠笞吏，復令入檢三日，終莫能得，大夏秘不言。會臺諫論止其事，忠詰吏謂『庫中案卷寧能失去？』大夏在旁對曰：『三保下西洋費錢糧數十萬，軍民死且萬計，縱得奇寶而回，於國家何益！此特一弊政，大臣所當切諫者也。舊案雖存，亦當毀之以拔其根，尚何追究其無哉！』忠竦然聽之。

又 卷九《蘇門答剌》 （永樂）五年，嗣王鎖丹罕阿必鎮遣使阿里入貢。時中官鄭和偕行人奉使西洋諸番，賞賜其主貿易珍物，統軍二萬七千餘，海舶四十，過其國。其臣蘇幹剌專國，欲弑國主自立，怨朝賜不及己，領衆數萬邀擊官軍。和與戰，敗之，蘇幹剌走，追至喃浡利國，幷其妻子獲之。獻於行在，論以大逆不道，伏誅。番夷聞之震慄。

又《錫蘭》 本朝永樂七年，中使鄭和偕行人泛海至其國，賫金銀供器，綵粧織金寶幡，布施於其寺，賞賜國主亞烈苦奈兒，詔諭之。國主貪暴，不輯睦鄰國，數邀劫往來使臣，諸番皆苦之。和等登岸，至其國，國主驕倨不恭，令子納欸索金寶，不與，潛謀發兵數萬劫和舟，而先伐木拒險，絕和歸路。和覺之，擁衆回舟，路已阻塞，和與其下謀曰：『賊衆既出，國中必虛，且謂我軍孤怯，無能爲，如出其不意，可以得志。乃率所從兵二千，夜半，間道啣枚疾走抵城下，約聞砲則奮擊，入其城生擒亞烈苦奈兒。九年，歸獻闕下。上命禮部擇其支屬賢者更立之。

《明史》卷六《成祖紀二》　（永樂三年）夏六月己卯，中官鄭和帥舟師使西洋諸國。【略】

（五年）九月壬子，鄭和還。【略】

（六年九月）癸亥，鄭和復使西洋。【略】

（九年）夏六月乙巳，鄭和還自西洋。【略】

（十年十一月）丙申，鄭和復使西洋。

又　卷七《成祖紀三》　（十三年）秋七月癸卯，鄭和還。【略】

（十四年）十二月丁卯，鄭和復使西洋。【略】

（十七年）秋七月庚申，鄭和還。【略】

（十九年正月）癸巳，鄭和復使西洋。【略】

（二十年八月）壬寅，鄭亨、薛禄守開平。鄭和還。九月壬戌，至京師。【略】

（二十二年正月）癸巳，鄭和復使西洋。

又　卷三〇四《鄭和傳》　鄭和，雲南人，世所謂三保太監者也。初事燕王於藩邸，從起兵有功，累擢太監。成祖疑惠帝亡海外，欲蹤迹之，且欲耀兵異域，示中國富强。永樂三年六月命和及其儕王景弘等通使西洋。將士卒二萬七千八百餘人，多齎金幣。造大舶，修四十四丈、廣十八丈者六十二。自蘇州劉家河泛海至福建，復自福建五虎門揚帆，首達占城，以次徧歷諸番國，宣天子詔，因給賜其君長，不服則以武懾之。五年九月，和等還，諸國使者隨和朝見。和獻所俘舊港酋長。帝大悅，爵賞有差。舊港者，故三佛齊國也，其酋陳祖義，剽掠商旅。和使使招諭，祖義詐降，而潛謀邀劫。和大敗其衆，擒祖義，獻俘，戮於都市。

六年九月再往錫蘭山。國王亞烈苦柰兒誘和至國中，索金幣，發兵劫和舟。和覘賊大衆既出，國內虛，率所統二千餘人，出不意攻破其城，生擒亞烈苦柰兒及其妻子官屬。劫和舟者聞之，還自救，官軍復大破之。九年六月獻俘於朝。帝赦不誅，釋歸國。是時，交阯已破滅，郡縣其地，諸邦益震讋，來者日多。

十年十一月，復命和等往使，至蘇門答剌。其前僞王子蘇幹剌者，方謀弑主自立，怒和賜不及己，率兵邀擊官軍。和力戰，追擒之喃渤利，並俘其妻子，以十三年七月還朝。帝大喜，賚諸將士有差。

十四年冬，滿剌加、古里等十九國咸遣使朝貢，辭還。復命和等偕往，賜其君長。十七年七月還。十九年春復往，明年八月還。二十二年正月，舊港酋長施濟孫請襲宣慰使職，和齎敕印往賜之。比還，而成祖已晏駕。洪熙元年二月，仁宗命和以下番諸軍守備南京。南京設守備，自和始也。宣德五年六月，帝以踐阼歲久，而諸番國遠者猶未朝貢，於是和、景弘復奉命歷忽魯謨斯等十七國而還。

和經事三朝，先後七奉使，所歷占城、爪哇、真臘、舊港、暹羅、古里、滿剌加、渤泥、蘇門答剌、阿魯、柯枝、大葛蘭、小葛蘭、西洋瑣里、瑣里、加異勒、阿撥把丹、南巫里、甘把里、錫蘭山、喃渤利、彭亨、急蘭丹、忽魯謨斯、比剌、溜山、孫剌、木骨都束、麻林、剌撒、祖法兒、沙里灣泥、竹步、榜葛剌、天方、黎伐、那孤兒，凡三十餘國。所取無名寶物，不可勝計，而中國耗廢亦不貲。自宣德以還，遠方時有至者，要不如永樂時，而和亦老且死。自和後，凡將命海表者，莫不盛稱和以夸外番，故俗傳三保太監下西洋，爲明初盛事云。

又　卷三二四《外國傳五》　占城居南海中，自瓊州航海順風一晝夜可至，自福州西南行十晝夜可至，即周越裳地。【略】

（永樂）六年，鄭和使其國。王遣其孫舍楊該貢象及方物謝恩。十年，其貢使乞冠帶，予之。復命鄭和使其國。【略】

暹羅，在占城西南，順風十晝夜可至，即隋、唐赤土國。【略】

先是，占城貢使返，風飄其舟至彭亨，暹羅索取其使，羈留不遣。【略】時暹羅所遣貢使，失風飄至安南，盡爲黎賊所殺，止餘孛黒一人。後官軍征安南，獲之以歸。帝憫之，六年八月命中官張原送還國，賜王幣帛，令厚恤被殺者之家。九月，中官鄭和使其國，其王遣使貢方物，謝前罪。【略】

其國，周千里，風俗勁悍，習於水戰。【略】其國有三寶廟，祀中官鄭和。爪哇在占城西南。【略】

三年遣中官鄭和使其國。明年，西王與東王搆兵，東王戰敗，國被滅。適朝使經東王地，部卒入市，西王國人殺之，凡百七十人。西王懼，遣使謝罪。帝賜敕切責之，命輸黃金六萬兩以贖。六年再遣鄭和使其國。西王獻黃金萬兩，禮官以輸數不足，請下其使於獄。帝曰：『朕於遠人，欲其畏罪而已，寧利其金耶？』悉捐之。自後，比年一貢，或間歲一貢，或一歲數貢。中官吳賓、鄭和先後使其國。【略】

祖義，亦廣東人，雖朝貢，而爲盜海上，貢使往來者苦之。五年，鄭和自西洋還，遣人招諭之。祖義詐降，潛謀邀劫。有施進卿者，告於和。祖義來襲被擒，獻於朝，伏誅。時進卿適遣壻丘彦誠朝貢，命設舊港宣慰司，以進卿爲使，錫誥印及冠帶。自是，屢入貢。【略】

永樂三年，成祖以行人譚勝受與道明同邑，命偕千户楊信等齎敕招之。道明及其黨鄭伯可隨入朝，貢方物，受賜而還。

四年，舊港頭目陳祖義遣子士良，道明遣從子觀政並來朝。祖義，亦廣東人，雖朝貢，而爲盜海上，貢使往來者苦之。五年，鄭和自西洋還，遣人招諭之。祖義詐降，潛謀邀劫。有施進卿者，告於和。祖義來襲被擒，獻於朝，伏誅。時進卿適遣壻丘彦誠朝貢，命設舊港宣慰司，以進卿爲使，錫誥印及冠帶。自是，屢入貢。然進卿雖受朝命，猶服屬爪哇，其地狹小，非故時三佛齊比也。二十二年，進卿子濟孫告父訃，乞嗣職，許之。洪熙元年遣使入貢，訴舊印爲火燬，帝命重給。其後，朝貢漸稀。

又　卷三二五《外國傳六》　滿剌加，在占城南。【略】

（永樂）五年九月遣使入貢。明年，鄭和使其國，旋入貢。【略】

宣德六年遣使者來言：『暹羅謀侵本國，王欲入朝，懼爲所阻，欲奏聞，無能書者，令臣三人附蘇門答剌貢舟入訴。』帝命附鄭和舟歸國，因令和齎敕諭暹羅，責以輯睦鄰封，毋違朝命。初，三人至，無貢物，禮官言例不當賞。帝曰：『遠人越數萬里來愬不平，豈可無賜。』遂賜襲衣、綵幣，如貢使例。【略】

蘇門答剌，在滿剌加之西。【略】

成祖初，遣使以即位詔諭其國。永樂二年遣副使聞良輔、行人寧善賜其酋織金文綺、絨錦、紗羅，招徠之。中官尹慶使爪哇，便道復使其國。三年，鄭和下西洋，復有賜。和未至，其酋宰奴里阿必丁已遣使隨慶入朝，貢方物。詔封爲蘇門答剌國王，賜印誥、綵幣、襲衣。遂比年入貢，終成祖世不絶。鄭和凡三使其國。【略】

宣德元年遣使入賀。五年，帝以外蕃貢使多不至，遣和及王景弘遍歷諸國，頒詔曰：『朕恭膺天命，祇承太祖高皇帝、太宗文皇帝、仁宗昭皇帝大統，君臨萬邦，體祖宗之至仁，普輯寧於庶類。已大赦天下，紀元宣德。爾諸蕃國，遠在海外，未有聞知。茲遣太監鄭和、王景弘等齎詔往諭，其各敬天道，撫人民，共享太平之福。』凡歷二十餘國，蘇門答剌與焉。【略】

彭亨，在暹羅之西。洪武十一年，其王麻哈剌惹答饒遣使齎金葉表，貢番奴六人及方物，宴賚如禮。永樂九年，王巴剌密瑣剌達羅息泥遣使入貢。十年，鄭和使其國。十二年，復入貢。十四年，與古里、爪哇諸國偕貢，復令鄭和報之。【略】

那孤兒，以蘇門答剌之西，壤相接。地狹，止千餘家。男子皆以墨刺面爲花獸之狀，故又名花面國。猱頭裸體，男女止單布圍腰。然俗淳，田足稻禾，强不侵弱，富不驕貧，悉自耕而食，無寇盜。永樂中，鄭和使其國。其酋長常入貢方物。【略】

南渤利，在蘇門答剌之西。順風三日夜可至。王及居民皆回回人，僅千餘家。俗朴實，地少穀，人多食魚蝦。西北海中有山甚高大，曰帽山，其西復大海，名那没黎洋，西來洋船俱望此山爲準。近山淺水內，生珊瑚樹，高者三尺許。永樂十年，其王馬哈麻沙，遣使附蘇門答剌使入貢。賜其使襲衣，賜王印誥、錦綺、羅紗、綵幣。遣鄭和撫諭其國。終成祖時，比年入貢，其王子沙者罕亦遣使入貢。宣德五年，鄭和遍賜諸國，南渤利亦與焉。

阿魯，一名啞魯，近滿剌加。順風三日夜可達。風俗、氣候，大類蘇門答剌。田瘠少收，盛藝芭蕉、椰子爲食。男女皆裸體，以布圍腰。永樂九年，王速魯唐忽先遣使附古里諸國入貢。賜其使冠帶、綵幣、寶鈔，其王亦有賜。十年，鄭和使其國。十七年，王子段阿剌沙遣使入貢。十九年、二十一年，再入貢。宣德五年，鄭和使諸蕃，亦有賜。其後貢使不至。

柔佛，近彭亨，一名烏丁礁林。永樂中，鄭和遍歷西洋，無柔佛名。或言和曾經東西竺山，今此山正在其地，疑即東西竺。萬曆間，其酋好搆兵，鄰國丁機宜、彭亨屢被其患。華人販他國者多就之貿易，時或邀至其國。

又　卷三二六《外國傳七》　永樂元年命中官尹慶奉詔撫諭其國，賚以綵幣。其酋沙米的喜遣使從慶入朝，貢方物。三年達南京，封爲國王，賜印誥及文綺諸物，遂比年入貢。鄭和亦數使其國。【略】

柯枝，或言即古盤盤國。【略】

永樂元年，遣中官尹慶齎詔撫諭其國，賜以銷金帳幔、織金文綺、綵帛及華蓋。六年復命鄭和使其國。九年，王可亦里遣使入貢。十年，鄭和再使其國，連二歲入貢。其使者請賜印誥，封其國中之山。帝遣鄭和齎印賜其王，因撰碑文，命勒石山上。其詞曰：

王化與天地流通，凡覆載之內、舉納於甄陶者，體造化之仁也。蓋天下無二理，生民無二心，憂戚喜樂之同情，安逸飽煖之同欲，奚有間於遐邇哉。任君民之寄者，當盡子民之道。《詩》云『邦畿千里，惟民所止，肇域彼四海』。《書》云『東漸於海，西被于流沙，朔南暨聲教，訖于四海』。朕君臨天下，撫治華夷，一視同仁，無間彼此。推古聖帝明王之道，以合乎天地之心。遠邦異域，咸使各得其所，聞風嚮化者，爭恐後也。

小葛蘭，其國與柯枝接境。【略】鄭和嘗使其國。厥貢惟珍珠傘、白棉布、胡椒。【略】

錫蘭山，或云即古狼牙修。【略】

永樂中，鄭和使西洋至其地，其王亞烈苦奈兒欲害和，和覺，去之他國。王又不睦鄰境，屢邀劫往來使臣，諸蕃皆苦之。及和歸，復經其地，乃誘和至國中，發兵五萬劫和，塞歸路。和乃率步卒二千，由間道乘虛攻拔其城，生擒亞烈苦奈兒及妻子、頭目，獻俘於朝。廷臣請行戮，帝憫其無知，并妻子皆釋，且給以衣食。命擇其族之賢者立之。有邪把乃那者，諸俘囚咸稱其賢，乃遣使齎印誥，封爲王，其舊王亦遣歸。自是海外諸蕃益服天子威德，貢使載道，王遂屢入貢。

宣德五年，鄭和撫諭其國。八年，王不剌葛麻巴忽剌批遣使來貢。正統元年命附爪哇貢舶歸，賜敕諭之。十年偕滿剌加使者來貢。天順三年，王葛力生夏剌昔利把交剌惹遣使來貢。嗣後不復至。

祖法兒，自古里西北放舟，順風十晝夜可至。永樂十九年遣使偕阿丹、剌撒諸國入貢，命鄭和齎璽書賜物報之。二十一年，貢使復至。宣德五年，和再使其國，其王阿裡即遣使朝貢，八年達京師。正統元年還國，賜璽書獎王。【略】

木骨都束，自小葛蘭舟行二十晝夜可至。永樂十四年遣使與不剌哇、麻林諸國奉表朝貢，命鄭和齎敕及幣偕其使者往報之。後再入貢，復命和偕行，賜王及妃綵幣。二十一年，貢使又至。比還，其王及妃更有賜。宣德五年，和復頒詔其國。

國濱海，山連地曠，磽瘠少收。歲常旱，或數年不雨。俗頑嚚，時操兵習射。地不產木。亦如忽魯謨斯，壘石爲屋，及用魚腊以飼牛羊馬駝云。

不剌哇，與木骨都束接壤。自錫蘭山別羅里南行，二十一晝夜可至。永樂十四年至二十一年，凡四入貢，並與木骨都束偕。鄭和亦兩使其國。宣德五年，和復往使。【略】

竹步，亦與木骨都束接壤。永樂中，嘗入貢。其地户口不繁，風俗頗淳。鄭和至其地。地亦無草木，壘石以居，歲多旱暵，皆與木骨都束同。所產有獅子、金錢豹、駝蹄雞、龍涎香、乳香、金珀、胡椒之屬。

阿丹，在古里之西，順風二十二晝夜可至。永樂十四年遣使奉表貢方物。辭還，命鄭和齎敕及彩幣偕往賜之。自是，凡四入貢，天子亦厚加賜賚。宣德五年，海外諸番久缺貢，復命和齎敕宣諭。其王抹立克那思兒即遣使來貢。八年至京師。正統元年始還。自後，天朝不復通使，遠番貢使亦不至。前世梁、隋、唐時，並有丹丹國，或言即其地。【略】

剌撒，自古里順風二十晝夜可至。永樂十四年遣使來貢，命鄭和報之。後凡三貢，皆與阿丹、不剌哇諸國偕。宣德五年，和復齎敕往使，竟不復貢。【略】

忽魯謨斯，西洋大國也。自古里西北行，二十五日可至。永樂十年，天子以西洋近國已航海貢琛，稽顙闕下，而遠者猶未賓服，乃命鄭和齎璽書往諸國，賜其王錦綺、綵帛、紗羅，妃及大臣皆有賜。王即遣陪臣已即丁奉金葉表，貢馬及方物。十二年至京師。命禮官宴賜，酬以馬直。比還，賜王及妃以下有差。自是凡四貢。和亦再使。後朝使不往，其使亦不來。【略】

溜山，自錫蘭山別羅里南去，順風七晝夜可至；自蘇門答剌過小帽山西南行，十晝夜可至。永樂十年，鄭和往使其國。十四年，其王亦速福遣使來貢。自後三貢，並與忽魯謨斯諸國偕。宣德五年，鄭和復使其國，後竟不至。【略】

又有國曰比剌，曰孫剌。鄭和亦嘗齎敕往賜。以去中華絶遠，二國貢使竟不至。

南巫里，在西南海中。永樂三年遣使齎璽書、綵幣撫諭其國。六年，鄭和復往使。九年，其王遣使貢方物，與急蘭丹、加異勒諸國偕來。賜其王金織文綺、金繡龍衣、銷金幃幔及傘蓋諸物，命禮官宴賜遣之。十四年再貢。命鄭和與其使偕行，後不復至。

加異勒，西洋小國也。永樂六年遣鄭和齎詔招諭，賜以錦綺、紗羅。九年，其酋長葛卜者麻遣使奉表，貢方物。命賜宴及冠帶、綵幣、寶鈔。十年，和再使其國，後凡三入貢。宣德五年，和復使其國。八年又偕阿丹等十一國來貢。

甘巴里，亦西洋小國。永樂六年，鄭和使其地，賜其王錦綺、紗羅。十三年遣使朝貢方物。十九年再貢，遣鄭和報之。

宣德五年，和復招諭其國。王兜哇剌札遣使來貢，八年抵京師。正統元年附爪哇舟還國，賜敕勞王。

其鄰境有阿撥把丹、小阿蘭二國，亦以六年命鄭和齎敕招諭，賜亦同。

急蘭丹，永樂九年，王麻哈剌查苦馬兒遣使朝貢。十年命鄭和齎敕獎其王，賚以錦綺、紗羅、綵帛。

沙里灣泥，永樂十四年遣使來獻方物，命鄭和齎幣帛還賜之。

又 卷三三二《西域傳四》 宣德五年，鄭和使西洋，分遣其儕詣古里。聞古里遣人往天方，因使人齎貨物附其舟偕行。往返經歲，市奇珍異寶及麒麟、獅子、駝雞以歸。其國王亦遣陪臣隨朝使來貢。宣宗喜，賜賚有加。正統元年始命附爪哇貢舟還，賜幣及敕獎其王。

論説

明・黃省曾《西洋朝貢典録・自序》 西洋之迹，著自鄭和。鄭和，永樂初爲内待。是時太宗皇帝入纘丕緒，將長馭遠駕，通道於乖蠻革夷。乃大賚西洋，貿綵琛異，命和爲使，貳以侯顯，妙擇譯人馬歡輩從之行。自是雷波嶽濤，奔檣踔楫，掣掣洩洩，浮歷數萬里，往復幾三十年，而身所至者，僅二十餘國云。

自占城西南，通國以十數，蘇門最遠，自蘇門而往，通國以六七數，柯枝最遠；自柯枝而往，通國以六七數，天方最遠，蓋去中國數萬餘里矣。故惟天方至宣德始通焉。由是明月之珠，鴉鶻之石，沉南龍通之香，麟獅孔翠之奇，梅腦薇露之珍，珊瑚瑤琨之美，皆充舶而歸。凡窮島日域，紛如來賓，而天堂、印度之國，亦得附於職方。雖曰天子威靈致然，而二三中臣，捧數行之詔，蹈邈絶之境，百尺所至，靡不柔懾，東向而稽首，其殆不辱君命而善於懷誘者，亦賢矣哉！

愚嘗讀秦漢以來冊記，諸國見者頗鮮，至前元號爲廣拓，而占城、爪哇亦稱密邇，迺堅不一屈内款，至勤兵越門者數年，竟不得其要領，至今遺笑於海上。入我聖代，聯數十國，翕然而歸拱，可謂盛矣。

又 卷一四 孝女曹娥，在宋大觀四年，封靈孝夫人。【略】歲以正月十五日、三月廿三日，遣官致祭。蓋其時將遣鄭和等浮海使外國，故祈神威靈以助天聲。

明・朗瑛《七修類稿》卷一二《國事類・三保太監》 永樂丁亥，命太監鄭和、王景弘、侯顯三人，往東南諸國賞賜宣諭。今人以爲三保太監下洋，不知鄭和舊名三保，皆靖難内臣有功者。若王彥舊名狗兒等，後俱擢爲邊藩鎮守督陣以報之，鎮守自此始耳。

清・顧炎武《日知録》卷九《宦官》 王元美《筆記》曰：『高帝時，中人不得預外事，見公侯大臣叩首惟謹。至永樂初，【略】太監鄭和等以奉命率舟師下海中諸夷，而中人有出使者矣。』

清・趙翼《廿二史劄記》卷三三《永樂中海外諸番來朝》 《明史・外國傳》，永樂三年，浡泥國王麻那惹加那率其妃及弟妹子女泛海來朝。王卒於會同館，葬之安德門外。六年，馮嘉施蘭國酋玳瑁、里欲二人俱來朝。九年，滿剌加國王拜里迷蘇剌率妻子陪臣五百餘人來朝。十年，浡呢王子遐旺又偕其母來朝。十五年蘇禄國東王巴都葛八哈剌、西王麻哈剌叱葛剌麻丁、峒王妻叭都葛巴剌卜，俱率其家屬頭目三百四十餘人泛海來朝，東王回至德州卒。是年又有古麻剌朗國王斡剌義亦奔敦率其妻子陪臣來朝，還至福建卒。十七年滿剌加王母斡撒于的兒沙來朝。二十二年，滿剌加王西里麻哈剌率妻子來朝。宣德六年，又來朝。蓋皆海外小國，貪利而來。是時内監鄭和奉命出海，訪建文蹤迹，以重利誘諸番，故相率而來。宣德以後，遂無復至者。當時稱三保太監下西洋，爲永樂朝盛事云。

清・查繼佐《罪惟録》卷二九《鄭和傳》　永樂四年，乃遣太監鄭和為使，貳以侯顯，擇舌人馬歡輩從行。帥舟師三萬七千人，發福州五虎門，行賚西洋右俚、滿剌諸番，凡至二十餘國，往返幾且三十年。自占城東南，通國十數，蘇門最遠。自蘇門通國六七，柯枝最遠。自柯枝通國六七，天方最遠。而天堂印度诸國亦在職方。宣威海外，一破國都，再據逆命，三擒大盗酋，采取未名之寶以巨萬計。内臣之專征外國，自和始。

清・夏燮《明通鑑》卷一四　（永樂三年）六月己卯，遣中官鄭和使西洋諸國。建文帝之出亡也，有言其在海外者，上命和蹤迹之，且藉以耀兵異域，示中國富强，乃命和及其儕王景弘等，將士卒三萬七千餘人，多賫金幣，造大舶修四十四丈，廣十八丈者六十二，自蘇州劉家河泛海至福建，自福州五虎門揚帆，首達占城，以次偏歷西南洋諸國，宣天子詔，因給賜其君長，使之朝貢。有不服者，則以兵懾之。自侯顯至西域，後中官奉使外蕃，後先相望，而和與顯尤著云。

《新民叢報》一九〇五年第二一期《梁啓超〈祖國大航海家鄭和傳〉》

我泰東大帝國，與彼並時而興者，有一海上之巨人鄭和在。【略】

鄭和，雲南人，世所稱三保太監者也。初事明成祖於燕邸，從起兵，有功，累擢太監。【略】

舊史稱成祖疑惠帝亡海外，欲蹤迹之，且欲耀兵異域，示中國富强，於是有命和航海之舉。但其動機安屬，勿具論，吾徵史文，於鄭君首途之前，有深當注意者二事。

一曰其目的在通歐西也。本傳云：『命和及儕王景弘等通使西洋。』又云：『俗傳三保太監下西洋，爲明初盛事。』據此則此行本志非南渡而西征也。【略】

二曰航海利器之發達也。本傳云：『造大舶修四十四丈、廣十八丈者六十二，容士卒二萬七千八百餘人。』吾讀此文，而歎我大國民之氣魄，洵非他族所能幾也。【略】以當時之中國，既能造如『彌奈梭達』者六十二，雖曰專制君主有萬能力，而國民氣象之偉大，亦真不可思議矣。

【略】鄭和航海則七次，今表其年代：

	（首途時）	（返航時）	（西紀）	（所歷地）
第一次	永樂三年六月	永樂五年九月	一四〇五—七年	起蘇州經福建逾占城達三佛齊
第二次	永樂六年九月	永樂九年六月	一四〇八—一一年	至印度錫蘭島
第三次	永樂十年十一月	永樂十三年七月	一四一二—一五年	歷蘇門答臘、滿剌加等十九國
第四次	永樂十四年冬	永樂十七年七月	一四一三—一九年	
第五次	永樂十九年春	永樂二十年八月	一四二一—二二年	
第六次	永樂廿二年正月	永樂同年□月	一四二四—□年	
第七次	宣德五年六月	宣德八年七月	一四三〇—三三年	忽魯謨斯等十七國

據右表所示，則鄭和爲海上生活者垂三十年，殆無歲不在驚濤駭浪之中，其間稍茲息肩者，則成祖崩殂後六年間耳。迨宣宗中葉復舉壯圖，關地最遠，而和亦既老矣。其經略海外之事實，史文闕如，不能具詳，但紀其俘三佛齊王、錫蘭王、定蘇門答剌之亂，其武功之偉，可見一斑。又史言自和死後，凡將命海表者，莫不盛稱和以夸外番，此則張博望之在西域，何以加諸。

其時紀行之作有二書：

（一）《瀛涯勝覽》，馬歡著，永樂十四年出版，紀載十九國。

（二）《星槎勝覽》，費信著，正統元年出版，紀載四十國。

馬、費二氏，皆回教徒，以能解亞剌伯語言，被命爲通譯，故紀行文皆成於其手。馬著出版先，故國名少而紀載較詳。費著出版後，故國名多而紀載微簡。今參考兩書，釋以今地，以稽當時聲威之所被焉。

（一）馬來半島以東諸國　凡十五

（二）滿剌加諸國　凡四

（三）蘇門答剌諸國　凡七

（四）印度諸國　凡六

（五）亞剌伯諸國　凡五

（六）亞非利加諸國　凡三【略】

此鄭和航路之大畧也。據上所列，似詳於西而畧於東。其足迹未及馬來西亞羣島之半，而爪哇海以東，未嘗至焉。然考《明史》『外國傳·雞籠條』下，言鄭和惡其人，家貽一銅鈴，是臺灣島和所曾履也。又『汶萊條』下，言鄭和往使，有閩人從焉。因留居，後人因據其國而王之，是婆羅洲和所曾履也。《西洋朝貢典録》稱呂宋於永樂八年，隨中官鄭和來朝，是菲律賓羣島亦和所曾履也。《瀛涯》、《星槎》皆不記載者，殆馬、費二氏，皆以能操阿剌伯語，從事通譯，其在馬來半島以西，爲阿剌伯語通行地，故二氏能紀之。其以東，則無取於二子之載筆歟。準此以談，則亞細亞之海岸線，和所經行者，十而八九矣，嘻，盛哉。

新史氏曰，班定遠既定西域，使甘英航海求大秦，而安息人波斯遮之不得達，繆言海上之奇辛殊險，英遂氣沮，於是東西文明相接觸之一機會坐失。讀史者有無窮之憾焉。謂大陸人民，不習海事，性或然也，及觀鄭君，則全世界歷史上所號稱航海偉人，能與並肩者，何其寡也。鄭君之初航海，當哥侖布發見亞美利加以前六十餘年，當維哥達嘉馬發見印度新航路以前七十餘年。顧何以哥氏、維氏之績，能使全世界劃然開一新紀元。而鄭君之烈，隨鄭君之没以俱逝。我國民雖稍食其賜，亦幾希焉。則哥侖布以後，有無量數之哥侖布，維哥達嘉馬以後，有無量數之維哥達嘉馬。而我則鄭和以後，竟無第二之鄭和，噫嘻，是豈鄭君之罪也。

新史氏又曰，天下事失敗者不必論，其成功者亦必與其所希望之性質相緣，或過或不及，而總不離本希望之性質近是，此佛説所謂造業也。哥氏之航海，為覓印度也，印度不得達而開新大陸，是過其希望者也。維氏之航海，爲覓支那也，支那不得達，而僅通印度，是不及其希望者也。要之其希望之性質，咸以母國人滿，欲求新地以自殖，故其所希望之定點雖不達，而其最初最大之目的固已達。若我國之馳域外觀者，其希望之性質安在，則雄主之野心，欲博懷柔遠人，萬國來同等虚譽，聊以自娱耳，故其所成就者，亦適應於此希望而止，何也？其性質則然也。故鄭和之所成就，在明成祖既已躊躇滿志者，然則後此雖有無量數之鄭和亦若是則已耳，嗚呼！此我族之所以久爲人下也，吾昔爲張博望、班定遠傳，既言之有餘慨矣！

新史氏又曰，論人不可有階級之見存，刑餘界中，前有司馬遷，後有鄭和，皆國史之光也！

藝文

明·朱瞻基《宣廟御製總集·賜太監鄭和詩》　惟皇上天眷有德，我朝皇命統萬國。於穆皇祖御宸極，内外官使各效職。賢俊濟濟咸勵翼，爾之致身自曩昔。給事黄門靡旦夕，服勞恪勤丹宸側。皇祖嘉爾秉忠直，亦時騈蕃有龍錫。爾之中心益感激，天詔屢銜使絶域。茫茫鯨海際天碧，島夷之蕃視麻麥。感恩慕德皆悦懌，梯航來歸獻玉帛。或萬有一敢拒逆，爾時麾兵試一擊。丑類駢首殲鋒鏑，遂致天威震蠻貊。仁孝出震承天曆，付爾南京之管鑰。式克恭慎諧靜莫，朕嗣大統日兢惕。先朝謨烈惟允恭，撫綏四裔志弗釋。命爾再使敷仁澤，爾行勿徐亦勿亟。勿怠勿驕恆整飭，敷宣朕志懋爾績，庶期爾名光簡冊。

明·楊榮《楊文敏公集》卷一《討不庭》　天威所加海宇清，皇華四牡擁旗旌。樓船穩駕無風輕，洪濤巨浪寂不興。蛟龍遁迹海若驚，錫蘭夷，敢自矜。蕞爾小島聚飛蠅，依山環海為城垣。使節經，阻弗行，狼貪虎視驕且盈。恣逞愫送勢縱横，悉驅其衆將奮兵。王師桓桓勇是勝，以一敵百氣莫攖。直擣巢穴破其營，虜其全國歸神京。妻孥族屬靡有嬴，迅掃凶孽如控莖。楊大舲，笳鼓鳴，錦帆高挂開滄溟。馮夷拱衛河伯迎，獻俘闕下衆目瞠。微軀萬死惟戰兢，孰知矢意覆八紘。不以小丑幹天刑，神武不殺全其生。以首叩地聲倉伫，感聖德，歌皇明。

明·馬歡《瀛涯勝覽·序》　皇華使者承天敕，宣布綸音往夷域。鯨舟吼浪泛滄溟，遠涉洪濤渺無極。洪濤浩浩湧瓊波，羣山隱隱浮青螺。

占城港口暫停憩，揚帆迅速來闍婆。闍婆遠隔中華地，天氣煩蒸人物異。科頭裸足語侏離，不習衣冠疏禮義。天書到處多懽聲，蠻魁酋長爭相迎。南金異寶遠馳貢，懷恩慕義攄忠誠。闍婆又往西洋去，三佛齊過臨五嶼。蘇門答剌峙中流，海舶番商經此聚。自此分船往錫蘭，柯枝古里連諸番。弱水南濱溜山國，去路茫茫更險艱。欲投西域遥凝目，但見波光接天緑。舟人矯首混西東，惟指星辰定南北。忽魯謨斯近海傍，太宛米息通行商。曾聞博望使絶域，如何當代覃恩光。書生從役何卑賤，使節叨陪遊覽遍。高山巨浪罕曾觀，異寶珍奇今始見。俯仰堪輿無有垠，際天極地皆王臣。聖明一統混華夏，曠古于今孰可倫。使節勤勞恐遲暮，時值南風指歸路。舟行巨浪若遊龍，回首遐荒隔烟霧。歸到京華覲紫宸，龍墀獻納皆奇珍。重瞳一顧天顔喜，爵禄均頒雨露新。

清·黃遵憲《人境廬詩草》卷六《錫蘭島臥佛》 大風西北來，搖天海波黑，茫茫世界塵，點點國土墨。雖曰中國海，無從問禹迹。近溯唐南蠻，遠逮漢西域，舊時《職貢圖》，依稀猶可識。自明遣鄭和，使節馳絡繹，凡百馬流種，各各設重譯，金棄鑄多羅，玉環獻摩勒，每以佛光明，表頌帝威德。

雜録

明·鞏珍《西洋番國志·自序》 其所乘之寶舟，體勢巍然，巨無與敵，篷帆錨舵，非二三百人莫能舉動。趨事人衆，紛匝往來，豈暇停憩。缺其食飲，則勞困弗勝。況海水滷鹹，不可入口，皆於附近川澤及濱海港汊，汲取淡水。水船載運，積貯倉儲，以備用度，斯乃至急之務，不可暫弛。至於當洋正行之際，烈風陡起，怒濤如山，危險至極。舟人驚駭，倉忙無措，仰賴神靈顯然臨庇，寧帖無虞。所至番邦二十餘處，人物妍媸不同，居止潔穢等别。氣候常如春夏，秋霜冬雪皆無。土産風俗，各不相類。其所齎恩頒諭賜之物至，則番王酋長相率拜迎，奉領而去。舉國之人奔趨欣躍，不勝感戴。事竣，各具方物及異獸珍禽等件，遣使領齎，附隨寶舟赴京朝貢。是皆皇恩霑霈，德化溥敷，致遠人之歸服也。

又《敕書》 敕：南京守備太監楊慶、羅智、唐觀保、大使袁誠。今命太監鄭和等往西洋忽魯謨斯等國公幹，大小舡六十一隻，該關領原交南京入庫各衙門一應正錢糧並賞賜番王頭目人等綵幣等物，及原阿丹等六國進貢方物給賜價鈔買到紵絲等件，並原下西洋官員買到磁器鐵鍋人情物件，及隨舡合用軍火器、紙劄、油燭、柴炭，並内官内使年例酒油燭等物，敕至，爾等即照數放支與太監鄭和、王景弘、李興、朱良、楊真、右少監洪保等，關領前去應用，不許稽緩。故敕。宣德五年五月初四日。

明·沈德符《萬曆野獲編》卷一《列朝》 少帝自地道出也，蹤迹甚祕，以故文皇帝遣胡濙托訪張三丰爲名，實疑其匿他方起事。至遣太監鄭和浮海，遍歷諸國，而終不得影響。

明·張燮《東西洋考》卷九《舟師考》 舟大者廣可三丈五六尺，長十餘丈。小者廣二丈，長約七八丈，弓矢刀楯戰具都備，猝遇賊至，人自爲衛，依然長城，未易卒拔焉。造舶費可千餘金，每還往歲一修輯，亦不下五六百金。或謂水軍戰艦，其堅緻不及賈客船，不知賈舶之取數多，若兵艦所需縣官金錢，僅當三之一耳。

每舶舶主爲政，諸商人附之，如蟻封衛長，合併徙巢，亞此則財副一人，爰司掌記，又總管一人，統理舟中事，代舶主傳呼。其司戰具者，爲直庫，上檣桅者爲阿班，司椗者有頭椗、二椗。司繚者有大繚、二繚，司舵者爲舵工，亦二人更代。其司針者名火長，波路壯闊，悉聽指揮。書雲有常，占風有候，此破浪輕萬里之勢，而問途無七聖之迷者乎！

《鄭和家譜》 隨敕奉差諸官員名：欽差正使太監七員。副使監丞十員。少監十員。内監五十三員。都指揮二員。指揮九十三員。千户一百另四員。百户一百另三員。舍人二名。户部郎中一員。鴻臚寺序班二員。陰陽官一員。陰陽生四名。醫官醫士一百八十員。旗校、勇士、力士、軍力、餘丁、民稍、買辦、書手，共二萬六千八百另三名。以上共二萬七千四百一十一員名。【略】

皇帝敕諭四方海外諸番王及頭目人等：朕奉天命君主天下。一體上帝之心，施恩布德。凡覆載之内日月所照，霜露所濡之處，其人民老少，皆欲使之遂其生業，不致失所。今遣鄭和齎敕普諭朕意。爾等祇順天道，恪守朕言，循理安分，勿得違越；不可欺寡，不可凌弱；庶幾共享太平之福。若有攄誠來朝，咸錫皆賞。故兹敕諭，悉使聞知！永樂七年三月

□日。【略】

敕書：敕太監鄭和：爾以所造龍船，乃差內官高定住進來，果造得平穩輕妙，足見爾忠敬之心，朕甚嘉悅，就賞賜爾物件，付與高定住，將來酬爾美意。仍於南京天財庫支鈔十萬貫與爾爲下番之費，其西洋諸番國事皆付托於爾。惟爾心腹智識，老成舊人，以副朕委任之重，爾宜慎之！得爾所奏南京城內三山街禮拜寺被焚，爾因乞保下番錢糧人船，欲要重新蓋造，此爾尊敬之心，何可怠哉？爾爲朝廷遠使，既已發心，豈廢爾願，恐爾所用人匠及材料等項不敷，臨期誤爾工程，可於南京內監官或工部支取應用，乃可完備，以候風信開船。故敕。時宣德五年，七月二十六日。

《明史》卷七四《職官志三》（永樂）三年命鄭和等率兵二萬，行賞西洋古里、滿剌諸國，此將兵之始也。

又　卷一六九《胡濙傳》　惠帝之崩於火，或言遁去，諸舊臣多從者，帝疑之。【略】傳言建文帝蹈海去，帝分遣內臣鄭和數輩浮海下西洋，至是疑始釋。

侯顯三使南亞分部

綜　述

《明太宗實録》卷一七（永樂元年二月己丑）遣司禮監少監侯顯賫書、幣往烏思藏，徵尚師哈立麻蓋。

又　卷六二（永樂四年十二月戊子）遣駙馬都尉沐昕迎尚師哈立麻，先是，命中官侯顯等往烏思藏徵哈立麻。至是，顯遣人馳奏，已入境，故遣昕迎之。

又　卷一三七（永樂十一年二月己未）遣太監侯顯賫敕賜尼八剌國王沙的新葛、地湧塔王可般錦綺。

又　卷一六六（永樂十三年秋七月）甲辰，遣太監侯顯等使榜葛剌諸番國，賜國王絨錦、金織文綺、綾絹等物。

又　卷二二九（永樂十八年九月）乙亥，遣中官侯顯等使沼納朴兒國。時榜葛剌國王言沼納撲兒國王亦不剌金數以兵擾其境，故遣顯等賫敕諭之，俾相輯睦，各保境土。因賜之綵幣，并賜所過金剛寶座之地酋長綵幣。

《明宣宗實録》卷二七（宣宗二年四月）辛酉，遣太監侯顯賫敕往烏思藏等處諭怕木竹巴灌頂國師、闡化王吉剌思巴監藏巴理藏卜、必力工瓦闡教王領真巴吉監藏、靈藏贊善王喃葛監藏、尼八剌國王沙的新葛、地湧塔王子可般、輔教王喃葛列思巴羅葛羅監藏巴藏卜等，各賜之絨綿紵絲有差。【略】

以遣太監侯顯往烏思藏、尼八剌等處撫諭給賜，遣人賫敕馳諭都督僉事劉昭領指揮後廣等原調洮州等六衛官軍護送出境，仍敕川卜川藏隴答、罕東、靈藏、上籠卜、下籠卜、管牒、上卭部、下卭部、烏思藏怕木竹巴、必力工瓦等處及萬户寨官大小頭目軍民人等，給道里費，且遣人防護。

又　卷五三（宣宗四年月夏四月丙戌）太監侯顯等歸自烏思藏，以烏思藏所遣朝貢剌麻僧人入，見命行在禮部供給如例，其留止河州者敕都督同知劉昭如例給之。

又　卷六二（宣宗五年正月己巳）太監侯顯奏：先使烏思藏，至卭部之地，遇賊劫掠官軍馬牛。隨行官軍與賊對敵，有勇敢當先者，有齊力向前者，有擒賊者，有斬賊首級者，有陣亡者，通四百六十餘人，悉具名聞。

《明史》卷三〇四《侯顯傳》　當成祖時，銳意通四夷，奉使多用中貴。西洋則和、景弘，西域則李達，迤北則海童，而西番則率使侯顯。

侯顯者，司禮少監。帝聞烏思藏僧尚師哈立麻有道術，善幻化，欲致一見，因通迤西諸番。乃命顯賫書幣往迓，選壯士健馬護行。元年四月奉使，陸行數萬里，至四年十二月始與其僧偕來，詔駙馬都尉沐昕迎之。帝延見奉天殿，寵賚優渥，儀仗鞍馬什器多以金銀為之，道路烜赫。五年二月建普度大齋於靈谷寺，為高帝、高后薦福。或言卿雲、天花、甘露、甘雨、青鳥、青獅、白象、白鶴及舍利祥光，連日畢見，又聞梵唄天樂自空而下。帝益大喜，廷臣表賀，學士胡廣等咸獻《聖孝瑞應歌》詩。乃封哈立麻萬行具足十方最勝圓覺妙智慧善普應祐國演教如來大寶法王西天大善自在佛，領天下釋教，給印誥制如諸王，其徒三人亦封灌頂大國師，再宴奉天殿。顯以奉使勞，擢太監。

十一年春復奉命，賜西番尼八剌、地湧塔二國。尼八剌王沙的新葛遣使隨顯入朝，表貢方物。詔封國王，賜誥印。十三年七月，帝欲通榜葛剌諸國，復命顯率舟師以行，其國即東印度之地，去中國絶遠。其王賽佛丁遣使貢麒麟及諸方物。帝大悦，錫予有加。榜葛剌之西，有國曰沼納樸兒者，地居五印度中，古佛國也，侵榜葛剌。賽佛丁告於朝。十八年九月命顯往宣諭，賜金幣，遂罷兵。宣德二年二月復使顯賜諸番，徧歷烏斯藏、必力工瓦、靈藏、思達藏諸國而還。途遇寇劫，督將士力戰，多所斬獲。還朝，録功升賞者四百六十餘人。

顯有才辨，强力敢任，五使絶域，勞績與鄭和亞。

又 卷三二六《榜葛剌傳》 永樂六年，其王靄牙思丁遣使來朝，貢方物，宴賚有差。七年，其使凡再至，攜從者二百三十餘人。帝方招徠絶域，頒賜甚厚。自是比年入貢。十年，貢使將至，遣官宴之於鎮江。既將事，使者告其王之喪。遣官往祭，封嗣子賽勿丁為王。十二年，嗣王遣使奉表來謝，貢麒麟及名馬方物。禮官請表賀，帝勿許。明年，遣侯顯齎詔使其國。王與妃、大臣皆有賜。正統三年貢麒麟，百官表賀。明年又入貢。自是不復至。

又 《沼納朴兒傳》 沼納朴兒，其國在榜葛剌之西。或言即中印度，古所稱佛國也。永樂十年遣使者齎敕撫諭其國，賜王亦不剌金絨錦、金織文綺、綵帛等物。十八年，榜葛剌使者愬其國王數舉兵侵擾，詔中官侯顯齎敕諭以睦鄰保境之義，因賜之綵幣；所過金剛寶座之地，亦有賜。然共王以去中國絶遠，朝貢竟不至。

又 卷三三一《烏斯藏傳》 其時喃加巴藏卜已卒，有僧哈立麻者，國人以其有道術，稱之為尚師。成祖為燕王時，知其名。永樂元年命司禮少監侯顯、僧智光齎書幣往徵。【略】

正德元年來貢。十年復來貢。時帝惑近習言，謂烏斯藏僧有能知三生者，國人稱之為活佛，欣然欲見之。考永、宣間陳誠、侯顯入番故事，命中官劉允乘傳往迎。【略】

宣德二年命中官侯顯往賜絨錦、綵幣。其貢使嘗毆殺驛官子，帝以其無知，遣還，敕王戒飭而已。九年，貢使歸，以賜物易茶。至臨洮，有司没入之，羈其使，請命。詔釋之，還其茶。【略】

贊善王者，靈藏僧也。其地在四川徼外，視烏斯藏為近。成祖踐阼，命僧智光往使。永樂四年，其僧著思巴兒監藏遣使入貢，命為灌頂國師。明年封贊善王，國師如故，賜金印、誥命。十七年，中官楊三保往使。洪熙元年，王卒，從子喃葛監藏襲。宣德二年，中官侯顯往使。正統五年奏稱年老，請以長子班丹監剉代。帝不從其請，而授其子為都指揮使。【略】

闡教王者，必力工瓦僧也。成祖初，僧智光齎敕入番，其國師端竹監藏遣使入貢。永樂元年至京，帝喜，宴賚遣還。四年又貢，帝優賜，並賜其國師大板的達、律師鎖南藏卜衣幣。十一年乃加號灌頂慈慧淨戒大國師，又封其僧領真巴兒吉監藏為闡教王，賜印誥、綵幣。後比年一貢。楊三保、戴興、侯顯之使，皆齎金幣、佛像、法器賜焉。【略】

輔教王者，思達藏僧也。其地視烏斯藏尤遠。成祖即位，命僧智光持詔招諭，賜以銀幣。永樂十一年封其僧南渴烈思巴為輔教王，賜誥印、綵幣，數通貢使。楊三保、侯顯皆往賜其國，與諸法王等。【略】

尼八剌國，在諸藏之西，去中國絶遠。【略】宣德二年又遣中官侯顯賜其王絨錦、紵絲，地湧塔王如之。自後，貢使不復至。

雜録

明・費信《星槎勝覽》卷四《榜葛剌國》 自蘇門答剌順風二十晝夜可至。其國即西印度之地，西通金剛寶座國，曰詔納福兒，乃釋迦得道之所。永樂十年幷永樂十三年二次，上命少監侯顯等，統領舟師，賚詔敕，賞賜國王王妃頭目。【略】其王知我中國寶船到彼，遣部領衣服等物，人馬千數迎。【略】至板獨哇。是酋長之居處，【略】開讀賞賜，受畢，鋪絨毯於殿地，待我天使，宴我官兵，禮之甚厚。【略】其後躬置金筒金葉表文，差使臣賫捧貢獻方物於庭。

明・鄭曉《皇明四夷考》 永樂七年，太監鄭和、王景弘、侯顯統三萬人往西洋。

明・嚴從簡《殊域周咨録》卷一一《榜葛剌》　十三年，上命少監侯顯等統舟師賫詔敕賞賜國王、王妃、頭目。其王知我中國寶船到彼，遣部領賫衣服等禮人馬千數迎。自察地港口起程十六站，至瑣納兒江，有城池街市，聚貨通商。又差人賫禮象馬迎接，二十站至板獨哇，是酋長之居處。【略】其王拜迎詔敕，扣頭加額，開讀賞賜。受畢，鋪絨毯於殿地，待我天使，宴我官兵，禮之甚厚。燔炙牛羊，禁不飲酒，恐亂性而失禮。【略】宴畢，復以金盔、金繫腰、金瓶、金盆贈天使。其副使皆以銀盔、銀繫腰、銀瓶、銀盆贈之。其下官員亦贈以金鈴、紵絲、長衣，兵士俱有銀錢，蓋此國富而有禮者也。其後躬置金簡金葉表文，差使臣賫捧貢獻文物於廷。自後貢使亦或一至不常云。

明・沈德符《萬曆野獲編》卷三〇《外國・活佛》　正德十年，上用內臣言，西域僧有所謂活佛者，能知三生及未來事。遂傳旨查永樂年間太監侯顯迎帝師哈立麻事例，特遣司禮監太監劉允為使入番，往返以十年為期。

清・陳夢雷等《古今圖書集成・明倫彙編・宮闈典》卷一三二《宦寺部・侯顯傳》　侯顯，永樂初為司禮少監，帝聞烏思藏僧尚師哈立麻有道術，善幻化，欲致一見，因通迤西諸番，乃命顯賫書幣往迓，選壯士健馬護行。元年四月，奉使陸行數萬里，至四年十二月，始與其僧偕來，詔駙馬都尉沐昕迎之。帝延見奉天殿，寵賚優渥，儀仗鞍馬雜器，多以金銀為之，道路煊赫。五年二月，建普度大齋於靈谷寺，為高帝、高后薦福。或言卿雲、天花、甘露、甘雨、青鳥、青獅、白象、白鶴及舍利祥光，連日畢見，又聞梵唄天樂自空而下。帝益大喜，廷臣表賀，學士胡廣等咸獻聖孝瑞應歌詩。乃封哈立麻萬行具足十方最勝圓覺妙智慧善普應祐國演教如來大寶法王西天大善自在佛，領天下釋教，給印誥制如諸王，其徒三人亦封灌頂大國師，再宴奉天殿。顯以奉使勞，擢為太監。

六年正月，始遣中官送哈立麻歸。後帝聞西僧尚師昆澤思巴亦有道術，徵至京，禮而封之，與哈立麻亞。由是諸藏僧徒，絡繹奉貢，封王者五，封大國師國師者不可悉數。其徒利中國財物，益往來不絕，有司供億車馬人徒，西鄙為告病。時鄭和已下西洋，傅安、陳誠已通西域，獨西番尼八剌、地湧塔二國未通聲教，幷欲臣服之。十一年春，命顯賫敕行，頒賜其君長，尼八剌王沙的新葛大喜，遣使隨顯入朝，表貢方物。詔封國王，賜誥印。十三年七月，帝欲通榜葛剌諸國，復命顯率舟師以行，其國即東印度之地，去中國絕遠，其王賽佛丁禮使者甚恭。旋遣使貢麒麟及諸方物，帝大悅，錫予有加。榜葛剌之西，有國曰沼納樸兒者，地居五印度中，古佛國也，其王亦不剌金數舉兵相侵，賽佛丁懼，使使告於朝。十八年九月，命顯往賜金幣，諭令罷兵，亦不剌金聽命。帝廣通四裔，奉使者多用中貴，西洋則鄭和、王景弘，西域則李達，迤北則海童，而西蕃多以屬顯。宣德二年二月，宣宗以初登大寶，未嘗通使外蕃，遣顯賜諸蕃，幷及尼八剌、地湧塔二國。顯遍歷烏斯藏、必力工、瓦靈藏、思達藏，頒賜闡化、闡教、贊善、輔教四主及二國君長而還。途遇寇劫，督將士力戰，多所斬獲。還朝，録功升賞者四百六十餘人。

顯有才辨，强力敢任，五使絕域，未嘗辱命，威名與鄭和亞。

潘賜三使日本分部

綜　述

《明太宗實録》卷四八　（永樂三年十一月辛丑）日本國王源道義遣使源通賢等奉表貢馬及方物，幷獻所獲倭寇嘗為邊害者。上嘉之，命禮部宴賚其使，遣鴻臚寺少卿潘賜、內官王進等，賜王九章冕服、鈔五千錠、錢千五百、綃織金文綺紗羅絹三百七十八匹。

《明宣宗實録》卷一〇三　（宣德八年六月）壬辰，遣鴻臚少卿潘賜、行人高遷、中官雷春等使日本國，賜其王源義教白金、綵幣等物。初太宗皇帝時，日本國王源道義恭事朝廷，勤修職貢。道義卒，使命不通已久，上嘗賜敕撫諭。至是，義教嗣爵，遣使道淵奉表來朝並獻方物，故遣賜等報之。

明・嚴從簡《殊域周咨録》卷二《日本》　永樂二年，對馬、壹岐諸島夷劫掠邊境。上命行人潘賜捧敕往諭國王源道義捕之。國王卑辭納款，謝約束不謹，出兵殲其衆，獻渠魁二十人於闕下。賜回《進歸化書》及《永樂大典頌》。上覽之稱善，命入史館，升禮部郎中，命倭使攜取獻俘還海濱，治以其國之法。【略】

八年，國王源道義，命太監雷春、鴻臚寺少卿潘賜往行弔祭禮。

明・凌迪知《萬姓統譜》卷二五 潘賜。字文錫，浦城人，永樂進士。授行人，出使日本，回獻《德化書》、《永樂大典頌》。上覽之稱善，命入史館，轉鴻臚少卿，再使日本，回升江西參政。讐家摘其詩句以為妖言，坐落職。宣德間，復除鴻臚寺少卿，又使日本。朝廷深加獎勞，賜『才思高邁，操履方正，三使外夷，能全大體，以副君命。』時論賢之。所著有《梅竹篇》、《皇華勝覽》、《容菴文集》若干卷。

明・鄭舜功《日本一鑑・窮河話海》卷九《接使》 永樂甲申，中官鄭和使日本，惟時倭寇浙江、直隸地方，故遣鄭和奉敕討賊。永樂乙酉，鴻臚寺少卿潘賜、内官王進等齎九章冕服，【略】以賜日本王，以獻所獲倭寇故也。

《明史》卷三二二《外國傳三・日本》 成祖即位，遣使以登極詔諭其國。【略】明年十一月來賀冊立皇太子。時對馬、臺岐諸島賊掠濱海居民，因諭其王捕之。王發兵盡殲其衆，縶其魁二十人，以三年十一月獻於朝，且修貢。帝益嘉之，遣鴻臚寺少卿潘賜偕中官王進賜其王九章冕服及錢鈔、錦綺加等，而還其所獻之人，令其國自治之。

藝文

明・楊士奇《東里續集》卷五九《潘賜主事升鴻臚少卿赴南京》

紫泥詔下九重天，曾向榑桑海外宣。使者旌旗輕萬里，郎官詞賦欲千篇。歸朝已荷君王寵，進職今推近侍賢。應到南京公事簡，朝朝清趣在韋編。

雜録

明・王直《抑菴文後集》卷一四《贈高編脩序》 昔宣宗皇帝在位，仁育萬邦，無間遠邇。以日本僻在海外，慮教化有未周，詔擇賢臣往撫之。閩人潘賜，昔為行人，嘗一至其國。至是復奉命以行，求可為之副者。衆謂國子學正高遷可用，上遂命以為副。

明・嚴從簡《殊域周咨録》卷七《占城》 按奇南【略】《星槎勝覽》作琪楠，潘賜使外國回，其王餽之，載在誌，則作奇藍，此當是的。

清・郝玉麟等［雍正］《福建通志》卷三六《選舉四》 潘賜。授行人，出使日本，歸獻《德化書》、《大典頌》。稱旨入史館，累遷江西叅政。宣德間，除鴻臚卿，賜蟒衣、寶鈔，後卒於官。

張寧出使朝鮮分部

綜述

明・張寧《奉使録》卷上《乞定名次題本》 禮科掌科事給事中臣張寧謹題為公務事。臣蒙欽差與同錦衣衛帶俸都指揮武忠前往朝鮮國公幹，所據《辭朝領敕及到彼序坐回日覆奏題本》僉名稱臣等項，臣欲遵奉原降敕旨序列在前。緣武忠係武職三品，臣係文職七品，於心未安，伏乞聖裁。奉聖旨：『朝鮮國習尚文物，張寧正使，武忠副使。欽此。』右《題本》天順四年二月進奏。後三日，早朝罷，駕幸文華殿。太監牛玉傳宣給事中張寧，引至内門，上方下輦，立殿陛，寧趨入叩首俯跪。有旨『令近前』者，再問所進本事意。寧叩首讀奏詞一過，上曰：『汝近侍官，豈論品級？聞李瑈讀書，或有典故問答，非武忠所能，汝坐次在上。』寧復叩首，仰見天顔悦霽，因敢奏請。所往事宜皆優賜裁決，獎諭再三，顧近侍中貴人有敕諭朝鮮國王『須得如此人去』之語。寧復頓首謝，蒙賜酒飯於春坊。明日，降旨，繼有金織、襲衣之賜。

又《遼東復奏題本》 欽差正副使禮科等衙門給事中等官，臣張寧等謹題，為公務事。臣等先奉敕旨，往朝鮮國公幹。天順四年二月十一日，行至遼東，都司欽奉敕令，得遼東鎮守等官奏報，毛憐衛都指揮尚董加等，會合人馬，往朝鮮國報讐。朕意小國相殘，或有此舉，恐道路不便，未可前去。敕至，爾即會同鎮守等官，差人遠探消息，以為進止。若有此事，爾且於遼東暫住，待寧靜無事，然後起行，欽遵。臣等仍還廣寧，於高平驛會同欽差鎮守遼東左少監覃璣、總兵官海寧伯董興、巡撫左副都御史胡本惠，計議得尚董加人馬，往朝鮮國報讐，原係傳報事情，未委虛的，欲便使人前去，緣出境地無人烟，無從聽探。若至彼國地方詢問，恐亦未得真情，徒勞往復。除撥精鋭馬隊官軍二千員名，委都指揮李端管領，於本月十八日起程，仍逐程於内差人前探，護送相機行事，到彼交界無事，官軍即便回還外，具本差舍人李雄親賫，謹具題知。

又《朝鮮義州遣還護送官兵榜》 欽差正副使禮科等衙門掌科事給事中等官張寧等，為約諭事，欽承帝命，有事於朝鮮國，照得本國素承禮教，世輯藩垣，朝廷奄有萬方，於茲特加撫恤，待以不疑，顧以使行道遠，多遣兵馬導送至境耳。緣某奉敕不敢稽行，合於本境留示隨從官軍人等，所據該支糧草，悉聽管領都指揮李端，每隊摘撥的當人員，隨便支送，不許多人過界紛擾，有違朝廷撫待至意，敢有不遵約束，私相取與，因而延滯日時，不即回還者，悉行聞奏，各宜戒慎，毋或有愆，故示。

又《朝鮮國回還復命題本》 欽差禮科等衙門給事中等官、臣張寧等，臣等先蒙差往朝鮮國，敕諭國王李瑈，責問誘殺毛憐衛都督僉事郎卜兒哈等十六人緣由。李瑈迎接禮儀，一盡藩國之體，開讀之際，跪伏戰兢，具言卜兒哈世居彼國會寧地面，無異編氓，自父莊憲王時，來住都城，娶妻從仕。今父子通謀作亂，罪不容已，至今其子阿比車逃亡舍怨，擾境殺擄臣，以此但知遵法處治本國耗亂之人，實不知曾受朝廷官職。況普天之下，莫非王土；率土之濱，莫非王臣。本國所有土地、人民，皆為朝廷看守，豈敢過分干犯，臣等誠恐帶去通事序班，語言訛舛，當取紙筆，與李瑈作字問答，先後相同的是實情，無所矯飾。臣等畢事回還，李瑈已差陪臣戸曹參判金淳，慶昌府尹梁誠之，於三月初十日，赴京謝恩，謹具題知。

論説

明・嚴從簡《殊域周咨録》卷一《朝鮮》 英宗睿皇帝天順，國王與女直毛憐衛仇殺，廷議遣使問罪，僉舉禮科給事中張寧往，詔可之。内批都指揮武忠與俱。既行，而遼東奏兩夷方搆禍，乞詔寧擇進止。寧曰：『君仁臣忠，義難自便。』乃急趨朝鮮，宣上德威，示禍福論之。君臣震慴，遣陪臣入謝，復遣其子入學，引咎解兵焉。時謂寧此行不減重兵十萬横行鴨緑也。寧，浙江海鹽人。

按寧入朝鮮，其館伴朴元亨者，亦捷才。寧為百韻詩，每得句，朴隨手和之。【略】英廟復位，尤所眷注，嘗獨召寧論事，每對，廷臣稱真給事中。晚年欲大用之，會晏駕不果。景泰、天順間為諫官第一。太監覃苞素重寧，累遣人邀與相見，卒不往。成化初，南京給事中王徽等彈劾内閣李賢不職獲罪，俱遠謫，寧會六科申救，忤賢。賢乃假歷練之説，票旨升寧汀州知府。抵任未幾，引疾致仕，不復起。直道不容於時，不究其用，士論惜之。觀此，則朝鮮之行雖推其才望，當時亦已有遺艱放遠之意，故遼守有擇進止之請也。但寧本利器，能自別於盤根錯節之役耳。

藝文

明・張寧《奉使録》卷下《皇華集・三月三日寓太平館》 曲水流觴盡醉歸，風光雖是故鄉非。桃花小雨迷行館，細草春香上客衣。誰卷疏簾望新月，自吹長笛倚斜暉。此情不為傷離別，王事驅馳惜重違。

又《登太平館樓六十韻》 飛樓縹緲入蒼穹，西望長安意已通。
天地有恩同覆載，華夷無處不朝宗。遼陽東下三千里，華嶽西連百二重。
金闕玉關嚴虎豹，白旄黄鉞定羆熊。漠南遠道烽烟絶，薊北諸屯保障雄。
寰宇總膺周典則，輿圖盡屬漢提封。九成韶樂儀羣鳳，五色祥雲駕六龍。
上苑韶華寬似海，貴游羅綺爛如虹。編摩自古元無地，繼立生民未有功。
萬國梯航馳玉帛，千家門第動謌鐘。化行九服垣墉外，人在三王禮樂中。
億載不移高帝業，兩京齊出至神工。荒言却笑莊蒙叟，欲賦應須左太冲。
身使殊方思莫及，心懸天府睇難窮。由來東土文風好，自昔中朝錫予隆。
藩屏皇家崇節度，儀形聖範恤疲癃。内承畿甸民嘉靖，外控邊荒地激衝。
八道分符循俗美，重門擊柝備時凶。路窮水陸鄉音別，春滿乾坤景色同。
鷄犬人家延四野，烟霞山郭亘千峰。流年又逐陽和換，微物均為造化容。

原隰條桑初展緑，池亭佳杏已迎紅。空林土潤人參長，遠島沙平竹蛤豐。
芳草欲迷歸客思，蒼苔不鎖舊遊蹤。溪流殘白春前雪，柳折新黄夜半風。
竹外凉陰晴瑣碎，梅邊香靄曉朦朧。園明桃李蜂蒸蜜，野曠苹蒿鹿養茸。
花落花開如剪綺，人來人去類飛篷。興來倚檻吹長笛，坐久巡簷策短笻。
高絶欲窺徐市國，清虚渾憩武夷宫。扶桑析木疑相近，方丈瀛洲信易從。
擬跨龍驤超汗漫，還期鶴算等崆峒。圍香簾幙流蘇繞，環翠闌干錦縠叢。
入座有情看燕舞，過牕無語訝鶯慵。光生殿閣留宸翰，喜溢街衢結綵絨。
何處村田聞社鼓，幾家庭院啓雕櫳。清泉門巷幽居雅，白石岩扉古刹崇。
似有忽無嵐氣入，輕寒乍暖日華融。層冰絶壑長宜夏，高嶺孤松久耐冬。
遊獵只應多雉兔，樵蘇元不禁兒童。川原繚繞遐堪矚，人物奇饒秀所鍾。
革履長衫供役婦，卉衣陡笠没官傭。府中戍鼓趨羣吏，苑外鳴笳練小戎。
鄉媪入城輸土布，地爐燒火鑄山銅。越裳重譯關津便，魯國多賢士類充。
天際樓船來海賈，雨餘阡陌勸耕農。海門潮落騰天馬，沙磧塵清見斷鴻。
馬邑岡陵知遠近，鳳山榛莽共溟濛。臨屯舊接真番界，平壤遥連灞水東。
箕子荒祠碑崒嵂，高麗殘戍石巃嵸。古今不盡登臨恨，形勝都歸磊塊胸。
問俗欲尋吴季子，不才深愧宰周公。卯金縱閲登天禄，伯玉藏書滿射洪。
論事自慙楊子吃，通時翻慕仲車聾。沈淪每笑溝中木，宣暢誰彈爨下桐。
勝覽直須探藴結，高攀未許叩穹窿。境當妙處巧相會，情到盡時偏是濃。
凉露寫詩銀管濕，夕陽催酒玉瓶空。吟成轉覺孤懷爽，醉後仍嫌兩鬢鬆。
莫怪憑軒重眺遠，喜因風物荷時雍。

雜録

明·張寧《奉使録》卷下《皇華集·［朝鮮］崔恆〈敍〉》 天順四年春，禮科給事中張公奉使而來，咨詢之暇，遇景觸事，輒形賦咏，驪珠燦爛，溢於錦囊，幾成卷矣。竣事乃旋，我殿下嘉公文雅，命詞臣編其所著詩文，俾永厥傳。【略】惟公材學之贍，器度之豪，蚤捷科第，蜚英燀赫，遂荷知遇，給事左右，以佐聖天子議禮制度之政，乃今遠銜使命，惠來於我。我國雖僻在海表，然秉禮惟舊，世蒙眷待，每頒明詔，必擇朝中之賢且才者遣之，儒雅之士，前後相望。今公之來也，尤信其特膺帝簡，祇奉睿猷，使星離霄，析木騰輝，播綸音於萬里，達輿情乎九重，上下交孚，遠邇浹和，海隅出日，永世安瀾，益沐我皇明沛濊之鴻恩於無疆也。苟非以英傑之才，膺際遇之隆，出入將相，奔走賢勞，廸一人，事四方，若卜筮是孚者，疇克爾，邪公之至是邦也。念王事有程，每懷靡及，然猶重道統而訪箕子，崇化源而謁宣尼，率禮罔愆，式示周行。東人之接見者，仰若山斗，非但慕雅致清介而已，德業之懿，因此可知，獨其文章可尚乎哉。觀其為文，遇興掫摛，如崑玉狼藉，取之左右，見鵲亦抵，信乎其鳴世也。豈非所謂關氣化而生。遇於世而發之者乎，他日卜我朝世道之升降者，未必不自公而得之，則今兹珠唾之落海東者，亦不可怢焉泯其傳也。【略】是年夏四月下澣，正憲大夫知中樞院事藝文館大提學知春秋館事世子左賓客兼成均大司成臣崔恆謹敍。

《明史》卷一八〇《張寧傳》 張寧，字靖之，海鹽人。景泰五年進士。授禮科給事中。七年夏，帝從唐瑜等奏，考覈南京大小諸臣。寧言：『京師尤根本地，不可獨免。』又言：『京衛帶俸武職，一衛至二千餘人，通計三萬餘員。歲需銀四十八萬，米三十六萬，并他折俸物，動經百萬。耗損國儲，莫甚於此。而其間多老弱不嫻騎射之人。莫若簡可者，補天下都司、衛所缺官，而悉汰其餘。』議格不行。

帝得疾，適遇星變，詔罷明年元會，百官朝參如朔望。寧言：『四方來覲，不得一睹天顔，疑似之際，必至訛言相驚，願勉循舊典，用慰人心。』帝疾不能從，而『奪門』之變作。【略】

憲宗初御經筵，請日以《大學衍義》進講。是年十月，皇太后生辰，禮部尚書姚夔仍故事，設齋建醮，會百官赴壇行香。寧言無益，徒傷大體，乞禁止。帝嘉納之。未幾，給事中王徽以牛玉事劾大學士李賢，得罪。寧率六科論救，由是寖與内閣忤。會王竑等薦寧堪僉都御史清軍職貼黄，與岳正並舉。得旨，會舉多私，皆予外任。寧出為汀州知府，以簡静為治，期年善政具舉。

寧才高負志節，善章奏，聲稱籍甚。英宗嘗欲重用之，不果。久居諫垣，不為大臣所喜。既出守，益鬱鬱不得志，以病免歸。家居三十年，言者屢薦，終不復召。

無子。有二妾。寧没，剪髮誓死，樓居不下者四十年。詔旌為『雙節』。

劉戩出使安南分部

綜述

《明孝宗實録》卷八 （成化二十三年十二月）庚午，以即位，遣右春坊右庶子兼翰林院侍講董越、工科右給事中王敞充正、副使，頒詔于朝鮮國；翰林陸軍侍講劉戩、刑科給事中呂獻充正、副使，頒詔于安南國，幷賜各國王及妃幣帛、文錦。越等各賜金衣一襲、鈔百錠。

明・陳洪謨《治世餘聞》下篇卷一 弘治改元，今上即位，例該頒詔外國。江西劉景元戩以侍講使交南。時交人吞占城、侵緬甸，頗難其行。劉毅然上道，攜二僕由南事直抵其境。交人驚曰：『昔之人皆航海來，颶檣蔽洋，貿重易奇。今公豈天人耶？何其簡速也！』奉迎館候，祝昔倍恭。陪臣拜跪，劉據《大明集禮》之文受之，不與交一語。至之日頒詔，明日宴畢即行。王大驚曰：『一國生靈，命緣天使！』致饋遺豐腆倍昔，金珠犀象，珍玩甚多。劉一不顧即行，復遣陪臣要於路，期必致之。劉復書示以初入關詩曰：『咫尺天威誓肅將，寸心端不愧蒼蒼。歸裝若有關南物，一任關神降百殃。』交人益敬悚，遣陪臣入謝，表有『廷臣清白』之語云。

明・嚴從簡《殊域周咨録》卷五《安南》 弘治元年，翰林侍講劉戩江西安福人，進士及第。持即位詔往諭思誠。時方加兵占城、緬甸，思誠頗桀驁。戩承命，即從兩僕道南寧疾抵其境。交人皆驚，凡途候館謁，視昔倍恭。至之日，頒詔。明日，宴畢遂行。餽遺豐腆，一無所顧。遣陪臣道國主意追送認產途，期必致之。戩復以書，幷寫初入關詩示之始去。後交人表謝，有『廷臣清白』之語，及為建卻金亭於思明道中。

《明史》卷一五八《章敞傳》 弘治時，侍講劉戩往頒詔，由南寧乘傳抵其國，交人大驚。戩依舊制，受陪臣拜謁，不交一語，越宿即行，饋遺一無所受。使人要於途，固致之，卒麾去，與敞、琦皆為交人所重。戩，字景元，安福人。

又 卷三一五《雲南土司傳三・緬甸》 緬甸，古朱波地。宋寧宗時，緬甸、波斯等國進白象，緬甸通中國自此始。地在雲南西南，最窮遠。有城郭廬舍，多樓居。元至元中，屢討之，乃入貢。【略】

弘治元年，緬甸來貢，且言安南侵其邊境。二年遣編修劉戩諭安南罷兵。

又 卷三二一《外國傳二・安南》 安南，古交阯地。【略】

孝宗踐阼，命侍讀劉戩詔諭其國。其使臣來貢，以大喪免引奏。弘治三年，時占城王古來以天朝力得還國，復訴安南見侵。兵部尚書馬文升召安南使臣曰：『歸諭爾主，各保疆土享太平。不然，朝廷一旦赫然震怒，天兵壓境，如永樂朝事，爾主得無悔乎？』安南自是有所畏。

論説

《明史》卷一五八《章敞傳贊》 國家盛時，士大夫多以廉節自重，豈刻意勵行，好為矯飾名譽哉。亦其澹嗜欲，恥營競，介特之性然也。仁、宣之際，懲吏道貪墨，登進公廉剛正之士。宗載佐銓衡，顧佐掌邦憲，風紀為之一清。段民、吳訥、魏驥、魯穆皭然秉羔羊素絲之節。軒、耿、孔昭矯厲絶俗，物不能干。章敞、徐琦、劉戩律己嚴正，異域傾心。廉之足尚也卓矣。

明・黃佐《翰林記》卷一五《使外國》 弘治初，侍講劉戩使安南。考地志，陸道南寧坦甚無虞，乃乘肩輿，從兩僮，忽抵其界，夷人傾駭。至之日頒詔，明日燕燕畢逐行，餽贐一不顧。追授諸途，不與語，獨書其入關詩與之，曰歸裝有一南物者，關神其殛。諸後其陪臣入謝，表有『廷臣清白』之語。當時莫不多戩。

明・廖道南《殿閣詞林記》卷一九《遠使》 弘治初，侍講劉戩使安南，考地志，由陸南寧坦甚無虞，乃乘肩輿，從兩僮，忽抵其界，夷人傾駭。至之日頒詔，明日燕畢遂行，餽贐一不受，追送諸途，不與語，獨書其入關詩與之，曰歸裝有一南物者，關神其殛。後陪臣入謝，表有『廷臣清白』之語。當時莫不多戩。【略】論者謂得體云。

雜録

明·何喬遠《名山藏·王享記之二》 孝宗即位，翰林侍讀劉戩持如其國，灝獻戩金，不受，灝為戩立郤金之亭。

明·李賢等［天順］《大明一統志》卷五六 劉戩。安福人，成化進士及第，授翰林院編脩，進侍講。孝宗皇帝嗣位，充正使交阯。交阯爲呑占城，侵緬甸，頗崛鷙，僉難其行。戩承命秉肩輿，從兩僮，道南寧，直抵其境，交人驚曰：『豈天人耶？』館侯視昔倍恭，餽遺一無所顧，交人謝表有『廷臣清白』之語。交爲建郤金亭於思明道中，後以春坊右諭德終。所著有《晉軒集》。

清·穆彰阿等［嘉慶］《清一統志》卷二五〇 劉戩。字景元，安福人。成化中進士及第，授編修進侍講。孝宗初，頒詔安南。事畢，越宿即行，饋遺一無所受。安南人為建郤金亭於思明道中，官終諭德。戩博學守正，嫉邪疾革，聞內閣劉吉罷毒，寧侯張巒死，大喜索筆，賦詩而卒。

清·謝旻等［雍正］《江西通志》卷七八 劉戩，字景元，安福人。成化進士，授編修，進侍講。孝宗朝使交阯，餽遺一無所受，交人為建郤金亭於思明道中，後以春坊右諭德終。所著有《晉軒集》。

清·馮甦《滇考》卷下《緬甸入寇》 弘治元年，緬甸來貢，且言交趾侵其地。二年，遣編脩劉戩諭交趾，罷兵。

吸納域外文明部

基督教入華分部

綜　述

元·脱因等［至順］《鎮江志》卷九 大興國寺，在夾道巷，至元十八年，本路副達魯花赤薛里吉思建，儒學教授梁相記。其略曰：薛迷思賢，在中原西北十萬餘里，乃也里可温行教之地。愚問其所謂教者，云天地有十字寺十二，内一寺，佛殿四柱高四十尺，皆巨木，一柱懸虛尺餘。祖師麻兒也里牙靈迹，千五百餘歲，今馬薛里吉思是其徒也。教以禮東方為主，與天竺寂滅之教不同。且大明出於東，四時始於東，萬物生於東。東屬木主生，故混沌既分，乾坤之所以不息，日月之所以運行，人物之所以蕃盛，一生生之道也，故謂之長生天。十字者，取像人身，揭於屋，繪於殿，冠於首，佩於胸，四方上下，以是為準。薛迷思賢地名，也里可温教名也。公之大父可里吉思、父滅里、外祖撒必為大醫。太祖皇帝初得其地，太子也可那延病，公外祖舍里八，馬里哈昔牙徒衆祈禱，始愈，充御位舍里八赤、本處也里可温答剌罕。至元五年，世祖皇帝召公馳驛進入舍里八，賞賚甚侈。舍里八，煎諸香果，泉調蜜和而成。

舍里八赤，職名也。公世精其法，且有驗，特降金牌以專職。【略】遂休官，務建寺。首於鐵甕門捨宅建八世忽木剌大興國寺。次得西津豎土山，並建荅石忽剌雲山寺、都打吾兒忽木剌聚明山寺。二寺之下，創為也里可温義阡。又於丹徒縣開沙，建打雷忽木剌四瀆安寺。登雲門外黃山，建的廉海牙忽木剌高安寺。大興國寺側，又建馬里結瓦里吉思忽木剌甘泉寺。杭州薦橋門，建樣宜忽木剌大普興寺。此七寺實起於公之心，公忠君愛國，無以自見，而見之寺耳。完澤丞相謂公以好心建七寺。奏聞璽書護持，乃撥賜江南官田三十頃，又益置浙西民田三十四頃，為七寺常住。公任鎮江五年，連興土木之役，秋毫無擾於民。家之人口受戒者，悉為也里可温。

《元史》卷八九《百官志·崇福司》 崇福司，秩從二品，掌領馬兒哈昔列班也里可温十字寺祭享等事。

明·蔡獻臣《清白堂稿》卷一《議處貢夷利瑪竇疏》 禮部題爲盤獲遠夷隨身行李一併題知事。

主客清吏司案呈云云。看得利馬竇一寓夷耳，異物進獻既非貢例，到京潛住尤涉詭秘，相應酌議題請等因到部。看得外夷之進貢也，必齎國王表文，必由布政司起送，而其入都也，必扃之會同館，必餼之光禄寺，必下臣部譯審明白而後疏進內府，必經鴻臚寺報名，見朝而後宴賞禮遣焉。此祖宗之定制，而禮官之職掌也。

查得《會典》，止有西洋國及西洋瑣里國，並無大西洋名色，其遠近真僞俱不可知。寄住二十年方行進貢土物，則與遠方特來慕義貢獻者不同，其有無希冀營圖亦不可知。且其所貢天主圖、天主母圖，既屬不經，而隨身行李如神仙骨等物。夫既稱神仙，自能飛昇，安得有骨？則唐韓愈所謂凶穢之餘，不宜令入宮禁者也。臣等以爲此等方物，若先到部譯驗，臣等必以例上請卻回。又若隨身行李未經該監徑進，則仰揆明旨，止是解進所貢方物，而未嘗槩及其餘。

今馬堂混進之非，與臣等溺職之罪，俱有不容辭者。利瑪竇既奉旨送部，乃不赴部譯而私寓僧舍，臣等不知其何意也。但查各夷進貢必有回賜，使臣到京必有宴賞。利瑪竇以久住之夷自行進貢，雖從無此例，而其跋涉之勞，芹曝之思，似不可不量加賞賚，以酬遠人。合候命下，將利瑪竇比照暹羅國存留廣東有進貢者事例，頭目人等，賞紵絲衣一套，紵絲羅各二匹；龐迪峩比照從人，紵絲衣一套，紵絲羅一匹。其隨身行李，容令內府各衙門開具上請，量給回賜價值。臣等一面移文兵部討取勘合，候事畢，送回廣東、江西等處官司收管，或入籍居住，或附船歸國，俱各聽從其便，第不許潛住兩京，與內豎交往，以致別生事端。再照夷人自有夷方服飾，中國自有中國儀章，而利瑪竇之到臣衙門也，方巾野服，尤屬可駭。臣等以爲本夷及龐迪峩見朝謝恩，俱當青衣小帽，以安爲聖人之民。惟復念其進貢微誠，見朝之後，照暹羅等國通事事例，將利瑪竇量給冠帶回還，則遠人向化之心既慰，而明王愼德之治益光矣。

明·沈德符《萬曆野獲編》卷三〇《大西洋》　利瑪竇字西泰，以入貢至，因留不去，近以病終于邸。上賜賻葬甚厚，今其墓在西山。往時予游京師，曾與卜鄰，果異人也。初來即寓香山嶼，學華言讀華書者凡二十年，比至京，已斑白矣。入都時在今上庚子年，塗經天津，為稅監馬堂所誰何，盡留其未名之寶，僅以天主像及天主母像為獻。禮部以所稱大西洋，為《會典》所不載，難比客部久貢諸夷，姑量賞遣還。上不聽，俾從便僦居。瑪竇自云：其國名歐邏巴，去中國不知幾千萬里。今瑣里諸國，亦稱西洋，與中國附近，列于職貢。而實非也。今中土士人授其學者遍宇內，而金陵尤甚。蓋天主之教，自是西方一種。釋氏所云旁門外道，亦自奇快動人。若以為窺伺中華，以待風塵之警，失之遠矣。

丙辰，南京署禮部侍郎沈漼、給事晏文輝等，同參遠夷王豐肅等，以天主教在留都，煽惑愚民，信從者衆，且疑其佛郎機夷種，宜行驅逐。得旨：豐肅等送廣東撫按，督令西歸。其龐迪義等，曉知曆法，禮部請與各官推演七政，且係向化西來，亦令歸還本國。至戊午十月，迪義等奏曰：先臣利瑪竇等千餘人，涉海九萬里，觀光上國，食大官者十七載。近見要行驅逐，臣等焚修學道，尊奉天主，如有邪謀，甘墮惡業。乞聖明憐察，候風歸國。若寄居海嶼，愈滋猜疑，望幷南京等處陪臣，一併寬假。疏上不報。聞其尚留香山嶼中。萬曆二十九年二月庚午朔，天津河御用監少監馬堂，解進大西洋利瑪竇進貢土物幷行李。時吾鄉朱文恪公以吏部右侍郎掌禮部尚書事，上疏曰：《會典》止有瑣里國，而無大西洋，其真偽不可知。又寄住二十年，方行進貢，則與遠方慕義特來獻琛者不同。且其所貢天主、天主母圖，既屬不經，而隨身行李有神仙骨等物。夫既稱神仙，自能飛昇，安得有骨？則唐韓愈所謂凶穢之餘，不宜令入宮禁者也。況此等方物，未經臣部譯驗，徑行賫給，則該監混進之非，與臣等溺職之罪，俱有不容辭者。又既奉旨送部，乃不赴部譯，而私寓僧舍，臣不知何意也。乞量給所進行李價值，照各貢譯例，給與利瑪竇冠帶，速令回還，勿得潛住兩京，與內監交往，以致別生支節，且使眩惑愚民。不報。

明·陳龍正《幾亭外書》卷二《天主教》　萬曆間，有利道人者自大西國來，欲播其天主教。觀其大旨，卽上帝也。然像而拜，視上帝如一人，以崇禮爲事，而全不知心性之説，淺陋遠出佛氏下。然闢佛最甚，以其教專尊天，而佛尊已卑天故也。佛氏妙高，然近于無忌憚。天主教膚淺，然與佛氏對鍼。今彼國人在中華者，不下千計，華士頗亦信奉之。利道人穎慧殊絶，至中國裁數月，徧通華言，識華字，讀華書，遂有著述，頗亦不凡，以故能聳衆，又多巧算奇器，士之好奇者多師之，尋上其奇器于朝，神宗命所司收貯而無他爵賞。道人怏怏不得志，未幾病卒。其徒衆僅能傳習其器算，而穎慧莫之逮也。然士夫間服習之者不衰，佛在天竺，猶周孔之在中華，天主教之在大西，亦猶佛教在天竺。彼以自爲其國教主爲未快也，覺氏來于東漢，此教又猝入于今。嗚呼！無亦乘運而至者乎。

明·劉侗《帝京景物略》卷四《天主堂》 堂在宣武門内東城隅，大西洋奉耶穌教者利瑪竇，自歐羅巴國航海九萬里入中國，神宗命給廩，賜第此邸。邸左建天主堂，堂制狹長，上如覆幔，旁綺疏，藻繪詭異，其國藻也。供耶酥像其上，畫像也，望之如塑，貌三十許人。左手把混天儀，右叉指若方論説次，所指説者。鬚眉豎者如怒，揚者如喜，耳隆其輪，目容有矚，口容有聲，中國畫繪事所不及。所具香燈蓋幃，修潔異狀。右聖母堂，母貌少女，手一兒，耶酥也。衣非縫製，自頂被體，供具如左。

按《耶穌釋略》曰：耶穌，譯言救世者，尊主陡司，降生後之名也。陡斯造天地萬物，無始無形際，因人始亞當，以阿襪言，不奉陡斯，陡斯降世，拔諸罪過人。漢哀帝二年庚申，誕於如德亞國童女瑪利亞身，而以耶酥稱，世居三十三年。般雀比剌多以國法死之，死三日生，生三日升去。死者，明人也，復生而升者，明天也。其教，耶酥曰契利斯督，法王曰俾斯玻，傳法者曰撒責而鐸德，如利瑪竇等。奉教者曰契利斯當，如丘良厚等。祭陡斯以七日，曰米撒，於耶酥降生升天等日，曰大米撒。

刻有《天學實義》等書行世。其國俗工奇器，若簡平儀、儀有天盤，有地盤，有極線，有赤道線，有黄道圈，本名範天圖，為測驗根本。龍尾車、下水可用以上，取義龍尾，象水之尾尾上升也。其物有六：曰軸、曰牆、曰圍、曰樞、曰輪、曰架。潦以出水，旱以入，力資風水，功與人牛等。沙漏、鵝卵狀，實沙其中，顛倒漏之，沙盡則時盡，沙之銖兩準於時也，以候時。遠鏡、狀如尺許竹筍，抽而出，出五尺許，節節玻璃，眼光過此，則視小大，視遠近。候鐘、應時自繫有節，天琴鐵絲弦，隨所按，音調如譜之屬。瑪竇亡，其友龐迪峨、龍華民輩代主其教。教法，友而不師。師，耶穌也。中國有學焉者，奉其厄格勒西亞七式。

明·文秉《烈皇小識》卷六 上初年崇奉天主教，上海，教中人也，既入政府，力進天主之説，將宫内俱養諸銅佛像，盡行毁碎。至是，悼靈王病篤，上臨視之，王指九蓮華娘娘現立空中，歷數毁壞三寶之罪，及苛求武清云云，言訖而薨。上大驚懼，極力挽回，亦無及矣。時閣臣皆從外人，素不諳文義，上既痛悔前事，特頒諭内外，有『但願佛天祖宗知，不願人知也』等句，幾不成皇言矣。『宰相須用讀書人』，初年上曾舉以諷諸閣臣者，可勝三歎。

京師天主教有二西人主之：南懷仁、湯若望也。凡皈依其教者，先問汝家有魔鬼否，有則取以來。魔鬼，卽佛也。天主殿前有青石幢一，大石池一，其黨取佛像至，卽于幢上撞碎佛頭及手足，擲棄池中，候聚集衆多，然後設齋邀諸徒黨，架爐鼓火，將諸佛像盡行鎔化，率以爲常。

清·談遷《國榷》卷八一 （萬曆三十八年四月）壬寅，葬夷人利瑪竇于□□門外。利瑪竇，大西洋歐邏巴國人，入廣南，兼通儒書，所著《交友論》、《山海輿地全圖》等書。製自鳴鐘、鐵琴、地毬等器俱巧異。其游南京，禮部右侍郎沈漼奏逐之曰：『訪閩海則佛郎機人，其王豐肅原名巴里狼雷，先年同黨詐行天主教于呂宋國，奪之，改號大西洋。』諳星曆，同人龐迪峩、畢□□、湯若望等行其教不廢。

清·孫承澤《春明夢餘録》卷六六《寺廟》 天主堂，在宣武門東構，於西洋利瑪竇自歐羅巴航海九萬里入中國，崇奉天主。所畫天主乃一小兒，婦人抱之，曰天母。其手臂耳鼻皆隆起，儼然如生人，所印書册皆以白紅一面反覆印之，字皆傍行其書，装法如宋板式，外以漆革護之，外用金銀屈戌鈎絡。所製有簡平儀、龍尾車、沙漏、遠鏡、候鐘、天琴之屬。

《明史》卷三二六《意大里亞傳》 自瑪竇入中國後，其徒來益衆。有王豐肅者，居南京，專以天主教惑衆，士大夫暨里巷小民，間為所誘。禮部郎中徐如珂惡之。其徒又自誇風土人物遠勝中華，如珂乃召兩人，授以筆劄，令各書所記憶。悉舛謬不相合，乃倡議驅斥。四十四年，與侍郎沈漼、給事中晏文輝等合疏斥其邪説惑衆，且疑其為佛郎機假託，乞急行驅逐。禮科給事中余懋孶亦言：『自利瑪竇東來，而中國復有天主之教。乃留都王豐肅、陽瑪諾等，煽惑羣衆不下萬人，朔望朝拜動以千計。』【略】

時著聲中土者，更有龍華民、畢方濟、艾如略、鄧玉函諸人。華民、方濟、如略及熊三拔，皆意大里亞國人，玉函，熱而瑪尼國人，龐迪我，依西把尼亞國人，陽瑪諾，波而都瓦爾國人，皆歐羅巴洲之國也。

清·陳鶴《明紀》卷四五 大西洋意大里亞人利瑪竇，泛海抵廣東香山澳，爲《萬國全圖》，言天下有五大洲，第一曰亞細亞洲，凡百餘國，而中國居其一；第二曰歐羅巴洲，凡七十餘國，而意大里亞居其一；第三曰利未亞洲，亦百餘國；第四曰亞墨利加洲，地更大，以境土相連，分為南北二洲；最後得墨瓦臘尼加洲為第五，而域中大地盡矣。其人悉奉天主耶穌教，言耶穌生於如德亞，在亞細亞洲中，西行教於歐羅巴，其生在漢元壽二年，皆荒渺不可考。及是馬堂以其方物進獻，禮部言《會典》止有西洋瑣里國，無大西洋，其眞僞不可知。又寄居二十年，方行進貢，所貢天主及天主母圖、神仙骨諸物，皆屬不經。及奉旨送部，又不赴部審譯，而私寓僧舍，不知何意。乞給賜冠帶還國，勿令潛居兩京，與中人交往，別生事端。不報。已帝嘉其遠來，賜之居第芻米頗厚。利瑪竇遂留不去，中國有天主教自此始。

清·趙翼《廿二史劄記》卷三四《天主教》 意大理亞國在大西洋中。萬曆中，其國人利瑪竇至京師，為《萬國全圖》，言天下有大洲五，第一曰亞細亞洲，凡百餘國，而中國居其一；第二曰歐羅巴洲，凡七十餘國，而意大理亞居其一；第三曰利未亞洲，亦百餘國；第四曰亞墨利加洲；第五曰墨瓦臘泥加洲，而域中大地盡矣。大抵歐羅巴諸國悉奉天主教。天主耶酥，生於女德亞，即古大秦國也，其國在亞細亞洲之中，西行教於歐羅巴，其始生在漢哀帝元壽二年庚申，閲一千五百八十一年，至萬曆九年，利瑪竇始泛海九萬里，抵廣州之香山澳，其教漸行。

二十九年，入京師，以方物獻，並貢天主及天主母圖。禮部以《會典》不載大西洋名目，駁之。帝嘉其遠來，假館授餐。公卿以下重其人，咸與交接。利瑪竇安之，遂留居不去，三十八年卒。

其年以曆官推算日食多謬，五官正周子愚言，大西洋人龐迪我、熊三拔等，深明曆法，其書有中國所不及者，當令採擇，遂令迪我等同測驗。

自利瑪竇來後，其徒來者益衆，有王豐肅、陽瑪諾等居南京，以其教倡行，官民多從之。禮部郎中徐如珂惡之，奏請逐回。四十六年，迪我等奏：『臣與利瑪竇等泛海九萬里，觀光上國。臣等焚修行道，尊奉天主，豈有邪謀，敢墮惡業，乞賜寬假。』帝亦不報，而其居中國如故。

崇禎時，曆法益舛，禮部尚書徐光啓請令其徒羅雅谷、湯若望等以其國新法相參較。書成，即以崇禎元年戊辰曆為曆元，其法視《大統曆》為密焉。

其人東來者，大都聰明特達之士，意專行教，不求祿利，所著書多華人所未道，故一時好異者咸尚之。其徒又有龍華民、畢方濟、艾如略、鄧玉函諸人，皆歐羅巴國之人也。

統而論之，天下大教四，孔教、佛教、回回教、天主教也，皆生於亞細亞洲，而佛教最廣。亞細亞洲內，如前後藏、準噶爾、喀爾喀蒙古等部悉奉佛教，中國亦佛教盛行。亞細亞洲外，如西洋之古里國、錫蘭國、榜葛剌國、沼納朴兒國，南洋之白葛達國、占城國、賓童龍國、暹羅國、真臘國，東洋之日本國、琉球國，皆奉佛教。俱見《明史·外國傳》。又（增）［僧］迦剌國、馬八兒國俱有佛鉢舍利。見《元史·亦黑迷失傳》。其餘海外諸番，則皆奉天主教矣。回回教，亞細亞洲內，惟烏什、葉爾羌、喀什噶爾、和闐、郭酣、巴達克山、控噶爾、克食米爾、退木爾沙等國奉之。見椿園氏《異域瑣談》。外洋則祖法兒國、阿丹國、忽魯謨斯諸國奉之。亦見《明史·外國傳》。孔教僅中國之地，南至交趾，東至琉球、日本、朝鮮而已。是佛教所及最廣，天主教次之，孔教、回回教又次之。

孔子集大成，立人極，凡三綱五常之道，無不該備，乃其教反不如佛教、天主教所及之廣。蓋精者惟中州清淑之區始能行習，粗者則殊俗異性皆得而範圍之，故教之所被尤遠也。試觀古帝王所制禮樂刑政，亦只就倫常大端導之禁之，至於儒者所言身心性命之學，原不以概責之庸衆，然則天道之包舉無遺，固在人人共見之粗迹，而不必深求也哉！

清·程岱葊《野語》卷八 天主名耶穌，大西洋人，自古不通中國。萬曆辛巳，有大西洋之意大里亞人利瑪竇者，航海九萬里，抵廣東之香山澳，其教始染中土。二十九年，入京師作《萬國全圖》，言天下有五大洲：第一亞細亞洲，中凡百餘國，中國居其一；第二曰歐羅巴洲，中凡七十餘國，意大里亞居其一；第三曰利未亞洲，中凡百餘國；第四曰亞墨利加洲，地更大，以境相連，分爲南北二洲；最後得墨瓦臘泥加洲爲第五，而域中大地盡矣。歐羅巴諸國，俱奉耶穌教，稱爲天主耶穌，生於如德亞，其國在亞細亞洲之中，一名拂菻，即古大秦國，於時爲漢哀帝元壽二年庚申，閲一千五百八十一年，至萬曆九年卒。其國自開闢以來，六千餘年，史書所載，世代相嬗，及萬事萬物，無不詳悉，謂天主爲肇生人類之邦，其説率謾誕荒渺。中官馬堂以其方物進獻，有天主暨天主母圖，幷神仙骨諸物。禮臣言《會典》止有西洋瑣里國，無大西洋，真僞不可考，且利瑪竇居中土二十年始進貢，與慕義獻琛者不同，所貢諸物俱不經，乞賜冠帶遣還國，勿令居京師。不報。帝嘉其遠來，給賜優厚，公卿咸與晉接，遂留不去，於京師宣武門内建天主堂。堂制狹長，上如覆幔，傍倚綺疏，藻繪詭異。供耶穌像係彩色平畫，望之如塑，貌三十許人，左手執渾天儀，右叉指若方論説狀，鬚眉竪者如怒，揚者如喜，耳隆輪，鼻隆準，目若矚，口若聲。右聖母貌若少女，手一兒，耶穌也。衣非縫製，自頂被體，所供香燈帷蓋，無不修潔精美。利瑪竇於庚戌年卒，以陪臣禮賜葬阜城門外，自是其徒來者益衆。

艾儒略

艾儒略者，著《職方外紀》，其言曰：天主化生天地，肇育人類，欲身自降生，啓萬世升天之路，後果降於如德亞曰德稜之地，名曰耶穌，譯言救世主也，在世三十三年，有宗徒十二人。耶穌縱天之能，不假學力，通各國語言文字。耶穌肉身升天，諸弟子分散萬國，宣揚教化，能令瞽者明，聾者聰，喑者言，跛者行，病者愈，死者生，又能驅妖邪、逐魔鬼，從之可升天堂，永脱地獄。一切大小過惡，惟天主能赦宥之，非誦經施捨所能贖，故初入教，必先悔罪，次解罪。婦女入會者，另居一處，惟父母得暫往見，男子例更多端。凡學者尊敬十字聖架或懸掛胸前，必獲福報云云。其誕妄無稽，大抵獵莊列之荒唐，竊釋老之餘緒，逞其私智，肆無忌憚。就耶穌年歲論，利瑪竇云一千五百八十一歲，何其壽？艾儒略云在世三十三年，何其促？此矛盾之大者。

王豐肅

王豐肅者，居金陵，專以天主教惑衆，小民信之，士大夫亦爲所誘，詩言其國風土人物，遠勝中華。禮部郎徐如珂惡之，乃召兩人給筆札，令各書所記憶，悉舛謬不相合。丙辰，如珂與沈漼、晏文輝合疏糾其邪説惑衆，亟請驅斥。帝納其言，遣令豐肅、龎廸我等俱赴廣東，聽還本國。命下，久之，遷延至戊午年，迪我等始去。豐肅等復變姓名至金陵，行教如故。蓋其人東來本意，專在行教，一時士大夫徐光啓、李之藻輩，首好其説，且爲潤飾文詞，故中士多染其教云。

《蓴鄉贅筆》言日本國遭天主教之害，痛絶西人，設法嚴禁，而其教流入中國，迄今二百餘年，惑人不少，特以時當郅治，未敢甚肆，然爲風俗人心之害不淺。吾鄉無習此者，未得其詳。相傳願入教者，其師令服清水一盂，輒改其常度，乃予之白金五十兩，故投者甚衆。其歸也，必令家人毁祖先牌位、竈神門神之屬，而專奉十字木架甚虔，遇物作十字形者，即不敢褻越。所奉經典，聞亦不甚異。惟奉教者物故，其師輒遣兩人至屍旁唪經，以布掩屍，親視殮訖始去，或以爲竊取兩目瞳子故也，特不知竊之何用，殆西洋鬼工諸物，有需此乎？相傳嘗有人貧甚，稱貸無所，詭知入天主教則可得五十金，乃預戒家人，俟得銀而歸，必灌以藥物使吐，家人頷之。後其人受教歸，果欲毁神牌，奉十字架，家人如戒，縶其手足，以藥灌之，良久乃吐，始惟清水，最後一血團湧出方止。其家人將血團貯於水盆，經宿血散，中有一物不散，乃成人形，鬚眉畢具，細視其狀，即授教師也。方今令甲至嚴，習其教者法無赦，有司推勘第，取十字架令罪人跨之，跨者以悔過議減，亦竟有甘受刑誅不願跨架者。

清·于敏中《日下舊聞考》卷四九 臣等謹按：天主堂，明萬曆二十八年建，本朝順治十四年修，康熙五十一年重修，乾隆四十年毁於火，四十一年重建。門額曰『通微佳境』，幷亭内碑銘世祖章皇帝御製。殿中扁曰『萬有真元』，聯曰『無始無終先形聲真主宰，宣仁宣義聿昭拯濟大權衡』，聖祖仁皇帝御書。西偏為時憲書局，有扁曰『勤慎可嘉』，世祖章皇帝御書。門額曰『天文曆法可傳永久』，堂中扁曰『密合天行』、曰『盡善盡美』，後廳扁曰『聲清氣和』，聯曰『雲從高處望，琴向靜中彈』，皆聖祖仁皇帝御書。

清·穆彰阿等《嘉慶重修一統志》卷五五八《拂菻》 萬曆時，西洋人利瑪竇至京師，言天主耶蘇生於如德亞，蓋即古大秦國云。

[意] 利類思《西方要紀·西士》 臣利類思、安文思自明季入中土，歷今三十年。前荷世祖章皇帝鑑臣等學行頗真，復憫臣等捨家九萬里，今皆皓首他鄉，賜宇焚修，給膳豢養，種種隆恩，又臣南懷仁留心曆學，于順治十六年以蒙召進京，賜養光禄寺。此皆皇上柔遠洪恩，不識犬

馬餘生將何以圖報萬一也。

《清聖祖實録》卷三一（康熙八年八月辛未）和碩康親王傑書等議覆：南懷仁、李光宏等呈告楊光先依附鼇拜，揑詞陷人，將歷代所用之洪範五行，稱為滅蠻經，致李祖白等各官正法。且推曆候氣，茫然不知，解送儀器，虚縻錢糧，輕改神名，將吉凶顛倒，妄生事端，殃及無辜，援引吳明烜謊奏授官，揑造無影之事，誣告湯若望謀叛，情罪重大，應擬斬，妻子流徙寧古塔。至供奉天主，係沿伊國舊習，並無為惡實迹。湯若望復通微教師之名，照伊原品賜恤，還給建堂基地。許纘曾等復職。伊等聚會，散給《天學傳概》及銅像等物，仍行禁止。西洋人栗安黨等，該督撫驛送來京。李祖白等，照原官恩恤。流徙子弟取回，有職者復職。李光宏、黄昌、司爾圭、潘盡孝原降革之職，仍行給還。得旨：楊光先理應論死，念其年老，姑從寬免，妻子亦免流徙。栗安黨等二十五人，不必取來京城。其天主教，除南懷仁等照常自行外，恐直隸各省復立堂入教，仍著嚴行曉諭禁止。

又　卷二七二（康熙五十六年四月戊戌）兵部議覆：廣東碣石總兵官陳昴疏言，天主一教，設自西洋，今各省設堂，招集匪類。此輩居心叵測，目下廣州城，設立教堂，内外布滿，加以同類洋船叢集，安知不交通生事。乞敕早為禁絶，毋使滋蔓。查康熙八年，會議天主教一事，奉旨：『天主教除南懷仁等照常自行外，其直隸各省立堂入教，著嚴行曉諭禁止。』但年久法弛，應令八旗、直隸各省並奉天等處，再行嚴禁。從之。

《清仁宗實録》卷一四二（嘉慶十年四月）辛未。諭内閣：御史蔡維鈺奏，嚴禁西洋人刻書傳教一摺。京師設立西洋堂，原因推算天文，參用西法。凡西洋人等情願來京學藝者，均得在堂棲止，乃各堂西洋人每與内地民人往來講習，並有刊刻書籍、私自流傳之事。在該國習俗相沿，信奉天主教，伊等自行講論，立説成書，原所不禁。至在内地刊刻書籍，私與民人傳習，向來本定有例禁。今奉行日久，未免懈弛，其中一二好事之徒，創其異説，妄思傳播，而愚民無知，往往易為所惑，不可不申明舊例，以杜歧趨。嗣後著管理西洋堂務大臣留心稽察，如有西洋人私刊書籍，即行查出銷毀，並隨時諭知在京之西洋人等，務當安分學藝，不得與

内地民人往來交結，仍著提督衙門、五城、順天府將坊肆私刊書籍，一體查銷，但不得任聽胥役藉端滋擾，致干咎戾。【略】

癸未。諭内閣：據刑部奏，審明廣東民人陳若望私代西洋人德天賜遞送書信地圖，並究出傳教習教各犯，分別定擬一摺。西洋人信奉天主教，在該國習俗相沿，原所不禁。即京師設立西洋堂，亦祇因推算天文，參用西法，凡該國情願來京學藝者，均得在堂棲止。原不准與内地民人往來滋事。乃德天賜膽敢私行傳播，訊明習教各犯，不惟愚民婦女被其煽惑，兼有旗人亦復信奉，並用漢字編造西洋經卷至三十一種之多。若不嚴行懲辦，何以辟異説而杜歧趨。且該國原係書寫西洋字，内地民人無從傳習。今查出所造經卷，俱係刊刻漢字，其居心實不可問。此在内地愚民，已不得傳習，而旗人尤不應出此，關係人心風俗者甚鉅。所有寄信人陳若望，在堂講道之漢軍周炳德，會長民人劉朝棟、趙廷畛、朱長泰，漢軍汪茂德，或往來寄信，或輾轉傳惑，著照刑部所擬，發往伊犁，給額魯特為奴，仍先用重枷枷號三個月，以示懲儆。民婦陳楊氏以婦女充當會長，尤屬不安本分，著發往伊犁，給兵丁為奴，不准折枷收贖。民人簡恆曾代為寄信，請人傳教，漢軍佟恆善經反覆開導，執迷不悟，俱著枷號三個月，滿日發往伊犁，給額魯特為奴。周炳德、汪茂德、佟恆善既自偝根本，甘心習學洋教，實不齒於人類，均各銷除旗檔。至一經曉諭即情願出教之民人王世寧、柯添幅、尹思敬、吳西滿、漢軍佟明、佟四、蔡勇通，尚知悔過，應行省釋。但恐該犯等因一時畏罪飾詞，未必出於至誠，仍著該管旗籍各官嚴加管束，如敢再行傳習，即加倍治罪。德天賜以西洋人來京當差，不知安分守法，妄行刊書傳教，實為可惡。該部奏請或飭令回堂，或遣回本國，均屬未協。德天賜著兵部派員解往熱河，在額魯特營房圈禁，仍交慶傑隨時管束，毋許與内地旗民往來交涉，以杜煽惑。管理西洋堂事務大臣常福，於德天賜寄信刊書傳教等事，未能先時查察，著交内務府議處。其失察旗人習教之歷任都統、副都統等，著軍機大臣查明，奏請交部分別議處。該堂存貯經卷，交軍機大臣會同刑部，派員檢查銷毀，毋許存留。其刊刻板片，並著五城、順天府、步軍統領衙門一體查銷，並出示曉諭軍民人等，嗣後儻再有與西洋人往來習教者，即照違旨例從重懲究，決不寬貸。餘著照刑部所議行。

（五月癸卯）前因京師西洋堂人有與旗民往來習教，並私刊清漢字書籍傳播之事。疊經降旨嚴行飭禁，並令將各堂所貯書籍，檢出繳銷。當交軍機大臣，將檢出書籍查看，旋據簽出各條呈覽。朕幾餘披閱，如《教要序論》內，稱其天主是萬邦之大君。《聖年廣益》內，稱所信降生之耶蘇，係普天下各人物之大君，又稱中國呼異端為左道，未必非默默中為承行主旨而有是言，又稱凡在天地大主之下，自君王以至士庶，人人棄邪歸正，聖教大行，未有不久安長治者，又稱我敬之主，真正是天地人物之主，又稱憑他有道之邦，多係世俗肉身之道，又稱聖人欲乘此機會傳教中華。又《婚配訓言》內，稱外教者如同魔鬼奴才等語，支離狂妄，怪誕不經，不一而足。而其中尤為悖謬者，則稱聽父母所命，相反於天主之命，為大不孝。有聖女巴爾拔拉，不肯聽從逆命，被頑父親手殺之，天主義怒至公，即以暴雷擊死之，為人父母親友阻人事主者，當以此為鑑等語，蔑倫絶理，直同狂吠。又稱當時有一貝子，終日行非理之事，福晉極力勸之不從，一日有一羣魔鬼拉貝子下地獄，天主以福晉有德行，默啓他使知伊夫火海永遠苦難，可見不聽善勸，決不免天主永罰等語，尤為肆口亂道。貝子、福晉之稱，西洋人何從知悉？自係從前與旗人往來談論，知此稱號，妄行編載，事屬已往，今亦不加深究。至其所稱貝子被魔鬼拉入地獄之語，皆係憑空捏撰，毫無影響。似此造作無稽，充其伎倆，尚有何言不可出諸口，何事不可筆之書？若不及早嚴行禁止，任令傳播，設其編造之語，悖謬更有重於此者，勢不得不大加懲辦，與其日後釀成巨案，莫若先事豫為之防。前已諭令派出管理西洋堂事務之大臣祿康等，公同議立章程，隨時稽察。茲特揭出書籍所載各條，指示申諭。嗣後旗民人等，務當恪守本朝清語騎射，讀聖賢書，遵守經常。釋道二氏尚不可信，況西洋教耶？亟應湔除舊染，勿再聽信邪言，執迷不悟，背本從邪，自不齒於人類，有負朕諄諄訓誡至意矣。將此通諭知之。

清・姚元之《竹葉亭雜記》卷三　都中天主堂有四：一曰西堂，久燬於火，其在蠶池口者曰北堂，在東堂子胡同曰東堂，在宣武門內東城根者曰南堂。南堂內有郎士寧線法畫二張，張於廳事東、西壁，高大一如其壁。立西壁下，閉一目以覷東壁，則曲房洞敞，珠簾盡捲。南窗半啓，日光在地。牙籤玉軸，森然滿架。有多寶閣焉，古玩紛陳，陸離高下。北偏設高几，几上有瓶，插孔雀羽於中，燦然羽扇。日光所及，扇影、瓶影、几影不爽毫髮。壁上所張字幅篆聯，一一陳列。穿房而東，有大院落。北首長廊連屬，列柱如排，石砌一律光潤。又東則隱然有屋焉，屏門猶未啓也。低首視曲房外，二犬方戲於地矣。再立東壁下，以覷西壁，又見外堂三間，堂之南窗日掩映，三鼎列置三几，金色迷離，堂柱上懸大鏡三，其堂北牆樹以槅扇，東西兩案，案鋪紅錦，一置自鳴鐘，一置儀器，案之間設兩椅。柱上有燈盤，四銀燭矗其上，仰視承塵，雕木作花，中凸如蓋，下垂若倒置狀。俯視其地，光明如鏡，方磚一一可數。磚之中路，白色一條則甃以白石者。由堂而內寢室，兩重門戶，簾櫳窅然深靜。室內几案遥而望之飭如也，可以入矣。即之，則猶然壁也，線法古無之而其精乃如此，惜古人未之見也特記之。

清・王韜《弢園文録外編》卷八《送西儒理雅各回國序》　嘉慶年間，始有名望之儒至粵，曰馬禮遜，繼之者曰米憐、維琳，而理君雅各先生亦偕麥都思諸名宿橐筆東遊。先生於諸西儒中年最少，學識品詣，卓然異人。

清・齊學裘《見聞隨筆》卷二二《申江記游》　道光二十五年，王醉三茂才邀游申江，偏觀海市珍奇、洋人形狀，聽洋人麥都思講經慨然。

論説

明・沈德符《萬曆野獲編》卷三〇《利西泰》　利西泰發願，力以本教誘化華人，最詆釋氏，曾謂余曰：『君國有仲尼，震旦聖人也，然西狩獲麟時已死矣。釋迦亦葱嶺聖人也，然雙樹背痛時亦死矣，安得尚有佛？』余不謂然，亦不以為忤。性好施，能緩急人，人亦感其誠厚，無敢負者。飲啖甚健，所造皆精好，不權子母術，而日用優渥無窘狀，因疑其工爐火之術，似未必然。其徒有龐順陽名迪義，亦同行其教，居南中，不如此君遠矣。渠病時搽擦蘇合油等物偏體，云其國療病之法如是。余因悟佛經所禁香油塗身者，即此是也。彼法既以闢佛為主，何風俗又與暗合耶？利甫踰知命而卒。

明·謝肇淛《五雜俎》卷四　天主國更在佛國之西，其人通文理，儒雅與中國無別。有琍瑪竇者，自其國來，經佛國而東，四年方至廣東界。其教崇奉天主，亦猶儒之孔子、釋之釋迦也。其書有《天主實義》，往往與儒教互相發，而於佛老一切虚無苦空之説，皆深詆之，是亦逃揚之類耳。琍瑪竇常言：『彼佛教者，竊吾天主之教而加以輪回報應之説以惑世者也。吾教一無所事，只是欲人爲善而已，善則登天堂，惡則墮地獄，永無懺度，永無輪回，亦不須面壁苦行，離人出家。日用所行，莫非修善也。』余甚喜其説爲近於儒。而勸世較爲親切，不似釋氏動以恍惚支離之語愚駭庸俗也。其天主像乃一女身，形狀甚異，若古所稱人首龍身者。與人言恂恂有禮，詞辯扣之不竭，異域中亦可謂有人也。已後竟卒于京師。

《康熙與羅馬使節關係文書》　康熙五十九年十一月十八日，上召西洋人蘇霖、白晉、巴多明、穆敬遠、戴進賢、嚴嘉樂、麥大成、倪天爵、唐尚賢、雷孝思、馮秉正、馬國賢、費隱、羅懷忠、安泰、徐茂盛、張安多、殷弘緒至乾清宫西暖閣。上面諭：

爾西洋人自利瑪竇到中國，二百餘年並無貪淫邪亂，無非修道，平安無事，未犯中國法度。自西洋航海，九萬里之遥者，為情願效力。朕因軫念遠人，俯垂矜恤，以示中華帝王不分内外，使爾等各獻其長，出入禁庭，曲賜優容致意。爾等所行之教，與中國毫無損益，即爾等去留，亦無關涉。因自多羅來時，誤聽教下閻當，不通文理，妄誕議論。著本人略通中國文章道理，亦為可恕。伊不但不知文理，即目不識丁，如何輕論中國理義之是非？即如以天為物，不可敬天；譬如上表謝恩必稱皇帝陛下，階下等語。又如過御座，無不趨蹌起敬，總是敬君之心，隨處皆然。若以陛下為階下座位，為工匠所造，怠忽可乎！中凰敬天亦是此意！若依閻當之論，必當呼天主之名，方是為敬，甚悖於中國敬天之意。據爾衆西洋人修道，起意原為以靈魂歸依天主，所以苦持終身，為靈魂永遠之事。中國供神主，乃是人子思念父母養育。譬如幼雛物類，其母若殞，亦必呼號數日者，思其親也。況人為萬物之靈，自然誠動於中，形於外也。即爾等修道之人，倘父母有變，亦自衷慟，倘置之不問，即不如物類矣，又何足與較量中國敬孔子乎！聖人以五常百行之大道，君臣父子之大倫，垂教萬世，使人親上死長之大道，此至聖先師之所應尊應敬也。爾西洋亦有聖人，因其行事可法，所以敬重。多羅、閻當等知識扁淺，何足言天？何知尊聖？前多羅來俱是聽教下無賴妄説之小人，以致顛倒是非，壞爾等大事。今爾教主差使臣來京請安謝恩，倘問及爾等行教之事，爾衆人公嚼答應：中國行教俱遵利瑪竇規矩，皇上深知，曆有年所，況爾今來上表請皇上安，謝皇上愛養西人之重恩，並無別事。汝若有言，汝當啓奏皇上，我等不能應對。爾等不可各出己見，妄自應答，又致紊亂是非，各宜凜遵。為此特諭。

藝文

明·鄭以偉《靈山藏·笨菴吟》卷四《挽利瑪竇用昔年贈韻》　天涯此日淚沾衣，紅雨紛紛春色微。海賈傳書存實義，主恩賜葬近郊畿。從來到處堪觀化，何必西方有履歸。侍子四門夷樂在，遼東鶴去已人非。

又《雨存篇》卷二　西泰子利瑪竇爲歐邏巴人，自云從西洋至中國，曾至大浪山，見南極出地三十二度，與中國上下相對待，謂地形如圓球，而周圍皆生齒。十年泛海一僧衣，積水蒼茫島嶼微。歷國動移星斗次，攬輝直下舜文璣。書從衡讀人間異，家在西洋夢裏歸。世界笛少原不盡，安霖寵恩宥還非。

清·全祖望《續耆舊》卷七八《韓松寨兄弟之一·歐羅巴》　歐邏巴者，大西洋中之國也，去中華十萬里。萬曆時，其國人利瑪竇輩始泛海而來。善天文、曆數，諸技藝皆巧絶。所設天主教怪妄特甚，其徒相繼而來，幾蔓延于中國。中國人亦多惑其教者。【略】

天主設教何妄怪，著書直欲欺愚昧，流入中華未百年，駸駸勢幾徧海内。

清·貝青喬《咄咄吟》卷上　僕聞之呂美章云：礫鼠淋漓血點新，高竿梟示揭城闉。終嫌列鎮蓮花幕，容得耶穌教裏人。

西方藝術入華分部

綜　述

西方繪畫入華

明·顧起元《客座贅語》卷六《利瑪竇》　所畫天主乃一小兒，一婦人抱之，曰『天母』。畫以銅板為幀，而塗五采於上，其貌如生，身與臂手儼然隱起幀上，臉之凹凸處正視與生人不殊。人問：『畫何以致此？』答曰：『中國畫但畫陽不畫陰，故看之人面軀正平，無凹凸相。吾國畫兼陰與陽寫之，故面有高下，而手臂皆輪圓耳。凡人之面正迎陽，則皆明而白。若側立則向明一邊者白，其不向明一邊者，眼耳鼻口凹處皆有暗相。吾國之寫像者解此法用之，故能使畫像與生人亡異也。』

清·姜紹書《無聲詩史》卷七《西域畫》　利瑪竇攜來西域天主像，乃女人掖一嬰兒，眉目衣紋如明鏡，涵影踽踽欲動，其端嚴娟秀，中國畫工無由措手。

清·于敏中《日下舊聞考》卷八〇《國朝苑囿·圓明園一》　清暉閣北壁懸《圓明園全圖》，乾隆二年命畫院郎世寧、唐岱、孫祐、沈源、張萬邦、丁觀鵬恭繪。御題『大觀』二字，並題聯曰：『稽古重圖書，義存無逸三宗訓；勤民咨稼穡，事著豳風七月篇。』

清·汪由敦《松泉集》卷一三《如意驄圖贊謹序》　臣聞天用莫如龍，地用莫如馬。伊古德産之雄蹻調良，來自遠方，莫不被歌頌、炳丹青，匪獨取其騰驤沛艾，馳騁空濶，良以威靈宣暢，昭盛德之致也。粵乾隆八年，準噶爾台吉噶爾丹策凌遣使臣圖爾都貢名馬，其一玉質純素，隱有青文，度今尺高五尺一寸，長七尺四寸，準周尺高八尺有奇，而長丈有二尺，厥性和柔，駸駸絶足，爰命之曰如意驄，驄言其色也，如意言其德也。欽惟皇上仁明恭儉，不貴異物，雖古所稱却走馬以糞，不加於此，而坰牧蕃息，斯才斯臧，屬國修貢，奇毛歲致。天閑供御之良，嘗選擇十駿，各賜嘉名，圖而贊之，藏於秘府。今德威所被，遠爍瀚海，懸度之外，自率其職來貢，經歷西極，若在外廐，其馬之骨氣深穩拔奇，十駿之外，良樂善相者胥為動容。海西臣郎世寧既繪為巨軸，臣等各題以贊，復詔仿元臣周朗《拂朗貢馬圖》為横卷，寫如意驄入貢時，天子臨視，侍衛執靮以進，夷使匍伏稽首跪獻之狀。臣等謹拜手，再為之贊，以昭聲教之暨訖，遠服之恭順，天駟之權奇，貽示來許。

清·乾隆敕撰《石渠寶笈》卷四《貯乾清宮四》　郎世寧寫生花卉一冊次等，洪一。素絹本，凡十二幅，著色畫，款云：郎世寧敬畫，每左幅碧色絹本，梁詩正書。

又　卷九《貯乾清宮九》　郎世寧畫鴿一軸次等，宿一。素絹本，著色畫，款云：臣郎世寧恭畫。

又　卷三五《貯御書房》　郎世寧百駿圖一卷次等，洪一。素絹本，著色畫，款識云：雍正六年歲次戊申仲春，臣郎世寧恭畫。

又　卷四〇《貯御書房》　郎世寧十駿圖十軸上等，月一。素絹本，著色畫，每軸款識云：乾隆癸亥孟春，海西臣恭畫。下有臣郎世寧、恭畫二印。

又　卷四一《貯學詩堂》　郎世寧寫生一冊次等，日一。素絹本，圓幅，著色，用海西法寫生，凡十二幅，每幅款云：臣郎世寧恭畫。末幅款識云：乾隆五年正月，臣奉敕恭畫。

又　卷四二《貯畫禪室》　郎世寧奉敕恭繪御容，上下鈐乾隆二璽，傍有德日新、執兩用中二璽。

清·乾隆敕撰《清通志》卷一一三《圖譜畧一·哨鹿圖》　哨鹿圖。謹按：是圖乃聖駕初幸木蘭，秋獮行圍，命郎世寧恭繪，用彰講武習軍，為萬世不易之法。

清·愛新覺羅·弘曆《御製詩初集》卷四〇《郎世寧橅元人秋林羣鹿圖》　秋半雪毛茸，伊尼聚曉春。寢訛咸自適，羣友各相從。霜葉疏還密，朝烟散轉封。興賢宵雅意，載咏寄遐悰。

清·愛新覺羅·弘曆《御製詩二集》卷四《龍馬歌題郎世寧所畫》　雲行者龍陸行馬，馬猶龍性理固然。又聞大宛界海裔，時有神龍出其淵。

合於牧牝牝乃字，渥洼龍種昂騰驤。孳息展轉盛北地，一一如龍見在田。徒觀謍鬛已軒翥，更參變態猶聯翩。我知其理不能寫，爰命世寧神筆傳。垌野坦夷繁百草，周以繡嶺帶鏡川。齕飲既適馬性悅，作息乃得全其天。目迷萬錦姑弗論，粗陳厥狀真奇焉。翹足而陸泅而水，飽而卓立倦而眠。怒者奮踶嬉者嚙，癢者摩頸躍者旋。突者奮者競相赴，或改其意中俄延。或背而馳似相忌，或依而就如相憐。夫惟衡軛之不藉，故無竊轡與詭銜。魯頌一言蔽詩義，蒙莊數語包全篇。驊騮騏驥世常有，誰言今也無曹韓。

又　卷八《郎世寧玉鷹圖》　玉鷹下秋宇，棲必老松枝。竦視無空澗，歛身愁鶻鴟。風塵誰許識，絛鏇詎能羈。擬問蘭臺令，奚稱白雉詩。

清・愛新覺羅・弘曆《御製詩三集》卷三一《鶖鷺爾有序》　尚書阿桂還自伊犁，以所獲鶖鷺爾鳥進，色正黝，尾中散白點如雪糝，赤睛黃匡，翎戢戢駢，半雉扇然。詢其名，既無義可索，或請按《鳥譜》近似者當之。予曰：否，否。昔夏后羽毛作貢，釐中土職方恆産。厥後吉光生翠，又不越嶺表炎洲而止，且名率侈艷，弗深考。乃者新域既屯既城，綏遠所徵，緊誌實是賴，則思曩日矧笴之雄風，紀今時鳴岐之雅則，不其韙乎？爰仍其名，命郎世寧為之圖，而系以詩。

鶖鷺爾何出，伊犁沙水潯。戍還因致此，《鳥譜》絕難尋。項背如鶡雉，間關學戴鵀。白斑黑尾點，黃暈赤睛深。忽得玒京闕，能無憶故林。聊將紀殊域，非是寶珍禽。

又　卷三九《白海青歌有序》　霍罕汗額爾得尼鄉風款塞，獻白海青一重，數譯而達京師，所謂積雪全暎，飛花碎點，信鷙鳥之奇特者也。金元以來，賦海青者率目為海東之産，故有扶餘東溟之詠。今林丞所掌金眸玉爪，迥異凡材者，蓋習見習聞。茲霍罕地在玉門萬里外，於古為大荒以西，順秋氣而應瑤光，其精明俊竦為金方之英，固宜既命郎世寧繪圖狀其神貌，更賦七言長句以紀其實，匪若天馬興歌，極鋪張誇詡之為，亦如旅獒底貢，深持盈慎德之思耳。

海東翻飛下海西海青本名海東青，變青為白斯更奇。東木西金五行配，各從其色非人為。霍罕部在天山右，其汗名額爾得尼。攄誠通貢致方物，韝來鷙鳥隨譯鞮。黃睛玉爪氣雋逸，素翅皓羽光陸離。籠育林監昭遠服，為之造屋誠無稽見《元史》。豪騰雄擊都弗藉，純精朗潔覃宜題。瑞圖越裳漫比擬，寫形傳實寧可遺。寫形傳實寧可遺，久安永奠殷吾思。

清・愛新覺羅・弘曆《御製詩四集》卷三一《題寫照哨鹿圖》　此圖乃辛酉年初幸木蘭哨鹿，命郎世寧所為者。彼時扈從諸臣，年長於予者，如來保輩頗多，少於予者，如傅恆輩共十有二人。今皆不見，憮然有懷，因成是什，云十人者，舉成數也。

哨鹿曾教寫照為，扈行原有十人隨。却看介爾惟存我，底事翻然都逝其。視昔由今語已信，何真非幻義堪思。似乎否也證臨鏡，骨格依前鬢有絲。

清・愛新覺羅・弘曆《御製詩五集》卷二〇《題郎世寧繪準噶爾獻馬圖》　罷兵絕域反來賓，準噶爾之用兵，自康熙年間，皇祖三征朔漠，屢申撻伐。及我皇考兩路出師，額駙策楞擊敗之於額爾德尼招，幾令匹馬不返。我武既揚，遂有罷兵之議。乾隆初年，余遵守成訓，用加安戢，示之以逸待勞。於是噶爾丹策凌所恃既詘，於乾隆八年，遣使入貢獻馬。厥後其子阿占及達瓦齊簒逆相尋，因乘時大舉掃穴犁庭，以承兩朝未竟之志，詳見《西師誌事詩》。牽獻權奇良且馴。遂使海西作圖畫，並教內翰誌緣因。噶爾丹策楞所貢馬，其一純白有青文，高八尺，長丈有二尺，賜名如意驄，命西洋人郎世寧繪圖，並命內廷翰林梁詩正、汪由敦、蔣溥、莊有恭、嵇璜、張若澄為之序讚，後復命沈德潛題什。偶然試展失六者，茲偶加披閱，所有題識之梁詩正、汪由敦、蔣溥、莊有恭、張若澄、沈德潛等六人皆已凋謝，又爾時侍御之臣，圖其貌者，來保、傅恆、羅卜藏、汪札爾、海蘭、特庫、博爾奔察、雲寶、五十七等九人，今乃無一人矣，為之悵然。介爾猶看有兩人。余以四十年後，重題是圖而序讚侍御諸臣，惟嵇璜一人在，因命再與賡和是什。識用古稀天子寶，成圖時亦未期用此寶，今得用之，亦佳話也。重令賡什一迴新。

《清高宗實録》卷七六二　（乾隆三十一年六月戊申）諭曰：西洋人郎世寧，自康熙年間入直內廷，頗著勤慎，曾賞給三品頂帶。今患病溘逝，念其行走年久，齒近八旬，著照戴進賢之例，加恩給予侍郎銜，並賞內府銀三百兩料理喪事，以示優恤。

又　卷七七七　（乾隆三十二年正月癸巳）諭曰：西洋人艾啓蒙在內廷行走，尚屬勤慎，著照從前郎世寧之例，加恩賞給奉宸院卿銜。

又　卷八九七　（乾隆三十六年十一月戊午）賜三班九老宴遊香山，命於次日赴乾清門內，令畫工艾啓蒙繪圖。

清·阮元《石渠隨筆》卷八　郎世寧，西洋人，乾隆間供奉如意館。其畫皆洋法設色，取徑有異中法，而一種精氣神采無與敵者。非獨寫生之工，卽山水大有士氣。艾啓蒙亦西洋人，同爲供奉，少遜於郎。

清·胡敬《國朝院畫録》卷下　艾啓蒙，海西人，工翎毛，《石渠》著録九。

清·彭蘊璨《歷代畫史彙傳》卷三二《國朝》　郎世寧，供奉内廷，善寫生人物、花鳥。準噶爾進大宛馬，上賜名如意驄，卽命世寧圖之，得邀睿鑑賜題。

清·端方《壬寅銷夏録》　郎世寧，海西人，工翎毛、花卉，以海西法為之。《國朝院畫録》：世寧之畫本西法，而能以中法參之，其繪花卉具生動之姿，非若彼中庸手之詹詹於繩尺者。

西方音樂入華

明·馮時可《蓬窗續録》　余至京，有外國道人利瑪竇。【略】道人又出番琴，其制異於中國，用銅鐵為弦，不用指彈，只以小板案，其聲更清越。

明·劉侗《帝京景物略》卷四《天主堂》　天琴。鐵絲絃，隨所按音調如譜。

清·嵇璜等《續文獻通考》卷一二〇《樂考》　穆宗應曆二十八年，大西洋利瑪竇獻其國樂器。利瑪竇自大洋西國來，自言泛海九年始至，因天津御用監少監馬堂進貢土物。其俗自有音樂，所為琴，縱三尺，橫五尺，藏櫝中絃七十二，以金銀或錬鐵為之，各有柱，端通於外，鼓其端而自應。

清·趙翼《簷曝雜記》卷二《西洋千里鏡及樂器》　有樓爲作樂之所。一虯髯者坐而鼓琴，則笙、簫、磬、笛、鐘、鼓、鐃、鐲之聲無一不備。其法設木架於樓，架之上懸鉛管數十，下垂不及樓板寸許。樓板兩層，板有縫，與各管孔相對。一人在東南隅，鼓鞴以作氣。氣在夾板中盡趨於鉛管下之縫，由縫直達於管。管各有一銅絲繫於琴絃。虯髯者撥絃，則各絲自抽頓其管中之關捩而發響矣。鉛管大小不同，中各有竅竅，以象諸樂之聲，故一人鼓琴而衆管齊鳴，百樂無不備，真奇巧也。

清·永瑢等《四庫全書總目》卷三八《樂類·御定律呂正義》　康熙五十二年，聖祖仁皇帝御定《律曆淵源》之第三部也。凡分三編，上編二卷，曰《正律審音》，以發明黄鍾起數，及縱長、體積、面冪、周徑，律呂損益之理，管弦律度旋宫之法。下編一卷，曰《和聲定樂》，以明八音制器之要。各有圖説，而於各篇之中，詳考古今之同異。續編一卷，曰《協均度曲》，則取波爾都哈兒國人徐日昇，及壹大里呀國人德里格所講聲律節奏，證以經史所載律呂、宫調諸法，分配陰陽二均字譜，亦有圖有説。

清·乾隆敕撰《清文獻通考》卷一七七《樂考·西洋樂律》　《律呂正義續編》曰：西洋波爾都哈兒國人徐日昇精於音樂，其法專以絃音清濁二均遞轉和聲為本，後又有壹大里呀國人德禮格，亦精樂律，與徐日昇所傳源流無二，以其所講聲律節奏，覈之經史所載律呂宫調，實相表裏，故取其分配陰陽二均高低字譜，編集成書，使談理者有實據云。

西方建築入華

清·吴振棫《養吉齋叢録》卷一八　（圓明園）景暉樓外爲藝果種蔬之地，中有亭曰順木天，圃曰學圃。芳碧叢者，地多竹，在勤政殿之東。每逢盛暑，輒於此閲摺批章，傳膳辦事。芰荷鄉爲每歲賞荷最盛之處。又有結構依西洋式，並用西洋水法者，額曰『諧奇趣』。

清·李斗《揚州畫舫録》卷一二　左靠山仿效西洋人製法，前設欄楯，構深屋，望之如數什百千層，一旋一折，目炫足懼，惟聞鐘聲，令人依聲而轉，蓋室之中設自鳴鐘，屋一折則鐘一鳴，關捩與折相應。外畫山河海嶼，海洋道路，對面設影燈，用玻璃鏡取屋内所畫影，上開天窗盈尺，令天光雲影相摩盪，兼以日月之光射之，晶耀絶倫。

清·沈復《浮生六記》卷四《浪遊記快》　十三洋行在幽蘭門之西，結構與洋畫同。【略】

南城外又有王氏園，其地長於東西，短于南北，蓋北緊背城、南則臨湖故也。既限於地，頗難位置，而觀其結構，作重臺疊館之法。重臺者，屋上作月臺為庭院，疊石栽花於上，使遊人不知脚下有屋。蓋上疊石者則下實，上庭院者則下虚，故花木仍得地氣而生也。疊館者，樓上作軒，軒上再作平臺，上下盤折，重疊四層，且有小池，水不漏泄，竟莫測其何虛何實。其立脚全用磚石為之，承重處仿照西洋立柱法。

清・方濬師《蕉軒隨録》卷三《御園侍游》 茶畢，往西洋樓海宴堂。

西方地理學入華分部

綜述

明・艾儒略《職方外紀》卷首《自序》 造物主之生我人類於世也，如進之大庭中，令饗豐醼又娱歌舞之樂也。嘗試仰觀天象，而有日月五星列宿之麗，則天似室廬，列象似瑰寶之飾垣壁者然。俯察地形，而有山川草木之羅列芬芳，則猶劇戲之當場者然。其他空中飛鳥、江海潛鱗、地上百穀果實，則集五齊八珍之薦列几筵者然。然則造物主之恩厚亦極矣，胡為乎人每日用不知，若將謂同然宜然，而曾莫究其所以然也！昔神皇盛際，聖化翔洽，無遠弗賓，吾友利氏齎進《萬國圖誌》。已而吾友龐氏又奉繙譯西刻地圖之命，據所聞見，譯為圖説以獻。都人士多樂道之者，但未經刻本以傳。迨至今上御極，而文物重新，駸駸乎王會萬方之盛矣。儒略不敏，幸厠觀光，慨慕前庥，誠不忍其久而湮滅也，偶從蠹簡得覩所遺舊藁，乃更竊取西來所攜手輯方域梗概，為增補以成一編，名曰《職方外紀》。私竊自哂，殆不過如匠氏竹頭木屑之陳，庖人蘋蘩蕰藻之獻，優伶雜劇百戲之搬演，無當大觀，非關實學。惟用以供有識卧游之萬一，則亦或者小有補云。

且夫士抱雅志，將以周游四遠。或為采風問俗，以宏教化；或為搜珍覓寶，以充美觀；或窮此疆爾界，以察地形；或訪聖賢名流，以資師友；或通有無貿遷，以求贏羨；或考羣方萬國山川形勝，以證經傳子史之載紀；或探奇覽秀，以富襟懷，以開神智。諸如此類，即有志焉，而勢不無道里跋涉之勞瘁，舟車貲費之經營，以至寇賊風波意外之警，又往

往足為我虞。矧人壽之幾何，勢非假羽翮以翔遊，或莫能遍歷八荒，以畢吾一生壯游之願也。茲賴後先同志，出游寰宇，合聞合見，以成此書，不出户庭可以周知遐遠。在創聞者，固未免或駭為奇，然而非奇實常；或疑為虛，然而非虛皆實。夫惟造物主之神化無量，是故五方萬國之奇詭不窮。倘一轉念，思厥所由，返本還原，徑固不遠，區區之愚，良有見於此耳！而淇園楊公雅相乎賞，又為訂其蕪拙，梓以行焉。要亦契余不忘昔者吾友芹曝自獻之夙志，而代終有成所願共戴天履地者。

既幸宅是庭，饗是醼，觀是樂，因而遡流窮源，循末求本，言念創設萬有一大主宰，而喟然昭事之是惕，則巵言薈稡，庶其不貽説鈴之誚乎！若曰異聞異見，姑以炫耀耳目，則儒略何人，而敢於學海名區呈此伎倆，是又與於玩物喪志之甚者也。

又 《李之藻〈刻職方外紀序〉》 萬曆辛丑，利氏來賓，余從寮友數輩訪之。其壁間懸有大地全圖，畫線分度甚悉。利氏曰：『此吾西來路程也。其山川形勝土俗之詳，別有鉅冊，已藉手進大内矣。』因爲余説：『地以小圓處天大圓中，度數相應，俱作三百六十度。凡地南北距二百五十里，卽日星晷必差一度。其東西則交食可驗，每相距三十度者，則交食差一時也。』余依法測驗，良然。乃悟唐人畫方分里，其術尚疎，遂爲譯以華文，刻為《萬國圖》屏風。居久之，有瀆呈御覽者，旋奉宣索，因其板已攜而南，中貴人翻刻以應。會閩稅璫又馳獻地圖二幅，皆歐邏巴文字，得之海舶者。而是時利氏已卽世，龐、熊二友留京，奉旨繙譯。龐附奏言：『地全形凡五大洲，今闕其一，不可不補。』乃先譯原幅以進。別又製屏八扇，載所聞見，附及土風物產，楷書貼説甚細。余以甲寅赴補，幸獲覩焉。此圖延久未竟，會放歸，齎投通政司，弗納，則奉致大明門外，叩頭而去，今尚庋中城察院云。而龐、熊旋卒於途。其底本則京紳有傳寫者，然皆碎玉遺璣，未成條貫。今年夏，余友楊仲堅氏與西士艾子爲增輯焉。凡系在職方朝貢附近諸國，俱不録，録其絶遠舊未通中國者，故名《職方外紀》。種種咸出俶詭，可喜可愕，令人聞所未聞。然語必據所涉歷，或彼國舊聞徵信者。世傳貫胸、反踵、龍伯、僬僥之屬，以爲荒誕，弗收也。

艾子語余：『是役也，吾謏聞也與哉！地如此其大也，而其在天中

一粟耳。吾州吾鄉又一粟中之毫末，吾更藐焉中處，而爭名競利於蠻觸之角也與哉，則性爲形役，實錯厥履。夫皆令毗其耳目思想以自錮，而孰知耳目思想之外，有如此殊方異俗地靈物產真實不虛者，此見人識有限，而造物者之無盡藏也。而又窮變極備，隨處悉供人類之用，兼賦人以最靈之性，俾能通天徹地，不與草木鳥獸同頑同朽。明乎造物主之於人獨厚也，人可不克己昭事，以期復命歸根。作如是觀，庶吾儕未闡天道，先語地員，不詒先後倒置之誚也乎！』而艾子之友金子則又曰：『此姑以綴屏上之圖也云爾！吾欲引伸其説，作諸國山川經緯度數圖十卷、風俗政教武衛物產技藝又十卷，而後可以當職方之一鏡也』。金子者，齎彼國書籍七千餘部，欲貢之蘭臺麟室，以參會東西聖賢之學術者也。德之庥明，奎躔炳瑞，時則有異國異書梯航九萬里而來，蓋曠古於今爲烈。聖主崇文，第令得廣致羣英，分曹摘槧，以盡傾海嶽之奇乎！將河洛未足誇，鳳鳥不虛至，而謂曩所拾一屏一冊臥遊之具，尚足爲咫聞炫哉！

又　《龐迪我　熊三拔〈奏疏〉》　大西洋國陪臣龐迪我等謹奏：爲欽奉聖旨事，九月初二日該靈臺官龐成等傳奉聖旨發下印板圖畫二扇，令臣等看詳四諸，欽此欽遵。臣與同伴陪臣熊三拔等看詳得圖畫二扇，係是臣國大西洋所刻《萬國全圖》。原板該是四扇，今得二扇，故爲未全。如蒙欽命，容臣等照樣補完二扇上進，或將此全圖悉譯以中國文字，別爲一書，尤便御覽。又臣國尚有刊刻《萬國圖誌》一冊，其中各國圖説至爲詳備，又皆臣國人游學經商，耳聞目見，並無鑿空駕造之説。其書曾經臣等貢獻御前，但皆西國文字，未便觀覽。臣伏蒙聖恩，豢養有年，略通經書大義，如蒙欽命發下原書，容臣等悉譯以中國文字上塵聖覽，即四方萬國地形之廣袤，國俗之善惡，政治之得失，人類之强弱，物產之怪異，一覽無遺。非獨可以廣聞見，抑亦可以裨聖治矣。臣等無任激切屏營之至。爲此謹將原圖二扇略加分解，開款於後，謹具奏聞。

大西洋國陪臣龐迪我、熊三拔等奏：爲欽奉聖旨事，九月初二日該看管時刻近侍龐成等傳奉聖旨發下西洋印板《萬國地海全圖》二扇，著令臣等看詳，已經回話訖。續於本月初五日有龐成等傳該御茶房牌子魏學顏御前請出原屏風二扇，着臣等再變寫明白來，欽此欽遵。思得臣國所刻《萬國地海全圖》原有四扇，今止得二扇，謹將原屏風照式圖畫，仍補完《中國圖》及《西南方國圖》二扇，共四扇，皆易以華文。恐圖中書寫不明，仍將各國政教、風俗、土產之類另寫一篇，列於下方，以便御覽，謹裝爲四軸，隨原屏風二扇一併上進者。臣自愧才智淺薄，記聞不多，所譯文字大段闕略。如蒙皇上几務之暇，欲得通知萬國情形，則有《萬國志》一冊，先年原係臣等貢獻御前者。其中所説至詳至備，又皆臣國人游經商，耳聞目見傳信之書，並無鑿空駕造之説。臣等仰蒙聖恩，蒙豢有年，略通經書大義，似可翻譯成書。臣今外無副本，倘聖意必須詳備，伏乞發下原書，容臣等備細變寫，上塵聖覽。即四方萬國地形之廣狹，風俗之善惡，道術之邪正，政治之得失，人類之强弱，物產之怪異，具載無遺。非徒可以廣見聞，亦或少裨於聖治。而臣等蒙恩日久，得效絲髮之勞，略解素餐之媿，有餘榮矣。外象牙時刻晷二具，或看日或看月、看星，皆可測知時刻。臣等學道餘閒，頗習曆法，二物係臣等製造，謹附進御前，以爲皇上宵衆肝食之一助，臣等無任戰悚恐懼之至。爲此今將原屏風二扇併新譯圖説四軸、時刻晷二具，謹具本親齎奏聞。

萬曆四十年九月初二日該內靈臺看時刻近侍龐成等傳奉聖旨發下西洋印板《萬國地海全圖》二扇，着令陪臣龐迪我、熊三拔等看詳，已經回話訖；續於本月初五日該近侍龐成傳該御茶房牌子魏學顏御前請出原屏風二扇，着陪臣龐迪我、熊三拔等再變寫明白來，欽此。

又　卷一《亞細亞總説》　亞細亞者，天下一大州也，人類肇生之地，聖賢首出之鄉。其地西起那多理亞，離福島六十二度；東至亞尼俺峽，離一百八十度；南起爪哇，在赤道南十二度；北至冰海，在赤道北七十二度。所容國土不啻百餘。其大者首推中國，此外曰韃而靼，曰回回，曰印弟亞，曰莫卧爾，曰百兒西亞，曰度兒格，曰如德亞，並此州鉅邦也。海中有鉅島曰則意蘭，曰蘇門答剌，曰爪哇，曰渤泥，曰呂宋，曰馬路古。更有地中海諸島亦屬此州界內。

中國則居其東南。自古帝王立極，聖哲遞興，聲名文物禮樂衣冠之美，與夫山川土俗物產人民之富庶，遠近所共宗，仰其北極。出地之度，南起瓊州出地一十八度，北至開平等處出地四十二度，從南涉北共得二十四度，徑六千里，東西大抵畧同。其距大西洋路幾九萬，開闢未始相通，但海外傳聞尊稱之為大知納。近百年以來，西舶往來貿遷，始闢其途。而又耶穌會中諸士幸復遍歷觀光，益習中華風土。今欲揄揚萬一，則《一統志》諸書舊已詳盡。至中華朝貢屬國，如韃韃、西番、女直、朝鮮、琉球、安南、暹羅、真臘之類，俱悉《一統志》中，亦不復贅。故畧撮職方之所未載者於左。

明・葉向高《蒼霞餘草》卷五《職方外紀序》 泰西氏之始入中國也，其説謂天地萬物皆有造之者，尊之曰天主。其敬事在天之上，人甚異之。又畫爲《輿地全圖》，凡地之四周皆有國土，中國僅如掌大，人愈異之。然其言天主，則與吾儒畏天之説相類，以故奉其教者頗多。其言輿地，則吾儒亦有地如卵黄之説，但不能窮其道里、名號、風俗、物産，如泰西氏所圖記。要以茫茫堪輿，俯仰無垠，吾中國人耳目聞見有限，自非絶域奇人，躬履其地，積年累世，何以得其詳悉之若是乎！

昔張騫使西域，其足迹不能出葱嶺、天竺外；元人窮河源，亦至崑崙而止。我朝陳誠、鄭和踰流沙、涉滄溟，輶軒所記，皆在方以内，琛球共貢之所及，然已足以見明德之覆被遠矣！今泰西艾君乃復有《職方外紀》，皆吾中國曠古之所未聞，心思意想之所不到，夸父不能逐，章亥不能步者，可謂坱圠之極觀，人間世之至弔詭矣。而其言皆鑿鑿有據，非汪洋謬悠如道家之諸天，釋氏之恆河、須彌，窮萬劫無人至也。泰西氏去中國已九萬里，自上古未嘗通。今艾君輩乃慕義遠來，獻其異書數千種於朝，其視越裳之重譯獻雉，不啻遇之。夫安知此後如外紀所臚列，不有聞泰西之風接踵而至者乎！是愈可以昭聖治而暢聲教也。此書刻于浙中，閩人多有索者，故艾君重梓之。余爲書其端如此。

清・陳鶴《明紀》卷四五《神宗紀七》 大西洋意大里亞人利瑪竇，泛海抵廣東香山澳，爲《萬國全圖》，言天下有五大洲：第一曰亞細亞洲，凡百餘國，而中國居其一；第二曰歐羅巴洲，凡七十餘國，而意大里亞居其一；第三曰利未亞洲，亦百餘國；第四曰亞墨利加洲，地更大，以境土相連，分為南北二洲；最後得墨瓦臘尼加洲為第五，而域中大地盡矣。

清・嵇璜等《續通典》卷一四九《邊防・意大里亞》 明神宗萬曆時，其國人利瑪竇至京師，為《萬國全圖》，言天下有五大洲，其説荒渺莫考。

清・陳逢衡《竹書紀年集證》卷二九 萬曆時，其國利瑪竇至京師，爲《萬國全圖》，言天下有五大洲：第一曰亞細亞洲，中凡百餘國而中國居一；第二曰歐邏巴洲，中凡七十餘國而意大理亞居其一；第三曰利未亞洲，亦百餘國；第四曰亞墨利加洲，地更大，以土相連，分爲南北二洲；最後得墨瓦臘泥洲爲第五，而域中大地盡矣。大都歐邏巴諸國宗天主耶穌教，而耶穌生於如德亞，其國在亞細亞中，西行教於歐邏巴，其始生在漢哀帝元壽年庚申，閲一千五百八十二年，至萬曆九年，利瑪竇汎海九萬里，抵廣洲之香山澳，其教遂沾染中土。其所著書多華人所未道，至所言洲中七十餘國風俗學制，幾比隆三代，其果然乎？然竊取《穆傳》折衷之，所歷諸國皆出大荒之外，即《山海經》所述其地，有三皇五帝之子孫與其臺邱遺烈，即西圖而証於山經穆傳，如至某國而某某迎獻，某某供享，如西王母之邦而獻酢歌謡，登古大雅之堂，可不謂諸天靈響之音乎？今洲中諸國，各建大學、中學、小學，居然先王流風，遺韻未衰也。特圖不著崑崙，而亞細亞之連歐邏巴有山名意貌，綿亘無紀極，疑以爲崑崙。當日馭駿越崑崙而西至於王母之邦，是由大秦循海而北，以至今歐邏巴之地，是歐邏巴一洲即王母之邦也。漢使至條支而止，則小西洋東岸耳，未有至大秦者，况歐邏巴哉！

清・阿桂等《平定兩金川方略》卷一〇〇《七月庚申》 因派阿彌達運帶礮子及礮式並測量之人前往，但測量必須極準，方於事有濟。因思測量之法，西洋人較内地人員尤為精熟，著傳諭舒赫德於蔣友仁、傅作霖二人内，詢其測量之為最精，派令前往，現派侍衛班長德保帶同馳驛，迅速赴阿桂軍營聽用。

清・乾隆敕撰《清通志》卷一一三《圖譜畧一・輿地圖》 謹按：是圖乃康熙年間，聖祖命人乘傳詣各部，詳詢精繪所定。自平定準噶爾，西陲諸部悉入版章，因奉敕遣大臣率西洋人，由西北兩路分道至各鄂拓克測量星度，占候節氣，詳詢其山川險易、道路遠近，繪圖一如舊制，以垂諸永久云。

《清高宗實録》卷四九〇 （乾隆二十年六月癸丑）西師奏凱，大兵直抵伊犁，準噶爾諸部盡入版圖。其星辰分野、日月出入、晝夜節氣時刻，宜載入《時憲書》，頒賜正朔。其山川道里，應詳細相度，載入《皇輿全圖》，以昭中外一統之盛。左都御史何國宗，素諳測量，著帶同五官正明安圖，並同副都統富德，帶西洋人二名，前往各該處，測其北極高度、東西偏度，及一切形勝，悉心考訂，繪圖呈覽。所有《坤輿全圖》及應需儀器，俱著酌量帶往。

又 卷一〇一一（乾隆四十一年六月丁巳）諭：盛京吉林等處，乃我祖宗肇迹興王之所。前因《皇輿全圖》刊載地名，不能賅備，命于實録内恭查，詳列清單，將原圖並交將軍弘晌等查明添補。嗣據弘晌等按其道里形勢，將所開地名，添繪成圖呈覽，已交輿圖處將舊圖增改刊刻。但舊圖方幅有限，詳載地名，字體已小，不能復列事迹，於豳岐之締造，尚不足以示昭垂。緬維列祖，天作基祥，鴻業經營，規模大備，如我太祖、太宗大破明師於薩爾滸山，及凡戰勝攻取之地，開創艱難，皆有山川疆域可考，自宜節舉大要，分注圖中。俾我世世子孫，按圖瞻仰，並得曉然于景命所貽，前勞所啓，一切欽承敬畏，以鞏億萬載丕丕基。詒謀垂裕之道，無有大於此者。著將盛京等處地方，另行展拓，繪為大圖一幅。溯自長白發祥，至奄有遼沈，建國遷都，暨神武戡定各事迹，並為標目，兼清漢字分注圖中。俾皆瞭若指掌，以備觀省而示久遠。即交大學士舒赫德、協辦大學士尚書公阿桂、尚書英廉督率所司，敬謹辦理。其如何核計里數，展圖若干，足敷標識之處，著令西洋人悉心測算，並即飭工繪樣呈進。俟閲定即壽諸棗梨，用昭世德鴻圖之盛，凜遵毋忽。

清·阮元《疇人傳》卷四五《南懷仁》 所著又有《坤輿圖説》二卷、《西方要記》一卷、《不得已辨》一卷、別本《坤輿外紀》一卷。《欽定大清會典》、《靈臺儀象志》、《操縵卮言》。

又 卷四六《蔣友仁》 蔣友仁，乾隆二三十年間入中國，進《增補坤輿全圖》及新製渾天儀。奉旨翻譯圖説，命内閣學士兼禮部侍郎何國宗、右春坊右贊善兼翰林院檢討錢大昕爲之詳加潤色。其《坤輿全圖説》言：天體渾圓，地居天中，其體亦渾圓也。地圓如球，今畫《大地全圖》作兩圈界，以象上下兩半球，合之即成全球矣。

又 卷四九《錢大昕》 時適西洋人蔣友仁以所著之《地球圖説》進，奉旨繙繹，並詔大昕與閣學何國宗同潤色。國宗久領監事，精推步，由是大昕時與討論中西諸法。

清·陳庚焕《惕園初藁文》卷二《地球考中》 地毬之有圖，始明萬曆中西士利瑪竇、南懷仁所進也。圖之制分全地三百六十度，為正背兩面圓圖，面各十八行，行各十八格，一格之地縱横皆十度，地以二百五十里為一度，為方二千五百里。十八行之正中直線，上當北極下，下當南極下。十八格之中半横線曰晝夜平線，正當赤道之下。正面圖之右上角即中國地，所謂亞細亞州者也。

清·馮桂芬《顯志堂稿》卷一二《跋〈海國圖志〉》 是書以林文忠公所譯《四洲志》爲藍本，不宜轉取從前之《職方外紀》、《萬國全圖》等書以補其所無，不幾以《春秋》列國補《戰國策》乎？又西人地理書皆著經緯度，眞得地理要義，正恨中國古書無此，故并省沿革多所聚訟。魏氏不知，輒多刪薙。今以英人《地理全志》、米人禕理哲《地球説略》校之，多所不合，如耶穌生於猶太，《明史》據利瑪竇言生於如德亞，是如德亞卽猶太，爲今土耳其東境，不宜屬之印度，誤一也。波蘭洼肖爲今西俄羅斯地，在通國五十七部之中，不宜列波蘭爲一國，誤二也。領墨國下述加納王事，卽《全志》嗹國駕奴特王事。案《説略》，嗹國又名嗹馬，嗹馬卽領墨之轉，乃別出嗹國，又出大尼國，臆斷領墨、大尼同用黄旗，非一國。幸所引《萬國全圖》經緯度，大尼度正與《全志》嗹國度合，是止一嗹國而歧爲三，誤三也。瑞丁國卽瑞顛，綏林卽綏蘭，爲瑞顛之首部。又，那威國久并於瑞顛，《地理全志》瑞顛國爲那威，本屬於嗹。嘉慶二十年，以瑞地之近於嗹國者歸嗹，以那威歸瑞，由是合爲一國。乃別出綏林國、那威國，是止一瑞顛而亦歧爲三，誤四也。偶校數卷，卽有此誤，恐全帙尚不止此。又圖中列天下萬國，而旁注中國之書長書短綫，更無解於不知而作之譏矣。

域外科技入華分部

綜　述

天文曆法與數學入華

元·王士點《秘書監志》卷七　烏赫哩造《四壁算法段數》十五部。

《元史》卷四八《天文志一·西域儀象》　世祖至元四年，扎馬魯丁造西域儀象：

咱秃哈剌吉，漢言混天儀也。其制以銅為之，平設單環，刻周天度，畫十二辰位，以准地面。側立雙環而結于平環之子午，半入地下，以分天度。內第二雙環，亦刻周天度，而參差相交，以結於側雙環，去地平三十六度以為南北極，可以旋轉，以象天運為日行之道。內第三、第四環，皆結於第二環，又去南北極二十四度，亦可以運轉。凡可運三環，各對綴銅方釘，皆有竅以代衡簫之仰窺焉。

咱秃朔八台，漢言測驗周天星曜之器也。外周圓牆，而東面啓門，中有小臺，立銅表高七尺五寸，上設機軸，懸銅尺，長五尺五寸，復加窺測之簫二，其長如之，下置橫尺，刻度數其上，以準掛尺。下本開圖之遠近，可以左右轉而周窺，可以高低舉而偏測。

魯哈麻亦渺凹只，漢言春秋分晷影堂。為屋二間，脊開東西橫罅，以斜通日晷。中有臺，隨晷影南高北下，上仰置銅半環，刻天度一百八十，以準地上之半天，斜倚鋭首銅尺，長六尺，闊一寸六分，上結半環之中，下加半環之上，可以往來窺運，側望漏屋晷影，驗度數，以定春秋二分。

魯哈麻亦木思塔餘，漢言冬夏至晷影堂也。為屋五間，屋下為坎，深二丈二尺，脊開南北一罅，以直通日晷。隨罅立壁，附壁懸銅尺，長一丈六寸。壁仰畫天度半規，其尺亦可往來規運，直望漏屋晷影，以定冬夏二至。

苦來亦撒麻，漢言渾天圖也。其制以銅為丸，斜刻日道交環度數於其腹，刻二十八宿形於其上。外平置銅單環，刻周天度數，列於十二辰位以準地。而側立單環二，一結于平環之子午，以銅丁象南北極，一結于平環之卯酉，皆刻天度。即渾天儀而不可運轉窺測者也。

苦來亦阿兒子，漢言地理志也。其制以木為圓毬，七分為水，其色綠，三分為土地，其色白。畫江河湖海，脈絡貫串於其中。畫作小方井，以計幅圓之廣袤、道里之遠近。

兀速都兒剌不定，漢言晝夜時刻之器。其制以銅如圓鏡而可掛，面刻十二辰位、晝夜時刻，上加銅條綴其中，可以圓轉。銅條兩端，各屈其首為二竅以對望，晝則視日影，夜則窺星辰，以定時刻，以測休咎。背嵌鏡片，三面刻其圖凡七，以辨東西南北日影長短之不同、星辰向背之有異，故各異其圖，以晝天地之變焉。

明·徐光啓《新法算書》卷一《緣起一》　皇帝敕諭太子賓客禮部左侍郎兼翰林院侍讀學士徐光啓：朕惟授時欽若，王者所以格天；觀運畫圖，羲和所以底日。夷考大衍繫卦，九疇五紀之書，馮相保章之職，辨三辰而察九野，至詳且備。然造曆者多門，而乩疑者互證，甘石莫究，裨梓難通。及至睎祲考詳，言盈轉縮，天保迷于申卯，孔氏示於辰房，代有成規，誰衷聚訟。自太祖關乾大統，驗七政之交會，為行度無差，迨神宗出震延禧，握三生之命苞，而屢議修舉。誕及朕躬，膺茲帝命，頃因日食不合，會議宜請更修，特允廷推，命爾督領，改修曆法事務。爾宜廣集衆長，虛心採聽，因數察理，探賾推玄。據爾所陳四款之三十三條，按之歲功五行之二十四氣，凡歲差歲實之異，測日測月之岐，三大三小為定朔定望之樞，一大一小為平朔平望之準，法宜稽于四應，氣宜印于二分，黃道、赤道之遠近懸殊，度多度寡之增減靡泥，算天行而置閏，定中極以握衡，合與犯之互乘，經與緯之相錯，漏壺窺晝夜之長短，圭表轉左右之交旋。總之，遲速之天象可摹，而積久則進退多爽；異同之師法可質，而守株則疏密胥乖。析之則天時人事、陽德陰功，須究釐于分秒；約之則觀象測景、候時籌策，憑儀器以推求。西法不妨于兼收，諸家務取而參合。用人必求其當，製象必覈其精。較正差訛，增補闕略。庶宿離之不忒，璿籥環璣，而工績之咸熙，璧輪應瑨。和協八風之律，職符二正之

司，闡千古之曆元，成一朝之鉅典。朕則爾庸，倘玩忽罔功，因仍乖次，責有攸歸，爾其慎之。故諭。崇禎二年九月十三日。【略】

太子賓客禮部左侍郎兼翰林院侍讀學士督修曆法臣徐光啓等謹題為修改曆法事。崇禎二年七月十一日，該本部題為日食事。十四日，奉聖旨：『這修改曆法四款，俱依議。徐光啓見在本部，著一切督領。李之藻速與起補，蚤來供事。該部知道。欽此欽遵。』隨行一面制造儀器，續于九月十五日衹領敕書關防，二十二日開局。行據欽天監開送選取官生戈豐年、周胤等到局，分番測驗晷景。臣之藻衹奉簡命，亦於去冬十一月自原籍杭州府起程前來，行至（楊）［揚］州、滄州兩處，為因血疾再發，醫療躭延，今幸獲痊，已於本月初六日陛見訖，旋即到局，協同臣光啓恪遵原議規則，督率該監官生，在局供事，推求測驗，改正諸法。先是臣光啓自受命以來，與同西洋遠臣龍華民、鄧玉函等，日逐講究翻譯，至十月二十七日，計一月餘，所著述翻譯曆説曆表稿草七卷。忽因警患，臣光啓屢奉明旨，拮据兵事，因之輟業，獨兩遠臣與知曆人等自行翻譯，復得諸色曆表稿草八卷，日稽月省，臣等凛凛職業，不敢怠荒。獨念天道幽遠，曆學精奥，自古聖（喆）［哲］皆不能為一定之法，獨郭守敬稱為絶（論）［倫］，今復與天不合，則其法亦未精密。臣等佔畢老儒，所誦習者不過漢、唐、宋、元史冊之所紀載，資性愚蒙，亦豈能自出聰明，高睨往古。第今改曆一事，因差故改，必須究其所以差之故而改正之。前史改曆之人皆不其然，不過截前至後，通計所差度分，立一加減乘除，均派各歲之下，謂之改矣，實未究其所以然也。臣等昔年曾遇西洋利瑪竇，與之講論天地原始，七政運行，併及其形體之大小遠近，與夫度數之順逆遲疾，一一從其所以然處，指示確然不易之理，較我中國往籍，多所未聞。臣等自後每聞交食，即以其法驗之，與該監所推算，不無異同，而大率與天相合。故臣等竊以為今茲修改，必須參西法而用之，以彼條款，就我名義，從曆法之大本大原，闡發明晰，而後可以言改耳。臣等藉諸臣之理與數，諸臣又藉臣等之言與筆，功力相倚，不可相無。然而布算既密，事緒亦繁，汗牛充棟之書，臣等方愁精力有限，歲月易銷，不意本年四月初二日，臣鄧玉函患病身故。此臣曆學專門，精深博洽，臣等深所倚仗，忽茲傾逝，向後緒業甚長，止藉華民一臣，又有本等道業，深懼無以早完報命。臣等訪得諸臣同學尚有湯若望、羅雅谷二臣者，其術業與玉函相埒，而年力正强，堪以效用。及今西洋掌教遠臣陸若漢南行，即令訪求速來，共襄盛典，事理亦便。伏乞敕下臣部，就便行文，敦諭二臣，并行所在官司，資給前來，庶令人出所長，早奏厥績。臣等竭其愚昧，諮訪商量，一則通曉曆法之人，悉宜收集京師；一則此二臣者，皆係外國賓旅。請乞皇上明旨徵求，重其事亦重其人，故不免以一事之微，仰瀆天聽。至于各省直地方，有學術能窺原本，推步確見左驗者，臣等再勤博訪取用，未敢一一瀆陳也。謹題請旨。崇禎三年五月十六日具題。

本月十九日奉聖旨：『曆法方在改修，湯若望等既可訪用，著地方官資給前來，該衙門知道。』

禮部尚書兼翰林院學士協理詹事府事督修曆法臣徐光啓等題為修改曆法事。先該臣等于本年五月十六日題為前事，十九日奉聖旨：『曆法方在改修，湯若望等既可訪用，著地方官資給前來，該衙門知道。欽此欽遵。』通行咨訪去後，訪得遠臣羅雅谷見寓河南開封府，隨經該府知府袁楷具文起送，資給前來，于今月初二日到京。理合具題，伏候命下，令赴鴻臚寺報名，習儀見朝，隨令到局，與遠臣龍華民一體供事。其湯若望另俟訪取到日，具題請旨施行。

崇禎三年七月初六日具題，奉聖旨：『羅雅谷准朝見，到局供事，該部知道。』

明·沈德符《萬曆野獲編》卷二〇《曆法·日食訛謬》　萬曆庚戌十一月朔壬寅日食。初欽天奏稱日食七分有餘，未正一刻初虧，申初三刻食甚，酉初初刻復圓。春官正戈謙亨等又稱，未正三刻初虧，已互異矣。既而兵部員外范守己駁之，謂親驗日晷，未正一刻不虧，至正二、正三、正四刻俱然，直至申初二刻，始見西南略有虧形，至申正二刻方甚，且不止七分有餘。蓋曆官前後俱誤也。禮部因言，自萬曆元年至今，日食已十餘次，其差或一二刻，以至四刻。前代如漢修改五次，魏至隋修改十三次，唐至五代周修改十六次，宋修改十八次，金至元末修改三次。本朝二百餘年，未經修改，豈能無訛？今范守己及按察使邢雲鷺精通曆學，雲鷺有《古今律曆考》，綜採詳密，可照先朝給事樂濩、主事華湘改光禄少卿，提督欽天監。又檢討徐光啓、員外李之藻，俱究心曆理，以及大西洋歸化陪臣龐迪莪、熊三拔等，俱攜有彼國曆法諸書。乞照洪武十五年命翰林李翀、吳伯宗、靈臺郎海達兒、回回天師馬黑亦沙等譯修西域曆法事例，盡録其書，以補典籍之闕。庶曆法詳明，有光前代。疏上不報，似此訛舛，不急改訂，曆律不知所終矣。

清・孫承澤《春明夢餘録》卷五八《欽天監一・西洋曆》 徐光啓修曆十事疏：其一、議歲差。每歲東行漸長漸短之數，以正古來百五十年、六十六年多寡互異之説。其二、議歲實小餘。昔多今少、漸次改易，及日景長短歲歲不同之因，以定冬至，以正氣朔。其三、每日測驗日行經度，以定盈縮加減真率，東、西、南、北高下之差，以步月躔。其四、夜測月行經緯度數，以定交轉遲疾真率，東、西、南、北高下之差，以步月離。其五、密測列宿經緯行度，以定七政盈縮、遲疾、順逆、違離、遠近之數。其六、密測五星經緯行度，以定小輪行度遲疾，留逆、伏見之數，東、西、南、北高下之差，以推步淩犯。其七、推變黃、赤道廣狹度數，密測三道距度，及月、五星各道與黃道相距之度，以定交轉。其八、議日、月去交遠近，及真會、似會之因，以定距午時差之真率，以正交食。其九、測日行，考知二極出入地度數，以定周天緯度，以齊七政；因月食，考知東西相距地輪經度，以定交食時刻。其十、依唐、元法，隨地測驗二極出入度數，地輪經緯，以求晝夜、晨昏永短，以正交食有無、先後、多寡之數。因舉南京太僕寺少卿李之藻，西洋人龍化民、鄧玉函同襄曆事。疏奏，報可。

李之藻請譯西洋曆法疏：伏見大西洋國歸化陪臣龐迪我、龍化民、熊三拔、陽瑪諾等諸人慕義遠來，讀書談道，俱以穎異之資，洞知曆算之學，攜有彼國書籍極多，久漸聲教，曉習華音，在京仕紳與講論。其言天文曆數，有我中國昔賢談所未及者凡十四事：一曰：天包地外，地在天中。其體皆圓，皆以三百六十度算之。地徑各有測法，從地窺天，其自地心測算與其地面測算者皆有不同。【略】不徒論其度數而已，又能論其所以然之理。蓋緣彼國不以天文曆學為禁，五千年來，通國之俊曹聚而講究之，窺測既核，研究亦審，與吾中國數百年來始得一人，無師無友，自悟自是，此豈可以疏密較者哉？

《清世祖實録》卷五 （順治元年六月壬午）修政曆法西洋人湯若望啓言：臣於明崇禎二年來京，曾用西洋新法釐正舊曆，製有測量日月星晷定時考驗諸器，盡進内廷，用以推測，屢屢密合。近聞諸器盡遭賊毀，臣擬另製進呈。今先將本年八月初一日日食，照西洋新法，推步京師所見日食限分秒，並起復方位圖像，與各省所見日食多寡先後不同諸數，開列呈覽，乞敕該部届期公同測驗。攝政和碩睿親王諭：舊曆歲久差訛，西洋新法屢屢密合，知道了。此本内日食分秒時刻、起復方位，並直省見食有多寡先後不同，具見推算詳審。俟先期二日來説，以便遣官公同測驗。其窺測諸器，速造進覽。

又 卷六 （順治元年七月甲午）修政曆法湯若望啓言：臣製就渾天星球一座，地平、日晷、窺遠鏡各一具，並輿地屏圖，恭進王覽。再照臣所修西洋新法，已蒙欽定為《時憲寶曆》，所有應用諸曆從此永依新法推算。其頒行民曆式樣，俟完日進呈。攝政和碩睿親王諭：所進測天儀器准留覽。應用諸曆一依新法推算，其頒行式樣作速催竣進呈。【略】

（順治元年七月甲辰）修政曆法湯若望啓言：謹按：敬授民時，全以節氣交宫與太陽出入、晝夜時刻為重。若節氣之時日不真，則太陽出入、晝夜刻分俱繆矣。歷稽大統、回回舊曆，所用節氣止泥一方，且北直之節氣，春分、秋分前後俱差一二日，況諸方乎？薄海内外，盡知紕繆，安可謂敬授民時之信曆也？新法之推太陽出入地平環也，則有此晝而彼夜、此入而彼出之理。若舊法以一處而概諸方，不明經緯之奥，故日月多應食而不食，當食而失推，五星當疾而反遲，應伏而反見，種種差訛，難以枚舉。今以臣局新法，所有諸方節氣及太陽出入、晝夜時刻，俱照道里遠近推算，共增數葉，加於曆首，以協民時，以前民用，裝潢告成，恭呈王覽。舊於曆尾附列五官等職名，今用新法，不係監官推算，亦應更改，庶於大典有光。攝政和碩睿親王諭：新曆節氣交脱與太陽出入、晝夜時刻，按道里遠近推算，諸方各有不同，果為精確。但字畫細小，行款稠密，宜更定式樣，以便頒行。瀋陽改寫盛京。曆尾五官等官職名，既係舊例，著附列湯若望之後，仍取該監更定曆樣呈覽。

又 卷七 （順治元年）八月丙辰朔，日食。是日，令大學士馮銓同湯若望，攜窺遠鏡等儀器，率局監官生齊赴觀象臺測驗。

又 卷一一 （順治元年十一月）己酉。修政曆法湯若望奏言：臣等按新法推算月食時刻分杪，復定每年進呈曆目，惟民曆、七政經緯躔度與中曆、相距曆、上吉、壬遁六種，依次虔造進呈，內與舊法重復者刪去，以免混淆。疏入。得旨：禮部知道。欽天監印信著湯若望掌管。所屬該監官員，嗣後一切進曆、占候、選擇等項，悉聽掌印官舉行。

又 卷二一 （順治二年十一月丁卯）欽天監監正湯若望以修補新曆全書告成。

又 卷二六 （順治三年六月己丑）以新造曆書成，加欽天監監正湯若望太常寺少卿，仍理監事。

又 卷六六 （順治九年七月）甲戌。欽天監監正湯若望進渾天星球、地平日晷等儀器，賜朝衣、涼朝帽、鞾、襪。

又 卷七三 （順治十年三月戊辰）賜太常寺卿管欽天監事湯若望，號通懸教師，加俸一倍，賜之敕諭。敕曰：朕惟國家肇造鴻業，以授時定曆為急務。羲和而後，如漢洛下閎、張衡、唐李淳風、僧一行諸人，於曆法代有損益，獨於日用朔望交會分杪之數，錯誤尚多，以致氣候刻應不驗。至於有元郭守敬，號為精密，然經緯之度，尚不能符合天行，其後晷度亦遂積差矣。爾湯若望來自西洋，涉海十萬里，明末居京師，精於象緯，閎通曆法。其時大學士徐光啓特薦於朝，令修曆局中，一時專家治曆如魏文奎等，推測之法，實不及爾。但以遠人之故，多忌成功，歷十餘年，終不見用。朕承天眷，定鼎之初，爰諮爾姓名，為朕修大清《時憲曆》，迄于有成，可謂勤矣。爾又能潔身持行，盡心乃事，董率群官，可謂知，比之古洛下閎諸人，不既優乎！今特錫爾嘉名，為通懸教師，餘守秩如故。俾知天生賢人，佐佑定曆，補數千年之闕略，成一代之鴻書，非偶然也。爾其益懋厥修，以服厥官，傳之史冊，豈不美哉？

又 卷九三 （順治十二年八月辛未）欽天監監正湯若望，考九年滿，加通政使司通政使銜，賜二品頂帶，仍管欽天監事。

又 卷一一四 （順治十五年正月癸卯）掌欽天監印務湯若望進《相距曆》。

《清聖祖實録》卷一四 （康熙四年三月）壬寅。先是，江南徽州府新安衛官生楊光先叩閽，進所著《摘謬論》一篇，摘湯若望新法十謬，又《選擇議》一篇，摘湯若望選擇和碩榮親王安葬日期，誤用《洪範》五行。下議政王等會同確議。至是，議政王等逐款鞫問所摘十謬，楊光先、湯若望各言已是。曆法深微，難以分別。但歷代舊法，每日十二時分一百刻，新法改為九十六刻；又康熙三年立春日候氣，先期起管，湯若望誑奏，候至其時，春氣已應；又二十八宿次序，分定已久，湯若望私將參觜二宿改調前後，又私將四餘中刪去紫炁；又湯若望進二百年曆，夫天祐皇上，曆祚無疆，而湯若望只進二百年曆，俱大不合。其選擇榮親王葬期，湯若望等不用正五行，反用《洪範》五行，山向年月俱犯忌殺，事犯重大。擬欽天監監正湯若望、刻漏科杜如預、五官挈壺正楊弘量、曆科李祖白、春官正宋可成、秋官正宋發、冬官正朱光顯、中官正劉有泰等，皆淩遲處死。已故劉有慶子劉必遠、賈良琦子賈文郁、宋可成子宋哲、李祖白子李實、湯若望義子潘盡孝，俱斬立決。得旨：湯若望係掌印之官，於選擇事情，不加詳慎，輒爾准行，本當依擬處死，但念專司天文，選擇非其所習，且效力多年，又復衰老，著免死。杜如預、楊弘量，本當依擬處死，但念永陵、福陵、昭陵、孝陵風水，皆伊等看定，曾經效力，亦著免死。湯若望等並其干連人等，應得何罪，仍著議政王貝勒大臣九卿科道，再加詳核，分別確議具奏。

又 卷一五 （康熙四年四月己未）湯若望、杜如預、楊弘量責打流徙，俱著免。

又 卷二七 （康熙七年十二月庚寅）治理曆法南懷仁，劾奏欽天監監副吳明烜所造康熙八年《七政民曆》內，康熙八年閏十二月應是康熙九年正月，又有一年兩春分、兩秋分，種種差誤。得旨：曆法關係重大，著議政王、貝勒、大臣、九卿、科道會同確議具奏。【略】

（癸巳）和碩康親王傑書等遵旨覆奏：南懷仁所稱吳明烜推算曆日，種種差錯。曆法精微，遽難定議，應差大臣同伊等測驗。得旨：著圖海、李霨、多諾、吳格塞、布顏、明珠、黃機、郝惟訥、王熙、索額圖、科爾科代、董安國、曹申吉、王清、葉穆濟、吳國龍、李宗孔、王曰高、田六善、徐越同往測驗。

又 卷二八 （康熙八年正月）庚申。議政王等會議：得南懷仁奏吳明烜推算曆日差錯之處，奉旨差大學士圖海等同欽天監監正馬祐測驗立春、雨水、太陰、火星、木星，與南懷仁所指，逐款皆符，吳明烜所稱，逐款不合。應將康熙九年一應曆日，交與南懷仁推算。【略】楊光先前告湯若望時，議政王大臣會議，以楊光先何處為是，據議准行，湯若望何處為非，輒議停止，及當日議停今日議復之故，不向馬祜、楊光先、吳明烜、南懷仁問明詳奏，乃草率議覆。不合，著再行確議。【略】

（康熙八年二月）庚午。議政王等遵旨會議：前命大臣二十員赴觀象臺測驗南懷仁所言，逐款皆符，吳明烜所言，逐款皆錯，傳問監正馬祜、監副宜塔喇、胡振鉞、李光顯，亦言南懷仁曆，皆合天象。竊思百刻曆日，雖歷代行之已久，但南懷仁推算九十六刻之法，既合天象，自康熙九年始，應將九十六刻曆日推行。又南懷仁言，羅睺、計都、月孛星，係推算曆日所用，故開載。其紫炁星，無象推算，曆日並無用處，故不開載。應自康熙九年始，將紫炁星不必造入七政曆日內。又言，候氣係自古以來之例，推算曆法，亦無用處，嗣後亦應停止。楊光先職司監正，曆日差錯，不能修理，左袒吳明烜，妄以九十六刻推算乃西洋之法，必不可用，應革職，交刑部從重議罪。得旨：楊光先著革職，從寬免交刑部。餘依議。【略】

（康熙八年三月庚戌）授西洋人南懷仁為欽天監監副。先是，欽天監官按古法推算康熙八年曆，以十二月置閏。至是南懷仁言，雨水為正月中氣，是月二十九日值雨水，即為康熙九年之正月，不當置閏，置閏當在明年二月。上命禮部詳詢欽天監官，多直南懷仁，乃罷康熙八年十二月閏，移置康熙九年二月。其節氣占候，悉從南懷仁之言。

又　卷三〇　（康熙八年六月乙卯）刑部遵旨議覆：吳明烜前因妄奏水星出見，擬絞，遇赦獲免。今經復用，又於皇上前謊稱能推算南懷仁新法，及命制星儀，違限遲延，星辰等項，缺少舛錯。應照奏事不實例，杖一百，僉妻流徙寧古塔。得旨：吳明烜姑從寬免流徙，著責四十板。

又　卷三一　（康熙八年八月辛未）和碩康親王傑書等議覆：南懷仁、李光宏等呈告楊光先依附鼇拜，捏詞陷人，將歷代所用之《洪範》五行，稱為《滅蠻經》，致李祖白等各官正法，且推曆候氣，茫然不知，解送儀器虛縻錢糧，輕改神名，將吉凶顛倒，妄生事端，殃及無辜，援引吳明烜謊奏授官，捏造無影之事，誣告湯若望謀叛，情罪重大，應擬斬，

妻子流徙寧古塔。至供奉天主，係沿伊國舊習，並無為惡實迹。湯若望復通微教師之名，照伊原品賜恤，還給建堂基地。許纘曾等復職。伊等聚會，散給《天學傳概》及銅像等物，仍行禁止。西洋人栗安黨等，該督撫驛送來京。李祖白等，照原官恩恤，流徙子弟取回，有職者復職。李光宏、黃昌、司爾圭、潘盡孝，原降革之職，仍行給還。得旨：楊光先理應論死，念其年老，姑從寬免，妻子亦免流徙。栗安黨等二十五人，不必取來京城。其天主教，除南懷仁等照常自行外，恐直隸各省復立堂入教，仍著嚴行曉諭禁止。餘依議。【略】

（康熙八年八月丙戌）追賜原任掌欽天監事通政使司通政使湯若望祭葬如例。

又　卷七六　（康熙十七年八月乙未）禮部議：欽天監治理曆法南懷仁進《康熙永年曆》，係接推湯若望所推曆法。應交翰林院，仍著該監官生肄習，永遠遵行。從之。

又　卷一三三　（康熙二十七年正月庚午）予故欽天監治理曆法加工部右侍郎南懷仁祭葬，謚勤敏。

《清世宗實錄》卷七五　（雍正六年十一月戊辰）添設欽天監西洋人監副一員。

清·萬斯同《明史》卷一三五《藝文志二》　《西洋地震解》

《西洋測食略》

《雷占》三卷

《風雲寶鑑》一卷

清·乾隆敕撰《清通志》卷二三《天文略·弧線》　弧三角形者，球面弧線所成也。古專家有黃赤相準之率，大約就渾儀度之，僅得大概，未能形諸算術。惟元郭守敬以弧矢命算，黃赤相承，始有定率，視古為密。但其法用三乘方，取數甚雜。自西人利瑪竇、湯若望等繙譯算書，始有曲線三角形之法。三弧度相交成三角形，其三弧三角各有相應之八線，弧與弧相交，即線與線相遇，而勾股比例焉。於是乎有黃道可以知赤道，有赤道可以知黃道，有經可以知緯，有緯可以知經，觀象之法，至此而備，勾股之用，至此而極矣。

清·乾隆敕撰《清文獻通考》卷二二九《經籍考》　《曆算全書》

六十卷，《大統書志》十七卷，《勿菴曆算書記》一卷。梅文鼎撰。文鼎字定九，宣城人。康熙四十一年，大學士李光地嘗以其所著曆學進呈，會聖祖仁皇帝南巡，於德州召見，御書『積學參微』四字賜之，後奉詔修樂律、曆算等書。

文鼎自序曰：萬曆中，利氏入中國，始倡幾何之學，以點線面體為測量之資，制器作圖頗為精密。然其書率資繙譯，篇目既多，徑紆瀾澗，讀者每難卒業，又奉耶蘇為教，與士大夫聞見齟齬。學其學者又張皇過甚，輒以世傳淺術為古《九章》盡此，於是薄古法為不足為，而或株守舊聞，遽斥西儒為異學。兩家之説，遂成隔礙，此亦學者之過也。竊以學問之道，求其通而已，己之所不能通而人則通之，又何間於今古，何別乎中西？因彙其書而説之。

臣等謹按：文鼎《曆算全書》乃魏荔彤屬楊作枚所校刊，首曰《曆學疑問》，即聖祖仁皇帝親為點定者。其他著述極為繁富，衍九章之未備，著今法之面形，論中西形體之變化，釋弧矢勾股八線之比例。蓋中西法至難貫通，文鼎原原本本，洞究精微，實為數家之總滙。《大統書志》因明初大統術詳為推衍，分為《法原》、《立成》、《推步》三部，《法原》凡七目，《立成》凡四目，《推步》凡六目，辨論詳明，有條有理。《曆算書記》各疏其論撰之意，於中西諸法一一得其要領，自郭守敬、徐光啓以來，無有出其右者矣。

又 卷二五六《象緯考·時憲》 順治元年十月乙卯朔，頒順治二年《時憲書》，用西洋新法，以太宗文皇帝天聰二年戊辰天正冬至為法元，定周天三百六十度，度法六十分，每日九十六刻，刻法十五分，晝夜節氣時刻，京師與各省皆依北極高度、東西偏度推算。先是六月壬午，西洋人湯若望言：『臣於明崇禎二年來京，曾用西洋新法製測量日月星晷、定時考驗諸器，用以推測，近遭賊燬，臣擬另製進呈。今先將本年八月初一日日食，照西洋新法推步，京師所見日食分秒並起復方位圖象，與各省所見不同之數，開列呈覽。』及期，大學士馮銓同湯若望攜窺遠鏡諸器，赴觀象臺測驗，其初虧、食甚、復圓時刻分秒及方位，大統回回法俱有差誤，惟西洋新法脗合云。七月丁亥，禮部言：『欽天監改用新法，推註已成，請易新名頒行。』和碩睿親王曰：『宜名時憲，昭朝廷憲天乂民至意。』甲辰，湯若望言：『敬授民時，全以節氣交宮與太陽出入晝夜時刻為重。若節氣之時日不眞，則太陽出入晝夜刻分俱謬矣。大統、回回舊法所用節氣，止泥一方，且北直之節氣，春分、秋分前後俱差一二日，況諸方乎？新法之推太陽出入地平環也，則有此晝而彼夜，此入而彼出之理，舊法以一處而概諸方，故日月多應食而不食，當食而失推，五星當疾而反遲，應伏而反見，差訛難以枚舉。今以臣局新法，所有諸方節氣及太陽出入晝夜時刻，俱照道里遠近推算，請刊列《時憲書》。』從之。至是告成頒行。

十一月，以湯若望掌欽天監事。時湯若望疏言：『臣等按新法推算月食時刻分秒，復定每年進呈書目，重復者刪去，以免混淆。』得旨：欽天監印信，著湯若望掌管，所屬官員，嗣後一切占候選擇，悉聽舉行。

十四年十一月，命内大臣及部院大臣登觀象臺測驗。先是四月，回回科秋官正吴明烜疏言：『臣祖默沙亦黑等本西域人，自隋代來朝授官，經一千五十九載，專管星宿行度吉凶，推算太陰五星淩犯天象，占驗日月交食，即以臣科白本進呈，著為例。順治三年，本監掌印湯若望諭不必奏進，其所推《七政書》，水星二、八月皆伏不見，今水星於二月二十九日仍見東方，又八月二十四日夕見，皆關象占，不敢不據實上聞，并上順治十四年回回科推算太陰五星淩犯書、日月交食天象占驗圖象。』七月，又言湯若望推算天象舛謬三事：一、遺漏紫炁，一、顛倒觜參，一、顛倒羅計。至是，内大臣等測驗水星不見，議吴明烜詐妄之罪，援赦得免。

康熙四年三月，廢西洋新法，用舊法。時徽州府新安衛官生楊光先進《摘謬論》、《選擇議》各一篇，言湯若望新法十謬，及選擇不用正五行之誤。下議政王大臣等集議，將湯若望及所屬各員罷黜治罪，於是廢西洋新法，用大統舊法。

七年八月，因舊法不密，用回回法。時欽天監監副吴明烜疏言：『現用舊法不無差謬，與五官正戈繼文等所進書暨回回科《七政書》三本互有不同，宜令四科詳加校正，以求至精。』下禮部議。尋議：五官正戈繼文等推算七政，金水二星差誤。監副吴明烜之《七政書》與天象相近，理應頒行。主簿陳聿新推算己酉年時憲，已頒各省，止於本年暫用。其七政經緯躔度、月五星淩犯等書及日月交食，自康熙九年以後，俱交吴明烜推算。從之。

九月，欽天監監正楊光先言候氣之法不驗。先是五年正月，楊光先疏言：『候氣之法久失其傳，十二月中氣不應，乞敕禮部採取宜陽金門山竹管、上黨羊頭山秬黍、河内葭莩備用。』從之。至是，疏稱取到律管、秬黍、葭莩，照尺寸方位候過二年，未見效驗。得旨：候氣之法，自北齊信都芳取有效驗之後，經千二百餘年，俱失其傳。能行修正之人可得與否，詳問再議。尋議：據楊光先稱，律管尺寸雖載在司馬遷《史記》，而用法失傳，今博訪候氣之人，尚在未得，應仍令延訪。從之。

八年三月，復用西洋新法。先是七年十一月，命大臣傳集西洋人與監官質辯，至午門測驗正午日景。西洋人南懷仁言，監副吴明烜所造康熙八年《七政》、《時憲》閏十二月，應是康熙九年正月，又有一年兩春分、兩秋分之誤。命大學士圖海、李霨等赴觀象臺測驗。八年正月丁酉，是日立春，南懷仁預推午正太陽，依象限儀在地平上三十三度四十二分，依紀限儀離天頂正南五十六度十八分，依黄道經緯儀在黄道線正中，在冬至後四十五度零六分，在春分前四十四度五十四分，依赤道經緯儀在冬至後四十七度三十四分，在春分前四十二度二十六分，在赤道南十六度二十一分，依天體儀於立春度分所立直表，則表對太陽而全無影，依地平儀所立八尺有五寸表，則太陽之影長一丈三尺七寸四分五釐，於是六儀並測，一一符合。圖海等言：『測驗南懷仁所指皆符，吴明烜所指不實，應將康熙九年《時憲》交南懷仁推算。』得旨：前時議政王大臣以楊光先何處為是議行，湯若望何處為非議廢，及今日議復之故，向馬祐、楊光先、吴明烜問明再議。尋議：傳問監正馬祐等，亦言南懷仁所指皆合天象。每日百刻雖前代行之已久，但南懷仁推算九十六刻之法既合，應將九十六刻推行。又南懷仁言：『羅睺、計都、月孛星係推算所用，其紫炁星無象，不關推算，應自康熙九年始，將紫炁星不入《七政書》。至候氣係古法，現今推算亦無用處，俱應停止。』從之。三月，南懷仁言：『雨水為正月中氣，吴明烜於康熙八年十二月置閏，是月二十九日值雨水，即為康熙九年之正月，置閏當在九年二月。』從之。

十五年八月，令欽天監官員學習新法。諭曰：欽天監專司天文曆法，任是職者必當學習精熟。向者新法、舊法，是非爭論，今既知新法為是，滿漢官員務令加意精勤。此後習熟之人，方準陞用，未習熟者，不準陞用。

十七年八月，《預推七政交食表》告成。掌欽天監事南懷仁接推湯若望所推法為書三十二卷，名曰《康熙永年表》。

二十一年八月，增製《盛京推算表》。南懷仁疏言：『新法照北極之高度，另有《推算日月交食表》，名為《九十度表》。惟盛京無本地之表，今春隨駕，測得盛京北極之高較京師多二度，應製《九十度表》以憑推算。』從之。

清・阮元《疇人傳》卷四五《南懷仁》 南懷仁，字勳卿，一字敦伯，康熙初年入中國。是時吴明烜、楊光先等，以舊法點竄遞更，强天從人，儀器倒用，以致天道勿協。康熙七年十二月，命大臣召懷仁與監官質辯。越明年正月丁酉，諸大臣同赴觀象臺測驗立春、雨水、太陰、火星、木星。懷仁預推度數與所測皆符，明烜所指不實。大臣等請將康熙九年《時憲書》交南懷仁推算。從之。遂以懷仁爲監副。是年八月，因舊製儀器有差，疏請改造，並呈式樣。部照南懷仁所指速造，十二年儀成。擢懷仁爲監正。其儀凡六：

一曰黄道經緯儀。儀之圈有四，圈各分四象限，限各九十度。其外大圈恆定而不移者，名天元子午規。外徑六尺，規面厚一寸三分，側面寬二寸五分。規之下半夾入于雲座，仰載之半圓，前後正直，子午上直天頂。從天頂北下數五十度定北極，從天頂南下數一百三十度定南極，此赤道極也。次爲過極至圈。圈平分處，各以鋼樞貫于赤道之南北極。又依黄赤大距度于過極至圈上，定黄道之南北極。距黄極九十度，安黄道經圈，與過極至圈十字相交，各陷其中以相入。令兩圈合爲一體，旋轉相從，經圈之兩側面，一爲十二宫，一爲二十四節氣。其兩交處，一當冬至，一當夏至，此第三圈也。第四爲黄道緯圈，則以鋼樞貫于黄極焉。圈之徑爲圓軸，圍三寸，軸之中心立圓柱爲緯表，與緯圈側面成直角。而經圈、緯圈上，各設遊表儀，頂更設銅絲爲垂綫。全儀以雙龍擎之，復爲交梁，以立龍足，梁之四端，各承以獅，仍置螺柱以取平。

一曰赤道經緯儀。儀有三圈。外大圈者，天元子午規也，以一龍南向而負之。規之分度定極，皆與黄道儀同。去極九十度，安赤道經圈，與子午規十字相交，恆定不動。經圈之内規面及上側面，皆鋟二十四時各四刻。外規面分三百六十度，内安赤道緯圈，以南北極爲樞，而可東西遊轉，與經圈内規面相切。緯圈徑亦爲圓軸，軸中心亦立圓柱以及遊表、垂綫、交梁、螺柱等，法皆同黄道儀。

一曰地平經儀。儀止用一圈，卽地平圈。全徑六尺，其平面寬二寸五分，厚一寸二分，分四象限，限各九十度，以四龍立於交梁以承之。四端各施取平之螺柱，而梁之交處則安立柱，高與地平圈等，適當地平圈之中心。又于地平圈上東西各立一柱，約高四尺，柱各一龍，盤旋而上，從柱端各伸一爪，互捧圓珠。下有立軸，其形扁方，空其中如牕櫺，以安直綫。軸之上端入于珠，下端入立柱，中心令可旋轉。而軸中之綫，恆爲天頂之垂綫焉。又爲長方横表，長如地平圈，全徑厚一寸，寬一寸五分，中心開方孔管，于立軸下端，便隨立軸旋轉。復剡其兩端令鋭，以指地平圈之度分。又自兩端各出一綫，而上會于立軸中直綫之頂，成兩三角形。凡測一星，則旋轉遊表，使三綫與所測之星參相直，乃視表端所指，卽其星之地平經度也。

一曰地平緯儀。卽象限［儀］，蓋取全（圈）［圓］四分之一以測高度者也。其弧九十度，其兩邊皆圓，半徑六尺，兩半徑交處爲儀心。儀架東西立柱，各以二龍拱之，上架横梁。又立中柱，上管于横梁，令可轉動。儀安柱上，儀心上指儀之兩邊，一與中柱平行，一與横梁平行。又於儀心立短圓柱以爲表。又加窺衡，長與半徑等，上端安于儀心，剡其下端，以指弧面度分。更安表耳于衡端。欲測某物，乃以窺衡上下遊移，從表耳縫中窺圓柱，令與所測之物相參直，其衡端所指度分，卽其物之高度也。

一曰紀限儀。紀限儀者，全圓六分之一也。其弧面爲六十度，一弧一幹，幹長六尺，卽全圓之半徑，弧之寬二寸五分。幹之左右，細雲糾縵纏連，蓋藉之以固全儀者也。幹之上端有小横，與幹成十字。儀心與衡兩端皆立圓柱爲表，而弧面設遊表三。承儀之臺，約高四尺，中直立柱，以繫儀之重心，則左右旋轉，高低斜側，無所不可，故又名百遊儀焉。

一曰天體儀。儀爲圓球，徑六尺，面布黄赤經緯度分及宫次，星宿羅列，宛然穹象，故以『天體』名之。中貫鋼軸，露其兩端，以屬於子午規之南北極，令可轉運。座高四尺七寸，座上爲地平圈，寬八寸，當子午處各爲闕，以入子午規。闕之度與子午規之寬厚等。則兩圈十字相交，内規面恰平，而左右上下環抱乎儀。周圍皆空五分，以便高弧遊表進退。又安時盤于子午規外，徑二尺，分二十四時，以北極爲心。其指時刻之表，亦定于北極，令能隨天轉移，又能自轉焉。座下復設機輪運轉子午規，使北極隨各方出地度升降，則各方天象隱現之限，皆可究觀，尤爲精妙。

六儀相須爲用。凡礙于彼者，又有此以通之，所以並行而不悖也。乃繪圖立説，次爲一十六卷，名曰《新製靈臺儀象志》。其書首論推測七政之行，諸星相離遠近之數，并詳製器法度，輕重堅固之理，表裏精粗，互相發明。其言地平儀之用，測日或測星，須於地平圈内旋轉中心表，向於本點，而令横表上所立勾股形之兩線正對之。蓋勾、股兩線，如股與弦，或勾與弦，并人目、本星，四者相參直，則横表之度指所在，卽本星地平之經度分也。或從東西，或從南北，起而數之皆可。若當日光照灼，難用目視，則於白紙上以勾股形兩線相參直之影爲準。若日色淡時，則可用目視之。然人之目與太陽正對，亦必射目，須用五彩玻璃鏡以窺之。若夜間測星，不拘何器，必以兩籠炬之光，照近遠兩線兩表。所謂近遠者，卽於測星之目爲近遠也。其炬光須對照表端，而不可以對照測星之目。試將籠炬糊其半，而不使之透明於其後，則人在籠炬之後，於隱暗之地，而目所見，凡光照之物，更爲明顯也。

象限儀之用，凡測日或測星，轉儀向天，低昂窺衡，以取參直，卽得地平之緯度。凡轉動儀時，若其背面之垂線，或有不對於原定之處，則其偏内或偏外若干分秒，必須與其所測得之緯度，或加或減分秒若干。蓋儀偏於内則用減，偏於外則用加也。夫地平而分爲經緯兩儀者，以便於用而窺測爲準故也。其便於用者，蓋謂兩人同時分測，乃并向於一點，以轉動而互用之，則赤道經緯度可推也。並夫日月五星之視差，及地半徑差，清蒙氣差等，無不可推也。

紀限儀之用，其測法先定所測之二星爲何星，乃順其正斜之勢，以儀面對之，而扶之以滑車，一人從衡端之耳表，窺中心柱表及第一星，務令目與表與星相參直，又一人從游耳表向中心柱表，窺第二星，法亦如之。次視兩耳表間弧上之距度分，卽兩星之距度分也。若兩星相距太近，難容兩人並測，則另加定耳表於中線或左或右之十度，一人從所定表向同邊之柱表窺第一星，又一人從游表向中心表窺第二星。其定表至游表之指線度分若干，卽兩星相距度分若干也。

赤道儀之用，可以知時刻，亦可以測經緯度分。若測時刻，則赤道經圈上用時刻游表，卽通光耳，而對之於南北軸表，蓋經圈内游表所指，卽本時刻分秒也。若經度用兩通光耳，卽兩徑表在赤道經圈上一定一游，一人從定耳窺南北軸表，與第一星相參測之，一人以游耳轉移遷就，而窺本軸表，與第二星相參直。如兩耳間於經圈外之度分，卽兩星之經度差也。用加減法，卽得某星之經度矣。緯度亦以通光耳於緯圈上轉移而遷就焉。若測向北之緯度，卽設耳於赤道之南；測向南之緯度，卽設耳於赤道之北。務欲其準，與夫在本軸中心小表，令目與表與所測之星相參直，次視本耳下緯圈之度分，在赤道之或南或北若干度分，卽本星之距赤道南北之度也。若本星在赤道密近，難以軸中心表對之，則用負圈角表，定於緯圈之第十度上，在赤道或南或北，次以通光游表對之。蓋游表距相對之十度若干度分之數，則減其半，卽爲某星之緯度分也。

黄道儀之用，欲求某星之黄道經緯度，須一人於黄道圈上，查先所得某星之黄道經緯度分，其上加游表，而過南北軸中柱表，對星定儀，又一人用游表於緯圈上過柱表，對所測之星，游移取直，則緯圈上游表之指線，定某星之緯度，又定儀查黄道圈兩表相距之度分，卽某星之經度差。若本星在黄道密近，難以軸中心表對之，則用負圈角表，而測其緯度，其法與測赤道緯法同。

十七年八月，預推七政交食表成。表爲湯若望所推，懷仁續成之者。凡三十二卷，名曰《康熙永年表》。二十一年八月，懷仁奉命至盛京，測北極高度，較京師高二度，別爲推算日月交食表，名《九十度表》。懷仁言曆之爲學也，其理其法，必有先後之序，漸以及焉，故由易可以及難，由淺可以入深，未有畧形器而可驟語夫精微之理者也。如《幾何原本》諸書，爲曆學萬理之所從出。然其初要自一點一線一平面之解，及其至也，窮高極遠，而天地莫能外焉。又製垂球，鍊銅爲球，以綫繫之，數其往來之數，準定時刻，可以測日月之徑，候星辰之行。

又 卷四六《蔣友仁》 論曰：古推步家齊七政之運行，於日躔曰盈縮，於月離曰遲疾，於五星曰順留伏逆，而不言其所以盈縮、遲疾、順留伏逆之故。良以天道淵微，非人力所能窺測，故但言其所當然，而不復强求其所以然，此古人立言之慎也。自歐邏向化遠來，譯其步天之術，于是有本輪、均輪、次輪之算，此蓋假設形象以明均數之加減而已。而無識之徒以其能言盈縮、遲疾、順留伏逆之所以然，遂誤認蒼蒼者天果有如是諸輪者，斯真大惑矣。乃未幾，而向所謂諸輪者，又易爲橢圓面積之術，且以爲地球動而太陽静，是西人亦不能堅守其前説也。夫第假象以明算理，則謂爲橢圓面積可，謂爲地球動而太陽静，亦何所不可？然其爲説至于上下易位，動静倒置，則離經畔道不可爲訓，固未有若是甚焉者也。地谷至今才百餘年，而其法屢變如此。自是而後，必更有於此數端之外，逞其私知創爲悠謬之論者，吾不知其伊于何底也。夫如是而曰西人之言天能明其所以然，則何如曰盈縮、曰遲疾、曰順留伏逆，但言其當然而不言其所以然者之終古無弊哉。

又 卷四八《明安圖》 明安圖，字静庵。蒙古正白旗生員，官欽天監監正。受數學於聖祖仁皇帝，故其所學精奥異人。曾預修《御定考成後編》、《御定儀象考成》。因西士杜德美用連比例演周徑密率及求正弦正矢之法，知其深藏而不可不求甚解，積思三十餘年，著《割圓密率捷法》四卷。

《清仁宗實録》卷二四六 （嘉慶十六年七月）庚寅。諭内閣：據管理西洋堂事務大臣福慶等奏，查得西洋人賀清泰、吉德明現在年老多病，又畢學源尚能諳曉演算法，此三人請令留京，其高臨淵、顔時莫、王雅各伯、德天賜四人學業未精，留京無用，請俱遣令歸國等語。賀清泰、吉德明、畢學源三人，著准其留京，飭令在西洋堂安静居住。其高臨淵等四人，著交步軍統領衙門于伊等起程時，派參將遊擊二員，酌帶兵丁數名，伴送至良鄉縣。直隸總督另于文職同知通判内、武職都司遊擊内，揀派妥員，帶同兵役，接替伴送出境。其山東以下經過各省，均照直隸一體派員接替，遞至廣東，交該督松筠收管，俟有便船，飭令附載歸國。其沿途所過地方，及到粤居住之日，均不許令與内地民人交接往來。儻有意外之事，惟伴送之文武官弁是問。慎之。

明·曹于汴《仰節堂集》卷二《泰西水法序》 惟上帝好生，既生人則為之生食。食，出於地，藝於人。人有遺能，地乃有遺利，食乃不足。其不足，恆以旱乾。天澤既不可徼，則渠塘溉灌急焉。顧亦罕所講究，而西北之鄉尤未閑習。土高泉寡，井有淺深甘鹻，大段不得水之用。即有用之者，工力繁浩，不償所費。然大禹疏治溝洫，必於冀州建都之域不至獨遺，今胡以一望岡鹵？豈阡陌開後，因仍墮廢，遂謂水泉之利若靳於此方田家。終歲懸懸，占雲盼雨，雨愆其期，立視苗槁。猥云天實為之，人力無可奈何，枵腹菜面，輾轉為溝中之瘠而已矣。

太史玄扈徐公，軫念民隱，於凡人事之可興，靡不採羅。閱泰西水器及水車之法，精巧奇絕，譯為書而傳之。規制具陳，分秒有度。江河之水，井泉之水，雨雪之水，無不可資為用，用力約而收效廣。蓋肇議於利君西泰，其同儕共終厥志，而器成於熊君有綱。中華之有此法，自今始。

粵稽曩昔盛世，首重民食，而田器亦有司存。《周禮》稻人掌稼，蓄水、止水、蕩水、均水、舍水、瀉水，俱有經畫。今也牧民之宰，簿書不遑，過隴畝問桑麻亦未多睹，他何論哉？雖前人樹藝之方，載於《月令》諸編，上不倡，下不諳也，食胡以足？竊意冬曹當以此書頒之直省，而方岳之長，宜宣告郡邑倣而行。觸類而長，尚何患粒食之難乎？夫士人談及參贊，遜為聖神，若無敢望涯涘者，不知此類事即贊化育。井田壞而經界湮，雖猝不能言復，然崇重農功，固王道之先也。不圖於是，而欲睎蹤隆古之治，必弗可覬已。且安有尊處民上，坐享民膏，不為民生熟計，忍令其饑以死，此豈天之意也哉？

明·茅元儀《武備志》卷一三八《軍資乘餉》 茅子曰：泰西水法其可資於屯田者，盡採之，他稍遠者弗録也。中原舊有水磨、桔槔二法，水磨載在農書，桔槔有圖可考，并載之。

明·吳易《客問篇》 善用水利，力少功多，則有泰西水法。若夫屯墾之要，務足食，不務裕餉，務利疏於民，不務利歸於上。利疏於上，民不樂趨，一時雖稍有贏餘，終久必廢利。歸于下，民咸樂從，一時雖未大饒，行之歲久，積穀愈多，食物愈賤，逃亡者復業，盜竊者屏息，節省甚多，糧餉有餘，利卒歸上。故曰食足而後用可足也。

清·黃虞稷《千頃堂書目》卷九 鄧玉函《遠西奇器圖說》三卷。

清·嵇璜等《續文獻通考》卷一八一《經籍考》 鄧玉函《奇器圖說》三卷，王徵《諸器圖說》一卷。

玉函，西洋人。徵，涇陽人，天啓進士，官揚州府推官。徵嘗詢西洋奇器之法於玉函，玉函以其國所傳文字口授之，乃譯為是書。【略】

熊三拔《泰西水法》六卷。三拔，西洋人。臣等謹案：是書成於神宗萬曆壬子，皆記取水蓄水之法。

清·于敏中《日下舊聞考》卷八一《乾隆九年御製水木明瑟詞》

用泰西水法引入室中，以轉風扇，泠泠瑟瑟，非絲非竹，天籟遙聞，林光逾生淨緑。酈道元云：竹柏之懷，與神心妙達；智仁之性，共山水效深。茲境有焉。

林瑟瑟，水泠泠。溪風羣籟動，山鳥一聲鳴。斯時斯景誰圖得？非色非空吟不成。

清·阮元《疇人傳》卷四四《鄧玉函》 鄧玉函，字函璞，明萬曆時入中國。崇禎二年七月，徐光啓薦舉同修（術）［曆］法，翻譯諸（術）［曆］表，草稾八卷。次年四月卒。著有《奇器圖說》三卷。西洋謂之力藝之學，謂天地生物，有數、有度、有重，數爲算法，度爲測量，重即此力藝之學。凡器物之微，須先有度、有數，因度而生測量，因數而生計算，因測量、計算而有比例，因比例而後可以窮物之理，理得而後可解此奇器。第一卷論重之本體，以明立法之所以然，凡六十一條。第二卷論各色器具之法，凡九十二條。第三卷起重十一圖，引重四圖，轉重二圖，取水九圖，轉磨十五圖，解木四圖，解石、轉碓、書架、水日晷、代耕各一圖，水銃四圖，凡三卷。諸論圖說，皆引取《乾坤體義》、《幾何原本》及《句股法義》諸書，與南懷仁《靈臺儀象志》互相發明。《新法算書》、《奇器圖說》。

論曰：奇器之作，專恃諸輪。蓋輪爲圓體，惟圓故動，數輪相觸，則能自行。西人以機巧相尚，殫精畢慮于此，故所爲自行諸器，千奇萬狀，迥非西域諸國所能及，於此可見人心之靈。日用日出，雖小道必有可觀，彼無所用心者，當知自愧矣。

又《熊三拔》 又《泰西水法》六卷，有製龍尾、恆升、玉衡車諸法，一皆本於句股。西洋之學有關民用者，莫切於此。《簡平儀説》、《表度説》、《泰西水法》

論曰：揆日爲推步之要務，簡平儀表度之用於測日爲特詳。梅徵君謂中西算法，並以日躔爲主，是也。《水法》龍尾、恆升、玉衡車諸製，非究極算理者不能作。而龍尾一車，尤於水旱有補裨之功，戴庶常震所以有羸旋車之記也。長洲沈君培深於此學，因屬指授工人造一具，目驗之，得水多而用力省。推而行之，足以利民生矣。

生物學與醫學入華

元・佚名《元典章・吏部》卷一《典章七・局院》 御藥院、管回回藥物局、大都回回藥物御藥局。

元・陶宗儀《南村輟耕録》卷二二《西域奇術》 任子昭云：『向寓都下時，鄰家兒患頭疼，不可忍，有回回醫官，用刀劃開額上，取一小蟹，堅硬如石，尚能活動，頃焉方死，疼亦遄止。當求得蟹，至今藏之。』夏雪簑云：『嘗於平江閶門，見過客馬腹膨脹倒地，店中偶有老回回見之，於左腿内割取小塊出，不知何物也。其馬隨起，即騎而去。』信西域多奇術哉！

明・劉侗《帝京景物略》卷五《利瑪竇墳》 其友鄧玉函。函善其國醫，言其國劑草木，不以質咀，而蒸取其露，所論治及人精微。每嘗中國草根，測知葉形花色、莖實香味，將遍嘗而露取之，以驗成書，未成也。卒於崇禎三年四月二日。

清・方以智《物理小識》卷三《人身類・血養筋連之故》 《主制羣徵》曰：人身溼熱而已，熱恆消溼，無以資養，則膚焦而身燬矣。故血者，資養之料也。血以行脈，脈有總曰絡，絡從肝出者二，一上一下，各漸分小脈，至細微，凡内而臟腑，外而膚肉，無不貫串，莫定其數。脈之狀似機，其順者因血勢而利導之，斜者留血毋退，横者送血使進也。脈之力又能存血，不令敗壞。血合於痰，乃克順流；合於膽，乃免凝凍；合於體性之氣，乃啓厥竅導之，通無閉塞也。從心出者，亦有二大絡，一上一下，分細周身，悉與肝絡同。所不同者，彼行血存血，此專導引熱勢，及生養氣之路耳。心以呼吸進新氣，退舊氣，直合周身，脈與之應，少間不應，輒生寒熱諸症。醫者必從三部躍動之勢，揣知病源，蓋以此也。腦散動覺之氣，厥用在筋，第腦距身遠，不及引筋以達百肢，復得頸節，膂髓連腦爲一，因徧及焉。腦之皮分内外層，内柔而外堅，既以保存身氣，又以肇始諸筋。筋自腦出者六偶，獨一偶踰頸至胸下，垂胃口之前，餘悉存頂内，導氣於五官，或令之動，或令之覺。又從膂髓出筋三十偶，各有細脈旁分，無膚不及，其與膚接處，稍變似膚，始緣以引氣入膚，充滿周身，無弗達矣。筋之體，瓤其裏，皮其表，類於腦，以爲腦與周身連結之要約，即心與肝所發之脈絡，亦肖其體，因以傳本體之情於周身。蓋心腦與肝，三者體有定限，必藉筋脈之勢，乃克與身相維相貫，以殫厥職，不則七尺之軀，彼三者何由營之衛之，使生養動覺，各效靈哉？愚者曰：此論以肝心腦筋立論，是《靈》、《素》所未發，故存以備引觸。

清・利類思《西方要紀・醫學》 醫有内外二科，内外又分為二，有專以草木為藥者，亦有兼用金石煆煉之藥者。其看病胗脉之外，以玻璃瓶盛溺水，驗其色，識其病根，又知病概。由敗血而生，則初病多以開脉出敗血為法也。有製藥一家，專煉藥草之露，如薔薇露之類，特取其精華而棄其渣滓，則用藥寡而得效速，不害脾胃而漸漬消除。中國嘗有用此法者，如生紫蘇煉為露，置酒中少許，飲下則寒氣頓除，而身生快，比用本草更便且驗矣。若孩童出痘，將發之初，或用珍珠末幾分為涼血消毒氣之藥，少有敗者。

清・查慎行《人海記》卷下《聖祖論醫》 上留心醫理，熟諳藥性，嘗諭臣等云：聖賢道理，俱有一定之論。至於醫卜星相，言人人殊。世間庸醫，於寒熱虚實率未能辨，南人喜用補，北人好用瀉，皆非適中之道。大抵温補之藥，其效甚微；酷烈之藥，其效立見。方書所載湯頭甚多，若一方可療一病，何用屢易。西洋有一種樹皮，名金雞勒，以治瘧疾，一服即愈。可見用藥只在對症也。

清・瑞麟等［光緒］《重修廣州府志》卷一六三《雜録四》 乾隆間，蕃商哆咻吱攜牛痘種至粤，其法用極小刀向小兒左右臂微剔之，以他小兒痘漿點入兩臂，不過兩三點，越七、八日，痘瘡即向點處發出，比時行之痘大兩倍，而兒並無所苦，自爾不復出，即間有出者，斷不至斃，誠善法也。洋商鄭崇謙司馬刊《種痘奇書》一卷，以廣其傳，其原痘漿殆出之牛，故稱牛痘云。顧粵人未深信，其種漸失。嘉慶辛未，蕃商剌佛復由小吕宋攜小夷數十，沿途種之，比至粵，即以其小兒痘漿傳種中國人。洋商潘有度、盧觀恒兩都轉、伍秉鑑方伯，共捐銀三千兩，發商生息，以垂永久。募習者，得番禺梁輝、香山張堯、南海邱熺、譚國四人，其後梁返黄埔，張歸翠微，邱、譚兩人遂擅其技。初設局洋行會館，後遷叢桂里三界廟西偏。至道光壬寅，經費爲當事者虧折，伍方伯崇曜遂獨力支拄者十年。至同治壬戌，制府勞文毅公崇光札諭惠濟義倉，歲撥銀約百五十兩，仍俾當事者後人分董之，以永其傳。蓋盛夏隆冬，人盡愛憐兒女，屏迹不來，必多擇窶人子之壯且少者，反畀以金，遞種以留其漿。又虞其傳染瘋疾，當事者或未之知，必僱瘋院人届期驗看，不然貽禍，轉有難言者，故經費均不可缺。阮文達公常有詩云：『阿芙蓉毒深中國，禁之仍恐禁未全。若得此丹自注：即痘種，見《藏經》。傳各省，稍將兒壽補人年。』今粵人共知洋痘之善，惟嶺外人尚有未深信者，若遍傳遠近，亦視乎好善者之願力何如耳。

清·趙學敏《本草綱目拾遺》卷六《金雞勒》 查慎行《人海記》：西洋有一種樹皮名金雞勒，以治瘧，一服即愈。嘉慶五年，予宗人晋齋自粵東歸，帶得此物，出以相示，細枝中空，儼如去骨遠志，味微辛，云能定達營衛，大約性熱，專捷行氣血也。

治瘧 澳番相傳，不論何瘧，用金雞勒一錢、肉桂五分同煎服，壯實人金雞勒可用二錢，一服即愈。

清·文廷式《純常子枝語》卷二一 艾儒略《性學觕述》卷七云：或問：『腦有四穴，明列總知、受相、分別、涉記之名，西土聖賢必有所憑。近按吾身實亦可會，但心爲靈君，萬念皆生於此。從來諸子百家，未有言腦爲涉記者，即今所云記心法記心法，本書所論，不云記腦，明所記爲心。且一像也，而以爲心記，又以爲腦記，無乃政出多門乎？』答曰：『心爲靈君，固也。第所謂心有血肉之心，有知覺之心。血肉居中，知覺偏體。中央方寸，特其位耳。其偏於百體者，猶大君之無不管攝也。大抵有形之物，非有形之具不足以覺之，如目爲視具，耳爲聽具，鼻爲嗅具，口爲嘗具，身爲觸具，豈記存獨無具耶？若以爲心即其具，不但心失其尊，而貯萬象於無有器具之具，將何所受納耶？據此則基督初入中國時，特以腦爲記物之官，而以心爲無形之知覺，與《釋典》色聲香味觸法之外，別有意識者，略相似也。』

研習外文分部

綜　述

明·俞汝楫《禮部志稿》卷九二《朝貢備考·譯職·國子生習譯》

永樂五年癸酉，命禮部選國子監生蔣禮等三十八人，隸翰林院習譯書。人月給米一石，遇開科令就試，仍譯所作文字，合格准出身。置館於長安石門之外處之。

又《選習譯書學生》 宣德七年，選習四夷譯書學生。初，上以四夷朝貢日蕃，繙譯表奏者多老，命尚書胡濙同少傅楊士奇、楊榮，於北京國子監選年少監生，及選京師官民子弟有可教者，並於翰林院習學。至是，選監生王瑄等及官民子弟馬麟等各三十人以聞，命指揮李誠、丁全等教之，翰林院學士程督之。人月支米一石，光禄日給飯食，習一年能書者與冠帶，惰者罰之，不通者黜之。

又《譯字生考試出身》 正統二年十月，行在禮部尚書胡濙等奏：四夷館舊習番字及新習者六十四人，俱照例考試出身，次為三等。上命一等者冠帶，為譯字官，逾年再試，得中授職。其二等、三等及有新習者，亦逾年再試，遂著為令。

又《考試譯生賞罰》 正統三年，禮部奏：會官試得四夷館諳曉回回等字官并監生子弟冀舞等三十二人，第為三等，請定其賞罰。上命一等有官者，月加折鈔米二石，無官者與冠帶，二等、三等月減折鈔米一石，使知自勵。

又《試譯字生三等法》 正統五年，禮部尚書胡濙會官考翰林院四夷館諳曉百夷等字監生幷子弟，得十九人，為三等以聞。上曰：『一等者為譯字官，仍加俸鈔。二等、三等者，令再習譯字，俟期年考之。』

又《以監生入四夷館》 景泰二年，禮部奏：近年官員軍民匠役之家，子弟往往私自投師，習學番字，希入翰林院譯館。及至考試，不惟字畫粗拙，而且文理不通，豈堪為用？今後乞依永樂年間例，於國子監揀選年幼聰俊監生，送館習學，三年例應考試，中式者授以譯字官，不中者仍令習學，以行再試。庶革奔競之風，而得實才之用。上從之。

又《禁私自習譯》 天順三年，禮部左侍郎鄒幹等奏：永樂年間，翰林院譯寫番字，俱於國子監選取監生習用。近年官員軍民匠作廚役子弟，投託教師，私自習學，濫求進用。況番字文書多關邊務，教習既濫，不免透漏夷情。乞敕翰林院，今後各館有缺，仍照永樂間例，選取年幼俊秀監生，送館習學。其教師不許擅留各家子弟私習，及狥私保舉。上命今後敢有私自教習、走漏夷情者，皆重罪不宥。

又《限譯字官生》 成化二年，禮部奏：四夷館譯字官幷子弟見有一百五十四員，今教師馬銘又違例私收子弟張睿等一百二十六名，教習番書，以希進用。欲盡逮問干係人衆，行請翰林院下四夷館，不許私收教習，漏泄夷情。上曰：『四夷館官員子弟見在既多，禮部即會官考選，精通者量留，餘送吏部改外任，子弟俱遣寧家。今後敢有私自教習者，必罪不宥。』

又《限通事濫進》 成化八年六月庚申朔，禮部言：『鴻臚寺四夷各國通事，額設不過六十人，今濫進者數濫額外，且國子監監生坐班歷事聽選至十四五年者，方得授職，今各項通事自辦事至冠帶授職，通計正是七年，所以啓奔競之風。是後通事有缺，俱從鴻臚寺查勘。如果於例應補，具呈本部，然後行通事都指揮僉事詹昇等從公訪保，必須精曉譯語，籍貫明白，行止端方，身無役玷者，具奏送部，審考相同，方奏送鴻臚寺戴頭巾。辦事六年，送部考中，然後支米。辦事三年，比考覈身無過犯悞事，方送吏部冠帶。再辦事三年，比與監生出身年月畧等，始令實授序班職事，否則徑發原籍為民。其有事故者，如原額不缺，亦不准補。其丁憂起復到吏部者，亦須查有額定實缺選補，無則仍令聽候。如此則事體歸一，人無濫進矣。』從之。

又《限譯字官改任鳴贊》 弘治二年，禮部奏：四夷館通事序班自有專職，近或夤緣改任鳴贊，似非設置譯官初意，自今請勿改任。從之。

又《申定繙譯考選法》 弘治三年五月，定四夷館繙譯考選之法。先是，英國公張懋奏乞選四夷館繙譯子弟監生，禮部議行翰林院查處。於是內閣大學士劉吉等言：『推補教師，宜聽禮部及臣等訪舉。其子弟監生，宜因八館文書繁簡為名數多寡，令本部選監生年二十五以下二十名，官民家子弟年二十以下，及有世業子弟繙譯習熟者，不限年數，通選考一百名，俱送本院分撥習學，仍定為事例。子弟務須專習本藝，精通譯語，諳曉番文，以備應用，不許假以習舉為由，別圖出身。三年後本院同本部會官考試，中者為食糧子弟，月給米一石。又歷三年後，仍前會考，中優等者與冠帶，為譯字官，月米如舊。又歷三年，會考中優等者，授以序班之職。其初試不中者，許俟三年再試，再試不中者，許俟六年三試，三試不中者，黜為民，中者食糧冠帶，除授如例。監生初入館，准坐監食糧，習學三年，考試中者月與米一石，家小糧如舊。又三年再考，中者與冠帶。九年考中優等者，授以從八品之職，習譯備用。其初試、再試不中，准如子弟例，三試不中者，仍送還本監撥歷別用。其兼習舉業者，非精通本業，亦不許入試。庶使人有定志，譯學可精。其八館名數：韃靼館監生五名，子弟二十五名；高昌館監生二名，子弟八名；西番館監生二名，子弟十五名；西天館監生一名，子弟二名；回回館監生二名，子弟十名；百夷館監生二名，子弟十四名；緬甸館監生二名，子弟八名。』議從之。

又《始設暹羅譯字官》 弘治十年，時暹羅國進金葉表文，而四夷館未有專設暹羅國譯字官，表文無能譯辨，大學士徐溥等以為請。上曰：『既無曉譯通事，禮部其行文廣東布政司，訪取諳通本國言語文字者一二人，起送聽用。』

又《選補通事法》 嘉靖元年，更定選補各國通事之法。除丁憂緣事俱不作缺，其見缺十人以上及一國全缺者，在外行各邊鎮巡官每缺選一人送部，在京不必行通事訪。如四夷館譯字生事例，禮部劄鴻臚寺召選真正籍貫俊秀子弟，取其印信保結，粘連送部，覆審相同，再行考試，每缺精選一人，奏送該寺，分派各國年深老成通事教習，如本國無人，許其自行從教師受業，或令鄰邦通曉者教之。一年之後，同邊方訪保到部之人通行試以譯語，上者收補，次者候缺，下者黜退，不得妄稱守候年久，奏告濫收。考選之時，勘結人員亦不得妄以過犯冒頂之人竄入取罪，著為令。初，通事缺人，見任通事訪保，横行求索，視利重輕為出入。至是鴻臚寺卿魏境疏其弊，禮部覆議。詔從之。

又《通事授職後季考》 嘉靖九年，禮部通事言：『鴻臚寺通事之設，視譯語生熟為職業修否，時加考較，立法固善，但授職之後，如弛季考，事體未安。請著令，通事九年授職并六年者冠帶，免其季試，專取考對，以稽職業。其未及六年及候缺頂補者嚴考，如三次考居下等者，奏請定奪。』報可。

又《選四夷館教師》 大學士李東陽等言：『四夷館教授，必番字番語與漢字文義俱通，方能稱職。故事，於本館推選，或於各邊訪保，務在得人。頃來教師多缺，宜令本館提督官從公考試，優等送内閣覆試，照缺委用，仍乞敕陝西、雲南鎮守等官，訪取精曉韃靼、西番、高昌、西天、百夷言語文字兼通漢字文義之人，照例起送赴部，奏請量授官職，與本館教師相兼教習，務使譯學有傳，不致臨期誤事。』詔是。

又《考較譯字官生》 嘉靖二十四年，禮部覆：給事中厲汝進奏，欲將譯字通事官生，會同大臣從公考較，甄别去留。照得前項官生在館人數甚多，若復重加查革，未免一時（之）［乏］人，（次）［況］繙譯欠通，皆係該（管）［館］教師，宜聽内閣裁酌去取，精選得人。其各官生俱要嚴立期限，勤督課業，月有試，季有考，譯業精曉者方准留用，不通者黜。其通事序班人員收取太濫，宜嚴加精選，分别去留，俱照譯字生事例，每日進館習熟番語，以後通事食糧、冠帶、授職等項，俱以三六九年為期，通將在館官員人等一併考試，不通者黜為民。得旨：譯學不精，本於選收多弊，教法不嚴。在館通事人員，即會同吏部通行考試，已乃罰治罷黜有差。

又《考選譯字生條議》 嘉靖四十三年，禮部議上考選譯字生十一事：一、考選世業子弟，以番文定其去取。一、各生赴考，先自報已通未通二等，未通者限年二十五歲以下，審驗得實，取其分數多者作養，已通者不必限年，必精熟然後入選。一、教師妄保者，許各生面訴坐罪。一、往年請託成風，以致當事者引嫌自避，久不舉行，宜嚴禁。一、臨考時，雜取漢文三十字，令譯番文，各館教師先將底本送部，以憑驗對，皆彌封較閲。一、考題各按九館所習番漢文，就中摘出，其名數之多寡，視館事之繁簡，或一館無人習學者，則取他館有餘之數補之，令其改習。一、送館之後，行提督官如例季考懲戒，其有終難策勵者，徑請罷革。至於三六九年會考，照例食糧冠帶授職，其三年不中者，重加責治，姑容習學，又三年不中者，黜退為民，其食糧三年不中者，亦行黜退，其冠帶三年不中者，令冠帶閒住。三年一會考，例有黜陟，人數漸少，宜以六年為率，每考取二三十人補之。一、會考之期，嚴查在館各生，若無（放）［故］給假至三月以上，已食糧者住支，未食糧者令補足前曠，方許送考。至於丁憂起復者，亦必扣滿三年，不許與廷試歲貢同考。一、官生不得營求差遣，曠廢本業。一、緬甸館師生俱係故絶，宜行鎮巡官多方訪補。詔允行。

明·申時行等［萬曆］《明會典》卷二二一《翰林院》 凡四方番夷翻譯文字，永樂五年設四夷館，内分八館：曰韃靼、女直、西番、西天、回回、百夷、高昌、緬甸，選國子監生習譯。宣德元年，兼選官民子弟，委官為教師，本院學士稽考課程，後内閣委官提督。弘治初，奏準科目出身四品以上官二員提督。其官生公會，按月從本院印給，仍繳送稽考。及食糧授職，從吏、禮二部，奏會内閣，出題考試中否，仍從該部奏請施行。正德六年，增設八百館；萬曆七年，增設暹羅館。取本國人為教師，選世業子弟習學。

明·梁儲《鬱洲遺稿》卷一《留遠人疏》 臣梁儲等謹題暫留遠人教習以便審譯事。據提督四夷館太常寺卿沈冬魁等呈，該回回館教習主簿王祥等呈：竊照本館專一譯寫回回字，凡遇海中諸國如占城、暹羅等處進貢來文，亦附本館帶譯。但各國土語、土字與回回不同，審譯之際，全憑通事講説，及至降敕回賜等項，俱用回回字。今次有暹羅國王差人來京進貢金葉表文，無人識認，節次審譯不便。及查得近年八百、大甸等處夷字失傳，該内閣具題，暫留差來頭目藍者哥在館教習成效，合無比照藍者哥事例，於暹羅國來夷人内選留一二名在館，并選各館官下世業子弟數名送館，令其教習，待有成之日，將本夷照例送回本王等因，實為便益。據此臣等看得習譯夷字，以通朝貢，係是重事。今暹羅夷字委的缺人，教習相應處置，合無著禮部行令大通事并主簿王祥等，將本國差來通曉夷字人再加審譯，暫留一二在館教習，待教有成效，奏請照例送回。庶日後審譯不致差誤，緣係暫留遠人教習，事理未敢擅便，謹題請旨。

明・陳建《皇明通紀法傳全録》卷一四　設四夷館，命禮部選國子生蔣禮等三十八人，隸翰林院習譯書。人月給米一石，遇開科令就試，仍譯所作文字，合格出身。置館于長安右門之外處之，分爲八館：曰韃靼、曰女直、曰西番、曰西天、曰回回、曰百夷、曰高昌、曰緬甸。

明・何喬遠《名山藏》卷七《典謨記》　是歲設四夷館，選國子監生教習四夷譯字，曰韃靼、曰女直、曰西番、曰西天、曰回回、曰百夷、曰高昌、曰緬甸，凡八館。

又　卷八六《臣林記・邊貢》　時四夷文字體名地殊，八館諸生學無師，授貢徵求，故譯是正諸文，以成一家之學，通遠人之情。

明・沈國元《皇明從信録》卷七（洪武十五年）編類《華夷譯語》成。前元素無文字，但借高昌書製蒙古字行天下，命侍講火原潔等編類《華夷譯語》，凡天文、地理、人事、物類、服食、器甲，靡不具載。復取《元秘史》參考細切其字，以諧聲音既成，命刊行之。自是使臣往朔漠，皆得通其情。

明・王圻《續文獻通考》卷一八三《經籍考》　《華夷譯語》，洪武十五年命侍讀火原潔等類編。

明・朱謀垔《續書史會要》　外夷利瑪竇，號西泰，大西洋人。萬曆時入中國，僑寓江西，後入兩京，卒葬應天。其教宗天主，性聰敏，讀中國經書數年，略徧精天文、星曆、算數之學，恒以其國書為人書便面，精熟自喜若擅長者，程君房氏刻于《墨苑》，蓋以罕異見賞歟？其徒李瑪諾、羅儒望皆以其書行。

清・談遷《北遊録・記聞上・湯若望》　大歐邏巴國人湯若望，今官太常寺卿，管欽天監印務，敕號通玄教師。其國作書，自左而右，衡視之。製繭紙潔白，表裏夾刷。其畫以胡桃油漬絹抹藍，或緑或黑，後加采焉，不用白地，其色易隱也。所畫天主像，用粗布，遠睇之，目光如注，近之則未之奇也。

清・方以智《通雅》卷五〇《金尼閣》　金尼閣字父十五，字母五十。愚按：父切也，母韻也。《金剛頂》與《文殊問》字亦五十，蓋十六韻，三十四切也。《悉曇》三十六切。

清・孫承澤《春明夢餘録》卷五二《四譯館》　四譯館，在東華門外，南向。設太常寺少卿提督之，聽于翰林院。所隸凡八館：曰西天，曰韃靼，曰回回，曰女直，曰高昌，曰西番，曰緬甸，曰百裔。初以舉人、監生年少者入翰林院習裔字，以通事為教師。科舉時，任其應試，卷尾識譯書数十字。三場畢，送翰林定去取，仍送入場填榜。中榜後，改庶吉士，仍習譯。天順中革，令擇俊民俾專其業。藝成，會六部大臣試之。通者，冠帶。又三年，授以官。

清・黄叔璥《臺海使槎録》卷五《衣飾》　習紅毛字者曰教册，用鵝毛管削尖，注墨汁於筒，湛而横書，自左而右，登記符檄、錢穀數目，暇則將鵝管插於頭上，或貯腰間。

清・方中履《古今釋疑》卷一七《切韻當主音和》　泰西入中國，立字父母，即以父母為切響，而翻字無漏，何其便乎。

《清聖祖實録》卷二四一（康熙四十九年三月乙亥）　朕嘗參閲諸書，究心考證，凡蒙古、西域、洋外諸國，多從字母而來，音由地殊，難以牽引。大抵天地之母音，發於人聲，人聲之象形，寄於點畫。今欲詳略得中，歸於至當，增《字彙》之闕遺，删《正字通》之繁冗，勒為成書，垂示永久。爾等酌議式例具奏。

清・嵇璜等《續通典》卷二五《職官》　明設提督四譯館，掌外國來朝貢者，通譯其語言文字，以國子監生及官民子弟委官教肄，充譯字生，通事初隸翰林院，孝宗宏治七年始增設太常寺卿、少卿各一員為提督，遂改隸太常寺，嘉靖中裁卿，止少卿一人。

清・劉智《天方至聖實録》卷二〇《敕建浮覺禮拜二寺碑記》　永樂三年二月內，欽取四户上京，着在四譯館教習，子孫至今優免差役。

清・于敏中《日下舊聞考》卷六三　臣等謹按：提督四譯館舊制加太常寺少卿銜，館舍在正陽門外楊梅竹斜街。乾隆十三年奉諭歸併禮部會同館，即以其地改稱會同四譯館。其提督官始易以郎中而兼鴻臚少卿銜焉。

增明會同館在玉河橋西，國朝改設會同四譯館。其外有朝貢使人之館舍三，一在宣武門内京畿道衚衕，一在宣武門外横街，一在東江米巷御河橋。

清・永瑢等《四庫全書總目》卷四四《小學類存目二・西儒耳目資》 明金尼閣撰。金尼閣字四表，西洋人。其書作於天啓乙丑，成於丙寅。以西洋之音通中國之音，中分三譜：一曰譯引首譜，二曰列音韻譜，皆因聲以隸形，三曰列邊正譜，則因形以求聲。其説謂元音有二十九，自鳴者五，曰丫、額、依、阿、午，同鳴者二十，曰則、測、者、撦、格、克、百、魄、德、忒、日、物、弗、額、勒、麥、搦、色、石、黒，無字者四。自鳴者爲萬音之始，無字者爲中國所不用也，故惟以則測至石黒二十字為字父。其列音分一丫、二額、三衣、四阿、五午、六愛、七澳、八盎、九安、十歐、十一硬、十二恩、十三鴉、十四葉、十五藥、十六魚、十七應、十八音、十九阿答切、二十阿德切、二十一瓦、二十二五石切、二十三尾、二十四屋、二十五而、二十六翁、二十七至二十九非中國所有之聲，皆標西字而無切，三十隘、三十一堯、三十二陽、三十三有、三十四烟、三十五月、三十六用、三十七雲、三十八阿蓋切、三十九無切、四十阿剛切、四十一阿干切、四十二阿根切、四十三歪、四十四威、四十五王、四十六彎、四十七五庚切、四十八温、四十九碗、五十遠，皆謂之字母。其輾轉切出之字則曰子、曰孫、曰曾孫，皆分清、濁、上、去、入五聲，而五聲又各有甚次與本聲為三。大抵所謂字父，即中國之字母，所謂字母，即中國之韻部，所謂清濁，即中國之陰平、陽平，所謂甚次，即中國之輕重等子。其三合四合五合成音者，則西域之法，非中國韻書所有矣。考句瀆爲穀，丁寧為鉦，見《左氏傳》，彌牟爲木，見於《檀弓》。相切成音，蓋聲氣自然之理，故華嚴字母出自梵經，而其法普行於中國。後來雖小有增損，而大端終不可易，由文字異而聲氣同也。鄭樵《七音略》稱七音之韻出自西域，雖重百譯之遠，一字不通之處，而音義可傳，所以瞿曇之書能入諸夏，而宣尼之書不能至跋提河，聲音之道有障礙耳，是或一説歟？歐邏巴地接西荒，故亦講於聲音之學。其國俗好語精微，凡事皆刻意研求，故體例頗涉繁碎，然亦自成其一家之學。我皇上耆定成功，拓地葱嶺，欽定《西域同文志》，兼括諸體，巨細兼收。歐邏巴驗海占風，久修職貢，固應存録是書，以備象胥之掌。惟此本殘闕頗多，列音韻譜惟存第一攝至十七攝，自十八攝至五十攝皆佚，已非完書，故附存其目焉。

清・全祖望《鮚埼亭集》卷二八《劉繼莊傳》 嘗作《新韻譜》，其悟自華嚴字母入，而參之以天竺陀羅尼、泰西蠟頂話，小西天梵書，暨天方、蒙古、女直等音，又證之以遼人林益長之説，而益自信。同時吳修齡自謂蒼頡以後第一人，繼莊則曰：『是其於天竺以下書皆未得通，而但略見華嚴之旨者也。』繼莊之法，先立鼻音二，以鼻音為韻本；有開有合，各轉陰陽上去入之五音。陰陽即上下二平共十聲，而不歷喉腭舌齒唇之七位，故有横轉無直送，則等韻重疊之失去矣。次定喉音四，為諸韻之宗；而後知泰西蠟頂話，女直國書，梵音尚有未精者。以四者為正喉音，而從此得半音、轉音伏音、送音、變喉音；又以二鼻音分配之，一為東北韻宗，一為西南韻宗。八韻立，而四海之音可齊。於是以喉音互相合，凡得音十七；喉音與鼻音互相合，凡得音十；又以有餘不盡者三，合之，凡得音五，共三十二音為韻父；而韻歷二十二位為韻母；横轉各有五子，而萬有不齊之聲，攝於此矣。嘗聞康甲夫家有紅毛文字，惜不得觀之，以合泰西蠟頂語之異同。又欲譜四方土音，以窮宇宙元音之變，乃取《新韻譜》為主，而以四方土音塡之，逢人便可印正。蓋繼莊是書，多得之大荒以外者，囊括浩博，學者驟見，而或未能通也。

清・蔣良騏《東華録》卷二〇 （康熙四十四年）十一月，大學士等以鄂羅斯貿易來使負至原文繙繹之文進呈。上閲之，諭曰：『此乃喇提諾、托多烏祖克、鄂羅斯三種文也。外國文亦三十六字母者，亦有三十字、五十字母者，朕交喇嘛詳考視之，其來源與中國同，但不分平、上、去聲，而尚有入聲，其兩字合音甚明。中國平、上、去、入四韻極精，兩字合音，不甚緊要，是以學之者少，漸至棄之。問翰林院四聲無不知者，問兩字合音則不能知。中國所有之字，外國亦知之，特不全耳。』

清・印光任《澳門記略》下卷 西洋語雖侏𠌯，然居中國久，華人與之習，多有能言其言者，故可以華語釋之，不必懷鉛握槧，如揚子遠訪計吏之勤也。定州薛俊著《日本寄語》，謂西北曰譯，東南曰寄，然《傳》云重九譯，統九爲言，雖東南亦稱譯。從古邦畿在西北，不言寄，尊王畿也。名曰澳譯殿於篇。

清·何秋濤《朔方備乘》卷一三《考七》　俄羅斯用俄羅斯字，緬甸、南掌用緬字，西洋諸國用拉體諾字，遇有陳奏事件及表文，皆譯出具奏。又曰：內閣蒙古房中書，蒙古十有六人，貼寫中書，蒙古六人，學習竹筆字，以供譯寫，蒙古字以竹筆書之。其托忒字、回子字、唐古特字、俄羅斯字、緬甸字，各傳該館人至蒙古房譯寫。拉體諾字，傳西洋堂人譯寫。臣秋濤謹案：以上各條係內閣職掌，皆稱俄羅斯館，與俄羅斯喇嘛及學生所住之館不同。俞正燮云：內閣俄羅斯學，八旗學生二十四人，學俄羅斯語爲繙譯者，《理藩院事例》專指此爲俄羅斯學云。嘉慶八年，奏定考試俄羅斯學生等第，作爲五年一次，考列頭等者作爲八品官，考列二等者作爲九品官，考列三等者著交該學善加教誨，由八品官復行考列頭等者作爲七品官，由七品官考列頭等者作爲主事，分部學習行走，遇缺即補。

外物內引分部

自鳴鐘

綜述

明·顧起元《客座贅語》卷六《利瑪竇》　利瑪竇西洋歐邏巴國人也。【略】所製器有自鳴鐘，以鐵爲之，絲繩交絡，懸於簴，輪轉上下，戛戛不停，應時擊鐘有聲。器亦工甚，它具多此類。利瑪竇後入京，進所製鐘及摩尼寶石於朝。上命官給館舍而禄之。

明·謝肇淛《五雜俎》卷二《天部二》　西僧琍瑪竇有自鳴鐘，中設機關，每遇一時輒鳴，如是經歲無頃刻差訛也，亦神矣。

明·劉侗等《帝京景物略》卷五《西城外·利瑪竇墳》　萬曆辛巳，歐羅巴國利瑪竇，入中國。始到肇慶，劉司憲某，待以賓禮。持其貢，表達闕庭。所貢耶蘇像、萬國圖、自鳴鐘、鐵絲琴等，上啓視嘉歎。

明·徐光啓等《新法算書》卷一《緣起一》　自鳴鍾三架，中樣者每架價銀五十兩，大者及小而精工者，價值甚多，今不必用。

明·徐應秋《玉芝堂談薈》卷二七《雞鳴枕》　近時西洋製有自鳴鐘，按十二時有聲，中國頗有能為之者，設機繫丸，至期丸墜而發響耳。

明·談遷《北游録·紀郵上·甲午》　萬曆辛巳，歐羅巴國利瑪竇入中國，始到肇慶，表貢耶蘇像、萬國圖、自鳴鐘、天琴等。

清·吴景旭《歷代詩話》卷七九《癸集下之中·利瑪竇》　吳旦生曰：萬曆辛巳，大西洋奉耶蘇教者利瑪竇，自歐羅巴國航海九萬里入中土，始到肇慶，劉司憲持其貢表上聞，所貢耶蘇像、萬國圖、自鳴鐘、鐵絲琴等，上啓視嘉歎，命給廩賜第，宣武門內建天主堂，供耶蘇像其上。

清·杜臻《粵閩巡視紀略》卷二　彼國王欽仰聖朝，每遣使必戒以恭順守法，【略】奧人出方物數種為獻，【略】自鳴鐘二，大者高六七寸，小者半之，略倣定時臺之形，扣擊亦同。

清·梅文鼎《勿菴曆算筆記》《自鳴鐘説》一卷　測時之法，晝占日景，夜候星度，其理已盡。然無以處陰雨之際，古所以有壺漏之製也。西法入乃有自鳴之器，蓋亦行測所需，乃至窮工極巧，收其機牙於徑寸之中，聊供翫好，無裨實用。若其稍大者，按候支更，以節晨昏，則為用亦大矣。

清·王士禛《居易録》卷三三　允謨又云，有士人家藏十二時鐘，能應時自鳴。按此即今西洋所製自鳴鐘也，殊不為異。

清·王士禛《池北偶談》卷四《荷蘭貢物》　荷蘭國自康熙六年入貢，今二十五年臺灣平，設郡縣，其王耀漢連氏、甘勃氏遣陪臣賓先吧芝復奉表進貢，【略】貢物【略】大自鳴鐘一座。

清·李光地《榕村語録》卷一四《三禮》　西洋人不可謂之奇技淫巧，蓋皆有用之物，如儀器、佩觿、自鳴鐘之類。

清·姚之駰《元明事類鈔》卷二七《禮樂門·鐘·自鳴鐘》　《篷窗續録》：西人利瑪竇有自鳴鐘，僅如小香盒，精金為之，一日十二時，凡十二次鳴。案自鳴鐘亦名候鐘，見《帝京景物畧》。明朱國祚《瑣里行》：巧將制器媚中涓，自鳴鐘獻黃金殿。

清·愛新覺羅·玄燁《聖祖仁皇帝庭訓格言》　訓曰：明朝末年，西洋人始至中國，作驗時之日晷。初製一二，時明朝皇帝目以為寶而珍重之。順治十年間，世祖皇帝得一小自鳴鐘，以驗時刻，不離左右。其後又得自鳴鐘稍大者，遂效彼為之，雖能髣髴其規模，而成在內之輪環。然而上劢之法條未得其法，故不得其準也。至朕時，自西洋人得作法條之法，雖作幾千百，而一一可必其準。爰將向日所珍藏世祖皇帝時自鳴鐘盡行修理，使之皆準。今與爾等觀之，爾等託賴朕福，如斯少年，皆得自鳴鐘十數以為玩器，豈可輕視之，其宜永念祖父所積之福可也。

清·來保等《清會典則例》卷九三《禮部·主客清吏司·朝貢上》　（康熙二十五年）又覆準：荷蘭道路險遠，航海艱辛，嗣後進貢方物，酌量減定，令貢珊瑚、琥珀、哆囉絨、織金毯、嗶吱段、自鳴鐘。

清·郝玉麟等［雍正］《廣東通志》卷五二《物產志》　自鳴鐘本出西洋，以索轉機，機激則鳴，晝夜十二時皆然。《廣州志》

清·于敏中等《日下舊聞考》卷一四《國朝宮室六》　端凝殿南為舊設自鳴鐘處。《國朝宮史》臣等謹按，舊設自鳴鐘處恭懸聖祖御書額曰：敬天，皇上御書聯曰：簾縈香篆齋心久，座殷鐘聲問夜遙。【略】

交泰殿滲金圓頂，制如中和殿，殿內恭懸聖祖御書額曰：無為，皇上御書聯曰：恆久咸和迓天休而滋至，關雎麟趾立王化之始基。殿中設寶座，左安銅壺刻漏，右安自鳴鐘。

清·嵇璜等《續文獻通考》卷一〇九《樂考·樂器·金之屬·自鳴鐘》　明萬曆二十八年，大西洋國人利瑪竇來獻自鳴鐘，祕不知其術。大鐘鳴時，正午一擊，初未二擊，以至初子十二擊，正子一擊，初丑二擊，以至初午十二擊。小鐘鳴刻，一刻一擊，以至四刻四擊，蓋氣機所為，他人不能為也。

清·乾隆敕撰《清文獻通考》卷二五八《象緯考三·儀器》　自鳴鐘以金為之，中承以柱，下為方匱，面設表盤，均十二分，上起子午，正右旋一日再周，以短針指時，長針指刻，起丑末初鐘一鳴，盡子午正十二鳴，其初正自一鳴至四鳴，各四刻。匱內藏鋼輪三重，中為大輪，四軸上間小輪三，聯之以旋時刻針，左為大輪，三軸上間小輪二，聯之旁大輪一，綰擊具以擊鐘知時，右亦如之，以擊鐘知刻，三重皆施墜線擊具，皆有銅片為作止之限。表盤徑二尺一寸五分，羃以玻璃匱，木質髹漆，繪金花文，四隅皆有柱，中為周闌，髹以金，縱距四尺七寸，橫五尺七寸五分，通高一丈六尺六寸。

清·乾隆敕撰《清通典》卷九八《邊防二·南·荷蘭》　荷蘭俗稱紅毛番，亦曰紅夷，【略】其土產有馬、珊瑚、哆囉絨、嗶嘰緞、鏡、丁香、檀香、自鳴鐘。

藝文

清·朱彝尊《明詩綜》卷五九《［明］朱國祚〈瑣里行〉》　海外大九州，一稃一粟島嶼浮。是何瑣里國，治曆知春秋。鬈槃驗一綫，鍼將子午求。曾未識中夏，帆從何處收。虬鬚鶻眼顱其面，海舶初來寄江甸。巧將製器媚中涓，自鳴鐘獻黃金殿。吾思曆象由羲和，縱有歲差良不多。豈容小邦定正朔，倒置列宿成愆訛。古來明王異物恆不貴，遠人留之甚無謂。況乎天官有禁祕不傳，毋俾此輩紊我靈臺篇。

清·吳偉業《梅村集》卷一八《七言絕句·其十三》　西洋館字逼城陰，巧曆通玄妙匠心。異物每邀天一笑，自鳴鐘應自鳴琴。

清·愛新覺羅·玄燁《聖祖仁皇帝御製文集二集》卷四五《戲題自鳴鐘》　晝夜循環勝刻漏，綢繆宛轉報時全。陰晴不改衷腸性，萬里遙來二百年。

清·愛新覺羅·玄燁《聖祖仁皇帝御製文集四集》卷三二《詠自鳴鐘》　法自西洋始，巧心授受知。輪行隨刻轉，表指按分移。絳幘休催曉，金鐘預報時。清晨勤政務，數問奏章遲。

清·康熙敕撰《御定千叟宴詩》卷三《其二百二十二》　丹墀扶杖步從容，皓首欣霑湛露濃。醉飽都忘宮漏永，隔花頻聽自鳴鐘。

清·愛新覺羅·胤禛《世宗憲皇帝御製文集》卷二一《詠自鳴鐘》　巧製符天律，陰陽一彈包。絃輪旋密運，鍼表恰相交。晷刻毫無爽，晨昏定不淆。應時清響報，疑是有人敲。

又《自鳴鐘》　八萬里殊域，恩威悉感通。珍奇爭貢獻，鐘表極精工。應律符天健，聞聲得日中。蓮花空製漏，奚必老僧功。

清・愛新覺羅・弘曆《御製樂善堂全集定本》卷一四《自鳴鐘》

扶桑日出海門紅，大秦西洋颺景風。懸擅度索底貢同，於皇聲教敷天通。梯航山海來朝宗，厥獻奇物自鳴鐘。銅輪鐵絃凡幾重，機軸循環運其中。應時滴響聲春容，挈壺無所施其功。精巧絶倫疑鬼工，倕班流汗難追踪。異哉茲物無始終，週歷晝夜春與冬。懸置几上勝金鏞，晚報日昳曉嵎東。我聞寶賢寶物雖不同，咸賓亦足效球共。考時定律佐三農，此鐘之利貽無窮。

清・愛新覺羅・弘曆《高宗純皇帝御製詩集三集》卷八九《詠自鳴鐘》 奇珍來海舶，精製勝宮蓮，水火明非藉，秒分暗自遷。天工誠巧奪，時次以音傳。針指弗差舛，輪推互轉旋。晨昏象能示，盈縮度寧愆。抱箭金徒愧，挈壺銅史捐。鐘鳴別體備，樂律異方宣。欲得寂無事，須教莫上弦。

清・于敏中等《日下舊聞考》卷一四《國朝宮室六》 《御製刻漏銘》：粤昔重黎，分司地天。迎日揆景，舉分測辰。明時敬授，欽若昊乾。予承百王，省歲祈年。齊政協紀，命彼疇人。儆宮戒井，斟衡酌權。笵金規木，製茲漏蓮。玉注金筩，水火燥寒。協其高卑，別以方圓。九十六刻，成一日焉。視彼陽晷，明晦無愆。較自鳴鐘，淫巧徒傳。攝提有紀，孟陬用平。于以考時，寢興慎旃。于以熙績，勤民禮賢。業業兢兢，俯察仰觀。器與道偕，是驗是虔。作銘垂誡，貽百曾元。

望遠鏡

綜述

明・劉侗等《帝京景物略》卷四《西城内・天主堂》 大西洋奉耶穌教者利瑪竇，自歐羅巴國航海九萬里入中國，【略】其國俗工奇器，【略】遠鏡，狀如尺許竹筩，抽而出，出五尺許，節節玻璃，眼光過此，則視小大，視遠近。

明・徐光啓等《新法算書》卷一《緣起一》 望遠鏡架三副，每架

約工料銀六兩，鏡不在數。

又 卷三《緣起三》 若夫窺筩亦名望遠鏡，前奉明問，業已約畧陳之，但其制兩端俱用玻璃，而其中層疊虛管，隨視物遠近以為短長，亦有引伸之法，不但可以仰窺天象，且能映數里外物，如在目前，可以望敵施礮，有大用焉。此則遠西諸臣羅雅谷、湯若望等，從其本國携來而葺飾之，以呈御覽者也。

又 卷二三《遠鏡説・利用》 夫遠鏡何昉乎？昉於大西洋天文士也，其用之利可勝言哉。蓋凡人視近與大易，視遠與小難，遠鏡則無遠近，無大小者也。約畧言之，天象地形，不出其照，而至若山海之間，尤為備盜之先資，補益人世亦大矣。

明・郑仲夔《耳新》卷八《寶遺》 番僧利瑪竇有千里鏡，能燭見千里之外，如在目前。以視天上星體，皆極大；以視月，其大不可紀；以視天河，則衆星簇聚，不復如常時所見。又能照數百步蠅頭字，朗朗可誦。瑪竇死，其徒某道人挾以遊南州，好事者皆得見之。

清・談遷《北游録・紀郵上・甲午》 訪西人湯道未若望，大西洋歐羅巴國人，去中國二萬里。萬曆戊午，航海至廣州。【略】今湯氏尤見重，登其樓，簡平儀、候鐘、遠鏡、天琴之屬。【略】遠鏡以玻璃。

清・方以智《通雅》卷三四《器用・靉靆眼鏡也》 今西洋有千里鏡，磨玻瓈為之，以長筒窺之，可見數十里，又製小者于扇角，近視者可使之遠。

清・方以智《物理小識》卷一《天類》 西用遠鏡，四層，皆凸外而窪内，以窪近目，能拓小影為大，層層轉取，倍必累矣。

清・陸世儀《思辨録輯要》卷一四《治平類》 月中之景，古今相傳為山河大地，近以西洋望遠鏡窺之良然。

清・杜臻《粤閩巡視紀略》卷二 彼國王欽仰聖朝，每遣使必戒以恭順守法，【略】畧人出方物數種為獻，【略】千里鏡一、連筩四五注，所窺之物而徐展之，數十里外可矚毫末。

清・王士禎《居易録》卷二六 西洋意大利亞國遣其臣世襲公斯畢唲納及瑪諾薩進貢，【略】其貢物有自鳴琴、千里鏡等，凡二十二種九十八件。

清・王士禛《池北偶談》卷二一《香山墺》　有千里鏡，番人持之登高以望舶械仗颿檣，可矚三十里外。

清・姚之駰《元明事類鈔》卷三〇《器用門・遠鏡》　《啓崇野乘》：薄珏造銅礮擊賊及三十里，又設千里鏡以偵賊之近遠。

清・温達《聖祖仁皇帝親征平定朔漠方略》卷一〇　上諭曰：【略】爾等行路須嚴設哨探，小心防範，斷勿懈弛失備。其哨卒俱執千里鏡登高而望，少懈恐為彼所先窺。

清・愛新覺羅・胤禛《世宗憲皇帝聖訓》卷八《敬天》　皇考親率朕同諸兄弟在乾清宫用千里鏡，四週用夾紙遮蔽日光，然後看出考驗所虧分數。

清・來保等《清會典則例》卷九三《禮部・主客清吏司・朝貢上》（順治）十三年，荷蘭國王恭進御前方物：【略】鑲銀千里鏡、玻璃鏡、八角大鏡。

清・乾隆敕撰《清文獻通考》卷二五八《象緯考三・儀器》　攝光千里鏡筩長一尺三分，接銅管二寸六分。鏡凡四重，管端小孔，内施顯微鏡，相接處施玻璃鏡，皆凸向外。筩中施大銅鏡，凹向外以攝影，鏡心有小圓孔。近筩端施小銅鏡，凹向内。周隙通光，注之大鏡，而納其形。筩外為鋼鋌，螺旋貫入，進退之，以為視遠之用。承以直柱三足，高一尺一寸五分。

藝文

清・愛新覺羅・弘曆《御製樂善堂全集定本》卷二六《今體詩・千里鏡》　誰歟巧製過工倕，玩景何須出綺帷。視遠惟明元在我，鑑空無礙却憑伊。光如水月初圓際，了若湖山盡歷時。聞道離朱能燭眇，還疑千里未曾窺。

清・愛新覺羅・弘曆《御製詩集初集》卷三一《古今體六十六首・千里鏡》　巧製傳西海，佳名錫上京。欲窮千里勝，先辨寸心平。能以遥為近，曾無濁混清。一空初不照，萬象自然呈。雲際分山皴，天邊數鳥征。商書精論政，曰視遠惟明。

又　卷三八《古今體七十八首・千里鏡》　何來千里鏡，奇製藉頗黎。適用宜山半，成模自海西。頓教清濁判，忽幻近遥齊。察察吾方戒，箴規觸目題。

番薯

綜述

明・何喬遠《閩書》卷一五〇《南産志・蕃薯》　萬曆中，閩人得之外國，瘠土砂礫之地皆可以種。用以支歲，有益貧下。予嘗作《蕃薯頌》，可以知其概也。《頌》曰：『度閩海而南，有吕宋國。【略】以通商故，閩人多賈吕宋焉。其國有朱薯，被野連山而是，不待種植，夷人率取食之。【略】夷人雖蔓生不訾省，然恡而不與中國人，中國人截其蔓咫許，挾小蓋中以來，於是，入閩十餘年矣。其蔓雖萎，剪插種之，下地數日即榮，故可挾而來。其初入吾閩時，值吾閩饑，得是而人足一歲。』

明・陽思謙《萬曆重修泉州府志》卷三《輿地志・物産・蔬之屬・番薯》　番薯種出島夷，蔓生，多結根，一畝地有數十石之獲，比土蔓省力而獲多，貧者賴以充腹。

明・徐光啓《甘薯疏》　薯有二種，一名山薯，閩廣故有之；一名番薯，則土人傳云近年有人在海外得此種，海外人亦禁，不令出境，此人取薯藤絞入汲水繩中，遂得渡海，因此分種移植，略通閩廣之境也。兩種莖葉多相類，但山薯植援附樹乃生，番薯蔓地生；山薯形魁壘，番薯形圓而長；其味則番薯甚甘，山薯為劣耳。蓋中土薯者所言薯者，皆山薯也。蕃薯援地傳生，枝葉極盛，若于高仰沙土，深耕厚壅，大旱則汲水灌之，無患不熟。閩廣人賴以救飢，其利甚大。

倘慮天旱，則此種畝收數十石，數口之家止種一畝，縱災甚，而汲井灌溉，一至成熟，終歲足食。薯蕷與山薯顯是二種，與番薯為三種，皆絶不相類。

清・談遷《棗林雜俎・中集・榮植・甘薯》　朱薯産吕宋國，被野連山，不待種植，夷競食之。萬曆中，閩人移蔓以歸，種之數日即榮。瘠鹵沙岡皆可植，糞之加大，泉人資以充饑。

清·陳鴻《莆變小乘》　番薯亦天啓時番邦載來，泉人學種。初時富貴者請客，食盒裝數片，以為奇品，今興泉漳遍洋皆種，物多價賤，三飡當飯以食，小民賴之。

清·周亮工《閩小紀》卷下《番薯》　萬曆中，閩人得之外國，瘠土砂礫之地，皆可以種。初種于漳郡，漸及泉州，漸及莆，近則長樂、福清皆種之。

清·陳世元《金薯傳習録》卷上《福州府志》　《閩書》：番薯皮紫，味甘於蕷芋，尤易蕃，郡本無此種，明萬曆甲午歲荒，巡撫金學曾從外番匄種歸，教民種之以當穀食，荒不爲災。

又《採録閩候合志》　番薯種初海外呂宋，明萬曆間，閩人陳振龍貿易其地，得藤苗及栽種之法入中國，值閩中旱饑，振龍子經綸白于巡撫金學曾，令試爲種，時大有收穫，可充穀食之半，自是磽确之地，遍行栽播，迨入國朝，其後裔陳世元又種之膠州開封諸處，傳布寖廣，大河以北皆食其利矣。

又《福清縣藝文誌·明都御史金學曾報功祠記》　明萬曆間，旱魃爲虐，野草無青，都御史金勘災至，止相厥土宜，將外國所傳曰地瓜者教民種之。是物喜沙土，得其地則繁藤茂葉，氣下注，纍結如蹲鴟，所收視禾稻有加，即逢旱，亦可收其半。數百年來，民資以不困者，公之功也。邇來傳益遠，且作上方之貢，天子嘉納，召融人赴北地教民樹藝法，利並及四宇矣。

又《福清縣藝文誌·元五世祖先獻薯藤種法後獻番薯稟帖》　具稟長邑生員陳經綸爲敬陳種薯之利益，並呈法則以濟民食事切。綸父振龍歷年貿易呂宋，久駐東夷，目覩彼地土產朱薯被野，生熟可茹，詢之夷人，咸稱薯有六益八利，功同五穀，乃伊國之寶，民生所賴，但此種禁入中國，未得栽培。綸父時思閩省隘山阨海，土瘠民貧，暘雨少愆，饑饉洊至，偶遭歉歲，待食嗷嗷，致廑憲輈，急切民瘼，多方設法，救濟情殷。綸父目擊朱薯可濟民食，捐貲陰買，並得島夷傳種法則，帶歸閩地，不揣冒昧，將薯藤苗種及法則匍獻，憲輈俯察薯堪與穀並濟民食，行知各屬效法栽種，功成食足，永垂憲德於不朽矣。切稟。

清·嵇曾筠等［雍正］《浙江通志》卷一〇三《物產三·寧波府·番薯》　《普陀山志》：如山藥而紫，味甘，種來自日本。

清·郝玉麟等［雍正］《福建通志》卷一〇《物產·福州府·蔬之屬》　番薯萬曆間，閩人得之外國，瘠土沙礫之地皆可以種，其莖葉蔓生，根如山蕷、蹲鴟之類，味極甘，有紅、白二種，生食熟食或晒為乾或磨為粉皆宜，亦可釀為酒。邇來栽種尤盛，閩地糧糗半資於此。又有一種畧短而圓，肉色純黃者為芋薯。

清·覺羅四明等［雍正］《臺灣府志》卷一七《物產一·蔬菜》　番薯結實於土，生熟皆可噉，有金姓者自文來攜回種之，故亦名金薯，閩粵沿海田園栽種甚廣，農民咸藉以爲半歲糧。

清·方鼎等［乾隆］《晉江縣志》卷一《輿地志·物產·薯之屬》

番薯以得種番國，故名，亦名地瓜。此物明季始入中國，何鏡山先生開園地種之，爲之序，并作頌。今大盛，功倍五穀。

清·黃叔璥《臺海使槎録》卷三《物產》　番薯二種而色白者是舊種，圓而黃赤者得自文來國，未知孰是。余見有大可尺圍，形似南瓜者，土人亦不經見也。

清·乾隆敕撰《清通志》卷一二五《昆蟲草木略一·蔬類》　番薯有紅、白二種，性宜沙土，蔓生蔽野，人以為糧，本出琉球國，閩地今亦有之。我皇上時切民依，特命中州等地給種教藝，俾佐粒食，自此廣布蕃滋，仰見子惠黎元之至意。

清·趙學敏《本草綱目拾遺》卷八《諸蔬部·甘儲》　一作甘薯，又名朱薯，以其皮有紅者也。一名金薯，今俗通呼為番薯，或作番茹。有紅皮、白皮二色。紅皮者心黃而味甘甜，白皮者心白而味淡。南方各省俱植之。沿海及島中居民以此代穀，其入藥之功用亦廣，而諸家本草皆未載。李瀕湖特補列《綱目》中，惜其所言者，惟補虛乏、益氣力、健脾胃、強腎陰而已，他皆未之及焉。

乾隆五十一年冬，今上特允閣學侍郎張若淳之請，敕直省廣勸栽植甘薯，以為救荒之備。陸中丞耀有《甘薯録》之輯，所載衛生一門實足補李氏所未及。因擇録之，以補其遺。陸公原序云甘薯即薯蕷之屬，見於陳祈暢《異物志》、嵇含《南方草木狀》。中土之有此物，其來舊矣。第不甚貴重，栽植者少。明季有閩人陳經綸復自呂宋移其種歸。巡撫金公學曾勸民樹藝，閩人德之，號為金薯。然自是長樂謝肇淛、黄州李時珍、新城王象晉各有論述，皆不及經綸事。而其裔孫世元父子復為《金薯傳習録》，盛侈其先世傳自呂宋之功，一似中國素非所產者，此考證之疏也。夫以一物之微，足以備荒療疾，而又不費功力，其為功於民食實不淺尠。前任布政使李公渭嘗舉以教山東之民，其性又喜沙土高地，於山海之區尤屬相宜。《五雜俎》：百穀之外有可以當穀者，芋也，（著）［薯］蕷也。而閩中有番薯，似山藥而肥白過之，種沙地易生而極蕃衍，饑饉之民多賴全活，此物北方亦可種也。【略】

金氏學曾曰薯傳外番，因名番薯。形如王瓜、藕臂，如拳如指，如卵如棗，大小不一，實同種別。皮有紫有白，有深淺紅，有濃淡黄，肉亦如之。蒸熟勻膩如脂，甘平益胃，性同薯蕷，海隅人以供饗飧。蔓延極速，節節有根，入地即結，每畝可得數千斤。勝種五穀幾倍。【略】

范咸《臺灣府志》：長而色白者，是舊種，圓而黄赤者，出自文來國。金姓者攜回，故名金薯。

藝文

明・何喬遠《閩書》卷一五〇《南產志・蕃薯》 令珠而如沙，人以之彈鵲，令金而如泥，人以之塗艧，令朱薯而如玉山之禾、瑤池之桃，人以之為不死之大藥。雖不死藥，不足佐五穀，吾亦不忍其禾玉山桃瑤池，獨從羽人於丹邱，坐視下界之人瘁饑，啾啾而不得一嚼。

清・陳世元《金薯傳習録》卷下《附諸家詩詞歌賦・穆元春〈金薯詩〉》 西番有嘉種，資我中國糧。波濤萬頃海，道路阻且長。慳秘不吾與，智者密珍藏。截取蔓莖好，兼詳種植方。旱澇非所患，磽确不為傷。歉歲無饑餒，豐年足倉箱。

又・《吳肇文〈詠金薯〉》 朱薯種本呂宋地，前明賈客駕航至。吾閩得薯勝得金，亦越金公法始備。相資五穀可壽人，偏植四隅昭美利。歲豐收薯畝棲糧，歲歉收薯饑可飼。

玉米

綜述

明・趙時春［嘉靖］《平涼府志》卷四《物產》 番麥。一曰西天麥，苗葉如蜀黍，而肥短末有穗如稻而非實，實如塔，如桐子大，生節間，花垂紅絨在塔末，長五六寸，三月種，八月收。

明・田藝蘅《留青日札》卷二六《御麥》 御麥出于西番，舊名番麥，以其曾經進御，故曰御麥。幹葉類稷，花類稻穗。其苞如拳而長，其鬚如紅絨，其粒如芡實，大而瑩白。花開于頂，實結于節，其異穀也。吾鄉傳得此種，多有種之者。

明・李時珍《本草綱目》卷二三《穀部二・玉蜀黍》 時珍曰：玉蜀黍種出西土，種者亦罕。其苗葉俱似蜀黍而肥矮，亦似薏苡。苗高三四尺。六七月開花成穗如秕麥狀。苗心別出一苞，如櫻魚形，苞上出白鬚垂垂。久則苞拆子出，顆顆攢簇。子亦大如櫻子，黄白色。可煠炒食之，炒拆白花，如炒拆糯穀之狀。

明・徐光啓《農政全書》卷二五《樹藝・穀部上・蜀秫》 玄扈先生曰：【略】別有一種玉米，或稱玉麥，或稱玉蜀秫，蓋亦從他方得種。其曰米、麥、蜀秫，皆借名之也。

明・王象晉《羣芳譜・亨部・穀譜・御麥》 榦葉類蜀黍而肥矮，亦似薏苡，苗高三、四尺，六、七月開花，穗苞如拳而長鬚如紅絨，粒如芡實，大而瑩白，花開於頂，實結於節，以其曾經進御，故曰御麥。出西番，舊名番麥。【略】一名玉蜀黍，一名玉高粱，一名戎菽，實一物也。

清・陳啓源《毛詩稽古編》卷二八《辨物・草木辨》 又有玉蜀粱，亦名玉蜀黍，種出西土，葉似高粱而肥短，高三四尺，斯又其別種矣。

清・汪灝等《佩文齋廣羣芳譜》卷九《穀譜・玉蜀黍》 玉蜀黍一名玉高粱，一名戎菽，一名御麥。以其曾經進御故名。御麥出西番，舊名番麥。

清・鄂爾泰等《授時通考》卷二六《穀種門・黑龍江麥》　吳縣物産【略】西番麥形似稷而枝葉大，結子纍纍如芡實。

清・陳元龍《格致鏡原》卷六二《穀類・麥》　王世懋《學圃雜疏》：西番麥形似稷而枝葉奇大，結子纍纍，煮食之味亞芡實。

清・劉於義等［雍正］《陝西通志》卷四三《物産一・穀屬・玉蜀黍》　榦葉類蜀黍而肥矮，亦似薏苡，苗高三、四尺，六、七月開花，成穗如秕麥狀，苗心别出一苞，如椶魚形，苞上出白鬚，如紅絨，久則苞拆子出，粒如芡實，大而瑩白。《廣羣芳譜》玉蜀秫，一名番麥，一名玉米，有白紫藍之不同色。《山陽縣志》

清・覺羅四明等［乾隆］《臺灣府志》卷一七《物産一・五穀》　番麥狀如黍，實如石榴子，一葉一穟，穟數百粒。

清・阿桂等［乾隆］《盛京通志》卷一〇六《物産一・五穀類》　玉蜀黍莖葉似蜀黍，子藏包中，俗呼包兒米，内務府漚粉充貢。

清・和珅等［乾隆］《熱河志》卷九二《物産一・穀之屬・玉蜀黍》　一名御米，亦作番麥，故或附麦類，《農政全書》又作玉米，今俗稱為包兒米，有黄白赤黑斑數色。《羣芳譜》但稱粒如芡實，大而瑩白，未足盡之，其粉可作糕，土人亦以為糜。

清・嚴如熤《三省邊防備覽》卷八《民食》　益州沃野千里，【略】山内溪溝兩岸及淺山低坡盡種包穀、麻、豆。【略】

包穀米作饘、作麵、作乾飯與稻米同，初熟時曰包穀棒，窮民連包煮食，或摘子炒食。經略兵至老林，軍糈不能接濟，常與山民買包穀一塊，軍士摘取，然柴火煨熟，即用療饑，山民言包穀米耐饑勝於甜飯也。【略】山内無糯穀，則用包米蒸酒。包米難化，採草藥作麯，藥性最烈，和蒸米七日成酒，名曰『七日紅』。飲少輒醉，癲狂迷性，往往搬刀弄杖，山内鬭案十有九醉，竟有醉至死者，有司屢行禁，不能止也。【略】

包穀不可久貯，每歲至三四月必發青，久之中空無米，背負市鎮價值不足給路費，山中多包穀之家取包穀煮酒，其糟餵豬。

又　卷一一《策略》　數十年前山内秋收以粟穀為大庄，粟利不及包穀。近日遍山漫谷皆包穀。包穀高至一丈許，一株常二三包，上收之歲一包結實千粒，中歲每包亦五六百粒，種一收千，其利甚大。蒸飯、作饘、釀酒、飼猪均取於此，與大小二麥之用相當。故夏收視麥，秋成視包穀，以其厚薄定歲豐歉。

清・林一銘［道光］《寧陝廳志》卷一《輿地志・物産・穀屬》　苞穀一名御麥，一名番麥，《羣芳譜》名蜀玉黍，山岷爲常飯。

馬鈴薯

綜述

清・潘拱辰等［康熙］《松溪縣志》卷六《食貨志・食物》　馬鈴薯葉依樹生，掘取之，形有小大，畧如鈴子，色黑而圓，味苦甘。

清・嚴如熤《三省邊防備覽》卷八《民食》　益州沃野千里【略】山頂老林之旁包穀、麻、豆，清風不能成，則種苦蕎、燕麥、洋芋。洋芋花紫葉圓，根下生芋，根長如線，累累結實數十、十數顆，色紫，如指如拳，如小杯，味甘而淡，山溝地一塊挖芋常十數石。【略】洋芋切片晒乾，堪以久貯，磨粉和苦蕎、燕麥均可做餅饘。

清・林一銘［道光］《寧陝廳志》卷一《輿地志・物産・穀屬》　洋芋此種不知所從來，山多種之，山民藉此濟饑者甚衆。

番茄

綜述

明・王象晉《羣芳譜・亨部・果譜二・柿》　蕃柿一名六月柿，莖似蒿，高四五尺，葉似艾，花似榴，一枝結五實或三四實，一樹二三十實。縛作架，最堪觀，火傘火珠未足為喻，草本也。來自西蕃，故名。

清・高拱乾等［康熙］《臺灣府志》卷七《風土志・土産・菓之屬》　番柿形似柿，皮有毛。俗呼為毛柿，西域種。

清·朱樟等［雍正］《澤州府志》卷一二《方輿志·物產·果之屬》
西番柿似柿而小，草本，蔓生，味澀。

清·郝玉麟等［雍正］《福建通志》卷一一《物產·臺灣府·果之屬》 番柿形似柿，皮有毛，俗呼為毛柿，西域種。

花生

綜述

明·黃省曾《種芋法·一之名》 又有引蔓開花，花落即生，名之曰落花生，皆嘉定有之。

明·王世懋《學圃雜疏·蔬疏》 香芋、落花生產嘉定，落花生尤甘，皆易生可種也。

清·方以智《物理小識》卷六《飲食類》 番豆，一名落花生、土露子，二三月種之，一畦不過數子，行枝如蕹菜、虎耳藤，橫枝取土壓之，藤上開花，花絲落土成實，冬後掘土取之，殼有紋，豆黃白色，炒熟甘香，似松子味。孫愐曰：蹲躨，番豆也。郭林曰：生啖有油，亦致下泄。

清·陳淏子《花鏡》卷五《藤蔓類攷·落花生》 落花生，一名香芋，引藤蔓而生。葉椏開小白花，花落於地，根即生實。連絲牽引土中，累累不斷，冬盡掘取煮食。香甜可口，南浙多產之。

清·黃叔璥《臺海使槎録》卷三《物產》 藝稻之外，間種落花生，俗名土豆，冬月收實，充衢陳列，居人非口嚼檳榔，即啖落花生，童稚將炒熟者用紙包裹，鬻於街頭，名落花生包。

清·魏荔彤等［康熙］《漳州府志》卷二七《物產志·果之屬》 落花生出西國，昔年無之，蔓生園中，花謝時，其心中有絲垂入地結實，故名，其根生者一房可二三粒，俗以壓油，其利甚溥。

清·郝玉麟等［雍正］《福建通志》卷一〇《物產·福州府·果之屬》 落花生出西國，昔年無之，蔓生園中，花謝時，其心中有絲垂入地結實，故名，一房可二三粒，味甚香美，可以壓油，而出興化者為佳。

清·覺羅四明等［乾隆］《臺灣府志》卷一七《物產一·五穀》 土豆即落花生，蔓生，花開黃色，花謝于地即結實，故名，一房三四粒，堪充果品，以酢油可以代蠟，北方名長生果。

清·嵇璜等《續通志》卷一七七《昆蟲草木略四·果類》 落花生出閩廣，藤生，花落地而結實，故名。

清·趙宏恩等［乾隆］《江南通志》卷八六《食貨志·物產·太倉州》 落花生出嘉定，子黃色者佳。

清·嵇曾筠等［雍正］《浙江通志》卷一〇五《物產五·台州府》 落花生萬曆《仙居縣志》：原出福建，近得其種植之。

又 卷一〇六《物產六·衢州府》 落花生 《衢州府志》：種自閩中，堆沙植之，花落沙上，結實如蠶。

清·趙學敏《本草綱目拾遺》卷七《果部上·落花生》 一名長生果，《福清縣志》：出外國，昔年無之。蔓生園中，花謝時，其中心有絲垂入地結實，故名。一房可二三粒，炒食味甚香美。康熙初年僧應元往扶桑覓種寄回。亦可壓油。今閩省產者，出興化為第一，名黃土，味甜而粒滿，出臺灣名白土，味澀而粒細，其油煎不熟，食之令人瀉，一名土豆。

《彙書》：近時有一種名落花生者，莖葉俱類荳，其花亦似荳，花而色黃，枝上不結實，其花落地即結實於泥土中，亦奇物也。實亦似荳莢而稍堅硬，炒熟食之，作松子之味，此種皆自閩中來。【略】

《逢原》云：長生果產閩地，花落土中即生，從古無此，近始有之。

清·檀萃《滇海虞衡志·志果第十·落花生》 落花生為南果中第一，以其資于民用者最廣。宋元間，與棉花、蕃瓜、紅薯之類，粵估從海上諸國得其種歸種之，呼棉花曰吉貝，呼紅薯曰地瓜，落花生曰地豆，滇曰落地松。高、雷、廉、瓊多種之。大牛車運之以上海船，而貨于中國。以充包苴，則紙裹而加紅簽。以陪燕席，則豆堆而砌白貝。尋常盃杓，必資花生。故自朝市至夜市，爛然星陳。

若乃海濱滋生，以榨油為上，故自閩及粵，無不食落花生油，且膏之為燈，供夜作。今已遍于海濱諸省，利至大。性宜沙地，且耐水淹，數日不死。長江、黃河沙地甚多，若遍種之，其生必大旺。今棉花種于南北，幾壓桑麻，若南北遍種落花生，其利益中原尤厚，故因此志而推言之。

煙草

綜述

明・姚旅《露書》卷一〇《錯篇》 呂宋國出一草曰『淡巴菰』，一名曰『醺』。以火燒一頭，以一頭向口，煙氣從管中入喉，能令人醉，且可闢瘴氣。有人攜漳州種之，今反多於呂宋，載入其國售之。

明・張介賓《景岳全書》卷四八《山草部・烟》 此物自古未聞也，近自我明萬曆時始出於閩廣之間，自後吳楚間皆種植之矣。

清・談遷《棗林雜俎・中集・榮植・金絲煙》 金絲煙出海外番國，曰淡巴菰，流入閩、粵，名金絲煙。性燥有毒，能殺人。天啓二年，貴州道梗，借經廣西，始移其種。葉似薤，長莖，採而乾之，刃批如絲。今藝及江南、北。崇禎十六年敕禁，私販至論死，而不能革也。

清・方以智《物理小識》卷九《草木類》 淡巴姑烟草，萬曆末有攜至漳泉者，馬氏造之曰淡肉果，漸傳至九邊，皆銜長管而火點吞吐之，有醉仆者，崇禎時嚴禁之不止。其本似春不老，而葉大於菜，暴乾以火酒炒之，曰金絲烟，北人呼為淡把姑，或呼擔不歸，可以祛濕發散，然久服則肺焦，諸藥多不效，其症忽吐黄水而死。

清・陳鴻《莆變小乘》 金絲煙乃天啓時從番國傳來，泉州人搆得其種，初惟浪子所嗜，吸煙昏醉倒地，無人不厭。種植漸廣，貴賤男女皆食，今時客到請其吸煙爲先禮。

清・王士禎《香祖筆記》卷三 今世公卿士大夫，下逮輿隸婦女，無不嗜煙草者，田家種之，連畛頗獲厚利。考之《本草》、《爾雅》皆不載，姚旅《露書》云：呂宋國有草名淡巴菰，一名曰金絲醺，煙氣從管中入喉，能令人醉，亦辟瘴氣，搗汁可毒頭蝨。初，漳州人自海外攜來，莆田亦種之，反多於呂宋，今處處有之，不獨閩矣。

清・劉廷璣《在園雜誌》卷三《煙草》 煙草名淡巴菰，見於《分甘餘話》，而新城又本之姚旅《露書》。産呂宋。關外人相傳本於高麗國，

其妃死，國王哭之慟，夜夢妃告曰：塚生一卉，名曰烟草。細言其狀，采之焙乾，以火燃之而吸其烟，則可止悲，亦忘憂之類也。王如言，採得，遂傳其種。今則遍天下皆有矣。其在外國者名髮絲，在閩者名建煙，最佳者名蓋露，各因地得名。如石馬、（余）［佘］塘、浦城、濟寧、乾絲、油絲，有以香拌入者名香煙。以蘭花子拌入者名蘭花煙。至各州縣，本地無名者甚多。始猶間有吸之者，而此日之黄童白叟，閨幃婦女，無不吸之，十居其八，且時刻不能離矣。諺云開門七件事，今且增煙而八矣。

清・陳元龍《格致鏡原》卷二一《飲食類一・煙》 熊人霖《地緯》：粵中有仁草，【略】一曰金絲煙，治驗亦多，其性辛散，食已氣令人醉，故一曰煙酒，其種得之大西洋。

清・厲鶚《樊榭山房集》卷一〇《詞乙・天香》 烟草《神農經》不載，出於明季，自閩海外之呂宋國移種，中土名淡巴菰，又名金絲薰，見姚旅《露書》。食之之法，細切如縷，灼以管而吸之，令人如醉，祛寒破寂，風味在麴生之外，今日偉男髫女無人不嗜。

清・陸耀《煙譜・生産第一》 煙草處處有之，其初來自呂宋國，名淡巴菰，明季始入中土。

清・阮葵生《茶餘客話》卷二〇《煙草》 煙草，一名相思草，滿文曰淡巴菰。初出呂宋，明神宗始入中國。

清・和珅等［乾隆］《熱河志》卷九四《物産三・卉之屬》 煙草，本名淡巴菰，土人亦稱煙酒。隴旁隙地種之，葉肥大至徑尺，其近頂處數葉，俗呼曰蓋露。

清・陳琮《煙草譜》卷一《原産》 煙草出自邊塞外蕃，【略】黎士宏曰始于日本，傳于漳州之石馬。【略】全祖望《鮚琦亭集》云：煙草姚旅以為來自呂宋，淡巴者，原屬呂宋旁近小國。予按呂宋國在臺灣鳳山縣沙馬崎東南。《續文獻通考》云：淡巴國在西南海中，自明洪武以來，二國俱來朝貢，其地且近閩海，故得傳種漳泉。

藝文

清・陸耀《煙譜・煙草歌》 本似葡萄絶域珍，忽共檳郎震旦賓。

復有屑為雲母粉，玫瑰花露相和擣。以鼻代口事更奇，其法乃自西洋肇。錮癖直同嗜昌歜，寶愛不啻噉火棗。俱登記室為狎友，漸入賓筵作介紹。吾思鹽筴困熬波，茶荈官山事滋擾。今之嗜煙如嗜茶，細民析利爭微渺。何當還種呂宋王，商船但販紅粳稻。

清·陳琮《煙草譜》卷五《諸聯〈古體詩〉》 煙草種傳呂宋外，花似海棠葉似菜。日中巧製製成絲，暴乾爭向漳泉賣。漳泉馬氏更傳名，辟瘴消寒最有靈。石馬佘糖分次第，金絲辣麝記分明。

又 卷六《汪師韓〈七言律詩〉》 移根呂宋始何年，芬草從新拜號煙。匹馬就韁歸漢壘，一軍提鼓入蠻天。漸教禁榷權豐幣，競以吹噓費壯錢。荼苦南中空紀録，酪雙人久薄春泉。

傳布中華文明部

接受外國留學生分部

綜述

琉球

《明太祖實録》卷二二七 （洪武二十六年夏四月）辛卯，琉球國中山王察度遣使壽禮結致貢馬及方物，並遣其寨官子段志每入國學讀書。

又 卷二四一 （洪武二十八年九月）戊申，賜國子監琉球生秋冬衣及賜其從人有差。

《明太宗實録》卷四二 （永樂三年五月）乙巳，琉球國山南王汪應祖遣寨官子李傑赴國子監受學，賜夏衣一襲。

又 卷五二 （永樂四年三月）壬辰，暹羅國王昭禄羣英哆羅諦剌遣使柰必，琉球國中山王武寧、山南王汪應祖遣其侄三吾良亹等來朝，貢馬及方物，各賜鈔幣，武寧遣送寨官子石達魯等六人入國子監受學，各賜鈔三十錠、羅衣一襲並夏衣等物。

明·黄佐《南廱志》卷二《事紀二》 琉球國中山王從子三五良亹等九人以謝恩至京師，奏請入監讀書。從之。

明·黄省曾《西洋朝貢典録》卷上《琉球國第九》 洪武中，中山王遣子侄就業太學。

明·嚴從簡《殊域周諮録》卷四《琉球》 王遣其世子及國相之子皆來受學為諸生。上賜寒暑衣服，有疾，則命醫賜藥。二十六年，諸生乃與雲南生非議，詔令皆治重罪。【略】我太祖悦其至誠，【略】又許其遣子弟入國學，讀書習禮。

明·雷禮等《皇明大政紀》卷七 （永樂九年二月壬辰）琉球國中山王思紹遣王相之子懷德、寨官子祖魯古入國子監受學。

明·塗山《明政統宗》卷八 （永樂八年）六月，琉球國官生模都古等三人入國子監受學，皇太子命賜巾衣靴絛縟帳具。

明·俞汝楫《禮部志稿》卷五二《列傳·尚書呂震》 （永樂七年）閏四月，琉球官生石達魯在監三年，例當省親。震以事屬外夷，馳驛以聞，上從之。八年四月，震等啓言，琉球官生自其國省親復監，挈帶妻子女伴，未有給賜。皇太子命工部亟製給之，仍悉賜衣巾靴絛衾褥枕簟。

又 卷九八《隆典備考·教養·琉球陪臣子入監》 成化十八年，琉球國中山王尚真奏乞以其陪臣之子蔡賓等五人，於南京國子監讀書，禮部按洪武、永樂、宣德間例以聞。上曰：『海南遠夷，嚮慕文教，朕甚嘉之，矧在先朝已有舊制，其令蔡賓等於南監肄業，有司歲給衣服廩餼，毋令失所，務俾通知中國禮儀，永遵王化，顧不美與？』

明·沈德符《萬曆野獲編》卷三〇《外國·琉球女入學》 洪武二十九年，琉球國入貢。先是，其國山南王遣其姓三五郎等及寨官之子麻奢里等入太學。既三年歸省，至是復與貢使善佳古耶等來乞，仍入太學，許之。至三十一年，其國中山王察度遣其臣阿蘭匏等貢馬及方物。先是，其國遣女官姑魯妹在京讀書，至是來謝恩，因而入貢。本朝外國如朝鮮號知《詩》、《書》者，間游國學，或至登第，然未聞婦人亦來中國誦讀，向慕華風至此，眞史策未見。

清・傅維鱗《明書》卷三《太祖高皇帝紀三》（洪武二十五年）八月【略】琉球遣子弟入監讀書，上喜，賜閩人三十六姓。

又 卷一〇《憲宗純皇帝紀》（成化）十八年壬寅，【略】夏四月，琉球王請陪臣子弟入監讀書，從之。

清・汪楫《中山沿革志》卷上《武寧》（永樂三年）時山北王攀安知、山南王汪應祖亦遣貢，而應祖又遣寨官子李傑赴國子監受學，賜衣如例。

又 《尚思紹》（永樂）九年，王遣三吾良亹賀元旦，偕王相之子懷得、寨官之子祖魯古入國子監受學，【略】十一年，王兩遣使貢馬，偕寨官子鄔同志久等三人入國子監受學已，又與山南王汪應祖各貢馬，賜鈔及永樂錢。琉球生模都古等三人奏乞歸省。成祖曰：『遠人來學，誠美事，思親而歸，亦人情。宜厚賜以榮之。』賜衣幣及鈔，為道里費，仍命兵部給驛傳，留學者皆賜冬夏衣。

清・萬斯同《明史》卷七四《選舉志四・學校中》 時日本、琉球、暹羅諸國官生皆入監讀書，輒加厚賜并給其從者，是以永樂、宣德間仍之。成化、正德時，琉球官生有至者。是年分二司業，左右各提調三堂。生員凡通《四書》未通經者，居正義、崇志、廣業堂；一年半以上，文理條暢者，升修道、誠心堂；又一年有半，經史兼通、文理俱優者，升率性堂。

清・王士禛《池北偶談》卷二《琉球入學》 康熙二十三年冊封琉球翰林院檢討汪楫、中書舍人林麟焻等疏言：『中山王尚貞親詣館舍云：「下國僻處彈丸，常慚鄙陋，執經無地，嚮學有心。稽明洪武、永樂年間，常遣本國生徒入國子監讀書。今願令陪臣子弟四人赴京受業」云云。』事下禮部，部覆史載唐貞觀中興學校，新羅、百濟俱遣子入學。琉球自明初始內附，《會典》載大琉球國朝貢不時，王子及陪臣之子皆入太學讀書，禮待甚厚。又載洪武、永樂、宣德、成化間，琉球官生俱入監讀書。今該國王尚貞以本國遠被皇仁，傾心嚮學，懇祈使臣汪楫等轉奏，願令陪臣子弟四人赴京受業。應准所請，聽其遣陪臣子弟入監讀書云云。

時予為祭酒，咨覆禮部略云：查《太學志》載，洪武二十五年秋，琉球國遣其子及陪臣之子日孜等入監，命工部給羅絹為秋衣。冬，琉球中山王遣其舅仁悅慈等至。永樂二年，琉球中山王從子三五良亹等九人以謝恩至，奏請入監，給賜一如洪武中故事，令工部建王子書房於監前以處之。三年，琉球山南王遣寨官子李傑至。四年，中山王遣寨官子石達魯等六人至。其後李傑、石達魯等每在監三年，得乞歸省。九年，中山王遣王相之子懷德、寨官子祖魯古至。十一年，遣寨官子周魯等三人至。是年有奏歸省者，命禮部厚賜以榮其歸。是後乞歸省，或令候其使者還國以行。永樂以後至於正德，常三四遣。至嘉靖五年，中山王遣官生蔡廷美等四人至。十一年，歸國。十七年，遣梁炫等四人至。二十三年，歸國，尋又遣蔡朝用等五人至。今在南雍，處以光哲堂，歲時給衣物如例。向慕文教，琉球於諸國為最篤，國家待之亦為最優云。康熙二十七年，琉球國王遣耳目官魏應伯等恭進朝貢方物，又遣陪臣子弟梁成楫、鄭秉均、阮維新、蔡文溥等四人同貢使赴京，入監讀書，於正貢方物外，敬加屏風紙三千張、嫩蕉布五十疋。

清・王士禛《琉球入太學始末》 題辭：國家聲教覃敷，無遠弗屆，而琉球嚮慕文教，尤為最篤。蓋其時奉使琉球者，為吾郡悔齋汪先生。先生親賚宸翰遠涉瀛海，未浹旬而至，誠古今所僅見，是以其國益懾伏於聖天子之威靈，而思沐夫教育。及其入太學讀經書僅歷四載，遽以省親歸。雖於聖朝禮樂文章之盛、身心性命之微，未必遽能窺見，而忠孝仁義之大端，必能得其梗概。吾知此數人者一抵其國，必有向之受業而請益者。是此數人於本朝為弟子，而於彼國未必不為師方，且擁皋比、御函丈，其尊榮為何如也。然吾竊為彼國惜者，則以讀書未久，遽即請歸。假使其更歷年所，學為制舉文字，簡練揣摩，與國子諸生同與於賓興之典，或得叨科第之殊榮，然後歸國，於以照耀鄰封，翱翔島嶼，其所得不更多乎！而惜乎其智之未出乎此也。新安張潮題。

康熙二十三年，冊封琉球翰林院檢討汪楫、中書舍人林麟焻等疏言：『中山王尚貞親詣館舍云：「下國僻處彈丸，常慚鄙陋，執經無地，嚮學有心。稽明洪武、永樂年間，常遣本國生徒入國子監讀書。今願令陪臣子弟四人，赴京受業」云云。』事下禮部。部覆：『史載唐貞觀中興學校，新羅、百濟俱遣子入學。琉球自明初始內附，《會典》載大琉球國朝貢不時，王子及陪臣之子皆入太學讀書，禮待甚厚。又載洪武、永樂、宣德、成化間，琉球官生俱入監讀書。今該國王尚貞以本國遠被皇仁，傾心嚮學，懇祈使臣汪楫等轉奏，願令陪臣子弟四人赴京受業。應准所請，聽其遣陪臣子弟入監讀書』云云。時予為祭酒，咨覆禮部略云：『查《太學志》載：「洪武二十五年秋，琉球國遣其子及陪臣之子日孜等入監，命工部給羅絹為秋衣。冬，琉球中山王遣其舅仁悅孳等至。永樂二年，琉球中山王從子三五良亹等九人以謝恩至，奏請入監，給賜一如洪武中故事，令工部建王子書房於監前以處之。三年，琉球山南王遣寨官子李傑至。四年，中山王遣寨官子石達魯等六人至。其後李傑、石達魯等每在監三年，得乞歸省。九年，中山王遣王相之子懷得、寨官子祖魯古至。十一年，遣寨官子周魯等三人至。是年，有奏歸省者，命禮部厚賜，以榮其歸。是後乞歸省，或令候其使者還國以行。永樂以後至於正德，常三四遣至。嘉靖五年，中山王遣官生蔡廷美等四人至。十一年，歸國。十七年，遣梁炫等四人至。二十三年，歸國。尋又遣蔡朝用等五人至，今在南雍，處以光哲堂，歲時給衣物如例。向慕文教，琉球於諸國為最篤，國家待之，亦為最優」云。』康熙二十七年，琉球國王遣耳目官魏應伯等恭進朝貢方物，又遣陪臣子弟梁成楫、鄭秉均、阮維新、蔡文溥等四人同貢使赴京入監讀書，於正貢方物外，敬加屏風紙三千張、嫩蕉布五十疋。

三十一年，中山王貞上言：『康熙二十三年，蒙冊封天使汪楫題准臣國陪臣子弟入監讀書。臣貞遵奉俞旨，業於康熙二十五年遣官生梁成楫等三人同貢使魏應伯進京。仰荷皇上令其入監讀書，月糜廩餼，季給衣服，正梁成楫等感泣高厚，殫心誦讀之時也。但伊父前經節次入貢，萬里梯航，罔辭勞瘁，今皆年老，奉養需人，臣貞亦當念之矣。且梁成楫等三人俱未有室，父母之願，人皆有之。況臣國人皆愚昧，自成楫等進監之後，臣貞望其返國與臣言忠、與子言孝，以宣布皇上一道同風之化，更為不淺。今據梁成楫等乞題請歸養等情，應否准其歸養，臣貞未敢擅便。伏乞睿鑑』云云。詔：『梁成楫等三人照部通事例賞賜、賜宴，禮部遣歸國。』

清・王士禛《居易録》卷一四 琉球國中山王臣尚貞奏為籲恩題請歸養以廣皇仁事。據臣國入監官生梁作楫等啓稱，等于康熙二十五年遵旨同貢使進京入監讀書，抵今四載，感荷皇仁優恤之恩，給以廩餼衣服。楫等雖頂踵俱捐，天恩莫報，況學海之淵源深邃，聖朝之法制昭明，雖終身寢食其中，亦楫等所深願。但緣貢使毛起龍等入京，得接家信，知父母衰老，倚閭望切。楫等雖三冬之講究宜深，而一本之瞻依倍摯，此《陳情表》所以有『報劉日短』之語也。叩乞恩賜，具疏題請歸國等情。據此，該臣貞案查康熙二十三年，蒙冊封天使汪楫，題准臣國陪臣子弟入監讀書。臣貞遵奉俞旨，業於康熙二十五年遣官生梁成等三人同貢使魏應伯進京，仰荷皇上令其入監讀書，月糜廩餼，季給衣服，正梁成楫等感泣高厚，殫心誦讀之時也。但伊父前經節次入貢，萬里梯航，罔辭勞瘁，今皆年老，奉養需人，臣貞亦當念之矣。且梁成楫等三人俱未有室，父母之願，人皆有之，況臣國人皆愚昧，自成楫等進監之後，臣貞望其返國，與臣言忠，與子言孝，以宣布皇上一道同風之化，更為不淺。今據梁成楫等乞題請歸養等情，應否准其歸養，臣貞未敢擅便，伏乞睿鑑云云。予官祭酒時，琉球國王奏，遣梁成楫等赴京入監讀書，未至而予遷詹事去，至是已數年。聞成楫等學頗有成，即制舉文字亦能為之，本朝文教之遠信，前代所未有也。部議梁成楫等三人照都通事例賞賜，仍賜宴禮部，遣歸國。

清・徐葆光《中山傳信録》卷三《中山世系》 （永樂）二十九年，王遣官生蔡朝用等五人詣京，請入監讀書，許之。三十二年，王遣長史梁炫入貢，宴賚如例。三十四年，王遣正議大夫梁碩入貢，【略】又請放官生蔡朝用等歸國省親，許之。遣使送歸。

又 卷五《學・官生入國學讀書》 本朝康熙二十三年，使臣汪楫、林麟焻代題遠人嚮化求遣子弟入學讀書。二十五年，尚貞王遣官生梁成楫、蔡文溥、阮維新入國學讀書。二十七年九月入監，上爲特設教習一人，福建鄭某教習一年，寧波貢生徐振教習三年，徐振議敍以州同卽用。官生三人皆照都通事例，日給雞一、肉二斤、茶五錢、腐一斤，椒醬油菜等俱備，每年春秋賜綿緞袍掛、紡絲紬褲各一，涼帽一，靴襪各一雙，夏賜紗袍掛、羅衫褲各一，冬緞面羊皮袍掛、綿襖褲各一，皮帽、皮靴、絨襪、被褥俱備，從人皆有賜。每月紙墨硃筆銀一兩五錢，皆鴻臚寺關給。二十九年貢使耳目官溫允傑、正議大夫金元達到京，國王請遣官生歸國，賜宴各給賞雲緞紬布等物，乘傳遺歸。

又《代請官生入學讀書疏》 差回琉球國翰林院檢討臣海寶、編修臣徐葆光等謹奏爲奏請事。臣等奉旨冊封琉球禮畢，宴語，王令通事致詞云：『本國僻處海外，荒陋成風，於康熙二十五年奉旨，許遣官生阮維新、蔡文溥等三人入學讀書，今得畧知文教，皆皇上之賜也。自此三十年來，無從上請。今幸天遣使臣至國，求照前使汪楫代請入學讀書舊例，陳明遠人向化之意，倘蒙諭允，得照前例，再遣官生入學讀書，則皇上文教益廣矣。』

禮部謹題爲奏聞事。禮科抄出差回琉球國王正使翰林院檢討海寶、副使翰林院編修徐葆光等奏，於康熙五十九年七月十五日到部。該臣等議得：冊封琉球國王使臣翰林院檢討海寶、編修徐葆光等奏稱『臣等冊封琉球國王禮畢，宴語，王令通事致詞云：「本國僻處海外，荒陋成風，於康熙二十五年奉旨遣官生阮維新等三人入學讀書，今得畧知文教。自三十年來，無從上請。幸天遣使臣至國，求照前使汪楫代請入學讀書舊例，陳明遠人向化之意，倘蒙再遣官生入學讀書，則皇上文教益廣矣。」等因具奏到部』。查康熙二十三年差往冊封琉球國王使臣翰林院檢討汪楫等，將該國王尚貞所請令陪臣子弟赴京入監讀書等語轉奏到部，臣部照其所請，議覆具題，奉旨：『依議。』欽遵在案。今琉球國王尚敬傾心同化，既稱再請將官生入學讀書，則皇上文教益廣等語。應如所請，准其官生等赴京入監讀書，應行事宜，到日再議具題可也。

於康熙五十九年八月初三日題，本月初五日奉旨：『依議。』

清·魯曾煜等［乾隆］《福州府志》卷一八《公署一》 洪武二十五年，始遣王子洎陪臣子弟入太學，是為琉球入監讀書之始。【略】（康熙）二十五年，王遣官生梁成楫等四人入太學。二十七年到京入監讀書，奉旨照都通事例給優渥，特設教習一人，博士一員，督課之。

清·周煌《琉球國志略》卷三《封貢招撫恩賜褒卹入監諸事附》

（明洪武）二十五年，王及世子武寧各進表箋，貢馬，并遣從子日孜每闊八馬、寨官子仁悅慈入國子監讀書，太祖各賜衣巾、靴襪并夏衣一襲，鈔五錠。秋，又賜羅衣各一襲及靴襪衾褥。此國人就學之始。山南王亦遣從子三五郎尾及寨官子實他盧尾賀、段志等入監讀書，賚如中山例。

【略】

二十六年，王遣使麻州等貢方物。已又遣使壽禮結致等貢馬，偕寨官子段志每入監讀書；太祖命賜夏衣、靴襪。秋，又賜羅、絹衣各一襲；傔從各給布衣。

（正德）五年，王請遣官生蔡進等五人入國子監讀書。許送南監，給衣廩如例。

清·來保等《清會典則例》卷九三《禮部·主客清吏司·朝貢上》

（康熙）三十年，奏準琉球國官生入監讀書，文學有成，該國王請令歸養，應照通事之例，燕賞給驛，隨貢使歸國。

又 卷九四《禮部·主客清吏司·朝貢下》 （雍正二年）又議準，琉球國入監讀書官生内一名病故，賜銀三百兩，以百兩交本部官於近京地方營葬，以二百兩付貢使附回其家。

又 卷一五七《國子監》 一、四夷之學。康熙二十三年議準琉球國願令陪臣子弟四人，赴京授業，準其入監讀書。二十七年，諭：『琉球國送到陪臣子弟三人入監讀書，著安置得所。欽此。』遵旨。議準每人冬給段面、羊皮、袍褂、紡絲、縢袴染、貂帽、鹿皮、韡氊襪，春秋給段棉袍褂、紡絲、衣袴、涼帽、馬皮韡、段襪，夏給紗袍褂、羅衣袴、紡絲、被褥，所用紙、筆、墨等項，月給銀一兩五錢。從人三人，每人冬給布、羊裘、縢袴、貉皮帽、牛皮韡、布襪，春秋給布、棉褂，夏給單布、袍衣、袴布、被褥、雨涼帽，并所用器皿、煤炭均交工部給發。其官生每人口糧、食物照進貢都通事之例，從人亦照進貢從人之例，交禮部給發，由監於附近房屋撥給十餘間為住居之所。

又議準琉球國陪臣子弟入監讀書，取貢生一人，令其教習，博士一人，專管董率。祭酒司業等不時稽察，俾講解經書學習道藝。

雍正二年，議準琉球國陪臣子弟入監讀書照康熙二十七年例，遴選文行兼優貢生，盡心訓廸，委博士一人董率。本監堂官，不時稽察。其教習生廩糧咨部考職等項，照官學教習之例，其子弟住房食用四時衣服，亦統令稽察，務令得所。

清·潘相《琉球入學見聞録》卷三《奏疏》 臣按琉球入學，始自明洪武二十五年，疏數不常，原無定例，世遠事久，亦無奏疏可考。至我朝康熙二十三年遣使冊封既畢，國王面求使者附奏祈許子弟入學，使者還奏，天子允之。自後每遇冊封，遂沿為例。凡冊使之奏，部臣監臣議准一切保舉教習事竣保題之奏，國王遣送入學及請歸之奏，歸後謝恩之奏，此次請許官生一例迎駕之奏，皆録焉。

康熙二十三年，禮部謹奏為奏聞事。據差還琉球國翰林院檢討臣汪楫、中書舍人臣林麟焻疏言：『中山王尚質親詣館舍云：「下國僻處彈丸，常慚鄙陋；執經無地，向學有心。稽明洪武、永樂年間，常遣本國生徒入國子監讀書。今願令陪臣子弟四人赴京受業」』。事下臣部；臣部咨國子監。據國子監臣咨覆：『查《太學志》載：「洪武二十五年秋，琉球國王遣其子日孜等及陪臣之子入監」。自是以後，至於隆、萬之際，凡十四、五次來學。向慕文教，琉球於諸國為最篤，國家待之亦為最優。』臣等覆查史載：唐貞觀中興學校，新羅、百濟俱遣子入學。琉球自明初始内封，《會典》載『大琉球國朝貢不時，王子及陪臣之子皆入太學讀書，禮待甚厚』。又載：洪武、永樂、宣德、成化以後，琉球官生俱入監讀書。今該國王尚貞以本國遠被皇仁，傾心向學；懇祈使臣汪楫等轉奏，願令陪臣子弟四人赴京受業。應准所請，聽其遣陪臣子弟入監讀書。俟命下之日，知會該國王可也。

奉旨：『依議。欽此』。

二十九年，琉球國中山王臣尚貞遣使入貢並以求遣官生歸國奏請奏為籲恩請許歸養，以廣皇仁事。據臣國入監官生梁成楫等啓稱『楫等於康熙二十五年遵旨同貢使進京，入監讀書。抵今四載，感荷皇上優恤之恩，給以廩餼、衣服；楫等雖頂踵俱捐，天恩莫報。況學海之淵源深邃，聖朝之法制昭明，雖終身寢食其中，亦楫等所深願。但緣貢使毛起龍等入京，得接家信，知父母衰老，倚閭望切。楫等雖三冬之講究且深，而一本之瞻依倍摯，此《陳情表》所以有「報劉日短」之語也。叩祈恩賜具疏題請歸國』等情，據此。該臣貞案查：康熙二十三年，蒙冊封天使汪楫等題准臣國陪臣子弟入監讀書，臣貞遵奉諭旨，業於康熙二十五年遣官生梁成楫等三人同貢使魏應伯進京，仰荷皇上令其入監讀書，月縻廩餼、季給衣服，正梁成楫等感荷高厚、殫心誦讀之時也。但伊父前經節次入貢，萬里梯杭，罔辭勞瘁，今皆年老，奉養需人，臣貞亦當念之矣。且梁成楫等三人俱未有室，父母之願，人皆有之。況臣國人皆愚昧，自成楫等入監之後，臣貞望其返國，與臣言忠、與子言孝，以宣布皇上一道同風之化，更為不淺。今據梁成楫等祈題請歸養等情，應否准其歸養？臣貞未敢擅便。伏祈睿鑑施行。

梁成楫等歸國之後王又上謝表。表云：『琉球國中山王尚貞謹奉表上言：伏以布教溢中華，設席闡洙泗之秘；觀光來異域，執經分泮水之光。棫樸篇中，時展縹緗歌夜月；杏花壇上，長垂衣帶拂春風。喜動儒林，歡騰海國。恭惟皇帝陛下允文允武，乃聖乃神。王澤廣敷，措一代於利樂親賢之内；文風遙播，範四方於詩書禮樂之中。臣貞觀海有懷，望洋徒歎。眷中山而傾印綬，蟻封久叨帶紡之榮；入國學而奉典章，虎觀不遺駑駘之選。一之以聲音點畫，口誦心唯；教之以節義文章，耳提面命。況乎冬裘夏葛，授衣盡内府之藏；兼之朝饔夕飧，賜食悉天廚之饌。恩深似海，難忘推解之隆；澤沛如天，莫報裁成之大！雖三年國子，敢云得九邱、八索之微言；而一介豎儒，猶幸聞《四書》、《五經》之大旨。祗為養親念切，君門上重譯之章；何意逮下恩殊，天闕賜遠鄉之詔。歸而言忠言孝，咸知君父之尊；固當獻藻獻芹，聊表臣子之敬。伏願車書一統，玉帛萬方！有分土而無分民，到處珠璣生腕下；得大方乃得大用，何人錦繡不胸中！行見耳目股肱，不出圖書之府；亦使東西南北，無非翰墨之林矣。臣貞無任瞻天仰聖、激切屏營之至。謹奉表稱謝以聞。』

康熙五十九年七月内，差回琉球國翰林院檢討臣海寶、編修臣徐葆光謹奏為奏聞事。臣等奉旨冊封琉球禮畢，宴語，王令通事致詞云：『本國僻處海外，荒陋成風。於康熙二十五年奉旨許遣官生阮維新、蔡文溥等三人入學讀書，今得略知文教，皆皇上之賜也。自此三十年來，無從上請。今幸天遣使臣至國，求照前使汪楫代請入學讀書舊例，陳明遠人向化之意，倘蒙諭允，得照前例再遣官生入學讀書，則皇上文教益廣矣。』臣等理合據辭繕摺代奏，伏候睿鑑施行。

奉旨：『該部議奏。欽此』。

禮部請題為奏聞事。禮科抄出《差回琉球冊封正使翰林院檢討海寶、副使翰林院編修徐葆光等奏前事》等因到部。臣等查：康熙二十三年，差往冊封琉球國王使臣翰林院檢討汪楫等將該國王尚貞所請令陪臣子弟赴京入監讀書等語轉奏到部，臣部照其所請議覆具題，奉旨：『依議』，欽遵在案。今琉球國王敬傾心向化，既稱再請將官生入學讀書，則皇上文教益廣等語。應如所請，准其官生等赴京入監讀書，應行事宜，到日再議具題可也。

於康熙五十九年八月初三日題，本月初五日奉旨：『依議』。

雍正元年十月初九日，琉球國中山王尚敬謹奏為聖朝文教廣被萬方奉旨遣官生入太學讀書事。康熙六十年六月十三日，准禮部咨開：『為奏聞事，主客清吏司案呈，奉本部送禮科抄出該本部題前事內開：「議得冊封琉球國王使臣翰林院檢討海寶、編修徐葆光等代臣奏稱本國」云云等因，於康熙五十九年八月初三日題，本月初五日奉旨：「依議。欽此」。欽遵抄出到部。相應移咨琉球國王可也』等因，奉此。欽遵隨於康熙六十一年十一月遣官生蔡用佐、蔡元龍、鄭師崇三人同貢使毛弘健等赴京入監讀書，不幸在海沈没。伏思臣敬業奉聖祖仁皇帝恩允，未應俞旨。今不敢違先皇遺旨，再遣官生鄭秉哲、蔡宏訓等三人偕慶賀正使王舅翁國柱等赴京入監讀書。誠俾海外愚陋子弟，得以觀光上國，執經問字，踴躍之私，不啻臣身躬聆聖訓，舉國共沐天朝雅化於無窮，而我皇上文教被萬方益廣矣。外肅貢土產細嫩土蕉布五十匹、圍屏紙三千張，少布涓滴微忱。為此合具奏明，伏祈皇上睿鑑敕部施行，臣敬無任戰慄惶恐之至。謹具奏以聞。

雍正二年十二月十五日，禮部臣謹奏為請旨事。該臣等議得國子監祭酒宗室伊爾登等疏稱『禮部劄送到琉球國陪臣子弟鄭秉哲、鄭謙等到監，臣等詢其聲音，粗通漢語，問其欲習何業，皆欲願學八股文字。臣等謹遵舊例，選取貢生李著，俾之朝夕講解，學習文藝。臣監現今博士員缺未補，今派學正一員暫行董率，俟博士到任，仍照例令博士專管，臣等不時稽察。至教習廩糧、咨部考職等項，應仍照官學教習之例』等因具題前來。查康熙二十七年琉球國陪臣子弟梁成楫、阮維新、蔡文溥等入監讀書，臣部議覆『選取貢生一名，令其教習；派博士一員專管董率，該監堂官不時稽察。至教習廩糧、咨部考職等項，俱照官學教習之例行』等因具題，奉旨『依議』，欽遵在案。今琉球國遣到陪臣子弟鄭秉哲等入監讀書，應照二十七年之例，遴選貢生內文行兼優者一名，盡心訓迪；派博士一員專管董率，該監堂官不時稽察。其教習廩糧、咨部考職等項，仍照官學教習之例遵行。其陪臣子弟鄭秉哲等居住房屋、四季衣服及食用等項，亦令該監堂官不時稽查，務各令得所，不致短少遲誤，以仰體皇上加惠遠人之至意。為此具奏，伏祈睿鑑施行。謹奏。

本月十七日奉旨：『依議。欽此』。

雍正八年十一月二十一日，琉球國中山王臣敬謹奏為恭謝天恩肄業官生奉旨歸國事。竊照雍正七年四月初四日准部咨：『為天恩之高厚靡涯、親年之衰邁日甚，乞請歸養以遂烏私事，主客清吏司案呈本部奏前事內開：「准國子監咨稱據琉球國肄業官生鄭秉哲、鄭謙呈稱：秉哲等雍正元年奉旨入監讀書，於二年到京，就館四載以來，荷蒙聖澤優渥，賞給飯食、衣服、器用，虛縻無數。秉哲等向化敬業，霑被日深。當聖天子文教覃敷，愚蒙漸啓。從事經書，固欲窮其奧旨；傾心制義，略已學為成篇。臣按：琉球不設科目，故不學制義。所欲講者，《四書》、《五經》、《小學》、《近思録》；所欲學者，詩與四六及論、序、記，而四六尤要。鄭秉哲等初入學時不能聲明，至令舍其所學而學制義。三年歸國，一切惘惘，甚拂國王遣學之願。此次鄭孝德等到監，即將此告知，故專令讀正書，學古律、駢、散各體。四年歸國，頗成章可觀。所願驅策駑駘，獲識昭明法度。近緣貢使毛汝龍等來京，接有家信，知雙親益衰，倚閭迫切。秉哲等葵誠就日，方瞻望學之精微；鄉思隨雲，還仰皇仁之浩蕩。伏惟皇上孝治丕顯，錫類多方，垂念遊子戀親，定許遠人反棹。叩祈太宗師恩准題請歸養，俾得奉侍晨昏。乞採將父、將母之意，以宏教忠、教孝之化，訓迪彝倫，無非至誨。秉哲等抵家，惟焚香頂祝天子萬年，且將天朝威儀廣宣雅化焉，伏祈具題。據此，相應呈送貴部應否題請之處，聽候貴部照例施行等因呈送到部」。查康熙二十七年琉球官生梁成楫等進京入監讀書，至三十年入貢時該國王題請歸養，臣部議覆照都通事之例，賞賜筵宴、馳驛歸國在案。今鄭秉哲等雖未經國王題請，但懇祈歸養，乃人子之孝思，且情詞懇切，甚屬可憐。應如所請，令其歸國。其歸時亦照都通事之例，賞給大綵緞各二匹、里各二匹、毛青布各四匹，跟班二名，亦照例賞毛青布各四匹。其賞賜之物，於該部移取，在臣部賞給，仍筵宴一次，給驛令隨貢使毛汝龍等一同返國。俟命下之日，知會琉球國王可也等因，於雍正六年三月初二日交與奏事員外郎張文斌等轉奏，本日奉旨：「官生等每人加賞內庫緞二匹、里二匹，從人等每人著加賞官緞各一匹。欽此。」欽遵到部。相應移咨琉球國王可也。為此合咨前去，查照施行』等因，准此。臣敬接讀部咨，仰知皇上以仁孝之性，宏錫類之風，令鄭秉哲等歸養。不獨二人闔門預祝，即舉國臣庶感天朝曲成不遺之化，靡不歡聲載道矣。臣敬夙荷覆載，莫報高深，謹於常貢外，另具嫩熟蕉布一百匹、圍屏紙五千張順附貢使向克濟、蔡文河等齎捧表章叩謝天恩外，理合具疏奏明。伏祈皇上睿鑑，敕部施行；臣敬無任戰慄惶恐之至。謹具奏以聞。

按：同日國王又具表謝恩，仍用康熙二十九年梁成楫等歸國國王尚貞表文，不贅録。

乾隆二十二年四月二十一日，翰林院侍講臣全魁、編修臣周煌謹奏為據詞代請事。臣等蒙恩簡用，遠使琉球，事竣將旋，中山王臣尚穆詣館宴送，令陪臣通事向臣等致詞云：『海隅下國，疊被皇上宸翰榮褒，綸音寵錫。但僻處彈丸，荒陋成俗；向學有心，執經無地。先於康熙二十二年，經懇前使汪楫等代請陪臣子弟四人入學讀書，奉部議准；遣官生阮維新等入學在案。嗣於五十九年，懇前使海寶等援例代奏，復蒙許遣。今幸天遣使臣至國，敢祈陳明遠人向化之誠，俾得再遣入學讀書，下國不勝悚企』等語。臣等理合據詞繕摺代奏，伏候聖鑑，敕部議覆施行。謹奏。

即日奉旨：『該部議奏。欽此』。

五月初一日，禮部謹奏為遵旨議奏事。乾隆二十二年四月二十三日，內閣抄出翰林院侍講全魁、編修周煌奏前事等因，具奏到部。查康熙二十三年冊封使臣翰林院檢討汪楫等、五十九年使臣翰林院檢討海寶等事竣回京，具奏稱該國王懇求轉奏令陪臣子弟入監讀書，經臣部覆准具奏，奉旨：『依議。欽此』。隨據該國王前後遣令官生到京，臣部並劄國子監讀書三年，遣令歸國各在案。今翰林院侍講全魁等既稱該國王尚穆向化輸誠，懇請許陪臣子弟入監讀書，應如所請，准其於應貢之年遣令來京，臣部劄行國子監肄業。俟命下之日，行文福建巡撫轉行該國王遵照可也。謹奏。

本日奉旨：『依議。欽此』。

乾隆二十三年十月十一日，琉球國中山王臣尚穆謹奏為奉旨遣官生入太學讀書事。乾隆二十三年正月初一日，准福建等處承宣布政使司開前事等因，咨院行司，奉此。茲貢船回國，合就移知。為此備咨貴國王，請煩欽遵查照施行等因，准此。臣穆蟻垤藩封，蝸居荒服，恭逢天朝文教廣敷，德澤遠施。今蒙隆恩俞允，俾陪臣子弟得入學執經，俯聆聖訓，不特臣穆感戴無窮，舉國人民亦懽躍忭舞矣。謹遣官生梁允治、鄭孝德、蔡世昌、金型四人同貢使毛世俊等赴京，入監讀書。外肅貢土產圍屏紙三千張、細嫩蕉布五十匹，少布涓滴微忱。為此合具奏明，伏祈皇上睿鑑，敕部施行；臣穆無任戰慄惶恐之至。謹具奏以聞。

乾隆二十五年正月二十三日，國子監臣觀保、全魁、陸宗楷、博卿額、吉泰、盧㱿謹奏為請旨事。乾隆二十五年正月初十日，禮部劄送到琉球國陪臣子弟梁允治、鄭孝德、蔡世昌、金型四人到監讀書。臣等謹查雍正二年琉球國陪臣子弟鄭秉哲、鄭謙、蔡宏訓等入監讀書，經禮部議准照康熙二十七年之例，選取貢生一名，令其教習；派博士等員管理，臣監堂官不時稽察。至教習貢生一切等項，俱照官學教習之例等因，遵行在案。今該國王送到官生梁允治等四人入監讀書，相應仍照舊例。臣等公同選得拔貢生潘相，湖南安鄉縣人，為人老成，學業優長，俾之朝夕講解教習文藝。又派得博士張鳳書、助教林人樾，俾之管理，臣等不時加謹稽察。至教習貢生一切等項，俱照官學教習之例。俟命下後，臣等移咨吏、禮二部存案。為此繕摺具奏，伏候皇上睿鑑施行。臣等謹奏。

本日奉旨：『知道了。欽此』。

乾隆二十六年十一月初一日，國子監臣觀保、全魁、陸宗楷、博卿額、張裕犖謹奏為請旨事。據琉球國肄業官生陪臣鄭孝德等呈稱：『竊孝德等籍隸球藩，觀光帝里，蒙皇上教育生成，俾令肄業太學。孝德等親師取友，獲隨兩序衣冠，給館授餐，日聽大昕，鐘鼓百生，榮幸感勤五中。茲恭遇聖母皇太后七十萬壽，普天同慶。伏查舊例，太學肄業諸生，俱得恭迎慈駕。今孝德等身依輦下，情切呼嵩，敬請一體行禮』等語。臣等查該陪臣以外藩陪隸，現在肄業太學，皇太后萬壽慶典，臣等應率領諸生迎叩安輿。伊等懇請一體行禮，情詞肫切，理合奏聞請旨。如蒙俞允，請照朝賀之禮，令其用該國服色，合併聲明。為此謹奏。

奉旨：『知道了。鄭孝德等，著賞賜。欽此』。

乾隆二十八年十一月二十六日，琉球國中山王臣尚穆謹奏為請遣入學官生歸國，以宣文教事。竊臣穆僻處彈丸，荒陋成俗。幸於乾隆二十一年叨蒙天恩冊封事竣，天使將旋，臣詣館宴送，兼援舊例懇求天使全魁、周煌代奏，陳明遠人向化之誠，俾得再遣陪臣子弟入學讀書，不勝悚企，已經天使回京代奏，荷蒙許遣。遵於乾隆二十三年遣官生鄭孝德入監讀書，於二十五年入監在案。查康熙二十三年、雍正二年，前後官生在監讀書各三年而歸亦在案。伏念官生鄭孝德等在監讀書已經四年，理應奏請歸國。為此肅具疏章，特附貢使馬國器、梁煌等敬謹奏聞，請將官生鄭孝德等賜歸，下國則益廣宣皇上之文教以成雅俗矣。伏祈睿鑑，敕部施行；臣穆無任惶恐屏營之至。謹具奏以聞。

乾隆二十九年二月初四日，國子監臣觀保、富廷、陸宗楷、張裕犖謹奏為琉球肄業陪臣回國，帶領教習引見事。乾隆二十五年正月初十日，禮部劄送琉球國陪臣子弟入監肄業，臣等查雍正二年禮部議准，照康熙二十七年舊例，選取貢生一名，令其教習，一切照官學教習之例遵行。隨公同選得湖南拔貢生潘相為人老成、學業優長，請以充補教習，移咨吏、禮二部存案備查，於乾隆二十五年正月二十三日具奏，奉旨：『知道了。欽此』。欽遵在案。今准禮部文稱『琉球國肄業陪臣，已奉旨准其回國』等因到監。查該教習中式乾隆二十五年舉人、中式乾隆二十八年進士，實心訓課，造就有方，在學四年，始終如一。相應照八旗教習之例，恭繕綠頭牌，將潘相帶領引見，或用為知縣，或用為教職之處，伏候欽定。奉旨後，臣等行文吏部，請歸進士教習班銓選。為此謹奏。

本日帶領引見，奉旨：『潘相著以知縣用。欽此。』

又　《廩給》　漢、唐外藩遣子入學，不過粗給廩膳。洎乎明代，琉球子弟來雍，始厚其齎予。臣嘗考前明《會典》：洪武二十五年，賜中山國入學王子日孜每闊八馬、寨官子仁悅慈衣中靴襪並夏衣一襲、鈔五錠。秋，又賜羅衣各一襲及靴襪、衾褥；賜山南王承察度入學從子三五郎尾及寨官子實他盧尾段賀志等如中山例。二十六年，賜中山國入學寨官子段志每夏衣靴襪、秋衣各一襲，傔從各給布衣。二十九年，賜山南王歸省官生三五郎亹、實他盧尾白金、綵緞表裏、鈔錠，又賜山南王入學寨官子麻奢理誠志魯三人並復來卒業之三五郎尾衣冠、靴襪。三十一年，賜中山國來謝昔年入學舊恩之官生姑魯妹鈔錠有差。永樂三年，賜山南國入學官生李傑衣服。四年，賜中山國入學官生石達魯等衣、鈔有差。八年，皇太子賜入學官生模都古等巾衣、靴絛、衾褥、帳具。冬，帝賜李傑等冬衣、靴襪。十年，賜中山官生懷德祖魯古夏布襴衫、絛靴。十一年，賜中山官生鄔同久等三人錢鈔；遣模都古等三人歸省，賜衣幣、鈔錠，給驛傳；留學者皆賜冬、夏衣。十二年，皇太子賜琉球生益智每等羅布衣各一襲及襴衫、靴襪、衾褥、帷帳，從人皆有賜；帝賜鄔同久等三人衣、鈔。十四年，賜琉球生夏衣。成化十八年，令肄業南京國子監之琉球生蔡賓等有司歲給衣服、廩餼如舊制。正德五年，賜南雍琉球生等衣、廩物等如例。嘉靖五年，賜琉球官生蔡廷美等廩米、薪炭及冬、夏衣服。九年，給歸娶之蔡廷美等幣布有差。二十二年，給琉球歸娶官生梁炫等資糧、驛騎。二十九年，處琉球生蔡朝用等於南雍光哲堂，歲時給衣物如例。萬曆八年，給南雍琉球生鄭週等衣糧如例。顧猶未周備也。惟我朝聖主湛恩汪濊，特命琉球官生，光祿寺給食物，工部給衣服、器用，戶部給口糧、紙筆，日有餼，月有賜，季有齎，下逮傔從，纖悉曲盡。我皇上格外體卹，特命行文工部應給物件，俱著交內務府辦給。由是各衙門應給等項，至豐且備。天恩浩蕩，難罄名言，詳志於篇，庶來者有以考焉。

康熙二十七年，琉球官生梁成楫等入學。禮部議准：官生照都通事之例，每名日給雞一隻、肉二斤、茶五錢、腐一斤，椒、醬、油、菜等俱備。每年春、秋賜綿緞袍褂、紡絲細褲各一，涼帽各一，靴襪各一雙；夏賜紗袍褂、羅衫褲各一；冬緞面羊皮袍褂、綿襖褲各一，貂帽、皮靴、絨襪、被褥、席枕俱備。從人皆有賜。每月朱墨、紙筆銀各一兩五錢。

雍正二年十一月，琉球官生鄭秉哲等入學。禮部題准：官生、從人一切衣服食用，俱照康熙二十七年題定賜梁成楫等之例。

乾隆二十四年，官生梁允治等十二月入京。二十五年正月初二日，禮部劄知國子監。二十三日，本監選取教習奏聞。二月初八日，禮部儀制司送官生入學，博士等官帶領謁廟、謁後殿及文公祠，入講堂拜師。

一、官生食用等項，俱照康熙二十七年題准之例。每官生一名，俱照進貢都通事之例，每日各給白米二升；跟役，每人每日各給白米一升。國子監每季核算人數小建，總計若干石，移咨戶部關領火倉白米。

一、官生食物，每人每日給雞一隻、肉二斤、茶葉五錢、豆腐一斤、花椒五分、清醬四兩、香油四錢、醬四兩、黃酒一瓶、菜一斤、鹽一兩、燈油二兩；跟役，每人每日給肉一斤、鹽一兩、菜十兩。此次於乾隆二十五年二月初六日准光禄寺知照内開：『大官、珍羞兩署案呈，准國子監咨取官生食物等因前來。查乾隆二十一年七月内，經忠勇公傅奏准：將本寺交送内庭所用豬口肉斤、雞鴨鵝隻等項交膳房辦理；所有公主格格分例景山咸安宫、太醫院等處外用，差務仍係光禄寺辦理。當經本寺行文各該處，將所用雞隻、肉斤數目按月咨行本寺核算折價，各該處持領付寺給發錢糧，悉遵原奏辦理在案。今琉球官生梁允治等入監讀書，所有應食雞隻、肉斤，自應遵照奏准折給之例，畫一辦理。相應行文貴監，查照辦理。除將算開茶葉、黄酒、油、鹽、醬、菜等項，本寺按依每月來文辦給外。至應給雞隻、肉斤，每月將伊等用過零總數目扣除小建、禁屠，一併行文過寺核算給發錢糧，於每月三、九之期出具印領赴寺支領，仍將本寺題定雞隻、肉斤價值並應扣帶銷銀兩開單知照貴監查辦可也。』准此。每月監領銀，交官生等自用。至廚役火夫，每月寺另給銀四兩五錢，聽其自雇。

一、官生住房，撥西廂居之。後一進五間，官生四人各住一間，中一間為講堂。正廳三間，中一間設公座，為堂官稽查之所；東一間，教習居之；西一間，貯食用之物。西耳房二間，為廚房，住廚役、火夫各一名；東耳房，住各從人。下至湢浴、溷廁，莫不修備。每歲四月之朔，國子監行文内務府，府遣官役高搭前後涼棚二座；八月底，自行撤回。

一、官生等用物，内務府廣儲司遵旨辦送；照雍正二年之例，加增應用錫燭臺四個、錫燈臺四個、錫茶壺二把、錫酒壺二把、黄銅面盆四個、磁大碗二十個、小碗二十個、小盤十個、碟子十六個、茶鍾十六個、酒鍾十個、蓆子十領、白氈八條、高棹六張、滿棹四張、板橙六條、椅子八張、綿布門簾六個、竹門簾六個、盛書大豎櫃四個、火盆四個、廣鐵鍋二口、小磁盆六個、水缸四口、連鉤扁擔水桶一副。其筷子、木杓、柳礶、笤帚、竹掃帚、鐵通條鍋蓋砂鍋、木瓢等物，皆各備具。木器、磁器如有損壞，監咨内務府，府仍隨時添補。每日應用煤炭，照例内務府煤炭局每日應送煤三十斤、白炭三斤；每月總扣若干斤，遣役送給。冬月至正月，每人每日各加送烤炭白炭五斤；十月底，總計三月若干斤，遣役送給。

一、官生衣帽等項，内務府廣儲司遵旨辦給。官生每人冬季各給貂皮領袖官用緞面細羊皮袍褂、紡絲綿襖中衣各一件，染貂帽各一頂，鹿皮靴、連氈襪各一雙此次鹿皮靴改給緞靴。春、秋二季各給官用緞面杭紬里綿袍、官用緞面紡絲紬里綿褂、紡絲衫中衣各一件，絨緯涼帽各一頂，官用緞靴各一雙，馬皮靴各一雙此次馬皮靴亦改給緞靴。夏季，各給硬紗袍褂、羅衫中衣各一件。每年春季，各給紡絲面布里棉被、棉褥、紡絲頭枕各一分。跟伴四人，每年冬季各給布面老羊皮袍、布棉襖中衣各一件，貉皮帽各一頂，馬皮幫牛皮靴、布棉襪各一雙。春、秋二季，各給布棉袍褂各一件；夏季，給單布袍、布衫中衣各一件，雨纓涼帽各一頂。每年春季，給布棉被褥、頭枕各一分。此項物件，内除庫貯者領取成做給發外，其庫無之染貂帽、貉皮帽、絨纓涼帽、雨纓涼帽，交該辦買催總等每季按時買給。此項應給衣帽，俱於每年二月、五月、十月内國子監按季出具印領，内務府照數遣官送給。

又《師生》《周官》：掌教彝人，有韎師、旄人、鞮鞻氏之職，皆大司樂總其成。明時，琉球入學，不設教習；其教法甚略。至我朝康熙二十七年梁成楫等入學，上特命司成於肄業正途貢生中遴學行之優者奏舉一人為教習，專司講解；派博士等官經理之，堂官不時加謹稽察，其猶周制之舊與。至於入學官生，明初，皆王子弟、寨官子弟。成化以後，始遣三十六姓之人。今多不可考。謹就所見録之，尚冀後之人有以補其闕略云。

塞楞額，滿洲正白旗人，己丑進士。二年任。

鄂宗奇，滿洲鑲藍旗人，壬辰進士。四年任。

王圖炳，江南婁縣人，壬辰進士。元年任。

王傳，江西饒州人，辛未進士。元年任。

張廷璐，江南桐城人，戊戌進士。三年任。

蔡嵩，江南南匯人，壬辰進士。五年任。

觀保，滿洲正白旗人，乾隆丁巳進士。十四年任。陞任後，仍管監務時琉球鄭孝德等入學。

全魁，滿洲鑲白旗人，辛未進士。二十四年任。

富廷，滿洲鑲藍旗人，丙午舉人。二十七年任。

陸宗楷，浙江仁和人，雍正癸卯進士。十一年任。

司業

宋古弘，奉天鑲白旗人。康熙三十五年任時琉球梁成楫等入學。

彭定求，江南長洲縣人，丙辰進士。二十四年任。

董閶，江南吳江縣人，癸丑進士。二十四年任。

吳涵，浙江石門縣人，壬戌進士。二十八年任。

明圖，六十一年任時琉球鄭秉哲等入學。

馬泰，奉天正白旗人，□□□□。雍正元年任。

黃鴻中，山東即墨縣人，戊戌進士。元年任。

孫嘉淦，山西興縣人，癸巳進士。元年任。

彭維新，湖南茶陵州人，丙戌進士。三年任。

王蘭生，直隸交河縣人，辛丑進士。四年任。

莊楷，江南武進縣人，癸巳進士。五年任。

博卿額，滿洲鑲紅旗人，戊辰進士。乾隆二十四年任時琉球鄭孝德等入學。

盧殼，貴州□□□人，□□進士。二十四年任。

吉泰，蒙古正白旗人，□□□□任。

張裕犖，江南桐城縣人，戊辰進士。二十六年任。

派董率官

張鳳書，雲南建水州人，壬戌進士。任博士。

林人櫆，福建侯官縣人，修道堂助教。

張若霍，江南桐城縣人，正義堂助教。

鄔鳳翊，廣西陽朔縣人，壬申進士。由教授，陞博士。

教習

鄭名闕，福建□□□人。康熙二十七年，補教習，一年去。

徐振，浙江寧波縣人，拔貢生。二十八年，補教習，三年咨部議敘，以州同即用。

李著，湖北公安縣人，拔貢生。雍正二年，補教習，數月去。

趙奮翼，陝西潼關縣人，拔貢生。三年，補教習，事竣，咨部議敘，以知縣即用。

潘相，湖南安鄉縣人，乾隆六年拔貢生。二十三年，考充武英殿校書。二十五年，琉球官生鄭孝德等入學，經國子監奏充教習。本年應順天鄉試，中式四十一名。二十八年會試，中式三十五名。二十九年，鄭孝德等還國，教習事竣，二月初四日，本監帶領引見，奉旨：『潘相著以知縣用』。四月，選授山東登州府福山縣知縣。

又《官生病故官生附》 日孜每闊八馬，中山王察度之子或云從子。明洪武二十五年，初遣入學，詔令工部建王子書房於監前以處之歸之年闕。

三五郎尾，山南王承察度之從子；與日孜每闊八馬同年入學。二十九年，歸。旋復來，請卒業。

仁悅慈，中山王察度之舅諸書作寨官子，或其父為寨官也，並存之，隨中山王子入學。

實他盧尾段賀志，山南國寨官之子，隨山南王子入學。

段志每，中山國寨官子。二十六年，入學。

麻奢理誠志魯三人，中山國寨官子。二十九年，入學。

姑魯妹，中山國人。入學之年闕諸録誤以姑魯妹為女官生，荒誕殊甚。

李傑，山南國寨官子。永樂三年，入學。踰三年，歸後倣此。各書又載永樂八年冬，賜李傑等冬衣等項，是六年猶未歸也。未詳孰是。

石達魯，中山寨官子。永樂四年，入學凡六人，其五人闕。

模都古，中山官生。永樂八年，入學，共三人。帝及太子厚其賜，禮部尚書呂震曰：『昔唐太宗興學校，新羅、百濟皆遣子入學，當時僅聞給廩膳，未若今日賚予周備也。』帝曰：『遠方慕中國禮義，故遣子入學，必足於衣食，然後樂學。太祖高皇帝命資給之，著於《會典》，所謂「曲成萬物而不遺」者，安得違之！』十一年，模都古乞歸省。帝曰：『遠人來學，誠美事；思親而歸，亦人情。宜厚賜以榮之。』因賜衣幣及鈔為道里費，給驛傳其二人闕。

鄔同志久，中山國寨官子。永樂十一年，入學共三人，亦作三十人，餘人闕。

周魯，中山寨官子據《池北偶談》載之。永樂十一年，入學共三人，其二人闕。

益智每，琉球官生入學之年闕。

蔡賓，琉球國中山省久米村人。久米屬村縣四，曰東門村、西門村、北門村、南門村亦名大門村，舊有普門寺，又名普門地。明洪武中，以閩人三十六姓賜琉球王，命居此地。至萬曆時，存而昌者止梁、鄭、蔡、金、林五姓。又續賜阮、毛兩姓，皆居久米，不他徙，故名『唐營』，亦稱『營中』。後改『唐榮』代；以村中最貴者為總理唐榮司，專主朝貢事。賓之上世，居閩省泉州府晉江縣一曰南安縣，宋端明殿學士蔡襄之後。襄之裔孫崇，奉命入琉球，傳四世至賓。賓字玉亭，成化十七年，入學。二十二年，國王請遣歸國。帝曰：『昔陽城在太學諸生三年不歸國者，斥之。矧遠人，豈可長留不遣！其令即歸，以遂定省之私。』賓歸，後官長史。弘治元年，賓隨貢使皮揚那等來京，上言『成化中，讀書南京國子監』，今吏部侍郎劉宣時為祭酒，特加撫卹。乞容赴宣所執贄謝，詔許之。武宗登極，賓又隨王舅亞嘉尼施等貢馬及方物，奏乞每歲一貢。禮部議：『琉球在昔，朝貢不時至。成化十一年，因使臣不法，敕令二年一貢。今因彼人貢違期，故為此奏以飾非；宜勿聽。』武宗特允之。賓奏乞自備工料修造貢船二隻。禮部議行鎮巡官驗實量修，不必改造。賓復奏；武宗曰：『令二船拆卸補造，勿過式也』。賓子進，字益亭，正德五年，同五人入太學。歸國之年，闕。官通事。其四人闕。

蔡浩，字乾亭，賓從兄寶之孫。嘉靖五年，同蔡廷美、鄭富、梁梓四人入學《徐録》作二年，疑誤。九年，同歸國。

蔡廷美，字璞亭，浩從兄。官長史。嘉靖二十年，王遣使殷達魯等入貢，廷美與偕來。二十一年，廷美招引漳州人陳貴等駕船之國，適與潮陽船爭利，互相殺傷；廷美乃安置貴等於舊王城，盡没其貲。貴等夜奔，為守者所掩捕，多見殺。於是誣貴等為賊，械送福建。廷美齎表將赴京陳奏，巡按御史徐宗魯會同三司官譯審別狀以聞，留廷美等待命；奉旨：『貴等違法通番，著遵國典重治。琉球既屢與交通，今乃敢攘奪貨利、擅殺我民，且誣以賊，詭逆不恭，莫此為甚！蔡廷美本宜拘留重處，念素係朝貢之國，姑且放回。後若不悛，即絶其朝貢。令福建守臣備行彼國知之。』

鄭富，字貴橋，其先福建福州府長樂縣人。明洪武中，有鄭義才者奉命居琉球，官長史。義才字元橋，子孫世以『橋』為字；十三世後，始易之，猶蔡崇字升亭、子字盛亭、孫字輝亭，世世以『亭』為字，十世後，始易也。富為義才六世孫，官爵無考。

梁梓之先，福建福州府長樂縣人。明洪武中，梁嵩字子江，奉命居琉球，官長史。梓其孫也，世次不可考。歸國後，官長史。十九年，中山王遣梓貢馬及方物，奏請造海舟四隻。許之。

梁炫，嘉靖十五年，同四人入學。二十二年，歸國；時炫等來學已踰七年。炫官正議大夫，充三十二年貢使。其三人無考。

鄭迵，字利山，義才九世孫、富從曾孫、都通事祿式橋次子也。嘉靖四十四年，同梁炤等入學。歸國後，累官至法司，以身殉難。其詳見《良臣傳》。

蔡熑，字耀亭，廷美長子。同鄭迵等入學。官都通事。

鄭週，字格橋，祿季子、迵懷弟。萬曆七年，同鄭迪、蔡常入學。歸國之年，闕。官長史。

鄭迪，字憲橋，祿弟禮長子。官都通事。

蔡常，字心亭，廷美弟廷貴子。官無考。

梁成楫，字得遠，嵩九世孫。祖應材，字紹江，正議大夫。父邦翰，字艷江，正議大夫，充康熙二十一年貢使。生六子，成楫其三也。康熙二十七年，同蔡文溥、阮維新入學。三十一年，歸。官都通事。子二人：煌、烈。

蔡文溥，字天章，朝用四世孫。朝用子廷，廷子國器，器子應瑞、應祥，累世紫金正議大夫，充貢使。應瑞有子五人，文溥為長。篤志問學，著《四本堂集》略見第二卷。累官紫金大夫。子其棟、孫功熙，俱正議大夫。

阮維新，字天受，其先福建漳州府龍溪縣人。明萬曆時，有阮國字我萃者，與毛國鼎同奉命居琉球，官正議大夫，充萬曆三十四年謝封使。傳四世至維新，同梁成楫、蔡文溥入學，累官紫金大夫，充康熙五十三年貢使。

鄭秉哲，字□□，迵弟達元孫。達子子孝、子孝子宗善、繼喜、宗善子宏良，累世正議紫金大夫。宏良有子五人，長秉均，康熙戊辰入學，折桅卒。秉哲，其第四弟也。雍正二年，同鄭謙、蔡宏訓入學。六年，歸。累官紫金大夫，充乾隆十三年貢使，又充二十二年謝封使。

鄭謙，字□□。父廷極，正議大夫，充雍正四年貢使。謙入學歸，官存留都通事，卒於福建館。

鄭孝德，字紹衣。祖士絢，正議大夫，充雍正四年貢使。父國觀，少有志趣。歲壬寅，北學於閩，從江某遊。六年，始歸。乾隆九年，充朝京都通官，没於館，葬張家灣。乾隆十九年，孝德年二十，隨婦翁紫金大夫蔡宏謨入請封，乞省墓。二十五年，入學，傷父志未就，晝夜刻厲，孜孜問學不怠，手抄《四書》、《五經》、儒先語，一衷於子朱子，尤玩味《小學》、《近思録》等書。善書法、詩文，皆有規矩。臣題其座右曰：『欲為海國無雙士，來讀天都未見書。』所以望其成者，固未有涯云。其弟孝思，隨孝德來學，二十九年二月，卒於譯館。

蔡世昌，字汝顯，文溥弟紫金大夫文河之孫、都通官文海之嗣孫、正義大夫光君之長子也。世昌入學時，年二十四，與孝德相劘切，不欲專為詞章學。臣有聯云：『人在海邦推俊傑，學從京國問淵源。』蓋記實也。其詞章，亦稟承矩度，多可觀者。

蔡宏訓，文溥弟文漢次子。同秉哲等入學數日，病卒。禮部請戶、工二部發好棺木一口、圍棺紅紬一匹，並抬夫槓繩等物，送至張家灣利禪菴塋地埋葬。又特賜白金三百兩，以一百兩修墳，以二百兩附貢使帶回，交宏訓母為養贍之費。

梁允治，字永安，官外間親雲上。祖曰得宗，正議大夫，充康熙五十九年貢使。父錫光，官都通事。允治知讀書，即喜從蔡澹園問津。家故多書，日夜披吟，忘寢食，遂以其意，繪《身心性命圖》。又倣朱子『或問』法，著《服制辨義》。乾隆二十二年，王選士入學，其大夫，首舉允治。允治年二十九，於四人最長。初入謁，即雍容有儀。執經書，孜孜請問，日五、七次不休，一句一字，必求其至是。字義偏傍、聲音清濁，不毫毛放過，詩文亦可觀。居無何，金型卒，鄭孝德暨傔從皆染疫，允治偕蔡世昌日營喪務，料理諸醫藥，深夜猶奔事諸患者。不寢臥旬餘，忽一夜，來請曰：『鄭孝德始知其妹夫金型之喪，將出視其棺，請呼工人再黝之。』旦日，令允治董工事，遽臥，答云：『生病甚，懼不起也。』驚視之，已脱形。急召院醫診視，百方救之，竟以四月十九日卒於館。

金型，字友聖。遠祖瑛，洪武中，自福建奉命入琉球，累世昌熾。至型，始入太學，年十九。資甚清，喜讀書，在閩購頒發諸經，晝夜閲之，忘寢餐，因積癆瘵。到監月餘，咨太醫院發數醫診治，不效，泣曰：『生甫入學，遽若茲。無以報天朝及我王之德，貽老母憂，不忠、不孝！』語已，復泣，不及他，遂卒。時庚辰歲三月十六日也。一切恩賜，與梁允治並照蔡宏訓舊例奏准施行。

又《教規》 昔在先民，教學有規，蒙以養正，炳若蓍龜。譯館三箴，於遠國諸生尤諄諄焉。

朱子《白鹿洞教條》云：『父子有親，君臣有義，夫婦有別，長幼有序，朋友有信。』五教之目『博學之，審問之，慎思之，明辨之，篤行之。』為學之序。『言忠信，行篤敬；懲忿窒慾，遷善改過。』修身之要。『此其誼，不謀其利；明其道，不計其功。』處事之要。『己所不欲，勿施於人；行有不得，反求諸己。』接物之要。

程、董二先生《學則》云：『凡學於此者，必嚴朔望之儀，謹晨昏之令。居處必恭，步立必正；視聽必端，言語必謹；容貌必莊，衣冠必整；飲食必節，出入必省。讀書必專一，寫字必楷敬；几案必整齊，堂室必潔淨。相呼必以齒，接見必有定。修業有餘功，遊藝以適性；使人莊以恕，而必專所聽。』

真西山《教子規》云：『一曰學禮：恭敬順從，遵依教誨。與之言則應，教之事則行；毋得怠慢任意。』『二曰學坐：定身端坐，齊腳斂手；毋得伏盤靠背，偃仰傾側。』『三曰學行：籠袖徐行，毋得掉臂跳足。』『四曰學立：拱手正身，毋得跛踦欹斜。』『五曰學言：樸實語事，毋得妄誕；低細出聲，毋得叫喚。』『六曰學揖：低頭屈腰，出身收手；毋得輕率慢易。』『七曰學誦：專心看字，斷句慢讀，須要字字分明；毋得目視東西，手弄他物。』『八曰學書：專心把筆，字要齊整圓淨，毋得輕易糊塗。』

朱子《小學題辭》云：『元亨利貞，天道之常；仁義禮智，人性之綱。凡此厥初，無有不善；藹然四端，隨感而見。愛親敬兄，忠君弟長；是曰秉彜，有順無強。惟聖性者，浩浩其天；不加毫末，萬善足焉。衆人蚩蚩，物慾交蔽；乃頹其綱，安此暴棄！惟聖斯惻，建學立師；以培其根，以達其支。小學之方，洒掃應對；入孝出恭，動罔或悖。行有餘力，誦詩、讀書，詠歌、舞蹈，思罔或逾。窮理、修身，斯學之大；明命赫然，罔有內外。德崇業廣，乃復其初；昔非不足，今豈有餘！世遠人亡，經殘教弛；蒙養弗端，長益浮靡。鄉無善俗，世無良材；利欲紛拏，異言喧豗。幸茲秉彜，極天罔墜；爰輯舊聞，庶覺來裔。嗟嗟小子，敬受此書；匪我言耄，惟聖之謨。』

程子《視箴》云：『心兮本虛，應物無迹；操之有要，視為之則。蔽交於前，其中則遷；制之於外，以安其內。克己復禮，久而誠矣。』《聽箴》云：『人有秉彜，本乎天性；知誘物化，遂亡其正。卓彼先覺，知止有定；閑邪存誠，非禮勿聽。』《言箴》云：『人心之動，因言以宣；發禁躁妄，內斯靜專。矧是樞機，興戎出好；吉凶榮辱，惟其所召。傷易則誕，傷煩則支；已肆物忤，出悖來違。非法不道，欽哉訓辭！』《動箴》云：『哲人知幾，誠之於思；志士厲行，守之於為。順理則裕，從欲惟危；造次克念，戰兢自持。習與性成，聖賢同歸。』

朱子《敬齋箴》云：『正其衣冠，尊其瞻視；潛心以居，對越上帝。足容必重，手容必恭；擇地而蹈，折旋蟻封。出門如賓，承事如祭；戰戰兢兢，罔敢或易。守口如瓶，防意如城；洞洞屬屬，罔敢或輕。不東以西，不南以北；當事而存，靡他其適。勿二以二，勿叄以三；惟精惟一，萬變是監。從事於斯，是曰持敬；動靜弗違，表里交正。須臾有間，私欲萬端；不火而熱，不冰而寒。毫釐有差，天壤易處；三綱既淪，九法亦斁。於乎小子，念哉敬哉！墨卿司戒，敢告靈臺。』

朱子《學古齋銘》云：『相古先民，學以為己；今也不然，為人而已。為己之學，先誠其身；君臣之義，父子之仁。聚辨居行，無怠無忽；至足之餘，澤及萬物。為人之學，爛然春華；誦數是力，纂組是誇。結駟懷金，煌煌煒煒；世俗之榮，君子之鄙。維是二者，其端則微；眇綿不察，胡越其歸！卓哉周侯，克承先志；日新此齋，以迪來裔。此齋何有？有圖有書；厥裔伊何？衣冠進趨。夜思晝行，諮詢謀度；絶今不為，惟古是學。先難後獲，匪亟匪徐；我則銘之，以警厥初。』

朱子《求放心齋銘》云：『天地變化，其心孔仁；成之在我，則主於身。其主伊何？神明不測；發揮萬變，立此人極。晷刻放之，千里其奔；非誠曷有，非敬曷存！孰放、孰求？孰無、孰有？屈伸在臂，反復維手。防微慎獨，茲守之常；切問近思，曰惟以相之。』

呂維祺介孺《四譯館訓士三箴》，其《言行總箴》云：『心官則思，言行分職；謂士樞機，於斯樹極。匪樞胡運，匪機曷發；戶弩猶然，士軌乃識。口則興戎，動或罔益；惟聖達時，退藏於密。知語知默，知動知息。其次克己，主敬宅一；非禮勿言，惠迪趨吉。閑邪存誠，爻象斯立。言滿寡尤，淑儀弗忒；六宇之內，弗易厥質。思之思之，有物有則；思則得之，不思曷得！』其《言箴》云：『思言胡慎，曰忠與信；匪口是緘，惟心斯印。人心之靈，稟於至誠；物欲蔽之，欺偽叢生。厥口則言，厥心未然；信既遠義，易諸屢遷。言巧色令，是名為佞；不信不忠，曷存厥性！厥性既非，衆惡斯歸；多言數窮，食言貌肥。我思動物，寧在鼓舌；所以至誠，豚魚可格。此非襲取，忠信是主；易訓進德，三復斯語。』其《行箴》云：『何以思行，蓋云篤敬；篤敬維何？主一而靜。一則不雜，靜則不競；天君守舍，百司從令。胡為憧憧？朋從靡定；以二以三，乃縱乃橫。浮薄長傲，失其性命；既潰厥堤，靡知所竟。我思古人，精義入神；天之明命，以物其身。上帝臨汝，如見大賓。靜一無欲，乃敬乃篤；夫然後行，百行維穀。是故君子，必慎其獨。』

朱子曰：『讀經要反復精詳，方能漸見旨趣。誦之宜舒緩不迫，令字字分明。更須端莊正坐如對聖賢，則心定而義理易究；不可貪多務廣、涉獵鹵莽，纔看過了，便謂已通。小有疑處，即便思索；思索不通，即置小冊子逐一抄記，以時省閱。切不可含糊護短，恥於質問；而終身受此黯暗以自欺也。起居坐立，務要端莊，不可傾倚；恐至昏怠。出入步趨，務要凝重；不可剽輕，以害德性。以謙遜自牧，以和敬待人。凡事切須謹飾，無故不須出入。少説閒話，恐廢光陰；勿觀雜書，恐分精力。早晚頻自點檢所習之業，每旬休日將一旬內書温習數過，毋令心少有放佚；則自然漸近道理，講習易明矣。』又《示長子受之》曰：『早晚受業請益隨衆例，不得怠慢。日間思索有疑，用冊子隨手劄記，候見質問，不得放過。所聞誨語，歸安下處思省，要切之言，逐日劄記。不得擅自出入，人來相見，啓稟，然後往報之。此外，不得出入一步。居處須要恭敬，不得倨肆惰慢；言語須要諦當，不得戲笑喧譁。凡事謙恭，不得尚氣凌人，自取恥辱。不得飲酒，荒思廢業，亦恐言語差錯，失己忤人，尤當深戒。不可言人過惡及説人家短長是非；有來告者，亦勿酬答。交遊之間，尤當審擇。雖是同學，亦不可無親疏之辨，皆當請於先生，聽其所教。大凡敦厚忠信、能攻吾過者，益友也；其諂諛輕薄、傲慢褻狎、導人為惡者，損友也。但恐志趣卑凡，不能克己進修，則益者不期疏而日遠、損者不期近而日親；雖有賢師長，亦無救拔處矣。』

右先儒教學遺規，不能詳録，然得此而玩心焉，固終身用之不能盡也。

竊念諸生地居炎徼，人慕華風，緣國典以陳言，邀天恩而入學，儒途遠大，經義淵深，問學宜勤，率由罔易。其各仰遵前軌，恪聽師言。有物有恆，毋蕩閑而踰檢；自卑自邇，庶行遠而登高。今將學中規條，開列於後。

一、每月朔、望早起、沐浴、正衣冠，候大人拜廟後，隨班拜廟三跪九叩首，次拜後殿三跪九叩首，次謁文公祠一跪三叩首。已隨詣彜倫堂，上堂打三躬；退，詣講堂打三躬。

一、未領衣冠時，服該國冠服；已領之後，即服所賜冠服。

一、每日早起，沐浴、正衣冠，詣講堂聽講《小學》數條；《小學》完，講《近思録》。飯後，講經數條，臨帖。燈下，講四六古文各一篇、詩一首，次日背誦。

一、講書之時，諸生以齒序立，專心聽講，或有語言不通、意義未曉者，須再三問明。

一、聽講之後，各歸本位肄習，衣冠必整肅，出入必恭敬、行步必端莊，不得笑語喧譁。

一、逢三日，作詩一首，不拘古律。逢八日，作四六一篇或論序等類一篇。

一、跟伴須各自約束，不得恣其出入、聽其傲慢，有乖禮法。

又《答問》　數年答問，積成卷帙，於初入學數條，亦足以見其大凡。録之於篇，以示心同理同，罔殊遐邇也。

問：『學生之學，以何者為先？』臣以為學，莫先於定趨向；故即其所明者而告之曰：『邦畿為萬國攸止之區。故中山僻處海南萬有餘里而北拱神京，必自姑米開洋，梯更沙漏，經颶翻颱吼之險，晝夜一針，或兼旬，或十數日，始收帆乎榕城。已而由瓊河過錢塘，越金陵，歷山左水陸之程，四、三月方抵畿輔，入廣寧門，止四譯館。乃欣睹天子聖德神功，仰觀宮闕之壯、城池苑囿之大、人物衣冠禮儀之盛，親賢士大夫之光耀，然後歎為天下之大觀，而私心自慰，曰：「向之所志者，今仍得止於斯也。」維諸生之於學也，亦然。夫道之在天下，雖有明晦絶續之不同，而道外無人，人外無道，極乎天覆地載之遙。苟有血氣，無不同此心而同此理，又況琉球近屬牛女星紀之次，與揚州吴、越同一分野哉！我皇上以堯、舜之君，兼孔、孟之師，肫諭太學士子，務以聖賢為志，不溺於俗學、異學與夫權謀術數一切就功名之説。而聲教暨訖，一視同仁，弗忍窮徼絶島一處一人之晦盲否塞，特允諸生遵例入學。深恩厚澤，視前代之所以待乎新羅、百濟子弟者，不啻什伯。諸生恭承天詔，負笈來學，學固在於先立其志也。程子曰：「言學，便以道為志；言人，便以聖為志。」故《大學》之道，端重知止。煌煌聖諭，諸大人師長之宣揚之者，提命諄切；六館數百人無不遵也，諸生豈能自外！且夫學者之病，大半在於以取利禄為急務。今諸生世禄、世官，富貴本所自有；奔競之習，得喪之念，既不庸縈於懷來，其於學也甚易。誠能志於正學，先取《小學》立教，明倫敬身，稽古内外之篇，講習而服行之，得其培根達支之教，有以收其放心而養其德性。然後取《近思録》一書而誦讀之、而踐體之，凡夫求端用力、修己治人、辨異端、觀聖賢之道，皆能見其梗概。由是，可以進究乎「四子」、《六經》而求聖賢之大全。蓋修身大法，備於「小學」；義理精微，詳於《近思録》。《近思録》者，「四子」之階梯；「四子」者，《六經》之階梯也。仰模範之甚近、念教規之至詳，竊不自知其庸陋，而願與諸生共勉之！』

右端趨向。

問：『下國習尚，各有所宜，祈俯而教之，何如？』曰：『夫人函五常之性，乘五土之氣，故其材不一，而其習各殊。幽、燕之沈勁、吳、楚之剽疾，囿於墟也；唐、魏之勤儉，鄭、衛之淫恣，染於俗也。古之聖人明於此，莫不以變習尚為先務。故直寬剛簡，化以詩、樂；沈潛高明，歸於正直。而南北強勇，必進之君子以和其血氣心知，而約之於仁義中正。故曰司徒修六禮以節性、明七教以興德、齊八政以防淫、一道德以同風俗。方今堯文炳煥，萬國同書；象寄狄鞮，靡不一其心志而新其見聞。蓋聲教之漸被暨訖涵煦於百數十年之深者，不問海內外，無大小咸風移而俗易也。諸生萬里來學，固將以去故而即新也，何習尚之狃焉！且夫古之所謂豪傑，必有「轉風氣而不為風氣轉」之心。昔在勾吳，不齒上國，而言氏北來，獨傳禮教，遂使南方之學得其精華，江左風流於斯為盛。亦越陳良，荊蠻所產，而北學中國，丕變頽風其流。至於濂溪生長衡疑，不由師傳，默契道體，肇開伊洛淵源。若夫洛陽舊俗，理學無聞；而二程繼起，獨肩斯文。及乎龜山還里，稱曰「道南」，數傳而徽國篤生，大成用集。到今八閩問學，猶傳此派，安溪、漳浦，遺徽堪仰。他如文翁好學，而川蜀崇文，趙德為師，而潮陽知學，一國之風、一方之俗，莫不變於一人而傳於千載。故習尚非一成也，其所以漸之者然也。且即琉球論之，隋、唐以前，不通中土，史書所載，薦紳難言。近自明初入貢，漸染華風。繼之以國主好文，遣子入學，又繼之以三十六姓之往鐸，而士知禮義，然猶未曠然一變其俗也。自金大夫請祀先聖、程大夫請興學校、蔡法司傑然篤志正學，而國王尊之、國人信人，諸生亦因以知有宋、明及本朝儒先講學之書，視從前之習尚，不啻秦、越人之不可共語，此豈有異故哉？理義固然而導之者善也。顧有書而不讀，猶書肆也；讀之而不得其趣，猶買櫝而還珠也。故欲求其新，先去其故；欲新一國之人，先新一己之心。而新乎人，非一時一世之事；新乎己，非一朝一夕之功。蓋變習尚者，非強有力弗能也。而力因乎識，識因乎學，學之道，非可兩是而並存之也。誠能屏除舊見，靜坐終日，使此方寸之中，凝然湛然如山斯靜、如泉斯清；而後徐徐以正書植之、以新義灌之，篤信力踐，弗怠數年。勿揀擇難事泛問如定夫，勿一日三次檢點如和叔，將優游漸漬，忽不覺其學識之大異於從前。而權度在心，雖賁、育弗之奪也。有力如此，於以歸國而移易習尚，弗難矣。昔康崑崙自服其琵琶之術，世莫己敵，及遇段師善本而斥其邪雜，語之以十年不近樂器、忘其本領而後可與學入神之曲。故蒙今亦願諸生之忘其本領也。』

右變習尚。

問：『古今之書充棟汗牛，學生輩苦不能多讀，何如？』曰：『夫讀書有要，非必遍觀而盡識也。不得其要，則雖識如安世、覽若正平，祇以誇多而鬥靡。苟得其要，則雖難熟如于嵩、善忘若陳烈，亦可漸積而有得。慨自秦火方炎，簡編為燼；漢至孝惠始除挾書之律。孝文以後，書出屋壁，詩始萌芽。至於建元，然後鄒、魯、梁、趙頗有《詩》、《禮》、《春秋》。先師當此之時，一人不能獨盡其經，此雅、彼頌，相合成編。洎魯共壞宅，古文初見，有《逸禮》三十九、《書》十六篇及《春秋左氏》，猶復共相排擯，杜塞不學。故西漢諸儒自匡衡、劉向、揚雄而外，皆罷老專究一藝，學《詩》者不知《書》，學《書》者不知《易》，學《易》者不知《春秋》。雖其專已，守殘見譏子駿，而余竊觀其行事、讀其文章，類皆稟經斷獄，酌雅修詞。由漢以後，書籍日富，五車、四庫，詳志《藝文》。及乎後唐，明宗初令印賣《九經》，得書甚易，藏書愈多；而士或束閣不觀、游談無根，即曰擁書萬卷不假南面百城，而其人之言行亦或往往不及乎古，誠有如蘇文忠之所誚者。此其故何哉？不知讀之之法，而多反為累也。夫專務博記，非聖賢之所貴也。昔者，上蔡謝子舉史成誦，明道以為玩物喪志；謝子面赤耳熱，汗流浹背。明道又以為此即「惻隱之心」，然謝子猶未心服也。一日，見明道看史，亦復逐字逐句，無所遺漏，然後恍然有悟，以為為己、為人之別。自後遂將此事，接引博學之士。即朱子之論「格物」，雖有一書不讀，便闕一書理道之言，而究以窮天理、明人倫、講聖言、通世故為先務。故誦《詩》而昧乎從政，雖三百亦徒多；窮《論語》而明於為治，即半部不為少。且夫讀書而精於別擇者，其書亦本不多也。韓昌黎自序「所以用功，惟在辨古書之正偽，與雖正而不至焉者，昭昭然若白黑之分」。故其生平於禮樂、名物、陰陽、土地、星辰、方藥之書未嘗聞而不求，而要必曰非三代、兩漢之書不敢觀；誠辨乎偽也。辨乎偽，則不但百家小說之為偽也，即歷代名儒之集亦多偽焉。不但非聖賢之書之為偽也，即「四子」、《六經》

之箋注亦多僞焉。不但異學、雜學所傳之為僞也，即如二程《語録》，游、楊、侯、尹之所記亦各純駁參半。且雖朱子之書，而《語類》、《或問》、《文集》與大注所定，前後殊解，彼此異說。後之人且復倒顛歲月，以為晚年定論，是極正之書，亦或有萬一之僞也。若夫詩文一途，其僞者常十之七，其正者常十之三，而中郎枕秘惟有《論衡》、明允篋中專批《孟子》、廬陵半生酷摹韓文、考亭末歲愛誦杜詩，古之人，莫不博觀而約取、明辨而篤志。故曰專精之至，神奇自生。養叔治射、庖丁治牛、師曠治音聲，僚之於丸、秋之於奕，皆終身不厭而無暇外慕，然後造其堂、嚌其胾也；君子多乎哉！請以為諸生規。」

右辨正僞。

問：『書之正僞既聞命矣，其讀之也，當奈何？』曰：『凡讀書，有本原、有次序、有綱領、有要法。何謂本原？朱子曰：「讀書之法，莫貴於循序而致精；致精之本，則在於居敬而持志。」蓋心之虛靈，神明不測。一有不存，則視聽貌言，不能自檢，未有不為「仰面貪看鳥、回頭錯應人」者，安能反復聖言、參考事物，以求義理至當之歸。故曰「心要在腔子裏」。心存則終日儼然，不為物欲所侵，讀書窮理，夫安往而不通也。何謂次序？《大學》者，羣經之總會，規模廣大，而本末不遺，節目詳明，而始終不紊。其學之也，宜最先。次《論語》二十篇，為聖師言行之要。次《孟子》七篇，皆王道仁義之談。學之，則有以識乎操存涵養之實，與夫體驗擴充之端，且知某章某句之為格致、誠正，某章某句之為修齊、治平。凡《大學》所總言者，二書皆分見之，而有以信其確不可易。至於《中庸》，則聖門傳授之心法也，上達之意多，下學之意少。必《大學》、《論》、《孟》之既通，然後可以讀之而見其為實學。故不先之《大學》，則無以提挈綱領，而盡《論》、《孟》之精微；不參諸《論》、《孟》，則無以發揮縕奧，而極《中庸》之歸趣。若不會其極於《中庸》，則亦無以窮神知化，而建立天下之大本、經綸天下之大經。凡此皆朱子師弟之言，而後人所當服行者也。《四書》卒業，乃讀《五經》。《五經》如五常，《詩》屬仁、《禮》屬禮、《書》屬智、《春秋》屬義、《易》屬信，而貫乎四德。夫五行首木、四時首春，於人則性情之勃發而不能自已，如春、如木。故《詩》之為教，常使人諷誦焉而惻然、悚然

有以動其自具之天良，於仁之功居多，而為學人所宜先。三千、三百，無不切於日用。橫渠教人，莫急於此書者，古帝王治天下之大經、大法也。學焉而盡其蘊，則可以明理、可以處事。由是而習《春秋》，乃得見聖心裁製之義。故曰諸經之有《春秋》，猶法律之有斷例也。又曰諸經如藥方，《春秋》如用藥治病。至於《易》，為五經之源；仁、義、禮、智皆統兼焉。故曰乾，元亨利貞。其讀之也，必並乎諸經；其通之也，倍後乎諸經。通經者，又必通史。二十二史，浩繁難記。涑水之《通鑑》、紫陽之《綱目》，先正課程，皆計日而兼讀之，力有不能，無寧舍馬而從朱。若夫讀書之綱領，須發諸書各卷首詳言之矣；要在博考乎諸儒、折衷於考亭。即考亭之説《四書》，如《語類》、《或問》、《文集小注》為説不一，又必以大註之説為定。但大註，未易言也。朱子嘗云：「某字字如秤停。」又云：「不用聖賢許多工夫，看聖賢的不出；不用某許多工夫，亦看某的不出。」姑舉一、二條言之。如同一仁字，或云愛之理、心之德，或云心之德、愛之理，或云當理而無私心，或云無私心而當於理，或云人心，或云本心之德，或云心之全德，移步換形，不可執一。又所引之説，皆經更定虛字、語助，各有妙義。今試取程、張、范、謝、游、楊、侯、尹本書與之校對，始見其增減改換，文理密察直如神禹之鑄鼎、周公之定禮；沈潛反復，久之有得，然後可以明聖傳之統、成衆説之長、折流俗之謬。《易》之書，經乎四聖而斷以夫子之《易》即文周之《易》，文周之《易》即伏羲之《易》。言《易》之書，約有百家，而總以《十翼》為主，以費直《合傳解經》為有功。「卒以學《易》，可以無大過」，是《易》為人事切要之書也。「和順於道德而理於義，窮理盡性以至於命」，是《易》為言性與天道之書也。以言者尚其辭，以動者尚其變，以制器者尚其象，以卜筮者尚其占：是聖人之用《易》，其道有四也。居則觀其象，而玩其辭；動則觀其變，而玩其占。是君子之學《易》，其道有四也。初為本，上為末，中四爻為雜物撰德；要之，觀其彖辭則思已過半：是學者之解《易》，其大指惟一致也。不可離象數，不可厭事理，不可專説卜筮；一卦一爻之詞，不可分某句為象、某句為占；讀卦辭，不可於彖傳之外，生一解；讀爻詞，不可於象傳之外，添一義。由是以考河洛先後天之圖莫不皆然，則中有主而不惑於聚訟矣。讀《堯

典》，便須知堯之為君之所以大，其則乎天而民無能名者如何！其巍乎成功而煥乎文章者如何！舜、禹之有天下而不與者如何！舜自受終以後，其所以創制者如何舊人但知言以攝位告。「攝位」二字，亦非是！即位以後，其所以無為者如何！又若讀《堯典》，便須知天文；讀《禹貢》，便須察地理。舉一反三，是在善讀者。讀《詩》亦然，如誦《關雎》，便須真見其哀樂，真見其不淫不傷，然後可與說《詩》。《春秋》傳為按經為斷，以傳考經之事迹，以經別傳之真僞。大抵無隱語，無凡例，不以日序為褒貶，不以官爵名氏為貴賤，未嘗許五霸，未嘗貴盟會，未嘗與齊、晉，未嘗黜秦、楚、吳、越。但不主諸儒先入之言，平心觀理，而聖人之情漸可意逆，朱子所謂「據事直書，其義自見」也。古《禮》之亡久矣，《周官》一書，固為《禮》之綱領。至其儀法度數，則《儀禮》乃其本經，而《禮記》郊特牲、冠昏等篇，乃其義疏。朱子以《儀禮》為經，取《禮記》及諸書之言禮皆附於本經之下，名曰《儀禮經傳通解》，喪、祭二禮，勉齊續之，洵禮學第一書也。然學者仍以難讀，置之。竊謂《禮記》雖傳先聖遺言，亦多附會之疵，其篇第失次，每篇之中又錯雜不倫。間倣朱子之法，用王氏「以言冠者入《冠義》，言昏者入《昏義》」之說，別為凡例，篇以義序、文以類從，圖繪文左，使讀者便覽；並取禮制之大者附之，以補本記所不備。注則兼取漢、唐、宋、元、明之說，務從簡要。仍以《曲禮》為第一，由小學而大學，故《少儀》、《樂記》、《射義》、《投壺》、《學記》、《經解》、《大學》、《中庸》、《儒行》、《坊、表記》次之，二十以後，冠、昏而有家室，故《冠義》、《深衣》、《昏義》、《哀公問》次之，《內則》、《大傳》又次之，家禮莫重於冠、昏、喪、祭，故《喪大記》、《檀弓》、《問喪》、《閒傳》、《小記》、《服問》、《三年問》、《喪服四制》、《奔喪》、《雜記》、《曾子問》次之，《祭法》、《郊特牲》、《祭統》、《祭義》又次之，由家而鄉，故《鄉飲酒》次之，由鄉而邦國朝廷，故《王制》、《玉藻》、《明堂位》、《月令》、《文王世子》、《燕義》、《聘義》次之，然後終之以《閒居》、《燕居》、《禮運》、《禮器》、《緇衣》等篇，以統論禮之大凡而各篇之中又各有次序條理，如珠聯而繩貫。《周禮》、《儀禮》，亦倣此為經傳撮要。《禮》之綱領，其庶幾乎！至於讀之之法，以二書言，通一書，然後及一書；以一書言，通一篇，然後及一篇；字求其訓，句索其解。未得乎，則不敢求乎後；未明乎此，則不敢志乎彼。先以熟讀，使其言若出於吾之口；繼以精思，使其意若出於吾之心。又必以心體之、以身驗之，從容默會於幽閒靜一之中，超然自得於書言象意之表。凡儒先之所以教人者，千言萬語，大指實不外此。謹約記其所聞者，以為諸生勗焉。」

右嚴課程。

清·乾隆敕撰《清通典》卷六〇《禮·賓·外國朝貢》（康熙）二十七年，琉球國以陪臣子弟入監讀書，於常貢外加貢圍屏紙三千張、嫩蕉布五十疋。【略】

（雍正九年）是年，以琉球陪臣子弟入監讀書學成歸國，國王加進謝恩禮物，嫩蕉布百疋、圍屏紙五千張。

清·梁國治等《國子監志》卷二九《官師二·典守》（雍正二年）又議準琉球國陪臣子弟入監讀書，【略】是年，博士適缺員，詔從監臣之請派學正一員，董率之。

清·乾隆敕撰《清文獻通考》卷六五《學校考三·太學一》（康熙）二十七年，准琉球國遣陪臣子弟來學。先是，二十三年冊封使臣汪楫、林麟焻奏言：中山王尚貞親詣館舍懇臣等轉奏，願令陪臣子弟四人赴京受業。考之史冊，唐貞觀中，新羅、百濟俱遣子入學，琉球自明初內附，洪武、永樂、宣德、成化間，琉球官生俱入監讀書，今國王尚貞遠被皇仁，傾心嚮學，應准所請，聽其遣陪臣子弟入監讀書。從之。至是，奉諭：琉球國送到陪臣子弟三人入監讀書，著安置得所。尋定，取貢生一名，令其教習，博士一員，專管董率。祭酒司業等，不時稽察。俾講解經書，學習文藝。至衣服食用等，需官生三人，每年冬季給緞面細羊皮袍、羊皮掛，紡絲綿小襖褲各一件，染貂鼠皮帽各一頂，鹿皮靴、氊襪各一雙。春秋二季，給緞面袍褂、紡絲衫褲各一件，線纓涼帽各一頂，馬皮靴、緞襪各一雙。夏季給紗袍褂、羅衫褲各一件，綢被褥各一床，所有紙筆墨等項月各給銀一兩五錢。跟伴三名，每年冬季給布面老羊皮襖、綿布小襖褲各一件，貂皮帽各一頂，牛皮靴、布襪各一雙。春秋二季，給布綿袍褂各一件，夏季給單布袍、布衫褲各一件，綿布被褥各一床，雨纓涼帽各一頂。其官生三人口糧俱照給進貢都事之例給發。跟伴三人亦照給跟役之例給發，住居房屋於國子監附近給十間，并給與煤炭器皿等項。

又　卷二九五《四裔考三·東·琉球》（康熙二十二年）六月，楫等至國諭祭故王尚質，冊封禮成，還京奏言，中山王尚貞親詣館舍，懇為轉奏，願令陪臣子弟四人赴京受業。部議：考之前明洪武、永樂、宣德、成化間，琉球官生俱入監讀書，今國王尚貞傾心向學，應如所請。上從之。

清·文慶等《國子監志》卷一八《學志十·外藩入學》　外藩就學國子監者，有琉球學，有俄羅斯學，俱不常設。或該國王奏請，奉旨俞允，乃令其所遣陪臣子弟入學讀書，由監臣遴貢生為教習，又派博士、助教等官董之，學成遣歸。

康熙二十三年，冊封使臣汪楫、林麟焻自琉球還，疏言：中山王臣尚貞親詣館舍，懇為轉奏，願令陪臣子弟四人赴京受業。得旨允行。至二十七年，琉球國王遣其子弟梁成楫、鄭秉均、阮維新、蔡文溥四人，隨貢使耳目官魏應伯至京。詔許其入監讀書，並命所司安置得所。尋選取肄業貢生一人，令其教習博士一員，專司董率；祭酒、司業，時為稽察，俾之講習有成焉。

三十年，琉球國王臣尚貞疏奏：前陪臣子弟入學已久，乞許歸養。得旨遣歸。

五十九年，冊封使臣海寶等疏稱：中山王臣尚敬願遣陪臣子弟入監讀書。得旨允行。至雍正二年，琉球國王遣其子弟鄭秉哲、鄭謙、蔡宏訓至。監秉哲等自陳願學為四書、五經義，因遴拔貢生李著為教習以訓之，時適博士缺員，派學正顧蒙董率，國子監堂上官以時稽察，如舊制。是年蔡宏訓病故，特賜白金三百兩，以二百兩交貢使，附歸其家；以一百兩交禮部官，於近京地方營葬。

六年，琉球官生鄭秉哲等以父母衰老，倚閭望切，請得歸國終養。經部議准：前此琉球官生入監者，由其國王疏請遣歸，始令其馳驛還國。今鄭秉哲等雖未經其國王疏請，但懇乞歸養，乃人子之孝思，且情詞真摯可憫，應請令其歸國。續奉旨：照都通事例，賞以大綵緞各一匹，裹綢各一匹，毛青布各四匹。傔從二人亦賞毛藍布各四匹，禮部筵宴一次，給驛，令同貢使毛汝龍等返國。【略】

（乾隆）二十二年，冊封使臣全魁、周煌自琉球還，疏言：臣等奉使將旋，中山王臣尚穆詣館，設宴送臣，令陪臣通事向臣等致詞，懇請許其遣陪臣子弟入學。部議應如所請，令於應貢之年來學。至二十五年，禮部劄送琉球國陪臣子弟鄭孝德、梁允治、蔡世昌、金型入監。本監選取拔貢生潘相為教習，以訓廸之。並派博士張鳳書、助教林人櫆董率，堂上官稽察如定制。

二十五年，梁允治、金型相繼病故。詔從雍正二年例賙卹。

二十六年，恭遇皇太后七旬萬壽聖節，琉球官生鄭孝德等隨國子監肄業諸生恭進詩冊，又呈請隨班迎駕時監臣為之代奏，得旨允行。十一月二十五日，皇上親奉安輿，由圓明園還宮，國子監官率諸生恭迎於西直門內，時孝德等派助教二員率之，跪於道左，上霽顏顧問。駕還宮，特賜孝德等緞匹。

二十八年，鄭孝德、蔡世昌在學三年，頗知文藝。所作《性理論》並駢體文俱有可觀，書法亦端楷。時琉球國王臣尚穆遣耳目官馬國器、正議大夫梁煌等賫表請旨遣歸。部議如所請，詔賞賜筵宴如定制。

附：

嘉靖五年，琉球中山王遣官生蔡廷美等四人入學。十一年，歸國。《續文獻通考》

謹按：元之啓疆，最為遼闊，遠譯之臣服者，紛綸於史冊，而遣子入學獨未之有，故綴輯止自明始。第明自洪武初即有高麗、琉球中山王、山南遣子入學，其後來者絡繹。又《明史·選舉志》載，日本、暹羅皆有官生入學，嗣後沿為故事。以皆在南監肄業，與今國子監無涉，故不詳録。

嘉靖十七年，琉球中山王遣梁炫等四人入國學，至二十三年歸國。同上。

嘉靖二十九年，琉球來貢，携陪臣子五人入國學。《明史·外國傳》

謹按：明永樂時，滇、蜀蠻官皆遣其子弟入監。然徼內土官，本屬聲教所暨，則其向化來學，分所應然，而當時輒詫為盛事，何所見之小也。又其時太學前有『交趾號舍』，蓋成祖設以處交趾官生者。考永樂時南交曾為郡縣，非外藩入學者比，故並從刊削焉。

清·姚元之《竹葉亭雜記》卷五　琉球國遣官生入監讀書，自康熙二十二年部議准行，無年限。每逢冊封之年，請於使臣回京代奏。其來也四人，率以四年而歸，歸其國則授四品官。嘉慶十年，其子弟來，吴蘭雪時以博士教之，頗聰潁。十四年己巳，還國過山東，蔣別駕第護送之。其子弟有贈蔣詩者，有『詩草卽今傳海國，筆花何止屬江郎』之句，工秀可誦。蘭雪衣鉢傳之海外矣。後蘭雪爲候補中書，嘗作詩云：『鳳凰未識池邊樹，桃李先栽海外花。』亦韻事也。

琉球人作書，大率皆學《十七帖》，惟子弟遣入學者，始學作楷。其書札與中華無異，但以『閣下』字易稱曰『門屏』耳。官制，宰相曰『法司』，王族子弟之俊秀者曰『若秀』。其國以得蘭雪詩爲珍寶。嘗得詩，藉子弟寄禮物謝之，刀、扇、雪酒、花布、蕉布、銅壺、護壽、□□八種。護壽者，紙也。□□者，烟也。得吴姬墨蘭，亦酬以八種，刀以團扇易之。

清·趙新《續琉球國志略》卷二《封貢》 嘉慶十五年庚午秋，尚灝遣耳目官向國柱、正議大夫蔡肇業表貢方物，并遣官生陳善繼、馬執宏、毛世輝、梁元樞四人入監讀書。【略】

（道光）二十年庚子秋，遣耳目官向國鼎、正議大夫林常裕表貢方物。本年欽奉上諭琉球改爲四年一貢，特遣王舅向邦正、正議大夫鄭元偉奏請照舊間年進貢，隨允準。並遣官生阮宣詔、鄭學楷、向克秀、東國興四人入監讀書，向克秀回至閩，病故。

清·孫衣言《遜學齋文鈔》卷八《琉球入學見聞録序》 琉球自國初以來，子弟入監讀書者七。乾隆間，教習臣潘相始爲《入學見聞録》一書，附載朝廷恩數及其國世系風土人物文字，言之綦詳。嘉慶間，教習臣黄景福復爲《見聞辨異》一卷，考訂訛誤，皆足與徐葆光、周煌諸志互爲質証。道光二十一年，琉球弟子向克秀、阮宣詔、鄭學楷、東國興四人入監，臣以副貢生充教習，時與諸弟子詢考謠俗，大約無異前録，而其在學所爲詩文別爲録刻，故不復箸論。今年二月，臣以提刑淮南北奉命入覲，適琉球弟子林世功學成將歸，來謁於客邸。世功在其國時，嘗從宣詔、國興學，故脩再傳弟子之禮，隨教習臣徐幹來見，而幹復以所輯《見聞補録》屬爲之序。猗與，盛哉！我國家聲教覃旉，無遠弗格，而海外藩邦能以禮義文學接於上國，其子弟又能循習儒雅，知中國所謂師弟子之禮，皆爲可紀。昔子思之書推言聖人教化之盛，至於舟車所至，人力所通，日月所照，霜露所墜，凡有血氣者，莫不尊親。蓋其盛德沾被，非疆域所能限隔，而四荒絶域，言語之不通，文字之不同，乃有事祆神逞怪誕以自絶於聖人者，夫聖人之教所弗及，則亦非帝王之權所能治矣。然臣竊見載籍以來，如漢之冒頓、晉之劉石、唐之吐蕃、回鶻，皆能騁其凶鷙，爲禍中國而其棄禮蔑義，自相傾奪，以取滅亡，大率遠者百年，近者數十載，輒種類絶滅，歸於烏有，殆與草木禽獸無擇，而琉球獨以海外小邦，被服冠帶，誦法詩書，爲中國儒者所紀，比於春秋鄒魯，豈獨天子文治之美，亦其涵濡聖教者深也。是固宜保守藩服，遠有歷年者矣。故臣於幹之所編，樂爲之言，而獨惜夫言語之不通，文字之不同者，未能使之與讀是書也。

又《琉球詩録序》 中山人士往往能爲詩，然多爲五七言律絶，以資酬答而已，鮮有爲古詩者。予爲教習時，頗令弟子輩汎覽漢魏唐人以來諸家作者，間語以古人作詩格法蹊逕，皆洒然有得，其所爲詩亦往往可觀。予嘗擇其雅者，録而刻之，謂之《琉球詩録》。今年春，琉球學生林世功在監期滿，其師教習徐君幹亦有詩録之刻，取而閲之，則皆馴雅可誦，而林生又來乞余《遜學齋詩》，謂將歸詒國人。徐君又言琉球人極重予前録，幾於家有其書，其好文而勤學皆可尚也。聖天子在上，方以文章禮樂陶冶天下，俾各安其性命之正，而荒洲窮島，狉榛蒙昧之民，猶有奮其角牙，含沙噓毒，自外王化者，而琉球禮義相承三四百載，士之北學中國者，獨能以揚扢風雅，自託於中朝俊秀之倫，殆所謂蓬萊方丈，秦皇漢武之所望而不見者歟？於戲！盛矣。

又《琉球詩課序》 教習徐君既選琉球弟子之詩以爲《詩録》，又取所作帖體詩別爲一編而刻之，太抵仿予前刻意也。予謂試律之作始於唐人，至今日而朝廷儒臣碩望，下至山陬海隅鄉曲之士，無不揣摩聲病，妃紅儷白，以求合於應試之體，而海外文物之邦如琉球者，初未嘗有場屋取士之法，乃亦效而爲之。信乎！風尚之所趨，有莫知其所以然者矣。予嘗聞中山人士雖尚試律，然其國人所爲大率四韻而已，阮宣詔等入監讀書，始有八韻之作，而徐君此録所載林生詩，尤爲妥帖詳雅，有中朝館閣氣象，則其文教之開而日新，尤可喜也。昔宋人言詞科之敝，一時競爲儷偶，至有以一聯之佳終身富貴者。今殿廷考試皆用八韻，而館閣之士畢精壹志，以求工於聲韻對偶，其弊殆亦類此，獨琉球幸而無之，則其所謂試律，或猶近於古詩之流也歟！徐君其必有以取之矣。

清・李元度《天岳山館文鈔》卷一一《吳文節公別傳》（道光十九年）又琉球不產藥材，賴貢舶載回應用，至航海鍼法，全賴隨時學習番休更替。若四年一朝，則豐歉不齊，人時莫授，藥品缺乏，鍼盤荒疏，請奏復舊制。公疏聞，手敕報曰：據奏，情辭真摯，如所請行，並允令陪臣子弟四人隨同貢使入監讀書。

清・王先謙《東華續錄・道光四十二》（道光二十年十一月戊申）吳文鎔奏琉球國遣使來閩，籲請照舊間年進貢一摺。向來琉球間歲一貢，上年降旨改爲四年遣使朝貢一次，原所以體恤外藩。茲據該撫奏該國王遣使來閩，請照舊間年進貢，情辭極爲真摯，著如所請行，所有該陪臣子弟四名准其隨同貢使北上入監讀書。

俄羅斯

《清世宗實錄》卷六〇（雍正五年八月乙巳）其京城鄂羅斯館應為修整，令使臣居住，其來京讀書幼童及教習等，亦令同居，官給養贍。【略】從之。

清・來保等《清會典則例》卷一四二《理藩院》（雍正五年）又議準俄羅斯館內設立廟宇，令在京之俄羅斯僧一人居住，並照該國所請，增俄羅斯僧三人，竢送到時一并給與口糧食物，聽其於廟內行俄羅斯教禮拜念經，無庸禁止。又使臣薩碩及留京學書之俄羅斯四人，教習二人，亦令在館居住，一例給與口糧食物。六年，議準俄羅斯國學生，竢送到時，令其在俄羅斯館居住，交與國子監，選滿漢助教各一人，往館教習清漢文。

又 卷一五七《國子監》 乾隆六年，奏準鄂羅斯遣子弟入學，習讀清漢書。本監於滿漢助教內簡選文理明白者滿漢各二人引見，候旨簡用，滿漢各一人，令其兼管教習學生。衣服飲食等項，由理藩院給發。九年，奏準：鄂羅斯學漢助教準為額外助教，咨部別行銓補。十五年，奏準：鄂羅斯學滿助教既非專設之員，其漢助教亦不必於額外專設，應行裁汰，以昭畫一。嗣後照滿助教例，以六堂內助教兼管鄂羅斯學務。

清・乾隆敕撰《清通典》卷二八《職官六・國子監》 俄羅斯館助教滿洲漢人各一人，掌教俄羅斯所遣入學子弟，於官學及六堂助教內掄選二員兼司之，不為額闕。

又 卷一〇〇《邊防四・北序畧》 與俄羅斯接壤，恪守成約，無相越界。其子弟來學者，復特設俄羅斯館以處之。

清・乾隆敕撰《清文獻通考》卷六六《學校考四・太學二》 俄羅斯國遣其官生魯喀、佛多德、宜畹、喀喇西木四人來學，即舊會同館設學，選滿漢助教二員教之。每人給以銀米，學成遣歸。嗣後更番受業不絶。

又 卷六七《學校考五・太學三》 俄羅斯國遣其子弟來學，於監中滿漢助教內簡發文理明通者各二人引見，簡用滿漢各一人，教習清漢書。衣服、飲食等項，由理藩院給發。九年，奏准俄羅斯學漢助教為額外助教，咨部別行銓補，後復裁去，仍照滿助教例，以六堂內助教兼管俄羅斯學事務。

又 卷八三《職官考七・國子監》 俄羅斯學助教，滿洲、漢人各一人，分教俄羅斯子弟。算法館與俄羅斯學助教，俱於六堂官助教內遴委兼司之。

清・穆彰阿等《嘉慶重修一統志》卷四《京師四・官署》 琉球國自康熙二十七年遣子弟入監讀書後，至是復遣就學。而俄羅斯亦遣子弟入監讀書，乃另設助教於會同館以訓課之，尋以六堂助教兼攝其事。後以四方拔貢入監者多，於國子監南構房舍數百間，謂之南學，歲發帑銀六千兩，給諸生膏火。

清・文慶等《國子監志》卷一八《學志十・外藩入學》（雍正六年）又，俄羅斯遣其陪臣子弟魯喀佛多德、宜畹喀喇西、木米海拉等詣京，懇請肄業。詔：即舊會同館設學，命王大臣簡選助教引見，以滿洲助教胡什圖、漢助教陳憲祖專掌教事。

乾隆六年，理藩院奏准：定俄羅斯遣陪臣子弟入學，習讀清、漢書。國子監於滿、漢助教內簡選二人，專掌教事。

十五年，【略】定俄羅斯學滿、漢助教遇有陞遷事故應更換者，由監臣揀選八旗六堂助教文理明白者，派令管理。咨明吏部、理藩院存案。

清·張穆《俄羅斯事補輯》（康熙二十七年，聖祖仁皇帝）敕書交霍蘭使臣帶回轉達，俄羅斯得書回奏，羅叉犯界事，哈屯汗絶不知，奉到敕書，嚴飭邊界，永不滋事。復申請遣人進京，學習國書，俟通曉文理換回，遇事以清文兼俄羅斯及西洋字馳奏，可免舛誤。聖祖允其請，為特開俄羅斯教習館。其後在京學習之人迭次更换，在京在途照料官員，理藩院均派家道殷碩者，隨時酌需賞賚，周其困乏。此俄羅斯所以感恩知義，永遠向化也。

清·何秋濤《朔方備乘》卷首一〇《欽定皇朝通典·邊防》 乾隆二年，監督俄羅斯館御史赫慶奏言：俄羅斯互市止宜在於邊境，其住居京城者，請禁貿易，在京讀書子弟，禁其擅行出入。從之。

又 卷一〇《考四》 俄羅斯學生到京時，令其在俄羅斯館居住，咨取國子監滿洲助教一員、漢助教一員，在館教習清漢文字。【略】駐京俄羅斯之達喇嘛學生等，每届十年換班，派領催一名隨同筆帖式，送至恰克圖，往返照料。其俄羅斯不服水土，送回本處，毋庸出派領催前往。

又 卷一二《考六》 康熙二十八年，與俄羅斯國定界議和，俄羅斯約束其邊界人等，永不滋事，復申請遣人進京學習國書，俟通曉文理後換回，遇事即以清文兼俄羅斯及西洋字話繕寫馳遞，庶有印證，以免舛誤，至今永爲定例。臣秋濤謹案：此條見《綏服紀略》，原書未載年分，今補。又案：此俄羅斯遣子弟來京讀書之始。【略】

雍正五年，郡王策凌、内大臣伯四格、侍郎圖理琛等，與俄羅斯使臣薩瓦等定議，修京城俄羅斯館，來京讀書幼童及教習等，官給養贍，願回者聽。臣秋濤謹案：此條見《四裔考》。

是年，圖理琛等奏，現在住京俄羅斯喇嘛僅止一人，再請咨取喇嘛三名並學藝俄羅斯孩童四名，會俄羅斯拉提諾文字人二名，均住該館，並照以前來京俄羅斯喇嘛給予廪餼，俟其學有成效，再行酌量回國。臣秋濤謹案：此條見理藩院檔冊。

是年，理藩院議准俄羅斯館内設立廟宇，令在京之俄羅斯僧一人居住，並照該國所請增俄羅斯僧三人，俟送到時一併給與口糧食物，聽其於廟内行俄羅斯教禮拜念經，無庸禁止。又使臣薩瓦及留京學書之俄羅斯四人教習二人，亦令在館居住，一例給與口糧食物。臣秋濤謹案：此條見《會典事例》。又案：以上三條係屬一事，而諸書所載互有詳略，故並録之。

是年，俄羅斯國遣其官生魯喀、佛多德、宜宛、喀喇希木四人來學，即舊會同館設學。臣秋濤謹案：此條見《學校考》。

六年，俄羅斯國遣陪臣子弟觀光國學，特命即舊會同館設俄羅斯館教之。臣秋濤謹案：此條見《會典·國子監·事例》。又案：俄羅斯遣子弟來京讀書，前已有之。至是年始請入國子監選助教等官教之，蓋其國嚮化之念久而彌篤矣。

是年，議准俄羅斯國學生，俟送到時，令其在俄羅斯館居住，交與國子監選滿漢助教各一人，往館教習清漢文。臣秋濤謹案：此條見《會典事例·俄羅斯館》條内。【略】

（乾隆）六年，國子監奏准俄羅斯遣子弟入學，習讀清漢書。本監於滿漢助教内揀選文理明白者引見候旨，簡用滿漢各一人，令其兼管教習。學生衣服飲食等項，由理藩院給發。【略】

四十六年正月，奉旨：據車登多爾濟等奏，俄羅斯之固必爾那托爾等呈稱，遵伊主之令，將現在住京之俄羅斯喇嘛學滿漢話之俄羅斯學生，照例派出喇嘛學生前往更換，請旨允准等語。俄羅斯喇嘛學生住京已届十年，著施恩即照車登多爾濟等所奏，准固必爾那托爾遣人更換。臣秋濤謹案：此條見《四裔考》。

又 卷一三《考七》 俄羅斯學總載

臣秋濤謹案：俄羅斯學有二名，雖同而職掌不同，國子監之俄羅斯學，爲俄羅斯來京讀書子弟而設，所以柔遠人也。

清·王之春《清朝柔遠記》卷三 定俄人來京就學額數

（雍正三年）俄羅斯國界近大西洋者崇天主教，其南境近哈薩克者崇回教，其東境近蒙古者崇佛教。康熙間，嘗遣人至中國學剌麻經典，以綏東方之衆，並遣子弟入國子監，習滿、漢語言文字，居舊會同館，派滿洲助教一人，漢助教一人教習之。至是，定俄人來學剌麻者額數六人，學生額數四人，十年更代爲例：

高麗 安南 日本 暹羅

明·黄佐《南廱志》卷一五《儲養考·上篇·儲養生徒之定制》

外夷子弟始自高麗遣金濤等四人入國學讀書。洪武四年，濤登進士，除授縣丞不就，與三人者皆遣歸國。洪武五年，四川明昇初平。三月，高麗國王王顓遣密直同知洪師範、鄭夢周等奉表賀平夏，貢方物，且請遣子弟入太學，其詞曰：『秉彝好德，無古今愚智之殊；用夏變夷，在禮樂詩書之習。故我東夷之人自昔以來，皆遣子弟入太學，不惟知君臣父子之倫，亦且仰聲明文物之盛。伏望皇上察臣向化之誠，使互鄉之童得齒虞庠之胄，不勝慶幸。』上顧謂中書省臣曰：『高麗欲遣子弟入學，此亦美事。但其涉海遠來，離其父母，未免彼此懷思。爾中書宜令其國王與羣下熟議之，爲父兄者果願遣子弟入學，爲子弟者果聽父兄之命，無所勉强，即遣使護送至京，或居一年，或半年，聽其歸省也。』後竟不至。日本國洪武二十三年嘗遣官生入監，後亦不至。惟琉球國則常至焉。考之故牘，洪武二十五年八月，本國送官生日孜每等入監，高皇帝命工部每人給與羅絹衣服，俾爲秋衣，仍與見成鋪蓋，從人給與綿布衣服，寔異數也。各官生每名造給羅圓領褡褸貼裏各一件，絹汗衫裙袴各一件，絹綿被布臥革毯褥帳子枕頭各一件，從人每名綿布貼裏直領裙椰綿被各一件，按舊志有人悅慈等，無日孜每，雖條例亦無之，今據案卷録入。

明·陳建《皇明通紀法傳全録》卷六 （洪武五年十月）高麗國王請遣子弟入大學，上謂中書省曰：『高麗欲遣子弟入學，此亦美事，但其涉海遠來，離其父母，未免彼此懷思。爾中書宜令其國王與羣下熟議之，果願遣子弟入學爲子弟者，果聽父兄之命，無所勉强，即遣使護送至京，或一年，或半年，聽其歸省可也。』

明·嚴從簡《殊域周諮録》卷六《安南》 按《孤樹裒談》云：永樂中，安南季犛降，其三子皆隨入朝。其孟曰澄，賜姓陳，官爲户部尚書。澄善製槍，為朝廷創神槍。後貶某官，命其子世襲錦衣指揮。澄願從文，乃許令世以一人爲國子生。今凡祭兵器，並祭澄也。

明·王圻《續文獻通考》卷五五《學校考·四夷遣子入學事例》 國初，高麗遣金濤等四人來入太學。洪武四年，濤登進士授官縣丞，不就，乃與三人者同遣歸國。明年西夏平其國，來賀，復請遣子弟來學，上以其涉海之難，令與羣下熟議而來。

明·俞汝楫《禮部志稿》卷九二《朝貢備考·優夷·高麗向化入學》

洪武五年三月，高麗國王王顓遣密直同知洪師範、鄭夢周等奉表稱賀平夏，貢方物，且遣子弟入太學，具詞曰：『秉彝好德，無古今賢愚之殊，用夏變夷，在禮樂詩書之習。故我東夷之人，自昔以來，皆遣子弟入太學，不惟知君臣父子之倫，亦且仰聲名文物之盛。伏望皇上察臣向化之誠，使互鄉之童得比虞庠之胄，不勝慶幸。』上顧謂中書省臣曰：『高麗欲遣子弟入學，此亦美事，但其涉海遠來，離其父母，未免彼此懷思。爾中書省宜令其國王與羣下熟議之，為父兄者果願遣子弟入學，為子弟者果聽父兄之命，無所勉強，即遣使護送至京，或居一年、半年，聽其歸省也。』

《明史》卷六九《選舉志一》 日本、琉球、暹羅諸國亦皆有官生入監讀書，輒加厚賜，并給其從人。永、宣間，先後絡繹。

清·文慶等《國子監志》卷一八《學志十·外藩入學》 《明史·選舉志》載：『日本、暹羅皆有官生入學，嗣後沿爲故事。』以皆在南監肄業，與今國子監無涉，故不詳録。

安南仿用中國典制分部

綜述

〔越〕吴士連《大越史記全書·本紀》卷八《陳紀四》 （光泰八年）夏四月，詔季犛入居省台之右，名曰畫廬。季犛囚編《無逸篇》，譯為國語以教官家，有令則稱輔政該教皇帝。【略】

（光泰九年夏四月）詔定試舉人格，用四場文字體，罷暗寫古文法。第一場用本經義一篇，有破題結語，小講原題，大講繳結，五百字以上。第二場用詩一篇，用唐律賦一篇，用古體，或騷或選，亦五百字以上。第三場，詔一篇，用漢體，制一篇，表一篇，用唐體四六。第四場策一篇，用經史時務中出題，一千字以上。以前年鄉試，次年會試，中者禦試策一篇，定其第。【略】

（建新三年）秋八月，季犛試大學生劉叔儉等二十人，阮薦、李子晉、武夢原、黃意、阮誠節預焉。賦題用靈金藏。諸生請講題，問有故事否。惟應門宋朝孫何科扈言日出對，故講之。【略】

（漢蒼開大二年春二月）漢蒼定試舉人式。【略】試法仿元時，參場文字分為四場，又有書算場為五場。

又　卷九《屬明紀》　（明朝永乐十二年）九月，明黃福榜示各府州縣設立文廟、社稷、風雨、山川、無祀等神壇壝，時行祭禮：設立文廟，時行河內文廟西配塑像。【略】

（明朝永乐十二年）冬十月，明開設學校，及劄訪求儒、醫、陰陽、僧道，令府州縣以禮敦請，從右參議彭道祥之言也。【略】

（明朝永乐十五年）定歲貢儒學生員充國子監，府學每年二名，州學二年三名，縣學一年一名，後又定府學每年一名，州學三年二名，縣學二年一名。【略】

（黎裕宗）戊申九年夏四月，朔，參從阮公沆率文官入國子監，習『八股文』。公沆以經義之學，蹈習舊套，而『八股』生字，可收異才，意欲變文體以取士，故率文官肄習，以風勵人士。【略】

（黎）純宗龍德元年，定鄉會試經義式，改用八股。命多士肄習，待舉鄉會試，並以次科施行。時宰臣公沆雅喜八股文，嘗以考儒臣，中選者輒表揚之，而學者嘗病其難，會公沆去位，未及行而罷。

又　《本紀實録》卷二《黎紀二》　（太宗紹平元年八月九日）條重申科試四場要目：　定取士科，詔曰：『得人之效，取士為先；取士之方，科目為首。我國家自經兵燹，英才秋葉，俊士晨星。太祖立國之初，首興學校，祠孔子乙太牢，其崇重至矣。而草昧雲始，科目未置，朕纂承先志，思得賢才之士，以副側席之求。令定為試場科目，期以紹平五年各道鄉試，六年會試都省堂：自此以後，三年一大比，率以為常，中選者並賜進士出身：所有試場科目，具列於後：第一場，經義一道，四書各一道，並限三百字以上；第二場，制，詔，表；第三場，詩賦；第四場，策一道，一千字以上。

（黎太宗紹平四年九月）鹵簿司同監兼知典樂事梁登進新樂，仿明朝制為之。初（梁）登與阮扇奉定雅樂，其堂上之樂則有八聲，懸大鼓、編磬、編鐘，設琴瑟、笙簫、管筲、祝敔、塤篪之類。堂下之樂則有懸方響，箜篌、琵琶、管鼓、管笛之類。

又　卷三《黎紀三》　（光順八年三月）初置五經博士。時監生治《詩》、《書》經者多。習《禮經》、《周禮》、《春秋》者少。故置五經博士。專治一經。以授諸生。【略】

（光順八年）秋七月，帝以『天南皇帝』之寶示宰臣，使之商議。權戶部尚書阮居道言：『皇帝之寶乃傳國之寶，但天南二字。若稍新異，不如順天承運之寶，極有含蓄意思帝又諭羣臣曰：『向者，傳國之寶。再命秘書官梁如鵠等，考《文獻通考》，以制號為皇帝受命之寶，宰臣各官，具體奏來。

【越】潘叔直《國史遺編》上集　明命元年五月，定貢士行走例。潘輝浞等奉使自清還，有《京鈔集》，言清朝官制、試法，及貢士，分派六部，習知典章，謂之行走，有召議施行，於是大召五場貢士，覆試四六詞翰，合格者，分為六部行走，落者，遣回，自是以為恆式。

【越】綿定等《大南會典事例續編》卷三〇　（嗣德）九年議准內一款嗣凡應試士人投卷，辰先將所占之經各於卷面注明，屆期入場，第一場題目用《五經》各一題，傳二題（《大學》或《論語》，《中庸》或《孟子》）【略】凡寫及傳注先用謹按一、二句或三、四句發明題意，次各照本題，《易》有《程朱傳》；義禮有陳滯書，有蔡沈詩；與《四書》有朱子。

又　卷一〇六　凡命題鄉、會試第一場傳用二題，《大學》、《中庸》傳一題，《論》、《孟》一題，五經各一題。第二場用策問一道；古文各段須用大道理、大制度、確有根據【略】第三場詔表論各一道；第四場詩賦各一題，鄉試用七言唐律詩，會試用五言排律詩。

【越】潘清簡等《越史通鑑綱目》卷四一　（景興十六年）十二月，初制文廟袞冕服。政府阮輝潤上言：聖人萬世帝王之師，向來文廟循用司寇冕服，非所以示崇重。乃命改用袞冕之服。文廟用王者服自此始。

【越】阮朝國史館《大南實録・正編》卷七　十五年二月，重修文廟。廟在鎮邊營，顯宗孝明皇帝所建也，歲久頹壞，故因舊址重修之。其制：中為大成殿、大成門，東神庫，西育聖祠，左金聲門，右玉振門，前建奎文閣，懸鐘鼓於其上，左崇文堂，右肄禮堂，外周方城，前為文廟門，左右二儀門。置禮生五十人，廟夫五十人。

又 卷二〇 癸亥，嘉隆二年閏正月，置文廟禮生五十人，監校一人，典校二人，廟夫人三十人。

命諸營鎮各立文廟，廟置典校二人，禮生、廟夫人各三十人。

又 卷三四 戊辰，嘉隆七年二月，建文廟。帝以隆湖舊廟規制窄狹乃卜地於安寧移建之。命有司量材鳩工，高大其制。以是月乙未起工，工部參知阮克紹、阮德暄、龍武衛尉阮文撰等董其役。廟制：正堂、前堂、左右從祀堂各一，前設大成門，左金聲門，右玉振門。又於大成門外設堂二：左崇文即今右文，右肄禮。廟之左設思敬堂，廟之後左神廚、右神庫。周圍繚砌磚墻，設門三：前文廟門，左達誠門、右觀德門。墻外遍植松木。民家墳墓有辟過者，給錢徙之。

又 卷三六 戊辰，嘉隆七年七月，文廟成。丙戌，安先師神位。命禮部奉神像擇廟中淨地藏之，四配十哲先賢先儒，次列牌位，祀於左右及東西兩廡，制祀器，定樂章用明樂凡六奏，文物煥然一新矣。廟正中間至聖先師孔子牌位，東配復聖顏子，述聖子思子，西配尊聖曾子，亞聖孟子。【略】以舊廟所謂啓聖祠。祠正中間啓聖公位，東配先賢顏氏、孔氏，西配先賢曾子、孟孫氏。東序先儒程氏珦，次蔡氏元定，西序先儒朱氏松，次周氏輔成。

命諸地方文廟各設先師神位，奉祀舊有神像者，擇淨地埋藏之。

八月，文廟秋祭，帝親詣行禮。

又 卷四五 壬申，嘉隆十一年秋七月，律書成。帝令阮文誠、武楨等次定律例凡三百九十八條。名例四十五條，吏律二十七條，戶律六十六條，禮律二十六條，兵律五十八條，刑律一六六條，工律十條。為書二十二卷。帝親自裁定，復命為之序曰：「【略】披閱歷代刑書，我越、李、陳、黎之興，一代有一代之制，而備於洪德。北朝漢、唐、宋、明之興，律令之書代有修改，而備於大清。爰命廷臣準歷朝令典，參以洪德、清朝條律，取捨秤停，務止於當，匯集成編，朕自裁正，頒行天下。」

明·嚴從簡《殊域周諮録》卷五《安南》 利在國僭號稱制。仍爲建東西二都。分其國為十三道，乃置百官，設學校，每道設承政司、憲察司、總兵使司，倣中國十三都布按三司也。曰山南，曰京北，曰山西，曰海洋，曰安邦，曰太原，曰明光，曰諒化，曰清華，曰義安，曰順化，曰廣南。欲示其土地之遼闊，每司實不及中國一大郡。學校之士皆名為生徒，循元制，以經義詩賦取士，詩用七言律。

又 卷六《安南》 陳氏娶李氏之女，主相傳國位，元朝加封為安南國王。其三綱五常及正心修身齊家治國之本。禮樂文章，一皆稍備。乃制科舉之法，定立文武官僚。本國自初開學校以來，都用中夏漢字，並不習夷字。及其黎氏諸王自奉天朝正朔，本國遞年差使臣往來，常有文學之人則往習學藝，編買經傳諸書。並抄取禮儀官制內外文武等職，與其刑律制度，將回本國，一一仿行。因此風俗文章字樣書寫衣裳制度，並科舉學校官制朝儀禮樂教化，翕然可觀。如科舉之制，則有鄉試、會試。其鄉試則每至子午卯酉年秋間入場，中三場為生徒，中四場為貢生。如會試至壬戌丑未年春間入場，中四場為賜同進士出身，中五場為賜進士及第。又有第一名、第二名、第三名為三魁。其第一場則用九經之文；次二場則用詔製錶之文；次三場則用詩賦之文；次四場則用對策之文；次五場則入殿庭在國王面前，又用對策之文。此乃科舉之制。如學校之制，則在國都置國子監。則有祭酒、司業、五經博士、教授之官以教貢士輩。又有崇文館、秀林局，則有翰林院兼掌官，以教官員子孫崇文秀林儒生輩。在各府則制學校文廟，有儒學訓導之官，以教生徒輩。此乃學校之制。如文官各職，六部則有尚書、左右侍郎之官；六科則有都給事中、給事中之官；六寺則有寺卿、少卿、寺丞之官；通政司則有通政使、通政副使之官；御史台則有都御史、副都御史、僉都御史、提刑、十三道監察之官；東閣則有東閣大學士、東閣學士之官；翰林院則有掌院、承旨、侍講、侍讀、編修、校書、檢討之官；中書監則有中書舍人、正字、華文之官；六部所屬各司則有郎中、員外郎之官；在外承政司則有承政使、參政、參議之官；憲察司則有憲察使、憲察副使之官；首領官則有經歷、録事、知簿、推官、主事之官；牧民官則有知府、同知府、知縣、縣丞、知州、同知州之官；直隸府縣則有府尹、少尹、治中、縣尉、通判之官。武官各職五府，亦不敢如天朝之號呼為東西南北中五府，則有署府都督、左都督、右都督、同知、僉事之官；直金光殿並錦衣、金吾二衛則有掌衛都指揮使、同知、僉事之官；神武效立殿前三司則有提督、參督、都檢點、左右檢點之官；藩鎮各衛則有總兵、使總兵、同知、僉事之官；在內各衛司則有指揮使、同知、僉事之官；在外各衛則有總兵、知同總知、僉總知之官；在內各所則有千戶、百戶、統制之官；在外則有管領武尉之官；沿邊各所則經略使、經略同知、僉事之官。又有各五等公、侯、伯、子、男之爵。此乃文武官僚之制。若內臣各監司及雜流官各職，亦有繁多，不必備載。

如儒書則有少微史、《資治通鑑》史、《東萊》史、五經、四書、胡氏、《左傳》、《性理》、《氏族》、《韻府》、《玉篇》、《翰墨》、《類聚》、韓柳集、《詩學大成》、《唐書》、《漢書》、古文四場、四道、《源流》、《鼓吹》、《增韻》、《廣韻》、《洪武正韻》、《三國志》、《武經》、《黃石公》、《素書》、《武侯將苑百傳》、《文選》、《文萃》、《文獻》、二史綱目、《貞觀正要》、《畢用清錢》、《中舟萬選》、《太公家教》、《明心寶鑑》、《剪燈新餘話》等書。若其天文、地理、曆法、相書、算命、〈克寸〉擇、蔔筮、演算法、篆隸、家醫藥諸書，並禪林、道録、金剛、玉樞諸佛經雜傳並有之。如其字樣書寫，則前惟有《韻府》、《玉篇》、《洪武正韻》等書字體，後始有《增韻》、《廣韻》之書字體。然本國遭亂，未得申明訂正，新體多用，亦有混同舊體也。且有刑律、法度、禮樂、朝儀、比諸夷國，甲乙可分。雖少窺上國之圖書，豈能似中華之教化！

其國兵制。內外各衛司，每衛司則有中、前、左、右、後、銃弩六所，每所十五隊，每隊五五，常至六年，選壯黃丁一遭，壯健者充為軍伍，老弱者退還民籍。一壯充為各衛所驍勇軍，以防國家有事，為戰隊之兵；次壯亦充旗軍伍，以防運糧之兵。若在軍貫兵人，許回鄉裡耕田鑿井，各務家業，每至大集朝番即衛所點目，驍勇軍留守本衛所，次壯軍納錢放回，有事之時則調來備用。一衛為一營，一所為一奇，此舊兵制也。至本國遭亂時，軍兵散在各處鄉邑，催調甚遲，難得應變，乃暫作父子鄉兵之制。每一處承政司置一該管之官，一府一副都將，一縣州置一副將，偏裨之數備在其中。每大縣州選一千精兵；中縣州八百；小縣州或六百或五百。填為戰士一名，二人運糧，其餘人數出納糧草。或有進攻某處，則盡調而行，無事一切放回。如賊接境，自相保守。其本縣州地方，如衝要者添兵鎮守，若守都城之兵，則亦有新舊制。各衛常川軍及力勇武士皆食官糧，專留宿衛。後因南北分列，則兩邊皆遵此制。本國之兵惟在勇捷，務好戰。戰利則乘勝長驅，不利則退據險要，非有屯兵守城之兵計也。

明·瞿九思《萬曆武功録》卷四《廣西·安南莫茂洽傳》 以安南議請，請倣中國制，建都指揮使及布政使、按察使，以調度郡縣。

明·張燮《東西洋考》卷一《交阯》 國中尚知祀文宣王，用制科取士，亦猶中華之遺教也。

清·大汕《海外紀事》卷一 設學宮以育人才。孔聖為萬世師表，四書五經，備載修身治世，心解力行，方能處事合理。今王當立國學府學，崇祀孔聖，藏貯儒書，請理學名儒為師，講明聖道。門下世子、大臣子弟、民間俊秀，入學聽習。考課程；別殿最，薰陶日久，自知綱常倫物，正大治道，漸化為文明之邦矣。

《明史》卷三二一《外國傳二·安南》 （宣德八年）是年，利卒。利雖受敕命，其居國稱帝，紀元順天，建東、西二都，分十三道：『曰山南、京北、山西、海陽、安邦、諒山、太原、明光、諒化、清華、晙安、順化、廣南。各設承政司、憲察司、總兵使司，擬中國三司。東都在交州府，西都在清華府。置百官，設學校，以經義、詩賦二科取士，彬彬有華風焉。』

清·嵇璜等《續通志》卷一一〇《都邑畧·四夷都》 明之安南，其立國建都皆仿傚內地。

清·魏源《海國圖志》卷五《東南洋一·越南》 王住殿，太乘榮威，其侍衛三萬丁，立內閣，置六部。中外百官，甚效中國之法，各省有其督撫部院等大官。所讀之書與中國相同，但其音懸絶。

清·徐繼畬《瀛寰志略》卷一《亞細亞南洋濱海各國》 衣仍唐宋之制。坐則席地，貴人乃施短榻。取士用策論、詩賦，設鄉會科。士大夫皆好吟詠，詩或劣不成句，而人人喜為之。國分四十餘省，一省所轄止數縣。文武官名，略同內地。總督皆阮姓，王之族也。

清·王之春《清朝柔遠記》卷一 順治十六年，（安南）衣冠仍唐宋之制，職官、選舉、文字大都遵仿中國。

華夏文學外傳分部

綜述

元·危素《危學士全集》卷四《黎省之詩序》 黎子省之自安南以使事至京師，士大夫多愛重之。及還，録其詩一卷以遺余，皆道中所賦。其詞清而暢，其旨婉而正，蓋飄然有凌霄之思者也。夫文章之傳，儒者視之以為末藝，然寔與天地之氣運相為升降，君子于此觀世道焉。大江之南，自疆宇分裂，宋中世以來，以詞賦試進士，而安南亦倣而行之。皇元諸鉅公繼作，力剗前朝之餘習，駸駸然以及乎古，故中州之士知有所趨向。安南邈在炎海之中，其始也，亦漸乎晚宋之風。數十年間，朝貢之使相望於道涂，故省之奮然欲盡掃其敝，以追作者，志豈淺近者所能知哉？省之既行，余謹藏其詩而為之序。

明·李時勉《古廉文集》卷一二《附録·尹昶〈古廉李先生小傳〉》 至每歲四裔入貢累累，私自於朝班，願一識先生面。朝廷嘗命使於琉球諸國，聞國人皆知慕先生，得一詩輒朝夕諷詠不已。其譽望見重於外藩者如是。

明·沈德符《萬曆野獲編》卷三〇《外國·朝鮮國詩文》 朝鮮俗最崇詩文，亦舉鄉會試，其來朝貢陪臣多大僚。稱議政者即宰相。必有一御史監之。皆妙選文學著稱者充使介。至闕必收買國籍。偶欲弇州四部稿，書肆故靳之。增價至十倍，其篤好如此。

［朝鮮］許筠《惺所覆瓿稿》卷四《明四家詩選序》 明人作詩者，輒曰吾盛唐也，吾李杜也，吾六朝也，吾漢魏也，自相標榜，皆以為可主文盟。以余觀之，或剽其語，或襲其意，俱不免屋下架屋，而誇以自大，其不幾于夜郎王耶？弘正之間，光嶽氣全。俊民蔚興，時列北地李夢陽立幟，信陽何景明嗣筏，鏗鏘炳烺，殆與李唐之盛。爭其銖累，詎不韙哉。流風相尚，天下靡然，遂有體無完膚之誚，是摸擬者之過也，奚病於作者。歷下生李攀龍以車聲踔厲之才，鵲起而振之。吳郡王世貞遂繼以代興，岳峙中原。傲倪千古，與漢兩司馬爭衡於百代之下。吁亦異哉之。四鉅公，實天畀之以才。使鳴我明之盛。其所制作。具參造化。足以妖遠來而軼前人。夫豈與標榜竊襲者，幷指而枚屈哉。仲默何之詩暢而麗，雖病於蹈擬，而出入八六朝李杜，藻葩可愛。獻吉李雄力捭闔，雖專出少陵，而滔滔莽莽。氣自昌大。二君在唐，其亦開天間名家哉。于鱗峭拔清壯。論者以峨眉積雪方之。殆足當矣。古樂府，不免臨摹，而數千年來，人無數效者。于鱗獨肖之。即其所言擬議以成彰化者，為非誣矣。五言破的，真沈宋之清勁者也。

至於元美，大海汪洋，蘊蓄至巨。雖問或格墜近世，而包含萬代，囊括百氏，俯取三家，以鞭弭驅役之。比之武事，其霸王之戰巨鹿也歟。即此四家而觀之，則明之詩可以盡之。余所取四家詩凡千三百篇，卷凡二十四。其昌穀徐幀卿、庭實邊實、明卿吳圖倫、于與徐中行諸人之作。有可備藥籠之收。卒卒無暇，請俟異日。

清·胡文學《甬上耆舊詩》卷五《太僕寺丞金先生湜》 先生字本清，為人氣體甚高。自童時輒能詩，長益漁獵史籍，舉于鄉，以善書法，授中書舍人，待詔文華殿。【略】因薦敕賜一品服，宣詔朝鮮。其國雅尚文學，陪臣聞公有詩名，請留詞翰，公即席草答數十首，文義溢發，自王以下盡驚曰：『前天使所未有也。』因請公使節所歷文章，鐫諸國中，名曰《皇華集》。

清·梁國治《國子監志》卷一八《學志十·外藩入學》 （乾隆）二十八年，鄭孝德、蔡世昌在學三年，頗知文藝。所作《性理論》並駢體文俱有可觀，書法亦端楷。

清·錢大昕《潛研堂集·文集》卷四三《日講起居注官翰林院侍講學士曹君墓志銘》 翰林院侍講學士曹君，【略】其詩流傳海舶，日本國相以餅金購之。

清·江藩《漢學師承記》卷四《王蘭泉先生》 是時沈尚書歸愚為院長，選先生及王光禄鳳喈、吳舍人企晉、錢少詹曉徵、贈光禄寺少卿趙升之、曹學士來殷、上海黃芳亭、泌陽令文蓮七人詩，稱為吳中七子。流傳日本大學，頭默真迦見而心折，附番舶上書於沈尚書，又每人各寄《相憶詩》一首，一時傳為藝林盛事。

清·徐继畬《瀛寰志略》卷一《南洋濱海各國·越南》 衣冠仍唐宋之制。坐則席地，貴人乃施短榻。取士用策論、詩賦，設鄉會科。士大夫皆好吟詠，詩或劣不成句，而人人喜為之。

［越南］金旭東《越史通鑑綱目》卷三六 丙午，保泰七年范謙益等還自清。先是謙益等使至燕，清帝召見於乾清殿慰問，特賜御書『日南世祚』四字。是年太史奏，日月合璧，五星聯珠。謙益等因獻詩稱賀。清帝嘉獎，諭以國王好學崇儒，賞書三部。

清·戴鈞衡《味經山館文鈔》卷二《海客受經圖跋》 道光二十一年，琉球國奏請以大臣子弟來學，皇帝詔可，命大司成考取太學肄業生高才、學足為人師者，司琉球教習。而瑞安孫君劭聞是時以拔貢生得膺是選，教琉球弟子凡三年。講論經義之餘，授以古今體詩法。弟子皆通經，尤工詩，梓行京師，人爭傳誦。後數年，孫君追作《圖》，以紀朝廷之盛。余見而歎曰：孫君固通經工詩者，故琉球弟子成就若此。彼來學者苟不遇君，則中國羣相誇尚之時文，乃彼所不學，其所得於中國者，不過徘律八韻而已。弟子之遇師，固有幸有不幸哉！

清·史夢蘭《止園筆談》卷四 明洪武時，琉球國主遣女官姑魯妹在京讀書，見沈德符《野獲編》。本朝琉球國人入監讀書，亦與中國諸生同習制藝試律，間有梓行於時者，然未聞有婦人焉。

清·何秋濤《朔方備乘》卷三九《俄羅斯進呈書籍記》 大清受天命，奄有九有，薄海內外，罔不臣服。西北有俄羅斯國，【略】慕我朝德化，歲時使其國秀穎子弟來都城，學滿漢文字，誦習經史諸書。國家厚給廩糈，精選文學之官以教習之，歲滿則歸其本國，復使其他子弟來代，謂之換班。蓋我聖朝聲教遠訖，漸仁摩義，舉凡遐荒遠徼，莫不欲使之習道德而敦《詩》、《書》，斯誠亘古以來未有之盛舉也。

［朝鮮］郑麟趾《高麗史·志·樂二》 《翰林別曲》、《莊老子》、《韓柳文集》、《李杜集》、《蘭臺集》、《白樂天集》、《毛詩》、《尚書》、《周易》、《春秋》、《禮記》云云，俚語《太平廣記》四百餘卷，偉曆覽景何如？【略】此曲，高宗時翰林諸儒所作。

《朝鮮李朝實録·成宗》 弘文館副提學金堪等上劄子曰：伏聞頃者李克墩為慶尚監司，李宗准為都事時，將所刊《酉陽雜俎》、《唐宋詩話》、《遺山樂府》【略】等書以獻，既命藏之內部。【略】臣等竊惟，帝王之學當潛心經史，以講究修齊治平之安、治亂得失之迹耳。外此皆無益於治道，而有妨於聖學。克墩等豈不知《雜俎》、《詩話》等書為怪誕不經之説，浮華戲劇之詞，而必進於上者，知殿下留意詩學而中之也。【略】傳曰：如爾等之言，以《酉陽雜俎》等書為怪誕不經，則《國風》在傳所載書盡皆純正歟？【略】若曰人君不宜觀此等書，則當唯讀經書乎？

又《燕山君日記》 傳曰：《剪燈新話》、《剪燈餘話》、《效顰集》、《嬌紅記》、《西廂記》等，合謝恩使貿來。【略】傳曰：『《剪燈新話》、《餘話》等書印進。

又《仁祖》 辛巳，倭人求《四書章》、《楊誠齋集》、《東坡》、《剪燈新話》我國地圖，朝廷賜以《東坡》、《剪燈新話》，餘皆不許。

［朝鮮］李宜顯《陶穀集·雜著》 劉義慶《世説》所以為楮人墨客所劇嗜者也。因此想當時親見其人聽其言語者，安得不傾倒也。明人刪其蕪，補其奇，作為一書，誠藝林珍寶也。朱天使之蓄攜來，贈西垌，遂為我東詞人所欣睹焉。

清·姜紹書《韻石齋筆談》卷上《朝鮮人好書》 朝鮮國人最好書，凡使臣入貢，限五六十人，或舊典，或新書，或稗官小説，在彼所缺者，日出市中，各寫書目，逢人遍問，不惜重直購回，故彼國反有異書藏本也。余曾見朝鮮所刻《皇華集》，乃中朝冊封使臣與彼國文臣唱和之什，鏤板精整，且繭紙瑩潔如玉，海邦緗帙，洵足稱奇。

［朝鮮］李圭景《五洲衍文長箋散稿》 世以稗官小説專歸無征者，亦為俗見也。或有可補史牒者，《虞初》、《酉陽》之所録者是已，不可廢也。如《廣虞初新志》，新安黃承增心庵所輯，餘從人借見，則其中多異聞新見，故略記可考之目焉。

《小説林》第一卷《黃人〈小説小話〉》 《三國演義》，武人奉為孫、吳，傖父信逾陳、裴，重譯者數國，頗見價值。【略】

今西人之居我國者，稍解中文，即爭讀《三國演義偶與論及中國英雄傳記，則津津樂道者，必此書也。陳、習之書，則知者鮮矣。且亦不欲知也。則《三國演義》之感應力，並及於域外矣。

華夏藝術外傳分部

綜述

明・李言恭《日本考》卷一《倭好》 古名畫，最喜小者，蓋其書房精潔，懸此以為清雅，然非落款，圖書不用。

明・王鏊［正德］《姑蘇志》卷五二《人物十・名臣・夏昺》 昺字仲昭，崑山人。【略】以經術進而書法特妙，由庶吉士改中書舍人。文廟嘗試其書第一，特命書諸宮殿牓。【略】其平易居家孝友，而風流文雅，有高人之致。詩詞清麗，尤工畫竹石，擅名天下。至於朝鮮、日本諸國，皆懸金購之。

《朝鮮李朝實録・中宗》（三十五年二月丁亥）則一軸《龍駒圖》，乃宣德皇帝御筆，而賜太監王瑾者也。意或瑾之舍人轉賣而到我國也。又一雙《敗荷蘆雁圖》，乃成化皇帝御筆也。意或其時天使齎來而進上也。此亦非凡人之畫，甚為貴重。

清・馮金伯《國朝畫識》卷一二 沈銓字南蘋，吴興之雙林鎮人，工寫花卉翎毛，設色妍麗可愛，日本國遣使來迎，留海外者三年，歸時所得金帛悉散給之戚友，槖仍蕭然。

清・袁枚《小倉山房詩集》卷一三《贈沈南蘋畫師有序》 吴興沈南蘋畫名藉甚。雍正間，日本國王持倭牌聘往，居其國三年，授弟子若干，老病辭歸，國王况施累萬，同舟人受簿録之累，南蘋傾所有以償，至家竟不名一錢。

東陽隱侯畫筆好，聲名太大九州小。片紙能開異國春，鶴書遠賁東夷島。東夷之國日本強，晉唐書畫多收藏。倭人字乞蕭夫子，行賈詩歌白侍郎。將軍重幣聘高賢，高士乘舟去若仙。眼驚紅日初生處，畫到中華以外天。天風吹下三千里，行盡魚頭見魚尾。斫取扶桑作管城，揮毫更進羊皮紙。紫貝千雙國主恩，鮫珠十斛門生禮。蠅點屏風墨未乾，方諸拾淚寫牛欄。奇花增入宣和譜，怪石常横粉本看。三年重作還鄉夢，侏儺僸佅歌相送。金壓蕭雲行李遲，船因陸賈歸裝重。同舟人欠水衡錢，羽化銀杯意灑然。元振萬金揮手盡，長康厨内空雲烟。還家身世兩蕭條，流落江湖酒一瓢。遊子青衫餘兩袖，畫師白髮老三朝。人生意境何偪仄，盛名坎壈如一轍。但使文傳黑水碑，奚須家住黄金穴。春來日日島船通，猶道夷王遣問恭。七十二島依然在，只隔人間海一重。

清・黄遵憲《日本國志》卷六《鄰交志上》 其後有畫工沈詮，號南蘋，幕府聘之來長崎，亦留不歸，均爲日本所重。

又 卷四〇《工藝志》 有雪舟家，僧等揚號雪舟，游於明，始傳北宗一派。【略】及吴中沈南蘋客長崎，始以南北合法相授受。有邊華山、椿椿山得惲氏真本，於是又傳没骨法。

［朝鮮］徐居正《筆苑雜記》卷一 自元以來，學字者皆宗趙孟頫焉。先生平生手迹遍滿四海，其流傳東國，我所得見者不下數百本，墨迹如新。所不得聞者不知其幾，散在天下者又不知其幾。自趙距今尚遠，吾東方在一偏隅，得見趙迹猶多。【略】

己巳年間，倪學士謙奉使來日：趙公筆法，中國罕見，蓋歎我國之多也。竊謂高麗忠宣王入元朝，構萬卷堂，日與當世名儒六、七人從容談論，趙公其一也。我國文儒如李先生齊賢侍從亦多，王之東還，文籍書畫，駄載萬簽，趙之手迹滿于東方，蓋由此也。吾東方人得趙公筆法精神者，杏林李嵒一人而已。

［朝鮮］李匡師《圓嶠書訣・後編下》 清之秀媚可愛，才氣最優，當與子昂相上下，而專用子昂法，未免人俗。清之以貴公子首倡此法，眩耀一世，由是列朝御筆皆用此法，遂成國俗。近年以來，舉世靡然，至謂『右軍子昂』，又渭『清之右軍』，盡用子昂體。

清・鄭燮《鄭板橋集》補遺《序跋碑記・劉柳村冊子》 高麗國索拙書，其相李艮來投刺，高尺二寸，闊五寸，厚半寸，如金版玉片，可擊撲人。今存枝上村文思上人家，蓋天寧寺西院也。

［越南］國史館《大南實録列傳初集》卷一一《黎光定傳》（黎光）定才識通敏，練達政體，性慎密，寡嗜欲，善楷法，工詩畫，尤長于水墨蘭竹輶軒一路，墨迹詩篇，為清人所稱賞。鄭懷德曾集其詩，與光

定、吴仁靜所作付梓，名嘉定三家詩行世。

清・徐錫麟等《熙朝新語》卷六　康熙十七年，命一等侍衛狼瞫頒孝昭皇后尊謚於朝鮮，吴人孫致彌為副，奉命采東國詩歸奏。致彌撰《朝鮮采風録》，詩甚多，不及備載，録其《送詔使還京詩序》云：『皇土紀元之十七年戊午，上駟武備二大人頒大行皇后謚於下國。【略】武備公仍將兩朝宸翰示不佞暨都監諸官，其書曰『正大光明』者，即先皇帝筆，今皇帝手書跋尾者也。其曰『清慎勤』者，今皇帝筆也。生龍活蛟之蜿蜒，銀鉤鐵畫之勁健，真可以參造化，驚風雨。跋語珠光玉潔，自有不可掩之華。蓋公世懋酬庸，錫予蕃庶，最以此珍玩，不以出疆而舍之云。海外鯫生，非蒙天使眷顧，則亦何途之從而獲此大觀也哉！

［越南］國史館《大南實録正編》卷四一　庚午，嘉隆九年十一月，命廣東邦長何達和僱廣東瓦匠三人，令於庫上煅煮琉璃瓦，青黄緑各色，使工匠學制如式，厚賞遣還。

《明史》卷三〇四《宦官傳・阮安》　阮安有巧思，奉成祖命，營北京城池、宫殿及百司府廨，目量意營，悉中規制，工部奉行而已。正統時，重建三殿。

清・姚元之《竹葉亭雜記》卷五　琉球人作書，大率皆學十七帖，惟子弟遣入學者，始學作楷。其書札與中華無異，但以『閣下』字易稱曰『門屏』耳。【略】得吴姬墨蘭，亦酬以八種，刀以團扇易之。

清・黄遵憲《日本國志》卷四〇《工藝志》　（足利氏）時有伊勢五郎者，曾至景德鎮專學青花，年七十歸，攜其手造者款曰五郎大夫。所製七種香盒，以畫愛蓮周茂叔像為最佳，紙薄磬聲幾類定汝，賞鑑家極寶之。日本陶器，論其純白、雅素，實不如中國。

華夏科技外傳分部

綜　述

［朝鮮］鄭麟趾《高麗史・列傳》卷二四《文益漸》　文益漸，晉州江城縣人。恭愍朝登第，累遷正言，奉使如元，因留附德興君。及德興敗，乃還。得木緜種歸，屬其舅鄭天益種之。初，不曉培養之術，幾槁，止一莖，在比三年，遂大蕃衍。其取子車、繅絲車，皆天益創之。

《朝鮮李朝實録・太祖》（明太祖洪武三十一年六月）益漸，晉州江城縣人，恭愍癸卯以左正言為計稟使左侍中李公遂書狀官，赴元朝。將還，見路旁木緜樹，取其實十許枚，盛囊以來。甲辰，至晉州，以其半與鄉人典客令致仕鄭天益種而培養，唯一枚得生。天益至秋取實，殖百許枚。年年加種。至丁未春，分其種以給鄉里，勸令種養。益漸自種皆不榮。胡僧弘願到天益家，見本縣，感泣曰：『不圖今日，復見本土之物！』天益留飯數日，因問繰織之術。弘願備説其詳，且作具與之，天益教其家婢織成一匹。鄰里傳相舉，得以遍一鄉。不十年，又遍一國。事聞，洪武乙卯召益漸為典儀。

又《太宗》　十一月，己亥朔，進賀使李至、趙希閔賫帝賜《烈女傳》、藥材、禮部咨文回自京師，咨文曰：『【略】先蒙頒賜烈女傳，分散不周，再與五百部，欽此。藥材、烈女傳傳交付差來使臣李至等。』

又《世宗》　（明英宗正統六年）六月戊辰，傳旨咸吉道都節制使：『火礮最禦敵之利器也。嘗聞中朝於北征之時，非韋放射人賫持，或馱載於馬，或使一人賫持從之，隨其射盡傳授。先是我國未見火炮之效，近年以來，邊鎮禦賊之時，但放射人身子賫持而已，故失盡則不能施其術。改進之法，其熟計以聞。』【略】

洪武七年五月間，頒降造成火筒、火砲合用物料則例。【略】

（明英宗正統十四年五月）唐船一艘，漂到靈光郡古道島，上曰：『予欲觀唐船體制久矣。今至我境，是天賜之也。』乃遣吏曹參議金浣之見其體制，依樣造船。

清・劉嶽雲《格物中法》卷三《火部》　五采石，亦用藥製成者，琢作鎮紙，體具三棱，著眼下向有物處照之，目鏡所遇，瓦礫草木盡成五色。《漳州府志》

嶽雲謹案：此即西書所云三角玻璃，令光分七色者也。西書之理得于中國者蓋多矣。

清·愛新覺羅·胤禛《世宗憲皇帝硃批諭旨》卷一七四之十一《硃批李衛奏摺》 雍正八年三月初十日，浙江總督管巡撫事在任守制臣李衛，【略】又奏為請旨事：竊照，東洋貿易各船，自設立總商稽查之後，出入均有責成，盤驗極其嚴密，從前隱弊稍為釐剔。今據總商頭李君澤稟稱，近有伊之行商鄭恆鳴船回，於臨行之前，有日本管長崎島夷目，彼處稱呼名為王家，將該商喚去令通事傳話，【略】欲購《太平聖惠方》、《顧氏勾股全書》、黄明阿膠、藤邊花籃等件，不敢如前日私帶，必令總商向臣稟明。【略】臣愚昧之見，以為所求僧人等物，或可酌量，無礙者姑為准給，以彰聖朝寬大之治。【略】

此奏嘉悦覽焉。【略】彼國既求《勾股全書》，今有聖祖御製《律曆淵源》一部，乃發從古未發之奥祕，其中曆法不便給與，其《算法》、《律吕》二書發卿，斟酌朕意，或傳原去商人面告以卿將彼國敬畏情形業經奏聞於朕，求得《大内藏書》寄贈等語，并將二書交付該商賫去，亦不言朕所賜，如此施行得體與否，其詳細酌量具奏以聞。

清·阮元《疇人傳》卷首《凡例》 西法實竊取于中國，前人論之已詳。地圜之説，本乎曾子。九重之論，見於《楚辭》。凡彼所謂至精極妙者，皆如借根方之本為東來法，特翻譯算書時不肯質置言之耳。近來工算之士，每據今人之密而追咎古人，見西術之精而薄視中法，不亦異乎？是編羅綱今古，善善從長，融會中西，歸於一是。凡夫改一率立一法者，輒因管見所及，于篇末著論，以發其趣。其是非互見謬妄不經者，亦皆竊寓褒貶，評其得失。天學淵微，折衷匪易，所願與海内學人共審定之者也。

又 卷四五《西洋三附·湯若望》 論曰：【略】習于西説者，咸謂西人之學非中土之所能及。然元嘗博觀史志，綜覽天文算數家言，而知新法亦集合古今之長而為之，非彼中人所能獨創也。如地為圓體，則《曾子十篇》中已言之。太陽高卑，與《考靈曜》地有四游之説合。蒙氣有差，即姜岌地有游氣之論。諸曜異天，即郄萌不符天體之説。凡此之等，安知非出於中國，如借根方之本為東來法乎？

［越］國史館《大南實録正編》卷四〇 庚午，嘉隆九年四月，阮有慎自清還，以大清曆象考成進書言：『我國萬全曆與大清辰憲書，從前皆用明大統曆法，三百餘年未有改正，愈久愈差。清康熙間，始參西洋曆法匯成是編，其書步測精詳，比之大統愈密，而三線八角之法，又極其妙。請付欽天監，令天文生考求其法，則天度齊而節候正矣。』帝稱善。

［越］國史館《大南實録列傳初集》卷二六《阮有慎傳》 （嘉隆）七年【略】升吏部參知，奉使如清，廣平該簿吳得秦，吏部僉事吳俊充甲乙副使，與之俱。慎等陛辭，帝諭之曰：『爾等將命出使，當慎乃辭令，以重國體。』九年，慎自清還，以大清曆象考成書進。帝問之。慎奏言：『敬授人辰，有國之先務也。我國萬全曆與大清辰憲書，從前皆用明大統曆法，三百餘年未有改定，愈久愈差。清康熙間，始參西洋曆法匯成是編，其書步測精詳，比之大統愈密，而三線八角之法，又極其妙。請付欽天監，令天文生考求其法，則天度齊而節候正矣。』

［越］潘叔直《國史遺編》中集《國朝大南紀》 辛卯，明命十二年春正月朔，日食。大清時憲曆言，是月日食，幸在夜不見。

清·何秋濤《朔方備乘》卷一二《考六·俄羅斯館考敘》 臣秋濤謹案：【略】俄羅斯自明以來阻於朔漠未通中國，及順治、康熙年間嚮慕德化，重譯來庭，故特設邸舍以優異之也。其國有貢使、有商人、有來京讀書學生、有住京喇嘛，又有來學醫術之人。雖事不恆見，然皆以俄羅斯館爲寓居之所。

清·俞正燮《癸巳存稿》卷六《俄羅斯長編稿跋》 其學蒙古接骨大夫者，僅康熙年一至。良醫取之舊都，而番僧山托波爾預備，蓋以西畢爾寄居蒙古為之。

又 卷九《查痘章京》 康熙時，俄羅斯遣人至中國學痘醫，由撤納特衙門移會理藩院衙門，在京城肄業。

［美］丁韙良《西學考略》卷下《西國相師之道》 爲定南針。西國早知磁石吸鐵。至元世，始知定方位之法。彼時，有義大利人馬可波羅等，由陸抵華，久住中土，後歸而述，所見聞，其書流傳至今。嗣有義大利人卓雅者作羅盤，爲航海要用，殆聞之馬可波羅也。

爲火藥。中國自秦漢以後，用爲號礮。西人得之，於宋末時，始製火器而用之於戰場。按《格致鏡原》所載，火藥出於夷域。

爲蠶桑。西方古時原無絲縷，即偶有，亦自中國由陸運往者。嗣羅馬國君遣使入，取子以歸。自此遂爲法、義、日等國重業。造甆器。西方古時惟造陶，具，以使用。至明末時，始得造細甆良法。先是，法人得其術於義人，而義人必得之於中國也。爲種茶。自通商後，於道光年間英國遣人入華，物色茶種，移植印度，并令華工將種法、製法往彼傳授。土人今時出產頗饒，不但絲茶大宗流傳西土，雖中國所產雞鴨豬等畜，西人亦有運至外國，以爲種者。夫論中國農工各術以及政務之有益者，西國既不憚數萬里以求之，則於鄰之奇技異能必多方而採訪，如活板印書之法，出自德國，不數年，已徧傳於歐洲矣。

清·諸可寶《疇人傳三編》卷三《陳傑傳論》 西人竊取乘除而為比例，竊取勾股而為八線，良非虛語。愚又謂西人竊取四元而為代數，竊取招差堆垛而為微分積分。

清·王仁俊《格致古微》卷二《元史》 《阿里海牙傳》：與元帥阿木、劉整取襄陽，城中糧儲多，圍之五年，不下。九年，破樊城外郛，其將復守內城，會有西域人亦思馬因獻新礮法。十年，爲礮攻樊城，破之。移攻襄陽，一礮中其譙樓，聲如雷霆。案此中國用西礮之始，但西法仍得之於中國。《瀛環志略》曰：先是，火礮之法創於中國，歐羅巴人不習也。元末，有日耳曼人蘇爾的斯始放爲之，未得運用之法。明洪武年間，元駙馬帖木兒王撒馬兒罕威行西域，歐羅巴人有投部下爲兵弁者，攜火藥礮位以歸，諸國購求練習，盡得其妙，又變通其法，創爲鳥鎗。《俄游彙編》曰：佘威略談及火器之利，傳自中國。俄人有托元駙馬麾下爲兵者，攜火器歸，始鑄槍礮。蓋元之兵力，早及西域，而是時俄尚未通於羅馬。中國之火器，實倣奇渥温。

清·黄鍾駿《疇人傳四編》卷一《上古》 西人機器兵法車船礮械之學，其源出於《墨子》也，可。此外若化征之理，合類義，旁行之書，尊天明鬼之旨，觸類旁通，謂西人格致政教諸學，其源皆出於《墨子》也，亦可。【略】

考西史當周幽王時，羅馬人漢尼巴潛入中國，得《內經》、《素問》諸書歸國，精心研究十有餘年，醫名鵲起，各國人多受業焉。彼中穎悟之士，或即此書以旁通于推步歷數，未可知也。

清·黄遵憲《日本國志》卷四〇《工藝志》 凡業醫者，例兼賣藥，醫者攜一藥囊，出門診疾，診畢給藥。無論何劑，概有定價。診脈之法，同於中國，或兼診腳。【略】本草之學，因中國之名以證日本之物，頗有參差。

清·張之洞《張文襄公奏議》卷二《奏議二》 世宗時，俄國官生來學，於是建俄羅斯館，於是立俄羅斯學，學醫則遣蒙古醫往，學喇嘛經典則遣託波爾番僧往，是我之有德於俄三也。

葉德輝《書林清話》卷八《日本朝鮮活字版》 活字版之製，流入外藩最早者，莫如朝鮮、日本。而尤以日本為最精。以余考之，其盛行已在明初。永樂庚子冬，朝鮮國王命造銅字活板，又命新鑄造大様銅字，印行《十八史略》。事詳《森志·史略》下。《志》又有天順八年，朝鮮國活字印板《爾雅注疏》十一卷；又弘治十年，朝鮮國活字印板《唐鑑音注》二十四卷；嘉靖二十三年甲辰，朝鮮宋麟壽活字印《陳簡齋詩注》十五卷。大抵朝鮮活字本，始行於明初時。余藏有《國語韋昭注》，為銅活字大字本。後有跋云：『我東活字印書之法，始自太宗朝癸未，以經筵古註《詩》、《書》、《左傳》為本，命判司平府事李稷等鑄十萬字，是為癸未字。世宗朝庚子，命工曹參判李蕆等改鑄，是為庚子字。甲寅，以《孝順事實》、《為善陰騭》等書為字本，命集賢殿直提學金墩等鑄二十餘萬字，是為甲寅字。英宗朝壬辰，正宗大王在東宮，仰請大朝以甲寅字所印《心經》、《萬病回春》二書為字本，鑄十五萬字，藏於芸館，是為壬辰字。正宗朝丁酉，命平安道觀察使徐命膺，以甲寅字為本，鑄十五萬字儲之內閣。又於壬寅命平安道觀察使徐浩修以本朝人韓構書為字本，鑄八萬餘字，亦儲之內閣。壬子，命仿中國四庫書聚珍版式，取字典字本，木刻大小三十二萬餘字，名之曰生生字。甲寅，命內閣銅字移藏於昌慶宮之舊弘文館，稱以鑄字所。丙辰，《整理儀軌》將印行，命奎章閣直提學李晚秀、奎章閣原任直閣尹行恁監董，以生生字為本，鑄大字十六萬，小字十四萬餘，名之曰整理字。分儲七櫥，藏於鑄字所。後六十二年，當丁巳，鑄字所失火。戊午，命奎章閣檢校提學金炳冀、奎章閣提學尹定鉉、奎章閣提學金炳國主館。鑄整理大字八萬九千二百三字，小字三萬九千四百十六字，韓構字三萬一千八百二十九字，與燼餘完字十七萬五千六百九十八字，藏於鑄字所。己未，命以整理字印《國語》。蓋鑄字成，試印一書，例也。」按：此跋載高麗活字板始末極詳。固知彼國雖僻處東隅，其文化之所漸被亦久矣。日本銅活字版書傳世為古者，據《森志》所載，有文禄五年丙申當明萬曆二十四年。甫庵道喜印《蒙求補注》三卷；慶長四年己亥當明萬曆二十七年。敕印《論語》、《孟子》、《大學》、《中庸》單經本二十六卷；慶長五年庚子敕校《貞觀政要》十卷；又足利學奉敕印《七經》、《孟子》八種，黄石公《三略》三卷；又十一年丙午當明萬曆三十四年。敕印《武經七書》；又十二年丁未當明萬曆三十五年。直江兼續用銅雕活字印六臣《文選注》六十卷；元和四年戊午當明萬曆四十六年。那波道圓印《白氏文集》七十一卷；承應二年癸巳當順治十年。印朱子《小學書》六卷。據余所見，有元初七年辛酉當明天啓元年。敕印事實類苑六十三。據余所藏，有安政二年乙卯當咸豐五年。江都喜多邨學訓堂印《太平御覽》一千卷；明治十八年乙酉當光緒十一年。弘教書院印《釋藏》八千五百三十四卷。又皆煌煌巨册，與吾國武英殿聚珍本相頡頏。近則鉛字風行，又便於銅鑄，石印之法，更捷於檢排。機器日新，而古法蕩然，無所師授矣。

研判諸國國情部

通紀概説分部

綜　述

明・艾儒略《職方外紀・職方外紀首》五大州總圖界度解

天體一大圜也。地則圜中一點，定居中心，永不移動。蓋惟中心離天最遠之處，乃爲最下之處，萬重所趨。而地體至重就下，故不得不定居於中心，稍有所移，反與天體一邊相近，不得爲最下處矣。古賢有言，試使掘地，可通以一物，縋下至中心必止；其足底相對之方，亦以一物縋下，至地中心亦必止。可見天圓地方，乃語其動静之德，非以形論也。地既圓形，則無處非中。所謂東西南北之分，不過就人所居立名，初無定準。地度上與天度相應。天有南北二極，爲運動樞。兩極相距之中界爲赤道，平分天之南北。其黄道斜與赤道相交，南北俱出二十三度半。曰躔黄道，一日約行一度，自西而東，奈爲宗動天所帶，是以自東而西一日一週天耳。日輪正交赤道際爲春秋二分規，南出赤道二十三度半爲東至規，北出赤道二十三度半爲夏至規。黄道之樞與赤道之樞亦相離二十三度半。其周天之度，經緯各三百六十。地既在天之中央，其度悉與天同。如赤道之下與南北二極之下，各二十三度半也。又二極二至規外，四十三度也，分爲五帶：其赤道之下，二至規以内，此一帶者，日輪常行頂上，故爲熱帶。夏至規之北至北極規，冬至規之南至南極規，此兩帶者，因日輪不甚遠近，故爲温帶。北極規與南極規之内，此兩帶者，因日輪止照半年，故爲冷帶。

赤道之下，終歲晝夜均平。自赤道以北，夏至晝漸長，有十二時之晝，有一月之晝，有三月之晝，直至北極之下，則以半年爲一晝矣。往南亦然。以南北距度考之，其勢不得不然也。其在東西同帶之地，凡南北極出入相等者，晝夜寒暑節氣俱同，但其時則有先後。或差一百八十度，則此地爲子，彼地爲午；或差九十度，則此地爲子，彼處爲卯，餘可類推也。人居赤道之下者，平望南北二極，離南往北，每二百五十里則北極出地一度，南極入地一度。行二萬二千五百里，則見北極正當人頂，出地九十度，而南極入地九十度，正對人足矣。從南亦然，此南北緯度也。至於東西經度，則天體轉環無定，不可據。七政量之，隨方可作初度。而天文家又立一法算之，以宗動天一周則日月行三百六十度，故每時得三十度。如兩處相差一時，則東西便離三十度也。今兩處觀月食，各自不同，則知差一時者其地方相離三十度。以此推之，東西之度可考驗矣。或但以里數考之。古來地理家俱從西洋最西處爲初度，即以過福島子午規爲始，仿天度自西而東，十度一規，以分東西之度。故畫圖必先畫東西南北之規，後考本地離赤道之南北、福島之東西幾何度數，乃置本地方位。譬如中國京師，先知離赤道以北四十度，離福島以東一百四十三度，即於兩經緯線相交處得京師本位也。但地形既圓，則畫圖於極圓木毬，方能肖像。如畫於平面，則不免或直剖之爲一圖，或横截之爲兩圖。故全圖設爲二種：一長如卵形，南北極居上下，赤道居中；一圓如盤形，南北極爲心，赤道爲界。又於二全圖外另各設爲一圖：曰亞細亞，曰歐邏巴，曰利未亞，曰亞墨利加也。而墨瓦蠟尼加則國土未詳，圖不另立云。圖中南北規規相等，皆以二百五十里爲一度，赤道之度亦然。其離赤道平行東西諸規，則漸近兩極者，其規漸小，然亦分爲三百六十度，其里數以次漸狹，别有算法。今畫圖爲方者，其畫線不免于稍變，畢竟惟圓形之圖乃得其真也。

又　卷一《亞細亞總説》　亞細亞者，天下一大州也，人類肇生之地，聖賢首出之鄉。其地西起那多理亞，離福島六十二度；東至亞尼俺峽，離一百八十度；南起爪音撾哇，在赤道南十二度；北至冰海，在赤道北七十二度。所容國土不啻百餘。其大者首推中國，此外曰韃而靼，曰回回，曰印第亞，曰莫卧爾，曰百兒西亞，曰度兒格，曰如德亞，並此州鉅邦也。海中有鉅島曰則意蘭，曰蘇門答剌，曰爪哇，曰浡泥，曰吕宋，曰馬路古。更有地中海諸島亦屬此州界内。

中國則居其東南。自古帝王立極，聖哲遞興，聲名文物禮樂衣冠之美，與夫山川土俗物産人民之富庶，遠近所共宗，仰其北極。出地之度，南起瓊州出地一十八度，北至開平等處出地四十二度，從南涉北共得二十四度，徑六千里，東西大抵略同。其距大西洋路幾九萬，開闢未始相通，但海外傳聞尊稱之爲大知納。近百年以來，西舶往來貿遷，始闢其途。而又耶穌會中諸士幸復遍歷觀光，益習中華風土。今欲揄揚萬一，則《一統志》諸書舊已詳盡。至中華朝貢屬國，如韃韃、西番、女直、朝鮮、琉球、安南、暹羅、真臘之類，俱悉《一統志》中，亦不復贅。故略撮職方之所未載者於左。

又　卷二《歐邏巴總説》　天下第二大州名曰歐邏巴。其地南起地中海，北極出地三十五度。北至冰海，出地八十餘度，南北相距四十五度，徑一萬一千二百五十里。西起西海福島初度，東至阿比河九十二度，徑二萬三千里。共七十餘國。其大者曰以西把尼亞，曰拂郎察，曰意大里亞，曰亞勒馬尼亞，曰法蘭德斯，曰波羅尼亞，曰翁加里亞，曰大尼亞，曰雲除亞，曰諾勿惹亞，曰厄勒祭亞，曰莫斯哥未亞。其地中海則有甘的亞諸島，西海則有意而蘭、大諳厄利亞諸島云。凡歐邏巴州内大小諸國，自國王以及庶民皆奉天主耶穌正教，纖毫異學不容竄入。國主互爲婚姻，世相和好。財用百物有無相通，不私封殖。其婚娶，男子大約三十，女子至二十外，臨時議婚，不預聘通。國之中皆一夫一婦，無敢有二色者。

土多肥饒，産五穀，米麥爲重，果實更繁。出五金，以金銀銅鑄錢爲幣。衣服蠶絲者，有天鵝絨織金段之屬，羊羢者，有毯罽鎖哈剌之屬。又有苧麻之類名利諾者，爲布絶細而堅，輕而滑，大勝棉布，敝則可搗爲紙，極堅韌，今西洋紙率此物。

君臣冠服各有差等，相見以免冠爲禮。男子二十已上概衣青色，兵士勿論。女人以金寶爲飾，服御羅綺，佩帶諸香，至四十及未四十而寡者卽屏去，衣素衣。酒悉以葡萄釀成，不雜他物。其酒可積至數十年，當生子之年釀酒，至兒年三十娶婦時用之，酒味愈美。諸種不同，無葡萄處或用牟麥釀之。其膏油之類，味美而用多者曰阿利襪。是樹頭之果，熟後卽全爲油，其生最繁，又易長，平地山岡皆可栽種，國人以法制之，最饒風味，食之齒頰生津，在橄欖、馬金囊之上。其核又可爲炭，滓可爲鹻，葉可食牛羊。凡國人所稱貲産，蓄大小麥第一，葡萄酒次之，阿利襪油又次之，蓄牛羊者爲下。其國俗雖多酒，但會客不以勸飲爲禮。偶犯醉者，終身以爲詬辱。飲食用金銀玻璃及磁器。天下萬國坐皆席地，惟中國及歐邏巴諸國知用椅卓。其屋有三等，最上者純以石砌，其次磚爲牆柱，木爲棟梁，其下土爲牆，木爲梁柱。石屋磚屋築基最深，可上累六七層，高至十餘丈。地中亦有一層，既可窖藏，亦可除濕。瓦或用鉛，或輕石板，或陶瓦。凡磚石屋皆歷千年不壞。牆厚而實，外氣難通，冬不寒而夏不溽。其工作如木工、石工、畫工、塑工、綉工之類，皆頗知度數之學，製造備極精巧。凡爲國工者，皆考選用之。其駕車，國王用八馬，大臣六馬，其次四馬或二馬。乘載騾馬驢互用。戰馬皆用牡，騸過則弱不堪戰矣。又良馬止飼大麥及稈，不雜他草及豆，食豆者足重不可行。此歐邏巴飲食、衣服、宫室、制度之大略也。

歐邏巴諸國皆尚文學。國王廣設學校，一國一郡有大學、中學，一邑一鄉有小學。小學選學行之士爲師，中學、大學又選學行最優之士爲師，生徒多者至數萬人。其小學曰文科，有四種：一古賢名訓，一各國史書，一各種詩文，一文章議論。學者自七八歲學，至十七八學成，而本學之師儒試之。優者進於中學，曰理科，有三家。初年學落日加，譯言辯是非之法；二年學費西加，譯言察性理之道；三年學默達費西加，譯言察性理。以上之學總名斐録所費亞。學成，而本學師儒又試之。優者進於大學，乃分爲四科，而聽人自擇。一曰醫科，主療病疾；一曰治科，主習政事；一曰教科，主守教法；一曰道科，主興教化。皆學數年而後成。學成，而師儒又嚴考閲之。凡試士之法，師儒羣集於上，生徒北面於下，一師問難畢，又輪一師，果能對答如流，然後取中。其試一日止一二人，一人徧應諸師之問。如是取中，便許任事。學道者，專務化民，不與國事。治民者秩滿後，國王遣官察其政績，詳訪於民間，凡所爲聽理詞訟、勸課農桑、興革利弊、育養人民之類，皆審其功罪之實，以告於王而黜陟之。凡四科官禄入皆厚，養廉有餘，尚能推惠貧乏，絶無交賄行賂等情。

其諸國所讀書籍，皆聖賢撰著，從古相傳，而一以天主經典爲宗。即後賢有作，亦必合於大道，有益人心，乃許流傳國內。亦專設檢書官，看詳羣書，經詳定訖，方准書肆刊行。故書院積書至數十萬卷，毋容一字蠱惑人心，敗壞風俗者。其都會大地皆有官設書院，聚書於中，日開門二次，聽士子入内抄寫誦讀，但不許携出也。又四科大學之外，有度數之學，曰瑪得瑪第加，亦屬斐録所科内，此專究物形之度與數。度其完者以爲幾何大，數其截者以爲幾何多。二者或脱物而空論之，則數者立算法家，度者立量法家。或體物而偕論之，則數者在音相濟爲和，立律吕家；度者在天迭運爲時，立曆法家。此學亦設學立師，但不以取士耳。此歐邏巴建學設官之大略也。

歐邏巴國人奉天主正教，在遵持兩端：其一，愛敬天主萬物之上；其一，愛人如己。愛敬天主者，心堅信望仁三德，而身則勤行瞻禮工夫。其瞻禮殿堂自國都以至鄉井，隨在建立。復有掌教者專主教事，人皆稱爲神父，俱守童身，屏俗緣，純全一心，敬事天主，化誘世人。其殿堂一切供億，皆國王大臣民庶轉輸不絶，國人羣往歸焉。每七日則行公共瞻禮，名曰彌撒。此日百工悉罷，通國上下往焉，聽掌教者講論經典，勸善戒惡。女婦則另居一處聽講，男女有别。其愛人如己：一是愛其靈魂，使之爲善去惡，盡享天生之福；二是愛其形軀，如我不慈人，天主亦不慈我。故歐邏巴人俱喜施捨，千餘年來，未有因貧鬻子女者，未有飢餓轉溝壑者。在處皆有貧院，專養一方鰥寡孤獨。處其中者，又各有業，雖殘疾之人亦不廢。如瞽者運手足，痺者運耳目，各有攸當，務使曲盡其才，而不爲天壤之廢物。又有幼院，專育小兒，爲貧者生兒舉之無力，殺之有罪，故特設此院，令人撫育，以全兒命。其族貴而家貧者，耻于送子入院，更有兩全之法：其院穴牆以設轉盤，内外隔絶不相見，送兒者乘人不見，置兒盤中，扣牆，則院中人轉兒入矣。其曾領洗與否，皆明記兒胸，異時父母復欲收養，則按所入之年月便得其子。

又有病院，大城多至數十所，有中下院處中下人，有大人院處貴人。凡貴人若羈旅、若使客，偶患疾病，則入此院。院倍美於常屋，所需藥物悉有主者掌之，預備名醫，日與病者診視，復有衣衾帷幔之屬，調護看守之人。病愈而去，貧者量給資斧。此乃國王大家所立，或城中人併力而成，月輪一大貴人總領其事，凡藥物飲食皆親自驗視之。各城邑遇豐年多積米麥，飢歲以常價糴之，如所謂常平倉者。人遇道中遺物或獸畜之類，必覓其主還之，弗得主則養之。國中每年數日定一公所，認識遺畜，失者與得者偕來會集。如遇原主，則聽其領去，如終弗得主，則或宰肉或賣價，以散貧人。若拾金銀寶物，則書於天主堂門外，令人來識。先令預言其狀，如一一符合，即以還之，不得主，亦散于貧乏。

國中又有天理堂，選盛德弘才無求於世者主之。凡國家有大舉動大征伐，必先質之此堂，問合天理與否。擬以爲可，然後行之。國人病危，悔過祈赦，則分析產業，遺一分爲仁用，或以救貧乏，或以助病院，或以贖敵國所虜，或以修飾天主殿庭，一切仁事，悉從病人之意。遺于子孫謂子孫之財，遺於仁用謂己靈魂之財。其聖教中人更有慕道最深，拋棄世間福樂，或避居於山谷，或入聖人聖女所立之會，而畢世修持者。其入會須發三誓：一守貞以絶色，一安貧以絶財，一從命以絶意。凡歐邏巴諸國，從十六七歲願入會中矢守童身者，自國王大臣宗室以下男女不可勝紀。其女子入會後，惟父母至戚得往見之，餘絶不相交接。其會中居室原極弘敞，亦自不碍遊息也。其男子入會，例有多端：有專自修不務化人者；有務化人不能遠遊者；又有化人而欲及天下者，此則離本國、捐朋友、棄親戚，遍歷遐方，其視天下猶一家，視天下人猶一體，不辭險阻艱辛，雖啖人炙人之地，亦身歷焉，惟祈普天下之皆識真主而救其靈魂升天，以畢素志。此毆邏巴敬天愛人之大略也。

毆邏巴諸國賦稅不過十分之一。民皆自輸，無徵比催科之法。詞訟極簡。小事里中有德者自與和解；大事乃聞官府。官府聽斷不以己意裁決，所憑法律條例，皆從前格物窮理之王所立，至詳至當。官府必設三堂：詞訟大者先訴第三堂，不服，告之第二堂，又不服，告之第一堂，終不服，則上之國堂。經此堂判後，人無不聽於理矣。訟獄皆據實，誣告則告者與證見即以所告之罪坐之。若告者與訴者指言證見是仇，或生平無行，或嘗經酒醉，即不聽爲證者。凡官府判事，除實犯真贓外，亦不事先加刑，必俟事明罪定，招認允服，然後刑之。官亦始終不加罵詈，即詞色略有偏向，訟者亦得執言不服，改就他官聽斷焉。吏胥餼廩雖亦出於詞訟，但因事大小以爲多寡，立有定例，刊布署前，不能多取。故官府無恃勢剥奪，吏胥無舞文詐害。此毆邏巴刑政之大略也。

封内雖無戰鬭，其有邪教異國恃强侵侮，不可德馴，如韃而靼、度爾格等者。本國除常設兵政外，又有世族英賢智勇兼備者，嘗以數千人結爲義會，大抵一可當十，皆以保國護民爲志。其初入會者，試果不憚諸艱，方始聽入焉。會在地中海馬兒達島，長者主之。遇警則鳩集成師，而必能滅寇成功。他國亦有别會，倶彷彿乎此，即國王亦有與其會者。此又毆邏巴武備之大略也。

又　卷三《利未亞總説》　天下第三大州曰利未亞，大小共百餘國。西南至利未亞海，東至西紅海，北至地中海，極南南極出地三十五度，極北北極出地三十五度，東西廣七十八度。其地中多曠野，野獸極盛。有極堅好文彩之木，能入水土千年不朽者。迤北近海諸國最豐饒，五穀一歲再熟，每種一斗可收十石。穀熟時，外國百鳥皆至其地避寒就食，涉冬始歸，故秋末冬初近海諸地獵取禽鳥無算。所產葡萄樹極高大，生實繁衍，他國所無。地既曠野，人或無常居，每種一熟，即移徙他處。

野地皆產異獸，因其處水泉絶少，水之所瀦，百獸聚焉，更復異類相合，輒產奇形怪狀之獸。地多獅，爲百獸之王，凡禽獸見之，皆匿影。性最傲，遇之者若亟俯伏，雖餓時亦不噬也。千人逐之，亦徐行；人不見處，反任性疾行。惟畏雄鷄、車輪之聲，聞之則遠遁。又最有情，受人德必報之。常時病瘧，四日則發一度。其病時躁暴猛烈，人不能制，擲之以毬，則騰跳轉弄不息。其近水成羣處頗爲行旅之害。昔國王嘗命一官驅之，其官計無所施，惟擒捉幾隻，斷其頭足肢體，遍掛林中。後稍驚竄。

有鳥名亞既剌，乃百鳥之王也，羽毛黄黑色，高二三尺，首有冠，鉤喙如鷹隼，飛極高，巢於峻山石穴内。生子則令視日，目不瞬者乃留之。壽最長久，老者脱去羽毛，復生新羽，與雛不異。性鷙猛，能攫羊鹿百鳥食之，肉經宿則不食矣。有冒險者尋得其巢，取其餘肉，可供終歲。有毒蛇能害其子，則知先尋一種石置巢邊，蛇毒遂解。其性有知覺，受人德亦必報焉。西國大王恆用此鳥像爲號。

有山狸似麝，臍後有肉囊，香滿其中輒病，向石上剔出之始安。香如蘇合油而黑，其貴次于龍涎，能療耳病。又產一異羊，甚鉅，一尾便得數十斤，其味最美。有毒蛇，能殺人。土人有能制蛇者，蛇至其前，自能驅逐，又非有方術禁制。此等人世世子孫皆然，有尊貴人行路，必覓此人自隨。又有如狼狀者，名大布獸，其身人，其手足專穴人墓，食人尸。又有一獸軀極大，狀極異，其長五丈許，口吐涎即龍涎香。或云，龍涎是土中所產，初流出如脂，至海漸凝爲塊，大有千餘斤者。海魚或食之，又在魚腹中剖出，非此獸所吐也。其地馬最善走，又猛，能與虎鬭。虎豹熊羆之類，種種不一。土人多以田獵爲事，貴人亦時出獵，搏獅虎以爲娱。

界内名山有亞大蠟者，在西北，天下惟此山最高，凡風雨露雷皆在山半，山頂終古晴明，視日星倍大。昔人有畫字於灰上者，歷千年不動，無風故也，國人呼爲天柱。此方人夜睡無夢，甚爲奇。有月山，在赤道南二十三度，極險峻，不可躋攀。有獅山，在西南境，其上頻興雷電，轟擊不絶，不問寒暑。其在曷噩刺國者，出銀礦甚多，取之不可盡。其在西南海者曰大浪山，其下海風迅急，浪起極大，商舶至此，或不能過，則退歸西洋，船破敗率在此處。過之，則大喜，可望登岸矣，故亦稱喜望峯。此山而東，嘗有暗礁，全是珊瑚之屬，剛者利若鋒刃，海船極畏避之。

凡利未亞之國，著者，曰阨入多，曰馬邏可，曰弗沙，曰亞費利加，曰奴米第亞，曰亞毘心域，曰馬拿莫大巴，曰西爾得。散處者，曰井巴島，曰聖多默島、意勒訥島、聖老楞佐島。

又　卷四《亞墨利加總説》　亞墨利加，第四大州總名也。地分南北，中有一峽相連。峽南曰南亞墨利加，南起墨瓦蠟泥海峽，南極出地五十二度；北至加納達，北極出地十度半；西起二百八十六度，東至三百五十五度。峽北曰北亞墨利加，南起加納達，南極出地十度半，北至冰海，北極出地度數未詳，西起一百八十度，東盡福島三百六十度。地方極廣，平分天下之半。

初，西土僅知有亞細亞、歐邏巴、利未亞三大州，於大地全體中止得什三，餘什七悉云是海。至百年前，西國有一大臣名閣龍者，素深於格物窮理之學，又生平講習行海之法，居常自念天主化生天地，本爲人生據所，傳聞海多於地，天主愛人之意恐不其然，畢竟三州之外，海中尚應有地。又慮海外有國，聲教不通，沉於惡俗，更當遠出尋求，廣行化誨，于是天主默啓其衷。一日行游西海，嗅海中氣味，忽有省悟，謂此非海水之氣，乃土地之氣也，自此以西，必有人煙國土矣。因聞諸國王，資以舟航糧糗器具貨財，且與將卒，以防寇盜，珍寶以備交易。閣龍遂率衆出海，展轉數月，茫茫無得，路既危險，復生疾病，從人咸怨欲還。閣龍志意堅決，只促令前行。忽一日舶上望樓中人大聲言有地矣，衆共歡喜，頌謝天主，亟取道前行，果至一地。初時未敢登岸，因土人未嘗航海，亦但知有本處，不知海外復有人物。且彼國之舟向不用帆，乍見海舶既大，又駕風帆迅疾，發大礮如雷，咸相詫異，或疑天神，或謂海怪，皆驚竄奔逸莫敢前。舟人無計與通，偶一女子在近，因遺之美物、錦衣、金寶、裝飾及玩好器具，而縱之歸。明日，其父母同衆來觀，又與之寶貨。土人大悅，遂欵留西客，與地作屋，以便往來。閣龍命來人一半留彼，一半還報國王，致其物產。其明年，國王又命載百穀百果之種，并攜農師巧匠，往教其地，人情益喜。居數年，頗得曲折，然猶滯在一隅。其後又有亞墨利哥者，至歐邏巴西南海，尋得赤道以南之大地，即以其名名之，故曰亞墨利加。數年之後，又有一人名哥爾德斯，國王仍賜海舶，命往西北尋訪，復得大地，在赤道以北，即北亞墨利加。

其地從來無馬，土人莫識其狀，適舟人乘馬登岸，彼中人見之大驚，以爲人馬合爲一體，疑獸非獸，疑人非人，急奔告本處官長，以達國王。國王遣人來視，亦錯愕不辨爲人，但賫兩種物來，一是雞豚食物等，云『爾若人類，則享此』；一是香花鳥羽等，云『爾若天神，則享此』。既而嘗其食物，方明是人，從此往來不絕。其中大國與歐邏巴餽遺相通，西土國王亦命教中掌教諸士至彼勸人爲善。數十年來，相沿惡俗稍稍更變。

其國在南亞墨利加者，有孛露，有伯西爾，有智加，有金加西蠟。南北相連處有宇革單、加達納。在北亞墨利加者，有墨是可，有花地，有新拂郎察，有拔革老，有農地，有寄未利，有新亞比俺，有加里伏爾尼亞，有西北諸蠻方。其外有諸島，總名亞墨利加島云。

又《墨瓦蠟尼加總説》 先是閣龍諸人既已覓得兩亞墨利加矣，西土以西把尼亞之君復念地爲圜體，徂西自可達東，向至亞墨利加而海道遂阻，必有西行入海之處。於是治海舶，選舟師，裹餱糧，裝金寶，繕甲兵，命一强有力之臣名墨瓦蘭者載而往訪。墨瓦蘭既承國命，沿亞墨利加之東徧紆迴數萬里，展轉經年歲，亦茫然未識津涯。人情厭斁，輒思返國。墨瓦蘭懼功用弗成，無以復命，拔劍下令舟中曰：『有言歸國者斬！』於是舟人震慴，賈勇而前。已盡亞墨利加之界，忽得海峽，亘千餘里，海南大地又復恍一乾坤。墨瓦蘭率衆巡行，間關前進，祇見平原漭蕩，杳無涯際，入夜則燐火星流，彌漫山谷而已，因命爲火地。而他方或以鸚鵡名州者，亦此大地之一隅。其後追厥所自，謂墨瓦蘭實開此區，因以其名命之曰墨瓦蠟尼加，爲天下之第五大州也。

墨瓦蘭既踰此峽，還入太平大海，自西復東，業知大地已過其半，竟直抵亞細亞馬路古界，度小西洋，越利未亞大浪山，而北折遵海以還報本國。遍繞大地一週，四過赤道之下，歷地三十萬餘里，從古航海之績，未有若斯盛者。因名其舟爲勝舶，言戰勝周濤之險，而奏巡方偉功也。

其人物、風俗、山川、畜產與夫鳥獸蟲魚，俱無傳説。即南極度數、道里，遠近幾何，皆推步未周，不漫述，後或有詳之者。

又 卷五《四海總説》 造物主之化成天地也，四行包裹，以漸而堅凝，故火最居上，而火包氣，氣包水，土則居於下焉，是環地面皆水也。然玄黄始判，本爲生人，水土未分，從何立命。造物主於是別地爲高深，而水盡行于地中，與平土各得什五。所瀦曰川，曰湖，曰海。川則流，湖則聚，海則潮。川與湖不過水之支派，而海則衆流所鍾，稱百谷王焉，故説水必詳於海。有二焉：海在國之中，國包乎海者，曰地中海；國在海之中，海包乎國者，曰寰海。川與湖佔度無多，不具論。寰海極廣，隨處異名，或以州域稱，則近亞細亞者，謂亞細亞海，近歐邏巴者，謂歐邏巴海。他如利未亞，如亞墨利加，如墨瓦蠟尼加，及其他蕞爾小國，皆可隨本地所稱。又或隨其本地方隅命之，則在南者謂南海，在北者謂北海，東西亦然，隨方易向，都無定準也。

茲將中國列中央，則從大東洋至小東洋爲東海，從小西洋至大西洋爲西海，近墨瓦蠟尼加一帶爲南海，近北極下爲北海，而地中海附焉。天下之水盡於此。裨海大瀛，屬近荒唐，無可証據。

海名　海雖分而爲四，然中各異名。如大明海、太平海、東紅海、孛露海、新以西把尼亞海、百西兒海，皆東海也。如榜葛蠟海、百爾西海、亞剌比海、西紅海、利未亞海、何摺亞諾滄海、亞大蠟海、以西把尼亞海，皆西海也。而南海則人迹罕至，不聞異名。北海則冰海、新增蠟海、伯爾昨客海皆是。至地中海之外，有波的海、窩窩所德海、入爾馬泥海、太海、北高海，皆在地中，可附地中海。

海島　海島之大者，附載各國之後。其小者不下千萬，難以殫述。大率在亞細亞者，蘇門答蠟、日本、浡泥最大；在歐邏巴者，諳厄利亞最大；在利未亞者，聖老楞佐島最大；在亞墨利加者，小以西把尼亞最大；在墨瓦蠟尼加者，新爲匿亞最大。而太平海中則有七千四百四十島。此外有石礁或見水面，或隱水中，水中者船極畏之。又有沙渚，船值之則陷，此時盡棄舶中重貨，雖百萬金錢所不恤。乘潮至方得脱之，否則斷無出理。

海族　海中族類，不可勝窮。自鱗介而外，凡陸地之走獸，如虎狼犬豕之屬，海中多有相似者。今聊據舶行所見，述一二以新聽聞。

魚之族；一名把勒亞，身長數十丈，首有二大孔，噴水上出，勢若懸河，每遇海船，則昂首注水舶中，頃刻水滿舶沉。遇之者亟以盛酒鉅木罌投之，連吞數罌，則俯首而逝。淺處得之，熬油可數千斤。一魚名斯得白，長二十五丈，其性最良善，能保護人。或漁人爲惡魚所困，此魚輒往鬬，解漁人之困焉，故彼國法禁人捕之。一名薄里波，其色能隨物而變，如附土則如土色，附石則如石色。一名仁魚，西書記此魚嘗負一小兒登岸，偶以鬐觸傷兒，兒死，魚不勝悲痛，亦觸石死。西國取海豚，嘗藉仁魚爲招，每呼仁魚入網，卽入，海豚亦與之俱；俟海豚入盡，復呼仁魚出網，而海豚悉羅矣。一名劍魚，其嘴長丈許，有齬刻如鋸，猛而多力，能與把勒亞魚戰，海水皆紅，此魚輒勝，以嘴觸船則破，海船甚畏之。一魚甚大，長十餘丈，闊丈餘，目大二尺，頭高八尺，其口在腹下，有三十二齒，齒皆徑尺，頤骨亦長五六尺，迅風起，嘗衝至海涯。一魚甚大，且有力，海舶嘗遇之，其魚竟以頭尾抱船兩頭。舟人欲擊之，恐一動則舟必覆，惟跪祈天主，須臾解去。一如鱷魚，名曰剌瓦而多，長尾堅鱗甲，刀箭不能入，足有利爪，鋸牙滿口，性甚獰惡，入水食魚，登陸，人畜無所擇，百魚遠近皆避，第其行甚遲，小魚百種常隨之，以避他魚之吞啖也。其生子初如鵝卵，後漸長以至二丈，每吐涎於于地，人畜踐之卽仆，因就食之。凡物開口皆動下頦，此魚獨動上齶，口中亦無舌，冬月則不食物。人見之却走，必逐而食之；人返逐之，彼亦却走。其目入水則鈍，出水極明。見人遠則哭之，近則噬之，故西國稱假慈悲者爲剌瓦而多哭。獨有三物能制之：一爲仁魚，蓋此魚通身鱗甲，惟腹下有輭處，仁魚鬐甚利，能刺殺之。一爲乙苟滿，鼠屬也，其大如貓，善以泥塗身令滑，俟此魚開口，輒入腹嚙其五臟而出，又能破壞其卵。一爲雜腹蘭，香草也。此魚最喜食蜜，養蜂家四周種雜腹蘭卽弗敢入。有名落斯馬，長四丈許，足短，居海底，罕出水面，皮甚堅，用力刺之，不可入。額有二角如鉤，寐時則以角掛石，盡一日不醒。有海魚、海獸大如海島者，嘗有西舶就一海島纜舟，登岸行游，半晌，又復在岸造作火食，漸次登舟解維，不幾里，忽聞海中起大聲，回視向所登之島已没，方知是一魚背也。有獸，形體稍方，其骨軟脆，有翼能鼓大風，以覆海舟，其形亦大如島。又有一獸，二手二足，氣力猛甚，遇海舶輒顛倒播弄之，多遭没溺，西舶稱爲海魔，惡之甚也。其小者有飛魚，僅尺許，能掠水面而飛。又有白角兒魚，善窺飛魚之影，伺其所向，先至其所，開口待啖，恆相追數十里，飛魚急，輒上人舟，爲人得之，舟人以鷄羽或白練飄揚水面，上著利鉤，白角兒認爲飛魚躍起，吞之，便爲舟人所獲。

又有介屬之魚，僅尺許，有殼而六足，足有皮，如欲他徙，則豎半殼當舟，張足皮當帆，乘風而行，名曰航魚。有蟹大踰丈許，其螯以箝人首，人首立斷，箝人肱，人肱立斷。以其殼覆地，如矮屋然，可容人卧。又有海馬，其牙堅白而瑩淨，文理細如絲髮，可爲念珠等物。復有海女，上體直是女人，下體則爲魚形，亦以其骨爲念珠等物，可止下血。二者皆魚骨中上品，各國甚貴重之。

海島有二種，其一宿島中者，日常飛颺海面，海舶遇之，則可占海島遠近。其一本生長于海中，不知登岸，舶上欲取之，則以皮布水面，以鉤着餌置皮上，鳥就食之，輒可鉤至，若釣魚然。又有鳥能捕魚者，身生皮囊如網，入水裹魚而出，人固取之。

又有極異者爲海人，有二種，其一通體皆人，鬚眉畢具，特手指略相連如凫爪。西海曾捕得之，進於國王，與之言不應，與之飲食不嘗。王以爲不可狎，復縱之海，轉盼視人，鼓掌大笑而去。二百年前，西洋喝蘭達地曾於海中獲一女人，與之食輒食，亦肯爲人役使，且活多年，見十字聖架亦能起敬俯伏，但不能言。其一身有肉，皮下垂至地，如衣袍服者然，但著體而生，不可脱卸也。二者俱可登岸，數日不死。但不識其性情，莫測其族類，又不知其在海宅于何所，似人非人，良可怪。

海產　海產以明珠爲貴，則意蘭最上。土人取海中蚌置日中晒之，俟其口自開，然後取珠，則珠色鮮白光瑩。有大如鷄子者，光照數里。南海皆剖蚌出珠，故珠色黯黯無光。有珊瑚島，其下多出珊瑚，初在海中色綠而質柔軟，上生白子。土人以鐵網取之，出水便堅，有紅黑白三色。紅色者堅而密，白黑色者鬆脆不堪用。大浪山之東北有暗礁，水涸礁出，悉是珊瑚之屬。猫睛寶石各處不乏，小西洋更多。琥珀則歐邏巴波羅尼亞有之，沿海三千里皆是，蓋爲風浪所湧，堆積此地，土人取爲器物。龍涎香，黑人國與伯西兒兩海最多，曾有大塊重千餘斤者，望之如島然，每爲風濤湧泊於岸，諸蟲魚獸並喜食之，他狀前已具論。

海水本皆鹽味，然亦有不假煎熬自凝爲鹽塊者，近忽魯謨斯處有山，五色相間，亦純是鹽。土人鑿山石，鏇以爲器，貯食物則不須和鹽。蓋其器已是鹽，自生鹹味也。又有海樹，太平海内淺處生草，一望如林，葱菁可愛。

海狀　地心最爲重濁，水附於地，到處就其重心，故地形圓而水勢亦圓。隔數百里，水面便如橋梁，遠望者不可見，須登桅望之乃見。其前或夷或險，而海中夷險各處不同，惟太平海極淺，亘古至今無大風浪。大西洋極深，深十餘里。從大西洋至大明海，四十五度以南，其風常有定候。至四十五度以北，風色便錯亂不常。其尤異者，在大明東南一隅常有異風，變亂淒雜，倏忽更二十四向。海舶惟任風而飄。風水又各異道，如前爲南風，水必北行，倏轉爲北風，而水勢尚未趨南，舟莫適從，因至摧破。至小西洋海潮極高大，又極迅急，平地頃刻湧數百里。海中大舶及蛟龍魚鱉之屬，嘗乘潮勢湧入山中，不可出。歐邏巴新曾蠟、利未亞大浪山亦時起風浪，甚險急。至滿剌加海，無風倏起波浪，又不全海皆然，惟里許一處，以次第興，後浪將起，前浪已息矣。

海上雖多有風，獨利未亞海近爲匿亞之地當赤道下者，常苦無風。又天氣酷熱，舶如至此，食物俱壞，人易生疾。海深不得下碇，舶大不能用櫓，海水暗流及潮湧飄泊至淺處壞者，多在於此。

海水味鹹，中有火性，又勢常激盪，故不成冰。至北海則半年無日，氣候極寒而冰，故曰冰海。海舶爲堅冰所阻，直須守至冰解方得去。又苦冰山，海中冰塊爲風所擊，堆疊成山，海舶觸之，定爲齏粉矣。赤道之下，則終歲常熱，食物水酒至此色味皆變，過之，即復如常。

凡海中之色，大率都綠。惟東西二紅海其色淡紅，或云海底珊瑚所映而然，亦非本色也。又近小西洋一處，入夜則海水通明如火。西儒常親見而異之，持器汲起，滿器俱火光，又滴入掌中，光亦瑩然可玩，後來漸次消滅。

海舶　海舶百種不止，約有三等。其小者僅容數十人，專用以傳書信，不以載物。其舟腹空虛，可容自上達下，僅留一孔，四圍點水不漏，下鎮以石，使舟底常就下。一遇風濤，不習水者，盡入舟腹中，密閉其孔，復塗以瀝青，使水不進。其操舟者則綑縛其身於檣桅，任水飄蕩。因其腹中空虛，永不沉溺，船底又有鎮石，亦不翻覆。俟浪平，舟人自解縛，運舟萬無一失，一日可行千里。中者可容數百人，自小西洋以達廣東則用此船。其大者上下八層，最下一層鎮以沙石千餘石，使舶不傾側震蕩，全藉此沙石。二三層載貨與食用之物。海中最艱得水，須裝淡水千餘大甬，以足千人一年之用，他物稱是。其上近地平板一層則舶内中下人居之，或裝細軟切用等物。地平板之外則虛，其中百步以爲揚帆習武游戲作劇之地。前後各建屋四層，以爲尊貴者之居，中有甬道，可通頭尾。尾復建水閣，以爲納涼之處，以俟貴者之游息。舶兩旁列大銃數十門，以備不虞。其鐵彈有三十餘斤重者，上下前後有風帆十餘道。桅之大者長十四丈，帆闊八丈，水手二三百人，將卒銃士三四百人，客商數百。有舶總管一人，是西國貴官，國王所命，以掌一舶之事，有賞罰生殺之權。又有舶師三人，歷師二人，舶師專掌候風使帆，整理器用，吹掌號頭，指使夫役，探試淺水礁石，以定趨避。歷師專掌窺測天文，晝則測日，夜則測星，用海圖量取度數，以識險易，以知道里。又有醫官，主一舶之疾病。亦有市肆，貿易食物。大舶不畏風浪，獨畏山礁淺沙。又畏火，舶上火禁極嚴，蓋千人之命攸繫。然其起程但候風色，未嘗選擇時日，亦未嘗有大失也。

海道　儒略輩從毆邏巴各國起程，遠近不一，水陸各異。大都一年之內，皆聚于邊海波爾杜瓦爾國里西波亞都城，候西商官舶，春發入大洋。從福島之北過夏至線在赤道北二十三度半，踰赤道而南，此處北極已没，南極漸高。又過冬至線在赤道南二十三度半，越大浪山，見南極高三十餘度，又逆轉冬至線，過黑人國、老楞佐島夾界中。又踰赤道至小西洋南印度卧亞城，在赤道北十六度。風有順逆，大率亦一年之内可抵小西洋。至此則海中多島，道險窄難行矣。乃換中舶，亦乘春月而行，抵則意蘭，經榜葛剌海，從蘇門答蠟與滿剌加之中，又經新加步峽，迤北過占城、暹邏界。閱三年方抵中國嶺南廣州府。此從西達中國之路也。

若從東而來，自以西把尼亞、地中海過巴爾德峽，往亞墨利加之界有二道：或從墨瓦蠟尼加峽去太平海；或從新以西把尼亞界泊舟，從陸路出孛露海過馬路古、呂宋等島至大明海，以達廣州。然某輩皆從西而來，不由東道西來之路經九萬里也。

行海晝夜無停，有山島可記者，則指山島而行。至大洋中，常萬里無山島，則用羅經以審方。其審方之法全在海圖，量取度數，卽知海舶行至某處，離某處若干里，瞭如指掌，百不失一。

清·南懷仁《坤輿圖説》卷上　《坤輿圖説》者，乃論全地相聯貫合之大端也。如地形、地震、山嶽、海潮、海動、江河、人物、風俗、各方生産，皆同學西士利瑪竇、艾儒略、高一志、熊三拔，諸子通曉天地經緯理者，昔經詳論，其書如《空承格致》、《職方外紀》、《表度説》等，已行世久矣。今撮其簡略，多加後賢之新論，以發明先賢所未發大地之真理。

夫地與海本是圓形，而合為一球，居天球之中。誠如雞子黄在青内。有謂地為方者，乃語其定而不移之性，非語其形體也。天既包地，則彼此相應，故天有南北二極，地亦有之；天分三百六十度，地亦同之。天中有赤道，自赤道而南二十三度半為南道；赤道而北二十三度半為北道。按中國在赤道之北。日行赤道，則晝夜平；行南道，則晝短；行北道，則晝長。故天球有晝夜平圈列於中，晝短、晝長二圈列於南北，以著日行之界。地球亦設三圈，對於下焉。但天包地外為甚大，其度廣；地處天中為甚小，其度狹；此其差異者耳。查得直行北方者，每路二百五十里，覺北極出高一度，南極入低一度；直行南方者，每路二百五十里，覺北極入低一度，南極出高一度。則不特審地形果圓，而並徵地之每一度廣二百五十里，則地之東西南北各一周，有九萬里實數也。是南北與東西數相等，而不容異也。

夫地厚二萬八千六百三十六里零百分里之三十六分，上下四旁，皆生齒所居，渾淪一球，原無上下。蓋在天之内，何瞻非天！總六合内，凡足所佇，即為下；凡首所向，即為上；其專以身之所居分上下者，未然也。且予自大西浮海入中國，至晝夜平線，已見南北二極，皆在平地，略無高低。道轉而南，過大浪山，已見南極出地三十五度，則大浪山與中國，上下相為對待矣。而吾彼時只仰天在上，未視之在下也。故謂地形圓，而周圍皆生齒者，信然矣。以天勢分山海，自北而南為五帶，一在晝長、晝短二圈之間，其地甚熱，帶近日輪故也。二在北極圈之內，三在南極圈之內，此二處地居甚冷，帶遠日輪故也。四在北極、晝長二圈之間，五在南極、晝短二圈之間，此二地皆謂之正帶，不甚冷熱，日輪不遠不近故也。又以地勢分輿地為五大州：曰毆邏巴、曰利未亞、曰亞細亞、曰南北亞墨利加、曰墨瓦蠟泥加。若毆邏巴者，南至地中海，北至青地及冰海，東至大乃河、墨阿的湖、大海，西至大西洋。若利未亞者，南至大浪山，北至地中海，東至西紅海聖老楞佐島，西至阿則亞諾海。即此州只以聖土之下微路與亞細亞相聯，其餘全為四海所圍。若亞細亞者，南至蘇門答喇、呂宋等島，北至新增白臘及北海，東至日本島、大清海，西至大乃河、墨阿的湖、大海、西紅海、小西洋。若亞墨利加者，全為四海所圍，南北以微地相聯。若瑪熱辣泥加者，盡在南方，惟見南極出地而北極恆藏焉，其界未審何如，故未敢訂之。惟其北邊與爪哇及瑪熱辣泥峽為境也。其各州之界，當以五色別之，令其便覽。各國繁夥難悉，原宜作圓球，以其入圖不便，不得不易圓為平，反圈為線耳。欲知其形，必須相合，連東西二海為一片可也。其經緯線，本宜每度畫之，今且惟每十度為一方，以免雜亂。依是可分置各國於其所。天下之緯，自晝夜平線為中而起，上數至北極，下數至南極；天下之經，自順天府起為初度，至三百六十度，復相接焉。試如察得福島，離中線以上二十八度，離順天府以東二百十五度，則安之於所也。凡地在中線以上至北極，則實為北方；凡在中線以下，則實為南方焉。又用緯線，以著各極出地幾何。蓋地離晝夜平線度數與極出地度數相等，但在南方，則著南極出地之數，在北方則著北極出地之數也。假如視京師隔中線以北四十度，則知京師北極高四十度也。視大浪山隔中線以南三十五度，則知大浪山南極高三十五度也。凡同緯之地，其極出地數同，則四季寒暑同態焉。若兩處離中線度數相同，但一離於南，一離於北，其四季並晝夜刻數均同，惟時相反。此之夏為彼之冬耳。其長晝、長夜，離中線愈遠，則其長愈多。余為式以記於圖邊，每五度其晝夜長何如，則東西上下隔中線數一，則皆可通用焉。用經線以定兩處相離幾何辰也。蓋日輪一日作一周，則每辰行三十度，兩處相離三十度，並謂差一辰。假如山西太原府列在於三百五十五經度，而則意蘭島列於三百二十五經度，彼此相去三十度，則相差一辰。故凡太原為午，則意蘭為巳，其餘倣此焉。設差六辰，則兩處晝夜相反焉。如所離中線度數又同，而差南北，則兩地人對足底反行。假如河南開封府離中線以北三十四度，而列在於三百五十七經度；又南亞墨利加之內近銀河之地，如趙路亞斯等，離中線以南三十四度，而列於一百七十七經度，彼此相去一百八十度，即六辰，則彼此相對反足底行矣。從此可曉同經線處並同辰，而同時見日月蝕焉。夫地圖所定各方之經緯度，多歷年世，愈久而愈准。蓋其定法，以測驗為主，當其始，天下大半諸國地及海島不可更，僕前無紀録之書，不知海外之復有此大地否也。近今二百年來，大西洋諸國名士航海通游天下，周圍無所不到，凡各地依曆學諸法測天，以定本地經緯度，是以萬國地名輿圖，大備如此。其六合之地及山川、江河、湖海、島嶼，原無名稱，凡初曆其地者，多以前古聖人之名名之，以為別識而定其道理云。

地體之圓　世謂天圓而地方，此蓋言其動靜之，義方圓之理耳，非言其形也。今先論東西，次論南北，以證合地圓之旨。日月諸星，雖每日出入地平一遍，第天下國土，非同時出入。蓋東方先見，西方後見，漸東漸早，漸西漸遲。如第一圖午、酉、子、卯為日天，甲、乙、丙、丁為地球，令日輪在午，而人居甲，即日正在其天頂，得午時；人居丙，即得子時。日在其天頂沖也，東去甲九十度，居丁，得酉時。日既過其天頂，將没於地，則午、甲、丙、子為其地平也。西去九十度，居乙，即得卯時，日向其天頂，方出於地，亦甲、午、丙、子為其地平也。依此推算，今日輪出地平，在卯，人居丁，得午時；居乙，得子時矣。此何以故？地為圓體，故日出於卯，因甲高與乙障隔，日光不照，故丁之日中，乙之半夜也。若地為方體者，如上甲、乙、丙、丁，則日出卯，凡甲、乙、丁地面人，宜俱得卯；日入酉，宜俱得酉；不應東西相去二百五十理而差一度，又七千五百里而差一時也。故明有時差者，不能不信地圓也。又丁、乙與甲異地，即異天頂，即異日中；而又與甲同卯、酉，即丁之午前短，午後長矣；乙之午前長，午後短矣；獨甲得午前、後平耳。而今半晝分天下皆同，何也？則明有半晝分者，不能不信地圓也。

自南而北，地為圓體，亦可推焉。如第三圖，西、南、東、北為周天，甲、乙、丙為地之圓球，丁、戊、巳為地之方面。若人在圓球之乙，即見在南諸星，從乙漸向丙，即南諸星漸隱矣。漸向甲者，反是。若人在平面之丁，即得俱見南北二極之星，其在戊、在巳，亦如南北極，諸星何由得漸次隱見乎？則地之為圓體，固可證矣。

地圓　又地週三百六十度，每度二百五十里，其周圍實獨有九萬里。令地為方，四面，其一面應得二萬二千五百里，人居一面地平之上，其二萬二千五百里之內，並宜見之，乃今目力所及，大略能見三百里。即于最高山上，未有能見四、五百里者。則地之圓體突起於中，能遮兩界故也。地水同為一圓球，以月食之形可推而明之。夫月食之故，由大地有日月之間，日不能施照於月，故地射影於月面，亦成圓形，則地為圜可知。或言：果大地如圓球，則四旁在下，國土窪處之海水，不知何故得以不傾云云。

曰：物重者，各有體之重心。此重心者，在重體之中。地中之心，為諸重物各重之本所，物之重心悉欲就之。凡謂下者，必遠於天而就地心；凡謂上者，必就天而遠於地心。而地之圓球懸於空際，居中無著，常得安然，而四方土物，皆願降就於地心之本所。東降欲就其心，而遇西就者，不得不止；南降欲就其心，而遇北就者，亦不得不止。凡物之欲就者皆然。故凡相遇之際，皆能相沖相逆，而凝結於地之中心。即不相及者，以欲就故，亦附離不脫，致令大地懸居空際也。丙為地中心，甲乙兩分，各為之半球。甲東降就其心，乙西亦降就其心，兩半球又各有本體之重心，如丁、如戊。甲東降，必欲令本體之重心丁至丙中心然後止；乙西降，必欲其本體之重心戊至丙中心然後止；故兩半球相遇於丙中心，甲不令乙得東，乙不令甲得西，一沖一逆，力勢均平，遂兩不進，亦兩不退，而懸居空際，安然永奠矣。譬一門焉，二人出入。在外者沖欲開之，在內者逆欲閉之，一沖一逆，為力均平，門必不動。甲乙半球，其理同也。至四方八面，一塵一土，莫不皆然。地道隤然而下凝，職是故耳。

地球南北兩極，必對天上南北兩極，不離天之中心

夫地中心，為諸天之中心，從月食之理而明之。新法《曆書》有本論，其地球南北兩極，正對天上南北兩極，而永遠不離者，從本極之高度明見之。蓋天下萬國，從古各有所測，本地南北極之高下，度於今之所測者不異。其不離天極之所以然，在萬物變化之功。蓋天下各地，萬物生長變化之功，皆原太陽及諸星循四時之序，照臨而成也。在各國之地平，上下高卑若干，因而剛柔燥濕隨之，而萬物各得其宜耳。今使地之兩極，不必其為向天上之兩極而離之，或於上下，或於左右，則是天下萬國必隨之而紛擾動搖。將原在乎赤道之北者，忽易而為赤道之南；赤道之南者，忽易而為赤道之北；近者變遠，遠者變近；夏之熱，忽變乎冬之寒；則四序顛倒，生長變化之功，因之大亂，而萬物滅絶矣。審乎此，則地之南北兩極，恆向乎天之兩極，亙萬古而不移也，夫何惑焉！即使地有偶然之變，因動而離於極，則地亦必即自具轉動之能，以復歸於本極。與元所向天上南北之兩極焉。夫地球自具轉動之力，與吸鐵石之力無二。吸鐵石之力無他，即向南北兩極之力也。蓋吸鐵石原為地內純土之類，故其本性之氣，與大地本性之氣無異。所謂純土者，即四元行之一行，並無他行以雜之也。夫地上之淺土、雜土，為日月諸星所照臨，以為五穀、百果、草木，萬匯化育之功，純土則在地之至深，如山之中央，如石鐵等礦是也。審此，則夫地球之全體相為葆合，蓋有脉絡以聯貫於其間焉。嘗考天下萬國名山，及地內五金礦、大石深礦，其南北陡袤，面上明視，每層之脉絡，未有不從下至上，而向南北之兩極者也。仁等從遠西至中夏，曆九萬里而遙，縱心流覽，凡於瀕海陡袤之高山，察其南北面之脉絡，大概皆向南北兩極，其中則另有脉絡，與本地所交地平線之斜角正合。本地北極在地平上之斜角，五金石礦等地內深洞之脉絡亦然。凡此脉絡內，多有吸鐵石之氣。又嘗考天下萬國堪輿諸書，圖五大洲，凡名山大川，皆互相綿亙至幾千萬里之遙，自南而北，逶迤繡錯，其列於地者，顯而可見也。其內之脉絡蟬聯通貫，即何殊乎人身之脉絡骨節縱横通貫，而成其為全體也哉！【略】

山嶽　先聖論地初受造時甚圓，無深淺高卑之殊，惟水遍圍其面而已。但造物者將居民、物于地面，則開取淵坎，令水歸之。致露幹土，即以所取之土致成山嶽陵阜之類。試觀海涯無不倚山陵之足，江河多峽於阜嶺之中，大約高山多近深谷，可以驗其原生之意也。然造成後，又有變遷。蓋諸國典籍所記，高岸為谷，深谷為陵。古所未有者，或新發而始見，是乃地震所致，或風力，或水勢所成也。若究其山生之為者，不但飾地之觀，豎地之骨，直於人物有多益焉。蓋或以毓五金，或以捍四海，或以湧溪澤，或以茂林叢，或以蔽風雪，或以障蔭翳，或以界封疆，或以御寇盜，或以辟飛走之囿，或以廣藏修之居，無算妙用。則造物之原旨，以全夫寰宇之美，而備生民之須耳。今摘天下各國有名高山里數，開列于左：

厄勒齊亞國，厄莫山，高十三里一百九十二丈。

西齊理亞國，晝夜噴火之山，名厄得納，高十三里一百五十六丈。

西洋德納里法島，必個山，高二十一里二百一十四丈。

厄勒齊亞國，亞多山，高二十四里一百零四丈。

意大里亞國，呀爾伯山，高二十七里一百六十八丈。

諾爾物西亞國山，高三十里零二十丈。

亞墨尼加洲，伯納黑山，高五十五里一百二十丈。

莫斯哥未亞國，里弗依山，高八十三里零七十二丈。

亞細亞洲，高架所山，高一百三十一里二百零四丈。

海水之動　海水自然之動，止有其一，即下動也。凡外動為强，則非自然可知矣。其强動甚多，其一，外風所發。風既不一，動亦不一。其二，自東而西。凡從毆邏巴航海，西向而行，則順而速；東向而行，則逆而遲。此動非特大海，又於地中海可見。其所以然？從太陽自西而東行以生焉。其三，自北而南。凡航海者從北向南，必順而速；從南而北，必逆而遲。夏月行北海者，常見冰塊之廣大如城，如海島。曾有見長三百餘里者，從北而南流。其所以然者，北極相近之海大寒，比年中多雲雨，多冰雪；與赤道相近之海大熱，每日海水之氣甚多，被日薰蒸，沖上空際。蓋南海之勢處卑，北海之勢處高，故水北而南流也。

海之潮汐　潮汐各方不同，地中海迤北、迤西，或悉無之，或微而難辨；迤南、迤東，則有而大，至於大滄海中，則隨處皆可見也。第大小、速遲、長短，各處又不同。近岸見大，離岸愈遠，潮愈微矣。地中海潮水極微，又呂宋國、莫路加等處，不遇長二、三尺。若其他如大西拂蘭第亞國，潮水長至一丈五尺，亦有一丈八尺至二丈之處。安理亞國隆第諸府現長至三丈，其國之他處，長至五六丈。阿利亞國近滿直府長至七丈，近聖瑪諸府間長至九丈。此各方海潮不同之故，由海濱地有崇卑直曲之勢，海底、海內之洞有多寡大小故也。況月之照海，各方不同，則其所成功，亦不能同。其長退之度，或每以三候，或長以四候。或其長極速，即騎馳猶難猝脫。則一候倏淹覆四百餘里，而又一候倏歸，本所又始。起長之時亦不同，大概每日遲約四刻，朔望所長更大。嘗推其故，而有得于古昔之所論者，則以海潮由月輪隨宗動天之運也。古今多宗之。其正驗有多端：一曰，潮長與退之異勢，多隨月顯隱盈虧之勢。蓋月之帶運一晝夜一周天，其周可分四分，自東方至午，自午至西，自西至子，復自子至東。而潮一晝夜概發二次，卯長午消，酉長子消。若隨處、隨時略有不同，是不足為論，別有其所以然也。二曰，月與日相會，相對有近遠之異勢，亦使潮之勢或殊。假如望時，月盈即潮，大月漸虧，而潮漸小。三曰，潮之發長，每日遲四刻，必由於月每日多用四刻，以成一周，而返原所。蓋月之本動，從西而東，一日約行十三度，從宗動天之帶動，自東而西，必欲一日零四刻，方可以補其所逆行之路，而全一周也。四曰，冬時之月，多强于夏時之月，故冬潮概烈于夏潮。五曰，凡物屬陰者，概以月為主，則海潮既由濕氣之甚，無不聽月所主持矣。即月所以主持海潮者，非惟光也。蓋朔會時，月之下面無光，至與吾對足之地亦無光，海當是時，猶然發潮不息。則知月尚有他能力，所謂隱德者乃可通遠而成功矣。是月以所借之光，或所具之德，致使潮長也。如磁石招鐵，琥珀招芥。然或生多氣於海內，使其發潮也，如火使鼎水沸溢然。或問：潮汐之為理者何也？曰：一則以免腐朽之患，蓋水久注必朽。一則以清外聚之垢，蓋地上丕惡之積，由江河而歸於海，乃潮長復發吐之也。一則以輔航漂渡之事，蓋潮長則從海易就岸，潮退則從岸易入海。觀此，則海潮之益不淺矣，造物主豈無意乎！或問：海水之鹹曷故？曰：多由於干濕二氣之滲。證曰：凡滋味必從二氣之雜，乃干而甚燥，必生鹹。如灰、溺、汗等是也。則海既含多氣，或風從外至，或日從內生，故其水不能不鹹也。試用海水濯物，必溫和干燥，較諸他水為濁。其沾濡如油何也？其含土之干氣故也。又試觀海水或流沙內，或被火蒸必甘何也？失土氣之大分故也。又試取浮薄空器，塞口沉於海中，其內所浸入之水必甘，因水從微孔入，少帶土氣故也。又從海氣聚結之雨必甘何也？氣上時，其土之濁多墜失故也。又試之夏月海水多鹹於冬月，蓋日軌甚近之所使然矣。觀此多端，海水之鹹從土極干燋之氣而生也明矣。雖然，太陽之亢炎亦能致鹹。驗之海面之水，鹹甚於海底者，近受日暈之射，而底之水日光不及故也。

又海底多有鹽脉，貫通各處。鹽之本性，見水即化，今海水回流，恆染鹽味，此海水之鹹所由來第一根源也。另有本論。【略】

天下名河

亞細亞洲

黄河，《元朝圖史》載，黄河本東北流歷西番，至蘭州，凡四千五百餘里，始入中國。又東北流過夷境，凡二千五百餘里，始轉河東。又南流至蒲州，凡一千八百餘里。通計屈曲九千餘里。

毆拂辣得河，長六千里，其流入海口處，闊四十八里。

安日得河，長四千八百里，闊約五里，深十丈餘。分七岔入海，及水產金沙。

阿被河，長七千二百里。此河開凍時，有大冰如山嶽，衝擊樹木，排至兩岸旁溢一千二百里，土人遷移入山避之。

印度河，長四千里，入海口處闊一百六十里。

毆邏巴洲

大乃河，長二千四百八十里。分三岔入墨阿的湖。

窩耳加河，長一千六百里，分七十二流入海。

達乃河，長四千八百里，入大海。

多惱河，長三千六百里，分七岔入海。其河有橋，長一十一里，高十五丈。

利未亞州

泥琭河，長八千八百里，分七流入海，產葛爾各第羅蛇及海馬。

黑河，地內藏其水道，至二百四十里遠有餘。

北亞墨利加

加納大河，海潮入此河至一千六百里，流入海口處闊二百四十里。

南亞墨利加

聖瑪得勒納河，長三千六百里。

巴里亞河，深十五丈，入海口處闊四百四十餘里。

雅瑪瑣農江，長一萬餘里，闊八十四里，深不可測。入海口處闊三百三十六里，其水勢悍急，直射海水，至三百二十餘里皆甜水。其兩岸綿亙有一百三十餘國，語言、風俗俱不同。

又 **卷下** 亞細亞州 【略】其界南至蘇門答喇、呂宋等島，北至新增白臘及北海，東至日本島、大清海，西至大乃河、墨阿的湖、大海、西紅海、小西洋。【略】自古帝王聖哲、聲名文物、禮樂衣冠，遠近所宗。山川、土俗、物產、朝貢諸國，詳載省志諸書，不贅。 西北有回回諸國，人多習武，亦有好學好禮者。初宗馬哈默之教，諸國多同，後各立門户，互相排擊。地產牛、羊、馬，畜極多，因不啖豕，諸國無豕。莫臥爾印度有五，惟南印度仍其舊，餘四印度皆為莫臥爾所並。其國甚廣，分十四道，象三千餘。嘗攻西印度，其王統兵五十萬，馬十五萬，象二百，每象負一木台，容人二十，載銃千門，大者四門，每門駕牛二百，盛載金銀五十巨罌，以禦不勝，盡為莫臥爾王所獲。東印度有大河，名安日，謂經此水浴，作罪悉得消除。五印度人咸往沐浴。東近滿喇加國。各人奉四元行之一，死後各用本行葬其屍。奉土者入土，奉水、火者投水、火，奉氣者懸屍於空中。最西有名邦曰如德亞，其國史書載上古事迹極詳，自初生人類至今六千餘年，世代相傳，及分散時候，萬事萬物造作原始，悉記無訛。因造物主降生是邦，故人稱為聖土。春秋時，有二聖王，父達味德，子撒喇滿，造一天主堂，皆金玉砌成，飾以珍寶，窮極美麗，費以三十萬萬。王德盛智高，聲聞最遠。中國謂西方有聖人，疑即指此。古名大秦，唐貞觀中，曾以經像求賓，有《景教流行碑》刻可考。如德亞之西有國，名達馬斯谷。產絲、綿、絨、罽，顏料極佳，城不用磚石，是一活樹糾結，甚厚無隙，高峻不可攀登。天下所未有。【略】

毆邏巴州 【略】

利未亞州 【略】

亞墨利加州 【略】

四海總說 【略】

海狀【略】

海族【略】

海產【略】

海舶【略】若多舶同走，大者先行引路。舶後尾樓夜點燈籠照視，燈籠週二丈四尺，高一丈二尺，皆玻璃板湊成。行海晝夜無停，有山島可記者，指山島行。至大洋中，萬里無山島，則用羅經以審方。審方之法，全在海圖，量取度數，即知舶行至某處，離某處若干里，瞭若指掌。不待指山島為準，而其分寸不爽，則更有過焉者矣。蓋度數之法，可以測天行，黄赤道之分合，九重天之高卑，自尋常以至渺忽，一一皆驗。測海之法，亦即用此法耳。以此推之，百不失一，其詳見于西士熊三拔《表度説》。

亞細亞州爪哇島等處有無對鳥，無足，腹下生長皮，如筋纏於樹枝以立身。毛色五彩，光耀可愛，不見其飲食，意惟服氣而已。

亞細亞州印度國產獨角獸，形大如馬，極輕快，毛色黄。頭有角，長四、五尺，其色明，作飲器能解毒。角鋭，能觸大獅。獅與之鬥，避身樹後，若誤觸樹木，獅反齧之。

亞細亞州印度國剛霸亞地產獸名鼻角，身長如象，足稍短，遍體皆紅、黄斑點，有鱗介，矢不能透。鼻上一角，堅如鋼鐵，將與象鬥時，則於山石磨其角，觸象腹而斃之。

亞細亞州如德亞國產獸名加默良，皮如水氣明亮，隨物變色，性行最漫藏於草木、土石間，令人難以別識。

亞細亞州南印度國產山羊，項生兩乳，下垂乳極肥壯，眼甚靈明。

歐邏巴州意大理亞國有河名巴鐸，入海河口產般第狗，晝潛身于水，夜臥旱地，毛色不一，以黑為貴，能齧樹木，其利如刀。

歐邏巴州意大理亞國有蜘蛛，類名大懶毒辣，凡螫人，受其毒即如風狂，或嬉笑、或跳舞、或仰臥、或奔走。其毒中人氣血，比年必發。療其疾者，依各人本性所喜樂音解之。

歐邏巴東北里都瓦你亞國產獸名獲落，身大如狼，毛黑光潤，皮甚貴。性嗜死屍，貪食無厭，飽則走入稠密樹林，夾其腹令空，仍覓他食。

歐邏巴州熱爾瑪尼亞國獸名撒辣漫大辣，產于冷濕之地。性甚寒，皮厚，力能滅火。毛色黑黄間雜，背脊黑長，至尾有斑點。

利未亞州額第約必牙國有狸猴獸，身上截如狸，下截如猴，色如瓦灰，重腹如皮囊。遇獵人逐之，則藏其子於皮囊內。窟于樹木中，其樹徑約三丈餘。

利未亞州東北厄日多國產魚名喇加多，約三丈餘，長尾，堅鱗甲，刀箭不能入。足有利爪，鋸牙滿口。性甚獰惡，色黄，口無舌，唯用上齶食物。入水食魚，登陸每吐涎於地，人畜踐之即僕，因就食之。見人則哭，近則噬。冬月時不食物，睡時嘗張口吐氣。有獸名應能滿，潛入腹內，齧其肺腸則死。應能滿大如松鼠，淡黑色，國人多畜之以制焉。

利未亞州多獅，為百獸王，諸獸見皆匿影。性最傲，遇者亟俯伏，雖餓時不噬。千人逐之，亦遲行；人不見處，反任性疾行。畏雄雞、車輪之聲，聞則遠遁。又最有情，受人德必報。常時病瘧，四日則發一度，病時躁暴猛烈，人不能制，擲以球，則騰跳轉弄不息。

利未亞州有獸，名意夜納，形、色皆如大狼，目睛能變各色。夜間學人聲音，喚誘人而啖之。

利未亞州西亞毗心域國產獸，名惡那西約，首如馬形，前足長如大馬，後足短。長頸，自前蹄至首高二丈五尺餘。皮毛五彩，芻畜囿中，人視之，則從容轉身，若示人以華彩之狀。

亞墨利加州白露國產雞，大於常雞數倍，頭較身小，生有肉鼻，能縮能伸，鼻色有稍白，有灰色，有天青色不等，惱怒時血聚於鼻上，變紅色，其時開屏如孔雀。身毛色黑白相間。生子之後，不甚愛養，須人照管，方得存活。

南亞墨利加州智勒國產異獸，名蘇，其尾長大，與身相等，凡獵人逐之，則負其子於背，以尾蔽之。急則吼聲洪大，令人震恐。

南亞墨利加州伯西爾喜鵲，吻長而輕，與身相等，約長八寸，空明薄如紙。

此地蛇大無目，盤旋樹上，凡獸經過其旁，聞氣，即系縛之於樹間而食。

南亞墨利加州駱駝鳥，禽中最大者，形如鵝，其首高如乘馬之人，走時張翼，狀如棚。行疾如馬，或謂其腹甚熱，能化生鐵。

海中有飛魚，僅尺許，能掠水面而飛，狗魚善窺其影，伺飛魚所向，先至其所，開口待啖，恆追數十里。飛魚急輒上舟，為舟人得之。

大東海洋產魚，名西楞，上半身如男女形，下半身則魚尾，其骨能止血病，女魚更效。

把勒亞魚，身長數十丈，首有二大孔，噴水上出，勢若懸河。見海舶，則昂首注水舶中，頃刻水滿舶沉。遇之者以盛酒鉅木罌投之，連吞數罌，俯首而逝。

劍魚，嘴長丈許，有齬刻如鋸，猛而多力，能與把勒亞魚戰，海水皆紅，此魚輒勝。以嘴觸船則破，海舶甚畏之。

海舶廣大，容載千餘人，風帆十餘道，約二千四百丈布為之。桅高二十丈，鐵貓重六千三百五十餘斤，纜繩重一萬四千三百餘斤。其詳見前『海舶說』終篇。

上古製造巨集工，紀載有七，所謂天下七奇是也。

一、亞細亞州巴必鸞城

瑟彌辣米德王后創造京都城池，形勢矩方，每方長五十里，周圍計二百里，城門通共一百，皆淨銅作成。城高十九丈，闊、厚四丈八尺，用美石砌成。城樓上有園囿、樹木景致，接山水湧流，如小河然。造工者每日三十萬。

二、銅人巨像

樂德海島銅鑄一人，高三十丈，安置於海口，其手指一人難以圍抱。兩足踏兩石台，跨下高曠，能容大舶經過。右手持燈，夜間點照，引海舶認識港口叢泊。銅人內空，通從足至手，有螺旋梯，升上點燈。造工者每日千餘人，作十二年乃成。

三、利未亞洲厄日多國孟斐府尖形高臺

多祿茂王建造，地基矩方，每方一里，周圍四里，臺高二百五十級，每級寬二丈八尺五寸，高二尺五寸，皆細白石為之。自基至頂，計六十二丈五尺，頂上寬容五十人。造工者每日三十六萬。

四、亞細洲嘉略省茅索祿王塋墓

亞爾德彌細亞王后追念其夫王，建造塋墓，下層矩方，四面各有貴美石柱二十六株，穿廊圓拱各寬七丈餘。內有石梯至頂，頂上銅輦一乘，銅馬二疋，茅索祿王像一尊。其奇異一在制度，二崇高，三工精，四質料純細白石。築造將畢，王后憶念其夫王，悵悶而殂。

五、亞細亞洲厄弗俗府供月祠廟

弘麗奇巧，基址建在湖中，以免地震催倒。高四十四丈，寬二十一丈，內有細白石柱共一百五十七株，各高約七丈。廟內甚多細石，絕巧人像。廟外四面各有橋樑，一道以通。四門橋最寬闊，細白石作成，正門前安置美石精工神像。築工者至二百二十年乃成。

六、歐邏巴洲亞嘉亞省供木星人形之像

斐第亞天下名工，取山中一塊最硬大石，雕刻木星人形之像。身體宏大，工精細巧，安坐廟中。時有譏笑者，對工師曰：『設使這宏大之軀起立，豈不衝破廟宇乎？』工師答曰：『我已安置之，萬不能起立。』

七、法羅海島高臺

厄日多國多祿茂王建造，崇隆無際。高臺基址起自丘山，細白石築成，頂上安置多火炬，夜照海艘，以便認識港涯叢泊。

古時七奇之外，歐邏巴州意大理亞國羅瑪府營建公樂場一埏，體勢橢圓形，周圍樓房異式，四層，高二十二丈餘，俱用美石築成。空場之徑七十六丈，樓房下有畜養諸種猛多穴，于公樂之時即放出，猛獸在場相鬥，觀看者坐圍圓臺級，層層相接，高出數丈，能容八萬七千人座位，其間各有行走道路，不相逼礙。此場自一千六百年來，至今現存。

清・王之春《清朝柔遠記》卷一九《瀛海各國統考》 昔吉甫著玁狁之功，李牧樹匈奴之望，漢繫單于之頸，唐犂突厥之庭，大丈夫手揮十萬橫磨劍，縱橫邊外，勒天山碑，鐫燕然銘，然後入玉門關，封萬里侯，誠得志於時者之所爲也。然古之所謂立功塞外者，不過如《禹貢》之荒服、《職方》之蕃國，與中國相距實不甚遠。即史傳所稱堅昆、丁零、黠戛斯、大秦、骨利幹諸國，亦屬張皇王會之盛，而偶通重譯耳。若騶衍九州之説，《山海》十洲之書，尤爲傳聞仿佛，渺而無據。地球九萬里，誰能畫井計疆，而學章亥之步也哉？自有明中葉，西班牙、葡萄牙、荷蘭航海西來，中土始有西人之迹。逮我朝守在四夷，而利碼竇、陽碼諾、湯若望、南懷仁、穆尼閣、奈端輩接踵相望，而後五大洲之國，喁喁向化，誠開虞夏商周漢晉唐宋元明四千餘年未有之局。今試按其地而計之：

在東南曰亞細亞洲。其地東距東洋，中國在焉，餘則有朝鮮、日本、琉球及俄羅斯之東境。南距印度海，則爲越南、南掌、暹羅、緬甸及南洋羣島。西距紅海、地中海、黑海，則有布哈爾、愛烏罕、波斯、俾路芝。西南則五印度、阿剌伯及土耳其中東境。西北則哈薩克諸部。北距俄羅斯北境冰海。此亞細亞洲之大略也。

在西北爲歐羅巴洲。烏拉嶺亞歐二洲東西分界及黑海界其東，地中海横其南，大西海浮其西，黄海注其中。都於黄海東岸之彼得羅堡者，俄羅斯也。都於西岸之斯德哥爾摩者，瑞典也。都於南岸之哥卑的給者，丹國也。迤東爲普魯士之東部，其都曰伯靈。瑞典之西爲瑙威，其都曰格里士特阿拿。丹國之南、普魯士之西爲日耳曼，實居歐羅巴洲之中。普魯士之南、日耳曼之東爲奥地利亞，其都曰維也納。奥地利亞之東南，枕黑海，接亞細亞界，爲土耳其，其都曰君士但丁。土耳其之南爲希臘，其都曰亞德納斯。日耳曼之南爲瑞士。瑞士之南，斗入地中海，爲意大里亞列國。日耳曼之西北，臨大西洋海，爲荷蘭，其都曰亞摩斯德耳登。荷蘭之南爲比利時，其都曰不魯舍扯斯。日耳曼之西、比利時之東爲普魯士西部。兩部夾日耳曼之左右，蓋普魯士本日耳曼所分之國也。比利時之南、普魯士西部之東南、瑞士之東爲法蘭西，其都曰巴黎斯。法蘭西之西南爲西班牙，其都曰馬特。西班牙之西，臨大西洋海，曰葡萄牙，其都曰里斯波亞。法蘭西之西北，有倫敦、蘇格蘭、阿爾蘭三島鼎峙海中，爲英吉利。倫敦卽英吉利之所都也。此歐羅巴洲之大略也。

在西南爲阿非利加洲。其地廣莫而荒昧，僅東北一隅近印度海、紅海、地中海。其國則有埃及一曰麥西、努北阿、阿北西尼亞等國。在西爲亞墨利加洲，分爲南北兩境。南亞墨有巴西、孛露卽秘魯、智利、波非利亞、金加西臘等國。北亞墨之大國爲米利堅卽花旗，小國爲墨西哥，餘無所聞焉。此亞墨、阿非兩洲之大略也。

又，南洋之極東有大荒島，曰澳大利亞，又曰南亞細亞，卽世所稱新金山也。其地自爲一洲，約二萬餘里，荒曠無人，近人比之亞細、歐羅、亞墨利加、阿非，稱爲五大洲，而實英人之所闢，卽英吉利遥領之屬地也。

故論五洲之土地，亞細爲最大，亞墨頗與之相埒，阿非視亞細之半，歐羅視阿非之半，澳大僅甌脱耳。而論各國之强弱，阿非之埃及等國，雖聲教稍通，實受役於歐羅。北亞墨之米利堅，於乾隆四十年華盛頓奮其沉雄之才，卓然崛起，駸乎有若敖蚡冒以啓山林之勢，與英吉利血戰八年，遂割亞墨之南境，而國以立。地廣人衆，通商最多，勢與歐羅諸大國抗衡。風土略近中國，流寓多華人，而克累弗尼亞省尤衆，世稱舊金山，卽其地也。然自開創以來，分國爲二十餘部，不以位傳子孫，而以伯里璽天德主之，四歲一易，退位者與齊民齒，民無常主，而百餘年恰無争戰之事，誠非好大喜功之國。南亞墨之孛露，邇歲始通中國，而相去益遠，地小而貧。故談海防者，不急 於阿非、亞墨、澳大三洲，而在於東、西、南三洋。

東洋卽亞細之東境，日本在焉。自秦時立國，西漢時卽與中國通，隋唐宋屢入貢，元范文虎伐之無功，明代復通貢，然數犯邊，稱倭寇焉。國初通國書，定銅船采買之制，同治中始立和約。近日效法泰西，而衣冠易唐制度，禮樂非漢文章矣。惟能禁鴉片煙、天主教，不使之入境，足以差强人意。其地與高麗、琉球相毗，東與俄鄰，既與高麗立約，而於琉球則滅之，識者已知其非無意於高麗也。

西洋卽歐羅諸國，以俄羅斯爲最大，英吉利、法蘭西、普魯士皆强盛，勢可相敵。若土耳其，若奥地利亞，地土雖大，而已日就頹弱。其餘小國，鱗次櫛比，錯雜其間，諸大國各肆其鯨吞蠶食之心，互相兼併，互相猜忌，亦互相救援，頗似春秋五伯争雄之世。而俄羅斯爲諸國所忌，因忌生嫉，合縱而連横，又成戰國同謀抗秦之局。

俄之土地，東有西伯利八部，界中國之北面；西連高加索五部；南鄰印度，遠包中國之西面；迤北則波羅的海東五域三十七部；再西則波蘭十四部；又跨海逾墨領峽，據北亞墨利加之一隅，曰監加札，隸西伯利部。康熙中，擾我索倫，立碑定界，遂通商於車臣汗部之恰克圖。其後日益南向，道光中脅降西域回部布哈爾諸族，通波斯以噬印度，漸與後藏相鄰。咸豐中，兩次請地，自黑龍江以東雅克薩、尼布楚諸城，烏魯木齊以西伊犁、庫車、阿克蘇諸城，皆割而據之，而喀什噶爾、葉爾羌乘機竊據。同治十三年，以重兵降回部之基發，通道於巴達克山，至北印度之克什米爾，幾有漢陽諸姬楚實盡之之患。又東得日本薩莫、蝦夷之地，以科爾立十八島易之。更跨東海，繞出高麗之東，開礦採煤鐵。近又駐兵黑龍江界，將營造火車路以通中國。雖因通商日久，歷二百年不敢開釁，而其心未嘗不叵測也。

英吉利倫敦五十二部，蘇格蘭三十三部，阿爾蘭三十二部。三島地輿廣輪不過中國一省，惟屬地爲最多，西得北亞墨之北境，東得五印度，迤南得南洋羣島，越海控馭，皆在數萬里之外。建藩部四：曰孟加臘，曰麻打拉薩，曰孟買，曰亞加拉。孟加臘之東北、緬甸之西北，有阿薩密部，本土夷，崇佛教，英人據爲别部。東距騰越，猓夷、怒夷隔之；南距前藏，貉貐、布魯克巴隔之，去中國僅咫尺。又，南印度之南，海中大島曰錫蘭，古狼牙修地，英人滅之。循海而東，阿克剌、朗谷兩埠取之緬甸，再東則有新嘉坡、麻剌甲、檳榔嶼三埠，地近暹羅。又得澳大全洲。又有别島曰搦日倫敦，爲亘古人迹不到之處。又由倫敦至澳大，所經之地有太平洋之飛幾島，亦稱屬焉。又有獅山諸地，在阿非之西界；特墨拉拉諸地，在南亞墨之南界。遥領之國，誠有更僕難數者。但倫敦三島地本褊小，山澤之利開採殆盡，惟仗印度爲外府，兵餉皆取資焉。近年英主稱徽號，以印度綴國號之下，其殆有平王東遷之志歟？又聞謀開鐵路，由印度以通雲南，其殆有改趨西道之志歟？未可知也。

法蘭西地方二千里，建八十六部。其人精於算學、機器，尤長於用兵，號令如山，萬足一步，前者雖死，後者不敢不進。火器之利，冠於泰西。嘉慶時，其王拿破侖第一百戰無前，威行西土，卒以弗戢自焚，亦吳王夫差之流亞也。同治中，其王拿破侖第三與普國搆兵，爲普所虜，其大臣踢矮士等復與普和，改用米利堅之俗，不立君，以首領統國政。同治十年，踢矮士任首領。十二年，麥馬韓代之。麥馬韓者，拿破侖第三之大臣，兵敗不能死，君亡不能救，又從而代之，而國人皆以爲賢，賢者固如是乎？前咸豐八年，以兵船往越之南圻，先後侵踞嘉定等省，設西貢總督以治其地。嗣復添造戰艦，扼富良江，踞順化，佔海防、河內，處處逼緊，雖黑旗黨之劉永福爲法所憚，而孤掌難鳴，正不能測其所終。近又營埠暹羅，蓄意緬甸，無非爲撤我藩籬之計也。法誠無賴之尤者也！

普魯士東西二境，共八部，本日耳曼所分之國。地小於法，兵亦弱於法，然其君臣勵精圖治，卒能破法蘭西，割其愛勒塞斯、洛脱七城之地，仿之樂毅破齊，不是過焉。誰謂小國之不能勝大國也？亦在人之自强而已。德意志本三十六列國，奉之爲主，雄視四方，卽英、俄亦憚其强盛。惟時天主教盛行，各國皆尊禮之，而法蘭西爲尤甚，獨德國大臣畢士麻克惡之，盡奪教主之權，繩以官法，故教至德國而窮。《萬國公報》云：『教人猛如虎、貪如狼，德意志搏而縛之，翦其爪牙。』又云：『教人久持太阿，德人奪其柄而擊之，批其頰而扼其喉。』德之强盛，畢士之力居多，故語其相業，泰西之管夷吾也；論其拒教，又泰西之西門豹也。畢士亦人傑也哉！

意大里亞爲毆羅巴古一統之國，《漢書》謂之大秦。其後日益衰微，嘗爲土、法所併，屢滅屢復，如楚縣陳封陳之舉。至嘉慶二十年，各國仿葵邱衣裳之會，尋宋虢弭兵之盟，大會於維也納，各反侵地，修好息兵，遂定其國爲九。大國有四：曰羅馬，教主踞之；曰多斯加納；曰薩爾的尼亞；曰拉布勒士。小國有五：曰巴爾麻，曰摩德那，曰盧加，曰摩納哥，曰勝馬里虐。道光二十八年，薩爾的尼亞王威克妥耳依馬努嗣位，能中興其國。咸豐十一年，遂爲合衆國，復故號，取羅馬都之，收教主之權，而國稱强國焉。

土耳其本回部，崇瑪哈穆特之教，與泰西殊趨。其地分中、東、西三境。東境五部，中境六部，在亞細亞洲內。西土八部，都城所在。俗無彝倫，政無綱紀，屢爲俄人所侵陵。同治十三年，國主以荒淫被廢，是又蹈陳靈公之覆轍也。

奥地利亞盛時，日耳曼、意大里皆其藩屬，今則儕爲與國。瑪加本其附庸，近已合爲一國。疆域三千餘里，亦大國也。

瑞士分二十二部，不立王侯，推鄉官理事，近日交歡於德，力黜教黨，立爲合衆之國，國勢方興未艾也。

希臘本古名邦，今爲新造之國，地分十部，國小而治。

瑞國處窮髪之北，瑞典二十四部，挪耳瓦十七部，北負冰海，貧苦特甚。

丹馬國尤小，地形從日耳曼北出，如人舒臂，與瑞國南境相迎距，國分五部，小而貧矣。

西班牙三土四十九部，國弱於法，而地相若。明時航海得吕宋地，遂成大國。道光中，女主依撤伯爾拉立，屬地多叛。同治中，大臣廢女主，而迎立意大里亞世子阿馬得牙。在位二年，其前王之從子登卡洛斯遥奉女主之子阿耳分所。既而自立，戰争不休。阿馬不安於位，遜歸。國人迎立阿耳分所，屬國復合，而登卡洛斯則儼然敵國矣。

葡萄牙本小國，處西海之濱，附於西班牙，地分六部。明隆慶時，航海至廣東，乞租香山濠鏡隙地。疆臣林富代請於朝，許之。因立埠於澳門，實爲泰西通市之始。

荷蘭、比利時本一國所分，東十一部爲荷蘭，西九部爲比利時。比利時無足重輕。荷蘭好勤遠略，南洋島嶼佔據最多。但德國寖昌，而又逼近肘腋，荷蘭恐終爲德屬。而南洋夙爲荷埠者，若隸於德，則東道關鍵德人握之，是又爲英、法所必争也。

南洋諸島國：臺灣之南爲吕宋，再南爲西里百島。西里百之東北爲摩鹿加，再東爲巴布亞大島。西里百之北爲蘇禄，再西爲婆羅洲。由厦門趨七州洋，過昆侖而南，爲噶留巴，再西爲蘇門答臘，大、小亞齊在焉。巴、蘇兩島相望，海口之峽曰巽他，卽舊港地，爲毆羅巴西來要道。蘇門答臘之東北，有大島，爲新嘉坡、麻喇甲，稍西别一小島曰檳榔嶼。明以前諸島國皆稱朝貢，同列藩服，迨毆羅巴人航海遠來，其始以重幣購片土爲埠，艤舟立市，盤踞既久，漸而劫其君、奪其地，百餘年間翦滅殆盡，惟蘇禄以彈丸僅存。邇年來，吕宋、亞齊之人逐西班牙、荷蘭所置之吏，復自立爲國，於是南洋各島皆有勝、廣求六國後之勢。

五印度在緬甸之西、兩藏之西南，地方數千里。明時葡萄牙、荷蘭經營其地，立市通商。國初，英人毆而奪之。而南、中諸部有爲英滅者，有聽其置吏而空存守府之名者，有受役爲藩國者，僅廓爾格、克什米爾、新的亞、信地等國尚能自存，餘皆隸英籍矣。

蓋自同治以來，法蘭西侵佔安南之嘉定省，英吉利侵占緬甸之朗谷，俄羅斯踞我黑龍江，日本滅我琉球國，而且通商之埠日多，交涉之事愈繁，卽所定約章亦多挾制要求，必遂其欲而後已。所以縱談時務者，或投袂而起曰：『寇不可長也，是宜戰。』或借箸而籌曰：『釁不可開也，是宜和。』有老成持重者曰：『藩籬不可不固也，是宜守。』而究之能守而後能戰，能戰而後能和。設我之防閑不密，兵甲不堅，彼將入我堂奥，踞我卧榻，欲與之和不可得矣。如我之防維既嚴，士卒思奮，彼且因通商之故永訂盟好，何敢逾鴻溝半步哉？故欲保中外之和局，不得不防之於豫。因就臆見所及，可以强兵、可以富國、可以興利、可以除害者，著《巵言》十三篇，明知管不可以窺天，蠡不可以測海，而有觸斯鳴，其敢避夏蟲語冰之誚也乎？

研判東亞諸國國情分部

綜述

朝鮮　韓國

元·周致中《異域志》卷上　朝鮮國　古朝仙，一曰高麗，在東北海濱，周封箕子之國，以商人五千從之。其醫巫卜筮、百工技藝、禮樂詩書皆從中國。衣冠隨中國各朝制度，用中國正朔，王子入中國太學讀書。

風俗華美，人性淳厚。地方東西三千，南北六千。王居開城府，依山爲宫，曰神嵩。民舍多茅茨，鮮陶瓦。以樂浪爲東京，百濟金州爲西京，有郡百八十，鎮三百九十，洲島三千。以鴨緑江爲西固，東南至明州，海皆絶碧，至洋則黑，海人謂無底谷也。

《元史》卷二〇八《外夷傳一·高麗》　高麗本箕子所封之地，又扶餘別種嘗居之。其地東至新羅，南至百濟，皆跨大海，西北度遼水接營州，而靺鞨在其北。其國都曰平壤城，卽漢樂浪郡。水有出靺鞨之白山者，號鴨淥江，而平壤在其東南，因恃以爲險。後辟地益廣，并古新羅、百濟、高句麗三國而爲一。其主姓高氏，自初立國至唐乾封初而國亡。垂拱以來，子孫復封其地，後稍能自立。至五代時，代主其國遷都松岳者，姓王氏，名建。自建至燾凡二十七王，歷四百餘年未始易姓。

明·佚名《朝鮮志》卷上　檀君肇國，箕子受封，皆都平壤。漢置四郡二府，自是三韓瓜分。馬韓統五十四國，辰、卞韓各統十二國。厥後新羅、高句麗、百濟三國鼎峙。新羅之地，東南至海，西至智異山，北至漢水；高句麗東至海，南至漢西，北踰遼河；百濟西南至海，東至智異山，北至漢。新羅滅高句麗、百濟，及其衰也，弓裔據鐵原稱後高句麗，甄萱據完山稱後百濟。高麗始祖統合三韓，西北以鴨緑爲限，東北以先春嶺爲界，至我康獻王建都漢陽，定爲八道：中曰京畿；西南曰忠清，其西抵大海，皆古馬韓之域，高句麗、百濟分據其地；東南曰慶尚，其東南抵大海，本辰韓之地；南曰全羅，其南抵大海，本卞韓之地，後爲百濟所有；西曰黄海，其西抵大海，古朝鮮馬韓舊地，後爲高句麗所有，唐高宗滅高句麗，不能守其地，新羅遂並之，及季世爲弓裔所據，高麗始祖盡有其地；東曰江原，其東抵大海，本獩貊之地，後爲高句麗所有；西北曰平安，西抵鴨緑江，北接靺鞨，本朝鮮故地，後爲高句麗所有，新羅文武王與唐將李績攻滅之；東北曰咸鏡，東抵豆滿江，北接靺鞨，本高句麗之地。八道之中，忠清、慶尚、全羅三地，道廣物衆，州郡雄巨，最爲富庶，俗尚詩書，人才之出比諸道倍多。平安、咸鏡二道，境接靺鞨，俗尚弓馬，兵卒精强。

京都　北鎮華山，有龍蟠虎踞之勢，南以漢江爲襟帶，左控關嶺，右環渤海。

景福宮。即王宮。

勤政殿。受朝正殿。

思政殿。在勤政殿北，接引士大夫，講論治道之所。

康寧殿。在思政殿北。

交泰殿。在康寧殿北。

含元殿。在康寧殿西北。

養心堂。在康寧殿西。

丕顯閣。在思政殿東偏，夜引講官論難經史之所。

麟趾堂。在交泰殿東。

紫薇堂。在交泰殿東。

清燕樓。在交泰殿東。

忠順堂。在後苑，王常不忘朝廷，揭此名堂以寓敬順之誠。

隆文樓。在勤政殿東。

隆武樓。在勤政殿西。

慶會樓。在思政殿西，環樓爲池，池深，廣種芙渠，中有二島。

欽敬閣。在康寧殿西，鑄銅爲山，高七尺許，置閣中，內設巧機，用玉漏水激之，使自輪轉，五雲繞日，朝夕出没。又設司辰武士、玉女及十二神之儀，每時至，武士撃鐘，玉女奉時牌而出，十二神各于方所，輒自起立，時盡則玉女還入，神亦還伏，其運若神，莫測其妙。山之四面，陳豳風四時之景，以爲候象授時敬天勤民之所。

報漏閣。在慶會樓南，設座二層，三神在上，司時者撞鐘，司更者撃鼓，司點者扣鉦，十二神在下，各執辰牌，時至自出，時盡還入，皆刻木爲像，激水爲機，不假人力，隨時自報，不差毫釐，爲術最妙。街中鐘鼓晨昏之節，皆以此傳撃。

簡儀臺。在宮城內西北隅，築石爲臺，繚以石欄，置簡儀其巓，臺西植銅表，斲青石爲圭，圭面刻丈尺寸分，乃用影符，取日中之影，推得二氣盈縮之端。又於昌德宮西麓起瞻星臺，置小簡儀，觀天象察氛祲候雲物。通衢之側，築臺，置仰釜，內刻周天度數，畫十二神，外列方位，設衡南北，衡腰穿小竅以測日晷，使愚民知時早晚。

資善堂。世子引僚屬講讀之所，在東宮。

昌德宮。在景福宮，東王之别宮。

仁政殿。受朝正殿。

宣政殿。在仁政殿東，亦講論治道之所。

匪躬堂。在延英門南。

昌慶宮。在昌德宮東。

明政殿。受朝正殿。

文政殿。在明政殿南。

仁陽殿。在明政殿西。

景春殿。在明政殿北。

通明殿。在景春殿北。

環翠亭。在通明殿北。

倫序亭。在後苑，常接王親兄弟諸君之所。

社稷壇。在京城內西。

先農壇。在東郊。

先蠶壇。在東郊。

厲壇。在北郊。

宗廟。在京城內東。

文廟。在成均館明倫堂之南。

慕華館。在城西郊外館前，立迎詔門，以寓尊敬朝廷之意。

各司　宗親府。宗室諸君之府。

議政府。總百官，平庶政，理陰陽，經邦國。

忠勳府。諸功臣之府。

儀賓府。尚王女者之府。

敦寧府。王親外戚之府。

義禁府。掌奉教推鞫之事。

吏曹。掌文選、勳封、考課之政。

戶曹。掌戶口、貢賦、田糧、食貨之政。

禮曹。掌禮樂、祭祀、宴享、朝聘、學校、科舉之政。

兵曹。掌武選、軍務、儀衛、郵驛、兵甲、器仗、門戶、管鑰之政。

刑曹。掌法律、詳讞、詞訟、奴隸之政。

工曹。掌山澤、工匠、營繕、陶冶之政。

漢城府。掌京都口帳、市廛、家舍、田土、回山道路、渠逋、欠負債、鬭毆、晝巡、檢屍、車輛等事。
司憲府。掌論等事。
開城府。掌治舊都。
忠翊府。原從功臣之府。
承政院。掌出納王命，爲任甚重，必選堪爲宰相者爲之，由是而升爲六曹叅判及二品諸職。
掌隸院。掌奴隸簿籍及決訟之事。
司諫院。掌諫諍論駁之事。
宏文館。掌內府經籍，及書筵文翰之任，其選最重，議政府館閣吏曹共議掄揀，然後方許除授，更日値宿，講劘治道分御膳賜宮醖以寵之。
藝文館。掌制撰辭命。
成均館。掌儒學教誨，作成人才之任。
尚瑞院。掌印章符牌節鉞。
春秋館。掌在王左右書言動記特政。
承文院。掌事大諮表文書。
通禮院。掌朝儀、排班、引接。
奉常寺。掌祭祀、議謚等事。
宗簿寺。糾察宗室愆違之任。
校書館。掌印頒經籍，及香祝印篆之任。
司饔院。掌供御膳，及內府供餉等事。
內醫院。掌和劑御藥。
尚衣院。掌供御衣襨，及內府財貨等物。
司僕寺。掌輿馬廄牧之任。
軍器寺。掌造兵器火炮等事。
內資寺。掌內供米粫酒醬油蜜。
內贍寺。掌諸宮殿，俱進酒醪。
司䆃寺。掌御廩米穀。
禮賓寺。掌賓客宴享宗宰供饋，常監視議政府官飯食，進案時親自助舉。
司贍寺。掌造楮貨及貢布等事。
軍資監。凡四所，掌軍需儲積，都中有二倉，漕運所會江上有二倉。
濟用監。掌進獻紬布、人參、毛皮及彩染織造等事。
繕工監。掌土木營繕。
司宰監。掌魚鹽、燒木、杻炬。
掌樂院。掌教閱聲律。
觀象監。掌天文、地理、測候、刻漏等事。
典醫監。掌醫藥。
司譯院。掌譯諸方言語。
世子侍。講院掌侍講經史，規諷道義。
宗學。掌宗室教誨。
修城禁火司。掌宮都城，修築宮殿公廨坊里，救火。
典設司。掌帳幕排設等事。
豐儲倉。掌米豆草芚紙地等物。
廣興倉。掌百官祿俸，工匠軍兵雜務，廩給。
典艦司。掌京外舟艦。
典涓司。掌治宮庭。
社稷署。掌灑掃壇壝。
宗廟署。掌守衛寢廟。
平市署。掌勾檢市廛，平斗斛丈尺，低昂物貨。
司醞署。掌酒醴。
義盈庫。掌油蜜黃蠟素物。
長興庫。掌席子油芚紙地。
冰庫。掌藏冰。
掌苑署。掌苑囿花果。
司圃署。掌園圃蔬菜。
養賢庫。掌成均儒生供餉米豆。
典牲署。掌養犧供祭祀。
司畜署。掌飼雜畜供宴享。
造紙署。掌造表箋諮文紙及諸般紙。
惠民署。掌醫藥，療民庶疾病。

圖畫署。掌繪畫之事。

典獄署。掌獄囚。

活人署。掌救活都城病人。凡病人無歸者，官給粥料藥物，冬給燎炭，夏給冰。

瓦署。掌道瓦磚。

歸厚署。掌棺槨，供卿相禮葬者及士大夫賜與，民庶貧乏者亦給。

中學。掌訓誨小學之士。他學同。

南學。

東學。

西學。

中部。掌管内檢察非法，及橋樑、道路、里門警、守家。代打量人屍、檢驗等事。他部同。

東部。

南部。

西部。

北部。

中樞府。凡宰相，或因病事故解務者授之，以示優待。

五衛都總府。掌治五衛軍務。

訓鍊院。掌科試武士，習讀武經，鍊閲軍陣。

世子翊衛司。掌陪衛東宫。

讀書堂。在東湖幽静處，妙遴年少，文學有重望者，除本職任仕務輪畓而往，内府書籍隨意探討，使之温習涵養，以爲後日大用地。凡鋪設什器、紙硯、筆墨、饌飯、酒醴、燈燭諸具，無一不備。每遣中使賜御醖珍膳，以示寵異，膺此選者，時人擬之登蓬瀛。

風俗　崇尚信義，篤好儒術，禮讓成俗，柔謹爲風。士大夫喪葬祭禮，一依朱文公家禮，父母之喪，率皆廬墓三年。若有不謹者，不齒士列。其間或有啜粥終喪不食鹽菜，或手自炊爨以供奠事。昏娶必通媒納采，不娶同姓。士大夫皆立家廟，四時仲朔必享。忌日則子孫不食肉，祭其主於寢堂。六品以上祭三代，七品以下祭二代，庶人只祭考妣。若嫡長子無後則衆子，衆子無後則妾子奉祀，旁親無後者祔祭嫡妾，俱無子者，告官，立同宗支子爲後。士族婦女，夫死則守節終身，士大夫妻亡者，三年後改娶。若因父母之命，或年過四十無子者，許期年後改娶。每歲王祀先農，躬耕籍田，以供粢盛。王妃享先蠶，養蠶于後苑以率女工。每歲季秋王行養

老宴：參宴者皆除一級，孝子順孫義夫拜餉之。王妃宴婦人于内殿拜餉，節婦皆有賜物，年百歲以上者，歲賜米。堂上官以上，年滿七十者，功臣父母妻，堂上官妻，並月致酒饌。二品以上年尊德卲者，春秋賜宴，謂之老英會。孝友節義烈女隨其行迹，或賞職賞物，或旌門複戶，清白吏見存者，褒奬身殁者，子孫亦皆録用，戰亡人子孫亦存恤録用。宗親大臣之卒，舉哀輟朝，遣官弔祭，官庀喪事。因公在外身死者，亦致賻祭。宗室雖秩卑期親以上，亦皆吊賻營葬。侍講官及臺諫勿論品秩高卑，一皆賻給。遭親喪者亦如之，設歸厚署備棺槨，以周民間倉卒之需。敗常犯贓者，婦人再嫁者，書名三司，其子孫不齒士類。五子登科者之親，歲賜米，殁則致祭贈爵。中文武科者賜恩榮宴，其親存者，則令所在官給酒樂以榮之名，曰榮親宴。殁則設祭，謂之榮墳。中第一名者賜米。凡民因貧乏，過期未葬者，昏嫁失時者，皆給資財。饑寒孤獨者與老而無托者，亦給衣料。宏文館官員更日直宿，王日開講筵，宰相臺諫亦令輪參，又有夜對以盡羣下之情。官至一品，年七十而系國家輕重者，不許致仕，賜教書幾杖以優之。堂上官實行二品以上職者，視其秩追贈三代。士大夫及軍卒父母年七十則一子歸養，八十則二子歸養，九十則諸子歸養。每歲夏月頒冰于宗親及文武堂，上官堂上官年老在散者，活人署病刑獄囚人並給。歷代及本國忠臣、孝子、烈女所行卓異者，裒撰成書，名曰《三綱行實》，譯以方言，廣頒中外，使婦人小子無不曉解。國中設成均館及設養賢庫，常養生員進士五百人，景年居館，力學篤行，而屢舉不中年滿五十者，敍職雖非生員進士，通小學四書一經者，亦升補於館。東西四坊各有學舍，教卿大夫子弟及凡民俊秀年八歲以上者。閭巷小童不得肄學者，設童蒙教誨。州郡亦設鄉校，皆仿成均四學之制，觀察使巡到其邑，師長儒生皆試講制課，勤惰以勸懲。春秋釋菜觀察使守令親行之，又大饗儒生。成均館儒生，每歲春秋議政府六曹諸館閣堂上官命題制述科次，置簿優等者三人，直赴文科覆試。成均館升補儒生及四學諸生，每年六月定考官，逐日制述，或講論通考優等者五十人，許赴生員進士覆試，諸道亦然。世

子逐日問安視膳，與師傅賓客僚屬日三講論。凡接師傅時，下階迎送。每月十五日會講，必設大餉，一書講畢，則大設宴餉，又有賜物。新除授京外堂下官職者，參謁於議政府吏曹、屬曹，毋過十日。立崇義殿，以前朝王氏之後主之，給廩禄祭田，以奉其祀。前代新羅、百濟、高句麗王陵官禁田柴。歷代始祖及有功德及民者，皆立廟降香祝，令所在官春秋致祭。設厲壇於北郊，漢城府官每春秋徧祀無主孤魂，州郡亦如之。囚人冬月則給鋪席，夏月則淨修獄中洗濯枷杻，使無寒凍薰蒸之患。又定醫官備藥物救之，貧不能養獄者，官給廩料。京外置常平倉，穀貴則增價以貿布，穀賤則減價以賣布，以濟窮民。又置別倉，當春貸民，以贍耕種。秋償其數以備來歲，每年以爲常。若值水旱凶歉，則在在設賑濟場以救之。郡縣每歲春秋行鄉飲酒禮。又京外小民每里立鄉長，家出米布使鄉長掌之，春秋設酒共會，以申其好，謂之講信。凡有疾病患難，交相救護，若有死喪，備棺槨葬需以庇之。曾經三品職及臺諫侍讀官者，子孫承陰，每歲正月試才補官。無陰者之子孫，擇其俊秀，許三品以上官保舉，吏曹更試經書，隨才補闕。若不稱職，拜罪舉主。科舉每於子午卯酉年爲之，設三場。初場試論義二篇，中場賦表二篇，終場策問會試。則初場講《四書》《五經》，能通者許赴中場，試賦表、記中一篇。終場策問，通考取之。殿試則策時務，以第高下。若遇大慶及王親幸學宮，則有別舉。王時時親行釋奠，或不時幸學，與師儒講論，或横經問難，或行大射禮，或親策儒生。凡中科者，殿廷唱榜，御前賜酒，賜花與蓋，優人呈戲，鼓吹前導三日，遊街以榮之。若幸學試取即日唱榜者，拜賜鞍馬袍笏，尤以爲榮。聖節及正至，王率世子百官行望闕禮，每遣使上表時，王率世子百官行焚香四拜禮，王親捧表跪授，使者仍下庭鞠躬，具黄屋儀仗以出祇送郊外。我國赴京使臣，或賫奉敕書回還之時，結彩棚迎郊外，一如華使。凡進獻禮物，王親自檢視。宗親年滿十五入宗學受業，每日抽籤講習讀，以爲課勸。禮曹每月考講四學諸生所讀書。京外儒生逐日所讀，及其師職姓名簿録藏于禮曹，每科舉後所訓儒生中及第三人，或生員進士十人以上者，加階。祭服、朝服、公服，一依華制。每四時八節日，及季夏土旺日，鑽木改火。遺失小兒，漢城府本邑保授願育人，官給衣料。

古都　開城府。本高句麗東北。忽高麗始祖自鐵原徙都廣州，本百濟始祖温祚王右都。

右今皆屬京畿。

稷山。本慰禮城，百濟始祖温祚王，高句麗東明王第三子，東明王薨，避琉璃王自卒，本扶餘南奔開國，建都於此。

公州。本百濟熊川郡，文周王自北漢山城徙都至，聖王移南扶餘。

扶餘縣。本百濟聖王自熊川來都，號南扶餘。義慈王時，新羅金庾信與唐蘇定方攻滅之，唐師既去，新羅盡得其地。

右今皆屬忠清道。

全州。甄萱建都於此。稱後百濟。

益山。本馬韓國，後朝鮮王箕準，箕子四十一代孫也。避衛滿之亂，浮海而南至韓地，開國仍號馬韓。百濟始祖温祚王並之。

濟州。本耽羅國，或稱毛羅，在全羅南海中。

右今皆屬全羅道。

慶州。新羅古都，始祖赫居世開國建都。

高靈縣。本大伽倻國，自始祖伊珍阿豉王至道説智王，凡十六世五百二十年。新羅滅之。

金海府。本駕洛國，或稱伽倻，後改金官國，自始祖首露王至仇亥王，凡十世四百九十一年。仇亥降于新羅。

東萊縣。古萇山國。

義城縣。古召文國。

清道郡。本伊西國。

慶山縣。本古梁國。

尚州。本沙伐國。

開寧縣。本甘文國。

咸昌縣。本古寧伽倻國。

咸安縣。本阿尸良國。

固城縣。本伽倻國並爲新羅所取。

右今皆屬慶尚道。

江陵府。本獩國，漢武帝元封二年遣將討之，定爲臨屯郡。

三陟府。本女直國，降于新羅。

春川府。本貊國。

鐵原府。本高句麗鐵圓郡，弓裔起兵取之，自松嶽郡來都，國號泰封。

右今皆屬江原道。

平壤府。本三朝鮮高句麗之故都。唐堯戊辰歲有神人降太伯山檀木下，國人立爲君，都平壤，號檀君，是爲前朝鮮。周武王克商，封箕子於此，是爲後朝鮮。傳至四十一代孫，準燕人衛滿奪其地，都王險城，即平壤，是爲衛滿朝鮮。其孫右渠時，漢武帝遣將討之，以王險爲樂浪郡。

龍岡縣。本古黄龍國，爲高句麗所並。

成川府。本沸流王松讓故都，高句麗始祖東明王自北扶餘來都，卒。本川松讓以其國降。

右今皆屬平安道。

古迹　面岳。在京都中。高麗肅宗六年，命崔思諏、尹瓘等相南京之地，思諏還，言臣等就盧原驛海村龍山等處，審視山水，不合建都，惟三角山面岳之南，山形水勢符合古文，請於主干中心壬坐丙向，隨形建都，從。形勢東至大峯，南至沙里，西至岐峯，北至面嶽爲界。面岳即白岳。

馬巖影殿。在開城府成均館前，高麗恭愍王爲魯公主大營影殿於此，窮極奢麗，今有遺址。

九齋學堂。古基在府北松嶽山紫霞洞。高麗顯宗以後，干戈纔息，未遑文教，文憲公崔沖収召後進，教誨不倦，學徒坌集，遂分九齋，曰樂聖、大中、誠明、敬業、造道、率性、進德、大和、待聘，謂之侍中崔公徒，凡應舉者，必詣徒中學焉。及沖歿後，凡赴舉者亦皆隸名九齋，籍中謂之文憲公徒，東方學校之興，蓋由沖始。

滿月臺。在松嶽山下高麗延慶宮正殿前階也，遺基尚存。

延福亭。古基在府東大門外山臺巖下。高麗毅宗聞城東沙川龍淵寺南有石壁數仞，削立臨川，曰虎巖，流水渟滀，樹木蓊蔚，命內侍李唐柱等構亭其側，名曰延福，奇花異草，列植四隅，以水淺不可舟，築堤爲湖，日泛舟酣晏，徹夜不止。羣臣皆大醉，揷花倒載而還，或沈醉忘歸，衛士甚怨，率致難。

歸法寺。古基在府炭峴門外，崔沖每歲暑月，借此寺之僧房爲夏課，擇徒中及第學優未官者爲教導，授以九經三史，間或先進來過刻燭賦詩，牓其次第，唱名以入，設小酌童，冠列左右，奉樽俎進退有儀，長幼有序，相與酬唱。及日暮，皆作洛生詠以罷，觀者莫不嘉歎。

右畿內。

弓樹。在光州南門外。枝幹輪囷。大數十圍，高七十餘尺，邑人以發葉早晚，占年之豐歉。今枯。

崔氏園。在靈巖郡西，諺傳新羅人崔氏園中有瓜，長尺餘，一家頗異之。崔氏女潛摘食之，歆然有娠，彌月生子。其父母惡其無人道而生，置之竹林。居數十日，女往視之，鳩鷲來覆翼之，還告于父母。父母往見，異之。取而養之，及長，祝發爲僧，名道詵，入唐傳一行禪師地理之法而還，踏山觀水，多有神驗，後名其地曰鳩林。

毛興穴。在濟州南二里。高麗史古記云：厥初無人物，三神人從地湧出，長曰良乙那，次曰高乙那，三曰夫乙那。三人遊獵荒僻，皮衣肉食。一日，見紫泥封木函，浮至東海濱，就而開之，內有青衣處女三，及諸駒犢五穀種。三人以歲次分娶之。始播五穀，且牧駒犢。子孫蕃盛，今州鎮山北麓有穴，是其地也。

右全羅道。

泡母臺。在忠州風流山，高數十丈。諺傳昔有仙女名薔薇，自號泡母，常遊其上，香滿一洞。唐明皇聞之，遣道士迎入宮，號真完夫人。

天政臺。在扶餘縣北十里許，江北絶巘有巖如臺，下臨江水。諺云：百濟時，欲拜宰相，則書當選者名，函封置巖上。須臾取看，名上有印迹者爲相，故名。或稱政事巖。

釣龍臺。縣北扶蘇山下有一怪石，跨于江渚，石上有龍攫之迹，諺傳蘇定方伐百濟，臨江欲渡。忽風雨大作，以白馬爲餌而釣，得一龍。須臾開霽，遂渡師伐之。故江曰白馬，巖曰釣龍臺。

落花巖。釣龍臺西有巨巖，諺傳百濟義慈王爲唐兵所敗，宮女奔迸登是巖，自墮于江，故名。

蘇定方碑。在縣西二里。唐高宗遣定方與新羅金庾信伐百濟，滅之，立石紀功。

右忠清道。

始林。在慶州府南。新羅脱解王夜聞始林樹間，有鷄鳴聲。遣人視之，有金色小櫝，掛樹枝白鷄鳴於其下。王取櫝，開之，有小男兒在。王喜曰：此豈非天遺我令胤乎？乃収養之，名曰閼智，以其出於金櫝，故姓金氏，因名其林曰鷄林，因以爲國號。

琴松臺。在府金鼇山頂。新羅人王寶高遊樂之處。寶高入智異山學琴，五十年自製新調三十四曲，彈之，有玄鶴來舞，遂名玄鶴琴。又云玄琴。世傳寶高得仙道。

鮑石亭。在金鼇山西麓煉石，作鮑魚形，故名焉。流觴曲水，遺迹宛然。後百濟甄萱攻燒高欝府，逼至郊畿。時新羅景哀王與妃嬪宗戚出遊鮑石亭，置酒娛樂，忽聞兵至，倉卒不知所爲。王與夫人走匿城南離宮，從臣伶官宮女皆被陷没，萱縱兵大掠，入處王宮，令左右索王，逼令自盡强辱王妃，縱其下亂其嬪妾，立王表弟金傅爲王。

瞻星臺。在府東南。新羅善德王時，煉石築臺，上方下圓，高十九尺通其中。人由中而上下，以候天文。

月明巷。在府金城南。新羅憲康王遊雀城至開雲浦，忽有一人奇形詭服，詣王前歌舞讚德，從王入京，自號處容，每月夜歌舞於市，竟不知所在，時以爲神。其歌舞處後人名爲月明巷，因作處容歌處，容舞假面以戲。

萬波息笛。新羅神文王時，東海中有小山浮來，隨波往來。王異之，泛海入其山上，有一竿竹，命作笛，吹此笛，則兵退病愈，旱雨雨晴，風定波平，號萬波息笛，歷代傳寶之，至孝昭王，加號萬萬波波息笛。今亡。

玉笛。長尺有九寸，其聲清亮，俗云東海龍所獻，歷代寶之，傳至於今。

玉帶。新羅真平王元年，有神人降于殿庭，謂王曰：上帝命我傳賜玉帶。王跪受，幾郊廟大祀，皆服之。

井田。在府地。新羅時，遺基尚存。

上書莊。在金鼇山北。高麗始祖之興，新羅崔致遠知必受命，上書有『雞林黄葉，鵠嶺青松』之語，羅王聞而惡之，致遠即帶家隱居伽倻山海印寺終焉，其鑑識之明，羅人服之，乃以其所居名上書莊。

皇龍寺。在府月城東。新羅真平王命所司，築新宮於月城東黄龍現，其地王疑之，改爲佛寺，號曰黄龍。有率居者於寺壁畫老松，根幹鱗皴，枝葉盤屈，鳥雀往往望之飛入，及到蹭蹬而落。歲久色暗，寺僧以丹青補之，鳥雀不復至。

題詩石。在陜川郡海印寺洞，俗云紅流洞，洞口有武陵橋，渡橋向寺而行五六里許，有崔致遠題詩石。其詩曰：『狂噴迭石吼重巒，人語難分咫尺間。常恐是非聲到耳，故教流水盡籠山。』後人因名其石曰致遠堂。

讀書堂。在郡伽倻山，世傳崔致遠隱伽倻山。一朝早起，出石遺冠屨于林間，莫知所歸。海印寺僧以其日薦冥禧，寫真留讀書堂。堂之遺址在寺西。

瓜亭。在東萊縣南。高麗鄭敍被譖歸田里，乃築亭種　，撫琴作歌，以寓戀君之意。詞極凄惋，自號瓜亭，其歌詞至今傳於樂譜。

右慶尚道。

棘城。在黄州南二十五里。高麗人防紅巾於此，盡爲賊所殲，累經兵燹，白骨暴野，天陰雨濕，鬼物煩寃，熏爲厲氣，轉相侵染，民多夭劄。國家春秋降香祝致祭，其患遂絶。

亐多窟。在海州東三十里，其窟圓往二丈餘，穴暗，人持火乃入，至五里許，其穴屈曲幽深，且有水不得窮源。諺傳亐多將軍入此穴，達於九月山頂之穴，相距百餘里，窟内燃火至十餘日，則燃氣出於九月山穴。

右黄海道。

石灶。

石池。

石井。俱在江陵寒松亭傍，四仙游憩之時茶具也。

酒泉石。在原州酒泉縣南，道旁有石，狀如半破酒槽者，世傳石槽舊在西川邊，就而飲者，無不足焉。邑吏憚於往來，欲轉置於縣，衆共移之，忽大雷震，石碎爲三，一沈於淵，一不知所在，一即此石也。

右江原道。

麒麟窟。在平壤府浮碧樓下，東明王養麒麟馬於此。後人立石志之，世傳王乘麒麟馬入此窟，從地中出朝天石升天，其馬迹至今在石上。

井田。在府外城内，箕子區畫井田，遺迹宛然。

青雲橋。

白雲橋。俱在府九梯宮基内，東明王時梯也。

右平安道。

又　卷下　山川

三角山。在京畿楊州之境，一名華山，一名負兒岳。自江原道平康縣之分水嶺，連峯迭嶂，起伏迤邐。西至揚州西南爲道峯山，又爲三角山，實京城之鎮山也。

白嶽。在京都宮城北。

仁王山。在白嶽西。

白雲洞。在仁王山麓。

木覓山。即都城南山，一名引慶山，唐修撰皋易覓以蜜。

蠶頭峯。又名龍頭峯。《大明一統志》稱龍山在楊花渡東岸，即此。孤立不甚高，然入江心鬭斷，四望曠闊無礙，爲勝最絶，故著稱焉。

漢江。在木覓山南，古稱漢山河。新羅時爲北瀆載中祀高麗稱沙平渡，其源出江陵五臺山，至忠州西北與達川合，至原州西與安昌水合，至楊根西與龍津合，至廣州界爲渡迷津，爲廣津，爲三田津，爲豆毛浦，至京城南爲漢江渡。自此而西流爲露梁，爲龍山江，又西爲西江，至衿川北爲楊花渡，陽川北爲孔巖津，至交河西與臨津合，至通津北爲祖江，入於海。

龍山江。在都城西南十里慶尚江原，忠清京畿上流漕轉皆集於此，商船賈舶往來不絶。

西江。在都城西十五里，黄海全羅、忠清、京畿下流漕轉所集之地。

楊花渡。即西江下流。

楮子島。在三田渡西江水岐爲二派，環島洄伏而出，島上松林葱鬱，其中寬平可居，石泉湧出，最爲幽絶。

栗島。在麻浦南，蒔藥種栗。

箭郊。在都城東七八里許，三面圍山，一面帶水，平蕪極目，水草肥饒，官馬放牧之地，有亭曰華陽，取歸馬華山之義。

右都城近處冠。

嶽山。在果川西五里鎮山。

青溪山。在廣州西五十里。

松嶽山。開城府鎮山，又稱鵠嶺，在府北五里。

紫霞洞。在松嶽山下，洞府幽阻，漢水清漣，殊爲蕭灑。

進鳳山。在府東南，内外杜鵑花盛開，世稱進鳳山躑躅。

天磨山。在府北，諸峯峭崒插天，望之凝翠，謂之天磨。

聖居山。在府西北黄海道牛峯縣境，與天磨山相連，一名九龍山，又名平那山，上有五峯，其峯各有小庵稱五聖。昔聖骨將軍居扶蘇山右谷，一日與同里九人捕鷹，會日暮，就宿巖竇，有虎當竇口，大吼。十人相謂曰：虎欲啖我輩，試投冠，使見攬者當之，遂投之。虎攬聖骨冠，聖骨出，欲與虎鬬，虎忽不見而竇崩。九人皆不得出。聖骨還，報平那郡，郡人來葬九人，先祀山神。其神見曰：予以寡婦主此山，幸遇聖骨將軍，欲與爲夫婦，共理神政，請封爲此山大王。言訖，與聖骨俱隱不現。郡人因封聖骨爲大王，立祠祭之，以九人同亡，改山名曰九龍。聖骨之孫寶育出家入智異山修道，還居此山之北岬。

大興洞。在天磨、聖居兩山之間，樹木蓊鬱，泉石光潔，夏則緑陰蓋地，木蓮花開，清香滿洞；秋則赤楓黄葉，倒映水底，真佳境也。

樸淵。在天磨、聖居兩山之間，狀若石甕，窺之正，黒有磐石湧出中心，曰島巖，水赴絶壁，怒瀑下垂，可十餘丈，宛如白虹映空，飛雪灑矼，霆奔電激，聲震天地。諺傳昔有朴進士者吹笛淵上，龍女感之，引以爲夫，故名樸淵。其母來哭，墜死下潭，遂名姑姆潭。淵上有神祠，遇旱禱雨輒應。高麗文宗嘗遊此，登島嵓上，忽風雨暴作，石震動，文宗驚怖。時李靈幹扈從，作書數龍之罪，投於淵。龍即出其脊，乃杖之，淵水爲之盡赤。

五鳳峯。在開城府，峯下有寺，名曰甘露。高麗李子淵入元朝登潤州甘露寺，愛湖山勝致，謂從行三老約曰：肅宜審視形勢，載胸臆間。及還，與三老約曰：天地間凡有形者，無不相似，況我國山川清秀，其形勢豈無與京口相近者乎？汝宜以扁舟短棹，無遠不尋，當以十年爲期。三老曰：唯凡六涉寒暑，始得之於府城西，湖潤州甘露寺雖美，但營構繪飾之工特勝耳。至於天作地生自然之勢，殆未及此。凡樓閣池臺之制度，一仿潤州。

禮成江。在府西三十里，高麗朝宋，皆於此發船，故謂之禮成。

碧瀾渡。在府西三十六里。《宋史》：自急水門又三日抵岸，有館曰碧瀾亭，由此登陸，崎嶇四十餘里，乃其國都者。是也。今稱息波亭。

天寶山。在楊州東二十五里，山有檜若寺。高麗時西域僧指至到此，云山水之形，宛同天竺阿蘭陁之寺。後僧懶翁始建寺，未畢而死。其徒覺田等訖工爲屋，凡二百六十二間，棟宇像設，宏狀美麗，甲於東方。

驪江。即漢江上流，在驪州客館北，臨江有樓曰清心，沿江有長林曰八大藪，周十餘里，登樓望之，如在畫圖中。

龍門山。在楊根郡東三十三里，一名彌智山。

月溪遷。在郡西三十里，縈紆山腹下，臨江水，俗稱棧道爲遷。

五冠山。在長湍府西三十里，山頂有五峯，團圓如冠，故名。高麗人事母至孝，居山下，去京三十里，爲養禄仕，朝出暮返，告面定省，不少衰歎。其母老作木雞歌，名曰五冠山，曲傳於樂譜。山下有靈通寺，洞府深邃，山勢周遭，流水漫回，樹木蓊鬱。其西樓勝槩，爲松都第一。

遮日巖。在五冠山下綿細洞口，有巖石，平廣可坐，鑿石爲窠臼。人言古人張幕立柱處，或云仙人所游，或云君王所幸，有泉盤回。其駛如箭，其下爲泓，泓底皆石，羣魚潑刺，歷歷可數。

巖巖。在五冠山下靈通洞口，一名花潭，左有翠壁峭立，如展畫屏，巖隙有躑躅。當春亂髮，紅映水底，潭右有小嵓，四面如削，其上四隅，亦有張幕窠臼。

湧巖山。在五冠山東北，山與天磨、聖居諸山相連，絶壁峭立，三面如削，巖巘之間有寺，名曰洛山。惟南面獨開，恍如天造。寺東有一獨峯，高揷霄漢，上戴磐石曰正瓶臺。寺南又有一峯曰香爐峯。成化乙酉春夜，有聲如雷，寺僧皆震怖。明日視之，則寺後石岡自折，移立東門外，屹然與兩峯鼎峙。

寶鳳山。在府西二十里檜嶺東，山勢如鳳鶱舞，故名。

石壁。府東三十里，有長湍渡，一名頭耆津，即臨津上流。兩岸青石壁立，周遭十里清江瀉其中，瑩徹可鑑。春花秋楓，紅緑倒影，乘舟望之，宛如仙境。

臨津渡。在府南三十七里，其源出咸鏡道安邊府界。

扶蘇山。在豐德郡十五里，山有敬天寺，有石塔十三層，刻十二會相，人物聳動，形容森爽。其製作精巧，天下無雙。諺傳元脫脫丞相以爲願刹，晉寧君亹融募元朝工匠造此塔，至今有脫脫亹融畫像。又寺之東岡產怪石，俗謂之沈香石。

孔巖津。一名北浦，在陽川，有巖立，水中有竇，因以爲名。高麗恭湣王時有民兄弟偕行，弟得黄金二錠，以其一與兄，至津同舟而濟，弟忽投金于水，兄怪而問之。答曰：吾平日愛兄篤，今而分金忽萌忌兄之心，此乃不祥之物，不若投諸水而忘之。兄曰：汝之言誠是矣，亦投金于水。

右京畿。

屏風山。在清風郡北一里，蒼壁削立如屏，周遭五六里，大川縈回其下，山腰有風穴。

城山。在永春縣南三里，山下有石窟，高丈餘，廣可十余尺許，深入無際涯，有水混混而出，深可没膝，清冷如冰，邑人持炬十柄而入，穴猶未竟，炬盡而返。

椒水。在清州東，其味如椒，而冷似氷浴，則已疾。

俗離山。在報恩縣東，九峯突起，亦名九峯山。新羅時稱俗離嶽躋中祀，山頂有文藏臺，迭石天成，贔屭聳空，其高不知其幾丈，其廣可坐三千人。臺上有坎如鑊，其中有水混混，旱不縮，雨不肥。分爲三派，流泝半空。一派東流爲洛東江，一派南流爲錦江，一派西流而北爲達川，入于金遷山下，有八橋九遥之號。山之南岸，紆餘開豁，自此至彼，望之遥遥，疑其地盡，而至則又望遥遥，如此九轉而乃抵於法住寺，故名九遥。九遥之中，一水回環曲轉，每曲有橋，總八，故名八橋。第一橋曰水精橋，橋上有飛閣，人從閣中行。

黄山。一云天護，在連山縣東。新羅金庾信將兵與唐蘇定方攻百濟，百濟將軍階伯禦羅兵于黄山之野，設三營，四戰皆勝，兵寡力屈而死。甄萱從高麗太祖討其子神劍，神劍兵敗而降，萱憂懣發疽，數日卒于黄山佛舍。

白馬江。在扶餘縣西，良丹浦及金剡川與公州之錦江合流爲此江，入林川郡界爲古多津。

藏軍洞。在石城縣北，洞門曲狹，行人見之，疑若無洞，罙入其内，極廣闊，可藏萬餘兵。世傳唐將蘇定方伐百濟時，藏兵於此，故因以爲號。

元帥山。在燕岐縣南。高麗忠烈王十七年，哈丹侵軼王請兵于元世祖，遣平章薛闍干領兵來助。王以韓希愈金忻等，將三軍偕元兵與丹戰於縣北清州之界正左山下，大捷，追至公州熊津，伏屍三十餘里，斬獲不可勝計。俗至今呼駐軍之地爲元帥山。

温泉。在温陽郡西，水熱如沸，湯療病有效。

右忠清道。

開雲浦。在蔚山郡南。新羅憲康王游崔城至海浦，霧晦冥迷失道，禱於海神，開霽，因名焉。

七點山。在三乂水之間，山有七峯如點，故名。世傳駕洛時，旵始仙人所游之地。

金井山。在東萊縣北，山頂有石，高可三丈。上有井，圓十餘尺，深七寸許，有水常滿，旱不竭，色如黄金。世傳有一金色魚，乘五色雲從天而下，游泳其中，以此名其山。

温井。在縣北，其熱可熟雞子，帶病者飲之輒愈。新羅時，王屢幸於此，甃石四隅立銅柱，其穴猶存。

内迎山。在清河縣北，山有大中小三石，鼎列於巖上，人稱三動石，以手指觸之則微動，兩手據撼則不動。新羅真平王避甄萱亂於此山。

龍頭山。在寧海府西二十里，其頂有井，水旱無增減，俗傳初山頂有一葦長至天，乃鑿井其地，水甚清澈，邪人照之，則變爲泥也。

冰山。在義城縣東南四十里大巖下，有石穴，穴口高三尺，廣四尺八寸，横入五尺一寸，是爲風穴。又有穴在巖底直下，廣一尺，深可量處，方一尺，其下回曲，深淺難量。立夏後冰始凝，極熱則冰堅，霪雨則冰釋。春秋不寒不熱，冬則温氣如春，是爲冰穴。

鼇山。在清道郡南二里鎮，山東有一穀，名曰高沙洞。天將風雨，先期而鳴，噴出雲氣，雲入洞内則雨，雲出洞外則風。大鳴則即日有驗，小鳴則二三日乃驗。

華山。在義興縣東三十里，山麓有風穴，廣三尺二寸，長二尺八寸，風自穴出，甚寒，夏初必冰。

洛東江。在尚州東三十六里，聞慶龍淵及軍威並川諸水至州之東北，合於龍宫河豐津，南流爲洛東江，入善山府界。自此至入海，雖隨地異名，而總稱洛東江，又稱伽倻津。

恭儉池。在州北二十七里，高麗時司録崔正份因舊址築之堤，長八百六十步，周一萬六千六百四十七尺，民賴灌溉之利，池中蓮花盛開，香風聞數里，菱芡被洲，渚縣之士人環池岸置亭榭以遊焉。

鯉埋淵。在善山府東十二里，東岸有奇巖，巖下有龍穴，天旱先燔柴于冷山之頂，繼沈虎頭於此，或祭龍以禱輒應。

鳥嶺。在聞慶縣西二十七里，俗號草岾，與豐基竹嶺俱爲南道雄關。

龍湫。在鳥嶺下桐華院西北一里，有瀑布，四面及底皆石，其深不可測，俗傳龍騰處。

曦陽山。在縣南十五里，有古城，三面皆石壁，古有軍倉，洞府深邃，泉石絶勝。

串岬遷。在縣南二十二里，即龍淵之東崖，一名兔遷。鑿石爲棧道，縈紆屈曲幾六七里，俗傳高麗始祖南征，至此不得路，有兔緣崖而走，遂開路以行，因稱兔遷。其北斷峯有石城遺址，古之防戍處。

伽倻山。一名牛頭山，在陝川郡北。高麗始祖將興崔致遠上書，有『雞林黄葉，鵠嶺青松』之語。新羅王惡之，致遠即帶家隱於伽倻山之海印寺。

吟風瀨。

泚筆巖。俱在海印寺洞，是地攢峯四峙，怒浪噴風，聲如陣馬，巨石臨溪，苔蘚不蝕，滑如磨礱，可施鉛毫，故名，皆致遠所遊處。致遠即入唐，爲高駢幕下，作檄黄巢書者也。

水落巖。在龍川縣東十三里栗川峴，山南溪水流入山腰，巖石間作瀑布數十丈，分三派，直下垂。土人以爲全羅道將旱則西派竭，慶尚道將旱則東派竭，忠清道將旱則中派絶流，以此占來歲水旱。

右慶尚道。

萬景臺。在全州府東南十里高德，山北麓有石峯奇秀，狀如層雲，其上可坐數十人，四面林木森鬱，石壁如畫。西望郡山島北通箕準，城東南負太山，氣象千萬。

羣山島。在萬頃縣西海中，周六十里，回迂可以藏船，凡漕運往來者，皆候風於此島，中有大塚如君王陵者。《大明一統志》：十二峯連絡如城，舊有客館曰郡山亭及五龍山廟。

邊山。在扶安縣西二十五里，一名瀛洲山。峯巒盤回百餘里，重疊高峻，巖穀深邃，宫室丹鉛之材，自高麗皆取於此，俗傳虎豹見人即避，夜行無阻。

無等山。在光州東十五里鎮海，一云武珍嶽，一云瑞石山。穹窿高大雄盤五十餘里，濟州漢拏山，慶尚道南海巨濟等島，皆在眼底。山西陽崖有石條數十櫛立，高可百尺，山名瑞石，以是也，天旱欲雨與久雨欲晴，山輒鳴，聲聞數十里。

月出山。在靈巖郡南五里，諺稱小金剛山。

九井峯。月出山最高頂有巖屹立，高可二丈，旁有一穴，僅容一人，從其穴而上，其巔可坐二十人，其平處有凹而貯水如盆者九，號九井峯，雖旱不竭，諺傳九龍所在。

動石。九井峯下有三石，特立層巖之上，高可丈余，周可十圍，西負山巔，東臨絶壁，其重雖用千百人不能動搖，而一人搖之則欲墜而不墜，故亦稱靈石。郡之得名以此。

漢拏山。在濟州南二十里鎮山，其曰漢拏者，以云漢可拏引也。其巔有大池，人喧則雲霧，咫尺不辨。五月雪猶在，八月乃襲裘。

明月浦。在州西六十里海口，可泊舟。

財巖。在明月浦西五里，其形如屋穹窿，其上鋪白沙，其下有大穴，人以炬入其中，寬廣可八十步許，産石鐘乳。其西北有二巖，名小夾財，俱産石鍾乳，其中寬廣，亦五十步許。

智異山。在南原府東六十里，山勢高大，雄據數千里。女真白頭山之脉連延至此，故又名頭流，一名方丈。杜詩『方丈三韓外』注及《通鑑輯覽》皆云：方丈在帶方郡，即南原之南者。是也。新羅爲南嶽躋中祀環山而居者凡數十州，其北則咸陽，其東南則晉州，其西則南原，奇峯峭壁不可勝算。天王峯、般若峯最高，山腰或有雲雨雷電，其上則晴朗。諺傳太乙居其上，羣仙之所會，龍象之所居也。東南之山，智異、金剛最雄。大山東有斷俗寺，崔致遠讀書處。

青鶴洞。在智異山中，路甚隘狹，纔通一線，人乃曲躬而行，經數里許，乃得虚曠之境。四隅皆良田沃壤，宜播植，唯青鶴棲息其中，故以名焉。蓋古之遁世者，所居頽垣壞塹猶在，諺傳崔致遠所遊處。

馬耳山。在鎮安縣南七里，有一石山，雙峯聳立，名曰湧出峯。東曰父，西曰母，相對如削成，高可千仞。其頂樹木森鬱，四面峻絶，人不能升，惟母峯北崖可升。諺傳東峯上有小池，西峯頂平闊有泉，可避寇，天旱禱雨有應。新羅稱西多山載小祀，我恭定王南幸，次山下，遣官致祭，以形似賜名馬耳山。

右全羅道。

急水門。在黄州西三十里，海口州及龍岡安岳之水相激處。

葱秀山。在平山府北三十里，董侍講越奉使到此作記，立碑以刻。

慈悲嶺。在瑞興府西六十里，一名岊嶺，自平壤通京都舊路也，多虎害，路遂廢，今由棘城路以行。

吾助川。在牛峯縣興義驛南，源出聖居山源，入楮灘，岸上有石，迤邐如屏，高十丈，餘甚奇偉。

龍渾。在遂安郡，有巖如口，噴出清泉，淙淙而流，淵淪成深淵。冬不氷，旱不竭，雨亦不溢。崖石高起，可坐五六人，毫髮皆鑑。穴轉而阨狀，若咽喉，莫敢窺其源。

九月山。在文化縣西十里，即阿斯達山，一名弓忽，一名甑山，一名三危。世傳檀君初都平壤，又移白嶽，即此山也。至周武王封箕子于朝鮮，檀君乃移于唐藏京，後還隱此山，化爲神。

白沙汀。在長淵縣西五十八里，長七八里，廣三四里，南有蓮池，北有勝仙峯，峯頭有莎草，三面濱海，白沙平鋪，隨風流轉，堆積成岸。地產海棠，紅翠相映，遊賞者相屬。

右黄海道。

五臺山。在江陵府西一百四十里東，滿月南，麒麟西，長嶺北，象王中智爐，五峯環列，大小均敵，故名之。

于筒水。在五臺山西臺之下，有泉湧出，即漢水之源。

仙遊潭。在杵城郡南十一里許，山麓周遭成谷，谷中有潭，曰仙遊，有小峯斸起，半入湖心，上有長松數株，舊有亭，今廢。春則躑躅夾巖亂髮，夏則蓴菜滿潭。

永郎湖。在郡南五十五里，週三十餘里，汀回渚曲，巖石奇怪，湖東小峯半入湖心，有古亭基，是永郎仙徒遊賞之地。

烈山湖。在郡烈山縣東二里，有大湖，周數十里，包跨陵谷，比諸湖最大。諺傳昔大水包烈山之谷，新羅構山麓，而舊縣沈在水底，天晴波靜，則牆壁依然可見。

鳴沙。在郡南十八里。沿海沙平，皓若雪色，人馬行則觸之有聲，錚錚如金磬響，大抵嶺東皆然，而杵城高城之間最多，海棠間發，紅白相映。

浦口山。在高城郡東九里。高城浦有巖斸起，層疊如階，其上可坐百餘人。巖北又有一峯，皆石。東望海中五里許，有石拳如列屏。峯下有石，龍拏虎攫，奇怪異常。又有二石相對，如人偶語，石皆白色，輝映碧海，望之如畫。

三日浦。在郡北七八里，外有重峯疊嶂合包，而内有三十六峯洞壑清淵，松石奇古。水中有小島，蒼石盤陁，其上蚪松鋪陰，梨花亂開。湖水明瑩可鑑，非煙火食者所堪至。昔四仙遊此，而三日不返，故得是名。水南又有小峯，峯有石龕，峯之北崖石面有丹書六字，曰永郎徒南石行。書畫入石，風磨雨洗，宛然如新，世傳永郎仙徒所書。

昭陽江。在春川府北六里，源出麒麟之瑞和縣，與府之麒麟縣水合流，至楊口縣南爲草沙里灘，又至府東北爲青淵，爲丹淵，爲狄巖灘，爲昭陽江。

寒溪山。在麒麟縣東五十里，山下有城，有川自城中流出，即成瀑布而下，懸流數百尺，望之如白虹垂天。自圓通驛而東，左右皆大山，洞府深邃，溪水縱横，而渡者三十六。樹木如簀，上竦雲霄，旁無横枝，松栢尤高，不見其巔。又其南峯作絶壁，其高千仞，奇怪莫狀，禽鳥不能飛度。其下清泉觸巖成潭，磐石平向可坐。又東數里，洞口甚狹，細徑緣崖，竅穴呛呀，峯巒峭拔，如龍拏虎攫，如累層臺者無數。其形勝甲於嶺西。

金剛山。在淮陽府東一百六十七里，山名有五：一曰金剛，二曰皆骨，三曰涅槃，四曰楓嶽，五曰怾怛。白頭山南條也，自會寧府之亐羅漢峴至甲山東爲頭里山，永興西北爲劍山，府之西南爲分水嶺，西北爲鐵嶺，通川西南爲楸池嶺，至長楊之東，高城之西，爲此山。自分水嶺至此，凡八百三十餘里，山凡一萬二千峯，巖鼓骨立，東臨滄海，杉檜參天，望如畫圖。有日出、月出二峯，可見日月之出。内外山共有百八寺，表訓正陽長安摩訶衍普德窟楡岾，最爲名刹云。

萬瀑洞。在金剛山中，百道流泉湧出谷中，其狀非一，故名谷口，有峯曰玉人峯，人言青鶴棲其限，有一泓曰觀音潭。潭畔石崖，蒼苔滑足，人皆捉藤蔓乃得過，其名曰手巾崖。石心有凹如杵臼，諺傳觀音浣帨處。至普德窟前，飛湍縈石，來觸崖竅，飛雪噴激，晴晝欲暝。石底水蔚如翠藍，尺數步怒瀑，飛珠散雪，噴薄而下，其大者凡十二層，其小者不可勝計，故曰萬瀑洞。其下曰珠淵，又有一石形如龜伏潭中，曰龜潭。又有一潭，深不可測，曰火龍潭。其上有峯曰獅子巖，洞有普德窟，鑿絶壁，架枝立銅柱於外，以構小屋三楹於其上，名曰觀音門。拘以鐵鎖釘於巖石，浮在空中，人登則搖。中置佛函，飾以珠玉，外施鐵網，以防手摸。

右江原道。

龍興江。在永興府東北二里，古名横江。其源有四：一出沸流水，一出馬踰嶺，一出艾田峴，一出陽德縣境。居次嶺至庫巖與松魚灘合，名横川。過龍神堂至鎮靜寺西絶壁下，名鴿鶳淵，下有廣灘，中有白石，形如白馬，以石隱見知水深淺，經邑城東北爲此江，南流入海。

國島。在安邊府東六十里。島去岸十里許，入自西南隅，水際白沙如練。其下平地五六畝，形若半壁，中有屋基，人言浮圖者所居也。其上山圍若映，勢不甚高，蔓草覆之，又無樹木，視之一土坡也。舟而少西崖岸稍異，其崖石則皆方直，櫛比而壁立，其岸石則皆平圓，排列一面，可坐一人，然不整齊也。行數百步，其屋高可數百尺，其石白滑方直，長短若一，皆井井離立，每一條其頂各戴一小石，若華表柱頭者，仰面而視可竦可愕。有一小窟，撑舟而入，漸窄不能容舟，視其窟深不可測。其左右竦立之石，如外面更整齊，其上石脚下垂者，皆平正如覆棋局，若一一巨而斷之。又有一面如圍屏者，石與窟無異，而崖不甚高，其下稍平易，其圓石排列者，可坐千人，遊觀者必憩息於此。東南又行數百步，崖石稍異，作方鐵網盛水磨，小圓石長五六十尺，人謂鐵網石，造物奇怪，難以言殫。

磨雲嶺。

磨天嶺。俱在端川郡。以其高峻勢入雲天，故名。東北雄關。

白山。在鏡城府西一百十里。山勢甚峻，至五月雪始消。七月複有雪。山頂樹木矮小，土人亦謂之長白。

白頭山。在會寧府西七八日程。山幾三層，高二百里，橫亙千里。其巔有潭，周八百里，南流爲鴨緑江。北流爲松花江，爲混同江。東北流爲蘇下江，爲速平江。東流爲豆滿江。《大明一統志》：東流爲阿也，若河疑，指速平江也。

右咸鏡道。

錦繡山。在平壤府五里鎮山，山下有高麗長樂宮基。

牡丹峯。在錦繡山。

德巖。在大同門外，屹然能捍水，故府人德之而名。

酒巖。在府東北十里，諺傳酒流出巖間，遺痕尚在，因而得名。

大同江。在府東一里。一名浿江，又名玉城江。其源有二：一出寧遠郡加幕洞，南流至孟山縣北，又折而西流至德川郡界，與三灘合而南流，至價川郡界爲順川江，至順川郡界爲城巖津，至慈山郡界爲禹家淵，自北而東流至江東郡界，爲雜派灘；一出陽德縣北文音山，西南流至城川府界爲沸流江，又折而南流至江東縣界，與雜派灘合流爲西津江，至府城東北爲馬灘至府城東爲銀灘，又爲大同江。自此而西流爲九津溺水下，與平壤江合流，至中和縣，西爲梨津江，至龍岡縣東出急水門入海。

白銀灘。在府東北四里。

綾羅島。周十二里，在白銀灘北。

鳳德山。在安州東二十里，山頂有九層鐵浮屠。

清川江。一名薩水，源出妙香山，經安州北城下西流三十里，與傳川江入海。隋宇文述等伐高句麗，師渡薩水，去平壤城三十里，因山爲營，因乙支文德詐降還軍，至清川江，軍半渡，文德追擊其後軍，殺右屯衛將軍辛世雄。隋軍俱潰。所謂『隋兵百萬化爲魚』者，此也。

堂於嶺。在定州西十五里郭山郡界。

西門嶺。在嘉山郡西二里，俗名石門嶺。

鳳頭山。在郡北一里鎮山。

白馬山。在義州南三十里。諺傳白龍馬出遊，故名。

鴨緑江。在州西北，一名馬訾，一云清河，一曰龍灣，西去遼東都司五百六十里。其源出於長白山，流至州北於赤島東分三派：一南流匯爲九龍淵，名曰鴨緑江，水色似鴨頭，故名之；一西流爲西江，一從中流名曰小西江，至黔同島複合爲一，至水青梁又分二派：一西流與狄江合，一南流爲大江，繞威化島，至暗林串，西流至彌勒堂，複與伏江合爲大摠江，入於西海。朱子曰：女真起處有鴨緑江，傳云天下有三處大水，曰黃河、長江、鴨緑。是也。高皇帝詩：鴨緑江清界古封，强鋤詐息樂時雍。逋逃不納千年祚，禮義咸修百世功。漢代可稽明載册，遼征須考照遺蹤。情懷造到天心處，水勢無波戍不攻。

龍骨山。一名龍虎山，在平安道龍川郡東八里鎮，山西臨大海，北望鴨緑江，江外松骨諸山，如在幾案之下，最爲絶勝。

龍巖。在龍川郡西四十五里，潮水往來，巖上有龍爪痕。

劍山。在宣川郡西二十里，峯巒嵳峩，如劍鋩，故名。

淩漢山。在郭山郡東北七里鎮山。《大明一統志》作熊花山。

妙香山。在寧邊府東一百三十里，一名太伯山，山之大莫之與比，地多貞木、冬青，仙人舊迹存焉。

博川江。古稱太寧江。《大明一統志》作大定江。在博川郡西十五里，源出昌城府，浮雲山，過泰川縣，合于安州之老江入於海。

劍鶴山。在成川府東八里鎮山，左右絶壁，如劍如鶴，故名。

檜山。在成川北七十里，石壁週三十里，中有赤墳平衍巨川橫流其下。諺稱天作之城，可容千兵。

絶骨山。在府西北二里，有攢峯十二，世謂之巫山十二峯。

沸流江。即卒本川，俗稱游車衣津，在成川客館西三十步，其源二：一出陽德縣吳江山，一出孟山縣大母院洞，至府北三十里合流，歷絶骨山下，山底有四石穴，水入穴中，通流沸騰西出，故名沸流江。又與慈山郡禹家淵合入于大同江。

狄踰嶺。在江界府南二百六十九里熙川郡界，即咸鏡道鏡城府白山西麓，西北雄關。

右平安道。

明·羅日褧《咸賓録》卷二《東夷志》 朝鮮，東夷大國也。昔堯命羲仲宅嵎夷，曰暘谷，孔子欲居九夷。夏後相時於夷來賓，少康時方夷來賓，及周公所滅淮夷，大抵皆東夷種也。武王伐紂，釋箕子囚。箕子既陳《洪範》，義不臣周，而武王亦不欲臣之也，故封之於朝鮮。其初國俗未聞，及箕子教以禮義，田蠶，又製八條之約，故其風淳，厚與三方異。至有邑無淫盜，門不夜扃者。傳四十餘世，至朝鮮侯準稱王。

漢初大亂，燕人衛滿避地朝鮮，遂擊破準而自稱朝鮮王。會孝惠、高后時，遼東太守奏約滿爲外臣，保塞外蠻夷，許之。滿遂得以兵威財物侵旁小邑。凡穢、貊、高句驪、沃沮、真番、辰國皆服屬焉。傳子，至孫右渠負固不服。又雍閼他國來朝者，元封初，襲殺漢使涉何。漢於是遣楊僕、荀彘誅右渠，以兩將不相能，故久無功。頃之，尼谿相參乃使人殺右渠來降。先是穢君南閭等二十八萬口降，置蒼海郡。及定朝鮮，復置爲真番、臨屯、樂浪、玄菟四郡，而以高句驪、沃沮爲縣。至昭帝時，罷臨屯、真番二郡而并於樂浪、玄菟焉。

高句驪者，其先夫餘種也。夫餘嘗得河伯女，因閉於室，爲日影所照，遂孕，生一卵，大如五升，破而得一男焉。及長，字之曰朱蒙。其俚言『朱蒙』者，善射也。王令養馬，蒙私以馬駿者減食令瘦，駑者善養令肥，王以肥者自乘，瘦者給朱蒙。王狩，給朱蒙一矢，殪獸甚多。夫餘王謀殺之，朱蒙遂棄其母，與馬達等二人東。遇河難濟，追者又迫。朱蒙曰：『我日之子，河伯外孫也，今奈何』。俄而魚鱉成橋，朱蒙得渡，魚鱉乃解。朱蒙遂至普述水，遇見三人，一著麻衣，一著衲衣，一著水藻，與朱蒙至訖升骨城，遂居焉，號曰高句驪，因以高爲氏。

朱蒙死，子如栗立。如栗死，子莫來立。其人性凶急，習戰鬬，好寇鈔，沃沮、東濊皆屬焉。武、昭雖置爲縣，後稍驕不服。王莽初，發句驪兵伐胡，不行。郡縣强迫之，遂亡出塞。莽令嚴尤誘句驪侯騶斬之，傳首長安，於是寇邊愈甚。及光武興，罷兩郡都尉官，仍以穢及沃沮地封其渠帥爲侯。而遼東太守祭彤威信素著，於是高句驪、穢、貊、倭、韓、夫餘諸國來獻。

倭即日本，詳見《日本志》中。

韓有三種：曰馬韓，國五十四；曰辰韓，國十二；曰弁辰，國亦十二。合方四千餘里，皆古之辰國也。馬韓最大，其諸國王盡馬韓種，人俱服屬焉。昔朝鮮王準爲衛滿所破，遂將餘衆千人攻入馬韓爲王。準卒後，韓人復自立辰韓。耆老自言：秦之亡人，避苦役適韓，相呼有似秦語，風俗尚禮，勝於馬韓、弁韓。國近倭，故頗有文身者。三韓自漢、晉以來，朝貢不絶。後爲新羅、百濟所併。

夫餘，東明之裔也，其事與朱蒙同。漢晉以來朝貢。及阿保機滅夫餘，改東丹府，遂絶。

後高句驪王宮勇壯，數犯邊境。元興初，寇遼東。耿夔擊破之。元初、建光時，輒與濊貊、馬韓、鮮卑人入寇，圍玄菟城，殺掠吏人。時遼東太守蔡諷戰没，官屬並軍卒死者數千人。夫余王乃遣子尉仇臺將兵來援，與州郡並力討破之。是歲宮死，子遂成立，詣玄菟降。遂成死，子伯固立。其後濊貊率服，東垂稍安。及桓、靈失政，復入寇掠，玄菟太守耿臨討之。伯固降，乞屬玄菟云。伯固卒，子伊夷模立。建安中，公孫度擊破之，有其國。伊夷模更作新國於丸都山下居焉。伊夷模死，子位宮立，一名宮，慕祖風烈，故襲其名。有勇力，便鞍馬，善獵射，從晉擊公孫氏有功，勢遂滋盛。魏正始初，寇遼西安平。幽州刺史毌丘儉往擊之。位宮敗走，儉使王頎追之，絶沃沮千餘里，到肅慎南，刻石紀功而還。是時頎問其耆老：『海東復有人不？』耆老言：『國人嘗乘船捕魚，遭風至一島，語言不相曉。俗常以七月取童女沈海。又一國在海中，純女無男，撒地而孕，胸前無乳，項後生毛，中有乳汁，子百日能行，三四年則成人矣。又海岸邊有兩面人，項中復有面，生得之，與語不通，不食而死。又得一布衣，從海中而出，身如中國人衣，其兩袖，長三丈，蓋沃沮東界之極也。』

晉時，位宮五葉孫釗爲王，慕容皝擊破之，掠萬餘口，焚其宮，毀丸都城，而釗亦尋爲百濟所殺。於是遂徙都平壤。平壤即樂浪也。元東寧路，今仍屬朝鮮。及慕容寶以句麗王安爲平州牧，封遼東、帶方二國，遂略有遼東郡，勢復振立。至晉安帝時，安孫高璉獻赭白馬，晉封爲高麗王、樂浪郡公。璉壽百有餘歲而死。凡四傳而湯立。自東晉、宋至於齊、梁、後魏、後周，其主皆受南北兩朝封爵，分遣貢使。

隋時，其國漸大。及隋平陳，湯懼，陳兵積穀，爲守拒之策。高祖曉諭之，遂上表謝罪。湯卒，子元立。元率靺鞨兵寇遼西。既而煬帝徵元入朝，元不至。煬帝大怒，遂親征之。高麗嬰城固守。隋食盡師老，轉輸不給，諸軍多敗績，乃班師還。頃之，高麗亦困弊，遣使乞降。隋末，天下喪亂，仍徵元入朝，元竟不至也。元死，子建武嗣。唐高祖初兩遣使入朝。唐拜建武爲上柱國，封高麗王。頃之，新羅、百濟上書，言『建武閉道，使不得朝，且數侵入。』詔使朱子奢持節諭和。是時太宗已擒頡利，建武懼，請與二國平，且賀滅突厥，並上封域圖。久之，復遣太子桓權入朝，獻方物。帝厚賜賚，詔使者陳大德持節答勞，且覘釁。大德入其國，厚餉官守，悉得其纖曲。大德還報，太宗大喜，於是遂有征服高麗志矣。

高麗有蓋蘇文者，姓泉氏。自云生水中以惑衆，性忍暴。嗣父爲東部大人，殘凶不道。諸大臣與建武議誅之。蓋蘇文覺，悉召諸部，紿云『大閱兵』，列饌具請大臣臨視。賓至，盡殺之，凡百餘人。馳入宮，殺建武，殘其屍，投諸溝。更立建武弟之子藏爲王，自爲莫離支，專國柄，猶唐兵部尚書中書令職云。太宗聞建武爲下所殺，遣使弔祭，不欲因喪伐罪，乃拜藏爲高麗王。會新羅遣使者上書，言『高麗、百濟來攻，請天子哀憐。』太宗以書讓高麗，且使止勿攻。使未至而蓋蘇文已取新羅二城矣。會李勣勸上討之，帝意遂決。乃遣將張亮、李勣、李道宗、契苾何力等二十人往征之。又發契丹、奚、新羅、百濟諸君長兵悉來會。上次定州，坐城門，過兵人人慰撫，疾病者親視之，敕州縣治療。士卒大悅，人人願爭先赴敵矣。於是勣攻牟城，拔之，以其地爲蓋州。孫伐音攻白崖城，拔之，以其地爲巖州。勣遂圍遼東城。帝至城，見士卒填塹，分負之；重者，馬上持之。羣臣震懼，爭硤磈以進。帝與勣會，甲光炫日，會南風急，士縱火焚，西南熛延，城中屋幾盡，人死於燎者萬餘。衆登陴，虜蒙盾以拒，士卒長矛舂之，礧石如雨，城遂潰。以其地爲遼州。遂引軍次安市城。進兵攻之。會高麗南北部傉薩高延壽、高惠真率靺鞨之衆十五萬來援，於安市城東南八里，依山爲陣。上令所司張受降幕於朝堂之側，夜召文武躬自指麾。是夜有流星墜賊營中。明日及戰，大破之。延壽、惠真降。上悉以其酋長授以戎秩，命還。以平壤、靺鞨三千人並坑之，所獲無算。因名所幸山爲駐蹕山，命許敬宗爲文勒石紀功焉。太宗崩，高宗立。藏遣使者奉慰。後新羅訴高麗、靺鞨奪三十六城。詔程名振等率師討擊，勝之。

無何，蓋蘇文死，子男生代爲莫離支，與弟男建、男產相怨。男生入朝求援，而蓋蘇文弟淨土亦請割地降。乃詔遣將契苾何力、薛仁貴、龐同等討之，皆受李勣節度。會侍御史賈言忠計事還，帝問軍中云何。言忠對曰：『必克。高麗《秘記》曰：「不及九百年，當有八十大將滅之。」高氏自漢有國，今九百年。勣年八十矣。虜仍薦飢，人相掠賣，地震裂，狼狐入城，蚡穴于門，人心危駭，是行不再舉矣。』未幾，勣圍平壤。藏遣男產率首領百人樹素幡降，且請入朝。勣以禮見。而男建猶固守，出戰數北。大將浮屠信誠遣諜約內應，遂入。火其門，執藏、男建等，收凡五部百七十六城，戶六十九萬。詔勣便道獻俘昭陵，凱而還。勣等數俘于庭，高宗赦之，各授以職。諸將加爵有差，剖其地爲都督府九、州四十二、縣百。復置安東都護府，擢酋豪有功者爲都督、刺史，而以薛仁貴爲都督總兵鎮之。藏以永淳初死，葬頡利墓左。由是高氏絕王矣。至垂拱中，以藏孫寶元爲朝鮮郡王。唐末中原多事，遂自立爲君長，而其名號史失不紀矣。

至後唐明宗時，權知國事王建承高氏之位，並有新羅、百濟，以平壤爲西京，遣使朝貢。封爲高麗國王。建卒，子武立。武卒，子昭立。王氏三世，終五代常來朝貢。其立也必請命中國，中國常優答之。

周世宗時，王昭進《別敍孝經》一卷、《越王新義》八卷、《皇靈孝經》一卷、《孝經雌圖》一卷。《別敍》者，敍孔子所生及弟子從學之事。《新義》者，以越王爲問目。《皇靈》述延年辟穀。《雌圖》載日食星變，皆不經之說。

宋太祖建隆初，昭遣使朝貢。昭卒。子伷立。伷卒，弟治立。先高麗遣國人金行成、崔罕、王彬等詣業國學，後俱登第，於是朝貢不絶，請命受封如常。無何，遣使言契丹寇境。宋以夷狄相攻，固其常，不可輕動干戈，爲國生事。使還，自是受制於契丹，朝獻中絶矣。治卒，弟誦立。誦卒，弟詢立。會契丹攻陷高麗六城，詢徙居避之。尋結女真設奇邀擊，殺戮契丹殆盡，勢稍得振，於是復入貢焉。因言爲契丹羈制之狀，宋厚答之。詔登州置館，於海次以待使者。詢卒，其後不通中國者四十餘年。

至詢孫徽立，輒遣使入貢，表求醫藥畫塑之工。詔募願行者往。高麗俗病不服藥，惟咒咀厭勝，故不知醫。自徽來請醫後，始有通其術者。宋以其國尚文，每賜書詔，必選詞臣著撰。所遣使者必召赴中書試以文，乃往。而高麗之待中國使者亦甚恭謹云。徽在位三十八年而卒，治尚仁恕，稱爲東夷良主。然猶循俗，王女不下嫁臣庶，必歸之兄弟宗族，貴臣亦然。次子運，諫以爲既通上國，宜革故習，不從。及運嗣，遂稍稍變其夷風矣。運仁賢好文，每賈客市書至，則潔服焚香對之。貢使至，輒市《太平御覽》、《文苑英華》，並諸書甚衆。運卒，凡四傳而楷立。貢使接踵，賞賜不貲，而郡縣供頓，擾民殊甚。蘇軾謂高麗入貢，無絲毫利而有五害，旨哉言也。高麗自王徽以降，雖累年通使于宋，然受契丹封册，奉其正朔，上朝廷及它文書蓋有稱甲子者。歲貢契丹至於六，而誅求不已。常云：『高麗乃我奴耳，南朝何以厚待之！』使至其國，尤倔暴。館伴及公卿小失意，輒行捽箠。我使至，必假他事來覘分取賜物云。

初，女直奴事高麗，及其强也，高麗反臣事之。高宗即位初，即遣胡蠡等往使高麗，宋蓋恐其通金人。而金亦以是時遣王樞持册往高麗，則亦憂其爲我用也。蠡回，復募能使絶域者，而楊應忱奉詔請行，上言：『由高麗至女真路甚徑，請身使三韓，結雞林，以圖迎二聖。』詔可。遂由杭州浮海，行三月，抵高麗，諭其王楷以往女真意。楷有難色，遣其臣具言：『金人見造舟將往二浙，若引使者至其國，異時欲假道至淛，何以答之？』高麗之辭，果如宋臣翟汝文所料者。應忱留兩月餘，楷終不奉詔。不得已，受其拜表而回。自三韓發舟，凡六日至明州，蓋遇順飆，故歷險如夷雲。後高麗亦輒遣使入貢，然勢逼於金，其奉中國不及元豐以前時矣。

及元初，契丹人六哥等領衆九萬餘竄入其國。元太祖遣哈只吉剳剌等領兵征之。高麗王缺名奉牛酒出迎，且遣其將趙仲共討滅六哥。剳剌與仲結爲兄弟，仲請歲輸貢賦。自是後元每遣使趣其入貢而後進方物焉。

元太宗時征高麗，復遣阿兒秃與高麗降人洪福源招其主王瞮，瞮遣其弟王琠請和。許之，置京、府、縣，以達魯花赤七十二人監之，遂班師。頃之，瞮盡殺元所置達魯花赤七十二人以叛。尋率衆竄居海島。元遣將命福源領其衆。瞮復攻之。福源遂遷居東京。而元賜佩金符命同將唐古攻瞮，瞮於是畏威獻琛矣。至乎憲、定之間，歲貢不入，元凡四命將征之。瞮遣世子禃入朝。瞮卒，元命禃歸國嗣王，兵衛送之。禃以元册封故，終世祖之三十一年，其國入貢者凡三十有六焉。

是時元欲通日本，以高麗與日本鄰，可爲嚮導，乃遣兵侍黑的等使日本，先至高麗，諭旨禃遣使導往日本，不至而還。元與高麗從此隙矣，而其歲貢如故也。後禃世子愖入朝，奏言本國邪臣林衍廢禃立淳之事。元大怒，發兵征之，而復王禃故位，詔西京内屬，改爲東寧府。禃死，子愖立，後更名昛，以尚元公主故，賜以駙馬高麗王印，而加號『特進上柱國開府儀同三司征東行中省左丞相駙馬高麗王』云。成宗時，哈散使高麗還，言昛不能服其衆，宜遣官其理之，遂復立征東行省，命闊里吉思爲高麗行省平章政事。未幾復罷，而奉命滋謹矣。昛卒，凡三傳而王暠嗣。王氏自建立國至暠凡二十八王，歷四百餘年云。

我朝洪武二年，王王顓表賀即位。遣符寶郎偰斯賜金印、誥命、《大統曆》、金綺，封爲高麗國王，並賜王母、妃、相國、諸陪臣文幣有差，仍以祝文、牲帛祭高麗境内山川云。未幾，復遣陪臣金柱來朝。柱頗知書，出《清宴閣讌記》，自言其八世祖金緣所作，乃宋徽宗讌蔡京事。不知蔡京爲中國所鄙云。五年，王顓遣其禮尚吳季南等貢方物，表言耽羅國恃其險遠，不奉朝貢；蒙古人留居其國，宜徙之；蘭秀山逋逃所聚，亦恐爲寇患，乞發兵討之。上賜璽書，言『耽羅隸爾國，蒙古亦人類，蘭秀山逋寇示以朕詔，一呼可至，勿用兵使。』十年，以高麗貢使煩數，遣故元樞密使延安答里諭意。顓遣使蕫仁裕表謝，貢方物。

十七年，上因高麗使來不遵臣禮，以賄結逆臣胡惟庸事覺，遣其使還。以敕諭遼東守將唐勝宗、葉昇，令絶高麗。未幾，高麗果遣使至。勝宗、昇以聞。上復以敕褒獎之。二十年，遼東守將濮真以高麗叛服不常，引兵攻之，兵敗被執，自刺死。顓懼，上表請罪，歸真喪。顓卒，封禑爲高麗王，非顓親子，國人所共立也。二十二年，指揮高家奴等市馬高麗還，言高麗王禑表請不受馬直，上令擇可用者以直償之，餘駑弱者量減其直。仍敕高麗還遼陽、瀋城民昔避亂於其國者。禑遂遣使以遼、瀋流民奈朵里不歹等戶四十五、口三百五十人來歸。

頃之國相李仁人廢禑而立王昌。仁人子成桂復廢昌而立王瑤。久之，竟廢瑤而自立也。王氏自五代至今，數百傳而始絶。成桂遣人請命，上以其遠夷，故置不問。成桂更名旦，徙居漢城，遣使請更國號。詔更號朝鮮。旦遣使請印誥，上覽表，怪旦不遜，詰使者。使者言：『表鄭集撰。』上盡卻方物，索集。旦懼，送集至京，安置雲南，自是遂令遼東絶高麗矣。

永樂初，旦請老，子芳遠嗣。聞朝廷欲廣屯田於遼東，遣使貢牛萬頭於遼東。命戶部每牛一頭酬絹一疋、布四疋，賜其王文綺表裏各百疋，乃敕以其牛分給屯田。芳遠卒，子祹嗣，遣使貢海東青。詔諭祹珍禽異獸非朕所欲也，其勿獻。以後聖旦、元旦及請封弔使來無常期，而朝廷有大政頒詔其國。及王嗣封，亦皆遣使焉。至嘉靖中，王李峘疏乞改《大明會典》中所載成桂簒逆事，從之。

其地東西相距二千里，南北四千里，分八道，統府、州、郡、縣。俗崇釋，尚鬼惡殺，戴折風巾，服大袖衫。男女相悅爲婚。死三年始葬，親不視殮，病不服藥。好祀鬼神，修宮室。飲食用俎豆。官吏嫺威儀，以田制俸，以秔醖酒。法無苛條，刑不慘毒。

其譯語：天爲哈嫩二。地爲大。日爲害。月爲得。

其山川古迹，則丸都山、伊夷模建都於此。神嵩山、王建都於此。北嶽山、李旦依此山爲都。蓋馬大山、即古東沃沮國地。鴨緑江、源出靺鞨之長白山，色如鴨頭緑，故名。闊三百步。大通江卽浿水也。爲大。

其產則白硾紙、狼尾筆、海豹皮、稍魚、昆布、蒲花蓆、草性柔，折屈不損摺扇、以竹多爲貴。黃漆、漆物如金。果下馬、高三尺。長尾雞、尾長三尺。紬苧布、黑白二色。石燈盞、紅白二色。俱他國所無者。

論曰：朝鮮肇自箕子，故稱東方君子之國。及衛滿簒入，風稍變矣。句驪併之，遂益淩夷。然性柔謹，好文字，至今猶然，豈非箕子之遺化耶！若漢之右渠，晉之高宫，隋之高元，唐之蓋蘇文，代爲作逆，雖窮兵討之，猶未帖然。宋名通貢，而實奴事契丹。元以兵威，劫之納獻，請封非其意也。至我聖祖登極未幾，王顓奉表稱臣，累葉朝請，遂爲定典，迴視前代，不大相逕庭耶！

《明史》卷三二〇《外國傳一・朝鮮》 朝鮮，箕子所封國也。漢以前曰朝鮮。始爲燕人衛滿所據，漢武帝平之，置真番、臨屯、樂浪、玄菟四郡。漢末，有扶餘人高氏據其地，改國號曰高麗，又曰高句麗，居平壤，卽樂浪也。已，爲唐所破，東徙。後唐時，王建代高氏，兼併新羅、百濟地，徙居松岳，曰東京，而以平壤爲西京。其國北鄰契丹，西則女直，南曰日本。元至元中，西京内屬，置東寧路總管府，盡慈嶺爲界。

清・傅恒等《皇清職貢圖》卷一 朝鮮國夷官圖、朝鮮國官婦圖見卷一第六頁。

朝鮮，古營州外域。周封箕子於此。漢末扶餘人高姓據其地，改國號高句麗，亦稱高麗。唐李勣征之，高麗遂滅。至五代時，有王建者，自稱高麗王。歷唐至元，屢服屢叛。明洪武中，李成桂自立爲王，遣使請改國號爲朝鮮。本朝崇德元年，太宗文皇帝親征，克之。其國王李倧出降，封爲朝鮮國王，賜龜紐金印，自是朝鮮遂服，慶賀、大典俱行貢獻禮。其國分八道、四十一郡、三十三府、三十八州、七十縣，王及官屬俱仍唐人冠服。俗知文字，喜讀書，飲食以籩豆，官吏嫻威儀，婦人裙襦加襈，公會衣服皆錦繡，金銀爲飾。

朝鮮國民人，俗呼爲高麗棒子。戴黑白氈帽，衣袴則皆以白布爲之。民婦辮髮盤頂，衣用青藍色，外系長裙，布襪花履。崇釋信鬼，勤於力作。

清・穆彰阿等《嘉慶重修一统志》卷五五〇《朝鮮》 朝鮮，在盛京東一千八百里。東西距兩千里，南北距四千里。東至海七百七十里，南至海一千三百里，西南至海八百里。西北至鴨緑江七百五十里，北至九連城一千一百十五里。其貢道自鳳凰城至京师三千九十六里。

建制沿革。

古營州外域，周封箕子於此。戰國時屬燕。秦爲遼東外徼。漢初仍屬燕國，燕王盧綰叛入匈奴，燕人衛滿亡命聚此，遂箕準自王，都王險。《史記索引》：遼東有險瀆縣，卽朝鮮王舊都。惠帝時，兼有獩貊與高句驪沃沮地，凡數千里，傳子及孫右渠。武帝元封三年，遣樓船將軍楊僕等擊滅之，因分置樂浪、臨屯、元菟、真番四郡。昭帝時，省臨屯、真番二郡入元菟，徙居高句驪西北。其沃沮獩貊分七縣，置樂浪東部都尉轄之。光武建武六年，省都尉，棄七縣地。順帝陽嘉元年，置元菟郡，屯田六部。漢末有扶餘人高姓者，據其地，改國號曰高驪，又曰高句驪。《通典》：高句驪本出於夫餘，先祖朱蒙。朱蒙母，河伯女，爲夫餘王妻，日所照，遂有孕而生。及長，名曰朱蒙。俗言善射也。國人欲殺之，朱蒙棄夫餘東南走，渡普述水至紇升國城，遂居焉，號曰句驪，以高爲氏。三國魏正始五年，幽州刺史毋邱儉討破之，尋復據其地。晉咸康八年，其王高釗爲慕容皝所破，至曾孫連益强，并有朝鮮諸地，都平壤城，即朝鮮國王險城也。國内分八道。中曰京畿；東曰江源，本獩貊地；西曰黄海，古朝鮮馬韓舊地；南曰全羅，本弁韓地；東南曰慶尚，本辰韓地；西南曰忠清，古馬韓地；東北曰咸鏡，本高句驪；西北曰平安，本朝鮮故地。義熙九年，遣使表獻，以連爲使，持節都督營州諸軍事征東將軍、高句驪王樂浪公。劉宋初，加連征東大將軍，都督平州諸軍事。元嘉十二年，連遣使入貢於魏，魏封爲高句驪王。齊永明九年，連卒，子雲嗣，請命於魏。明年，魏主宏册雲督遼海諸軍事，遼東公高句驪王。梁天監十八年，雲卒，子安立，遣使入貢於梁，梁以安爲安東將軍高句驪王，後亦臣附於東魏、高齊。齊亡，益并有遼東地。隋開皇中，高麗王元帥靺鞨之衆寇遼西，隋遣漢王諒總兵討之，次遼水，元遣使謝罪，乃罷兵。大業中，屢出師征高麗，俱不能克。唐武德四年，高句驪王建武遣使入貢。建武，即元之弟。七年，册爲遼東郡王。貞觀十六年，高麗西部大人蓋蘇文弑其王建武，改立其弟子臧。十八年，伐高麗。明年親征，諸軍分道並進，克遼東等數城而還。自是數遣軍伐高麗。高宗顯慶五年，滅百濟，以其地置熊津、馬韓、東明、金漣、德安五都督府。總章元年，李勣征高麗，拔平壤，置安東都護府。由此高氏遂滅。儀鳳初，新羅據其地。開元以後，并於渤海大氏。《五代史》：渤海本號靺鞨，高麗之别種也。唐高宗滅高麗，徙其人散處中國，置安東都護府於平壤，以統治之。武后時，契丹攻北邊，高麗别種大乞乞仲象，與靺鞨酋長乞四比羽走遼東，分王高麗故地。武后遣將擊殺乞四比羽，而乞乞仲象亦病亡。仲象子祚榮立，因并有比羽之衆，其衆四十萬人，據挹婁臣於唐。中宗時，置忽汗州，以祚榮爲都督，封渤海郡王，其後世遂號渤海。《文獻通考》：初，渤海王數遣諸生詣京師太學，習識古今制度，至爲海東盛國。地有五京十五府六十二州。以肅慎故地爲上京，曰龍泉府，領龍、湖、渤三州；其南爲中京，曰顯德府，領盧、顯、鐵、湯、榮、興六州；獩貊故地爲東京，曰龍原府，亦曰栅城府，領慶、鹽、穆、賀四州；沃沮故地爲南京，曰南海府，領沃、晴、椒三州；高麗故地爲西京，曰鴨緑府，領神、垣、豐、正四州。曰長領府，領瑕、河二州；夫餘故地爲夫餘府，常屯勁兵捍契丹，領扶、仙二州；鄚頡府，領鄚、高二州；挹婁故地爲定潘府，領定、潘二州；安邊府，領安、瓊二州；率賓故地爲率賓府，領華、益、建三州；拂涅故地爲東平府，領伊、蒙、沱、黑、比五州；鐵利故地爲鐵利府，領廣、汾、蒲、海、義、歸六州；越喜故地爲懷遠府，領達、越、懷、紀、富、美、福、邪、芝九州；安遠府，領安、鄚、慕、常四州；又郢、銅、涑三州爲獨；奏州、涑州，以其近涑沫江，蓋所謂東末水也。龍原東南濱海，日本道也；南海，新羅道也；鴨緑，朝鮮道也；長領，營州道也；夫餘，契丹道也。天祐初，大氏衰，有眇僧躬乂者，聚衆據開州稱王，號大封國，遂有高麗故地。五代梁龍德二年，高麗人王建者起兵，爲海軍統帥，襲殺躬乂自稱高麗王。後唐清泰末，建引兵擊破新羅、百濟而并其地，於是東夷之地皆附之，地益拓。其國北鄰契丹，西則女直，南曰日本，建都於松岳即開州也，謂之東京，而以平壤爲西京。又置六府九節度百二十郡，以理其地。晉開運二年，建卒，子武代立，自後子孫遣使貢於宋，亦朝於遼、金。宋嘉定十二年，高麗王暾附於蒙古，既而中绝。紹定五年，蒙古主諤格台，諤格台舊作窩闊台，今改正，遣兵伐高麗，其王暾復請降，因置京府縣達嚕噶齊。達嚕噶齊，舊作達魯花赤，今改正。七十二人監其國。端平初，悉爲高麗所殺。自是，四遣兵攻之，拔其城十有四，大要旋服旋叛元。至元中，其西京内屬，因置東安路總管府畫慈悲嶺爲界。大德三年，又置征東等處行中書省，尋罷。至治三年，復置，命其王爲左丞相。至正之際，始貳於元。明洪武二年，高麗王顓表賀貢方物，且請封詔，封爲高麗國王。五年，顓爲權相李仁人所弑，顓無子，以寵臣辛肫之子禑爲子，於是仁人立禑。二十一年，禑遜位於子昌。二十二年，其門下侍中李成桂廢昌而復立王氏裔定昌國君瑤二十五年成桂徙瑤出居原州而自立更名旦，遣使請改國號，帝命仍古號曰朝鮮。至是王氏始绝。萬曆二十年，爲爲日本關白平秀吉所侵掠，朝鮮王李旼奔平壤，已復走義州，八道幾盡没，遣使求援。中國乃以宋應昌爲經略，李如松爲提督，分布諸將攻戰，終莫能勝。二十六年，平秀吉死，諸倭徹兵歸。朝鮮之禍始息。

本朝天聰元年，太宗文皇帝命大貝勒阿敏、貝勒濟爾哈朗等征朝鮮，屢戰皆捷，遂克義州，分兵搗鐵山；又克安州至平壤城。朝鮮國王李倧懼，攜妻子遁江華島，遣其弟李覺來貢獻求和，許之。以李覺還尋遣歸。七年，朝鮮復背盟，遣英俄爾岱等齎書往責之。崇德元年，復遣朝鮮使臣羅德憲李廓歸國，遺書國王，不報。是年，上親率和碩禮親王代善、睿親王多爾衮等征高麗，渡鎮江至郭山城，及定州、安州，進圍朝鮮王都。李倧遣妻子入島，而自遁入南漢山城。就圍之，分兵敗其諸道援師，李倧哀詞求和，始許其出城歸命。然倧猶疑懼不敢出，未幾，睿親王多爾衮破江華島，獲倧妻子及羣臣。妻子令其内侍護至軍，並遺以書。倧乃率其長子埕及羣臣朝服出降，伏地請罪。上慰諭賜坐，宴之，還其妻子及羣臣眷屬，封其國主爲朝鮮國王，賜誥命，給龜紐金印，封王妻爲妃，王子爲世子，賜裘帽貂皮鞍馬，遣人送入王都。至是，朝鮮遂服，慶賀大典俱行貢獻禮於太宗文皇帝駐軍之地，豎立石碑備書其事云。

碑文曰：大清崇德元年冬十有二月，寬温仁聖皇帝以敗和自我，始赫然怒，以武臨之，直搗而東，莫敢有抗者。時我寡君棲于南漢，凛凛若履春水而待白日者殆五旬。東南諸道兵相繼奔潰，西北師逗撓峽内，不能進一步，城中食且盡。當此之時，以大兵薄城，如霜風之卷秋籜，鑪火之燎鴻毛，而皇帝以不殺爲武，惟布德是先，乃降敕諭之曰：『來，朕全爾；否則，屠之！』有若英、馬諸大將，承皇命相屬於道。於是我寡君集文武諸臣謂曰：『予托和好於大邦，十年於兹矣。由予惛惑，自速天討，萬姓魚肉，罪在予一人。皇帝猶不忍屠戮之，諭之如此，予何敢不欽承，以上全我宗社、下保我生靈乎？』大臣協贊之，遂從數十騎，詣軍前請罪。皇帝乃優之以恩，一見而推心腹，錫賚之恩，遍及從臣。禮罷，即還我寡君於都城，立招兵之南下者，振旅而西，撫民勸農，遠近之雉舉鳥散者咸復厥居，詎非天幸歟？小邦之獲罪上國久矣！己未之役，都元帥姜宏立助兵明朝，兵敗被擒，太祖武皇帝止留宏立等數人，餘悉放回，恩莫大焉，而小邦迷不知悟。丁卯歲，今皇帝命將東征，本國君臣避入海島，遣使請成，皇帝允之，視爲兄弟國，疆土復完，宏立亦還矣。自兹以往，禮遇不替，冠蓋交迹，不幸浮議煽動，構成亂梯。小邦申飭邊臣，言涉不遜，而其文爲使臣所得，皇帝猶寬貸之，不及加兵，乃先降明旨，諭以師期，劃切訓示，不翅耳提面命，而終未免焉，則小邦羣臣之罪，益無所逃矣。皇帝既以大兵圍南漢，而又命偏師先陷江都，宫嬪皇子暨卿士眷屬俱被俘獲。皇帝誡諸將不得擾害，令從官及内侍看護，既而大沛恩典，小邦君臣及被獲眷屬復歸於舊。霜雪變而爲陽春，枯旱轉而爲時雨，區宇既亡而復存，宗社已绝而還續。東土數千里，咸囿于生成之澤，此實古昔簡册所罕覯也！於戲盛哉，漢水上游三四渡之南，即皇帝駐蹕之所也，壇場在焉。我寡君爰命水部，就其所增而高大之，又伐石以碑之，垂諸永久，以彰夫皇帝之功之德，直與造化而同流也。豈特我小邦世世永賴，抑亦大朝之仁聲武誼無遠不服者，未始不基於兹也。顧摹天地之大，日月之明，不足以彷佛于萬一，謹載其大略。銘曰：天降霜露，載肅載育。惟帝則之，並布威德。皇帝東征，十萬其師。殷殷轟轟，如虎如貔。西番窮髮，暨夫北貉。執殳前驅，厥靈赫濯。皇帝孔仁，誕降恩言。十行昭回，既嚴且温。始迷不知，伊感自貽。帝有明命，如寐覺之。我君祗服，相率而歸。匪惟怛威，惟德之依。皇帝嘉之，澤洽禮優。載色載笑，爰束于矛。何以錫之，駿馬輕裘。都人士女，乃歌乃謳。我君言旋，皇帝之賜。皇帝班師，活我赤子。哀我蕩析，勸我穡事。金甌依舊，翠壇維新。枯骨再肉，寒荄復春。有石巍然，大江之頭。萬載三韓，皇帝之休。

自後每年恭進萬壽聖節、冬至、元旦、年貢等四貢，俱於年終匯進，遣正副使各一員，以其國吏曹、户曹、禮曹等判書，或以判中樞府事等官充之；書狀官一員，大通官三員，押物官二十四員。乾隆八年，高宗純皇帝詣盛京，國王李昑遣官接駕，特賜『式表東藩』扁額。十九年，遣陪臣于盛京接駕，賞物如例。四十一年，李昑薨，世孫祘承襲。四十三年，上詣盛京，遣官齎表迎駕，特賜『東藩濟美』扁額。四十八年八月，上詣盛京，值萬壽節，賜國王扁額、詩章及古稀説。五十年，舉行千叟宴，命朝鮮酌派年六十以上者兩三員充正副使豫兹盛典，比於内臣。上聞國王好學能詩，賞内務府倣宋版《五經》全部並筆墨等物。五十五年上八旬萬壽，頒恩詔于朝鮮，國王表賀貢方物。嘉慶四年，上高宗純皇帝尊謚，國王謹使進表文方物。仁宗睿皇帝嘉其恭謹，准作年貢，以示體恤。五年，李祘薨，子玜立。六年，以本國辦理邪匪顛末臚章入告，並稱餘孽未靖，恐其潛入邊門。上諭其嚴飭臣民，敦崇正道，飭沿邊大吏一體嚴查，以示撫輯懷柔之意。八年，國王咨稱，盛京高麗溝偷砍木植奸民劉文喜六名竄入其國，輯獲劉青山、蔡法二名，劉文喜乘間復竄，已將龍川府使等拏勘。上嘉其恭謹，以首犯已獲，諭將勘處之員寬免。十年，上詔盛京，遣官接駕，特賜『禮教綏藩』扁額。十二年，以其國義州商人與邊民私市，自將商人監禁並繳進銅鐵等物，上奬其恭順，厚賚之。二十三年，上詣盛京，遣陪臣跪迎瞻覲，賜御製詩章，御書福字。其國八道分統，郡凡四十一，府凡三十三，州凡三十八，縣凡七十。

京畿道。治國城，朝鮮都也，亦曰漢城。明初，高麗王旦自開州徙此，居七道之中，稱爲四塞，領郡三，曰楊根、豐德、水城；府三，曰漢城、開城、長湍；州七，曰楊、廣、潤、驪、果、谷、波；縣三，曰交河、三登、土山。

江源道。治江陵府，在國城東面，本獩貊地，漢爲臨屯境，領郡七，曰忤城、平海、通川、安越、松岳、旌善、高城；府五，曰江陵、淮陽、山陟、襄陽、鐵原；州四，曰原、江、槐、冥；縣十，曰平康、安昌、烈山、麒麟、酒泉、丹城、蹄麟、蔚珍、瑞和、歙各。

黄海道。治黄州，在國城西面，古高麗馬韓舊地。領郡三，曰遂安、延安、平鄆；府三，曰平山、瑞興、承天；州五，曰黄、白、海、爱、仁；縣八，曰安岳、三河、龍冈、咸從、江西、牛峯、文化、長淵。

全羅道。治全州，在國城南面，本弁韓地，後爲百濟國。唐顯慶五年，蘇定方伐百濟，擒其王，置熊津等五都督府，後并于新羅。五代時，高麗兼有其地。《圖經》：朝鮮地界正北從長白山發脉，南跨全羅界，西南盡於海。日本對馬諸島偏在朝鮮海洋之東南，與慶尚之釜山相對。倭船止抵釜山，不能越全羅至西海。故八道之中，惟全羅一道直北正南，其迤西則與遼東對峙。日本所以隔绝遼薊不通海道者，恃有朝鮮；而朝鮮所以保固邊陲控御諸島者，恃有全羅也。《志》云：全羅之地，南濱大海，東接慶尚，爲朝鮮門户。倭犯朝鮮，此其必由之道也。領郡三，曰靈巖、古阜、珍島；府二，曰全州、南原；州四，曰羅、濟、光、昂；縣二十三，曰萬頃、茂長、鎮安、扶安、全渠、康津、興德、黄成、樂安、昌平、濟南、會安、大江、臨波、古阜、南陽、富順、扶安、麻仁、緒城、海南、神靈、移安。

慶尚道。治慶州，在國城東南面，本辰韓地，後爲新羅國。濱海與日本相對，爲朝鮮之屏蔽。領郡七，曰蔚山、咸陽、熊川、陜川、永川、梁山、清道；府六，曰金海、善山、靖海、密陽、安東、昌原；州五，曰慶、四、尚、晉、蔚；縣十二，曰東萊、清河、義興、聞慶、巨濟、昌安、三嘉、安陰、義城、山陰、高靈、守城。

忠清道。治忠州，在國城西南面，本馬韓地王京，居八道之中，東隘爲烏嶺，忠州西隘爲南原。《全州志》云：王京爲朝鮮都會，咸鏡、忠清爲犄角，並稱天險。領郡四，曰清風、温陽、天安、臨川；州九，曰忠、清、公、矜、靖、幸、興、禮、洪；縣七，曰永春、報恩、連山、扶余、石城、燕岐、保安。

咸鏡道。治咸興府，在國城東北面，本高句麗地，領郡三，曰端州、蜀莫、安遠；府五，曰咸興、鏡城、會安、永興、安邊；州八，曰延、德、開、惠、蘇、合、燕、隋；縣一，曰利城。

平安道。治平壤府，朝鮮西境也，東南去國城五百餘里，漢曰樂浪郡，後爲高句麗王所都，亦曰長安城，一名王險城。唐平高麗，置安東都護府於此，後没於渤海。五代時，高麗復取之，爲西京。元至元六年，其臣李延齡等以西京府、州縣六十餘城來屬，因改西京爲東安府，升東安路，割静、義、麟三州，威遠一鎮屬婆娑府，余俱領于東安。其城治類皆廢燬，僅存空名耳。元末復歸於朝鮮，領郡十一，曰嘉山、价川、郭山、雲興、熙川、宜川、江東、慈山、龍川、順川、博川；府九，曰平壤、成川、定遠、昌城、合蘭、廣利、見仁、安邊、江界；州十六，曰安、定、買、義、鋼、鐵、靈、朔、撫、宿、滑、買、青、昇、常、銀；縣六，曰土山、德川、陽德、江東、中和、泰川。

含資城。在國城南境，漢樂浪郡屬縣也。後漢因之。晉改屬帶方郡。《漢書·地理志》：縣有水，西至帶方入海。隋大業中，伐高麗，分軍出含資道。蓋以漢縣爲名耳。

豐德城。在國城南，朝鮮置豐德郡於此。明萬曆二十年，倭自釜山潛渡臨津，分兵陷豐德諸郡，朝鮮王李昖倉卒棄國城，奔平壤。即此。

孟州城。在國城西，唐置孟州，領三登一縣，椒島、椵島、安德三鎮。今州廢縣存。

呑列城。在國城東南，漢縣屬樂浪郡，後漢省。《漢志注》：列水出分黎山西至黏蟬入海，行八百二十里又有列口城，亦在國城西南。漢縣屬樂浪郡，後漢省，晉復置，屬帶方郡。胡三省曰：冽水，入海之口也。漢元封二年，楊僕擊朝鮮，先至冽口。張宴曰：朝鮮有溼水、冽水、汕水三水，合流爲冽口。是也。

丸都城。在國城東北。晉時高句驪依險爲城，謂之丸都，旁多大山深谷。《通典》：漢建安中，高麗王伊夷模更作新都於丸都山下，在沸流水之東。魏正始五年，幽州刺史毋邱儉以高句驪數侵叛，督諸軍出元菟討之。高句驪王位宫敗走，儉追至頳硯，懸車束馬以上丸都，屠其城，既而復都於此。晉咸康八年，高句驪與慕容皝接境，皝謀擊之，高麗以重兵備北道，皝潛將勁兵四萬趣南道，出其不意，高麗王釗敗遁，遂入丸都，毀其城，大掠而還。《唐書·地理志》：自鴨緑江口舟行百餘里，以小舫泝流東北行凡五百二十里，而至丸都城。

臨屯城。在國城西南。漢元封二年，置臨屯郡，治東暆縣，去長安六千一百三十八里，領縣十五。昭帝時，郡廢。《漢志》：東暆縣，屬樂浪郡。是也。後漢幷廢縣。又真番城，在國城西北。漢元封二年，置真番郡，治霅，去長安六千六百四十里，領縣十五。昭帝時，亦幷入樂浪郡。按：霅縣，《漢志》不載。徐廣曰：遼東郡，有番汗縣，疑即真番。

開州城。在國城西南二百里，高麗所置州也。左溪右山，稱爲險固，亦曰松岳。唐天祐初，眇僧躬乂據此。五代朱梁貞明五年，入貢於淮南楊隆演。後唐清泰末，王建殺躬乂而代之，仍都於此，謂之東京，亦曰開京。宋大中祥符三年，高麗臣康肇弒其主誦，立誦兄詢而相之。遼主隆緒討高麗，渡鴨緑江，康肇戰敗，退保銅州。遼人進，擒肇等，追亡數十里。銅、霍、貴、安等州皆降。進攻開京，詢棄城，走平州，遼人遂焚開京，宫室、府庫、民廬俱盡，兵還，詢復葺開京而居之，諸城亦復歸高麗。今曰開城府。

平山城。在黄州東北百里，或曰舊名甑山府，西接黄州，東連平壤，其相近者，有瓊山。今爲平山府。

海州城。在黄州西南二百餘里，以濱海而名，又東北即安岳縣也。《志》云：境内有安岳、三和、龍岡、成從、江西五縣，長命一鎮，今俱屬黄州，皆唐置，元因而不改。

南原城。在全州東南，興全州相犄角，爲國城要隘。明萬曆中，倭陷南原，遂犯全羅，進逼國城。李如松謂全羅饒沃，南原尤其咽喉。是也。其相近者，有雲峯城，亦爲衝要。

濟州城。在南原府南海島中，亦曰濟州島，朝鮮置州於此。《志》云：朝鮮之濟州猶中國之瓊州，或曰即故躭羅也。元大德五年，置躭羅軍總管府，又沿海立水驛，自躭羅至鴨緑江，幷楊村梅口，凡三十所，今仍曰濟州。又珍島城，在濟州西海中珍島上，亦曰珍島郡。宋咸淳六年，高麗叛人裴仲孫，立高麗王植庶族子承化侯爲王，竄人珍島，蒙古討平之。

大江城。在南原府東南，朝鮮所置縣也。又東接慶尚之晉州。明萬曆中，倭屯釜山浦，李如松分遣諸將屯大江忠州以扼之，既而倭從釜山移西生浦，劉綎留鎮朝鮮，分屯慶尚及大江。蓋扼要處也。

南陽城。在南原府西北，朝鮮之南陽縣也。明萬曆二十二年，李如松命將守南原分，兵屯禦於此。

俱拔城。在全州南。《北史》：百濟都俱拔城，亦曰固麻城，其外更有五方，中方曰古沙城，東方曰得安城，南方曰久知下城，西方曰刀光城，北方曰熊津城。是也。唐顯慶五年，蘇定方下百濟，留劉仁願守百濟府城，即俱拔城也。

處仁城。在全州西。宋紹定六年，蒙古主謂格台遣將薩里台攻高麗，至國城南，攻其處仁城。即此。又党項城，在全州東北。唐貞觀十二年，百濟與高麗連和伐新羅，取四十餘城，又謀取党項城，绝其貢道。薩里台舊作撒禮塔。今改正。

任存城。在全州西，古百濟所置城也。唐龍朔初，百濟餘衆叛，劉仁軌破之於熊津江口，其衆釋百濟府城之圍，退保任存城。任存，百濟西部也，依任存山而名。三年，仁軌遣兵攻任存城，拔之。又真峴城，在全州北，唐龍朔二年，劉仁軌既解百濟府城之圍，還軍熊津城，有詔班師，仁軌曰：今以一城之地，居數中央，動足輒爲擒擄，正宜堅守觀變，乘便取之，不可動也。於是出兵掩其支羅城，拔之，幷拔其尹城、大山、沙井等栅。時敵以真峴險要加兵守之，仁軌復伺其懈引兵襲據之，遂通新羅運糧之路。《唐書・百濟傳》：支羅、真峴諸城，俱在熊津之東。

周留城。在全州西，又西北有加林城。唐龍朔三年，百濟故將福信等據周留城，劉仁軌既拔真峴，諸將以加林水陸之衝，欲先攻之。仁軌曰：加林險固，攻之不易。周留虜之巢穴，宜先取之。遂定計自熊津進，破百濟之衆於白江口，趨周留城，拔之。

熊津城。在全州西北，即熊津江口百濟之險要也。唐顯慶五年，蘇定方討百濟，自成山濟海，百濟據守熊津江口，定方擊破之，直趨其都城，遂克之，置熊津都督府，以守其地。龍朔初年，百濟復叛，圍百濟府城，詔劉仁軌赴援，仁軌轉鬭而前，所向皆下，百濟立兩栅於熊津江口，仁軌擊破之，府城之圍遂解，仁軌因駐守於此，既而再破百濟餘衆於熊津之東，復平百濟。或曰，今漢江口，即古置城處也。

蔚山城。在慶州西北，即蔚山郡也。南有島，山不甚高，而城皆依山險，中有江，通釜山寨，陸路則由彦陽監通釜山。明萬曆二十五年，倭屯蔚山，大帥麻貴攻之，不克，既而倭益築城寨據守於此，謂之東路。麻貴遂進師逼之，據險收其禾稼，倭詭却以誘之。貴爲所敗。

順天城。在慶州西南。明萬曆二十六年，倭酋據此謂之西路。《朝鮮紀事》：倭酋行長據東林臾橋建寨數重，憑順天城與南海營相望，負山襟水，最爲扼隘。大帥劉綎攻之，不能克。

泗州。城在慶州西，或曰即古泗城也。唐龍朔初，百濟復叛，與劉仁願等相持，詔新羅應援新羅，將金欽將兵至古泗，爲百濟所邀敗，自葛嶺遁還。今泗州相近有葛嶺道云。明萬曆中，倭據泗州，謂之中路，北倚晉江，南通大海，爲東西聲援。大帥董一元克之，尋復敗還。

晉州。城在慶州西南。明萬曆二十六年。大帥董一元擊泗州倭，進取晉州，乘勝渡江。南燬永春、昆陽二寨。倭退保泗州老營，一元奪其城，進逼新寨，一面臨江，一面逼陸，引海爲濠，海艘泊寨下千計。又築金海、固城二寨爲左右翼，中通海陽倉，一元攻之不克，敗還。晉州又有戈陽城，在晉州西北，朝鮮之咸陽縣也。萬曆中，倭犯咸陽、晉州。即此。

梁山城。在蔚山城東北，朝鮮之梁山郡也。明萬曆中，麻貴攻蔚山，遣别將屯此，以絶釜山彦楊之援。又有永川郡，在梁山東南。又東與慶州接境。

昌平城。在晉州東。朝鮮所置縣也。南濱晉江，江之南爲固城縣，縣南有唐浦，爲海濱津要處。

安東城。在慶州西，朝鮮之安東府也。《志》云：府當馬嶺之南，爲東出慶州之道。又義城在安東城西，朝鮮之義城縣也，亦曰宜城。明萬曆二十五年，督臣邢玠等議攻倭酋，青正於慶州分兵屯義城東，接慶尚西阨全羅云。

七重城。在慶州北，境内又有買肖城。唐上元二年，新羅拒命遣劉仁軌討之，大破之於七重城。詔以李謹行爲安東鎮撫大使，屯新羅之買肖城，以經略之新羅屢敗，乃遣使入貢，且謝得罪。

陜川城。在慶州東北，朝鮮之陜川郡也。明萬曆二十二年，李如松復王京，分兵屯禦於此。又東南曰熊川郡，東濱大海。

公州城。在忠州西南境，其東近全羅道之南原府。明萬曆二十五年，倭入南原，麻貴發兵屯公州以拒之。即此。又清州城，在忠州西，其東接天安郡，郡西南接公州界。

開州城。在咸興府西北。《遼史·地理志》：本濊貊地，高麗置慶州，渤海爲東京龍原府，都督慶、鹽、穆、和四州，疊石爲城，周二十里。遼太祖平渤海，城廢。宣帝伐新羅，還，復加完葺，置開封府開遼軍。又改爲開州鎮固軍。遼末，入於高麗。或謂之蜀莫郡。《圖經》：郡在開州之東。又開遼廢縣，故開州治也。《遼史·地理志》：本柵城地，高麗爲龍原縣慶州治焉，渤海因之，遼初，廢。後復置。

熊山城。在開州西。《遼史·地理志》：唐薛仁貴征高麗，與其大將温沙門戰熊山，擒善射者於石城。石城，即開州城也。渤海時龍原府，統縣六，曰龍原、永安、烏山、壁谷、熊山、白楊。遼初，廢。

鹽州城。在開州西北。《遼史·地理志》：州去開州百四十里，本渤海置，亦曰龍河郡，統海陽、接海、格川、龍河四縣。遼初，皆廢，而鹽州仍舊。又穆州城，在開州西南一百二十里，渤海置，亦曰會農郡，領會農、水岐、順化、美四縣，遼仍曰穆州，治會農縣。又賀州城，亦渤海置，亦曰吉理郡，領洪賀、送誠、吉理、石山四縣，遼皆廢，仍曰賀州，與鹽、穆二州俱隸於開州，復入於高麗。

不耐城。在咸興府。北漢縣，屬樂浪郡東部都尉治，此後漢廢。魏正始中，幽州刺史毋邱儉擊高句驪，刊丸都山銘不耐城而還，即此。晉陳壽曰：漢武置樂浪郡，自單大嶺以西爲樂浪，自嶺以東七縣都尉主之，皆以濊爲氏，即所謂不耐濊也。

高句驪城。在咸興府東北，漢縣，爲元菟郡治，後漢因之。《志》云：縣本高句驪國地，漢滅朝鮮，以高句驪爲縣，仍封其種人爲高句驪侯。和帝元興以後，屢犯遼東元菟塞。延光中，稍輯服。曹魏時，高句驪王位宫强盛，寇西安平。正始五年，幽州刺史毋邱儉破走之，後復熾。晉初，高句驪亦曰句麗。陳壽曰：元菟郡，初治沃沮，後爲彝貊所侵，徙郡句驪西北。公孫氏據遼東置元菟郡於遼東東北二百里，蓋因舊名，非復故治也。晉元菟郡仍置高句驪縣，蓋因公孫度所置耳。

德州城。在咸興府西。南唐置，後因之，元仍置德州，領江東、永清、通海、順化四縣，安遠、柔遠、安戎三鎮。後入於高麗，仍曰德州。又延州城，在咸興府西北，亦唐置，今仍舊。

大行城。在咸興府西。南唐乾封三年，李勣等敗高麗於薛賀水，進拔大行城，於是諸軍皆會，又進至鴨緑柵云。

王險城。即平壤城。漢應劭曰：箕子故都也。薛瓚曰：王險在樂浪郡浿水之東。漢初，燕人衛滿渡浿水，居上下障，都王險。武帝元封元年，其孫右渠拒命，遣樓船將軍楊僕自齊浮渤海，左將軍荀彘出遼東，誅之，取其地，改置朝鮮縣，樂浪，郡治焉。晉永嘉以後，没於高麗。義熙末，其主高連居平壤城，亦曰長安城。隋大業八年，伐高麗，分兵出朝鮮道。即此。《隋書·高麗傳》：平壤城東西六里，隨山屈曲，南臨浿水。開皇十八年，伐高麗，命周羅睺將水軍自東萊泛海趨平壤，不能達，而還。大業八年，詔左右各十二軍分道伐高麗，總集平壤。明年，復遣宇文述等趨平壤，述不克至。《唐書·太宗本紀》：貞觀十八年，伐高麗，命張亮以舟師自海道趨平壤。明年，拔遼東諸城，攻安市，未下。江夏王道宗請以精卒乘虚取平壤，既而降將高延壽亦請，自烏骨城直取平壤，不果。龍朔初，命蘇定方等討高麗，進圍平壤，不能拔。總章三年，李勣徵高麗，拔其平壤，而高麗亡。唐杜佑曰：平壤，即王險城也。五代時，王建據高麗，始謂之西京云。有潼關堡在平壤西境，亦朝鮮所置戍守處也。

成州城。在平壤東。唐置，元因之，領樹德一鎮。今曰成州府。又北曰順川郡，順川之西曰价川，今曰价川郡，皆唐舊名，元因之。

江東城。在平壤東。高麗所置，今曰江東郡。《志》云：郡逼臨大同江東岸，渡江而南即中和縣。宋嘉定九年，契丹部長六哥竄入高麗，據江東城。金主阿固達遣兵攻滅之。又《理道記》：自黄海道之黄州、鳳州至中和，去國城不過三百六十里；自中和縣而東，即土山縣也，二縣亦唐所置，元因之，屬東安路，今仍舊。阿固達，舊作阿骨打。今改正。

渌州城。在平壤西。《遼史·地理志》：高麗故道也。渤海置，爲西京鴨渌府城，高三丈，廣輪二十里，領神、桓、豐、正四州，神鹿、神化、劍門三縣。遼改置渌州鴨渌軍，統宏聞、神鄉二縣。後廢。又桓州城，在渌州西南二百里，高麗謂之中都城，領桓都、神鄉、浿水三縣。遼廢縣存州，仍隸渌州。《遼志》：晉時高麗創立宮闕於此，國人謂之新國，五世孫釗當晉康帝建元初爲慕容皝所敗，公室焚蕩，蓋此處云。遼末，州廢。

郭州城。在平壤西北。唐置，渤海因之，後屬於遼。《載記》：初，契丹以鴨緑江北予高麗，高麗築興、鐵、通、龍、龜、郭等州，凡六城。宋大中祥符五年，契丹怒高麗擅弑立，又不入朝議，復取六州地。或謂自開京東馬行七日有大寨，廣若開京，凡旁邑所貢珍異皆在焉。其勝、羅等州之南亦有二寨，所積如之。若大軍自鴨緑江並大河而上，至郭州，與大路會，高麗可取也。七年，契丹遣耶律世良蕭屈烈與高麗戰於郭州，破之。元亦置郭州於此。今曰郭山府。

鋼州城。在平壤西。北宋大中祥符中，契丹擊高麗，其將康肇敗保鋼州，爲契丹所擒。即此。其相近又有費、貴等州。或曰，費州，今買州之訛也；貴州，今渭州之訛也。又嘉州城，亦在平壤西北，唐置，元因之，今曰嘉山郡。西接義州境，東接安州境。

保州城。在平壤西北百餘里。遼開泰三年，以高麗王詢擅立，問罪不服，取其保、定二州，仍置保州，治來遠縣，亦曰宣義軍。金初，以高麗臣附割保州與之，即今安州也。其相近者，有懷化軍，亦遼開泰三年置，隸保州，金初亦入於高麗。

定州城。在平壤西北三百餘里，高麗置，治定東縣，遼取之，仍曰定州，亦曰保安軍，後入於高麗。今仍爲定州，西南與義州接界。

義州城。在平壤西北四百二十里，其西南爲龍川郡，皆濱鴨緑江。明萬曆二十年，朝鮮王李昖以關白之亂走義州，請内屬。即此。又有晏家關，在義州西南，當鴨緑水東岸，舊爲津要。又鐵州城，亦在平壤西北，唐所置州也。元亦置鐵州，領定戎一鎮。今仍曰鐵州。又西北曰靈州，亦唐置，元因之，今仍舊。又熙州城，在鐵州東北，唐置，元因之，今曰熙川郡。又東曰撫州，亦唐置，元因之，今仍舊。

定遠城。在平壤北。唐置，屬安東都護府，其後廢置不一。元仍曰定遠府，今因之。其南曰慈州城，亦唐置，元因之，今爲慈山郡。

朔州城。在平壤北。唐置，元因之，今亦曰朔州。又東北有昌州城，亦唐時故名也。元因之，今曰昌城府。

宣州城。在平壤東北二百餘里。唐置，屬安東都護府，遼仍曰宣州，亦曰定遠軍。《遼志》：開泰三年，置治保州，蓋渤海廢遼復置也。元亦曰宣州，屬東安路，領安朔、羣島二鎮，即今之宣州郡。

宿州城。在平壤東北百餘里。又東北曰殷州城，皆唐置，元因之，今仍舊。

雲州城。在平壤東北，唐置，元因之，今曰雲興郡。又東北有博川城，高麗所置也，今仍曰博川郡。西南與慈山郡接界，東與价川郡接界。《志》云：郡城西有大定江，或謂之大安江，江之西岸有凌漢山。

嘉州城。在今安州之西。唐置，元仍曰嘉州，今爲嘉山郡。又有泰州城，在定遠府西，亦唐置，元因之，今曰泰山縣。

慕州城。在渌州西二百里，本渤海安遠府地，領慕化、崇平二縣，遼改置慕州，屬渌州。後廢。

豐州城。在渌州東北二百一十里。渤海置，亦曰盤安郡，領安豐、渤恪、隰壤、硤石四縣。遼廢縣存州，仍隸渌州。後廢。

正州城。在渌州西北三百八十里，本沸流國故地。後漢建安中，爲公孫康所併渤海置正州於此。亦曰沸流郡，以沸流水而名。遼因之，仍隸渌州，後廢。又東那城，在正州西七十里。渤海置，遼因之，仍屬正州，後廢。

帶方城。在平壤南漢縣，屬樂浪郡。公孫康置帶方郡於此，晉因之，後没於高麗。《通典》：後漢建安中，公孫康分臨屯、昭明二縣以南荒地，置帶方郡。《前漢書·地理志》：樂浪郡昭明註：南部都尉治。是也。隋大業中，伐高麗，分兵出帶方郡。即此、又增地廢縣，亦在平壤南境，漢置屬樂浪郡，後漢因之，晉省。隋伐高麗，分軍出增地道。即此。

積利城。在平壤西。唐貞觀二十一年，遣牛進達自海道入高麗，拔其石城，進至積利城下，敗其兵。其相近者又有泊灼城。貞觀二十二年，薛萬徹等伐高麗，圍泊灼城而還。《唐書·地理志》：自鴨緑江口舟行百餘里，又小舫泝流東北三十里至泊灼口，即泊灼城矣。石城見《定遠衛》。

黏蟬城。在平壤西南漢縣，屬樂浪郡。後漢曰黏蟬，晉省。隋大業八年，伐高麗，分軍出黏蟬道。蓋以漢縣名也。又遂成廢縣，在平壤南，漢置，屬樂浪郡。後漢魏晉皆因之。《通典》：碣石山在漢遂成縣，秦築長城起於碣石，今遺址東截遼水而入高麗。蓋本《太康地志》之説，其實誤也。

加尸城。在平城西南，高麗置。唐貞觀十八年，伐高麗，蓋蘇文遣加尸城七百人戍蓋牟城是也。

辱夷城。在平壤西北。唐總章元年，李勣等敗高麗於鴨緑柵，追奔二百餘里，拔辱夷城，遂進圍平壤。是也。又伐奴城，亦在平壤西北。唐咸亨二年，行軍總管李謹行破高麗於瓠蘆河西，其妻劉氏屯伐奴城。高麗引靺鞨來攻，劉氏拒却之。或曰城在營州境内。

風俗　俗知文字，喜讀書。《五代史·高麗傳》。飲食以籩豆，官吏閑威儀。宋徐兢《圖經》：飲食用俎豆，文字合楷隸，上而朝列官吏，閑威儀而足辭采，下而閭胥陋巷經館書社三兩相望，子弟未婚者，則羣聚從師，稍長則擇友講習。喜飲酒歌舞，或冠弁衣錦。《寰宇記》。修宮室，祀靈星。《後漢書·高句驪傳》：俗節於飲食，而好修宮室。又云：好祀鬼神社稷靈星，以十月祭天。大會名曰東盟，其國東有大穴，號隧神，亦以十月迎而祭之。按東盟亦作東明，靈亦作零。戴折風巾，服大袖衫。《北史·高句驪傳》：人戴折風巾，形如弁士，加插二羽。貴者紫羅爲之，服大袖衫，大口袴，素皮帶，黄革履。婦人裙襦，加　公會。衣服皆錦繡，金銀爲飾。按《皇清職貢圖》：其民人戴黑白氊帽，衣袴，皆白布爲之。民婦辮髮盤頂，衣用青藍色，外繫長裙，布襪花履。柔仁惡殺，崇釋信鬼。《文獻通考》：堂上設席，升必脱履。性柔仁惡殺，崇釋教信鬼，拘陰陽病，不服藥，惟呪詛厭勝。至親有病，不相視斂，俗不知醫。後中國有往者，始通其術。俸皆給田，刑無慘酷。《文獻通考》：三歲一試，有進士諸科。士尚聲律，百官以米爲俸，皆給田。國無私田，計口授業。兵器疏簡，刑無慘酷之科。惟元惡及罵父母者斬，餘皆杖肋。死罪貸流諸島，累赦視輕重原之。京畿江源，地本獩貊，其人謹愿，少嗜欲，有廉恥，同姓不婚，多所忌諱。《寰宇記》：其人性謹愿，少嗜欲，有廉恥。男女衣皆著曲領，男子繫銀花，廣數寸，以爲飾。知種麻養蠶，作綿布。又頗曉候星宿，先知年歲豐約，不以珠玉爲寶。忠清、黄海，地本馬韓。其人知田蠶，作綿布，少綱紀，不知騎乘，不貴金寶，大率皆魁頭露髻，布袍草履，信鬼神，聚歌舞。《寰宇記》：馬韓人知田蠶，作綿布，出大栗如梨。有細尾雞，尾長五尺。邑落雜居，亦無城郭。作土室，形如冢，開户在上。不知跪拜，無長幼男女之别。少綱紀。國邑雖有主帥，不能相制御。其葬有棺無槨。不知騎乘牛馬，不貴金寶錦罽，惟重瓔珠以綴衣爲飾。及懸頸垂耳，大率皆魁頭露髻，布袍草履。其人勇壯，少年有築室作力者，輒以繩貫脊皮，以杖垂繩歡呼爲健。終日力作，不以爲疲。善用弓楯矛櫓，雖有鬬爭攻戰而貴相屈服。俗信鬼神，以五月耕種畢祭鬼神。晝夜酒會，羣聚歌舞，舞輒數十人，相隨踏地爲節。十月農工畢，亦復如之。諸國邑各以一人主祭天地，號天君，又立蘇塗，建大木以懸鈴鼓事鬼神。全羅地本弁韓，亦作卞韓，言語風俗與辰韓相似。《寰宇記》。慶尚地本辰韓，人皆扁頭，男女近倭。《寰宇記》。安平、咸鏡俗尚弓馬，咸鏡地本高麗，黄海、安平地本朝鮮。忠清、慶尚、全羅，地廣物衆，最爲富廣。俗尚詩書，人才之出倍於諸道。《續文獻通考》。

山川　北岳山。在國城北。明初，朝鮮國王李旦依此爲都。萬曆中，倭據王城，背岳山面漢水爲營，即此。《明統志》：在漢城府境。

丸都山。在國城東北。《明統志》：漢時，高句驪王伊夷模都此。晉時，爲慕容皝所據。

天寶山。在國城西。明萬曆中，李如松遣將屯寶山以拒倭。即此。

龍山。在國城南漢江東南。明萬曆中，倭敗於平壤，遁還龍山。即此。

神嵩山。在開城府北。五代時，王建依此山爲都，因名。其城爲松岳。《志》云：朝鮮有三都，謂平壤、漢城及松岳也。又有平山嶺，在開城府西一里，其土色皆赤。

金堂山。在黄州三和縣之西北，州屬東安路，領安岳、三和、龍岡、咸從、江西五縣。《志》云：三和在黄州西南一百里。又州境有政方山。

白山。在全州南海中，或以爲即白水山。唐咸亨三年，高侃擊高麗餘衆於白水山。是也。又有黑山在白山東南，勢甚高峻，其下有澳，可以藏舟。

島山。在蔚山郡南。明萬曆十五年，麻貴等攻蔚山，倭倭悉走島山，於山前連築三寨，拒守島山。視蔚山城高，倭又於上新築石城，堅甚，官軍攻之不克，辱潰還。

釜山。在東萊縣南二十一里，西北去國城千四百里，濱大海，與日本對馬島相望，揚帆半日可至。其東有東來、機張、西生、林耶、五浦爲左臂，西有安骨、安窟、嘉德、熊川、森浦、巨濟、間山、德橋、金海、竹島、龍堂爲右臂，聯絡犄角，可攻可守。明萬曆二十年，倭酋平秀吉遣其黨行長等擁舟師逼釜山鎮，陷慶尚道，尋入王京，既而棄王京，還屯據釜山，增築西生、機張等處，分兵拒守，而以釜山爲根本。官兵攻之，不能克，久之始解去。《續文獻通考》：釜山地方，去日本對馬島僅一日程，相傳舊屬日本，爲大海限隔，棄於朝鮮。先是，日本以歲祲借朝鮮穀萬斛，朝鮮令人往索，日本乃以釜山地爲言，朝鮮使臣不許。萬曆辛卯，日本關白平秀吉遣將行長清正率師至朝鮮，未及至京，王昖遁去，一國爲墟，遂遣人上表請援。上命重臣提兵往救，踰年相持不退。兵部尚書石星聽流人沈惟敬言，加遊擊銜往諭日本罷兵，惟敬陰許議和，且許復沿海貢道。事泄，下惟敬獄，與星偕擬重典，愈益調兵增餉，費至百萬，彼此互相勝負，敵衆共處釜山蓋屋治田，爲久留計。戊戌七月，平秀吉病卒。始撤歸。《圖經》：釜山去南原府七百里。

稷山。在忠州西稷山監。明萬曆二十五年，倭陷全羅，引而北，麻貴發兵守稷山以遏其鋒。又有青山，與稷山相近。《志》曰：稷山之南即天安郡城，南下全州要道也。

洪州山。在忠州西南境海中。《明統志》：洪州建於山下稍東，有東源山，產金。

富用山。在洪州海中，上有倉穀，故名，俗譌爲芙山。

九頭山。在廣州海中，山有九峯，林木甚茂。

蘭秀山。在開州西。明洪武五年，高麗國王請征蘭秀山逋寇，詔止之。

蓋馬大山。在平壤城西。《後漢書・郡國志》：元菟郡有西蓋馬縣，因山以名。

魯陽山。在平壤城東北，上有魯城。

馬邑山。在平壤城西南。唐顯慶五年，蘇定方破高麗軍於浿江，奪馬邑山，遂圍平壤。即此。

葦山。在平壤城西南二十里，南臨浿水。

觀門山。在土山縣北，元屬東安路。

花山。在土山縣東南，皆縣境之大山也。

屈巖山。在定遠府城東，以巖岫屈曲而名。又雲山，在朔州西南。

馬頭山。在靈州之東。又長花山，在鐵州西南。

天聖山。在殷州東北。

靈山。在宣州西南。

熊花山。在郭州郡東北，又育靈山，在宣州郡東南。龍骨山，在龍川郡城東。又小鐵山，在鴨綠江東岸義州境，渡江處也。又西南爲遼東境内之僧福島及皮島云。

青邱。在高麗境。《子虛賦》：秋獵於青邱。蓋謂此。服虔曰：青邱國，在海東三百里。《晉書・天文志》：有青邱七星，在軫東南，蠻夷之國也。唐討高麗，置青邱道行軍總管云。

江華島。在開州城南海中。元時高麗王植庶族承化侯居此。《圖經》：今有江華府，蓋以島名。

紫燕島。在廣州海中，上有客館曰慶源亭，居民甚衆，以嶼多飛燕，故名。

和尚島。在廣州海中，山勢重疊，林巒深茂，上有葉老寺。

大青島。在廣州海中，一名大青嶼。元文宗徙其兄子托歡待穆爾於高麗，使居大青島，尋徙於廣西静江。是也。其相近又有小青嶼，托歡特穆爾舊作妥歡帖木兒，今改正。

排島。在全州南海中，遠望三山並列中，一山如垛，亦曰排垛山。

羣山島。在全州南海中，遠望十二峯，連絡如城，其南有官嶼，亦謂之案苦。

白衣島。在全州南海中，前有小焦附之，偃檜積蘇，蒼潤可愛。

天仙島。在全州南海中，又名闕山島。

平湖島。在慶州南海中。元至元十八年，遣范文虎帥兵擊日本，道出高麗，航海至平湖島，颶風敗舟遂還。

竹島。在慶州境西南，濱海。明萬曆二十五年，倭泊於釜山，往來竹島，漸逼梁山熊川，既而奪梁山，遂入慶州。又巨濟島在竹島東，濱海。朝鮮置巨濟縣，兼置水軍營於此，衝險次於釜山。

閑山島。在慶州西南境，朝鮮西海水口也右障全羅道之南，原府爲全羅外藩，一失守則沿海無備。天津、登、萊皆可揚帆而至。其相近者又有柒山島。明萬曆二十五年，倭入慶州，侵閑山，夜襲柒山島，官軍潰走，遂失閑山，倭進圍南原，陷之。

唐人島。在青州海中，與九頭山相近，又有馬島亦在青州海中，國中牧馬地也。舊有客館曰安興亭。

牛心嶼。在青州海中，一峯特起，狀類覆盂，而中稍鋭，其相近又有雞心嶼。

大月嶼。在全州南海中，回抱如月，其後又有小月嶼對峙如門，可以通舟。

菩薩苫。在全州南海中。《圖經》：小於嶼而有草木曰苫，其相近者爲紫雲苫、春草苫、苦苫、跪苫，又有檳榔焦，亦在全州南海中。《圖經》：如苫嶼而其質純石者曰焦。

軋子苫。在清州南海中，土人謂笠爲軋，其山如之。故名。

雙女焦。在清州海中。

蛤窟。在廣州海中，山不甚高，而居民甚衆，山之脊有龍祠，海中往來者皆祀之。

烏嶺。在慶州西北境，西接尚州界，廣亙七十餘里。懸崖巉削，中通一道如綫，灌木叢雜，騎不得成列，朝鮮指爲南道雄關。明萬曆二十一年，倭棄王京遁，别將劉綎自尚州追至烏嶺，倭方拒險，别將查大受自忠州踰槐山監，出烏嶺後，倭大驚。前移釜山浦爲久駐計。

竹嶺。在忠州東，羊腸繞曲，頗爲險峻。明萬曆中，倭棄王京，踰竹嶺，走慶尚。即此。

摩天嶺。在咸興府東北，朝鮮謂之東北雄關。

慈悲嶺。在平壤城東一百六十里。宋淳熙二年，高麗西京留守趙位寵以慈悲嶺至鴨緑江四十餘城附金，金人不納。元至元六年，高麗臣李延齡等以西京以下六十城來歸，元因改置東安路，以慈悲嶺爲界云。

嘉山嶺。在嘉山郡西。郡以此名。《圖經》：朔州西北有狄踰嶺，朝鮮謂之西北雄關。

大海。《明統志》：朝鮮之境，東、西、南三面皆濱海，其東水澹清澈，下視十丈餘。又《舊志》：西大海在黄州長命鎮，東入大通江；又白州海州之西，皆逼近海濱。本朝康熙五十年，以朝鮮國島、夢金鼎足島、沙乜叱九味等處，俱與奉天府金州、復州、蓋州、海州相近，移咨奉天府將軍及府尹，嚴禁沿海居民，不許往朝鮮近洋漁採。

漢江。又名熊津江，在國城南十里，源出金剛、五臺二山，合流入海，王城恃以爲險。江之南，即古百濟國地也。明萬曆中，李如松拔朝鮮，倭棄王城遁，如松入城以兵臨漢江，尾倭後，欲乘其惰歸擊之，不果。

白江。在熊津東南，亦接大海，達全州西界。唐龍朔三年，劉仁軌引舟師自熊津趣周留城，時百濟請援於倭，至白江口遇倭兵，仁軌四戰皆捷，焚其舟四百餘，進拔周留，遂平百濟。是也。

三浪江。在梁山郡南。《舊志》：梁山西北有峻嶺，上容雙馬，路險绝，南有三浪大江直通金海竹島。萬曆中，倭奪梁山三浪，遂入慶州。

晉江。在慶州西南，泗州城北，或謂之西江，東南注於海。明萬曆中，麻貴攻蔚山，遣兵屯西江口，防倭水路援兵。即此。

白馬江。在清州南。《圖經》：矜州南有白馬江，南流入清州界折而東，又東北經天安郡界折而北，其下流合於漢江。

大通江。在平壤城東，亦曰大同江，舊名浿水。《史記》：秦修遼東故塞至浿水爲界。漢初，燕人衛滿亡命東走出塞，渡浿水，居秦故空地上下障，稍役屬真番、朝鮮蠻夷及燕齊亡命者王之。元封三年，荀彘自遼東擊朝鮮，破其浿水上軍，乃至王險城下。《漢書地理志》：樂浪有浿水縣，浿水西至增地縣入海，王險城蓋在浿水之南。《水經》：浿水出樂浪、鏤方縣東南，過臨浿縣東入海，誤矣。隋大業八年，伐高麗，來護兒率江淮水軍自東萊浮海先進，入自浿水，去平壤六十里，尋爲高麗所敗，還屯海浦。唐龍朔元年，蘇定方伐高麗，敗，其兵於浿水江遂趨平壤。明萬曆二十一年，李如松援朝鮮至平壤，倭悉力拒守，如松度地形，東南並臨江西枕山陡立，惟迤北牡丹峯高聳最要害，如松乃遣將攻牡丹峯，督兵四面登城，遂克之，既而如松駐開城，别將楊元軍平壤，扼大同江，以通餉饋。是也。

清川江。在安州城東西，南流入海，亦名薩水。隋大業八年，宇文述等擊高麗，渡鴨緑水，追擊其大臣乙支文德，東濟薩水，去平壤城三十里，因山爲營，平壤險固，不能猝拔，引還至薩水，軍半濟，爲高麗所擊，諸軍皆潰，將士奔還一日，夜至鴨緑水，行四百五十里。今亦謂之大安江。《舊志》：平壤黄州西隔大安江，東阻大通江，所謂兩江之中也。本朝康熙三十七年，朝鮮歲饑，表請中江開市，奉旨許以積貯米穀水陸共運四萬石，至中江平糶云。

沸流江。在江東郡南，自漢江分流，西合於大同江。《明統志》：靈州東有大同江，西北入於大通江。

鴨緑江。在國東北界，源發長白山西麓，西南流入海。《通典》：在平壤西北四百五十里。《漢志》所謂馬訾水也。高麗每恃爲天險，詳《盛京奉天府部》。

土門江。在國西北界，源發長白山東南麓，東南流入海。本朝康熙五十四年，以渾春之庫爾喀齊等處與朝鮮止隔土門江，恐居人往來生事，令將安都立他木弩，房屋窩鋪，即行拆毁，與寧古塔那去官兵之屯莊，俱令離江稍遠居住，嗣後沿江近處蓋屋種地，俱嚴行禁止云。

月不唐江。在黃州安岳縣東，其水西流入海。《舊志》：安岳在黃州南一百五十里。是也。

發盧河。在慶州西界。《舊志》：在高麗南界，新羅七重城之北。唐咸亨四年，李謹行破高麗於瓠蘆河之西。咸亨五年，劉仁軌東伐新羅，率兵絶瓠蘆河，攻其大鎮七重城，破之。即此。

西生浦。在蔚山郡南五十三里，其相近者曰機張監。又有開雲浦，在蔚山郡南五十二里。

甘浦。在慶州東二十里。《圖經》：甘浦相近者有長鬐浦。

安骨浦。在熊川郡南二十里，其相近者又有天成浦。

金浦。《圖經》：在晉州南，即晉江南入大海處也。元至正二十二年，議征日本，敕漕江淮米數百萬石，貯於高麗之金浦，仍令東京及高麗各貯米萬石，備征日本期，明年八月悉會金浦，不果行。《元史》作月浦，誤也。

薩賀水。在開州西南，一作薛賀水。唐乾封三年，李勣等伐高麗，别將薛仁貴克扶餘城，高麗趨救，與李勣遇於薛賀水，合戰，勣大破之，追拔大行城。是也。《舊志》：薛賀水出北山中，東南流入鴨緑江。

虵水。在平壤西境。唐龍朔初，麗孝恭等擊高麗，以嶺南兵壁於虵水，爲蓋蘇文所攻，一軍盡没。又一水謂之陀水，宋天禧二年，契丹伐高麗，戰於蛇、陀二水，敗還。《舊志》：二水俱在平壤西北。

楊花渡。在國城西南漢江之濱，朝鮮各道餽餉皆聚於此。或曰，即臨津渡也。明萬曆中，倭渡臨津，掠開城，既而李如松駐開城，遣别將查大受據臨津爲東西策應。即此。

禮成港。在開城府南。下流入於海，又有急水門。《明統志》：在開城府南海中，宛如巫峽。又有蛤窟，亦在開城南海中，山頂有龍祠。

土產　白苧布、綿紬、木棉布、五爪龍席、雜彩花席、白硾紙、米有江米、稻米二種。鹿皮、獺皮、刀以上俱入貢。金、銀、鐵、石鐙盞有紅白二色。水晶　鹽、狼尾筆、油、煤、墨、摺扇編竹爲骨，以多爲貴。黄漆樹似棕，六月取汁，漆物如金。果下馬。《後漢書》：耆獩國有果下馬。《注》云：高三尺，乘之可以果樹下行。長尾雞。《後漢書》：馬韓國長尾雞，尾長五尺。蜂蜜、貂貀、紅豹皮。《後漢書》：獩國多文豹。八梢魚、班魚。《後漢書》：獩國海出班魚，使來皆獻之　蠣房、龜脚、竹蛤、海藻、昆布、秔，可爲酒。黍、麻、麥、松有二種惟，五葉者結子。人參、茯苓、硫黄、白附子、榛子、梨、栗。

日本

元·周致中《異域志》卷上　日本國，在大海島中，島方千里，即倭國也。其國乃徐福所領童男女始創之國。時福所帶之人，百工技藝、醫巫卜筮皆全，福因避秦之暴虐，已有遁去不返之意，遂爲國也。而中國詩書遂留於此，故其人多尚作詩寫字。自唐方入中國爲商，始有奉胡教者，王乃髡髮爲桑門，穿唐僧衣。其國人皆髡髮，孝服則留頭。

《元史》卷二〇八《外夷傳一·日本》　日本國在東海之東，古稱倭奴國，或云惡其舊名，故改名日本，以其國近日所出也。其土疆所至與國王世系及物產風俗，見宋史本傳。

明·李言恭《日本考》卷一　倭國事略　日本，古倭奴國，依山島爲城邑，在百濟、新羅東南地形類琵琶，東高西下，東西數千里，南北數千里。

九州居西爲首，肥前、肥後、豐前、豐後、筑前、筑後、日向、大隅、薩摩。陸奧居東爲尾至山城旱程七十五日。舊云陸奧爲頭，薩摩、大隅爲尾者，非。山城居中，乃國都也。國君以王爲姓，以尊爲號，後改稱皇。初居日向筑紫宫，後徙山城。

文武皆世其官，有德、仁、義、禮、智、信大小十二等及軍尼、伊賀翼諸名。山城以東，地方廣邈，雖倭奴遠服賈者，不能閲歷，況華人乎？故其島之數可考。按舊圖，山城以東：中爲近江、伊賀、尾張、三河、美濃、飛彈、信濃、上野、陸奧；北邊海爲但馬、丹後、若佐、加賀、越前、越中、越後、出羽、甲裴、常陸；南邊海爲攝摩、攝津、太和、河內、遠江、駿河、伊豆、相摩、武藏、下野；東北懸海則爲佐渡；在南懸海則爲志摩七島、上總、下總、安房。其間廣狹至有不能考者，今姑據所聞者述之。

山城之南爲和泉其南海嶴泊者爲阿賣介撒几，爲歪打阿波，爲千撒几，爲天王者，爲沙界衣。又南爲沙界。其地方甚小。沙界之東南爲紀伊。東爲三河，出海之口爲濱大海，其島爲康大，爲科什麼，爲奴智。紀伊之西爲伊勢。北爲三河，其嶴爲腰大，爲阿乃奴子。

山城之西爲丹渡，左爲攝津。其嶴爲飄舡谷，爲阿家世奴乎辣，爲素埋，爲男女懷；東南懸海爲安防州。左之西爲攝摩，其嶴爲那敗，爲舍個世，爲抗茄，爲我這古，爲磨羅。

右爲但馬，右之西爲因幡。丹渡西爲美作，左爲備前。其嶴爲兀什麼舵，爲茄賣茄里，爲多大。左之西爲備中，出鐵。其嶴爲山子加，爲官奴乎喇，爲那什摩。其南爲連島，懸海三十里。右爲因幡，右之西爲伯耆。沿海俱白沙，無嶴可泊。其鎮爲阿家殺紀，爲倭子介，爲他奴賀知。其北爲竹島，懸海三十里。美作之西爲備後之北境。其嶴爲一子該一知，爲于奴鼻，爲和奴密知，爲拿敗，爲赦東大。出雲之南境。其嶴爲番你，爲山子介，爲欽子溪，爲户流，爲飛賴打，爲失喇哈打，爲也生忌，爲密和奴失記。其北爲隱岐，懸海三百五十里。

備後之西爲安藝其嶴爲翁家搭白昆敗，爲法子加一知，爲窟撒子，爲谷也，爲他加歪喇，其南爲宫島，懸海三十里。出雲之西爲石見。出銀與銅。其嶴爲南高番馬，爲番馬搭哥，爲撮奴市，爲有奴子，北至海三十里。安藝、石見之西爲山口谷國，卽古之周防州也。横直二百四十里，其南邊海之嶴爲翁哥里，爲密大逝里，爲東大，爲陀奴迷，爲哈迷奴失記，爲奴羅市米；其北邊海之嶴爲斯殺，爲賣抵哈扣，爲夜市，爲高奴烏喇；北至三島海面三百五十里。三口之西爲長門，横直皆二日程，嶴爲花浦，爲薰州，爲番記，爲倭委；北至三島懸海三百五十里。關渡在焉。其西旱關爲阿介馬失記，抽分司設於此。

渡此而西爲豐前。横五百里，直四百里，其嶴爲可苦喇馬喇介襪次，爲大義地，爲野慢茄，爲阿世夜，爲暮治，爲一賣。其南爲豐後。横直皆六百里，其嶴爲福乃，爲倭几奴法賣，爲鎖孤舟，爲由奴烏喇，爲撒一基，爲烏四基。又其南爲日向。横直皆三百六十里，其嶴爲多故奴甫治。

豐前之西北爲筑前。横六百五十里，直四百里，其嶴爲右勢，爲加菩里，爲加打也馬，爲多賣里，爲一萬字，爲奴打，爲世加，爲經字里，爲多罷，爲密那多，爲法哈嗟，卽博多之别名也，其北離伊岐島海面五百里。

西南爲筑後，横直皆二百五十里。筑後之南爲大隅。其南須海之嶴爲什麼烏思迷，今之人訛傳爲懸海，懸海乃大漁州也。大隅與日向、薩摩連壤，名爲九州。大隅之西爲薩摩。横直皆三百六十里，其嶴爲暗孛喇，爲起麻子記，爲羊里南，爲康國什麼，爲罷里，爲拖馬里，爲强頭馬里，爲鸚哥里，爲年市米，爲仙臺，爲審孛署。豐後東南懸海爲土佐，爲伊豫，爲阿波。阿波相近懸海爲炎路。土佐、豐後之間爲佐加關。土佐至佐加關海面一百八十里，佐加關至豐後海面七十里。

薩摩之北爲肥後。横直皆五百里，其嶴爲牙子世六，爲阿麻國撒，爲昏，爲一國撒介烏喇，爲開懷世利，爲噠加什，爲什噠加。又其北爲肥前。横直皆五百里，其嶴爲鐵來，爲言奴氣子，爲法司奴一計，爲客舍。其内沿河泊舟交易之處爲倭磨喇，爲知十歪，爲法一溪，爲夜間迷，爲坐迷子，爲迷坐骨知，爲一掃佛，爲愛奴乎喇，爲世子，爲迷古里，爲失撒，爲喃哥呀，爲雄婆哥，爲松本，一名馬子喇，爲法麻撒几。

肥前西懸海爲平户。東西海面十里，西北至博多海面四百五十里。平户之西爲五島。丘山相錯，懸海而生，其中有嶴可泊，乃日本西境之盡處也。過此西行越五六日，四望無山，直抵陳錢壁下。此島與薩摩相去一千五百里，與肥前相去四百三十里，與平户相去二千五十里。五島至山日，必由平户經過，其嶴爲乃路，爲倭齊家，爲衣屋奴密，爲通記，爲達奴烏喇，爲烏苦，爲話哈達。北爲多藝，爲伊岐，横直皆七十里，至對馬海面五百里。爲對馬島。横三百里，其南嶴爲哥，爲甘大哈；東南爲拂乃哥世；西北爲堆沙几，爲山谷，爲撒思乃，爲知六磨，爲你打；北爲倭奴烏喇。

其西北至高麗也，必由對馬島開洋。各島之人俱至堆沙几、撒思乃、山谷三嶴開洋，至高麗之則失多，順風一日約五百里。

南至琉球也，必由薩摩州開洋，順風七日。其貢使之來，必由博多開洋，歷五島而入中國，因造舟水手俱在博多故也。貢舶回則徑收長門，因抽分司官在焉故也。若其入寇，則隨風所之。東北風猛，則由薩摩或由五島至大小琉球而視風之變遷：北多則犯廣東；東多則犯福建。澎湖島分䑸，或之泉州等處，或之梅花所、長樂縣等處。

若正東風猛，則必由五島歷天堂官渡水，而視風之變遷。東北多則至烏沙門分䑸，或過韭山、海閘門而犯温州；或由舟山之南而犯定海，經大貓洋入金塘、蛟門。犯象山、奉化，由東西厨入湖頭渡。犯昌國，入石浦關。犯台州。入桃渚、海門、松門諸港。

正風多則至李西嶴壁下陳錢分䑸，或由洋山之南而犯臨觀，過漁山、兩頭洞，三姑山入蠷浦，則犯紹興之臨山、三山，過霍山洋、五嶼、烈表、平石，則犯寧波之龍山、觀海。犯錢塘。過大小衢、徐公，入鼈子門、赭山，則薄省城也。

或由洋山之北而犯青南，過馬迹潭而西。犯太倉過馬迹潭而西北。或過南沙而入大江。過茶山入瞭角嘴，涉谷檟、狼、福山而瓜、儀、常、鎮。

若在大洋而風欻東南也，則犯淮揚，犯登萊。過步州洋亂沙，入鹽城口，則犯淮安；入廟灣港則犯揚州；再越而北則犯登萊。

若五島開洋而南風方猛，則趨遼陽，趨天津。大抵倭船之來，恆在清明之後，前乎此風候不常，屆期方有東北風，多日不變也。過五月，風自南來，倭不利於行矣。重陽後風亦有東北者；過十月，風自西北來，亦非倭所利矣。故防春者以三、四、五月爲大汛，九、十月爲小汛，其停橈之處，焚劫之懽，若倭得而主之，而其帆檣所向，一視乎風，實有天意存乎其間，倭不得而主之。

向之入寇者，薩摩、肥後、長門三州之人居多，其次則大隅、筑前、筑後、博多、日向、攝摩、津州、紀伊、種島，而豐前、豐後、和泉之人亦間有之，乃因商於薩摩而附行者也。

日本之民，有貧有富，如攝摩、伊勢、若佐、博多，其人以商爲業。其地方、街巷、風景宛若中華。富者各數千家，有積貲至百萬者。又如和泉一州，富者八萬户，皆居積貨殖。有淑有慝。如薩摩之鶻哥里，方數千里，其邑長安慶，能納民於軌，物無一人爲爲盜。又如紀伊之頭陀僧三千八百房，專習武藝。殺人而不犯中國。富而淑者或登貢舶而來，或登商舶而來，凡在寇舶，皆貧與恶者也。

山城君號令不行，徒寄空名於上，非若我中國禮樂征伐自天子出，大一統之治也。山口、豐後、出雲開三軍門，如中國總督府之義。各以大權相吞噬，今惟豐後尚存，亦不過兼并肥前等六島而已。肥前、肥後、筑前、筑後、豐前、豐後。山口、出雲以貪滅亡。山口原并國十二，曰石見、長門、安藝、備前、備後、備中、出雲、伯岐、丹後、因幡、但馬，後出雲奪歸其地，山口長子死焉，其君亦爲陶殿所殺。豐後君以其弟攝山口事，吞安藝，安藝殺之。嘉靖三十六年。山口無君，豐後獨稱雄焉。山城君金印勘合，久爲山口所有，向來入貢俱山口自主，山城惟出名而已。陶殿之亂，宫殿、勘合俱焚，金印亦損一角，不知所歸，貢自此绝矣。欲望彼國之約束諸夷，斷斷乎不能也。

畿内部　驿，凡四百一十四。

户，可七万餘。

课，约八十八万三千三百二十九。

寄語島名

山城羊馬失羅。

築前職骨前。

太和野馬多。

築後職骨骨。

河内茄懷知。

豐前孛前。

和泉因字米。

豐後蓬哥。

攝津子奴因你。

肥前非前。

伊賀衣加。

肥後非谷。

伊勢衣舍。

日向兄加。

志摩

大隅阿思米。

尾張倭阿里。

薩摩撒子馬。

三河迷茄懷。

遠江

紀伊乞奴苦藝。

炎路山奴計。

駿河

阿波挨懷齊。

伊豆因慈。

讚耆

甲裴嘅怡苦藝。

伊豫伊右。

相摩

土佐拖撒。

武藏木撒暑。
山口卽周防，羊馬窟諸。
安房阿乞。
美作迷馬撒家。
備前避然。
上總茄迷倭撒。
下總什麼倭撒。
備中避晝。
常陸
備後避臥。
若佐壞加棚。
安藝阿計。
越前日智前。
攝摩法里馬。
越中日晝。
長門奴茄多。
越後日清谷。
丹渡丹白。
加賀坑茄。
丹後丹哥。
能登奴朵。
但馬嗟什麼。
佐渡沙渡。
因幡奚奴白。
近江多烏米。
伯耆花計。
美濃米奴。
出雲因字木。
飛彈非大智。
石見

信濃申阿農。
隱岐和計。
上野康子計。
伊岐尤計。
女島
下野什麼子計。
陸奥話收。
多藝
出羽迷外。
宮島迷挨什麼。
五島我島。
男島賀什麼。
小島科什麼。
對馬島則什麼。
連島卒賴什麼。
種島他尼什麼。
博多花哈嗒。
竹島他計甚麼。
平戶
佐加關
三島密什麼。

倭船　日本造船與中國異，必用大木取方，相思合縫；不使鐵釘，惟聯鐵片，不使麻筋桐油，惟以草塞罅漏而已。名短水章。費功甚多，費材甚大，非大力量未易造也。凡寇中國者皆其島貧人，向來所傳倭國造船千百隻，皆虛誑耳。其大者容三百人，中者一二百人，小者四五十人或七八十人，其形卑隘，遇巨艦難以仰攻，苦於犁沉。故廣福船皆其所畏。而廣船旁陡如垣，尤其所畏者也。其底平不能破浪。其布帆懸於桅之正中，不似中國之偏。桅機常活，不似中國之定。惟使順風，若遇無風、逆風，皆倒桅盪櫓，不能轉戧。故倭船過洋，非月餘不可。今若易然者，乃福建沿海奸民買舟於外海，貼造重底，渡之而來，其船底尖能破浪，不畏橫風、鬬風，行使便宜，數日卽至也。

凡倭船之來，每人帶水四百斤，約八百碗，每日用水六碗，極其愛惜，常防匱乏也。水味不同，海水鹹不可食，食卽令人泄。故彼國開洋，必與五島取水；將近中國過下八山、陳錢之類，必停舶換水。所以欲換者，冬寒尚可耐久；若五六月，蓄之桶中二三日卽壞，雖甚清洌，不能過數日也。海洋浩渺，風濤叵測，程不可計，遇山而汲，亦其勢耳。盥頮沐浴，海水山水皆可用。或云浴海水令人膚裂，近訪之，不然，但黑肌膚而已。倭奴有一秘法，煮泉一二沸，置之缸缶，能令宿而不壞。然亦不過半月，久則不能也。其至普陀必登者，非換水，亦非真欲焚香，乃覘兵防虚實耳。

寇術　倭奴之勝我兵，專以術也。卽以其術還治其人，不必用古兵法，蔑不勝矣，故志之。

倭夷慣爲蝴蝶陣，臨陣以揮扇爲號，一人揮扇，衆皆舞刀而起，向空揮霍，我兵倉皇仰首，則從下砍來。又爲長蛇陣，前耀百脚旗，以次魚貫而行，最强爲鋒，最强爲殿，中皆勇怯相參。

則每日雞鳴起，蟠地會食。食畢，夷酋據高坐，衆皆聽令。挾册展視，今日刼某處，某爲長，某爲隊。隊不過三十人，每隊相去一二里，吹海螺爲號，相聞卽合救援。亦有二三人一隊者，舞刀横行，人望之股慄遠避，延頸授首。薄暮卽返，各獻其所刼財物，毋敢匿。夷酋較其多寡而贏縮之，每擄婦女，夜必酒色酣睡。刼掠將終，縱之以焚，煙焰燭天，人方畏其酷裂，而賊則抽去矣。愚詒我民，勿使邀擊，自爲全脱，專用此術。

賊至民間，遇酒饌先令我民嘗之，然後飲食，恐設毒也。行衢陌間，不入委巷，恐設伏也。又不敢沿城而行，恐城上抛磚石也。

其行必單列而長，緩步而整，故占數十里莫能近，馳數十日不爲勞。

布陣必四分五裂，故能圍。

對營必先遣一二人跳躍而蹲伏，故能空竭吾之矢石火炮。

衝陣必伺人先動，動而後突入，乘勝長驅。戰酣必四面伏起，突遶陣後，故令我軍驚潰。

每用怪術，若結羊、驅婦之類，當先以駭觀，故吾目眩，而彼械乘慣雙刀，上詐而下反掠，故難格。

鈀鎗不露竿，突忽而擲，故不測。

弓長矢巨，近人則發之，故射命中。

斂迹者，其進取也。張揚者，其逃遁也。故常横破舟以示遁，而突出金山之圍；造竹梯以示攻，而旋有勝山之去。將野逸，則逼城。

欲陸走則取艀。

或爲穽以詐坑。

或結稻稈以絆奔。

或種竹簽以刺逸。

常以玉帛、金銀、婦女爲餌，故能誘引吾軍之進陷，而樂罷吾軍之邀追。

俘虜必開塘而結舌，莫辨其非倭，故歸路绝。

恩施附巢之居民，故虚實洞知。

賞豐降擄之工匠，故器械易具。

細作用吾人，故盤詰難。

向導用吾人，故進退熟。

預籍富室姓名而次第取之，故多獲。

宿食必破壁而處，乘高而瞭，故襲取無機。

間常一被重圍矣，餌以僞鹹而逸之；或披簑頂笠，沮溺於田畝；或云巾紵履蕩遊於都市。故使我軍士或愚而投賊，或疑而殺良。

江海之戰本非其所長，亦能聯虚舟，張弱簾，以空發吾之先鋒；捐婦女，遺金帛，以弭退吾之後逐。

凡舟之裙墻，左右悉裹布帛被褥而濕之，以拒焚擊。交鬨間，或附蓬而飛越，卽雷震而風靡矣。

寇擄我民引路取水，早暮出入，按籍呼名，每處爲簿一扇，登寫姓名，分班點閘。眞倭甚少，不過數十人爲前鋒。寇還島皆云做客回矣。凡被我兵擒殺者，隱而不宣，其鄰不知，猶然稱賀。

倭刀　刀有高下，技有工拙。倭之富者，不恡重價而制之，廣延高師而學之；其貧者所操不過下等刀耳。善運刀者在前衝鋒，可畏頗有限也。中國人不知，望之輒震而避焉。擒獲夷刀，亦莫辨高下，混給兵士，故志之。

大小長短不同，立名亦異。每人有一長刀，謂之佩刀；其刀上又插一小刀，以便雜用。又一刺刀長尺者謂之解手刀；長尺餘者謂之急拔，亦刺刀之類。此三者乃隨身必用者也。

其大而長柄者乃擺導所用，可以殺人，謂之先導。其以皮條綴刀鞘，佩之於肩，或執之於手，乃隨後所用，謂之大制。

又有小裁紙設機刀，出長門，號兼常者最嘉。

又有作贄禮、賀禮，不拘大小，名雖爲刀，其實無用。

上等：上庫刀。山城國盛時，盡取日本各島名匠，封鎖庫中，不限歲月，竭其工巧，謂之上庫刀。其間號寧久者更嘉，世代相傳，以此爲上。

次等：備前刀。以有血漕爲巧，刀上或鑿龍，或鑿劍，或鑿八幡大薩蓙、春日大明神、天照皇大神宫，皆形著在外爲美觀者。

如匠人製造之精，不論刀大小，必於柄上一面鐫名，一面刻記字號，以爲古今賢否之辨，鎗劍亦然。

又 卷二 沿革

天御中主都筑紫日向宫，主邪魔維國，尹都、投馬種類百有餘國，奄爲所屬，號大倭王。傳二十三世彦瀲尊第四子神武天皇，自筑紫入都大和州畺原宫，仍以倭爲號。

迄漢桓、靈間，歷年無主。有一女子名卑彌呼者，年長不嫁，以妖惑衆，共立爲王，法甚嚴峻，在位數年死，宗男嗣，國人不服，更相誅殺，復立卑彌呼宗女壹與，國遂定，時稱女王國。逮唐咸亨初，賀平高麗，稍習夏音，惡其名，乃更號曰日本，蓋取近日始升之義也。

秦譴方士徐福將童男女千人入海求仙不得，懼誅，止夷、澶二州，號秦王國，屬倭國，中國總呼曰徐倭，非日本正號。其性多狙詐狼貪，往往窺伺，得間則肆爲寇掠，故邊海復以倭寇目之。

疆域　東南大海中，依山島爲居，西南皆距海，東南隅隔以大山，廣袤四面各數千里也。東北山外歷毛人國至文身國，約七千里。南到侏儒國，約四千里。西循一支乍北，望眺羅，渡百濟，到樂浪及帶方等郡，約一萬兩千里。

畿州郡島　畿內所部山城、大和、河內、和泉、攝津五州，共統五十三郡，故曰五畿。畿外所部東海道：伊賀、伊勢、志摩、尾張、三河、遠江、駿河、伊豆、甲裴、相摩、武藏、安房、上總、常陸十四州，共統一百一十六郡；南海道：伊紀、炎路、阿波、讚耆、伊豫、土佐六州，共統四十八郡；西海道：筑前、筑後、豐前、豐後、肥前、肥後、日向、大隅、薩摩九州，共統九十三郡；北陸道：若佐、越前、加賀、能登、越中、越後、佐渡七州，共統三十郡；東山道：近江、美濃、飛彈、信濃、上野、下野、陸嵓、出羽八州，共統一百一十一郡；山陽道：攝摩、美作、備前、備後、備中、安藝、周防、長門八州，共統六十九郡；山陰道：丹渡、丹後、但馬、因幡、伯耆、出雲、石見、隱岐九州，共統五十二郡。故曰七道，共海曲之地。又有三島：伊伎島、對馬島、多藝島，共統六郡。

國王建都　山城州爲畿內重地，本國惟此處山高地厚，故爲首畿。東有日野寺，極高，乃日所升之處，昔云『日出處天子』。是也。西有高野山寺。此二處如龍虎之狀，拱鎮此畿。又畿中有日春大寺，樹有佛殿，高二十丈，內有鑄銅佛像一尊，高一十六丈，國人以爲罕異，值時節奔往玩之。

西海道乃浙海之埠，由陸路至山地一千里，緊行半月到，緩行一月到。外七道俱設大將軍七員襲分鎮守。東海道鎮守衙門在伊勢州，南海道鎮守衙門在阿波州，西海道鎮守衙門在豐後州，北陸道鎮守衙門在若佐州，東山島鎮守衙門在陸嵓州，山陽道鎮守衙門在周防州，山陰道鎮守衙門在出雲州。七道皆周圍山城，京畿在正中，入京路程各道相仿，南海、北陸稍近，但東海、南海、西海俱係沿海地方。

其北陸、東山、山陽、山陰俱係山島之地，皆多竹木叢林，士庶之家，以捕獵、截木、鋸板爲活。其西海道地方山少，止一養久山居海之中，方圓二百餘里，更多竹木叢林茶笋之物。彼山亦有羣官督守，名曰地都，凡各道犯該死罪，而有矜疑者，免死發彼官賣，每一名量給身銀五六兩，本官收買，入山截木獻板，雖有渡海之舟，兼官憑照，不敢私載。倘有親人贖身則放，無力贖身者則老死於山，無計可離也。

屬國　拘那韓國方可五百里，在新羅、百濟東南。渡一海，約千餘里，名曰對海國，居绝島，方可四百餘里，山險多深林，禽鹿千余成羣，户無良田，食海物自活，乘船南北市糴。

又南渡一海，約千餘里，名曰瀚海國，方可三百餘里，多竹木叢林，户三千餘，差有良田，食不給，亦南北市糴。

又渡一海，曰末盧國，約千餘里，户四千餘，濱山海居，草木茂盛，行不見前人，好食魚鰒，水無深淺，皆沉没取之。

東南陸行五百里曰伊都國，户有千餘。又東南百里曰奴國，户兩萬餘。又東行百餘里曰不彌國，户千有餘。又南水行二十日曰投馬國，户五萬餘。又南水行十日，陸行一月曰邪馬一國，即邪摩維國，大倭王所都。

自是而東而南，曰斯焉國，曰已百支國，曰伊邪國，曰郡支國，曰彌奴國，曰好古都國，曰不呼國，曰組奴國，曰對蘇國，曰蘇奴國，曰呼邑國，曰華奴蘇奴國，曰鬼國，曰爲吾國，曰鬼奴國，曰邪馬國，曰躬臣國，曰巴利國，曰支維國，曰烏奴國，曰竹斯國，曰秦王國，凡百有餘國，小者百餘里，大不過五百里，皆爲大倭王所屬，其新羅、百濟等國雖非所屬，皆以倭爲大國，多珍物，並仰之，通史往來。

山川　阿蘇山，其石無故火起連天，俗以爲異，因行禱。有如意寶珠，大如雞卵，其色青，夜則有光。

壽安鎮國山，永樂初，國王受册封，境土皆入職方，詔封此山，御制碑文勒石於其上。

硫黄山，其下有泉如沸湯，但久病癱瘓之人入此浴之，其病即痊。上出硫黄，取之如土，賣不過三分百斤。

日光山，乃日所升之處，其山草木四季皆紅色，但日升之初，山石有聲，至暮或陰雨始靜，乃日春京之東也。其日春京原系春景，有春日大明神鎮之，至八幡菩薩時，請我國諸經八部，建本能寺供誦，始知以日爲尊，遂改日春京也。

土產　金陸嶴州出。銀出雲州出。琥珀、水晶五畿内出，有青、紅、白三色。硫黄大隅州海外出。水銀丹波州出。銅南海道阿波州山出。丹土丹後州山出。鐵薩摩州沿海黑沙煎出。白珠五島出。青玉阿蘇山出。冬青木山陽道出。杉木養久山出。多羅木養久山出。大牛各道出。驢、馬俱山東道出。羊、雞、細絹薄緞可愛。花布薩摩州出。硯山陽長門州出。螺鈿狹子塢出。漆以漆制器，甚工緻，扇、犀、象、五穀俱全冬夏生，蓋氣温土腴，前木冬青色。

國王世傳　國以王爲姓，一姓傳習，歷世不易。初主號天御中主，次曰天材雲尊，其後皆以尊爲號。次天八重雲。尊爲號二十三世彦瀲尊止，改號神武天皇，是後皆以天皇稱。傳至開化天皇一十六世嗣绝，傳立曾孫女，國稱大奈良姬大神。

以次爲應神天皇，是歲甲辰，始於百濟得中國文字，號八幡菩薩。次仁德天皇。又傳至天國桃開廣庭天皇一十四世，當此梁承聖元年，始傳佛法於百濟。次敏達天皇。次用明天皇，當此隋開皇中也。次崇峻天皇。次推古天皇，乃飲明天皇之女也。次舒明天皇。次皇極天皇。次孝德天皇，當此唐永徽四年也。次天豐財望日足極天皇。又傳至文武天皇五世，當此武后長安元年也。次阿閉天皇。次皈依天皇。次聖武天皇，當此唐開元四年也。次孝明天皇，乃聖武天皇之女。次天炊天皇。次高野姬天皇，亦聖武天皇之女也。次白孽天皇。傳至仁和天皇十二世，當此隆德中也。次醍醐天皇。次天慶天皇。次封上天皇，當此周廣順年也。次冷泉天皇、守平天皇，當此宋雍熙初年也。至今尚以天皇爲號，遠不記世，邇來天文天皇乃當世也，傳永禄天皇，我國嘉靖庚申，彼國號天正，元年。

所屬户口　五畿、七道、六十六州、三島，共統五百八十九郡，三萬七百七十二鄉，一十七萬餘户，八百八萬三千三百有奇課丁。

内俗　其土官之室名曰國袍，梳粧面粉唇脂，衣裙相似，其髮披後抵背，髮尾總束一髻，皆搽油水以取光净。於宗派中或始婿之，稱親選。其美女千餘，不令嫁，贅留伴。官妻，民稱爲太奶奶；本官妻，民止稱奶奶。其衆女與某官室，日則同食，夜則分班陪寢；凡出，與衆女皆乘轎。内用使女名曰妃子。但民間之婦與夫反目，婦告于官，終身願投爲侍妾者，官遂容留，冬夏給衣，日給升米養之，有至一二百者以爲少。亦置卯簿一扇，聽憑伴侍，太奶奶點分班次，日侍茶飯，夜赴伴宿。内有淫色之婦悉構太奶奶，或以詐病探親爲由，暮夜告假賣姦；官雖嚴究，難除内亂之私。盖本國男少女多，故籍此玷也。淫污之私，不能悉記。民間多有夫婦不睦，女有嫁者令歸；無可歸者，各分其居。與夫同起，家事亦聽均分；雖有子孫，老而不睦者各從其姓，不由阻也。

風俗男子　男子斷髮魁頭，黥面文身，以左右大小爲尊卑之列。衣伊襦，横幅結束，皆拖縫綴。上古，足多跣，首無冠；中古及今，皆設其履，名曰法吉木那，形如屨，漆其上，面繫其足；寒置短奥皮，襪名曰單皮。一身以紙表成，上平天，下橫濶，夾青紙一幅，掩其穀道。以布或紬縫成小袋，囊其玉莖，名曰法檀那和皮，上穿其褲，微露夾紙。但遇時節、會親友、赴宴，穿方袖長大厰衣，袖下以綵線爲襦。

若官長，腰用段絹四層縫連一帶，濶四寸，長丈餘，拴之，名曰和皮。其苗戴斜方段帽，若黍角形，名曰蒲西，以線帶拴于地閣，因無髮，恐冠不正耳。

庶人衣服同，無絹，腰用顏色線結成帶，濶寸餘，長丈二，拴之，亦曰和皮，以便帶刀出入之故。凡出，倘遇親友生者于途，則卸其履，令從者執之跣足而過；無從者，則手携履而行，離其坐處始復穿履。若生者見其來，人遂起立，則行入穿履搓掌而過，是爲恭敬也。但至親友之家，皆卸履於門外，跣足而入也。

婦人　女子富貴者披髮綰紒，貧常以髮束髻，以便工用。初生以丹扮身，象龍子，以避水妖。首不用金銀爲飾，耳無環，梳粧面粉唇脂。富貴以金銀造簪，寶物挽髮，名曰革眉素若。貧者以銅錫骨用造簪，其名同。手間用戒指，名曰衣皮揩泥。

衣如單被穿其中，貫頭而着之。段絹衣名曰骨聳地，布曰吉而木那。下身亦衣裙襦，名曰加福。尋常内不着裩，凡出入，庶人之婦無轎，乘馬始穿其褲，以備露形。其足不裹，任其生成，亦無脚帶纏之。鞋以皮染彩裁條，結如涼鞋，底用皮包席，名曰恭蛾，又曰十吉利。

其工亦能刺綉、裁縫、養蠶、機織、烹炰。見賓客、公姑、伯叔、親族，皆合掌鞠躬爲禮。但婦取水以桶頂首而行，所置桶底造頭頂之穴，以其便也。

婚姻　上古婚姻不取同姓，男女兩家自相愛悦而爲夫婦。中古及今皆仗媒使，以禮聘娉，始爲姻緣。東家有男，西家有女，年序相等，先求媒使，名曰乃隔達知，至女家通説。女家必先佯辭，待男家三懇方允，遂辦茶食叚疋餽送，爲定娉親，曰依何外世。貧者布疋，無猪羊財物之物。俟嫁娶之時，男家選吉日，托媒先報女家；至期，女家拉婿過門。男家帶令工從，賫帶果品酒食至，女家俱酒食畢，或布巾之類先犒賞男家從者；待吉時至，遣壻與女同行。官家以轎，富家以馬，貧家令從者背負之。女家亦令多從賫送酒果之類。到男家，女下轎馬，必先跨火，然後與公姑相見。初無拜跪之禮，上合掌鞠躬，今亦知拜俯之儀。禮畢通宵筵席。女家從者，男家亦以犒賞之，即各散訖。男家不費財禮，止用酒物叚疋；女家不設粧奩，止有童僕從嫁。娶曰摇密木草兮，嫁曰木哥獨里。

便宜婚姻　假如東家有義男，西家有義女，兩便婚姻。在朝，男待男之家主，女待女之家主；至暮，男女同宿。不索財禮。若孕生男，聽分與男家主，議給乳銀一兩；若生女，聽分與女家主。母隨父姓，女隨母姓，以取兩家之便宜也。

生育　生育，諒其孕婦産月臨日，預選吉白，擇其方向，於天井或後院僻静處所，結蓋一小舍，名曰生衙，令孕婦居于舍内候産。既生之後，水火飲食之類皆禁，於夫兩不相通，忌戒月逾，方同寢食。若生男女之初，必密請一友認爲義父。如不從，强求之。子之親父執一簸箕，送弓一張，箭二矢，請義父將箕射三回，却將弓箭簸箕遮鎮子卧之處，以壓其邪。

三朝名曰密革那以外，用艾丸如米大，於所生之孩兒頂中，灸三焦以保一生無恙，備酒品欵待義父及鄰族親識。七日名曰南革那以外，分與子沐浴、設酒，人宴亦如之。月半名曰壽吾儀之以外，與子沐浴，請人。滿月名曰三壽儀之以外，剃其胎髮，令子母净浴，同夫寢食，始週無其誠禮。

待子年支十五已上，親父厚備禮物，或至一二百金，送子歸于義父之家，叩其義父，斷髮魁頭。彼之義父量其原送財物，外加一倍，并子送歸親父，由此兩爲至愛，休戚相關。

若生女，其義父樣髮禮亦如之。

喪事　其喪，舉家悲泣，不飲酒食肉，以白布置衣裹頭。不拘富貧，俱置龕子，令亡人合掌坐於龕内，外縫以紙糊之，上書『大乘妙法蓮花經』七字，逼龕封貼，却將白布盤繞于龕，上用絹段爲彩。親友聞喪，詣龕而吊。次選日殯出，預于坟所編一竹城，外以白布絹段帳結於城，分其東西南北四門，倩八人頭盔衣甲，手執鎗刀，扮爲門神，分守四門，俟其殯出。用扛擡龕，皆用白布裹扛，使孝子親擡；如止生一子，女壻外甥代之。至親皆扶殯而行。殯前排紙旛二三十竿，旛上書其『大乘妙法蓮華經』七字，外設香亭一座，名曰設孤臺。令一人在前撒銅錢而行，名曰買路錢。撒地之錢，任其貧乞者拾之。

富貴之家，令一義男爲從殯。將亡人平昔所好而食之類，置一圓食籠，令從葬者頂首而行。殯至坟所，按吉方擇門而退，擡繞三回，正中安下，俟親友送殯者至。喪家預買草履千餘雙，待親友至坟所，請卸自履，皆穿喪家草履，入竹城詣龕合掌鞠躬參謁畢，客出仍穿自履，喪家草履復卸原所。

親友事畢，請僧唱經，俱以禮物酬謝訖。再有乞丐至，厚薄賞之俱完。次將竹城週圍架起乾柴，門神孝子各執長竿，以火焚之。柴盡復添，白衣草履之物盡毁于内；務燒三日三夜，以爲至孝。

另將灰骨和泥，送在寺中，按於神腹前。從葬者令入寺内燒香奉佛，永不令歸。

貧者無力可焚，亦于竹城内埋之畢，挈家人水藻滌，以祓不祥，色衣而歸，以取吉利。

祭祀　新正，先祭香火，次祭門神井灶。三月三日、九月九日，名曰設孤之節。各至坟所祭祀，皆以牲醴果品粢盛，無紙錢銀錠之類。祭畢，所供之物，盡撒于野而不持歸，亦不就食。或給乞丐，如不遇丐者，任其鳥食鴉餐。

如人亡之後，亦按逢七次祭祀；主期、死期祭亦如之。家庭祭物，請鄰族分食之，爲敬其孝也。

待賓飲饌　親友至訪，侍立門外，呼云木那麽，乃人在否之言。内云獨里，乃云是誰之答。各通姓，主出迎，卸履于門外，携手同入，搓掌鞠躬畢，席地而坐。主人令從以橐盤貯米，上用香橙爲心，週圍以果列於米上，奉上，客止取米數粒食之，然後奉茶，無料餌之物。倘遇新歲，客至坐地。大家小户，俱置千歲瓶，富貴者金銀造之，貧者瓦瓶用金箔貼之。用瓶貯冷酒，令一人執盞，從尊至卑，各先飲五盃，然後另設酒餚。

通國無卓，邇今置小卓，止供讀書寫字。雖官長設席，止多用橐盤盛饌，每客之前一盤，加餚再另加盤。所用器物，或木或磁。筯用栢木或梧桐木置之，敬客采一樹葉以插其筯，食罷一餐，筯遂投之。

餚饌以鹿脯魚物爲常品，海味甚多。不食雞，謂雞乃德信之禽。無牛脯，以爲牛代力之牲，不忍食。粉麵之物，與中國大略相同。米飯用大小木碗尖盛，俟食將平，又添其尖，務以尖滿爲敬。飲酒中間，亦好歌唱、猜枚、行令，渺似中國之風。官長設宴將殘，必令女使執盞奉酒，始爲至敬也。

百工器械　木、石、銅、銀、錫、鐵、綿花、織染、油漆、描金、車旋、泥水、裁縫、裱褙等匠俱有，止缺瓦匠。房頂不蓋瓦，地不砌磚，因無匠也。雖有窑匠，止造缸、罎、鉢、甕等器。

鐵匠能制利刃，非獨取鋼爲利。生鐵久鑄久煉，成而復毁，毁而復成，朝專煉鍛，暮入濕泥，如此一百二十日之工成，其刀可以吹毛削鐵也。上古倭刀，以年久者爲貴。邇來新鑄之刀，儘爲利矣。今之利刀，以柄鑿名，不記名者，則尋常之器耳。鳥銃原出西番波羅多伽兒國、佛來釋古者，傳于豐州鐵匠，近來本州鐵匠造鳥銃一門，價值二十餘兩，用之奇中爲上，其別州雖造，無此所制之妙，其價所值不多。火藥亦得眞傳，用梧桐燒炭爲頷，次取焰硝滚水煮過三次，硫黄擇其明净者和匀。每銃用藥二錢，多彈遠中。四季各有加減之方，一銃總按三彈横直分發，皆火藥之秘法也。

皮匠以皮造甲，專以鹿皮染彩，裁做短襖皮襪，甚爲精緻。上等者價值七八錢，中等四五錢，下等三錢，官民總穿無禁。

描金匠最能巧置器皿，是以具爲貢物。其别工匠與中國庶幾也。

明・羅日褧《咸賓録》卷二《東夷志》　日本，古倭奴國。在大海中，於閩、浙爲東北隅。漢滅朝鮮，通使稱王者三十餘國。初王都築紫日向宮，名天御中主。次曰天村雲尊，其後王遂皆以尊稱。傳二十三世彦瀲尊，少子神武天皇遷都太和州橿原宮，其後王遂以天皇稱。

建武初，倭奴國奉貢朝賀，光武賜以印綬。至桓、靈間，倭國大亂，歷年無主。有一女子名曰卑彌呼，年長不嫁，能以妖術惑衆，於是共立爲王。法甚嚴峻，侍婢千人，少有見者。惟一男子傳令而已。曹魏時，既平公孫氏，倭女王遣大夫難升米等來貢，獻魏以金印紫綬。封卑彌呼爲親魏倭王，難升米等並拜中郎校尉。自是貢使往來相尋矣。女王死，更立男王，國人不服，相攻擊不休。復立卑彌呼宗女壹嗣爲王，亂遂定。壹立，朝獻如初。後復立男王，並受中國爵命。歷晉、宋、齊、梁，朝聘不絶。晉、宋時，倭王名讚。讚後有名珍、名濟、名興、名武者，其世次皆有可考。

至隋開皇中，倭王姓阿每字多利思比孤遣使詣闕。上令所司訪其風俗。使者言：『倭王以天爲兄，以日爲弟，天明時出聽政，跏趺坐，日出便停理務，云「委我弟」。』文皇曰：『此大無義。』於是訓令改之。大業初，復遣使朝貢。使者曰：『聞海西菩薩天子重興佛法，故遣朝拜，兼沙門數十人來學佛法。』其國書曰：『日出處天子致書日没處天子無恙』云云。帝覽不悦，謂鴻臚卿曰：『夷書有無禮者，無復以聞。』明年，遣裴世清使倭，度百濟，所歷有秦王等十餘國。惟秦王國其人同于華夏，云先秦時遣方士徐福將童男女數千人入海求蓬萊仙，不得，懼誅，止夷、澶二州，號秦王國，世屬倭奴。世清至倭，王遣使數百人設儀仗鳴鼓角來迎。既入其都，國王多利思比孤與世清相見，大悦曰：『我聞海西有大隋禮義之國，故遣朝貢。今清道飾館以待大使，冀聞大國維新之化。』世清曰：『皇帝德並二儀，澤流四海，故遣行人來此宣諭。』世清居倭，未幾，王命使隨清入貢。

唐貞觀中，遣使朝貢。唐亦遣新州刺史高仁表往諭之，與王争禮不平，不肯宣天子命而還。久之，其王孝德即位，自孝德上至多利思，《唐書》具載有姓名。獻琥珀大如斗，瑪瑙若五升器。時新羅爲高麗、百濟所暴，高宗賜璽書令日本出兵援新羅。孝德死，二傳而天智立，遣使者與蝦夷人偕朝。蝦夷人亦居海島中，其使者鬚長四尺，其髪上指，善弓矢，珥箭于首，令人戴瓠立，數百步射無不中者。天智死，子天父立。死，子總符立。咸亨初，遣使賀平高麗。後稍習夏音，惡倭名，更號日本。使者自言：『國近日所出，以爲名。』或云：『日本，小國也。倭併之，故冒其號云。』

長安初，遣朝臣真人粟田貢方物。朝臣真人者，猶唐尚書也。冠進賢冠，頂有華藹四，被紫袍帛帶。其國初無冠，於隋得所賜冠始制焉。亦無文字，刻木結繩，於百濟國得佛書，始制焉。粟田好學，能屬文，進止有容。武后授以司膳卿官。還之。開元初，粟田復朝請從諸儒授經，詔四門助教趙玄默即鴻臚寺爲師，後悉所賞物貨書以歸。其副朝臣仲滿慕華不肯去，易姓名曰朝衡，授以官職。久之，多所該識，乃還。後復入朝，擢官如故。建元初，遣真人興能來貢。善書，其紙似璽而澤，人莫能識也。時王名白璧，自總符後，女王二，男王五，至此凡八傳矣。

貞元末，王柏武遣使入朝。其胄子橘免勢願留肄業，歷二十餘年。使者來請免勢等還，詔然之。大中中，日本王子來朝，獻寶器、音樂。王子善圍棋，出楸玉局，冷暖玉棋子。楸玉文如楸木，琢之爲局，光潔可愛。其玉棋子不由制度，黑白自然，冬温夏凉，故名。

至宋雍熙初，日本僧奝然與其徒五人浮海而至，獻銅器十餘事，并本國《職員令》、《年代紀》各一卷。奝然善隸書而不通華語，問其風土，但書以對。書言：『國王世以王爲姓，文武官僚亦然。所載世次名號甚詳。第王世姓王氏，與本史阿母氏者不同。』奝然之來也，帶有《孝經》一卷、越王《孝經新義》各一卷，皆金縷紅羅標水晶爲軸。《孝經》即鄭氏注者；越王乃唐太宗子越王貞；《新義》者記室參軍希古等撰也。奝然求印本《大藏經》，詔給之。後隨台州商人船還其國。數年，遣弟子奉表來謝。表辭頗工，大略云：『傷鱗入夢，不忘漢主之恩；枯骨合歡，猶亢魏氏之敵。奝然誠惶云云，望落日而西行，十萬里之波濤難盡；顧信風而東別，數千里之山嶽易過。得觀宇内之瓌奇，敢辭荒外之跋涉。遂使蓮華迴文，神章出於北闕之北；貝葉印字，佛詔傳於東海之東。伏惟陛下惠溢四溟，恩高五嶽，世超黄軒之古，人直金輪之新。在彼在斯，只仰皇猷之盛；越山越海，敢忘帝德之深。奝然縱粉百年之身，何報一日之惠。染筆拭淚，伸紙搖魂。』上奏，賜物遣歸。

咸平初，建州海賈周世昌遭風飄至日本，凡七年得還，與其國使至。世昌以其國人倡和詩來上。其詞彫刻膚淺，無足取也。景德初，僧寂照至。照寧間，僧誠尋至，宋待之加厚，賜紫方袍。自是連貢方物而來者，皆僧也。淳熙以後，明州、秀州、泰州等地往往有日本海船爲風泊而至者。其人衆，無口食，或行丐于途中。上聞，詔勿取其貨，仍給常平米贍恤之，候便風遣歸國。

宋亡，終元之世不肯奉命。元遣使黑的、趙良弼等并高麗使往諭之，不至。遂遣將忻都、范文虎及高麗將洪茶丘等往征之，至五龍山，暴風破舟，全軍皆没，而日本竟不至也。

及國初高皇帝御位，方國珍、張士誠既滅，諸豪悉航海糾島賊入寇，以故洪武時數寇山東、浙、福、蘇、松旁海諸郡。遣行人楊載招諭之。其使未至，於是復遣萊州同知趙秩賜璽書諭其王良懷。秩至，宣言中國威德，責其入貢。良懷以元嘗使趙姓者往欲襲之，今秩復姓趙，意將襲己，以謾語答之，命左右刃秩。秩不爲動，徐曰：『聖天子生華帝，華非蒙古比，爾殺我，禍不旋踵。我朝之兵，天兵也，無不一當百，其戰艦蒙古之戈船百不當一。況天命所在，人孰能違！』良懷聞之，氣沮股栗，禮秩有加。尋遣僧祖義隨秩奉表稱臣，入貢來朝，然其剽掠如故也。

十五年，明州備倭指揮林賢、交通樞密使胡惟庸謀叛，令日本使僧如瑶詐稱朝貢，獻巨燭，内藏火藥兵器，伏精兵貢艘中，計以表裏挾上；即不遂，掠庫物乘風而遁。會事露，悉誅，而發僧使於陝西、四川各寺中，著訓示後世，绝不與日本通。於是遣信國公湯和、江夏侯周德興等沿海規畫，自南直隸、山東、浙江、福建、廣東西咸置行都司，以備倭爲名，犬羊盤錯矣。

永樂初，太監鄭和等齎賞下西洋，諭諸海國。日本首先歸附，遣人來貢，並擒獻犯邊賊二十余人。即付使人治之，縛至甑中烝死。詔厚賚之，封其鎮山曰壽安鎮國山，上爲文勒石，賜勘合百道與之期，期十年一貢。

無何，三千人犯遼東，爲總兵劉榮所破，殺無噍類。榮封廣寧伯，自是斂迹不敢大爲寇，而小小抄盜亦不绝，出没海中。得間則張其戎器而肆侵陵，不得間則陳其方物而稱朝貢，捆載而歸，以爲常矣。至正統中，乃入桃渚，犯大嵩，刼倉庾，燔室廬，賊殺百姓，積骸流血如陵谷。縛嬰兒于柱，沃之沸湯，視其啼號以爲笑樂。捕得孕婦則計其孕之男女，剔視以賭酒，荒淫慘毒，不可勝言。

嘉靖初，其主源義植幼冲，不能制羣臣。右京兆大夫高貴使宋素卿貢。亡何，左京兆大夫内藝興遣宗設貢。咸强請勘合，後先至寧波，争長不相下。宗設衆盛于宋素卿，遂攻敗之，追北至紹興，躪諸郡縣，殺掠以千計。都指揮劉錦及千百户等官遇之皆死。後有詔旨諭，且下宋素卿獄，始肯聽徐徐解。自是倭奴嘯聚益繁，桀驁孔熾，而閩浙無賴之民爲之嚮導，覘我虛實，以故敢於深入。而中國亡命者若王直、徐海、毛海峯之徒跳海聚衆，變服稱王，糾合倭舶，往來行賈，而奸商猾民覬其厚利，私與互市，違禁器物，咸托官豪庇引。黠者又多取其奇貨，匿去莫酬，舶人怒輒肆殺害，公行剽掠。於是吳粤之民食不暇炊，卧不安枕。農夫釋耒，紅女寢機。甚則族類離散，逃竄別邑，或父子老弱係虜，相隨于路。其死傷者首身分離，暴骨草澤，頭顱僵仆，相望於境。沿海郡縣幾爲丘墟，其禍慘于正統時矣。事聞，朝廷慮之。乃特設閩浙巡撫，開軍門，聽以軍法從事。而所用撫臣朱紈素潔廉，勇於任事，往則日夜練兵甲，嚴糾察，上章暴二三勢豪通番狀，竟爲勢豪詆劾，以擅殺逮紈，紈恚自殺。其所置副使柯喬、都指揮俞鏜、諸能任事有功者皆論死繫獄。乃罷巡撫不復設，而舶主土豪益自喜，爲奸浸甚，官司視以目，莫之禁矣。

頃之，賊犯台州，破黄巖、象山諸邑，議復設提督都御史，用王忬爲之。忬經略稍有斬獲。賊於是移舟而南，犯蘇、松二郡，無何，忬改大同。乃以李天寵代忬，而兵尚張經督其事。時中外忻忻，謂賊旦夕可平。會工侍趙文華以海道猖獗，請禱海神。遂遣文華往禱。公私勞費不貲，皆歸囊橐。而文華素忌經，經亦以材望自負。文華恚，則疏連劾經，謂其才足辨也，特家閩避賊讐，故嚄唶縱賊爾。上怒甚。趣使捕徵經。經時已大破賊於嘉興，斬首三千級，溺水死者稱是。兵科言宜留經以賊平自效，不聽，併巡撫李天寵皆論死。文華既已攘其功，即奏超巡按御史胡宗憲代天寵，督臣亦有更置。由是中外文武皆束手斂迹，惴惴重足立憂，不在倭矣。文華俄還朝，進太子太保，工部尚書，而宗憲亦遂以兵部侍郎總督。無何，徐海入寇，圍巡撫阮鶚，躪浙地，告急疏上，趙文華請出督。許之。乃與宗憲誘徐海降，而合兵掩捕平之。徐海死，進文華少保，宗憲亦遷右都御史。

又明年，獲王直。王直者，故徽人也，以事走海上，後爲舶主，頗尚信，有盜道，雖夷主亦愛服之。有徽人羅隆文者，豪俠士也，故與直相識。宗憲乃馳書命隆文往説之。隆文至直所，適直船中有二女，見隆文，泣數行下。即之，則隆文故妓，爲寇所虜也。隆文密使二妓先諭意，明日謁直。直大喜，相敘若生平。隆文曰：『朝廷不以足下作逆之故壞汝廬墓，戮汝親戚，德意良厚。今總督胡公，吾黨人也，倘能效順投款，盡殲夷醜，以安百萬生靈，足下之功良厚。胡公必奏授足下官職，高爵厚禄，榮歸故鄉，不猶愈於寄身海島，朝不謀夕，使萬世而下有逆賊之名乎！』直聞之，神摇色動，猶未決。會二妓耳語，反覆勸之甚亟。直瞿然曰：『願以死贖罪。』遂從隆文詣督府。宗憲大悦，優禮之，即具狀聞。廷議以直元兇不可赦，棄市。而餘黨數萬復寇淮陽，遂越如皋，趨泰州，勢甚熾。

時淮陽巡撫李遂多智略，度賊無深謀，若以計紿之，東至廟灣，可以決勝。乃命防海副使劉景韶、參將丘陞守黄橋諸路，而身當泰州之衝，露宿野次，激勵諸將士，期以死戰。士皆踴躍奮呼。數合，賊退却，果從富安沿海堤掠而東。遂喜曰：『賊在吾彀中矣。』複命景韶、陞誘賊致廟灣，縱兵擊之。賊大敗。無何，賊自三沙至。景韶、陞與戰，陞中鋒死。景韶乃并陞衆、遂又飭諸路兵擊之，賊復大敗。賊間道走劉莊，裨將劉顯聞賊據劉莊，乃奮勇躍馬而前，而景韶鼓其後，遂擣劉莊。賊潰，追及白駒場，賊無一人得免者。捷聞，進遂南京兵侍，景韶浙江按察使。

自宗憲、遂屢捷之後，於是浙西、江東稍得安然，而温、台、閩、廣如故也。至四十年，賊破興化等郡縣。巡撫譚綸、總兵戚繼光募浙兵大剿平之。自是絃轍一新，武衛稍振，而旁海諸郡始免倭患云。

其地去閩、浙近，去遼東遠，故今入貢者不從遼路。國內有五畿、三島、七道、六十五州、六百餘郡。屬國百餘，總以倭名：曰拘邪韓，方五百里，在新羅、百濟東。曰對海，方四百里，多深林，禽鹿成羣，户無良田，食海物自活。曰瀚海，方三百里，多竹木，差有田地，食亦不給，市糴他國。曰末盧，户四千餘，草木茂盛，行不見前。人好食魚鰒，數十丈之下亦没取之。曰尹都，曰不彌，户俱千餘。曰奴國，曰投馬，户俱三百餘。曰邪摩堆，即今倭王所都。曰秦王。見前。其餘諸國小者百里，大者四五百里。俱有名，不盡録。各自專擅，不相統攝。其來寇者，不知爲何國也。

土氣温暖，宜禾稻桑麻，無牛馬虎豹羊鵲。兵有矛楯、木弓、竹矢，或以骨爲鏃。人性嗜酒，多壽考，其至百餘歲者爲常。男女相悦爲婚，人皆多妻，不淫不妒。又俗不竊盜，少爭訟，犯法者没其妻子，大者滅其門户。其死喪無異中國。灼骨以卜吉凶。用中國古錢，千文價銀四兩，惟不用開元、永樂二種。來寇多在清明、重陽之後，時多東北風，久而不變。故防寇者以三、四、五月爲大汛，九、十月爲小汛，過此則不利於行矣。若渡海時，令一人不櫛沐，不食肉，不近婦人，名曰持衰。若在途吉利則予以財物，如疾病遭害，以爲持衰不謹，便共殺之。男子魁頭斷髮，黥面文身。婦女披髮跣足，間用屨。信巫好戲，重儒敬佛。其接見以蹲踞爲恭，以搓掌爲悦。飲食藉以槲葉，手餔之，或間用籩豆。坐卧無几案，牀帳編草爲薦，文皮爲表，席地坐卧。其喜盜輕生好殺，天性然也。

其譯語：天爲唆喇。地爲只。日爲非禄。月爲讀急。與《日本考略》譯語不同。

其山川：壽安鎮國山、永樂初御制賜刻碑。阿蘇山。山石無故火起接天，云其上有夜光珠。

其産：如意寶珠、青色、大如雞子及有光，云魚目精也。青玉硯、扇、細絹、漆器、俱極精巧。金桃實重一斤爲奇。

論曰：日本，東海中大國也。自後漢以來，世世朝獻。乃至元時獨绝，蓋亦耻爲虜下意云。及元攻之不克，志亦寖驕。國初招之，業已奉貢稱藩矣，而寇掠如故。太祖慮之，乃绝其内款，禁其互市，瀕洋環島羅衛，布堠而嚴爲之防，遡哉聖謨，貽謀深矣。然久之安而忘危，玩以生寇，亭障弛而不設，舳艫敝而不修。倭奴乃乘間竊發，始則歲旱薦饑，奮臂掠食，救死扶傷而已；迨後覘我阨塞，諳我虛實，遂至隳城剄邑，斬將殺吏，積尸成林，蕭條千里，顧不痛哉！皇上震怒，委任重臣，疇咨良將，恩甚渥也。然倭以瓦合之衆，航海而來，勇略既疎，貲糧亦乏，而我以百萬熊虎之士，坐而制之，是彼爲肉，我爲斧，謂宜詘指當以吉語聞也。奈何騷然荼毒，連年不解者，其故何哉！蓋立功顯名，相成者什一，而相傾者什九也。昔當皇上之特設督撫也，首用朱紈，事未竣而爲勢豪抵於法。次用張經、李天寵，事未竣而爲貴臣抵於法。自是朝臣結舌，邊將斂手，而倭奴益得志矣。人徒知倭寇之來，胡惟庸爲亂首，而豈知彼嫉賢误國者，罪亦不下胡惟庸也。卽有微功，安足贖其罪哉！曩非李遂、譚綸、戚繼光等前後剿平之，事猶未可知矣！

明·張燮《東西洋考》卷六《外紀考》 日本，古倭奴也。漢光武時，遣使入朝，自稱大夫。安帝時，始稱倭奴國。靈帝光和中，其國遞相攻伐，女子卑彌呼能以鬼道惑衆，國人共立爲王，無夫，有二男子給王飲食，通傳言語。《魏志》曰：有男弟佐治國，自爲王以來，少有見者。以婢千人自侍，惟男子一人給飲食，傳辭出入。居處宫室常有人持兵守衛。卑彌呼死，更立男王。國人不服，乃立宗女臺與爲王。自魏至隋，朝聘不絕。《隋書》：開皇中，遣使詣闕。上令所司訪其風俗。使者言：『倭王以天爲兄、以日爲弟，天明出聽政，日出便停理務，云委我弟。』文帝曰：『此大無義理，訓令改之。』又大業三年，王遣朝貢。使者曰：『聞海西菩薩天子重興佛法，故遣朝拜。』國書云：『日出處天子致書日没處天子無恙。』帝覽不悦，謂鴻臚卿曰：『蠻夷書有無禮者，勿復以聞。』明年，遣裴世清使倭，倭數百人設儀仗鳴鼓角來迎。後十日，遣大禮哥多毗從二百餘騎郊勞。王相見大悦，曰：『我聞大隋禮義之國，故遣朝貢，僻處海隅，不聞禮儀，是以稽留境內，不卽相見，今清道飾館以待大使，冀聞維新之化。』清曰：『皇帝德並二儀，以王慕化，故遣行人來此宣諭。』復令使者隨清來貢。

唐咸亨後，稍習夏音，惡倭名，更號日本。武后時，使臣真人粟田請從諸儒受經，副使仲滿至慕華不肯去。自此文物日增矣。《唐書》曰：真人冠進德冠，頂有華花四披，紫袍帛帶，好學，能屬文，進止有容，宴之麟德殿。開元初復朝，請從諸儒授經，詔四門助教趙玄默卽鴻臚爲師。獻大幅布爲贄，悉賞物貿書以歸。其副仲滿慕華不去，易姓名曰朝衡。歷左補闕、儀王友，多所該悉，久乃還。建中元年，使者興能善書，其紙似繭而澤，人莫識。貞元末使者朝，其學子橘免勢願留肄業，歷二十餘年。宋時屢遣僧入貢方物。《宋史》曰：僧奝然來朝，太宗存撫甚厚，賜紫衣，館太平興國寺。其國多中國圖籍，奝然之來，復得《孝經》及越王《孝經新義》，皆金鏤紅羅褾，水晶爲軸。奝然詣五臺，令所過續食。求印《大藏經》，詔給之。景德元年，僧寂照來朝，不曉華言，而繕寫甚妙，問答並以筆札，詔號圓通大師，賜紫方袍。熙寧五年，僧誠尋至天臺國清寺，願留，詔使赴闕。神宗以其遠人，有戒業，處之開寶寺，盡賜同來僧紫方袍。是後連貢方物而來者皆僧也。元豐初，通事僧仲回來，賜號慕化懷德大師。日本舟爲風濤飄至者，悉厚給之。按《宋史》淳熙三年，風泊日本舟至明州，衆不得食，行乞至臨安，復百餘人。詔日給錢米，俟其國舟至日，遣歸。十年，日本七十三人復飄至秀州，給常平倉錢米賑之。紹熙四年、慶元六年、嘉太二年，復有倭人風飄而至者，詔並給錢米，遣歸國。元世祖使趙良弼招之，不至。嗣發水犀十萬征之，全師漂没。《元史》曰：敗卒於閭脱歸言：『官軍七月至平壺島，移五龍山。八月一日，風破舟，諸將各自擇堅好船乘之，棄士卒山下。衆議推張百户爲主帥，聽其約束，方伐木作舟，日本人來戰，盡死。余二三萬爲其擄去，盡殺蒙古、漢人，謂新附軍爲唐人，不殺而奴之。閭等。是也。久之莫青、吳萬五亦逃還。十萬之衆，得還者三人耳。終元世竟不通，然亦不能爲寇。

洪武二年，倭寇山東淮安。明年，再入轉掠閩浙。上遣趙秩語其王良懷：『爾能臣卽來，毋患苦吾邊。不能，善自爲備。』良懷言：『蒙古嘗使趙良弼好語餂我，襲以兵，今使者得毋良弼後乎？其亦將襲我也。』秩曰：『聖天子蕩平區夏，四裔來庭，此非蒙古時也。吾遠宣國家威德耳，豈狙汝耶！』良懷氣沮，乃遣僧奉表稱臣入貢。上亦遣二僧往諭。然其爲寇掠自如，乃下令造海舟防倭。德慶侯廖永忠請備輕舸，以便追逐，從之。《憲章類編》曰：廖永忠上言：『陛下定四海，臻太平，北虜遺孽亦遠遁萬里，獨倭夷鼠伏海島，時因風便，以肆侵掠，來如奔狼，去若驚鳥。請令沿海添造快船巡徼，倭來則大船薄之，快船逐之。彼欲爲寇，不可得也。』上善其言。七年，來貢，無表文。九年，表貢語謾，詔詰責之。十三年，再貢，皆無表。以其征夷將軍源義滿所奉丞相書來，書倨甚，命錮其使。明年，復貢。命禮臣爲檄，數而卻之。已復納兵貢艘中，助逆臣胡惟庸。惟庸敗，事發，上乃著《祖訓》示後世，絶不與通。而令信國公湯和、江夏侯周德興分行海上，視要害地築城，設衛所兵戍之，犬羊盤錯矣。《吾學編》曰：信國公和致仕，居鳳陽。詔至京，諭曰：『日本小夷，屢擾東海上。卿雖老，强爲朕行，視要地築城防賊。』信國築登、萊至浙沿海五十九城。二十年，置浙東西防倭衛所。是年，遣江夏侯周德興築福建海上十六城。

永樂元年，王源道義遣使入貢。賜冠服、文綺，給金印。道義稍捕獲諸島寇來獻，賜賚甚豐，封其鎮山，賜勘合百道與期，期十年一貢。八年，道義死，子源義持立，遣使册封。頃之，我兵獻海上俘，其首皆倭人，羣臣請誅之。上釋歸，下璽書義持：『爾父畏天事大，職貢不愆，先烈之圖，而輕犯上國，罪在必討。朕所隱忍者，未忘爾父之恭耳。爾孰計之！』義持奉表謝罪。未幾，復寇。遼左都督劉榮大破之。《吾學編》曰：都督劉榮總兵守遼東，繕海上墩堡，伏兵伺倭。十七年，倭入王家山島，傳烽沓至。榮率精兵疾馳望海堝。賊數千人直抵馬雄島，榮發伏出戰，遣奇兵詣山下，斷其歸路。賊奔入櫻桃園。榮合兵攻之，斬首七百四十二，生捕八百五十七。是時方招來諸島夷，貢使絡繹，倭乘爲欺詐，瀕海復騷，賴是捷始戢，論功封榮廣寧伯。

宣德七年，命中使往諭。自後遞貢遞掠，羈縻而已。倭益縱無忌，至焚官庾，墟民舍，縛嬰兒竿上，沃以沸湯，卜孕婦男女，剖視賭酒爲樂，慘毒不忍言。成化時，廷臣議卻貢，竟從中格。

正德四年，王源義澄遣宋素卿來貢。素卿者，鄞人朱縞也，入倭，有寵于王，易姓名充使。守臣白發之。禮臣恐失外夷心，置不問，賜飛魚服遣歸。嘉靖二年，再奉使至。是時國王源義植孱，不能御其酋，諸酋爭貢，以邀互市及賞賚。右京兆大夫高貢使宋素卿來，左京兆大夫內藝興遣宗設兼道，先素卿至，俱留寧波。故事，夷使以先後至爲序。市舶中官賴恩墨素卿賄，先素卿。宗設大忿，攻素卿，遂躪諸旁縣，奪舟去。御史以聞，下素卿獄，論死。因罷市舶，絶貢者十七年。

至十八年，王源義晴復貢，乞易勘合。不許，仍申約，貢必如期，舟以三爲率，每舟不得過百人，不者卻勿受。夷性婪，鯁約如故。內地奸豪往往與爲市，不償直，夷索逋急，則嗬喝官府逐寇。兵出，則陰泄之倭，速其去，且樹德也。如是久之，倭大恨，言：『我挾王貲來，不得直，何以還報？』因盤據島中，海上亡命無賴之徒交構爲亂，東南之禍大作。於時特設閩越中丞臺彈治之。撫臣朱紈日夜飭兵甲，嚴糾察，上章暴勢豪交通罪。紈疏曰：『去外夷之盜易，去中國之盜難；去中國之盜易，去中國衣冠之盜難。』紈竟爲豪所中，自殺。賊益獗。三十一年，殘浙東。明年，犯太倉，破上海、崇德、嘉善諸邑。

時王忬爲中丞，拮据粗有成緒，旋移大同去。李天寵代之，盧鏜、湯克寬、俞大猷爲將。倭四出流剽諸道，與戰俱不利。三十三年，張經爲總督。經前督兩粵，有威惠，調粵兵禦倭。兵未集，而工部侍郎趙文華以禱海至。文華素夤緣相嵩貴，華頤指經，經自以大臣，位其上，不肯下。文華遂劾經養寇，并及天寵。詔逮訊。時經已與賊大戰王江涇，破走之，斬首二千人。進攻陸涇壩賊，又敗之，倭大創。經上疏自理，不聽，竟論死西市。以周琉代經，胡宗憲代天寵。琉未幾去，以楊宜代，屬文華督察其師。倭來益衆，文華戰于陶宅，敗績，遂還朝。賊別部自日照登掠贛榆，自上虞登掠高埠，皆不滿百人，官軍莫能禦。轉掠浙西南，直破南陵溧水，橫行數千里，殺傷蔽野。至蘇州，始爲參政任環所敗。

大猷等逐賊海上，斬獲頗多。而閩、廣倭大至。三十五年十月，有倭由漳浦登岸，所過焚掠無計。漳自此歲歲苦倭。《漳志》曰：三十六年，海寇許老、謝策等突至月港，擄殺千餘家。是冬，倭泊浯嶼，往來漳潮間，流毒甚慘。三十七年夏，寇月港，焚燒人家，奪舟去。是冬，海寇誘倭三千餘，復泊浯嶼。三十八年正月，散處行劫。二月，倭數千自潮來，延劫海濱長泰、南靖、平和諸處。楊宜既罷去，宗憲代之。以阮鶚代宗憲，文華復出督師。時浙賊惟陳東最强，徐海後至，與東合，勢雄甚。當事意在議撫，而鶚主剿。賊進圍桐鄉，鶚固守不能拔，乃解去。葉福唐《阮中丞傳》曰：賊衆奔桐鄉，公先馳入城，與知縣金燕死守。自倚戟女牆上，更四十餘日，乞援于胡，竟不應。賊悉力仰攻，不能入。持胡公牘請犒，曰：『吾與胡成矣。』公怒，伏神銃射之，穿其股，賊乃退。

宗憲欲構二賊，遣人至海所，若爲好語者。東疑之，則厚賂海，使執東自贖。海許諾，乃計擒東以獻，而自率其衆別營梁莊。鶚遣官兵盡殲東巢，進攻海于梁莊。海死，兩浙暫平。李文定曰：海奔據沈莊，憑險設守，諸道兵觀望不敢進。公躬率重兵赴之，別選壯士夜潛渡濠，薄賊柵焚之。海重甲突圍。創斃之，賊遂滅。

其明年，誅王直。直，徽人也，嘯逋海上，有盜道，能號召諸夷，治艨艟巢五島中。奸商王滶等共集衆與相署置，倭來，皆直等爲導。宗憲欲招之，乃迎其母妻至杭，供具犒慰甚厚。先是鄞諸生蔣洲者，上書督府，言能説直，使禁戢諸夷。宗憲遣洲行，以陳可願副之。直爲言：『日本方亂，誠令我輩得自歸，無難倭矣。』遣養子毛臣同可願還白直語，而傳送洲至豐後島。島主留洲，稍爲傳諭諸島，居二歲，乃遣僧德陽隨洲來貢，直亦許俱至。宗憲遣毛臣還報直，所以遊説百端，至是直乃來。御史王本固疏言不宜招直。直至，覺有異，乃先遣滶入見曰：『吾等奉招而來，謂宜信使遠迎，宴犒交至也。今行李不通，而兵陳儼然，公毋誑我乎？』宗憲曰：『國法宜爾，毋我虞也。』與約誓堅苦。直終不信，曰：『果爾，可遣滶歸。』宗憲立遣之，復以指揮夏正爲質。直乃使毛臣、王滶守舟，而身入見，頓首言死罪，且陳與洲戮力狀。宗憲慰藉甚至，令居獄中俟命。疏聞，有詔誅直。始宗憲本無意殺直，以本固爭之强，宗憲不敢爲請。直死，王滶、毛臣殺夏正，率餘衆據舟山，征之踰年乃解。

三十八年，倭寇江北，巡撫李遂討平之。李遂至如皋，與賊遇白蒲，諸將請擊之。遂曰：『戰貴得地，賊方鋭，而我軍未嘗見大敵，即小挫，難複矣。』約勒軍中毋得言戰。賊益進，策曰：『賊分道入，過如皋，必且合，合則道有三：自泰州逼天長鳳泗，即皇陵驚，最要。自黄橋逼爪儀，摇南都而梗漕，次之；若從富安而東，海濱荒凉，擄掠無所得，至廟灣絶矣，乃吾得地時也。』於是部諸將防遏，令毋得過天長、爪儀，而分兵綴賊後，賊果走廟灣，遂欲以策困之。通政唐順之以視師至，促戰，死傷甚衆。順之度不能克，釋去，遂益合兵攻圍。賊因甚欲遁，副使劉景韶督兵焚其舟，賊救舟。我兵水陸攻之，賊大潰，江北倭悉平。

其寇閩最劇者曰張璉。璉，饒人也。三十九年夏，由潮襲漳，郡無寧土。《漳志》曰：張璉僭僞號，襲陷雲霄城，屯住十余日方去。是時平和、詔安、龍巖、南靖俱被倭饒殺掠，草寇乘風所在爲亂。

璉又攻破寧德、福清、永福諸邑。宗憲檄參將戚繼光往援。時賊據横嶼，阻水爲營。官軍踰年莫敢進。繼光所部用命，至則令軍中人持束草填河，力戰，大破之歸。乘勝剿福清牛田倭，又破之。繼光每至郡邑，從當事酣飲。父老請師期，繼光曰：『吾兵疲且休矣，緩圖之。』賊偵者歸告，不爲備。酒罷，輒督兵行數十里，黎明破其巢，郡邑人尚未知兵出也。繼光歸，賊復肆。四十年，寇漳州，陷鎮海南靖。而月港人自稱二十四將，雄據海上久之。先是張維等二十四人造船通倭，官府莫能禁。戊午冬，遣兵剿捕，維等率衆拒敵，由是益横，據堡爲巢，官府爲倭饒亂，故用以賊攻賊之計，遣金幣招致洪廸珍攻倭。倭衆由詔安、漳浦取道漸山，進擊八九都，接戰草阪城外，倭敗走，而廸珍等益横。張維復叛，巡海道周賢宣檄鄧士元討擒之，自此地方告寧，而設縣之議起矣。四十二年，賊陷興化，復命繼光往。時賊方巢平海，繼光督軍薄戰，因風縱火，賊糜巢中，無脱者。因捕余寇于連江、仙游，追至漳浦，大破之。明年，討吴平、林道乾于詔安，滅之。當是時，微戚繼光，幾無閩。時廣中倭亦爲總兵劉克寬所敗，斬獲無算。

自東南中倭以來，十餘年間，中外騷擾，財力俱匱，蒼黔之屠膾已極，倭亦大傷，至盡島不還。隆慶時，海上逋寇曾一本等復勾引入犯。我亦嚴爲備，旋至旋撲，非如嘉靖之季矣。

倭自平清盛秉政，一門並據要路，爲淫暴於國。萬曆十四年，平信長爲關白，其義子平秀吉者，先是母爲人婢，得娠，欲勿舉，念有異徵，育之。秀吉幼微賤，販魚爲業，醉卧樹下。信長出獵，吉驚起衝突。將殺之，見其鋒穎異常，因留養馬，名木下人。嗣從征伐，有功爲大將。已而信長爲明智所殺，秀吉與行長誅明智，廢信長子，自立爲關白。倭奴既盛，散入諸國間。萬曆初，使臣封琉球，聞中山王往往爲倭所苦。至十八年，阻中山王勿通貢，閩撫以聞。朝議置腥氈不問。

二十年正月，秀吉帥行長、清正等入犯朝鮮。朝鮮承平久，武備盡弛，王李昭聞變恇怯，遂陷三道。太妃及世子爲倭所執，昭北走義州，絡繹告急。遣祖承訓往援，全師皆没。上震怒，以宋應昌爲經略，率大將軍李如松督諸將東征，渡鴨緑江，戰平壤，大破之。倭奴宵遁，我師追討，遇伏發，戰碧蹏館，師遂少挫，自是連戰不利。大司馬石星度内閣有厭兵意，力主和議。以布衣沈惟敬往遊説焉。倭遣小西飛來議貢。顧養謙、孫鑛相繼爲總督，俱掣肘不得展。中朝力陳其僞，章滿公車。大司馬持之堅，上爲下御史曹學程於獄，至論死。於是中外莫敢言。乃遣臨淮勳衛李宗城及沈惟敬持册封秀吉爲日本國王。使至，秀吉不受封，宗城遁還。朝鮮陪臣李元翼知關白無意罷兵，議乘釜山漸弛，作攻復之計，爲惟敬所阻。久之，倭益肆，羽檄旁午，和議訖不成。上始暴大司馬星誤國狀，下獄論死。

二十五年，邢玠爲經略，楊鎬爲經理。鎬誓師躬自督戰，屢破清正，圍秀吉。秀吉糧盡請和。鎬曰：『受降不受和也。』倭窘甚。會大雨雪，我師沾濕，不得駐，倭突圍出戰，我師敗歸。鎬坐奪職。萬世德爲經理。無何秀吉死，倭人反首拔舍而還。世德追破之，斬獲甚夥，朝鮮以寧。

當朝鮮鼎沸時，倭聲言入閩。閩撫張惶久之。事定，而後解嚴。然殘倭流劫者，時時竊發，海外掠我賈舶，春秋防汛，遺刁斗憂。而富人射利之徒，又詭給別引，挾重貨走倭，覘其厚直，且陰輸中國情形，亂未歇也。

三十九年，上諭廷臣議嚴越販之條，犯者殺無赦。奸計稍戢，而倭已將他部攻破琉球，虜中山王以去。中山王入倭之二年，得還國，上章補貢，自陳包茅不入之罪。廷議以中山王既降倭，恐藉貢使爲倭偵探，謝遣之。四十三年，琉球使者重來，泊閩海上。閩當事驅之使歸、嚴内防也。

四十四年夏，倭將有事東番，漂渡閩越間，在處爲蠆螫。閩遣材官董伯起偵之，徑擁之去。其明年，倭酋村山等安命小舟送伯起來歸，并獻方物，上章求市。當事以章表不中式，拒不納，厚犒之遣還。

然比年以來，無日不中，倭秋襲料羅，冬陷大金，春屯彭湖。大抵遭風飄摇，登岸取水，元非入犯。顧當者無不摧殘，官軍不能制，聽其揮斥，旋復解維他往。至夏五月，有倭舟爲風濤擊碎，流泊東涌。中丞臺命將以計擒之，旋以捷聞。閩自戒倭後，請增置遊擊將軍一人，領舟師備倭，戎容亦稍振云。

夫倭在東海中，分五畿、七道、三島，又附庸國百餘，最稱魁然。然唐、宋之世，酷慕華風，爲不侵不叛之外國，雍容文雅。宋時，滕木吉來朝，上令挽射，矢不能遠。詰其故，云：『國中不習戰也。』《宋史》曰：海賈周世昌遭風至日本，七年得還，與其國人滕木吉至，上召見之，以國人唱和詩來上，辭甚雕刻膚淺。令滕木吉以所持木弓矢射，不能遠，曰：『國不習戰鬬。』至元而黠，至我國家而遂稱天驕之雄。蓋造物者突開東南幾番殺氣，而華人導之，禍遂烈耳；詎云『喜盜輕生，好殺天性』然哉！

倭地北跨朝鮮，南盡閩、浙。其往朝鮮也，自對馬島開洋，信宿至。閩、浙，順風旬月至。

其主居山城，故稱山城君。山城之南爲和泉，又南爲沙界。沙界之東南爲紀伊。紀伊之西爲伊勢。山城之西爲丹波。左爲攝津，左之西爲攝摩；右爲但馬，右之西爲因幡。丹波西爲美作，左爲備前，左之西爲備中，右爲因幡，右之西爲伯耆。美作之西爲安藝。出雲之西爲石見。安藝、石見之西爲山口咨國，即古之周防州也。山口之西爲長門，關渡在焉。渡此而西爲豐前，其南爲豐後，又其南爲日向。豐前之西北爲筑前，西南爲筑後。筑后之南爲大隅。大隅之西爲薩摩。豐後東南懸海，爲土佐，爲伊豫，爲阿波。阿波相近懸海爲淡路。土佐、豐後之間爲佐加關。薩摩之北爲肥後，又其北爲肥前。肥前西懸海爲平户。平户之西爲五島，北爲多褹，爲伊岐，極北則對馬島，諸島皆有酋長。山城君弱，空名耳。倭不稟其號令，內相攻，强則屬役，而豐後最大。其入貢必由博多，歷五島而行。回則徑趨長門。每歲清明後至五月、重陽後至十月，常多東北風，利入寇。故防海者，以三四五月爲大汛，九十月爲小汛。其入寇多薩摩、肥後、長門三州人，次則大隅、筑前、筑後、博多、日向、豐前後、和泉諸島耳。

男子魁頭削髮，黥面文身。婦人被發屈紒，足皆徒跣，亦間用屨，勇而戇，不甚別生死。每戰輒赤體，提三尺刀舞而前，無敢捍者。邇又爲蝴蝶陣，勢且益熾。夫中原百貨所萃，彼國之所必須，嚴絶百端，既不勝內熱，微開一線，又多憂外潰，則衣袽之不可以已也，亦久矣。

形勝名迹　壽安鎮國山國之鎮山，永樂初，御製文賜之，立碑其地。

邪摩堆是倭王都處，即《魏志》所謂邪馬臺。

阿蘇山《隋書》曰：石無故起火接天，俗以爲異，因行禱祭。

東奥州產黄金處。

五龍山元師至平戶島，移五龍山，舟破，棄士卒十余萬處。

平戶島《元史》曰：太宰府西有平戶島，可屯軍船。

一岐島《元史》曰：風水不便，再議定會於一岐島。

八角島日本盡殺蒙古、高麗處。

聚快樂院《續文獻通考》曰：其城蓋築四座，名聚快樂院，內蓋大樓，樓閣九層，妝黄金，下睡房百余間東西游卧，令人不知，以防陰害。

相板關

赤門關《續文獻通考》曰：東號相板，西號赤門，二關各有船數千隻。

千丈溪《續文獻通考》曰：二月，至千丈溪點齊選兵。

物產

金

銀僧奝然曰：東奥州產黄金，西別島出白銀，以爲貢賦。

如意珠《隋書》曰：色青，大如雞卵，夜則有光，曰魚眼精也。

青玉見《南史》。

瑪瑙《華夷考》曰：出日本，生土石間，種有三般，紅黒而白紋如纏絲者咸妙，砑木不見熱者纔真。

琥珀宋時充貢。

水晶宋時貢，有青、紅、白三色。

水銀《廣雅》謂之澒。《本草》謂之靈液。

螺鈿宋時貢。

石硫黄宋時貢。

銅見《一統志》。

鐵見《一統志》。

錦《魏志》曰：貢異文雜錦二十匹。

細絹《宋史》曰：產絲蠶。多織絹，薄致可愛。

花布景初二年，獻斑布。宋時獻白細布。

刀倭刀甚利，中國人多鬻之。其精者能卷之使圓，蓋百煉而繞指也。

屏風宋時貢畫屏風，今亦有入中國者，畫金隱起如打成帖著。

扇《兩山墨談》曰：中國宋前惟用團扇，元初，東南使者持聚頭扇，人皆譏笑之。我朝永樂初，始有持者。及倭充貢，偏賜羣臣，内府又倣其制，天下遂通用之。

硯見《一統志》。

漆《一統志》曰：以漆製器，甚工緻。《兩山墨談》曰：泥金畫漆之法，古亦無有。宣德時，遣漆工至倭國，傳其法以歸。

椒《魏志》曰：有橘椒蘘荷，不知以爲滋味。

犀

象《宋史》曰：多犀、象。

黑雉見《南史》。

山鼠《南史》曰：有獸如牛，名山鼠。又有大蛇吞此獸。蛇皮堅不可斫，上有孔，乍開乍閉，時或有光射中，蛇則死矣。

《明史》卷三二二《外國傳三·日本》 日本，古倭奴國。唐咸亨初，改日本，以近東海日出而名也。地環海，惟東北限大山，有五畿、七道、三島，共一百十五州，統五百八十七郡。其小國數十，皆服屬焉。國小者百里，大不過五百里。戶小者千，多不過一二萬。國主世以王爲姓，羣臣亦世爲官。宋以前皆通中國，朝貢不絶，事具前史。惟元世祖數譴使趙良弼招之不至，乃命忻都、范文虎等帥舟師十萬征之，至五龍山遭暴風，軍盡没。後屢招不至，終元世末相通也。

清·南懷仁《坤輿圖説》卷下《亞細亞州》 日本乃海内一大島。長三千二百里，寬不過六百里。今有六十六州，各有國主。俗尚强力，雖有總王，權常在强臣。其民多習武，少習文，土産銀、鐵、好漆。其王生子年三十，以王讓之。其國大抵不重寶石，只重金、銀及古窯器。

清·傅恆等《清職貢圖》卷一 日本，古倭奴國。唐改日本，以近東海日出而名也。地環海，有五畿、七道、三島。宋以前皆通中國。明洪武初常表貢方物。而夷性狡黠，時剽掠沿海州縣，叛服無常。俗崇釋信巫，嗜酒輕生。亦習中國文字，讀以土音。立法頗嚴，鮮争訟竊盜。居處飲食有古法。其器用製造精巧，物産亦饒。男髡頂跣足，方領，衣束以布帶，出入佩刀劍。婦挽髻插簪，寬衣長裙，朱履，能織絹布。

清·穆彰阿等《嘉慶重修一統志》卷五五五《日本》 日本，在東海中。建制沿革，古倭奴國，後改名日本。以近東海日出而名也。地環海，惟東北限大山。相傳有五畿、七道、三島，共一百十五州，統五百八十七郡。其小國數十，皆服屬焉。

《魏志》：自拘邪韓國渡一海千餘里，曰對海國；又南渡一海千餘里，曰瀚海國；又渡一海千餘里，曰末盧國；東南陸行五百里，曰尹都國；又東南百里，曰奴國；又東百里，曰不彌國；又南水行二十日，曰投馬國；又南水行十日，陸行一月，至邪馬臺國，即大倭王所都。自是而東、而南曰斯馬國、巳百支國、伊邪國、郡支國、彌奴國、好古都國、不呼國、姐奴國、對蘇國、蘇奴國、呼邑國、華奴國、鬼國、爲吾國、奴國、邪馬國、躬臣國、巴利國、支維國，皆倭所屬。後漢建武中元二年，始入貢。安帝永初元年，倭國王帥升等獻生口。桓、靈間，倭國大亂，更相攻伐。三國魏明帝景初二年，倭女王卑彌呼遣大夫詣京都貢獻魏，以爲親魏，倭王假金印紫綬。隋文帝開皇二十年，遣使詣闕。《通典》：倭王姓阿每，名目多利思比孤，其國號阿輩雞彌華，言天兒也。遣使詣闕，其書曰：日出處天子，致書日没處天子無恙，云云。文帝覽之，不悦，謂鴻臚卿曰：蠻夷書有無禮者，勿復以聞。唐貞觀五年，命新州刺史高仁表持節撫之，浮海數月方至，仁表與其王爭禮，不宣朝命而還，由是遂絶。武后長安二年，遣其大臣朝臣真人貢方物。《通典》：真人，猶中國地官尚書也。頗讀經史解屬文，冠進德冠，其頂百花，分而四散，身服紫袍，以帛爲腰带，容止温雅，朝廷異之，拜爲司膳員外郎。開元初，又遣使來朝，因請儒士授經，詔四門助教趙元默就鴻臚寺教之，嗣後，朝貢不絶。宋雍熙元年，日本國僧奝然與其徒五人浮海而至，太宗召見，存撫之甚厚，賜紫衣，館於太平興國寺。《宋史》：其國多有中國典籍，奝然之來，復得《孝經》一卷，《越王孝經新義第十五》一卷，皆金鏤紅羅褾水晶爲軸。《孝經》即鄭氏注者，《越王》爲唐太宗子越王貞新義記室參軍任希古等撰也。奝然復求詣五臺，許之，令所過續食。又求印本《大藏經》，詔給之。元世祖至元八年，祕書監趙良弼奉使日本，諭令入朝，不受命，乃命實都，實都，舊作忻都，今改正。范文虎等帥舟師十萬征之。至五龍山，遭暴風，軍盡没，後屢招不至，終元世不相通。明洪武初，往往入寇，遣行人楊載詔諭其國，日本王良懷不奉命。三年，遣萊州府同知趙秩責讓之。四年，日本國王良懷遣其僧祖朝進貢，詔賜文綺答之。未幾，復入寇海上諸郡。十四年，命禮官移書責之。良懷答書不遜。帝怒甚，然終以道遠不遽加兵。二十年，命江夏侯周興往福建海濱四郡，相視形勢，築城一十六。又命信國公湯和行視浙東西諸郡，築城五十九，整飭海防。自是，海上之警漸息。永樂以後，日本雖屢遣入貢，然其各島諸倭歲常侵掠。嘉靖中，內地奸民汪直、徐海、陳東、麻葉等窟宅海島誘之入寇，江南、浙江、福建、廣東沿海諸郡數被其害，總督胡宗憲設計剿誘，擒滅諸奸，漸以平定。至萬曆十四年，其關白平秀吉者，益治兵，征服國旁諸小國，所向無敵，并欲滅朝鮮而有之。《明史》：日本故有王，其下稱關白者最尊，時以山城州渠信長爲之，信長偶出獵，遇平秀吉，乃薩摩州人之奴，雄健蹻捷，有口辯。信長悦之，令牧馬，後漸用事，爲信長畫策，奪并二十餘州，遂爲攝津鎮守大將。有參謀阿奇支者，得罪信長，命秀吉統兵討之。俄信長爲其下明智所殺，秀吉方攻滅阿奇支，聞變，與部將等乘勝還兵誅之，威名益振。尋僭稱關白，又以威脅琉球、吕宋、暹羅、佛郎機諸國，皆使奉貢。二十年，遣其將清正等將舟師由對馬島渡海，乘勝直入，遂偪王京。朝鮮王李昖奔義州，遣使告急，乃以兵部侍郎宋應昌爲經略都督，李如松爲提督，統兵討之，互有勝敗。久之，秀吉死，諸倭兵退，朝鮮之患始平，而東南之害亦稍息。然終明之世，通倭之禁，甚嚴云。《續文獻通考》：其城池附山城築四座，名聚快樂院，每城周圍三四里，大石高聳，河闊二十餘丈，內大樓閣九層，糊黃金，下隔睡房百餘間，嘗東西遊卧，令人不知以防陰害。其國有天王者，自開闢以來，相傳至今，不與國事，不轄兵馬，惟世享國王供奉而已。有大國者，受國事，掌兵馬盛衰强弱，更替不常。大國，猶言國王也。有官名關白者，即丞相，代相更替，專國政兵馬。

本朝順治二年，其國番民一十三人，遭風飄至內地。諭守臣支給衣糧，隨朝鮮使臣津發回國。康熙三十二年，日本國船被風飄至廣東陽江縣。乾隆十八年，日本番人殿培等十三名飄至浙江定海地方，皆奉旨撫卹，如例遣令歸國。二十四年，禁止絲斤出洋，惟往日本採辦洋銅之額船，許帶綢緞絲斤焉。按明初懲倭之詐，沿海設備，未嘗不嚴，歲久弛玩，至嘉靖而倭患尤劇。自江浙至閩粵，皆受其毒。蓋緣海防疏，奸民外逋，徐海、汪直之徒乘機勾引。神宗時，倭破朝鮮，明人七年用兵，迄無大勝。我朝德威被於遐邇，濱海之區，水師戰艦修明訓練，官商額商有名絲斤緞疋有數，出入稽查奸宄惕息。又任其貿遷自便，不至如明時。緣海大姓主事負倭貨殖，致啓兵端，綏靖有經資夷貨以爲中土利，若洋銅，其尤較著者矣。

土產 金、東粵所出。銀、西別島出。銅、《大清會典·商賈》：有願航海市銅者，官給符爲信，聽其出洋，於東南日本諸國往市。舟曰司關，按時值收之，以供國用。琥珀、水晶、有青、紅、白三色。水銀、白珠、青玉、硫黃、鐵、丹土、冬青木、多羅木、細絹、花布、螺鈿、扇、漆、俱見《明統志》、馬出、產峒馬地者最良。鰒魚、龍涎香。見《皇朝文獻通考》。

清·徐繼畬《瀛寰志略》卷一《東洋二國》 東洋浩渺一水，直抵亞墨利加之西海，數萬里別無大土，附近中國者止有日本、琉球二國，蓋神州之左翊也。西洋人海圖將日本三島列朝鮮以北，系屬錯誤，彼市舶罕到東洋，就所傳聞者以意爲之耳，兹據《海國聞見録》更正之。

日本，古稱倭奴，其國在東海中，平列三大島，北曰對馬島，與高麗南境相直，一夜可達，明季關白爲亂者。是也；中曰長崎，土較大，與浙海普陀山相直，內地商船互市於此；南曰薩峒馬，與浙之温、台相直，人剛健，刀最利，兼產馬，明嘉靖年間擾閩、浙之倭寇，薩峒馬也。三島之外，小島甚多，王居長崎之東北，地名彌耶谷，譯曰京。官皆世禄，仍漢制稱刺史兩千石，文字同中國，讀以倭音。歷代以來，不争王而争上將軍，故上將軍第宅時更新主，而無王易姓。立法嚴，人少鬬争，犯法者輒走山谷自殺。呼童僕，鳴掌則應，竟日不聞人聲。好佛，敬祖先，得香花佳果必先貢佛，或走獻祖墳。俗尚潔，街衢時時掃滌。男女皆大領闊袖，女加長以曳地，繪染花卉，襌裹帛幅，著短襪，曳絲履。男髡須而薙頂額，留鬢髮至腦後，闊寸餘綰爲髻，髮長者剪之。女多美髮。日洗滌，熏以楠、沉，前後挽髻，插玳瑁簪。其男女眉目肌理，仿佛華土，信東方秀氣之所鐘也。長崎與普陀東西對峙，水程四十更六十里爲一更。横洋剪渡，風浪極險。厦門至長崎，水程七十二更。由臺灣雞籠山之北，渡米糖洋、香簟洋，北風從五島門進，南風從天堂門進。前明中葉，大西洋之葡萄牙嘗欲據其海口，又以洋教誘其士人，日本與之戰，荷蘭以兵船助日本，葡萄牙遁去，故其國與通商者，中國與荷蘭而已。所產者紅銅、硫磺、海菜之類。節采《海國聞見録》。

琉球

元·周致中《異域志》卷上 大琉球國，在建安之東，去海五百里，其國多山洞，各部落酋長皆稱小王，至生分彼此不和，常入中國進貢，王子及陪臣皆入太學讀書。

《元史》卷二一〇《外夷傳三・瑠球》　瑠球，在南海之東。漳、泉、興、福四州界内澎湖諸島，與瑠球相對，亦素不通。天氣清明時，望之隱約若煙若霧，其遠不知幾千里也。西南北岸皆水，至澎湖漸低，近琉球則謂之落漈，漈者水趨下而不回也。凡西岸漁舟到澎湖已下，遇颶風發作，漂流落漈，回者百一。瑠球，在外夷最小而險者也。漢唐以來，史所不載，近代諸番市舶不聞至其國。

明・羅日褧《咸賓録》卷二《東夷志》　琉球，東南海中大國也。自漢、魏至唐、宋不通中國。隋煬帝令朱寬入海，求訪異俗，得河蠻，言知有琉球，遂與河蠻俱往。其國言語不通，掠一人而返。明年，令寬往撫之，不從，取其布甲而歸。於是遣將陳稜等討之。至其都，焚其宮室，虜其男女千餘人，並雜物產，得金荆榴木數十斤，色如真金，甚香，遂班師歸。是時其王姓歡斯氏，名渴剌兜，不知其由來有國世次也。自陳稜攻破之後，絶無聞。

琉球旁有毗舍耶者，小夷也，鳥語裸形，殆非人類。宋淳熙間，其國之酋豪嘗率數百輩猝至泉之水澳、圍頭等村，肆行殺掠。性喜鐵器及匙筯，人閉户則不入，但刓其門環而去。擲以匙筯則俯拾之，可緩數步。見鐵騎則争刓其甲，遂駢首就戮而不知悔。臨敵用鏢槍，繫繩十餘丈爲操縱，蓋愛其鐵，不忍棄之。不駕舟楫，惟縛竹爲筏，可摺疊如屏風，急則羣舁之浮水而逃。此夷之最小而險者也。

元至元中，海船副萬户楊祥請以六千軍往降琉球，不聽命，則遂伐之。元主從其請。繼有書生吳志斗者上言：『生長福建，熟知海道利病，若欲收附，且就彭湖發船往諭，相水勢地利，然後興兵未晚也。』元遂命楊祥、吳志斗、阮鑑等並給金銀符往使琉球，竟不能得其要領而還。及元貞初，遣鎮撫張浩等討之，擒生口百餘，竟不服也。

我朝洪武初，遣行人楊載招諭日本還，復遣往琉球。琉球遣使者隨載入朝貢獻，詔所貢方物俱于福建行省驗入。

頃之，其國分中山、山南、山北，稱三王，各遣使請命。詔賜中山王察度、山南王承宗、山北王怕死芝印幣，永樂中，中山王思紹遣使入貢，表言：『長史王茂，中國饒州人也，輔臣祖察度四十餘年，不懈於職，今年已八十，請命還鄉。』從之。中山王遣子侄及其陪臣子弟入國學，上喜，禮遇獨優，賜閩人三十六姓善操舟者令往來朝貢。三王嗣封皆請于朝以爲常。至景泰時，山南、山北爲中山王尚思達所并，遣使朝貢。

嘉靖初，國王尚真卒，世子尚清上表請封。我遣給事中陳侃、行人高澄往弔尚真，并封尚清中山王。至閩，尚清遣長史蔡承美等來迎。以五月朔日祭海登舟。自是風濤浩蕩，幾汨舟者數矣。越十八日至熱壁山。山去琉球三百里，夷人曰：『至此始可免憂。』遂泊焉。頃之，尚清遣法司官具羊、酒、菜、果等物來迎，言：『天使遠臨，世子不勝忻踊，聞風伯爲從者驚，敬遣小臣奉迓。』侃等以其詞雅，受之。踰旬日，方抵其國。先頒祭，禮畢，至七月二日，乃頒册封。詔敕尚清，冠服之飾，跪拜之儀，悉如中國。蓋其先期習之熟也。其宴使者禮甚恭，仍用金鼓笙簫樂。凡烹調之味，皆假使者庖人。惟奉餞則出自宮嬪親制，以表獻芹之意者，精潔芳旨，但不過數十品而已。侃等以九月十三日回舟，王及陪臣送至江滸，無不相泣重別者。行數日，颶風驟作，桅折舵壞，舟人失色，但呼天妃求救。頃之，有紅光燭天，舟人曰：『天妃至矣。』舟果得安。至二十六日，忽一蝶飛繞舟中，復有一黄雀立于桅上。時舟人有識者曰：『蝶雀神類，天妃遣來告我風也，宜善自防。』是夕，果大風作，浪濤驚天。舟漏，齊呼天妃。尋有蝶數萬銜泥塞舟，舟復得安。次日，遇順飈。舟行如飛。又次日，遂行至定海泊焉。出使外國者，惟琉球最險，而其神亦最靈，故詳録之。

未幾，尚清上表貢獻，言《大明一統志》中所載琉球有落漈及聚髑髏事，皆非實；杜氏《通典》、《集事淵海》、《贏蟲録》、《星槎勝覽》所述亦傳者之妄，乞下史館。從之。落漈者，琉球水也，其水最險，舟到彭湖，遇颶風作，漂至落漈，回者百無一二。聚髑髏者，言其國王所居壁下多聚死人枯骨以爲佳，而民間門户上亦安獸頭骨角。此言出自《寰宇記》諸書，而《隋史》、《北史》亦載之，故其國欲改去云。

其地居海島中，多山洞。國有四五帥統諸洞，洞有小王，往往有村，村有鳥了帥，並以善見者爲之，各理一村之事。其初國俗以盈虛爲晦朔，以草木爲冬夏。人皆去髭黥手，羽冠毛衣。無禮節，好剽掠，自相攻擊。鬬死者收取聚食之，仍以髑髏獻至王所。王則賜之以冠，便爲隊帥。犯罪者輕則用杖，重則繩縛以大鐵錐，鑽頂而殺之。人死氣將絶時，舉至庭，浴其屍，纏以布帛，裹以葦草，襯土而殯。其南境有人死，邑里共食之者。男女相悦爲婚。婦人産子必食子衣。年老者髮多不白。事山海之神，祭以酒肴。鬬戰殺人，卽以其人祭神。此皆其未通中國時俗也。迨今遣人入國學，夷習稍變，有華風焉。

凡司刑法錢穀等官皆土人，爲武職；其大夫長史通事官司朝貢爲文職，皆三十六姓人，及學于國學者爲之。信鬼神，女巫最尊，女巫之魁曰『女君』。白日呼嘯，聚輒數百人，攜枝戴草，騎步縱横，時入王宫，褻遊狎戲，一唱百和，音聲悽慘，倏忽往來，矯誣禍福。王及世子陪臣皆頓首拜跪，云『國人不軌，神卽夜以告王。』昔倭奴有欲謀害中山王者，神卽禁錮其舟，水變爲鹽，米變爲沙，寇尋就戮。惟其守護斯土，故國中敬且憚之，第未嘗殺人而祭之也。

王居山巓，宫殿樸素，亦未聞聚髏事。富貴家稍有瓦屋，余皆茅茨。地不産鐵，故以螺殼爨，炊無釜，耕無鋤。人皆耐饑渴勞苦，寒暑不能侵，亦無殘疾疲癃者。不知醫藥而亦不夭札，不生疾疫，蓋其薄滋味，寡嗜欲之驗也。男子結髻，用五色布纏頭，以辨貴賤。女人上衣外更加幅布如帷，見人則取以蔽面，下用細褶長裙，以覆其足，無去髭毛衣羽冠之飾，亦無産子必食子衣之事也。賦法略如井田，王及臣民各分土爲禄食，無征稅，國有事然後取之，此皆近日風俗，得王化之漸陶者。第刑嚴峻，盜竊卽剕劓。人皆驍健，便走善射，鄰國視爲勍敵，然好争狠鬬，輒刃殺人，度不能脱，卽剖腹自斃。

其譯語：天爲甸尼，地爲只足，日爲非禄，月爲都及。

其山川：黿鼊嶼、古米山、最險損舟彭胡島、近福、泉、漳、興四郡界，天晴望之若煙霧中。

其國旁有沙華公國，肆行劫掠，商舶漂至則擒人燒食之。又有小琉球，亦近泉州，霽日登鼓山可望而見。其人麤俗，少入中國。

其産：無牛羊驢馬，惟鬬鏤樹，似橘，條細可織木皮布、緝木皮爲布，闊三尺餘。金荆榴。可爲几枕，勝於沉香。雖入貢時或有諸物，皆自他國貿易來者，非本國所産也。

論曰：琉球僻居海島，雄視東南，自以爲鳩巢之固也。用是歷代以來不褻朝貢。隋、元臨之以兵卒，不奉命。至我國家，向化獻琛，冑子就學，其殆可以德綏未可以威劫者耶！俗本夷也，今變華風，其漸染深矣。語云：『夷進中國則中國之。』余謂琉球有焉。

《明史》卷三二三《外國傳四·琉球》 琉球居東南大海中，自古不通中國。元世祖遣官招諭之，不能達。洪武初，其國有三王，曰中山，曰山南，曰山北，皆以尚未姓，而中山最强。

清·傅恆等《清職貢圖》卷一 琉球居東南大海中，明初其國有三王，曰中山、曰山南、曰山北，皆以尚爲姓，而中山最强。洪武間三王俱入貢，至宣德時，山南、山北爲中山所並。本朝定鼎，其王航海輸誠，遣使册封，屢賜御書匾額，常遣陪臣子弟入監讀書。其國有三十六島，氣候常温，俗尚文雅，鮮盜賊，王與臣民分土爲禄，地産五穀、蔬果之屬。夷官品級以金銀簪爲差等。用黄綾絹折圈爲冠，寬衣大袖，系大帶。官婦髻插金簪，不施粉黛，衣以錦繡，其長覆足。

琉球國人多深目長鼻，男服耕作，營海利。土人結髻于右，漢種結髻於中，布衣草履，出入常攜雨蓋。婦椎髻，以墨黥手，爲花草鳥獸形，短衣長裙，以幅巾披肩背間，見人則升以蔽面，常負物入市交易，亦工紡績。

清·穆彰阿等《嘉慶重修一統志》卷五五一《琉球》 琉球，在福建泉州府東海島中，接漳、泉、興、福四州界，其貢道由福建以達於京師。

建制沿革 古史不載，漢魏以來不通中國。相傳在海島之中，當建安郡東水行五日而至。在外國爲最小而險，其國有大琉球、小琉球。隋大業中，令羽騎尉朱寬訪求異俗，始至其國，言語不通，掠一人以返，後遣武賁郎將陳稜率兵至其都，掠男女五千人還。唐、宋時，未嘗朝貢。《寰宇記》：隋煬帝大業初，海師何蠻等云，每春秋之時，天清風靜，東望依稀似有煙霧之氣，亦不知有幾千里。三年，帝命羽騎尉朱寬入海訪求異俗，遂與何蠻俱往。因到琉球國，言語不相通，因掠一人，并取其布甲而還。帝復遣武賁郎將陳稜、朝請大夫張鎮州率兵自義安浮海擊之，至琉球。初，稜將南方諸國人從軍，有崑崙頗解其語，遣人慰諭之，琉球不從拒逆。官軍稜擊走之，進至其都，頻戰皆敗，焚其官室，擄其男女數千人而還，自是而絶。元世祖至元二十八年，沿海副萬户楊祥使往招諭，不從。成宗元貞三年，福建省平章政事高興遣都鎮撫張浩等赴琉球國，擒生口而還。《元史》作瑠求。又曰高興言，今立省泉州，距瑠求爲近，可伺其消息，或宜招宜伐，不必他調兵力。九月，高興遣都鎮撫張浩、福州新軍萬戸張進赴瑠求國，擒生口一百三十餘人。其國始建自天孫氏，傳二十五代，爲逆臣利勇所篡，浦添按司舜天者，日本人討殺利勇，衆推爲王，遂代天孫氏、舜天之孫義本禪位於天孫氏，後英祖而自隱於北山，英祖三傳至玉成，荒淫無度，諸司不朝。大里按司稱山南王，歸仁按司稱山北王，玉成遂自稱中山王，國分爲三。玉成傳子西威，西威薨，國人廢其子而立浦添司察度。明洪武初，奉朝貢，遣子姪及陪臣子弟來請肄業國學，帝許之，并賜閩人三十六姓善操舟者，令往來朝貢，自是三王嗣封，皆請於朝。未幾，山南佐鋪按司巴志者，合衆攻山南，繼攻山北，山北王自殺，復攻滅中山，巴志遂奉其父思紹爲王。永樂五年，請於朝，襲封中山王爵，巴志復滅山南王。自元延祐中，國分爲三，至是合爲一，賜尚姓。尚巴志五傳至尚德，國人廢其子而立伊平人尚圓，或曰義本之後，或以爲天孫氏裔。終明之世，修貢不絕。按《明史》洪武五年，載中山王察度，十一年載山北王怕尼芝，俱非尚姓。永樂二十二年，始載中山世子，尚巴志厥後諸王，乃各冠以尚姓，是中山之得尚姓，自巴志始。而始云洪武初，其國有三王，曰中山、山南、山北，皆尚姓，史文不免相牴牾、蓋山南、山北兩王，本莫考其姓氏，即中山之姓尚者，並非察度子孫，其後尚圓代尚德而立，亦非同姓。外藩有更姓之實，而不敢爲更姓之名者，懼中朝詰責也。史家但據赴告直書，雖紀載通例，而其傳國本末，有不可誣者。又《續文獻通考》云：後嗣王尚圓高眞尚清分爲三。曰中山王。曰山南王。曰山北王、然明宣德間。二王已爲中山所併。尚圓襲封在成化七年。尚眞即尚圓之子。此時何至分爲三王？是蓋因史家有三王皆尚姓之言，遂借其後王之姓名，以附會之也。按《舊志》亦云：元末，圖分爲三，皆以尚爲姓。此沿《明史》及《續文獻通考》之訛。今改正、本朝順治六年，琉球國遣使奉表納款。十一年，其國王世子尚質遣使進貢方物，詔冊封尚質爲中山王，賜鍍金銀印，令二年一貢，著爲例。康熙二十年，中山王世子尚貞奏請襲封。二十一年，遣官冊封琉球國王，并御書『中山世土』四字賜之。五十七年，琉球國王世曾孫尚敬奏稱，自四十八年中山王尚貞薨逝，世子尚純早世，世孫尚益權署國事，未及請封，亦薨，今遣耳目官正議大夫等奉表恭進方物，并請封襲王爵。奉旨琉球國世守臣節，忠誠可嘉，准該國王世曾孫尚敬所請，敕賜承襲琉球國中山王。雍正元年，琉球國王尚敬遣王舅翁國柱及曾信入貢，復遣官生鄭秉哲等入監。二年，召見王舅翁國柱於乾清宮，御書『輯瑞球陽』四字賜之。乾隆元年二年、三年，琉球國王俱遣使入貢。四年，高宗純皇帝以國王遣使慶賀，忠藎可嘉，降敕獎諭，併御書『永祚瀛壖』四字賜之。十九年，琉球國王世子尚穆奏稱，臣父敬於乾隆十六年薨逝，念臣小子穆恭，循典例以嫡繼統，謹遣耳目官正議大夫等虔齎方物，奏請循例封襲王爵。二十年，敕封尚穆爲琉球國中山王。二十四年，復遣官生梁文治等入監。五十年，御書『海邦濟美』扁額賜之。六十年，琉球國世子尚温恭逢國慶遠進表貢，特頒敕諭並賚文綺等物。嘉慶四年，册封尚温爲琉球國中山王，御書『海表恭藩』四字賜之。十二年，琉球國世孫尚灝嗣立，詔封如例，自後二年一貢，其國有三十六島。

風俗　風土氣候，與嶺南相類。《隋書》。望月盈虧，以紀時節，候草木榮枯以爲年歲。《北史》。去髭黥手，羽冠毛衣。《寰宇記》：人皆深目長鼻，男子去髭鬚，婦人以墨黥手，爲龍蛇文。《文獻通考》：男女皆紵繩　髮，從後盤繞至額。其男子用烏羽爲冠，裝以珠貝，飾以赤毛，形制不同。婦人以羅文白布爲帽，其形方正，鬬鏤皮并雜毛以爲衣，製裁不一，綴毛垂螺爲飾，雜毛相間，下垂小貝，其聲如珮綴璫，施釧懸珠於頸，織藤爲笠，飾以毛羽。深目長鼻，名有小慧。《隋書》。無禮節，好剽掠。《寰宇記》：無君臣上下之節，拜伏之禮，父子同牀而寢，男女相悦，便相配偶。婦人産乳必食子衣。《明統志》：无好剽掠，故商賈不通。人喜鐵器，不駕舟楫，惟縛竹爲筏，急則羣舁之浮水而遁。火耕水耨。《文獻通考》：厥田良沃，先以火燒，而引水灌之，持一鍤以石爲刃，長尺餘，闊數尺而墾之。宜稻、粱、禾、黍、麻、豆、赤豆、胡黑豆等，木有楓、枯、松、梗、楠、枌、梓，果藥同於江表。家織蕉布。汪楫《使琉球雜録》：農習於惰，紝婦較耕男爲勤。家織蕉布，非是則無以爲衣也。負薪運水，亦婦人爲之。曝海爲鹽，木汁爲醋，米麴爲酒。《寰宇記》：以木槽中曝海水爲鹽，木汁爲醋，米麴爲酒，其味甚簿。食皆用手，遇得異味，先進尊者。凡有宴會執，酒者必待呼名而後飲。上王酒者，亦呼王名後街盃同飲。頗同突厥，歌呼蹋蹄，一人唱，衆皆和，音頗哀怨。扶女子上膊，搖首而舞。胡靖《崇禎癸酉記録》：肴饌盡乾，製無調羹，各盤貯而不相共飲酒，止以一盃相傳，有我合彼分、我分彼合之別。土多山洞，洞有小王。《寰宇記》：琉球國自隋聞焉，居海島中，當建安郡之東，水行五日而至，土多山洞，其王姓歡斯氏，名渴刺兜，不知其由來有國代數也。彼土人呼之爲可老羊，妻曰多拔茶，所居曰波羅檀。洞塹柵三重，環以流水，樹棘爲藩。王所居舍，其大十六間，雕刻禽獸。國有四五帥統諸洞，洞有小王，往往有村，村有鳥了帥，並以善戰者爲之，自相樹立理一村之事。兵有刀、矟、弓箭、劍、鈹之屬，編紵爲甲，或用虎豹之皮。王乘木獸，令人舉之而行，導從不過數十人。國人好相攻擊，人皆驍健善走難死而耐創。諸洞各爲部隊，不相救助，兩軍相當，勇者三五人出前跳譟，交言相罵，因相擊射，如其不勝，一軍皆走。遣人致謝，即共和解，收取鬬死者衆食之。無賦斂，有事則均稅，用刑亦無常準，皆臨事科決。《文獻通考》：其民犯罪，皆斷於鳥了帥，不伏則上請於王。王令臣下共議定之。獄無枷鎖，惟用繩縛，決死刑以鐵椎大如筯，長尺餘，鑽頂殺之。周煌《琉球國志略》云：其國刑法有死刑三，一凌遲，一斬首，一槍刺；輕刑五，一流，一曝日，一夾，一枷，一笞。近奉正朔，設官職，被服冠裳，表陳章奏，以土官爲武職，司朝貢者爲文職。《續文獻通考》：其大夫、長史、通事官司朝定員爲文職，皆明所賜三十六姓子孫爲之。土官則有名無姓也。著作篇什，有華風焉。張學禮《中山記》云：官宦之家，俱有書室，客軒架列《四書》、《唐詩通鑑》等集，板翻高闊，旁譯土言云。宮殿門皆西向。《皇朝文獻通考》：其國山形本南北向，以中國在海西，王殿及門皆西向，表忠順内面之意。貢使至京必候賜時憲書歸國，通事官豫依萬年書推算，名曰選日，通書權行國中，俟憲書頒到，通國遵用。分土爲禄，官級以簪爲差等。《皇清職貢圖》：王與臣民分土爲禄，夷官品級以金銀簪爲差等，用黄綾縐摺圈爲冠，寬衣大袖，繫大帶。官婦髻插金簪，不施脂粉，衣以錦繡，其長覆足。營海利，工紡績。《皇清職貢圖》：男服耕作，營海利，土人結髻於右，漢種結髻於左。布衣草履，出入常攜雨蓋。婦人短衣長裙，以幅巾披肩背間。見人則升以蔽面，常負物入市，交易，亦工紡績。

山川　北山。在國境西南，與日本接界。明萬曆中，福建巡撫許孚遠奏云：琉球近歲爲關白擾害，蓋因地勢連屬，無波濤之險，由薩摩開船四日可至琉球。北山延袤三百餘里，隨路有山，早行夜宿。關白見其路順，欺其國弱，聲言發船來伐，要彼北山屯兵，若果據北山，琉球必爲所得，而閩廣爲其出没之地，盤據騷擾，將無安日，即指此山也。按故山北王國以此山名，與中山、山南爲三。

琉璜山。亦在國境西南，地名尤家埠山，形圓，卑如覆盂，四面無址。

虎萃峯。在國城内殿後，其下有小廟，無像，但設香供於地。又殿前有石壁，高數丈，闊二十餘丈，平如斧削，中有一穴，穴口嵌一鐵龍頭，龍口内有泉噴出，從空注下，即大旱之年，水亦不竭。

高華嶼。《隋書》：自義安浮海至高華嶼，又東路二日至鼅鼊嶼，又一日便至琉球。按二嶼，俱隋陳稜率兵過此。

落漈。《元史》：水至彭湖漸近琉球，謂之落漈者，水趨下不迴也。凡西岸漁舟至彭湖，過颶風，作漂流落漈，回者百之一二。《續文獻通考》：嘉靖中，國王遣使蔡瀚奉表謝，又請云。《明統志》中載，琉球有落漈王，居壁下，聚髑髏，非實事。杜氏《通典》、《集事淵海》、《贏蟲録》、《星槎勝覽》所述亦傳者，妄也。乞下史館從之。

那壩港。在國城外二十餘里，離海口三里許。其間里巷相連，人居稠密。又有地名玖米，亦見章奏。

龍潭。在國城西，潭中二山並峙，一名石筍，一名龍岡。其國人於端陽日爲龍舟競渡之戲於此。

土産　熟琉璜、紅銅、以上俱入貢。鬬鏤樹、《寰宇記》：鬬鏤樹似橘而葉密，條纖如髮，紛然垂下。金荆榴、《續文獻通考》：木色如眞金，密緻而文彩，盤錯有如美錦，甚香，可以爲枕，及案面雖枕檀不能及。海螺殼、白剛錫、胡椒、番茄、狀如箸蘋。番紙、蕉布、苧布、紅花、蘇木、鬃煙熊、羆、豺、狼。《寰宇記》有熊羆豺狼，尤多猪雞，無牛羊驢馬。

清·徐繼畬《瀛寰志略》卷一《東洋二國》　琉球在薩峒馬之南，東洋小國也。周環三十六島，皆海中拳石。其國都之島較大，南北四百餘里，東西不足百里，舊分山南、山北、中山三國，後幷入中山爲一，故稱中山王。王尚姓，自紀載以來，一姓相傳無改步。國小而貧，逼近日本，屬役良苦。自前明世修貢職，我朝煦育寰瀛，體恤尤至。其貢舟三年一至，許其販鬻中土之貨，免其關稅，舉國賴此爲生。王薨，則世子遣使請命，遣文臣二人爲正副使，賜一品服，持節航海，册其世子爲中山王，故其國之風土，多有能言之者。由福州之五虎門放洋，用卯針約四十餘更至孤米山，其國之大島也，再東即至其國。國分三路，曰首里、曰久米、曰那霸，由内地往，收泊必於那霸。其地商賈萃集，爲大都會。王居首里，以次山之脊也。國與中國同文，官之最尊者爲金紫大夫，歲得俸米百石，以次遞殺。守土之官曰按司，一按司所轄，約六七里。土磽瘠，產米绝少。以地瓜爲食即番薯，非官與耆老不食米。地無麻絮，以蕉爲布，類織商，負戴者圍下體，餘皆裸露。海風最烈，屋瓦常飛，故構屋甚卑，檐與肩齊，王居與使館較軒昂，以大繩系柱而釘于地，防海風也。其士大夫以黄帛爲冠，似浮屠氏之冠。大領博袖，系帶。

周海山尚書嘗使琉球，著《中山志》云：琉球自古未通中國，隋時有海船望見之，始知有其地。因其島嶼纖蟠，如虬龍流動之形，故稱爲流虬，後乃改爲『琉球』字。唐、宋以後，漸通中土。明初入貢，太祖賜以閩人善操舟者三十六姓，修貢職甚謹，封舟頻往。後爲日本所滅，王被虜，不通音信者數十年。已而遣使來，言王被執不屈，倭送還復國，由是復修職貢如常期云。余按：琉球東洋小島，受役于倭，貧弱不能自存，惟賴貢舟販鬻，稍得餘資以糊口。資本皆貸于日本，販回之貨運往日本者八九，國人貧甚，不能買也。其國比之南澳、平潭差大，而不及臺灣之半，蓋滄海之一粟耳，然累世效貢職，受正朔，遂爲東海藩臣，比于朝鮮、交趾。國貴自立，豈不信哉。

研判東南亞諸國國情分部

綜述

越南

〔越〕黎崱《安南志略》卷一《郡邑》　古南交，周號越裳，秦名象郡。秦末，南海尉趙佗擊併之，自立爲國，僭號。西漢初，高帝封爲南越王。歷數世，其相吕嘉叛，殺其王及漢使者。孝武遣伏波將軍路博德平南越，滅其國，置九郡，設官守任。今安南居九郡之内，曰交趾、九真、日南是也。後歷朝沿革，郡縣不一。五季間，愛州人吴權據交趾。後丁、黎、李、陳相繼篡奪。宋因封王爵，官制刑政，稍效中州。其郡邑或仍或革，姑概存之。

大羅城路。古交趾，漢仍之。唐置安南都護府。其城在瀘江西岸，唐張伯（義）〔儀〕始筑，張舟、高駢繼增修之。宋真宗時，郡人李公蕴於此建國。陳繼李，以其屬邑，增置龍興、天長、長安。

龍興府。舊名多岡鄉。陳祖微時，夜過溪橋，既渡，四顧，橋不見矣。未幾，陳氏有國，人號其水曰龍溪，改多岡为龍興。

天長府。舊（名）〔多〕墨鄉，陳祖所生地。及其有國，建行宫於此，歲一至，示不忘本，更名曰天長府。潮水繞城，岸邊花木，香氣襲人，畫船往來，類仙境也。

長安府。本華閭峒，丁部領所生地。五季末，丁氏立國于此。

歸化江路。接雲南界。　宣化江路。接特磨道。

陀江路。接金齒界。　諒州江路。接左右两江界。

北江路。在羅城東岸。瀘江水分通於海，江有十橋，皆傑麗。

如月江路。　南栅江路。

大黄江路。　烘路。

快路。

州皆接廣西雲南界。雖名州縣，其實洞也。國威州。在羅城南。古州。在北江。

仙州。古龍編。　〔富〕良州。

思農州。一云楊舍。　定邊。一云明媚。

萬崖。一云明黄。　文周。一云門州。

七源州。　思浪州。

太原。一云黄源。　通農州。

渭龍州。一云乙舍。　光州。

羅順。一云來臣。　道黄。即平林場，餘多類此，不載。

古州名。更革少存。

峯州。吴曰新昌。　蘇茂。　蘇勿。

長州。　峨州。　唐州。芳林。

縣　武寧縣　萬載　丘温　新立

悦縣　紙縣　歷縣　闌橋

追延　古勇　供縣　窘縣元史作窟

上坡　門縣餘不載。

古縣名　龍編。西漢交州刺史治所，（田龍源末）〔舊名龍源〕，後有蛟龍盤編於（冰）［水］，改曰龍編。

朱鳶。漢縣。唐改鳶州，置高淩、安定縣。

羸𨻶。上連下（委）［婁］勾曲，漢交州刺史置。（縻）［麊］泠。漢交趾都尉治。曲（易）［昜］昜音陽。

勾漏。葛洪爲令。　安順。唐順州。

崇平。唐安平。　海平。唐寧海。

古都　　安定

清化府路。西漢九真郡。隋唐愛州。其屬邑，今曰江、曰場、曰甲、曰社。

梁江　波籠江　茶江　貢江

采舍江　安暹場　文場　古藤甲

支明甲　古弘甲　古戰甲　緣甲

典（史）［臾］甲　結帨甲

古縣名　都龐（龍）［龐］，（帥）［師］古音（都）［龐］。

居風。馬援擒徵側餘黨處。

無功。漢九真都尉治所。　越裳。一云九德。

乂安府路。西漢日南郡，隋唐爲驩州。

幼津（洋）［江］　明（通）［道］江　（佗）［偈］江

尚路社　唐家社　張舍社餘不載。

演州路。本日南屬縣，曰扶演、安仁，唐改演州。

巨賴江　他袁江　孝江　多璧場

巨藍社　高家社　班剥社餘不載

布政府路。本西漢日南郡象林縣。漢末，邑人殺令自立國，曰林邑。唐元和初，復隸安南府。今名布政。地山林重復，柳子厚詩：『林邑東（回）［迴］山似戟。』

闍黎江。接占城界。

又《山》　佛迹山。石上有足迹，故名。

繖圓山。山形如傘。

仙遊山。有盤石，隱然揪枰紋，昔傳仙（變）［奕］於此。後樵女野合其上，石覆且裂。

武寧山。俗傳下有趙越王墳。

普賴山。至元丁未，官兵築木栅儲糧於此。

萬劫山。前控大江，後山萬重，有茂林脩竹、小橋流水之勝。興道王隱其中。

傑特山。入山徑路，花木繁茂，玉泉漱石，幽（火）［谷］迎人，（脩）［翛］然世外境。

安子山。一名安山，或名象山，高出雲雨之上。宋皇祐初，處州大中祥符官賜紫衣洞淵大師李思聰，進《海岳名山圖》，幷讚詠詩云：第四福地在交州安子山。數朵奇峯新登緑，一枝巖溜嫩接藍，跨鸞仙子脩真處，時見龍下戲碧潭。

峝山。有烟羅洞、子午巖，俱勝絶。善樂王常置弟子其間。

地觀山。尤嶮峻，有古松，俗傳龍蟠其上。陳太王建行宫於此。

天養山。秀且嶮，有潮汐始通舟楫。王族構第其中，以避國難。

武林洞。昔安南陳四世國主陳仁王，棄位隱其中以成道，號曰竹林道士，有［香］海詩集印行於世。

神投山。羅城清化二郡界山也，山連兩岸，海潮中流。昔人（経）［徑］鑿南岸三峯來往。初，（季）［李］聖王攻占城，欲濟海，烟浪不能渡。禱於山神，遂得濟運。還，即立祀於此。（以）後諸山皆隸清化。

龍岱巖。一云寶臺。鬱然獨秀。巖内事佛，外懸閣宇。清江横前，紅荷繞後。松數里，山萬重。昔傳有大形鼠居洞中。俗名蝙蝠巖。

文場山。巖石净白，堪爲水晶珠。

卞山。在海洋。昔有王化者，蜕骨貫石，竅尚存。

安穫山。出碑硯石。舊志載，豫章太守范寧遣使往九真採石磬，爲學中用。

東山。臨支明江。高且秀。山洞上有竅。登而遠望，水天一色，真嘉景也。

峝父中年休官，自號思惟居士，常隱其中。

驅儺山。高（礦）［曠］多山鬼，每出焚舍。有僧名奉符，日夜誦大悲咒，鬼畏遠避，免其害。山多雜果，人至任啖之。（依）［挾］歸者則迷歸路。

立石山。孤石（時）［特］起，昔傳有神人擎巨石爲愛、演州界。

陀伎山。有地园在海濱，出墨石碁子，色可愛。余嘗遊之，逢老者云，此山百餘里，又出有石碁子，俗傳仙人嘗奕於此。

香象山。極廣高，產名香犀象。

崇山。唐沈佺期流驩州，作《崇山向越裳》詩：朝（登）［發］崇山下，暮至越裳陰。西從（沙）［杉］谷度，北出竹溪深。竹溪（通）［道］明水，杉谷古崇岑。差池將不合，繚繞復相尋。桂葉藏金（屽）［嶼］，藤花（閞）［閉］石林，天（霽）［窗］虛的的，雲竇下沉沉。造化功偏厚，真仙迹累臨。豈徒探怪異，聊復緩歸心。

分山。一云裂山，安南占城以山爲兩國界。俗傳草木亦分南北而俯。

金牛山。古載石色赤，其中有金，夜光如瑩。

都隆嶺。有劉方敗林邑王所。

又《水》 古載淹水、濾渝水、漏水、西隨水，自（雋）越［巂］東南流，至交趾尚瀧。楊雄曰：交趾荒裔，水與天際。

瀘江。水［曰］三帶江。至羅城（自）［曰］瀘，又通於海。

蘇歷瀘江。分爲繞羅城江，有五橋皆傑，至元丙子宋亡，參政曾淵子歸安南，遊歷江橋詩：白首蘇郎天一涯，武皇仙去雁南來，歷江橋上望天北，今見秋風第幾回。

三帶江。歸化江水自雲南，宣化江水自特磨道，沱［江］水［自］撞龍，因名焉。

富良江。宋郭（逹）［逵］敗交趾處。

大黄江。至元甲申官軍破安南處。

大惡江。一云大安。

漊吕淵。水深，多水怪。

慈廉水。《九（城）［域］圖》：慈廉水在交趾。昔李仁祖居水邊，兄弟十人並慈孝，因得名焉。

龍門水。古載交趾茄寧縣有龍門水，深百尋。大魚登此化爲龍；不得，則曝腮點額。

越裳苑。《扶南記》：山溪瀨中曰苑。

九得苑。一云捕苑。

又《古迹》 越王城。俗名可縷城，有古池。國［王］每歲採珠，用此水洗珠，色鮮麗。《（在）交（趾）［州外］（城）［域］記》：昔未有郡縣時，（灌）［雒］田隨潮水上下，（懇）［墾］其田者爲雒民，統其民者爲雒王，副王者爲雒將。皆銅印青綬。蜀王嘗遣子，將兵三萬降諸雒，因據其地，自稱安陽王。而王趙（陀）［佗］舉兵襲之。有神人名（泉）［皋］通，下爲安（南）［陽］王輔佐，治神弩，一發殺萬人。趙佗知不可敵，因住武寧縣，遣太子始詐降，以（之）圖（之）。後通（衆）去，語王曰：能持（子）［予］弩則興，否則亡。安陽王有女名媚珠，見太子始，悦之，遂爲相通。媚珠取弩視之，陰易弩機。趙佗進兵，安陽［王］敗，持避水犀入海。趙佗奄有其地。今平地縣有安陽王宫城迹存。劉昭云：交趾，安陽國。漢馬伏波平交趾，立銅柱，爲漢界。唐馬摠爲安南都護，又建二銅柱，以（總）［摠］爲伏波之裔。昔傳欽州古森洞，有馬援銅柱，誓云：『銅柱折，交趾滅。』交人每過其下，以瓦石擲之，遂成丘。杜詩云：『雨來銅柱北，（意）［應］洗伏波軍。』占城界亦有銅柱。孟浩然詩云：『銅柱曰有端。』《九域志》云：交州井非人所鑿。

馬援平交趾，（摯）［擊］牛灑酒勞軍士，從容謂官屬曰：吾從弟少遊，常哀吾慷慨有大志，曰：士生一世，但取衣食裁足，乘下澤車，騎款段馬，爲郡掾吏，守墳墓，鄉里稱善人，斯足矣。至求贏餘，但自若耳。吾在浪泊西里間，賊未滅時，下潦上霧，毒氣薰蒸，仰視飛鳶，跕跕墮水中。念少遊平生時語，何可得也。

威武廟。東坡《記》：漢兩伏波，皆有功於嶺南之民。前伏波邳離路侯，後伏波新息馬侯。南越自三代不能平。秦雖遠適、置吏，旋復爲夷。邳離始滅其國，開九郡。然至東漢，［二］女子徵側［貳］反，震動六十餘城。世祖初平天下，民勞厭兵。方（下至）［閉玉］關、謝西域，況（國）［南］荒何足以辱王師？非新息苦戰，則九郡左衽至今矣！由此論之，兩伏波廟食嶺南均矣。海上有伏波祠，元豐中，詔封忠顯王。凡濟海必卜焉。謂可濟則濟，否則止。使人信之如度量衡（蓋）［石］必不吾欺者。嗚呼！非聖（朝）［德］其孰能如此？（其）［某］以罪謫儋耳三年，今乃（復還）［獲還］海北，往返皆順風。［念］無以答神貺［者］，乃碑而銘之。［銘曰］：至險莫測海與風，至幽不仁［此］魚（與）龍。至信可恃（惟二）［漢兩］公，寄命一葉萬仞中。自此而南洗（心）［汝］胸，撫（脩）［育］（良）民［夷］必清通。自此而北端汝躬，屈伸窮達常正忠。生爲人英（死）［没］愈雄，神雖無言（我）意［我］同。

冲天廟。在扶董鄉。昔境内乱，忽見一人，有威德，民皆歸之，遂領衆平其亂。已而騰空去，號爲冲天王，民乃立祠祀之。

古州佛。春驟雨，山之巨水，流至州津回旋不去，民異而觀之。内有石類佛。民驗，神臉，即雕木为佛。遇旱祈雨輒應，故曰法雲法雨。

報天寺塔。昔李聖王攻占城，得能造者，（今梵下）［令甃十］三層，號天資萬壽塔。銅鑄塔頂，曰切利天，爲雷擊去，莫知墮處。後，田夫得之，復立，雷又擊去。

九重臺。昔李仁王構臺於水晶池上。將成，雷擊之，再構，再擊。後，雷聲發，王以紅帛帕頭，佩劍登臺，焚香（咒）［祝］曰：『天不誘其衷，當加誅我，臺何與焉！』有頃，晴霽，臺成。迨三葉孫李高王，聞雷畏之幾死。左右以計白：『雷興，則以手抱佛［背］，庶（皆）免。』（畏）從［畏］息焉。

粉驛亭。俗以暑熱多，構一亭於通衢，以憩行旅。陳祖微時，嘗經此驛，有僧謂曰：少年後當大貴。言訖，失僧所在。及陳氏有國，命國中有驛亭之處，皆塑佛一尊，以答之。

金牌州。有老父宅江濱，其子得一卵歸。父畜之，乃生一蛇，尤加愛養。後，蛇大，入水；夜常饋魚庭中。老父歿，遇祭時，蛇來，盤結庭下而去。後江邊聚沙成州，子孫得利，人謂蛇報德云。

又載臨路印本，宋寧宗開禧間，朝請郎直寶章閣致仕賜謚文憲张洽纂歷朝郡縣地理書三十卷，唐安南大都護府元隸［州］郡，後更革不一，姑録以備參考。

又《唐安南都護元隸州郡》 安南路

宋平 太平 交趾 朱鳶 龍編
平道 武平

峯州

嘉寧 新昌 承化 （高）［嵩］山
洙緣《唐志》作洙緑。

瀼州

讓江 波零 鵠山 弘遠

巖州

常樂 思封 高城 石（農）［巖］

田州

都救 惠（柱）［佳］ 武龍 橫山
如賴

愛州

九真 安順 崇平 （旦）［日］南
軍寧 長林

驩州

九德 浦陽 越裳 懷驩

陸州

烏雷 華清 寧海

禄福州《唐志》作福禄州

柔遠 唐林 福禄

長州

文陽 銅蔡 長山 其常

湯州

湯泉 緑水 羅韶

演州

忠義 龍池

林州

金龍 海界

景州

北景 朱吾 由文

山州

龍池 盆池

古州

樂（古）［山］ 樂興 古書

籠州

武勒 武禮 羅龍 扶南
龍額 武觀 武江

環（江）［州］

正平 福零 龍源 饒勉 思恩

武石 歌良 都（家）［蒙］

武（義）［峩］州

武義 武勞 武緣 （江）［梁］山

粵州

龍水 崖山 東璽 天河

平琴州

容山 （依）［懷］義 福陽 古符

德化州

德化　　歸（衆）［義］

武安州

　武安

郎茫州

　郎茫　　［古勇］

羅武州

　龍丘　　福武

又《風俗》　安南，古交趾也。唐虞三代，中國聲教所暨；西漢以來爲内郡。男耕賈，女蠶績；言善欲寡，見遠人漂至其國，數相存問，此其常性。交、愛人倜儻有謀；驩、演人淳秀好學；餘皆愚樸。民文身，效吴越之俗。柳詩云：『共來百越文身地。』暑熱好浴於江，故便舟善水。平居不冠，立叉手，席坐盤双足。謁尊貴者，跪膝三拜。待客以（梹）［檳］榔。嗜（鰄）［鹹］酸海味，飲過度，多羸弱。五十歲免役。年節前二日，王乘輿，從官章服導前，禮帝釋殿。除日王坐端拱門，臣僚行禮畢，觀伶人呈百戲。晚，如洞仁宫謁。先是夕，僧道入内驅儺。民間，門首鳴爆竹，杯盤祀祖。貧家男女，無媒婚禮者，則自相配。正旦五更，王坐永壽殿，宗子近侍官先賀，次入長春宫拜祖陵。晨坐天安殿，嬪妃列坐，内官錯立殿前，樂奏於大庭，宗子臣僚分班拜賀。酒三進觴，宗子登殿侍宴；内官僚坐西傍小殿，外官僚坐西廡，飲燕。晡時稍出。匠者即殿前構衆仙臺兩層，頃刻成之，金碧炫耀；王從宴其上，前後九拜，九觴而散。二日，臣僚各行家禮。三日，王坐大興閣上，看宗子内侍官抛接繡團毬，接而不落者爲勝。團毬以錦製之，如小兒拳，綴采帛帶二十條。五日開暇宴罷，縱吏民參禮寺觀，遊賞名園。元宵，立燈樹於廣庭，名廣照灯，萬點光輝，光徹上下。僧繞諷經，（郡）［羣］僚羅拜，謂之朝燈。二月，起春臺，伶人粧十二神，歌舞其上。王觀衆鬭於觀庭，觀勇夫與兒孺搏，勝者賞之。公侯馬上擊毬，吏士博奕、摴蒲、蹴踘、角鬭、山呼侯等戲。寒食，以卷餅相饋。四月四日，宗子内侍官會山神廟，誓無異志。八日，磨沉檀水浴佛，精團餅供獻。端陽節，江中構閣，王坐觀競渡。中元，結盂蘭盆會，超薦亡者，廣費無惜。仲秋重九，貴族賞之。良月朔，具饌祭先，曰薦新；縱臣僚視田收稻捕獵爲樂。臘月祀祖，如上家禮。立春，命其宗長鞭土牛畢，臣僚簪花入内宴會。婚娶禮者，春月，媒氏奉（梹）［檳］榔匣，詣女家通問。或財物，以百至千，庶民以至百爲數，好禮家不論多寡。喪制，（官）［宫］室器用，與中國略同。樂有飯古波，本占城，體（圈）［圓］長，研器飯粘鼓面中，拍之清亮；合篳篥、小管、小鈸、大敔，名爲大樂，惟國主用之。宗室貴官非祭醮不得用。琴、箏、琵琶、七絃、双絃、立笛、箫類，名小樂，貴賤通用。曲有南天樂、玉樓春、踏青遊、夢遊仙、更漏長，不能殫紀。或用土語，爲詩賦樂譜，便於歌吟。（觀）［歡］樂愁怨，一寓其情。此其國俗云。

又卷一四《學校》　趙佗王南越，稍以詩禮化其民。（錫）西漢末，（賜）［錫］光治交趾，任延治九真，建立學校，遵仁依義。漢唐时，嘗貢進士明經者，李琴、張重、姜公輔是也。至宋，安南立國，李氏設科舉法，三歲一選，壯元、榜眼、探花郎，爲典故，給章服、騶從，以榮其歸。

又《官制》　丁氏以來，始受宋封王爵，其國則竊稱名號，倣趙佗故事，自封其國。有王侯，設官有正有接者，類品從也。

王　嗣王　上侯　侯　接侯

内明字近侍官加内字　明字　接明字

内大僚班　大僚班　大僚　親王班國親爵名

内寄班　寄班　内諸衛

諸衛已上（大）［文］武相参　文内員外郎

員外郎　武内郎將　郎將　文内令書家

令書家　武内上班　上班　武内上制

上制　武内供奉　供奉　武内侍禁

侍禁　文校書郎權冕恭侯書舍一作家

武内直殿　值殿　文恭侯舍人　書舍

文舍人　師翁　武借職　借職官

文都曹　兵曹

僭宰執

太師　太尉平章事　太傅　太保　輔國　少師

少保　少傅　左右僕　參知政事

武帥

都元帥　節度使　大將軍　副元帥

副節度　副將軍以上族宗爲之

内殿前指揮使　招討使　偏將　裨將

文職

御史臺官　翰林院官　檢法官　安撫使

尚書　東上閤門使　安撫副使

三司院官人一宣清，二肅憲，三刑政，乃問訟之所

安撫司官人

近侍官

入内判首侯管近侍官　上品侯　上品明字

上品大僚官班　上品奉御　中品奉御　下品奉御

侍衛人化頭　侍衛人勇者　侍衛人　分權官

太師太尉衙都官乃其輔也，明字爲之

王侯衙行遣決衙内侍

王侯衙管甲行遣類也，一文一武，各有（折）〔所〕管（侯）

方鎮

上路寨主侯，明字爲之

副寨主俗呼行遣，又呼尚書明字、大僚爲之

知州　觀察　察海　押獄官　鎮遏

世襲鄉邑官

管甲上中下三等。大僚諸（位即）〔衛郎〕將爲之

大撮　小撮　主都

（洋）〔泮〕宫學官。用下第學子主之，教養生員

僧官

國師　僧統　僧録　僧正　大賢官

道官

道録　威儀　都官

又《章服黼黻大粉華蟲組綬垂佩方心曲領冕旒稍類中州》 國主之冠，曰平天冠、卷雲冠、芙蓉冠。服袞衣，金龍帶。領掛白羅蹙綿巾，綴金珠。方心曲領。手執圭。凡（箭）〔節〕禮受臣（手）〔拜〕賀。王冠三級，侯冠二級，明字冠一級。名拱宸冠，上綴金蜂蝶，大小疏密有差。親王着銷金紫服。侯明字着鳳魚綉服。大僚班而下，袞冕各有級等（文班加金魚）。員外郎將，戴金銀間道冕。令書舍至文校書郎（上制侍禁），皆帶銀冕。冕，大禮則用之。常禮止幞頭紫服，如恭侯書舍翁類也。帶，或犀或金，各依品等。象牙笏同。職官借職等，幞頭紫服角帶無笏。叉手拜國主，平居戴唐巾。常服貴白。國人着白者，爲之僭制，惟婦女不禁。其裝飾，王侯及庶民，常着圓領玄裳，白羅納絝。鞋尚革。王侯私謁國主不巾，示其親貴。庶民並不得侍近。内官上品戴揚裳冠，綴金蜂蝶，疏密不同着服。中品冠服製色稍減。下品紫揚裳冠紫服。皆叉手拜，無笏。上品常戴之巾，以紫絨間碧爲六𦁎，綴巾後，横帶，示其貴也。中品紫𦁎，下品皂𦁎。環，以紫磨金玳瑁爲之，異矣。

又《刑政》 法，謀反者戮親族。殺人者償命。捕奸者得自專殺。近代，始令奸夫以錢三百貫贖死罪，淫婦斷歸其夫爲婢，許自典賣。殺有官者，驗高卑，償錢贖罪仍杖，皆八十；重者杖六十，殺，與奸同例。詈有官者，量輕重，令犯人出錢並牛酒爲謝，杖如之前。同類鬭傷，罪先毆者。僞造非法者，以罪名黥其面，杖而遠徙。强盗者斬。竊盗者，初盗（皆）〔者〕杖八十，黥『犯盗』二字，元盗之物一償九分。不能償者，没其妻孥。再犯者刖其手足。三犯者殺之。誣告者，反罪。公田則以寬人。民寬例納身役錢，及賀正月、七月節料，魚米參用。

農商不徵糧税地狹人衆，前世建此法，以寬民賦。

官吏廉明能決訟者，考功遷官。

度量權衡，與中國同。惟金銀、（段）〔緞〕疋、絲枲、藥物諸貨，自計而已。交易用唐宋時錢，七十文爲一錢，七百（交）〔文〕爲一貫。逋負者得自禁錮，盡歸本息始釋。窮民不能自給者，許典贖於人。

又《兵制》 軍無定籍，選民丁壯者爲之。五人爲（五）〔伍〕，十（五）〔伍〕爲都。又權捷俊者二，掌習武藝，調則出，暇則歸農。

親軍

聖翊都　神翊都　龍翊都　虎翊都

奉衙官職郎（聯）〔職〕主捕録（童）〔同〕罪以上，皆有左右

游軍　鐵林都　鐵艦都　雄虎都　武安都
王侯家僮　全侯都　躍童都　山獠都餘不載

又　卷一五《物産》　田土任延云：田種白穀，五月作，十月登；赤穀，十二月作，四月登。所謂『國税兩熟之稻，鄉貢八蠶之綿』。麻粟地挾種（出）［秈，二］麥無之。

蠶桑劉欣期《交州記》：『一歲八蠶（雖）［繭］，出日南。桑則大小二種：小桑孟春（焙）［培］之，枝（麻）［葉］繁茂。自三月至八月，皆養蠶，收絲事織。』

鹽煮海取鹽，其白如（宣）［雪］，邊民服役安南者，皆鹽鐵利也。

黄白金富良、廣源等州，雖産金銀，而採金户（共具）［苦其］役納不足，則貿諸他［州］輸之。

明珠蚌生東海，監採官禱其神，輒獲大珠。海賈云：中秋有月，是歲珠多。孟嘗守合浦，先時太守多貪穢，採求無厭，珠（潮）［漸］徙於交趾。嘗到官，易前弊，求民利病，去珠復還。民稱爲神明。陶弼《還珠亭詩》：『合（洒）［浦］還珠（珀）［政］有（鬲）［聲］，（尺）［使］君方（侶）［似］古人情，胎中蚌蛤珠常（濾）［滿］，澤［下魚］龍睡不驚。』（周）［唐］（真）［貞］觀四年，林邑（縣）［獻］（大）［火］珠，（有珠）有司以（求）［其］表詞不順，請討之。太宗曰：『好戰者亡！如煬帝、頡利，皆所親見。小國勝之不武，况未可［必］（也）［乎］？』

珊瑚赤黑二種，在海直而軟，見日（西）［曲］而堅。漢初，趙佗獻赤珊瑚，號『火樹』。

丹砂晉葛洪欲煉丹，求爲勾漏令。杜詩云：『交趾丹砂重，（詔）［韶］州白葛輕。』

玳瑁（收）［狀］類龜（面穀）［而殼］稍（表）［長］。六其（是）［足］，後兩足無爪。

香古載，日南有千畝林，産名香。《南越志》：交州有香木，欲取先砍，待經年皮爛，取木心及節。堅黑。沉水者爲沉香。（乳）［浮］者爲鷄骨，一名半水。麄者爲棧香。

金顔一名甘麻然，俗燒辟邪。

排香以根合臺佳。

香附子一云鷄頭，海岸者佳。

降真香久年者勝。

安息　蜜　蠟　鉛　鐵　錫

桂皮薄肉厚。

紫草中州載，麒麟紫草物蟻之所造，如蜂作蜜。紫草色赤面黄，似松枝。《交州志》：紫草與血竭俱出於交而非一物明矣。《本草》云：二物主五臟邪氣，止痛破血，厚全瘡。

訶黎勒中州載，出交、愛，花（自）［白］，子似（栀）［梔］，皮肉相着，［氣］味［苦温］無毒，主［治］冷氣［心］腹脹滿。

常山二種，俗名黄刀、白刀。

蒲黄刀傷，以（木）［末］乾敷則愈。

阿魏

茶古載，出諒（爲）［州］古都縣，味苦，難（州）［爲］飲。

薏苡马援（援）［征］交趾載歸。（化伐）［能化］五溪遺（種）［毒］。坡詩云：『伏波飲薏苡，禦瘴傳神良，能除五溪毒，不救讒言傷。』

風薑切片，貼額左右，止（額）［頭］痛。

火薑色稍紫，俗獨用爲酒（麵）［麯］，絶美。

高凉薑本出高凉，交州亦有之，雷（者）［州］産者佳。江左曰『杜若』。味大温，治積冷腹痛。剉（米）［末］防炒，米飲調服，霍亂（味）［吐］瀉，用五兩重，煨熱擊碎，净洗入酒一升，煮三五沸，服之立効。益聲氣，好顔色。豪家煎湯飲之。

黄薑《本草》：海南生者曰『蓬（水）［术］』，味辛苦，大寒無毒，主［治］心腹結積，除風熱，消（臃）［癰］腫，生啖治氣。《千金方》：治瘡癬始生積痒。以一兩重，入桂（穰）［釀］三兩，作（未）［末］，醋湯調下。

鬱金味辛苦寒，主［治］血積（冷），下氣生肌止血。（列）劉禹錫云：單用，治（安）女人宿血（心）氣、心［痛冷］、氣結聚。温醋磨服。病後爲末，調粥食。

通天犀劉欣期《交州記》：犀毛如（承）［豕］，［蹄有三甲］，頭［如馬］，有（三）［二］角，鼻上角（短）［長］，額上角短，（額上角長）。《（思）［異］物志》：角中（時）［特］有（先）［光］，耀白理如線，自末達本爲通天犀。

辟水犀舊傳，安陽王有七寸文犀。戰敗，投犀於海，水開，王入水免禍。

辟寒犀唐開元二年冬至，交趾進犀角一株，色黄如金，使者請金盤置殿中，温温暖氣襲人。上問其故，使者［對曰］：此辟寒犀也。（随）［隋］（大）［文］帝時，嘗進一株，至（今）［令］上悦，（原）［厚］贈之。杜詩云：金（般）［盤］犀惟慎。

象林邑出象，其置還於占城。俗以象馱載。（令）［今］有布政郡，乃古日南象林縣也。土（毫）［豪］殺令，立國（日）［曰］林邑。宋理（宋）［宗］時，安南貢象，［公卿上表賀，太學生獻詩：『三象都來八尺高，江潮萬里幾民勞，］公卿盡上昇平表，惟有（輒）［鯫］生誦旅獒。』至元丙子，朝廷平宋，驛桂始近，安南屢［貢］焉。雄者兩牙，雌（之）無［之］，力（幸丁）［宰于］鼻。王命人物以（開）［鬭］勝負。（取）［馭］象者以驅其（傾）［雌］入山，後以甘（庶）［蔗］誘其雄至，設穽以陷。初甚咆哮，收教之，漸解人意。過禮節，（收）［牧］奴以錦覆象背，令（跎）［跪］拜。國主喪，則被金鞍，流淒成栒。性極靈，居山林，每雄擅雌四五十以［爲］强。好飲酒以鼻，［穿］山（川）民壁，飲盡而氣不損。若二者行，得一物而均分之。喜浴于江，月（獻）夜［戲］浮于水（者）。及歸林，民（後）從［後］擊鑼鼓，（減）［喊］閃驚之。羣象争走，徑路狹處，陷溝壑不能起，民刺殺之。其牙紋色浄麗，自死及退落之牙不（不）［以］爲貴。林邑人殺象，象（怨）［怒］，布陣以圈人，人（斥）［斫］樹，（改）［取］衣掛樹枝，緣（宅）［它］樹而走，象見衣，以［爲］（人）有［人］，以鼻汲水灌樹，（且）［其］枝倒，不見人，怒碎其衣而去。象病，首（以）［必］向南（面）［而］死。肉麄，連皮煮易熟，牙（筆）［笋］、足掌肉稍佳。

兕《交州記》：出九德，生一角，長二尺。漢靈［帝］時，九真獻爲奇獸。［至］元（至開）［間］安南嘗貢焉。

白鹿晉元康初，白鹿［見］交趾武寧縣。宋文帝元嘉末，交趾獻白鹿。

潛水牛《交州記》：勾漏縣有潛水牛，鬭則角軟，入水則復堅。

猩猩《南中志》：狗形人面，在山谷中，行無常路，百輩爲羣。人以酒并草履數十相連結，置于路間。猩猩見之，（師）［即］知其人先祖姓名，呼而罵曰：『奴故張我。』（丞）［亟］捨去，（而）已［而］（後）［復］還，相呼嘗酒，着草履。進三升，大醉；醉，履輒絆倒；倒即擒之。昔人（飽）［餉］封溪令，［令問：］『有何物？』『猩猩、酒及僕耳！』

狒狒郭璞云：出交州山中，狀如人面，長背黑身，有毛及踵，被髮，迅走，食人。見人則笑，（在）［左］思云：狒狒笑而被格者也。

蟻子鹽醢古載，交州溪洞（酉）［酋］長，多收蟻，鹽以醬，非官各族親，不得（失）［交］接。《郊特（性）［牲］》稱，服（備）［脩］用蟻鹽。《祭統》云：陸產之醢，謂（蟻蜍）［蚳蝝］之屬也。《周礼・醢人》，饋食（蔚）之豆，有蚳蟻子也。范蔚云：中國失之，求［之］四夷，［非夷］（詔）［詒］也。

元・汪大淵《島夷志略・交趾》 古交州之地，今爲安南大越國。山環而險，溪道互布。外有三十六庄，地廣人稠。氣候常熱。田多沃饒。俗尚禮義，有中國之風。男女面白而齒黑，戴冠，穿唐衣、皂褶、絲襪方履。凡民間俊秀子弟，八歲入小學，十五入大學，其誦詩讀書、談性理、爲文章，皆與中國同，惟言語差異耳。古今歲貢中國，已載諸史。民煮海爲鹽，釀秫爲酒。酋長以同姓女爲妻。地產沙金、白銀、銅、錫、鉛、象牙、翠毛、肉桂、檳榔。貿易之貨，用諸色綾羅匹帛、青布、牙梳、紙扎、青銅、鐵之類。流通使用銅錢。民間以六十七錢折中統銀壹兩。官用止七十爲率。舶人不販其地。惟偷販之舟，止於斷山上下，不得至其官場，恐中國人窺見其國之虛實也。

又《占城》 地據海衝，與新舊州爲鄰。氣候乍熱。田中上等，宜種穀。俗喜侵掠。歲以上下元日縱諸人採生人膽，以鬻官家。官家以銀售之，以膽調酒與家人同飲，云通身是膽，使人畏之，亦不生疵癘也。城之下水多洄旋，舶往復數日，止舟載婦人登舶，與舶人爲偶。及去，則垂涕而別。明年，舶人至，則偶合如故。或有遭難流落於其地者，則婦人推舊情以飲食衣服供其身，歸則又重贐以送之，蓋有情義如此。仍禁服半似唐人。日三四浴。以腦麝合油塗體。以白字寫黑皮爲文書。煮海爲鹽，釀小米爲酒。地產紅柴、茄藍木、打布。貨用青磁花碗、金銀首飾、酒、色布、燒珠之屬。

又《民多朗》 臨海要津，溪通海，水不鹹。田沃饒，米穀廣。氣候熱，俗尚儉。男女椎髻，穿短皂衫，下繫青布短裙。民鑿井而飲，煮海爲鹽，釀小米爲酒。有酋長。禁盗，盗則戮及一家。地產烏梨木、麝檀、木綿花、牛麂皮。貨用漆器、銅鼎、闍婆布、紅絹、青布、斗錫、酒之屬。

又《賓童龍》 賓童龍隸占城，土骨與占城相連，有雙溪以間之，佛書所稱王舍城是也。或云目連屋基猶存。田土、人物、風俗、氣候與占城略同。人死則持孝服，設佛擇僻地以葬之。國主騎象或馬，打紅傘，從者百餘人，執盾讚唱曰亞或僕。番語也。

其尸頭蠻女子害人甚於占城，故民多廟事而血祭之。蠻亦父母胎生，與女子不異，特眼中無瞳人，遇夜則飛頭食人糞尖。頭飛去，若人以紙或布掩其頸，則頭歸不接而死。凡人居其地大便後，必用水浄浣，否則蠻食其糞，即逐臭與人同睡。倘有所犯，則腸肚皆爲所食，精神盡爲所奪而死矣。

地產茄藍木、象牙。貨用銀、印花布。次曰胡麻、沙曼、頭羅、沙犆、寶毗齊，新故、越州諸番，無所產，舶亦不至。

又《崑崙》 古者崑崙山，又名軍屯山。山高而方，根盤幾百里，截然乎瀛海之中，與占城東西竺鼎峙而相望。下有崑崙洋，因是名也。舶泛西洋者，必掠之。順風七晝夜可渡。諺云：『上有七州，下有崑崙，針迷舵失，人船孰存。』

雖則地無異產，人無居室，山之窩有男女數十人，怪形而異狀，穴居而野處。既無衣褐，日食山菓、魚蝦，夜則宿於樹巢，仿摽技野鹿之世，何以知其然也。凡舶阻惡風灣泊其山之下，男女羣聚而翫，撫掌而笑，良久乃去，自適天趣。

又《靈山》 嶺峻而方，石泉下咽。民居星散，以結網爲活。田野闢，宜耕種，一歲，凡二收穀。舶至其所，則舶人齋沐三日。其什事，崇佛諷經，燃水燈，放彩船，以禳本舶之災，始度其下。風俗、氣候、男女與占城同。

地產藤杖，輕小黑紋相對者爲冠，每條互易一花斗錫；麁大而紋疏者，一花斗錫互易三條。舶之往復此地，必汲水、採薪以濟日用。次得檳榔、荖葉，餘無異物。貿易之貨，用粗碗、燒珠、鐵條之屬。

元・周致中《異域志》卷上《交州》 按《與地志》曰：周曰駱越，秦曰西甌，故曰甌越。漢曰交趾，杜氏《通典》曰安南。地產金，出象，出香，風景與兩廣頗同。國朝以爲文禮之邦，以元帝之二太子贅婿於陳氏，以奉元祀焉。

又《占城》 漢置林邑郡，其屬郡有賓童龍、賓陀陵、化州、王舍城，地方三千里，南抵真臘，北抵安南。廣州發舶，順風八日可到。國人多姓翁。產名香犀象珍寶，常爲歲貢。王子入朝中國。比安南不尚文墨，尚戰鬭，喜師巫邪術。其民有犯訟不能決者，即令過鰐潭，其潭有神魚，能知人善惡，理虧者魚即食之。

又《道明國》 與野人同，國人不著衣服，見著衣者即共咲之。俗舞鹽鐵，以竹弩射蟲魚，俗稱脱箇桂板者此也。

又 卷下《寶童龍國》 占城之屬郡，地主出則騎象或馬，打紅傘，從者百人，執盾贊唱曰亞或僕。以葉盛飲食。佛書言王舍城即此地也，今有目連舍基存焉。

《元史》卷二〇九《外夷傳二・安南》 安南國，古交趾也。秦幷天下，置桂林、南海、象郡。秦亡，南海尉趙佗擊併之。漢置九郡，交趾居其一。後女子徵側叛，遣馬援平之，立銅柱爲漢界。唐始分嶺南爲東、西二道，置節度，立五筦，安南隸焉。宋封丁部領爲交趾郡王，其子璉亦爲王。傳三世爲李公蘊所奪，即封公蘊爲王。李氏傳八世至昊旵，陳日煚爲昊旵壻，遂有其國。

又 卷二一〇《外夷傳三・占城》 占城近瓊州，順風舟行一日可抵其國。世祖至元間廣南西道宣慰使馬成旺嘗請兵三千人、馬三百匹征之。十五年，(右)［左］丞唆都以宋平遣人至占城，還言其王失里咱牙信合八剌［麻］哈迭瓦有内附意，詔降虎符，授榮禄大夫，封占城郡王。十六年十二月，遣兵部侍郎教化的、總管孟慶元、萬户孫勝夫與唆都等使占城，諭其王入朝。

明・費信《星槎勝覽》卷一《占城國》 永樂七年己丑，上命正使太監鄭和等統領官兵，駕使海船四十八號，往諸番國開讀賞賜。是歲秋九月，自太倉劉家港開船，十月到福建長樂太平港泊。十二月，福建五虎門開洋，張十二帆，順風十晝夜，至占城國。臨海有港曰新洲，西抵交趾，北連中國。他番寶船到彼，其酋長頭戴三山金花冠，身披錦花手巾，臂腿四腕，俱以金鐲，足穿玳瑁履，腰束八寶方帶，如妝塑金剛狀。乘象，前後擁隨番兵五百餘，或執鋒刃短槍，或舞皮牌，搥善鼓，吹椰笛殼筒。其部領乘馬出郊迎接詔賞，下象膝行，匍匐感沐天恩，奉貢方物。其國所產巨象、犀牛甚多，所以象牙、犀角廣貿別國。棋楠香一山所產，酋長差人看守採取，民下不可得，如有私偷賣者，露犯則斷其手。烏木、降香，民下樵而為薪。氣候常熱如夏，不見霜雪，草木長春，隨開隨謝。供民以煮海為鹽，田禾甚薄。其國之人，惟食檳榔裹荖葉包蠣殼灰，行住坐臥不絶其口。月日之定，但看月生為初，月晦為滿，如此十次盈虧為一歲，晝夜以善鼓十更為法。酋長及民下非至午不起，非至子不睡。見月則飲酒歌舞為美。酋長所居高廣，屋宇門牆以磚灰甃砌，及堅硬之木雕琢獸畜之形為華飾，外周磚垣。亦有城郭之備，練兵之具，藥鏃刀標之屬。其部領所居，亦分等第，門高有限。民下編茅覆屋，門不過三尺，過者即罪之。一國之食，魚不腐爛不食，釀不生蛆不為美。造酒以米和藥丸幹持入甕中，封固如法收藏，日久其糟生蛆為佳醞。他日開封，用長節竹竿三四尺者，插入糟甕中，或圍坐五人十人，量人入水多寡，輪次吸竹引酒入口，吸盡再入水，若無味則止，有味封留再用。歲時縱人采生人膽鬻官，其酋長或部領得膽入酒中，與家人同飲，謂之曰通身是膽。相傳屍頭蠻者，本是婦人也，但無瞳人為異。其婦與家人同寢，夜深飛頭而去，食人糞尖，飛回復合其體，仍活如舊。若知而封固其項，或移體別處，則死矣。如有病者遇食其糞，妖氣入腹，病者必死。此婦人亦罕有者，民家有而不報官者，罪及一家。番人愛其頭，或有觸弄其頭者，必有生死之恨。男女椎髻腦後，花布纏頭，上穿短衫，腰圍色布手巾。其國無紙筆之具，但將羊皮槌薄熏黑，削細竹為筆，蘸白灰為字，若蚯蚓委曲之狀。語言燕鴂，全憑通事傳譯。

詩曰：　聖運承天統，雍熙億萬春。元戎持使節，頒詔撫夷民。莫謂江山異，同沾雨露新。西連交趾塞，北接廣南津。酋長尤崇禮，聞風感聖人。棋楠宜進貢，烏木伐為薪。筆寫羊皮紙，言談鴂舌人。角犀應自縱，牙象尚能馴。蛆酒奇堪酌，屍蠻怪莫陳。遙觀光嶠外，頓覺壯懷伸。采摭裁詩句，攄誠獻紫宸。

又《寶童龍國》　其國隸與占城，山地接連。有雙溪澗，水澄清，佛書所雲舍衛乞食，即其地也。目連所居遺址尚存。人物、風土、草木、氣候，與占城大同小異。惟喪禮之事，能持孝服，設佛事而度死者，擇僻地而葬之。婚姻遇合，情義不忘，終乖人倫理。屍頭蠻者，痹患城害之尤甚，民多置廟，牲血祭之求禳。酋長出入，或象或馬，一如占城。王扮略同，從者前後有百餘人，執盾贊唱，曰亞曰僕。地產棋楠香、象牙，貨用金銀、花布之屬。民下編茅覆屋而居，亦如占城。異其食啖行止狀貌，可笑可嗟矣！

詩曰：　海嶠寶童國，雙溪水色清。目連生育處，佛氏乞遊城。地窄居民少，山多野獸鳴。氣融冰不識，日暖草叢生。喪禮微知孝，婚姻略備情。屍蠻嘗糞穢，妖廟祭犧牲。部領鳴鴉導，蠻酋坐象行。棋楠從土產，花布恁商營。搜緝遺風俗，公餘仔細評。

又《靈山》　靈山，其處峻嶺而方，石泉下帶。民居星散，結網為業。田土肥，耕種一年二收。氣候之節，男女之規，與占城大同小異。地產黑紋相對藤杖，每條易斗錫一塊，若粗大而紋疏者，一錦易杖三條。次得檳榔、荖葉，餘無異物所產。其往來販舶，必於此汲水采薪，以濟曰用。舶人齋沐三曰，崇佛諷經，燃放水燈彩船，以禳人船之災。

詩曰：　靈山方石嶺，其下有泉流。寥落民居少，豐登谷米稠。放燈祈佛福，賽願便商舟。藤杖山中出，魚蝦海內求。梵經曾睹此，今曰一遨遊。

又《昆崙山》　昆侖山，其山節然瀛海之中，與占城及東、西竺鼎峙相望。山高而方，根盤曠遠，海之名曰昆侖洋。凡往西洋商販，必待順風，七晝夜可過。俗云：『上怕七洲，下怕昆侖，針迷舵失，人船莫存。』此山產無異物，人無居室，而食山果魚蝦，穴居樹巢矣。

詩曰：　鼎峙東西竺，節然瀛海區。惟愁針舵失，但念穴巢居。四季樹生果，三餐蝦與魚。遐陬無別產，吟詠亦堪書。

明·馬歡《瀛涯勝覽·占城國》　其國卽釋典所謂王舍城也。在廣東海南大海之南。自福建福川府長樂縣五虎門開船往西南行，好風十日可到。其國南連真臘，西接交趾界，東北俱臨大海。國之東北百里有一海口，名新州港，岸有一石塔為記，諸處船隻到此艤泊登岸。岸有一寨，番名設比奈，以二頭目為主。番人五六十家，居內以守港口。西南百里到王居之城，番名曰占城。其城以石壘，開四門，令人把守。國王系鎖俚人，崇信釋教，頭戴金鈒三山玲瓏花冠，如中國副淨者所戴之樣。身穿五色線細花番布長衣，下圍色絲手巾。跣足，出入騎象，或乘小車，以二黃牛前拽而行。頭目所戴之冠，用茭蔁葉為之，亦如其王所戴之樣，但以金彩妝飾，內分品級高低。所穿顏色衣衫，長不過膝，下圍各色番布手巾。王居屋宇高大，上蓋細長小瓦，四圍牆垣用磚灰妝砌甚潔，其門以堅木雕刻，獸畜之形為飾民居房屋用茅草蓋覆，簷高不得過三尺，出入躬身低頭，高者有罪。服色禁白衣，惟王可穿。民下玄黃紫色並許穿，衣服白者死罪。國人男子鬖頭，婦人撮髻腦後。身體俱黑，上穿禿袖短衫，下圍色絲手巾，赤腳。氣候暖熱，無霜雪，常如四五月之味。草木常青，山產烏木、伽藍香、觀音竹、降真香。烏木甚潤黑，絕勝他國出者。伽籃香惟此國一大山出產，天下再無出處，其價甚貴，以銀對換。觀音竹如細藤棍樣，長一丈七八尺，如鐵之黑，每一寸有二三節，他所不出。犀牛象牙甚廣。其犀牛如水牛之形，大者有七八百斤，滿身無毛，黑色，生鱗甲，紋癩厚皮。蹄有三跲，頭有一角，生於鼻梁之中，長者有一尺四五寸。不食草料，惟食剌樹剌葉，並食大幹木，抛糞如染坊黃櫨楂。其馬低小如驢。水牛、黃牛、豬、羊俱有，鵝鴨稀少。雞矮小，至大者不過二斤，腳高寸半，及二寸止。其雄雞紅冠白耳，細腰高尾，人拿中亦啼，甚可愛也。果有梅、橘、西瓜、甘蔗、椰子、波羅蜜、芭蕉子之類。其波羅蜜如冬瓜之樣，外皮似川荔枝，皮內有雞子大塊黃肉，味如蜜。中有子如雞腰子樣，炒吃味如栗子。蔬菜則有冬瓜、黃瓜、葫蘆、芥菜、葱姜而已，其餘果菜並無。人多以漁為業，少耕種，所以稻穀不廣。土種米粒細長多紅者。大小麥俱無。檳榔、荖葉，人不絕口而食。男女婚姻，但令男子先至女家，成親畢，過十日或半月，其男家父母及諸親友以鼓樂迎取夫婦回家，則置酒作樂。其酒則以飯拌藥，封於甕中候熟。欲飲，則以長節小竹筒長三四尺者插入酒甕中，環坐，照人數入水，輪次咂飲。吸幹再添入水而飲，至無味則止。其書寫無紙筆，用羊皮搥薄，或樹皮熏黑，折成經折，以白粉載字為記。國刑，罪輕者以藤條杖脊，重者截鼻。為盜者斷手，犯奸者男女烙面成疤痕。罪甚大者，以硬木削尖立於小船樣木上，放水中令罪人坐于尖木之上，木從口出而死，就留水上以示衆。其日月之定無閏月，但十二月為一年，晝夜分為十更，用鼓打記。四時以花開為春，葉落為秋。其王年節日，用生人膽汁調水沐浴，其各處頭目採取進納，以為貢獻之禮。其國王為王三十年，則退位出家，令弟兄子侄權管國事。王往深山待齋受戒，或吃素。獨居一年，對天誓曰：『我先為王，在位無道，願狼虎食我，或病死之。』若一年滿足不死，再登其位，復管國事。國人呼為『昔唆馬哈剌札』，此至尊至聖之稱也。其曰屍頭蠻者，本是人家一婦女也，但眼無瞳，人為異。夜寢則飛頭去，食人家小兒糞尖，其兒被妖氣侵腹必死。飛頭回合其體，則如舊。若知而候頭飛去時，移體別處，回不能合則死。於人家若有此婦不報官，除殺者，罪及一家。再有一通海大潭，名鱷魚潭。如人有爭訟難明之事，官不能決者，則令爭訟二人騎水牛赴過其潭。理虧者鱷魚出而食之；理直者雖過十次，亦不被食。最可奇也。其海邊山內有野水牛，甚狠。原是人家耕牛，走入山中，自生自長，年深成羣。但見生人穿青者，必趕來抵觸而死，甚惡也。番人甚愛其頭，或有觸其頭者，如中國殺人之恨。其買賣交易使用七成淡金，或銀。中國青磁、盤碗等品，紵絲、綾絹、燒珠等物，甚愛之，則將淡金換易，常將犀角、象牙、伽籃香等物進貢中國。

明・鞏珍《西洋番國志・占城國》 占城國，即釋典所謂王舍城也。在廣東大海之南。自福建長樂縣五虎門開船，往西南行，好風十日可至。其國南達真臘，西接交趾之後。東北俱大海。國之東北百里有海口名新州港。岸上有一石塔，諸處船望見塔即收港。港口有寨，番名設北奈。寨內番人五十家，有二頭目主之。西南百里即王城，番名曰佔。其城以石壘，開四門，各有守者。

國王鎖里人，崇信釋教。頭以金爲冠，鈒三山玲瓏花，其狀與中國雜戲中粧扮者所戴冠同。身衣五色長衣，以細花布爲之，下圍色絲手巾。王跣足，出入騎象，或以二黃牛駕小車而行。其頭目所戴冠，用其土所產茭葦葉爲之。其制度亦如王者，但飾以金彩，各分品級高下。所服衣衫長不過膝，下圍各色布手巾。王居屋宇高大，上蓋長條細瓦，四圍牆垣皆用磚灰，其門以堅木刻獸形爲飾。民居房屋俱覆以茅，其簷捕不許過三尺，過三尺者罪之。服色皆用紫，玄黃亦不禁。王乃服白，餘服白者罪死。國人男子鬖頭，婦人撮髻腦後。體貌俱黑。上衣短袖衫，下圍色布手巾。俱赤脚。

氣候常煖，如中國四五月時，無霜雪，草木長青。產茄藍香、降真香、觀音竹、烏木。其木甚黑潤，絕勝他國所出者。茄藍香惟此國有一大山產，他國俱無，價與銀等。觀音竹如細藤棍，色黑，長一丈七八尺，每寸有三二節，他國俱無。所生犀象，其牙角甚廣。犀牛如水牛形，一角生鼻梁中，蹄有三跲，身黑無毛，皮麄厚，紋如鱗甲，體重七八百斤，食刺樹刺葉及指大乾木。有牛馬豬羊，其馬僅大如驢。鵝鴨少。雞至小，脚僅高寸半或二寸。雄雞則紅冠白耳亞腰竅尾，人執手中猶啼，甚可爱也。果有梅、橘、西瓜、甘蔗、芭蕉、椰子。波羅蜜狀如冬瓜，皮紋如荔枝，其中有肉顆如雞子大，色黄味甘如蜜。肉内有子，大如中國刀豆子，炒食如栗。蔬菜則冬瓜、黄瓜、葫蘆、芥菜、葱姜而已。人多漁，少耕種，所以稻穀不廣，土種米粒細長多紅者。大小麥俱無。日食檳榔扶蔞葉不絶口。婚姻，男子先至女家成親，過十日或半月，男家父母及諸親友以鼓樂迎回，飲酒作樂。其酒以藥和飯封瓮中候熟。但飲時先數主客人數多少，以長節竹筒插入瓮中，人皆圍坐輪次而起，扶筒咂飲，乾再增水，味盡方止。

書寫無紙筆，搥羊皮令薄，或摺樹皮，以白粉書之。

國刑，得罪輕者以藤條杖脊，重者截鼻。爲盗者斷手，男女犯姦者烙面。甚者以木爲杠，行放水中，上立一堅木削尖，令罪人坐尖上，木自口出而死，就流水上示衆。

歲月無閏，但以十二月爲一年。晝夜分十更，擊鼓以記之。

其王年節用生人膽調水沐浴。各處頭目採取進納，以爲貢獻之禮。王居位三十年，令别弟兄子姪權國事，自往深山持齋受戒，對天誓曰：『我在先爲王，若無道，願虎狼食我，或即病死。』若一年不死，則復爲王。人皆呼爲昔嚟馬哈剌扎，蓋至尊至聖之稱也。

其國中有人家婦人，呼名尸只于者，惟以目無瞳人爲異。夜寢時頭能飛去，食人家小兒糞尖，則妖氣入兒腹必死。其頭復回本體，相合如舊。曾有人能以婦人之體移置他處，其婦亦死。但知人家有此妖異不報官者，罪及合家。

又有一大潭通海，其中有鰐魚。國人有告争訟難明，官不能決者，則令各騎水牛過潭。鰐魚見理曲折輒出食之，其理直者雖過十餘次無事，最爲異也。

海邊有野水牛，甚狠惡可畏。其牛原是人家耕牛，因逸去他處，生養成羣。但青衣之人相近，輒羣逐來，抵觸而死。人皆避之。

國俗最忌人觸其胸懷，或有犯者，恨而陰謀殺之。其買賣交易，惟以七成色淡金使用。所喜者中國青磁盤碗等器，及紵絲綾絹硝子珠等物，皆執金來轉易而去。國王歲採方物犀角象牙茄藍等香赴中國進貢。

明·黄省曾《西洋朝貢典録》卷上《占城國》 其國在廣州之南可二千里。南際真臘，西接交趾，東北臨大海。福州長樂五虎門張十二帆大舶，西南善風十晝夜程。由福州而往，鍼位：取官塘之山。又五更取東沙之山，過東甲之嶼。又五更平南澳。又四十更平獨猪之山。又十更見通草之嶼，取外羅之山。又七更收羊嶼。海行之法，六十里爲一更，以托避礁淺，以鍼位取海道。

國東北百里巨口曰新州港。港之滸標以石塔。其寨曰設比奈，二夷長主之。户五六十餘。港西南陸行百里爲王之都城，其名曰占城，壘石爲之。四方有門，門有防衛。

其王修浮圖教。王之冠三山金鈒花冠，服五色花布長衣，下圍色絲帨。其出入乘象或小車，服以二牛。其臣茭葦之冠，制如王。飾以金綵，辨品級。服冒膝上，色布帨下，跣足。其服色元黄紫無禁，白辟用。其遇天詔至也，王則花冠錦衣，束八寶方帶，腕金鐲，服玳瑁履，乘象出郊。介而從者五百人，或舞皮牌，或擊鼓，或吹椰筒，或執兵，皆夾王而趨。至，則王膝行以迎。其王之宫峻而廣，蓋以修瓦，繚以垣，以堊塈之。宫之門以堅木雕百獸以飾。其臣之居，高下有制。民檐過三尺用罰，蓋以茅。

其定歲以月生晦爲一月，十二月爲一歲，無閏。其俗午而興，子而寢。晝夜十更，記以鼓。以粉畫革爲書記。性愛其首。羊皮搥薄，或樹皮薰黑，或摺削細竹爲管，蘸白粉書字如蚯蚓委屈之狀。或誤觸其首，即有陰殺之恨。

其婚禮先會於女家。旬之後，男之父母宗戚鼓樂以迎男婦，歸則飲酒以慶。其制刑五：一曰杖脊，杖以籐。二曰劓。三曰貫削木，以堅木削鋭，樹之舟，以貫罪人之後，末出於口，泛水而爲警。四曰烙面，用之奸。五曰斷手，用之盗。

其國之怪異：一曰鱷魚，可以辨訟。二曰屍頭蠻，是食嬰孺。國有大潭，名曰鱷魚，凡訟不決，令兩造騎牛渡潭，曲者鱷魚食之，直者屢過不食。屍頭蠻一曰屍致魚，即民家女子生而無瞳子者，夜寢，飛頭往食嬰兒糞尖，兒被妖氣，即不育，頭仍飛回。若候飛去，移其軀別處，則回不得合而死。民生此女，不白之官，除殺者罪其家。

其常食曰檳榔，裹以蔞葉，包以蠡灰，食不絶口。飲曰甕酒。甕酒者，造以飯，和以藥，封之甕中，以生蛆爲熟。凡飲，則截纖竹三尺，竅其中，插於甕。人則圍坐，視多寡而入水，輪次以咂飲。至味薄乃不入水。見月則飲酒而歌。其交易以淡金、以銀。其利魚鹽。其俗耕田，其穀宜六擾。國之馬如驢。三種：黍、稷、稻也。六擾：馬、牛、羊、豕、犬、鷄也。

其王元日沐浴，用人膽以和，部領獻以爲禮，謂云『通身是膽』也。其家亦以酒飲。其王在位三十載，則齋戒於深山，一載而復位，國人稱爲昔嚟馬哈喇扎。入山，子弟攝國，日齋戒而誓天曰：『我爲王不道，願虎狼食我，或病亡我。』期年不死，仍反位。昔嚟馬哈喇扎乃至尊至聖之號。

其山有迦闌香，一曰奇南，其色紅紫。是產也，乃海外之特品，有視守，以禁私採，價以銀對。多降香、烏木，國以爲薪。烏木黑潤，皆冠絶於他產。有竹焉，其狀如萪藤，色如鐵，寸有三節，高幾二丈，名曰觀音竹。有獸焉，其狀如牛，黑質無毫，麟紋而三跲，鼻戴一角，其長有一尺四五寸，曰犀牛。有象，有野水牛：必羣而出。人之青衣者則觸而死。有鵝、鴨，其雞足二寸，紅冠白耳，曲腰高尾，人置掌中亦啼。多梅、橘、甘蔗、椰子、芭蕉子，多茄、瓜、葫蘆。有果，然其狀如瓜，皮如荔支，黄肉如鷄卵，味如蜜，子如鵝腎，味如栗，其名曰波羅蜜。

其國之隸有賓童龍國，山地與占城相接。其國有雙溪之澗，水極澄澈。有目連遺址。其居喪之事有三：一曰縞服，二曰設佛事薦死，三曰擇地而葬。婚姻偶合。是多屍致魚之妖，民咸廟祀之以禳。其酋長出入從以百人，唱讚曰亞、曰僕。其衣服民俗與占城同。

有山焉，峻嶺而方，曰靈山。其俗耕田，田稻。山多黑紋藤杖，以斗錫條易之。紋疏者可一錫而三條。海舶常樵汲於此，或然水燈以求利涉。

其與占城鼎峙而望者有崑崙之山，盤礴千里。其北有弓鞋之嶼。山之下曰崑崙洋，其水不見山二十五托，溝内可五十托，過溝可三十五托。舶之往西洋者，善風七晝夜始盡此山。其民漁採而食，巢穴而處，其狀怪而黑。諺曰：『上怕七洲，下怕崑崙，針迷舵失，人船莫存。』

又有東西竺之山。東竺一案而兩嶼，西竺亦一案，而門内之水可三十托，外之水可三十五托。巃嵸對峙，人有蓬萊、方丈之稱焉。土不宜穀，資於淡洋。男女斷髮，繫占城之布。其物有木綿，椰簟卧之夏涼而冬暖。

淡洋者，四周皆山。有大溪焉，經帶二千餘里而注於海。其流清而甘，過舶汲焉。其田膏腴，田稻。民俗亦淳厚也。

其朝貢以三載。其傳位受皇帝之封。洪武二年，其主阿搭阿者首遣其臣虎都蠻來朝貢。詔遣中書省管勾甘桓等封爲占城國王。四年，遣使奉金葉表來朝貢。十六年，復遣子來賀聖節，乃遣使賫與勘合文册。二十四年，復來朝貢。以其臣弑立，命絶之。永樂後，其國與諸國皆來朝貢，始定每三年一來。正統後，其國襲封，遣使行禮。其貢物：象牙、犀牛角、犀、孔雀、孔雀尾、橘皮抹身香、龍腦、薰衣香、金銀香、奇南香、土降香、檀香、柏木、燒辟香、花黎木、烏木、蘇木、花藤香、蘇曼番紗、紅印花布、油紅綿布、白綿布、烏綿布、圓壁花布、花紅邊縵、雜色縵、番花手巾、番花手帕、兜羅綿被、洗白布泥。

論曰：周公云：『德不加焉，則君子不饗其質；政不施焉，則君子不臣其人。』信斯言也。乃觀占城，洪武中數與安南鬥爭；高皇帝降賜璽書諭令修睦，卒憬悟相調，保傳境土。及正統後，凡嗣王必請命而册封焉，則德政之被於諸國者深矣，宜乎世世獻琛於天庭也。

明・羅日褧《咸賓録》卷六《南夷志・安南》 其俗夷獠雜居，粗知禮義，獷悍喜鬭，重富輕貧。一年三稻，一歲八蠶。地多魚鹽之利。惟交、愛人倜儻好謀，讙、演人淳秀好學。

其譯：呼天爲雷，地爲得，日爲靄，月爲蕩。

其山川：佛迹山、景物清麗，爲一方勝概。安籛山，出美石。漢豫章太守范寧嘗遣吏於此採石爲磬。艾山，人迹罕至，上有仙艾，春開花，漂落至水，魚吞之，至龍門江化爲龍。龍門江，其傍有穴，出鸚鵡魚，色緑，口曲而紅，此魚能化爲龍。龍溪，昔陳氏夜過江，不能渡。忽得一橋，渡之，回顧不見。及有國，改名龍溪。富良江。

其產有蘇合油，其樹生膏爲油，或云合諸香汁爲之。雞舌香，可以口含，不入衣服，其木辛厲，禽獸亦不能至。花熟，隨水出，香乃釀花而成者。都梁香，似霍香。浮沉藤、簡子藤、實皆赤色，可食。人子藤，其子如人狀，燒之集象，後處國難得。千歲子、有藤蔓，出土上，子在根下。菴羅、果中極品，俗名香蓋。石栗、生山石罅中，花開三年方結實，土人珍之。九層皮、脱之九層，方見肉，熟而食之，其味類栗。訶羅勒、皮肉相著，交、愛州者爲佳。楓樹子、大如雞子，燒之甚香。古度樹、一名杝，不花而實，實從木皮中出，如綴珠然，黄時卽食，時久則其中化爲紋蛾飛去。木綿樹、實如酒盃，皮薄，中有如絲綿者，色正白，破一實得四五斤。穰木樹、皮中有屑如白米，可作餅食。莎樹、亦有米可食。由梧竹、長三四丈，圍三尺，可作梁柱。如何、九百年一實，形如棗，長五尺。赤絮、漆也，有土赤如膠，以木枝入其中則蟻出，緣而生漆，赤色堅明。蟻子鹽醢、溪洞人收蟻卵，鹽爲醬，甚珍貴之。象牙簞、抽牙絲織成者。猩猩、人面豕身，能言嗜酒。白鹿、白雉、俱純白色。狒狒、長臂黑身披髮，見人則笑。大蜈蚣、皮可鞔鼓，肉白如瓠，暴爲脯，味佳。紅飛鼠、茸毛肉翼，每雌雄伏花蕉間，得其一則其一不去。南中婦人採之，以爲媚男之藥。辟寒犀、色黄如金，以金盤置于殿中，煖氣襲人。唐開元中，交南獻此物。辟珠大者如指，辟銅鐵者，銅鐵不能損。辟竹木者，竹木不能損。犯以它物，則毀矣。常附胎於椰子、檳榔諸果上，謂之聖鐵。爲奇。

論曰：安南東至海，西抵老撾，南接占城，北連思明，爲雄視南方之國也。自漢武滅平南越之後，列爲郡縣，叛服無常，中國未嘗一世忘兵革矣。後乘五代之弱，乃自稱王。宋卒不能收復故境，遂益恣睢，偃然自據。及聞我聖祖龍興，貢使相尋，稱臣請討，始未嘗不效順，而後稍驕桀，殺我使臣也。文皇剿平而郡縣之，豈非王法宜爾哉！蓋炎荒萬里之遠，縱之則虎踞其外，守之則蠹耗其内。余固謂文皇之討，天威也，宣宗之棄，遠慮也。二帝之識，同一揆矣。厥後王師甫至，莫登庸係頸徒跣，匍伏納款，貽謀之善，此足徵焉。

又《占城》 其譯語：呼天爲剌儀，地爲打納，日爲仰胡鋭，月爲仰不藍。

其山川：金山、山石皆赤，其中產金，夜則出飛，狀如黄火。不勞山犯罪則送此山令死。爲大。

其產：大火珠、與唐時所獻火環同。菩薩石、薔薇水、猛火油、見前。奇南香、惟產此國。生金、卽金山所產者。吉貝、樹名也。其花盛時如鵞毳，搔其緒紡爲布，亦染五色。野牛、性甚狠，見人身穿靑者，必逐抵觸死。海棗、樹如栟櫚，實大如瓜，五年一實，味甚甘。觀音竹、如藤，長二丈，節長二三寸，色黑如鐵。千步草、佩之香聞千步，南海皆有之。婦人魚、狀如婦人，形髮皆具，出没波中，東海亦有之。海鏡、如蚌，中有紅蟹子小，如海鏡飢，則蟹出拾食，蟹飽歸腹，則海鏡亦飽也。寶母、狀如美石，每月望夜以置海邊，可集諸寶，世不一見。澄水珠投濁水中，則其水瑩然，澄徹可愛。爲奇。

論曰：林邑、占城，故越裳氏，諸史載之。第考越裳氏之事則有大謬不然者。蓋周成王時越裳貢雉，使者曰：『吾受命國之黄耇，天無烈風淫雨，海不揚波三年矣。意者中國有聖人乎？故越萬里來獻。』周公歸之王，薦於宗廟。久之使者欲歸，迷路，公以駢車五乘，皆爲指南之制，使者載之。由扶南、林邑海際，期年而至國焉。今占城之地，路從閩、廣順飈不踰旬日可至，奚待期年？且又云由林邑海際而行，何也？在秦漢既名林邑，乃後漢及王，蓋時有書越裳貢白雉者，此又曷以稱焉？余本志中但列越裳之名而略其事，蓋疑之也。第以勢力孱弱之國，地鄰安南，輒受侵辱，故入貢時輒以討安南爲請。夫夷狄相攻，中國之利也。帝王馭夷如馴鳥然，寧飢勿飽，飽則搏風而逝矣。儻助之兵而令占城得志，安能必其後之向化如今日哉！聖祖知之，故詔諭安南罷兵，勿從其請。一以外杜夷奸，一以内恬民事，其神謨遠略，代罕儔焉。彼區區越裳之獻，又未足爲今日重也。

明·張燮《東西洋考》卷一《西洋列國考·交趾》 交阯，古南交也。秦爲象郡。漢滅南越，置九郡，交阯其一也。光武時，女子徵側、徵貳反，馬援討平之。後改交州。隋復爲交阯郡。唐置都護府。朱梁時，曲承美據地輸款，授承美節鉞。已復并於南漢。其後州將爭立，所部雲擾，丁部領及子丁璉討平之。宋綏嶺表，璉内附，封交阯郡王，蓋於是淪爲夷矣。璉弟璿嗣，爲其將黎桓所簒，貢使不絶。《宋史》曰：宋鎬使黎桓歸闕，上令條列形勢及事迹以聞。鎬具奏曰：『去歲抵交州境，桓遣牙内都指揮丁承正等以船九艘、卒三百人至太平軍來迎。由海口入大海，冒涉風濤。半月，至白藤，徑入海汊，乘潮而行。宿泊之所，皆有茅舍三間，營葺尚新，目爲館驛。至長州，漸近本國。務爲詐詑，盡出舟師戰櫂，謂之水軍。宵征抵海岸。至交州僅十五里，有茅亭五間，題曰茅徑驛。至城一百里，驅部民畜產，妄稱官牛，數不滿千，揚言十萬。又廣率其民混於軍旅，以雜色衣，乘船鼓譟。近城之山，虛張白旗，爲陳兵之象。俄而擁從桓至，展郊迎之禮。桓斂馬側身，問皇帝起居畢，按轡偕行。時以檳榔相遺，馬上食之，此風俗待賓之厚意也。城中無居民，止有茅竹屋數十百區，以爲軍營。而府署湫隘，題其門曰明德門。桓質陋目眇，自言近歲與蠻寇接戰，墜馬傷足，受詔不拜。信宿之後，張筵。出臨海汊，爲娛賓之遊。桓跣足持竿，入水標魚。每中一魚，左右皆叫噪歡躍。凡宴會，與坐之人悉令解帶，冠以帽子。桓多衣花纈及紅色衣，帽以真珠爲飾。或自歌勸酒。嘗令數十人扛大蛇長數丈，饋使館曰：若能食此，當治爲饌以獻焉。又羈送二虎，以備縱觀。皆卻之不受。士卒三千人，悉黥其額，曰天子軍。糧以禾穗，日給令自舂爲食。兵器止有弓弩、木牌、梭槍、竹槍，弱不可用。桓輕鋭殘忍，昵比小人，腹心閹豎五七輩錯立其側，好狎飲。凡官屬善事者擢居親近。左右有小過，殺之，或鞭其背。賓佐小不如意，亦捶之，黜爲閽吏；怒息，乃復其位。有塔，其制樸陋。桓一日請同登遊覽。地無寒氣，十一月猶衣夾衣揮扇云。』然屢爲寇害，漸失藩臣禮。桓卒，諸子爭立。及廷龍嗣，苛虐不道。李公蕴逐之，遂代爲王。其孫日尊，稱帝改元，僭號大越。數傳至昊旵。無嗣，爲其壻陳日煚所有。《宋史》曰：李氏有國凡八傳，二百二十餘年。元攻下之，封其子光昺爲王，世貢不絶，顧時時遣將躙蹂其地。

高皇帝蕩平區宇，王陳日煃率先内附。遣學士張以寧封爲安南國王。會日煃卒，姪日熞嗣，請詔印于以寧。拒之：『吾受命封先王，何得予若！』日熞乃請于朝。遣編修王濂、主事林唐臣封日熞嗣王，而賞以寧得使臣體。未幾，陳叔明篡立。叔明死，子日焜爲其臣黎季犛所弑。《蒼霞集》曰：叔明老，弟端代視事。端攻占城，敗死。弟煒代。先是上嘗戒安南、占城毋相攻，至是以叔明兄弟怙强速禍，復遣使諭之。二十一年，黎季犛弑煒立，叔明子日焜旋爲季犛所弑。改國大虞，稱太上皇。使其子胡奝爲國王，詐稱陳氏絶，無後，而奝其甥也，請權國事。文皇帝許之。

俄而陳氏之孫天平者，間道愬于朝。胡奝懼，表請天平還國。封天平安南國王，使都督呂毅、黄中，大理卿薛巖以兵護之。季犛具牛酒犒師。偵騎往，壺觴道相屬也，不爲虞。至芹站，伏發，殺天平及薛巖。上大怒，拜成國公朱能爲征夷將軍，西平侯沐晟左副將軍，新成侯張輔右副將軍，發兵分道討之。《吾學編》載：上幸龍江，禡誓衆曰：『黎賊父子必獲無赦。毋養亂，毋玩寇，毋毁廬墓，毋害稼穡，毋恣取貨財，毋搶人妻女，毋殺降；有一，雖功不宥。』成國公薨，詔新成侯輔行大將軍事。兵躙坡壘、隘留二關而入，抵富良江。西平侯亦破猛烈關，突宣江口，出洮水，度富良江，與大軍會於三帶州。賊立柵屯守，師夜度，大破之。焚柵，煙焰漲天。乘勝攻下西都，燒其宮室。又破賊艘於木九江。嗣大破賊於鹹水關。窮追季犛父子，獲之，捷聞。詔求陳王後，已絶，乃郡縣其地。立交阯布政司、都指揮司、按察司，爲府十七，州四十七，縣一百五十七，衛十一守，禦千户所三。論功，進封輔爲英國公，晟黔國公，餘爵賞有差。

亡何，餘孽簡定作亂。英國爲大將，率兵討擒之。踰年，陳季擴復叛。季擴，簡定從子也。輔復往討，轉戰連歲始獲之。

自英公下交南，凡三獲僞王，威震西南夷，因留鎮其地。而尚書黄福掌藩臬，有威惠，遐外以寧。

尋召輔歸，以豐城侯李彬代鎮，福亦以久得代。中貴人馬騏墨而煩苛，失衆心。黎利遂乘之反，彬不能制，所攻没郡邑十數。命成山侯王通佩將印發二廣兵四萬并鎮兵討之。凡十餘戰，利益盛，前逼交州。詔安遠侯柳升以精兵七萬往犄角平賊。升故嘗從征安南者，鋭而輕敵，自以千騎爲前鋒，敗利兵。前追之，伏發，橋壞，升中鎗死。成山侯懼不敢出，乃與利約和，以交阯棄之，引兵還。利於是送還文武官吏四百十七人，進代身金、銀、香、象、布帛謝罪，且乞封。而宣宗用大學士士奇、榮策，利表言：『前國王遺嗣暠今在老撾，請嗣封。』上集大臣議。英國公臣輔、尚書臣義、臣原吉皆言：『交南本中國地，勞苦得之，不宜隳成功。』大學士臣士奇、臣榮言：『兵興以來，天下無寧歲，今瘡痍未起而復勤之，臣不忍聞。且求立陳後者，太宗皇帝心也。求之不得，而後郡縣。今因其請撫而建之，以息吾民，於計大便。漢棄珠崖，前史榮之，安在爲示弱乎？』上曰：『卿二人言是。』遣少宗伯李琦、少司空羅汝敬等持璽書赦利，求陳氏後立之。利詭陳氏已絶。更遣少宗伯章敞、納言徐琦册爲權署安南國事。利遣使入謝，解歲金五萬兩。然已改元順天，帝其國中矣。

利死，子麟立。僭號紹平，僞謚利太祖高皇帝。遣使告哀，求册權署國事。正統丙辰，以少司馬李都、納言蔡亨持節册爲安南國王。麟復改號大寶。久之死，子濬嗣。僭號太和，僞謚麟太宗文皇帝。請册，朝貢不絶。天順時，爲庶兄琮所弑，自立。僭號天興。大酋黎壽域等起兵，殺琮而立濬弟灝。僭號光順。成化初，與鎮安土官守岑宗紹相攻，爲岑氏所敗。占城王茶全攻其化州。灝率兵救之。占城退走，虜王茶全以歸。弘治間，灝死，子暉嗣。僭號景統，僞謚灝聖宗淳皇帝。暉死，子敬嗣。僭號泰貞。未踰年而死，遺命立其弟誼。僭號端慶，僞謚敬肅宗欽皇帝。誼立四年，死於弑。其酋黎廣度等表：『誼寵信母黨阮种、阮伯勝，恣行凶暴，民不堪命。阮氏圖竊國柄，遷誼別宅，逼令自盡。臣等與國人共聲其罪，黨與盡伏誅。竊見故國王黎灝第二子故臣炤有子黎賙，堪任國事，乞賜襲封。』詔許之。賙僭號洪順，追謚誼爲厲愍王。

初，灝生二子，長曰暉，次子炤，僞封錦江王。暉生敬誼，炤生灝、賙。誼被害時，炤與灝俱先死，故國人立賙，而灝之子僞沱陽王譓及弟懬以兄不得立。灝妻鄭綏女，譓妻鄭惟鐐女，是時鄭强，且握柄於國，立賙非其意也。賙既立，僞尊父炤爲德宗建皇帝。多行不義，國人惡之。正德丙子，鄭惟鐐、鄭綏與其黨陳真弑賙。而諒山都將陳暠者，稱陳氏後，以諒山之甲迫交州，殺鄭惟鐐自立。陳真擊走之，暠病死。鄭綏等共立譓爲主於國。僭號光紹，僞尊灝哲宗明皇帝。謚賙曰靈隱王，追謚誼爲威帝。其大臣阮弘裕等討弑賙之罪，攻鄭氏，鄭氏出奔。

時國柄未有所屬，莫登庸諷羣臣推已典兵。登庸者，荆門人，世業漁，以武舉爲陳暠參督。後歸黎譓，累戰功，封武川伯，鎮海陽。以重賂賂譓左右，入柄軍政，加太傅，封仁國公，遂篡奪僞國。既得志，漸除譓左右，易所親信防守之。譓潛起兵攻登庸，反爲所敗，出奔清華，時嘉靖元年也。登庸乃僞立懬。僭號統元，追謚賙爲襄翼帝。亡何，酖懬，并其母殺之而自立。國號大越，改元明德，僞謚懬曰恭皇帝。時譓尚據清華、乂安、順化、廣南四道，登庸立其子方瀛居守，自稱太上皇，率兵攻譓，連破之。譓走入哀牢國，憤悒死。子寧，甫七歲，故臣共立之於漆馬江。登庸屢攻不能克。

鄭惟憭以黎寧命來請兵。下部議，拜咸寧侯仇鸞爲大將，尚書毛伯温監督，及督臣蔡經等，分道入討。乃聚兵以聲恫喝登庸，誘使納款。登庸於是爲降表請罪，獻代身金人自贖。伯温等爲壇，兩軍相距，登庸脱帽徒跣伏壇下，稱詔赦之。《廣西通志》曰：嘉靖十五年，皇子生。先議頒詔諸夷。禮部尚書夏言奏：『安南不貢逾二十年，宜罷使。』及黎寧奏至，廷議命毛伯温爲兵部尚書，從宜撫勦。兩廣督臣潘旦疏稱：『莫氏奸雄之賊，黎氏逆利之裔，皆非宜立。如以夷狄處之，則元昊可爵，不義可侯，而黎利可王也。二氏紛争，兵甲未息，皆欲假天朝名號，宜静觀其變。』與廷議不合，因召旦還，以侍郎蔡經代之。廉州守張岳獨言用兵之害，宜留使者勿前。經問岳曰：『能保毋用兵降登庸乎？』岳曰：『欲降之，必令納地，令貶號，令匍伏詣闕，獻國中圖籍，聽上處分。國體不可褻也。』經曰：『如此能令登庸聽乎？』岳曰：『一檄足矣。』於是兵事調度一屬之岳。司馬毛伯温至，岳手賊情地形册子授伯温曰：『公計用兵，則圖進取方略無逾此者。然不若罷毋征，爲完計，顧公策安決耳。』伯温密謂岳曰：『交事屬子矣。』先是登庸聞廷議興師，遣人上表乞降，至是，求益懇。岳用前言要之。登庸初猶倔强，岳懼以禍，令亟自計。於是登庸惟命。會岳遷去，登庸復首鼠兩端。伯温、經奏乞還岳廣東。登庸曰：『張公在，吾無恐矣。』伯温檄重兵駐節南寧，而參政翁萬達素負雄略，諸所策如張岳議，乃使通判蘇廷瓛傳譯，令束身軍門，歸地繳印，去僭號，奉正朔。復遣作書諭之。登庸乃以十一月素衣繫組，躬率頭目耆士，候於南關。萬達等開張幕府，設龍亭，復以黄幄傳令開關。登庸等由關道左出，脱履跣足，面北而跪。傳解其組，及接受降書。凱旋，伯温等加秩有差。廷議黎寧非真黎氏後，以登庸爲都統使鎮安南，然帝其國自如也。

登庸、方瀛相繼死，孫福海嗣位。又死，子宏瀷幼，大臣阮敬等專權，國復亂。四十三年，貢使黎光賁至京。光賁以國難羈留南寧者十五年，至是乃達。其後貢遂絶。

萬曆間，莫茂洽爲都統使。茂洽死，國大亂。數年，鄭惟憭子鄭檢立黎暉後維邦爲主。維邦死，子維潭嗣，盡逐莫氏遺孽，詣督臣請款關輸貢，移文擅用前國王印。守臣詰之，維潭飾詞對，然請款愈堅。與約，必以高平居莫氏，如黎氏漆馬江時。維潭心難之，遁去。頃之，復款，具言其恢復之義，歸附之誠；高平乃其故土，且莫氏篡臣，不宜漆馬江爲比。守臣曰：『莫氏先世雖篡逆，今日乃國家外臣也。使假息一隅，毋遽殄絶，是我國家所以鎮撫四夷共其患難之意。』維潭乃聽。二十四年夏，築壇受降，如登庸故事。《廣東通志》曰：維潭抵關，同知黄宇、李陶成出關傳譯，詰以六事：首擅殺貢臣。曰：『復仇之急，不惶請命，乞矜其愚。』次維潭。曰：『世孫也，其祖黎暉，天朝曾錫命焉。』次鄭松。曰：『隷臣世以衛黎，非冒黎也。』『然則何宵遁乎？』曰：『以儀物之不戒，非遁也。幸不加討，其自今有死無二。』『金印何在？』曰：『權倣爲之，立銷矣。』至安插，猶佯對不決。復譯諭曰：『均貢臣也。黎昔可漆馬江，莫獨不可高平乎？且分土既定，庸何傷？』阮澧等語塞，趨白維潭。曰：『謹遵命。』黄宇還報，授澧款關儀節，使旋習之。初十辰開關，先夷杠，次夷使衛兵，次維潭，并通國臣耆，俱魚貫入。維潭褫衣跣足，身繫白組，北面伏地。陶成親解其組。維潭起著衣履，同臣耆五拜三叩頭。訖，進伏罪表。次進金人代身。姑令戴罪還國候旨。維潭又五拜三叩頭。畢，候龍亭。前赴左江道，請用賓主見。又請稍降階，俱不從。黄承祖從旁厲聲示維潭：『今復國，不費檳榔半咽，何靳四拜！』遂下拜。各頭目皆羅拜，張其犒之。督臣陳大科疏言：『莫之篡黎，其事逆，先朝猶赦其愆；況黎之復讐，其名正，今日宜許其順，以夷治夷，祖宗成法。』事下部議，如大科言。以維潭爲都統使，安南復定。

萬曆間，黎維新嗣。維新雖國主，然政無纖鉅，悉決於大臣鄭松，所擁虚器耳。三十五年，交南苦饑，叛酋集衆掠欽州，輒散去。督臣戴燿遣兵討捕之，移檄維新，自縛叛酋。松縛企揚、扶安、扶忠三人來獻。其與粤西連境者，歲歲爲南大憂。督臣周弘謨請增兵增餉，以需大創云。

其俗夷獠雜居，獷悍喜鬬。或剪髮，或椎髻，口赤齒黑，跣足文身，暑熱好浴，故便舟善水。惟交、愛人倜儻好謀，驩、演人淳秀好學，則從古傳爲美譚。國中尚知祀文宣王，用制科取士，亦猶中華之遺教也。

其地分十三承政司。《廣志》曰：欲示土地之廣疆，分析爲郡縣。其實一承政不能及中國一府。或自舊縣升爲府，如慈山、湴仁之類；或承政只管一府，如安邦、諒江之類。舊名多更改割裂。舶人稱東京者，即其故都。其王居曰日南殿。

清化港即舊清化府也。是漢九真郡治之地，隋、唐爲愛州，在交阯爲西京，今爲清華承政司。

順化港即舊順化府也，今爲順化承政司。

廣南港即舊乂安府也。漢爲日南，隋、唐爲驩州，今爲廣南承政司。太傅阮某，鄭松之舅也。松既執國政，阮不能平，擁兵出據於此，威行諸部。某卒，其子始修貢東京。

新州港即舊新安府也。今爲海陽承政司。

提夷港亦交阯屬縣。

以上風俗，大約與東京相類。尚有汝南承政、京北承政、山西承政、諒山承政、太原承政、明光承政、興化承政、乂安承政，賈船所不到，附載于此。

又《形勝名迹》 佛迹山在交州府石室縣，有巨人迹。下有池，景物清麗，一方勝概。

勾漏山在石室縣，古勾漏縣在其下。《漢書》註：勾漏有潜水牛，上岸共鬬，角軟，還，復出。

東究山在北江府嘉林州，一名東臯山。唐刺史高駢建塔其上。

僊遊山在北江府武寧縣，相傳有樵夫觀二仙奕棋於此。

金牛山在武寧縣。唐刺史高駢欲鑿其山，見金牛奔出，遂止。《漢書》註：九真郡居風縣有山，出金牛，往往夜見，光輝十里。

崑山在諒江府鳳山縣，上有清虚洞，山腰有瀨玉橋、白雲庵、林岫之勝。

丘皤山在諒江府丹巴縣，上有石門，廣三丈，相傳漢伏波將軍馬援所鑿。

安子山在新安府東湖縣，一名象山，漢安期生得道處。宋《海嶽名山圖》以爲第四福地。

雲屯山在新安府新屯縣大海中，兩山對峙，一水中通，商舶多聚此。

大圓山在新安府新安縣大海中，突起圓嶠。永樂十六年，山獲白象二來獻。

鳳翼山在三江府夏華縣，邑人歲時登覽。

三島山在宣化府楊縣，三峯特起。

芃山在太原府弄石縣，下有巖洞，水穿洞中，可行舟。

隴山在太原府洞喜縣，四面皆峭壁，中有村墟在焉。

戲馬山在清化府永寧縣，一名遊英山，巍然獨立，横枕長江，邑人九日登高處。

安鑊山在清化府東山縣，出美石。漢豫章太守范寧嘗遣吏採石爲磬。

天琴山在乂安府奇羅縣東海邊。相傳陳氏主遊此，夜聞天籟聲，故名。永樂初，天兵擒黎賊子蒼於此。

横山在乂安府河華縣。昔林邑告交州刺史朱蕃，求以日南北鄙横山爲界，即此。

傘圓山在嘉興州，其勢高峻雄偉。

艾山在嘉興州蒙縣，面臨大江，峭石環立，人迹罕至。相傳上有仙艾，每春開花，雨後漂水，羣魚吞之，便適龍門江化爲龍。

富良江在交州府東關縣，一名瀘江，上接三帶州白鶴江，經城東，下通利仁縣大黄江，以達于海。宋郭逵破蠻，決里隘，次富良江。本朝張輔等破黎寇於此。

如月江元兵與懷文侯戰處。

天德江一名廷蕴江，又名東岸江。永樂初，黎寇懼討，役民堙塞。天兵既平寇，重加浚治，舟楫復通。

來蘇江舊名蘇歷江，自交州東北轉而西下，直抵鋭江。昔有蘇歷者開此，故名。永樂初，工部尚書黄福重濬，因王師弔伐，乃更名來蘇。

宣光江在宣化府曠縣，源自雲南教化長官司入境，流七百餘里達宣化江。沐晟自雲南引兵駐此。

海潮江在建昌府快州，自阿魯江分流，下通玉球江，昔陳氏破占城軍處。

龍門江在嘉興州蒙縣。《漢書》註：封谿縣有隄防，龍門水深百尋，大魚登此門，化成龍，不得過，曝鰓點額，血流此水，恆如丹池。《一統志》曰：源出雲南寧遠州，至此橫截江流，中分三道，飛湍聲聞百里。舟過此必舁上岸，方可復行。

夜澤在建昌府東結縣。梁時有阮貢，世爲豪右，陳霸先擊破之。貢逃澤中，夜則出掠，因號夜澤。

龍溪在鎮蠻府廷河縣。昔陳氏夜過江，不能渡，忽見一橋跨江，既渡，回顧不見。及有國，改名龍溪。

天威涇唐高駢以交州至邕川海多潛石，漕運不通，鑿開五道，有青石徑。或傳馬援不能治，既而震碎其石，亦得通，因名天威涇。

東津渡在交州府東關縣瀘江。舊以舟楫往來阻風，永樂初，張輔、沐晟始置浮橋，每歲一易。

金溪究《水經註》曰：朱鳶雒將，子名詩，索麊泠雒將女名徵側爲妻。側有膽勇，攻破州郡爲王。馬援將兵討之，走入金溪究，三歲乃得。

越王城在乂安府東岸縣，又名螺城，以其屈曲如螺。漢時安陽王所築。安陽王舊都越地，故又稱越王城，宫址尚存。

璽城　望海城俱交州府。《後漢書》曰：馬援奏言：『西于縣户三萬二千，遠界去庭千餘里，請分置封溪、望海二縣。』因築二城守之。

大羅城在交州城外，漢交阯郡、唐安南都護府皆在此。其城張伯儀所築，高駢修廣之，宋李公蘊立國于此。

雒王宫《交州異域記》曰：交阯未郡縣時，地有雒田，隨潮上下，民墾食其田，因名雒民，設雒王、雒侯主諸郡縣，縣多爲雒將，銅印青綬。後爲蜀王子所滅，今三帶州宫址尚存。

天使館元傅與礪《使安南題詩》云：使旌入館青雲動，仙蓋臨江白日迴。喻蜀豈勞司馬檄，朝周終見越裳來。

浪泊在交州府東關縣，一名西湖。馬援平交阯，謂官屬曰：『吾弟少遊常哀吾慷慨有大志，歎曰：士生一世，但衣食纔足，爲郡縣吏，守墳墓，鄉里稱善，人足矣。至求贏餘，自苦耳。吾在浪泊、西里間，下潦上霧，毒氣薰蒸，仰視飛鳶，跕跕墮水中，念少遊語，何可得也。』

銅柱馬援破交阯，立爲漢界。誓云：『銅柱折，交阯滅。』唐馬總亦建二銅柱。

又《物產》 金《爾雅》曰：黄金謂之璗。孔融曰：金之優者謂之紫磨。《一統志》謂太原、諒山、乂安等府所出也。

珠晋陶璜爲交州，百姓無農，惟採珠爲業，以珠易米。

辟寒犀唐開元間，交阯進犀角一株，色黄如金，以金盤置殿中，煖氣襲人。上問其故。使者曰：『辟寒犀也。』

珊瑚《一統志》曰：有赤、黑二種，在海直而軟，見日曲而堅。漢初，趙佗獻赤珊瑚，號絳火樹。

犀角宋及本朝充貢。《山海經》曰：犀三角，一在頂上，一在額上，一在鼻上。鼻上者小而不墜，食角也。《交州記》曰：犀有二角，鼻上角長，額上角短。或曰：三角者水犀，二角者山犀。

象牙《爾雅翼》曰：象齒歲脱，猶愛惜之，掘地而藏，必削木爲僞齒。潛往易之，覺，則不藏故處。宋及本朝交阯充貢。

貝劉欣期《交州記》曰：大貝出日南，如酒杯。《廣州志》曰：貝有八，紫貝最美，出交州。萬震曰：乃有大貝，奇姿難儔，交阯以南皆有之。

玳瑁《本草》曰：大如扇，似龜甲，有文，解毒兼辟邪。《海槎餘録》曰：背負十二葉，有文藻。取用必倒懸其身，用滚醋潑之，逐片應手而下。但不老，大則皮薄不堪用耳。

翠羽《爾雅》謂之鷸。《異物志》：雄赤曰翡，雌青曰翠。《禽經》曰：鷸有文而貪，人取其羽爲飾，故《左傳》云翠被，而《楚詞》云翠帷。

銅鼓《廣州記》曰：俚獠鑄銅爲鼓，面闊五尺餘，鼓臍隱起，或作海魚，周回有蝦蟇十二相對。初因鄉里小兒聞鳴蛙之怪，得於蠻酋大冢中。按《後漢書》馬援征交阯，得駱越銅鼓，改鑄馬式，蓋漢而有之與。今制不同。

銅銅柱之鑄，從來久矣。

丹砂晋葛洪煉丹，求爲勾漏令。杜子美詩：交阯丹砂重。

奇楠香其香經數歲不歇，爲諸香之最，故價轉高。以手爪刺之，能入爪，既出，香痕復合如故。《華夷考》曰：香木枝柯竅露，木立死而本存者，氣性皆温，爲大螘所穴。螘食石蜜，歸而遺於香中，歲久漸漬，木受蜜氣，結而堅潤，則香成矣。近世以制帶銙，率多湊合，頗若天成，純全者難得耳。

奇楠香油真者難得，今人以奇楠香碎漬之油中，以蠟熬之而成，微有香氣。

沈香《圖經》曰：木類椿櫸，多節，葉似橘花，白子似檳榔，大如桑椹。交州謂之蜜香。斷其積年老根，經年，皮幹俱朽爛，木心與枝節不壞者，即香也。堅黑而沈水爲沈香。

速香《南方草木狀》曰：交趾密香樹，伐之經年，其根幹枝節，各有別也。心與節堅黑沈水爲沈香，水而者爲鷄骨香，根爲黄熟香，幹爲棧香，細枝緊實未爛者爲青桂香，根節輕而大者爲馬蹄香。同出一樹，今人名速香，蓋黄熟語音之訛矣。

安息香《酉陽雜俎》曰：其樹呼辟邪樹，長三丈許，刻皮出膠如飴，名息香。《本草》云：似柏，脂黄黑色，爲塊。新者亦柔軟。《一統志》曰：樹如苦楝，大而直，葉類羊桃而長，中心有脂作香。

詹糖香《圖經》曰：出交南，木似橘，煎枝葉爲香，往往以皮及蠹屑和之，難得淳好者。

蘇合油《圖經》曰：蘇合香與真紫檀相似而堅實，極芬香，今不復見。但用如膏油者，極芬烈耳。陶隱居以爲是獅子屎，外國説不爾。《梁書》云：蘇合香是諸香汁煎之，非自然一物也。先煎其汁爲香膏，乃賣其滓與賈人。

絹按九真郡蠶年八熟，繭小輕薄，絲弱，綿細。今交阯絹蓋八蠶之絲所織也。薄者畫家多用之，其色近古，本朝充貢。

東京布亦吉貝所織者，尺幅甚狹。

羚羊角郭璞曰：麢似羊而大，角圓鋭。陳藏器曰：羚羊夜宿，以角掛木，不著地，但取角彎中，深鋭緊小，猶有掛痕者是。交阯出高石山。

明角牛白者角亦白，是稱明角。雄角大而直，雌者多磊塊，故價爲遜。

烏角《考工記》曰：穉牛之角直而澤，老牛之角紾，而昔疢疾險中，瘠牛之角無澤。

鹿角許氏《説文》曰：鹿，解角獸。《雅翼》曰：鹿，陽獸，遊山，夏至得陽氣而解角，從陽退之象。《埤雅》曰：羣居則環角外向，以防物之害己。

獺皮《埤雅》曰：似狐而小，青黑色，膚如伏翼，一歲二祭其先，取魚水濆四面陳之，謂之祭魚。今人集其皮爲裘。

馬尾宋時占城多從交阯市馬，則馬故所自出。

蠟陶隱居云：蠟生蜜中，故謂蜜蠟。蜂先以此爲蜜蹠，煎蜜亦得之。初時極香軟，人更煮煉，或加少醋酒，便黄。

燕窩燕食海藻，吐以作巢，依石穴上，伏其卵生雛，故多著毳。夷人梯取之。王敬美《閩部疏》謂：海燕所築，銜之飛渡，倦則擲置海面，浮之若杯，身坐其中。久之，復銜以飛，爲海風吹泊山澳，海人得之以貨。此好奇而誤入之者也。

胡椒《酉陽雜俎》云：苗蔓生，根極柔弱，長半寸。有細條與葉齊，條上結子，兩兩相對。其葉晨開暮合，合則裹子葉中，形似漢椒，至辛辣。

蟳肉《周書·王會》海陽大蟹註：海水之陽，以此貢獻，蓋蝤蛑鉅者。蝤蛑即蟳別名也。今人貨其乾肉以歸。

薏苡仁交南呼爲芉珠，一名薏珠子，馬伏波所以興謗也。

檳榔俞安期曰：檳榔子既非常木，亦特異。余在交州度之，大三圍，高丈餘，葉聚木端，房棲葉下，花秀房中，子結房外，皮似桐而厚，節似竹而概，中空外勁，遐立海南，遼然萬里。《嶺表録異》曰：安南人採實，以扶留藤兼瓦屋子灰競嚼之，云交州地温，非此無以袪瘴癘。

椰《異物志》曰：樹高六七丈，無枝，葉葉如束蒲在上，實如瓠，繫之顛，實外皮如胡蘆，膚中有汁升餘，食其膚則不飢，食其汁則增渴。《交州記》曰：椰子有漿，作酒飲之，亦醉。沈佺期《椰子樹詩》：日南椰子樹，香裹出風塵。叢生調木首，圓實檳榔身。玉房九霄露，碧葉四時春。不及塗林果，移根隨漢臣。

千歲子《南方草木狀》曰：藤蔓出土，子在根下，鬚緑色，交加如織。其子一苞二百餘顆，皮殼青黄色，殼中有肉如栗，味亦如之。乾者殼肉相離，撼之有聲，出交阯。

菴羅果《一統志》曰：俗名香蓋，乃果中極品。實似北梨，四五月熟，多食無害。

波羅蜜《一統志》曰：大如冬瓜，皮有軟刺。五六月熟，味最香甜。核可煮食，能飽人。嘉林州出者佳。

劉《爾雅》註曰：實如梨，酢甜核堅。出交阯。

石栗《草木狀》曰：石栗生石罅間，殼厚肉少，味似胡桃。熟時爲鸚鵡啄食略盡，故彼人珍貴。出日南。

豆蔻《異物志》曰：生交阯，形似益智，皮殼小，厚如石榴，辛且香。

古度《交州記》曰：不花而實，實從皮中出，大如石榴，色赤可食。

石南樹《南方記》曰：實如燕卵，取核，乾其皮，中作肥魚羹和之，尤美。出九真。

州樹《南方記》曰：掘埧如李子，剥核，味甜。出武平。

國樹《南方記》曰：子如雁卵，曝乾食之，味似栗。出交阯。

多感《交州記》曰：多感子黄色，圍一寸。

蓽茇《草木狀》曰：蒟醬生蕃國者，大而紫，謂之蓽茇。交阯多種，蔓生。

留求子《草木狀》曰：形如梔子，稜瓣深而兩頭尖，及半黄已熟，中有肉白色，甘如棗，核大。交阯有之。

大茄《草木狀》曰：交廣種茄，宿根三五年，漸長，枝幹乃成大樹，盛熟梯取之。

蘇木《華夷考》曰：蘇枋樹出九真，南人以染絳。《一統志》曰：一名多那，俗名紅木。

烏構木顔師古曰：構，木名，其心似松。《一統志》曰：樹似栟櫚，堅緻可爲器。

椶竹竹如指大，實中黑色，而白點文，文似栟櫚，故名椶竹。其粗者名竹枯，不中用。

棘竹《竹譜》曰：棘竹生交州，大二尺圍，肉厚幾於實中。夷人破以爲弓。枝節有刺，種以爲城，卒不可攻。萬震《異物志》所謂種爲藩落，阻過曾墉者也。

白緣《交州記》曰：白緣樹高丈餘，實味甘美於胡桃。

人子藤《酉陽》曰：安南人子藤紅色，在蔓端有刺，子如人狀，燒之集象，南中亦難得。

犀《交州記》曰：犀毛如豕，蹏有三甲，頸如馬，有三角。

象《朝野僉載》曰：安南有象，能知人曲直，負心者以鼻卷之。

兕《爾雅》曰：兕似牛，青色，重千斤。一角長三尺餘，形如馬鞭柄。皮堅厚，可制鎧。漢靈帝時，九真獻爲奇獸，元時安南貢兕。

白鹿晉元康初，白鹿見交趾武寧縣。宋元嘉交趾獻白鹿。

驨《爾雅》云：驨如馬，一角者騏。郭云：元康八年，九真郡獵一獸，大如馬，一角，角如鹿茸，此即驨也。

猩猩《水經註》云：猩猩獸形，若黄狗，又狀貆豘，人面，顔容端正，音聲妙麗。楚太原王綱曰：猩猩好酒及屐，里人置之山谷，常數輩爲羣，見酒物，知人張設，取之。先知張者祖父姓名，詈曰：『奴欲殺我，亟舍爾去也。』既復還，曰：『試其嘗酒。』逮醉，取屐著之，爲人所擒。

狒狒《爾雅》曰：狒狒如人，被髮迅走，食人。《山海經》一名梟羊，有毛反踵，見人則笑，出交廣。郭璞贊曰：狒狒怪獸，被髪操竹。獲人則笑，脣掩其目。終亦號跳，反爲我戮。

果然《山經》：果然似獮猴，以名自呼。羣行，老者在前，少者在後，得果食，輒與老者，似有義焉。交趾有之。《南州異物志》曰：交州果然獸，體不過三尺，而尾長四尺餘，反尾度身，過其頭，視鼻，仍見兩孔仰向天。其毛長，柔細滑澤，以白爲質，黑爲文，集十餘皮，可得一縟，繁文麗好，細厚温煖。

蒙貴《爾雅》謂之蒙頌。《一統志》曰：狀如貓而小，紫黑色，畜之捕鼠，甚於貓。林元凱爲安南陳中貴題畫云：内相家中蒙貴兒，華堂客到每先知。今朝洗面還過耳，故寫新圖開閣詩。

白雉漢光武時，日南、九真貢。

孔雀《異物志》曰：孔雀自背及尾皆圓，文五色。頭戴三毛，長寸，以爲冠。足有距，迎晨則鳴相和。交阯郡人多養孔雀，殺爲脯臘。又養其雛爲媒，傍施網罟，伺其飛下，則牽網横掩之，採其金翠毛裝爲扇拂，或生截其尾以爲方物，云生取則金翠之色不減。

鸚鵡林元凱詩：隴頭春樹拂雲紅，學語聲嬌弄晚風。上國抵今辭遠貢，莫愁彩羽閉雕籠。

蚺蛇《水經註》曰：交阯山多髯蛇，長十丈，圍七八尺。常樹上伺鹿，鹿過，低頭繞之。有頃鹿死，先濡令濕，便吞，頭角骨皆鑽皮出。山夷始見蛇不動時，以大竹籤籤蛇頭至尾，殺而食之，以爲珍異。故《異物志》曰：髯惟大蛇，既洪且長。采色駮犖，其文錦章。食豕吞鹿，腴成養創。實享嘉宴，是豆是觴。言養創之時，肪腴甚肥，搏之以婦人衣，投之，蟠而不起，便可得也。

紅飛鼠《華夷考》曰：多出交阯，深毛茸茸然，唯肉翼淺黑色，雙伏紅蕉花間。捕者獲其一，則其一不去。婦人帶之爲媚藥。

竹鼠《交州記》曰：竹鼠如小狗大，食竹根，出封溪。

鸚鵡魚《一統志》曰龍門江旁有穴，出鸚鵡魚，色青緑，口曲而紅，似鸚鵡嘴。相傳此魚能化龍。

蟻子鹽《嶺表録異》曰：溪洞酋長多收蟻卵，争鹵爲醬，非官客親友不可得食。《周禮》：醢人饋食之豆，有蚳蟻子，即此。

又《交易》 賈舶既到，司關者將幣報酋。舶主見酋行四拜禮，所貢方物具有成數。酋爲商人設食，乃給木牌於廛舍，聽民貿易。酋所須者，輦而去，徐給官價以償耳。

廣南酋號令諸夷，埒于東京，新州、提夷皆屬焉。凡賈舶在新州、提夷者，必走數日程詣廣南入貢。廣南酋亦遙給木牌，民過木牌，必致敬乃行，無敢譁者，斯風稜之旁震矣。

順化多女人來市，女人散髮而飛，旁帶如大士狀。入門，以檳榔貽我，通慇懃。

士人嗜書，每重貲以購焉。按《宋史》，大觀初，貢使至京，乞市書籍。有司言法不許。詔嘉其慕義，許之。然則彼國嗜書，正非一朝耳。

論曰：久矣夫，交南之爲郡縣也！文皇帝振宋之陋，六師所指，海立電飛，漢唐土疆，於茲重闢，厥績偉矣。迨英公内旆，銜命宵人，馬竭猶求，獸窮則逸。宣廟以止戈爲武，休息甚弘。然楚楚冠裳，棄成鱗介，不得與珠崖、儋耳，同被華風，則大造者之靳此一方靈秀也。二百餘年覊縻勿絕。保境戢惠，固獻琛而稱藩；易姓代興，終款關而待命。雖僭竊未改，視黎桓時則有分矣。

又　卷二《西洋列國考・占城》　占城，古越裳地也。秦林邑，漢象林。及區連殺縣令自立，稱林邑王。數世中絕，外甥范熊代之，子逸嗣。逸死，奴文篡立。《梁書》曰：文本夷帥范稚家奴，嘗牧羊山澗，得鱧魚二，化而爲鐵，因以鑄刀。刀成，文向石呪曰：『若斫石破者，文當王此國。』因斫石，如斷芻藁，文心異之。范稚嘗使之商賈，至林邑。因教林邑王作宮室及兵車器械，王寵任之。後乃讒王諸子，各奔餘國。及王死，無嗣，文僞於鄰國迓王子，置毒漿中殺之，脅國人而自立。永和間，襲破日南，殺其守夏侯覽，以屍祭天，屯日南久之。

《梁書》曰：夏侯覽爲太守，侵刻尤甚。林邑貪日南地肥沃，常欲略有之。因民之怨，遂舉兵襲日南，殺覽，以其屍祭天。留三年乃還。交州刺史朱藩遣劉雄戍日南，文復屠滅之。遣使告藩，願以日南北境横山爲界。藩不許，遣陶緩討之。文歸林邑，尋復屯日南。

文死，子佛嗣，屢爲晉兵所破，然亦世爲交南患。《梁書》曰：佛立，猶屯日南。征西將軍桓温遣滕畯、灌邃帥交、廣兵討之。佛嬰城固守。畯盛兵於前，邃帥勁卒自後踰壘而入。佛衆驚潰。追至林邑，佛乃請降。昇平初，復爲寇暴，刺史温放之討破之。隆安三年，佛孫須達復寇日南，執太守靈源。又寇九德，執太守曹炳。交阯太守杜瑗遣鄧逸擊破之，卽以瑗爲刺史。義熙三年，須達復寇日南，殺長史。瑗遣阮斐討破之，斬獲甚衆。九年，須達復寇九真，行郡事杜慧期與戰，斬其息，及生俘百餘人。自瑗卒後，林邑無歲不寇，日南諸郡殺傷甚多，交州遂致虚弱。至孫文敵，爲扶南所殺。大臣范諸農平其亂，自立爲王，傳子陽邁。宋永初時，遣使來貢。《南史》曰：陽邁初在孕，其母夢生兒，有人以金席藉之，其色光麗，夷人謂金之精爲陽邁，若中國云紫磨者，因以爲名。其後叛服靡常。交州刺史檀和之將兵擊之，深入其境。齊、梁亦通使往來。隋時爲大將劉方所破。《北史》曰：仁壽末，上遣大將軍劉方擊之。王梵志乘巨象戰，方軍不利。方多掘小坑，草覆其上，與戰僞北。梵志逐之，其象陷，大破之。入其郡，獲其廟主十八枚，皆鑄金，蓋其國有十八世。方班師，梵志復其故地。至唐而范始滅，國人立其姑子諸葛地，更號環王。元和初，都護張丹擊走之，徙國於占，占城之名所自始也。

宋時，襲破真臘。《文獻通考》曰：閩人有泛海之吉陽軍者，飄至占城。見其國與真臘乘象以戰，無大勝負。乃説王騎戰，教之弓弩騎射。王大悦，具舟送之吉陽，厚齎隨以買馬，得數十匹，以戰，大克。後真臘大舉復讐，俘殺幾盡。更立真臘人主之。元世祖詔降虎符，授榮禄大夫、占城郡王，卽其地立省撫安之，然竟負固。大軍南討，國王戰敗逃遁，然不果降。

明興，高皇帝賜占城國璽書。國王阿答阿者遣使朝貢，蓋從此始歸款矣。四年，王爲安南所苦，奉表乞賜兵器、樂人，俾安南知我爲聲教所被，不敢輒欺負。上憐之，報曰：『兩國既共内附，豈宜擅兵相攻，業詔安南無開疆釁。兵器不爾吝，但以安南故賜爾，是助爾構兵也。樂有聲律，方言各異，中國人不可遣，爾國人能習華語者來習肄。』十六年，遣子入賀聖節。

永樂改元，遣使告諭卽位。其王占巴的賴奉金葉表來貢。上使行人蔣賓、王樞往報之，賜金綺有差。且敕安南毋相侵掠，從來請也。

四年，遣中貴馬彬諭以共伐安南，詔粵東諸將繕兵甲由海道與占城會。賜占城王鍍金銀印，他物甚侈。王出兵助征。《廣東通志》曰：復遣太監王貴通賚敕往勞，賜金幣。五年，奏言克復安南所侵地，獻俘，貢方物。上下詔褒美。數年間屢遣使來貢，悉厚答之，至命中貴彬護其使臣以歸。

十三年，兵部尚書陳洽馳奏：『初討安南時，占城王雖聽命出征，然實懷二心，愆期不進。又以金帛、戰象資季擴。季擴以黎蒼女遣之。復約陳翁挺侵升華府所隸地，罪下季擴一等耳。請發兵征之。』上以交趾初平，不欲窮兵遠夷，遣使諭王歸我侵地。其後三年一朝貢，詔使亦間往不絕。

吳惠《日記》云：正統六年，奉使占城。王遣頭目迎詔，笳鼓填咽，旌麾葆纛，氍衣椎髻前奔，馳至行宫設宴。王乘象迓於國門，帳列戈戟，以羣象爲衛。既宣詔，稽首受命。上元夜，請賞煙火，爇沉香然火樹，盛陳樂舞。民多裸袒，士著苧衣。景泰末，王摩訶貴殂。天順初年，弟盤羅悦馳使請封，命給事中江彤、行人劉寅之持册往，王亦遣使來謝云。

成化中，王茶全爲交趾所破，嗣王徙居赤坎邦，遣使請封如故事。而安南陪臣據其故都，詭稱占城王迎詔。使臣馮乂誤謂真王也，持封册給之。嗣王古來航海奔廣州投訴，更以來朝爲辭。督臣屠滽命參議姜英覈其事。時安南納叛將而助之虐，申言古來不當嗣。滽從僉議，謂册印元有古來名，宜王其地，具疏以聞。仍移檄安南，道之順逆。安南亦不敢大肆其狼噬，乃選官軍二千，令東莞商人張宣護送古來還國。弘治十八年，古來卒，沙古卜洛嗣。正德五年，奉詔册封者，給事中李貫，行人劉廷瑞也。十二年，來朝。嘉靖二十一年再至云。

其俗果於戰鬬，尚釋教。王冠三山金花玲瓏冠，披錦帔，著玳瑁履，腰束八寶方帶。出遊乘象或黄犢車，一人持檳榔盤前導，從者十餘輩，各執弓矢刀槍。《梁書》曰：王著法服，加瓔珞，如佛像之飾。出則乘象，吹螺擊鼓，罩吉貝繖，以吉貝爲幡旗。民望之膜拜一而止。臣茭葉冠，男蓬頭，《宋史》曰：撮髮爲髻，散髮餘髻於後。女後椎結。居處爲閣，名曰『干闌』。門户皆北向，民居茅茨，不得踰三尺。衣紫衣，《梁書》曰：男女皆以横幅，吉貝，繞腰以下，謂之干漫。僭玄黄者論死。椰葉爲席。以麝塗身。山牛不任耕耨，但殺以祭鬼，令巫祝之，曰：『阿羅和，教他早脱生也。』

正月一日，牽象周行所居之地，然後驅逐出郭，謂之逐邪。四月遊船。十一月望日爲冬至，所部各獻方物。十二月望日，城外縛木爲塔，以衣服香藥置塔上，焚之祭天。釀酒甕中，俟熟，賓主繞甕坐，筒而吸，且吸且注水，味盡而止。《星槎勝覽》曰：非至午不起，非至子不睡。見月則歌舞爲樂。無紙筆，以羊皮搥薄，削竹爲筆，蘸白灰書字。《南史》曰：書樹葉爲紙。或擊鼓以警衆，或吹蠡以卽戎。古稱歲時採生人膽入酒飲之，又以浴身，謂之通身是膽也。嫁娶必用八月，女先求男，同姓還相婚姻。使婆羅門引壻見婦，握手相付，囑曰：『吉利吉利。』《北史》曰：婚媾，令媒者齎金銀釧、酒二壺、魚數頭至女家，於是擇日。夫家會親賓，歌舞相對，女家請一婆羅門送女至男家。壻盥手，因牽女授之。喪用火葬，以器乘餘骨沈之。《隋書》曰：王死，七日而葬，百官三日，庶人一日。皆以函盛屍，鼓舞導從，輿至水次，積薪焚之，收其餘骨。王則内金甖中，沈之於海。有官者以銅甖，庶人以瓦，送之於江。男女皆截髮，隨喪至水次，盡哀而止。歸則不哭。每七日然香散花，復哭盡哀，盡七七日罷。

王在位三十年，卽入山茹素，受戒曰：『我不道，當充虎狼食，或病死。』從此國事不得復相關，傳子攝國。期年，得無恙，復入爲王。國人呼爲『芳嚓馬恰剌札』焉。《唐書》曰：呼王爲陽滿，王妻爲陀陽河熊，大子爲阿長逋，宰相爲婆漫地。《隋書》曰：尊官有二：其一曰西那婆帝，其二曰薩婆地歌。其屬官三等：其一曰倫多姓，次歌倫致地，次乙他伽蘭。外官分爲二百餘部，其長官曰弗羅，次曰可輪，如牧宰之差也。

又《形勝名迹》 金山在林邑故國。《梁書》曰：石皆赤色，其中生金，金夜則出飛，狀如螢火。

鵶候山《元史》曰：唐人曾延來言：『國主逃於大州西北鵶候山，聚兵三千餘，集他郡兵未至，不日將與官兵交戰。』諜者云：『國主實在鵶候山。』

不勞山在林邑浦外。《唐書》曰：有罪者使象踐之，或送不勞山，令自死。

赤坎山占城王爲交阯所逼，徙居於此。

伽倆貌山

區粟城《南齊書》曰：區粟城，建八尺表，日影度南八寸。

木城《元史》曰：官軍依海岸屯駐。占城兵治木城，四面約二十餘里，起樓棚，立回回三梢，礟百餘座。又木城西十里建行宫。

半山塔元行省嘗屯兵於此。

羅灣卽占城港口。

又《物產》 金卽金山所出者。《南齊書》曰：金汁流出於浦，事尼乾道，鑄金銀人像，大十圍。

銀《元史》曰：遣其舅奉國王信物，大銀三錠，小銀五十七錠。碎銀一甕爲質。歸款，又獻金葉、九節標槍，曰：『國王病，未能進，先使持其槍來，以見誠意。』

錫見《吾學編》。

鐵見《宋史》。

寶母《原化記》：魏生得一美石，有胡人見之，曰：『此寶母也。每月望設壇海邊，置石其上，可得美珠。』《一統志》載爲占城產。

澄水珠《宣室志》曰：嚴生得一珠，胡人云：『此清水珠，置濁流則渙然澄徹。』《一統志》載爲占城產。

火珠《舊唐書》曰：范頭黎獻火珠，大如雞卵，圓白皎潔，光照數丈，狀如水精，正午向日以艾蒸之則火然。

琥珀《華夷考》曰：林邑多琥珀。琥珀在地，其上及傍不生草木。深者或八九尺，大如斛，屑去皮成焉。初如桃膠，凝成乃堅。

水精一名水玉。太康四年，林邑王獻紫水精唾壺一口、青白水精唾壺二口。

菩薩石周顯德中入貢。《梁書》云：占城所出。

貝齒《本草》曰：貝子一名貝齒，生東海。《談苑》曰：色瑩白，若水晶類，日光射之，有五色，如佛頂圓光。

犀角夷人謂之黑暗，宋及本朝充貢。《吾學編》曰：占城犀角、象牙最多，犀大者八百斤，獨角在鼻端，長者可尺五寸。

象牙夷人謂之白暗，宋及本朝充貢。　瑇瑁見《梁書》。

奇楠香諸國出者，惟占城爲佳，本朝充貢。《星槎勝覽》曰：棋楠香在一山所產，酋長禁民不得採取，犯者斷手足。《吾學編》名伽南香。

沈香《梁史》曰：沈木香者，土人斫斷，積以歲年，朽爛而心節獨在，置水中則沈，故名沈香。

檀香佛家謂之旃檀。宋及本朝占城以之充貢。《圖經》曰：檀香凡數種，有黃、白、紫之異。《古今註》曰：紫旃木出林邑，亦謂紫檀也。

龍腦香《酉陽雜俎》云：樹高八九丈，可六七尺圍，葉圓而背白，樹有肥瘦，形似松脂，作杉木氣。乾脂謂之龍腦香，清脂謂之波律膏。

麝香《唐書》曰：以麝塗身，日再塗再澡。《華夷考》曰：似麞而小，其香正在陰前皮內，別有膜裹之。春分取之，生者益良。一說香有三種：第一，夏食蟲多，至寒香滿，入春急痛，自以爪剔出之，落處草木皆焦。其次，臍香乃捕得殺取者。又次，心結香。麝被獸逐狂走，顛墜崖谷而斃，破心見血，流出作塊者是。

乳香宋時充貢。《廣志》曰：即松木脂，有紫赤如櫻桃者，名乳香，蓋薰陸之類也。《香譜》云：今以通明者爲勝。

降真香本朝充貢。《本草》曰：和諸雜香燒，煙直上天，召鶴盤旋於上。

丁香宋時充貢。《本草》註曰：樹高丈餘，淩冬不凋，葉似櫟而花圓細，色黃，子如丁，長四五分，紫色，中有粗大長寸許者，呼母丁香，擊之則順理而拆。

薔薇水周時入貢。《宋史》曰：灑衣經歲香不歇，俗呼爲薔薇露。

猛火油周時入貢。《宋史》曰：得水愈熾，國人用以水戰。

吉貝《梁書》曰：樹名也，其花成時如鵝毳，其緒紡以作布，亦染成五色，織爲斑布。

朝霞布《唐書》曰：王妻服朝霞。又貞觀時以之充貢。

絲紋布見《宋史》。

白氎布《宋史》曰：無絲蠶，以白氎布纏其胸，垂至於足。

貝多葉簟貝多葉長一尺五六寸，闊五寸許，葉形似琵琶而厚，夷人以此書字者也。織以爲簟，宋時占城充貢。

明角　烏角　黃蠟見《宋史》。

硫黃陶隱居云：出林邑，色如鵞子初出殼，名崑崙黃。

蘇木見《宋史》，本朝充貢。

烏樠木見《宋史》，本朝充貢。《星槎勝覽》曰：烏木降香，樵之爲薪。

觀音竹《吾學編》曰：如藤，長丈八尺，色黑如鐵，一寸二三節。

穀《宋史》曰：每歲稻熟，王自割一把，從者及婦女競割之。今漳人所有占粟，卽占城種也。

燕窩《華夷考》曰：海燕大如鳩，春回，巢於古巖危壁，葺壘乃白海菜也。島夷伺其秋去，以修竿接鏟取而鬻之，謂之燕窩，宴品珍之。

胡椒宋時入貢。

檳榔《唐書》曰：取檳榔瀋爲酒，宋時入貢。

椰《南方草物狀》曰：昔林邑王與越王有故怨，遣俠客刺得其首，懸之於樹，俄化爲椰子。林邑王憤之，剖爲飲器。南人至今效之。當刺時，越王大醉，故其漿如酒云。

波羅蜜《瀛涯勝覽》曰：占城有果，曰波羅蜜，狀如冬瓜，皮似荔枝，內有黃肉，大如鷄子，味甘如蜜，中有子似鵝腰，子炒食之，味如栗。

海梧子《南方草木狀》曰：樹與中國松同，但結實絕大，形如小栗，三角肥甘，樽俎間佳果也。出林邑。

茴香《圖經》曰：懷香子亦名茴香，交廣諸蕃出，入藥用，番舶者花頭如傘蓋，結實如麥而小青色。宋時占城入貢。

蓽澄茄《本草經》曰：生佛誓國。似梧桐子及蔓荊子，微大，亦名毗陵茄子。按《宋史》，占城王爲交州所攻，奔於佛逝，即占城屬國也。

荳蔻見《宋史》。按《宋史》載占城所產，又有甘蔗、蕉子、蓮子、麻、豆之屬，玆不具悉。

犀《林邑記》曰：犀行過叢林不通，開口露齒前向，棘林自開。周顯德中，占城獻雲龍形通天犀。

獅《説文》曰：虓，獅子也。《爾雅》曰：狻猊如戲貓，食虎豹。《宋史·占城傳》曰：民獲獅象，皆輸於王。

象《酉陽》曰：環王國野象成羣，一牡管牝三十餘。國人養馴者，可令代樵。

猩猩見《唐書》。　白猿梁天監九年來獻。

白雉《援神契》曰：周成王時越裳獻白雉。

秦吉鳥《唐會要》曰：林邑國有結遼鳥，謂之吉了，能人語。《華夷考》曰：如鸜鵒，黑色丹咮，目下連，頂有深黄文，頂毛有縫，如人分髮，能言，比鸚鵡尤慧。大抵鸚鵡如兒女，吉了聲則如丈夫。

鸚鵡《山經》曰：青羽赤喙，人舌能言，名曰鸚鵡。舌似小兒，脚折前後各兩，扶南徼外出五色者。《舊唐書》曰：林邑獻五色鸚鵡，太宗異之，詔李百藥爲賦。又獻白鸚鵡，精識辨慧，善於應答。太宗憫之，並付其使，令放還於林藪。

山雞《異苑》曰：山雞愛其毛，映水則舞。傳玄賦曰：惟南州之令鳥，兼坤維而體珍，被黄中之正色，敷文象以飾身。占城宋時入貢。

歸飛《水經註》曰：林邑城外香桂成林，氣清澄煙，時禽異羽，翔集間關，兼比翼鳥，不比不飛，鳥名歸飛，鳴聲自呼。俞益期與韓豫章牋曰：其背青，其腸赤，丹心外露，鳴情未達，終日歸飛，飛不十千，路有萬里，何由歸哉！

龜《宋史》曰：官無資俸，但給龜魚充食。

又《交易》　賈舶抵岸，獻果幣於王。王設食待之。國人狠而狡，貿易往往不平，故往販者少。

或謂取人膽者，非止獻王，亦以供象洗目。伺人於道，乘其不意斫殺之，取膽以去。若彼人驚覺，則膽破不中用矣。置衆膽煮釜中，華人膽輒居上，故必取華人膽爲貴。

五六月間，商人出必戒嚴。

《明史》卷三二一《外國傳二・安南》　安南，古交阯地。唐以前皆隸中國。五代時，始爲土人曲承美竊據。宋初，封丁部領爲交阯郡王，三傳爲大臣黎桓所篡。黎氏亦三傳爲大臣李公藴所篡。李氏八傳，無子，傳其壻陳日炬。元時，屢破其國。

又　卷三二四《外國傳五・占城》　占城居南海中，自瓊州航海順風一晝夜可至，自福州西南行十晝夜可至，即周越裳地。秦爲林邑，漢爲象林縣。後漢末，區連據其地，始稱林邑王。自晋至隋仍之。唐時，或稱占不勞，或稱占婆，其王所居曰占城。至德後，改國號曰環。迄周、宋，遂以占城爲號，朝貢不替。元世祖惡其阻命，大擧兵擊破之，亦不能定。

【略】

其國無霜雪，四時皆似夏，草木常青。民以漁爲業，無二麥，力穡者少，故收穫薄。國人皆食檳榔，終日不離口。不解朔望，但以月生爲初，月晦爲盡，不置閏。分晝夜爲十更，非日中不起，非夜分不卧，見月則飲酒、歌舞爲樂。無紙筆，用羊皮槌薄熏黑，削細竹蘸白灰爲字，狀若蚯蚓。有城郭甲兵，人性狠而狡，貿易多不平。户皆北向，民居悉覆茅簷，高不得過三尺。部領分差等，門高卑亦有限。飲食穢汚，魚非腐爛不食，釀不生蛆不爲美。人體黑，男蓬頭，女椎結，俱跣足。

王，瑣里人，崇釋教。歲時采生人膽入酒中，與家人同飲，且以浴身，曰『通身是膽』。其國人采以獻王，又以洗象目。每伺人於道，出不意急殺之，取膽以去。若其人驚覺，則膽已先裂，不足用矣。置衆膽於器，華人膽輒居上，故尤貴之。五六月間，商人出，必戒備。王在位三十年，則避位入深山，以兄弟子姪代，而已持齋受戒，告於天曰：『我爲君無道，願狼虎食我，或病死。』居一年無恙，則復位如初。國中呼爲『昔嚟馬哈剌』，乃至尊至聖之稱也。

國不甚富，惟犀象最多。烏木、降香，樵以爲薪。棋楠香獨產其地一山，酋長遣人守之，民不得采，犯者至斷手。

有鱷魚潭，獄疑不決者，令兩造騎牛過其旁，曲者，魚輒躍而食之，直者，即數往返，不食也。有尸頭蠻者，一名屍致魚，本婦人，惟無瞳神爲異。夜中與人同寢，忽飛頭食人穢物，來即復活。若人知而封其頸，或移之他所，其婦即死。國設厲禁，有而不告者，罪及一家。

賓童龍國，與占城接壤。或言如來入舍衛國乞食，即其地。氣候、草木、人物、風土，大類占城，惟遭喪能持服，葬以僻地，設齋禮佛，婚姻偶合。酋出入乘象或馬，從者百餘人，前後讚唱。民編茅覆屋。貨用金、銀、花布。

有崑崙山，節然大海中，與占城及東、西竺鼎峙相望。其山方廣而高，其海卽曰崑崙洋。諸往西洋者，必待順風，七晝夜始得過，故舟人爲之諺曰：『上怕七州，下怕崑崙，針迷舵失，人船莫存。』此山無異產。人皆穴居巢處，食果實魚蝦，無室廬井竈。

清・傅恆等《皇清職貢圖》卷一 安南，古交趾地，唐以前皆隸中國。五代時，始為土人竊據。宋時丁氏、黎氏皆三傳，李氏八傳，無子，傳壻陳氏。明永樂間，討黎季犛篡陳氏之罪，因郡縣其地，後黎利搆亂，因而撫之。嘉靖中，莫登庸篡黎氏，旋為黎惟潭恢復。

本朝康熙五年，黎惟禧款附，因封為國王嗣，後五年一貢。其地有東西二都十三道，土地膏腴，氣候炎熱，一歲二稔。其夷目冠帶，朝服多仍唐制，皂革為靴，惟武官平頂紗帽，靴尖雙出，以為別。貴家婦人披髮不笄，耳帶金環，以大小分等級。內服繡襦，外披氅衣，履如芒屩。

安南國，夷人，性狡詐好浴，信鬼神，重喪祭，附山耕稼樹桑，濱海捕魚煮鹽。男子戴大白草帽，形如覆鑊，長領大衣，手持蕉扇，曳履而行。貧者則短衣赤足，勤於耕作，婦女以帕蒙首，長衣長裾，納履露踵，相見以檳榔為禮，善紡績烹飪之事。

安南國猓玀

猓玀，交州苗裔，在安南境內，先隸交酋管轄，因與滇省接壤，國初置開化府，多居府屬逢春里之極邊。性頑悍嗜酒，善用火器。凡交地守關守廠，以為兵卒，其僻處山箐者，黑面環眼，短衣短袴，或捕蛇鼠則生啖之。婦人短衣長裙，善弩亦能射獵。雍正八年，以邊地四十里隸安南，俾就近管領約束。

清・穆彰阿等《嘉慶重修一統志》卷五五三《越南》 越南海南諸國地，在西南隅，東西一千七百六十里，南北二千八百里，東至海三百二十里，西至南掌國界五百六十里，南至占城國界一千九百里，北至廣西憑祥州界四百里，至京師一萬一千一百六十五里，其貢道由廣西憑祥州以達於京師。

［建制沿革］【略】元世祖時，封日煚子光昺為安南國王。尋叛，後陳益稷自拔來歸，仍其封。明洪武二年，其王日煃，遣使奉表朝貢，封為安南國王，賜駝紐塗金銀印，已而日煃卒。其姪日熞襲封，四傳至日焜，其大臣黎季犛竊柄，廢立自擅。建文元年，遂大殺陳氏宗族而自立，更姓名為胡一元，名其子蒼曰胡奃。尋自稱太上皇，傳位於奃。成祖即位，奃自署權理安南國事，遣使奉表朝貢，因封為安南國王，已而老撾送日煃之弟天平至京，言黎氏篡奪本末。帝命官齎敕責奃，奃遣使入朝謝罪，且請迎天平歸奉為王，乃令天平還國，敕廣西左右副將黄中呂毅將兵五千送之，而改封奃順化郡公。天平入雞林關，奃伏兵邀殺之，中等敗還。帝大怒，命新城侯張輔，西平侯沐晟等，率師分道並進，討平之，改安南為交趾，置交趾布政司設交州、北江、諒江、三江、建平、新安、建昌、奉化、清化、鎮蠻、諒山、新平、演州、乂安、順化十五府，分轄三十六州一百八十一縣，又設太原、宣化、嘉興、歸化、廣威五州直隸布政司，分轄二十九縣。然蠻人自以非類，互相驚恐，數年之後，叛者屢起。至宣德二年，始諭布政司官等，盡撤軍民北還。六年，命黎利權署安南國事《明統志》：洪熙元年，寇孽黎利攻劫郡縣，復命將討之。宣德初，黎利勢屈，始奉表乞立陳氏後，名暠者王其國，詔封安南王，後利篡位自立，朝臣復請加兵，會利遣使來貢謝罪，因而與之。利雖受敕命，其居國稱帝，置百官，設學校，彬彬有華風焉。建為東西二都，分十三道：曰山南、京北、山西、海陽、安邦、諒山、太原、明光、諒化、清華、乂安、順化、廣南，東都在交州府，西都在清華府。利卒，子麟代立。正統元年，封為安南國王，歷傳八主，至賙，多行不義。正德十一年，社堂燒香官陳暠，殺賙而自立，詭言前王陳氏後，賙臣都力士莫登庸起兵討之，暠敗走死，復立賙兄灝之子譓，譓封登庸為武川伯，總水陸諸軍。登庸既握兵柄，潛蓄異志。嘉靖元年，逐譓出居清華，旋篡其位。十六年，譓子黎平遣使赴京，備陳登庸篡逆，乞興師問罪，乃命仇鸞總督軍務，毛伯温為參贊，仍諭如彼能束手歸命，則待以不死。十九年，伯温等抵廣西，登庸即率其部目入鎮南關進降表，幷上土地軍民籍，請奉正朔，永為藩臣，乃命削安南國為安南都統使司，授登庸都統使，改其十三道為十三宣撫司，而黎平據清華自為一國，至萬曆初莫氏漸衰。黎氏之後維潭，舉兵攻莫茂洽，殺之，奪其都統使印，亦敂關求通貢，詔授維潭都統使，而莫氏後但保高平一郡，勢益弱。

本朝順治初，莫氏敬耀來歸，未授爵而卒，尋授其子元清為都統使。十八年，廣西巡撫奏稱安南黎維祺奉表投誠。康熙五年，禮臣題准，給與封典，令照常朝貢。二十二年，遣官册封黎維正為安南國王，賜以誥命，并換給新鑄駝紐鍍金銀印，御書忠孝守邦四字賜之。三十六年，安南國王奏請給還故地，移文責之三十六年十一月，雲南巡撫石文晟入見奏事，聖祖顧大學士等曰：石文晟言牛馬蝴蝶浦園，明時内屬，自我朝開闢雲南，即在蒙自縣征糧，並非安南之地，朕初不知其故，因安南國王以為彼地，被土司所據，奏請給還，亦以小國境壤，欲遣大臣勘明給之，而文晟所奏又如此，爾等其詳視輿圖，確議入奏。於是大學士等議，安南國王不察本末，輕聽妄言，遽遣兵於邊疆駐劄，生事妄行，移文責之，安南誠服。按蒙自縣南蓮花灘，為入安南之道，即梨花江所經也。明永樂初，沐晟出蒙自蓮花灘，進討安南。嘉靖間，莫登庸作亂，撫臣汪文盛遣兵據蓮花灘，羅洪先云：自蓮花灘入交州石隴關，循洮江右岸者，此大道也。自縣之河陽縣入交州，循洮江左岸者，皆險阨崎嶇，此間道也。《輿程記》：由蓮花灘逷安南之東都，可四五日而至。雍正三年，安南國遣使進貢。御書「日南世祚」四字，賜國王黎維祹。六年，雲南督臣請清查安南地界，奉旨特賜安南鉛廠河内地四十里，遂以白馬小賭呪河為界初，雲南總督高其倬奏雲南開化府與交趾接界：臣查自開化府馬伯汛外四十里，至鉛廠山下小河，内有逢春里六寨，册載秋糧十二石零，於康熙二十二年入於交趾，應行清查。再查《雲南通志》，自開化府文山縣南二百四十里至賭呪河，與交趾為界。今自開化府南至現在之馬伯汛，止有一百二十里，即至鉛廠山下小河，亦止一百六十里，是鉛廠山小河以外，尚有八十里，亦係由雲南舊境，雖失在明朝，但封疆所係，亦請一并清查，奉旨，境界失在明朝者，恩免清查，著另議立界。繼督臣鄂爾泰奏請，于鉛廠山下小河地方立界，遣官賫頒諭旨於安南國王，國王黎維祹奏謝。奉旨覽王奏，感恩悔過，詞意虔恭，朕特沛殊恩，將雲南督臣等查出四十里，賞賜該國王。十二年，黎維祹卒，嗣子黎維祐承襲。乾隆二年，黎維祐卒，其弟黎維禕承襲。二十六年，黎維禕卒，嗣子黎維褍承襲。三十四年，安南莫氏後黄公纘，居南掌猛天寨地方，為黎氏所逼，率屬内投，國王請索回處治，移檄責之。五十二年，廣南土目阮惠，即阮光平，因輔政鄭姓專國，人心不附，借除鄭姓為名，攻破黎城，擊滅鄭姓，黎維褍復受制於阮氏旋卒，亡失國印，嗣孫黎維祁懦弱，阮惠遂盡奪黎氏之地，黎維祁脱身逃竄。安南陪臣阮輝宿等奉黎維祁母妻及子敂關求救，巡撫孫永清入奏。上命兩廣總督孫士毅經理之，孫士毅以順逆禍福，檄諭安南，土目廠民，相繼投順，大兵兩路進討，破阮惠守兵於市球江，又敗之於富良江，阮惠遁去，遂盡復安南舊境，封黎維祁為安南國王，錫之敕印。

命孫士毅班師回粵黎維祁懦弱無能，前逃赴山南，僅有跟隨數人，孫士毅屢遣人相問，維祁匿不敢出，至克復黎城。是夕二鼓，始赴軍營。復國後，優柔寡斷。前鄭氏餘黨，又復希冀竊取國柄。孫士毅奏請追剿廣南巢穴，上屢降諭旨，以黎維祁被阮惠攻逐，國祚幾絶，天朝為之恢復，恩同再造，阮惠現逃之占城。原非安南境土，黎維祁復國後，不能振作有為，左右又無可倚賴之人，看來竟是天厭黎氏，不能護助，即將阮惠等盡為驅除，將來保無更有阮惠者，復出滋亂，豈能屢煩天朝兵力，為屬國捜緝遁逃。孫士毅當諭該國王振作自强，即遵旨撤兵回粵。五十四年，阮光平復來黎城，黎維祁棄國來奔，大兵退駐市球江。

命福康安調補兩廣總督，駐鎮南關是年正月，阮光平復至黎城，大兵時尚未退，奮擊敗之。黎維祁聞阮惠至，即抱幼子偕其母先逃，國民大亂，阮惠之衆，散而復聚，勢遂熾。孫士毅以黎維祁既遁，黎城難於久駐，移師駐市球江北岸。事聞，上命福康安為兩廣總督，駐鎮南關，相機經理。又諭曰：安南蕞爾一隅，原無難立就蕩平，但該處水土惡劣，與緬甸同，不值大辦，且人情反覆無常，前代郡縣其地者，不久即生變故。大軍撤後，若另立一人，仍與阮惠無異，豈不徒勞兵力？該國人衆，罹於鏜鏑，中外一體，夷民亦皆赤子，朕心有所不忍。阮惠如畏懼哀求，福康安亦須於嚴正之中，開以一線之路。福康安未到之先，阮光平畏罪懼討，三遣夷目敂關乞降，盡護送我兵之迷失在黎城者。福康安既至鎮南關，復遣人懇乞，仍不許，乃更遣其姪阮光顯，敂關籲懇，隨表入覲。俟國事稍定，即親自赴京瞻覲。福康安據情入奏，上以情詞迫切至誠，免其進討，敕書諭之，阮光平於國内，為陣亡諸臣，築壇建廟，請頒官銜謚號，遵照奉祀。又請於明年入覲，並懇封號。上嘉其悃忱，封阮光平為安南國王，錫之敕印。阮光平以安南僻處炎荒，請頒正朔，又懇開水口關以通商販，上允之。五十五年七月，安南國王阮光平入覲，上御卷阿勝境召見之，賜以詩章。八月，阮光平及外藩等國使臣，行慶賀禮，前以黎維祁為黎氏宗支，令同屬下人户來京，歸入漢軍旗下，即以黎維祁為佐領。又令阮光平訪問黎維祁親屬，護送進關，其前安插内地之西南夷人，有繫懷故土者，即令阮光平善為撫綏，以示矜全。五十六年，阮光平接到捜捕洋盜咨會，即派屯將擒獲夥犯，解交内地。上嘉其恭順，優賞之。五十七年，議定安南貢期，舊例三年一貢者，定為兩年，六年遣使來朝一次者，定為四年。五十八年，阮光平卒，其子阮光纘襲封宣封使臣，行至昇隆城，傳旨封阮光纘為安南國王。阮光纘向使臣面稱阮光平彌留之際，屬光纘不必歸覲義安，卽在西湖安葬，以較近鎮南關，魂魄有知，亦得近依帝闕，使臣具奏。上以阮光平始終戀闕，加謚忠純，並頒賜御製詩於阮光平墓道勒碑，以表恭順。六十年，廣東洋面捕獲盜船，內有一船，係安南人。嘉慶元年，浙江又捕獲夷匪羅亞三等，供安南為艚，有總兵十二人，船百餘號，並起獲印記。四年，農耐夷人與安南交兵，遭風漂至粵洋，照例賞給食米。六年，廣東順德民人趙大任，被風漂至農耐，國長阮福映代為修船，給與口糧，並交給文稟，感激上年賞卹難番之意。七年，農耐攻昇隆城，阮光纘敗走被獲，阮福映卽縛送莫觀扶三犯來粵，又呈繳安南舊頒敕印，復表陳搆兵之由，遣使納貢請封，上嘉其恭順兩廣督臣具奏，仁宗睿皇帝諭曰：從前阮光平敂關內附，極為恭順，阮光纘嗣服安南，復頒敕命，俾其世守無替，乃近年以來，內洋盜船，聞有長髮之人，聞係該國縱令出洋行劫，未肯深信，曾降諭旨查拏，總未見擒獲一人，令阮福映縛致莫觀狹等三犯，訊取供詞，均係內地盜犯。該國招往投順，封為東海王。及總兵偽職，仍令至內洋行劫商旅。是阮光纘不但不遵旨查拏，而且竊納叛亡，寵以官職，肆毒海洋，負恩反噬，莫此為甚。至敕書印信，尤當敬謹護守，與國存亡。乃阮光纘輒行捨棄，不但上負天朝，且為阮光平不孝之子。至阮福映能為天朝緝捕逋逃，縛獻請旨定奪，並將安南舊領敕印呈繳。茲表陳搆兵顛末，係為伊先世復讎，雖得其國，不敢擅專，虔遣陪介，納貢請封，深為恭順。八年，改安南國為越南國，遣官册封阮福映為越南國王先是，阮福映表請以『南越』二字錫封，上諭大學士等曰：南越之名，所包甚廣，考之前史，今廣東廣西地亦在其內。阮福映卽有安南，亦不過交趾故地，何得遽綱南越？該國先有越裳舊地，後有安南全壤，天朝褒賜國號，著用『越南』二字，以『越』字冠其上，仍其先世疆域；以『南』字列於下，表其新賜藩封，且在百越之南，與古南越不致混淆。所頒敕印，卽以二字稱名，著於時憲書內，將安南改為越南。十一年，越南興化鎮目，請以臨安府所屬六猛地方外附，檄諭國王自行嚴懲之。十四年，越南國王阮福映，遣員至諒關，齎送乾隆十六年錫封南掌國王敕印，奉旨嘉獎，其貢期仍如安南舊例。

舊所置府州縣列左：

交州府領慈廉、福安、威蠻、利仁、三帶五州，東關、慈廉、石室、芙蒥、清覃、清威、應平、平陸、利仁、安朗、安樂、扶安、立石一十三縣。北江府領嘉林、武安、北江三州，嘉林、超類、紬江、善才、東岸、慈山、善誓七縣。諒江府領諒江、上洪二州，清遠、那岸、平河、鳳山、陸那、安、保祿、古隴、唐安、多錦十縣。諒山府領上文、下文、七源、萬崖、庚源、上思、下思七州，邱温、鎮夷、淵、丹巴、脫五縣。新安府領東潮、靖安、南策、下洪四州，至靈、陝山、古費、安老、水棠、支封、新安、安和、同利、萬安、雲屯、四岐、清沔一十三縣。建昌府領快州一州，建昌、布、真利、東結、芙蓉、永涸六縣。鎮蠻府領延河、太平、古蘭、多翼四縣。奉化府領美祿、西真、膠水、順為四縣。建平府領長安一州，懿安、大灣、安本、望瀛、安、黎平六縣。三江府領洮江、宣江、沱江三州，麻溪、夏華、清波、西蘭、古農五縣。宣化府領曠縣、當道、文安、平原、底江、收物、大蠻、楊、乙九縣。太原府領富良、司農、武禮、洞喜、永通、宣化、弄石、大慈、安定、感化、太原一十一縣。清化府領九真、愛州、青化、葵州四州，安定、永安、古藤、梁江、東山、古雷、農貢、宋江、俄樂、磊江、安樂一十一縣。乂安府領驩州、南靖、茶籠、玉麻四州，衙儀、友羅、丕祿、土油、偈江、真福、古社、土黃、東岸、石塘、奇羅、盤石、河華一十三縣。新平府領政平、南靈二州，衙儀、福康、左平三縣。順化府領順化一州，利調、石蘭、巴閬、安仁、茶偈、利蓬、乍令、思蓉、蒲苔、蒲浪、士榮一十一縣。升華府領升華、思義二州，黎江、都和、安備、萬安、具熙、禮悌、特羊、白烏、義純、鵞盃、溪錦一十一縣。廣威州領麻籠、美良二縣。宣化州領赤土、車來、塊三縣。嘉興州領籠、蒙、四忙三縣。歸化州領安立、文盤、文振、水尾四縣。演州領瓊林、茶清、芙蒥三縣。安南國治在交州，卽唐都護治所，明宣德中，黎利以交州為東都，而以清華為西都，僭設五府、五部、六寺、御史臺、通政司、五十六衛、四城兵馬等衙門，附郭府一：曰奉天，縣二：曰廣德、永昌，外分道十三，設承政司、憲察司、總兵使司，嘉靖二十年，莫登庸歸附後，令海陽等十三路，各設宣撫司，通隸廣西藩司。安邦承政司卽交州地，領府一：曰海東。海陽承政司卽新安地，領府一：曰海陽。山南承政司卽諒江建昌奉化鎮蠻建平地，領府十一：曰上洪、下洪、天長、廣東、應天、荆門、新興、長安、湴仁、昌平、義興。京北承政司卽北江諒江地，領府四：曰北河、慈山、諒江、順安。山西承政司卽交州嘉興歸化地，領府六：曰歸化、三帶、端雄、安西、臨洮、沱江。諒山承政司卽諒山地，領府一：曰諒山。太原承政司卽太原地，領府三：曰太原、富平、通化。明光承政司卽宣化地，領府一：曰宣光。興化承政司卽廣威州地，領府三：曰興化，廣威，天關。清華承政司卽清化府地，領府四：曰紹天、鎮安、蔡州、河中。乂安承政司卽乂安演州地，領府八：曰乂安、肇平、思乂、奇華、德光、演州、北平、清都。順化承政司卽順化升華地，領府三：曰順化、英都、昇華。廣南承政司卽乂安地，領府三：曰廣南、茶麟、五麻，《明統志》作南靖。茶籠，玉麻入交道三：一由廣西，一由廣東，一由雲南。由廣東則用水軍，伏波以來皆行之，廣西道宋行之，雲南道明始開。廣西道亦分為三：從憑祥州入者，由州南關隘，一日至交之文淵州坡壘驛，復經脱朗州北，一日至諒山府，又一日至温州之北險徑，半日至鬼關，又一日經温州之南新麗村，一日至保禄縣，半日渡昌江，又一日至安越縣南市橋江下流北岸。一道由思明府，入過摩天嶺，一日至思陵州，過辦强隘，一日至禄平州，州西有路，一日半至諒山府。若從東行，過車里江、此江。永樂中，黎季犛堰之以拒王師，後偵知其堰處，乃決之以濟師，一日半至安博州，又一日半過耗軍洞，山路險惡，又一日至鳳眼縣，又分二道，一道一日至保禄縣，亦渡昌江；一道入諒江府，亦一日至安越縣之南市橋江北岸，各與前道會。其自龍州入者，一日至平而隘，又一日至七源州，二日至文蘭平茄社，又分為二道，一道從文蘭州，一日經右隴縣北山，徑鬼門關平地四十里，渡昌江上源，徑右隴之南，沿江南岸而下，一日至世安縣，平地至安勇縣，又一日亦至安越縣之中市橋江北岸；一道從平茄社西，一日半經武崖州山，徑二日至司農縣平地，又一日半亦進至安越縣之北市橋江上流北岸，市橋江，在安越縣境中昌江之南，請路總匯之處，隨處皆可濟師，一日至慈山府，又至東岸嘉林等縣，渡富良江以入交州。雲南亦有二道，其一道由蒙自經蓮花灘，入交州之右隴關下程瀾峒，循洮江源右岸，四日至水尾州，又八日至文盤州，又五日至鎮安縣，又五日至夏華縣，又二日至清波縣，又三日至臨洮府，洮水卽富良江上流，其北為宣化江，南至沱江，所謂三江者也。臨洮三日至山圍縣，又二日至興化府，卽古多邦城，自興化一日至白鶴神廟三岐江，又四日至白鶴縣，渡富良江，其一道自河陽隘，循洮江左岸，十日至平源州，又五日至福安縣，又一日至宣江州，又二日至端雄府，又五日至白鶴三岐江。然皆山徑欹側難行，其循洮江右岸入者，地勢平夷，乃大道也。若廣東海道，自廉州烏雷山發舟，北風順利，一二日可抵交之海東府。若沿海岸以行，則烏雷山一日至永安州白龍尾，二日至玉山門，又一日至萬安州，萬安一日至廟山，廟山一日至屯卒巡司，又二日至海東府，海東二日至經熱社，有石隄，陳氏所築，以禦元兵者。又一日至白籐海口，過天遼巡司，南至安陽海口，又南至塗山海口，又南至多漁海口，各有支港以入交州，自白籐而入，則經水棠東潮二縣，至海陽府，復經至靈縣，過黃徑平灘等江。其自安陽海口而入者，則經安陽縣至荆門府，亦至黃徑等江，由南策上洪之北境以入。其自塗山而入者，則取古齋，又取宣陽縣，經安老縣之北，至平河縣，經南策上洪之南徑以入。其自多漁海口而入者，則由安老新明二縣，至四岐，溯洪江，至快州，經鹹子關以入，多漁南為太平海口。其路由太平新興二府，亦經快州鹹子關口，由富良江以入。此海道之大略也。交州之東，有海陽荆門南策上洪下洪順安快州等府，去海頗遠，各有支港穿達，迤邐數百里，大艦不能入，故交人多平底淺舟，以便入港云。以上俱見舊志，其所載道里遠近，不知何所本，今姑備存之以俟考。

風俗　地方遐阻，《文獻通考》：五嶺以南，地方遐阻，夷獠雜居，不知禮義，其性輕悍，以富為雄豪，爭奪兼幷，役貧弱，俘掠不忌。土俗獷悍，《宋史·安南國傳》。椎髻翦髮，口赤齒黑，再稻八蠶，桑麻蔽野，《明統志》：其人或椎髻，或翦髮，文身跣足，口赤齒黑，尊卑皆食檳榔，一年再稻，一歲八蠶，桑麻蔽野，多魚鹽之利。不解種麥，同上。好浴善水，《安南志》：暑熱好浴于江，故便舟善水。平居不冠，立常又手，席坐盤足。同上。待客檳榔，跪膝三拜。同上。謁尊貴跪膝三拜，待客以檳榔，嗜鹹酸海味。交、愛人倜儻好謀，驩、演人淳秀好學，同上。交、愛、驩、演，四州名。冠服仍唐制，皁革為靴，《皇清職貢圖》：夷目冠帶朝服，多仍唐制，皁革為靴，唯武官平頂紗帽，靴尖雙出以為別。貴家婦人，披髮不笄，耳戴金環，以大小分等級。内服繡襦，外披氅衣，屣如芒屩。信鬼神，重喪祭。《皇清職貢圖》：夷人性狡詐，信鬼神，重喪祭，附山耕稼樹桑，濱海捕魚煮鹽。男子戴大白草帽，形如覆鑊，長領大衣，手持蕉扇，曳屣而行。貧者則短衣赤足，婦女以帕蒙首，長衣長裙，納屣露踵，相見以檳榔為禮，善紡績烹飪之事。

山川　佛迹山在交州府石室縣，上有巨人迹，下有池，景物清麗，為一方勝槩。《寰宇記》：愛州九真縣有佛迹山。

勾漏山在石室縣，相傳古勾漏縣在其下。《漢書》：勾漏縣有潛水牛，上岸共鬭，角軟還復入。

東究山在北江府嘉林州，一名東皋山，唐刺史高駢建塔其上。

仙遊山在北江府武安縣，一名爛柯山，相傳有樵夫觀二仙奕棋于此。

金牛山在武安縣，相傳唐刺史高駢欲鑿其山，見金牛奔出，遂止。《漢書》：九真郡居風縣有山，出金牛，往往夜見，光耀十里。《寰宇記》：愛州九真郡軍安縣，有居風山。《交州記》云：居風山在郡西四里，又南接射堋山，夜静恒聞射聲，其山出金，昔有一嫗見金牛出食，斫得鼻鎖焉。又云日南郡，漢居風縣地，縣界有居風山，山有風門，常有風，隋改為日南郡。

崑山在諒江府鳳山縣，上有清虛洞，山腰有瀨玉橋、白雲菴、林岫之勝。

邱皤山在諒江府丹巴縣，上有石門，廣三丈，相傳漢伏波將軍馬援所鑿。《寰宇記》愛州九真郡軍安縣鑿口，卽馬援開石道之處。按《交廣二郡記》：馬援鑿九真山，卽石為隄，以遏海波。又日南縣鑿山，一名九真山。《元和郡縣志》：鑿石在日南縣北一百三十里，昔馬援征林邑，阻風波，乃鑿此山，變為通道，因以為名。

安子山在新安府東潮縣，一名象山。漢安期生得道處，宋《海嶽名山圖》以此山為第四福地。

雲屯山在新安府雲屯縣大海中，兩山對峙，一水中通，番國商舶，多集於此。

大圓山在新安府新安縣大海中，突起圓嶠。明永樂十六年，此山獲白象二來獻。

鳳翼山在三江府夏華縣，邑人歲時登覽於此。

三島山在宣化府楊縣，三峯特起。

芃山在太原府弄石縣，下有巖洞，水穿洞中，可行舟。

隴山在太原府洞喜縣，四面峭壁，中有村墟。

戲馬山在清化府永安縣，一名遊英山，巍然獨立，橫枕長江，為邑人九日登高處。

安鑊山在清化府東山縣，出美石，晉豫章太守范寧，嘗遣吏採石於此為磬。

天琴山在乂安府奇羅縣界海邊，相傳陳氏主遊此，夜聞天籟聲，故名。明永樂初，擒黎蒼於此。

橫山在乂安府河華縣，昔林邑告交州刺史朱蕃，求以日南北鄙橫山為界，卽此。

傘圓山在嘉興州，其勢高峻雄偉。

艾山在嘉興州蒙縣，面臨大江，硝石環立，人迹罕到，相傳上有仙艾，每春開花，雨後漂水，羣魚吞之，便過龍門江化為龍。

海環交州等府東南，唐沈佺期《渡海》：嘗聞交趾郡，南與貫胸連。四氣分寒少，三光置日偏。越人遙捧翟，漢將下看鳶。北斗崇山掛，南風漲海牽。別離頻破月，容鬢驟催年。虛道崩城後，明心不應天。

富良江在交州府東關縣，一名瀘江，上接三帶州白鶴江，經府城東，下通利仁縣大黃江，以達於海。宋郭逵破蠻決里隘，次富良江。明張輔等亦嘗破黎寇於此。

天德江一名廷蘊江，又名東岸江。明永樂初，黎寇懼討，役民堙塞已久，寇既平，重加浚治，舟楫復通。

來蘇江舊名蘇歷江，自交州府城東北，轉而西行，直抵銳江。昔有人名蘇歷者開此，故名。明永樂初，工部尚書黃福重浚，因更名來蘇。

宣化江在宣化府曠縣，源自雲南敎化長官司入境，流七百餘里，以達宣化。明永樂初，沐晟自雲南引兵駐此。

海潮江在建昌府快州，自阿魯江分流，下通玉球江，昔陳氏破占城軍處。

龍門江在嘉興州蒙縣。《漢書》：封溪縣有隄防龍門水，卽此。源出雲南安遠州，至此橫截江流，中分三道，飛湍聲聞百里，舟過此必舁上岸，方可復行，旁有穴，多出鸚鵡魚，色青綠，口曲而紅，似鸚鵡嘴，相傳此魚能化龍云。

夜澤在建昌府東結縣，梁武帝時有阮賁者，世為豪右，因命陳霸先擊破之，賁逃澤中，夜則出掠，因號夜澤。

龍溪在鎮蠻府延河縣，昔陳氏夜過此江不能渡，忽見一橋跨江，既渡，回顧不見，及有國，改名龍溪。

天威涇唐高駢以交州至邕州，海多潛石，漕運不通，遂鑿開五道，有青石徑，或傳漢馬援所不能治，既而震碎其石，乃得通，因名天威涇。

東津渡在交州府東關縣瀘江，舊以舟楫往來，阻於風濤，明永樂初，張輔沐晟，始置浮橋，橋歲一易。【略】

土產　金香鑪花瓶、銀盆、沈香、速香以上俱入貢。金太原諒山乂安等府出。、珠靖安雲屯海中出。《海賈》云：中秋有月，是歲多珠。、珊瑚有赤黑二種，在海直而軟，見日曲而堅，漢初趙佗獻赤珊瑚名火樹。、玳瑁狀類龜而殼稍長，其足有六，後兩足無爪。、丹砂晉葛洪欲煉丹术為勾漏令。杜甫詩云：『交趾丹砂重』是也。、安息香樹如苦楝大而直，葉類羊桃而長，中心有脂作香。、蘇合油樹生膏，可為藥。、胡椒蔓生似山薯，春花秋實。、羚羊角高石山出，一角而中實，極堅，能碎金剛石。、犀、象《寰宇記》：象孕則五年一生，被傷則羣黨相扶將去，死則向南跪拜，鳴三帀，以木覆之，雄死則雌泥土著身，不飲食，輒流涕焉。、兕漢靈帝時，九真獻為奇獸，元時安南嘗貢兕。、白鹿晉元康初，白鹿見交趾武安縣，宋元嘉末，交趾獻白鹿。、猩猩《南中志》：猩猩人面豕身，似猿，常數輩為羣。人以酒并糟設路側，連結革屐，猩猩見之，即知張者祖考姓名，呼曰：奴欲張我，亟舍去，復自謂試共嘗酒，逮醉，取屐著之，為人所擒。、狒狒晉郭璞云：出交州山中，狀如人面，長臂黑身，被髮迅走食人，見人則笑。猓然《寰宇記》：愛州有猓然，土人號曰歌然，似獮猴而大，面目與人無異，皮毛軟毳細滑，堪作褥。此獸有仁義，行則大者前，小者後，如得果實，則小者先送與大者，然後自食。夷人古堂貉獠藥箭射之，中一必獲其二，未傷者拔死者之箭，自刺而死。、蒙貴狀如猱而小，紫黑色，能捕鼠。、白雉周成王時，越裳氏來獻。漢光武時，日南九真貢。、翡翠羽可為首飾。、蚺蛇形大而長，其膽性極冷，能療諸疾。、居風母《交州記》：居風母似猿，見人若慙屈頭，打死，得風便還活。、果下牛《寰宇記》：九德出果下牛，高三尺。、駃牛《異物志》：日南多駃牛，日行數百里。、搪牛《寰宇記》：形如牛而大，頭白身黑，角長二丈，堪為酒器，出懷驩縣。、潮雞《寰宇記》：愛州移風縣有潮雞，鳴長且清，如吹角，潮至則鳴，一名林雞，其冠四開如笑蓉。、大蜈蚣皮可鞔鼓，肉白如瓠，為脯味佳。、紅飛鼠茸毛肉翼，每雌雄伏花蕉間，得其一，則其一不去，南中婦人，採之為媚藥。、石磬安鑊山石可為磬，晉豫章太守范寧採用之。又《寰宇記》：愛州軍安縣磬石，出浮邱溪。、火齊《寰宇記》：愛州軍安縣流金澗，多金沙，出火齊，狀如雲母，重疊如黃金。、蟻漆《寰宇記》：《吳録》云：居風有蟻絮籐，人視土中知有蟻，因墾發，以木枝挿其上，則蟻出緣，如生漆堅凝。、雞舌香釀花而成者。、都梁香似藿香。、沈香藤、簡子藤實皆赤色可食。、人子藤子如人狀，燒之集象。、千歲子于在根下。、石栗生石罅中，花開三年方結實。、九層皮脫至九層方見肉，熟而食之，味類栗。、莎樹未可食。、古度樹不花而實，實從木皮中出，如綴珠然，黃時即食，時久化為飛蟻。左思《吳都賦》：松梓古度，平仲君遷。劉逵註：古度，樹也，不華而實，子皆從皮中出，大如安石榴正赤，初時可煑食，廣州有之。晉顧徽《廣州記》：熙安縣有古度樹，俗人無子，於祠炙其乳，則生男，以金帛報之。、木綿樹實如酒杯。、訶羅勒、穰木樹皮中有屑如米，可作餅食。、由梧竹長三四丈，圍三尺，可作梁柱。、如何九百年一實，形如棗，長五尺。、象牙簟抽牙絲織者。、辟珠大者如指，常附胎於椰子檳榔諸果上，謂之聖鐵。、他綸木《寰宇記》：堪為衣裳及褥。、蟻子鹽醢交州溪洞酋長，多收蟻卵鹽為醬，非官客親族不得食。《周禮·醢人》：醓食之豆有蚳，蟻子疑即此。、菴羅果俗名香蓋，乃果中極品，或謂種出西域，實似北梨，四五月間熟，即多食食無害。、波羅蜜大如冬瓜，皮有軟刺，五六月熟，味最香甜，核可煑食，能飽人，奉化府嘉林州出者尤佳。、烏木堅緻可為器。、蘇木一名多邦。

又　卷五五九《占城在西南海中》　建置沿革　元至元間，惡其阻命，大舉兵擊之，終不能定。明洪武二年，太祖遣官以即位詔諭其國。其王阿答阿者，先已遣使奉表來朝，貢象虎方物，乃命中書省管勾甘桓，會同館副使路景賢，齎詔封阿答阿者爲占城國王。二十三年，阿答阿者失道，大臣閣勝弑王自立。明年，遣太師奉表來貢。帝惡其悖逆，卻之。永樂元年，其王占巴的賴，奉金葉表朝貢，且告安南侵掠，請降敕誡諭，許之。嗣後朝貢不絕。然安南與占城，以壤地相接，故互相侵掠，搆兵不已，至成化七年，安南大舉兵破占城，執其王槃羅茶全，遂據其地，改爲交南州，尋立前王孫齊亞麻弗菴爲王，以國南邊地予之。十四年，遣使請封於朝，方命使而齊亞麻弗菴已卒。其弟古來請襲位，安南又立其國人提婆苔爲王，竊據其地。朝議傳諭古來詣廣東受封，遣都御史屠滽，傳檄安南，存亡繼絕，迎古來返占城。安南以滽大臣，奉特遣護古來還國不敢抗，古來乃得入。宏治元年，遣使入貢，而安南仍肆侵陵焉。始占城所立土地，凡三千七百餘里，最爲殷庶《宋史·占城國》：在中國之西南，東至海，西至雲南，南至真臘，北至驩州，其地東西七百里南北三千里。南曰施備州，西曰上源州，北曰烏里州，所統大小州二十八。自殘破以後，民物蕭條，貢使亦漸稀矣。又有賓童龍者，與占城接壤，或言如來入舍衛國乞食，即其地，其氣候風土亦相類《明史·賓童龍國》：人皆穴居巢處，食菓實魚蝦，無室廬井竈，風土頗類占城，惟遭喪能持服，葬以僻地，設齋禮佛，婚姻偶合，酋出入乘象或馬，從者百餘人，前後讚唱。民編茅覆屋，貨用金銀花布。國境有崑崙山，屹然大海中，與占城及東西竺鼎峙相望，其山方廣而高。其海即曰崑崙洋，諸往西洋者，必待順風，七晝夜始得過，故舟人爲之諺曰：上怕七州，下怕崑崙；針迷舵失，人船莫存云。

風俗　胸纏氎布，腦垂髻髻《宋史·外國傳》：土無絲繭，以白氎布纏胸，垂至足，衣衫窄袖，撮髮爲髻，散垂爲髻於後，其王腦後髽髻散，披吉貝衣，戴金花冠，七寶妝纓絡爲飾，脛股皆露，躡革履，無襪。婦人亦腦後撮髻，無笄梳，其服及拜揖與男子同。王每日午坐禪椅，官屬謁見，膜拜一而止。白事畢，復膜拜一而退，或出遊看象採臘觀漁，皆數日方還。近則乘軟布兜，遠則乘象，或乘一木杠，四人舁之，先令一人持檳榔盤前導，從者十餘輩，各執弓箭刀槍手牌等，其民望之膜拜。驅象逐邪，殺牛祭祀《宋史·占城傳》：其風俗於正月一日，牽象周行所居之地，然後驅逐出郭，謂之逐邪。四月有遊般之戲，定十一月十五日爲冬至，人皆相賀，每年十二月十五日，城外縛木爲塔，王及臣民以衣物及香置塔上焚之，以祭天地。又其國有山牛，不任耕耨，但殺以祭祀，將殺，令巫祝之曰：阿羅和及拔。譯云：早殺他托生也。人性凶悍，果於戰鬭《文獻通考》。市用金銀，飲無茶酒《文獻通考》：市無緡錢，止有金銀，較量錙銖，地不產茶，亦不知醞釀之法，止飲椰子酒，兼食檳榔。民以漁爲業，力穡者少《明史》：其國無霜雪，四時皆似夏，草木常青，民以漁爲業，無二麥，力穡者少，故收穫薄。國人皆食檳榔，終日不離口。無紙筆，不解朔望《明史》：其俗但以月生爲初，月晦爲盡，不置閏，分晝夜爲十更。非日中不起，非夜分不卧，見月則飲酒歌舞爲樂。無紙筆，用羊皮槌薄熏黑，削細竹蘸白灰爲字，狀若蚯蚓。性狠而狡，飲食汚穢《明史》：人情很而狡，貿易多不平，户皆北向，民居悉覆茅，檐高不過三尺，部領分差等，門高卑亦有限，飲食穢汚，魚非腐爛不食，釀不生蛆不美。人體黑，男蓬頭，女椎髻，俱跣足。其王歲時采生人膽入酒中，與家人同飲，且以浴身，曰通身是膽，國人采以獻王。又以洗象目，每伺人於道，出不意，殺取之。崇釋教，重刑罰《明史》：王在位三十年，避位入深山，以兄弟子姪代，特齋受戒，告於天曰：我爲君無道，願狼虎食我，或病。居一年無恙，則復位如初。國中呼爲昔嚟馬哈剌，乃至尊至聖之稱。鰐魚潭，獄疑不決者，令兩造騎牛過其旁，曲者魚輒躍而食之，直者即數往返不食也。《續文獻通考》：刑禁亦設枷鎖，小過以藤杖鞭之，當死者以繩繫於樹，用槍舂喉而殊其首。

土產　金《南史》：林邑國有金山，石皆赤色，其中生金，金夜則出飛，狀如螢火。、火珠《唐書》：貞觀四年，林邑王范頭黎遣使獻火珠，大如雞卵，圓白皎潔光能照數尺，狀如水晶，正午向日蒸之，即火燃。、犀大者八百斤。、象、烏木、降香、伽南香獨產其地一山，酋長遣人守之，民不得採，犯者斷手。、觀音竹長丈八尺，節二三寸，色如鐵。、矮脚雞、結遼鳥能解人語，見《唐書·林邑傳》。、五色鸚鵡《唐書》：貞觀四年，林邑獻五色鸚鵡，太宗異之，詔右庶子李百藥爲之賦。、玳瑁、孔雀、菩薩石、薔薇水、猛火油《宋史》：占城有薔薇水，灑衣經歲香不歇；猛火油，得水愈熾。二者皆貯以琉璃瓶。、吉貝《明統志》：樹名，其花成時，如鵞毳，抽其緒紡之，可以作布。、白氎布。

老撾

清·傅恆等《皇清職貢圖》卷一　南掌古越裳氏地，自周以來不通中國。明永樂初，部長刀線歹入貢，始置軍民宣慰使。萬曆中，猶奉貢後不復至。

本朝雍正八年，其部長素馬喇薩遣其頭目叭猛花等，奉金表稱南掌國王，貢牝牡二象。乾隆八年，定為十年一貢，其部長居高樓，見者以貴賤為限，貴者披髮覆肩紅巾紅衣，婦人則挽髪束，以紅帛短衣長裙，體皆刺花，性多獷悍。

老撾，俗呼為撾家，即南掌夷民也。男子披髪帶黑漆帽，著青衣以疋布繞下體。婦女挽髻以白布抹額，白衣紅領，繫花布桶裙，俱跣足。喜啖生肉，知耕種，勤紡織，其近在普洱府東界外者，常入內地貿易。

清·穆彰阿等《嘉慶重修一統志》卷五五五《南掌》　南掌在雲南省東南，東至水尾界，南至安南界，西至安遠界，北至車里界，其貢道由雲南以達於京師。

建置沿革　古越裳氏地，自周以來，不通中國。其夷佩雕瓜為飾，俗呼為撾家。明永樂三年，始備方物入貢，置老撾軍民宣慰使司。嘉靖間，緬人破其東之纜掌，亦名南掌，蓋老撾部屬之最荒遠者。

本朝雍正八年，南掌國遣頭目叭猛花等，奉表貢象二隻，請定貢期，奉旨五年一貢，賜之敕諭並文綺等物，令使臣齎奉回國。九年，奉表入謝。

乾隆元年，上以南掌僻處天末，遠道致貢，未免煩勞，定為十年一貢。二十六年，南掌國王准第駕公滿，遣使齎表慶祝萬壽，與例貢馴象二隻同進。三十六年亦如之。四十六年，南掌國王召翁遣使臣呈進年貢，並慶祝聖壽，進馴象四隻。五十八年，以例進象隻為數已多，檄知南掌等國，免其呈進，以省該國購覓之勞。六十年，南掌國王召溫猛，恭逢國慶，遣使祝釐，特頒敕諭，並允所請，賞駱駝馬贏各二，召溫猛於乾隆五十九年請封。已在播遷之際，祇受敕印後，仍未能返其國都，流寓越南昭晉州地方。嘉慶十四年，越南國王阮福映，遣員恭繳敕印，邊臣查明情形具奏。上以召溫猛懦弱不振，在外流徙，遺棄敕印，豈能復掌國事，聽其在越南居住，內地不應收留。二十四年，南掌國長召蟒塔度腊遣使進貢。籲懇封號，上准所請，錫之敕印先是，召温猛流徙越南時，其伯召蛇榮執掌國事。嘉慶四年十二年，虔修職貢。十四年，越南國王表稱召温猛流寓該國，十有餘載，不敢歸國，繳呈敕印。上以召温猛懦弱不振，念其流離，不加聲音，該國事聽其以召蛇榮代辦，茲召蛇榮之子召蟒塔度腊，復修職貢，敬懇封號，奉旨著加恩俯允所請，再行頒給敕封，以示懷柔。嗣後貢期如前。

風俗　民皆百夷，性獷悍，身及眉目皆刺花，《明統志》：其酋長有三等，大曰招木弄，次曰招木牛，又次曰招化而為宣慰者，卽招木弄也。居高樓，其土寬廣，見人不下樓。部屬見，卽所至之地，各為等限，使客亦然，而設通使引之以至其地，不差尺寸云。官長紅巾紅衣，老撾黑帽青衣，老撾俗呼撾家，南掌夷民也。《皇清職貢圖》：貴者披髮覆肩，紅巾紅衣，婦人則挽髮，束以紅帛，短衣長裙。老撾帶黑漆帽，著青衣，以疋布繞下體，婦女以白布抹頭，擊花布桶裙，跣足啖生肉，如耕種勤紡織。

土產　象入貢。、海貝、犀牛、乳香、西木香、訶子。

柬埔寨

元・周達觀《真臘風土記・總敍》　真臘國或稱占臘，其國自稱曰甘孛智。今聖朝按西番經，名其國曰澉浦只，蓋亦甘孛智之近音也。

自温州開洋，行丁未針。歷閩、廣海外諸州港口，過七洲洋，經交趾洋到占城。又自占城順風可半月到真蒲，乃其境也。又自真蒲行坤申針，過崑崙洋，入港。港凡數十，惟第四港可入，其餘悉以沙淺故不通巨舟。然而彌望皆修藤古木，黃沙白葦，倉卒未易辨認，故舟人以尋港爲難事。自港口北行，順水可半月，抵其地曰查南，乃其屬郡也。又自查南換小舟，順水可十餘日，過半路村、佛村，渡淡洋，可抵其地曰干傍，取城五十里。

按《諸番志》稱其地廣七千里。其國北抵占城半月路，西南距暹羅半月程，南距番禺十日程，其東則大海也。舊爲通商來往之國。

聖朝誕膺天命，奄有四海。唆都元帥之置省占城也，嘗遣一虎符萬户，一金牌千户，同到本國，竟爲拘執不返。

元貞之乙未六月，聖天子遣使招諭，俾余從行。以次年丙申二月離明州，二十日自温州港口開洋，三月十五日抵占城。中途逆風不利，秋七月始至，遂得臣服。至大德丁酉六月回舟，八月十二日抵四明泊岸。其風土國事之詳，雖不能盡知，然其大略亦可見矣。

又《城郭》　州城周圍可二十里，有五門，門各兩重。惟東向開二門，餘向開一門。城之外皆原脱皆字，巨濠，濠之上原誤作外，皆通衢大橋。橋之兩傍，共有石神五十四枚，如石將軍之狀，甚巨而獰，五門皆相似橋之闌皆石爲之，鑿爲蛇形，蛇皆九頭。五十四神皆以手拔蛇，有不容其走逸之勢。城門之上有大石佛頭五，面向西方。中置其一，飾之以金。門之兩傍，鑿石爲象形。城皆疊石爲之，高可二丈。石甚周密堅固，且不生繁草，却無女牆。城之上，間或種桄榔木，比比皆空屋。其內向如坡子，厚可十餘丈。坡上皆有大門，夜閉早開，亦有監門者，惟狗不許入門。其城甚方整，四方各有石塔一座。曾受斬趾刑人亦不許入門。

當國之中有金塔一座，傍有石塔二十餘座，石屋百餘間，東向有金橋一所。金獅子二枚，列於橋之左右。金佛八身，列于石屋之下。金塔之北可一里許，有銅塔一座，比金塔更高，望之鬱然。其下亦有石屋數十間。又其北一里許，則國主之廬也。其寢室又有金塔一座焉。所以舶商自來有『富貴真臘』之褒者，想爲此也。

石塔山在南門外半里餘，俗傳魯般一夜造成。魯般墓在南門外一里許，周圍可十里，石屋數百間。

東池在城東十里，周圍可百里，中有石塔、石屋。塔之中有卧銅佛一身，臍中常有水流出。味如中國酒，易醉人。

北池在城北五里，中有金方塔一座，石屋數十間。金獅子、金佛、銅象、銅牛、銅馬之屬，皆有之。

又《宮室》　國宮及官舍府第皆面東。國宮在金塔、金橋之北，近北門，周圍可五六里。其正室之瓦以鉛爲之；餘皆土瓦，黃色。梁柱甚巨，皆雕畫佛形。屋頗原誤作頭，據《郛》甲本改。《四庫全書考證》卷五十六，亦以爲頗誤作頭。壯觀，修廊複道，突兀參差，稍有規模。其蒞事處有金窗，櫺左右方柱，上有鏡約四五十面，列放於窗之旁。其下爲象形。聞內中多有奇處，防禁甚嚴，不可得而見也。

其內中金塔，國主夜則卧其下，土人皆謂塔之中有九頭蛇精，乃一國之土地主也。係女身。每夜則見，國主則先與之同寢交媾，雖其妻亦不敢入。二鼓乃出，方可與妻妾同睡。若此精一夜不見，則番王死期至矣。若番王一夜不往，則必獲災禍。

其次如國戚大臣等屋，制度廣袤，與常人家迥別；周圍皆用草蓋，獨家廟及正寢二處許用瓦。亦各隨其官之等級，以爲屋室廣狹之制。其下如百姓之家，止用草蓋，瓦片不敢上屋。其廣狹雖隨家之貧富，然終不敢傚府第制度也。

又《服飾》 自國主以下，男女皆椎髻袒裼，止以布圍腰。出入則加以大布一條，纏於小布之上。布甚有等級，國主所打之布，有直金三四兩者，極其華麗精美。其國中雖自織布，暹羅及占城皆有來者，往往以來自西洋者爲上，以其精巧而細美故也。

惟國主可打純花布。頭戴金冠子，如金剛頭上所戴者；或有時不戴冠，但以線穿香花，如茉莉之類，周匝於髻間。頂上戴大珍珠三斤許。手足及諸指上皆帶金鐲，指環，上皆嵌貓兒眼睛石。其下跣足，足下及手掌，皆以紅藥染赤色。出則手持金劍。

百姓間惟婦女可染手足掌，男子不敢也。大臣國戚可打疎花布，惟官人可打兩頭花布；百姓間惟婦人可打之。若新唐人雖打兩頭花布，人亦不敢罪之，以其暗丁八殺故也。暗丁八殺者，不識體例也。

又《官屬》 國中亦有丞相、將帥、司天等官，其下各設司吏之屬，但名稱不同耳。大抵皆國戚爲之，否則亦納女爲嬪。其出入儀從各有等級。用金轎杠、四金傘柄者为上；金轎杠、二金傘柄者次之；金轎杠、一金傘柄者又次之；止用一金傘柄者，又其次之也。其下者止用一銀傘柄者而已，亦有用銀轎杠者。金傘柄以上官，皆呼爲巴丁，或呼暗丁。銀傘柄者，呼爲廝辣的。傘皆用中國紅絹爲之，其裙直拖地。油傘皆以綠絹爲之，裙却短。

又《山川》 自入真蒲以來，率多平林叢木，長江巨港，綿亘數百里。古樹修藤，森陰蒙翳，禽獸之聲，雜遝于其間。至半港而始見有曠田，絶無寸木，彌望芃芃禾黍而已。野牛以千百成羣，聚於其地。又有竹坡，亦綿亘數百里。其竹節間生刺，筍味至苦。四畔皆有高山。

又《出產》 山多異木，無木處乃犀、象屯聚養育之地。珍禽奇獸，不計其數。細色有翠毛、象牙、犀角、黃蠟，粗色有降真、荳蔻、畫黃、紫梗、大風子油。

翡翠，其得也頗難。蓋叢林中有池，池中有魚。翡翠自林中飛出求魚，番人以樹葉蔽身，而坐水濱，籠一雌以誘之。手持小網，伺其來則罩之。有一日獲三五隻，有終日全不得者。

象牙則山僻人家有之。每一象死，方有二牙。舊傳謂每歲一換牙者非也。其牙以標而殺之者上也，自死而隨時爲人所取者次之，死於山中多年者，斯爲下矣。

黃蠟出於村落朽樹間，其一種細腰蜂如螻蟻者，番人取而得之。每一船可收二三千塊，每塊大者三四十斤，小者亦不下十八九斤。

犀角白而帶花者爲上，黑爲下。降真生叢林中，番人頗費砍斫之勞，蓋此乃樹之心耳。其外白，木可厚八九寸，小者亦不下四五寸。荳蔻皆野人山上所種。畫黃乃一等樹間之脂；番人預先一年以刀斫樹，滴瀝其脂，至次年而始收。紫梗生于一等樹枝間，正如桑寄生之狀，亦頗難得。大風子油乃大樹之子，狀如椰子而圓，中有子數十枚。胡椒間亦有之，纏藤而生，纍纍如綠草子，其生而青者更辣。

又《貿易》 國人交易皆婦人能之，所以唐人到彼，必先納一婦人者，兼亦利其能買賣故也。

每日一墟，自卯至午卽罷。無鋪店，但以蓬席之類鋪于地間，各有常處。聞亦有納官司賃地錢。小交關則用米穀及唐貨，次則用布；若乃大交關，文津本誤作門。則用金銀矣。

往年土人最朴，見唐人頗加敬畏，呼之爲佛，見則伏地頂禮。近亦有脱騙欺負唐人者矣，由去人之多故也。

又《草木》 惟石榴、甘蔗、荷花、蓮藕、羊桃、蕉芎與中國同。荔枝、橘子，狀雖同而味酸，其餘皆中國所未曾見。樹木亦甚各別，草花更多，且香而艷。水中之花，更有多品，皆不知其名。至若桃、李、杏、梅、松、柏、杉、檜、梨、棗、楊、柳、桂、蘭、菊、芷之類，皆所無也。其中正月亦有荷花。

又《飛鳥》 禽有孔雀、翡翠、鸚哥，乃中國所無。其餘如鷹、鴉、鷺鷥、雀兒、鸕鷀、鸛、鶴、野鴨、黃雀等物皆有之。所無者，喜鵲、鴻雁、黃鶯、杜宇、燕、鴿之屬。

又《走獸》　獸有犀、象、野牛、山馬，乃中國所無者。其餘如虎、豹、熊、羆、野猪、麞、鹿、麏、麂、猿、狐、㹠原脱㹠字，據《郛》甲本增。之類甚多。所不見者，獅子、猩猩、駱駝耳。雞、鴨、牛、馬、猪、羊在所不論也。馬甚矮小，牛甚多。生不敢騎，死不敢食，亦不敢剥其皮，聽其腐爛而已。以其與人出力故也，但以駕車耳。在先無鵝，近有舟人自中國攜去，故得其種。鼠有大如貓者；又有一等鼠，頭腦絶類新生小狗兒。

又《蔬菜》　蔬菜有葱、芥、韭、茄、西瓜、冬瓜、王瓜、莧菜。所無者蘿蔔、生菜、苦蕒、菠薐之類。瓜、茄雖月間亦有之。茄樹有經數年不除者。木綿花樹高可過屋，有十餘年不換者。不識名之菜甚多，水中之菜亦多種。

又《魚龍》　魚鱉惟黑鯉魚最多；其他如鯉、鯽、草魚亦多。有吐哺魚大者重二斤以上。更有不識名之魚亦甚多，此皆淡水洋中所來者。至若海中之魚，色色有之。鱔魚、湖鰻，田雞土人不食，入夜則縱横道途間。黿鼉大如合苧，雖六藏之龜，亦充食用。查南之蝦，重一斤以上。真蒲龜脚可長八九寸許。鰐魚大者如船，有四脚，絶類龍，特無角耳。蟶甚脆美。蛤、蜆、螺螄之屬，淡水洋中可捧而得。獨不見蟹，想亦有之，而人不食耳。

又《醖釀》　酒有四等：第一等唐人呼爲蜜糖酒，用藥麴，以蜜及水中半爲之。其次者，土人呼爲朋牙四，以樹葉爲之。朋牙四者，乃一等樹葉之名也。又其次，以米或剩飯爲之，名曰包稜角。蓋包稜角者米也。其下有糖鑑酒，以糖爲之。又入港濱水，又有茭漿酒；蓋有一等茭葉生于水濱，其漿可以釀酒。

又《鹽醋醬麯》　醝物國中無禁，自真蒲、巴澗濱海等處，率皆燒。山間更有一等石，味勝于鹽，可琢以成器。

土人不能爲醋，羹中欲酸，則著以咸平樹葉，樹既生莢則用莢，既生子則用子。

亦不識合醬，爲無麥無豆故也。亦不曾造麴，蓋以蜜水及樹葉釀酒，所用者酒藥耳，亦如鄉間白酒藥之狀。

又《蠶桑》　土人皆不事蠶桑，婦人亦不曉針線縫補之事，僅能織木綿布而已。亦不能紡，但以手捏成條。無機杼以織，但以一頭縛腰，一頭搭窗上，梭亦止用一竹管。

近年暹人來居，却以蠶桑爲業。桑種蠶種，皆自暹中來。亦無麻苧，惟有絡麻。暹人却以絲自織皁綾衣著，暹婦却能縫補。

又《器用》　尋常人家，房舍之外，别無桌凳盂桶之類，但作飯則用一瓦釜，作羹則用一瓦銚。就地埋三石爲竈。以椰子殼爲杓。盛飯用中國瓦盤或銅盤；羹則用樹葉造一小碗，雖盛汁亦不漏。又以茭葉製一小杓，用兜汁入口，用畢則棄之。雖祭祀神佛亦然。又以一錫器或瓦器盛水於傍，用以蘸手。蓋飯只用手拿，其粘於手者，非水不能去也。

飲酒則用鑞器，可盛三四盞許，其名爲恰；盛酒則用鑞注子。貧人則用瓦鉢子。若府第富室，則一一用銀，至有用金者。國主處多用金爲器皿，制度形狀又别。

地下所鋪者，明州之草蓆，或有鋪虎豹麂鹿等皮及藤簟者。近新置矮桌，高尺許。睡只以竹蓆卧於地。近又用矮床者，往往皆唐人製作也。夜多蚊子，亦用布罩。國主内中，以銷金縑帛爲之，皆舶商所饋也。稻子不用礱磨，止用杵臼耳。

又《車轎》　轎之制以一木屈其中，兩頭竪起，雕刻花樣，以金銀裹之，所謂金銀轎杠者此也。每頭一尺之内釘鉤子，以大布一條厚摺，用繩繫於兩頭鉤中，人坐於布內，以兩人擡之。轎外又加一物如船篷而更闊，飾以五色縑帛，四人扛之，隨轎而走。

若遠行，亦有騎象、騎馬者，亦有用車者。車之制却與他地一般。馬無鞍，象却有凳可坐。

又《舟楫》　巨舟以硬樹破版爲之。匠者無鋸，但以斧鑿之，開成版；既費木，且費工，甚拙也。凡要木成段，亦只以鑿鑿斷；起屋亦然。船亦用鐵釘，上以茭葉蓋覆之，却以檳榔木破片壓之。此船名爲新拿，用櫂。所粘之油，魚油也；所和之灰，石灰也。

小舟却以一巨木鑿成槽，以火熏軟，用木撑開；腹大，兩頭尖，無蓬，可載數人；止以櫂划之，名爲皮闌。

又《屬郡》　屬郡九十餘，曰真蒲，曰查南，曰巴澗，曰莫良，曰八薛，曰蒲買，曰雉棍，曰木津波，曰賴敢坑，曰八厮里。其餘不能悉記。各置官屬，皆以木排柵爲城。

又《村落》 每一村，或有寺，或有塔。人家稍密，亦自有鎮守之官，名爲買節。大路上自有歇脚去處，如郵亭之類，其名爲森木。因與暹人交兵，遂皆成曠地。

又《軍馬》 軍馬亦是裸體跣足，右手執摽槍，左手執戰牌，別無所謂弓箭、礮石、甲冑之屬。傳聞與暹人相攻，皆驅百姓使戰，往往亦別無智略謀畫。

元・汪大淵《島夷志略・真臘》 州南之門，實爲都會，有城週圍七十餘里，石河廣二十丈，戰象幾四十餘萬。殿宇凡三十餘所，極其壯麗。飾以金璧，鋪銀爲磚，置七寶椅，以待其主。貴人貴戚所坐，坐皆金机。歲一會，則以玉猿、金孔雀、六牙白象、三角銀蹄牛羅獻於前。列金獅子十隻於銅臺上，列十二銀塔，鎮以銅象。人凡飲食，必以金茶盤、籩豆、金碗貯物用之。外名百塔洲，作爲金浮屠百座。一座爲狗所觸，則造塔頂不成。次曰馬司録池，復建五浮屠，黄金爲尖。次曰桑香佛舍，造裹金石橋四十餘丈。諺云：『富貴真臘』者也。

氣候常暖，俗尚華侈，田廣富饒。民煮海爲鹽，釀小米爲酒。男女椎髻，生女九歲，請僧作梵法，以指挑童身，取紅點女額及母額，名爲『利市』，云如此則他日嫁人，宜其室家也。滿十歲卽嫁。若其妻與客淫，其夫甚喜，誇於人：『我妻巧慧，得人愛之也』。以錦圍身，眉額施珠。酋豪出入，用金車羽儀，體披瓔珞，右手持劍，左手持麈尾。法則劓、刖、刺配之刑。國人犯盜，則斷手足、烙胸背、黥額，殺唐人則死。唐人殺番人至死，亦重罰金，如無金，以賣身取贖。

地產黄蠟、犀角、孔雀、沉速香、蘇木、大楓子、翠羽，冠於各番。貨用金銀、黄紅燒珠、龍段、建寧錦、絲布之屬。

元・周致中《異域志》卷上《真臘國》 其國極熱，卽南回回。凡嫁娶，女子九歲乃會親友，令僧作佛事，以指頭挑破女子童體，以血點於母額，以爲利市，嫁人夫婦和。十歲卽嫁。人與其妻通，其夫卽喜。國人爲盜，卽斬手斷足，或以火印烙記黥額，死罪者以木樁穿其尻。

又《西棚國》 與真臘相鄰，風俗不同。其國望見天有一竅極明，土人稱天門。

又《天際國》 西棚國望見天有一痕明亮，卽是其國也。其國極富，城池宮室皆如中國，橋梁石柱皆用玉，有華表二根皆瑪瑙，產珍寶異香。大概天道左旋，每一年一週，天四極之際天光長多，如骨利國日長夜短是也。其國一年天旋到此，天光返照一遍，國人謂之天開，非也。

明・羅日褧《咸賓録》卷六《南夷志・真臘》 真臘本扶南屬國，漢成帝時獻萬年蛤、夜光珠。帝以蛤賜趙后，以珠賜婕妤。後久未通。至隋復通中國。唐初，其王質多斯那並扶南，其勢遂盛。

扶南者，其先有女人爲王，號曰柳葉。年少壯健，裸體披髮，不製衣裳。其南有徼國事鬼神者，字混填，夢神賜之弓，乘賈人船入海。混填晨起卽詣廟，于神樹下得弓，便依夢乘船入海，至扶南外邑。柳葉人衆見船至，欲取之。混填卽張弓射其舶，穿度一面，矢及侍者。柳葉大懼，舉衆降混填。混填乃教柳葉穿布貫頭，形不復露。遂治其國，納柳葉爲妻，生子分王七邑。

其後王混盤況以詐力間諸邑，令相疑阻，因舉兵攻幷之。乃遣子孫衆分治諸邑，號曰小王。盤況年九十餘死，立中子盤盤，以國事委其大將范蔓。盤盤立三年死，國人共舉蔓爲王。蔓勇健有權略，復以兵威攻伐旁國，咸服屬之，自號扶南大王。乃治作大船，窮漲海，攻滅旁十餘國，開地五六千里。後爲其娣子旃篡立，蔓死時有乳下兒名長在民間，至年二十，乃結國中壯士襲殺旃。旃大將范尋又殺長而自立。

吴時遣中郎康泰、宣化從事朱應出使其國。國人猶裸，惟婦人著貫頭。泰、應謂曰：『國中實佳，但人褻露可怪耳。』尋始令國內男子著橫幅。大家截錦爲之，貧者用布。

晉武帝、穆帝時俱遣使來貢。其後王憍陳如，本天竺婆羅門也。有神語曰『應王扶南』。憍陳如心悅，南至盤盤。扶南人聞之，舉國欣戴，迎而立焉。復改制度，用天竺法。憍陳如死，其後王《梁書》具載，有世次名號，歷宋、齊、梁朝貢不絶。

梁大同初，遣使獻生犀。又言其國有佛髮長一丈二尺，詔遣沙門釋云寶隨使往迎之。其髮青紺色，以手伸之，隨手長短，放之則旋屈爲蠡形。案《僧伽經》云：『佛髮青而細，猶如藕莖絲。』《佛三昧經》云：『我昔在宮沐頭，以尺量髮，長一丈二尺，放已右旋，還成蠡文。』則是真爲佛髮也。

頃之，其國有人持一碧玻璃鏡來貿易者。鏡廣一尺五寸，重四十斤，内外皎潔，置五色物於其上，向明視之，不見其質。問其價，約錢百萬貫。舉國不識，莫有酬其價者。以示杰公。杰公曰：『是上界之寶也，當爲國王及大臣所藏爾。胡客何由得之？必竊盗至此者。』胡人逡巡不能對。俄而其國遣使追訪，果如所言。

隋時，其王姓古龍遣使貢獻。唐貞觀中，貢白頭國二人，素首白身，如凝脂然。未幾，真臘滅之，據有其地，扶南遂亡。

真臘自武德至聖歷間凡四來朝，至神龍中分爲水、陸真臘二國。大曆中，其副王婆彌及妻來朝，獻馴象十一。擢婆彌試殿中監，賜名賓漢。是時德宗初卽位，珍禽奇獸悉縱之。蠻夷所獻馴象畜苑中，元會充庭者凡三十二，悉放荆山之陽。元和中，水真臘亦遣使貢獻。言屬國有道明國無衣服，見衣服者共笑之，蓋幾與禽獸爲羣矣。

宋政和至紹興間，朝貢不絶。朝廷封其王與占城等焉。淳熙間，占城襲破其國。真臘人養精蓄鋭十有餘年，大舉入占城，更立真臘人爲王，於是占城遂爲真臘屬國矣。

我朝洪武六年，國王忽兒那遣使表獻方物，賜《大統曆》、文綺，自是朝貢不絶。

昔元時周達觀出使其國，著有《真臘風土記》，載其事甚詳。其最異者，言國主每夜卧一金塔，上有九頭蛇精，係女身，來與國王同寢交媾，二鼓方出，可與妻妾同睡。若此精一夜不見，則王死期至矣。若王一夜不往，亦必獲災禍。亦有儒、釋、道三種。呼儒爲班詰，於項上以白線掛之，别其爲儒也。呼道爲八思惟。其國中道教少，亦不甚尊。呼僧爲苧姑，其教最盛，王公庶人皆敬畏之如神明。然民家養女至八九歲，必命僧去其童身，名曰陣毬。蓋官司于中國四月内頒命，陣毬之家先行申報，然後行其事，秘不令唐人見之。陣毬後必用金銀布帛等物與僧贖身，否則此女終爲僧有矣。前此父母必與女同寢，以後斥於房外，任其所之。刑無絞斬，重罪則坑之，次則斷手足、耳、鼻，次則罰金而已。其土地靈，人多術法。如辨盗真僞，置其手油鍋中，真爲盗者，手卽腐爛，否則皮肉如故。又辨訟曲直，令兩家各坐一小石塔，三四日，其理曲者必獲證候或身生各病，理直者略無纖事，謂之天獄。婦多淫。國多兩形人，每日十數成羣，行於墟場間，嘗有招來唐人之意，反有厚饋。人死則擲野曠中，俟有鷹犬類來食，頃刻而盡，則謂父母有福，否則謂之惡報。今亦漸有焚者。男女椎髻，以去髮爲服制。國王仍用塔葬。交易皆婦人。唐商到彼必納一婦爲便。其見唐人亦頗加敬畏，呼之曰佛云。

余觀《通典》、《通考》、各代史、《異域志》諸書，所載俱未有如此之異者，但言其國地無霜雪，自四月至九月日夕皆雨，水高十丈，巨樹盡没。民移入山，居至十月。絶無雨水，民復還耕種。王三日一聽朝，坐五香七寶床牀，上施寶帳，以文木爲竿，象牙金鈿爲壁。其冠履服制大都盡華飾也。民俗亦侈靡，以錦圍身，故諺云『富貴真臘』。

官名與占城同。輒與參半、朱江二國和親，數與林邑、陁栢二國戰爭。其人行止皆持甲杖。王初立日，其至戚兄弟並刑殘之，令别處供給，不得仕進。法無牢獄，有罪者先齋戒三日，乃燒斧極赤，令之捧行七步。蕃殺漢人卽償其死，漢殺蕃人罰金而已。人死以五香木燒尸，收灰以金銀盆盛之，貯之水中，貧者或用瓦。亦有不焚，送尸山中任野獸食者。

其鄰有西棚國，天隅有一竅極明，土人稱爲天門，云女媧氏之所不至也。

其譯語：父爲巴馳，母爲米姑，兄爲邦，弟爲補温。

其山川則陵伽鉢羅山。上有神祠，神名婆多利，祭用人肉，每以兵二千人守衛之，王及國人甚加敬畏。

其產：嘉果、建同、魚也，鼻如象，吸水上噴，高五六十尺，四足。浮胡、魚也，嘴如鸚鵡，八足。大魚，望之如山，每五六月中毒氣流行，卽以白豬白羊祭之，不然其歲荒矣。風母，似猿，打死得風卽活，惟以菖蒲塞其鼻則死，不復生矣。交趾亦有之。却塵獸，其皮不沾塵，故名。元載寵姬薛瑶英曾以爲褥，高麗亦有之。金顔香、香乃樹脂，有黄白黑三色，白者爲佳，能聚衆香，番人以之塗身。毗野，實似豬。婆田羅，實似棗。歌畢佗，實似李。鰐魚，大者如船，四足，類龍，特無角耳。肚甚脆美。美人酒、美人口中含而造之，一宿而成。爲奇。

論曰：真臘自古通貢，俗同諸夷，而周達觀所紀獨異羣書。至辨盜辨訟事，西南諸國多有此俗，非特真臘然；此何故也？蓋地邇印度，奉佛甚謹，善惡報驗，佛法固然。常讀内典，見有阿闍王令醉象蹋佛，佛以慈善根力，舒五指成五獅子以怖醉象事。又有西土龍樹與善咒婆羅門角力，婆羅門化大池蓮坐其上，龍樹化白象入池，鼻舉蓮花高擲婆羅門事，此惡驗也。又有毗奢利國，有人如馬，裸露，見王號呼。王運神力分身爲蠶，頃乃得衣事。又有波斯匿王收五百賊，剜其兩目，棄入坑中，爾時羣賊苦痛，念南無佛。達摩以慈善根力，吹藥令入賊目悉平事。此善應也。諸如此類，不可勝述。余恐士人以真臘事爲誣，故偶敍之末云。

明·張燮《東西洋考》卷三《柬埔寨》

柬埔寨即古真臘國也。其國自呼甘孛智，後訛爲甘破蔗，今云柬埔寨者，又甘破蔗之訛也。《風土記》云：《西番經》名其國曰澉浦只，蓋甘孛智之近音。先爲扶南屬國，王姓刹利氏。至賨斯多那兼扶南而有之，遂雄諸夷。既死，子伊奢那先代立。隋大業十三年，遣使貢獻，帝禮之甚厚。至唐，疆土寖闢。神龍以來，國分爲二，北多山阜，號陸真臘；南近海，號水真臘。久之，仍合爲一。今賈舶至者，大都水真臘地也。

宋政和六年，使者來貢，賜朝服服之。《宋史》曰：奉化郎將鳩摩、僧哥等十四人來貢，賜以朝服。僧哥言：萬里遠國，仰投聖化，尚拘卉服。未稱區區嚮慕之誠，願許服所賜。從之，仍以其事付史館。明年，辭去。宣和二年，詔封其國王與占城等。建炎間，以郊恩授王檢校司徒，加食邑。其國屢與占城戰，戰失利。至建元時，大舉復仇，破占城，遂王其地，改國號占臘。蓋於是地方七千餘里矣。元之置省占城也，嘗遣一虎符、一金牌同往真臘，爲所拘執。元貞中，始招諭賓服之。

明興，國王忽兒那獻琛内附。二十年七月，行人唐敬還自真臘，王遣使貢象五十九頭、香六萬斤。永樂改元，遣使者諭即位。二年八月，國王參烈婆毗牙遣陪臣九人來貢，賜鈔幣有差。

先是，中貴人奉使彼中，將歸，有健兒三人夜遁去，索之不得。其王以國中三夷人充數。還朝，既引見，上曰：『華人自遁，何與彼事，而責償之過？且若輩語言不通，風土夐隔，將焉用此而令背井離鄉之爲！』顧命禮部給道里費，善遣之。尚書李至剛曰：『臣意華人必不甘逃遁彼土，或爲彼所匿，則此三人於法應留。』上曰：『何須逆詐人主？但推天地之心以待遠人可也。』三年，參烈婆毗牙殂，命鴻臚王孜往祭之，封其子參烈昭平牙爲王，賜綵幣。七年，奉金鏤表，貢馴象及方物。景泰三年，再貢。

王城周圍可二十里，城上石佛頭五，飾其中者以金。王宮及府第皆面東，宮殊壯麗。《風土記》曰：莅事處有金窗櫺，左右方柱上有鏡四十八面，列於窗旁。王三日一視朝，坐七寶牀上，著朝霞吉貝，瞞絡腰腹，下垂至脛。頭戴金寶花冠，足履革屣，耳懸金鐺，裳服白氎。《風土記》曰：男女椎髻，以布圍腰，出入則加以大布，圍小布之上。惟國主打純花布，頭戴金冠，有時穿茉莉之類，周匝髻間。項上戴大珍珠三斤許，手足及指上皆帶金鐲，指展上嵌貓精石，手掌用紅藥染赤色。臣入見王，稽首階下者三。王呼上階則跪，以兩手抱膊，遶王環坐。議國事訖，跪伏而去。《風土記》曰：國主坐衙，欲見者，列坐地上以俟。少頃，内中隱隱有樂聲，外吹螺迎之。須臾，二宮女卷簾，國主仗劍立金窗中矣。臣僚合掌叩頭，螺聲方絶。國主隨亦就坐。坐處獅子皮一領，乃傳國之寶。言事畢，國主轉身，二宮女復垂簾。

國中有金塔、金橋，歲時一會，羅列玉猿、孔雀、白象、犀牛於前，名百塔洲。《風土記》曰：用中國十月爲正月，名爲佳得。宫前縛大棚，可容千人，掛燈毬花果之屬。對岸遠離二十丈地，以木接續縛成高棚，每夜裝煙火爆杖，請國主觀燈。如是半月而後止。四月，抛毬。九月，壓獵。壓獵者，聚國衆皆來城中，教閲宫外。五月，迎佛水，聚遠近之佛，皆送水與國主洗身。陸地行舟，國主登樓以觀。七月，燒稻，蓋新稻已熟，迎於南門外燒之供佛。婦女觀者無數，主卻不出。八月，挨藍。挨藍者，舞也。點差伎樂宮内挨藍，且鬬豬鬬象，如是一旬。諺所謂『富貴真臘』也。生女九歲，擇僧道去其童身，名曰陣毯。《風土記》曰：官司每歲四月内，擇日頒行本國，有女應陣毯之家，先行申報，給巨燭一條，燭間刻畫一處，點至刻畫處，則爲陣毯時候矣。先期父母擇一僧，是夜大會親鄰，以綵帛結二亭子，一坐女子，一則僧坐其中。至期與女俱入房，手去其童，納之酒中。天明，以鼓樂送僧去。後當布帛與僧贖身，否則女終爲僧有，不得他適。婚娶，男女兩家俱八日不出門，晝夜燃燈相續。人死，輿置之野，聽烏鳶食，頃刻食盡者以爲福報。居喪但髡其髮，女人於額上剪髮如錢大，曰用此報親。文字，以麂鹿雜皮染黑，隨其廣狹，以意裁之，用粉如白堊類，磋爲小條子，拈於手中，就皮畫以成字，永不脱落。作字皆從後書向前，卻不自上書下也。沃野彌望，一歲可三四穫。《風土記》曰：糞田種蔬，皆不用穢，嫌其不潔。

其國謂儒爲班詰，僧爲苧姑，道爲八思。班詰不知所讀何書，但由此入仕，則爲清貫。微時於打布之外，項上挂白線一絲，以此自别。既貴，曳白線如舊。僧皆食肉，直不飲酒。肉亦時以供佛。王有大故，輒僧爲司南。今賈舶未有到王城者，只到海隅一屬國耳，故不覩其麗靡。或云卽蒲甘地。按《宋史》，蒲甘入貢，朝議欲待以交阯之禮，制詔書白背金花綾紙，貯以閒金鍍管籥，用錦絹夾襆緘封以往。乃本朝貢夷，獨無蒲甘，應是爲真臘所併無疑矣。

形勝名迹　陸伽鉢婆山《隋書》曰：上有神祠，以兵五千守衛之。城東有神名婆多利，祭用人肉。王别殺人，以夜祀禱，亦守衛千人。

伊奢那城《隋書》曰：伊奢那先代立，居伊奢那城。

婆羅提拔城按《唐書》，是水真臘所居處。

真蒲《風土記》曰：真蒲以來，率多平林叢昧，長江巨港，綿亘數百里，古樹修藤，森陰蒙翳，禽聲雜遝其間。至半港，始見曠田，絶無寸木，彌望芃芃，黍苗而已。

篱木州以木爲城，是華人客寓處。

竹坡《風土記》曰：綿亘數百里，其竹節相間生刺，筍味苦。四畔皆高山。

佛村《風土記》曰：自查南换小舟，順水十餘日過半路村、佛村。

魯班墓《風土記》曰：在南門外，周圍十里，石屋數百間。

銅臺《宋史》曰：列銅塔二十四、銅象八，以鎮其上。象重四千斤。

内中金塔《風土記》曰：國主夜卧其上。塔中有九頭蛇精，乃國之土地主也，係女身，每夜國主先與同寢，雖其妻不敢入，二鼓乃出，方與妻妾同睡。若此精一夜不見，則王死期至矣。王一夜不往，必獲災禍。

淡水洋《風土記》曰：四月至九月，每日午後下雨，洋中水寖高七八丈，巨樹盡没，僅留一杪耳。人家濱水者，皆移入山後。十月至三月，點雨絶無。洋僅通小舟，深不過三五尺，人家又復移下。

物產　犀角《風土記》曰：白而帶花者爲上，黑爲下。

象牙《風土記》曰：以摽殺之，上也。自死而隨時爲人所取者，次之。死山中多年者爲下。

鶴頂

翠羽《風土記》曰：叢中有池，翡翠飛入求魚。番人以樹葉蔽身坐水濱，籠一雌誘之，持小網，伺其來則罩，日獲三五隻。

銅

金顏香《一統志》曰：香乃樹脂，擘開雪白者爲佳，夾砂石爲下。其氣能聚衆香，番人以和香塗身。

篤耨香《本草綱目》曰：出真臘國，樹如松形，香老則溢出，色白而透明者名白篤耨，盛夏不融，香氣清遠。土人取後，夏日以火炙樹，令脂再溢，至冬凝復收之。雜以樹皮者名黑篤耨。《一統志》曰：盛之以瓢，碎瓢爇之亦香，名篤耨瓢。

沈香《一統志》曰：出真臘爲上，占城次之。

速暫香《一統志》曰：出真臘爲上，伐樹去木取香者，謂之生速。仆木腐而香存者，謂之熟速。其樹木半存者，謂之暫香。

降香《風土記》曰：叢林中頗費斫伐之勞，此乃樹心，其外白，木厚八九寸。

蠟《風土記》曰：出村落枯樹間，一種細腰蜂，番人取得之。一船可收二三千塊，塊大者三四十斤。

藤黄《本草》曰：樹名海藤花，有蘂，散落石上，彼人收之，謂之沙黄。就樹採者輕妙。

布《風土記》曰：土人不事蠶桑，僅織木綿布。亦不能紡，以手理成條，無機杼，但一頭縛腰，一頭搭上，梭只用一竹管。

獺皮

夷瓶

明角

烏角

燕窩

胡椒《風土記》曰：纏藤而生，纍纍如緑草子。

紫梗《風土記》曰：生樹枝間，如桑寄生狀，頗難得。

大風子《風土記》曰：大樹之子，如椰子而圓，中有數十枚。

婆那娑樹《隋書·真臘傳》曰：葉似柿，實似冬瓜。

菴羅樹《隋書》曰：花葉似棗，實似李。

毗野樹《隋書》曰：花似木瓜，葉似杏，實似楮婆。

田羅樹《隋書》曰：花、葉、實並似棗而小異。

歌畢佗樹《隋書》曰：花似林檎，葉似榆而厚大，實似李，其大如升。

椰子

檳榔《唐書》曰：客至，削檳榔、龍腦、香蛤以進。

荳蔻《一統志》曰：樹如絲瓜，蔓衍山谷，春花夏實。

酒《風土記》曰：酒有四等，第一呼蜜糖酒，用藥麯以蜜及水爲之。次者呼朋牙四，以樹葉爲之，乃樹葉名也。又次以米或剩飯爲之，名包稜角，包稜角者米也。其下糖鑑酒，糖爲之。又入港濱水有茭漿酒。按《唐書》，真臘飲酒者，比於淫。顧後人亦漸預醉鄉矣。

麝香木《一統志》曰：氣似麝臍。

蘇方木蘇恭曰：樹似菴羅，花黃子青熟黑，其木人以染絳。《南方草木狀》曰：煎汁忌鐵器，則色黯。

犀

象《宋史》曰：國戰象幾二十萬。慶元二年，貢馴象二。

孔雀

鸚鵡

建同魚《隋書》曰：四足無鱗，其鼻如象，吸水上噴，高五六十尺。

浮胡魚《隋書》曰：形似鮔，觜如鸚鵡，有八足。

交易　船至篙木，以柴爲城。酋長掌其疆政，果幣將之，遂成賈而徵償。

夷性頗直，以所鑄官錢售我，我受其錢，他日轉售其方物以歸。市道甚平，不犯司虣之禁。間有鯁者，則熟地華人自爲戎首也。《風土記》曰：國人交易，皆婦人能之。所以唐人到彼，必先納一婦，兼利其能買賣故也。每日一墟，自卯至午則罷。無居鋪，但蓬席鋪地，間亦有司賃地錢。土人見唐人，頗加敬畏，呼之爲佛，見則伏地頂禮。近亦有欺負唐人，由去人之多故也。

《明史》卷三二四《外國傳五・真臘》　真臘，在占城南，順風三晝夜可至。隋、唐及宋皆朝貢。宋慶元中，滅占城而并其地，因改國名曰占臘。元時仍稱真臘。

清・傅恆等《清職貢圖》卷一　東埔寨即真臘國，介安南暹羅間。隋唐及宋皆朝貢，明初亦嘗至。初稱甘孛智，萬曆中改今名。人情柔弱。善飼象。其演之為陣。用以禦敵、常帶劍入山。取犀角獻於夷目、男剪髮裹頭。身衣僅蔽下體。女挽髻露肘臂。惟蔽其乳。圍裙跣足。能採桑飼蠶，亦能織席。

清・穆彰阿等《嘉慶重修一統志》卷五五九《東埔寨在西南海中》

建制沿革　明洪武四年，國王忽見那遣其臣奈亦吉郎等表獻方物。永樂間，嘗再入貢。使者以其國數被占城侵擾，久留不去。帝遣中官送之還。拜敕占城王罷兵修好。至景泰後，貢使不至《明史・真臘傳》：其國城隍七十餘里，國中有金塔金橋殿宇三十餘所。王歲時一會，羅列玉猿孔雀白象犀牛於前，名曰白塔洲。盛食以金盤餘椀，故有富貴真臘之諺。其國自稱甘孛智，後訛爲甘破蔗。萬曆後改爲東埔寨按《皇朝通典》：東埔寨國無城池，王即山而建府，架竹木爲之，覆以茅葉，民居亦然。每冬春間，浙閩粵商人，往彼互市，及夏秋乃歸。舟必經七洲大洋，到魯萬山，由虎門入，計程七千三百里，距厦門水程一百七十更。其旁伊代碼國，風俗與東埔寨同。

風俗　東向爲上，右手爲潔《太平寰宇記》：國俗東向開户，以東爲上，男婦悉卷髮垂耳。以右手爲净，左手爲穢。尚華侈，崇釋教。不知喪葬，不識蠶織《明史》：民俗富饒，天時常熱，不識霜雪，禾一歲數稔。男女椎髻，穿短衫，圍梢布。刑有劓刖刺配，盜則去手足。番人殺唐人罪死，唐人殺番人則罰金，無金則鬻身贖罪。唐人者諸番呼華人之稱也。凡海外諸國盡然，婚嫁兩家俱八日不出門，晝燃燈。人死則置于野，任烏鳶食，俄頃食盡者，謂爲福報。居喪但髡其髮，女子則額上剪髮如錢大，曰用此報親。文字以麂鹿雜皮染黑，用粉爲小條畫於上，永不脫落。以十月爲歲首，閏悉用九月。夜分四更。亦有曉天文者，能算日月薄蝕。其地謂儒爲班詰，僧爲苧姑，道爲八思。班詰不知讀何書，由此入仕者爲華貫。生時項掛一白線以自別，既貴曳白如故。俗尚釋教，僧皆食魚肉，或以供佛，惟不飲酒。尤侗《外國傳》：其俗不識蠶織，後暹人來居，得蠶與桑種，織紝縫補，請暹婦爲之。禦敵以象，入山取犀。《皇清職貢圖》：人情柔弱，善飼象，演之爲陣。用以禦敵。常帶劍入山，取犀角，獻於夷目。男剪髮裹頭，身衣僅蔽下體。女挽髻露肘臂，惟蔽其乳。圍裙跣足，能採桑飼蠶，亦能織席。

土產　犀牛、象牙、翠羽、寶石、金顏香、《明統志》：香乃樹脂，有淡黃色者。有黑色者，以剖開雪白者爲佳，夾砂石爲下，其氣能聚衆香。番人以之和香塗身。篤耨香、《明統志》：樹如杉檜，香藏於皮，老而脂自流溢者，名白篤耨。冬月因其凝而取之者，名黑篤耨。盛之於瓢，碎瓢而爇之。亦有香，名篤耨瓢。沈香、速香、《明統志》：伐樹去木而取香者，謂之生速香；樹朴木腐而香存者，謂之熟速香；其樹木之半存者，謂之暫香。黃而熟者謂黃熟，通黑者謂夾篋。降香、烏木、蘇木、麝香木、氣似麝臍。婆田羅樹、花葉及實略似棗。歌畢陀樹，花似林禽，葉似榆而厚大，實似李。昆野樹，花似木瓜，葉似杏，實似楮。菴羅樹，花葉似棗，實似李。白豆蔻、胡椒、黃蠟、建同魚、《隋書》：海中有建同魚，四足無鱗，其鼻同於象，吸水上噴，高五六十尺。浮胡魚。《隋書》：其形似䱥，嘴如鸚鵡，有八足。

泰國

元·汪大淵《島夷志略·丹馬令》 地與沙里、佛來安爲鄰國。山平亘，田多，食粟有餘，新收者復留以待陳。俗節儉。氣候温和。男女椎髻，衣白衣衫，繫青布縵。定婚用緞錦、白錫若干塊。民煮海爲鹽，釀小米爲酒。有酋長。產上等白錫、米腦、龜筒、鶴頂、降真香及黃熟香頭。貿易之貨，用甘理布、紅布、青白花碗、鼓之屬。

又《暹》 自新門臺入港，外山崎嶇，內嶺深邃。土瘠，不宜耕種，穀米歲仰羅斛。氣候不正。俗尚侵掠。每他國亂，輒駕百十艘以沙糊滿載，舍生而往，務在必取。近年以七十餘艘來侵單馬錫，攻打城池，一月不下。本處閉關而守，不敢與爭。遇爪哇使臣經過，暹人聞知乃遁，遂掠昔里而歸。至正己丑夏五月，降於羅斛。

凡人死，則灌水銀以養其身。男女衣着與羅斛同。仍以𧴩子權錢使用。

地產蘇木、花錫、大風子、象牙、翠羽。貿易之貨，用硝珠、水銀、青布、銅鐵之屬。

元·周致中《異域志》卷上《暹羅國》 國在海中，民多作商尚利，其名姓皆以中國儒名稱呼。其俗男子皆割陰嵌八寶，人方以女妻之。海中有一島，島中之樹其花鬚一匙二筯，狀如黑漆，人用之飲食，其油膩不能污，若攪茶則化。

又 卷下《單馬令》 其國有酋長，無王。宋慶元間進金五壇墁，金傘一柄。元求其利，不至。國人多富，尚寶貨，則利爲酋豪。

《元史》卷二一〇《外夷傳三·暹》 暹國，當成宗元貞元年，進金字表，欲朝廷遣使至其國。比其表至，已先遣使，蓋彼未之知也。賜來使素金符佩之，使急追詔使同往。以暹人與麻里予兒舊相讎殺，至是皆歸順，有旨諭暹人『勿傷麻里予兒，以踐爾言』。

明·馬歡《瀛涯勝覽·暹羅國》 自占城向西南船行七晝夜，順風至新門臺，海口入港，才至其國。國周千里，外山崎嶇，內地潮濕，土瘠少堪耕種。氣候不正，或寒或熱。其王居之屋，頗華麗整潔。民庶房屋起造如樓，上不通板，卻用檳榔木劈開如竹片樣，密擺用藤紮縛甚堅固，上鋪藤簟竹席，坐臥食息皆在其上。王者之絆用白布纏頭，上不穿衣，下圍絲嵌手巾，加以錦綺壓腰。出入騎象或乘轎，一人執金柄傘，茭葦葉做甚好。王系鎖俚人氏，崇信釋教。國人為僧為尼姑者極多。僧尼服色與中國頗同。亦住庵觀，持齋受戒。其俗凡事皆是婦人主掌，其國王及下民若有謀議、刑罰、輕重、買賣一應巨細之事，皆決于妻。其婦人志量果勝於男子，若有妻與我中國人通好者，則置酒飯同飲坐寢，其夫恬不為怪，乃曰：『我妻美，為中國人喜愛。』男子撮髻用白頭布纏頭，身穿長衫。婦人亦椎髻，穿長衫。男子年二十餘歲則將莖物周回之皮，如韭菜樣細刀挑開，嵌入錫珠十數顆皮內，用藥封護，待瘡口好，才出行走。其狀累累如葡萄一般。自有一等人開鋪，專與人嵌焊銖，以為藝業。如國王或大頭目或富人，則以金為虛珠，內安砂子一粒，嵌之行走，玎玎有聲，乃以為美。不嵌珠之男子為下等人，此最為可怪之事。男女婚姻，先請僧迎男子至女家，就令僧討取童女喜紅，貼於男子之面額，名曰利市，然後成親，過三日後，又請僧及諸親友拌檳榔彩船等物，迎其夫婦回于男家，置酒作樂待親友。死喪之禮，凡富貴人死，則用水銀灌於腹內而葬之，閑下人死，抬屍於郊外海邊，放沙際，隨有金色之鳥大如鵝者，三五十數，飛集空中下將屍肉盡食飛去。余骨家人號泣就棄海中而歸，謂之鳥葬，亦請僧設齋誦經禮佛而已。國之西北去二百餘里有一市鎮，名上水，可通雲南後門。此處有番人五六百家，諸色番貨皆有賣者，紅馬斯肯的石，此處多有賣者。此石在紅雅姑肩下，明淨如石榴子一般。中國寶船到暹羅，亦用小船去做買賣。其國產黃速香、羅褐速香、降真香、沉香、花梨木、白豆蔻、大風子、血竭、藤結、蘇木、花錫、象牙、翠毛等物。其蘇木如薪之廣，顏色絕勝他國出者。異獸有白象、獅子、貓、白鼠。其蔬菜之類，如占城一般。酒有米酒、椰子酒，二者俱是燒酒，其價甚賤。牛羊雞鴨等畜皆有。國語頗似廣東鄉談音韻。民俗囂淫，好習水戰。其王常差部領討伐鄰邦。買賣以海當錢使用，不拘金銀銅錢俱使，惟中國歷代銅錢則不使。其王每差頭目將蘇木降香等寶進貢中國。

明・鞏珍《西洋番國志・暹羅》 暹羅國，自占城開舡向西南行，順風七晝夜，至新門臺海口入港，方到其國。地週千里。外山嶮 ，內地卑濕。其土瘠。氣候不正，或寒或熱。王居屋頗華麗整潔。民庶房屋如樓，上用檳榔木硬木劈如竹片密鋪，用藤扎縛甚堅，上鋪藤席竹簟，坐卧食處皆在其上。

王者用白麻布纏頭，上不着衣，下圍絲嵌手巾，加以錦繡壓腰。出入騎象或乘轎，一人執傘蓋。傘以茭葦葉製造，甚好，以金飾柄。其王鎖俚人，崇信釋教。國中爲僧尼極多。僧尼服色與中國頗同，亦住菴觀，受戒持齋。國王課議刑罰，下民買賣交易，一應鉅細事皆決於妻。其婦人才識亦果勝於男子。若其妻與中國男子情好，則喜曰：『我妻有美，能悦中國人。』即待以酒飯，或與同坐寢不爲怪。男子櫛髻用白布纏頭，身衣長衫，婦人亦椎髻衣長衫。凡男子年二十餘，隨貴賤以金銀爲珠嵌飾陽物。女子嫁則請僧迎男至女家，僧取女紅爲利市，點男女額，然後成親。亦甚可笑。過三日又請僧及諸親友分檳榔彩舡等物迎婦，男家置酒作樂。死喪之禮，富貴者死則用水銀灌腹中而葬之。其餘則舁屍至海濱，有鳥大如鵝，其色如黄金，凡三五十自空飛下，食其肉而去，餘骼棄海中，名曰鳥葬。亦請僧誦經禮佛。

去國西北二十餘里有市鎮名上水，可通雲南後門，番人五六百家。但有諸色番貨皆出賣紅馬厮肯的石，此石在紅鴉鶻石肩下，明净如榴子。中國寶舡到亦遣小舡到上水買賣。

其國土産黄速香、羅斛香、沉香、降香、花梨木、白豆蔻、大風子、血結、藤結、蘇木、花錫、象牙、翠毛等物。其蘇木賤如柴薪，且顔色絶紅，勝他國所出者。又産白象、白鼠、獅、貓等異獸。其蔬果與占城同。牛、羊、雞、鴨俱有。酒有米酒、椰子酒，俱燒賣。國語似廣東鄉音。民俗嚚淫，好習水戰，常討伐諸邦。交易以海肥當錢使。王遣常脩□□降真香等物進貢。

明・黄省曾《西洋朝貢典録》卷中《暹羅》 其國在占城西可一千五百里。由漳州而往，鍼位：見南澳，取東董之山，山之狀如唐冠。又取銅鼓之山。又經獨猪之山。又取外羅之山。又過校杯之嶼，嶼之水十有八托。又過洋嶼。又過靈山，過伽喃模之嶼，位在乙卯，其出水之礁有三。又過羅灣，見赤坎之山。又取崑崙之山。又七更過真王之嶼，嶼之水十有七托。又過大横之山、小横之山。又過筆架之山。又過竹嶼，由大峯之山而入港。由占城而往者入由新門臺。

其地方千里，是多山，山形如城。其土氣寒燠無定。其王之宫潔而麗。民居如樓，藉以檳榔之木，簟以藤竹，寢與食處於其上。其王纏首以白布，上無衣，下圍絲嵌帨，壓腰以錦綺。出入乘象或肩輿，用茭葦之葉疊而爲蓋，柄飾以金。

其王鎖俚之人，修浮圖教。是多僧尼，有寺刹而持齋戒。好習水戰，常用師於鄰國。其俗事皆決正於婦。其婦椎髻長衫，繫腰以青花色布，男亦如之。其纏首以白布，其語如廣東之鄉音。以椰子爲酒。貴者年二十則用嵌砂。其送死，富者葬，浸以水銀；貧者棄諸海濱，有金色之鳥羣集而食之，謂之鳥葬；不盡，則家人號哭，沉骨於海而歸，亦命僧齋誦而禮佛。

國之西北可二百里，有市曰上水，居者五百餘户，百貨咸集，可通雲南之後。其交易以金銀、以錢、以海肌。其利珍寶、羽毛、齒、革。其穀宜稻。其畜宜六擾。有石焉，明净如榴子，其品如紅雅姑，其名曰紅馬厮肯的石。善香四等：一曰降真，二曰沉香，三曰黄速，四曰羅斛。多花錫、象牙、翠羽、犀角。多花梨木、黄蠟，多白象、白鼠、獅子貓。有木焉，其葉如櫻桃，其脂液流滴如飴，久而堅凝，紫色如膠，其名曰麒麟竭，食之已折損。

其朝貢以三載。洪武四年，其國王參列昭昆牙遣使臣祭思俚儕剌識悉替等來朝貢，進金葉表並方物，賀正旦。八年，遣使賚詔及印綬往賜之。十六年，給勘合文冊，凡中國使至，必照驗相同。永樂九年，其王昭禄羣膺哆囉諦剌遣使柰必表貢方物，乞量衡爲國中式。自後定例每三年一朝貢。其貢物：象、象牙、犀角、孔雀尾、翠毛、龜筒、六足龜、寶石、珊瑚、金戒指、片腦、米腦、糠腦、腦油、腦柴、檀香、速香、安息香、黄熟香、降真香、羅斛香、乳香、樹香、木香、烏香、丁香、阿魏、薔薇水、丁皮、碗石、紫梗、藤竭、藤黄、硫黄、没藥、烏爹泥、肉荳蔻、胡椒、白荳蔻、蓽撥、蘇木、烏木、大楓子、苾布、油紅布、白纏頭布、紅撒哈剌布、紅地紋節智布、紅杜花頭布、紅邊白暗花布、乍連花布、烏邊葱白暗花布、細棋子花布、織人象花文打布、西洋布、織花紅絲打布、翦絨絲雜色紅花被面、織雜絲打布、紅花絲手巾、織人象雜色紅花文絲縵。

論曰：暹國世稱赤眉遺種，尚矣，而莫究其詳。繼覽《梁史》云：頓遜之國，其俗多鳥葬，親賓歌舞於郭外，有鳥食盡，乃去其骨沈海中云云，與馬歡所見者符合。且頓遜史云，東可通交州，而暹羅歡亦云西北可通雲南，其迹又足徵。然則暹國在梁殆爲頓遜也。

明·羅日褧《咸賓録》卷六《南夷志·暹羅》 暹羅，本暹與羅斛二國。暹國，漢赤眉之遺種也。土瘠不宜耕種。羅斛土腴衍，多穫，暹人歲仰給焉。自古不通中國，元至正間暹人降於羅斛，合爲一國。進金字表，欲元遣使至其國。比至，元已先遣使，彼蓋未之知也。賜來使素金符佩之，使急追詔使同往。大德初，暹國主上言，其父在位時朝廷常賜鞍轡、白馬、金縷衣，乞循舊例以賜。元賜以金縷衣，不賜以馬。

我朝洪武初，遣大理聞良輔往諭之。國王參烈昭昆牙遣使朝貢，併獻其國地圖。上遣人賜以印誥。永樂初，乞量衡爲國中式。詔給之。頃之其國使與琉球修好，爲風漂舟至福建省，布政司籍記船物請命。上曰：『番邦修好，美事也，豈可利其物而籍之！其令布政司舟壞者修理之，食者給粟，候有便風仍導之去。』使歸，暹人戴之，自是朝貢不絕。而我亦輒遣使封其嗣王。

成化間，其貢使有美亞者，乃本朝汀州士人謝文彬也。昔因販鹽下海，爲風飄入暹羅，遂仕其國。嘗至南京，爲其從子瓚偶遇識之，爲織殊色錦綺貿易番貨。事覺下吏，始吐實焉。嘉靖中，國王遣使貢白象及方物。白象已斃，遺象牙一枝，長八尺。牙首鑲金石榴子十顆，中鑲珍珠十顆，寶石四顆，尾置金剛椎一根，又金盒內貯白象尾爲証。隆慶時，爲東牛國所攻，欽賜印信被兵焚無存，奏請另給。禮部議往彼國取印篆字樣并精通番字人員赴京教習。後使來，遂賜冠服留教習。

其國由廣東香山縣登舟，順風計約四十日可至。遇東風，飄舟西行，卽舟壞猶可登山。東有山名萬里石塘者，起自琉球國，潮至則没，潮退方見。若東風飄舟至此，十無一存者。故彼來貢必五六月南風，比去則用十一二月北風，過此則不敢行矣。

王宫殿壯麗，民樓居，上聯檳榔片或陶瓦覆之，坐卧卽於樓上。籍以毡及藤席，無牀几之制。惟王以受封天朝，故留髮。臣及庶民俱剪髮。婦人留髮，粧髻於後。無姓有名。爲官者稱偓某，爲民上者稱奈某，最下稱隘某。葬有鳥葬、火葬、水葬。王死，水銀灌腹，以帛纏之，同片腦納棺中，停置一年，仍用火化，拾骨葬於塔下。貴人亦然。小罪枷桎遊市，中大罪殺之河邊，浮尸水上。好誦佛經，字皆横書横誦。俗頗趨利，敬富笑貧。言語多類廣東。婚姻俗浮澆。習水戰，好鬥，喜寇掠。市物少則用海，多則用銀。銀必經王鐵印印過，每百兩入稅六錢，方可通行。無印銀卽私銀也，三犯者死。婦人多智，凡事夫決於妻。妻與中國人交，恬不爲恥，反以交多者爲榮。男陽嵌鑾鈴，或一或三，富者金銀，貧者以銅，行則有聲。婚姻用僧取女紅帖男額上。氣候常熱，無霜雪。

其譯語：天爲普剌，地爲佃因，日爲脉，月爲晚。

物產最饒，小民多載舟往它國商販。有金鋼錐、薔薇露、羅斛香、味極清遠。奇木、其花鬚類黑漆匙筯，以之飲食，油膩不能污。偶以染茶，隨手而消。白鼠、毛白如雪。奇龜、六足。酒四夷中酒以暹羅爲第一。爲異。

明·張燮《東西洋考·暹羅六坤》 暹羅在南海，古赤土及婆羅剎地也。以赤土故，後人訛爲赤眉遺種。隋大業三年，募能通絶域者。屯田主事常駿等自南海郡乘舟使赤土，宣詔畢，爲奏天竺樂，曰：『今是大國臣，非復曩赤土國矣。』以鑄金爲多羅葉，隱起成文爲表，金函封之，遣子隨駿還報，此通中華之始也。《隋書》曰：王遣舶三十艘來迎，進金鍱以纜駿船。月餘至都，遣子那邪迦送金盤，貯香花並鏡鑷，金合二枚，貯香油，金瓶八枚，貯香水，白疊布四條，擬供盥洗。其日那邪迦又將象二頭持孔雀蓋以迎，幷致金花金盤，以藉詔函。男女百人奏蠡鼓，婆羅門二人導路。至王宫，駿等奉詔上閣，王以下皆坐。宣詔訖，引駿等坐，奏天竺樂。事畢，駿等還館，遣婆羅門就館送食，曰：『飲食疏薄，願大國意而食之。』後數日，請駿等入宴。前設兩牀，牀上並設草葉盤，方一丈五尺，上有黄白紫赤四色之餅，牛羊魚鱉蜻蝑之肉百餘品。延駿升牀，從者坐於地席，各金鍾置酒，女樂迭奏，禮遺甚厚。尋遣那邪迦隨駿貢方物，幷獻金芙蓉冠、龍腦香，令婆羅門以香花奏蠡鼓送之。

唐貞觀時，婆利、羅剎與林邑使者偕來。《唐書》曰：婆利東卽羅剎也。常駿使赤土，遂通中國。其後分爲暹與羅斛二國。暹瘠土，不宜耕稼。

羅斛土平衍，而種多獲，暹取給焉。元元貞初，暹遣使入貢。賜來使素金符佩之。《元史》曰：元貞元年，進金字表，欲朝廷遣使至其國，比表至，已先遣使，蓋彼未之知也。使急追詔使同往，以暹人與麻里予兒舊相讐殺，至是皆歸順。有旨諭暹人勿傷麻里予兒，以踐爾言。大德三年，暹國主上言：『父時朝廷嘗賜鞍轡白馬及金縷衣，乞循故事以賜。』帝以丞相言彼小國而賜馬，恐其鄰祈都輩譏議朝廷，竟賜金縷衣，不錫以馬。迨至正間，暹降羅斛，遂稱暹羅斛。

洪武四年，國王參烈昭毘牙遣使奉金葉表來朝。七年，使臣沙里拔繼至，自言：『銜命來王，去秋八月，壞舟烏豬洋，漂至南海，所餘貢物，僅蘇木、降香、兜羅錦來獻，不敢自外於包茅。』上訝其無表，詭言舟覆，而方物迺存，必番商也，卻之。詔中書禮部曰：『古者中國諸侯，比年一小聘，三年一大聘。九州之外，則每世一朝，所貢方物，不過表誠敬而已。高麗稍近中國，頗有文物禮樂，與他番異，是以命依三年一聘之禮。其它遠國，如占城、安南、西洋瑣里、爪哇、浡泥、三佛齊、暹羅斛、真臘等處，新附國土，入貢既頻，勞費甚大，朕不欲也。令遵古典，不必頻煩，其移文使諸國知之。』

九年，國王哆囉禄遣其子昭禄羣膺貢象及方物。下詔褒諭，賜暹羅國王印。自是始稱暹羅，從朝命也。二十年，再貢。二十八年，哆囉禄殂。遣中使趙達往祭，兼賜嗣王昭禄羣膺及妃綺帛氊布有差。永樂元年，遣使賀卽位。二年，表貢方物。遣中使李興往勞，賜文綺鈔帛。四年，貢使嗣至，表乞量衡式，許之，并賜《古今烈女傳》。是秋，國王遣使與琉球修好，遭風漂舟入閩，守臣籍記方物以請。上謂李至剛曰：『屬夷締盟，美事也，朕豈有利焉。鄉有善人猶能救人於危，況朝廷統御天下哉！』令有司給粟，俟便風導之去。七年，使凡兩至，首春以祭仁孝皇后；秋九月，更修職貢，厚報之。時南海叛民何八觀等屯聚島外，竄入暹羅，至是使歸，兼諭國王毋爲逋逃主。八年，貢使附送八觀等還，降敕嘉美。十年冬，貢復至。

十三年，昭禄羣膺殂，子三賴波磨札剌的賴嗣。暹羅於滿剌加，夙鞭箠使之，徵輸惟命，然猶歲歲開兵隙。十七年，詔暹羅國王俾與滿剌加平。十八年，貢又至。遣中使楊敏護其使還國，并報禮王。十九年春，奉表謝侵滿剌加之罪。七月，貢如常儀，蓋是歲使又兩至云。二十一年，貢至，賜鈔幣如禮。其後著令三載一貢。

至成化間，汀州士人謝文彬者以販鹽下海，飄入暹羅，因仕其國。後充貢使至，留都，遇從子瓚於途，爲織錦綺貿易。事覺下吏，竟遣歸。然成化後大率六年一貢矣。嘉靖三十二年，使至，貢白象及方物。途中白象已斃，遺象牙一枝。使者以珠寶飾之，置金盤內，并貯白象尾毛爲信。《廣志》曰：象牙一枝，長八寸，首尾廂金起花。牙首大五寸七分，廂石榴子十顆。中廂珍珠十顆，寶石四顆。尾大二寸，廂金剛鑽一顆。上嘉其意而禮遣之。

隆慶初年，東蠻牛俗名放沙。求婚暹羅，暹羅拒之峻。東蠻牛恚甚，統沙外兵圍暹羅，破之。王自經死，虜其世子及中朝所賜印以歸。次子攝國，奉表請印，曰：『暹羅部領數十國，非天朝印不得調兵。』上命給予。時鄭汝璧爲禮部郎，白內閣不知印文云何。閣臣曰：『第鑄暹羅國王印予之可耳。』鄭曰：『國初受封，未必卽稱王。且篆文尺寸或有未合，於彼不便。彼所存公移舊印文固在也，宜檄粵東撫臣往取，循以給之。』內閣曰：『然。』嗣取印文至，則都統使印也。徧考諸書，國王印是永樂所賜，而耳目刺謬若此，豈先朝佯爲駕御之術耶！抑邇來在事者因更給而故殺其權耶！存之以俟知者。暹羅既敗，其後頗爲東蠻牛所制。嗣王整兵經武，志在復讐。萬曆間，東蠻牛復來寇，嗣王引兵迎擊之，殺其子，東蠻牛宵遁，不敢復窺暹羅。暹羅新雄海外，隨移軍攻真臘。真臘降。從此年年用兵，遂霸諸國矣。

比倭寇朝鮮，部議遣材官諭諸屬國率夷兵攻夷，暹羅願領所部前驅自効，經略都御史宋應昌以聞。會倭酋死，遯去，不果行焉。

其土下濕，氣候嵐熱不齊。民悉樓居，樓密聯，檳榔片藤繫之甚固，藉以藤席、竹簟寢處其間。王宮高九丈餘，以黄金爲飾，雕鏤八卦，備極弘麗。《隋書・赤土傳》：王居有門三重，每門圖畫飛仙菩薩之狀，懸金花鈴旄。王宮諸屋悉是重閣北户，北面而坐，坐三重之榻。王榻後作一木龕，以金銀五香木雜鈿之。龕後懸一金光燄，夾榻又樹二金鏡，前並陳金甕金爐，當前置金伏牛，前樹一寶蓋，左右皆有寶扇。然則今之暹羅猶略祖其華靡也。諸酋見王，禮制甚肅，望門自拜，膝行乃前。王與國人白布纏首，被服長衫，腰束嵌絲帨，王獨加以錦綺，跨象或乘肩輿，尚釋教，國人効之。《赤土傳》曰：其俗敬佛。百金之產，便以其半施佛。

婦人多智，丈夫事無大小，悉歸與婦計之，聽其裁決。婦見華人慕悅之，置酒款接留宿，酣狎以爲常，夫不能禁也。《吾學編》曰：男陽嵌珠玉，貴者範金盛珠，行鏗然有聲。婚則羣僧迎壻至女家，僧取女紅帖男額以爲吉祥。喪禮以水銀灌之，葬於高埠，蓋塔其上。貧家鳥葬耳。以礬製紙，施煙粉爲白黑。

田平而沃，稼穡豐熟。其俗勁悍，善水戰。《星槎勝覽》曰：削檳榔木爲標槍，水牛皮爲牌，藥鏃等器。大將多用聖鐵裹身，刀矢不能入。聖鐵者，人腦骨也。方言謂天爲普賴，地爲佃因，日爲脉，月爲晚。官制凡九等：一曰握啞往，二曰握步刺，三曰握哼，四曰握坤，五曰握悶，六曰握文，七曰握板，八曰握郎，九曰握救。文則使臣在館教習譯字生者。

形勝名迹　其國有款細灣、細辭滑、沾奔諸府，皮細禄、倒腦細、可剌諸司。

大帽山在王宮後。

筆架山三峯接連如筆架狀。

黎頭山　竹嶼　椰樹灣

黄河水水自五月一派從海中來，漸而漲田。其地四月插苗，苗隨水漲而發，水漸高苗亦漸長，遂至六七尺，漲以九月始退。退則稻熟可收。田得水而肥，其米純白，鄰壤多取給焉。

三寶港是港無鱷魚。

金城在王宮。

金塔在殿內，其中金佛無數，高七八尺，小一二尺。

三關其一爲程畫所轄，其二爲木夷所轄，其三爲佛郎機、日本所轄。

錫門華人出入必經之處，鄭和爲建卓楔，扁曰天竺國。

禮拜寺永樂間，鄭和所建寺，甚宏麗，佛高與屋齊。

三寶廟在第二關，祀太監鄭和。

西塔其塔無合尖，聞夷人初建塔，功成，鄭和令削去之，後屢緝不能就。

物產　珠徐衷《南方狀》曰：採珠用五牲祈禱，若祠祭有失，則風攪海水，或有大魚在蚌左右。海賈云：中秋有月，是歲多珠。

珊瑚《圖經》曰：生海底，作柯枝狀，明潤如紅玉。《海中經》曰：取珊瑚，先作鐵網沈水底，珊瑚貫中而生，歲高三二尺，絞網出之，皆摧折在網中，故難得完好者。今《一統志》云：以絲繩繫五爪鐵貓兒，用黑鉛爲墜，擲海中取之，亦其遺法也。本朝充貢。

琥珀《博物志》曰：松脂淪地中千年，化爲茯苓，又千年化爲琥珀。

貓精石《寶貨辨疑》曰：貓精出南番，酒色，闊如指而大者，愈大愈好。

寶石《華夷考》曰：錫蘭高山參天，頂產青美藍石、黄雅鶻石、青紅寶石，每遇大雨，衝流沙中，拾取之。暹羅本朝充貢。

金剛鑽《抱朴子》曰：金鋼生水底石上，如鐘乳狀，體如紫石英，没水取之，鐵擊不能傷。《華夷考》曰：金剛砂出深山高頂，人不可到，乃鷹隼打食，卻於野地上鷹糞中獲得，以其能鑽定器，名金剛鑽。

犀角本朝充貢。

象牙本朝充貢。

翠羽本朝充貢。

玳瑁

龜筒《嶺表録異》曰：人立背上，可附而行。取殼，以生得全者爲貴。初用木換出其肉，楚毒鳴吼如牛，古人謂生龜脱筒指此。工人以其甲通明黄色者，煮拍陷瑇瑁爲器，謂之龜筒。

花錫《爾雅》：錫謂之鈏。

鉛《地鏡圖》曰：草青莖赤，秀下有鉛。

羅斛香《一統志》曰：味極清遠，亞於沈香，本朝充貢。

檀香葉廷圭《香譜》曰：皮實色黄者爲黄檀，皮潔色白者爲白檀，皮腐色紫者爲紫檀，並堅重清香，白檀尤良。

乳香佛書謂之天澤香，言其潤澤也。又謂之伽羅香。

降香本朝充貢，俗呼舶上來者爲番降。

片腦《華夷考》曰：產暹羅諸國，高二三丈，皮理如沙柳，腦則其皮間凝液也。島夷以鋸付斻就谷中，尺斷而出。剝採之，有大如指厚如二青錢者，香味清烈，瑩潔可愛，謂之梅花片。鬻至中國，擅翔價焉。復有數種，其次耳。本朝充貢。

薔薇水《華夷考》名蘇醿露，曰：海國所產，天氣淒寒，零露凝結，著他草木，乃冰澌木稼，殊無香韻。惟蘇醿花上，瓊瑤晶瑩，芬芳襲人，若甘露焉。夷女以澤體髮，膩香經月不減。暹羅尤特愛重，競買略不論直。

兜羅綿瞿睿夫曰：兜羅綿，刀矢不能入。

明角

烏角

蠟見《星槎勝覽》。

阿魏《酉陽雜俎》曰：樹長八九尺，皮色青黄，斷其枝，汁出如飴，名阿魏。《海上耳談》謂：傳之暹羅商云，樹如棘，叢生，棘若蝟毛，春初麞鹿孳逐狂奔，著樹輒死。地產大蟻，壅泥沙啜之，成封垤。夷人乃以竹筒作篦，射壅中，筒溜成藥，彼中食料，以此爛物，如鮑肆忘臭。按唐本註曰：性極臭而能止臭，亦奇物也。

獺皮

蘇木《吾學編》曰：暹羅蘇木，賤如薪，色絶勝，本朝充貢。

夷瓶以夷泥爲之，俗名干杯，夏月貯水，可以不敗。

大風子《本草釋名》曰：能治大風疾，故名。

紫梗《本草》：名紫鉚。蘇恭曰：紫色如膠，作赤麖皮及寶鈿，用爲假色，亦以膠寶物。云蟻於樹藤皮中爲之，如蜂造蜜。《吳録》所謂赤膠。

没藥《圖經》曰：海南諸國有之，根株如橄欖，葉青而密，歲久者，膏液流滴地下，凝結成塊。《一統志》曰：樹高大如松，皮厚一二寸，採時掘樹下爲坎，用斧伐其皮，脂流於坎，旬餘方取之。本朝充貢。

血竭《本草》名騏驎竭，物如乾血，故名血竭。《南越志》云：是紫鉚樹之脂也，欲驗真僞，但嚼之不爛。如蠟者佳。

孩兒茶《本草綱目》一名烏爹泥，曰：出暹羅諸國。是細茶末入竹筒中，堅塞兩頭，埋污泥溝中，日久取出，搗汁熬制成，塊小而潤澤者爲上，大而焦枯者，次之。

蓬蓬奈《華夷考》曰：華言破肚子，蓋果實也。產於暹羅之崛隴，如大棗而青。島夷乾以附遠，漬以沸汁，其皮自脱。圓滿如大李，肉潤膩，甘美可啖。

檳榔

椰子

酒《方輿勝覽》曰：四夷中酒，暹羅爲最。

犀《埤雅》曰：犀有四蕈，紋如桑椹，或如狗鼻者上。黔犀無文，蝶犀紋旋，犉犀紋細。

象《埤雅》曰：象性久識，能浮水出没。惟鼻是其本肉，膽不附肝，隨月轉在諸肉。鼻端有小爪，可以拾鍼。暹羅本朝充貢。

鶴頂鳥楊用修載劉安期曰：鶖鶬，水鳥，黄喙，長尺餘，南人以爲酒器，卽今之鶴頂也。按《華夷考》：海鷄大者，修頂五尺許，翅足稱是，吞常鳥如啖魚鱔，晝啄於海，暮宿巖谷間。島夷以小鏢伏於鶴常宿所刺之，平旦有獲五六頭者。剥其頂售於舶估，比至閩、廣，價等金玉。又南番大海中有魚，頂中魫紅如血，名鶴魚。以爲帶，號鶴頂紅。有人在逹官處見其鶴頂紅帶，云是鶴頂剪碎夾打而成。

孔雀本朝尾充貢。

鸚鵡《異物志》曰：行則以口啄地，然後足從之。忌以手摸其背，犯者卽不飲啄而卒。故《圖贊》云：鸚鵡慧鳥，棲林啄蕊，四指中分，行則以嘴。

六足龜《大明會典》云：暹羅獻六足龜。

白鼠見《吾學編》。

六坤，暹羅屬國也，風土與暹羅盡相類。第六坤地故產椒，是暹羅所無。

交易　賈舶入港，約三日程至第三關。舟至，則偵者飛報於王。又三日至第二關。又三日至佛郎日本關。所至關，輒聽與其近地交易，不必先詣王也。既至王城，以幣、帛、橙、橘之類貢王，然王深居不得見。

其俗以海叭代錢。是年不用叭，則國必大疫，故相沿不改。叭，卽今螺巴。《星槎勝覽》云：每一萬准中統鈔二十貫。貿易輸税，各有故事。國人禮華人甚摯，倍於他夷，真慕義之國也。

論曰：林邑夙通中華，居然雄國。暹羅自赤土攀隋，亦便有衣被震旦意。明興內附，洗沐雲油。占城見苦交人，則屢詔銷其鋒。暹羅躪蹂滿剌加，則十行折其鋭。蓋莫不義畏而仁懷焉。然占城從征，而有二心於交；暹羅當海內清夷，輒請遣子入學，當屬國雲擾，又請助戰擒倭，夫固二國之優劣也。

《明史》卷三二四《外國傳五·暹羅》　暹羅，在占城西南，順風十晝夜可至，卽隋、唐赤土國。後分爲羅斛、暹二國。暹土瘠不宜稼，羅斛地平衍，種多穫，暹仰給焉。元時，暹常入貢。其後，羅斛强，併有暹地，遂稱暹羅斛國。

清·傅恒等《清職貢圖》卷一　暹羅國，在占城西南，卽隋唐赤土國，後分羅斛、暹二國，暹復為羅斛所并。明洪武時封為暹羅國王，入國朝尤恭順，國貢惟謹。其地方千里，有大庫司九，府十四，縣七十二。官制九等：其四等以上，戴鋭頂金帽，嵌以珠寶；五等以下，則以絨緞為之。衣錦繡及織金，或花布短衣，繫錦帶。婦人以金銀為簪、釧、約指，上衣披五色花縵，下衣五綵織金花幔，拖地長二三寸，足履紅革靸鞋。其選舉，皆引至王前咨以民事，應對得當，即授官服候用。文字橫書，有事，則具書文朗誦呈之。

暹羅地卑濕，民皆樓居，坐卧即以樓板上籍以氊席。其風俗勁悍，習於水戰，好崇佛齋僧。飼象取牙以奉夷目，男白布纏頭，衣短衣，曳革履，常佩刀劍。婦女椎髻，上衣披青藍布縵，下衣五色布短裙，性喜游冶，亦工紡績。俗重女輕男，家事皆取決於婦。

清·穆彰阿等《嘉慶重修一統志》卷五五二《暹羅》 暹羅在占城西南，東連大泥，西接蘭場，北界大海，國周千里，其貢道由廣東以達於京師。

建置沿革 相傳即隋唐赤土國，為扶南之別種，後分暹與羅斛二國地。暹在西北，多大山，土瘠不宜耕種；羅斛在東南，土地平衍而多稼，暹人歲仰給之。隋煬帝時，屯田主事常駿至赤土，知其國王姓瞿曇氏云。元貞元初，暹人常遣使入貢。《元史》：暹國當成宗貞元元年，進金字表，欲朝廷遣使至其國。比至，則已先遣使，乃賜來使素金符佩之。使急追詔使同往，以暹人與麻里予兒舊相讐殺，至是皆歸順。有旨諭暹人勿傷麻里予兒，以踐爾言。大德三年，暹國主上言，其父在位時，朝廷嘗賜鞍轡白馬，及金縷衣，乞循舊例。帝以丞相鄂勒哲達爾罕言，彼小國而賜以馬，恐其鄰實都輩譏議朝廷，仍賜金縷衣，不賜以馬。鄂勒哲達爾罕，舊作完澤答剌罕，實都舊作忻都，今俱改正。其後羅斛強，併有暹地，遂稱暹羅斛國。明洪武三年，命使臣呂宗俊等齎詔往諭之，國王參烈昭毘牙遣使奉金葉表文朝貢。十年，其世子昭禄羣膺承父命，復來朝。帝命使齎詔及印賜之，文曰暹羅國王之印。自是其國遵朝命，自稱暹羅。永樂九年，國王昭禄羣膺哆囉諦剌，遣使奈必表貢方物，且乞量衡為國永式，從之。萬曆間，暹羅嗣王發兵攻破鄰國東蠻牛，又移師破真臘，降其王，遂霸諸國。

本朝順治十年，遣使請貢。康熙四年、七年、十一年，皆入貢。十二年，暹羅國王森列拍臘照古龍拍馬嘑陸坤司由提呀菩埃，遣使來進貢，并請封典，奉給予誥命，并駝鈕鍍金銀印，嗣後朝貢不絶。六十一年，令暹羅國，運米三十萬石，於福建等處糶賣，免其收税。是年貢使至，諭該國運米三十萬石，於福建廣東等處，並諭大學士等曰暹羅國人，言其地米甚饒裕，銀二三錢，可買稻米一石。朕諭令運米石至福建等處，於地方甚有裨益。此三十萬石，係官運，不必收税。乾隆八年，諭暹羅商人，運米至閩。朕曾降旨，免徵船貨税銀，今歲仍復帶米來閩貿易，似此源源而來，其加忍之處。自應著為常例。自乾隆八年為始，凡外洋貨船帶米萬石以上者，免船貨税銀十之五；五千石以上者，免税十之三。雍正七年，入貢，御書天南樂國匾額賜之。乾隆十四年入貢，御書炎服屏藩賜之。自後定例三年一貢。三十一年，其國為花肚番所破，尋復。四十六年，該國鄭昭列為國長，遣使入貢。四十七年，鄭昭卒，子鄭華嗣立。五十五年，暹羅國王鄭華，以該國舊有之丹荖氏、麻叨、塗懷三城，現被烏肚占據烏肚即緬甸。表請諭令烏肚，割回三城。上以從前緬甸，與暹羅詔氏搆兵，係已故緬酋懵駁，現在緬甸已經易世，暹羅又係異姓繼立。丹荖氏等三城，被緬甸侵占，本非鄭氏國土，相安已久，自應各守疆域，不當向其爭論，移檄諭之。嘉慶二年，暹羅國王鄭華，以國慶重釐，倍進方物。奉旨褒獎，加賜文綺等物。十二年，有內地商民，代駕暹羅貨船，來粵貿易，特頒敕諭，永遵例禁。福建船商金協順，廣東船商陳澄發，裝載暹羅貨船，來粵貿易。經地方官查明，詢問暹羅國貢使。據稱該國民人，不諳營運，多倩福潮船户，代駕。呈遁譯書衆結，並非冒飾。兩廣總督吴熊光具奏。仁宗睿皇帝諭軍機大臣曰：外夷貨船，來廣貿易，自應專差夷目，親身管駕，不得令內地商人，代為販運。令金協順、陳澄發，皆以內地客商，領駕暹羅船隻。雖訊無假冒捏飾及夾帶違禁貨物，但恐日久相沿，必致奸徒潛往外夷，賒欠誆騙。或竟冒為夷貨，代盜銷贓，不可不防其漸。現已另降諭旨，申明內外體制。令該國王凜遵毋忽。此次飭禁之後，如再有代駕船隻進口者，即當查明懲辦，免滋流弊。至澄海縣商民，領照赴暹羅國買米，接濟內地民食。雖行之已閱四十餘年，但此項米船。據報田棹者，不過十之五六，而田棹之船，所載米石，又與原報數目不符。安知非捏詞影射，藉以通道濟匪，自應停止給照，將此諭令知之。十五年，暹羅國世子鄭佛，遣使表貢，懇請封襲王爵。上允所請，賜以敕命，即令該使臣領齎回國。二十四年，國王鄭佛，遣官表賀萬壽，並進方物，宴賞如例。其國有大庫司九，猶華言布政司也，一曰暹羅，二曰可剌細馬，三曰足曹本，四曰皮細緑，五曰東骨胎，六曰果平疋，七曰倒腦細，八曰討丕，九曰六昆。府十四，一曰綵納，二曰無老，三曰比采，四曰東板魯，五曰皮，六曰疋皮里，七曰采野，八曰多鐃，九曰千無里，十曰細辭滑，十一曰采欲，十二曰款細灣，十三曰沾奔，十四曰魁出。縣七十二，分隸各府。自廣東海道，約四十五晝夜，可至其境。按暹羅國都，在廣東西南。始自廣東香山登舟，乘北風，用午針，出七洲洋，十晝夜抵越南海次。中有一山，名外羅，八晝夜抵占城海次。十二晝夜，抵大崑崙山，又用東北風，轉舟向未及中三分，五晝夜可抵大真樹港，又五晝夜可抵暹羅港，入港二百里，即淡水洋。又五日抵暹羅城。

風俗　地方千里，環國皆山，氣候不常，或嵐或熱。《瀛涯勝覽》。崇信釋教，不通漢字，惟誦佛經，字皆横寫。《明史》：男女多為僧尼，亦居庵寺，持齋受戒。衣服頗類中國，富貴者尤敬佛，百金之產，即以其丰施之。死則用水銀灌其口而葬，貧則移屍至海濱。即有羣鴉飛啄，俄頃而盡，人拾其骨，號泣而棄之於海謂之鳥葬，亦延僧設齋禮佛。煑海為鹽，釀秫為酒，《續文獻通考》。男女椎髻，事決婦人，《續文獻通考》：男女椎髻，白布纏頭，被服長衫。每有計議，刑法輕重，錢穀出入之事，並決之婦人，婦人智量在男子上。《瀛涯勝覽》云：婦人多智，夫聽於妻。妻與中國人私，寢食與同，恬不怪也。按暹羅為扶南別種，《南史·海南諸國傳》：扶南初以女人為國，號曰柳葉。今暹羅婦女智量，在男子上，其果扶南遺風歟。城分八門，《暹羅館志》：城冢用磚砌，分八門，南北五里，東西十里，城中有小河，通舟。城外西南居民湊集，有外城，周遭十餘里。王居在城西隅，另建一城，約三里餘。殿用金裝綵繪，覆以銅瓦。室用錫瓦，階砌用錫裹磚，闌干用銅裹木。地卑濕，民皆樓居，上聯檳榔片藤覆之，亦有用陶瓦者，坐卧即於樓板上，藉以氊，及藤席，無牀桌椅凳之制。官制九等《館志》：一曰握亞往，二曰握步喇，三曰握蟒，四曰握坤，五曰握悶，六曰握文，七曰握板，八曰握郎，九曰握救。其選舉，由鄉舉於大庫司，審其堪用，以文達於王所。王為定期面試，至期，大庫司引至王前，咨以民事，應對得當，即授官服候用，否則逐出。考課亦以三年為期。人皆有名無姓，為官者稱握某，民上者稱奈某，最下者稱隘某。乘輿飾糀彩，帽製類兜鍪《館志》：王鎻里人，出乘金糀彩轎，或乘象車，其傘蓋以菱葦葉為之。每日旦登殿，各官於臺下設氊，以次盤膝而坐，合掌於頂，獻花數朵。有事則具文書朗誦上呈，候王定奪乃退。遇正日冬節及慶喜事，亦有賞賜。凡頒賜敕諭，王則用原封冠服，行五拜三叩頭禮。又云：其服飾，惟王以受封故留髮，冠金嵌寶石帽，製類兜鍪。上衣長三尺，用五綵緞，小袖在袵下，用五綵布縵，鞋韈用紅緞。官及庶民，皆剪髮。官一等四等，則金嵌寶石帽；五等至九等，則五綵絨緞帽。俱著兩裁衣，襪履用牛皮。婦人椎髻於後，飾用金銀簪花戒指鐲釧脂粉，貧者用銅。上衣披五色飛花布縵，下衣五彩織金花縵拖地長二三寸，足著紅黑皮靸鞋。風俗勁悍，習於水戰《明史》：其大將以聖鐵裹身，刀矢不能入，聖鐵者，人腦骨也。海貝代錢，重禁私銀《續文獻通考》：貿易以貝子代錢。《瀛涯勝覽》云：市用海貝，一如錢價，西北二百餘里，有市鎮曰上水，通南居人無慮六百家，各種番貨皆有。《館志》：民多載舟至各國商販，少則用海貝，多則用銀。官民有銀，不得私用，皆送王所。委官傾瀉成珠，用鐵印印紋於上，每百兩入税六錢，無印紋，以私銀論。初犯斷左指，再犯斷右指，三犯者死。民家飼象，取牙以奉夷目。短衣革履，常佩刀劍，婦女喜游冶，工紡績。《皇清職貢圖》。

土産　龍涎香、象牙、胡椒、臟黄、荳蔻、蘇木、西洋閃金花緞、速香、烏木、大楓子、金銀香。以上俱入貢。羅斛香味極清遠，亞於沉遠。、沈香、丁香、石榴子、樹香、貓兒眼、寶石、金鋼鑽、花錫《大清會典》：錫之良者，產於南洋諸夷國，番船以時至者，由廣東和買。、貓竹、黄竹、蔾竹、西洋布、犀、象、孔雀、五色鸚䳇、金絲猴、六足龜、水瓜、土瓜。

緬甸

元·周致中《異域志》卷上《緬人》　在大理西南，行五十日程可至。種類甚衆，與僰人相鄰。其人以大被為衣，古稱窮荒之之國是也。因知中國之制，頗效之，故其風俗似羅羅。其性狼悍貴勇，尚戰鬥。

又《蒲甘國》　其國至富，自大理五程至其國，自窊裹六十程至之。隔黑水淤泥河，西番諸國不可通。國王戴金冠，金銀飾屋壁，以錫爲瓦用，華麗之甚。

又　卷下《頓遜國》　國在海島上。人將死，親戚歌舞送於郭外。有鳥如鵝，飛來數萬，家人避之，其鳥食肉盡，乃去。即燒骨沉水，謂之鳥葬。梁武帝時曾入貢。

《元史》卷二一〇《外夷傳三·緬》　緬國爲西南夷，不知何種。其地有接大理及去成都不遠者，又不知其方幾里也。其人有城郭屋廬以居，有象馬以乘，舟筏以濟。其文字進上者，用金葉寫之，次用紙，又次用檳榔葉，蓋騰譯而後通也。

明·羅日褧《咸賓録》卷七《南夷志》　緬甸，古西南夷，未詳何種。元至元中，遣使乞解脱因等持詔諭之。金齒頭目阿必引導至其國。緬王怒，遂發兵侵金齒，虜阿必而去。厚獻，乃釋之。阿必之子阿郭由是恨緬王，因與建寧路安撫使賀天爵言入緬有三道：一由天部馬，一由驃甸，一由金齒地界，俱會緬之江頭城。又言其親戚阿提犯在緬掌五甸，户各萬餘，欲内附，願先招阿提犯及金齒之未降者，以爲引導。會雲南省亦言緬王無降心，去使不通，必須征討。元遂有征緬之志矣。頃之，緬人以阿禾附元，怨之，攻其地。時大理路官忽都、信苴日、脱羅脱孩奉元命討騰越，蒲、驃諸部之未降者。阿禾告急，忽都等遂便道擊之。是時緬衆四萬，忽都等軍僅七百人。緬人前乘馬，次象，次步卒。象被甲，背負戰樓，兩旁夾大竹箭，置短鎗數十於其中，乘象者取以擊刺。忽都三人分兵各爲一隊。交戰良久，緬人大敗，軍及象馬自相蹂死者盈三巨溝。捕虜甚衆，其脱者又爲阿禾邀殺無幾。元軍皆全。

自是後元乘勝征緬不休。元帥納速剌丁征之，降户三萬五千二百。右丞太卜等征之，破江頭城，擊殺萬餘人，以兵守其地。緬王震慴，遣使請納款。元遣使怯烈往其國。未及至，緬王爲其庶子不速速古里囚執，而與大官木浪周等作逆。怯烈合雲南省軍征之，餘緬始平。乃定歲貢方物，請歲輸銀一千五百兩，帛千匹，馴象二十，糧萬石。元從之。大德初，封緬王的立普哇拿呵迪提牙爲緬王，賜以銀印。自是朝貢不絶矣。

我朝洪武中，既平雲南，其酋遣使内附，立緬甸軍民宣慰司。正統時，有功麓川，事已具《滇南志》中。其朝貢自洪武至弘治時不絶。每遇朝廷改元，頒給敕諭一道，銅鑄信符一面，勘合號紙一百張，以『文行忠信』四字爲號，付各宣慰司收掌，遇進貢或奏事情則填寫付京。另有底簿付雲南布政司以備查對。

其地自司治東北至雲南布政司凡三十八程。有城郭盧舍以居，有象馬以乘，有舟筏以濟。人形陋，體黑，性柔而詐。男子善浮水，綰髻於頂，前用青白纏之。婦人綰髮於後，不施脂粉。男女皆合檀、麝、姜黃、當歸塗體以爲奇。事佛敬僧，有大事則拖佛説誓，質之僧然後決。進上文字用金葉，次用紙，又次用貝葉、檳榔葉。

地勢廣衍。有金沙江，多嵐瘴，隆冬人過，雖袒裼皆流汗，惟雨中及夜渡無害。江中沙色皆黃，故名。緬人恃以爲險。

産有白氎布、兜羅錦、樹頭稷，其實汁可作酒，葉卽貝葉也。石油可療惡瘡。爲異。

清·傅恆等《清職貢圖》卷一 緬甸，古朱波地，在永昌府騰越州天馬、虎踞諸關外，其酋居阿瓦城。元及明初，雖示羈縻，時多反覆。嘉靖後，莽瑞體父子、雄長諸部自稱緬甸國王，不通職貢。

本朝順治十八年，吳三桂領兵至阿瓦城東，傳諭緬王，傾心向化。乾隆十五年，其王莽達喇製金銀二鈚，篆刻表文，並貢塗金寶塔、馴象、緬布等物，嗣為木梳酋長，甕藉牙所篡，子懵、惱懵駁相繼佔踞。其夷官夷民服飾與南掌相似，婦人束髮，穿耳，短衣，圍以錦幅長裙。性愛花卉。其文字呈尊者，用金葉書之，次用紙，次用檳榔葉，謂之緬書。

清·穆彰阿等《嘉慶重修一統志》卷五五六《緬甸》 緬甸在雲南騰越關外，南至海，西至孟養，北至孟密。所屬有木邦等十三路，其貢道由雲南以達於京師。

建置沿革 古稱朱波國，其酋居阿瓦城，地舊有五城。《明統志》：舊有江頭、太公、馬來、安正國、蒲甘緬王五城。【略】元至元中，屢討之。後於蒲甘緬王城，置邦牙等處宣慰使司。明洪武時，入貢方物，置緬中宣慰使《明史》：洪武二十六年，八百國使人入貢，因言緬國近其邊，以地遠不能自達。帝乃令西平侯沐春，遣使至八百國王所諭意，於是緬國始遣使來貢方物。永樂中，賜緬甸冠帶印章信符，令三年一朝貢。嘉靖初，緬甸為孟養木邦孟密所破，訴於朝，不報，其後復稍稍雄制諸蠻《明史》：緬地舊鄰孟養，正統時孟養有思任發者，據麓川以為亂。總兵沐昂，遣人諭緬禍福，令獻賊酋，緬甸遂與木邦函思任發酋獻之，孟養以故怨緬。嘉靖初，孟養糾木邦孟密共擊破緬，殺宣慰使莽紀歲。永昌知府嚴時泰往勘之，孟養縱兵鼓譟，焚驛舍，殺千户一人。朝廷以安鳳之亂，未暇究其事。莽紀歲有子名瑞體，少匿洞吾母家，其酋養為已子。既長，有其地，諸蠻皆畏服之，因假途孟密，攻孟養以復前仇，仍招致隴川干崖南甸諸土官，欲入寇。覘知中國有備，乃遁歸。朝議以荒服之外，治以不治。瑞體遂萌自王之志。萬曆元年，金騰副使許天琦，招諭孟養，孟養受檄拒緬。天琦卒，署副使羅汝芳，調漢土兵馬至騰越為援，絶其糧道，緬兵大敗。後孟養復為瑞體所幷，巡撫饒仁侃遣人招緬，不應。瑞體死，其子應裏遂起象兵數十萬，分道内侵。萬曆時，緬甸分道内侵，騰越遊擊劉綎、永昌參將鄧子龍大破之，率兵出隴川孟密，直抵阿瓦。時諸部咸殺緬使來歸，旋復解散，陰附於緬。巡撫陳用賓於騰衝築八關留戍，募人至暹羅，約夾攻緬，緬勢頓衰。阿瓦木邦相率入貢，而暹羅連歲攻緬，為所殘破，自是不敢内犯。然諸近緬部，附緬如初。天啓後，職貢遂絶。

本朝順治十六年，大兵平定雲南，永明王朱由榔逃入緬。緬人居之赭磴，以兵守之。十八年，大兵以緬人執永明王送軍前。乾隆十六年，緬酋蟒達喇遣使具表納貢。上頒敕獎諭，並賜銀幣器物。時緬國內亂，其頭目甕藉牙將謀自立，會貢使還至緬境，蟒達喇已被害，甕藉牙代立。其子懵駁，與沿邊土司滋釁，總督劉藻楊應琚，先後經理不善。三十四年，上命將督師，前往剿辦。由戛鳩進兵，收取猛拱孟養，於新街大捷。進次老官屯，會懵駁專遣頭目，奉蒲葉書詣軍門乞降。上以其地水土惡劣，不值久駐官軍，遂諭令班師，嚴飭邊關，示以禁絶。懵駁死，子贅角牙立。其國頻年內亂，殺贅角牙，迎孟隕立之。五十三年，孟隕遣其頭目業渺瑞洞細哈覺控等，款關納貢，悔罪輸忱。總督富綱以聞，許之。齎至金葉表文、金塔，馴象，及其他方物。上於避暑山莊宣見緬使，宴賚甚渥，特敕嘉獎，並頒賜佛像、如意、朝珠、銀幣諸物。至京師，令緬使詣闕隨班行禮畢，遣令歸國。五十五年，國長孟隕，差頭目等，敬備表貢，叩祝萬壽，懇賞封號，並求開騰越關禁。上皆允所請，錫之敕印，先御書詩章以賜。國王尋備馴象土物，遣使齎表入謝，復以內地民人羈留在緬者，各給路費，咨送進關。上嘉其敬順，優賚之。嗣後定例，十年一貢。五十八年、六十年，皆遣使赴京祝釐，宴賞如例。嘉慶元年，恭逢國慶，特遣使臣齎表稱賀，總督勒保，率行截回。上命撫臣檄諭國王，特賞蟒錦四端，以釋其向化未伸之誠。十二年，緬甸與暹羅搆爭，力不能敵，遣使求援，督臣遵旨駁之。二十三年，緬甸與普洱府屬邊外土司搆釁，經邊吏札諭，緬夷畏懼，即將緬目撤回，邊圉安靖焉。

風俗　居有屋廬，濟用舟筏。乘象馬，識文字《元史》：緬人有城郭屋廬以居，有象馬以乘，舟筏以濟。其文字進上者，用金葉寫之，次用紙，又次用檳榔葉。綰髮文身以為飾。《明統志》：緬人形陋體黑，性柔而詐。其酋號曰卜剌浪。男子善浮水。夏熱，穿白單衣；冬寒，穿白兜羅棉衣。其富者出入著大袖白布衫，男子綰髻於頂前。用青白二色布纏之，婦人綰髻於後，不施脂粉。男女皆和白檀、麝香、當歸、薑黃末，塗於身，及頭面以為奇。其酋長出入乘平轎，或騎象，坐則在前，從者圍後，皆席地。事佛敬僧，《明統志》：緬人專事佛敬僧，立阿瓦剎城邦啞直根等寺，莊嚴甚整。有大事，則抱佛説誓，質之僧，然後決。吉事用樂其樂有皮鼓、笙籥、銅鑼、嗩吶之屬，國中設樂人肄習，惟奉上用之。

土產　寶石有紅、藍、桃紅及他雜色。、象、檀香、白氎布皆貢品。、錦綢、絹、大呢、吉祥寶樹、木化石、元猴皮、犀角、孔雀、頗幹盒以皮為之，飾以髹漆，以上俱入貢。、椰子、兜羅棉、樹頭酒《明統志》：樹類椶，高六丈，結實大如掌，土人以麯納罐中，以索懸罐於樹下，劃其實取汁以為酒，或不用麯，惟取其汁，熬為白糖。其葉卽具葉，緬書用之。石油《明統志》：自石縫流出，臭惡而色黑，可塗毒瘡。、蘇木、翠羽。

馬來西亞

元・汪大淵《島夷志略・彭坑》　石崖週匝崎嶇，遠如平寨。田沃，谷稍登。氣候半熱。風俗與丁家盧小異。男女椎髻，穿長布衫，繫單布捎。富貴女頂帶金圈數四。常人以五色焇珠爲圈以束之。凡講婚姻，互造換白銀五錢重爲准。

民煮海爲鹽，釀椰漿爲酒。有酋長。地產黃熟香頭、沉速、打白香、腦子、花錫、粗降真。貿易之貨，用諸色絹、闍婆布、銅鐵器、漆磁器、鼓、板之屬。

又《吉蘭丹》　地勢博大，山瘠而田少，夏熱而倍收。氣候平熱；風俗尚禮。男女束髮，繫短衫布皂縵。每遇四時節序、生辰、婚嫁之類，衣紅布長衫爲慶。

民煮海爲鹽，織木綿爲業。有酋長。地產上等沉速、粗降真香、黃蠟、龜筒、鶴頂、檳榔。外有小港，索遷極深，水鹹魚美。出花錫，貨用塘頭市布、占城布、青盤、花碗、紅緑焇珠、琴、阮、鼓、板之屬。

元・周致中《異域志・佛羅安國》　自三佛齊國風帆四晝夜，可到其國，亦可遵陸。有地主。國有飛來銅神二個，一個六臂，一個四臂。六月十五日係佛生日，如有他國人來劫掠，大風驟作，船不可進。

明・費信《星槎勝覽》卷二《彭坑國》　彭坑國，在暹邏之西。石崖周匝崎嶇，遠如平寨。田沃，米穀盛。氣候常温。風俗尚怪，刻香木為神，殺人血祭禱，求福禳災。男女椎髻，穿長衫，繫單布，富家女子金圈四五飾於頂髮，常人五色珠圈。煮海為鹽，釀椰漿為酒。地產黃熟香、沉香、片腦、花錫、降香。貨用金銀、色絹、爪哇布、銅鐵器、鼓板之屬。

詩曰：　嗟彼彭坑國，溫和總是春。傷生在求福，刻木慣為神。尊敬惟從長，差科不到民。焉知施禮樂，立教序彝倫。

明・馬歡《瀛涯勝覽・滿剌加國》 自占城向正南，好風船行八日到龍牙門。入門往西行，二日可到。此處舊不稱國，因海有五嶼之名，遂名曰五嶼。無國王，止有頭目掌管。此地屬暹羅所轄，歲輸金四十兩，否則差人征伐。永樂七年己丑，上命正使太監鄭和等統齎詔敕，賜頭目雙臺銀印冠帶袍服，建碑封城，遂名滿剌加國，是後暹羅莫敢侵擾。其頭目蒙恩為王，挈妻子赴京朝謝，貢進方物，朝廷又賜與海船回國守土。其國東南是大海，西北是老岸連山。皆沙鹵之地，氣候朝熱暮寒，田瘦穀薄，人少耕種。有一大溪河水，下流從王居前過入海。其王於溪上建立木橋，上造橋亭二十餘間，諸物買賣俱在其上。國王國人皆從回回教門，持齋受戒誦經。其王服用以細白番布纏頭，身穿細花青布長衣，其樣如袍。腳穿皮鞋，出入乘轎。國人男子方帕包頭，女人撮髻腦後。身體微黑，下圍白布手巾，上穿色布短衫。風俗淳樸，房屋如樓閣之制，上不鋪板，但高四尺許之際，以椰子樹劈成片條，稀布於上，用藤縛定，如羊棚樣。自有層次，連床就榻盤膝而坐，飲臥廚灶皆在上也。人多以漁為業，用獨木刳舟泛海取魚。土產黄速香、烏木、打麻兒香、花錫之類。打麻兒香本是一等樹脂，流出入土，掘出如松香瀝青之樣，火燒即著。番人皆以此物點照當燈。番船造完，則用此物熔塗于縫，水莫能入，甚好。彼地之人多採取此物以轉賣他國。內有明淨好者，卻似金珀一樣，名損都盧斯。番人做成帽珠而賣，今水珀即此物也。花錫有二處山塢錫場。王命頭目主之，差人淘煎，鑄成鬥樣，以為小塊輸官。每塊重官秤一斤八兩，或一斤四兩，每十塊用藤縛為小把，四十塊為一大把，通市交易皆以此錫行使。其國人言語并書記婚姻之禮，頗與爪哇同。山野有一等樹，名沙孤樹，鄉人以此物之皮，如中國葛根搗浸澄濾其樹作丸，如菉豆大，曬乾而賣，其名曰沙孤米，可以作飯喫。海之洲渚岸邊生一等水草，名茭蔁葉。長如刀茅樣，似苦筍。殼厚，性軟，結子如荔枝樣，雞子大。人取其子釀酒，名茭蔁酒，飲之亦能醉人。鄉人取其葉結竹細簟，止闊二尺，長丈余，為席而賣。果有甘蔗、巴蕉子、波羅蜜、野荔枝之類。菜葱、薑、蒜、芥、東瓜、西瓜皆有。牛、羊、雞、鴨雖有而不多。價亦甚貴。其水牛一頭直銀一斤以上。驢馬皆無。其海邊水內常有鼉龍傷人。其龍高三四尺，四足，滿身鱗甲，背刺排生。龍頭撩牙，遇人即齧。山出黑虎，比中國黄虎略小，其毛黑，亦有暗花紋。其黄虎亦間有之，國中有虎化為人，入市混人而行，自有識者，擒而殺之。如占城屍頭蠻，此處亦有。凡中國寶船到彼，則立排柵，如城垣，設四門、更鼓樓，夜則提鈴巡警，內又立重柵，如小城。蓋造庫藏倉廒，一應錢糧頓在其內，去各國船隻回到此處取齊，打整番貨，裝載船內，等候南風正順，於五月中旬開洋回還。其國王亦自採辦方物，挈妻子帶領頭目駕船跟隨寶船赴闕進貢。

明・鞏珍《西洋番國志・滿剌加國》 滿剌加國，自占城開舡向西南行，好風八日到龍牙門。入門西行二日可到。此處舊名五嶼，無國王，只有地主，受暹羅節制，歲輸金四十兩，否則加兵。永樂七年己丑歲欽奉上命遣使往諭諸番，到於本處，宣布詔旨。特恩賜其地主以雙臺銀印冠帶袍服，主國封王，建城豎碑。遂與諸番爲敵體，而暹羅莫敢侵犯。

其地東南是海，西北是老岸連山，大槩沙滷之地，田瘦穀薄。氣候朝寒暮熱。有一大溪□紅王居前過□入海，王於溪上建立木橋，橋上造亭二十餘間，諸貨買賣皆集於此。

王及國人皆從回回教門。王用細白番布纏頭，身衣細花布如袍長，足以皮爲鞋。出入乘轎。國人男子方帕包頭，女撮髻腦後。身體微黑，下圍白布並各色手巾，上衣色布短衫。風俗淳樸。居屋如樓，各有層次。每高四尺許，即以椰木劈片，藤扎縛如羊棚狀，連牀就榻，盤膝而坐，廚竈亦在其上。

人多以漁爲業。用獨木刳舟泛海取魚。少耕種。土產黄速香、打麻兒香、烏木、花錫之類。打麻兒香乃一種樹脂，流入於土，掘出如瀝青，可以點燈及塗舡不漏。土人多採取賣之，他國亦販去。間有明淨土如金珀，番名損都盧斯，或碾成帽珠而賣，所謂水珀是也。花錫有二山場出產，王令頭目主之，遣人淘鑄成塊如斗狀輸官。每塊官秤重一斤八兩或一斤四兩者，每十塊用藤縛一把，四十塊爲一大把。通市交易，皆以此物。

國語並書記及婚喪之禮頗與爪哇同。

山野有樹名沙孤，鄉人取其皮搗浸澄濾成粉丸緑豆大晒乾名沙孤米，賣與人做飯。洲渚邊有木草名茭蔁，葉長如刀茅，厚如笋殼，柔軟堅韌。結子皮蒻如荔枝，實如雞子，土人取其子釀酒飲之，能醉人。或取其葉織成細簟闊二尺長丈餘出賣。果有甘蔗、芭蕉、波羅蜜、野荔枝之類。蔬有葱、蒜、姜、芥、東瓜、西瓜。牲畜有牛、羊、雞、鴨，不廣，其價亦貴，水牛一頭賣銀一斤以上，驢馬皆無。近海有鼉龍傷人。鼉龍高三四尺，鱗甲被身如刺，龍頭棘牙，遇人則齒出。黑虎似虎而小，毛黑有暗紋。亦有黄虎，其虎能變幻入市中，混人而行。有識者卽擒之，其怪與占城屍頭蠻同。屍頭此處亦有之。

中國下西洋舡以此爲外府，立擺栅墻垣，設四門更鼓樓。内又立重城，蓋造庫藏完備。大䑸寶舡已往占城、爪哇等國，並先䑸暹羅等國回還紅隻，俱于此國海濱駐泊，一應錢糧皆入庫内口貯。各舡併聚，又分䑸次前後諸番買賣以後，忽魯謨斯等各國事畢回時，其小邦去而回者，先後遲早不過五七日俱各到齊。將各國諸色護糧通行打點，裝封倉䑳，停候五月中風信已順，結䑳回還。其國既受皇恩深重，其年乃攜妻子赴闕謝恩。又賜造完大舡令其乘駕歸國守土。自前至今歲方物不缺進貢。

明·黄省曾《西洋朝貢典録》卷上《滿剌加國》 其地在占城南可二千里，大海在其東南，老岸連山在其西北。由舊港而往，鍼位：十更過官嶼之左，又五更至長腰之嶼，見三佛之嶼、鰲魚之嶼。又五更至甘巴門之水。其溜迅急，右曰仁義之礁，左曰牛尾之礁，前曰鬼嶼。又五更平披宋之嶼。又五更取射箭之山。又五更至五嶼。循山而至其國。或曰入由龍牙山門，門之狀如龍角，是多寇鈔。以國有五嶼也，舊名五嶼。嘗羈事暹羅，而歲輸黄金焉。永樂初，詔賜頭目雙臺銀印冠帶袍服，名滿剌加國。暹羅遂不復擾云。

其土氣朝燠而暮寒。有溪焉，經帶王宫而入於海，王則作梁溪上。而齋戒，纏首以白布，服花青布，長衣而革履，出入肩輿。其民男纏首以方帕，女撮髻短衫，下圍色布帨。其俗淳朴。其語音、書記、婚喪與爪哇同。其居如樓，高可四尺許，片劈椰木，藤以緝焉。踋趺其上，竈榻弗殊。其刳舟以獨木。其交易以花錫，鑄如斗形，其重一斤而八兩。十斗小把，四之而爲大把，以籐束之。

其利魚。其穀宜一種。其畜宜牛、馬、雞、鴨。多甘蔗、蕉子、波羅蜜、野荔枝。多黄速香、烏木。多姜、葱、芥、蒜、諸瓜。有樹焉，其皮如葛根，搗之澄以爲粉丸，如菉豆，日乾以鬻，其名曰沙菰米，可以作飯。有草焉，其狀如茅，其厚如笋皮，子如荔枝，其名曰茭蔁葉，子可釀酒，葉可織簟。有魚焉，足高四尺，龍首而鱗身修牙，其名曰龍，是噬人。有獸焉，其狀如虎而小，黑質花紋而善幻，其名曰星虎。有香焉，其脂如松香，可燃照爲燈，鎔而拭舟，可以辟水，其名曰打麻兒。其明瑩如金珀，可爲帽珠者，其名曰損都盧斯。

其與滿剌加接境有九洲之山，其中多沉香、黄熟香。永樂之歲，鄭和採香於此，獲六株焉。其徑八九尺，其長八九丈，是皆黑花細紋，人所未覩焉。

其朝貢不絶。永樂三年，其頭目西利八兒速剌遣使奉金葉表來朝貢。詔封爲滿剌加國王，給印及誥。其王慕義願同中國屬郡，歲効職貢。又請封其國西山。詔封爲鎮國之山，御製碑文賜之。九年，嗣王拜里迷蘇剌率其妻子及陪臣五百四十餘人朝貢。命官往勞，上御奉天門宴之。十年，遣使來貢。十二年，國王母來。二十二年、宣德九年，國王復來。正統十年以後，屢遣使來貢。其貢物：番小廝、犀角、象牙、玳瑁、鶴頂、鸚鵡、黑熊、黑猿、白鹿、鎖袱、金母鶴頂、金廂戒指、撒哈剌、白苾布、撒都細布、西洋布、花縵、片腦、梔子花、薔薇露、沉香、乳香、黄速香、金銀香、降真香、紫檀香、丁香、烏木、蘇木、大楓子、番錫、番鹽。

論曰：傳云，海島邈絶，不可踐量。信然矣，況夷心淵險不測，握重貨以深往，自非多區略之臣，鮮不敗事也。予觀馬歡所記載滿剌加云，鄭和至此，乃爲城栅鼓角，立府藏倉廩，停貯百物，然後分使通於列夷，歸䑸則仍會萃焉。智哉其區略也。滿剌加昔無名號，素苦暹羅。永樂初始建碑封城，詔爲王焉。其内慕柔服，至率妻子來朝，實若藩宗之親矣，則和之貯百物於此也，曷有他慮哉！智哉其區略也！

明·羅日褧《咸賓録》卷六《南夷志·滿剌加》 滿剌加，永樂三年，王西利八兒速剌遣人朝貢。七年，我遣太監鄭和賜印誥，封爲王。九年，嗣王拜里迷蘇剌率其妃子及陪臣五百四十人來朝。上御奉天門宴王，賜王并妃及子姪賞各有差。十二年，國王子母斡撒子的兒沙來朝，告父卒。詔命嗣封。以後宣德、天順、成化時輒遣使來貢。成化末，給事中林榮、行人黄乾亨奉使册封其王，溺海死，各廕一子入監讀書。

其地瘠鹵，舊名五嶼，隸暹羅，未稱國。既奉我正朔，遂不入暹羅貢。俗淳朴，尚回回教。王白布纏頭，身穿細花番布如袍，出入乘轎。男方帕包頭，女人撮髻腦後，俱上穿色布短衫，下圍白布各色手巾。身膚黑如漆，間有白者，唐人種也。民舍如暹羅，婚喪大類爪哇。地瘠少收，人多泛海取魚蚌爲業。國有一山，泉流溪下，民以溪中淘沙取錫，煎銷成塊，及織茭蕈簟以通市。有龜龍，四足，長牙嚙人。又有黑虎，能變人形入市。

其譯語：呼天爲安剌。地爲布迷。日爲哈利。月爲補藍。

其山：鎮國西山。永樂中，賜御製碑文。

其產：火雞、紫赤，其子殼厚踰重錢，或斑或白，島夷采之以爲飲盞，能食火吐氣，故名。與出三佛齊者不同。黑熊、黑猿、白麂、波羅蜜、見前。做打麻、樹脂結成者，夜點有光，塗舟，水不入。茭蕈簟、其葉織成簟，子如荔枝，釀爲酒。靉靆、觀書可助目明。沙孤樹取其皮擣作粉，謂之沙孤米。爲奇。

明·張燮《東西洋考》卷四《西洋列國考·麻六甲》 麻六甲，即滿剌加也。古稱哥羅富沙，漢時已通中國。後頓遜起自扶南，三千餘里皆屬之。其東界通交州，即哥羅富沙地也。唐永徽中，以五色鸚鵡來獻。《唐書》曰：哥羅一曰箇羅，亦曰哥羅富沙羅，王姓矢利波羅，名米失鉢羅。舊隸暹羅，歲輸黃金爲賦。蓋所部瘠鹵，尚未稱國云。

永樂三年，酋西利八兒速剌遣使上表，願內附，爲屬郡，效職貢。七年，上命中使鄭和封爲滿剌加國王，賜銀印、冠服，從此不復隸暹羅矣。九年，嗣王拜里迭蘇剌率其妻子及陪臣五百四十人來朝。命中貴海壽、禮部郎黃裳迎勞於郊，敕有司供帳飾館待之。尋陛見，貢方物。上御奉天門宴王，賜玉帶、羽儀、鞍馬、金、銀、錢鈔、錦綺、王妃冠服，其下賞賚各有差。居久之，禮送還國。《廣東通志》曰：光祿日給牲牢，賜王金繡龍衣一襲，金銀器皿、帷帳、裀褥咸具，賜妃八兒迷速里及子姪、陪臣文綺、紗羅、襲衣有差，就館復賜宴。八月，賜黃金相玉帶、儀仗、鞍馬，并賜王妃冠服。九月，辭歸，賜宴奉天門，別宴王妃、陪臣如初。賜敕勞王，副以金相玉帶一、儀仗一副、鞍馬二疋、黃金百兩、白金五百兩、鈔四十萬貫、錢二千六百貫、錦羅六百疋、絹千疋、渾金文綺二、金織通袖膝襴二，妃以下各有差。禮部餞於龍江驛，復賜宴龍潭。十年，遣使入貢。十二年，王母來朝，賜如王妃。十七年，王亦思罕答兒沙嗣，更率妻子來朝，言『爲暹羅所侵，惟陛下卵翼之。』上爲降詔暹羅國王，無開兵隙。暹羅旋遣使來謝侵伐之罪。滿剌加所得保境息肩者，皆中國賜也。

二十二年，王西里麻哈剌來朝。宣德九年，王復至，後先賜予甚厚。其後貢使不絕。天順三年，王无答佛哪沙卒，子蘇丹芒速沙請封，遣使冊立爲王。成化末，給事中林榮、行人黃乾亨奉使，溺海死，以故罷遣云。

王以帛纏首，衣青花袍，躡皮履，乘轎。俗敦樸，尚回回教，居處如暹羅，婚喪大類爪哇。《唐書》曰：嫁娶檳榔爲禮，多至二百盤。婦已嫁，從夫姓。死者焚之，取燼貯金罌沈之海。民用陶錫，網魚爲業。屋如樓閣，然不更鋪板，但疊木高低層，布連榻，趺坐飲食，廚廁皆在其間。男女椎髻。《唐書》曰：非有官，不束髮。肌膚黑漆，間有白者，華人也。後佛郎機破滿剌加，入據其國。而故王之社遂墟。臣隸俛首，無從報仇，久乃漸奉爲真主矣。

古稱旁海人畏龜龍。龜龍高四尺，四足，身負鱗甲，露長牙，遇人則嚙，無不立死。山有黑虎，虎差小，或變人形，白晝入市，覺者擒殺之。今合佛郎機，足稱三害云。

形勝名迹　鎮國山永樂中，詔封其國之西山爲鎮國山，御製碑文賜之，勒石其上。

五嶼未稱國時酋鎮於此。

龍雅山在滿剌加港外，其山甚高。

物產　貓睛石《華夷考》曰：中含活光一縷。

珠《一統志》：滿剌加出石榴子珠。

犀角本朝充貢。

象牙本朝充貢。

玳瑁本朝充貢。

翠羽　靉靆俗名眼鏡。《華夷考》曰：大如錢，質薄而透明，如琉璃，色如雲母，每目力昏倦，不辨細書，以此掩目，精神不散，筆畫倍明，出滿剌國。靉靆乃輕雲貌，如輕雲之籠日月，不掩其明也。若作曖曃亦可。

斗錫《星槎勝覽》曰：內有山泉，流爲溪，於溪中陶沙取錫，煎成塊，曰斗錫。每塊重一斤四兩，本朝充貢。

乳香本朝充貢。

片腦本朝充貢。

蘇合油

蕉心簟見《星槎勝覽》。按《華夷考》稱滿剌加取茭葦葉織成細簟，闊二尺，長丈餘，即此類也。

明角

烏角

蠟

做打麻《方輿勝覽》曰：樹脂結成者，夜點有光，塗舟，水不能入。《華夷考》曰：樹枝流落，膠汁土内，掘出如松歷青，内有明浄好者，都似金珀，一般出滿剌加國。

硫黄見《一統志》。

没藥

夷瓶

燕窩

檳榔

椰子

沙孤米《華夷考》曰：山野有樹，名沙孤樹。將樹皮如中國葛根搗浸，澄濾，取粉作丸，晒乾賣之，出滿剌加。

茭葦酒《華夷考》曰：茭葦葉似苦笋，殼厚，性柔軟，結子如荔枝樣。雞彈大。取其子釀酒，飲亦醉人，出滿剌加。

犀象

黑熊本朝充貢。

火雞《華夷考》曰：出滿剌加，大如鶴，多紫赤色，能食火，吐氣亦煙焰也。子如鵞，胎殼厚，蹄重錢，或班或白，島夷採爲飲盞，見者珍之。

鸚鵡唐時來獻。

交易　本夷市道稍平，既爲佛郎機所據，殘破之，後售貨漸少。而佛郎機與華人酬酢，屢肆輈張，故賈船希往者。直詣蘇門答剌必道經彼國。佛郎機見華人不肯駐，輒迎擊於海門，掠其貨以歸。數年以來，波路斷絶。然彼與澳夷同種，片帆指香山，便與粵人爲市，亦不甚藉商舶彼間也。

《明史》卷三二五《外國傳六・滿剌加》　滿剌加，在占城南。順風八日至龍牙門，又西行二日即至。或云即古頓遜，唐哥羅富沙。

又《彭亨》　彭亨，在暹羅之西。洪武十一年，其王麻哈剌惹答饒遣使齎金葉表，貢番奴六人及方物，宴賚如禮。永樂九年，王巴剌密瑣剌達羅息泥遣使入貢。十年，鄭和使其國。十二年，復入貢。十四年，與古里、爪哇諸國偕貢，復令鄭和報之。

其國，土田沃，氣候常温，米粟饒足，煮海爲鹽，釀椰漿爲酒。上下親狎，無寇賊。然惑於鬼神，刻香木爲像，殺人祭賽，以禳災祈福。所貢有象牙、片腦、乳香、速香、檀香、胡椒、蘇木之屬。

又《柔佛》　柔佛，近彭亨，一名烏丁礁林。永樂中，鄭和遍歷西洋，無柔佛名。或言和曾經東西竺山，今此山正在其地，疑即東西竺。萬曆間，其酋好構兵，鄰國丁機宜、彭亨屢被其患。華人販他國者多就之貿易，時或邀至其國。

國中覆茅爲屋，列木爲城，環以池。無事通商於外，有事則召募爲兵，稱强國焉。地不產穀，常易米於鄰壤。男子薙髮徒跣，佩刀，女子蓄發椎結，其酋則佩雙刀。字用茭葦葉，以刀刺之。婚姻亦論門閥。王用金銀爲食器，羣下則用磁。無匕筯。俗好持齋，見星方食。節序以四月爲歲首。居喪，婦人薙髮，男子則重薙，死者皆火葬。所產有犀、象、玳瑁、片腦、没藥、血竭、錫、蠟、嘉文簟、木棉花、檳榔、海菜、窩燕、西國米、蛬吉柿之屬。

始其國吉寧仁爲大庫，忠於王，爲王所倚信。王弟以兄疏己，潛殺之。後出行墮馬死，左右咸見吉寧仁爲祟，自是家家祀之。

又　卷三二六《外國傳七・急蘭丹》　急蘭丹，永樂九年，王麻哈剌查苦馬兒遣使朝貢。十年命鄭和齎敕獎其王，賚以錦綺、紗羅、綵帛。

清・傅恒等《清職貢圖》卷一　柔佛國，在西南海中。其地有東西竺山，覆茅為屋，列木為城，地不產穀，常易於鄰壤。尚釋教，持齋累月，見星方食。以刀刺茭葦葉為文字，婚姻亦論門閥。男剪髮跣足，帽如覆椀，銅絲為胎，冪以白布，衣袴俱短，圍花巾於腰，身不離刃。婦垂髻跣足，短衣長裙，披錦繒於肩，與蘇禄相似，善織席。

嘛六甲，即滿剌加，在占城南。明初服，屬暹羅。永樂中，其酋遣使入貢，封為國王，並勒碑文於其國之鎮山，後為佛郎機所侵奪。嘉靖時，敕還其地，迄無應者，今則為荷蘭所屬。其性情機巧，器用精緻，亞於咖喇吧。男以色布纏頭，長衣短袴，露脛曳履。女椎髻跣足，垂珠於項，短衣長裙，頗工縫紉。

清·穆彰阿等《嘉慶重修一統志》卷五五七《柔佛在西南海中》　建置沿革　一名烏丁礁林，或言卽東西竺《明史》：永樂中，鄭和徧歷西洋，無柔佛名，或言和曾經東西竺山。今此山正在其地，疑卽東西竺。明萬曆時，其酋好搆兵，鄰國丁機宜彭亨，屢被其害。蓋西洋强國也。《明史》：列木為城，環以池。無事，通商於外；有事，則召募為兵。稱强國焉。地不產穀，常易米於鄰壤。華人販他國者，多就之貿易，時或邀至其國。國中崇山峻嶺，樹木叢雜，野獸縱橫。天時雖秋冬亦暖，王柳葉為衣，左衽跣足，下裳密綴小花為之。蓄髮長二三寸，蒙以金花。無城郭，王府卽建於海濱，府治非甎瓦所成，支以竹木蓋以茅葉。民皆環山而居，亦竹木茅葉為之。

本朝康熙年間，柔佛國番人利哈等五十三人，遭風漂至廣東。地方官給以貲糧，其原船已壞。時閩粵二省，亦無該國船隻。請給內地船遣歸，奏入，上從之。雍正七年，弛南洋商販之禁，自後通市不絕。歷海洋九千里達廣東界，距厦門水程一百八十更。其屬有單呾國，亦來中國互市，風俗土產，與柔佛同。

風俗　以刀為佩，字用茭葦葉《明史》：男子薙髮，徒跣佩刀，女子蓄髮椎髻。其酋則佩雙刀，字用茭葦葉以刀刺之。食無匕筯，死則火葬《明史》：王用金銀為食器，羣下則用磁。無匕筯，俗好持齋，見星方食。節序以四月爲歲首。居喪婦人薙髮，男子則重薙，死者皆火葬。輕生好殺，出海劫掠《皇朝文獻通考》：俗輕生好殺，尚佛教，喜鬬雞，伐烏木，拾海菜。時出海劫掠，忌猪肉，嗜煙。衣袴皆短，織席爲業《皇清職貢圖》：婚姻亦論門閥，男子帽如覆椀，銅絲爲胎。羃以白布，衣袴皆短，圍花巾於腰。婦短衣長裙，披錦繒於肩，善織席。

土產　犀象、玳瑁、片腦、没藥、血竭、錫、嘉文簟、木棉花、檳榔、海菜、燕窩、西國米、蛬吉柿以上見《明史》。降香、烏木、冰片、胡椒《皇朝通典》。

又《彭亨在西南海中》　建置沿革　一名湓亨，又稱彭坑，在暹羅之西。明洪武十一年，其王麻哈剌惹，遣使齎表，貢番奴及方物。永樂中，屢入貢。鄭和亦至其國。萬曆時，為柔佛所破，王奔浡泥，後命其長子攝國，旋為次子所簒。《明史》：萬曆時，有柔佛國副王子，娶彭亨王女，將婚，副王送子至彭亨。彭亨王置酒，親戚畢會。婆羅國王子，為彭亨王妹壻，舉觴獻副王，而手指有巨珠，甚美。副王欲之，許以重賄。王子靳不與，副王怒，即歸國發兵來攻。彭亨人出不意，不戰自潰，王與婆羅王子奔金山。浡泥國王，王妃兄也，聞之，率衆來援，副王乃大肆焚劫而去。當是時，國中鬼哭三日，人民半死。浡泥王迎其妹歸，彭亨王隨之，而命其長子攝國。已王復位次子素凶悍，遂毒其父，殺其兄，而自立。其國與柔佛連山相枕，內地商民，有附番舶至其境者按《皇朝文獻通考》：雍正七年，弛南洋之禁，內地商民，往柔佛國，有轉附番舶，至彭亨國貿易者。

風俗　煑海為鹽，釀椰漿為酒《明史》：其國土地肥沃，氣候常温，煑海為鹽，釀椰漿為酒。俗惑鬼神，祭賽祈福《明史》：上下親狎，無寇賊，然惑於鬼神，刻香木為像，殺人祭賽，以禳災祈福。

土產　象牙、片腦、乳香、速香、檀香、胡椒、蘇木。

又《嘛六甲在占城南》　建置沿革　即滿剌加，或云即古頓遜，唐哥羅富沙。明永樂三年，其酋拜里迷蘇剌，遣使貢方物，封為滿剌加國王，賜誥印綵幣。其使者言王慕義，願同中國列郡，歲效職貢，因請封其山為一國之鎮，帝從之。九年，其王率妻子陪臣五百四十餘人來朝，宴賜有加禮。及歸，又賜宴龍潭驛以餞之，至王子母幹撒于的兒沙襲封，亦賜金幣。後屢為暹羅所侵，入訴於朝。《明史》：永樂十七年，王率妻子來朝，訴暹羅見侵狀，帝為賜敕諭暹羅。宣德六年，遣使者來言暹羅謀侵本國，王欲入朝，懼為所阻，欲奏聞，無能書者，令臣三人，附蘇門答剌貢舟入訴。帝命附鄭和舟歸國，因令和齎敕諭暹羅，責以輯睦鄰封，毋違朝命。成化中，滿剌加又為安南所侵陵。《明史》：成化十七年，貢使言安南已據占城又欲吞本國。本國以皆為王臣，未敢與戰。適安南貢使亦至，滿剌加使臣請與廷辯。帝乃因安南使還，敕責其王，并諭滿剌加。安南復侵陵，即整兵待戰。正德三年，遣使臣端亞智等入貢，後佛郎機强横海上，舉兵侵奪其地。國王蘇端媽末出奔，遣使告難。朝廷敕責佛郎機，令還其故土，又諭暹羅諸國王，以救災恤鄰之義，迄無應者，滿剌加竟為所滅。後改名嘛六甲。今則為荷蘭所屬。按《皇清職貢圖》：嘛六甲，明初服屬暹羅，後為佛郎機所侵奪。嘉靖時，敕還其地，迄無應者。今則為荷蘭所屬云。

風俗　淘沙取錫，捕魚為業《明史》：有山出泉，流為溪，土人淘沙取錫。田瘠少收，民皆捕魚為業。氣候朝熱暮寒。男女椎髻，身體黝黑，間有白者，唐人種也。俗喜邀劫，商舶稀至《明史》：俗淳厚，市道頗平，自為佛郎機所破，其風頓殊。商舶稀至，多直詣蘇門答剌，然必取道其國，率被邀刧，海路幾斷。性情機巧，器用精緻《皇清職貢圖》：性情機巧，器用精緻。男以色布纏頭，長衣短袴，露脛曳屨，女椎髻跣足，垂珠於項，短衣長裙，頗工縫紉。

菲律賓

元・汪大淵《島夷志略・三島》 居大崎山之東，嶼分鼎峙，有疊山層巒，民傍緣居之。田瘠穀少，俗質朴，氣候差暖。男女間有白者。男頂拳髮，婦人椎髻，俱披單衣。男子嘗附舶至泉州經紀，罄其資囊，以文其身。既歸其國，則國人以尊長之禮待之，延之上座，雖父老亦不得與爭焉。習俗以其至唐，故貴之也。

民煮海爲鹽，釀蔗漿爲酒。有酋長。地產黃臘、木綿、花布。貿易之貨用銅珠、青白花碗、小花印布、鐵塊之屬。

次曰答陪，曰海贍，曰巴弄吉，曰蒲裹咾，曰東流里。無甚異產，故附此耳。

又《麻逸》 山勢平寬，夾溪聚落，田膏腴，氣候稍暖。俗尚節義。男女椎髻，穿青布衫。凡婦喪夫，則削其髮，絕食七日，與夫同寢，多瀕於死。七日之外不死，則親戚勸以飲食，或可全生，則終身不改其節。甚至喪夫而焚尸，則赴火而死。酋豪之喪則殺奴婢二三十人以殉葬。

民煮海爲鹽，釀糖水爲酒。地產木綿、黃蠟、玳瑁、檳榔、花布。貿易之貨用鼎、鐵塊、五采紅布、紅絹、牙錠之屬。蠻賈議價領去博易土貨，然後準價舶商。守信事終如始，不負約也。

又《蘇禄》 其地以石崎山爲保障，山涂田瘠，宜種粟麥。民食沙糊、魚、蝦、螺蛤。氣候半熱。俗鄙薄。男女斷髮，纏皂縵，繫小印花布。

煮海爲鹽，釀蔗漿爲酒，織竹布爲業。有酋長。地產中等降真條、黃蠟、玳瑁、珍珠，較之沙里八丹、第三港等處所產，此蘇禄之珠，色青白而圓，其價甚昂。中國人首飾用之，其色不退，號爲絕品。有徑寸者，其出產之地，大者已值七八百餘錠，中者二三百錠，小者一二十錠。其餘小珠一萬上兩重者，或一千至三四百上兩重者，出於西洋之第三港，此地無之。貿易之貨，用赤金、花銀、八都剌布、青珠、處器、鐵條之屬。

明・費信《星槎勝覽》卷二〇《三島國》 其處與琉球大崎山之東鼎峙，有壘石層巒，民倚邊而居。田瘠少收，以網魚於海，織布為業。俗尚樸質。男生拳發，婦女椎髻，單布披之為衣，不解裁縫。凡男子得附舶至中國，然罄其資，身歸本處，鄉人稱為能事，尊之有德，父兄皆贊焉。煮海為鹽，釀蔗漿為酒。地產黃臘、木綿布。貨用金銀、磁器、鐵塊之屬。

詩曰：幽然三島國，花木茂常春。氣質尤宜樸，裳衣不解紉。遊歸名贊德，賀禮酒頻傾。采吟荒嶠外，得句自逡巡。

又《麻逸國》 麻逸國在交欄山之西，山勢峻，地平寬，夾溪聚居。氣候稍熱。男女椎髻，穿長衫，圍色布手巾。田多膏腴，倍收他國。俗尚節義，婦喪其夫，則削髮碎面，絕食七曰，與夫屍同寢，多與並逝矣。七曰之外不死，則親戚勸以飲食，或得蘇命，乃終身不再嫁矣。或至焚夫屍日，則赴火而死，蓋其節義之不改也。煮海為鹽，釀蔗為酒。地產木綿、黃臘、玳瑁、檳榔、花布。貨用銅鼎、鐵塊、五色布絹之屬。

詩曰：美哉麻逸國，山峻地寬平。尚節心無異，耕田穀倍登。檳榔資咀嚼，玳瑁照晶熒。布染花生彩，糖香酒自清。溪濤含蕩漾，海曰上高明。蠻土知仁化，駸駸禮義行。

又《蘇禄國》 蘇禄國，居東海之洋，石奇堡障，山塗田瘠，種植稀簿。民下捕魚蝦生啖，螺蛤煮食。男女斷發，頭纏皂縵，腰圍浮水印花布。俗尚鄙陋。煮海為鹽，釀蔗為酒。織竹布，采珍珠，色白絕品，珠有徑寸者，已值七八百錠，中者二三百錠。永樂十六年，其酋長感慕聖恩，乃挈妻攜子涉海來朝，進獻巨珠一顆，重七兩伍錢，罕古莫能有也。皇上大悅，加勞厚賜金印冠帶歸國。地產珍珠、降香、黃臘、玳瑁、竹布。貨用金銀、八都剌布、青珠、磁器、鐵銚之屬。

詩曰：蘇禄分東海，居民幾萬家。丸烹圍水布，生啖愛魚蝦。徑寸珠圓潔，行舟路去賒。獻珍朝玉闕，厚賜被光華。

明・黃省曾《西洋朝貢典録・蘇禄國》 其國在東海之洋，其鎮曰石崎之山。其男女皆髡，纏首以皂縵，腰圍水印花布。其俗尚鄙惡，其田瘠，不宜於穀，以漁鹽爲業。是食魚蝦螺蛤。有蔗酒。其利竹布、珠璣。珠徑寸者，價以千金。

其朝貢無常。永樂十五年，其國東王巴都葛叭答剌，西王巴都葛叭蘇里、峒王叭都葛巴剌卜各率妻子頭目來朝貢。十九年遣使來貢。其貢物：梅花腦、竹布、綿布、玳瑁、降香、蘇木、胡椒、蓽茇、黄蠟、番錫。

論曰：余於《廣志》、《漢書》，觀二寸珠事。及讀《列仙傳》云，高后時下書募三寸珠，有朱仲者獻焉，賜五百金，魯元公主復私以七百金從仲求得四寸珠。以爲誣矣。今《星槎篇》載蘇禄王所獻巨珠重幾八兩，乃始信之。宜乎金印之報錫也。雖然不寶遠物，則遠人格，天朝之致，此亦有由矣！

明·羅日褧《咸賓録》卷六《南夷志·呂宋》 呂宋，小國也。其地産黄金，以故人亦富厚。俗朴耻訟。洪武、永樂初俱遣使朝貢。萬曆四年助討逋賊有功，來貢。貢道由福建入，於正賞外加賜如朝鮮國。

又《蘇禄》 蘇禄，其國王有三，曰東王、西王、峒王。惟東王爲尊。永樂十五年，三王各率其妻子頭目朝貢。後東王歸次德州卒，命有司營葬，爲文立碑墓道。留其妃從十餘人守墓，畢三年還國。十九年，嗣王都麻含來朝，獻巨珠一顆，重七兩五錢，前古所罕見也。

其俗民食沙糊、魚蝦、螺蛤。短髮，纏皂縵。煮海爲鹽，釀柘爲酒。

其山川：石崎山國以此爲保障。

其産：青珠、有至徑寸者，形圓。竹布小竹織成者。爲奇。

明·張燮《東西洋考》卷五《東洋列國考·呂宋》 呂宋在東海中，初爲小國，而後寖大。《吾學編》曰：産黄金，以故亦富厚。人質樸，不喜爭訟。永樂三年，國王遣其臣隔察老來朝，并貢方物。其地去漳爲近，故賈舶多往。

有佛郎機者，自稱干系蠟國，從大西來，亦與呂宋互市。酋私相語曰：『彼可取而代也。』因上黄金爲呂宋王壽，乞地如牛皮大，蓋屋。王信而許之。佛郎機乃取牛皮剪而相續之，以爲四圍，乞地稱是。王難之，然重失信遠夷，竟予地。月徵稅如所部法。佛郎機既得地，築城營室，列銃置刀盾甚具。久之，圍呂宋，殺其王，逐其民入山，而呂宋遂爲佛郎機有矣。干系蠟國王遣酋來鎮，數歲一更易。今華人之販呂宋者，乃販佛郎機者也。

華人既多詣呂宋，往往久住不歸，名爲壓冬。聚居澗内爲生活，漸至數萬，間有削髮長子孫者。萬曆二十一年八月，酋郎雷氏敝裏系勝征美洛居，役諸流寓二百五十人充兵助戰。《政和堂集》曰：高肖爲把總，魏惟秀、楊安頓、潘和五、洪亨五爲哨官，鄭振岳爲通事，郭惟太等爲兵。夷人偃息卧船上，使華人日夜駕船，稍倦，輒箠之或刺殺，苦毒備嘗。潘和五等謀曰：『叛死、箠死、刺死、等死耳，不然亦且戰死，不若殺酋以洩吾忿，勝則揚帆故鄉；卽不勝，死未晚也。』議既定，夜半，入卧内刺酋，持酋頭大呼。夷人驚起，不知所爲，悉被刃或落水死。和五等悉獲金寶、兵器，駕其船以歸。失路之廣南，爲交酋所掠。獨郭惟太等三十二人走免，附舟返舍。酋既死，子郎雷貓吝擁兵駐朔霧，馳回代立爲酋，遣僧來訴。

明年，閩撫遣賈舶招回久住呂宋華人。酋爲給糧以歸，致書及辭，重訴父冤。呂宋嗣王具文一道，用金篋封識，另小書用紅羅包裹，付賈舶攜來，内稱：『郎雷氏敝裏系勝是貓吝爺氏，奉干系蠟國主命，鎮守東洋呂宋等處。蒙差官來探日本消息，招回唐人。日本近雖稱兵入境，然彼國有征伐之兵，敝國有備禦之固，况日本熟知敝國士卒精壯，遇敵無不爭鋒，何足以懼。前革回唐人，係是久住不安生理。今之革者，因敝國狹窄，米穀稀少，糧食不給，別無他端。伏望尊慈鑑察，其被害戰船，乞追軍器、金銀、寶貝，并究殺父之人，償命以警後人，以正法紀。從兄巴禮於舊年十月駕船往貴省奔訴父冤，萬里懸情，惟冀秉公嚴追究治。從兄巴禮厚遺歸國，感佩圖報。』又訴詞一紙：『爲辯明父冤事：緣父守國，欲討美洛居，時有澗内唐民願充助敵者二百五十人，自備行糧，立功給賞。時父與兵同船，開駕到交逸地方。有佛郎人與唐兵言競，父責番人，弔在船桅懲戒。原船裝載金銀莫計，同船番目，各帶寶貝銀錢數多。船進合萬門灣泊，父令唐人牽罟捕魚，共烹而食。卧至半夜，唐人心貪財寶，陰謀不軌，將父并番目四十餘命盡行殺死，僅存巴禮、書記二人報息，將本船寶貝駕逃。僕時奉命帶兵駐劄朔霧，各屬間變，共議報冤，將城内舊澗拆卸。僕聞計，回國勸諭，不許生端報怨。復議設新澗城外，慮及番兵横爲擾害，著頭目四人逐日在澗看守，以便唐人生理。不想起蓋未完，而日本報警。番目思見澗地接邇城郭，兼之唐人每有交通之情，恐招蕭牆之禍，再議移澗，此非本心。革回唐人，每船給米五十包資助，想來人必能道其詳者。激切含冤，伏望作主，轉達施行。閩撫許孚遠具疏以聞。許中丞疏略曰：『我民往販呂宋，中多無賴之徒，因而流落彼地不下萬人。番酋築蓋鋪舍，聚劄一街，名爲澗内，受彼節制，已非一日。去秋彼酋抽取我民二百餘人爲兵，刑殺慘急，遂致激成此變。夫以番夷豺狼之性，輕動干戈，不戢自焚，固其自取；而殺其酋長，奪其寶貨，逃之交南，我民狼毒，亦已甚矣。』。檄兩廣督臣以禮遣僧歸國，置惟太等於理。潘和五竟留交夷不敢還。夷人故奴視華人，徵賦溢格，稍不得當，呵辱無已，時犯者即嚴置以法。自兹釁既結，疑貳日深，夷益虜使我矣。

其後又有機易山之事。自採金中貴，蠆尾四出。妄一男子張嶷，更爲新奇其説，上疏曰：『呂宋有機易山，其上金豆自生，遣人採取之，可得巨萬無禁。』有詔下閩，廷臣力言其謬，不報。閩當事持之，乃遣海澄丞王時和及百户干一成往勘其地。

夷初聞使至，大駭。諸華人流寓者，見酋言：『華無他，特奸人横生事端，今遣使者來按兹土，使奸人自窮，便於還報耳。』酋意稍解，令夷僧散花道旁迎使者。諸流寓先結蓬席爲廠，如公署狀。酋盛陳兵衛邀丞入，亦爲丞設食。然氣豪甚，問丞曰：『汝華言開山，山各有主，安得開也？且金豆是何樹生來？』丞無以對，數目嶷。嶷云：『此地皆金，不必問豆所自。』蓋嶷欲借朝命臨之，襲破其國耳，至是不敢顯言。夷人皆大笑。酋留嶷，欲兵之。諸流寓苦解，俾歸爲戮於司寇。乃釋令登舟，時三十年四月也。丞歸，病悸死。嶷以奏事不實坐誅，傳首海外。

然夷竟疑中國有啓疆意，益暴虐諸流寓。諸流寓無賴者聲言：『今日之事，汝爲政，一旦天兵下海門，汝輩寧爲石人乎？』語稍稍傳布，夷益疑。明年，夷遂決計謀殺諸流寓，詭言將征他國，凡華人寸鐵輒厚售之，即切肉小刀，價至數錢。華人利其直，輒聽鬻去，家家無復寸鐵。乃約日勒點名籍，分三百人爲一院，入即殺之。事稍露，諸流寓乃糾衆走菜園，屯聚爲亂。八月朔日，夷兵大起，攻菜園，死傷無數。次日，聚大崙山，揭竿應敵。夷亦少挫，酋旋悔禍，遣人請和。華人慮其誘我，撲殺彼使。夷怒，設伏城旁。初三日，華人在大崙山飢甚，不得食，冒死攻城。夷人伏發，燃銅銃擊殺華人萬餘。華人大潰或逃散，餓死山谷間，横屍相枕，計捐二萬五千人，存者三百口而已。是役倉皇無主盟，又糧與刃俱乏，故搏手困窮，膏塗遠嶼。華人在大崙時，風雨大作，人立雨中，夜半望見長天有光烱爍，大地震動，每驚突自相觸殺。夷乘其斃而屠之。是月，漳亦大水，漂没萬家，受禍同時，陽九之均厄也。

後夷酋下令招撫其所掠，華人貨悉封識貯庫中，移書閩當事，俾諸戚屬往領。明年，賈舶乃稍稍去。奸商黄某者與酋善，輒冒領他貨，稱爲某子甲姻黨，綑載乾没云。三十三年，有詔遣商往諭呂宋，無開事端。至是禍良已，留者又成聚矣。

佛郎機身長七尺，眼如貓，嘴如鷹，面如白灰，須密卷如烏紗，而髮近赤。其僧擁重權，國有大故，則酋就僧爲謀。主人論死者，僧誦經勸之，首肯然後行刑。中罪用拘，輕拘一足，重則拘兩足。婦女歲時詣寺懺悔。有陰事輒密向僧自輸，僧爲説法，鞭之數十，忍痛不敢言。夜留宿寺中，聽僧意所指畫，唯唯而已。婚姻父母不能定，惟僧所決之。人死貯以布囊，就寺以葬。所畜財産，半入僧室矣。

先是，呂宋國王兄弟勇甚，既爲佛郎機所戕，輒祟於國。國人每值死日，夷僧爲摽牛厭之。摽牛者，柵木爲場，置牛數十頭於中，環射之。牛叫擲死，以此逐鬼云。性婪甚，靡國不至，至則謀襲人。呂宋、滿剌加遂至易社。在呂宋者，初嘗攻破婆羅。婆羅放藥水毒殺之，故奔呂宋。其在中國香山，盤據爲日已久，今則馬非馬，驢非驢，儼然金城，雄其灣中矣。《廣東通志》曰：佛郎機素不通中國，正德十二年，駕大舶突至廣州澳口，銃聲如雷，以進貢爲名。撫按查無《會典》舊例，不行。乃退泊東莞南頭，蓋房樹柵，恃火銃自固。御史邱道隆、何鼇前後具奏，皆言：『殘逆稱雄，逐其國主。先年潛遣火者亞三假充滿剌加使臣，風飄到澳，往來窺伺，熟我道塗，略買小兒，烹而食之。近日滿剌加國王奏其奪國讐殺等情，屠掠之禍，漸不可長，宜即驅逐。所造房屋城寨，盡行拆毁。』詔從之。海道副使汪鋐帥兵至，猶據險逆戰。商人鑿舟用策，乃悉擒之，餘皆遯去。嘉靖中，黨類更番往來，私舶雜諸夷中爲交易。首領人皆高鼻白皙，廣人能辨識之。方言謂天爲西羅，日爲梭羅，風爲綿緜除，山爲文池，真珠爲亞思佛，玳瑁爲實除奴牙，犀角爲亞里高佛，金爲阿羅，銀爲巴勞礁。

形勝名迹　覆鼎山其形似鼎倒覆，故名。上有野夷，巢居樹巔，射鳥獸，鮮食之，人迹不到。

文武樓遠望山容甚偉，故華人蒙以佳號。

大崙山華人與呂宋相攻時屯聚於此。

圭嶼爲其山與吾澄圭嶼相類，因襲今名。

半邊山望之半缺，故名。

加溢城初只一山，夷人以其要害地也，慮紅毛出没，始築城，伏銃其内。賊至以銃擊之，蔽不敢窺。張嶷所稱機易山，想卽加溢之譌耳。

大湖

假港卽呂宋港口。

物產　金永樂時充貢。奸人所捉影，而唱金豆之説也。

銀錢大者七錢五分，夷名黄幣峙。次三錢六分，夷名突膋。又次一錢八分，名羅料釐。小者九分，名黄料釐。俱自佛郎機攜來。

子花卽吉貝花。

蘇木夷名巴勝居。

椰夷名哥具。

交易　舟至，遣人馳詣酋以幣爲獻。徵税頗多，網亦太密。我人往往留彼不返者，利其近且成聚故也。釁隙而後，彼亦戒心於我。恐族類既繁，後復爲亂，輒下令每舶至，人只二百爲率，毋溢額。舶歸，所載回，必倍以四百，毋縮額。我人當放舟時，多詭名充數，聽其查覈，中流輒逃回彼土。市名澗内，舊在城中，後既猜嫌，改設城外新澗。

大港，是東洋最先到處，彼中一大部落也。砌石爲城，佛郎機以酋來鎮。米穀繁盛，他產不過皮角之屬。未至港，有筆架山。

南旺，在大港相連，再過爲密雁，爲雁塘，皆小小村落。所產皮角子花。

玳瑁港，地勢轉入，故稱玳瑁灣，而表山環其外。凡舟往呂宋必望表而趨，故茲山推望鎮焉。灣名玳瑁，然玳瑁非其所出，所出蘇木耳。再進爲里銀中邦，是海中一片高嶼。

呂蓬，在呂宋之南，產螺蛤。

磨荖央，在呂宋之後，產子花、油麻、椰子。

以寧，從文武樓一葦可達。產只蘇木。其地有龍隱山最大。

屋黨，亦名屋同，城郭森峙，夷酋屯聚糧食處所也。其咽喉名漢澤。

朔霧，俗名宿霧。佛郎機未據呂宋時，先聚彼中，與其國人相親好。佛郎機之破呂宋，朔霧人有力焉。佛郎機德之，既奄有諸土，率虜使其民，獨與朔霧爲婚媾。城成儼然，一大酋擁重兵守之。向歲呂宋王之子求報父冤，自稱奉命駐劄朔霧是也。所產蘇木、子花、海菜。

以上俱呂宋屬國，佛郎機人主之者也。呂宋王如中國總兵官，巴禮如文吏，諸國酋皆呂宋王所遣偏裨，爲政其間。所在各建禮拜寺，咸有巴禮司彼夷化。諸國風俗與呂宋盡相類，故附列焉。

蘇禄　蘇禄在東南海中。永樂十五年，其國東王巴都葛叭答剌、西王巴都葛叭蘇哩、峒王巴都葛叭剌卜各率其妻子、酋目來朝，並貢方物。賜王冠服、金錢、錦幣、雜器，子女姻戚侍從賞賚有差。《會典》曰：賜王紗帽、金箱玉帶、鈒花金帶、金蟒龍衣、金銀錢紗、錦紵絲紗羅、器皿等物。王妃冠服、銀紗、紵絲等物。餘冠帶衣服諸物。三王者，東王爲長，西王亞之，峒王又亞之。空國來歸，鱗次闕下，亦嚮化之篤也。還次德州，東王以疾殂於驛亭，命有司營葬，更爲文樹碑墓道，留其姬妾内侍十人守墳，滿三載然後還國。遣使冊其子都麻合爲蘇禄國東王。十九年，遣使來貢。

今賈舶到者，言其城據巉巖之巔，雅稱天險，疑是峒王所都。佛郎機屢擁兵攻之，不能克。聚落不滿千家，山涂田瘠，間植粟麥，民食沙糊、魚蝦、螺蛤。氣候半熱，男女短髮，纏皂縵，繫小印布。煮海爲鹽，釀蔗爲酒，編竹爲布。時從鮫室中探珠滿袖，自成生涯云。

形勝名迹　石崎山《一統志》曰：國以此山爲保障。

犀角嶼

珠池入夜，登高望之，水面浮光。

物產　真珠《一統志》曰：色青白而圓，有至徑寸者。

玳瑁本朝充貢。

珠殼

片腦本朝充貢。

番錫本朝充貢。

降香本朝充貢。

竹布本朝充貢。

綿布本朝充貢。

蓽茇本朝充貢。

黄蠟本朝充貢。

蘇木本朝充貢。

豆蔻

鸚鵡

交易　舟至彼中，將貨盡數取去，夷人攜入彼國深處售之。或別販旁國，歸乃以夷貨償我。彼國值歲多珠時，商人得一巨珠攜歸，可享利數十倍。若夷人探珠獲少，則所償數亦倍蕭索，顧逢年何如耳。

夷人慮我舟之不往也，每返棹，輒留數人爲質，以冀後日之重來。

高藥與蘇禄相近，出玳瑁。

貓里網巾礁老　貓里務卽合貓里國也。地小土瘠，國中多山，山外大海，海饒魚蟲，人亦知耕稼。永樂三年，國王遣使回回道奴馬高奉表來朝，並貢方物。國於呂宋鄰壤，故與呂宋使者偕來。其後漸成沃土，俗亦近馴，故舶人爲之語曰：『若要富，須往貓里務。』蓋小邦之善地也。

有網巾礁老者，數爲盜海上。駕舟用長橈，其末如瓠之裁半，虛中以盛水者，入水蕩舟，其行倍疾。望遠濤中僅微茫數點，倏忽賊至，趨避不及，無脫者。貓里務既重遭寇害，死亡數多，遂轉貧困。賈舶往者，慮爲賊所急，稍稍望別島以行。

形勝名迹　羅黄山上有白石。

物産　蘇木　子花

交易　小國見華人舟，跫然以喜，不敢凌厲相加，故市法最平。礁老在海上行劫，第欲人之詣彼土也。舟往販者，每善待，蓋自藏其殺機焉。

沙瑶　吶嗶嘽班隘　沙瑶、吶嗶嘽，其地相連。吶嗶嘽在海畔，沙瑶稍紆入山隈，皆呂宋一帶，第不屬佛郎機部署。男女奮髮椎結，衣服無内外領，或用布丈餘抄摺，男子多襲以二三重，婦人一襲而止。男著皮履，婦人乃卻跣足。足極細潤，耳皆穿大孔，令可容極重金鐺。衣服卽錦綺，或甚奇細之布，必剪破服之，以衣服多爲富。字亦用紙筆，第晝不可辨。築板爲城，豎木覆茅爲宮。拜則兩手和南，伸身直伏。跪屈足而俯，兩手支地。人多奉佛，在處禮拜寺甚夥。凡入寺者，將死，堆柴坐其上，自下焚之。男女之禁甚嚴，夫行在前，其妻與人嘲笑，夫徑刃其妻，所嘲笑之人亦不敢逃，聽其刺割。盜不問大小，輒論死。其人願到家與妻子別，輒聽去，及期，妻子自送詣酋。酋令架高棚，登棚自剖其腹。孕婦以水灌之，仍用水滌所生子，置子水中，生而與水習矣。

又有班隘者，卽蚊罩山，山甚奇，往往有仙人出没。山頭火光日夜不斷，故亦名火山。險巇倍常，人迹罕到其上，極至半山而止。人皆扁頭赤身，亦佛郎機號令所不到處也。

形勝　海山

物産　蘇木

子花

交易　僻土無他長物。我舟往販，所攜亦僅磁器、鍋釜之類。極重至布疋，然竟少許，不能多也。舟至詣酋，亦有微贈。交易樸直。

美洛居　美洛居，俗譌爲米六合，東海中稍蕃富之國也。酋出，威儀甚備，所部合掌伏道旁。男子削髮，女乃椎結腦後。嫁女，多市中國乘酒器，圖飾其外，富家至數十百枚，以示豪侈。讌會設二大盆乘酒，置坐隅，人手一器，酌而飲之。長大者起爲夷舞，年少環列旁視，遂不敢登場也。

先是佛郎機來攻，國人狼藉請降。赦其酋，令守舊爲政於國，歲輸丁香若干，不設兵戍，令彼國自爲守。和蘭既躪張海外，無安頓處，忽舟師直搗城下，虜其酋語曰：『若善事吾，吾爲若主，殊勝白頸。』佛郎機人皆白頸，故云。酋唯唯，又裨理國事如故。佛郎機聞之，怒曰：『悔不殺奴汙吾刃，奴故反耶！』亟治兵征美洛居，驅澗内華人，命當一隊，刑法酷急。華人中途殺夷王，駕其舟遁歸，事具《呂宋考》。

王子自朔霧馳還呂宋，嗣立爲王，飲恨久之，益出兵竟父所志。紅夷雖主美洛，每一二載大衆輒返國，既去復來。呂宋王兵抵境外，值紅夷空國言返，斬關以入，遂殺美洛居酋，立所親信主之。紅夷繼至，復破呂宋酋，逐之去，更立美洛居酋子爲嗣。自是每歲征鬬，遞爲勝負。

華人某者流寓彼中，慧而黠，有口辯，游説兩國間，分萬老高山山半爲界，山北屬和蘭，而山南屬佛郎機，各罷兵，並雄茲土。

形勝　萬老高卽兩國分界處。

香山雨後香墮，沿流滿山，採拾不了，故常帶沙泥之色。王每檄致之，委積充棟，以待他壤之售，民間直取餘耳。

物産　丁香東洋僅産於美洛居，夷人用以辟邪，曰多置此，則國有王氣。故二夷之所必爭。

交易向時舟所攜貨，有爲紅毛夷所特需者。倘遇佛郎機，必怒謂此舟非關我輩來，直是和蘭接濟，將貨掠去，且横殺人，故必緘固甚密，不令得見。若紅毛人見有佛郎機所需貨，怒亦如之。解紛之後，稍息睚眦，然一淵兩蛟，商彼者亦難矣。

《明史》卷三二三《外國傳三·呂宋》 呂宋居南海中，去漳州甚近。【略】

合貓里，海中小國也。土瘠多山，山外大海，饒魚蟲，人知耕稼。永樂三年九月遣使附爪哇使臣朝貢。其國又名貓里務，近呂宋，商舶往來，漸成富壤。華人入其國，不敢欺陵，市法最平，故華人爲之語曰：『若要富，須往貓里務。』有網巾礁老者，最凶悍，海上行劫，舟若飄風，遇之無免者。然特惡商舶不至其地，偶有至者，待之甚善。貓里務後遭寇掠，人多死傷，地亦貧困。商人慮爲礁老所劫，鮮有赴者。

美洛居，俗訛爲米六合，居東海中，頗稱饒富。酋出，威儀甚備，所部合掌伏道旁。男子削髮，女椎結。地有香山，雨後香墮，沿流滿地，居民拾取不竭。其酋委積充棟，以待商舶之售。東洋不產丁香，獨此地有之，可以辟邪，故華人多市易。【略】

沙瑶，與吶嗶嘽連壤。吶嗶嘽在海畔，沙瑶稍紆入山隈，皆與呂宋近。男女蓄髮椎結，男子用履，婦女跣足。以板爲城，豎木覆茅爲室。崇釋教，多建禮拜寺。男女之禁甚嚴，夫行在前，其婦與人嘲笑，夫即刃其婦，所嘲笑之人不敢逃，任其刺割。盜不問大小，輒論死。孕婦將產，以水灌之，且以水滌其子，置水中，生而與水習矣。物產甚薄，華人商其地，所攜僅磁器、鍋釜之類，重者至布而止。後佛郎機據呂宋，多侵奪鄰境，惟二國號令不能及。

明·艾儒略《職方外紀·呂宋》 州之東南爲呂宋。其地產一鷹，有鷹王，飛則衆鷹從之；或得禽獸，俟鷹王先取其睛，然後羣鷹方啖其肉。又有一樹，百獸不得近之，一過其下，即斃矣。

清·傅恆等《清職貢圖》卷一 蘇禄，在東南海中。明永樂間，其國有東西兩王，又有峒王俱來朝貢，後不復至。

本朝雍正四年，遣使入貢，因定期五年一來。其地氣候常熱，人情强悍，以取蚌珠為業。山田瘠，寡粟麥，民率食魚蝦，煮海為鹽，釀蔗為酒，不食豕肉。剪髮裹頭，去鬚留髯。衣袴俱短，絳帛繫腰，露脛而著履。女椎髻跣足，短衣長裙，以幅錦披肩，能織竹為布。【略】

呂宋，居南海中，去閩之漳州甚近。明初朝貢，萬曆中，為佛郎機所幷，而仍其國名。佛郎機在占城西南，先是，滅滿剌加，又與紅毛中分美洛居，至是破呂宋，益富强，多僑居香山、澳門貿易。夷人居呂宋者，長身高鼻，貓睛鷹嘴，服飾與大小西洋略同。婦盤髻施簪珥，方領露胸，短衣長裙，裙裏襯藤圈二三層，常執帕以蓋髻。

清·穆彰阿等《嘉慶重修一統志》卷五五五《蘇禄》 蘇禄在東洋海中，地近浡泥闍婆，其貢道由福建以達於京師。

建置沿革　自古荒服之地，不通中國，相傳其國分東、西、峒三王，而以東王為尊。《續文獻通考》。明永樂十五年，其國東王巴都噶叭哈剌、西王麻哈剌叱葛剌麻丁、峒王妻叭都葛巴都剌卜，並率其家屬頭目來朝貢，進金鏤表文，獻珍珠寶石玳瑁諸物，因並封為國王，賜印誥襲衣冠帶，及鞍馬儀仗器物。居二十七日，三王辭歸。其東王次德州，卒於館。帝遣官賜祭，命有司營葬，勒碑墓道，謚曰恭定，留妻妾傔從十人守墓。畢三年喪遣歸，乃遣使齎敕封其長子都馬含為蘇禄國王。十八年，西王遣使入貢。十九年，東王母遣王叔叭都加蘇里來朝貢大珠一，其重七兩有奇。二十一年，東王妃還國，厚賜遣之。明年入貢，自後不復至。

本朝雍正四年，福建巡撫奏蘇禄國王母漢末母拉律林，遣使喇嚏禄達臣襲廷綵，副使巴禄達臣阿石丹，航海奉表貢獻方物。五年，其貢使至京，因欽頒敕諭一道，給賜國王。即令來使齎奉還國，定例五年一貢。十一年，該國王以伊祖東王德州墳墓，及其子孫存留賙恤之處，奏懇修理給復，上允之。禮部議蘇禄國東王巴都噶叭哈剌，於明永樂間來朝貢，歸至德州病故，賜謚恭定。長子都馬含歸國襲封，次子安都禄，三子温哈喇，留居守塋。其子孫以祖名為安温二姓，今該國王陳詞懇切，應如所請。飭查王墓所，有神道亭亭牌坊，修理整飭，於安温二姓中，各遴一人奉祀，給頂帶，永為例疏入報可。乾隆五年，該國遣番丁護送遭風商人回内地，諭旨嘉獎。八年，貢使馬明光等至，奏請三年後復修朝貢，奉旨仍遵舊定五年一貢之例。十九年，該國請以户口人丁編入中國圖籍。二十七年，國王蘇老丹麻末案柔嶙，遣使入貢。蘇禄之西為吉里問，又西為朱葛嗚喇，皆在息力山之北，息力山廣大不可測，人迹恆不至焉。

風俗　地瘠寡粟麥，民率食魚蝦。煑海為鹽，釀蔗為酒。織竹為布。《明史》：其國氣候常熱，有珠池，夜望之，光浮水面，土人以珠與華人市易，大者利數十倍。商船將返，輒留數人為質，冀其再來。尤侗《外國傳》云：今賈舶所至城頗據天險，疑峒王所都。聚落不滿千家，所食魚蝦螺蛤，織竹帛為業，短髮纏皂縵，腰圍水印花布。男以絳帛繫腰，女以幅錦披肩。《皇清職貢圖》：人情强悍，以取蚌珠為業。不食豕肉，翦髮裹頭，去鬚留髯，衣袴俱短，絳帛繫腰，露脛而著屨。女椎髻跣足，短衣長裙，以幅錦披肩。

土產　珍珠、玳瑁、描金花布、金頭牙薩、燕窩、白洋幼布蘇山竹布、龍頭花刀、夾花標槍、滿花番刀、藤席、猿以上俱入貢。

又《呂宋在東海中》　建置沿革　自古不通中國。明洪武五年，始遣使偕瑣里諸國來朝。永樂三年，遣官齎詔撫諭其國。八年，與馮嘉施蘭入貢，自後久不至。萬曆四年，官軍追海寇林道乾至其國，國人助討有功，復朝貢。尋為佛郎機所并。然與中國貿易，仍稱呂宋。《明史》：萬曆時佛郎機强，與呂宋互市。久之，見其國弱可取，乃奉厚賄遺王，乞地如牛皮大，建屋以居，王不虞其詐而許之。其人乃裂牛皮聯屬至數千丈，圍呂宋地，乞如約。王大駭，然業已許諾，無可奈何，遂聽之，而稍徵其稅如國法。其人既得地，即營室築城，列火器，置守禦具，為窺伺計。已竟乘其無備，襲殺其王，逐其人民而據其國，名仍呂宋，實佛郎機也。三十年，礦稅方行有奸徒言呂宋機易山素有金，開之歲可得金巨萬。帝納其說，遣官往勘。呂宋人大駭，盛兵衛迓之，欲殺朝使。久之，乃獲釋歸。守臣以聞，奏請治妄言者罪，事遂止。而呂宋人終疑天朝欲襲取其國，華人流寓者為內應，設謀殺之，死者無算。閩中守臣告變，帝驚悼，移檄呂宋，責以擅殺之罪而不能討也。其後互市如故。《明史》：先是，閩人以其地近且饒富，商販者至數萬，久居不返。佛郎機既奪其國，遣一酋來鎮，慮華人為變，多逐之，留者悉被侵辱。其時礦稅使者，爭起言利。有閻應龍、張嶷者，言呂宋機易山有金，開之歲可得金十萬兩，銀三十萬兩。萬曆三十年，奏聞，帝即納之。廷臣交章力爭不聽，即遣嶷等往勘。呂宋人大駭，盛兵衛以迓，留嶷等欲殺之，得諸華人解乃釋歸。呂宋人終自疑，謂天朝將襲取其國，諸流寓者為內應，聲言發兵侵旁國，厚價市鐵器。華人貪利，盡鬻之，家無寸鐵。酋發兵攻之，死者二萬五千人。巡撫徐學聚告變，帝驚悼，下法司議嶷等罪，移檄呂宋，責以擅殺之罪而不能討也。其後華人復稍稍往而蠻人利中國互市亦不拒。本朝順治三年，福建平，呂宋前遣使明貢臣，尚留閩未還，守臣送其使入京師，上賜以服物，遣歸本國。康熙五十六年，呂宋等國口岸，多聚漢人，諭令禁止南洋貿易。雍正五年，復通市如故。十三年，呂宋以麥收歉薄，附洋船載穀二千石來厦門欲以易麥，邊臣以五穀出洋，久有例禁，奏入。上特沛殊恩，飭地方官均平糶糴，使原船載歸以濟其乏。時提臣王郡以例禁五穀出洋奏請，奉上諭曰：朕統御寰區，內外一體。呂宋雖隔重洋，朕心並無歧視。國家所以嚴禁五穀不許出洋者，乃杜奸商匪類暗生事端。若該國缺少米糧，以實情奏聞，朕尚酌量豐餘以濟之。今載穀易麥，更為情理，當從著轉飭有司均平糶糴，俾番船載回以濟其用。呂宋隔海對峙有五島，曰班愛，曰埊黨，曰速巫，曰貓務，曰煙島。各有王。其東南又有萬老高島人物土產，與呂宋相類。按呂宋自故明時為佛郎機所據，今之通市，大率佛郎機人居多。然佛郎機本國，自在西北海中，不得以西北舊名，名其東來盤踞之地，故仍名呂宋焉。

風俗　地近中華，人多貿易。《明史》：去漳州甚近，商販久居至長子孫。禮佛誦經，淳樸無訟。尤侗《外國傳》：人淳樸無爭訟，衣衫袴皮屨，出入佩刀自衛，亦時禮佛誦經。長身高鼻，服飾與西洋同。《皇清職貢圖》：夷人長身高鼻貓睛鷹嘴，服飾與大小西洋同，婦盤髻施簪珥，方領露胸，短衣長裙，裙裏襯藤圈二三層，常執帕以蓋髻。

土產　金、銀。

又　卷五五八《美洛居在東海中》　建置沿革　俗訛爲米六合，自古不通中國。明初，以其地有香山，雨後香墮，沿流滿地，居民拾取不竭。其酋委積充棟，以待商舶之售，故華人多往市易。萬曆中，佛郎機與紅毛番，互爭其地，每歲搆兵，人不堪命。華人流寓者，遊説兩國，令各罷兵。分國中萬老高山爲界：山以北屬紅毛番，南屬佛郎機。始稍休息，而美洛居竟爲兩國所分云。按《明史》：萬曆時，佛郎機來攻。其酋戰敗請降，乃令復位。歲以丁香充貢，不設戍兵而去。紅毛番横海上，知佛郎機已退，乘虛抵城下，執其酋。語之曰：若善事我，我爲若主，殊勝佛郎機也。酋不得已，聽命復位如故。紅毛番雖據美洛居，率一二歲率衆返國，既返復來。佛郎機值紅毛番已去，興兵破美洛居，殺其酋，立己所親信主之。無何紅毛番至，又破其城，逐佛郎機所立酋，而立美洛居故王之子。自是歲搆兵，人不堪命。華人流寓者，説兩國罷兵，中分其地。按美洛居爲兩國所分，其所立酋長，仍係美洛居故王之子。雖分境服屬，而其國猶存未滅也，故仍稱美洛居云。

風俗　知敬上，貨用富饒。《明史》：其俗男子削髮，女椎結，酋出入威儀甚備，所部皆合掌伏道旁。尤侗《外國傳》：其國多市中國酒器豪飲，席間設二大盒盛酒，人手一器飲之。長者起舞，年少環視，遜不敢登場也。

土產　丁香《明史》：東洋不產丁香，獨此地有之，可以辟邪。

印度尼西亞

元・汪大淵《島夷志略・龍涎嶼》　嶼方而平，延袤荒野，上如雲塢之盤，絕無田產之利。每值天清氣和，風作浪湧，羣龍游戲，出没海濱，時吐涎沫於其嶼之上，故以得名。涎之色或黑於烏香，或類於浮石，聞之微有腥氣，然用之合諸香，則味尤清遠，雖茄藍木、梅花腦、檀、麝、梔子花、沉速木、薔薇水衆香，必待此以發之。

此地前代無人居之，間有他番之人，用完木鑿舟，駕使以拾之，轉鬻於他國。貨用金銀之屬博之。

又《麻里魯》　港迢遞，入於其地。山隆而水多鹵股石，林少，田高而瘠。民多種薯芋。地氣熱。俗尚義。若番官没，其婦再不嫁於凡夫；必有他國番官之子孫，閥閱相稱者，方可擇配，否則削髮看經，以終其身。男女拳髮，穿青布短衫，繫紅布縵。

民煮海爲鹽，釀蔗漿爲酒，編竹片爲床，燃生蠟爲燈。地產玳瑁、黄蠟、降香、竹布、木綿花。貿易之貨，用牙錠、青布、磁器盤、處州磁、水壜、大甕、鐵鼎之屬。

又《遐來勿》　古泪之下，山盤數百里，厥田中下。俗尚妖怪。氣候春夏秋熱，冬微冷，則人無病；反此則瘴生，人畜死。男女挽髻，纏紅布，繫青綿布捎。凡人死，則研生腦調水灌之，以養其屍，欲葬而不腐。

民煮海爲鹽，釀椰漿爲酒。有酋長。地產蘇木、玳瑁、木綿花、檳榔。貿易之貨，用占城海南布、鐵線、銅鼎、紅絹、五色布、木梳、篦子、青器、粗碗之屬。

又《淡邈》　小港去海口數里，山如鐵筆，迤邐如長蛇，民傍緣而居。田地平，宜穀粟，食有餘。氣候暖，風俗儉。男女椎髻，穿白布短衫，繫竹布捎。民多識山中草藥，有疵癘之疾，服之其效如神。

煮海爲鹽，事網罟爲業。地產胡椒，亞於八都馬。貨用黄硝珠、麒麟粒、西洋絲布、粗碗、青器、銅鼎之屬。

又《八節那間》　邑臨海，嶺方木瘦，田地瘠，宜種粟麥。俗尚邪，與湖北道澧州風俗同。男女椎髻，披白布縵，繫以土布。一歲之間，三月內，民户採生以祭鬼酬愿，信不生災害。

民煮海爲鹽。有酋長。地產單皮、花印布不退色、木綿花、檳榔。貿易之貨，用青器、紫鑛、土粉、青絲布、埕甕、鐵器之屬。

又《三佛齊》　自龍牙門去五晝夜至其國。人多姓蒲。習水陸戰，官兵服藥，刀兵不能傷，以此雄諸國。其地人煙稠密，田土沃美。氣候暖，春夏常雨。俗淳。男女椎髻，穿青綿布短衫，繫東沖布。喜潔淨，故於水上架屋。

採蚌蛤爲鮓，煮海爲鹽，釀秫爲酒。有酋長。地產梅花片腦、中等降真香、檳榔、木綿布、細花木。貿易之貨，用色絹、紅焇珠、絲布、花布、銅鐵鍋之屬。舊傳其國地忽穴出牛數萬，人取食之，後用竹木塞之，乃絕。

又《嘯嘯》　監毗、吉陀以東，其山陂延袤數千里。結茅而居，田沃，宜種粟。氣候常暖。俗陋。男女椎髻，以藤皮煑軟，織粗布爲短衫。以生布爲捎。

地產惟蘇木盈山，他物不見。每歲與打網國相通，貿易通舶人。貨用五色硝珠、磁器、銅鐵鍋、牙錠、瓦甕、粗碗之屬。

又《爪哇》　哇即古闍婆國。門遮把逸山係官場所居，宮室壯麗。地廣人稠，實甲東洋諸番。舊傳國王係雷震石中而出，令女子爲酋以長之。其田膏沃，地平衍，穀米富饒，倍於他國。民不爲盜，道不拾遺。諺云，『太平闍婆』者此也。俗朴，男子椎髻，裹打布。惟酋長留髮。

大德年間，亦黑迷失、平章史弼、高興曾往其地，令臣屬納貢稅，立衙門，振綱紀，設鋪兵，以遞文書。守常刑，重鹽法，使銅錢。俗以銀、錫、鍮、銅雜鑄如螺甲大，名爲銀錢，以權銅錢使用。

地產青鹽，係晒成。胡椒每歲萬斤。極細堅耐色印布、綿羊、鸚鵡之類。藥物皆自他國來也。貨用硝珠、金銀、青緞、色絹、青白花碗、鐵器之屬。

次曰巫崙，曰希苓，曰三打板，曰吉丹，曰孫剌等。地無異産，故附此耳。

又《重迦羅》 瓶之東曰重迦羅，與爪哇界相接。間有高山奇秀，不産他木，滿山皆鹽敷樹及楠樹。内一石洞，前後三門，可容一二萬人。田土亞於闍婆。氣候熱，俗淳。男女撮髻，衣長衫。

地産綿羊、鸚鵡、細花木綿單、椰子、木綿花紗。貿易之貨，用花銀、花宣絹、諸色布。煮海爲鹽，釀秫爲酒。無酋長，年尊者統攝。

次曰諸番，相去約數日水程：曰孫陀，曰琵琶，曰丹重，曰員嶠，曰彭里。不事耕種，專尚寇掠。與吉陀、亞崎諸國相通交易，舶人所不及也。

又《都督岸》 海腰平原，津通淡港。土薄田肥，宜種穀，廣栽薯芋。氣候夏涼多淫雨，春與秋冬皆熱。俗尚節序。男女椎髻，穿綠布短衫，繫白布捎。民間每以正月三日，長幼焚香拜天，以酒牲祭山神之後，長幼皆羅拜於庭，名爲慶節序。

不喜煮鹽，釀蜜水爲酒。有酋長。地産片腦、粗速香、玳瑁、龜筒。貿易之貨，用海南占城布、紅綠絹、鹽、鐵銅鼎、色緞之屬。

又《文誕》 山高環，溪水若淡，田地瘠。民半食沙糊、椰子。氣候苦熱。俗淫。男女椎髻，露體，繫青皮布捎。日間畏熱，不事布種，月夕耕鋤、漁獵、採薪、取水。山無蛇虎之患，家無盜賊之虞。

煮海爲鹽，釀椰漿爲酒。婦織木綿爲業。有酋長。地産肉荳蔻、黑小廝、荳蔻花、小丁皮。貨用水綾絲布、花印布、烏瓶、鼓瑟、青磁器之屬。

又《舊港》 淡港入彭家門，民以竹代舟。道多磚塔。田利倍於他壤。云一季種穀，三年生金，言其穀變而爲金也。後西洋人聞其田美，每乘舟來取田内之土骨，以歸後田爲之脉而種穀。舊港之田金不復生，亦怪事也。

氣候稍熱。男女椎髻，以白布爲捎。煮海爲鹽，釀椰漿爲酒。有酋長。地産黄熟香頭、金顔香、木綿花冠於諸蕃，黄蠟、粗降真、絶高鶴頂、中等沈速。貿易之貨，用門邦丸珠、四色燒珠、麒麟粒、處瓷、銅鼎、五色布、大小水埕甕之屬。

又《班卒》 勢連龍牙門後山，若纏若斷，起凹峯而盤結，故民環居焉。田瘠，穀少登。氣候不齊，夏則多雨而微寒。俗質，披短髮，緞錦纏頭，紅油布繫身。

煮海爲鹽，釀米爲酒，名明家西。有酋長。地産上等鶴頂、中等降真、木綿花。貿易之貨，用絲布、鐵條、土印布、赤金、瓷器、鐵鼎之屬。

又《假里馬打》 山列翠屏，闤闠臨溪，田下，穀不收。氣候熱。俗澆薄。男女髡頭，以竹布爲桶樣穿之，仍繫以捎，罔知廉耻。採蕉實爲食。煮海爲鹽，以適他國易米。每鹽一斤易米一斗。地産番羊，高大者可騎，日行五六十里，及玳瑁。貿易之貨，用硫磺、珊瑚珠、闍婆布、青色燒珠、八都剌布之屬。

又《文老古》 溪通津，地勢卑窄。山林茂密，田瘠稻慳。氣候熱。俗薄。男女椎髻，繫花竹布爲捎。以象齒樹之内室，爲供養之具。民煮海爲鹽，取沙糊爲食。地産丁香，其樹滿山，然多不常生，三年中間或二年熟。有酋長。地每歲望唐舶販其地，往往以五梅雞雛出，必唐船一隻來；二雞雛出，必有二隻，以此占之，如響斯應。貿易之貨，用銀、鐵、水綾、絲布、巫崙八節那間布、土印布、象齒、燒珠、青瓷器、埕器之屬。

又《龍牙門》 以單馬錫番兩山，相交若龍牙狀，中有水道以間之。田瘠稻少。天氣候熱，四五月多淫雨。俗好劫掠。昔酋長掘地而得玉冠，歲之始，以見月爲正初，酋長戴冠披服受賀，今亦遞相傳授。男女兼中國人居之。多椎髻，穿短布衫。繫青布捎。

地産粗降真、斗錫。貿易之貨，用赤金、青緞、花布、處瓷器、鐵鼎之類。蓋以山無美材，貢無異貨。以通泉州之貨易，皆剽竊之物也。舶往西洋，本番置之不問。回船之際，至吉利門，舶人須駕箭棚，張布幕，利器械以防之。賊舟二三百隻必然來迎，敵數日。若僥倖順風，或不遇之。否則人爲所戮，貨爲所有，則人死係乎頃刻之間也。

又《急水灣》 居巴綠嶼之下，其流奔騖。舶之時月遲延，兼以潮汐南北人莫能測，舶洄漩於其中，則一月莫能出。昔有度元之舶，流寓在其中二十餘日，失風，針迷舵折，舶遂閣淺。人船貨物，俱各漂蕩。偶遺三人於礁上者，枵腹五日，又且斷舶往來，輒采礁上螺蚌食之。當此之時，命懸於天。忽一日大木二根，浮海而至礁旁。人抱其木，隨風飄至須門答剌之國，幸而免溺焉。

又《**花面**》 山逶迤，其地沮洳，田極肥美，足食有餘。男女以墨汁刺於其面，故謂之花面，國名因之。氣候倍熱。俗淳，有酋長。

地產牛、羊、雞、鴨、檳榔、甘蔗、老葉、木綿。貨用鐵條、青布、粗碗、青處器之屬。舶經其地，不過貿易以供日用而已。餘無可興販也。

又《**淡洋**》 口通官場百有餘里，洋其外海也。內有大溪之水，源二千餘里，奔流衝合於海。其海面一流之水清淡，舶人經過，往往乏水，則必由此汲之，故名曰淡洋。過此以往，未見其海洋之水不鹹。取其水灌田，常熟。氣候熱。風俗淳。男女椎髻，繫溜布。有酋長。

地產降真香、葦粟，其粒與亞蘆同，米顆雖小，炊飯則香。貿易之貨，用赤金、鐵器、粗碗之屬。

又《**須文達剌**》 嶺掩抱，地勢臨海。田磽穀少。男女繫布縵。俗薄。其酋長人物修長，一日之間必三變色，或青或黑或赤。每歲必殺十餘人，取自然血浴之，則四時不生疾病，故民皆畏服焉。男女椎髻，繫紅布。

土產腦子、粗降真、香味短，鶴頂、斗錫。種茄樹，高丈有餘，經三四年不萎，生茄子以梯摘之，如西瓜大，重十餘斤。貿易之貨，用西洋絲布、樟腦、薔薇水、黃油傘、青布、五色緞之屬。

又《**勾欄山**》 高而樹林茂密，田瘠穀少，氣候熱。俗射獵爲事。國初，軍士征闍婆，遭風於山下，輒損舟，一舟幸免，唯存丁灰。見其山多木，故於其地造舟一十餘隻。若檣柁、若帆、若篙，靡不具備，飄然長往。有病卒百餘人不能去者，遂留山中。今唐人與番人叢雜而居之。男女椎髻，穿短衫，繫巫崙布。

地產熊、豹、鹿、麂皮、玳瑁。貿易之貨，用穀米、五色絹、青布、銅器、青器之屬。

又《**喃巫哩**》 當喃巫哩洋之要衝，大波如山，動盪日月，望洋之際，疑若無地。民居環山，各得其所。男女椎髻露體，繫布捎。田瘠穀少，氣候暖。俗尚劫掠，亞於單馬錫也。

地產鶴頂、龜筒、玳瑁，降真香冠於各番。貿易之貨，用金、銀、鐵器、薔薇水、紅絲布、樟腦、青白花碗之屬。

夫以舶歷風濤，回經此國，幸而免於魚龍之厄，而又罹虎口，莫能逃之，其亦風汛之乖時使之然歟！

又《**東淡邈**》 揵相去有間，近希苓數日程。山瘠民閒，田沃稻登，百姓充給。氣候熱。俗重耕牛。每於二月舂米爲餅以飼之，名爲報耕種之本。男女椎髻，繫八丹布。

煮海爲鹽，釀椰漿爲酒。有酋長。地產胡椒，亞於闍婆，玳瑁、木綿、大檳榔。貿易之貨，用銀、五色布、銅鼎、鐵器、燒珠之屬。

元・周致中《**異域志**》**卷上**《**大闍婆**》 國王係始因雷震石裂，有一人出，後立為王，其子孫尚存。產青鹽、綿羊、鸚鵡、珍珠、寶貝。又言其國中有飛頭者，其人目無瞳子，其頭能飛。其俗所祠名曰蟲落，因號落民。漢武帝時因墀國使南方，有解形之民，能先使頭飛南海，左手飛東海，右手飛西澤，至暮頭還肩上，兩手遇疾風飄於海水外。

又《**爪哇國**》 闍婆國也，自泉州發舶一月可到。天無霜雪，四時之氣常燠。地產胡椒、蘇木，無城池兵甲，無倉廩府庫。每遇時節，國王與其屬馳馬執槍校武，勝者受賞，親朋踴躍以爲喜，傷死者其妻不顧而去。飲食以木葉爲盛，手撮而食。宴會則男女列坐，咲喧盡醉。凡草蟲之類，盡皆烹食。市賈皆婦女，婚娶多論財，夫喪不出旬日而適人。與中國爲商，往來不絕。

又《**近佛國**》 國人性與禽獸同，在東南海上，多野島，蠻賊居之，號麻羅奴。商舶至其國，羣起擒之，以巨竹夾而燒食，人頭爲食器。父母死，則召親戚撾鼓共食其屍肉，非人類比也。

又 卷下《**婆登國**》 人與回鶻類，在林邑之東，西接迷離國，南接訶陵。種稻每月一熟，有文字即書於貝葉。死者以金釧貫於四肢，後加婆律膏及沉檀龍腦，積薪以焚之。

《**元史**》**卷二一〇**《**外夷傳三・爪哇**》 爪哇在海外，視占城益遠。自泉南登舟海行者，先至占城而後至其國。其風俗土產不可考，大率海外諸蕃國多出奇寶，取貴於中國，而其人則醜怪，情性語言與中國不能相通。世祖撫有四夷，其出師海外諸蕃者，惟爪哇之役爲大。

明・費信《星槎勝覽》卷一《交欄山》 交欄山，自占城、靈山起程，順風十晝夜可到。其山高而叢林藤竹，舵杆桅檣篷笞，無所不備。胡元之時，命將高興、史弼領兵萬衆，駕巨舶往闍婆國，遭風至於交欄山下，其船多損。隨登此山，造船百號，複征闍婆得勝，擒其酋長，四國是此知之。至今民居有中國人雜處，蓋此時有病卒百餘留養不歸，而傳生育也。氣候常暑，米穀稀少，民好射獵為業。男女椎髻，穿短衫，系巫侖布。地產豹、熊、鹿皮、玳瑁。貿易之貨用米穀、五色絹、青布、銅器、青碗之屬。

詩曰：岌業交欄島，叢林擁翠圍。三春稀黍稷，四景有災威。當腦盤髽髻，披肩掛短衣。熊皮多美麗，玳瑁甚希奇。使節仍臨蒞，遺氓亦願歸。遙觀瞻山海，得句樂心機。

又《爪哇國》 爪哇國，自占城起程，順風二十晝夜可至其國。古名闍婆，地廣人稠，實甲兵器械，乃為東洋諸番之衝要。舊傳鬼子魔天，正於此地，與一罔象青面紅身赤發相合。凡生子百餘，常食啖人血肉。佛書所云鬼國，其中只此地也。人被啖幾盡，忽一日雷震石裂，中坐一人，衆稱異之，遂為國主，即領兵驅逐罔象，而不為害。後複生齒而安業，乃至今國之移文，後書一千三百七十六年。考之肇啓漢初，傳至我宣德七年。港口以入去馬頭曰新村。居民環接，編茭樟葉覆屋，鋪店連行為市，買賣聚集。其國富饒，珍珠、金銀、鴉鶻、貓睛、青紅等石、車磲、瑪瑙、豆蔻、華茇、梔子花、木香、青鹽，無所不有，蓋在通商之處也。其鸚鵡、鸚哥、孔雀，能馴言語歌曲。其倒掛鳥，身如雀大，披五色羽，曰間焚香於其傍，夜則張羽翼而倒掛，張尾翅而放香。民俗好凶强，但生子一歲，則置刀於背，名曰不刺頭，以金銀象牙雕刻為靶。凡男子自幼至老，貧富皆有，插於腰間。若有爭論，不通罵詈，即拔刀刺之，强者為勝。設被殺之，藏躲三曰而出去，即無事也。男子猱頭裸身，惟腰圍單帶手巾。能飲酗酒，重財輕命。婦人亦然，惟項上金珠聯紉帶之，兩耳塞茭樟葉圈於竅中。其喪事，凡其主翁之死，婢妾之衆而對誓曰：『死則同往。』臨殯之曰，妻妾奴婢皆滿頭帶草花，披五色手巾，隨屍至海邊或野地，將屍於沙地，得衆犬食盡為好。如食不盡，則悲泣號歌。柴堆於傍，衆婦坐其上，良久之際，縱火燒柴而死，則殉葬之禮也。蘇魯馬益，亦一村地名也，為市聚貨商舶米糧港口。有洲聚猢猻數百，傳聞于唐時，其家五百餘口，男婦凶惡，忽一日有僧至其家，乃言吉凶之事，其僧取水噀之，俱化為獼猴，止留其老嫗不化。今存舊宅，本處及商者常設飲食、檳榔、花果、肉類而祭之，不然，則禍福甚有驗也。此怪誕之事，本不可記，尤可為之戒矣。杜板一村，亦地名也。海灘有水一泓，甘淡可飲，稱曰聖水。元時使將史弼、高興因征其國，經月不下雨，舟中乏糧，軍士失措。史、高二將拜天祝曰：『奉命伐蠻，如天與水即生，不與之則死。』祝之，插槍城苦海灘，其泉水隨槍湧出，水味甘甜，衆軍汲而飲之。乃令曰：『天賜助爾。』兵威大振，喊聲奮殺，番兵百萬餘衆悉皆敗走。遂已登岸，隨殺隨入，生擒番人煮而食之，至今稱為中國能食人也。獲囚酋長歸國，服罪放歸，改封為爪哇國王也。欽遵我朝皇上，遣正使太監鄭和等，節該齎捧詔敕賞賜國王、王妃，及其部領村主民下，草木咸受天福。其國王臣既沐天恩，遣使絡繹不停，擎捧金筒金葉表文，貢獻方物。

詩曰：古是闍婆國，曾遭鬼母殃。震雷驚石裂，深穴見人藏。歡忭皆知異，扶持衆立王。人民從教化，罔象被驅亡。婦女誇家富，男兒縱酒强。鸚歌時刷翠，倒掛夜分香。婚娶吹椰殼，人隨禦竹槍。田疇禾稼盛，商賈貨財昌。洲上獼猴聚，溪邊祭祀忙。蠻夷遵聖詔，永世沐恩光。

又《舊港》 舊港，自爪哇國起程，順風八晝夜至。古名三佛齊國。自港入去，田土甚肥，倍於他壤。古云：『一季種穀，三季生金。』言其米穀盛而為金也，民故富饒。俗囂好淫。有操略，水戰甚慣。其處水多地少，部領者皆在岸邊，居屋之用，匝民僕而宿，其餘民庶皆置木筏上，蓋屋而居。若近溪船，以木樁拴閘，設其水漲，則筏浮起，不能渰没也。或欲別居，起樁去之，連屋移拔，不勞其力。此處之民，爪哇所轄，風俗與爪哇大同小異。地產黃熟香、速香、沉香、黃蠟並鶴頂之類。貨用燒煉五色珠、青白磁器、銅鼎、五色布絹、色段、大小磁器、銅錢之屬。永樂三年，我朝太宗文皇帝命正使太監鄭和等，統領舟師往諸番國。海寇陳祖義等聚三佛齊國，抄掠番商，亦來犯我舟師，被我正使深機密策，若張網獲獸而殄滅之，生擒厥魁，獻俘闕下，由此海內振肅。

詩曰：瀕海沙泥地，田禾熟倍金。男兒多狠暴，女子甚哇淫。地僻蠻夷逆，天差正使擒。俘囚獻闕下，四海悉欽遵。

又《九洲山》 九洲山，其山與滿剌加國接境。產沉香、黄熟香，水木叢生，枝葉茂翠。永樂七年，正使太監鄭和等，差官兵入山采香，得莖有八九尺長者、八九尺大者六株，香清味遠，黑花細紋，其實罕哉！番人張目吐舌，悉皆稱讚天兵贔屭之神，蛟龍走，兔虎奔也。

詩曰：九洲山色秀，遠見鬱蒼蒼。四面皆環海，滿枝都是香。樹高承雨露，歲久表禎祥。採伐勞天使，回朝獻帝王。

又《蘇門答剌國》 蘇門答剌國，古名須文達那，與花面國相接。村落傍海，田瘠少收。胡椒廣產，椒藤延附樹木而生，其葉如扁豆，其花開黄白，結椒乃累垂如棕櫚子而粒少也。只番秤一播荷，抵我官秤三百二十斤，價銀錢二十個，重銀陸兩。金抵納即金錢也，每四十八個，重金一兩四分。風俗頗淳。民下網魚為生，朝駕獨木刳舟張帆而出海，暮則回舟。男子頭纏白布，腰圍折布，婦女椎髻裸體，腰圍色布手巾。產鶴頂。其瓜、茄、橘、柚酸甜之果，一種五年常花常結。有一等果皮若荔枝，如瓜大，未剖之時，甚如爛蒜之臭，剖開取囊，如酥油美香。煮海為鹽。貨用青白磁器、銅錢、金銀、爪哇布、色絹之屬。永樂十一年，偽王蘇幹剌寇竊其國，王遣使赴闕陳訴請救，上命正使太監鄭和等統率官兵剿捕，生擒偽王。至永樂十三年歸獻闕下，諸番振服。

詩曰：一覽蘇門境，山泉劃界流。胡椒林抄結，民屋海邊幽。地瘠收禾薄，山高產木稠。三春沾雨浩，四季瘴煙浮。男子頭纏布，嬰孩體木猴。瓜茄常歲有，桔柚不時收。朝熱渾如暑，暮寒還似秋。精鹽色霜雪，臭果味酥油。若個夷風俗，中華解此否。

又《花面國》 花面國，其處與蘇門答剌國接境。逶迤山地，田足稻禾。氣候不常，風俗尚厚。男女大小皆以黑汁刺面，為花獸之狀。猱頭裸體，單布圍腰。孳生牛羊，雞鴨羅市。不奪其弱，上下自耕自食，富不驕奢，貧不生盜，可為一區之宜也。

詩曰：蠻域觀風異，融和草木深。山高分地界，物阜慰民心。腰布羞還掩，顏花墨牛侵。牛羊迷緑野，雞鴨賣黄金。頗富知仁義，雖貧肯濫淫？那堪采夷俗，援筆寫新吟。

又《龍牙犀角》 其地內平而外尖，下民蟻附而居之。氣候常熱，田禾時熟。俗尚淳厚。男女椎髻，圍麻逸布，穿短衫。以親戚尊長為重，一日不見，則攜酒持肴而問安。煮海為鹽，釀秫為酒。地產沉、速、降真、黄熟香、鶴頂、蜂蜜、砂糖。貨用土印布、八都剌布、青白磁器之屬。

詩曰：遙望兹山勢，龍牙犀角峯。居民如蟻附，椎髻似猴容。汲海鹽煎雪，懸崖蜜掇蜂。布稍圍體厚，秫米造漿濃。氣候常同夏，林花不較冬。問安行禮節，千載見遺風。

又《龍涎嶼》 龍涎嶼，此嶼南立海中，浮豔海面，波擊雲騰。每至春間，羣龍所集於上，交戲而遺涎沫，番人乃架獨木舟登此嶼，採取而歸。設遇風波，則人俱下海，一手附舟傍，一手揖水而至岸也。其龍涎初若脂膠，黑黄色，頗有魚腥之氣，久則成就大泥。或大魚腹中剖出，若斗大圓珠，亦覺魚腥，間焚之，其發清香可愛。貨於蘇門之市，價亦非輕，官秤一兩，用彼國金錢十二個，一斤該金錢一百九十二個，准中國銅錢四萬九十文，尤其貴也。

詩曰：一片平方石，羣龍任往還。身騰霄漢上，交戲海波間。吐沫人爭取，拿舟路險難。邊夷曾見貢，歡笑動天顏。

又卷二《淡洋》 淡洋，其處與阿魯山相連，去滿剌迦三日之程。山遠，周圍有港，通內，大溪深，汪洋二千餘里，奔流出海之中。一流清淡，味甘，舟人過往汲水日用，名曰淡洋。田肥禾盛，米粒小，然炊飯甚香。地產降香。民俗淳厚，氣候常熱。男女椎髻，腰圍稍布。貨用金銀、鐵器、磁碗之屬。

詩曰：清流甘且淡，奔出海中央。畎畝饒滋味，舟人過汲漿。貿交金辟赤，米小飯炊香。民俗風淳厚，那知在異方。

又《龍牙門》 龍牙門，在三佛齊之西北也。山門相對，若龍牙狀，中通過船。山塗田瘠，米穀甚厚。氣候常熱，四五月間淫雨。男女椎髻，穿短衫，圍稍布。擄掠為豪，遇有番船，則駕小船百隻，迎敵數日。若得順風，僥倖而脫，否則被其截，財被所劫。泛海之客，宜當謹防。

詩曰：山峻龍牙狀，中通水激湍。居人為擄易，番舶往來難。人夏常多雨，經秋且不寒。從容陪使節，到此得遊觀。

又《龍牙善提》 龍牙善提，周環皆山石排壘門，無田耕種，但栽薯蕷代糧，常熟，收堆以供歲月。氣候多熱少寒，俗樸而淳。男女椎髻，披木綿布。煮海為鹽，浸苧麻根以釀酒。地產速香、檳榔、椰子。貨用燒珠、鐵鼎、色布之屬。

詩曰：壘石為門限，天生在海洋。稻粱全不種，薯蕷亦多藏。海水煎鹽白，麻根釀酒香。雖云風俗樸，氣候有炎涼。

又《假里馬丁國》 假里馬丁國，其地與交欄山相望海洋中。其地山列翠屏，溪田雖有，米穀少收。氣候常熱。俗甚囂薄。男女髡髮，竹布為衣。種芭蕉，采其實以代粱。煮海為鹽，釀蔗為酒。地產玳瑁、羖羊。貨用爪哇布、燒珠、印花布之屬。

詩曰：假里山環翠，民風醜不知。羖羊行作隊，玳瑁最為奇。答應呢喃語，生成囂薄姿。田收佳穀少，熱候不相宜。

明·馬歡《瀛涯勝覽·爪哇國》 爪哇國者，古名闍婆國也。其國有四處，皆無城郭。其它國船來，先至一處名杜板。次至一處名新村，又至一處名蘇魯馬益。再至一處名滿者伯夷，國王居之。其王之所居以磚為牆，高三丈餘，周圍約有二百餘步。其內設重門甚整潔，房屋如樓起造，高每三四丈，即布以板，鋪細藤簟，或花草席，人於其上盤膝而坐。屋上用硬木板為瓦，破縫而蓋。國人住屋以茅草蓋之。家家俱以磚砌土庫，高三四尺，藏貯家私什物，居止坐臥於其上。國王之絆，鬔頭或帶金葉花冠，身無衣袍，下圍絲嵌手巾一二條，再用錦綺或紵絲纏之於腰，名曰壓腰。插一兩把短刀，名不剌頭，赤腳出入，或騎象，或坐牛車。國人之絆，男子鬔頭，女子椎髻，上穿衣，下圍手巾。男子腰插不剌頭一把，三歲小兒至百歲老人皆有此刀，皆是兔毫雪花上等鑌鐵為之。其柄用金或犀角、象牙，雕刻人形鬼面之狀，制極細巧。國人男婦皆惜其頭，若人以手觸摸其頭，或買賣之際錢物不明，或酒醉顛狂，言語爭競，便拔此刀刺之，强者為勝。若戳死人，其人逃避三日而出，則不償命。若當時捉住，隨亦戳死。國無鞭笞之刑，事無大小，即用細藤背縛兩手，擁行數步，則將不剌頭于罪人腰眼或軟肋一二刺即死。其國風土無日不殺人，甚可畏也。中國歷代銅錢通行使用。杜板番名賭斑，地名也。此處約千餘家，以二頭目為主。其間多有中國廣東及漳州人流居此地。雞、羊、魚、菜甚賤。海灘有一小池，甘淡可飲，曰是聖水，傳言大元時命將史弼、高興征伐闍婆，經月不得登岸，船中之水已盡，軍士失措。其二將拜天祝曰：『奉命伐蠻，天若與之則泉生；不與則泉無。』禱畢，奮力插輪海灘，泉水隨槍插處湧出，水味甘淡，衆飲而得全生。此天賜之助也，至今存焉。于杜板投東行半日許，至新村，番名曰革兒昔。原係沙灘之地，蓋因中國之人來此創居，遂名新村，至今村主廣東人也。約有千餘家，各處番人多到此處買賣。其金子諸般寶石一應番貨多有賣者，民甚殷富。自新村投南船行二十餘里，到蘇魯馬益，番名蘇兒把牙。其港口流出淡水，自此大船難進，用小船行二十餘里始至其地。亦有村主，掌管番人千餘家，其間亦有中國人。其港口有一洲，林木森茂，有長尾猢猻萬數，聚於上。有一黑色老雄獼猴為主，劫有一老番婦隨伴在側。其國中婦人無子嗣者，備酒飯果餅之類，往禱於老獼猴，其老猴喜，則先食其物，餘令衆猴爭食，食盡，隨有二猴來前交感為驗。此婦回家，即便有孕，否則無子也，甚為可怪。自蘇兒把牙小船行七八十里到埠頭，名章姑。登岸投西南行一日半到滿者伯夷，即王之居處也。其處番人二三百家，頭目七八人以輔其王。天氣長熱如夏，田稻一年二熟，米粒細白，芝麻菉豆皆有，大小二麥絕無。土產蘇木、金剛子、白檀香、肉豆蔻、蓽撥、斑貓、鑌鐵、龜筒、玳瑁；奇禽有白鸚鵡如母雞大，紅綠鶯哥、五色鶯哥、鷯哥，皆能效人言語；珍珠雞、倒掛鳥、五色花斑鳩、孔雀、檳榔雀、珍珠雀、綠斑鳩之類。異獸有白鹿、白猿猴等畜，其豬羊牛馬雞鴨皆有，但無驢與鵝耳。果有芭蕉子、椰子、甘蔗、石榴、蓮房、莽吉柿、西瓜、郎扱之類。其莽吉柿如石榴樣，皮內如橘囊樣，有白肉四塊，味甜酸，甚可食。郎扱如枇杷樣，略大，內有白肉三塊，味亦甜酸。甘蔗皮白麁大，每根長二三丈。其餘瓜、茄、蔬菜皆有，獨無桃李韭菜。國人坐臥無床凳，吃食無匙筯，男婦以檳榔荖葉聚灰不絕口，欲吃飯時，先將水漱出口中檳榔渣，就洗兩手乾淨，圍坐，用盤滿盛其飯，澆酥油湯汁，以手撮入口中而食。若渴則飲水，遇賓客往來無茶，止以檳榔待之。國有三等人：一等回回人，皆是西番各國為商，流落此地，衣食諸事皆清致；一等唐人，皆是廣東、漳、泉等處人竄居是地，食用亦美潔，多有從回回教門受戒待齋者；一等土人，形貌甚醜異，猱頭赤腳，崇信鬼教，佛書言鬼國其中，即此地也。人吃食甚是穢惡，如虵蟻及諸蟲蚓之類，略以火燒微熟便吃。家畜之犬與人同器而食，夜則共寢，略無忌憚。舊傳鬼子魔王青面紅身赤發，正於此地與一罔象相合，而生子百餘，常啖血為食，人多被食。忽一日雷震石裂，中坐一人，衆稱異之，遂推為王。即令精兵驅逐罔象等衆而不為害，後複生齒而安焉。所以至今人好凶强。年例有一竹槍會，但以十月為春首。國王令妻坐一塔車於前，自坐一車於後。其塔車高丈餘，四面有窗，下有轉軸，以馬前拽而行。至會所，兩邊擺列隊伍，各執竹槍一根。其竹槍實心無鐵刃，但削尖而甚堅利。對手男子各攜妻奴在彼，各妻手執三尺短木棍立於其中。聽鼓聲緊慢為號，二男子執槍進步抵戳，交鋒三合，二人之妻各持木棍格之曰『那剌那剌』則退散。設被戳死，其王令勝者與死者家人金錢一個，死者之妻隨勝者男子而去。如此勝負為戲。其婚姻之禮，則男子先至女家，成親三日後迎其婦。男家則打銅鼓銅鑼，吹椰殼筒，及打竹筒鼓并放火銃，前後短刀團牌圍繞。其婦被髮裸體跣足，圍系絲嵌手巾，項佩金珠聯絡之飾，腕帶金銀聲裝之鐲。親朋鄰里以檳榔荖葉線紉草花之類，妝飾彩船而伴送之，以為賀喜之禮。至家則鳴鑼擊鼓，飲酒作樂，數日而散。凡喪葬之禮，如有父母將死，為兒女者先問于父母，死後或犬食，或火化，或棄水。其父母隨心所願而囑之，死後即依遺言所斷送之。若欲犬食者，即抬其屍至海邊，或野外地上，有犬十數來食盡屍肉無遺為好；如食不盡，子女悲號哭泣，將遺骸棄水中而去。又有富人及頭目尊貴之人將死，則手下親厚婢妾先與主人誓曰『死則同住』，至死後出殯之日，木搭高跳，下垛柴堆，縱火焚棺，候焰盛之際，其原誓婢妾二三人，則滿頭帶草花，身披五色花手巾，登跳號哭良久，擴下火內，同主屍焚化，以為殉葬之禮。番人殷富者甚多，買賣交易行使中國歷代銅錢。書記亦有字，如鎖俚字同。無紙筆，用茭蔁葉以尖刀刻之。亦有文法，國語甚美軟。斤秤之法，每斤二十兩，每兩十六錢，每錢四姑邦，每姑邦該官秤二分一厘八毫七絲五忽。每錢該官秤八分七厘五毫，每兩該官秤一兩四錢，每斤該官秤二十八兩。升斗之法，截竹為升，為一姑剌，該中國官升一升八合。每番斗一斗為一黎，該中國官斗一斗四升四合。每月至十五十六夜，月圓清明之夜，番婦二十餘人或三十余人聚集成隊，一婦為首，以臂膊遞相聯綰不斷，于月下徐步而行。為首者口唱番歌一句，衆皆齊聲和之，到親戚富貴之家門首，則贈以銅錢等物。名為步月行樂而已。有一等人以紙畫人物鳥獸鷹蟲之類，如手卷樣，以三尺高二木為畫幹，止齊一頭。其人蟠膝坐於地，以圖畫立地，每展出一段，朝前番語高聲解說此段來歷。衆人圍坐而聽之，或笑或哭，便如說平話一般。國人最喜中國青花磁器，并麝香、銷金紵絲、燒珠之類，則用銅錢買易。國王常差頭目以船隻裝載方物進貢中國。

又《舊港國》 舊港，即古名三佛齊國是也。番名曰浡淋邦，屬爪哇國所轄。東接爪哇國，西接滿剌加國界，南距大山，北臨大海。諸處船來，先至淡港，入彭家門里，繫船於岸。岸上多磚塔。用小船入港內，則至其國。國人多是廣東、漳、泉州人逃居此地。人甚富饒。地土甚肥，諺云『一季種穀，三季收稻』，正此地也。地方不廣，人多操習水戰，其處水多地少。頭目之家都在岸地造屋而居，其餘民庶皆在木筏上蓋屋居之，用樁纜拴繫在岸，水長則筏浮，不能淹没。或欲於別處居者，則起樁連屋移去，不勞搬徙。其港中朝暮二次暗長潮水。國人風俗婚姻死喪之禮，以至言語及飲食、衣服等事，亦皆與爪哇相同。昔洪武年間，廣東人陳祖義等全家逃於此處，充為頭目，甚是豪橫，凡有經過客人船隻，輒便劫奪財物。至永樂五年，朝廷差太監鄭和等統領西洋大寶船到此處。有施進卿者，亦廣東人也，來報陳祖義凶横等情，被太監鄭和生擒陳祖義等，回朝伏誅，就賜施進卿冠帶，歸舊港為大頭目，以主其地。本人死，位不傳子，是其女施二姐為王，一切賞罰黜陟皆從其制。土產鶴頂鳥、黃速香、降真香、沉香、金銀香、黃蠟之類。金銀香中國與他國皆不出，其香如銀匠鈒銀器黑膠相似，中有一塊似白蠟一般在內，好者白多黑少，低者黑多白少。燒其香氣味甚烈，為觸人鼻，西番并鎖俚人甚愛此。香鶴頂鳥大如鴨，毛黑，頸長，嘴尖。其腦蓋骨厚寸餘，外紅裏如黃蠟之嬌，甚可愛，謂之鶴頂，堪作腰刀靶鞘擠機之類。又出一等火雞，大如仙鶴，圓身簇頸，比鶴頸更長，頭上有軟紅冠，似紅帽之狀。又有二片生於頸中，嘴尖，渾身毛如羊毛稀長，青色。腳長鐵黑，爪甚利害，亦能破人腹，腸出即死。好吃炭，遂名火雞。用棍打猝莫能死。又山產一等神獸，名曰神鹿，如巨豬，高三尺，前半截黑，後一段白花毛純短可愛。嘴如豬嘴不平，四蹄亦如豬蹄，卻有三趾。止食草木，不食葷腥。其牛、羊、豬、犬、雞、鴨，并蔬菜、瓜果之類，與爪哇一般皆有。彼處人多好博戲，如把龜、弈棋、鬥雞之類皆賭錢物。市中交易亦使中國銅錢，並用布帛之類。國王亦每以方物進貢朝廷，逮今未絶。

又《啞魯國》　自滿剌加國開船，好風行四晝夜可到。其國有港名淡水港一條，入港到國，南是大山，北是大海，西連蘇門答剌國界，東有平地。堪種旱稻，米粒細小，糧食頗有。民以耕漁為業。風俗淳樸，國内婚喪等事，皆與爪哇、滿剌加國相同。貨用稀少，棉布名考泥，並米穀牛羊雞鴨甚廣。乳酪多有賣者。其國王、國人皆是回回人。山林中出一等飛虎，如貓大，遍身毛灰色。有肉翅，如蝙蝠一般，但前足肉翅生連後足，能飛不遠。人或有獲得者，不服家食卽死。土產黄速香、金銀香之類。乃小國也。

又《蘇門答剌國》　蘇門答剌國，卽古須文達那國是也。其處乃西洋之總路，寶船自滿剌加國向西南，好風五晝夜，先到濱海一村，名苔魯蠻。系船，往東南十餘里可到。其國無城郭，有一大溪皆淡水，流出於海。一日二次潮水長落，其海口浪大，船隻常有沉歿。其國南去有百里數之遠，是大深山；北是大海；東亦是大山，至阿魯國界；正西邊大海。其山連小國二處，先至那孤兒王界，又至黎代王界。其蘇門答剌國王，先被那孤兒花面王侵掠，戰鬥身中藥箭而死。有一子幼小，不能與父報仇。其王之妻與衆誓曰：『有能報夫死之讎，復全其地者，吾願妻之，共主國事。』言訖，本處有一漁翁，奮志而言：『我能報之。』遂領兵衆當先殺敗花面王，復雪其讎。花面王被殺，其衆想伏，不敢侵擾。王妻於是不負前盟，卽與漁翁配合，稱為『老王』，家室地賦之類，悉聽老王裁制。永樂七年，效職進貢方物而沐天恩，永樂十年復至其國。其先王之子長成，陰與部領合謀弒義父漁翁，奪其位管其國。漁翁有嫡子名蘇幹剌，領衆挈家逃去，鄰山自立一寨，不時率衆侵復父讎。永樂十三年，正使太監鄭和等統領大寶船到彼，發兵擒獲蘇幹剌，赴闕明正其罪。其王子感荷聖恩，常貢方物於朝廷。其國四時氣候不齊，朝熱如夏，暮寒如秋。五月七月間亦有瘴氣。山產硫黄，出於巖穴之中。其山不生草木，土石皆焦黄色。田土不廣，惟種旱稻，一年二熟。大小二麥皆無。其胡椒倚山居住人家置園種之。藤蔓而生，若中國廣東甜菜樣，開花黄白色，結椒成實。生則青，老則紅，候其半老之時，摘采曬乾貨賣。其椒粒虛大者，卽此處椒也。每官秤一百斤，彼處賣金錢八十，直銀一兩。果有芭蕉子、甘蔗、莽吉柿、波羅蜜之類。有一等臭果，番名賭爾（烏）［焉］，如中國水雞頭樣，長八九寸，皮生尖刺，熟則五六瓣裂開，若爛牛肉之臭。內有栗子大酥白肉十四五塊，甚甜美可食，其中更皆有子，炒而食之，其味如栗。酸橘甚廣，四時常有。若洞庭獅柑、綠橘樣，其味不酸，可以久留不爛。又一等酸子，番名俺拔。如大消梨樣，頗長，綠皮，其氣香烈。欲食簽去其皮，批切外肉而食，酸甜甚美。核如雞子大。其桃李等果俱無。蔬菜有葱、蒜、薑、芥。東瓜至廣，長久不壞。西瓜綠皮紅子，有長二三尺者。人家廣養黄牛，乳酪多有賣者。羊皆黑毛，並無白者。雞無者，番人不識扇雞。惟有母雞，雄雞大者七斤，略煮便軟，其味甚美，絶勝別國之雞。鴨腳低矮，大有五六斤者。桑樹亦有，人家養蠶，不會繅絲，只會做棉。其國風俗淳厚，言語書記婚喪穿拌衣服等事，皆與滿剌加國相同。其民之居住，其屋如樓，高不鋪板，但用椰子檳榔二木劈成條片，以藤劄縛，再鋪藤簟，高八尺，人居其上。高處亦鋪閣柵。此處多有番船往來，所以國中諸般番貨多有賣者。其國使金錢、錫錢，金錢番名底那兒，以七成淡金鑄造，每個圓徑官寸五分，而底有紋。官秤二分三厘，一曰每四十八個重金一兩四分。錫錢番名加失，凡買賣恆以錫錢使用，國中一應買賣交易，皆以十六兩為一斤，數論價以通行四方。

又《那孤兒國》　那孤兒王，又名花面王。其地在蘇門答剌西，地里之界相連，止是一大山村。但所管人民皆於面上刺三尖青花為號，所以稱為花面王。地方不廣，人民只有千餘家，田少，人多以耕種為生。米糧稀少，豬羊雞鴨皆有。言語動靜與蘇門答剌國相同，土無出產，乃小國也。

又《黎代國》　黎代之地，亦一小邦也。在那孤兒地界之西。此處南是大山，北臨大海，西連南浡里國為界。國人三千家，自推一人為王，以主其事，屬蘇門答剌國所轄。土無所產，言語行用與蘇門答剌同。山有野犀牛至多，王亦差人捕獲，隨同蘇門答剌國以進貢於中國。

又《南浡里國》　自蘇門苔剌往正西，好風行三晝夜可到。其國邊海，人民止有千家有餘，皆是回回人，甚是樸實。地方東接黎代王界，西北皆臨大海，南去是山，山之南又是大海。國王亦是回回人。王居屋處，用大木高四丈，如樓起造，樓下俱無裝飾，縱放牛羊牲畜在下。樓上四邊以板折落，甚潔，坐臥食處皆在其上。民居之屋與蘇門答剌國同。其處黄牛、水牛、山羊、雞、鴨、蔬菜皆少［有］。魚蝦甚賤，米穀少。使用銅錢。山產降真香，此處至好，名蓮花降。并有犀牛。國之西北海内有一大平頂峻山，半日可到，名帽山。其山之西亦皆大海，正是西洋也，名那没洋。西來過洋船隻收帆，俱望此山為准。其山邊二丈上下淺水內，生海樹。彼人撈取為寶物貨賣，即珊瑚也。其樹大者高二三尺，根頭有一大拇指大根，如墨之沈黑，如玉石之温潤。稍上椏枝婆娑可愛。根頭大處可碾為帽珠器物。其帽山脚下亦有居民二三十家，各自稱為王。若問其姓名，則曰『阿菰喇楂』，『我便是王』以答。或問其次，則曰『阿菰喇楂』，『我亦是王』甚可笑也。其國屬南浡里國所轄。其南浡里王常跟寶船，將降真香等物貢於中國。

明·鞏珍《西洋番國志·爪哇國》 爪哇國古名闍婆國也。其國有四處，一曰杜板，一曰新村，一曰蘇魯馬益，一曰滿者伯夷，俱無城郭。寶舡到彼，皆於海中駐泊，官軍人等惟駕三板舡於各處來往，其他國有舡來者，先至杜板，後至新村，次至蘇魯馬益，次至滿者伯夷。

其滿者伯夷之王居處以磚爲牆，高三丈餘，週圍約二百餘步。內其屋如架樓，約高三四丈餘，間以板鋪閣，加細藤簟或花席於其上，人皆盤膝而坐。上用堅木爲板交搭蓋覆。以下國人居屋皆用茅蓋，亦以磚砌土庫高三四尺，家私物件，盡藏庫內，居止坐臥俱在於上。

其國王鬔頭跣足，頭戴金葉花冠，身無衣袍，腰以下圍絲嵌手巾，出入坐牛車，或騎象。國人男子鬔頭，婦人椎髻，上不著衣，下圍手巾。其手巾比世用者倍闊，名曰打布，男女皆從腰下臀上圍起，至於面臍下掩閉，却以狹布巾一條繫於打布上面，名爲壓腰。所食檳榔蒟葉就于壓腰巾內包裹腹前，行走坐臥嚼咂不止，惟睡着時不食。其檳榔椰子類同茶飯，不可稍缺。

國人之性，專以彊梁競其勝負。但是男子隨身皆有刀一把，僅長一尺有餘，刻木作套，裝護其刃，貼肉插于腰間。怒欲刺人隨手舉執，凶惡可懼。其刀名卜剌頭，俱以兔兒雪花鑌鐵爲之，兩刃尖利之甚，短靶用木作人形鬼面，細巧堪愛。最忌人弄小兒摸其頭，伊父見知，務必追執，以刀刺殺。尋常往來，但與爭鬥抵觸者，即拔腰間所插之刀，刺死其人，彼即脱走，過三日後即不償命。或其時就執之者隨亦戮死不論。凡在市賣物皆是婦人，與之交易近傍之門，因彼裸體，其乳被人捫弄，惟對笑而已。其夫雖見，佯若不知。國無鞭笞之刑，但犯罪不拘輕重，皆用藤縛兩臂，拘擁而去，則以卜剌頭刀刺腰及脇即死。國之風土無日不殺人，甚可畏也。

中國銅錢通使。

杜板，番名賭班。此地約千餘家，中國廣東及漳州人多逃居于此，以二頭目爲主。其海灘上有小池，甘淡可飲。傳説元朝命將史弼、高興伐闍婆，經月阻風不得登岸，軍士渴欲死。二將仰天祝曰：『奉命伐蠻，天若與之則泉生。』乃以鎗劚地，泉隨涌起，至今呼爲聖水云。其地雞羊魚菜賤。

杜板向東行半日許至新村，番名革兒昔。此地原爲枯灘，因中國人逃來，遂名新村，至今村主廣東人也。約千餘家。各處番舡皆聚此，出賣金寶石及一應諸番貨。居人甚殷富。

新村向南行日許到蘇魯馬益港口，水淡沙淺，大舡難進。用小舡行二十餘里到蘇魯馬益，番名蘇兒把牙。亦有村主，管番人千餘家門。亦有中國人。其港口有一洲林木森森，上有長尾猴萬數，中有黑色老雄猴爲主，有一老番婦人隨其側。國人婦女無子者，皆備酒飯果餅往禱，老猴喜則先食其物，衆猴爭食其餘。食盡隨有公母二猴近前交應，此婦回即有孕，否則無也。可怪哉！

於蘇魯馬益小舡行八十里，到埠頭，名漳沽。登岸向西南行半日，到滿者伯夷，則王居處也。其處有番人二三百家，頭目七八人輔王。天氣長熱如夏，田稻一年二熟，米粒細白。芝蔴菉荳皆有，惟無大小麥。土產蘇木、金剛子、白檀香、肉荳蔻、蓽茇、班貓、鑌鐵、龜筒、玳瑁。鸚鵡大如母雞，及紅緑鶯哥、五色鶯哥、鷯哥，皆能效人言語。珍珠雞、倒掛鳥、孔雀鳥、檳榔雀、緑班鳩之類。又有白鹿、白猿、白猴等獸。其牲畜則有豬羊牛馬，惟無驢及鵝。果有芭蕉、椰子、甘蔗、石榴、蓮房、西瓜、郎极果、莽吉柿之類，莽吉柿狀如石榴，匾形，紫色，皮厚。內有白肉四塊，甘酸可食。郎极狀如枇杷而大，內有白肉三塊，亦酸甘可食。甘蔗長二三丈，皮白。其餘瓜茄菜蔬皆有，惟無桃李。

國人坐臥無床櫈，飲食無匙筯。飯用盤盛，沃以酥汁，手撮而食。凡魚蝦蛇蚓蛆虫等物，以火燎過卽啖之。或有聚飲者，列坐於地，酒乃茭蔁椰子所釀，盛于瓦罈，以旋採樹葉蔑簽作盞杓，一人傍執舀酒，傳遞到手卽飲之，擲於地以伺再傳，淋漓不顧。其過酒之物蝦魚蛆虫蔬菜，亦以蔑簽盤楪飣擺于地，人各一份盡醉。

而其國人有三等。一等西番回回人，因作商賈流落於此。日用飲酒清潔。一等唐人，皆中國廣東及福建漳、泉州下海者，逃居於此。日用食物亦潔淨。皆投禮回回教門。一等土人，形貌醜黑，猱頭赤脚，崇信鬼教，佛書所謂鬼國卽此地也。其人飲食穢惡，蛇蟻虫蚓，食啖無忌。家畜之犬與人共食，夜則同寢，恬不爲怪。人云昔有鬼子魔王青面紺髮紅身，與一象合生子百餘，常啖食人。忽震雷裂石，中有一人衆立爲王，盡降於象，而不爲害。土人乃其遺種，至今尚有强狠之習。

每歲以十月爲春首。有竹鎗會。王與其妻各乘塔車。塔車高丈餘，四面有牕，下有轉軸，以馬駕之，王後妻前，同至會所。兩邊擺列隊伍，各執竹鎗。其竹實心不施鐵刃，但削尖用火焠其鋒，相持對敵。男子各帶妻孥隨行，其妻孥亦各執木棍長三尺許在於敵場，聽鼓聲緩急。男子交鎗既三合，各妻就以手執木棍格之，呼曰那拉那拉，則皆退散。或甲與乙敵傷死，王就令甲出金錢一枚與乙家，其妻隨甲去。以此較勝負爲戲。

其婚姻：則男先至女家成親，三日後乃迎回。男家擊銅鼓、銅鑼，吹椰筒及打竹筒鼓，並放火銃，前後短刀團牌圍繞。其婦則被髮裸體跣足，腰圍絲嵌手巾，項佩金珠聯絡之飾，臂帶金銀寶鐲。其親友鄰里俱以檳榔蒥葉線紉花草之類裝插綵舡而送之，以爲賀禮。

其喪葬：父母將死，則問父後欲犬食、欲火化，或欲棄水中，隨父母所願欲而行之。若欲犬食，則舁屍至海濱或野外，有犬十數來食其肉。盡爲好，食不盡，子女皆悲號哭泣，棄其餘水中而歸。又富翁及貴人將死，有所愛婢妾，輒與誓曰：『死則同往。』及死出殯，積柴薪焚主翁屍。及火焰盛，所愛妾二三人皆戴草花披五色花手巾，登跳號哭，遂投火中，同主屍燒化，以爲送葬之禮。

國人多富，買賣俱用中國銅錢。歷代書記亦有字，與鎖俚相類，以茭蔁葉用刀刻畫。亦有文法，語甚美軟。

其衡法：每斤二十兩，每兩十六錢，每錢四姑邦。每姑邦該中國秤二分一厘八毫七絲五忽，每錢該官秤八分七厘五毫，每兩該官秤一兩四錢，每斤該官秤二十八兩。量法：截竹爲升，名曰姑剌，該中國一升八合。以八升爲斗，名曰捺黎，該中國一斗四升四合。

每月十五六夜月色好，則番婦集二十人或三十人，於月下聯臂徐行。一婦爲首，先唱番歌一句，衆皆應聲齊和。過親戚及富貴家，皆贈以銅錢等物，名爲步月行樂。又有一等人雜畫人物魚獸虫豸，如中國所爲手卷狀，以二木高三尺爲畫桿，止齊一頭。其人盤膝坐地，以圖畫立地上，展出一段則朝前用番語高説此段來歷，衆人環坐而聽之，或笑或哭，如中國説平話然。

國人最喜青花磁器並麝香、花綉、紵絲、硝子珠等貨。國人常採方物，遣使進貢中國。

又《舊港國》 舊港國卽三佛齊國也。番名佛林邦。受爪哇節制。其國東卽接爪哇，西抵滿剌加國，南距山，北枕海。諸處舡來，先淡水港入彭家門，繫舡岸邊，名石塔，易小舡入港，乃至其國。國多廣東、福建、漳、泉人。地土肥美，諺謂一季種穀，三季收稻，正此處也。其處水多地少，人多習水戰，頭目皆岸上造屋以居，其餘民庶俱於水上編竹爲筏，蔁葉作房居之。筏用椿纜隨水長落，欲遷居則連筏移去，不勞搬徙，亦甚便。港中朝暮二次暗潮。國甚富饒。其風俗婚姻死葬語言皆與爪哇同。

洪武初，廣東人陳祖義等挈家逃竄于此。後祖義充頭目橫甚，往往劫奪客舡財物。有施進卿者亦廣東人。永樂五年奉朝命往西洋，寶舡過此。施進卿來執擒祖義等送京斬之。朝廷命進卿爲大頭目，以主其地。進卿死，位不傳子，其女二姐爲主，賞罰黜陟，悉聽裁制。

土產金銀香、黃速香、降眞香、沉香、鶴頂、黃蠟之類。其金銀香如中國銀匠所用黑膠，中有白塊如蠟，白多黑少者爲上，黑多白少者次之。此香氣烈，觸鼻薰腦，西番并鎖俚人甚愛之。其鶴頂之鳥大如鴨形，黑毛頸尖嘴。腦骨厚寸餘，外紅內黃如蠟，嬌潤可愛。其嘴之尖極紅，但作腰帶鉤環。鋸解腦骨作坯，却刮取嘴尖之紅，貼爲花樣，以燒熱鐵板鉗合成塊，任意製造，亦可作刀靶擠機之類。又產火雞神鹿。其火雞大如鶴，圓身長頸，尖嘴高脚。頸比鶴長，有軟冠二片如紅絹子，生於頸中。脚如鐵黑，能爪人破腹出腸。或以杖之，卒莫能死。食炔炭，因名火雞。神鹿大如巨豕，高三尺許，前半體黑後半體白，毛色可愛。蹄與喙皆如豕，蹄有三跆而喙不尖。食草木，不茹腥穢。其他牛、羊、豬、犬、雞、鴨、蔬菜、果，皆與爪哇同。

人喜博戲，如奕棊把龜鬬雞，皆賭財物。行市交易用中國銅錢並布帛之類。其王亦採方物赴中國進貢。

又《啞魯國》 啞魯國，小邦也。自滿剌加國開舡，好風行四晝夜可到其國。有淡水港，先入港然後到國。南是大山，北大海，西連蘇門答剌國界。東有平地，種收旱稻，糧食不缺。

王及國人皆回回。人民以耕漁爲業。風俗淳樸。國婚喪等事皆與爪哇、滿剌加國相同。

貨物稀少。土產黃速香、金銀香之類。及山林中出飛虎，大如貓，皮毛灰色，有肉翅生連前後足如蝙蝠狀，能飛不遠。此物不服家食，獲即死。出綿布，番名考泥。並米穀牛羊甚廣，雞鴨亦多。乳酪多有賣者。

又《蘇門答剌國》 蘇門答剌國，即古須文達那國也。其國乃西洋總路頭。舡自滿剌加國向西南行，好風五晝夜先到海濱一村，番名答魯蠻泊舡，往東南行十餘里即王國。其國無城郭。有一大溪通海，每日二潮，其海口浪大常覆舡。本國南去百里乃大深山，北臨大海，東亦大山，至阿魯國界。正西邊海。其地有二小國相連，先至那孤兒界，次至黎代界。先是蘇門答剌國王被那孤兒王侵掠，中藥箭死，其子幼小不能復讎。王妻下令曰：『有能復夫讎保全此土者，吾願與爲妻，共主國事。』有一漁翁奮前曰：『我能克之。』遂殺敗那孤兒王，其衆退伏不敢動。王妻遂嫁漁翁稱爲老國王，政事地賦悉聽老王裁制。永樂七年老王入貢中國，十年還。前王子長成，陰與部屬合謀，殺老王而取其國。老王子蘇幹剌挈家逃入山，立寨以居，時率衆復父讎。永樂十三年太監正使等到，爲發兵擒獲蘇幹剌送京，王子位始固，以此感恩義，常貢方物。

其國四時氣候不齊，朝熱如夏，暮寒若秋，五七月間亦有瘴氣。田土不廣，惟種旱稻，一年二熟。大小麥俱無。土產硫磺。其出硫磺處草木不生，土石皆焦黃。山居人多置園種胡椒。此椒蔓生，花黃白，結子成穗，嫩青老紅。候半老時採擇晒乾賣之，凡椒粒虛大者此處椒也。每官秤一百斤賣金錢八箇，直銀一兩。果有芭蕉、甘蔗、莽吉柿、波羅蜜之類。又有一種臭菓，番名都爾烏，狀如雞頭，長八九寸，皮生尖刺。及熟有瓣裂開，氣如臭牛肉。內有肉十四五塊，大如栗，其白如酥，甜美可食。肉中有子，炒食如栗。柑橘甚多，四時皆有，狀與洞庭獅柑綠橘同，其味不酸，可以久留不腐。又一種酸子，番名俺拔，大如消梨而長，色綠氣香，削皮而食之酸甜，有核大如雞子。桃李等果俱無。蔬有葱、蒜、薑、芥。冬瓜至廣，亦可以久留不腐。西瓜綠皮紅子，有長一二尺者。人家多畜黃牛，乳酪多。羊皆黑無白者。雞無綫者，其大者重六七斤，煮易爛，味美。鴨有五六斤者，其掌褊大。人家亦養蠶繰絲，不能治綿。

其國風俗淳厚。語言衣服婚喪等事，皆與滿剌加國相同。其民居屋如樓，上不鋪板，但以椰子或檳榔木劈成條片，以藤扎縛，即鋪藤簟，就上居處。高處亦布闌柵。

此處是總路頭，所以番舡多經，物貨皆有。王以七成淡金鑄錢名底那兒，圓徑官寸五分，底面有紋，官秤重三分五厘。國中使用。買賣則用錫錢。

又《那孤兒》 那孤兒，小邦也。在蘇門答剌國西北方，不廣，只一大山村，人民千餘家。其地與蘇門答剌國相連。凡其人皆於面刺三尖青花爲號，所以其王又呼爲花面王。田少人多，以陸種爲生。米穀稀少，豬、羊、雞、鴨皆有。語言動用皆與蘇門答剌國相同。無他出產。

又《黎代》 黎代亦小邦也。又在那孤之西。其地南距大山，北臨大海，西連南浡里國界。國人一二千家，自推一人爲主，以主 國事，受蘇門答剌國節制，語言服用亦與蘇門答剌國相同。土無所出，只出野犀牛，王亦遣人採捕。隨蘇門答剌國進貢。

又《南浡里國》 南浡里國，自蘇門答剌國正西依山行好風三晝夜可到。其國邊海，人民只有千餘家，皆回回，人甚樸實。地方東接黎代王界，西北皆臨大海，南距大山，山南又大海。王亦回回人。王居屋用木，木高三四丈如樓起走樓，下縱牛羊牲畜往來。樓上四面用板，裝脩甚潔淨，坐臥食處皆在其上。庶民居屋與蘇門答剌國同。

其處黃牛、水牛、山羊、雞、鴨皆有，魚蝦賤，蔬菜稀少，米穀貴。

銅錢使用。山産降眞香，至好，俗呼蓮花降。並出犀牛。

國之西北海中有一大平頂高山名帽山，半日可到。山西大海卽西洋也。番名那没嚟洋，凡西洋過來舡俱收此山爲准。其山邊約二丈許，有海樹生淺水中名曰珊瑚，其樹大者高二三尺，根如拇指大，其黑如墨，其潤如玉，稍上椏枝婆娑可愛。土人以爲寶，或碾成珠及器物賣之。

帽山脚下亦有居人二三十家，皆自稱爲王，若問其姓名，則曰阿孤剌楂，蓋云我便是王也。或問其次，亦曰阿孤剌楂，可笑也。屬南浡里國。其南浡里國王嘗親齎土産珍異，隨寶舡朝貢中國。

明·黄省曾《西洋朝貢典録》卷上《爪哇國第三》 按國朝志，本古闍婆國，《元史·爪哇國傳》，自泉南登舟，行者先至占城，而後至其國。

其國在占城南可一千里。由占城而往，針位：取靈山，靈山之水可六十托。又五十更曰蜈蜞之嶼。由嶼尾礁而西，五更平冒山。又十更望東蛇龍之山。貫圓嶼、雙嶼之中。經羅幃之山，山之水十有八托。又五更取竹嶼。又四更取雞籠之嶼。又十更至勾攔之山，可以治薪、水。又三十更平吉里門之山。又五更平胡椒之山。又三更平那參之山，由是而至杜板。又五更而至爪哇之新村。

其都曰滿者伯夷。滿者伯夷，地名。番舶來會，先至杜板，而新村，次蘇魯馬益，然後至王治所。按《元史·爪哇國傳》，八節澗上接杜馬班王府，其譯人訛爲杜板耶。國無城郭。其王之宫室巍牆而重門。其制如樓，蓋以板，坐以簟席。牆高三丈餘，以磚爲之，周二百餘步，以堅木板代瓦，宫室甚整潔。每三四人布板展細籐簟或花草席跏趺其上。其民之居蓋以茅。其藏百物咸以庫。庫以磚爲之，其高三四尺，居止坐卧於其上。

其王被髮，或冠金葉花冠，躶而跣，下圍絲嵌帨，腰纏以錦綺，佩以刃，其名曰不剌頭。其出入乘象或牛車，其輔八人。其國人男子被髮佩刃。三歲以上無貴賤俱佩不剌頭，皆兔毫雪花最上鑌鐵爲之，以金爲柄，或以犀角象牙雕鏤人物之狀。女子椎髻，上衣，下圍帨。男女咸愛其首，觸之則出刃以刺。國無鞭笞，其刑惟戮。其戮也以籐反縛，擁行數步而刺焉。殺人者，避之三日則原；卽獲者死。

其番人居杜板者户千餘。杜板之水曰聖水。杜板，番名賭班，《元史》曰杜馬班，夷長主之，其間多廣東、漳州流户。海濱一池，國人傳云：元將史弼、高興征闍婆，經月不得登岸，絶水。高、史祝天，甘泉湧出，故名聖水。居新村者户千餘，一曰革兒昔。杜板東行半日至革兒昔，原初亦古灘，以國人刱居，遂名新村。村主廣東人。番舶咸聚，貨寶俱備。村之人甚富，編茭葦葉覆屋，鋪肆聯次爲市。

居蘇魯馬益者户千餘，一曰蘇兒把牙。新村南行一日，抵淺港，小舟行二十餘里始至。其地多猴，欲孕者禱之。港有洲焉，林木森鬱，中棲長尾猴萬餘，老黑雄猴爲之長，一老番婦隨之。凡無子之婦，持酒肴花果飯餌禱於老猴。老猴喜則食，衆猴食其餘。隨有雌雄二猴前來交感。歸卽孕矣。不食不交則無孕。土傳唐之時有民丁五百餘口，皆無賴。有神僧至其家，噀化爲猴，止留一嫗不化。舊宅尚存。按《宋史》，山多猴，不畏人，呼以霄霄之聲則出。或投以果實，則其大猴二先至，土人謂之猴王、猴夫人。食畢，羣猴食其餘。無求孕事。居滿者伯夷者户三百餘。蘇兒把牙小舟行七八十里，至一埠，番名漳沽，登岸西南行半日至國。

其國寢無榻，食無匕筯。其食也，嗽盥而團坐，盛以酥飯，撮而食；飲水以檳榔蠡葉灰，其饗賓也亦然。其國人惟三等：回回人、唐人、土人。回回人皆諸番商之流寓者。唐人皆廣、漳、泉人竄居者，服食俱美潔。

其上下移文稱一千三百七十六年。考之肇於西漢。其建歲首以十月。是月也，王乘塔車出，作竹鎗會。凡往會所，妃前王後，俱乘塔車。車高丈餘，四牖兩輪，服以馬。民各攜其妻伍列而執剡竹之槍，妻執三尺木梃。鼓嚴而鬥，緩而止。凡三交，妻各以木梃格之，曰『那剌那剌』則退。凡剌死敵人者勝。勝者以金錢一文與死者之家人而有其妻。

其婚禮會於女家，三日歸。歸則迎以樂，送以綵舟。男之父母迎歸，擊銅鼓、鑼，吹椰殼筒，環以火銃、短刀、團牌。婦被髮躶跣，圍絲嵌帨，項被金珠絡，腕有寶鐲，親朋鄰黨以檳榔葉絲紉草花粧插彩船送之爲禮。至其家，開宴數日。其送死有三：一曰火化，二曰棄水，三曰犬食。其妻妾多殉死。父母將死，子先請所欲，以遺言終事。欲犬食者委屍於野，食盡則喜，不盡則悲號而棄於海。凡頭目妻妾之誓殉死者，架木塔積薪。焚棺之際，簪飾草花，披五色花帨，哭踴赴火同焚。

其民富。其交易用中國銅錢。其穀宜稻、菽，歲一穫。其富宜六擾。其書記以刀刻茭葦葉，文字如鎖俚。凡爲權衡，二分二厘爲姑邦，姑邦四之而爲錢，錢十六之爲兩。兩二十之而爲斤。凡爲量，截竹爲之，升之名爲姑刺，其容一升八合。斗之名爲捺黎，其容倍於升者八。其婦女以月盈之夕，歌於路，其音美軟。凡歌，番婦二三十人歡集，一婦爲首，臂挽徐步，唱番歌一句，衆婦齊聲和之。過親故之門，皆贈錢物。其國人以圖畫相解説。紙圖人物、鳥、獸、蟲、魚之形如手卷，以三尺木爲軸，坐地展圖朗説，番人環聽笑語。

其土氣恆燠。其土物多蘇木、金剛子、白檀香、肉豆蔻、鑌鐵、龜筒。多紅緑鸚鵡、珍珠鷄、倒掛鳥、孔雀、檳榔雀、珍珠雀、緑斑鳩。多白鹿、白猿，多蕉子、椰子、甘蔗、石榴、蓮房、茄瓜。有果焉，其狀如石榴，厚皮而肉白，其名曰莽吉柿。其狀如枇杷，內有白肉甚美，其名曰郎扱。有草焉，其葉如蒟醬，其莖如筋，三月而花，其子如椹而緊細，其名曰蓽撥，食之已痃癖，其根已核腫。有龜焉，其首觜如鸚鵡，大口盤背，甲有紅點斑文，其名曰瑇瑁，佩之可以辟蠱毒。

有山焉，峻而廣，內多熊豹，其名曰交欄之山，人以射獵爲業。相傳高、史征爪哇時登此造船，留病卒百餘而蕃育者也。

交欄之山　即勾欄山，見本條前注。

其與爪哇相接者曰重迦羅，高山秀石，下有石洞，前後三門，是容萬人。煮海爲鹽，釀秫爲酒。是多羖羊、鸚鵡、木綿、椰子。

其山下水程有五：一曰孫陀羅，二曰琵琶施，三曰丹重，四曰圓嶠，五曰彭里。其人以寇鈔爲業，與吉陀、亞崎諸國相通，商舶少能至也。

其朝貢無常。洪武三年，其王昔里八達剌遣其臣八的占必等貢方物，並納元所授宣諭二道。十四年上金葉表來貢，及黑奴三百人。後絶其貢。永樂二年，其國東王遣使朝貢，且請印章。命鑄鍍金銀印，遣使賜之。正統八年，定每三年一貢。自後朝貢無常。其貢物：胡椒、蓽茇、蘇木、黄蠟、烏爹泥、金剛子、烏木、番紅土、薔薇露、奇南香、檀香、麻滕香、速香、降香、木香、乳香、龍腦、血竭、肉豆蔻、白豆蔻、藤竭、阿魏、蘆薈、没藥、大楓子、丁皮、番木鱉子、悶蟲藥、碗石、蓽澄茄、烏香、寶石、珍珠、錫、西洋鐵、鐵槍、摺鐵刀、苾布、油紅布、孔雀、火鷄、鸚鵡、玳瑁、孔雀尾、翠毛、鶴頂、犀角、象牙、龜筒、黄熟香、安息香。

論曰：淳化間，國使陀湛言，中國有真主，乃修朝貢禮云。故元世祖命史弼、高興發舟千艘，持一歲糧、虎符十、金符四十、銀符百、鈔錠四萬，費大且勞矣，而卒敗没以歸。至高皇帝以來，不煩一旅，朝貢且百五十餘年，曾不厭怠。不遇真主，則彼高枕海外可矣，亦安肯低心遠汎以臣下於方內哉！

又　**《三佛齊國第四番名浡淋邦》**　其國在占城南可一千里，東屬爪哇，西抵滿剌加，南倚大山，北臨大海，是爲舊港。由爪哇新村而往，鍼位五更至杜板。又五更平那參之山。又四更平胡椒之山。又四更至吉里門之山。又三十五更至三麥之嶼。又五更至夾門大山。又五更至舊港。其淡港潮汐咸二。港之兩涯是多磚塔，自港而入爲彭家門，由是至國。

其俗與爪哇大同。其土沃而民富，水多地少。民皆屋筏，維岸而居。水長而浮也，則遷於他。多習水戰。其博戲有三：一曰奕棊，二曰鬥鷄，三曰把龜。其交易用中國歷代錢及布帛。

其穀宜稻，其畜宜六擾。其土物多黄速香、黄蠟、降香、沉香。有鳥焉，其狀如鳧，黑翼、鶴頸、鷺喙，腦骨厚寸餘，外紅內黄，其名曰鶴頂，可以爲帶鞓擠機。有鳥焉，其名曰火鷄，其狀如鶴，長喙，羊毫而圓身，紅冠而青翼，黑足利爪，喜食炔炭，擊之不死。有獸焉，其狀如巨豕，其高三尺，其毫前黑而後白，豕喙而三跲，其食草木，其名曰神鹿。

其朝貢無期。洪武四年，其國主哈剌扎八剌卜遣其臣王的力馬罕亦里麻思奉金字表文來朝貢。六年，復遣使賀正旦，并貢方物。八年，復遣使從招諭拂菻國朝使來貢。十年，遣使奉表請印綬。命齎駝紐鍍金銀印賜之。其貢物：黑熊、火鷄、孔雀、五色鸚鵡、諸香、兜羅綿被、苾布、白獺、龜筒、烏椒、肉豆蔻、番油子、米腦。

論曰：廣人陳祖義，國初竄舊港爲酋長，以寇鈔爲業，舶人苦之。鄭和至，有施進卿者白和，乃執祖義歸，之京師誅焉，而章紱進卿于其土云。然則和豈貿易珍寶之使哉！除異域之患，爲天子光，和亦賢矣。又聞之和貌身長九尺，腰大十圍，洪音虎步。文皇帝初遣時咨諸相者袁生忠澈。袁生曰：『鄭三保姿貌材智，內侍中無與儔比。』故令統督以往，果所至畏服也。

又　**卷中《阿魯國第十一》**　其國在滿剌加西南可八百里。善風四晝夜程，由淡水港入國。其地西接蘇門答剌，南環大山，北臨大海。其婚喪諸俗與爪哇同。

其利布帛暨魚。其穀宜稻，其畜牛羊鷄鴨。有獸焉，其狀如貓，灰毫而肉翅，其名曰飛虎，獲之即死。有樹焉，其脂類薰陸，其色赤紫，焚之烟如凝漆而清婉，其名曰金顔香。有伐樹而取，堅皮而黑理，其名曰黄速香。

其朝貢無常。永樂五年，其王速魯唐忽先遣其臣滿剌哈三等附古里等國來朝并貢物。其貢物：象牙、熟腦。

論曰：西洋諸國，永樂間初來朝貢者四十有二。其阿魯雖瑣細島夷，因中使臨顧其地，故得牽聯而載之。若娑羅至日落等二十九國，皆未嘗至焉，不得誣而書也。

又《蘇門答剌國第十二》 其國在滿剌加西南可一千里。由滿剌加而往，五更至假五之嶼。嶼之水三十托。又五更過吉貝之嶼之淺。又四更平雞骨之嶼。又八更至雙嶼。又四更過單嶼之左。又五更至阿魯國之港。又十更至淡洋。又五更至大魚之港。又五更至巴剌之嶼。又五更至急水之灣，有泥礁而鼓浪焉。又五更至國。國人稱爲古須文達那國，乃西洋轄路。滿剌加西南行五晝夜至濱海一村，番名答魯蠻繫舶。又東南行十餘里至國。

其地南環大山，北臨大海，東抵阿魯國，西連那孤兒、黎代國。有溪入於海，是達潮汐。其土氣朝燠如夏，暮寒如秋。其秋夏之間是多瘴。其山童，而土石俱黄。國無城郭。其俗淳。其語音、婚喪、服飾與滿剌加同。其民居如樓，藉以椰子、檳榔之木。其蠶繅而不綿。其漁於海，朝出而暮歸。

其交易以金錢、錫錢。金曰底那兒。淡金鑄圓徑官寸五分，面底有紋，重官秤三分五釐。一曰每四十八箇重金一兩四分。恆用錫錢。其利硫、椒。其穀宜稻，歲二穫。其畜宜牛羊鷄鴨，羊皆驪毫。硫黄出於巖穴。椒則山園種之，蔓生，如廣東甜菜，花黄白，結椒成穗，生青老紅，摘取日乾，粒虛大。官秤百斤易本處金錢百箇，值銀一兩。一曰官秤三百二十斤，價以銀錢二十箇，重六兩。其土物多甘蔗、芭蕉子、莽吉柿、波羅蜜、柑橘。其柑橘四時不絶。獅橘、緑橘不酸壞而可藏。有果焉，其狀如消梨，緑皮而圓核，香烈而備五味，其名曰掩拔。其狀如芡實，臭葉而刺皮，熟則瓣開，其肉白而味如栗，其名曰睹兒焉。多葱、芥、蒜、薑、諸瓜。西瓜紅仁緑皮，有長至二三尺者。

其國之西曰那孤兒，户千餘。其穀宜稻，其畜宜牛羊。其俗猱頭而文面，上下並耕而食。又西曰黎代，户二千餘。其都倚山臨海，多野犀牛。二國皆羈事於蘇門。

其朝貢無常。永樂三年，其王鎖丹罕難阿必鎮遣其臣阿里來朝貢，詔封爲國王及誥。五年至宣德六年，屢遣使來貢，表用金葉。十年，復請其子封爲王。其貢物：馬、犀牛、龍涎、撒哈剌、梭服、寶石、木香、丁香、降真香、沈速香、胡椒、蘇木、錫、水晶、瑪瑙、番刀、弓、石青、回回青、硫黄。

論曰：鄭和在舊港執陳祖義，至蘇門又執蘇幹剌，雖古之義人烈士，何以加焉！昔蘇門王中他王毒鏃死，王妻號於衆曰：『能報者身願爲偶。』有漁人舉兵滅之，王妻率踐盟配漁人。嗚呼！以賤臣而烝國母，履王位，破倫賊化，甚矣！蘇門王之子長而殺漁人，豈不偉哉！蘇幹剌者，漁人子也，因蓄聚而圖蘇門王之子。和發兵執之，且不敢專殺，檻車京師，兩除島夷之害，和其賢臣也哉，和其賢臣也哉！

又《南浡里國第十三》 其國在蘇門西可六百里，一曰南巫里國。由沙里八丹而入，鍼位：十晝夜見覩延之嶼，又平中央之嶼，又巡牛嶺之山，以至其國。蘇門西行，善風三晝夜到國。

其地東接黎代，西北臨大海，南繞大山。其王與民咸回回人。王之宮室如樓，藉以木，是用食處，其高可四丈。樓之下囿養六擾。民居與蘇門同。其俗朴。

其交易以銅錢。其利魚。其畜宜牛、羊、鷄、鴨。多犀角、蓮花降香。其西北海内有山焉，巃嵸平頂，名曰帽山。山之西有大海，是曰西洋，一曰那没嚟洋。西來海舶，向山爲準。山民户二三十餘，皆稱爲王。問其姓，答曰：阿孤喇楂。有海樹焉，生於海底，其狀如枝柯，明潤如紅玉，其高一二三尺，其名曰珊瑚，可以已目瞖。生山邊二丈上下淺水内，番人撈取爲寶，鬻賣，亦常碾其根以爲數珠。

其朝貢無常。永樂七年，王率臣下數十人自隨寶船至京進貢。

論曰：南浡里户不過千餘，而王與牛羊雜處，其亦不足爲國也矣。而往錫蘭諸國者必經焉。且其王嘗親浮海稽首於紫庭，斯可取也。

明・羅日褧《咸賓録》卷三《蘇門答剌》 蘇門答剌，漢之條支，唐之波斯、大食，皆其地也。昔張騫通西域還，爲武帝言條支在安息西海，暑濕，耕田種稻，有大鳥卵如甕，人衆甚多。往往有小君長，而安息役屬之，以爲外國。國人善眩，安息長老傳聞條支有弱水、西王母，止日所入而未嘗見云。以後漢使往來路至烏弋而止，莫有至條支者。章帝時，國人來進異瑞，有鳥名鴕鵲，形高七尺，解人言。和帝時班超遣掾甘英使大秦，抵條支，臨大海欲度，不果乃還。其後條支故地爲波斯所據。

【略】

我朝洪武初，國王遣使貢馬及方物。永樂初，國王宰奴里阿必丁遣使朝貢，封爲蘇門答剌王，賜印誥金幣。既而國王與鄰國花面王戰敗死，子幼，有一漁翁奮志領兵攻殺花面王，遂妻故王妻，自稱老王而得其國。遣使來貢。無何，故王之子長大，陰與部目謀殺漁翁，復其故位。而漁翁之嫡子蘇幹剌者，逃居鄰谷，自立爲王，率衆復父之仇。會太監鄭和至其國，發兵擒蘇幹剌赴京伏誅。王子感上德意，貢方物甚夥，至今不絕。

其地大抵從泉州西南舟行，順風大約百日可抵其國。田磽穀少，男白布纏頭，腰圍摺布。女椎髻，腰圍色布手巾。其酋長人修，一日之間必三變色，或黑或赤或黃。每歲必殺十餘人取血浴身，云四時不生疾疹，故民皆畏服焉。

王居以瑪瑙爲柱，綠甘爲壁，水晶爲瓦，碌石爲磚，活石爲灰，帷幕之屬悉百花飾。官有丞相、太尉。馬高七尺，士卒驍勇，民居與中土同。技藝咸精，番商往來。

其鄰有故臨國，人黑如漆，好爲寇盜。中國人往大食者必自故臨易小舟而去。

有默伽國，其先荒野，大食有祖師蒲羅唪徙居其地，取妻生子，曰司麻烟。生時以足蹙地，清泉湧出，頃之遂成大井。後泛海遇風波者，以此水洒之，無不頓止。與天竺、天方井同。

有那孤兒國，即花面王國也。國小，僅比大村。猱頭裸體如獸類然。人皆勢面，故名。

其屬國有勿斯里，經八九十年始一見雨。每二三年間必有老人自江中出，國人拜問吉凶，笑則豐稔，悲則飢疫，良久復入水中。其塔頂有神鏡，若他國兵至，則先照見。勿斯離、有天生樹，其果名曰蒲蘆，可採食之。次年復生，名麻茶澤。三年再生，名没石子。吉慈尼、地極寒，春雪不消，產雪蛆，狀如瓠瓜，食之味美，大治內熱。麻離拔、貴人以金線挑花帛纏頭，市用金銀錢。黎代、國民僅二三千家，語言動用與蘇門答剌同，亦附蘇門答剌進貢。白達。地多珍寶，人食酥酪餅肉，白布纏頭，兵強，他國不敢侵犯。

其產：美菜、長六、七尺。偏桃、其形偏，肉苦難食，惟子味佳。尋枝瓜極大，十人方可共啖一枚。石榴、重五、六斤。臭果、長八九寸，開之甚臭，內有大酥白肉十四五斤，甜美可食。酸子、大如梨，其味香冽。蒲桃、大如雞子。竹雞、略煮便熟，味美勝各處者。鴕鳥、高四尺，足似駱駝，卵大如二升，啖羊。名馬、馬與龍交所產。胡羊、尾大如扇，春剖腹，取其膏數十斤，以藥線縫合之，羊如故，不割則死。螺子黛、寶也，每顆值千金。龍涎香龍門則涎出，國人以計取之，和香極奇。薔薇水洒衣，經藏香氣不散。爲奇。

論曰：蘇門答剌王日變三色，取血浴身，此《島夷志》所載也。自條支既通，波斯、大食世貢中國，前史未嘗紀有。詼奇詭譎之事，面色數更，豈人類耶？況俗奉浮屠，謹持五誡，殺人取血，冥業安在？第自古著稗史者非假怪異不能膾炙人口，惟是博覽之士，無爲耳食則可矣！

又　卷四《南巫里》　南巫里，小國也。洪武初，遣使貢降真香等物。其地自蘇門答剌西風一日夜可至國。民千餘家，皆回回人。王服飾略同阿丹。宮室用大木，高三四丈如樓。樓上甚潔，聽政寢食皆在其中；下則畜牛羊等物矣。民俗與蘇門答剌略同。

其山川：帽山。山下民户二三十餘，各自稱王，屬南巫里。

其產：降真香、惟此國者爲佳。黑珊瑚大如拇指，其色如墨，其潤如玉，有椏枝，婆娑可愛。爲奇。

又　卷六《爪哇》　爪哇，漢晉以前未聞。唐爲訶陵，宋爲闍婆，元爲爪哇，國朝因之。唐貞觀中，訶陵王遣使者貢金花等物。至上元間，國人推女子爲王，號悉莫，威令整肅，道不舉遺。大食君聞之，齎金一囊置其郊，行者輒避。如是三年，太子過，以足躪金。悉莫怒，將斬之。羣臣固請。悉莫曰：『而罪實本於足，可斷趾。』羣臣復爲請，乃斬指以狗。大食聞而畏之，不敢加兵。

大曆中，訶陵使者三至。元和中，獻五色鸚鵡、頻伽鳥。咸通中，獻女樂，又獻金花帳、温涼牀、龍鱗席、鳳毛褥、玉髓香、瓊膏乳。宣宗陳之，以迎佛骨。自後罕通。

宋元嘉中，奉表入貢。淳化初，國王穆羅茶遣使貢方物甚夥。使者言其國與三佛齊有仇怨，互相攻戰。山多猴，不畏人，呼以霄霄之聲即出。或投以果實，則有大猴二先至，土人謂之猴王、猴夫人。食畢，羣猴食其餘。其鄰國名婆羅門，有法善察人情，人欲相危害者，皆先知之。詔賜金幣甚厚，賜良馬、戎具以從其請。大觀後，朝貢不絶。尋以南郊事授中國官職，封爲闍婆國王，食邑二千餘户。自是宋每遇大禮，加闍婆王官邑，以爲常矣。

元至元中，詔史弼、高興等征爪哇，水陸並進軍。會船中無水，海水鹹不可食，士飢渴欲死。史、高拜天祝之，尋以鎗插海灘中，清泉湧出，因名聖水。士卒得天賜，遂大奮擊，殺傷甚衆。尋撫諭降之。

至我朝，其國分東西二王。洪武時凡兩遣使來貢。已而我使至三佛齊，爪哇要而殺之。置不問。至永樂三年，東王孛令達哈遣使請印，與之。五年，西王都馬板滅東王。時我使過東王城，西王殺我百七十餘人，後懼，遣使謝罪。敕令償死者黄金六萬兩。而爪哇遣使貢萬兩。上蠲其金曰：『朕利金耶？令遠人知畏爾。』十三年，獻白鸚鵡。令三年一貢。

其國天無霜雪，四時常熱。王居不甚麗，民皆茅茨。其國有四處，王無常居，往來四處之間。一曰杜板，民千餘家，二人爲長，聖水在焉。一曰新村，原係沙灘之地，因中國人來此居，遂成村落。民甚殷富，各國番船到此貨賣。一曰滿者伯夷，民二三百家，頭目七八人，以輔其主。一曰蘇魯馬益，民十餘家，亦有村主，有大洲聚猴數萬，惟一老雄猴爲主，一老番婦人侍立其傍。俗婦人求嗣者，備酒肉餅果等物，禱於老猴。老猴喜，則先食其物，衆猴隨分食之。尋有雌雄二猴前來交感爲驗，此婦歸家便即有孕，否則無孕，且又能作禍，故人家多備食物祭之。傳言唐時其家人有五百口，男婦凶惡，忽一日有僧至其家，取水噀之，五百人皆化爲猴，惟一老嫗未化，今舊宅猶存，此亦大奇事也。

其四處人亦有西番胡人、唐人、土人三種。胡人久居，服食雅潔。唐人持齋受戒。土人有名無姓，髼頭赤脚，無椅榻匙筯，啖食蛇蟻蟲蚓，與犬豕同寢食，不爲穢也。男必佩刀，刀極精巧。不設刑禁，輕者許以物贖，重者藤繫殺之。其民不爲盜，道不拾遺，諺云『太平闍婆』是也。書同瑣里，無紙筆，惟以尖刀刻於茭蔁葉上，亦有字法。市用中國古錢。病不服藥，但禱神求佛。其人死，屍不朽。喪有水葬、火葬、犬葬，惟死者所欲。女人有毒，中國人與之交接則苦瘡，或致死。若涎液露著草木即枯。其國俗四季每月望夜前後，番婦數十人聚衆成隊，一婦爲首，衆婦隨行月下，首婦唱則衆婦皆和，至親友富貴家則贈以鈔帛等物。

每十月有竹鎗會，其國王及妃各乘一車至會所，令男子二人爲偶，各執竹鎗，妻各執短木列其旁，及交敵三合，妻各以短木隔之，曰『那剌那剌』則退。設中槍死，王令勝者與死者金錢一個，死者妻即隨勝者而去。舊傳鬼子魔於此地與一罔象相合，生子百餘，啖人血肉，人被啖盡。一日雷震石裂，中坐一人，衆異之，奉爲國主，即領兵驅逐罔象而不爲害，相傳至今。其國之移文後書一千三百七十六年，考之乃肇啓漢初時也。

旁有蘇吉丹國，裸體跣足，俗甚醜惡。其東則女人國，見《朝鮮志》。愈東則尾閭之所洩，非人世矣。亦有飛頭食人者，衆共祠之，名曰蟲落，因號落民地。凡自泉州發舟，一月可至。

其山川：鸚鵡山，出鸚鵡。八節澗。元史弼、高興會兵於此。

其產有：綵鳩、緑鳩、紅白鸚鵡、倒挂鳥、白鹿、白猿、白猴、俱純白色。唐宣宗時南海蠻獻白猿脂數甕。椰极、如枇杷，内有白肉二塊，味佳。蚕吉柿、如石榴。蝦蛛丹、樹也，其中出酒，又有桄榔柳花酒。鹽從山穴中湧出，國人食之。爲奇。

論曰：昔郅支、樓蘭，漢諸夷中大國也，邀殺漢使，陳湯、傅介子猶擊斬之。今爪哇蕞爾小蠻，横行猖獗，其罪過於郅支、樓蘭遠矣，倘興伐罪，勢如破竹。第帝王一怒，必伏屍流血，故聖祖重行之，詔罰以金。尋又却之曰：『令遠人知畏爾。』君子謂是舉也，德莫厚焉，威莫加焉。俾四夷聞之，争向化矣！

又《三佛齊》 三佛齊即舊港國，又名浡淋，東南海中大國也。唐天祐初遣使貢方物。宋自建隆以至淳熙，朝貢不絶。貢物則有水晶、火油、象牙、乳香、薔薇水、萬年棗、偏桃、白沙糖、水晶指環、琉璃瓶、珊瑚樹、崑崙奴。崑崙奴者，能踏曲爲樂者也。

我朝洪武時，國王怛麻沙那阿者凡三遣使朝貢。賜《大統曆》、文幣。頃之，其使從我招諭拂菻。時其王怛麻沙那阿者死，賜王子麻那者巫里三佛齊國王印。有廣東人陳祖義者，脱罪避居其國，久之得爲將領，暴掠番商。永樂中，太監鄭和至三佛齊。祖義鄉人名施進卿者訴於和。和擒祖義，獻俘闕下，以進卿代之。進卿没，女二姐嗣。

其地自廣州發舟正南行半月可至。自泉州行月餘可至。番舶輻湊，多廣東、漳、泉人。土沃宜稼穡。諺云：『一季種穀，三季生金。』言米穀盛而爲金也。習水戰，服藥，刀不能傷。遇敵敢死，鄰國畏之。水多土少，惟將領陸居，民率架筏，水中架梁柱。不輸租賦，有事隨時調發。語言如爪哇。市用錢布，并燒煉五色珠。字用梵書，以其王指環爲印。王出入乘船，身纏花布，衞以金鏢。俗稱其王爲龍精。不火食，食則大荒；不水浴，浴則大潦；惟食沙糊，浴薔薇露而已。前後國王各先用金鑄其形質，代代勿毁。舊傳其國地面忽然穴出生牛數萬，人取食之。後用竹木窒其穴，乃絶。

其產物亦多，有火鷄，頂有軟紅冠，如紅絹二片，渾身如羊毛，青色，其爪甚利，傷人致死。好食火炭，故名。用棍扑擊不能死，與滿刺加出者不同。神鹿，高三尺，大如巨豕。鶴頂，海鶴頂也，爲帶甚佳。血結，治傷妙藥。薔薇水、金銀香、色白如銀。膃肭臍形如狐，走如飛，取其腎以漬油，名膃肭臍。爲奇。

論曰：海濱諸國，兩粵亡命多逃歸之，大都能導夷人作逆，如日本事，可概見也。第三佛齊勢孱弱爾。陳祖義、施進卿俱係叛賊，謂宜先誅祖義，旋及施進卿；即不然檻進卿抵京，以杜後來可也。曷爲官之同罪異罰，鄭和失之矣！

又《啞魯》 啞魯，小國也。洪武初詔諭海南，其國來貢。俗淳朴，言語婚姻等事皆與爪哇相同。產飛虎，大如貓，遍身灰色，有肉翅如蝙蝠，能飛不遠。金銀香見前。爲奇。

明・張燮《東西洋考》卷三《西洋列國考・下港加留吧》 下港一名順塔。唐稱闍婆，在南海中者也。一名訶陵，亦曰社婆。元稱爪哇。《一統志》：又名蒲家龍。甲兵爲諸番之雄，王宫甎墉，高三丈，方三十餘里，屋高四丈。《宋史》曰：室宇壯麗，飾以金碧。地覆板，蒙藤花蓆，跏趺而坐。《唐書》曰：象牙爲牀若席。王蓬頭，頂金葉冠，胸綮嵌絲帨，腰束錦綺，佩短刀，跣足跨象，或乘牛，前導有金鎗珠篋及孔雀尾繖之屬。《宋史》曰：其王椎髻，戴金鈴，衣錦袍，躡革履，坐方牀。官吏日謁，三拜而退。出入乘象或腰輿，壯士五七百人執兵器以從。國人見王皆坐，俟其過，乃起云。《宋史》曰：王子三人爲副王。官有落佶連四人，共治國事，如宰相，無月俸，隨時量給。次有文吏三百員，目爲秀才，掌文簿，總計財貨。又有卑官千員，分主城池、帑藏及軍卒。其領兵者每半歲給金十兩，勝兵三萬，亦給金有差。

民居茅茨甎庫。男蓬頭，女椎結，衣裝纏胸以下。姻聘無媒妁，但以黄金爲禮。將婚，男造女家，後五日迎婦，以牛車載綵棚，實綉女其中。又作假新人新婦一雙，妝束相類，迎向禮拜寺訂盟，然後抵家。其俗有名而無姓。五月遊船，十月遊山。《方輿勝略》曰：每月望夜前後，婦數十人聚衆成隊，一婦爲首，衆婦隨行月下。首婦唱，則衆婦皆和，至親友富貴家，贈以鈔帛等物。每十月，有竹槍會。其國王及妃各乘一車至會所，令男子二人爲偶，各執竹槍，妻各執短木，列其旁。及交敵一合，妻各以短木隔之，曰那剌那剌，則退。設中槍死，王令勝者與死者金錢一個，死者妻即隨勝者而去。樂有横笛、鼓板，自爲夷舞，諺所謂『太平闍婆之徵』也。《元史》曰：多出奇寶，取貴於中國。人則醜怪，情性語言與中國不能相通。病不服藥，但禮佛祈禳。喪有水葬、火葬、犬葬，惟逝者所欲而已。生子甫一歲，以匕首佩之，名曰不剌頭。俗云吧六頭。金銀、象牙雕琢爲靶，無貧富悉佩腰間，值忿争，即拔刃相刺。國人居相語曰：『病死，天之所厭，不若刺死者，身自爲雄也。』其輕命捐生類如此。

劉宋元嘉時，始入中國。《南史》曰：元嘉十二年，國王師黎婆達阿陀羅跋摩遣使奉表曰：『宋國大主大吉天子足下，教化一切種智安隱天人師，降伏四魔，成等正覺，轉尊法輪，度脱衆生，我雖在遠，亦霑靈潤。』至唐貞觀中，遣使入貢。《唐書》曰：王居闍婆城，其祖吉延東遷於婆露伽斯城，旁小國二十八，莫不臣服。上元間，國人推女子爲王，號悉莫，威令整肅，道不拾遺。大食君聞之，齎金一囊置其郊，行者輒避，如是三年。太子過，以足躪金，悉莫怒，將斬之，羣臣固請。悉莫曰：『而罪實本於足，可斷趾。』羣臣復爲請，乃斬指以徇。大食聞而畏之，不敢加兵。大歷、元和、咸通之間，使者屢至，朝命優答之。《唐書》曰：大歷中，訶陵使者三至。元和八年，獻僧祇奴四、五色鸚鵡、頻伽鳥等，憲宗拜内四門府、左果毅使者。讓其弟，帝嘉美，并官之。訖大和再朝貢。咸通中，遣使獻女樂。

至宋淳化三年，其王穆羅茶遣使來貢，云：『中國有真主，本國願得比於外臣。』《宋史》曰：先是，朝貢使泛舶船至明州定海縣，掌市舶監察御史張肅先驛奏其使飾服之狀，與嘗來入貢波斯相類。譯者云：『今主舶大商毛旭者，數往來本國，因假其鄉導來朝貢。』又言：『其國王一號夏至馬羅夜，王妃曰落肩娑婆利。又其方言目船主爲葧荷，主妻曰葧荷比尼贖。』其船中婦人名眉珠，椎髻無首飾，以蠻布纏身，顏色青黑，言語不能曉，拜亦如男子膜拜。一子頂戴金連鎖子，手有金鉤，以帛帶縈之，名呵嚕。使還，賞賚甚厚。大觀三年，再貢，詔禮之如交阯。元遣史弼、高興征之，終不能制。《元史》曰：世祖撫有華、夷，其出師海外諸番者，惟爪哇之役爲大。

我朝洪武二年，遣行人賜爪哇國璽書。三年，王昔里八達剌遣使奉金葉表，貢方物及黑奴三百人，納元所授宣敕二道。已而我使至三佛齊，爪哇要而殺之。《宋史》曰：其國與三佛齊有仇怨，互相攻戰。十三年，王八達那巴那務來貢。上絶其使，下詔責王。永樂元年，西王都馬板奉表，賀卽位。二年，東王孛令達哈遣使朝貢，請印，與之。西王亦歲歲貢使來朝。五年，西王與東王戰，滅東王。時我舟過東王城，西王殺我百七十人。西王懼，遣使謝罪。敕責西王，令償死者金六萬。已僅入貢萬金，禮官請索如約。上曰：『朕利金耶？令遠人知畏耳。』蠲其金，賜鈔幣，諭之。八年，貢馬及方物。十一年，復貢。

是時三佛齊已降爪哇，更名舊港。中貴人吴賓使爪哇還，奏言滿剌加國王詭稱朝旨，從爪哇索舊港地，爪哇人不敢卽寧。上降敕，附來使慰諭之，俾無猜惑。十三年，都馬板更名楊惟西沙，專使謝恩。十六、十九年，凡再貢。而東王久不至，蓋先是爲西王所破，詭言欲立其子，意竟不果而遂滅也。正統二年，再貢，厚賜之。景泰時，請封，賜蟒衣、織蓋。天順四年，王都馬班貢，使還國，以綵幣賜其王及妃。

鄭端簡謂其國人大抵三種：唐人、土人而外，西番賈胡居久者，服食皆潔。近紅毛番建禮拜寺彼中，蓋其别種，由來漸矣。

加留吧，下港屬國也，半日程可到，風土盡相類云。

形勝名迹　新村舊名廝村，中華人客此成聚，遂名新村。約千餘家，村主粤人也。賈舶至此互市，百貨充溢。

西山中有人三百餘歲，身穿紙衣，卧樹上，辟穀，能知吉凶，呼爲老仙。

覆鼎山其上似釜故云。

蘇魯馬益港傍大洲，林木蔚茂，千餘家，强半是中國人。又有長尾猿數萬，人相傳唐時，族衆凶惡，一日，有僧至其家，取水噀之，俱化爲猿，止留一嫗不化，至今餘種猶存。

麻喏巴歇村《元史·爪哇傳》曰：由戎牙路於麻喏巴歇浮梁前進。又葛郎王追殺至麻喏巴歇。後人訛爲滿者伯夷，中有二三百家，總領七八人。

漳估山賈人登岸之處。

郎卑野州《唐書》曰：王嘗登之以望海。夏至立八尺表，景在表南二尺四寸。

鸚鵡山出鸚鵡，故名。

石椗相傳是鄭和所遺者，重只百斤，二千餘人擡之不起。及徙置他所，瘟疫甚多，國王乃移還其處。

吉利門《元史》曰：大軍繼進吉利門。

闍婆城《唐書·訶陵傳》：王居闍婆城。

婆露伽斯城《唐書》：吉延東遷處，旁國二十八莫不臣服。

淡水港去蘇魯馬益二十里。

物産　金銀《唐書》曰：出黄白金。

真珠《宋史·闍婆傳》曰：方言謂真珠爲没爺蝦羅，宋及本朝皆充貢。

犀角《宋史》曰：方言謂犀爲低密，其角宋及本朝充貢。

象牙《宋史》曰：方言謂牙爲家囉，宋及本朝充貢。

玳瑁宋時充貢。

沈香《宋史》曰：方言謂香爲崐燉盧林。

檀香宋及本朝充貢。

丁香生深山中，樹極辛烈，不可近，熟則自墮。雨後洪潦漂山，丁香乃涌澗溪而出，撈拾數日不盡。宋時充貢。

銅鼓卽今華人所用者，諸國以爪哇爲最，振響遏雲，價直可數十金。

龜筒本朝充貢。

絞布《宋史》有繡紋絞、雜色絲絞，本國充貢。

吉貝見《宋史》。

藤花簟宋時充貢。

硫黄見《宋史》。

紅花習鑿齒所謂紅藍者也。《爾雅翼》曰：花生時，但作黄色，茸茸然，故又名黄藍。杵，灌水淘，絞去黄汁，更杵，擣以清酸粟漿，淘之，絞如初，卽收取染紅。

夷瓶下港出者其色紅。

蘆薈《本草》曰：一名訥會，一名奴會，俗呼象膽，以味苦如膽也。《一統志》曰：草屬，狀如鬣尾，採之，以玉器搗研成膏。

阿魏《一統志》曰：土人納竹筒樹梢，脂滿其中。冬，破筒取脂。或曰脂毒，人不敢近。繫羊樹下，自遠射之，毒著羊，羊斃即爲魏。

胡椒樹如蒲桃，葉如扁豆，實如浮葵子，蔓生梧桐上。故國人語曰：未種椒，先種桐。

青鹽《唐書》曰：訶陵最富，有穴自涌鹽。按《魏地記》：鹽大而青白，名青鹽也。

木瓜《爾雅》謂之茂。何承天賦所謂『方朝華而繁實，比沙棠而有耀』者也。《宋史》載爲爪哇所產。

檳榔見《宋史》。

椰子《舊唐書》曰：以椰樹花爲酒，其樹生花，長三尺餘，大如人膊，割之，取汁成酒，味甘，飲之亦醉。

蝦蝚丹樹《宋史》曰：其酒出於椰子及蝦蝚丹樹。蝦蝚丹樹，華人未嘗見。

波羅密

蓽澄茄《一統志》曰：藤蔓，春花夏實，白而實黑。

莽吉柿《華夷考》曰：如石榴樣，皮厚潤，有橘囊，擘白肉四塊，甘酸可食，出爪哇國，夷人呼爲網滑。

赤白豆蔻本朝充貢。

海菜《海物異名記》曰：海生而紫蔓，其大者爲鹿角菜，一名猴葵。《南越考》曰：猴葵色赤，生石上，謂之鹿角，以其莖有歧也，故名。

思君似婆羅密而中無子，烘食之，似芋。

茴香見《宋史》。

蘇木《南州記》云：生海畔，葉似絳，木若女貞。

犀　象見《宋史》。

白鹿見《吾學編》。

猴《宋史》曰：國中多猴，不畏人，呼以霄霄之聲即出。投以果實，則二大猴先至，土人謂之猴王、猴夫人。食畢，羣猴食其餘。

孔雀本朝充貢。《博物志》曰：尾多變色，喻如雲霞。人拍其尾則舞，尾有金翠，五年始成。

鸚鵡《埤雅》曰：衆鳥足趾，前三後一，其目下瞼眨上，惟鸚鵡四趾齊分，兩瞼俱動。《雅翼》曰：五色尤慧，白次之，青爲下。按白者闍婆宋時充貢。

頻伽鳥唐時入貢。

倒掛鳥《星槎勝覽》曰：身形如鵲而羽五色，日間焚香，則收藏之羽翼間，夜則張尾翼而倒掛以放香。

綠鳩似鸚鵡而小，不復能言，俗名柑蔗鳥，其五彩者名彩鳩。

交易　華船將到，有酋來問船主。送橘一籠、小雨傘二柄。酋馳信報王。比到港，用果幣進。王立華人四人爲財副，番財副二人，各書記。華人諳夷語者爲通事，船各一人。

其貿易，王置二澗城外，設立鋪舍。《宋史·闍婆傳》曰：中國賈人至者，待以賓館。凌晨，各上澗貿易，至午而罷。王日徵其税。又有紅毛番來下港者，起土庫，在大澗東。佛郎機起土庫，在大澗西。二夷俱哈板船，年年來往。貿易用銀錢，如本夷則用鉛錢。以一千爲一貫，十貫爲一包，鉛錢一包當銀錢一貫云。

下港爲四通八達之衢，我舟到時，各州府未到，商人但將本貨兑換銀錢鉛錢。迨他國貨到，然後以銀鉛錢轉買貨物。華船開駕有早晚者，以延待他國故也。

又《舊港詹卑》　舊港，古三佛齊國也。初名干陀利，又名渤淋，在東南海中，本南蠻別種，居真臘、爪哇之間。王號詹卑，故今王所部號詹卑國。而故都爲爪哇所破，更名舊港，以別於彼之新村云。俗名吉寧邦。

其地故稱沃土，諺云『一年種穀，三年生金』，言其米穀盛而多貿金也。冬無霜雪。累甓爲城，民散居城外。香油塗身。覆屋多用椰葉。市用錢布。字仿梵書。以國王指環爲印。《宋史》曰：亦有中國文字，上章表時即用焉。俗嚚好淫，水戰甚慣。《文獻通考》曰：習水陸戰，臨陣敢死，霸於他國。其國多水而少陸，部領乃聚岸築屋以居，僮僕環之。其餘民庶，悉架室木筏上，以木樁拴閘，水長則筏浮起，不能没也。或將別居，則起樁去之，連屋移徙，不勞財力。《島夷志》謂：『好潔淨，故於水上架屋』，與此不同。其樂有小琴、小鼓、崐崘奴踏曲之類。

劉宋孝武世，始貢中國。《南史·干陁利傳》曰：王釋羅那鄰陀遣長史竺留陀獻金銀寶器。梁天監元年，其王夢中國有聖人，如是者再。因圖夢中所見，遣使獻玉盤。其容質果與梁帝合。歲時望北頂禮。《南史》曰：王瞿曇修拔陀羅以四月八日夢一僧謂曰：『中國今有聖主，十年之後，佛法大興。若遣使貢奉禮敬，則土地豐樂，商旅百倍。若不信我，則境土不得自安。』初未之信，既又夢此僧曰：『汝若不信我，當與汝往觀。』乃於夢中至中國，拜覲天子。既覺，心異之。陀羅本工畫，乃寫夢中所見武帝容質，飾以丹青。仍遣使并畫工，奉表獻玉盤等物。使人既至，模寫帝形還國。比本畫，則符同焉。十七年及普通元年，凡再至。後亦遂絶。唐天祐初，復通。授其使都蕃長蒲訶粟寧遠將軍。

宋時，貢使絡繹。按《宋史》：建隆元年，王悉利胡大霞里檀遣使李遮帝朝貢。二年夏，又遣使蒲蔑貢方物。是冬，其王室利烏耶遣使茶野伽朝貢。其後歲各一至。太平興國五年，王夏池遣使茶龍眉來。是年，潮州言：三佛齊國蕃商李甫誨乘舶船載香藥、犀角、象牙至海口，會風勢不便，飄船六十日至潮州，其香藥悉送廣州。八年，王遐至遣使蒲押拖羅來貢。雍熙二年，舶主金花茶以方物來獻。端拱元年，遣使蒲押陀黎貢方物。淳化三年，廣州上言：蒲押陀黎前年京迴，聞本國爲闍婆所侵，住南海一年，今春乘舶至占城，偶風信不利，復還，乞降詔諭本國。從之。嘗建佛寺以祝聖壽，願賜名及鐘。詔以『承天萬壽』爲寺額，鑄鐘給之，時咸平六年也。其後貢獻不絶，每優賜遣歸。元豐時，使者入見，以金銀花貯真珠、龍腦撒殿，用昭殊敬。《宋史》：大中祥符元年，王思離麻囉皮遣使來貢。許赴泰山，陪位於朝覲壇。天禧元年，王霞遲蘇勿吒蒲迷遣使貢真珠、象牙、梵夾經、崑崙奴，詔許謁會靈觀，游太清寺、金明池。及還，賜詔慰奬之。天聖六年，王室離疊華遣使來貢。舊制：遠國使人，賜以間金塗銀帶，時特以渾金帶賜之。熙寧十年，使大首領地華伽囉來，以爲保順慕化大將軍。元豐中，使至者再。天子念其道里遥遠，優賜遣歸。二年，賜錢六萬四千緡、銀一萬五百兩，官其使羣陀畢羅爲寧遠將軍，陀旁亞里爲保順郎將。畢羅乞買金帶、白金器物及僧紫衣、師牒，皆如所請給之。三年，廣州南蕃綱首，以其國王之女唐字書，寄龍腦及布與提舉市舶孫迥。迥不敢受，言於朝。詔輸之官，市帛以報。五年，遣使皮襪來。官皮襪爲懷遠將軍。六年，又以其使薩打華滿爲將軍。紹聖中再入貢。紹興二十六年，貢使復至。帝曰：『遠人向化，嘉其誠耳，非利方物也。』淳熙五年，詔免赴闕，館於泉州。

洪武二年，詔行人趙述往使其國。王怛麻沙那阿遣使隨述奉金葉表來貢。賜曆及文幣。六年，復貢。八年，遣使從使者招諭拂菻。九年，王殂，王子麻那者巫里表請紹封。詔授駝紐鍍金銀印，封三佛齊國王。久之，丞相胡惟庸事發，事連三佛齊，懼而貢絶。三十年，上念遠夷希至，謂禮臣曰：『惟庸謀叛，三佛齊乃生間諜，紿我使臣，至爲爪哇聞知，禮送還朝。今度已悔禍，朕欲許其自新。暹羅在遠國中，最稱恭順，而爪哇則三佛齊所悉索敝賦以從者也，可移檄暹羅達於爪哇，俾戒諭三佛齊，嘉與更始。』禮臣如旨以行。

永樂初年，三佛齊竟爲爪哇所破，廢爲舊港。是時南海豪民梁道明竄泊茲土，衆推爲酋，閩廣流移從者數千人。廷議遣行人譚勝受往招之。道明隨勝受來歸。《廣東通志》云：譚勝受，南海人，鄉薦，授臨桂丞，以最召拜監察御史，坐事降行人。時閩廣流徒從梁道明者數千人。指揮孫鉉使海南，遇其子及二奴挾與俱來。上以勝受同鄉，令偕其二奴齎敕往招道明，遂從入朝。賜道明襲衣、鈔百五十錠、文綺十二表裏、絹七十二疋。勝受奏事稱旨，擢浙江按察使。留副酋施進卿代領其衆。五年，中貴鄭和奉使西洋還，過舊港，遇流賊陳祖義。祖義詐降，潛謀要劫。和料賊無歸順意，整兵以待。賊猝至，與戰，大破之，斬獲無算，械祖義至京伏誅。諸夷聞之震懾，曰：『真天威也。吾曹安意内向矣。』是年，施進卿遣壻朝貢，詔命進卿爲舊港宣慰使，賜印誥、冠服及文綺。後進卿卒。二十一年，以子濟孫嗣，印燬於火，詔給之。

形勝名迹　彭家山在港外。

承天萬壽寺宋時賜額，今廢。

物産　珠《宋史》曰：以珠獻宰臣秦檜。檜已死，詔償直收之。

金

銀宋時入貢。

珊瑚宋時充貢。

犀角宋時入貢。

象牙宋時入貢。

瑠璃宋時入貢。魏仲培《鼠璞》曰：此自然之物，彩澤光潤，踰於衆玉，其色不常，今皆銷治石汁，以衆藥成之，非其物也。

摩娑石《庚辛玉册》云：陽石也，出三佛齊海南，有山五色，擊取燒之，作硫黄氣，以形如黄龍齒而堅重者佳。姚西溪《叢話》曰：舶過山下，愛其石，以手捫之，故名摩娑。

水晶宋時入貢。

沈香見《宋史》。

安息香《一統志》曰：樹脂，其形色類核桃瓤，不宜於燒，然能發衆香，故人取以和香。

龍腦香宋時充貢，使者來朝，至以撒殿。

乳香《一統志》曰：樹類榕，以斧斫之，脂溢於外，凝結而成。其品十有三，有滴乳、甁乳、袋香、黑榻、纏末之别，宋時入貢。

降香

金銀香《華夷考》曰：其香如銀匠欖糖相似，中有白蠟一般白塊在内，好者白多，低者白少，焚之香美，出舊港國。

木香《一統志》曰：樹類絲瓜，冬取根曬乾。

薔薇水《一統志》曰：即薔薇花上露，花與中國薔薇不同，土人多取其花浸水爲露，故多僞者。以瑠璃瓶試之，翻摇數四，其泡周上下者爲真。

蘇合油《一統志》曰：濃而無滓者爲上。

猛火油《華夷考》曰：樹津也，一名泥油，大類樟腦，第能腐人肌肉。燃置水中，光焰愈熾。蠻夷以制火器，其烽甚烈，帆檣樓櫓，連延不止，魚鼈遇者無不燋爍。

膃肭臍《圖經》曰：舊説似狐而大，長尾，今滄州所圖乃魚類而豕首，兩足，其臍紅紫色，上有紫斑點。欲驗其真，取置睡犬旁，犬忽驚跳若狂。

吉貝

椒國中最多，他港取給焉。

阿魏

蘆薈

没藥

血碣《一統志》曰：樹略同没藥，採亦如之。

烏樠木《一統志》曰：單馬令國出，樹似椶櫚，可爲器用。

扁桃《北户録》曰：詹卑國出扁核桃，形如半月狀，取食，絶香美。

没石子《一統志》曰：樹如樟，開花，結實如中國芋栗。

萬歲棗見《一統志》。

火雞《瀛涯勝覽》曰：三佛齊出火雞，大如鶴，身圓頸長，頸有二紅軟冠，狀如紅褐，嘴尖，毛如羊毛，脚長，其爪甚利，好食熱炭，因名火雞。

交易　舟至，獻果幣有成數。詹卑人商量物價，雖議償金多少，然非償金，實償椒也。如値金二兩，則償椒百石，其大較云。喜買夷婦，他國多載女子，易其椒。以歸舊港，則用鉛錢矣。

三佛齊夙稱蕃盛，國破以後，漸覺故都滿目蕭條，賈人亦希造。《續文獻通考》曰：萬曆丁丑，中國人見大盜林朝曦在三佛齊，列肆爲番舶長，如中國市舶官。

論曰：闍婆、真臘，故島外繁華地也。東西之王，水陸之國，嚮化已非一朝。渤泥、三佛齊亦雄視諸部，而或以守祧，或以易姓。華人逋入，司彼國鈞，傭中佼佼，輒復驅簸遠夷，益以覘皇靈之無外矣。

又　卷四《啞齊》　啞齊即蘇門答剌國，一名蘇文達那，西洋之要會也。王裝束類滿剌加，官屬畢具，宫有内閹百餘，蓋他國所無云。相傳風俗頗淳，語言和媚。惟酋長好殺，殺人輒取血浴身。《島夷志》曰：酋長人物修長，一日之間必三變色，或黑或赤。每歲殺十餘人，取自然血浴之，則四時不生疾疹，故民畏服焉。田磽少熟，然賈舶還往，財物充牣，雅稱富饒。貧民捕魚爲生活，朝駕獨木舟，張帆破浪，抵暮卻回，國徵其賦以爲常。

其先爲大食國，蓋波斯西境也。隋大業中，有牧者探穴得文石，詭言應瑞當王，聚衆影略，遂王其地。《舊唐書》云：胡人牧駝，忽有獅子人語曰：『此山有三穴，穴中大有兵器，并有黑石白文，讀之便作王。』胡人依言，果得穴中石及刃甚多，教其反叛。於是糾合亡命，劫奪商旅，其衆遂盛，自立爲王。波斯、拂林各遣兵討之，皆爲所敗，於是遂强，并諸國，勝兵得四十萬。唐永徽以來，屢使朝貢。《唐書》曰：永徽二年朝貢。自言有國三十四年，傳二世。開元初，復遣使獻馬、鈿帶。謁見不拜，有司將劾之。張説謂：『殊俗慕義，不可寘於理。』玄宗赦之。使者復辭曰：『國人只拜天，見王無拜也。』有司切責，乃拜。十四年，遣使獻方物，拜果毅，賜緋袍。其先爲白衣大食，至阿蒲羅拔以來，爲黑衣大食。《唐書》曰：白衣大食有二種，一盆尼末换，二奚深末换，殺兄自王。下怨其忍，將討之，徇衆曰：『助我者皆黑衣。』俄衆數萬，即殺末換，求奚深孫阿蒲羅拔爲王，號黑衣大食。至德初，代宗用其衆平西都。貞元中，使者三人來朝，悉拜中郎將，賚遣之。宋乾德四年，遣僧西域，因賜王書招懷，自是貢舶歲通。按《宋史》開寶元年，遣使朝貢。四年，復貢。以其使爲懷化將軍，用金花五色綾紙寫官誥以賜，嗣此連貢不絶。淳化四年，酋長李亞勿來朝，舶主蒲希密附方物來獻。咸平六年，貢使摩尼對崇政殿，持真珠以獻，云：『離國日誠願得瞻威顔，乞不給回賜。』上不欲違其意，俟其還，厚加優賚。景德元年，使來，值上元觀燈，賜錢縱其宴飲。四年，使又至，許徧詣苑囿、寺觀遊覽。泰岱、汾陰，並許陪祀。《宋史》：車駕東封，舶主陁婆離願執方物赴泰山，從之。又祀汾陰，詔令貢使陪祀。大中祥符五年，大食國老人無西忽盧華年百三十歲，耳重輪，體貌甚偉，自言遠慕皇化，附舶來。王詔賜袍帶束帛。建炎後，以國費匱乏，閉關謝貢。大食竟修貢如故事，則懷德者遠也。《宋史》：帝謂侍臣曰：『茶馬政廢，武備不修，致金人亂華。今復捐數十萬緡，易無用之珠玉，曷若惜財以養戰士。』詔張浚卻之，優賜以答遠人之意。遠人懷之，貢賦不絶。

入明，始稱蘇門答剌。洪武初，國王奉金葉表，貢馬及方物。永樂三年，王鎖丹罕難阿必鎮遣使入貢。詔封爲蘇門答剌國王，賜印誥、金幣。五年，再使來貢。已而王與花面王戰，中流矢死。子弱，不任嘗膽，其妃飲泣，令于國曰：『能復讐者，我與爲夫，共圖國事。』有漁翁聞之，率衆殺花面王。妃遂從漁翁。《吾學編》曰：永樂七年，來貢，厚賜之。十年，遣使至其國。久之，故王假子率所部殺漁翁王，王子蘇幹剌以衆奔峭山。十一年，中貴人鄭和擒假王，俘至京伏法。漁翁王子感激聖天子威靈，絛進方物甚夥。宣德中，貢使頻至。十年，封其王子嗣王，世世朝貢不絶。

數傳後，凡再易姓，而爲今王。今王者，人奴也。先是其主爲大將，使奴牧象而象肥。主以爲能，呼語之曰：『而牧象良苦，其爲我監捕魚稅，坐而受直。』奴前謝，從此往稅捕魚。得大魚，輒遺其主，自取小者。主後聞之曰：『奴忘其食指而奉我耶！』命侍左右，出則捧檳榔盤後隨。一日，王召諸大酋議事，奴從主仗劍入，王居起尊嚴若神，而主踽蹐惟謹。奴出謂主曰：『主自視雖貴，孰與王？』主笑曰：『臣何敢與王齒。』奴曰：『主第不欲王耳，是可取而代也。』主驚顧：『無妄言，將赤吾族。』奴因間進曰：『吾主行擁重兵，出鎮海隅，詰旦入辭，奴從而後，主誠乘間請屏左右，以畢所私。王必不疑，五步之内，奴抽刃刺王，灑王頸血爲主盥手。主兵柄在握，誰敢不服。咄嗟而事可定矣。』主詰朝果入辭，如奴約白王曰：『臣遠離宫殿，情懷戀戀，願有所私布，請屏左右。』王叱左右出。奴突引王裾，前刺王，掖其主上殿，號殿下曰：『王爲不道，吾殺之。吾爲若主。』時所擁兵悉集殿外，諸酋股慄，無敢鬨者。因誅其偶語者若而人，餘悉拜官有差。主既爲王，命奴代爲大將，隸以所部。居亡何，奴弑王自立，是爲今王。於是大爲防衛於國，拓其宫，規制宏壯，宫凡六門，門不得闌出入，雖勳貴不得帶劍上殿。王出乘象，象列綺架亭，而帷其外。又列象百餘，披結俱如王所乘象，望者不知王在何許。鹵簿傳呼甚盛，犯者無赦，法制嚴於他國矣。

形勝名迹　俱紛摩地那山大食王牧處，得黑石白文於此。《舊唐書》曰：在國西南，鄰於大海。

膏膋樹山澗中出油，王出征戰，取油倒水上燃之，能飛渡作火攻。人死，以油塗之，能堅其屍，千年不壞。

椰嶼在港口，嶼上有三寶廟。

恆曷水《舊唐書》曰：大食王糾合亡命，渡恆曷水，劫奪商旅。

急水灣

龍涎嶼《星槎勝覽》曰：蘇門答剌西去一晝夜，浮灔水面，波激雲騰，每春羣龍來集於上，交戲而遺涎沫。番人駕獨木舟，登嶼採取而歸。或風波，則人俱下海，一手附舟旁，一手揖水，而得至岸。

翠藍嶼《星槎勝覽》曰：在龍涎嶼之西北，大小七門，門中皆可過船。傳聞釋迦經此山，浴水，被竊袈裟。佛云：『後穿衣者，必爛皮肉。』由此男女今皆無衣，止樹葉紉結而遮前後。

物産　寶石《本草綱目》曰：《山海經》謂之彩石。碧者，唐人謂之瑟瑟。紅者，宋人謂之靺鞨。今通呼爲寶石。大者如指頭，小者如豆粒，皆碾成珠狀。

瑪瑙《格古論》曰：非玉非石，堅而且脆，中有人物鳥獸形者最貴。《負暄録》曰：瑪瑙産有南北，南瑪瑙産大食，色正紅無瑕，可作杯斝。

琥珀宋時充貢。

玳瑁

犀角

象牙《埤雅》曰：象牙生花，必因雷聲，故古以爲器飾。

鶴項

琉璃宋時以瓶及甕盛物來獻。

照身鏡《梁四公子記》云：扶南賣碧頗黎鏡，廣一尺半，重四十斤，內外皎潔，向明視之，不見其質。蔡絛云：御庫有玻黎母，乃大食所貢。

靉靆

龍涎香《遊宦記聞》云：龍涎香最貴重，出大食國。海旁常有雲氣出，山間土人卽知龍睡其下，更相守之。俟雲散，知龍已去，往求必得龍涎。入香能收斂腦麝清氣，雖數十年，香味仍在。得其真，和香焚之，翠煙裊空，結而不散。或言，涎有三品：一曰汎水，一曰滲沙，一曰魚食。汎水，則輕浮水面，善水者伺龍出，隨取之。滲沙，則凝積多年，滲入沙中。魚食，則化糞，散於沙磧。又魚食亦有二種，海旁有花，若木芙蓉，花落海，大魚吞之腹中。先食龍涎，花嚥入，久卽脹悶，昂頭向石上吐沫。乾枯可用，惟糞者不佳。若散碎，皆取自沙滲，力薄。欲辨真僞，投沒水中，須臾突起，直浮水面。或取一錢口含之，微有腥氣，經一宿，細沫已嚥，餘結膠舌上，取出就淖稱之，亦重一錢。將淖者又乾之，其重如故。雖極乾枯，用銀簪燒熱，鑽入枯中，抽簪出，其涎引絲不絕。驗此不分褐白褐黑，皆真。《星槎勝覽》曰：初若脂膠，黑黃色，頗有腥氣，焚之清香可愛。

片腦宋時獻。

安息

木香本朝充貢。

乳香宋時獻。

丁香本朝充貢。

薔薇水宋時獻。

蘇合油

天鵞絨《本草綱目》謂鵠爲天鵞，云：皮毛可爲服飾，謂之天鵞絨。《華夷考》曰：海東青小而健，能擒天鵞，卽此也。華人以絨織之，沿爲僞物。

瑣服《一統志》名瑣服。曰：又名梭服。以鳥毳爲之，紋如紈綺。

兜羅綿亦毛毳織成，長者每疋至六七丈，今人呼爲哆囉嗹。

駝毛縟面《埤雅》曰：駝卧，腹不帖地，屈足，漏明則行千里。今其毛縟温厚，煖於狐貈，極堪禦寒。遇夏，退毛至盡，乃能避熱。故古者冬取皮於狐類而裘成，夏取毛於駝類而褐成。宋時來獻。

花錦宋時獻。

西洋布《一統志》名闊布。《華夷考》曰：西洋布幅廣至四五尺，精者價乃勝段。

錫本朝充貢。

賓鐵宋時獻。

蠟

膃肭臍卽《唐書》所謂骨肭獸，俗名海狗腎。

燕窩

胡椒《星槎勝覽》曰：蔓附樹枝，結椒纍垂如栟櫚子，但粒小耳。本朝充貢。

石蜜《唐書・大食傳》曰：刻石蜜廬如轝狀。

沒藥

孩兒茶卽烏爹泥，《本草》一名烏疊泥，或作烏丁，皆夷語，無正字。

血竭

千年棗宋時獻。

大茄《一統志》曰：樹高丈餘，經三四年不瘁，子大如西瓜，重十餘斤，以梯摘之。

無名異《本草集解》曰：出大食國，生石上，狀如黑石灰，番人以油鍊如黳石，嚼之如錫。

瓜《星槎勝覽》曰：皮若荔枝，未剖臭如爛蒜，剖開如囊蜜，味如酥油，香甜可口。

犀宋太宗問蒲押陀黎：『犀、象何法可取？』對云：『犀使人升大樹，操弓矢，伺至，射殺之。小者不用弓矢，可捕獲。』本朝充貢。

象蒲押陀黎曰：『象用象媒誘至，漸以大繩縶之。』。

駿馬《唐書》曰：有千里馬，號爲龍種。

鸚鵡

交易　舶到，有把水瞭望報王，遣象來接。舶主隨之入見，進果幣于王。王爲設食。貿易輸稅，號稱公平。《星槎勝覽》曰：胡椒，番秤一播抵我官秤三百二十斤，價銀錢二十箇，重銀六兩。金抵納卽金錢也，每二十箇重金五兩二錢。龍涎嶼香一兩用金錢十二，一斤該金錢一百九十二箇，準中國銅錢九千，價亦非輕。此國遼遠，至者得利倍于他國。蓋宋時稱本肆多金、銀、綾、錦，工匠技術，咸精其能，至今富饒猶昔也。

《明史》卷三二三《外國傳四·文郎馬神》　文郎馬神，以木爲城，其半倚山。酋蓄繡女數百人。出乘象，則繡女執衣履、刀劍及檳榔盤以從。或泛舟，則酋趺坐牀上，繡女列坐其下，與相向，或用以刺舟，威儀甚都。民多縛木水上，築室以居，如三佛齊。男女用五色布纏頭，腹背多袒，或著小袖衣，蒙頭而入，下體圍以幔。初用蕉葉爲食器，後與華人市，漸用磁器。尤好磁甕，畫龍其外，死則貯甕中以葬。其俗惡淫，奸者論死。華人與女通，輒削其髮，以女配之，永不聽歸。女苦髮短，問華人何以致長，紿之曰：『我用華水沐之，故長耳。』其女信之，競市船中水以沐。華人故靳之，以爲笑端。女或悅華人，持香蕉、甘蔗、茉莉相贈遺，多與之調笑。然憚其法嚴，無敢私通者。

其深山中有村名烏籠里憚，其人盡生尾，見人輒掩面走避。然地饒沙金，商人持貨往市者，擊小銅鼓爲號，置貨地上，卽引退丈許。其人乃前視，當意者，置金於旁。主者遙語欲售，則持貨去，否則懷金以歸，不交言也。所産有犀牛、孔雀、鸚鵡、沙金、鶴頂、降香、蠟、藤席、蒳藤、蓽撥、血竭、肉荳蔻、獐皮諸物。

鄰境有買哇柔者，性凶狠，每夜半盜斬人頭以去，裝之以金。故商人畏之，夜必嚴更以待。

始，文郎馬神酋有賢德，待商人以恩信。子三十一人，恐擾商舶，不令外出。其妻乃買哇柔酋長之妹，生子襲父位，聽其母族之言，務爲欺詐，多負商人價直，自是赴者亦稀。

又　卷三二四《外國傳五·爪哇》　爪哇在占城西南。【略】其國近占城，二十晝夜可至。元師西征，以至元二十九年十二月發泉州，明年正月卽抵其國，相去止月餘。宣德七年入貢，表書『一千三百七十六年』，蓋漢宣帝元康元年，乃其建國之始也。地廣人稠。性凶悍，男子無少長貴賤皆佩刀，稍忤輒相賊，故其甲兵爲諸蕃之最。字類瑣里，無紙筆，刻於茭葦葉。氣候常似夏，稻歲二稔。無几榻匕箸。人有三種：華人流寓者，服食鮮華；他國賈人居久者，亦尚雅潔；其本國人最汚穢，好啖蛇蟻虫蚓，與犬同寢食，狀黝黑，猱頭赤脚。崇信鬼道。殺人者避之三日卽免罪。父母死，舁至野，縱犬食之；不盡，則大戚，燔其餘。妻妾多燔以殉。

其國一名莆家龍，又曰下港，曰順塔。萬曆時，紅毛番築土庫於大澗東，佛郎機築於大澗西，歲歲互市。中國商旅亦往來不絕。其國有新村，最號饒富。中華及諸番商舶，輻輳其地，寶貨塡溢。其村主卽廣東人，永樂九年自遣使表貢方物。

又《闍婆》　闍婆，古曰闍婆達。宋元嘉時，始朝中國。唐曰訶陵，又曰社婆，其王居闍婆城，宋曰闍婆，皆入貢。洪武十一年，其王摩那駝喃遣使奉表，貢方物，其後不復至。或曰爪哇卽闍婆。然元史爪哇傳不言，且曰：『其風俗、物産無所考。』太祖時，兩國並時入貢，其王之名不同。或本爲二國，其後爲爪哇所滅，然不可考。

蘇吉丹，爪哇屬國，後訛爲思吉港。國在山中，止數聚落。酋居吉力石。其水濁，舟不可泊。商船但往饒洞，其地平衍，國人皆就此貿易。其與國有思魯瓦及猪蠻。猪蠻多盜，華人鮮至。

碟里，近爪哇。永樂三年遣使附其使臣來貢。其地尚釋教，俗淳少訟，物産甚薄。

日羅夏治，近爪哇。永樂三年遣使附其使臣入貢。國小，知種藝，無盜賊。亦尚釋教，所産止蘇木、胡椒。

又《三佛齊》　三佛齊，古名干陀利。【略】其地爲諸蕃要會，在爪哇之西，順風八晝夜可至。轄十五洲，土沃宜稼。語云：『一年種穀，三年生金。』言收穫盛而貿金多也。俗富好淫。習於水戰，鄰國畏之。地多水，惟部　領陸居，庶民皆水居。編筏築室，繫之於樁。水漲則筏浮，無沉溺患。欲徙則拔樁去之，不費財力。下稱其上曰詹卑，猶國君也。後大酋所居，卽號詹卑國，改故都爲舊港。初本富饒，自爪哇破滅，後漸致蕭索，商舶鮮至。其他風俗、物産，具詳宋史。

又　卷三二五《外國傳六·蘇門答剌》　蘇門答剌，在滿剌加之西。順風九晝夜可至。或言卽漢條枝，唐波斯、大食二國地，西洋要會也。【略】其國俗頗淳，出言柔媚，惟王好殺。歲殺十餘人，取其血浴身，謂可除疾。貢物有寶石、瑪瑙、水晶、石青、回回青、善馬、犀牛、龍涎香、沉香、速香、木香、丁香、降眞香、刀、弓、錫、鎖服、胡椒、蘇木、硫黄之屬。貨舶至，貿易稱平。地本瘠，無麥有禾，禾一歲二稔。四方商賈輻輳。華人往者，以地遠價高，獲利倍他國。其氣候朝如夏，暮如秋，夏有瘴氣。婦人裸體，惟腰圍一布。其他風俗類滿剌加。篡弑後，易國名曰啞齊。

又《覽邦》 覽邦，在西南海中。洪武九年，王昔里馬哈剌札的剌札遣使奉表來貢。詔賜其王織金文綺、紗羅，使者宴賜如制。永樂、宣德中，嘗附鄰國朝貢。其地多沙礫，麻麥之外無他種。商賈鮮至。山坦迤無峯巒，水亦淺濁。俗好佛，勤賽祀。厥貢，孔雀、馬、檀香、降香、胡椒、蘇木。交易用錢。

又《淡巴》 淡巴，亦西南海中國。洪武十年，其王佛喝思羅遣使上表，貢方物，賜賚有差。其國，石城瓦屋。王乘輿，官跨馬，有中國威儀。土衍水清，草木暢茂，畜產甚夥。男女勤於耕織，市有貿易，野無寇盜，稱樂土焉。厥貢，苾布、兜羅緜被、沉香、速香、檀香、胡椒。

又《那孤兒》 那孤兒，在蘇門答剌之西，壤相接。地狹，止千餘家。男子皆以墨刺面爲花獸之狀，故又名花面國。猱頭裸體，男女止單布圍腰。然俗淳，田足稻禾，强不侵弱，富不驕貧，悉自耕而食，無寇盜。永樂中，鄭和使其國。其酋長常入貢方物。

又《黎伐》 黎伐，在那孤兒之西。南大山，北大海，西接南渤利。居民三千家，推一人爲主。隸蘇門答剌，聲音風俗多與之同。永樂中，嘗隨其使臣入貢。

又《南渤利》 南渤利，在蘇門答剌之西。順風三日夜可至。王及居民皆回回人，僅千餘家。俗朴實，地少穀，人多食魚蝦。西北海中有山甚高大，曰帽山，其西復大海，名那没黎洋，西來洋船俱望此山爲準。近山淺水內，生珊瑚樹，高者三尺許。永樂十年，其王馬哈麻沙，遣使附蘇門答剌使入貢。賜其使襲衣，賜王印誥、錦綺、羅紗、綵幣。遣鄭和撫諭其國。終成祖時，比年入貢，其王子沙者罕亦遣使入貢。宣德五年，鄭和遍賜諸國，南渤利亦與焉。

又《阿魯》 阿魯，一名啞魯，近滿剌加。順風三日夜可達。風俗、氣候，大類蘇門答剌。田瘠少收，盛藝芭蕉、椰子爲食。男女皆裸體，以布圍腰。永樂九年，王速魯唐忽先遣使附古里諸國入貢。賜其使冠帶、綵幣、寶鈔，其王亦有賜。十年，鄭和使其國。十七年，王子段阿剌沙遣使入貢。十九年、二十一年，再入貢。宣德五年，鄭和使諸蕃，亦有賜。其後貢使不至。

又　卷三二六《外國傳七·南巫里》 南巫里，在西南海中。永樂三年遣使齎璽書、綵幣撫諭其國。六年，鄭和復往使。九年，其王遣使貢方物，與急蘭丹、加異勒諸國偕來。賜其王金織文綺、金繡龍衣、銷金幃幔及傘蓋諸物，命禮官宴賜遣之。十四年再貢。命鄭和與其使偕行，後不復至。

明·艾儒略《職方外紀》卷一《蘇門答剌一名須文達那》 蘇門答剌地廣十餘度，跨於赤道之中。至濕熱，他國人至者多病。君長不一。其地產金甚多，向稱金島，亦產銅、鐵、錫及諸色染料。有大山，有油泉，可取爲油。多沉香、龍腦、金銀香、椒、桂。人强健習武，恒與敵國相攻殺。多海獸、海魚，時登岸傷人。

其東北滿剌加國，地不甚廣，而爲海商輻輳之地，正居赤道下，春秋二分正當於人頂。氣候極熱，賴無日不雨，故人可居之。產象及胡椒，多佳果木，終歲不絕，人良善，不事生業，或彈琵琶閒游而已。

又《爪哇》 爪哇大小有二，俱在蘇門答剌東南海島，離赤道南十度。俱在蘇門答剌東南海島各有主。多象，無馬、騾，產香料、蘇木、象牙。不用錢，以胡椒及布爲貨幣。人奸宄凶急，好作魘魅妖術。諸國每治兵爭白象，白象所在，即爲盟主。

清·穆彰阿等《嘉慶重修一統志》卷五五九《南渤利在西南海中》

建置沿革　亦稱南浡里，自古不通中國，相傳自蘇門答剌而西，順風三日夜可到。王及居民皆回回人，僅千餘家。其國境西北有山，甚高峻，曰帽山。山西大海，即西洋也。番名那没黎洋，往來洋船，俱望此山爲準，山下亦有居人，二三十家，皆自稱爲王。問其姓名，則曰阿孤喇杳，或問其次，則曰阿孤喇楂，屬南渤利國所轄。明永樂十年，其王馬哈麻沙，遣使附蘇門答剌使入貢。宣德五年，鄭和遍賜諸國南渤利亦與焉。

風俗　俗樸實，地少穀，人多食魚蝦。《明史》。

土產　降真香、犀牛、黑珊瑚《續文獻通考》：帽山近海，水內生黑珊瑚樹，大者高二三尺，如墨之黑，如玉之潤，有枝婆娑可愛。

又《噶喇巴在西南海中》 建置沿革　本爪哇故地，即古闍婆國，又名葧家龍，亦曰下港，曰順塔。劉宋文帝元嘉中，始通中國，其後復絕。至宋淳化中，其王穆羅茶遣使來朝貢，大觀中復貢。元時稱瓜哇，為西南諸番之衝要。《續文獻通考》：東抵古女人國，西抵三佛齊，南抵古大食國，北抵占城。其在海外，視占城益遠。自泉南登舟海行者，先至占城，而後至其國。按《元史》至元二十九年，十二月發泉州，明年正月即抵其國，相去止月餘，似亦不為遠也。世祖至元中，大出師伐之，竟不能克。其水有八節澗，上接杜馬班王府，下通莆奔大海，乃瓜哇咽喉必爭地。元史弼、高興嘗會兵於此。其國分東西二王。明洪武中，各遣使入貢。永樂中，東王為西王所滅。宣德七年，嘗入貢，表書一千三百七十六年。蓋漢宣帝元康元年，乃其建國之始也。自弘治後，貢使鮮有至者。萬曆時荷蘭築土庫於大澗東，佛郎機築於大澗西，歲歲互市。中國商旅，亦往來不絕。《明史》：其國有新村，最號饒富，中華及諸番商舶，輻輳其地。其國後為荷蘭所併。

本朝初年，閩海華人，浮海為業者，利其土產，多流聚於此。《皇朝文獻通考》：噶喇巴為荷蘭所佔，漢人居之者，以數萬計。生長其地曰上生仔司，漢人貿易者曰甲必丹。康熙五十六年，以噶喇巴口岸多聚漢人，恐寖長海盜，禁止南洋往來。雍正五年，弛洋禁，嗣後通市不絕。乾隆二十四年，禁絲斤出洋。後經邊臣奏准，噶喇巴諸國，酌帶土絲及二蠶粗絲，以一千六百斤爲率。由是南洋等國，皆得衣被章采，奉職彌謹焉。

風俗　室宇壯麗，飲食豐潔。《宋史》。乘輭兜，吹橫笛。《宋史》：其俗以五月遊船，十月遊山，有馬可乘跨。或乘輭兜，樂有橫笛鼓板，亦能舞。穀米富饒，民不爲盜。《明統志》：其田膏腴，地平衍，穀米富饒，倍於他國，民不爲盜，道不拾遺。諺云：『太平闍婆』者，此也。地多流寓，刑無鞭扑。《續文獻通考》：其國四鄉，初至杜板僅千家，二酋主之，流寓多廣東漳泉人，又東行半日至廝村。中國之人，客此成聚落，遂名新村，約千餘家，村主廣東人。番舶至此互市，金寶光溢，人民富饒。又南水行可半日至淡水港，乘小艇，行二十餘里，至蘇魯馬益，亦千餘家，半中國人。港傍大洲，林木蔚茂，有長尾猱數萬。又水行八十里，至漳沽登岸。西南陸行半日，至王所居。王宮磚墉，高三丈，方三十餘里。王蓬頭，頂金葉冠，胷縈嵌絲帨，腰束錦綺，佩短刀，跣足跨象，或乘牛。民男蓬頭，女椎髻。上衣下帨。男必腰刀，刀極精巧。刑無鞭扑，罪不問輕重，藤繫刃殺之。市用中國古錢，衡量倍於中國。尚氣好鬬，寢食污穢。《續文獻通考》：國人大抵三種，西番賈居久者，服食皆雅潔。中國流寓者尚回回教，持齋受戒，曰唐人。土人有名無姓，尚氣好鬬，顏色黝黑，猱頭赤腳，坐卧無椅榻。飲食無匙箸，啖蛇蟻蟲蚓。與犬同寢食，不爲穢也。婚姻，男造女家，後五日迎婦。金鼓刀盾，前後甚多。婦裸披髮跣足，縈嵌絲帨。戴被金珠，綵飾寶妝。喪有水葬火葬犬葬，惟死者所欲。好甲兵，無紙筆。《明史》：性凶悍，男子無少長貴賤，皆佩刀。稍忤輒相賊，故於兵甲爲諸番之最。字類瑣里，無紙筆，刻於茭葦葉。氣候常似夏，稻歲二稔。工巧多謀，器具精緻。《皇清職貢圖》：性工巧，饒謀慮，器具精緻。夷人花帛纏頭，短衣束腰，統布幅爲裙，跣足。手持木棒，有爵者鐫字於上以爲別。夷婦垂髻，施簪珥，以花布纏上體。短衣長裙，露胷跣足。善裁製縫紉。性嗜啖果。

土產　金、銀、真珠、犀角番名低密。象牙番名家囉、玳瑁、諸名香、烏爹泥、金剛子、蓽澄茄《明統志》：其藤蔓衍，春花夏實，花白而實黑。鶴頂鳥名，大於鴨，外黃內赤、火雞大於鶴，輭紅冠，毛如青羊，食炭、倒掛鳥形似五色雀、吉貝、桄榔木。蝦蝚樹《宋史》：其酒出於蝦蝚丹樹、青鹽、綵鳩、白猿、五色鸚鵡《明統志》：瓜哇有鸚鵡山，以出鸚鵡得名。

又　卷五六〇《麻業甕在西南海中》　建置沿革　又名麻葉涷，自古不通中國。明永樂三年，遣使齎璽書，賜物招諭迄不朝貢。相傳自占城靈山，放舟順風十晝夜至交欄山，其西南即麻葉甕也。交欄山甚高，廣饒竹木。元時史弼、高興伐瓜哇，遭風至此山下，舟多壞，乃登山伐木重造，遂破瓜哇。其病卒百餘人，留養不歸，後益蕃衍，故其地多華人云。

風俗　氣候稍熱，俗尚節義。《續文獻通考》：山峻地平，氣候稍熱。田禾倍收，俗尚節義。婦人喪夫，則剺面薙髮，絕粒七日，多有死者，得甦亦不再嫁。煮海爲鹽，釀蔗爲酒。《續文獻通考》。男女椎結，衣長衫，圍之以布。《明史》。貨用銅鼎鐵塊，五色布絹。《續文獻通考》。

土產　玳瑁、木棉、黃蠟、檳榔、花布。

又《舊港在西南海中》　建置沿革　古名三佛齊，南蠻別種。或云即干陀利。與占城爲鄰，居真臘闍婆之間。所管五十州。從廣州府汎海使風二十日可至。其王號詹卑，其國居人多蒲姓。唐天祐元年，始遣使入貢。宋太平興國五年，其王夏池遣使茶龍眉來貢。咸平六年，復來。且言本國建佛寺以祝聖壽，願賜名及鐘，乃詔以承天萬壽爲寺額，并鑄鐘以賜之，嗣後朝貢不絕。明洪武四年，其王馬哈剌札八剌卜遣使入貢。九年，命使者齎印敕封爲三佛齊國王。時瓜哇强已威服三佛齊而役屬之，聞封爲國王。與已埒，則大怒，遣人誘朝使邀殺之。尋破三佛齊，據其國，改其名曰舊港。然亦不能盡其地，華人流寓者，往往起而據之。《明史》：有梁道明者，廣州南海縣人，久居其國，閩粵軍民泛海從之者數千家，推道明爲首，雄視一方。永樂三年，以行人譚勝受，與道明同邑，命偕千户楊姓等齎敕招之。道明及其黨鄭伯可隨入朝，貢方物，受賜而還。四年，舊港頭目陳祖義，遣子士良。道明遣從子觀政，並來朝。祖義亦廣東人，雖朝貢而爲盜海上，貢使往來者苦之。五年，鄭和自西洋還，祖義潛謀邀劫，有施進卿者告於和。祖義來襲被擒，獻於朝，伏誅。因命設舊港宣慰司，以進卿爲使，錫誥印及冠帶，自是屢入貢。然進卿雖受朝命，猶服瓜哇，其地狹小，非故時三佛齊比也。嘉靖末，廣東大盜張連作亂，官軍已報克獲。萬曆五年，商人詣舊港者，見連列肆為番舶長，漳、泉人多附之。

本朝雍正七年，粵省商船，載瓷器紙果諸物，往彼互市。乾隆二十九年，准加市絲斤，其國至廣東，計程一萬一千餘里。

風俗　香油塗身，椰葉覆屋。《宋史》：其人用香油塗身，又曰累甓為城，周數十里，用椰葉覆屋。土沃宜稼，民皆水居。《明史》：土沃宜稼，語云『一年種穀，三年生金』，言收穫盛而貿金多也。俗富好淫，習於水戰，鄰國畏之。地多水，惟部領陸居。庶民皆水居。編筏築室，繫之於樁。水漲則筏浮，無沈溺患，欲徙則拔樁去之，下費財力。國無城池，地氣多暖。《皇朝通典》：地方袤延數千里，國無城池，隨民居所聚，以為村落。傍山建王府，以磚瓦為之，地氣多暖。

土產　紅藤、紫礦見《宋史》。、貓睛石、膃肭臍、薔薇水、龍腦香、沈香、金銀香、神鹿如巨豕，高三尺，蹄三跆。、鶴頂、火雞、黑熊、白獺、五色鸚鵡、龜筒、苾布、兜羅綿、胡椒、棉花。

文萊

元·汪大淵《島夷志略·渤泥》　龍山磻礴於其右。基宇雄敞，源田獲利。夏月稍冷，冬乃極熱。俗尚侈。男女椎髻，以五采帛繫腰，花錦爲衫。崇奉佛像唯嚴。尤敬愛唐人，醉也則扶之以歸歇處。

民煮海爲鹽，釀秫爲酒。有酋長，仍選其國能算者一人掌文簿，計其出納，收稅，無纖毫之差焉。地產降真、黃蠟、玳瑁、梅花片腦。其樹如杉檜，劈裂而取之，必齋浴而後往。貨用白銀、赤金、色緞、牙箱、鐵器之屬。

元·周致中《異域志》卷上《婆羅國》　國人狼戾可畏，男女皆佩刀而行，但與人不睦卽刺殺之，奔走他所。一月之內得獲則償命，一月之外出者不論。若他國人至，捫其婦人乳者，自喜曰：『你愛我。』若有私意，卽出刃刺殺之。

明·費信《星槎勝覽·渤泥國》　龍山磅礴，地宇横廣，源田種植，豐登甚利。氣候及夏稍寒，冬月極熱。俗好奢侈，男女一般椎髻，五彩帛系腰，花布為衫。其國之民崇佛像，好齋沐。凡見唐人至其國，甚有愛敬，路有醉者，則扶歸家寢宿，以禮待之若故舊。煮海為鹽，釀秫為酒。酋長之用，不斂民物，生理自如。地產降香、黃臘、玳瑁、片腦。貨用白銀、赤金、色段、牙箱、鐵器之屬。

詩曰：　渤泥滄海外，立國自何年。夏冷冬生熱，山盤地自偏。積修崇佛教，扶醉待賓賢。取信通商舶，遺風事可傳。

明·黃省曾《西洋朝貢典録》卷上《渤泥國第六》　其國在占城西南可六千里。其所統十有四洲。其俗修浮圖教，像而禮之，善持齋戒。其王之宮室覆以貝多之葉。民居以草。其男女椎髻，以五綵帛繫腰，以花布爲衫。

其俗好奢。其途遇中國人也，有醉者則翼之歸，寢其家。其土氣夏寒而冬燠。其利魚鹽。其穀宜稻秫。有秫酒，多降真香、黃蠟，有片腦、玳瑁。其鎮曰『長寧鎮國之山』。永樂六年，國王麻那惹加那上言：『王爵境土，皆屬職方，國有後山，乞封表爲一方之鎮。』王卒，其子遐旺復以爲請。遂封今名，御製碑文刻石其上。

其朝貢不絶。洪武四年，國王馬謨沙遣其臣亦思麻逸進金表銀箋及方物。永樂三年，遣使封其國王麻那惹加那乃爲王，給印符誥命。六年，王率其妃及家屬陪臣來朝，至福建。遣內臣往宴勞之，令所過諸郡設宴。至京，王奉金字表文及諸珍物，妃進中宮東宮箋及方物。上御奉天門宴王。是年，王卒於南京會同館，輟朝三日，祭賻甚厚。詔謚恭順，賜葬南京城南石子岡，以西南夷人隸籍中國者守之，樹碑立祠，命有司春秋致祭。復令其子遐旺襲封，遣內官及行人護送還國。十二年及洪熙元年，俱來朝貢。其貢物：珍珠、寶石、金戒指、金絲環、龍腦、牛腦、梅花腦、降香、沉速香、檀香、丁香、肉豆蔻、黃蠟、犀角、玳瑁、龜筒、螺殼、鶴頂、熊皮、孔雀、倒掛鳥、五色鸚鵡、黑小厮、金銀八寶器。

論曰：余嘗游金陵，至石子岡，過勃泥恭順王墓，未嘗不嘆天子待島夷之至而慶恭順之遭也。高皇帝時命都事沈秩、御史張敬之往諭其國，至於撤王座令列拜於庭。且曰：『皇帝爲天下主，卽吾之君父。』其致詞若此。而吾二臣者又却其金刀貝布之贈，則其慕中國而樂賓服者，非一日矣乎！

明·羅日褧《咸賓録》卷六《南夷志·渤泥》 渤泥本闍婆屬國，在西南大海中，前代未通。宋太平興國中，國王向打始遣使貢大片龍腦、粟米龍腦、蒼龍腦、玳瑁、檀香、象牙。其表以數重，小囊緘封之，非中國紙，類木皮，瑩滑，色微緑，而長數尺，濶寸餘，橫卷之僅可盈握，其字小，橫讀之。詔優禮焉。元至元中，王錫理麻喏復遣使貢方物。其使乞從泉州乘海船歸國，從之。

我朝洪武四年，王馬合謨沙遣使朝貢。永樂三年，遣使封其國王麻那惹加那乃爲王。六年，王率其妃子及陪臣來朝。是年至福建，命中官往宴勞之，令所過諸郡設宴。至京，王奉金字表獻方物，妃箋獻中宫東宫。上御奉天門賜王宴。王卒於會同館。賜謚恭順，葬南京城外石子岡，樹碑立祠，有司春秋致祭，以西南夷人隸籍中國者守之。封其子遐旺嗣，護送歸國。後十二年、洪熙元年皆來朝貢。

俗以板爲城，以銅鑄甲狀，若大筒。室宇弘敞，原田豐贍。習尚奢侈，敬愛華人。君臣士民之服頗效中國。

其山川：長寧鎮國山。御製碑文賜封。

其産有：藥樹，取其根煎爲膏，服之，及塗其體，兵刃所傷，皆不能死。片腦，樹如杉檜，取之者必齋沐而往，其片似梅花者爲上。貝多葉，國人以貝多葉與竹編爲食器，食訖棄之。王居亦以覆屋。吉貝，樹也，以其花織爲布。加蒙樹心可爲酒。爲奇。

明·張燮《東西洋考》卷五《東洋列國考·文萊》 文萊卽婆羅國，東洋盡處，西洋所自起也。唐總章二年，王旃達鉢遣使者與環王使者偕朝，自後久絶。永樂四年，遣其臣勿黎哥來朝，幷貢方物。賜王及妃文綺。

俗傳今國王爲閩人，隨鄭和征此，留鎮其地，故王府旁舊有中國碑。先年曾爲佛郎機所逐，國人走山谷中，放藥，水流出，毒死佛郎機無數，佛郎機遂奔呂宋。其地故有一石城、一木城，後折石城於長腰嶼，築岸閉潮。今所遺者，木城耳。

王削髮，裹金繡巾，腰佩雙劍，出自步行，從者二百餘輩。其親屬稱邦奇蘭，貴重與王相亞。王有金印一枚，重十六兩，印上篆文作獸形一隻，云是永樂間所賜者。夷人婚娶，請印印背上。恐或假寵中國以哃喝其部落，非果鑄自上方也。

入禮拜寺，每祭用犧。《吾學編》云：人多念佛，素食惡殺。民間不得食猪肉，食猪肉者論死。此地有毛思番，在處行劫，所得人貨，中分與王。

形勝名迹 聖山夷人自號此山爲天下第一山。按于闐國北境通聖山，人迹罕到，此沿其名耳。

長腰嶼

毛文蠟

鯉魚塘

浮納招廟神爲國初時押工、總管、直庫三人，陣亡合葬於此，因廟食其地。賈舶到，必屠牛烹雞，幷獻茉莉花、紅花、梳篦等物以祭。舟中有人不拜則病。彼國人將行賈，亦獻花禮神。得利回，取雙雞繫刀於足，俾鬬墓前。雞死，卽以謝神，亦大奇也。

物産 真珠本朝充貢。

玳瑁本朝充貢。

瑪瑙見《一統志》。

車渠魏文帝賦曰：玉屬也，多纖理縟文，本朝充貢。

片腦《海上耳録》曰：腦樹出東洋文萊國，生深山中，老而中空，乃有腦，有腦則樹無風自摇。入夜，腦行而上，瑟瑟有聲，出枝葉間。承露日則藏根柢間，了不可得，蓋神物也。夷人俟夜静，持革索就樹柢聳束，震撼自落。

黄蠟本朝充貢。

蒔藤

交易 華船到，進王方物。其貿易則有大庫、二庫、大判、二判，稱官等酋主其事。船既難出港，最宜密行。有時貿易未完，必先駕在港外。

《明史》卷三二五《外國傳六·渤泥》 國統十四洲，在舊港之西，自占城四十日可至。初屬爪哇，後屬暹羅，改名大泥。華人多流寓其地。

嘉靖末，閩、粵海寇遺孽逋逃至此，積二千餘人。萬曆時，紅毛番強商其境，築土庫以居。其入彭湖互市者，所攜乃大泥國文也。諸風俗、物產，具詳《宋史》。

明・艾儒略《職方外紀》卷一《渤泥》 渤泥島在赤道下。出片腦極佳，以燃火沉水中，火不滅，直焚至盡。有獸似羊似鹿，名把雜爾，其腹中生一石，能療百病，西客極貴重之，可至百換，國王藉以爲利。

清・傅恆《皇清職貢圖》卷一 文萊國，即唐時婆羅國，東洋盡處，西洋所自起也。明永樂間，常入貢。相傳夷目係閩人，隨鄭和往，因據其地，負山面海。崇釋教，惡殺喜施，禁食豕，犯者至死。以伐木採藤為業。男剪髮，裹絳帛，去鬚留髯，與蘇祿相似。女散髮垂肩，結巾於項，著衣裙而跣足。

清・穆彰阿等《嘉慶重修一統志》卷五五八《文萊在東海中，接近西洋》 建置沿革 即婆羅國，在息力大山之西北，東洋盡處，西洋所自起也。唐高宗時，常入貢。明永樂三年，遣使者齎璽書彩幣，撫諭其王。四年，其國東西二王，並遣使奉表朝貢。至萬曆時，其爲王者閩人也。或言鄭和使婆羅，有閩人從之，因留居其地，後人遂據其國而王之。其王有金印一，篆文上作獸形，言永樂朝所賜。民間嫁娶必請此印印背上以爲榮。其國距廈門水程一百八十更。

本朝雍正七年後，通市不絕。

風俗 崇釋教，惡殺喜施。禁食豕肉，犯者罪死。《明史》。王裹金繡巾，佩雙劍出入。有禮拜寺，每祭用犧。同上。伐木採藤，翦髮去鬚。《皇清職貢圖》：以伐木採藤爲業，男翦髮裹絳帛，去鬚留髯，與蘇祿相似。女散髮垂肩，結巾於項，著衣裙而跣足。

土產 玳瑁、瑪瑙、硨磲、珠見《續文獻通考》。、白焦布、花焦布、降真香、黃蠟、黑小廝《明史》。

又 卷五六〇《渤泥在西南海中》 建置沿革 本闍婆屬國，前代無可考。宋太平興國中，始遣使入貢。明洪武三年，命御史張敬之往使，自泉州航海，閱半年抵闍婆。又踰月始至其國，國王乃遣使奉表箋來貢，表用金，箋用銀。字近回鶻，皆鏤之以進，帝宴賚甚厚。八年，命其國山川，附祀福建山川之次。永樂六年八月，其王麻那惹加那泛海入朝。十月，王卒於館，葬於安德門外石子岡，樹碑神道，謚曰恭順，賜敕慰其子遐旺，命襲封國王。又從國王請，封其國之後山爲一方鎮，御製碑文，系之以詩，勒碑山上。至萬曆中，其王卒。無嗣，乃立其女爲王，後遂不復朝貢，然商人猶往來不絕。其國統十四洲，在舊港之西，自占城四十日可至。初屬爪哇，後屬暹羅，改名大泥，華人多流寓其地。嘉靖末，閩粵海寇遺孽，逋逃至此，積二千餘人。萬曆時，紅毛番強商其境，築土庫以居。其入彭湖互市者，所攜乃大泥國文也。

風俗 以板爲城，以銅鑄甲。《宋史》：其國以板爲城。王所居屋，覆以貝多葉，民舍覆以草。王坐繩牀，出則擁大布單坐其上，衆舁之，名曰阮囊。戰鬬則持刀披甲，甲以銅鑄，狀若大筒，穿之於身，護其腹背。盛食無器皿，喪葬有棺斂。婚聘先以椰子酒。《宋史》：國人以十二月七日爲歲節凡宴會，鳴鼓吹笛，擊鈸歌舞爲樂。無器皿，以竹編貝多葉爲器盛食，食訖棄之。喪葬亦有棺斂，以竹轝載棄山中。二月始耕作則祀之，踰七年則不復祀。俗尚奢侈，愛敬中國。《明統志》：男女椎髻，以五采帛繫腰，花錦爲衫。尤愛敬中國人，每見中國人醉者，則扶之以歸。

土產 片腦《明統志》：樹如杉檜，取之者必齋沐而往，其成片似梅花者爲上。其次有金腳腦、速腦、米腦、蒼腦、扎聚。腦又一種如油者名腦油。象牙、鶴頂、吉貝、西國米、檀香、玳瑁、把雜爾獸名，腹中一石，能療百病。西洋布、降真香俱見《明史》、貝多樹、加蒙樹《續文獻通考》：有貝多加蒙二樹，心可爲酒。

東帝汶

元・汪大淵《島夷志略・古里地悶》 居加羅之東北，山無異木，唯檀樹爲最盛。以銀、鐵、碗、西洋絲布、色絹之屬爲之貿易也。地謂之馬頭，凡十有二所。有酋長。田宜穀粟。氣候不齊，朝熱而夜冷。風俗淫濫。男女斷髮，穿木綿短衫，繫占城布。市所酒肉價廉，婦不知恥。部領目縱食而貪酒色之餘，卧不覆被，至染疾者多死。倘在番苟免，回舟之際，櫛風沐雨，其疾發而爲狂熱，謂之陰陽交，交則必死。昔泉之吴宅，發舶梢衆百有餘人，到彼貿易，既畢，死者十八九，間存一二，而多羸弱乏力，駕舟隨風回舶。或時風恬浪息，黃昏之際，則狂魂蕩唱，歌舞不已。夜則添炬輝燿，使人魂逝而膽寒。吁！良可畏哉！然則其地雖使有萬倍之利何益！昔柳子厚謂海賈以生易利，觀此有甚者乎！

明·費信《星槎勝覽》卷下《吉里地悶》 居重迦邏之東。滿山茂林，皆檀香樹，無別產。馬頭商聚十二所。有酋長，田肥穀盛。氣候朝熱暮寒。凡其商船染病，十死八九，蓋其地甚瘴氣。男女斷發，穿短衫。貨用金錢、鐵器、磁碗之屬。

詩曰：吉里東南海，居人臥飽餐。田肥時有穀，朝熱暮生寒。涉險商求利，聞香木種檀。短衫常覆體，形醜不堪觀。

明·張燮《東西洋考》卷四《西洋列國考·遲悶》 遲悶者，吉里地悶之訛也。其國居重迦羅之東，田肥穀盛。沿山皆旃檀，至伐以爲薪。其氣蒸人，鮮不病者。地又苦熱，旁午必俛首向水而坐，差可辟瘴。男女斷髮，短衫，夜卧不蓋體。俗亦以立爲尊，夷人見王則坐地合掌。無姓氏，不知年歲，亦無文字。紀事以石片子爲記，如千石則總于繩上一結。亦有酋長，互訟則兩造各牽羊入，曲者没其羊，直者仍帶羊以出。結繩束矢之風，其猶存于絶島乎？

形勝名迹 犀頭山頂有巨石，石有竅，王歲時祀之。有巨蛇由竅中出，食所祭都盡，石頂人不敢躡。

物產 檀香獨盛他國。

蓽撥

豆蔻

交易 市去城稍遠，每賈舶至，王自出城外臨之，妻子及姬侍皆從，防衛甚盛。日有輪稅，然稅卻不多。夷人砍伐檀香樹，絡繹而至，與商貿易。倘王歸，則貿易者不得自來，慮有紛紜也，須請王更出乃至。《星槎勝覽》曰：商舶到彼，皆婦女到船交易。與所傳微異，豈習俗至今稍革耶？

論曰：滿剌加奕世朝天，用深帝眷。答剌、彭亨，供兹包茅，均彼楛矢。其他諸國，前籍之所未名，雖重譯尚賒，而占雲屢出。未麗主客，獲染禁臠，夫固羲御之末光，谷王之餘潤也。

研判南亞諸國國情分部

綜述

印度

元·汪大淵《島夷志略·小唄喃》 地與都攔礁相近。厥土黑墳，本宜穀麥。居民懶事耕作，歲藉烏爹運米供給。或風迅到遲，馬船已去，貨載不滿，風迅或逆，不得過喃？哩洋，且防高浪阜中鹵股石之厄。所以此地駐冬，候下年八九月馬船復來，移船回古里佛互市。風俗、男女衣著與古里佛同。有村主，無酋長。

地產胡椒、椰子、檳榔、溜魚。貿易之貨，用金、銀、青白花器、八丹布、五色緞、鐵器之屬。

又《古里佛》 當巨海之要衝，去僧加剌密邇，亦西洋諸番之馬頭也。山横而田瘠，宜種麥。每歲藉烏爹米至。行者讓路，道不拾遺，俗稍近古。其法至謹，盗一牛，酋以牛頭爲準，失主仍以犯人家產籍没而戮之。官場居深山中，海濱爲市，以通貿易。

地產胡椒，亞於下里，人間俱有倉廩貯之。每播荷三百七十五斤，稅收十分之二。次加張葉、皮桑布、薔薇水、波蘿蜜、孩兒茶。其珊瑚、珍珠、乳香諸等貨，皆由甘理、佛朗來也。去貨與小唄喃國同。蓄好馬，自西極來，故以舶載至此國。每疋互易，動金錢千百，或至四十千爲率。否則番人議其國空乏也。

又《天竺》 居大食之東，隸秦王之主。去海二百餘里。地平沃。氣候不齊。俗有古風。男女身長七尺，小目長項。手帕繫額，編髮垂耳，穿細布長衫，藤皮織鞋，以綿紗結襪，仍將穿之，示其執禮也。

不善煮海爲鹽，食仰他國。民間以金錢流通使用。有酋長。地產沙金、駿馬。貿易之貨，用銀、青白花器、斗錫、酒、色印布之屬。

又《甘埋里》 其國邇南馮之地，與佛朗相近。乘風張帆二月可至小唄喃。其地船名爲馬船，大於商舶，不使釘灰，用椰索板成片。每舶二三層，用板横棧，滲漏不勝，梢人日夜輪戽水不使竭。下以乳香壓重，上載馬數百匹，頭小尾輕，鹿身吊肚，四蹄削鐵，高七尺許，日夜可行千里。

所有木香、琥珀之類，均產自佛朗國來，商販於西洋互易。去貨丁香、荳蔻、青緞、麝香、紅色燒珠、蘇杭色緞、蘇木、青白花器、瓷瓶、鐵條，以胡椒載而返。椒之所以貴者皆因此船運去尤多，較商舶之取，十不及其一焉。

元·周致中《異域志》卷上《注輦國》 西胡南印度也，自故臨易舟而去，有象六萬，背立屋，載勇士。以金銀爲錢。國人尚氣輕生，不同釜而爨，亦不共器而食。

又《印都丹》 其人身黑色，地熱無雲，出佛之處。其國人奉佛而勇悍，少有慈心，風尚故也。

又《天竺國》 國隸大秦，國主悉由大秦選擇，地產良馬。俗皆編髮，垂下兩鬢。以帛纏頭，衫袴鞋襪。國内有聖水，能止風濤，番商等以琉璃瓶而盛之，若遇風濤，灑之卽止，與默伽國水同。

《元史》卷二一〇《外夷傳三·馬八兒等國》 海外諸蕃國，惟馬八兒與俱藍足以綱領諸國，而俱藍又爲馬八兒後障，自泉州至其國約十萬里。其國至阿不合大王城，水路得便風，約十五日可到，比餘國最大。

【略】

二十三年，海外諸蕃國以楊庭璧奉詔招諭至是皆來降。諸國凡十：曰馬八兒，曰須門那，曰僧急里，曰南無力，曰馬蘭丹，曰那旺，曰丁呵兒，曰來來，曰急蘭亦解，曰蘇木都剌，皆遣使貢方物。

明·費信《星槎勝覽》卷一《翠藍嶼》 其山大小有七門，中可過船。傳聞釋迦佛經此山，浴于水，被竊其袈裟，佛誓云：『後有穿衣者，必爛皮肉。』由此男女削髮無衣，僅有樹葉紉結而遮前後。米穀亦無，惟在海網捕魚蝦，及蕉、椰子之為食啖也。然聞此語，未可深信。然其往來，未得泊其山下。宣德七年壬子十月二十三日，風雨水不順，偶至此山，泊係三日夜，山中之人駕獨木舟來貨椰實，舟中男婦果如前言，始知不謬矣。

詩曰：浩蕩翠藍嶼，叢林茂不疏。人形其獸類，椰實以瓜粗。腰掩草微有，頭髡髮竟無。幾番揮筆寫，堪記不堪圖。

又《小唄喃國》 山連赤土，地接下里，日中為市，西洋諸國之馬頭也。本國流通使用金錢名倘伽，每個重八分。小金錢名吧喃，四十個准大金錢一個，以便民也。田瘠而穀少，歲藉榜葛剌米足食。氣候常熱，風淳俗美，男少女多，有南毗人。地產胡椒，亞於下里。幹檳榔、波羅蜜、色布，其木香、乳香、珍珠、珊瑚、酥油、孩兒茶、梔子花，皆自他國也。貨用丁香、豆蔻、蘇木、色段、麝香、金銀銅器、鐵線、黑鉛之屬。

詩曰：西海唄喃國，諸番貨殖通。民情應各別，花木總相同。珠子光涵白，珊瑚色潤紅。何由男與女，混雜自遺風。

又《柯枝國》 其處與錫蘭山國對峙。氣候常熱，田瘠少收，村落傍海。風俗頗淳。男女椎髻，穿短衫，圍單布。其有一種曰木瓜，無屋居之，惟穴居樹巢，臨海捕魚為業。男女裸體，紉結樹葉或草數莖，遮其前後之羞。行路遇人，則蹲縮於道傍，伺過方行也。地產胡椒甚廣，富家俱置板倉貯之，以售商販。行使小金錢，名吧喃。貨用色段、白絲、青白花磁器、金銀之屬。

詩曰：嗟彼柯枝國，山連赤鹵場。穴居相類獸，市集更通商。米穀少收實，胡椒積滿倉。恩宣中使至，隨處識蠻鄉。

又《古里國》 當巨海之要，與僧伽密邇，亦西灘諸番之馬頭也。山廣田瘠，麥穀頗足。風俗甚厚，行者讓路，道不拾遺。法無刑杖，惟以石灰劃地，乃為禁令。其酋長富居深山，傍海為市，聚貨通商。男子穿長衫，頭纏白布。其婦女穿短衫，圍色布，兩耳懸帶金牌落索數枚，其頂上珍珠、寶石、珊瑚連瓔珞，臂腕足脛皆金銀鐲，手足指皆金廂寶石戒指，髻椎腦後，容白發黑，嬌美可觀。其有一種裸身之人曰木瓜，與柯枝同。地產胡椒，亞於下里，俱有倉廩貯之，待商之販。有薔薇露、波羅蜜、孩兒茶、印花被面、手巾，其有珊瑚、珍珠、乳香、木香、金箔之類，皆由別國之來。其能蓄好馬，自西番而來，動經金錢千百為疋。其國若西番馬來，本國馬來不買，則議為國空之言也。貨用金銀、色段、青花白磁器、珍珠、麝香、水銀、樟腦之屬。

詩曰：古里通西域，山青景色奇。路遺人不拾，家富自無欺。酋長施仁恕，人民重禮儀。將書夷俗事，風化得相宜。

明·馬歡《瀛涯勝覽·小葛蘭國》 自錫蘭國馬頭名別羅裡開船，往西北，好風行六晝夜可到。其國邊海，東連大山，西是大海，南北地狹，外亦大海，連海而居。國王國人皆鎖俚人氏。崇信釋教，尊敬象牛，婚姻喪葬等事與錫蘭國同。土產蘇木、胡椒不多，其果菜之類皆有。牛羊頗異他產。其羊青毛長腳，高二尺三尺者，黃牛有三四百斤者。酥油多有賣者。人一日二飡，皆用酥油拌飯而食。王以金鑄錢，每個重官秤一分，通行使用。雖是一小國，其王亦將方物差人貢於中國。

又《柯枝國》 自小葛蘭國開船，沿山投西北，好風行一晝夜，到其國港口泊船。本國東是大山，西臨大海，南北邊海，有路可往鄰國。其國王與民亦瑣里人氏，頭纏黃白布，上不穿衣，下圍紵絲手巾，再用顏色紵絲一匹纏之於腰，名曰壓腰。其頭目及富人服用與王者頗同。民居之屋，用椰子木起造，用椰子葉編成片如草苫樣蓋之，雨不能漏。家家用磚泥砌一土庫，止分大小，凡有細軟之物，俱放於內，以防火盜。國有五等人：一等名南昆，與王同類，內有剃頭掛線在頸者，最為貴族；二等回回人；三等人名哲地，系有錢財主；四等人名革令，專與人作牙保；五等人名木瓜，木瓜者，至低賤之人也，至今此輩在海濱居住，房檐高不過三尺，高者有罪，其穿衣上不過臍，下不過膝，其出於途，如遇南昆、哲地人，即伏於地，候過即起而行。木瓜之輩，專以漁樵及抬負挑擔為生，官不容穿長衣，其經商買賣與中國漢人一般。其國王崇信佛教，尊敬象牛，建造佛殿，以銅鑄佛像，用青石砌座，佛座邊周圍砌成水溝，傍穿一井，每日侵晨，則鳴鐘擊鼓，汲井水，於佛頂澆之再三，衆皆羅拜而退。另有一等人名濁，即道人也，亦有妻子。此輩自出母胎，髮不經剃，亦不梳篦，以酥油等物將髮搓成條縷，或十餘條，或七人條，披拽腦後。卻將黃牛之糞燒成白灰，遍搽其體，上下皆不穿衣，止用如拇指大黃藤，兩轉緊縛其腰，又以白布為梢子。手拿大海螺，常吹而行。其妻略以布遮其醜，隨夫而行。此等即出家人，倘到人家，則與錢米等物。其國氣候常暖如夏，無霜雪。每至二三月，日夜間則下陣頭雨一二次，番人各整蓋房屋，備辦食用。至五六月，日夜間下滂沱大雨，街市成河，人莫能行，大家小戶坐候雨信過。七月才晴，到八月半後晴起。到冬點雨皆無，直至次年二三月間，又下雨。常言半年下雨半年晴，正此處也。土無他產，只出胡椒，人多置園圃種椒為業。每年椒熟，本處自有收椒大戶收買，置倉盛貯，待各處番商來買。論播荷說價，每一播荷該番秤二十五封剌，每一封剌該番秤十斤，計官秤十六斤，每一播荷該官秤四百斤。賣彼處金錢或一百個，或九十個，直銀五兩。名稱哲地者，皆是財主，專一收買下寶石珍珠香貨之類，候中國寶（石）船或別國番船客人來買，珍珠以分數論價而買。且如珠每顆重三分半者，賣彼處金錢一千八百個，直銀一百兩。珊瑚枝梗，其哲地論斤重買下，顧倩匠人，剪斷車旋成珠，洗磨光淨，亦秤分量而買。王以九成金鑄錢行使，名曰法南，重官秤一分一厘。又以銀為錢，比海螺靨大。每個官秤四厘，名曰答兒。每金錢一個，倒換銀錢十五個，街市行使零用，則以此錢。國人婚喪之禮，其五等人皆各從其類而不同。米、粟、麻、豆、黍、稷皆有，止無大小二麥。象、馬、牛、羊、犬、貓、雞、鴨皆有，只無驢騾與鵝爾。國王亦差頭目隨共回洋寶船將方物進貢中國。

又《古里國》 即西洋大國。從柯枝國港口開船，往西北行，三日方到。其國邊海，山之東有五七百里，遠通坎巴夷國；西臨大海；南連柯枝國界；北邊相接狠奴兒地面。西洋大國正此地也。永樂五年，朝廷命正使太監鄭和等齎詔敕賜其國王誥命銀印給賜，升賞各頭目品級冠帶，統領大寶船到彼，起建碑庭，立石云：『其國去中國十萬餘里，民物咸若熙皞同風，刻石於茲永示萬世。』國王系南昆人，崇信佛教，尊敬象牛。國人內有五等：回回人、南昆人、哲地人、革令人、木瓜人。其國王國人皆不食牛肉，大頭目是回回人，皆不食豬肉。先是王與回回人誓定，爾不食牛，我不食豬，互相禁忌，至今尚然。王以銅鑄佛像，名乃納兒，起造佛殿，以銅鑄瓦而蓋佛座。傍掘井，每日侵晨，王至汲水浴佛，拜訖，令人收取黃牛淨糞，用水調於銅盆如糊，遍擦殿內地面牆壁。且命頭目并富家，每早亦塗擦牛混糞。又將牛糞燒成白灰，研細，用好布為小袋盛灰，常帶在身，每日侵晨洗面畢，取牛糞灰調水，搽塗其額，并兩股間各三次，為敬佛敬牛之誠。傳云：昔有一聖人名某些立教化，人人知其是真天人，皆欽從，以後聖人同往他所，令其弟名撒没嚟掌管教人，其弟心起矯妄，鑄一金犢，曰：『此是聖主，凡叩之則有靈驗。』教人聽命，崇敬其金牛，曰：『常糞金，人得金』，心愛而忘天道，皆以牛為真主。後某些聖人回還，見衆人被弟撒没嚟惑壞聖道，遂廢其牛，而欲罪其弟，其弟騎一大象遁去。後人思之，懸望其還，且如月初，則言月中必至。及至月中，又言月盡必至。至今望之不絶。南昆人敬象牛，由此故也。王有大頭目二人，掌管國事，俱是回回人，國中大半皆奉回回教門。禮拜寺有二三十處，七日一次行禮拜。至日，舉家齋浴，諸事不幹，巳午時，大小男子到寺禮拜，至未時方散回家，才做買賣，幹理家事。人甚誠信，狀貌濟楚標緻。其二大頭目受中國朝廷升賞，若寶船到彼，全憑二人主為買賣，王差頭目并哲地未訥幾計書算於官府牙人來會，領船大人議擇某日打價，至日，先將帶去錦綺等物，逐一議價已定，隨寫合同價數，彼此收執。其頭目哲地卽與内官大人衆手相拿。其牙人則言某月某日於衆手中拍一掌已定，或貴或賤，再不悔改。然後哲地富戶才將寶石珍珠珊瑚等物來看議價，非一日能定，快則一月，緩則二三月，若價錢較議已定，如買一主珍珠等物，該價若干，是原經手頭目未訥幾計算，該還紵絲等物若干，照原打手之貨交還，毫釐無改，彼之演算法無算盤，只以兩手、兩腳并二十指計算，毫釐無差，甚異于常。王以六成金鑄錢行使，名吧南，每個徑面官寸三分八厘，面底有紋，重官秤一分。又以銀為錢，名搭兒，每個約重三厘，零用此錢。衡法每番秤一錢，該官秤八分，每番秤一兩，計十六錢，該官秤一兩二錢八分。番秤二十兩為一斤，該官秤一斤九兩六錢。其番秤名番剌失，秤之權釘定於衡末，稱準則活動於衡中，提起平為定盤，星稱物則移准向前，隨物輕重而進退之。止可秤十斤，該官秤十六斤，秤香貨之類，二百斤番秤為一播荷，該官秤三百二十斤，若稱胡椒，二百五十斤為一播荷，該官秤四百斤。凡稱一應巨細貨物，多用天平對較。其量法，官鑄銅為升行使，番名党戛黎，每升該官升一升六合。西洋布本國名撦黎布，出於鄰境坎巴夷等處。每疋闊四尺五寸，長二丈五尺，賣彼處金錢八個或十個。國人亦將蠶絲練染各色，織間道花手巾，闊四五尺，長一丈二三尺，每條賣金錢一百個。胡椒山鄉住人置園多種。到十月間，椒熟採摘曬乾而賣，自有收椒大戶來收，上官庫收貯。若有買者，官與發買，見數計算稅錢納官。每胡椒一播荷，賣金錢二百個，其哲地多收買下各色寶石珍珠，并做下珊瑚珠等物，各處番船到彼，國王亦差頭目并寫字人等眼同而賣，就取稅錢納官。富家多種椰子樹，或一千株或二千三千株，為產業。其椰子有十般使用：嫩者有漿甚甜，好契，可釀酒；老者椰肉打油，做糖做飯吃；外包之穰，打索，造船；椰殼為碗，為杯，又好燒灰打箱金銀細巧生活；樹好造屋，葉好蓋屋。蔬菜有芥菜、生薑、蘿蔔、胡荽、葱、蒜、葫蘆、茄子、菜瓜、東瓜四時皆有。又有一等小瓜，如指大，長二寸許，如青瓜之味，其葱紫皮，如蒜，大頭小葉，稱斤而賣。波羅蜜、芭蕉子廣有賣者。木別子樹高十餘丈，結子如緑柿樣，内包其子三四十個，熟則自落。其蝙蝠如鷹之大，都在此樹上倒掛而歇。米紅白皆有。麥大小俱無。其面皆從別處販來賣。雞鴨廣有，無鵝。羊腳高灰色，如驢駒子之樣。水牛不甚大。黃牛有三四百斤者，人不食其肉，止食其乳酪，人無酥油不吃飯。其牛養至老死卽埋之。各色海魚其價極賤。山中鹿兔亦有賣者。人家多養孔雀，其它禽鳥則有烏鴉、蒼鷹、鷺鷥、燕子，其餘別樣大小禽鳥，則並無有。國人亦會彈唱，以葫蘆殼為樂器，紅銅絲為弦，唱番歌相和而彈，音韻堪聽。民俗婚喪之禮，鎖俚人、回回人各依自家本等體例不同。其王位不傳於子而傳于外甥。傳甥止論女腹所生為嫡族。其王若無姊妹，傳之于弟。若無弟，遜與有德之人。世代相仍如此。王法無鞭笞之刑，罪輕者截手斷足，重則罰金誅戮。甚則抄没滅族。人有犯法者，拘之到官，卽伏其罪，若事情或有冤枉不伏者，則于王前或大頭目前置一鐵鍋，盛油四五斤，煎滾，先以樹葉投試爆彈有聲，遂令其人以右手二指煠於油内片時，待焦方起，用布包裹封記，監留在官，二三日後聚衆開封視之，若手爛潰，其事不枉，卽加以刑，若手如舊不損，則釋之，頭目人等以鼓樂禮送此人回家，諸親鄰友饋禮相賀，飲酒作樂以相慶，此事最為奇異。使回之日，其國王欲進貢，用好赤金五十兩，令番匠抽如發細金絲，結綰成片，以各色寶石大珍珠廂成寶帶一條，差頭目乃邦進奉中國。

明·鞏珍《西洋番國志·小葛蘭》 小葛蘭國，自錫蘭國馬頭別羅里開舡往西北行，好風六晝夜可到。其國邊海，東大山，西大海。南北地狹亦臨海。王及國人鎖俚人。崇信釋教，敬象及牛。婚喪諸事與錫蘭國同。

土產蘇木、胡椒，但不多。果菜皆有。牛羊頗有。羊毛青，脚高二三尺，黄牛有重三四百斤者。人日二餐，皆以酥油沃飯。王以金鑄錢行使。用錢官秤重一分。雖小邦亦修貢獻。

又《柯枝國》　柯枝國，自小葛蘭國開舡，沿山向西北行，好風一晝夜到本國港口泊舡。其國東大山，西大海，南北亦海。有陸路可往鄰國。王鎖俚人，頭纏黄白布，上不着衣，下圍紵絲手巾，又加顏色紵絲一疋爲壓腰。其頭目及財主服用頗與王者同。屋用椰木造及用椰葉編蓋。各以磚砌土庫收藏細軟諸物以防火盜。

國人有五等。一等名南毘，與王同類，中有剃頭掛線在頸者最爲貴族。二等回回人。三等名哲地，乃是國中財主。四等名革令，專爲牙保。五等名木瓜，最卑賤。木瓜居住俱在海濱，屋簷不得過三尺。着衣上不過臍，下不過膝。路遇南毘、哲地，皆俯伏候過乃起。不許爲商賈，只以漁樵及擡負重物爲生。

國王崇信佛教。敬象及牛。建造佛殿，以銅鑄象，以青石爲座，週遭爲溝，傍鑿井，每早起鳴鐘鼓，汲井澆佛頂三，羅拜而退。又一等人名濁肌，即道人也。有妻室。濁肌出母胎即不剃髮，亦梳篦，以酥油等物搓髮成縷，拽披腦後。人以黄牛糞燒白灰，徧塗身體上下。俱無衣服，只以大如指黄藤繞腰重縛至緊，末垂白布爲飾。白晝吹海螺而行。其妻略以布遮蔽前後隨之。每到人家則與錢米諸物。

此地氣候常暖如夏，無霜雪。每歲二三月夜雨一二番，五六月日夜大雨，街市成河，七月盡雨信始過，八月半以後再不雨。人家於二三月間即脩置房屋，備具食用，以防雨患。至次年二三月又雨如初。

土無出產，人惟種椒爲業。每椒熟，大戶即收買置倉盛頓，以待各處客商。椒以播荷論價。每播荷該二十五封剌，該番秤十斤，較中國官秤該十六斤。一播荷共該官秤四百斤，彼處賣金錢一百箇或九十箇，直銀五兩。名哲地者專收買寶石珍珠香貨，以待中國寶船及各處番舡。珍珠以分數論價，每顆重三分半者，彼處賣金錢一千八百箇，直銀一百兩。珊瑚連枝柯者以斤論價，做成珠者以分論價。哲地多收買珊瑚枝柯，傭匠制造成珠，論分兩賣。王以九成金鑄錢行使，名曰法喃，官秤重一分一厘。又以銀爲錢名荅兒，大如海螺靨，官秤重四厘。每金錢一箇倒銀錢十五箇，街市零用。

國人婚喪各依本類，禮制不同。

國中出產米、粟、麻、豆、黍、稷，無麥。牲畜則有象、馬、牛、羊、犬、貓、雞、鴨，無驢及鵝。

國王遣使貢獻中國。

又《古里國》　古里國，此西洋大國也。從柯枝國開舡往西北行三日可到。其國邊海山遠，東通坎巴夷國，西臨大海，南連柯枝國，北臨狠奴兒國。永樂五年，朝廷遣正使乘大䑸，齎寶詔，敕諭，賜其王誥命銀印及諸頭目冠服等物有差。遂立石爲記，謂曰：『中國相去十萬餘里，民物熙皞同風。』

其國亦有五等，名回回、南毘、哲地、革令、木瓜。王南毘人，其頭目皆回回人。云先王嘗與回回言：『誓不食牛則不食豬。』至今尚然。王信佛教，敬象及牛。蓋佛殿以銅瓦，及以銅鑄佛，象乃納兒。掘井于佛像之傍，每早王自來汲水浴佛禮拜。又每夜令人收取黄牛糞，以銅盤裝盛，早晨和水洒塗佛殿地上及各墻壁。王家並頭目及諸富家皆如此敬佛。又燒牛糞爲細白灰，用好布爲袋裝盛。每早盥洗畢，以此灰調水塗額並鼻準及兩股間各三次方纔見佛。以此相傳。又昔有聖人名某些，乃眞天人，立教化於此地。其聖人因往他國，令弟撒没嚟攝教。其弟心起矯妄，鑄銅爲犢，詐曰：『此聖主也。儻若能崇敬，當日糞金以酬。』其人貪得金而忘天道，因此皆敬牛爲重。及某些聖人回國，怪弟忘，乃廢其牛，欲罪，其弟即乘一大象遁去。至今國人懸望撒没嚟回，如月初則言月中必至，及月中又言月終必至。南毘人敬象及牛，蓋以此也。

王以二頭目掌國事。頭目回回人，多奉其教。禮拜寺有二三十所，七日一禮拜。至日，男子大小俱齋沐不治事，巳午時同到寺禮拜，未時回家，方敢交易。其人狀貌俊偉，亦甚誠信。中國寶舡一到，王即遣頭目並哲地及米納凡來會。其米納凡乃是本國書算手之名，牙儈人也。但會時先告以某打價。至期將中國帶去各色貨物對面議定價值，書左右合契，各收其一。哲地乃與坐舡内臣各相握手。米納凡言過吉日，就中指一掌爲定，自後價有貴賤，再不改悔。以後哲地並富戶各以寶石、珍珠、珊瑚來看。

惟是議論價錢最難，疾則一月，徐則兩三月方定。如某寶石若干該紵絲某物貨若干，即照原打手價無改。其算盤只以兩手兩足十指計算，毫髮無差。

國王以六成金鑄錢名吧南行使。每錢中國官寸三分八厘，面底有紋，該官秤一分。又以銀爲小錢名搭兒零使，每銀錢重三厘。其番秤名法刺失，權釘衡末，準則活動，衡正中爲定盤星。秤物則移準向前。番名秤一錢該中國官秤八分；十六錢爲一兩，該官秤一兩二錢八分；二十兩爲一斤，該秤一斤九兩六錢。其秤只可秤十斤，該官秤十六斤。若以稱胡椒二百五十斤爲一播荷，該官秤四百斤。稱香貨二百斤爲一播荷，該官秤三百二十斤。衡法多是天平對秤，法無要妙。量法官鑄錢爲升，名黨戞黎，較中國官斗斛每升該一升六合二勺。

西洋布本國名撦黎布，出於鄰境坎巴夷等處，每疋闊四尺五寸，長二丈五尺，彼處賣金錢八箇或十箇。國人亦以蠶絲練織各色間道花手巾，闊四五尺，長一丈二三尺有餘，每手巾賣金錢一百箇。其山鄉人多置園種胡椒，十月椒熟，俱採摘晒乾，自有大戶收買送官庫，官與發賣，每一播荷賣金錢二百箇，見數稅錢。其哲地財主多收買各色寶石珍珠，並做珊瑚珠等，遇各處番舡到，王遣頭目並計算人來，眼同發賣，亦收稅錢。

富家多種椰子，或千株或二三百株，以此爲產業。云椰有十用：嫩者有漿可飲，又可釀酒，老者肉可打油，或做糖與飯，其外皮穰可打索造舡，殼可爲碗爲酒鍾，又可燒灰廂金銀細巧生活，樹可架屋，葉可蓋屋。此十用也。蔬菜有蘿蔔、姜、芥、葱、蒜、芫荽、葫蘆、茄子、菜瓜、東瓜，四時皆有。又有一種小瓜，僅如小指大，長二寸許，味如青瓜。其葱紫皮細葉，本大如蒜，賣則稱斤。芭蕉子波羅蜜多有賣者。木別子樹高十餘丈，結實如大緑柿，內有子三四十，熟則自墮。其蝙蝠大如鷹，皆於此樹倒掛而棲。米有紅白二色。麥大小俱無，他處販麥與麪來用。有雞、鴨無鵝。羊脚高如驢之駒，色灰。水牛不甚大，黃牛有三四百斤者。牛死則埋之。人不食牛肉，只食乳酪酥油，無酥油廢食飯。各色海魚極賤。兔、鹿亦有賣者。禽有孔雀、鷺鷥、烏鴉、鷹、燕。孔雀人家多有養者。其他飛鳥俱無。

婚喪之禮，鎖俚人回回人各以類。亦有衒衒，能彈唱，以葫蘆殼爲樂器，紅銅絲爲絃，唱番歌相和而彈唱，甚有音韻可聽。國王位不傳子，傳與外甥。若王無姊妹，則傳於弟，無弟則傳與有德之人。世代相仍如此。國法無鞭笞之刑。輕則截手斷足，重則罰金誅戮，甚則抄封滅族。人犯法到官則稱寃。不伏者則於王前或大頭目前，以鐵鍋煮油令滾，先以樹葉爆裂有聲，乃命其人以右手二指浸滾油內片時取出，用布包裹封記，監留在官。過三日聚衆開封視之。若手潰爛則不枉，遂加以刑。其不爛者，則頭目人等以皷樂送此人回家。諸親鄰友皆賀，相與飲酒作樂。

國王其年以赤金五十兩令匠抽絲如髪，結綰成片，以各色寶石珍珠廂成寶帶一條，遣頭目乃那進貢中國。

明·黃省曾《西洋朝貢典録》卷下《小葛蘭》　其國在別羅里西北可一千二百里。由是而歸南巫里也，鍼位：第一之日丁未、丁午，第二之日丙午，第三之日丙，第四之日丙巳，第五之日巽巳，第六之日辰巽，第七之日乙辰、乙卯，以求南巫里焉。

其地東連大山，西、南、北濱海。其王修浮圖教。其俗重象暨牛。其風俗與錫蘭山大同。其和飯以酥，日二食。

其交易以金錢。重官秤一分。其利蘇、椒。其穀宜稻。其畜宜牛羊。牛黃毫，羊青毫。

其朝貢無常。永樂五年，附蘇門答剌國來朝貢。其貢物：珍珠傘、白綿布、胡椒。

論曰：小葛蘭，《星槎編》又云小唄喃，云『其國山連赤土，日中爲市。』而赤土者，扶南之別種也。西則婆羅娑國，東則波羅剌國，南則訶羅旦國，不知何者爲小葛蘭也。

又《柯枝國》　其國在小葛蘭西可二百里。柯枝之港水可四托。其地東倚大山，西、南、北濱海。其王纏首以黃白布，上無衣，下圍紵絲帨，壓腰以色紵絲。其男女椎髻，服以短衫，圍以單布。其民之居用椰子木，以椰葉緝而蓋。其藏百物以庫，以磚爲之。

其爲人五種：一曰南毘，是爲王族。二曰回回，是爲仕族。三曰哲地，是爲富族。四曰革令，是爲庸保。五曰木瓜，是爲賤類，居限三尺，衣限臍膝，途遇哲地以上則伏，任負是事，其狀如儺人。

其王修浮圖教，敬象暨牛。國有梵宇，其佛像鑄以銅，座以青石爲之，座之周咸砌水溝，溝旁鑿井。夙興必鳴鐘鼓，汲水以灌佛頂，羅拜而退。其出家者名曰濁肌而蓄妻。其髮出胎不理不剃，澤以酥，揑而爲縷，被於後。灰牛糞以塗體，以黄藤束腰，幅布掩形，時常吹海螺，妻隨以行。

其土氣恒燠，無霜雪。其雨以半載，晴以半載。二月雨起，卽乘屋修蓋備米物。五月六月，日夜下滂沱大雨，街市成河。至七月盡止。八月始晴。次年又復如是。

其交易以金銀錢。金曰法南，銀曰答兒。金重官秤一分一釐，銀重四釐，大如螺靨。金錢一換銀錢十五。其利胡椒、珍珠、珊瑚。胡椒園種之，富者居以待商，以斤而易，爲斤一十有六而爲封剌，二十有五而爲播荷。凡播荷以金錢一百易之，視銀之爲兩者五。珍珠以分而易，凡分至三以上以金錢一千八百易之，視銀之爲兩者百。珊瑚以兩而易，倩工剪旋以成珠，磨淨而售。

其穀宜黍、稻、稷、菽，其畜宜六擾，是多象。其朝貢無常。永樂三年，其國王可亦里遣其臣完者答兒來朝貢。十年，復遣使來請封其國之山。詔封爲鎮國山，御製碑文賜之。

論曰：柯枝凡雨半載而霽，霽半載而雨，不知大化胡爲其然也。昔魏徵敍赤土，言其國冬夏常温，雨多霽少，理庶幾矣。必曰半載，其果親目之乎？然赤土今與小葛蘭爲鄰，其卽爲柯枝章章矣。

又《古里國》 其國在柯枝西北可六百里，東至坎巴夷替國，西臨大海，南連柯枝國，北接狠奴兒國，地方千里。

其王修浮圖教，殿而事之。佛像謂之乃納兒，以銅爲之，殿覆以瓦，以銅爲之。鑿井於傍，凡晨起，王汲以浴佛。是敬象牛。王每晨浴佛，禮拜訖，取黄牛淨糞，盛以銅盆，水調以塗壁地。頭目富家亦如之。又煅成白灰，盛以布囊，水調以額股，是爲敬佛。傳云，昔有神人，其名某些，適他國時，命弟撒没嚟以攝。撒没嚟鑄金牛，矯誣國人曰：『此天神也。』國人遂皆敬禮。某些還，銷金牛。撒没嚟乘象遁去。國人思之，而冀其歸，每月言月中必至。及月中又言月盡必至，逮今未絶也。南毘人之敬象牛由此。

其爲人五種：南毘、回回、哲地、革令、木瓜。南毘不食牛，回回不食豕，互以爲禁。婚喪各如其類。其頭目二人，是掌國事。其男長衫，纏首以白布。女短衫椎髻，圍以色布，珥金牌珠索，項佩珠寶、珊瑚、瓔珞，手足俱約以金銀鐲，以金寶戒指。其容白而艷。國人修回回教者十分之六。有禮拜寺，寺有三十餘。凡七日一禮拜，巳而往，未而歸。

權謂之法剌失，量謂之党戞梨，以銅爲之。其制俱倍中國十分之六。權椒爲斤二百五十謂之一播荷，其價金錢二百。權香貨爲斤二百謂之一播荷。布謂之揸梨，其廣四尺五寸，其長二丈五尺，其價金錢十。五色絲帨謂之西洋手巾，其廣五尺，其長一丈二尺，其價金錢百。算人謂之米納凡，算之法，計以四支十指。其交易而成也，攜手而誓無悔。其交易以金銀錢。金曰吧南，銀曰搭兒。其錢面底有紋，用六成金鑄造，徑官寸三分八厘，重官秤一分，銀錢重三厘。

其利椒、椰。椰子之種也，富家千樹，以爲恒業。其資用也，漿爲酒，肉爲糖、飯，穰爲索，殼爲碗，爲酒食器，亦可厢金，木以架屋，葉以蓋。其穀宜稻，其畜宜牛、羊、鷄、鴨。

國有樂婦，以葫蘆弦銅絲而歌。其位以女腹爲嫡，傳之姊妹之子，無姊妹之子則傳之弟，無弟則遜於有德。其刑有罰金、斷手足、斬、族之等。不服者探之沸膏而驗之。以右手二指置油鍋，黑而取出封裹，下獄之日開視，如爛壞卽加刑，否則鼓樂送回。

其國有鹿、兔。能畜良馬，凡匹價以金錢千。其土物有薔薇露。有金鏤寶帶，其造也，赤金三斤，抽絲如髮，綴結而成，間以珠寶。有珍珠、珊瑚珠，哲地居之公鬻而取税。多萊菔、胡荽、薑、蒜、四時冬瓜。其狀如小指，其長二寸，味如青瓜，紫皮而大葉，曰紫皮瓜。多芭蕉子、波羅蜜。有樹焉，其高丈餘，結如緑柿，内子數十，熟而自落者，其名曰木鼈子。有蝙蝠如鷹者，在樹而懸宿。有鷹、鴉、燕、鷺，多孔雀，家畜之。

其朝貢無常。永樂三年，遣使朝貢。詔封爲古里國王，給印及誥。五年、七年，復遣使來朝貢。其貢物：寶石、金繫腰、珊瑚珠、琉璃瓶、琉璃碗、拂郎雙刃刀、寶鐵刀、蘇合油、阿思摸達塗兒氣、龍涎、梔子花、花氈、單伯蘭布、苾布、紅絲花手巾、番花人馬象物手巾、線結花靠枕、木香、乳香、檀香、錫、胡椒。

論曰：昔扶南俗事天神，以銅爲象。而有訟者，以金環鷄子投入沸湯中，令探取之；若無情者，必焦爛焉。而今之古里亦有天神之談，探手之法。又云，扶南去林邑七千餘里，今校之亦合，余疑古里卽扶南之地云。

永樂三年，鄭和統大艅寶船賫詔敕封爲古里王，及頒誥命銀印，陞賞頭目品級冠帶，建亭刻石。其略曰：『爾王去中國十萬餘里，民物咸若，皡熙同風。刻石於兹，永垂萬世。』

寶船至彼，王遣頭目、哲地、米納几見正使，擇日論價，將中國錦綺百貨議定，乃書合同價數各存之。頭目、哲地與正使衆手相拏，其牙人言曰：『某月日衆手拍一掌無悔。』哲地始攜珊瑚、珍珠、寶石來議價。二三月方定。原經手頭目米納几算番物若干該紵絲等物若干，照原打手之貨交易。

明·羅日褧《咸賓録》卷三《天竺》 天竺一名身毒，大國也。地方三萬餘里，分中、東、南、西、北五天竺國，即所謂五印度也。國各有王，地各數千里。東印度與扶南、占城鄰，但隔小海爾。南印度際大海。西印度與罽賓、波斯接，北距雪山，四面皆山，惟南通一谷爲國門。其中印度則據四印度之中，有別城數十，皆置長。別國數十，置王。曰舍衛；曰伽尸，即波羅奈也；曰伽毗黎；曰蘇摩黎；曰斤陀利；曰摩伽陀；曰婆羅門；曰婆黎等國，皆屬中天竺者。而四天竺亦各有屬國數十，難以盡紀矣。

自漢張騫見蜀布、印竹杖，身毒之名始通中國。遂獻白玉連環羈，馬腦石爲勒、白光琉璃爲鞍，鞍在闇室中常照一十餘丈，如晝日。自是長安盛飾鞍韉，競加彫鏤，由身毒之獻始也。後爲大月氏貴霜王所滅，遂屬月氏焉。至和、桓時，復遣使貢獻。世傳明帝夢見金人，遣使天竺求佛，於是佛教遂傳中國，圖畫形像焉，楚王英始信其術。而桓帝好神，數祀浮屠、老子，百姓稍有奉者，後遂轉盛。魏、晉絶不復通。惟吴時扶南王范旃遣使蘇勿至其國。天竺王驚曰：『海濱極遠，猶有使者來乎！』即遣使陳宋等以月氏馬四匹報旃。勿住四年，方得還國。是時吴遣中郎康泰使扶南。及見陳宋等，具問天竺土俗。言其國人淳龐，土沃饒，王號茂論，習尚靡麗，大有華風。宋文帝元嘉時，天竺屬國伽毗黎王月愛遣使奉表，獻金剛指環、摩勒金環寶物，赤白鸚鵡各一。明帝時復遣使至，以其使爲建威將軍。以後蘇摩黎國、斤陀利國、婆黎國俱入貢矣。梁武天監初，天竺王屈多遣長史竺羅達奉表獻琉璃唾壺、雜香、吉貝等物。魏宣武時，南天竺遣使獻駿馬，云其國出獅子、貂、豹、犎、橐駝、犀、象，有火齊如雲母而紫色，列之則薄如蟬翼，積之則如紗縠之重沓。有金剛似紫石英，百鍊不消，可以切玉。餘玳瑁、琅玕諸香器物不可勝紀。多與大秦、安息、扶南、交趾貿易往來，蓋西番之一大都會也。

隋煬帝遣裴矩通西域諸國，惟天竺、佛菻不至爲恨。唐武德中，國大亂，天竺王尸羅逸多勒兵戰，象不弛鞍，士不釋甲，因破四天竺，皆北面臣之。會唐浮屠玄奘至其國，尸羅逸多召見曰：『而國有聖人出，作《秦王破陣樂》，試爲我言其人。』玄奘粗言太宗神武，四夷賓服狀。王喜曰：『我當東面朝之。』貞觀中，遣使上書。帝命騎尉梁懷璥持節慰撫。尸羅逸多驚問國人：『自古亦有摩訶震旦使者至吾國乎？』皆曰：『無有。』摩訶震旦者，華言中國也。王出迎膜拜，受詔書，戴之頂，復遣使者隨入朝，獻火珠、鬱金、菩提樹。頃之，唐遣長史王玄策使其國。會尸羅逸多死，國人亂，其臣阿羅那順自立，發兵拒玄策。時從騎纔數十，戰敗皆没。玄策挺身奔吐蕃西鄙，檄召諸鄰國兵。吐蕃以兵千人來，泥婆羅以七千騎來。玄策部分進戰於茶鎛和羅城。中天竺城也，濱恆河。三日破之，斬獲無算。遂擒阿羅那順，俘送闕下。唐擢玄策朝散大夫。得方士那羅邇娑婆寐，自言壽二百歲，有不死術。帝改館使治丹，遣使者馳采怪藥異石，後術不驗，竟死長安。是時摩伽陀國獻波羅樹，那揭國獻方物，烏茶國獻龍腦香，天竺屬國多入貢矣。

烏茶國者，地方五千餘里，人工禁術。其國有神，化爲土蟒，以濟饑渴。又與孔雀啄滄泉，以愈衆疾，蓋神異之國也。高宗時，盧伽逸多者，烏茶人，亦以術進，拜懷化大將軍。自後天竺來使皆曰蕃夷。以袍帶爲寵，唐輒以金帶錦袍賜焉。乾元末，河隴陷没，遂不至矣。

至周廣順初，僧薩滿多復入貢名馬。宋乾德後，來獻不絶矣。天竺之法，國王死，太子襲位，餘子皆出家爲僧，不復居本國。有曼殊室利者，乃其王子，隨中國僧至焉。太祖令館於相國寺，善持律，都人傾嚮之，施財盈溢，衆頗嫉焉；以其不解唐言，即僞爲詔求還本國。詔下，曼殊室利不得已，附南海賈人而歸，後不知所終。太平興國間，益州僧光遠至天竺，以其王没徙曩表來上。表稱唐天子爲支那皇帝云。自是後僧密怛羅、僧法吉祥、僧善稱等凡四來朝獻，或貢梵書，或貢佛骨、銅牙、菩薩像。宋皆賜以束帶、紫方袍焉。

元太祖西征，滅回回國。其王走死，遂進次西印度國。遇大獸高數十丈，角如犀牛，作人語曰：『此非帝世界，宜速還。』耶律楚材曰：『此名角端，旄星之精，靈異不可犯也。』遂班師還。

我朝有詔納樸兒，亦印度之一也。永樂中，遣太監侯顯等賫詔往諭之。至其境，國王一不剌金玉遣金銀、柱杖各二人奉迎引導。柱杖者，其國大臣名也。至，則其王拜詔，叩謝甚恭。及畢，鋪羢毯於殿地，待我天使，宴我天兵，燔炙牛羊。禁不飲酒，恐亂其性，惟以薔薇露和香蜜水飲之。宴畢，復贈正使、副使及諸官兵金銀、盔甲、瓶、盆、盞、蓋等物有差。尋置金筒銀葉表文，遣使隨顯等貢獻方物。

又有榜葛蘭，即西天東印度也。永樂六年國王靄牙思丁遣人朝貢。十二年，王塞弗丁遣使貢麒麟。禮部請上表賀，上曰：『卿等但當竭心輔治，以惠天下。天下既安，雖無麒麟，不害爲治。其免賀。』以後二國久不通貢。

其地土廣人稠，財物豐衍。市用銀錢、海肌。民好耕植，一歲二收。王居極侈，禮法森嚴。男女皆黑。男剃髮，白布纏之，身服從頭套下，下圍以帨。女短衫，下圍色布絲綿，不施脂粉，惟嬌艷者生而白色。耳垂寶鈿，項掛瓔珞，腕金鐲，手足戒指，甚可觀也。傳言先時人性獷悍，以戰死爲吉利，以善終爲不祥。至周老聃惡其強暴，出關化之，作浮屠法，令其内外剪除，不傷形體。後卒托生爲佛，仍修老子之道，以故至今俗甚淳美，不相殺伐。亦有文字。交易雖萬金，亦價定量平，略無怨悔。賦有十二刑，有笞杖、流徙，陰陽、醫卜、藝技大類中國。有一種人不食肉味，夫死妻不再嫁，夫不再娶。若孤寡無倚，一村之家輪養之，不容別村求食，其義氣如此。亦有女人稱術術者，粧服華麗，人家飲宴，亦來侑觴，口唱番曲對舞。又有人曰根肖速魯奈者，蓋優人也，能作百戲并伏虎，日往人家索錢。

其山川古迹則聖水。能止風濤。番人以琉璃盛之，遇風洒之即止。

其産：細布、有五六樣，貴賤不同。兜羅錦、濶四五尺，厚五分，背面毳絨，番名驀黑驀勒。白樹皮紙、滑澤光潤，如鹿皮然。波羅蜜、大如斗，味佳。奄摩勒、香酸，甚佳。稍割牛、角長四尺，十日一割，不割則死。人飲其血，壽五百歲，牛壽如之。龍腦香、狀類雲母，色如冰雪。絲棉、鑌鐵、鎗、剪、極巧且利。漆器、磁器俱極精巧。爲奇。

又 《婆羅門》 婆羅門，即古師子國。東晉時通焉，天竺時屬國也。其地西海之中，延袤二千餘里，多出奇寶，四時和適，無夏冬之異。五穀隨人所種，不須時節。其國舊無人，止有鬼神，有龍居之。諸國商賈來共市易，不見其形，但珍寶明其所堪價，商人依價取之。諸國人聞其土樂，因此競至，或有停住者，遂成大國。

晉安帝義熙初，遣使獻玉佛像，高四尺二寸，五色潔潤，形制殊特，殆非人工。歷晉宋伏在建康瓦官寺。其後宋元嘉、梁大通、唐總章、天寶間朝貢不絶。獻有大珠、鈿金、寶纓等物。

宋淳化中，闍婆國使來言，其鄰國有婆羅門者，其人善法察人情，人欲相危害者，皆先知之。至大觀中，婆羅門遣使來貢，詔禮之如交趾。及今我朝永樂中，遣使貢真珠、玳瑁、瑪瑙、車渠等物。賜王及妃文綺。

其地負山面海，念佛素食。風俗土産大略與天竺同。

論曰：昔列子言西方有聖人，由余言化人石佛，霍去病得祭天金人，漢哀時博士景盧口傳月氏人《浮屠經》，佛之興其來久矣。張騫通身毒，第言其地多暑濕，乘象而戰，略未及奉浮屠事，豈其未之察耶？夫恆星不見，咎徵也，而或以周莊之十年恆星不見爲佛生之始，謬矣。彼道家流乃謂周莊十年，老子遣尹真人乘月精白象下天竺，於淨飯夫人口中託生爲佛，蓋詆釋也。釋氏亦謂摩訶迦葉下生世間，號曰老子，蓋詆道也。而釋氏甚且詆聖，言寶曆菩薩生爲伏羲，吉祥菩薩生爲女媧，淨光童子生爲仲尼，月明童子生爲顔淵，兹愈不經之説矣。大抵王代以前，已有佛法，故關市譏而不徵，特其名自漢明時始著，其教自達摩西來始盛云爾。余因志天竺諸國事，故敍及之，以俟博識者考正焉。

又 卷四 《古里》 以下俱西域小國，無世系事迹可考，第以其朝貢中國，故詳録之。 古里乃西洋諸番之會，去中國十萬里。永樂元年，王沙米的遣人朝貢。五年，遣太監鄭和賜王誥幣，封爲國王。升賞其將領有差。王好浮屠。族類分五種。煅牛糞爲囊佩之，或塗肢體，其穢俗也。尚信義，行者讓路，道不拾遺，其美俗也。海濱爲市，通蕃諸國。事皆決於二將領。

國人亦有南毘、回回、哲地、革令、木瓜五等，與三佛齊同。南毘爲王，不食牛；回回爲將領，不食猪，各從其俗。其國王死，不傳子而傳甥，無甥則傳弟。其辨盜真僞、辨訟曲直亦以手置沸油中試之。算法以手足二十指會計，毫髮無差。

其産：小瓜，大如小指，長二寸，味佳。蝙蝠，其大如鷹，常於木竈子樹上倒掛而歇。黃牛人不食其肉，死則埋之。重三四百斤，爲奇。

又《加異勒》 加異勒，小國也。永樂、宣德間俱遣使朝貢。其地民貧，常傭鄰國。

物産無奇。

又《瑣里》 瑣里，小國也。洪武五年，國王卜納的遣馬牙荼嘉兒幹的亦剌丹八兒奉金字表來朝，貢方物，并上其土地山川圖。詔優禮之，賜《大統曆》、金幣等物。永樂元年，復遣使朝貢。俗同西域，其地近西洋瑣里，勢力微弱，西洋瑣里輒侵辱之。

物産甚微，惟有撒哈剌諸布。其貢物雖有珍異，然皆自鄰國貿易來者，非本國所産也。

又《西洋瑣里》 西洋瑣里，比瑣里爲差大。洪武三年遣使以金葉表朝貢。賜遇甚厚。永樂元年來貢。上令勿征其番貨。二十九年，西洋十五國遣使一千二百人貢方物，至京師。西洋瑣里貢獨豐美。

其産惟布爲佳。

又 卷六《柯枝》 柯枝，古槃槃國也。東連大山，西南北皆海。漢、晉未通，宋、梁時俱三遣使入貢。隋大業中亦復遣使，後絶。獻物有佛畫、塔圖、菩提樹葉、舍利子。我朝洪武中來貢。至永樂二年，王可亦里遣使朝貢。十年復遣使請封其國大山，詔從之。是時太監鄭和使至其國。

國王瑣里人也，首纏黃白布，上不衣，下紮紵帨，束絲壓腰。綴椰木葉苫屋。國人五種：曰南昆，與王同類，祝髮，以綿懸脛，爲貴族。次回回人。次富有財者曰哲地。次牙儈曰革令。又次卑賤者曰木瓜。木瓜濱海穴居，捕漁爲業，屋簷不得過三尺，上衣不過膝，途遇南昆、哲地即伏，候過乃行。王尚浮屠，敬象、牛。建寺，範金爲佛。佛座四旁砌成溝渠，中穿一井，每旦鳴鐘鼓汲井泉以灌佛頂，數回已乃禮之。有曰濁肌者，蓋道士流也，不剃胎髮，髮縷縷垂後，牛糞灰塗體，亦取女與行，吹大螺，妻隨之乞錢。

氣候常熱多雨，五六月間大雨，街市成河，至八月乃盡。市用銀錢，十五當金錢。

其山川：鎮國山。永樂二年封，上賜碑文。

産：蓬蓬奈肉紅，味甘，夷人乾以附遠。珠寶、香布等物俱佳。

又《百花》 百花，古注輦國也。自古未通中國。宋祥符中，國主羅荼羅乍遣進奉使侍郎娑里三文等奉表來貢。三文等以盤捧真珠、碧玻璃升殿，布於御坐前，降殿再拜。譯者道其言云：『十 年來海無波濤，故老相傳中國有聖人，故來入貢。』其國主表辭不雅馴，大略云：『伏惟皇帝陛下功超邃古，位建大中，衣裳垂而保合乾坤，劍戟鑄而範圍區宇。神武不殺，人民化成。廓明明之德以臨御下民，懷翼翼之心以昭事上帝。至仁不傷於行葦，大信爰及於淵魚。故得天鑑孔彰，帝臨有赫，顯今古未聞之事，保邦家大定之基。竊念臣微類醯雞，賤如蒭狗，世居夷落，地遠華風，虛荷燭幽，曾無執贄。今者竊聽歌頌，普及遐陬，恨年屬於桑榆，阻躬陳於玉帛，矧滄溟之曠絶，任跋涉以稍難。是敢傾倒赤心，遥瞻丹闕。任土作貢，同螻蟻之慕羶；委質事君，比葵藿之向日。謹遣使三文等五十二人奉土物朝貢。』云云。

其使離本國凡千一百五十日至廣州焉。自是數來朝貢。其使自言願將上等珠就龍牀腳撒殿，頂戴瞻禮，以申向慕之誠。乃奉銀盤升殿，跪散珠於御榻下而退，謂之撒殿。以後來貢者，遂以貢物撒殿爲常矣。

元時未聞，我朝謂之百花國，多奇花，故名。洪武十一年，國王剌丁剌者望沙遣使朝貢。

其俗尚佛，富饒。民有罪即命侍郎一員處治之，輕者縶於木格，笞五七十至一百；重者則斬，或以象踐殺之。其宴則國主與四侍郎膜拜於階，遂共坐作樂歌舞，不飲酒而食肉。俗衣布。亦有餅餌常饌。執事有婦人。其兵陣用象居前，小牌次之，梭槍次之，長刀又次之，弓矢在後。四侍郎分領其衆。

國東南約二千五百里有悉蘭池國，時相侵伐。

其産：真珠、象牙、珊瑚、玻璃、龜筒、檳榔、豆蔻、吉貝布。獸有山羊、黃牛、白鹿、紅猴。禽有山雞、鸚鵡、倒挂鳥。果有餘甘、山穀自生，實如橄欖，始嚼味酸，飲水乃佳。藤蘿、千年棗、椰子、甘羅、崑崙梅、婆羅蜜。實生幹上，形似冬瓜，皮若栗，多棘刺，内肉層疊，味佳，子亦可炒食。其花有白散絲、蛇臍、佛桑、麗秋、青黄碧婆羅、瑶蓮、蟬紫、水蕉爲奇。

又《小唄喃》 小唄喃，小國也。永樂七年，太監鄭和至其國，國王遣使來貢。其地田瘠而穀少，歲藉榜葛剌米糧來食。男少女多。使用金錢。

其産惟射香、胡椒、波羅密等。

又《甘把里》 甘把里，小國也。永樂間遣六人朝貢。産薄。民淳奉佛，不事積聚，故雖貧無乞丐者。

又《小葛蘭》 小葛蘭，小國也。永樂中，太監鄭和至其國，王遣人朝貢。俗尚佛教，尊敬象牛。婚喪等事大類錫蘭山，地亦相近。

其産青羊、青毛，足高三尺。黄牛重四五百斤。爲奇。

《明史》卷三二五《外國傳六・西洋瑣里》 西洋瑣里，洪武二年命使臣劉叔勉以卽位詔諭其國。

又《瑣里》 瑣里，近西洋瑣里而差小。

又《百花》 百花，居西南海中。【略】

國中氣候恒燠，無霜雪，多奇花異卉，故名百花。民富饒，尚釋教。

又 卷三二六《外國傳七・古里》 古里，西洋大國。西濱大海，南距柯枝國，北距狼奴兒國，東七百里距坎巴國。自柯枝舟行三日可至，自錫蘭山十日可至，諸蕃要會也。【略】

其國，山多地瘠，有穀無麥。俗甚淳，行者讓道，道不拾遺。人分五等，如柯枝，其敬浮屠、鑿井灌佛亦如之。每旦，王及臣民取牛糞調水塗壁及地，又煅爲灰抹額及股，謂爲敬佛。國中半崇回教，建禮拜寺數十處。七日一禮，男女齋沐謝事。午時拜天於寺，未時乃散。王老不傳子而傳甥，無甥則傳弟，無弟則傳於國之有德者。國事皆決於二將領，以回回人爲之。刑無鞭笞，輕者斷手足，重者罰金珠，尤重者夷族没産。鞫獄不承，則置其手指沸湯中，三日不爛卽免罪。免罪者，將領導以鼓樂，送還家，親戚致賀。

富家多植椰子樹至數千。其嫩者漿可飲，亦可釀酒，老者可作油、糖，亦可作飯。幹可搆屋，葉可代瓦，殻可製杯，穰可索綯，煅爲灰可鑲金。其他蔬果、畜産，多類中國。所貢物有寶石、珊瑚珠、琉璃瓶、琉璃枕、寶鐵刀、拂郎雙刃刀、金繫腰、阿思模達塗兒氣、龍涎香、蘇合油、花氈單、伯蘭布、苾布之屬。

又《柯枝》 柯枝，或言卽古盤盤國。宋、梁、隋、唐皆入貢。自小葛蘭西北行，順風一日夜可至。【略】

其國與錫蘭山對峙，中通古里，東界大山，三面距海。俗頗淳。築室，以椰子樹爲材，取葉爲苫以覆屋，風雨皆可蔽。

人分五等：一曰南昆，王族類；二曰回回，三曰哲地，皆富民；四曰革全，皆牙儈；五曰木瓜。木瓜最貧，爲人執賤役者。屋高不得過三尺。衣上不得過臍，下不得過膝。途遇南昆、哲地人，輒伏地，俟其過乃起。

氣候常熱。一歲中，二三月時有少雨，國人皆治舍儲食物以俟。五六月間大雨不止，街市成河，七月始晴，八月後不復雨，歲歲皆然。田瘠少收，諸穀皆産，獨無麥。諸畜亦皆有，獨無鵝與驢云。

又《小葛蘭》 小葛蘭，其國與柯枝接境。自錫蘭山西北行六晝夜可達。東大山，西大海，南北地窄，西洋小國也。永樂五年遣使附古里、蘇門答剌入貢，賜其王錦綺、紗羅、鞍馬諸物，其使者亦有賜。王及羣下皆瑣里人，奉釋教。重牛及他婚喪諸禮，多與錫蘭同。俗淳。土薄，收穫少，仰給榜葛剌。鄭和嘗使其國。厥貢惟珍珠傘、白棉布、胡椒。

又《大葛蘭》 又有大葛蘭者，波濤湍悍，舟不可泊，故商人罕至。土黑墳，本宜穀麥，民懶事耕作，歲賴烏爹之米以足食。風俗、物産，多類小葛蘭。

又《加異勒》 加異勒，西洋小國也。

又《甘巴里》 甘巴里，亦西洋小國。【略】

其鄰境有阿撥把丹、小阿蘭二國，亦以六年命鄭和齎敕招諭，賜亦同。

又《沙里灣泥》 沙里灣泥，永樂十四年遣使來獻方物，命鄭和齎幣帛還賜之。

明・艾儒略《職方外紀》卷一《印弟亞》 中國之西南曰印弟亞，

卽天竺五印度也，在印度河左右，國人面皆紫色。其南土曉天文，頗識性學，亦善百工技巧。無筆札，以錐畫樹葉爲書。國王之統，例不世及，以姊妹之子爲嗣，親子弟給禄自贍。男子不衣衣，僅以尺布掩臍下。女人有以布纏首至足者。其俗士農工賈各世其業。最貴者曰婆羅門，次曰乃勒。大抵奉佛，多設齋醮。今沿海諸國與西客往來者，亦率奉天主正教。

其地有加得山，中分南北。南半則山川、氣候、鳥獸、蟲魚、草木之屬，無不各極詭異。其地自立夏以至秋分無日不雨，反是則片雲不合，酷暑難堪，惟日有凉風解之。其風自巳至申從海西來，自亥至寅從陸東來。草木異於常者不可屈指。西友鄧儒望嘗游其國，獲覩草木生平未嘗見者至五百餘種。其所產木，以造舟極堅，永不破壞。多產椰樹，爲天下第一良材，幹可造舟車，葉可覆屋，實可療飢，漿能止渴，又可爲酒、爲醋、爲油、爲飴糖，堅處可削爲釘，殼可盛飲食，瓤可索綯，種一木而一室之利畢賴之矣。又有二奇木，其一名陰樹，花形如茉莉，旦晝不開，至夜始放，向晨盡落地矣。國人好卧于樹下，至蚤花覆滿身。其一木不花而實，人不可食，其枝飄揚下垂，附地便生根若柱，如是歲久，結成巨林，國人蔭其下，無異屋宇，至有容千人者，其樹之中近原幹處，則以供佛，名菩薩樹。鳥類最多，有巨鳥吻，能解百毒，國中甚貴之，一吻直金錢五十。他國象地產象，異於他種，能識人言。土人或命負物至某地，往輒不爽。他國象遇之則蹲伏。有獸名獨角，天下最少亦最奇，利未亞亦有之，額間一角，極能解毒。此地恒有毒蛇，蛇飲泉水，水染其毒，人獸飲之必死，百獸在水次，雖渴不敢飲，必俟此獸來以角攪其水，毒遂解，百獸始就飲焉。勿搦祭亞國庫云有兩角，稱爲國寶。有獸形如牛，身大如象而少低，有兩角，一在鼻上，一在頂背間，全身皮甲甚堅，銃箭不能入，其甲交接處比次如鎧甲，甲面犖确如鯊皮，頭大尾短，居水中可數十日，從小豢之亦可馭，百獸俱慴伏，尤憎象與馬，偶值必逐殺之，其骨肉皮角牙蹄糞皆藥也，西洋俱貴重之，名爲罷達，或中國所謂麒麟、天禄、辟邪之類。其貓有肉翅能飛。蝙蝠大如貓。蛇種類極多，大半俱毒。

地勢爲三角形，末鋭處闊不百步。東西氣候無不各極相反，此晴則彼雨，此寒則彼熱，此風濤蔽天則彼穩如平地矣。故海舶有乘順風而過者，至鋭處則行如拔山。此南印度之尤異也。

又《莫卧爾》 印度有五，惟南印度尚仍其舊，餘四印度皆爲莫卧爾併矣。莫卧爾之國甚廣，分爲十四道，象至三千餘隻。近百年内吞併鄰國甚多。嘗攻西印度，其西印度王統兵五十萬、馬十五萬、象二百，每象負一木臺，容人可二十，又載銃千門，其大者四門，每門駕牛二百，又盛載金銀滿五十巨罌以禦之；不勝，盡爲莫卧爾王所獲。

又東印度有大河名安日，國人謂經此水一浴，所作罪業悉得消除。五印度之人咸往沐浴，冀得滅罪生天也。其東近滿剌加處國人各奉四元行之一，死後各用本行葬其屍，如奉土者入土，奉水火者投水火，至奉氣者則懸掛尸於空中，亦大異也。

清・南懷仁《坤輿圖說》卷下《印第亞》 印第亞即天竺五印度，在印度河左右。人面紫色，善百工技巧，無筆劄，以錐畫樹葉為書。國王例不世及，以姊妹子為嗣，親子給禄自贍。男不衣衣，以尺布掩臍下；女以布纏首至足。其俗士、農、工、商，各世其業，最貴曰婆羅門，次曰乃勒。奉佛，多設齋醮。今沿海諸國率奉天主正教。其地有加得山，中分南北。南半山川、氣候、鳥獸、魚蟲、草木，各極詭異。立夏至秋分，無日不雨。反是，則酷暑難堪，惟有涼風解之。自巳至申，從海西來，自亥至寅，從陸東來。草木異常者難屈指。所產木造舟極堅，不破壞。多生柳樹幹，可造舟車，葉可覆屋，實能療饑，漿止渴，可為酒、醋，為油，為飴糖，可削為釘，殼盛飲，瓤索有二奇木，一名陰樹，花形如茉莉，晝不開，夜始放，晨盡落。國人好臥於下，花覆滿身。一木不花而實，不可食，枝飄揚下垂，附地生根若柱。歲久結成巨林，無異屋宇。有容千人者，樹中近原幹處以供佛，名菩薩樹。有巨鳥，吻能解百毒，一吻直金錢五十。象異他種，能識人言。或命負物至某處，往輒不爽。他國象遇之，則蹲伏。有獸名獨角，能解毒。此地多毒蛇，蛇飲泉水，染毒，人獸飲之必死。百獸雖渴，不敢飲，俟此獸來，以角攪其水，毒遂解，百獸始就飲。又有獸，形如牛，大如象，生兩角，一在鼻上，一在頂背，皮甲甚堅，交接處如鎧甲，頭大尾短，居水中可數十目。從小豢之，亦可馭百獸，俱慴伏。值象與馬，必逐殺之。骨、肉、皮、角、牙、糞皆為藥，西洋貴重之。其貓有肉翅，能飛。蝙蝠大如貓。地勢三角形，末鋭處闊不百步，東西氣候，各極相反，此晴則彼雨，此寒則彼熱，此風濤蔽天，彼穩平如地。海舶乘順風過者，至鋭處行如拔山，比南印度尤異。

清・穆彰阿等《嘉慶重修一統志》卷五五八《古里・建置沿革》　西洋大國也，自柯枝舟行三日可至，自錫蘭山十日可至，爲諸番要會，自古不通中國。明永樂元年，命中官尹慶奉詔諭其國，其酋沙米的喜，其酋沙米的喜，舊《志》作『其王馬那必加剌滿』，今改正。遣使入貢，因封爲國王，賜印誥及文綺，遂比年入貢。十四年，偕瓜哇彭亨等國入貢，是時，諸番使臣充斥於廷，以古里大國序其使者於首。宣德八年，其王比里麻遣使偕蘇門答剌等國使臣入貢，其使久留都下，正統元年，乃命附瓜哇貢舟西還，自是不復至。

又《風俗》　其人淳厚，行者讓道，路不拾遺《續文獻通考》。敬浮屠，崇回教《明史》。人分五等，如柯枝，其敬浮屠，鑿井灌佛亦如之。每旦，王及臣民取牛糞調水塗壁及地，又煆爲灰，抹額及股，謂爲敬佛。國中半崇回教，建禮拜寺數十處，七日一禮。男女齋沐謝事，午時拜天於寺，未時方散。王老不傳子而傳甥，無甥則傳弟，無弟則傳於國之有德者。國事皆決於二將領，以回回人爲之。刑無鞭笞，重者斷手足，輕者罰金珠。鞫獄不承，則置其手指沸湯中，三日不爛，即免罪。免罪者，將領導以鼓樂送還家，親戚致賀。蔬果畜產，多類中國《明史》。其國山多地瘠，有穀無麥，富家多植椰子樹，至數千，其嫩者漿可飲，亦可釀酒，老者可作油糖，亦可作飯，幹可構屋，葉可代瓦，殼可製杯，瓤可索綯，煆爲迎灰可鑲金。其他蔬果畜產，多類中國。

又《土產》　寶石　珊瑚　珠　琉璃　鐵　龍涎香　蘇合油　花氈單　伯蘭布　苾布

又卷五五九《柯枝・建置沿革》　相傳即古盤盤國。其國與錫蘭山對峙，中通古里，東界大山，三面距海。自小葛蘭西北行，順風一日夜可至。宋元嘉中始通中國，梁隋皆入貢。唐貞觀九年來貢，永徽中獻鸚鵡。明永樂六年，命鄭和使其國。九年，國王可亦里遣使入貢，使者請賜印誥，封其國中之山爲鎮國之山，勒碑其上，繫以銘。宣德八年，王可亦里復遣使偕錫蘭山諸國來貢。正統元年，遣其使者，附瓜哇貢舶還國。

又《風俗》　崇釋教，俗甚淳《舊唐書・盤盤傳》。人皆尊婆羅門，敬佛法。《明史》：其王瑣里人，崇釋教。佛座四旁皆水溝，復穿一井。每旦，鳴鐘鼓，汲水灌佛，三浴之，始羅拜而退。俗頗淳，築室以椰子樹爲材，取葉爲苫以覆屋，風雨皆可蔽。呼僧爲比邱，呼道士爲貪。《舊唐書》：僧尼讀佛經，食肉而不飲酒，道士不食肉，國不甚重。人分五等。《明史》：一曰南毘，王族類；二曰回回；三曰哲地，皆富民；四曰革全，皆牙儈；五曰木瓜，木瓜最貧，爲人執賤役者。屋高不得過三尺，衣上不得過臍，下不得過膝，途遇南毘哲地人，輒伏地，俟其過乃起。氣候常熱，田瘠少收。《明史》：氣候常熱，一歲中，二三月時有小雨。國人皆治舍，儲食物以俟。五六月間，大雨不止，街市成河，七月始晴。八月後不復雨，歲歲皆然。田瘠少收。諸穀皆產，獨無麥。諸畜亦皆有，獨無鵞與驢云。

又《土產》　胡椒續《文獻通考》：地產胡椒，通商販賣。鸚鵡唐永徽中常入貢。

巴基斯坦

元・周致中《異域志》卷下《乾陁國》　其國乃尸毗王之倉庫之所，倉爲火焚，米皆焦，至今尚存。得一粒服之，則終身無疾。

清・劉統勳等《皇輿西域圖志》卷四五《藩屬二・痕都斯坦》　痕都斯坦在拔達克山西南，愛烏罕東，國工治玉，以水磨成，器最精，為內地所弗逮。舊於葉爾羌貿易，乾隆二十五年頒。

又《巴勒提》　巴勒提在博洛爾南，東接土伯特，西接克什米爾，又西接痕都斯坦，南接哈普倫，中有長河。其地北極高三十一度五十分，距京師偏西四十五度二十八分，分兩部落。其酋默默斯帕爾烏蘇完分統之，各八千餘衆。舊在葉爾羌貿易，乾隆二十五年六月內附，令通市如故。

按巴勒提部在痕都斯坦東，痕都斯坦為古罽賓國，巴勒提與之附近應屬罽賓國東境也。

孟加拉

元・汪大淵《島夷志略・朋加剌》　五嶺崔嵬，樹林拔萃，民聚而居之，歲以耕殖爲業，故野無曠土，田疇極美。一歲凡三收穀，百物皆廉，即古忻都州府也。氣候常熱，風俗最爲淳厚。男女以細布纏頭，穿長衫。官稅以十分中取其二焉。國鑄銀錢，名唐加，每箇二錢八分重，流通使用。互易趴子一萬一千五百二十有餘，以權小錢便民，良有益也。產苾布、高你布、兜羅錦、翠羽。貿易之貨，用南北絲、五色絹緞、丁香、荳蔻、青白花器、白纓之屬。茲番所以民安物泰，皆曰平農力有以致之。是故原防菅茅之地，民墾闢，種植不倦，犂無再勞之役，因天之時而分地利，國富俗厚，可以軼舊港而邁闍婆云。

元·周致中《異域志》卷下《默伽臘國》 其國出珊瑚，人用繩縛十字木，以石沉水中，棹船拖索而取，謂鐵網取珊瑚。

明·費信《星槎勝覽》卷一《榜葛剌國》 其處曰西印度之地。西通金剛寶座，曰紹納福兒，乃釋迦佛得道之所。永樂十年並永樂十三年二次，上命太監侯顯等統領舟師，齎捧詔敕，賞賜國王、王妃、頭目，至其國海口，有港曰察地港，立抽分之所。其王知我中國寶船到彼，遣部領齎衣服等物，人馬千數迎接。港口起程十六站，至鎖納兒江，有城池街市，聚貨通商。又差齎禮象馬迎接，再行二十站，至板獨哇，是酋長之居處。城郭甚嚴，街道鋪店，連楹接棟，聚貨甚有。其王之居，皆磚石甃砌高廣，殿宇平頂，白灰為之。入去內門三重，九間長殿，其柱皆黃銅包飾，雕琢花獸。左右長廊，內設明甲馬隊千餘，外列巨漢，明盔明甲，執鋒劍弓矢，威儀之甚。丹墀左右，設孔雀翎傘蓋百數，又置象隊百數於殿前。其于正殿設高座，嵌八寶，箕踞坐其上，劍橫於膝。乃令銀柱杖二人，皆穿白纏頭，來引導前，五步一呼，至中則止。又金柱杖二人，接引如前禮。其王恭禮拜迎詔敕，叩謝加額。開讀賞賜，受畢，鋪絨毯於殿地，待我天使，宴我官兵，禮之甚厚。燔炙牛羊，禁不飲酒，恐亂其性，抑不遵禮，惟以薔薇露和香蜜水飲之也。宴畢，復以金盔、金繫腰、金盆、金瓶奉贈天使，其副使皆以銀盔、銀系腰、銀盆、銀瓶之類，其下之官，亦以金鈴紵苧絲長衣贈之，兵士俱有銀盞錢，蓋此國有禮富足者矣。其後恭置金筒銀葉表文，差使臣齎捧，貢獻方物於廷。其國風俗甚淳，男子白布纏頭，穿白布長衫，足穿金線羊皮靴，濟濟然亦其文字者。衆凡交易，雖有萬金，但價定打手，永無悔改。婦女穿短衫，圍色布線錦，然不施脂粉，其色自然嬌白，兩耳垂寶鈿，項掛瓔珞，髻椎腦後，四腕金鐲，手足戒指，可為一觀。其有一種人曰印度，不食牛肉。凡飲食，男女不同處，夫死妻不再嫁，妻喪夫不再娶。若孤寡無倚，一村之家輪養之，不容別村求食，足見義氣所尚也。田沃豐足，一歲二收，不用耘耔，隨時自宜，男女勤於耕織。果有波羅蜜，大如斗，甘甜香美。奄摩勒，香酸甚佳。其餘瓜果、蔬菜、牛、馬、雞、羊、鳧、鴨、海魚之類甚廣。通使海貝，准錢市用。地產細布、撒哈剌、絨毯兜羅錦、水晶、瑪瑙、珊瑚、珍珠、寶石、糖蜜、酥油、翠毛、各色手巾、被面。貨用金銀、布段、色絹、青白花磁器、銅錢、麝香、銀朱、水銀、草席、胡椒之屬。

詩曰： 葛剌宗西域，留傳教不衰。兵戎皆有法，文字悉周知。貨市排珍寶，轅門簇羽旗。柱樑雕飾彩，階級引行儀。不飲羞燔炙，平鋪毯陸離。分邊盤坐處，異廣在餐時。言誓冰霜操，嬌顏玉雪姿。波羅大如斗，摩勒壓連枝。耘耔何曾用，豐穰只自宜。照臨天廣遠，采拾句搜奇。恩照欽華夏，流風實外夷。小臣存悃愊，隨表進丹墀。

明·馬歡《瀛涯勝覽·榜葛剌國》 自蘇門答剌國開船，取帽山幷翠藍島，投西北上，好風行二十日，先到浙地港泊船，用小船入港，五百餘裡到地名鎖納兒港登岸，向西南行三十五站到其國。有城郭，其王府幷一應大小衙門皆在城內。其國地方廣闊，物穰民稠，舉國皆是回回人，民俗淳善。富家造船往諸番國經營者頗多，出外傭役者亦多。人之容體皆黑，間有一白者。男子皆剃髮，以白布纏之。身服從頭套下圓領長衣，下圍各色闊手巾，足穿淺面皮鞋。其國王幷頭目之服，俱奉回回教禮，冠衣甚整麗。國語皆從榜葛里，自成一家言語，說吧兒西語者亦有之。國王以銀鑄錢，名倘伽，每個重官秤三錢，徑官寸一寸二分，底面有紋。一應買賣皆以此錢論盧零用。海番名考嚟，論個數交易。民俗冠喪祭婚姻之禮，皆依回回教門禮制。四時氣候，常熱如夏。稻穀一年二熟，米粟細長，多有細紅米。粟、麥、芝麻、各色豆黍、薑、芥、葱、蒜、瓜、茄、蔬菜皆有。果有芭蕉子。酒有三四等，椰子酒、米酒、樹酒、茭葦酒各色法制，多有燒酒。市賣無茶，人家以檳榔待人。街市一應鋪店、混堂、酒飯甜食等肆都有。駝、馬、驢、騾、水牛、黃牛、山羊、棉羊、鵝、鴨、雞、豬、犬、貓等畜皆有。果則有波羅蜜、酸子、石榴、甘蔗等類，其甜食則有沙糖、白糖、糖霜、糖果、蜜煎、蜜薑之類。土產五六樣細布：一樣蓽布，番名卑泊，闊三尺餘，長五丈六七尺，此布勻細如粉箋一般；一樣姜黑布，番名滿者提，闊四尺許，長五丈餘，此布緊密壯實；一樣番名沙納巴付，闊五尺，長三丈，便如生平羅樣，即布羅也；一樣番名忻白勤搭黎，闊三尺，長六丈，布眼稀勻，即布紗他，皆用此布纏頭；一樣番名沙榻兒，闊二尺五六寸，長四丈餘，如好三梭布一般；有一樣番名驀黑驀勒，闊四尺，長二丈餘，背面皆起絨頭，厚四五分，卽兜羅綿也。桑柘蠶繭皆有，止會作線繰絲嵌手巾幷絹。不曉成綿。漆器、盤碗、鑌鐵、輪、刀、翦等器皆有賣者。一樣白紙，亦是樹皮所造，光滑細膩如鹿皮一般。國法有笞杖徒流等刑。官品衙門印信行移皆有。軍亦有官管給糧餉，管軍頭目名吧斯剌兒。醫卜陰陽百工技藝皆有之。其行術，身穿挑黑線白布花衫，下圍色絲手巾，以各色硝子珠間以珊瑚珠穿成纓絡，佩于肩項，又以青紅硝子燒成鐲，帶於兩臂，人家宴飲，此輩亦來動樂，口唱番歌對舞，亦有解數。有一等人名根肖速魯奈，卽樂工也。每日五更時分，到頭目或富家門首，一人吹銷，一人擊小鼓，一人擊大鼓，初起則慢，自有調拍，後漸緊促而息。又至一家，如前吹擊而去，至飯時仍到各家或與酒飯，或與錢物。撮弄把戲，諸色皆有，不甚奇異。止有一樣，一人同其妻以鐵索拴一大虎，在街牽拽而行，至人家演弄。卽解其鐵索，令虎坐於地。其人赤體單梢，對虎跳躍，拽拳將虎踢打。其虎性發作威，咆哮勢若撲人。其人與虎對跌數交畢，又以一臂伸入虎口，直至其喉，虎不敢咬。其人仍銷虎頸，則伏於地討食。其家則與肉啖之，又與其人錢物而去。日月之定，亦以十二個月為一年，無閏月。節氣早晚臨期推。王亦差人駕船往各番國買賣，取辦方物珍珠寶石，進貢中國。

明·鞏珍《西洋番國志·榜葛剌國》 榜葛剌國，自蘇門答剌國開舡，取帽山並翠藍島，投西北上行，好風二十日先到浙地港泊舡，易小舡入港，行五百里，到地名鎖納兒港。自此登岸又西南行三十五站，始到榜葛剌國。其國有城，王居及大小諸衙門皆在城内。

地廣人稠，風俗良善。富家多造舡往番買賣，而傭伎者亦多。國中皆回回人。男婦皆黑，間有一白者。男子剃頭，以白布纏裹。身服圓領長衣，自首而入，下圍各色闊手巾，足着淺面皮鞋。及頭目俱服回回教禮，衣冠甚潔麗。國語名榜葛俚，自成一家語。説吧兒西話者亦有之。王以銀鑄錢名倘加，每錢官秤重三錢，官尺徑一寸二分，底面有紋。一應買賣皆用此錢，街市零使則用海肌。海肌番名考嚟，論箇數交易。冠婚喪祭，皆用回回禮。

氣候時常熱如夏。出稻穀、芝麻、黍、粟、豆、麥。其稻穀，一年二熟，米粒細長，多紅者。蔬有姜、芥、葱、蒜、瓜、茄。果有芭蕉、甘蔗、石榴、酸子、波羅蜜，及砂糖、白糖、糖霜、蜜煎之類。畜有駝、馬、驢、騾、水牛、黄牛、山羊、綿羊、豬、犬、雞、貓、鵝、鴨等畜。酒有米酒、椰子酒、茭蔁酒，各有造法。多作燒酒賣。土俗無茶，以檳榔待客。街市一應鋪店、混堂、酒飯、甜食皆有。土産五六種細布。一種草布，番名泊，闊三尺餘，長五丈六七尺。此布極細，如中國細箋紙。一種姜黄布，番名滿者提，闊四尺許，長五丈餘。此布細密壯實。一種沙納巴布，闊五尺，長三丈，如生羅狀，卽布羅也。一種細白勒搭嚟，闊三尺許，長六丈，布眼希疎勻淨，卽布紗也。纏頭皆用此布。一種炒塌兒，止闊二尺五六寸，長四丈餘，如中國好梭布狀。一種驀黑驀勒，闊四尺許，長二丈餘，背面皆起絨頭，厚四五分，卽兜羅綿也。桑柘蠶絲雖有，止織絲嵌手巾並絹布。一等白紙光滑細膩如鹿皮，亦有是樹皮所造。其他漆器、盤碗、鑌鐵、鎗、剪刀等項，皆市賣者。

國法有笞、杖、徒、流等刑。官府有品級印信行移，軍有糧餉。管軍頭目名吧斯剌兒。及有陰陽醫卜百工伎藝。其衒衒身着挑黑線白布花衫，下圍色絲手巾，以各色硝子珠間珊瑚琥珀，穿成瓔珞佩於肩頂，又以青紅硝子燒成針鐲，帶於兩臂。人家宴飲，皆來動樂，口唱番歌對舞，亦有解數可觀。其樂工名根肖速魯奈，每日五更時卽到頭目或富家門首。一人吹鎖納，一人擊鼓，一人打大鼓，皆有拍調，初則慢，後漸緊促而止。又至一家吹打而去。及飯時回至各家，皆與酒飯，或與錢財。諸色把戲皆不甚奇。街市中有一人同妻以鎖鎖一大虎。每至人家卽解索，虎眈眈坐地。其人赤體跳躍，將虎踢打。虎怒，作咆哮勢，來撲其人。其人與虎對摶數次，既又以臂探入虎口至喉，虎不敢食。戲訖鎖虎，虎伏地討食。人家以肉啖虎，並以錢物與其人而去。月日之定亦以十二月爲一年，無閏月。

王亦遣人駕舡往鄰邦買辦珍珠寶石進貢。

明·黄省曾《西洋朝貢典録》卷中《榜葛剌國》 其國在翠藍嶼西北可七千里。一曰東印度之國，地方千里。由蘇門答剌而往也，取帽山、翠藍，西北而行，善風二十日至浙地之港，一曰泊察地。小舟以入，五百里至鎖納兒之港，港有城池街市。又行二十站，及坂獨哇而至國。

其國城郭壯麗。其王有大殿，四方而堊飾，爲間凡九，三門而入。殿之柱裹以黃銅，鏤以花獸。其王之衣冠、王之臣之衣冠俱回回製。上下皆回回人，婚喪一如其禮。其民善，富庶而淳，好爲商賈。其男子髡，纏首以白布，服圓領長衫，下圍色帨，革履。女子椎髻，短衫，圍色布絲綿，珥寶鈿，項佩瓔珞，手足約以金鐲、戒指。

其土氣恆燠。其定歲以十二月。國無閏。刑止於流。百職有印符行移。掌軍者謂之巴斯剌兒。有醫師、卜人、星官曁百工，市肆咸備。其語謂之榜葛俚，亦善吧兒語。樂工謂之根肖速魯奈。凡夙興，舉樂於富貴者之家，擊小鼓一人，擊鼙鼓一人，吹篳篥一人，其音節先徐而後促。舉畢，則予之酒物、倘伽。凡款賓以檳榔。凡宴享用樂婦歌舞以娛賓。樂婦之飾也，服淺紅線布之花衫，下圍色絲帨，肩項佩五色硝子、珊瑚、琥珀珠之纓絡，腕約青紅哨子之釧鐲。其俗有虎戲，鐵索拽虎而行。其戲也，解索，虎蹲而據，人臝以擊虎，虎乃咆哮作勢，與人而對躍。人時掉臂於虎口。戲而畢，則虎伏於地。閱戲之家飼虎以肉，與人以倘伽。

其交易以銀錢，名曰倘伽；以海𧴩，名考曰𧴩。其利布帛。其穀宜五種，歲二穫，其畜宜六擾。銀錢重官秤三分，徑官寸一寸二分，底面有紋。海𧴩計斤。其酒之品有四：一曰椰子酒，二曰米酒，三曰桐子酒，四曰茭蔁酒。其布帛之品有六：苾布謂之卑泊，廣二尺，長五丈六尺，勻細而白；黃布謂之滿者提，廣四尺，長五丈，緊而密；布羅謂之沙納巴付，廣五尺，長三丈，狀如生平羅；布紗謂之忻白勤搭?，廣三尺，長六丈，纏首用之；如三梭者，謂之沙塌兒，廣二尺五寸，長四丈；兜羅綿謂之驀哩驀勤，廣四尺，長二丈，背面有絨起可四五分。

其土物有珊瑚、珍珠、水晶、瑪瑙、翠羽，多芭蕉子、波羅蜜、石榴、酸子、甘蔗，多酥蜜，多瓜、葱、薑、芥、茄、蒜。有駱駝。有桑皮紙。有木焉，弱條而青葉，朝花而暮斂，如夜合，其子如李，其名曰菴摩勒，一曰餘甘，食之已丹石毒。

其接天詔之日，明甲馬隊千餘，設於左右長廊，明光甲，巨漢秉劍，持弓矢以侍。孔雀翎之蓋百具設於丹墀，象隊百設於殿上。其王陞八寶座，橫劍於膝，乃有持銀杖者二人引導，五步一呼，至中則止。復有持金杖者二人引導如前。其王肅恭拜迎詔敕，叩首而加額。其開讀賞賜之訖也，是陳絨毯於殿，以宴天使。以牛羊爲燔炙，以薔薇之露、諸香之蜜水而爲飲。

其朝貢無常。永樂六年，其國王靄牙思丁遣使來朝貢。九年，至太倉，命行人往宴勞之。十二年，又遣其臣把一濟等來朝，貢麒麟等物。正統三年，貢同，表用金葉。其貢物：馬、馬鞍、金銀事件、戧金琉璃器皿、青花白磁、撒哈剌、者扶黑答立布、洗白苾布、兜羅綿、糖霜、鶴頂、犀角、翠毛、鸚哥、乳香、麤黃熟香、烏香、麻藤香、烏爹泥、紫膠、藤竭、烏木、蘇木、胡椒。

論曰：榜葛剌，其饒富多儀之國也。夫觀其於天朝正使有金盔、繫腰盆瓶之獻，於副使有銀盔、繫腰盆瓶之獻，於行人有金鈴、紵絲長衣之獻，於兵士有銀錢之獻，非饒富多儀，曷克若此云。

《明史》卷三二六《外國傳七·榜葛剌》 榜葛剌，卽漢身毒國，東漢曰天竺。其後中天竺貢於梁，南天竺貢於魏。唐亦分五天竺，又名五印度。宋仍名天竺。榜葛剌則東印度也。自蘇門答剌順風二十晝夜可至。

【略】

其國，地大物阜。城池街市，聚貨通商，繁華類中國。四時氣候常如夏。土沃，一歲二稔，不待耔耘。俗淳龐，有文字，男女勤於耕織。容體皆黑，間有白者。王及官民皆回回人，喪祭冠婚，悉用其禮。男子皆薙髮，裹以白布。衣從頸貫下，用布圍之。曆不置閏。刑有笞杖徒流數等。官司上下，亦有行移。醫卜、陰陽、百工、技藝悉如中國，蓋皆前世所流入也。

其王敬天朝。聞使者至，遣官具儀物，以千騎來迎。王宮高廣，柱皆黃銅包飾，雕琢花獸。左右設長廊，內列明甲馬隊千餘，外列巨人，明盔甲，執刀劍弓矢，威儀甚壯。丹墀左右，設孔雀翎傘蓋百餘，又置象隊百餘於殿前。王飾八寶冠，箕踞殿上高座，橫劍於膝。朝使入，令拄銀杖者二人來導，五步一呼，至中則止；又拄金杖者二人，導如初。其王拜迎詔，叩頭，手加額。開讀受賜訖，設毧毯於殿，宴朝使；不飲酒，以薔薇露和香蜜水飲之。贈使者金盔、金繫腰、金瓶、金盆，其副則悉用銀。從者皆有贈。厥貢，良馬、金銀琉璃器、青花白瓷、鶴頂、犀角、翠羽、鸚鵡、洗白苾布、兜羅綿、撒哈剌、糖霜、乳香、熟香、烏香、麻藤香、烏爹泥、紫膠、藤竭、烏木、蘇木、胡椒、粗黃。

清·穆彰阿等《嘉慶重修一統志》卷五五八《邦葛剌》 其國東行經六月，至婆羅門。元太祖定西域，至東印度地。明永樂六年，榜葛剌國王靄牙思丁遣使來貢。正統後不復至。《續文獻通考》：榜葛剌即東印度地也，國最大。從蘇門答剌海西北行二十日，抵淛地港。自港至瑣納兒江，有城池街市，聚貨通市。再行至板獨哇，酋長居焉。城郭甚嚴，其國殿宇廣大，內門三重九間，殿柱皆黃銅包飾，雕琢花獸，左右長廊，內設明甲馬隊千餘，外列巨漢，甲冑執鋒刃弓矢。丹墀左右，列孔雀翎扇蓋數百，又置象隊，王正殿高座嵌八寶，王箕踞坐其上。橫劍於膝，王及諸官皆回回人。男祝髮，白布纏頭，圓領長衣，束彩帨，躡金錦羊皮鞾，婦人不施脂粉，耳垂寶鈿項掛纓絡。又有沼納樸兒，其國在榜葛剌之西。永樂十年，亦遣使敕諭其國，然以去中國絕遠，朝貢竟不至。《續文獻通考》：沼納樸兒，在榜葛剌迤西，古天竺國也，居印度之中，又名金剛寶座國，乃釋迦得道之所。

又《風俗》 修浮圖道，不殺生。《後漢書》。人敦龐，土饒沃。見《梁書·天竺傳》。又云其王號茂論所都城郭，水泉分流。繞於渠壍，下注大江。其宮殿皆雕文刻鏤。街曲市里，屋舍樓觀。鐘鼓音樂，服飾奢華。水陸通流百賈交會，器玩珍瑋，恣心所欲。左右嘉維舍衛葉波等十六大國，去天竺或二三千里，共尊奉之，以為在天地之中也。百姓殷樂，俗無簿籍。耕王地者輸地利，以齒貝為貨，《舊唐書》。俗皆徒跣，衣重白色《舊唐書》。無喪紀，重刑罰。善天文推算之術。《舊唐書》：死者或焚屍取灰，以為浮屠；或委之中野，以施禽獸；或流之於河，以飼魚鼈。無喪紀之文。謀反者幽殺之，小犯罰錢以贖罪。不孝則斷手足，截耳割鼻，放流邊外。有文字，善天文推算之術，其人皆習學《曇章》。云是梵天書法，書於貝多樹葉以紀事。俗尚信義。田豐美，一歲二收。男女勤耕織《續文獻通考》。地大物阜，繁華類中國《明史》。地大物阜，城池街市，聚貨通商，繁華類中國。俗淳龐，有文字。官司上下，亦有行移，醫卜陰陽。百工技藝，悉如中國《明史》。皆前世所流入也。敬迎朝使，宴贈盡禮《明史》。其王敬天朝，聞使者至，遣官具儀物，以千騎來迎。王宮高廣，威儀甚壯。朝使入，令拄銀杖者二人來導，五步一呼，至中則止。又令拄金杖者導如前，其王拜迎詔，叩頭手加額，開讀受賜訖，設毯毬於殿。宴朝使，不飲酒，以薔薇露和香蜜水飲之。贈使者金盔金繫腰金瓶金盆，其副悉用銀，其從者皆有贈。

又《土產》 鹽《文獻通考》：天竺國臨大江，源出崑崙，分為五江，總名洹水，其水甘美，下有真鹽，色正白如水晶。金剛《舊唐書》：似紫石英，百鍊不消，可以切玉。 高傢布 兜羅綿 翠羽 琉璃 良馬 鶴頂 犀角

烏爹泥 紫膠 烏木 蘇木 麒麟 金 銀 青花 白瓷 鸚鵡 洗白苾布 撒哈剌 糖霜 乳香 熟香 烏香 麻藤香 藤竭 胡椒 粗黃

自麒麟以下俱見明史。

尼泊爾

元·周致中《異域志》卷上《东印度國》 人性强獷，好殺伐，以戰死爲吉利，以善終爲不祥。昔周伯陽父惡其兇殺，化之，見《周書》。至周莊王九年四月八日，恆星不見，星隕如雨，是夜，釋氏生，能修性宗教，國人宗之，稱名曰佛。蓋佛者如中國稱神，彼皆稱佛。漢明帝時，其法流入中國，晉明帝時，其法大行。

斯里蘭卡

明·費信《星槎勝覽·錫蘭山國》 其國地廣人稠，貨物各聚，亞於爪哇。國有高山，參天之聳，山頂産有青美磐石、黃鴉鶻石、青紅寶石，每遇大雨，沖流山下，沙中尋拾得者。其海傍有珠簾沙，常以網取螺蚌，傾入珠池內，作爛淘珠為用而貨也。海邊有一磐石，上印足迹，長三尺許，常有水不幹，稱為先世釋迦佛從翠藍嶼來登此岸，足躡其迹，至今為聖迹也。山下有寺，稱為釋迦佛涅盤真身，在寺側臥尚存，亦有舍利子在其寢處。氣候常熱。俗朴富饒，米穀足收。地産寶石、珍珠、龍涎、乳香，貨用金、銀、銅錢、青花白磁、色段、色絹之屬。男女纏頭，穿長衫，圍單布。永樂七年，皇上命正使太監鄭和等齎捧詔敕、金銀供器、彩妝、織金寶幡，布施於寺，及建石碑以崇皇圖之治，賞賜國王頭目。其王亞烈苦奈兒負固不恭，謀害舟師。我正使太監鄭和等深機密策，暗設兵器，三令五申，使衆銜枚疾走，夜半之際，信炮一聲，奮勇殺入，生擒其王。永樂九年，歸獻闕下。尋蒙恩宥，俾複歸國，四夷悉欽。

詩曰：地廣錫蘭國，營商亞爪哇。高峯生寶石，大雨雜泥沙。淨水宜眸子，神光臥釋迦。池深珠燦爛，枝茂樹交加。出物奇偏貴，遺風富且

奢。立碑當聖代，傳誦樂無涯。

明·馬歡《瀛涯勝覽·錫蘭國、裸形國》 自帽山南放洋，好風向東北行三日，見翠藍山在海中。其山三四座，惟一山最高大，番名按篤蠻山。彼處之人巢居穴處，男女赤體，皆無寸絲，如獸畜之形。土不出米，惟食山芋、波羅蜜、芭蕉子之類，或海中捕魚蝦而食。人傳云：若有寸布在身，卽生爛瘡。昔釋迦佛過海，於此處登岸，脫衣入水澡浴，彼人盜藏其衣，被釋迦呪訖，以此至今人不能穿衣，俗言出卵塢，卽地也。過此投西，船行七日，見鶯歌嘴山，再三兩日，到佛堂山，才到錫蘭國馬頭名別羅里。自此泊船，登岸陸行。此處海邊山腳光石上有一足迹，長二尺許，云是釋迦從翠藍山來，從此處登岸，腳踏此石，故迹存焉。中有淺水不幹，人皆手蘸其水洗面拭目，曰『佛水清淨』。左有佛寺，內有釋迦佛混身側臥，尚存不朽。其寢座用各樣寶石妝嵌沉香木為之，甚是華麗，又有佛牙幷活舍利子等物在堂。其釋迦涅盤，正此慮也。又北去四五十里，才到王居之城。國王系鎖俚人氏，崇信釋教，尊敬象牛。人將牛糞燒灰，遍搽其體，牛不敢食，止食其乳。如有牛死，卽埋之，若私宰牛者，王法罪死，或納牛頭大金以贖其罪。王之居址，大家小戶每晨將牛糞用水調稀，遍塗屋下地面，然後拜佛。兩手直舒於前，兩腿直伸於後，胸腹皆貼地而為拜。王居之側有一大山，侵雲高聳，山頂有人腳迹一個，入石深二尺，長八尺餘。云是人祖阿聃聖人，卽盤古之足迹也。此山內出紅雅姑、青雅姑、黃雅姑、青米籃心、昔剌泥、窟没藍等一切寶石皆有。每有大雨沖出土，流下沙中，尋拾則有。常言寶石乃是佛祖眼淚結成。其海中有雪白浮沙一片，日月照其沙，光采瀲灩，日有珍珠螺蚌聚集沙上。其王置珠池，二三年一次令人取螺蚌傾入池中，差人看守此池，候其壞爛，則用水淘珠，納官。亦有偷盜賣於他國者。其國地廣人稠，亞於爪哇。民俗饒富，男子上身赤膊，下圍色絲手巾，加以壓腰。滿身毫毛俱剃淨，止留其髮，用白布纏頭。如有父母死者，其須毛卽不剃，此為孝禮。婦人撮髻腦後，下圍白布。其新生小兒則剃頭，女留胎髮不剃，就養至成人。無酥油牛乳不食飯。人欲食飯，則於暗處潛食，不令人見。平居檳榔荖葉不絕於口。米穀、芝麻、菉豆皆有，惟無大小二麥。椰子至多，油糖酒醬皆以此物借造而食。人死則以火化埋骨，其喪家聚親鄰之婦，都將兩手齊拍胸乳而叫號哭泣為禮。果有芭蕉子、波羅蜜、甘蔗、瓜茄、蔬菜，牛羊雞鴨皆有。王以金為錢，通行使用，每錢一個，重官秤一分六厘。中國麝香、紵絲、色絹、青磁片碗、銅錢、樟腦，甚喜。則將寶石珍珠換易。王常差人賫寶石等物，隨同回洋寶船進貢中國。

明·鞏珍《西洋番國志·錫蘭國》 錫蘭國，自南浡里帽山放洋，好東北風，三日見翠藍山三四座，惟一山最高大，番名按篤蠻山。此處人皆巢居穴處，男女赤體如禽獸然，無寸衣着膚。相傳昔釋迦佛過海，於此登岸，入水澡浴，土人偷佛衣而藏之。佛咒土人，故至今皆赤體，謂寸布着身卽身爛。此謂裸形國也。

其土不產米穀，人惟食山芋、波羅蜜、芭蕉子之類，或海中捕蝦魚而食之。

過此正西舡行七八日見鶯哥嘴山，又三兩日見佛堂山，始到錫蘭國馬頭，番名別羅里，泊舡登岸。海邊山脚石上有足迹長二尺許，云是釋迦佛自翠藍山來就此登岸，足迹存焉。中有淺水不乾，人就蘸水洗面目。其左有佛寺，乃佛涅槃處，寺內佛臥尚存，寢座皆用諸寶石嵌沉香木爲之，極華麗。及有佛牙並活舍利子等物在堂。

北去四五十里始到王居。王亦鎖里人，崇信佛教，敬象及牛。人以牛糞燒灰塗身。人不敢食牛而食其乳。牛死卽埋之，若私宰牛者其罪死，或納牛頭金以贖其罪。王之所居，每早國人皆以牛糞調水遍塗屋上地下，然後拜佛。其拜以兩手舒前兩脚伸後，胸腹著地而拜。

近王居有一大山，高入雲表。上有人右脚迹入石深二尺許，長八尺餘，云是人祖阿聃足迹。人祖華名盤古。此山出紅雅胡、黃雅胡、青米藍石、昔剌泥、窟没藍等諸寶石。每大雨衝出沙土中，尋拾則有。彼人云乃人祖眼泪結成。又其國海中有雪白浮沙一所，出螺蚌，產珠，日照之光彩横發。王因別爲珠池，每三年或二年取沙上螺蚌入珠池養之，令人看守淘珠納官。亦有竊取而賣者。

其國地廣人稠，亞於爪哇。民甚富饒。男子上皆赤體，下圍絲手巾，加以纏腰。渾身毫毛皆長剃，只留髮，用白布纏裹。父母死則髮毛不剃以爲孝禮。女人髻撮腦後，下圍白布。兒生皆剃頭，女則不剃，就養胎髮至長。其飯食皆不缺酥乳，亦以酥沃方食。若無酥乳，則自食于暗處。檳榔扶薗葉晝夜不絶口。

出米穀麻豆，無麥。所用酒油飯皆以椰子造。所産菓有芭蕉、波羅蜜。菜有瓜、茄。牲畜有牛、馬、雞、鴨，無鵝。

但人死則聚鄰婦女以兩手拍胸乳，號叫爲禮。屍皆火化，骨則土埋。

王以金爲錢使用。每錢官秤重一分六厘。甚愛中國麝香、紵絲、色絹、青磁盤碗、銅錢，就以寶石珍珠易換。王常遣使隨寶舡方物進貢中國。

明·黄省曾《西洋朝貢典録》卷中《錫蘭山國》 其國在南帽山西可三千里。由蘇門答剌而往，鍼位：十二更見南帽之山。又四更半歷龍涎之嶼。又十更過翠藍之嶼，嶼之水三十托。一曰桉篤蠻山，山有七門，四疊而一峻山。人之出也則乘獨木之舟。夏爲巢居，冬爲穴處。其體裸，不可以布帛，被之則浥爛。紐綴樹葉而爲蔽。山芋、波羅蜜、芭蕉子、魚、蝦以爲食。又九十更見鸚鵡嘴之山。又至佛堂之山。又五更平牙里，其下有沉牛之礁鼓浪焉。外過之水三十托。又十更至別羅里，是爲錫蘭國之港。又北行五十里而至國。

其臨海之山有釋迦登岸之足迹，其長可二尺許，其陷之水，四時不涸，名曰佛水。至者蘸拭其面目。左有寺，塑釋迦之卧像，其身不朽。其寢座以沉香木爲之，飾以衆寶，佛牙、舍利俱藏焉。

其王鎖俚之人，修浮圖教。重象暨牛，私解者辟，或贖以牛頭金。國人咸灰牛糞塗其體，食惟其乳，死則埋之。自王以下，晨用牛糞塗其居，而後禮佛。其拜，兩手舒之前，兩股舒之復，胸腹著地以禮佛，謂之五體投地。

其山之巔，有神人阿聃之足迹，陷於石者二尺許，一曰人祖，一曰盤古。其海中勝望曰白浮之沙。日而照也，則光彩瀲灧，爲國人之游望，是多螺蚌。其王宫之前曰珠池，凡三年則採煉。其採也，取沙中之螺蚌納之池，俟其腐爛，水盈而珠出，則取而納焉。其地廣，其民富饒。其男躶，下圍絲帨，謂之壓腰，纏首以白布。女椎髻，下圍白布。其恆食以牛乳，以醍醐，以檳榔、蔞葉。食皆暗室。其國人不鬚，喪則蓄焉。其葬也以火，取骨而埋之。喪之婦摽乳號哭而爲禮。

其交易以金錢。其利玉石珠璣。其穀宜稻菽。其畜宜牛羊雞鴨。金錢重官秤一分六厘。中國麝香、紵絲、色絹、青磁、銅錢、樟腦等物，彼則以寶石、珍珠易換。其寶石六物：一曰紅雅姑，二曰青雅姑，三曰黄雅姑，四曰青米藍石，五曰昔藍泥，六曰屈没藍。是寶石也，皆産於參天之山巔，洪雨之衝則流於山麓之沙，中國人於是而拾採。多芭蕉子、波羅蜜、甘蔗，多椰子，多龍涎、乳香。

其朝貢不絶。永樂九年，以拒絶朝使歸路，破其城，生擒國王亞烈苦奈兒及家屬。命釋之，擇其屬之賢者立爲王。十年，詔諭其國王不剌葛麻巴思剌查。正統十年，國王遣其臣耶把剌謨的里啞等朝貢。天順三年，其王葛力坐夏，昔利把交剌惹復遣使來貢。其貢物：寶石、珊瑚、水晶、金戒指、撒哈剌、象、乳香、木香、樹香、土檀香、没藥、西洋細布、藤竭、蘆薈、硫黄、烏木、胡椒、碗石。

論曰：梵書載釋迦生於迦毗羅國，淨飯王其父也。至涅槃時，度須跋陀羅，右脇而卧。今馬歡載錫蘭別羅里云卽涅槃之地，且云卧身尚存不朽，以爲誣焉，又何其言之分明如此也。

明·羅日褧《咸賓録》卷六《錫蘭山》 以下俱東南、西南海國，其世次名號前代難考，第以其通貢中國，故備列之。

錫蘭山在大海中。永樂七年遣太監鄭和賚詔幷賜物諭之。其國王亞烈苦奈兒，瑣里人也，負固不恭，謀害舟師。和暗設兵器，令衆夜半銜枚殺之，入其宫，生擒國王。至九年，獻俘闕下，朝廷赦之還國。封國人所推耶巴乃那者爲王。正統、天順間輒遣使來貢。

其俗尚釋，重象、牛，煆牛糞塗體，飲牛乳，不食其肉，殺牛者死。王宫民居旦必調牛糞塗室而後禮佛，兩手直舒於前，兩腿直伸於後，胸腹皆著地而拜。國富饒，地廣人稠，亞於爪哇。人死用火化。婚姻則親鄰婦人皆兩手齊拍胸乳而叫號哭泣爲賀。男去鬚留髮，女椎髻，皆以布纏之。土宜稻，市用金錢。

所經海中有赤卵塢，塢人穴居，男女裸若野獸然。食魚蝦及芭蕉子。傳云：『若有寸布在身，卽生爛瘡。』昔釋迦佛過海，於此地入水澡浴，塢人盜其衣，被釋迦咒誓，以故至今人莫能衣。

其山川古迹，則翠藍山、産諸寶石，頂有巨足迹，云是盤古足迹也。彼國人言寶石乃盤古淚液結成，故有五色光彩。浮沙、中有螺蚌，國王令人網取傾入珠池内作爛，淘珠爲用而貨也。石迹。海邊山有一磐石，印足迹甚長，四時有水不乾，云釋迦足迹也。山下有寺，乃釋迦涅槃處，真身尚在寺中。

其産：青米藍石、黄鴉鶻石、青紅寶石，每遇大雨，衝流山下，沙中拾取之。龍涎香見前。爲奇。

《明史》卷三二六《外國傳七·錫蘭山》 錫蘭山，或云即古狼牙修。梁時曾通中國。自蘇門答剌順風十二晝夜可達。【略】

其國，地廣人稠，貨物多聚，亞於爪哇。東南海中有山三四座，總名曰翠藍嶼。大小七門，門皆可通舟。中一山尤高大，番名梭篤蠻山。其人皆巢居穴處，赤身髡髮。相傳釋迦佛昔經此山，浴於水，或竊其袈裟，佛誓云：『後有穿衣者，必爛其皮肉。』自是，寸布掛身輒發瘡毒，故男女皆裸體。但紉木葉蔽其前後，或圍以布，故又名裸形國。地不生穀，惟啖魚蝦及山芋、波羅密、芭蕉實之屬。自此山西行七日，見鸚哥嘴山。又二三日抵佛堂山，即入錫蘭國境。海邊山石上有一足迹，長三尺許。故老云，佛從翠藍嶼來，踐此，故足迹尚存。中有淺水，四時不乾，人皆手蘸拭目洗面，曰『佛水清淨』。山下僧寺有釋迦眞身，側臥牀上。旁有佛牙及舍利，相傳佛涅槃處也。其寢座以沉香爲之，飾以諸色寶石，莊嚴甚。王所居側有大山，高出雲漢。其顛有巨人足迹，入石深二尺，長八尺餘，云是盤古遺迹。此山産紅雅姑、青雅姑、黄雅姑、昔剌泥、窟没藍等諸色寶石。每大雨，衝流山下，土人競拾之。海旁有浮沙，珠蚌聚其内，光彩瀲灩。王使人撈取，置之地，蚌爛而取其珠，故其國珠寶特富。

王，瑣里國人。崇釋教，重牛，日取牛糞燒灰塗其體，又調以水，徧塗地上，乃禮佛。手足直舒，腹貼於地以爲敬，王及庶民皆如之。不食牛肉，止食其乳，死則瘞之，有殺牛者，罪至死。氣候常熱，米粟豐足，民富饒，然不喜啖飯。欲啖，則於暗處，不令人見。徧體皆毫毛，悉薙去，惟髮不薙。所貢物有珠、珊瑚、寶石、水晶、撒哈剌、西洋布、乳香、木香、樹香、檀香、没藥、硫黄、藤竭、蘆薈、烏木、胡椒、碗石、馴象之屬。

明·艾儒略《職方外紀》卷一《則意蘭》 印第亞之南，有島曰則意蘭，離赤道北四度。人自幼以環繫耳，漸垂至肩而止。海中多珍珠，江河生貓睛、昔泥、紅金剛石等。山林多桂皮、香木，亦産水晶，嘗琢成棺，以斂死者。相傳爲中國人所居，今房屋殿宇亦頗相類。海中生一椰樹，其

西有小島，總名馬兒地襪不下數千，悉爲人所居。

實甚小，可療諸病。

清·南懷仁《坤輿圖説》卷下《則意蘭》 印第亞之南有則意蘭島，人自幼以環系耳，漸垂至肩而止。海中多珍珠，江河生貓睛、昔泥、紅金剛石等。山林多桂皮、香木，亦産水晶，嘗琢成棺斂死者。相傳為中國人所居，今房屋、殿宇亦頗相類。西有小島，總名馬兒地襪，不下數千，悉為人所居。海中生一椰樹，其實甚小，可療諸病。

清·穆彰阿等《嘉慶重修一統志》卷五五九《錫蘭山·建置沿革》 自古不通中國。明史。錫蘭山傳。或云即古狼牙修。梁時曾通中國。自蘇門塔剌。順風十二晝夜可達。明永樂中，鄭和使西洋。至其地，其王亞烈苦奈兒欲害和，和覺，去之他國。及和歸經其地，復誘和至國中，發兵五萬塞歸路，和乃率步卒二千，由間道攻拔其城，生擒亞烈苦奈兒及妻子頭目，獻俘於朝。帝憫其無知，皆釋之，且給以衣食。命擇其族之賢者立之。有邪把乃那者，諸俘囚咸稱其賢，乃遣使齎印誥封爲王，其舊王亦遣歸。自是遂屢入貢，至天順後不復至。其國地廣人稠，貨物多聚，亞於瓜哇。東南海中有山三四座，總名曰翠藍嶼。大小七門，門皆可通舟，中一山尤高大，番名梭篤蠻山。《明史》：其人皆巢居穴處，赤身髡髮。相傳釋迦佛昔經此山，浴於水，或竊其袈裟。佛誓云：後有穿衣者，必爛其皮肉。自是寸布罣身，輒發瘡毒。故男女皆裸體，但紉木葉蔽其前。故又名裸形國。自此山西行七日，見鸚哥嘴山。又二三日，抵佛堂山。即入錫蘭國境。《明史》：海邊山石上有一足迹，長三尺許，故老云：佛從翠藍嶼來踐此，故足迹尚存。中有淺水，四時不乾，人皆手蘸拭目洗面，曰佛水清淨。山下僧寺，有釋迦真身，倒卧牀上，旁有佛牙及舍利，相傳佛涅槃處也，其寢座以沈香爲之，飾以諸色寶石。王所居側，有大山高出雲漢，其巔有巨人足迹，入石深二尺，長八尺餘，云是盤古遺迹。此山産紅雅姑、青雅姑、黄雅姑、昔剌泥、窟没藍等諸色寶石。每大雨衝流山下，土人競拾之。海旁有浮沙，珠蚌聚其内，光彩瀲灩。王使人撈取置之地，蚌爛而取其珠，故其國珠寶特富。

又《風俗》 崇釋教，禁食牛肉。《明史》：其王瑣里國人，崇釋教，重牛。日取牛糞燒灰，塗其體，又調以水，徧塗地上，乃禮佛。手足直舒，腹貼

於地，以爲敬。王及庶民皆如之。不食牛肉，止食其乳，死則瘗之。有殺牛者罪至死。氣候常暑，地豐米穀。見《續文獻通考》。又《明史》云：民富饒，然不喜噉飯，欲噉則於暗處，不令人知。

又《土產》 珠 珊瑚 諸色寶石 水晶 撒哈剌 西洋布 乳香 樹香 檀香 没藥 木香 蹠黄 藤竭 盧薈 烏木 胡椒 盌石 馴象

馬爾代夫

元・汪大淵《島夷志略・北溜》 地勢居下，千嶼萬島。舶往西洋，過僧伽剌傍，潮流迅急，更值風逆，輒漂此國。候次年夏東南風，舶仍上溜之北。水中有石槎中牙，利如鋒刃，蓋已不完舟矣。

地產椰子索、𧴩子、魚乾、大手巾布。海商每將一舶𧴩子下烏爹、朋加剌，必互易米一船有餘。蓋彼番以𧴩子權錢用，亦久遠之食法也。

明・費信《星槎勝覽》卷二《溜洋國》 其中有溜山，有錫蘭山，別羅裡起程南去，海中天巧，石門有三，遠遠如城門，中過舶。溜山有八，曰沙溜、官嶼溜、壬不知溜、起來溜、麻里溪溜、加平年溜、加加溜、安都里溜，皆人聚居，亦有主焉，而通商舶。其八處地產龍涎香、乳香。貨用金銀、色段、色絹、磁器、米穀之屬。傳聞有三萬八千餘溜山，即弱水三千之言也。亦有人聚，巢樹穴居。不識米穀，但捕海中魚蝦而食。裸形無衣，惟結樹葉遮前後也。若商船因風落溜，人船不得復矣。

詩曰： 溜山分且衆，弱水即相通。米穀何曾種，巢居亦自同。盤針能指佀，商船慮狂風。結葉遮前後，裸形為始終。雖云瀛海外，難過石門中。歷覽吟成句，殷勤獻九重。

明・馬歡《瀛涯勝覽・溜山國》 自蘇門答剌開船，過小帽山投西南，好風行十日可到。其國番名牒幹，無城郭，倚山聚居，四圍皆海，如洲渚一般，地方不廣。國之西去程途不等，海中天生石門一座，如城闕樣。有八大處，溜各有其名：一曰沙溜，二曰人不知溜，三曰起泉溜，四曰麻里奇溜，五曰加半年溜，六曰加加溜，七曰安都里溜，八曰官瑞溜。此八處皆有所主，而通商船。再有小窄之溜，傳云三千有餘溜，此謂弱水三千，此處是也。其間人皆巢居穴處，不識米穀，只捕魚蝦而食，不解穿衣，以樹葉遮其前後。設遇風水不便，舟師失針舵損，船過其溜，落于溜水，漸無力而沉，大概行船皆宜該防此也。牒幹國王、頭目、民庶皆是回回人。風俗純美，所行悉遵教門規矩。人多以漁為業，種椰子為生。男女體貌微黑，男子白布纏頭，下圍手巾。婦人上穿短衣，下亦以闊布手巾圍之。又用闊大布手巾過頭遮蓋，止露其面。婚喪之禮悉依回回教門親矩而後行。土產降真香也不多，椰子甚廣，各處來收買往別國貨賣。有等小樣椰子殼，彼人旋做酒鍾，以花梨木為足，用番漆漆其口足，甚為希罕其。椰子外包之穰，打成麤細繩索，堆積在家，各處番船上人亦來收買，賣與別國，造船等用。其造番船，皆不用釘，止鑽其孔，皆以此索聯縛，加以木楔，然後以番瀝青塗縫，水不能漏。其龍涎香，漁者常於溜處采得，如水浸瀝青之色，嗅之無香，火燒惟有腥氣，其價高貴，買者以銀對易，海彼人采積如山，罨爛其肉，轉賣暹羅、榜葛剌等國，當錢使用。其馬鮫魚切成大塊，曬乾收貯，各國亦來收販他處，名曰海溜魚而賣之。織一等絲嵌手巾，甚密實長闊，絶勝他處所織者。又有一等織金方帕，與男子纏頭，價有賣銀五兩之貴者。天之氣候，四時常熱如夏。其土地甚瘠，米少，無麥，蔬菜不廣，牛羊雞鴨皆有，餘無所出。王以銀鑄小錢使用。中國寶船一二隻亦到彼處，收買龍涎香、椰子等物，乃一小邦也

明・鞏珍《西洋番國志・溜山國》 溜山國，自蘇門答剌國開舡，過小帽山，投西南行，好風十日可到。其國番名傑幹。無城郭，倚山聚居。四面皆海，即如洲渚狀。國之西去，途程不等，有天生石門海中狀如城闕。有八大處，曰沙溜，曰人不知溜，曰起來溜，曰麻里奇溜，曰加半年溜，曰加加溜，曰安都里溜，曰官塢溜。此八處者皆有地主而通商賈。其餘小溜尚有三千餘處，水皆緩散無力，舟至彼處而沉，故行船謹避，不敢近此經過。古傳弱水三千，即此處也。其人皆巢居穴處，不着衣衫，只以樹葉遮蔽前後。平生不食米穀，惟於海中捕魚蝦而食之。行舡者或遇風水不順，舟師針舵有失，一落其溜，遂不能出。大槩行舡，謹防此也。

其傑幹國王臣庶皆回回人。風俗淳美，悉遵教門行事。人皆以漁爲生。多種椰子樹。男女裸體微黑，男子白布纏頭，下圍手巾。女子上着短衣，下亦以闊布手巾圍之，又用闊大手　巾過頭蓋下，只露其面。婚喪之禮依教門行。

土產降香不多。惟椰子廣，他國皆來販賣。有等小樣椰子，土人將殼旋酒鍾，以花梨木爲足，用番漆其口足甚美。椰子皮穰打成麄細索，收積盈堆，各處番舡皆販去賣與造舡等用。蓋番人造舡不用鐵釘，止鑽孔，以椰索聯縛，加以木楔，用瀝青塗之至緊。出龍涎香，漁者溜中採得，狀如浸瀝青，嗅之不香，焚有魚腥氣。價高以銀對易。出海鮍，土人採積如山，堆罨待肉爛取殼，轉賣暹羅榜葛剌國代錢使。出馬鮫魚，土人將其魚切如臂大，淡晒至乾，盈倉收貯。他國多販去，名曰溜魚。又出一等絲嵌手巾，長闊而加實密，勝他處所出者。又出一等織金方帕，男子可纏頭，其價有賣銀五兩者。氣候長熱如夏。土瘦，米少麥無。蔬菜不廣，牛羊雞鴨皆有，餘無所產。王以銀鑄錢使用。中國寶舡亦一二往彼，收買龍涎香、椰子等物。乃一小邦也。

明·黃省曾《西洋朝貢典録》卷中《溜山國》 其國在小帽西南可二千里。由彭加剌而往，取北辰四指有半；又取北辰三指有半；又取北辰二指一腳之半；又取北辰二指半腳；又取北辰一指三腳之半；又取北辰一指三腳。又過鸚鵡嘴之山，又五更見鐵砧之嶼。又七更見佛舍座之山。又五更見牙里之大山。由是至溜官之嶼而及其國。

其地四面濱海，倚山爲都。其都曰牒幹。其上下皆回回人，婚喪一如其教。風俗淳美。男纏首以白布，以金帕，下圍帨。女帨蓋首，上短衣，下亦圍帨。其膚體咸黑，其土氣恒燠。

其交易以銀錢。重官秤二分三釐。其利魚、鮍。其穀宜稻、麥。其畜宜牛、羊、雞、鴨。凡爲杯，以椰子爲腹，花梨爲跗。凡爲舟，不以鍛鐵，以椰纕繩之而貫之而楔之，以龍涎鎔之而塗之。

凡取龍涎，多于溜嶼。其嶼石多蟠龍，春而吐涎，羣鳥集之，羣魚嗜之。其黃者如膠，黑者如五靈脂，白者如百藥煎。其氣腥。或得之魚腹，其大如斗，圓如珠，其價以兩而易。凡兩易金錢一十有二，凡斤易金錢一百九十有二。凡取海鮍，山積之而罨之、腐之。凡取馬鮫魚，斮之而暴之、貯之。其來易者爲暹羅之商，爲榜葛剌之商。

國之西海有石門，狀如城闕者三。有溜山焉凡八：一曰沙溜，二曰官嶼溜，三曰人不知溜，四曰起來溜，五曰麻里奇溜，六曰加半年溜，七曰加加溜，八曰安都里溜。皆可通海舶，皆有聚落。其通也，有主焉。又西有小窄溜，是有三千，是皆弱水，卽所謂『弱水三千』者焉。一曰有三萬八千餘溜，舟風而傾舵也，則墜於溜，水漸無力以没。其小窄溜之民，巢穴而處，魚而食，草木而衣。

其朝貢無常。永樂五年，遣其臣來朝貢。

論曰：《山海經》諸古書及酈道元所引論弱水多矣。雖通人辨士，莫之能明也。兹復知有溜山弱水矣。見覽雖益廣遠，而天地之大，終不能窮焉。

明·羅日褧《咸賓録》卷四《溜山》 溜山一名牒幹，小國也。洪武初，國王遣人朝貢。其地無城郭，倚山聚居。風俗淳美，尚佛，業漁。男女體貌微黑，男子白布纏頭，下圍以帨。婦人上穿短衣，以帨圍頭，止露其面。以銀爲錢，或用海鮍。

其西有天生石門如城闕然。中有八溜，各有所主，廣三千里，云所謂『弱水三千』是也。其人巢居穴處，不識穀帛，但食魚蝦。以樹葉遮其前後爲衣。商船倘遇逆風，舟師不謹，落入其溜，其水漸無力而沈，不復反矣。

溜山物產甚多，惟龍涎香、見前鮫魚、一名溜魚，切塊淡乾，賣與它國。絲嵌手巾、細密絶勝它處。織金手帕絶精，富家男子以之纏頭，每幅價可值銀五兩。爲奇。

《明史》卷三二六《外國傳七·溜山》 溜山，自錫蘭山別羅里南去，順風七晝夜可至；自蘇門答剌過小帽山西南行，十晝夜可至。永樂十年，鄭和往使其國。十四年，其王亦速福遣使來貢。自後三貢，並與忽魯謨斯諸國偕。宣德五年，鄭和復使其國，後竟不至。

其山居海中，有三石門，並可通舟。無城郭，倚山聚居。氣候常熱，土薄穀少，無麥，土人皆捕魚，暴乾以充食。王及羣下盡回回人，婚喪諸禮，多類忽魯謨斯。山下有八溜，或言外更有三千溜，舟或失風入其處，卽沉溺。

研判西亞諸國國情分部

綜　述

阿拉伯帝國

元・周致中《異域志》卷下《眉路骨國》　其國似佛，有城七重，上古用黑光石砌就。有番人塚三百餘所，胡稱曰塔。一所高八十丈，安三百六十房。人以色毛段爲衣，肉麵爲食，金銀爲錢，地產硼砂、摩娑石等。

又《大食國》　在海西南山谷間有樹，枝上生花如人首，不解語，人借問，惟笑而已，頻笑輒落。大食，諸國之總名，有國千餘，其屬甚多。

阿富汗

元・周致中《異域志》卷下《吉慈尼國》　盤山爲城，尚胡教，禮拜堂百餘所。出金、銀、金絲錦。富民居住七層樓閣，多畜牧駝馬。地極寒，春夏雪不消，有雪蛆可食。

又《婆彌爛國》　其國有山，巉巖峻險，上多猿。猿形絶長大，常暴田種，每年有二三十萬。國中起春以後，屯集兵與猿戰，雖歲殺數萬，不能盡其巢穴。去金陵二萬五千五百五十里。

清・劉統勳等《皇輿西域圖志》卷四六《藩屬三・愛烏罕》　愛烏罕，在拔達克山布哈爾西南，部落最大，為古大月氏地。乾隆二十七年，其汗愛哈默特沙知西域底平，聞風慕義，遣使密爾漢等來朝貢刀及四駿馬。

伊　朗

元・周致中《異域志》卷上《虎六母思》　其國在西南海中，回紇之國。其地至熱，出番布珍寶，與西洋國頗同。

明・費信《星槎勝覽》卷一《忽魯謨斯國》　其國傍海而居，聚民為市。地無草木，牛、羊、馬、駝皆食海魚之幹。風俗頗淳。壘石為城，酋長深居，練兵畜馬。田瘠麥廣，穀米少收，民下富饒。山連五色，皆是鹽也。鑿之鏇為器皿盤碟之類，食物就而不加鹽也。壘堆石而為屋，有三四層者，其廚廁臥室待客之所，俱在上也。男子拳發，穿長衫，善弓矢騎射。女子編發四垂，黄繚其項，穿長衫。出則布幔兜頭，面用紅青紗一方蔽之，兩耳輪用掛珞索金錢數枚，以青石磨水，妝點眼眶唇臉花紋為美。項掛寶石、珍珠、珊瑚，紉為瓔珞。臂腕腿足俱金銀鐲，此富家之規也。行使金銀錢，產有珍珠、金箔、寶石、龍涎香、撒哈剌、梭眼、絨毯。貨用金銀、青白花磁器、五色段絹、木香、金銀香、檀香、胡椒之屬。

詩曰：　忽魯謨斯國，邊城傍海居。鹽山高崒嵂，酋長富盈餘。原隰唯收麥，牛羊總食魚。女纏珠珞索，男坐翠氍毹。瑪瑙珊瑚廣，龍涎寶石珠。蠻邦成絶域，曆覽壯懷舒。

明・馬歡《瀛涯勝覽・忽魯謨廝國》　自古里國開船投西北，好風行二十五日可到。其國邊海倚山，各處番船并旱番客商，都到此地趕集買賣，所以國民皆富。國王國人皆奉回回教門，尊謹誠信，每日五次禮拜，沐浴齋戒。風俗淳厚，無貧苦之家。若有一家遭禍致貧者，衆皆贈以衣食錢本，而救濟之。人之體貌清白豐偉，衣冠濟楚標緻。婚喪之禮，悉遵回回教規。男子娶妻，先以媒妁，已通禮訖，其男家卽置席請加的。加的者，掌教門規矩之官也。及主婚人并媒人，親族之長者，兩家各通三代鄉貫來歷，寫立婚書已定，然後擇日成親。否則官府如奸論罪。如有人死者，卽用白番布為大殮小殮之衣，用瓶盛淨水，將屍從頭至足澆洗二三次，旣淨，以麝香片腦填屍口鼻，才服殮衣，貯棺內，當卽便埋。其墳以石砌，穴下鋪淨沙五六寸，抬棺至，則去其棺，止將屍放石穴內，上以石板蓋定，加以淨土厚築墳堆，甚堅整也。人之飲食，務以酥油拌煮而食。市中燒羊、燒雞、燒肉、薄餅、哈喇潵一應麵食皆有賣者。二三口之家多不舉火做飯，止買熟食而契。王以銀鑄錢，名底那兒，徑官寸六分，底面有紋，重官秤四分，通行使用。書記皆是回回字，其市肆諸般鋪面百物皆有，止無酒館。國法飲酒者棄市。文武醫卜之人絶勝他處。各色技藝皆有，其撮弄把戲，皆不為奇。惟有一樣，羊上高竿，最可笑也。其術用木一根，長一丈許，木竿頭上止可許羊四蹄立於木。將木立豎於地，扶定，其人引一小白羝羊，拍手念誦。其羊依拍鼓舞，來近其竿，先以前二足搭定其木，又將後二足一縱立於竿上。又一人將木一根於羊腳前挨之，其羊又將前兩足搭上木頂，隨將後二腳縱起。人卽扶定其木，其羊立於二木之頂，跳動似舞之狀。又將木一段趲之，連上五六段，又高丈許。俟其舞罷，然後立於中木，人卽推倒其竿，以手接住其羊。又令臥地作死之狀，令舒前腳則舒前，令舒後腳則舒後。又有將一大黑猴，高三尺許，演弄諸般本事了，然後令一閒人，將巾帕重重折迭，緊縛其猴兩眼，別令一人潛打猴頭一下，深深避之，後解其帕，令尋打頭之人，猴于千百人中徑取原人而出，甚為怪也。其國氣候寒暑，春開花，秋落葉。有霜無雪，雨少露多。有一大山，四面出四樣之物。一面如海邊出之鹽，紅色。人用鐵鋤如打石一般鑿起一塊，有三四十斤者。又不潮濕，欲用食，則搥碎為末而用。一面出紅土，如銀朱之紅；一面出白土，如石灰，可以粉牆壁；一面出黄土，如姜黄色之黄。俱著頭目守管，各處自有客商來販賣為用。土產米麥不多，皆是別處販來糶賣，其價極賤。果有核桃、把聃果、松子、石榴、葡萄乾、桃幹、花紅、萬年棗、西瓜、菜瓜、葱、韭、薤、蒜、蘿蔔、甜瓜等物。其胡蘿蔔，紅色如藕大者至多。甜瓜甚大，有高二尺者。其核桃，殼薄白色，手捏卽破。松子長寸許，葡萄乾有三四樣：一樣如棗幹，紫色；一樣如蓮子大，無核，結霜；一樣圓顆如白豆大，略白色。把聃果如核桃樣，尖長色白，內有仁，味勝核桃肉。石榴如茶鍾大，花紅如拳大，甚香美。萬年棗亦有三樣：一樣番名垜沙布，每個如母指大，核小結霜如沙糖，忒甜難吃；一樣挼爛成二三十個大塊，如好柿餅及軟棗之味；一等如南棗樣略大，味頗澀，彼人將來餵牲口。此處各番寶貨皆有，更有青紅黄雅姑石，幷紅剌、祖把碧、祖母剌、貓睛、金鋼鑽，大顆珍珠如龍眼大，重一錢二三分，珊瑚樹珠，幷枝梗、金珀、珀珠、神珠、蠟珀、黑珀，番名撒白值。各色美玉器皿、水晶器皿，十樣錦翦絨花單，其絨起一二分，長二丈，闊一丈，各色梭幅，撒哈喇氈、氁羅氁紗、各番青紅絲嵌手巾等類皆有賣者。駝馬、騾、牛、羊廣有。其羊有四樣：一等大尾棉羊，每個有七八十斤，其尾闊一尺餘，拖著地，重二十餘斤；一等狗尾羊，如山羊樣，其尾長二尺餘；一等鬥羊，高二尺七八寸，前半截毛長拖地，後半截皆翦淨，其頭面頸額似棉羊。角彎轉向前，上帶小鐵牌，行動有聲。此羊性快鬥，好事之人餵養於家，與人鬥賭錢物為戲。又出一等獸，名草上飛，番名昔雅鍋失，如大貓大，渾身儼似玳瑁斑貓樣，兩耳尖黑，性純不惡。若獅豹等項猛獸，見他卽俯伏於地，乃獸中之王也。其國王亦將船隻載獅子、麒麟、馬疋、珠子、寶石等物幷金葉表文，差其頭目人等，跟隨欽差西洋回還寶船，赴闕進貢。

明·鞏珍《西洋番國志·忽魯謨廝國》　忽魯謨廝國，自古里國開船，投西北行，好風二十五日可到。其國邊海倚山，各處番船並陸路諸番皆到此趕集買賣，所以國民皆富。王及國人皆奉回回教門，每日五次禮拜，沐浴持齋，爲禮甚謹。其風俗淳樸温厚，遇一家遭難致貧，衆皆助以衣糧錢財，所以國無貧苦之家。其人狀貌魁偉，衣冠濟楚，婚喪之禮悉依教規無違。如娶妻先用媒妁通言，既允許，然後男家置酒請加的。加的者掌教門規矩之官也。及請主婚並媒人親族長者，兩家各通三代鄉貫來歷，寫立婚書，乃擇日成婚，否則官法以奸論。死者用極細白布，爲大殮小殮之衣，以缾水澆屍，自首至足凡三，乃以麝香片腦塡屍口鼻，始服殮衣，卽棺盛貯造墳，舁至葬所。其墳皆砌一石穴，底鋪淨沙五六寸，及葬則去棺取屍沙上，以石板蓋之，上聚土爲塚。人食飲務以酥油和飯。其市店出賣燒羊、燒雞、燒肉、薄餅、哈里撒一應麵食。三四口之家多不舉火，只買熟食。

王以銀鑄錢名底那兒，徑官寸六分，面底有紋，官秤重四分，通行使用。書記皆回回字。諸色鋪店皆有，只無酒館，國法飲酒者棄市。文武醫卜絶勝他處，各色伎藝皆有。常見人立一木長丈許，上平。有一白色小羖羊，其人拍手誦説，羊卽跳舞而來，搭木而上爲舞態，如是者凡五六段。其人推斷所立之木，以手接羊令臥地作死，羊卽臥地。令舒前脚則舒前脚，令舒後脚則舒後脚。又有牽一大黑猴者演習諸藝畢，乃以手巾蒙其面，密令一人打之。及解縛卽於稠人中取原打之人。

其處氣候寒暑，春則開花，秋則落葉，有霜無雪，雨少露多。有一大山出四種物。一面出紅鹽，其堅如石，以鐵鑿取之，有三四斤爲塊者。此鹽下濕滷擂末用之。一面出紅土，其色如銀硃。一面出白土，其色若石灰。一面出黄土，其色如薑黄。國王皆令人看守，賣與諸番用。

土産米麥不多，各處販來，爲價亦賤。果有核桃、松子、葡萄乾、石榴、花紅、桃乾、把丹、萬年棗。蔬有葱、韮、薤、蒜、蘿蔔、菜瓜、西瓜、甜瓜。其葫蘿蔔色紅大如藕。甜瓜猶大，有高二尺者。核桃色白殼薄，可以手碎。松子長寸許。葡萄乾有三四種，一種如棗乾紫色，一種如蓮子大，無核結白霜，一種僅如豆，頗白。石榴大如茶鍾。花紅大如拳，香美。把丹如核桃，尖長匾黄色，內仁味勝核桃。萬年棗亦有三種。一種番名垛沙布，大如拇指，核小結霜如沙糖甘，難食。一種按成塊重二三十斤，味如好柿乾，歲收堆積喂馬。及有軟棗一種如南棗乾味澁，土人以喂牲口。

其處諸番寶物皆有。如紅鴉鶻、剌石、祖把碧、祖母緑、猫睛、金剛鑽，大顆珍珠若龍眼重一錢二三分者，珊瑚樹株並枝梗、大塊金珀並珀珠、神珀、蠟珀，黑珀番名撒白，值錢各色美玉器皿。十樣錦剪絨花單，其絨起一分，長二丈，闊一丈。各色梭幅、撒哈喇、氁羅紗、各番青紅絲嵌手巾等貨皆有。

駝、馬、驢、騾、牛、羊至廣。其羊有四種。一種大尾綿羊重七八十斤，其尾重二十餘斤，闊尺餘，拖地。一種狗尾羊，壯如山羊，尾長二尺餘。一種鬭羊，高二尺七八寸，前半身毛長拖地，後半身皆剪。其頭頗如綿羊，角彎轉向前，掛小鐵牌，行則有聲。此羊善鬭，好事者養之，以爲博戲。又有獸名草上飛，番名昔雅鍋失，似猫而大，身玳瑁斑，兩耳尖黑，性純不惡。若獅豹等猛獸見之皆伏於地，乃百獸之王也。

國王修金葉表文遣使隨寶舡以麒麟、獅子、珍珠、寶石進貢中國。

明·黄省曾《西洋朝貢典録》卷下《忽魯謨斯國第二十一》 其國在古里西北可五千里。其地倚山臨海。其國富，以石爲城。是多番商。

其王修回回教。有禮拜寺，日五度而禮拜。恆齋沐。其俗淳厚。其人白身而魁偉。其男卷髮長衫，善騎射。女編髮四垂，黄漆其頂，服長衫，出則色布蓋首，紅紗蔽面，珥絡索金錢，以黛飾眉，花紋飾唇，頂佩珠寶珊瑚瓔珞，四腕俱約金銀鐲。

其婚喪用加的禮。掌禮之官謂之加的。凡婚禮，男家先宴加的、親族、媒氏，然後二姓述三代譜系，爲之書，而後成禮，否則以姦論。喪禮以細白布爲大小殮衣，瓶盛淨水，三灌屍，以麝、腦填口鼻，服衣入棺。墳以石砌，壙藉淨沙五六寸。棺至，出屍入壙，石板蓋土，築成隆阜。其書記用回回字。其市肆咸備。國有酒禁，飲者棄市。其國勝兵、良馬、醫卜、技藝，皆冠於西洋。

其民有羊猿之戲。羊戲：用木尺許，頂平正，可容羊四蹄者，樹地，一人拍手念誦。羊依拍鼓舞近木，前足搭木頂，後足跳上，似舞狀。人將木段五六次接上，高丈許，於中推斷，接羊置地。羊卧作死狀，令舒前足即前舒之，令舒後足即後舒之。猿戲：以三尺黑猴演弄畢，令一人帕縛猴眼，别令一人潛擊猴首，雜於衆中。解縛，猴於千人中徑取出擊首者。

其交易以銀錢，名曰底那兒。其利玉石。其穀宜稻麥。其畜宜六擾。銀錢徑官寸六分，面底有紋，重官秤四分。其利玉石。其土氣有寒暑，有霜雪，少雨多露。春而花開，秋而葉零。有山焉，其陽多紅鹽，其陰多白堊，其東多丹艧，其西多黄堊。其珍寶之類有八：一曰五色雅姑剌石，二曰祖杷碧，三曰祖母喇，四曰猫睛石，五曰金剛鑽，六曰珊瑚，七曰五色玉器皿，八曰大珠，狀如龍眼者有之。諸珀謂之撒白植，其類有五：一曰金珀，二曰并珀，三曰珠神珀，四曰蠟珀，五曰黑珀。織之類有四：一曰十樣錦翦絨，絨起一分，長二丈，闊一丈。二曰五色梭幅，三曰撒哈剌氁紗，四曰青紅絲嵌手巾。羊之類有四：一曰九尾羊，二曰大尾羊，三曰狗尾羊，四曰鬬羊。一等尾闊尺餘，拖地，重三十餘斤。一等狗尾羊如山羊，尾長二尺餘。一等鬬羊高二尺七八寸，前半截留毛，後剪淨，頭似綿羊，角彎向前，上帶鐵牌，行動有聲，此羊快鬬，好事者蓄之，以博錢物。有獸焉，其狀如貓，質如玳瑁，黑耳而性仁，出則百獸伏地，其名曰草上飛，番名曰昔雅鍋失。其蘿蔔狀如藕而紅色。其胡桃質薄而白。其松子長寸許。其葡萄四等，有如蓮子色白而無核者，有如白豆圓而白者，有紅者，有紫者。有果焉，狀如胡桃，尖長色白，內仁甘美者，名把聃果。其石榴花如拳，果如鍾。有林檎、桃、甘蔗、西瓜。其萬年棗一名垛沙布凡三等：有狀如拇指，小核而結霜，味如石蜜者；有按爛而成軟塊，味如柿者；有狀如南棗而味澀，是用養牲者。

其朝貢無常。永樂五年，遣其臣將麒麟等物并備金葉表文跟隨回洋寶船進貢。

論曰：西洋葬埋之禮微，舉者鮮矣。此獨能行焉，且往往符情合制，可尚也已。然居中國彜倫之地，有火其親者，不有愧於斯耶！不有愧於斯耶！

明·羅日褧《咸賓録》卷六《忽魯謨斯》 忽魯謨斯，永樂三年，太監鄭和至其國。國王遣人貢獅子、麒麟、馬匹、珍寶等物。

其地土沃民富，人貌偉碩，喜佛惡殺。壘石爲城，酋長深居，練兵蓄馬。民亦壘石爲屋，有三五層者，其厨厠卧室待客之所俱在上也。男拳髮長衫，善騎射。女編髮四垂，帛繚其項，耳挂纓珞，腕腿俱金銀鐲。以青石磨水粧點目唇，花枝爲美，此富家之飾也。婚姻用媒妁如中國禮。市用銀錢。國法禁酒，有造酒者棄市。文武醫卜技藝之人絶勝它國。

國中有大山，山四面出四種物：一面出鹽如紅礬，塊有重三四百斤者，可碎之而食，亦可刻爲器皿。一面出紅土，色如銀硃。一面出白土，若石灰，可以粉牆。一面出黄土，色如薑黄。王差人守管各處，自有人來收買爲用。

其產：松子、長二寸許。葡萄乾、有三四樣，一樣紫色如棗，一樣雪白色如蓮子，無核，一樣如白豆紫白色。把聃果、似核桃。萬年棗、結霜如糖，味太甜難食。大尾羊、重者七八十斤，尾闊尺餘，重有二十餘斤，行則以車載尾。鬭羊、前半截毛拖地，後半如剪凈者，角上帶牌，人家畜之以鬭。草上飛見前、福鹿、似驢而花紋可愛。馬哈獸、角長過身。駝雞見前、各色寶石、各色美玉器皿、各色水晶器皿、花毯、番絲毛巾爲奇。

《明史》卷三二六《外國傳七·忽魯謨斯》 忽魯謨斯，西洋大國也。自古里西北行，二十五日可至。【略】

其國居西海之極。自東南諸蠻邦及大西洋商舶、西域賈人，皆來貿易，故寶物塡溢。氣候有寒暑，春發葩，秋隕葉，有霜無雪，多露少雨。土瘠穀麥寡，然他方轉輸者多，故價殊賤。民富俗厚，或遭禍致貧，衆皆遺以錢帛，共振助之。人多白皙豐偉，婦女出則以紗蔽面，市列廛肆，百物具備。惟禁酒，犯者罪至死。醫卜、技藝，皆類中華。交易用銀錢。書用回回字。王及臣下皆遵回教，婚喪悉用其禮。日齋戒沐浴，虔拜者五。地多鹹，不產草木，牛羊馬駝皆噉魚腊。壘石爲屋，有三四層者，寢處庖廁及待客之所，咸在其上。饒蔬果，有核桃、把聃、松子、石榴、葡萄、花紅、萬年棗之屬。境內有大山，四面異色。一紅鹽石，鑿以爲器，盛食物不加鹽，而味自和；一白土，可塗垣壁；一赤土、一黄土，皆適於用。所貢有獅子、麒麟、駝雞、福禄、靈羊；常貢則大珠、寶石之類。

明·艾儒略《職方外紀》卷一《百爾西亞》 印度河之西，有大國曰百爾西亞。太古生民之始。人類聚居，言語惟一。自洪水之後，機智漸生，人心好異，即其地創一高臺，欲上窮天際。天主憎其長傲，遂亂諸人之語音爲七十二種，各因其語散厥五方。至今其址尚在，名罷百爾，譯言亂也，謂亂天下之言也。

百爾西亞之初，爲罷鼻落你亞，幅員廣甚，都城百二十門，乘馬疾馳，一日未能周也。國中有一苑囿，造於空際，下以石柱擎之，上承土石，凡樓臺池沼草木鳥獸之屬，無不畢具，大復踰於一邑，天下七奇，此亦一也。後其國爲百爾西亞所併，遂稱今名，至今强大。國主嘗建一臺，純以所殺回回頭纍之。臺成，髑髏幾五萬。廿年前，其國主好獵，一圍獲鹿至三萬，欲侈其事，亦聚其角爲臺，今尚存也。

又東近撒馬兒罕界一塔，皆以黄金鑄成，上頂一金剛石如胡桃，光夜照十五里。

其地江河極大，有一河發水，水所及處即生各種名花。

南有島曰忽魯謨斯，在赤道北二十七度，其地悉是鹽，否則硫黄之屬，草木不生，鳥獸絶迹。人著皮履，遇雨過履底，一日輒敗。多地震，氣候極熱，人須坐卧水中，没至口方解。又絶無淡水，勺水亦從海外載至，其艱如此。因其地居三大洲之中，凡亞細亞、歐邏巴、利未亞之富商大賈，多聚此地。百貨駢集，人烟輻輳，凡海内極珍奇難致之物，往輒取之如寄。土人嘗言，天下若一戒指，此地則戒指中之寶物也。

清·南懷仁《坤輿圖説》卷下《百兒西亞》 印度河西有大國，曰百兒西亞。幅員甚廣，都域百二十門，桑馬疾馳，一日未能周。有一苑囿，造於空際，下以石柱擎之，上承土石，樓臺、池沼、草木、鳥獸畢具，大逾一邑。國王嘗建一臺，以所殺敵人頭累之，幾五萬。國主好獵，一圍獲鹿三萬，聚其角為臺，今尚存。東近撒馬兒罕界一塔，以黄金鑄成，上頂一金剛石，如胡桃，光夜照十五里。河江極大，有一河發水，水所及處，生各種名花。百兒西亞西北諸國皆為度兒格所幷，内有國亞喇北亞，土產金銀，多寶石。地有二海，中氣候常和，一歲再熟。有樹如橡栗，夜露墜其上，即凝為蜜。晨取食，極甘美。產百物俱豐，古稱福土。其地有沙海，廣二千餘里，沙秉大風如浪。行旅過此，偶為沙浪所壓，倏忽成丘山。凡欲渡者，以羅經定方向，測道里，備糧糗及兼旬之水，乘駱駝駝行。其疾日馳四、五百里，又耐渴，一飲可度五、六日。其腹容水甚多，客或乏水，則剖駝飲其腹中水。度兒格之西北納多理亞國有山，多瓊石，國人往鑿之。至一石穴，見石人無算。皆昔時避亂之民，穴居於此，死後為寒氣所凝，漸化為石。又有地名際剌，產異羊，羊絨輕細，雨中衣之，不沾濡漬，以油毫不污染。有山，生草木皆香，過之，香氣馥鬱，襲人衣裙。

土耳其

清·徐繼畬《瀛寰志略》卷六《土耳其國》　土耳其，土耳嘰、土耳基亞、都耳基、多爾其、都魯機、特爾濟、杜爾格、控噶爾、痾多馬諾、阿多曼。回部大國也，地分西、中、東三土，西土在歐羅巴界內，中土、東土在亞細亞界內。三土合計，縱橫約四五千里。古時皆羅馬東境即大秦國，後羅馬分東、西。三土為東羅馬地。唐初，阿剌伯回部方强，取東、中兩土，建為藩部。土耳其者，本韃靼種，舊游牧葱嶺之東即今伊犁一帶，奉回回教。展轉西徙入買諾即土耳其中土，居於加拉馬尼亞，為亞剌伯回部所驅，逃避山穴。其後種族漸繁。元成宗五年，頭人阿多曼一作痾多馬諾招集種人，攻奪買諾回國，即名其國曰阿多曼。至孫默拉德日益强盛，東土之猶太、敍里諸部即土耳其東土以次蠶食，疆土愈廣。佛郎西、日爾曼嘗以兵六萬來攻，皆失利去。元順帝至元年間，土王渡海峽，伐東羅馬，與敵戰而勝，敵有將創甚，臥戰場，請王親加刃，死無憾，王就之，敵將忽躍起，以短刀剸王中心死。其子巴牙屑一作巴也西得渡海復仇，虜一萬人，盡殺之。會蒙古來侵即元所封之撒馬爾罕，巴牙屑禦之，兵敗被虜。後有摩拉多者復奮起，侵割東羅馬境土過半，子馬何美德嗣，尤梟雄。明景泰三年，滅東羅馬，取君士但丁城為國都即土耳其西土。君士但丁，一作康思坦胎諾格爾，《西域聞見録》稱為控噶爾。三土遂全歸統轄。紅海、地中海南岸諸國舊屬阿剌伯者，或納土、或稱藩，阿剌伯亦納款為屬國，復東取波斯，建為大藩，幅員之廣，幾比盛於羅馬全國。其用兵屠戮最慘，每戰斬首以萬級計，治法全尚刑威，賦斂尤煩苛。嘉靖以後，嗣王多昏庸醉飽，殘殺骨肉，以此篡弒頻仍，稱為亂國。後宮常五六百人，初生子者為后。回回教主持國柄，作威福，諸大酋守地者，朘膏血以自肥，槖滿則王賜帛自絞，而簿録其家，蓋西國之昏虐無政，未有如土耳其之甚者也。初，土耳其既得三土之地，各分部落，領以大酋，名曰巴札，地廣權重，漸成尾大，東土尤窵遠難制。康熙中，其王達哈荷麻孱弱不綱，諸巴札專制一方，名雖為臣，徵調多不應命。東偏之亞爾美尼亞、古爾的斯丹皆衣租食稅，不供王室。巴必羅尼亞部即美索不達米亞部巴札阿墨嘗據地以叛，土王那達沙征之，累年不能取。至塞黎慕嗣位，始於嘉慶八年戰勝收復。甫二載，新立之巴札又叛，塞黎慕親征，中流矢死。如德亞即猶太之巴札亦跋扈不共命，土無如之何也。中土買諾諸部，為土興基之地，部民多韃靼種，尚勉供賦役。而西土諸部近接王都，弄兵者接踵而起。南境之希臘已裂土為敵國別有圖說，近年自立為小國者又有三部。此外藩國，波斯早易姓，天方即阿剌伯亦隔絶。在阿非利加北境者，阿爾及耳已為佛郎西所滅。惟突尼斯、的黎波里尚通朝貢。麥西為海南上壤，舊設巴札。近年其巴札叛土，攻取東土諸部，勢將內犯，英吉利、佛郎西勒兵勸和，乃分土稱外藩四國詳《阿非利加圖說》。其王自塞黎慕東征不復，國人立慕斯德發。未一載，廢之。嘉慶十三年，立馬痾美德，在位年久，勢益奄奄。蓋其國中衰已百餘年，今則岌岌乎有亡徵焉。徒以世臣夾輔，又與英、佛諸大國合縱，故尚得苟延歲月耳。北鄰之峨羅斯，大國也，與土耳其中隔黑海，東、西壤地相接。乾隆中，土耳其與之構兵，《西域聞見録》所云與峨羅斯構兵之控噶爾，即土耳其也。已詳《峨羅斯圖說》。前後數十年，始猶勝負相當，繼則累戰累北。乾隆五十四年，土王塞黎慕為峨羅斯所敗，割地以講，後峨羅斯大舉來伐，佛郎西救之乃免。自是多惱河一帶烽燧頻警，奔命不遑。道光六年，土人侵俄南境，戰而敗績。俄以大兵圍其都城，國幾亡，英、佛為之講和，俄兵乃罷。

土耳其西土，古希臘十二國之地詳《希臘圖說》，北界峨羅斯、奧地利亞，南抵地中海，地形人海之處界希臘國，東界黑海，東南與買諾隔一海峽，峽名他大尼里，《後漢書·大秦傳》所云『有飛橋數百里，可度海北諸國』，即指此峽也。寬止數里，黑海、地中海由此相通。春秋時，波斯王澤耳士伐希臘，嘗造浮橋以渡軍。相傳古時有石橋，圮廢久矣。西抵亞得亞海隅，縱橫各二千餘里。南北高嶺横亘，多惱河縈帶其間，地多山，少平土。南界海灣凹凸，島嶼紛羅，地為毆羅巴初創之土，土耳其以兵力强取之。其民本習天主教，不樂回教，又不堪土之苛斂，近年已成四分五裂之勢。所產者，棉花、烟草、葡萄、南果、羊毛之類。地分八部，建都之部曰羅美里亞一作路默利，其民多土耳其種族，性强悍，樂於戰鬭，輕死生，重然諾。不禁鴉片，人多羸瘠。都城曰君士但丁，建於黑海峽口之西岸，本羅馬東都，土耳其滅東王遷都於此，更名曰士但不。城極大，內有王宮，殿宇崇閎，城外海港深廣，商舶輻輳，匝岸萬廈雲連，各國使館在焉。多瘟疫、火患。所轄亞得安城，周十五里，內有古殿，閭閻凋敝。加利城在馬海灣，居民一萬七千，商賈互市之地也。西里斯的黎亞一作不牙在羅美里亞之北。北阻多惱河，風俗語音近，峨羅斯。其民勤苦力作，奉希臘教，會城曰所非，居民五萬，陸路通商之地也。所轄順剌城，形扼山險，一夫可以當關，為土國北門鎖鑰，恃此以禦峨軍。多惱河一帶城堡甚多，皆為備峨而設。波士尼亞一作不尼，在極西北。北距多惱河，草場豐廣。內有山，產鐵甚良，居民鑄為刀劍。不堪土之苛政，揭竿而起者屢矣。日薩壹爾一作亞剌萬在海濱，居民以獵為生，剛猛善戰，勇於赴敵，稱西土精兵。會城曰藥翰尼拿，昔有大酋據地以叛，土王連年攻之不能剋。黑坐義，地形入海，與希臘鄰。遍地皆山，民居巖谷，顓愚而悍猛，眦睚必報，遠客來則待之甚厚。塞爾維亞一作息味，在西里斯的黎亞之西，波斯尼亞之東，北距多惱河。會城曰占盧德師亞一作別甲，極堅固。其民强武好鬥，奉希臘教，不樂回教鈐轄。別推酋長起兵拒土，土不能征服，與之議和，近已自立為國，納貢於土。襪拉幾亞一作瓦拉基，在西里斯的黎亞之北，北阻大山，南距多惱河，縱一千八百里，横四百五十里，地形平坦，河流交貫，土沃宜麥，草場豐茂，牧畜蕃孳。其民奉耶穌教，勤苦力作，而土政苛虐，掊剋百端。其地有大酋，如列國小侯，都城曰不加勒斯多一作布加力。居民八萬，峨羅斯時擁護之。近已立國，納貢於土。摩爾達維亞一作末大味。在襪拉幾亞之北，西有山嶺界隔，地極廣莫。居民五十萬。產五穀、南果、葡萄、烟、蜜蠟、硝鹽、馬、牛、豬，每歲售馬鄰封可萬匹。其地亦有大酋如列侯。都城曰西一作牙西，藉庇於峨羅斯，逃土政之酷虐。

近亦立國，納貢於土。干地亞洲，在海中，周圍一千五百里，中峻外坦，近海多良田，又產橄欖油極佳。其民奉希臘教，不樂土政，據地以畔，土王征之，二十餘年不能服也。其島山水極秀，海口近為沙淤，舟行多阻。

土耳其中土曰買諾，亞細亞極西之地，黑海、地中海環其三面，縱約千里，横約二千餘里。南北曰縱，東西曰横，凡後言縱横皆仿此。南北峻嶺嵯峨，中多腴壤。土耳其起於此土，韃靼種人散布雜居，故土雖中衰，尚無分裂。所產者穀、麥、五金之礦、蠶絲、乾葡萄、南果、酒、油、蜜、香料、藥材，地分六部。亞那多里亞一作士麥拿，又名小亞細亞，三面界海，與西土之羅美里隔一海峽。會城居民十萬，勤於懋遷。西國商賈雲集，每年出入貨價不下數百萬金。城內街衢污穢，每瘟疫盛行，傳染殆遍。所屬大城曰補撒，居民六萬。大邑曰加土他，曰牟尼，多回回廟宇。加拉馬尼亞，在亞那多里亞之東，土耳其人初來時寄居於此。會城曰可尼，土之舊都也。亞達那一作安俄剌，在加拉馬尼亞之西南，跨山臨海，其山之羊，毛細如絲，用以織布極温軟。西威斯一作西瓦，在加拉馬尼亞之東南臨海。山出銅礦，居民善造銅器。馬拉士一作古地亞，又作路彌阿。東接東土之亞爾美尼亞，西連加拉馬尼亞、亞那多里亞兩部，北距黑海。德勒比孫達一作德比遜，在馬拉士之東北隅，南界亞爾美尼亞，北距黑海，其埔頭為土耳其與峨羅斯通商之地。買諾附近有數島，曰居伯羅島，其土膏腴，所產葡萄酒、南果最良，居民饒裕，女人美姿色，舊稱樂土。近困於土耳其苛政，凋敝甚矣。曰羅得島，水土平良，勤於農作。舊本自立為小國，後為土耳其所兼。曰治阿島，地極富庶，居民十五萬，不服土耳其政教。道光四年土耳其以水師攻之，屠為赤地。曰米地鄰島，產油、酒。

土耳其東土在買諾之東，亦亞細亞地。北枕黑海，東北隅接峨羅斯，東界波斯，南連亞剌伯、麥西，西抵地中海，縱約二千餘里，横約千餘里。東北一帶大山叠聳，最高者曰阿臘，曰黎巴嫩。阿付臘底斯河一作阿倫得，又作八河。發源西北；底格里士河一作地額河發源正北，相對而東南流至巴索拉，合流人海。西南隅有大澤曰死海，本大城邑，遭异災，地陷為湖。其水鹹惡，周圍皆瘦嶺枯山。死海之北有湖曰加利利，其地為泰西諸國創建之祖。大國名都代興者凡十數。自為回部所據，其民種類各殊，在海岸、海島者，皆額力西種即希臘，謂之上等人；居於西里亞、美索不達迷亞各部者，半阿丹種即阿剌伯，美髯善騎，長於經商，多素封；居於東北山中者為戈達曼種，游牧為生，健勇好鬥，好虜掠，土俗類韃韃里謂西域游牧各部；居於黎巴嫩山中者，曰馬羅奈底士、曰特魯西士，曰黑爾西，諸種皆回民。馬羅奈底士，為天主教名師馬倫所化，因以得名。阿丹以兵力脅入回教，戶口繁多，其俗儉嗇。特魯西果敢輕生，戰不長平陸，而長山險，鳥槍從高擊下，發無不中。黑爾西戰鬥最勇，以少敵衆，徒未敗衄。土人與峨羅斯戰，倚此兩種為勁旅。諸部地界遼闊，距王都絶遠，自土耳其中衰，守土之酋多擁地自擅，不供賦役，百餘年來，僅僅羈縻勿絶而已。物產與中土同。地分五部。西里亞，一作敍里亞，《唐書》之西女國即西里之訛。『種皆女子，拂箖遺男子往配』之説，乃華人所附會，荒唐可笑。在地中海東岸，東北距阿付臘底斯河，南跨阿剌伯與麥西接壤，黎巴嫩山在其北境，迤運入於中土。其地大勢分兩域，迤北曰西里亞，古之名國。有海口曰地破里，居民二萬五千。海濱舊有兩大城，一曰士羅西頓，昔時商賈萃集，富者埒王侯，今成廢墟。一曰大馬士革，其地山川秀澈，田園開爽，花卉尤繁，十里外芳馥襲人。迤南曰猶太。猶太舊分三部，曰猶太，曰撒馬利亞，曰加利利，在秦、漢以前為名國。都城曰耶路撒冷《唐書》稱為拂箖，極廣大，城內居民逾十萬戶。本羅馬屬國，後衰亂，羅馬以大兵合圍，城破屠之，部民星散。後再立國，卒為土耳其所取。因其為天主耶穌生長之地，故至今猶艷稱之。道光十六年，麥西酋叛土王，以兵取西里亞、美索不達迷亞二部。二十年英人助土耳其將興兵，麥西乃還其土。美索不達迷亞，一作磨俗鄰，即巴必羅尼亞。在西里亞之東，北倚黎巴嫩山，兩河回繞阿付臘底斯河、底格里士河，為東土中原。唐虞時，有諸威者居此，為泰西諸國之始祖。其地半河半澤，農力勤苦。境內有八塔者，昔回部都城亞剌伯據東土時藩國，今成廢墟。又巴庇倫者，一作巴必鸞，又作巴必羅尼亞。古大國都城，廢滅已二千餘年，瓦礫猶積成岡阜。古爾的斯丹一作科爾力士丹，又名野哈馬，在美索不達迷亞之東。地多山，瘠狹難耕，部民多游牧於韃韃里。會城曰亞勒破，居民逾十萬，道光二年毀於地震，不遺一椽，由此餓莩遍野。亞爾美尼亞一作亞麥尼，在古爾的斯丹、美索不達迷亞兩部之北。阿臘山在其境內，峯巒險峻，洞峽幽深，水漲則巨舟泊於峯。當雲擾時其地被兵絶少，故戶口較他部獨繁。其民半奉耶穌教，勤於商賈，家有恆產。會城曰黑爾斯倫一作葉西倫，地氣寒甚，七月中即見雪。巴牙息在山腳，居民之學館也。平地近河曰地里北客城，與鄰國通商，山內古耳得族建堡於洞壑之間，素為盜巢。巴索拉一作巴所剌，在古爾的斯丹、美索不達迷亞之東南，阿付臘底斯、底格里士兩河至此部之東南隅，合流入阿勒富海，為東南大埔頭。五印度商船輻輳，其城屋陋衢狹而貿易極盛。

按：土耳其三土，古大秦國之東境即意大里亞之羅馬，為西域自古著名之地。東土創闢最早，巴庇倫建國於前，西里亞代興於後。猶太一作如大，又作如氐亞，又作如德亞，又作儒德亞。即《唐書》所謂拂箖國，以色列之族由此興焉。其國自夏、商至漢季，歷世最久，今辟賢王，後先輝映西土，為希臘開基之地，西國之剖啓昏濛實由此土。君士但丁則羅馬之東都，比於有周之雒邑。泰西遠隔神州，禮樂、車書之化，無由漸被，而在彼土言之，則此數千里者，固商周之耿亳、豳岐，聲名文物之所萃也。土耳其本回部賤族，竄身買諾，遺種繁滋，遭時衰亂，揭竿而起，恃其兵力蠶食東西，遂使名城墮毀，典策散亡，文獻無徵，風流歇絶，三土之民就俎醢之地而困膻污之俗者，數百年於茲矣。回回之性多殘暴不仁，而土耳其為尤甚。俗無彝倫，國無綱紀，日以刀俎待其民，朘脂膏而供醉飽。三土之民何不幸之甚也！觀泰西人所著書，西土之困於苛政也尤甚，勝、廣之徒時時攘臂，而彼昏不知，猶晏然為羊車之游，亡可翹足而待矣。

泰西諸國跨亞細亞、歐羅巴兩土者，惟峨羅斯與土耳其兩國。土耳其疆域之大，不及峨羅斯，而擅膏腴之壤，據形便之地，百年來逐鹿紛紛，迄無止戈之日，固恃其地大兵强，不肯遽為俄下也。七椿園不知其國之本名，訛稱為控噶爾。又因其據東羅馬故地，而以千餘年前一統之羅馬移之於土耳其，荒渺甚矣。又稱，『峨羅斯本其屬國，缺其朝貢，又擾其邊，控噶爾用東西迭駕之法，峨羅斯大困，增貢乞和乃免』。此出於烏巴錫詛咒之口，而《聞見録》乃鑿鑿言之，豈知輿屍纍纍，而屢為城下之盟者，乃即所云控噶爾耶？兩國黑海亘隔，風馬牛本不相及。自峨羅斯開高加索部詳《峨羅斯圖説》，而與土之東土接壤。又開波蘭諸部而與土之西土毗連。其初構兵在乾隆中年，維時峨羅斯勃焉方興，戰攻甚鋭；土耳其衰機甫兆，兵力猶强，勝敗之數大略相當。後則土勢日孱，南風不競，喪師失地，割講頻仍。近年内訌四起，危如纍卵。峨則闢地益廣，富强又非昔比。悉鋭南征，何异折枯拉朽。然土猶幸延至今，未為俄所兼幷者，由於英、佛兩大國護持而排解之也。歐羅巴人最惡回教，土耳其之昏虐，又諸國之所鄙夷。英、佛之於土非有所愛惜，而必欲拯其危亡也。峨羅斯境土得歐羅巴之大半。然北地荒寒，不長水戰，故僅能比肩英、佛，而未足以定霸一方，若土耳其三土一旦為所幷兼，則地兼三海波羅的海、黑海、地中海，於歐羅巴一土已扼吭而拊其背矣。彼且治船炮，閲形勢，一旦擁十萬之衆，卷甲西馳，諸國其能宴然已乎？故英、佛之存土非愛土也，懼峨之兼土，而事未有所止也。兩國之强，俄所素慴，亦未敢開釁端而延大敵，不得不隱忍戢兵，聽土之姑延殘喘。歐羅巴情勢頗類戰國，故縱横之謀，有不期然而然者。

泰西人紀巴庇倫、西里亞古事云：上古之世，西土洪荒未闢，猛獸食人。有凝呦者，武力絶倫，能驅獸衛民，衆推為主。虞舜六載，立國於亞細亞兩河之間，兩河謂阿付臘底斯河、底格里士河，即土耳其美索不達迷亞地。曰巴庇倫，始聚人民，造宫室，是為西土第一國。後有諸威氏之孫曰亞蘇爾，亦建國於亞細亞，曰尼你味，與巴庇倫為鄰。亞蘇爾之子曰尼奴，并巴庇倫為一國，名其國曰亞西里亞，而四方仍稱巴庇倫。尼奴死，妻西迷拉迷斯嗣位，女主代立，西土上古時即有之，至今遂沿為故事。拓地益廣，亞細亞一洲即土耳其之中、東兩土，非今之亞細亞也。半隷版圖，其人習天文，善測星度，西土推步之學由此起。夏后不降十三歲，西迷拉迷斯死，子尼尼亞斯立，務於奢靡，不勤政事，國勢漸衰。其後傳三十餘世，歷商及周，在位多中主，乏令聞，故西史無紀載，猶太者，西土名國，在巴庇倫西南，壤地褊小，素為巴庇倫屬國。巴庇倫遇藩國無禮，猶太不恭命，周簡王元年，巴庇倫以大兵伐猶太，攻破耶路撒冷，猶太都城，又名拂箖。猶太王自殺，脅遷其民於巴庇倫。猶太人有但耶利者，聰异有學識。時巴庇倫王得异夢，心惡之，秘不言其狀，使羣臣測之，中則賞，否則刑，羣臣憂懼，罔知所措，但耶利曰：『臣知之矣，王夢大像立於前，其首金，其臂銀，其胸腹銅，其股鐵，其足鐵與泥半。忽大石飛墜，像立碎，風來吹散其塵，信有之乎？』王大驚曰：『信如是，其驗云何？』曰：『驗在國之興廢，金首者像王也，銀臂者將有旁族由褊小而興，銅身者繼統之國將有廣土，鐵股者再繼之國，當以劍矛摧各部，足之泥，分土之象，石碎風摧則興亡之無定也。』王驚异以為神人，寵待之。王卒，子尼布甲尼撒嗣位，立但耶利為相，相三世，但耶利死，而巴庇倫益衰亂矣。巴庇倫之東為波斯，有馬太者，波斯大部。其王居魯士英果善戰，新兼波斯諸部，方以取亂侮亡為事，巴庇倫恬不為備。時巴庇倫王荒虐無政，羣下離叛。周景王八年，居魯士大舉來伐，巴庇倫望風奔潰。圍都城一鼓而下，巴庇倫亡，地歸波斯。周敬王年間，巴庇倫叛，波斯王大流士以大兵圍之，歷一年八月城破，釘其民千人於十字架。周顯王年間，希臘之馬基頓王亞勒散得大舉伐波斯，波斯潰，亞細亞諸部皆為馬基頓所奪。已而亞勒散得卒於軍，諸將裂新闢之土自王。亞細亞分為數國，日相戰攻，已而幷為一國，仍巴庇倫舊國名，曰西里亞一作敍里亞，傳國百餘年，為西土大部。西漢惠帝五年，為羅馬所滅詳《意大里圖説》，地歸羅馬。又泰西人記巴庇倫城，高三十五丈，厚八丈七尺，上設塔二百五十，城門一百，以銅為之，周回一百八十里。南懷仁所記宇内七大宏工，有巴必鸞城即巴庇倫之轉音即此城也。當其初建，糜膏血而供版築，自以為子孫萬世之業，然居魯士兵來，曾不血刃而剋之。金城千仞果足恃乎？巴庇倫再叛，大流士惡其城垣之高，拆毁其半，至今猶存遺址，在土耳其東土美索不達迷亞境内。又英官李太郭云：『西里亞文字西里亞文字即巴庇倫所造文字，與諸國不同，與清文極相似，但横寫順讀耳。』因出西里亞文字冊子，余翻閲之，信然。

泰西人紀猶太古事云：猶太古名迦南，有夏帝芒之世，西土有至人曰亞伯拉罕，生於兩河之間阿付臘底斯河、底格里士河，遷於迦南，其苗裔稱以色列族。傳數世至耶哥伯有十二子，最少者曰約色弗，聰慧過人，諸兄忌之，賣於麥西為人奴。麥西一名埃及多，一作厄日多，或作以至北多，又作伊齊不托，在亞非利加之東北境，詳《阿非利加圖説》。麥西王立以為相。以色列之族羣往歸之，初至時七十人，年久繁衍，至六萬人。麥西王忌其强宗，欲除之。時迦南以色列族有至人曰摩西，生而神异，學識過人，報仇殺人，逃於荒野四十年。夢神人使赴麥西救本宗，至則麥西王方張網羅，欲收以色列族坑之，摩西密告宗人，約期同發至海港，潮退變陸，渡畢而潮大至，麥西軍追者皆溺死。摩西率衆至迦南之耶路撒冷，遂王其地。

【略】摩西卒，約書亞繼之，分以色列族為十宗，裂地封為小部，統於耶路撒冷。周武王元年，有措母耳者嗣位，德量過人，能察民枉，稱為賢主。周成王二十五年，王掃羅嗣位，好用兵，不恤民命，國人棄之，立大辟為王。大辟以周昭王十年嗣位，敬畏天神，稱為聖人。在位十六年卒。王撒門或作瑣羅門嗣位，亦稱令辟。周穆王年間，王羅破暗嗣位，始稱猶太國。羅破暗卒，亞庇雅繼之。三年卒，亞撒繼之，號為賢能。亞撒之後有何沙法者，亦賢主。周孝王二十一年，王耶何蘭嗣位，王后擅權，大戮宗黨，羣臣誅后，國乃安。王烏西亞嗣位，在位五十二年，猶國稱治。亞哈斯嗣位，招异族來國助戰，遂為國患，王希洗家繼之，驅除异族，境內復安。周莊王十年，王馬拏西嗣立，在位四十三年。王亞們繼之，荒淫無道，二年而卒。周襄王十年，王約西亞嗣立，內修政事，外攘寇虐，威聲振於西土。王禦敵殞於陣，王耶何雅金嗣立。先是，巴庇倫為亞細亞大國，猶太夙備西藩，巴庇倫侈汏，遇諸侯無禮，猶太王怒，絕朝貢。周簡王元年巴庇倫以大兵攻之，城破，王自殺，遷其民於巴庇倫，猶太遂亡。周景王八年，波斯滅巴庇倫，釋猶太民歸國，以色列族復立故國，傳三百餘年。西漢時，降羅馬為屬國，後復叛，為羅馬所滅，屠耶路撒冷都城。羅馬衰，亞剌伯回部據之。猶太為耶穌生長之地，毆羅巴人時往拜其墓，既為回部所據，禁不得通，諸國皆怒，合兵攻回部。從軍者縫十字於衣，血戰二百餘年，卒奪回猶太地，重立為國，戍以兵。未幾，戍兵思故土，各散歸，尋為土耳其所據，其部民散之四方，西土各國多有之，以數百萬計，而總稱為猶太族，與別族不相混云。余嘗聞之英官李太郭，『猶太人最講文字，西國各種書籍，多猶太人所譯解，故其國紀載獨詳。毆羅巴文士游學者，不於希臘，即於猶太，蓋泰西弦誦之區也。』又云：『猶太女人姿姣好而性靈慧，與別部迥异，娶婦得猶太女，則以為戚施在室也。』

猶太自唐以後中國稱為拂箖，即撒冷之轉音，初轉為拂懍，再轉為拂箖。《唐書》直以拂箖為大秦，蓋拂箖在羅馬東部中最著名，遂誤為大秦別名，猶西域稱浩罕為安集延也。宋、明《史》因之，則沿《唐書》之誤耳。

伊拉克

元·周致中《異域志》卷上《大食無斯離國》 出甘露，秋露降，暴之成糖霜，食之甘美。山有天生栗子，名蒲蘆，可採食。次年復生，名麻茶澤，三年再生，名没石子。産麥、桃、榴等物，地窖之物數十年不壞。

又 卷下《白達國》 國王乃佛麻霞勿之子孫。諸國用兵，不敢侵犯。豪民多珍寶，食酥酪餅肉，少魚菜，産金、銀、玻瓈等物。人以雪布纏頭上，卽回鶻之類。

《明史》卷三二六《外國傳七·白葛達》 白葛達，宣德元年遣其臣和者里一思入貢。【略】

其國，土地瘠薄，崇釋教，市易用鐵錢。

以色列

明·艾儒略《職方外紀》卷一《如德亞》 古名拂菻，又名大秦。唐貞觀中曾以經像來賓，有景教流行碑刻可考。

亞細亞之西，近地中海，有名邦曰如德亞，此天主開闢以後，肇生人類之邦。天下諸國載籍上古事迹，近者千年，遠者三四千年而上，多茫昧不明，或異同無據，惟如德亞史書自初生人類至今將六千年，世代相傳，及分散時候，萬事萬物，造作原始，悉記無訛，諸邦推爲宗國。地甚豐厚，人烟稠密，是天主生人最初賜此沃壤。

其國初有大聖人曰亞把刺杭，約當中國虞舜時，有孫十二人，支族繁衍，天主分爲十二區。厥後生育聖賢，世代不絶，故其人民百千年間皆純一敬事天主，不爲異端所惑。其國王多有聖德，乃天主之所簡命也。至春秋時，有二聖王，父曰大味得，子曰撒剌滿。嘗造一天主大殿，皆金玉砌成，飾以珍寶，窮極美麗，其費以三十萬萬。其王德絶盛，智絶高，聲聞最遠，中國所傳謂西方聖人，疑卽指此也。

此地從來聖賢多有受命天主，能前知未來事者。國王有疑事，必從決之。其聖賢竭誠祈禱，以得天主默啓，其所前知，悉載經典，後來無不符合。經典中第一大事是天主降生，救拔人罪，開萬世升天之路，預説甚詳。後果降生於如德亞白德稜之地，名曰耶穌，譯言救世主也。在世三十三年，教化世人，所顯神靈聖迹甚大且多。如命瞽者明，聾者聽，瘖者言，跛者行，病者起，以至死者生之類，不可殫述。有宗徒十二人，皆耶穌縱天之能，不假學力，卽通各國語言文字。其後耶穌肉身升天，諸弟子分散萬國，闡明經典，宣揚教化，各著神奇事迹，亦能令病者卽愈，死者復生，又能驅逐邪魔。緣此時天下萬國大率爲邪魔誘惑，不遵天主正教，妄立邪主，各相崇奉，其所奉像又諸國不同，不止千萬。自天主降生垂教，乃始曉悟真理，絶其向所崇信惡教，而敬信崇向於一天主焉。所化國土，如德亞諸國爲最先，延及毆邏巴、利未亞大小千餘國，歷今千六百餘年來，其國皆久安長治，其人皆忠孝貞廉，男女爲聖爲賢，不可勝數。

茲爲略述教中要義數端：一曰，天地間至尊至大爲人物之真主大父者，止有其一，不得有二。一者，卽天主上帝而已，其全智全能全善浩無窮際，萬神人物皆爲天主所造，又恆賴其保持安養，凡人禍福修短皆其主宰，故吾人所當敬畏愛慕者，獨有一天主也。此外或神或人，但能教人純一以事天主，卽爲善人吉神。若以他道誘人求福免禍，是僭居天主之位而明奪其權也，其爲凶神惡人無疑，崇信祭祀此類者，不免獲罪。一曰，天地間惟一天主爲真主，故其聖教獨爲真教，從之則令人行真善，而絶不爲惡，可升天堂，永脱地獄。若他教乃是人所建立，斷未有能行真善免罪戾，而升天堂脱地獄者。一曰，人有形軀，有靈魂；形軀可滅，靈魂不可滅。人在世時，可以行善，可以去惡，一至命終，人品已定，永不轉移。天主於時乃審判而賞罰之。其人純一，敬事天主，及愛人如己，必升天參配天神及諸聖賢，受無窮真福。若不愛信天主，違犯教戒者，必墮地獄，永受苦難也。其苦樂永永無改，更無業盡復生爲人及輪迴異類等事。故實欲升天堂脱地獄，只在生前實能爲善去惡，無他法也。一曰，人犯一切大小過惡，皆得罪於天主者也。故惟天主能赦宥之，非神與人所能赦，亦非徒誦念徒施舍所能贖也。今人生熟能無過，欲求赦宥，必須深悔前非，勇猛遷改。故初入教先悔罪，有拔地斯摩之禮。既重犯求解罪，有恭棐桑之禮。遵依聖教守戒，祈求必獲赦宥。不然一生罪過，無法可去，地獄無法可脱也。所以教中要義，望人真能改過遷善，以獲赦免而享升天真福，自有專書備論云。

如德亞之西有國名達馬斯谷，產絲綿、羢罽，刀劍、顔料極佳。城有二層，不用磚石，是一活樹糾結無隙，甚厚而高峻，不可攀登，天下所未有也。土人製一藥甚良，名的里亞加，能治百病，尤解諸毒。有試之者，先覓一毒蛇咬傷，毒發腫漲，乃以藥少許噤之，無弗愈者，各國甚珍異之。

沙特阿拉伯

明・費信《星槎勝覽》卷二《天方國》　地多曠漠，即古筠沖之地，名為西域。風景融和，四時之春也。田沃稻饒，居民安業，風俗好善。有酋長，無事科擾於民，刑法之治，自然淳化。不生盜賊，上下和美。古置禮拜寺，見月初生，其酋長及民下悉皆拜天，以為一國之化，餘無所施。其寺分為四方，每方九十間，共三百六十間。皆白玉為柱，黄甘玉為地，中有黑石一片，方丈余，曰漢初天降也。其寺層次高上，如塔之狀。男子穿白長衫。地產金箔、寶石、珍珠、獅子、駱駝、祖剌法、豹、麂。馬八尺之高也，即為天馬也。貨用金銀、段疋、色絹、青白花器、鐵鼎、鐵銚之屬。乃日中不市，至日落之後以為夜市，蓋其日色熱之故也。

明・馬歡《瀛涯勝覽・天方國》　此國即默伽國也。自古里國開船，投西南申位，船行三個月方到本國馬頭，番名秩達。有大頭目主守。自秩達往西行一日，到王居之城，名默伽國。奉回回教門，聖人始于此國闡揚教法，至今國人悉遵教規行事，纖毫不敢違犯。其國人物魁偉，體貌紫膛色。男子纏頭，穿長衣，足著皮鞋。婦人俱戴蓋頭，莫能見其面。説阿剌畢言語。國法禁酒。民風和美，無貧難之家。悉遵教規，犯法者少，誠為極樂之界。婚喪之禮皆依教門體例而行。自此再行大半日之程，到天堂禮拜寺，其堂番名愷阿白。外周垣城，其城有四百六十六門，門之兩傍皆用白玉石為柱，其柱共有四百六十七個，前九十九個，後一百一個，左邊一百三十二個，右邊一百三十五個。其堂以五色石迭砌，四方平頂樣。內用沉香大木五條為梁，以黄金為閣。滿堂內牆壁皆是薔薇露龍涎香和土為之，馨香不絶。上用皂紵絲為罩罩之。蓄二黑獅子守其門。每年至十二月十日，各番回回人，甚至一二年遠路的，也到堂內禮拜，皆將所罩紵絲割取一塊為記驗而去。剜割既盡，其王則又預織一罩，復罩於上，仍復年年不絶。堂之左有司馬儀聖人之墓，其墳壟俱是緑撒不泥寶石為之，長一丈二尺，高三尺，闊五尺，其圍墳之牆，以紺黄玉迭砌，高五尺餘。城內四角造四堆塔，每禮拜即登此塔喝班唱禮。左右兩傍有各祖師傳法之堂，亦以石頭迭造，整飾極華麗。其處氣候四時常熱如夏，並無雨雹霜雪。夜露甚重，草木皆馮露水滋養。夜放一空碗，盛至天明，其露水有三分在碗。土產米穀僅少，皆種粟麥黑黍瓜菜之類。西瓜、甜瓜每個用二人抬一個者亦有。又有一種（纏）綿花樹，如中國大桑樹，高一二丈，其花一年二放，長生不枯。果有蘿蔔、萬年棗、石榴、花紅、大梨子，桃子有重四五斤者。其駝、馬、驢、騾、牛、羊、貓、犬、雞、鵝、鴨、鴿亦廣。雞、鴨有重十斤以上者。土產薔薇露、俺八兒香、麒麟、獅子、駝、雞、羚羊、草上飛，并各色寶石、珍珠、珊瑚、琥珀等物。其王以金鑄錢，名倘加行使，每個徑七分，重官秤一錢，比中國金有十二成色。又往西行一日，到一城，名驀底納。其馬哈嘛聖人陵寢正在城內，至今墓頂豪光日夜侵雲而起。墓後有一井，泉水清甜，名阿必糝糝。下番之人取其水藏于船邊，海中倘遇颶風，卽以此水灑之，風浪頓息。

明・鞏珍《西洋番國志・天方國》 天方國，卽默加國也。自古里國開舡望西南申位行三月始到其國，地名秩沓，有大頭目守之。自秩沓往西行一日到王城。彼人云，昔者西方聖人始於此處闡揚回回教法，至今國人悉遵教門規矩。其國人體貌壯偉，紫堂色。男子纏頭長　衣淺鞋，婦人蓋頭，卒不能見其面。話説阿剌必言語。國法禁酒。風俗和美，人少犯法，無貧難之家。其婚喪禮皆回回教門。

再行半日到天堂禮拜寺，堂番名愷阿白，其週如城。有四百六十六門，兩傍以白玉石爲柱，共四百六十七柱。其在前者九十九，後一百單一，左一百三十二，右一百三十五。堂制如此。皆以五色石甃爲方而頂平，內以沉香木爲梁，以黃金爲承漏。墻壁皆薔薇露、龍涎香和土爲之，上用皂紵絲爲罩，畜二黑獅子守堂門。每年十二月十日，諸番回回行一二年遠路者到寺禮拜。及去，往往割皂蓋少許爲記。剜割既盡，王復易以新罩，歲以爲常。堂近有司馬儀聖人之墓在焉。其壙塚用緑撒不泥寶石爲之，長一丈二尺，高三尺，闊五尺。四圍墻垣皆以泔黃玉砌壘，高五六尺餘。墻內四隅造四塔，每禮拜卽登塔叫禮。左右兩傍有各祖師傳法之堂，其堂亦以石砌造，皆極華麗。

其處氣候常熱如炎夏，並無雨雹霜雪。夜露甚重，置碗露中，及旦可得水三分。凡草皆露滋養。土產米穀少，皆種粟麥及黑黍。有瓜菜。其西瓜甜瓜有以二人舁者。果有葡萄、萬年棗，並石榴、花紅、梨、桃，皆有大種四五斤者。亦有似棉花　樹，如中國大桑樹，高一二丈，其花一年二收。牲畜有駝、馬、驢、騾、牛、羊、貓、犬、雞、鵝、鴨、鴿。其雞鴨有重十斤以上者。土產薔薇露、俺八兒香，麒麟、獅子、駝雞、羚羊，並各色寶石、珍珠、珊瑚、琥珀等寶。王以赤金鑄錢名倘加行使，每錢官寸徑七分，官秤重一錢。其金比中國足十二成。

又往西行一日到一城，番名驀底納。城中馬哈麻聖人陵寢在焉。至今墓上發毫光，日夜侵雲而起。墓後有井，番名阿必糝糝，味清甘。番人往往取水置舡中，遇風颶作，以水灑之，風浪頓息。

宣德五年，欽奉朝命開詔，偏諭西海諸番，太監洪保分鯮到古里國。適默伽國有使人來，因擇通事等七人同往，去回一年。買到各色奇貨異寶及麒麟、獅子、駝雞等物，並畫天堂圖回京奏之。其國王亦採方物，遣使隨七人者進貢中國。

明・黃省曾《西洋朝貢典録》卷下《天方國第二十三》 其國在古里西南可二萬里。古里西南申位行，善風三月至鎮，番名秩湝，守以頭目。秩湝西行一日至王城，本名默伽國，而又謂之天方。其王修回回教，其俗和美而富。見月之初生也，上下皆稽首而禮天。其容貌偉正紫色。男纏首長衣，足有皮鞋。女蓋首，面不露。其語用阿剌畢。

國有酒禁，其婚喪悉行回回禮。其禮拜之寺曰天堂。其堂四方而高廣，謂之愷阿白。以黃金爲佛像，以玉爲座，堂之周如城，以五色石壘砌。城之門四百六十有六。其堂以沉香爲樑，樑有五。以黃金爲閣，以泔黃玉布地，以薔薇露、龍涎香日塗堂之四壁，馨香不絶。以白玉爲柱，柱凡四百六十有七。前之柱九十有九，後之柱一百有一，左之柱一百三十有二，右之柱一百三十有五。其堂之幔以紵絲，色用皂。其守堂獅子二，色咸黑。他國至堂而焚香也，歲一至，不遠萬里而來，以十二月十日爲期。每年此日，諸國回回人雖海行一二年遠道者，亦至此堂禮拜，皆割取堂內皂幔一方去爲記憶。盡，則王又以幔代之。

其堂之左有古佛墓，是爲緑撒卜泥寶石之所築。其長一丈二尺，高三尺，廣五尺。其墓之垣砌以泔黃玉，高五尺。其城四隅咸有寶塔，禮拜者登焉。有授法之堂，皆五色石爲之。

其土氣恒燠，無雨雹霜雪，四時玉燭，草木常不零落。其甘露日降，國人承露以食。其交易以金錢，名曰倘伽。其利玉石。其穀宜五種，其畜宜六擾。錢徑官寸七分，重官秤一錢。

其國西行百里曰驀底納城。城之東曰謨罕驀德神人之墓。墓頂有五色光，旦夕輝煌不絶。墓後有泉，其名阿必糝糝。其味甘美，其泉能息波濤，泛海者必汲藏於舟，遇颶風而灑之也，波濤隨息。

其土物有薔薇露、俺八兒香。有豹、麂、草上飛、麒麟、獅子、羚羊，多龍馬，有駝鷄、駱駝、騾、驢、麑、鴿。其花有纏枝花，樹如大桑，高二丈，歲二收。有葡萄、萬年棗、石榴、林檎、梨、西瓜、巨桃，一桃而用二人以舉。

其朝貢無常。宣德中使鄭和至西洋，遣通事七人賫麝香、磁器、緞匹同本國船至國，一年往回，易得各色奇異寶石并麒麟、獅子、駝鷄等物，并畫《天堂圖》一册回京。其天方國王亦遣其臣沙瓛等將方物隨七人來朝貢。

論曰：天堂之諺久矣，蓋慕其樂土也。今觀其國所有，乃知諺語爲不虚焉。但國史以默德伽別於天方，而歡云卽其地。余詳考之，謨罕驀德，默德伽王也，而天方之西有其墓焉，則一國二名者矣。

明·羅日褧《咸賓録》卷四《天方》 天方，古筠冲地，一名天堂。宣德五年，太監鄭和等往各番國，到古里，差使諭天方國王。王卽遣使來貢方物，並畫《天堂圖》以獻。其地風景融和，四時皆春，田沃稻饒，居民安業。人以馬乳拌飯，故多肥美。俗好善，無科擾於民，故無貧難，無盜賊，故自然淳化，乃極樂之界也。

國內有禮拜寺，寺分爲四方，方各九十間，皆白玉爲柱，黄玉爲地。地中有黑石一片，方丈餘，云漢初天降也。遍寺牆壁皆薔薇露、龍涎香，和水爲之，馨香不絶。上用皂紵絲爲蓋罩之。蓄二黑獅子守其中門。每歲十二月十日，各番回回人雖萬里之外亦來禮拜，皆將所罩紵絲割取一方爲記而去。割盡復换，年年不絶。貨物甚多，日中不市，至日落之後方爲夜市，蓋其日色極熱故也。

其山川古迹：驀底納城。内有前國王墓，墓頂日夜放光，侵雲而起。墓後一井，名阿必糝水，可止風，與聖水同。

其産：珍寳、獅、豹、名馬、高八尺許。駝雞、羚羊、草上飛、俱詳見後。纏花樹，其花一年二開，長生不枯。爲奇。

《明史》卷三三二《西域傳四·天方》 天方，古筠冲地，一名天堂，又曰默伽。水道自忽魯謨斯四十日始至，自古里西南行，三月始至。其貢使多從陸道入嘉峪關。【略】

天方於西域爲大國，四時常似夏，無雨雹霜雪，惟露最濃，草木皆資之長養。土沃，饒粟、麥、黑黍。人皆頎碩。男子削髮，以布纏之。婦女則編髮蓋頭，不露其面。相傳回回設教之祖曰馬哈麻者，首於此地行教，死卽葬焉。墓頂常有光，日夜不熄。後人遵其教，久而不衰，故人皆向善。國無苛擾，亦無刑罰，上下安和，寇賊不作，西土稱爲樂國。俗禁酒。有禮拜寺，月初生，其王及臣民咸拜天，號呼稱揚以爲禮。寺分四方，每方九十間，共三百六十間，皆白玉爲柱，黄甘玉爲地。其堂以五色石砌成，四方平頂。内用沉香大木爲樑凡五，又以黄金爲閣。堂中垣墉悉以薔薇露、龍涎香和土爲之。守門以二黑獅。堂左有司馬儀墓，其國稱爲聖人塚。土悉寶石，圍牆則黄甘玉。兩旁有諸祖師傳法之堂，亦以石築成，俱極其壯麗。其崇奉回回教如此。

瓜果諸畜，咸如中國。西瓜、甘瓜有一人不能舉者，桃有重四五斤者，雞、鴨有重十餘斤者，皆諸番所無也。馬哈麻墓後有一井，水清而甘。泛海者必汲以行，遇颶風取水灑之卽息。當鄭和使西洋時，傳其風物如此。其後稱王者至二三十人，其俗亦漸不如初矣。

又《默德那》 默德那，回回祖國也，地近天方。【略】

國中城池、宮室、市肆、田園，大類中土。有陰陽、星曆、醫藥、音樂諸技。其織文、製器尤巧。寒暑應候，民殷物繁，五穀六畜咸備。俗重殺，不食猪肉。嘗以白布蒙頭，雖適他邦，亦不易其俗。

阿曼

元·周致中《異域志》卷上《大食勿拔國》 其國邊海，天氣暖甚，出乳香樹，逐日用刀斫樹皮取乳。每年春末有飛禽自天而降，如白絲鴉，肥而味佳。有大魚高二丈餘，長十丈餘，人不敢食，刳膏爲油，肋骨可作屋桁，脊骨可作門扇，骨節爲春臼。又有龍涎成塊泊岸，人競取爲貨賣。

明·費信《星槎勝覽》卷二《佐法兒國》 臨海聚居，石城石屋，壘起高層三五者，若塔其上。田廣而少耕，山地皆黄赤，不生草木，牛、羊、駝、馬惟食魚幹。男女拳發，穿長衫。女人則以布兜頭面，出見人也不露面貌。風俗頗淳。地産祖剌法、金錢豹、駝雞、乳香、龍涎香。貨用金錢、檀香、米穀、胡椒、色段、絹、磁器之屬。

詩曰：佐法兒名國，周圍石累城。乳香多土産，穀米少收成。大海魚無限，荒郊草絶生。采風吟異境，民物互經營。

明·馬歡《瀛涯勝覽·祖法兒國》 自古里國開船投西北，好風行十晝夜可到。其國邊海倚山，無城郭，東南大海，西北重山。國王、國人皆奉回回教門。人體長大，貌豐偉語言樸實。王者之絆，以白細番布纏頭，身穿青花如大指大細絲嵌蓋頭，或金錦衣袍，足穿番靴，或淺面皮鞋。出入乘轎或騎馬，前後擺列象駝、馬隊，刀牌手，吹篳篥鎖，簇擁而行。民下所服衣冠，纏頭長衣腳穿靴鞋。如遇禮拜日，上半日市絶交易，男女長幼皆沐浴，既畢，卽將薔薇露或沉香幷抽搽面幷四體，俱穿齊整新淨衣服。又以小土爐燒沈檀俺八兒等香，立於爐上，熏其衣體，才往禮拜寺。拜畢方回，經過街市，半晌熏香不絶。婚喪之禮，素遵回回教規而行。土産乳香，其香乃樹脂也。其樹似榆，而葉尖長。彼人每砍樹取香而賣。中國寶船到彼，開讀賞賜畢，其王差頭目遍諭國人，皆將乳香、血竭、蘆薈、没藥、安息香、蘇合油、木別子之類，來換易紵絲、磁器等物。此處氣候，常如八九月，不冷。米麥豆粟黍稷麻谷，及諸般蔬菜、瓜茄，牛、羊、馬、驢、貓、犬、雞、鴨之類，亦皆不缺。山中亦有駝雞，土人間亦捕獲來賣。其雞身匾頸長，其狀如鶴，腳高三四尺，每腳止有二指。毛如駱駝，食緑豆等物，行似駱駝，因此名駝雞。其駱駝則有單峯者，有雙峯者，人皆騎坐以適街市。將死，則殺之賣其肉。其王鑄金錢名倘伽，每個重官秤二錢，徑一寸五分，一面有紋，一面人形之紋。又以紅銅鑄為小錢，約重三厘，徑四分，零用。其國王於欽差使者回日，亦差其頭目將乳香駝雞等物，跟隨寶船以進貢於朝廷焉。

明·鞏珍《西洋番國志·祖法兒國》 祖法兒國，自古里國開舡，投西北行，十晝夜可到。其國邊海倚山，無城郭，東南大海，西北重山。王及國人皆奉回回教門。人體長大，貌壯語樸。王者以白細布纏頭，身着青花長衣，細絲嵌圓領，或金錦衣袍，足着番靴，或皮爲鞋。出入乘轎騎馬，前後擺列象駝馬隊牌手，吹篳篥、鎖納，擁從而行。民下亦纏頭衣長衣，着靴或鞋。如遇禮拜日，上半日市絶交易。男子長幼皆沐浴，以薔薇露或沉香油塗擦體面，始着新潔衣服。又以小土爐焚沉檀、俺八兒等香，跨其上以薰體。如到禮拜寺禮拜及散經過街市，香氣頓飯不散。其婚喪之禮悉教門。

土産乳香，其香乃樹脂也。樹似榆而葉尖長，斫樹取香而賣。中國寶舡到，開讀詔書並賞賜勞，王卽遣頭目偏諭國人，皆以乳香、血竭、蘆薈、没藥、安息香、蘇合油、木別子之類來易紵絲磁器等物。此處氣候常如八九月，不熱不冷。米、麥、豆、粟、稷、黍、麻、穀及諸蔬菜瓜、茄，牛、馬、驢、貓、犬、雞、鴨皆有。山中亦出駝雞，土人捕賣之。駝雞身匾頸長，足有二指，其毛如駱駝，行亦如駝狀，故以駝雞名，食米豆等物。其地出駱駝有單峯雙峯者，國人皆騎坐，亦殺賣其肉。

王以金鑄錢，名倘加。每錢官秤重二錢，徑一寸五分，一面有紋，一面爲人形。又以紅銅鑄小錢徑四分零用。王亦遣人齎乳香駝雞等物表進中國。

明·黄省曾《西洋朝貢典録》卷下《祖法兒國第二十》 其國在古里西北可二千里，西北倚山，東南臨海。以石爲城爲屋，層起如浮圖。其民容體偉長而性朴。其王纏首以白布，服錦袍，間服青花絲嵌圓領，足有花靴。其出入以輿馬，前列象駝，後吹叭喇、鎖捺擁行。其民男纏首以色布，服長衣，足不跣。女蒙首面以布。其上下崇回回教，有禮拜寺。禮拜之日咸罷市。塗體以薔薇露，以沈香油。薰衣以沈、檀、俺八兒香。其將禮拜也，浴而塗體，乃服浄衣，爇香于胯下，薰而往，街市爲之芬芳不歇。其婚喪行回回禮。

其土氣温和，其交易以金錢，以紅銅錢。金曰倘伽。金重官秤二錢，徑一寸五分，一面有紋，一面人形。銅徑四分。其穀宜五種，其畜宜六擾，多血竭、蘆薈、没藥、乳香、木鼈子，多芥瓜。有雙峯駱駝，有金錢豹。有禽焉，長身而鶴頸，足四尺而二爪，其狀如駱駝，其名曰駝鷄，是食五穀。有香焉，其樹高可三丈，葉有四角，黄花而碧心，其膠如飴，其名曰安息，食之已鬼疰。其味篤耨，其色如紫檀，其汁濃淨而無滓，其名曰蘇合油，塗之已風。

其朝貢無常。永樂中，遣其臣朝貢方物。

論曰：自柯枝而西去，天方益近。而流風沾被，修回回教者益謹。至薰沐其身而始禮拜，其真信習之篤也哉！

明·羅日褧《咸賓録》卷四《祖法兒》 祖法兒，漢之大夏，隋、唐之吐火羅是也。昔漢張騫至大夏，言其俗土著無大君長，兵弱畏戰，善賈市，其都曰藍市城。及匈奴擊破大月氏王，以王頭爲飲器，其種人遂收餘衆，過宛西擊大夏而臣之，大夏遂臣屬月氏矣。至隋、唐時名吐火羅，世次難考，與嚈噠雜居，勝兵十萬。

嚈噠者，大月氏之遺種也。大業中遣使朝貢。唐初屬西突厥。然武德、貞觀中俱入獻也。高宗時獻大鳥，高七尺，色黑，足類駱駝，人可乘，鼓翅而行三百里，能噉鐵，俗謂駝鳥。顯慶中，以其阿緩城爲月氏都督府。析小城爲二十四州，授王阿史那爲都督。未幾遣子入朝，留宿衛。俄又貢瑪瑙鐙樹，高三尺。開元、天寶間數獻馬騾、異藥、乾阿陀婆羅二百品、紅碧玻璃。乃册其君骨咄禄頓達度爲吐火羅葉護、挹怛王。其後鄰胡羯師謀引吐蕃攻吐火羅，於是葉護失里忙伽羅丐安西兵助討。帝爲出師，破之。乾元初，與西域九國發兵爲天子討賊。肅宗詔隸朔方行營。宋時未通。我朝永樂、宣德中，王亞里俱遣使朝貢。

國無城郭，俗朴實，尚回回教。王以白細番布纏頭，身穿青花細紬絹或金錦衣袍，出入乘轎跨馬，前後陳列象駝鼓吹。氣候常熱。市用金銀錢，文如人形。男拳髪穿長衫，女則以布兜頭面，出見人亦不出露。男多女少，故兄弟通室。婦人五夫，則首戴五角，十夫戴十角。無兄弟者與它人結爲昆季，然後得妻。生子屬其長兄。其民如遇禮拜寺日，必先沐浴，用薔薇露或沈香油塗其面，更以新衣，復以沈、檀、俺八兒香熏其衣體，始往禮拜。是日經過街市，香氣旬日不散。

其山川則頗黎山。有穴，産神駒皆汗血。

其産：福鹿、周身俱白，中有細青花如畫者。駝雞、即駝鳥也，中有肉鞍可乘，夷人殺之以賣其肉。名馬穴中産神馬。爲奇。

《明史》卷三二六《外國傳七·祖法兒》 祖法兒，自古里西北放舟，順風十晝夜可至。永樂十九年遣使偕阿丹、剌撒諸國入貢，命鄭和齎璽書賜物報之。二十一年，貢使復至。宣德五年，和再使其國，其王阿里即遣使朝貢，八年達京師。正統元年還國，賜璽書獎王。

其國東南大海，西北重山，天時常若八九月。五穀、蔬果、諸畜咸備。人體頎碩。王及臣民悉奉回回教，婚喪亦遵其制。多建禮拜寺。遇禮拜日，市絶貿易，男女長幼皆沐浴更新衣，以薔薇露或沉香油拭面，焚沉、檀、俺八兒諸香土罏，人立其上以薰衣，然後往拜。所過街市，香經時不散。天使至，詔書開讀訖，其王徧諭國人，盡出乳香、血竭、蘆薈、没藥、蘇合油、安息香諸物，與華人交易。乳香乃樹脂。其樹似榆而葉尖長，土人砍樹取其脂爲香。有駝雞，頸長類鶴，足高三四尺，毛色若駝，行亦如之，常以充貢。

也門

明·費信《星槎勝覽》卷一《剌撒國》 倚海而居，土石為城。連山廣地，草木不生，牛、羊、駝、馬皆食魚幹。民俗頗淳。氣候常熱，田瘠少收，唯麥略有。數年無雨，鑿井絞車，羊皮袋水。男女拳髪，穿長衫，婦人妝點兜頭，與忽魯謨斯國同。壘石築土，為屋三四層者，其上廚爨東廁臥室待客，其下奴僕居之。地產龍涎香、乳香、千里駱駝，餘無物也。貨用金銀、色段、色絹、磁器、米穀、胡椒之屬。

詩曰：海丘名剌撒，絕雨亦無寒。層石壘高屋，狂濤激遠灘。金銀營土產，駝馬食魚幹。雖有龍涎貨，蠻鄉不可看。

又 卷二《阿丹國》 倚海而居，壘石為城，砌羅股石為屋，三四層高，廚房臥屋皆在其上。用粟麥。風俗頗淳，民下富饒。男女拳發，穿長衫。女若出，則用青紗蔽面，布縵兜頭，不露形貌，兩耳垂金錢數枚，項掛瓔珞。地產九尾羖羊、千里駱駝、黑白花驢、駝蹄雞、金錢豹。貨用金銀、色段、青白花磁、檀香、胡椒之屬。

詩曰：阿丹城廟石盤羅，黑色滋肥粟麥多。風俗頗淳民富貴，歲華常見曰融和。境無寸草千山接，羊有垂胸九尾拖。縱目采吟人物異，還歸稽首獻鑾坡。

明·馬歡《瀛涯勝覽·阿丹國》 自古里國開船，投正西兌位，好風行一月可到。其國邊海，離山遠。國富民饒，國王、國人皆奉回回教門，説阿剌壁言語。人性强梗，有馬步鋭兵七八千，所以國勢威重，鄰邦畏之。永樂十九年，欽命正使太監李興等，齎詔敕衣冠賜其王酋，到蘇門答剌國，分內官周　領駕寶船數隻到彼。王聞其至，即率大小頭目至海濱迎接詔敕賞賜，至王府行禮甚恭謹感伏，開讀畢，國王即諭其國人，但有珍寶許令賣易。在彼買得重二錢許大塊貓睛石，各色雅姑等異寶，大顆珍珠，珊瑚樹高二尺者數株，又買得珊瑚枝五櫃，金珀、薔薇露、麒麟、獅子、花福鹿、金錢豹、駝雞、白鳩之類而還。國王之絆，頭戴金冠，身穿黄袍，腰系寶妝金帶。至禮拜日赴寺禮拜，則換細白番布纏頭，上加金錦之頂，身穿白袍，坐車列隊而行。其頭目冠服各有等第不同。國人穿絆，男子纏頭，穿撒哈喇梭幅、錦繡紵絲等衣，足著靴鞋。婦人之絆，身穿長衣，肩項佩寶石、珍珠、纓絡，如觀音之絆，耳帶金廂寶環四對，臂纏金寶釧鐲，足指亦帶指環。又用絲嵌手巾蓋於頂上，止露其面。凡國人打造鈒細金銀首飾等項生活，甚精妙，絕勝天下。又有市肆、混堂，并熟食、綵帛、書籍、諸色什物鋪店皆有。王用赤金鑄錢行使，名甫嚕嚟，每個重官秤一錢，底面有紋。又用紅銅鑄錢，名甫嚕斯，零使。其地氣候温和，常如八九月。日月之定無閏月，惟以十二個月為一年。月無大小，若頭夜見新月，明日即月首也。四季不定，自有陰陽人推算，如以某日為春首，後果然花草開榮。某日是初秋，果然木葉雕落。及於日月交食、潮信早晚，并風雨寒暖，無不準驗。人之飲食，米粉麥面諸品皆有，多以乳酪、酥油、糖蜜製造而食。米、粟、豆、穀、大小二麥、芝麻并諸色蔬菜俱有，果子有萬年棗、松子、把擔、幹葡萄、核桃、花紅、石榴、桃、杏之類。象、駝、驢、騾、牛、羊、雞、鴨、貓、犬皆有，止無豬鵝。棉羊白毛無角，頭上有黑毛二團，如中國童子頂搭。其頸下如牛袋一般，其毛短如狗，其尾大如盤。民居房屋皆以石砌，上以磚蓋，或土蓋。有石砌三層，高四五丈。亦有用木起架為樓居者，其木皆土產紫檀木為之。其地土所產草木，又有薔薇露、簷蔔花、無核白葡萄，并花福鹿、青花白駝雞、大尾無角棉羊。其福鹿如騾子樣，白身白面，眉心隱隱起細細青條花，起滿身至四蹄，細條如間道如畫。青花白駝雞亦有青花，如福鹿一般。麒麟前二足高九尺餘，後兩足約高六尺，頭抬頸長一丈六尺。首昂後低，人莫能騎。頭上有兩肉角，在耳邊，牛尾鹿身蹄有三跆，匾口，食粟、豆、面餅。其獅子身形似虎，黑黄無斑，頭大口闊，尾尖毛多，黑長如纓。聲吼如雷，諸獸見之，伏不敢起，乃獸中之王也。其國王感荷聖恩，特造金廂寶帶二條，窟嵌珍珠寶石金冠一頂，并雅姑等各樣寶石地角二枚，金葉表文，進貢中國。

明・鞏珍《西洋番國志・阿丹國》　阿丹國，自古里國開舡，投正西兑位行，一月可到。其國邊海，去山遠。王與國人皆奉回回教門，説阿剌必語。國富民饒，人性强硬，有馬步鋭兵七八千，鄰邦畏之。永樂十九年上命太監李充正使，齎詔敕往諭旨。李□到蘇門答剌國，令內官周□□等駕寶舡三隻往彼。王聞即率大小頭目至海濱迎入，禮甚敬謹。開詔畢仍賜王衣冠。王即諭其國人，凡有寶物俱許出賣。此國買到貓精一塊重二錢許，並大顆珍珠各色鴉鶻等石，珊瑚樹高二尺者數株，枝柯爲珠者五櫃，及金珀、薔薇露、麒麟、獅子、花福鹿、金錢豹、駝雞、白鳩之類。

國王頭戴金冠，身服黄袍，腰繫寶裝金帶，至禮拜日，亦以細白番布纏頭，上加金錦爲頂，身服白袍，坐車列隊而行。其頭目冠服各有等第。國人男亦纏頭，服撒哈喇梭幅，錦綉紵絲細布等衣，足着靴鞋。婦人亦服長衣，肩頂佩珍珠寶石瓔珞，如中國所飾觀音狀。耳帶金廂寶環四對，臂纏金寶釧鐲，足指亦帶指環。又用絲嵌手巾蓋頭，只露其面。

凡國人打造金銀入細生活，絕勝天下。市肆熟食綵帛書籍諸色物件，鋪店並混堂皆有。王用赤金鑄錢名甫嚕嚟行使，每錢官秤重一錢，底面有紋。又用紅銅鑄錢名甫嚕斯零用。

氣候温和如八九月，月日之定無閏月，但以十二月爲一年。月之大小但以今夜見新月，明日即月一也。四季不定，自有陰陽人推算，某日爲春首則花草開榮，某日是初秋則木葉凋脱。至於日月交蝕風雨潮信無不准。

人之飲食米麵諸品皆以乳酪油糖蜜制造。米麥穀粟麻豆并蔬菜俱有。果有松子、核桃、花紅、石榴、桃仁、把丹、乾蒲萄、萬年棗之類。畜有象、駝、驢、騾、牛、羊、雞、鴨、犬、貓，只無豬及鵝。其綿羊則白毛無角，於出角處有兩黑點，頸下有胡如黄牛，毛短如狗，尾大如盤。及出花福鹿、青花白駝雞、麒麟、獅子。其福鹿狀如騾，白身白面，眉肩起細細青條花纏身及蹄間道如畫。青花白駝雞狀與福鹿同。麒麟前足高八九尺餘，後足高六尺，褊口長頸，舉頭高一丈六尺，前仰後俯，不可騎乘，兩耳邊有短肉角，牛尾鹿身，蹄有三跲，食粟豆麵餅。獅子形如虎，黑黃無斑紋，頭大口闊，尾有毛黑長如纓，聲吼如雷，諸獸望見輒伏不敢動。及産紫檀木、薔薇露、簷葡花並無核白蒲萄。

其人居屋皆砌以石，上蓋以磚或土。有石砌三層，高四五丈者。

國王感慕聖朝恩德，常修金葉表文，進金廂寶帶一條，窟嵌珍珠寶石金冠一頂，並鴉鶻等各寶石蛇角等物進貢。

明·黃省曾《西洋朝貢典録》卷下《阿丹國第二十二》 其國在古里西可六千里。其國濱海，以石爲城。其民庶而勇，騎步兵可二萬，威振鄰國。

其上下修回回教，其語似阿剌畢，其王尚禮。永樂辛丑，正使太監李充等賫詔賜其王奠到冠服。蘇門答剌國分䑸周等領寶船往彼，王率頭目迎入王府甚肅。開讀賞賜畢，王諭國人，有珍寶者許易。王冠金冠，服黃袍，帶以金寶。有禮拜寺，其王日一禮拜，金冠易以白布纏首，頂有金錦飾；黃袍易以白，車而往。其臣服有等。其國人纏首以色布，服撒哈喇梭幅錦繡，足有靴鞋。其女長衣，項佩珍寶纓絡，珥寶環，四腕約寶鐲，手足指約以金環，蒙首以絲嵌帨，僅露其面。其金銀之工精巧，爲西方之冠。

其食造以酥蜜。其民以石爲屋，石之名曰羅股。以磚覆之，高五丈而三層。有浴室，有酒壚，有絲帛典籍之肆。其交易以金錢，以紅銅錢。金曰哺嚟，銅曰甫嚕斯。其利玉石。其穀宜五種，其畜宜牛、羊、雞、犬。金重官秤一錢，底面有紋。

其土氣溫和。其定歲以十二月爲一歲，以哉生明爲一月。其算曆如神，某日而春，暨期枯者敷華；某日而秋，暨期榮者凋落。蝕而蝕，潮而潮，風而風，雨而雨，靡有違忒。

其貿採之物，異者十有二品：一曰貓睛之石，二曰五色亞姑，三曰大珠，四曰珊瑚支，五曰金珀，六曰薔薇露，七曰麒麟，八曰獅子，九曰花福鹿，十曰金錢豹，十一曰駝鷄，十二曰白鳩。土物多紫檀木、薝蔔花，多萬年棗、把擔乾、白葡萄、松子、榴、杏。有象，有千里駱駝、九尾羖羊。其白毫無角，角處有兩圓黑毛，項如牛，狗毫而盤尾者，名曰綿羊。有獸焉，其狀如螺，白身白面而青紋，其名曰花福鹿。其足前高九尺，後高六尺，蹄三跲，匾口而長頸，奮首高一丈六尺，首昂後低，二肉角，牛尾而鹿身，其名曰麒麟，是食五穀。其狀如虎，元質而無紋，巨首而闊唇，其尾黑長如纓，其吼如雷，百獸見之，伏不敢起者，其名曰獅子。

其朝貢無常。永樂間，遣使修金葉表來朝貢。

論曰：國初，天監外設回回司天監，取回回人世官之，用本國土板曆並兼推算，乃知聖主御世，一善弗遺者矣。嘗聞之長老云：月蝕非回回曆算，安得不謬如此。今阿丹人所算春秋候，是尤奇也！

明·羅日褧《咸賓録》卷四《阿丹》 阿丹，小國也。永樂九年，遣太監鄭和諭之，賜命互市。其王拜詔，待使禮俱甚恭。隨遣使進金廂寶帶、金冠、鴉鶻諸寶石、蛇角等物。

地近古里，其俗國王金冠黃袍，腰繫寶帶，至禮佛則易細番布纏頭，上加錦頂，身服白袍。其頭目冠服各有差。男女服飾悉如溜山。屋皆石壘。交易有赤金錢、紅銅錢。以十二月爲一歲，歲亦無閏。每夜見新月卽一月也。其四時惟以花木榮謝定之，自有推算，毫髮無差。國有馬步兵七八千，鄰國畏之。

其産：珊瑚樹、薔薇露、萬年棗、大尾羊、獅子、麒麟、福鹿、駝雞、白雉、寶石以上物産俱各見前。爲奇。

《明史》卷三二六《外國傳七·阿丹》 阿丹，在古里之西，順風二十二晝夜可至。【略】

地膏腴，饒粟麥。人性强悍，有馬步鋭卒七八千人，鄰邦畏之。王及國人悉奉回回教。氣候常和，歲不置閏。其定時之法，以月爲準，如今夜見新月，明日卽爲月朔。四季不定，自有陰陽家推算。其日爲春首，卽有花開；其日爲秋初，卽有葉落；及日月交食、風雨潮汐，皆能預測。

其王甚尊中國。聞和船至，躬率部領來迎。入國宣詔訖，徧諭其下，盡出珍寶互易。永樂十九年，中官周姓者往，市得貓睛，重二錢許，珊瑚樹高二尺者數枝，又大珠、金珀、諸色雅姑異寶、麒麟、獅子、花貓、鹿、金錢豹、駝雞、白鳩以歸，他國所不及也。

蔬果、畜産咸備，獨無鵝、豕二者。市肆有書籍。工人所製金首飾，絕勝諸蕃。所少惟 無草木，其居亦皆壘石爲之。麒麟前足高九尺，後六尺，頸長丈六尺有二，短角，牛尾，鹿身，食粟豆餅餌。獅子形似虎，黑黃色無斑，首大、口廣、尾尖，聲吼若雷，百獸見之皆伏地。

又《剌撒》 剌撒，自古里順風二十晝夜可至。【略】國傍海而居，氣候常熱，田瘠少收。俗淳，喪葬有禮。有事則禱鬼神。草木不生，久旱不雨。居室，悉與竹步諸國同。所產有乳香、龍涎香、千里駝之類。

研判中亞諸國國情分部

綜　述

大　夏

明·陳誠《西域番國志·八剌黑》 八剌黑城，一名八里，在俺都淮之東北，城周圍十餘里，居平川，無險要，惟南山相近。田地寬廣，食物豐饒。西南諸番商旅聚此城中，故番貨俱多。哈烈沙哈魯遣其子守焉。

《明史》卷三三二《西域傳四·八答黑商》 八答黑商，在俺都淮東北。城周十餘里。地廣無險阻，山川明秀，人物樸茂。浮屠數區，壯麗如王居。西洋、西域諸賈多販鬻其地，故民俗富饒。初爲哈烈沙哈魯之子所據。

清·劉統勳等《皇輿西域圖志》卷四六《藩屬三·拔達克山》 拔達克山，在葱嶺中東南，自喀什噶爾、葉爾羌西南行六百餘里，至其境有城郭，部落繁盛，户十萬有奇，其酋曰素爾坦沙。其國負山險，扼葱嶺之右，頗擅形勢。有河北流，經博洛爾、拔達克山兩部之間，至葉什得拉克分流，一流經北入圖斯庫爾，一流道西南，又北入於葉什勒庫勒，舊對音伊西洱庫爾，今改正淖爾。其北鄙之城曰斡罕，其地北極高三十六度二十三分，距京師偏西四十三度五十分，在古當為烏秅國地也。乾隆二十四年八月，波羅泥都霍集占自葉什勒庫勒淖爾，敗後奔拔達克山，副將軍富德率師追之，遣使往諭其汗素爾坦沙，宣示波羅泥都、霍集占負。

奄　蔡

明·羅日褧《咸賓録》卷四《阿速》 阿速，西海中爲稍大國也。永樂中遣使百十二人朝貢。其地多撒馬兒罕、天方諸國人。俗敬佛惡鬬。涼暄適節。人無飢寒，夜無寇盜。

物產無奇。

康國（今撒馬爾罕）

元·周致中《異域志》卷上《可只國》 西番出寶物處，境與撒母耳干相鄰，曰富貴番商，不入中國。

又《撒母耳干》 在西番回鶻之西，其國極富麗，城郭房屋皆與中國同。其風景佳美，有似江南；繁富似中國，商人至其國者多不思歸。皆以金銀爲錢，出寶石、珍玉、良馬、獅子。

又 卷下《阿薩部》 同苗，凡食生，皆剖其肉重疊之，以石壓瀝汁。稅波斯、拂林等國。米及草子釀於肉汁之中，經數日變成酒，飲之可醉。喜歌舞。

明·陳誠《西域番國志·撒馬爾罕》 撒馬兒罕在哈烈之東北，東去陝西行都司肅州衛嘉峪關九千九百餘里，西南去哈烈二千八百餘里。地勢寬平，山川秀麗，土田地膏腴。有按：《文集》本「有」下有「大」字。溪水北流，居城之東，依平原而建立，東西廣十餘里，南北逕五六里。六面開門。旱乾濠深險，北面有子城。國主居城之西北隅，壯觀，按：《文集》本「觀」下有「不」字。下於哈烈。城內人煙俱多，街巷縱橫，店肆稠密，西南番客多聚於此。貨物雖衆，皆非其本地所產，多自按：原作「有」，據《文集》本改。諸番至者。交易亦用銀錢，皆本國自造，而哈烈來者亦使。街坊禁酒，屠牛羊，賣者不用腥血，設坎埋瘞。城東北隅有土屋一所，爲回回拜天之處，規制甚精，柱按：「柱」原作「壯」，據《文集》本改。皆青石，雕鏤尤工，四面迴廊寬敞，中堂設講經之所。經文皆羊皮包裹，文字書以泥金。人物秀美，功巧多能，有金、銀、銅、鐵、氊罽之產。多種白楊、榆、柳、桃、杏、梨、李、葡萄、花紅。土宜五穀，民風土俗，與哈烈同。

又《迭里迷》 迭里迷城在撒馬兒罕之西南，去哈烈二千餘里，城臨阿木河之東岸，依水崖而立。河水稍寬，非舟楫難渡通，稍略據險要。城之内外居民數百家，犠畜蕃息，河水多魚。舊城相去十餘里，河東土地隸撒馬兒罕所轄。河西蘆林之内，云有獅子產焉。

明・羅日褧《咸賓録》卷三《撒馬爾罕》 撒馬兒罕，漢爲罽賓，隋爲漕國，西域中大國也。去嘉峪關萬里。漢武帝通西域，罽賓自以絶遠，漢兵不能至，其王烏頭勞數剽殺漢使者。烏頭勞死，子代立，遣子奉獻。漢使關都尉文忠送其使。忠固與其國容屈王子陰末赴共謀殺罽賓主，而以漢印綬立陰末赴。元帝時陰末赴復殺漢使趙德等七十餘人，上書貢謝。漢欲遣使者報送其使，杜欽上書説王鳳，乃止。魏、晉以後無聞。至元魏復通焉，其王都善見城，遣使朝獻。

在隋更名漕國，其王姓昭武，字順達，康國王之宗族也。國法嚴整。其俗淫祠有順天神祠，渾以金銀爲之。祠前有一魚脊骨，其孔中通馬騎出人。大業中，遣使貢方物。

至唐復名罽賓。王居修鮮城。武德中，遣使貢寶帶、金鎖、水晶、玻黎盞。貞觀中，貢俱物，頭花丹紫相間，其香遠聞。又貢名馬。太宗語大臣曰：『昔魏徵勸我修文德，安中夏。今中夏安，四夷貢獻，皆徵力也。』乃遣使厚齎賜其國王。使至，罽賓王再拜受命，仍遣人導至天竺。頃之，獻褥特鼠，喙尖尾赤，能食蛇，螫者嗅其尿，瘡卽愈。

顯慶三年，以其地爲修鮮都督府，拜其王爲修鮮都督。開元、天寶間，屢遣使朝貢，獻天文書及秘方奇藥。又獻上清珠，光明潔白，可照一室，視之有仙人、玉女、雲鶴之象搖動於其中。及代宗卽位，寶庫中往往有神光異氣，上令檢出之，每有水旱兵革之災，禱之無不驗者，蓋奇物也。

宋時未通。我朝洪武中，國主帖木兒遣使貢駝馬，詔厚賜之。帖木兒者，故元主駙馬也。後復貢馬、貢海青，歷洪武朝凡四遣使奉貢馬。而我遣給事傅安、郭驥至西域，留撒馬兒罕，以其國豐腴偉麗，宜居故也。永樂初，安等還，言帖木兒死，孫哈里嗣。上遣使祭帖木兒，賜哈里璽書銀幣。哈里貢謝。復遣傅安報使，至洪熙元年安始還國。

正統十二年，貢玉石。成化十九年，阿黑麻王貢二獅子。夷使請大臣出迎。郎中陸容言獅子之爲獸，在郊廟不可以爲犧牲，在乘輿不可以備馭服，理不宜受。禮尚周洪謨亦以爲不可命官出迎。詔遣中官迎之。獅子日食生羊二、醋酣蜜酪各二瓶，官養獅人，光禄日供給焉。弘治二年，遣使貢獅子。夷人所過，橫爲侵擾。給事韓鼎上言：『珍禽異獸，非宜狎玩，且供費不貲，宜罷遣之。』未幾，廣東布政陳選上言：『撒馬兒罕使臣怕六灣貢獅子，欲從廣南浮海往滿剌加更市獅子入貢。不可貴異物，開海道利賈胡，貽笑安南諸夷。』三年，由南海貢獅子。禮官倪岳言：『南海非西域貢道，請卻之。』自後貢皆從嘉峪關入。嘉靖中，其國稱王者五十三人，皆遣人入貢。

地宜五穀。王居高廣，市肆稠密，頗類中原。西南番貨多聚於此。其民巧彫文刻鏤，織罽刺文繡，尤善治室。市易銀錢，泥金書經。山川景物頗類中原。大抵如《漢書》所載，今其俗尚未改也。

國東有養夷，國小，處孤城中，四面蕭然。沙鹿海牙、民依崖谷居，頗蕃庶，有極臭草，熬汁爲阿魏。有細草，熬膏如蜜。賽藍、五穀蕃殖。有黑蜘蛛，嚙人致死，中者以薄荷枝拂毒，遍身擦以羊肝方愈。達失干、地狹人稠，宜五穀，民饒足。迭里迷居民僅千百，滋畜蕃息。河西有蘆林，多獅子。諸城皆隸焉。

其山川：曰鐵門峽，曰哈剌卜蘭河。

其產有：鬱金香、色正黃，與芙蓉花相似。罽苾思檀、樹葉類山茶，實類銀杏而小。水晶鹽、堅明如水晶，琢爲盤，以水濕之，可和肉食。花蕊布、大尾羊、見前狻猊、生七日，未開目時取之，易調習；稍長則難馴服。以其筋爲琴弦，一奏餘弦盡斷。取一滴乳併他獸乳同置器中，諸乳皆化爲水。瓦矢實香草，可辟蠹。爲異。

論曰：昔旅獒之訓，禽荒之戒，龜鑑昭然。撒馬兒罕萬里貢琛，足徵内治修矣。第貢惟獅子。夫獅子日食萬錢，一咆哮卽虎豹皆伏，玆固猙獰之獸也。以中人數十口之費，日給一不可馴馭之物，謂緩急何！況中國所貴，外夷賤之，故南越以孔雀珥户，昆山以玉璞抵鵲，中國得之，以爲奇物。夫獅、象亦若是已。倘四夷聞之，各以所賤易其所貴，殆非所以實内帑而撫遠人也。陸容諸臣之論，慮且遠矣！

《明史》卷三三二《西域傳四・撒馬爾罕》 撒馬兒罕，卽漢罽賓地，隋曰漕國，唐復名罽賓，皆通中國。元太祖蕩平西域，盡以諸王、駙馬爲之君長，易前代國名以蒙古語，始有撒馬兒罕之名。去嘉峪關九千六百里。元末爲之王者，駙馬帖木兒也。【略】

其國東西三千餘里，地寬平，土壤膏腴。王所居城，廣十餘里，民居稠密。西南諸蕃之貨皆聚於此，號爲富饒。城東北有土屋，爲拜天之所，規制精巧，柱皆青石，雕爲花文，中設講經之堂。用泥金書經，裹以羊皮。俗禁酒。人物秀美，工巧過於哈烈，而風俗、土產多與之同。其旁近東有沙鹿海牙、達失干、賽藍、養夷，西有渴石、迭里迷諸部落，皆役屬焉。

又《迭里迷》 迭里迷，在撒馬兒罕西南，去哈烈二千餘里。有新舊二城，相去十餘里，其酋長居新城。城內外居民僅數百家，畜牧蕃息。城在阿朮河東，多魚。河東地隸撒馬兒罕，西多蘆林，產獅子。陳誠、李達嘗使其地。

東曹

元·周致中《異域志》卷上《蘇都識匿國》 國名夜叉，有野叉窟，人近窟住者五百餘家。窟口作舍，設關籥，一年再祭。人有逼窟口，烟氣出，先觸者死，因以屍擲窟中，其窟不知深淺，其人皆如夜叉。

畢國

清·劉統勳等《皇輿西域圖志》卷四六《藩屬三·布哈爾》 布哈爾在拔達克山西乾隆二十五年回部底平遣使頒。

史國

明·陳誠《西域番國志·渴石》 渴石城在撒馬兒罕之西南約二百六十里，城居大村中，周圍十餘里，四面按：《文集》作西南。多水田，東南山近按：《文集》本作『東北近山』。城中有園林一所，云故酋長帖木兒附馬所建，中有臺按：《文集》本作『樓』。殿數十間，規模弘博，門廡軒豁按：『豁』原作『懿』，據《文集》本改。堂按：『堂』前原有『張』字，《文集》本無，據刪。上四隅有白玉按：『玉』原缺，據《文集》本增。石柱，高不數尺，猶壁玉然。墻壁飾以金碧按：《文集》本『碧』作『玉』。窗牖綴以琉璃，惜按：《文集》本作『悉』皆頹塌。西行十數里，俱小山，多苾按：原作『莓』，據《文集》本改。思檀果樹。又西去三百餘里，有大山屹立，界分南北，中有石峽，路通東西，石壁懸崖高數十丈，若如斧齊按：《文集》本作『如斧截齊』。路深二三里，始按：原無『始』字，據《文集》本補。出峽，口有門按：『口有門』，《文集》本作『峽口有關』。名鐵門關。

《明史》卷三三二《西域傳四·渴石》 渴石，在撒馬兒罕西南三百六十里。城居大村，周十餘里。宮室壯麗，堂以玉石爲柱，牆壁牕牖盡飾金碧，綴琉璃。其先，撒馬兒罕酋長駙馬帖木兒居之。城外皆水田。東南近山，多園林。西行十餘里，饒奇木。又西三百里，大山屹立，中有石峽，兩崖如斧劈。行二三里出峽口，有石門，色似鐵，路通東西，番人號爲鐵門關，設兵守之。或言元太祖至東印度鐵門關，遇一角獸，能人言，即此地也。

石國

明·陳誠《西域番國志·達失干》 達失干城在塞藍之西，去撒馬兒罕七百餘里，城周迴二里，居平原上，四面皆平岡，多園林，廣樹木，流水長行。土宜五穀，居民稠密，負載則賃車牛。

《明史》卷三三二《西域傳四·達失干》 達失干，西去撒馬兒罕七百餘里。城居平原，周二里。外多園林，饒果木。土宜五穀。民居稠密。李達、陳誠、李貴之使，與沙鹿海牙同。

朱祿國

元·周致中《異域志》卷上《馬羅國》 出異寶生頭香，即西戎之國，其方多產寶物，人至醜惡可畏。

哈烈國

明·陳誠《西域番國志·哈烈》 哈烈一名黑魯，在撒馬兒罕之西南，去陝西行都司肅州衛之嘉峪關一萬二千七百里。其地居一平川，川廣百里餘，中有河水西流，四面大山，城近東北山下，方十餘里。國主居城之東北隅，壘磚石以爲屋，屋平方，勢若高臺，不用棟樑陶瓦，中拱按：《明史·哈烈傳》作『敞』。虛室數十間。墻壁窗牖按：原作『牖』，據《文集》本、《學海》本改正。粧繪金碧琉璃，門扉雕刻花紋，嵌以骨角。地鋪氈罽，屋傍仍設綵綉帳房，爲燕寢之所。房中設金床，上鋪茵褥數重，不設椅磴，惟席地跏趺按：原作『趺跏』，《文集》本作『加趺』，應正作『跏趺』。而坐。

國主衣窄袖衣及貫頭衫，戴小罩刺帽，以白布纏頭，髴髮後髢。服色尚白，與國人同，國人皆稱之曰鎖魯檀。鎖魯檀者，猶華言君主之尊號也。國主之妻，皆稱之曰阿哈，其子則稱爲米兒咱，蓋米兒咱者按：『蓋米兒咱』四字原缺，據《文集》本補。猶華言舍人也。凡上下相呼，皆直比按：《文集》本作『叱』。其名，雖稱國主亦然。不設大小衙門，亦無官制，但管事之人稱刁完官，凡小大之事按：《文集》本作『凡大小事』，皆由刁完官計議處置。

凡相見之際，略無禮儀，惟稍屈躬，道撒力馬力一語而已。若久不相見，或初相識，或行大禮，則屈一足，致有按：《文集》本作『再』。三跪。下之見上，則近前一相握手而已。平交則止握手，或相抱以爲禮，男女皆然。若致意於人，則云撒藍。凡聚會之間，君臣上下、男女、長幼，皆環列而坐。

飲食不設匙筯，按：《集成》本及《學海》本在此句下還有『釀酒多用葡萄』句。肉飯以手取食，羹湯則多以小木瓢汲飲。多嗜甜酸油膩之味，雖常用飯食按：原作『雖飯內』，據《文集》本改。亦和以脂油。器皿多用甆瓦，少用硃漆，惟酒壺台盞之類則用金銀。不置桌磴，皆坐地飲食。若宴會則用低桌飲食按：原作『盛飯』，據《文集》本改，諸品羹湯，一時並進。食既，則隨即撤去。

屋舍皆壘以磚石，豪家巨室，與國主同，甚者加以紈綺、撒哈刺之屬，遮護墻壁，以示驕奢。其下户細民，或住平頭土房，或爲氈帳。屋皆不用瓦房，以其雨少，故不致傾頹也。

市井街坊，兩傍築屋，上設覆蓬，或以磚石拱甃，仍穴天牕取明。晴不畏日，雨不張蓋，遇乾燥生塵，則以水澆灑。鋪店各分行頭，若弓矢鞍

轡衣服之類按：『衣服』二字，原在『之類』之後，據《文集》本改正。各爲一行，不得參雜。少見紛争，如賣馬駝犠畜，亦各聚一所。

城市人家，少見炊爨按：原本誤作『爨』，據《文集》本正。飲食買於店鋪，故市肆夜不閉門，終夕燒燈燃燭交易。通用銀錢，大者重一錢六分，名曰等哥，次者每錢重八分，名曰抵納，又其次者，每錢重四分，名曰假即眉，此三等錢，從人自造，造完於國主處輸税，用印爲記，交易通用，無印記者不使。假即眉之下，止造銅錢，名曰蒲立，或六或九當一假即眉，惟於其地使用，不得通行。

斗斛不置，止用權衡，權衡之制，兩端設盤，分中爲準，置大小鐵石，分斤兩輕重於一盤中，以平按：『平』原脱，據《文集》本補。爲度，雖五穀亦以盤稱。其斤兩之則，各處不同，無一定之制。税錢什分取二，交易則買者償税，國用全資此錢。

官府文書行移，不用印信。國主而次，與凡任事者，有所施行，止用小紙一方，於上直書事體，用各人花押印記，即便奉行。花押之制，以金按：『金』下原有『錢』字，據《文集》本刪。銀爲戒指，上鐫本主姓名，別無關防，罔有爲奸僞者。

國中不按：《文集》本『不』作『少』。用刑法，軍民少按：《文集》本作『罕』。見詞訟，若有致傷人命，亦不過罰錢若干，無償命者，其餘輕罪，略加責罰鞭撻按：原無『鞭撻』二字，據《文集》本補。而已。

酒禁最按：《文集》本『最』作『甚』。嚴，犯者以皮鞭決責，故不釀米酒，醖以葡萄。間有私買者。凡有操履之人，多不飲酒，以其早暮拜天，恐褻瀆也。

國中體例，有別色人願爲回回者，云以萬錢給之，仍賜衣服鞍馬。婚姻多以姊妹爲妻妾，爲一門骨肉至親按：原作『戚』，據《文集》本改。雖同祖按：《文集》本作『堂』。胞兄弟姊妹，亦皆得爲婚姻。至於弟妻兄妻，兄娶弟婦，亦其國之常事耳按：原缺『國之』二字，據《文集》本補。國中男子髡首，以素帛纏頭，婦女亦蒙以素帛，略露雙眸，按『眸』字抄校本誤作『哞』。如有喪制，反以青黑布易之。帷幔皆用青黑，居喪不過百日即釋服。喪葬俱不用棺木，惟以布按：原作『有』，據《文集》本改。囊裹屍，置於塼按：《豫恕》本批云：當作『壙』。富家巨室，多於墳

上高築土室，恣爲按：原作『於』，據《文集》本改。華靡，貧民下户，墳墓止於居屋旁，絶無所禁忌。

不祀鬼神，不立廟社，不逢宗祖，不建家堂，惟以墳墓祭祀而已。每月數次按《文集》本作二次，望西禮拜，名納馬思。若人煙輻輳之處，一所築大土屋，名默息兒，凡禮拜之時，聚土屋下，列成班行，其中一人高叫數聲，衆人隨班跪拜。若在道途，亦隨處禮拜。每歲十月並春二月爲把齋月，白晝皆不飲食，至日暮方食。周月之後，飲食如初。開齋之際，乃以射胡蘆爲樂。射胡蘆之制，植一長竿，高數丈，竿末懸一胡蘆，中藏白鴿一雙，善騎射者躍馬射之，以破胡蘆白鴿飛出者爲得采。

有通回回本教經義者，衆皆敬之，名曰滿剌，坐立列於衆人之右按：《文集》本作『上』。雖國主亦皆尊之。凡有祠祭，惟滿剌誦經而已。

有等按《文集》本無『等』字棄家業，去生理，蓬頭跣足，衣弊衣，披羊皮，手持拐按：原作『恠』，據《文集》本改。杖，身掛牛羊按：原無『牛羊』二字，據《文集》本補。骨節，多爲異狀，不避寒暑，行乞於途，遇人則口語喃喃，似可憐憫，若甚難立身者按：原缺『者』字，據《文集》本補。或聚處人家墳墓，或居巖穴，名爲修行，名曰迭里迷失。

有爲醫者，於市廛中聚求藥之人，使之環列而坐，却於衆中口談病症，作爲多端，然後求藥人皆出錢與之，醫者各散藥少許而去，效驗竟莫可知。

有好事之人，於城市稠人中，揮大鉞斧，手舞足蹈，高出大言，驚世駭俗，莫詳其故，大按：原缺『大』字，據《文集》本補。概警人爲善之意而已按：原缺『而已』二字，據《文集》本補。有善步走者，一日可行三二百里，舉足輕便，疾於馬馳。然非生而善走，蓋自幼習學而能。凡官府有緊急事務，則令其持箭而走報，以示急切。常腰掛小鈴，手持骨朵，其去如飛。

男女少能負荷，乘載全仗馬騾驢駝。若少輕之物，則以頭戴趨走，摇揚不致覆墜。

婦女出外皆乘馬騾，道路遇人，談笑戲謔，略無愧色。且恣出淫亂之辭以通問，男子薄惡尤甚。

國俗尚侈，衣服喜鮮潔，雖所乘馬騾鞍轡，多以金銀彩色飾之。遍身前後，覆以氈罽，懸以響鈴。家家按疑爲『富家』之誤，《文集》本作『豪門』。子弟，俱係翡翠裝綉衣袍，珍寶綴成腰帶，刀劍鞘按：原作『室』，據《文集》本改。飾以金玉，或頭簪珠寶，以示奢華。

城郭鄉村，居民按堵。深山曠野，人馬獨行，晝無虎狼，夜無鬼魅。

四時氣候，多煖少寒，冬月如春，小草之生與薺麥同出。殘臘則遍地已青青，農事興作，人家少見圍爐。雖遠山積雪，平處稀有，春雨雖云多，亦不終日。隴畝田園，街衢巷陌，人家院落，皆引水通流，以净塵土。雖天降雨澤不多，而流水四時不斷。

鄉村僻處，多築水窨貯水，以飲人馬。其制高砌土屋，廣闊水池，甃以磚石，若冰窨然，此流水少處故也。

城市鄉鎮，廣置混堂，男女各爲一所，制度與中國不按：《文集》本無『不』字。異。一堂之中，拱按：『拱』字，抄校本作『敞』。虛室十數間，以便多人澡浴者。初脱衣之際，各與浴布一條遮身，然後入室。不用盤桶，人各持一水盂，自於冷熱池中，從便汲温凉净水，以澡雪洗淋其身，餘水流出，並無塵積。按：《文集》本作『陳積』。亦有與人摩擦肌膚，揣捻骨節，令人暢快者。浴畢出室，各與浴布二條，一蒙其首，一蔽其身，必令乾潔而後去，人以一二銅錢與之而已。

水磨與中國同，間有風磨，其制築垣墻爲屋高處，四面開門，門外設屏墻，迎風室中，立木爲表，木上周圍置板乘風，木下置磨石，風來隨表旋轉動，且不拘東西南北之風，皆能運動，以其風大而多故也。

道傍多築土屋，名郎哥兒按：原作『郎兒哥』，應正作『郎哥兒』，見注釋，以爲按：原本『以爲』下有『憇』字，《文集》本無，據删。來往之人留憩，按：原作『憇』，誤，應作『憩』。免寒暑風雨按：原作『祁寒暑雨』，據《文集》改。之患。二十里爲一木頭，或每木頭設土屋一所。又名臘巴兒，内設飲食，以給往來之饑渴者。鄉村多立墟市，凡交易處名把咱兒，每七日一集，以有易無，至暮俱散。

正朔不頒，花甲不論，擇日用事，自有定規，每七日一轉，周而復始。七日之中，第一日爲阿啼納，二日爲閃伯，三日爲亦閃伯，四日爲都閃伯按：原『伯』作『都』，據《文集》本改。五日爲且閃伯，六日爲閃伯按：《文集》作『亦閃伯』。按閃伯、亦閃伯均與前重覆，此處應有誤。七日爲攀閃伯。凡拜天聚會，以阿啼納日爲上吉，餘日用事，各有所宜。

都城中有大土屋一所，名默得兒塞，四面房廊寬廣，天井中設一銅器，制如大鍋，周圍四丈，上刻文字如鼎狀。前後左右房室尤按：「尤」字原誤作「猶」，據《文集》本改。偉麗，多貯遊學生徒及通諸色經義者，若中國之太學然。

地產銅鐵，製器堅利，造甆器尤精，描以花草，施以五采，規制甚佳，但不及中國輕清潔瑩，擊之無聲，蓋其土性如此。土產琉璃器，人家不常用，但充玩好而已。多以五色琉璃薄葉疊綴牕牖，以取光明，炫燿人目。

渴石地面產白鹽，堅明與水晶同。若琢磨爲盤碟，按原作楪，據《文集》本改。以水濕之，可和肉食。

多有金、銀、寶貝、珊瑚、琥珀、水晶、金剛按：《文集》本「剛」下有「鑽」字。朱砂、剌石、珍珠、翡翠，云非其所產，悉來自他所，有不可知。

多育蠶桑，善爲紈綺，輕妙細密，優於中原，但不能如中國壯厚，且不解織羅。其織成金線，可以迴爐，布帛中有名鎖伏者，一如紈綺，實以羊毛織成。善織剪絨花按：《文集》本「花」作「毛」。毯，顏色雖久不衰。綿布幅制尤按：原作「猶」，據《文集》本改。寬，亦有甚細密者。

土產桑、榆、楊、柳、槐、檀、松、檜、白楊，多植果樹，自國主按：原作「中」，據《文集》本改。而次，有力之家，廣築果園，盛種桃、杏、梨、李、花紅、葡萄、胡桃、石榴之類。葡萄有通明若水晶之狀者，無核而甚甘，杏子中有名巴旦者，食其核中之仁，香美可嘗按：《文集》本「嘗」作「愛」。有若大棗而甜者「者」原缺，據《文集》本補。名忽鹿麻，未見其樹。有若銀杏而小者，名苾思檀，其樹按：《文集》本「樹」下有「枝」字。葉與山茶相類。李有小如櫻桃而黃色者，有紫色者，滋味極甘，花紅極大而脆，皆可收藏，經年顏色不改，必按：《文集》本作「而」。以新舊相續爲佳。

五穀之種，與中國同。麻、豆、菽、麥、穀、粟、米按：《文集》本作「稻」、粱按：各本均誤作「梁」。悉皆有之，但小豆有如珠圓者，綿花有淡紅色者，爲布若駝褐。然瓜種大而極甜。葱本有大如拳者，菜根有紅而大者，重十餘斤，若蘿蔔狀。

耕農按：《文集》本作「種」。多鹵莽，廣播種而少耰鋤，然所收不薄者，以其田美而多，每歲更休，地力得完故也。時雨稀少，雖旱按：《文集》本作「早」。稻、綿花、小麥，皆藉水澆，若水不到處，難於耕種矣。

多產良馬，愛護甚密，皆於土房深處喂養，風日不及透，冬暖夏凉。人家畜養按：《文集》本「養」下有「羊馬」二字。鷄犬鵝鴨，惟不養猪，亦不食其猪肉，此最忌憚之。凡宰牲口，非回回宰殺者不食。

蠟燭以牛羊脂油澆灌，又以脂油和綿花撚成團塊，置鐵盞按：《文集》本作「盤」。中，下植按：原缺「下植」二字原爲「置」一字，據《文集》本改補。鐵柱，以手持行，止則卓立於地上，風雨不避。暑天不知揮扇，或於帳房中高懸布幔，幔下多設鬚頭，兩面設繩索，牽動生風，名曰風扇。凡餽贈賜予及進送之物，不拘幣帛珠玉犬按：《文集》本「犬」作「羊」。馬，皆按：原作「比」，據《文集》本改。以九數爲則，自一九至於九九，皆爲成禮。

凡宴會之際，尊者飲酒，則下人皆跪。酒進一行，則陳幣帛，次進珍寶及金銀錢，雜和爲一，分散四座，餘者亂撒座間及前後左右，觀望執服事之人，使之競拾，喧嘩叫笑，以示豪奢，名曰喜錢。

獅子生於阿木河邊蘆林中，云初生時目閉，七日方開。欲取而養之者，俟其始生未開目之際取之，易於調習。若至長大，性資剛狠，難於馴馭。且其勢力强勝，爪牙距烈，奮怒之際，非一二人可駕馭之。善搏巨獸，一食能肉十斤多。有得其尾者，蓋操弓矢、設網按：「網」字原誤作「綱」。罟以殺之，若欲生致，甚難得也。

有一花獸，頭耳似驢，馬蹄騾按：《文集》本作「驢」尾，遍身文采，黑白相間，若織成者，其分布明白，分毫寸不差。

明·羅日褧《咸賓録》卷四《哈烈》 哈烈大國，昔漢之大宛，元魏之洛那，隋之蘇對沙那及石國，皆其地也。昔漢武帝欲伐匈奴，聞月氏與匈奴有隙，欲通使月氏，并力共滅之，乃慕能使者。張騫以郎應募，往月氏，道經匈奴，爲單于所得，留十餘歲，與妻，有子。後與其屬亡鄉月氏，西走數日至大宛。大宛聞漢饒財，乃遣使導送至月氏。踰二年，張騫還漢，具爲武帝言大宛城郭兵衆及汗血馬，其先天馬子也。帝聞宛多善馬，卽遣使者持千金往宛以請宛善馬。宛王以漢絶遠，大兵不能致，遂殺漢使。

泰初元年，拜李廣利爲貳師將軍。至期，貳師取善馬，率數萬人至其境，攻都城不下，引還。往來二歲，至燉煌，士卒存者十不過一二。帝怒其不克，使遮玉門，不許入。貳師回，留屯燉煌。又遣貳師率六萬人，負私從者不與焉，牛十萬、馬三萬匹、驢槖駝萬數，天下騷然。益發戍甲卒十八萬，置居延、休屠以衞酒泉。貳師至宛，宛人斬王毋寡首，獻馬。漢軍取其善馬數十匹，中馬以下牝牡三千匹，而立宛貴人昧蔡爲王，約歲獻馬，遂採蒲萄、苜蓿種而歸。貳師再行，往返凡四歲。後漢明帝時宛獻汗血馬。後魏洛那國數獻馬。

隋時名蘇對沙那國。其王姓蘇色匿，字底失盤佗，而其北鄙爲石國，亦故大宛地。隋大業初遣使朝貢。唐武德、貞觀間數獻方物。顯慶三年，以瞰羯城爲大宛都督府，授其王都督。開元初，封其君長爲石國王。頃之，其王上言：『今突厥已屬天可汗，惟大食爲諸國患，請討之。』天子不許。天寶初，封王子那俱車鼻施爲懷化王。賜鐵券。久之，安西節度使高仙芝劾其無藩臣禮，請討之。王約降，仙芝遣使者護送至開遠門，斬闕下。於是西域皆怨，王子走大食乞兵，攻怛邏斯城，敗仙芝軍，自是臣大食。寶應時，遣使朝貢。

前史載其俗以蒲萄爲酒，富人藏酒至萬餘石，久者至數十年不敗。其良馬有肉角數寸，或有解人語及知音，舞與鼓節相應者，國城之東南立屋，置座於中，正月六日、七月十五日，以王父母燒餘之骨，金甕盛之，置于床上，巡繞而行，散以香茶雜果，王率臣下設祭焉。禮終，王與夫人出就別帳，臣下以次列坐而享宴。

宋時未通。元時内屬。我朝名哈烈，一名黑魯。元駙馬帖木兒之子沙哈魯居其地，國人稱爲速魯檀，猶華言君王也。洪武二十五年遣使詔諭。永樂七年，頭目麼賚等朝貢。吏部陳誠曾至其國。正統二年，指揮哈只等貢馬、玉石。

其地城方十里，居平川，川廣百里，四面大山。王居東北，山壘石爲屋，屋若高臺，無棟梁，牆壁窗牖皆金碧琉璃，門扉彫刻嵌骨角，屋傍設綵綉帳房，爲燕寢所，金牀重裀。民土房或氈帳，以雨少故。上下相與直呼名，雖王亦然。相見稍屈躬，道『撒力馬力』一語，握手或相抱爲禮。致意於人則云『撒』。少炊爨，飯食就肆，無匕箸。無正朔時日年月。男髡首，衣尚白，及喪反易青黑。死無棺槨。人多善走。日行三百里。氣候常熱。磁器及紈綺甚精，巧過中國。田多收穫，宴會豐厚。男女瀆亂無耻。大抵西域城郭諸國，哈烈俗最鄙陋。然有學舍生徒，講習經義，好施予，務農桑，則又諸國所不及也。

隸國則有俺都淮、八剌黑。二國俱平曠無險，地沃人繁。

物產有：鎖伏、花毯、獅子、水晶鹽、酒杯藤花堅明可愛，國人用以酌酒，實如豆蔻，香美銷酒。爲奇。

《明史》卷三三二《西域傳四·哈烈》 哈烈，一名黑魯，在撒馬兒罕西南三千里，去嘉峪關萬二千餘里，西域大國也。元駙馬帖木兒旣君撒馬兒罕，又遣其子沙哈魯據哈烈。【略】

其國在西域最强大。王所居城，方十餘里。壘石爲屋，平方若高臺，不用梁柱瓦甓，中敞，虚空數十間。牕牖門扉，悉雕刻花文，繪以金碧。地鋪氈罽，無君臣、上下、男女，相聚皆席地趺坐。國人稱其王曰鎖魯檀，猶言君長也。男髡首纏以白布，婦女亦白布蒙首，僅露雙目。上下相呼皆以名。相見止稍屈身，初見則屈一足三跪，男女皆然。食無匕箸，有瓷器。以葡萄釀酒。交易用銀錢，大小三等，不禁私鑄。惟輸稅於酋長，用印記，無印者禁不用。市易皆征稅十二。不知斗斛，止設權衡。無官府，但有管事者，名曰刀完。亦無刑法，卽殺人亦止罰錢。以姊妹爲妻妾。居喪止百日，不用棺，以布裹屍而葬。常於墓間設祭，不祭祖宗，亦不祭鬼神，惟重拜天之禮。無干支朔望，每七日爲一轉，周而復始。歲以二月、十月爲把齋月，晝不飲食，至夜乃食，周月始茹葷。城中築大土室，中置一銅器，周圍數丈，上刻文字如古鼎狀。游學者皆聚此，若中國太學然。有善走者，日可三百里，有急使，傳箭走報。俗尚侈靡，用度無節。

土沃饒，節候多暖少雨。土產白鹽、銅鐵、金銀、琉璃、珊瑚、琥珀、珠翠之屬。多育蠶，善爲紈綺。木有桑、榆、柳、槐、松、檜，果有桃、杏、李、梨、葡萄、石榴，穀有粟、麥、麻、菽，獸有獅、豹、馬、駝、牛、羊、雞、犬。獅生於阿朮河蘆林中，初生目閉，七日始開。土人於目閉時取之，調習其性，稍長則不可馴矣。其旁近俺都淮、八答黑商，并隸其國。

左部哈薩克

清・劉統勳等《皇輿西域圖志》卷四四《藩屬一・左部哈薩克》

左部哈薩克，東南與準噶爾接，西與右部接，北與俄羅斯接。其常所會廷曰葉什勒，傍葉什勒河，東去塔爾巴噶台，南去伊犁皆千里，東南去鎮西府四千五百餘里。其部曰鄂圖爾玉兹，無城郭，逐水草事游牧，冬夏別，居無常處，地廣人稠，甲於他部。境西北隅有獨樹一株，其上五枝盤拏，陰廣可容二百騎，名鄂呼引噶克义莫朵，為西域神物。風俗物產大略與準噶爾等，文字同，言語稍異。其君曰汗，其汗族而為首領者，名蘇爾統。相傳其地為古大宛，今詳考之，蓋古康居國也。其汗阿布賚初乘達瓦齊亂，數侵擾準噶爾。乾隆二十年二月準噶爾平。

右部哈薩克

清・劉統勳等《皇輿西域圖志》卷四四《藩屬一・右部哈薩克》

右部哈薩克，東去左部二千里，北至俄羅斯界，西南至塔什罕。其部曰烏拉克玉兹，汗曰阿比里斯。其巴圖爾有三：曰吐里拜，曰輝格爾德，曰薩薩克拜。阿比里斯駐塔什罕城，不事事，受成而已。惟吐里拜實專其政。其俗大略與左部等，其地在古康居國西境。初阿布賚告於順德納曰：我哈薩克之有三玉兹，如準噶爾之有四衛拉特也。鄂圖爾玉兹，則我為政矣，他如奇齊克玉兹、烏拉克玉兹，族兄為之，當與偕來作中土，臣乃使其弟阿布勒比斯往，而參贊大臣富德方以兵索逆賊，哈薩克錫拉至右部，遣蒙固爾岱、赫善等往撫，次軍於莽格特城外。是時，吐里拜等方與塔什罕回人吐爾占戰，不下，平之乃下。詳見次卷『塔什罕』條。於是吐里拜等感。

布魯特

清・劉統勳等《皇輿西域圖志》卷四五《藩屬二・東布嚕特》　東布魯特，在準噶爾部西南，回部西北，天山北麓，近葱嶺。東北距伊犁一千四百里，東南距阿克蘇七百九十里。其部有五，最著者三，曰薩雅克鄂拓克，頭目不一，而圖魯起拜為首，户一千有奇；曰薩拉巴哈什鄂拓克，頭目不一，而車里克齊為首，户亦千有奇；又一部舊居塔拉斯，頭目不一，而邁塔克為首，户四千有奇。諸頭目不相統屬，推一年長者，有事則告，俾與聞而已。頭目之長瑪木克呼里則兼轄諸部，其俗好利喜爭，尚畜牧，事耕種，頗畏法度。舊游牧地在格根喀爾奇拉特木爾圖，為準噶爾所侵，西遷寓居安集延，及準噶爾平，乃得復其故地。乾隆二十三年，將軍兆惠等追捕逆賊，哈薩克錫拉兵臨布魯特界，圖魯起拜等願內附，乃遣侍衛烏爾登托倫泰往撫，行數日抵其游牧珠穆翰恭捧。

又《西布嚕特》　西布魯特，在喀什噶爾西北三百里，道由鄂什踰葱嶺而至，與東布魯特相望。部落凡十有五，其最著者四，曰額德格訥鄂拓克；曰蒙科爾多爾鄂拓克，頭目阿濟比兼轄之，户七百有奇；曰齊里克鄂拓克，頭目由瑪特户二百有奇；曰巴斯子鄂拓克，頭目噶爾，住户千三百有奇。部落雖分而駐牧同地，東南扼葱嶺，西迄於布哈爾諸部落，共二十萬人，逐水草，事游牧，漢休循、捐毒故地也。久思內附，以準噶爾阻未得通。乾隆二十四年，將軍兆惠既定喀什噶爾，追捕餘孽，道經諸部，遮道籲請內附，乃遣二等侍衛達克塔納等往撫。阿濟比奉將軍書曰額德格訥布魯特，小臣阿濟比恭祝。

浩罕汗國

清・劉統勳等《皇輿西域圖志》卷四五《藩屬二・霍罕》　霍罕，在鄂什西北七百八十里，喀什噶爾西北八百八十里，東與布魯特部落錯處，其東為瑪爾噶朗，又東為安集延，東北為那木干，皆有城郭。四城地當平陸，南控葱嶺，北濱那林河，河流從東布魯特境，西行過安集延城北，又西過瑪爾噶朗城北，又西過那木干城北，又西過霍罕城南，又西北行過賽瑪爾堪城北，又東南入於達里岡阿鄂謨南北山泉支流會合。襟帶諸城之間，土膏沃衍，氣候和煦，人民殷庶，畜牧饒富。其人亦布魯特種，奉回教，習帕爾西語，則皆古之大宛國也。諸城皆有伯克，而霍罕城伯克額爾德尼為之長，衆咸聽命。乾隆二十四年，將軍兆惠追捕霍集占，同侍衛達克塔納等撫定布魯特諸部，遂至其地。額爾德尼伯克遣都官伯克迎至城內，日饋特羊爪果酒米，又氈毺馬匹諸物，感慕悅服，備極誠敬，使旋乃遣頭目托克托瑪哈墨第等謁軍門賫奉，額爾德尼等恭進。

瑪爾噶朗　瑪爾噶朗，在安集延西百八十里，北濱那林河，東與安集延接，南拱葱嶺，西有河出葱嶺北山，北行入那林河。乾隆二十四年，侍衛達克塔納往撫。其城伊拉斯呼里拜伯克以其屬內附。其地北極高四十一度二十四分，距京師偏西四十五度十分。

那木干　那木干，在瑪爾噶朗城西北八十里，霍罕城東北八十里，南濱那林河，東西有水出北山，南流入那林河，東北與布魯特雜處。乾隆二十四年，與霍罕安集延同時內附。其地北極高四十一度三十八分，距京師偏西四十五度四十分，東五十里踰河為塔爾罕。

按霍罕、安集延、瑪爾噶朗、那木干諸部，跨那林河之南北，列城四五，應即漢大宛別邑七十餘城，唐寧遠大城六，小城百之故地，説並見前『霍罕』條。又按唐時寧遠即破洛那，其西南境別有曹史、康米諸國，即康居五小，王支庶為匈奴、突厥所請，西南依葱嶺者，亦應在今安集延諸城以西，其詳備見北魏、隋、唐諸史，爰摭録故實而繫以論説焉。

又《塔什罕》　塔什罕，東北與右部哈薩克接，東與布魯特接，東南與那木干接，距喀什噶爾城一千三百里。漢大宛、康居交界處，唐則石國地也。地居平原。有城以三和卓分轄回衆，曰莫爾多薩木什，曰沙達，曰吐爾占。向為右部哈薩克羈屬，歲供差役。莫爾多薩木什者，哈薩克所置和卓也，為吐爾占所逐。哈薩克以兵問罪於吐爾占，久而不解。乾隆二十三年，參贊大臣富德追擒哈薩克錫拉至其地，遣蒙固爾岱、赫善等往撫，塔什罕回衆及右部哈薩克，次軍於莾格特城外以待之。蒙固爾岱、赫善既諭哈薩克降，復憫回衆之受兵也。將平之，召吐爾占，未至，索諸野方，與哈薩克戰於河。上因諭以睦鄰守土之道，並宣示。

研判歐洲諸國國情分部

綜　述

東歐中歐諸國

俄羅斯

明・艾儒略《職方外紀》卷二《莫斯哥未亞》　亞細亞西北之盡境有大國，曰莫斯哥，東西徑萬五千里，南北徑八千里，中分十六道。有窩兒加河最大，支河八十，皆以爲尾閭，而以七十餘口入北高海。國内兵力甚强，日事吞併。其地夜長晝短，冬至日止二時。氣極寒，雪下則堅凝，行旅駕車度雪中，其馬疾如飛電。其室宇多用火温。雪中行旅爲嚴寒所侵，血脉皆凍，堅如冰石，如驀入温室之中，耳鼻輒墮於地。每自外來者，先以水浸其軀，俟僵體漸甦，方可入温室内。故八月以至四月皆衣皮裘。多獸皮，如狐貉貂鼠之屬，一裘或至千金者。熊皮以爲臥褥，永絶蟣虱。産皮處即用以充賦税，以遺鄰國，多至數十車。

國人多盜，人競畜猛犬，見人則噬，晝置穽中，夜聞鐘聲始放，人亟匿影閉户矣。惟國王許習文藝，其餘雖貴戚大臣亦禁學，恐其聰明過主，爲主辱也。故其國有『天主能知，國主能知』之諺。今亦稍信真教。其王常手持十字，國中亦流傳天主之經，或聖賢傳記無禁矣。

俗最澆，凡欲貿易，須假託外邦商賈，方取信國人。若言本土，則逆其詐矣。有大鐘，以揺不以撞，揺非三十人不能，惟國主即位及其誕日鳴之。所造大銃，其長三丈七尺，一發用藥二石，可容二人入内掃除。又有一蜜林，其樹悉爲蜂房。國人各界其樹爲恒産。嘗有人入蜜林，見一枯樹，大過合抱，其人攀緣樹巔，忽墮樹腹中，蜜至没口，逾三四日，計無所出。幸有熊登樹啗蜜，以掌探樹腹，其人牢捉熊掌，熊驚躍，遂得拔出。

清・南懷仁《坤輿圖說》卷下《莫斯哥未亞》 亞細亞西北盡境有大國，曰莫斯哥未亞。東西萬五千里，南北八千里，中分十六道。有窩兒加河最大，支河八十，皆爲尾閭，以七十餘口入北高海。兵力甚强，日事吞併。其地夜長晝短，冬至日止二時。氣候極寒，雪下堅凝，行旅駕車度雪中，馬疾如飛。室宇多用火温。行旅爲嚴寒所侵，血脉皆凍，如驀入温室，耳、鼻輒墮。每自外來者，先以水浸其軀，俟僵體漸蘇，方可入温室。八月至四月皆衣皮裘。多獸皮，如狐、貉、貂鼠之屬，一裘或至千金者。熊皮爲臥褥，永絶蟣虱。產皮處用以充賦稅。國多盜，畜猛犬噬之。晝置阱中，夜聞鐘聲始放，人亟匿影閉户矣。今亦稍信天主真教，其王常手持十字。俗最澆，凡貿易須假託外邦商賈，方取信。國人若言本土，則逆其詐。有大鐘，搖非三十人不可，惟國王即位及誕日鳴之。所造大銃長三丈七尺，用藥二石，內容二人掃除。又有密林，其樹悉爲蜂房，國人各界其樹爲恆產。

清・傅恆等《皇清職貢圖》卷一《俄羅斯夷官》 俄羅斯，地在極北，漢時之堅昆、丁令，唐時之黠戛斯、骨利幹，元時之阿羅思、吉利吉斯等部，皆其地也。有明三百年，未通中國。

本朝康熙十五年入貢，二十八年遣內大臣索額圖等與其使臣費耀多囉等定以格爾必齊河爲界，自後朝貢貿易，每間歲一至。其夷官披髮戴三角黑氈帽，穿窄袖短衣，履革靴，出必佩劍，官婦則戴紅頂三角帽，繫五色長裙，披織錦。無袖短衣，或以貂皮爲裏，俗以去髮爲姣好，以免冠爲恭敬。俄羅斯地有八道，稱爲斯科，每一斯科又各分小斯科，俱設官管轄。其民聚處城堡，居止有廬舍，水陸有舟車，服氈罽，喜飲酒，屑麥爲餅不飯食，性矜夸貪得，尚浮屠，自國王至庶民有四季大齋數十日。

清・穆彰阿等《嘉慶重修一統志》卷五五四《俄羅斯》 俄羅斯，在喀爾喀楚庫河以北，東南至格爾必齊河北岸，自大興安嶺之陰以東至海。與黑龍江所轄北境接界，西接西洋，西南至土爾扈特舊國及準噶爾界，北至海，去中國二萬餘里。其貢道由恰克都經喀爾喀地，進張家口以達於京師。【略】元時有俄羅斯，及奇爾濟蘇、哈卜塔噶、謙州、益蘭州等處，《元史》：奇爾濟蘇南去大都萬有餘里，其境長一千四百里，廣半之，謙河經其中，西北流又西南有水曰鄂浦，東北有水曰玉舒，皆巨浸也，會於謙而注於莽噶拉木河，北入於海。俗與諸國異。土產名馬、白黑海青、阿克新者，因水爲名，附庸於奇爾濟蘇，去大都二萬五千餘里，即唐史所載骨利幹國也。烏蘇亦因水爲名，在奇爾濟蘇東，謙河之北。哈卜塔噶，猶言布囊也。蓋口小腹巨地形，類此因以爲名，在烏蘇東，謙河之源所從出也。其境上惟有二山口可出入，山水林樾險阻爲甚。謙州亦以河爲名，去大都九千里在，奇爾濟蘇東南，謙河西南唐麓嶺之北益蘭者，蛇之稱也。初，州境山中居人，見一巨蛇，長數十步，從穴中出，飲河水，腥聞數里，因以名州。朔漠圖自和安北行三千里，名昂吉爾海子，自此又行五百餘里，至欠。欠州，奇爾濟蘇地，又行千里大澤云。俄羅斯舊作阿羅思，奇爾濟蘇舊作吉利吉思，哈卜塔噶舊作撼合納，鄂普舊作阿浦，玉舒舊作玉須，莽噶拉木舊作昂可剌河，阿克新舊作昂可新，烏蘇舊作烏斯，昂吉爾舊作阿只里，奇爾濟蘇舊作乞里吉思，今俱改正。皆其地也。明時阻於朔漠，未通中國。

本朝順治十二年，其國察漢汗始遣使貢方物。十三年，復入貢，以來使不諳朝儀卻其貢。十四年，復遣使進貢，表文不合體制，廷臣請逐之。上以外邦從化，宜加含容，以示懷柔，貢物查收，來使量與宴賞，不報書而遣之。康熙十五年，察漢汗又遣使進貢，表言俄羅斯僻處遠方，不諳中華文義及奏疏禮儀，兩次抒誠，致多缺失，今特敬謹奉貢，仰祈矜宥，上准其納貢。先是順治初，其衆曰羅刹，竊據黑龍江雅克薩之地，築城居之，侵擾索倫、達虎爾等，索倫、達虎爾二部，居額爾古納河及淨溪里江之地，與羅刹接境。及是諭察漢汗以嚴禁羅刹，毋擾邊陲，而羅刹潛侵淨里溪等處，遷延不去。二十一年，駐兵額蘇里，羅刹有過黑龍江者，降其兵目三十餘人，赦不誅，遣降番米海羅等往諭之，羅刹據雅克薩、尼布楚二城如故，二十四年，命都統公彭春督師進討，頭目額里克舍等窘迫乞降，及我兵還，復來城雅克薩地。二十五年，命黑龍江將軍薩布素等統兵圍之，其國察漢汗遣使上疏謝罪，言下國邊民構釁，自當嚴治，乞撤雅克薩之圍，且請分定邊界，詔許之。二十八年，遣內大臣索額圖等與其使臣費要多羅等會議於尼布潮之地，定格爾必齊河以北大興安山一帶爲界，其前所侵之尼布楚、雅克薩諸處俱歸版圖，於格爾必齊河旁立碑爲誌。自後朝貢貿易每歲，或間歲一至，未嘗稍違節度。三十二年，俄羅斯送回逃人二名，理藩院行文獎之。是年，察漢汗遣使入貢，聖祖閱其章奏，諭大學士曰：俄羅斯貢獻，想古所無，其國距京師甚遠，從此陸路可直達彼處。自嘉峪關行十一二日至哈密，自哈密行十二三日至土魯番，過土魯番即俄羅斯之境。聞其國遼闊，有二萬餘里。

三十九年，俄羅斯遣使者齎奏至聖祖曰：俄羅斯地方遥遠，僻處西北海隅，然甚誠敬。噶爾丹窘迫求救於彼，曾拒而不答。曩者遣人分畫疆界，即獻尼布楚地以東爲界。尼布楚等處原係布拉忒、吳郎海諸部落地，彼皆林居，以捕貂爲業，人稱之爲土中人。後俄羅斯强盛并吞之，能遂獻還，即此允當軫念也。

其國王所居之城曰莫斯科窪，近西北大海，去京師甚遠。康熙五十一年，兵部職方司郎中圖理琛使土爾扈特國，假道俄羅斯，歸而悉其山川風俗爲異域録以獻，其略曰：歲在壬申七月十六日，至蘇布克圖，爲俄羅斯分界處。又二日，至楚庫柏興近色楞格河南岸，河東岸民皆樓居，無城垣，四面皆山，俄羅斯與蒙古人雜處。五十二年正月十四日，俄羅斯官温多里臥番邦非翅，以察罕命來迎楚庫柏，興東北行二百餘里。越三日，至北海爾湖南岸之博索爾伊斯科。其間，小柏興六七處，間有田疇，柏海爾湖，在烏的柏興西北三百餘里湖內，有地曰鄂遼漢洲，布拉特蒙古五十餘户居之。二十二日，至柏海爾湖北岸之果落烏斯那。越三日，至厄爾庫，城無垣牆，有市井民樓居，皆俄羅斯族，少蒙古人迹矣。二月二十二日，迎候官以河未泮陸行多泥陷。五月初四日，乘舟下昂噶拉河順流。二十九日，水程三千里至伊聶謝柏興，居民千户，俗多畜鹿，以供乘載，名曰俄倫。去北海一月程，距伊聶謝柏興五日，乃舍舟而陸過麻科佛斯科嶺，越宿，至麻科斯科，西傍揭的河。初五日，登舟，順河流晝夜行水程二千五百里。十二日至那里木柏興，即揭的河入鄂布河處，濱河地平坦多林木。二十四日，至蘇爾呼忒柏興。越二日，行六百里至薩瑪爾斯科。由額爾齊斯河遡流而上，越六日至狄木演斯科。越十一日至托波爾城，俄羅斯遣官迎候。托波爾城內天主堂二十餘，駐兵二千，額爾齊斯河繞城之西，由河西南遡流入托波爾河，九宿至圖敏。由圖敏西北遡土拉河舟行五百餘里至鴉班沁，復舍舟而陸，地勢漸下。越九宿至費耶爾和土爾斯科城，在鴉班沁西北四百餘里，止二宿，過佛落克嶺，沿途皆山藪。越三宿至改郭羅多，在索里喀木斯科西北四百餘里，有別爾馬羈人雜處其地，蓋又一部落。自此西北行至莫斯科窪，二千二百餘里。自改郭羅多，越四日至索羅博達，有西費耶斯科國。又一日，至黑林諾付。越六日，至喀山，在黑林諾付西南五百餘里。又三日，至西木必爾斯科，在喀山三百餘里。又西南五百餘里，至薩拉托付，爲俄羅斯土爾扈特接壤處。時五十二年十一月十六日，俄羅斯遣官馳告土爾扈特國。五十三年六月，至土爾扈特國，返旆渡河。七月下旬至喀山。十一月初七至托波爾。十二月二十二日乃啓行，越七宿，至塔喇斯科越。十四宿至托木斯科，爲俄羅斯準噶爾等國接壤處。自托木斯科至伊聶謝一千六百餘里，又十日，至伊里木城，四面皆山。自伊里木城往厄爾庫城東南行千有餘里，餘如來程所曆，不（複）［復］書。今按圖理琛所録俄羅斯，地處極北，去北海一月程，而荷蘭貢使稱與俄羅斯接壤，是其國近北海而又接西海，然地雖荒遠，亦不應如該國使臣所言三四年而後歸。伏讀高宗純皇帝《御製土爾扈特全部歸順記》，定爲俄羅斯，故爲紆繞其程，觀於土爾扈特之來祇八月而已，至，益可見矣。相傳其國本微弱，地亦狹。初居近海之計由地。後假兵力於西費耶斯科國，漸强盛。其國至依番瓦什里魚赤，始得西費耶斯科之助，以兵八千及餉收諸部族，遂雄長西北。稱汗者歷二十三代三百五十餘年，吞併喀山托波兒諸處，亦一百六十餘年。今其地廣袤幾二萬餘里，分八道。一道曰莫斯科窪斯科，國王所都；一道自托波兒河東至尼布楚與中國分界處，曰西畢爾斯科；其六道曰喀山斯科、佛羅尼使斯科、計由斯科、司馬連斯科、三皮提里普爾斯科、郭羅多阿木哈斯科，每一斯科如中國省會，其餘小斯科無數。設官管轄，每斯科設一人統轄，曰噶噶林，各處有城堡名曰柏興，猶中國州縣，大者兵民數百或千餘，小者一二百，設頭目一人，有樓房屋舍，架大木爲之，城垣亦皆列木柵，但絶少多虚名耳。南界土爾扈特、哈薩克諸國，及內附之喀爾喀，西北尚有十餘國，大者曰西費耶斯科、圖里耶斯科，近爲所侵掠，皆微弱云。

康熙間，其國遣人來京師就學，特設俄羅斯館，派滿洲助教一人，漢助教一人教習之。雍正五年，定俄羅斯來學喇嘛六人，學生四人，每十年更換一次。是年，遣郡王額駙策淩等與俄羅斯使臣薩瓦議定邊界，以恰克圖爲通市所。自額爾古訥河岸至阿魯哈當蘇、阿魯奇都勒、齊克達奇林等處，俱爲我斥堠，以相對之楚庫河爲界。自此往西，沿布爾古特山等處，以博木沙畢鼐嶺爲界，立石爲誌，不許越境滋事及容留逃盜人等。又以恰克圖爲常互市所，遣官照料。乾隆二十二年，王師追討準噶爾部叛賊，阿睦爾撒納由哈薩克竄入俄羅斯境，未即縛送，特命典屬嚴詞索取，適逆犯身斃，俄羅斯遂傳送其屍，修詞恭謹。三十年，以恰克圖貿易俄羅斯不遵禁約停止互市，俄羅斯有私將貨物由洋船販至廣東售賣者，皆嚴行禁絶。五十六年，俄羅斯懇求開市，上鑑其恭順，允之。先是，乾隆三十六年，土爾扈特汗渥巴錫，以俄羅斯（征）［徵］調不息，挈全部來歸。五十六年，有由俄羅斯逃出喇嘛薩邁林，偽造俄羅斯書信，欲襲取土爾扈特，以爲摇惑之計。土爾扈特親王車淩烏什巴，將薩邁林及書信一併呈送及，審出薩邁林供詞書信係屬假造。杜爾伯特、土爾扈特等皆安静，尋據俄羅斯薩納特衙門覆稱，前信係屬偽造，並非邊界頭目手記。我國事天朝，素稱恭順，不敢稍存異志，懇奏大皇帝俯念悃忱，信其無他，敢乞施恩，復准開市等語。上以所懇措詞恭順准其通市。嘉慶九年，蘊端多爾濟，奏請裁撤巴彦阿達罕卡倫駐防兵丁，上以俄羅斯恭順，此項駐防兵丁著照所請裁撤。前因俄羅斯所屬喀木呢罕等，進巴彦阿達爾罕卡倫，搶擄車臣汗部落遊牧地方牲獸，由該部落派兵二百名駐防。是年，蘊端多爾濟等奏請裁撤，即於此兵丁内，派兵二十名駐劄庫倫之南汗山，巡察牲獸樹木，得旨：近年俄羅斯感恩向化，甚屬恭順，此項駐防兵丁亦屬無用，著照蘊端多爾濟等所請裁撤。十年，俄羅斯商船二隻來廣，懇請貿易，奉諭旨：俄羅斯向例在恰克圖地方通市，嗣後遇有該國商船來廣貿易，當嚴行駁回，以嚴定制。十六年，俄羅斯固畢爾納托爾，懇請遣人探望喇嘛及學生，部議不准。十八年，俄羅斯與罕巴爾因交易起釁，向哈薩克索討安集延，經卡倫官員傳諭，彼此即將財物償還，安静歸部，其事天朝，極爲恭順焉。

風俗　地寒而濕，多雨雪，少晴和，居止有廬舍，水陸用舟車。其夷官披髮，戴三角帽，短衣革靴，出必佩劍。官婦戴紅頂三角帽，繫五色長桶裙，披織錦，短衣無袖，俗以去髭鬚爲姣好，髮卷者爲美。覲卑賤，見尊長，以免冠立叩爲恭敬。服氊罽，喜飲酒，不知茶，屑麥爲餅，不飯食，知種而不知耘，不知牛耕。居河濱者，喜浴善泅，有錢文，大小銀銅式不一。以十六寸爲一尺，十二兩爲一斤，千步爲一里。無節氣書，知有四季而不知朔望，人材勇健。性矜夸貪得，平居和睦，喜詼諧，少爭鬥，好詞訟，刑罰頗嚴。尚浮屠，自國王至庶民，有四季大齋數十日。

［山川］帕付林斯科山，在國境東佛落克嶺西北，高出諸山之上。土人云，冬夏積雪，人不能至。按自喀爾喀諸部駐牧之色楞格河下流地名楚庫柏興入俄羅斯界，自此而北，水皆北流，沿路皆大山深谷，山多林藪，夏多蛇虻，水多魚。本朝康熙五十一年，原任内閣侍讀圖理琛奉使土爾扈特，道經其國，歸而著其山川風土。今依其所經次第，列諸大水於下。山雖多而有名者絶少，故不盡録。佛落克嶺，在費耶爾和土爾斯科，地高十餘里，有二水，嶺東流出者曰土拉河，嶺西流出者曰托波兒河。山之陰有水曰喀穆河，下流俱會於厄爾齊斯河。色楞格河，源出喀爾喀境内，東北流至楚庫柏興入俄羅斯界，受東南來之楚庫河。又東北流二百餘里至烏的柏興，受東南來之烏的河。又西北三百餘里入白哈兒湖河。廣四五十丈，水清溜急。十月中始凍，兩旁皆山，沿岸多叢，柳樺榆櫻，藂中多魚。昂噶喇河，自白哈兒湖西北流出，又西北流一百五十餘里至厄爾庫城，受西南來之厄爾庫河。又西北流二千九百餘里受東北來之伊里穆河。又數百里會伊聶謝河流入北海。此河長三千餘里，受十餘小水，又大於色楞格，兩岸及河中皆高峯峭壁，水深溜急，舟行甚險。五六月，尚有冰。《舊志》：昂噶喇河兩岸皆山，自伊里穆河流入之處，以至伊聶謝河中間河流，俄羅斯人又呼爲通古斯科河。又有十餘小河，皆注入之。昂噶喇河内有伯克五處，破落克八處，西費喇九處。其國謂水中高峯及臨水懸崖曰伯克。有滅提别西伯克，巴達爾滿斯克伯克，多達兒斯克伯克，滅費斯克伯克，費達穆克伯克。謂夾岸峭壁中有大石河水陡下懸流曰破落克，有博合滅兒爾納破落克，牙皮乃破落克，巴墩破落克，多爾規破落克，沙滿斯克破落克，阿普林斯克破落克，木爾蘇克破落克，四鐵烈洛什破落克。謂水淺多在急流之處曰西費喇，有洛什西費喇，鄂標穆索斯奈西費喇，柏格西費喇，郭洛活瓦西費喇，郭費殷斯克西費喇，噶什那西費喇，鄂費夏那西費喇，鄂爾吉那西費喇，郭薩牙西費喇。按《元史》：奇爾濟蘇有謙河，西北流注於莽噶拉木河。莽噶拉木即昂噶喇，謙河當即伊聶謝也。莽噶拉木已見前。伊聶謝河，自厄爾庫城西北，由昂噶喇河水行三千餘里至伊聶謝柏興，得伊聶謝河，其水大於昂噶喇，不知發源之處。北流經伊聶謝柏興會東來之昂噶喇河，轉東北流入於北海。自此而北，地益寒益近北海矣。揭的河，伊聶榭柏興之西北二百五十餘里，地名麻科斯科，有嶺名佛落克，水從嶺下流出，西北流二千五百餘里，至那里穆柏興入於鄂布河。《舊志》：揭的河，土人名爲解梯，多灣曲，水色赤，沿河有小柏興四五處，順流約二千里，河面漸闊，水色漸白。鄂布河，自麻科斯科西北，由揭的河水行二千五百餘里，至那里穆柏興，得鄂布河，其水西北流至托穆斯科，受東南來之托穆河，至那里穆柏興，又受東南來之揭的河，又西北流二千餘里，至薩馬爾斯科之地，轉西南流與厄爾齊斯河合，復西北流入北海。此河又大於伊聶謝，水濁溜緩，洲渚甚多。自此而北，地漸平坦，山亦不甚大矣。厄爾齊斯河，自那里穆柏興西北，由鄂布河水行二十餘里，至薩馬爾斯科得厄爾齊斯河，其水自阿爾泰山發源，北流入俄羅斯境。又西北流至托波兒之地，受託波、土拉二河，轉東北流與鄂布河合流，入北海。此河大如色楞格，水濁溜急，其發源之阿爾泰山，屬中國西北塞外邊界，即古金山也。計其源流與色楞格相等，不知幾千里。《舊志》：厄爾齊斯河在蘇爾呼忒柏興西南六百餘里。托波兒河，源出費雅爾土爾斯科地之佛落克嶺西，東南流與土拉河會，又東北流入於厄爾齊斯河，其入厄爾齊斯河處之東，地名托波兒，在薩馬爾斯科西南一千餘里，彼所稱八道中之一道也。居民二千餘户，駐兵二千，頭目十數人，有廬舍市井，謂之西畢爾斯科，設噶林一人統之。凡諸柏興皆其所轄云。《舊志》：狄穆演斯科西南六百餘里爲托波兒地，厄爾齊斯河來自東南，遶過托波兒向東北流，托波兒河來自西南，至此

地而合。土拉河，源出佛落克嶺東，東南流入托波兒河，匯於厄爾齊斯河。其發源處地名費耶爾和土爾斯科，在托波兒西北二千餘里。自此西北與國城相近，彼謂之内地。喀穆河，在佛落克嶺之北，從一山中流出，西南流千餘里，至黑林諸付之地，有佛落克嶺北流出之費牙忒喀河，西南流入此河。又流至喀山城東南，入佛兒格河。此河上流至地名黑林諸付，俱屬西畢爾斯科，道至喀山，乃别爲一道。自此而北，至國王所居莫斯科窪城，僅二千餘里。地勢趨下，人煙稠密。《舊志》：喀穆河，大似色楞格河，水色赤溜急，自東北向西南流，至喀山相對之地，入佛兒格河。佛兒格河，發源西北山中，東南流至喀山城東南，受噶穆河，又流三百餘里，至西穆必爾斯科之地，轉西南流，又五百餘里，入土爾扈特國界，南流匯於滕吉思湖。此河大如鄂布河，水濁溜緩，在俄羅斯名佛兒格，在土爾扈特國名厄濟爾他。水皆北流入海，惟此自此而南不入海，其所經之喀山，亦八道中之一道也。在黑林諸付西南五百餘里，地平坦，多田畝，産稻稷麥。環大水爲城，有八門，周八里，居民五千餘户，設總管統轄。其南三百餘里地名西穆必爾斯科，又西南五百餘里曰薩拉托付，自此而南即土爾扈特，舊所遊牧之地也。白哈兒湖，在楚庫柏興北五百餘里，亦曰北海。去喀爾喀北界千餘里，有巨澤，南北長二百里，東西廣千餘里，四面皆山，色楞格河自西南流入，昂噶喇河自西北流出。其從東北流入者，又有一河亦名昂噶喇，中有洲曰鄂遼漢，在湖内之東北偏南北五十餘里，東西二百里上有山岡，多野獸，水多魚，蒙古五十餘户遊牧於此。十二月下旬，冰始堅，可行。三月盡，冰始解。按《唐書・地理志》：骨利幹、都播二部落，北有小海，冰堅時馬行八日可渡，海北多大山，其民狀貌甚偉，風俗類骨利幹，晝長而夕短，所謂小海即此水也。又按《史記・匈奴傳》：匈奴留郭吉遷之北海上。《漢書・蘇武傳》：匈奴徙武北海上無人處，使牧羝，武既至海上，廩食不至，掘野鼠、去草實而食之，杖漢節牧羊。單于弟於軒王弋射海上，給衣食，賜馬畜。王死後，人衆徙去，丁令盜武牛羊，武復窮厄。匈奴使李陵至海上，爲武置酒設樂，武終不降。後漢使復至匈奴，常惠夜見漢使，教使者謂單于言天子射上林中得雁，足有係帛書，言武等在某澤中。前言北海海上，後言某澤，以塞外遇水澤，通稱海也。白哈兒湖地在匈奴北，與丁零正相近。《史記・匈奴傳》：冒頓北服丁靈。《漢書・李陵傳》：匈奴立衞律爲丁靈王。師古注：丁靈，匈奴之别種。又《蘇武傳》注：丁零，即上所謂丁靈耳，然則俄羅斯南境，即丁靈故地，而白哈兒湖，即蘇武牧羝之北海上歟。

土産　麥有大麥、小麥、蕎麥、油麥。松、杉、樺已上三種，各處有之。馬《唐書》：骨利幹産良馬，首似橐駝，筋骼壯大，日中馳數百里，今俄羅斯産馬皆高大逾常，即其類也。牛、羊、豕、鹿《唐書》：有鞠國，居拔野古東北，有木無草，地多苔苦，無羊馬，人豢鹿若牛馬，惟食苔，俗以駕車，又以鹿皮爲衣。《元史》：撼合納，在烏斯東，謙河之源所從出也。貧民無恆産者，皆以樺皮作廬帳，以白鹿負其行裝，取鹿乳採松實及劚山丹、芍藥等根爲食。今俄羅斯之東境伊聶謝柏興之地，有一種貧民，名曰喀穆尼，漢亦曰通古斯，俱畜鹿以供乘馭負載；鹿色灰白，形如驢，有角名曰俄倫，即其類也。白狐伊聶謝之北，地名土兒汗斯科，産此獸。麻門橐窪華言鼠也，産於極東北近海處牙特庫之地，身大如象，重萬斤，行地中，見風即死，每於河濱土内得之，骨理柔順，潔白類象牙，彼人以其骨製爲椀碟梳篦之類，肉性極寒，食之可除煩熱云。此地最寒，距北海大洋止一月程，晝長夜短，夜亦不甚暗，雖日落夜深，猶可博奕，不數刻東方已曙。按《唐書》載：骨利幹之北，晝長夜短，近日入處，即此地也。貂各處有之。又有黑貂，皮甚貴，亦産極東北牙特庫之地。銀鼠、青鼠、四帖黑烈帖魚形類鱘，無鱗，脊上並兩肋有三骨連生，大不過三尺，味頗佳，冰未凍時從北海由鄂布河溯流而來甚多，人取食之。又有名鄂莫裹者，長止尺餘，白露後五日内，由白哈兒湖逆流而來，取之不盡。其諸河内，皆産鱸、鱠、鯉、鯽、鱓、鮰等，及哈打拉魚、他庫魚、石斑魚、穆舒呼魚、松阿打魚、勾深魚、牙魯魚。

清・徐繼畬《瀛寰志略》卷四《峨羅斯國》　峨羅斯國，峨羅斯、鄂羅斯、厄羅斯、阿羅斯、斡魯思、兀魯思、羅刹、羅車、葛勒斯、縛羅答、莫哥斯未亞、魯西亞、没壽啡。據亞細亞、歐羅巴兩土之北境，復跨海據亞墨利加之西北隅，拱北冰海如玦環，長約二萬餘里，外夷第一大國也。其西土，西界瑞典、普魯士、奧地利亞，南界土耳其、波斯，東界西域回部。其東土，南界哈薩克回部、喀爾喀、蒙古、黑龍江。綜其全土，在亞細亞者，十之六；在歐羅巴者，十之四。然其新舊兩都城，皆在歐羅巴。其富盛之部落，雄麗之城邑，萃於西偏。迤東之地雖廣莫，乃荒寒不毛之土。其會盟戰伐，亦皆與歐羅巴諸國爲緣。國勢在西，而不在東，故隸之歐羅巴。其國古稱薩爾馬西亞，自唐以前，爲西北散部，受役屬於匈奴。唐懿宗咸通年間，有酋長禄利哥者，招引族類，肇造邦土。傳至烏拉的米爾、訝羅斯訝兩世，立國始有規模。周世宗顯德年間，有王后理國政，始崇希臘天主教。其嗣位之王有十二子，分國爲十二部。由是兄弟鬩牆，互相攻伐，日就衰亂。宋理宗年間，元太祖西伐，滅阿羅思、阿速、欽察三部。皆今峨羅斯地。立長子術赤爲汗，由是爲蒙古别部。元衰，峨羅斯故王後裔乃稍稍振起。明嘉靖初，借瑞典兵力，驅逐蒙古，復其土宇。後有國王號以萬者，一作伊挽，又作宜萬。有雄略，闢地日廣，達於東海之隅。性殘忍好殺，戮臣民數萬人，由是羣下離心。傳至波利斯後，國勢浸弱，内訌四起。時波蘭方强，日見侵削。國人恟懼，思得賢主以靖國。康熙四十年，立彼得羅爲國王。一作伯多羅，又作彼達王，即别書所云察罕汗。彼得羅幼時，其姊貪權，欲據王位。彼得羅避禍，隱寺内爲僧。既爲衆所推立，卑禮招致英賢，與圖國事。躬教士卒騎射，兼習火器，悉爲勁旅。由是政令更新，國俗爲之一變。境内既平，乃巡行邊界，開通海口。嘗以峨人不善駛船，變姓名，走荷蘭，投舟師爲弟子，盡得其術乃歸。治舟師與瑞典戰，勝之，瑞典割芬蘭以講。遂建新都於海濱，曰彼得羅堡。一作必特爾士木爾，又作比特革，又作桑比斯德爾不爾扼。疏通波羅的海道，水陸皆操形勢，戰勝攻取，疆土愈闢。峨羅斯近世之强大，實自彼得羅始也。彼得羅殁，其后嗣位，敏慧有權謀。所任大將，名震鄰國，疆土益廣。乾隆二十年，王后加他鄰一作加達利納，即他書所云扣肯汗。嗣位，淫蕩多嬖，而精於理事。招致他國百工，厚給廩餼，教國人以藝事。廣延文學，兼修武備。南鄰之土耳其，回部大國，與峨構兵數十年。后累挫其鋒，割其北境，又分割波蘭三分之二。后死，嗣王即位見弑，子亞勒山德黎繼立，與佛蘭西連兵數年，講和而罷。弟尼歌拉士嗣立，一作尼哥勞。伐土耳其大捷。波斯來侵，擊退之，割其日爾日等屬部，威聲甚著，即今在位之王也。其國大略分四部，在歐羅巴境内者，曰波羅的海東部，曰波蘭部；在亞細亞境内者，曰高加索新藩部，曰西伯利部。

波羅的海東部，西抵波羅的海，東至烏拉嶺，烏拉嶺北起北冰海，南至白爾摩，長約四千里，毆羅巴、亞細亞兩土，以此嶺爲界。北距北冰海，南盡黑海，南北約七千餘里，東西約五千餘里，峨羅斯本國之全土也。地形平坦，東方始見山嶺，大勢分五域，曰東峨，曰大峨，曰加匽峨，曰小峨，曰南峨。東峨，在國之西北境，因據波羅的海東岸，故稱東峨。地分五部，首部曰彼得羅堡，其故王彼得羅建新都於此，因以爲名者也。沿海一帶，平野蒼茫，松榆茂密，間有狹田。地氣寒甚，冬氣居六月之久。都城在尼瓦河口，近逼海港。西風起，則水涌入城，街衢泛溢。城内多廣廈杰構，王廷長四十五丈，闊三十八丈，金彩耀目，宏麗爲西國之最。泰西人造屋，皆層樓叠架，繞以迴廊，外無牆垣院落，雖王宫亦如此。居民四十二萬五千，内水陸兵五萬五千，客民二萬五千。别有藏軍器之城，曰立冕。彼得羅堡之西南，曰斯多尼亞部。再西南，曰里窩尼亞部。兩部内港有大埔頭曰利牙，每年出入商艘千餘。再南，曰孤爾蘭的亞部。彼得羅堡之北，曰芬蘭部，本瑞典東北境，峨戰勝割得之。地極廣莫，而氣候寒冽，人户貧乏。大峨，峨之中原。毗連北地，幅員遼闊，故稱大峨。地分十九部，首曰墨斯科部，一作木吉。在四境適中之地，峨之舊都也。規制巨麗，百官之居，皆飾以金銀。嘉慶十六年，佛郎西拿破侖新得國，勢方張，欲混一西土，以大兵伐峨，圍墨斯科。城將陷，峨人恐其據之也，燒之而走，火旬日不息。佛師退，乃次第修復。王殿廣七十七丈，長二百一十丈，宇内宫闕之高大，殆無與比。墨斯科之左，曰瓦拉的迷爾部，曰尼内諸烏疴羅部，舊爲國之大市，今已衰廢。曰赫阿匽部。墨斯科之右，曰加婁牙部，百工萃集之地。曰斯摩棱斯科部。墨斯科之南，曰都拉部，其民冶鐵，鑄造各器。曰當波弗部，曰疴勒爾部，曰窩羅尼日部，曰古爾斯克部。墨斯科之北，曰哥斯德羅馬部，曰日羅斯拉部，曰的威爾部，曰北斯哥弗部。再北曰疴勒内部，曰窩羅疴達部，曰諾弗哥羅部，三部地氣皆寒冽。極北臨北冰海，曰亞爾干日爾部，廣莫倍芬蘭，而荒寒不可耕，人户甚稀，多以捕魚爲業。加匽諸部之粟，時由内河往糴。極北濱海之民，皆短小，以犬爲馬，以鹿爲牛。有天使頭城，在白海内港之濱。冰消之時，商船可以出入。加匽峨，在大峨之東，本回部地。明嘉靖間，峨攻得之，分爲五部。地腴坦宜稼，產穀甚豐，又產木材、銅鐵、番礆。其民善於硝皮，首部曰加匽。加匽之南，曰新比耳斯克部。新比耳斯克之西，曰奔薩部。加匽之北，曰維亞德加部。再東北，曰白爾摩部。小峨，在大峨之西南，舊本峨地，爲波蘭回部所侵割，尋復奪還。其地氣候温和，川原清曠，緑柳垂楊相望，葡萄柑橘皆繁生。其民耕田熟皮造番礆，各勤本業。分三部，曰究部，曰厄加德黎諾斯拉部，曰者爾厄疴弗部。南峨，在大峨、小峨之南，土脉膏腴，產穀最多，分糶諸國。地分五部，曰加的勾巴爾的哥部，曰給爾孫部，曰比薩拉比亞部。在黑海中者，曰搗里達部，小山叠秀，地氣温煦，稱樂土。加的勾巴爾的哥之東，曰薩拉德夫部，其種人曰可薩，悍勇善戰，馳騎如飛，峨人每用以破敵，稱爲勁旅，其開拓西伯利廣土，皆此部兵力也。西伯利部戍守之兵，亦皆此部人。

波蘭部，一作破蘭，又作波羅尼亞，又作惹鹿惹也。在海東諸部之西南。先是有查遮爾倫國者，與波蘭鄰。其王贅於波蘭女主，遂與波蘭合。後爲峨羅斯所取，稱爲西峨。其人白皙，又稱白峨。迨後波蘭衰亂，峨羅斯與奧地利亞、普魯士瓜分其國，峨得三分之二。道光十二年，波蘭遺臣據地起兵，與峨軍戰，潰敗而逃。其地卒歸於峨，合前所得白峨地，統稱波蘭部。白峨地廣闊平坦，草茂土肥，宜耕宜牧。其民修潔，屋宇整峻。分六部，曰威德比斯科部，曰摩宜勒威部，曰明斯克部，曰維里納部，曰哥羅德諾部，曰窩黎尼亞部，曰波多里亞部。波蘭地蕩平如砥，林茂草芳，穀果俱豐，兼產材木、煤炭、蜂蜜。分八部，曰馬索維亞，曰加拉哥維亞，曰三多迷爾，曰加利斯，曰魯伯林，曰波羅咯，曰波達拉給亞，曰亞烏斯多窩。八部地界，原圖未分畫。

高加索新藩部，一作告甲俗。在海東諸部之東南，亞細亞極西之土也。南境有高加索山，西壓黑海，東抵裏海，綿亘蜿蜒，千峯矗起。其北境環抱裏海，地勢平闊，達於加匽部之白爾摩。舊本游牧回部，峨羅斯以兵力取之。迤南在高加索山南北者，皆土番種類，獷悍异常。舊屬土耳其、波斯兩國，近年俱爲峨羅斯所割。置新藩五大部。極北者，曰痾倫不爾厄部，一作阿鄰堡。地接西域回部，豐草鋪原，蒙回各部，互市於此，以馬牛羊易布匹。痾倫不爾厄之西南，曰阿斯達拉干部，一作迓大罕。爲五藩部之都會。窩瓦河從西北來，由此入裏海。兩岸草場豐美，牧畜蕃庶。即土爾扈特寄居游牧之地，《西域聞見録》謂『烏巴錫，因河冰未合，率河南户口内附，而遺其河北』。今考窩瓦河自西北而東南，烏巴錫之東徙，蓋攜其河東户口，而遺其河西也。其地通衢四達，西域游牧各部，互市者絡驛於途，故富饒爲五部之最。女子絶美，各部争買爲婢妾，價極貴。有才能者，或爲妃后。裏海產鱘魚龍，土人長於釣捕，販行甚遠。阿斯達拉干之南，曰薩加社，一作色爾各設，又作額勒阿西。在高加索山之陰。種人居巖谷，不事耕作，貧甚而性特悍猛，習於剽刦。鄉皆土堡，自練丁壯爲兵，梗令揭竿，時時有之。峨軍收捕，往往挫衄，僅羈縻以固邊圉，不能使之馴擾也。薩加社之南，曰諾尼阿部，一作額里。在高加索山之陽，本屬土耳其，後稱兵叛土，峨羅斯征服之，收爲藩部。其地山嶺崎嶇，户口繁而貧，販鬻男女爲奴婢。民俗悍獷，甚於薩加社。諾尼阿之東，曰日爾日部，一作熱阿義。東距裏海，跨高加索山之南北。本屬波斯，嘉慶十八年，峨羅斯戰勝割取之。民俗與諾尼阿同，男女多美姿容。會城曰得勒，甚卑陋，峨人修飾之，漸改觀矣。薩加社、諾尼阿、日爾日三部，近年又分爲八部，曰日爾日，曰是爾彎，曰亞爾美尼亞，曰義米勒多，曰明哥勒里亞，曰達日斯丹，曰西爾加西亞，曰亞巴西亞。八部之外，又別立高加索省，原圖皆未分畫。

西伯利部，一作西卑里亞，又作悉比厘。亞細亞之北境也。西起烏拉嶺，東距大洋海，北距北冰海，南抵外興安嶺，界黑龍江、索倫、喀爾喀、烏梁海、蒙古、哈薩克、回部。長約一萬三千里，寬約五千餘里，地處窮髮之北，限以峻嶺崇山，自古軺車之所未至，歷代行國之所不居，在大地爲別一區宇。其地氣候極寒，迤南猶見草木，迤北勾萌鮮茁，僅有矮松、白楊，一年中冰雪凝結者九閲月。其人種類各殊，户口甚稀，游牧者或偶至焉，寒冽不可久留，故庭幕不傳於紀載。元代有漠北藩王嘗探悉其地，欲跨嶺割據之，以險遠而止。前明中葉，峨羅斯既興，有商舶於冰消時駛至西伯利海岸，以洋貨易皮貨，日漸狎熟，盛夸峨之富强。其頭人有率户口至峨者，睹其國都市廛宫殿之壯麗，傾心歸向，各部競相傳播，咸貢方物爲藩屬。峨建炮臺，於烏彌河口，扼險要以控制之，漸徙罪人供力役，築城戍。於是西伯利西方諸部，不費兵力咸爲俄有。尋復展轉東略，阻於冰雪，獨薩拉德夫之兵，能躡冰前進。遂征服東方諸部，達於東海之隅。俄羅斯與我争雅克薩城，即此時事。至加他鄰后時，遣其臣墨領向東北探尋，知亞細亞與亞墨利加一土不連，中隔海峽數十里，遂名其峽曰墨領峽，因跨海據亞墨利加之一隅。綜西伯利全土，東部所產惟皮貨，狐狸、兔、貂、鼠、獺之類皆備，專售中國。西部兼產金、銀、銅、鐵各礦，鐵尤多，每歲得百餘萬擔，泰西諸國皆仰給焉。地分八部，曰德波爾斯科，曰多木斯科，曰也尼塞斯科，曰痾慕斯科，曰義爾古德斯科，曰亞古德斯科，曰痾哥德斯科，曰岡札德加。德波爾斯科，與海東部之亞爾干日爾、痾勒內、白爾摩等部相連，以烏拉嶺爲界，地氣寒甚，產金、銀、銅、鐵礦。多木斯科，一作多僕。在德波爾西南，與海東部之白爾摩、痾倫不爾厄等部接壤，其南與西域之哈薩克、回部毗連。游牧者時來侵掠，雖有防兵，不能禁也，峨有大酋駐此，總理東方，兼督礦務。也尼塞斯科，一作云益士。在德波爾之南，多木之東，有草場，出各礦，南境與哈薩克毗連，駐兵四千，以防侵擾。痾慕斯科，一作東色。在也尼塞之東，地頗豐饒，善釀酒，人多沉湎，南境抵外興安嶺，與烏梁海各部接壤。義爾古德斯科，一作耳谷。在痾慕之東，地極廣大，出銀、鉛礦，兼產皮貨，每年所得鉛與皮甚多，足助國用。其人多美丰姿，頗講文學。南境抵外興安嶺，與喀爾喀、蒙古土謝圖汗、車臣汗兩部接壤。南界有甲他城，即內地所稱恰克圖，中國與峨人互市於此，庫倫辦事大臣司其事，彼以皮來，我以茶往。亞古德斯科，一作牙谷。在義爾古德之東，南境抵外興安嶺，與黑龍江接壤。康熙年間議定疆界，立有界碑。其地寒甚，冰雪之消融者，每歲止得三四月。人户稀少，射獵之外無生計，峨人取其所得之皮以當賦稅。痾哥德斯科，一作阿谷。在亞古德東北，地盡亞細亞之東北隅，寒冽過於亞古德，土人亦以獵獸爲生。峨設官以賦其皮，城建海濱，與海東各島通商，以收皮貨。岡札德加，一作堪察加。在痾哥德之東。東界斜伸入海，形如大刀頭。其地終年寒冽，草木稀疏，海鳥翔集如蠅蚋，居民捕魚爲食，穴地而居。即東省所謂魚皮韃子。峨人設口收皮，朝臣有重罪者，流竄於此。自亞細亞極東北，至亞墨利加海中各島，稱亞律羣島；迤南接日本各島，稱古利羣島，皆產皮。峨船往來收皮，鬻於中國。北亞墨利加之西北隅，曰監札加，峨人逾痾哥德之墨領海峽，跨而有之。地寒凍無他產，所得者，皮貨而已。

峨羅斯雖分四大部，而大勢則東、西兩土，西伯利，其東土也。海東、波蘭二部，其西土也。高加索新藩部，地雖在亞細亞，而與海東部牙錯，亦西土也。東土曠邈無垠，雪窖冰天，自古爲不毛之土，境內有勒拿葉尼、塞阿比等大河，大半發源漠北，流入北冰海。湖之大者曰蘇米，曰排半。土人户口稀疏，雜以流寓，亦甚寥落。種族難稽，土俗亦無可言。物產則東皮西礦，皆獲無窮之利，亦外府之一奇也。西土三部，周回萬餘里，半皆平土。立國雖在北境，沃壤則多屬南方。河流之最長者，曰窩瓦，東南流七千餘里而入裹海。地尼伯河，南流入黑海。頓河西南流入亞速即阿速海灣。士味拿河，西北流入波羅的海隅。阿尼牙河，北流入白海。西北多大湖，曰剌多牙，曰阿尼牙，曰西峨。其海口之可通舟楫者，北方則白海之隅澤加牙之灣，西北則芬蘭利牙之灣，西南則亞速之灣。港汊四通，舟行似便，惟因地氣嚴寒，海水之不冰者，歲不過六七月或四五月，船不能以時往來。其南界之黑海，由他大尼里海峽與地中海一線相連，海道不如他國之通利，是以遠涉爲難。其民各分種族，一曰薩剌瓦族，居齊民之大半。曰力丁族，居波羅的沿海。曰芬族，即芬蘭土人。居西北方。曰韃韃里族，游牧於南方，奉回教。即西域回部種類。曰甲才族，亦游牧，奉佛教蒙古種類。曰日耳曼人，墾種新地。曰猶太散民，務百工。地之所產者，五穀之外，麻與皮爲多，麻織帆布，售於各國，皮轉售於中國。其木多橡、榆、松，由海道運於各國。南方多馬，北方多牛，牛之油與皮，運出無窮。東界之山，產金、銀、銅、鐵、金鋼石。其民衣長衫，冬著羊皮，食物最粗，以大麥粉爲湯，粉水爲飲，人多嗜酒，身體不浴，冬月嚴寒，臥爐上以取温。其俗重希臘教門，亦天主教别派，京師有總教主，大有權勢，其各教師散居各部，有廟七十萬間，僧一十六萬人，男寺四百八十所，女寺一百五十六所。

峨羅斯有宰相管政事，有大事，王召貴者一百二十人，議於公會。其部有八，略如中國之六部，益以宗人、理藩。每年關稅、田賦、雜稅共銀七千八百萬兩。陸路額兵六十一萬，長於馬隊，火器亦精。水師大兵船四十隻，戰船三十五隻，兵船二十八隻，小船三百隻，水手四萬丁。軍法嚴，每排陣，軍士屹立如磐石，無敢移步者。用刑最酷，榜掠之刑慘於死。俗尚畜奴僕，貴官富商，每人所畜以數十百計，通國奴僕凡百餘萬，浮於兵額。

按：峨羅斯舊國，在秦、漢爲渾庾、屈射、堅昆、丁零諸部，受役屬於匈奴。在唐爲黠戛斯、骨利幹等國。宋末元太祖起北方，拓地西域，以阿羅思等即峨羅斯轉音三部分其長子，乃東峨、大峨兩部地，非今日峨羅斯之全土也。元氏既衰，峨羅斯故王後裔再燃餘燼，假鄰國西費耶忒兵力今瑞典國驅逐蒙古，恢復疆土。迨後日益强盛，沿北海漸拓而東，繞出西域回部、外蒙古諸部之北，直達黑龍江東北徼外，名曰西伯利部。國朝順治間，築城於雅克薩，侵擾索倫諸部，稱爲羅刹，屢遣兵毀其城，輒復據之。康熙年間，兩致國書，復由荷蘭附書，諭其國王，其王乃遣使上書，乞撤雅克薩之圍，分定疆界，立碑爲志，通貿易於車臣汗部之恰克圖，并遣人來京師，學習漢文，每十年更易，沿爲常例。其西境，自彼得羅崛起，日益恢拓，西割瑞典之芬蘭，南兼高加索迤北諸部，西取白峨諸部，又割波蘭三分之二，土耳其、波斯北境亦多被侵割。於是俄羅斯境土，北環北冰海，西據波羅的海，東距大洋海即東海又跨海據北亞墨利加之一隅。長約二萬餘里，其南北之勢，則西土較闊，約六七千里；東土較狹，約四五千里。宇内疆土之恢闊，無過峨羅斯者，宜其强大莫與京矣。然在歐羅巴諸國中，亦不過比肩英、佛，而未能定霸於一方者，何也？嘗以詢之雅裨理，曰：『彼所有者，多北裔窮荒之土，其東部層冰積雪，草不繁，牲不育，不可游牧。故漠北諸部，棄而不居。峨人得之，收其皮礦之利，所謂人棄我取，非力能驅除而據爲己有也。迤西入歐羅巴界，户口稍盛，再西至大峨、東峨之南，不乏名都大邑，然較之英、佛諸國，總覺土滿。舟楫之利，火器之精，心計之密，又遠遜於諸國。逐鹿海隅，往往瞠乎其後。特因其疆土之廣，究係海内大國，故諸國亦未敢輕視之。比權量力，不過齊、秦、晉、楚相爲匹敵已耳。』

峨羅斯都城臨海，亦有巨艦數十，然水戰究非所長，故不能在大海中與諸國角勝。其貨船亦止往來西洋諸國，未嘗涉大洋而至粤東。蓋其國物產之最多者，曰銅鐵，曰麻布，曰木料，曰牛馬，鄰近諸國皆仰給焉，不必求售遠方。最珍貴者皮貨，如狐、貂、海龍、駱駝絨、洋灰鼠之類，專以供中國之用。入海舶而載至炎方，計無不朽敗者，通市之在陸而不由海，職是故也。

《西域聞見録》云：『峨羅斯本控噶爾屬國。峨羅斯缺其朝貢，又興兵擾其邊，控噶爾以大兵臨之，峨羅斯恐懼乞降，增其歲貢，控噶爾乃捨之。』又云：『當峨羅斯與控噶爾連兵，屬國土爾扈特不堪徵調之苦，其汗烏巴錫叛峨羅斯，率其人户，度戈壁内附，正乾隆年間，勘定西域之時也。』今考歐羅巴諸國，並無控噶爾之名。百年以來，諸大國與峨羅斯構兵者，止有土耳其、佛郎西、波斯三國。佛郎西之侵峨，係嘉慶十六年，峨人焚舊都以避之。其禍最烈，事在土爾扈特投誠之後。波斯之役，亦係近年。惟土耳其與峨羅斯連兵，前後近百年。道光初年，猶交哄未已。《聞見録》所云交兵事，其爲土耳其無疑。土耳其都城，名君士但丁，一作康思坦胎諸格爾。噶爾即格爾，上五字之訛爲控，或由於轉音省文。舊本羅馬東都，後來猶冒羅馬之名。故《聞見録》稱控噶爾都城名務魯木，魯木即羅馬之轉音也。土耳其本回部大國，所據者，西土形勝之地。恃其虓悍，敢於侵擾强鄰。峨羅斯與之構兵，至數十年之久。徵發及於屬藩，蓋非得已。烏巴錫素不知兵，出輒撓敗，多所亡失，又爲舍楞所愚，欲恢復伊犁舊牧，傾國東徙，爲哈薩克所掠，逼入沙漠，種類幾致覆滅。乃決計内附，賜牧於喀拉沙爾。峨羅斯與控噶爾連兵之事，即土爾扈特人所傳述。然土耳其雖稱强大，比權量力，究非峨敵，疆埸之役，峨屢勝而土屢北，未聞峨之挫於土也。烏巴錫怨峨羅斯徵調之煩，致己狼狽失國，故盛夸敵人之强大，以輕蔑之。七椿園於大西洋國土形勢概乎未有聞，遽信其夸誕之説，杜撰一莫大之控噶爾，比諸玄圃瑶池，同一荒唐矣。或云：『控噶爾乃圖理雅國王之名，曾與峨羅斯争地相戰，烏巴錫傳述此事，誤以汗名爲國名。』今考泰西人紀載，圖理雅即普魯士，國勢遠遜於峨。乾隆年間，并無與峨交兵之事。波蘭故地，尚有加拉哥維亞國，袤延百餘里，乃波蘭遺民所立，自推鄉長理事，不立君長，地在峨屬波蘭部之西南。峨羅斯貨船，嘉慶十一年，曾有來粤東者。道光二十八年，又有一船至上海，皆經奏明駁回。蓋其國貨船偶隨諸國私來，并非奉其國命，故一經駁飭，旋即回帆而去。

烏克蘭

明·艾儒略《職方外紀》卷二《翁加里亞》 翁加里亞在波羅尼亞之南，物產極豐，牛羊可供歐邏巴一州之用。有四水甚奇：其一從地中噴出，即凝爲石；其一冬月常流，至夏反合爲冰；其一以鐵投之便如泥，再鎔又成精銅；其一水色沉緑，凍則便成緑石，永不化矣。

清·南懷仁《坤輿圖説》卷下《翁加里亞》 翁加里亞在波羅泥亞南，物產極豐，牛羊可供歐邏巴一州之用。有四水甚奇，其一從地中噴出，即凝爲石；其一冬月常流，至夏反合爲冰；其一以鐵投之便如泥，再熔又成精銅；其一水色沉緑，凍則便成緑石，永不化。

清·傅恆等《皇清職貢圖》卷一《大西洋翁加里亞國》 翁加里亞國，在波斯泥亞國南。其人彷佛蒙古，衣服甚短，束縛袴襪，有如行縢。極穎悟，尚禮貌。幼習馳馬，短頸善奔，常帶彎刀，長四尺，每在馬上舞試。婦人能通文字，刺繡工巧，出門必設紗綾蔽面。物產極豐，牛羊可供他州之用。金、銀、銅、鐵等物取之不竭。

波　蘭

明・艾儒略《職方外紀》卷二《波羅尼亞》　亞勒瑪尼亞東北曰波羅尼亞，極豐厚，地多平衍，皆蜜林，國人採之不盡，多遺棄樹中者。又產鹽及獸皮，鹽透光如晶，味極厚。其人美秀而文，和愛樸實，禮賓篤備，絕無盜賊，人生平未知有盜。國王亦不傳子，聽大臣擇立賢君，其王世守國法，不得變動分毫。亦有立其子者，但須前王在位時預擬，非預擬不得立。即推立本國之臣或他國之君，亦然。

國中分爲四區，區居三月，一年而遍。其地甚冷，冬月海凍，行旅常於冰上歷幾晝夜，望星而行。

有屬國波多理亞，地甚易發生，種一歲有三歲之獲，草菜三日內便長五六尺。

海濱出琥珀，是海底脂膏從石隙流出，初如油，天熱浮海面，見風始凝，天寒出隙便凝每爲大風衝至海濱。

清・南懷仁《坤輿圖說》卷下《波羅泥亞》　亞勒瑪泥亞東北曰波羅泥亞。地豐厚，多平衍。皆蜜林，采之不盡。產鹽，味極厚，光如晶。其人美秀和樸，禮賓篤備，絕無盜賊。國王不傳子，聽大臣擇立賢君。世守國法，不變分毫。亦有立子者，須王在位時預擬；非預擬不得立。國中分爲四區，區居三月，一年而遍。地甚冷，冬月海凍，行旅於冰上歷幾晝夜，望星而行。其屬國波多理亞，地易發生，種一歲有三歲之獲。草菜三日便長五、六尺。海濱出琥珀，是海底脂膏，從石隙流出。初如油，天熱浮海面，見風始凝；天寒出隙便凝。每爲大風沖至海濱。

清・傅恆等《皇清職貢圖》卷一《波羅尼亞國夷人》　波羅泥亞國，在熱爾瑪尼亞國東，其人彷佛蒙古，有髭無鬚，去髮存頂，編垂首後。其地寒冷，初秋至初夏皆衣皮裘，如狐貉貂鼠之裘。長蔽足，首用皮冠，好擊劍，家豢熊羆以供戲玩。婦人才能，專持家務，內外井井。土產蜂、林、琥珀、牛、羊等物。

德　國

明・艾儒略《職方外紀》卷二《亞勒瑪尼亞》　拂郎察之東北有國曰亞勒瑪尼亞，南四十五度半，北五十五度半，西二十三，東四十六度。國王不世及，乃其七大屬國之君所共推者。或用本國之臣，或用列國之君，須請命教皇立之。國中設共學十九所。其氣候冬月極冷，善造煖室，微火溫之，遂極煖。土人散處各國以爲兵，極忠實可用，至死不貳，各國護衛宮城或從征他國親兵，皆選此國人充之，本國人僅參其半。其工作極精巧，制器匪夷所思，能於戒指內納一自鳴鐘。地多水澤，冰堅後，人多於冰上用一種木屐，兩足躡之，一足立冰上，一足從後擊之，乘滑勢一激數丈，其行甚速，手中尚不廢常業也。【略】

有法蘭哥地，人最質直易信，行旅過者輒詈之，容或不答則大喜，延入具酒食，或爲計緩急未室者，則妻之，謂此人已經嘗試，可信託也。多葡萄，善造酒，但沽與他方過客，土人滴酒不入口，惟飲水而已。即他國載酒至，亦不容入境。

其屬國名博厄美亞者，地生金，掘井恆得金塊，有重十餘斤者。河底常有金如豆粒。

有羅得林日亞國者，最侈汰。西土宮室多用帷幔障壁，其王有一延客堂，四周皆列珊瑚、瑯玕交錯，儼一屏障。又有一大銃，製作極巧，二刻之間，可連發四十次。

清・南懷仁《坤輿圖說》卷下《熱爾瑪尼亞》　拂郎察東北有國，曰熱爾瑪尼亞。國王不世及，乃七大屬國之君所共推者。或用本國臣，或用列國君，須請命教王立之。國中設共學十九所。冬月極冷，善造暖室，微火溫之遂暖。土人散處各國，爲兵極忠實，至死不貳。各國護衛宮城，或從征他國，皆選此國人充之。工作精巧，制器匪夷所思，能於戒指內納一自鳴鐘。多水澤，冰堅後用一種木屐，兩足躡之，一足立冰上，一足從後擊乘滑勢，一激數丈。其行甚速，手中尚不廢常業。又有法蘭哥地，人最質直易信。行旅過者輒詈之，客或不答，則大喜，延入，具酒食。謂此人已經嘗試，可信託也。多葡萄，善造酒。但沽與他方過客，土人滴酒不入口。即他國載酒，至不容入境。其屬國名波夜米亞者，地生金，掘井恆得。金塊有重十餘斤。河底常有金，如豆粒。有羅得林日亞國，最侈汰，其王一延客堂，四周皆列珊瑚、琅玕交錯，儼一屏障。有一大銃，製作極巧，二刻間連發四十次。

清・傅恆等《皇清職貢圖》卷一《大西洋合勒未祭亞省夷人》　合勒未祭亞省，屬熱爾瑪尼亞國中。其人軀體壯闊，極忠義，受德必報。鄉內公設學，塾習武備者約居大半。嘗有游往他國，彼君上必用爲侍衛之屬。其地多山，冬月甚冷，善造室。婦人貞靜質直，工作精巧，能徒手交錯金絨，不用機杼，布最輕細。土生黃金，掘井恆得金塊，河底常有豆粒金珠。山產獐、鹿、兔、豹，家畜大牛，以供珍饈。

清·徐繼畬《瀛寰志略》卷五《普魯士》　普魯士，普魯社、蒲魯士、部魯西亞、不魯西亞、埔魯寫、破魯斯、破魯西、圖理雅、比阿爾彌亞、單鷹國。亦歐羅巴大國，亞於奧地利亞，粵東稱爲單鷹國，亦因其商舶所畫之旗而得名也。北距波羅的海，東界峨羅斯，南界奧地利亞，西雜日耳曼列國，界荷蘭、比利時，東西約二千一百餘里，南北約一千一百餘里。其地古時爲北狄所據，南宋時，日耳曼人征服之，立爲別部。後爲波蘭所兼幷。明萬曆間，日耳曼之巴郎德不爾厄部，復取其地立國，奉職忠謹，日主悅之，屢益以地。康熙三十九年，乃自王其國。其王長於韜略，節衣嗇食，帑藏豐盈。子菲哩特第二嗣位，雄武有大志，屢勝强敵，擴地愈廣。王卒，侄嗣位，淫泆無度，沈湎於酒，國勢驟衰。時佛郎西拿破侖得國，嘉慶十一年，以大兵伐普。王啡哩特威廉第三初嗣位，力不能禦，佛人割其境土之半，普遂削弱。後六年，普民不悅佛政，思故主。王因民之怨佛也，與諸國合縱攻之，佛師潰而棄地，普遂復其故土。王乃增修國政，勸農工，設學館，惠商旅，由是百姓親附，鄰國之民皆喁喁慕義，遂爲西土顯國。其國大勢分東西兩土，共八部，有在日耳曼界內者，有侵割他國得之者。其制，民及歲者，工入肆，秀入學，否則罰其父母。年二十以上男丁，皆入伍學藝，三年放歸。每歲秋，操閱賞罰之。故其國兵多而强，額兵計十六萬五千，內宿衛一萬八千，騎兵一萬九千，炮手一萬五千七百，步兵十萬四千。別有民壯三十五萬九千二百。舉國尚耶穌教。

普魯士之東部，首曰巴郎的不爾厄，一作班丁堡。境內阿得河縱横交流，沿河沮洳，草場豐茂，便於牧畜。餘地平坦，多沙磧，故田不足於耕。松橡處處成林，材木無缺。都城曰百爾靈，一作伯靈，又作木爾林。周三十六里，有十五門、二十二市，居民二十二萬，皆奉耶穌教。城內有孤子院，收養煢獨。有醫院，居旅客、貧民之染疾者。有武藝院，教擊刺。有文學院，肄業者一千六百餘人。有軍器局，貯大炮。王殿長四十六丈，闊二十七丈，高十丈，規模極宏壯，百官之居亦整潔。百工諸術，各有學院。鐵器最精，工細若金銀所造。磁器尤良，堅緻不亞華產，而價甚廉。大呢、羽緞、布帛山積，遠客咸來貿易，故稱西土大都會。所屬谷丁，堅城也。蘇邑、稟土老，皆屬邑之豐美者。波美拉尼亞，一作破墨鄰。在巴郎的不爾厄之北，臨波羅的海，其南土田肥沃，其北近海窪下，多沙阜，出琥珀，土人得之，用以嵌飾寶器。產木料、麻、五穀。會城曰斯德丁，一作士得丁。在阿得河濱，河流深廣，海舶可以出入，以此估帆雲集，貿易繁盛。郊外長大之海口，稱爲瑞隱口。所屬率他港城，在波羅的海濱。居民一萬五千，麥與綿羊毛由此出運。城最堅，敵屢攻之不下。其將誓曰：『懸此城於天堂，我亦必取之。』已而竟不能破。額林城，有書院，招進四方之游學者。吉林城，在海濱，有通衢廣廈，文士所居。薩牙，居民七千，廈屋雲連，稱爲大邑。北勒，居民四千。城外有池，初入耶穌教者，往受洗禮，以此名著西土。其地土脉腴甚，穀麥有餘，出糶遠方。罕比近海，有小河可通城內，居民多以琥珀造奇器。細勒西亞，一作治勒。在巴郎的不爾厄東南，山嶺横亙西南，阿得河由此發源。其土大半膏腴，可耕之田六萬九千頃。然常患人滿，穀不足，資接糶於他部。產絲最細，足供機杼八千。綿羊毛甚豐，售於英吉利。山產鐵，每年得一十五萬石，銀二千六百七十斤。會城曰北勒斯勞，一作伯老。居民八十萬六千，百工畢集，文儒萃焉。河濱列城五，曰瑞匿，曰勒匿，曰額剌，曰峨告，曰匿士，皆有金湯之勢。薩克索尼亞，一作薩普。在巴郎的不爾厄之西，與日耳曼各部牙錯。日耳曼小部，有包括於境內者。地產五穀、羊毛。其民温和好禮，奉耶穌教甚篤。會城曰馬得不爾厄，一作鄰得堡。壘高池深，屢捍大敵。居民三萬二千。所屬哈勒有大書院，肄業者千餘人。別有廣廈收養孤獨。吉令堡，昔爲天主教女尼所掌，今居民奉耶穌教，毁其祠宇。普魯士部，在國之極東北境，臨波羅的海，與峨羅斯連界。其國以此部之名爲國名。地分東西兩部，夷坦無山，產五穀，堪出糶。松橡高大，材中舟楫，半售英國。會城曰哥尼斯北爾，一作王山。居民六萬三千，城周二十七里，空闊難守。所屬但澤城，在河澤河相連之海口。居民六萬，貿易甚繁，每歲入口之船千餘，運麥糶於他國。其城嘗爲敵所圍，亡失甚多。北境有城曰墨麥，與西國通商。又得實城極廣大，嘉慶十一年，與佛郎西議和於此。益平城，係大海口，每歲入口之船一千四百。波森，一作波新。在巴郎的不爾厄之東，本波蘭地，普與峨、奧兩國瓜分得之。地出五穀，無別產。會城曰波森，街市寬廣，居民二萬五千。當普人初據其地，民懷故國，多怨思。普洽以惠政，民乃胥悅。其俗尚崇天主教。

普魯士之西部，與東部不相連，中隔日耳曼數小國，地分二部，南曰維士德發里亞，一作西法里。多大澤叢林，居民以漂麻織布爲業。善造火腿，銷售遍於西土。會城曰閔士得，俗尚天主教。北曰勒那納，一作如勒。又分兩部，曰上萊尼，曰下萊尼。上萊尼沿河傍山，會城曰哥羅尼亞，一作可倫。在萊尼河濱，居民五萬，善造鐵器，織綢緞布匹。所製香水最佳。河內販運之舟，往來如織。所屬木城，有大書院。益百田，户口繁密，百工萃處。突鄉，在萊尼河濱，城內街衢闊朗，多廣廈名園。下萊尼，在上萊尼之西南，與維士德發里亞毗連。山水清麗，時有遠客來游。出葡萄酒，五穀缺乏。會城曰谷鄰，亦在萊尼河濱。所屬得味，居民一萬二千，其城最古。亞金，居民三萬二千，勤於紡績。普魯士東西八部，除普魯士、波森兩部外，餘六部皆入日耳曼同盟公會，應出兵七萬九千二百。

歐羅巴人皆稱普魯士爲善國，强大不如奧地利，而修政睦鄰，不事摟伐，則遠過於奧。非哩特威廉第三遭强鄰之難，轉敗爲功，有衛文大布大帛之風。其治軍亦得古人寓兵於農之意，豈可以荒裔而忽之哉？

又《日耳曼列國》 日耳曼，阿勒曼、阿理曼、亞里曼、占曼尼、耶馬尼、熱爾麻尼、亞勒墨尼亞。歐羅巴古大國也。其地縱横皆數千里，北扼波羅的海，南踐地中海，爲歐羅巴之中原。上古時，五方之民雜處，分數十小部。羅馬盛時，征服之，尚未盡入版圖。佛郎西既興，其王甲利泰甫一作加爾禄斯馬哥奴。攻滅日耳曼諸部，地隸佛版百餘年。梁乾化元年，部人畔佛，復推佛郎哥尼亞酋長官拉多爲王。王不世及，惟衆所推。薩克索尼亞、佛郎哥尼亞、蘇亞維亞三部之酋，先後據王位。元初，奧地利亞酋長羅爾德福爲王，能服衆，由此繼序不復推。至明初，日益强盛，聲威四播，幾與羅馬代興。康熙三十九年，各部皆自王其國，不相臣屬。奧地利既幷兼坐大，普魯士亦拓地稱雄。兩國皆自有名，不復稱日耳曼。所餘迤西一片，土分三十六部，稱王者四。餘以次遞降，如中國之公侯伯。大者千餘里，小者乃數十里。東界奧地利亞、普魯士，西界荷蘭、普魯士、佛郎西，北界嗹國暨波羅的海，南界瑞士、意大里，南北約二千四百里，東西約二千二百里。嘉慶十一年，佛郎西拿破侖以兵脅日耳曼列國，皆降之，部落多所更易。後八年，拿破侖敗，日耳曼列侯各復爵土。嘉慶二十年，各國公使會議於維也納，奧地利都城。以奧地利、普魯士本日耳曼所分，而嗹國、荷蘭與日耳曼牙錯，合四國於日耳曼列國，稱同盟四十國。以奧地利爲盟長，各按户口多寡定兵數，每百人應出額兵一名，每二百人出援兵一名，共三十萬四千餘。各國公使皆駐佛郎渡，即佛郎克佛爾。有大事則會議。防兵分十二隊，畫地立營。總帥一人，各國公舉。然爲帥者，多奧地利人，他國人不敢當此任也。各國語音皆同，有奉耶穌教者，有仍奉天主教者。地氣北寒南暖，多腴壤，五穀百果皆宜，花卉亦繁。產金、銀、銅、鐵、錫、鉛、寶石、玉石、花石、赭石、滑石、磁石、陽起石、黑礬、白礬、硝磺、硇砂、磁粉。

巴威也拉，一作巴華里，又作拜焉。在日耳曼東南方，南北一千一百餘里，東西八百餘里，在列國中幅員最大，爵稱王。户口四百七萬餘，公會應出兵三萬五千六百。昔時嘗與佛郎西結盟，以攻日主。都城曰慕尼克，一作門古。街市華潔。其民善造細皮、清玻璃、時辰錶，工力巧捷，名播四方，各國皆與通市。其制，於七千人中，選明通有識者一人赴京辦事，謂之事主。有大事，則國王會衆事主商決之。初，造時辰表之城，曰尼林山，又有兩城，曰雨山，曰澳堡。今雖蕭索，造器之工尚夥。

瓦爾敦巴爾，一作威丁山，又作味耳典白。在巴威也拉之西。南北五百里，東西三百六十里，爵稱王。户口一百五十二萬，公會應出兵一萬三千九百五十。四境多山嶺，出葡萄酒與各果實。都城曰斯都德牙爾。一作突甲。

薩克索尼亞，一作撒遜，又作撒孫。在巴威也拉之北，爲日耳曼適中之地。東西五百里，南北三百里，爵稱王。户口一百四十萬，公會應出兵一萬二千。國之南界，有大山綿亘，與奧地利巴威也拉毗連。山產銀礦最王，開掘已五百年，尚未匱竭。昔時西國之銀，多出於此地。乏五穀。居民夏則攻礦，冬則挾餘資，游四方，飲食宴樂，資盡而反。都城曰德勒斯達，一作德停。王宮與耶穌堂極宏麗。民多養綿羊，毛毳細軟，用織大呢。又造磁器甚精，不亞中國之產。前明時，撒有名人曰路得，能譯解耶穌意旨，別立耶穌教名，以別异於天主教。由是，耶穌教盛行，而天主教之權衰。國有大邑，曰來責，每歲設市二次，諸國商賈雲集。其地所出者書籍，鐫印最精，各國之文字，百家衆術之著作，無不畢備。每年所售，無慮數萬億冊，價值數百萬圓。

亞諾威爾，一作漢那耳，又作漢那華，又作漢挪瓦。在日耳曼之西北境，與嗹國接壤，南北八百七十里，東西五百四十里，爵稱王。户口一百五十五萬，公會應出兵一萬三千五十。境内平坦，沙磧居半。惟沿河有沃田草場，兼產蜂蜜。康熙五十二年，亞諾威爾有王若耳治稱賢德。值英吉利王威廉第三卒，無子，英之臣民，招若耳治奉以爲主，子孫承繼至於今，亞諾威爾別立支子。故亞諾威爾爲英之宗國，百餘年來依爲脣齒。道光十七年，亞諾威爾内亂，他姓代立。都城同國名，有大書院曰可寧延，收教幼學，聲名最著。西境有亞爾敦不爾厄，幅員頗廣，列國中有薩克撒、亞爾敦不爾厄，乃合三邑爲國，合計袤延僅百餘里，與此土廣狹不侔。此土或別有所屬，抑即薩克撒地，存俟再考。

巴敦，一作巴丁。在瓦爾敦巴爾之西，南北七百里，東西三百四十里，侯國之最大者。山嶺盤迴，峯巒秀出，風景清華，爲日國之最，爵如上公。户口一百十三萬，公會應出兵一萬。都城曰加爾斯盧合，一作甲利安。地產麻、豆、葡萄酒。

挨塞，一作黑西。在亞諾威爾之西南，長三百二十里，廣二百里，爵如上公。户口七十萬，公會應出兵六千一百九十。都城曰達拉摩斯達，一作馬因。崇墉屹立，炮門環繞，外浚深池，敵不能攻。產麻、烟、葡萄酒。

挨塞加塞爾，一作黑西加塞爾。與挨塞毗連，長四百里，廣二百五十里，爵如上公。户口五十九萬二千，公會應出兵五千六百七十。都城曰加塞爾。其制，幼主不得治事，母后或至戚居攝，俟年十八乃反政。地多山，產銀、銅、鐵礦。

梅咯棱不爾厄，一作墨林堡。有二國，在北方。一曰斯乖零，長四百里，廣二百八十里，爵如上公。户口四十三萬一千，公會應出兵三千五百八十，都城與國名同。一曰斯德勒利也斯，長一百八十里，廣一百里，爵如上公。户口七萬七千，公會應出兵七百十七，都城曰疴爾敦不爾。兩國地平坦，饒牲畜。

威馬爾，一作威密。薩克索尼亞所分國。昔有薩克索王裂國之西界以封五子，故五子各守封地，不屬於薩克索。威馬爾地錯雜於鄰國之中，不相聯絡。約計袤延三四百里，爵如上公。户口二十二萬二千，公會應出兵二千一百。民多穎慧，其君好招納文士，故學業稱盛，都城與國名同。

薩克撒各不爾厄額達，一作撒可堡。亦薩克索所分。地錯雜於列國之中，不相聯絡。約計袤延三四百里，爵如公。户口十四萬五千，公會應出兵一千三百九十。地有牧場，山出金礦。現英吉利女主之夫博雅那，即此國之世子也。都城曰各不爾厄。

薩克撒亞爾敦不爾厄，一作撒黑堡屋。亦薩克索所分。合亞爾敦不爾厄、羅内不爾厄、挨森比爾各三邑爲國，約計袤延百餘里，爵如公。户口十萬七千，公會應出兵一千二十，都城曰亞爾敦不爾厄。

薩克撒梅凝認，一作撒買凝。亦薩克索所分。長五百里，廣一百二十里，爵如公。户口十三萬，公會應出兵一千二百六十，都城曰梅凝認，其地產鹽。

挨塞烘不爾厄，一作黑堡。亦薩克索所分。國分兩地，一曰烘不爾厄，一曰美塞内英，合計約數十里，爵如伯。户口二萬一千，公會應出兵二百，都城曰烘不爾厄。

拿搔，一作拿埽。長二百二十里，廣一百五十里，爵如公。户口三十三萬，公會應出兵三千二十。昔嘗爲荷蘭所兼并，國人逐荷蘭酋，復立故主。都城曰維斯巴敦，地產葡萄酒與各果實，夙稱富饒。

不倫瑞克，一作保林帥。地不相連，有包於普魯士境内者，有括於亞諾威爾境内者。約計袤延二三百里，爵如公。户口二十四萬二千，公會應出兵二千九十，都城與國同名。

安拿爾，一作安合。分三國，一曰德搔，地錯雜列國之中，約計百餘里，爵如公。户口五萬六千，公會應出兵五百二十，都城同國名。一曰伯爾尼不爾，地錯雜普魯士境内，分上、下二處。約計百餘里，爵如公。户口三萬八千，公會應出兵三百七十，都城同國名。一曰咯敦，地分四處，在黑哩巴河之左者二，在河右者二。約計百餘里，爵如公。户口三萬四千，公會應出兵三百二十，都城同國名。三國地雖褊小，而民居密匝，城邑相望。山水最佳，足供游賞。都城各有園亭，極幽雅。

留斯，一作策士。分三國，一曰咯勒斯，長七十里，廣五十里，爵如侯。户口二萬五千，公會應出兵二百，都城同國名。一曰意士給利斯，袤延約數十里，爵如侯。户口三萬，公會應出兵二百八十，都城同國名。一曰羅奔斯的音，本與意士給利斯爲一國，後析爲二。袤延約數十里，爵如侯。户口二萬七千五百，公會應出兵二百六十，都城同國名。

斯瓜爾斯不爾，分二國，俱包普魯士境内。一曰盧德耳斯達，長九十里，廣七十里，爵如侯。户口五萬七千，公會應出兵五百三十，都城同國名。一曰孫德耳砂森，長一百二十里，廣六十里，爵如侯。户口四萬八千，公會應出兵六百九十，都城同國名。

里卑，一作立北。分二國，在亞諾威爾之南。一曰德的摩爾，長一百二十里，廣一百里，爵如侯。户口七萬六千，公會應出兵六百九十，都城同國名。一曰燒問不爾厄，長八十里，廣三十里，爵如侯。户口二萬六千，公會應出兵二百四十，都城曰不給不爾厄。

襪爾德咯，一作瓦得。長一百二十里，廣八十里，爵如侯。户口五萬四千，公會應出兵五百十八，都城曰哥爾巴士。

何痕索勒爾，一作索林。分二國，皆普魯士王之支庶。一曰昔麻認，長一百二十里，廣七十里，爵如侯。户口三萬八千，公會應出兵三百五十，都城同國名。一曰挨深認，長八十里，廣三十里，爵如侯。户口一萬五千，公會應出兵一百四十，都城同國名。

列支敦士敦，一作光石。長六十里，廣三十里，在薩克索南山中，爵如侯。户口六千，公會應出兵五十五，都城同國名。

此外北境尚有小國五，皆商賈萃集之地，自推殷户爲官司理事，不隸王侯。一曰昂不爾厄，一作漢堡。地間隔不相聯，約計袤延四五十里。户口十四萬八千，公會應出兵二百九十，會城在易北河口，爲各國互市之地，其船時至粤東。一曰不來梅，一作北閔。包亞諾威爾境内，袤延約三十里。户口五萬，公會應出兵四百八十。通商在威悉河濱，其船亦時至粤東。一曰佛郎克佛爾，一作佛郎渡。地不相聯，袤延約三四十里。户口五萬四千，公會應出兵四百七十。其城臨河，古時所築，各國公使防兵，皆駐此城。每年開大市一次，遠方商賈，輻輳者數千帆。一曰盧卑咯，一作利北。地不相聯，袤延約三四十里。户口四萬六千，公會應出兵四百。一曰尼發深，周回僅數里，户口二千八百九十，公會應出兵二十八人。

日耳曼界内，江河最長者，爲來因河，由南而北，轉西至嗹國界入海，河濱土脉腴潤，產葡萄最良。沿河多名山古迹，風景清美，時有遠客來游。多惱河亦大水，在日界内横流如帶。北方則易北河，其名水也。其民居北方者，多强健，性淳良，好學術；南方民風奢侈，日惟醉飽無遠圖。西南一帶，民多勤苦謀生，力作不倦。界内列侯，壤地雖小，而與諸大國婚媾往來，用敵體禮。其同盟公會條約雖甚堅明，然分土既衆，不免蠻觸之爭。遇大敵則心力不齊，難於制勝。幸維也納歃盟之後，佛郎西止戈保境，未發難端，或亦慮衆怒之難犯耳。

按：日耳曼爲歐羅巴適中之地，似中國之嵩雒。其人聰明闊達，西土以爲貴種。其分土列爵，似三代封建之制。自各部擁土自王，奥地利雖疆土日擴，共主之名不復存。然小侯數十，傳爵士於子孫，而諸大國無吞噬之謀，則猶有古意存焉。又佛郎西、英吉利立國之祖，皆日耳曼人。諸國每遭喪亂，輒招致日耳曼列侯或世子爲王。大國如英吉利，小國如比利時、希臘皆是也，殆西土王氣之所鍾歟。

又《奥地利亞國》 奥地利亞，阿士得厘亞、奥斯的里亞、阿士氏拉、毆塞特里阿、莫爾大未亞、東國、雙鷹國。歐羅巴大國也。其商船初抵粤東時，旗畫雙鷹，遂訛稱爲雙鷹國。北界普魯士、峨羅斯，南界土耳其，抵亞得亞海隅、意大里亞各國，西界瑞士暨日耳曼各國，東西三千一百餘里，南北一千八百餘里。其地古時爲勒西亞、諾力加、巴訥尼亞等國，羅馬征服之，後爲北狄所據。唐貞元間，佛郎西取其地，立爲別部。元初，日耳曼有酋羅爾德福者，號聰敏，攻獲奥地，日耳曼各部推立爲王，稱爲東國。然疆土褊狹，無大權。傳至阿爾麥，配匈牙利女主，匈牙利因合於奥，驟益疆土數千里，遂爲大國。明正德十四年，國内亂。時西班牙王查理第五賢能得民譽，日耳曼諸部招之來奥，奉以爲日耳曼王。王治軍行法，聲威大著。佛郎西來攻，王與戰破之，禽佛王，徙之西班牙，佛人以金贖之，乃放還。嘉靖四年，復得伯閔地，即不威迷亞。疆土愈廣。查理第五殁，其弟嗣位，明於法律，簡任廉能，國大治。時意大里衰亂，帥師伐之，割其北境。圍羅馬一年，城幾陷，意大里諸部皆臣服，由是日耳曼稱霸西土。萬曆四十六年，王匪耳地難嗣位。先是，查理第五尚天主教，禁耶穌教。至是，臣民復有從耶穌教者。王禁之甚力，違者加以刑。臣民合黨攻王，王誅滅之，遂舉國奉天主教無敢异。康熙三十九年，日耳曼各部皆自立爲王。從此東國稱奧地利亞，不復稱日耳曼。時西班牙王歿，無子，奧王以爲其宗國也，欲立其子，而佛郎西王欲立其孫，兩國構兵十餘年，佛王卒立其孫爲西班牙王。康熙四十九年，王查理第六嗣位，委政臣下。尋歿，無子，傳位於女。女聰敏能持國柄，治軍嚴整，鄰不敢侵。女主歿，王約色弗第二嗣。時波蘭衰亂，王與峨羅斯、普魯士瓜分其國。由是幅員之大，遂洸洋於西土。王好耶穌教，廢天主教。天主教之黨欲爲亂，王悸歿。嘉慶年間，佛郎西拿破侖得國，恃兵力征伐四鄰，日耳曼列國皆納款，奧屬藩比利時，亦被侵割，詳《比利時圖説》。而不爲之下，佛無如之何也。拿破侖既敗喪，嘉慶二十年，歐羅巴諸國，各遣公使赴維也納奧地利都城會議。凡佛郎西摧破各國，皆申畫疆圻，重定盟約。以日耳曼列國，雖各復故土，而散弱不能自立，乃議立公會，聯結爲與國，以奧爲會盟之長。日耳曼列國之主，時來朝議國事。奧嘗與土耳其構兵三十年，講和而罷。其國大勢分四部，曰日耳曼地，奧之故土也；曰意大里地；曰匈牙利地；曰波蘭地，後來之所割據也。

奧地利之日耳曼故土，在日耳曼列國之東南。山嶺重叠，産水銀、硃砂、鐵。草場豐廣，每歲所産牛馬羊以萬億計。有多惱大河，可通舟楫。地分五部。奧地利亞內分兩部，南曰上奧地利亞，北曰下奧地利亞，都城在下奧地利亞，曰維也納。一作危阿納，又作味隱。居民三十萬，王宮閎麗。王自奉甚約，不尚體統，與百姓往來如家人，其民以此親附。俗重紡績，産布帛最多。女子美姿容，淫泆無閨教。附近有其耳城，居民三萬六千。有書院，藏書七萬冊。的羅爾，一作地羅里。在兩奧地利之西，遍地皆山，會城曰音斯不羅各。一作隱不。其民以獵爲生，或擔負傭趁四方，性戇直而多力。當佛郎西來侵，此土之民，奮力擊退，稱爲義勇。義士的里亞，一作以利亞。在上奧地利之西南，會城曰加拉德斯，一作來八。居民一萬一千。其山洞穴玲瓏，巖岫重復，民以造磁器、織綢緞爲業。壹黎里亞，在義士的里亞之東南，會城曰的里也斯德，一作得利益。在亞得亞海隅，爲地中海大埔頭，居民四萬，每歲出入之船八千隻。不威迷亞，一作伯閔，又作波希米。在下奧地利之北，舊本日耳曼列國，爲奧所滅。地形如釜，其外山嶺界隔，其中川谷深邃，土田之沃，爲奧上壤。會城曰巴拉加。産五穀、牲畜、銅、鐵、麻。居民善造玻璃器，運行四方，獲利無算。地有書院，習文藝者八百餘人。摩拉維亞，一作默鄰。在不威迷亞之東，壤地僻小，所産麻呢布甚多。會城曰阿里木，極堅固。以上各部，皆入日耳曼同盟公會，應出兵九萬四千八百。詳《日耳曼列國圖説》。

奧地利之意大里地，總名倫巴爾多威尼西亞奴，分兩部。米蘭，在的羅爾之南，東南際亞得亞海，幅員較廣。其地山水佳勝，有天主廟，肖像最巨，闊二十七丈，高三十三丈，西土以爲异觀。會城居民十五萬，所轄百義城，居民三萬；額摩拿城，居民二萬六千；曼士亞，堅城也，嘗爲他國所攻，久圍不能下；羅味亞城，居民二萬一千；羅地城，居民一萬八千，皆意大里名邑也。威內薩，一作非匿。臨亞得亞海，幅員甚狹，而户口極繁。古時爲地中海最大之海口，萬艘鱗集，握全海之利權者，千有餘年。今已衰廢，貿易無多，居民尚十萬一千。城建水中，街衢皆小河，飛橋横跨，不礙舟行。所屬巴士亞，居民五萬，內有書院，肄業者三百人；味羅拿，居民五萬五千；味晉撒，居民三萬；蕪地拿，居民一萬八千。

奧地利之匈牙利地，一作翁給里亞，又作寒牙里，又作博厄美亞，又作班那里阿。在國之東界。古時匈奴有別部，轉徙至此，攻獲那盧彌地，於趙宋咸平年間立國，稱雄一時，久而浸衰。明建文年間，女主伊利薩麻嗣位，配奧王阿爾麥爲夫婦。時匈牙利爲波蘭所攻，土耳其屢侵南境，皆賴奧地利兵力退敵保疆，遂挈國合於奧。其地幅員，倍於奧本國，半山半土，多惱河横流其間。山出金、銀、銅礦，每歲得金一千餘斤，銀四萬餘斤。土得穀田五萬頃，草場七萬五千頃，林九萬頃，園六萬頃。産五穀、牲畜、葡萄酒、麻、丹參、蜜。俗不剪髮，編辮，戴小圓帽，外加闊邊帽，服色尚藍，與歐羅巴諸國迥异。地分五部。匈牙利，內分兩部，曰下那盧彌，曰上那盧彌，會城在下那盧彌，曰伯堡，匈之舊都也。建於多惱河濱，居民四萬一千。所轄曰伯息，居民六萬一千，牲畜互市之地也。附近有補地城，居民三萬四千。伸匿，居民一萬七千，半以攻礦爲業，産銅尤多。阿丁堡，居民以釀酒養豬爲業，每歲售豬八萬。剌固城，地當衝要，土耳其數來攻。五廟邑，爲自古文儒聚會之區。得伯新邑，互市之地也。士額丁，居民三萬，勤於農作，產烟草。達郎西里瓦尼亞，又名七山，在匈牙利之東南。山嶺高際霄漢，出金、鐵礦。會城曰黑曼，居民二萬。所屬冤城，居民三萬，與土耳其互市，極繁盛。有書院，肄業者一千二百人。哥羅瓦西亞，一作可剌。在匈牙利之南，七山之西，會城曰亞哥郎。其民勤於農作，悍勇過人，奧人募爲游兵，能破强敵，產五穀、烟草。斯加拉窩尼亞，在哥羅瓦西亞之西，會城曰挨塞各，土俗與哥羅瓦西亞同。以上三部，南界皆鄰土耳其，各練農民爲鄉勇，土人來侵，則合力禦之。達爾馬西亞，一作搭馬。在亞得亞海濱，與壹黎里亞相接。地形狹長，土磽瘠，不足於耕，民多捕魚或爲海盜。會城曰撒剌，户口甚稀，山產藥材，巖間出野蜂蜜。所屬加他羅城，壁堅池深，號爲險固。

奧地利之波蘭地，曰加里細亞。一作牙里西。地平坦，有沙磧，多林薄，熊狼所宅，獵者殺之，獻其皮，官爲給價。其土鹵，可以煎鹽。民惟務農，不解紡績，衣食皆粗糲。會城曰稜卑爾各，一作鄰山。內有書院。布哥維納，本土耳其地，奧割得之，因與加里細亞毗連，故附波蘭部。境土數百里，會城曰達爾奴波羅，居民九萬三千。城內多廟宇，僧尼甚衆。其民長於貿易，雖隸於奧，而自有酋長主國政。

按：日耳曼全國，時以奧地利爲共主，諸部如畿內之侯。當查理第五之代興也，擄佛王，服羅馬，兼荷蘭，聲靈赫濯，幾於霸矣。惜乎力崇天主教，而仇視耶穌教，詳《荷蘭圖説》。啓累代之兵端，開殘殺之劫運，則貽謀之不善也。厥後日耳曼列侯，皆自王其國，無復臣主之分。奧地利疆土之恢闊，雖數倍昔時，而聲威則遠遜矣。今西土論國勢者，英吉利第一，佛郎西第二，峨羅斯第三，奧地利第四。

瑞士

清·徐繼畬《瀛寰志略》卷五《瑞士國》 瑞士，瑞子、東色楞、綏沙蘭、蘇益薩。在日耳曼之南，奧地利亞之西，佛郎西之東，意大里亞之北，東西約五六百里，南北約三四百里。萬山叠峙，中峯高接霄漢，常積冰雪，歐羅巴大河多由此發源。其地山水清奇，甲於歐土。西境有官斯丹薩大湖，圍以密林，縈以清澗，豐草芳縟，麋鹿羣游，尤爲幽勝。地產五穀、藥材，所造奶餌極甘香。居民大半以牧畜爲生，夏月驅牛羊入山，秋冬乃返。國無苛政，風俗儉樸淳良，數百年不見兵革，稱爲西土樂郊。古時地屬羅馬，羅馬衰亂，北狄不爾給農人據之，旋爲佛郎西所有，後爲日耳曼所奪。其民驍勇，日耳曼選爲親軍，臨陣皆效死力戰。元大德年間，日耳曼王亞里伯爾多苛斂無藝，濟以酷刑。瑞士人不能堪，逐日耳曼守土吏，各推頭人，據險畫疆，告絶於日耳曼。其地斗絶，人健鬭，日耳曼不能收復，亦遂聽之。初分三部，後分爲十三部，皆推擇鄉官理事，不立王侯。如是者五百餘年，地無鳴吠之擾，西土人皆羡之。嘉慶三年，佛郎西攝王拿破侖，時拿破侖尚未即位。以兵力强取入版圖，改爲十九小部。拿破侖既敗，各國公使會議於維也納，十九部之外，益以牙錯之日內巴拉、牛弗砂德爾本屬普魯士、瓦來斯本屬奧地利亞三部，共二十二部，爲瑞士國。仍其舊俗，自推鄉官理事。酌地勢，按户口拔壯丁禦侮，諸大國不得鈐制。

給里孫，在東方，長三百五十里，廣一百八十里。户口八萬八千，應出壯丁一千六百。地分三邑，曰給里孫，曰加德，曰森給里至，各領以鄉官頭人。

伯爾尼，一作北耳尼。在腹地，北境抵北方，長三百里，廣二百里。户口三十五萬，應出壯丁五千六百二十。巨室殷户，半居於此。鄉官二百九十人。

瓦來斯，在西南，本屬奧地利，割附於瑞。長三百餘里，廣百餘里。户口七萬，應出壯丁二百八十。鄉官七十六人。

瓦烏的，一作熱尼瓦。在極西，長一百八十里，廣一百五十里。南界臨官斯丹薩湖，風景幽絶。城建湖濱，居民造時辰錶，每歲得價銀數百萬。洋舶販至中國者，大半瓦烏的人所造也。户口十七萬，應出壯丁一千二百八十。鄉官一百八十人。

德西怒，在南方，長一百三十里，廣一百二十里。户口十萬二千，應出壯丁七千八百。鄉官七十六人。

桑牙禄，在東方，長一百五十里，廣一百十里。户口十四萬四千，應出壯丁二千六百三十。鄉官一百五十人。

蘇黎世，在北方，長一百二十里，廣一百十里。户口二十一萬，應出壯丁三千七百。鄉官二百十二人。

盧撒爾拿，在腹地，長一百二十里，廣一百里。户口十一萬六千，應出壯丁一千七百三十。鄉官一百人。

亞爾痾維亞，在北方，長一百二十里，廣八十里。户口十五萬，應出壯丁二千四百一十。大鄉官一百五十人，小鄉官十三人。

弗里不爾厄，在腹地，長一百二十里，廣七十里。户口八萬四千，應出壯丁一千二百五十。鄉官一百四十四人。

烏黎，在腹地，長一百三十里，廣六十里。户口一萬三千，應出壯丁二百三十。鄉官十三人，別有副。

孰義的斯，在腹地，長九十里，廣六十里。户口一萬三千，應出壯丁六百。鄉官三百三十人。

加拉利斯，在西方，長九十里，廣五十里。户口二萬八千，應出壯丁四百八十。鄉官八十人。

牛弗砂德爾，在西方，本屬普魯士，割附於瑞。長九十里，廣五十里。户口五萬一千，應出壯丁九百六十。普魯士官四十五員，鄉官三十人，會同議事。

獨爾痾維亞，在東北，長一百里，廣八十里。户口八萬一千，應出壯丁一千五百二十。鄉官一百人。

翁德爾瓦里的，在腹地，長八十里，廣六十里。户口二萬四千，應出壯丁三百八十。地分上、下二邑，各推鄉官理事。

梭律勒，在北方，地形槎枒，半在伯爾尼界内，長一百二十里，廣八十里。户口五萬三千，應出壯丁九百。自推鄉官理事。

巴勒，一作巴悉。在北方，長八十里，廣五十五里。户口五萬四千，應出壯丁九百八十。鄉官一百五十人。有大書院，名最著，文儒所萃，能宣布耶穌教意旨。

亞奔塞爾，在東北，包桑牙祿界内，長八十里，廣六十里。户口五萬五千，應出壯丁九百七十。分内、外兩邑，各推鄉官理事。

砂佛塞，在極北方，牙錯日耳曼界内，長七十里，廣四十里。户口三萬，應出壯丁四百六十。鄉官七十四人。

日内巴拉，在西方，本屬普魯士，割附於瑞。長七十里，廣約三四十里。户口五萬二千五百，應出壯丁八百八十。鄉官二百七十八人。

蘇克，在腹地，長五十里，廣三十里。户口一萬四千，應出壯丁二百五十。自推鄉官理事。

按：瑞士，西土之桃花源也。懲碩鼠之貪殘，而泥封告絶，主伯亞旅，自成臥治，王侯各擁强兵，熟視而無如何，亦竟置之度外，豈不异哉？花旗人甘明者，嘗游其地，極言其山水之奇秀、風俗之淳古。惜乎遠在荒裔，無由漸以禮樂車書之雅化耳。

北歐諸國

瑞典

清·傅恒等《皇清職貢圖》卷一《瑞國夷人》 亦荷蘭屬國，貿易於粤，其脱帽爲禮，與荷蘭相類。短衣革履，常執藤鞭衛身。夷婦方領露胸，衣外束裙，摺袖舒袂，以革爲履，底綴方木似屐，喜以金縷合貯鼻烟，時時吸之。

清·徐繼畬《瀛寰志略》卷四《瑞國》 瑞國，瑞典、蘇以天、瑞丁、瑞西亞、綏林、綏亦古、西費耶斯科、里都亞尼亞、匪馬爾如、波的亞、藍旗。歐羅巴極西北境，舊分瑞典、挪耳瓦一作諾爲，又作諸魯威呀。二國，今并爲一國。東南距波羅的海，西北距大西洋海，北負北冰海，南北約三千餘里，東西約一千餘里。地形如葵扇下垂，中有連山脊起。瑞立國在山之東，西則挪耳瓦故地也。地極廣莫而荒寒特甚，土復磽瘠，故民食鮮薄，户口稀疏。古時爲野番部落，兩漢時，流入日耳曼界内，散處各國。趙宋初，有大酋厄里哥招集部人，建造城邑，是爲瑞典立國之始。是時挪耳瓦亦推大酋合羅爾德爲王，數傳後，挪耳瓦爲嗹國所兼并。明洪武年間，嗹王后馬里加爾達有權略，以術招誘瑞民，隸大尼即嗹國爲一國，嗹國由是日强。再傳至后孫，殘忍好殺，瑞民多怨畔。瑞有王孫曰撒瓦，一作古斯達臥。英果不羣，隱圖恢復。嗹人繫之獄，易服逃回瑞地。嗹使吏逐捕，撒瓦走北地，匿僧舍乃免。因涕泣募土人，誓以除虐復仇，引兵伐嗹，累戰皆捷，故土全復。嘉靖二年，撒瓦即王位，威惠并行，瑞國大治。王卒，世子嗣位，荒淫無政，爲國人所囚，仰藥死。萬曆三十八年，王俄世嗒嗣位。時日耳曼王即奥地利亞尚天主教，諸國遵耶穌教者，咸被攻伐。瑞素崇耶穌教，王救諸國之同教者，帥師伐日耳曼，中炮殞於陣。其大將卒戰勝，乃班師。王女基利斯的那嗣位，癖好文學，厭苦兵事，遜位於外戚加爾禄斯，之羅馬游學不復反。加爾禄斯以康熙三十八年嗣位，加爾禄斯，一作查理第十二。加爾禄斯，即查理譯音之不同也。年十八，血氣方剛，鋭於戰伐，以兵侵波蘭，割其境土之半。波蘭、大尼、峨羅斯連兵來伐，王擊敗之，威聲震一時。後再攻波蘭之烏哥來納部，全軍盡覆，親赴土耳其求援。五年不得請，乃歸。復引兵攻挪耳瓦之非德黎沙爾，戰死城下。峨羅斯因以大衆蹙之，嗣王累戰皆北，割東境之芬蘭以講，峨兵乃罷。當峨兵之方急也，諸酋各懷去就，或專擅自恣，王銜之。事定之後，王與諸大邦聯盟，將討諸酋之不軌者。諸酋懼，謀弑王，禮拜日，伏客以火槍擊殺之。王子嗣位，性卞急，好用兵，師屢撓敗，括餉愈急，國人噪變逐王。嘉慶十四年，國戚加爾禄斯攝王位，其養子伯爾拿多的，佛郎西人，曾爲大將，智略過人，攝王委以政柄。修武備，結會盟，用兵謀定而後戰，所向剋捷。攝王因傳以位，亦更名加爾禄斯，即今在位之王也。西境之挪耳瓦，本屬嗹國，嘉慶二十年，各國公使會議於維也納，以瑞地之附近於嗹者歸嗹，而以挪耳瓦歸瑞。

瑞典本國，氣候極寒。迤北沙磧低窪，皆不毛之土。南界土稍沃，而濱海多淖泥，農作甚艱，恆苦乏食。富者啗餅薯，貧者屑樹皮，雜腌魚啖之。所產者，木料、銅、鐵，舉國以此爲生計。亦產銀、鉛、礬磺、獸皮。境内小河甚多，皆自西而東，入波羅的海。其流湍急而短。舊分四大部，建都之部曰綏林波羅，都城曰斯德哥爾摩，一作士突訓。建於美拉爾湖濱。廟堂華炫，樓閣重疊，外通海口，爲通國之大埔頭。南曰曷蘭，三面界海。北曰那蘭，再北曰臘巴蘭。一作勒必蘭。後又分爲二十四部，曰斯德哥爾摩，曰烏布薩拉，曰威士德來斯，曰尼哥兵，曰痌勒波羅，曰加爾羅斯達，曰斯德拉哥巴爾卑，曰日非勒波爾，曰靈哥兵，曰加爾馬耳，曰仍哥兵，曰哥羅諾卑爾，曰波勒金日，曰斯加拉波爾，曰厄爾弗斯波耳，曰痌德波耳、曰亞爾慕斯達，曰基利斯的安斯達，曰馬爾摩呼斯，曰痌德羅，曰諾爾波敦，曰威斯德爾波敦，曰威斯德爾諾耳蘭，曰仍德蘭。二十四部，原圖未分畫。挪耳瓦，在瑞國大山之背，地形狹長如帶，北抵冰海，西面大西洋海，山脚槎牙入海如蟹爪，波濤蕩激，礁石嶙峋，海舟誤觸立糜。南界有腴壤，稼穡四旬即熟。迤北多沙磧，且寒凍不毛，民多以魚爲穀。舊分六部，極南曰幾力底斯安山，迤北東曰沃牙哈斯，西曰麻銀哈斯，再北曰特倫林，再北曰那蘭斯。極東北負北冰海，曰肥引墨。後又分爲十七部，曰亞日胡斯，曰斯馬勒難，曰里德馬爾根，曰基利斯的安，曰不斯給盧，曰巴拉德斯北爾，曰内德尼斯，曰滿達爾，曰斯達完白爾，曰仍爾盧斯卑爾，曰南卑爾仁，曰北卑爾仁，曰羅慕斯達爾，曰南德倫的音，曰北德倫的音，曰諾爾蘭，曰分馬爾根。十七部，原圖未分畫。土產五金，銀爲多，又產花紋石。民情樸厚，善待商旅。瑞典之臘巴蘭，挪耳瓦之那蘭斯、肥引墨，背負冰海，非人所居。稍南，夏日長九時，冬夜長九時。極北，冬有夜無晝，不見日者七十五日；夏有晝無夜，不見月者七十五日。五六兩月暴暖，蚊蚋密如塵沙。過此雪霰飛集，皆寒凍之日矣。居民身不逾四尺，有野獸形似鹿，繫之以當牛馬，乘騎馱載皆用之。斃則食其肉，剔其筋以爲弓。波羅的海東岸，有廣土曰芬蘭，與臘巴蘭、肥引墨相連，本瑞典東境，康熙年間，割歸峨羅斯。瑞典有西費耶之稱，費耶合音爲芬，即指芬蘭也。

按：瑞國處窮髮之北，在歐羅巴諸國中最爲貧瘠，而能發奮自保，不爲强鄰所幷兼。安樂者，禍之萌；憂患者，福之基。雖荒裔亦如是也。其商船時有來粤東者。

丹麥

明·艾儒略《職方外紀》卷二《大尼亞諸國》 歐邏巴西北有四大國：曰大泥亞，曰諾而勿惹亞，曰雪際亞，曰鄂底亞。與亞勒瑪泥尼亞相隔一海套，道阻難通，西史稱爲別一天下。南北經度自五十六至七十三，其南夏至日長六十九刻，其中長八十二刻，其北夏至日輪横行地面半年爲一晝夜。地多山林，產獸，及海魚極大，異於他方。

其大泥亞國沿海產菽麥，牛羊最多，牛輸往他國者歲常五萬。海中魚蔽水面，舟爲魚湧，輒不能行，捕魚不藉網罟，隨手取之不盡也。近二十年内，一國王名地谷白剌格，酷嗜瑪得瑪第加之學。嘗建一臺於高山絶頂，以窮天象，究心三十餘年，累黍不爽。其所制窺天之器，窮極要妙。後有大國王延之國中，以傳其學，今爲西土曆法之宗。

其諸而勿惹亞寡五穀，山林多材木鳥獸，海多魚鱉。人性馴厚，喜接遠方賓旅。昔時過客僑居者，絶不索物價，今稍需卽饜足矣，故其地絶無盜賊。

其雪際亞地分七道，屬國十二，毆邏巴之北，稱第一富庶。多五穀、五金、財貨百物。貿易不以金銀，卽以物相抵。人好勇，亦善遇遠方人。鄂底亞在雪際亞之南，亦繁庶。

清・南懷仁《坤輿圖説》卷下《大泥亞諸國》 毆邏巴西北有四大國：曰大泥亞，曰諸而勿惹亞，曰雪際亞，曰鄂底亞，與熱爾瑪泥亞相隔一海套，道阻難通。其南夏至日長六十九刻，其中長八十二刻，其北夏至日輪横行地面，半年爲一晝夜。地多山林，産獸及海魚極大。其大泥亞國沿海産菽麥，牛羊最多，牛輸往他國，歲常五萬。海中魚蔽水面，舟爲魚擁，輒不能行。不藉網罟，隨手取之不盡。本國一世家名第谷，建一臺於高山絶頂，以窮天象。究心三十餘年，累黍不爽，所制窺天之器，窮極要渺，今爲西土曆法之宗。其諸而勿惹亞，寡五穀，山林多材木、鳥獸，海多魚鱉。人性馴厚，喜接遠方賓旅。昔時過客僑居者，不索物價，今稍需卽厭足。其地絶無盜賊。雪際亞地分七道，屬國十二，毆邏巴北稱第一富庶，多五穀、五金、財貨，百物貿易，不以金銀，以物相抵。人好勇，亦善遇遠方人。鄂底亞在雪際亞之南，亦繁庶。

清・徐繼畬《瀛寰志略》卷四《嗹國》 嗹國，嗹馬、領墨、吝因、丁抹、大尼、丹麻爾、大馬爾齊、雪際亞、蘇尼祭、盈黎馬禄加、低納馬爾加、黄旗。毆羅巴小國也。其商船常挂黄旗，故粤東稱爲黄旗國。地形從日耳曼北出，如人之握拳伸臂於海中者，與瑞典南境相對，作凹凸之形。北西東三面皆海，南界日耳曼列國，南北約千里，東西闊處四五百里，狹處二三百里。古時爲土番部落，性波羅非内塞各種居之。後爲峨特族所據，與瑞典、挪耳瓦合稱斯干的挪瓦國。地瘠，食不足，沿海之民皆捕魚爲糧。因操舟學泛海，漸劫掠爲海盜，諸國患之。趙宋初，有大酋哥爾摩者，衆推爲王，突以兵船攻英吉利。英人蒼黄避之，遂據國都。英以厚賂緩兵，尋以計殲其衆。嗹舉兵復仇，連年侵擾不已。英許歲賂，與之和。是時諸國以海寇目之，不齒數於列國也。後其王有駕奴特者，一作加奴度。能修國政，賞罰嚴明。北伐挪耳瓦，滅之。伐英吉利，破倫敦，遂兼王英土。駕奴特死，其子繼立，爲英北族威廉所殺，嗹國幾危。後復有賢主嗣位，四境乃安。明洪武十年，女主馬里加爾達嗣位，號賢明，内修政事，外聯與國。於是瑞典亦納土爲北藩，威權大振。嗣王能守其法，擴疆土，創科條，四鄰咸服。其子嗣立，性酷虐，多内寵，戮酋長九十人。復欲盡滅諸酋之家，諸酋乃集議廢王，立大酋基利斯的亞奴爲王。時瑞典已立故王之裔，兩國構兵數十年乃罷。嘉慶二年，英吉利師船至波羅的海，嗹欲耀威，列巨艦，陳大炮，扼之於港口。英人以師船攻之。英師勝而船多損，乃講和而退。嘉慶九年，佛郎西拿破崙以大兵伐嗹，嗹與之和，拿破侖密約嗹，以舟師襲英。英人偵知，先以大衆攻嗹，圍都城，燔郭外四百椽。城垂陷，乃乞盟。復構兵六年，國虚耗不可支。近年交易頗盛，元氣漸復。嗹舉國奉耶穌教。迤北語音近瑞典，迤南近日耳曼。所産惟五穀牲畜，每歲賣馬萬餘匹，牛七千。穀有餘，糶於英吉利。

嗹國分五部，西四部與日耳曼相連，爲波羅的海之門户，横亘如棖。西面沿海窪下，築長堤以捍海潮，大風起則飛沙覆田，壟畝全没，故多種樺以堅其沙。極北曰人德蘭，地極廣莫，多沙磧，有大湖七。迤南曰勞英不爾厄，再南曰疴爾斯德音，再南曰石勒蘇益克，後兩部地連日耳曼，公會應出防兵三千六百名。説詳日耳曼。南界有大埔頭，曰亞爾多納，與日耳曼之昂不爾厄相近，時有釁争。又有大書院，曰基里。東北有大島，曰低納馬爾加，又名日倫，都城建於此島之東北隅，曰哥卑納給，一作可品哈音。爲國之大埔頭。城内街衢繩直，屋宇軒敞，居民十萬。諸國貨船出入波羅的海，必經由此港。峽口名加的牙，闊僅數里，嗹設關榷税，不則扼之，使不得過，諸國無如之何，亦遂安之，其國之富强以此。日倫之南，有兩島相連，人德蘭之東南有大島，曰非俄尼亞。西界海中多小島，民乏生計，以魚爲糧。西北大海中，有大島，曰義斯蘭地亞，一作西哀爾蘭。嗹所屬也。地在英吉利三島之北數千里，氣候寒冽，同於瑞典之北境。有火山，曰挨哥辣，時迸流火漿焚廬舍。地震最烈，往往山陵陷爲坎窞。其民善捕長鯨，取其油；獵海犬，剥其皮以爲衣。

按：嗹國之在毆羅巴，壤地甚褊，未堪與諸大國比權量力也。而加的牙一港，扼波羅的海數千里之喉，嗹人實掌其管，遂翹然爲一方之杰。國之强弱，豈盡在乎疆土之廣狹哉！

南歐諸國

希臘

元・周致中《異域志》卷下《大秦國》　西番之大國也，番商萃此。其王號麻羅弗，以布帛織出金字纏頭。地產珊瑚、生金、花錦、縵布、紅瑪瑙、珍珠等物。

明・羅日褧《咸賓録》卷三《佛菻》　佛菻，《唐書》云：『即漢大秦國也，一名犂軒』。武帝遣使至安息。安息獻人二，皆戚眉峭鼻，亂髮拳鬢，長四尺五寸，是其國人也。元封初，大秦貢花蹄牛，高六尺，尾環繞其身，角端有肉，蹄如蓮花，善走多力。帝使輦銅石以起望仙宮，足迹皆如花形，自後遂絶。

其國在海西之西，又名海西。從條支西度海曲萬里，去長安蓋四萬餘里，地方萬里，城四百，勝兵百萬，小國役屬者數十。十里一亭，三十里一堠。路無盜賊，但有猛虎、獅子爲害，行者非羣則不得過其國。其王都城廣八十里，門高二十丈，釦以黄金，宮殿以瑟瑟爲柱，水精琉璃爲梲，異寶飾門，香木爲梁，黄金爲地。無陶瓦，白石塈屋，堅潤如玉。盛暑引水上流，氣爲風。有貴臣十二共治國事。國有大災異輒廢王，更立賢者，亦無怨言。

其人長大平正，頗類中國。故謂之大秦。或曰本中國人也。有幻人，能額上爲炎燼，手中作江湖，舉足而珠玉自墮，開口則幡旄亂出。有善醫，能開腦取蟲，以愈目眚。其王輒欲通漢，而安息欲以漢繒帛與之交市，故遮閡不得自達。昔班超遣掾甘英使大秦，臨大海欲度，而安息西界船人謂英曰：『海水廣大，入海人往來皆賫三歲糧。海中善使人思土戀慕，數有死亡者。』英乃止。

及桓帝延嘉初，大秦王安敦遣使自日南徼外來獻象牙、犀角、玳瑁，始乃一通焉。其所表貢並無珍異，疑傳者隱之也。至晉太康時復遣使貢獻。

唐貞觀中，佛菻王波多力遣使獻赤玻璃、緑金精，下詔答賚。時大食稍强，遣大將軍摩拽伐之。佛菻約和，遂臣屬焉。乾封以後，凡再來朝獻。開元中，因吐火羅大酋獻獅子、羚羊。五代時無聞。宋元豐時，國王滅力伊靈改撒始遣其首領來鞍馬、刀劍、真珠。言其地甚寒，土屋無瓦礫，有箜篌，壺琴，小篳篥，偏鼓，皆國中樂也。王衣紅黄衣，以金線織絲布或五色布纏頭。貴臣冠服亦如之。每歲三月則詣佛寺，坐紅牀，使人舁之。元時其國人多居中國者。我朝洪武初，遣其國故民捏古倫齎詔諭之。尋遣使朝貢。

其俗不尚戰鬭，鄰國小有爭，但以文字相問，大則加兵。賦稅但以治事小大爲差。刑罰輕者杖數十，重者至二百。大罪則乘以布囊而投諸江。其候時日，懸大金秤，以十二金丸繫之，每至一時，金丸輒落，毫髮無差。鑄金銀錢無孔，面鑿彌勒佛，背爲王名，禁民私造。

其產：五色玉、青黄赤黑白俱有。夜光璧、木難珠，碧色，木難鳥口中結沫所成降真香燒之引鶴駭鷄犀、通天犀也，以盛米，鷄啄之，至輒驚去寶、似狗，獱惡多力卻火雀、似燕，置火中火滅，其雀無傷，云因浴沙水受卵，故然。西錦奈只花、取油塗身，可以去風。千年棗、阿勃參，油宜塗癬疥，大效，價極貴。肉汁酒、地有蠟蟲，剖其肉，重疊以石壓之，瀝汁，取外國草子釀於肉汁中，經數日成酒，飲之味佳。龍種羊以羊臍種土中，溉以水，聞雷而生，臍屬地中，刀割必死，俗擊鼓驚之，臍斷便行。嚙草，至秋可食，臍內復有種。爲奇。

論曰：大秦、西域之沃土也。《唐書》以爲佛菻，似矣。顧其國自漢歷唐，貢獻不絶。而《宋史》以爲自古不通中國。考之國朝，佛菻風俗土產皆類《宋史》，而與漢唐二書所載者大相懸絶，何謬盭之甚耶！或者唐之佛菻即古大秦，而宋與國朝之佛菻與之名同而實異爾。

《明史》卷三二六《外國傳七・拂菻》　拂菻，即漢大秦，桓帝時始通中國。晉及魏皆曰大秦，嘗入貢。唐曰拂菻，宋仍之，亦數入貢。而宋史謂歷代未嘗朝貢，疑其非大秦也。

明・艾儒略《職方外紀》卷二《厄勒祭亞》　厄勒祭亞在歐邏巴極南，地分四道，經度三十四至五十五，緯度四十四至五十三。其聲名天下傳聞，凡禮樂法度文字典籍，皆爲西土之宗，至今古經尚循其文字。所出聖賢及博物窮理者，後先接踵。今爲回回擾亂，漸不如前。其人喜啖水族，不嘗肉味，亦嗜美酒。東北有羅馬泥亞國。

其都城周裹三層，生齒極衆，城外居民綿亘二百五十里。有一聖女殿，門開三百六十，以象周天。附近有高山，名阿零薄。其山頂終歲清明，絶無風雨。古時國王登山燎祀，其灰至明年不動如故。有河水，一名亞施亞，白羊飲之即變黑，一名亞馬諾，黑羊飲之即變白。

有二島，一爲厄毆白亞，海潮一日七次。昔名士亞利斯多徧窮物理，惟此潮不得其故，遂赴水死。其諺云：『亞利斯多欲得此潮，此潮反得亞利斯多』一爲哥而府，圍六百里，出酒與油，蜜極美，遍島皆橘柚香橼之屬，更無別樹。天氣清和。野鳥不至其地。

清·南懷仁《坤輿圖説》卷下《厄勒祭亞》 厄勒祭亞在毆邏巴極南，地分四道，凡禮樂、法度、文字、典籍，皆爲西土之宗。至今古經，尚循其文字。所出聖賢及博物窮理者，後先接踵。今爲回回擾亂，漸不如前。其人喜啖水族，不嘗肉味，亦嗜美酒。東北有羅馬泥亞國，都城周裏三層，生齒極衆。城外居民綿亘二百五十里。一聖女殿，門開三百六十，以象周天。附近有高山，名阿零薄，山頂終歲清明，無風雨。有河水，一名亞施亞，白羊飲之變黑。一名亞馬諾，黑羊飲之變白。有二島，一爲厄毆白亞海，潮一日七次。一爲哥而府，圍六百里。出酒與油蜜極美，遍島皆橘、柚、香橼之屬，更無別樹。天氣清和，野鳥不至。

清·徐繼畬《瀛寰志略》卷六《希臘國》 希臘，額里士、額力西、厄勒祭、厄勒西亞。古名國也，今爲新造。土耳其西土之南界，地形如臂入地中海，其盡處枒椏似人掌，是爲希臘國。縱約五百里，横約七百五十里。疆土褊小，海灣繚曲，汊港四通，洲嶼星列。産棉花、南果、羊毛、葡萄乾、橄欖油、五穀、烟草。當上古時，毆羅巴人草衣木食，昏濛未啓。有夏中葉，東方列國已嚮化。義納孤，一作桔木。從迦南抵希臘，迦南即猶太。始教土人以構屋營居，耕田播穀。有商中葉，灑哥落從厄日多，來即麥西。立國於雅典，始織羊毳爲衣，釀葡萄爲酒，取橄欖爲油，鑄金鍛鐵，作刀刃耒耜，又以文字傳其土人。毆羅巴之開淳悶，通文學，實自希臘始。希臘當商周時，分十二國，結爲同盟。周敬王年間，波斯以大兵攻希臘，希臘各國合縱禦之，波斯敗績遁去。後希臘有馬基頓王亞勒散得者，合列國之兵伐波斯，乘勝直抵印度，王卒於軍，部將分其所得之土各自王，由是希臘之語言文字，布於西土。西漢時，意大里亞之羅馬方强，征服四方，希臘各國亦歸版圖。後羅馬分東西，希臘故地屬東王，爲亞剌伯回部所侵，日就衰弱。土耳其既興，滅羅馬東王，以兵力取希臘全土，地屬土耳其者四百年。近年土政苛虐，雅典之民不能堪。嘉慶二十五年，逐去土酋。土人以兵攻之，雅典堅守不下。英吉利、佛郎西、峨羅斯三國，壯希民，各以兵擁護之。土耳其無奈何，乃聽其自立爲國，即今之希臘國也。其地關山迴隔，九曲盤繞，羣峯競秀，望若列屏，名勝甲於西土。士女儀容多秀美，男好華冠麗服，女子美髮，髻樣巧幻多式。藏書之富，甲於西土，人多博覽，各操鉛槧，述事立言。其宫殿古迹，爲泰西創造棟宇之初式。國王名阿多，本日耳曼列侯世子，希民推擇立之。王賢明，勤於政事，國雖小，蓋方興未艾云。

希臘新分十部，首部曰雅典，一作亞的架。都城在海灣，曰亞德納斯。自昔爲聲名文物之地，今則市井寥落，景象蕭條。亞爾哥黎大，一作拿破里。城在海口，曰腦比里亞，通商之大埔頭也。亞加亞，城在海口，曰巴辣斯，一作巴答。亦通商埔頭。街衢污穢，商旅惡之。美塞尼亞，一作墨所龍義。首邑曰亞爾加的亞，希之堅城，土人屢攻之，不能下。亞爾加的亞，首邑曰的黎波里薩，一作得破勒撒。亦希堅城。昔爲土耳其攻破，屠三千人，希人收復之後，盡戮土人之居守者。拉哥尼亞，海中大嶼也，首邑曰迷斯達拉，一作希達。居民六萬，土磽瘠而農作甚勤，兼務工商，故恒足以自給。亞加爾拿尼亞，一作爾加地。首邑曰瓦拉説黎，在西界海灣。羅哥黎大，首邑曰薩羅大，一作座撒羅尼加。居民六萬，勤苦力作，産棉花、烟。憂卑亞，西界一洲，首邑曰哥羅奔多。一作尼鄂奔多。昔加拉大，首邑曰墨爾摩波利斯。一作摩力亞。中有山嶺，牧人所聚，素稱盜藪。十部地界原圖未分畫。屬島曰八摩，昔耶穌弟子約翰流徙於此，以此著名。海灣甚多，東方曰君得撒、曰撒羅尼加，南方曰益義拿，曰拿破里，曰可倫，西方曰爾加地，曰勒頒多。希臘之西有羣島，曰各府，曰散他，曰藐剌，曰地亞其，曰客花羅尼，曰息利峨，曰散地，總名曰以阿尼島。居民共計十九萬，産橄欖油、葡萄乾、酒、蜜、南果。島各有渠掌政令，今屬於英吉利。

泰西人紀希臘古事云：上古之時，毆羅巴草昧未闢，人獸雜處。有虞氏之初，亞細亞兩河之間，已見前。有初立國者，曰巴庇倫。一作巴必鸞，又作巴必羅尼亞，詳《土耳其圖説》。夏后氏之初，阿非利加之北境，有初立國者，曰厄日多。即麥西，詳《阿非利加圖説》。後有諸威氏之裔曰日彎，建國於亞細亞之買諾。即土耳其中土。其國人漸有渡海峽而西者。即他大尼里海峽。始知有希臘廣土。夏后少康二十六歲，買諾人有伯辣斯日者，始立國於希臘之北境，曰西西恩。逾九十餘歲，有厄日多人遷於希臘，名其地曰的丹。立國未成，衆思故土，散歸。夏后孔甲二十一歲，迦南人義納孤一作桔木抵希臘之南境，始鳩集人民，教以營宮室，種穀麥，昏濛漸啓。商王外壬十二祀，厄日多之灑的斯人灑哥落，率其邑人，遷於雅典，立國曰亞德納斯，一作亞地拿。始興技業，立法制，辨倫類，造文字。灑哥落卒，加拉腦斯繼之，治法益詳，希臘諸國聞風效慕，荒陋之俗一變。商王沃甲十三祀，亞德納斯王昂飛的安嗣位。是時希臘分十二國，時有訴爭。而東方諸國，已造兵端。昂飛的安恐諸國之自相攻，且心力不齊，無以捍大敵，乃馳使十一國，結爲同盟，立公會於德爾摩比勒，每國遣使二人，歲二會，申約結，齊好惡，講求利弊，各以聞。又各出蓄積，貯於德爾佛斯堂，以備軍儲，每國以二人司之。由是四鄰輯睦，十二國如一國，外侮不生，晏然康阜，駕舟行地中海，懋遷有無，勢益富强。當是時，十二國中，惟亞德納斯與斯巴爾達一作士帕。大最大。斯巴爾達又名塞拉德摩尼亞，其國初分數小部。商王祖乙七祀，有勒利斯者，并小部爲一，國勢與亞德納斯相埒。諸小國制度，皆效兩國所爲。亞德納斯王德修，以商王稟辛六祀嗣位。時國人分三等，曰爵紳，曰百工，曰農民。爵紳多專恣剥民，工農貧乏，國浸弱，德修患之，乃汰官司，裁署舍，抑損豪貴，躬攬大權，加惠黎民，招徠商旅，遠方之民，歸之如市。百工技業日精，操奇贏，多素封，農夫積倉箱，日益饒裕，亞德納斯遂爲西國大都會。子哥德落斯嗣位，守其成法，益加惠於工農，由是爵紳無權，而庶民之勢重。哥德落斯卒，庶民私議曰：『賢王不可再得，傳之貪殘，民且重困。』乃揚言曰：『能以入必德爾爲君者，當聽命。』入必德爾，西國所奉宗祖之神也。從此不立國王，以長官一人治事。名長官曰阿爾干，以哥德落斯子孫爲之，繼序如王，而權與體視王稍殺。越三百三十餘年，周平王三十六年。國人又以爲不便，定議阿爾干十年而更。尋廢阿爾干，立九官以治事。九官由衆推選，以三年爲秩滿，賢則留，否則更。自是事權紛錯，奸宄日多，國人患之。有達拉固者，以才學稱，衆公舉修刑書。達拉固性嚴刻，罪無大小，皆予殊死，時人號爲血書。行之數十年，國人側足，犯法者益衆。周靈王年間，公舉梭倫重定法制。梭倫者，望族之英，素能以德服人者也。删達拉固苛法，酌情罪，歸於平允，國人大悦。復建議事廳一，法制司一，以資財之多寡，分齊民爲四等，每等百人，有興革，則集議於議事廳。法制司設品官，定員數，選才德出衆者領之，發號令，定刑賞，皆由法制司，區畫精詳，輿論翕然。方亞德納斯之廢王而立官也，德巴斯首效之，諸小國亦紛紛效之。德巴斯者，舊本非尼西亞人。詳《阿非利加圖説》。其王加達慕斯於商王武丁年間，立國於希臘者也，迨梭倫重定法制，諸國又效之。斯巴爾達自勒利斯開國，傳四百餘年，至周成王十一年，有幽里寺德那斯、伯羅刻黎斯者，兄弟也，同即王位。自是國有二王，同朝治事，其制傳八百餘年不改，西土傳爲異事，亦未有效之者。至末造之噶黎厄美尼斯，始改爲一王。周夷王年間，其國有賢主曰利古爾厄，復位法制，與梭倫所定之法，大略相同，而兵制尤爲盡善。其俗儉嗇，其人壯武，嘗伐米西奈國，滅之，得其膏腴之土，國勢益强。是時，東方之波斯國方强，其王大流士一作達黎約，再滅巴庇倫，勢張甚，顧希臘諸國，以外夷賤之，不加齒禮。會波斯有大將，本希臘人，大流士厚遇之，擢其侄高班，其侄叛附亞德納斯，亞德納斯有罪人義比亞斯奔波斯，復挑構之。周敬王二十九年，大流士以舟師伐亞德納斯。亞德納斯乞和不許，於是希臘諸國，合縱禦之。波斯破亞德納斯大嶼，燔其城。亞德納斯大將米力泰底率衆禦之，戰於馬拉多那，波斯敗績，米力泰底奪其七船。大流士憾憤死。子澤耳士立，一作舍爾時斯。誓雪仇恥，以三萬人伐希臘。造長橋於他大尼里海峽，長二千丈，以渡軍。希臘大震。波斯欲招斯巴爾達降，斯巴爾達扼險拒之，人人決死戰，呼聲動天地，波斯軍敗走。時波斯水軍分道攻亞德納斯，亞德納斯大將地米多其利率衆禦之，波斯師船泊外海，忽風雷大作，波濤震蕩，壞波斯船四百艘，地米多其利以計誘其餘船入內港，圍而殲之。波斯軍水陸皆敗，澤耳士大怒，舉傾國之師三十萬，攻亞德納斯，亞德納斯棄城保於別嶼，波斯毀其城，希臘諸國咸來助戰，爭先陷陣。波斯軍大潰，橫尸數十里，狼狽東走，亡失殆盡。澤耳士乘漁舟遁，輜重盡爲希臘所得。先是，希臘諸國自昂飛的安聯盟之後，歷千年無改，故能同心協力，屢破大敵，至是爭取波斯遺財，頗有違言。亞德納斯城扼海口，操形勝，且聚商舶，擅利權，斯巴爾達素忌之。既爲波斯所毀，亞德納斯人欲建復，而斯巴爾達阻撓之，由此兩國交惡，盟約解散，諸小國各有所附，日啓争端。亞德納斯城既新建，藩屬皆納貢餉，日益强盛。而斯巴爾達遭地震，壓死萬餘人，叛奴作亂弑王，米西奈城又反，國衰亂者數十年。亞德納斯有賢長曰比哩吉，發政施仁，閭閻富庶，四國頌之。會大疫，死者相枕藉，比哩吉亦染疾卒。代位之長，多挾私亂政，民氣囂然。亞德納斯之西，有大洲曰西基利，即西治里。屬於加爾達額，有亞基庇亞底者，生長此洲，任俠好施，素得衆心。見亞德納斯衰亂，欲取而代之。因募兵攻亞德納斯，破其水軍。斯巴爾達與亞德納斯有夙嫌，乘西基利之亂，以大兵圍其都城，毀之，亞德納斯遂爲亞基庇亞底所據。由是，希臘諸國互相攻，日益衰亂。已而馬基頓興。一作馬斯多尼亞。馬基頓亦十二國之一，在希臘北方，初甚微弱。周顯王年間，有王曰非立，一作非黎卑。雄武有權略，與希臘諸國交兵，累戰皆克。使客游説之，皆納款爲屬國。王欲伐波斯，會中刺客死。子亞勒散得一作阿勒山德黎嗣位，年二十一，才兼文武，英略過人。周顯王三十五年，以三萬五千人伐波斯，取亞細亞，即買諸、敍里、猶太諸地。波斯望風奔潰。波斯王棄營走，虜其妃后，因移兵巡行海上。有土羅者，加爾達額之都城，詳《阿非利加圖説》。王攻破之，屠八千人。時麥西即厄日多爲波斯屬部，王征服之，墮其沿海名城。由是所向披靡，游兵及五印度，皆納款，列東藩。波斯王悉起境内兵決死戰，王擊破之，圍其蘇撒都城。會遘疾。旋師至巴庇倫，卒於軍。諸將各引所部，據新闢之土自王。從此，希臘族散布西土。至漢初，希臘尚餘四國，曰厄多里亞，曰亞加壓，曰白阿西亞，仍以馬基頓爲長。馬基頓王非黎卑，性强暴，凌侮屬國，三國患之。時羅馬征伐四方，兵力方强，三國密求援，羅馬命將以大兵入希臘，非黎卑攜妻子逃。羅馬因駐兵，脅三國降。三國悔失計，求助於西里亞。一作敍里亞。西里亞者，亞勒散得部將所立國，兼亞細亞諸部，即土耳其東中兩土。爲東方大國。時加爾達額敗將漢尼巴，亦赴西里亞求援。詳《意大里、阿非利加圖説》。其王安的約哥計，希臘亡，勢且及己。率輕兵救希臘，羅馬迎擊之，安的約哥大敗遁歸，羅馬兵踵至，圍其都城，安的約哥降。希臘四國聞之，皆納土降，地歸羅馬。時漢惠帝五年也。希臘諸國，建於夏商，至漢初乃亡，凡歷一千數百年。余嘗聞之英官李太郭云：『雅典最講文學，肄習之精，爲泰西之鄒魯。凡西國文士，未游學於額里士，則以爲未登大雅之堂也。』古希臘十二國，乃今西土耳其全土，新希臘，則雅典一部，古亞德納斯之南境也。

意大利

元・周致中《異域志》卷上《斯伽里野國》 其地乃陰陽相擊之方，近蘆眉國，山上有穴，四季出火。國人扛大石千百斤，納穴中，須臾爆出，皆碎，五年一次火出。其火流轉海邊復回，所遇林木不燒，遇石焚之如炭，有神主之。

《明史》卷三二六《外國傳七・意大里亞》 意大里亞，居大西洋中，自古不通中國。萬曆時，其國人利瑪竇至京師，爲《萬國全圖》，言天下有五大洲。第一曰亞細亞洲，中凡百餘國，而中國居其一。第二曰歐羅巴洲，中凡七十餘國，而意大里亞居其一。第三曰利未亞洲，亦百餘國。第四曰亞墨利加洲，地更大，以境土相連，分爲南北二洲。最後得墨瓦臘泥加洲爲第五。而域中大地盡矣。其説荒渺莫考，然其國人充斥中土，則其地固有之，不可誣也。

明・艾儒略《職方外紀》卷二《意大里亞》 拂郎察東南爲意大里亞，南北度數自三十八至四十六，東西度數自二十九至四十三，周圍一萬五千里。三面環地中海，一面臨高山名牙而白，又有亞伯尼諸山横界於中。地産豐厚，物力十全，四遠之人輻輳於此。舊有一千一百六十六郡，其最大者曰羅瑪，古爲總王之都，歐邏巴諸國皆臣服焉。城周一百五十里，地有大渠，名曰地白里，穿出城外百里，以入於海。四方商舶悉輸珍寶駢集此渠。自古名賢多出此地。曾建一大殿，圜形寬大，壯麗無比，上爲圓頂，悉用磚石，磚石之上，復加鉛板。當瓦頂之正中，鑿空二丈餘以透天光，顯其巧妙，供奉諸神於内。此殿至今二千餘年尚在也。

耶穌升天之後，聖徒分走四方布教，中有二位，一伯多琭，一寶禄，皆至羅瑪都城講論天主事理，人多信從。此二聖之後，又累有盛德之士，相繼闡明。至於總王公斯瑠丁者，欽奉特虔，盡改前奉邪神之宇爲瞻禮諸聖人之殿，而更立他殿以奉天主，至今存焉。教皇即居於此，以代天主在世主教，自伯多琭至今一千六百餘年，相繼不絶。教皇皆不婚娶，永無世及之事，但憑盛德，輔弼大臣公推其一而立焉。毆邏巴列國之王雖非其臣，然咸致敬盡禮，稱爲聖父神師，認爲代天主教之君也，凡有大事莫決，必請命焉。其左右嘗簡列國才全德備，或即王侯至戚五六十人，分領教事。

此羅瑪城奇觀甚多，聊舉數事：宰輔之家有一名苑，中造流觴曲水，機巧異常，多有銅鑄各類禽鳥，遇機一發，自能鼓翼而鳴，各有本類之聲。西樂編簫，最有巧音，然亦多假人工風力成音。此苑中有一編簫，但置水中，機動則鳴，其音甚妙。此外又有高大渾全石柱，外周盡鏤古來王者形像故事，爛然可觀。其內則空虛，可容幾人登躋上下，如一塔然。伯多禄聖人之殿悉用精石製造，花素奇巧，寬大可容五六萬人，殿高處視在下之人如孩童然。城中有七山，其大者曰瑪山，人烟最稠密，第苦無泉。邇來造一高梁，長六十里，梁上立溝，接其遠山之水，如通流河也。有水泉，飲之其味與乳無異，汲之不竭，蓄之不溢。近地曰羅肋多，一聖殿即昔日聖母瑪利亞親身所居之室。此室舊在如德亞國，後爲回回竊據，天神淩空移至此地，越海七千餘里，國人欲致崇飾，恐失其舊，因周以玉墻，覆以大殿。今逢聖母誕日，行旅來朝者常至數萬人。儒略嘗詣此殿，今已屹然巨鎮矣。

其西北爲勿搦祭亞，無國王，世家共推一有功德者爲主，城建海中。有一種木爲樁，入水千萬年不腐。其上鋪石，造室復以磚石爲之，備極精美。城內街衢俱是海，兩傍可通陸行。城中有艘二萬，又有一橋梁極闊，上列三街，俱有民居間隔了，不異城市，其高又可下度風帆。國中精於造舟，預庀物料，一舟指顧可成。他方重客每至其處，閲視一兩時，其工已成一巨舫，可以航海者矣。所造玻璃極佳，甲於天下。

有勿里諾湖，在山巔，從石峽瀉下，聲如迅雷，聞五十里，飛泉噴沫成珠，日光耀之，恍惚皆虹霓狀。有一異泉，出山石中，不拘何物墜於其內，半月便生石皮，周裹其物。又有沸泉，有温泉。沸泉常沸，高丈餘，不可染指，投畜物於内，頃刻便可糜爛矣。温泉女子或浴或飲，不生育者育，能育者多乳。所産鐵礦掘盡，踰二十五年復生。第在本土任加火力，鐵終不鎔，之他所始鎔。

其南爲納波里，地極豐厚，君長極多。有火山，晝夜出火，爆石彈射他方，恆至百里外。昔一名士欲窮其故，近其山，爲火燎死，後移一聖人遺蜕至本國，其害遂息。

有一城名亞既諾，聖人多瑪斯著陡録日亞者，生於此地。又地名哥生濟亞，有兩河，一河濯髮則黄，濯絲則白，一河濯絲髮俱黑。其外有博樂業城，因多公學，名爲學問之母。昔有二大家争爲奇事，一家造一方塔，高出雲表，以爲無復可踰。一家亦建一塔，與前塔齊。第彼塔直聳，此則斜倚若傾，而今已歷數百年未壞，直聳者反將頹矣。

又有城名巴都亞，中有公堂，縱二百步，横六十步，上爲樓，覆以鉛瓦，而中間不立一柱。又把而瑪一堂廣可馳馬，亦無一柱，惟以梁如人字相倚，尋丈至盈尺皆然，上壓愈重，則下挺持愈堅也。

從納波里至左里城有石山相間隔，國人穴山以通，道長可四五里，廣可容兩車，對視則如明星。又有地出火，四周皆小山，山洞甚多，入内皆可療病。又各主一疾。如欲得汗者入某洞則汗至，欲除濕者入某洞則濕去。因有百洞，遂名曰一百所，此皆意大里亞屬國也。

其大者六國，俱極富庶。西諺嘗曰，羅瑪爲聖，勿搦祭亞爲富，彌郎爲大，那坡里爲華，熱努亞爲高，福楞察爲整，各有專書備論。

意大里亞之名島有三，一西齊里亞，地極豐厚，俗稱國之倉、之庫、之魂，皆美其富庶也。亦有大山，噴火不絶，百年前其火特異，火燼直飛踰海達利未亞境。山四周多草木，積雪不消，常成晶石。亦有沸泉如醋，物入便黑。其國人最慧，善談論，西土稱爲三舌人。最精天文，造日晷法自此地始。有巧工德大禄者，造百鳥，自能飛，即微如蠅蟲，亦能飛。更有天文師名亞而幾墨得者，有三絶：嘗有敵國駕數百艘臨其島，國人計無所出，已則鑄一巨鏡，映日注射敵艘，光照火發，數百艘一時燒盡。又其王命造一航海極大之舶，舶成，將下之海，計雖傾一國之力，用牛馬駱駝千萬，莫能運舟。幾墨得營運巧法，第令王一舉手，舟如山岳轉動，須臾下海矣。又造一自動渾天儀十二重，層層相間，七政各有本動，凡日月五星列宿運行之遲疾，一一與天無二。其儀以玻璃爲之，重重可透視，真希世珍也。

其傍近有馬兒島，不生毒物，即蛇蝎等皆不螫人。毒物自外至，至島輒死。一撥而地泥亞，亦廣大，生一草名撥而多泥，人食之輒笑死，狀雖如笑，中實楚也。西諺凡謂無情之笑，皆名掇而多泥笑。一哥而西加，有三十三城，所產犬能戰，一犬可當一騎，故其國布陣，一騎間一犬，反有騎不如犬者。又近熱奴亞一鷄島，滿島皆鷄，自生自育，不須人養，又絶非野雉之屬。

清·南懷仁《坤輿圖說》卷下《意大理亞》 拂郎察東南爲意大理亞，周圍一萬五千里，三面環地中海，一面臨高山。地產豐厚，物力十全，四達之人，輻輳於此。舊有一千一百六十六郡，最大者曰羅瑪，古爲總王之都，歐邏巴諸國皆臣服焉。城周一百五十里，地有大渠，穿出城外百里以入於海，四方商舶悉輸珍寶，駢集是渠。教王居於此，以代天主在世。主教皆不婚娶，永無世及。但憑盛德，輔弼大臣公推其一而立焉。列國之王，雖非其臣，咸致敬盡禮，稱爲聖父神師，認爲代天主教之君也。凡有大事莫決，必請命焉。其左右簡列國才全德備，或即王侯至戚五、六十人，分領教事。羅瑪城奇觀甚多，宰輔家有一名苑，中造流觴曲水，機巧異常，有銅鑄各類羣鳥，遇機一發，自能鼓翼而鳴，各具本類之聲。有一編簫，但置水中，機動則鳴，其音甚妙。又有高大渾全石柱，外周鏤古王形像、故事，爛然可觀。內則空虛，可容數人，登上下如塔然。聖伯多禄殿用精石製造，花素奇巧，可容五、六萬人，殿高處視在下人如孩童。城中有大山，曰瑪山。人烟稠密，苦無泉，造一高梁，長六十里，梁上立溝，接遠山之水。如通流河有水泉，其味與乳無異。西北爲勿搦祭亞，無國王，世家其推一有功德者爲主。城建海中，有一種木爲樁，入水千年不朽，其上鋪石造屋，備極精美。城內街衢俱是海，兩旁可通陸行。城中有艘二萬，又有橋梁極闊，上列三街，俱有民居，不異城市。其高可下度風帆。國中精於造舟，預庀物料，一舟指顧可成。造玻璃極佳，甲於天下。有勿里諾湖在山巔，從石峽瀉下，聲如迅雷，聞五十里，日光耀之，恍惚皆虹霓狀。又有沸泉、温泉。沸泉常沸，高丈餘，不可染指，投畜、物於內，頃刻便糜爛。温泉，女子或浴或飲，不生育者生育，育者多乳。所產鐵礦，掘盡逾二十五年復生。在本土任加火力，終不熔；之他所則熔。其南爲納波里。地極豐厚，有火山，晝夜出火，爆石彈射他方，至百里外。後移一聖人遺蛻至本國，其害遂息。又地名哥生濟亞，有兩河，一河濯發則黃，濯絲則白。一河濯絲、發皆黑。外有博樂業城，昔二大家争爲奇事，一家造一方塔，高出雲表，以爲無可逾。一家亦建一塔，與前塔齊，第彼塔直聳，此則斜倚若傾，今歷數百年未壞，直聳者反將頹。又有城名把都亞，中有公堂，縱二百步，横六十步，上爲樓，鉛瓦中間無一柱。又把兒瑪一堂，廣可馳馬，亦無一柱，惟以梁如人字相倚，尋丈至盈尺皆然。上壓愈重，下挺持愈堅。從納波里至左里城，石山相隔，國人穴出通道，長四、五里，廣容兩車，對視如明星。又有地出火，四周皆小山，山洞甚多，入內可療病。各主一疾，如欲汗者，入某洞則汗至；欲去濕者，入某洞則濕去。意大理亞名島有三，一西齊里亞。地極富庶，亦有大山噴火，山四周多草木，積雪不消，常成晶石。沸泉如醋，物入便黑。國人最慧，善談論，最精天文，造日晷法自此地始。有巧工德大禄者，造百鳥能飛，即微如蠅蟲亦能飛。更有天文師名亞而幾墨得者，有三絶。昔敵國駕數百艘臨其島，彼則鑄一巨鏡，映日注射敵艘，光照火發，數百艘一時燒盡。又其王命造一極大舶，舶成，將下海。雖傾一國之力，用牛、馬、駱駝千萬，莫能運。幾墨得營運巧法，第一舉手，舟如山嶽轉動，須臾下海。又造一自動渾天儀，十二重，層層相間，七政各有本動，凡日、月、五星、列宿，運行遲疾，與天無二。以玻璃爲之，重重可透視。旁近有瑪兒島，不生毒物，蛇、蠍等皆不螫人，毒物自外至輒死。一哥而西加有三十三城，產犬能戰，一犬可當一騎。其國布陣，一騎間一犬，反有騎不如犬者。又近熱奴亞一鷄島，滿島皆鷄，自生自育，絶非野雉之屬。

清·傅恆等《清職貢圖》卷一《大西洋國夷人》 大西洋，明永樂間有古里瑣里、忽魯謨斯，凡數十國來朝貢，後多不復至。萬曆中，西洋人利瑪竇航海來中國，自稱意大里亞國人。

本朝康熙六年，通朝貢。雍正三年，意大里亞教化王來貢。五年，博爾都噶爾亞國來貢。乾隆十八年，復來。其人奉天主教，善行賈，多富厚，肌膚白皙，鼻昂而目深碧，不畜鬚髮，別編義髮，蒙首以黑氊折三角爲帽，短衣革履，袴襪束迫如行縢。

婦螺髮爲髻，領懸金珠寶石，上衣下裳，用錦帕覆背，謂之巾縵。俗重女輕男，相悅爲婚，有僑居香山縣之澳門者，統以夷目歲輸地租。

又《大西洋國黑鬼奴、大西洋國黑鬼奴婦》 夷人所役黑國奴，即唐時所謂崑崙奴。《明史》亦載荷蘭所役名烏鬼，生海外諸島。初至，與之火食，累日洞泄，謂之換腸。或病死，若不死，即可久畜。通體黝黑如漆，惟唇紅齒白，戴紅絨帽，衣雜色，粗絨短衫，常握木棒。婦項繫彩色布，袒胸露背，短裙無袴，手足帶釧。男女俱結黑革條爲履，以便奔走。夷人雜坐，以黑奴進食，食餘傾之一器，如馬槽，黑奴男女以手摶食。夷屋多層樓，處黑奴於下，若主人惡之，錮其終身，不使匹配，示不蕃其類也。

又**《大西洋國夷僧、大西洋國女尼》** 大西洋有教化、治世二王，貿易者，皆治世類，夷僧則教化類也。奉天主耶穌像，夷人敬信之。有大事疑獄不能決，必請命焉。其法王削髮留鬚，帶青斗帽，衣緇衣。出入張蓋，樹旛幢，僧雛衛之。男女見之，輒跪捧足俟過乃起。凡通曉天官家言，曾遊京師者，皆留髭鬚。解華語，能制儀器。

大西洋國女尼以白布纏領及胸，緇縵緇衣，革帶革履，夷人敬奉尤甚於僧，一女爲尼，一家皆爲佛。眷人罹重辟，得尼片紙，立宥之。然其始必捐千金歸公，既入寺，則終身不出。其在澳門者，僧居三巴寺、龍鬆廟等處，尼亦別立寺廟，戒律頗嚴。

清·徐繼畬《瀛寰志略》卷六《義大利亞列國》 意大里亞以他里、以他利、伊達利、羅問、羅汶、那嗎。歐羅巴古一統之國，《漢書》所謂大秦國也。東北界奥地利亞，北界瑞士，西北界佛郎西，其餘全土，斜伸於地中海，似人股之著履者。中有大山，綿亘如脊。其地天時和正，土脉膏腴，穀麥昌茂，花木馨芳，幽谷名園相屬，西土羨爲福地。自周以前，爲土番散部。周幽王時，羅馬崛起，國勢漸强，其後武備日精，疆土四闢。至西漢時，北扼日耳曼諸部，至波羅的海；南服阿非利加北境各國；西闢佛郎西、西班牙、葡萄牙至大西洋海，又跨海建英吉利三島；東幷希臘諸部，括買諾、西里亞、縱横千萬里，跨歐羅巴、亞細亞、阿非利加三土。邊外弱小諸部，皆修貢職爲臣妾，居然大一統之勢。建都城於羅馬，諸國仰之如周京。《西域聞見録》所稱控噶爾都城務魯木，即羅馬之轉音。東晉時，又建東都於黑海之峽，稱爲君士但丁。一作公膽廷，又作康思坦胎諾格爾，《西域聞見録》稱爲控噶爾。其後傳世既久，嗣位多淫辟敗度，內亂迭生，廢立屢見，西北諸部，皆擁土自王，不復爲臣。東晉孝武帝二十二年，國分爲二，以羅馬爲西王，君士但丁爲東王。東王至明景泰間，始爲土耳其所滅。西王居意大里故地，劉宋時爲北狄峨特族所滅。峨特族立國三百餘年，佛郎西取之，以羅馬都城奉教王，後復分裂，有伯梭日爾者，嘗幷兼諸部爲一，旋以苛暴爲國人所廢。奥地利亞征服之，割北境之米蘭、威內薩兩部。自是之後，諸部時合時分，日尋干戈，雲擾尤甚。嘉慶十年，佛郎西王拿破侖略定其地，爲佛藩部。拿破侖敗，諸國公使會議於維也納，分其地爲九。大國四，曰羅馬，曰多斯加納，曰薩爾的尼亞，曰那不勒斯。小國五，曰巴爾馬，曰摩德拿，曰盧加，曰摩納哥，曰勝馬里虐，猶總稱意大里亞。其地物產豐饒，兼有蠶桑之利，每歲所產絲綿，價值三千餘萬。葡萄酒、橄欖油、橙、柑、檬、栗諸果，亦皆繁碩。其民身體纖弱，外寬柔而內陰賊，往往昏夜刺殺仇人。好談論游戲，喜謳歌，有稷下之風。各國皆崇天主教，而羅馬爲最盛。

羅馬，一稱教宗國，古羅馬舊都也。當全盛時，文物聲名，爲西洋第一大都會。至劉宋時，爲北狄峨特族所據，故王宮闕，大半殘毀，書冊舊典，亦掃蕩無遺。由是民變夷俗，非其舊矣。天主教自東漢時傳播西土，羅馬人崇信尤篤，故國既爲狄所據，天主教之徒，乘機招誘，黨羽日繁，大權歸其掌握。佛郎西既滅峨特族，遂以其地歸天主教師，號曰教王。教王殁，則大會各教主僉議，推老成者一人嗣位，略如前後藏喇嘛坐床之俗。其教傳布各國，有不遵者，輒挑釁構兵夷滅之，或教其民叛主。佛郎西之創霸也，教王爲之加冕；英吉利北族之起兵也，請於教王，教王封以英土，其權如此。至前明時，日耳曼人路得別立耶穌教，稱爲正教，斥天主教爲異端邪説，於是諸國半歸耶穌教，而教王之權頓衰。所據之羅馬都城，古迹最多，天主教堂極崇宏，光彩射目。入教之徒如蟻，各食教王俸糈，別國之祭司，禮拜主事者。遠方之信士，焚香禮拜者，踵相接也。

【略】

其民惰於農事，野多曠土，山內多藏凶盜，捕急則逃入天主堂，無復過問者。

多斯加納，一作突加拿。在羅馬之西，東北界羅馬，西南臨海，土地膏腴，物產豐厚。都城曰佛羅棱薩，街衢整潔，萬廈翬飛。所屬有古城，曰北撒，昔稱繁會，今已凋敝。海口有城曰里窩那，市舶所萃，貿易甚繁。

薩爾的尼亞一作沙力尼阿，又作撒地尼，又作撒丁。本意大里大島，其國由此島而割意大里西北境，遂以島名爲國名。地在多爾加納之西北，與瑞士、佛郎西接壤。國分四部，曰辟門，曰熱那亞，曰撒歪，曰撒丁島。都城在撒歪，曰都靈。一作土林。殿堂宏麗，西人艷之。辟門多山，田不足耕，其民多走別國謀生。熱那亞在海隅，昔爲地中海公市，萬艘鱗集，稱大都會，意大里戰船皆屯泊於此，今衰廢已久，僅存各官之衙署而已。撒丁島，地甚廣莫，而林莽居半，居民披羊皮，挾利刃，游牧林薄中，性悍獷，難於鈐束。

那不勒斯，一作拿破利，又作拿破里，又作捏不爾士。在羅馬之南，東西南三面皆海，正地形似靴屐之處，意大里之南境也。西南有大島曰西治里，或作什士力，又作西基利，又作西西里亞。與那不勒斯合爲一國。都城同國名，屋宇高大，殿廟整肅。郭外萬峯環繞，高插雲表，内多幽邃古洞，別有火峯，峯嶺常出烟雲，有時火石飛空，墜數十里外，或飛灰如霜霰，積數尺，壓田畝廬舍，又火漿迸流如水，所至草木皆燼。近山有二古城，灰埋已千餘年，忽土人掘出，垣堞依然，傳爲横事。地震甚烈，居民頻年被災，惟土田肥沃，物產豐饒，故户口繁密，無肯避而去者。西治里島，縱横皆四五百里，土尤肥沃，多五穀良釀。島中亦有火峯，鄉邑屢遭焚毁，吏多苛政，教主擅權，故夙稱沃土而民恒貧乏。其會城曰巴勒摩，埔頭曰墨西拿。

巴爾馬一作巴馬。在薩爾的尼亞之東，摩德拿之西，北抵波河，縱横皆二百里，户口四十餘萬。昔爲奥地利王女封地，佛郎西王拿破侖之後也，拿破侖既敗，其後別醮，仍據此地。

摩德拿，東連羅馬，西連巴爾馬，長三百里，廣一百四十里，户口三十八萬。

盧加，東連多斯加納，西至地中海，長九十里，廣五十里，户口十四萬餘。

摩納哥，在薩爾的尼亞境内，長三十五里，廣二十里，户口六千五百。

勝馬里虐，在羅馬境内，袤延約五十里，户口四千餘。自推酋長理事，不屬教王。

意大里西南，有馬里他島，地多磐石，居民積土爲田以耕，其俗儉嗇勤苦。户口極繁。昔耶穌之徒保羅浮海擱淺，泅登此島，爲人療病，著神异之迹，故此島名傳西土。當回部方强，以兵力脅此島，島酋率驍卒拒之，回部竟不能取。嘉慶年間，佛朗西誘降其酋，旋爲英吉利所奪，守以重兵，爲地中海停泊戰艦之處。

按：西國自剖判以來，惟意大里爲一統之朝。肇造邦土，在成周中葉，混壹在西漢之中，分裂在東晉之末，宗社之墟，在明景泰間。祚數之長，泰西無其比也。據泰西人所紀載，其創業之主曰羅慕路，一作羅母洛。於周幽王年間，始建城於羅馬，別五土之宜，教民以耕稼，造戟弩以習戰。子努馬一作又馬嗣位，初設律例，愛育黎元，分等威，別貴賤，境内大治。傳七世至達爾癸虐蘇比爾伯，淫虐無人理。民廢王，選賢者二人居高爵，立公會以治事。高爵每年一易，由是國無王而勢日强盛，意大里諸部，皆歸版圖。阿非利加北境，有大國曰加爾達額，一作迦大其。舊名非尼西亞，立國最早，由希臘遷於地中海之南岸。其國善於商賈，擅地中海之利權，又兼并西班牙，富强無與埒。羅馬初興時，加爾達額屢侵軼之，又奪其屬島西治里。後羅馬漸强，始稱勍敵，構兵數百年，迭爲勝負。西漢初，加爾達額命其大將漢尼巴，合西班牙之兵，大舉伐羅馬，連戰皆克，陷南境諸城。羅馬大將發比約馬西摩，堅壁以老其師，而遣別將馬爾塞羅伏奇兵，邀其歸路，又遣西比揚潛師渡海，襲其都城。漢尼巴聞警還救，遇伏大潰，比渡海將至，西比揚回兵，邀擊於海中，全軍盡覆。漢尼巴乘漁舟，奔西里亞求援，時漢高祖六年也。是時希臘分數部，馬基頓最强，諸部爲所淩侮，求庇於羅馬。羅馬以兵護諸部，因脅降爲屬國。諸部悔之，密約西里亞爲援。西里亞者，一作敍里亞。亞細亞大部，在猶太之北，舊本巴庇倫地，波斯滅巴庇倫，地歸波斯。後馬基頓王亞勒散得伐波斯，盡取其地。亞勒散得卒於軍，諸將裂其土自王，分爲數國，後并入西里亞爲一國，勢頗强大，故希臘諸部，欲倚之以拒羅馬。而漢尼巴又盛稱羅馬師疲易敗，漢惠帝五年，西里亞王安的約哥帥兵赴希臘，羅馬迎擊之，西里亞兵大敗奔回，羅馬軍乘勝逐北，圍其都城，安的約哥納土降，漢尼巴自殺。因移兵征馬基頓，馬基頓亦降，希臘諸部皆獻土。漢惠帝十年，羅馬以大兵伐加爾達額，圍其都城，城將陷，加爾達額闔城自焚。羅馬毀其城，因略定其屬部，復征服西班牙，置爲別部。時葡萄牙爲西班牙西境，尚未立國。是時地中海南岸，尚有兩强國，一名奔多，一曰入占爾達。奔多有高哥斯大山爲遮罩，其王覓的里達堤强武好戰，恃天險不肯賓服，羅馬命大將西拉盧占禄征之，連兵二十六年，屢破其軍，覓的里達堤扼險不肯降。漢景帝後元年，羅馬大將奔彪，以奇兵破奔多，殺覓的里達堤。入占爾達尤險遠，漢武帝元封五年，羅馬大將馬黎約征服之，由是地中海南岸諸部，盡入版圖。猶太、麥西亦納款。北境拓地至日耳曼，復西闢佛郎西，渡海征英吉利土番，建爲大部。西土數萬里，無復抗顔行者。初，羅馬廢國王，立公會，高爵由衆推選。原議一年一易，後因兵事不得易，漸有久於位者，高爵子孫，名曰巴的黎西痾。推舉高爵，半由巴的黎西痾，黎庶雖有奇杰，多阻遏不得進，而高爵子孫席富貴，以勢淩人，黎庶積不能平。時諸將四征不庭，各擁强兵。兵皆百戰，悍不馴，至是四方略定，諸將各凱旋屯畿甸。適有夷族自東北來侵，亞細亞諸部多翻城應之。大將綳標一作潘沛往勦，方戰勝收復境土，而内變作。先是，馬黎約之兵，與西拉之兵詬誶交哄，黎庶之黠者，乘機倡亂，殺高爵子孫。民與紳鬥，兵與兵訌。既而兵民紳分黨相攻，數旬之内，反者如蝟毛而起，屠戮凡數萬人。綳標聞變急回兵，大將愷撒一作人略塞薩爾方西征，亦旋師，共平内難，盡戮反者，前後死者幾十餘萬人，國乃定。是時大權歸兩帥，綳標爲羅馬宿將，征服麥西、猶太，復位亞細亞，建功最早，貪權位，漸驕恣；而愷撒負英略，學術過人，平佛郎西、英吉利，建爲大部，勳業尤著。兩人積不相能。愷撒素得民心，綳標度不能抗，托故之東部，起兵攻愷撒。愷撒率衆禦之，戰於希臘之法爾薩里亞，綳標兵潰，單舸奔麥西。麥西王斬其頭，獻羅馬。由是愷撒總大綱，立法制，羅馬大治。時高爵有不盧多、加西約者，忌愷撒之得大權，將帝制，遣客刺殺之，高爵馬爾各安多尼約因擅權專制，將自王。愷撒猶子唯大屋一作塞薩爾額達維約起兵攻之，戰於黑細約河，馬爾各安多尼約大敗，擄其孥而逃，不盧多、加西約皆自剄死。漢成帝建始二年，唯大屋踐王位，是爲羅馬復立國王之始。當是時，羅馬東境至亞細亞，即土耳其中、東兩土。西境至西班牙、英吉利，北境括日耳曼諸部，南境包阿非利加之北境，地兼三土，亞細亞、毆羅巴、阿非利加。周回數萬里，盡入版圖。波斯遣使乞和，天竺亦遣使通好，徼外諸夷部皆入貢。建始三年，唯大屋更名曰奥古士都，一作奥烏士多。銷兵罷戰，親閉仍納廟門。仍納，兵主之神。兵興，則啓門；兵罷，則閉門。性寬大，厚待功臣，親愛士民，爲羅馬極隆平之世。其後駕里亡喇、尼囉相繼立，皆苛暴荒淫，比於幽厲。大將菲士巴山，素得民譽，衆推戴爲國王。時猶太叛亂，命其子第度伐之，攻破猶太都城，屠之。已而第度嗣立，慈惠愛民，稱爲賢主。未幾卒，其弟嗣立，煩刑苛斂，國人不堪其虐，弑之。東漢和帝九年，王大喇壤嗣位。時匈奴侵北鄙，命將擊走之。王性寬惠，矜庶獄，有仁聲，晚歲好土木，比頑童，論者惜其不終。繼立之王好武，屢伐匈奴勝之。順帝十二年，王安敦嗣位，博物好古，明於治體，修律度，振綱紀，號爲中興。時匈奴逐水草屢犯邊，王親率大兵渡河深入，不解甲者數年，窮追至北海，犂其庭幕，伏尸百萬，由是烽燧銷息，數十年無鳴吠之警。東漢之末，昏庸在位，骨肉相殘，國大亂。蜀漢後帝年間，稱王者三十人，日相屠攻。有奥哩都者，削平僭逆，光復舊物，羅馬再康，後因東方多邊患，恒屯重兵以備之。晉懷帝永嘉元年，王君士但丁或作公膽廷嗣位，性謙柔，有遠略，建大城於他大尼里海峽之北岸，以控制東方，即名曰君士但丁城，一作康思膽胎諸格爾。又作官士丹的諸伯拉，又稱控噶爾。是爲羅馬東都。君士但丁卒，三子争立，國又幾亂。嗣立之王好佛，仇耶穌教，伐波斯，中流矢卒。王約菲安嗣位，温恭好禮，修好四鄰，稱爲太平。先是東北有峨特族者，一作厄都，又作哥度。爲匈奴所攻，降於羅馬。羅馬處之北境，恣其游牧，生聚年久，日漸强盛。羅馬既立東都，悉以勁兵防東邊，西都守備單弱。峨特突以兵犯羅馬，羅馬王禦之，殞於陣，國大震，乃與之和。王第阿多西嗣位，潔白自修，稱爲令辟。東晉孝武帝二十二年，分國爲兩，以羅馬爲西都，以君士但丁爲東都，立二王分治之。其後西都屢爲峨特所侵，日就衰弱。王和挪流嗣立，貪饕喜淫刑。峨特屢來攻，肆行殺掠，城邑蕭然。宋蒼梧王元徽三年，峨特圍羅馬都城，王出降，峨特囚之軍中，憂懼死，羅馬民私葬之。由是西都遂爲峨特所據，而東都仍稱羅馬國。梁武帝二十五年，東王如地尼安嗣位，精於吏治，因舊例煩苛，令羣臣刪訂之，歸於寬簡，臣民稱便。時國人有航海至中國者，擕蠶桑之種以歸，試植之，與土性宜，由是繭絲之利興焉。泰西興蠶桑之利已一千數百年，而中國之人不知，以爲皆從粤東販往。唐初，回教之摩哈默，興於阿刺伯，新兼波斯，勢張甚，欲强羅馬入回教。羅馬不從，由是爲阿刺伯所怒，數數被兵。是時峨羅斯興於北土，以兵侵羅馬，羅馬與之和，以女嫁之，從此峨羅斯崇天主教。已而阿刺伯攻羅馬之東境，西里亞、猶太、買諾諸部皆陷，峽東地全成敵境，僅餘故希臘片土。即土耳其西土。勢益孤弱。元末，土耳其起於買諾，兼幷峽東諸部，數渡峽即他大尼里峽，已詳《土耳其圖説》。攻羅馬，侵割其旁邑殆盡。明景泰三年，攻陷君士但丁都城，羅馬遂亡。《後漢書》：『大秦國一名犁鞬，以在海西，此海指地中海。亦云海西國。所居城邑，周圍百餘里，置三十六將，皆會議國事。其王無有常人，皆簡立賢者。其人民皆長大平正，有類中國，故謂之大秦。與安息、即波斯。天竺即印度。交市於海中。其王常欲通使於漢，爲安息遮遏，不得自達。至桓帝延熹九年，大秦王安敦遣使自日南徼外，獻象牙、犀角、瑇瑁，始乃一通焉』云云。考之泰西人所紀載，羅馬都城最大，與《漢書》『周圍百餘里』之説相合。又羅馬自努馬七世後，不立國王，選賢者居高爵，立公會以治事，與《漢書》『王無常人，簡立賢者』之説相合。漢成帝二年，唯大屋踐王位，仍世及。《漢書》所云，乃其往事。又漢順帝十二年，王安敦嗣位，號爲中興。與《漢書》『延熹九年，大秦王安敦遣使入貢』之説，年代名氏均相合，則意大里之爲大秦無可疑矣。意大里在兩漢時，歐羅巴一土，隸幅員者十七八。故大秦之外，别無海西部落之名，見於《范書》。惟安敦之入貢，由日南徼外，其爲航海東來，可想而知。然則謂歐羅巴諸國，明以前未通中國者，殆不其然，惟市舶之聚於粤東，則自前明始耳。唐宋以來，皆以拂箖爲大秦，不知拂箖乃大秦東鄙屬部，猶之稱浩罕爲安集延也。然自宋以後，拂箖爲回部所據，幷不屬大秦，中國不知其原委，故因仍不改耳。【略】

今歐羅巴從天主教者，曰意大里亞，曰佛郎西，曰比利時，曰西班牙，曰葡萄牙；從耶穌教者，曰英吉利，曰荷蘭，曰嗹國，曰瑞國，曰普魯士，曰米利堅。此外兩教參雜者，曰奥地利，曰日耳曼列國。【略】

又别有希臘教者，亦天主教别派，額里士，峨羅斯尚之，與兩教教規又不同。近泰西人稱天主教爲公教，稱路得等教爲修教。余謂：立教，以救世也。乃諸國因分教之故，而殘殺不已，耶穌而有知也，其謂之何？

西班牙

明·艾儒略《職方外紀》卷二《以西把尼亞》 歐邏巴之極西曰以西把尼亞，南起三十五度，北至四十度，東起七度，西至十八度，周一萬二千五百里，疆域徧跨他國。世稱天下萬國相連一處者，中國爲冠，若分散於他域者，以西把尼亞爲冠。以西把尼亞本地三面環海，一面臨山，山曰北勒搦何。産駿馬、五金、絲綿、細羢、白糖之屬。國人極好學，有共學，在撒辣蔓加與亞而加辣二所，遠近學者聚焉，高人輩出，著作甚富，而陡禄日亞與天文之學尤精。古一名賢曰多斯達篤者，居俾斯玻之位，著書最多，壽僅五旬有二，所著書籍就始生至卒計之，每一日當得三十六章，每章二千餘言，盡屬奥理。後人繪彼像，兩手各持一筆，章其勤敏也。又有一王名亞豐肅者，好天文曆法，精研諸天之運，列宿之躔，撰成《曆學全書》，世傳歲差本原皆其考定，製爲一定圖象，爲今曆家大用。又將國典分門定類爲七大部，法紀極備。復取天主古今經籍有註疏者不下千餘卷，徧閲至十有四次。又纂本國自古史書。夫既身親國政，又傍及著述，種種如此，後世稱曰賢者之王，宜矣。

此國人自古虔奉天主聖教，最忍耐，又剛果，且善遠遊海上，曾有遶大地一周者。國中有二大名城：一曰西未利亞，近地中海，爲亞墨利加諸舶所聚，金銀如土，奇物無數，又多阿利襪果，有一林長五百里者。一名多勒多城，在山之巔，取山下之水以供山上，其運水甚艱。近百年内有巧者製一水器，能盤水直至山城，而絶不賴人力，其器晝夜自能轉動也。又有渾天象，其大如屋，人可以身入於其中，見各重天之運動，其度數皆與天合。相傳製此象者注想十七年，造作三年，曾未重作一輪。其境内有河，曰寡第亞納，伏流地中百餘里，穹窿若橋梁，其上爲牧塲，畜牛羊無算。有塞惡未亞城，乏甘泉，遥從遠山遞水，架一石梁，梁上作水道，擎以石柱，綿亘數十里。又一都城，悉皆火石砌成。故本國有言以：西把尼亞有三奇，有一橋萬羊牧其上，有一橋水流其上，有一城以火爲城池也。

國中奉天主之堂雖多，而最著者有三，一以奉雅歌默聖人，爲十二宗徒之一，首傳聖教於此國，國人尊爲大師大保主，四方萬國之人多至此瞻禮。一在多勒多城，創建極美，中有金寶祭器不下數千。有一精巧銀殿，高丈餘，闊丈許，內有一小金殿，高數尺，其工費又皆多於本殿金銀之數。其黄金乃國人初通海外亞墨利加所攜來者，貢之於王，王用以貢天主耶穌者。近來國主又造一瞻禮大堂，高大奇巧無比，修道之士環居焉，其內可容三國之王，水泉四十餘處。堂前有古王像六位，每位高一丈八尺，乃黑白玉琢成者。堂內有三十六祭臺，中臺左右有編簫二座，中各有三十二層，每層百管，管各一音，合三千餘管，凡風雨、波濤、嘔吟、戰鬥，與夫百鳥之聲，皆可模倣，真奇物也。又有書堂，闊三十步，長一百八十步，周列諸國經典書籍，種種皆備，即海外額勒濟亞國之古書，亦以海舶載來，貯於此處。其地原係曠野山林，後因造此堂，鳩工住集，七年遂成一城云。

以西把尼亞屬國大者二十餘，中下共百餘。其在最西者曰波爾杜瓦爾，分爲五道，向有本王，後因乏嗣，以西把尼亞之君係其昆仲，乃權署其國事焉。其境內大河曰得若，經都城里西波亞入海，故四方商舶皆聚都城，爲歐邏巴總會之地也。土產果實、絲綿極美，水族亦繁，所出土產，葡萄酒最佳，即過海至中國，毫不損壞。國中共學二所，曰陁物辣，曰哥應拔。其講學名賢曾經國王所聘，雖已輟講，亦終身給禄不絕。歐邏巴高士多出此學。近有耶穌會士蘇氏著陡禄日亞書，最精最廣，超數百年名賢之上，其德更邁於文。國都又有一地，界兩河間，周圍僅七百里，而高士聚會修道之所有一百三十處。又有天主堂一千四百八十所，水泉二萬五千，大方石橋二百，通海大市六處。由此可見其地之豐厚也。侯家苑囿有周數十里者，各種禽獸充牣其中。異國名王過其地者往射獵焉。隨處立有仁會，遍恤孤寡煢獨，或給衣食，或助貲賄，或保護其家，或葬死者。商舶至，或有死而無主者，則為收其行李，訪其親戚還之。種種仁事，他國雖各有會，莫如此中之盛。此外國王隨處遣官專撫恤孤子，理其家產，廣其生殖，長則還所有，且增益焉。

歐邏巴初通海道，周經利未亞，過大浪山，抵小西洋而至中國貿遷者，從此國始，詳見別紀。

清·南懷仁《坤輿圖說》卷下《以西把尼亞》　歐邏巴之極西，曰以西把尼亞。周一萬二千五百里，世稱天下萬國，相連一處者，中國為冠；若分散於他域者，以西把尼亞為冠。其地三面環海，一面臨山。產駿馬、五金、絲、綿、細絨、白糖。國人好學，有共學二所，遠近學者聚焉。國中有二大名城，一曰色未利亞，近地中海，為亞墨利加諸舶所聚。金銀如土，奇物無數。多阿利襪果，有一林，長五百里者。一名多勒多城，在山巔，運水甚艱。巧者製一水器，盤水至城，不賴人力。其器晝夜自能轉動。又有渾天象，其大如屋，人入其中，見各重天之運動，其度數皆與天合。境內有河，曰寡第亞納，伏流地中百餘里。穹窿若橋梁，其上為牧場，畜牛、羊無算。國中天主堂雖多，有一創建極美，在多勒多城，金寶祭器數千。有精巧銀殿，高丈餘，闊丈許，內復有小金殿，高數尺，其工費又多於本殿金銀之數。近來國王又造一大堂，高大奇巧無比。修道之士環居，內有三十六祭臺，中臺左右有編簫二，座中各有三十二層，每層百管，管各一音，合三千餘管，凡風雨波濤，嘔吟戰鬬，與百鳥之聲，皆可模仿。以西把尼亞屬國，大者二十餘，中下共百餘。本國之西有波爾杜瓦國，都城有得若，大河入海，四方商舶皆聚，為歐邏巴總會之地。產果實、絲、棉，極美水族亦繁出，葡萄酒最佳，過海至中國不壞。國中共學二所，其講學名賢經國王所聘，雖已輟講，亦終身給禄。歐邏巴高士多出此學。又有一地界兩河，周圍七百里，天主堂一千四百八十所，水泉二萬五千，石橋二百，通海大市六處，隨處立有仁會，遍恤孤寡煢獨。國王復遣官，專撫孤子。歐邏巴初通海道，周經利未亞，過大浪山，抵小西洋，至中國貿易者，從此國始。

清·徐繼畬《瀛寰志略》卷七《西班牙》　西班牙，是班牙、實班牙、斯扁亞、士便、干絲臘、義斯巴尼亞、以西把尼亞、大呂宋。亦歐羅巴大國。東北與佛郎西接壤，東南距地中海，西界葡萄牙，北距大西洋海，西南至東北，約二千四百五十里，東南至西北，約二千八十里。國有大山數疊，皆自東而西，橫亘如垣，劃分三土。北土山嶺錯雜，溪澗交流，中多腴壤，便於農作。中土高廣，天時炎燥，雨水難得，民多牧羊為業。南土山川秀發，風景清美，產各項果實，羊、馬、驢、騾皆良，勝於他國之產。其地古名意卑里亞，五方之人雜處，非尼西亞人居多。古商賈之國。後為加爾達額人所據。亦非尼西亞人，所立國，在地中海南岸。漢初，意大里大將奔彪一作潘沛帥師征服之，遂為羅馬西境。越六百餘年，羅馬衰，西境為汪德羅、隋窩、亞拉奴皆北狄種類三部之人所據。東晉安帝十三年，峨特一作哥度，又作維西哥多，又作厄都，亦北狄別種。酋長留維即的約，率大隊自東方來攻，羅馬守臣不能禦，棄地而逃，東地遂為峨特族所據。尋翦滅西境諸部，以隋文帝開皇季年立國。傳一百餘年，至羅德黎哥，性苛暴。其臣有人良者，為羅德黎哥所摧辱。時亞剌伯回部，據亞非利加北境即摩樂哥、阿利額諸回部，兵力方强。唐睿宗太極元年，人良引回部入寇，西班牙望風奔潰，王奔北鄙，國為回部所奪，僅餘亞斯都里亞斯、比斯加亞、納瓦拉三部，降為侯國。歷七百餘年，亞剌伯衰弱，守土回酋，各裂土自擅，日尋干戈，亞斯都里亞斯侯伯拉納誓衆興師，攻回部大捷，衆推立為王。尋攻獲加斯德辣地，稱加斯德辣王，令峨特人自戰其地，得即封之。回部或降或竄，故土全復。而國已數分，然姻婭相聯，無釁爭。加斯德辣傳至女主依撒伯爾，贅亞拉岡侯非爾難多。明成化十五年，諸部仍合為一，是為西班牙復建之始。依撒伯爾聰敏過人，能修國政，疑大海之西有廣土，弘治初年，遣其臣可侖一作閣龍，又作哥隆波。駕巨艦裹糧探之，果得亞墨利加之可侖比亞，驅逐土番，徙國人實其地。漸拓而南北，墨西哥、秘魯、智利、拉巴拉他等部，詳《亞墨利加圖説》。皆聽役屬。諸部產銀礦極王，每歲得數百萬斤，西班牙以此致富，西土稱為『金穴』。嘉靖年間，復遣其臣米牙蘭航海東來，至亞細亞東南洋之呂宋，據其海口，建設埔頭，帆檣湊集，百貨流通，由此愈益富饒。先是正德十四年，日耳曼內亂。時西班牙王查理第五有賢聲，日耳曼各部迎以為王。西班牙立其世子非立第二，泰西人所編《綱鑑》敍述如此。近閱大西洋人所著《地理備考》則云：『奧地利公爵非里卑即非立第二娶先王之女若亞納，遂即君位。』二説不同，未知孰是。然《綱鑑》專紀各國興亡、世系，頗為詳核，必有依據，故仍從彼説。兩國聯為唇齒。傳子加爾羅斯，國益富强。西鄰葡萄牙，本西班牙西部，趙宋時，驅逐回部，別立為國。萬曆中，葡萄牙王禦敵殞，無子，西班牙遂收復其地。越六十載，復分裂。詳《葡萄牙圖説》。方西班牙之恢復舊土也，回民之未逃者，皆降附為編氓，歲久復繁衍，逾數十萬戶，西班牙以其族類殊異，終為後患，勒兵驅逐之，回民皆破家攜孥，狼狽渡海，轉徙入亞非利加北境即阿利額等回部。失業者因剽掠糊口，地中海從此多盜，而西班牙戶口驟減，貿易漸微，日益貧寡，論者頗譏其失計。康熙三十九年，西班牙王查理歿，無子，奧地利王即日耳曼王。時日耳曼列國俱已稱王，故奧地利不復稱日耳曼王。欲立其子，佛郎西王欲立其孫，構兵累年，卒立佛王之孫非立第五為西班牙王。王英果，能立政，休養生息，西國再康。乾隆末年，佛郎西內亂，西班牙始攻佛。後與佛約結攻英吉利，戰船遭風，大半沉失。已而佛郎西拿破侖即位，時西班牙王加爾羅斯與其世子不睦，嘉慶十二年，拿破侖約其父子，為好會於馬也納，云為調協，至則數其罪而兩囚之，自立其弟為西班牙王。西民不服，招英吉利兵合攻之，交戰五年，逐拿破侖之弟，復立故王世子非爾難多。自是以後，內訌四起，日就衰亂。王歿無子，立幼女依撒伯爾，母后擅權。王弟煽回部遺民為亂，蓋岌岌乎危亡之勢焉。亞墨利加諸藩國皆畔，僅存古巴片土詳《亞墨利加海灣羣島圖説》與呂宋埔頭而已。

西班牙北境，負比里牛斯大山，地氣頗寒。南境臨地中海，夏令酷熱，賴海風滌暑氣。中土距海面一百四十四丈，為歐羅巴極高之地。四時多風，隆冬不爇火。河道之大者十二，尤著者曰米虐，曰斗羅、曰德人、曰瓜達爾幾維爾，皆入大西洋海。曰厄波羅，入地中海。土多膏腴，五穀之種皆備。木多橡，果多葡萄。山產各礦，金銀近已空竭，銅、錫、鉛尚有之，惟鐵與煤采之不竭。又產鑽石、寶石、五色玉、瑪瑙、水晶。其民俗膽氣粗豪，專務報復，好逸憚勞，惰於農作。早餐後必午寢，以此鄉戶多貧瘠，半居棚寮。俗儉嗇，杯酒一果之外無他求。男女幷好彈琴跳舞為樂，又好為斗牛之戲，聚觀者如堵牆，或縱狂牛於場，勇者挾刃，搏而刺之，獲勝則千萬人歡呼迎賀。舉國奉天主教，教師有大權，違异者以火焚之。貿易之繁盛，在海濱各埔頭，稅餉歲入一千八百萬兩。養兵太多，軍興用不足，恆貸於富民，償其息。近年主計者多失信不償，富民閟不肯借。每敵兵壓境，輒因缺餉撓敗。國舊分十三部，近年改為四十九部，合二島在內。分上、中、下三等。新加斯德辣，在中土，為四境適中之地，縱約六百里，橫約七百五十里。地高燥，多沙磧，草木不繁。現改五部，曰馬德里地，一作莫珠爾勒得，又作馬特。列上等，都城同部名，建於滿薩那勒斯河左。王廷極宏麗，土木之費，計千萬金。內有學署、醫院、觀星臺、軍功廠、古玩庫、藥草圃、療畜館。居民約二十萬人，產呢、羽綢緞、地毯、印花洋布、磁器。曰瓜達拉砂辣，列下等。古時多名人，所產呢、羽綢緞頗著名。曰多勒多，列中等，昔回部據西班牙，以此為都城，宮殿猶有存者。夏日苦熱，乏水泉，土人多飲坎中積雨。曰固盈加，列下等，產蜜蠟、牲畜。曰虛達里亞耳，列下等，產水銀。舊加斯德辣，在新加斯德辣之北，縱約四百六十里，橫約七百七十里，山岡與平原相間。現分六部，曰不爾厄斯，列下等。田土肥沃，氣候和平，產五穀、百果。曰羅哥羅虐，列下等。地頗清勝，產穀果，商賈輻輳。曰三當德爾，列下等，會城建於北斯加亞海口，估帆雲集，為北境大埔頭，地產穀果、黄麻。牲畜、煤窑極多。曰索里亞，列下等，城建山谷中，產羊毛。曰塞額維亞，列下等。地氣寒，產呢、羽、玻璃、紙札。曰亞維拉，列下等。地有書院，產洋布。良，在舊加斯德辣之西，縱約七百里，橫約四百五十里，地氣平善，物產豐饒。現改五部，曰良，列下等，會城屋宇高大，郊外風景清幽，產白玉。曰巴棱西亞，列下等。產穀果甚豐。曰瓦里亞多黎，列中等。土田最腴，產穀果數倍他部，又產材木極堅，船料仰給於此，兼產呢、羽、棉紗、磁器。曰薩拉蒙加，列下等。昔為西國大都會，代有聞人。兵火之後，凋敝已甚。曰薩摩拉，列下等，產葡萄、黄麻、羊毛。加黎薩，在良西北，南界葡萄牙，西北距大西洋海，居米虐河下游，縱約五百里，橫約四百五十里。近海卑濕，草場豐茂，宜牧畜。現分四部，曰哥魯尼亞，列上等，城建海隅，泊船最穩，商賈輻輳，為西北境大埔頭。港口有大炮臺，極堅固。曰顱額，列下等。地有羅馬舊城，產麻布。曰疴稜塞，列下等，產火腿、葡萄酒。曰奔德威達拉，列下等。產剪絨、銅器。加拉拿大，在極南境，臨地中海，縱約二百餘里，橫約八百餘里，地近赤道，天時炎熱而水土平良。現分三部，曰加拉拿大，列上等。會城舊為回部王都，戶口八萬，物產甚豐，稱南方大都會。曰亞爾美里亞，列下等。有海口極深闊，可泊舟。山產玉石、瑪瑙。曰馬拉牙，列上等。城建海濱，泊船最穩，貿易極盛，為南境大埔頭。瓦稜薩，在東南隅，臨地中海，縱約七百里，橫約二百里。地氣極暖，罕見冰凌。現分三部，曰瓦稜薩，列上等。會城建於平原，居民六萬。萬廈整潔，貿易極盛。產穀、果油、酒、綢緞、大呢。曰亞利干的，列中等。城建海濱，街衢闊直，港道寬穩，為東南境大埔頭。出口之貨，窩宅亦鉛類、黑鉛、白礬、銀、硃、藍靛、百果、葡萄酒、葡萄乾。曰加斯德倫得拉不辣納，列下等，城建海濱，物產貿易，與亞利干的略同，而富盛遠遜之。木爾西亞，在瓦稜薩之西南，東南境臨地中海，縱約二百餘里，橫約三百餘里。現分二部，曰木爾西亞，列中等。城建山谷中，戶口三十六萬。地氣溫厚，物產憒盈，穀、果、麻、酒皆豐，又產銅、錫、硫磺、白礬，有鹽池，產鹽極王。曰亞爾巴塞爾，列下等。產布匹、牲畜、鐵器。亞拉岡，在舊加斯德辣之東，縱約七百二十里，橫約四百八十里。山嶺重疊，寒燠懸殊。產麥、麻、百果、酒、油、蜜蠟、牲畜，兼產銅、鐵、錫、礬、不灰木。現分三部，曰薩拉厄撒，列下等。舊本繁盛，遭兵燹而殘毀。曰烏厄斯加，列下等。土膏腴，少歉歲。曰德魯厄爾，列下等。地氣甚寒，人乏疾病，產烏煤。納瓦拉，在亞拉岡之西北，與佛郎西接壤，縱約三百里，橫約二百餘里。產黍稷、大麥、油麥、豆粟，山產木料及五金之礦。現仍為一部，列下等。亞斯都里亞斯，在舊加斯德辣、良兩部之北，北境距大西洋海，縱約一百五十里，橫約四百六十里。南境負大山，民居巖谷，農作甚勤。產栗子、佛手，山產銅、鐵、錫、鉛、白礬、水晶，又產駿馬。現仍為一部，曰疴維夜多，列中等。加達魯尼亞，在亞拉岡之東。東南臨地中海，北負比里牛斯大山，與佛郎西接壤，縱約五百里，橫約上百里，依山傍海，物產憒盈，地氣平善，戶口最繁，織造呢羽皆精良，貿易之盛，甲於通國。山產材木、五金、水晶、白玉、藍寶石、白黑礬、硇砂。現分四部，曰巴爾塞羅內，列上等。城建海濱，居民十二萬。葡萄酒、燒酒、橄欖油、南果由此出運，為東境第一大埔頭。曰達拉瓦納，列下等。地多烈風，穀果豐碩。曰勒黎達，列下等，物產亦豐。曰日羅納，列下等。城建山麓，有金湯之勢，國變時屢被兵，日形凋敝。比斯加亞，介納瓦拉、亞斯都里亞斯之間，北距大西洋海，縱橫皆二百餘里，產木材甚富，船廠皆取給焉。現分三部，曰比斯加亞，列下等。會城頗繁盛，為羊毛總聚之地。曰給不斯孤，列下等。城建山麓，為北境鎖鑰。嘉慶十八年，佛郎西來侵，屋宇炮臺俱成灰燼。事定之後，修復如初。曰亞拉襪，列下等。義斯德勒馬都拉，在新加斯德辣之西。西境與葡萄牙接壤，縱約六百六十里，橫約四百六十里，土肥沃而氣候極炎。現分二部，曰巴達熱斯，列下等。城建瓜的牙納河右，極堅固。有石橋，長一千八百步，闊二百步，橋孔二十有八。產穀果、菸酒、牲畜。曰達塞勒斯，列下等，產牛羊。安達盧西亞，在新加斯德辣之西南，西界葡萄牙，西南臨海，縱約五百里，橫約一千一百五十里。山阜與平原相間，其山有毛有童。產穀果、絲綿、蜜、酒、油、鹽、甘蔗、牲畜，又產銅、鐵、窩宅、水銀、硇砂。長夏酷熱，土人多夜作晝輟。現分五部，曰塞維里亞，列上等。城建平原，居民九萬，豐饒為南土之最。曰烏厄爾襪，列下等，民多以網魚為業。曰加的斯，列上等。城建海角，大而堅，著名西土。居民五萬三千，貿易昔稱極盛，今漸蕭索。曰哥爾多瓦，列中等。城建瓜達爾幾維爾河之右，傑構雲連，樓臺重叠，街衢狹而穢，居民五萬七千。曰熱音，列下等，土甚沃而農作不勤。巴里亞利斯，在西班牙東南地中海內，合五島為一部，列下等。曰馬惹爾架，曰米諾爾架，兩島較大，戶口約二十萬，產南果極多，曰壹維薩、曰佛爾門德辣、曰加卑勒拉。加拿列斯，在阿非利加之西，大西洋海中，合大小二十島為一部，以德內黎非島為首，列下等。安達盧西亞之南境，與阿非利加之北境，相對成海峽，曰日巴拉爾大一作直布羅陀，長約八十里，闊約五十里，狹處止十餘里，為地中海之門戶。英吉利於北岸磐石之上築堅城，曰義人荅荅，環以炮臺，守以重兵，已歷百餘年。佛郎西、西班牙屢攻之，不能取也。

按：西班牙境土恢闊，埒於佛郎西。其俗長於泛海，善於行遠。自得亞墨利加、墨西哥諸部之後，其國有金銀氣，西土視為陶猗。至今歐羅巴各國行用之洋銀，大半稱呂宋番，宜其富强，莫與京矣。然近年衰弱已甚，且貧苦者，何也？富而無政，雖秦、隋不免覆亡，況區區之夷國乎？

呂宋在中國東南洋，與歐羅巴相去絶遠。西班牙於前明中葉探得之，立為埔頭，由是其商船來粵東者，率稱大、小呂宋，或稱宋仔，而西班牙之名轉隱。

葡萄牙

清·徐繼畬《瀛寰志略》卷七《葡萄牙國》 葡萄牙，葡萄駕、葡萄庫耳、布路亞、波耳都欺、博爾都噶亞、大西洋。歐羅巴小國也。地形狹長，縱約一千三百里，橫約五百里，東、北兩面界西班牙，西、南兩面距大西洋海。其地古名盧西達尼亞，本西班牙西境，自唐以前，沿革與西班牙同。當西班牙恢復舊土，有臣曰英黎給，佛郎西之王孫也，善將兵，戰功最多，加斯德辣王即西班牙王。時故土尚未全復，亦未歸一，故不稱西班牙王。亞豐蘇妻以女，以所克盧西達尼亞數城封之，爵如伯。其子亞豐蘇英黎給襲位，伐回部，大破之，擴地漸廣。宋哲宗紹聖元年，國人奉以為王，是為葡萄牙立國之祖。其後嗣征服回部，盡有盧西達尼亞之地，與西班牙并立。明嘉靖間，有賢王曰以馬努以利，能立制防，國稱極治。子約翰第三嗣位，聯昏於西班牙，四境乂安，倉庫充實。子英黎吉嗣位，亞非利加回部來侵，出戰敗没。無子，西班牙乘勢并其國，由是隸西班牙者六十年。西政貪殘，葡人患倒懸，崇禎十三年，起兵逐西班牙守者，復立故王支屬約翰第四。西班牙屢來侵，構兵二十餘年。葡王修好於英吉利，英吉利助以兵力，時擁護之，乃免於亡。先是歐羅巴諸國，自開闢至元時，自相往來，鮮通別土。葡萄牙人精於算數，習天文，用儀器測量日出入并星躔度數，知水陸之方向遠近。明初，其國王遣善操舟者，駕巨艦南行，由亞非利加之西境，轉而東，歷亞非利加之東境，抵五印度之西境，復轉而東，至麻剌甲，又從蘇門荅臘、噶羅巴之海峽，遍曆東南洋諸島國。所至輒留葡人，營立埔頭。隆慶初，抵粵東香山縣之濠境即澳門。請隙地建屋，歲納租銀五百兩。疆臣林富代請許之，葡萄牙人遂立埔頭於澳門，是為歐羅巴諸國通市粵東之始。其後西班牙、荷蘭接踵東來，佛郎西、英吉利繼之。葡萄牙所立小西洋、東南洋埔頭，咸被侵奪，僅餘澳門一廛，為諸國東道之逆旅。嘉慶初，佛郎西拿破侖侵伐四鄰，兵及於葡，葡不能禦，王棄國航海，逃於巴西一作巴拉西利。巴西者，南亞墨利加廣土，葡人於明中葉探得之，建為藩部者也詳《亞墨利加圖説》。已而拿破侖為英吉利所禽，王乃歸國。尋卒，其世子留王巴西，兼王葡。巴西民謂王貪王兩地，不肯服。王不得已，自王巴西，而遣幼女歸王葡。時王弟已自立，不肯避位。王在巴西，不習其俗，國人迫王致位，王狼狽歸國，與女合兵攻弟，英吉利助以兵，滅王弟，王女乃定位。尋贅日耳曼世子為婿。夫卒再贅。女慈惠愛民，國人安之。

葡萄牙壤地褊小，外臨大西洋海，境內萬山盤亘，平原甚少。大河三，曰米虐、曰斗羅、曰德人，皆發源西班牙，由葡西境入海。西北氣候頗寒，東南則夏苦炎熱。穀以小麥、蕎、黍為主，大麥、油麥、高粱、粟米、粳稻、蠶豆、豌豆，亦皆有之。土田最沃，而農功疏惰。木多松、柏、栗、橡、槐、楊、楓、椴，果有梨橘、桃、梅、櫻桃、核桃、杏仁、波羅、佛手、檸檬、無花果、阿利襪，即橄欖，其仁可以為油。最多者為葡萄，用以釀酒極甘，色赤，味甘，內有雜櫻桃者。販行遍於西土。亦解種桑養蠶，產絲無多。山產紅藍寶石、水晶、五金各礦、黑礬、硫磺、磁石，鹽田則沿海皆是，取之不竭。舉國崇天主教，財貨半歸教師，民恆貧乏。國舊分六部，後分為八部，各有所領小部。義斯德勒馬都拉，在南北適中之地，西距大西洋海，縱約六百里，橫約二百五十里。領十一小部，曰里斯玻亞，一作力士門，又作勒門。葡萄牙之都城也。建於德人河右，跨山臨水，樓臺疊起。內有學署、書庫、觀星臺、軍功廠，規模極為巨麗，郊外內港寬深，下接海口，泊舟平穩，貿易極繁。河岸炮臺周匝，守衛嚴密。乾隆二十年遭地震，王廷民舍，不遺一椽，死傷山積。歷年修建，乃復其故；曰德黎威德辣，產葡萄，有行宮甚麗；曰加斯德內辣，其海口可泊舟；曰亞零給爾，有溫泉能療病；曰勒黎亞，物產甚豐，有玻璃廠，足供通國之用；曰亞爾哥巴薩，產棉布；曰多麻爾，產油、酒、穀、果甚多，貿易頗盛；曰毆靈、曰商的勾西，兩部地處高陵，土田甚瘠；曰三達零，在德人河右，土腴產豐，繁華為通國之最，有行宮備冬獵；曰塞獨巴爾即塞圖巴爾區，在薩都河右，巨舟可泊，產鹽極王。卑辣，在義斯德勒馬都辣之北，東界西班牙，西臨大西洋海，縱約六百里，橫約三百里。近分二部，曰卑拉亞爾達、曰卑拉拜砂。共領十一小部，曰固英巴拉，舊為卑拉會城，有大書院，葡國名人，皆由此出。土產磁器、麻布；曰亞爾加尼耳，地幽暗，烟戶甚稀；曰亞威羅，在窩烏牙河口，埔頭甚大，而水土頗劣，產魚、鹽、磁器、紅橘；曰非辣，田甚沃，其河多魚；曰維修，卑拉亞爾達之會城也，有大市，產棉布，善造金銀器皿；曰拉美厄，產烟葉，多畜豚；曰比聶爾，與西班牙接壤，城極堅；曰達郎哥索，城有七門十五塔，炮臺周密；曰瓜爾達，地氣嚴寒，產棉布、洋絨、鮮果；曰黎尼亞利斯，地荒僻，少戶口；曰加斯德羅巴郎古，卑拉拜砂之會城也，城垣整峻，街衢敞潔，物產亦裕。亞零德人，在義斯德勒馬都拉之東，卑辣之南，東界西班牙，西南隅臨大西洋海，縱約五百里，橫約二百九十里，富庶甲於諸部，產穀果、羊毛、奶餅、油、酒、蜜蠟。領小部八，會城曰厄窩拉，城市華整，產磁器、陶器；曰卑惹，土腴氣清，民物康阜，城外有塔四十，又有方炮臺甚高，可遠眺數百里；曰窩黎給，昔亞豐蘇英黎給大破回部於此，其後人建坊廟以志武功；曰維拉威索薩，城有大宅，極巨麗，高爵居之，又有大囿，周回四十里，內多嘉樹清泉，麕兔充牣，曰呢里襪斯，為葡第一堅城，戶口繁密，商賈輻輳；曰玻爾達勒給，劣，物產豐富，人多素封；曰加拉多，戶口寥落；曰亞維斯，有行宮。亞利牙爾威，西南臨海，北界亞零德人，東界西班牙，縱約一百里，橫約三百四十里。其民雄健好武，多以捕魚為業，尤善駛船。舊本小國，葡滅回部，并兼其地。領小部三，會城曰發羅，平原饒沃，烟戶湊密，人多習漁。曰達維拉，葡萄遍野，網罟蔽河，山產銀、銅；曰拉各斯，城建海隅，港口深闊，可泊大船，屬邑薩給勒斯，有書院，故王亞豐蘇英黎給所建也。斗羅米虐，東北界西班牙，南界卑拉，西臨大西洋海，縱約二百五十里，橫約一百五十里，其地樹木成林，牲畜蕃衍。近分二部，曰斗羅、曰米虐。共領小部七，曰巴拉加，米虐之會城也，人煙輳密，多峻宇，產軍器、鐵器、麻布、金銀器皿，價甚廉；曰伯爾多，斗羅之會城也，物產之豐，貿易之盛，亞於里斯玻亞葡之京都；曰北那非野爾，人戶甚稀；曰幾馬拉英斯，昔開國之王亞豐蘇英黎給誕生於此，宮殿遺址猶存，產鐵器、牛皮；曰維牙納，城建黎馬河口，泊舟甚穩，土產極豐；曰巴爾塞羅斯，地亦豐富，產火腿；曰瓦連薩，城極堅固。達拉斯德斯蒙德世，東北界西班牙，西界斗羅米虐，縱約二百二十里，橫約三百三十里，巖谷迴環，牲畜繁富，葡萄、桑樹，匝野彌山。領小部四，會城曰巴拉安薩，建於山陵之上，戶口不繁，土雖沃而水泉鹹劣，產綢緞、絲貨；曰迷蘭達，昔之名城，久已隳毀，人戶尤稀；曰蒙哥爾窩，有織造絲貨機房，貿易極盛，產葡萄美酒；曰威拉里亞爾，地極豐富，戶口最繁，屬邑北蘇的勒瓜，釀葡萄酒最良，商販絡繹，每歲得酒價，約五六百萬金。葡萄牙之西，大西洋海中有羣島，距葡境約二千餘里，葡探得之，墾為外部，總名曰亞索利亞，譯言鷹島也。島之大者有九，南方二，曰三達馬利亞、曰三迷給爾；中央五，曰德爾塞辣、曰三惹爾日、曰加拉西約薩、曰發牙爾、曰北哥；北方二，曰佛羅利斯、曰哥爾窩。各島天氣晴和，水土平善，產五穀南果極多，中稔之年，猶堪出售五十舟。近刻有《地理備考》，大西洋人馬吉士所譯，於西班牙、葡萄牙兩國，紀載獨詳。葡萄牙其本國，西班牙其祖國也。兹節采之，以例其餘。

按：粤東之居夷，自葡萄牙之居澳門始。維時尚方珍玩，皆取辦於粤。或不時給，輒為中涓所嬲。適葡人有濠鏡之請，當事利其居積貨寶，便於供辦。又所謂毆羅巴者，爾時不知為何地，以為不過南洋諸夷之類。一枝暫借，無足重輕，非必貪其五百金之利也。葡萄牙本西洋小國，得此奥宅，如登天上，以其餘資，廣築樓館，綿亘萬廈。毆羅巴諸國來粤者，倚為東道主人。其留粤收逋欠者，皆租其房屋，久居不去。諸夷之浸淫狎熟於粤東，則由澳門為之權輿也。林富一代名臣，而謀國之疏若此。語云：『涓涓不絶，將成江河。』可不慎哉！

葡萄牙初至澳門，其本國商船，來者甚多，極為饒裕。迨後印度、南洋各埔頭，多為諸大國所侵奪，本國估帆，遂致絶迹。生計日益貧窘，僅以屋租為養命之源。其居澳門者，長子孫已數百年，粤人謂之『土生仔』，生齒既繁，尤貧特甚。

澳門之夷，俗呼為大西洋，又稱為意大里亞。當其初來，中土不詳其部落之名。彼謂從大西洋來，則稱為大西洋，而不知葡萄牙之在大西洋，不過滕、薛之類也。至稱意大里亞，則以意大里為彼土一統之朝，猶之稱中國為漢人、唐人耳。又利瑪竇、南懷仁之屬，以曆學名中土，皆意大里之羅馬人，而其來也皆居澳門，訛誤相仍，有自來矣。

西歐諸國

英國

清·傅恆等《皇清職貢圖》卷一《英吉利國夷人》 嘆咭唎，亦荷蘭屬國，夷人服飾相似，國頗富。男子多著哆囉絨，喜飲酒，婦人未嫁時束腰，欲其纖細，披髮垂肩，短衣重裙。出行則加大衣，以金縷合貯，鼻煙自隨。

清·穆彰阿等《嘉慶重修一統志》卷五五六《嘆咭唎在西北海中，距廣東界計程五萬餘里，其貢道由海道至天津赴京師》 建置沿革 嘆咭唎，一名英圭黎國，南近荷蘭，紅毛番種也。國中土地平衍，左有那村，右有加鳌皮申村，皆設立礮臺。二村中皆有大海，駕船往來。王所居名蘭崙，有城，距村各百餘里。王姓名世系，遠者不可考，其近者為弗氏京也治，傳子昔斤京也治，昔斤京也治傳子非立京也治。本朝康熙間，嘆咭唎始來通市，後數年不復來。雍正七年後，互市不絶。乾隆七年，嘆咭唎巡船遭風，漂至澳門，遣夷目至粤東省求濟，地方官給貲糧，修整船隻，令俟風便歸國。先是，其互市處或於廣，或於浙，二十二年，部議嘆咭唎不准赴浙貿易，於是皆收泊廣東。每夏、秋，交由虎門入口。二十四年，嚴絲斤出洋之禁。御史李兆鵬，奏請禁止絲斤出洋，嗣後凡私販絲斤出洋者，照偷運米穀例治罪。兩廣總督李侍堯，復奏綢緞綿絹出洋，應否與絲斤一并定議處分，亦經奏准，照例科斷。是年，嘆咭唎夷商洪運輝妄控粤海關陋弊，訊有徽商汪聖儀者，與運輝交結，擅領其國大班銀一萬三百八十兩。按交結外夷互相買賣借貸財物例治罪。二十七年，嘆咭唎夷商白蘭等，懇求照前通市。兩廣總督蘇昌據情入奏，請照東洋銅商搭配綢緞之例，酌量配買。高宗純皇帝特沛殊恩，每船准買土絲五千斤、二蠶湖絲三千斤，其頭蠶湖絲及綢綾緞匹仍如舊禁止，後又准帶綢緞成匹者二千斤。自是，嘆咭唎來廣互市，每船如額配買，歲以為常。五十八年，嘆咭唎國遣使臣嗎嘎呢等恭進表貢。貢品天文地理音樂大表、地理運轉全架，共二十九種。上御萬樹園大幄次，宣召正副使，宴賞有差，賜國王文綺珍玩，特頒敕諭。譯出表文內，有懇請派人留京照管買賣一節，又使臣稟請大臣轉奏，該國貨船或到浙江以及天津、廣東地方收泊交易，又該國夷商懇求在京城另立一行，收貯貨物，又求相近珠山地方小海島一處，夷商在此停歇，及撥給附近廣東省城小地方一處，居住夷商，或准令澳門居住之人出入自便，又該國夷商自廣東下澳門，由內河行走，貨物或不上稅，或少上稅，又該國所奉之天主教，欲任聽夷人傳教。高宗純皇帝以所請皆係更張定制，命大臣向使臣嚴加駁斥，復將所駁各條敕諭該國王永遠遵奉，並令邊臣鈔録敕諭二道，入於交代，以便遵照妥辦。五十九年及嘉慶元年，嘆咭唎國附進表貢，皆蒙賞收，賜以敕書並錦緞等物。十三年，嘆咭唎國夷船帶兵擅入澳門，據夷目云，該國與大西洋鄰好，今大西洋國地方為法蘭西占踞，該國恐大西洋人來澳門貿易者被法蘭西欺阻，因派夷目帶兵幫護。經地方官奉旨嚴飭，夷目畏懼，即行退回外洋。二十一年，嘆咭唎國遣使入貢，賜國王白玉如意一柄、翡翠朝珠一盤、敕諭一道，以示懷柔。二十三年，上以撫馭外夷之制示兩廣督臣。兩廣總督阮元奏豫防嘆咭唎事宜一摺，上諭軍機大臣曰：國家撫馭外夷，具有一定規制，遵守者懷之以德，干犯者示之以威。嘆咭唎在粤貿易，其貨船及護貨兵船停泊處所，久有定例。若該夷人不遵定制，有違禁令，先當剴切曉諭，宣示德威，以杜其覬覦之心。倘竟敢恃其强悍，擅越界址，則不能不開礮轟擊，使之懾我兵威。總之，懷遠之道，當先以理勝，斷不可孟浪從事，先啓兵端；亦不可過示怯弱，使彼無所畏懼也。將此諭令知之。暎咭唎距廣東計程五萬餘里，又有（千）［干］絲臘國與暎咭唎相近，風俗相同，每歲駕夾板船來廣互市焉。

風俗　奉天主教，禮拜誦經，《皇朝文獻通考》：其俗信奉天主，每七日一禮拜，誦經，不食齋，不理事。女贅男而居，不置妾媵，《皇朝文獻通考》：女率贅男而居。婦亡則更贅於女，不置妾媵。男子著哆囉絨，婦人短衣重裙，《皇清職貢圖》：男子多著哆囉絨，喜飲酒，婦人未嫁時束腰，欲其纖細。披髮垂肩，短衣重裙，出行則加大衣，以金縷盒貯鼻煙自隨。色尚紅緑，握手為禮，居喪即日營殯葬，不設位，斷煙火。《皇朝文獻通考》：色以紅緑白為吉，青為凶。相見脱帽握手為禮，多佩刀，飲食用金銀器。喪即日營殯葬，所親送葬，相與握土而歸。男女閉戶號泣，不設位，斷煙火。所親饋之食，則食。七日後，始開門舉火焉。

土產　麥、禾、果、豆、黑鉛有一山名間允，產黑鉛，民為開採，輸稅入官。、火石、紫檀、大小絨、嗶嘰、羽紗、玻璃鏡、時辰鐘表。

清・徐繼畬《瀛寰志略》卷七《英吉利國》　英吉利國，英機黎、英圭黎、膺吃黎、諳厄利、英倫的、及列的不列。歐羅巴强大之國也。地本三島，孤懸大西洋海中。迤東兩島相連，南曰英倫，一作英蘭、北曰蘇格蘭，一作斯哥西亞，又作師古泰。兩島南北約二千餘里，東西闊處五六百里，狹處三四百里，迤西別一島，曰阿爾蘭，一作耳蘭，又作壹爾蘭大。南北約七八百里，東西約五六百里。英倫南境，與荷蘭、佛郎西皆相近，舟行半日可達。距佛尤近，海港狹處，止六七十里，兩岸可以相望也。其地古時為塞爾達土番部落，後為北狄峨特族所據。漢宣帝五鳳三年，羅馬大將愷撒，一作人略塞薩爾。略定西北諸番，渡海平英倫，建為別部。屬意大里者數百年，至今猶有羅馬城闕遺址。前五代時，羅馬衰亂，峨特族卑勒敦人據英倫，後為蘇格蘭之斯各多、比德斯兩部所攻，孤弱不能自立，求援於安各羅。安各羅者，亦峨特種，寄居撒遜、比利時界內，兵素强，而逼仄無立國地。既為卑勒敦人所邀，則大喜，悉衆渡海，破走蘇格蘭兩部，因脅降卑勒敦人。陳後主元年，據英倫立國。後分為七部，如列國小侯，時相攻伐。有厄伯德者，娶佛郎西王之女。女奉天主教，招教師來其國，為制禮儀，由是其國漸强。唐德宗貞元十六年，滅六部歸於一。是時大尼國即嗹國方劫掠海上，突以兵船入英倫，據都城。英人以厚賂緩兵，尋以計焚其船。自是大尼寇鈔不已，居民逃竄，田野荒蕪。王子有亞腓烈者，智略過人。幼時嘗兩赴羅馬，與文士游。方嗣王位，而大尼以大衆來攻，王乃偽為樂工，抱琴造敵營，請奏侑酒，因得縱觀虛實，進兵決戰，破其連營。是時佛郎西已陷北地，大尼迭侵擾，王枕戈寢甲，五十餘戰而外患平。乃墾田勸農，招徠商旅，開學堂以譯异書，立保約以弭盜賊，境內大治。王卒於唐昭宗年間，嗣王孱弱，大業遂衰。先是，英倫以尚天主教興，久之，教師擅大權。王娶后，教師禁不令同室，王不聽，教師劫後，以鐵烙毁其容，尋斃之，王噤不能仇。由是王僅守府，國勢不振。大尼復來侵擾，許以歲賂，始給銀一萬七千斤，後增至二萬四千斤，而兵不止。宋真宗十九年，大尼大舉來伐，破倫敦都城，遂兼英。其王曰駕奴特，立治粗有條理，英人安之。其子嗣位，苛斂好兵。先是，英北族英倫北部有酋曰威廉，一作給列爾美。常仕佛郎西，守西北大郡。大尼既滅英，威廉欲圖興復，請於羅馬教王，教王以英土封之。宋英宗治平年間，威廉率舟師伐英，大尼王禦之，兵敗被殺。威廉進攻，據倫敦，遂王英。北族凌英民，英民多反側。王怒，驅英民十萬衆於林中，皆凍餓僵死，以其田宅賜北族。既而悔恨卒，王顯理第一嗣。宋高宗二十七年，王顯理第二立，有智謀。時天主教魁參預國事，王有所拔擢，教魁輒阻撓之。羣臣怒，殺教魁。王懼教王之加罪也，自守齋，拜其墓乃已。附近有伊琳大洲，即阿爾蘭。王征服之。其世子剛猛好戰，欲伐居猶太之回回族。先往聘修好，歸途為他國所擄，以金贖回，後戰死。其弟約翰嗣位，性强狡，好田獵，百姓疾之。又侮天主教師，羅馬教王怒，棄絶英民，息禮拜，閉殿堂，廢其婚葬，禁飲酒食肉剃鬚，民皆怨恫咎王，王不得已，納貢教王。由是權遂下移，民自擇薦紳議政，不復關白。王憤甚，欲誅諸紳，諸紳欲招佛郎西世子為王，會王殁，華義都第三一作義都亞爾多嗣立，有權略，平內難，與佛郎西構兵累年，互有勝負。其子嗣位，權復為紳民所侵，英有別部之酋，忽起兵攻王，奪其位。明建文帝元年，國人立顯理第四，募兵恢復，滅僭位者，國乃定。顯理第五立，伐佛郎西勝之。顯理第六立，年尚幼，大臣攝政。時王宗分二派，一曰紅玫瑰派，一曰白玫瑰派。因初分之第宅植此兩種花，因以得名。兩宗争欲據王位，自相屠攻，國大亂者數十年，藩屬皆叛。明憲宗成化年間，顯理第七嗣位，削平内亂，四境乂安。王性機敏，長於吏治，稱為賢主。顯理第八立，性强傲，尚豪華，喜怒不常。娶西班牙王女為后，因助西班牙伐佛郎西。后無子，出之，再娶少艾。已而失寵，殺之。再娶，又殺之。王有佞臣，委以大權，偶迕意，立賜死。忠言至計如充耳，四國皆稱為無道主。先是日耳曼人路得者，著書譯解耶穌教旨，人多信之，王不謂然，手著一書駁詰之。王殁，嗣王崇信耶穌教，寬惠愛民，教士有法，舉國喁喁望治。立未幾卒，其姊馬利一作馬理嗣位，贅西班牙王子為婿，禁耶穌教，國人不悦。明嘉靖三十六年，女主以利撒畢即位，賢明知大體，勤於政治，英民頌之。是時荷蘭不肯從耶穌教，為西班牙所攻。英女主以兵助荷蘭，西班牙因移兵伐英。師船泊英港，忽大風激浪，船觸礁石半沉壞，英人以小舟圍而殲之，片帆無返者，國勢益振。先是斯哥西亞别為一國，一作師古泰，即蘇格蘭地。元初，英人取之。明中葉，斯哥西亞人布魯斯復自立為國。有女曰馬理，姿絶世，初嫁佛郎西王為后，佛王早卒，馬理歸母家。父卒，嗣王位，選羣臣美丈夫為夫。夫有别寵，馬理妒之，夤夜遣客殺夫，焚宫以滅其迹，而贅殺夫者為夫。時國人已競尚耶穌教，而馬理仍執耶穌教，又殺夫有邪行，國人圍馬理，將囚之，越城而逃，募兵決戰，兵敗降於英。英女主謂馬理犯倫肇亂，下之獄。馬理在獄十八年，復與獄吏奸，因逃去。英人捕得之，斬於市。萬曆三十一年，英女主卒，無子。斯哥西亞王熱給斯者，一作惹米士。女主之姻也，英人奉以嗣王位，斯哥西亞復與英合為一國。熱給斯辯給有才，好講禮制。時天主教之徒，結黨謀反，窖公會殿下藏火藥，候王至，將轟殺之。會發覺，悉誅死。萬曆四十二年，查理第一立，性拗癖，好戲狎，不恤民隱。由是士民怨畔，公會皆散，税餉無所出。王將與佛郎西戰，授甲無應者，師船未戰而退。順治四年，王募兵誅梗命者。國人與王戰，虜王弑之。時有大紳負才望，攝王政以定國，自稱保護主，申明法制，參以變通，英人稱便。與西班牙、荷蘭戰，皆勝之。攝政數年，倉庫充實，乃致位於先王世子，曰查理第二。為人淫侈多内寵，惰於聽政。嘗與荷蘭戰，帥師者，國之名將，入荷蘭内港，毁其戰船，王由此愈汏。忽倫敦大火，焚宫室民居殆盡。已而瘟疫盛行，死者相枕藉，國勢頓衰。其弟嗣位，素習天主教，强民相從。民習天主教久，不肯變，慮王之相難也，渡海招荷蘭王為主。荷蘭王率兵至，王奔佛郎西。康熙二十七年，荷蘭王入倫敦，即王位，號曰威廉第三。雄武有大略，法度嚴明，百司任職，積粟如邱山，蒐討軍實，悉成勁旅，由是威聲大振。方欲席卷西土，會嬰疾殁，無子。時日耳曼之漢挪瓦王若耳治第一有賢聲，康熙五十二年，國人招若耳治第一來英，奉以為王。王初蒞英，不諳其俗。后為英故王之女，習於英事，相助為理，民大和。前王兩宗苗裔尚存，起兵欲圖恢復，王夷滅之。是時英商船通行四海，日益富强。與佛郎西交兵，屢戰勝。王卒，子若耳治第二立，修法度，别等威，定親疏，平訟獄，國稱大治。伐西班牙獲全勝，又伐佛郎西，割其藩屬之在亞墨利加者。乾隆二十三年，若耳治第三立，舉動好循禮法，亦稱賢主。先是前明中葉，英人泛海覓新地，得北亞墨利加腴土，徙國人實其地，日漸墾闢，遂成沃壤，英人倚為外府。後英國軍興連年，徵税餉於亞墨利加，倍其常額，亞墨利加人不能堪。有華盛頓者，一作兀興騰，又作瓦乘敦。據地起兵，英人以大衆攻之，八年不克。佛郎西與英世仇，舉傾國之師助華盛頓，英不能支。乾隆四十七年，與華盛頓和，聽其自立為米利堅國。亞墨利加之轉音，即花旗國。沃土盡為米利堅所割，僅餘北境荒寒之土，英國由是虚耗。已而五印度貿易日盛，英富厚過於昔時。五印度者，一名温都斯坦。乾隆中年，東印度之孟加拉，囚虐英商，英以大兵攻之，滅孟加拉，乘勝脅降東、中、南印度諸部，設四大部。孟加拉、麻打拉薩、孟買、亞加拉。麻剌甲、息力諸番族，皆歸統轄。英人遍設埔頭，帆檣雲集，百貨流通，富饒遂為西國之最。嘉慶年間，佛郎西拿破侖得國，侵伐四鄰。廢西班牙王，而以其弟王西班牙。故王求援於英，英起兵伐佛郎西，血戰累年。嘉慶二十一年，破佛郎西舟師於海峽，以九萬人登陸進攻。拿破侖率十萬衆禦之於窩德爾禄。約其大戰，自昧爽至日暮，槍炮之聲震天地，數十里烟氣迷漫。佛師大潰，英人乘勢逐北，斬首二萬級，禽拿破侖以歸，流之荒島，西班牙王復其故國，由是英國威振西土。王晚年得狂疾，世子攝政。王卒，世子嗣立，有賢聲，早卒。道光九年，其弟嗣立，曰威廉第四。初為水師總統，以厚德御下，不沽名譽。及即位，安民和衆，不喜兵争，論者謂才能不越衆，而德量有餘。道光十八年四月卒，無子，有女不慧，遺命立兄女維多里亞為王，即今在位之女主也。立時年十八，贅日耳曼撒可堡侯世子博雅那為婿。

英吉利三島，以英倫為主，其立國之本境也。南北約千里，東西廣狹不齊，西界稍見山嶺，而平地為多。河道十餘，皆不甚長。田土膏腴，為歐羅巴之上壤。地分五十二部。東方之部六，首曰迷德勒塞斯，建都於達迷塞河濱，名曰倫敦一作蘭墪，東西南北皆七十里，無城郭，居民一百四十餘萬。殿闕巍峨，規模閎巨，離宮別苑，綿亘相屬。文武百官之署，各有方位。街衢縱橫穿貫，百貨山積，景象之繁華，人戶之湊密，為西國第一大都會。都中有保羅殿堂，耶穌弟子。又有西殿，祀天主教名師。兩殿營構最奇崛。有大書院，曰屋度，文儒所萃。有大肆曰北明翰，鐵工聚焉。城外內港通海口，埔頭最大，每歲別國商船，來者千餘，本國出入者三千餘。次曰諾耳佛爾克、曰素佛爾克、曰黑爾德佛爾、曰厄塞斯、曰岡比黎日。諾耳克佛爾為織造呢布之地，岡比黎日有大書院。南方地氣較暖，岡阜紆蟠，帶以清流，蔭以茂樹，每春夏林花嫣然，風景極清。分十部，曰根德、曰薩塞斯、曰蘇勒、曰北爾克、曰蘇當波敦、曰烏義爾德、曰索美爾塞、曰多爾塞、曰的彎、曰哥爾奴瓦里斯。根德為大教師所駐，殿堂甚巨。別有邑曰緑威，養軍士、水手之受傷而年邁者。又有邑曰風素耳，有別館，極幽雅，居王族之隱逸而習靜者。南界有港口，甚寬大，兵船、商船，皆修造於此，檣立如林。北方地形漸狹，別一區宇，分六部。其大部曰約爾克，有屬邑曰曼識特，為洋布總聚之地。外通港口曰里味池，居民二十萬，米利堅販棉花之船，皆收此港，在英國埔頭為第二。西北列五部，曰蘭加斯德爾、曰威斯德謀爾蘭、曰岡比爾蘭、曰達爾威、曰諾爾東北爾蘭。北境有邑曰新堡，係石炭即中國之煤聚集之處。中央之部十八，多平衍膏腴之土，曰支斯德爾、曰德爾比、曰諾定昂、曰林哥爾內、曰舍羅波、曰斯達佛爾、曰雷塞斯德爾、曰魯德蘭、曰氣耳佛爾、曰窩耳塞斯德爾、曰窩爾維克、曰諾爾桑波敦、曰恆丁敦、曰瞞冒、曰哥羅塞斯德爾、曰痾哥斯佛爾、曰巴京咸、曰比德佛爾。西方地形入海，別一區宇，總名曰威爾勒士一作瓦勒。其地山嶺重疊，為英倫之後戶，居民皆古時土番遺種，與英倫言語不同，多以牧羊為業，人皆散處，城邑甚少，地產石炭。分十二部，曰非林德、曰敦比各、曰該拿爾彎、曰安哥勒塞、曰美略內、曰蒙德痾美里、曰拉德諾爾、曰加爾的安、曰奔不羅咯、曰該爾馬敦、曰北勒各諾克、曰加拉摩爾安。

蘇格蘭，一作斯哥西亞，又作師古泰。在英倫之北，南北約八百餘里，東西廣狹不齊。古時別為一國，明萬曆三十一年，合於英為一國。迤南土田肥沃，迤北磽瘠多鹵斥。其民習勤耐苦，善於謀生。俗儉，嗇不妄費，經商遍四海，積貲多在數萬里外，故地雖寒瘠，而多素封。產石炭最多，每歲收炭稅百餘萬。地分三十三部。南方十三部，曰壹丁不爾厄一作以丁堡，蘇格蘭之舊都也。今為會城，在內海之南岸，街衢整潔，萬廈雲連，為北方大都會；曰林利德厄、曰合丁敦、曰北爾維克、曰棱非律、曰哀爾、曰烏宜痾敦、曰拉拿爾克、曰比波勒斯、曰塞爾給爾克、曰羅哥斯不爾厄、曰當非利斯、曰給爾加德比里至。中央十四部，曰亞爾日勒、曰比干德、曰內壹爾那、曰慕來、曰邦弗、曰亞北爾、曰迷牙爾、曰安孤斯、曰白爾斯、曰發壹夫、曰見羅斯、曰加拉克馬南、曰斯德爾零、曰當巴爾敦。加拉克馬南為洋布總聚之地，出運別國，每歲得價千餘萬。北方六部曰爾哥內、曰該內斯、曰蘇塞爾蘭、曰羅斯、曰哥羅馬爾的、曰音威爾內斯。

阿爾蘭，一作耳蘭，又作壹爾蘭大。在英倫、蘇格蘭之西，海港隔斷，別為一島，南北約七八百里，東西約四五百里。古時為土番部落，英人於南宋時收服之。地多瀦澤，河流甚短，土亦磽瘠。產石炭甚富，又產鉛、錫、銅、鐵。其民粗豪閎爽，飲酒歡會無遠圖。英人募以為兵，臨陣敢於衝突，以退縮為恥。故英之水陸將領，半皆阿爾蘭人。俗尚天主教，不肯從天主教，英人惡之，而不能使之改革也。地分三十二部。東方十二部，曰都伯林一作土北林，其會城也。建於但士江濱，下接海口，水深便於泊船。城內外居民十萬餘，貿易繁盛，景象極豪華；曰勞斯、曰壹斯德迷、曰烏宜哥婁、曰威哥斯佛爾、曰幾爾給尼、曰加爾婁、曰幾爾德壹耳、曰固音斯高翁的、曰京斯高翁的、曰威斯德迷、曰郎佛爾。西方五部，曰勒德靈、曰斯黎各、曰羅斯哥滿、曰馬約、曰加爾威。南方六部，曰哥雷宜爾、曰里摩黎克、曰給黎、曰哥爾克、曰窩德爾佛耳、曰的卑拉黎。北方九部，曰安德靈、曰刀尼、曰亞爾罵痾、曰的倫、曰倫敦德黎、曰德內加爾、曰非爾馬那痾、曰加彎、曰摩那安。

英國附近海島甚多，迤南最大者曰威地，風景極清。近佛郎西海中兩島，曰額西、曰額耳西。在西方者，曰萌島。附近蘇格蘭，曰散多島，地氣寒甚，穀麥不登。迤北羣島尤寒洌，積冰雪者歲居其半，其民捕魚為食。

英吉利三島物產，石炭之外，兼產銅、鐵、錫、鉛、窩宅、硇砂、馬、牛、羊最多。土宜二麥，收穫甚豐。然人滿食不足，資運糴於他國。織布者四十九萬餘人，其機以鐵為之，激以火輪關捩，自能運動，是以工省而價廉。每年用棉花四十餘萬擔，皆從五印度、米利堅運入。織造大呢、羽緞、嗶嘰最多，又能織絲緞，亞於佛郎西。絲由中國、意大里運買。槍炮、刀劍、鐘錶，以及日用各項器皿之工，約三十萬人。每年各項貨價，約值一萬萬餘兩。街市之中，衽帷汗雨，晝夜往來如織。其商船四海之中，無處不到。大利歸於商賈，而工則貧。

英國之制，相二人，一專司國內之政，一專司外國之務。此外大臣，一管帑藏、一管出納、一管貿易、一管訟獄、一管璽印、一管印度事務、一管水師事務，各有佐屬襄助。都城有公會所，內分兩所，一曰爵房、一曰鄉紳房。爵房者，有爵位貴人及天主教師處之；鄉紳房者，由庶民推擇有才識學術者處之。國有大事，王諭相，相告爵房，聚衆公議，參以條例，決其可否。復轉告鄉紳房，必鄉紳大衆允諾而後行。否則，寢其事勿論。其民間有利病欲興除者，先陳説於鄉紳房；鄉紳酌核，上之爵房；爵房酌議，可行則上之相，而聞於王；否則報罷。民間有控訴者，亦赴鄉紳房具狀，鄉紳斟酌擬批，上之爵房核定。鄉紳有罪，令衆鄉紳議治之，不與庶民同囚禁。大約刑賞、征伐、條例諸事，有爵者主議；增減課稅，籌辦帑餉，則全由鄉紳主議。此制毆羅巴諸國皆從同，不獨英吉利也。又英國聽訟之制，有證據，則拿解到官。將訊，先於齊民中，選派有聲望者六人；又令犯罪者，自選六人。此十二人會同訊問，辨其曲直，然後聞之於官。官乃審訊，而行法焉。

英吉利本國境土，止三大島，其藩屬埔頭，皆在數千萬里之外。北亞墨利加一土，英人於前明萬曆年間探得之，生聚墾闢，經營二百餘年，後南境為華盛頓所割據，僅餘北境六部詳《亞墨利加圖説》。乾隆初年，復得五印度數千里膏腴之土詳《五印度圖説》。由印度海之東岸，漸拓而南，在緬甸之西界，有阿喀喇等埔頭。迤南為麻剌甲，再東南為息力俱詳《南洋圖説》。又由緬甸之西北，開阿薩密部。南洋之極東南，有大島曰澳大利亞又名新荷蘭，別有兩島，曰搦日倫敦又名新西蘭，皆英人新開之土另有圖説。此外則阿非利加之西界，有獅山諸地詳《阿非利加圖説》，南亞墨利加，有特墨拉拉諸地詳《亞墨利加圖説》，其餘所屬小島，不可勝數。

按：英吉利夐然三島，不過西海一卷石。揆其幅員，與閩、廣之臺灣、瓊州相若。即使盡為沃土，而地力之產，能有幾何？其驟致富强，縱橫於數萬里外者，由於西得亞墨利加，東得印度諸部也。亞墨利加一土，孤懸宇內，亘古未通聲聞。英人於前明萬曆年間探得之，遂益萬里膏腴之土，驟致不貲之富。其地雖隔英倫萬里，而彼長於浮海，視如一葦之杭。迨南境為米利堅所割，所餘北境雖廣莫，而荒寒類中國之塞北。燕支既失，英國幾無顏色矣。五印度在中國西南，即所謂天竺佛國。英人於康熙年間，在孟加拉購片土，造屋宇，立埔頭。乾隆二十年，滅孟加拉，乘勝蠶食印度諸部。諸部散弱不能抗，遂大半為其所役屬。其地產棉花，又產鴉片烟土。自中國盛行之後，利市十倍。英人所收稅餉，五印度居其大半。失之桑榆，而收之東隅，抑何幸也。英人既得五印度，漸拓而東南。印度海之東岸，遍置埔頭。阿喀剌、達歪，取之緬甸；麻剌甲、息力即新奇坡易之荷蘭。小西洋即印度海利權，歸掌握者八九矣。再東則中國之南洋諸島國，惟呂宋屬西班牙，餘皆荷蘭埔頭。繁盛如噶羅巴即瓜哇，衝要如馬尼剌即小呂宋，英人未嘗不心艷之。而他人我先，無由馮空攫取。然往來東道，以兩地為逆旅，西與荷不敢少迕也。澳大利一島，孤懸巽維，廣莫無垠，野番如獸，英人亦極意經營，欲收效於數十年數百年之後。至如亞非利加之獅山又名西爾拉里阿尼，闢荒穢而取材；南亞墨利加之特墨，踐塗泥而耕作。蓋四海之內，其帆檣無所不到，凡有土有人之處，無不睥睨相度，思朘削其精華。而目前之倚為外府，而張其國勢者，則在於五印度。其地在後藏西南，由水程至粵東，不過兩三旬。蓋英人之屬地，久已近連炎徼，而論者止知其本國，以為在七萬里之外也。

英吉利本國，地形褊小，而生齒最繁。可耕之土，不足供食指之什一。北亞墨利加未分割之前，英民無業者，率西渡謀食。迨米利堅割據之後，英所餘北境之土，寒不可耕。雖得五印度廣土，而其地本有居人，幷無曠土。英人流寓雖多，終不能反客為主，故汲汲於尋新地。近年得新荷蘭大島，誅鋤草萊，流徙罪人於此；貧民無生業者，亦載往安插，移民於八萬里之外。其為生聚之謀，亦可謂勤且勞矣。

英吉利歲入稅餉，除還商民利息外，每年約得二千餘萬兩，所出亦二千餘萬兩。本國額兵九萬，印度英兵三萬，土兵二十三萬，謂之『敍跛兵』。兵船大小六百餘隻，火輪船百餘隻。其兵水師衣青，陸路衣紅，重水師而輕陸路。專恃槍炮，不工技擊，刀劍之外無別械。

英吉利兵船，極大者安炮一百二十門，次一百，次九十，次七十四，次六十；中等者安炮四十四，次三十六，次二十八；小者安炮二十，次十，次六。其船大者三桅，長十五六丈；次者二桅，長約十丈。船形平直，兩高六七尺。船腹入水，深者三丈餘，淺者兩丈餘，小者丈餘。包以銅片，厚一二分，防蠔蟲蝕船也。船底有三龍骨，正中者高三尺許，平而直，兩旁者相距尺許，低於中龍骨尺許。船底厚約七八寸，表裏兩層，故謂之夾板。釘極密，以銅為之，長尺許。舵甚小，在中龍骨之尾，長與中龍骨齊。桅三節，在根者，圍約三尺餘，長約十丈，入船腹者三丈餘，直抵龍骨，在外者七丈餘，中一節圍約尺餘，長約二三丈。上一節圍不及尺，長止丈餘。每節相接處有木架，可坐數人，持儀器審方向，又可懸炮擊遠。帆分三幅，以布為之，卷舒極速。繩索密如蛛網，桅兩旁有繩梯用以登桅。船首有桅，長二三丈，其勢斜立，亦施篷以兜風，謂之『頭鼻』。炮位少者一層，多者兩層至三層。上一層在船面，下兩層於船旁開炮洞，人在船腹。其船行大洋中，不畏風浪。其篷闊捩靈巧，能收八面之風，惟入水過深，最畏礁石，一擱淺即立敗矣。船料皆番木，或黃色，或赤黑色，皆極堅韌。船之內外，時時拭滌，皆極光澤。繩索拭以油，使其柔韌，隔數日輒重拭之。

俗傳西洋炮皆銅鑄，非也。銅炮亦有之，而不如鐵炮之多。其鐵炮鎔鑄精凝，內外滑澤，形粗而短。三千斤者，長才五尺許。炮架不用輪，上下兩盤，施鐵條，進退左右，拽之以繩，極其靈便。炮彈極圓滑，亦時時以油拭之，防銹澀也。每炮一門，兵六人司之。鳥槍皆自來火，另有利刃長尺餘，以鞘插之於腰，敵迫不及放槍，則套刃於槍梢，以當戟刺。

火輪船，大者如三桅船，小者如兩桅船。船之後半，上為水櫃，下列火門，或五或九，火門之內，以柴燃煤。水櫃之上，兩銅管粗尺許，灣折而下，至船底，承以兩木桶，高五六尺，圍七八尺。木桶之前，又接以雙鐵管，曲折灣環，達於輪軸。管內貯水銀，不知如何運用。火燃水沸，熱氣從銅管入桶，桶蓋扇動，熱氣貫入雙鐵管，宛轉達於輪軸，以激動之。輪在船之兩旁，為鐵圈三層，橫施鐵板，略如南方灌田之水輪。外以木匣護之，望如半月。船面有大鐵筒，高二丈餘，出黑烟以透火氣；又小鐵筒一，高丈餘，出白蒸以透水氣。船將行，先燃火，約兩三時，候水沸而開船。船內有銅尺二，施於兩柱，推之向前，則輪前轉；推之向後，則輪倒轉；推之依柱，則輪不行。船之行也，輪激水如飛，瞬息不見，一晝夜約千餘里。船面立小桅二，遇順風，則施篷以助輪；風不順，則專用輪而不用篷。船面設炮與夾板同，惟船腹不開炮洞耳。火輪船之制，四五十年前始創為之。先是歐羅巴諸國，織布多用火輪機。能者推廣其法，遂造為火輪船。近年米利堅又推廣其法，造火輪車，而鎔鐵為路，以速其行，亦可謂精能之至矣。

英吉利之人，身材長大白皙，鬚髮與睛或黑色，或黃赤色。心計精密，作事堅忍，氣豪膽壯，為歐羅巴諸國之冠。其語音雜佛郎西、日耳曼。其文字用二十六字母，佛郎西用二十四字母，英益其二，餘二十四字母與佛同。或二三字合為一音，以漢字譯之，斷不能吻合也。舉國尚天主教，耶穌之書，名爲《聖書》，人藏一帙於懷袋。

英吉利官員，常服之冠，圓筒平頂窄檐，燕居多用軟胎貼檐，略如中國之如意巾。禮服之冠，以黑絨為之，厚一指許。頂如斧刃，前後伸出長近二尺，略似中國之雨帽，雖盛暑亦著此。然入門即免冠，不能久戴也。武職有武功者，頂上綴白羽數十莖，貼身之衣束革帶，外襲之衣長過膝，用天青呢，窄袖敞前襟。文職領袖與褲，皆以銀綫盤作花紋，武職兩肩挂銅獸面，貴者以金，下綴金綫纓絡。職大者，獸面之下，拖金絲繩長數尺，綰結盤於獸面；職卑者，僅一肩挂獸面。文職帶劍，武職帶刀。鞘皆用白鐵，飾以金、珠、象牙，鏤制絕精。刃雪亮如敷汞，柔可盤圍腰間，伸之則直。禮服之刀劍，皆無铓，謂之『太平刀』。武員革舄，踵後有銅釘上屈，長寸許。

英吉利之俗，男女婚配皆自擇定，然後告父母。至婚配之日，耶穌教師誡以善言，為之祈福。男以戒指約於女指，親賓送之入房，歡宴而散。其俗，男女皆分父母之產，男不得娶妾，犯者流之七年。男恆聽命於女，舉國皆然。

英俗，賓主相見，以脫帽為恭，各伸右手相握為禮。除跪拜天帝、救世主外，見君王亦無叩頭之禮。尊卑雜坐，無上下左右之分。每宴會，合座先立起，持杯祝君王壽，頌以好詞，一飲而盡，然後輪流相敬。敬是人，則是人不飲，內一人頌好詞致祝，合座擊節呼贊之。贊畢，合座皆釂。

英俗，早餐皆餅餌饅頭，沃以牛油，飲茶與加非，參以牛乳、白糖。午飯謂之大餐，牛羊肉或燒或炙，飲葡萄酒。蔬菜不甚用，惟重荷蘭薯。

荷蘭

《明史》卷三二五《外國傳六・和蘭》 和蘭，又名紅毛番，地近佛郎機。永樂、宣德時，鄭和七下西洋，歷諸番數十國，無所謂和蘭者。其人深目長鼻，髮眉鬚皆赤，足長尺二寸，頎偉倍常。【略】

其本國在西洋者，去中華絕遠，華人未嘗至。其所恃惟巨舟大炮。舟長三十丈，廣六丈，厚二尺餘，樹五桅，後為三層樓。旁設小牕置銅炮。桅下置二丈巨鐵炮，發之可洞裂石城，震數十里，世所稱紅夷炮，即其製也。然以舟大難轉，或遇淺沙，即不能動。而其人又不善戰，故往往挫衄。其所役使名烏鬼，入水不沉，走海面若平地。其柁後置照海鏡，大徑數尺，能照數百里。其人悉奉天主教。所產有金、銀、琥珀、瑪瑙、玻璃、天鵝絨、瑣服、哆囉嗹，國土既富，遇中國貨物當意者，不惜厚資，故華人樂與為市。

清・傅恆等《清職貢圖》卷一《荷蘭國夷人》 荷蘭，又名紅毛番，地近佛郎機。明萬曆間常駕大艦泊香山澳，求貢市，不果。已而入閩，據彭湖，侵臺灣地。

國朝順治十年，始由粵通貢。康熙初，助大兵征臺有功，嗣後貢市不絕，其貢道改由福建。夷人黑氊為帽，遇人則免冠挾之以為禮，著錦繡絨衣，握鞭佩劍。夷婦青帕蒙頭，領圍珠石，肩披巾縵，敞衣露胸，繫長裙，以朱革為履，其地有咖喇吧，為南洋之會，又析其名曰，曰英吉利。

清・穆彰阿等《嘉慶重修一統志》卷五五一《荷蘭在西南海中，亦曰紅夷，俗稱紅毛國，其貢道由福建以達於京師》 建置沿革 自古荒服之地，不通中國。相傳在西洋中，其地近佛郎機，其人深目長鼻，髮眉鬚皆赤，足長尺二寸，頎偉倍常，故名紅夷，又名紅毛番。明萬曆中，佛郎機市香山，據呂宋，荷蘭聞而慕之。《明史》：萬曆中，福建商人歲給引往販大泥、呂宋及咬留吧者，和蘭人就諸國轉販，未敢窺中國也。自佛郎機市香山，據呂宋，和蘭人聞而慕之。二十九年，駕大艦攜巨礮直薄呂宋，呂宋人力拒之，則轉薄香山嶼，言欲通市。當事難之，嶼中人慮其登陸，謹防禦，始引去。三十二年七月，駕二大艦直抵彭湖，至十月末乃去。是時，佛郎機橫海上，紅毛與爭雄，攻破美洛居國，與佛郎機分地而守，後又因咬吧假臺灣之地，於日本築安平、赤嵌二城，倚夾板船為援戰，久留不去。海上奸民闌出貨物與市。尋復出據彭湖，築城設守，已又泊舟風櫃仔，出沒浯澳、白坑、東椗、莆頭、古雷、洪嶼、沙洲、甲洲間，要求互市。濱海郡邑為戒嚴。天啓三年，巡撫南居益謀討之。上言：臣入境以來，聞番船五艘續至，與風櫃仔船合九十有一艘，其勢愈熾。有小校陳士瑛者，先遣往咬吧宣諭其王，至三角嶼遇紅毛船，言咬吧王已往阿南國，因與士瑛偕至大泥，謁其王。王言咬吧國主已大集戰艦，議往彭湖求互市，若不見許，必至攜兵。蓋阿南即紅毛番國，而咬吧、大泥與之合謀，必不可以理諭。為今日計，非用兵不可，因列上調兵足餉方略，部議從之。四年正月，遣將先奪鎮江港而城之，且築且戰，番人乃退守風櫃城。居益增兵往助，攻擊數月，寇猶不退，乃大發兵，諸軍齊進，寇勢窘。兩遣使求緩兵，遂揚帆去，彭湖之警始息，而其據臺灣者猶自若也。崇禎中，為鄭芝龍所破，不敢窺內地者數年，乃與香山佛郎機通好，私貿外洋。十年，駕四舶由虎跳門薄廣州，尋遁歸臺灣。本朝順治九年，偽鄭成功率舟師攻安平城，荷蘭戰敗，因棄臺灣而去。十年，廣東巡撫奏稱，荷蘭國遣使航海請修朝貢。十三年，貢使嗶嚦哦嘢哈哇嘙等到京，其貢道由廣東入。康熙三年，荷蘭國遣出海王統領兵船，至閩安鎮助剿海逆，克取廈門、金門，特頒敕諭二道，遣官齎賞賚銀緞至福建，令給付本國人帶歸。五年，荷蘭國王表貢方物。二十五年，改定荷蘭國貢道由福建入。是年，荷蘭國遣使獻方物，以貢船例由廣東入，但廣東路近而泊地險，福建路遠而泊地穩，請嗣後由福建入，部議如所請。自是職貢彌謹。雍正初年，通市不絕。夏秋交來廣，由虎門入口，至冬乃回。乾隆元年，特命裁減荷蘭稅額。二十七年，准荷蘭國夷商每船配買土絲五千斤，後又准每絲千斤扣帶綢緞八百斤，著為例。五十年，上幸瀛臺，荷蘭國貢使於西苑門外瞻覲，宴賞優渥，賜國王綵緞羅綺文玩諸珍，錫之。敕諭，以嘉悃忱。五十九年，荷蘭國王遣使入貢，宴賞如例。按：荷蘭，《明史》謂之和蘭，其本國在西洋者，去中華絶遠，華人未嘗至。其所恃惟巨舟大礮，舟長三十丈，廣六丈，厚二尺餘。樹五桅，後為三層樓，旁設小牕，置銅礮，桅下置二丈巨鐵礮，發之可洞裂石城，震數十里，世所稱紅夷礮，即其製也。然以舟大難轉，或遇淺沙即不能動，而其人又不善戰，故往往挫衄。其所役使名烏鬼，入水不沈，走海面若平地，其柁後置照海鏡，大徑數尺，能照數百里云。

風俗　奉天主教，深目長鼻，髮眉鬚皆赤，國土富，遇中國貨物當意者，不惜厚貲《明史》。夷人黑氊為帽，著錦繡絨衣，握鞭佩劍，遇人則免冠挾之以為禮。夷婦青帕蒙頭，領圍珠石，肩披中縵，敞衣露胸，繫長裙，以朱草為屨。《皇清職貢圖》。

土產　馬、珊瑚、哆囉絨、織金氊、嗶吱緞、鏡丁香、檀香、自鳴鐘、冰片、琥珀、鳥槍、火石以上俱入貢、金、銀、瑪瑙、玻瓈、刀、劍可屈伸縈繞如帶、天鵝。

清·徐繼畬《瀛寰志略》卷六《荷蘭國》　荷蘭，和蘭、賀蘭、法蘭得斯。歐羅巴小國也。東界日耳曼，南界比利時，西北距大西洋海，縱約六百五十里，横約三百五十里。壤地褊小，夷坦無山，歐羅巴地形，此最低陷。海潮沖嚙，劃爲洲渚，港道縱横交貫。其地沮洳卑濕，而土脉最腴。民習水利，善築堤防，開溝洫，又善於操舟，能行遠，故歐羅巴海市之通行，自荷蘭始。其地古時爲土番部落，種人名曰巴達臥。漢時，意大里擴地至佛郎西，荷蘭土番悍不聽命。意大里兵阻水不能進，因置爲荒服，不復争。後爲日耳曼之弗郎哥人所據。蕭齊時，佛郎西取之，置酋長分領其衆。佛有内亂，諸酋擁地自擅，分爲十七小國。後有不爾眮尼亞酋長，復并諸部爲一，自立爲侯國。北宋時，海潮決堤數百里，居民皆没，都城幾陷。潮退之後，積水匯爲巨浸，曰亞爾零海。經營數十年，户口繁滋，商賈通行，完富過於曩時。明初，侯查理侵佛郎西，圍其都城，耀兵而還。時荷蘭富民，多恃財犯科律，侯以峻法繩之，刑戮過當，衆怨怒，有叛志。佛郎西乘勢伐之，侯震恐，納賂請盟，佛兵乃退。荷蘭舊分南北部，侯政苛虐，南部即比利時恃强不聽命。侯與戰敗績，墮溝中死。正德季年，西班牙王查理第五新爲日耳曼所推立，已詳《奥地利亞圖説》。有大權，擊佛郎西，擄其王，西土諸國，無敢逆顔行者。遂下令兼王荷蘭，荷蘭不敢抗。時荷蘭富甚，王減稅以悦其民，而悉令入耶穌教。有遵耶穌教者，積薪燔之。已而查理第五令其子西班牙王非立第二兼王荷蘭，禁耶穌教尤急。南部本習天主教，無梗令者。而北部夙崇耶穌教，堅不肯改。非立第二以峻法繩之，凡戮數千人。荷蘭人憤甚。有阿蘭治者，智勇過人，衆推爲主，起兵拒西班牙。西班牙以大衆攻之，荷蘭人死戰，屢敗而氣不衰。佛郎西、英吉利嘗引兵救之，已而退去。阿蘭治激其衆曰：『西人以我供刀俎，當塗肝腦決死戰。幸而勝，國之福也；不濟，則決海堤、挈妻子爲波臣。不死者，乘舟逃萬里外，誓不爲之氓。』衆皆曰：『諾』。遂引軍獨進，與西班牙鏖戰數十年，屢挫西軍，西班牙遣客刺殺之，其子繼統其衆，雄武過父，奮力擊西軍，大破之。西班牙乃斂兵議和，由是荷蘭復立爲國，晏然安富承平者二百餘年。當前明中葉，荷蘭航海東來，至中國之東南洋，據瓜哇海口，即噶羅巴。迤東迤北各島國，皆建設埔頭，通東西七萬里之海市。故國雖小，而富饒甲於西土。明季，嘗以兵船擾閩浙，墾臺灣而據之，後爲鄭氏所逐，小西洋各埔頭，亦頗爲英佛諸國所侵削，而南洋數大島，則依然荷蘭有也。康熙二十七年，王威廉第三有雄略，英吉利人招之渡海，奉以爲王，幾霸西土。嘉慶初，佛郎西拿破侖侵伐四國，兵及荷蘭。荷蘭王走死荒野，地歸佛郎西。英吉利乘荷蘭之亂也，奪其瓜哇埔頭。拿破侖既敗，荷蘭復立故王之裔，英人乃還其埔頭。先是，荷蘭南部與北部相仇。當北部與西班牙構兵，南部附西班牙不相助。嘉慶十九年，南部與荷蘭合。道光十一年，南部復絶荷蘭，立他族爲王，稱比利時國。荷蘭地形平衍，有水無山，東偏僅有丘阜，亦甚寥落。北境出燕麥，中國稱油麥。又出胡麻，形似壁蝨，紫黑色，可以爲油。山西省北有之，非脂麻也。西北境出大麥，中土出麻與顔料，南境出小麥。俗喜吸絲烟，故種烟草者多。草場豐廣，便於牧牛，所製奶餅極佳，又善造火酒，二者通行各國。所織羽毛緞最良，中國貴之。其民俗樸實耐勞，節衣嗇食，治生最爲勤苦，無游民，無盜賊，利之所在，不遠數千萬里。性喜潔，房屋時時掃滌，街衢有污穢，必洗刷净盡。稅餉頗重，聽紳士籌辦，王不得專。地分十一部。北荷蘭，西距大西洋海，東環亞爾零内海。都城曰亞摩斯德爾登，一作俺莫士特爾坦，又作安特堤。建於義河之濱，架木水中，上起樓閣，以河道爲街衢，居民二十萬，貿易之盛，爲歐土大都會。又有別都曰合其，在海濱，國王所居殿廷制頗卑狹，而民居極整潔。來丁、烏特兩城，有大書院，文儒所萃。南荷蘭，在北荷蘭之南，西面大海，南界內港，隔斷成兩洲，會城曰海牙。所屬鹿特堤，城內通舟楫，殷商所萃，街市華潔。斯蘭德亞，在南荷蘭之南，西面大海，內港縱横，界隔成六洲，會城曰米德爾不爾厄。北巴拉班的，在斯蘭德亞之東，幅員頗廣，南與比利時接壤，會城曰不亞勒獨各。烏德勒支，在兩荷蘭之東，會城同部名。給爾德勒，在烏得勒支之東北，西界亞爾零內海，東界日耳曼，會城曰亞爾凝。德倫得，在給爾德勒之北，西界內海，東界日耳曼，會城曰亞森。疴威爾義塞耳，在德倫得之北，東界日耳曼，會城曰索爾。非里薩，在疴威爾義塞耳之西，三面距內海，會城曰留瓦爾敦。哥羅凝加，在疴威爾義塞耳之北，爲荷蘭極北境。東界日耳曼，會城同部名。靈不爾厄，在北巴拉班的之東南隅，與日耳曼接壤，會城曰賣士的里至。十一部之外，別一部曰盧森不爾厄，在日耳曼界內，長二百五十里，廣二百里，會城同部名。户口二十九萬，入日耳曼公會，應出兵二千五百五十。此部圖中未畫，應在《日耳曼圖》內。

按：荷蘭爲歐羅巴澤國，與魚鱉錯處，受水患最甚，亨水利亦最優。堤防溝洫，猶易易耳。刳木爲舟，而通行於數萬里之外，則習於水之明效也。勝國季年，閩浙兩洋，時見侵軼。嘗踞舟山，定海道頭地方，尚有紅毛馬頭之名。毀普陀，普陀巖有萬曆年間官塑佛像，荷蘭以巨炮摧之，收其寶藏而去。鼓棹月港，即海澄縣，從前海港深通，大船可直抵城下，荷蘭船時來游奕。後港漸淤淺，乃移市舶於海門，海門又淤，乃移於廈門。寄迹澎湖，崇禎三年，荷蘭據澎湖，閩撫南居益，以樓船航海擊之，荷蘭遁去。卒乃據臺灣而有之，彼時概稱爲紅毛，即荷蘭也。鄭成功長江之敗，金廈不能守，適荷蘭通事何斌負逋稅逃內地，獻謀取臺灣。成功悉鋭渡海，奪鹿耳，據安平，相持一年，荷蘭大困，成功乃縱之去。由此絕意中國，不敢復覬片土。先是，鄭芝龍受撫後，嘗以小舟焚荷蘭三艘，厥後成功扼之於臺灣，幾致片帆不返。以彼横肆如鯨鯢，遇鄭氏父子而弱焉，亦足爲遠夷侵淩中國之炯戒矣。

歐羅巴諸國，皆好航海立埔頭，遠者或數萬里，非好勤遠略也。彼以商賈爲本計，得一埔頭，則擅其利權而歸於我，荷蘭尤專務此。其航海而東來也，亞非利加、印度、麻喇甲、蘇門答臘，即已遍設埔頭，噶羅巴即瓜哇一島，大小西洋入中國之門户，富盛甲於兩洋，爲諸島國之綱領。荷蘭以詭謀據其海口，建設城邑，流通百貨。由是迤東迤北諸島國，如婆羅洲、一名蟠尼阿。西里百、一名失勒密士。摩鹿加、一名失羅洛。巴布亞一名那吉尼之類，大小凡數十處，說見《南洋圖》。皆巫來由、繞阿、武吃番族。荷蘭以次據口岸，立埔頭，有租賃其地者，有侵脅得之者。大約近年以來，小西洋諸島國，以英吉利爲主，東南洋諸島國，除呂宋屬西班牙，餘皆以荷蘭爲主。地本彈丸，而圖國計於七萬里之外，歷數百年無改，亦可謂善於運籌者歟。

鄭芝龍焚荷蘭船，見閩人所著《臺灣外紀》。其書雖小說，而事多實録，非盡荒唐。『維時荷蘭夾板擾閩浙，芝龍已受撫爲裨將，奉軍門令往剿。荷蘭船堅炮猛，不能勝，乃募死士善泅者，以小船堆柴薪，澆以油，中藏火藥，前置引綫。船首施短鐵鏈，綴利錐。死士一人，持斧坐船頭，數人從旁，乘風潮急棹，傍夷船，以斧釘錐於船舷，燃藥綫，投水鳧回。藥燃火發，風又猛烈，荷蘭夾板，被焚三艘，餘悉遁去』云。余按芝龍本海中劇盜，所養皆亡命之徒，其權譎能得人死力，以此出奇制勝，理或有之。他書言火攻者紛紛，有謂用千百木筏積薪，順風潮而縱之者，有謂鎖千百小舟積薪，艤港面而圍之者。大約皆江河火攻舊說。否則，攻海盜舊說，施之夾板，鑿枘甚矣。海面寬闊，夾板皆相地散泊，近者相隔一二里，遠者三四里，木筏小舟雖多，豈能塞滿汪洋，如牆而進？又豈能引針拾芥，無端而使之相著？此自焚舟，何與彼事？不如芝龍之釘船，事雖難，而尚有實際耳。

比利時

清・徐繼畬《瀛寰志略》卷六《比利時國》 比利時，比勒治、惟理儀、比義、比爾日加、比爾百喀、密爾閏、彌爾尼壬、比利閏。歐羅巴小國也。北界荷蘭，西北距大西洋海，西南暨正南，俱界佛郎西，東接普魯士西部，縱約五百里，横約三百里。古時本荷蘭南部。荷蘭多水，而比利時多平陸。明初，荷蘭侯查理好用兵，徵調煩苦，比利時不聽命。查理引兵突入其境，掩殺八百人。比利時結大隊復仇，查理敗死。後西班牙王非立第二，兼王荷蘭兩部。荷蘭人阿蘭治起兵拒戰，相持數十年，比利時隸西班牙未敢貳。康熙五十三年，西班牙以比利時歸奧地利亞，爲奧藩屬者七十餘年。嘉慶初，佛郎西拿破侖兼并諸國，先取比利時，次滅荷蘭。拿破侖敗，荷蘭再立國。嘉慶十九年，比利時復與荷蘭合。先是荷蘭崇耶穌教，因此與西班牙構兵數十年，卒獲勝復國，而比利時毗近佛郎西，顧獨從佛俗尚天主教，又夙隸西班牙、奧地利，皆天主教國，既與荷蘭合，不肯從荷俗。兩部之民不相能，時時構釁。而荷蘭以比利時夙附仇國，不與恢復之師，素薄其人，不令居顯秩，又不肯收教其幼學，比利時人積不能平。道光十一年，逐荷蘭守土吏。荷蘭伐之，比利時諸國合兵拒戰，相持數月，伏尸遍野。佛郎西舉兵助比利時，荷蘭乃斂兵退，比利時人遂招日耳曼之薩克撒各不爾厄小侯留波爾多來國，奉以爲王，自立爲國。比利時境内大河有二，曰義斯加爾達，曰米干塞，下游皆在荷蘭境，貨船由此出運。既絶荷蘭，荷蘭遏其港口，使不得通。乃造鐵轣轆路，以石鋪路，熔鐵汁灌之，使平如砥，以利火輪車之行。歐羅巴各國皆有之。以火輪車由陸轉運，以達於海。

比利時平原坦闊，南界僅見崗陵，氣候温平，土膏腴潤，宜穀果烟葉。多草場，便牧畜，兼產煤鐵。地分九部。南巴拉班的，在八部適中之地。都城曰不魯舍拉斯，一作木蘭洛士爾士，又作比律悉。建於塞内河濱，宫廷高大，潔而不華。其民工於紡績，所織呢布皆精良。城内外多植嘉樹爲園囿，供士民游賞。安都厄爾比亞，在南巴拉班的之北，壤接荷蘭。會城同部名，向爲水運大埔頭。近年港口爲荷蘭所封，舟楫不行。東發蘭德斯，在南巴拉班的之西，會城曰干的，織工所聚，呢布由此出運。西發蘭德斯，在東發蘭德斯之西，西距大海，南界佛郎西。會城曰不魯日，係水運海口。海腦德，在南巴拉班的之西南，與佛郎西接壤。會城曰蒙肆，係内地埔頭。那慕爾，在海腦德之東，南界佛郎西，會城同部名。列日，在那慕爾之東，與日耳曼接壤，會城同部名。靈不爾厄，在列日之北，東界普魯士，北界荷蘭。會城曰賣士的里至。此與荷蘭，之靈不爾厄相連，會城名亦同，蓋一域分爲兩地也。盧森不爾厄，在列日之南，東界普魯士，南界佛郎西，會城曰亞爾倫。此與荷蘭所轄之盧森不爾厄同名，而會城名不同，蓋地界亦相近也。

按：比利時本荷蘭南部，兩土合并，猶不敵諸大國之半。其初分也，因查理之妄殺。西班牙之侵荷，北部日尋干戈，南部遂羈縻强敵。其再分也，則由於天主、耶穌兩教之角勝。於嘑，立教以止殺也，今乃因教而相屠，豈不愚哉！

比利時於國初時，曾來粵貿易，絶迹多年。佛郎西其姻鄰也，近復爲之代請通市，朝議許之。

法　國

《明史》卷三二五《外國傳六・佛朗機》　其時，大西洋人來中國，亦居此澳。蓋番人本求市易，初無不軌謀，中朝疑之過甚，迄不許其朝貢，又無力以制之，故議者紛然。然終明之世，此番固未嘗爲變也。其人長身高鼻，貓睛鷹嘴，拳髪赤鬚，好經商，恃强陵轢諸國，無所不往。後又稱干系臘國，所產多犀象珠貝，衣服華潔，貴者冠，賤者笠，見尊長輒去之。初奉佛教，後奉天主教。市易但伸指示數，雖累千金不立約契，有事指天爲誓，不相負。自滅滿剌加、巴西、呂宋三國，海外諸蕃無敢與抗者。

明・艾儒略《職方外紀》卷二《拂朗察》　以西把尼亞東北爲拂郎察，南起四十一度，北至五十度，西起十五度，東至三十一度，周一萬一千二百里，地分十六道，屬國五十餘。其都城名把理斯，設一共學，生徒嘗四萬餘人。并他方學共有七所。又設社院以教貧士，一切供億，皆王主之，每士計費百金，院居數十人，共五十五處。中古有一聖王名類思者，惡回回佔據如德亞地，初興兵伐之，始制大銃，因其國在歐邏巴内，回回遂概稱西土人爲拂郎機，而銃亦沿襲此名。

是國之王，天主特賜寵異。自古迄今之主，皆賜一神，能以手撫人癧瘡，應手而愈，至今其王每歲一日療人。先期齋戒三日，凡患此疾者，遠在萬里之外，預畢集天主殿中，國王舉手撫之，祝曰：『王者撫汝，天主救汝。』撫百人百人愈，撫千人千人愈，其神異如此。國王元子别有土地，供其禄食，不異一小王，他國不爾也。

國土極膏腴，物力豐富，居民安逸。有山出石，藍色質脆，可鋸爲板，當瓦覆屋。國人性情温爽，禮貌周全，尚文好學。都中梓行書籍繁盛，甚有聲聞。又奉教甚篤，所建瞻禮天主與講道殿堂，大小不下十萬。初傳教於此國者，原係如德亞國聖人辣雜琭，乃當時已死四日，蒙耶穌恩造，命之復活，即此人也。

又《法蘭德斯》　亞勒馬尼亞之西南爲法蘭得斯，地不甚廣，人居稠密。有大城二百八十，小城六千三百六十八。共學三所，一學分二十餘院。人情俱樂易温良，最好談論善謳歌。其婦女與人貿易，無異男子，顧其性極貞潔，能手作錯金絨，不煩機杼。西洋布最輕細者，皆出此地。

清・南懷仁《坤輿圖説》卷下《拂郎察》　以西把尼亞東北爲拂郎察。周一萬一千二百里，分十六道，屬國五十。都城名把理斯，設一共學，生徒嘗四萬餘，併他方學共七所。又設社院，以教貧士，一切供億，皆王主之。中古一類斯聖王惡回回占如德亞地，興兵伐之，始製大銃。其國在毆邏巴內，回回遂稱西土人爲弗郎機，銃亦沿此名。是國之王，天主特寵，自古迄今，皆賜一神，能以手撫人癧瘡，應手而愈。每歲一日療人，先期齋戒三日。凡患此疾者，預集天主殿中，國王舉手撫之，祝曰：『王者撫汝，天主救汝。』撫百人，百人愈；撫千人，千人愈；其神異如此。國王元子別有土地，供禄食。他國不爾也。國土膏腴，物力豐富，居民安逸。有山出石，藍色，質脆，可鋸爲板，當瓦覆屋。國人性情温爽，禮貌周全，尚文好學。

清・傅恒等《清職貢圖》卷一《法蘭西國夷人》　法蘭西，一曰弗郎西，即明之佛郎機也。自古不通中國。正德中，遣使請封貢不果，後遂闌入香山之澳門。其人強横，精兵械，屢破呂宋、滿剌加，與紅毛中分美洛居，盡擅閩粤海上之利。初奉佛教，後奉天主教，故澳門市易爲大西洋所據，其酋居呂宋者，近與紅毛之英吉利爭雄長，而法蘭西亦稍弱焉。夷人冠白巾，加黑氊帽，亦以脱帽爲禮，其服飾與大、小西洋、呂宋略同。夷婦妝束亦頗與荷蘭諸國相類。

清・穆彰阿等《嘉慶重修一統志》卷五六〇《法蘭西》　建置沿革　一名弗郎西，即明之佛郎機也。自古不通中國。相傳在西南海中，近滿剌加。明正德中，據滿剌加地，逐其王。《明史》：滿剌加在占城南，或曰即古頓遜地。十三年，遣使臣加必丹末等貢方物請封，始知其名。嘉靖二年，其將別都盧既以巨礮利兵肆掠滿剌加諸國，横行海上，復率其屬疏世利等入寇新會之西草灣，指揮柯榮、百户王應恩禦之，轉戰至稍州，向化人潘丁苟先登，衆齊進，生擒別都盧、疏世利等，獲其二舟，賊敗遁，官軍得其礮即名爲佛郎機。副使汪鋐進之朝九年秋，鋐累官右都御史，上言：今塞上墩臺城堡未嘗不設，乃寇來輒遭蹂躪者，蓋墩臺止瞭望，城堡又無制遠之具，故往往受困。當用臣所進佛郎機，其小止二十斤以下，遠可六百步者，則用之墩臺。每墩用其一，以三人守之。其大至七十斤以上，遠可五六里者，則用之城堡。每堡用其三，以十人守之。五里一墩，十里一堡，大小相依，遠近相應，寇將無所容，足可坐收不戰之功。帝悦，即從之。火礮之有佛郎機自此始。其後廣東巡撫林富上言：『粤中公私諸費多資商税，番舶不至，則公私皆窘。今許佛郎機互市有四利：祖宗時諸番常貢外，原有抽分之法，稍取其餘，足供御用，利一；兩粤比歲用兵，庫藏耗竭，藉以充軍餉，備不虞，利二；粤西素仰給粤東，小有徵發，即措辦不前，若番舶流通，則上下交濟，利三；民以懋遷爲生，持一錢之貨，即得展轉販易，衣食其中，利四。助國裕民，兩有所賴，此因民之利而利之，非開利孔爲民梯禍也。』從之。自是佛郎機得入香山嶴壕鏡爲市，築室建城，雄據海畔。壕鏡在廣州府香山縣南虎跳門外。先是，暹羅、占城、爪哇、琉球、浡泥諸國互市，俱在廣州，設市舶司領之。正德時，移於高州之電白縣。嘉靖十四年，指揮黄慶納賄請於上官，移之壕鏡，歲輸課二萬金，佛郎機遂得混入，高棟飛甍，櫛比相望，閩粤商人趨之若鶩，久之，其來益衆，諸國人畏而避之，遂專爲所據。萬曆中，又破滅呂宋，遂盡擅閩粤海上之利。本朝順治初，準法蘭西番舶仍與粤商互市，惟禁入省會，自後每歲通市不絶焉。《皇朝通典》：其國都地名巴離士。國王姓無盧蒙，名雷士堅治，父名雷士吉多治，祖名雷士爹利治。亦紅毛番種也。我朝順治四年，廣督佟養甲疏言：法蘭西國人，明季寓居壕鏡澳，與粤商互市，後因闌入省會，遂飭禁止，請嗣後仍準番舶通市。上從之。自後通市不絶，惟禁入省會耳。

風俗　好經商，奉佛教。《明史》：其人長身高鼻，貓睛鷹嘴，卷髮赤鬚，好經商，恃強陵轢諸國，無所不往。衣服華潔。貴者冠，賤者笠，見尊長輒去之。初奉佛教，後奉天主教。市易但伸指示數，雖累千金不立約契，有事指天爲誓，不相負。尤侗《外國傳》：其國人身著衫袴，垂至脛，皮屨，衣服用瑣袱西洋布。每六日一禮佛，先三日，食魚爲齋，至禮拜日，雞豕牛羊不忌。手持紅杖而行，飲食不用匙。箸富者食麵，貧與奴僕食米。婚娶無媒妁，佛前相配，以僧爲證，謂之交印。國有大故，亦多與僧謀。人死貯布囊以葬，所蓄半入僧室。白巾黑氈，脱帽爲禮《皇清職貢圖》：夷人冠白巾，加黑氈帽，亦以脱帽爲禮。

土産　犀、象、珠、貝。

清·徐繼畬《瀛寰志略》卷七《佛朗西國》　佛郎西，佛蘭西、法蘭西、佛郎機、佛朗機、佛朗祭、荷蘭西。歐羅巴强大之國也。東北界比利時，西北與英吉利隔海港相對，東界日耳曼、瑞士，東南界意大里亞暨地中海，西抵大西洋海，西南界西班牙，縱約二千二百五十里，横約二千六十里。其地古名奥盧，又名牙里亞，爲塞爾達野番部落。漢元帝初元年間，羅馬大將愷撒征服之，愷撒，一作人略塞薩爾。命大臣鎮守，墾田播穀，漸化其俗，由是爲意大里亞西境。後羅馬衰亂，南境爲北狄維西哥多人即峨特族所據，西境爲北狄不爾給農人所據，東北境爲日耳曼之佛郎哥人所據。齊高帝建元三年，佛郎哥酋長哥羅味，有雄略，始驅除北狄，據其全土，改國號曰佛郎西，是爲佛人立國之始。傳三百餘年，至給爾北里哥，爲國人所廢。唐天寶十一年，立國相北比諾爲王。一作鎚，北比諾。聰敏好學，奮起修政，佛國以康。其孫甲利泰甫一作加爾禄斯馬哥奴有文武才，於唐德宗六年嗣位。時東方日耳曼之撒遜部屢犯邊，泰甫征之，禽其王，斬四千五百人，因略定日耳曼諸部，并兼羅馬。羅馬教王爲加冠，時天主教王有大權，加冠者，立爲霸主之意。羅馬東王約爲上交，泰甫乃開館第，招致文學之士，城邑、宫室、道路，創造閎整，規模極一時之盛。泰甫傳數世後，宗支争權，各部亦擅兵相攻，國又衰亂。宋太宗雍熙四年，國人立大酋武額加頒多爲王。傳數世嗣絶，更立瓦羅義斯爲王。宋理宗二年，王路易一作盧義斯嗣位，長於吏術，尤精名法，嘗帥師伐麥西。戰已勝矣，而三軍染疫不能起，乃納賂全軍，歸而增修國政，簡任賢能，號爲中興。國與英吉利隔一海港，世爲姻婭。當佛王嗣絶，英吉利王義都亞爾多一作華義都第三自以佛故王之甥，當得分地，佛人不與，英吉利遂起兵相攻，兩國從此構釁，隔數年或數十年輒交哄，稱爲勍敵。元順帝年間，國爲英吉利所滅。有幼女年十六，號召餘燼，擊退英軍，恢復境土。明萬曆二十五年，王顯理被弑。一作英黎給。顯理第四一作英黎給第四由旁支嗣位，發奮自修，廣布仁惠，百姓歸之。時有天主教之魁，欲誅鋤异己，王不聽。魁恨之，謀弑王。萬曆三十七年，王中刺客死，百姓哀哭如喪父。嗣子愚孱，用小人，國政亂。傳至路易第十四，一作盧義斯第十四。好武佳兵，諸國來朝者，偃蹇凌侮之，由是皆怨畔。乾隆三十八年，王路易第十六一作盧義斯第十六嗣立。時華盛頓一作兀興騰據亞墨利加起兵，英吉利攻之不剋。佛人以全軍助華盛頓，英不能支，遂與華盛頓和，而佛亦由是虚耗。王好漁色，内寵擅權擾民，民不能堪。乾隆五十四年，國大亂，尋廢王弑之，立領事官三人攝王政，以拿破侖爲首。一作拿破利翁，又作那波良。拿破侖者，佛夙將，用兵如神，征麥西有大功，王忌之，置散地。國人既弑王，拿破侖乘勢鼓衆得大權。嘉慶八年，國人推戴即王位，恃其武略，欲混一土宇，繼羅馬之迹，滅荷蘭，廢西班牙，取葡萄牙，兼幷意大里，瑞士、日耳曼諸小部，割普魯士之半，奪奥地利亞屬藩，侵嗹國，圍其都城。戰勝攻取，所向無敵，諸國畏之如虎。嘉慶十六年，以大兵伐峨羅斯，圍其舊都墨斯科，峨人燒之而走。佛方旋師，而天驟寒，軍士凍死者十七八。諸國乘其敝也，合力攻之，佛師大潰，故所得土全失。嘉慶二十年，各國遣公使會議於維也納奥地利亞都城，凡拿破侖所侵地，各歸故主。其間有分析，有合并，立盟約不相吞噬。拿破侖既敗喪，懾而避位，復立故王之裔路易一作盧義斯，仍握兵柄。嘉慶二十一年，與英吉利戰於北境，兵敗被禽，英人流之荒島，道光二年死。路易即位數年卒，弟查理立，一作加爾禄斯。愚戇不任事。在位九年，國人廢之，擇立支屬賢者路易非立，一作盧義斯非里卑。即今在位之王也。以道光九年嗣立，性寬仁，好納諫，有賢聲。

佛郎西地形平衍，東境與諸國接壤之處，有連山斷續。南界與西班牙隔比里牛斯大山，餘皆平土。境内河道縱横，著名者二十有二。最大者曰羅尼，自北而南，入地中海。曰塞納，曰羅亞爾，曰日倫大，皆自東而西，入大西洋海。佛人多開支河爲運道，佛人水利最精，其國以此爲專門之學。處處可通舟楫。又多開溝洫資蓄泄，以故壤地之腴，甲於西土。田畝得六，園林得二，牧場得一。人授田不過數畝，而農功最力，故户口多而食常足。西北氣候頗寒，土卑濕，宜稼穡果實。東南温燥，多草木，宜葡萄。物産之最豐者，爲葡萄酒。南方之民，多以釀爲業。味極醇，色淡黄微赤極清，味似中國北方黍米所釀，斟之起沫。一瓶有值洋銀數十圓者。西土良醪，皆取給於佛，歲得價銀六千餘萬圓。又造熱酒，歲得價三百萬圓。產橄欖油極多，種萊菔造糖，味同於蔗。所織大呢羽緞皆精緻，又能織花紋絲緞。本國歲產蠶絲十萬餘擔，不足供機杼，仍由意大里販運益之。其人心思精敏，工於製器。自來火之鎗、火輪之車船，大半皆其所創。都城有鐘錶匠二千人，每歲造時辰錶四萬件、自鳴鐘一萬八千架，其法時時變易，奇幻出人意表，他國亦有仿造者，而終遜於佛。山產石炭、鐵、鉛、白礬，僅供國用。其民俗豪俠自喜，氣高亢，終日歌舞無戚容。貴賤皆衣裳都麗，不惜費。喜交游，善遇遠人。每年收各項稅銀，約一萬二千九百萬兩。國舊分三十三部，因其廣狹不均，近年改爲八十六府。壹里亞德佛蘭薩部，在北境東西適中之地，今分五府，首邑曰塞納，都城在其中，曰巴勒，一作帕爾勒士，又作巴黎斯。建於塞納河兩岸。城垣方廣，居民九十餘萬。王居殿闕巍峨，層樓複閣相望，文彩精麗，西土殆無其比。城外離宮別苑，歷代陸續修建，凡數十處。其街衢盤繞環匝，列肆密如蜂房，往來者轂擊肩摩，晝夜不絕。每歲京都所收稅銀，計九百萬兩。歐羅巴都會之盛，推爲第一。城內有大書院，藏印本書三十六萬冊，鈔本書七萬冊。游學之士，許住院借讀。又設醫院十四所，選名醫居之，每歲收療病者一萬四千人。各國學醫者，皆裹糧赴巴勒，三年或五年，學成然後歸。又有繁術院，居各項藝術之師。如學兵法、開河道、造器物之類，學者各就所願，羣居講肄焉。次曰疴瓦斯，在塞納之北，首邑名波威。曰哀斯尼，在疴瓦斯之東，首邑名拉安。曰塞納疴瓦斯，在塞納之南，首邑名威爾塞列斯。曰塞納馬爾內，在塞納之東，首邑名美倫。法蘭德勒部，在極北境，與比利時接壤。改一府，曰諾爾，首邑名列黎。亞爾多亞部，在諾爾之西南。改一府，曰巴的加雷，首邑名亞拉斯。比加爾的亞部，在巴的加雷府之西南，西界臨海，與英吉利南境相望。改一府，曰索美，首邑名亞眠。諾爾滿的亞部，在北境，臨海，與英吉利南境相對。改五府，曰下塞納，北面臨海，首邑名盧昂；曰加爾瓦多斯，北面臨海，首邑名加英；曰滿砂，西北兩面臨海，首邑名森的羅；曰疴爾內，在加爾瓦多斯之南，首邑名亞靈孫；曰與勒，在下塞納之南，首邑名厄危律。以上六府，與英吉利僅隔內海內海名滿砂。遠者百餘里，近者乃五六十里。值晴明，兩岸可以相望。有海口曰補羅義，曰加來。又有大口曰東末，佛人歷年伐英，皆出此港。三口據形勝之地，炮臺周密，防守極嚴，敵船不能近也。賞巴尼亞部，在壹黎亞德佛郎薩之東。改四府，曰亞爾德內斯，北界比利時，首邑名美西也爾；曰馬爾內，首邑名砂龍；曰疴卑，首邑名德羅業；曰高馬爾內，首邑名說蒙。羅勒內部，在賞巴尼亞之東。改四府，曰米干塞，首邑名巴爾勒都；曰木塞勒，北界日耳曼，首邑名美的；曰木爾德，首邑名囊西；曰窩斯日，首邑名厄比納爾。賣內部，在諾爾滿的亞部之南。改二府，曰馬也內，首邑名拉瓦爾；曰薩爾多，首邑名勒忙。安如部，在賣內部之南。改一府，曰賣內羅亞爾，首邑名安惹爾。北勒達尼亞部，在賣內部之西，地形如臂，伸入大西洋海。改五府，曰壹列維勒內，北半距海，首邑名勒內；曰哥的都諾爾，北面距海，首邑名森德比勒與各；曰非尼斯德拉，西南距海，有海口通大河，首邑名固英卑爾；曰摩爾比罕，南面距海，首邑名瓦內；曰羅亞爾，南、北、西三面距海，首邑名難得斯。波亞都部，在北勒達尼亞之東南。改三府，曰汪德，西面距大西洋海，首邑名不爾奔枉德；曰二塞威勒，首邑名虐爾；曰維也內，首邑名波亞疊。疴尼部，在二塞威勒府之南。改一府，曰下砂蘭德，南境有海口，內通大河，首邑名羅舍勒。森當日昂姑木亞部，在下砂蘭德府之東。改一府，曰砂蘭德，首邑名昂姑勒美。耳里亞內斯部，在壹里亞德佛郎薩之西南。改三府，曰與勒羅亞爾，首邑名砂爾德勒；曰羅亞勒，首邑名疴爾良；曰羅亞爾舍耳，首邑名波羅瓦。都勒內部，在羅亞爾舍耳府之西南。改一府，曰音德勒羅亞爾，首邑名都爾。北利部，在耳里亞內斯部之南。改二府，曰舍耳，首邑名不爾日；曰音德勒，首邑名砂多盧。以上三部六府，在佛腹地，户口殷繁，閭閻富實。皆佛國股肱郡。威尼爾內部，在舍耳府之東。改一府，曰聶維勒，首邑名內維爾。不爾波內部，在聶維勒府之南。改一府，曰亞列爾，首邑名木靈。馬爾世部，在北利部之南。改一府，曰哥留斯，首邑名疴勒。黎木性部，在哥留斯府之西南。改二府，曰高維也內，首邑名里摩日；曰哥勒塞，首邑名的與勒。疴威爾內部，在亞列爾府之南。改二府，曰不壹德多美，首邑名哥勒爾蒙；曰敢達爾，首邑名疴里拉。亞爾撒斯亞部，在不壹德多美府之東。改二府，曰下勒怒，首邑名義斯達拉斯不爾厄；曰高勒怒，首邑名哥爾馬耳。法郎師官德部，在東，界窩斯日府之南。改三府，曰高索內，首邑名威蘇爾；曰都伯，東界瑞士，首邑名北三孫；曰汝拉，東南隅界瑞士，首邑名龍勒索爾聶耳。不爾痾尼亞部，在法郎師官德部之西。改四府，曰約內，首邑名痾舍勒；曰哥德多爾，首邑名的仍；曰索內羅亞爾，首邑名痾敦，曰厄英；首邑名不爾厄。里痾內部，在極東北隅，與日耳曼接壤。改二府，曰羅內，首邑名里昂；曰羅亞爾，首邑名蒙比里孫。德爾非內部，在厄英府之東南，與意大里之薩爾的尼亞接壤。改三府，曰義塞勒，首邑名哥肋諾伯勒；曰多羅美，首邑名瓦棱薩；曰高亞爾卑斯，首邑名甲。不羅温薩部，東接薩爾的尼亞，南界距地中海。改四府，曰窩哥律斯，首邑名亞威農；曰下亞爾卑斯，首邑名的聶；曰不世德羅內，南境距海，首邑名馬耳塞里亞；曰瓦爾，東南境距海，首邑名達拉給娘。郎給德部，在不羅温薩部之西，幅員甚廣。改八府，曰高羅亞爾，南境距地中海，首邑名不壹；曰羅塞勒，首邑名漫德；曰亞爾德世，首邑名比里瓦；曰加爾，首邑名尼美斯；曰厄羅爾德，首邑名蒙德不列爾；曰痾德，東境距地中海，首邑名加爾加索內；曰達爾尼，首邑名亞爾比；曰高加羅內，首邑名都羅塞。以上二部扼地中海北岸，馬爾塞里亞爲南境第一大埔頭。又有海口曰土侖，修造戰艦之地也。佛亞部，在西，界下砂蘭德府之西，臨海。改一府，曰亞列日，首邑名佛亞。盧西隆部，在南界，東距地中海，南負比里牛斯山，與西班牙接壤。改一府，曰東比里牛斯，首邑名北爾比娘。馬也納部，在南，界郎給德部之西，幅員尤廣。改九府，曰日倫大，西距大西洋海，首邑名波耳多，海港深通，上接內河，葡萄酒由此出運，爲西境第一大埔頭；曰多爾多尼亞，首邑名卑里句；曰羅加羅內，首邑名亞仁；曰羅，首邑名加爾；曰亞維倫，首邑名羅德斯；曰達爾尼加羅內，首邑名蒙德邦；曰惹爾，首邑名痾世；曰蘭德，西距大西洋海，首邑名蒙德馬爾三；曰高比里牛斯，南界西班牙，首邑名達爾卑。伯爾內部，在西南隅，西距大海，南界西班牙。改一府，曰下比里牛斯，首邑名波。哥爾塞牙部，一作可耳西加，又作噶爾西阿，又作郭士喀。在國東南，乃地中海大島，在薩爾的尼亞島之北，舊本屬意大里，佛人取之。今改一府，廢王拿破侖，即此島人圖附意大里亞。

佛郎西頗重讀書，學優者超擢爲美官。其制，宰相一人，別立五爵公所。又於紳士中擇四百五十九人，立公局。國有大政，如刑賞征伐之類，則令公所籌議。事關稅餉，則令公局籌辦。相無權，宣傳王命而已。國有額兵三十萬，戰船大小二百九十隻，水兵五萬。船之大者，載炮七十二門，至一百二十門。亦有火輪船數十隻，巡駛地中海。其俗，人人喜武功，軍興，則意氣激揚，面有矜色，臨陣跳蕩直前，義不返顧。前隊橫尸雜沓，後隊仍繼進不已。獲勝則舉國歡呼，雖傷亡千萬不恤，但以崇國威、全國體爲幸。其酋長沈鷙好謀，知兵者多，水戰陸戰之法，無不講求。又好用縱横之術，故與諸國交兵，常十出而九勝。

按：佛郎西在歐羅巴諸國中，傳世最久，自哥羅味開基，至今已千餘年，中間雖迭遭變故，而代立者皆其宗黨，未滋他族，未立女主。較他國之弈棋置君者，固有間矣。立法峻厲，賢君復六七作，危而不亡，殆有由也。

歐羅巴用武之國，以佛郎西爲最。争先處强，不居人下，遇有淩侮，必思報復。其民俗慷慨喜戰，有小戎鐵駟之風。其用兵也，仗義執言，不似諸國之專於牟利。故千餘年中，侮亂迭生，而虎視泰西，國勢未嘗替削。至拿破侖之百戰百勝，終爲降虜。則所謂兵不戢而自焚，又可爲黷武者之殷鑑矣。

佛郎西屬地在別土者，亦有數處。如南印度之本地治利，南亞墨利加之歪阿那、亞非利加之阿爾及耳，印度海之不爾奔。得之不甚經營，棄之亦不甚惜，蓋不以此爲重也。

歐羅巴各國，皆以販海爲業，如英吉利、米利堅、呂宋之屬，每歲商船至中國，多者百餘艘，少亦三四十艘。所販鬻者，多棉花、洋布粗重之物。至如洋米、胡椒、蘇木、海參之類，皆從東南洋轉販，并非西產。獨佛郎西商船最少，多則三四艘，少則一二艘。入口之貨，皆羽毛、大呢、鐘錶諸珍貴之物。蓋其國物產豐盈，製作精巧，葡萄酒、大呢、綢緞之類，售之歐羅巴各國，即已利市十倍，不必遠涉數萬里而謀生。其航海而東來也，意在於耀聲名，不專於權子母。國勢既殊，用意迥別，其情勢可揣而知也。

顧亭林《天下郡國利病書》云：『佛郎機即佛郎西，古無可考，素不通中國。正德十二年，駕大舶突至廣州澳口，銃聲如雷，以進貢請封爲名。撫按查無會典舊例，不允。遂退泊東莞南頭，逕自蓋房樹柵，恃火銃以自固。有至部者，不行跪禮，朝見欲位先諸夷。御史邱道隆、何鼇，皆言其殘逆稱雄。先年潛遣火者亞三，假充滿剌加國使臣，風飄到澳，往來窺伺，熟我道途，略買小兒，烹而食之。近日滿剌加國王，奏其奪國仇殺等情。宜即驅逐，嚴禁私通。將所造房屋城寨，盡行拆毀，詔皆從之，誅其首惡火者亞三。海道汪鋐，以兵逐其餘黨，反用銃擊敗我兵。或獻計，使善泅者入水，鑿沈其舟，盡擒之，餘乃遁去。汪鋐由此得佛郎機銃式，請頒於邊鎮，至今三邊實賴其用。嘉靖中，黨類更番往來，私舶雜諸夷中。首領人皆高鼻白皙，廣人能辨識之。』又云：『佛朗機人好食小兒。其國惟國王得食之，臣僚以下，皆不能得。至是潛市十餘歲小兒食之，每一兒市金錢百文。廣之惡少，競掠小兒往賣。居二三年，兒被掠益衆，遠近患之』云云。按：佛郎西之至粵，在正德年間，是爲大西洋抵粵東之始。明人不知有大西洋，以爲其國在瓜哇之南，誤矣。當時疆臣，以會典所無，絶其封貢。言官復請驅逐，童牛之牿，所慮未嘗不遠。而鑿舟之役，事殊杳茫。嘉靖以後，更番來粵，又何嘗能禁絶之也。至烹食小兒，非人類所爲。即有獻媚之易牙，未必遂沿爲故事。佛國之在西土，稱雄已千餘年，果有此事，諸國當視爲豺虎，誰甘以牛耳相讓？我朝通市二百年，佛人每歲來粵，何以不聞有此？似當時之傳聞，亦未必盡確也。或云：『佛郎西人好買小兒，教織起花綢緞。』此則近似。泰西諸國，惟佛人能織花緞也。鳥槍之制，由此傳入中土，實爲水陸利器。靖潢池之反側，肅幕庭之鳴吠，星馳電掃，利賴何窮！而不知此技之由來，乃即從中國之火炮變化而出。論者乃謂火器創於泰西，蓋亦不考之甚矣。已詳言之《甌羅巴圖説》，泰西人書鑿鑿，足知其不誣也。

鑿舟之説，自來以爲奇策。謂募善水之人，伏於船底，用利斧鑿孔，其船立沈。又聞善水之人，能伏水底七晝夜，能於水中食餅餌，兼操作。嘗以詢之竇陞堂提軍振彪，提軍云：『此技余少時嘗學之，未成也，而知其梗概。凡人入海水必閉目，否則爲鹹水所侵，目且盲；必閉氣，否則流隨吸入，轉瞬而腹彭亨。年少力壯者，閉氣稍久，亦斷無逾刻許者。其能不浮不沈，恃手足之運動，運動少停，則隨波湧出水，而斷無在水中尚能施力運斧之理。且海水波浪最勁，愈深愈勁，能浮江河之水者，入海水則敗。能浮內港之水者，入大洋則敗。善水之人，在大洋落水，得片板可不死。若徒手浮沈大浪中，力盡氣微，亦未有不死者。此技即使至精，斷不能化其身爲魚鱉。世俗所傳，大半得之耳食。資談柄則奇創可喜，竟欲施之實事，則愚矣。』又守備吳金魁水師勇士，殺海賊無算，爲賊傷斃，得旨優恤。亦嘗習此技。余問之，亦云然。閲《天下郡國利病書》所記佛朗機事，有鑿舟之説，因附記於此。

研判非洲諸國國情分部

綜述

北非諸國

埃及

元·周致中《異域志》卷下《勿斯里國》 其國百年不見雨，止有一大江，不知其源，水極甘，溢則四十日浸滿田，水退而耕。二年必有一白髮人從江水出，坐於石上，國人拜問吉凶。其人不語。若笑則年豐，悲則饑疫，良久復入水。古有狙葛尼建廟，頂上有鏡，如他國盜兵來者，先照見之。

又《孝億國》 在平川中，以木爲柵，周十餘里，大柵五百餘所。氣候常暖，冬不凋落。有羊馬，無駝牛。俗性質真，好客旅，軀貌長大，褰鼻黃髮，綠眼赤髭，披髮，面如血色。戰具惟矟一色。宜五穀，出金鐵，衣麻布。有祆祠三千餘所，馬布甲兵一萬。不尚商販，自稱孝億。丈夫婦人俱佩帶。每一日造食；一月食之，常喫宿食。國無河井，種植待雨出而生，以紫鑛泥地，承雨水用之。

明·艾儒略《職方外紀》卷三《阨入多》 利未亞之東北，有大國曰阨入多，自古有名，極稱富厚，中古時曾大豐七載，即大歉繼七載。當時天主教中有前知聖人名倫瑟者，預教國人廣儲蓄，令罄國中之財悉用積穀，至荒時出之，不惟救本國之饑，而四方財貨因來雜穀，盡輸入其國中，故富厚無比。至今五穀極饒，畜產最多，凡他方百果草木移至此地，即茂盛倍常。

其地千萬年無雨，亦無雲氣。國中有一大河，名曰泥禄河，河水每年一發，自五月始，以漸而長，土人視水漲多少以爲豐歉之候。大率最大不過二丈一尺，最小不過一丈五尺，至一丈五尺則歉收，二丈一尺则大有年矣。凡水漲無過四十日，其水中有膏腴，水所極處，膏腴即着土中，又不泥濘，故地極肥饒，百穀草木俱暢茂。當水盛時，城郭多被淹没，國人于水未發前预杜門户，移家於舟以避之。去河遠處，水亦不至。

昔有國王，專求救旱澇之法，得一智巧士曰亞爾幾默得者，爲做一水器，以時注洩，便利無比，即今龍尾車也。國人極有機智，多攻格物窮理之學，又精天文。因其地不雨，併無雲霧，日月星辰晝夜明朗，夜卧又須入屋内，舉目即見天象，故其考驗益精，他國不如也。

其國未奉真教時，好爲淫祀，即禽獸草木之利賴於人者，因牛司耕，馬司負，鷄司晨，以至蔬品中爲葱爲蒜之類，皆欽若鬼神祀之，或不敢食，其誕妄若此。天主耶穌降生，少時嘗至其地，方入境，諸魔像皆傾頽，有二三聖徒到彼化誨，遂出有名聖賢甚多。

其國女人恒一乳生三四子。天下騾不孳生，惟此地騾能傳種。昔國王嘗鑿數石台，如浮屠狀，非以石砌，是擇大石如陵阜者，鏟削成之。大者下趾闊三百二十四步，高二百七十五級，級高四尺，登臺頂極力遠射，箭不能越其臺趾也。

有城古名孟斐斯，今曰該禄，是古昔大國之都城，名聞西土。其城有百門，門高百尺，街衢行三日始遍。城用本處一種脂膏砌石成之，堅緻無比。五百年前，此國最爲强盛，善用象戰，鄰國大小皆畏服之。象戰時以桑椹色視象，則怒而奔敵，所向披靡。都城極富厚，屬國甚多，今其國已廢，城亦爲大水衝擊，齧其下土，因而傾倒。然此城雖不如舊，尚有街長三十里，悉爲市肆，行旅喧填，百貨具集，城中常有駱駝二三萬。

《明史》卷三二二《西域傳四・米昔兒》　米昔兒，一名密思兒。

清・徐繼畬《瀛寰志略》卷八《麥西》　麥西，厄日多、扼入多、厄日度、埃及多、以至北多、遠至北多、伊揖、伊齊不托。古名厄日多，在紅海、地中海之間。北臨地中海，東臨紅海，東北一隅，與亞細亞之猶太、阿剌伯相連，西北連的黎波里，西南連沙漠，南界努比阿，縱横皆一千七百餘里。地本沙磧，有尼羅河從南方發源，沿紅海之西岸，北流入地中海。兩岸塗泥，淤為良田。河每歲一漲，且糞且溉。漲甚則災，中則稔，故近河之地阡陌雲連，户口繁密，而去河稍遠，則平沙浩浩，曠無人烟。地少陰雨，沙漠薰灼，炎氣逼人。其立國在有夏之初，時歐羅、阿非兩土草昧未開，麥西獨顯，西土之制度文物，皆其所創，鄰近諸部咸臣服。有商中葉，希臘諸國興，而麥西之權分。周末，為波斯所滅，後為希臘之馬基頓所取。西漢時，意大里之羅馬興，麥西歸降，為屬國數百年。唐初，阿剌伯取其地，由是為回回部落。明初，土耳其取為別部，鎮以大酋。嘉慶三年，佛郎西大將拿破侖攻克之。越三載，復以其地歸土耳其。近年麥西酋叛土王，自立為國。土王以大衆征之，構兵累年不能勝。麥西攻土耳其東土諸部，皆下之。土王告急於諸鄰，波斯欲助土耳其，因脅取麥西為藩部。俄羅斯以大兵入土境，名為救土，將隱圖之。英吉利、佛郎西皆勒兵勸和，其酋乃還所侵地，復通貢於土耳其為外藩。地分上、中、下三土，上、中兩土臨紅海，匝岸雙岡綿亘如夾巷，下土臨地中海，坦闊膏腴，支河交絡，為麥土壤。其二十五部，曰加義羅，其都城也。曰給里烏波、曰北爾卑義斯、曰師卑、曰米加馬爾、曰芒蘇辣、曰達迷也大、曰給比爾、曰當達、曰美黎、曰美奴、曰内日勒、曰福阿、曰達馬奴爾、曰亞勒散得黎亞、曰德基塞、曰亞德非、曰白尼隋弗、曰發雍、曰迷尼亞、曰蒙發禄、曰西干德、曰齊爾日、曰給内、曰挨斯内。埔頭之最大者，曰亞勒散得，馬基頓王亞勒散得之所建也。昔為地中海第一埔頭，今仍為著名港口。其國居民二百五十萬，居都城者三十萬。兵十二萬，大戰艦十四隻。兵多餉重，賦斂煩苛，民不聊生。地產穀、果、麻、靛、蜂蜜、棉花、藥材。

泰西人述麥西古事云：洪水之後，有鼻祖曰諾威，居於美索不達迷亞。在亞細亞，今東土耳其地。生三子，長曰僧，次曰剛，次曰日肥德。剛有子曰迷斯拉應，於夏后啓七歲，建國於亞非利加之北境，曰厄日多。始教民以稽事，設職官，造文字。又建立四部，曰德巴斯、曰德利、曰門非斯、曰達尼斯。數傳至亞罷郎，當夏后不降之五十七歲，波斯王札的勞摩初肇兵端，率衆寇厄日多。厄日多未習兵事，蒼黄走避，波斯大掠而去。亞罷郎率衆追之，奪所掠而還。由是始講武備，兼修法度，諸小國翕然翼戴，尊為大主。嗣位者多賢哲，益修典制，分品類，立官舍，建倉廩，宴然康阜者，蓋數百年。是時歐羅巴一土，皆土番散處，榛狉未變。有夏之末，亞細亞人義納孤始抵希臘，教其民以人事，一云商盤庚年間，迦南人桔木始教之，未知孰是。昏蒙猶未盡洗。至商王外壬二祀，厄日多人灑哥落，率其邑灑的斯人，抵希臘之雅典，建為亞德納斯國一作亞地拿，始廓然大變其俗。自是希臘諸國，日漸昌熾，而厄日多聲靈稍替矣。厄日多傳至亞美奴非斯，渡紅海溺死。商王祖辛十二祀，西索斯的黎嗣位，刻厲自修，武功文治極一時之盛，號為中興。子孫繼緒，仍為西土大國。又傳七百餘年，日就衰弱，至波哥黎斯，為波斯王岡比斯一作幹庇西所滅，時周威烈王十六年也。厄日多隸波斯數十年，希臘之馬基頓王亞勒散得，以大兵伐波斯，取厄日多。亞勒散得殞於軍，大將伯德羅墨，率所部據厄日多，自立為王。西漢時，羅馬征服之，地隸羅馬者數百年。唐初，摩哈麥興回教於阿剌伯，厄日多與之接壤，遂為所奪。初，厄日多為西土建國之祖，文物之盛，諸國無與比。都城有大庫，藏書七十萬冊，稱西土藝林。迨為回部所破，取其書為薪爨飯，遂等秦皇之一炬云。都城外有古王冢數處，皆基闊頂銳。棺內貯香油，尸數千年不腐。有一冢基闊五里，高五十丈，頂似峯尖，中有洞深三丈四尺，闊二丈七尺，內藏石棺一，不知何代何王所造，西土以為异觀。南懷仁《宇內七大宏工記》有此冢。

努比阿，努北阿、努北、紐必阿。在麥西之南，東枕紅海，南接阿比西尼亞、哥爾多番，西連尼給里西亞，長三千里，廣二千里。東南峻嶺重叠，川谷相間，西北沙漠遼絕。尼羅河上游諸水，灣環匯注。河濱多沃壤，餘皆不毛。地氣酷熱，甚於麥西。古時本麥西南境，自回部割據之後，散為數小部。道光二年，歸麥西兼轄。居民皆回回，別有野番，以劫擄為生，行旅時見剽剠。又誘略努比子女，賣於麥西，麥酋不能鈐制之也。地分四部，各有酋長，曰努比阿、曰當哥辣、曰塞那爾、曰札日斯。地產麻、烟、米、酒、二麥、甘蔗、棉花、檀香、烏木、象牙、金砂，駝馬尤良。

摩洛哥

明・艾儒略《職方外紀》卷三《馬邏可、弗沙、亞非利加、奴米弟亞》 阨入多近地中海一帶爲馬邏可與弗沙國。馬邏可地分七道，出獸皮、羊皮極珍美。蜜最多，國人以蜜爲糧。其俗最以冠爲重，非貴人老人不得加冠於首，僅以尺布蔽頂而已。

弗沙地分七道，都城之大，爲利未亞之最。宮室殿宇極其華整高大。有一殿周圍三里，開三十門，夜則燃燈九百盞。國人亦略識理義。

阨入多之西爲亞非利加，地最肥饒易生，一麥嘗秀三百四十一穗，以此極爲富厚，西土稱爲天下之倉。

馬邏可之南，有國名奴米弟亞，人性獰惡，不可教誨。有果樹如棗，可食。其地有小利未亞，乏水泉，方千里，無江河，行旅過者須備兼旬之水。

清・徐繼畬《瀛寰志略》卷八《摩洛哥》 摩洛哥，馬羅各、馬落可、摩樂可。在阿爾及耳之西，北枕地中海，西距大西洋海，南抵撒哈拉大漠，地勢由東北而西南，長二千五百里，廣一千五百里。有大山曰亞德拉斯，橫亘國中。沙磧環匝，田少而腴，穀果皆宜，駝馬亦蕃庶。夏季酷熱，海風解之；沙漠薰氣，峻嶺蔽之。故地氣溫平，人少疾疫。居民六百萬，皆紅帽回回。舊本阿剌伯屬國，土耳其既興，海南諸部，席卷無遺，獨摩洛哥以窵遠獲全。而阿剌伯衰弱已甚，無復羈縻，遂獨立為海西回國。俗好擄掠，擄得他國之人，强令入回教，從則釋，否則囚錮為奴。近年英佛兩國之人，遭擄禁者數千，兩國以兵船攻之，圍其都城。其王震恐，盡釋被擄者，由是稍稍斂迹。國有王，分六部，曰摩洛哥、曰非斯、曰蘇斯、曰達拉哈、曰達非勒、曰西日爾美塞。都城舊在摩洛哥，近遷於非斯部之美幾內斯。其俗以布纏身，上束帶，巾包頭，戴紅帽，著各色履，腰插刀劍，挎鳥槍，好馳馬角勝，習射頗精。閨婦女甚嚴，出門帕蓋全身，惟露兩眸。禁食豬肉，禁飲酒，喜吸烟，烟以麻葉為之。地產銅、錫、白蠟、藥材、棉花、木料，通商不廣。

利比亞

清・徐繼畬《瀛寰志略》卷八《的黎波里》 的黎波里，的黎不里、特利破里、直波里。在麥西之西，土耳其屬國也。長四千里，廣二千五百里，夷坦無山。有大河曰的內，匝岸頗有腴壤，餘皆沙漠。沙中間有片土生茅草，回族游牧其中，騎健駝四出剽掠，鄰境患之。國有王世繼，仍請命於土耳其。分四部，曰的黎波里，其都城也，建於海濱。曰巴爾加、曰非三、曰亞達美。地氣酷熱，晝暑夜寒，多歉歲。土產皮、羽、蠟、棉花、硫磺、滑石、丹參、金砂。

阿爾及利亞

清・徐繼畬《瀛寰志略》卷八《阿爾及耳》 阿爾及耳，亞爾日耳、阿利額。在突尼斯之西，舊亦土耳其屬國，今為佛郎西藩部，長二千一百餘里，廣一千八百里。山巖嶄峭，岡阜紆蟠，東南峯巒插霄漢，常積冰雪，沿海山坡斗削，躋攀不易。境內多沙磧而土最膏腴。自回族割據之後，農功疏惰，田多荒蕪。先是阿剌伯回族。據西班牙七百餘年，生齒逾數百萬。明初，西班牙北部起兵恢復，回族多逃回阿爾及耳。後西班牙復驅逐降回百餘萬出境，大半亦轉徙入阿爾及耳。回民失業流離，攘肱糊口，習為盜俗。陸則飛騎馳騁，剽掠行旅；水則飛艇出没，截劫商船。數百年來，為地中海之大患。佛郎西、英吉利、米利堅嘗會舟師剿之，登岸攻略，戮其人，不取其貨。回族震讋，斂迹數十年，已而復肆。道光初，佛郎西以大兵征之，破其都城，回族逃遁沙野。佛以大酋鎮之，治其民以佛法，盜踪稍斂。回族之在沙野者，時時飛騎侵掠，佛以重兵防守，所費甚巨。近年回酋復聚大衆來攻，欲圖興復，為佛所破，戮其酋。其地户口三百萬。舊分七部，曰阿爾及耳，其都城也，建於山坡；曰岡士丹的納、曰馬斯加拉、曰的德利、曰薩布、曰卑爾北耳。氣候温平，多地震，產五穀果實，又產金、銀、鐵、錫、礬、硝、珊瑚。

東非諸國

索馬里

元・周致中《異域志》卷上《大食弼琶羅國》 有州四座，無國主，惟土豪更互主事。如婚嫁，取有孕牛尾爲信，候牛生犢時，始還。娶妻須要男家割陽物曰人尾來，以爲聘禮，女家還元割牛尾期信，女家得之甚喜，以鼓樂迎之。地產駱駝鶴，長六七尺，有翼能飛，食雜物，或燒赤熱銅鐵與之食，生卵如椰子，破之如瓮瓮有聲。國人好獵，日射獸而食。

明・費信《星槎勝覽》卷二《竹步國》 村居寥落，地僻西方，城垣石壘，屋砌高堆。風俗頗有淳。草木不生。男女拳髮，出以布兜。山荒地廣，而多無霖，絞車深井，捕網海魚。地產獅子、金錢豹、駝雞有六七尺高者、龍涎香、乳香、金箔。貨用土珠、色段、色絹、金銀、磁器、胡椒、米穀之屬。

詩曰：島夷名竹步，山赤見應愁。地旱無花草，郊荒有馬牛。短稍男掩膝，單布女兜頭。縱目逢吟眺，蕭然一土丘。

又《木骨都束國》 瀕海之居，堆石爲城，操兵習射，俗尚嚚強。壘石爲屋，四五層高，房屋廚廁待客俱於上也。男女拳髮四垂，腰圍稍布。女髮盤，黃漆光頭，兩耳掛珞 索數枚。項帶銀圈，瓔珞垂胸。出則單布兜遮，青紗蔽面，足履皮鞋。山連地廣，黃赤土石，不生草木，田瘠少收。數年無雨，穿井絞車，羊皮袋水。駝、馬、牛、羊，皆食海魚之幹。地產乳香、金錢豹，海內采龍涎香。貨用金銀、色段、檀香、米穀、磁器、色絹之屬。

詩曰：木骨名題異，山紅土色黃。久晴天不雨，曆歲地無糧。寶石連珠索，龍涎及乳香。遙看風物異，得句喜成章。

又《卜剌哇國》 傍海爲國，居民聚落。地廣斥鹵，有鹽池，但投樹枝于池，良久撈起，結成白鹽食用。無耕種之田，捕魚爲業。男女拳髮，穿短衫，圍稍布。婦女兩耳帶金錢，項帶瓔珞。惟有葱蒜，無瓜茄。風俗頗淳。居屋壘石，高起三五層者。地產馬哈獸、花福禄、豹、麂、犀牛、没藥、乳香、龍涎香、象牙、駱駝。貨用金銀、段絹、米豆、磁器之屬。

詩曰：卜剌邦瀕海，無田種稻禾。樹枝投入沼，城水結爲差。自古瓜茄乏，從來葱蒜多。異香兼異獸，感與一吟哦。

明・羅日褧《咸賓録》卷四《白虎松兒》 白虎松兒，舊名速麻里兒。先是有白虎出松林中，遇獸不食，遇人不傷，旬月餘不見。父老云：此西方白虎降精，故更今名。永樂中，遣使十六人來貢。

山川古迹、物產無奇。

《明史》卷三二六《外國傳七・木骨都束》 木骨都束，自小葛蘭舟行二十晝夜可至。【略】

國濱海，山連地曠，磽瘠少收。歲常旱，或數年不雨。俗頑嚚，時操兵習射。地不產木。亦如忽魯謨斯，壘石爲屋，及用魚腊以飼牛羊馬駝云。

又《不喇哇》 不剌哇，與木骨都束接壤。自錫蘭山別羅里南行，二十一晝夜可至。【略】

其國傍海而居，地廣斥鹵，少草木，亦壘石爲屋。有鹽池。但投樹枝於中，已而取起，鹽即凝其上。俗淳。田不可耕，蒜葱之外無他種，專捕魚爲食。所產有馬哈獸，狀如獐；花福禄，狀如驢；及犀、象、駱駝、没藥、乳香、龍涎香之類，常以充貢。

又《竹步》 竹步，亦與木骨都束接壤。永樂中，嘗入貢。其地戶口不繁，風俗頗淳。鄭和至其地。地亦無草木，壘石以居，歲多旱暵，皆與木骨都束同。所產有獅子、金錢豹、駝蹄雞、龍涎香、乳香、金珀、胡椒之屬。【略】

又有國曰比喇，曰孫喇。鄭和亦嘗奉敕往賜。以去中華絶遠，二國貢使竟不至。

又 卷三三二《西域傳四・白松虎兒》 白松虎兒，舊名速麻里兒。嘗有白虎出松林中，不傷人，亦不食他獸，旬日後不復見。國人異之，稱爲神虎，曰此西方白虎所降精也，因改國名。其地無大由，亦不生樹木，无毒蟲猛獸之害，然物產甚薄。永樂中嘗入贡。

清・徐繼畬《瀛寰志略》卷八《亞德爾、亞然》 亞德爾一作亞占，在北土阿北西尼亞之東南，當紅海、印度海之隅，商舶罕至，故疆域之廣狹未詳。西南重岡叠起，東北平原廣闊，河流交貫，隴畝肥饒，穀宜黍稷。地氣炎燥，乏陰雨。居民皆土番，奉回教。地分數部，各有酋，與阿北西尼亞時有兵事。產金沙、乳香、胡椒、象牙。

亞然一作然貴巴，在亞德爾之南，長約一千九百里，廣未詳。北境多山，東境磽瘠多沙磧，西南人迹罕到。沿海所居，皆阿剌伯回族，以貿易為業，面色差白。內地皆黑番，以牧獵為生。國分十數部，各有酋，不相統轄。其大者曰巴拉瓦，城建海濱，有深澳便於泊船。貿易頗盛，土產香料為多。

肯尼亞

明・羅日褧《咸賓録》卷四《麻林》 麻林，未詳其國所在。永樂十三年王遣使貢麒麟。厚賜之。

《明史》卷三二六《外國傳七・麻林》 麻林，去中國絶遠。

埃塞俄比亞

明・艾儒略《職方外紀》卷三《亞毘新域、馬拿莫大巴》 利未亞東北近紅海處，其國甚多，人皆墨色，迤北稍有白色，向南漸黑，甚者色如漆矣，惟齒目極白。其人有兩種，一在利未亞之東者，名亞毘心域，地方極大，據本州三分之一，從西紅海至月山皆其封域。產五穀、五金，金不善煉，恒以生金塊易物。糖蠟極多，造燭純以蠟，不知用油。國中道不拾遺，夜不閉戶，從來不知有寇盜。其人極智慧，又能崇奉天主。修道者手持十字，或懸掛胸前，極知敬愛。西土篤默聖人爲其傳道，自彼始也。王行遊國中常有六千皮帳隨之，僕從車徒恒滿五六十里。

一種在利未亞之南，名馬拿莫大巴者，國土最多，皆極愚蠢，不識理義。其地氣候甚熱，沿海處皆沙，人踐之即成瘡痏。黑人坐卧其中，安終無恙也。所居極穢，如豕牢。喜食象肉，亦食人。市中有市人肉處，皆生齕之，故齒皆銼鋭，若犬牙然。奔走疾於馳馬，不衣衣，反笑人衣衣者。或塗油於身以爲美樂。絶無文字。初歐邏巴人到此，黑人見其看誦經書，講説道理，大相驚訝，以爲書中有言語可傳達也，其愚如此。地無兵刃，惟以木爲標鎗，火炙其鋭處，用之極銛利。身有羶氣，永不可除。性不知憂慮，若鳥獸然。聞簫管琴瑟諸樂音便起舞不能止。但其性朴實耐久，教之爲善事，即盡力爲之。爲人奴極忠於主，爲主用力，視死如歸。遇敵直前，了無避忌。其俗大略不崇魔像，亦知天地有主，但視其王若神靈，亦以爲天地之主，凡陰晴旱澇皆往祈之。王若偶一噴涕，舉朝皆高聲應諾，又舉國皆高聲應諾，大可笑也。人性喜飲酒，易醉。所產雞亦皆黑，獨豕肉爲天下第一美味，病者食之亦無害。產象極大，一牙有重二百斤者。又有獸如貓，名亞爾加里亞，尾後有汗極香，黑人穽於木籠中，汗沾於木，乾之以刀削下，便爲奇香。烏木、黄金最多，地無寸鐵，特貴重之。布帛喜紅色、班色及玻璃器。又善浮水，他國名爲海鬼。

其亞毘心域屬國有名諳哥得者，夜食不晝食，又止一飡，絶不再食。以鹽鐵爲幣。又一種名步冬，頗知學問，重書籍，善歌舞，亦亞毘心域之類也。

清・徐繼畬《瀛寰志略》卷八《阿北西尼亞》 阿北西尼亞，阿八思尼阿、哈北、阿邁斯尼、亞毗心域、馬八兒。在努北阿之南，東枕紅海，南界亞德爾，長二千三百餘里，廣二千餘里。山嶺盤迴，岡陵錯雜。有大水曰巴勒那塞各，又名藍河，下游匯於尼羅。土田肥沃，地氣温平。惟近紅海一帶頗炎燥，多迅雷，多雨。自五月至十月，陰霖居半，行旅艱於跋涉。自古為土番部落，不通上國，故沿革無考。相傳其國舊制，王族皆聚處高山之上，不與國人交接，以防异謀。有嗣位者，方許下山，否則禁錮終身。所奉者，天主、大二秦教。大秦教，即波斯舊奉之火祆教。大秦之名，乃唐人訛傳。詳《波斯圖説》。俗好爭鬭殺掠，食牛不宰，臠割而生啖之。別有野番，穴地而居，捕蟲豸為食。得野獸，食其肉，纏其腸，繫其踊於身，以為觀美。國分七部，各有酋長，曰的給勒、曰公達爾、曰昂哥卑爾、曰昂合拉、曰昂哥、曰那勒亞、曰薩馬拉。產二麥、粟米、麻、蜜、棉花、木料，山中多獅、豹、山狗。

按：北亞非利加之東遍，地多沙漠，本不毛之土。獨麥西得尼羅河之淤灌，變為沃壤。其西北境之蘇爾士又作蘇葉，又與阿剌伯、猶太接連。故東方夷族，上古時即轉徙至此。其創制規為，遂為歐羅巴開風教之始，歷數至一千數百年，可謂盛矣。惟立國鳩民僅傍尼羅河蜿蜒一帶，無地可擴，無險可守。故波斯、希臘、羅馬諸大國興，麥西恆為之臣。迨回部既强，遂為所吞噬，而名土變膻俗矣。努比阿本麥西南部，其種人雖雜野番，而自古別無立國。阿北西尼亞不毆不回，自古為土番部落。或謂其國尚有規模，不至如泰西人所云之荒陋。然較之麥西，不啻有華夷之別矣。又元世祖時，馬八爾、俱藍兩國曾入貢。馬八爾即阿北西尼亞，俱藍似即努比阿。是為阿非利加通中國之始。

由西印度西行，有小島曰亞丁，英吉利之所據也。由此入紅海，西北行四千里而港盡。至麥西之蘇爾士，行旱路一百七十里，即地中海之東南隅，再舟行七千里，出直布羅陀海口，即大西洋海。較之紆迴南繳，繞阿非利加之西境，至極南之岋樸而始轉舵東北者，計里約減二萬，計程約近一月。惟蘇爾士隔旱路一百七十里，舟楫不能通行。《海國聞見録》謂『恨不用刀截斷』者，即指此也。近年英吉利製火輪船，遞送文書。由印度海駛至亞丁，入紅海，至蘇爾士，行旱路至地中海東南隅。彼處有火輪船接遞，西駛出直布羅陀海口。火輪船行駛甚速，不畏風浪，而計程又近二萬里，故五十日可達英倫國都。自明以前，歐羅巴通中國，皆由此路。説詳《回部四國》。

馬達加斯加

元·周致中《異域志》卷上《崑崙層期》 其國地極熱，在西南海上，接海島，有大鵬飛則蔽日也，能食駱駝。昔有人拾其翎，截管可作水桶。有野人身如墨漆，鬈髮，國人布食誘捉，賣與番商作奴，尚貨利也。

清·徐繼畬《瀛寰志略》八《馬達加斯爾大島》 馬達加斯加爾大島，一作馬大押甲，又作墨勒阿士喀，又作聖老佐楞大島。在印度海東南方，與東土之莫三鼻給相近，長約二千八九百里，廣約七八百里。有高山綿亘如脊，萬笏紛排，瀑布飛流數百仞。峯之最高者，北曰維加哥拉，南曰昂巴的美內。山東西平原坦闊，溪澗交縈，田土肥沃，穀果豐碩，清勝為阿非一土之最。惟地氣炎熱，海濱洿澤居半，瘴癘觸人，异國人不能耐居。民皆黑番，從回教，自古別為一國，無所羈屬。佛郎西嘗謀取其地，屢圖之而未得也。地分數十部，不相統攝。其大者曰疴瓦斯、曰塞哥拉瓦斯、曰安達瓦爾斯、曰卑定薩拉、曰卑達尼美內、曰安達美西，餘冗雜，名不盡著。土產絲、麻、蜜蠟、竹、蘇木、甘蔗、樹膠、青黛、烟葉、白胡椒、沙穀米。山中銀、銅、鐵、錫、黑鉛、水銀各礦皆備，寶石、水晶，亦所在多有。土番不解搜采，惟知攻鐵而已。

坦桑尼亞

明·艾儒略《職方外紀》卷三《井巴》 利未亞南有一種夷狄，名曰井巴。聚衆十餘萬，極勇猛，又善用兵。無定居，以馬及駱駝乘載，遷徙所至，即食其人及鳥獸蟲蛇，必生命盡絶，乃轉他國。爲南方諸小國大害。

清·徐繼畬《瀛寰志略》卷八《桑給巴爾》 桑給巴爾，在亞然之南，長約四千里，廣約七百里。沿海窪下，林木叢雜，野象成羣，多怪禽奇獸。內地山嶺合沓，西南一帶尤聳峭。江河迴繞，土田肥磽不一。地氣酷熱，多瘴癘。居民皆黑番，奉回教。地分數十部，不相統攝。其大者曰幾羅阿、曰蒙巴薩即唐書之老勃薩、曰美林德、一作墨林他，即《唐書》之磨鄰。曰馬加多朔。餘皆冗雜小部。土產穀、果、金、銀、銅、鐵、糖、蠟、棉花、象牙、鳥羽、木料、藥材，貿易頗盛。

莫桑比克

清·徐繼畬《瀛寰志略》卷八《莫三鼻給》 莫三鼻給，摩散比、磨山密。在桑給巴爾之南，長約四千四百里，廣約一千里。岡阜重疊，叢林環繞，象多如牛馬。金礦、金沙，取之不竭。土田膏腴，穀果豐碩。惟地多瘴癘，不便居栖。居民皆黑番，奉回教。其部落有馬古、阿蒙、如木新卑等名，冗雜零散，不相統攝。內有葡萄牙所闢之地，凡七處，曰莫三鼻給，駐有大酋，總轄諸處，曰給林卑、曰幾里馬內、曰塞內、曰索發拉一作所服剌、曰義能巴內、曰羅林索馬爾給斯。近年葡勢衰弱，貿易無多，惟以販賣黑口為事。澳門各夷館所用黑奴，皆從此土販來。

又《加弗勒里亞》 加弗勒里亞一作喀士列里，在東土莫三鼻給之南，東距印度海，西連疴丁多的亞，西南接加不，長約四千里，廣約一千里。迤西沙漠居多，水泉缺乏，東方巒嶂重疊，山谷中壤土腴厚，叢林茂密。獸多獅、象、熊、豹、羚羊、水牛，鳥多鷹、鷲，海多鼉、鰐、海馬。黑番長大有力，惟務稼穡。部落甚多，在海濱者，有古薩、當不給、忙不給等部，在內地者，有比里、加達爾馬、哈巴羅隆、馬盧的、西馬著、馬幾尼等部。土產金、銀、銅、鐵、珊瑚、琥珀。

中非諸國

剛果

明・艾儒略《職方外紀》卷三《西爾得、工鄂》 利未亞之西有海濱國，名西爾得。其地有兩大沙，其一在海中，隨水遊移不定；其一在地，隨風飄泊，所至積如丘山，城郭田畝皆被壓没，國人甚苦之。

又有工鄂國，地亦豐饒。頗解義理，自與西客往來，國中大都崇奉真教。其王又遣子往歐邏巴習學文字，講明格物窮理之學焉。

清・徐繼畬《瀛寰志略》卷八《公額》 公額一作公我，在幾內亞之南，一名下幾內亞。西距大西洋海，南界星卑巴西亞，東抵日牙加，長約三千八百里，廣約一千四百里。東境山岡重疊，萬派發源。河之大者曰公額，因以為部落之名。公額河縈繞四境，土田藉以肥沃。地當赤道之南，炎蒸與幾內亞同，黑番土俗亦相類。地分二十一小國，曰羅昂額、曰公額、曰奔巴、曰薩拉、曰莫盧阿斯、曰虎美、曰加三日、曰岡各白拉、曰何、曰何羅和、曰日仍加、曰幾蘇阿、曰古達多、曰古凝加、曰當巴、曰里波羅、曰幾薩罵、曰塞拉、曰白倫多、曰難諾、曰比黑。土產銅、錫、甘蔗、胡椒、薯粉、象牙。西境有葡萄牙創闢之地，凡二部，北曰昂疴拉、南曰奔給拉，產五金各礦，其商船往來，專以販賣黑口為事。

西部非洲

塞內加爾、岡比亞

清・徐繼畬《瀛寰志略》卷八《塞內岡比亞》 塞內岡比亞，在撒哈拉大漠之南，西距大西洋海，南界幾內亞，東界尼給里西亞，長約二千七百餘里，廣約二千里。境內大水二，皆西流入大西洋海。北曰塞內加爾一作西尼甲、南曰岡比亞一作感比亞，合兩水以名其地者也。平坦無山，墳壤與沙磧相間，田土膏沃，穀果皆宜。地近赤道，酷熱多瘴癘。由五月至八月，陰雨連綿，暑氣稍減。土番黑面卷毛，皆奉回教。地分二十小國，其酋或世傳，或公舉，不相統攝。曰弗達多羅、曰弗達日羅、曰弗拉都、曰加孫、曰奔都、曰牙尼、曰弗義尼、曰烏黎、曰登的里亞、曰分達、曰加疴爾達、曰邦不各、曰薩隆、曰加不、曰日約羅弗、曰新、曰烏阿羅、曰巴爾、曰加約爾、曰薩倫。土產金、銅、鹽、琥珀、紋石、象牙。塞內加爾河口，有佛郎西創闢之地。凡三處，曰甚盧義斯島、曰哥勒亞島、曰烏阿羅。佛人建炮臺，設埔頭，與黑番交易，以布匹易金沙、樹膠，每歲貨船約三十隻。凡佛船赴亞細亞，必至哥勒亞收泊。岡比亞河口，有英吉利埔頭，立商館包兌包送，以兵船巡海口，捕略賣黑奴者。

幾內亞

清・徐繼畬《瀛寰志略》卷八《幾內亞》 幾內亞，在塞內岡比亞之南，西南距大西洋海，東至義的約比亞沙漠，東北界尼給里西亞。長約八千里，廣約三千里。海濱地形窪下，烟瘴甚毒。有大河曰尼日爾，發源尼給里西亞，至幾內亞南界入海。北境有大山綿亘，與塞內岡比亞分界。又有公山，為尼給里西亞、塞內岡比亞，分界之地。地當赤道之北，驕陽亭午，石鑠金流，行人往往暍死，賴五月至九月時時陰雨，否則無噍類矣。土脉肥饒，草木暢茂，穀果皆宜。黑番混沌，拜禽獸為神，較之塞內岡比亞尤為荒陋，惟以擄賣人口為事。耕作皆女為之。地分數十部，其較著者，曰的馬尼亞、曰古郎哥、曰蘇黎馬那、曰加不蒙德、曰桑固音、曰加瓦利、曰亞千的亞、曰達疴美、曰亞爾達拉、曰巴達給里、曰拉各斯，餘皆冗雜小部。土產黃金、珊瑚、琥珀、紋石、甘蔗、烟葉、香料。西北境有英吉利新闢之地，在岡比亞河之南，曰塞拉勒窩內一作西爾拉厘阿尼，又名獅山。岡阜重疊，林木陰翳，有瘴氣。產象牙、油皮、蠟、木料、樹膠，貿易頗盛。又開學館，以耶蘇教化其黑番。迤南有米利堅新闢之地，曰奕尼，一作危尼，又作里卑利亞。在門蘇拉多河濱。贖略賣之黑奴居之，教之耕作。轉而東南，有英吉利新闢之地，曰哥斯建斗羅，又名金邊，金沙極多，又產棉花、藍靛、樹膠、白蠟、皮革，貿易極盛。惟地氣酷熱，人不能堪。此外有荷蘭埔頭，曰厄爾迷那。又有嗹國埔頭，曰給里斯的巴爾各。地皆彈丸，各屬數小城。

南部非洲

津巴布韋

清・徐繼畬《瀛寰志略》卷八《星卑巴西亞》 星卑巴西亞，在西土公額之南，西距大西洋海，南界疴丁多的亞，長約二千七百里，廣未詳。地形平闊，沙漠中間有片土，亦甚磽薄。獸多人少，黑番轉徙無常，不成部落，在阿非利加一土中，最為荒瘠，地無物產。其種人即名曰星卑巴斯。

疴丁多的亞一作合丁突，在星卑巴西亞之南，西距大西洋海，東至加弗勒里亞，南接加不，長約二千五百里，廣約二千二百里。南北多山嶺，中間沙漠橫亘，墳壤無幾。海濱窪下，土脉膏腴，物產頗豐。地氣溫平，不似迤北之酷熱，惟颶風時作，猛烈异常。羽毛凶戾，蟲蛇毒惡，异國人未敢托足。黑番名疴丁多的，多以牧畜為業，怠於農事。部落甚多，各有酋，不相統攝。其較著者，曰哥拉那、曰那馬瓜、曰達馬拉、曰不書阿那、曰波支斯曼。

南非

清・徐繼畬《瀛寰志略》卷八《加不》 加不，一稱岋樸，一作岋阿穩曷樸，又作好望海角。在阿非利加極南地盡之處。東西齊平，東為印度海，西為大西洋海，南為大南海。長約二千里，廣約一千里。城建達勒與良二山之麓，俗名大浪山。其地時序溫和，卉木繁盛，牧場寬廣，牛羊孳息，穀麥堪出糶，種葡萄釀酒極甘。迤北半係沙漠，每風起雲合，黑氣迷漫。產獅、象、虎、兕、鹿、麂、河馬，河馬有角，可作刀柄。又產長頸鹿與駝鳥。長頸鹿頸長於身，駝鳥似鬥雞而高大，兩足似橐駝，即《漢書》所云大馬爵，波斯、印度、天方一帶皆有之，非獨產此地也。土人短身黑面，穴地而居，得野獸則生食其肉。前明時，葡萄牙泛舟東來，始識其地。後荷蘭踵至，營立埔頭，徙國人而耕之，捕土人為奴。歐羅巴諸國商船東來，必寄泊於此。流寓皆荷蘭人，半以牧畜為業。內地沿溪傍河，亦有聚落，而沙磧圍繞，往來甚遠。駕犢車行沙中，往往中道渴死。故地界迴環數千里，而户口不繁。嘉慶十年，英吉利以兵船奪取其地，在海濱別開埔頭。

研判南美洲諸國國情分部

綜述

巴西

《明史》卷三二五《外國傳六・巴喇西》 巴剌西，去中國絕遠。正德六年遣使臣沙地白入貢，言其國在南海，始奉王命來朝，舟行四年半，遭風飄至西瀾海，舟壞，止存一小艇，又飄流八日，至得吉零國，居一年。至秘得，居八月。乃遵陸行，閱二十六日抵暹羅，以情告王，獲賜日給，且賜婦女四人，居四年。迄今年五月始附番舶入廣東，得達闕下。進金葉表，貢祖母綠一，珊瑚樹、琉璃瓶、玻璃盞各四，及瑪瑙珠、胡黑丹諸物。帝嘉其遠來，賜賚有加。

明・艾儒略《職方外紀》卷四《伯西爾》 南亞墨利加之東境，有大國名伯西爾，起赤道以南二度，至三十五度而止。天氣融和，人壽綿長，亦無病疾。他方有病不能療者，至此即瘳。地甚肥饒，多奇異鳥獸。江河為天下最大，最有名。有大山介孛露者，高甚，飛鳥莫能過。產白糖最多，嘉木種種不一，而蘇木更多，亦稱為蘇木國。有一獸名懶面，甚猛，爪如人指，有鬃如馬，腹垂着地，不能行，盡一月不踰百步。喜食樹葉，緣樹取之，亦須兩日，下樹亦然，決無法可使之速。又有獸，前半類狸，後半類狐，人足梟耳，腹下有房，可張可合，恆納其子於中，欲乳方出之。其地之虎，餓時百夫莫可當，值其飽後，一人制之有餘，即犬亦可斃之也。饕餮之害如此！

國人善射，前矢中的，後矢即破前筈，連發數矢，常相接如貫，無一失者。俗多躶體，獨婦人以髮蔽前後，少之時鑿頤及下唇作孔，以猫睛夜光諸寶石嵌入為美。婦人生子即起，作務如常。其夫則坐蓐數十日，服攝調養。親戚俱來問候，餽遺弓矢食物，通國皆然。世間風俗多有難以理通如此類者，然人情習慣，亦莫覺其非也。

地不產米麥，不釀酒，用草根晒乾磨麵作餅以當飰。凡物皆公用，不自私。土人能居水中一二時刻，復能張目明視。亦有能游水最捷者，恆追執一大魚名都白狼而騎之，以鐵鉤鉤入魚目，曳之東西，走轉捕他魚。素無君長、書籍，亦無衣冠，散居聚落，喜啖人肉。西土常言，其地缺三字，王、法、文是也。今已稍稍歸化，頗成人理。

其南有銀河，水味甘美，嘗湧溢平地，水退，布地皆銀沙銀粒矣。河身最大，入海處濶數百里，海中五百里一泒尚為銀泉，不入鹵味。其北又有一大河，名阿勒戀，亦名馬良温，河身曲折，三萬里未得其源。兩河俱為天下第一。

清·南懷仁《坤輿圖説》卷下《伯西爾》 南亞墨利加東有大國，名伯西爾。天氣融和，人壽長，無疾病。他方病不能療者，至此即瘳。地甚肥饒，江河為天下最大。有大山界白露者，甚高，飛鳥莫能過。產白糖最多。嘉木種種不一，蘇木更多，亦稱蘇木國。一獸名懶面，甚猛，爪如人指，鬃如馬，腹垂著地，不能行，盡一月不逾百步。喜食樹葉，緣樹取之，亦須兩日，下樹亦然。無法可使速。有獸，前半類狸，後半類狐，人足梟耳，腹下有房，可張可合，恆納其子於中，欲乳方出。其地之虎，餓時百夫莫當，值飽，一人制之有餘，即犬亦可斃之。國人善射，前矢中的，後矢即破前幹，連發數矢，相接如貫，無一失者。俗多裸體，婦人以髮蔽前後。幼時鑿頤及下唇作孔，以貓睛、夜光諸寶石嵌入為美。婦人生子即起，作務如常。其夫坐蓐數十日，服攝調養，親戚俱來問候，饋遺弓矢、食物，通國皆然。地不產米、麥，不釀酒，用草根曬乾，磨面作餅以當飰。凡物皆公用，不自私。土人能居水中一、二時刻，張目明視。亦有浮水最捷者，恆追執大魚名都白狼而騎之，以鐵鉤鈎魚目，曳之東西走，轉捕他魚。素無君長、書籍，亦無衣冠。散居聚落，喜啖人肉。近毆邏巴士人傳天主教到彼，今已稍稍歸化，頗成人理。其南有銀河，水味甘美，湧溢平地。水退，布地皆銀沙、銀粒，河身最大，入海處闊數百里，海中五百里一派，尚為銀泉，不入滷味。其北有大河，名阿勒戀，亦名馬良温，河身曲折三萬里，未得其源。兩河俱為天下第一。

清·徐繼畬《瀛寰志略》卷一〇《巴西》 巴西，一作巴悉，又作伯爾西，又作巴拉西利，又稱布拉熱爾。南亞墨利加大國也，地居南亞墨利加一洲之半，北、東兩面距大西洋海，西北界可侖比亞，西界秘魯、玻利非亞，西南界巴拉圭、烏拉乖，縱橫皆約九千里。地勢平曠，間有山嶺紆盤，亦不甚高。江河多而長，最大者曰亞馬孫，自西而東，口門似海。曰凡悉，自南而北；曰烏路愚愛，自北而南，兩河之大，亞於亞馬孫，皆流入大西洋海。其餘小河不可勝數。明宏治十三年，葡萄牙人伯得禄阿爾瓦利斯探得其地，見其土沃而曠，徙國人墾辟之。後葡萄牙為西班牙所並，巴西亦為荷蘭所奪，鳩居五十餘年。葡萄牙復國後，悉鋭渡海逐荷蘭人，益開阡陌，買阿非黑奴助耕作，生聚二百餘年，遂為海西大部。產棉花、白糖、煙葉、加非、可可、二物果名，可代茶飲。紅木、牛皮、藥材，又出金沙、金剛鑽、各色寶石。地力甚厚，百穀皆宜，惜戶口未繁，農作不力，已墾之土，不過十之二三，餘則蓬蒿雜遝，林莽陰翳，奇形之獸、不知名之鳥、恢譎之蟲蛇，飛走出沒於其間，雖有珍異之產，掩於穢墟，無由自獻，西人惜之。嘉慶年間，葡萄牙王為佛郎西王拿破崙所逼，逃至巴西，佛師退，歸國尋卒。其子伯德禄留王巴西，遣女歸王葡，王不諳巴俗，巴西人迫王歸葡，立其世子為王，國之貴人相助為理，由是別為海西大國，不屬於葡萄牙。其國至道光年間戶口約四百萬，葡人八十萬，雜類四十萬，白、黑人嫁娶所生。黑民十五萬黑奴子孫贖為民者。黑奴百餘萬，土人暨遠方各國之人七十餘萬。葡人多及時行樂，游燕自娱，力作皆黑民為之，養之甚厚，故無叛逃。地分十八部，曰里約熱內盧一作牙匿羅，都城建於海濱，與部名同，廷廟峻麗，市廛環匝，百貨填溢，學館、醫院皆備，人戶一百五十萬，商船蟻集，為通國大埔頭，海門廣闊，風物清美，商旅羡為樂土；曰勝寶盧，會城同名；曰三達加達里納，會城名德斯德羅；曰勝伯德禄，會城名伯爾達勒給勒；曰馬的噶羅梭，曰痾阿斯，會城皆同名；曰迷那日來斯，會城名額羅不雷多；曰斯不黎多三多，會城名維多里亞；曰巴義亞，會城同名，亦大埔頭，夙稱富庶，居民好賭成俗，盜賊肆行，時殺人於昏夜；曰塞爾日貝，會城名勝基利斯多望；曰阿拉疴瓦斯，會城同名；曰伯爾能不各，會城名勒西非，居民七萬，地平坦，豐草叢林相雜，其民騎馬獵野牛為生，與拉巴拉他同俗；曰巴來罷，會城同名；曰北里約哥蘭的，會城名達那里；曰西阿拉，會城同名；曰標意，會城名疴滅辣斯；曰馬拉娘，會城名勝盧義斯；曰加郎巴拉，會城名伯零。巴國腹地產金沙、鋼鈷寶石，其民陟巘没河，搜尋寶藏，不務農功，往往絶糧餓死。土人悍獷近獸，戶口甚稀。

巴西北境濱海，地名歪阿那一作古牙那，有三國所辟新地。佛郎西新地在東，曰加夜那，長約一千六百里，廣約一千一百里，產丁香、番木。其地叢林密匝，瘴氣最毒，到者輒染病死，佛國免死罪人流徙於此。荷蘭新地在中，曰蘇利南，長約七百五十里，廣約六百五十里，會城曰巴拉馬利波，地多水澤，產白糖、加非，貿易頗盛，黑奴多逃入山林，誘土番為盜劫。英吉利新地在西，與可侖比亞連界，長約一千里，廣約三百八十里，本荷蘭所辟地，英人奪而有之，分三部，曰特默拉拉、曰義斯給波、曰北爾彼塞，土雖沃而半屬塗泥，英人募阿非黑人來此修田，工費太巨，獲利無幾，亦產白糖、加非。

秘魯

明·艾儒略《職方外紀》卷四《孛露》 南亞墨利亞之西，曰孛露。起赤道以北三度至赤道以南四十一度，大小數十國，廣袤一萬餘里，中間平壤沃野，亦一萬餘里。地肥磽不一，肥者不煩耕治，布子自能生長，凡五穀百果艸木悉皆上品，本地人自目為大地之苑囿也。其鳥獸之多，羽毛之麗，聲音之美，亦天下第一。地出金鑛，取時金土互溷，別之金多於土，故金銀最多。國王宮殿皆以黃金為板飾之。獨不產鐵，兵器皆用燒木銛石。今貿易相通，漸知用鐵，然至貴。餘器物皆金銀銅三種為之。

有數國從來無雨，地中自有濕性，或資水澤。有樹，生脂膏極香烈，名拔爾撒摩，傳諸傷損，一晝一夜肌肉復合如故，塗痘不瘢，以塗屍，千萬年不朽壞。有一種異羊，可當騾馬，性甚倔强，有時倒卧，雖鞭策至死不起，以好言慰之，即起而走，惟所使矣；食物最少，可絶食三四日，肝生一物如卵，可療諸病，海國甚貴之。天鵝、鸚鵡尤多。有一鳥名厄馬，最大，生曠野中，長頸高足，翼翎極美麗，通身無毛，不能飛，足若牛蹄，善奔走，馬不能及。卵可作杯器，今番舶所市龍卵，即此物也。產棉花甚多，亦織為布，而不甚用之，專易大西洋布帛及利諸布，或剪馬毛織為服。

其地江河極大。有泉如脂膏，常出不竭，人取燃燈，或塗舟砌墻，當油漆用。又有一種泉水，出於石罅，纔離數十步，即變為石。有土能燃火，可當炭用，平地山岡皆有之。地震極多，一郡一邑常有沉埶無遺者。或平地突起山阜，或移山至於別地，皆地震之所為也。故不敢為大宮室，上蓋必以薄板，以備震壓。

其俗大抵無文字書籍，結繩為識。或以五色狀物形以當字，即史書亦然。算數用小石子，亦精敏，其文飾以珍寶嵌面，或以金銀為環，穿唇及鼻。臂腿或繫金鈴，復飾重寶，夜中光照一室。

其國都以達萬餘里，鑿山平谷為坦途，更布石，以便驛使傳命，則數里一更，三日夜可達二千里。人性良善，不長傲，不飾詐，頗似淳古之風。因其地金銀最多，任意可取，故亦無竊盜貪吝，亦不自知其富。或反作細微無益之務以當業。但陋俗最多。近天主教中士人往彼勸化，教之經典書文，與談道德理義。往時惡俗如殺人祭魔、驅人殉葬等事，俱不復然，為善反力於諸國，有捐軀不辭者。

其間亦有最醜惡地土，產極薄，人拾蟲蟻為糧。以網四角掛樹而卧，蓋因地氣最濕，又有最毒之蛇，人犯之必死，其不敢下卧者，恐寐時觸之也。

其土音各種不同，有一正音，可通萬里之外。凡天下方言，過千里必須傳譯。其正音能達萬里之外，惟是中國與孛露而已。

近有一大國，名亞老歌，人强毅果敢，善用弓矢及鐵杵，不立文字，一切政教號令皆口傳說。辨論極精，聞者最易感動。凡出兵時，大將戒諭兵士不過數言，無不感激流涕，願效死者。他談論皆如此

清·南懷仁《坤輿圖說》卷下《白露》 南亞墨利加西曰白露，大小數十國，廣袤一萬餘里，中間平壤沃野亦一萬餘里。地肥磽不一，肥者不煩耕治，布子自能生長，五穀、百果、草木，悉皆上品，本土人目為大地苑囿。其鳥獸之多，羽毛麗，聲音美，亦天下第一。地出金礦，取時金土互溷，別之，金多於土，故金、銀最多。國王宮殿，皆黃金為板飾之。

獨不產鐵，兵器用燒木銛石，今貿易相通，漸知用鐵，然至貴。余器物皆金、銀、銅三種為之，有數國，從來無雨，地有濕性，或資水澤。有樹，生脂膏極香烈，名拔爾撒摩，傅諸傷損，一晝夜肌肉復合如故。塗痘不瘢，塗屍千餘年不朽。一種異羊，可當騾、馬，性甚倔强，有時倒臥，雖鞭策至死不起，以好言慰之，即起而走，惟所使矣。食物最少，可絶食三、四日，肝生一物如卵，能療諸病，海商貴之。天鵝、鸚鵡尤多，一鳥名厄馬，最大，長頸高足，翼翎美麗，不能飛，足若牛蹄，善奔走，馬不能及。卵可作杯器，今番舶所市龍卵，即此物。產綿花甚多，亦織為布，不甚用，專易西洋布及利諾布，或剪馬毛織為服。江河極大，有泉如脂膏，常出不竭。取燃燈或塗舟，砌牆，當油漆用。有一種泉水，出於石罅，離數十步，即變為石。有土能燃火，平地山岡皆有之，地震極多，一郡一邑常有沉墊無遺，或平地突起山阜，或移山別地，皆地震所為。不敢為大宮室，上蓋薄板，以備震壓。其俗無文字、書籍，結繩為識，或以五色狀物形以當字，即史書亦然。算數用小石子，亦精敏。其文飾以珍寶嵌面，以金為環，穿唇、鼻，臂腿或系金鈴，復飾重寶，夜中光照一室。其國都達萬餘里，鑿山平谷為坦途，更布石以便驛使傳命，數里一更，三日夜可達二千里。人性良善，不傲，不飾詐，頗似淳古風。因其地多金、銀，任意可取，故無竊盜、貪吝。但陋俗最多，自歐邏巴天主教士人往彼勸化，教經典書文，與談道德理義，往時惡俗如殺人、祭魔、驅人殉葬等事，俱不復然。為善反力于諸國，有捐軀不辭者。其間有極醜惡地，土產極薄，人拾蟲蟻為糧，以網四角掛樹而臥，因地氣最濕，又有毒蛇，人犯必死，不敢下臥，恐寐時觸之。土音各種不同，有一正音，可通萬里之外。近一大國，名亞老哥，人强毅果敢，善用弓矢及鐵杵，不立文字，一切政教號令，皆口傳説，辯論極精，聞者最易感動。凡出兵時，大將成諭兵士不過數言，無不感激流涕，願效死者。他談論皆如此。

清・徐繼畬《瀛寰志略》卷一〇《秘魯》 秘魯，或作尼魯，一作孛露，又作伯路，又作北盧。南亞墨利加名國也。舊與玻利非亞合為一國，今分。北界可侖比亞，東界巴西，南界玻利非亞，西距大洋海，長約五千三百里，廣約二千六百餘里。安達斯大山自西北來，環國之西界如帶，山以西浮沙浸海，斥磧不毛，山以東横嶺錯出，拓為平原，或高於平地百餘丈，故山下炎蒸而嶺上恆積冰雪。其間膏腴之土，蔬穀皆宜，因地產金、銀，舉國以攻礦為業，農事全荒，恆苦饑饉。其地自古為土番建國，風俗與墨西哥、可侖比亞同。西班牙既得可侖比亞，聞秘魯銀礦尤王，嘉靖三年命比薩羅亞爾、馬哥羅等懸軍深入，軍士或顛墜層崖，或失路餓死。顧以大利所在，堅不肯舍，已而抵其國都，番王不識戰鬥，懾於炮火，竄伏不敢與爭，國遂為西班牙所據。西人羣來攻礦，生聚日繁，鎮以大酋，歲收金、銀益國用，所得多於墨西哥。嘉慶十三年，西班牙為佛郎西所困，屬藩多畔，秘魯欲畔而畏西班牙兵多，猶豫不決。道光元年，與智利合兵，逐西班牙守者，遂自立為國，推擇長官理事，不立國王。居民皆西人苗裔，善待遠客，温藹可親，惟好逸好賭，與可侖比亞同俗。貿易諸事倩他國人為之，土人為西人所制，艱於衣食，能釀酒，終日沈醉。其物產金、銀之外，兼產銅、鉛、水銀、胡椒、甘蔗、棉花、藥材、樹膠、顏料、香料。地分七部，曰利馬，都城建於利馬河濱，與部名同；曰阿勒基巴，曰不諾，曰古斯各，會城皆同名；曰阿牙古説，會城名瓜忙加；曰入凝，會城名華奴哥；曰利卑爾達，會城名都盧詩羅。

阿根廷

清・徐繼畬《瀛寰志略》卷一〇《拉巴拉他》 拉巴拉他，一作孛臘達，又作巴拉大河，又作由乃的朴拉文士士。在智利之東，隔以安達斯山，北界玻利非亞，東界巴拉圭、烏拉乖，東南距大西洋海，西南界巴他峨拿，長約四千五百里，廣約三千里。境內有大江，與國同名。北里可馬、若佰默若兩河匯之，由東南入大西洋海，海口闊九十里。西北有山嶺，餘皆蕩平如砥。舊本野番部落，明正德四年西班牙命索利斯攻取之，鎮以大酋。其地荒草無垠，雜以荆棘叢林，西班牙人初至其地，以牝牡牛數十縱之於野，歲久孳息，不知幾千萬億，四境之內皆野牛。居民七十萬，耕作者少，但以捕牛為業，食其肉，寢其皮，制其骨為器皿。地亦有馬，騎馬馳草莽中以逐牛。海口通商甚廣，出入貨價每歲以數千萬圓計，皆牛皮所交易也。嘉慶十八年，部人逐西班牙守者自立為國，效米利堅推擇統領，稱兼攝亞墨利加國，然法制不立，規模草草，亦終於蠻荒而已。地分十四部，曰不宜諾塞利一作捕諾愛勒，都城建於巴拉大河濱，與部名同；曰音德勒里約斯，會城名巴沙大；曰哥連德、曰三達非、曰哥爾多瓦、曰三的牙哥尼斯德羅、曰都古曼、曰薩爾達、曰如鋭、曰加達瑪律架、曰里約倭、曰桑若漢、曰桑盧意斯、曰門多薩，會城皆同名。

智利

明·艾儒略《職方外紀》卷四《智加》 南亞墨利加之南為智加，即長人國也。地方頗冷，人長一丈許，遍體皆毛。昔時人更長大，曾掘地得人齒，濶三指，長四指餘，則全身可知也。其人好持弓矢，矢長六尺，每握一矢插入口中，至於没羽以示勇。男女以五色畫面為文飾。

清·南懷仁《坤輿圖説》卷下《智加》 南亞墨利加之南為智加，即長人國。地方頗冷，人長一丈許，遍體皆毛。昔時人更長大，曾掘地得人齒，闊三指，長四指餘，則全身可知。其人好持弓矢，矢長六尺，每握一矢，插入口中至没羽，以示勇。男女以五色畫面為文飾。

清·徐繼畬《瀛寰志略》卷一〇《智利》 智利，一作濟利，又作治里。在玻利非亞之西南，東阻安達斯大山，鄰拉巴拉他，西距大洋海，東南接巴他峨拿，地形狹長如帶，南北約四千五百里，東西約四百餘里。東面峻嶺横雲，高處常積冰雪。有火峯數處，多地震，海岸高下時時易形，山產金、銀、銅礦，每歲得銀八十餘萬兩，得黄金值銀五十餘萬兩，紅銅尤多。山西沿海一帶土田肥沃，五穀、蔬菜、果實皆宜。其民雖多攻礦，而以農功為重，故夙稱富庶，異於秘魯之荒本逐末。初，西班牙既獲秘魯，嘉靖十五年命亞爾馬哥羅進攻智利，土人拒戰不肯降，越四載，覆命瓦爾的維亞進攻，得地無幾。嘉靖三十年，瓦爾的維亞為阿老幹人所殺，西班牙以其所得之地附秘魯。阿老幹者，智利別部之最强者也。乾隆三十八年西班牙始滅智利，得其全土，而阿老幹一部始終未附。智利幅員褊小，非秘魯諸國比，然土沃礦旺，西班牙獨珍視之。嘉慶十五年，西班牙為佛郎西所困，亞墨利加諸藩部皆畔，智利亦閉境自專。後西班牙以大隊伐之，智利兵敗，求援於拉巴拉他，拉巴拉他助以兵力，西班牙始退去。其民俗温和好客，女有姿容，善音樂。地分八部，曰散地牙峨，都城建於多波加爾馬河岸深林之中，與部名同；曰阿公加瓜，會城名桑非里卑；曰哥固英波，會城同名；曰哥爾乍瓜，會城名古黎各；曰卯勒，會城名高給尼斯；曰公塞桑、曰瓦爾的維亞，會城皆同名；曰濟盧哀，會城名桑加爾盧斯。

按：西洋諸國行用番銀，成色高者，毆羅巴、印度所鑄。其常行者分四種，曰墨西哥、曰秘魯、曰玻利非亞、曰智利，成色高下不同，奥東人能辨之，閩人不能辨也，但稱為呂宋番，又稱鷹仔番。

又《智加》 巴他峨拿一作八的哥尼阿，又作智加，又作巴羅彌那。南亞墨利加之極南境，即世所傳之長人國。地形如襪，北界拉巴拉他、智利，東距大西洋海，西距大洋海，南距南海，南北約三千餘里，東西半之，其地草木荒穢，人皆野番，肢體長大，如常人一身有半，遍體生毛，攫食野獸，不成部落，亦不與他國往來。地氣嚴寒，如北亞墨利加之北境，又別無物產，故毆羅巴諸國括地至此，未嘗過而一問也。極南臨海之地，冰雪常凝，對峙一島曰鐵耳聶離依休勾，中隔一港曰麥哲論，昔時商船駛往智利、秘魯者，由麥哲論港西行，因港内多礁，近年率取道於鐵耳聶離之南。狂風迅烈，昏霧迷漫，濤瀧之猛惡倍於大浪山，舟過人人額手，喜若更生。

按：泰西人所記四大土人民，惟巴他峨拿土番肢體長大，異於別種，然亦不過高於常人一身之半，較長狄之身横畝、眉見軾者，猶相懸萬萬也。此外黝黑如阿非利加，醜怪如東南洋各島野番，亦不過白黑、妍媸之別，而五官四體要無大異，乃知長耳、比肩之民，飛頭、貫胸之國，古人故為恢奇之説，而世或從而信之，不亦傎乎。

哥倫比亞

明·艾儒略《職方外紀》卷四《金加西蠟》 南亞墨利加之北曰金加西蠟。其地出金銀，天下稱首。其鑛有四坑，深者皆二百丈。土人以牛皮造軟梯下之，役者常三萬人。其所得金銀，國王什取其一，七日約得課銀三萬兩。其山麓有城，名曰銀城，百物俱貴，獨銀至賤。貿易用銀錢五等，大者八錢，小至五分。金錢四等，大者十兩，小者一兩。毆邏巴自通道以來，歲歲交易，所獲金銀甚多，故西土之金銀漸賤，而米穀用物漸貴。識者以為後來當受多金之累。然獲利既厚，雖知，不能絶也。

其南北地相連處名宇革單，近赤道北十八度之下，南北亞墨利加從此而通，東西二大海從此而隔，周圍五千餘里。天主教未行之先，其國已預知尊敬十字聖架。國俗以文身為飾。

清·南懷仁《坤輿圖說》卷下《金加西蠟》 南亞墨利加之北曰金加西蠟，其地出金、銀，天下稱首，礦有四坑，深者二百丈，土人以牛皮造軟梯下之。役者常三萬人，所得金、銀，國王什取其一。七日約得課銀三萬兩。其山麓有城，名銀城，百物俱貴，獨銀至賤。貿易用銀錢五等，大者八錢，小至五分。金錢四等，大者十兩，小者一兩。毆邏巴自通道以來，歲歲交易，所獲金、銀甚多，故西土之金、銀漸賤。其南北地相連處，名字加單，近赤道北十八度之下，南北亞墨利加從此而通，東西二大海，從此而隔。周圍五千餘里，天主教未至，其國預知敬十字聖架。國俗以文身為飾。

清·徐繼畬《瀛寰志略》卷一〇《哥倫比亞》 哥倫比亞一作可侖巴，又作金加西臘。南亞墨利加極北境也，西北至巴拿馬，與瓜地馬拉接壤，北距大西洋海，西距大洋海，東界英吉利新地，東南界巴西，西南界秘魯，縱橫皆約五千里。西境安達斯大山疊峙，有高峯二百餘丈，又有火峯時吐煙焰。東境平原廣坦，河道縱橫，以阿利諾、馬加他為最大。海濱酷熱，水土不馴，內地漸高，溫平可居。明宏治十五年，西班牙遣其臣可下侖尋新地，先取此土，建三部，曰新加拉那大金加西臘即新加拉那大之訛，曰加拉架，曰基多，各置大酋領之。嘉慶十五年，部人波里瓦爾率衆逐西班牙三部守臣，構兵八年，西班牙不能克復，遂自立為可侖比亞國。道光十一年，仍舊三部分為三國，曰新加拉那大，曰厄瓜爾多，曰委內瑞辣，各有酋長，不相統屬。戶口不繁，半皆西班牙流寓。俗偷惰，好賭博，田屋蕩盡勿悔。男女皆衣素，伉儷最篤，婦女不許人面，或窺覿則挾刃相仇。土人別為種族，性悍獷而陰狠。地產加非、白糖、煙葉、靛餅，山產銀、銅。銀有四坑，取之不竭。河產金沙、珍珠、寶石。

新加拉那大國，在西北境。由巴拿馬一線與北亞墨利加相連，長約三千里，廣約二千五百里。地氣濕熱，北方為甚，田土腴沃，物產豐饒。地分十八部，曰波哥大，都城建於平原，與部名同；曰安的育基亞，會城名墨德零；曰內巴，會城同名；曰馬黎濟大，會城名紅大；曰波馬焉，曰巴斯多，會城皆同名；曰不哀那溫都拉，會城名義斯官德；曰說各，會城名基波多；曰巴拿馬，會城同名；曰委拉瓜，會城名二的亞哥委拉瓜；曰加爾達日那、曰蒙波士、曰三達麻爾大、曰里約合拉、曰冬日、曰邦不羅那、曰索各羅、會城皆同名；曰加薩那勒，會城名波勒。

厄瓜爾多，在新加拉那大之南，南界秘魯，東接巴西，縱橫皆約三千里。西界有連山，餘多平壤。地氣溫平，土田腴沃，貿易繁盛。地分八部，曰比晉乍，都城建山谷中，名基多；曰井波拉索，會城名約里邦巴；曰英巴不拉，會城名義巴拉；曰瓜亞基爾，會城同名；曰馬那比，會城名波爾多維也若；曰官加、曰羅沙、曰倭音，會城皆同名。

委內瑞辣，在二國之東，南界巴西，長約三千五百里，廣約二千五百里。大河橫帶國中，河北多平原，炎熱殊甚，河南多山，溫和可居，土田膴厚，物產極豐。地分十二部，曰加拉架，都城建山谷中，與部名同；曰加拉波波，會城名瓦棱西亞；曰馬拉該波、曰哥羅、曰都盧詩羅、曰美黎達、曰瓦黎那、會城皆同名；曰亞不勒，會城名亞沙瓜；曰瓜牙那，會城名昂哥斯都拉；曰古麻那、曰巴爾塞羅那，會城皆同名；曰瑪律加黎大，會城名亞松桑。

玻利維亞

清·徐繼畬《瀛寰志略》卷一〇《玻利非亞》 玻利非亞，一作摩里威那，又作波里維亞。又名高秘魯，在秘魯之東南，東北界巴西，東南隅界巴拉圭，南界拉巴拉他，西南隅界智利，西距大洋海，縱橫皆約三千里。安達斯山大幹走西界，別支分岐入東界。在西界者火峯不熄，在東界者峭削參天，常積冰雪。土壤西瘠東腴，地氣、風俗、物產與秘魯同。其地與秘魯舊本一國，俗名高秘魯，而呼秘魯為下秘魯。道光五年，乃別立為玻利非亞國，自推擇長官，不立國王。分六部，曰朱基薩加，都城建於平原，名乍爾加斯；曰巴斯，會城名巴斯達牙古叔；曰局魯羅、曰波多西、曰哥沙邦巴、曰三達古盧斯，會城皆同名。波多西銀礦最王，自西人初開至今，得銀七萬二千萬有奇。

按：孛露即秘魯為南亞墨利加著名之國。泰西人著書早豔稱之，以其為金穴也。其民謂地中有寶，不屑耕稼，故土壤鞠為茂草，有懷金而啼饑者。米利堅產穀棉而以富稱，秘魯諸國產金銀而以貧聞。『金玉非寶，稼穡維寶。』古訓昭然，荒裔其能或異哉。

巴拉圭

清·徐繼畬《瀛寰志略》卷一〇《巴拉圭》 巴拉圭，或作巴拉乖，又作巴拉吾愛。南亞墨利加小國也。間於巴西、拉巴拉他之間，長約一千七八百里，廣約八百里。地形斗絶內拓，平原湖河淤灌，土多腴沃。明嘉靖五年，意大里人塞巴斯德央加波初開其地。越九載為西班牙所奪，畀天主教師管理，不設官。乾隆三十二年逐洋教師，隸於拉巴拉他。迨拉巴拉他畔西班牙，巴拉圭亦自立為國。時有歐羅巴文士居巴拉圭，巴拉圭人推為酋長。其人陰鷙有權略，詰暴除奸，土人畏服。國雖小而張甚，鄰不敢侵。地分二十小部部名未詳，產牙蘭米、甘蔗、棉花、藍靛、煙葉、蜂蜜、大黃、血竭、桂皮，又產土茶，啜之能醉人。

烏拉圭

清·徐繼畬《瀛寰志略》卷一〇《烏拉乖》 烏拉乖，在巴拉圭之南，東界巴西，南距大西洋海，西北兩面界拉巴拉他，長一千二百五十里，廣一千三百里。南方山阜紆蟠，北方則平原坦闊，內哥羅、塞波拉的、巴拉大、烏拉乖諸河交貫，田土肥饒，物產極豐。舊本拉巴拉他地，後為巴西所奪，名曰昔斯巴拉的那。道光六年，部人畔巴西，自立為國，推擇官司理事。分九部，曰蒙德維罷，其都城也。曰瑪律多那多，曰加內羅內斯，曰桑若塞，曰哥羅尼亞，曰索黎亞奴，曰白三都，曰都拉各奴，曰塞盧拉爾屙。

研判北美洲諸國國情分部

綜述

加拿大

清·徐繼畬《瀛寰志略》卷九《北亞墨利加英吉利屬部》 北亞墨利加一土，自米利堅以北，本皆佛郎西所墾辟。英吉利既得米利堅之地，以兵力爭其北土，與佛交戰八年，佛棄其地，英人括而有之。乾隆末年，華盛頓據地起兵，米利堅諸部盡為頓所割，惟北土用佛例稅額甚輕，其民未畔，故仍為英轄。北至冰疆，南界米利堅，東距大西洋海，西距大洋海。其地大半平坦，溪河錯雜，河之最長者曰桑羅棱索，又有伊爾厘、休侖等大湖，地氣嚴寒，略如中國之塞北。西偏林木轇轕，毛蟲所宅。英人窮險極幽，獵野獸而取其皮，貂鼠、騷鼠、洋灰鼠、海龍、海駝之類皆有之，或失路困冰雪中，凍餓死。又以火酒、氈絨與土人而易其皮，土人得酒輒沈醉，往往腐腸而斃，所得之皮由峨羅斯轉鬻中國。大利尤在林木，英人結隊入林，伐木而投之河，順流達於海港，或在海濱造船，或販往英國。新著島一帶，海面多魚，夏季尤旺，諸國漁船蟻集，捕魚醃之，販往天主教各國洋教各國齋戒食醃魚。計每年五穀、木料、皮張、醃魚各項，值價銀數百萬兩。居民約一百二十餘萬。英吉利三島之民，年年有西渡謀食者。地分六部，曰上加拿他，曰下加拿他，曰新不倫瑞克，曰新蘇格蘭、曰散約翰島、曰新著大島、六部總名新北勒達尼亞，附近小島皆屬焉。駐有大酋，總理六部之事。五穀、皮張、木料之外，兼產銅、鐵、鉛、煤、水銀、煙葉。其西北荒地，遼邈無垠，尚未墾辟。

上加拿他，在桑羅棱索河之上游，伊爾厘兩湖之北，長約千餘里。溪湖之水彙集，其流湍急，小洲星列，瀑布一落九十丈。英國無業貧民來此墾種荒地，勤者往往致富，惰者或困餒死。其會城曰給卑克。

下加拿他，在上加拿他之東，長約千里。居民大半佛郎西人，尚洋教，謀生不勤，故恆產無多，又不服英官，時時揭竿，英人以兵力靖之。土女面紫色而眉目端好，不解沐浴。英人惡其不潔，故娶之者少。會城曰多倫多。

新不倫瑞克一作新本土威，在下加拿他東境之南，南北約八百里，東西約六百里。東臨大海，南北臨內港。港極深，海船駛入無沙淺。土田最腴，而居民務農者少，皆結隊入林伐木，春水生，木料順流達海港，貨之得善價，沽酒為樂，日在醉鄉，金盡歸山林理故業。大城邑皆在水濱，會城曰弗勒德里克，係大埔頭，英國商船往來販買木料。三島無業貧民每年遷來者約六千人，然地仍空闊，再數百年亦不患人滿也。

新蘇格蘭，在新不倫瑞克之南。三面懸海，僅一隅與新不倫瑞克相連，東西約一千里，南北約三百五十里。天氣嚴寒，自十月至三月，積雪不消。產銅、鐵、煤，海中多魚。居民勤苦治生，最為安分。會城曰哈勒法，係大埔頭。海濱大港尚多，因戶口不繁，城邑未建，故商舶乏停泊者。

散約翰島，在新蘇格蘭之東北，長約三百里，廣約百里，老兵移駐之地。專務農功，穀麥堪出糶鄰部。會城曰加爾羅德。

新著大島，在新蘇格蘭之極東北。長約一千三百里，廣約九百里。其海產魚最旺，居民皆以捕魚為業，夏時漁舟如蟻，網罟蔽於海面。土雖肥沃，不務農功，僅種荷蘭薯與蔬菜，谷麥皆買自鄰封。會城曰桑若漢。

美國

明・艾儒略《職方外紀》卷四《花地、新拂朗察、拔革老、農地》

北亞墨利加之西南有花地，富饒，人好戰不休，不尚文事，男女皆裸體，僅以木葉或獸皮蔽前後，間飾以金銀纓絡。人皆牧鹿，若牧羊然，亦飲其乳。

有新拂郎察，往時西土拂郎察人所通，故有今名。地曠野，亦多險峻，稍生五穀，土瘠民貧，亦嗜人肉。

又有拔革老，本魚名也，因海中產此魚甚多，商販往他國恆數千艘，故以魚名其地。土瘠人愚，地純沙，不生五穀。土人造魚腊時，取魚頭數萬，密布沙中，每頭種穀二三粒，後魚腐地肥，穀生暢茂，其收獲倍於常土。

又有農地，多崇山茂林，屢出異獸。人強力果敢，搏獸取皮為裘，亦以為屋其緣飾。以金銀為環，鉗項穿耳。

近海有大河，濶五百里，窮四千里不得其源，如中國黃河之屬。

【略】

北亞墨利加之西為既，未蠟為新亞比俺，為加里伏爾尼亞，地勢相連屬，國俗略同。男婦皆衣羽毛及虎豹熊羆等裘，間以金銀飾之。

其地多大山，一最大者高六七十里，廣八百里，長三四千里。山下終歲極熱，山半則温和，至山巔極冷。頻年多雪，盛時深六七尺，雪消後一望平濤數百里。山出泉極大，滙為大江數處，皆廣數百里。樹木茂盛，參天蔽日。松實徑數寸，子大於常數倍。松木腐爛者，蜂輒就之作房，蜜瑩白味美。採蜜者預次水邊，候蜂來，隨之而去，獲蜜甚多。獨少鹽，得之如至寶，相傳餂之不忍食。獅象虎豹等獸動輒成羣，皮亦甚賤。雉有大者，重十五六斤。地多雷電，樹木多被震壞。有小鳥如雀，於枯樹啄小孔千數，每孔輒藏一栗，為冬月之儲

清・南懷仁《坤輿圖說》卷下《花地、新拂郎察、瓦草了、農地》

北亞墨利加西南有花地，富饒，好戰不休，不尚文事。男女皆裸體，僅以木葉或獸皮蔽前後，間飾以金銀、纓絡。人皆牧鹿，若牧羊然。亦飲其乳。有新拂郎察，因西土拂郎察人所通，故名地。曠野多險峻，稍生五穀，土瘠民貧。亦嗜人肉。有瓦草了，本魚名，因海中產此魚甚多，商販往他國恆數千艘，故以魚名其地。土瘠人愚，純沙，不生五穀。土人造魚腊，時取魚頭數萬，密布沙中，每頭種穀二、三粒，後魚腐地肥，穀生暢茂，收穫倍于常土。有農地，多崇山茂林，屢出異獸。人強力果敢，搏獸取皮為裘，亦為屋緣。飾以金銀為環，鉗項穿耳。近海一大河，闊五百里，窮四千里不得其源，如中國黃河。

又《雞未臘、新亞泥俺、加里伏爾泥亞》 北亞墨利加西為雞未臘，為新亞泥俺，為加里伏爾尼亞。地勢相連，國俗略同，男婦皆衣羽毛及虎、豹、熊、羆等裘，間以金、銀飾之。其地多大山，一最大者，高六、七十里，廣八百里，長三、四千里，山下終歲極熱，山半温和，山巔極冷。頻年多雪，盛時深六、七尺，雪消，一望平濤數百里。山出泉極大，匯為大江，數處皆廣數百里。樹木茂盛，參天蔽日，松木腐爛者，蜂

就作房，蜜瑩白，味美。采蜜者預次水邊，候蜂來，隨之去，獲蜜甚多。獨少鹽，得之如寶。相傳舔之不忍食。獅、象、虎、豹等獸成羣，皮甚賤。雉大者重十五、六斤，多雷電，樹木恆被震壞。有小鳥如雀，於枯樹啄小孔千數，每孔藏一粟，為冬月之儲。

清・徐繼畬《瀛寰志略》卷九《北亞墨利加米利堅合衆國》　米利堅米一作彌，即亞墨利加之轉音，或作美利哥，一稱亞墨理駕合衆國，又稱兼攝邦國，又稱聯邦國，西語名奈育士迭。亞墨利加大國也，因其船挂花旗，故粵東呼為花旗國。其旗方幅，紅白相間，右角另一小方黑色，上以白點繪北斗形。北界英土，南界墨西哥，得撒，東距大西洋海，西距大洋海。東西約萬里，南北闊處五六千里，狹處三四千里。押羅拉既俺大山環其東，落機大山繞其西，中間數千里大勢砥平。江河以密士失必為綱領，來源甚遠，曲折萬餘里，會密蘇爾厘大河南流入海。此外名水，曰哥隆比亞、曰阿巴拉濟哥剌、曰麽比勒、曰德拉瓦勒。北境迤西有大湖，分四汊，曰衣羅乖一作翕大羅、曰休侖一作胡侖、曰蘇必力爾、曰密執安。迤東又有兩湖相屬，曰伊爾厘一作以利、曰安剔衣厘阿。諸湖為分界之地，北為英土，南則米利堅地也。

初，英吉利探得北亞墨利加之地，驅逐土番，據其膏腴之土，徙三島之人實其地。英人趨之如水赴壑。佛郎西、荷蘭、嗹國、瑞國無業之民亦航海歸之，日漸墾辟，遂成沃壤。英以大臣居守，沿海遍置城邑，榷稅以益國用，貿易日益繁盛，以此驟致富强。乾隆中，英與佛郎西構兵，連年不解，百方括餉，稅額倍加。舊例茶葉賣者納稅，英人下令買者亦納稅，米利堅人不能堪。乾隆四十年，紳耆聚公局，欲與居守大酋酌議，酋逐議者，督徵愈急，衆皆怒，投船中茶葉於海，謀舉兵拒英。有華盛頓者，一作兀興騰，又作瓦乘敦，米利堅別部人。生於雍正九年，十歲喪父，母教成之，少有大志，兼資文武，雄烈過人，嘗為英吉利武職，時方與佛郎西構兵，土蠻寇鈔南境，頓率兵禦之，所向克捷，英師没其功不録。鄉人欲推頓為酋長，頓謝病歸，杜門不出。至是衆既畔英，强推頓為帥，時事起倉卒，軍械、火藥、糧草皆無，頓以義氣激厲之，部署既定，薄其大城。時英將屯水師於城外，忽大風起，船悉吹散，頓乘勢攻之，取其城。後英師大集，轉戰而前，頓軍敗，衆恇怯欲散去，頓意氣自如，收合成軍，再戰

而克。由是血戰八年，屢蹶屢奮，頓志氣不衰，而英師老矣。佛郎西舉傾國之師渡海，與頓夾攻英軍，西班牙、荷蘭亦勒兵勸和，英不能支，乃與頓盟，畫界址為鄰國，其北境荒寒之土仍屬英人，南界膏腴之土悉以歸頓，時乾隆四十七年也。

頓既定國，謝兵柄，欲歸田，衆不肯捨，堅推立為國主。頓乃與衆議曰：『得國而傳子孫，是私也。牧民之任，宜擇有德者為之。』仍各部之舊，分建為國，每國正統領一，副統領佐之，副統領有一員者，有數員者。以四年為任滿亦有一年、二年一易者，集部衆議之，衆皆曰賢，則再留四年，八年之後，不准再留。否則推其副者為正，副或不協人望，則別行推擇鄉邑之長，各以所推書姓名投匭中，畢則啓匭，視所推獨多者立之，或官吏、或庶民，不拘資格。退位之統領依然與齊民齒，無所異也。各國正統領之中，又推一總統領專主會盟戰伐之事，各國皆聽命。其推擇之法，與推擇各國統領同，亦以四年為任滿，再任則八年。自華盛頓至今頓以嘉慶三年病卒開國六十餘年，總統領凡九人。今在位之總統領，勿爾吉尼阿國所推也。

初，華盛頓既與英人平，銷兵罷戰，專務農商，下令曰：『自今以往，各統領有貪圖別國埔頭，朘削民膏，興兵構怨者，衆其誅之。』留戰艦二十，額兵萬人而已。然疆土恢闊，儲偫豐饒，各部同心，號令齊一。故諸大國與之輯睦，無敢凌侮之者。自與英人定盟至今，已六十餘年，無兵革之事。其商船每歲來粵東數亞於英吉利。

按，華盛頓，異人也。起事勇於勝、廣，割據雄於曹、劉。既已提三尺劍，開疆萬里，乃不僭位號，不傳子孫，而創為推舉之法，幾於天下為公，駸駸乎三代之遺意。其治國崇讓善俗，不尚武功，亦迥與諸國異。余嘗見其畫像，氣貌雄毅絶倫。嗚呼！可不謂人杰矣哉。

米利堅全土，東距大西洋海，西距大洋海，合衆國皆在東境。華盛頓初建國，止十餘國。後附近諸國陸續歸附，又有分析者，共成二十六國。西境未辟之地皆土番。凡辟新土，先以獵夫殺其熊、鹿、野牛。無業之民任其開墾荒地。生聚至四萬，則建立城邑，稱為一部，附於衆國之後。今衆國之外已益三部。總統領所居華盛頓都城不在諸國諸部數內。計國二十六，部三。其丁口至道光二十年，計一千七百一十六萬九千餘。

哥倫米阿，一作弋攬彌阿，又作力士勒果勒彌阿。在馬理蘭內港西汊之

尾，勿爾吉尼阿之西北，地跨兩國，周四十里，合衆國之都城也。初，華盛頓既勝英，居於哥倫米阿，定為總統領治所。合衆國之紳耆皆會集於此議國政。城為華盛頓所建，乃合衆國創業之祖，故即名其城曰華盛頓。有總統領府、議事堂、文武衙署。迤西別一城曰查治當，有書院、鑄炮局。對岸別一城曰阿力山特厘阿，有鑄炮局、育嬰館。三城貿易極盛，居民四萬三千米利堅各國皆無城，都會聚落即謂之城，其實並無垣堞也。

緬國，一作洛，又作賣內。在合衆國極東北隅。與英吉利屬部接壤，西界紐罕什爾，南界海，幅員如中國之浙江省。山水環匝，林木叢茂。北境極寒，冬月雪深數尺，堅冰可勝車馬。南境夏令頗熱。明天啓六年，英吉利有數人，始至基尼河畔創立一鄉。後漸繁衍，與麻沙朱色士合。嘉慶二十五年歸合衆國。道光元年別立為緬國。地產五穀、棉花、紙、熟皮、蠟燭、鐵，以材木為最多，船料皆取辦於此，每歲出口貨價約八百餘萬。合衆國貿易緬居十之三。以奥古士大為會城，有大書院二所。正統領一人，副七人，巡察官十二人，贊議官數十人。居民五十萬餘，所務惟農、漁、商，無鉅富，無極貧。

紐罕什爾國一作紐韓詩爾，又作紐含社，又作新韓賽，又作新杭西勒，紐即譯言新也。在緬國之西。北界英土，西界窪滿的，南界麻沙朱色士，幅員如緬三之一。境內峯巒疊聳，最高者曰白山，積雪不消，終歲皓然。有尼比西阿尼湖，周數十里，風景幽絶，土氣清和，其人多壽。明天啓三年，英人麻臣俄尼士始墾此土，旋與麻沙朱色士合。乾隆六年，別立為紐罕什爾部，後歸於合衆國。地產大木，有高二十丈者。又産洋參、冰糖、銅、鐵、鉛。會城曰公哥突，有大書院。官制與緬略同，員數差少。居民二十八萬零。東南隅有波子某城，港口深穩，合衆國兵船皆泊於此。

窪滿的國一作屋滿的，一作窪門，又作華滿，又作法爾滿，又作委爾蒙。在紐罕什爾之西。北界英土，西界紐約爾，南界麻沙朱色士，幅員與紐罕什爾相埒。境內有曼士非爾大山，高四百餘丈。山多杉木，冬夏常青，故名其地曰窪滿，譯言緑山也。又有大湖曰占勃連。萬曆元年，佛郎西人由加拿他轉徙至此。雍正二年，英吉利人由麻沙朱色士漸拓其地。乾隆年間別立為一部。乾隆五十六年，歸合衆國。產布匹、棉紗、粗呢、牲畜，兼產鉛、銅、鐵、錫，而鐵尤王。又產皂礬極多。會城曰滿比厘阿，有書院。官制與紐罕什爾同，居民二十九萬零。

麻沙朱色士國一作馬薩諸色士，又作馬沙朱碩斯，又作馬沙諸些，又作馬撒主悉，又作馬薩諸塞。在紐罕什爾窪滿的之南。西界紐約爾，南界干捏底吉、洛哀倫，東距大西洋海，幅員與窪滿的相埒。近海地勢稍平，迤西山嶺重疊。干捏底吉河由北發源，横貫國中。氣候温和，似中國之江北。明正德年間，英吉利尚天主教，國人尚西教者，航海逃至此地，名曰新英吉利，開墾生聚，戸口漸繁。康熙三十一年，復歸英轄。乾隆年間歸合衆國。土產鉛、錫、白礬、煤炭、大呢、布匹、魚油。會城在東界曰摩士敦，為合衆國大都會。城內萬室雲連，市廛盤匝，百貨闐溢，仍留隙地相間。隙地每方百畝，圍以欄干，外環樹木，為居人游憩之地，牛馬不容踐踏。故地氣疏通，人少疾疫。有大書院六所，藏書樓數處。一樓藏書二萬五千冊，官吏士子，皆許就讀，惟不准攜歸。城外近臨海港，在合衆國埠頭為第二，其商船、火輪船無所不到。陸地有鐵路，馬車與火輪車並用。火輪車行甚速，每日可三四百里。設正統領一，副二，居民八十三萬零。

洛哀倫國，一作律愛倫，又作爾羅噯倫，又作羅德島，又作羅底島。在麻沙朱色士之南。西界干捏底吉，東南距大西洋海。幅員如中國之一中縣，在合衆國為最小。明崇禎九年，麻沙朱色士人羅查威廉謫居於此，鳩衆開墾，遂成小部。康熙二年歸英吉利，後歸合衆國。土產鐵、煤。會城曰波羅威士頓。城外有海港曰新灣，港內有小島，其國以此島為名。哀倫譯言島，洛哀倫譯言島部也。島上建樓高十餘丈，樓頂作小屋，圍以玻璃，每夜燃燈數十，以導海舶避礁石。合衆國港口皆效之。戸口不繁，而貿易工作與麻沙朱色士相埒，棉花尤良。地平坦無水磨。海濱多建樓，高六七丈，借風激輪為磨，以屑穀麥。設正、副統領各一，居民十萬八千零。南懷仁《宇內七大宏工記》，有樂德島銅人，高三十餘丈，一手持燈，兩足踏兩山脚，海舶出其襠間。銅人內有旋梯，人由旋梯至其右手，燃燈以引海舶，即此島也。建樓燃燈，事本尋常，乃懷仁造為銅人之誕説。而云三十餘丈，不知此銅人何由而鑄，亦何由而立也，亦可謂荒唐之極矣。

干捏底吉國，一作干尼底吉，又作哥內的古，又作衮特底格，又作捏的格爾。在洛哀倫之西。北界麻沙朱色士，西界紐約爾，南距海港，幅員三倍洛哀倫。有大河曰干捏底吉，發源緬國，由此入海，故以水名為國名。土壤中平，沿河腴沃，氣候温和，近年已興蠶桑之利。明崇禎六年，麻沙朱色士人始墾其地，曰赤活。後有英吉利人墾出港口之地，曰紐倫敦。康熙元年合為干捏底吉部，歸英轄。嘉慶二十三年歸合衆國。土產牛、馬、騾、羊、銅、鐵、棉、麻、布疋、大小呢、紙、鐵器。又造木時辰鐘，每歲得三萬件。會城有二，一曰哈得富耳，在河濱，有大書院一；一曰紐倫敦，在海口，有大書院四。其學館為二十六國之最。又有別院教啞與聾者，以手指代語言，諸國皆效之。設正、副統領各一，居民三十萬九百零。

紐約爾國，一作紐約克，又作紐育，又作新約，又作新約基。米利堅大國也，東界窪滿的、麻沙朱色士、干捏底吉，東南一隅臨海港，南界紐折爾西、賓夕爾勒尼安，西北距安剔衣厘阿、伊爾厘兩湖，東北界英土，地形三角，幅員如中國之福建省。東境多山，大者曰押罷拉既俺，餘多平土。有大河曰活得遜，由北而南，長千餘里，闊三四里。洋船溯流而上，可數百里。迤北甚寒，冰堅可任車馬，中間有湖曰畜治。其地富庶繁華，為二十六國之最。前明中葉，荷蘭人尋新地初辟此土，名曰新荷蘭。嘉靖年間，意大里游民麇至，為荷蘭傭。萬曆間，英吉利人亦至其地，經營開墾，日益富盛。順治年間，英吉利王命其昆弟名約者主之，以兵力逐荷蘭，盡有其地，名曰紐約爾。乾隆四十年，華盛頓舉兵畔英，紐約爾首附之。英人惜其殷富，屢以大兵攻取，故被兵為最甚。會城亦名紐約爾，外通海港，為合衆國第一埔頭。產銅、鐵、鉛、鹽、牛、馬、羊、豕、棉布、嗶嘰、熟皮、白紙、玻璃。每歲貨船入港者，一千五百艘。運入之貨，值三千八百萬圓；運出之貨，值二千三百萬圓。內地通衢，多用鐵汁治成，以利火輪車之行。有大市鎮二，曰阿爾巴尼，曰推來。通國書院、學館甚多，其費歲一二百萬圓。有演武館，教習槍炮軍械。官制略同緬國，員數較多。居民二百四十二萬八千，居會城者二十七萬。

紐折爾西國，一作紐約爾些，又作紐惹西，又作新遮些，又作新日爾塞。北界紐約爾，西界賓夕爾勒尼安，南界特爾拉華，東面大西洋海，幅員與麻沙朱色士相仿。北境有大山，平原多衍沃。有巴沙益河，受諸水匯為深潭，澄浤涵演，怡人游眺。明天啓四年，嗹國人初寓其地。後有瑞典人墾其南隅，荷蘭人墾其東北。康熙四十一年，始歸英吉利，後歸合衆國。產鐵、鉛、布匹。會城曰特連頓，設正、副統領，居民三十八萬零。

賓夕爾勒尼安國，一作邊西爾威尼阿，又作賓西窪尼阿，又作邊西耳文，又作奔西爾瓦尼，又作品林。在紐折爾西之西。北界紐約爾，西北隅連伊爾厘湖，西界倭海阿，南界勿爾吉尼阿、馬理蘭、特爾拉華。幅員與紐約爾相埒。境內有押罷拉既俺大山，有濕布下蘇貴哈那等河。地氣寒暑適均，土壤東勝於西。初開其地者為瑞典人。康熙二十一年，英吉利將領威廉賓據之，又買土番曠土，拓為大部，故以姓名其地，曰賓夕爾勒尼安，譯言賓之林野也。乾隆年間，歸衆國。土產煤、鐵、鹽、呢、布、苧麻、磁器、玻璃。會城曰非勒特爾非爾，一作費拉地費，又作兄弟愛，在東南隅，建於特爾拉華河口。街直如矢，萬廈整潔，外通海港，洋船可直抵城下，為合衆國第三埔頭。每歲運入之貨值一千一百餘萬圓。境內有鐵路可達鄰封，火輪車、船之煙櫃多造於此。官制與紐約爾略同，居民一百八十二萬零。

特爾拉華國，一作底拉華，又作地那窪，又作德拉委爾，又作列勒威爾。在賓夕爾勒尼安之東南。西南界馬理蘭，東面臨海港，為特爾拉華河下游，故以水名為國名。幅員與洛哀倫相仿，在二十六國中為最小。地亦瑞典人所開。荷蘭奪之。康熙三年，歸英吉利，初附於賓夕爾勒尼安，後析為小部，道光十年始歸合衆國。土田卑濕，貿易無多。會城曰多發，設統領一，居民八萬八千零。

馬理蘭國一作馬里蘭，又作馬黎郎，又作麥爾厘蘭，東界特爾拉華，北界賓夕爾勒尼安，西南界勿爾吉尼阿，中貫遮士畢海港，分境土為兩畔。幅員與紐折爾西相埒。西北有峻嶺，餘多平土，五穀百果皆宜。明嘉靖間，英吉利有律官曰麻爾底磨，率二百人來墾此土，父子相繼，至崇禎六年告成。其初開時，值英吉利女主馬理在位，故名之曰馬理蘭。馬理譯言王后，蘭譯言地也。後歸合衆國。產呢、布、鐵器、牙器、玻璃、紙料。會城曰阿那波里，有書院。官制與諸國同，居民四十八萬。華盛頓都城在國之西南界。

勿爾吉尼阿國，一作費爾治尼阿，又作委爾濟尼阿，又作窪治尼阿，又作費治彌亞，又作威額爾拿。在馬理蘭之西南。西北界賓夕爾勒尼安、倭海阿，西界阡的伊，西南界田納西，南界北喀爾勒那，東距海港。幅員之廣，為二十六國之最。境內多山，最大者曰波威爾士。河渠交絡，最長者曰波多墨。有天生石橋，離水二十丈，闊數丈。又有石洞，深一里許，內有生成數石人，名曰龍洞。土壤中平，沿河者較腴沃。明中葉，英吉利王占士時未知是顯理第幾，英人初墾此土，因名其地曰占士。後於萬曆初告成，值女主以利撒畢在位，更名曰勿爾吉尼阿，譯言貞女，用以讚揚女主也。乾隆四十一年歸合衆國。產五穀、果實，貿易繁盛。會城在東界海濱，曰里是滿，有大書院。官制略同諸大國，居民一百二十三萬零。合衆國聰明英傑之士多萃於此。

北喀爾勒那國一作那弗喀爾勒那，那弗譯言北也，又作北格羅來納，又作北甲羅里那，又作北戈羅里，又作比駕羅連，又作北加洛猍，在勿爾吉尼阿之南。西界田納西，南界南喀爾勒那，東距海，幅員與勿爾吉尼阿相埒。境內西北多山，以墨魯山為最高。東南皆平土，河道紛歧，最長者曰羅阿菉。東界有瘴氣，迤西平善。初，英吉利律官格拉領頓與依爾額蘭、威爾里等來墾此土，因以國王之名名之，曰查爾士頓未詳是查理第幾。後又有臘里者亦來墾。兩土毗連，告成之後，總名曰喀爾勒那。雍正七年，分為南、北兩部。北部乃臘里所墾也。乾隆五十五年歸合衆國。地產金，開礦淘沙者常二萬餘人。木多松，以松脂代燭。穀以粟米為主，小麥次之。產棉花、煙葉。會城曰喇里，設正統領一，參辦七人，僚佐數十。居民八十萬三千零。耕作買阿非黑奴為之。俗侈靡好宴飲。

南喀爾勒那國，一作搜士喀爾勒那，搜士譯言南也，餘與北國同。在北喀爾勒那之南。西南界若耳治，東南距海，幅員如北喀爾勒那三之二。境內墨魯山高四百餘丈，餘皆部嶁。有沘底大河，由西北而貫東南。海濱炎熱有瘴氣，迤西適中。初，與北喀爾勒那為一部，後分兩部，與北部同時歸合衆國。土宜粟、稻，木多松、橙，產棉花、苧麻、金、鐵。有鐵路通鄰封。會城曰個倫比亞，有大書院二。官制同北部，惟北部無副統領，南部有之。居民五十五萬三千零。

若耳治國，一作若爾熱，又作若治阿，又作熱爾治阿，又作熱可加，又作磋治阿，又作惹爾日亞。在南喀爾勒那之西。北界北喀爾勒那、田納西，西界阿拉巴麻，南界佛勒爾勒厘，幅員如中國之直隸省。押罷拉既俺大山在北境。東北有卸番亞河，又有阿結治亞、拉達麻哈等河，皆注南洋。北界有石洞，高數丈，小河從此流出。駕小舟入洞，可十五里。過此瀑布飛下不能進矣。雍正十年，始有英吉利百餘人居此，立城於卸番亞河畔。無業貧民競負耒來耕。後荷蘭、瑞典之人亦來墾荒地，漸成聚落。時南境之佛勒爾勒厘為西班牙所據，以兵爭此土，數年乃定。乾隆十八年，英吉利始建為一部。時英王為若耳治第二，遂名之曰若耳治。嘉慶三年歸合衆國。地氣、土俗、物產與南喀爾勒那同，以棉花為大利。會城曰靡理治，有大書院。官制與諸部略同，居民六十五萬一千零。

倭海阿國，一作呵海呵，又作呵希呵，又作阿喜呵，又作呵宜約。在賓夕爾勒尼安之西。北距伊爾厘湖，西北界密執安，西界英厘安納，南界阡的伊、勿爾吉尼阿，幅員與賓夕爾勒尼安相埒。地多岡阜，無大山，河渠交絡，土壤膏腴。乾隆三十五年，歐羅巴人從西北方來密執安諸部，始開荒地。嘉慶五年告成，英人始設官。七年卽歸合衆國。產鐵、煤、鹽、粟、稻、煙葉、苧麻、棉花、玻璃。有河道可達港口，有鐵路通鄰封。會城曰戈攬模士，設官如諸國，居民一百五十六萬零。

密執安國，一作米詩干，又作彌治顏，又作迷詩安。東北距休侖湖，東南距伊爾厘湖，西距密執安湖，南界倭海阿、英厘安納。幅員略遜於倭海阿。三面包湖，沙土疏衍，隨處可耕。康熙三十九年，佛郎西人始墾其地。乾隆二十八年為英吉利所奪。道光十五年始歸合衆國。物產未詳，有鐵路通鄰封，會城曰底特律，設官如諸國。居民二十一萬二千零。

阡的伊國，一作建德基，又作建大基，又作根特機，又作根都機。在勿爾吉尼阿之西。北界倭海阿、英厘安納，西界奕倫諾爾，南界田納西，幅員如中國之浙江省。地居二十六國之中。寒暑均平，河道縱横穿貫，田土膏腴，五穀、百果不可勝食。東境連押罷拉既俺大山，有風穴，上半年風從外入，下半年風從內出。嘗有土人於上半年，用窗掩穴口，秉炬而入，行五十里不能盡，懼而返，次日乃出穴，竟莫知其淺深。其地舊屬勿爾吉尼阿。乾隆三十三年，有單耶利蓬者，徙居於此。至三十八年，來者漸衆，立一邑曰暇律士。四十四年別立為一部。四十六年歸合衆國。土產禾、麻、菽、麥、煙葉。麥之多，甲於諸國。兼產鐵、鉛、煤。水道不通，海貨難出運，惟用火輪船貿遷於本國。會城曰法蘭富耳，有大學堂。官制略同諸國，員數頗多。居民七十八萬九千零。別有大市鎮二，曰累士，曰歷星頓。兵最强，推為諸國勁旅。

佛勒爾勒厘部，一作佛囉理得，又作佛羅里達，又作縛利他，又作費羅里大。合衆國之極東南境。地形如拇指斜伸入海。北界若耳治、阿拉巴麻，餘皆距海。幅員與密執安相埒。地形平坦，壤土與沙石相間，卑濕殊甚。明正德七年，西班牙人般士底里晏始墾此土。嘉靖四十三年為英吉利所奪，越二十年西班牙復奪回。嘉慶年間，西班牙與别國交兵，有米利堅貨船為西班牙軍所劫。米利堅起兵索償，西班牙知曲在己，而米船之貨已散失，乃以佛勒爾勒厘地償之，時嘉慶二十五年也。西班牙人皆他徙，惟留漁戶、農夫，近年招集流徙，生聚漸繁。海濱土番尚未全服，時與居民格鬥。產玳瑁、蜜蠟、棗、橙、榴、無花果、甘蔗、棉花、洋藍。以達那哈為會城。止設議事處一所，未立統領等官，故不列於諸國。居民五萬三千零。以上一都、十八國、一部，為米利堅東路。

田納西國，一作典捏西，又作地尼西，又作德内西。在阡的伊之南。東北界勿爾吉尼阿，東界北喀爾勒那，南界若耳治、阿拉巴麻、密士失必，西與阿甘色隔河為界，幅員如中國之浙江省。東界有峻嶺，自北而南，綿亙數百里，與押羅拉既俺大山相連。節序和平，土脉膏腴，河渠交貫，五穀、百果皆宜，合阡的伊為米利堅中原，如中華之河洛。其地初為勿爾吉尼阿、北喀爾勒那人所墾，嘉慶元年立為國，歸合衆國。產鐵器、棉布、夏布。會城曰那實，官制同諸國，居民八十二萬九千零。工農並力，家給人足。

阿拉巴麻國，一作阿喇巴麻，又作巴里特摩，又作阿那麻馬，又作亞喇羅麻。在若耳治之西。北界田納西，西界密士失必，西南隅距海，南界佛勒爾勒厘，幅員差遜於若耳治。押羅拉既俺山在東北境，高百餘丈。境內之水，以阿拉巴麻為最大，因以為國名。南方夏苦熱，土人多入山避暑。北方稍見霜雪，亦不甚寒。近山、近海之土多腴沃，地曠人稀，獸蹄鳥迹交於野。其地舊半屬若耳治，半屬佛勒爾勒厘。道光元年別立為一部，歸合衆國。產金、鐵、稻、穀、果實、甘蔗、煙葉、棉花、洋藍，以棉花為最盛。會城曰磨庇理灣，建於海口，為南方大埔頭。出運棉花、麥粉，貿易極盛，有大書院。設正、副統領各一，議處官數十人。居民五十九萬零。經商者多能窮險遠，所造快船行駛極速，內地鐵路亦四達。

密士失必國，一作米西細比，又作彌斯栖北，又作美士細比，又作米西西比。在阿拉巴麻之西。北界田納西，西北隔河界阿甘色，西南隔河界魯西安納，東南隅距海，幅員與阿拉巴麻相埒。密士失必者，米利堅大河，來源甚遠，大如中國之黃河。其河由此土西界入海，故以為國名。押羅拉既俺大山至此而盡。地氣與阿拉巴麻同，有瘴氣，夏令人多染疫。土田腴沃，推南邦上壤。惟西界未立堤防，頗受水患。康熙五十四年，佛朗西人初至寄居，西班牙人續至爭之，以為公地。乾隆二十七年英吉利取之，嘉慶二年歸合衆國，二十二年，立為一國。舊產煙葉、洋藍，近年以棉花為盛。會城曰查基遜，官制與諸國同，居民十三萬六千八百零。密士失必河口外通海港，有城曰那起士，又名新阿爾蘭，洋艘所聚，為西南大埔頭。

魯西安納國，一作累西安納，又作雷栖阿那，又作盧宜西安，又作累斯安。在密士失必之西南，隔河為界。北界阿甘色，西界得撒，南距海，幅員如中國之直隸省。西北有小山，東南平坦，地氣炎熱，多疫癘。土膏腴，有水患。地為佛郎西人所墾。乾隆二十八年，西班牙奪之。嘉慶五年佛郎西復奪回。八年，合衆國以番銀千五百萬圓買之。二十三年立為一國。土產甘蔗、棉花，甲於諸國。種蔗十五畝，得糖五千斤。有風櫃彈棉花，一櫃可敵數百人之工。會城曰紐哈連，官制同諸國，居民二十一萬五千五百零。貿易之盛，在密士失必河口。上游諸國之貨皆萃於此，內地亦有鐵路。

英厘安納國，一作引底安納，又作因地阿那，又作音的亞那。北界密執安，西北距密執安湖，西界奕倫諾爾，南界阡的伊，東界倭海阿，幅員與密執安相埒。土壤膏沃，山巔亦堪播種，樹木尤叢茂。康熙三十九年佛郎西人始開其地。乾隆二十八年為英吉利所奪，後歸合衆國。產煤、鹽、鐵、粟米、苧麻、煙葉、洋參、蜜蠟，有鐵路通鄰封。會城曰英厘安納波里。官制同諸國，居民六十七萬五千零。

奕倫諾爾國，一作伊理奈士，又作依里内士，又作意黎乃。在英厘安納之西。北界衣呵華新部，西界密蘇爾厘，南界田納西，幅員與魯西安納相埒。地平坦，多茂林豐草，宜牧畜。初，與英厘安納為一部，皆佛郎西所墾。後為英吉利所奪。嘉慶十四年，分為奕倫諾爾部，後歸合衆國。土產與英厘安納同。會城曰灣達里阿。居民四十七萬六千零。

阿甘色國，一作阿干薩士，又作阿爾干薩。在魯西安納之北。東距密士失必大河，與密士失必、田納西隔河為界，西界因底阿土番，北界密蘇爾厘，幅員大於魯西安納。西界有阿薩麻薩尼大山，餘皆平土。舊本與密蘇爾厘為一部，皆佛郎西人所墾。嘉慶二十四年始別為一部。道光十六年歸合衆國。土俗物產，與魯西安納略同。會城曰力特爾洛。官制同諸國，居民九萬七千零。

密蘇爾厘國，一作密蘇理，又作彌梭里，又作迷蘇利，在阿甘色之北。東與奕倫諾爾隔密士失必河為界，西北界土番，幅員與阿甘色相埒。境內無大山，多茂林，土宜粟、麥、稻，有大河曰密蘇爾厘，因以為國名。康熙三十九年，佛郎西人初墾此土，與阿甘色為一部。嘉慶二十四年始分兩部。道光二年歸合衆國。產白黑鉛、砒石、煤、鐵、鹽、棉花、牛皮。會城曰渣法旬。官制略同諸國，居民二十三萬三千零，分兩種，一曰格臘色士，即佛郎西人後裔；一曰牙模士，乃佛郎西人與因底阿土番婚配所生，介乎紫、白之間土番紫色。

威士干遜部，一作威斯滾申達多里，衣阿華部，一作依阿威士，在蘇必力湖之南，密執安湖之西，奕倫諾爾之北，跨密士失必大河左右。地界遼闊，約如諸大國之四倍。多岡阜，無大山，土沃易於墾種。本因底阿土番所居，道光十年始有密執安白人遷居，漸成聚落，錯雜於土番之中，皆建炮臺，以資保衛。近年人戶漸多，分為兩部。北曰威士干遜，居民三萬零；南曰衣阿華，居民四萬三千零。經營方始，未設統領等官，故不成為國。以上八國，二部為米利堅西路。

合衆國之西抵大洋海，尚有荒地數千里，北界英吉利屬地，南界墨西哥，中有落機大山，諸大河多從此發源。其土番總稱因底阿，種類甚多，長大多力，五官停正似中華，面色紫赤，髮與睛皆黑色。不解耕織、炊汲，茹毛飲血或啖果［實］菜瓜，以草木為棚寮蔽風雨。夏月裸上體，腰圍獸皮。冬寒則上體亦披皮。又有面塗五色，頭插鳥翎以示武者。業惟漁獵，不知文字。病無方藥，惟求持咒者叱解之。其人明信，知敬老，受侮必報，湯火不辭。無錢幣，以樹皮、珠、石相交易。有頭目以約番衆。方英吉利與米利堅兵爭，欲誘土番擾西邊以分米勢，言語不通，土番不為用。而米利堅西鄙之民，多與土番狎熟，因募為一軍，授以兵械，教成隊伍。土番踴躍用命，屢破英軍，故合衆國之勝英，土番與有力焉。近年米人日漸西徙，與土番雜居，教以耕作，風氣漸開。密執安湖之西已立威士干遜、衣阿華兩部。兩部之西仍係土番。米人約其地形，分為三部，曰威斯頓達多里，曰威斯頓底特力，曰阿里顏達多里。

威斯頓達多里，在阿甘色、密蘇爾厘之西。南界得撒、墨西哥，西抵落機大山，北界威斯頓底特力。地界遼闊，土肥磽不齊。肥者可耕可牧，瘠者多不毛。米人以其地與因底阿番為牧獵之場。又立書館，給工作器具，冀日漸化導之。土番種類甚多，有土著者，有外來者。道光十六年，米人查其戶口，分十九種，曰作島斯、曰格力士、曰支羅機士、曰阿些治士、曰瓜包士、曰沙窪尼士、曰干薩士、曰地那窪士、曰機加布士、曰包尼士、曰呵麻哈、曰呵多士、曰西尼加士、曰委士、曰比晏機搔士、曰比呵里阿士、曰加士機阿士、曰阿島士、曰波達窪彌士。以上各種，俱已解耕牧，居廬舍，學商賈，間有通文字者，其餘種類尚多榛狉如故。

威斯頓底特力，在威斯頓達多里之北。東界威士干遜、衣阿華兩新部，北界英吉利屬地，西抵落機大山，地界遼闊，山路崎嶇，米人罕至其地，故未得其詳。其種人有曼丹士、敏尼達里士、墨臘弗底頓士、然頓士西阿士等名。道光十五年，嘗與米人戰鬥。地產山羊、鹿皮。

阿里顏達多里，又名戈攬彌阿達多里，在落機大山之西。北界英吉利屬地，南界墨西哥，西距大洋海。即中國之東洋大海，又名太平海。地界遼邈，里數未詳。西界近海有山嶺數疊，而東境之落機山為大。產木料、皮毛。有木曰擺樹，高二三十丈，圍四五丈，亭直無枝，至杪始分枝葉，遙望如傘。又有一種樹，其脂如糖，秋收其子，作餅甚美。土番不解耕作，非漁即獵。鑿木為舟，可載四五十人。運獸皮至戈攬彌阿河口，易白人壞炮、鐵鍋、白珠、藍珠、煙葉、鐵刀等物。其俗生男女，即以物束頭，俾其頂鼻挺直。並塗脂膩為美觀。間有佩熊爪、銅鐲、藍珠、白珠者。交易多以女，任人調姍，不以為意。又一種番，生子即以物壓頭，欲其匾，經年始除去之，故亦稱匾頭人。戈攬彌阿河之北岸即彎戈窪島，土番食海魚，衣獸皮。歐羅巴人有彌里士者曾至其地，見其頭目之屋可容八百人。有飲食者，有坐臥者，儀軀粗莽，以人骨為飾。五官亦平正，惟以赤土和黑沙塗面，令人望而駭惡。食惟魚，亦有以人為食者，故市上有人手足。

按：米利堅二十六國，內地各國大小不甚懸殊，惟東北濱海數國壤地甚褊。如紐罕什爾、窪滿的、麻沙朱色士、干捏底吉、紐折爾西、馬理蘭，已不及諸大國三分之一，而洛哀倫、特爾拉華二國，周回皆不過百餘里，乃不及諸大國十分之一。此非其分地之不均也。當毆人之初辟此土也，人戶先栖托於海壖，各成聚落。後乃漸拓而西，日益墾辟。其國之三大埔頭摩士敦、紐約爾、非勒特爾非爾又皆萃於東北。富商大賈之所聚，地雖褊小，氣象固殊。內地各國皆資耕作，幅員易廣，而財力不如海濱之盛，其勢然也。迨華盛頓倡義拒英，各部之豪皆起兵相應。功成之後，舉事者凡十餘部，因卽分為十餘國。其後有續附者，有新分者，遂成二十六國。皆仍其舊而安之，非裂地而定封也。洛哀倫人戶止十餘萬，特爾拉華止八萬餘，不能因其彈丸黑子並歸大國。齊、魯之不兼邾、莒，亦初制則然耳。東方通商諸國，紐約爾最富厚，麻沙朱色士、賓夕爾勒尼安次之，緬與勿爾吉尼阿又次之。倭海阿土沃人殷，阡的伊、田納西地處中原，沃野千里，南方諸國濱海，西方諸國傍河，地利之產，運行較便，故國多富饒。計兩湖之南，密士失必大河之東，已無不辟之土。河西止魯西安納、阿甘色、密蘇爾厘三國，近益以威士干遜，衣呵華二部。其迤西數千里密林奧草，野番所宅，開墾不易。然生齒日繁，何虞土滿？數百年後，當亦阡陌雲連，直抵西海之濱矣。數千萬里稼穡之土，剖判歷數千萬年，閟而不發，地不愛寶，固如是乎？然至今日而篳路啓疆，固亦莫能終秘矣。

米利堅各國，天時和正。迤北似燕、晉，迤南似江、浙，水土平良，無沙磧，鮮瘴厲。南方微有瘴氣，亦不甚毒。其土平衍膏腴，五穀皆宜，棉花最良亦最多，英、佛諸國，咸取給焉。蔬菜、果實皆備，煙葉極佳，通行甚遠。山內所出者，石炭、鹽鐵、白鉛。境內小河甚多，米人處處疏鑿，以通運道。又造火輪車，以石鋪路，鎔鐵汁灌之，以利火輪車之行，一日可三百餘里。火輪船尤多，往來江海如梭織，因地產石炭故也。火輪船必須燃石炭，木柴力弱不能用也。英吉利火輪石炭，皆自蘇各蘭帶來。

米利堅政最簡易，榷稅亦輕，戶口十年一編。每二年，於四萬七千七百人之中，選才識出衆者一人居於京城，參議國政。總統領所居京城，衆國設有公會，各選賢士二人居於公會，參決大政。如會盟、戰守、通商、稅餉之類，以六年為秩滿。每國設刑官六人主讞獄，亦以推選充補。有偏私不公者，羣議廢之。合衆國稅入約四千萬圓。文職俸祿四百七十六萬圓，陸路官兵俸餉四百三十萬圓；水師官兵俸餉四百五十七萬圓，雜費三百八十萬圓，開墾土費一千三百萬圓。統領雖總財賦，而額俸萬圓之外不得私用分毫。衆國舊亦有欠項，道光十七年一概清還，不復丐貸於民。然緣此公私銀號多歇業，而國家或有不虞之費，無從取給，亦頗受其累云。

米利堅合衆國額兵不過一萬，分隸各炮臺關隘。其餘除儒士、醫士、天文生外，農工商賈自二十歲以上、四十歲以下一概聽官徵選，給牌效用為民兵，糇糧器械，概由自備。無事各操本業，有事同入行伍。又設隊長、領軍等官，皆有職無俸。每歲農隙集聚操演。其民兵約一百七十餘萬丁，與古人寓兵於農之法，蓋暗合焉。

米利堅合衆國白人皆流寓，毆羅巴各國之人皆有之，而英吉利、荷蘭、佛郎西為多。三國之中英吉利又居大半，故語言文字與英同。其制，土番各畫地授田，不准遷徙，貿遷工作皆白人。其人馴良溫厚，無鷙悍之氣，謀生最篤，商舶通行四海。衆國皆奉耶穌教，好講學業，處處設書院。其士類分三等，曰學問，研究天文地理，暨耶穌教旨；曰醫藥，主治病；曰刑名，主訟獄。

按：南、北亞墨利加袤延數萬里，精華在米利堅一土。天時之正，土脉之腴，幾與中國無異。英吉利航海萬里，跨而有之，可謂探驪得珠。生聚二百餘年，駸駸乎富溢四海，乃以掊剋之故，一決不可復收。長國家而務財用，卽荒裔其有幸乎？米利堅合衆國以為國，幅員萬里，不設王侯之號，不循世及之規，公器付之公論，創古今未有之局，一何奇也！泰西古今人物，能不以華盛頓為稱首哉！

墨西哥

明·艾儒略《職方外紀》卷四《墨是哥》 北亞墨利加國土多富饒，鳥獸魚鼈極多，畜類更繁，富家畜羊常至五六萬頭，又有屠牛萬餘，僅取其皮革，餘悉棄去不用。百年前無馬，今得西國馬種野中，生馬甚衆，又最良。有雞大於鵝，羽毛華彩特甚，味最佳，吻上有鼻，可伸縮如象，縮之僅寸餘，伸之可五寸。許諸國未通時，地少五穀，今已漸饒，新田斗種可收十石。又產良藥甚多。

其南總名新以西把尼亞，內有大國曰墨是可，屬國三十，境內有兩大湖，甘鹹各一，俱不通海。鹹者水恒消長，若海潮，土人取以熬鹽，其甘者中多鱗介之屬，湖四面皆環以山。山多積雪，人烟輻輳，集於山下。舊都城容三十萬家，大率富饒安樂。每用兵與他國相争，鄰國即助兵十餘萬。其守都城亦恆用三十萬人。但囿於封域，聞人言他方有大國土大君長，輒笑而不信。今所建都城周四十八里，不在地面，直從大湖中創起，堅木為樁，密植湖中，上加板，以承城郭宮室。其堅木名則獨鹿，能入水千年不朽。城内街衢室屋又皆宏敞精絶。其國王寶藏極多，所重金銀鳥羽。鳥羽有奇彩者，用以供神。工人或輯鳥毛為畫，光彩生動。

初國内不知文字，今已能讀書，肆中有鬻書者矣。其業大抵務農工，以尊貴為長。人面目甚美秀。彼自言有四絶：一馬、二屋、三街衢、四相貌也。昔年土俗事魔，殺人以祭。或遭災亂，則以魔嫌人祭少，故每歲輒加，多至殺人二萬。其魔像多手多頭，極其險怪。祭法以綠石為山，寘人背於上，持石刀剖取人心，以擲魔面，人肢體則分食之。所殺人皆取於鄰國，故頻年戰鬬不休。今掌教士人感以天主愛人之心，亦知事魔之謬，不復祭魔食人矣。

其中有一大山，山谷野人最勇猛，一可當百，善走如飛，馬不能及。又善射，人發一矢，彼發三矢矣，百發百中。亦喜啖人肉，鑿人腦骨以為飾。今亦漸習於善。最喜得衣，如商客與衣一襲，則一歲盡力為之防守。

迤北有墨古亞剛，不過千里，地極豐饒，人强力多壽。生一種嘉穀，一歲可三熟。牛、羊、駱駝、糖、蜜、絲、布之類尤多。

更北有古理亞加納，地苦貧，人皆露卧，以漁獵為生。有寡斯大人，性良善，亦以漁為業。其地有山，出二泉，稠膩如脂膏，一紅，一墨色。

清·南懷仁《坤輿圖説》卷下《墨是可》 北亞墨利加，國土多富饒，鳥、獸、魚、鱉極衆，畜類更繁，富家牧羊嘗至五、六萬，有屠牛萬餘，僅取皮革，餘悉棄不用。百年前無馬，今得西國馬種。野中生馬甚衆。最良有雞，大於鵝，羽毛華彩，味最佳。吻上有鼻，可伸縮如象，縮僅寸餘，伸可五寸許。諸國未通時，地少五穀，今亦漸饒，鬥種可收十石。產良藥甚多。其南總名新以西把尼亞，内有大國墨是可，屬國三十。境内兩大湖，甘鹹各一，俱不通海。鹹者水消長若海潮，土人取以熬鹽；甘者中多鱗介。湖四面環山，山多積雪，人煙輻輳，集於山下。舊都城容三十萬家，大率富饒安樂。每用兵與他國相爭，鄰國助兵十余萬，守都城恆用三十萬，但囿于封域，聞人言他方有大國土，輒笑而不信。今所建都城週四十八里，不在地面，直從大湖中創，起堅木為樁，密植湖中，上加板，以承城郭宮室。其堅木名則獨鹿，入水千年不朽。城内街衢、室屋，皆宏敞精絶。國王寶藏極多，所重金、銀、鳥羽。工人輯鳥毛為畫，光彩生動。國内初不知文字，今能讀書，肆中有鬻書。其業大抵務農、工，以尊貴為長。人面目美秀。彼自言有四絶：一馬、二屋、三街衢、四相貌。昔年土俗事魔，殺人以祭，或遭災亂，每歲輒加。祭法以綠石為山，置人背於上，持石刀剖取人心，以擲魔面，肢體則分食之。所殺人皆取於鄰國，故頻年戰鬥不休。今歐邏巴傳教，士人感以天主愛人之心，知事魔謬，不復祭魔食人。中有一大山，山谷野人最勇猛，一可當百，善走如飛，馬不能及。又善射，人發一矢，彼發三矢，百發百中。亦喜啖人肉，鑿人腦骨以為飾，今漸習於善。最喜得衣，如商客與衣一襲，則一歲盡力為之防守。迤北有墨古亞剛，不過千里，地極豐饒，人强力多壽。生一種嘉穀，一歲可三熟。牛、羊、駱駝、糖、蜜、絲、布尤多。更北有古里亞加納，地苦貧，人皆露臥，漁獵為生。有寡斯大人，性良善，亦以漁為業。其地有山，出二泉，稠膩如脂膏，一紅，一墨色。

古巴

清·徐繼畬《瀛寰志略》卷一〇《古巴》 西班牙屬島曰古巴，在佛勒爾勒厘之南，地形狹長，東西二千七百里，南北約五百里，羣島之最大者。岡陵重疊，土壤腴厚，物產豐盈。西人昔時不甚措意，近來藩國皆叛，僅餘此島，乃珍重培護，倚為外府。居民七十萬，内黑奴二十八萬。產白糖、加非、酒、煙、金、銀、銅、鐵、水晶、吸鐵石。每年運出之貨值二千萬圓。地分三部，曰西部，會城曰哈瓦那，居民十萬，所造之煙最香烈，諸國爭購之。曰中部，會城曰三達馬里亞。曰東部，會城曰三的牙額。

又一島，曰波爾多黎各，又名貴港口，在海地島之東，長約五百里，廣約一百五十里。地不廣而物產尤豐，力作皆白人，黑奴甚少。每歲運出之貨，值銀二百四十萬兩。

牙買加

清・徐繼畬《瀛寰志略》卷一〇《牙買加》　英利利屬島，牙買加較大，在古巴之南，島有山，山下溪澗縱橫，足資灌溉，土又膏腴，故其地農功最盛。舊會城遭地震風災而毀，新立會城曰京敦。迤西有巴巴突島，白人所居，其土磽瘠。

東方之島總名安的列斯羣島。曰安地禺亞，曰吉，英人舊所據守；曰多明尼加、曰多巴峨、英人新創。又特尼答島較大，附近可侖比亞東北隅。此外附近各小島尚多，英人擇要戍守。各島物產饒裕，居民多有餘資，競起樓閣，時時宴飲。

北方有巴哈麻羣島，以迤東有百爾慕他羣島，大小凡數百島。氣候温晴而物產殊少，無可留遷，故英人不甚重人之。

海地

清・徐繼畬《瀛寰志略》卷一〇《海地》　海地島，在古巴之東，東西約一千五百里，南北約五百里。明弘治五年，西班牙遣可侖探尋新地，初抵此島，名日義斯巴尼約拉，後西班牙據其東偏，佛郎西據其西偏，多買阿非黑奴力作。年久繁衍，黑奴凡西十餘萬口而佛人僅萬餘。佛人待黑奴寡恩，黑人怨之。乾隆五十六年，佛有內難，黑奴黠者約期同發，各殺其主，佛人萬餘殲戮無遺，西班牙人居西偏者亦逃竄別土，黑人遂推雄者為酋，佛以其窎遠，亦未暇西討也。地分六部，曰波爾德比，其都城也，曰加也斯，曰亞爾的波尼的，曰加不挨顛，曰三的亞額，曰三多明各斯。道光二十二年，都城地震，壓斃數千人。其地物產豐盈，農作不力。每歲運出貨價值二百七十萬兩。

政治思想總部

國家論部

大一統論分部

論説

元・許有壬《至正集》卷三五《大一統志序》 臣聞《春秋》所以大一統者，六合同風，九州共貫也。然三代而下，統之一者可考焉。漢拓地雖遠，而攻取有正譎，叛服有通塞，况師異道，人異論，百家殊方，指意不同，亡以持一統，議者病之。唐腹心之地爲異域而不能一者，動數十年。若夫宋之畫於白溝，金之局於中土，又無以議爲也。我元四極之遠，載籍之所未聞，振古之所未屬者，莫不涣其羣而混於一。則是古之一統，皆名浮於實，而我則實協於名矣。且統之爲言，昉見於《易》，乾之彖曰：『大哉乾元，萬物資始，乃統天。』説者謂：天也者，形也。統也者，用形者也。《象》曰：『天行健，君子以自强不息。』則又示人以體乾之道，蓋天爲萬物之祖，君爲萬邦之宗。乾以至健而爲物始，乃能統理於天，皇上體乾行健，以統理萬邦。所謂一統，萬類可以執一御，而六合同風，九州共貫之機栝繫焉。

明・邱濬《重編瓊臺藁》卷八《擬進〈大明一統志〉表》 伏以並日月以照臨千載，啓大明之運；全天地所覆載萬邦，咸正統之歸。輿圖之廣，曠古所無。地志之成，於今爲盛。粤自三才定位，歷代迭興。封山濬川，舜肇十有二州之地；列爵分土，周會千八百國之君。迨夫嬴秦始置郡縣，繼以劉漢益拓土疆。自魏晉以來，由宋元而上，或閏位之弗齒，或霸業之偏安，或威令之阻行，或凉德之可厭，皆未有若我朝得國之正，闢地之大者也。德與地而兼廣，政與教以並行。南都吴，北都燕，立標準於四極；大爲府，小爲縣，總要會於三司。藩府分封，並峙維城之固；衛所布列，廣宣禦侮之威。規制周嚴，氣勢聯屬。南踰銅柱，東越鯷波，盡入版圖之内；西亘金河，北彌狼望，率歸聲教之餘。殫九服於域中，通八荒於化外。青狄黑濮，遥候月以来賓；黄支朱鳶，畢占風而受吏。禹迹之所不至，章步之所未周。地無間於華夷，治獨超乎今古。不有盛製，曷彰丕圖？【略】書同文，車同軌，大一統而四海向方；天爲蓋，地爲輿，中兩間而萬世永賴。

清・愛新覺羅・胤禛《大義覺迷録》卷一 上諭：自古帝王之有天下，莫不由懷保萬民，恩加四海，膺上天之眷命，協億兆之歡心，用能統一寰區，垂庥奕世。蓋生民之道，惟有德者可爲天下君。此天下一家，萬物一體，自古迄今，萬世不易之常經，非尋常之類聚羣分、鄉曲疆域之私衷淺見，所可妄爲同異者也。《書》曰：『皇天無親，惟德是輔。』蓋德足以君天下，則天錫佑之，以爲天下君，未聞不以德爲感孚，而第擇其爲何地之人而輔之之理。又曰：『撫我則后，虐我則仇。』此民心向背之至情，未聞億兆之歸心，有不論德而但擇地之理。又曰：『順天者昌，逆天者亡。』惟有德者乃能順天，天之所與，又豈因何地之人而有所區别乎？我國家肇基東土，列聖相承，保乂萬邦，天心篤佑，德教弘敷，恩施遐暢，登生民於衽席，遍中外而尊親者，百年於兹矣。

夫我朝既仰承天命，爲中外臣民之主，則所以蒙撫綏愛育者，何得以華夷而有更殊視？而中外臣民，既共奉我朝以爲君，則所以歸誠效順，盡臣民之道者，尤不得以華夷而有異心。此揆之天道，驗之人理，海隅日出之鄉，普天率土之衆，莫不知大一統之在我朝，悉子悉臣罔敢越志者也。【略】

蓋從來華夷之説，乃在晉宋六朝偏安之時，彼此地醜德齊，莫能相尚，是以北人詆南爲島夷，南人指北爲索虜，在當日之人，不務修德行仁，而徒事口舌相譏，已爲至卑至陋之見。今逆賊等于天下一統、華夷一家之時，而妄判中外，謬生忿戾，豈非逆天悖理，無父無君，蜂蟻不若之異類乎？且以天地之氣數言之，明代自嘉靖以後，君臣失德，盜賊四起，生民涂炭，疆圉靡寧，其時之天地，可不謂之閉塞乎？本朝定鼎以來，掃除羣寇，寰宇乂安，政教興修，文明日盛，萬民樂業，中外恬熙，黄童白叟，一生不見兵革。今日之天地清寧，萬姓沾恩，超越明代者，三尺之童亦皆洞曉，而尚可謂之昏暗乎？

夫天地以仁愛爲心，以覆載無私爲量。是爲德在内近者，則大統集於内近，德在外遠者，則大統集於外遠。孔子曰：『故大德者必受命。』自有帝王以來，其揆一也。【略】

且自古中國一統之世，幅員不能廣遠，其中有不向化者，則斥之爲夷狄。如三代以上之有苗、荆楚、玁狁，即今湖南、湖北、山西之地也。在今日而目爲夷狄，可乎？至於漢、唐、宋全盛之時，北狄、西戎世爲邊患，從未能臣服而有其地。是以有此疆彼界之分。自我朝入主中土，君臨天下，并蒙古極邊諸部落，俱歸版圖，是中國之疆土開拓廣遠，乃中國臣民之大幸，何得尚有華夷中外之分論哉！從來爲君上之道，當視民如赤子，爲臣下之道，當奉君如父母。如爲子之人，其父母即待以不慈，尚不可以疾怨忤逆，況我朝之爲君，實盡父母斯民之道，殫誠求保赤之心，而逆賊尚忍肆爲訕謗，則爲君者，不知何道而後可也。【略】

歷代以來，如有元之混一區宇，有國百年，幅員極廣，其政治規模頗多美德，而後世稱述者寥寥。其時之名臣學士，著作頌揚，紀當時之休美者，載在史冊，亦復燦然具備，而後人則故爲貶詞，概謂無人物之可紀，無事功之足録。此特懷挾私心、識見卑鄙之人，不欲歸美於外來之君，欲貶抑淹没之耳。

清·邵星巖《薄海番域志》卷首《自序》 四大部洲之説近乎誕，已據《周禮》疏，神農以上有大九州，竊亦疑之，今而知非盡妄也。其言黄帝德不及遠，惟於神州之内分爲九州，騶衍所謂赤縣神州者，是堯仍之，舜分十二，禹復爲九，而其時川滇猶未闢也。秦蜀通五尺道，漢武始開西南，置益州部。我朝德威遠播，平定伊犂、回部、大小金川，拓西北二萬餘里，而額爾呼納河與俄羅斯扦定邊界，東北數千里從未入中國之地，咸歸版圖，惟地缺東南，所限者汪洋一海耳。然而東南洋、南洋、西南洋、大西洋、小西洋，凡番舶衣冠詭譎形狀怪異之人、奇珍異寶之物，莫不揚帆濠鏡，負易香山，豈非九州之外又有九州乎？夫天地之大，寧有窮極異域之與中國山川猶是也，人物猶是也。各君其國，各子其民，亦猶是也。乃或有其地而不能守，或徵其朝而終不至，至聽其自爲聲教，以玉斧畫圖曰：外此吾不有也。豈統一中外之規與？今聖天子富有四海，命式九圍，凡雲貴粤西土官、土司屬在内地者，既已改土歸流，而蒙古四十九旗之屏藩喀爾喀，西套、西海、西藏、紅苗、八排、打箭鑪之開闢，以及漢西域三十六國及唐回紇之地，前代祇通貢使，今亦設官授職。至於鞮譯之使縻至外廷，海陸之琛輻輳内府，以視夫選驃騎以驅沙磧，駕樓船以涉波濤者，固不侔矣。而舞兩階而有苗格，坐明堂而越裳至，亦第綏之來之，而未嘗統有其地也。盛哉乎！斯世德化之遠及何如耶！《詩》曰：普天之下，莫非王土，率土之濱，莫非王臣。今重臣之駐守，非等於都護之府也；廳縣之分建，不同於羈縻之州也。載輿地於職方，按圖經於王會，乃知自古幅員之廣，誠未有過於我朝者也。故卽薄海内外而分紀之，以誌大一統之盛云。

正統論分部

論説

元·蘇天爵《元文類》卷四五《修端〈辯遼宋金正統〉》 歲在甲午九月望日，東原諸友會于孫侯之第，語及前朝得失之事。坐客問云：『金有中原百餘年，將來國史何如？』或曰：『自唐已降，五代相承，宋受周禪，雖靖康間二帝蒙塵，緣江淮以南，趙氏不絶，金于宋史中亦猶劉、石、苻、姚一載記爾。』衆頗惑焉。愚曰：『正閏之論，端雖不敏，請以本末言之。夫耶律氏，自唐以來世爲名族。延及唐末，朱温篡唐，四方幅裂，遼太祖安巴堅乘時而起，服高麗諸國，并燕雲以北數千里，與朱梁同年即位，是歲丁卯，至丙子建元神冊，在位二十年。其子德光嗣位，是歲丁亥，唐明宗天成二年也。德光後號太宗，當天顯十一年，河東節度使石敬塘爲清泰帝來伐，遣使求救于遼，奉表稱臣，仍以父禮事之。太宗赴援，因以滅唐，石氏稱晉，遂以燕雲十六州獻于遼，仍歲貢帛三十萬疋。

天福七年，晉高祖殂，出帝嗣位。大臣議奉表稱臣，告哀于遼，景延廣請致書稱孫而不稱臣，于遼抗衡。太宗舉兵南下，會同九年入汴，以出帝爲負義侯，遷黃龍府，石晉遂滅。大同元年，太宗北還，仍以蕭幹留守河南。劉知遠在河東，乘間而發，由太原入汴，自尊爲帝。及乎宋受周禪，有中原一百六十餘年。遼爲北朝，世數如之。雖遼之封域褊于宋，校其兵力，而澶淵之戰宋幾不守，因而割地連和，歲貢銀絹二十萬兩疋，約爲兄弟，仍以世序昭穆。降及晚年，遼爲翁，宋爲孫。及至天祚，金太祖舉兵平遼克宋，奄有中原三分之二，子孫帝王坐受四方朝貢百有餘年，今以劉、石等比之，愚故不可不辯也。夫劉淵、石勒皆晉之臣庶，叛亂國家，以臣伐君，縱能盜據一隅，僭至姚泓，終爲晉將劉裕所虜，斬建康市。茲作載記，理當然也。完顏氏世爲君長，保有肅慎，至太祖時，南北皆爲敵國，素非君臣。若如或者所言，金爲載記，未審遼史復如何爾。方遼太祖神冊之際，宋太祖未生，遼祖比宋前興五十餘年已即帝位，固難降就五十年之後，包于宋史爲載記。其世數相懸，名分顛倒，斷無此法。既遼之世際，宋不可兼，則金有中原，尤難別議。以公論處之，據五代相因，除莊宗入汴，復讎伐罪，理勢可觀外，朱梁簒逆，甚于王莽；石晉因遼有國，終爲遼所虜；劉漢自立，父子四年；郭周廢湘陰公而立。以五代之君，通作《南史》，內朱梁名分，猶恐未應。遼自唐末保有北方，又非簒奪，復承晉統，加之世數名位，遠兼五季，與前宋相次而終，當爲《北史》。宋太祖受周禪，平江南，收西蜀，白溝迆南悉臣於宋，傳至靖康，當爲《宋史》。金太祖破遼克宋，帝有中原百餘年，當爲《北史》。自建炎之後，中國非宋所有，宜爲《南宋史》。』或曰：『歐陽氏，宋之名儒也，立定五代，不云《南史》，當時想曾熟議，奈何今復有此論乎？』愚曰：『歐陽氏作史之時，遼方全盛，豈不知梁、晉、漢、周授受之由？故列五代者，欲膺周禪，以尊本朝，勢使然爾。及作《十國世家》獨曰周、漢之事，可謂難矣！歐陽公之爲是言，厥有旨哉！愚讀李屏山《詠史詩》，詠五代郭周云：「不負先君持節死，舉朝唯有一韓通。」蓋嘗驚哀此詩命意。宋自建隆以來，名士大夫論議篇什不爲不多，未嘗一語及此，非不能道也，蓋袮之説也。故列五代者，良可知矣。隋季文中子作《元經》，至晉、宋已後，正統在中原，而後大唐，南北一統，後至五代，天下紛擾，無由再議。降及今日，時移事改，商榷前人隱約之迹，當從公論。』或者又曰：『金有中原雖百餘年，宋自建隆于今，幾三百年。況乎今年春正月，攻陷蔡城，宋復其讎，固可以兼金矣。』愚曰：『元魏、齊、梁，世數已遠，恐諸公不以爲然，請以五代周、漢之事方之。漢隱帝乾祐三年遇殺，太后詔立河東節度使旻之子贇，尋廢爲湘陰公，旻遂即帝位于晉陽。終旻之世，猶稱乾祐。旻係劉高祖母弟，其子承鈞，孫繼恩、繼元，皆相繼立，凡二十八年，宋太宗太平興國四年始滅之。夫東漢四主，遠兼郭周，則郭亦不當稱周，固當爲閏。宋太祖不當曰受周禪，傳至太宗，方稱東漢之後。歐陽不合作《五代史》，合作《四代史》。司馬光《通鑑》當列東漢爲世紀，歐陽不宜作《十國世家》。嗚呼！國家正閏，固有定論，不圖今日輕易褒貶，在周則爲正，在金則爲閏。天下公論，果如是乎？況蔡城之亡，蓋天朝征伐之力，宋之邊將專權率意，自撤藩籬，快斯須之忿，昧唇齒之理，延引强兵深入，遵徽宗之履轍，媒孽後禍，取笑萬世，何復讎之有？宋自靖康已來，稱臣姪，走玉帛，歲時朝貢，幾于百年，豈期今日私論，遽稱尊大，復如是乎！金泰和間，南宋寒盟，起無名之師，侵漁唐、鄧、宿、泗，章宗分遣應兵，其淮、漢、川、蜀之間，大爲所破。宋遣臣方信儒等卑辭告和，請叔爲伯，進增歲幣，獻臣韓侂胄之首，至於闕下。是時中原連年蝗旱，五穀不登，山東尤甚。章廟深用自責，每以偃兵息民爲念，嘗詔百官議曰：「朕聞海陵有言：我國家雖受四方朝貢，宋猶假息江左，亦天下兩家邪？故有親征之行。去歲，宋人兵起無名，搖蕩我邊圉，今已敗衄，哀懇告和。朕思海陵之言，宜如何爾？」時臣下有希意者進曰：「向者靖康間，宋祚已衰，其游魂餘魄，今雖據江左，正猶昭烈之在蜀，不能紹漢氏之遺統明矣。」于是宋金和議遂定。此乃當時繼好息民之大略，非後世正閏之定論也。夫昭烈之于漢，雖云中山靖王之後，其族屬疏遠，不能紀録。高宗乃徽宗之子，奄有江南，似與昭烈頗異。若以金史專依泰和朝議，爲承宋統，或從今日所論，包爲載記，二者俱非公論也。』或者又曰：『遼之有國，僻居燕雲，法度不一，似難以元魏、北齊爲比。』愚曰：『以此言之，膚淺尤甚。若以居中土者爲正，則劉、石、慕容、苻、姚、赫連所得之土，皆五帝三王之舊都也。若以有道者爲正，苻秦之量，雄材英略，信任不疑；朱梁行事，篡奪内亂，不得其死。二者方之，統孰得焉？夫授受相承之理，難以此責，況乎泰和初朝廷先有此論，故選官置院，刱脩《遼史》，後因南宋獻馘告和，臣下奏言靖康間宋祚已絕，當承宋統，上乃罷脩《遼史》。緣此中州士大夫間不知遼、金之興本末各異，向使《遼史》早成，天下自有定論，何待余言。』坐客愕然曰：『數百年隱顯之由，何其悉也！幸請書之，以備他日史官採摭云爾。』

元·楊維楨《東維子集》卷首《正統辨》 辨曰：正統之説，何自而起乎？起於夏后傳國，湯武革世，皆出於天命人心之公也。統出於天命人心之公，則三代而下，曆數之相仍者，可以妄歸於人乎？故正統之義，立於聖人之經，以扶萬世之綱常。聖人之經，《春秋》是也。《春秋》，萬代之史宗也。首書王正於魯史之元年者，大一統也。五伯之權，非不强於王也，而《春秋》必黜之，不使奸此統也。吳楚之號，非不竊於王也，而《春秋》必外之，不使僭此統也。然則統之所在，不得以割據之地、强梁之力、僭僞之名而論之也，尚矣。先正論統於漢之後者，不以劉蜀之祚促與其地之偏而奪其統之正者，《春秋》之義也。彼志三國降昭烈以儕吳魏，使漢嗣之正，下與漢賊並稱，此《春秋》之罪人矣。復有作《元經》自謂法《春秋》者，而又帝北魏、黜江左，其失與志三國者等耳。以致尊昭烈、續江左兩魏之名不正而言不順者，大正於宋朱氏之《綱目》焉。或問朱氏述《綱目》主意，曰在正統，故《綱目》之挈統者在蜀、晉，而抑統者則秦昭襄、唐武氏也。至不得已，以始皇之廿六年而始繼周。漢始於高帝之五年而不始於降秦，晉始於平吳而不始於泰和，唐始於羣盜既夷之後而不始於武德之元，又所以法《春秋》之大一統也。然則今日之修宋遼金三史者，宜莫嚴於正統與大一統之辨矣。自我世祖皇帝立國史院，嘗命承旨百一王公修遼金二史矣，宋亡，又命詞臣通修三史矣。延祐、天曆之間，屢勤詔旨而三史卒無成書者，豈不以二史正統之議未決乎？夫其議未決者，又豈不以宋渡於南之後，拘於遼金之抗於北乎？吾嘗究契丹之有國矣，自呼紐氏之部落始廣，其初枯骨化形，戴豬服豕，荒唐怪誕，中國之人所不道也。八部之雄，至於按巴堅披其黨而自尊，迨耶律光而其勢寖盛。契丹之號，立於梁貞明之初，大遼之號，復改於漢天福之日。自按巴堅訖于天祚，凡七主，歷二百一十有五年。夫遼固唐之邊夷也，乘唐之衰，草竊而起，石晉氏通之，且割幽燕以與之，遂得窺釁中夏，而石晉氏不得不亡矣。而議者以遼乘晉統，吾不知其何統也。再考金之有國矣，始於完顔氏，實又臣屬於契丹者也。至阿固達，苟逃性命於道宗之世，遂敢萌人臣之將，而篡有其國，僭稱國號於宋重和之元，相傳九主，凡歷一百一十有七年。而議者又以金之平遼尅宋，帝有中原，而謂接遼宋之統，吾又不知其何統也。議者又謂完顔氏世爲君長，保其肅慎，至太祖時，南北爲敵國，素非君臣，遼祖神冊之際，宋祖未生，遼祖比宋前興五十餘年，而宋嘗遣使卑辭以告和，結爲兄弟，晚年且遼爲翁而宋爲孫矣，此又其説之曲而陋也。漢之匈奴、唐之突厥，不皆興於漢唐之前乎？而漢唐又與之通和矣。吳、魏之於蜀也，亦一時角立而不相統攝者也。而秉史筆者，必以匈奴、突厥爲紀傳而以漢唐爲正統，必以吳、魏爲分繫而以蜀漢爲正統，何也？天理人心之公，閱萬世而不可泯者也。議者之論五代，又以朱梁氏爲篡逆，不當合爲《五代史》，其説似矣。吾又不知，朱晃之篡，克用氏父子以爲仇矣。契丹氏背唐兄弟之約而稱臣於梁，非逆黨乎？《春秋》誅逆，重誅其黨，契丹氏之誅爲何如哉？且石敬瑭事唐，不受其命而篡唐，謂之承晉，可乎？縱承晉也，謂之統，可乎？又謂東漢四主，遠兼郭周，宋至興國四年，始受其降，遂以周爲閏，以宋統不爲受周禪之正也。吁！苟以五代之統論之，則南唐李昪嘗立大唐宗廟而自稱爲憲宗五代之孫矣。宋於開寶八年滅南唐，則宋統繼唐不優于繼周繼漢乎？但五代皆閏也，吾無取其統。吁！天之曆數自有歸，代之正閏不可紊。千載曆數之統，不必以承先朝、續亡主爲正，則宋興不必以膺周之禪接漢接唐之閏爲統也。宋不必膺周接漢接唐以爲統，則遂謂歐陽子不定五代爲南史，爲宋膺周禪之張本者，皆非矣。當唐明宗之祝天也，自以德薄，不任社稷生靈之主，願天早生聖人，以主生靈，自是天人交感而宋祖生矣。天厭禍亂之極，使之君主中國，非欺孤弱寡之所致也。朱氏《綱目》於五代之年，皆細注於歲之下，其餘意固有待於宋矣。有待於宋，則直以宋接唐統之正矣，而又何計其受周禪與否乎？中遭陽九之阨，而天猶不泯其社稷，瓜瓞之系，在江之南，子孫享國又凡百五十有五年。金泰和之議，以靖康爲游魂餘魄，比之昭烈在蜀，則泰和之議，固知宋有遺統在江之左矣，而金欲承其絶爲得統，可乎？不此之察，遂斥紹興爲僞宋，吁！吾不忍道矣。張邦昌迎康邸之書曰：由康邸之舊藩，嗣宋朝之大統，漢家之厄十世，而光武中興，獻公之子九人，而重耳尚在，兹惟天意，夫豈人謀？是書也，邦昌肯以靖康之後爲游魂餘魄而代有其國乎？邦昌不得革宋，則金不得以承宋。是則後宋之與前宋，即東漢前漢之比耳，又非劉蜀牛晉，族屬疏遠，馬牛疑迷者之可以同日語也。論正閏者，猶以正統在蜀，正朔相仍在江東。矧嗣祚親切，比諸光武重耳者乎？而又可以僞斥之乎？此宜不得以南渡爲南史也明矣。再考宋祖生于丁亥，而建國于庚申，我太祖之降年與建國之年亦同。宋以甲戌渡江，而平江南於乙亥丙子之年，而我王師渡江平江南之年亦同。是天數之有符者不偶然，天意之有屬者不苟然矣。故我世祖平宋之時，有過唐不及漢，宋統當絶，我統當續之喻。是世祖以曆數之正統歸之於宋，而以今日接宋統之正者自屬也。當時一二大臣又有奏言曰：其國可滅，其史不可滅也。是又以編年之統在宋矣。論而至此，則中華之統，正而大者，不在遼金，而在於天付生靈之主也昭昭矣。然則論我元之大一統者，當在平宋，而不在平遼與金之日，又可推矣。夫何今之君子，昧於《春秋》大一統之旨，而急於我元開國之年，遂欲接遼以爲統。至於咈天數之符，悖世祖君臣之喻，逆萬世是非之公論而不惜也。吁！不以天數之正、華統之大，屬之我元，承乎有宋，如宋之承唐，唐之承隋、承晉、承漢也，而妄分閏代之承，欲以荒夷非統之統屬之我元。吾又不知今之君子，待今日爲何時，待今聖人爲何君也哉？於乎！《春秋》大統之義，吾已悉之，請復以成周之大統明之于今日也。文王在諸侯凡五十年，至三分天下有其二，遂誕膺天命，以撫方夏，然猶九年而大統未集。必至武王十有三年，代商有天下，商命始革，而大統始集焉。蓋革命之事，間不容髮，一日之命未絶，則一日之統未集，當日之命絶，則當日之統集也。宋命一日而未革，則我元之大統亦一日而未集也。成周不急文王五十年、武王十三年而集天下之大統，則我元又豈急於太祖開國五十年及世祖十有七年而集天下之大統哉？抑又論之，道統者，治統之所在也。堯以是傳之舜，舜以是傳之禹、湯、文、武、周公、孔子。孔子沒，幾不得其傳百有餘年，而孟子傳焉。孟子沒，又幾不得其傳千有餘年，而濂、洛、周、程諸子傳焉。及乎中立楊氏，而吾道南矣。既而宋亦南渡矣，楊氏之傳，爲豫章羅氏、延平李氏及于新安朱子。朱子沒，而其傳及於我朝許文正公。此歷代道統之源委也。然則道統不在遼金而在宋，在宋而後及于我朝，君子可以觀治統之所在矣。嗚呼！世隔而後其議公，事久而後其論定，故前代之史，必修於異代之君子，以其議公而論定也。《晉史》修於唐，《唐史》修於宋，則《宋史》之修宜在今日而無讓矣。而今日之君子，又不以議公論定者自任，而又諉曰付公論於後之儒者，吾又不知後之儒者又何儒也。此則予爲今日君子之痛惜也。今日堂堂大國，林林鉅儒，議事爲律，吐辭爲經，而正統大筆，不自竪立，又闕之以遺將來，不以貽千載《綱目》君子之笑爲厚恥，吾又不知負儒名於我元者，何施眉目以誦孔子之遺經乎？洪惟我聖天子，當朝廷清明四方無虞之日，與賢宰臣親覽經史，有志於聖人《春秋》之經制，故斷然定修三史，以繼祖宗未遂之意，甚盛典也。知其事大任重，以在館之諸賢爲未足，而又遣使草野，以聘天下之良史才。負其任以往者有其人矣，而問之以《春秋》之大法、《綱目》之主意，則槩乎其無以爲言也。嗚呼！司馬遷易編年爲紀傳，破《春秋》之大法，唐儒蕭茂挺能議之。孰謂林林鉅儒之中，而無一蕭茂挺其人乎？此草野有識之士之所甚惜而不能倡其言於上也。故私著其説，爲宋遼金正統辨，以俟千載《綱目》之君子云。若其推子午卯酉及五運之王以分正閏之説者，此日家小技之論，君子不取也，吾無以爲論。

明·王禕《王忠文公文集》卷四《正統論》

正統之論，本乎《春秋》。當周之東遷，王室衰微，夷於列國，而楚及吴、徐並僭王號。天下之人，幾不知正統之所在。孔子之作《春秋》，於『正』必書『王』，於『王』必稱『天』，而僭竊之邦皆降而書『子』，凡以著尊王之義也。故《傳》者曰：『君子大居正。』又曰：『王者大一統。』正統之義，於斯肇焉。歐陽修氏曰：『正者，所以正天下之不正也；統者，所以合天下之不一也。由不正與不一，是非有難明，故《正統》之論所爲作也。』

嗚呼！三代之下有天下者，大抵皆不正不一，而不能合乎至公大義之所在，是非之際，於是難明者多矣。蓋當其難明之際，驗之天文則失於妄，稽之人言則失於偏。是故熒惑守心，應乎魏文帝之殂，而吴蜀無他故，若可以魏爲正矣。然月犯大心，王者所惡，則蜀昭烈之殂實應之，而吴魏無事也，是蜀亦可爲正也。此非失於妄哉？自晉之滅，而南爲東晉、宋齊梁陳，北爲後魏、後周、隋。私東晉者曰：隋得陳而後天下一，則推其統曰晉宋齊梁陳隋；私後魏者曰：統必有所授，則推其統曰隋授之後周，後周授之後魏。此非失於偏哉？嗚呼！論正統而不推天下之至公，據天下之大義，而溺於妄於偏，其亦不明於《春秋》之旨矣。

且歐陽氏《正統》之論，以謂正統者，聽其有絶有續而後可，不必猥以假人而使勿絶也。猥以假人而使勿絶，則至公大義有所不行矣。故正統之序，歷唐虞夏、商周、秦漢，至漢建安而絶。魏武竊取漢鼎，得之既不以正；劉氏雖漢裔，崎嶇巴蜀，又未嘗得志於中國；而孫氏徒保守江表而已。皆不可謂居天下之正，合天下于一者也。及晉有天下，而其統始續。故自泰始元年復得正其統，至建興之亡，正統於是又絶矣。晉氏既南，天下大亂，故自東晉建武之始，止陳貞明之終二百餘年，其間乘時並起，爭奪僭竊者，不可勝紀。其略可紀者，猶十六七家，既而大小强弱，自相并吞，而天下猶爲四。東晉、宋齊梁陳又自分爲後梁而爲二，後魏、後周、隋又自分爲東魏、北齊而爲二，離合紛紜，莫適爲正，皆不得其統，正統於是又絶矣。及後周并北齊而授之隋，隋并後周又并陳，然後天下合爲一，而其統復續，故自開皇九年，復得正其統。而唐繼之，自天祐之亡，正統於是又絶矣。梁氏弑其君，盗其國，以梁爲僞，固也。後唐之興，籍曰名正而言順，實非所以復唐。晉氏受國於契丹，尤無足議，而漢、周亦皆取之以非義，況此五代者皆未嘗合天下于一，則其不得以承正統，夫復何疑？

及宋有天下，居其正，合于一，而其統乃復續。故自建隆元年，復得正其統。至於靖康之亂，南北分裂，金雖據有中原，不可謂居天下之正；宋既南渡，不可謂合天下于一。其事適類於魏蜀、東晉、後魏之際，是非難明，而正統於是又絶矣。自遼并于金，而金又并于元，及元又并南宋，然後居天下之正，合天下于一，而復正其統。故元之紹正統，當自至元十三年始也。由是論之，所謂正統者，自唐虞以來四絶而四續，惟其有絶而有續，然後是非公，予奪當，而正統明也。嗚呼！吾之説，至公大義之所存，歐陽氏之所爲説也。歐陽氏之説廢，則吾之説不行於天下矣。

明·方孝孺《遜志齋集》卷二《釋統上》 仁義而王，道德而治者，三代也；智力而取，法術而守者，漢唐宋也；强致而暴失之者，秦隋也；篡弑以得之，無術以守之，而子孫受其禍者，晉也；其取之也同而身爲天下戮者，王莽也。苟以全有天下，號令行乎海内者爲正統耶，則此皆其人矣。然則湯武之與秦隋可得而班乎，漢唐之與王莽可得而並乎？莽之不齒乎正統久矣，以其篡也。而晉亦篡也，後之得天下而異乎晉者寡矣，而猶黜莽，何也？謂其無成而受誅也。使光武不興，而莽之子孫襲其位，則亦將與之乎，抑黜之乎？昔之君子未嘗黜晉也，其意以爲後人行天子之禮者數百年，勢固不得而黜之。推斯意也，則莽苟不誅，論正統者亦將與之矣。嗚呼，何其戾也！正統之説，何爲而立耶？苟以其全有天下，故以是名加之，則彼固有天下矣，何不加以是名也？苟欲假此以寓褒貶，正大分，申君臣之義，明仁暴之别，内夏外夷，扶天理而誅人僞，則不宜無辨，而猥加之以是名，使聖智夷乎暴桀，順人者等乎逆弑也。

僥倖而得天下者，雖其勢力之强，無所爲而不成，然其心私計而深念，未嘗不畏後世之公議。今將立天下之大法，以爲萬世勸戒。不能探其邪正逆順之實，以明其是非，而槩以正統加諸有天下之人，不亦長僥倖者之惡，而爲聖君賢王之羞乎！適事機之會，庸材小人皆可以得志，處非其地，用非其時，聖君賢王亦不足以成治功。古之能統一宇内，而動不以正者多矣，秦隋其尤也。動不以正，而以正統稱之，使文、武、周公而有知，其不羞與之同此名乎？故謂周、秦、漢、晉、隋、唐、宋均爲正統，猶謂孔子、墨翟、莊周、李斯、孟軻、揚雄俱爲聖人而傳道統也，其孰以爲可？非聖人而謂之聖人，人皆知其不然。不可爲正統，而加之以正統之號，則安之而不知其不可，是尚可以建之萬世而無弊乎？名者，聖人之所慎也。季子然以冉求、仲由爲大臣，孔子忿然争之。若二子之才，魯之諸臣莫及也。苟爲大臣，未見其爲過，而孔子慎而不許，蓋才如仲由、冉求，而以爲大臣，則伊尹、周公將曷以名之乎？伊尹、周公，大臣也，則二子非其類矣，故曰可謂具臣矣。以秦、隋而方乎周，豈直二子之與伊尹、周公哉！使孔子而出，其不混而稱之也決矣。蓋必有其道焉，而不可知矣。

嘗試論之曰：天下有正統一，變統三。三代正統也，如漢如唐如宋雖不敢幾乎三代，然其主皆有恤民之心，則亦聖人之徒也。附之以正統，亦孔子與齊桓、仁管仲之意歟？奚謂變統？取之不以正，如晉、宋、齊、梁之君，使全有天下，亦不可爲正矣。守之不以仁義，戕虐乎生民，如秦與隋，使傳數百年，亦不可爲正矣。若夫以女后而據天位，雖革命改物，如僞周之武氏，亦不可繼統矣。二統立而勸戒之道明，僥倖者其有所懼乎？此非孔子之言也，蓋竊取孔子之意也。

又《釋統中》 正統之説立，而後人君之位尊。變統之名立，而後正統之説明。舉有天下者皆謂之正統，則人將以正統可以智力得，而不務脩德矣，其弊至於使人驕肆而不知戒。舉三代而下皆不謂之正統，則人將以正統非後世所能及，而不勉於爲善矣，其弊至於使人懈怠而無所勸。其有天下同也，惟其或歸諸正統，或歸諸變統，而不可必得，故賢主有所勸，而姦雄暴君不敢萌陵上虐民之心。朱子《綱目》之作，所以誅暴止亂於前，而爲萬世法也。立一法而不足盡天下之情僞，則小人將馳騖乎法之外，而竊笑吾法之疏，是孰若無法之愈乎！故正統以處其常，而參之以變統，然後其變可得而盡也。

朱子之意曰：周、秦、漢、晉、隋、唐皆全有天下矣，固不得不與之以正統。苟如是，則仁者徒仁，暴者徒暴，以正爲正，又以非正爲正也，而可乎？吾之説則不然。所貴乎爲君者，豈謂其有天下哉？以其建道德之中，立仁義之極，操政教之原，有以過乎天下也。有以過乎天下，斯可以爲正統，不然非其所據而據之，是則變也。以變爲正，奚若以變爲變之美乎！故周也、漢也、唐也、宋也，如朱子之意，則可也。晉也、秦也、隋也、女后之稱制也，不謂之變，何可哉？正統則處之以天子之制，變統則不得並焉。正統之君非吾貴之也，變統之君非吾賤之也。賢者得民心，得民心，民斯尊之矣。民尊之，則天與之矣，安得不貴之乎？非其類，無其德，民必惡之。當時惡之，後世以其位而尊之，則違乎天矣，故不得不賤之也。貴不特於其身，而又延及於子孫，雖甚愚不肖，苟未至於亡國，猶尊之以正統之禮。賤不特於其身，而其子孫雖有賢智之才，亦不能揜其惡。夫如是，而後褒貶明，夫如是，而後勸戒著，夫如是，而後正統尊，奸邪息。

又《釋統下》 夫所謂變統之制者，何也？異於天子之禮也。彼生以天子養，沒以天子葬，儼然帝中國而臣四夷，天下莫與敵，大矣。曷爲而異其禮？蓋其所可致者，勢也，不可僭乎後世者，義也。勢行於一時，義定於後世。義之所在，臣不敢私愛於君，子不敢私尊於父。大中至正之道，質諸天地，參諸鬼神而不忒也。

何謂天子之禮？正統是也。正統之君始立，則大書其國號、謚號、紀年之號。凡其所爲必書，所言必書，祀典必書，封拜必書。書后曰皇后，書太子曰皇太子，后及太子歿皆曰崩，葬必書其陵、其謚，有事可紀者紀其事。所措置更革曰詔，曰令，曰制。兵行曰討，曰征，曰伐。施惠曰赦，曰大赦。施刑當罪曰誅，曰伏誅。違上興兵者曰反，曰作亂，曰犯，曰寇，曰侵。倍之者曰叛。其鄰國、其臣慢之者，必因事貶之。知尊正統者，雖微必進之。不幸而至於衰微，受制於强暴，或屈而臣之，强暴者誠亂賊也，誠不可爲正統也，則盜賊之雄耳，必慎抑揚予奪之辨。其以兵侵也，曰入寇，得地曰陷，據都曰據，至闕曰犯。擄正統之君，必易辭書其故。見殺曰弑，而書其主之名及其主之歿也。特書曰死，其黨之與謀、陳力得罪於正統者，雖功多皆書曰死，以著其罪，以絶其惡。得中國之地，其民有思中國而叛之者，曰起兵，以地降者曰来歸。不爲中國而反者，彼亦不得而盜賊之也，亦曰起兵，得郡則曰取某郡。其誘正統之臣曰誘，執曰執，殺曰殺，將相則名其主。正統之臣降于夷狄，則夷狄之。死不曰卒，而曰死。凡力能爲正統之患者滅亡，則異文書之，以致喜之之意。正統亂亡，則詳書而屢見之，以致惜之之意。

變統之異於正統者，何也？始一天下而正統絶，則書甲子，而分註其下，曰是爲某帝某元年。書國號而不書大，書帝而不書皇，書名而不著謚。其所爲，非大故不書，常祀不書，或書以志失禮，或志禮之所從變則書。立后不書，尊封其屬不書，非賢臣，雖王公拜罷卒葬不書。行幸非關得失不書，詔令非有更革不書。其崩曰殂，后死曰薨，大臣曰卒。佐篡弑、贊征伐，以危正統者曰死。聚歛之臣曰死，酷吏曰死。浮屠之位尊，而因事得書者曰死。毁正統陵廟宫室，名其主。用兵不曰討，不曰征伐。刑其人不曰誅。天下怨而起兵，惡而起兵，不曰反。惡乎篡弑，非惡乎君也。惡乎夷狄，惡乎女主，非其君，故不得以君道臨之也。惟於其臣，於其部落，則得致其罪。士之仕變統者，能安中國則書，能正暴亂除民害則書，能明道術於後世則書。有愈貴而愈賤者，有愈賤而愈貴者。利祿寵倖之臣，愈貴而愈賤也。守道不汙之士，愈賤而愈貴也。

故君子之於變統，外之而不親也，微之而不尊也，斷斷乎其嚴也，閔閔乎恐其久也，望望乎欲正統之復也。是何也？爲天下慮也。奚而爲天下慮？使女主而乘君位，夷狄而踐中國，篡弑而不亡，暴虐而繼世，生民之類幾何而不滅乎？立變統所以扶人極，能言抑變統者，君子之所取也。

清·李光地《榕村集》卷一七《方正學釋統辨》 甚哉！方氏之固也。其言曰：三代正統也，漢、唐與宋，正統之次也，取之不以正，如晉、宋、齊、梁，不可以爲統，戕虐乎生民，如秦、如隋，不可以爲統，外國、女后不可以爲統。其不以爲統，奈何？蓋將不處以天子之禮而國號、紀年、稱名、行事皆異其辭焉耳。然則可行乎？曰：不可。蓋聖人之爲道也，通而不窮，故一可以順天命，一可以立人紀。彼其一四海爲天下君，或傳世數百年而未改，而吾不謂之正統，其將能乎？且夫正也者，非必其得之之正，而後謂之正，蓋異於割壤畫地而偏焉。而方氏以爲正變之義，宜其惑也。然則統之説何据？曰：一四海爲天下君，傳世數百或數十年，是之謂統也。已莫與爭統，是之謂正也。已有統之始，如漢高元年項氏猶未滅而與之統，是自其後而與之也。有統之餘，如蜀漢區區在吳魏之際而與之統，是從其初而與之也。非此族也，正統不存焉。此朱氏之所定，雖聖人有作不能易也。曰：新莽、周武一天下矣，何以不與之統也？曰：莽篡而漢誅之，周僭而唐討焉，則二代之賊也，宜乎不與。不與者，有正其爲賊者也。其幸而免及於子孫，或起而誅之，而非當代人，彼已儼然爲天下君，則吾亦不得而正其爲賊也。然則大義其廢與？曰：不廢。彼其賊之實固在焉，因而存之，罪將不沒，且夫偷一時之利者，固將不恤萬世之名也。如以名，則彼知夫雖天子而罪迹且不泯，固所以懼篡竊者之道也。奚必奪之乎？且方氏之説曰：正統者，子孫雖愚不肖必貴之，尊以正統之禮；非正統者，子孫雖賢智而不足掩其惡。信斯言也。其祖宗篡竊而有天下，子孫知其雖賢智無益也，而不以君道自律，而以天下恣睢。其可乎？又曰：非正統者，用兵不曰討，刑人不曰誅，天下兵起不曰反。信斯言也。天下奉之以爲君，而不得正其誅討之禮。羣起而叛之，而不正其君臣之分。或傳世數百，而上下之誼蔑如。可乎？不可乎？方氏之意，始于欲正君臣、辨中外、澤惠生民，而不知説之弊、禍之烈。惟聖人爲無弊，是故或去其名，或存其實，惡惡止於其身，遷善廣於其路。中國而夷禮，則夷之，夷而進於中國，則中國之。抑揚予奪而人心服，後世安之。吾故曰一以順天命，一以立人紀。是其利民也至大，而慮世也至深。

清·魯一同《通甫類稿》卷一《正統論》 正統之論，得歐陽氏而尊，得蘇氏而辨，得魏氏而嚴，然則將奚從？曰：三子之説善矣，而不能無弊。歐尊而不辨，蘇辨而不嚴，魏嚴而不精。所謂一端之論，非善之善者也。

歐陽氏重以予人統，而不能不予晉、隋。彼晉、隋者，可謂得統矣，可謂得正乎？故曰尊而不辨。蘇子曰：『正統者，猶曰有天下云爾。』歐陽氏重予之，吾輕予之，故不以實傷名，名亦不能傷實。』夫君子所恃以與篡奪爭者，名爾。《傳》曰：『惟器與名，不可以假人。』名莫大於正統，器莫大於有天下。彼不幸而竊吾器，吾又從而假以名，名既去矣，而區區持賢不肖之説以繩其後，庸有濟乎？故曰辨而不嚴。魏氏曰：『天下不可一日無君，故正統有時而絶，而統無絶。於是有正統，有偏統，有竊統。三統明而天下之統不絶。』篡弑之人，亦終不得以干正統，可謂嚴矣。而以西晉、北宋爲竊統，以東晉、南宋爲正統，此何説也？夫居得其正之謂正，相承勿絶之謂統。是東晉與南宋其所承者何統乎？非其祖若宗所竊之統耶？其父盜人之物，其子據而有之，斷是獄者，以爲是盜耶？是其所自有耶？且夫以太宗、仁宗之昇平郅治，不免爲竊，以高宗、孝宗之擾攘偏安，進之爲正。論正，則高、孝不足；論統，則高、孝之統，即太祖、太宗之所貽留也。故曰嚴而不精。

然則，正統之論遂不定乎？曰：『天下名實之淆，自有正統始。去正統之名，而後名實定。且夫居得其正之謂正也，相承勿絶之謂統也，不幸而得正者無統，得統者不正。當此之時，全名則喪實，全實則喪名。是故由歐陽氏、魏氏之説，則正統重。正統重，則義不得不絶魏、梁，絶魏、梁則不得不絶晉、隋，絶晉隋不已，不得不絶北宋；晉、北宋絶，而東晉、南宋，勢不得不相隨而並絶之。自漢以來，更千數百年，獨得唐爲正統，而唐之受隋禪也，又何以服晉、宋之心哉？是千數百年而無正統也。由蘇子之說，則正統輕。正統輕，則予晉，隋勢不得不予魏、梁，予魏、梁勢不得不予宋、齊、梁、陳、唐、晉、漢、周，而新莽亦在所不容絶也。

嗚呼！吾不惜乎統，而惜乎正也。故重正統，則窮於奪；輕正統，則窮於予。且夫既已謂之正矣，而輕以予夫盜賊簒弑極不正之人，此人之所以滋不服也，故曰莫若並去正統之名。去正統之名，而後可以惟吾所予。簒而得者謂之簒，盜而得者謂之盜，而皆不絶其爲君，而卒亦不予之爲正。春秋之法，用夷禮則夷之，通上國則進之。予奪何常，惟變所適。今一去無實之名，而各如其所自爲，帝則曰帝，王則曰王，高、光崛起，李、趙徬徨，魏、晉盜竊，秦、隋彊梁，偏安各據，畫土分疆，無所拘滯，安所紛擾哉！』

封建論與郡縣論分部

論說

元・吳萊《淵穎集》卷八《胡氏管見唐柳宗元〈封建論〉後題》

予嘗觀柳宗元《封建論》，言封建之法，更古聖王堯、舜、禹、湯、文、武，莫能去之。是非不能去也，勢不可也。故封建，非聖人意也，勢也。胡氏《讀史管見》則曰，封建之法，聖人所以順天理，承人心，而爲公天下之大端大本也。宗元説非是。予蓋因是而求之，則天下古今之變日趨於無窮，又不可以一概論矣。夫自夏后氏之衰，有扈之戰、洛汭之畋、商丘之徙、斟尋斟灌之依，禹祀之不絶者如綫。昆吾之强，自衛遷許，又彰彰然自號於世曰霸，此一變也，而商周亦以是而得天下。及周之衰，諸侯削弱，世室擅權。魯有三桓，晉有六卿，鄭有七穆，孫甯在衛，崔高在齊，滔滔者天下皆是。雞澤一會，溴梁一盟，君如贅旒於上，而大夫自相歃血於下，此又一變也，而三晉、田和亦以是而得國。孔子曰：『天下有道，禮樂征伐自天子出。天下無道，禮樂征伐自諸侯出。自諸侯出，十世希不失矣。自大夫出，五世希不失矣。陪臣執國命，三世希不失矣。』此蓋通論天下之勢也。夫何戰國之世，兵力日用，游説肆行。申、韓以法術，商、李以耕戰，蘇、張、犀首以合從連衡，各以其能，分適諸侯之國。始皇雖大索逐客，卒就其吞併六國之謀者，又客之功也，此天下之一變也，而卒歸于士。及天下既一，始皇自以爲前世莫能及，遂舉封建而廢之，郡縣自置，殺豪傑，銷鋒鏑，隳名城，欲盡屏天下之兵而不用。又且貪鷙亡厭，科謫日發，民不堪命。陳勝、吳廣攘臂一呼，執農器以爲兵，而民之從亂，十室而七。項羽以亡楚故將之子，劉季以泗上亭長，分割天下，立十八王。又五歲而盡屬漢，此又天下之一變也，而卒歸於庶人。嗚呼！聖王不作，世道愈下，天下之變，則亦不知其所終者矣。是豈宗元之所謂勢者，非耶？抑又考之：堯、舜、禹、湯遠矣，及周而始詳。商紂之亂，天下之歸周者三分之二，武王既以是而勝商，商之頑民雖遷于洛，猶且弗率，則又告之以商之自絶於天與周之受有天命，勞來安集，無所不用其心，然猶不能已夫商奄四國之禍也。當是時，周幸不至於犇潰動搖者，豈無其故哉？蓋周都豐鎬，而文王之德化，南被於汝墳、漢廣之域。自洛以東，冀、青、兖三州，昔本屬紂，且大封同姓與異姓功臣以鎮之。魯，周公之國也。齊，太公之國也。表在東海，淮夷、徐莒之屬有所畏焉而不敢動。燕，召公之國也。成王滅唐，以之封唐叔。介在北邊，北戎、追貊之類有所懼焉而不敢越。成王在豐，周公又自居洛以統之。商奄既滅，康叔國於衛，微子國於宋，雖曰治之以德，亦以示天下形勢也。始皇始一天下，據關中，廢封建，勿王子弟。及二世而關東盜起，郡縣吏或降或死，無一肯堅守者。漢興，鑒秦之弊，當項羽專制之餘，燕、趙、梁、楚、太原、淮南，多王異姓，故終高帝之世，用兵不息。韓王信上所親幸，盧綰又故人也，使當匈奴，卒亡入匈奴。吳芮乃以長沙卑濕之國，使當南越，則以國小僅存耳。故又大封同姓，荆以王賈，楚以王交，代以王喜，齊以王肥，吳以王濞，然非制也。是以卒有吳楚七國之亂。何則？漢天子止有關中、巴蜀等十五郡，而諸侯王連城列邑，被於三邊，固不可與成周並論矣。《記》曰：『禮，時爲大，順次之。』三代封國，後世郡縣，時也。因時制宜，以便其民，順也。是又豈宗元之所謂勢者，非耶？

於乎！自予前説而觀之，則天下古今之變，至漢而勢有不同。《管見》之説，守儒之常論也。然而又曰：『欲行封建，先自井田始。夫封建、井田二者，蓋同出於堯、舜、禹、湯、文、武之盛時。上之則分土列爵以建國，下之則分田畫野以居民。井田，小封建也；封建，大井田也。秦漢以來，井田廢矣，則是封建之法雖欲不廢而爲郡縣也，尚可得哉？

明·胡居仁《居業録》卷五《古今》 封建乃古聖人擇賢以分治，公天下之心也。使生民各有主，主各愛其民，上下維持，以圖久安至善之法。天子又有慶讓錫命征討之法，以統御之。及天子無道，然後乃敢縱恣吞併，然亦不敢不自愛其民也。若不愛其民，則衆不爲用，故中才之主，亦知愛其民以固邦本。惟昏愚之甚，然後肆其虐。又必有仁賢智勇，起而救之，湯、武是也。其曰『兼弱攻昧，取亂侮亡』，則虐民者必更之，立賢主以養其民。周衰，聖王不作，無有能伐暴救民者，及吞併已盡，秦以天下爲己私，乃立郡縣以爲治，此亦勢使然也。蓋以秦之昏暴，固不能行先王之政。雖行封建，未必得人以主其國，養其民，民必不服，國必生亂。借使能服，亦以土地人民自私，因秦之暴而叛焉。故曰：『苟非其人，道不虛行。』德必如禹、湯、文、武，方能行之。又必得仁厚有德爲諸侯，方能君國子民，以承天子休命。論者以爲封建不可復，誣矣。但郡縣得人，亦可爲治，固不必封建也。

清·黄宗羲《留書·封建》 自三代以後，亂天下者無如夷狄矣，遂以爲五德診眚之運。然以余觀之，則是廢封建之罪也。

秦未有天下，夷狄之爲患於中國也，不過侵盜而已，其甚者，殺幽王于驪山，奔襄王於汜邑。然幽王之禍，申侯召之；襄王之禍，子帶爲內應。其時之戎狄，皆役屬於申侯、子帶，非自能爲主者也。及秦滅六國，然後竭天下之力以築長城，徙謫戍以充之，於是天下不勝其苦，起而亡秦。世皆曰秦之天下已安已治矣，其爲此者非也。不知秦不併力於胡，即秦不以勝、廣亡，而胡之所以患秦者，當不下於勝、廣，彼秦王豈得已而爲之乎！是故漢之天下，非武帝遠略，破碎其種落，使十世之後不能復振，則懷、愍之禍不在易姓。唐之天下，非沿邊盡爲節度府，則衰弱之形不遺於宋。自秦至今一千八百七十四年，中國爲夷狄所割者四百二十八年，爲所據者二百二十六年。而號爲全盛之時，亦必使國家之賦税十之三耗於歲幣，十之四耗於戍卒，而又薦女以事之，卑辭以副之，夫然後可以僅免。乃自堯以至於秦二千一百三十七年，獨無此事，此何也？豈夷狄怯於昔而勇於今哉？則封建與不封建之故也。

今以天下之大，使虜人盜邊，則徵發之不暇，賦税之無度。戰國之時，六國邊於匈奴，秦之志在滅六國，燕、趙之志在拒秦，而以其餘力支匈奴。當是時，未聞秦調兵食於外，燕加賦於境內，趙乞師於與國也，則一國之足以自支一國亦明矣。乃以天下守一隅而不足者，勢使之然也。蓋封建之時，兵民不分，君之視民猶子弟，民之視君猶父母，無事則耕，有事則戰，所謂力役之徵者，不用之於興築，即用之於攻守。故秦欲取荆，王翦度用六十萬人。其漢兵以伏馬邑旁者甚盛，乃三十餘萬。唐之兵不過百萬。宋兵至慶曆而極，亦一百二十五萬。古今天下兵數如此。秦國雖大，非即民爲兵，亦安能以六十萬攻一國哉！趙至爭上黨之時，土宇狹矣，而趙括所將猶四十五萬人。春秋江、黄、陳、蔡之屬，各足自守。使其爲兵者仰食於上，則國非其國矣。侯衛既罷，秦人猶循故法，發及閭左，而疆土廣大，行戍塞下至數千里之遠，於是戍卒變生。漢懲其失，謫發罪人，所謂力役者出錢以償之，而行問之事遂不與焉。兵民爲二，蓋自漢始也。是故廢封建則兵民不得不分。分兵民則不得不以民養兵，以民養兵則天下不得不困，賈誼曰：『匈奴之衆不過漢一大縣，然匈奴之衆皆兵也。以匈奴之民與漢較，不能當百之一；以匈奴之兵與漢較，則未始不可相若矣。』何也？漢欲聚一大縣之兵，勢不得不發天下之卒，欲養一大縣之兵，勢不得不徵天下之賦，故曰其勢然也。歷觀夷狄之取中國也，其平時累人以撓之，重構以瘠之，相與守之數十年，中國未有不困絀。乘其內憂，不過一戰，而天下之郡縣皆望風降附矣。向使列國棋置，一國衰弱，一國富强，有暇者，又有堅者，虜能以其法取彼，未必能以其法取此，豈有一戰而得志於天下如此而易易乎？

嗚呼！古之有天下者，日用其精神於禮樂刑政，故能致治隆平。後之有天下者，其精神日用之疆埸，故其爲治出於苟且。然則廢封建之害至於如此，而或者猶以謂諸侯之盛强，使天子徒建空名於上。夫即不幸而失天下於諸侯，是猶以中國之人治中國之地，亦何至率獸而食人，爲夷狄所寢覆乎！吾以謂惡傷其類者然且不爲，況乎其不至於是乎！後之聖人復起，必將慟然於斯言。

清・顧炎武《亭林文集》卷一《郡縣論一》　知封建之所以變而爲郡縣，則知郡縣之敝而將復變。然則將復變而爲封建乎？曰，不能，有聖人起，寓封建之意於郡縣之中，而天下治矣。蓋自漢以下之人，莫不謂秦以孤立而亡。不知秦之亡，不封建亡，封建亦亡；而封建之廢，固自周衰之日而不自於秦也。封建之廢，非一日之故也，雖聖人起，亦將變而爲郡縣。方今郡縣之敝已極，而無聖人出焉，尚一一仍其故事，此民生之所以日貧，中國之所以日弱而益趨於亂也。何則？封建之失，其專在下；郡縣之失，其專在上。古之聖人，以公心待天下之人，胙之土而分之國；今之君人者，盡四海之內爲我郡縣猶不足也，人人而疑之，事事而制之，科條文簿日多於一日，而又設之監司，設之督撫，以爲如此，守令不得以殘害其民矣。不知有司之官，凜凜焉救過之不給，以得代爲幸，而無肯爲其民興一日之利者，民烏得而不窮，國烏得而不弱？率此不變，雖千百年，而吾知其與亂同事，日甚一日者矣。然則尊令長之秩，而予之以生財治人之權，罷監司之任，設世官之獎，行辟屬之法，所謂寓封建之意於郡縣之中，而二千年以來之敝可以復振。後之君苟欲厚民生，强國勢，則必用吾言矣。

又《郡縣論二》　其説曰：改知縣爲五品官，正其名曰縣令。任是職者，必用千里以內習其風土之人。其初曰試令，三年，稱職，爲真；又三年，稱職，封父母；又三年，稱職，璽書勞問；又三年，稱職，進階益祿，任之終身。其老疾乞休者，舉子若弟代；不舉子若弟，舉他人者聽；既代去，處其縣爲祭酒，祿之終身。所舉之人復爲試令。三年稱職爲真，如上法。每三四縣若五六縣爲郡，郡設一太守，太守三年一代。詔遣御史巡方，一年一代。其督撫司道悉罷。令以下設一丞，吏部選授。丞任九年以上得補令。丞以下曰簿、曰尉、曰博士、曰驛丞、曰司倉、曰游徼、曰嗇夫之屬，備設之，毋裁。其人聽令自擇，報名於吏部；簿以下得用本邑人爲之。令有得罪於民者，小則流，大則殺；其稱職者，既家於縣，則除其本籍。夫使天下之爲縣令者，不得遷又不得歸，其身與縣終，而子孫世世處焉。不職者流，貪以敗官者殺。夫居則爲縣宰，去則爲流人，賞則爲世官，罰則爲斬絞，豈有不勉而爲良吏者哉！

又《郡縣論三》　何謂稱職？曰：土地闢，田野治，樹木蕃，溝洫修，城郭固，倉廩實，學校興，盜賊屏，戎器完，而其大者則人民樂業而已。夫養民者，如人家之畜五牸然：司馬牛者一人，司芻豆者復一人，又使紀綱之僕監之，升斗之計必聞之於其主人，而馬牛之瘠也日甚。吾則不然。擇一圉人之勤幹者，委之以馬牛，給之以牧地，使其所出常浮於所養，而視其肥息者賞之，否則撻之。然則其爲主人者，必烏氏也，必橋姚也。故天下之患，一圉人之足辦，而爲是紛紛者也。不信其圉人，而用其監僕，甚者并監僕又不信焉，而主人之耳目亂矣。於是愛馬牛之心，常不勝其吝芻粟之計，而畜產耗矣。故馬以一圉人而肥，民以一令而樂。

又《郡縣論四》　或曰：無監司，令不已重乎？子弟代，無乃專乎？千里以內之人，不私其親故乎？夫吏職之所以多爲親故撓者，以其遠也。使並處一城之內，則雖欲撓之而有不可者。自漢以來，守鄉郡者多矣。曲阜之令鮮以貪酷敗者，非孔氏之子獨賢，其勢然也。若以子弟得代而慮其專，蕞爾之縣，其能稱兵以叛乎？上有太守，不能舉旁縣之兵以討之乎？太守欲反，其五六縣者肯舍其可傳子弟之官而從亂乎？不見播州之楊傳八百年，而以叛受戮乎？若曰：無監司不可爲治，南畿十四府四州何以自達於六部乎？且今之州縣，官無定守，民無定奉，是以常有盜賊戎翟之禍，至一州則一州破，至一縣則一縣殘，不此之圖，而慮令長之擅，此之謂不知類也。

又《郡縣論五》　天下之人各懷其家，各私其子，其常情也。爲天子爲百姓之心，必不如其自爲，此在三代以上已然矣。聖人者因而用之，用天下之私，以成一人之公而天下治。夫使縣令得私其百里之地，則縣之人民皆其子姓，縣之土地皆其田疇，縣之城郭皆其藩垣，縣之倉廩皆其囷窌。爲子姓，則必愛之而勿傷；爲田疇，則必治之而勿棄；爲藩垣囷窌，則必繕之而勿損。自令言之，私也，自天子言之，所求乎治天下者，如是焉止矣。一旦有不虞之變，必不如劉淵、石勒、王仙芝、黄巢之輩，横行千里，如入無人之境也。於是有效死勿去之守，於是有合從締交之拒，非爲天子也，爲其私也。爲其私，所以爲天子也。故天下之私，天子之公也。公則説，信則人任焉。此三代之治可以庶幾，而況乎漢、唐之盛，不難致也。

又《郡縣論六》　今天下之患，莫大乎貧。用吾之説，則五年而小康，十年而大富。且以馬言之：天下驛遞往來，以及州縣上計京師，白事司府，迎候上官，遞送文書，及庶人在官所用之馬，一歲無慮百萬匹，其行無慮萬萬里。今則十減六七，而西北之馬贏不可勝用矣。以文冊言之：一事必報數衙門，往復駁勘必數次，以及迎候、生辰、拜賀之用，其紙料之費率諸民者，歲不下巨萬。今則十減七八，而東南之竹箭不可勝用矣。他物之稱是者，不可悉數。且使爲令者得以省耕斂，教樹畜，而田功之獲，果蓏之收，六畜之孳，材木之茂，五年之中必當倍益。從是而山澤之利亦可開也。夫採礦之役，自元以前，歲以爲常，先朝所以閉之而不發者，以其召亂也。譬之有窖金焉，發於五達之衢，則市人聚而爭之；發於堂室之內，則唯主人有之，門外者不得而爭也。今有礦焉，天子開之，是發金於五達之衢也；縣令開之，是發金於堂室之內也。利盡山澤而不取諸民，故曰此富國之筴也。

又《郡縣論七》 法之敝也，莫甚乎以東州之餉，而給西邊之兵，以南郡之糧，而濟北方之驛。今則一切歸於其縣，量其衝僻，衡其繁簡，使一縣之用，常寬然有余。又留一縣之官之祿，亦必使之溢於常數，而其余者然後定爲解京之類。其先必則壤定賦，取田之上中下，列爲三等或五等，其所入悉委縣令收之。其解京曰貢，曰賦；其非時之辦，則於額賦支銷，若盡一縣之入用之而猶不足，然後以他縣之賦益之，名爲協濟。此則天子之財，不可以爲常額。然而行此十年，必無盡一縣之入用之而猶不足者也。

又《郡縣論八》 善乎葉正則之言曰：『今天下官無封建而吏有封建。』州縣之敝，吏胥窟穴其中，父以是傳之子，兄以是傳之弟。而其尤桀黠者，則進而爲院司之書吏，以掣州縣之權，上之人明知其爲天下之大害而不能去也。使官皆千里以內之人，習其民事，而又終其身任之，則上下辨而民志定矣，文法除而吏事簡矣。官之力足以御吏而有余，吏無所以把持其官而自循其法。昔人所謂養百萬虎狼於民間者，將一旦而盡去，治天下之愉快，孰過於此！

又《郡縣論九》 取士之制，其薦之也，略用古人鄉舉里選之意；其試之也，略用唐人身言書判之法。縣舉賢能之士，間歲一人試於部。上者爲郎，無定員，郎之高第得出而補令；次者爲丞，於其近郡用之；又次者歸其本縣，署爲簿尉之屬。而學校之設，聽令與其邑之士自聘之，謂之師不謂之官，不隸名於吏部。而在京，則公卿以上倣漢人三府辟召之法，參而用之。夫天下之士，有道德而不願仕者，則爲人師；有學術才能而思自見於世者，其縣令得而舉之，三府得而辟之，其亦可以無失士矣。或曰：間歲一人，功名之路無乃狹乎？化天下之士使之不競於功名，王治之大者也。且顔淵不仕，閔子辭官，漆雕未能，曾晳異撰，亦何必於功名哉！

清·王夫之《讀通鑑論》卷一《秦始皇·一》 兩端爭勝，而徒爲無益之論者，辨封建者是也。郡縣之制，垂二千年而弗能改矣，合古今上下皆安之，勢之所趨，豈非理而能然哉？天之使人必有君也，莫之爲而爲之。故其始也，各推其德之長人、功之及人者而奉之，因而尤有所推以爲天子。人非不欲自貴，而必有奉以爲尊，人之公也。安于其位者習於其道，因而有世及之理，雖愚且暴，猶賢於草野之罔據者。如是者數千年而安之矣。强弱相噬而盡失其故，至於戰國，僅存者無幾，豈能役九州而聽命於此數諸侯王哉？

於是分國而爲郡縣，擇人以尹之。郡縣之法，已在秦先。秦之所滅者六國耳，非盡滅三代之所封也。則分之爲郡，分之爲縣，俾才可長民者皆居民上以盡其才，而治民之紀，亦何爲而非天下之公乎？

古者諸侯世國，而後大夫緣之以世官，勢所必濫也。士之子恒爲士，農之子恒爲農，而天之生才也無擇，則士有頑而農有秀；秀不能終屈於頑，而相乘以興，又勢所必激也。封建毁而選舉行，守令席諸侯之權，刺史牧督司方伯之任，雖有元德顯功，而無所庇其不令之子孫。勢相激而理隨以易，意者其天乎！陰陽不能偏用，而仁義相資以爲亨利，雖聖人其能違哉！選舉之不慎而守令殘民，世德之不終而諸侯亂紀，兩俱有害，而民於守令之貪殘，有所藉於黜陟以蘇其困。故秦、漢以降，天子孤立無輔，祚不永于商、周；而若東遷以後，交兵毒民，異政殊俗，橫斂繁刑，艾削其民，迄之數百年而不息者亦革焉，則後世生民之禍亦輕矣。郡縣者，非天子之利也，國祚所以不長也；而爲天下計，則害不如封建之滋也多矣。

嗚呼！秦以私天下之心而罷侯置守，而天假其私以行其大公，存乎神者之不測，有如是夫！

世其位者習其道，法所便也；習其道者任其事，理所宜也。法備于三王，道著於孔子，人得而習之。賢而秀者，皆可以獎之以君子之位而長民。聖人之心，於今爲烈。選舉不慎，而賊民之吏代作，天地不能任咎，而況聖人！未可爲郡縣咎也。若夫國祚之不長，爲一姓言也，非公義也。秦之所以獲罪于萬世者，私己而已矣。斥秦之私，而欲私其子孫以長存，又豈天下之大公哉！

清·顏元《存治編·封建》　或問於思古人曰：世風遞下，人心日澆，以公治之而害伏，以誠御之而奸出。是以漢之大封同姓，亦成周伯叔諸姬之意，而轉目已成反畔；唐之優權藩鎮，僅古人甥舅伯侯之似，而李社即以敗亡。故宋鼎既定，盞酒以敬勛臣；明運方興，亦世官而酬汗馬。非故惜茅土也，誠以小則不足藩維，大則適養跋扈，封建之難也。子何道以處之，可使得宜乎？

思古人曰：善哉問！此不可以空言論也。先王遺典，封建無單舉之理，大經大法畢著咸張，則禮樂教化自能潛消反側，綱紀名分皆可預杜驕奢，而又經理周密。師古之意，不必襲古之迹。

使十侯而一伯。侯五十里，一卿，二大夫，三士；卿，天子命之。伯百里，一卿，三大夫，六士；卿與上大夫亦天子命之。侯畜馬二十五，甲士與稱；伯畜馬五十，甲士亦稱，有命乃起田卒焉；邊侯、伯，士馬皆倍其畜，有事乃起田卒焉。侯庶不世爵祿，視其臣而以親爲差；侯臣不世邑采，取公田而以位計數；伯師不私出，列侯不私會。如此者，有事則一伯所掌二十萬之師，足以藩維，無事而所畜士馬不足併犯。封建亦何患之有？況三代建侯之善，必有博古君子能傳之者，用時又必有達務王佐能因而潤澤者，豈余之寡陋所能悉哉！第妄謂非封建不能盡天下人民之治，盡天下人材之用爾。

後世人臣不敢建言封建，人主亦樂其自私天下也，又幸郡縣易制也，而甘於孤立，使生民社稷交受其禍，亂亡而不悔，可謂愚矣。如六國之勢，識者嘗言韓、魏、趙爲燕、齊、楚之藩蔽，嬴氏蠶食，楚、齊、燕絕不之救，是自壞其藩蔽也。侯國且如此，以天下共主，可無藩蔽耶！層層厚護，寧不更佳耶！《板》之詩云：『大邦維屏，宗子維城，無俾城壞，無獨斯畏。』道盡建侯之利，不建侯之害矣。如農家度日，其大鄉多鄰而我處其中之爲安乎，抑吞鄰滅比而孤棲一墓之爲安乎？

況此乾坤，乃自堯、舜、夏、商、周諸聖君、聖相開物成務，遞爲締造而成者也；人主享有成業，而顧使諸聖人子孫無尺寸之土，魂靈無血食之嗣，天道其能容耶？身爲天子，皆其歷世祖功宗德，上邀天眷；顧不能覃恩九族，大封同姓，而僅僅一支私其富貴，宗廟其無怨恫耶？創興之際，攀龍附鳳，或運帷幄，或功汗馬，主臣同憂勞，共生死；一旦大業既成，不與之承天分地，爲山河帶礪之盟，勛舊其何勸耶？

凡諸大義皆不遑恤，而君不主，臣不贊，絕意封建者，不過見夏、商之亡於諸侯與漢七國、唐藩鎮之禍而忌言之耳。殊不知三代以封建而亡，正以封建而久；漢、唐受分封藩鎮之害，亦獲分封藩鎮之利。使非封建，三代亦烏能享國至二千歲耶！夏以有仍再造，商有西伯率叛服殷，周則桓、文主盟尊王，周、召共和不亂。四百也，六百也，八百也，遞漸益長，是皆服衛迭迭，星環棋布，隱攝海外之覬覦，秘鎮朝闕之奸回，有以輔引王家天祚也；以視后日之一敗涂地，歷數日短者，封建亦何負人國哉！

即以三代敗亡論，受命者猶然我先王之股肱甥舅也，列辟無恙，三恪世修，失天下者仍以一國封之，是五帝、三王有數百年之天下，而仍有千萬年不亡之國也。使各修天子禮樂，事則膰之，喪則拜之，客而不臣，是五帝、三王有千萬年不亡之國，即有千萬年不降之帝王也。猗歟休哉！守此不替，有天下者誰不胥受其福乎！

且君非桀、紂，誰敢犯天下共主，來天下之兵耶？侯非湯、武，誰能合千八百國而爲之王耶？君非桀、紂，其亡難也；侯非湯、武，王之難也，故久而后失之也。即君果桀、紂而侯果湯、武矣，本國之積倉自足供輜重，無俟掠人箱囷，炊人梁棟也；一心之虎賁從王之與國，自足以奉天伐暴，無俟挾虜丁壯，因而淫擄婦女也！南巢、牧野，一戰而天命有歸，無俟于數年數十年之兵爭而處處戰場也！耕者不變而市者不止，不至于行人斷絕而百里無煙火也；王畿鼎革而天下猶有君，不至于聞京城失守而舉世分崩，千百成羣，自相屠搶，歷數年不能定也；王者綏定萬邦而屢有豐年，不至于耕種盡廢，九有蕩然，上干天和，水旱相仍，歷三二世不能復也。蓋民生天地，咸沐封建之澤，無問興亡，皆異於後世如此。而秦人任智力以自雄，收萬方以自私，敢於變百聖之大法，自速其年世，以遺生民氣運世世無窮之大禍，祖龍之罪上通於天矣！文人如柳子厚者，乃反爲『公天下自秦始』之論，是又與於不仁之甚者也，可勝嘆哉！

清・李塨《平書訂》卷二《分土》　平書曰：天子不能獨理也。三代以封建，後世以郡縣，封建之利在藩屏天子，分理其政事，勢可以長久；害在世守强，弑逆戰爭不可制，而生民罹其毒。郡縣之利在守令權輕易制，無叛亂之憂；害在不能任事，奸宄可以横行，權臣可以專擅，天子孤立於上而莫之救。是二者皆各有其利害，歷代之故轍昭然。凡持一偏之得失以爲言者，皆非也。然則王者將何從？曰：兼收二者之利而辟其害。使其害去而利獨存，斯可以爲治矣。若分四方緣邊之地爲藩，以同姓爲藩王守之。有議在後。分内地爲州，以異姓爲州牧守之，天子建都于天中，有議在後。以統於上，藩王州牧各守其土，以衛於下，統郡者藩也、州也，郡不過四五；統縣者郡也，縣不過五六，總之郡有大小，縣有要縣上中下之分，參伍均之，多則三十城，少則二十餘城，設兵七八萬而止，畿輔則環列大郡以輔京師，約二百餘城，設兵三四十萬，其勢足以控制六合，乃藩以禦外而鞏内地，州以控藩而鞏京畿，内外相維，親疏相間，枝强而幹更强，未嘗弱枝以强幹，四裔不敢侵，盜賊不敢動，權奸不敢逞，而上分天子之勞，下偏百姓之德，是非得封建之利乎？乃藩王與州牧同以三載考績，賢則留，不肯則黜，不世守也，予奪之權自上操也，是又絕封建之害、兼郡縣之利矣。且夫守分，惟任之不專不久，故不足以爲股肱，不足以衛心腹；若任之專，利可興，害可除，便宜行事，無顧忌無掣肘，惟大綱總於上，細目悉任於下，不似近代纖微不得有爲於其土，又必久任而責成功，是非去郡縣之害兼封建之利乎？夫郡縣原不可與封建比也，有議在後。封建之害且除，又何患郡縣之利之不得也？且巡方御史歲歲按之，三考一黜陟之，五年一朝覲以述職。州牧分東南西北，歲各一朝，藩王則西北東南，總之五歲一朝。朝廷又核其實以賞罰之，何弊之能爲，何亂之可作乎？昔者禹敷土錫姓，畫畺分界，大抵地邑民居參相得爾，乃今日之畺理吾惑焉，一府所轄有多至三四十城，廣至二千餘里者，有不過兩縣，僅二三百里者，縣界有去治數百里者，有城外即爲他界者，夫犬牙相錯，不以要害專屬之一方是矣，乃參差太過則不清，大小相懸則不一，況地畝或以一畝爲一畝、或以數畝十余畝爲一畝，地肥瘠同而糧迥異者甚多。經界不正，賦税不均，豈聖人平成天下之道乎？必也因山川之形勢畫爲州藩，隨幅員之曲折分爲郡縣，不相紊不相懸，因者因革者革建者建，總欲因地利盡人事，使形勝全畺圉固而已。土地既分，各有所守，乃頒畫一之條，使各奠山川，各均田畝，各興水利，各整關梁，各修驛路，四海雖廣，有不蕩蕩平平者乎？各率其屬，各舉其職，各理其政，庶物雖殷，有不綱舉目張者乎？三代之治，不外此矣！遵而行之，百世可也，何必執封建之跡而後可以爲治哉？

王，古天子之稱也，漢以後尊帝次王，乃天子稱帝，而稱同姓曰王。易啓人僭越之心，非古也。且州藩權同事同，何必易其名？則無如皆稱曰藩侯，而但分邊藩腹藩焉。若同姓功臣本公爵者，稱藩公。專委同姓於邊以禦外人，謂可恃其一體之親也。然永樂非一體乎？而兵强起亂矣，況專以同姓居危地，而異姓居安地，情不均；以同姓居勁地而異姓居柔地，勢不均，易滋變端。且兵學非人人可能也，如沿邊當宿兵禦侮之地，而同姓人才不足用，如何不如同異姓雜而用之，但邊藩同姓多，以賴其腹心，而以異姓間之；腹藩多異姓，而亦間以同姓，似爲妥策。

建都於天中者，以四方朝覲巡狩道路均也，然而建都之道不一。昆繩嘗曰：自古帝王大約以興起之地爲都，漢唐初取關中，即以居之；宋都汴梁、明都金陵、永樂都幽燕，亦皆即其所興，言亦有見。然但以天下形勢論，僻鄙不可都者，勿言矣。金陵南服，禁兵養久，易至脆弱；汴梁四沖，洛陽勢小，長安雖稱百二山河，然雄固在崤函，以控山東六國。若高屋建瓴，而西北之禦外人者，則險不綿亙，且後世煩費而漕運艱澀，難如古之但取關中而已足也。惟燕京險則燕山以爲城，千里綿峙，餉則河海以爲池，巨浪直達，背倚磐石，而伸手從左腋取物，何便如之！況直塞門户，幹掫戒嚴，天子在邊，四方全力注之，自寧夏而河套而開平、大寧而遼左、開元，通筋束骨一線穿成，居内制外，真盛地也。然而背薄之患，稍有可虞，必河套、陰山、開平、大寧一帶。凡沙幕南可耕種屯牧之地，盡復之。使幕南無王庭，斯爲金湯之固耳。

郡縣而重權久任，即兼封建之利是矣，然恐後儒尚有執封建當復者以亂天下。請即舊論其不可復之故陳之：古因封建之舊，而封建無變亂；今因郡縣之舊，而封建啓紛擾。一。三代德教已久，胄子應賢，尚曰世祿之家鮮克由禮，況今時紈袴易驕易淫易殘忍，而使居民上，民必殃。二。郡縣即漢唐小康之世，非數百年不亂，封建則以文武成康治之，一傳而昭王南巡，遂已不返；後諸侯離析，各自爲君六七百年，周制所謂削地滅國，僅托空言，未聞彼時以不朝服誅何國也，矧於晚近，雖立法制之，豈能遠過武周？三。或謂明無封建，故流寇肆毒徧地邱墟。竊以爲宋明之失在郡縣權輕，若久任而重其權，亦可弭亂，且唐之藩鎮即諸侯也，而黄巢儼然流寇矣，周亦有大盜如莊蹻者，豈關無封建耶？四。或又謂無封建則不能處處皆兵，天下必弱。竊謂民間出兵，處處皆兵，郡縣即可行，不必封建也。五。而封建之殘民，則恐不下流寇。不觀春秋乎？列國君卿尚修禮樂、講信睦，然自會盟朝遇，紛然煩費，外侵伐戰取，一歲數見。其不通魯告魯者尚有之，幸時近古，多交綏而退；若至今日，殺人狼藉盈城盈野，豈減流寇？然流寇亡蹙，而諸侯亡遲，則將爲數十年數百年殺運，而禍更烈矣。唐之藩鎮爲五季、金之河北九公，日尋干戈，人煙斷絶，可寒心也！六。天子世圻，諸侯世同，卿大夫多公子公孫，亦世采，自然之勢也。即立法曰世祿不世官，必不能久行。周之列國，皆世家巨室可見矣。夫使富貴功名數百年皆一姓及二三功臣據之，草澤賢士雖如孔孟，無可誰何，非立賢無方之道也，不公孰甚，欲治平何由？

清·愛新覺羅·胤禛《世宗憲皇帝上諭内閣》卷八二《雍正七年六月》 二十六日奉上諭：【略】古人之有封建，原非以其制爲盡善，而特創此以駕馭天下也。洪荒之世，聲教未通，各君其國，各子其民，有聖人首出，則天下之衆，莫不尊親，而聖人即各因其世守而封之，亦衆建親賢以參錯其間，蓋時勢如此，雖欲統一之而不能也。夏禹塗山之會，執玉帛者萬國，周武王孟津之役，來會者八百侯國，豈皆夏后、周王之所封建乎？孔子曰：『天下有道，則禮樂征伐，自天子出。』孟子曰：『天下惡乎定，定於一。』孔子、孟子深見春秋戰國諸侯戰爭之流弊，其言已啓一統之先幾矣。至秦始皇統合六國，制天下以郡縣，豈其力量足以混一宇内哉？天時人事有不能不合爲一者，自漢以來，遂爲定制。蓋三代以前，諸侯分有土地，天子不得而私，故以封建爲公，秦漢之後，土地屬之天子，一封建便多私心，故以郡縣爲公。唐柳宗元謂公天下自秦始，宋蘇軾謂封建者爭之端，皆確有所見而云然也。且中國之有郡縣，亦猶各蒙古之有部落耳。歷代以來，各蒙古自爲雄長，亦互相戰爭，至元太祖之世，始成一統，歷前明二百餘年，我太祖高皇帝開基東土，遐邇率服，而各蒙古又復望風歸順，咸稟正朔，以迄於今。是中國之一統，始於秦氏，而塞外之一統，始於元氏，而極盛於我朝。自古中外一家，幅員極廣，未有如我朝者也。然各蒙古之所以統一者，亦皆天時人事之自然，豈人力所能强乎？至若賈誼、晁錯欲削弱諸侯。乃慮分封之失而欲一之，非以郡縣爲失而欲分之也。李泌因藩鎮之兵，連禍結思，以封建爲自固之謀，豈嘗謂三代之制必可復乎？

治亂興亡論分部

論說

元·胡祗遹《紫山大全集》卷一三《興亡論》 三代迄於五季，其興也，祖考之聖明，文武之謀臣策士、熊虎將帥之同心協力。其亡也，先自承宗廟、守大器者庸暗懦弱，荒淫無度，溺近姦邪。故女子蠱惑於牀第，宦官諂諛於朝廷，聚斂興事之小人投隙而入，逢迎諛媚，成惡斂怨，蠹政失衆，以至於喪亡。或以女色，或以宦官，或以權臣，或以外戚，或以藩鎮，或以子孫封國彊大，或以孤立榦弱枝强，不出於是數者。爲君人者，當著歷代興亡於屏幃，大字真書，以爲鑑戒，兢兢業業，不蹈覆轍。以持盈守成爲可懼，日日省察，然則曆數之永不永，人無愧焉，歸之於天數，可也。以德服人者，中心悅而誠服也。祖宗穆德，子孫雖不肖，天下感戴思慕遺澤遺恩，不忍擠排而遽絶，尚冀其率德改行，必若桀、紂，然後見棄於天，見絶於人，夏、殷是也。至於周祚綿延八百年，猶以爲共主，浸微浸滅。西漢爲王莽竊篡已二十年，民心思漢，光武一舉中興，莽賊身裂陵夷。至於靈、獻，以曹操之姦雄，尚不敢正據大位，非不敢也，亦有所自歉而不忍也，尚恐天下之不與也。先主以孤身狼狽，孔明奮起田畝，力欲興復漢室，還於舊都。然則高帝之去秦苛法，文景之慈愛養民，豈不明效大驗歟？至唐則不然，乘以弑君殺父之賊，殘虐不道之甚。太宗奄寧神器，濟世安民，功固不小，然武勇殺伐有餘，而雍容招懷不足，方之於漢，似有可議。以至手足相誅夷，骨肉相殘滅，二百九十年間，内難外艱，竟見廢於羣賊。吁！以力服人者，非心服也，力不贍也。然而報怨之心，曷嘗少忘於心哉？一旦力衰，則共起而斃之矣。觀往古，嬴秦是也。故曰『恃德者昌，恃力者亡』，又曰『兵猶火也，弗戢，將自焚也』，故曰『君以此始，亦以此終』，又曰『好戰則亡』。

明·胡居仁《居業録》卷四《帝王》　古今敗國者，皆自敗也。或荒淫，或遊畋，或暴虐，或狎小人，或好宫室，或好貨聚斂，皆亡國之具也。故爲君者，必兢業修身，任賢去姦，愛養斯民，乃保國長久之道。

明·祝允明《懷星堂集》卷一〇《治亂論》　有治者，有維治者，有亂治者，有還治者；有亂者，有捍亂者，有治亂者。無絶治者，無絶亂者，治不可絶也，亂亦不可絶也。凡人有治亂焉，凡天有治亂焉。人之爲治亂，人習識之；天治亂，奈何？天人之始，咸無治無亂。生爲治，死爲亂，安爲治，擾爲亂，腴完爲治，悴傷爲亂，氣化自爲之。爲之而非謀爲之，猶無爲爾，無爲而然也。故物有適與戚而無愛憎，比後久且人者擅而弗天，乃爲之用謀，非自然已，而天之自然終弗遷，是以無爲歸於天，人無以無爲爲已。孔子云：舜無爲，亦衰世之意邪？夫人之始，天爲之，時有戚與適而無愛憎，久且甚，愛憎起焉，有愛憎而無願與尤，更久而滋甚，願尤勃而作，遂至於后讐，遂至於戴殺，崇卑之守隳，不能持之矣。茲焉謂獨下民之辜歟？夫人之治者，爲穀膳相甘，絲枲相燠，牝牡相契，慈孝相親，禮樂相順。夫焉不愛願亂者，反之焉不憎尤，至於國天下皆然。然而始治也，人爲之，續而亂人爲之，在治而維之，先亂捍之，在亂治之，既治還之，皆人爲之。治者聖哲才賢，亂者不肖姦宄盜賊，校然已至乎天，則未知其有治亂也。知之而未知治之職乎？人也。以天之大，尊愛願焉，而不敢憎尤，亦以其公仁，故聖教稱大德曰生，而俾不怨。然而人物安焉，而不知治其亂之職乎？人人之力至而救還之萬分，一猶若自然矣。力而無救還，若堯之於水，湯之於旱，亦末如之何矣。茲所謂亂不可絶，治亦不可絶者也。然而弗可任而無力者焉，今夫鏡之以日月，或曀霧焉，潤之以雨露，或亢烈焉，暢之以風氣，或飈飍焉。舉而隅反之，無不有治亂者。治者若常亂，乃至於踣陷、焦炙、摧衂，以至瘨虐萬形，令枯困迸越，痛毒磔裂，死滅不可以忍語。嗚呼！割矣哉！可不謂天之亂而能免下民之咨怨懟尤者與？於是有膏薪、漿翣、屏障之救，是不謂夫天能治亂於自然，而不能治其亂。人能治亂，又能治其亂，又能治天之亂矣夫。夫由天之治，謂之大德，以不能治亂爲無厚，皆不與於天。唯公若仁，其本性無庸以私讟。於乎！人不治亂，交責之天不治，奈何亦置之也耶？爲孔氏之學，獨當不怨天而務民義，會仍歲四方飢，星在壬午以□□癸未以風，是爲天亂，申之春夏亦屢風，激論以爾，凡言人之治亂之術者，衆矣。

清·黄宗羲《明文海》卷二一二《楊循吉〈爲人序宋論〉》　治亂興衰之際，君子不可以不深識之也。自漢以來，得天下者多矣。其興也必有自，其亡也必有爲。其間起滅代謝，不勝多故，而考以人事，則可以即初而知其後，用起而知其成，而不難見也。蓋天下之大勢，有緩有促，有大有狹，而其爲勢也，不出乎在上者之仁暴，在下者之賢否也。蓋天下之勢，或成乎上，則其在下者不能奪也；或成乎下，則其在上者亦不能奪也。蓋嘗就其勢之所成者，而隨之以爲輕重，故明君在上，則民俗於變，佞人留朝，則主權下移，此其勢之所必至也。故讀史者必深識天下之大勢，而後可以與論興衰治亂之間也。宋有天下三百年，其間凡三大變。其始也，君明臣賢，故興而趨治。其中也，賢不肖襍用，故治而趨衰。其末也，純任不肖，故衰而趨亡。而其大勢之在下而不可奪者，則以成於王、蔡、秦、賈之流，而分於遼、夏諸國也。考宋所以至此者，蓋其立國也，本用仁厚，而其削弱亦率由之，國勢然也。而其當時進退廢舉幸不幸之事，則有不勝其可喜可歎可悲可痛者焉。

清·閻若璩《潛邱劄記》卷二《釋地餘論》　《元史·河渠志》：至正十一年，賈魯治河工畢，歐陽元製河平碑，以旌勞績云云。先是，歲庚寅，河南北童謡云：石人一隻眼，挑動黄河天下反。及魯治河，果於黄陵岡得石人一眼，而汝潁之妖寇乘時而起。議者往往以爲天下之亂，皆由賈魯治河之役，勞民動衆之所致。殊不知元之所以亡者，實基於上下因循，狃于宴安之習，紀綱廢弛，風俗偷薄，其致亂之階，非一朝一夕之故，所由来久矣。不此之察，乃獨歸咎於是役，是徒以成敗論事，非通論也。設使賈魯不興是役，天下之亂詎無從而起乎？

清・愛新覺羅・弘曆《御製文二集》卷六《古稀説》　更惓思之，三代以上弗論矣。三代以下，爲天子而壽登古稀者，纔得六人。已見之近作矣。自三代以下，帝王年逾七十者，漢武帝、梁高祖、唐明皇、宋高宗、元世祖、明太祖凡六帝，昨七旬慶典，詩有『七旬屈指數今古，六帝因心驗法懲』之句。至夫得國之正，擴土之廣，臣服之普，民庶之安，雖非大當，可謂小康。且前代所以亡國者，曰强藩、曰外患、曰權臣、曰外戚、曰女謁、曰宦寺、曰奸臣、曰佞倖，今皆無一仿佛者。即所謂得古稀之六帝，元、明二祖，爲創業之君，禮樂政刑有未遑焉。其餘四帝，予所不足爲法，而其時其政，亦豈有若今日哉？是誠古稀而已矣。

政治主體論部

君主論分部

論説

元・許衡《魯齋遺書》卷一《語録上》　民生有欲，無主乃亂，上天眷命，作之君師，必予之聰明剛斷之資，重厚包容之量，使首出庶物，表正萬邦，此蓋天以至難任之，非予之可安之地而娱之也。堯舜以來，聖帝明王莫不兢兢業業，小心畏慎，日昃不暇，未明求衣，誠知天之所畀至難之任，初不可以易心處也。知其爲難而以難處，則難或可易；不知爲難而以易處，則他日之難有不可爲者矣。孔子謂人之言曰：『爲君難，爲臣不易。』則其説所由來也遠矣。

明・宋濂《文憲集》卷一《致仕謝恩箋》　臣聞古聖人有言曰：『爲君難。』其所謂難者，何也？蓋以四海之廣，生民之衆，受寄於一人，敬則治，怠則否，勤則治，荒則否，親君子則治，近小人則否，其機甚微，其發至於不可遏，不可不謹也。所以二帝三王相傳心法，曰德、曰仁、曰敬、曰誠，無非用功於此也。

明・朱瞻基《大明宣宗皇帝御製集》卷一《帝訓序》　朕惟天心仁愛，下民爰命，君以主之。君德必如天之包含覆育，使天下之人，咸遂生息，無不足之歎，而後有以稱天之所命。然其道至大，其事至繁，非可一言盡也。蓋君量必如天之廣，心必如天之仁，施必如天之溥，行必如天之健，必明如日月，必信如四時，而所以爲治者，規模之弘遠，條理之精密，必皆極其至，而後有以盡君之德。稽古堯、舜、禹、湯、文、武其爲君，皆能體天心，行天道，斯其治爲甚盛。漢、唐、宋雖間有賢君，不逮於古矣。

我國家自太祖高皇帝肇膺天命，奄有萬邦，太宗皇帝再安宗社，仁宗皇帝繼志守成，三聖相承，心天之心，道堯、舜、禹、湯、文、武之道，以綏撫天下。爰暨朕躬，獲纘鴻緒，臨御以來，夙夜兢兢，惟三聖之心之道不敢怠寧，荷天地宗廟之佑，四境無虞，百姓安業，幾於小康，永惟祖宗開創之孔艱，守成之不易，而欲後之嗣君皆將敬承於無窮也。間於幾務之餘，述帝王要道而類析之，將永詔于子孫。夫人君之行，惟德爲本，有德斯天命存焉，人心歸焉。苟無其德，天命去之，人心畔之，從古國家興衰理亂皆由於此，故首之以君德。夫君位者，天之所命，祖宗之所傳也。惟天惟祖宗是崇是敬，體其心而不遺，循其道而不倍，君德之大也，故行之自奉天法祖。始德之及人也，自内以及外，自邇以及遠，孔子論治平必先齊家，文王之德化本於閨門，故次之以正家。家人有整齊嚴肅之道，必有恩愛惇厚之意，故睦親次正家焉。一家之親吾同氣也，天下之人吾同類也，人君代天子民，一視而同仁，篤近而舉遠，故仁民次睦親焉。國家政事有體，本末有序，與夫綱紀維持之方，皆當謀慮審度，使咸有條理，故繼之以經國。以一人而御天下，一心而應萬機，如一民失所，吾之仁未能徧也，一令未當，吾之政未盡善也，當自彊不息，使靡有闕違，故繼之以勤政。修於己者，宜崇德而去欲，恭敬節儉，則善德日進，戒慎儆惕，則私欲日消，故繼之以恭儉戒儆焉。有君必有臣，君總攬其綱，臣分治其職，如歲必有春夏秋冬而後成化功，君必用賢智才能而後成治效，故用賢繼之。人之賢不肖未易知也，固有貌愚而心通，象恭而内詐者，必驗其所存之正，觀其所由之善，斯用之而績成，故知人繼之。誠知其人之非正也，必去之，良農必去稂莠，恐傷嘉穀，明君必去讒佞，恐傷正人，讒佞去而後君子安，善治興，故去邪繼之。事必有幾，幾者，動之微也，燭於微而防之，爲力易，及其著而去之，爲功難，是以《大易》慎履霜之戒，《春秋》嚴無將之法，故防微繼之。政之所大患，言路不通也，蓋上之過欲聞焉，民之隱欲聞焉，是以隆古設諫諍之官，聖人有芻蕘之問，故求言繼之。事神莫嚴於祭也，所以致精誠徼福惠而敬爲本，能敬者致福，不能者速禍，神人感應之際明矣，故祭祀繼之。治民莫急於養與教也，耕斂以時，可以厚民生而資國用，化導有方，可以善風俗而成賢才，故重農興學繼之。公賞罰，明黜陟，所以懲勸也，賞一人而天下務於善，罰一人而天下警於罪，升一賢能，人皆思奮功，黜一不肖，人皆思革過，施約而效博，故賞罰黜陟又繼之。刑者，聖人不得已以輔治，非恃以爲治也，一或失中傷人之生，干天地之和，關係至重，故恤刑又繼之。文者綱常禮樂之事，所以化成天下，武者禁暴戢亂之器，所以安内攘外，不可一日無者，故文治武備又繼之。有中國必有夷狄，如陰陽晝夜不能無者，善爲天下，亦在制馭之有道耳，故馭夷又繼之。人君保生自有要道，而前代之君有恣其情欲，服餌丹藥，以致喪敗者，不可不戒，故以是終焉。凡二十五篇，名曰《帝訓》，言質事實，皆爲理之大要。蓋自古君國子民，未有不循此而治，不違此而亂者，誠能於此深體力行，可永保天禄，吾子孫懋之哉！由此而進，唐虞夏授受之中成，周先王積累之仁允，念茲在茲，宗社可以永安，生民可以咸遂，天下可以長治，吾子孫尚敬之哉！尚敬之哉！

明·方孝孺《遜志齋集》卷三《君職》 能均天下之謂君，臣覆兆民之謂君，立政教，作禮樂，使善惡各得其所之謂君。生民之初，固未嘗有君也。衆聚而欲滋，情熾而争起，不能自決，於是乎有才智者出而君長之。世變愈下，而事愈繁，以爲天下之廣，非一人所能獨治也。於是置爲爵秩，使之執貴賤之柄；制爲賞罰，使之操榮辱修短之權。位乎海内之人之上，其居處服御無以大異於人，不可也，於是大其居室，彰其輿服，極天地之嘉美珍奇以奉之，而使之盡心於民事。故天之立君，所以爲民，非使其民奉乎君也。然而勢不免粟米布帛以給之者，以爲將仰之平其曲直除所患苦，濟所不足而教所不能，不可不致夫尊榮恭順之禮。此民之情，然非天之意也。天之意以爲，位乎民上者，當養斯民，德高衆人者，當輔衆人之不至，固其職宜然耳，奚可以爲功哉？

後世人君，知民之職在乎奉上，而不知君之職在乎養民。是以求於民者，致其詳，而盡於己者，卒怠而不修。賦税之不時，力役之不共，則誅責必加焉。政教之不舉，禮樂之不脩，强弱貧富之不得其所，則若罔聞知。嗚呼！其亦不思其職甚矣。夫天之立君者，何也？亦以不能自安其生而明其性，故使君治之也。民之奉乎君者，何也？亦以不能自治與自明，而有資乎君也。如使立君而無益於民，則於君也何取哉？自公卿大夫至於百執事，莫不有職，而不能修其職，小則削，大則誅。君之職重於公卿大夫百執事遠矣，怠而不自修，又從侵亂之，雖誅削之典莫之加，其曷不畏乎天邪？受命於天者，君也。受命於君者，臣也。臣不供其職，則君以爲不臣。君不修其職，天其謂之何？其以爲宜然而祐之耶，抑將怒而殛絶之耶，奚爲而弗思也？天與人其形雖殊，其好惡去就，不甚相遠也。使君命一人焉而治民，而困踣之，厲虐之，其有不怒者乎？怒而能全其禄位乎？天之於君，雖不若君臣相接之明且著，然未嘗不明且著也。幸其未形以爲無憂，幸其未至以爲愛己。嗚呼！其可果恃也乎？

清·黄宗羲《明夷待訪録·原君》 有生之初，人各自私也，人各自利也，天下有公利而莫或興之，有公害而莫或除之。有人者出，不以一己之利爲利，而使天下受其利，不以一己之害爲害，而使天下釋其害。此其人之勤勞必千萬於天下之人。夫以千萬倍之勤勞而已又不享其利，必非天下之人情所欲居也。故古之人君，去之而不欲入者，許由、務光是也；入而又去之者，堯、舜是也；初不欲入而不得去者，禹是也。豈古之人有所異哉？好逸惡勞，亦猶夫人之情也。

後之爲人君者不然。以爲天下利害之權皆出於我，我以天下之利盡歸於己，以天下之害盡歸於人，亦無不可。使天下之人不敢自私，不敢自利，以我之大私爲天下之大公。始而慚焉，久而安焉，視天下爲莫大之産業，傳之子孫，受享無窮。漢高帝所謂『某業所就，孰與仲多』者，其逐利之情不覺溢之於辭矣。此無他，古者以天下爲主，君爲客，凡君之所畢世而經營者，爲天下也。今也以君爲主，天下爲客，凡天下之無地而得安寧者，爲君也。是以其末得之也，屠毒天下之肝腦，離散天下之子女，以博我一人之產業，曾不慘然！曰：『我固爲子孫創業也』。其既得之也，敲剝天下之骨髓，離散天下之子女，以奉我一人之淫樂，視爲當然；曰『此我產業之花息也』。然則爲天下之大害者，君而已矣。向使無君，人各得自私也，人各得自利也。嗚呼！豈設君之道固如是乎！

古者天下之人愛戴其君，比之如父，擬之如天，誠不爲過也。今也天下之人怨惡其君，視之如寇讎，名之爲獨夫，固其所也。而小儒規規焉以君臣之義無所逃於天地之間，至桀、紂之暴，猶謂湯、武不當誅之，而妄傳伯夷、叔齊無稽之事，使兆人萬姓崩潰之血肉，曾不異夫腐鼠。豈天地之大，於兆人萬姓之中，獨私其一人一姓乎？是故武王聖人也，孟子之言聖人之言也。後世之君，欲以如父如天之空名禁人之窺伺者，皆不便於其言，至廢孟子而不立，非導源於小儒乎！

雖然，使後之爲君者，果能保此產業，傳之無窮，亦無怪乎其私之也。既以產業視之，人之欲得產業，誰不如我？攝緘縢，固扃鐍，一人之智力不能勝天下欲得之者之衆，遠者數世，近者及身，其血肉之崩潰在其子孫矣。昔人願世世無生帝王家，而毅宗之語公主，亦曰：『若何爲生我家！』痛哉斯言！回思創業時，其欲得天下之心，有不廢然摧沮者乎！是故明乎爲君之職分，則唐、虞之世，人人能讓，許由、務光非絶塵也；不明乎爲君之職分，則市井之間，人人可欲，許由、務光所以曠後世而不聞也。然君之職分難明，以俄頃淫樂不易無窮之悲，雖愚者亦明之矣。

清・顧炎武《日知録》卷七《周室班爵禄》 爲民而立之君，故班爵之意，天子與公、侯、伯、子、男一也，而非絶世之貴。代耕而賦之禄，故班禄之意，君、卿、大夫、士與庶人在官一也，而非無事之食。《黄氏日鈔・讀王制》曰：必本於上農夫者，示禄出於農，等而上之，皆以代耕者也。是故知天子一位之義，而不敢肆於民上以自尊。知禄以代耕之義，則不敢厚取於民以自奉。不明于此而侮奪人之君，常多於三代之下矣。

清・唐甄《潛書》上篇下《鮮君》 治天下者惟君，亂天下者惟君。治亂非他人所能爲也，君也。小人亂天下，用小人者誰也？女子寺人亂天下，寵女子寺人者誰也？奸雄盜賊亂天下，致奸雄盜賊之亂者誰也？反是於有道，則天下治，反是於有道者誰也？師尹皇父無罪，勃貂驪姬無罪，后羿寒浞無罪。何云無罪？毒藥殺人，不能殺不飲者。伊尹周公無功。何云無功？良藥生人，不能生不飲者。一賢人進則望治，一小人進則憂亂，皆淺識近見，不知其本者也。海內百億萬之生民，握於一人之手，撫之則安居，置之則死亡，天乎君哉，地乎君哉！

上觀古昔，堯舜禹啓，治世惟久。夏殷西周西漢，治多於亂。治世多者，雖有昏主，賴前王以安也。其余一代之中，治世十一二，亂世十八九。前帝澤薄，無以保其後故也。君之無道也多矣，民之不樂其生也久矣，其如彼爲君者何哉！

天之生賢也實難。博徵都邑，世族貴家，其子孫鮮有賢者，何況帝室富貴，生習驕恣，豈能成賢！是故一代之中，十數世有二三賢君，不爲不多矣。其餘非暴即闇，非闇即辟，非辟即懦，此亦生人之常，不足爲異。惟是懦君蓄亂，辟君生亂，闇君召亂，暴君激亂，君罔救矣，其如斯民何哉！嗚呼！君之多辟，非人之所能爲也，天也。天無所爲者也，非天之所爲也，人也。人之無所不爲也，不可以有爲也，此古今所同嘆，則亦莫可如何也已矣。

匡君治國之才，何世蔑有；世無知者，其才安施！雖使皋夔稷契生於其時，窮而在下，亦不過爲田市之匹夫；達而在位，亦不過爲將承之庸吏。世無君矣，豈有臣乎！然則三代以下，君子之所學不皆廢乎？是不然，君有明昏，世有治亂，學無廢興。善事父母，宜爾室家，學達於人倫；寒暑推遷，景新可悅，學達於四時；薄天而翔，騰山而游，學達於鳥獸；山麓蔚如，海隅蒼生，學達於草木。吾於堯舜之道，未有毫釐之虧也；奚必得君行道，乃爲不廢所學乎！惟是賢君不易得，亂世無所逃，坐視百姓之疾苦而不能救，君子傷之矣！

清・愛新覺羅・玄燁《聖祖仁皇帝御製文第四集》卷二〇《遺詔》 前代帝王，或享年不永，史論概以爲酒色所致。此皆書生好爲譏評，雖純全盡美之君，亦必抉摘瑕疵。朕今爲前代帝王剖白言之，蓋由天下事繁，不勝勞憊之所致也。諸葛亮云：『鞠躬盡瘁，死而後已。』爲人臣者，惟諸葛亮能如此耳。若帝王仔肩甚重，無可旁諉，豈臣下所可比擬？臣下可仕則仕，可止則止，年老致政而歸，抱子弄孫，猶得優游自適。爲君者勤劬一生，了無休息之日，如舜雖稱無爲而治，然身殁於蒼梧；禹乘四載，胼手胝足，終於會稽，似此皆勤勞政事，巡行周歷，不遑寧處，豈可謂之崇尚無爲、清浄自持乎？《易・遯卦六爻》未嘗言及人主之事，可見人主原無偃息之地可以退藏，鞠躬盡瘁，誠謂此也。

宰輔論分部

論説

元・程鉅夫《雪樓集》卷一〇《論時相》 臣聞天子之職，莫大於擇相，宰相之職，莫大於進賢。苟不知以進賢爲急，而惟以殖貨爲心，非爲上爲德、爲下爲民之意也。昔漢文帝以決獄錢穀問之丞相周勃，不能對。陳平對曰：『陛下問决獄，責廷尉；問錢穀，責治粟内史。宰相上佐天子理陰陽，下遂萬物之宜，外鎮撫四夷，内親附百姓。』觀其所言，可謂知宰相之職矣。今權姦用事，立尚書省以鈎考錢穀，剝割生民爲務，所委任者，率皆貪饕徼利之徒，四方盜賊竊發，良以此也。臣竊以爲清尚書之政，損行省之權，罷言利之官，行恤民之典，於國爲便。謹冒昧以聞，伏取聖旨。

元・王惲《秋澗集》卷四一《新修調元事鑑序》 士之有志於道者，當以聖人爲則；有志於天下者，當以宰相自期。降是夫何高焉！然宰相者，輔天子，坐廟朝，經綸一世，豈偶然哉？是在彼者得之爲有命，而在我者烏得而不盡之哉！况相之爲任，正己以格君心之非，進賢以盡知人之鑑，理物以代天地之化，盡誠以成天下之務，尤需以學術而爲之先。若不學無術，則闇於政體，是最大臣之所深敝。故賢如傅説，典學初終；聖若周公，思兼四事。逮夫叔世多故，大學之道，不明於上，燮理化爲權衡，論思變成機務，相之德業，其所存而不亡者幾希矣！此《事鑑》之所以作也。嗚呼！三代而上，如禹益稷契，其謨猷德業，光極臣道，日星麗天，尚何議擬？故斷自殷周已來，終之近代，上下千有餘載間，其相之賢否，具列無遺，俾歷朝之用舍，一代之安危，前後差易，咸集於是。至若善或當與，詳其所可法；惡或可奪，書其所由然。準以夔契伊周之所行，斷以孔孟諸儒之正論，問以臆見附之，要本德學材識，公明正大，以道事君，爲事業經綸之最至。如遭際聖傑，不善更化，祗以權謀功利爲尚，雖濟一時而不可多得，終非鑑之所先務也。

明・羅欽順《困知記》卷上 論治道，當以格君心爲本，若伊尹之輔太甲，周公之輔成王，皆能使其君出昏即明，克終厥德，商周之業，賴以永延，何其盛也！後世非無賢相，隨事正救，亦多有可稱，考其全功，能庶幾乎伊、周者，殊未多見。蓋必有顔、孟之學術，然後伊、周之相業可希。

明・袁袠《世緯》卷上《簡輔》 夫内閣者，即今之宰相也。是天子之所與承天地、理陰陽、和萬民、撫四夷者也，而徒取充位之人，甚亡謂也。《書》曰：『官不必備，惟其人。』蓋言有其人則官之，無其人則虚焉。三代以前，率用此道。秦始置丞相，專任李斯。漢以下置相，多非其人，蕭、曹、丙、魏、房、杜、姚、宋，隨時立業，固未有熙載代工，弘格心之道者也。高皇帝深慮遠算，因胡李之敗，鑒元季之失，博稽往籍，略倣周制，革丞相而置六部，公孤之官，不輕畀人，忠勳如劉基，親敬如宋濂，終其身弗以授也。文皇嗣統，妙簡英哲，于時解縉、楊士奇等七人入直内閣，備顧問、代王言而已。洪熙以來，爵予稍輕，然當時兼保傅者，三楊、蹇、夏、黄福、錢山之外無聞焉。景順之後，保傅滿朝而師尹多辟矣，何則？祖宗朝凡才望者皆得入參機務，如黄子澄則以太常少卿入，薛瑄則以大理少卿入，李賢則以吏部侍郎入，而今則非翰林不入内閣矣！祖宗朝凡才望者皆得入翰林，如宋訥則以助教入，胡儼則以知縣入，楊士奇則以審理副入，周是修則以紀善入，劉球則以儀制主事入，而今則非及第庶吉士不入翰林矣！夫及第者，徼一日之長，其所對策多浮泛掇拾，務詭時好，稍觸忌諱，即抑寘下甲，間有以直言及第，如羅倫、舒芬之徒，復流落不偶，壹鬱以死，而庶吉士之選，尤多狥私，不協輿望。其選也，必權貴之私人乃得與焉；其留也，亦必權貴之私人乃得與焉。

凡材識修潔之士，悉擯弗用，啓僥倖之門，開奔走之路，莫此爲甚。文皇帝儲材論相之意，蕩無遺矣。方其未得志也，則惟權貴之門是趨，擠排同列，不顧廉耻；其既得志也，則養驕安禄，積日累月，坐致高顯；爵位已極，則患得患失，無所不至，六曹之務，進退可否，必咨而後行。蓋有天子不知，而内閣先聞者矣。上蒙下蔽，作威作福，可不畏哉！故議者以爲，今之内閣，無丞相之名，而有丞相之實，殊非高皇帝不立丞相之本意也，必革之而後可以爲理。噫！是因噎以廢食，懲覆而棄舟也。權之所寄，不在此則在彼，苟得其人，何患弗理。如其材也，則置之翰林，不必其及第庶吉士也；如其材也，則登之内閣，不必其翰林也。凡及第者，必直言是取，務采輿望焉；庶吉士之選，必端良者是留，務采輿望焉。破拘攣之陋格，塞請託之私穴，官内閣者，必極天下之選，而公孤之尊，弗以輕授兼收並用，以復祖宗之故事，庶乎其得人也。

明·高拱《本語》卷五　朝廷之上，不可無忠誠、剛正、遠識之重臣。彼其氣有夙養，可以當大事而不懾；謀有預定，可以平大難而不驚。猝遇緩急，國有所賴以爲安，人有所仗以無恐。若徒以奸巧窶細之人，充揆宰鈞樞之任，無事則結援蔽主，倚勢作威，自以爲可震四海；一旦有事，顛頓倉惶，神奪氣喪，計無所出，賣國從逆之事皆爲之矣。鄙夫可與事君也與哉！【略】

宰相天下之樞，必得心術正、德行純、識見高、力量大、學問充、經練熟者，方可爲之。若不試以事，徒取文藝，不揀其才，徒俟俸資，則豈能遂爲百辟之師，平章軍國重事而無舛乎？

清·黄宗羲《明夷待訪録·置相》　有明之無善治，自高皇帝罷丞相始也。

原夫作君之意，所以治天下也。天下不能一人而治，則設官以治之；是官者，分身之君也。孟子曰：『天子一位，公一位，侯一位，伯一位，子男同一位，凡五等。君一位，卿一位，大夫一位，上士一垃，中士一位，下士一位，凡六等。』蓋自外言之，天子之去公，猶公、侯、伯、子、男之遞相去。自内言之，君之去卿，猶卿、大夫、士之遞相去。非獨至於天子遂截然無等級也。昔者伊尹、周公之攝政，以宰相而攝天子，亦不殊於大夫之攝卿，士之攝大夫耳。後世君驕臣諂，天子之位始不列於卿、大夫、士之間。而小儒遂河漢其攝位之事，以至君崩子立，忘哭泣衰絰之哀，講禮樂征伐之治，君臣之義未必全，父子之恩已先絶矣。不幸國無長君，委之母后，爲宰相者方避嫌而處，寧使其決裂敗壞，貽笑千古。無乃視天子之位過高所致乎？

古者君之待臣也，臣拜，君必答拜。秦、漢以後，廢而不講，然丞相進，天子御座爲起，在輿爲下。宰相既罷，天子更無與爲禮者矣。遂謂百官之設，所以事我，能事我者我賢之，不能事我者我否之。設官之意既訛，尚能得作君之意乎？古者不傳子而傳賢，其視天子之位，去留猶夫宰相也。其後天子傳子，宰相不傳子。天子之子不皆賢，尚賴宰相傳賢足相補救，則天子亦不失傳賢之意。宰相既罷，天子之子一不賢，更無與爲賢者矣，不亦并傳子之意而失者乎？

或謂後之入閣辦事，無宰相之名，有宰相之實也。曰：不然。入閣辦事者，職在批答，猶開府之書記也。其事既輕，而批答之意，又必自内授之而後擬之，可謂有其實乎？吾以謂有宰相之實者，今之宫奴也。蓋大權不能無所寄，彼宫奴者，見宰相之政事墜地不收，從而設爲科條，增其職掌，生殺予奪出自宰相者，次第而盡歸焉。有明之閣下，賢者貸其殘膏剩馥，不賢者假其喜笑怒駡，道路傳之，國史書之，則以爲其人之相業矣。故使宫奴有宰相之實者，則罷丞相之過也。閣下之賢者，盡其能事則曰法祖，亦非爲祖宗之必足法也。其事位既輕，不得不假祖宗以壓後王，以塞宫奴。祖宗之所行未必皆當，宫奴之黠者又復條舉其疵行，亦曰法祖，而法祖之論荒矣。使宰相不罷，自得以古聖哲王之行摩切其主，其主亦有所畏而不敢不從也。

宰相一人，參知政事無常員。每日便殿議政，天子南面，宰相、六卿、諫官東西面以次坐。其執事皆用士人。凡章奏進呈，六科給事中主之，給事中以白宰相，宰相以白天子，同議可否。天子批紅。天子不能盡，則宰相批之，下六部施行。更不用呈之御前，轉發閣中票擬，閣中又繳之御前，而後下該衙門，如故事往返，使大權自宫奴出也。

宰相設政事堂，使新進士主之，或用待詔者。唐張説爲相，列五房於政事堂之後：一曰吏房，二曰樞機房，三曰兵房，四曰户房，五曰刑禮房，分曹以主衆務，此其例也。四方上書言利弊者及待詔之人皆集焉，凡事無不得達。

清・唐甄《潛書》下篇上《任相》 亡國之道有十焉：有法而無實，國亡；賞罰不中，國亡；用舍不明，國亡；左右譽之而褒顯，民安之而貶黜，國亡；百姓困窮，司牧不知，知而不爲之所，國亡；百官好利而無恥，國亡；將帥不得人，士卒不用命，國亡；御將不得盡其能，國亡；不奴使宦寺，使與國政而號爲內臣，國亡；金粟殫竭，不足以厚祿食，養戰士，國亡。此十亡者，明君或蹈之，不必暴亂如桀紂者也。

君者，利之源也，奸之的也。人皆的之，皆欲中之。以一深宮不嘗事之人，而環而伺之者百千輩，雖有智者亦有所不及矣。於是佞以忠進，詐以誠進。其耳目達於宮庭之隱，其推引藉於左右之口，其摇惑假於優人之諧言。使人君入其術者，且自以爲聰明過人，無微不見也。於是虐民者以良薦，覆軍者以捷聞。功罪倒置，誅賞駭世。忠臣義士肝腦塗地，徒殺其身。而權臣賊閹竊旦夕之富貴，不知皮盡而毛無所附，且安然而自以爲得計也。

莊烈皇帝，亦剛毅有爲之君也。以藩王繼統，即位之初，孤立無助，除滔天之大逆，朝廷晏然，不驚不變。憂勤十七年，無酒色之荒，晏遊之樂，終於身死社稷，故老言之，至今流涕。是豈亡國之君哉！而卒至於亡者，何也？不知用人之方故也。

當是之時，非無賢才也。袁崇焕以間誅，孫傳庭以迫敗，盧象昇以嫉喪其功。此三人者，皆良將，國之寶也，不得盡其才而枉陷於死。使當日者有一張居正爲之相，則間必不行，師出有時，嫉無所施，各盡其才，而明之天下猶可不至於亡。然而跡莊烈之所爲，雖有居正，不能用也。莊烈居高自是，舉事不當，委咎於人。無擇相之明，執國政者，皆朋黨之主，數舉數罷，易於敝帚。百職之任，何由得人乎！是以援私植黨，充於朝廷；傾人奪位，險於儀秦；將卒無忌，誅焚劫略，毒於盜賊；百姓畏兵如虎狼，望賊如湯武。迨乎季年，主慮昏亂，無所適從；誅戮亟行，四方解體，而明遂不可爲矣。

相者，君之貳也，宗廟所憑，社稷所賴，不可以輕爲進退者也。譬之構屋，户牖可以改作，丹堊可以數新，至於棟梁，則一成而不可易。古之爲國者，得一賢相，必隆師保之禮，重宰衡之權。自宮中至於外朝，惟其所裁；自邦國至於邊陲，惟其所措。讒者誅之，毁者罪之。蓋大權不在，不可以有爲也。國有賢相，法度不患不脩，賞罰不患不中，用舍不患不明，毁譽不患至前，田賦不患不治，吏必尚廉，將必能逞，士必能死，府庫充盈，奴僕懾伏。彼十亡者，皆可無虞也。

然知人之識，自古爲難，在叔世爲尤難。叔世之人，矯情飾貌，矩行法言，驩兜可以爲皋夔，盜跖可以爲夷惠，猝難辨也。然則中才之主，烏能任相乎？人不易知，功則不可掩。譬之飲藥，一飲之而良，再飲之而效，三飲之而疾去者，必良醫也。一飲之而不良，再飲之而無效，三飲之而疾不去者，必庸醫也。人雖至愚，豈以疾去者爲庸醫，以疾不去者爲良醫哉！任相之道亦然。

張居正之爲相也，拜命之日，百官凜凜，各率其職，紀綱就理，朝廷肅然，其效固旦夕立見者也。爲政十年，海內安寧，國富兵强。尤長於用人，籌邊料敵，如在目前。用曾省吾、劉顯平都蠻之亂，用凌云翼平羅旁之亂，並拓地數百里；用李成梁、戚繼光，委以北邊，遼左屢捷，攘地千里；用潘季馴治水而河淮無患。居正之功如是，雖有威權震主之嫌，較之嚴嵩，判若黑白矣。主雖至愚，未有以亂政爲良相，以安社稷爲奸相者也。然則任相之道，豈難能哉？

顯帝之任居正也，畏之如嚴師，信之如筮龜，無言不從，無規不改，雖太甲成王有所不及。是以居正得以盡忠竭才，爲所欲爲，無不如意，可謂盛矣。詩曰：『靡不有初，鮮克有終。』能用居正而不能保其終者，何也？居尊自高，恥於下人故也。顯帝當幼弱之時，童心尚存，血氣未剛，故憚於師傅，不敢爲非。及其稍長，念先帝付託之重，又加之以賢母之訓；而元輔才大功高，倚爲股肱，尚不敢失師保之禮。然以萬乘之尊，不得自專，而受挫於其臣，內懷忿悁，固已久矣。及居正死，念功之心，不勝其含怒之心，於是削其官爵，暴其罪愆，流其族屬，至欲斲棺戮屍。始有明良之美，而終爲桀紂之暴，君臣之際，反覆如是，可不爲寒心乎！使當日者，居正尚存，勳勞日高，顯帝之齒漸長，四方無事，志氣驕盈，讒間得入，則居正覆巢之禍，不在身死之後矣。曷亦念手挈十歲之童子，坐之南面之上，奸亂不作，海内服從，澤洽中土，威暢四裔，使高帝之天下，安於泰山，此誰之功與！是則據遼宫之罪小，安天下之功大，雖割江陵一縣以爲封國，伐荆楚之良材以營宫室，未爲過也。奈何身死之後，憾及骸骨，曾不得比於狗馬，此良臣謀士所爲望國門而却步者也！

迨乎莊烈之世，天下傾危，將相無人，乃追思昔功，官居正之子孫。人亦有言：『往事則明，當事則昏。』使居正當莊烈之世，舉以爲相，朝受命而夕被誅矣，尚安望其有爲哉！是故人君之患，莫大於自尊；自尊則無臣，無臣則無民，無民則爲獨夫。乾之上九曰『亢龍有悔』，龍德既亢，必有宇宙玄黄之戰，而開草昧之運矣。可不懼哉，可不戒哉！

清·愛新覺羅·胤禛《世宗憲皇帝御製文集》卷九《執中成憲御論》

股肱之道，左右元首，與庶司百職承流宣化者不同，故必得其人，乃可以翊贊君上，康濟兆民。若居股肱之任，而不能盡股肱之道，則非其人矣。是即伊尹所稱『任官惟賢才，左右惟其人』之義也。至於才全德備，盡啓沃寅亮之功而爲良臣者，此乃禹、皋、稷、契、伊尹、周公之流，立臣道之極，所謂聖人者也。故曰：『良臣惟聖。』若云良臣輔而君聖，何以良臣如箕子、比干，而不能輔導君德於萬一乎？此專爲臣道而發者，況辭意顯然，甚易明曉。後人因聖字不敢居，遂勉强詮解，大失本旨矣。

官吏論分部

論説

元·程端禮《畏齋集》卷六《儒吏説》　儒爲學者之稱，吏則仕之名也。名二而道一也，儒其體，吏其用也。學古入官，古之制也。皋、夔、稷、契、伊、傅、周、召，無儒吏之名，而無非儒吏之實。《周官》九兩，始曰儒、曰吏，亦因其得民以道與治而言之耳。自李斯嚴是古非今之禁，一以吏爲師，儒吏雖分而道法裂。蕭、曹以秦吏相漢，至趙、張而文法弊極矣。漢非不知用儒以救之也，有一董仲舒不能用，所用者不過章句儒。嗚呼！章句儒與文法吏，其弊等耳。兒寬，儒也，能以儒術飾吏事，當時稱之。飾之爲言，不過以儒術爲吏事之文飾而已。若曰飾之而已，雖以湯之深文舞法，已能鄉上意，取博士弟子補廷尉吏，傳大義，決大獄矣，奚俟於寬哉？其後薛、貢、韋、匡之迭相，終無以收儒吏之實效，可勝嘆哉！天開文運聖朝，自許文正公得朱子之學，以光輔世祖皇帝，天下學者始知讀朱子所釋之經，知真儒實學之所在。然則士生今日者，可不自知其幸歟！誠能讀其書，而真修實踐焉，以儒術而行吏事，於從政乎何有？若於此猶或以語言文字求之，而無自得之實，一旦見案牘之嚴密，其能不疑爲政之道在彼而不在此者幾希。子夏曰：『仕而優則學，學而優則仕。』然則儒、吏果二道，而有所輕重於其間哉？泰山張孟周以儒生推擇爲路吏，余謂路吏，古諸侯之士也，豈輕也哉？作《儒吏説》以贈之。

明·徐有貞《武功集》卷二《送顔知縣赴邵武序》　方伯守令皆民牧也，部總諸郡，郡總諸縣，是方伯爲最尊，守次之，令其卑者也。然以臨民，則方伯爲疏而遠，守次之，令最親且近者也。民情之達，自親且近者始，故縣得賢令，則民之休戚利病，舉達乎其上，雖無賢方伯郡守，民不甚害也。不幸而令非其人，則民之休戚利病，俱壅而不得達，雖有賢方伯郡守，民豈得安然而無擾乎？民之治否，繫於令者如是，然則任官者可以卑夫令之職而不之重哉？爲令者可以自忽而不知所重哉？任之者不之重，則所任或非其人；爲之者不知所重，則所爲必不能盡其職。令不盡其職，而民何所望于治乎？今之爲縣者亦多矣，視民之休戚利病而莫之達，問之則曰有方伯郡守在上，吾安得自達耶？爲令者既不以達，而爲方伯郡守者又不使其達，吾民又何所望而安其生乎？夫令之與郡守方伯，秩雖有尊卑之殊，然而俱爲天子牧民之吏也。方伯郡守之不吾達，吾得以達之天子。今朝廷方切切以安民爲事，詔書屢下，未嘗不注意于爲民牧者也。於斯時而不能達民之情、安民之生，則實壅而害之耳。爲民之牧而顧壅而害之，國家安用如此之臣，而民安用如此之長也哉！嗟乎！予之爲斯言也，固爲夫爲民牧者發也，然非得君子而語之，不以爲迂濶則以爲厲已，其孰爲聽而用之乎？

明·程敏政《篁墩文集》卷二六《贈苗君知合江縣序》　天下之治

忽，繫牧民者之賢否，而當今號牧民者，惟令爲難。蓋凡政之利弊，藩下之郡，郡下之邑，而邑不敢專民之休戚；牧分之守，守分之令，而令無所諉。令之秩在人下，而其責恒在人先，此令之所以難也。雖然，令誠賢乎，則於利弊得昌言之，於休戚得身任之，有所云而莫吾奪，有所建而莫吾撓，則牧守雖大且尊，如令何哉？夫如是，吾又見爲令者之易易也已。

清·黄宗羲《明夷待訪録·原臣》 有人焉，視於無形，聽於無聲，以事其君，可謂之臣乎？曰：否！殺其身以事其君，可謂之臣乎？曰：否！夫視於無形，聽於無聲，資於事父也；殺其身者，無私之極則也，而猶不足以當之，則臣道如何而後可？曰：緣夫天下之大，非一人之所能治，而分治之以羣工。故我之出而仕也，爲天下，非爲君也；爲萬民，非爲一姓也。吾以天下萬民起見，非其道，即君以形聲强我，未之敢從也，況於無形無聲乎！非其道，即立身於其朝，未之敢許也，況於殺其身乎！不然，而以君之一身一姓起見，君有無形無聲之嗜慾，吾從而視之聽之，此宦官宫妾之心也；君爲己死而爲己亡，吾從而死之亡之，此其私暱者之事也。是乃臣不臣之辨也。

世之爲臣者昧於此義，以謂臣爲君而設者也。君分吾以天下而後治之，君授吾以人民而後牧之，視天下人民爲人君橐中之私物。今以四方之勞擾，民生之憔悴，足以危吾君也，不得不講治之牧之之術。苟無係於社稷之存亡，則四方之勞擾，民生之憔悴，雖有誠臣，亦以爲纖芥之疾也。夫古之爲臣者，於此乎，於彼乎？

蓋天下之治亂，不在一姓之興亡，而在萬民之憂樂。是故桀、紂之亡，乃所以爲治也；秦政、蒙古之興，乃所以爲亂也；晉、宋、齊、梁之興亡，無與於治亂者也。爲臣者輕視斯民之水火，即能輔君而興，從君而亡，其於臣道固未嘗不背也。夫治天下猶曳大木然，前者唱邪，後者唱許。君與臣，共曳木之人也，若手不執紼，足不履地，曳木者唯娱笑於曳木者之前，從曳木者以爲良，而曳木之職荒矣。

嗟乎！後世驕君自恣，不以天下萬民爲事。其所求乎草野者，不過欲得奔走服役之人。乃使草野之應於上者，亦不出夫奔走服役，一時免於寒餓，遂感在上之知遇，不復計其禮之備與不備，躋之僕妾之間而以爲當然。萬曆初，神宗之待張居正，其禮稍優，此於古之師傅未能百一。當時論者駭然居正之受無人臣禮。夫居正之罪，正坐不能以師傅自待，聽指使於僕妾，而責之反是，何也？是則耳目浸淫於流俗之所謂臣者以爲鵠矣！又豈知臣之與君，名異而實同耶？

或曰：臣不與子並稱乎？曰：非也。父子一氣，子分父之身以爲身。故孝子雖異身，而能日近其氣，久之無不通矣；不孝之子，分身而後，日遠日疏，久之而氣不相似矣。君臣之名，從天下而有之者也。吾無天下之責，則吾在君爲路人。出而仕於君也，不以天下爲事，則君之僕妾也；以天下爲事，則君之師友也。夫然，謂之臣，其名累變。夫父子固不可變者也。

清·顧炎武《日知録》卷九《守令》 所謂天子者，執天下之大權者也。其執大權奈何？以天下之權寄之天下之人，而權乃歸之天子。自公卿大夫至於百里之宰，一命之官，莫不分天子之權，以各治其事，而天子之權乃益尊。後世有不善治者出焉，盡天下一切之權而收之在上，而萬幾之廣，固非一人之所能操也，沈約《宋書》論曰：『孝建泰始，主威獨運，空置百司，權不外假，而刑政糾雜，理難徧通。』而權乃移於法，於是多爲之法以禁防之。雖大姦有所不能踰，而賢智之臣亦無能效尺寸於法之外，相與兢兢奉法，以求無過而已。於是天子之權不寄之人臣，而寄之吏胥。是故天下之尤急者，守令親民之官，而今日之尤無權者，莫過於守令。守令無權，而民之疾苦不聞於上，安望其致太平而延國命乎！《書》曰：『元首叢脞哉，股肱惰哉，萬事墮哉。』蓋至於守令日輕，而胥史日重，則天子之權已奪，而國非其國矣，尚何政令之可言耶！削考功之繁科，循久任之成效，必得其人，而與之以權，庶乎守令賢而民事理，此政治之急務也。【略】

夫辟官、涖政、理財、治軍，郡縣之四權也，而今皆不得以專之，是故上下之體統雖若相維而令不一，法令雖若可守而議不一。爲守令者既不得其職，將欲議其法外之意，必且玩常習故，辟嫌礙例，而皆不足以有爲。又況三時耕稼，一時講武，不復古法之便易，而兵農益分。遇歲一儉，郡縣之租稅悉不及額，軍無見食，東那西挾，倉廩空虚，而郡縣無復贏蓄以待用。或者水旱洊至，閭里蕭然，農民菜色，而郡縣且不能以振救，而坐至流亡。是以言涖事而事權不在於郡縣，言興利而利權不在於郡縣，言治兵而兵權不在於郡縣，尚何以復論其富國裕民之道哉！必也，復四者之權一歸於郡縣，則守令必稱其職，國可富，民可裕，而兵農各得其業矣。

清·洪亮吉《卷施閣文甲集》卷一《意言·守令篇》　守令，親民之官也。一守賢，則千里受其福；一令賢，則百里受其福。然則爲守令者，豈别有异術乎？亦惟視守令之居心而已。往吾未成童，侍大父及父時，見里中有爲守令者，戚友慰勉之，必代爲之慮曰：此缺繁，此缺簡，此缺號不易治。未聞及其他也。及弱冠之後，未入仕之前，二三十年之中，風俗趨向頓改，見里中有爲守令者，戚友慰勉之，亦必代爲慮曰：此缺出息若干，此缺應酬若干，此缺一歲之可入已者若干。而所謂民生吏治者，不復挂之齒頰矣。于是爲守令者，其心思知慮親戚朋友妻子兄弟奴僕媪保。于得缺之時，又各揣其肥瘠。及相率抵任矣，守令之心思，不在民也，必先問一歲之陋規若何，屬員之饋遺若何，錢糧稅務之贏餘若何。而所謂妻子兄弟親戚朋友奴僕媪保者，又各挾谿壑難滿之欲，助之以謀利。于是不幸一歲而守令數易，而部内之屬員、轄下之富商大賈以迄小民已重困矣。其間卽有稍知自愛及實能爲民計者，十不能一二也。此一二人者，又常被七八人者笑，以爲迂，以爲拙，以爲不善自爲謀。而大吏之視一二人者，亦覺其不合時宜，不中程度；不幸而有公過，則去之亦惟慮不速，是一二人之勢不至歸于七八人之所爲不止。且有爲今日之守令，而并欲誚三十年以前守令之無術者。然吾又嘗驗之，三十年以前守令之拙者，滿任而歸，或罷任而反，其贏餘雖不多，然恒足以温飽數世。今則不然，連十舸，盈百車，所得未嘗不十倍于前也，而不十年、不五年，及其身已不能支矣，無待其子孫也。則豈前之拙者誠拙，而今之巧者誠巧乎？亦居心微有不同者乎？

又《吏胥篇》　今日之勢，官之累民者尚少，吏胥之累民者甚多。何則？今之吏胥非古之吏胥也。三代以前府史、胥徒，庶人在官者是矣。漢以來，諸曹掾史、三老、嗇夫、游徼、亭長、里魁、什伍等類是矣。三老掌教化。嗇夫主知民善惡，爲役先後，知民貧富，爲賦多少。游徼掌徼廵禁，司姦盜。亭長主求捕盜賊，承望都尉。里魁掌一百家，什主十家，伍主伍家，以相檢察而已。三代時，府史、胥徒之賢者，卽可遞升爲上士、中士、下士。漢以來，三老、嗇夫、掾史之賢者，卽可遞升爲丞尉守令。其人又皆通曉經術，明習法令，不特不至擾民，或尚可有益于民。今則不然，由吏胥而爲官者，百不得一焉。登進之途既絶，則營利之念益專。又自唐宋以後，流品日分，凡世門望族以及寒俊之室，類不屑爲吏胥，其爲之而不顧者，不過四民中之奸桀狡僞者耳。姓名一入卯簿，則或呼之爲公人，或呼之爲官人。公人官人之家，一室十餘口，皆鮮衣飽食，咸不敢忤其意，其始鄰里畏之，四民畏之，甚至士大夫亦畏之。若有奸狡桀出把持官府之人，則官府亦畏之矣。何則？官卽欲侵漁其民，未有不假手于吏胥者。又況吏胥之于鄉里，其貧富厚薄，或能瞞官，不能瞞吏，自一金至百金千金之家，吏皆若燭照。數計究之，入于官者什之三，其入于吏胥者已十之五矣。不幸一家有事，則選其徒之壯勇有力機械百出者，蠭擁而至，不至破其家不止。卽間遇有吏胥之親戚故舊，亦必不稍貸。是其權，上足以把持官府，中足以淩脅士大夫，下足以魚肉里閭，子以傳子，孫以傳孫，其營私舞弊之術益工，則守令閭里之受其累者益不淺。則奈何？曰：此輩卽必不可少，亦惟視其必不可少者留之，餘則寧缺無濫而已。蓋吏之暴如虎，與其使一州邑多數十百虎也，毋寧減之又減。今州縣之大者，胥吏至千人，次至七八百人，至少亦一二百人。此千人至一二百人者，男不耕，女不織，其仰食于民也無疑矣。大率十家之民不足以供一吏，至有千吏，則萬家之邑亦囂然矣。夫朝廷之正供有常，卽官府之營求亦尚有數，而胥吏則所謂無厭者也。況守令所以得罪者，大半由吏胥，始則導之貪，導之酷，導之斂怨于民。及至守令陷于法，而爲吏胥者不過笞杖而已，革役而已，至新舊交代之時，則又夤緣而入。故吳越之俗以爲有可避之官，無可避之吏，職是故也。然則有牧民之責者，可不先于胥吏加之意乎？

士人論分部

論　説

元・吴師道《禮部集》卷一〇《原士》　士之名何始乎？生人之初，冥愚蚩蚩，有聰明才智者出爲之君，始求其才智者自輔，而爲之公卿大夫，于是舉賢于愚，拔秀于庸，而士之名立焉。其後制度益脩，選舉益精，納言試功，察德考蓺。自家而舉于鄉，自鄉而升于國都王朝，上之取者無異途，下之進者無他道，學焉而後仕耳。當是之時，四民並稱，次則農、工、商，惟士得仕焉。夫農竭其力者也，其人椎鈍而賤陋；工治其技者也，其人泥小道而弗周，操鄙事而弗慚；商通貨財者也，其人貪冒以嗜利，狡詐以厲民，故不可以仕。外是則處官府、職簿書，有吏焉；下是而任奔走服役，有胥徒焉。皆治于人而不可以治人者也。《傳》曰：『辨上下，定民志，使士農工商交致其能，吏胥各守其分，上下有章，貴賤有則，禮樂刑政有所措，善治天下者不出此道而已。』後世不然，士焉失其所以爲士，農、工、商、吏、胥失其所以爲農、工、商、吏、胥，侵紊汨亂，凌越倒置，蕩無經常，民志之不定，上下不止其所，若是而求治，猶適粤而北轅也。蓋數者之中，必有一重焉，重焉者，士而已。治國平天下之道，必出于士，而爵禄名位皆士所宜有。今也，士不專有而彼得以有焉，安得不雜然而興，悍然而争，而騖其嗜欲無涯之心哉？故士者，衆民之綱，綱先壞，而餘隨之。必也變今之道，反古之制，使士有常用，用有常尊，而賢者出焉，爲之範防裁制，則一正而民定，何亂之足云？嗚呼！天之生斯人也，畀之所以生之道，必使知是道者司其生焉。彼農、工、商之徒守一能，匪不足知道焉，鮮耳；士雖不能皆知道，學焉者衆耳。人而不學，不足以爲人，猶衿裾而禽獸，舉而加諸人之上，而令其治人也，可乎哉？夫欲治天下者，必定天下之民，而定民者，必先定天下之士。愚故作《原士》。

元・胡祗遹《紫山大全集》卷二〇《士辨》　士失其道也久矣。失其道則失其性、失其身，所失非一而已。其失也，始於爲學之差。不惟學者之差，而傳道授業，爲父兄師友，當陶鑄甄別、作養摩勵之任者，從而爲之差。内則父兄，外則師友，下則鄉里，上則大臣，教士、取士既爲之差，承訛習繆，其差愈深，莫之能救。差者何也？蓋所學所取者，士道之土苴，文章之糟粕，衣冠語言之糠粃影響，威儀動作之文飾姦僞。求其志，守身、治家、事君之節行才能則無有也。《孟子》曰：『士何事？』曰：尚志。曰：何謂尚志？曰：仁義而已矣。』今之爲士者，志在富貴聲色而已耳。伊尹之志，恥其君不爲堯舜，一夫不被其澤，若已推而納之溝中。又曰：『天之生斯民，使先知覺後知，使先覺覺後覺。予天民之先覺者也，予將以斯道覺斯民也。』伊尹之志，豈止於成身而已乎？孟子曰：『守孰爲大？守身爲大。』『非其義也，非其道也，禄之以天下，弗顧也。繫馬千駟，弗視也。』今之守身者，權勢所在，奔走趨嚮，阿媚迎合，取容求悦，脅肩諂笑，不以爲恥。立志守身，凡下若此，則責以居官事君之節，責之者誤也。舍節行，取文才，而以爲士，然則儀、秦、商鞅、李斯、孔光、張禹、柳子厚、劉禹錫、王荊公、呂惠卿文辭之雄，照耀古今，才術之優，足以遂姦，當時後世，置之姦邪小人之流，不齒清議，然則不以文才取人也亦明矣。而況今日之以文辭自負者，剽竊補綴，陳爛冗長，著述數十萬言而無一新語。施之於時政，迂闊執滯而不可行；施之於名教，則不足以垂訓；施之於金石，不足以取信後世。其視劉禹錫、柳子厚輩，若螢火之視列星，欲爲文章糟粕土苴而不可得。所學一差，豪傑莫起，遂令若輩自以爲賢俊，知治體，識時務，又能藻飾皇猷，品章庶物，欺世盜名，蒙昧卿相，以取高位。言不顧行，行不顧言，一日臨事，手足俱露，使上之人疑而莫信，曰：『某人也，世以爲賢，舉而用之，則事迹若此。某人也，世以爲材，舉而用之，則言行若是。賢者、材者若是，不賢不材，年未高，學未至，不爲人所稱道者，其可用歟？』吁！吾道之不幸，以至於此。雖善爲辭説者，莫能文也。豈知取士之差，取其末不取其本，見其文而信其實，以文藝之小人，而爲君子大賢之流品，以滅裂剽賊無用之浮辭，當致主澤民之重任，所學非所用，所用非所學。古人之用人，先求其性行，次擇其材能。學者之應用，養其氣識，修其天爵，尊德性，道問學。今之用人與學者之應用，能如是乎？以毁譽定去取，以末學要時用。四岳之薦舜曰：『克諧以孝，烝烝乂，不格姦。』子貢之稱孔子曰：『夫子温良恭儉讓以得之。』孔子之問子游曰：『女得人焉爾乎？』曰：『有澹臺滅明者，行不由徑，非公事，未嘗至於偃之室也。』古人之取人，豈以浮辭虚文哉？子使漆雕開仕，曰：『吾斯之未能信。』孟子亦曰：『今之人，修其天爵，以要人爵。』猶且以孝弟忠信而要世用，爲士者曷嘗以雕雲鏤月之詩、抽青配白之文、蓬頭垢面之廉、閉目忘言之謹以欺世取寵哉？士道之不明，士行之不立，學者與傳道者之罪也。取人之差而不得其用，以至於傷士風而敗政治，用人而不求其實也。使其言之可取，猶不以言舉人，況無用之空言也？曹參爲相，取木訥於文辭，重厚長者，吏之言文深刻，欲務聲名者，輒斥去之，當時稱治，後世以爲賢相。然則爲國擇人者，詎可以虚文浮譽、仕久年高者，即謂之賢士而用之？及委之以事而事敗，乃爽然自失，曰：『士止於此，士不可用。』噫！豈知所用者非真儒碩士，而皆口舌文辭、欺世取寵之小人也，曷亦求其本矣？何謂本？心術也，節行也，事業也。最害人者，臨下爲高，拾掇陳言，自以爲高世之文；剽竊念誦往事陳迹，自以爲命世之才；主癰疽與侍人瘠環，偶沾一命，自以爲希世之遇；寸長管見，自以爲集大成之學；行比一鄉，自以爲全德。智效一官，自以爲澤物之功。世衰道微，無與之較，余所見大抵若是而不相遠。世稱以爲元老大儒，已亦自負而不恥，可哀也哉！《孟子》曰：『均是人也，或爲大人，或爲小人。養其小體爲小人，養其大體爲大人。』氣稟既差，性情亦異，性情識見既異，則事業之大小亦從而不同。竊嘗觀於市井田野之氓，雞鳴而起，孜孜汲汲，營求一飽而不得遂其心者，有競朝夕錐刀之利者，有爲妻子田宅計者，有殖貨財、潤門第者，有財貨既足，曲邀横結，求一級半資，叨竊名位，而欲以榮身者。至於寒窗文士，春禮樂而冬詩書，亦不過以雄文大筆，華世取寵，沽名弔譽，以求富貴利達者。就其志之高者而論之，又不過委順迎合，媚勢迎君，假權營私，爲一時富國强兵功利之謀。又其大者，粗知王道霸術之異，救時矯弊，然内無實學，無大過人之材，無厭世之德，無鐵石之心，無視死生、富貴、壽夭、貧賤、禍福之來一處之以義者。總是數者論之，其志趣小大雖不同，其歸於私己苟利則一也。若夫命世之材，豪傑之士，隱則可以處鄉里，爲天下之師；出則可致君澤民，爲帝王之佐，成至治之功。著書垂訓，可以繼往聖而開來學。若是之人，雖百世無一焉。數百歲之間，間有一二，困苦不遇，又終老於巖穴。時君世主雖或聞知，敬慕而不能舉，舉而不能用，用而不能盡其才，盡其才而不終始如一，尊敬若師弟，親信如父子，終必爲小人之所間絶，而使前功盡廢。吁！天下之才之難也如此，才之不遇之難也又如此，欲求治世，不亦難乎？今之爲士者，間有一二議時政之得失、憂天下之安危，必叢聚而笑，又從而譏之曰不狂則迂也。噫！燕之巢幕，迴飛數日，察視詳審，一有欹傾墊危，則翻然舍之而去，必其棟宇堅密、主人慈祥而巢安。是鳥之心，必以爲主人不慈祥，棟宇不堅密，則巢不安；巢不安，則身與衆雛何所依乎？人之處天下，可以不如鳥乎？天下不安，則一國不安；國不安，則家不寧；家苟不寧，身與子孫安焉否也？是以古人在其位，任其責，則竭力效死而扶持之。不在位，不任其責，見其後禍之幾，而知其無可奈何，而不終日安處，奮然有避世之舉，既明且哲，以保其身，其是之謂乎？然則爲士者，身修家齊之外，天下安危之勢，雖窮居陋巷，不可一日而忘諸心也。以伊尹、太公、子房、孔明之志爲心，則可矣。

明・王褘《王忠文公文集》卷四《原士》　嗚呼！人之各習其業，以爲世用者，其爲道舉不易也，而其尤難者，蓋莫難於爲士矣。士之難爲何也？必其性之盡於内者，有以立其本，而才之應於外者，足以措諸用也。蓋方其幼也，禮樂射御之節、書數之文，無弗學也。凡知類入德之方，亦既入而通之矣。比其長也，三才萬物之理，必推而究其極也。推其理，所以致其知也。致其知者，思也，思則有以明諸心矣。仁義禮智，心之所具之性也。心之明，則性之盡也。盡性則能不以聞見梏其心，而視天下無一物之非我矣。故曰：惟天下至誠爲能盡其性，能盡其性則能盡人之性，能盡人之性則能盡物之性也。夫能盡其性，則大本立矣，而推而至於盡物之性，又皆其才有以應之也。蓋自日用之間，以及乎參天地、贊化育，所以品節彌綸之者，非才則莫有以應之，才之施，事之所以成也。此其小可以爲天下國家之用，而大可以用天下國家也。故曰：才與誠合，則周天下之治也。是故天下之理，無不有以明諸心者，性之盡於内，而推己以及乎人、物，使天下皆有待於我者，才之應於外也。夫有以盡於内，未有不能應於外者也。不能應乎外，由不能盡於内矣。内而性之盡者，其本既立矣；外而才之應者，其用復周焉，非所謂成德達材之士者歟？嗚呼！古之爲士，鮮有弗若是矣。自世降俗龐，道術分裂，於是士之爲業者，訓詁而已矣，辭章而已矣。夫使訓詁、辭章而盡爲士之事焉，斯亦不足以爲難矣。況乎訓詁、辭章亦不易能，而今之精其能者又未嘗數數然也。剽掠纖碎，緣飾淺陋，曰『我爲士也』；穿鑿性命，凌厲高遠，曰『我爲士也』，而人亦曰『此所以爲士也。』嗟乎！爲士而止於如是焉，固亦何取其爲士耶？是以古之爲士者，道德明秀，小大無不適於用，而後世之士，飾虚矯僞，其不卒歸於無用者幾希矣。吾友鄭君仲舒，久游京師，而客於今相國之門，以所長自見，得從事於經筵，殆爲士而適用者也。夫京師，天下之士之所集也，相國之門，又京師之士所由萃也，仲舒與之游焉。吾向之所謂士，亦嘗有其人乎？苟有之，其必知之矣。抑天下之廣，山林之士，如吾向之所云者，未始無其人，而仲舒未必盡知之也。苟知之，其亦能使有以用之乎？嗟乎！吾見他日有薦士於相國，而使相國盡用士之名者，其必仲舒矣。仲舒如上京，作《原士》以爲贈。

又《原儒》 儒之名何自而立乎？儒者，成德之稱。蓋其稱肇於孔子，至荀卿氏論之爲悉，而其後復有八儒之目。及秦漢以下，儒之名雖一，其學則析而爲二，有記誦之學，有詞章之學，有聖賢之學。士之爲其學者，其爲道舉不易也，而其尤難者，莫難於聖賢之學矣。聖賢之所以爲學者，何也？必其性之盡於内者，有以立其本，而才之應於外者，足以措諸用也。方其幼也，禮樂射御之節、書數之文，無弗學也。凡知類入德之方，亦既習而通之矣。比其長也，三才萬物之理，必推而究其極也。推其理，所以致其知也。致其知者，思也，思則有以明諸心矣。仁義禮知，心之所具之性也。心之明，則性之盡也。盡性則理之具於我者無不明，而視天下無一物之非我矣。故曰：惟天下至誠爲能盡其性，能盡其性則能盡人之性，能盡人之性則能盡物之性也。夫能盡其性，則大本立矣，而推而至於盡人物之性，又由其才有以應之也。故自日用之間，以及乎參天地、贊化育，所以品節彌綸之者，非才莫有以應之，才之周，事之所以成也。此其所以小可以爲國家天下之用，而大可以用天下國家也。故曰：才與誠合，則周天下之治也。是故天下之理，無不有以明諸心者，性之盡於内，而推己以及乎人、物，使天下皆有待於我者，才之應於外也。夫有以盡於内，未有不能應於外者也；不能應於外，由不能盡於内矣。故自格物、致知、誠意、正心以至齊家、治國、平天下，皆一本也。自本諸身，以至證諸庶民，考諸三王，建諸天地，質諸鬼神，俟諸後聖，無二用也。其本末體用，所以内外之兼至者，誠也。内而性之盡者，其本既立矣；外而才之應者，其用復周焉。誠之至也。此所謂聖賢之學者也。嗚呼！周公、仲尼已矣，孟軻以後，自荀卿、揚雄已不能臻乎此，而董仲舒、韓愈僅庶幾焉，於是聖賢之學不明也久矣。蓋千數百年而周、邵、張、程諸君子者出，始有以爲其學，而周公、孔子不傳之緒乃續焉。本諸《易》、《詩》、《書》、《語》、《孟》以明時用，《春秋》以驗行事，《三禮》以節人情，而後知人所以官兩儀、裕萬物者，在此而不在彼，五三六經不爲虚言，而匹夫匹婦皆可以與知。迨考亭朱子、廣漢張子、東萊呂子，又皆同心僇力，以倡其學。至是而聖賢傳心精微之本、經世博大之用，發揮無餘藴矣。然至於今未久也，而其學已不復傳。凡今世之所謂儒者，剽掠纖瑣，緣飾淺陋，曰『我儒者辭章之學也』；穿鑿虚遠，傅會乖離，曰『我儒者記誦之學也』。而人亦曰『此所以爲儒也。』嗟乎！昔之稱詞章者，唐之燕、許，宋之楊億，其詞章蓋誠足以華國也。昔之稱記誦者，漢之馬、鄭，宋之劉敞，其記誦蓋誠足以窮經也。使若人也，其記誦、詞章而止若是焉，固亦何取其爲儒名耶！是故吾所謂聖賢之學者，皆古之真儒，而今世之稱記誦、詞章者，其不爲孔子之所謂小人儒、荀卿之所謂賤儒者幾希。吾友鄭君仲舒，儒者也。其所謂儒，志乎聖賢之學者也，是吾斯之謂儒，而非今世之所謂儒也。鄭君游京師，受知今相國，遂入經筵爲檢討。儒者之用，庶幾有以自見者乎？故吾於其別也，言以贈之，作《原儒》。

明·王廷相《愼言》卷一一《君子篇》 君子有微言，無謬言；有辯言，無贅言。探道於精，曰微；迷道於幽罔以惑世，曰謬；析理以明道，曰辯；道無所賴以明而漫言之，曰贅。

或問：『君子之樂。』曰：『順理而行，隨寓而安，無得無喪，以道御之，何不樂？』曰：『所由樂。』曰：『窮理盡性，通之天人，斯得矣。』曰：『人何以寡樂？』曰：『得於内斯輕乎其外也，重於外斯失乎其内也。夫人也既重於外也，則夫利害禍福窮通得喪日交於前，而勞心以圖之，憂且不及矣，而况於樂乎？』

君子不辭乎福，而能知足也；不去乎利，而能知義也。故隨寓而安，有天下而不與也，其道至矣乎！

迂儒强執，不識古今之宜；鄙儒依阿，不顧國家之計；俗儒淺陋，不達治忽之機，皆不堪委任。

清·唐甄《潛書》上篇上《辨儒》 佛者大瓠過唐子之門而入問焉。唐子喜，炊麥食之，而與之言終日。

大瓠曰：『子，天下之明辨之士也，然而未學道也。』唐子曰：『學道何如？』曰：『儒者，世之宗也；身者，人之表也；心者，事之本也。君子欲易世，必立其宗。欲正人，必端其表；欲善人，必務其本。諷誦三詩，定卦索象，秉《禮》，道《書》，合《春秋》之邪正，皆所以閑身也，皆所以養心也；審人倫之則，探性命之微，根於誠信之地，而往來仁義之塗。堯舜雖遠，趨焉如躡其跡也，立焉如合其影也。若斯之人，生爲生民之師，死配先師之饗，法言矩行，流於無窮，豈非有道君子哉！此古之人所以日夜孳孳，至於老死不倦也。』

唐子曰：『子之言信美矣；雖然，聖賢之言，因時而變，所以救其失也；不模古而行，所以致其真也。昔者先師既没，羣言乖裂。自宋以來，聖言大興，乃從事端於昔，樹功則無聞焉。不此之辨，則子之美言，猶爲虚言也夫！』大瓠曰：『自宋及明，聖言大興，百家盡滅，不誤於異聞；大賢先生，高世可法，功爲不少矣，而子獨以爲無功者，是何説也？』

曰：『吾聞魯哀公之時，齊人大興師伐魯；季孫立於朝，屬諸大夫謀帥焉。諸大夫皆曰：「冉求可使也。」於是季孫舉以爲將，與齊人戰。冉求不能將，魯師大敗，喪其戎車三百乘，甲士五千人。季孫欲誅冉求，冉求懼而奔楚。已而田常欲伐魯，子貢請出救魯。仲尼止之曰：「吾道奚爲此也！」子貢不聽，往説吳晉之君，困齊以存魯。吳晉之君弗信也，而反私於田常。田常大怒，以子貢來誅。師薄於門，魯之君臣繫頸請降，獻三邑以解伐，而後田常乃釋之。當是之時也，魯幾亡。』大瓠驚曰：『吾於書傳未聞此也，子於何而聞之也？』

唐子曰：『更有於此；昔者宋國日蹙，竄於吳越，其後諸儒繼起，以正心誠意之學匡其君，變其俗。金人畏之，不敢南侵。於是往征之，不戮一士，不傷一卒，不廢一矢，不刺一矛，宋人卷甲而趨，金人倒戈而走。遂北取幽州，西定西夏，東西拓地數千里，加其先帝之境十二三焉。子聞之乎？』於是大瓠乃大笑曰：『甚矣子之爲戲也！』

唐子曰：『非戲也，請爲子正言之可也。求賜之學多疾，宜若無功者。諸儒之學，如錫百火，可爲百世師，宜若有功者。然而得失相反，功業相遠也！吾嘗宦於長子矣，聞上黨之參，天下之良藥也；命醫獻之，其形槁然而長，其色堊然而白，曰：「是物之生，其變也久矣，食之雖亦有補，而不能起羸弱之疾。」異哉！一山谷，一根荄，一雨露，昔爲良藥，今非美草。古之儒，昔之上黨之參也；後之儒，今之上黨之參也。』

大瓠曰：『吾聞儒者不計功。』曰：『非也。儒之爲貴者，能定亂、除暴、安百姓也。若儒者不言功，則舜不必服有苗，湯不必定夏，文武不必定商，禹不必平水土，棄不必豐穀，益不必辟原隰，皋陶不必理兵刑，龍不必懷賓客遠人，吕望不必奇謀，仲尼不必興周，子輿不必王齊，荀况不必言兵。是諸聖賢者，但取自完，何以異於匹夫匹婦乎？子曰「心者事之本也」，請爲貴本之譬：彼樹木者，厚壅其根，旦暮灌之，旬候糞之。其不憚勤勞者，爲其華之可悦也，爲其實之可食也。使樹矣不華，華矣不實，奚貴無用之根，不如掘其根而煬之。惟心亦然。事不成，功不立，又奚貴無用之心，不如委其心而放之。木之有根，無長不實；人之有心，無運不成。若今之爲學，將使剛者韋弱，通者圜拘，忠信者膠固，篤厚者痺滯，簡直者絲棼，天實生才，學則敗之矣。』

大瓠，儒者也，好學多聞，善爲《楚騷》之辭，其父不得其死，逋於佛以免難者也。他日，唐子往見焉，欲有所言，使權之也，乃大瓠則病且死矣。

正心誠意，學之本也。古之人正心誠意，則爲聖人；後之人正心誠意，則爲拘儒。治心之道，曰毋利而思義，毋詐而主誠。義則一義，誠則一誠。誠一也，然有分焉。毋以義與利辨，以義與義辨；毋以誠與詐辨，以誠與誠辨。雞卵素，雉卵文，此易辨也。雞卵與雞卵則無辨；其方伏之時，視之無象，揣之無形，豈有雌雄之分哉！然雌雄則已異矣，伏雄者爲聖人，伏雌者爲鄙儒。有宋襄之義，有文王之義。有尾生之信，有季路之信。奚必戰於泓而後爲襄公，戰於崇而後爲文王哉。其終日默坐，終日事事，終日讀書，思之所注，心之所存，宋襄文王之分已種於中矣。未有伏雄成雌，伏雌成雄者也。

心之動也，有愛惡是非之用，有忠信仁義之道。有用之信必不愚，有用之仁必不懦，有用之義必不固，別若黑白，人未之知，己自知之。陽者伏於窮亥（十月），萌於微子（十一月），是震雷澍雨之根也。信者不欺僕妾，不欺童稚，是馴暴服蠻之根也；仁者不忍庖廚，不傷蟄宿，是澤覆四海之根也；義者不食利，不蔽愛，不徇惡，是誅暴亂定天下之根也。君子既得其根，又善其養也。善養則根生，不善養則根腐。

丹溪者，昔之良醫也；治不得前溲者，助其陰，餌以黄檗、知母，烏知其用桂三分也！心，靈物也；不用則常存，小用之則小成，大用之則大成，變用之則至神。不可使如止水，水止則不清；不可使如凝膠，膠凝則不并。

昔者蜀之蔣里有善人焉，善善而惡惡，誠信而不欺人，鄉人皆服之。有富者不取券而與之千金，賈於陝洛，以其處鄉里者處人，人皆不悦。三年，盡亡其貲而反。斯人也，豈不誠善哉！爲善而亡人之千金，何則？水止而膠凝，無桂以道之也，此所謂不出鄉里之善也。

昔者陽明子方少，有後母而數行不善也，陽明子憂之。女巫來，陽明子使告其母曰：『今者有神與我言，母毋爲不善！爲善降之福，爲不善降之禍。』於是遽改其行，一朝而爲賢母焉。是謂以狙待親，君子病之。乃他日用是道也，以奇用兵，而成禽寧定浰之功，治心之用，於斯可見矣。

民衆論分部

論　説

元・張養浩《三事忠告》卷四《廟堂忠告・重民第三》 蓋聞古之王者，授版則拜。竊意萬乘之尊，爲其民貶抑若是，嘗疑焉而不取。既而思之，國之所以昌，四夷之所以靖，朝廷之所以隆，宗廟社稷所以血食悠久者，微民不能爾也。

明・丘濬《大學衍義補》卷一三《固邦本・總論固本之道》 臣按：『民惟邦本，本固邦寧』之言，萬世人君所當書于座隅，以銘心刻骨者也。【略】

臣按：國之所以爲國者，民而已。無民，則無以爲國矣。明聖之君，知興國之福在愛民，則必省刑罰、薄税斂、寬力役以爲民造福，民之享福則是國之享福也。彼昏暴之君，視民如土芥，凡所以禍之者，無所不至。民既受禍矣，國亦從之，無國則無君矣。國而無君，君而無身與家，人世之禍，孰有大於是哉！推原所自，起於一念之不恤民也。【略】

臣按：天生民而立君以牧之，是君爲民而立也。君無民則無以爲國，而君又安能以一人之身而自爲哉！此人君所以貴乎得民也。所謂得民者，非謂得其土地生齒也，得其心也，得其土地生齒而不得其心，猶不得也。

臣按：君之所以爲君也，以有民也，無民則無君矣。君有民，不知所以恤之，使其寒不得衣，飢不得食，凶年飢歲，無以養其父母，育其妻子，而又從而厚征重斂，不時以苦之，非道以虐之，則民怨懟而生背畔之心，不爲君有矣。民不爲君有，君何所憑藉以爲君哉！古之明主，所以孜孜焉，務民於農桑，薄税斂，廣儲蓄，以實倉廩，備水旱，使天下之民，無間豐凶，皆得飽食煖衣，以仰事俯育，則常有其民，而君位安、國祚長矣。

清・愛新覺羅・玄燁《聖祖仁皇帝御製文第二集》卷四〇《庭訓》

聖祖母作書訓誡冲子曰：『自古稱爲君難，蒼生至衆，天子以一身君臨其上，生養撫育，無不引領而望，必深思得衆則得國之道，使四海之内，咸登康阜，綿曆數於無疆惟休。汝尚其寬裕慈仁，温良恭敬，慎乃威儀，謹爾出話，夙夜恪勤，以祇承乃祖考遺緒，俾予亦無疚於厥心。』

清·余廷燦《存吾文稿·民貴》 厥初萬物權輿、與玄黄同剖判者，其圓頂方趾之民乎！民，質也，有因民之質而文之者，則曰聖賢。民，萌也，有因民之萌而達之者，則曰君相。二者非有異於民也，以民明民也，以民衛民也。非用民而爲民用者也。此天地之心也。然治民者且曰民賤，何異足日荐地，而不思去地，則足懸無所附。雖有飛廉跨空之足，偃仆頓踣而已矣。何異魚日在水而不知水涸，則魚相與處於陸。雖有横海之長鯨，螻蟻治其命而已矣。揚雄氏曰：周之士也貴。然文王、武王、周公之貴民也，亦明矣。愛其子者隆其師，貴士正所以貴民也。寒其足者傷其心，民不貴，即士亦不可得而貴也。明人竭三百年膠庠甲科之力，以奉數千百褒衣博帶之士。而此數千百褒衣博帶之士，顧知有文章聲氣，不知有民事，譚吏術則恥之。其所報國家者，何也？夫姚姒、子姬、孔孟之聖與賢，天所靳而不輕生者。然及其既生，天亦止欲其護吾民耳。使以姚姒、子姬、孔孟之賢，而於吾民夷然不屑，尚謂違天。奈何截然絶吾民於士，一以爲珠玉，一以爲糞土？小民方興，相爲仇敵。國家雖欲長與士共天下，其可得哉？今夫投棄《詩》、《書》，家必敗也，固也。秦之賤士是也。今夫歌誦《詩》、《書》不絶口，與之觀溝川澮涂，譚黍稷桑麻，則吐棄如臭惡。是直隳天地之性，而棄生人之命也。又豈真能歌《詩》誦《書》者哉？

聖賢觀分部

論説

元·郝經《陵川集》卷二二《養説》 人皆可以爲大也。唯其忽之而自暴，委之而自棄，狹之而自小也。是以固滯戕賊，窘束流溺，卒不能以之大。夫人之性，天之理也。其氣，則一元之氣也。其形，則五行二氣萃其精而結之者也。其心，則官天地，府萬物，一智周知，泛應無量，如是之大也。有其大，必養之以充其大。不能養之，何以充之。故古之大聖大賢，莫不有以養之者。遵養時晦，時純熙矣，此武王之所以養其武也；公孫碩膚，赤舄几几，此周公之所以養其聖也；三省其身，犯而不校，此顔、曾之所以養其賢也；至大至剛，養而無害，浩然塞於天地間，此孟子之所以養其氣也。由此觀之，聖之所以爲聖，賢之所以爲賢，大之所以爲大，皆養之使然也。嗟夫！吾衆人者，去古之大聖大賢也遠矣。古之大聖大賢，皆知所以養之者，吾衆人者，乃不知所以養之，卒爲小人而不能大也，卒爲下愚而不能聖賢也，昭昭矣。

元·胡祗遹《紫山大全集》卷一二《上執政書》 竊嘗誦孟子之言曰：『晉楚之富，不可及也。彼以其富，我以吾仁；彼以其爵，我以吾義，吾何慊乎哉？』又曰：『萬鍾不辨禮義而受之，萬鍾於我何加焉？』見以凛凛英氣，殆似諸侯不得友而天子不得臣者也。及觀三宿出晝，對門人之辭曰：『吾豈若是小丈夫然哉！諫於其君而不受則怒，悻悻然見於其面，去則窮日之力而後宿哉！』然後見聖賢之心，未嘗一日忘天下也，未嘗妄自尊大而傲軒冕，亦未嘗違道屑就，枉尺直尋而改前之爲也。故孔子謂顔子曰：『用之則行，舍之則藏，唯我與爾有是夫！』又許令尹子文三仕無喜色，三已無慍色，聖人之心以謂用舍在君，行藏在我，何喜慍之有，一有喜慍加於其間，是以貴賤貧富得失爲懷，而不以道自任也。不然，則是恃才挾德，喜其知己而慍其見棄也。二者有一焉，皆不合於聖人者也。且喜慍交攻，未有不變其所守者也。

又 卷二〇《論道》 聖人觀物窮理，自源而委，自榦而枝，反之則復至於源榦，故能自太極而至于庶物，自一而推至萬萬無窮，反之則復歸於一。統之有宗，會之有原，通神明之德，類萬物之情，本末表裏，小大精粗，莫不畢備，是之謂神聖。

元·劉敏中《中庵集》卷一四《鄒平縣至大四年加封大成至聖文宣王碑》 天地生萬物，人居其中，而物皆役焉。故人爲萬物之靈。人之中有謂之聖、謂之賢者，而人皆下焉，則聖賢又人之靈也。彼聖賢者，其生也，有神明仁哲之用；其没也，有盛德大業之著。是以歷代盛王，莫不取古聖賢德業之所在，祠祀之，封崇之，使一世之人有所景仰則效，遷善遠罪，胥化而底於治。而聖賢之中，其道與造化同混融，與天地相始終者，獨惟孔子焉。

明・王廷相《慎言》卷三《作聖篇》 作聖之塗，其要也二端而已矣：澄思寡欲，以致睿也；補過從義，以日新也。卒以成之，曰誠。

【略】

聖人之辭簡，其理渾；賢人之辭繁，其理辯。

聖人之道，貫徹上下。自灑掃應對，以至均平天下，其事理一也。自格物致知，以至精義入神，其學問一也。自悅親信友，以至過化存神，其感應一也。故得其門者，會而極之；異其塗者，由之而不知也。古之人寧學聖人而未至，不欲以一善成名，予竊有慕焉耳。

義方以别羣宜，智圓以周衆志，故聖人合道。

聖人弭事於未然，先幾也，仁智之道深矣。其次，幾動而圖之，得失半也。徵於聲色者，下也，亦末之也已。

天下之變故，其聚也不可紀，其散也不可一，其來也不可豫，其去也不可逐，其顯設也不可跡，其倚伏也不可究。執一德，守隅者御之，所不達者廣矣。闔厄喘至，幾於日中冥蔀矣。惟聖人之道術不固挈於一，而參之，而衡之，而交午之，而翕張之，而遲速之，而隱括也，譬百川委委各至於海也濟務長功，安有窮已。故曰『非天下之至神，其孰能與於此？』

聖人，道德之宗正，仁義禮樂之宰攝，世固不獲見之矣。其次莫如得亞聖者，契道之真，以命令於一世焉。其次莫如得大賢，嚴於守道，不惑於異端九流，以亂道真焉。下此隨波狥俗，私智害正者，純疵交葛，吾不知其裨於道也。

人心之靈，貫徹上下，其微妙也，通極於鬼神；其廣遠也，周匝於六合。一有所不知，不足謂之盡性。命則天道發育萬物者，人不得而與焉；然其情狀變化，不能逃吾所感之通，故聖人『窮理盡性以至於命』。

或曰：『萬物變化於帝則而不知，何也？』曰：『欲其知，則非化矣。聖人不伐功，不歸德，不以心語人，行於不得已之區，宅於無所利之涂，不知天下暗而移，忽而變矣。夫誰其知之？此之謂神幾。』

道無定在，故聖人因時。堯舜以禪授，湯武以征伐，太甲、成王以繼序。道無窮盡，故聖人有不能。堯舜之事，有羲軒未能行者；三代之事，有堯舜未能行者。

聖人之心未嘗忘天下，仁也。耳聞目擊，不忍民之失所也，故隨其所遇，盡心力而爲之。舍之則藏，道不合而即去，然亦無固必矣。汩溺之徒則自私，墨翟之徒則失己，要皆固執於一隅也。

聖人心有是神，則觸處洞然，故曰『聲入心通』。聖人心有是理，則隨感而應，故曰『左右逢原』。

順事者，無滯者也；知時者，應機者也，故聖哲如神。

『敬以直内，義以方外』，見聖人無私智之擾；『不識不知，順帝之則』，見聖人循自然之天。

明・薛瑄《讀書録》卷六 天下無二理，古今無二道，聖人無二心。

明・王守仁《王文成公全書》卷八《書魏師孟卷乙酉》 心之良知，是謂聖。聖人之學，惟是致此良知而已。自然而致之者，聖人也；勉然而致之者，賢人也；自蔽自昧而不肯致之者，愚不肖者也。愚不肖者雖其蔽昧之極，良知又未嘗不存也。苟能致之，即與聖人無異矣。此良知所以爲聖愚之同具，而人皆可以爲堯舜者，以此也。是故致良知之外無學矣。自孔孟既没，此學失傳幾千百年，賴天之靈，偶復有見，誠千古之一快，百世以俟聖人而不惑者也。

明・李贄《續焚書》卷四《題孔子像于芝佛院》 人皆以孔子爲大聖，吾亦以爲大聖；皆以老、佛爲異端，吾亦以爲異端。人人非真知大聖與異端也，以所聞於父師之教者熟也；父師非真知大聖與異端也，以所聞於儒先之教者熟也，儒先亦非真知大聖與異端也，以孔子有是言也。其曰『聖則吾不能』，是居謙也。其曰『攻乎異端』，是必爲老與佛也。

儒先億度而言之，父師沿襲而誦之，小子矇聾而聽之。萬口一詞，不可破也；千年一律，不自知也。不曰『徒誦其言』，而曰『已知其人』；不曰『强不知以爲知』，而曰『知之爲知之』。至今日，雖有目，無所用矣。

余何人也，敢謂有目？亦從衆耳。既從衆而聖之，亦從衆而事之，是故吾從衆事孔子於芝佛之院。

明·呂坤《呻吟語》卷四《外篇·聖賢類》 孔、顔窮居，不害其爲仁覆天下。何則？仁覆天下之具在我，而仁覆天下之心未嘗一日忘也。

聖人不落氣質，賢人不渾厚便直方，便著了氣質色相；聖人不帶風土，賢人生燕趙則慷慨，生吴越則寬柔，就染了風土氣習。

性之聖人，只是個與理相忘，與道爲體，不待思，惟横行直撞，恰與時中吻合。反之，聖人常常小心，循規蹈矩，前望後顧，才執得中字，稍放鬆便有過不及之差。是以希聖君子心上，無一時任情恣意處。

聖人一，聖人全。一則獨詣其極，全則各臻其妙。惜哉！至人有聖人之功而無聖人之全者，囿於見也。

聖人之道不奇，纔奇便是賢者。

清·唐甄《潛書》上篇上《尊孟》 固哉程頤！孟子曰：『我，聖人也』；而頤也以爲非聖人也。

古人多實，今人多妄；是故古人自知，今人不自知。子路之才千乘，冉求之才七十，其自許者，仲尼亦許之。昔者公孫丑問於孟子曰：『夫子其聖矣乎？』孟子曰：『夫聖，孔子不居，是何言也！』不自謂不聖，而謝之以孔子所不居也，蓋亦不敢自居焉云爾。丑未之達也，曰：『然則夫子安於顔淵矣乎？』曰：『姑舍是。』夫道之進也，舍其過迹；階之升也，舍其過級；舍之者，過之也。過乎顔淵，是何人也？

猛虎在深山，百獸震恐，烏知其見麟則伏也！麟，善獸也，可以手挽其角而指數其牙。人之視之，謂是虎之肉也；而不知其能伏焉者，麟虎未相遇也。聖人，麟也；奸雄，虎也。世無聖人，或有聖人而不用，是以奸雄無所於伏而霸天下。

昔者孟子之世，天下强國七。秦孝公發憤於西陲，布恩惠，振孤寡，招戰士，明賞功，西斬戎王，南破强楚，虎視六國，狙以濟之。六國之人，君臣危懼，異謀並進，西向以待秦。燕昭王篤於用賢，韓昭侯明於治國，趙武靈王以騎射雄北邊。蘇代陳軫之屬，奇計莫測；白起趙奢樂毅之屬，神於用兵，所向無敵。當是之時，人皆習兵而熟戰，以甲胄爲衽席，以行陣爲博弈，智謀之士率而用之，張軍百萬，轉戰千里，伏尸滿野，血流漂鹵。七雄並角，其勢不能相下。論者審當時之勢，以爲雖太公復生，不易定也。乃孟子則曰：『以齊王，猶反手也。』王之者，必使秦孝燕昭趙武靈之屬，籍其土地人民之數，稽首爲臣，誅賞惟命；白起趙奢蘇代陳軫之屬，杜口而不能謀，投戈而不敢校；化狙爲良，柔雄爲雌，而後天下可定，齊可王也。嗚呼，豈不神哉！非聖人而能若是乎？

天下莫强於仁。有行仁而無功者，未充乎仁之量也。水，能載舟者也；其不能載舟者，水淺也。仁能服人者也；其不能服人者，仁小也。仁之大者，無强不順，無詐不附。謂仁勝天下，鄙人皆笑之。夫愚者見形，智者見心，禮揖不格刃，儒服不禦矢，形也。刃不我刺，反爲我操；矢不我傷，反爲我發；心也。

戰國致形，聖人致心。何以見其然也？天下有心至而身不能至者四輩：孺子在幼，婦人在内，黎民在土，三軍之士在將。此四者，恃以爲國者也；然心至而身不能至者也。賢才者，四者之舟車也；去之，則四者皆去而國亡；歸之，則四者皆歸而國興。

是故聖人之得人心，自賢才始。請於一室之中設爲兩國之形：相彼之國，君疑臣猜，征煩法峻，老幼飢寒，夫妻離散。相此之國，君明臣忠，上下和易，老幼飽煖，養生送死無憾。彼白起趙奢蘇代陳軫之屬，其從彼國乎，其從此國乎？彼數子者，亦欲得君就功，置田宅以遺子孫耳。豈樂處不測之朝，取難保之富貴哉！其來歸恐後，無疑矣。賢才既歸，彼秦孝燕昭趙武靈之屬，斷臂折翼，不能自立，叛則爲禽，歸則爲侯，豈待計哉！『反手』之言誠然也。

孟子之道，在養氣而不動心。今夫足之所履，衡不及二寸，縱不及七寸；二寸七寸之外，皆餘地也。彼度山之梁，廣若二三尺，豈不能措足哉！然下臨千仞不測之淵，使怯者過之，則驚眩而欲墜。非足弱也，心不持足也。冶人致風之器，南方以櫝，北方以橐。挈其橐而鼓之，則風勁火烈，鎔五金，鑄百器，橐之利用大矣。若有容錐之隙，則抑之中虚，鼓之無風，而器不成。非橐之不足用也，氣不充橐也。心不持足，則不能歷險；氣不充橐，則不能成器。任天下之重亦然。氣大則心定，心定則才足，固歷險成功之道也。

清·愛新覺羅·玄燁《庭訓格言》 訓曰：人之爲聖賢者，非生而然也，蓋有積累之功焉。由有恒而至於善人，由善人而至於君子，由君子而至於聖人，階次之分，視乎學力之淺深。

君子小人論分部

論說

元·榮肇《榮祭酒遺文·論調停君子小人》 天下未有賢姦互任，邪正并立，可以致治而不至于亂者也。或之言曰：君子小人之分，不可以太明。太明則必爭，爭則小人常處于勝而君子敗。君子屏氣，小人横行，而國家之禍深矣。是何如渾然處之無迹，君子不自視爲君子，而亦無嚴絶夫小人。君子幸而遇時，當國秉鈞，其於同道，固宜引聚於朝，相與贊輔，而小人亦必有以位置之，俾無失其富貴之欲，則自可息其憤怨不平之心，而他日無反噬之患。噫，此即所謂調停之説也。抑知其説必不可行。蓋君子能容小人，而小人必不能容君子。君子以忠厚爲心，故其去小人也，不爲已甚；小人惟逞其匈狠殘戾之性，故其去君子也，不遺餘力。吾嘗兄于宋之世矣。熙寧時，王安石、呂惠卿以新法亂政，羣小用事，一時所謂君子者，盡遭屏逐。及乎元祐，宣仁臨朝，欲除新法之亂，召元老而委任之。於是羣賢拔彙，濟濟盈廷，此君子道長之日也。而小人之黨，不能盡去其根株也。不爲泰而爲姤，彼小人已駸駸乎有隱伏漸長之幾。其後呂、范二公，慮小人在外者久不得志，績怒蓄怨，必將伺閒而思報復，釀爲國憂，故意主于調停。蘇子由極言其不可，然一薰一猶，十年尚猶有臭，子由欲使之渾然無迹，則雖不主調停，仍不脱夫調停之見也。嗟乎，不盡去小人，則君子安能久于其位？又安能必小人不引進其類，共與君子爲讎哉？是以紹聖之初，楊畏薦起章惇，惇進而專權，大肆凶慝，凡熙寧小人盡引于朝，而元祐諸君子貶竄無遺。幸而哲宗雖暗，猶守祖制，不肯殺戮大臣，不然，東漢屠戮黨人之禍，安知不再見于宋也耶。至徽宗朝，蔡京執政，益肆其惡，羅織黨人，勒石立碑，俾君子無復有可伸之氣。夫小人道長；則君子之類必至于鋤盡。正類既盡，而國家之大禍成矣。此固小人之罪也，亦由君子不務盡去小人之黨，姑爲調停以優容之，使之乘閒而起，張其虎狼毒噬之威，而至於此也。然則調停之説其可行乎？《傳》曰：惟仁人放流之，迸諸四夷，不與同中國。仁人豈獨忍于若輩哉？蓋不決去媢疾之小人，則無以保全善類也。夫國以用君子而治，以用小人而亂。人君莫不喜治而惡亂，莫不知君子不可一日無，小人不可一日有也，而任人則往往反是。無他，君子守正不阿，不肯曲意以從君之欲，危言讜論，未免逆耳，是以人君貌雖重之，而情實疏焉。一開浮言，輒以摇奪矣。君子見幾，亦即引身而退，故常不得久于其位。若夫小人，内藏險譎之心，外飾恭順之貌，窺伺人主意旨之所向，獻媚貢諛，巧爲逢迎。人主喜其能順適己意也，則相得而無間，縱有歷數其姦而攻之，而君亦不信，言者徒獲罪而已。迨政事日壞，禍亂叢生，君乃覺其誤國而欲去之，則有所牽制而不能。何也？其盤踞既固，而黨援者衆也。此小人在位得專而久也。嗟乎，當小人柄用之日，君子受其摧傷而莫進。及其既敗，乃欲任一二君子以挽救之，而事已不可爲，亦第諉于無如何而已。自古國家受小人之禍大抵然也。何可勝數哉！是故宜辨之於早，而斷之於果。其何以辨之？秉乎義者，君子也，故其人難進而易退；逐于利者，小人也，故其人易進而難退。惟人君能清心而寡欲，無惡直而好諛，則君子小人，正自可辨。知其爲正，任之弗貳；知其爲邪，去之弗難。則君子道長，小人道消，國何患不底于治哉！不然，執狐疑之見，使君子小人雜然而並處，欲望其不釀而爲亂。其可得耶！其可得耶！

明·胡居仁《居業録》卷四《帝王》 君子小人不可共治，是善惡邪正必相反也。君子必治，小人必亂者，蓋君子之德，足以格君化民。況人以類從，君子用則賢才舉，德政修，安有不治？小人用則姦邪進，虐政多，安有不亂？

君子小人自不相容，其類不同也。君子進則小人退，小人進則君子退，未有君子小人共治者也。然則堯用四凶，豈不是小人？曰：『堯聖人也，聖君德盛勢重，方可因其才而用之。』孔明用魏延如何？曰：『魏延雖小人，非是大姦惡，故孔明亦因其才而用之。』

君子與小人勢不兩立，互爲消長，此治亂所由分。君人者所當精察明辨，以進退之。出仕者亦當自守，不可誤入小人之黨，與小人爲黨，終必敗也。

進君子，退小人，此爲政第一義。然須果斷以行之，若是好賢而不能進，惡小人而不能退，反自取禍敗。

明·袁宗道《白蘇齋類集》卷二〇《雜説類·論大人小人》　子謂子夏曰：『汝爲君子儒，無爲小人儒。』朱氏解曰：『君子儒爲己，小人儒爲人。』夫子夏，篤信謹守人也。爲人者必不謹篤，謹篤者必不爲人。果若朱解，夫豈對症之藥乎？愚意當云：君子儒爲人，小人儒爲己。盡爲己則狹隘，而爲人則廣大也。故孔子嘗曰：『硜硜然小人哉！』硜硜者，守己之人也。又曰：『大人之學在親民。』親民者，爲人之人也。譬如一家之中，嬰孩滿室，莫不嗷嗷。然徵飯索衣而被之噉之者，則其父兄也，蓋嬰孩小而父兄大也。故吾所名小人者，非加之狗私謀利之徒也。狗私謀利之徒，則謂之惡人，豈小人哉！吾所謂小人者，斤斤自守之人也。自一身之外，即爲胡、越。自全一身名節之外，即無學問。苟有利於人，而損己之名，決不爲也。即千萬分有利於人，而一二分有損於名，亦決不爲也。夫人一身摶六合之廣，攢人物之夥，而聚爲大骸。今總不注思游神於其間，獨認自首至足七尺之骸以爲我，而日扃其蓋天蓋地之物以爲之閑縢守護，竊竊焉避毀而遁譏，是孟子之所謂『從小體而不從大體』者也，雖欲不謂之小人，不可得矣。

故大人者，譬諸海洋變化，種種蛟龍，種種珠寶，然糞壤宿屍，亦溷其中也。小人者，譬諸尺潭，清瑩徹底，雖置寸鱗，猶驚怖不定也。然世人但睹海洋之濁，而不覩其變化之大；但取尺潭之清，而不知其一無所用，此大人之所以棄置于世也。故當春秋之世，則接輿、沮溺爲小人，而孔子之轍環列國爲大人。當戰國之世，則陳仲子之徒爲小人，而孟子之後車數十，從者數百，以應幣聘者爲大人。然孔、孟二大人，固已當其身不免于季路、彭更之疑。而接輿、陳仲子，百世之後，尚有好事者收入《高士傳》。甚矣，大人之難知，而小人之有述也！

漢、唐以來，大人之學不及孔、孟，而校其一時並肩之賢，則小人之品，亦未嘗不莛楹隔也。故叔孫强諫之時，則有張子房爲大人。顧廚挑禍之日，則有陳太丘爲大人。裴炎廷爭之日，則有狄梁公爲大人。謝、劉去國之日，則有李文正爲大人。當其迎四皓，吊張讓，褫裘牝朝，周旋逆豎之時，比肩共事之人，誰不厭其作僞，罪爲諂佞，詬其穢濁，而卒之大有濟於時艱。其從旁怒罵之小人，亦陰受其在覆而不知。固無異小兒飽噉熟眠，忘其爲大人之賜也。雖然，余所謂小人者，真小人也。若陽樹名節，陰獵顯膴，此又小人之罪人矣。

明·賀復徵《文章辨體彙選》卷四〇二《［明］楊鏘〈君子小人論〉》　自古國家之治亂，君子小人乎任之，何以明其然也？《易》曰：内君子外小人爲泰。夫外者，内之對也。外之者，以君子用小人也，使君子不能用小人，小人且自用矣。何也？人主所以鼓動天下者，爵禄富貴也，使爵禄富貴不足以鼓動之，則人主無權矣。爲人臣者，起家而委身一也，受事而宣力一也，獨於其中競進而寡廉，機變而善麗，公不勝私，義不勝利，則謂之小人矣。然此等更多才幹可用之人，能自致要津之地，醇謹端雅者反易入其彀中，誠能駕馭而驅使之，涵容而調劑之，使之長有所展，而勢不得肆，則其溪壑之欲，未有皆如莽、操之無已也。而世儒之所謂分別黑白者，必不使一小人厠于其間。夫既以爵禄富貴鼓天下，而又必欲盡得不愛爵禄、不貪富貴之人，將使王衍持籌，嗣宗理棼，楊震、孔融供使令，而正心誠意之君子，僅僅褒衣拱手于廊廟之上，此不可期之。赫胥無懷之世，而以治今天下，可乎？彼小人者，又豈肯甘心自以爲小人，終俛首以窮死也？于是黨益堅，隙益開，而世事從此壞矣。是國家之治，小人猶得分其勞，而亂則君子且獨受其責也。可勝嘆哉！噫！君子不幸而與小人共事，駕馭而用之者，上也；有策以馭之者，次也。盛怒而胥之，嚴扃以絶之，搜索攻擊以窮之，磽磽然自謂清正疾惡，而使小人得肆其反噬，是以名節行誼害人國家者也。

清·愛新覺羅·弘曆《御製文二集》卷四《君子小人論》　君子小人之名，見於《易》，而論於《書》，其界不可不明，而其跡則不可不慎也。夫《易》不過曰君子之道，小人之道，又曰君子修之吉，小人悖之凶，未嘗曰孰爲君子，孰爲小人也。《書》曰知人則哲，欲知君子也，又曰何畏乎巧言令色孔壬，欲知小人也，然亦未嘗曰孰爲君子，孰爲小人也。言治道者莫若典謨，其於辨君子小人，不過如此而已，非疏也，思之深而慮之遠也。是故堯授舜，舜授禹，以至羲和、叔仲、稷、契、皋、夔各命以職，未嘗謂之君子，而若而人者亦未嘗曰我爲君子也。堯之弗用丹朱、共工，舜之去四凶，未嘗謂之爲小人，若而人者固不肯自謂小人，而羲和、叔仲、稷、契、臯、夔亦未嘗謂若而人者皆小人也。是以庶績咸熙，地平天成，此予所謂明其界而慎其跡也。若後世爲君者，固不能辨其孰爲君子，孰爲小人，而爲臣者乃於其間自分之曰孰爲君子，孰爲小人，或又曰我爲君子，彼爲小人。於是彼我之見横於中，公私之舉紛乎外，爲小人者固不甘其爲小人，而爲君子者亦未必其實君子。門户朋黨，糾若棼絲。小人之害君子，固不必言，而君子且有操室中之戈者。漢、唐、宋、明之禍，延及國家，淪胥以亡，此皆爲上者之過，而非爲下者之過也。吁，可畏哉！是蓋其界太明，而大不慎其跡之所致耳。且也世亦以有位者爲君子，無位者爲小人，佔畢樂羣者爲君子，負販荷擔者爲小人，是果真君子而真小人哉？亦曰其名而已矣。自爲上者不能明其界，而爲下者益顯其跡，以致釀大禍而莫救，爲之奈何？曰簡賢而用之，擇不善者而去之。上既不以君子小人顯其跡，下亦不得以君子小人樹其黨。其庶幾乎？抑誠難矣。此予所謂其界不可不明，而其跡不可不慎。不可不慎者，不顯其跡之謂也。

朋黨論分部

論説

元・許謙《白雲集》卷四《朋黨論》 余讀歐陽子《朋黨論》，洞見小人之情狀。嗟乎，君子之生斯世，何其不幸歟！愚以爲朋黨之禍，固小人爲之，亦世道衰而君子少也。何也？以其可以名指而數計也。唐虞之民，比屋可封，可以名指而數計乎？惟時小人則可以數計，曰共工，曰驩兜，曰三苗之君，曰鯀。堯舜之世，指小人之名而數計之，足以見天下皆君子，而惟四小人也。朋黨之論興，亦指君子之名而數計之，足以見天下小人多，而惟數君子也。蓋嘗論天人之理一致耳，天之氣有陰陽，人之類有善惡。夫陽生于子而極于巳，消于午而盡于亥。春夏之時，雖或有嚴厲蒼涼之氣，不能終日，以陽方盛，不可奪故也。秋冬之時，雖或有炎蒸温燠之氣，亦不能終日，以陽既衰，陰得以專故也。以堯之時，而四凶人間于其間，爲善類之玷，故務决去，若衆陽之消微陰，不勞力而已復于和氣之中矣。陰道既盛，陽不得而勝之，猶國家之運衰，聖賢之君不作，羣小人進用，而數君子方欲與之力争而較勝，彼陰邪小人，必牽引醜類，排抑摧沮，無所不至，馴致其禍自履霜而至堅冰也。君子小人不兩立，而寡固不可以敵衆，勢然爾。且黨之所逮，非惟居位食禄者而已，下而草茅布衣，凡行義有以異乎小人者，必皆搜摘而無遺。夫舉當世天下之善士，至今可以指其名而數之，則君子之少可知矣。《易》之爲書，道陰陽而明吉凶者也。在《夬》之上六曰：『無號，終有凶。』微陰爲衆陽所决，雖號亦凶也。《剝》之上九曰：『碩果不食，君子得輿。』陰盛矣，惟孤陽如碩大之果獨存，譬君子在上，勢雖孤，猶爲衆人所仰望也。聖人之抑陰扶陽蓋如此，陽不可絶，剝窮則復。君子雖少，君人者能用之，猶可以爲善國，且將拔彙以進矣，在處之何如耳。朋黨之禍始于漢，其亡國也不旋踵，唐不能監之而又亡，宋不能監之而又亡。嗚呼！使唐宋之君知殷監之不遠，而觀象以玩辭，則不蹈前人之危轍矣。

元・榮肇《榮祭酒遺文・論朋黨》 甚矣，朋黨之爲禍烈也。夫同道相合曰朋，同惡相比曰黨。惟小人有黨耳，君子豈有黨哉。然君子惡小人之爲黨，而小人亦誣君子以爲黨。不以黨誣君子，欲排去君子，安能一網而盡之。觀自東漢而下，訖於有宋，其以朋黨之説而鋤善類者，何可勝歎哉！東漢之季，桓、靈不君，宦寺專權，横行海内。賢人君子憤小人之亂政，欲擊而去之不可得，乃揚清激濁，過爲風厲之行，以遏其勢，而太學之生，又務矜名高，互相標榜，於是小人嫉之如讎，而黨錮之禍作矣。凡屬正人，並隸黨籍，株累蔓延，鋤之殆盡。嗚呼！人之云亡，邦國殄瘁，此郭林宗所以哭之慟也，而漢室已傾矣。唐之中晚，權亦歸于宦者，人主廢立，皆出其手。而朝士不能和衷協濟，以弭厥害，方且分黨角立，牛、李之黨，相軋相傾，至昭宗之末，盡驅殺清流，投之黄河，使爲濁流。悲夫！而唐亦以亡。宋自王安石更立新法，同已者進，異已者逐，暨乎元祐，高太后垂簾，委任諸賢，斥逐羣小，以除新法之害。小人不得志，方且匿形伺釁，以圖報復。而諸賢不悟，乃有朔黨、洛黨、蜀黨之分，彼此詆訐，授小人以可乘之隙，及哲宗親政，柄用章惇，大肆凶慝，凡元祐宰執，及侍從諸臣，貶斥竄逐，目爲黨人。至蔡京用事，益加狂悖，罹織黨人，勒石立碑于端禮門外，禁錮其子孫，無一得免者。於是舉朝之上，遍立僉壬，金人南牧，束手無策，遂至中原淪滅，二帝蒙塵，而宋以不救。天下之壞也，豈非朋黨實貽之戚哉。夫大厦之傾，支之非易；狂瀾之倒，障之綦難。君子當否塞之會，小人横行之秋，正宜藏器于身，静處以待時，又何事過爲激烈，而嘗小人之鋒，俾誣陷黨籍，禍中於己身，而害幷及於國家也。

明·崔銑《洹詞》卷八《朋黨論》 崔子曰：王者之政，公與平而已。是故以通民之志，以定民之趨，無以激之嘅不生，無所鬱之勢不渙，故曰無有作好，遵王之道；無有作惡，遵王之路。夫水至静也，觸於石則其聲鏜鏜然；木至植也，盪於風則其枝搖搖然。故不公必生異心之民，不平必成告訕之習。三代而下，漢有鈎黨，唐有牛李之黨，宋有洛蜀朔之黨，皆起於季世，闇君政，陂命亂焉。爾方其盛也，君相明忠，風化渾朴，賢必上，佞必下，道所共由，怨亡自作。其衰也反是，用舍惟其我便，刑賞决乎衡準，賢則斥則柏舟起歎，佞咸升則尹氏被刺。上猶不之省，乃朋小人以與下讐，於是一薰一蕕，各因類聚，或掎或角，皆尚力競。漢之黨，基於和安之代，竇憲、梁冀之敢僭，楊震、李固之受戮，君子私憂邦殄，思以直躬清議而存之。唐之黨，積於德憲之際，陸贄、裴度之外，延齡、鏄吉之寵，小人闚視權利，立交傾軋。宋之黨，出於熙寧、元祐之承，安石、惠卿之售奸，諸賢之投劾，而遯學者護守業術，攉量勝負，宦豎、憸臣各乘鷸蚌之持，以肆漁人之取。夫漢之君子，忠而昧於時，所謂知進而不知退也。唐小人貪而忘其軀，所謂安危而利菑也。謂漢爲黨，是罔之也；謂唐爲黨，是譽之也。小人利成則爭，賊其肺腑而恬，何黨之有？宋諸臣如洛之道、朔之節，可觀世矣。蓋若獨大，其有以服乎人者之心也。《易》曰：『同人於宗，吝。』其可得免乎？夫達於天命之謂德，推而通之之謂道，舉而措之、民而宜之之謂功，異裁同制之謂教。曲涂隘港，求端輿檝，強能獨知，期合契符，未之或濟也。黨碑樹止，金人蹂之，逮其南渡，兹風愈熾，士議未一，宋社已屋。夫忘國之大讐，字訓是辯，舍吾之固有，師承是專，卒流於空談，靡考於實績，孔孟之道，猶老莊虚無之誕。嗟乎！政之偏也，始於快已，終焉喪天下；學之偏也，原於任已，終焉誤國。小人之害不與，是可不懼哉？可不戒哉？

明·王世貞《讀書後》卷三《讀朋黨論》 朋黨之説，蓋自古有之，曰：君子與君子以同道爲朋，小人與小人以同利爲朋。此勢也，亦理也。歐陽氏獨曰：『小人無朋，以爲朋者，偽也。及見利而爭先，或利盡而交疏，則反相賊害，雖其兄弟親戚不能相保，故曰小人無朋。君子則不然，所守者道義，所惜者名節，以之修身，則同道以相益；以之事國，則同心而共濟，終始如一。此君子之朋也。』蘇氏復爲之續曰：『君子以道事君，人主必敬之而疏，小人惟予言而莫予違，人主必狎之而親。疏者易間，而親者難睽也。而君子不得志，則奉身而退，樂道不仕；小人者不得志，則徼倖復用，唯怨之報。此其所以必勝也。』歐陽氏之説，則慮君子之黨見疑於人主，而求所以釋之；蘇氏之説，則慮小人之黨見信於人主，而求所以勝之。斯二説者，皆得之而未能盡者也。凡爲君子而純者，必不爲朋黨者也，曰夙夜匪懈，以事一人而已，曰中心無爲，以守至正而已。凡爲小人而純者，亦必不爲朋黨者也，曰見利則趨，利盡則散而已。其爲朋黨者有之，不純乎君子與不純乎小人者也。不純乎君子者，有君子之節，而不能盡去其累。所謂累者三：曰近名，曰好勝，曰快心。士固有批鱗蹈刃，出萬死而成其是者，一念之名根未除，則士之務爲可喜可愕者，入之而爲黨，若東漢之三君、八俊、八廚、八顧之類是也。宋光、寧之際，賢者亦近之。曰好勝，其人雖跡爲君子，而一議論之不合，則各持此之是以求伸，爲徒者傅益之，則摘彼之非以求其屈，若宋洛、蜀、閩之類是也。而唐穆、文之際，不盡賢者亦似之。曰快心，則忿小人之爲奸，與其黨類之貪横，甚至冒酷吏之法而翦除之，伏機反中其禍，繇身而及國，若黨錮諸賢於宦者是也。不純乎小人者三，曰無君子之實而慕其事，其心乃欲得小人之利而已。如唐之八司馬者，其與伾、叔文比而驟貴，則非其欲奪中人之權而革貞元之政，則是此不純小人者也。以小人之爭起，亦以小人之利合，而時時見君子行，若德裕之政術、僧孺之却賂、栖楚之直言，此亦不純小人者也。二者皆易察識者也。若乃陽竊君子之似，而陰用小人之術，以其可喜可愕者，中君子之好而愚之，其君子幸而覺，則彼得持君子之疏而投之禍；不幸而不之覺，則君子亦浸淫與之俱化，蕩而無所歸。陽則以其似而收天下之譽，陰則以其實而市天下之權。緩之則肆然而來，以與君子同其進；急之則忽然而匿，不與君子同其退；又急之，則甘心爲婦寺之吮舐，盡棄其故，而了不之恥。此於古或有之，我未之見也。凡朋黨者，先王之所不能廢也，而恒示之戒。其於朋也，爲書之像形也，若風之襲羽而弗克正也。故《書》醜淫朋，《易》美朋亡，又曰：『君子羣而不黨。』而歐陽氏、蘇氏若以爲善，而汲汲乎求白於人主者，何也？凡君子必無朋黨，君子而不純者有之，然多不勝；小人必無朋黨，小人而不純者有之，然多勝。勝則足以憂君子而傾人之國，然至於能奪天下之公議，壞天下之人心者，則未有過於陽竊君子之似，而陰用小人之術者也。

清·王永吉《人臣儆心録·植黨論》 自古國家太平之治，率由大小臣工協力和衷，以熙庶績，乃能久安長泰，流譽靡窮。顧爲臣之道，其類不一，大約不植黨與，不愛虚名，不營已私，不貪賄利，敬以飭躬，誠以事上，耿介自立，勤慎莅官，其至要者矣。若此則品行以端，學術以正，而功業以成，稱曰純臣，庶幾無媿。彼邪臣則不然，其作慝也多端，而要莫大乎植黨。當其始進，每以小忠小信矯飾身名，乘人主鋭意圖治之時，巧售其術，以邀知遇。人主推誠以任，待之不疑，倖據要津，事權在握，於是假王朝之刑賞，逞一己之威靈，廣樹私朋，以爲羽翼。陽託舉直錯枉之名，陰行黨同伐異之計。附己者譽而援之，躋於通顯；逆己者毁而攻之，陷於罪戾。其意將使謇諤之士盡去朝端，凡析圭擔爵之人必皆出其門而後已，浸淫日久，而匪類漸滋，國事漸壞，流禍可勝道哉！

或曰：植黨之禍既如此矣，將踽踽涼涼，獨立無耦而後可乎？古人之言達道終及朋友之交，則又何也？曰：不然，亦各權其重耳。夫人平居里閈，則重友誼；比肩事主，則重臣節。重臣節即不得復論交情。是以君子之事君也，不苟爲同，不求爲異，其心祇知夙夜匪懈，以事一人而已。故孔子曰：『君子周而不比』，『和而不同』，亦何植黨之有？如虞廷二十二人，或都或俞，或吁或讓，其時師師濟濟，庶尹允諧，夫豈無朋黨，而後世不得目之爲黨。

若唐之李逢吉，秉政擅權，引用張文新、李訓、李續之、李虞、劉栖楚、姜治、張權輿、程昔範之徒，分布要劇，勢震朝野，傾陷正直。李宗閔惡李德裕，則引用牛僧孺等以排擯之，而德裕亦與宗閔各分朋黨，更相傾軋，致使其君興歎於『去河北賊易，去朝中黨難』，而唐祚因之以不振矣。宋之章惇罔上行私，引用蔡卞、林希、張商英、黄履、來之邵、周秩、上官均等，居要地，任言責，協謀朋奸，報復仇怨，而蔡京、蔡攸至於父子爲敵，各立門户，宋亦以衰。

嗟乎！以終身之心力，不用之致君澤民，而用之呼朋樹黨；不用之服官行政，而用之怙姦嫉賢。究乃毒釀一時，穢流萬世，勢權有盡，唾笑無窮，夫何益哉！彼有國者，亦奚利有此臣哉？此植黨之風，人臣所當深戒者也。

清·黄宗羲《留書·朋黨》 朋黨之禍，與國爲終始，然未有本朝國統中絶，而朋黨尚一勝一負，浸淫而不已，直可爲一笑者也。

初，歸德沈鯉，江夏郭正域，爲物望所歸，沈一貫承王錫爵、趙志皐之後當國，布列其私人於要地，相與扼之。妖書事起，一貫承上怒？欲陷鯉及正域，悉收其往來遊客拷繫之，正域幾不免，部郎于玉立獨左右之，亦被斥。會無錫顧憲成罷歸，創東林書院講學，譏切朝政，而玉立與焉。其後，一貫之敗，攻者多講學東林之徒也。憲成死，方從哲入政府，凡附東林者皆以法謫之。

當是時，神宗欲廢太子，而立其愛妃鄭氏之子福王。王錫爵、沈一貫暇豫之，而方從哲則鄭氏之私人也，故一時言國本者移幼冑之東林。光宗立，鄭氏自危，乃獻美人以結歡於上，於是官因鄭氏者得不廢。光宗既爲鄭氏所敗，宫中多鄭氏之黨，而魏忠賢得權於熹宗。然其時，諸爲從哲所謫者皆起，遂以爲東林一時之盛矣。

魏忠賢用事，小人作《點將録》，進之忠賢，因之爲《東林黨人碑》，坐貶死者數百人。毅宗誅魏忠賢，凡官因魏忠賢者，定爲逆案。逆案之人乃出奇計，導虜入喜峰口，薄都城。時袁崇焕任邊事，崇焕故附東林者也，因以計陷之，崇焕受誅。毅宗亦遂疑朝廷之上有所謂東林者也，思以抑之。楊嗣昌有寵于上，奪情人相，不爲黄道周所容，上因不悦道周。道周故與周之夔交惡，婁人張溥爲復社，之夔以其事上之，謂復社主自道周，收道周入獄。周延儒再相，其事乃解。

馬士英立弘光，逆案之人阮大鋮從中爲之畫計。弘光德之，且以爲魏忠賢故鄭氏之黨，其附之者皆常欲立其父福王者也，於是在逆案者盡用之，而以降賊之名斬復社周鍾，捕魏學濂、陳名夏，又作《蝗蝻録》，言復社爲東林之孽。虜設僞朝，其相馮銓，故逆案人也，頗引用其類。及陳名夏亡命入虜，其酋聽之，而漢人之仕於虜者，以爲東林云。

歐陽子曰：『小人無朋，惟君子有之。』吾於東林觀之，以爲不然。東林之起不過數人耳，未嘗有名籍相標榜也。其後以言國本者歸之，以劾閹人者歸之，所謂黨人者，乃小人妄指以實之耳。彼君子者未嘗曰『吾約黨人而言國本也，劾閹人也』。復社乃場屋人習氣，於東林何與？而亦歸之耶？宗廟亡矣，亡日尚矣，歸于何黨矣？使昔之爲東林者果有門户，而在此爲不仁之甚者也，是故君子必無朋者也。仁義何常之有？蹈之則爲君子，違之則爲小人。黄允稱于郭泰，邢恕學于程氏，苟必曰吾黨人也，則世無小人矣！程頤之於蘇軾，文天祥之於李庭芝，苟必曰非吾黨人也，則世無君子矣！魏忠賢既誅，凡官因魏忠賢者，以國法斷之，可誅者半，可赦者半。其時之君子，居前不能令人輊，居後不能令人軒，徒以空文錮天下之小人，別小人爲一朋，真若自以爲一朋者，卒使其害至于亡國，則歐陽子之一言誤之也。

清·唐甄《潛書》下篇下《除黨》 唐子曰：『黨者，國之危疾，不治必亡。』孫子曰：『雖有扁鵲，無能爲也。』唐子曰：『何必扁鵲；苟達其故，中醫皆能治之。』曰：『是滅漢，滅唐，滅明，非人力之所能勝也。乃先生則易言之，何也？』唐子笑曰：『漢往矣，安得起漢黨而治之以信於子！唐往矣，安得起唐黨而治之以信於子！明亡矣，安得起明黨而治之以信於子！今有良藥，可以一發而解固結之疾，在吾與子之目前，而子不見也。』孫子愕然問其故。

唐子曰：良藥者，今天下之勢是也。昔者明之爲黨，邪者緣卿相，緣閹奴；正者緣氣節，緣道學。如南濠之市，貨別爲行，惟賈所投。凡人之求顯名厚禄者，不入其黨，不得也。當是時也，黨之爲勢，固於人心，蔓於海內，若亡人之國而不與之俱亡者。及大清之有天下也，黨人之長老猶有存者。後生習聞其術，攘臂而起，如草枯而根萌，木斬而蘖生。郡邑之間，往往百十爲羣，更立社名，宴飲締交，亦嘗遠近嚮應矣。然究則獸逸鳥散，莫之禁而自廢者，其故何也？名者，黨之招也；勢者，黨之帥也。今之將相功臣，其耳目心思與明俗異。名譽不足以動之，其權勢又不得假而爲我用，是無招無帥也。無招則黨不聚，無帥則黨不立；百官有司，救過保位之不暇，何黨之能爲！此所以不禁而自廢也。昔之雄辨如鋒者，今之杜口無言者也；昔之攻人必勝者，今之自守不足者也；未嘗不拊掌大笑而稱快也。然則治黨之道無他，在絶其緣而已。絶其緣，則邪黨不伐而自破，正黨不解而自散。請悉其説：

『用相者，天下之大事也。昔者明之季世，有免相者，衆爲行一二十萬金，輒得復相。凡相必有所由致。袁萃曰：「爲相必賂内侍，如樹之托根然。」則相者，非國家之相，内侍之私人，衆人之覇主也。人君雖庸，曷思其故：斯人也，何以得相乎？必使之行政而政舉，任官而官治，而後從而用之也。何以免相乎？必使之行政而政不舉，任官而官不治，而後從而免之也。《傳》曰：「雖有高世之名，無尺寸之功者不賞。」左右雖善毁，不能毁有功以爲無功；左右雖善譽，不能譽無功以爲有功。豈以無徵之巧言遽決用舍哉！君能以相用相，不以左右用相；相能以人用人，不以朋類用人。天下之士，皆知由黨者不必得富貴，得富貴者不必由黨，人亦何樂於爲黨乎！曷觀之聚而爲盜者乎！以貪戾之徒，一夕相親，厚於兄弟者，豈以義固哉？將以取人之財也。若爲主人者，峻牆垣，謹防禦，不與以鑽踰之便，雖驅之使爲盜，不可得矣。此治邪黨之法也。

『直節之臣，國之寶也；道德之臣，王者之師也。匡君爲直，攻人非直；讓能爲賢，爭名非賢；是不可以不察也。有人焉，直諒之聲震天下，當國任職之臣，一有過失，非與於政之興壞，非與於天下之安危，必欲攻而去之。其氣如戰，其志如刃，其言如訟；視其鳴鏑所向，羣起射之而不敢後。此黨人之雄也。若是者，不必加戮也；戮之，適以堅其死而成其名。人君當談笑而視之曰：「此豎子無知也。」上書若不聞其言，在朝若不見其人。始輕之，漸遠之，徐廢之，歲月之間，並其醜類淪澌而銷亡矣。天下有行於今必如行於古者，有行於古必不可行於今者。必如行於古者，學也；必不可行於今者，聚衆以講學也。聚衆講學，其始雖無黨心，其漸必成黨勢。氣節之爭，由此而起；小人之敵，由此而立。若不以道學號世，不以氣節凌人，小人無所於釁，亦不成黨，甚爲易制。人君將欲風天下，勿畏非聖之謗，勿竊尊儒之名，當心法孔孟，不可口法孔孟。於視朝之時，明言以告羣臣曰：「我不喜道學；有以道學進者，我必廷辱之。」則貌孔孟者望風沮喪，不敢蟻引而進以竊位惑世。第講於鄉，教於里，雖非眞學，其亦無害於天下。若夫身退而去，寓書京師，制黜陟之權；處士巷居，公卿就而决是非，訪賢不肖。此道學之大賊，法所必誅者也。明主處此，不謀於羣臣，不按於法律，驅而斬之於市，而以徇於天下曰：「吾欲使士爲士，大夫爲大夫；仕者盡其職，致仕者安於家。有不在其位而謀其政者，視此矣。」此治正黨之法也。』

孫子曰：『黨不可以刑勝，徵於前代矣；先生又欲行誅，毋乃疏於計乎？』唐子曰：『子何見之不明也！賞善刑惡，人主之柄也。刑賞由己，孰敢不服！若臣下竊以行私，則互相讎報，天下必亂。假使稷契夔龍與皋陶朋比而誅四凶，則四凶之徒亦必計斃皋陶；人心不服，亦將叛舜。夫權假於下，舜且不得爲任賢之君，皋陶且不得爲執法之臣，況衰世之君臣乎！善乎吳修齡之言曰：「萬曆之朝無君矣，安得無黨！」夫君失其爲君，則致亂之釁，百出難料，不獨黨也。』

孫子曰：『方以類聚，物以羣分。東林，亦賢者之所遊也，其中多蹈仁行義之儒，奮不顧身，爲國家去邪慝。先生論黨而不別人，吾猶未慊。昔人有言：「附東林者亦有小人；攻東林者必無君子。」此言是乎，非乎？願因先生定之。』唐子拊掌而笑曰：『古語云：「伐國不問仁人」，子奈何以此事問我哉！吾與子論黨者，傷人國之淪亡，惡人心之中戾氣，故明中和之道，以立治辨學，以爲後世取法。吾烏知其何爲附東林，何爲攻東林；吾烏知其爲東林、西林、南林、北林也！』

清・愛新覺羅・胤禛《世宗憲皇帝御製文集》卷五《朋黨論》 朕惟天尊地卑，而君臣之分定。爲人臣者，義當惟知有君，惟知有君，則其情固結不可解，而能與君同好惡，夫是之謂一德一心而上下交。乃有心懷二三，不能與君同好惡，以至於上下之情睽，而尊卑之分逆，則皆朋黨之習爲之害也。

夫人君之好惡，惟求其至公而已矣。凡用舍進退，孰不以其爲賢而進之，以其爲不賢而退之。惟或恐其所見之未盡當也，故虛其心以博稽衆論。然必衆論盡歸於至正，而人君從之，方合於大公。若朋黨之徒，挾偏私以惑主聽，而人君或誤用之，則是以至公之心，反成其爲至私之事矣。孟子論國君之進賢退不肖，既合左右諸大夫國人之論，而必加察焉，以親見其賢否之實。《洪範》稽疑以謀及乃心者，求卿士庶民之從，而皇極敷言，必戒其好惡偏黨，以歸於王道之蕩平正直。若是乎人君之不自用，而必欲盡化天下之偏私，以成大同也。人臣乃敢溺私心，樹朋黨，各徇其好惡，以爲是非，至使人君懲偏聽之生奸，謂反不如獨見之公也。朋黨之罪，可勝誅乎？

我聖祖仁皇帝御極六十年，用人行政，邁越千古帝王，而大小臣僚未能盡矢公忠，往往要朋結黨，聖祖戒飭再三，未能盡改。朕即位以來，屢加申飭，而此風尚存。彼不顧好惡之公，而徇其私暱，牢不可破。上用一人，則相與議之曰：『是某所汲引者也。』於是乎遠之若浼，曰：『吾避嫌也，不附勢也。』爭懷妒心，交騰謗口，以媒蘖之，必欲去之而後快。上去一人，則相與議之曰：『是某所中傷者也。』親暱者爲之惋惜，疏遠者亦慰藉稱屈，即素有嫌隙者，至此反致其殷勤，欲借以釋憾而修好。求一人責其改過自新者，無有也。於是乎其人亦不復自知其過惡，而愈以滋其怨上之心。是朝廷之賞罰黜陟，不足爲重輕，而轉以黨人之咨嗟歎息爲榮，以黨人之指摘詆訾爲辱，亂天下之公是公非，作好惡以陰撓人主予奪之柄，朋黨之爲害，一至是哉！

且使人主之好惡而果有未公，則何不面折廷諍，而爲是陽奉陰違，以遂其植黨營私之計也！《書》曰：『予違汝弼，汝無面從，退有後言。』當時君臣告語，望其匡弼，而以面從後言爲戒。夫是故一堂之上，都俞吁咈，用能賡歌颺拜，以成太和之運。朕無日不延見羣臣，造膝陳詞，何事不可盡達，顧乃默無獻替，而狡獪叵測，蓄私見以肆爲後言，事君之義，當如是乎？古純臣之事君也，必期致吾君於堯舜，而人君亦當以堯舜自待其身，豈惟當以堯舜待其身，亦當以皋、夔、稷、契待其臣。孟子曰：『責難於君，謂之恭；陳善閉邪，謂之敬；吾君不能，謂之賊。』夫以吾君不能而謂之賊，則爲君者以吾臣不能，亦當謂之忍。語云：『取法乎上，僅得乎中。』苟不以唐虞君臣相期待，而區區傚法僅在漢唐以下，是烏能廓然盡去其私心，而悉合乎大公至正之則哉？

宋歐陽修《朋黨論》創爲邪說，曰：『君子以同道爲朋。』夫罔上行私，安得爲道？修之所謂道，亦小人之道耳。自有此論，而小人之爲朋者，皆得假同道之名，以濟其同利之實。朕以爲君子無朋，惟小人則有之。且如修之論，將使終其黨者，則爲君子，解散而不終於黨者，反爲小人。朋黨之風，至於流極而不可挽，實修階之厲也。設修在今日而爲此論，朕必斥之，以正其惑世之罪。大抵文人掉弄筆舌，但求騁其才辯，每至害理傷道而不恤。惟六經、《語》、《孟》及宋五子傳註，可奉爲典要。《論語》謂君子不黨，在《易・涣》之六四曰：『涣其羣，元吉。』朱子謂上承九五，下無應與，爲能散其朋黨之象，大善而吉。然則君子之必無朋黨，而朋黨之必貴解散，以求元吉。聖人之垂訓，亦既明且切矣。

夫朋友亦五倫之一，朋黨不可有，而朋友之道不可無。然惟草茅伏處之時，恒資其講習以相佽助。今既登朝莅官，則君臣爲公義，而朋友爲私情，人臣當以公滅私，豈得稍顧私情而違公義？且即以君親之並重，而出身事主，則以其身致之於君，而尚不能爲父母有，況朋友乎？況可藉口於朋，以怙其黨乎？朕自四十五年來，一切情僞，無不洞矚。今臨御之後，思移風易俗，躋斯世於熙皥之盛，故兼聽並觀，周諏博採，以詳悉世務，且熟察風俗之變易與否。而無知小人，輒議朕爲煩苛瑣細，有云人君不當親庶務者。信若斯言，則皋陶之陳謨，何以云一日二日萬幾？孔子之贊舜，何以云好問好察？此皆朋黨之錮習未去，畏人君之英察，而欲蒙蔽耳目，以自便其好惡之私焉耳。朕在藩邸時，坦易光明，不樹私恩小惠，與滿漢臣工素無交與，有欲往來門下者，嚴加拒絶。聖祖鑒朕居心行事公正無私，故令纘承大統。今之好爲朋黨者，不過冀其攀援扶植，緩急可恃，而不知其無益也，徒自逆天悖義，以陷於誅絶之罪，亦甚可憫矣。朕願滿漢文武大小諸臣，合爲一心，共竭忠悃，與君同其好惡之公，恪遵《大易》、《論語》之明訓，而盡去其朋比黨援之積習，庶肅然有以凛尊卑之分，歡然有以洽上下之情，虞廷賡歌颺拜，明良喜起之休風，豈不再見於今日哉！

政治關係論部

君民關係論分部

論説

明・朱瞻基《大明宣宗皇帝御製集》卷一《帝訓・仁民》 天命人君爲生民之主，人君奉天命以主生民，其職惟在養民而已。禹曰：『德惟善政，政在養民。』故聖君皆以愛民爲務，誠以民心之從違即天命之去留也。古語『撫我則後，虐我則讎』，又云『民猶水也，水能載舟，亦能覆舟』。其幾如此，故人君理天下者不過欲民不失所也。禹曰：『民惟邦本，本固邦寧。』夫食則思民稼穡之艱，衣則思民蠶桑之勞，飽則思民之饑，暖則思民之寒，賦歛以時，役調有節，寬厚以容之，簡靜以休之，俾農工商賈各力於生業，水旱疾疫皆爲之賑恤，無失所之憂，有生遂之樂，則民心永安，而天命永固矣。

明・邱濬《大學衍義補》卷一三《固邦本・總論固本之道》 臣按：山高出於地而反附著於地，猶君居民之上而反依附於民，何也？蓋君之所以爲君者，以其有民也。君而無民，則君何所依以爲君哉？爲人上者，誠知其所以爲君而得以安其位者，由乎有民也，可不思所以厚民之生，而使之得其安乎？民生安，則君得所依附，而其位安矣。【略】

臣按：人君至尊也，小民至卑也；人君至强也，小民至弱也。君之於民，欲生則生之，欲死則死之，是可畏者，莫如君也。今舜之告禹，乃曰『可畏非民』，何哉？吁！人君誠知民之真可畏，則必思所以養之安之，而不敢虐之苦之，而使之至於困窮矣。夫然，則天禄之奉在人君者，豈不長可保哉？【略】

臣按：此章言國以民爲本，君之固結民心，以敬爲本。人君誠能以敬存心，兢兢業業，以臨兆民，如以朽敗欲斷之索，以馭夫並駕易驚之馬，惟恐其索之斷絶，而馬之驚軼，以致吾身之墜。惕然恒存此心以臨乎民，必不肯非法以虐之，非禮以困之，而使之得以安其身，保其命，以遂其仰事俯育之願，則有以固結其心，而宗社奠安矣。【略】

臣按：《書》曰：『惟天惠民，惟辟奉天。』君承天之命以治天之民，知天之心甚惠愛乎民也，則必養之如子，蓋之如天，容之如地，則民之奉其君，亦將愛之如父母，仰之如日月，敬之如神明，畏之如雷霆矣。苟以一人肆於民上，以縱其淫虐，而棄天地之性，豈天意哉！【略】

臣按：民心莫不有所欲，亦莫不有所惡，於所欲者則趨之，於所惡者則避之。人君知民之所欲者在仁，則施仁之政以來之；所惡者在不仁，則凡不仁之政一切不施焉。去其不仁，而所施者無非仁，則有以得民之心，而民之歸之，不啻如水就下、獸走壙矣。苟爲不然，反其好惡之常，民心所欲者，則不之施，而所施者，皆其所不欲者也。如此，則失民之心矣。既失民心，民是以視其欲之所在而趨就之，則是吾爲之驅之也。嗚呼！有天下國家者，尚鑒諸此，其無爲人驅民哉！

清·唐甄《潛書》下篇上《明鑒》　爲政者多，知政者寡。政在兵，則見以爲固邊疆；政在食，則見以爲充府庫；政在度，則見以爲尊朝廷；政在賞罰，則見以爲敘官職。四政之立，蓋非所見。見止於斯，雖善爲政，卒之不固，不充，不尊，不敘，政日以壞，勢日以削，國隨以亡。國無民，豈有四政！封疆，民固之；府庫，民充之；朝廷，民尊之；官職，民養之。奈何見政不見民也！堯曰：『四海困窮，天祿永終。』每誦斯言，心墮體戰，爲民上者，奈何忽之！

昔者明之亡也，人皆曰：『外內交閧，國無良將；雖有良將，忌不能用，安得不亡！』此其亡之勢也，非其亡之根也。當是之時，兵殘政虐，重以天災，民無所逃命，羣盜得資之以爲亂。馬世奇曰：『治獻賊易，治闖賊難，蓋人心畏獻而附闖也。非附闖也，苦兵也。一苦於楊嗣昌之兵，再苦於宋一鶴之兵，又苦於左良玉之兵。行者居者，皆不得保其身命。賊知人心所苦，所至輒以勦兵安民爲辭。愚民被惑，望風降附。而賊又散財賑饑以結其心，遂趨賊如歸，人忘忠義。其實賊何能破州縣？以從賊者衆也。』施邦耀曰：『今日盜寇所至，百姓非降則逃，良由貪吏失民心也。得一良吏，勝得一良將；去一貪吏，勝斬一賊帥。』二子之言，見亂本矣。

當是之時，天下之大，萬民之衆，恒患無兵。京師之守，以一卒而當數陴。李自成雖嘗敗散，數十萬之衆，旬日立致。是故陝民之謠有之曰：『挨肩膊，等闖王。闖王來，三年不上糧。』民之歸之也如是。蓋四海困窮之時，君爲讎敵，賊爲父母矣。四海困窮，未有不亡者。其不亡者，未及其命之定也。天留其命，未生奸雄；天薄其命，則生小雄；天絶其命，則生大雄。當四海困窮之時，無雄，則飢寒積憂之氣發，爲災祲，爲彗孛，爲水旱，爲山川草木人鬼之妖。有小雄以倡之，則逋聚山澤，破城據險，旋滅旋起，以耗國家。有大雄以倡之，則長智增勇，撼山沸河，數百年厚建之社稷，如椎卵矣。若是者，皆困發也，爲奸雄所馮也；此明之所以亡也。若四海安樂，人保室家，誰與爲亂！雖爲君者不過中材之主，卽有湯武之賢，一匹夫耳；欲謀社稷，亦無如何，況羿浞之流哉！

君之於民，他物不足以喻之。請以身喻民，以心喻君。身有疾，則心豈得安；身無疾，則心豈復不安；有戕其身而心在者乎？是故君之愛民，當如心之愛身也。非獨衣服飲食爲身也，牢廏門庭，田園道路，凡有所營，皆爲身也；非獨農桑鬻貸爲民也，上天下地，九彝八蠻，諸司庶事，內宮外庭，凡所有事，皆爲民也。茅舍無恙，然後寶位可居；蓑笠無失，然後袞冕可服；豆藿無缺，然後天祿可享。

君臣關係論分部

論說

元·劉將孫《養吾齋集》卷二三《責難陳善閉邪如何論》　致君之學，談者能之，亦談者病之。世未嘗無聖賢之君也，有聖賢之君出，而不嚮乎道，不志于仁者，有君無臣故耳。人亦孰不欲使是君爲堯舜之君哉？

學莫難於理欲之辨，而雖上智不能無人心，不知因事以感移其意，而槩焉談道以爲高，則道與事始扞焉而不相合，及其不相合也，曰：『吾既責難於君，君不能行吾道也』，則爲是君者亦誠難矣。昔者聖賢之告其君者，未嘗有甚難之事也，人皆可以爲聖賢，而聖賢必人之所難，則亦何以責之理欲，同行而異情，爲彼則易，而爲此則難，因其情而善道之，使之爲此而不爲彼，而可以爲難矣。責之以堯舜則難，而語之以善則易，充類而至，亦責之以甚難也，而吾之致君，則有其道矣。昔孟子之致君，蓋如此，人主有可爲之資，而其臣無致君之術，此古今之所共歎也。行帝道而帝，行王道而王，徒聞其語，不知所以爲帝爲王者，髣髴何似，則往往棄其身而自謂不能，而茫然遐思千載之上，千載之下徒深嘉而極樂，而儒者又從而贊之，其相與爲欺與？謂其君不能者同罪，而自謂責難之道固如此，不知帝王復起，君臣父子其不與人同者，直在盡分與不盡分之間爾，堯舜三王豈與清虛寂滅者同事，而必可望不可及哉？所謂責難者，非謂舍彼所易，而擇取夫人之所甚難者，而强責之也。人未有不可爲堯舜，而爲人臣者不可不堯舜其君，以後世之君而堯舜之，不可謂之不難，以堯舜之道亦與人同，則亦不可謂之難，責之以難，謂當責之以堯舜爾，而非難堯舜也。責難於君，蓋自有道，陳善閉邪，衆人之事，則然以衆人事之，而以堯舜望之，尚得爲恭且敬乎？非然也，即衆之所能，而堯舜在是矣。此致君法也。嗚呼！致君之學不明，而後有其君自棄，而謂其臣以度吾所能行者，有震於其名而必不可復而謙遜未遑者，有安於汙陋而喜其臣能恕已量主者，有淺功近效之不繼而但望其如即位初者，譬古太高而格心無學，其失望一至於此，成王中才之主也。周公之於其君，不以中才望之也。《無逸》之書，上不及於堯舜，精不及於執中，怨詈之辭，稼穡之事，必使之爲此不爲彼，後人爲成王者固甚難矣。其所以變易其邪心者，正在家人日用間，而其事蓋甚易也。孟子一見齊王而許之以王，齊王欲然於不能進，則亦自知其難也。好勇貨色，雖患淫邪之人，不褻於此矣。仁義敬王，正君國定，其說宜如何，而尚遷就而爲之辭，惟恐其不好，若策士之游談者。然文武之事苟能充之，亦一變至道，夫孟氏之所謂責難，蓋如此，則隨時感移其君之意，豈非千古之明法歟？而高談唐虞，自比稷契者，聞其說而卑之。嗚呼！大道之要不聞，至治之澤不流，堯舜氏之不作，志伊尹之志者終無所施耶！由周公而責難，有其事；由孟子而責難，有其說。顧其用力之區區，惟在於陳善閉邪，而他無責難之可講。自是以來，儒者責難之論多，而陳善閉邪之策少，豈皆志其道而不屑其事耶？汲黯謂武帝曰：『陛下内多慾而外施仁義，奈何欲效唐虞之治？』儒者之論，類如此。嗚呼！後之君欲爲堯舜者，其亦何若而可。

元·胡祗遹《紫山大全集》卷一三《君臣論》 聖王之疆理天下，大則建邦設都，小則封一城、食一邑，規模布置，增損多寡各不同，皆有良法美意，未有泛與漫應，輕以假人者也。三代之州牧伯侯，漢之大啓九州，犬牙相制，一郡一縣，星分棋布，唐之分天下爲十道，孰得孰失，概可見矣。聖王在上，措民於無訟，措天下於無事，萬類熙熙，各得其所，大君大臣，以及下官小吏，皆優游於其職，無煩刑，無苛法，無冗文。後世反是，何以言之？井田限田既定，世守先疇之畎畝而無田訟，居官者長子孫，内則三公九卿，外則郡縣，而無後世循資遷轉、二三年以轉官之繁冗，百畝之田，徹一爲稅，而無推排物力之煩碎，山澤無禁而無苛法虐刑，道路男女有別而無姦淫，婚姻以禮以時而無淫奔犯非之罪，强榦弱枝以重馭輕兵，農有法而無背逆誅討之役，爲民者四而無無常產、無恒心、放僻邪侈之過。賢不肖明白分定，而無僥倖覬覦犯分越禮之愆；人君宗廟宮室常制一定，而無妄興之土工；國家經費一定，而無濫徵横科之費；官制一定，而無十羊九牧之濫。爲人擇官之弊，多欲則事繁，文繁則吏冗，吏冗則官冗，官冗則議論紛紜、政日紊亂，政日紊亂則物物被擾，物物被擾則禍不可逃矣。一人寡欲，萬方蒙恩，國以永寧。自古小人得君無他，才術逢欲而已，禍亂之作固出於君，昏亂淫虐於上，而羣小在位，綱紀壞而人心失，然亦有不至此極而亂者。公私空竭而飢寒切身，水旱爲災是也。天地之道，循環往返，治極則亂，泰極則否，不能無也。以耳目所覩聞，三十年無饑饉流殍，一旦有之，則其禍不細，務農蓄積，豈細事哉？君臣之情，不親愛如父子，不相信如符契，不相得如魚水，而冀庶績之咸熙，尚且以尚父自負，謂之盲瞶，可也。若以堯、舜、禹、湯、文、武、周、孔治天下之法言之，則非聖人未易能也；視後世治天下之法言之，雖腐儒俗吏赤子健兒皆能之，况良士乎，况俊傑乎？患用與不用耳。以語言號令治天下，已爲循末言，又不踐事，何以責成，言不順則事不成，聖人豈欺我哉？陸贄亦曰：『動人以言，所感已淺，言又不切，人誰肯懷？』《傳》曰：『不誠無物。』至哉言乎！人主之心不可不誠，至如爲善推原本情，爲己歟？爲天下歟？爲名歟？爲實歟？矯飾歟？誠圖一時歟？爲子孫後世歟？是道也，正人端士愛重，惟恐其失，反不致察；女子小人一於逢迎，不顯其敗，反能識之。見微知著，惟漢二疏，後世忠貞如陸贄而竟死於貶，豈不知德宗性情猜疑嗜利與小人合也哉？人君之於臣，敬之至，信之篤，愛之深，聽之允，行之果，庶幾志得道行，保有令終，五者或無一焉，則不得全其道矣。故曰聖賢千載一合，以唐虞三代言之。誠哉！是言也。以秦漢以下觀之，至於今無一人焉。士之讀書，非徒博聞强識而已也，觀古人之出，處事接物，自始至終，得失是非，吉凶成敗，因以爲鑑。一世之内，先觀人主之性情作爲何如，次則大臣，次則卿大夫羣臣，不惟見一人之優劣成敗，亦足以逆知一國之成敗。人之作室，審曲面勢有法，柱礎壯實，梁棟材大，一椽一榱，修直堅密，加以塈甓固緻，周垣堅厚，住室者日與守護，防風雨雀鼠而預爲之備，少有疏漏，隨補隨葺，祖傳之於父，父傳之於子，子傳之於孫，孫傳之於曾玄而可以無壞。天下社稷猶一室也，聖臣都俞吁咈，消患於未形，揖讓詠歌，論道於微妙，推理性之土苴以治天下，此聖臣也，臯、夔、稷、契、伊、傅、周、召是也。賢臣雍容和緩，格君心之非，不動聲響，務引其君以當道，措天下於泰山之安，此賢臣也，管仲、晏子、蕭、曹、丙吉、魏徵、姚、宋是也。李泌、陸贄之徒，能匡救一時之弊，緩水火之急，雖不能止君之惡而濟之一術，危而持之，顛而扶之，苟延數世之曆數，此能臣也。王猛、劉穆之具臣，畏首畏尾，既不能直諫以止君之惡，又不肯退位而貪祿固位耳，此庸臣也。亂臣長君之惡，逢君之過以私害公議，沮忠臣，斂怨積釁，速亡激危，此亂臣也。

明·朱元璋《御製大誥·君臣同遊第一》　昔者人臣得與君同遊者，其竭忠誠全其君，飲食夢寐，未嘗忘其政，所以政者何？惟務爲民造福，拾君之失，搏君之過，補君之缺，顯祖宗於地下，歡父母於生前，榮妻子於當時，身名流芳，千萬載不磨，專在竭忠守分，智人悟之有何難哉？今之人臣不然，蔽君之明，張君之惡，邪謀黨比，機無暇時，凡阡作爲，盡皆殺身之計，趨火赴淵之籌。

明·胡居仁《居業録》卷四《帝王》　天下事必君臣相遇而後可以有爲，上者如湯之於伊尹、高宗之於傅說、文王之於太公，次者如桓公之於管仲、燕昭之於樂毅、高祖之於子房、先主之於孔明，皆君臣相知相契之深。【略】

有聖賢之君，必有聖賢之佐，若中材之君，有聖賢之佐，亦可成王業，太甲、成王是也。

明·邱濬《大學衍義補》卷六《正百官·敬大臣之禮》　臣按：侯而謂之康者，以其有康民安國之功而得爲侯者也。大明之君在上，臣下順附而奉承之，而有康民安國之功，是以人君必錫之以寵數，車馬至於衆多，接之以親禮，晝日至于三接，在外之侯且然，則内之公卿可知也。後世人主，於在外之諸侯，曠世不一再見；於内之公卿，或五日一朝，或間日視朝。其勤者，雖一日一朝，然惟應故事而已。顔面之不親，情意之不孚，况望其晝日之間三接乎？夫惟接見之頻，然後其情可以通，其言可以入，勢分不至於懸隔，而上下無壅蔽之患，内外無廢墜之事也。有志任賢求治之主，尚念之哉。【略】

臣按：先儒謂臣以分言，鄰以情言。君臣之間，一於分則離，一於情則褻，故帝舜於大禹，既欲其盡臣道，以親助於我，曰『臣哉，鄰哉』，又欲其親助我，以盡臣道，曰『鄰哉，臣哉』。反覆詠歎之不置，舜歎而言之，禹俞而然之。君臣之際，其交相親近有如此者，後世人君之於臣下，不過於嚴則過於瀆。此上下之情所以不孚，而治功之成，恒不若於古歟？【略】

臣按：虞廷君臣，相與賡歌，以元首股肱爲言，以見君臣一體之意。君之歌則先股肱，臣之歌則先元首，於咏歌歡樂之中，寓推尊致敬之意。當是時也，一堂之間，君臣之際，臣敬君則拜稽以颺其言，君敬臣則致拜以俞其語。君臣一心，上下忘勢，此虞廷之君臣所以爲萬世法，而其治效所以爲不可及歟！【略】

臣按：此詩先儒謂召公從成王游歌於卷阿之上而作，其卒章所謂『維以遂歌』，猶《書》臯陶賡帝舜之載歌也。則是自古聖帝明王，所以敬禮其臣，相與游歌者，有自來矣。洪惟我太祖高皇帝，萬幾之暇，條成《大誥》三編，以示天下臣民。其初編之首，即託始以君臣同遊爲第一。

其言曰：昔者人臣得與君同游者，其竭忠成全其君，飲食夢寐，未嘗忘其政。所以政者何？惟務爲民造福，拾君之失，撙君之過，補君之闕，顯祖宗於地下，歡父母於生前，榮妻子於當時，身名流芳，千萬載不磨。噫！聖祖之心，所以爲聖子神孫慮者深矣。蓋君尊如天，臣卑如地，其分至嚴。矧繼世之君，生長深宮，其於臣下，尤易懸絶。蓋一日之間，視朝之際，僅數刻耳，退朝之後，所親接者，宦官、宮人，所謂賢士大夫者，無由親近也。於是乎發爲君臣同游之訓，謂之游者，則凡便殿燕閒之所、禁籞行幸之處，無不偕焉。如臯陶賡明良之歌、召公從卷阿之游是已。然尤恐其臣之同遊也，或啓君之怠荒，或長君之淫縱，於是又教之曰：務在成全其君，飲食夢寐，不忘其政，惟務爲民造福，拾君之失，撙君之過，補君之闕。又恐其臣不知所以感發而歆動者，於是又期之以顯祖宗，歡父母，顯榮生前，流芳後世。噫！聖祖之心所以感發其臣，而爲聖子神孫慮，一何深且遠哉！臣於是尤有以見古今聖君賢相，其心千萬世而相通也。何則？召公作詩以臣而告君也，故以壽考福祿之盛，以歆動其君之心，俾其興起於善，求賢用善，以爲法祖致治之基。聖祖作誥以君而告臣也，故以顯榮流芳之效，以歆動其臣之心，使其感發於善，盡忠福民，以爲成全其君之地，可見君臣之義，千古一心，聖賢之心，萬世一理。後之踐聖祖之位，以奉天出治者，尚當以聖祖之心爲心，居召公之位，以從君遊歌者，尚當以召公之心爲心，臣不勝惓惓。

明·袁袠《世緯》卷上《降交》 秦制尊君卑臣，百官非奉詔不得上殿，視其君如天神。然漢興，稍變秦制，百官得召見論事，面折庭爭，止輦以受言，臨軒以策士，前席之問，拊髀之歎，雖疏遠小臣，得與天子相唯諾，蓋猶有先王之風焉。唐之貞觀、開元，宋之慶曆，莫不親賢禮下，大臣有賜坐之儀、造膝之請，諫官有入閣議事、對仗讀彈文之典，君臣之交藹如也。明興，金華數子贊襄獻替，分雖君臣，而情猶父子，乃後復簡楊士奇等七人以備顧問，下至牧守，咸賜召見，不獨察其器能，且得問民疾苦，周知情僞，觀其君臣同遊之歌，亦曩時卷阿宴鎬之盛也。文皇仁宣待下有禮，三楊、蹇、夏日侍帷幄，射鳧西苑，飲酒極歡，賞花賦詩，雍容可想。天順間，李賢、王翱親信寵任，事關機務，面決可否。孝廟勵精，寤寐英哲，尊禮元老，數開文華，講求政理，平臺煖閣，不時燕見，大學士劉健、謝遷、李東陽等，呼以先生，弗名也，六曹之長，皆民譽也，華容劉公書日三接，訏謨密議，左右莫聞，君臣一心，虞廷之都俞何以過此。今天子神聖，削資格而弗拘，拔奇材於不次，一言當意，立躋華要，士有起家六七年而秉鈞軸，斯亦巖渭非常之遭也，亦嘗數御便殿，延見二三大臣矣，亦嘗改容禮貌，宴賞賡歌矣。然延見有時，不數語而退，天威咫尺，分嚴堂陛，六曹之長、臺諫之司、文學侍從之官，咸不得與。敬大之禮已渥，而下交之情未通，流俗之見未能深識，不曰天子過勞，則曰大臣畏議己者。噫！爲斯言者，非愚即諂也。人之恒情，逸則思欲，欲則驕縱之心生，勞則思艱，艱則兢業之懷切，安危理亂，鮮不由斯。故《書》曰：『無教逸欲有邦。』程頤有言，接賢士大夫之時多，親宦官宮妾之時少，則可以涵養氣質，而薰陶德性。甚矣，古人之愛其君也。今不思逸欲之喪邦，而徒慮憂勤之勞其君，是非真能好君者也。夫大臣者，天子所與燮調者也；臺諫者，獻替者也；文學侍從之官，論思啓沃者也，皆天子所親信者也。大臣論道于前，則臺諫拾遺於後，而文學侍從之臣得以引經而對，據禮而議，面相詰難，不出一堂，雖有讒説弗行也。且以大臣而畏人之議己，將焉用彼相哉？故曰：爲斯言者，非愚即諂也。誠使國有大事，天子召大臣者面計之，而大臣亦得以其事請見，文學之臣論對以備顧問，而官臺諫者許入閣以議，從容賜坐，務盡所言，謀無遺慮，動無過舉，政體之得失以盡，而羣臣之心術見矣。其經筵日講，必妙選端良忠讜、明於經術者爲之，講章之進，要在剖析經旨，切劘政理，削浮泛之勸説，黜諂諛之故習，有疑焉，必辨問折衷，歸諸至當而後已。而外之方岳守令，於其來朝也，特召數人焉，賜之清問，以觀其材識，凡閭閻之情僞利病，悉周知之。上自親信以逮疏賤，若元氣之周流于一身，疏通聯屬，無復間隔，嘉猷入告，而讜言上聞，壅蔽之患銷，而太和之休應。《易》曰：『上下交而其志同』，此之謂也。

明·凌義渠《凌忠介公集》卷五《君臣皆法堯舜解》 夫君臣之並立天地間也，自堯舜而已然矣。第語以君法堯，臣法舜，誰不奉若拱璧，而還問其何以爲君，何以爲臣，法堯安在，法舜安在，則未免驟奪其所據，恐相顧而恧然内愧，恤然不自解者多矣。此千古之恒言，所以爲千古之秘密也。何以解之，解之曰：亦如當年之封山濬川，九官十二牧，步亦堯而趨亦舜乎？此獵其粗矣，而非其神明之所留也。抑解之曰：擊壤之化再賡，南風之歌聿起，必無名之蕩，蕩不與之，巍巍始足以幾堯舜乎？此得其似矣，而非其精神之所屆也。夫君臣之局，疇自起哉？其初于儕衆中，宛然對峙耳，擁之以爲君，而羣下罔不俯首聽命者，此非威劫之、術馭之也，有所以君也。至臣退伏茨檻之下，混迹儔伍之間，視君不啻遼隔矣，而各能自輸其所媚，此非名啖之、爵餌之也，有所以臣也。故君有疾苦，臣則拊之；君有嗜慾，臣則調之；君有血氣，臣則揉之，亦曰此血氣嗜慾，種種疾苦，原未始顓屬之君，往往君未嚬，而臣已惻然如刺于肌膚，君未喟，而臣已介然蚤覺其痛癢，此無他，氣之所合，勢自不得而分，即勢有時分，誼自不得不合也。至問君之爲嚬爲喟，又往往不自行其意，而常迎物以爲施，故能爲四方綱紀者，必有以燕其臣能媚及庶人者，必有以尊其君。自昔堯舜之治不再得矣，至堯舜之法，可再失乎？將法其爲耶？爲者不更設之局也，將法其道耶？夫君臣間安有理道之可居，所爭者，內外欺慊之辨而已。使君實從宗社安危起念，即一語一言，猶將謹持其終始，而一時爲臣者，果得沓沓泄泄，僅侈萬年之觴否？使君實從民生悲愉起念，即一絲一粒，猶將徐偵其出入，而一時爲臣者，果得吮髓剝膚，如秦越之肥瘠不關否？使君實從萬幾得失起念，即一喜一嗔，皆將自護其神明，而一時爲臣者，果得植黨背公，挾恩仇而私報復否？數者有一於此，此之謂褻君，褻其可以爲堯之君，即褻其可以爲舜之臣也。蓋道常留餘地以自寬，名寔易至於相混，故桀跖可飾堯舜之衣冠，唯心不逗一絨，以自恕片念不得以相蒙，故堯舜不爭途人之軌轍，聽天下共往共來，而舉足可踐，舉目可矚者，此堯舜也，何其法之易也；亦聽千古共蕪共塞，而君不必止仁，臣不必止敬者，亦此堯舜也，何其法之難也。雖然，非獨此也，內朱均，外四凶，在堯舜之時，猶自不免梗于法，而況其他乎？故吾不暇以聖人望人，第以堯責君，自不得不居已於舜，固未有舍一切事功之外，虛言報稱。若後世之依附名理者，借二聖以藏身而法之，所以真實可久，變動不測者誠有所未審也。是爲解。

清·黃宗羲《孟子師説》卷二《孟子將朝王章》　孟仲子之周旋，景丑氏之敬王。皆一切世情。後世遂以爲禮之當然，牢不可破。由是，天子而豢畜其臣下，人臣而自治以傭隸，其所行者皆宦官宮妾之事，君臣之禮，幾於絶矣。然當時諸侯之所以驕於人者，不過以富貴貧賤可以顛倒之權在我，故引曾子之言以破之也，豈真絜絜較量乎！孟子之意，以爲凡爲臣者皆當自重，不趨於詭隨一途，不獨賓師爲然也。

又　卷四《君之視臣章》　『君使臣以禮，臣事君以忠』，爲君臣之正道，初非有心於報施也。孟子之言，大概論其事勢如此，與孔子之語定公者不同，非謂其當然也。潘興嗣以此爲聖賢之别，非矣。然後世君驕臣諂，習而成故，大畧視臣如犬馬，視君如國人者，居其七八，顧亦有視之如土芥，而視君如腹心者，君子多出於是，如黃石齋、成玄升之類；有視之如手足，而視君如寇讎者，小人多出於是，如陳演、馬士英之流，又一變局也。

清·王夫之《讀通鑑論》卷二《文帝·一三》　等賢而上之，則有聖人；等貴而上之，則有天子。故師一善者，希聖之積也；敬公卿大夫者，尊王之積也。此陛尊、廉遠、堂高之説也。郡縣之天下，吏五等，而天子孤高于上，舉羣臣而等夷之，賈生所以有戮辱太迫、大臣無耻之嘆焉。嗚呼！秦政變法，而天下之士廉耻泯喪者五六矣。漢僅存之；唐、宋僅延之而訖不能延之；洪武興，思以復之，而終不可復。誠如是其笞辱而不怍矣，奚望其上憂君國之休戚，下畏小民之怨讟乎！身爲士大夫，俄加諸膝，俄墜諸淵，習於訶斥，歷於桎梏，褫衣以受隸校之凌踐，既使之隱忍而幸于得生。則清議之譏，非在沒世而非即唾其面，詛咒之作，在窮檐而不敢至乎其前，又奚不可之有哉？

雖然，爲士大夫亦有以致之矣。蕭何出獄而仍相，周勃出獄而仍侯，不能禁上之不以囚隸加己，而何不可禁己之無侯以相也？北寺之獄，廷杖之辱，死諍之臣弗避焉，忠也。免於獄，不死於杖，沾沾然自以爲榮，而他日復端笏垂紳於堂陛，是亦不可以已乎？如鄒爾瞻之復爲九卿也，于虧體辱親之罪奚避焉？人主曰：是嘗與囚隸同撻擊而不以爲耻者也，是惡足改容而禮乎！上弗獎之，下安受之；下既安之，上愈賤之。仁宗之寬厚，李祭酒之剛直，且荷校而不能引退，斯則賈生所宜痛哭者也。

又　《文帝·一四》　子之于父母，可寵、可辱，而不可殺。身者，父母之身也。故寵辱聽命而不惭。至於殺，則父母之自戕其生，父不可以爲父；子不能免焉，子不可以爲子也。臣之於君，可貴、可賤、可生、可殺，而不可辱。刑賞者，天之所以命人主也，貴賤生死，君即逆而吾固順乎天。至於辱，則君自處於非禮，君不可以爲君；臣不知愧而順承之，臣不可以爲臣也。故有盤水加劍，聞命自弛，而不可捽。抑臣之異於子，天之秩也。人性之順者不可逆，健者不可屈也。

賈生之言以動文帝，而當時之大臣，抑有聞而愧焉者乎？微直當時，後世之詔獄廷杖而尚被章服以立人之朝者，抑有愧焉者乎？使詔獄廷杖而有人自裁者，人君之辱士大夫，尚可懲也。高忠憲曰：『辱大臣，是辱國也。』大哉言乎！故沈水而逮問之禍息。魏忠賢且革其凶威，況人主哉？

清·唐甄《潛書》上篇下《抑尊》 聖人定尊卑之分，將使順而率之，非使亢而遠之。爲上易驕，爲下易諛；君日益尊，臣日益卑。是以人君之賤視其臣民，如犬馬蟲蟻之不類於我；賢人退，治道遠矣。

太山之高，非金玉丹青也，皆土也；江海之大，非甘露醴泉也，皆水也；天子之尊，非天帝大神也，皆人也。是以堯舜之爲君，茅茨不剪，飯以土簋，飲以土杯，雖貴爲天子，制御海內，其甘菲食，暖粗衣，就好辟惡，無異於野處也，無不與民同情也。

善治必達情，達情必近人。陳五色於室中，滅燭而觀之則不見；奏五音於堂下，掩耳而聽之則不聞。人君高居而不近人，既已瞽於官，聾於民矣；雖進之以堯舜之道，其如耳目之不辨何哉！

人君之於父母，異宮而處，朝見有時，則曰天子之孝與庶人異。人君之於子孫，異宮而處，朝見有時，則曰天子之慈與庶人異。人君之於妻，異宮而處，進御有時，則曰天子之匹與庶人異。骨肉之間，驕亢襲成，是以養隆而孝衰，教疏而恩薄。讒人間之，廢嗣廢后，易於反掌。不和於家，亂之本也。親雖至暱，亦有難諫；友雖至私，亦有難語；師雖善誘，亦有難教；而況君乎！

人君之尊，如在天上，與帝同體。公卿大臣罕得進見；變色失容，不敢仰視，跪拜應對，不得比於嚴家之僕隸。於斯之時，雖有善鳴者，不得聞於九天；雖有善燭者，不得照於九淵。臣日益疏，智日益蔽；伊尹傅說不能誨，龍逄比干不能諫，而國亡矣。

蜀人之事神也必馮巫，謂巫爲端公，禳則爲福，詛則爲殃，人不知神所視聽，惟端公之畏，而不惜貨財以奉之。若然者，神不接於人，人不接於神，故端公得容其奸。人君之尊，其猶土神乎！權臣嬖侍，其猶端公乎？無聞無見，大權下移，誅及伯夷，賞及盜跖，海內怨叛，寇及寢門，宴然不知。豈人之能蔽其耳目哉？勢尊自蔽也。

直言者，國之良藥也；直言之臣，國之良醫也。除膚瘍，不除癥結者，其人必死；稱君聖，謫百官過者，其國必亡。所貴乎直臣者，其上，攻君之過；其次，攻宮闈之過。其下焉者，攻帝族，攻后族，攻寵貴，是瘍醫也；君何賴乎有此直臣，臣何貴乎有此直名！是故國有直臣，百官有司莫不畏之；畏之自天子始。

昔者明顯帝食，庖人進鱉。顯帝食而甘之，舍箸而問曰：『吾聞劉光縉禁鱔鱉之屬，安所得此鱉也？』左右對曰：『取之遠郊。』顯帝曰：『自今勿復進此，恐犯御史禁也。』以萬乘之尊，下畏御史，可以爲帝王師矣。

位在十人之上者，必處十人之下；位在百人之上者，必處百人之下；位在天下之上者，必處天下之下。古之賢君，不必大臣，匹夫匹婦皆不敢陵；不必師傅，郎官博士皆可受教；不必聖賢，閭里父兄皆可訪治。尊賢之朝，雖有佞人，化爲直臣；雖有奸人，化爲良臣；何賢才之不盡，何治道之不聞！是故殿陛九仞，非尊也；四譯來朝，非榮也。海唯能下，故川澤之水歸之；人君唯能下，故天下之善歸之；是乃所以爲尊也。

清·愛新覺羅·玄燁《聖祖仁皇帝御製文集》卷一七《君臣一體論》 泰交之治，其惟唐虞之世乎？天尊地卑，自然之定位也。泰之象，乾下坤上，天之氣下降，地之氣上升，陰陽交而成歲功也。君尊臣卑，百王之大經也。唐虞之時，君都而臣俞，君吁而臣咈，同其寅焉，協其恭焉，上下交而成治功也。昔人謂天下猶一身，君爲元首，大臣爲心腹，其次爲股肱，又其次爲耳目，又其次爲爪牙，天下之疲癃殘疾，則癢疴疾痛舉，切吾身者也，而況於君臣之際乎？三代以還，堂廉疏遠，志氣日睽，上之情無以達於下，下之情亦往往至於壅閼，而難以自通，政治之衰，率由於此。唐之太宗受言納諫，時時延訪羣臣，藹然有家人之誼，故貞觀之政，庶幾近古後之圖治者莫能及焉。有明之世，君臣凋絕，至有輔弼之臣經年不一見顏色者，凡出納之命，皆假於宦豎之手，相沿不變，以至於亡，此上下不交之所致也。我列聖相承，上下一心，志氣感孚，罔不周浹。朕嗣守丕基，臨御以來，無一日不與羣臣接見，恒恐席崇高之勢，不克盡羣下之情，嘗讀《易》至《泰》之二曰『包荒，用馮河，不遐遺。朋亡，得尚於中行』，言保泰之臣能以中道合乎君也；《泰》之五曰『帝乙歸妹，以祉元吉』，言主泰之君能柔中虚已以應乎臣也。五之義，朕方自勉，以仰企乎唐虞之治；二之義，則尚賴百爾有位，一乃心德，以匡不逮。此又君臣一體之實也。

清·愛新覺羅·胤禛《世宗憲皇帝御製文集》卷九《執中成憲御論》 人君出治，仰承天命，俯臨百官，必也上之明於天戒，而省愆脩德，以承眷佑之恩；下之明於百官脩輔之道，而選才任能，以收贊襄之益。故曰『厥后惟明明』也。苟不能明於天戒，是不知敬天，固無足論矣。不能明於百官脩輔之道，必至賢否混淆，誠僞雜出，失辨才論官之宜，而庶績皆爲叢脞矣。是以百官修輔之當明，與明天戒而並重也。

清·愛新覺羅·弘曆《御製樂善堂全集定本》卷一《上下交而其志同論》 夫天下安寧，治登上理，必賴明良一德，咨謀啓沃，然後上下一心，庶績允凝而萬方順則也。《易》曰：『上下交而其志同』，可以覘治世之氣象矣。蓋天高而地下，君尊而臣卑，理勢之當然也。君之不可下於臣，猶天之不可卑於地。然天地之形不可交，而以氣交；上下之分不可交，而以心交。故陰陽和而萬物順，上下交而萬民化，此天地之常經，古今之通誼也。上下一心，君臣相得則治，反之則亂，合若符節，信如應響，故堯、舜之於臯、夔、稷、契，成湯之於伊尹，成、康之於周、召，皆以聖明之君交聖明之臣，而其致治之盛也勃焉。三代下如齊桓之於管仲，昭烈之於孔明，苻堅之於王猛，太宗之於房、杜、王、魏，雖未及上古君臣之以聖交聖，然亦各以賢明之資，得賢明之臣爲之輔，同舟共濟，言聽計從，故其治亦得小康。貞觀之風，後世稱盛，蓋上下志交，則天下乂安，民受其福，理不爽也。至於亡國之君，莫不由君尊而臣卑，志驕而意滿，臣之忠言不達於朝廷，國之大寶棄之於草野，小人日侍左右，而專事阿諛以取容，雖有上下之分，實無君臣之誼，豈得謂之交哉？故二世之寵趙高，桓、靈之任趙忠、張讓，隋煬之用虞世基，豈非交所不當交，而遠所不當遠之禍乎？故《易》之理無定而惟在於貞，與君子交則謂之泰而吉，與小人交則謂之否而凶。《書》曰：『紂有臣億萬，惟億萬心；予有臣三千，惟一心。』夫紂之所與朝夕共處者，豈無股肱心膂之寄哉？然不交正人而所交皆小人，故殷以之亡。武王之臣，皆周、召、呂、散諸人，一德一心，故膺天祿而保祚無疆。夫人君莫不欲得賢才以自輔，然而庶事未康，至治不見者，蓋所謂賢非賢而才非才也。然則果無賢才之可用歟？曰彼所謂賢者，乃善己者也；所謂才者，乃能以巧術奉上者也。方是時，草野之賢才深藏不出而已矣，在位之賢才遜荒行遯而已矣，間有碩果之存，亦今日用之，明日黜之而已矣，又何能久於其朝哉？誠能舉天下之賢才，登之於朝而不疑，誠以接之，信以待之，上下一心，交脩罔懈，則天下有何不治，而隆古有何不復哉？雖然，此特爲爲君者言之耳。《書》曰：『臣哉隣哉，隣哉臣哉！』古之大臣一日立乎其位，一日盡乎其道，陳善閉邪，補衮職之所闕，其用與舍，惟君之命耳，不謂君弗用而有懈惰之心。夫如是，然後上下相和，得交泰之道，而都俞吁咈之風，日見於朝廷矣。

清·王柏心《續樞言·君臣篇》 君道莫大于去疑，臣道莫大于去私。君莫急于選賢，臣莫先于不欺。君能斷，仁乃全，不能斷，傷其仁。臣能公，才乃裕，不能公，喪其才。君尚察則臣飾詐，君好名則臣進僞，君治事則臣避事。有君于此，郤封禪，罷貢獻，躬服弋綈，器無文飾，則恭儉之君也。然舍其大而圖其細，謂之賢于侈奢可矣，無益于治也。漢成帝臨朝淵默，尊嚴若神，有恭之容矣，而外戚卒擅其權。唐文宗袖經三澣，有儉之節矣，而奄豎實制其柄。綜核句稽，章奏皆親覽，牧令皆召對，則勵精之君也，然周于近而遺于遠，謂之賢于叢脞可矣，無益于治也，隋之文帝、唐之德宗、明之世宗是已。不妄譴呵，不輕殺戮，則慈惠之君也，然不操威福而行姑息，謂之賢于刻薄可矣，無益于治也，漢元帝、明建文是已。畏慎者人臣之節也，孔光不言溫室樹，而輸情王氏，李息懾于張湯，胡廣、趙戒屈首于梁冀，夫安取畏慎乎？報稱者，人臣之職也，以詩書進取，而以刀筆事上，陰陽人主之意，議平準均輸，議告緡榷算，不聞其引義慷慨也，夫安取報稱乎？寬靖者人臣之度也，王導不誅郭默，而陶侃譏之，蕭俛、崔植議銷兵，而朱克融卒亂幽州，夫安取寬靖乎？有小國之君，有大國之君，有天下之君。有脩職奉法之臣，有表率之臣，有社稷之臣。制節謹度，小國之君也。恤鄰字小，翼戴王室，幹不庭方，大國之君也。豁達大度，知人善任使，天下之君也。舉其職業，布其憲令，早夜以思，無敢越畔，脩職奉法之臣也。甄功過，慎舉劾，虛公以濟之，廉潔以倡之，表率之臣也。憂國如家，能斷大事，患未至則思防之，姦未進則思遏之，日夜詢求天下之賢才，察其文武幹略，緩急需人，則以告于其主而任之，是社稷之臣也。凡君積疑必矜明，矜生愎，愎生蔽，而情之通者寡矣。臣營私必怙寵，怙生驕，驕生忌，而才之進者寡矣。故賢君如天，賢臣如衆星。天積剛以運其健，積陽以盛其光，廓然大公，執真宰而御萬物，賢君法之，故政無不理。衆星順南北以經緯，乘寒暑以伏見，粲然成行，準躔度而佐二曜，賢臣法之，故紀無不肅。

官民關係論分部

論　説

元・榮肇《榮祭酒遺文・民牧論》

《書》曰：『民惟邦本，本固邦寧。』又曰：『匹夫匹婦，一能勝予，予臨兆民；凜乎若朽索之馭六馬。』若是乎天下之可愛者民，而可畏者亦莫如民也。聖王知其然也，是以常思所以保護而安全之。第天下之大，億兆之衆，豈人主一人之身所能一一而親撫之。此不得不以宣布德教，委于牧民之有司；郡有守，縣有令，而又設監司督率於上，以察屬吏之治否。凡此皆爲民之牧，承君之命，以保乂夫民人者也。夫監司統乎郡縣，守統乎令，而與民最親而近衆務待以理者，則尤在乎縣令也。縣令，牧民之微員耳。其位卑，其事繁，其責重，而又受制於諸上司。爲之亦正不易矣。然使爲令者，誠能盡乎父母斯民之心，勉勉焉以教養其民，而俾無失所，則吏治修舉，亦庶無負於民牧之責哉，而無如吏治之不古若也。一有地方之任，他不暇顧，其心輒計曰：『吾將何以肥室家，而爲子孫計乎？』是直以一官，爲居奇殖財之地。問以撫字，不知也，問以教化，不知也；即問以詰禁，而亦有所不暇及也。其精神之所專注者，則惟在于催科。夫催科，乃爲朝廷惟正之供，萬無容於怠緩。然而賦有定數，征有定期，按期而征，如數而取，亦何害。近乃以先期力征爲能，以格外浮收爲計，急征暴斂，并縱其書胥，及官之家人僕從，恣爲姦利，百姓怨咨，全不爲卹，司牧者，容如是乎？且其爲肥私之計，又不僅在是也。開賄賂之門，寄耳目於衙蠹，結心腹于無賴紳衿，於編户内，搜察其家資之厚薄，一有事值，即爲之關通説合，以攫取其賄。其所以網利之方，凡可以浚民膏脂者，蓋纖悉靡遺焉，而民以病矣。夫貪牧蒞于上，雖歲歲豐稔，閭閻猶不無愁歎；不幸而遇凶荒之災，田禾無收，米價騰貴，民艱于食，比户嗷嗷，而有司則曰，是非余所知也。余所知者，惟有急於催科，以收其羨餘而已，催科益急，虎狼之役，四出鈎呼，横行叫囂，民不堪擾，拮据悉索以輸，而有司依然恣意浮收，有加無減，雖然，苟有科税之可完，雖歉收之歲，亦曰艱難，猶不至于重困。若窮簷無告之民，弱者委于溝瀆，强者糾聚無賴，横行阡陌，劫掠殷户。一二好義之士，共爲酌濟，有司則曰：『若輩欲市義耶』，置于法而拉取其財，至饑民困于無食，非惟弗顧，抑且倍加箠楚焉。夫不能裕民之食，而但思奪民之食，不能保民之天，而直欲絶民之天，嗚呼，爲民父母，何忍乃荼毒，而至于於斯極也，或謂上有郡守焉，又上有監司焉，百姓受令長之害，豈無上訴之路？而不知無可訴也，彼虐取下民，以飽己腹，則必彌縫上司。以悦其心。上司悦其奉己也，方心許其爲能，而庇護之矣，又豈肯輕納小民之訴也哉？夫民怨不可蓄也，衆怒不可犯也。百姓雖蓄積怨怒，而究不敢與有司爲難者，非特畏官也，乃畏法耳，其所以畏法者，直畏夫死耳，雖有司而羅於法，死亡之禍必立至，不如姑爲隱忍，猶可以苟延旦夕之命，雖然，有司莫謂小民不足畏也。使困民而處之有死無生之地，則民不畏死矣。死既不畏，何有于法？法且不畏，而官復何所恃耶？嗟乎，自古國家致亂速禍，未有不起于聚斂之有司。竭澤而漁，不卹其民，爲人主斂怨于下，因以釀天下之變。故欲固邦，莫如安民；欲安民，莫要于慎擇牧民之吏，而欲郡吏之良，則尤在于監司大臣能灑濯其心，以風厲于上，則下雖有不肖之有司，亦必凜然知畏，而自不敢逐于貪。有司既不貪，則椽吏胥役，又孰敢弄法舞文，以魚肉齊民乎！

吾故願牧民之有司，知民之可愛，常保之如赤子，知民之可畏，毋棄之爲仇讎，則官民相得而上下安，不貽天子以宵旰之憂，其于朝廷簡任之意，亦庶乎無負也矣。

明·宋訥《西隱集》卷六《送方明府之任序》 昔云：視民知愛者，可以爲牧守。又曰：愛民者，所以忠於君也。夫天下郡縣，億兆生民，孰非天子民哉？天子尊居九重，下視斯民，遠絶不比，於是大而郡托諸守，小而縣寄諸令，守令之職，所以爲天子牧民也。爲命吏以牧民，舍愛民何以爲牧，非愛民何以忠君，此牧民莫先於愛民也。然則愛民豈無道哉？以德綏强，以仁撫弱，强弱安矣。奸者發之，伏者擿之，奸伏化矣。政以省刑，教以崇厚，則政教善矣。物有害也驅除之，人有隱也消去之，則人物得其所。馭吏無乾沒之患，用法無龐茸之蠹，耕桑不使有惰農，賦役不致有豪户，則風俗厚，禮樂興，人材出，廉恥立矣。非愛民有誠心，推而爲愛民之政者，能若是乎？於戲！王者以民爲天，天之視聽皆自民之視聽，觀之令，受命最近於民，宜加敬慎哉！宜加敬慎哉！

明·湛若水《格物通》卷六八《課功下》 臣若水通曰：守令者，國家治亂之所係，民物休戚之攸關也。故郎官上應列宿，其職尤爲近民，苟不得循良之吏以分任之，鮮有不受其殃者，使天下守令皆非其人，則天下之民皆受其殃矣。此大亂之道也。我太宗皇帝身居九重，念及四海，拳拳以守令爲言，必欲審用之於先，而考覈之於後，可謂知當務之急者矣。伏冀聖明以祖宗之心爲心，留意民事，綜核吏治，俾銓曹慎之於選授之初，而撫廵監司察之於涖官之後，則人人知所勸懲矣。百姓寧有不安堵者乎？

政治道德論部

君德論分部

論説

元·吴澄《吴文正集》卷九〇《帝範君德》 夫民乃國之本，國乃君之體。人主之體如山嶽焉，高峻而不動；如日月焉，圓明而普照；兆庶之所瞻望，天下之所歸仰，寬大其志，足以兼包；平正其心，足以斷制。非威德無以致遠，非慈厚無以懷人。撫九族以仁，接大臣以禮。奉先思孝，處位思恭。側己勤勞，以行德義。此乃君之體也。

唐太宗是唐家很好底皇帝，爲教太子底上頭，自己撰造這一件文書，説着做皇帝底體面，爲頭兒説做皇帝法度，這是爱惜百姓最緊要勾當。國土是皇帝底根本，皇帝主着天下，要似山嶽高大，要似日月光明，遮莫那裏都照見。有做着皇帝，天下百姓看着，都隨順着。行的好勾當呵，天下百姓心裏很快樂；有行的勾當不停當呵，天下百姓失望一般。志量要寬大着，寬大呵，便容得人心；要平正着，平正呵，處得事務停當。非威武仁德，這田地國土怎生肯来歸附？非慈愛忠厚的心，百姓怎生感戴？皇帝的宗族好生親愛和睦者，休教疏遠者；朝廷大官人每好生秪待，休輕慢者；奉祀祖宗的上頭，好生盡孝心者；坐著大位次裏，好生謙恭近理，休怠慢者。揀好底勾當盡力行者，這是做皇帝的體面麼道。

元·張養浩《歸田類稿》卷一《經筵餘旨·君德篇第一》 剛健篤實，輝光日新，人君之德也。堯之德曰欽明，舜之德曰文明，禹湯曰祗承于帝，曰聖敬日躋，皆輝光日新之謂也。今夫天所以轉四時、括萬象者，剛也。惟剛故健，惟健故萬古不息，人君上法乎天，則宜剛健厥德，使輝光日新，而聲色外物舉不能蝕矣。夫物之感於人也，始則甚微，及其盛則逸不可制，惟剛與明乃克勝之。蓋明則能自知，剛則能自斷，割愛於所變，止於憤發，回心於篤好，改行於已然，非於人心、道心瞭然者不能。況人君與天，體雖殊，而其心則一，隱顯之間，影響斯應。一念之善，雖未形諸言，天必應之以和；一念不善，雖未見諸事，天必應之以異。所以自古帝王遇災警省，發政施仁，卒能變而爲祥者，往往由此。舜何人哉？顧立志何如耳。

又《君體篇第三》 維簡維靜，爲人君之體。簡非省事，謂不侵臣務也，靜非無爲，謂應物而物不能撓也。鑑之空，衡之平，物有萬殊，美惡輕重靡不畢見者，得應物之體也。故聖人之治天下，泊乎其心，與衡鑑等，爵以待有德，不敢私於所舊；刑以待有罪，不敢貸於所親。況人君以一心而應萬機之繁，以一身而臨億兆之衆，深居九重，而欲使天下皆安，百官皆舉其職，非於賞罰之柄握之堅、行之必，其何以臻此？我世祖皇帝臨御三十餘年，而賞罰之柄未嘗一日或失，端嚴簡重，而天下歸心。昔漢高既帝矣，擁戚姬，騎周昌項，慢罵臣下，故四皓恥而不仕；唐太宗由秦邸而踐天位，好勝自矜，猶藩王之轍，是皆有失乎人君之體也。然則得體之道奈何？曰敬。

又《君威篇第四》 盛飾儀衛，非君威也；專於誅殺，非君威也；峻其宮闕城郭，非君威也。然而爲威者何？不殺諫臣以作臺諫敢言之氣，此天子之威也。古人喻諫者爲批龍鱗，又爲犯雷霆，幸而見從，猶慮不測，萬一致怒，輕則杖之，重則刃之，又重則籍而族之，自非忠懇出于極不得已，孰肯舍身爲國，甘受如許之禍哉？故自古迄今，人臣以諫聞者，百無一二。王者知其然，故表木以來之，和顏以聽之，重賞以勸之，人猶畏首畏尾而不至，況壓以勢而中之以法，孰敢伸其喙哉？大哉！人臣之納諫也，必有拂乎人君之心，使其言惟務於順，則非所謂諫矣。然順心之言多喜，逆心之言多怒者，亦人主之常情，但於其將怒也，反而思曰：彼所以冒罪而諫者，抑爲誰歟？苟爲國爲民，則是忠於我者，而怒之，則天下必將懲艾而爲不忠矣。嗚呼！爲人君而使天下以言爲戒，則何弊不生？何奸不起？何亂不作？人主誠能如是思之，則凡進言者萬不至於加罪矣。故前代以不殺諫臣爲天子家法，告之宗廟，傳之子孫，頌詔天下，真後世人主享國綿遠之計哉！

明·朱瞻基《大明宣宗皇帝御製集》卷一《帝訓·君德》 人之至貴者德，有德衆歸之，不德衆違之，故君天下者，必以德爲本。君之德，明於己，達於天下，而後可以愜天下之望。古帝王有德者，莫盛於堯、舜、禹、湯、文、武，故天下皆歸之。不德者，莫甚於桀、紂、幽、厲，故天下皆畔之。所謂有德易以興，無德易以亡。君德之大者曰孝，曰敬，曰仁，孝以事親，敬以事天，仁以臨民，而仁民又所以事親與天也，一於表裏，始終而行之，辟諸日月之明，天下萬物皆仰其臨照。故德者，人君之首務，而德尤本於學。《易》論君德必由學，聚問辨又曰：多識前言往行，以蓄其德。君德明，斯萬事理矣。

又《勤政》 帝王代天理物，必躬勤政事，在己弗勤，則百功曠，而庶事隳矣。故虞舜兢業萬幾，大禹克勤於邦，成湯昧爽丕顯，文王不遑暇食，此告皆古聖人之勤也。後之爲君，其可以弗勤乎？勤則心專志慤，無厭無斁，以慮事則不至於率畧，以處事則不至於壅滯，而庶政理矣。一或弗勤將氣昏志惰，玩時愒日，苟且因循，政弊而罔知，民困而罔聞，而庶事隳矣。政事理隳，國家興亡之幾，可不戒哉！夫天常行故健，日月常行故明，水久停畜必腐，人久不動作必病，民墮於生業則有凍餒之憂，況天下之主宰，億兆所仰望，豈可不自勵乎？是以古之帝王，深以懈惰荒寧爲懼，勤勵不息自強，而周公無逸之訓，萬世帝王所當欽服。

又《恭儉》 恭儉者，帝王之美德。恭則敬謹而不怠，儉則省約而無擾。古聖帝明王，率由此道，所以國家清寧，令聞長世，故曰：德行廣大而守以恭者榮，土地博裕而守以儉者安。逮其季世之君，有不能然，志驕氣溢，傲忽不恭，窮奢極欲，泛濫無節，而流毒四海，底於喪敗，既往可鑒矣。蓋貴爲天子，富有四海，非約之於身心，施之於家國，則志不期驕而自驕，用不期侈而自侈。是以明主不忘恭己，非惡逸也，防驕怠也；不去儉德，非憎美也，慮侈汰也。驕怠侈汰，敗德之斧斤；恭敬節儉，崇德之梯階。其可不慎所由哉？

又《儆戒》 人君宰制萬物，統攝億兆，本諸其身者，當常存修省戒謹之心。蓋患生於未形，禍萌於所忽，若忽細行而不究，逮禍萌而慎，亂作而防，蓋無及矣。故曰：一念不謹，或貽四海之憂；一事之失，或致千載之患。是以古之帝王兢兢業業，居安慮危，處存慮亡，凜乎若蹈虎尾，惴乎若涉春冰，弗敢有一息之或怠，一毫之或忘，故能制治於未亂，銷禍於未萌。後世爲君，能取法前王，國罔不興，不然，肆情縱欲，無所顧忌，以小惡爲無傷，以細事爲可忽，不謹履霜堅冰之戒，而晏安鴆毒，日銷月鑠，駸駸焉若持斧自戕，豈不危哉？慎之戒之。

又 卷二《帝訓·藥餌》 人稟陰陽五行之氣以生，得氣長者壽，短者夭。能清心寡慾者，可以保天和，可以終天年。若肆情縱欲，斯敗其天和，而傷其天年，此必然之理也。夫藥以愈疾，非旦夕常餌之物，況金石酷烈有毒，又益以火氣，誠非五臟所能勝，或者求以濟欲，不知遂至喪身，不可不戒。蓋前代帝王皆因富貴崇極，志得意滿，無所顧忌，故妖人、方士得進其邪説，而乃不察是非，以身試之。漢武至老始悔，若唐之憲宗、武宗、宣宗，號稱英明之主，而皆以服丹藥不克保終，豈可不戒！大抵人主之務善也，以敬天仁民爲致福之本，以清淨寡慾爲延壽之本，自古聖帝明王率由斯道，吾子孫必慎之哉。

明·方孝孺《遜志齋集》卷三《君量》 智周乎萬物，才高乎衆人者，可以取天下，而不可以守天下。仁足以施法政，義足以洽乎民心者，可以守天下，而未能使天下悦而不忘。善爲智者，蓋有不用智而無不明。不以才自名者，無所不成，德洽令孚，而人莫能忘其仁義。其惟量足以容天下者能之乎！洪河大江，奔注萬里，勢之所遇，聲之所嘎，洶洶乎其可畏。及趨於海，泊然而行，悠然而逝，渙漫浩渺，不復少肆者，以其量素足以容之也。天下，大物也。其動也無端，其變也無恒，自非量可以容之者，孰能有之？人能辭萬鍾之祿，而或色喜於一金；能虜三軍之帥，而或呻吟於一指；其出於計度而後爲者，未足見人之量。惟其猝然遇之，視之而不驚，此非有量不能也。

古之聖王，叢之以極繁至擾之事，而處之若無；投之以深憂厚懼之變，而應之不勞。恩及乎黎庶，功高乎往古，而不少見於辭色，豈强而爲此哉？其所操持者大，所涵蓄者遠，事物不得亂其中也。堯視黎民時雍，不異於洪水滔天之時。舜居乎法宫，而朝萬國，與陶漁於河澤之際無異。禹舉天下於魚鼈之波，而使食息於平土而不與焉。蓋於其功德之盛，未足見聖人之大，於處盛美而不居，然後可見其量也。後王之於古，若視日月不能幾之者，豈皆其智之不能，質之不逮乎？速盈而易驕，可以利害動，而不能用夫才智。才智自見於世者，庶官百職之所爲。無所用其才智，而才智之士咸爲之用，非聖人其孰能之？

明·王立道《具茨遺藁·人君納諫之本》 人君欲有以來天下之言，必先有以爲受言之地，而後天下之言有所入焉。夫人君以一人之尊臨天下之上，其勢嚴，其威重，蓋不獨人之視之以爲凜然而不可犯，而其自視亦甚異矣。自視異則其中恒侈然自滿，而猶欲責之以難，挽之以所不欲，其不以爲謗已而賣直者幾希矣。於乎！此天下之言所以不來，而人主所以孤立於上也。然其所以爲受言之地，豈有他哉？要惟在於虚己而已。在《書》，益贊于禹曰『滿招損，謙受益』，蓋所謂謙者即虚己之謂，而滿固虚之反也。在《易》，《益》之彖曰『自上下下，其道大光』，《傳》曰『益，德之裕也』，蓋惟虚己，故能下下，下下則其道大光，而所謂裕者在是矣。夫曰益、曰裕，此固人君德之所進、治之所資，而一本於虚焉。信乎納諫之本於是乎，在而訑訑自足，未有不距人於千里者也。

清·愛新覺羅·玄燁《聖祖仁皇帝御製文集》卷二七《講筵緒論》 朕自沖年臨御以來，民間疾苦及貪吏弊竇，留心體察已久，其中情弊，知之素矣。但念君德莫大於有容，治道莫尚於能寬，故每事務存矜恕，其有自罹於法者，尚不忍置之重典，誠恐近於苛刻，有乖體恤臣工之至意也。

又 卷一七《無逸以致壽論》 三代盛時，民風沕穆，政令醇簡，天下諸侯，分治其國。爲之君者，可以優游坐治矣。乃聖君處此，必兢兢業業，宵旰不遑，以自勞其神力，然卒獲享遐福而成令名。秦漢以降，廢封建而爲郡縣，凡事之有關於宫府者，無不奏請於天子，其幾務之衆，千百倍於三代，宜爲之君者，日給且不暇，乃或自圖便安，至信神仙爲可學，輒爲方士所誤，曾不之返者，何哉？朕嘗觀於商、周、漢、唐諸往事，而得其故矣。人君之所無逸者，莫如商之中宗與高宗，及周之文王。中宗則嚴恭寅畏，天命自度。高宗則作其即位，不敢荒寧。文王則懷保小民，惠鮮鰥寡。而考其享國之年，此三君者最爲悠久。迄今《無逸》一篇，班班可覩也。人君之好逸樂者，莫如秦之始皇、漢之武帝、唐之憲宗。始皇既并天下，方士爭言不死之藥，於是遣使訪三神山，久之，藥卒不可得。武帝敬鬼神之事，祠太乙，建飛廉館，作柏梁臺，以招天神之屬，游心芒思者數年，究無左驗，乃自歎愚惑。憲宗詔求方士，用柳泌爲刺史，求仙藥後服之，日益躁渴。夫中宗、高宗、文王之敬修其德，而享福者若此；始皇、武帝、憲宗之博養其生，而寡效者若彼。然則帝王致壽之道，從可識矣。宋儒呂祖謙曰：『敬之方，壽之理也。』蓋無逸則主敬，主敬則無欲，無欲者仁也。孔子曰：『仁者壽』，又仁則有德，孔子曰：『大德必得其壽』，舜年百有十歲是也，則壽之理亦視其德之盛衰爲何如耳。朕願後世之爲君者，無惑於神仙之説，而第求之無逸之旨，則身與天下皆蒙其福矣。

清・愛新覺羅・玄燁《聖祖仁皇帝御製文第二集》卷三三《暢春園記》 嘗聞君德莫大於仁，體元出治，於時爲春，願言物阜，還使俗醇，暢春之義，以告臣鄰。

又 卷三九《閱史緒論司馬光上宋仁宗劄子》 其論君德有三，曰：仁、明、武，治道有三，曰：任官、信賞、必罰。要言至理，可書丹扆座右，萬世不易也。

清・愛新覺羅・玄燁《庭訓格言》 祖宗相傳家法，勤儉敦樸爲風，古人有言，以一人治天下，不以天下奉一人。以此爲訓，不敢過也。

清・陸隴其《三魚堂外集》卷三《經筵》 從來君德之成就，在乎親近君子，而君子所以成就君德者，在乎使其心一於敬，何則？親近君子則近正事，聞正言，而涵養薰陶之益，積於平日者深，是故有言必入，有諫必從。心一於敬，則聲色之不溺，貨利之不殖，而清明强固之氣，凛於夙夜者嚴，是故言一事而萬事之理畢達，言一物而萬物之理畢通。此古之帝王所以自成其德，而古之人臣所以致君於明聖者，由此道也。

清・愛新覺羅・弘曆《御製樂善堂全集定本》卷二《嘉言罔攸伏論》 人君表正萬邦，富有四海，萬幾庶政，日陳於前，誠有所不至，明有所不周，差之毫釐，謬以千里，古先哲王之明目達聰，咨岳咨牧者，亦期嘉言之罔攸伏而已。蓋天下之智有不同，而天下之理無一定，故恃一人之智以爲智，不若兼千百人之智以爲智。人君雖明足以照萬邦，燭萬事，然天下千百人之智，又何能盡兼？萬事之至賾至動參錯不齊者，又何能盡明？所賴人臣陳善閉邪，補衮職之所闕，使嘉言讜論日聞於前，然後明微燭隱，政無不通，而明無不照。然人臣之能盡言者，由人君有以啓之耳。苟人君孜孜黽勉，樂受盡言，則人臣亦何惜而不言哉？故大禹之祇承于帝曰：『后克艱厥后，臣克艱厥臣。』帝之荅禹曰：『允若兹，嘉言罔攸伏。』君難其位而好聽正言，臣難其位而思盡正言，此野之所以無遺賢，而萬邦咸寧也。夫君如舜，臣如禹，而一時君臣之所共勉者，惟在各艱其位而受盡言，舜又不敢當，以爲惟帝時克，則後世之欲圖治者，舍是豈有二道哉？三代以降，推漢文帝、唐太宗、宋仁宗爲令主。然文帝仁厚儉約有餘，而一時無大儒骨鯁之臣。宋仁宗有韓、范、富、歐諸臣，而不能盡其用。惟唐太宗以英武明智之資，得房、杜、王、魏爲之臣，終日陳言，繩愆糾謬，太宗屈己從之，貞觀之風，遠過於文帝、仁宗者，職此之由。由是觀之，納諫聽言，顧不亟哉！桀、紂、幽、厲、始皇之亡也，其時之嘉言無聞焉，豈果無嘉言之臣哉？龍逢有嘉言而桀殺之，比干有嘉言而紂殺之，厲王設監謗之巫，始皇有妖言之禁。夫舜禹君臣兢兢焉，惟恐嘉言之伏，而此數君者，方遏之絶之又從而罪之，欲其不亡，豈可得乎？尚論者所以遊心於都俞吁咈之世也。

又 卷二《有言逆于汝心必求諸道論》 人君以一身撫馭天下臣民之衆，雖有聰明睿智之才，而耳目所不及，思慮所未周，則或壅蔽不明，必賴忠正之臣、讜言之士，明辨事理之是非，以啓其聰而開其蔽，然後正心，以正朝廷，而天下皆化於正，雖其言之逆心，亦求諸道而已矣。今夫草茅巖穴、布衣韋帶之士，白首窮經，服膺聖學，將以興治教於天下，效忠悃於吾君，凡天下之事，知無不言，言無不盡，雖履尾批鱗而不顧，如是者，固有猷有爲有守之純臣也，然不可常見也。吾觀古來之臣，欲言數事，而進對之際，十去其七八者多矣。非天威咫尺，難於盡言乎？然猶不可多得也。人君出一言而百諾承之，行一事而争先頌之，諂諛之日進，佞巧之日精，其心惟在持富貴、保寵榮，於天下之治亂安危，固不存於心也。人君何賴焉？故爲人君者，當納諫求言，其言而逆於心者，必察其衷情，求諸正道，而虚心以受之，鋭志以從之，如是則嘉言正議日聞於耳，而於天下之事理、臣工之賢佞、民情之疾苦、風俗之厚薄，明若秉燭，易如指掌，以之出治理民，何難之有哉？即以太甲一身論之，不惠阿衡之時，伊尹作書以告矣，而王維庸罔念聞，是逆於心而不求諸道也。是以有永圖之戒，既克終允德而復位，則惟伊尹之言是聽，是逆於心而求諸道也。是以爲守成之令主，不求諸道則亂，求諸道則治，聽言者當知所鑒矣。

官德論分部

論説

元·胡祗遹《紫山大全集》卷二一《論臣道》 大臣之道，先能正己，德足以服天下，才足以燭萬幾，救亂于未萌，致治于未亂，不動聲色，懷忠貞盡瘁之節，然後以義理雍容不迫，格君心之非，養君心之良德，將順匡救，以道事君，必知其不可輔，以義而去，見幾而作，此爲臣始終之義也。若夫既不能正己，又不能養君之德，成事而説，遂事而諫，既往而咎，知其不可而强爲，身名俱辱，事亦無成，雖言有可采，亦不足貴。近世居大臣之位者，不量己，不知君，無德行，無才學，依人而進，人君之視己如路人不相識，漠然如貊、越之不相信，有無不係毫末之重輕，緘默備員竊禄，事敗禍至，四海稱快。斯人也，又何責焉？君天下者用人如此，哀哉！

前代大臣事業，有看似平易而後人不能企及者，蕭規曹隨是也。當秦之末，法煩刑峻，民若鼎魚，繼以高帝、項羽連年之兵，困憊糜爛，歲無定月，月無寧日，慘毒之氣，愁苦之聲，上徹九天，下入九泉，求死而不可得。一旦豺虎屏迹，炎祚既定，漢政之所急所先，應天順人者，惟在寧静簡易寬仁而已。雖有三代禮樂文明之政，皆無所施矣。譬如久患痼疾瘡毒之人，一日病少瘳，痛少定，所欠者安眠粥食耳。若蕭、曹者，可謂知先務矣，起身刀筆吏，而智識有守也如是，兹蓋天姿高遠，不爲學術風俗所奪者也。後世爲臣者喜于有爲而昧于用静，一秉國鈞而求智名勇功，是以紛紛擾擾，求治而愈亂，求利而生害，上無定政而下無寧心，直至于亂亡而後已。若夫蕭、曹之法，不惟宜施之秦亡漢興之初，雖萬世守之可也。大凡自古敗家之子弟、亡國之君臣，皆非靳靳無能之愚人，而悉壞于才俊騖馳之輩，兹可見矣。

古今大臣得君者，其道有二。君子之得君，進以道，合以義，感以忠誠，語以仁義，如皋、夔、稷、契、伊尹、周公、傅説是也。小人之得君，揣知其意向，逢其欲，迎其志，導其所欲爲而未能遑盡其心者，必過其所期而後已，籠以權術，曲邀固結，如哲婦妬女，巧謀鉗其悟先，哀誓鍵于寵初，若戰國之蘇、張，秦之李斯、趙高，漢之弘恭、石顯，唐之盧杞，宋之王安石是也。然歷觀往古，君子之得君者寡，小人之得君者衆；君子之得君也難，小人之得君也易。蓋君子言不用，道不合，則納履而去，小人則不恥自售，枉曲求合，一履君門，如油之投麵，膠之投漆，牢不可解，密不可間，始於趨利固權，終於喪身敗家，失國而後止。噫！朝廷之有小人，如陽之有陰，晝之有夜，倚伏對待，何時無之？窺伺人君一念之萌，巧投其所欲，如鼠之俟夜，應時而發。爲人君者，好惡取人之際，可不慎歟？然而爲小人之所禍敗者，載在史册，歷歷可見，後來者又蹈覆轍，終莫之悟者，何哉？吁！君雲者龍，命律者吕，則各從其類也。

元·張養浩《三事忠告》卷一《牧民忠告上·拜命第一·克性之偏》 夫及物之心，人孰不有？第材質强劣，有所不同，苟即其所短，而痛自克治，則官無難爲，事無不集者矣。弛緩克之以敏，浮薄克之以莊，率畧克之以詳，煩苛克之以大體。苟不度所任，一循己之偏而處之，鮮有不敗者矣。古人佩弦佩韋，亦皆此意。今人往往讀書無益，涖官不才者，皆由狃於習，而不知痛自克治故也。

又《戒貪》 普天率土，生人無窮也。然受國寵靈，而爲民司牧者能幾何？人既受命以牧斯民矣，而不能守公廉之心，是不自愛也，寧不爲世所誚耶！況一身之微，所享能幾？厥心谿壑，適以自賊，一或罪及，上孤國恩，中貽親辱，下使鄉隣朋友蒙詬包羞，雖任累千金，不足以償一夕縲紲之苦。與其戚於已敗，曷若嚴於未然，嗟爾有官，所宜深戒。

又《心誠愛民智無不及》 赤子之生，無有知識。然母之者，常先意得其所欲焉，其理無他，誠然而已矣。誠生愛，愛生智。惟其誠，故愛無不周；惟其愛，故智無不及。吏之於民，與是奚異哉？誠有子民之心，則不患其才智之不及矣。

又《上任第二·治官如治家》 治官如治家，古人常有是訓矣。蓋一家之事，無緩急巨細，皆所當知，有所不知，則有所不治也。況牧民之長，百責所叢，若庠序、若傳置、若倉廥、若囹圄、若溝洫、若橋障，凡所司者甚衆也。相時度力，敝者葺之，汙者潔之，堙者疏之，缺者補之，舊所無有者經營之。若曰：『彼之不修，何預我事，瞬息代去，自苦奚爲？』此念一萌，則庶務皆隳矣。前輩謂公家之務，一毫不盡其心，即爲苟祿，獲罪於天。

又《禁家人侵漁》 居官所以不能清白者，率由家人喜奢好侈使然也。中既不給，其勢必當取於人。或營利以侵民，或因訟而納賄，或名假貸，或託姻屬宴饋徵逐，通室無禁，以致動相掣肘，威無所施。己雖日昌，民則日瘁；己雖日歡，民則日怨。由是而坐取辱者，蓋駢首纚踵也。嗚呼！使爲妻妾而爲之，則妻妾不能我救也；使爲子孫而爲之，則子孫不能我救也；使爲朋友而爲之，則朋友不能我救也。妻妾、子孫、朋友皆不能我救也，曷若廉勤乃職，而自爲之爲愈也哉？蓋自爲，雖闔門恒淡泊，而安榮及子孫；爲人，雖讙然如可樂，而禍患生几席也。二者之間，非真知深悟者，未易與言。有官君子，其審擇焉。

又《宣化第五·先勞》 古之爲政者，身任其勞而貽百姓以安；今之爲政者，身享其安而貽百姓以勞。己勞則民逸，己逸則民勞，此必然之理也。憚一己之勞，而使闔境之民不靖，仁人君子其忍爾乎？昔子路問政，而聖人告以先之勞之無倦。嗚呼，此真萬世爲政之格言也歟！

又 卷二《牧民忠告下·事長第八·寧人負我》 寧人負我，無我負人，此待己之道也。天下之善，不必己出，此待人之道也。能行斯二者。於道其庶幾乎。

又《處患難》 凡在官者，當知榮與辱相倚伏，得與失相勝負，成與敗相循環，古今未有榮而無辱，得而無失，成而無敗之理也。雖天地之運，陰陽之化，物理人事，莫不皆然。處之不以道，則纖毫之寵必搖，而一唾之辱必挫矣。故君子於外物，輕重皆所不恤，顧其在我者何如爾。使其有可辱，雖不加譴，而君子恒以爲不足；使其無可辱，雖置之死地，而君子恒以爲有餘。歷觀自昔大聖大賢，不幸橫罹禍患，恬然不易其素者，灼乎此而已矣。苟惟能處榮而不能處辱，惟能安順境而逆境則不能一朝居，欲望其臨政有餘，爲難矣。嗚呼！善觀人者其於此焉察之。

又《分謗》 是非毀譽，自古爲政所不能無者，是則歸人，非則歸己，聞譽則歸人，聞毀則歸己，無長無貳，處之皆當如是也。前輩云：恩欲己出，怨將誰歸？嗚呼！此真博大君子之言也。

又《以禮下人》 夫能下人者，其志必高，其所至必遠。昔某郡有新守，褊驁大不禮其下，常令掾屬羅拜於庭下。有一賢掾，初以疾在告，疾愈當庭參。是日偶大雨，守命張傘，布茅於庭下，使掾拜焉。掾恬然不動容，興伏惟謹。識者知其他日必爲宰相也，後果然。

又《不可以律己之律律人》 同官有過，不至害政，宜爲包容。大抵律己當嚴，待人當恕，必欲人人同己，天下必無是理也。

又《受代第九·克終》 爲政者不難於始，而難於克終也。初焉則鋭，中焉則緩，末焉則廢者，人之情也。慎終如始，故君子稱焉。

又《閒居第十·輕去就》 士之仕也，有其任斯有其責，有其責斯有其憂。任一縣之責者則憂一縣，任一州之責者則憂一州，任一路之責、天下之責者，則一路與天下爲憂也。蓋任重則責重，責重則憂深，古之人所以三揖而進，一揖而退者，有以也。雖堯、舜、禹、湯、文、武之爲君，臯、夔、稷、契、伊、傅、周、召之爲臣，固未嘗不憂其責，而以位爲樂也。彼以位爲樂者，苟其位者也。嗚呼！大聖大賢，宜不難於其所任，猶且不自暇逸如此，吾才遠不逮聖賢，顧可樂其位而重其去也哉！

又《進退皆有爲》 進則安居以行其志，退則安居以修其所未能，則是進亦有爲，退亦有爲也。近世士大夫惟狃於進退，則惛然無所猷爲，甚而茹愧懷慙，蹙縮不敢一出户。夫軒冕，古人以爲儻来之物也，其有也何所加，其無也何所損。不思良貴在我，惟假於物以爲重輕焉，則其人品之卑下，不待論而可知矣。

又 卷三《風憲忠告·自律第一》 士而律身，固不可以不嚴也。然有官守者則當嚴於士焉，有言責者又當嚴于有官守者焉。蓋執法之臣，將以糾姦繩惡，以肅中外，以正紀綱，自律不嚴，何以服衆？夫所謂嚴，如處子之居室，一行一止，一語一默，必遵禮法，厥德乃全。跬步有違，則人人得而訾之矣。苟挾權勢，惟殖己私，或巧規子錢，或盜行鹽鐵，或荒躭麴蘖，或私用親屬，或田獵不時，或宴遊無度，或濳托有司之事，或安興不急之工，或曠官第而弗居，或縱家人而不檢，於斯數者而有一焉，皆足爲風憲之累。

又《薦舉第六》 夫士有公天下之心，然後能舉天下之賢。蓋天下之事，非一人所能周知，亦非一人所能獨成，必兼收博采，治理可望焉。故前輩謂報國莫如薦賢，真知要之言哉！今夫富者之治家，有田焉，必求良農使之耕；有貨焉，必求能商使之賈；有牛羊焉，必求善豢者使之牧。何則？蓋彼拳拳於治家，故不得不求其人也。況受天下之寄、任天下之責者，乃不知求天下之才共治之，豈其智之不若彼富者哉？由其爲國之心未嘗如其爲家之心之切故也。於此有人焉，廉而且幹，雖有不共戴天之仇，公論之下，亦不得而私焉。

又《臨難第九》 夫人臣而當國家言責之任，刑辱之事不敢必其無有，要在順處靜俟，以理勝之而已。若乃求哀乞憐，惴讋無所，已先挫撓，何以自明？夫盡已之職，爲國爲民而得罪，君子不以爲辱而以爲榮，雖縲紲之，椎楚之，斧鉞之，庸何愧哉！歷觀自古處禍患而不亂者，三代而下，如子路之結纓，宜僚之正色，黄霸之在獄授書，王景之與客奕棋，劉禕之自書謝表，魏元忠之聞赦不動，是皆有以真知義命所在，非區區人力所得而移也。然士君子平昔所養，其深與淺、其情與僞於焉可以見之。李斯臨刑，父子相泣；揚子雲被收，投閣幾死；王坦之與謝安齊名，桓温來朝，倒執手板；崔浩自比子房，爲辨史事，聲嘶股栗，溺不能隱。此可見彼惟事口耳，而於聖賢性命之學，實未嘗得諸心也。善乎！韓文公之言曰：『儒者之於患難，苟非其自取之，其拒而不受於懷也，若築河堤以障屋霤；其容而消之也，若水之於海，冰之於夏日；其玩而忘之以文辭也，若奏金石以破蟋蟀之鳴。』故君子之學，以明理自信爲貴。

又《全節第十》 人之有死，猶晝之必有夜，暑之必有寒，古今常理，不足深諱。若爲子死於孝，爲臣死於忠，則其爲死也大，身雖殁而名不没焉。太史公謂死有重於泰山，有輕於鴻毛。非其義則不死，所以重於泰山也；如其義則一切無所顧，所謂輕於鴻毛也；嗚呼！夫人以眇然之身，倏爾之年，使之山岳聳而日星揭者，非節義能爾耶？況人之貴賤壽夭，天所素定，而謂附此人則得官，違此人則失官，言事則身危，不言則無患，此世俗無知者所見，士君子豈以是爲取舍哉！然正直亦有時而被禍者，君子以爲不幸；奸邪亦有時而蒙福者，君子以爲幸。一以爲不幸，一以爲幸，則其是非榮辱較然。故節義者，天下之大閑，臣子之盛德，不蕩於富貴，不蹷於貧賤，不揺於威武，道之所在，死生以之。彼依阿淟涊，枉已徇人者，所謂無關得喪，徒缺雅道，正使獲榮寵於一時，迨夫勢移事去，其前日之榮，電滅風休，漠無蹤迹，其昭在人耳目者，奸佞之名千古猶一日，其爲辱也庸有既乎！嗚呼！寧爲此而死，不爲彼而生，以是處心，庶無愧於古人矣。

又卷四《廟堂忠告・修身第一》 前輩謂仕宦而至將相，爲人情之所榮，是不知榮也者，辱之基也，惟善自修者，則能保其榮，不善自修者，適足速其辱。所謂善自修者何？廉以律身，忠以事上，正以處事，恭慎以率百僚，如是則令名隨焉，輿論歸焉，鬼神福焉，雖欲辭其榮，不可得也。所謂不善自修者何？徇私忘公，貪無紀極，不戒覆車，靡思報國，如是則惡名隨焉，衆毁歸焉，鬼神禍焉，雖欲避其辱，亦不可得也。於戲！身爲宰相，何善不可行，何功不可立，顧乃爲區區之利蠱惑而妄行，豈不深可惜哉！且自古居相位者，未聞死於凍餓，而死於財、於酒、於色、於逸樂者，無代無之。昔諸葛孔明爲丞相二十年，無尺寸之增於家，未嘗憂其貧，竟以勞於王事而卒，至今其名之榮，常若世享萬鍾而不絶者。唐元載爲相，惟利是嗜，及其敗也，籍没其家，胡椒八百斛，至其名之穢，常若蒙不潔而播臭無窮者。嗚呼！夫人以百年之身，天假以年，不過八十、九十，姑以八十爲率，計其得志不過三四十年而已，豈有三四十年之間能食胡椒八百斛之理？古人謂利令人智昏，兹明驗矣。嗚呼！凡爲相者，能以諸葛孔明爲法，唐之元載爲戒，雖臺鼎終身，又何悔吝之有？

又《任怨第六》 夫爲人臣，惟欲收名，而不敢任怨，此不忠之尤者也。居廟堂之上，凡有所爲，惟當揆之以義，義苟不失，悠悠之言奚恤哉！今夫兩軍之交，兵刃叢前，而心誠報國者尚冒之而不顧。夫臨政之與臨敵，其安危利害相距霄壤，此猶顧惜，抑不知於萬死一生之際爲何如？昔范文正公患諸路監司非人，視選簿有不可者輒筆勾之。或謂一筆退一人則是一家哭矣，公曰：『一家哭其如一路哭何！』嗚呼！如是處心，斯不負宰相之職矣。大抵天下之事，有易有難，有利有害。難而有害者，人多辭避；利而易行者，人多忻然以爲。殊不知官有長佐之分，體有勞逸之殊，長者逸而佐者勞，此天地之大義也。以朝廷言之，君上逸而臣下勞；以一家言之，父母逸而子弟勞；以一身言之，頭目逸而手足勞。嗚呼！人而知此者，必不遺君父以憂，措其長於衆怨之地矣。近代爲執政者，往往姑息好名，一疾言厲色不敢加於人事，或犯衆激，使居己之右者發之。嗚呼！夫治家而使父母任其勞，爲國家而使君長任其怨，尚得爲忠孝乎哉！况有罪不責，有善不旌，雖三代不能爲治。故刑罰不患於用直，患乎用之而不公。昔桓公奪伯氏駢邑三百，没齒而無怨言；諸葛孔明廢廖立，而立聞亮死輒泣下。爲宰相誠能公其心如是，則天下蔑有不服者矣。

又《分謗第七》 夫共署聯事，一人努力而前，則餘者皆當輔相以成其志。苟彼前我却，彼行我止，動焉而不相隨，語焉而不相應，則事功之成者能幾？此古人所以有推車同舟之喻也。其或共舟以濟，而一人溺焉，則凡在舟者無論疏戚，所宜并力以救之，此賢不肖之所共知也。况同爲臣子，同受天下國家之寄者，可坐視一人被禍而不恤哉？使其爲一己之私，自貽伊戚，固無足恤。其或知無不言，言無不盡，公家之務，一以大公至正處之，彼非爲己爲家而得罪，則凡同官者，安得不挺身而前，與之共難也哉？大抵一人不幸而得罪，爲長者若曰『此我之罪』，爲貳者亦曰『此我之罪』，使闔堂之人皆爭引爲己罪，則彼獲罪者雖不能釋，亦必不至於重論矣。古之敢於諫爭者，其遇不見聽納，至謂與其殺此人不若殺臣，尚爲如此求解，其肯坐視同官寃抑而不省哉！嗚呼！使分謗引咎之事，爲宰相者誠能力行於今，將見士大夫之名節愈厲，民間之薄俗可敦，而國家他日亦不患其無仗義死節之士矣。一事之行，所繫如此，孰謂任怨分謗爲宰相細行哉！

元·歐陽玄《圭齋文集》卷七《忠史序》 忠者，盡己之名也。天以事物當然之理賦於人，人盡其所當然者而無憾焉，是之謂忠。今語人曰：『臣事君以忠，與忠恕之忠同。』則莫不駭然以爲非，而實然也。或曰：『臣盡臣道於君，忠矣。子盡子道於父，何獨曰孝乎？』曰：『不然也。《禮記》所謂「內盡於己而外順於道，忠臣以事其君，孝子以事其親，其本一也」。此即吾説也。』『然則上盡其所當然於其下，其名曰何？』曰：『盡有不敢不勉之義，上下之間必有別也。故盡之對爲推，即恕矣。程子嘗謂「忠恕一也」，「事上之道莫若忠，使下之道莫若恕」。後儒疑之，未喻此也。人生而静，動與物接，即有盡己、推己二者出乎其間。識者知其然，固無一息而非吾效忠之時也。是道也，所以事君，所以事天。《詩》曰：「昊天曰明，及爾出王。昊天曰旦，及爾游衍。」亶其嚴乎！』【略】

嗚呼！自忠之説不明，士大夫平居無涵養省察之功，蒞事無鞠躬盡瘁之志，立朝無直言極諫之風，至於臨難死節，能保其必然也耶？嗚呼！宇宙間此道明，即天地變化，草木蕃；不明，即天地閉塞，賢人隱。甚可畏也！

明·王立道《具茨文集》卷四《擬送太宰汪公致政南還序》 所謂大臣者，以天下爲公，不以毀譽榮辱，不以進退欣戚，而其心常恐恐焉。蓋庶觀庶官之得行其職與否，以測國家治亂之機，而因以爲已榮辱欣戚。蓋庶官之職，不同而要，無外於官守、言責二者，於言責而得其言，此尤國家大治之機，而公天下者之所甚欲也，何則？維辟作福，維辟作威，其爵之，禄之，廢之，置之，殺之，生之予且奪之，蓋莫非一人之權，而天下之所奉行而弗敢逆者，而諫官者乃欲奪其所予，廢其所置，屈萬乘之尊，以從一介，兹非有回天之難者哉？古之昏世庸辟，保回暱奸，其所崇長信使，雖以刀鋸之餘，優伶之賤，阿保乳媪之微，其臣且不敢言，或言之而反以爲僇，而况於左右之大臣素所信任者乎？今太宰，大臣也，天子之所信任也。雖有大故不可，其廢去宜出自天子，而今乃以四三諫臣言，輒至致政去。是諫官之得其言而國家大治之機也。吾意太宰有公天下之心，且將以爲大賀焉，而不復以己之毀譽進退爲介介也，且君子能必己之無愧，而不能必天下之無言，故有蒙負俗之累而安，受不韙之名而處之若不聞也者，其心有以自信，而知天下之必有能知我者也。《傳》曰：『心苟無瑕，何恤乎無家？』晉王袛有言，使己有可毀之行，則彼言當矣；使己無可毀之行，則彼言妄矣。當則無怨於己，妄則無害於身。袛非知道者，猶若是。吾又益知太宰之能自信，而無恤乎天下之有言與否也。古之愛君者，殺其身，有益於君，則爲之，况廢其身以善其君乎？太宰其有見矣。不然，以一大臣之去，宜不能無怏怏者，而太宰不然，其所惡有甚於去也。太宰行，予與祖焉因推其意以序。

明·歸有光《震川別集》卷一《應制論·士立朝以正直忠厚爲本》

天下之治，繫乎人臣之有其德，而才不與焉。夫天下之才未嘗無也，所賴以致至治者，非其才之難，而所以用其才者難也。能用其才，係乎人臣之有其德而已矣。所謂德者，必其資性之純而心術之正，是故其氣剛以毅，出于正直而必不至于佞；其心寬以恕，出于忠厚而必不至于薄。如此，可謂有其德矣，而後以其才用之。故天下服其正直之氣，而樂其忠厚之化，而人心世道實係之。夫才者，行於一時，則固一時之善而已也；行于一，則固一事之善而已也。惟正直忠厚之道，其用爲不窮，士之立朝而不以此，則餘無可取矣。善乎豫章羅氏之言：『士立朝之道，不爲驚世可喜，煒然赫然，以爲人臣之偉節，惟以正直忠厚爲本。』儒者之論，何其切近而篤實也！

夫所謂本者，言士之用世，其所施爲措置，蓋未暇論，而不可窮之業，實根底于此也。夫木之有本，本既撥則枝葉無所寄託矣；士之有德，德既隳，則才猷無所附麗矣。蓋有其德，而後其才可以成天下之事；無其德，則才之所用，適足以僨天下之事而已矣。

夫人君治四海之衆，一人不能獨爲，而與海內之士共之。士之欲行其志者，輻輳並進，而歸命天子。三公九卿，百司庶府，設官分職如此其衆也。天下之才，惟天子所以使之。蓋自一命以上，無虛位也，無乏人也，則人人盡其才，因其職以自效。舉目前之事，則既能辦飭矣。夫正直也，忠厚也，士無此二者，皆能任天下之事，皆能治天下之民，皆能建天下之功，皆能興天下之業，然有利焉，不勝其害也；有得焉，不勝其失也。天下幸而無事，人臣安享祿位，以爲才如是足矣，不知其俗之漸靡積習而不可挽也。故士必本之以正直忠厚。其大者固已磊落卓犖，自立于世，然後隨其所受之職，皆能不違于道，是故與之任天下之事而事必集；與之治天下之民而民必安；與之建天下之功，興天下之業，功成業廣而後無患。嗚呼！此正直忠厚之道所以爲本也。

且所謂正直者，何也？氣之剛以毅也，其質近乎義，而心術之正，必不苟爲佞。天子欲有所爲，而不敢以或阿；羣臣皆以爲然，而不肯以或同。天子有失，必規；羣臣有姦，必發；事有庇于民，益于國，爭之而必行；有病于民，害于國，爭之而必不行。可與爲善，而不可與爲不善；可與爲義，而不可與爲不義。萬鈞之重不爲懾，雷霆之威不爲怵。諤諤乎無所隱也，蹇蹇乎無所避也，侃侃乎無所撓也，亹亹乎必致之也。人主爲之改容，姦萌爲之弭息，四夷聞之而不敢窺伺，此正直之臣也。其在于古，若排闥、折檻、引裾、壞麻之類，皆可以言正直也。其大者，如汲黯、蕭望之、李固、宋璟、張九齡、陸贄、李沆、范仲淹、李綱之徒是也。

所謂忠厚者何也？心之寬以恕也，其質近于仁，而心術之厚，必不苟爲薄。輔天子而以寬仁，與羣臣處而不求爲異。天子有過，而非心逸志爲之潛消而不知；人臣有失，務包容其小，而愛惜其才；可以裨國，而不便于民，不行；可以取名，而無益于國，不舉。如泰山之安而不搖，如深淵之靜而莫測。休休乎其無所不容也，粥粥乎若無所能也，渾渾乎若無辨也，與與乎其可即也。君德賴以培養，生民賴以滋息，社稷賴以鎮定，此忠厚之臣也。其在于古，若償金、脱驂、翻羹、唾面之類，皆可以言忠厚也。其大者，則如曹參、周勃、丙吉、狄仁傑、郭子儀、裴度、呂端、王旦、韓琦之徒是也。

或者曰：『正直近于伉厲，容有激天下之變。』是固有之。然刓方爲圓以規世好，君子終不避伉厲之譏而出于此也。『忠厚近于無能，容有以養天下之弊。』是固有之。然鍥厚爲薄，以索人情，君子終不避不能之誚而出于此也。大抵由于質性之美，而原于心術之正，則正直而不至於伉厲，忠厚而不至于無能，此自然之理。故士而舍此，欲以委隨變化而謂之通，凌詘盡察而謂之能，此則天下之所謂才，而非士之所貴也。

唐、虞之盛，其臣皆有神聖之姿，其功與天地並，若非人之所能爲者也。然君臣之相勉戒，不過曰『直清』，曰『弼直』，曰『予違汝弼，汝無面從，退有後言』，曰『臨下以簡，御衆以寬』，何其近于人情也？古之聖賢所以佐其君者，不過如此而已矣。迪知忱恂，夏之所以有室大競也；惟茲有陳，商之所以格于皇天也；秉德迪知，周之所以怙冒聞于上帝也。夫其正直如此，忠厚如此，故能循道履信，而功業所至，乃與天地並。成王之命君陳曰：『予曰辟，爾惟勿辟；予曰宥，爾惟勿宥。』此告之以正直也。曰：『無忿疾于頑，無求備于一人。必有忍，乃有濟。有容，德乃大。』此告之以忠厚也。

天下之勢，欲其直，常趨于佞；欲其厚，常趨于薄，世道之不可挽如此。是以不惟士之所貴者如此，而有國家者務培養之，以伸抗直之氣，而全忠厚之體。孔子生于周末，褒史魚之直，惡祝鮀之佞，思史之闕文，而稱周公之訓，其所感者深矣。夫相嘘以成風，相吹而成俗。隆沍之時，一人嘘之不能爲熱也；炎赫之景，一人吹之不能爲寒也。天下有一正直者，崇獎之，而不抑之以伉厲，若文帝之信申屠嘉也；有一忠厚者，敦尚之，而不嗤之以無能，若光武之封卓茂也。如此，則天下知所慕效矣。此在天子與公卿大臣之事，誠如此則百僚師師，皆忱恂于九德之行，而《羔羊》之正直，《行葦》之忠厚，可以遠追于成周之盛也。謹論。

明・祁承㸁《牧津》卷首《小引》 有孚惠心，仁人能愛，政惟長養，爲生民命，功同發育，立天地心。蓋念切痌瘝，自慮周民隱，嬰兒乳哺，喻在無言，病夫吟呻，醫惟默察，具此真懇，自有宜民。楊文仲云：與民之惠有限，不擾之惠無窮。吾取以爲法，輯惠愛第六。【略】

無逸作所，百度維貞，明作有功，庶務畢舉，運甓之意，豈異鳴琴，戴星之勞，恥言臥理，人惟朝氣，可振頹風，政欲幾康，必先兢業，倘一息自安，則民生凋敝，撫字固當心勞，催科豈容政拙。輯勤職第八。【略】

水惟清也，潤枯漉朽，風惟清也，披鬱導和，自私自利，不有其躬，澤物澤民，恒切於念，淡而不，質而不磽，砭激劑苛，廉頑立懦，懸魚留犢，徒有其名，素絲羔羊，乃風其德。若動著社稷，口不言功，業滿乾坤，心惟自歉，是爲聞道，豈曰修名。輯清德第十三。

身外何須，取資易淡，意中有著，我見難忘，行必矯時，心期拔俗，卓然矢志，獨醒獨清，凜矣持身，不淄不涅，視人若凴，并以忘人，與世無資，因而輕世，雖名根未化，而介質可稱。輯砥躬第十四。【略】

正大之情，可通天地，是非之性，具於秉彝，人情波靡，方藉堤防，世態狂瀾，必資砥柱，理能軌物，道在信心，岐逕雖多，修途惟一，即世法可方可員，而定守不移不惑。輯守正第十六。【略】

律身有度，所以貞時，善世有基，故能範俗。道在務本，政尚還淳，我以厚施，人誰薄應，猶燈取影，猶風遂聲，上實敦倫，民乃厚歸，坤能載物，履焉德基。輯敦厚第十八。

成心非信，我見非忠，御物無私，應世自實，轅輪雖具，轂轉惟樞，寒暑有常，序行惟默，信在言前，忠持初念，豚魚可格，蠻貊皆通，我決藩籬，人輪肝膽，疑城盡剖，大道爲公，若云我無爾詐，爾無我虞，有市心矣。輯忠信第十九。

好醜有形，鏡無疲照，髖髀得窾，刃不頓錯，理非兩岐，法止畫一，多需賊事，過慎敗謀，惟力能持，惟識能斷，情有必至，折在片言，事有必然，定於頃刻，杲毅而敏，可以臨民，明動相資，所以敕法。輯明決第二十。【略】

明炳幾先，術非小智，慮周事後，道貴沉幾，見鉅在微，識遠自近，所以練識，必先練心，欲以練心，惟有練事，事理日明，胸次日擴，膽力日定，識力日弘，千里應違，決之股掌，百年長計，悉於目中，爲天下者，爲之於堂上，識定故也。輯識見第二十六。

明・楊昱《牧鑒》卷一《治本一》 治本，君子之身是也。身一也，有化所資以立者，有政所由以成者。化所資立曰德，政所由成曰才。古人推準動化，得此而已。然古人邈矣，簡策有幸存而未泯者，庸可不盡心乎？敬稽經訂傳，得若干條，列爲八目，以備治本之鑑，曰學問、克勵、采納，所以兼資乎二者；曰心術、器度、言貌、服御，所以成德；曰才識，所以廣才。近世君子行有幾乎此、言有翊乎此者，各附其後。世與有其責者，能條而鑑之，會以平昔所講澄源立道之功，則古人出治之本，其在我矣。

明・劉明俊《居官水鏡》卷一《用明説》 有司臨民，非明何斷？然惟誠與明合乃稱真明。竊謂用明者，寧如日月之遺覆盆，無爲燔火之燭一隙，寧若神而不足，無若鬼而有餘，彼以術爲明者淺矣，若以詐爲明，殊可羞也。

明・凌義渠《凌忠介公集》卷五《清慎勤論》 蓋聞之不患無位，患所以立位者，人之所以處君子也。奉之以至優，享之以至逸，雖厲民以自養，不謂貪；雖勞民以自便，不謂惰。夫其所以期君子者，至矣。而君子於此將僅僅焉，與庶民較貪廉，與百工競作息，且孑孑焉，處人於濁而處已於清，處人於惰而處已於勤，抑何以自立乎？此服官者清與勤不待言也，而終之以慎，蓋庶幾焉。何以明之？利之所在，中人鮮不動心；勞之所歸，志士有時願息。故至潔之名可以自繩，而不可以繩下；

至苦之行始于自肆，而徐以之肆民。今夫入口思甘，被體思煖，立不如坐，坐不如倚，此人情之所便也。奪其思甘思煖者，而强之以粗惡；奪其欲坐欲倚者，而强之以操作，甚之以囚拘。此人情之最不便也。然則逆砥之以爲清，久習之以爲勤，君子亦安能自必而自勝之也哉！所以懼懷璧之賈罪，慮有齒以焚身，惡下流若將浼者，誠不敢自恃其清也。所以楚楚借飾于蜉蝣，厭厭受噉於猶貉，競寸陰如弗及者，誠不敢自恃其勤也。所以約腹菲躬而未始告人，夜寐夙興而不以詔下，誠清而不敢留清之痕，勤而不敢舉勤之事也。慎之至也，惟慎故卒能保其清，而得以止人之貪；唯慎故終能守其勤，而得以起人之惰。視一切矜刻苦難之事，無以異于日用服習之常，而其自處也，既安而可久；視一切獨往孤行之事，不啻臨深履高之險，而其處世也，濟蹇而不危。斯詎非居身之善物而服官之良箴哉？不然，世不乏翹翹之名流，蹶蹶之良士，而不行之以厚道，持之以小心，譬陟萬仞之巔，四顧無容足之地，目眩魂摇，未有不慟哭而思返者也。故既清且勤，而不終之以慎，自誤誤天下未有能濟者也，必不得已而去，於斯三者何先焉。

清·愛新覺羅·福臨《資政要覽》卷一《臣道章》 士不可辱則大，大則尊於富貴，故利不足以虞其意，名不足以挺其心。斯人也，有勢則心不自私，處官則必不爲污，將衆則必不撓北，苟便於主，利於國，則必危身出，生以狥之，若此乃可謂國有臣矣。

三王之佐，伯益、伊、吕之倫，其名榮，其實安，皆公忠以翼其主。後之臣不然，患其身之不貴於國也，而不患其君之不顯於天下；患其家之不富也，而不患其民之不安。既辱且危，名實喪矣。李斯、張禹、盧杞、蔡京、阿合馬之流，遺穢萬世。嗚呼，戒之哉！

凡爲臣者，服能然後任，省心然後受，入則上其謀，出則行其政。大臣正身以率屬，庶僚潔己以守官，建旄者澄吏以寧民，分猷者奉法而宣化，將帥嚴其紀律，守令殫其循良。文武恊和，士民豫附，密勿之臣，明謨諧弼，以襄一人，庶幾乎無忝於臣職矣。百爾有官，可不勉與？《詩》曰：『靖共爾位，正直是與。』

清·王永吉《人臣儆心録》卷首《愛新覺羅·福臨〈御製人臣儆心録序〉》 朕惟人臣立身制行，本諸一心，心正則爲忠爲直，衆美集焉；不正則爲姦爲慝，羣惡歸焉。是故心者，萬事之本，美惡之所由出也。顧事有殊塗，心惟一致，一於國則忘其家，一於君則忘其身，如此者不特名顯身榮，邦家亦允賴之矣。若夫姦邪之流，樹黨營私，怙權亂政，卒至身名俱喪，爲國厲階。蓋緣居恒無正心之功，一當勢利，遂昏迷瞀亂，狂肆驕矜，上昧王章，下乖臣誼，或作威而聯羽翼，或比匪而效奔趨，如譚泰、石漢以累世舊臣，久叨恩遇，不思圖報，逞臆横行，跋扈自恣，目無綱紀，陳名夏則一介豎儒，驟蒙顯拔，倚任深重，賜賚優隆，而乃背德植交，蔑法罔上，此皆自作罪孽，以致隕厥身家。朕歷稽往古，宵人誤國，代代有之，觀諸近事，復炯鑒昭然，足爲永戒，恐後之爲臣者，或仍蹈覆轍，負主恩而渝素志，至於身罹刑憲，悔悼無由，故推原情狀而論列之，録成一編，以爲人臣儆心之訓云。順治乙未季春日序。

清·牛天宿《百寮金鑑》卷八《廉潔》 古之六計，以廉爲先；今之八法，以貪爲最。蓋貪之與廉，如黑白之各別，如東西之易位，出乎此則入乎彼，必然之勢也。故鹿可痊也而顧不可朵，魚可懸也而指不可染，寧卻金於暮夜，勿攫金於白書，寧爲瑟鶴之隨，勿恣囊橐之懸，斯朝廷嘉其高節，而閭巷仰其清風也。若苞苴是營而簠簋不飭，則悖入而悖出，賄聚而焚身，悔何及哉！據其清廉者以動將來。

又 卷九《忠烈》 稽古盛世，都俞相成，吁咈相戒，元首明而股肱良，三事修而六府治，倚與休哉！何道之遙也。迨世亂而身危，時窮而郎見，於是有忠貞自矢、慷慨自命者，心可剖，首可碎，而此志必不可奪。賊敗拒逆敢擊而君父必不敢背，浩然之氣與日月而爭光，激烈之風同山河而不朽。蓋見理既明，則視死如歸，於以扶植綱常，維持世教，胥頓之矣。雖謂龍、比諸君子，至今存可也。

清·愛新覺羅·玄燁《聖祖仁皇帝御製文第四集》卷二〇《事父母能竭其力事君能致其身》 誠於事君事親而竭力致身者，貴矣。夫力之與身，於忠孝之大端，必盡其誠，斯無餘矣。今夫人一生之責，寧有止乎？思三代以上，學者皆在務本，聖人之教必在明倫，吾因之有感焉。君子之道，莫大乎孝，父母天性未嘗一日少忘，但爲物欲所蔽，有時而間，則失人子事親之道，而背父母慈愛之心。當深思繈褓之際，至於幼，至於長，何時不在父母之憂懷，體父母養育之心，盡子道精一無二，用力於德之本，敦行於教所先，制節謹度，道法之在所必遵。凡所以竭其力者，自不容於不謹，孝子之深愛，必有和氣動於中則形於外，矢終身之慕也。一則以喜，一則以懼，然究何事而喜也？爲人子以父母之心爲心，庶幾立身行道，少盡竭力之義乎。君子之道，莫大乎忠，君臣腹心未嘗一念少懈，第爲富貴所摇，有時而變，則失臣子事君之理，而忘元首股肱之誼。當深思出處之意，至於士，至於官，無處不在大君之覆幬，感君父高厚之恩，勉臣職精一無二，公爾以忘其私，國爾以忘其家，効忠勵節，威福之不自己出。凡所以致其身者，理不容於不勤，人臣之忠愛，必有正氣誠於中乃見於事，矢篤棐之忱也。一則以憂，一則以樂，然究何時而樂也？爲人臣以大君之德爲德，庶幾鞠躬盡瘁，少得致身之道乎。若夫竭力以事父母，不得父母之懽心，徒勞而不得其中；致身以事大君，不得大君爲堯舜，貪祿而不得其正。受恩而不忍負者，爲子必孝，爲臣必忠，大哉，此言可不勉耶！

清·靳輔《文襄奏疏》卷五《恭謝天恩疏謝賜清慎勤》 臣惟上古致治之隆，誕敷文德，大告武成，刑期無刑而敷教在寬，奠平水土而蒸民乃粒，巡行而萬方騰徯后之聲，端拱而四海戴無名之頌，此堯、舜、禹、湯、文、武之治，載在詩書，爲萬世帝王之極則也。我皇上御極以來，無日不以民瘼爲念，慮天下吏治之風或下也，故首尚清介，立賢無方，奬善懲惡，宥過録功，且恐久而生怠，又復御書『清慎勤』三字，頒賜天下各督撫諸臣，俾得朝夕仰瞻，凜然有上帝臨汝之思，慮天下民生之不免於困苦也。

清·愛新覺羅·胤禛《世宗憲皇帝硃批諭旨》卷六〇中《硃批王國棟奏摺》 巡撫一官，原極繁難，非勉能『清慎勤』三字便可謂勝任也。用人雖不求備，惟至督撫必須全才，方不有所貽誤，若無包羅通省之襟，懷統馭羣僚之器量，即爲不稱厥職。凡事當務大者遠者，若只思就區區目前支吾以盡職任而已，未有不顧此失彼，跋前躓後者，當努力勉一大字。

清·愛新覺羅·弘曆《御製樂善堂全集定本》卷一《休休有容論》 蓋嘗讀《秦誓》，至其心休休焉，其如有容焉，未嘗不喟然嘆興曰：『懿哉！賢人之爲國寶，而容賢者之利人國家至深且遠也，可以爲千古相臣之法矣。』古大臣之相天子也，其容人有包荒之量，其任道有馮河之勇，果賢也，不遺於遐也；果不賢也，不昵於朋也。是其休休之心根於中，休休之色見於外。賢人争爲之用，争爲之用即争爲國用也，豈樹黨立朋者所可假託哉？彼小人者，冒嫉爲心，懷私脩怨，所致者，奸人附勢者也；所斥者，直士抗言者也。其訑訑之象，見於顔面，是以賢人遠去，君子道消，而國亦随以衰微。三代以下，稱賢相者，漢有蕭、曹，唐有房、杜。蕭何薦韓信以成王業，曹参禮蓋公而民歌清静。《新唐書》贊房、杜，謂帝定天下而房、杜不言功，王、魏善諫争而房、杜讓其直，英、衛善將兵而房、杜濟以文。夫蕭、曹、房、杜非前古大臣之比，就其所以稱賢，則皆以有休休之量也。李林甫、盧杞、韓侂胄、賈似道之徒，妬賢嫉能，固小人之尤矣。即以李德裕之忠直，未免有朋黨之失；王安石之才學，終有不容人之譏。此容賢樂善之所以難也。此《秦誓》所稱休休有容，曾子特表而出之於《大學》之卒章，以爲萬世大臣之標準歟。

清·陳弘謀《從政遺規》卷上《耿恭簡公〈耐煩説〉》 弘謀按：居官莅事，牒訴紛錯，日出事生。欲每事躬親料理，未有不以爲苦者。一有厭苦之心，便有不耐之意，或草率了事，或假手他人，或闒茸稽延，或急於無序。民亦多蒙其累，事便不得其平。不耐煩之流弊，良不淺矣。天臺先生所著《耐煩説》，入情入理，切中錮病，并謂耐煩更在廉之上，尤自來官箴所未及也。大抵有不容已於斯世斯民之心，則汲汲孜孜，津津亹亹，委曲誠求，以期有濟。雖煩而不厭其煩，君子之無衆寡，無大小，無敢慢，古聖之不洩爾，不忘遠，無非此意。切勿視作好爲煩瑣，更不可徒視爲能耐勞苦而已也。

士操士風論分部

論説

元·胡祗遹《紫山大全集》卷二〇《悲士風》 士之自待也不淺，非徒高自標置，虚立崖岸，使人不可攀躋而已也。蓋爲此身所係，不獨上以光祖考，下以成子孫，居鄉里則化，居州郡則爲民具瞻，處朝廷則福澤天下以及後世而垂無窮。聖人所謂『任重而道遠』者，正在此耳。今之士大夫，居閒處獨，怨天尤人，曰『不吾知』也。及其居高位，食厚祿，怙寵患失，依阿緘默，苟眷顧，蒙寵渥，始終二十餘年之久，而未嘗建白一言，開陳一事，樹立一政。皇皇汲汲，日夜營辦者，廣田宅，多妻妾，殖貨財，美車馬，聚玩好，媚權貴，援私黨，來賄賂。衮職有闕而弗補，綱紀壞弊而弗救，人民塗炭而弗恤，方且偃然自得，以爲通方達變。輕煖肥甘，夭淫艷質，自娱之外，而又欺世盜名，翻經閱史，鼓琴焚香，吟詩寫字，以爲高雅，以示閒暇，使一時後學無執守者，欽仰踵效而恨不能及；脣吻攘奪者，得以爲謗訕沮毁名教之口實；潔身特立之士，語塞而不敢辨。吁，真萬世之罪人也！人殃鬼誅，不在其身，不在子孫，吾不信也。

士以器識爲本，器欲宏大，識欲深遠。器不宏大，則不能容物；識不深遠，則不能見微而知著。士大夫平居無事，自負不淺，忽臨毛髮事，則莫能承載。摇脣鼓舌，援引往昔，動輒千萬言，道是非如辨白黑。目前之事，則不知也。何以言之？切身之事，莫切於進退；切時之事，莫切於論政治之得失、人材之優劣。一進一退，俱不中節。可亦進，不可亦進；利亦趨，害亦趨。不察得喪，不問義利，譬如餓虎飢烏，見食而不能見阱，見食而不能見網罟。切身之灾，貪昧若此，政治人材，烏能辨明？苟得其位，阿時而行，顛倒訛繆，一莫之問，又從而文飾之、褒美之。苟得其所依，托迹於非類，逢迎媚合，惟恐不收録於門，喪身敗家之禍，不旋踵而至，終亦莫之悔悟。生陷身於惡流，死誅名於清論。所得無銖錙，所喪如丘山，遺患於妻孥，播惡於無窮，自以爲明且知，可悲也夫！余每見俗儒技癢，獻言投策，輒内省以爲深戒。原其意，高者不過欲行其所學，卑者止於技之見售，以爲取富貴之媒而已。貪得誘於前，念慮感於中，殊不知是人也，可以與之言歟？有可爲之材歟？操可致之權歟？懷有爲之心歟？四者俱無，冒昧以前，不猶鼓音於聾、眩色於盲者耶？求有所得，不亦愚乎？而况以背馳紕繆之鄙言，泥古迂闊之陳術，既不足以動摇當途之權貴，又不能流芳於簡冊，徒使世人指摘若輩，皆以爲士夫之流，我輩例從而受謗寃哉！

言欲訒，量欲弘，事欲密。然何術而能然也？曰：是不難。能知愧怍之過，終身不敢言，不敢復犯，自怨自隱，則三者不勞而能矣。

又 卷二〇《論作養士氣》 天之健，氣以行之；地之重，氣以舉之。日月之光，雷霆之震，氣以充之。然則人之有猷有爲有守，羣邪不能枉，衆譁不能亂，處則爲世師表，出則爲國柱石，愛名節如飢渴之於飲食，富貴軒冕，貧賤糠粃，安於義命，不留於心，此非至大至剛、仁義中正、絶俗蓋世之氣則不能也。古之人，吾不得而見之，求之於今，内則朝廷貴顯，外及山林隱逸，俱未見其人焉。所覩所聞，以寸級斗祿爲初心，以高牙大纛爲終願。居官守者，不以不得其職爲可恥；負言責者，不以不得盡言爲可辱。隨可隨否，旅進旅退。朝拜官而夕斥之，非以直諫而獲罪；總角入仕，白首保祿，非以高朗而令終。大冠長裾，孔行孟趨，則其中文不足以華世，學不足以經國。問其志，則泊然枵然弱水大瓠，亦不自知其何處止泊。一時人物，雷同波流，靡靡如一，然則國之元氣，尚何賴焉？萬方恃之，係朝廷輕重安危，兆民賴之，爲四海之治亂禍福者，果誰在哉？至於拯弊救時，輕張暫弛，補苴罅漏，亦皆無法。朝令夕改，自是而自非之，不滿細民之一笑者，不可枚數。士氣至此，亦可哀也！朝野之人材若此，一旦不能高枕太平，水旱飢饉，流殍賊盜，不測非常之變，則何以禦之？作養士氣，以淺見視之似爲迂闊，愚獨以爲不可不急之。幸試思之。

水之養魚，土之養木，雨露之養禾，飲食之養口體，得之則生榮潤澤，不得則死。至於心，獨無所以養之者？理義者，養心者也。故孟子曰：『理義之悦心，猶芻豢之悦口。』孔子曰：『志於道，據於德，依於仁，游於藝。』又曰：『興於詩，立於禮，成於樂。』孟子曰：『居天下之廣居，立天下之正位，行天下之大道。』『窮則獨善，達則兼善。』人不以義理涵養其心，『異於禽獸者幾希』。故無惻隱、羞惡、辭讓、是非之心，孟子直以爲非人。無集義之氣，則惟口體是從，殆犬馬之不若也，尚何以爲人哉？義禮以養之，則富貴不能淫，貧賤不能移，威武不能屈，故能爲百世之師，參天地而贊化育矣。

人之所以人欲日熾而天理日消者，何也？從耳目口鼻氣血之私欲，則熾者益熾，消者益消。行之以恕，愧之以恥，剖去意必固我之藩籬，則消者日生，熾者日滅。孟子所謂『其爲人也多欲，雖有存焉者寡矣』，莊子所謂『其嗜欲深者，其天機淺』。『道聽而途説，德之棄也。』夫學，所以廣才也，養德也。才既廣，德既成，然猶藏於中，時不偶則不發，故曰『溥博淵泉而時出之』。有賤丈夫焉，聽之於道而説於途，是自棄其德也，故曰『鷙鳥將擊，必匿其形』，『千鈞之弩，不爲鼷鼠發機』。此言當動，而猶當慎密而不露圭角，況其以不相直之小利小得，可激而動歟？此寧武子所以爲愚之意也。當愚而不愚，不惟無成，而反爲速禍。《詩》曰『民之多辟』，戒其無成而速禍也。獨未見夫善射者耶？發矢則期於必獲。雖有巨獸在前，林木之所蔽，溪澗之所隔，弓力之所不及，則不發也。智者之於言行，亦若是而已矣。其人言與某謀事，不三數日，乃曰：『我何嘗出此言也？』若責以昏眊則神識虚明，斷以自欺則誠實不妄，然則何爲而然也？曰：『於論是也何有？《傳》不云乎：「視而不見，聽而不聞。食而不知其味者，心不在焉。」前日答汝語話，皆漫應爾。所謂「仰面貪看鳥，回頭錯應人」，賓主語話，毋怪乎應答許諾之難，毋喜乎言莫予違而酬答之易。難者深思，易者漫應。深思則久要不忘，漫應則出口已不記憶。故諺曰：「輕諾必寡信。」非寡信也，不難乎言可復也。推原是心，本不以事爲可重，故畧不留意，舌音未絶，而已忘之矣。』

聖人之所戒者，今之學者皆犯之；所先者，今皆後之。『君子欲訥於言而敏於行。』『敏於事而慎於言。』『古者言之不出，恥躬之不逮也。』『巧言令色，鮮矣仁。』『予欲無言。』『是故惡夫佞者。』『駟不及舌。』『多聞闕疑，慎言其餘。』『今吾於人也，聽其言而觀其行。』『君子恥其言而過其行。』『其言之不怍，則爲之也難。』『南容三復白圭，孔子以其兄之子妻之。』『言而有信。』『道聽而途説，德之棄也。』以是觀之，聖人之於言語，戒歟許歟？先歟後歟？後世之學校、師傅，訓誨督責，不明經窮理，不存心養性，不敏於行，自始至終，唯以語言爲急務，爲極至，尚無用之空言，而忘成身兼善之實德，豈不悖哉！

海上逐臭之夫，久而不聞其臭。風俗之移人也亦然，久而不知其非。今之老師宿儒，文章事業且置而勿論，至於言語毁譽之間，漫不知輕重高下淺深，毁則微罪而論死，譽則聖賢之所不敢當者加之，於學之晚近，至有『才德兼全』之語。風俗昏冒浮靡以至於此，良可惜哉！古之所謂清論公議，孰從而聞之？孰從而辨之？『具曰予聖，孰知烏之雌雄？』此之謂也。予之所懼者，不止於此。暗者自以爲明，弱者自以爲强，不肖者自以爲賢，卑者自以爲高，越理犯分，冒法觸刑，干上凌長，此風浸長，恐非下無覬覦之道也。

元·張養浩《三事忠告》卷二《牧民忠告下·閒居第十·以義處命》

世俗以窮達進退皆本夫命，謂命之窮者，雖竭蹶求進而亦窮，命之達者，雖遠逝深藏而亦不能退。此星翁術士之常談，非君子所尚也。君子則以義處命，而不以命害義，可以進則進，可以退則退，吾不謂命也。樂則行之，憂則違之，吾豈謂命哉！彼淪胥富貴利達之境而不能出者，則往往託命以自誣，宜乎接武禍機而卒不能悟，悲夫！

又《求進於己》 士當求進於己，而不可求進於人也。所謂求進於己者，道業學術之精是已；所謂求進於人者，富貴利達之榮是已。蓋富貴利達在天，而不可求；道業學術在我，而不可不求也。況古之人不以富貴利達爲心也，其所以從仕者，宜假此以行道也。道不行而富貴利達者，古人以爲恥，而不以爲榮。嗚呼！非誠有致君澤民之心者，其孰能與於此。

又《風節》 名節之於人，不金幣而富，不軒冕而貴。士無名節，猶女不貞，則何暴不從，何美不附，雖有他美，亦不足贖也。故前輩謂爵禄易得，名節難保。爵禄或失，有時而再来，名節一虧，終身不復矣。嗚呼！士而居閒者，能以此言銘其心，庶不易所守而趨勢要哉！

明·薛瑄《讀書録》卷七 士無氣節則國勢奄，奄以就盡，西漢之季是也。

士之氣節，全在上之人獎激，則氣節盛。苟樂軟熟之士，而惡剛正之人，則人務容身，而氣節消矣。

明·陳謨《海桑集》卷三《真率論》 君子之爲道，或出或處，或默或語，從吾天性之自然，安吾素履之坦然，如是而已。從吾天性之自然，則自耕桑漁釣，達之圭冕軒裳，各一其天，不必齊同，而各極其趣，皆有可悦。由安者之見，則謂之真，安吾素履之坦然，則自素。富貴貧賤達諸素，患難夷狄無入不自得，若履平地然，畧不經意。由矯者之情，則謂之率。真與率，固君子之道也。真者其本，率者其用。真者去妄，率者所以行吾真也。古之人未有樂其性而不安乎素者，亦未有素履坦坦而汩陳其天真者。自夫俗流失世敗壞，於是迺有蔑禮法、踰大防、自詭爲真者，其言曰：『桀、紂性也，堯、舜僞也。』又有託意傲物，爲疏爲狂，爲簡爲暴，自詭以爲率，其言曰：『靈均獨醒懷沙，孰與伯倫荷鍤自隨也？』則是反中庸無忌憚之尤者，而世道何賴焉。今有人焉，當草昧轇轕之殷，智能奮庸之會，策元戎則折衝制勝壯其籌，佐大藩則盤根錯節利其器，賓相幕則大小材器囿其鈞。受無不達，施無不應，人知之者此焉止矣，乃其存心殆不止是，故扁其燕處之室曰『真率齋』，深寓志焉。彼爲疏率，爲狂率，爲簡率，爲暴率者，措之於其躬則灾。出之而爲用則敗人家國亦惟喪其真故耳。昔者范忠宣公、司馬温公諸賢，謝事居洛，爲真率之會，以自陶寫，諸賢勳庸紀于太常，德澤被乎庶類，文章昭乎河漢，行義隆乎人紀，亦從其天性之自然者，安其素履之坦然者，庸有二耶？徒知諸賢不刻意於飲食燕樂，或者意其甚有心於功名竹帛，亦烏足窺古人之心哉！君之名齋，意嘗考於此乎！諸君相與賦詠之者，亦必出此而後爲得，余故發其所以然者而記之。

清·黄宗羲《明文海》卷九〇《彭輅〈國脉論下〉》 今夫人焉，耳目人也，手足人也，聲色笑貌人也，豈形骸爲之哉？則脉爲之也。脉者，榮衛之根，呼吸之橐而精神之合也。故其得以康寧而壽考，偶或至於疚痾，智者獨以爲無患，故越人氏曰：『越人非能生死人也，其生者，則自能生之。』何者？其脉治也，治國家者亦然。四海九州萬國，體膚也，必有所以爲之四海九州萬國者；内庭外庭，頭面也，必有所以爲之内庭外庭者；百司庶府，耳目四肢也，必有所以爲之百司庶府者；紀綱法度，聲音笑貌也，必有所以爲之紀綱法度者。其盎然流衍，磅礴與之，淪洽其間而莫或閼遏，則國之脉也。脉非天之所爲，非人之所設，則有國者自爲之也。邃古之世以無脉爲脉，皇之脉渾以醇，帝之脉和以粹，殷夏蒼姬之脉厚以藹，故夫夏曆四百，殷曆六百，周曆卜年卜世，益緜其鼎，何三代有道之長也？彼五霸驟興驟廢，秦之慘刻，焚坑促世，其最下者也。由此觀之，自古國家世數之長短，可見於此矣。人之脉在元氣，國之脉在士氣，士氣昌則國昌，士氣弱則國弱，士氣削則國削，士氣消則國消，士氣亡則國亡，國依於士，士依於氣。是氣也，經乎古今而不爲老，塞乎滄溟而不爲大，揭乎日月而不爲明，凌乎泰山嵩華而不爲高，參乎寒暑而不爲變，順適乎恬愉淡漠之鄉，獨立乎風靡波頹之際，皆是氣之爲也。存之人則爲元氣，散之乎天下則爲士氣。善攝生者，養一身之元氣；善治國家者，養天下之士氣，如是而已矣。昔漢之時，天下之氣嘗昌矣。王莽者出借六藝，文奸言以箝天下之口，以弱天下之氣，而漢亡。唐之時，天下之氣嘗昌矣。朱温者出任一劍，奮睚眦殺諸清流，以絶天下之善類，以折天下之氣，而唐亡。宋之時，天下之氣嘗昌矣。熙寧、紹聖之紛紛起黨錮之禍，一切目爲黨人，戮辱之以禁斥天下之賢人君子，以消天下之氣，而北宋亡。東漢之云亡亦大率類此，則士氣不振之故也。夫國之治也，拱揖談笑而有餘；國之亂也，紛紜馳騖而不足。方鑑之未審，幾之未定，轉圜力挽而可救。迨時勢之敗壞，天運之往復，則咨嗟噬臍而無及。天下事以天下之心，優游而處之則裕；以一家一人之心，剛憤而處之則敗。此必然者也。我國家自肇造以來，迄於今，深仁基命，涵煦培養天下之士氣者，何昌且厚也。夫苟從而凴陵之，挫折之，不得使舒布藹然，如風雨之蕩晴空然，夫待士如此，他於何有？甚非所以長國家之道也。奈何不爲國脉計也。

明·袁衷《世緯》卷下《抑躁》 今天下之最可憂者，莫甚乎士習之躁競。夫躁競者進，則恬退者遠，而賢不肖倒植，教化陵夷，風俗壞敗而淪胥以潰矣。《管子》曰：『禮義廉耻，國之四維，四維不張，國乃滅亡。』是豈可不爲之寒心哉？國初取士，先行誼而後辭華，獎純實而鄙浮薄，士皆避匿，不樂仕進，干旌賁乎丘園，束帛加乎巖穴，上下久任，内外均勞，大臣有《羔羊》之風，小臣懷貂尾之耻，司衡者秉公綽之廉潔，而當官者甘顔駟之沉滯，士風樸醇，猗歟！美矣。自久任之法壞，而速化之弊滋，重内而輕外，惡勞而喜逸，士希清貫，人競要津，牧宰冀臺諫之司，郎署徼翰林之選，視廨宇爲傳舍，剝膏血爲鈎餌，苞苴公行，貨賄書入，諂諛成風，鑽刺得志，未有如今日者也。惡直醜正，反蒙譏笑，由是清脩者淹屈下僚，恬退者肥遯丘壑，而小人比周爲鬼爲蜮，鴟鴞嘯乎殿廷，蜩螗沸乎宫社，陰凝冰堅，漸不可救，勢之所趨，誰能禦之。夫司銓者，人物之衡鑑，庶僚之儀表也。其進也，既不以正，則律己也必不嚴，素望既輕，則人多侮易，而貨賄易入，不五六年，超遷美秩，既富且貴，士爭覬覦，奔走權門，以求必得，先後居此者率以贓敗，以若人而望其砥昂賢否，黜陟幽明，譬之責盲者以視遠，必不能矣。此官方之所由污濫，士風之所由壞敗，躁競日繁而廉恥道銷也。昔鮑宣進而王氏斂手，楊綰相而黎幹失色，故表儀立則人知法式，名器慎則士脩行檢，采純樸則浮僞屏，崇正直則回邪遠，擢修潔則貪濁畏，獎恬退則躁競消，風俗美而教化興，四維其張，而國家尊安矣。

明·宋應星《野議·士氣議》 國家扶危定傾，皆借士氣。其氣盛與衰弱，或運會之所爲耶？

氣之盛也，刀鋸鼎鑊不畏者，有人焉；其衰也，聞廷杖而股栗矣。氣之盛也，萬死投荒，怡然就道者，有人焉；其衰也，三徑就閑，黯然色沮矣。氣之盛也，朝進階爲公卿，暮削籍爲田舍，而幽憂不形於色者，有人焉；其衰也，臺省京堂，外轉方面，無端慍恨矣。氣之盛也，松菊在念，即郎銜數載，慨然掛冠者，有人焉；其衰也，即崇階已及，髦期已届，軍興煩苦，指摘交加，尚且靡之不去，而直待貶章之下矣。氣之盛也，班行考選，雍容讓德，有人焉；其衰也，相講相嚷，賄賂成風，甚至下石傾陷同人而奪之矣。氣之盛也，庭參投刺，抗志而爭者，有人焉；其衰也，屈己尊呼，非統非屬，而長跪請事，無所不至矣。氣之盛也，布衣適體，脱粟飯賓，而清操自礪者，有人焉；其衰也，服裳不潔，廚傳不豐，即醲顔發赭而以爲恥矣。氣之盛也，一令之疏，一師之敗，一節之怠慢欺誤，上章自首者，有人焉；其衰也，掩敗爲功，侈倖存爲大捷，而儌幸朦朧之不暇矣。氣之盛也，領郡之邑，艱危不避者，有人焉；其衰也，擇缺而幾，祝神央分，遍挈重債，賄賂滋彰，既欲其靖，又欲其擅，然後快於心矣。氣之盛也，蕃兵虜騎攻城掠野，宰官激灑忠義，冒矢攖鋒而成功者，有人焉；其衰也，疲弱亡命，斬木揭竿，諜報鄰寇入疆，而當食不知口處，妻子爲虜而不能保者，不一而足矣。

夫氣之衰者，上以功令作之，下以學問充之，兄勉其弟，妻勉其夫，朋友交相勗，可返而至於盛。不然，長此安窮也？

清·顧炎武《日知録》卷一三《廉恥》 《五代史·馮道傳論》曰：「『禮義廉恥，國之四維。四維不張，國乃滅亡。』善乎，管生之能言也！禮儀，治人之大法；廉恥，立人之大節。蓋不廉則無所不取，不恥則無所不爲。人而如此則，禍敗亂亡亦無所不至。況爲大臣，而無所不取，無所不爲，則天下其有不亂，國家其有不亡者乎！」然而四者之中，恥尤爲要。故夫子之論士，曰：「行已有恥。」孟子曰：「人不可以無恥，無恥之恥，無恥矣。」又曰：「恥之於人大矣，爲機變之巧者，無所用恥焉。」所以然者，人之不廉而至於悖禮犯義，其原皆生於無恥也。故士大夫之無恥，是謂國恥。吾觀三代以下，世衰道微，棄禮義，捐廉恥，非一朝一夕之故。然而松柏後彫於歲寒，雞鳴不已於風雨，彼昏之日，固未嘗無獨醒之人也。頃讀《顔氏家訓》有云：「齊朝一士夫嘗謂吾曰：『我有一兒，年已十七，頗曉書疏。教以塞上曲及彈琵琶，稍欲通解。以此伏事公卿，無不寵愛。』吾時俯而不答。異哉，此人之教子也！若由此業自致卿相，亦不願汝曹爲之。」嗟乎，之推不得已而仕於亂世，猶爲此言，尚有《小宛》詩人之意，彼閹然媚於世者，能無媿哉！

羅仲素曰：「教化者，朝廷之先務；廉恥者，士人之美節；風俗者，天下之大事。朝廷有教化，則士人有廉恥；士人有廉恥，則天下有風俗。」

古人治軍之道，未有不本於廉恥者。《吳子》曰：「凡制國治軍，必教之以禮，勵之以義，使有恥也。夫人有恥，在大足以戰，在小足以守矣。」《尉繚子》言：「國必有慈孝廉恥之俗，則可以死易生。」而太公對武王：「『將有三勝』，一曰『禮將』，二曰『力將』，三曰『止欲將』。故禮者所以班朝治軍，而《兔罝》之武夫皆本於文王后妃之化，豈有淫芻蕘，竊牛馬，而爲暴於百姓者哉！

《後漢書》：「張奐爲安定屬國都尉，羌豪帥感奐恩德，上馬二十匹，先零酋長又遺金鐻八枚。奐並受之，而召主簿於諸羌前，以酒酹地曰：『使馬如羊，不以入廄。使金如粟，不以入懷。』悉以金馬還之。羌性貪而貴吏清，前有八都尉，率好財貨，爲所患苦，及奐正身潔己，威化大行。」嗚呼，自古以來，邊事之敗，有不始於貪求者哉？吾於張奐之事有感焉。

杜子美詩：「安得廉頗將，三軍同晏眠。」一本作「廉恥將」，詩人之意未必及此。然吾觀《唐書》言：「王佖爲武靈節度使。先是，吐蕃欲成烏蘭橋，每於河壖先貯材木，皆爲節帥遣人潛載之，委於河流，終莫能成。蕃人知佖貪而無謀，先厚遺之，然後并役成橋，仍築月城守之。自是朔方禦寇不暇，至今爲患。』由佖之黷貨也。故貪夫爲帥，而邊城晚開。得此意者，郢書燕説，或可以治國乎？

清·唐甄《潛書》上篇下《格定》 生民以來，治之世少，亂之世多；君子之生，得志者少，不得志者多；畢生之内，樂恒少，憂恒多。治少亂多者世也，無不治者，身也。得少失多者，志也；無不得者，心也。樂少憂多者，處也；無不樂者，學也。君子亦致其在己者而已矣。得乎己，則所生皆安矣，所處皆豫矣。

風之中人，易性移心，以偏爲正，以疾爲德。賢者甚之；豈不正風，反以成風。世尚剛節，我仍平；世尚殺身，我仍生；世尚朋從，我仍特；世尚道學，我仍直；世尚論議，我仍默。君子之守則然也。

蟲鳥多化，象馬不化，强大之不同於微弱也。形之强大者且不化，況心之强大乎！大木隨流，弱荇不隨流，以有根也。草之根於土者且不流，況行之根於心乎！臨難必懼，臨喪必哀，親疾必憂，君危必共，國亂必赴，皆傷其心者也。不爲之傷者，殘薄人也。然衆人不及傷而心亡，君子厚於傷而心存。其厚於傷者，即其厚於養者也。

衆人之心如木，潤之則茂，煅之則灰。君子之心如金，雖遇冶則流，遇淬則堅，其質固不變也。遇猶生也，遇之不齊，猶生之不齊也。生安而遇不安，惑之甚也。生於皂則爲皂人，生於丐則爲丐人，生於蠻則爲蠻人，莫之恥也。奈何一朝賤焉則恥之乎，一朝貧焉則恥之乎！皂人可以爲聖人，丐人可以爲聖人，蠻人可以爲聖人，皆可以得志於所生，豈一朝貧賤而遂自薄乎！

是故君子於遇，如身在旅，風雨凍餓，不必於適。輕富貴，安貧賤，勿易言也。果能若此，爲聖之基也。人皆曰『我輕富貴，我安貧賤』，皆自欺也，即非自欺，不必其不動也。蔬食之士，不慕鼎肉，不能聞馨而不動於嗜；徒步之士，不慕高車，不能見乘而不感於勞。故夫不慕富貴者，則有之矣，見富貴而不動者，吾未之見也。威不懼，侮不怒，尤未易言也。當義不辟死，當辱不與校，固有之矣；遇威侮而不變於色，不動於心者，吾未之見也。布與段同煖，菜與肉同飽。煖必段，爲人也；飽必肉，從嗜也。多營以華人目，甘我口，是奴隸負販也。以此思之，亦制心之方也。

憂患道心生，安樂道心亡；貧陋道心生，富豫道心亡。治國家亦然。其生，非得也；其亡，非失也。君子之志於道也，道由心致，不由外致，是以易處而不移。亦有悔悟奮發，由逆生者。生於逆則成於順！豈反亡於順？成於順，行其志之時也。

長短相爭，是非相訟，市人也。並爲君子，亦爭長短，訟是非，雖義與利不同，其爲爭一也。道未必以此顯晦，國未必以此安危，一言相異，變色而起；其徒助之，相煽不已。以爲爲道，其實爲名；以爲爲國，其實爲身；何自辨之不明也！

求勝求名，士之痼疾也。稱其過人，榮於加衮；譏其不如，辱於褫衮；自立安在，而輕重於人也若此！登千仞之山，其處自高；建萬石之鐘，其聲自遠。誠能以道自勝，惟恐其不求勝也；誠能以德成名，惟恐其不求名也。

心有十疾：尊則亢，卑則委，富則驕，貧則隘，樂則散，憂則結，平則懦，怒則潰，惡則狠，愛則溺。此十疾者，勿易言之。除之能盡，可以平天下；有一不除，不可以行於妻孥；盡除之，聖人不能有加；漸除之，幼學亦可以勉而行也。

君失其道，聽命於臣；心失其道，受役於物。彼不自覺其爲役，方自以爲得主；不知其以物狗心，遂誘於物也。禦寇易，禦物難；破陣易，破誘難。寇，斃我者也；物，遂我者也。中之者甘之，若將以之爲生，不得不可以爲生；若將以之爲人，不得不可以爲人。物毒於寇，惟大勇者能禦之；誘險於陣，惟大智者能破之。有外禦，有内制，禦之嚴，則欲不内動；制之力，則物不外引。化由勉入，不得不然也。

貪財淫色，小人之欲也，非吾之所患也。吾之所患者，欲挾理而處，挾義而行。豈惟人不能辨，亦且不能自辨。是學也者，藏欲之藪也。君子之欲，雖與小人之欲不同，以此治心，同歸於滅心；以此治世，同歸於亂世。道爲治本，欲爲亂根。世之攘攘藉藉者，皆由欲起。有欲不除，除之不盡，而欲治天下，欺天下乎！

璽一也，其文之見於朱者，千萬如一也。惟心亦然。見於事者，外同於内，不異毫末。以道心而不成治，是璽本籀篆而朱爲鳥跡也；以非道之心而幸治，是璽本鳥跡而朱爲籀篆也。

天地之大也，歷年之遠也，人生其中，飛塵隙景耳。其不讓於天地歷年者，以心體全，性功大也。妄者乃外誘於物，內狥於欲，溺於世，從於體，汩於貧富，顛亂於憂樂，此其生没與草蟲何異！博奕有勝負，飲酒有慶罰，當其時，亦喜亦愠也；博已飲散，喜愠安在！彼妄者之所營，亦猶是也，斯言也，衆人皆知之，賢者亦有所不免焉。徒知，不如不知，貴能爲之。

又　下篇下《利才》　功名，險道也；君臣，險交也。不必直諫而險，直言亦險；不必臨戰而險，立朝亦險；不必事暴君而險，事賢君亦險。我之所謂險者，非安其位，保其爵禄也；非不慮患，不避禍也。致我之道，以任重安邦也。夫任重者，功罪同迹，信讒相參。非必爲之而輒危也，或出於萬有一危，則危矣。處險而安者，鄙夫也；處險而險者，君子也。

死者，人之所甚重也。昔者先師飲食有方，衣服有度，著之於經，不厭其繁。所以養其體氣，固其壽命，是力學，修身，建業之所先也。人之常情，揃脱爪髮，必相不踐履之地乃委置之。是何也？甚愛其身，且惜其身之所棄也。况豪傑之身，家國倚之，而肯冒梃刃，嬰木索乎！彼夫義激氣憤，解帶自決，暴虎馮河而不反，世皆壯之，稱爲烈士。是愚夫悍婦之行也，君子不爲也。

君子有四不死：權奸擅命，天子斂手；欲救而逆之，如冶鑪燎羽耳。當是之時，君子不死也。朋黨相訾，有伏戎焉。自賢而非人，自白而濁人，禍不移影。當是之時，君子不死也。興廢用舍，非所以安危者則不爭；抗言爭之，或以激怒。當是之時，君子不死也。大命既傾，人不能支。君死矣，國亡矣，非其股肱之佐，守疆之重臣，而委身徇之，則過矣。當是之時，君子不死也。此四不死者，死而無益於天下，是以君子不死也。君子有三死：身死而大亂定，則死之；身死而國存，則死之；身死而君安，則死之。自堯舜以至於今，成大功，立大名，受大封，揚名後世，澤流子孫者多矣，奚爲以死期哉？

不知君子之當大任，立身於必不死，設心于必死。必不死，以善其用也；必死，以堅其志也。天下之險，莫如蜀江，莫如滄海。然江海者，商舟由之以致富利，烏可廢也。道黄陵新聶者，必熟識没石；適裸人黑齒者，必謹候風占。是舟人立身於必不死，而後人民賴有舟楫，殊方之貨畢至焉。隱中之讒，同體之忌，權倖之處，邪正之交，宫庭之異同，君嗣之便逆，敵人之疑間，若是者，皆功途之没石，風占也，不能謹辟之，曲遂之，則身危功敗，爲天下笑矣。

吾聞之：立功者，才也；卒功者，智也；審定者，心也；達險者，志也。才者剡也，志者權也。天下重器，舉之難舉也；命數不常，測之難測也。江海之險，雖善操舟，或千百而一二覆焉。是以君子爲學既成，得君而行，必先委死生於不計。苟以死存心，以死立志，諧妻泣之而不顧，愛女牽之而不顧，暱子隨之而不顧。臨事之時，處之必静，見之必明，思之必熟，行之必决。雖謀不及太公，亦可以成太公之功；雖才不及管仲，亦可以成管仲之功。今夫矢一也，以弱弓發之，或不能殺人，以强弓發之，則可以貫甲。志堅則才利，亦猶弓之發矢也。

昔者蜀大亂而食人肉，冉鄰起兵。冉鄰者，唐子未娶之女之父也。遣二人者爲諜於寇，聞有獵人者於途，一人懼而欲反；其一人曰：『進死於釜，退死於法。等死耳，其行乎！第疾走，慎毋怯而反顧。』比肩而走，一人不反顧，一人數反顧。一反顧，遂不反顧者五步；再反顧，遂不反顧者十步，卒之追者及之。反顧者肉糜於釜；不反顧者烏逝隼集而反命，得寇之形，以戰勝焉。由是觀之，以死心處死地者成，以生心處死地者敗。成敗之間，勇怯之分也。

清·陸隴其《三魚堂外集》卷二《養士》　士之氣，係乎上之所養也。上之養士，又貴因乎其氣。蓋士之氣不能有正而無偏，有純而無雜，惟上之人因其氣之所在而有以養之，使偏者皆歸於正，雜者皆歸於純，此虞周所以盛也。苟不知所以養之，其始也任其偏且雜焉，及其弊則從而盡矯之，故有一時焉其偏且雜者在是，則又有一時焉其偏且雜者在彼，士氣愈變而愈下，此戰國、兩漢、晉、魏所以不振也。虞周之養士也，教之於未用之日，而策之於既用之後，直寬剛簡，使各協於中而止。使戰國承春秋之末，士尚奇謀而以凌鑠王侯爲事，其氣傲。西漢矯戰國之弊，辱儒慢士，使天下之士俯首而就功名，其氣懦。東漢矯西京之弊，崇獎尚尚，使天下之士抗志而言名節，其氣激。晉魏又矯東漢之弊，賤禮法而崇恬退，其氣放。方其弊也，惟恐其矯之不速，及其矯之，而弊又甚於前。由是觀之，則善士習者，與其矯之而愈遠於正，何如養之使漸歸於正也；與其矯之而愈至於雜，何如養之使漸底於純也。

我國家初承明季之習，士氣浮誇，不得不稍示裁抑，而士風日趨於下，砥礪廉隅者，百不得一，而刓方爲圓者，比比而是。苟可以獲利，不知復有禮義也；苟可以進身，不知復有廉恥也。向以激昂爲尚者，今且以逢迎爲尚矣；向以虛名爲尚者，今且以貪鄙爲尚矣。生竊以爲前之矯之者似乎太過，而養之之道不可不盡於今也。養之之道，其原在學校，其要在銓選，而尤在皇上之一心。學校者，士之所從出也。學校之所重在篤行，而無取乎浮文，則士必以節操爲尚矣。銓選者，士之所自集也。銓選之所重在端方，而無取乎奔競，則士必以卑汙爲恥矣。而皇上於正直忠厚之士，時有以愛惜而保全之，略其小過而取其大節，法令所加，要以抑其浮誇而止，而勿過爲摧折，使士之方嚴者常進，依阿者常退，則士氣日振，士風日古，而禮義廉恥以勸懲，維之有餘矣。雖然，勸懲者可以維其外，未足維其內，天下之士因勸懲而丕變，雖能自納於禮義廉恥之中，而未必其心之所安也，則養之以勸懲，又不若養之以教化乎。誠端極於上而又務崇正學，以風示天下，使士知中正之道不可一日而離，相與勉爲忠厚，而恥爲浮薄，勉爲正直，而恥爲苟容，則雖虞周之化，無以加茲矣。

民德民風論分部

論說

元·王惲《秋澗集》卷八九《請禁治穢惡語言狀》 竊見中都市井小民，行言立語，多作穢談，以至父子兄弟，不能迴避行歷。竊恐久而成俗，以爲尋常。據穢濁風俗，莫此爲甚。參詳係有司不能肅清所部，以致如此，兼京兆風俗之原，合行禁止，以革薄俗。

元·胡祗遹《紫山大全集》卷二四《語録》 民德歸厚矣，子之於父母，厚之至者，不學而能者也。於所厚者薄無所不薄也，然則後世人君以日易月，化行於上，俗成於下，天下之人視君長何有哉。

元·王結《文忠集》卷六《善俗要義》 皇帝聖旨裏。順德路總管府准，本路總管王太中關，會驗先欽奉詔書一欵：內外官吏自今公勤奉職，廉慎律身，遵行詔條，惠安黎庶，以副委任之意。欽此。伏覩累降詔書、聖旨，訓敕在位之人勸課農桑，興舉學校，宣明教化，肅清風俗，德至渥也，凡在官守，各務遵行。竊詳當職猥以庸虛叨膺承流宣化之寄，仰祇恩命，俯慚吏民，夙夜憂惶，罔知所措，治簿書，嚴期會，恐不足以塞責。是用仰遵明詔訓敕臣下之旨，竊取古人富而教之之意，定擬到人民合行事理，名曰《善俗要義》，凡三十三件，蓋將使之勤農桑，正人倫，厚風俗，遠刑罰也。謹已繕寫成帙，合行移關請照驗，更爲講究可否行下合屬，仰各處正官、教官及社長、社師人等照依備去事理，以時訓誨社衆，務要據行，共求實效。所在士民苟能講明而遵用之，其於敦本抑末之術，遷善遠罪之道，亦未必無小補云。所定善俗名件，開列於後。准此。

總管府議得：郡守縣令，民之師帥，非止辦賦税、理詞訟而已，務要課耕桑以厚民生，明教化以正民俗，方稱朝廷委任之意。總管王太中定擬到《善俗要義》，甚得撫字教養之方，今繕寫成帙，隨此發去，合下仰照驗，仍令本縣依上録寫，遍下各社，須要正官、教官、社長、社師人等照依備去諭民事理，以時讀示訓誨，務令百姓通知，勸之遵用舉行，將來漸有實效。若有頑悖之人訓導不從，亦仰依法懲治施行。

一曰務農桑。夫治國之道，養民爲本；養民之術，務農爲先。蓋人生所資，惟在五穀布帛，所以累奉條畫，勸民敦本抑末、勤修農業者，以此故也。然聞所在民衆通曉務農、勤力耕桑者不爲無人，其苟且之徒未盡地利，游惰之輩荒廢本業者，亦多有之。今後仰社長勸社衆常觀農桑之書，父兄率其子弟，主户督其田客，趁時深耕勻種，頻併鋤耨，植禾藝麥，最爲上計。或風土不宜，雨澤遲降，合晚種襍田瓜菜者，亦可併力補種，更宜種麻以備紡績。蠶桑之事，自收種浴川生蛾餵飼以至成繭繰絲，皆當詳考農書所載老農遺法，遵而行之，家長率一家男女勸用心用力，四十日間干繫一年生計。若婦人得閒，伏中便可織絹沉密，勝似餘月。如此上可以辦納差税，下可以一家温飽。苟有蓄積，雖遇凶年，亦免飢寒之患也。

二曰課栽植。古人云：『十年之計，種之以木。』若栽桑或栽地桑，何必十年，三五年後便可享其利也。更能修治得法，久遠則益無窮。本路官司雖頻勸課，至今不見成效，蓋人民不爲遠慮，或又託以地不宜桑，往往廢其蠶織，所以民之殷富不及齊魯。然栽桑之法，其種堪移栽、壓條、接换，效驗已著，苟能按其成法，多廣栽種，則數年之間絲絹繁盛亦如齊魯矣。如地法委不相宜，當栽植榆、柳、青白楊樹，十年之後，枝梢可爲柴薪，身幹堪充梁柱，或自用，或貿易，皆爲有益之事。其附近城郭去處，當種植裸果貨賣，亦資助生理之一端也。

三曰廣儲蓄。古者三年耕必有一年之食，九年耕必有三年之食，蓋公私共爲儲蓄，所以雖有水旱，民無菜色。今所在人民，雖多田之家亦不爲遠計，或有餘糧，必趁物價貴時傾廩糶賣，以圖一時之利，後值凶年，貧民流移趁熟，有田者亦遭飢餓之苦，良可歎也。今後人民但有收成，除緊急用錢必合糶賣外，當漸爲儲粟之法，一年之間能三兩月糧，歲月相繼，蓄積自多，又當新陳换易，以防浥變。不幸或遭凶歉，斯民庶免飢餒流散之患。此事所慮者遠，所備者大，諸君宜加意遵行也。

四曰育牝牸。陶朱公［曰］：『欲速富，養五牸。』如各縣鄉有宜畜牧去處，仰有力之家多養牸牛、母羊，隨時牧放，如法柵圈。養育得所，孕字必多，牛供耕種，羊堪貨賣，翦毛飲酪，皆爲利益。善於治生者，所宜斟酌遵行也。

五曰畜雞豚。孟子曰：『雞豚狗彘之畜無失其時，七十者可以食肉矣。』且五牸之中，雞豚易置。猪種取短觜無柔毛者良，若近山林，宜多豢養牧放；地面窄隘去處，隨宜養牧。雞種取桑落時生者良，一雄可將四五牝雞籠内着棧，如法畜養。如此則雞豚蕃息，上可以供老者之養，下可以滋生理之事也。

六曰養魚鴨。陶朱公曰：『治生之法，水畜第一。』魚池是也。仰附近河渠有地有力之家，疏鑿池沼，中溜洲渚，求懷子鯉魚及牡鯉魚納於其中，二年之後，其利無窮。鴨尤易養，無所不食，水傍育之，滋孕蕃息。更有可栽種蓮藕、蒲葦、菱角、雞頭去處，亦仰多廣栽植，亦治生之良法也。

七曰興水利。防水患附。自昔水田號爲常稔，蓋旱乾則引水灌溉，霖雨則開堰疏放，且收數倍於陸田，而粳糯又比穀麥常貴。邢臺、南和等縣瀕澧河鄉村，從前分引溝渠澆灌稻田，近水農民久蒙利益。然聞南和、任縣之境，澧河上下，尚有水勢可及之處，居民憚於改作，不知開引調度，湮塞農利，良可惜也。仰瀕河有地之家，果然水勢可及，當計會通曉水利之人，鑿渠引水，改種稻田。若獨力難成，或無知水利者，可采畫地形水勢，陳説堪以興修事理，申告上司，添力開挑。如地高，泉脉不能上流，仰成造水車，設機汲引，澆灌田苗。有不解製造者，亦聽申覆上司，開樣頒降。此皆江淮已驗良法，條畫許令舉行，雖南北風土不同，亦有可爲之處。農民慎勿樂因循，憚改作，視爲迂闊而不之信也。又聞其餘縣分附近沙、洺河及漳、漯舊河渠地面，每歲五六月霖雨連旬，諸水泛濫，平地漫流，淹没禾稼，各宜以時修理隄防，備禦水害。若私已難辦，必資衆力成就者，亦聽申報官司，相度差撥，以爲一勞永逸之計。

八曰殖生理。城郭之民，類多工商。工作器用，商通貨財，亦人生必用之事，而民衣食其中。勤謹則家道增長，怠惰則生理荒廢。家道增，上可以辦差役，下可以足衣食。然城居子弟易爲游蕩，各家父兄當嚴加訓導防制，常使勤修本業，勿令無故飲宴及游行非理之地，以致奢侈淫放，費用貲財。

九曰治園圃。穀麥充飢，蔬菜助味，皆民生日用不可闕者。昔龔遂守渤海，勸民每口種薤百本、葱五十本、韭一畦，及課農桑、畜牧之事，吏民漸皆富實。張忠定公爲崇陽令，遇農夫買菜出城者，執而笞之，諭使自種。今農民雖務耕桑，亦當於近宅隙地種藝蔬菜，省錢轉賣。且韭之爲物，一種即生，力省味美，尤宜多種。其餘瓜、茄、葱、蒜等物，隨宜栽植，少則自用，多則貨賣。如地畝稍多，人力有餘，更宜種芋及蔓菁、苜蓿，此物收數甚多，不惟滋助飲食，又可以救饑饉度凶年也。

十曰辨差税。軍站錢附。古人云：『民者，出粟米麻絲，作器皿，通貨財，以事其上者也。』蓋有户則有差，有地則有税，以至爲軍爲站，出征給驛，普天率土，皆爲一體。此古今之常經，上下之定分，與生俱來而不可免者。農工商賈各治生理，農民於蠶麥秋田收成之後，先須存留絲絹糧斛，以備送納，合着差税軍站等錢，上以供朝廷之用，下以辨一家之事，又可以免官府催督之煩，鞭撻之苦也。所在工商，亦仰准此。如貧民有舊債未還，婚喪急用不能存留者，又須別有小小生理，撙衣節食，亦當早爲辦納也。

十一曰聚義糧。義倉者，豐年貯蓄，儉歲食用。此朝廷之甲令，而近古之良法也。今歲稍有收成，隨社人户合照依條畫，各驗口數，每口存留義糧一斗，或穀，或䅜色物斛，社衆商議於本社有抵業信實之家，如法收貯，勿致損壞。儻遇凶年，還驗原納口數，支散食用。所在官司、過往軍馬，不敢支升合。若有被災人户，田禾不收，不在存留之限。此迺有備無患之道，諸人亦當思患而預防之也。

十二曰勤學問。衆人之生性中皆有仁義禮智，惟學乃能知其理而造其道，賢人君子皆由此致。若不解學問，則懵然蚩蚩之民。朝廷開設學校勉人讀書者，以此故也。凡所在人民，除家道窘迫、資質昏愚者外，其餘稍稍殷實之家，父兄率其子弟，皆當親近師儒，讀理義之書，講人倫五常之道。若年長失學，且讀小學一部，其修身正家皆備於此。年壯明敏，更讀《大學》、《語》、《孟》，義理漸解，務要踐履所讀之書。始於一身，推於一家，信言謹行，正心修身，父慈子孝，兄友弟恭，男女有別，長幼有禮，尊官長，畏刑憲，人倫既明，風俗自厚。其天資穎悟，篤於學問之人，更傳習合讀經史，日進不已，漸至該洽，則爲國士、天下士矣。若言人民各治生理，別無閒暇，仰候農隙或秋冬之夜，果肯用心，自然有進。且人之圍棋飲酒皆有工夫，況學問乃自家喫緊之事，所宜勉强着力也。小兒七歲以上，便合讀書，候年齒漸長，亦令講明。久遠如此循行，漸見俗化淳美，人才成就，方副朝廷崇儒建學之意云。

十三曰敦孝悌。善事父母曰孝，善事兄長曰悌。雖閭閻村野小民，誰不知愛其父母，敬其兄長。然俗薄教廢，其間不能修子弟之職者亦或有之。父母者，生我乳我，養之成人，教之成材。兄者，與己同胞共乳，分形連氣，先我而生者。果能以此思之，其所以事之者，自當竭盡子弟之職也。事父兄之道，勤力代其勞苦，治生供其奉養，更當和氣柔色，宛轉承順。若家貧，甘旨不充，但衣食粗給，得其懽心，亦不失爲孝悌也。自己如此，子弟效之，亦復能然，則人倫明而家道正矣。人能愛親敬兄，自知尊卑之禮、上下之分，至於狎侮耆老、告訐官吏之事亦不敢爲，而悖逆亂常自然無有矣。此五常之先，百行之本，諸君皆當勉力行之也。

十四曰隆慈愛。訓子弟附。人之父母孰不知愛其子弟，然徒愛而不知訓以義，方適足以長其驕傲，滋其怠惰。士農之子不務學問，不勤耕桑，工商之家不習本業，不慎行止，年齒漸長，凶悖日增，此等之人，又豈知愛親敬兄，事長上，睦親友之道哉？今後凡四民之子弟，自幼更令入學誦書，教以事親事長之禮，又常丁寧訓導，使之謹慎篤實，恭敬遜讓，習熟見聞，漸能成立。稍長資性明敏者，可使習儒；其餘諸人，農工商賈各守其業，亦不失爲鄉里善人矣。又有父母慈愛不均，好惡偏黨，數子之中，私其一二，衣食貲財，妄分彼此，以致昆弟不睦，娣姒不和，則骨肉猜怨而家道乖離矣。爲人父母，切宜戒之。

十五曰友昆弟。兄弟者，同胞共乳，分形連氣，至親至厚也。古人以手足爲喻，蓋謂四肢雖異，本係一體。以此觀之，其友愛當何如也？今人豈不知兄弟之愛，多因寵其妻子，偏聽私言，計較短長，爭競多寡，以至父母在堂，分財異居，互相告訐，患若賊讎，滅天親，敗人紀，此等之人，豈知有仁義之心哉！若能思同胞共乳、分形連氣之理，脫然覺悟，則兄愛其弟，弟敬其兄，臨財相讓，遇事相謀，通有無，共憂樂，愛敬既篤，家室自和。如此不惟人喜悅，天道亦當祐助也。

十六曰和夫婦。君子之道，始於閨門衽席，終於天下國家。蓋情愛之私易於陷溺，故夫婦之間恩禮並用。爲夫者當正身以率之，勤儉以道之，勿聽其私言，勿徇其偏見。婦人又當和柔婉順，敬其所夫，紡績織紝，謹守婦職。如此則夫婦和而家道正矣。今之人溺於情愛者，惟婦言是用，至與父兄背戾。其忘棄恩義之人，則又富貴別娶，凍餒糟糠。婦人亦有欺昧夫主，喪其所守。所以夫婦不和，子婦失教，一家之內，互相憎疾。爲人如是，又安知有禮義廉恥之事哉？禮義亡，人道滅矣。凡爲夫婦者，切宜深戒也。

十七曰別男女。古之人，男女不親授受，內外異居，飲食異處，出門男子由右，女子由左，所以防閑分別者，至嚴至密也。近年禮教不修，風俗薄惡，男女無別，僧尼混淆。其士夫知禮之人，家法嚴明，閨門整肅者固多有之。然閭閻之間，良家婦女頗有追遊結托、出入權門者，既失防閑，中豈無弊。亦有貧窮之人素無教養，甘處污賤者，廉恥道喪，事難盡言。更有好訟之婦，不離官府，甘受捶撻，絶無羞愧。蓋皆家長夫主處身不正，訓導不嚴之過。此等之人，親戚惡之，鄉里賤之，刑法坐之，其異於禽獸者幾希矣。若能知恥改過，依理治生，夫夫婦婦，有禮有別，則親戚鄉黨自然尊敬。爲善甚易，諸人何憚而不行也。

十八曰正家室。閨門之内，思常掩義；家道不睦，生自婦人。蓋因娣姒入門，異姓來聚，恩義疏薄，猜妬日深，競短爭長，互相譖愬，男子剛正者少，皆爲所移，兄弟之間，友愛漸弛，以至分財析户，致誤連年，反易天常，悖逆倫理，跡其厲階，盡由婦人。然男子果能剛正不私，以慈畜之，以莊涖之，自其初來教之奉養舅姑，尊敬家婦，輯睦親戚，協和諸婦，儻有譖言，嚴加呵責，如此則父子昆弟親愛日隆，一門之内雍熙和悦，子孫必當昌盛，神明亦降福澤。諸人幸宜深思而力行也。

十九曰尊官長。民生有欲，羣聚必爭。朝廷内置公卿，外建守令，所以撫養疲癃，整治强暴，辨其枉直，定其是非，然後士農工商各安其業。故官之與民，其尊卑之敘，上下之分，乃天造地設而不可易也。爲其民者，當尊敬畏服，聽其號召，遵其約束。雖其人貪冒無知，在吾所以奉之者，亦不敢不盡也。人能如此，不惟苟免刑罰，蓋官府乃朝廷署置，我能敬之，是重朝廷而畏天命也。百姓敬官府，官府遵上司，四方遵朝廷，則上下辨，民志定，而天下治矣。至於社長，亦上司設立，使之勸課農桑，諭解詞訟，奬率勤謹，訓戒游惰，社衆亦當尊敬其人，聽其教誨也。

二十曰親師儒。人之爲學，必資師授，故獨學無友則孤陋寡聞。師資既備，義理易窮，其修己治人之方，事親從兄之道，亦皆可以漸致。此後生晚學必當隆師取友也。雖年長失學，果能親近讀書有守之人，聽其言義，觀其行事，漸摩既久，爲益必多。

二十一曰睦宗族。人家宗族雖有不同，遡其源流，皆吾祖宗之後，是祖先一身分爲吾羣從諸父昆弟也。苟能以此思之，則近者固宜親愛，遠者亦當輯睦。吉凶慶弔，隨宜往還，伏臘歲時，稱情歡會，相愛之意深，相親之情厚，恤其患難，助其貧乏，子孫化之，鄉里效之，不惟宗族和睦，風俗漸當淳美。若不親其宗族而趨附他人者，人亦賤惡而不之信，蓋於所厚者薄，無所不薄矣。

二十二曰敬耆艾。《論語》曰：『鄉人飲酒，杖者出，斯出矣。』此言孔子事長之禮，未出不敢先，既出不敢後，蓋極其尊敬恭順也。夫鄉里耆艾之人，或與父祖輩行，或與兄長比肩，自吾髫齡以至成人，其撫視存問，情意甚厚，吾能尊崇愛敬，是尊敬吾父祖兄長也。且敬人之父者，人亦敬其父；敬人之兄者，人亦敬其兄。不惟盡吾事長之禮，吾之父兄人亦中心尊敬之矣。九十、八十之老，朝廷頒賜絹帛，仍許一子免役，顧吾何人，而敢不敬耶？

二十三曰正婚姻。人倫之道，始於夫婦；夫婦之本，正自婚姻。婚姻之事，又當謹其始，而親信以終之也。凡娶婦嫁女，必先察其壻婦性行及其家法何如，然後明立婚約。稱其貧富，辦納聘財及物，雖有多寡不同，必須精粹堅好，却不得以濫惡充數。其要約日期，各宜遵守。又當隨其豐儉，聊備酒食，以會親戚故舊。此所以合姻婭之歡，厚男女之别，以和夫婦，以正人倫也。近年婚姻之家，貪慕富貴權勢，不爲男女遠圖，或結婚之後隨即乖爭，計較聘財多寡，責望資裝厚薄，興訟連年，紊亂官府，以致男大不婚，女長不聘，婦姑不和，翁壻相怨，傷風害義，莫此爲甚。又聞府中人家亦有苟貪財賄，甘與異類爲婚者，此乃風俗薄惡，家法污穢之極，可羞可賤，而他處所無有也。然皆父母兄長之過，聞吾言而思之，豈無愧恥之心哉！嗚呼，良家女子安忍配偶異類之身乎？今後凡議婚姻，欽依元定聘財，選擇氣類相同良善之家，又遵用吾説，謹其始而以親愛信實終之，則人倫漸明，風俗漸厚矣。

二十四曰致勤謹。古語云：『勤能勝貧，謹能勝禍。』蓋言勤力可以不貧，謹身可以免禍。務耕桑，修蠶織，葺園圃，栽樹株，利溝渠，理堤堰，通貨財，皆勤力之事也。孝於父母，順於兄長，言行慎密，出入安詳，非善勿友，非義勿取，不學賭博，不作盗賊，不好爭訟，不競貪淫，皆謹身之道也。人能如此，不惟勝貧免禍，鄉黨識者必皆愛重，稱爲善人君子矣。

二十五曰擇交游。古人云：『與善人居，如入芝蘭之室，久而與之俱化。與不善人居，如入鮑魚之肆，久而不聞其臭矣。』蓋人生斯世，必與同類交游，苟不慎擇，爲患非細。所宜親近善良，避遠凶惡。善良接近，則日聞善言，日見善事，久久習慣，則我亦進於善人矣。凶惡不遠，則興引詞訟，觸冒刑法，小則危其身，大則及其家，是亦陷於凶人矣。二者之問，得失甚著，惟在審於其初而慎其決擇耳。

二十六曰賑饑餒。近年水旱爲災，民多流亡凍餒，朝廷散錢給米，所活甚多，又常著令，如所在人户能施米賑飢、減價准糴者，量其多寡，賞以官爵。當時江南、山東之人已有能奉行者，隨即受命作官人矣。若不幸遭遇饑饉，富實多田之家或廩有餘粟，果能賑施平糶，不惟仰承德意，榮取官爵，而冥冥之中又積陰慶。古人所謂『百年之計，種之以德』也。

二十七曰恤鰥寡。助死喪附。鰥寡孤獨，天民之窮者也，尚賴官給衣糧，僅能保養以終天年。其餘惸獨之人，不在收繫贍養之數者，亦間有之。然城郭之内，鄉村之中，豈無疏遠宗族、中表親戚？若衣食僅能自足者，固所不論，其稍有贏餘之人，亦安忍坐視其操瓢挈囊、哀號叩哭、乞丐於市，而不救恤之哉？况上司明文，鰥寡孤獨，親戚不行收養者有罪。今後仰所在人户家業稍完者，若中外親戚有孤窮乞丐之人，即當收恤，隨時量給糧食，使之粗充口腹。其人如年未衰老，耳目或存，手足不廢，仍爲分付農家，令其傭作以自贍給。女子可嫁者，聊備衣服，即與嫁之。蓋所以廣孝友之道，布惠澤之施，又可以免官府懲治之責也。若同里之人死亡，家貧不能營葬者，亦仰衆家隨其多寡資助錢物，置買棺槨、衣服，衆力共爲埋瘞，庶免骸骨暴露，亦仁者用心之一端也。

二十八曰息鬭訟。古之人，行者讓路，耕者讓畔，下不犯上，卑不言尊，所以厚風俗而正綱紀也。近年民間爭鬭日興，造訐成俗，稍相違忤，便至紛爭，或侵數壠之田，或競一尺之地，親戚故舊，化爲仇讎，甚則醜詆骨肉陰私，訐舉官府過錯，誣陷昏賴，無所不爲。此皆守土之官失於訓導撫治之過，而人之如此，亦流爲狡猾凶頑好訟之徒矣。今後各縣正官及社長人等，勸諭所在人民，興行禮讓，敘别尊卑。若鄉里之人有愚戇無知，誤相觸犯，酒後迷酗，偶相詆毁者，皆宜容忍，以全親故之情。田畝宅舍，明有界畔，各當固守，勿相侵奪。至於告骨肉則害吾之恩，告官府則傷吾之義，俱宜悛改，勿陷凶猾。父兄能行之於上，子孫皆效之於下，如此則化爲忠厚之人，而成禮義之俗矣。

二十九曰禁賭博。人之營治生理，各有常業，能安其分，衣食自充。近年所在貧民爲貲本不多，利息微細，凡交易諸物，不肯依理貨賣，輒行用錢賭博，妄意一勝以圖獲利之多，而買物之人亦思僥倖，共爭勝負。似此愚民，豈有家業增充，但見貧窘日甚，而又觸冒禁條，重負刑責。又有游蕩無賴之徒，專以賫持錢物共爲賭博，勝者則視爲易得之財，非理費用，負者則思爲報復之計，再破家貲，一勝一負，各致窮空，别無所圖，皆化爲賊盜矣。今後仰隨處社長及人家父兄，各宜以此勸諭社衆，訓教子弟，依理勤謹治生，勿得照前妄作。若不悛改，更仰申報官司，依法懲治。

三十曰弭盜賊。人於萬物，最靈最貴。然均是人也，亦有國法所必誅，鄉里所不齒，父不以爲子，妻不以爲夫者。何哉？盜賊是也。原其初心，亦安肯遽至於此，或好行賭博，貲財空竭，或貪迷酒色，家産破蕩，或習爲手搏，或學弄槍刀，漸啓凶心，以至爲盜，一黥其臂，無復自新。今後仰所在人民，其子弟七八歲時，便令入學讀書，年齒稍長，教之各遵本業。或有好飲博、習凶藝者，即宜禁止訓戒，勿使漸成姦惡，累及父兄妻子。仍仰隨處社長，如社内有游惰之人似前爲非，亦行依理訓誨；若不悛改，申報所在官司，隨即懲戒，庶幾早能知恥自新，是弭盜之一端也。

三十一曰明要約。作事謀始，古人所貴。後世文約契券，蓋亦謹始之道，所以防其爭且欺也。近年風俗偷薄，巧僞日增，凡田宅婚姻債負良賤，偶因要約不明，多致爭訟昏賴，紊亂官府，動涉歲年，干礙平人，妨誤生計。亦有詐立契約，公肆欺謾者，然理曲之人，終亦敗露，身負罪責，名陷凶徒，竟亦何得也？今後民間婚姻、田宅等事，及兩相貿易，合立文約者，皆須分明開寫年月、價值、期限、證佐，以備他日檢勘。防閑既密，爭告漸稀，欺僞之徒，自有刑憲，是亦善風俗止詞訟之一事也。

三十二曰罷祈享。古人云：『神不歆非類，民不祀非族。』蓋士庶人所當祭者，惟己之祖考及五祀之一。故聚衆祈享，朝廷屢有禁條，所以正人心而消姦宄也。近年俗薄教廢，所在人民類多不知祇奉祖考，往往鳩錢集衆，僭越祠祭及冒犯非族，殊失禁約之旨。且幽明人鬼之間，褻瀆爲甚，神既不歆，有罪無福。今後士大夫家欲盡奉先之孝者，以時致祭，典禮具存。庶人亦當歲時祭其祖考，以盡追遠之誠。其閭里鄉村之人，不得聚集人衆，祈享祠廟。凡金書旂幟，俗號曰賽社者，仰社長省諭，即時拆毁罷散。若訓誨不從，尚蹈前非，是爲頑悖，官有嚴刑。

三十三曰戒游惰。士農工商，各有常業，謹身勤力，衣食自充，前已屢言之矣。頗聞人家子弟多有不遵先業，游蕩好閒，或蹴踘擊毬，或射彈黏雀，或頻游歌酒之肆，或常登優戲之樓，放恣日深，家産盡廢，貧窮窘迫，何惡不爲。鄉村之民亦有不務耕鋤，不勤蠶織，呼召黨類，趁集飲酒者，甚至與妻同往，以致男女混淆。今後果有似此游蕩之人，父兄嚴加訓戒，社長丁寧勸諭，庶能悔過自新。若循襲不改，仰申報所在官司，依法懲戒。

明·朱元璋《御製大誥續編·申明五常第一》 今再《誥》一出，臣民之家，務要父子有親；率土之民，要知君臣之義，務要夫婦有別；鄰里親戚，必然長幼有序，朋友有信。衆尊有德，不拘年之壯幼，不序長幼之分，此古人之大禮。此《誥》也，朕本非能，不過申明先王之舊章，而民從之，家和户平，吉哉！倘有不如朕言者，父子不親，罔知君臣之義，夫婦無別，卑凌尊，朋友失信，鄉里高年并年壯豪傑者，會議而誠訓之。凡此三而至五，加至七次，不循教者，高年英豪壯者拿赴有司，如律治之。有司不受狀者，具在律條。慎之哉，而民從之。

明·宋應星《野議·風俗議》 風俗，人心之所爲也。人心一趨，可以造成風俗；然風俗既變，亦可以移易人心。是人心風俗，交相環轉者也。

大凡承平之世，人心寧處其儉，不願窮奢；寧安於卑，不求誇大；寧守現積金錢，不博未來顯貴；寧以余金收藏於窖內，不求子母廣生於世間。今何如哉？有錢者奢侈日甚，而負債窮人，亦思華服盛筵而效之，至稱貸無門，輕則思攘，而重則思標矣。爲士者，日思官居清要，而畎畝庶人，日督其稚頑子弟儒冠儒服，夢想科第，改換門楣，至曆試不售，稍裕則鑽營入泮，極窘則終身以儒冠飄蕩，而結局不可言矣。

吾人半是爲貧而仕，使其止足在念，即卑官潤澤，原可儉用娱老；而晝夜計度，括其所得，多方饋送，營求薦章。不代直指思人滿之數，不爲國家想功令之嚴，饋送而外，盡其所有，央托貴紳。使其得也，再任未必有償還之日；其不得也，則數年心力膏血，付之東流，而歸林蕭索，不可言矣。縉紳素封之在太平之世也，稍有羨金，必牢藏，爲終身與子孫之計。其在今日有錢閑住者，惟恐子息不生，耽耽訪問故宦之家，子孫産存而金盡者，與行商坐賈有能而可信者，終朝俵放，以冀子錢。轉眄及期，破顔催並，究竟原本，不知何處出辦，何況子錢？在我爲本傷心，在彼求人無路，鬱懷思亂，誰執其咎？

我生之初，親見童生未入學者，冠同庶人；婦人之夫不爲士者，卽饒有萬金，不戴梁冠於首；縉紳媵妾，冠亦同于庶人之婦，以別於嫡。三十年來光景曾幾何哉！今則自成童，以至九流藝術，遊手山人，角巾無不同；婦人除宦家門内執役者，若另居避主而不見，亦戴梁冠。庶人之家，又何論矣！

京官名帖大字，事體原無妨礙。然嘉靖中業已大極，而隆、萬復降而小，未必非熙明安盛之兆。長安好事之家有存留歷年名帖者，以相比對，直至天啓壬戌方大極，而無以復加。自省垣庶常而上，湊頂止空一字，則壬戌之柬也。外官堅守舊規，基式仍故。然制科爲推知者與中行科道一間耳目，見行柬方寸亦不寧靜，未必非大字爲之祟。且學問未大，功業未大，而只以名姓自大，亦人心不古之一端也。

納粟得官，效勞尺寸，歸家而有司以禮優待，此固然也。山城遠鄉，專出白丁，猾手，一副肝腸只爲誇嚇鄉人宗族。入京空走一度，或買虛誆長單，或行頂名飛過海，或賄托前門賣《便覽》者刊名於上，使刊京衛、外衛，經歷、鴻臚、光禄、序班署丞，歸來張蓋乘輿，拜謁有司，結交衙役，勸令送程回拜。彼鄉人宗族之見至，紗帽羅衣，抗禮縣庭，以爲榮耀之極。無主見者，視田園爲無用低下之物，日夜心癢，思聚金而走國門。此又人心不古，而引人窮困歸亂之一端也。嗟夫，人心定而職分安，職分安而風俗變，風俗變而亂萌息。是操何道以勝之？尺幅之間，焉能繪其什一哉！

清·愛新覺羅·福臨《資政要覽》卷一《父道章》 父子之愛，天性也。必教以成之。上教子，斯德可施於民；下教子，斯忠可效於君。其爲愛也，至矣！故有國者之教子也，始生而舉以禮，卜士之士者宿齊朝服而負之，自爲亦子而教已行矣。周成王在襁抱之中，召公爲保，周公爲傅，太公爲師，左右前後，莫非正直。故其恭敬而溫文，若性成然。是以德教施民而國祚永也。

有家者之教子也，幼學退讓，長惇孝弟。遜友視士，方物發慮。四民之子，不易其業，皆可以保世，而效忠於君。如韋賢、楊震、劉殷、孫盛之爲父，至今稱焉。

《詩》曰：『教誨爾子，式穀似之。』故父之愛子，必教以義方，弗納於邪。驕奢矜誇，所自邪也。之愛而僻，莫知所裁，其不惡終者，鮮矣。縱州吁之好兵，任博望之通客，教之不端，貽譏後世，可爲炯鑒。若夫欒羊、易牙之徒，滅絶天性，則人倫所不齒也。

又《子道章》 執一術而衆善從、百邪去者，其惟孝乎！帝王得民以事親，臣庶立身以揚名。位有崇卑，孝無終始也。虞舜躬耕致養，周文視膳問安，曾參甘旨必具。新三者亦何以異於人乎？然惟其身爲聖賢也，是以百世傳之，其親亦與之爲不朽。故人子必慎行其身，而毋遺父母惡名，乃稱孝焉。居處不莊，事君不忠，涖官不敬，朋友不信，戰陳無勇，皆謂之不孝。

昔樂正子春下堂而傷足，既瘳矣，數月不出，猶有憂色。人問之，曰：『今予忘孝之道，是以憂也。』夫孝子一舉足而不敢忘父母，故道而不徑，舟而不游；一出言而不敢忘父母，故惡言不出於口，忿言不反於身，豈致虧體以辱親與？故小孝思愛而忘勞，中孝尊仁而安義，大孝博施而備物，博施而備物，可謂不匱矣。《詩》曰：『孝子不匱，永錫爾類。』嗟乎！緹縈女子，尚知救父，彼劉劭、楊廣、拓跋紹者，犬豕豈食其肉哉！

又《夫道章》 天地合而萬物興焉。婚姻，人道之始也。娶於異姓，所以附遠而厚別。初娶則男下女。取《易》之《咸》『柔上而剛下』，居室則夫帥婦，取《易》之《恒》『剛上而柔下』。夫也者，以智帥人者也。刑于妻，至于兄弟，以御家邦。苟不能制義，則必有從婦之凶矣。故三代之興，皆有內助；其衰也，咸因女寵。下至漢唐，傾輈繼路，斯固經禮弛防，先色後德者也。故詩人之旨，思窈窕而不淫其色，賤者秩進，各得厥職，以廣繼嗣。此家國之通義也。

冀缺相待如賓，張湛矜嚴好禮。跡其持敬，可爲家範。若恩極則必有褻溺之愆，怨成則必有反目之咎。梁冀妖惑，荀璨隕生，祖約遭傷，孫秀被詈，過與不及，其不智一也。是以君子之爲夫，敬其身以帥其婦，則能制義而家道正矣。《記》曰：『外內和順，國家理治，此之謂盛德。』

又《婦道章》 女子始生而衣裼，稍長而鞶絲，柔道也。七歲則男女不共食，十歲則不出於户。姆教之婉娩聽從，執麻枲，治絲繭，以共衣服。觀於祭祀，納酒漿葅醢，自爲女子，而婦則已嫺矣。故適於夫則能順。雞初鳴，盥漱笄總，佩刀帨箴管，以適舅姑之所，下氣怡聲，問衣燠寒，進食則惟所欲，舅姑所愛則愛之，所敬則敬之。其相夫也，正色而專心，節言而慎行，不媟黷以開隙，不忿怒以乖恩。夫有善則祗遵其命，有過則曲匡其失，此柔順之義也。

自帝王之后妃，以至卿大夫之夫人，及士庶之妻，莫不有家焉，莫不有子焉。仁以睦親，儉以持身，勞以執務，則內治修矣；敬以教胎，賢以逮下，勤以董學，則胤嗣昌矣。婦德若斯，庶其無咎矣乎。《易》曰：『恒其德貞，婦人吉。』言從一而終也。

伯姬、貞姜不辭水火，孫妻、段女罔愛肌膚，史策美之。御叔之婦、賈充之妻，雖《蝃蝀》無以刺其淫，倉庚無以療其妒矣。

又《兄弟章》 兄弟分形而連氣，父子之紀也。弟念天顯，以恭厥兄，兄念鞠子哀，以厚子弟。居則篤其愛，危則協其力，喪則懷其憂，人倫之本立矣。故資于事兄以事長，而敬同；資於師弟以帥下，而愛同。愛敬盡於弟兄，而和豫彰於上下，施於家國。此孝弟所以通神明也。

漢景車輦，唐明枕被，友愛之稱，昭布前史。而公卿士庶，分財讓爵，急難全孤，亦往往見稱。夫兒女易得，兄弟難求。必內不惑於妻孥，外不問於讒慝，則友悌斯全。《詩》曰：『是究是圖，亶其然乎！』

或曰：『使周公、管蔡生居寒祚，寧至胥戕？』是殆不然。夫象每危舜，而無害於國，故舜以恩斷義。管蔡欲危用公，而有害於國，故周公以義斷恩。然則遼祖三釋於剌葛，與舜同仁，唐文致決於建成，與鄭伯同思矣。

清・唐甄《潛書》上篇下《備孝》 父母，一也；父之父母，母之父母，亦一也。男女，一也；男之子，女之子，亦一也。

人之爲道也，本乎祖而非本乎外，本之重如天焉。若以言乎其所生，母不異于父，母所從出可知矣；是故重于祖而亦不得輕于外也。禮外論情，服外論義，若之何其可輕也！吾向也知其義而未言，以無文可徵也。及讀《春秋》書杞伯姬來朝其子，其斯義也夫！蓋婦人歸寧，細事也；

孺子無知，手挈之而來，尤細事也。于來可勿書，況其子乎！惟諸侯來，曰朝。朝，大禮也；以加諸孺子，重其義也。仲尼欲教天下之人，愛其母之所從出如祖父母，愛其女之所出如其孫，故特起朝子之文以見義也。

人之于父母，一也；女子在室于父母，出嫁于父母，豈有異乎！重服于舅姑夫，輕服于父母，非厚其所薄而薄其所厚也。昔爲人子，今爲人母，于是乃有父子焉，乃有君臣焉，固不得以其身爲父母之身也，亦猶爲人後之義也。以言乎所生，男女一也；恩不以服薄，服不以恩薄也。此義吾未言之，以無文可徵也。及讀《春秋》書紀季姜歸于京師，其斯義也夫！夫諸侯且不稱字矣，王后之尊，同于天子，乃稱字乎？稱字，所以申父母之尊也。父母之尊，不降于天子，豈降于舅姑！仲尼恐爲人婦者習焉而忘其情，尊舅姑，降父母；近舅姑，遠父母；親舅姑，疏父母；故特起王后稱字之文以見義也。

又《明悌》 人之大倫有五；今存四焉，其一亡矣。

昔者孔子之語其徒也，孝悌惟亟，而言忠或寡焉。江漢源而海委，孝悌源而忠委，有先委而後源者耶，有源盛而委竭者耶？

異哉，人之好名甚也！忠之爲名，大而顯；史記之，國褒之。昔者明之初亡也，人皆自以爲伯夷。鄉學之士，負薪之賤夫，何與于祿食之貴厚，有殺身以殉國者。當是之時，天下之言忠者，十人而九；孝之名不若忠之顯大也。故當世之言孝者，千百人而一二。

若夫悌，人莫爲之，亦莫言之。悌道之絶也，蓋已久于斯焉矣！吾觀賢士大夫，亦有忠如比干者也；養如曾參者也，交如叔牙者也，其處昆弟則何如？予之尺穀，則有矜色；乞其斗粟，則有泚顔；善已，則友資之；惡已，則讎視之；侵已，則盜禦之。姊妹既嫁，蔑焉忘之，若不知爲誰室之妾者然也。內不自知，責亦弗及，彼自矜爲完行，吾見其不遠于禽獸也。

今有居父母之喪，坐作不忘，既免喪而哀不已也，斯不亦孝矣乎？其于兄弟亦且有然。昔者子路有姊之喪，可以除之矣，而弗除也。子曰：『奚爲弗除也？』曰：『吾鮮兄弟而弗忍除也。』夫子亦嘗有姊之喪矣，與弟子立而拱尚右也，弟子不知其故，子曰：『我尚右者，以我有姊之喪也。』由斯觀之，可知悌矣。

殺之而不怨，事君之道也；殺之而不怨，事父之道也；其于兄弟亦且有然。昔者象欲殺舜，舜則富貴之。富貴奚足云乎！象憂舜亦憂，象喜舜亦喜。是道也，舜事瞽瞍之道也，人所難能也。舜則施之於弟，且施之殺已之弟。孟子稱舜之孝曰：『美色富貴不足解憂，惟順于父母可以解憂。』我且以此稱舜之悌矣，曰：『美色富貴不足解憂，惟順于兄弟可以解憂。』由斯觀之，可知悌矣。

人之愛莫私于其妻。《詩》曰：『手如柔荑，膚如凝脂，領如蝤蠐，齒如瓠犀，螓首，蛾眉，巧笑倩兮，美目盼兮。』則愛其色；居同室，寢同棲，則愛其嫟；執蠶績，功鍼縷，治酒醴，調燔炙，則愛其助；及其老也，長子孫，訓婦女，則愛其成。此性情之常，賢聖之所同也。然愛之之道，則甚下于其兄弟。若子路有妻之喪，可以除之矣，而弗除也。曰：『吾思吾妻而弗忍除也。』若堯之二女，日以殺舜爲事，舜幸免于死，及立爲天子，尊之爲妃，寵之爲夫人。妻憂我亦憂也，妻喜我亦喜也。則是子路者，溺情好內，君子之所薄也；則是舜者，狂疾人也，且不及傑紂之嬖妹喜妲已也。

昔者高子常問于我矣，曰：『君父之重，人皆知矣。若兄弟，若妻，若子，平居奉之，及難免之，其後先輕重若何也？』曰：『昔也吾嘗慎思之矣，差之爲五等：一曰君，父母；次二曰兄弟；次三曰妻；次四曰子，兄弟之子；次五曰朋友。子其權之焉！』

又《內倫》 《詩》曰：『鴛鴦在梁，戢其左翼。』鄭氏曰：『鳥之雌雄不可別者，以翼知之。右掩左，雄；左掩右，雌；陰陽相下之義也。』夫婦亦相下以成家也。孔氏曰：『《易》之《咸》爲夫婦之道；其《彖》曰：「止而說，男下女」，以證夫婦相下之道，恒道也。《泰》之天下于地，其義亦然。』夫天高地下，夫尊妻卑；若反高下，易尊卑，豈非大亂之道！而《詩》之爲義，《易》之爲象，何以云然乎？蓋地之下于天，妻之下于夫者，位也；天之下于地，夫之下於妻者，德也。

古者君拜臣；臣拜，君答拜；師保之前，自稱小子；德位之不相掩也。天子之尊，冕而親迎，敬之也；亦德位之不相掩也。若天不下於地，是謂天亢；天亢，則風雨不時，五穀不熟。君不下於臣，是謂君亢；君亢，則臣不竭忠，民不愛上。夫不下於妻，是謂夫亢；夫亢，則門內不和，家道不成。施于國，則國必亡；施于家，則家必喪；可不慎與！

今人多暴其妻，屈于外而威于內，忍于僕而逞于內，以妻爲遷怒之地。不祥如是，何以爲家！暱則易犯，瀆則易衅，弱則易暴，孤則易施，遂至大不祥焉。蓋今學之不講，人倫不明；人倫不明，莫甚于夫妻矣。人若無妻，子孫何以出？家何以成？祭則孰寄？居則孰輔？出則孰守？不必賢智之妻，平庸之妻亦有之。是則如天之有地，如君之有臣，以言乎位，則不可褻；以言乎德，則顧可上而暴之乎？

《詩》云：『高山仰止，景行行止。』『四牡騑騑，六轡如琴。』高山出雲，雨徧天下；天賴以成其施，是以仰止焉，言不可以不敬也。四牡既良，致遠不勞，如琴瑟之調焉，言不可以不和也。敬且和，夫婦之倫乃盡。請誦是《詩》，以爲爲夫者教焉。《詩》云：『有洸有潰，既詒我肄。』德不能服人，威不能加人，入室而逞于妻，洸乎怒之充也，潰乎忿之不可收也，此何爲者也？人之無良，至此其極。始爲夫婦，終爲仇讐，一倫滅矣。請誦是《詩》，以爲爲夫者戒焉。

又《夫婦》　唐子宿于汪氏之館，汪子數言其少子。唐子曰：『子愛男乎，愛女乎？』曰：『愛男。』唐子曰：『均是子也，乃我之恤女也，則甚於男。』汪子問故，曰：『好內非美德，暴內爲大惡。今之暴內者多，故尤恤女。』

汪子曰：『然。吾之交友亦多矣；處室數十年，無變色疾聲者，惟見先生與城西劉子。其他則暴其妻不如待其僕者，亦數見之矣。』唐子曰：『君不善于臣，臣猶得免焉；父不善于子，子猶得免焉；主不善于僕，僕猶得免焉。至于妻，無所逃之矣。』

汪子曰：『先生有賢妻，故能相和以處。婦人智室而見不通，嘗不順于其家，非盡夫之過也。』曰：『不然。天之生物，厚者美之，薄者惡之，故不平也。君子於人，不因其故；嘉美而矜惡，所以平之也。人有二子，一賢，一愚，當孰憐？必憐愚者。人有二妾，一美而慧，一醜而愚，當孰憐？必憐醜而愚者。而況于妻乎！且恕者，君子善世之大樞也。五倫百姓，非恕不行；行之自妻始。不恕于妻而能恕人，吾不信也。必其權利害，結交與，非情之實也。』

汪子曰：『莫難于處有妾之妻。』曰：『昔吾先君有二妾，一余氏，一畢氏；衣襦簪飾之用，未嘗一問。我年十歲，先君戲以二竹篦使我間遺畢氏。畢氏不受，推之于我之懷中，曰：「爲我反之，我不闕此。我卽闕此，當請于夫人也。」先君歿，嘗侍先母，夜飲，言往事而因及竹篦。先母大笑曰：「孝哉子乎，不知有母，但知有父。」』汪子曰：『有妾如此，亦良妾也。』曰：『非妾之良也，吾先君處之有道也。』

清·陸隴其《三魚堂外集》卷三《風俗》　世運之盛衰，風俗實爲之，而所以維持乎風俗，使之淳而不澆，樸而不侈者，則惟視乎上之政教何如耳！三代之時，非無澆漓侈奢之民也；然而道德一而風俗同者，其政教得也。漢唐宋之時，非盡澆漓侈奢之民也；然而世風漸靡，不能返於隆古者，其政教非也。三代之時，經制定於上，其車服有等，其宮室有度，其飲食器用有制；雖一寸之微，一絲之辨，必爲之釐定而頒布之。而又爲立大學以教於國，設庠序以化於邑，日夜以孝弟忠信磨勵其民人。其有奇邪蕩泆之民，則鄉大夫州長閭胥之徒，以時糾而去之。故民之生也，所見皆仁儉之風，所聞皆仁儉之訓，少而習焉，其心安焉；一有不如是者，則鄉里相與怪之，慄焉而不寧，澆漓侈奢，何自而生乎？若夫漢唐宋之時，其所重者在簿書期會，所急者在錢穀兵師，而凡先王所以導民之具，則以爲迂闊而不暇爲。間有賢君發憤而行之，亦不能如三代之詳密，則其俗之不古若也，豈不宜乎？由斯以觀，則政教者，風俗之本原也。不深加意於政教，而徒咎風俗之不古，曰吾民不如三代之淳，不如三代之樸，噫是果民之不如三代耶！抑所以導民者，其本原猶未得耶？

國家承明季之衰，其澆侈之習，已非一日，宜執事慨然思欲爲之所。愚以爲欲反今日之俗，而登之隆古，無他，亦惟以三代所以導民者導之而已。愚非敢謂三代之法，可一一施之今也。然其大體，固有不可得而易者。其一則經制宜定也。民之所以不敢厭縱其耳目者，有上之法制爲之防耳！苟法制所不及，則何憚而不爲？今民間冠婚喪祭之禮，宮室飲食衣服之節，初未嘗有定制也，惟其力之能爲，則無所不可。富者炫耀，貧者效尤，物力既絀，則繼之以貪詐，故靡麗日益，廉恥日消。誠宜畫爲定制，使尊卑上下，各有差等，不得踰越，庶幾儉樸可興，貪詐可弭。其一則學校宜廣也。民之所以不入於淫蕩、安其樸素者，以其知禮義之可重耳！苟禮義不足動其心，則樸素必不如奢靡之可樂，忠厚必不如淫蕩之可慕。學校者所以教民禮義也。今惟州縣有學，又止及於生徒，而董其任者，亦止掌其冊籍，核其進退，未嘗有所謂禮義之教。人不知以行誼自重，則惟以服美爲榮，何怪風俗之日澆日侈乎？宜選方正有道之士，爲州縣之師長，重其祿秩；而又倣古里塾黨庠之制，以農隙教導其民，使知禮義之可重，而無慕乎澆侈。其一則賞罰宜審也。民之所以從上之令者，以其賞罰行焉耳！賞罰不行，而欲其從令，不可得也。

今朝廷之賞罰，亦綦嚴矣；而獨於奢儉淳澆之際，未見有賞罰行焉。胥吏被文繡，富賈爲雕牆，而有司不問。子弟凌父兄，悍僕侵家長，而有司不問。而其忠厚樸素、不隨時好者，則徒爲笑於鄉里，不聞有所奬勵，如此安望其不爲澆侈乎？宜敕有司，以時訪於境內，舉其尤者賞罰之，而即以風俗之淳疵，爲考成之殿最，庶有司不敢忽，良民知所勸，而莠民知所懲。凡此者，皆所以導民之具，而風俗之本原也。誠一一舉而行之，而皇上以恭儉之德，端化源於上；公卿大臣，樹惇守素，奉宣德意於下；寰海内外，有不返樸還淳去奢從儉，其登三代之盛者，未之前聞！倘曰簿書期會，錢穀兵師，今日之急務，何暇爲此迂闊；愚恐風俗之日澆日侈，所謂今日之急務者，亦將理之不勝理也！

清·湯斌《湯子遺書》卷九《嚴禁私刻淫邪小説戲文告諭》 爲政莫先於正人心，正人心莫先於正學術，朝廷崇儒重道，文治脩明，表章經術，罷斥邪説，斯道如日中天。獨江蘇坊賈，惟知射利，專結一種無品無學希圖苟得之徒，編纂小説傳奇，宣淫誨詐，備極穢褻，汙人耳目，繡像鏤板，極巧窮工，致遊佚無行，與年少志趣未定之人，血氣搖蕩，淫邪之念日生，奸偽之習滋甚，風俗凌替，莫能救正，深可痛恨，合行嚴禁，仰書坊人等知悉；除《十三經》、《二十一史》及《性理》、《通鑑綱目》等書外，如宋、元、明以来大儒註解經學之書，及理學、經濟、文集、語録，未經刊板，或板籍燬失者，照依原式，另行翻刻，不得聽信狂妄後生，輕易增删，致失古人著述意旨；今當脩明正學之時，此等書出，遠近購之者衆，其行廣而且久，爾等計利亦當出此。若曰古書深奥，難以通俗，或請老成純謹之士，選取古今忠孝廉節，敦仁尚讓實事，善惡感應，凛凛可畏者，編爲醒世訓俗之書，既可化導愚蒙，亦足檢點身心，在所不禁。若仍前編刻淫詞小説戲曲，壞亂人心，傷敗風俗者，許人據實出首，將書板立行焚燬。其編次者、刊刻者、發賣者，一併重責，枷號通衢；仍追原工價，勒限另刻古書一部，完日發落。

修習之術論部

爲學論分部

論説

元·郝經《陵川集》卷一九《辨微論·學》 智一而不鑿者，故學純而不駁。一而不鑿，則得者精而成者大；純而不駁，則守者固而行者正。是以建大節，處大變，斷大惑，紛然而至而不紊，儵爾而起而不動。以一身而鎮天下，天下與之；以一言而率天下，天下從之。此大人君子之爲學，所以安天下也。小人之學異乎此，所以亂天下也。天下之安危，繫夫學而已矣。大人君子之爲學也，用智之公也。公則一，故其學純，外物不能間入以相擾也，故能御物而不屈。夫學純故有器，有器故有節，有節故不爲私奪，所以天下恃之以安也。小人非不學也，用智之私也。私則有欲，有欲則屈于物，一心也而萬物屈之，是以中無主而外無正，天下因之以亂也。學而因以亂天下，曷若不學之愈乎。不學則樸魯重厚而無欲，猶足以鎮天下，而不至于亂天下也。夫人而有智，而資之以學，不至于大聖，而必至于大姦。故周公、王莽皆學也，而周公以之安周，王莽以之篡漢。周勃、霍光無學也，而勃能誅諸吕而立太宗，光能廢昌邑而立宣帝，臨大節而不奪。故學之以亂天下，不若不學之爲愈也。嗚呼！後世之學又異於此矣。既不能至于大聖，又不能至于大姦，又惡其名而不能爲之不學。或徇時爲骩靡之文，或爲人爲纖巧之利，或射利而爲瑣末之業。既不能安天下，而亦能亂天下，孳孳矻矻，學之而無用，爲之而無益。智分而不一，業駁而不純，器促而淺無以容，節錯而卑無以立。使先聖人正大之道墜而不舉，民俗日偽以偷，而曰吾學矣，果何學也？噫！天下其無學者耶？則執筆綴辭者多矣，峩大冠、襜大裾、堯都而舜俞者多矣。其有學者耶？未聞有以正大之學，安天下者也。故道之不行，天下之不治，非時君衆人之罪，余學者之罪也。【略】

天下之無全才也，學使之然也。古之學者一而要，今之學者雜而偽。一而要也，故能爲己，而其才所以全也。雜而偽也，故不能爲己，而其才所以不全也。嗟夫，學而不能爲己，不能全其才，尚何學之貴也哉！蓋人之爲學，所以致吾之知也。一則其智不分，而見者博也；要則用力不匱，而蓄者厚也；雜則其智分，而見者寡也；偽則用力勞，而蓄者鮮也。見者博而蓄者厚，此才之所以全也；見者寡而蓄者鮮，此才之所以不全也。今夫日一而已，故能光臨天下，照耀萬物，物不能欺。星非不衆也，的焉而自照之不暇，矧能及於他乎哉。何者？日一而星雜也。雖然，後世之不能古也，抑亦有由焉。古之爲學也，道一而已矣。後之爲學也，異端之多也。故古之爲學也易，今之爲學也難。古之爲學也，幼而灑掃應對，長而性與天道，比年三十而必有立焉，如此而已。後世之爲學也何多乎哉！有科舉之學，有文章之學，有典故之學，有經史之學，有星數卜筮之學，有地理之學，其至者有性理之學，有象數之學，其誕者則有老莊之學，浮屠之學，申、韓、孫、吳之學，至於百家衆流，又有不可勝數者。其書萬億卷，有終身不能徧觀者。是以各以其所習者鳴，或以儌名，或以射利，或以欺世誤天下，或以干仕祿，或以全身自樂。是以智不能一而才不能全，擾擾紛紛，日趨于亂，而卒不能及古也。悲夫！昔仲舒嘗言之武帝，欲罷黜百家，表章六經，使道術歸于一，而武帝不能用也。以漢之懿，仲舒之純賢，武帝之雄材大畧，而猶不能一道術，使天下遂無全才，學者無所歸，不入於彼，而必入於此，後世其亦已矣！

又 卷二〇《學難》 學之無難也，尚矣。人而有智，而俾之學，國家之所以作成之者厚，師友之所以訓誨之者篤，第成之有小大，覺之有先後耳，夫何難哉！故辟廱于京師，庠序于國，校于鄉，而塾于家。立公議于士夫，振綱紀于君相，廩祿給而廉恥厲，束縛而涵育之，鼓舞而激之，作其氣而振其弊，網羅剔抉，匡直輔翼，使卑高巨細，各遂其所成，

各盡其所用，則何學而不遂，何材而不全哉。是以朝稱多士，而野無遺賢矣。政治隆平而風俗純粹，學之無難也審矣，而謂之難，何哉？學之無難也，前代之無難也。學之難也，今日之難也。非唯其難也，而又無學也。曷難乎？辟廱亡而鄉校毀矣，公議廢而綱紀墜矣，廩祿絶而廉恥缺矣。所餘者，天理人心之固有也，而又誕幻以拂其性，偏駁以惑其心，勢利以脅其志，嗜欲以汩其情。學王道而霸術入矣，守正理而異端奪矣，務實德而偽妄騁矣。一身之微，或誘于其前，或驅于其後，不入于彼，而必陷于此。雖有特立獨行不倚之士，不待文王而興，捐饑餒，戰寒暑，不由師傅，不顧流俗，不狥虚文，卓乎其不撓，確乎其不拔，輕勢利，斷嗜慾，斥誕幻而横騖，棄偏駁而高蹈，欲存其所餘，而保其固有，者猶戛戛乎其難也。而又指訐以爲異，謗讟以爲非，排之固而擠之力，巧爲之機，而毒爲之中，莫有一呴溼濡沫，爲接綆引手者，下石而溺灰者皆是也。又孰爲之作成，孰爲之訓誨哉！必使其顛踣潰亂，箝其口而不言，桎其足而不動，如是而後已，則所存者幾何？其亦必亡矣。故爲之難也。一有學者，而琢喪之如是，故謂之無學也。嗚呼！牛山之木嘗美矣，而令濯濯也，是豈山之性哉？《詩》曰：『瞻彼阪田，有菀其特。天之扤我，如不我克。』學者之謂矣。作《學難》。

元·劉因《靜修續集》卷三《叙學》 性無不統，心無不宰，氣無不充。人以是而生，故材無不全矣。其或不全，非材之罪也，學術之差、品節之紊、異端之害惑之也。今之去古遠矣，衆人之去聖人也下也，幸而不亡者，大聖大賢惠世之書也。學之者以是性與是心與是氣，即書以求之，俾邪正之術明，誠偽之辨分，先後之品節不差，篤行而固守，謂其材之不能全，吾不信也。保下諸生，從余問學有年矣，而余梗於他故，不能始卒成，夫教育英才之樂，故其爲陳讀書爲學之次叙，庶不至於差且紊而敗其全材也。

先秦三代之書，六經、《語》、《孟》爲大。世變既下，風俗日壞，學者與世俯仰，莫之致力，欲其材之全，得乎？三代之學，大小之次第，先後之品節，雖有餘緒，竟亦莫之適從，惟當致力六經、《語》、《孟》耳。世人往往以《語》、《孟》爲問學之始，而不知《語》、《孟》，聖賢之成終者，所謂博學而詳説之，將以反説約者也。聖賢以是爲終，學者以

是爲始，未説聖賢之詳，遽説聖賢之約，不亦背馳矣乎！所謂顔狀未離于嬰孩，高談已及於性命者也。雖然，句讀訓詁，不可不通，惟當熟讀，不可强解，優游諷誦，涵詠胸中，雖不明了，以爲先入之主可也。必欲明之，不鑿則惑耳。六經既畢，反而求之，自得之矣。治六經必自《詩》始。古之人十三誦《詩》，蓋《詩》吟咏情性，感發志意，中和之音在是焉。人之不明，血氣蔽之耳。《詩》能導情性而開血氣，使幼而常聞歌誦之聲，長而不失刺美之意，雖有血氣，焉得而蔽也。《詩》而後《書》。《書》，所謂聖人之情見乎辭者也。即辭以求情，情可得矣。血氣既開，情性既得，大本立矣。本立，則可以徵夫用。用莫大於《禮》。三代之禮廢矣，見於今者，漢儒所集之《禮記》，周公所著之《周禮》也。二書既治，非《春秋》無以斷也。《春秋》，以天道王法斷天下之事業也。《春秋》既治，則聖人之用見。本諸《詩》以求其情，本諸《書》以求其辭，本諸《禮》以求其節，本諸《春秋》以求其斷，然後以《詩》、《書》、《禮》爲學之體，《春秋》爲學之用，一貫本末具舉，天下之理窮，理窮而性盡矣。窮理盡性，以至於命，而後舉夫《易》。《易》也者，聖人所以成終而所成始也，學者於是用心焉。是故《詩》、《書》、《二禮》未明，則不可以學《春秋》，《五經》不明，則不可以學《易》。夫不知其粗者，則其精者豈能知也。邇者未盡，則其遠者豈能盡也。學者多好高務遠，求名而遺實，踰分而遠探，躐等而力窮。故人異學，家異傳，聖人之意晦而不明也。六經自火於秦，傳注於漢，疏釋於唐，議論於宋，日起而日變。學者亦當知其先後，不以彼之言，而變吾之良知也。近世學者，往往舍傳注疏釋，便廢諸儒之議論，蓋不知議論之學，自傳註疏釋出，特更作正大高明之論爾。傳注疏釋之於經，十得其六七，宋儒用力之勤，剷偽以眞，補其三四而備之也。故必先傳注而後疏釋，疏釋而後議論，始終原委，推索究竟，以己意體察，爲之權衡，折之於天理人情之至。勿好新奇，勿好辟異，勿好詆訐，勿生穿鑿。平吾心，易吾氣，充周隱微，無使虧欠。若發强弩，必當穿徹而中的。若論罪囚，棒棒見血而得情。毋慘刻，毋細碎，毋誕妄，毋臨深以爲高，淵實昭曠，開廓懇惻，然後爲得也。六經既治，《語》《孟》既精，而後學史。先立乎其大者，小者弗能奪也。胸中有六經、《語》、《孟》爲主，彼興廢之迹不吾欺也，如持平衡如懸明鏡，輕重寢颺，在吾目中。

學史亦有次第。古無經史之分。《詩》、《書》、《春秋》，皆史也，因聖人删定筆削，立大經大典，即爲經也。史之興自漢氏始。先秦之書，如《左氏傳》、《國語》《世本》、《戰國策》，皆掇拾記録，無完書。司馬遷大集羣書爲《史記》，上下數千載，亦云備矣。然而議論或駁而不純，取其純而舍其駁可也。後世史記，皆宗遷法，大同而小異。其創法立制，纂承六經，取三代之餘燼，爲百世之準繩，若遷者可爲史氏之良者也。班固《前漢史》，與遷不相上下，其大原則出於遷，而書少加密矣。東漢史成于范曄，其人詭異好奇，故其書似之。然論贊情狀，有時亞于遷、固。自謂『贊是吾文之奇作，諸序論往往不減《過秦》』，則比擬太過。《三國》陳壽所作，任私意而好文，奇功偉績，往往削没，非裴松之小傳，一代英偉之士，遂爲壽所誣。後世果有作者，必當改作，以正壽之罪，奮昭烈之幽光，破曹瞞之鬼賊，千古一快也。晉史成于李唐，房、杜諸人，故獨歸美太宗耳。繁蕪滋漫，誣談隱語、鄙泄之事且載之，甚失史體。《三國》過於略，而《晉書》過於繁。南北七代，各有其書，至唐李延壽，總爲《南》《北史》，遺時記事，頗爲得中，而其事蹟污穢，雖欲文之而莫能文矣。隋史成于唐，興亡之際，徵訐好惡，有浮于言者。唐史二：《舊書》劉昫所作，固未完備，文不稱事。而《新書》成于宋歐、宋諸公，雖云完備，而文有作爲之意，或過其實，而議論純正，非《舊書》之比也。然學者先當舊，而後新。五代二書皆成于宋，舊則薛居正，新則歐陽子也。《新書》一出，前史皆廢，所謂一洗凡馬空者也。宋、金史皆未成。金史只有實録。宋事纂録甚多，而《東都事略》最爲詳備。是則兩世之史也。學者必讀全史，歷代考之，廢興之由，邪正之迹，國體國勢，制度文物，坦然明白，時以六經旨要立論其間，以試己意，然後取温公之《通鑑》、宋儒之議論，校其長短是非，如是，可謂之學史矣。學者往往全史未見，急於要名，欲以爲談説之資，觜吻之備。至於《通鑑》，亦不全讀，抄撮鈎節《通鑑》之大旨，温公之微意隨以昧没，其所以成就亦淺淺乎。

史既治，則讀諸子。《老》、《莊》、《列》、《陰符》四書，皆出一律，雖云道家者流，其間有至理存。取其理而不取其寓，可也。《素問》一書，雖云醫家者流，三代先秦之要典也，學者亦當致力。孫、吳、姜、黄之書，雖云兵家智術戰陣之事，亦有名言，不可棄也。《荀子》議論，過高好奇，致有性惡之説，然其王霸之辨，仁義之言，不可廢也。《管子》一書，霸者之略，雖非王道，亦當讀也。楊子雲《太玄》、《法言》，發孔孟遺意。後世或有異論者，以其有性善惡混之説，劇秦美新之論，事莽而纂漢。韓子謂其文頗滯澁，蘇子謂『艱險之辭文膚淺之理』，而温公甚推重之，以爲在《孟》、《荀》之上。或抑或揚，莫適所定。雖然，取其辭而不取其節，可也。賈誼、董仲舒、劉向皆有書，惜其猶有戰國縱横之餘習。惟董子《三策》，明白純正，孟軻之亞，非劉、賈所企也。【略】

諸子既治，宋興以來諸公之書，周、程、張之性理，邵康節之象數，歐、蘇、司馬之經濟，往往肩漢唐而踵三代，尤當致力也。孔子曰：志於道，據於德，依於仁矣，藝亦不可不游也。今之所謂藝，與古之所謂藝者不同。禮、樂、射、御、書、數，古之所謂藝也，今人雖致力而亦不能，世變使然耳。今之所謂藝者，隨世變而下矣。雖然，不可不學也。詩文字畫，今所謂藝，亦當致力，所以華國，所以治物，所以飾身，无不在也。學詩當以六義爲本，三百篇，其至者也。三百篇之流，降而爲辭賦，《離騷》楚詞，其至者也。詞賦本詩之一義，秦漢而下，賦遂專盛，至於《三都》、《兩京》，極矣。然對偶屬韻，不出乎詩之律，所謂源遠而末益分者也。魏晉而降，詩學日盛，曹、劉、陶、謝，其至者也。隋唐而降，詩學日變，變而得正，李、杜、韓，其至者也。周宋而降，詩學日弱，弱而後强，歐、蘇、黄，其至者也。故作詩者，不能三百篇，則曹、劉、陶、謝；不能曹、劉、陶、謝，則李、杜、韓；不能李、杜、韓，則歐、蘇、黄。而乃效晚唐之萎薾，學温、李之温新，擬盧仝之怪誕，非所以爲詩也。至於作文，六經之文尚矣，不可企及也。先秦古文可學矣，《左氏》、《國語》之頓挫典麗，《戰國策》之清刻華削，莊周之雄辨，《穀梁》之簡婉，楚詞之幽博，太史公之疏峻。漢而下其文可學矣，賈誼之壯麗，董仲舒之沖暢，劉向之規格，司馬相如之富麗，揚子雲之邃險，班孟堅之宏雅。魏而下陵夷至於李唐，其文可學矣，韓文公之渾厚，柳忠元之光潔，張燕公之高壯，杜牧之之豪縟，元次山之精約，陳子昂之古雅，李華、皇甫湜之温粹，元微之、白樂天之平易，陸贄、李德裕之開濟。李唐而下陵夷至於宋，其文可學矣，歐陽子之正大，蘇明允之老健，王臨川之清新，蘇子瞻之宏肆，曾子固之開闔，司馬温公之篤實。下此而无學矣。學者苟能取諸家之長，貫而一之，以足乎已，而不蹈襲麋束，時出而時晦，以爲有用之文，則可以經緯天地，輝光日月也。【略】

如是而治經治史，如是而讀諸子及宋興諸公書，如是而爲詩文，如是而爲字畫，大小長短，淺深遲速，各底于成，則可以爲君相，可以爲將帥，可以致君爲堯舜，可以措天下如泰山之安。時不與志，用不與材，則可以立德，可以立言，著書垂世，可以爲大儒，不與草木共朽，碌碌以偷生，孑孑以自存，非天之至善，壞己之全材也。勗哉諸生，毋替兹命。

明·陸深《儼山外集》卷一九《豫章漫抄二》 洪武二年三月，上與翰林待制秦裕伯等論學術。上曰：『爲學之道，志不可滿，量不可隘，意不可矜，志滿則盈，量隘則驕，意矜則小，盈則損，驕則惰，小則陋，故聖人之學，以天爲準；賢人之學，以聖爲則。苟局於狹小，拘於凡近，則豈能克廣其學哉？』裕伯對曰：『誠如聖諭。』

明·薛瑄《讀書録》卷六 天地間至大者，莫過於三綱五常之道，帝王之爲治，聖賢之爲學，皆不外乎是。

明·方孝孺《遜志齋集》卷三《君學上》 人君不患乎無才，而患恃其才以自用；不患乎不學，而患挾其學以驕人。邈乎無爲，澹乎無謀，以任天下之才智，而不與之争，能則功之出於人者，猶出於已也。持其偏長小數，以與臣下較銖兩之優劣，使才智之士不獲盡其所欲爲，是曷若不學之爲愈乎？漢高帝椎樸質厚，於學無所知，然其聽言任人與知道者無異。陳叔寶、楊廣好自矜伐，以爲羣臣莫已出。而其所以自負者，適足以取敗。蓋聖賢之學不傳，人君既不知爲學之道，而復不能用其學。譬之兑戈垂矢，王者用之，可以伐僭亂，而狂夫得之，或以濟其惡而爲盗。豈戈與矢之不善哉？挾莫邪之器而不能用，未有不爲大禍者也。况彼之所得，皆聖人之所棄者，而恃之以驕人，則適可足以害其身而已。學至於近世，離而爲四：言性命者得其本，其失也過高；道政事者得其用，其失也過雜；文辭之習，華而鮮實；制度之辨，勞而少功。人君欲如學士儒生，兼窮而並索之，豈惟勢有所不能，而亦安暇事於此。古之聖王，爲學之道雖殊，然其大要不過敬天仁民，別賢否，明是非，數者而已，而必皆以正心爲本。正一心以對天下，智者爲之謀，仁者爲之守，勇者爲之戰，而藝能才美之士，咸以其術自奮，何患有所不知哉？學之不正，而欲徒務乎學，以之治身且不可，而況天下乎？

又《君學下》　將欲應天下之變，而計謀規法不素備於吾心，一旦事變雜陳乎耳目之間，其不至於眢惑迷亂者，鮮矣。故人君不可不學也。人君之學，莫大於治心立政。而治心之術有五：持敬以弭安危之萌，寡欲以遏侈縱之漸，養慈愛之端以充其仁，伐驕泰之氣以固其守，擇賢士自輔以閑其邪。五者立，然後可以爲政。而爲政之方有八：明而不至乎苛，寬而不流於縱，嚴而不迫於，刻仁而不溺於無斷，智而不入於詐妄，納諫而能委任，無逸而能不變。此爲政之本也，而未及乎政。然能是八者，則政可以舉而措之矣。存之無形，索之無方，而其動無常者，心也。聖王之爲學，必先治於心。如操六轡以御悍馬，奉盤水而行乎堂階之上。惟其顛逸而不可制，傾覆而不可收，自旦以至夕，自起居飲食以至決大事處大變，自壯以至老，兢兢然不敢少肆。故雖在位數十年，而政教行乎天下者如一日。國有百歲之儲積，而宮室服御奉其身者無加，遐荒遠邑無飢寒之民，而憂勞之意不敢怠。有學以治其心，是以恒見其不足。苟自不足，則於治也何有哉！後世人主不知學，以其天資之所近者爲治。好仁則姑息而無斷，任察則苛細而少恩，嚴或近於殘，寬或至於弛，好謀多蔽於輕信，推誠每失於小人。或始於恭儉而敗於驕泰，或初志甚鋭而旋致縱怠。漢之文、景、武、宣，唐之明皇、憲宗，其才非不美也，而不足以庶幾先王之治者，豈非不能充之以學故哉！人惟知不足，然後久而不變。持其所長，自以爲能，居億兆之上，處尊榮之勢，內不能學，外不能親，此人君之不幸也。

又　卷六《學辨》　人莫不爲學，孰知所以爲學也。所以食者，爲飢也；所以衣者，爲寒也。至於學而不知所以，其可乎哉？夫人之有生也，則有是心有心，則有仁義禮智之性。是性也，惟聖人不假乎學，能生而盡之。非聖人之資也，苟不學安能盡其理而無過哉？故凡學者所以學，盡其性而已，不能盡其性，而人之倫紊矣，此人之所以不可無學也。而學必有要焉，何謂要？五經者天地之心也；三才之紀也，道德之本也。人誰不誦説五經也，而知之者寡矣。苟不足以知其意，雖日誦諸口而不忘，謂之學則可矣，而烏足爲善學哉？夫所謂善學者，學諸《易》以通陰陽之故，性命之理；學之《詩》以求事物之情，倫理之懿；學之《禮》以識中和之極，節文之變；學之《書》以達治亂之由，政事之序；學之《春秋》以參天人之際，君臣華夷之分，而學之大統得矣。然不可驟而進也，蓋有漸焉。先之《大學》以正其本，次之孟軻之書以振其氣，則之《論語》以觀其中，約之《中庸》以逢其原，然後六經有所措矣。博之諸子以覩其辨，索之《史記》以責其效，歸之伊洛關閩之説，以定其是非。既不謬矣，參天下之理以明之，察生民之利害以凝之。踐之於身，欲其實也；措之於家，欲其當也。內燭之於性，欲其無不知也；外困辱而勞挫之，欲其著而不懈，畜而愈堅也。夫如是，學之要庶幾乎得矣。發之乎文辭以察其淺深，覈之乎事爲以考其可否，驗之乎鄉邦以勉其未至。日量而歲較，晝省而夜思之，功既加矣，德既修矣，出而任國家之重位，則澤被乎四表，聲施乎百世矣。處則折衷聖賢之道，稽續古今之法，傳之於人，著之於書，以淑來者，豈不巍巍然善學君子哉！今之學經者吾疑焉。童而誦之，勦其虚辭以質利祿，有釜庾之入以食其家，則棄去而不省。問其名則曰治經也，問以經之道，則曰吾未之聞也。或者談治亂講性命於平居之時，及登乎大位則惟法律權謀是行。問其故，則曰經不足用也。於乎，是可以爲學經者乎？經而無用，亦可以爲經乎？然非經之過也，學之者之愚也。非學者之愚，教之者無其術也。雖學猶不學也。吾故曰人莫不學，而知所以爲學者寡矣！爲其近利也。浦陽山中有倪君正，年四十餘，而爲學不輟，予慕其好學而異乎世之所云者，辨爲學之道以贈焉。

明・葉春及《石洞集》卷一《應詔書一・端治本・崇聖學》　臣聞物有至物，人有至人。至物則麟鳳是已，至人則聖人是已。夫至人而不離於人，則聖人者，人人能之也，皆天之所生者也。同是人而謂之至人，則聖人者，非人人能之也，必天之所厚者也。天子者，其天之至厚至厚者乎！何以明其然也。五都之豪，智必豪於五都；而五都之人，俛首下之矣。十室之長，才必長於十室；而十室之人，交臂事之矣。天子者，四海之所共尊，兆民之所共仰者也。雖有儁傑，莫不臣妾，則其才智，必厚於天。故曰：天子者，其天之至厚至厚者乎！是故臣之於其君也，不徒曰上也，曰聖上也；於其君之言也，不徒曰旨也，曰聖旨也，豈虛哉？誠有所易能矣。肇自生民以來，君之聖者莫盛於堯舜。故孔子序書，首於唐虞，所以爲萬世帝王立極也。今陛下首出庶物，君臨萬邦，此天固有以厚陛下矣。今出而率土歸心，仁施而敷天頌德，此天固將以聖陛下矣！履聖人之位，躬聖人之資，舍堯舜何適哉？此臣之所以願陛下矣。夫人皆信其近而疑其遠，易其近而難其遠。何則？遠者所不見也。由堯舜而來，三千餘年，遠矣！持物而數之，自一而千，自千而三，瞬息而畢。然則堯舜亦瞬息間之帝王耳！豈遠不可爲哉？且其爲聖，不過曰欽、曰恭，曰精，一而已，陛下胡不自近而求之？《敬一箴》者，先帝作聖之功，而堯舜傳心之灋也！由今而上，亦三千年間之典謨矣，何待遠求？書曰：『別求聞由古先哲王。』又曰：『祇遹乃文考，紹聞衣德言。』此之謂也。故臣願陛下學必希聖，希聖必灋堯舜，灋堯舜必從事於敬一。夫一者何也？純一於理之謂也。一念理矣，間之以欲則二；一時理矣，間之以欲則二。能敬則可一矣！敬者無內外、無動靜、無遠近、無久暫、無大小、無衆寡、無敢慢者也，是心之本體也！夫人不可不敬，而天子爲急。何者？執缶者趨，執玉者傴，執愈重則敬愈至也。天子之所執者，天之命也，人之心也，宗社之樞而家國之柄也。天命之去留在敬，人心之向背在敬，宗社之安危在敬，家國之存亡在敬，可不敬乎？故曰天子爲急。夫人不可不敬，而天子爲難。何者？攻之者衆也。臣聞天子以一人之身，享萬乘之樂。終日之間，其雜遝而前者，非歌鐘狗馬之娛，則姣治嫺都之色也。非精熒詭異之觀，則便嬛婉佞之態也。夫心者易動，而欲者易攻，以易動交易攻，則懸旌不足喻矣。故曰天子爲難。雖然，急則有矣，曰難未也。天理人欲，迭爲勝負。敬勝百邪，非虛言也。以敬爲急，則不見其難；見其難者，未急焉耳！故臣願陛下急於敬一。敬則一，一則無欲，無欲則静，虛動直而聖學成矣。是故心之未感，敬以養之；理與心涵，一物無所容也。幾之方萌，敬以察之；心與理游，一隙無所乘也。根於其心，發於其政；出乎其身，加乎其民。恪乎若大祭之承也，凜乎若六馬之馭也。大廷敬矣，而尤嚴於深宮燕處之時；羣臣敬矣，而尤謹乎親暱褻御之習。自一言一笑一出一入之間，以至於一刑一賞一用一舍之際，莫不純乎天理，而絕乎人欲焉。尊居九重，而常周四海之慮；心存一日，而常懷萬世之圖；事似無虞，而常爲有備之戒。無有內外動静，無有遠近久暫，無有大小衆寡，一以貫之，敬之至也。如是可以修已，可以安人，可以安百姓，可以育萬物，可以位天地。諸福之物，可致之祥。莫不畢至，而聖學終矣。箴曰：『君德既修，萬邦則正。天親民懷，永延厥慶。光前垂後，綿衍蕃盛。』此之謂也。夫人君莫不欲聖而惡愚，然而不能去逸而事敬，何哉？是未得敬之樂也。夫敬，非拘攣煩苦之謂也。心本至舒，而理亦無滯。縱之則一毫無所踰，執之則一毫無所勞。故欽而曰安，恭而曰温。必安而後可以言欽，必温而後可以言恭，其體固如此也。人君惟不得其從容之趣，而徒見其檢束之形，是以遂便於放逸之趨，而愈失其準繩之正，此聖學之所以不明，而得失之間，非細故矣。且夫天之所以厚於我者，聖人之所必承也。帝王之佐、韋布之人，亦有天之厚者，惟其敬而承之。是以修身於內，成名於外，道德之美，垂於無窮。若皋陶伊傅周孔之徒是也。而况陛下乘天之位，得天之隆敬以修之，所謂登高而呼，聞者遠矣！此臣之所以爲陛下願之也。孟子曰：『人皆可以爲堯舜。』古之君子，惟其得天而爲之，是以至於堯舜而無難。然則堯舜者，亦在爲之而已夫。

明·崔銑《士翼》卷二《述言中》 君子之學有五惡焉，惡浮，恐其粃實也；惡雜，恐其淆真也；惡疏，恐其害成也；惡自足，恐其止善也；惡自是，恐其始亂也。

清·愛新覺羅·福臨《資政要覽》卷二《務學章》 學非能益也，達天性也。性至善無惡，而習或淆之，故軌之於學，以復性而成德。德成於勤，荒於嬉。大禹惜陰，周公待旦，仲尼之韋編三絕，管寧之藜牀半穿，所稱自强不息者乎！博聞多識，敦善行而不怠。達天人，弘道義。顯仁足以利物，藏用足以獨善，學之大者也。蓬生麻中，不扶自直，學必慎其所親。攻玉以石，浣布以灰，學必珍其所藉。弓待檠而後調，劍待砥而後利，學必勉其所難。舜禹之聖，入山詢牧，入水咨漁，學必廣其所納。揆厥旨要歸於全，天之所生而勿敗焉。故曰學非能益也，達天性也。

愛親而敬長，睦衆而親仁，吾必謂之學矣。何必以德性問學，徑别區分，辨朱陸之同異哉。雖然，周覽圖籍，研綜古今，所以括而羽之，墳典索邱，肇自三皇，而謂皋、夔、稷、契所讀何書？將與於不學無術之識矣。

清・愛新覺羅・玄燁《聖祖仁皇帝御製文集》卷一八《讀書貴毋自欺論》 古之聖人生而知之，猶必學而取諸人者，不敢自信也。不敢自信者，不敢自欺也。蓋人之知也有涯，不能憑虛以悟，故必假於詩書六藝之文，誦讀以舉其詞，思索以晰其義，綜微研賾以窮其指歸，而後可以多識前言往行以畜其德。然詩書六藝之文，至奧博矣，有其所可知者，亦有其所不可知者。使不加以深造之功，而概以爲有得，則其不可知者，吾心先受其蔽，而可知者，亦危殆而有所不安，是自欺也，豈所謂格物窮理之學乎？朕自沖年讀書，於隻字未明，必往覆尋繹，積漸於諷詠之中，而未能實獲於義蘊之內。竊以爲古人毋自欺之學，即此爲可見，故不敢不致其力也。夫誠意之要，首嚴自欺，於以正心，於以修身，於以治國平天下，豈獨讀書一事爲然哉！

又 卷一八《讀書貴有恒論》 爲學之道，朕既要其本於毋自欺矣。雖然，尤患於始勤而終惰也。蓋聖賢入道，非學之難，而有恒之爲難。《書》曰：『惟學遜志，務時敏，厥修乃來。』夫虛以受人，勤以勵己，則其所修，常若原泉始達，汩汩不已。而必曰時者，則恒之説也。《詩》曰：『日就月將，學有緝熙于光明。』夫君子博聞强識，敦行不怠，以故知日廣而能日崇。若朝勤而夕懈，進鋭而退速，則學彌晦矣，何光明之有？是詩人之言，要亦恒之説也。人之爲學，非好之篤嗜之深，其勢必不能以持久。何則，詩書之氣，未克浸淫於性情之内，則離而去之矣，求其學之有成，詎可得哉？朕自八齡，雅好典籍，無論細旃廣廈，諷詠古訓，日與講臣共之。即至鑾車帳殿之間，罔廢圖史，尋味討論，弗敢畏其艱深而阻焉，弗敢騖於外物而遷焉，蓋初終如一日也。然聖賢理道，至爲精微，朕孜孜矻矻，愧僅得其糟粕耳。苟能由是而益加勉焉，庶於學問之途，或尚有所獲，但恐志氣怠弛，乘於不覺。《書》曰：『爲山九仞，功虧一簣。』此言克終之不易也。朕用是兢兢焉，以有恒爲警云。

又 卷二八《書座右》 爲學之道，須功夫嚴密，久之其理自昭，一段自得之趣自不能已。

清・愛新覺羅・玄燁《庭訓格言》 訓曰：『學問無他，惟在存天理去人欲而已。天理乃本然之善，有生之初，天之所賦畀也。人欲是有生之後，因氣稟之偏，動於物，縱於情，乃人之所爲，非人之固有也。是故閑邪存誠，所以持養天理，隄防人欲。省察克治，所以辨明天理，決去人欲。若能操存涵養，愈精愈密，則天理常存，而物欲盡去矣。』

清・李光地《榕村語録》卷二四《學二》 聖人首聰明睿智，《大學》先格物致知，人總以明白爲主。若心裏不明白，則剛爲暴，仁爲懦，勇爲亂，許多好字面，俱可變壞。孔子聖之至，亦是始條理與他聖異。兩漢人物儘好，然底裏病痛，只坐有些不明白。不明白，縱使天姿純粹，只做到兩漢之功業、節義而止，不能復向上。

記問之學，不能心得，都不濟事。得之於心，就是不得工夫讀書，亦日日進，禁他不得。『逝者如斯夫，不舍晝夜』。他心道流行，所謂『源頭活水』也。

讀書只要心裏明白，便是『源頭活水』。崑崙一脉，處處貫注，放乎四海。有本者如是。【略】

自漢以來的學問，務博而不精，聖賢無是也。太公只一卷《丹書》，箕子只一篇《洪範》，朱子讀一部《大學》，難道别的道理文字，他都不曉？然得力只在此。某嘗謂，學問先要有約的做根，再泛濫諸家，廣收博采。原亦不離約的，臨了仍在約的上歸根復命。如草木然，初下地，原是種子，始有根有幹，有花有葉，臨了仍結種。到結了種，雖小小的，而根幹花葉，無數精華，都收在裏面。

讀書不專是要博，須是湊成一堆。某十八九時，經書外，纔看一部《性理》。聞長老援古證今，茫不知其端。然覺得其言間有不聯續處，又有違碍道理處，當時思其受病之根，爲之説曰：『天上繁星萬有一千五百二十，若湊起來，比月還大。只因月是團團一物，所以月光比星大别。又如百十燈火，因散開了，反不如一大把之光。』昔有人力格數人，問之，渠云：『力兼二人，便敵得十人；兼三四人，則三四十人不足道也。』以此，見得須是合并，若散開，終是不濟事。荀子云：『合二十五人之智，智於堯、禹。』只平常人合湊起來，便比得堯、禹，而堯、禹不多見者，以其散爲二十五人也。

看書要逐條想一遍，不但爲書，且將此心磨得可用。不然遇大事，此心用不入，便做不來。【略】

讀書要見得自己有新意，高出前人處。却不可執定此意，以爲至當不易。亦有此意初見甚確，久之覺得前人老老實實的一句，已似有此意。到得後來，確乎見得他那一句渾厚無弊，包得我的意思，足却不可易，便到是處。

明道論分部

論説

元·郝經《陵川集》卷一七《論·道》 道統夫形器，形器所以載夫道，即是物而是道存，即是事而是道在，近而易行，明而易見也。謂夫虛無惚恍而不可稽極者，非道也；謂夫艱深、幽阻、高遠而難行者，非道也；謂夫寂滅、空濶而恣爲誕妄者，非道也。道不離乎萬物，不外乎天地，而總萃於人焉。天地至大，萬物至衆，而人至靈，非是則道無以見也。故動静相根，道之幾也；陰陽相乘，道之氣也；剛柔相錯，道之形也；消長相尋，道之變也。其包綿長，貫上下，統中外，使天地萬物各受其成，守其則，而不可易者，則謂之太極；其迭生死，互往來，環始終，使天地萬物各全其理，新其氣，續其形，生生而不已者，則謂之造化；其湛静方一而不可易，變動周流而不可測者，則謂之鬼神；其全太極之體，乘造化之幾，盡鬼神之情，而與道爲一者，則謂之聖人。故天地者，道之區宇也；萬物者，道之郵傳也；聖人者，道之主宰也。莫不出乎道，莫能離乎道，而人爲甚焉。

故道之賦予則謂之命，其得之理則謂之性，其制宰之幾則謂之心，其發見酬酢則謂之情，其血氣之所嗜則謂之欲，其義理之所得則謂之德，全心之德則謂之仁，盡心之德則謂之忠，推心之德則謂之恕，實心之德則謂之誠，德之品節則謂之禮，德之中和則謂之樂。敬者，持夫此者也；智者，知夫此者也；勇者，行夫此者也。修夫此者，賢也；盡夫此者，聖也；昧夫此者，愚也。推而行之，則天地萬物各得其所；悖而忽之，則天地萬物各失其序；致而極之，則天地萬物各臻其極。奈之何？人之心甚易放，而其德甚易亡也。聖人有憂之，懼夫不克負荷，而道因之以壞也，於是觀其時而佐其極。生人之初，欽欽顒顒，醇而又醇也。天地自若也，萬物亦自若也，各載夫道而莫有失也，聖人弗言焉。見解出矣，聰悟開矣，於是宓犧氏始泄道之幾，而畫夫卦，猶未見夫辭也。情欲生矣，血氣勝矣，流于偏而入于左也，於是陶唐氏始曰中有，虞氏曰道心，曰人心。偏既勝矣，欲日張矣，桀侈紂肆，禍生人而毒天下也，於是湯曰建中，武曰皇極，伊尹陳一德，周公制禮樂，其革道之弊可謂至矣。厥後陵夷于幽厲，争奪于五伯，德不足而力，禮不足而刑，先王之制於是大壞，人心放紛而道日敗也。於是仲尼氏出，作爲六經，建道之極，而俾與天地並，爲之男女、夫婦、父子、兄弟、君臣、朋友而人之大倫正，爲之禮樂、刑政、文物、制度而人之大法立，爲之士農、工賈、服食、居室而人之生理存。根刮推致，因仍損益，各底其極，道之用盡而其體具矣。既而顔子以之言仁，曾子以之言恕，子思以之言中庸，孟軻以之言浩然之氣，皆所以羽翼夫道也。

道所以生形器，人所以居形器，大聖大賢所以修形器也。道之所生，聖賢之所修，斯人居之而已矣。彼昏無知，棄而弗居，放心亡德，昏蕩戕圮，血氣肆而道心亡矣，嗜慾張而天理滅矣，静動相違則道之幾乖矣，陰陽舛悖則道之氣紊矣，剛柔失中則道之形繆矣，不能運會則太極差，不能始終則造化熄，則道之原幾乎塞矣。天原于道，道原于天，萬物原于天地人，原于天地萬物，人不蹈道則天地萬物壞，天地萬物壞則道壞矣。道具于形器，亦壞于形器，形器所以載道，亦所以壞道也，則天地萬物之中安用夫人乎？曾鳥獸草木之不若也。鳥獸草木雖不能純具乎道，亦不能壞道，孰謂人而反壞道乎？

於是高遠者欲遺形器而離人類，遂入于虛無；誕妄者欲滅形器而絶人類，遂入于空寂。遺者而卒莫能遺，滅者而卒莫能滅，所以爲異端，自以爲是而不知其非也。盍於吾形器之中求吾之所不壞乎？吾之所固有，者道之所不壞者也。一形器壞則有一形器，道固無恙也。存而居之，則道在於是。故道一壞而在聖人，再壞而在六經，道雖屢壞而固在也。天地萬物者，道之形器也；六經者，聖人之形器也。道爲天地萬物以載人，聖人著書以載道。故《易》，即道之理也，《書》，道之辭也；《詩》，道之情也；《春秋》，道之政也；《禮樂》，道之用也。至中而不過，至正而不偏，愚夫愚婦可以與知，可以能行。非有太高遠以惑世者，惟夫未有見夫此也。故以爲高遠，以爲幽深，以爲艱阻也。莊周雄辨過于高，荀卿著書求夫異，後世百家衆流，力探遠蹈，欲出聖人之上，卒在聖人之下，曾不知至易者乾，至簡者坤。聖人所教、六經所載者，多人事而罕天道，謂盡人之道，則可以盡天地萬物之道，能盡天地萬物之道，則三才之蘊一貫於我矣。嗟夫！天地萬物，具在聖人之六經，日星而昭昭也，而由之者鮮。潰亂于嗜欲，撐裂於争奪，誘瀆于富貴，浮靡于文章，沈溺于訓詁，破碎于決科，支離于穿鑿，蕩于高遠，惑于異端，窮于詐，昧于私，而塞于不行。悲夫，聖人之形器將遂壞也歟？

又 卷二三《與北平王子正先生論道學書》 夫道之大，兼天下之名而不自以爲名。一物一事，自有一道，自爲一名。分而言之，皆事物之名也；合而言之，皆道之名也。故《易》爲乾、坤等六十四卦，各自以爲名，太極天地爲人與萬物，各自以爲名，命、性、心爲三綱五常、百行萬事，各自以爲名，無非道也。於是曰《易》道、神道、天道、地道、人道，皆以道爲名，而道之名自若也。道祗一理爾，以其莫不由之以行，故名之曰道，豈可特以爲學，而自爲一家哉？秦、漢而下，以吾士夫爲儒家，故方術之士以黄帝、老子爲道家，以虚無爲本，大害夫道。又豈可復以儒家又特謂之道學哉？

元・胡祗遹《紫山大全集》卷一三《傳道統説》 堯、舜、禹、湯四聖人之相傳以中者，聖人德全同天地，道行侔日月，别無可言，所患少有遲速耳，速則過，遲則不及，故直曉之以中。世衰德薄，至孔子則語顔子以仁，仁則復天理之公而去人欲之私，全此心之德。道日益微昧，德日益漓，故曾子告門人以忠恕，欲其以誠接物，以己方人也。子思則言誠，見當時學者假仁者衆，而無真實無妄之誠心也。至此則人僞日甚，漸至於難與言，不可以語上，故孟子直説以仁義，恐其又不能曉，不能行，直曉之以四端，因良心之暫發，日用之不可缺，跬步之不能無者，明之執柯伐柯，猶且不悟，故孟子曉以柯則在手之理也。觀此則足以見世變矣，非前聖後聖固立異論也。不仁不義，一從血氣之利欲，則入於禽獸矣。禽獸之惡，猶誠於惡，今人之爲惡，雖誠於初，展轉變化，下達而不已，不能自保。吁！惡亦極矣，善將復建極者豈無人焉？

又 卷二〇《論道》 道者，理也，路也。天爲自然之理，在人爲日用之間當行之路。德者得也，得於天之五常萬善也。

以《語》、《孟》、六經説道會爲一處，比較老、莊之談道，見老、莊不親切明白細密。《語》、《孟》、六經則致廣大而盡精微，極高明而道中庸。

道一也，曰王道，曰二帝三王之道，曰聖人之道，曰君子之道，所稱各不同，何也？曰能由是路用此理者，二帝三王聖人君子耳。背是理舍正路而妄行者，五霸小人也。聖人在上，則曰天下有道，又曰國有道。天位無聖明，則曰天下無道，國無道，人能弘道。無聖明，則天理不明，達道廢塞矣。

聖人制字，便有理義。中心爲忠，如心爲恕。人之爲善，能自中心流出，不外鑠假借，苟且自欺，是之謂忠。未能便如此，必推窮反求諸己，己欲立而立人，己欲達而達人，己所不欲，勿施於人，如《大學》所謂絜矩，以己方人，推而及之，是之謂恕。故曰忠爲一貫，恕爲萬殊。忠即體，恕即用。忠者天道，恕者所以行乎忠也。忠即大本，恕即達道。

【略】

道之體用，包括天地，細而一草一木、蚊睫微塵。自一身言之，上下前後左右，無非氣也。理將其氣。聖人得氣理之全，内則修身，外則應物，尊則朝廷，卑則瞽者、齊衰者，皆盡其道。故顔子喟然嘆曰：『仰之彌高，鑽之彌堅。瞻之在前，忽焉在後。』又曰：『如有所立卓爾，雖欲從之，末由也已。』良以此也。

元・吴澄《吴文正公集》卷四《無極太極説》 太極者何？曰道也。道而稱之曰太極，何也？曰假借之辭也。道不可名也，故假借可名之器以名之也。以其天地萬物之所共由也，則名之曰道。道者，大路也。以其條派縷脉之微密也，則名之曰理。理者，玉膚也。皆假借而爲稱者也。真實無妄曰誠，全體自然曰天，主宰造化曰帝，妙用不測曰神，付與萬物曰命，物受以生曰性，得此性曰德，具于心曰仁，天地萬物之統會曰太極。道也，理也，誠也，天也，帝也，神也，命也，性也，德也，仁也，太極也，名雖不同，其實一也。極，屋棟之名也。屋之脊檁曰棟。就一屋而言，惟脊檁至高至上，無以加之，故曰極。而凡物之統會處，因假借其義而名爲極焉，辰極、皇極之類是也。道者，天地萬物之統會，至尊至貴，無以加者，故亦假借屋棟之名，而稱之曰極也。然則何以謂之太？曰：太之爲言大之至甚也。夫屋極者，屋棟爲一屋之極而已。辰極者，北辰爲天體之極而已。皇極者，人君一身爲天下衆人之極而已。以至設官爲民之極，京師爲四方之極，皆不過指一物一處而言也。道者，天地萬物之極也。雖假借極之一字强爲稱號，而曾何足以擬議其髣髴哉！故文盡其辭而曰太極者，蓋曰此極乃甚大之極，非若一物一處之極。然彼一物一處之極，極之小者爾。此天地萬物之極，極之至大者也，故曰太極。邵子曰：『道爲太極。』太祖問曰：『何物最大？』答者：『道理最大。』其斯之謂與？然則何以謂之無極？曰：道爲天地萬物之體。而無體謂之太極，而非有一物在一處，可得而指名之也，故曰無極。《易》曰：『神無方，易無體。』《詩》曰：『上天之載，無聲無臭。』其斯之謂與？然則無極而太極者，何也？曰：屋極、辰極、皇極、民極、四方之極，凡物之號爲極者，皆有可得而指名者也，是則有所謂極也。道也者，無形無象，無可執着，雖稱曰極，而無所謂極也。雖則無所謂極，而實爲天地萬物之極，故曰無極而太極。

明·胡翰《胡仲子集》卷二《廣原道》 道可原乎？不原無以喻諸人。原可廣乎？不廣無以達諸聖。余於道猶望洋也，穎川李嶠，數顧而談義焉，因昌黎韓子之言，推本聖人之意，充而廣之。其在三極，有天道焉，有地道焉，有人道焉。在古之世，有皇道焉，有帝道焉，有王道焉，有伯道焉。之數者，將孰取乎？楊子曰：『道者無不通也。通乎堯舜文王者爲正道，非堯舜文王者爲他道。』吾取其正者言之，高下者執也，隆汙者時也。古今天人之道一耳，其大無外，其小無內，且孰爲之方體乎？推之於前而不見其始之合，引之於後而不見其終之離。且孰爲之樞機乎？形者自形，吾不知其所以形。色者自色，吾不知其所以色。其乘不得已而化乎？抑有宰之者乎？吐氣者化，含氣者生，非杳非冥，其通復也甚真，物固資之，人莫不由之。父子由之以親，君臣由之以正，長幼由之以序，夫夫婦婦由是而別其爲夫婦，兄兄弟弟由是不失其爲兄弟。政教由是而成，禮樂由是而興，陰陽由是而和，鬼神由是而寧。天下國家由是而治，否則亂。蠻夷戎貊由是而服，否則叛。順之者吉，背之者凶。得之者爲聖爲賢，失之者爲小人爲愚不肖。故曰：『大道易易，莫艮其趾。大道皇皇，莫迷其陽。』知之至則好之矣，行之至則樂之矣。欲樂之，必先好之。欲行之，必先知之。董子曰：『道之大原出於天。』董子以人言天，則謂之出於天可也。余以天言天，則謂之不出於天可也。形而上者謂之道，形而下者謂之器。故泉出於山，大生於燧，珠以蚌而孕，金以鑛而産，玉韞於石中。草木之生非土不殖，魚鼈之生非水不育。彼皆形器之屬，使道而滯於有也，何以異於是。惟其無形，是爲原原。原原之始，是生天地。天地既立，是生萬物。萬物生生不窮，吾莫知其所終。反而求之，吾得其要於躬，亦曰心焉而已矣。至虚而靈，藏密而充周，是爲神明之舍。統性統情，而萬理無不具。潛天潛地，而萬物爲之使。是爲天君。五官之宰也，百體之所從令也。操而不舍，則能養矣。養而不貳，則能正矣。正則静虚而動直，明睿生矣，變化不測矣。故至誠如神。人以聖人之心爲心，則盡聖人之道矣。聖人以天地之心爲心，則盡天地之道矣。天下無二道，皇得之而皇，帝得之而帝，王得之而王。五伯不得，假之而爲伯。故自太皞氏以來，訖于孔子，由是選而傳者，槩可見已。孔子之所祖述憲章者，與堯、舜、文、武同一轍也。孔子既殁，或傳或不傳，而傳以王通氏、韓愈氏之卓見，不能究其大全，豈道有時而息乎？天地之化，萬物之生，往者過，來者續，未嘗息也。吾浮游其間，不知今之爲古，古之爲今，而駸駸乎老之將至，未有聞也；敝敝乎力之不足，而不敢不勉也。若是者，補過云爾，子幸無惑焉。求若先覺者，問途焉。川流雖微，必至於海。丘陵雖高，不能爲岳。尚無止於自畫，而進乎不已也。人能弘道，非道弘人，孔子云然。

明·殷奎《强齋集》卷六《道統論》 天理之在人心，亘萬世而不可泯者，前聖後聖，其揆一耳。甚矣，此心之靈也，莫大於天地，而此心之體同其大；莫妙於鬼神，而此心之用同其妙。上古聖神所以繼天而立極者，夫豈果有一物以繼之立之者哉！蓋此心即天地之心，而神會默契，與天合德。先天而不違，後天而奉時。其聲律身度，自有以爲天下後世之準則，若有以繼之立之耳。《易》之所載，自三皇始，而伏羲氏以前，推而上之，厥初生民，必有繼天立極之聖神，創制立法爲後聖之矩度。然後後聖得有所宗，而聖聖相傳焉，此道統之所由始也。然其所傳之統，亦豈有親授密付之事哉？不過此心之理，古今同貫，先後相續，若有端緒，是以謂之統耳，而統果何在哉？是故堯、舜、禹之精一執中者，此心也。商湯、周武之建中建極者，此心也。周公之思兼三王者，此心也。孔子之祖述憲章者，此心也。顔、曾、思孟心周孔之心者也，周、程、張、朱心孔孟之心者也。周公而上，聖人得其位，統之在乎上者也。孔子而下，聖賢無其位，緒之在乎下者也。然統有上下，而心無古今，揆之一者，又豈有二致者哉？雖然，周子之學，所以繼孟子之絶學於千五百年之下者，上接孟氏，而謂孟子以來一人而已。何哉？蓋程子之學，固出於周子，子朱子於文字之間屢言之矣。而《中庸》之序、明道之表，乃直以程子而妙悟默契自得於道者，蓋有不盡出於周子也。説者以周、程所傳有顔、孟之分，豈有是哉？若夫子朱子以來，則勉齋黄氏、北山何氏、魯齋王氏、仁山金氏、白雲許氏，其緒之引于南者也。魯齋許氏、導江張氏，其緒之派于北者也。道統之傳，固不敢妄議，而斯文不絶如線之一脉，此理之具於吾心者，尚當於此而求之。

明·何心隱《爨桐集》卷二《道學》 性之於道，譬則水達于江河淮海者也。性之於學，譬則達水于江河淮海者也。道之學，性之命也。學之道，命之性也。水之自江而江，自河而河，自淮而淮，自海而海者，性也，道也。水之必江而江，必河而河，必淮而淮，必海而海者，命也，學也。學以學其道也，有道必有學，有性必有命也，而後可以達之天下也。道之中而大也，聖人之道也。道以道其學也，有學必有道，有命必有性也，而後可以達之天下也。學之大而中也，聖人之學也。

又 《論中》 堯以不得舜爲己憂，憂難得人於中而允執也；舜以不得禹爲己憂，憂難得人於中而精一也。精於中而執之，必允無雜心也。一於中而執之，必允無二心也。莫非心也，心而主則中心，而貫則道心。人於人則不貫，不貫則比而無所主。既不能主乎人，又不能主于人人也，人亦禽獸也。人其心也，非道心也。心以貫心，而主於一人，以主乎億兆無算之人，道其心也，非人心也。人心非有滅也，道心非有加也。人聚而道，道散而人，莫非心也。道乎其心者，其用心也大而難，若存若亡，似有似無，心甚微也。人乎其心者，其用心也小而易，用於此自觸乎彼，用於彼自觸乎此，彼此相觸而利害相攻，心甚危也。心如是危，又如是微，奈之何哉？惟大哉之堯自透其心，見心雖危，而若有主乎其危者，安安在中；見心雖微，而若有主乎其微者，顯顯在中。中亦心也，心之心也。象身也，身立乎天地之中，中也。中也者，主也。主乎身者，中也，心也。以身主乎人之心者，中也，心也。身以主於人之心者，中也，心也。心乎道以道人，而人乎心者亦自不容不貫而道其心也。心於道，中也。堯則允執此中以爲君。君者，中也，象心也。心在身之中，中在心之中，故名中。惟中爲均。均者，君也。允孰乎中者，允執君以道其心也。道乎一己之心，以君主乎億兆無算之人之心，不惟伏羲之伏其義而已也。必洗滌乎君以主道而成象於位，位乎上天下地之中，而允執之矣。中而必執，執而必允者，惟憂其或危也，惟憂其或微也。憂之莫解，則不容不旁求透心之人，如己之透，同見乎中之當執，執之當允，以君象中，以位尊君，而共保乎心之不危不微，化乎人，純乎道而後已也。斯人也，豈易得哉？必得人如舜而後可以解其憂也。舜何人也，人雖未及堯之大，而亦足以君也。君哉其舜也，精一人也。在堯既爲君矣，而舜何爲哉？惟精乎中，惟一乎中。惟位乎君而已矣。其曰『欽哉，慎乃有位』，精一也，位中也。位而欽而慎，位之外無雜心也，無二心也。精一也，精此中也，一之中也。精此中，一此中，所以欽此位，慎此位也。欽此位、慎此位，所以精此中、一此中也。

天位乎上，地位乎下，人位乎中。人必君，則人也。君必位，則君也。臣民亦君也。君者，均也。君者，羣也。臣民莫非君之羣也，必君而後可以羣而均也。一身，則心爲君也。君呈象於四體百骸，則元首爲君也，若臣若民莫不有身也，莫不有四體百骸也，莫不有四體百骸，則莫不有元首也。莫不有身，則莫不有心也。莫不有元首，莫不有心，則莫不有君也。君莫非中也。

堯之所以必於中而允執之者，欲人人之透心也。透心則心有主，而於四體百骸可以貫也。不惟貫乎己，貫乎人也。君臣、父子、夫婦、昆弟、朋友，莫非人也。貫乎人，所以貫乎君臣、父子、夫婦、昆弟、朋友，人心而道心也。道心，道其心於君也。君其心於君臣，可以羣君臣，而君臣可均也。不然，則君不君，臣不臣，不羣不均矣。君其心于父子，可以羣父子，而父子可均也。不然，則父不父，子不子，不羣不均矣。至於可以羣夫婦而夫婦均，可以羣昆弟而昆弟均，可以羣朋友而朋友均者，莫非君其心於道也，中也。中也者，道之主也；心也，不可以不執也。執之不可以不允也。惟精惟一，而後能允執也。惟欽惟慎，而後能精一也。精一惟授禹於授位之初者，亦惟憂其心之或危或微，而亦必得透心之人，如禹之無間乎己之透心，以永保其中于君於位，而自不危不微以解憂也。解舜之憂必禹，解堯之憂必舜。堯之下不獨一舜也，何爲以不得舜爲憂，舜之下不獨一禹也，何爲以不得禹爲憂？堯惟於中而允執，非舜不能受允執也。舜惟於中而精一，非禹不能受精一也。堯授位於舜而不授位於丹朱，是允執也。舜授位於禹而不授位於商均，是精一也。於中而精一而允執，則得人亦允執而精一也。苟非惟精惟一而允執在中，何爲得舜得禹之執且允、一且精耶？

清·毛奇齡《西河集》卷一二二《辨聖學非道學文》　予謂聖學之中，原該道字。初學，聖人衹謂之學；學聖既成，即謂之道。學者，道之始；道者，學之終。既非兩途，又非兩事，且並無兩功夫，第從事于此，而學在是，道即在是焉。是以聖學、聖道，只在忠恕。雖子告子貢多學，一貫衹是學字，惟告曾子吾道一貫，則全現道字。然而道在忠恕，學亦在忠恕。忠者，中也，執道心以去人心。恕者，推也，去人心以推道心。此本堯舜禹湯相傳之道，當時所稱道，經者而聖門諸徒則皆受之，以爲學是忠恕二字，合之道經十六字，舉千聖百王賢愚治亂古今一貫者，而衹以精一允執成學者之事，則聖學之該聖道概可見矣。

清·李光地《榕村集》卷二二《書韓子原道後》　韓子引《大學》止於誠意，朱子亦譏之，愚謂此韓子所以能識《大學》之意者也。《大學》之道，推之至於正心誠意，盡矣。身由是修，家由是齊，國天下由是治且平。《中庸》、《孟子》所謂誠之者，人之道也。至誠而不動者，未之有也。凡爲天下國家有九經，而所以行之一也，是故語道至於誠，至矣。《大學》之格物致知，蓋《中庸》之明善而所以誠其身者也，不在誠之外也，故《大學》古文曰『物有本末』，即物也；『知所先後』，即格也。壹是皆以修身爲本，本亂而末治者，否矣。即物有本末也，此謂知本，此謂知之至也，即如所先後物格而後知至也。象山陸氏引『物有本末』至『致知格物』爲一意，以證爲學講明先於踐履之事，其指固如此。陸譚經誠非朱倫，獨此一義，愚竊以爲甚精。蓋首章格物之義既明，則其繼以誠意，非錯簡也。王伯安始復古文又陸學也，不如引此而自爲之説，何哉？誠者聖人之本也，明者誠之端也。異氏不明理而自謂誠，則折之之辭當止於誠意正心，不當上及格致，其所以治心而外天下國家，則不能格物之由也。故韓子引經不完，是韓子所以爲《大學》之意者也。

窮理復性論分部

論說

元·吳澄《吳文正公集》卷二《答人問性理》　自未有天地之前至既有天地之後，只是陰陽二氣而已。本只是一氣，分而言之，則曰陰陽。又就陰陽中細分之，則爲五行。五氣即二氣，二氣即一氣。氣之所以能如此者，何也？以理爲之主宰也。理者，非別有一物在氣中，只是爲氣之主宰者，即是無理外之氣，亦無氣外之理。人得天地之氣而成形，有此氣，即有此理。所有之理謂之性。此理在天地，則元亨利貞是也；其在人而爲性，則仁義禮智是也。性即天理，豈有不善？但人之生也，受氣於父之時，既有或清或濁之不同；成質於母之時，又有或美或惡之不同。氣之極清、質之極美者爲上聖。蓋此理在清氣美質之中，本然之真，無所污壞，此堯舜之性所以爲至善，而孟子之道性善所以必稱堯舜以實之也。其氣之至濁、質之至惡者爲下愚。上聖以下、下愚以上，或清或濁，或美或惡，分數多寡有萬不同，惟其氣濁而質惡，則理在其中者被其拘礙淪染，而非復其本然矣。此性之所以不能皆善，而有萬不同也。孟子道性善，是就氣質中挑出其本然之理而言，然不曾分別性之所以有不善者，因氣質之有濁惡而污壞其性也。故雖與告子言，而終不足以解告子之惑。至今人讀《孟子》，亦見其末有以折倒告子，而使之心服也。蓋孟子但論得理之無不同，不曾論到氣之有不同處，是其言之不備也。不備者，謂但説得一邊，不曾説得一邊，不完備也。故曰『論性不論氣，不備』，此指孟子之言性而言也。至若荀、揚以性爲惡，以性爲善惡混，與夫世俗言人性寬性褊、性緩性急，皆是指氣質之不同者爲性，而不知氣質中之理謂之性，此其見之不明也。不明者，謂其不曉得性字。故曰『論氣不論性，不明』，此指荀、揚世俗之説性者言也。

程子『性即理也』一語，正是針砭世俗錯認性字之非，所以爲大有功。張子言：『形而後有氣質之性，善反之，則天地之性存焉。故氣質之性，君子有弗性者焉。』此言最分曉，而觀者不能解其言，反爲所惑，將謂性有兩種。蓋天地之性、氣質之性，兩性字只是一般，非有兩等性也。故曰二之則不。是言人之性本是得天地之理，因有人之形，則所得天地之性局在本人氣質中，所謂形而後有氣質之性也。氣質雖有不同，而本性之善則一。但氣質不清不美者，其本性不免有所污壞，故學者當用反之之功。反之如『湯武反之也』之反，謂反之於身而學焉，以至變化其不清不美之氣質，則天地之性渾然全備，具存於氣質之中，故曰善反之則天地之性存焉。氣質之用小，學問之功大，能學氣質可變，而不能污壞吾天地本然之性，而吾性非復如前污壞於氣質者矣，故曰氣質之性，君子有弗性者焉。

所謂性理之學，既知得吾之性皆是天地之理，即當用功以知其性，以養其性。能認得四端之發見謂之知；既認得日用之間，隨其所發見，保護持守不可戕賊之謂養。仁之發見，莫切於愛其父母，愛其兄弟。於此擴充，則爲能孝能弟之人，是謂不戕賊其仁，義、禮、智皆然。有一件不當爲之，事而爲之是戕賊其義；於所當敬讓而不敬讓，是戕賊其禮；知得某事之爲是、某事之爲非而不討分曉，仍舊糊塗，是戕賊其知。今不就身上實學，却就文字上鑽刺，言某人言性如何，某人言性如何，非善學者也。孔孟教人之法不如此。如欲去燕京者，觀其行程節次，即日雇船買馬起程，兩月之間可到燕京，則見其宮闕是如何，街道是如何，風沙如何，習俗如何，並皆了然，不待問人。今不求到燕京，却但將曾到人所記録逐一去挨究，參互比校，見它人所記録者有不同，愈添惑亂。蓋不親到其地，而但憑人之言，則愈求而愈不得其真矣。

元・陳櫟《陳定宇先生文集》卷七《問性理二字如何解》 曰天所賦爲命，人所受爲性，所賦所受，不過此理而已。理，道理也。然道字大綱包涵説理字，就道字中分析精細説，如言文理、條理是也。在物爲理，理雖散在萬物，而實具于人之一性，故程子曰：『性即理也。』性中之理，何物也？就其大者言之，仁義禮智是也，故朱子《大學》序曰：『天降生民，則既莫不與之以仁義禮智之性。』觀此言可見矣。天下之理，此四者足以該之。天下道理千般萬様，皆自此四者出耳。故言道理之學，須兼着性理二字言之，言性不言理，則不知性中實具此理，性爲何物乎，未免如荀揚之言性矣。以理言性，則可見天下無不善之理，則無不善之性可知矣。言理不言性，則但知理之散在萬物，而不知理之具于一性，是理自理，我自我，與吾性有何交涉哉？知在物爲理，又知性之即理，則物我貫，内外合矣。以理言性，則性非氣稟食色之粗。就性求理，則理即吾仁義禮智之實。天下無性外之理，亦不于性外而求理。此物我一理之妙，而合内外之道也。以此言性理，其庶幾乎。

明・胡居仁《居業録》卷一《心性》 荀子不知性之爲理，只在情欲上看，故曰性惡，遂以禮義、教化、刑政皆聖人僞爲，其罪大矣。蓋禮義、教化、政刑皆天理之當然，人性之固有，聖人因而裁制之。惟伊川程子言『性即理也』，眞實精切，發明孟子性善最盡。朱子又曰『性者，人心所稟之天理』，則又曲而詳矣。

明・羅欽順《困知記》卷上 朱子嘗言：『伊川「性即理也」一語，便是千萬世説性之根基。』愚初發憤時，常將此語體認，認來認去，有處通，有處不通。如此累年，竟不能歸一，却疑伊川此語有所未盡，朱子亦恐説得太過，難爲必信也，遂姑置之。乃將理氣二字參互體認，認來認去，一般有處通，有處不通，如此又累年，亦竟不能歸一，心中甚不快，以謂識見有限，終恐無能上達也。意欲已之，忽記起『雖愚必明』之言，又不能已，乃復從事於伊川之語，反覆不置。一旦於理一分殊四字有箇悟處，反而驗之身心，推而驗之人人，又驗之陰陽五行，又驗之鳥獸草木，頭頭皆合。於是始渙然自信，而知二君子之言，斷乎不我欺也。愚言及此，非以自多，蓋嘗屢見吾黨所著書，有以『性即理』爲不然者，只爲理字難明，往往爲氣字之所妨礙，纔見得不合，便以先儒言説爲不足信。

殊不知工夫到後，雖欲添一箇字，自是添不得也。理無往而不定，不定即非所以爲理。然學者窮理須是看得活，不可滯泥。先儒多以善觀爲言，即此意也。若看得活時，此理便活潑潑地，常在面前。雖然如此，要添一毫亦不得，減一毫亦不得，要擡高一分亦不得，放下一分亦不得，以此見理無往而不定也。然見處固是如此，向使存養之功未至，則此理終非已有，亦無緣得他受用。故曰：『知及之，仁不能守之，雖得之，必失之。』

窮理譬則觀山，山體自定，觀者移步，其形便不同。故自四方觀之，便是四般面目，自四隅觀之，又各是一般面目。面目雖種種各别，其實只是此一山。山之本體，則理一之譬也，種種面目，則分殊之譬也。在人所觀之處，便是日用間應接之實地也。【略】

性之理，一而已矣。名其德，則有四焉。以其渾然無間也，名之曰仁；以其燦然有條也，名之曰禮；以其截然有止也，名之曰義；以其判然有别也，名之曰智。凡其燦然截然判然者，皆不出於渾然之中，此仁之所以包四德，而爲性之全體也。截然者，即其燦然之不可移者也；判然者，即其截然之不可亂者也。名雖有四，其實一也。然其所以如是之渾然燦然截然判然，莫非自然而然，不假纖毫安排布置之，力此其所以爲性命之理也。【略】

六經之中，言心自帝舜始，言性自成湯始。舜之四言未嘗及性，性固在其中矣。至湯始明言之曰：『惟皇上帝，降衷於下民，若有恒性，克綏厥猷，惟后。』孔子言之加詳，曰：『一陰一陽之謂道，繼之者善也，成之者性也。仁者見之謂之仁，知者見之謂之知，百姓日用而不知，故君子之道鮮矣。』又曰『性相近。』子思述之，則曰：『天命之謂性，率性之謂道。』孟子祖之，則曰『性善。』凡古聖賢之言性，不過如此。自告子而下，初無灼然之見，類皆想像以爲言，其言益多，其合於聖賢者殊寡，卒未有能定於一者。及宋，程、張、朱子出，始别白而言之，孰爲天命之性，孰爲氣質之性，參之孔孟，驗之人情，其説於是乎大備矣。然一性而兩名，雖曰『二之則不是』，而一之又未能也，學者之惑，終莫之解，則紛紛之論，至今不絕於天下，亦奚怪哉！

愚嘗寤寐以求之，沉潛以體之，積以歲年，一旦恍然，似有以洞見其本末者。竊以性命之妙，無出理一分殊四字，簡而盡，約而無所不通，初不假於牽合安排，自確乎其不可易也。蓋人物之生，受氣之初，其理惟一，成形之後，其分則殊。其分之殊，莫非自然之理，其理之一，常在分殊之中。此所以爲性命之妙也。語其一，故人皆可以爲堯舜，語其殊，故上智與下愚不移。聖人復起，其必有取於吾言矣。

明·劉宗周《劉蕺山集》卷一一《習説》 或有言『學問之功，在慎所習』者。予曰：『何謂也？』曰：『人生而有習矣，一語言焉習，一嗜欲焉習，一起居焉習，一酬酢焉習。有習境，因有習聞；有習聞，因有習見；有習見，因有習心；有習心，因有習性。故曰「少成若性」，並其性而爲習焉，習可不慎乎？習於善則善，習於惡則惡，猶生長於齊、楚，不能不齊、楚也，習可不慎乎？』曰：『審如是，又誰爲專習之權者而慎之？』其人不能答。予曰：『學在復性，不在慎習。』或曰：『何謂也？』予告之曰：『人生而静，天之性也，渾然至善者也。感於物而動，乃遷於習焉，習於善則善，習於惡則惡，斯日遠於性矣。無論習於惡者非性，即習於善者，亦豈性善之善乎？故曰：「性相近，習相遠。」蓋教人尊性權也。然則學以復性也，如之何曰「性不假復也」？復性者，復其權而已矣，請即以習証。習於善則善，未有不知其爲善者，習於惡則惡，未有不知其爲惡者，此知善而知惡者誰乎？此性權也。故《易》曰「復以自知。」既已知其爲善矣，且得不爲善乎？既已知其爲惡矣，且得不去惡乎？知其爲善而爲之，爲之也必盡，則亦無善可習矣。無善可習，反之吾性之初，本無善可習也。知其爲惡而去之，去之也必盡，則亦無惡可習矣。無惡可習，反之吾性之初，本無惡可習也。此之爲渾然至善，依然人生之初，而復性之能事畢矣。』『然則習亦可廢乎？』曰：『何可廢也！』爲之語言以習之，則知其語言以慎之；爲之嗜欲以習之，則知其嗜欲以慎之；爲之起居以習之，則知其起居以慎之；爲之酬酢以習之，則知其酬酢以慎之。如是則即習即性矣。凡境即性境，凡聞即性聞，凡見即性見。無心非性，無性非習，大抵不離獨知者近是。知之爲言也，獨而無偶，先天下而立以定一尊，而後起者禀焉，是之謂性權。或者乃恍然而解曰：『吾乃知慎習之功，其必在慎其獨乎！』

清·愛新覺羅·胤禛《世宗憲皇帝御製文集》卷五《性理論》 性

之與理，就上而言，即無極太極，就下而言，即太極陰陽。性緣理而立，理從性而生。即生而言，只有理，而不知有性；即立而言，只有性，而不知有理。理者，事之宜也。天地間萬事，各具自然之萬宜，非人可更加之以理者。

一貫之道，性善之論，非至誠不能達也。誠者，誠一無僞之謂，凡有二者，皆屬虚僞。誠之爲道，且即君君臣臣父父子子而言，曰忠曰孝，亦萬事本具萬宜之名色耳。豈君臣父子之外，別有忠孝乎？廣而推之，萬事萬理，可一體照而自明矣。即宜用宜道心也，悖宜不宜人心也。此乃聖人從下引後學於上達，由精一而入執中之意。因恐後學不能一旦精一執中，寧令依於道心，而不令依於人心之教。

太極中雖具陰陽，然太極内不見陰陽。如陰中求陽，不可得也；陽中求陰，不可得也。若陰陽中覓太極，更豈得乎？此言本性依於道心而尚不可，何况依於人心之謂？至於陰中具陽，陽中具陰，陰陽包含於太極，太極不離於陰陽之論，其言性固然矣，理何在焉？如晝中有夜，夜中有晝，男中有女，女中有男，水中有火，火中有水之論。

若然，將人心即爲道心可乎？更有胸中勉强立一主見，妄執以爲道心，千條萬緒中，逐件分別取捨，將向日耳目學問邊陳腐章句以爲規則，若如此尋枝別葉，欲上達陰陽太極一體之道，即性即理本源之學，如入海筭沙不能也。

程子曰：『一旦豁然貫通，則衆物之表裏精粗無不到，而吾心之全體大用無不明矣。』此論實達太極陰陽之性，格物致知之理。後學者當體先聖立言之苦心，屏盡私欲，時存天理，拳拳服膺，日就月將，至一旦豁然貫通時，方能會。曾子曰：『唯之意若徒求之言表，何可與言性理之道？』宜乎至聖三嘆，民鮮能久也。

清·愛新覺羅·弘曆《御製樂善堂全集定本》卷六《復性説》 性者體也，情者用也，制情以從性，性其情也。拂性以縱情，情其性也。情其性則性爲情矣，烏在其爲本性也，然則如之何？而後可曰有復性之道焉。復之之道何居？曰克己以復天命之本然，使和其情以順其性而已。在《易》、《復》之初爻曰：『不遠復，无祇悔。』孔子解之曰：『不遠之復，以修身也。』言性本無失，有失而能速復，則身修矣。在天爲一陽復見，在人心爲本性復明，豈有悔哉？孔子舉此以贊顔子，劉屏山舉此以教朱子，以其爲修身復性之要旨也。六二曰：『休復，吉。』孔子解之曰：『休復之吉，以下仁也。』初陽乃天心之見仁也，二近初陽有下仁之美，言復之之道又在好德親仁，涵養薰陶以日復其性，而休休然有餘裕也。六三曰：『頻復，厲无咎。』頻復與不遠者殊科，故厲，然能復則無咎矣。六四曰：『中行獨復。』卦五陰，獨四與初相應，處衆小人之中，獨能與一君子合志同方，不言吉而吉可知，故孔子以從道。美之至五之敦復則曰：『无悔。』上之『迷復』則曰『凶』，以此見復性之道當謹幾察微，不貳其過，修身以克之，下仁以休之，獨復以持之，敦厚以居之，而不使之頻復。而迷復焉，則所謂天命之性，五常五倫之美，皆在我而不爲習所遠矣。吾故曰復性之道在克己以復天命之本然，使和其情以順其性而已。

立心論分部

論説

元·胡祗遹《紫山大全集》卷二〇《原心》 世之人於外物，事事皆能著力，或名或利，以死守之。惟於心不知著力，隨物屈撓，遇威武則便屈，遇富貴則便驕淫，遇貧賤則便戚戚卑諂，有餘不足，隨時毁譽，身不知所以立，己不知所以行，譬猶於水，隨物賦形。孔子言『三十而立』，此心此身挺然不移也。世之人以氣血爲心性，一隨氣血，氣血所欲者，惟恐不得，既得，則惟恐去矣。凡可以不去失之方，無不爲己，無所不至。至此，則豈有心乎？形則人，心則犬彘豺狼牛馬也。五常萬善之性，靈於萬物之才，配天地而三之尊爵，天與之而不能有，可哀也哉！

元·吴澄《吴文正公集》卷四《放心説》 其體則道，其用則神。一真主宰，萬化經綸。夫如是心，是爲太極。或已放去，所宜收也。于名于利，于色于味，妄念紛擾，私意纏滯。夫如是心，是爲劇賊。或未放下，不宜留也。不可以放，還家即次者歟？不可不放，解懸棄屣者歟？雖然，放故不放，不放故放，二者相通而不相戾，此學之全。知不放心，不知放心，二者相尚而不相同，此學之偏。虛豁豁地無毫髮累，常惺惺法無須臾離。其放不放，如是如是。吾會其全，以救其偏。在吾可聖，在彼可仙。於乎至矣，安得起鄒叟、蒙吏而與之言？

元·虞集《道園類藁》卷三〇《平心説》　吳澄叔，盱之丹士也，求書平心二字。既從而書之，而又求爲之説。以余所聞，心之本體，虛靈不昧，無平無不平者。其有待於平者，血氣之知覺也。然人能湛其氣之本，使其發不得有所放軼縱肆，以安行其當然，則平心亦可言也，亦治身之要也。陳太丘所謂平心率物，亦謂平其氣耳。醫家亦謂心不受病，故無真心病。其病者，心包絡耳，真心病則死矣。此言良足以相發明也。澄叔有丹術，請申問焉。所謂方員徑寸，混而相拘，先天地生，巍巍尊高者，何所儗象乎？所謂原本隱明，内照形軀者，何事乎？所謂上下兩弦，卯酉沐浴，非平之謂乎？

元·劉敏中《中菴集》卷一九《制心箴》　天有元氣，萬物以生。人之有心，庶事以成。是心之靈，則天之經。持之不回，一利于貞。强而不息，是戒是懲。廼致其一，湛然而明。施于五常，五常以弘。統彼衆務，衆務以亨。燭照臧否，曰濁曰清。始兹以終，立身揚名。苟墮于正，遂汨其性。天理既失，百欲紛競。乘釁而入，莫之能勝。罔然如矇，眩厥視聽。何仁何義，棄賢與聖。惟利是圖，則害其命。緬惟三才，攸寧不病。於惟君子，克念克敬。

元·劉鶚《惟實集》卷一《存心論》　太虛者，天也；氣化者，道也。合虛與氣，有性之名。由性與知覺，有心之名。是心也者，所以盡性體天而默運夫道者也，曰德，曰仁，曰誠，曰敬，言雖殊而理則一，無非所以明此心之妙耳。言天，則嚴其心之所自出；言性，則原其心之所由成；言情，則驗其心之所由發。有志於聖賢者，不可不求諸道；有志於聖賢之道者，不可不求諸心也。世之人不知天之所以與我者大，或放焉而罔覺。天理既喪，人欲漸熾，因之處貧賤而移，處富貴而淫，義命之不知，廉恥之不顧，淪於嗜慾攻取之途，浸淫沉溺，茫乎其莫返。孟氏謂『學問之道無他，求其放心而已』。夫學亦多術矣。詞章記誦，華也，非實也；政事功業，外也，非内也。知必真知，行必力行，實矣，内矣。然知其所知，孰統會之？行其所行，孰主宰之？無所統會，非其要也；無所主宰，非其至也。孰爲要？孰爲至？心是已。天之所以與我，人之所以爲人者在是，不是之求而他求焉，所學何學哉？夫心惟能存乃大，故大其心則能體天下之物，物有未體，則心爲有外。世之人止於見聞之狹，聖人盡性不以見聞牿其心，其視天下無一物非我，天大無外，故有外之心，不足以合天心。聖門之教，各因其人，各隨其事，雖不言心，無非心也。孟子曰：『養心莫善於寡欲。』蓋寡焉以至於無，無則誠立明通。誠立，賢也；明通，聖也。是聖賢非性生，必由養心而後至之，養心之善有大焉如此。噫！其要矣乎！其至矣乎！邵子曰：『心爲太極。』周子曰：『純心要矣。』張子曰：『心清時視明聽聰，四體不待羈束而自然恭謹。』程子曰：『聖人千言萬語，只是欲人將已放之心約之，使入身來。』此皆得孟子之正傳者也。

元·劉岳申《申齋集》卷三《初心説》　三山林宗起，以漢果守被檄，與余同校文湖廣，嘗謂余曰：『掾吏周克明者，幕之良也。問齋居之名於我，我將告之曰初心，子以爲何如？』余聞而韙之曰：『此赤子之心也。』本心最初無如赤子，惟此時，四端萬善之根已具；惟此時，四肢百骸九竅之欲未開；惟［此］時，雖怵惕惻隱之心，其情可以爲善者猶未發，又安有内交要譽惡其聲而然者雜於其中也哉？此最初心也，故又曰本心。惟是心可與天地、日月、四時、鬼神合，惟是心可以正己而物正，惟是心可以格君心之非，而大人者，安有一毫付畀增益於其初？僅能存養之、不失之而已。由是而舉斯心加諸彼；由是引而伸之，觸類而長之；由是達之天下，一致而百慮，同歸而殊途。人見其爲大人也，以爲其心有異乎億兆人之心，而不知億兆人者爲赤子之心，則赤子之心未嘗不與大人同。及其長也，往往失其本心，往往放其心而不知求，浸浸爲細人之歸，豈不大可哀也哉？克明於此蚤夜孜孜求其本心，以明善復初而有志乎大人之事，其誰能禦之？余嘉宗起能反求其初，又喜克明善取諸人，故作《初心説》以與共學者講求之焉。元統乙亥重九日，廬陵劉岳申書。

明·王廷相《慎言》卷六《潛心篇》　潛心積慮，以求精微；隨事體察，以驗會通；優游涵養，以致自得。苦急則不相契而入，曠蕩則過高而無實，學者之大病。無事而主敬，涵養於靜也。有內外交致之力，整齊嚴肅，正衣冠，尊瞻視，以一其外，沖淡虛明，無非僻紛擾之思，以一其內，由之不愧於屋漏矣。此學道入門第一義也。

明·李贄《焚書》卷三《雜述·童心說》 龍洞山農敘《西廂》末語云：『知者勿謂我尚有童心可也。』夫童心者，真心也。若以童心爲不可，是以真心爲不可也。夫童心者，絕假純真，最初一念之本心也。若失卻童心，便失卻真心，失卻真心，便失卻真人。人而非真，全不復有初矣。

童子者，人之初也；童心者，心之初也。夫心之初曷可失也！然童心胡然而遽失也？蓋方其始也，有聞見從耳目而入，而以爲主于其內而童心失。其長也，有道理從聞見而入，而以爲主于其內而童心失。其久也，道理聞見日以益多，則所知所覺日以益廣，于是焉又知美名之可好也，而務欲以揚之而童心失；知不美之名之可醜也，而務欲以掩之而童心失。夫道理聞見，皆自多讀書識義理而來也。古之聖人，曷嘗不讀書哉！然縱不讀書，童心固自在也，縱多讀書，亦以護此童心而使之勿失焉耳，非若學者反以多讀書識義理而反障之也。夫學者既以多讀書識義理障其童心矣，聖人又何用多著書立言以障學人爲耶？童心既障，于是發而爲言語，則言語不由衷；見而爲政事，則政事無根抵；著而爲文辭，則文辭不能達。蓋內含以章美也，非篤實生輝光也，欲求一句有德之言，卒不可得。所以者何？以童心既障，而以從外入者聞見道理爲之心也。

夫既以聞見道理爲心矣，則所言皆聞見道理之言，非童心自出之言也。言雖工，于我何與，豈非以假人言假言，而事假事文似文乎？蓋其人既假，則無所不假矣。由是而以假言與假人言，則假人喜。以假事與假人道，則假人喜；以假文與假人談，則假人喜。無所不假，則無所不喜。滿場是假，矮人何辯也？然則雖有天下之至文，其湮滅于假人而不盡見于后世者，又豈少哉！何也？天下之至文，未有不出于童心焉者也苟童心長存，則道理不行，聞見不立，無時不文，無人不文，無一樣創制體格文字而非文者。詩何必古選，文何必先秦。降而爲六朝，變而爲近體；又變而爲傳奇，變而爲院本，爲雜劇，爲《西廂》，爲《水滸傳》，爲今之舉子業，大賢言聖人之道，皆古今至文，不可得而時勢先后論也。故吾因是而有感于童心者之自文也，更說甚么六經，更說甚么《語》《孟》乎？

夫六經、《語》、《孟》非其史官過爲褒崇之詞，則其臣子極爲贊美之語。又不然，則其迂闊門徒，懵懂弟子，記憶師說，有頭無尾，得后遺前，隨其所見，筆之于書。后學不察，便謂出自聖人之口也，決定目之爲經矣，孰知其大半非聖人之言乎？縱出自聖人，要亦有爲而發，不過因病發藥，隨時處方，以救此一等懵懂弟子，迂闊門徒云耳。藥醫假病，方難定執，是豈可遽以爲萬世之至論乎？然則六經、《語》、《孟》，乃道學之口實，假人之淵藪也，斷斷乎其不可以語于童心之言明矣。嗚呼！吾又安得真正大聖人童心未曾失者而與之一言文哉！

明·高攀龍《高子遺書》卷三《洗心說》 食無求飽，居無求安，不作居食想。彼以富，吾以仁；彼以爵，吾以義，不作富貴想。不怨天，不尤人，不作怨尤想。用則行，舍則藏，不作用舍想。行一不義，殺一不辜，得天下不爲，有甚動得我。知之囂囂，不知亦囂囂，有甚苦得我。非仁無爲，非禮無行，有甚恐得我。江漢濯之，秋陽暴之，有甚染得我。鳶則於天，魚則於淵，有甚局得我。既喚做箇人，須是兩手頂天，兩脚拄地，巍巍皜皜，還他本來面目，一洗世界萬里無塵，此之謂洗心。

明·劉宗周《劉蕺山集》卷一一《求放心說》 程子曰：『心要在腔子裏。』此本《孟子》求放心而言。然則人心果有時放外耶？即放外，果在何處？因讀《孟子》上文云：『仁，人心也。』乃知心有不仁時，便是放，所謂『曠安宅而不居』也。故陽明先生曰：『程子所謂腔子，亦只是天理。』至哉言乎！程子又曰：『吾學雖有所授，然天理二字，却是自家體認出來。』夫既從自家體認而出，則非由名相湊泊可知。凡仁與義，皆天理之名相，而不可即以名相爲天理，謂其不屬自家故也。試問學者，何處是自家歸宿？須切己反觀，推究到至隱至微處，方有著落。此中無一切名相，亦並無聲臭可窺，只是維玄維默而已。雖維玄維默，而實無一物不體備其中，所謂天也。故理曰天理，纔著人分，便落他家，一屬他家，便無歸宿。仔細檢點，或以思維放，或以卜度放，或以安排放，或以智故放，或以虛空放，只此心動一下，便是放。所放甚微，而人欲從此而橫流，其究甚大。蓋此心既離自家，便有無所不至者。心齋云：『凡有所向，便是欲；有所見，便是妄。』既無所向，又無所見，便是無極而太極。無極而太極，即自家真底蘊處。學者只向自家求底蘊，常做體認工夫，放亦只放在這裏，求亦只求在這裏，豈不至易？豈不至簡？故『求放心』三字，是學人單題口訣，下士得之爲入道之門，上智得之即達天之路。

清·唐甄《潛書》上篇上《居心》 聖人與我同類者也。人之爲人，不少缺於聖人；乃人之視聖人也，如天之不可階而升，何哉？或曰：『天地之氣有叔季，故其生人也有厚薄。我觀在昔，或百年而聖人生焉，或五百年而聖人生焉，或數聖人同朝而立，或數聖人比肩而遊。自周以後，遂無聖人。是氣之薄而不生聖人，非人之不能為聖人也。』唐子曰：『謂古今之氣有厚薄，其必古之人皆如長狄，今之人皆爲侏儒；古之馬其身倍象，今之馬其身不加於犬。而不若是也。以是論人，不薄於形而薄於所以爲形，必不然矣。』

唐子曰：『古之爲學者始造於常；常則必至於大；大則必至於精；精則必至於變；變則必至於神。如時之除而不見其除也；如時之進而不見其進也；若農夫然，播穫百穀，候之而弗失焉。今之爲學者不然。其書百千於古，其聞百千於古，其論之詳備百千於古。聖人之言，得彼而益見其神。其言合於神矣，其人不出於常，不出於未造之常，則亦不免於爲衆人之身而已矣。

『今之人，猶古之人也；今之學，猶古之學也。好學者內省外察，唯恐分秒之不合於聖人，而卒至於相去之遠如是，何哉？曷亦反求諸其心矣！人孰不欲有安宅哉？過朋友之家，語言飲食既畢，則去之矣。假居於人之室，近則日月，久則歲時，則去之矣。之燕趙者，次於旅舍，信宿則去之矣。非已之宅，過而不留焉；是已之宅，終身不離焉。於宅則知我，於心則不知我。以觀宅者觀心，則知心矣；以居宅者居心，則得心矣。

『然則當何以居心哉？嵩嶽之山，立乎天地之始，並乎天地之終，處於六合之中以爲之位，連乎四極之下以爲之根。斯亦不移之至矣。心之不移也似之。大海之水，風乎南北，蕩乎東西；無所表之以識其處，無所維之以得其止。斯亦無定之至矣。心之無定也似之。聖人之心如嶽；衆人之心如海。善居心者，能使海變爲山，則堯孔可幾也。』

或曰：『心既定矣，敢問求道之何從？』曰：『子欲將心求道乎？』曰：『然。』曰：『子之將心以求道也，豈不以道爲至神之一物，望之而不見，將竭心思，窮歲月，如結網求魚，操弓彈鳥乎？』曰：『其或然乎！』唐子指燈而言曰：『吾與子處於暗室之中，目無所見。著火於燈，明照四壁，無所不見，豈非以火乎？然則火自明也，明卽火也，非火在是而別有所假以爲明也。心譬則火也，道譬則明也，何見爲二物哉！』

清·愛新覺羅·玄燁《庭訓格言》 訓曰：人心一念之微，不在天理，便在人欲。是故心存私便是放，不必逐物馳騖然後爲放也。心一放便是私，不待縱情肆欲然後爲私也。惟心不爲耳目口鼻所役，始得泰然。故孟子曰：『耳目之官不思，而蔽於物。物交物，則引之而已矣。心之官則思，思則得之，不思則不得也。此天之所以與我者。先立乎其大者，則其小者不能奪也。此爲大人而已矣。』

清·李光地《榕村語録》卷二四《學二》 人須是立心寬大，若褊急縱使，耿介特立，亦是自了漢，不能成大人物，要有陶鎔人一團熱氣，方是聖賢的派。

致良知分部

論説

明·王守仁《王文成公全書》卷二《傳習録中·答顧東橋書》 來書云：『道之大端易於明白，所謂良知良能，愚夫愚婦可與及者。至於節目時變之詳，毫釐千里之繆，必待學而後知。今語孝於溫清定省，孰不知之？至於舜之不告而娶，武之不葬而興師，養志養口，小杖大杖，割股廬墓等事，處常處變，過與不及之間，必須討論是非，以爲制事之本，然後心體無蔽，臨事無失。』

『道之大端易於明白』，此語誠然。顧後之學者，忽其易於明白者而弗由，而求其難於明白者以爲學，此其所以道在邇而求諸遠，事在易而求諸難也。孟子云：『夫道若大路然，豈難知哉？人病不由耳！』良知良能，愚夫愚婦與聖人同。但惟聖人能致其良知，而愚夫愚婦不能致，此聖愚之所由分也。節目時變，聖人夫豈不知？但不專以此爲學。而其所謂學者，正惟致其良知，以精察此心之天理，而與後世之學不同耳。吾子未暇良知之致，而汲汲焉顧是之憂，此正求其難於明白者以爲學之弊也。夫良知之於節目時變，猶規矩尺度之於方圓長短也。節目時變之不可預定，猶方圓長短之不可勝窮也。故規矩誠立，則不可欺以方圓，而天下之方圓不可勝用矣；尺度誠陳，則不可欺以長短，而天下之長短不可勝用矣；良知誠致，則不可欺以節目時變，而天下之節目時變不可勝應矣。毫釐千里之謬，不於吾心良知一念之微而察之，亦將何所用其學乎？是不以規矩而欲定天下之方圓，不以尺度而欲盡天下之長短，吾見其乖張謬戾，日勞而無成也已。吾子謂：『語孝於温凊定省，孰不知之？』然而能致其知者鮮矣。若謂粗知温凊定省之儀節，而遂謂之能致其知，則凡知君之當仁者皆可謂之能致其仁之知，知臣之當忠者皆可謂之能致其忠之知，則天下孰非致知者邪？以是而言，可以知致知之必在於行，而不行之不可以爲致知也明矣。知行合一之體，不益較然矣乎？

夫舜之不告而娶，豈舜之前已有不告而娶者爲之準則，故舜得以考之何典，問諸何人，而爲此邪？抑亦求諸其心一念之良知，權輕重之宜，不得已而爲此邪？武之不葬而興師，豈武之前已有不葬而興師者爲之準則，故武得以考之何典，問諸何人，而爲此邪？抑亦求諸其心一念之良知，權輕重之宜，不得已而爲此邪？使舜之心而非誠於爲無後，武之心而非誠於爲救民，則其不告而娶與不葬而興師，乃不孝不忠之大者，而後之人不務致其良知，以精察義理於此心感應酬酢之間，顧欲懸空討論此等變常之事，執之以爲制事之本，以求臨事之無失，其亦遠矣！其餘數端，皆可類推，則古人致知之學，從可知矣。

明・王艮《明儒王心齋先生遺集》卷一《語録・天理良知説答甘泉書院諸友》 或問：『「天理」「良知」之學，同乎？』曰：『同。』曰：『有異乎？』曰：『無異也。』『天理』者，天然自有之理也，『良知』者，不慮而知、不學而能者也。惟其不慮而知、不學而能，所以爲天然自有之理；惟其天然自有之理，所以不慮而知、不學而能也。故孔子曰：『知之爲知之，不知爲不知』，是良知也。『入太廟，每事問』，是天理也。惟其『知之爲知之，不知爲不知』，所以『入太廟，每事問』；惟其『入太廟，每事問』，便是『知之爲知之，不知爲不知』。曰『致』曰『體認』，知天理也。否則『日用不知矣』。

曰：『以子之言，天理良知之學同而無疑矣，人又以爲異者，何哉？』曰：『學本無異，以人之所見者，各自爲異耳。如一人有名焉，有字焉，有知其名而不知其字者，則執其名爲是，而以稱字者爲非也。有知其字而不知其名者，則執其字爲是，而以稱其名爲非也。是各以自己之所見者爲是，以人之所見者爲非也。既知人矣，又知名矣，又知字矣，是既以己之所見者爲是，又知人之所見者亦爲是也。夫然后洞然無疑矣。』

明・劉宗周《劉蕺山集》卷一一《良知説》 陽明子常言良知，最有功於後學。然只是傳孟子教法，於《大學》之説終有分合。《古本序》曰：『大學之道誠意而已矣。誠意之功格物而已矣。格物之極止至善而已矣。止至善之則致良知而已矣。』宛轉説來，頗傷氣脉。

至龍溪所傳天泉問答，則曰：『無善無惡心之體，有善有惡意之動，知善知惡是良知，爲善去惡是格物。』益增割裂矣。即所云良知，亦非究竟義也。

『知善知惡』與『知愛知敬』相似而實不同。知愛知敬，知在愛敬之中。知善知惡，知在善惡之外。知在愛敬中，更無不愛不敬者以參之，是以謂之良知。知在善惡外，第取分别見，謂之良知所發則可，而已落第二義矣。且所謂知善知惡，蓋從『有善有惡』而言者也。因有善有惡而後知善知惡，是知爲意奴也，良在何處？又反無善無惡而言者也。本無善無惡，而又知善知惡，是知爲心祟也，良在何處？

且《大學》所謂致知，亦只是致其『知止』之知。『知止』之知即『知先』之知，『知先』之知即『知本』之知。唯其知止、知先、知本也，則謂之良知亦得。知在止中，良因止見。故言知止，則不必更言良知。若曰以良知之知知止，又以良知之知知先而知本，豈不架屋叠牀之甚乎？且《大學》明言『止於至善』矣，則惡又從何處來？心意知物總是至善中全副家當，而必事事以善惡兩糾之！若曰去其惡而善乃至，姑爲下根人説法，如此，則又不當有『無善無惡』之説矣。有則一齊俱有，既以惡而碍善，無則一齊俱無，且將以善而疑惡。更從何處討『知善知惡』之分曉？

止因陽明將『意』字認壞，故不得不進而求良於知。仍將『知』字認粗，又不得不退而求精於心。種種矛盾，固已不待龍溪駁正，而知其非《大學》之本旨矣。《大學》開口言明德。因明起照，良知自不待言。而又曰：『良知即至善，即未發之中。』亦既恍然有見於『知』之消息，惜轉多此『良』字耳。然則良知何知乎？『知愛』而已矣，『知敬』而已矣，『知皆擴而充之，達之天下』而已矣。格此之謂格物，誠此之謂誠意，正此之謂正心，舉而措之謂之平天下。陽明曰：『致知焉盡之矣。』予亦曰：『致知焉盡之矣。』

尚志論分部

論說

元・劉敏中《中庵集》卷一三《尚志齋記》 士之所以異于人者，在乎尚其志而已。蓋嘗論之，心爲志之體，志爲心之用。故心一而志二，光明正大，虛静純一，廓然無外者，此天命人以本然之良心也。及耳目之官一接於物，則莫不有所慕。有所慕，則念必起於心。念之不已，則皆各從其所慕而之矣，是謂之志也，然後善惡分焉，小大别焉，故曰心一而志二也。然則善者所以全其善，惡者所以至於惡，大者所以成其大，小者所以止於小者，莫非志也。今夫爲技者曰：『吾所志者，技。』左準繩，右規矩，利其器而致其力。晝不得休，夜不得息，慊慊焉以求其巧。技精矣，猶以爲未至，乃徧即天下之爲技者以折衷焉，而天下之爲技皆服其巧，莫能過也。斯其爲志也，至矣。而閭閻之人能賤之，曰：『彼技者也，我得而驅役之。』爲利者曰：『吾所志者，利。』行則操鈎餌，止則設機阱，汲汲焉以求其富。貴高而至於山，深而至于淵，近而一國之内，遠而四海之外，凡可獲其利者，無所不至焉。利豐矣，猶以爲未至，乃徧即天下之爲利者從而較之，而天下之爲利者皆服其富，貴莫能及也。斯其爲志也，亦至矣。而褐夫能賤之，曰：『彼貪人也，我得而凌慢之。』有一人焉，曰：『吾所志者，道。』晝而作，夜而寐，寒而衣，飢而食，休休焉無能爲也。責其巧與富，曾不及向之爲技爲利者之萬分一，然而宗族稱其孝，鄉黨服其弟，朋友與其信。以之立廟堂，臨民人，出處進退，無不可者。與夫受役於閭閻，見凌於褐夫者，爲何如哉？嗚呼！由一念之間，而其善惡小大之相去如此，則士之求異于人者，其志可不尚乎？昔王子墊問於孟子曰：『士何事？』曰：『尚志。』曰：『何謂尚志？』曰：『仁義而已矣。』此之謂也。

元・胡行簡《樗隱集》卷五《尚志説爲王公玉述》 君子之學莫先于立志，此志一定，可以參天地、育萬物，可以通鬼神、移山岳。志之所向，莫不如意，古之人所求必遂，所欲必成，皆由此志而充之也。會稽王先生篤學尚友，恒以古人自期，特取孟氏語名其讀書之齋曰『尚志』，徵余爲之説。余何人也，足以知先生之志哉？竊聞之先生曰，孟氏之所謂尚志，仁也、義也。天下之大，四海之廣，凡其蒼而生、林而處，稍有知覺者，莫不有斯志也。拘以氣稟，蔽以物欲，能全其志者，幾人哉？夫脩之于身，見之于事，居家而事親、從兄，此仁義也。見之于親賢愛物，亦仁義也。曰仁曰義，非有至高難行之事，患此志不立耳，志立于此而仁義在我矣。近世大儒論士之志有三：曰道德，曰功名，曰富貴。富貴不足言矣。志乎道德，即仁義也。三代而上，聖賢代作，道德功名混爲一途。姑即伊尹之事論之，佩服于躬而力行之者，道德仁義也。推之以伐夏救民，則功名事業也。能志伊尹之志，即孟氏之尚志矣。三代而下，士習庸鄙，漫無立志，能自樹立者，惟孔明耳。孔明之志，志乎功名者也，道德仁義蔑之有聞耳。嗟乎！時有古今，志無古今，今之人即古之人也。人受天地之中以生，莫不有仁義之心，有是心即有是志矣，不能尚志，不知有仁義也。今先生能尚志矣，曰道德，曰功名，在力行何如耳。余悉以言焉。先生曰：『吾志矣，子言然矣。』請書之置諸座右，朝夕觀焉。』

元・楊維楨《東維子集》卷一六《尚志齋記》 孟子曰：『志者，

氣之帥也。』氣有猖狂暴悖，人不得而制者，唯志足以制之；其闒冗衰退不能自立者，亦唯志足以率之。故又曰：『士尚志。』士而不尚志，其不爲猖狂暴悖載而遷、闒冗衰退靡而沒者，幾希矣。訓詁者曰：尚如尚服尚車之尚，蓋尊而主之之詞也。然人之志有不一也，論者以志道德賢人之志，上也；志功名壯士之志，次也；志貴富鄙夫之志，其下也。然則志貴於尚，而志不可以卑之而下也。夫多岐百出而南車壹，志之趍也；萬物俱流而金石獨止，志之定也。志失其趍，何以尚爲？不失其趍，然而弗底于定，又何以尚爲？

明·朱元璋《明太祖文集》卷七《諭羣臣務公去私》 朕觀孟子對尚志，所謂志者，謂人處世同民，隨羣逐隊，斯常民也，故超出之。所以超出者，去諸不善而行衆所善，然而尚爲尋常之善，若於志所由來，必爲無上之善，斯乃志之盡矣。所以古重務本而去逐末。漢令商賈技藝不衣錦繡、乘馬，特存斯貴，以重有志君子也。

朕自即位以來，十有二年，設官分職，各務所司，終未見人，但見身受重名，懷私在職，或忘理衆務，心在貪商，或賄賂公行，不知身名之重，俸祿之優，以致殺身。《書》不云乎：『人心惟危，道心惟微。』斯聖人授心法之要，賢人憫愚頑，特紀冊以教後人。至今頑者不行，愚者不悟，雖有聰明者，怠無尚志，泯於崇功廣業，愚頑每被殺身。

古人之尚志，在務功名，匡君之政，濟人利物。今之人不然，惟在怠尚志，務易利，專速達，此所以人心也，啓之未嘗善，行之必歿身，以其利之易厚，不知害也。道之説，日行月紀，終身不忘，兼善之德，務欲超出，建崇功，累廣業，行斯數事，身名世，家厚祿，其德似薄，其達似遲，斯小人之見若是也。昔聖人以爲無上之道，故行之。是以孟子專尚志，小人難之。

今之官吏，有不才者，巧以舞文，姦以弄法，紊亂條章，是致身不名世，家不豐榮，歿身而後已。其立心尚志，有何艱哉！故茲敕諭。

明·朱右《白雲稿》卷三《原志》 志也者，心之主、氣之帥、萬事之樞機也。非志，心不自立，氣不自行，事不自成。是志者，又主乎心，而造就萬事之柄也。故君子莫先於立志。志壹則心不貳，志定則氣以從，志堅則事乃濟，志其可不尚乎？伊尹志在致君，卒肇商祀；張良志在報韓，卒成漢業；鄧禹志垂竹帛，卒興南陽；狄仁傑志復唐室，卒摧僭周。之數子者，志立於事爲之先，志遂乎功成之後。非志前定，其孰能成蓋天之功，以信天下後世乎？予聞志仁義者其德著，志功名者其業崇，志富貴者其勢廣，唯視夫所志何如爾。志驕侈則心肆，志吝嗇則心鄙，志盤佚則心馳，志昏惰則心弛，亦視夫所志何如爾。志趨一定，物莫能動，道莫得入。唐、虞之讓弗易也，晉、楚之富弗移也，賁、育之勇弗奪也。甚矣哉！志之繫於人也大矣！故古君子之觀人，先視其志之所存，則其所就小大遠近，斷可識矣。作《原志》。

明·方孝孺《遜志齋集》卷一七《尚志齋記》 今人多不如古也，而莫士爲甚，以其無志也。吾嘗試于衆曰：『周公孔子與吾同也，可取而師也；顔子孟子與吾同也，可取而友也。』衆若駭然而驚，愕然而相顧，悱然笑予以爲狂。

嗚呼，甚矣今之士之無志也。寧獨不思乎，口之所食者，周公孔子顔孟所食之粟也；身之所服者，周公孔子顔孟所服之帛也；寒而火，暑而風，廬而居，車馬而行，晨興而夕寢，莫不與周公孔子顔孟同；目能視，耳能聽，手足持且行，亦莫有異者。何獨於道而疑之乎？使此四君子，皆若世所妄傳神仙鬼物之不可形象，則不可效之矣。今其人生而居有鄉，没而相傳有子孫，其德行文章，具乎書可徵，其所以爲聖賢，爲學之次第，可考而知。奚爲而不可效之哉？且此四君子者，其性與吾同，其形與吾同，其能四耳而三目，六五常而二其心邪？而吾心之所具者，亦未嘗闕其一也，彼何獨可爲聖賢，而吾何獨不可爲哉？是有故也。周公人臣也，思兼三王之所爲。孔子顔孟皆匹夫也，而或自比文王，或謂舜可得而及，或羞比伯夷伊尹，其所志如此，其自視其身何如哉！

天之生身也，豈特養夫區區之口體至死而已哉？亦將以輔天地所不及，而助之養斯民耳。然有命焉，或不得位以施其澤於當時，則著諸書而傳之乎後世，惟伸其道而已，窮達不足以累之也。惟其不累乎窮達，故處之廊廟而無喜色，困之畎畝而不動其中其中。之所存者重，故視乎外者輕，志已素定也，豈若鄙夫之爲哉！所志在乎富貴權術，得之則以爲榮，失之則摧挫而欲死。自君子觀之，與犬鼠何異？而或自以爲適者，所志者卑故也。故志乎富貴權術，而不志乎道者，自賤其身者也；謂其身不足以行道者，誣其身者也；謂周孔顔孟爲不可及者，棄其天性者也。是三者，皆君子之賊也。

余友金華俞君子嚴，請名其讀書之齋于太史公，公名之曰尚志。余病乎士之無志也久矣，故告之以其説。

清・愛新覺羅・玄燁《庭訓格言》 訓曰【略】孔子曰：『素富貴，行乎富貴；素貧賤，行乎貧賤。』孟子曰：『富貴不能淫，貧賤不能移。』此是聖賢立志之根本、操存之要道也。

清・陸世儀《思辨録輯要》卷二《立志類》 學者欲學聖人，須是立志第一。子曰『吾十有五而志於學』，又曰『志於道』、『苟志於仁矣』。孟子曰：『志，氣之帥也。』二程十四五時便慨然有學聖人之志，陸象山亦教學者先辨其志。志是入道先鋒，先鋒勇，後軍方有進步，志氣鋭，學問方有成功。

人多以鋭志功名爲有志，非也。此只是貪慕富貴人，若從此處認差，便終身不得長進，須有箇千乘敝屣、三公不易的意思，方可與之言志。

人不可無志，無志即無恥，無恥則放僻邪侈無所不爲。古今来大奸大惡、極卑極賤之輩，皆無志人爲之。

今人謂仕途進取，輒曰功名，習而不察，凡夤緣苟且之事，皆不以爲恥，曰吾爲功名耳。不知功名二字，固有辨矣。夫能建功，故謂之功；能立名，故謂之名。功名之所以有間於道德者，以其志在功名，於聖賢大學之道，或有所未明，進退出處之故，或有所未盡也。其視今之所謂功名，蓋不啻天壤矣。許昌靳裁之言曰：『志於功名者，富貴不足以累其心，志於富貴而已者，則亦無所不至矣。』胡氏以爲志於富貴者，即孔子之所謂鄙夫。今之仕途進取，其功名乎？抑富貴乎？如曰功名，則吾未見其有所建立也；如曰富貴，則亦鄙夫而已矣。士安可不自知所處？

志乎富貴者，得富貴則其心欣然而樂，失富貴則其心戚然而憂。志乎功名者亦然，得之則手舞足蹈，一失則嗒然若喪矣。惟志乎道德者不然，富貴、貧賤、夷狄、患難，蓋無入不自得，其所處非與人異也，然而所以處之者，則有間矣。此無他，内重則外輕也。

聖人之所以爲聖人，只是一箇志，故曰『有志者事竟成』。今人不能立志，非自暴即自棄也，如何成得箇人物？

主敬論分部

論説

元・陳基《夷白齋稿》卷二〇《陳惟寅字説序》 昔唐虞君臣告戒之際，反復丁寧，不越一敬而已。方其命九官也，司空而降凡二十有二人，其言敬者不一而足。然至於秩宗，則先之以『夙夜惟寅』，申之以『直哉惟清』，終曰『欽哉』。此三言者，雖若專爲伯夷而發，然推而言之，則自洒掃應對至於窮理正心，由修身齊家至於治國平天下，未有不以敬爲本者也。經禮三百，曲禮三千，一言以蔽之，曰『無不敬』。故居則如對越上帝，出則如見大賓，坐則如尸，立則如齋，行則如執玉、如捧盈，無時而不敬也。近之事親，遠之事君，内之於兄弟，外之於朋友，入之於州里，出之於蠻貊，舍則善其身，用則顯其親，無往而不敬也。蓋敬以直内，則清明在躬，伯夷以之交神明，大禹以之宅伯揆，后稷以之播百穀，契以之敷五教，臯陶以之明五刑，夔以之諧八音，以至於垂、於益、於龍，莫不皆然。故曰：『敬也者，君子所以成始成終也。』彼受玉不敬，晉侯之所以無後。執幣不敬，若敖氏之所以滅。將事不敬，郤氏之所以亡。受脤不敬，成子之所以不反。嗚呼敬哉！不可不務也。

明・胡居仁《居業録》卷二《學問》 聖學以敬爲本者。敬可以去昏惰、正邪僻、除雜亂、立大本。

聖賢工夫雖多，莫切要如敬字。敬有自畏慎底意思，敬有肅然自整頓底意思，敬有卓然精明底意思，敬有湛然純一底意思。故聖學就此做根本，凡事都靠著此做去，存養省察皆由此。【略】

主敬只是要得此心專一，專則内直，中自有主。有主則事物之來，便能照察斷制。

明・薛瑄《讀書録》卷六 只主於敬，纔有卓立，不然東倒西歪，卒無可立之地。

敬爲百聖傳心之要，凡見於書者尤詳，程子發明其所以爲敬之義，精矣。

敬則卓然，敬則光明。

千古爲學要法，無過於敬。敬則心有主而諸事可爲，人爲外物所動者只是淺。

程子論恭敬曰『聰明睿智皆由此出』，蓋人能恭敬則心肅、容莊、視明、聽聰，乃可以窮衆理之妙，不敬則志氣昏逸、四體放肆，雖粗淺之事，尚茫然而不能察，况精微之事乎？以是知居敬、窮理二者不可偏廢，而居敬又窮理之本也。

『莊敬日强，安肆日偷』之語，宜深體翫。蓋莊敬則志以帥氣，卓然有立，爲善亹亹不倦而不知老之將至。安肆則志氣昏惰，柔懦無立，翫愒歲月悠悠無成矣。

明·何心隱《爨桐集》卷二《敬所》 敬所，所敬者何？主敬乎？主於敬乎？主而敬乎？恐未知敬之所也。王敬作所，知敬之所矣。所於敬而王乎？所於王而敬乎？恐亦未知敬之不有所之所也。然則敬奚所乎？况敬不有所，又奚所乎？必修己以敬，乃敬之不有所之所乎？然則修已以安人，安人于修己也，奚不言敬乎？敬其所乎？修己以安百姓，安百姓于修已也，奚不言敬乎？敬其所乎？已所敬，敬所已以敬以修於己者，斯敬之不有所之所乎？必由己而修，修以己以敬，敬修於己，己也。敬已，己也。斯敬之不有所之所也。何也？惟己可以敬而主也。惟己可以敬而王也。惟己可以敬而修，可以安人可以安百姓也。可以病堯舜于安人安百姓，以敬之修己，己也。然則修已以敬之敵，非敬之不有所之所乎？斯敬所也，所于己而修所敬也，敬己，己也。然則孰不己乎？孰不敬乎？必敬己於君，子之己之敬，斯敬之不有所之所也，斯敬所也。又必君子于孔子之君子以己以敬，斯不王之王，不主之主，斯敬之不有所之所也，斯敬所也。敬所於讀書所而敬者，敬奚所乎？敬奚所乎？

清·唐甄《潛書》上篇上《敬修》 徐中允謂唐子曰：『聖人之學，以敬爲本。先生言静而不言敬，非所以善修也。吾謂静不足以盡之，當益之以敬。』

曰：『然。静以言乎心之體也；敬以言乎體之持也。心如玉；静則玉之質，敬則執之慎也。道著而變，變形而多，静其本也。爲資不同，爲修各異，敬其總也。居於河濱者，始汲而歸，濁不可飲也；注而勿擾，則石泉矣。定其器而蓋之者，敬之謂也；撼其器而擾之者，不敬之謂也。聖衆同心，静與不静之分也。聖衆同静，敬與不敬之分也。聖衆同敬，恒與不恒之分也。我有在而敬，不能無在不敬；我有時而敬，不能無時不敬。夫心之覺也無間，氣之息也無間。能敬者，與覺俱在，與息俱存。與覺俱在，故心無散時；與息俱存，故氣無暴時。心無散時，氣無暴時，是爲能敬。謹慎，敬也；而敬不盡於謹慎；溫恭，敬也；而敬不盡於溫恭。無肆無慢，敬也；而敬不盡於無肆無慢。《詩》曰「上帝臨汝，無貳爾心」，祭祀之敬也；《詩》曰：「顒顒卬卬，如圭如璋」，威儀之敬也；《書》曰「匹夫匹婦，一能勝予」，臨民之敬也。三者詎非心與！吾聞之：養卉木者，枝葉披隕，其根必傷，詎非君子之所慎守與！然非其本也。《書》曰「欲敗度，縱敗禮」，欲與縱，出於心而自賊者也。敬者，止欲於未萌，消欲於既生，防縱於未形，反縱於既行，所以保其心而納於禮度者也。

『自堯舜以來，天下之言學者，皆知以敬爲本。人知敬之爲本，而不知其能治心，亦或害心；不知其有功於天下，亦或無功於天下。是何也？人孰不知敬與不敬之異，而莫辨敬與敬之有異也。心用尚智，善敬者益智，不善敬者則御而之乎固。心用尚勇，善敬者益勇，不善敬者則御而之乎弱。《詩》曰：「無已太康，職思其居」，是拘儒之敬也固矣。《詩》曰：「我躬不閲，遑恤我後」，是淺儒之敬也弱矣。若是者，反害其心而無功。

『當堯之時，九山不闢，九川不順，五穀不樹，五倫不敘，於是堯禪舜，舜禪禹，不傳子而傳賢，以安天下之民。夏商之季，獨夫燒焫民命，百官瞀亂，於是湯伐桀，文王伐崇，武王伐紂，伊摯放太甲，呂望出奇謀，以安天下之民。若是者，自天地開闢以來，未有之大變也，未有之奇功也。虞夏商周之君臣，惟能以敬慎行智勇，故處此大變，成此奇功。《詩》曰：「戰戰兢兢，如臨深淵，如履薄冰」，非徒慎也，將以求涉濟也。吾聞之：習心太約者，不可以致遠；習身太謹者，不可以犯難。有言行如曾子而涉濟不如孟賁者，其去聖人之敬也遠矣。

『敬之爲道，豈期於寡過而稱爲君子云爾乎？將以盡其心也，將以全其性也，將以大其功也。天地與道際，心與天地際。有輕心者不能及，敬所以重之也；有慢心者不能及，敬所以篤之也。容儀之莊，視聽之謹，非外也；所以防其外而一於内也。是故其氣清，其知明，不持而固，不勉而行，盡人達天，皆由於敬；施於天下，不勞而定。曲士然乎哉！内省而拘，外慎而泥，求其心而適以錮其心，其於天下何有，亦自成其爲無甞之小儒而已矣。』

清·愛新覺羅·弘曆《御製樂善堂全集定本》卷一《敬以直内論》 人之一心至虚至靈，具衆理而應萬事，備五常而制百行。蓋人所得於天，以主乎吾之一身，應乎天下之事者，未有大於此者也。然放而不存，日以昏昧，衆欲攻之，舊習錮之，故雜慮紛紜，而不能復完其至虚至靈矣。惟當主一無適，以全其無妄之體，則吾心之虚靈不昧者，庶幾復存。夫子贊《易》所謂『敬以直内』者是也。蓋心者一身之主宰，而敬者又一心之根本。聖賢之學，無非欲人存此心，而所以存之之要，亦不過教人主敬。敬者，所以成始而成終者也。苟存心不以敬，則無以澄其源，又何以制其流？由是而致知，必不能默會乎事理之當然。由是而力行，必不能篤實返躬，以還其性之本然。是故文王小心翼翼，而孔子告仲弓以出門如見大賓，使民如承大祭。蓋深知敬乃徹上徹下之聖功，偶離於敬，便非聖人之學也。學者當存己之心，齊莊中正，勿使有一毫之虚妄惰弛，終日乾乾，閑邪存誠，則所謂敬者，卓然在我本心存，存不放於外，而萬事萬物之理，可隨時而照察矣。

室欲論分部

論說

元·袁桷《清容居士集》卷五〇《書正肅公懲忿窒慾題扁》 忿、慾皆發之不中節者。桷嘗讀《易》之《咸》，以無心爲感，何思何慮，是則安有不正者哉？漢儒言感物而動，失旨多矣。先正肅公謂忿近於剛，以欲爲剛德，不足探本澄源，有合夫《繫辭傳》之説。故其平居奉身如玉雪，危言讜論，百士交避，其剛之謂也。清齋端居，不邇聲色，此絶欲之效也。居朝不一二年，輒以直道去。湯文清哭公之詩，有曰『獨留事業在江東』，真實録也。從子瑛，居龍虎居室，以四大字昭示户冊，且築象山之麓爲精舍。審其傳授，保形以靜，老氏之説；養厥靈根，吾儒之説。是則安有忿、慾？《易》曰：『無有師保，如臨父母。』正肅之訓，豈虚言哉！泰定二年上巳日，族孫具官桷再拜謹書。

明·薛瑄《讀書録》卷六 慾有水意，故窒慾如止水。

又 卷一一 先儒曰：慾心一萌，便思義理以勝之，即窒慾之要也。古人有曰：不見可欲，使心不亂。故四勿視爲先。

明·王樵《方麓集》卷一二《懲忿窒慾箴》 老子有言，專氣致柔，惟忿與慾，爲道戈矛。《大易》著訓，懲忿窒慾，戒貪嗔癡，除佛三毒。不悟性空，妄生癡想，一切貪心，皆爲慾障。拂意生嗔，其烈如火，不遑顧思，以及大禍。懲之窒之，由戒生定，定慧相生，動常有靜。是曰性學，是惟聖功，修之則吉，悖之則凶。

明·何心隱《爨桐集》卷二《辯無欲》 濂溪言無欲。濂溪之無欲也，其孟軻之言無欲乎？孔子言無欲而好仁，似亦言無欲也。然言乎好仁，乃己之所好也。惟仁之好而無欲也。不然，好非欲乎？孟子言無欲其所不欲，亦似言無欲也。然言乎其所不欲，乃己之不欲也。惟於不欲而無欲也。不然，無欲非欲乎？是孔孟之言無欲，孔孟之無欲也。豈濂溪之言無欲乎？且欲惟寡則心存，而心不能以無欲也。欲魚欲熊掌，欲也。舍魚而取熊掌，欲之寡也。欲生欲義，欲也。舍生而取義，欲之寡也。能寡之又寡，以至於無，以存心乎。欲仁非欲乎？得仁而不貪，非寡欲乎？從心所欲，非欲乎？欲不逾矩，非寡欲乎？能寡之又寡，以至於無，以存心乎？抑無欲觀妙之無，乃無欲乎？而妙必妙乎其觀，又無欲乎？抑欲惟徼爾，必無欲乃妙乎？而妙必妙乎其無徼，又無欲乎？然則濂溪之無欲，亦無欲觀妙之無欲乎？辯辯。

又 卷二《寡欲》 性而味，性而色，性而聲，性而安佚，性也。乘乎其欲者也。而命則爲之禦焉。是故君子性而性乎命者，乘乎其欲之禦於命也，性乃大而不曠也。凡欲所欲而若有所發，發以中也，自不偏乎欲於欲之多也，非寡欲乎？寡欲，以盡性也。盡天之性以天乎人之性，而味乃嗜乎天下之味以味，而色、而聲、而安佚，乃又偏於欲之多者之曠於戀色戀聲而苟安苟逸已乎？乃君子之盡性於命也，以性不外乎命也。命以父子，命以君臣，命以賢者，命以天道，命也，禦乎其欲者也。而性則爲之乘焉。是故君子命以命乎性者，禦乎其欲之乘於性也，命乃遠而不墮也。凡欲所欲而若有所節，節而和也，自不戾乎欲於欲之多也，非寡欲乎？寡欲，以至命也。至天之命以天乎人之命，而父子乃定乎天下之父子，以父以子，而君臣，而賢者，而天道，乃又戾於欲之多者之墮於委君委臣委賢而棄天棄道已乎？乃君子之至命於性也，以命不外乎性也。凡一臭，一賓主，亦莫非乘乎其欲於性，禦乎其欲於命者，君子亦曷嘗外之，而有不盡性至命於欲之寡乎！

清·愛新覺羅·福臨《資政要覽》卷三《窒欲章》 多欲者必放於利，放於利必重賄。賄聚於公則國敝，聚於私則家危。長國家者輕財賄而嗜令名，斯欲而不貪矣。

飲食男女，節之以禮；耳目娛適，授之以度；謀慮經營，範之於道。以率其下，而民從之。公孫僑之相鄭也，桃李之垂者莫不援，錐刀之遺者莫之舉，幾於賞之而弗竊焉。秦人觀寶楚國，莅以羣賢；梁惠瑋珠齊威，稱其千里，誠審所欲也。

故牧民者秉義黜利，廉儉是先。廉則絶私，儉則寡慕。伯武詢絹，隱之酌泉，裴潛挂牀，孔奂却被，皆確乎不拔，以道化人，民愜所願而無競心。窒己之欲，以能窒人之欲，其利溥矣。

徇利之夫，厚顔斯甚，割剝萌庶，讐斂貨財，見金而不見人，知得而不知喪，欲盈惡稔而顛隕隨之。故《傳》曰：『象有齒以焚其身，賄也。』

清·愛新覺羅·玄燁《庭訓格言》 訓曰：民生本務在勤，勤則不匱。一夫不耕，或受之饑；一婦不蠶，或受之寒。是勤可以免饑寒也。至於人生衣食財禄，皆有定數。若儉約不貪，則可以養福，亦可以致壽。若夫爲官者儉，則可以養廉。居官、居鄉只緣不儉，宅舍欲美，妻妾欲奉，僕隸欲多，交游欲廣，不貪何從給之？與其寡廉，孰若寡欲。語云：『儉以成廉，侈以成貪。』此乃理之必然者。

清·陳廷敬《午亭文編》卷二四《困學緒言如干則》 窒慾莫要於思。

懲忿窒慾是大關鍵。

體仁弘義論分部

論說

元·郝經《陵川集》卷一七《論·仁》 理之統體，則謂之道；道之功用，則謂之德；德之充全，則謂之仁。故仁也者，道德之要，所以盡性存心焉者也。其大原則出於天，天之體曰乾，而乾之德有四：曰元，曰亨，曰利，曰貞。元者，萬物之所資始，而各一其性，其中則亨、利、貞具焉，而各一其元，故爲善之長，生物之本，其於氣也則爲春，其於德也則爲仁。

人稟是德以生，其理則具于性，其用則藴于心，其端則爲惻隱，其情則爲愛利，其體則爲公普，其所宜曰義，其品節之分曰禮，其真是之知曰智，其充實不妄曰信，無非本然之全也，在夫充之而已。運會變化，萬物紛錯，天地之間莫不得其所者，天之所充也；動容周旋，中禮合道，天下之人莫不得其所者，人之所充也。天而充之，則人與萬物皆得其仁；人而充之，則亦天之仁也。其或不能而至於不充者，有害之者也。天之仁而莫大也，而或害之，則本然之差、不齊之氣也。日月之晦食，寒暑之舛謬，風霆雨雹之陵暴，草木鳥獸之夭折，則於天之仁有未既盡焉，然非天之罪也。天之仁而猶或未既盡，況於人乎？

人之不仁也，嗜欲之私，生質之氣，其害之也有甚焉，其至於不充，咸其自取也。夫理者，天之公也；欲者，人之私也。一理之不當，一事之不仁也。夫婦之道不盡，則夫婦爲不仁；父子之道不盡，則父子爲不仁；君臣之道不盡，則君臣爲不仁。至於酬酢萬變，經理萬事，宰制萬物，私欲一萌，則於其理莫能盡。惛惑欺妄、放僻邪侈、忍鷙殘賊，作於其心則戕性毁已，見諸事業則病人害物，至於窮極則毒天下、禍四海，滋蔓於後世而傷天地之仁。噫！天之有戾氣而害於仁也，小人之有欲而害仁也，若是之酷也，是之謂人勝於天。惟克己制欲，庶幾乎復而充之也。

仲尼贊《易》曰：『立人之道，曰仁與義。』又曰：『顯諸仁，藏諸用。』則仁也者，配三極而爲用，如是之至也。於其授七十子之徒，則各因其材而篤之與孝、與忠、與智、與勇、與仁之一事，而不與仁之全。於顔子則僅與其『三月不違』。於堯、舜，則曰『博施濟衆，其猶病諸』何若是其重且難也？蓋人之與仁，其受之也，無不全，充其所受，則雖天地聖人有時而不能，是以難也。其傳諸顔氏子也，曰『克己復禮爲仁』，則教之以學問之道，曰『一日克己復禮，天下歸仁』，則勉之以功用之歸。而猶未既盡與，不一而足。嗚呼！以仲尼之爲教、顔子之爲學而猶若是，又矧其下乎？如是則仁不可爲也。

仁者，人所固有也。一念之合理，一念之仁也；一事之中節，一事之仁也；一物之得所，一物之仁也。若是其易也，豈不可爲哉？苟惟欲之從而不復於理，則雖賢也而爲之難；苟克其私而反之也，雖衆人也而爲之易。故極其所充，則天地聖人有不能盡；語其固有，則愚夫愚婦可以能行；則非難能也，不爲也。嗟夫！去欲則如拔山，爲惡則如走壙，反躬則如倒海，克己則如登天。語之曰：『有仁焉，則亦難焉耳矣。』

明・胡居仁《居業録》卷一《心性》 韓子以博愛爲仁，雖不是，猶勝以覺言仁者。故朱子訓心之德，愛之理。又曰：『仁者本心之全德。』《中庸》曰：『仁者，人也。』朱子曰：『人指人身而言，具此生理，自然便有惻隱慈愛之意。』孟子曰：『仁，人心也。』程子曰：『心如穀種，仁則其生之性。』孟子曰：『人皆有不忍人之心。』朱子曰：『天地以生物爲心，而所生之物，因各得夫天地生物之心以爲心，故人皆有不忍人之心。』合此數説而體驗之，仁可得矣。

仁則天理渾然，萬物皆有生意。

人心若仁，則萬物皆在吾生育之中。

本心之生理便是仁；不仁戕其心生理也。

明・薛瑄《讀書續録》卷一 孔子曰：『不仁者不可久處樂。』朱子曰：『久樂必淫。』蓋不仁者失其本心，爲富貴所動，窮侈極欲，無所不至，正與舜禹有天下而不與相反。聖人則超出萬物之上，不仁者則陷於物欲之中，聖人則役物，不仁者則役於物，此正天理人欲之所由分也。學者不可不察。

明・崔銑《士翼》卷二《述言中》 仁之貫乎倫紀也，猶氣之周身也。氣所不能達斯痿，謂之無肢之人可也。心生物也，仁生之德也，故靈曰心，活曰仁，忍於父必逆，忍於君必欺，忍於友必棄，斯謂之無倫之人可也。

明・王艮《明儒王心齋先生遺集》卷二《詩文雜著・勉仁方書壁示諸生》 予幸辱諸友相愛，彼此切磋砥礪，相勉于仁，惟恐其不能遷善改過者，一體相關故也。然而不知用力之方，則有不能攻己過，而惟攻人之過者，故友朋之道往往日見其疏也，是以愛人之道而反見惡于人者，不知反躬自責故也。予將有以諭之：

夫仁者愛人，信者信人，此『合外内之道』也。于此觀之，不愛人，不仁可知矣；不信人，不信可知矣，故愛人者人恒愛之，信人者人恒信之，此『感應之道』也。于此觀之，人不愛我，非特人之不仁，己之不仁可知矣。人不信我，非特人之不信，己之不信可知矣。君子爲己之學，自修之不暇，奚暇責人哉？自修而仁矣，自修而信矣，其有不愛我、信我者，是在我者，行之有未深，處之有未洽耳，又何責焉？

故『君子反求諸其身』，『上不怨天，下不尤人』，以至于顔子之『犯而不校』者，如此之用功也。然則予之用功，其當以顔子自望而望于諸友乎？抑不當以顔子自望而望于諸友乎？夫仁者，以天地萬物爲一體，一物不獲其所，即己之不獲其所也，務使獲所而后已。是故『人人君子，比屋可封』，『天地位而萬物育』，此予之志也。故朋之來也，予日樂之，其未來也，予日望之，此予之心也。

今朋友自遠方而來者，豈徒然哉？必有以也。觀其離父母，別妻子，置家業，不遠千里而來者，其志則大矣，其必有深望于予者也。予敢不盡其心以孤其所望乎？是在我者必有所責任矣。朋友之來也，而必欲其成就，是亦予之本心也。而欲其速成，則不達焉。必也使之明此良知之學，簡易快樂，優游厭飫，日就月將，自改、自化而后已。故君子之道，以人治人，改而止，其有未改，吾寧止之矣？

若夫講説之不明，是己之責也；引導之不時，亦己之責也；見人有過而不能容，是己之過也，能容其過而不能使之改正，亦己之過也。欲『物正』而不先『正己』者，非『大人之學』也。故『誠』者，非自『成己』而已也，所以『成物』也。『成己，仁也；成物，智也，性之德也，合外内之道也，故時措之宜也。』是故君子『學不厭』而『教不倦』者，『如斯而已』矣。

觀其『汲汲皇皇，周流天下』，其仁可知矣。文王『小心翼翼』，『視民如傷，望道而未之見』，其仁可知矣。堯舜兢兢業業，『允執厥中』，以四海困窮爲己責，其仁可知矣。觀夫堯舜、文王、孔子之學，其『同』可知矣，其位分雖有上下之殊，然其『爲天地立心，爲生民立命』，則一也。顔淵曰：『舜何人也，予何人也，有爲者亦若是。』吾儕其勉之乎！吾儕其勉之乎！

然則予之用功，其當以堯舜、文王、孔子自望而望于諸友乎？抑不當以堯舜、文王、孔子自望而望于諸友乎？噫！我知之矣，而今而後，予當自仁矣，予當自信矣，予當自仁而仁于諸友矣，予當自信而信于諸友矣。然則予敢不自用功，而自棄而棄于諸友乎？予知諸友之相愛，肯不自用功而自棄而棄予乎？故知此『勉仁之方』者，則必能『反求諸其身』，能『反求諸其身』而不至于『相親相愛』者，未之有也。

明・方孝孺《遜志齋集》卷一《學箴九首・明義》 明於義者，於利也輕。授之天下，不以爲榮。苟爲所移，皆可欲者。快意陳前，身亦可舍。一念之動，一髮之間，相去幾何？爲陵爲淵，勿以其微，殆曰可受。微之不察，大者何有？聖有伊尹，放主於桐。海内帖然，服其至公。人見遺錢，縱目私睨。市兒抵掌，訾其貪利。尹獨何道，舉世不疑。心無所利，曰汝信之。惟利之喻，害于而躬。行義之報，博乎無窮。擇義在我，聖亦可企。勿謂古之人，吾不敢至。

明・何心隱《爨桐集》卷二《原人》 仁義之人，人不易而人也。人則仁義，仁義則人。不人不仁，不人不義。不仁不人，不義不人，人亦禽獸也。仁義之人，人不易而人也。必以仁爲廣居，而又必廣其居以象仁。自旦至晝，必好仁，必爲仁，必惡不仁，必不牿亡於旦晝所爲之不仁。必以義爲正路，而又必正其路以象義。自旦至晝，必好義，必爲義，必惡不義，必不牿亡於旦晝所爲之不義。人之情則然也，人之才則然也，人之良心則然也，人之遠於禽獸則然也。斯仁人也，斯義人也。自旦而晝，自晝而夜，氣自沖然而廣，氣而仁也。氣自毅然而正，氣而義也。非禽獸之氣也，氣而人也。氣以充乎其才者也，才以幹乎其情者也，情以暢乎其心者也。心以宅乎仁，由乎義，以仁義乎人者也。

人惟廣其居以象仁，以人乎仁，正其路以象義，以人乎義，以操其才，以養其情，以平其氣，以存其心。于居之廣，路之正，以人乎仁義，則仁義其才也，仁義其情也，仁義其氣也，仁義其心也。仁義人也，人豈易易而人哉？

又 卷二《仁義》 象仁以廣居，象義以正路，無象之象也。鬼神也，知也，無藏有也。廣其居以象仁，正其路以象義，有象之象也。鬼神之體物也，致知在格物也，有顯無也。

仁無有不親也，惟親親之爲大，非徒父子之親親已也，亦惟親其所可親，以至凡有血氣之莫不親，則親又莫大於斯。親斯足以廣其居，以覆天下之居，斯足以象仁也。

義無有不尊也，惟尊賢之爲大，非徒君臣之尊賢已也，亦惟尊其所可尊，以至凡有血氣之莫不尊，則尊又莫大於斯。尊斯足以正其路，以達天下之路，斯足以象義也。

親與賢，莫非物也。親親而尊賢，以致凡有血氣之莫不親莫不尊，莫非體物也，格物也，成其象以象其象也，有其無以顯其藏也。仁義豈虛名哉？廣居正路，豈虛擬哉？

明・高攀龍《高子遺書》卷三《理義説》 理義説伊川先生曰：『在物爲理，處物爲義。』此二語關涉不小，了此即聖人艮止心法。胡氏廬山輩以爲心即理也，舍心而求諸物，遺内而徇外，舍本而逐末也。嗚呼！天下豈有心外之物哉？當其寂也，心爲在物之理，義之藏於無朕也；當其感也，心爲處物之義，理之呈於各當也。心爲在物之理，故萬象森羅，心皆與物爲體；心爲處物之義，故一靈變化，物皆與心爲用。體用一源，不可得而二也。物顯乎心，心妙乎物，妙物之心，無物於心，無物於心，而後能物物。故君子不從心以爲理，但循物而爲義。不從心爲理者公也，循物爲義者順也，故曰『廓然大公，物来順應』，故曰『聖人之喜怒，在物不在己。』八元當舉，當舉之理在八元，當舉而舉之義也；四凶當罪，當罪之理在四凶，當罪而罪之義也。此之謂因物付物，此之謂艮背行庭，内外兩忘，澄然無事也。彼徒知昭昭靈靈者爲心，而外天下之物，是心爲無矩之心，以應天下之物，師心自用而已，與聖賢作處，天地懸隔。

清·愛新覺羅·福臨《資政要覽》卷一《體仁章》 天地大矣，生而弗子，成而弗有，萬物皆被其澤、獲其利，而莫知所由始，天地之德也。人得之則爲仁，親親而仁民，仁民而愛物。始於事親，中於事君，終於治人。人之行也。

上下相親之謂仁，故堯如天而民協和，舜好生而民風動。志士殺身以成仁，故逢、干舍生以匡君，巡、遠捐軀而徇節。除天下之害之謂仁故文武赫怒以安民，仲尼據法而誅卯。仁之道，至矣哉！帝王溥惠於博施，衆庶推心於立達。大小之量雖殊，而肫篤之誠惟一。《易》曰：『君子體仁，足以長人。』

夫仁者，内慊於己而不務其名，故與仁同功，其仁未可知也；與仁同過，然後其仁可知也。若夫項籍刓印於有功，陽穀進酒於將戰，其爲仁也，不亦異乎！

又《弘義章》 得失殊致，取舍攸分，憧憧往來，紛紜瞀眩。微義，其曷制之？義者，國之維、人之路也。上好義則民服，下好義則民安。故君子正其義，不謀其利。尊賢爲大，惟善爲實，勞而不怨，欲而不貪。使民相觀而善，以成其俗。敬法而終，事循分以淑身。守望相助，疾病相扶。財毋苟得，難毋苟免。争於爲義，而恥於爲不義，此治國之風也。

義理彰則功利息。故兵出而民知所庇矣。信與民期，以奪敵資。敵國之民，望之若父母，如此則擴地滋廣，而得民滋衆。首仁尾義，天之道也。《詩》曰：『豈弟君子，四方爲則。』其是之謂乎！

若乃夷、齊讓國，巢、由潔己。爰旌目之吐餐，公沙穆之辭貨。程嬰、李善，敦節於死生，虞卿、孫嵩，篤誼於患難。田横海島相殉之徒五百，臧洪東郡同難之士八千。亦各言其志也。嗚呼烈哉！

清·王夫之《讀通鑑論》卷一四《安帝·一四》 有一人之正義，有一時之大義，有古今之通義；輕重之衡，公私之辨，三者不可不察。以一人之義，視一時之大義，而一人之義私矣；以一時之義，視古今之通義，而一時之義私矣；公者重，私者輕矣，權衡之所自定也。三者有時而合，合則亙千古、通天下、而協于一人之正，則以一人之義裁之，而古今天下不能越。

有時而不能交全也，則不可以一時廢千古，不可以一人廢天下。執其一義以求伸，其義雖伸，而非萬世不易之公理，是非愈嚴，而義愈病。

事是君而爲是君死，食焉不避其難，義之正也。然有爲其主者，非天下所共奉以宜爲主者也，則一人之私也。子路死于衛輒，而不得爲義，衛輒者，一時之亂人也。推此，則事偏方割據之主不足以爲天下君者，守之以死，而抗大公至正之主，許以爲義而義亂；去之以就有道，而譏其不義，而義愈亂。何也？君臣者，義之正者也，然而君非天下之君，一時之人心不屬焉，則義徙矣；此一人之義，不可廢天下之公也。

爲天下所共奉之君，君令而臣共，義也；而夷夏者，義之尤嚴者也。五帝、三王，勞其神明，殫其智勇，爲天分氣，爲地分理，以絕夷于夏，即以絕禽于人，萬世守之而不可易，義之確乎不拔而無可徙者也。春秋者，精義以立極者也，諸侯不奉王命而擅興師則貶之；齊桓公次陘之師，晉文公城濮之戰，非奉王命，則序其績而予之；乃至楚子伐陸渾之戎，猶書爵以進之；鄭伯奉惠王之命撫以從楚，則書逃歸以賤之；不以一時之君臣，廢古今夷夏之通義也。

桓溫抗表而伐李勢，討賊也。李勢之僭，瀆君臣之分也；溫不奉命而伐之，溫無以異于勢。論者惡其不臣，是也，天下之義伸也。劉裕抗表以伐南燕，南燕，鮮卑也。慕容氏世載凶德以亂中夏，晉之君臣弗能問，而裕始有事，暗主不足與謀，具臣不足與議，裕無所可奉也。論者亦援溫以責裕，一時之義伸，而古今之義屈矣。如裕者，以春秋之義予之，可也。若其后之終于篡晉，而后伸君臣之義以誅之，斯得矣。于此而遽奪焉，將聽鮮卑之終污此土，而君尚得爲君，臣尚得爲臣乎？

清·李光地《榕村語録》卷二四《學二》 人心一味熱不得，一味冷亦不得，如關切人，使爲之營，似大不是，去了此病，却又一點不照顧人，連分人以財、教人以善都沒有，須要乾乾淨淨，却又滿腔子都是仁厚相愛之意方好。

積善論分部

論　説

元・許衡《魯齋遺書》卷五《中庸直解》　明是知之真的意思。人要誠其身，自有箇道理，只在乎明善。若不能察於人心天命之本然，而真知至善之所在，則好善不如好好色，惡惡不如惡惡臭，如何能誠其身？故曰『不明乎善，不誠乎身矣』。

元・陸文圭《牆東類稿》卷七《明善齋記》　明善齋者，吳中周君子華讀書之屋也。天下之物未嘗有無對者，故善與惡對，或曰善與利對，利亦惡也。《中庸》言明善不言去惡，何也？明善所以去惡也。學先致知而後力行，明明之也，即明明德之明也，能明乎善則能誠乎身矣。明善致知也，誠身力行也。小人閒居爲不善，見君子則掩其不善，而著其善，非不知善之可好、惡之可惡也，不能實用其力耳。不能實用其力者，不誠也，不誠者由不明也，明則誠矣。【略】余曰：『劉玄德有言：「勿以善小而不爲，勿以惡小而爲之。」此玄德所得于鄭康成、陳元方講學之語也。彼號爲以經術飾吏事，如公孫宏、倪寬者，能發此語否乎？』今子華則能行此語者也。吾嘗以爲《中庸》此章與《孟子》合，而《孟子》利與善之間一章界限，尤別白學者不可不體認，而居官者尤不可不以爲戒也。

明・高攀龍《高子遺書》卷三《爲善説》　雞鳴而起，孳孳爲善，是吾人終身進德脩業事也。然爲善必須明善，乃爲行著習察，何謂明善？善者，性也。性者，人生而靜是也。人生而靜時，胸中何曾有一物来？其營營擾擾者，皆有知識以後日添出来，非其本然也。既是添来，今宜減去，減之又減，以至於減無可減，方始是性，方始是善。何者、人心湛然無一物時，乃是仁義禮智也。爲善者，乃是仁義禮智之事也。明此之謂明善，爲此之謂爲善。明之以立其體，爲之以致其用。感而遂通者，原是寂然不動，本無一物也。以此復性，以此盡性，故曰易簡而天下之理得矣。

清・愛新覺羅・福臨《資政要覽》卷二《遷善章》　善無常主。自以爲善，斯不善至。自知不善，斯善至。是以君子見善則遷，有過則改。過而能改，善莫大焉。《易》曰：『冥豫，成，有渝，无咎。』殷湯不吝，周宣補闕，漢高吐哺，光武回輿，所稱无咎者乎？夫人喜聞無過，則諛者日進。此田巴所以致規於齊君也。

故君有爭臣，父有爭子，士有爭友，則躬備令聞，而動無過舉。顔淵亞聖，乃稱『不貳』；蘧瑗大賢，猶曰『知非』。故履重考祥，言貴忠告。割痤至痛，啜藥至苦，然而爲之者，便於身也。

人不可以過自棄。故周處勵於忠信，士安勤其博綜。人不可以過棄人。故鄭均曲諫於弟兄，林宗訓義於鄉里。君之於臣也，矜其瑕而滌其累。故秦釋孟明之罪，漢收魏尚之功。孰謂遷善而非盡善乎？

又　卷三《積善章》　善者，天人所以授受。故曰『繼之者善也』。若川然，有原，以卬浦而後大。欲盡人以合天，必謹正其所積。積善者不期慶而慶臻焉。鼓宮宮動，鼓角角動。山雲草莽，雨雲水波。黄帝曰：『芒昧，因天之威，與元同氣。』是以堯爲善而衆善至，周積忠厚，漢積寬仁，咸昌厥祚。天道彰矣。

積善於身者，行不愧影，寢不愧魂。積善於家者，宗族稱孝，鄉黨稱弟。若乃扶危難，恤羈孤，念乏絶，通有無，危言切諫以申幽，慎罰緩刑而全物，所謂『邁種其德』者乎？田蚡飛語，義縱摯擊，牛輔筮殺，劉瑀叫呼，殘忍怨毒，嗟何益哉！

雖然，善積而名成，非覬之也。爲善而近名必生事，生事則釋公而就私，置數而任己，治不修故，而事不須時。其爲善也，與爲非奚異？有其善，喪厥善，知善之爲善，斯不善已。故君子慮善以動，動惟厥時。厚濟不居其惠，多與不求其報。功蓋天下，不施其美；澤及後世，不有其名。是之謂善積。

清・唐甄《潛書》上篇下《取善》　孔孟之教人也嚴，其與人也寬。唯聖人乃能無闕；若與之不寬，則天下無人，無可與之共學，無可與之居位矣。其人而廉者與，吾取其廉而略其才；其人而達者與，吾取其達而略其節；其人而博者與，吾取其可問而略其自用。夫如是，則天下之人可爲吾之師友者多矣。若必求備焉，冉有之賢也，而爲季氏聚斂；季路之賢也，而死不合義；子貢之賢也，而好貨；子夏之賢也，而哭子成瞽；曾子傳仲尼之道者也，乃其初不察於夫子之言，幾誤喪死之大故。此五賢者，孔門之儁也，親承聖人之教，如切如磋如琢如磨，亦甚勤矣。然學之未至，自得之未深，猶多闕焉若是，況其下焉者乎。若必求備焉，以其短而棄其長，則五賢皆所不取，彼廉達博聞之士，亦若鳥獸之不可同羣矣。

子曰：『三人行，必有我師焉；擇其善者而從之，其不善者而改之。』所謂三人行者，乃偶遇而與之偕行，非素共學之人也；所謂善不善者，乃偶見之行事，非可與論學之人也；而夫子教人之取益也，則若是矣。

其在於今，道喪學廢，德孤無鄰，不得大賢以爲我師，不得小賢以爲我友。雖蒭蕘之屬，賈販之流，皆可以三人有師之法求之也。若其中有志於學者，悅仲尼之道以求淑其身心，雖爲人多疵，其在於今爲不易覯，吾不與之而孰與哉！

子夏曰：『大德不踰閑，小德出入可也。』此言與人之道也，非自處之道也。君子之自處，當如《書》之所云矣。《書》云：『與人不求備，檢身如不及。』蓋與人當寬，自處當嚴也。夫玉，天下之寶也。古人得美玉，使良工琢之，必去玷以成器；若玷不去，終非寶器，人不以爲重矣。修身之道，亦必去玷。玷非履邪違道之謂也，凡一動一趨之不合於度，卽爲玷矣。聖人制禮，朝聘喪祭，燕饗飲食，以時以節，無敢違失；登降有數，揖讓有數，酬酢有數，進退有數。豈故爲是繁曲以勞人之四體哉？疏於外者懈於內，略於文者亡其實，是修身之要道，制心之切務也。是故孔子教人，罕言心性，謹之以言行，約之以篤實，而心性之功在其中矣。

其在於今，亦有學道之人，志移於風，性成於習，好名而求聞，好動而惡靜，閒居無日，皆出門嬉遊之時也；羣居笑語，竟夕忘反，博奕飲酒，而務悅於人。誤以爲朋友之交當然也，而實同於市人之行矣。世雖昏濁，人心自明，眞僞自見，賢不肖自別，其出於衆人之口者不可罔也。是以君子爲學，不敢自罔，而卽不敢罔人，兢兢焉一言一行，時自謹省，恐人之議其後也。非有弔賀之事也，而數見於鄉閭之會，則人議其流；非問學請益也，而數見於朋友之家，則人議其瀆；名不登於仕籍也，而數造於貴人之庭，則人議其諂；非有干旌之賢大夫也，而時稱大官之相知，則人議其汙。是故君子之論，不敢違也；鄉人之刺，亦可畏也。古人有言曰：『禮義之不愆，何恤於人言。』謂夫讒慝之口，非謂衆論之同也。且果禮義之不愆乎？是故庶人之謗，鄉校之議，皆所以考德也。武王聖人也，受一獒之貢，而召公則戒之曰：『不矜細行，終累大德。爲山九仞，功虧一簣。』士志於學，而乃役役焉往來於名利之中，德盡喪矣，豈一獒之累乎哉！道盡崩矣，豈一簣之虧乎哉！

清·愛新覺羅·弘曆《御製樂善堂全集定本》卷八《樂善堂記》

凡人之性，未嘗不善仁義禮智全備於我，所謂得天地之正氣而爲人也。然有智愚賢不肖之分者，氣拘之，私誘之，遂日以蔽錮而昏昧，有能復其性者，鮮矣。人能自强不息以復性爲功，己有善念擴而充之，人有善事喜而從之，則本性呈露而有馨香之德矣。是故明德之馨，勝於黍稷芝蘭，鮑魚與之俱化，未有樂善而不能修德者也。余有書屋數間，清爽幽靜，山水之趣，琴鶴之玩，時呈於前，萊圃數畦，桃花滿林，堪以寓目，顔之曰『樂善堂』者，蓋取大舜樂取於人以爲善之意也。夫孝弟仁義乃所謂善也，人能孝以養親，弟以敬長，仁以恤下，義以事上，樂而行之，時時無怠，則能因物付物，以事處事，而完所性之本體矣。是故大舜聖人也，猶存虛受之心，聞一善言，若决江河。漢明帝嘗問東平王在國何事最樂。王曰爲善最樂。余雖不敏，然賴皇父之明訓、師友之切磋，於大舜之善與人同，雖有志而未逮，而東平王之爲善最樂，則不敢不勉焉。是爲記。

清·戴震《戴東原集》卷八《原善上》 善：曰仁，曰禮，曰義，斯三者，天下之大本也。顯之爲天明謂之命，實之爲化之順謂之道，循之而分治有常謂之理。命，言乎天地之中昭明以信也。道，言乎化之不已也。理，言乎其詳至也。善，言乎無淆襍也。性，言乎本於天，徵爲事能也。言乎其同謂之善，言乎其異謂之材，因材而善之謂之教。材以類殊則性殊，人之材不侔也，而相肖以類，故性亦相近。得化育之正以爲形氣而秀發於神，材也，善則其中正無邪也。材一於善，不貳其德也，智仁勇是也。血氣心知之性，人皆有之，非二本然也。分而言之，懼夫人之與天地日以隔也。血氣心知之性主乎材，天之性全乎善。主乎材者成於化，全乎善者通於命。成於化者道，通於命者德。心之恭見於貌，心之從見於言，心之明見於視，心之聰見於聽，心之睿見於思，此之謂能盡其材。名其無妄謂之誠，名其不渝謂之信。言乎順之謂道，言乎信之謂德，行於人倫庶物之謂道，侔於天地化育之謂誠，如聽於所制者然之謂命。案：以下皆見《法象論》，較此爲簡絜，姑並存之。

是故生生者，化之原；生生而條理者，化之流。動而輸者，立天下之博；靜而藏者，立天下之約。博者其生，約者其息；生者動而時出，息者靜而自正。至動而條理也，至靜而有本也。卉木之株葉蕚實謂之生，果實之白全其生之性謂之息。君子之於問學也如生，存其心湛然合天地之心如息。人道舉配乎生，性配乎息。生則有息，息則有生，天地所以成化也。

生生者，仁乎！生生而條理者，禮與義乎！何謂禮？條理之秩然有序，其著也；何謂義？條理之截然不可亂，其著也。得乎生生者謂之仁，得乎條理者謂之智。至仁必易，大智必簡，仁智而道義出於斯矣。是故生生者仁，條理者禮，斷決者義，藏主者智，仁智中和曰聖人；聖合天，是謂無妄。無妄之於百物生生，至貴者仁，仁得則父子親，禮得則親疏上下之分盡，義得則百事正，藏於智則天地萬物爲量，歸於無妄則聖人之事。

知行合一論分部

論說

元・許衡《魯齋遺書》卷一《語録上》　凡爲學之道，必須一言一句，自求己事。如六經、《語》、《孟》中我所未能，當勉而行之，或我所行不合於六經、《語》、《孟》中，便須改之，先務躬行，非止誦書作文而已。

元・王結《文忠集》卷四《知行説》　士之爲學，蓋欲變化氣質，涵養德性，微言精義，融會于心，而措諸其躬；一人之身，具仁義禮智之性，父子、君臣、夫婦、昆弟、朋友之倫，至於視聽、言動、進退、步趨，其緒至多，其理至密，苟不先有以知其所以然，未有能行其所當然者也。故必毫析縷解，識其性情之別，體用之異，區別其分之不同，而會於理之至極，如燭照、數計，明白曉析，洒然無疑，然後能躬行實踐，造於極致之地而無憾也。知之明故行之力，行之力，則其知愈明矣。體用相發，不可偏廢，一而二，二而一者也；然則，知與行者，豈非爲學之要乎。昔舜命禹曰：人心惟危，道心惟微，惟精惟一，允執厥中。精者，察人心道心之混淆，致知之謂；一者，守本心之正，而不使之離，力行之謂；允執厥中，無過不及也。夫舜禹天下之大聖，授受之際，猶以是爲心法之傳；則知行者，固爲學之要也。然知吾知，行吾行，非强所不可知，責所不當行；以吾心之明，究可知之理，物理既極，本心愈明，則措諸其躬者，始可得而言矣。不以一知自止、一行自畫，窮理於學問思辨之際，力行於顛沛造次之間，使吾心之所具、身之所接、耳目之官、手足之職，無一理之或遺，無一事之不當，則氣質變化，德性純粹，蓋有不期然而然者矣。其眞爲學之要也哉。

元・王旭《蘭軒集》卷一三《碭山縣新修學記》　學者誠能求諸聖賢之書，而驗諸日用躬行之實，收放心，察人倫，以孝弟忠信立其本，而格物致知明其用，使修身、齊家、治國、平天下之具皆在於我，而所學不爲空言，則庶幾無負於賢侯立學校、作人材之美意矣。

明・王守仁《王文成公全書》卷一《傳習録上》　愛因未會先生『知行合一』之訓，與宗賢、惟賢往復辯論，未能決。以問於先生。先生曰：『試舉看。』愛曰：『如今人儘有知得父當孝、兄當弟者，却不能孝、不能弟。便是知與行分明是兩件。』先生曰：『此已被私欲隔斷，不是知行的本體了。未有知而不行者。知而不行，只是未知。聖賢教人知行，正是要復那本體，不是着你只恁的便罷。故《大學》指箇真知行與人看，說「如好好色，如惡惡臭」。見好色屬知，好好色屬行。只見那好色時已自好了；不是見了後又立箇心去好。聞惡臭屬知，惡惡臭屬行。只聞那惡臭時已自惡了；不是聞了後別立箇心去惡。如鼻塞人雖見惡臭在前，鼻中不曾聞得，便亦不甚惡，亦只是不曾知臭。就如稱某人知孝、某人知弟。必是其人已曾行孝行弟，方可稱他知孝知弟，不成只是曉得説些孝弟的話，便可稱爲知孝弟。又如知痛，必已自痛了方知痛；知寒，必已自寒了；知饑，必已自饑了；知行如何分得開？此便是知行的本體，不曾有私意隔斷的。聖人教人，必要是如此，方可謂之知。不然，只是不曾知。此却是何等緊切着實的工夫！如今苦苦定要説知行做兩箇，是甚麽意？某要説做一箇，是甚麽意？若不知立言宗旨。只管説一箇兩箇，亦有甚用。』【略】

愛曰：『古人説知行做兩箇，亦是要人見箇分曉，一行做知的工夫，一行做行的工夫，即功夫始有下落。』

先生曰：『此却失了古人宗旨也。某嘗説知是行的主意，行是知的功夫；知是行之始，行是知之成。若會得時，只説一箇知，已自有行在；只説一箇行，已自有知在。古人所以既説一箇知，又説一箇行者，只爲世間有一種人，懵懵懂懂的任意去做，全不解思惟省察，也只是箇冥行妄作，所以必説箇知，方纔行得是。又有一種人，茫茫蕩蕩懸空去思索，全不肯着實躬行，也只是箇揣摸影響，所以必説一箇行，方纔知得真。此是古人不得已補偏救弊的説話。若見得這箇意時，即一言而足。今人却就將知行分作兩件去做。以爲必先知了，然後能行。我如今且去講習討論做知的工夫，待知得真了，方去做行的工夫，故遂終身不行，亦遂終身不知。此不是小病痛，其來已非一日矣。某今説箇知行合一，正是對病的藥，又不是某鑿空杜撰。知行本體原是如此。今若知得宗旨時，即説兩箇亦不妨，亦只是一箇；若不會宗旨，便説一箇，亦濟得甚事？只是閒説話。』

明・朱同《覆瓿集》卷四《送休寧縣尹杜貫道秩滿序代休丞應叔原作》

學者，將以行之也。古之君子幼而學，至四十而始仕，其所以爲學之道，即其所以治民之法，未始有二塗也。後之學者方其爲學，則狥乎詞章記誦之習，及其出仕，則理乎簿書期會之規，所學所行判然二道，于是學而後入政之説遂視爲虚語矣。嗚呼！學之與行豈誠有二致哉？必也真有傑出之才，推其所學，措之臨民政事，然後知古今之時雖殊，而聖賢維持萬世之道未始有異也。

清・唐甄《潛書》上篇上《知行》 息關蔡子，其父忠襄公，嘗夢見陽明子而問道焉。息關因畫爲圖，而以已侍側，請唐子有以發而題之。乃題之曰：

凡求道者，患在道之無從。既知所從矣，患在身之不至。《詩》曰：『遡洄從之，道阻且長；遡游從之，宛在水中央。』遡而上之而道阻焉，不知所在也；遡而下之而宛在矣，知所在而未能即也。夫不憚身勞而上下往反，其求道可謂勤矣，而卒之望若見焉而不能身至其人之側者，是何也？未得所從之道也。斯人也，雖生於魯哀之時，遊於東魯之邦，踵於孔氏之門，猶之乎身不離於戎狄也。蒹葭之言，吾所恥也。《書》曰：『凡人未見聖，若不克見；既見聖，亦不克由聖。』既見聖，則在聖人之側，異於水中之隔矣。於斯時也，聞聖人之言，見聖人之行，如渠之導水，帆之遇風，無往不利，而若之何其不克由哉？其不克由者何也？未得所由之道也。斯人也，雖入於孔氏之門，從於顔季之列，日覩聖人之貌，猶之未見也；日聞聖人之言，猶之無聞也。《君陳》之篇，吾所憾也。蓋彼知在水之中央，而不知在身之中央；彼知由於聖之聖，而不知由於心之聖。不自得而求於外，是以在焉而弗在也，由焉而莫由也。

陽明子曰：『良知是吾師也。是非自明，依而不違，自合於道。』以言乎其人，則陽明子爲忠襄息關之師；以言乎良知，則忠襄即陽明子、息關即陽明子、凡行道所見之人皆陽明子。不在言貌，各自得師，夫何宛在興嗟、欲由弗克哉！不知良知者，不知自有寶者也。知良知而不致者，懷其寶而不善用者也。

甄雖不敏，亦願學陽明子，而不敢謝不及者，蓋服乎知行合一之教也。知行爲二，雖知猶無知，雖致猶不致。知行合一者，致知之實功也，雖弱者亦可能焉，雖愚者亦可及焉。何也？善如甘食暖衣，惡如郭食縷衣。知其甘者，知也；知其甘而食之，即行矣。知其暖者知也，知其暖而衣之，即行矣。若知其甘而忍餓不食，以待明日乃食；知其暖而忍寒不衣，以待明日乃衣，天下豈有是哉！郭食縷衣反是。以此譬知行，則合一者自然之勢也，分而爲二者自隔之見也。我瞻此圖，反求於心，不假於外。知之所在，即行之所在，不移時，無需事，以從息關之後，或庶幾乎！

擇師取友論分部

論說

元·王惲《秋澗集》卷四四《辨說·朋友》 朋友列於五典，其所以爲重者，志同而義在也。故粲然有文以相接，驩然有恩以相愛。不然，其與走者類聚而同遊，飛者羣分而共集，蓋幾希矣。詩人以伐木廢，特表夫友道之缺，深有旨哉！

元·鮮于樞《困學齋雜録》 人不讀儒書以變化之，無良師友以教益輔成之，雖年至七十，亦無異於十五六之時也，但髮白面皺耳。

明·徐一夔《始豐稿》卷一《尚友説》 君子爲學求道，其可有自足之心乎？不可也。蓋天下萬事皆有足，惟爲學求道不可以有足，足斯畫矣。古之人惟其不自足也，是以廣於取友，故近而一鄉之士，遠而一國之士，又遠而天下之士，無不友焉，猶未足也，雖古之人亦尚友之。嗚呼！學而至於尚友，未易言也。昔者孔子之生，後乎周公五百餘歲，志之所形，夢見周公，尚友周公也。孟子之生，後乎孔子百有餘歲，志之所至，願學孔子，尚友孔子也。程子之生，後乎孔子、孟子又千有餘歲，以不世有之識，得孔子、孟子之奧，使其道益尊以明，尚友孔子、孟子也。泰矣哉！尚友之云也。吾友牛君士良字其藏修之所曰尚友，或曰此聖賢事也，今人生而同世，學而同道，以某問某，猶有不知者，而況立乎千百世之下，而取千百世之上之人友之，不已誇乎？不謂是也，聖人之事，衆人之所爲也。古人遠矣，其詩存，其書存，誦其詩，讀其書，意領神會，於千百世之上古人在是也。孔子也，孟子也，程子也，爲聖爲賢，蓋此道也。以衆人自處而自棄其聖賢之身，祇見其誇也。余識牛君久矣，生長齊魯之邦，而從其先君子宦遊楚越之野，足之所及者廣矣。所謂一鄉之士、一國之士、天下之士，其必得而友之矣，而且以尚友爲事，夫豈汲汲於小成者哉！

明·李時勉《古廉文集》卷七《師友説》 宜章彭先生友諒，分教蜀之温江，既滿入京，調安成，衆咸謂予安成人，能無言耶？予曰：『然。』韓子曰：『師者，所以傳道授業解惑者也。』夫所以爲教者，必由於是，而後其教行；其所以爲學者，必由於是，而後其學進。是故爲師者，道既充矣，而必爲人傳之；業既廣矣，而必爲人授之；惑既釋矣，而必爲人解之。彼不吾求也，不吾受也，不吾問也，是自棄自暴者也，絶之可也。爲弟子者，道不足於已，必於師而求之；業未成於已，必於師而就之；惑未釋於已，必於師而辨之。彼不吾傳也，不吾授也，不吾解也，是爲已而非爲人者也，去之可也。夫如是，則爲教者誠，而爲學者篤，其能相與以有成也必矣。若夫爲師者靳吝閉固，非有重資厚幣足以動人者，未肯一輕示之而輒絶之；爲弟子者怠惰玩愒，非有誦習可以速成者，未肯一輕從之而輒去之。是則爲師者不知所以爲教，爲弟子者不知所以爲學，其能相與以有成者鮮矣。弊邑雖小，而士多好學，雖深幽僻遠之地，絃誦之聲相聞，會處之際，論文賦詠之外，不及乎其他，故子弟多成其材，況學校有廩餼以養之，有師長以教之，有有司以勸督之，得專心一志以由於學而不暇乎他，所務則其所以成乎其材也，抑乂易矣。夫以好學易成之材，而又得如先生者以爲之師，將見士之彬彬然，出於一時而盛於往昔時者無疑矣。予故道師弟子之所以爲教與學、有成與否以爲先生贈者，所以激勸乎邑之士子，而有望於先生以成之，先生必有以副吾望也。

明·胡居仁《居業録》卷二《學問》 人須要志氣剛大，不甘作下等人，方能奮發有爲。然必尋師友，講究實做工夫，自當有進。進而不已，不使間斷，方能有成。

明·胡居仁《胡文敬集》卷一《寄潘友》 周子曰：『道義者，身有之則貴且尊。人生而蒙，長無師友則愚。是道義由師友有之而得貴且尊，其義不亦重乎？其聚不亦樂乎？』居仁嘗竊誦此，而知道義之貴，不可不求；師友之重，不可不篤。

明·湛若水《格物通》卷二九《進德業四》 臣若水通曰：二帝三王皆有師傅賓友者，非爲美觀虛設也，蓋以非師友無以成其德業也。師友者，所以開君之聰明，而養君之德性者也。故自天子以達於庶人，未有不須師友而能獨成也。故古之舜禹文武或學於務成昭，或學於西王國，或學於太公，或學於伊尹，是故聖益聖，而治益隆也。後世不知出此，雖具其官而非其人，或用其人而不師其道，徒爲虛設，宜其德業不成而治之不古若哉。《書》曰：『能自得師者王，謂人莫己若者亡。』成敗之決皆在於此也。伏惟皇上師法往古，以重師傅之任，則天下將蒙其休澤矣。

明・胡直衡《盧精舍藏稿》卷一五《申說贈蕭希之太守北上》 善學者譬如種樹。仁，全樹也。志，根也。師友，栽培者也。詩書，灌溉者也。君子誠有志，則未嘗一日離師友，廢詩書。苟無志，則師友爲虛器，詩書資詞章耳。曾子曰：『士不可以不弘毅。』嗟夫！予罕見有弘毅任仁，急師友，契詩書之原者也。

明・何心隱《爨桐集》卷二《師說》 師非道也，道非師不幬。師非學也，學非師不約。不幬不約則不交。不交亦天地也，不往不來之天地也。革也，湯武之所以革天而後天，革地而後地。否也，未盡善也，未盡學也，未盡道也。友其道于師以學而交乾坤乎？

天地于易，易天而不革天，易地而不革地，師也，至善也。非道而盡道，道之至也。非學而盡學，學之至也。可以相交而友，不落于友也。可以相友而師，不落菸師也。此天地之所以爲大也。惟大爲泰也，師其至乎！

清・湯斌《湯子遺書》卷五《與田簣山書》 某昔與曹厚菴、魏環極諸先生遊，稍稍聞其緒論，謝病歸田，實欲與同志共證斯道。吾州英俊頗衆，惜究心聖學者亦未多見，夾輔無人，遂因循偷惰，幾至淪落。時一猛省，爲之惕然，蓋師友講習爲益最多。孔子曰：『學之不講，是吾憂也。』此道與師友講明一番，則此心光明一番，蓋講學爲己，非爲人也。古人尊師取友，豈徒爲聲氣哉？近世聖學不明，談及學問便共非笑，不以爲立異，即以爲好名，不知立異好名，誠學者之弊，而本體不明，工夫無序，雖剽竊前言往行，終是不著不察，終不免爲義襲而取。今世功利訓詁詞章之習，陷溺人心，天之所與我者幾不可問。訓詁詞章固是害道，而功利之害爲甚。今人起一念，舉一事，微細追求，未有不從功利起見者，若不細細講明，未免認賊作子。足下篤學力行，某遊歷中外，求友四方，中心嚮往，惜所居稍遠，不能時時請益，恐志氣昏惰，無人警策，行年四十，已非少壯可比，實望足下脫去形迹，不時鞭策，來州則設榻茅舍，面賜指誨，勿存一毫情面，即不能常會，手札相商，亦不得將就許可。孔子曰：『朋友信之。』面是退非，非信也；一毫不信，非友也。君臣父子兄弟夫婦，非朋友講明，不能各盡其道。故朋友之倫，所以經緯夫四倫，猶五行中之土、五常中之信。故願與足下存此一大倫，勿如世俗但有朋友之名而已也。

清・姜宸英《湛園集》卷七《友說贈許子甫草》 古者士有諍友。荀卿曰：『庸衆駑散，則劫之以師友。』友者，所以濟師之道之所不及也。《中庸》論達道五頋，言朋友不及師弟，蓋君臣父子夫婦兄弟，人生之於四者固有難言者矣。夫師者，其爲分甚尊，而其爲勢則甚疏，言人之所難言者，甚尊之與甚疏皆有所不可者也。然則孰爲其綢繆之，使無失彌縫之，使無間耶？此朋友之事也。古之取友，有以勢利相膠漆者，有取其緩急相賙恤者，有誓生死患難不相背負者。勢利之交無論已，緩急相賙恤、生死患難不背負，此謂意氣之感激則有之，差異于世之面嫗煦而背訕者耳，以語于道義之交，未也。古道義之交以贈言，不以財賄；以性命，不以然諾；以過相規箴，不以名相標榜。衆之所賤，吾貴焉，不以形迹嫌也。衆之所棄，吾取焉，不以獨行疑也。要之，期攀依以同至于道，斯已矣。夫攀依以同至于道者，非吾友其誰望耶？

昔者仲尼沒，而七十子之徒自以其聞于師者相友教。曾子數子夏三失，卜子投杖謝過，子貢乘軒而過，原憲聞貧病之譏，則逡巡失色以退。若《論語》、《戴記》、《家語》中所雜載弟子辨難語，大抵皆足以發明聖人徽言大義。至今學者人知尊君親上，以不至蔑禮犯分，毀詩書，滅仁義，彝倫不至盡斁，清議不至盡泯者，此雖聖人之教以然，亦其徒相與提攜之力也。由是觀之，則師之道得友而益彰，信矣。今世小生俗學，甫離襁姆，違其父兄之教，則以奔逐聲勢爲交遊，以背公向私爲任使，以一唱百和、無所可否爲同志合道，指道學爲迂濶，薄廉潔爲無用，士苟習是數者，世俗皆謂之曰能，而自君子觀之，乃所謂市道交也。市交之日聞，古道之不作，則業孰與進，德孰與講，業無與進則邪者比，德無與講則過益積，鹵莽於君父之間，恣睢於禮法之外，然且率天下而爭騖於是，則人類幾何其不盡滅矣。僕藏此意久，顧無足發者。許子甫草善爲文，與僕交最厚，其遠出乎流俗，而不底乎道義不止也。今天下無不籍籍，許子名乃不以僕之拙訥顛蹶爲可鄙，而特以爲今之人無志於古人者，能志於古人者，必其能爲古人之文者也。故每一文成，則必俯以示僕，僕時有所指擿疵類，輒喜發於頰，即力稱善，無所短長，則必愠曰：『是得毋徇我乎？』夫文章小技易爲也。計子之於文，可謂成矣，然猶不敢自是，惟不得聞其失是懼。況事固有大於此者，其肯以苟且從事乎？吾知計子之取於友者，爲異乎今之所取於友者矣。雖然，計子則何有於是焉？夫惟君之自視也重，故其望於友也益切，其望於友也切，則其施於人也有勿然者乎。若僕固所謂庸衆駑散，而文與行之無足採者也。辱君之交，冀以有成君，盍以其自爲之餘爲僕謀，所以勉進於道者，作《友説》以贈。

清・陸世儀《思辨録輯要》卷二《立志類》 人無志於爲聖賢則已，苟有志於爲聖賢，則必求當世之能爲聖賢者而師之。蓋讀書考古雖師資中一事，然初學之人胸中尚無把握，恐未知所決擇。朱子訓學字，謂效先覺之所爲，前輩能爲聖賢之人即先覺也，其學問中功夫次第既身歷過一番，必有一番親切處，從而問之師之，則彼之親切處即我之親切處矣。《學記》云：『善學者師逸而功倍，不善學者師勞而功半。』我亦曰：『善師者學逸而功倍，不善師者學勞而功半。』

人欲學道，必先虚心，能虚心然後能求師。韓文公曰：『生乎吾前，其聞道也先乎吾，吾從而師之；生乎吾後，其聞道也先乎吾，吾亦從而師之。』師之所在，以道不以齒。孔門七十子之中，顔路少孔子六歲。伊川遊太學，呂希哲與伊川隣齋，首以師禮事焉。從吾道人董蘿石長於陽明，不惜北面，必如是而後謂之學道。學道求師而猶論及年齒貴賤，則是一片世俗心矣，何由得道？

或曰取友甚難。近時士風日薄，博奕飲酒，所在皆然，安所得良友而取之？予曰：『不然。』一鄉之善士，斯友一鄉之善士；一國之善士，斯友一國之善士。能爲端人則取友必端，是友以類合者也。今天下博奕飲酒之友比比皆是，而不至於子之門者，是子未嘗好博奕飲酒也。天下道德仁義之友亦甚不乏，而不至於子之門，是子未嘗好道德仁義也。君子以同道爲朋，小人以同利爲朋，人未有無朋者，然小人之朋必無可樂，即或一時膠漆，意氣如雲，然見利必争，見害必避，凶終隙末，比比有之矣。必同學聖賢之人，其相契在性情，不在意氣，故可樂。

天下惟朋友一途最寬，不得於此則得於彼，不得於一鄉則得於一國，不得於一國則得於天下，不得於天下則得於古人，惟吾所取之耳。

清・愛新覺羅・胤禛《世宗憲皇帝御製文集》卷九《執中成憲御論》 君師之道，非有兩端，君師之責，亦非分屬。爲君者，教養並施，正德利用厚生，缺一不可。其理自兼爲師，是師道即在君道之中，未有爲君而不兼師者也。爲師者，以先知覺後知，以先覺覺後覺，而君道亦寓。孔子爲萬世師表，其所垂之道法，人人尊奉率由，實如臣服。且千古帝王，無不奉令而承教，則君道即在師道中矣。君師之任，有不可岐視者。

治國理政論部

王道論分部

論説

元・張養浩《歸田類稿》卷一《經筵餘旨・君道篇第二》 天之道即君道也，天道無私，人君亦無私。堯舜禹湯有天下而已不預焉，公也；桀紂幽厲有天下而民不預焉，私也。公者以天下爲心，一己之奉不計也；私者以一身之樂、一時之適爲心，天下皆失其所不恤也。然而數千載下，聞堯舜禹湯之風者，莫不感戴如父母；聞桀紂幽厲之風者，莫不疾恨如仇讎。回視當時所樂，若瓊宫瑤臺，今皆蕩爲太虚之塵，而無毫髮縱影之可見，其昭然而存者，貪暴之名萬古如一日。嗚呼！堯舜禹湯動相規戒，不自暇逸，其始也若自苦，由今觀之，乃大安也，大榮也，大樂也。桀紂幽厲窮奢極欲，人莫敢言，其始也若自得，由今觀之，大危也，大辱也，大戚也。嗚呼！聖人立教，每以堯舜禹湯爲天下後世法，桀紂幽厲爲天下後世戒者，其有以夫。

明・黄訓《名臣經濟録》卷一《保治弘治下・張元禎〈勸行王道

奏》　臣惟爲人君者，不以王道爲心，雖有爲也，謂之有爲之主則可，非所謂大有爲之主也。爲人臣者，不以王道致君，雖有功也，謂之救時之佐則可，非所謂名世之佐也。【略】

臣惟王道乃二帝三王相傳以平治天下者也，其道雖大，然皆本之身心，而非有待於外者也。蓋心必純於天理而無一毫之私，然後著之政事，亦皆純於天理而無一毫之夾雜。苟政雖善而心於天理有未純焉，是外身心以爲治，是爲無本，是爲不誠，是爲霸道。霸道者，假王道以成功名，假天理之公，以濟人欲之私者也。王道真，霸道僞；王道實，霸道虚；王道坦夷，霸道崎嶇。王化大同乎天地，霸業僅補其罅漏，人主不可不深辨也。今臣之所陳，不及於陛下之更創制度，不及於陛下之振舉綱維，不及於陛下之黜陟人物，惟勸陛下於身心上用功，以立王道之本而已。身心之功既至，則王道之著於政事者，布在方冊，可因而因，可革而革，可益而益，可損而損。陛下聖見當自能裁之，而羣臣中有名世者出，當一一有以輔陛下也。臣請詳之。

夫王者之心，何心哉？天地之心也。天地所以相播相盪，相軋相磨，而晝夜之不息者，其心無他，惟在生物而已。雖其雷霆之震擊，霜雪之凋剝，亦其所以破其頑而禁其盛，非心乎殺之也。人心即天理所生之物也，如花木之接，水泉之續，然實皆得是生物之心以爲心者也。苟非得是心，則是身無以生矣。爲人君者聰明睿智，得此生物之心厚而靈，猶天所以留心者。蓋生物必當有以養而教之，天不能自養而付養之之責於君，天不能自教而付教之之責於君。人且當體乎天而心天之心，人君尤不可不體乎天而心天之心者也。心天之心何如哉？心其所以生我者，以達之萬事，以生乎萬民也，必其四海之内、九州之外，熙熙乎無一處無一人無生生意，皞皞乎無一處無一物無生生氣。禮樂明備，俗化醇美，至和薰蒸，諸福畢至，景星慶雲見焉，麒麟鳳凰出焉，醴泉朱草生焉，是即所謂王道也，是即皆由其心所以生我者來也。然是心也，即天理也，天理之在此心，日用之間本無不流通，但以既有此身，則不能無耳目口鼻，耳目口鼻既獨有諸己，由是誘之以聲色之紛華，臭味之甘美，得之不得，而喜怒哀樂之發，遂不能無私焉。身既有私，則此心或爲之蔽而不能祛，或爲之累而不能遣，或爲之錮而不能釋，此天理遂以漸而泯，即此心以漸而亡。私欲長一分則此心亡一分矣，私欲長十分，天理泯十分而此心亡十分矣。始於濫觴而至於滔天，始於一爝而至於燎原，在人君則居崇高之位，操威福之柄，無求不遂，無令不行，其泯此理，亡此心，則害尤不可勝言者。故尤當於是乎用力焉，使此心私欲淨盡，天理渾全，無一毫之夾雜。不然，一念之差或貽莫大之憂，一行之失或貽無窮之禍，私成於一己之微，而患被乎天下之大，欲遂於一時之暫，而患及於百世之久，可不懼哉！王道之行與不行，實判於此，然非有大有爲之資者不能克，非大有爲之才者不易克也。臣所以有望於陛下也。【略】

先儒程子謂學者不可讓第一等事與别人做，王道乃人君第一等事，臣所以勸陛下行之而竊以三策焉，惟陛下留神，其一曰定聖志，其二曰一聖敬，其三曰廣聖知。【略】抑臣此三策，皆所以立王道之本者也，皆所以用功於身心者也。陛下必於此三策兼致其力而不可廢其一焉。如志已定矣，使敬或不一，則志徒大而身心上尊德性之功欠，無以充其大以全王道之體，故先儒胡氏云志立於萬事之表，即繼之以敬行乎萬事之内，而先聖孔子云志於道，即繼之以據於德、依於仁者此也。如敬已一矣，使知或不廣，則所守徒固而身心上道問學之功欠，無以進其明以大王道之用，故先聖孔子約顔子以禮，必先博之以文，而三聖堯舜禹一中之傳惟一，必先之以惟精者此也。陛下真足以大有爲者，功實在此；真足以心天下之心，使王道大行，以復二帝三王之治，以紹二帝三王之傳者，功實在此。誠不宜不於此兼致其力也。

明·胡居仁《居業録》卷四《帝王》　先儒言王道之外無坦途，舉皆荆棘；仁義之外無功利，舉皆禍殃。此推其極而言也。

事事存其當然之理，而己無與焉，便是王者事。著些計較，便是私吝心，即流於霸矣。

王道最易行。只要君身修，皇建其有極，王道根本。【略】

霸者有一半功，便有一半害。【略】

霸者非有利於己底事，皆不做，言與己無干也。不知仁者以天地萬物爲一己，皆吾事也。

明·薛瑄《讀書續録》卷五　行王道則黜伯功，行伯道則棄王道，後世有王伯並用之説，非矣。

王道，天理也；伯功，人欲也。天理人欲未有並立者也。

明·王廷相《慎言》卷七《御民篇》 御民以道不以術，守我之正而感服不計焉，付得失於民爾。術不可久，民不可愚，雖暫得之，終必失之，民以我非誠也，故聖人王道。

明·呂柟《涇野子内篇》卷一〇《鷲峯東所語》 先生常論王道只以養民爲本。後之仕者，却又辦簿書、急催科、理獄訟、善逢迎，事上官者爲賢，甚至貪殘肆無畏忌，乃習成一様虚套，遮飾哄人。至於養民之事，漠然畧不加意。哀哉！斯民如之何不窮且盗也。如今只要不諂諛，不貪錢，不説謊者，便可以安百姓。

明·王艮《明儒王心齋先生遺集》卷二《詩文雜著·王道論》 孔子曰：『如有王者，必世而後仁。』《書》曰：『刑期於無刑』，此王道也。夫所謂王道者，存天理，遏人欲而已矣。天理者，父子有親，君臣有義，夫婦有别，長幼有序，朋友有信是也。人欲者，不孝不弟，不睦不姻，不任不恤，造言亂民是也。存天理，則人欲自遏，天理必見。是故堯舜在位，比屋可封；周公輔政，刑措不用，是其驗也。蓋刑因惡而用，惡因無教養而生。苟養之有道，教之有方，則衣食足而禮義興，民自無惡矣。刑將安施乎？

然養之之道，不外乎務本節用而已。古者田有定制，民有定業，均節不忒而上下有經，故民志一而風俗淳，衆皆歸養，而冗食游民無所容于世。今天下田制不定，而游民衆多，制用無節，而風俗奢靡。所謂一人耕之，十人從而食之；一人蠶之，百人從而衣之。欲民無饑寒不可得也。饑寒切身，而欲民之不爲非，亦不可得也。今欲民得其養，在去天下虚糜無益之費，而制用有經，重本抑末，使巧詐游民各皆立本。如此，則生者衆而食者寡，爲之疾而用之舒，而財用無不足矣。

其三代貢助徹之法，後世均田、限田之議，口分世業之制，必俟人心和洽，方可斟酌行之。師其意而不泥其跡，行之有漸則通變得宜，民皆安之而不見其擾矣。所謂人心和洽，又在教之有方，而教之有方，唐虞三代備矣。昔者堯舜在上，憂民之逸居無教而近于禽獸也，使契爲司徒，教以人倫三代之學，皆所以明人倫也。是故《周禮·大司徒》以『鄉三物教萬民而賓興之，一曰六德：智、仁、聖、義、中、和；二曰六行：孝、友、睦、姻、任、恤；三曰六藝：禮、樂、射、御、書、數。』先德行而後文藝，明倫之教也。又爲比閭族黨州鄉之法以聯屬之，使之相親、相睦、相愛、相勸，以同歸於善。故凡民之有德行才藝者，必見於人倫日用之間，而一鄉之人無不信之者，及其鄉舉里選之時，比以告閭，閭以告族，族以告黨，黨以告州，州以告鄉，而鄉大夫則以所舉者以爲是，而不復考其德行才藝，悉以敬賢之禮遇之，不若後世之猜忌防閑也。鄉大夫舉於司徒，司徒薦以天子，天子拜而受之，登於天府，使司馬論才而授任。是故在上者專以德行舉士，在下者專以德行取士，父兄以德行教之，子弟以德行學之，師保以德行勉之，鄉人以德行榮之，是上下皆趨於德行，躬行實踐於孝弟、忠信、禮義、廉耻之間，不復營心於功名富貴之末，而功名富貴自在其中矣。故在上者專取天下之賢以爲輔相，不欲遺天下之賢，是與天下之人爲善也；在下者專舉天下之賢以爲己功，不敢蔽天下之賢，是勸天下之人爲善也。精神命脉，上下流通，日新月異，以至愚夫愚婦皆知所以爲學，而不至於人人君子，比屋可封，未之有也。

後世以來，非不知道德仁義爲美，亦非不知道德仁義爲教，而所以取士者，不專以道德仁義而先於文藝之末。故上有好者，下必有甚焉者矣。在上者以文藝取士，在下者以文藝舉士，父兄以文藝教之，子弟以文藝學之，師保以文藝勉之，鄉人以文藝榮之，而上下皆趨于文藝矣。故當時之士，自幼至老，浩瀚于辭章，汩没于記誦，無晝無夜，專以文藝爲務。蓋不如此，則不足以應朝廷之選而登天子之堂，以榮父母，以建功業，光祖宗而蔭子孫矣。方其中式之時，雖田夫野叟、兒童、走卒皆知欽敬。故學校之外，雖王宫、國都、府郡之賢士大夫，皆文藝之是貴，而莫知孝弟、忠信、禮義、廉耻之學，而況於窮鄉下邑、愚夫愚婦又安知所以爲學哉！所以飽食、暖衣，逸無居教而近于禽獸，以至傷風敗俗，輕生滅倫，賊君棄父，無所不至。而冒犯五刑，誅之不勝其誅，刑之無日而已。豈非古所謂不教而殺而罔民者哉！嗚呼！言至于此，可不痛心！

今欲變而通之，惟在重師儒之官，選天下之道德仁義之士以爲學校之師，其教之也，必先德行而後文藝，廢月書季考之繁，復飲射讀法之制。取之之法科貢之典。祖宗舊制，雖不可廢，當於科貢之外，别設一科，與科貢并行，如漢之賢良、方正、孝廉，我太祖人才之類，不拘成數，務得真才。其賓興之典，當重于科貢。果有真才而位列，亦出進士之右。其科貢之中，苟文憂而行劣者必在所黜，行憂而文雖劣者亦在所取，精神意思惟以德行爲主。使天下之人曉然，知德行爲重，六藝爲輕。如此，則士皆爭自刮磨砥礪，以趨于道德仁義之域，而賓興可行矣。夫養之有道而民生遂，教之有方而民行興，率此道也，以往而攸久不變，則仁漸義磨，淪膚浹髓，道德可一，風俗可同，刑措不用，而三代之治可幾矣。然非天子公卿講學明理，躬行於上以倡率之，則徒法不能以自行而卒，亦不可致矣。苟不知從事於此，而惟末流是務，則因陋就簡，補弊救偏，雖不無一時歡虞之效，隨世以就功名，終歸於苟焉而已，非王道之大也。

清·黄宗羲《孟子師説》卷一《齊桓晉文之事章》　王霸之分，不在事功而在心術：事功本之心術者，所謂『由仁義行』，王道也；只從迹上模倣，雖件件是王者之事，所謂『行仁義』者，霸也。不必説到王天下，即一國所爲之事，自有王霸之不同，奈何後人必欲説『得天下方謂之王』也！譬之草木，王者是生意所發，霸者是剪綵作花耳。

清·愛新覺羅·玄燁《聖祖仁皇帝御製文集》卷一八《王道論》

治天下必審擇所以爲治之道，然後運之有本，而措之也不勞。蓋得其道，則一時無赫赫之功，而久大之業，可以永建而不拔。不得其道，則雖殫精敝形，而終無以幾於治。故治理之方，不可不審也，其要在仁義而已矣。昔三代之盛也，蠲煩去苛，屏飾斥僞，先躬行而後文告，崇禮讓而緩刑罰，優游漸漬，不期效於旦夕，迨積之既久，風俗日茂，人心日醇，大化敦龐，號爲上理，此行仁義之所致也。秦漢而下，務爲一切苟且之政，以檢束其民，民生其時，亦皆匿情飾貌以應其上，上下相蒙，競趨偷薄，治功之降，遠不古若，此則不行仁義之過也。故曰：仁以育之；義以正之。仁以育之，所以養也；義以正之，所以教也。孔子曰『如有王者，必世而後仁。』又曰：『聖人久于其道，而天下化成。』蓋言王道之成，仁義之效也。是以聖王在上，制田里，廣樹畜，省刑而薄斂，崇本而抑末，使天下之民，家給人足，有俯仰之樂，而無阽危之患。由是立庠序之制，置慈惠之師，修六禮以節其性，播六樂以淑其情，明七教以興其德，齊八政以禁其非。當是之時，六合之遠，一家之積也；四海之廣，一身之推也；天下之久安而長治，猶泰山而四維之也。其去夫驩虞之治，不亦遠乎？嗚呼！天下重器也，有天下大業也。彼挈缾之智，猶必厝之於至安，况夫居重器而履大業者哉！盍亦知所擇矣。

又　卷一八《王霸辯》　禪繼之統分，而後有三王。會盟之事興，而後有五霸。世之儒者，尚論古今，推明已事，語仁義則尊隆王道；言權術則崇尚霸功。要其同異得失之辨，可得而言也。大約出之有誠僞，行之有公私耳。天下之民，其阽於危而思即安也，不啻如饑之待哺，寒之待衣。上之人有萬物一體之懷，有天下爲家之意，仁以漸之，義以摩之。而下之人亦皆愛之如父母，敬之如師保，咸有不忍去其上之心，此王道也。法立而政明，令行而禁止。有市德於下之心，而下亦有所懾服，此霸功也。故誅伐同也，而應天順人之與克威立懂，不同也。播告同也，而至誠惻怛之與噢咻嘔喻，不同也。此誠僞之分，公私之辨，可以見王霸之大端矣。世或有謂古今異宜，王霸貴乎雜用者。不知古今雖異，而天命民彝之理，豈有異乎？春秋戰國之時，三綱淪，九法斁，世風日下，人心日偷矣。而孔子、孟子生於其時，不聞有隨時遷就之説，所守者一以道德仁義爲歸。雖其不能見用於時君，而萬世之天下，皆得以其空言治之，孰謂王道之宜於古而不宜於今乎？若以雜霸之術，而欲奏熙隆之治，猶適越者而北其轅也。故作《王霸辯》云。

清·愛新覺羅·玄燁《聖祖仁皇帝御製文第二集》卷三〇《王道近民論》　嘗讀史至魯伯禽報政之事，而深歎古聖人致治無他道也，惟在因民之心而已矣。周公之言曰，政不簡不易，民不有近，平易近民，民必歸之。旨矣哉，非聖人何能語此。夫民雖至愚且弱，莫不各懷所欲，順之則易與爲治，拂之則日趨於非，此必至之勢也。聖王知其然，故因民之欲，遂其生也。予之以田里樹畜之資，導之以農桑衣食之術，公旬有限，而勿奪其時，補助頻行而常惜其力。然又念民心莫不好善而惡惡，於是因其父子兄弟之愛，發其孝友姻睦之良，習之於黨塾，申之於庠序。俾愚者安其身於襏襫，而婦饁夫耘，晝茅宵索，終歲勤動而不以爲勞。其秀者則釋耒耜而敦詩書，被服儒雅，日莘莘於俎豆鐘鼓之間而不覺。或有不率者，設爲法制以整齊之，立爲刑辟以董戒之，要皆示之以不得不然，而非專恃此以爲遷善去惡之具也。唐虞之世敬敷五教，而外服就流宅之刑，大率有其名而不用者爾。故皋陶之稱帝德，曰臨下以簡，御衆以寬。又曰好生之德，洽於民心，茲用不犯於有司，夫民至不犯，其治蔑以加矣。而實感格於好生之主德，斯豈非用簡與寬之效哉。降自三代，漢之文帝，唐之太宗，咸遵斯道，故一時幾於刑措。其他英察者，或流爲束濕。綜核者或入于煩苛，法令滋章，馴致衰亂。此皆未明於易簡近民之道者也。

易曰：易則易知，簡則易從。易知，則有親；易從，則有功。而大學之言絜矩本，之以所好所惡。孟子之原得民心，亦歸之於與聚勿施。合聖賢諸説推之，總不外因民之心以爲準。然則易簡者，近民之實；而近民者，王道之旨歟。

德治論分部

論説

明·楊士奇等《歷代名臣奏議》卷五《君德·［元］趙天麟〈太平金鏡策·論法祖愛民〉》 臣聞：動植具於有物之先，乾坤判於無名之始。流通二氣，班布五行，惟人也。括萬象以獨靈，執一中而不倚。芒乎若醇醪之酩酊，寂乎猶混沌之鴻濛。及其清濁遂分，視聽胥引；智愚懸隔，强弱難齊。總總而生，林林而羣，太樸降焉，良心放矣。中人以下，騁利慾之紛拏；下愚之流，梏癡迷而忘返。以至剝牀交戰，暴戾相淩。或顧影以無依，或籲天而無告。爰生大聖，弘濟風波。肇啓三皇，繼聞十紀。維持造化，把握陰陽。三才定而天地位，尊卑立而萬物育。由此觀之，蓋天爲民而立君也。君道貴仁，天道輔德。年丁五百，命我皇家。祖帝軒蔓衍之遺芳，掃金宋區分之偏境。東浮洋水，西越崑崙，南蕃于交廣之南，北限於玄虚之北。虞夏之玉帛萬國，越可相同；漢唐之宇宙一家，猶難並議。功已成矣，德已興矣，道已行矣，政已平矣，陛下能無思乎？陛下能無戒乎？思夫業之所立者祖也。方其雲興虎噬，神鬼助功；電激雷奔，龍蛇起陸。欲起處而不遑啓處，欲自暇而不獲自暇。櫛風沐雨，勞身於戈甲之秋；冒棘披荆，抗志於煙塵之際。以至于有天下，茲惟艱哉！今天下已定，守之非易，能不思艱難乎？戒夫業之所本者民也，民之所恃者政也。民可近，不可下。非民無以立統，非衆罔與守邦。慮其啼飢也，薄取其斛粟；念其號寒也，減徵其織帛；冀其知禮也，申之以孝弟；欲其知禁也，示之以好惡。勞之來之，匡之直之，輔之翼之，又從而振德之。且政雖一理，日有萬機。一事尚未形，見而即防之；一言雖無大，害而即慮之。堤潰於蟻孔，氣泄於鍼芒，骨銷於積毀，軸折於叢薄。可不戒哉！而又據古今成敗以爲龜鑑，參天人感應以察休咎。冕旒前蔽，不矜其明而視於至公；黈纊旁塞，不眩其聰而聽於大同。委賢以任之，量能而用之。敬以居之，簡以行之。勤而不煩，逸而不過，清而不激，默而不窒。披衮服端拱以向陽，執鎮圭宴坐而當宁。寶位以之而克安，龜祚以之而克固。傳諸子孫，耀於罔極。使史筆欣然而贊之曰：『大元天子之德，皇兮將兮，莫之與京；尚矣熾矣，莫之或擬。』不亦光哉！不亦快哉！愚臣亂言，罪當萬死。伏望陛下，檢身若不及，爲善惟不足。稽伯禹之不自滿假，體成湯之聖敬日躋。過聽愚臣之言，曲免狂妄之罪。竊謂聖心同海，涓流不棄，而浸浸增深。故能大寶齊天，億萬無疆，而綿綿永鎮矣。

元·赵天麟《太平金鏡策》卷五《恤困窮》 臣聞：南風之君，彈五弦以宣阜財之意；征伐之主，封丞相以爲富民之侯。一則體道而居常，一則知非而悔過。故得黎庶若趍羶之蟻，往往謳歌；子孫如在天之龍，昂昂振聳，此蓋愛民之效也。夫常人之類曲盡施仁，況於少而無父之孤，老而無子之獨，老而無妻之鰥，老而無夫之寡。此四者，夫民之窮而無告者，王制垂文，皆有常餼，禮也。勾踐之給食，小白之遺衣，帝堯之不虐，孝文之收恤，霸王之道，何莫由斯。國家甲子年間詔條内一款，節該鰥寡孤獨不自存者，給降贍濟口糧，有疾病，命官醫調治。其藥物，惠民局支給。今又詔加米絹，蓋博施之仁，濟衆之聖，其揆一也。臣竊以聖人之心甚重，而在下者不能承宣，故猶或未之盡也。下民之困，情理多端，今略具民之無告者四條，惟陛下察之。乃有譙樓戍壘，邊塞它鄉，俯一介之微軀，趁諸軍之大役，雲蒸霧湧，殺氣森森；月冷霜淒，憂心悄悄。或遭疫癘，或值傷亡；感白日以沉光，掩黄沙而抱痛。此其困者一也。又有家寒力弱，徭役煩多。官吏督責於前，債主追徵於後。跼天蹐地，無計安身，愁氣上騰，灾異屢降。或自甘於縊刺，或轉死於它方；望桑梓以長辭，恨終天之不再。此其困者二也。又有瘖聾跛躃，斷者侏儒，六親無依倚之人，元后所以矜憐之者。倘遇正官廉吏，尚承優恤之文，如其暴吏濫官，孰啓眼青之顧。已辜丹詔，還謁朱門。或輾轉之弗能，向溝渠而委命。此其困者三也。又有梟獍其心性，馬牛而襟裾。或當家窘之時，或值年饑之際。曳鶉衣之簌簌，啖藜藿以孜孜。恒産既無，良心盡滅。東西南北，輕遺父母以逋逃；冬夏晨昏，但見老羸之啼泣。霜風易至，日月難延，罔極之恩，恍然猶夢。加之以王事靡寧，户籍常存，將如何哉？維其瘁矣。此其困者四也。其餘冗事，難以具陳。若此之類，皆國家之當憂者也。伏望陛下，寬父母之慈心，拯生靈之困苦。凡軍戎之病者，命有司隨處以醫士治之。凡軍役之後，亡卒遺骸，聚於一所，命大將軍以下，具三牲之禮以祭之。庶幾下民知恩意之深，抑亦在上盡當行之理也。凡廢疾而無依倚者，在不得自存之例，所在官司，不承化周贍者，以違制論。凡民之父母年及六十以上，及年雖未至六十而有疾者，子孫弟姪，不許遠離。離者以不孝弟之罪罪之。如已有人養育，不得已而遠離者聽。然後慎名器以建官，考幽明以核實，均賦役以立法，務農桑以敦本，課義倉以賑灾，先文化以易俗，禁奢侈以壯財，薄差税以優民。若然，則無告者十可絶其九矣。其餘遵前詔而行之。雖欲見困窮之人，亦不可得也。

元·張養浩《三事忠告》卷一《牧民忠告上·宣化第五·恤鰥寡》

鰥寡孤獨，王政所先，聖人所深，憫其聚居之所。暇則親涖之，或遣人省視，若衣糧，若藥餌，吏不時給者，糾治之。

又　卷二《牧民忠告下·救荒第七·多方救賑》　天所畀人富與貴者，非欲其自裕，蓋將使推所有以濟人之不及也。饑者食之，寒者衣之，斯不負天畀之富矣。直者舉之，枉者錯之，斯不負天畀之貴矣。然富貴而能若是者，其惠在人，而善則在己；名爲惠人，實自惠也。故古之有民社者，或不幸而值凶荒夭札之變，視其輕重，必有術以處之。或私帑之分，或公廩之發，或託之工役，或假以山澤，或已負蠲征募糴勸糶，或聽民收其遺稚，或命醫療其疹疾，凡可以拯其生者，靡微不至。蓋古人視民如子，天下未有子在難，而父母坐視不救之理也。嗚呼！凡牧民者，其以古之人爲法，庶無彼我之間哉。

明·劉基《郁離子》卷上《德勝》　或問勝天下之道，曰：『在德。』何從勝德？曰：『大德勝小德，小德勝無德；大德勝大力，小德敵大力。力生敵，德生力；力生於德，天下無敵。故力者勝，一時者也，德愈久而愈勝者也。夫力非吾力也，人各力其力也，惟大德爲能得羣力，是故德不可窮，而力可困。』

明·邱濬《大學衍義補》卷六七《崇教化·總論教化之道》　臣按：臨之爲卦，有上臨下之象。上之臨下，果何所事哉？曰：保之。將欲保之，以何爲先？曰：教之。教之之道，驅迫之不可也；操切之不可也；徒事乎法，不可也；必刻以期不可也。必也匡之，直之，輔之，翼之。優而游之，使自休之；厭而飫之，使自趨之。如江河之潤，如湖海之浸，是之謂教思焉。舉一世而甄陶之，合萬邦而協和之。由无息而至於悠遠，由動變而至于能化。无一人而不化，无一地而不到，无一日而或間，豈有窮盡也哉！如是，則凡形氣有生之類，皆在吾度量包容之中。有相生相長之樂，无此疆彼界之殊矣。彼徒臨之以威，齊之以政者，其意思淺且促矣。既淺且促，則寔不能容之矣，豈能保民而至於無疆哉！【略】

臣按：聖人觀天之神道以設教，謂如天之春而夏，而秋，而冬，當煖而煖，當寒而寒，無一時之差忒，不見其有所作爲，自然而然，所謂神也。聖人體之，以設爲政教，故下人觀之，如見春而知其必煖，見冬而知其必寒，其煖其寒，皆其所自然。下民觀視而感之於心，不待有所設施措注，自然化服，所謂以神道設教也如此，非謂別有一種玄妙幻化之術也。後世俗儒，不知此義，乃以《河圖》、《洛書》爲神道設教，謂聖人畫卦演疇，皆以人力爲之，而假託神明，以爲幻化之術，遂啓時君矯誣妄誕之端。吁，經旨一言之差，流禍至於如此，可不戒哉！可不戒哉！【略】

臣按：劉彝謂，觀民設教，如齊之末業，而教以農桑。衛之淫風，而教以禮別。奢如曹，則示之以儉；儉如魏，則示之以禮之類是也。蓋四方之俗不同，而各有所偏尚。因其所偏，約而歸之于正，則四方之俗皆得其中，而無過不及矣。此三代盛王所以必省方而觀民，觀民而設教也歟。後世巡守之禮不行，采詩之官不設，朝廷施之以一切之政，不復因其民而觀之。吁，物之不齊，物之情也；俗之不一，俗之習也。約其所太

過，勉其所不及，使之一歸於禮而不偏。聖人所以觀民之俗，而設教也如此。後世則一聽民俗之所爲，而不復觀之矣。【略】

臣按：天有天之文，人有人之文。人君上察天文，以審察天時之變，下觀人文，以化成天下之俗。是故天有日月也，有星辰也，有四時也，有六氣也。其形象之昭然，其氣運之錯然，皆有文而可觀也。日月有朔望，星辰有次舍，四時有運行，六氣有流布，吾於是乎審察之，體其不息者以自彊，因其失次者以自儆。隨其時而授之以耕作之候；順其氣而教之以豫備之方。此無他，察於天而省於己也。人有三綱也，有六紀也，有禮節也，有法度也，其彝倫之秩然，其典則之粲然，皆有文而可觀也。三綱在所當正，六紀在所當脩，禮節不可失，法度不可斁，吾於是乎化導之。因其自然者，加之品節順其當然者，爲之導達。引其性而納之道義之中，矯其偏而歸之中正之域。此無他，化其人而成其俗也。噫，大《易》『人文化成天下』一語，誠自古帝王繼天立極之大綱，大本也。化之以人文，而使天下成其俗，唐虞雍熙泰和之治，不外是矣。【略】

臣按：此萬世帝王爲教之始。然所以爲教者，不過人倫而已。人倫之道，人莫不有，而不能皆有以盡之，所以立其教者，君也。敷其教者，臣也。是五倫之道，非獨民有之，而君與臣，亦皆有焉。必在上者，無一之不備，然後敷而教之，使天下之人，無一之不全然。其所以立教之本，則在乎敬以寬焉。敬以持乎已，則整齊嚴肅，而不失於怠忽；寬以施於人，則從容漸次，而不失於迫切。先儒謂，此二字，千萬世掌教者，不能易也。後世人君，惟急于財賦兵刑之事，其于教也，特慕其名，而應故事耳。所謂寬者，往往流於縱弛，求其能留心於此事者，固已鮮矣，况敬乎？敬者，聖學所以成始而成終者也。未有不能敬以處已，而能敬以教人者。是則立教之君，敷教之臣，皆當以敬爲主。【略】

臣按：五典，乃人人所有，家家所備者。人君因而申明其義也。虞周命掌教之官，皆以敷五典爲言。敷之爲言，布也。要必因其本然之理，而著爲當然之則。敷而布之天下，使之是效是行，以調攝其不平之氣。馴伏其不順之心，不責效于旦暮之間，不從事乎督責之令。成周之擾，即有虞之寬，可見教道之施，千古如一日，百聖同一心也。【略】

臣按：爲教之道，不過即人身心之所有者，而訓誨引導之云耳。然是道也，非獨人有之，而我亦有之。有之未必皆中正也。然必在我者，無不正，無不中，然後推吾所以中，所以正者，以倡率乎人人。使人人皆中，皆正焉。不然，源濁而欲流之清，形枉而欲影之直，豈有是理哉。【略】

臣按：聖人之所謂教者，不但敷五典而已，而凡禮樂刑政之施，儀則等威之制，爵禄誓戒之事，世業士俗之常，莫不有教存焉。一事之行，而有一教之寓。此三代盛時，邦國都鄙，比閭族黨之間，禁令之所施行，耳目之所漸染，日用之所見聞，何者而非軌民之法則，囿民之教條哉？後世之所謂教者，止有教之名，無復教之實，况又有非所教而教者哉。【略】

臣按：民稟天地之性以生，無不同也。然其所居之地，水陸川谷之土俗各異；所稟之氣，剛柔遲速之劑量各殊。先王脩其教，齊其政，固欲復其天地本然之性，而歸之同也。然土俗處處別，氣稟人人殊，則有未易變易然者。苟不至於反常而逆理，則亦不强之使同焉。【略】

臣按：董子所謂漸民以仁，摩民以誼，節民以禮，是三言者，是誠自古帝王脩教立化之本也。所謂治天下之大務，生民習之以爲風俗，子孫循之以爲治道，雖百世可也，豈但行之五六百歲而不敗哉。

明・凌義渠《凌忠介公集》卷五《崇化論》 人主之御天下也，使天下自爲治焉則已矣。夫治天下者，必將求治於天下，孑孑焉伺之于衾影，爭之於毫髮，爲之奪其所甘，嘗其所苦，劫其所便，障其所流，而下卒莫之聽命者，豈所謂風行草偃，驗於昔而格於今哉？違其天而不安其性命之情治之，所以日繁化之，所以衰息也。試稽之天地日月燭其幽，雨露助其潤，風扇其和，雷啓其蟄，而一切跂行正行、倒生側生、戾天躍淵者，靡不自相鼓舞于其內，以至龍不見石，鬼不見地，人不見風，魚不見水，紛紛藉藉，最變幻亦最爛漫矣，而總名之曰化工。故知使然而然者，人力也。使然而然而有時乎不待使者，天與人參其半也。無乎然而無乎不然者，化工也，純乎天者也。臣之忠、子之孝、士之廉、女之貞，豈先王之多其節目以苦人居室哉？凡此皆天之生趣，而人所自苞之生意也。由是而忠孝不辭，廉貞自矢者，豈人之好爲不情以矯語目前哉？不如是則生之路不廣，而生之趣不暢也。夫將懸一格以繩天下，曰：爾且爲逢比剖心，伯奇申生隕命；爾且爲孤竹採薇，巢許洗耳，綠衣柏舟之（之）死。靡他，化其僞而之真，化其薄而之淳，化其穢而之清，豈非治天下至願？然而不能者，無他，美其名，致其飾，繁其枝葉而忘其根本也。故知能爲逄比者，視碎首濺血之事，仍無以異于退食委蛇，而忠之痕化矣，併忠與非忠截然兩分之界而俱化矣。能爲申生伯奇者，視抱石雉經之事，仍無以異于視膳問安，而孝之痕化矣，併孝與非孝種種不齊之端而俱化矣。能爲採薇洗耳綠衣柏舟者，視一切悸心動魄之事，仍無以異于男耕女織，而貞廉之意化矣，併貞廉與貪濫劃然分別之相而俱化矣。然此非可以一端盡歲月致也。古帝王崇之之道，往往有緩之而適以急，離之而適以合，紆之而適以通，多之而適以簡者，請得而詳言之。吾人目視不能踰睫，手持不能踰握，而觀化者恒要諸必世，券之百年，似不敢輕鑿後境之險，而已有刺于膚、浹于髓者矣，緩之而適以急者，此類是也。圜丘方澤，享祖配天于義，初不相蒙而民奉行之不厭，久而得其旨焉，不啻鍼石之投，水乳之契，離之而適以合者，此類是也。執酳饋醬，于禮何居，貍首騶虞，其義安倣，而民之興于仁，著于讓者，恰有左右逢原之妙，紆之而適以通者，此類是也。執籩問豆，各有深情，驅儺較獵，皆寓至理，使領其指歸者，不復見其首尾，多之而適以簡者，此類是也。總之，崇此意於義理初明之始，唯在鎮之以朴；而崇此意於人心蠱壞之日，不妨董之以威。夫蠅拂麈尾，悠悠荒飽而化日壅于下者，渡江之偷也，亦既厭之矣。香車寶馬，靡侈相高而其化併格于上者，唐季之濫也，亦既厭之矣。厭其浮華，自當圖其實事；厭其波流，還須尋其歸宿。化之薄，不薄于香車寶馬、麈尾蠅拂，而薄于吾人偷息視蔭之一心。從來化成之俗，耕食鑿飲，非以壹意悠忽，無所事事之謂化也。意必其耳目聰明，精神强固，足乎內然後有以達乎外。爾時爲之上者，亦必刑賞修明，視聽畫一，扶其外以至乎其中。特不如後世法令驅之，金石訊之，約天下以不得不從耳。故夫有以崇之者，勢必使鳶解飛，使魚解躍，而化殆幾于擾矣，此兩相伺者也。無以崇之者，勢必鳶與鳶爭飛，魚與魚爭躍，而化或幾乎息矣，此靡所統者也。抑爲之養其穉，調其壯，鼓其衰，游焉息焉，使自得焉，其庶幾乎神而明之，則有烈烈之相土，桓撥之玄王在。

清·愛新覺羅·福臨《資政要覽》卷一《君道章》 得道者必靜。靜而寧，可以爲天下貞。故至精無象，而萬物以成；至聖無事，而千官盡能。苟有事，則必有所不事，此事所以隳也。譬之爲車者，數官然後成，夫治天下，豈特爲車哉？衆智衆能之所持也。蒼頡作書，后稷作稼，伶倫作律，昆吾作陶，皆臣作而君任之，以竟其用。大何爲哉！

其使民也，若御良馬。善御焉者，輕任新節，不完其力，故致千里。善用民者，民日祈用而不可得。苟得爲上用，其赴之也若決積水於千仞之谿，孰能當之！

然聖人之養民非爲用也，性不能已。猶慈父之愛子，非爲報也。不可內解於心，故仁義以治之，惠愛以安之，忠信以導之。務除其災，致其利，不尚於威，而威已有託。否則令苛不聽，禁多不行，動之而彌擾矣。故漢武之多欲，不若文帝之無爲。《書》曰：『惟厥攸居，政事惟醇。』

又 卷三《愛民章》 大道之行也，選賢與能，講信修睦，使民老有所終，壯有所用，幼有所長。矜寡孤獨廢疾者，亦有所養。男有分，女有歸，是謂大同。夫上之視民猶赤子也，赤子有欲呱呱弗能出諸口，父母已意及之，謹其乳保，而察其寒煥，赤子之欲斯適，治民者亦然。

養其生而弗傷，厚其財而弗困，節其力而弗極。不煩不擾，民自美安。如鳥覆卵，無形無聲，而惟見其成。持家之長，惠及子孫，撫運之君，澤流天下，率斯道也。

天之愛民甚矣！一物失所，元氣爲之舛盭，故人勞則星動於天，政乖則石言於國。爲人上者，慎之哉！唐堯加惠於民，西伯施仁於無告，漢文帝賑恤於孤寡，明帝存養於篤癃，可謂知先務矣。

武都綏聚，桐鄉恩遇，清河涕沱，懷州收瘞，古之遺愛也。彼郡無犬吠，人稱卧虎，誣民爲叛，違詔徵租，所謂狼牧者歟？夫鳥究則啄，獸究則攫，故財盡必怨，力盡必叛。周官六養，齊政九惠，悅以先民而民從之，惠盎所以貴愛利者，可思已。

又 《慈幼章》 人之生，幼而後長。國之政，先生聚而後教訓。《周禮·大司徒》以保息六，養萬民。一曰慈幼。居則愛之，故掌幼設官，胎養賜穀；患則恤之，故禹書鑄幣，唐詔酬資；罪則原之，故悼不加刑，罰弗及嗣。德綦厚，制綦詳矣。越，小國也，恩遍於童子，以能成霸。故十歲以下，上所長也；十一以上，上所强也。男子二十而始傅，

愛其力也。【略】

仲春之月，奮木鐸以令於生子者。子之將生也，父使人日再問之，擇於諸母，求其寬裕、慈惠、慎而寡言者，使爲子師，咳而名之，獻諸州伯。能食能言，莫不有教。愛而勞之。親其賢，而憐其無能，慈之至也。張裔置産，朱暉受託，崔琰撫恤，孫權教養，所謂兼愛者乎？

夫人，父生之，君育之，守令者宣上德而究之民者也。武威革其妖忌，陳國致其米肉，任昉供資，韓愈償直，抑亦能其職矣。苟坐觀入井而無怵惕惻隱之心，其異於麻叔謀也，不能以寸。

又卷二《教化章》　《禮》：正月始和，縣教法於象魏，以眎萬民，浹日而斂之，乃施於邦國都鄙。其教民也，比閭相保，族黨相救，不獨親其親，子其子，皆有惻怛之愛焉，老坐於里塾，時民出入，觀其長幼，而導之遜讓。田野造次之間，見教化之權輿矣。月吉而讀法，有糾有勸。小學謹其少儀，大學修其三物，賓之飲射之禮，以合其教。學成則大比而材諸官，其與於辟雍也，與胄子齒。蓋自邦畿，以達天下，無人不學，無地非教，休風偃物，淳化玄通，猗歟休哉！

漢武表章而學官廣厲，明帝講説而介士通經。三代以還，於斯爲盛。文翁延壽，蜀、潁之教興；韓愈、常衮，潮、閩之化洽。所謂『儒以道得民者』乎？

昔之善爲教者，孔。孟之後，有王通；程、朱之前，有胡瑗。三才九疇，或在布衣。彼借籩俎而德色，廢學校而不修，揆厥由來，真名教之罪人也。

清·愛新覺羅·玄燁《庭訓格言》　訓曰：仁者以萬物爲一體。惻隱之心，觸處發現。故極其量，則民胞物與，無所不周。而語其心，則慈祥愷悌，隨感而應。凡有利於人者，則爲之；凡有不利於人者，則去之。事無大小，心自無窮，盡我心力，隨分各得也。

訓曰：仁者無不愛。凡愛人愛物，皆愛也。故其所感甚深，所及甚廣。在上則人咸戴焉；在下則人咸親焉；己逸，而必念人之勞；己安，而必思人之苦。萬物一體，痌瘝切身，斯爲德之盛、仁之至。

清·張英《文端集》卷四二《王者以教化爲大務論》　董子之言曰：『王者南面而治天下，莫不以教化爲大務。』善乎！董子之言，上自商周秦漢，下迄三國五代唐宋以來，國家所以延促之故，卒未有能易其言者也。人心之日流于僞，如水之就下而不可止。聖人以教化爲隄防，堯舜禹之相禪，以治繼治，人心淳樸未漓，董子所謂繼治世者，其道同也。湯承夏之敝，伊尹稱之曰『肇修人紀』。夫五典之敷久矣，至湯而言肇修者，救夏之衰也。周承殷之敝，文武成康數聖人相繼漸摩涵濡，以革殷故俗，《書》曰『商俗靡靡，餘風未殄』，又曰『既歷三紀，世變風移』。化之若斯，其難也。秦人承戰國之敝，無一日之教澤而加剝削焉，是以再世而不振。西漢之澤，繇于文景。東漢之治，洽于明章。唐之緒，永于貞觀。宋之祚，延于真仁。此數君者，類皆能興起教化，以丕變一世之人心風俗，使子孫有所憑藉以爲固。嘗譬之天下，大器也，昔之人用之數百年，日剝月削，久而窳敝矣。後之人取其器，小而補苴之，大而陶鑄之，稱其力之厚薄以爲所用歷年之多寡，未有仍其窳敝謂可以無慮者。或曰人心之日趋於輓近，勢則然也，雖聖人不能返之使淳，是蓋未知天道矣。夫秋氣之蕭瑟，隆冬之沍寒，斗杓一移，萬物煦煦，譬如人立乎文景貞觀之間，廻思嬴秦五代之世，不猶樂陽春之和而幾不知栗烈之苦耶？是知天道無剝而不復之理，人心無往而不返之機。聖人執大權于上，以天地爲鴻鈞，以萬物爲銅冶，以喜怒賞罰爲屈伸呼吸，使天下之人訛訛焉而動，蒸蒸焉而化，斲華而還朴，去僞而即誠，風俗淳美，人心敦固，耻于犯法，悚于爲非，禮義之化，浹肌淪髓，如治器者堅好完固，而後可以貽之子孫而爲百世不拔之業也。且治天下之需人材，人主盡知之矣。天下卓立特行之士，不爲世俗所移，百而不得一者也。古人有言曰：『天下之人，中材爲多。』故治世之本，教化爲尚。教化行，引中人而升之于君子之域；教化廢，推中材而納之于小人之途。故教化者，推之輓之之具也。廉耻之道重，而後有恬淡之士；義利之辨明，而後有氣節之行；躁競之習除，而後有難進易退之節；侈靡之風革，而後有守約潔已之操。風行六宇，蒸變萬類，鼓之舞之，咸去故習，所由風俗美而人材出，以惟上所用。故曰有教化而後有人才，有人才而後國有與立。善乎！董子之言爲不可易也。

清·愛新覺羅·胤禛《世宗憲皇帝御製文集》卷九《執中成憲御論》

聖人以仁民愛物爲心，自無斂怨之理。以大公至正爲道，亦無避怨之方。斂怨者，咈百姓以從己之欲者也。避怨者，違道以干百姓之譽者也。夫己之欲必不可從，而百姓之譽亦不可干。何也？天下之人心不同，則含怨之情亦異。善者之所不怨者，必惡者之所怨；惡者之所不怨者，必善者之所怨。是以爲人君者，不在乎辨怨端之大小，而爲之去就，不在乎統怨端之大小而爲之趨避，惟問我之所行，惠與不惠，懋與不懋而已。吾果惠而順於理，即任怨之意；果懋而勤於事，即任勞之意。則在已者，信無可怨。兆庶之廣，即中有怨之之人，而無可怨之實，則雖怨猶不怨也。不能如是，則不怨猶怨也。實心愛民之君臣，常任怨任勞，而有所不恤不辭。即如子產，古之賢臣也。爲政之初，百姓怨之。迨及三年，百姓頌之。同一子產也，同一民情也，同一子產之政也，而先後之間，民情迥異如此。然則爲政者，惟準於理而已，何所用其取舍哉！

清・愛新覺羅・弘曆《御製樂善堂全集定本》卷一《寬則得衆論》

昔周公繫《泰》之九二，首言：『包荒。』解之者曰：『聖賢之心無棄物，堯舜之道欲並生，非包荒則不足以體天地之心，而盡君師之道也。』夫子歷論堯、舜、禹、湯、武王授受之命，而繼之曰：『寬則得衆。』蓋自古帝王受命，保邦遐邇，嚮風薰德沐義，非仁無以得其心，而非寬無以安其身，二者名雖二而理則一也。故至察無徒，以義責人則難。爲人惟寬，然後能並育兼容，衆皆有所託命。《易》貴包荒，職此之故耳。蓋寬者仁之用也，仁者元之德也，元者善之長也，以是而推之，則所以位天地贊化育者，皆在是也。泰山不讓土壤，故能成其大。河海不擇細流，故能就其深。王者不却衆庶，故能明其德，何則？寬以容之故也。誠能寬以待物，包荒納垢宥人細，故成已大德，則人亦感其恩而心悅誠服矣。苟爲不然，以褊急爲念，以刻薄爲務，則雖勤於爲治，如始皇之程石觀書，隋文之躬親吏職，亦何益哉？孔子舉寬信敏公以明歷聖之道，而以寬爲首，聖人教人之意其深切而著明矣乎。

又《修道之謂教論》 道之大，原出於天，禀乎天之命以爲性，而因乎性之良能以爲道，故率性之謂道，實天地自然之理也。然性無不善感於物，而動則有欲，欲日以引而道或有所不行。上天眷命作之君師，使有以節民之情而復性之善，以行其道，故曰修道之謂教，非道之外別有所謂教也。蓋人禀五行二氣之靈，首萬物而具五性，仁義禮智之德，忠信孝弟之行，皆備於我。然聖者能之，而賢不肖則有過不及之差焉。古昔聖王之治民也，漸之以仁，摩之以義，節之以禮，和之以樂，薰陶涵養，使德日進而道自修。自十五入學，廸以性之所固有，老而靡他焉，故仁讓之風周於十室，而人民惇厚，後世莫及。蓋教之以孝友睦婣任恤之行，而仁道行矣。分貴賤，定上下，明賞罰，辨等威，而義之爲教行矣。鄉飲社會以及冠婚喪祭，莫不有禮，而禮之爲教行矣。師友以解其惑，學校以導其趨，而智之爲教明矣。立此四教而使民日就月將，無詭異之習、詐僞之萌，而信之爲教得矣。故君師之責修而道乃不虛。三代以下，致治之盛，如漢之文帝、唐之太宗、宋之仁宗，皆朝乾夕惕，勤勞匪懈，然不圖其本而務其末，徒有惠愛之政，而無教養之實，方之漢唐則令主，比之三代則庸君，此無他，教不能行則道無由明於天下也。夫天無不賦以性之人，則天下無不能率道之人。人君果能明德以新民，修道以立教，則朝行而暮效矣，何難之有哉？而昏庸之君，自謂不能而不行；英明之君，自謂已能而不屑。此三代之治不可以一日復，而民之固有之道不可以一日明也。夫正身以正朝廷，正朝廷以正百官，正百官以正萬民，因民之善以立教，即因我之教以復性，而古先王所爲牖世而覺民者，在是矣。其於復三代之治乎何有？

又 卷三《以仁育萬物以義正萬民論》 天以陰陽五行化生萬物，陽以生之，陰以成之。生，仁也。成，義也。陽以時出，布施於上，以主歲功。陰入伏於下，而時出佐陽。是以陽開陰闔，春温秋肅，而萬物生生不息於乾覆坤載之中，此天地之大用也。聖人法天而立道，輔相天地之宜，以左右民，亦必仁義兼施，德禮相維，然後能致大順大化，以成參天地贊化育之功，故《通書》曰：『以仁育萬物，以義正萬民。』以見聖人與天道無二也。蓋古昔聖王制治保邦，其養民也，爲之分田樹畜，五畝之宅，樹之以桑，使之饑饉有備，祁寒有禦。網罟佃漁以取山澤之利，衣服宮室以安其體，舟楫服牛乘馬以逸其身，仁以育之者至矣。又恐養而不教則近於禽獸，於是制庠序學校以教之，使知父子有親、君臣有義、夫婦有別、長幼有序、朋友有信。有不率教者，爲鄉遂寄棘之法以糾之，爲嘉石圜土之罰以懲之，終不移而後附於刑。其以義正之者又如此。於時之民，泯知識而順則者，遍於作息耕鑿之倫；被聲教而曁訖者，届乎東西朔南之遠。是以黎民於變而教化大行，不然者，仁育而不義正，則民即於慆滔；義正而不仁育，則民苦其嚴急。二者本相資以爲用也。後世人君施一二善政於民，曰：『此仁育也。』然其實惠於民何有焉？甚者以刑殘民，以罰困民，曰：『此義正也。』則民反受其毒而生靈苦病矣。故仁育義正君人者，治世之大本，位天地，育萬物，皆由是以達之耳。

又《爲萬世開太平論》　夫天下和平萬世永賴者，以聖教之昭，大道之行，可以垂之於天下後世也。去聖久遠，道喪文衰，故民有相争相怨之弊，士有偷惰苟安之習，無奮然而起以拯天下之溺，開萬世之業者。惟賴聖王盡己之性，以盡人之性，明明德以新民，使天下禮明樂備，雍雍然於光天化日之中，爲千載之規範，然後謂之貽厥孫謀，萬世永賴可也。蓋民受天地之中以生，仁義禮智咸備於我，首萬物而最靈，惟溺於私欲，無明善復性之功，故尊卑上下智愚賢否强弱衆寡不能秩然而受範。然其本心之良未嘗盡泯，聖賢者興，因其固有之良而施其禮樂刑政之法，聚之於庠序學校，董之以孝友睦婣，使民咸歸於善，大道燦然於天壤，雖有後聖者出，不易斯道，此張子所謂爲萬世開太平也。然其所以開太平者，亦不過窮理克己，修此身以治人而已，是故堯、舜、禹、湯、文、武、周公衍道統之傳，有敬德勤民之功。孔子、孟子雖不得用於時，亦脩道明倫，垂世立教，其爲天下後世計至深遠也。彼管、商、申、韓之學，徒以刻薄詐僞之私，陷溺天下後世之人心而已，太平之開，尚何望哉？張子謂『爲天地立心，爲生民立命，爲往聖繼絶學，爲萬世開太平』，目雖有四，其理則一而已耳。何則？天地之心即所謂大哉乾元，生物之心也。人能體天地生物之心，去私以行健，仁心以愛民，斯亦開萬世之太平也。爲民立命即教養之謂也，苟能養之有道，教之有法，禮樂刑政，平中明允而可以爲千載法，斯亦開萬世之太平也。繼往聖之絶學即道統之所由以傳也。果能修身體道，闡精一執中、克己復禮之學，以紹先聖之微言，開後來之志士，斯亦開萬世之太平也。故曰其事雖殊，其理則一也。有志於聖賢者，當用直内方外之功，知行並進，使體立而用行，德崇而業廣，則所謂開萬世之太平者，當不爲虚語矣。

禮治論分部

論説

元·郝經《陵川集》卷一八《禮樂》　喜怒哀樂之未發，性也；其既發，情也。可喜而喜，可怒而怒，可哀而哀，可樂而樂，則情之所以率乎性也。喜怒哀樂，不當其可而發，則非性、情之正，而人欲之私也。夫人之有性也，而必有情；有血氣也，而必有欲。情、欲常相勝也，非情勝欲，則欲勝情。情勝欲則爲君子，欲勝情則爲小人。情勝欲則治，欲勝情則亂。故天下之治亂，在夫情、欲之相勝也。聖人者，懼天下之欲勝情也，於是因其本然之分，而爲之《禮》，以節制之；因其本然之和，而爲之《樂》，以宣暢之。爲之《禮》，雖有欲而不能踰；爲之《樂》，雖有樂而不能悖。天下有僭越之姦，狂狡之戾，則有《禮》以折之；有忿疾之亂，鬱塞之慝，則有《樂》以釋之。洋洋乎發育萬物，峻極于天。故《禮》、《樂》者，王政之大綱也，得則治，否則亂，聖人致治之功，必於此乎取之，而不敢易也。以性、情治天下，以天治人，非有我之得私也，故《禮》、《樂》之治，王者之極治也。自宓犧而上，理具而無器。宓犧而下，器具而無文。至乎唐、虞，文具矣而未備。至乎周公，理與器與文於是乎大備。故其中間有堯、舜之治，有夏后氏之治，有殷湯之治，有周文、武、成、康之治。夷、厲而下，欲勝而情亡，《禮》、《樂》之理寖以昧，而其器寖以缺，致治之功寖以墮，而王政之大綱寖以不舉。繼以幽而周室大壞，平王而東，《禮》、《樂》遂爲虚文矣。陵夷至于孔子，雖欲與之，焉得而與之。乃曰：『夏禮吾能言之，杞不足徵也；殷禮吾能言之，宋不足徵也。』『我觀周道，幽、厲傷之，舍魯何適矣。』於是因魯史而修《春秋》以明《禮》，就大師而正《雅》、《頌》以明《樂》，然而無其位，無其權，明王不興，卒不能復《禮》、《樂》之實，苐存其名而已。子貢欲去告朔之餼羊，子曰：『爾愛其羊，我愛其禮。』夫告朔之禮不行，是實亡矣，羊存而何益？而孔子惜之者，謂名存而實亡，愈於名實之俱亡也。嗟夫！《禮》、《樂》根於性、情，而其弊至於虛名之不能存，天下之治，從何而興乎？自是而下，判爲十二，折爲七國，并爲孤秦，燔燒《詩》、《書》，削《禮》瘖《樂》，置生民于鈇鉞之上，用鞅、斯、申、韓之術，一以刑法繩下，而遂至于亡。嗚呼！《禮》、《樂》根於性情，文與器雖亡，而生民之性、情未亡也。有明主舉而行之，《禮》、《樂》之治可復矣。

元·胡祗遹《紫山大全集》卷一三《禮樂論》　聖人教人，温温雍容，使人優柔自曉。見學者務外而不求諸内，不知禮樂之固有，認玉帛鐘鼓以爲禮樂，故曰：『禮云禮云，玉帛云乎哉？樂云樂云，鐘鼓云乎哉？』才有此性，便有禮樂，便具於中。禮樂者，中和而已。中則有倫有序，有序則不乖戾，不乖戾則和。中和存養乎内，又假外物玉帛鐘鼓存養乎外，此聖人制禮作樂之情也。僕自入仕臨民，傷禮樂之消亡，哀民心之乖戾。爲政者直以刑罰，使民畏威而不犯，力務改過於箠楚之下，杖痛未止，惡念復起。條法責吏曰：『詞訟簡，盜賊息。』何不思之甚也！禮樂教化既已消亡，休養生息、安寧富庶、學校訓誨又不知務，民生日用之間，父子、夫婦、兄弟、朋友愁苦悲怨，逃亡貧困，凍餓勞役，居官府者晏然自得，而以爲治民撫字之功，可哀也哉！

明·朱瞻基《大明宣宗皇帝御製集》卷二《帝訓·文治》　天下之治，必斯世斯民咸歸於善，而後爲至盛。體諸天道，觀乎人文，以維持天下，曲成萬類者，文治也。文治禮樂之謂，聖人以身之所履正天下，以心之所樂和天下，綱常倫理，極其和順，典章文物，焕乎大同，而天下父父子子君君臣臣夫夫婦婦長長幼幼，生有養，死有葬，强有制，弱有立，鰥寡孤獨咸得其所，極其至天地定位，鬼神奠安，草木鳥獸皆適其性，而家國天下無異政，無殊俗，此禮樂之化也。然非人君至誠之德足以經綸大經，參贊化育，其孰能之？是故正天下有本身之謂也，和天下有則心之謂也。人君正心修身，以立政教，以化成天下，是之謂至治。

明·丘濬《大學衍義補》卷三六《明禮樂·總論禮樂之道上》　臣按：禮樂自天子出，而用之於諸侯之國。帝舜巡守至方岳之下，於律則同之；同之恐其有不一於禮，則脩之；脩之恐其有廢墜，則是禮樂之制作，自古有之。天子既用之於朝廷之上，而又頒之於諸侯之國，而又以時同之脩之，非但備其儀文，協其聲音，所以一天下之制度，同天下之風俗也。後世惟於創國之初，一頒其制，繼世之君，不聞有所謂同律脩禮之舉。詳於政刑而畧於禮樂，此治所以不及古歟。【略】

臣按：自昔人君爲治之大本，惟在於禮樂。禮之大者，在郊天享廟。樂之大者，在章德象成。故其制爲一代之禮，以節天下之事，使其所行者，咸有節而無大過不及之差。修爲一代之樂，以道萬民之志，使其所存者，得以通，而無鬱結不平之患。是以自古善觀人國者，惟於其禮樂觀之，而於其政刑，則畧焉。此無他，求其本也。其本亂而末治者，否矣。【略】

臣按：禮樂之所以爲大者，以其簡易也。樂由天作，而其大者，與天地同和。如乾以易知。禮以地制，而其大者，與天地同節。如坤以簡能。故人君在上，以一心之中和，而建爲天下之極。若其文爲度數，則付之有司。亦猶乾坤之簡易也。是以恭己，五位之尊，揖讓廟堂之上，而化行於四海九州之大。所操者至簡而不煩，所守者至易而不難也。【略】

臣按：三王而專言禮，五帝而專言樂，互文以見義也。夫禮樂之不可沿襲者，其聲容、制度耳。若夫和敬之本原，根於人心之固有，出乎天理之自然者，雖百世不易也。【略】

臣按：人情多變，而樂則一定而不可變。事理無常，而禮則一定而不可易，何也？樂以統同，而凡人情之應感而動者，或聽之而和順，或聽之而和親。莫不一統之以和也。禮以辨異，凡事理之隨物賦形者，親疏各有其序，尊卑各有其等，莫不各辨之以序也。如此，則禮樂之作，不徒有是言説，而凡天下之人情事理，皆管攝乎其中矣。【略】

臣按：禮以謙遜退貶爲尚，故主減。然禮之體，雖主於減殺，而其用則在乎進前也，故必勉而作之，而以進爲其文。樂以發揚蹈厲爲上，故主盈。然樂之體，雖主於充盈，而其用則在乎抑反也，故必反而抑之，而以反爲其文。主減者當進，須力行將去；主盈者當反，須回顧身心。程頤所謂『禮樂進反之間。便得性情之正』者，此也。【略】

臣按：此言禮樂之道，不在於儀文度數，聲容節奏之末，而在乎吾身言行之間。

又　卷三七《明禮樂・總論禮樂之道下》　臣按：人君爲治之道，非止一端。而其最要者，莫善於禮與樂。禮之安上治民，人皆知之。若夫樂之移風易俗，人多疑焉。何也？蓋禮之爲用，民生日用彝倫，不能一日無者。無禮，則亂矣。樂以聲音爲用，必依永以成之，假器以宣之，資禮以用之，有非田里閭巷間所得常聞也。而欲以之移風易俗，不亦難哉？夫樂有本有文。出於人心而形於人聲，然後諧協於器以爲樂。聖人之論，論其本耳。禮之本在敬，樂之本在和。敬立則爲禮，所以安上治民者，在是矣。和同則爲樂，所以移風易俗者，在是矣。故《孝經》此章，首以教民親愛，莫善於孝，教民禮順，莫善於弟爲言，而繼之以此。然不先禮而先樂，而於禮之下，即繫之曰禮者，敬而已矣。不言樂之和，而和之意，自溢於言外。下文所謂敬其父，敬其兄，敬其君者，禮之敬也。子之悦，弟之悦，臣之悦者，樂之和也。敬一人而千萬人悦，豈非安上治民，而移風易俗之效哉。由是觀之，禮樂二者，交相爲用，可相有而不可相無，是誠治天下之要道也。彼區區求其治效於聲音器數之末。豈知要者哉。【略】

臣按：先儒謂，此章重在仁字上。仁者，心之全德也。人能全心德，自然敬而和。以敬行禮，則禮皆得其宜。以和用樂，則樂皆合其度。是禮樂皆爲我用。苟心不仁，則無敬與和。無敬與和，其將奈禮樂何哉？是故用禮樂者，必以和敬爲本。而和敬，又以仁爲本。

明・孫承恩《文簡集》卷四三《禮樂論》　昔者嘗讀蘇洵氏之論禮樂，每稱聖人之權。噫，豈其然哉！夫禮樂何爲而作也？聖人所以法天道，本人情而作者也。天有自然之禮樂，人心亦有自然之禮樂。聖人者，特因其自然者以制作之，固非出於私智臆見，以誘人之從已，如蘇洵氏之所云也。是故乾尊坤卑，高下定位，陰陽翕張，化生萬物，天地自然之禮樂固如此。今夫人雖至愚，然其心亦必有所敬，亦必有所樂，固非塊然無知者，此人心自然之禮樂也。天之禮樂昭著而呈露，人心之禮樂貫徹而流行，而何俟聖人紛紛之制作？爲生民之初，無尊卑貴賤之别也，惟無别則無所統率，而相凌相敚之患生，其良心之敬雖未盡泯滅，然不足以勝其自尊自貴之私，則必相尋以入於亂，此固聖人之責也。於是因乎天之高者以詔人曰：『此君之象也。』制而爲君之禮。因乎地之卑者以詔人曰：『此臣之象也。』制而爲臣之禮。其法君尊而臣卑，君貴而臣賤，君逸而臣勞，君役使乎臣而臣受役使于君，君高拱於上而臣俛首屈膝於其下，曰：『此禮也，悖是者且獲戾。』夫人既有恭敬之良心，而復有禮以防之，由是相率而信焉，守其制而不敢踰越焉。今夫人即有悍逆頑戾者，苟使其立大廷之上，以覿夫跪伏拜揖之儀，其心未有不肅然起敬者也，固聖人節制天下之大道也。禮作則分嚴，嚴則疏，疏則離，離則民將無所聊其生，聖人有憂焉。於是取乎陰陽之翕張，風雷之鼓動，山川之吐吞，草木之俯仰，鳥獸之悲鳴吟嘯，夷猶長育衆竅之呼吸往來倡和者，以制爲五聲六律八音之樂，以宣風氣，以暢幽滯，以消欝結，颺之於恬愉平淡之地，納之於包含廣大之中，至和之氣鼓舞而動盪，是故聽之者心悦，聆之者心喻，犂然而契，渙然而悟，悲者以喜，憤者以平，滯者以散，熙然陶然，忘其局促奔趨之苦，順其生長養育之樂。聖人感召天下之大機，莫有先於是者。禮以嚴天下之分，樂以合天下之情，分嚴則不僭，情合則不離，而天下其治矣乎。嗚呼！聖人之道，得禮而尊，得樂而親。彼蘇氏者，不知聖人制作之本始，而徒見人之尊親乎聖人，爲聖人禮樂所致，遂曰此聖人欺誘天下之術也，何其陋哉！蘇氏不足言也。大儒如東萊者，其論禮樂也，亦曰聖人所以爲己謀。嗚呼！聖人奉天命作生民，圭思以弭其亂而安其生，大公至正，初非以利己也，而云然不亦淺之乎窺聖人哉！余是以知君子之不可苟於立論也。

清・愛新覺羅・福臨《資政要覽》卷一《敦禮章》　辨上下，定民志，莫切乎禮。其爲教也微，其閑邪也於未形，故君子貴之。禮有情，有文。忠信，禮之情也，威儀，禮之文也。緣情而制文，貴賤有等，衣服有别，上不偪下，下不僭上。男女異路，車從中央，民乃知讓矣。是以富者不驕，貧者不濫。以之居處，而長幼明。以之服政，而官爵序。以之莅戎，而武功成。民皆愛其死而忘其生，聖人所以藏身之固也。

故禮有周折之容，而樂有歌舞之節。正人足以副其誠，邪人足以防其失。和以遠怨，敬而不爭，禮樂明備，天地官矣。《詩》曰：『淑人君子，其儀不忒。』

夫禮之禁亂，猶坊之止水。去舊坊者必有水敗，廢舊禮者必有亂患。漢承秦敝，習爲綿蕞，猶賢乎已。晉人放達，以乖名教，能無及乎？石大夫也軾路馬，苗晉卿之下公門，猶存古道；若謝安之不廢音樂，王珪之下同庶人，胥失之矣。

清・愛新覺羅・玄燁《聖祖仁皇帝御製文集》卷一八《禮樂論》 禮樂何始乎？始於天地，而通於陰陽。何者？天位乎上，地位乎下，萬物中處，尊卑燦列而禮以行，二氣絪緼，合同而化而樂以興。禮者主於一定，其道屬陰；樂者主於流通，其道屬陽。故漢儒謂陽倡始，是以樂言作；陰制度於陽，是以禮言制，此禮與樂之所由分也。然二者不可偏勝，禮勝則過峻而違人情，樂勝則和而無節，日流蕩而忘返，猶之陽勝則亢，陰勝則溢也。朕嘗讀《周禮》有曰：『以天產作陰德，以中禮防之；以地產作陽德，以和樂防之。』又似乎禮原於陽而樂原於陰者，何哉？蓋天之所產，陽也，而其沖然無象者，則爲陰之靜；地之所產，陰也，而其磅礴外見者，則爲陽之動。故大宗伯之掌禮，大司樂之掌樂，其防民之道二而一也。朱熹曰：『嚴而泰，和而節。』夫嚴者禮，和者樂，而所謂泰與節者，非禮之中有樂，樂之中有禮歟？然此特言其禮樂之理爾，若夫治定功成，制禮作樂，以漸摩天下，則必上之人履中蹈和，秉至德以爲之基，而後可協天地之極。此朕之所以欲然而不敢足也。

清・愛新覺羅・玄燁《庭訓格言》 訓曰：有子曰，『禮之用，和爲貴。先王之道斯爲美，小大由之。有所不行，知和而和，不以禮節之，亦不可行也。』蓋禮以嚴分，而和以通情分。嚴則尊卑貴賤不踰，情通則是非利害易達。齊家治國平天下，何一不由於斯？【略】

訓曰：『禮之係於人也大矣，誠爲範身之具，而興行起化之原也。』禮儀三百，威儀三千，大而冠、昏、喪、祭、朝聘、射、饗之規，小而揖讓、進退、飲食、起居之節。君臣上下，賴之以序；夫婦内外，賴之以辨；父子、兄弟、婚媾、姻婭，賴之以順而成。故曰，『動容中禮而天德備矣，治定制禮而王道成矣。』

清・愛新覺羅・弘曆《御製樂善堂全集定本》卷一《物不可以苟合論》 天下之事未有可苟且以行者，自小以及大，自近以至遠，莫不皆然，故禮者所以辨上下，定民志。天下之事不正之於始，必不能成之於終，若不由禮而以苟合，則吾未見其可也。蓋自上古結繩以降，堯舜以文明治天下，於是煥焉稱治，自兹以往，聖帝明王爲治，莫不以禮爲本，然後漸之以仁，摩之以義，和之以樂，而天下化成，以之奉宗廟則有奉爵焚燎，肅雍恭敬之儀；以之接賓客則有宴享進退，揖讓升降之等；以之理民則有分田興學，教齒教讓等威。服用之文，凡諸冠婚喪祭皆彬彬然，有節有文而從無苟且以從事者。秦漢以降，無聖明之君能復古禮，惟以一己之便宜而行一時之權變，故有宋大儒皆以爲苟道。蓋凡物之所以成始而成終者，莫要於禮，而《易》之所謂物不可以苟合者，其義誠廣大而精深也。且道心人心之分，君子小人之辨，皆在於是焉，何則？人之入於私而不能自振者，皆由人心之動，不能抑制，遂爾因循苟且，以至於不可救藥而天理滅矣。至於君子正身脩行，不入於小人之域，然小人或僞爲善以誘君子，君子不察而與之交，終身爲恥，此尤不可不慎者也。故予推其意以戒後之人，當懲苟合之失，而造次必由於禮，庶幾永終而無弊也。

清・張惠言《茗柯文三編・原治》 古之治天下者，上不急乎其下，而下無所拂乎其上，政不令而成，獄不省而措，其逸也如此。其政之施于民者，不過歲時讀法而已，是亦今有司之所奉行者也。其刑罰之條，止於三千五百，而以待獄訟常有餘。豈今之有司常愚，而古之有司常智歟？其民與上相接者，飲酒、習射、吹笙、擊鼓以爲樂。而知、仁、聖、義、中、和之德，孝、友、睦、婣、任、恤之行，禮、樂、射、御、書、數之事，皆後之學士大夫所習焉而難成、成焉而可貴者，鄉黨州閭之子弟，常出于其閒，其化之湆而俗之懋也又如此。蓋先王之制禮也，原情而爲之節，因事而爲之防。民之生固有喜怒哀樂之情，卽有飲食、男女、聲色、安逸之欲，而亦有惻隱、羞惡、辭讓、是非之心，故爲之婚姻、冠笄、喪服、祭祀、賓鄉、相見之禮。因以制上下之，分親疏之等，貴賤長幼之序、進退揖讓升降之數，使之情有以自達，欲有以自遂，而仁義禮智之心油然以生，而邪氣不得接焉。民自日用飲食知能所及，思慮所造，皆有以範之，而不知其所以然。故其入之也深，而服之也易。

夫蠻粵之人，生而侏離，聞中國之音則駭而視，被髮文身之俗，資章甫而無所售，彼其習于鄙陋者猶如此，而況習于禮教者？其有奇衺放恣之民生其間，有不怪且駭，屏之而無所容者乎？故先王所以能一道德，同風俗，至于數十百年而不遷者，非其民獨厚，其理自然也。是故先王之制禮也甚繁，而其行之也甚易；其操之也甚簡，而施之也甚博。政也者，正此者也，刑也者，型此者也。樂也者，樂此者也。是故君者，制禮以爲天下法，因身率而先之者也。百官有司者，奉禮以章其教，而布之民者也。度禮之所宜而申之，以民所常習，故政不煩也；權禮之所禁而輕重之，以繩不合者，故刑不擾也。民習于禮，故知有是非，有是非然後有羞惡，是故賞罰可得而用也。民習于禮，故知有父子、君臣、長幼、上下，知父子、君臣、長幼、上下，然後有孝、弟、忠、信，是故軍旅田役之事，可得而使也。民習于禮，故有孝、友、睦、姻、任、恤，有孝、友、睦、姻、任、恤，然後有智、仁、聖、義、中、和，是故其人材成者可得而用也。故曰：禮，止亂之所由生，猶防止水之所自來也。壞國破家亡人，必先去其禮。禮不去而風俗隳、國家敗者，未之有也。

後之君子則不然，不治其情而罪其欲也，不制其心而惡其事也。今之以政而不知其所由然也，施之以禁而不知其所以失也。民行而無所循習，動而無所法守，不勝其欲而各以知求之。知上之有以禁我也，則各以詐相遁。有司見其然，於是多爲刑辟以束縛之，條律之煩，至不可勝數，以治其不幸而不能逃者。其幸而能逃，不抵于法，則又莫之問也。雖其不能逃而抵於法，吏當之死而不敢怨，而其所以然者，豈非其人之大不幸歟！此三代以下所以小治不數見，而大亂不止者也。

法治論分部

論説

元·赵天麟《太平金鏡策》卷七《剿三細》 臣聞：化者，政事之本也；刑者，政事之末也。民有賢愚，有深淺。淺者随化而自遷於善，深者非刑而無以制之。聖王灼知此故，既布化，又立刑，以治天下之民。言其極理，則雖有本末之殊；論其設施，則當並舉而無先後之異也。故守其化而不以刑，則奸慝暴亂之徒恃强凌弱，而上爲姑息之小惠矣。此舜誅四凶而天下咸服，晉戮三罪而左氏美之，蓋所以備末也。故專其刑而不以化，則泰和洋溢之氣有所欝滯，而上爲法家之少恩矣。此文王發政施仁而受命，漢祖寬仁愛人以肇基，蓋所以務本也。今國家本末並全，化刑兩具。旌義夫節婦、孝子順孫之門以厚邦風，舉茂材異等，不求聞達之士以勵後進。濟天民之無告以擴惻隱之心，崇郡縣之學校以敦教育之本也。凡此皆化也。内立刑部，外設理問，示羣下以告捕之賞，儆百僚以風憲之官。凡此皆刑也。大綱已備，小紀未完。若夫王化之方，已皆詳見於前篇矣。其刑罰之事，臣試申之。伏見方今，殊死者自有常制。至於抵罪而不當死之流，或有推惡惡之心，循街鞭朴以儆乎衆，未及還獄，遂僵尸於路隅，而人莫之敢稱其冤死者。或有垂矜憫之念，依法施行以全其生，未及旬月，復抵冒於嚴禁，而官未有思絶其禍根者。此兩者，臣以爲胥失之矣。夫既犯大罪而寘諸死地，宜也，非苛也，夫一犯薄罪而亦寘諸死地，苛也，非宜也。凡盗賊奸宄之類，皆官吏未盡承流宣化之德以致之。昔陳仲弓一閒人爾，猶且化一梁上君子，而闔境無盗。况乎握郡縣之柄者乎？既不反求諸己，而思有以自責，乃復絶頑民自新之路，逞無過不測之威，不亦不能新民之甚乎？又國家之法，未有薄罪當死之刑。今而郡縣擅爲威虐，憲職聞之而不察，省部視之而不禁，豈不傷聖朝之仁化哉？夫罪有故犯者，有誤犯者，有重者，有輕者。常以馭故，權以馭誤，極以馭重，薄以馭輕。究而詳之，莫非中也。彼敗常之人，其罪雖不及死，然以有苟存犬馬之命，幸免漏魚之網。教之不知，導之不移。方其始犯之也，聖人惻然而憫之，小懲而誡之，彼猶不悔。及其再陷刑網，聖人猶曰：『焉知其不復改邪？』仍前以治之。及乎三陷刑網，聖人乃曰：『此將終無所改矣。』非惟殘戕良民，而抑且累澄清之化也。故國家芟夷而不惜，犯者雖死而無辭矣。今有屢犯刑章而方且坦然自得，由然無恥，縱情以陵無玷之人者，豈不虧聖朝之威刑哉？《書》曰：『狃於姦宄，敗常亂俗，三細不宥。』言三犯雖細，而亦不之宥也。伏望陛下，止郡縣之虐，除怙終之源。凡盗賊細罪一發覺及再發覺者，邦有常條，無得似前循街鞭朴致傷人命。凡盗賊細罪三發覺者，明據前後所犯而誅絶之。凡所犯雖多而發覺未及三者，不在誅絶之限。蓋須既懲又懲，然後以爲真不能改而施之以極刑也。凡奸宄之罪未及死者同。如是，則官吏無擅殺之權，而大化可行。犯者知將來之不免，而有以自新。國家除不悛之愚昧，而刑罰少措矣。

又《刑順天》　臣聞：天降命以興王，王法天而立政。定陰陽之消息，明生殺之樞機。事無大於斯焉，道由之而立也。兩儀肇判，四象爰分。天道莫大於生，故春居歲首，而王者法之以立禮部。其次莫貴於長，故夏居春次，而法之以立兵部。又其次方及於殺，故秋居夏次，而法之以立刑部。至如法冬立工部，法上立吏部，法下立户部。上者，天也；下者，地也。地乃天中之積塊，而其實六者皆法乎天也。京府司縣，亦設六曹。既以彌綸庶政之夥繁，又以式體一元之坱圠也。此皆正名之事。自周公之後，名號世變，而其理莫之能改。方今名已正，而其實有未之盡者。竊見方今大罪囚徒，鞫訊既成，司縣具詞以申於路，路覆鞫之以申達於上司。上司遣理官要察，既審而後刑之。慎之至也。或甫及立春之後所在行刑，此亦似乎失天本意也。夫罪人繫獄，文卷未圓，未得即決，或有至於十餘年而猶繫者。其言下招伏，事情昭灼，又適遇理官出審而不停滯者，萬無一二焉。繫之已久，及一旦決，而不能待乎秋冬。何前之太緩，而後之太急哉？方春之月，勾芒御辰，萬殊有榮滋舒暢之容，而無枯瘁蕭條之理。故王者順之。於是乎掩骼埋胔，禁止伐樹，無覆巢，無殺孩蟲，胎夭飛鳥，毋焚山林，凡羅網之類，餧獸之藥，毋出九門。但當安萌芽，養幼少，存諸孤。命有司省囹圄，毋四掠，止獄訟可也。以卉草鳥獸之微尚令被澤，而況於人乎？以獄訟四掠猶禁止，而況於刑人乎？乃所以盡生生之至道，慎其始以存終也。及乎商風振起，少皞司天，鷹乃祭鳥，霜飛蕭艾。於是乎審斷戮罪，乃所以順陰氣之嚴凝，助陽律之不逮也。如是，則天道克常，而王猷昭立矣。昔丙吉不問横道死傷之人而問牛喘，蓋以事作乎顯者，機達乎微者，吉凶現於顯也。且春夏行刑，則是春夏二時行秋冬之令。灾殃之效，具見古書，非臣所能盡言也。頃者連年變異，蔬穀不登，或隕霜不殺草而桃李開華，或地震日月食而動静不一。斯皆陰陽反覆，而意或有以致之也。此事革之甚易，而所關甚大。天下官吏莫肯啓一言者，臣又不知其何也。伏望陛下，面稽天意，載審刑章。凡有罪當死以上，命省部秋冬遣理官出而報之。凡罪不至死，及非常之事宜速決者，不在此限外。依上施行，庶幾休徵薦至，氣候相協。天人一致，而表裏相通；體用一源，而顯微無間矣。

又《息赦令》　臣聞：天之道，陰陽而已矣；王者之道，刑賞而已矣。故承天而居尊，宜法道而立政。夫陽主生，而春夏始於前；陰主殺，而秋冬繼於後。斯二者天也。慶賞以勵功能，威刑以警罪惡。斯二者人也。有功弗賞，有能弗舉，則無以激將來之功能；有罪不刑，有惡不除，則無以致姦佞之絶迹。是以明乎陰陽之並行，審乎冬夏之先後。賞者無以爲慶也，刑者所以好生也。故刑期無刑，辟以止辟，豈虚語哉？然而赦者，欲以蕩滌瑕穢，與民更始。以負罪者言之，則實莫大之洪恩，以致治者論之，則非太平之常事也。近世以來，郊天、祀宗，建儲、立后，未有不肆赦者。僥倖之子逆知期會，能不啓非濫之心哉？且罹犴羅獄者，皆人之切心側目者也。及乎啼烏夜啓，驛馬宵流，玉簫告靈，金雞樹伏，雷雨一解，例皆釋之。名爲嘉吉之符，實皆變異之徵也。遂使攘劫服贓而詑議，善流屏忍而銜冤；養稂莠於良田，縱豺狼於當道。獨不念害嘉穀而傷平民乎？風俗駭然，誠可憚也。又況大赦之後，姦邪未嘗衰止，朝脱囹圄，夕嬰縲紲。其不能承化自新，亦已明矣。《書》曰：『文王作罰，刑兹無赦。』《志》曰：『太宗絶赦，四海安静。』子顔願無赦於光皇，孔明非惜赦於蜀土。故得彌天息寇，闔境安生。此皆前世明主賢臣已然之效也。今國家哀囚徒之孽苦，憫小民之庸騃，頻降原赦，此蓋朝廷不忍人之心，形於外而不能自已也。推此以及良民，順天道以正生殺，則周文之治不難同矣。又豈唐太、漢光、蜀國琭琭之足言哉？夫當罪而宥之，當殺而生之，亦猶來暄風於霜雪之辰，行春令於秋冬之際。如此，而欲天道之成，臣不知其可也。事作于下者，象動于上；感興於人者，應發於天。能無懼乎？《易》曰：『一陰一陽之謂道。』伏望陛下，信賞決罰，無肆赦宥。使上下有紀，内外絶倖，則治天下可運之掌上矣。且使王符之類，靡得而議焉。

明·朱元璋《明太祖文集》卷一〇《原刑論》　刑，罰惡之道。古制：生人非至理不仁，至仁，理五刑備用於先，必庫匱於後，所以至仁焉，所以生人焉。非至仁，理備五刑而五遺，善惡惡善，始微終亂，愚私焉。愚不知而反聽私，故違而禍。仁，有以謂刑中，我以謂刑中；有以謂刑平，我以謂刑當。蓋聽用中平，刑用中當，所以非仁不仁，仁不非仁，姦衰政簡，慎稽之。死生生死，甚哉，艱哉！幽察而後已。詳明死死，本生復生，甚哉！輕重重輕，至仁理刑，一二三惡，滅愚私理，惘違一，生惡四。

又《問刑賞》 朕聞三皇五帝之治天下，其用刑也甚簡，及其行也甚嚴，民擊壤而歌，不知有兵。何如是之樂哉！今莫知其法，何自周明五刑，享年八百，君三十世。將比三皇五帝，何孰隆而何孰夷？至秦用法倍加，五刑舉巨，罟張密網絶於二世。漢高帝除秦苛法，約以三章，稽歲棄市者五十人。文帝去肉刑，使民無憂，稽歲棄市者五百人。至景帝而亦去重刑，而以笞杖代之，稽歲之棄市者千人，享年四百，君有二十四帝。唐宋之法，比漢輕之，而當洪休，是也享國弗果。三皇五帝周，而唐宋各止三百年，帝共三十七人而已。又古封建有功德，列國天下，民無爭，位不篡，君或讓焉。於斯刑賞，使民憂而憂，樂而樂，致國短長者，朕不知何，特諭諸儒比論，可得而聞乎。

明·劉基《郁離子》卷上《刑赦》 郁離子曰：『刑，威令也，其法至於殺，而生人之道存焉。赦，德令也，其意在乎生，而殺人之道存焉。《書》曰：「刑期于無刑。」又曰：「眚災肆赦，此先王之心也。」是故制刑，期於使民畏，刑有必行，民知犯之之必死也，則死者鮮矣。赦者所以矜蠢愚，宥過誤。知罪不避，而輒原焉，是啓僥倖之心而教人犯也；至於禍稔惡積，不得已而誅之，是以恩爲阱也，然則赦令卒不可行與？曰法有二：有古今之通禁，有一代之私禁。古今之通禁，惡逆也，殺人傷人及盜之類也。而釋勿治，是代之爲賊也。一代之私禁，茶、鹽、錢、幣之類也，民無以爲生而官不能恤，於是乎有犯，雖難以爲常，原情而貸之可也。』

明·朱瞻基《大明宣宗皇帝御製集》卷二《帝訓·賞罰》 夫治田者必資耒耜，治木者必資斧斤，理天下者必用賞罰。賞罰，人主所以勸懲之具也。然賞不以厚薄，惟其公；罰不以輕重，惟其當。故賞一人而天下莫不悅，罰一人而天下莫不懼者，惟其公且當也。古之帝王不以私愛而加賞，不以私惡而加罰，私愛而賞爲濫恩，私惡而罰爲濫刑，恩濫民不貴而無所勸，刑濫民必冤而無所措，由是不知興於善而有離畔之心矣。故人君賞罰必存大公至正之道，不可不察也。

又《恤刑》 聖人視民猶子，而以刑法加之者，不得已也。足衣食以養民，明禮義以教民，此聖人之心也。如是而不從，然後刑以威之，刑實輔教焉耳。教養不至，徒恃刑以爲治，是謂厲民，非聖人之政也。故聖人之政，刑一人足以戒萬人，昭天討也。過誤不幸，從而赦之，原人情也。親故賢能，若功若勤，若貴若賓，從而議之，全恩禮也。不殺不辜，寧失不經厚之至也，折獄惟良，慎任人也。五者備至而刑有不省、民有不化者，必無之理也。四兇之罪止於流放竄殛，三代之治，專用德教，深仁厚德上承天休，昭譽萬世，若漢文帝除肉刑及誹謗法，唐太宗禁鞭背死刑至五覆奏，二君忠厚之澤，庶幾三代子孫，享國長久，此其效也。秦隋以刑立威，曾不再傳而遂失之，斯可監矣。

明·邱濬《大學衍義補》卷一〇〇《慎刑憲·總論制刑之義上》

臣按：先儒有言：《噬嗑》，震上離下，震雷離電。天地生物，有爲造物之梗者，必用雷電擊搏之。聖人治天下，有爲生民之梗者，必用刑獄斷制之。故《噬嗑》以去頤中之梗，雷電以去頤中之梗，刑獄以去天下之梗也。所謂梗者，即有間之謂也。物有間於吾頤之中，必齧斷之，而後口可閉合。口不能合，則有所窒礙而氣有不通矣。人有梗於吾治之間，必斷制之，而後民得安靖。民不得安，則有所苛擾而生有不寧矣。然其所以梗吾治，而使民之不安者，必有其情焉。有其情故有其獄也。所以治斯獄也，非明不能致其察，非威不能致其決。明以辨之，必如電之光，欻然而照耀，使人不知所以爲蔽；威以決之，必如雷之震，轟然而擊搏，使人不知所以爲拒。明與威並行，用獄之道也。然其施於外者，用其剛如此可爾；若夫存於中者，則又以柔爲本；而其柔也，非專用柔，用柔以處剛，無太過焉，無不及焉，夫是之謂中，夫是之謂利。苟偏於一而或過與不及，則非中矣，則爲不利矣。【略】

臣按：制定於平昔者謂之法，施用於臨時者謂之罰。法者罰之體，罰者法之用，其實一而已矣。人君象電之光以明罰，象雷之威以敕法。蓋電之光，非如日星之明，有恒而不息，欻然而爲光，於時頃之間，如人之有罪者，或犯於有司，則當隨其事而用其明察，以定其罰焉，或輕或重，必當其情，不可掩蔽也，否則非明矣。雷之威，歲歲有常，虩虩之聲，震驚百里，如國家有律令之制，違其式而犯其禁，必有常刑，或輕或重，皆有定制，不可變渝也，否則非敕矣。夫法有定制，而人之犯也不常，則隨其所犯而施之以責罰，必明必允，使吾所罰者，與其一定之法，無或出入，無相背戾，常整飭而嚴謹焉。用獄如此，無不利者矣。【略】

臣按：《噬嗑》一卦，六爻俱以刑獄言。而聖人於《大傳》特論初九、上九二爻。蓋初與上无位，爲受刑之人，而其中四爻則用刑之人也。然下之人，必犯於刑而後受之。所以受之者，由上之人用之也。用刑以刑人，將使人不敢爲惡，而務於爲善，然後吾刑不用矣。上无所用，則下无所受，下无何校滅耳之苦，上无滅鼻遇毒之勞。所以然者，聖人明罰敕法，懲之於早故也。天生聖人，爲民造福，既叙彝倫而錫君子以考終命之福，復明刑罰而養小人以全身命之福。蓋小人不以不仁爲恥，見利而後勸於爲仁；不以不義爲畏，畏威而後懲於不義。懲之於小，所以誡其大，懲之於初，所以誡其終，使其知善不在大，而皆有所益。惡雖甚小，而必有所傷。不以善小而弗爲，不以惡小而爲之，不至於惡積而不可掩，罪大而不可解，以傷其膚，殞其身，亡其宗，其爲小人之福也。則亦何以異於錫君子者哉！【略】

臣按：明于五刑，以弼五教，此萬古聖人制刑之本意也。可見刑之制，非專用之以治人罪，蓋恐世之人不能循夫五倫之教，故制刑以輔弼之，使其爲子皆孝，爲臣皆忠，爲兄弟皆友，居上者則必慈，與人者則必信，夫必守義，婦必守禮，有一不然，則入於法，而刑辟之所必加也。天下之人有見於此，其資質之美者，有所畏而一於爲善，氣稟之偏者，有所懲而不敢爲惡，則彝倫爲之益叙，而刑罰可以不用矣。【略】

臣按：先儒謂《立政》周公説不可誤于庶獄庶慎，到此又説獄者，蓋獄者天下之命，所以文王必明德慎罰。收聚人心，感召和氣，皆是獄，離散人心，感召乖氣，亦是獄，大底事最重處，只在于獄。故三代之得天下，只在不嗜殺人，秦之所以亡，亦只是獄不謹。惟是以用獄之際，養得一好生之德，自此發將去，方能盡得君德。所謂事最重處，只在于獄，最爲切要。人君爲治，真誠知獄之爲重，則必調和均齊夫獄慎之事，擇人以用而不間以小人，委心以用而不誤以己私。惟在內之獄，專任之以司刑之職，在外之獄，分命之以牧守之任，用命者則申敕之，使益虔，違命者則戒約之，使不肆，非惟不敢誤，且不敢兼之也。

又　卷一〇一《總論制刑之義下》　臣按：《呂刑》雖周穆王所作，然必有所傳授，非虛言也。夫伯夷禮官也，所降者典，而折民惟刑。皋陶刑官也，所制者刑，而教民祗德。可見有虞爲治，專以禮教爲主，而刑辟特以輔其所不及焉耳。禮典之降，而折以刑，所以遏其邪妄之念，而止刑辟於未然。刑罰之制，而教以德，所以啓其祗敬之心，而制刑辟於已然。禮教、刑辟之相爲用如此。帝世之制，所以本末兼舉，而民協于中，自不犯於有司也歟。【略】

臣按：刑，天討也，天以是而齊亂民，不得已而爲一日之用爾，非常用以爲治之具也。人君奉天道以出治，所以爲治者德也，刑非所先也。民有不齊者，不得已而用刑以治之，姑以爲一日齊民之用也。所以爲治者，不顯顯在是也。典獄之官，必當敬逆天之命，以奉承乎君。過之當宥者，則承天之命以宥之，不當宥者，君雖宥之，不宥也。過之當辟者，則奉天之命以辟之，不當辟者，君雖辟之，不辟也。所以然者，守君之法，所以奉君也，順天之理，所以敬天也。奉君之法而不奉君之意，則是能敬迎天命矣。所以敬迎天命者，敬五刑以成三德而已矣。敬五刑以爲一日之用，成三德以立萬世之則。刑用而即已，德立而無窮，所以爲國家之慶者，容有既乎。兆民以之而永賴，國祚由是而延長，三代有道之長用此道也。秦人恃刑罰以爲一世之用，卒之流毒海內，二世即亡，豈非永鑒哉！

臣按：先儒謂情之輕重、世之治亂不同，則刑罰之用當異。而欲爲一法以齊之，則其齊也不齊，以不齊齊之則齊矣。惟齊非齊，以不齊齊之之謂也。先後有序謂之倫，衆體所會謂之要，所謂法之經也。經一定而不可紊，權則因時而制宜。穆王年雖耄荒，而其訓刑也，猶守文武之法，惓惓然猶有唐虞之遺意，此夫子所以取之也。【略】

臣按：帝王之道莫大於中，中也者，在心則不偏不倚，在事則無過不及，帝王傳授心法，以此爲傳道之要，以此爲出治之則。《書》始於《虞書》『允執厥中』，大舜以之而傳道，《書》終於《周書》『咸中有慶』，穆王以之而訓刑。聖人之心不偏不倚，而施之事爲者無過不及，非獨德禮樂政爲然，而施於刑者亦然。蓋民不幸犯于有司，所以罪之者皆彼所自取也，吾固無容心於其間，不偏於此，亦不倚於彼，一惟其情實焉。既得其情，則權其罪之輕重而施以其刑，其刑上下，不惟無太過，且無不及焉，夫是之謂中，夫是之謂祥刑。【略】

臣按：典者，常也，民失其常則爲權時之制，本三德以趣時，分三典以興治，使之復其常焉，聖人於此何容心哉！【略】是以我聖祖作條訓以示子孫，有曰：『朕自起兵至今四十餘年，人情善惡真僞，無不歷涉其中，姦頑刁詐之徒，【略】特令法外加刑，使人知所警懼，不敢輕易犯法。然此特權時處置，頓挫姦頑，非守成之君所常用。以後子孫做皇帝時，止守律與大誥，並不許用黥刺剕劓閹割之刑。敢有請用此刑者，將犯人凌遲，全家處死。』由是觀之，可見聖祖以重刑待前元，蓋非得已也。文子文孫當承平之時，守祖宗之訓，一用平典以安兆民，敷仁恩於四海，延國祚於萬年，臣不勝至願。

明·孫承恩《文簡集》卷四三《刑賞論》 人君操御世之大柄，以服役奔走乎天下，慎無自失其柄也。刑賞者，人君御世之柄，而所謂失者，非必太阿倒持，政歸臣下而後爲失也。凡其用失，其當有罪者失刑，無功者濫賞，而無以盡乎天討天命之實，是亦自失其柄而已耳。嗚呼！率是道也，則刑賞不足以爲天下勸，而其弊且將至於廢弛褻易，欲人心之帖帖也，難矣。夫人主以渺然一身，而寄乎億兆臣民之上，其勢本孤，而所以臣服乎天下，雖智勇英傑之士亦匍匐俛首而不敢傲焉者，賴有此耳。而人主乃不善用以順人心，使人皆囂乎其不服，腹誹而口訕，甚之積怨召怒，則危亡之禍可立至也。嗚呼，其殆哉！是故刑以懲罪，不可淫而尤不可縱也；賞以報功，不可吝而尤不可濫也。故隕霜不殺菽，《春秋》書之，以爲失刑之喻，而韓昭侯惜一敝袴以待有功，誠以人主之所用以激勵乎人心者，誠不可不慎也。今之世儒泥古而病予説者，孰不曰：『人主好生爲德，吾惟知罪疑惟輕，功疑惟重而已。子之言，刻薄之論也。』嗚呼！天下事孰非爲此世儒之説所誤乎？善言治者必因其時，善法古者必通其變。夫罪疑惟輕，固也，然所謂惟輕者，亦云即其輕重之可疑者耳。若夫負天下之大戮，斷斷其顯著者，固亦在所恕乎？功疑惟重，固也，然所謂惟重者，亦云即其功之輕重之可疑者耳。若夫無尺寸之功，或且至於憤事者，固亦在所與乎？蓋人主之有賞刑，猶天之有寒燠，是故寒燠正而後歲功成，刑賞明而後治效著。天不可以非時而燠，則人主之賞亦不可以濫也。天不可以失時不寒，則人主之刑亦不可以縱也。此理蓋亦較然矣。故如世儒之説，則惟其刑之不輕而賞之不重。如予之説，則不患其刑之不輕，而惟患其輕所當重；不患其賞之不重，而惟患其重所當輕。其要亦隨時以求其當而已耳。嗚呼！天下向背有大機，顧人主所以導其機者何如耳。自非識時之俊傑，孰知斯言之爲當而果非刻薄之論乎？

清·唐甄《潛書》下篇下《省刑》 萊陽盛九苞曰：『山東習用重刑。杖以巨竹連根爲之，長八尺，頭徑六寸，厚五寸，敦然方物也。皂必長大强力者。臨杖，則裂犯者之袴覆足，以杖一拊臀，却立尋丈；揚杖後，挾地大呼躍進，身杖俱下，乃一撻之，不聞撻聲，但覺地動。一皂一杖；撻二十則易二人，撻三十則易三人，恐其再撻則力減也。

『昔余七之叛也，事既平，繫獄當死者甚衆。巡撫趙祥星訊之。有一人枉者，祥星顰蹙而謂僚吏曰：「是可矜，吾欲釋之，諸君以爲何如？」僚吏皆起而揖於前曰：「此至仁至明，釋之幸甚。」於是釋之。故事，免死者必撻而後釋之。撻之二十，舁出，死矣。

『夾棍以鐵貫本，置脛其間，左右各五人并力曳之。良久，乃合其末，左右擊以巨棍，至百數十。異日復夾，脛腫如股，不可入；皂舉踵踏入，復夾之。

『杖之毒者，前一杖却，一杖中。蓋一杖杖已，皮不少損而內肉糜爛，如腐瓜之瓤。出，以刀劃去糜肉，得良藥，十有半活者。皂得賂，則直撻之，血立濺，乃反不死。其毒如此。

『山東之民號爲獷悍，皆謂非重刑不能服之。又謂大吏有體，非重刑無以示尊威。是以沿習而然，雖有慈者不能改也。吳民號爲柔弱，習用輕刑，故吳爲幸。』

客有嘻者曰：『吳刑雖輕，重者自重，不一於輕也。吾親見巡撫杖僞爲薦書者，血肉飛濺四傍，四傍方丈之間，青草皆爲赭地。此亦何輕於山東！』

昔者唐子之治長子也，一年而罷。一年之間，治羣殺數人之獄者二，獄成，未嘗加一杖於殺人者之身。內司諫曰：『殺人至惡也，殺數人大獄也，而公不加一杖，從來號爲慈吏者，未有過寬若此者也。公不忍於所當忍，吾恐民風日玩，從此得罪者愈多矣。』

唐子曰：『不然。彼殺人者，豈其始念則然哉？逞一時之忿，自陷其身於死，而不徐爲之慮也。既以一死抵一死，亦足蔽其辜矣，又從而杖之，是淫刑也。吾不加一杖者，是爲至平，不爲過寬。』

夫山西之民，非弱於山東也。長子之民，又號爲多奸，唐子爲吏一年，夾棍非刑，廢而不用。俗用之杖，雖未能遽改，以從律之制，然且薄且減，亦不乖制。一年之間，令未嘗不行也，政未嘗不舉也，賦未嘗不入也，豪强未嘗不伏也，疑獄隱慝未嘗不得其情也，關市橋梁傳乘賓旅未嘗不治也，四境之内未嘗不安也。

巡撫達良輔嘗謂唐子曰：『百里之長，不患無威，奚以重刑爲！重以刑之，既傷其體，歸而療治，又費其財，仁者弗爲也。苟治事而事治，懲民而民服，斯可已矣。奚以重刑爲！』

清・愛新覺羅・玄燁《聖祖仁皇帝御製文集》卷一七《寬嚴論》

昔子産之論政也，曰：『惟有德者能以寬服民，其次莫如猛。』斯殆爲鄭言之耳，要非致治之本論也，致治之本在寬仁。今夫天化育萬物，生之以春，長之以夏，成之以秋，藏之以冬。陰陽消息，四序代嬗。而其道歸於生生爲用，仁愛爲極，夫豈春夏寬而秋冬嚴歟？古之聖王知其然，體上天仁愛之心，出而御物，德以道之，政以齊之，刑以範之，惟務化民於善，閑民於義而已。不忍制民以術，怵民以威也。是故五刑之屬三千，皆本惻怛之心以出之，而非慘刻峻削之爲也。夫物剛則折，絃急則絶，政苛則國危，法峻則民亂。反是者有安而無危，有治而無亂，三代之成事無論已。秦用李斯，挾荀卿之學，行督責之令，不數年而秦亡。漢高以寬大爲政，入關而萬民大悦。光武以柔道治天下，而王業用興。唐太宗聽魏徵之言，崇尚教化而幾致刑措。是古之帝王以寬得之者多矣，未聞其以寬失也。若後世祖述申韓之徒，有謂民驕於愛，聽於威，非嚴不足以集事。不知衰世之主百度廢弛，馴致淪敗者，其失在紀綱廢弛，詎寬之謂哉？朕撫綏元元，期以純王之道，化民成俗，凡束濕之政，弗敢庸也。苛察之明，弗敢尚也。恐恐焉日慮其刑之重而德之薄，夫寧忍從事於猛歟！《書》曰：『克寬克仁，彰信兆民。』《詩》曰：『不競不絿，不剛不柔，敷政優優，百祿是遒。』詩書之言，朕之著鑑矣。

又《慎刑論》 聖人之治天下，有禮有刑。禮也者，所以勸民之爲善也。刑也者，所以禁民之爲非也。五倫以爲準，三物以爲坊，漸而摩之，優游而自化之。邪慝不作，比户可封。聖人之心，豈不甚愜？而勢有不能。於是制爲刑罰以驅之於後，使天下之人，鰓然有所畏而不入於非彝，是刑之設也。聖人之所不得已也，其輕者傷肌膚，重者戕性命，天下之慘痛，至刑罰極矣。聖人在上，不能使天下無刑人，而政平訟理，一民一物，卒無顛連困苦之虞者，則惟此慎刑之道得也。夫生人之性，有善而無不善，陷溺既久，匪僻迺生。一旦麗於郵罰，雖欲悔之，固無及已。故聖人之慎刑，所以全民衷也。雨露雷霆，天之所以成歲功也。而一歲之中，雨露時行，雷霆之用，不數數見焉，故聖人之慎刑，所以順天道也。在《易》之《噬嗑》，其《象》爲『明罰敕法』，而即繼之以《賁》，曰：『無敢折獄。』《豐》之《象》爲『折獄致刑』，而即繼之以《旅》，曰：『明慎用刑。』《噬嗑》上離下震，《豐》上震下離，於義爲明爲斷。而《賁》與《旅》皆有《艮》體，於義爲止。聖人之意，以爲用刑之道，貴乎明斷相資，而必本之於至慎。聖人之心，如此其昭然而可覩也。然則慎刑者，所以止刑也。《書》曰：『刑期無刑。』其謂是歟？朕嘗謂欲天下之治，必使刑獄清簡者，誠有見於此也。蓋惟刑慎則不濫，善人無誤罹文網之懼，刑慎則必當，不善者無僥倖苟免之心。天下雖大，天下之民雖衆，使爲善必蒙福澤，爲不善必不可倖免，則是非别白，大道昭明，會極歸極，是訓是行，而刑措不用矣。

清・愛新覺羅・玄燁《庭訓格言》 訓曰：國家賞罰治理之柄，自上操之。是故轉移人心，維持風化，善者知勸，惡者知懲。所以代天宣教，時亮天功也。故爵曰『天職』，刑曰『天罰』。明乎賞罰之事，皆奉天而行，非操柄者所得私也。《韓非子》曰：『賞有功，罰有罪，而不失其當，乃能生功止過也。』《書》曰：『天命有德，五服五章哉！天討有罪，五刑五用哉！政事懋哉！懋哉！』蓋言爵賞刑罰，乃人君之政事，當公慎而不可忽者也。

清・陸隴其《三魚堂外集》卷二《刑禮》 帝王所以化導天下而使之各得其性者，惟中；所以範圍天下而使之不戾於中者，惟禮；所以整齊天下而使之不違於禮者，惟刑。故禮也者，所以納民於中者也；刑也者，所以納民於禮者也。禮者天下之大範，刑者天下之大防，可相有而不可或無也。但禮禁未然之前，刑禁已然之後。禁於已然者，人皆見其效而以爲不可廢；禁於未然者，人或不見其效而以爲有可緩。於是禮輕而刑重。自禮輕而刑重，而爲治者徒思所以整齊乎天下，而不知所以範圍於天下，徒思以整齊天下者禁民於已然，而不知以範圍天下者禁民於未然，欲民之協於中也難矣。然則求帝王之治者無他，亦惟灼然於刑禮之辨，而不淆於異論而已。今國家制作盡善，秩然有等，而又勒成律例，爲一代之令，其於刑禮之用，亦既兼施而罔偏已。愚生復何所指陳其閒，但恐朝廷雖知刑禮之相輔，而天下之爲異論者不能不以禮後刑；朝廷雖知刑禮之同原，而天下之爲異論者不能不以刑絀禮。異論出而取舍淆，取舍淆而治術偏矣，則所謂刑不可一日弛，禮必百年後興者，請得爲執事析之。夫禮者，不可斯須去者也。君臣之閒，斯須而無禮，則凌悖之端生；父子之閒，斯須而無禮，則孝慈之恩薄。故禮之漸漬於肌膚者，固必待於百年，而禮之範圍於日用者，則不可或缺於一日。今以一日不可缺之禮，而誤以爲百年待興之禮，禮果若是其可緩乎？生願國家斷然以刑禮爲相輔，而勿誤聽於百年後興之説，則民之協於中者，庶有日矣。抑所謂三代文質異，賞罰先後不同者，又請得爲執事析之。夫三代之各異者，文質；三代之不異者，禮也。三代之先後不同者，賞罰；三代之無不同者，禮也。故禮行於尚文之世，而服物可以生恭敬；禮行於尚質之世，而儉素可以養誠慤。禮行於先賞後罰之代，而匪頒之節無非以别尊卑；禮行於先罰後賞之朝，而郊遂之移亦可以教祇德。今以其文質賞罰之殊而謂其禮之殊，禮果如是殊乎？生願國家斷然以刑禮爲同原，而無誤聽於三代文質賞罰之説，則民之協於中也又有日矣。此則所謂審取舍之術而化導天下之至要也。若夫刑之或當輕而或當重，禮之或當損而或當益，刑禮之或當互有輕重、互有損益，是在廟堂之上斟酌於古今之勢、風會之變而出之以不忍，行之以恭敬，以求合於天秩天討而已。

清·愛新覺羅·胤禛《世宗憲皇帝御製文集》卷九《執中成憲御論》　朕謂聖人之心，至公無私。慶賞刑威，皆因物付物而已。所執之法如綱，張於一面，而三面皆虚，左右之間，皆人人可生之地。乃人或不肯由三面以自全，而甘心蹈一面之網，則聖人亦無如之何矣！若夏桀者，自蹈於一面之網者也。《書》曰：『天討有罪。』聖人奉若天道而已，何所容心於其間哉。【略】

刑罰之疑，而後有赦。疑者，其事曖昧而難知，游移而莫定。聖人罪疑惟輕，故赦之也。若無可疑，則無可赦矣。帝王之道，賞不僭而刑不濫。夫刑之失入固爲濫，而失出亦爲濫。後世相沿，於刑罰之情狀顯然。供証歷歷者，猶屢加平反而減等，以示寬，則是於不疑者，亦矜恤之矣。若復援肆赦之文，概爲宥釋，則姑息之害，其濫不亦甚乎！有明刑之責者，極當詳慎。

務本執要論分部

論説

元·胡祗遹《紫山大全集》卷二一《論治道》　古人立言定名，一字不苟。不謂之百事，而曰百揆；不謂之萬事，而曰萬幾；不謂之庶事，而曰庶政，又曰庶績。因事明理，因理垂戒。揆，度也。不致度，則苟而已。幾，微也。小有不善，則激觸起發，盛大而不救。政，正也。身正則萬事正。績，功也。不盡美盡善，則何以成功？不能成功，則傾覆敗亂矣。今之從政者，不師古，不度理，不慎微，致遠而慮不及遠，不正其身，而以督逼急切責人以必不能行，肆口從欲而行，不圖其成敗。其于前人所謂『功不百，不變法。利不百，不易業』，功利之效尚不信從，尚不加意，其於正義明道，無所望矣！

韓子曰：『古之爲民者四，今之爲民者六。若之何民不窮且盜也。』以今觀之，所多者奚啻佛老氏而已。佛一也，師異道，人異徒，支分派别，不勝其繁，悖逆本宗，莫之有禁。老氏亦然。大抵世治則車同軌，書同文，行同倫；世亂則反是。『惟民生厚，因物有遷。』『生民有欲，無主乃亂。』又曰：『一人元良，萬邦以貞。』又曰：『君子之德風，小人之德草。草上之風必偃。』又曰：『惟皇上帝，降衷于下民，克綏厥猷惟后。』爲人君者，民可以不禁，身可以不修乎？又曰：『天下有道，國無幸民。』凡今身不在四民之列，僥倖以蠹國者，反以才俊有道有德待之，欲求天下之治，豈不悖哉？

士之論治者，如庸醫之治病。不問病之虛實寒熱，各隨其性之所好而用藥。已性優柔，雖大實大滿大熱之證，而不敢寒以下、浚以削，消導和解而已。已性峻決，雖至虛至羸寒弱不足之證，又投以酷烈。病本不死，醫殺之也。天下之勢亦然。爲治去其泰甚，救其偏而不起之處，防其將然未著之患，寬猛剛柔，簡易具備，一相其時之可否，如良醫之對病用藥。後世論治者，不相其時之可否、君臣之能否，一隨性情之好尚。好有爲者專振起，好鎮静者專苟且；寬者一主於含容，猛者一主於搏擊。正如庸醫，實實虛虛，損不足而益有餘。若此之流，雖不能得其中，要之胸中有主，不務隨人。降及近代，專務逢迎揣摩，唯恐其不工。間有出一直言也，則必羣聚而沮毀之，多方以傾陷之，必使之見怒於上、見惡於衆，不謂之誹謗，必謂之妖訛，不致廢退獲罪不已。是以五年十年之久，内外小大之臣，略無一言之論治，豈爲國之福歟？

兩漢去三代不遠，爲政者終能窮理盡性，治民之道雖不能以躬行心得之餘推以及人，無爲而治，然亦知本，而示之以好惡，故刑罰清而風俗美，所行者不煩。今年詔曰：『孝弟力田者，復其身。』明年亦然。又明年，亦然。高、惠、文、景而下，以至於凶國，莫不皆然。人倫不過内外：内能事父母孝而友兄弟，外而事君長則必順，交朋友則必信必讓，不犯上，不作亂，不廢惰先業，放辟邪侈。民心至此，則囹圄空虛，刑措不用。史書爲實録，豈虛言哉？以後世觀之，愈見愈信兩漢之知本末。不勸激以孝弟力田，已爲不知急務，而又縱子訟父、弟訴兄、妻妾言夫、婢僕訐主，雕文刻鏤，刺繡纂組，嘉美而榮寵之，民俗從風而靡。歲歲豐穰，不免凍餒；穀帛收成，價愈湧貴。近年以來，民日流移。或不幸歲一不熟，以不孝不弟、無禮無義、背本趨末之凶人而處乎困約，吾恐笞杖不能禁，獄犴不能容，豈止於犯上作亂而已耶？智者防患於將然，不救患於已然。區區以簿書期會不報爲大務者，不以我爲迂，必以我爲狂，誣妄、是古非今、好生事端一腐儒耳。

西漢言治之事，不諱君惡，不隱民瘼，昭言天譴，思患預防，以秦爲戒，以三代爲法，以道德仁義、禮樂教化爲君德、政幾之先務，以孝弟忠信、修身敦本爲臣民之事業，以簿書期會、問刑讞獄爲可鄙，爲俗吏。以後觀之，俗吏亦不可得，鄙事亦不能辦。子曰：『齊一變至於魯，魯一變至於道。』後世之政，去齊太遠，不知何時而可望乎魯？爲君者以聖智自居，爲臣者以僮僕自處，言何可能行？此孔子所以辭尊居卑也耶？又曰：『邦無道，富且貴焉，恥也。』爲政之要，大體則因依前代，救滯補弊，則或損或益。欲輕之於唐、虞、三代，則爲貊、越；欲重之於唐、虞、三代，則爲桀、紂。爲政大臣不通經學古，不知後世之虐政，殊不出於堯、舜、禹、湯、文、武，皆出於漢、唐。好大喜功，誇侈奢淫，立官無法，取民無藝，檢身齊家、臨下御衆無制，舍三代不遵而遵秦、西漢，乃萬世之罪人。武帝之罪，甚於秦始皇。始皇之未嘗行者，武帝創行之。後習熟見聞，以爲當然，不以爲虐，踵踵不廢，有增無損，若之何民不貧且病也？若之何政不紊且亂也？官冗則事繁，欲多則財傷，政紊則民病，吏不循良則禍速。《通典》一書，三代之所無者十蓋八九。非三代之君立政立事不智不才，不能如後世之詳備。凡後世之所有、三代之所無者，皆病國病民，不可行之政也。不可常行，何以爲之典哉？

元·蘇天爵《治世龜鑑》卷首《林興祖序》 治世龜鑑，中奉大夫江浙等處行中書省參知政事趙郡蘇公所編也。大綱凡六，曰治體，曰用人，曰守令，曰愛民，曰爲政，曰止盜。綱各有其目，誠前知之龜，不遠之鑒，有志於治者宜無一之可遺。吾姑於六綱之目，各舉其一以例其餘。治體之目九，司馬公論牛僧孺而謂之誣，今之論治體者，必不至如牛僧孺之誣。用人之目十有四，歐陽公之論馮道謂其無廉恥，司馬公以道爲奸臣之尤，今之用人者，必不至用如是之人。守令之目有六，曰始造簿書備遺忘耳，今反求精於案牘而忽於人才，此張九齡歸重於守令者，爲守爲令不可不此之思。愛民之目六，有謂弛茶鹽之禁非所當先，此范文正公之言也，掌大計者，其可不思其所當先？爲政之目十有一，而漢建武之詔所謂省減吏員者，豈非當今爲政之要歟？而其止盜之目八，舉夫子之言曰『苟子之不欲，雖賞之不竊』，又豈非人之至簡而易行者歟？予於《龜鑑》綱目非有所去取焉，蓋各舉其一，而其餘無非可爲龜鑑者也。蘇公著述之行於世者，有《名臣事略》，有《文類》，於《伊洛淵源録》有序，皆嘗得而讀之。其明體適用之學，實得之魯齋先生許文正公云。至正十二年壬辰之歲良月吉日，三山林興祖謹書。

明·朱瞻基《大明宣宗皇帝御製集》卷一《帝訓·經國》 帝王統

御天下，於政治經營謀畫當謹始慮終，爲宏遠之矢見，毋狃於淺近，溺於流俗，苟徇目前而已。夫四海之廣，兆民之衆，非簡無以御煩，非靜無以制動，非寬不足以有容，非剛不足以聽斷，必仁覆乎四海，智周乎萬物。親賢貴德，簡用才能，養老慈幼，恤念無告，重農務本，興學立教，求言納諫，信賞必罰，輕徭薄賦，考核名實，哀矜庶獄，修飭武備，崇節義，勵廉恥，辨忠佞，審好惡，抑强扶弱，禁暴誅亂，皆君國之重務。宜夙夜在念，持之以誠，處之以義，務合大公至正之道，使國家庶事綱舉目張，靡有闕失，斯君安於上，民安於下，由是陰陽調，風雨時，羣生和，萬物遂，國家長治而永安矣。

清・黄宗羲《明文海》卷九〇《彭輅〈國脉論上〉》　聖主之治，有形有脉，知治而不知形，失其所以治；知形而不知脉，失其所以形。形者，治象之可見者也。脉者，聖主之所蓧以隱然克聳其國者也。脉何在乎？曰人心是已。人心所懷，將在德也。古者文王仁博於三分，武王仁博於肇造，原夫周之所以長世，則姬公輔相之力也。公之誨伯禽也，曰『惇親録舊，任臣器能』，如是而已，其用意藹然，一出於忠厚。公之治周，即其所以治魯者也。迨周之東，天下列侯士庶靡不惜其衰，而痛其亡也。後王有能紹周之德，則必配蒼姬之曆，明矣。下周而談治者，其管子四民之説乎！夫分人而各授之業，其秀異者爲士，疏敏者爲商，技巧者爲工，蠢樸者爲農。愚智相越而情之欲惡則羣然以一，故養士憫農卹商勸工，政之要務也。古者藏富於天下，後世廼以天下利而國之，最下則以天下利而帑藏之，而不知有天下。周自六典外，其取於民者，僅什一耳。乃今一切取之於田畝，尚不足以應上之需，而秉耒荷鋤者，終歲刺骨慘然，寡樂生之歡焉。夫吳會之間，京師財源也，涸其源而欲瀹其流，奚益哉？此首當軫念者也。商旅之在今日亦云艱矣，趨而共者愈衆，榷而税者日殷，行乎矛戟之畏途，而什一之息皇皇焉其不易獲也，則農與商交病矣。農商者，工之所與通什器者也。此而既病，則百工之技焉攸施之？以故天下之人不論能與不能，而惟士之爲慕。七雄之世，不得已羅之於食客。東京以來，羣萃於黌校。方今羅以天府，賢書高材擢異者無論矣。試觀章縫之侶，焚膏矻矻，而或寡穎脱之文，設若中道而盡擯之，則弗能再理他業。列高等廩食於公者，乘其衰暮而絀其年資，俾有後薪之凌，前魚之泣，則彼之曩時故嘗與洛陽年少爭鋒鍔者也，而奈何以鬱咿終也。漢制入貲者得拜爲郎，名卿張釋之、司馬相如假以奮跡，頃聞太學之盛，注籍者以萬數，非前此弘德間比，而解額不增於昔，甚非所以長育而陶鎔之也。又獄者，聖王所慎不得已而用者也。使者行部則必有刺訪，然使者不能坐臆而旁採之，或借聽於怨憎之談、流傳之語。《傳》云：『所見異辭，所聞異辭，所傳聞異辭。』以傳聞者而麗之辟，是忍生人之命於草菅也。民以冤抑之氣，上干陰陽之和，豈獨東海一婦哉？凡此数者，皆出臣工奉行之過，非朝廷意也。夫人心者，國之脉也，而天從之。周漢而下，以富饒雄往代者，無如開皇、大業之隋；鞭笞九服，蹂躪河華，强兵勁馬，攖突無前者，無如全盛之金；疆土廣大，環鯨波蜃嶼，窮荒絶蹟，咸入版圖，設尉候而關柝之者，無如奮起之元。然而隋纔再世而太社已墟，金、元俱不滿百年，奄然倏滅。天下之人，覩其革命之際，恬而安之，求其顧砥道而出涕，懷西歸以好音，如靈王以後之周者，吾未之聞矣。何者？君不愛其民，民罔戴其君，上下無聯維之素，徒以區區位號控馭而操束之，一旦掉臂而去，無難也。繇此而言，國家命脉不在富强廣大，而在人心之嚮附可知已。善攝生者，調其吸呼，固其元真。六氣之沴蔑從而攻之，使違保攝之宜，恣愉快之樂，膚革充然而脉寖以澌泯，則一蹶而仆，雖扁鵲、俞跗弗能救也。國之延促，猶生之脩殀，審大計者培其脉而已。天以春爲脉，人以平爲脉，國以仁爲脉。民生周成、漢文之代，唐之開元、天寶與宋慶曆、元祐之日，暨我朝列聖之熙洽皆春也。秉國者法天之春生，此遠方黔黎所以喁喁焉，重有望於今日。

明・王立道《具茨文集》卷六《原政》　夫升降者，道也。善惡者，政也。隆汙者，治也。治由政出，政由道立。道降而政之善，政善而治之汙者，古今未之或聞也。古之帝王求於道而不求於政，故道得而政隨之。後世求於政而不求於道，是故政非其政，治非其治，而今之天下若異於古之天下云耳。昔者大禹以六府三事告其君，而曰『德惟善政』，其在《洪範》曰『農用八政』，而必曰『建用皇極』者，何也？皆道也。故德行而府事叙，皇極建而八政舉矣。夫子之所謂人存政舉，修身以道者，皆是之謂也。然而政之在天下也，以道爲體，以時爲用，故離道非政也，違時亦非政也。《易》曰：『通其變，使民不倦；神而化之，使民宜之。』昔者三代之興也，夏以尚忠爲政，商以尚質爲政，而周以尚文爲政，若是乎政之不同也，政不同而同歸于治者，何哉？道而已。是故殷因於夏禮，而周因於殷禮，禮云禮云，即道之謂也。天不變道亦不變，以不變之道而損益夫不得不變之法，故纘禹服者非蹈常，而反商之政不可遂，以爲好異也。不然，則違時之治其與夫徒法之弊，恐亦無大相過矣。故曰：『道者，所以立本也，不可不一；法者，所以適治也，不必盡同。』是知道存之謂政，建其有極之謂政，通變之謂政，宜於民之謂政。此聖之德而王之業，三代之所以能長久者，此也。漢唐而下，其政可得而言矣。封建削而郡縣以分民，井田裂而租庸以率賦，肉刑廢而箠笞以禁暴，其於三代之政之大，皆蕩然矣。然而論治者猶或後焉，以爲棄其道而弗由，則法之存無益也。是故由其道則循漢唐之法，而可以適於治；不由其道則雖純乎三代之政，猶不免爲徒法而已。善乎！歐陽子之言曰：『三代而上，治出於一而禮樂達於天下；三代而下，治出於二而禮樂爲虛文。』夫所謂出於一者，道即政，政即道也。後世離政於道，而虛文以爲治焉，則雖謂之無政可耳。愚故曰：『升降者，道也。善惡者，政也。隆汙者，治也。』推而本之，作《原政》。

清·愛新覺羅·弘曆《御選明臣奏議》卷三二《趙志臯〈乞振朝綱疏萬曆二十四年〉》 臣愚以爲修德行政之要，則莫先于振綱紀。蓋人君猶天也，惟天宰制萬物，區別庶類，惟人君統馭萬民，役使羣動。君統其綱，臣分其職，治隆于上，化行于下，此唐虞三代之盛時，以及漢唐宋之治朝，皆如是也。其間有不能盡守其法，而亂亦隨之，捷于影響，有可鑒者。國家二百餘年，紀綱何嘗一日不立？法度何嘗一日不行？臣工何嘗一日不肅？民志何嘗一日不定？雖有微姦隱匿，搖惑世風，劇惡大懟，誣害善類，而旋發旋滅，卒未有爲朝政之累，世道之梗者。而今日之事，則有大可慨者矣。皇上臨御以來，日視朝政，萬幾親總，五夜夙興，又且留心民瘼，加意人才，召對輔臣，諮訪部院，開誠納諫，虛已受箴，朝無異政，人無異言，斯太平極盛之治矣。邇年以來，玩愒起于治平，憂勤怠于安逸，紀綱之不振，未有甚于此時者，臣私心慮之久矣。今臣已疏歸，於此不言，是終無可爲之時也，願少垂聽焉。

臣惟古之帝王，南面而聽，天下嚮明而治，居尊御卑，由近達遠，無有弗屆者也。皇上之不視朝，將十年于兹，臨御久虛，人心漸弛，雖法度未嘗盡廢，而詐偽不可盡窮，若不及此時反之，恐將來益難支矣。皇上意在效法皇祖，然皇祖晚年亦爲權姦蒙蔽，左右誣罔，賄賂公行，濁亂朝政，幸末年一怒而舉安，然亦晚矣。此乃前事之當鑒者，而可復蹈之耶？願勵精圖治，質明視朝，或五日一出，或一月三出，天威不違咫尺，臣工儼然翼趨。此朝綱不可不振者一也。

六曹章疏，奏發有期，數年以前，雖不視朝，章疏隨時即發，且多御批，乃今一概不發。夫推官而不發，則官不得就職；奏事而不發，則事不得奉行。近因尚書孫丕揚之請，一日發下二十餘本，京城歡聲動地，然所未發者尚多也。至于奏請行取，蓋選賢與能以司耳目也，內而臺諫不可久虛，外而知推不宜久滯，且使部中進士待選與起復養病補任者不致久稽也。又內而部寺之升選，外而藩臬之聽補，守候甚久，胡可遲之？乞俯從部請，照常票發，俾人才不致阻滯。此朝綱不可不振者二也。

國是人心，關于世道，往時大小臣工朝無異論，而邇來則漸乖隔，各懷己私，黨同伐異。又有不修職業而出位言事者，志在彰己之直；有自具疏草而倩人代上者，意圖售己之謀。堂屬有定分也，欲逞其奸，則侈口劇談而不顧名分。邪正有定論也，欲肆其害，則極口醜詆而故違其心。是在察其幾而亟反之，庶賢者得行其志，而世道可挽回耳。此朝綱之不可不振者三也。

官邪既以不正，則頹風波及下賤，彼不得用之小人，因而哄然蠭起。幸邊疆之多事，得以負戈從戎于其間，流言道路，惑亂聽聞，而好事者又從而樂道之，以遂其攻人害成之謀。又有一番罷閒官吏，舉監生儒如樂新爐之類，藏匿京師，投入勢宦衙內，作文寫書，四布投遞，旋即送入報房，令人抄報，傳示四方。夫報房即古之置郵，傳命令以達之遠近者也，非奉命者不敢抄。今則朝奉疏而夕發抄，不待命下而已傳之四方矣。近日又有劉世延一本，論臣及石星與李楨，玩其詞頗不類世延語，因查通政司，並無有副本，乃知憸邪小輩假此以誣詆善類，其風豈可倡哉？此朝綱不可不振者四也。

劉世延以窮凶極惡之資，肆亂臣賊子之行，中外遠近側目已久，今一旦置之于法，舉朝歡欣。然世延之肆惡顯而易見，世固有心術險詖，智巧艱深，氣焰足以薰灼一時，機權足以籠絡衆志，壞朝政而不顧國家之利害者，其肆惡微而難知。此朝綱之不可不振者五也。

夫利源一開，則賄門遂闢，奔競之塗啓，攘奪之患生。且利能令人智昏，自古英明才智之主，夫豈鮮哉？一徇于利，則智昏于得，恣多取之念，肆無厭之求，凡可以瘠民而肥己者，無不爲之，此唐德宗瓊林大盈之積可鑒也。臣不願皇上之冒此名也。即近日採礦一事，一疏允之，十疏繼之，至有一省請開三十一處者，小人之放肆至此，然豈盡爲國家謀哉？無非逢君之欲，遂己之謀，徒以長奸民之釀亂耳。今除開採已有成命外，以後再有聞風瀆奏，希圖竊利者，悉行禁止。此朝綱之不可不振者六也。

清·張廷玉等《皇清文穎》卷二五《繆彤〈殿試對策〉》 臣對：臣聞帝王之統御天下，而綿歷服於無疆也，必有其爲治之本焉，必有其致治之要焉。夫用人不可以不慎，吏治不可以不清，賦税不可以不均。此三者，固治天下之大端也，而猶非其本也，抑猶非其要也。蓋所謂本者何也？人主之一心是也。所謂要者何也？人主之以一心行仁者是也。故仁以舉賢，而愛惜人才，則收用人之效矣。仁以擇吏，而澄清吏治，則成廉潔之風矣。仁以理財，而撫循百姓，則致豐亨之象而臻樂利之休矣。唐虞三代之盛，所以庶政畢修，民生克遂而登上理者，此道得也。故善治天下者，不恃有馭天下之術，而恃有治吾心之道；不徒有愛百姓之名，而貴有愛百姓之實。以是内之百僚，有師濟之盛；外之羣吏，有廉法之操。上之府庫，有充盈之積；下之閭閻，有康阜之風。是堯舜三代之豐功茂烈，不難再見於今日者也。

清·李塨《平書訂》卷一《分民》 平書曰：民不合則離，不分則亂。分之合之，政教行焉。民之良有五：一曰士取才爲吏曰士，無今生員書辦之分，二曰農，三曰軍塨有議在後，四曰商，五曰工有議在後。其賤有二，曰役在官隸胥、應募徒役，曰僕人之家奴。士食于官，農軍授之田，商工食其力，工半食於官，役亦食於官，僕則食於主，民之類盡矣。合之奈何？十家爲甲，甲有首；十甲爲保，保有長；十保爲鄉，鄉之長有三，即漢三老嗇夫遊徼之制：一曰正，宣教化，聽訟獄也；二曰畯，課農桑，治溝洫也；三曰巡，察盜賊，修封域也。五鄉立一老以總之，曰耆老即漢縣三老，耆老統于縣，庶人在官者也，亦謂之鄉官有議在後。官與之禮，在邑在野厥制同，不同者，邑無畯焉耳。奸民游食何容乎？有則甲首誡使歸於民，不聽，告之保長以誡之；不聽，告之鄉正以誡之；不聽，則執以告之鄉官而笞之，務使歸於民然後已。士農軍工商役各有籍有司分掌之，而縣令存其副，僕統於主之籍。既分以籍之，保甲又合以籍之存之縣令，安有不可稽之人哉？慮者旅客耳，流民耳，城中隙地，建屋千間，使人司之，編號以居旅客；城外千間，編號以居流民有議在後，姓名鄉籍備，亦保甲之法矣。夫何慮旅客初至，一月無租，後每屋月收租百錢爲修葺費；流民免，其願入籍者以類編入籍？惟行旅則勿稽，稽則擾，停十日以上亦有稽皆鄉巡之事，稽之亦無擾也。天下亂吾政教者八：曰倡、曰優有議在後、曰僧尼、曰道士、曰左教、曰西洋、曰回回、曰盜賊，皆非民也。雖民亦不可有者二：曰窮民鰥寡孤獨廢疾者、曰乞丐，有一於此，不可以言政教矣。然去之有難有易，最易者倡、優，次則左教、西洋，最難者僧道、回回，而盜賊、窮民、乞丐，則不待別立一法而後去。何則？倡、優人所賤，惟在上不之禁，故公行耳。若禁之嚴，立止矣，故曰易；左教原有厲禁，西洋人在中國，與中國從其教者，蓋無幾，若于左教殺無赦，驅逐西洋，使返其國而不與通或演算法制器之人而禁其教不使行亦可，則去之亦不難。惟仙佛之惑世誣民久矣，卿大夫士庶莫不矢心而貞信之，其徒徧天下不知其幾百萬。僧居九，尼與道士居其一，俱安居坐食肆行淫穢，判然不爲朝廷之民，而人不以爲怪，苟一旦立法禁之，勢必驅之爲張角韓山童，謅亂天下而不可止，故曰去之難。回回自元時入中國，至今四五百年，散處四方，自爲正朔，自爲服色，自爲風俗，性獷悍而黨惡繁，苟無道以治之，而欲革其俗，害將不可勝言，故去之亦難。然則奈何？曰非術不足以成仁，非權不足以成義，以權術行仁義，而不爲迂闊；以仁義用權術，而不任威刑有議在後，則二者之患可漸消而漸滅。下一令曰：仙佛道甚高，僧道以邪穢不肖壞之甚惡，其令天下僧道年六十以上道高行修願爲僧道者留之初不必問其數，繼則限以名，死亡有缺而後補，年六十外無依願爲僧者，由鄉而縣而郡而州藩而京師受牒披薙，而後補之。有議在後聚而處之擇一道院以處道士，二三寺以處僧，官衣食之，使奉其教，毋招徒，招徒者誅以子弟爲僧道徒者誅，自爲僧道者亦誅，毋募化，募化者笞佈施者亦笞，毋爲人誦經祈福薦亡，祈福薦亡者杖使之祈福薦亡者亦杖，惟閉户修其清淨寂滅之學，而其道始尊；其不願爲僧道及年六十以下者，悉歸民凡寺廟大者入官爲公廨，小者聽改爲民居，勿奪也。所誦二氏書焚之，土木毁之，銅像銅器輸官充鼓鑄。尼比倡優例，立禁之不留。賢才舉爲士，耕者授之田，武勇募爲軍，有資願爲商，有藝願爲工者聽。括其地之倡尼爲之配，不足者婚於民，俾人人有夫婦父子之倫，得生養安全之樂，豈不勝於邪穢不肯之僧道萬萬乎？違令者殺無赦。夫人特患無歸耳，苟有歸而得其養，僧道何苦不爲民？況尊其教以爲名，而譸張何自起哉？又下一令曰：回回本西夷之人，入中華者已久，宜用夏變夷，顧守其俗不變，不尊朝廷之法、不奉聖人之教，是亂民也，然相習既久，若痛繩以法，誅戮必多，恐傷好生之仁，今特家爲勸諭。其願遵國法、奉聖教而革其俗者，以名聞，編入良民，簡用賢能而養其質樸；不願者亦不强，但不可復處吾土亂吾民，亦以名聞，聽其歸本國，或徙塞外耕牧爲生；若既不離吾土又不遵吾法，是賊矣，將比類而盡誅之，其毋悔。此令下，吾知從者半，不從者半，從者化爲良民，不從者驅而遠之，亦不致激之使爲變有議在後，如此不出數年，回種盡變，不出三十年，異端可滅矣。所謂以權術行仁義、以仁義用權術者，此也。若夫盜賊之律雖嚴，然末耳，盜賊皆民也，民各有歸，而鄉正以率其頑梗，鄉巡以伺其奸非。保甲嚴而遊手無所容，武備修而草竊不得逞。且厚儲蓄以備凶荒，時補助以周困乏，雖赤地千里、頻年水旱，自可安堵不動，烏有潢池之弄，爲黔黎之害，煩有司之憂者哉？書曰：德惟善政。政在養民，民得其養而無所謂盜矣。窮民乞丐，又何自而來乎凡有窮民，則鄉正會保長甲首公議，使其宗族養之，否則親戚，否則鄰里。俱不得，則官收而養之。無窮民，自無乞丐？所謂不待別立一法而後去者，此也。莠民去，良民存，乾坤淨，吾之政教，次第舉矣。

民不分則厖，不分則奸匿，王道何由舉乎？故分民爲王道之始。然必田制均、舉校正，民有養有教，則各得其所，自有倫脊而事易就。是分民與諸政兼舉，又非以次序在前，而獨先行也。

古稱四民，公羊傳曰：德能居位曰士，辟土植谷曰農，巧心勞手成器物曰工，通財貨曰商。軍即在農內，無所謂五民也。王子欲特爲召募，故曰五民。然而不寓兵於農，則兵民不合，民不知兵，兵以害民，猶然後世弊政矣。平書大端皆與謬見合，獨此一端少參差，詳議具武備後。

古四民，工居三，商末之。蓋士贊相天地之全者也，農助天地以生衣食者也，工雖不及農所生之大，而天下貨物非工無以發之成之，是亦助天地也。若商則無能爲天地生財，但轉移耳，其功固不上於工矣。況工爲人役，易流卑賤，商牟厚利，易長驕亢，先王抑之處末，甚有見也。今分民而列商於工上，不可。

明有倡優隸卒子孫不許考試爲士之禁，又禁良民不得與之爲婚。予以爲此四種者，不可同論。倡妓亂人倫、壞風俗，當嚴禁革之，使無一存。若優伶則所以奏樂者，不得無之，古且有伶官矣。但禮樂君子之事，而伶官專鼓舞以供人觀聽，則近於役，故古多以瞽者爲之，今宜仿古制，入伶人於工籍古謂之樂工歌工，其技精者爲小伶官，供州藩奏樂之用；尤精者爲大伶官，供天子奏樂之用。小伶官不入流，大伶官不過九品，不得他遷，禁男女渫哇之戲，嚴邪聲導淫之誅，令歌正音、扮雅事可也詳具禮樂條後，而何得去？隸爲官行刑，卒伺候于官及士大夫，特以其才庸下，故備驅使，而實不可無者。夫既爲天地間不可無之人，則皆正人，所爲皆正事也。其或爲不正，則不教之過，而非隸卒之事即不正也，乃禁其子孫爲士，不許與商農工爲婚，是以爲惡而絶之矣。以爲惡而絶之，則當去之矣，而可乎？宜更之：優隸卒之子孫爲士農工商，皆從其便。惟官不得與本管隸卒爲婚，主不得與本家奴僕爲婚耳。外此則無禁。

工在官者，則官食之，不得以半拘。

清・陸隴其《三魚堂外集》卷三《治法》 帝王之道，中而已矣。惟中，故緩獄措刑而不厭其寬，詰姦鋤暴而不厭其嚴，治具纖悉而不厭其煩，獨持大體而不厭其簡。以之爲政，則和而平；以之爲法，則順而祥；以之振風俗，感人心，無所施而不得其宜。此唐虞三代之治所以卓然於萬世而莫與京也。苟不審其中而徒徇於一偏，方其寬也，則姦宄肆行而不知詰；方其嚴也，則無辜觸網而不知恤；方其煩也，則天下多事而吏弗能紀；方其簡也，則教弛法廢而上弗知飭，安在其能振風俗而感人心乎？漢唐宋之所以有古治遺意者，則以其寬嚴煩簡偶合於中也；其所以不如三代者，則以合而有未盡合也。治亂之故，盛衰之理，一言以蔽之矣。今皇上紹承先烈，思所以整齊風俗，和輯人心，則寬嚴煩簡之閒，誠不可不加之意。然愚竊謂今日爲寬嚴煩簡之説者，皆未得其要，而徒徇一偏者也。故見《周禮》之委曲煩重，則以爲宜用煩；見太公之三月報政，則以爲宜用簡；見漢高三章之約，則以爲宜用寬；見諸葛嚴峻之治，則以爲宜用嚴。夫周公之治周誠煩矣，然其閒豈無簡者存乎？太公之治齊誠簡矣，然其閒豈無煩者存乎？漢高、孔明誠一以嚴而一以寬矣，然寬者豈無用嚴之處，嚴者豈無用寬之處乎？蓋寬嚴煩簡者，爲治之大體，因乎時者也；寬嚴並用，煩簡互施者，爲治之大要，隨乎事者也。故善爲政者貴因時而知變，又貴因事而知變。苟謂時可寬而一乎寬，或可嚴而一乎嚴，猶未知寬嚴之變者也；謂時可簡而一乎簡，或可煩而一乎煩，猶未知煩簡之變者也。

皇上垂統方新，比之於周，則正成康制禮作樂之會也，其道宜用詳；擬之於漢，則又文景與民休息之會也，其道宜用寬。此今日之時則然也。然以其事論之，則又有不可概論者。愚請得指其一二，而其他可以類推焉。今日之宜詳者莫大乎尊卑上下之差別，宜簡者莫要乎簿書文移之虚名，宜寬者在錢糧之詿誤、詔獄之株連，宜嚴者在吏胥之舞法、守令之貪汙。尊卑上下之辨，所以節淫侈，定民志也。今胥隸得與縉紳同服，商賈得與公卿齊飾，而法制不立其閒，將何所底止乎？宜命禮臣酌其差等，不厭精詳，務爲定式，庶貴賤不踰而朝廷之名器足爲重於天下，此以詳爲貴者也。簿書文移，上下所憑以爲信者也。然今上之施於下者，非必其盡行也，以應故事而已；下之申於上者，亦非必其盡行也，以應故事而已。而徒使姦豪得借以爲資而成其所欲，此可不思所以省之乎？宜務在必行，不爲虚文，庶官吏得盡心於職業，亦以少損姦豪之虚僞，此以簡爲貴者也。錢糧之催徵不可寬矣，然以分毫之拖欠而遭黜革，以限期之稍踰而加譴謫，不已甚乎？詔獄之審録有不得已矣，然以一事之蔓延而累及千百，以一人之有罪而禍及親屬，不已甚乎？此宜以寬爲貴者也。吏胥之舞法亦既屢申飭矣，而舞法者自若；守令之貪汙亦既屢申飭矣，而貪汙者自若。豈非舞法貪汙者未必盡發覺，發覺者未必盡加誅乎？此宜以嚴爲責者也。故愚嘗論之曰：寬而詳者爲體，嚴而簡者爲用，此今日之中道也。致治之謨，無踰於此。雖然，猶有進焉。夫寬嚴煩簡者，治之迹而非治之本也，治之本在皇上之一心。漢唐宋所以不如三代者，非獨其政之未盡適中，亦其心有未純焉。是故以至仁爲心而無雜乎偏私，以主敬爲心而無入乎怠弛，此又皇上用寬用嚴用煩用簡之本。苟無是心，雖施之政事者盡得其中，亦漢唐宋之治，而非唐虞三代之治也。豈天下之所望哉？

清・愛新覺羅・玄燁《聖祖仁皇帝御製文第二集》卷三〇《四維解》

管子曰：『國有四維，一曰禮，二曰義，三曰廉，四曰耻』，又申言之曰：『禮不踰節，義不自進，廉不蔽惡，恥不從枉。』柳宗元著《四維論》，以爲彼所謂廉者，不蔽惡也，世之所謂廉者，不苟得也；彼所謂耻者，不從枉也，世之所謂耻者，羞爲非也。不蔽惡者，豈不以蔽惡爲不義而去之乎？不苟得者，豈不以苟得爲不義而不爲乎？至於不從枉與羞爲非皆然，則廉與耻，義之小節，不得與義抗而爲維。嘗求其説而爲之解曰：論其統體，人苟能以禮義自守，未有不能以廉耻自防者，則是廉耻即在禮義之中也。而論其節目，人若視廉耻爲小節，則已踰禮義之大閑，是言禮義不得不並舉廉耻也。今有人焉，責人曰是無禮義者，則其人之賢者不能不以動其心，而不肖者亦或不以介其意矣。動其心者，則將勉而益進於善；不以介其意者，則將以爲固然而安於不肖之爲。又或責人曰是無廉恥者，則其人之强者必拂然怒於其色，而弱者亦必懼然懼於其中矣。怒於色與懼於中者，皆動其心而勉爲善者之機也。是何也？廉耻之名視禮義之名爲尤切，無廉耻之名視無禮義之名爲尤不可居也。故言禮義而並言廉耻，可以警動天下而興起其爲善去惡之心，是管子之意也。

審幾察微論分部

論説

元・郝經《陵川集》卷二四《上趙經略書》 夫見天下之幾者，能應天下之時。撫幾應時而不失焉者，能成天下之事業。見其幾失其時，事業弗立也；遇其時失其幾，事業弗立也；有其幾有其時，非其人，事業弗立也。故豪傑龐艾，而無幾與時，雖匱奇抱異，瑰奇偉岸，欲不待文王而興，而知不可爲，即退而窮處，與物無競，亦不强爲，以速自弊。姦宄鶩孽，有幾有時，不乘之以正，應之以道，侈然自肆，卒錯天下於禍亂。骫骳熟爛，龍斷詭獲，見其幾愉愉而弗乘，遇其時苟且而弗應，解弛舒緩，不能固結人心，痿痺國體，銷鑠國勢，卒之乎天下寖以滅亡。幾乎？時乎？其惟人乎！幾與時未嘗無由。漢唐以來，千有餘歲，有百年而一來者，有五六十年而一來者，有三四年而一來者，有繼日賡月叢會而疊來者。惟人也不可知，故有百年之治，而復有百年之亂，有五六十年之治，復有五六十年之亂，亂方弭而復興，治方成而遽壞，卒不善治，生民不免於塗炭，有志之士所以痛哭而流涕也。

國家光有天下四十餘年矣，奮起北土，奄有燕、雲，據建瓴之勢，以强馭弱，遂有河朔。比之湯亳、周豐、高帝之漢中、光武之河内，不既大矣乎？致治之幾一來而弗乘也。并西夏，克遼東，服齊魯，定關中，瞰陝窺洛，張爲龍形，蟠亘萬里，析天下之脊，扼天下之吭，而撫其背，稍霽威息民，足以善治也，致治之幾再來而弗乘也。繼而蹂荆、襄，覆汴、蔡，滅金逼宋，有天下十之八，降壽春，破襄陽，舉漢中，入成都，俘西域，形勢既定，混一有期，棄襟帶而弗固，得要害而弗守，舍二帝、三王之墟而觀兵海外，其小天下以爲不足治也歟？既往之幾不可追已。幾之來無窮，因勢成幾，如水之有源，遇風而爲波也。逝者如斯，而未嘗往也；後來者如先，而未嘗絶也。如或見之，又可失之乎？

元·胡祗遹《紫山大全集》卷二五《語録》　《易》曰：『知幾，其神乎？』『幾者，動之微，吉凶之先見者也。』余謂：幾也者，始也。一事必有始，始必有善有惡。善則福伏之，惡則禍伏之。禍福之應，或頃刻、日、月，或數歲，或一世、數世，雖遲速之不同，而事幾已伏于其始矣，故曰始其幾也。蓋安者危之機，治者亂之機，在人之注措何如耳。若夫天變氣運之數，請置而勿論，且以人事明之：秦自孝公用商鞅，急功利，繼以雄暴殺戮一天下，而又守之以不仁。殊不知天道好還，物壯則老，所謂人心壞、風俗敝、羣聚相應、屠割分裂、滅宗絶祀之幾已伏于其身，特發于三十六年之後耳。漢有天下，廣封宗子，賜地千邑，濶畧古制。殊不知末大必振，尾大不掉，七國謀叛之幾已伏于其中矣。故聖人之悉理明、度世審，立一政，行一事，利有所不謀，功有所不計，不敢苟且，恐形跡一立，如粟種之在地，幾應時而發矣。故見履霜，則有堅冰之戒；觀《姤》卦之初爻，則曰『羸豕孚蹢躅，繫于金柅』，知其幾之不可萌也。善夫！先儒之言曰：『明主處廟堂之上，獨觀萬化之原，銷患于未萌也。』《虞書》聖賢之相戒曰：『一日二日萬幾。』可不慎哉！可不戒哉！聖人精密物理，氣機之學，老師宿儒尚不能知，况于他人乎？爲人臣者務一時之俊快，雷厲風飛，殊不知禍福之幾展轉激發，有不可禦者矣。爲人君、爲人臣不可以不學，正爲此也。然則古人格物致知，彰往察來，視于無形、聽于無聲之學，豈虚言哉？

明·劉基《郁離子》卷上《亂幾》　郁離子曰：『一指之寒弗燠，則及於其手足；一手足之寒弗燠，則周於其四體。氣脉之相貫也，忽於微而至大。故疾病之中人也，始於一腠理之不知，或知而忽之也，遂至於不可救以死，不亦悲夫！天下之大，亡一邑不足以爲損，是人之常言也，一邑之病不救，以及一州，繇一州以及一郡，及其甚也，然後傾天下之力以救之，無及於病，而天下之筋骨疏矣。是故天下一身也，一身之肌肉腠理，血脉之所至，舉不可遺也，必不得已而去，則爪甲而已矣。窮荒絶徼，聖人以爪甲視之，雖無所不愛，而捐之可也，非若手、足、指之不可遺，而視其受病以及於身也。故治天下者惟能知其孰爲身，孰爲爪甲，孰爲手，足、指，而不逆施之，則庶幾乎弗悖矣！』

明·朱瞻基《大明宣宗皇帝御製集》卷二《帝訓·防微》　燎原之火，起於星星；滔天之流，始於涓涓。天下國家之患，未有不始於微也。故舜察邇言，防壅蔽也；禹惡旨酒，防沈湎也。斯須苟安，毋曰何害，怠惰荒寧之所自也。豪發不戒，毋曰無傷，驕奢縱恣之所由也。古之聖人戒慎恐懼，先事豫防，圖大於細，圖難於易，由是天下乂安，禍亂不作，非存心之明，慮事之豫，其孰能與於斯？人君静以養智，正以格物，隨事精察，絶其蔽惑，庶能防患於微矣。若乃謀慮淺近，不能炳於幾先，厲階既成，悔將何及？故有天下國家者，凡事當謹之於未然，防之於初萌，《易》曰『由辯之不早辯』，《書》曰『不見是圖』，皆此意也。爲人君者，尚監之哉。

明·王立道《具茨遺藁·識重亟反論》　論曰：保天下之治，存乎勢；制天下之勢，存乎變；察天下之變，存乎幾。幾者，動之微而變之會，勢之所以爲輕重，而天下之所以爲治亂者也。不知其幾，無以通變；

不知其變，無以制勢。勢不制，則其趨也莫之或禦，而天下之事將遂至於不可爲，其原始於不知其幾而已。故先其幾而逆防之，則雖常人亦易爲力；待其勢之成而後救之，則雖聖賢亦竭力而莫能及也。幾之動，其可畏哉！

《易》曰：『臣弑其君，子弑其父，非一朝一夕之故，其所由來者漸矣。』又曰：『知幾，其神乎！』君子見幾而作，不俟終日，蓋所以不俟終日者，正所以辨之於早，而速防其漸云爾。周子曰：『天下，勢而已矣。勢，輕重也。極重不可反，識其重而亟反之。』噫，其知此哉！昔嘗怪夫有天下者，其始莫不恬然以安，肅然以一，相統紀於操縱予奪之中，而莫敢有離遏者，而其後乃至於渙散決裂，潰敗四出，而不復可收拾者，豈天之亡人國，其禍固有出於不意，而非人之所能爲者歟！

木之生也有萌，水之流也有源，勢之成也有幾。松柏生于山林，其長千尋，其大百圍，先其未成則一手足可以擢而拔，蹶而絶。洪水之來，漂山蕩陵，而其流固涓涓焉。善圖治者，亦審其幾而已。幾審則變通，變通則其勢解，勢解則其重固嘗在我，而人不得以乘其隙焉。不然，則持太阿而授之柄，幾何其不反中其鋒也哉？故曰：『權之所存，雖疏必重；勢之所去，雖親必輕。』制其勢也。又曰：『爲政而不行，甚者必變而更化之。』更化則可善治通其變也。又曰：『明者遠見於未萌，而智者避危於無形，審其幾也。』故天下之勢，雖聖人不能使之常平，而其所以不至于甚重者，審其幾而速變之而已。

昔周之有天下也，並建親賢，藩屏王室，宜若可以久安長治，而卒并於秦者，秦得其勢也。然犬戎之難，秦人盡取岐豐之地八百里，此其幾之所在而周若罔知焉，其亡不待赧王之入而後决矣。秦有天下，盡收其重，其勢與周大異，而反以二世亡者，其重偏於內也。然指鹿爲馬，其幾已成，而胡亥不能見其亡，又何怪哉？漢興，矯周之枉，監秦之弊，其勢之重常在朝廷，故呂氏不能危，七國不能亂，然而其勢卒移於外戚者，蓋自武帝以霍子孟受顧命，自是大將軍之權重，赤鳳五侯迭居更秉，而漢遂失其勢矣。此其幾又豈無自耶？光武中興，則又監西漢而變更之者也，然桓靈之世，勢歸宦官，卒以傾國，中間以李杜諸人之賢，欲收其重不能，一措手而顧身不免焉，其幾始於不任三公，而鄭衆以誅竇憲功受封賞，則尤其輕重之分界也。向使此數代者，知其幾之所在而亟變之，則雖至今存可耳。故曰：封建非能弱周，周自弱也；宦官非能亡漢，漢自亡也。

《周書》曰：『惡之易也，若火之燎于原，不可嚮邇，其猶可撲滅？』秦漢以下，固皆待其勢之燎原而後救之者也，而何能及哉？善持勢者，亦審其幾而已。雖然，君不勝勢，勢不勝道，故重勢不能危明君，而昏庸之主則雖盡操天下之權，亦無救於亂亡也。故諸侯之禍，不起於文武成康之周，而起於平赧；外戚宦官之禍，不起於文景明章之漢，而起於哀平桓靈，蓋可見矣。故欲制天下之勢者，雖以審幾爲先，尤以自治爲急。

明・高拱《本語》卷五　亂不起於亂，必有其幾。聖人當休否之時，已謹苞桑之戒，幾未動而先圖，所謂制治於未亂，保邦於未危者也。次之，則亂幾有動，能早識而亟圖，禍即可弭，力亦甚省。又次，則亂形已出，而後救之，然亦必得撥亂反治之才，竭力劻勷，僅而可免。若至已亂，則善者亦無如之何矣。故治亂之幾不可不深察也，然惟有道之人能察之。彼庸人者流，燕雀處堂，棟宇將焚，猶栩然以爲樂，而方笑聖人之過計，可與言哉？

清・愛新覺羅・福臨《資政要覽》卷二《察微章》　使安危災慶若高山之與深谿，恒人辨之矣。萬事之化，莫不起於細而成於鉅，惟智者以近知遠，以往知來，君子所貴乎察微也。至長反短，至短反長。吉爲凶始，凶爲吉先。恩生於害，害生於恩。數不可以臆測者多矣！

防有所不及者，隄容蟻而漂邑，煙一洩而燎原，慮有所不周者。張毅好恭而病熱，單豹好術而傷虎。蓋知之難如此。况見善而怠，時至而疑者乎！騏驥珍其速至，莫邪寶其立斷，蚤見而豫備，斯爲得之。子曰『知幾其神乎！』

婦寺與政而漢危，大臣爭權而魏亂，儲官不慎而晉隳，侈欲弗戒而唐禍，抑可畏也。夫國柄分散則釁及其君，家政旁落則災及其主。故修身者謹細行，圖治者防未然，嗚呼！愼之哉。

清・愛新覺羅・玄燁《聖祖仁皇帝御製文集》卷一七《愼幾微論》

《易》曰：『幾者，動之微，吉之先見者也。』夫天下之廣，事物之衆，其接於中而散見於外者，至紛綸而莫可紀極。然當其寂焉獨處，萬感不交，自人窺之，罔測端倪，而心之隱躍欲動者，已灼然其不能遏，此所謂幾也。幾動而理與欲遂分，是以古之聖賢於一念之發，必審之於中，曰：『此爲理乎，爲欲乎？』理則擴充之，欲則禁止之，不待其滋長顯露而後爲補救也，以故理日長而欲日消。昔大禹嘗以『慎乃在位』告舜，而復推其旨於『安止幾康』。舜之庸作歌也，亦曰：『敕天之命，惟時惟幾。』夫不言事而言幾，何哉？蓋事顯而幾微也。微則幽而難辨，危而難持。苟非察之於早，而謹之於終，則天命之在人者必漓，心之安於止者必蕩軼而踰檢矣。朕兢兢業業，一日二日萬幾，惟恐隱微之地，有一端未善，故日講求於先儒性命之學，以務盡其誠意正心之功，而猶恐未得其要也。孜孜焉從事於惇頤之所謂『思』，張載之所謂『豫』，朱熹之所謂『敬』，劼毖罔懈，庶幾慎獨之方，可企而全歟。由斯以觀，《易》與《書》之言『幾』，猶《大學》之言『獨』，《中庸》之言『微顯』也。其道總不外於一『慎』而已矣。然朕勉焉而未能自信也。蓋人心道心，消長靡定，勢不中立。或縱於一時，而貽於久遠；或疏於一事，而誤及多端，則其失非淺鮮也。其何以無歉於聖賢性命之學乎哉？

清·愛新覺羅·玄燁《庭訓格言》 訓曰：凡天下事不可輕忽，雖至微、至易者，皆當以慎重處之。慎重者，敬也。當無事時，敬以自持；而有事時，即敬以應事，務必謹終如始。慎修思永，習而安焉，自無廢事。蓋敬以存心，則心體湛然居中，即如主人在家，自能整飭家務，此古人所謂『敬以直內』也。《禮記》篇首以『毋不敬』冠之，聖人一言，至理備焉。【略】

訓曰：凡理大小事務，皆當一體留心。古人所謂防微杜漸者，以事雖小而不防之，則必漸大；漸而不杜，必至於不可杜也。

廣開言路論分部

論說

元·胡祇遹《紫山大全集》卷一三《進言論》 良醫之視疾，曰：『不治則十年後病，二十年後死。』後果如其言。若是則可謂神醫矣，其言又有徵矣。然而得疾者莫之信，莫之從，何也？豈甘心於死歟？曰：非也。斷死於二十年之後，其日月則遠，其爲害則不切，其疾則未有所痛苦，故聽者以爲迂濶而莫之信，遂至於死不治。良臣之憂國也亦然。越爲吳所破，勾踐以一旅之衆，竄伏於會稽，枕戈嘗膽。舉吳國之人不以爲憂，而子胥獨憂之，曰：『越十年生聚，十年教訓，二十年之外，吳其爲沼乎？』夫差怒而沉之江。子胥死，如其言而吳亡。以余觀之，子胥明於憂國，而不明於保身。越與吳爲世讎，未嘗一日少屈於吳，一旦宗廟丘墟，社稷平蕩，地土、人民、甲兵皆爲吳有。勾踐肉袒請死，夫差視以爲不足致怒而舍之，方且驕固自得，以一旅敗亡殘滅之卒，其奈我何？子胥乃以二十年之遠禍諫之，宜其以爲迂濶不祥之言也。諫而不入，又不能去，宜其死也。正猶人之飲食如故，精力如故，四肢百脉如故，有若楚醫胗其脉，察其色，曰：『汝有疾，二十年後死。』莫之信也必矣。庸人之不知病，庸君之不知亡國，一也。人之有疾，苟有良醫，尚敢以言相告。知國之有禍，深識遠見如子胥者，千百年無一二。日與居者，皆諂諛迎媚之人，雖有如子胥之明者，畏見疏害之禍，卷舌而不敢言，至忘國而不知非，反不若匹夫之有良友也。善夫！東坡之言曰：『古之良臣，憂治世而危明主，明主有絶人之姿，治世無可畏之防。有絶人之姿，必輕其臣；無可畏之防，必易其民。此君子之所甚懼也。』又曰：『天下無事，公卿之言輕於鴻毛；有事，則匹夫之言重於泰山』，『言之於無事之時，足以有所改，常患於不見信；言之於有事之際，易以見言，而患於不及改。』孔子曰：『中人以上，可以語上也；中人以下，不可以語上也。』然則進言者當察其分限之高下厚薄，受言者之賢愚明暗，庶幾免於失言失人之不知，見疏見害之後禍焉耳。

明・劉基《郁離子》卷下《直言訣言》 郁離子曰：『烏鳴之不必有凶，鵲鳴之不必有慶，是人之所識也。今而有烏焉，日集人之廬以鳴，則其人雖恒喜，亦莫不惡之也；有鵲焉，日集人之廬以鳴，則其人雖恒憂，亦莫不悦之也。豈惟常人哉？雖哲士亦不能免矣，何哉？寧非以其聲與？是故直言，人皆知其爲忠，而不能卒不厭；訣言，人皆知其爲邪，而不能卒不惑。故知直言之爲藥石，而有益於已，然後果於能聽；知訣言之爲疢疾，而有害於已，然後果於能不聽。是皆怵於其身之利害而然也。是故善爲忠者，必因其利害而道之；善爲邪者，亦必因其利害而欺之。惟能灼見利害之實者，爲能辨人言之忠與邪也。人欲求其心之惑，當於其聞烏鵲之鳴也識之。』

明・王禕《王忠文公文集》卷四《原諫》 人君之職莫急於納諫，人臣之職莫先於進諫。納諫難矣，而進諫爲尤難。進諫之道有二，曰諷諫，曰直諫。諷諫固難，而直諫又難也。是故引義托物，從容開譬，不動聲色而其説已行，悟主意於片言，置君德於無過者，諷諫之謂也。危言切論，銜鯁骨，批逆鱗，正色而不阿，犯顔而不忌，必究其説乃已，雖殺身而不顧者，直諫之謂也。禮上諷諫而下直諫，豈不以謂諷諫以悟主，將君臣兩全其美名；直諫以匡君，則君或至於遂非，臣或至於蹈禍，是君蒙拒諫之惡，而臣獲盡忠之害也。故曰人君之納諫爲難，而人臣之進諫尤難。進諫之道諷諫固難，而直諫又難也。

雖然，爲人臣而事明君，諷諫、直諫，蓋無施不可，不足爲難也。苟事暗主而用直諫，則鮮有不及其身，而况於諷諫，其將若之何？於是二者之諫均爲難矣。嗚呼！唐虞三代遠矣。近而論之，漢唐之世號能納諫者，莫文帝、太宗爲盛矣。文帝寬仁盡下，羣臣雖切諫，常假借納用之。若馮唐之論頗、牧，張釋之之論嗇夫，所謂諷諫也。及賈誼論時事則流涕痛哭，袁盎引郤慎夫人坐指人彘爲説，所謂直諫也，而文帝皆容受之。太宗英明能斷，從諫如流，導臣下而使之言。如魏徵之言昭陵，王珪之論廬江，所謂諷諫也。及徵疏十漸，極陳時政得失，祖孝孫謂『陛下負臣，臣不負陛下』，所謂直諫也，而太宗靡不優納焉。是則以直諫、諷諫施之明君，固無乎不可也。若夫蕭望之、張猛、京房言石顯於元帝，王章言王鳳於成帝，王嘉、鄭崇言董賢於哀帝，李膺、陳蕃、范滂之徒言閹宦於靈帝，長孫無忌、褚遂良、上官儀言武氏於高宗，張柬之輩言韋氏於中宗，孟昭圖言田令孜於禧宗，然皆不免於殺身。是事暗君，固無事於諷諫，而因直諫以蹈禍亦理之所必至矣。

嗚呼！知無不諫而諫之以直者，人臣之分也。傷於直而蹈禍不測，使其君蒙拒諫之惡而已獲盡忠之害者，非人臣之得已也。自古無道之君，其過行非一端也，而莫甚於拒諫言而殺諫臣。拒一諫言，殺一諫臣，其事若未害也，而家國之敗亡輒不旋踵。殆如燭照而龜卜，不亦深可戒哉！

和陽王先生，夙有大志，負氣節而敢言者也。今擢居諫諍之職，士大夫咸曰：先生遇明主，諷諫直諫將無施而不可矣。金華王禕辱與先生游，因原夫諫之所爲難者，爲文以贈之。嗚呼！言其所以爲難，則其所以不難者，固有望於先生也夫！

明・邱濬《大學衍義補》卷四《正朝廷・廣陳言之路》 臣按：帝舜以皋陶既陳知人安民之謨，因呼禹，使陳其善言。此可見聖人之心，未嘗自聖。世雖已治，而猶有願治之心；言雖畢陳，而恒有渴聞之念。此帝世所以君無失德，事無過舉，而民無失所者歟。【略】

臣按：帝舜之德，有虞之治，萬世不可加焉者也。舜之所行，豈有背於道者哉？而猶求臣下之弼正，尤恐其面前或相從順，而既退之後，又復有言也。後世人主，無帝舜萬分之一，已有過失，惟恐臣下之有言。一有面折廷諍者，斥責輒加之。寧受人之面諛，而不恤人之背言。此其過惡所以益彰，而治效所以不古若歟。【略】

臣按：三代盛時，人君爲治，惟恐一行之不或謹，一事之不或舉，一臣之或非其人，鰓鰓焉，以求誨於其下，非徒朝廷之上，輔弼之臣，朝夕納誨，隨時規諫而已也。又於每歲孟春之月，使宣令之官，振木鐸以徇于道路之間，使夫官之有職任者，師之有道德者，咸相規正，胥教誨於其君焉。不特此也，於凡百工之人，莫不使之執其技藝之事，以諫諍於其君。如伶州鳩諫周景王之匱財罷民；匠師慶諫魯莊公之丹楹刻桷是已。蓋百工技藝之事，至理存焉。理無往而不在，故言無微而可忽也。【略】

臣按：高宗爰立，傅説作相，置諸其左右，未遑他事，首命之以朝夕納誨，以輔己德。可謂知所本矣。置之於左右，是欲説無處而不在也。誨之於朝夕，是欲説無時而不言也。望之切，至喻之以金之礪，川之舟楫，大旱之霖雨，以見己之必資於相臣之納誨。其切有如此者。然猶以物爲比也。至若譬之以苦口之藥，跣足之行，則又以身之所病，足之所傷者爲喻，其望於説者，益切矣。然猶以形言也，至其所謂啓心、沃心之言，是欲君臣之間，心心相契，有如土壤之焦，而受江河之潤，其漸涵浸漬而入，有莫知其所以然而然者矣。高宗求誨于相臣，其切如此。此其所以嘉靖殷邦，而爲三代之令王也歟。【略】

臣按：此乃傅説答高宗納誨之命言之也。先儒有言，從諫者，人君作聖之功，人臣進言之機也。高宗欲資之於人，故以納誨責其臣。傅説使反求諸己，故以從諫之道望其君。納誨者，相臣之職；從諫者，人君之道也。【略】

臣按：古人所以詢問及于芻蕘者，誠以淺近之言，至理存焉。不可以其淺近而忽之也。吁，以采薪之夫，而其言猶在所不棄，况公卿百執事乎。【略】

臣按：禍亂之至，必有幾先。苟有智勇者，皆能知之於未形之先。人君容受直言，彼有見者，皆得以言之于上，使其知所以預備，而早防之。則禍亂不作矣。爲人上者，其尚毋使一世之人，畏忌而不敢言哉。孟子曰：不仁而可與言，則何亡國敗家之有？吁，不仁而可與言，尚免亡敗之禍，况未至于不仁者哉。【略】

臣按：召公之所以爲厲王告者，是即三代盛王，所以求言納諫之實迹也。三代之王，未必人人皆賢聖也，而其所以爲治，後世輒推之，以爲不可及者，誠以當是之時，人人得言。左右前後，無非敢言之人，詞章曲藝，無非規正之具。善則勸之以必行，否則沮之而必止。幾方萌而已遏，過不著而外聞。是以政無悖事，國無謗言。而天下享和平之治，有以也夫。【略】

臣按：此後世人主以災異求言之始。自文帝因日食下此詔，後凡遇日食與夫地震、山崩、水旱、疾疫之類，皆下詔求言，遂爲故事。此亦人君克謹天戒之一端。天下國家之事，每因災害，皆許人指言得失，則人君時時得以聞過失，與其知見之所不及，有則改之，無則加勉，則天下國家，其有不治也哉。【略】

臣按：秦法有誹謗訞言之禁，至是文帝始除之。吁，文帝既除之矣，後世人臣上言，而乃猶坐以誹謗訞言之罪，何哉？是襲亡秦之迹也。【略】

臣按：人之常情，少有過失，恒懼人言。稍涉疑似，輒加怪責。况萬乘之君乎？太宗發問，欲知己過，責臣下言其愆失，可以爲百世帝王之法矣。厥後，繼體之君，高宗亦謂其臣曰：『往日侍奉膝下，見五品以上論事，或有仗下面奏，或有進狀論者，終日不絶。豈今時無事，公等何不言也？自今以後，宜數論事。若不能面奏，任各進狀。』憲宗亦謂其臣曰：『朕讀《貞觀政要》以太宗神武，每有一事，少涉過差，羣臣進諫者，往復數四，况朕寡昧。自今每有事，不得中者，卿須十論，不得一二而已。』吁，二帝之言若此，豈非太宗詒謀之善，故其子若孫，得于觀感，而興起效法也哉。【略】

臣按：三代以下，好諫之君，以唐太宗爲稱首。陸贄嘗舉以告其君曰，太宗以虚受爲治本，以直言爲國華。有面折廷諍者，必爲霽雷霆之威，而明言獎納。有上封獻議者，必爲黜心意之欲，而手敕褒揚。故得有過必知，知而必改。存致雍熙之化，没齊堯舜之名。此後世人主所當取法者。

臣按：唐人有轉對之制。宋太祖因之。許令百官以次轉對，遂爲一代之法。終宗之世，君得以親其臣，臣得以近其君。言論之間，得以相接。上下之情，得以交通。非惟得以周知天下之事、下民之情，而凡臣下才器之高下，學識之淺深，心術之邪正，亦終於是得以見焉。

臣按：哲宗初政，召司馬光於洛，問光所當先者。光首上此疏。且以謂治安之原，太平之基在此。臣竊以爲，光之此疏，非獨當時人君所當知，實萬世人君所當知者也。臣嘗因是而通論之。言者，心之聲也。人心有所藴，必假言以發之。帝王莫如堯，堯以言爲試人之則。聖賢莫如孔子，孔子以言爲知人之本。是則言之爲言，其所關係之大，有如此者。是以自古帝王，既自謹其所言，尤必求人之言，以爲己助，因人之言，以爲己鑑。聞則拜之，聽則納之，卑辭以誘之，厚禮以招之，多方以來之，博問以盡之，和顔悦色以受之，大心宏度以容之。或爲之科目，如所謂直言極諫者。或爲之設官，如所謂拾遺補闕者。或因災眚而下詔以求，或因患難而責已以訪。或爲輪對之制，使人人得以自達。或設登聞之鼓，使事事得以上聞。無非求天下之言，以成天下之治，以通天下之情。是以陳言而善者，則立賞以勸之。《傳》曰：『興王賞諫臣』是也。當言不言者，則制刑以威之。《書》曰：『臣下不匡，其刑墨』是也。言雖過於訐直，有所不堪忍者，亦容以受之，而不加之以罪。《史》曰：『殺諫臣者，其國必亡』是也。夫如是，則嘉言罔攸伏。君德之脩否，朝廷之闕失，臣下之賢佞，民生之休戚，皆因言以達之于上。有以爲思患豫防之計，而不至於噬臍無及之悔。則天下國家，永無危亡之患矣。昔晉平公問于叔向曰：『國家之患，孰爲大？』對曰：『大臣持祿而不極諫，小臣畏罪而不敢言，下情不得上通，此患之大者。』嗚呼，患而謂之大，豈非言路不通，其患必至于危亾也哉？是故天下之患，莫大於人君處危亾之地而不自知，人臣知危亾之禍而不敢言。爲人上者，誠能廣陳言之路，弘容言之量，言之善者有賞，言之非者無罪，當言而不言者有罰。則大臣不至於持祿，小臣不至於畏罪。而下情上通矣。天下國家，又豈有危亡之患哉。故曰：治安之原，太平之基在此。伏惟聖明留意。

明·葉春及《石洞集》卷一《應詔書一·端治本·用忠言》　臣聞英武之君，其諫也不難於用，而難於言。寬仁之主，其諫也不難於言，而難於用。何則？上有雷霆之威，則下有摧折之慮；上有萬鈞之勢，則下有糜滅之憂。自非忠如龍逄，勇如夏育，孰敢以言博死者？然而一有所中，若弩觸其機，户捩其樞，未有不從者矣。寬仁之主，上以藏污納垢爲心，下以批鱗埒鬚爲志，非特紆青拕紫者，而後有所建白以無負於明時。雖巖穴之人，藜藿之士，亦莫不揚眉吐氣，束帶結髮，稽首於闕廷，而願進其辭說。然而，言者衆則疏牘日繁，聽者久則情思日厭。寬大則徙義常緩，仁厚則不忍有所拂抑。以日厭之情，而應於日繁之牘；以不急之義，而乘乎不忍之心；則天下之言，有所壅滯淤閼而不用。嗚呼！盡忠竭愚，臣之分，也固不以難言而宛舌；從善轉圜，君之盛也，亦可使有不用之言哉。

蓋臣觀於往古，言之不用，其弊有五，而彊愎悍拒者不與焉。上陳五帝，下述三王，以爲是耶？則安於習而不能變，以爲非耶？又聖人之道也。故優詔答之，而實以爲迂遠。不用其策，其弊爲弱。率循常式，下詔求言，短刻長章，受以飽蠧，其弊爲故。論説齟齬，以爲大謬，唉而置之，其弊爲輕。意有所樂，愛有所鍾，法家拂士，持古而争之，纆糾而不可解。陽聽其言，而陰蹈其失，其弊爲溺。侃侃謇謇，逆耳横胸，欲罪之則不可也。亦且容之，其弊爲忍。五弊交積，是以雖無彊愎悍拒之形，而有壅滯淤閼之患。

今夫江河之所以爲天下利者，以其注而不息也。其來混混，其去浩浩；大而蛟龍，小而魚鼈，順流奔走，奮迅悦懌而各得其性。以灌以溉，天下蒙其利而無害。堰而捍之，停閉豬畜，則豈惟一時有腐敗之虞，其極也衝決奔潰，大者傷，小者死，騰湧漂蕩而不可止。世人徒見三門之間，咆勃噴怒，有折鰭秃翼之菑，則以爲停豬者之可以無事，而不知其害不在於一時，而將見於他日。是以古之聖人，開導以求諫，虚己而用之。包含其非，而播布其善，若江河之赴大壑，沛乎其莫之禦，表裏洞達，絶無纖芥凝礙未發之意。故君臣並受其福，而利澤無窮也。

英武之君一或不中，固不免於咆勃噴怒，而停豬者亦必至於決潰。則天下之言，要不可不疏通宣洩以順適其意矣。陛下有英武之資，寬仁之量。昔在潛邸，犯顔之士常保而全之。肇登大寶，拔顯忠良，樂聞誠讜，此天下所以擢心披肝，感激而思報也，又何懼乎人之不言，言之不用？然而，不爲疏通宣洩，臣恐未免於決潰也。今其端見矣！惟陛下圖之。巖穴藜藿之臣，妄言及此，不勝戰慄之至。

明·袁袠《世緯》卷上《誘諫》　《書》曰：『臣下不匡其刑墨。』《傳》曰：『興王賞諫臣。』夫言路之通塞，國家之安危繫焉。言者賞，不言者罰，則言路何患乎弗通？古之哲王，矇瞍有誦，工瞽有規，立進善之旌，設誹謗之木，患危言之弗我聞，弗惡言者之過訐也。古之忠臣，批龍鱗，嘗虎口，剖心而不悔，烹鼎而不懾，患吾言之弗直，弗患聽言者之不我從也。三代以降，納諫者莫如唐太宗，敢諫者莫如魏徵。善乎太宗之作《帝範》也，有曰：『大臣懷祿而莫諫，小臣畏罪而不言。夫有國家者，使人懷祿畏罪而忠言不聞，亡無日矣。』我明稽古建官而特重臺諫之選，給事主封駁，御史專糾彈，士有材望者，乃得與選，而且許風聞言事，言雖不實，弗罪也。是以士希折檻之風，人慕引裾之節，竄逐甫去而章疏繼陳，如英皇之北狩、武廟之南巡，伏闕死諫者，踵接于朝，是以王曹濁亂于前，錢江簸弄于後，咸包藏禍心，謀爲不軌，卒賴敢言之士，發覺其奸，得以亡敗，此則諫諍之明效也。夫人主莫不願治而惡亂，然順心則喜，逆耳則怒；人臣莫不慕忠而羞佞，然嘉奬則言，震怒則默，人情然也。是故上有容言之主，則下有敢言之臣；上有危亡之諱，則下多依違之辭。故世不患無魏徵之敢諫，而患無太宗之容言。誠使言者賞，不言者罰，言之善者則施行之，不善者亦優容之，温顔以來之，霽威以下之，弛諱忌之禁，寬指斥之誅，不以順逆爲喜怒，不以喜怒爲刑賞，聽言者有文皇之明，則進言者多魏徵之直矣。

清·王夫之《讀通鑑論》卷一一《晉·二》　諫必有專官乎？古之明王，工瞽、庶人皆可進言于天子，故周官無諫職，以廣聽也。諫之有官，自漢設諫議大夫始。晉初立國，以傅玄、皇甫陶爲之，唐之補闕拾遺，宋之司諫，皆放此而立也。諫有專官，而人臣之得進言于君僅矣。雖然，古今之時異，而廣聽之與慎聽也，不得不殊；進言之跡同，而受益之與防邪也，亦各有道；未可以一概論也。

古之民樸矣，農、工、商、賈各世其業；士之游于庠序者，亦各有常學，不能侈聞見、飾文詞以動當世。迨及戰國，教衰而人自爲學，揣摩當世之務者，競尚其説，縱之以言，則偏私逞而是非亂；則必擇其忠直而達治理者任之，而后無稽之言，不敢破聖道、紊綱紀，以熒主聽。則專官之任，亦未可謂盡非，時使然也。

諫官專立，職專諫矣。然非專諫于其官，而禁外此者之諫也。不淫聽于辨言，而不塞聽于偏聽；苟得忠直知治者司其是非之正，則懷忠樂進者相感以興。乃若聽之之道，羣言競奏，而忠佞相殽，存乎君之辨之，不徒在言者也。諫者以諫君也。邇聲色，殖貨利，狎宦戚，通女謁，怠政事，廢學問，崇佛老，侈宮室，私行游，媟威儀，若此者諫官任之。大小羣臣下逮于庶人，苟有言焉，則固天子所宜側席而聽者也。即言之過，而固可無尤也。外此，人與政其亟矣。然而人之賢不肖，銓衡任之；政之因革，所司任之；雖君道之所必詳，而清諸其源，則是非著而議論一；爭于其流，則議論繁而朋黨興。貞邪利害，各從其私意，辨言邪説，將自此以起，固不可不慎防之。而廣聽適以召奸，尤明主所深懼也。以要言之，言而譏非乎我者，雖激雖迂，而不可忽也；言而褒貶于人、辨説乎事者，辨雖詳，辭雖切，而未可信也。士之受規于朋友者且然，而况君天下者乎！然則選忠直知治者任諫職于上，而主意昭宣，風尚端直，則羣言博采，而終弗使主父偃、息夫躬之流，矜文采以讎其奸邪。慎之也，即所以廣之也。又何必執周官之不設諫臣以下訪芻蕘哉？

近者分諫職于臺省，聽亦廣矣。而六科司抄發之任，十三道司督察之權，糾劾移于下，而君德非所獨任，故詭隨忿戾，迭相進退，而國是大亂，則廣之適以廢之。黨人交爭，勞臣掣肘，將諫官之設，以諫下而非諫君乎？拂其立諫之經，而予以譖言之徑，乃至僉人游士獻邪説以爲用人行政之蟊賊。不專不慎，覆軌已昭，后世尚知鑒哉！

清·陸隴其《三魚堂外集》卷三《謀斷》　天下之事，未有不由獨斷而能成者也，亦未有不合衆議而能斷者也。以斷而成其議，則是非一，而不患有聚訟朋比之紛；以議而濟其斷，則衆論諧，而乃以見師濟一心之盛。三代之隆，其時議論不盡見於《詩》、《書》，然嘗由《周官》所云議事以制者推之，則知當日建宫晝井，凡國家大典，必博訪羣臣，各陳得失，然後諸大臣裁斷於上，不因其紛紜滋擾而厭之，惟斷之以理，而不惑於似是，是以政成事立而天下便之。向使止任一己之見而不參考於衆論，參考於衆蹟，而或厭其滋擾，使之顧忌，而不敢盡言，則利害必不能盡晰，是非必不能盡當，雖聰明齊聖之君、秉德廸知之相，亦豈能致天下之治如當日之盛哉？三代以下，治不古若，無他，或衆議紛紜而上不能決，或君相多忌而公論鬱塞，是以知者不敢言，言者不敢盡，而政日以乖，然則議論之得失，其關於時政，豈淺鮮耶？愚竊觀今日議論之弊與前代異，前代之弊在議論之多，今日之弊在議論之少。國家創制立法，斟酌古今，羣臣章奏，未嘗不下部議，事稍重大，未嘗不下諸大臣會議。然愚以爲議論之少者，何也？前代議論惟其執偏挾私而不欲言則已，苟其胸中所欲言則未嘗有所忌諱。今朝廷雖大開言路，無有忌諱，而議者未能深體上意，往往跼蹐而不敢盡，是以雖章奏日上，而試問引裾折檻者，何人也？碎首玉階者，何人也？言及乘輿而天子改容，事關廊廟而宰相待罪者，何人也？惟其角立門户者則言之，浮泛塞責者則言之，至於社稷之大計、生民之利病，則固未嘗盡陳於上。議論既少，上之人雖善斷，亦豈能盡晰其利害，盡燭其是非，而罔或不當哉？故愚以爲今日要務，非有以大破其忌諱之見，而廣開議論之門不可。議論之門既廣，其閒雖不無蓄疑懷私、雷同諉卸者，雜然並出，然在上之人有以斷之耳，非所患也。今人皆曰宋人議論多而成功少，所以不振。然熙寧、元佑之敗壞者，議論也；慶曆、嘉祐之致治者，亦議論也。洛蜀朔黨之分爭者，議論也；韓范富歐之相濟者，亦議論也。議論果何負於人國哉？若夫斷之之道，則愚又得而言之矣。天下事未有不講究於平日，而能獨斷於臨時者也。不講究而能斷者，其所謂斷亦斷其所斷，而非聖君賢相所謂斷也。是以古之帝王，雖聰明天亶，必親師傅，必誦詩書，正直之士未嘗一日離於側也，規誨之言未嘗一日絶於耳也，而其大臣亦相與考究古今，洞晰事幾，是以事至而不惑，言入而即辨，此三代之世所以能總衆論而歸於一也。今皇上將總攬萬幾，宜勤御經筵，留心典墳，而又選方正博聞之士，日侍左右，與之講道論德，究晰民瘼，執政大臣亦時時親近儒生，考求義理，虛訪利病。天下之事既熟悉於中，一旦臨事，出其所素定者斷決於上，必能使衆論歸一，疑似不淆，既無盈庭莫執之憂，又無偏僻自用之病，以此爲政，何政不成？以此圖事，何事不立？是文、武再見於世，而周、召、畢、散、韓、范、富、歐復生於今也，亦在君相加之意耳，豈憂天下事之不可斷哉？

清·愛新覺羅·弘曆《御製樂善堂全集定本》卷一《信而後諫論》　《詩》曰：『袞職有闕，惟仲山甫補之。』夫仲山甫之補袞職也，柔嘉唯則，天子是若，蓋其誠信素達於人君，而人君鑒其誠，諒其忠，故諫無不從，言無不聽，雖宣王聽言之美，亦山甫取信有素也。故子夏曰『君子信而後諫』，可謂知進言之道矣。蓋君臣一德，上下志通，然後可繼都俞吁咈之盛，而致治於熙皞。故人君聽言之道固不可懈，而爲臣者亦當思所以善進其言之道焉。夫人臣諫君非可易嘗也，必能進思盡忠，退思補過，職業修於莅官之後，忠誠達於未定之前，然後法語不傷於猛，巽語不嫌於諛，是故爲人臣者，必無恝而不諫之理，但當素盡其誠，使人君信之而已。若素無忠誠之心，則雖激於一時，犯顏强諫，而於國事終無濟也。雖然，信而後諫，理也。若事至於危急，一日不言則民受一日之害，一日不言則天下之害甚於一日，斯亦可以待其信而不言乎？故魏徵之與太宗，信而諫者也；陸贄之與德宗，不必待其信而諫者也。而後之人均是之者，以贄雖不能信於德宗，而其忠誠天下後世自信之也。

重農抑末論分部

論説

元·大司農司《農桑輯要》卷首《王磐序》　聖天子臨御天下，欲使斯民生業富樂，而永無飢寒之憂；詔立『大司農司』：不治他事，而專以勸課農桑爲務。行之五六年，功效大著。民間墾闢種藝之業，增前數倍。農司諸公，又慮夫田里之人，雖能勤身從事；而播殖之宜，蠶繅之節，或未得其術，則力勞而功寡，獲約而不豐矣。於是，偏求古今所有農家之書，披閱參考，删其繁重，摭其切要，纂成一書，目曰『農桑輯要』。凡七卷。鏤爲版本，進呈畢，將以頒布天下，屬予題其卷首。予嘗讀《豳詩》，知周家所以成八百年興王之業者，皆由稼穡艱難，積累以致之。讀《孟子》書，見其論説王道，丁寧反覆，皆不出乎『夫耕、婦蠶，五雞二彘，無失其時；老者衣帛食肉，黎民不饑不寒』數十字而已。大哉，農桑之業！真斯民衣食之源，有國者富强之本。王者所以興教化、厚風俗，敦孝悌、崇禮讓，致太平，躋斯民於仁壽，未有不權輿於此者矣！然則是書之出，其利益天下，豈可一二言之哉，施於家，則陶朱、猗頓之實術也；用於國，則周成、康，漢文、景之令軌也，又何待夫序引贊揚，而後知其可重哉？至元癸酉歲，季秋中旬日，翰林學士王磐題。

元·陸文圭《牆東類稿》卷四《農桑》　德者，本也；財者，末也。農桑，本也；商賈游民，末也。上之人外本内末則財不足，下之人棄本逐末則財不足，是故重在務本。聖人守位，以仁聚人，以財理財，正辭禁民爲非，以農桑爲急務。人一日不再食則饑，終歲不製衣則寒。饑寒迫於人之肌膚，欲其亡爲奸邪，雖慈母不能保其子，君安能保其民哉？是故導其衣食之源，絶其饑寒之路，民可使富也。自耒耜取諸益而茹毛之風革，自衣裳取諸乾坤而衣皮之俗易。三皇邈矣，制莫詳於虞周。《禹貢》、《豳詩》鑿鑿皆精語，三壤成賦而秷秸粟米供於甸服之内，桑土既蠶而織文絲枲納于貢篚之中。于耜舉趾，饁婦同於南畝，十月納禾之張本也。采蘩猗桑，筐女遵於微行，九月授衣之收功也。人徒見虞周之民無凍餒之患者，而不知三事以正德居先，六府以脩穀爲主。罰二十五家之里布以禁游惰，通三十年之國用以均出入。上不外本而内末，下不棄本而逐末，虞周可謂知生財之道矣。

自時厥後，井田廢而無土著之民，生之者寡矣；封建壞而去班祿之籍，食之者衆矣。徵用其三而民有殍，爲之不疾矣；徹取其二而君不足，用之不舒矣。鄒國一叟懇懇爲時君言者，不過五畝之宅，樹之以桑，百畝之田，勿奪其時而已。此一章凡三見，終始不易。當不奪不厭上下交征之時，而進不饑不寒然而不王之説，安得不以爲田夫野老之俗務、耕奴織婢之鄙談，然仁政之本莫大乎此。

自仁政之説不售，戰國折入於秦。秦爲無道，虐用其民，男子疾耕不足於糧饟，女子紡織不足於帷幭，民力不堪，秦亦以是虛其國。漢興，天下草創，百姓思樂息肩。文帝恭儉寬仁，愛人節用，帝親耕耤田以供粢盛，后親蠶公室以供祭服，不可謂不務本者。詔令數下，一則曰爲酒醪以靡穀，二則曰纂組以害女紅，不可謂不務本者。然不能使末技游食之民轉而緣南畝，奚止酒靡穀而已；不能禁倡優下賤之人不得爲后飾，奚止害女紅而已。漢之爲漢五六十年，公私之積猶可哀痛。賈誼、晁錯掇拾孟子餘論，復屢屢陳之。誼之言曰：『倉廪實而知禮節，一夫不耕，或受之饑，一女不織，或受之寒。生之有時，用之無度，則物力必屈。今背本而趨末者衆，淫侈之俗日月以長，天下財産安得不蹷？』錯之言曰：『聖王在上而民不凍饑者，非能耕而食之、織而衣之也，爲開其資財之道也。今地有餘利，民有餘力，生穀之地未盡墾，山澤之利未盡出，遊食之民未盡歸農也。』二子亦可謂知本之論。然孟子專論王道，二子雜伯者富强之術，觀者不可不察也。

今南北混并，天下一家，煙火萬里，農桑滿野，昇平之業，視漢有加。然而經制不定，徵歛無藝，賦入雖廣，調度實繁，天時不登，地力有限，加之大官竊祿，小吏侵漁，商賈操市之奇贏，緇黄侵國之經費，困窮失職，貪惰成風，長此安窮，救之無術，設使晁、賈二子復生於今日，亦當苦口進言，而昔所建明有宜於今世者，有司條陳之以次施行可也。杏花菖葉，東作方興，戴勝鳴鳩，柔桑可採，茲惟時矣。孟子曰『民事不可緩也』，惟上人之留意。不然，『二月賣新絲，五月糶新穀』，將有誦聶夷中之詩者。

元·赵天麟《太平金鏡策》卷四《務農桑》 臣聞：稻粱黍稷，絲束布帛，極今古以咸資，貫人神而並用。口非匏瓜，終日不可再食；身無毛羽，卒歲不可不製衣。一夫不耕，天下有受其饑者；一婦不織，天下有受其寒者。若使男不通畝以盡地利，女不下機以盡人力，則豈有飢寒不足之人哉？我聖朝若稽古道，既立司農司，又令臨民官兼管内勸農事，几以當務之爲急也。然天下有無田可耕之家，有有田不耕之者，所以凍餒之人尚衆，乞匄之人尚多。臣謂四民之勞苦，天下之大本，莫過於農家而已。夫士人學以居位，勤而不勞者也；工人作巧成器，勞而不苦者也；商人通財賣貨，末而不本者也。農人之閑暇，惟冬而已矣。於是『晝爾于茅，宵爾索綯，亟其乘屋』，以待春陽。播厥百穀，以趁東作，『三之日于耜，四之日舉趾。』霑體塗足，瘁身皸手，面塵不遑洗，頭蓬不暇梳。丁壯興功，老弱俱食。披星帶月，夜不安眠，冒雨衝風，晝不啓處。耕事未已，而蠶事起矣。懿筐採桑，斧戕伐揚。一月之問，古人謂如寇盜之至，非虛育也。至於炎天熾火，午日流金，耘耨荒戴，用齊嘉種，氣如微線，汗若翻漿。以至秋成而登場築圃，尚未知天意之或水或旱、或豐或歉如之何也。於是父母之仰事，妻子之俯畜，租税之科納，軍民之差役，胥吏之侵漁，縣役之費給，鄉里之慶贈，婚嫁之聘會，宿負之還償，田具之補置。一年之計，但望秋成。一産之資，破散不一。故區區稼穡，汲汲意桑，計其經費，選善者而齋之。而納之，而折之。其餘絲絮之荒穢者自衣之，穀稻之秕糲者自食之。設如年豐，則一年辛苦，而一時歡樂。鷄豚社酒，擊壤嫗謠，尚可道也。儻遭水旱，則雖號泣旻天，孰救之哉？將并田宅而齋之矣。雖然，上至天子。下至庶人，不可一日憮農家。故曰四民之勞苦，天下之大本，莫過於農家而已也。又按《豳風》有『饁彼南畝，田畯至喜』之語。蓋皆百姓勸其事而愛其吏，自願嬉之，非督使供食也。今之勸農者，皆自責餽饟，往説于田。恐有汙濫之官，因勸農而適野，遂恣意以宣驕。飲食非膏粱，先之以怒詈；酒醴非多旨，繼之以鞭扑。饜其腹於胥吏，投其餕於鷹犬。名爲勸農，適所以擾農也。臣竊傷農家之勞苦，憤官吏之搔擾，顧天下之大本。伏望陛下軫於睿慮，重此農桑，躬耕籍田，后親蠶以先之。凡農家之孝弟力田者，鄉三老具實舉之，免其人當年所耕田租稅之半。几民恃富無他故而有田不耕、有桑不蠶者，鄉三老具實舉之，就於當年倍科其閑田之租稅。凡民老幼，有田不能耕、有桑不能蠶者，令下之後，限一年爲召人耕蠶，違限，則委廉訪司察勸農官而罰之。凡勸農官皆可自具飲食，若以後復有搔擾農家者，委廉訪司察之，如受賄之罪罪之可也。如是，則官皆愼勸，民皆力耕，男有餘粟，女有餘布矣。

元·張養浩《三事忠告》卷一《牧民忠告上·宣化第五·勸農》

農之勤惰，一歲之苦樂係焉，其所當爲，有不待勸焉者，時因行治，視其輟工廢業者，切責之，遠近聞之，必知自勵也。常見世之勸農者，先期以告，鳩酒食，候郊原，將迎奔走絡繹無寧，蓋數日騷然也。至則胥吏童卒襍然，而生威賂遺，徵取下及雞豚，名爲勸之，其實擾之；名爲優之，其實勞之。嗟夫！勸農之道無他也，勿奪其時而已矣。繁文末節，當爲略之。

明·朱瞻基《大明宣宗皇帝御製集》卷二《帝訓·重農》 農者，國家之本，生民所資以生者也。民不可一日無食，是以帝王躬耕爲天下勸，《洪範》八政，以食爲首，《豳風》之詩，備陳稼穡之艱，皆重農之意也。後世爲君，法古人重農之意者，當勸導有方，遊惰有禁，而不違其時。時者，春耕夏耘秋獲之時也。古者使民常以冬隙，使及時而耕，及時而耘，及時而獲，無事以妨之，則農不失業而衣食足給矣。又禁末作，遏奢靡，使皆務本歸農，然後地利日廣，而在上尤當輕徭薄賦，省費節用，庶幾公私足給而人康俗阜，教化興行，可臻於治。昔孟子論王政必以不違農時首言之，蓋聖賢之言，萬世帝王所當取法。

明·徐光啓《農政全書》卷首《張溥序》 《農政全書》，公經綸之一種。張大中丞與方郡伯兩公，篤念民生，屬陳臥子進士編次廣傳。刻竟，予得卒讀，益歎吾師命指深遠，周天際地也。農家者流，自出稷官，班史記之。其後種樹、試穀、育蠶、養魚、耕牛之經，花竹之譜，人各有書。然碎布民間，事不相攝，耕奴織婢，號爲小道。雅人墨士，或諱而不言。若總自王朝，編於太府，采明農之衆篇，勒一代之大典，上探井田，下殫荒政。凫茈可食，蟊螟不憂，率大下而豐衣食，絕饑寒，使盜賊屏息，禮樂盛興，非至治乎？卽名卿大儒，亦何庸丘蓋也。公察地理，辨物宜，考之載記，訪之士人。輶軒襏襫，盡列筆削。氾崔賈韓，方此蔑如。揆厥制作，其《豳風》之嗟農夫，《無逸》之知小人乎？

清·愛新覺羅·福臨《資政要覽》卷二《重農章》 粟者，國之大用，政之本務也。是以帝王之道，民莫先乎農，民農則志樸而産重，志樸則易使，産重則難遷。苟舍本趨末，則好智而多詐，産約而輕徙。倉卒遇患，皆有遠志，而無居心。然則金銀珠玉，天下之大害也。聖人知其然，故貴五穀，賤金玉，以敦本抑末，而務民於農。《夏箴》曰：『中不容利，民乃外次。』《豳風》察其重穋，《周官》辨其土宜。歷代賢君躬親耕，后親蠶，莫不申勞農之典，立勸桑之制。或下詔以敦勉，或設官而商度。重其力，俾與孝弟同科。惜其功，不以小故徵召，故國無敖民，地無曠土，而儲蓄足恃。

夫農必敬時而愛日。粟相若而舂之，得時者多米；米相若而食之，得時者能饑。故與人以財，不若毋奪其時；與人以食，不若毋奪其事。此重農之深旨也。秦、隋虐使其民，男不得耕，女不得織，丁壯盡於矢刃，衰弱填於溝壑。本既傾矣，枝將焉附？若召信臣、鄭渾者，其知務乎？

又《厚生章》 進業曰登，再登曰平，三登曰泰平，泰平者，極治之稱也。獨以民食得之，倉廩充而衣食足，爭訟息而教化興，其爲泰平也，諒矣！

神農、大禹之爲治也，本之以穀，而用弗窮，通之以貨，而民不倦，金生粟死。管仲權其重輕，糴貴糴賤。李悝時其斂散，取之有節而制之有方，使工不失務，農不失時，士不失養，官不失祿，是謂和德。

夫民地著而衣食，饑不食寒不衣，慈母不能保其子矣。魯宣、秦始，反裘負薪，董仲舒、蘇威、耿壽昌之説亦猶行古之道也。

周人井田遠而難復，漢人井田疏而難行。編户逸爲惰游，良疇盡於豪奪，良可深念。欲拯其敝，因田定税，莫如唐人平賦之書。斂輕散重，必用歷代常平之制。不幸有饑荒轉徙，則以富弼淄青之法。濟之民生，庶其無慮乎！張全義之撫河南，載諸史册，不以人廢意可也。

清・顧炎武《亭林文集》卷六《田功論》　天下之大富有二：上曰耕，次曰牧。國亦然。秦楊以田農而甲一州；烏氏、橋姚以畜牧而比封君，此以家富也。棄潁粟而郃封，非子蕃息而秦胙，此以國富也。事有策之甚迂，爲之甚難，而卒可以并天下之國，臣天下之人者莫耕若。嘗讀宋魏了翁疏，以爲：『古人守邊備塞，可以紓民力而老敵情，唯務農積穀爲要道。』又言：『有屯田，有墾田。大兵之後，田多荒萊，諸路閒田當廣行招誘，令人開墾，因可復業，則耕穫之實效，往往多於屯田。蓋並邊之地，久荒不耕則穀貴，貴則民散，散則兵弱；必地闢耕廣則穀賤，賤則人聚，聚則兵强。請無事屯田之虚名，而先計墾田之實利。募土豪之忠義者，官爲給助，隨便開墾，略計所耕可數千頃，明年此時便收地利，可食賤粟。況耕田之甿，又皆可用之兵，萬一有警，家自爲守，人自爲戰，比于倉卒遣戍，亦萬不侔。無屯田之名，而有屯田之實；無養兵之費，而又可潛制驕悍之兵；不惟可以制虜，而又以防他盜之出入。不數年間，邊備隱然，以戰則勝，以守則固。』愚以爲此正今日之急務。夫承平之世，田各有主，今之中土，瀰漫蒿萊，誠田主也疾力耕，不者籍而予新甿，不可使吾國有曠土，若是人必服，一易；屢豐之日，視粟爲輕。今干戈相承，連年大饑，人多艱食，必勸於耕，二易；古之邊屯多於沙磧，今則大河以南厥土塗泥。水田揚州，陸田潁壽，修羊杜之遺跡，復上元之舊屯，三易；久荒之後，地力未洩，粟必倍收，四易。然而有三難：大農告絀，出數十萬金錢求利於四三年之後，一難；朝不能久任，人不甘獨勞，蕲以數年之力專任一人，二難；天有旱澇，歲有豐凶，若何承矩之初年種稻，霜早不成，幾於阻格，三難。愚請捐數十萬金錢，予勸農之官，毋問其出入，而三年之後，以邊粟之盈虚貴賤爲殿最。此一人者，欲邊粟之盈，必疾耕，必通商，必還定。安集邊粟而盈，則物力豐，兵丁足，城圉堅，天子收不言利之利，而天下之大富積此矣。

清・愛新覺羅・玄燁《聖祖仁皇帝御製文集》卷一八《農桑論》

『嘗觀王政之本，在乎農桑。虞舜之命棄曰：「汝后稷播時百穀。」禹之告舜也，曰：「政在養民，水火金木土穀惟修。」殷之考績羣辟，亦曰：「稼穡匪懈。」周以農事開基，至成王之世，制禮作樂，典章明備，彬彬郁郁。然周公所作，矇史所歌。若《豳風・七月》之篇，其道「于耜」、「舉趾」、「采桑」、「載績」之事，反覆不置。何前後聖同一指歟？蓋農者，所以食也；桑者，所以衣也。農事傷則饑之原，女紅廢則寒之原。小民饑寒迫於身，而欲其稱仁慕義，有無不競，遵路會極，其勢不能。朕嘗躬行三推，以率天下農矣。而敦實崇儉之令，繩督有司，靡不加意。宜乎薄海以內，襏襫之衆，比肩於野，杼柚之聲，相聞於里。庶幾古初醇樸之風，乃逐末者未盡息，而錦繡纂組之文日盛也。中夜求治，惄焉慮之，《孟子》曰：「菽粟如水火，而民焉有不仁？」旨哉，斯言！使天下之民，咸知貴五穀，尊布帛，服勤戒奢，力田孝悌。而又德以道之，教以匡之，禮以一之，樂以和之，將比户可封，而躋斯世於仁壽之域。故曰：「農桑，王政之本也」。』

清・愛新覺羅・玄燁《聖祖仁皇帝御製文第二集》卷三二《耕織圖序》　朕早夜勤毖，研求治理，念生民之本，以衣食爲天。嘗讀《豳風》、《無逸》諸篇，其言稼穡蠶桑，纖悉具備。昔人以此被之管絃，列於典誥，有天下國家者，洵不可不留連三復於其際也。西漢詔令最爲近古，其言曰：農事傷，則饑之本也；女紅害，則寒之原也。又曰：老耆以壽終，幼孤得遂長。欲臻斯理者，舍本務其曷以哉？朕每巡省風謡，樂觀農事。於南北土疆之性，黍稌播種之宜，節候早晚之殊，蝗蝻捕治之法，素愛諮詢，知此甚晰。聽政時恒與諸臣工言之。於豐澤園之側，治田數畦，環以溪水，阡陌井然在目，桔槔之聲盈耳，歲收嘉禾數十鍾。隴畔樹桑，傍列蠶舍，浴繭繅絲，恍然如茆簷蔀屋。因構知稼軒、秋雲亭以臨觀之。古人有言：衣帛當思織女之寒，食粟當念農夫之苦。朕惓惓於此，至深且切也。爰繪耕、織圖各二十三幅，朕於每幅製詩一章，以吟詠其勤苦，而書之於圖。自始事迄終事，農人胼手胝足之勞，蠶女繭絲機杼之瘁，咸備極其情狀。復命鏤板流傳，用以示子孫臣庶，俾知粒食維艱，授衣匪易。《書》曰：惟土物愛，厥心臧。庶於斯圖有所感發焉。且欲令寰宇之内皆敦崇本業，勤以謀之，儉以積之，衣食豐饒，以共躋於安和富壽之域，斯則朕嘉惠元元之至意也夫。

清・愛新覺羅・胤禛《世宗憲皇帝御製文集》卷九《執中成憲御論》

爲政之道，大綱舉而後衆目張。所謂大綱者，莫有過於農事田功也。是以聖人知服田力穡之爲綱，而所其無逸，惟念小民之依，則乃亦有秋者，即綱之有條而不紊也。由是而家給人足，時和年豐，百度之脩明，萬邦之作乂，莫不於農事統之矣。

清·愛新覺羅·弘曆《御製文初集》卷九《授時通考序》 孟子言：『不違農時，穀不可勝食。』蓋民之大事在農，農之所重惟時。『敬授人時』，載於周公《七月》一篇，於日、星、霜、露之候，昆蟲、草木之化，詳哉其言之。故先王之民，莫不震動恪恭於農，以修其事者，懼失時也。我聖祖仁皇帝，勤咨民隱，首重農桑，率育烝黎，涵濡德澤，六十餘載，户慶盈寧。皇考世宗憲皇帝，歲舉耕耤之儀，率先天下。興水利，廣儲蓄，爲萬世規。凡茲薄海蒼生，得荷鋤饁餉，優游隴畝之間，樂生遂性，衣食滋豐者，何莫非我祖宗宵旰勤勞，以貽樂利於無疆耶！朕纘承基緒，鑒前代生深宮之中，長阿保之手，誠知稼穡艱難，日與中外臣工，爲斯民籌食用至計；胼胝機杼之作苦，日廑於懷。因檢前人《農桑通訣》、《農政全書》諸編，嘉其用意勤而於民事切也，命内廷詞臣，廣加修輯。舉物候早晚之宜，南北土壤之異，耕耘之節，儲偫之方，蠶織畜牧之利。自經史子集以及農家者流，凡言之關於農者，彙萃成編，命之曰《授時通考》。夫天道廣運於上，而四時行，萬彙生；地道發育於下，而庶品蕃，百昌遂；人事參贊其中，而六府修，三農殖。輔相裁成，固國家之大政也；趨事赴功，亦閭閻之本業也。貴穀劭農，服田力穡，上下交勉，弗懈於時，以副朕阜成海宇之至願。覽斯編者，尚有取焉。

清·王柏心《樞言·禁末》 末亦多途矣，商爲之首。先王爲其妨農也，恒抑之。秦發民戍邊，先辠謫，次市籍。漢高即位，復取賈人子，折辱之。顧趨商者益多，以天子之威，不能伸令于庶民，誠事勢之不可解者。故晁錯之言曰：法律賤商人，商人已富貴矣。尊農夫，農夫已貧賤矣。然其時，商猶有功于農，未甚困農也。農之所挾粟米布縷，所需百物之用，所挾不能流轉，所需不能羅致，商從而懋遷之，于農甚便，獨柰何重折辱之。今之商非昔之商矣，不唯妨農，且困農，不唯困農，上自貴流下逮輿臺，商皆鉤取其羸餘而困之何者？敦樸之源絕，而奇衺之風熾也。百室之聚，必有數十家之市，千室之聚必有數百家之市，萬室之聚必有數千家之市，核其器用裨衣食者財什二三，余皆炫耳目蕩心志者也。且夫商之所以奔走人者，在役末技，在通番貨，二者殃之門，蠹之府也。古者造作之區，官考其效，工執其藝，必中程，必利用，非是者有禁，故詐僞毋敢作。今也工之習恒業者，困與農民等，而末技之徒，窮極工巧，日日增加，財之源有盡，巧之竇無涯，以有盡徇無涯，安得不竭其番貸之奇淫，又千百倍於末技，挾無形之酖毒，爍九州之膏血，開尾閭之大壑，蕩四民之筐篋。此二者商皆籠而有之。夫利散於末技，猶曰吾民也，使利散於番舶，是豈不可爲痛心者乎？然則返之之術，唯在躬行節儉，倡之於上，始自貴近，及乎編氓，然後優爲之恤，厲爲之禁而已矣。農宜恤者也，今令農有能力耕，倍收不出鄉里者，復賜爵之例，寬其徭役，則趨農者必益。奮商之通有無，佐衣食者如故，其有敢役遊技，通番貨，與爲游技者，厲禁之。禁之不率，則著之下籍，別其衣冠，徭役不得代，子弟不得預試入仕宦。令吏以時閱市之百物，有奇衺不中法度者，售與購皆有罪，州縣舉其要，以此定課績，殿最行之十年，或者末流稍衰乎。不然，吾懼夫公私之財力畢歸漏卮，後欲救之而無及也。

輕徭薄賦論分部

論說

元·赵天麟《太平金鏡策》卷四《薄差税》 臣聞晁氏云：三王計安天下，莫不本於人情。人情莫不欲壽，三王生之而不傷；人情莫不欲富，三王厚之而不困；人情莫不欲安，三王扶之而不危人情莫不欲逸，三王節其力而不盡也。今國家灼知此道，爰究時宜。既立斤絲貫鈔包銀丁石之法，又立賦税三十而一之例。然而公廩無彌年之積，私家無備急之儲，皆以郡縣不均之所致也。承平之時，烟火萬里，境壤相接，雞犬相聞。或耽樂遊遨，或慘慘劬勞，或棲遲偃仰，或力役鞅掌。富者奢侈而自富，貧者困窮而愈貧。臣謂不急救之，行無及矣。古者什一之法。關市譏而不征，澤梁無禁。夏后氏立貢法，而義士猶以爲不及助徹。管夷吾取關市之征五十而一，後人謂之霸道。蓋國按有經，而但當平立，民財有而不可輕奪也。方今賦税，三十而取－，外有關市之征，及酒醋鹽茶、金漆竹樹、銀銅錫鑽、山場湖濼、海舶江鄉，竭萬物而権之，窮利源而課之，國家亦已富矣。古者什而取一，其實止什一也。方今三十而取一，比古者其實什五也。夫國家之用有八，一日宮禁之資，二曰宴好之將，三曰賞賜之頒，四日俸祿之給，五曰軍旅之糧，六曰工役之費，七曰凶荒之用，八曰芻秣之具。於此八者之中，軍旅之糧，量爲浩大。幸從臣合二，偃兵戈而不動，廣屯田而自贍，亦不須多用民之糧矣。其宮禁宴好，俸祿芻秣，已有供之者焉。其余節其所用而用之，亦豈多須哉？臣又以鹽者民之日用，增其課例而人不之苦也。伏望陛下，降彌天之厚福，顧下土之微民，旁布玉音，允符嘉會。凡天下農民，自屯縴陸慶筮舅之衫仔矚祖名芝半。几天下民户，自鹽課約量增添之後，例除差税之半。於是幸從臣先所獻萬育策內均科差稅之汰，昭諭郡縣而均定之，用爲成式。若然，則廓造化之洪恩，振內外之喜氣，獲神祇之陰祐，發太平之祥徵。民安而社稷自安，民富而社稷自富矣。

又 卷八《平力役》 臣聞：乾下坤上謂之泰，損上益下謂之益。民借民雖極賤，而存上交之理則安矣，君雖至貴，而盡下合之義則聖矣。民借君以爲心，而鼓動天下之化，君須民以爲用，而充給天下之力。昔宋興役而起澤門之諷，周經始而適子來之願。原其築臺之實一也，下民怨慕，冰炭其殊焉。豈非一失所用之時而一得之乎？秦發閆左之戍而海內愁之，衛建楚丘之封百姓悅之。究其建城之名一也。下民悲喜，霄壤其異焉。豈非一爲無益之務而一有益乎？故以佚道使民，勞而不怨；以當理動衆，和而不傷。且爲人上者，百姓之父母也，百姓者，君之赤子也。設或父母陵虐其子，其子雖勉强以從之，然欲其家道之拾和，則不可得也。今國家之於下民，可謂厚矣。竊恐郡縣之官，未奉國家之明法，倘有虐貧陵弱者，可不圖之哉？臣伏見近年詔書有云：『自三月初。至九月終，几勞民不急之役，一切停罷。欽此。』臣以覔國家之心，如天如地，非一言之可盡也。彼在外之有司，因王事之靡鹽，多以假借爲名，農務之問，亂起丁役。局天踏地，無計陳冤。雖曰省之，其實非也。臣又以妨農之役非一，今試畧舉一端。頃者會通河路流沙滯水，方春之際。大興徒役。男執鍬畚，女餉飲食，耕者不得以服畝，蠶者不得以伐揚。民之生理甚大而不顧，則處國家之職者。果何務哉？此但臣所親見者也。若夫四方之大，似山東者非，而其役又非一，不亦怨哉？或謂依春秋之法，役冬月之民，則所謂執古禮而不便今，崇虛名而受實禍也。冰雪凝冬。役人多窘；春陽扇暖，易以施功。山是而行之，有何不可乎？臣意非謂此也。春秋之時。井田法在，末民極寡，咸農務功。是以恐妨農而移百役于冬也。今則不然，末民極衆，若又用力役之事而妨其農，則飢寒之苦莫逃矣。臣又以郡縣之中，鄉司里正，鉛藥小技，奴隸下材，亦皆驅役良民，莫敢違拒。如或違拒者，一旦科差定投之時，循恩碟以增減之。且差役委鄉司里正，則將安用彼守令哉，此皆小事敢干天聽者。誠以國家之本莫大於農，而國家之寶無急於力也。伏望陛下，居九重之深邃，賽百姓之艱難，布告中外，咸使聞知。凡每歲三月至九月，有以勞民不急之事擅起丁役託假以爲名者，並以違制論。凡三月至九月，有耕耨之田者，役無緩急，不在其限。几三月至九月，有遠大差役不得已而須煩農家者，有田務之家助資給，無田務之家出人力。凡力役之品伙，幸從臣先所獻萬言策內之說，則鄉司里正自不得以擅相欺矣。然而力役猶未之均。農民猶失其所者，未之有也。

明·袁袠《世緯》卷下《均賦》 天下之賦，莫重於兩浙，而尤莫重於蘇松。松兩縣耳，歲賦一百二十萬，蘇之歲賦三百五十萬有奇。其始因偽吳張士誠之舊額已過重，後以漕運之費，凡正糧一石，復加耗五斗，故其重至此。其他徭役科派，歲料織造，郵驛磚廠，諸所徵納者，又歲不知幾何也。贓吏之侵漁，巨室之幷兼，肆行而莫禁，蘇之困極矣。

長民者思以救之，而未得其術，公田變而爲丈量，丈量變而爲挨號，挨號變而爲牽攤，咨詢未廣，計慮不周，甲可而乙否，朝令而夕改，利未獲而害先滋，法未成而謗遄起，此則更張無漸、任用非人之故也。夫丈量之法，可行於秦、渭、燕、趙、山之東、河之南北，而不可行於兩浙，何則？北方沃野千里，地皆方幅，易於積筭。高皇帝嘗命徐達等丈量田畝，事竟不成。至若兩浙之田，環以溝澮，錯以墳衍，尖斜曲折，勢難整齊，世無章亥，誰能步之？統、泰間，周文襄公亦嘗行丈量之法，昉于崑山，匹馬獨行，躬自履畝，尋復中止，今崑山有今量同田是也。夫以中山之謀略、文襄之心計，猶且難之，而況於今日乎？其勢必守責之令，令責之丞簿，丞簿責之耆長，耆長責之里甲，得賂則減多爲寡，不賂則加寡爲多，私截步弓，僞增畝角，以希上指邀功賞者，什而九也。挨號之法，尤爲舛謬。夫自洪武以至今日，百七十餘年矣。田數易主，額則屢更。其魚鱗圖册，變亂浥爛，郡縣所攢造，後湖所藏者，且漫漶不可據，而乃欲以民間之圖籍爲定乎？此令一下，耆長之狡猾者，皆僞造圖籍，塗以埃塵，刷以黝墨，以欺長上，至乃移易圻段，改换字圩，得賂則減官爲民，不賂則加升爲斗，紛紛變亂，雖絲棼叢棘，無以喻也。不得已而行牽攤之法。夫牽攤誠是也，裒多以益寡，法既畫一，而民不至大病。然地有高下，田有肥瘠，山田則病旱，水田則病澇，而坍江、坍湖、坍海及積荒拋荒者，又不可概均也。有田則有租，而城中之田，其無糧者如故，甚亡謂也。其法必通計一縣之田，爲頃爲畝者幾，歲賦者幾，而審均之。凡田之高下肥瘠不大相遠者，通爲一則，其最高下者與夫坍江、坍湖、坍海及積荒拋荒者，又通爲一則，而城中之無糧者，必概科之，庶乎利多而害少也。抑此治其末耳。減額者既以爲恩，則加賦者必以爲怨，朝三暮四，無異乎狙公之術，而欲以蘇兩浙之民，未也。

故欲修萬世之利者，有三術焉：均賦也，減額也，限田也。夫僞吳以一隅而抗天下，日事金革，其勢不得不重賦以足用。高皇帝定都金陵，資吳會之穀粟，因江東之財賦，蓋欲減而未能，非能之而不欲也。且今之天下皆王土也，何獨天下之賦皆輕，而蘇松獨重乎？議者必以變亂成法爲言。夫謂變亂者，防奸臣之專權亂法，罔上行私也。今朝野之人皆知蘇松之重賦，法當變通而莫有言者，畏變亂之律重也。誠使聖天子下明詔，集羣議以行之，又何變亂之有？無已則減額乎，議者必謂軍國之需，一日不可缺，加賦且不足，而乃欲減額乎？昔漢文節儉，三十稅一，且時賜民田租之半，高皇帝亦嘗數賜民田租矣。詔令具在，可考也。統、泰間，周忱、況鍾奏減蘇賦七十二萬，何獨可行於統、泰而不可行於今日乎？殆未有周、況其人耳。誠使三冗既去，鹽法既修，屯田既復，則國課充盈，而蘇松之賦額可漸減矣。限田之法，雖若濶迂，而尤爲要切。夫富者連阡陌而貧者無立錐，無制故也。今宜稍爲之限，使豪右并吞之家有所畏憚，而貧者有恒産以爲之資。擇循吏以爲民牧，而使之加意於農桑。凡徭役科派，歲料織造，郵驛磚廠，諸所徵納，皆以次議減，則蘇民小康而天下亦永賴矣。

清·黄宗羲《破邪論·賦稅》 先王之時，民養於上。其後民自爲養。又其後横征暴斂，使民無以自養。詩云『普天之下，莫非王土，率土之濱，莫非王臣』。田出於王以授民，故謂之王土。後世之田爲民所買，是民土而非王土也。民待養於上，故謂之王臣。民不爲上所養，則不得係之以王。孟子以二十取一爲貉道，以授田時言之也。若其所自買之田，即如漢之三十而取一，亦未見其爲恩也，而況於後世之賦輕者十取其三、重者十取其五六，民何以爲生乎！民既無以爲生，則隱避催科，詭計百端，并亦難乎其爲上矣。夫古之賦稅，以田爲母，以人爲子。人有去來，而田無改易。故履畝而稅，追呼不煩。今之賦稅，以户爲母，以田爲子，田既錯雜，而户復出入。故按籍而徵，稽考甚難。今總不能如古八家同井之法，顧田有號數，一號或千畝、或數百畝，則何不以一號當一井，立爲號長，按號而爲催科，使號長董其稅事？凡有七便：詭奇之術窮，一也；飛灑之路絶，二也；厥田上上至於下下，九等不得那移，三也；胥吏無從上下，四也；丈量既定，不可增減，五也；十年編審，止在業主，田號不動，六也；有司按籍而索，完欠井然，權不旁落，七也。較之按户催征，知户而不知田者，相去懸絶矣。雖然，此不過催科便於有司，吾誠不敢以養民者望之，後世但使兩稅之法復於前代，徵其田土所自出，不以銀爲事，庶幾民得以自養耳。

清·唐甄《潛書》下篇上《富民》 財者，國之寶也，民之命也；寶不可竊，命不可攘。聖人以百姓爲子孫，以四海爲府庫，無有竊其寶而攘其命者，是以家室皆盈，婦子皆寧。反其道者，輸於倖臣之家，藏於巨室之窟。蠹多則樹槁，癰肥則體敝，此窮富之源，治亂之分也。

虐取者，取之一金，喪其百金；取之一室，喪其百室。兗東門之外，有鬻羊餐者，業之二世矣。其妻子傭走之屬，食之者十餘人。或誣其盜羊，罰之三石粟。上獵其一，下攘其十，盡鬻其釜甑之器而未足也，遂失業而乞於道。此取之一金，喪其百金者也。潞之西山之中有苗氏者，富於鐵冶，業之數世矣。多致四方之賈，椎鑿鼓瀉擔輓，所藉而食之者，常百餘人。或誣其主盜，上獵其一，下攘其十，其治遂廢。向之藉而食之者，無所得食，皆流亡於河漳之上。此取之一室，喪其百室者也。

虐取如是，不取反是。隴右牧羊，河北育豕，淮南飼鶩，湖濱繅絲，吳鄉之民，編蓑織席，皆至微之業也。然而日息歲轉，不可勝算。此皆操一金之資，可致百金之利者也。里有千金之家，嫁女娶婦；死喪生慶，疾病醫禱，燕飲齎餽，魚肉果蔬椒桂之物，與之爲市者衆矣。緡錢錙銀，市販貸之；石麥斛米，佃農貸之；匹布尺帛，鄰里黨戚貸之，所賴之者衆矣。此藉一室之富可爲百室養者也。海內之財，無土不產，無人不生；歲月不計而自足，貧富不謀而相資。是故聖人無生財之術，因其自然之利而無以擾之，而財不可勝用矣。

今夫柳，天下易生之物也；折尺寸之枝而植之，不過三年而成樹。歲翦其枝，以爲筐筥之器，以爲防河之埽，不可勝用也。其無窮之用，皆自尺寸之枝生之也。若其始植之時，有童子者拔而棄之，安望歲翦其枝以利用哉！其無窮之用，皆自尺寸之枝絕之也。不擾民者，植枝者也，生不已也；虐取於民者，拔枝者也，絕其生也。

虐取者誰乎？天下之大害莫如貪，蓋十百於重賦焉。穴牆而入者，不能發人之密藏；羣刃而進者，不能奪人之田宅；禦旅於塗者，不能破人之家室；寇至誅焚者，不能窮山谷而徧四海。彼爲吏者，星列於天下，日夜獵人之財。所獲既多，則有陵已者負筮而去。既亡於上，復取於下，轉亡，轉取，如塡壑谷，不可滿也。夫盜不盡人，寇不盡世，而民之毒於貪吏者，無所逃於天地之間。是以數十年以來，富室空虛，中產淪亡；窮民無所爲賴，妻去其夫，子離其父，常歎其生之不犬馬若也。

今之爲吏者，一襲之裘，值二三百金，其他錦繡視此矣；優人之飾，必數千金；其他玩物視此矣。金錢、銀罌、珠玉、珊瑚、奇巧之器，不可勝計。若是者，謂之能吏；市人慕之，鄉黨尊之，教子弟者勸之。有爲吏而廉者，出無輿，食無肉，衣無裘，謂之無能；市人賤之，鄉黨笑之，教子弟者戒之。蓋貪之錮人心也甚矣！治布帛者，漂則白，緇則黑。由今之俗，欲變今之貪，是求白於緇也。

治貪之道，賞之不勸，殺之不畏，必漸之以風。《禮》曰：『知風之自。』昔者明太祖衷襦之衣，皆以梭布。夫衣可布，何必錦繡？器可瓦，何必金玉？粱肉可飽，何必熊之蹯、玉田之禾？吾聞明之興也，吳之民不食粱肉，閭閻無文采，女至笄而不飾，市不居異貨，宴賓者不兼味，室無高垣，茅舍鄰比。吳俗尚奢，何樸若是？蓋布衣之風也。人君能儉，則百官化之，庶民化之；於是官不擾民，民不傷財。人君能儉，則因生以制取，因取以制用；生十取一，取三餘一；於是民不知取，國不知用，可使菽粟如水火，金錢如土壤，而天下大治。爲君之樂，孰大於是哉！

思想文化歸一論分部

論說

元·耶律楚材《湛然居士集》卷八《辨邪論序》 夫聖人設教立化，雖權實不同，會歸其極，莫不得中。凡流下士，惟務求奇好異，以眩耳目。噫，中庸之爲德也，民鮮久矣者，良以此夫。吾夫子云：『中人以下，不可以語上也。』老氏亦謂：『下士聞道大笑之。』釋典云：『無爲小乘人而說大乘法。』三聖之說不謀而同者何哉？蓋道者易知易行，非掀天拆、地翻海移山之詭誕也，所以難信難行耳。舉世好乎異，罔執厥中。舉世好乎難，弗行厥易。致使異端邪說，亂雅奪朱，而人莫能辨。悲夫，吾儒獨知楊墨爲儒者患，辨之不已，而不知糠蘖爲佛教之患甚矣。不辨猶可，而況從而和之，或爲碑以紀其事，或爲賦以護其惡。噫，天下之惡一也，何爲患於我而獨能辨之，爲患於彼而不辨，反且羽翼之，使得遂其奸惡，豈吾夫子忠恕之道哉！黨惡佑奸，壞風傷教，千載之下，罪有所歸。彼數君子，曾不捫心而靜思及此也耶！

元·郝經《陵川集》卷一九《辨微論·異端》 儒之名立而異端作，儒之實亡而異端盛。實既亡矣，虛名之儒何益乎？是以不競于異端，是以天下之人蚩蚩擾擾，復以儒爲異，而不知異端之爲異也。夫道行于一，喪于二：天下治于一，亂于二。矧異端之多乎哉！

昔三代無儒者，而天下皆儒也；後世有儒者，而天下無儒也。三代之盛，莫盛于周；周之盛，莫盛于禮樂。自黄帝至于文、武，六代於是乎備。有異服異言之典，有反常惑衆之誅。居有服章，動有儀則，出有權衡，入有規矩。沈涵仁義，優游禮讓，咀咏德澤。方此之時，人人皆儒，而天下無儒之名也。是以成、康四十餘年，德著刑措，可謂盛矣！及周之衰，禮樂廢缺，王政下移，侯度不謹，孔子有天縱之聖，而不位君師，六代之典，於是大壞，吾民日趨於異。孔子沒，諸弟子各以其説遊於諸侯，而儒之名始立。孔子之時，已有過不及之差，愚魯喭辟之不一，既本揭原分，榦摧枝折，異端於是乎作。是以子夏之後流而爲莊周，李斯出于荀卿之門，而周亂其理，斯削其跡，墮先王之制，滅先王之道，萬億之不能一存。撤天下之藩籬，破天下之畦町，則孰不得鼓舞猖獗于其間哉！是以申、韓以刑名，孫、吳以兵，儀、秦以辯，楊朱爲我，墨翟兼愛，雜然鋒出，燦然星布。至于漢氏，賈誼以王佐才，當孝文致理之時，而猶惑于申、韓；史遷學名兼綜，先黄老而後六經。何者？儒之實亡而異端盛，莫知所從也。遂致後世夷貊肆而老、佛横，敗人之國，亡人之家，傾人之天下，塗吾民之耳目，亂吾民之心術，斲吾民之天性，而不可救藥也。悲夫！孟軻氏辨之于微，而時人弗知；仲舒欲罷黜百家，而孝武不用；韓愈氏力爲之爭，而竄逐南海。三人者，非不爲大儒也，而不能遂滅異端，措天下于三代之隆，躋吾民于康衢，遂吾民於仁壽者，衆皆異而已獨儒，而欲以一己之儒，一天下之異，是猶致寇於室而坐甲于户也，力而禦之，死而敵之，其爲勝也，不亦難乎？然則天下遂爲異也，亦有時而出也邪？道與時不可必，天欲生斯民也，育斯民也，必有大聖人者，舉三代之隆以勝之矣。不然，則其亦已矣。雖有孟軻、仲舒、韓愈者，亦無如之何矣！孟軻、仲舒、韓愈者，猶無如之何，觀今日之文章，斷今日之事業？吾爲無望爾也夫。

元・陳櫟《定宇集》卷一三《道不欲雜論》　論曰：聖人以一心貫道，非深於道者，未易知也。夫道之體，一而已矣，而其用則散於萬殊。雖萬殊也，而實不外乎一本也。天下無心外之道，聖人之於道，亦惟以一心貫之。道之萬殊，不外乎一本，聖人以一心貫道，則一本可該乎萬殊。以一本言，無雜也。以萬殊言，亦不可以雜言也。道本無雜，可雜非道也，而奚以不欲雜爲哉？莊生述仲尼答顔淵之問，而以『道不欲雜』爲言，此殆莊生之寓言，而非夫子之言也。雖其末焉，要歸之，論能究極于心，欲以心之虚集道之實，若于一貫之旨有見者，其論似焉而實非也。吾故曰：非深于知道者，未易言也。請因莊生之言而辨之：聖道其天矣乎？天之道，至誠無息，其爲物不貳也。不貳者，一也，無雜也。而萬物自爲之，各得其所焉，不過于一中分。造化雖萬也，而實一之。散，殊也，亦未嘗雜也。蓋至誠無息者，道之體，萬殊之所以一本也；萬物各得其所者，道之用，一本之所以萬殊也。天地以生物爲心，亦惟以一心貫通而已。天之道，猶以一心貫之，孰謂聖人之于道，而不以一心貫之乎？聖人之道，其泛應曲當，用各不同，若雜然而無倫也。然聖人之心，則惟渾然一理之貫通而已，曷嘗有一毫之駁雜者？故曰：『吾道一以貫之。』而曾子所以深契於一唯也。曾子猶然契于一唯，而况顔子乎？夫子于回，終日與言，博之以文，凡于斯道之萬殊，無不言矣，其以一心貫萬殊而歸一於本者，則博之之餘，未嘗不約之以禮也，夫豈務博而陷于支離分雜者？若莊生述孔顔問答，則異是矣。顔子雖王佐才，志在爲邦，然未嘗汲汲焉。陋巷簞瓢，終身自樂，安有之衛之行哉？謂衛君年少行獨而輕其國，或者曰：衛君，蒯聵也。或曰：蒯聵方以魯哀之末年復國，時顔子已不在矣，殆出公輒也。吁！周子之兄之前，果可與談莊周之化蝶哉？使誠有之，二君者，一得罪于父，一據國拒父，悖于三綱大倫，道之大本已絶，奚論其行獨而輕用其國哉！莊生之説，謂夫子欲止其行，而首以道不欲雜言，且謂雜則多且擾，而憂隨之。嗟夫！是非夫子之言也。聖人之一本，散爲萬殊，以一心貫通之。其萬殊者，不外于一本，一而萬，萬而一，無所謂雜也，亦正不必言不欲雜也。天下同歸而殊塗，一致而百慮，天下何思何慮？何患其多？何患其擾？而又何憂焉？夫子博顔子以文，而約之以禮，博則廣之以萬殊，而約則貫之于一本也，是真夫子所以與顔子言者也。今是言也，無乃莊生之于道，畧見其體之一者，反覆數千百言，而未有攸當也，歸之于心齋，而曰『唯道集虚』。虚者，心齋也。不求道于道，而求道于心，似矣。若欲以心之虚集此道者，則實非也。蓋道不外于心，心之外無道。道也心也，本一也，而非二也，豈道爲心外物，必有假于集之而後有所得哉？且又先之曰：無聽之以心，而聽之以氣。舍心之本，而求之氣之末，何始言道之不欲雜，而終焉之論求道如是其雜哉！愚故曰：非夫子之言也。莊生爲是言，似是焉而實非也，豈無所見而敢云爾哉？噫！聖道本無雜也，而異端欲雜之。莊周之于聖道，非愚者之不及，殆智者之過也。凡其書載夫子之言，與夫譏議夫子之言，大率皆過于荒唐之論，無一如《魯論》之可信可稽者，是聖道本無雜，而周欲雜之也。夫子嘗曰：『攻乎異端，斯害也已。』異端則深爲聖道害，豈徒雜之而已哉？噫！莊生非深于聖道者，宜其于聖道未易言而反雜之也。謹論。

元·吴師道《禮部集》卷一〇《異端説》 自佛老禍中國，垂二千載莫盛于今日。昔者其徒屬于有司，而未嘗自爲官府；别爲異教，而未嘗假以名位。棄家舍身也，無妻妾子女之畜；惡衣菲食也，無財貨車服之養。當度者給牒于朝，未有捐數十緡于主者而即去民籍也；金紫、銀青開府之號間見，前代特記其異，未有設大宧儗政府、在外者與州縣並也。主其教者，尊禮若神，王公在其下，宫居玉食，服御擬萬乘。天下塔廟，一郡動千百區。其後率占民籍十三，貲産半有司之賦，商賈室家無異衆庶。是以惰游者入焉，無賴者入焉，退官豪民見懲于有司者入焉。假借以肆貪邪，而言之者以爲諱，治之者不得逞，甚盛之勢，曠古未有也。余聞二氏之教，以清静寂滅、離世棄俗爲務，凡紛華盛麗皆彼所禁而不得爲者，今一切反是則其教固不行矣！二氏之立言，高者直指性命，爲宏潤勝大之説，聰明者惑焉；卑者談禍福緣業，輔以禳禱禁呪，愚昧者信焉。今之目之者曰：（是能祈天永命也，是能救災致福也。）如是而已，不知其誕也。是尊信其粗而未始及其精也。夫其能自立者在禁欲忍難；而其溺人心，則性命之説爲尤甚。今也，爲其徒而不知其道，尊其教而不及其精，徒曰佛老之盛，蓋眩于耳目之外而不察其實固未嘗盛也，是猶横潦之無根，羸人之盛氣，豈足恃也哉！昔者進取詞章之學，方行于世，遂以爲儒道之盛，已而大弊，議者猶未悟。今之大經、大法、綱常之教，禮樂、刑政之具脩明于上，海内乂安，兵寢刑措，此儒之效也。向使佛老之實用，則且大亂，烏睹今日之治哉？進取詞章之不用而儒道之實用于隱然之中，所謂盛者不在兹乎？彼之盛者實則衰，而吾之衰者實則盛，本則立矣，持之以久，勝之以漸，異端之害，有不息者乎？

明·朱元璋《明太祖文集》卷一〇《三教論》 夫三教之説，自漢歷宋至今，人皆稱之。故儒以仲尼，佛祖釋迦，道宗老聃。於斯三事；誤陷老子已有年矣。孰不知老子之道，非金丹黄冠之術，乃有國有家者日用常行，有不可闕者是也。古今以老子爲虚無，實爲謬哉！其老子之道，密三皇五帝之仁，法天正已，動以時而舉合宜，又非昇霞、禪定之機，實與仲尼之志齊，言簡而意深。時人不識，故弗用，爲前好仙、佛者假之。若果必欲稱三教者，儒以仲尼，佛以釋迦，仙以赤松子輩，則可以爲教之名稱無瑕疵。况於三者之道，幽而靈，張而固，世人無不益其事，而行於世者，此天道也。古今人固有不同，貪生怕死，而非聰明。求長生不死者，故有爲帝興之，爲民富者尚之慕之。有等愚昧，罔知所以，將謂佛、仙有所誤國扇民，特敕令以滅之，是以興滅無常。此蓋二教遇小聰明而大愚者，故如是。昔梁武好佛，遇神僧寶公者，其武帝終不遇佛證果。漢武帝、魏武帝、唐明皇皆好神仙，足世而不霞舉。以斯之所求，以斯之所不驗，則仙、佛無矣。致愚者不信，若左慈之幻操，欒巴之噀酒，起貪生者慕。若韓退之匡君表，以躁不以緩，絶鬼神，無毫釐，惟王綱屬焉。則鬼神知韓愈如是，則又家出仙人。此天地之大機，以爲訓世。若崇尚者從而有之，則世人皆虚無，非時王之治。若絶棄之而杳然，則世無鬼神，人無畏天，王綱力用焉。於斯三教，除仲尼之道祖堯、舜，率三王，删詩制典，萬世永賴，其佛、仙之幽靈，暗助王綱，益世無窮，惟常是吉。嘗聞天下無二道，聖人無兩心。三教之立，雖持身榮儉之不同，其所濟給之理一。然於斯世之愚人，於斯三教，有不可缺者。

明·羅欽順《困知記續録》卷上 異端之説，自古有之，考其爲害，莫有過於佛氏者矣。佛法初入中國，惟以生死輪廻之説動人，人之情莫不貪生而惡死，苟可以免輪廻出生死，安得不惟其言之聽。既有求於彼，則彼之遺君親、滅種類，凡得罪於名教者，勢不得不姑置之，然吾儒之信之者猶鮮也。

其後有達磨者，至直指人心，見性成佛，以爲一聞千悟，神通自在不可思議，則其説之玄妙，迥非前日比矣。於是高明者亦往往惑焉，惑及於高明，則其害有不可勝救者矣，何哉？蓋高明之士，其精神意氣足以建立門户，其聰明才辨足以張大説辭。既以其道爲至，則取自古帝王精一執中之傳，孔門一貫忠恕之旨，克己爲仁之訓，《大學》致知格物之教，《中庸》性道中和之義，孟子知言養氣盡心知性之説，一切皆以其説亂之。真妄混淆，學者茫然，莫知所適，一入其陷阱，鮮復能有以自拔者。故内之無以立大中至正之本，外之無以達經世宰物之用，教衰而俗敗，不但可爲長太息而已。

向非兩程子、張子、朱子身任斯道，協心并力以排斥之，吾人之不變於夷者，能幾何哉！惟數君子道德之充備，學術之純深，辨論之明確，自孟子而後，莫或過之。故其言一出，聰明豪傑之士，靡不心服，近者親而炙之，遠者聞風而起，相與爲之羽翼，以推行其説於天下者，繩繩不乏。

迨我聖祖出，位隆君師，興學育才，一以《五經》、《四書》及數君子之説爲教，則主張斯道者，又誠有所賴矣。故自朱子没，迄今三四百年，天下之士非聖賢之學不講，而所謂禪學者以之滅息，是豈一人一日之力哉！

夫何近世以來，乃復潛有衣鉢之傳，而外假於道學以文其説。初學之士，既莫能明乎心性之辨，世之老師宿儒，又往往不屑究心於所謂禪者，故其説之興，能救正者殊鮮而從之者實繁，有徒其志將以求道也，曾不知其所求之非道也，豈不誤哉！【略】

今之道家，蓋源於古之巫祝，與老子殊不相干。老子誠亦異端。然其爲道，主於深根固蒂長生久視而已。道德五千言具在，於凡祈禳、禜禱、經呪、符籙等事，初未有一言及之。而道家立教，乃推尊老子，置之三清之列，以爲其教之所從出，不亦妄乎！古者用巫祝以事神，建其官，正其名，辨其物。蓋誠有以通乎幽明之故，故專其職掌，俾常一其心志，以□迎二氣之和，其義精矣。去古既遠，精義浸失，而淫邪妖誕之説起。所謂經呪、符籙，大抵皆秦漢間方士所爲，其泯滅而不傳者，計亦多矣，而終莫之能絶也。今之所傳，分明遠祖張道陵，近宗林靈素輩，雖其爲用不出乎祈禳、禜禱，然既已失其精義，則所以交神明者，率非其道徒滋益人心之惑，而重爲世道之害爾。望其消災而致福，不亦遠乎！蓋老子之善成其私，固聖門所不取；道陵輩之譸張爲幻，又老子之所不屑爲也。欲攻老氏者，須分爲二端，而各明辨其失，則吾之説爲有據，而彼雖桀黠，亦無所措其辭矣。

老子外仁義，而言道德，徒言道德，而不及性，與聖門絶不相似，自不足以亂真。所謂彌近理而大亂真，惟佛氏爾。

明·袁袠《世緯》卷下《汰異》 昔孔子作春秋以攘夷狄，孟氏談仁義以闢楊墨，董生述周孔以黜管商，韓愈著原道以排佛、老，而佛、老之害爲尤甚。愈之言曰：『孟氏之功，不在禹下。』然則愈之功豈孟氏下乎？世儒支離，溺口耳之學，昧教化之原；知佛、老之害，而甘心沉溺其中；以『清淨』爲宗，以『虚無』爲本；以『慈悲』爲教，以『寂滅』爲歸；棄綱常，蔑禮法，隳政事，敗五等之倫，廢四民之業；不蠶而衣，不耕而食；不誦讀而仕，不婚姻而配，傷教化，亂彝典，生人之蠹，未有虐於佛、老者也。世之言者皆以佛、老與吾道並立爲三：以釋迦、老聃與周孔並。噫，是何言歟，是何言歟！民之初生，希希夷夷，顓蒙渾噩，無思無爲。聖人者出，訓以彝倫，式以禮法，威以刑禁，申以命令，而後民知嚮方。羲農堯舜之世，惡覩所謂釋老者哉！而曰並立爲三，誣亦甚矣！老氏之學，昉於周末；佛氏之言，興乎東漢。周、孔之教衰，皇王之道熄，而後異説售焉！氓之蚩蚩，不究其本，而倡爲三教之説。噫，斯言也，佛、老之徒倡之也。仲尼之徒無道佛、老之事者，然則佛、老之教可遂寢歟？曰：奚爲而不可。韓愈之言曰：人其人，火其書，廬其居。斯寢之之術也。周、秦以來，惑老氏者，無如秦皇、漢武。惑佛氏者，無如蕭梁。秦梁以亡，漢以亂，斯亦足鑒矣！而或不之察甘心爲之，覆轍相尋，亦可哀矣！高皇帝既定天下，欲遂滅佛、老之教，當時諸臣，無傅奕之深識而襲蕭瑀之庸愚，因循苟簡，漸以滋蔓。周顛仙、張三丰天眼尊者之徒，妖荒迂誕，怪亂不經。成化以來，繼曉、李孜省輩，恣爲幻惑，百無一驗，伎窮智屈，終膏斧鉞，文成五利，相繼誅戮，斯亦往事之明驗也。有王者作，焚其廬，火其書，人其人；習佛、老之教者，必殺無赦。如此，則異端汰而庶民興矣！

又《距僞》 記曰：天下有道，則行有枝葉；天下無道，則辭有枝葉。辭之繁者，行之慝也，道之賊也，政之蠹也。周衰處士横議，楊墨塞路，孟軻昌言以距之，而後人知楊墨之非。唐季佛老之説，横行乎中國，上自天子，下逮甿庶，翕然信之，韓愈《原道》以排之，而後人知佛老之非。夫楊墨佛老與吾周孔之道，判若黑白，可以惑惷愚，而不可以欺賢智，故排之也易爲力。

今之僞者則不然，其所誦讀者，周孔之詩書也；其所講習者，程朱之傳疏也；而其所談者，則佛老之糟粕也；其所行者，則桀跖之所弗爲也。假道學之美名，以濟其饕餮窮奇之慾；勦聖賢之格言，以文其膚淺繆悠之説。黨同而伐異，尊陸以毁朱。凡其所言者，不出老生之常談，庸人孺子皆知其非，而士之好名利、趨富貴者，方以爲孔孟復出也。翕翕訿訿，如沸如狂，創書院以聚徒，而黌校幾廢；著語録以惑世，而經史不講。學士薄舉業而弗習，縉紳棄官守而弗務，以静坐爲存養，以詩歌爲禮樂，互相標榜，私立門户，以希終南之捷。利合則引援，勢傾則擠軋。吠聲聚臭，牢不可破，似是實非，固不特紫奪朱鄭亂雅而已。

今聖人御極，大道爲公，而邪説肆起，正學湮蕪，壞人心術，禍慘乎楊墨，災深乎佛老，世無軻、愈，孰能距之？聖天子嘗下明詔示禁絶矣，而風俗頽敗，株連蒂固，勢莫能止。昔孔子誅少正卯，子産誅鄧析，惡其亂政也。然亦未有詆毁先儒，蔑棄明詔，亂王制，蠱人心，似是實非，如今之僞者也。距之如何？火其書，迸其人，不與同中國，舉文皇之所以罪朱季友者以罪之，庶乎正學明而異端息，邪説不至於誣民矣。

明・李贄《續焚書》卷二《三教歸儒説》 儒、道、釋之學，一也，以其初皆期於聞道也。必聞道然後可以死，故曰：『朝聞道，夕死可矣。』非聞道則未可以死，故又曰：『吾以女爲死矣。』唯志在聞道，故其視富貴若浮云，棄天下如敝屣然也。然曰浮云，直輕之耳；曰敝屣，直賤之耳：未以爲害也。若夫道人則視富貴如糞穢，視有天下若枷鎖，唯恐其去之不速矣。然糞穢臭也，枷鎖累也，猶未甚害也。乃釋子則又甚矣：彼其視富貴若虎豹之在陷阱，魚鳥之入網羅，活人之赴湯火然，求死不得，求生不得，一如是甚也。此儒、道、釋之所以異也，然其期於聞道以出世一也。蓋必出世，然後可以免富貴之苦也。

堯之讓舜也，唯恐舜之複洗耳也，苟得攝位，即爲幸事，蓋推而遠之，唯恐其不可得也，非以舜之治天下有過於堯，而故讓之位以爲生民計也。此其至著者也。孔之疏食，顔之陋巷，非堯心歟！自顔氏沒，微言絶，聖學亡，則儒不傳矣。故曰：『天喪予。』何也？以諸子雖學，夫嘗以聞道爲心也。則亦不免仕大夫之家爲富貴所移爾矣，況繼此而爲漢儒之附會，宋儒之穿鑿乎？又況繼此而 以宋儒爲標的，穿鑿爲指歸乎？人益鄙而風益下矣！無怪其流弊至於今日，陽爲道學，陰爲富貴，被服儒雅，行若狗彘然也。

夫世之不講道學而致榮華 富貴者不少也，何必講道學而後爲富貴之資也？此無他，不待講道學而自富貴者，其人蓋有學有才，有爲有守，雖欲不與之富貴，不可得也。夫唯無才無學，若不以 講聖人道學之名要之，則終身貧且賤焉，恥矣，此所以必講道學以爲取富貴之資也。然則今之無才無學，無爲無識，而欲致大富貴者，斷斷乎不可以不講道學矣。今之欲真實講道學以求儒、道、釋出世之旨，免富貴之苦者，斷斷乎不可以不剃頭做和尚矣。

清・顔元《存治編・靖異端》 古之善靖異端者，莫如孟子；古之善言靖異端者，莫如韓子。韓子之言曰：『人其人，火其書，明先王之道以教之。』善哉，三言盡之矣！

愚嘗取而詳推之。目前耕耘，皆三代之赤子，第自明帝作俑，無恥之民從而效尤，妄談禍福，侈説仙神，枝連蔓長，焚香講道者遂紛紛，其實猶然中國之民也，一旦收爲左道之誅，豈不哀哉！

考古謀今，靖之者有九：一曰絶由，四邊戒異色人，不許入中國。二曰去依，令天下毁妖像，禁淫祠。三曰安業，令僧道、尼姑以年相配，不足者以妓繼之，俱還族。不能者各入地籍，許鬻寺觀瓦木，以易宅舍；給香火地或逃户地，使有恒產。幼者還族，老而無告者入養濟院，夷人仍縱之去，皆所謂『人其人』也。四曰清檗，有爲異言惑衆者誅。五曰防後，有窩佛老等經卷一卷者誅，獻一卷者賞十兩，訐窩者賞五十兩。六曰杜源，令碩儒多著辟異之書，深明彼道之妄，皆所謂『火其書』也。七曰化尤，取向之名僧長道，令近正儒受教。八曰易正，人給四書、曲禮、少儀、內則、孝經等，使朝夕誦讀。九曰明法，既反正之后，察其孝行或廉義者，旌表顯揚之，察其愚頑不悟者，責罰誅戮之，皆所謂『明先王之道以教之』也。

如此，則羣黎不邪慝，家户有倫理，男女無抑郁之氣而天地以和，兆姓無絶嗣之慘而生齒以廣，徵休召祥，蔑有極矣。且儉土木之浪費，杜盜亡之窩巢，驅游手之無耻，絶張角等之根苗，風淑俗美，仁昌義明，其益不可殫計，有國者何憚而不靖異端哉！若惑于禍福之説，則前鑒固甚明也。

清・陸隴其《三魚堂文集》卷二《學術辨上》　漢、唐之儒，崇正學者，尊孔、孟而已。孔、孟之道尊，則百家之言熄。自唐以後，異端曲學，知儒者之尊孔、孟也。於是皆託於孔、孟以自行其説，我曰孔、孟，彼亦曰孔、孟。而學者遂莫從而辨其是非。程、朱出，而崇正闢邪，然後孔、孟之道復明，而天下尊之。自宋以來，異端曲學知儒者之尊程、朱也，於是又託於程、朱以自行其説，我曰程、朱，彼亦曰程、朱，學者又莫從而辨其是非。程、朱言天理，則亦言天理，天理之名同，而其所指則霄壤矣。程朱言至善，則亦言至善，至善之名同，而其所指則冰炭矣。程朱言靜、言敬，則亦言靜、亦言敬，靜、敬之名同，至所以爲靜、敬則適越而北轅矣。程朱之言有可假借者，則曰程朱固若是也；有不可假借者，則曰此其中年未定之論也。黑白淆而《雅》、《鄭》混，雖有好古篤志之君子，力扶正學，亦止知其顯叛程朱之非，至其陽尊而陰篡之者，則固不得而盡絶矣。蓋其弊在宋、元之際即有之，而莫甚於明之中葉。自陽明王氏倡爲良知之説，以禪之實而託儒之名，且輯《朱子晚年定論》一書，以明己之學與朱子未嘗異。龍溪、心齋、近溪、海門之徒從而衍之，王氏之學徧天下，幾以爲聖人復起，而古先聖賢下學上達之遺法滅裂無餘，學術壞而風俗隨之。其弊也，至於蕩軼禮法，蔑視倫常。天下之人，恣睢横肆，不復自安於規矩繩墨之内，而百病交作，於是涇陽、景逸起而救之，痛言王氏之弊，使天下學者復尋程、朱之遺規，向之邪説詖行爲之稍變。然至於本源之際，所謂陽尊而陰篡之者，猶未能盡絶之也。治病而不能盡絶其根，則其病有時而復作，故至於啓、禎之際，風俗愈壞，禮義掃地，以至於不可收拾。其所從來，非一日矣。故愚以爲，明之天下不亡於寇盜，不亡於朋黨，而亡於學術。學術之壞，所以釀成寇盜、朋黨之禍也。今之説者，猶曰：『陽明與程、朱同師孔、孟，同言仁義，雖意見稍異然皆聖人之徒也，何必力排而深拒之乎？』夫使其自外于孔、孟，自外于仁義，則天下之人皆知其非，又奚待吾之辨！惟其似孔、孟而非孔孟，似仁義而非仁義，所謂失之毫釐，差以千里，此其所以不容不辨耳。或又曰：『陽明之流弊，非陽明之過也，學陽明之過耳。程、朱之學，豈獨無流弊乎？今之學程、朱者，未必皆如敬軒、敬齋、月川之絲毫無疚也。其流入于偏執固滯，以至僨事者，亦有矣。則亦將歸罪程、朱乎？』是又不然。夫天下有立教之弊，有末學之弊。末學之弊如源清而流濁也，立教之弊如源濁而流亦濁也。學程、朱而偏執固滯，是末學之弊也。若夫陽明之所以爲教，則其源先已病矣，是豈可徒咎末學哉！

又《學術辨下》　自陽明之學興，從其學者流蕩放佚固有之矣。亦往往有大賢君子出於其間，其功業足以潤澤生民，其名節足以維持風俗。今曰：『陽明之學非正學也，然則彼皆非歟？若夫明之末季，潰敗不振，蓋氣運使然，豈盡學術之故也。明之衰可以咎陽明，宋之衰亦將咎程、朱，周之衰亦將咎孔、孟乎？』是又不然。周、宋之衰，孔、孟、程、朱之道不行也。明之衰，陽明之道行也。自嘉、隆以來，秉國鈞，作民牧者，孰非浸淫於其教者乎？始也倡之於下，繼也遂持之於上。始也爲議論，爲聲氣，繼也遂爲政事、爲風俗，禮法於是而弛，名教，於是而輕，政刑於是而紊，僻邪詭異之行於是而生，縱肆輕狂之習於是而成。雖曰：『喪亂之故，不由於此。』吾不信也。若其間大賢君子學問雖偏，而人品卓然者，則又有故。蓋天下有天資之病，有學術之病，有天資僻而學術正者，有學術僻而天資美者，恒視其勝負之數，以爲其人之尚下。如柴之愚，參之魯，師之僻，由之喭，而卒爲聖門高弟，此以學勝其天資者也。如唐之顔魯公、宋之富鄭公、趙清獻，皆溺于神仙浮屠之説而志行端方、功業顯赫，爲唐、宋名臣，此以天資勝其學術者也。人見顔、富諸公之志行功業，則以爲神仙浮屠之無損於人如此，且以爲諸公之得力於神仙浮屠如此。是何異見氣盛之人，冒風寒而不病，而謂不病之得力於風寒；善飲之人多飲而惺然，而謂惺然之得力於多飲，豈其然乎？今自陽明之教盛行，天下靡然從之，其天資純粹不勝其學術之僻，流蕩忘返者，不知凡幾矣。間有卓越之士，雖從其學而修身勵行不愧古人，是非其學之無弊也，蓋其天資之美，而學術不能盡蔽之。亦如顔、富諸公，學於神仙浮屠，而其人其行則非神仙浮屠之可及也。是故不得因其學而棄其人，亦豈可因其人而遂不敢議其學哉！且人但見顔、富之品行卓犖，而不知向使其不溺於異學，則其所成就，豈特如此而已！但見明季諸儒爲王氏之學者，亦有大賢君子出其間，而不知向使其悉遵程、朱遺法，不談良知，不言無善無惡，不指心爲性，不偏於靜坐，不以一貫盡心爲入門，不以物格爲知本，則其造詣亦豈僅如是而已耶？譬諸日月之蝕然，不知其所虧之已多，而但指其僅存之光以爲蝕之無傷于光，豈不誤乎！嗚呼！正學不明，人才陷溺，中人以下既汨没而不出，而大賢者亦不能自盡其才，可勝歎哉！

移風易俗論分部

論說

元・榮肇《榮祭酒遺文・論奢》 風何以淳？本于儉也。俗何以壞？成于奢也。嗟乎！自奢風一倡，浸淫人心，溺而不知所返也久矣。富者相耀，而貧者競慕，凡吉凶之事，强欲效富人所爲。以飾一時之美觀。於是多方那移，重息稱貸，既而逋負纍纍，索債盈門；父母妻子，衣食坐是以不給。其在當者，自恃素蓄饒盈，極欲窮奢。祖宗錙銖積之，彼直泥沙棄之。夫如山之積，奢則易消。彼之身固以快樂終矣，而子孫效尤，日加月甚。其家未有不至於傾蕩者。迨傾蕩而後悔，嗟何及矣。奢之爲害也如是哉！近俗之奢，莫甚于江左、浙右。本不過一齊民耳，家饒于財，具宮室之華，衣服器皿之麗，食饌之豐美鮮腆，儼若王公。而婚嫁喪葬，外觀益極其侈，雖縉紳閥閱之家，視之有遠不逮者。滔滔江河，流而日下，正不知有何底止也。夫冒上無等，賈誼所爲長太息也。昔殷王紂爲象箸，箕子唏之，曰：『彼爲象箸，必爲玉杯。』夫以天子之貴，四海之富，一玉杯象箸，所損幾何？而箕子猶以爲唏。誠以奢欲一開，不可復遏，他日慆心蔑德，何一不爲？敗亡之禍，即基于是焉耳，豈知今日富民之家，玉杯象箸，且設而爲常物乎？管仲鏤簋而朱紘，山節而藻棁，君子以爲濫，魯莊公於桓公之廟，丹其楹，刻其桷，御孫諫曰：『儉，共之大也；侈，惡之大也。先君有共德而君納諸大惡，無乃不可乎？』古人之懲夫奢也如是，今富民之家，其宮室器具之飾，雕鏤彩漆，侈濫數倍前人，竟相習以爲固然，無足怪。鄭公子臧好聚鷸冠，文公惡而殺之，君子曰：服之不衷，身之災也。今富民之衣服奇衺，其不衷殆有甚焉者矣。宋永寧公主衣貼繡鋪翠襦入宮，大祖曰：『汝後勿復爲此飾。』主曰：『此用翠羽幾何？』太祖曰：『汝生長富貴，當念惜福，豈可造此惡業之端？』主因慚謝。今富家婦女，裙襦之綺麗，彼貼繡鋪翠，又烏足以爲華美耶，奢僭無度，乃至此極。風俗之敗壞何如也。雖然，物極則反，天之道也。晉何曾位居三公，日食費萬錢，猶嫌無下箸處；至永嘉之末，何氏無遺種。石季倫富堪敵國，以椒塗壁，以蠟代薪，與王愷鬬富，武帝助愷，猶不能勝。及季倫爲倫秀所誅，身死東市，卽金谷名園，亦霎時蕩爲坵墟，豈非以其奢侈過甚，不惟爲人所忌，而亦爲天之所棄耶！自古驕奢而致敗亡者，不可勝數，即此二人以觀，亦宜知所鑒矣。況今人非必有如何曾之貴、季倫之富也；而汰焉以奢誇勝，何歟？夫人常苦于不足，我獨享其有餘，是因天之厚我以生也。天厚之，而我顧自斲而薄之乎？則何如返之於儉，去其淫靡，歸於淳樸，以爲後人法。且與其縱一己無窮之欲，恣爲蕩耗，曷若推其所餘潤，及於宗戚、友朋、鄉黨、鄰里之鰥寡孤獨、窮而無告者，俾無失所，厚種德以貽子孫，則富可長保，縱不能長保其富，要必有賢子孫振起于其後，以視夫恃富而奢，一敗塗地者，其得失相去，奚啻什伯也哉！

元・赵天麟《太平金鏡策》卷四《禁奢侈》 臣聞：上古洪荒，敷天樸略。標枝野鹿，燔黍捭豚。衣鳥獸之皮，食鳥獸之肉。汙尊而抔飲，蕢桴而土鼓，冬則居窟，夏則居巢。其臥徐徐，其覺于于。當此之時，淳風未散，民皆自以爲足也。及乎伏羲作而書契之法興，神農作而耕織之功立，軒后作而器用之資漸備。自玆以降，澆漓益生。是以堯居茅屋，禹戒雕牆，周王之卑服，漢帝之弋綈。非徒盡質素之本心，亦以杜人民之奢汰也。至元年間，都堂議得民間喪葬，紙房金銀人馬，并綵帛衣服帳模等物，欽依聖旨事意，截日盡行禁斷。又准中書省奏，定到官民嫁娶聘財筵會等事。此皆先帝慎儉德以懷永圖，推其餘以化下民也。夫天下之人，或有見衣服鮮明、騶從翹楚者，從而羡之；見衡門安志、樂業循常者，從而笑之。乃溥民之淺昧，世態之值情。然而權利濫官，豪富子弟，知其如是，大放厥心。以驕淫相夸，以奢靡相尚，以節約爲恥，以貞廉爲愚。既不副於上心，又重傷於家業。延及士庶，轉相倣傚，習以成風，非一旦之能改也。殊不知，衣敝緼袍、不恥狐貉者，子路之何用不臧也；食前方丈、後車千乘者，鄒軻之得志不爲也。桓宮丹楹刻桷，而御孫諫之；晏子一狐裘三十年，而紫陽稱之。夫衣足蔽體，食足充飢，外之皆非吾人之所有也。彼錦繡綺組之衣，以之禦寒，與緇綀奚以異哉？彼熊掌膾炙之食，以之糊口，與魚棗奚以異哉？慶贈宴會，禮足而已，又奚用越名干分、傾貲破産以爲之哉？故古人之言曰：『儉德之共也，侈惡之大也。』又曰：『山林不能給野火，江海不能實漏卮。』言生一破百而易無孑遺也。又曰：『城中好高髻，四方高一尺；城中好寬袖，四方全匹帛。』言京師者，天下之仰從也。且聞譽施於身，不願人之文繡。理義悅我心，如芻豢之悅口。今之主公大人，宜去奢從約以增美其名乎？宜務華違儉以徒飾其身乎？伏望陛下，體先帝之意，禁京師內王公大人之奢侈。則天下之官民，不令自從矣。蓋見在上者先儉而知儉之爲美，故不得不然。

元・吴萊《淵穎集》卷一一《儉解》　史有言周高祖儉者。高祖常服布袍，寢布被，詔天下庶民以上，惟聽衣綢、綿、絲、布、圓綾、紗、絹、綃、葛布九種，餘悉禁之。予謂高祖未嘗知儉，未嘗知禁者也。夫古之長民者，欲齊其民，於是國有異服之禁，必使其衣服之不貳，而從容有常。然而齊王之衣紫、鄒君之長纓，舉國皆從而效之，且至去衣紫、斷長纓而後止。高祖之意固是也，乃以人主之至尊至貴，布袍布被，自同於庶民而矯誣於當世乎？然自元魏、周、齊之際，兵戈日尋，民物虛耗，高祖且欲以一儉率先天下，使凡奢侈過度者，皆有厲禁，則國家之經費、民庶之藏蓄，可以日趨於富盛，而無有不足，可謂善矣。誠求其如王者之政，是猶未得其本之説也。夫以天下九州之廣，生齒之衆，今之世去古遠甚，然而國家經費之務，常若不給，民庶藏蓄之資，亦或蕩然無所贏餘。上固不容不以儉化其民，而民亦當以儉而自化。雖然，未也。當國初時，始得河北，即議宣課銀絹之數，河南猶未下，及下河南，而江淮吴楚實爲財賦貢輸之淵藪，猶未能隸度支。命將出師運芻餽粟，宜若晝夜馳驅，民人困乏不能供億，然亦未聞上下以是而不足。天下一統六十餘載，經費藏蓄兩無其實，又何獨異乎國初之時哉？夫漢自文景富庶之餘，孝武承之而益以侈大，東征西伐則有費，修郊祀求神仙則有費，興土木造宮室則有費，巡游般樂則有費，卒使言利用事之臣，疲民蠹國，海內空虛。及其末年，始欲務農重穀以救之，亦幸而有此爾。當今之世，一遵祖宗之成法，邊境無矢鏃之警，宮庭無丹雘之飾，歲時常祀，亦未始欲講封禪而虛務般游也。然而山林藪澤土力之所産，茶鹽酒醋民業之所資，一皆日增月羨，絲分縷析，而悉輸於上。西域之羊馬、雲南之氈罽、青齊之絲纊、江淮之粳稻，又皆畢入於天府而無所闕。夫何大家亡資，中户破産，小民嗸嗸，曾無衣食之所？國家上下終未得如文景之富庶，豈或猶有類夫孝武之空虛者乎？當是之時，上欲常服布袍，寢布被，以一儉而化之。且未能化，又從而務明上下服色之禁，自以爲高祖之良法善意，得行於天下，孰禁之哉？

譚大夫之詩曰：『西人之子，粲粲衣服。舟人之子，熊羆是裘。』是故奢侈不法，每形於上，杼柚其空，日困於下。人主不是之思，乃欲自苦其身，而往敦天下之俗，且曰吾以一儉率先天下，是墨子之道也。墨子之道，是豈聖人君子之所得爲哉？吾故謂高祖未嘗知儉，未嘗知禁者，是猶未得其本之説也。世之議者，每究其本，蓋曰：『國家經費之務，必在於抑横政而節用。民庶藏蓄之資，必在於修農事而重穀。』君民上下，貴賤一體，貧富相因，感之而民不徒於從化，制之而民不徒於知禁者，盍亦反其本矣。昔者齊宣王出獵於社山，父老十三人勞王。王曰：『父老苦矣。』謂左右賜父老田不租，賜父老無徭役。閭丘生獨不拜，宣王怪之，閭丘生曰：『臣聞大王來游，來勞大王，願得所欲於大王。今大王賜臣田不租，是倉廩空虛，賜臣無徭役，是官府無使，非臣所敢望也。臣願大王選良富家子有修行者，以爲吏，平其法度。春秋冬夏振之以時，無煩擾百姓，則臣可以少得所欲焉。』嗚呼！自高祖之良法善意行於天下，又必實之以閭丘生之一言，則天下郡縣之間，選廉絀貪，平法薄賦，且將以是爲抑横政、修農事之本焉。是謂知本，是即孟子所謂無仁政不能平治天下者也，是即吾所謂王者之政也。作《儉解》以通之。

明・方孝孺《遜志齋集》卷三《正俗》　行於一人之身，而化極四海之內，觀於數百年之前，而驗於數百年之後者，風俗是也。故風俗之所成至微也，其效至著也，所係似小也，所由甚大也，不可忽也。昔者楚靈王好細腰，舉國之人皆約食束膂，引而後能起憑，而後能立。伊川之民被髮而祭，智者知其變而爲夷。風俗之端可不深察哉？夏之忠、商之質、周之文，其先之所尚，傳之數十世而不變，守之至於國亡而後已，其俗素已定也。故商之不能爲忠，猶周之不能爲質也。周公豈不知文之不若質哉？至於商之末，質漸散而繁文興矣。周公知其莫可反也，故因而文之。恐其趨於浮薄也，爲之禮以節之，作之樂以和之。惟其如此，故能至於七百餘年。然其後亦已不勝其弊矣。戰國之世，遊説之士蠭聚蚊合，以諂言邪説諂諸侯，傾動天下，誠二代之所未有也。由是生民日流於變詐，豈非文勝之弊哉？及秦懲其病，遂坑殺儒生，舉先聖賢之遺文餘法，一火而盡燔之。曾不師古，而任其深刻巧苛之律，不旋踵而遂亡，其所尚非道故也。漢興，務以寬大更之，法疏禁濶，四百年之基用此以立。然其時朝無人，不知以禮義爲俗，其所因仍大率皆秦制也。烏望其如三代哉？至於近世，惟宋之俗爲近古。尊尚儒術，以禮義漸漬其民。三百年之間，宰相大臣不受刑戮，外内庶官顧養廉耻。雖曰綱紀未備，其所崇尚，遠非秦漢以下之所能及。故其垂亡之際，孀后少主既已就虜，而其臣抱君之遺孤，奔走海島，誓天指日，擁立爲帝，朝夕請命，如事神明。卒之無一人有背叛之心，至於溺死於海而後已。雖三代之亡，未聞忠厚惻怛有若是者。孰謂風俗無益於國哉！且夫秦皇帝之死未久，而其黔首相與奮挺而呼，願食其肉。漢唐之衰，皆逼於其北面之臣而奪之，宋乃獨若此者何也？秦棄禮義，漢唐不知以禮義爲俗，而宋風俗淳美故也。假使宋無彊寇之禍，尊其前世之俗，國安遽亡哉？以是知風俗之至急也。宋亡，元主中國者八十餘年，中國之民，言語、服食、器用、禮文不化而衺異者鮮矣。其初尚有一二賢者教之，參用宋法而亦頗以寬大爲政，故民亦安之。然而暴戾貪鄙，用其族類以處要職，黷貨紊法，終以此亂，其俗大壞，以至於今。譬如弊鍾漏鏞非重鼓而鑄之，其音不可得而調也。夫欲因亂國之俗而致治，雖聖人不能也，勢不可也。俗之既壞，則日甚而歲滋耳。無以匡持之，豈遂止哉？今北方之民，父子兄婦同室而寢，汙穢褻狎殆無人理。盂飯設匕，咄爾而呼其翁，對坐於地而食之。爲學生者亦頑不知教，其於大倫悖棄若此，甚非國家之便也。上下有則，乃所以導民。故古者士民不非其大夫。今小民得以執郡縣之短長，撾鼓而訴之。闕下弟子或訟其師，子姪或證諸父，禮義不立，曷所不至哉！法令非不明也，有司按四方之罪，非少怠也，而犯者不爲衰止。黠胥巨吏開口肆然，徵取於人而不顧。問之，則曰：『行且輸作，不取何以爲資』。或曰：『身死而妻子何所仰食，姑取之以自給耳』。其設心自以爲明達，見執貧守法者，衆且羣指而笑之，而其人亦不幸，卒無赦以死，於是益堅貪者之心。小民轉之窮苦，割剥次骨，鬻産賃室以奉其無饜之欲。非特爲此也。國之大柄可以貧富者，惟寶鈔爲然，無賴之民聚徒勒板而僞之。御史中使國之廉察天下者，妄詐男子假其衣冠符印，乘傳而横行。夫僞鈔僞官之律至重也，而若不愛其死而冒之者，豈誠不愛也哉？彼見死者之多，而死不之畏也。且人雖至愚，奚不畏死？彼誠見生之不足樂也。知生之足樂，則安肯言死哉。頃者富民受挫辱於官府，或褫其衣而跽，或庭拽而詬罵，其心大耻，掩面而不敢見人，里中弔者填其户，殺羊爲酒而祓除之，其人亦終身以爲病，况犯有名之律，至於死地哉！今人則俱不顧矣。鞭一百扶而出於外，揭其瘡以示人，笑談而道之，人亦不以爲怪，一百之刑曾不直舊時之詬罵，刑愈多而人愈不知耻，則刑之不足化民亦明矣。故欲民之重死而難犯法，莫如省無用之刑，而以禮義教之。夫牧者之於羊，操長鞭而遠麾之，未嘗及其體，則逐逐然行矣。苟步步而鞭之，則必馳突散走而不可制，故刑者非所以治民者也，不得已而後用，民知其不得已而後用，則烏忍犯之哉！俗之不美至此，甚矣！少遲而不變，法令將不足禁之，不可不深計也。三代之變，俗各視前代而變之。元之俗貪鄙暴戾，故今宜用禮義爲質而行周之制，今周之制亦有行者矣。學校非不立也，鄉飲之禮非不修也，然而俗尚未善者，未嘗灼然示之以所尚也。夫示之以禮義者，朝廷之上，皆不言他，而以禮義。御史出行郡縣，不以搏擊人責之，而責之以禮義。化民之事，守令者考覈之等不以興利增户求之，而求之以刑罪，息學校，興歲舉，其孝弟忠信之民而尊異之，使小民皆知朝廷之意在乎成俗而不求利，在乎任德而不任刑，則信讓立而廉耻興，廉耻興而民重其死，然後取先王防範天下至於七百年之法，舉而盡行之，三代之俗必復見，而成康之治不難致矣。世嘗謂古與今不同俗，豈其然哉！今也民啜粟飲水與三代之民同，養老育幼與三代之民同，獨人君不可行三代之政乎？用元之法而欲致古之治，猶食烏喙而望其引年，附獨木而濟大川也。

明・袁袠《世緯》卷下《節浮》　夫承平久則禁防闊，禁防闊則姦僞滋，姦僞滋則浮費冗食，莫知紀極而財力詘。今六邊之士，朝廷之所賴以扞封守者也，而日不得一飽，寇至則京師震恐，人無固志。兩浙之農，朝廷之所賴以供軍國者也，而日不得一飽，歲饑則父鬻子，夫鬻妻，而道殣相望。夫人無固志而道殣相望，則囂然變其樂生之心，而有思亂之志，不逃而之敵則挺而爲盜，此非細故也，而當事者莫之省憂，宴然以爲無虞，病伏於膏肓而飲食如故，此扁鵲之所以駭而走也。夫歲入有常而悖出無經，則財必詘，財詘矣而土木不息，師旅數興，其最者則官之冗者日益增，裁革之詔未乾，而添註之令尋下，額外之員溢於常品，如工部、太常寺、光祿寺、中書科、太醫院，皆亡賴之淵藪而耗財之螟螣也。正德間，官方濫極，聖天子嗣統，下詔清稽，凡傳升乞升者悉汰無遺，薄海内外鼓舞稱快。今幾復舊矣，武官襲替比試之法，特故事耳，降革之例曾不一行，其帶俸者又數倍於正額，錦衣衛之緝獲妖言强盗者，升俸署級，莫敢詰問，而邊將之上首級論功者，歲不知幾何也。軍士失伍而支糧如故，上下相欺，公私並竭。建言者方急急於理財之術，而不知節費之説。

夫浮費不節，雖積如丘山，來如江河，日朘月削，終致陵遲，朝滲夕洩，立見枯涸，雖使管商執籌，桑孔司計，亡益也。古者冢宰制國用，量入以爲出，必使有九年之蓄，而後可以爲國。漢之文景躬行節儉，海内富庶，宋神宗鋭於富國，而闇於知人，新法紛紛，卒基喪亂。由此觀之，則生財之不如節用，富國之不如足民，亦已明矣。今宜特詔吏部，凡額外之官如傳升乞升，添註填註，自工部以下，如前所云者，一切革罷。復詔兵部集議以聞，新官之襲替，一如舊官比試，而比試之法必嚴，其不如式者不得襲例，應降革者必如例，而功賞之濫者必痛裁之，其軍之無丁有糧者，以法清之，使不得冒支。再詔户部，通計歲之所入與所出者，而消息之，必入浮於出而後可。凡營繕賜予尚方監局歲造物料悖出不經者，悉罷之。行之數年，其鹽課之所贏與太倉之所積貯者，悉以籌邊，而復下令時賜民田租之半，則六邊之士皆樂戰，而兩浙之農悉力田矣。其視不知節費而皇皇於財利者，功相萬萬也。

又《革奢》　痛乎！風俗之移人，而奢靡之蠹財也。夫一人耕之，十人食之，則饑者必多；一人蠶之，十人衣之，則寒者必衆。此必至之理也。今匹夫耕之，匹婦蠶之，而衣食者千百，其人又不特衣食之而已也。窮水陸之珍奇，極絲縞之纖華，而欲民之亡饑寒，胡可得也。曾子曰：『國奢則示之以儉，國儉則示之以禮。』禮者，制用之節，禁奢之防也。今士大夫之家鮮克由禮，而况於齊民乎？其大者則喪葬昏娶，動踰古制，古者哭則不歌，今乃雜以優伶，導以髡緇，笙管鐃鼓，當哀反樂，會葬者攜妓以相娱，主喪者沉湎以忘返。古者婚姻，六禮而已，今乃傾貲以相夸，假貸以求勝，履以珠緣，髻以金飾，寶玉翠緑，奇麗駭觀，長衫大袖，旬日異制。京師則世禄之家，兩浙則富商大賈，越禮踰制，僭儗王者，是故巨室之昏喪者一，而中人之破産者幾矣。農夫號于野，紅女歎于室，而貴遊之子方厭粱肉而弗嘗，棄紈縠而弗御，靡也極矣。

我高皇帝躬服節儉，首重農桑，服舍有等，昏喪有制，賤不偪貴，下不干上。弘治以前，純朴未彫，禁防猶在，自逆瑾黷貨，繼以寧彬，奸贓百萬，籍没無算。暨乎今日，人有鄧通之銅山，家有郭况之金穴，無和戎之策而備魏絳之女樂，蔑造唐之勳而侈令公之聲伎，臨食者笑何曾之萬錢，執籌者嗤元載之八百，而牧宰之吏，方竭民之膏血以奉之，上倡下應，翕然同風，此賈生所以流涕，馬廖所以咨嗟也。夫俗奢而不知禁，財靡而不知節，當官者皆黷貨，而力田者多逐末，此亦民窮財盡之秋也。及今不理，後必無措，即不幸國家有方千里之水旱，胡以恤之？是故欲富國者，莫如足民，欲足民者，莫如節用，重農桑而抑末作，賞廉潔而誅貪墨，禮教以示之，刑禁以威之，天子公卿躬行於上，以爲之先，崇漢文之儉朴，以修高皇之法軌，則財何以不若水火，俗何以不若淳古哉？

清・愛新覺羅・福臨《資政要覽》卷二《儉德章》　卉棲血歠，孿領燔胜，邃古淳風，漸以文而代質。有熊氏作，益爲黼黻玄纁之飾，端璧瑞以奉天，委珩牙而嫭武。西陵勸織，《承雲》導龢，亦已稱備物矣。爰曁陶唐，文明彌著，貢賦攸同，乃復爲茅茨土階，葛衣糲食。意儉爲吉德，不必裁以禮。衷抑聖人制用，豐約各有適耶。子曰：『菲飲食，惡衣服，卑宫室，禹無間然。』蓋以其致孝而勤民也，所謂繼治者其道同歟。

車酒騎炙，實開亂源。故章臺麗而楚衰，阿房成而秦潰。乃至街衣綺珥，肆設帷帳，以示矜誇，流弊極矣。漢文克儉，遂欲上追堯禹。晉武雉裘，唐明珠繡，始雖焚棄，究乃汰侈，誠好名遺實，有初鮮終者也。

公孫布被，汲黯致譏，況夫棟駭仙靈，艦驚丹鏤，鷸冠獸炭，錦幛金鋪，何其恬侈而滅義乎。夫儉者。外以節用，內以制心。君子不盡利以遺民，故仕則不稼，田則不漁。公儀休之拔葵焚織，深有取焉。

清·愛新覺羅·玄燁《聖祖仁皇帝御製文集》卷一八《勤儉論》

嘗觀堯以執中之旨授舜，舜以執中之旨授禹，而孔子之稱禹曰無間然，舜亦美其勤邦儉家，蓋以禹之奉已簡薄，而於天地祖宗生民數大事，克備夫道以致其厚，有合於中之旨焉。夫崇宮室、豐飲食、美衣服、此人心也，其幾易溺。敬天地、孝祖宗、拯民生、此道心也，其幾易怠。溺則侈，侈則嗜慾日荒。怠則逸，逸則理道日遠。發於一心，見諸天下，而盛衰治亂之途判矣。《傳》曰：私欲弘多，則德義鮮少。德義不行，則邇者騷離，遠者距違。甚言奢之不可不戒也。至書載文王卑服，即康功田功，又言自朝至於日中昃，不遑暇食，用諴和萬民，伊尹之告太甲曰：慎乃儉德，惟懷永圖。噫，儉與勤之道盡之矣。朕檢身省心，常恐弗及。故萬幾日御，以自砥礪。而宮中府中之用，刻意損抑，較之前代，每歲所需，十不及一。雖不敢比於大禹文王之爲君，而兢兢勿侈勿逸之念，恒欲化雕返朴，祛肆崇敬，以務幾乎道。然人心危而道心微。苟侈泰之私，中於幾微，勢必形於家國，其弊有不可遏者。則慎修思永，尤執中之要道也歟。

清·唐甄《潛書》上篇上《尚治》 孫子曰：『昔者吾之師嘗聞諸顧涇陽曰：「禮義者，治之幹也；學校者，禮義之宗也。先王謹學校以教天下，是以治化大行。學校既廢，禮義無師，欲效先王之治，難矣。居今之世，正心，復性，敦倫，淑行，得朋，講復，聖道昭明。以之正君，以之正職，端於朝廷，洽於鄉里。君子學道則愛人，小人學道則易使，先王之治，其庶幾乎！」』唐子曰：『是天下之善言也；烏知其不能行也！』

曰：『何爲不能行也？』曰：『先王之世，自國及鄉，所在有學。人之於學也，猶其於田也；無人無田，無人無學，習而安焉，安而忘焉。當是之時，人之甘於禮義，猶五穀也。學廢世衰，惟欲所恣；黷昏僨興，不可解喻。人之苦於禮義，猶藥石也；雖有能者，不能强人之甘聖石也亦明矣。今夫勢之易行，情之易達，莫如父之於子。子之良者，不教而善；子之不良者，雖教不善。家有不良之子，詈則詈之，杖則杖之，教之豈不篤乎？然入則《詩》、《書》，出則博弈，知其入而不知其出也。夫以嚴父之教，然且不行於子，而況四海之大，生民之衆乎！乃欲稱《詩》、《書》明禮義以道之，使之去惡遷善，是涸東海移太山之勢也。』

孫子曰：『然則天下終不可治乎？』曰：『苟得其道，治天下猶反掌也。』

曰：『教之難行，民之不率，信如先生之言矣；又謂治之若易爾者，何也？』唐子曰：『毋立教名，毋設率形，使民自爲善而不知。』曰：『使之若何？』曰：『聖人之所馮以運者，風也。天地之間，無形而速動者莫如風。起於幽陸，至於炎崖；偃靡萬形，鼓暢衆聲，無一物之不應者，惟風爲然。人情之相尚，或樸或雕，或鬼或經。忽焉徧於海隅，改性遷習，若有物焉陰率之，而無一人之不從者，亦猶風之動於天地之間也。是故天地之吹氣，謂之風；人情之相尚，亦謂之風。古者鄭衛之民淫，男女無別；今也朝歌之墟，溱洧之間，纖履不假於鄰女。豈古淫而今貞哉？風使然也。使古人生於今，今人生於古，則皆然矣。吳越之民，衣縠帛，食海珍；河汾之民，衣不過布絮，食不過菜餅。豈東人侈而西人約哉？風使然也。使東人居於西，西人居於東，則皆然矣。風之行也，必有作之者。作之善者，善以成風；作之惡者，惡以成風。善作者，因人情之相尚，以身發機；人之從之，如蟄蟲之時振，草木之時生，而不知其誰爲之者。夫轉陰陽，判治亂，分古今，皆風爲之。得其機而操之，人皆可以幾唐虞之治，此人所罕知者也。』

孫子曰：『風之爲言誠然矣；雖然，竊有惑焉。人之爲善，必由禮義；民既苦於禮義，不可强而從我，更以何者爲風乎？』曰：『樸者，天地之始氣；在物爲萌，在時爲春，在人爲嬰孩，在國爲將興之候。奢者，天地之終氣；在物爲茂，在時爲秋，在人爲老多慾，在國爲將亡之候。聖人執風之機以化天下，其道在去奢而守樸。耳不聽好音，非儉於耳也，所以養天下之耳也；目不視采色，非儉於目也，所以養天下之目也；口不嘗珍味，非儉於口也，所以養天下之口也；身不衣輕煖，非儉於體也，所以養天下之體也。四者，不從心之欲，非儉於心也，所以養天下之心也。當是之時，家無塗飾之具，民鮮焜耀之望，尚素，棄文，反薄，歸厚，不令而行，不賞而勸，不刑而革，而天下大治矣。』

孫子曰：『民之趨於奢也，如水之下壑也；逆而反之，竊恐不能。』曰：『何爲不可反也？子未之信也，請徵諸故跡：昔者秦奢而漢樸，及其治也，世多長者之行；隋奢而唐樸，及其治也，錦繡無所用之。夫二代之君，未聞堯舜之道也；與其將相起於微賤，鑒亡國之弊，以田舍處天下，人之化之則若此，豈惟君天下者哉，卿大夫亦有之。荆人炫服。有爲太僕者好墨布，鄉人皆效之。帛不入境，染工遠徙。荆之尚墨布也，則太僕爲之也。豈惟卿大夫哉，匹夫亦有之。陳友諒之父好衣褐，破蕲，不殺衣褐者，有洛之賈在蕲，以褐得免，歸而終身衣褐，鄉人皆效之。帛不入境，染工遠徙。洛之尚褐也，則賈爲之也。縠帛，衣之貴者也；布褐，衣之賤者也；貴貴，賤賤，人之情也。有望人焉反之，能使一鄉之人貴其所賤而賤其所貴，蓋風之移人若斯之神也！洛賈且然，況太僕哉！太僕且然，況萬乘之君哉！』

孫子曰：『敢問行之之方。』曰：『先貴人，去敗類，可以行矣。』『先貴人若何？』曰：『捐珠玉，焚貂錦，寡嬪御，遠優伎，卑宮室，廢苑囿，損羞品，却異獻。君既能儉矣，次及帝后之族，次及大臣，次及百職，莫敢不率。貴人者，萬民之望也；貴之所尚，賤之所慕也。貴尚而賤不慕，世未有也。』『去敗類若何？』曰：『吾嘗牧羊於沃洲之山，羊多病死，有教之者曰：「一羊病，則羣羊皆敗；子必謹視之，擇其病者而去之，不然，且將盡子之羣。」從其言而羊乃日蕃。治天下亦然，講學必樹黨，樹黨必爭進退，使學者扳援奔趨而失其本心。故有口心性而貌孔顔，所至多徒者，是敗類之人也，雖賢必去之。好名者，無才而人稱其才，無德而人稱其德，使人巧言令色，便媚取合，而失其忠信之情。故有身處草野，而朝廷聞譽求之，公卿折節下之者，是敗類之人也，雖賢必去之。多言者，以議論害治，以文辭掩道，以婞直亂正，使人尚浮夸而喪其實。故有書數上而不止，繁稱《經》、《史》而不窮，廷折百官而莫能難之者，是敗類之人也。雖賢必去之。此三者，表僞之旗也，雕樸之刃也，引佞之媒也。《詩》曰「大風有隧，貪人敗類。」是故善爲政者，務先去之也。』

孫子曰：『始吾以爲天下之難治也，今聞先生之言，而後知天下之不難治也。苟達其情，無不可爲。今先生懵然在闃塞之中，身雖極而言則傳，後世必有用先生之言以治天下者，不必於身親見之也。』唐子曰：『吾何足以當此！雖然，必有明其可用者。世多明達之才，但見聖人正天下之法，不識聖人順天下之意。沮於時勢之難行，習於刑法之苟安，舉天下之民，縶之，策之，如牛馬然。民失其情，詐僞日生，文飾日盛，嗜慾日縱，於是富貴之望勝，財賄之謀鋭，廉恥之心亡，要約之意輕，攘竊之計巧，爭鬭之氣猛。六邪易性，非賢，師奸，比離，閑決，不可以安，不可以動。安則爲奸，動則爲寇，此天下之亂所以相繼而不已也。天地雖大，其道惟人；生人雖多，其本惟心；人心雖異，其用惟情；雖有順逆剛柔之不同，其爲情則一也。是故君子觀於妻子，而得治天下之道；觀於僕妾，而得治天下之道；觀於身之驕約，家之視效，而得治天下之道。不繙《十三經》之言，不稽二十三代之法，不問四海九州之俗，閉户而堯舜之道備焉。先人有言曰「語道莫若淺，語治莫若近。」請舉其要：古之賢君，雖貴爲天子，富有四海；存心如赤子，處身如農夫，殿陛如田舍，衣食如貧士，海内如室家。微言妙道，不外此矣。』

孫子曰：『由周而上，治日多而亂日少；由秦而下，亂日多而治日少；時爲之也，雖有善治，不復於古矣。』曰：『不然。陰陽者，治亂之道也。陰陽之復，其時不失，冬夏之日至是也。治啓於黄帝，二千餘歲，至於秦而大亂。亂啓於秦，至於今，亦幾去黄帝之年矣。或將復乎！』

清・王柏心《樞言・導俗》 俗之薄，由讓道之不達，儉德之不昭也。古者君讓善於天，臣讓善於君，子讓善於親，士之應選舉也，有讓受爵位，也有讓下，及觴酒豆肉道路州巷之閑，不期而讓道達焉。古者天子卑宮菲食，諸侯制節謹度，羣臣大法小廉以逮，庶民食時用禮不期，而儉德昭焉。何俗之厚也，導源於上，而民皆敦勸於下也。今自一介之士，其視禄位皆惆然有欲得之心，居之不辭，營之無已，百金之子，靡衣偷食，與貲累巨萬者等，朝廷教化非不行也，法度非不具也，而俗以浸薄，則士大夫所以倡率之者過也。讓不達斯，爭競起矣，忠信衰矣，儉不昭，斯品制隳矣，財用匱矣，此蠹化傷教之大，虧法敗度之深，而有位君子不急圖所以矯之，靡靡之俗，日甚一日，不知其何所終極也。夫所謂讓非虛崇美節也，必有好善之實，有知人審己之明，所謂儉非苟爲孅嗇也，必内檢其縱佚，外酌其品式，唯士大夫始能深求而力行之，彼愚民何知，視其表而隨其流，斯翕然從之已耳。且是二者，囂淩之堤防，驕僭之銜勒也，決川瀆于平原，無堤防以禦之，則横流彌野矣。騁騆馬於交衢，無銜勒以制之，則奔軼僨轅矣。俗之澆漓，固無形也，然較有形之患爲尤切。士大夫任風化之責，既恬不爲慮，又不躬行儉讓以先之，欲俗之復歸於厚，安可得也。

清・王柏心《續樞言・防侈篇》 風俗非細故也，波靡頹蕩，如水之走下，不以教化堤防之，不能止也。古者自民間養生送死嫁娶賓客之節，聖王皆制爲儀品，貴賤有等，無敢或侈者，非獨節財，亦以正性。故其時民安其業，有樂生之心，有仁讓之風，由教化始然也。若未嘗防民以禮，又縱其侈，轉相仿效，至於無所紀極，尚得曰細故乎！詩云：『商邑翼翼。四方之極。』匡衡曰：『長安，天子之都，親承聖化，然其習俗，無以異于遠方郡國，來者無所法，則或見侈靡而轉效之。』以今所見，殆有甚於衡言者矣。都下之民，其葬薶也，轜車襲以重翣，皆用彩繡紈錦，綴以流蘇，五色陸離，陳偶車寓馬，旌旗幢鹵簿，音樂雅奏，屬於路者將千人；其於嫁娶也，皆用繒彩金翠珠璣飾輿馬，輜軿塞道，鹵簿音樂前導，筐篚珍異之物，不勝名也，屬於路者亦將千人；其宴飲賓客，必於酒樓，盛陳樂部伶童，必曲盡褻昵之態爲笑樂，尊卑少長，洋洋縱觀無所避，或繼以夜，一宴之費，至數百緡；其婦女不坐房闥，盛飾觀劇觴宴酒樓，被服器用，必取珍麗，工巧相勝，市之江淮南粤不足。又市之數萬里之番舶夷貨，輻輳萃都下，其始猶貴家爲之，後則富商大賈爲之，後則中户爲之，最後則極貧小户亦爲之。詢其故，大抵取辦于子錢醵金，不若是者，不得齒于平民。昔西晉之時，石崇王愷，最號爲汰侈，武帝又縱之，民化於奢，遂成風俗。唐中宗、元宗時亦然，厥後卒召禍亂。彼猶豪者爲之，今則窶人子盡爲之，爭相炫耀爲奢麗至如此，京尹不之詰，公卿大夫不之憂。賈誼曰：『俗流失世敗壞，因恬不知怪，慮不動於耳目，以爲是適然。』嗟乎！此豈細故哉？因是，奢麗遂生巧僞，失四民之業，趨末作之途，耗物力，棄廉恥，漸且至於冒上亡等，然後以刑罰隨其後，不能正矣。古之良吏，爲民條嫁娶喪葬儀品，賣偶車馬下裹僞物者棄之道，俗遂化於禮讓。夫法禁已然之後，禮施將然之前。俗侈靡極矣，法既不禁，教又不施，嗟乎！將聽其自轉邪？抑且以爲細故而忽之邪？

宏圖大計部

論説

元・許衡《魯齋遺書》卷七《時務五事》 臣某誠惶誠恐，謹奏呈《時務五事》。伏念臣性識愚陋，學術荒疏，不期虛名，偶塵聖聽。陛下好賢樂善，捨短取長，雖以臣之不才，亦叨寵遇。自甲寅至今十有三年，凡八被詔旨，中懷自念，何以報塞。又日者回奉德音，叮嚀懇至，中書大務，容臣盡言。臣雖昏庸，荷陛下知待如此其厚，敢不罄竭所有，思益萬分。但迂拙之學，本非求仕，言論鄙直，不能回互，矯趨時好。孟子以責難於君，陳善閉邪，廼爲恭敬；孔子以道事君，不可則止。臣之所守者，其大意蓋如此也。伏望陛下寬其不佞，察其至懷，則區區之愚，亦或有少補云。

又《立國規摹》 爲天下國家，有大規摹。規摹既定，循其序而行之，使無過焉，無不及焉，則治功可期。否則心疑目眩，變易紛更，日計有餘而歲計不足，未見其可也。昔子産處衰周之列國，孔明用西蜀之一隅，且有定論，而終身由之，况堂堂天下，可無一定之論而妄爲之哉！古今立國規模雖各不同，然其大要，在得天下心。得天下心無他，愛與公而已矣。愛則民心順，公則民心服，既順且服，於爲治也何有？然開創之始，重臣挾功而難制，有以害吾公；小民雜屬而未一，有以梗吾愛。於此爲計，其亦難矣，自非英睿之君，賢良之佐，未易處也。勢雖難制，必求其所以制；衆雖未一，必求其所以一。前慮却顧，因時順理，予之奪之，進之退之，内主甚堅，日戛月摩，周還曲折，必吾之愛、吾之公達於天下而後已。至是則紀綱法度施行有地，天下雖大，可不勞而理也。然其先後之序，緩急之宜，密有定則，可以意會而不可以言傳也，是謂之規摹。國朝土宇曠遠，諸民相雜，俗既不同，論難遽定。考之前代，北方奄有中夏，必行漢法可以長久。故魏、遼、金能用漢法，歷年最多。其他不能實用漢法，皆亂亡相繼。史冊具載，昭昭可見也。國朝仍處遠漠，無事論此，必若今日形勢，非用漢法不可也。陸行資車，水行資舟，反之則必不能行；幽燕以北，服食宜涼，蜀漢以南，服食宜熱，反之則必有變異。以是論之，國家當行漢法無疑也。然萬世國俗，累朝勳貴，一旦驅之下從臣僕之謀，改就亡國之俗，其勢有甚難者。苟非聰悟特達，曉知中原歷代聖王爲治之要，則必咨嗟怨憤，諠譁甚不可也。竊嘗思之，寒之與暑固爲不同，然寒之變暑也，始於微溫，溫而熱，熱而暑，積百有八十二日而寒氣始盡。暑之變寒，其勢亦然。山木之根，力可破石，是亦積之之一驗也。苟能漸之摩之，待以歲月，心堅而確，事易而常，未有不可變者。然事有大小，時有久近，期小事於遠，則遷延虛曠而無功，期大事於近，則急迫倉皇而不達，此創業垂統所當審擇也。以北方之俗，改用中國之法，非三十年不可成功。在昔金國初亡，便常議此，此而不務，誠爲可惜。顧乃宴安逸豫垂三十年，養成尾大之勢，祖宗失其機於前，陛下繼其難於後，外事征伐，內撫瘡痍，雖曰守成，實如創業，規摹之定，又難於嚮時矣。然尾大之勢，計聖謨神筭，已有處之之道，非臣區區所能及也。此外惟當齊一吾民，使之富實，興學練兵，隨時損益，裁爲定制，如臣輩者皆能論此，在陛下篤信而堅守之，不雜小人，不營小利，不責近效，不惑浮言，則天下之心庶幾可得，而致治之功庶幾可成也。

又《中書大要》 中書管天下之務，固不勝其煩也，然其大要在用人、立法而已。近而譬之，髮之在頭，不以手理而以櫛理，又譬之食之在器，不以手取而以匕取，手雖不能自爲，而能用夫櫛與匕焉，即是手之爲也。上之用人，何以異此。不先有司。直欲躬役庶務，將見日勤日苦而日愈不暇矣。古人謂得士者昌，自用則小，意正如此。夫賢者識事之體，知事之要，與庸人相懸，蓋十百而千萬也；布之周行，百職具舉，宰執總其要而臨之，不煩不勞，此所謂省也。然人之賢否，未能灼知其詳，固不敢輕用。或已知其孰爲君子，孰爲小人，復畏首畏尾患得患失，坐視其弊而不能進退之，徒曰知人而實不能用人，亦何益哉！人莫不飲食也，獨膳夫爲能致氣味之美；莫不睹日月也，獨術者爲能步虧食之數。得法與不得法，固難一律論也。有馬不能習，必使廄人乘之；有玉不能治，必求玉人雕琢之，小物尚爾，況堂堂天下神器之重，可使不得法者爲之耶？古人謂爲山必因邱陵，爲下必因川澤，意正如此。夫治人者法也，守法者人也，人法相維，上安下順，而宰執優游廊廟之上，不煩不勞，此所謂省也。里巷之談，動以古人爲詬，戲不知今日口之所食、身之所衣，皆古人遺法而不可違者，豈天下之大、國家之重，而古人成法反可違耶？其亦弗思甚矣。用人立法，今雖未能遽如古昔，然已仕者便當頒降俸給，使可養廉，未仕者且當寬立條格，俾就序用，則失職之怨少可舒矣。外設監司，糾察污濫，內專吏部，考訂資歷，則非分之求漸可息矣。再任三任，抑高而舉下，則人才爵位，略可平矣。舍此則堆積壅塞，參差謬戾，苟延歲月，莫知所期。俸給之數，敘用之格，監司之條例，先當擬定。至於貴家世襲，品官任子，驅良抄數之便宜，續當議之，亦不可緩也。此其大凡，要須深探古人所以用人立法之意，推而衍之，則何難見之有？若夫得行與不得行，在上之委任者何如，而能行與不能行，又在執政者得人不得爾，此非臣之所能及也。

又《爲君難》 生民有欲，無主乃亂。上天眷命，作之君師，必與之聰明剛斷之資，重厚包容之量，使首出庶物而表正萬邦，此蓋天以至難任之，非予之可安之地而娛之也。堯、舜以來，聖帝明王莫不兢兢業業，小心畏慎，日中不暇，未明求衣，誠知天之所畀，至難之任，初不可以易心處也。知其爲難而以難處，則難或可易；不知爲難而以易處，則他日之難有不可爲者矣。孔子謂人之言曰：『爲君難爲臣不易。』則其説所由來遠矣。爲臣不易，臣已告之安童，至爲君之難，尤陛下所當專意者，臣請舉其切而要者款陳於後。

踐言 人君不患出言之難而患踐言之難。知踐言之難，則其出言不容不慎矣。昔劉安世見司馬溫公，問盡心行己之要可以終身行之者。公曰：『其誠乎！』劉公問行之何先，公曰：『自不妄語始。』劉公初甚易之，及退而自檃括平日之所行，與凡所言自相掣肘矛盾者多矣，力行七年而後成，自此言行一致，表裏相應，遇事坦然，常有餘裕。臣按劉安世一士人也，所交者一家之親，一鄉之衆，同列之臣不過數十百人而止耳，然以言行相較，猶有自相掣肘矛盾者，況天下之大，兆民之衆，事有萬變，日有萬幾，而人君以一身一心酬酢之，欲言之無失，豈易能哉？故有昔之所言，而今日不記者；今日所命，而後日自違之者。可否異同，紛更變易，紀綱不得布，法度不得立，臣下雖欲黽勉而無所持循，汩沒於瑣碎之中，卒於無補。況因之爲弊者又日新月盛而不可遏，在下之人疑惑驚眩，且議其無法無信，一至於此也。此無他，至難之地不以難處而以易處之故也。苟從古者大學之道，以修身爲本，凡一事之來，一言之發，必求其所以然與其所當然，不牽於愛，不蔽於憎，不偏於喜，不激於怒，虛心端意，熟思而審處之，雖有不中者，蓋鮮矣。柰何爲人上者多樂舒肆；爲人臣者，多事容悅。容悅本爲私也，私心惑則不畏人矣；舒肆本爲欲也，欲心熾則不畏天矣。以不畏天之心，與不畏人之心，感合無間，則其所務者皆快心事矣。快心則口欲言而言，身欲動而動，又豈肯兢兢業業，以修身爲本，一言一事熟思而審處之乎？此人君踐言之難，所以又難於天下之人也。

防欺　人之情僞，有易有險，險者難知，易者易知。易知者雖談笑之頃，几席之間，可得其底蘊；難知者雖同居共事，閱月窮年，猶莫測其意之所向。雖然，此特係夫人之險易者然也。又有衆寡之辯焉，寡則易知，衆則難知。難知非不智也，用智分也；易知非多智也，合小智而成大智也。故在上之人難于知下，在下之人易於知上，其勢然也。處難知之地，御難知之人，欲其不見欺也蓋難矣。昔包孝肅剛嚴峭直，號爲明察。有編民犯法當杖脊，吏受賕，與之約曰：『今見尹，必付我責狀，汝第呼號自辯，我與汝分此罪，汝決杖，我亦決杖。』既而包引囚問畢，果付吏責狀，囚如吏言分辯不已。吏人厲聲訶之，曰：『但受脊杖出去，何用多言！』包謂其市權，捽吏於庭，杖之十七，特寬囚罪，止從杖坐，以沮吏勢，不知乃爲所賣，卒如素約。臣謂此一京尹耳，其見欺於人，不過悞一事，害一人而已。人君處億兆之上，所操者予奪、進退、賞罰、生殺之權，不幸見欺，以非爲是，以是爲非，其害可勝既耶？人君惟無喜怒也，有喜則贊其喜以市恩，皷其怒以張勢；人君惟無愛憎也，有愛則假其愛以濟私，藉其憎以復怨。甚至本無喜也，誑之使喜；本無怒也，激之使怒；本不足愛也，强譽之使愛；本無可憎也，强短之使憎。若是則進者未必爲君子，退者未必爲小人，予之者或無功，而奪之者或有功也，以至賞之罰之，生之殺之，鮮有得其正者。人君不悟日在欺中，方仗若曹摘發細隱以防天下之欺，欺而至此，欺尚可防耶？大抵人君以知人爲貴，以用人爲急，用得其人則無事於防矣。既不出此，則所近者争進之人耳，好利之人耳，無耻之人耳。彼挾詐用術，千蹊萬徑，以蠱君心，於此欲防其欺，雖堯、舜亦不能也。

任賢　賢者以公爲心，以愛爲心，不爲利回，不爲勢屈，寘之周行，則庶事得其正，天下被其澤。賢者之於人國，其重故如此。然或遭時之不偶，務自韜晦，有舉一世而人不知者；雖或知之，而當路之人未有同類不見汲引，則人君有不知者；人君雖或知之，召之命之，泛如厮養，而賢者有不屑就者；雖或接之以貌，待之以禮，而其所言不見信任，有超然引去者；雖或信用，復使小人參於其間，責小利，期近效，有用賢之名無用賢之實，賢者亦豈尸位素餐，徒費廩祿，取譏誚於天下也。雖然，此特論難進者，然也又有難合者焉。人君位處崇高，日受容悅，大抵樂聞人之過，而不樂聞己之過，務快己之心，而不務快人之心，賢者欲匡而正之，扶而安之，使如堯舜之正、堯舜之安而後已，故其勢難合，況姦邪佞倖，醜正惡直，肆爲詆毁，多方以陷之，將見罪戾之不免，又可望庶事得其正，天下被其澤耶？自古及今，端人雅士所以重於進而輕於退者，蓋以此耳。大禹聖人，聞善即拜，益戒之曰：『任賢勿貳，去邪勿疑。』貳之一言，在大禹猶尚警省，後世人主宜何如哉！此任賢之難也。

去邪　姦邪之人，其爲心險，其用術巧。惟險也，故千態萬狀而人莫能知如以柔言卑辭誘人入于過失，然後發之之類；惟巧也，故千蹊萬徑而人莫能禦如勢在近習則諂近習者，勢在宮闈則諂宮闈之類。人君不察，以諛爲恭，以訐爲公，以欺爲可信，以佞爲可近。喜怒愛惡，人主固不能無，然有可者，有不可者。而姦邪之人一於迎合，竊其勢以立己之威，濟其欲以結主之愛，愛隆于上，威擅于下，大臣不敢議，近親不敢言，毒被天下而上莫之知。此前人所謂城狐也，所謂社鼠也，至是而求去之，不亦難乎！雖然，此由人主不明，誤至於此，猶有説也。如宇文士及之佞，太宗灼見其情而竟不能斥；李林甫妒賢嫉能，明皇洞見其姦，而卒不能退邪之。惑人有如此者，可不畏哉！

得民心　上以誠愛下，下以忠報上，有感必應，理固亦然。然考之於往昔，有不可以常情論者。禹抑洪水以救天下，其功大矣；啓賢，能敬承繼禹之道，其澤深矣。然一傳而太康纔畋於洛，萬姓遽讐而去之，吁！

可怪也。漢高帝起布衣，天下之士雲合影從，其困滎陽也，紀信至捐生以赴急，人心之歸可見矣。及天下已定，而相聚沙中，有謀反者，此又何耶？竊嘗思之，民之戴君，本於天命，初無不順之心也，特由使之失望，使之不平，然後怨怒生焉。禹、啓愛下既如赤子矣。民之奉上亦如父母矣。今太康尸位以逸豫滅厥德，非所以爲父母也，是以失望。秦、楚殘暴，故天下叛之；漢政寬仁，故天下歸之。今高帝用愛憎行誅賞，非所以爲寬仁也。是以不平。推是二者，參較古今，凡有恩澤於民而民怨且怒者，莫不類乎此也。大抵人君即位之始，多發美言，詔告天下，天下悅之，冀其有實；既而實不能副，遂怨心生焉。一類同等，無大相遠，人君特以己之私好，獨厚一人，則其不厚者已有疾之之意，況厚其有罪而薄其有功，豈得不怒於心耶？失望之怨，不平之怒，鬱而不解，雖曰愛之，惡在其爲愛之也。必如古者大學之道，以修身爲本，凡一言也，一動也，舉可以爲天下法；一賞也，一罰也，舉可以合天下公。則億兆之心，將不求而自得，又豈有失望不平之累哉！柰何此道不明，爲人君者不喜聞過，爲人臣者不敢盡言，合二者之心以求天下之心，則其難得也固宜。

順天道　三代而下稱盛治者，無若漢之文、景。然考之當時，天象數變，如日食、地震、山崩、水潰、長星、彗星、孛星之類，未易遽數。前此後此，凡若是者，小則有水旱之應，大則有亂亡之應，未有徒然而已者。獨文、景克承天心，消彌變異，使四十年間海内殷富，黎民樂業，移告訐之風爲淳厚之俗，且建立漢家四百年不拔之基。猗歟！偉歟！未見有此也。秦之苦天下久矣，加以楚、漢之戰，生民糜滅，户不過萬，文帝承諸吕變故之餘入繼正統，專以養民爲務，其憂也，不以己之憂爲憂，而以天下之憂爲憂；其樂也，不以己之樂爲樂，而以天下之樂爲樂。今年下詔勸農桑也，恐民生之不遂；明年下詔減租税也，慮民用之或乏。懇愛如此，宜其民心得而和氣應也。臣竊見前年秋，孛出西方，彗出東方，去年冬，彗見東方，復見西方。議者咸謂當除舊布新，以應天變。臣謂與其妄意揣度，曷若宜法文、景之恭儉愛民，爲理明義正而可信耶？天之樹樹立也，封也。君，本爲下民，故孟子謂『民爲重，君爲輕』，《書》亦曰：『天視自我民視，天聽自我民聽。』以是論之，則天之道恒在於下，恒在於不足也。君人者不求之下而求之高，不求之不足而求之有餘，斯其所以召天變也。變已生矣，象已著矣，乖戾之機已萌而不可遏矣，猶且因仍故習，抑其下而損其不足，謂之順天，不亦難乎？

右六者，難之目也。舉其要則修德、用賢、愛民三者而已。此謂治本。本立則紀綱可布，法度可行，治功可必。否則愛惡相攻，善惡交病，生民不免於水火，以是爲治萬不能也。

又《農桑學校》　語古之聖君，必曰堯、舜；語古之賢相，必曰稷、契。蓋堯、舜能知天道而順承之，稷、契又知堯、舜之心而輔贊之，此所以爲法於天下，而可傳於後世也。天之道好生而不私。堯與舜也，亦好生而不私，若『克明峻德』，至『黎民於變』，敬授人時，至『庶績咸熙』，此順承天道之實也。稷播布百穀以厚民生，契敷五教以善民心，此輔導堯、舜之實也。是議也，出《書》之首篇，曰《堯典》，曰《舜典》。臣自十七、八時已能誦説爾。後温之復之，推之衍之，思之又思之，苦心極力，至年五十始大曉悟。以是參諸往古，而往古賢聖之言無不同；驗之歷代，而歷代治亂之迹無不合。自此胸中廓然，無有凝滯，斷知此説，實自古聖君賢相平天下之要道。既幸得之常以語人，而人之聞者，忽焉茫焉，莫以爲意。察其所至，正如臣在十七、八時。蓋無臣許多思慮，許多工夫，其不能領解，理固亦然。然間與一、二知者相與講論，心融意會，雖終日竟夕，不知其有倦且怠也。蓋此道之行，民可使富，兵可使强，人才由之以多，國勢由之以重，臣夙夜念之至熟也。今國家徒知斂財之功，不知生財之由；不惟不知生財，而斂財之酷，又害於生財也。徒欲防人之欺，不欲養人之善，所以防者爲欺也，不欺則無事於防矣。欲其不欺，非衣食以厚其生，禮義以養其心，則亦不能也。徒思法令之難行，不患法令無可行之地。上多賢才，皆知爲公，下多富民，皆知自愛，則令自行，禁自止。誠能自今以始，優重農民，勿使擾害，盡驅游惰之民，歸之南畝，歲課種樹，懇諭而督行之，十年以後，當倉庫之積，非今日比矣。自上都、中都下及司縣，皆設學校，使皇子以下至於庶人之子弟，皆從事於學，日明父子君臣之大倫，自灑掃應對，至於平天下之要道，十年之後，上知所以御下，下知所以事上，上和下睦，又非今日比矣。能是二者，則萬目皆舉；不能此二者，則他皆不可期也。是道也，堯、舜之道，好生而不私，唯能行此，乃可好生而不私也。孟子曰：『我非堯舜之道，不敢陳於王前。』臣愚區區，竊亦願學。

又《慎微用晦、獨斷、重農、興學、經筵、節喜怒、省變更、止告訐、抑奔競、欲速則不達》 用晦則日益明，外露則日益蔽。北辰居中衆星共，王者法天總大綱。

臣聞取天下者尚勇敢，守天下者崇退讓。不尚勇敢則無以取天下，不崇退讓則無以守天下。取也守也，各有其誼，君人者不可以不審也。民志定則不亂，下知分則上安。夫天下所以定者，民志定也。民志定，則士安於爲士，農安於爲農，工商安於工商，則在上一人，有可安之理。民不安於白屋，必求祿仕；仕不安於卑位，必求尊榮。四方萬里輻輳並進，各懷無厭無耻之心，在上之人可不爲寒心哉！

審而後發，發無不中。否則觸事遽喜，喜之色見於貌，喜之言出於口，人皆知之。徐考其故，知無可喜者，則必悔其喜之失云云。甚至先喜後怒云云。先喜是，則後之怒非也云云。號令數變，無他也，喜怒不節之故。是以先王潛心恭默，不易喜怒。其未發也，雖至近莫能知；其既發也，雖至親莫能移。故號令簡而無悔，無悔則發自無不中也。人之揣君，必於喜怒知君之喜怒者，莫如近愛，是以在下希進之人求託近愛，近愛不察，乃與之爲地七姬七珥之類。甚至無喜生喜，无怒生怒，在上一人，獨以喜之怒之爲當理，而不知天下四方譏笑怨謗，正以爲不當理也。最宜深念其失在於不守大體，易於喜怒也。

數變已不可數，数失信尤不可。周幽無道，不畏天，不愛民，酒荒色荒，故不恤。方今無比，夫何苦使人不信。

賈誼告文帝：削地、制敵、貧富不均、禮義刑法、刑不上大夫、上有好者下必甚、人惟求舊故舊無大故則不棄。文帝雖喜賈誼之言，猶謙讓以爲未遑，然終能舉行其説者，審而後發，發無不中也。

韓魏公明足以照小人之欺，然每受之。魏相、包孝肅可欺。張武受金錢。杜衍不壞人。伊尹告太甲有言遜于汝心云云。投鼠忌器。望夷。豫讓。以上皆疏中節畧也。

臣某竊意，國家自壬辰之後，便當詢求賢哲，商論歷代創業垂統之宜，參酌古今，稍爲定制，使後世子孫垂拱守成，此有國者之先務也。日習宴安，以爲不可，而其委任又多殘民蠹國之流。壬寅以還，民益困弊，至于己酉、庚戌，民之困弊極矣。困弊既極，殆將起亂，當是時，陛下有愛民之譽，好賢之名聞於天下，天下望之，如旱之望雨。故先皇帝繼統，民皆欣悅，將謂信從陛下，選任善人，改更弊政，以興太平。不意仍踵前失，再用此徒委天下之民使之刻剥。付天下之物使之侵欺，大爲失望。所賴者，分河南、關中，得陛下委之諸賢，不一二歲，疲民大安，恩雖未普而天下之心已歸之矣。此曹畏避威名不敢縱横，但於君臣骨肉之間，陰行譖愬，將爲不利於陛下。但天命人心，皆在於此，故不得遂其所願。然委付一事，實爲不可，而其間節目又少有可、不可焉。其可者，己在不可之中，不得爲可；其不可者，是又不可之不可者也。淺見若此，未知是否。

臣某伏覩，先皇帝聖旨，叮嚀懇至，其大要，欲事辦、民安二者而已。然所委之人，唯能刻薄官民，阿附近要，肆爲欺蔽，竊據寵權，又烏知事之所以辦、民之所以安乎？自壬寅之後，民以困苦，至于己酉、庚戌，民之困苦極矣。虐政所加，無從控告。先皇帝在潛，固知此弊，及其繼統，不惟不見黜逐，且遽復大權而委用之。於此見欺而所命之旨，皆屬不可，不必更於其中有可不可之辨也。借寇兵而資盗糧，不必指其兵曰孰利孰鈍，指其糧曰孰新孰陳。

元·郝經《陵川集》卷三二《便宜新政》 臣經言：臣昨承和者思得聖旨，令臣條奏當今急務，付執政聞奏者。臣謹裁新政便宜十六事上進，不勝惶恐戰越之至。條例如左：

一、大有爲以定基統。自古帝王之興，莫不以有爲而後可以無爲。故舜去四凶，格有苗，成王伐三監，誅管、蔡，而後致無爲垂衣之治，刑措頌聲之美。宋太祖初即位，未有以厭人心，趙普曰：『陛下新登寶位，必光耀神武，有以挫英雄之氣，服天下之心。』於是親平三叛，海內以寧。今日之勢，不可謂無事，政大有爲之時也。當大起師徒，以討不庭，明其逆順，使天下知所嚮。如因仍苟且，爲人所先，則釁亂一生，不可猝定矣。

二、嚴備禦以防不虞。國家以雄武自勝，故歷朝疏于備禦。今日之事，尤非前日，當密會軍旅，嚴爲之備，以待不虞。且即位之初，兵衛不徹警也。昔周康王即位，當無事之時，齊侯以虎賁逆子釗于南門之外，先皇帝有備，昔剌木無備，故掩而取之。至于他日無虞，京師宿衛之兵亦當留數萬，况非平日之勢乎。

三、定都邑以示形勢。今日於此建都，固勝前日，猶不若都燕之愈也。燕都東控遼碣，西連三晉，背負關嶺，瞰臨河朔，南面以涖天下。和林置一司分，鎮禦根本；北京、豐靖各置一司分，以爲二輔；京兆、南京各置一司分，以爲藩屏。夫燕、雲，王者之都，一日緩急，便可得萬衆，雖有不虞，不敢越關嶺、踰諸司而出也。形勢既定，本根既固，則太平可期。

四、置省部以一紀綱。今之執政，各各奏事，莫相統一，皆令陛下親決，雖聖明有餘，亦不能處置皆當，故姦人得以營惑自私。若省部既立，名分既定，大總其綱，小持其要，天下事雖衆，猶無事也。

五、建監司以治諸侯。諸鎮諸侯，各握兵民，不可猝罷。當置監司，以收其權，制其所爲，則兵民息肩，而政可立矣。

六、誅兇渠以示勸懲。從來亂政害民之人，須誅其尤者。不然則懼死逃去，必爲國生事。

七、親諸王以庇本根。諸王既共推戴，當加之以恩而勸之以，義使尊榮過於前日則可。

八、行寛政以結人心。從來宿弊，可爲盪滌。至於今歲絲綫、包銀，宜分數減免。一切逋負，皆蠲除之。

九、赦罪戾以去舊汙。自來新君即位，必赦天下。且今西北疑阻，人情反側，諸路打算，重爲紛擾。宜行大赦，并罷打算，以慰安元元。

十、罷冗官以寛民力。諸州縣管民官，員數可爲限定，小處可合并。如樂人、打捕鷹房諸科目名色官吏，皆合罷歸，分付管民官。諸色匠人頭目尤多，有管三、五户者，亦稱總管，帶金牌，皆合罷去，只一路立一頭目，總領造作。天下百姓及匠人，只養官吏亦不能也，此最爲急務。如罷去此等，好家門户計補添軍民氣力爲益甚大。

十一、總錢穀以濟國用。天下差發、宣課、交鈔、諸色糧，可置一大司分以總之，無入諸路手，不令買撲，則所得皆可爲國家用。罷諸路宣課、鹽鐵官冗員。罷常平倉。雖曰常平倉，實未嘗有益於民，但養無用官吏數千百人。

十二、減吏員以哀良民。諸路及州縣吏員不限數目，把持官府，結爲黨與，苦刻良民，縱横爲害。合明降一詔旨，大小州縣限員數，必令保舉，尤污暴者重罪而黜之。

十三、堅凝果斷以成中興。王者初政，莫不鋭意，往往不能自堅，鮮克有終。必凝天衷，奮乾剛，羣議不能移，斷然必行而莫之沮，故能保大定功。漢元帝以優游不斷，卒亡漢祚。唐憲宗以果斷，破蔡中興。此其效也。

十四、擴充誠明以絶猜狙。夫逆詐億不信，聖人所譏。推誠待物，王者之明也。一切小數以干聖聽者，皆宜罷絶。

十五、明賞罰以定功過。有功不賞，有罪不誅，雖堯、舜不能以善治。天子無他職事，只分别君子、小人，定其功過而賞罰之，此其職也。

十六、定儲貳以塞亂階。國家數朝代立之際，皆仰推戴，故近世以來，幾致於亂，不早定儲貳之失也。若儲貳早定，上下無所覬覦，則一日莫敢争者。且使朝夕視膳，或出而撫軍，守而監國，練達政事，此盛事也。庚申年四月十七日，臣經上進。

元・王惲《秋澗集》卷三五《上世祖皇帝論政事書》 臣近蒙禮部符承中書省劄，該憲臺欽奉聖旨，召臣惲馳傳赴闕庭者，臣惲伏自欽承明命，夙夜祗懼，不知所爲。意者憲臺過舉，俾備顧問，庶有所發明，因自忖量國家之事，日有萬幾非愚下所能識。然臣自中元迄于今日，久叨仕進，區區管窺不無一見，輒敢以時務所宜先者數事，昧死上聞，臣聞自古創業垂統之君，必定制畫法，傳之子孫，俾遵而守之，以爲長世不拔之本。欽惟皇帝陛下聖文神武，以有爲之資膺大一統之運，長策撫馭區宇，民數遠邁漢唐，其所守者，特治道而已。然三十年間勵精爲治，因時制宜，良法美意固已周悉。今也，有更張振勵講明畫一，若懸象而昭布之，使臣民曉然知其法之所以，豈不便哉。故臣以立法定制爲論治之始。

一曰議憲章以一政體。《傳》曰：『法者，輔治之具』一日闕則不可，君操於上，永作成憲；吏承於下，遵爲定式。民曉其法，易避而難犯。若周之三典、漢之九章是也。今國家有天下六十餘年，大小之法尚無定議，内而憲臺，天子之執法，外而廉司，州郡之法吏。是具司理之官而無所守之法，猶有醫而無藥也。至平刑議斷，旋漸爲理，未免有酌量准擬之差，彼此輕重之異。臣愚謂宜將已定律令頒爲新法，或有不通未行盡該者，如累朝聖訓與中統迄今條格，通行擬議，參而用之，與百姓更始如是，則法無二門，輕重適當，吏安所守，民知所避而難犯，天下幸甚。

二曰定制度以抑奢僭。夫制度者，明尊卑、别貴賤，法天道而立人極也。故古者衣服、飲食、輿馬、屋廬皆有恒制，至于庶人、僕妾，其禁尤嚴，惟在君人者制節謹度，率先化下爲務，何則？上之動静爲人勞逸之本，上之奢儉爲人富貧之源，可不鑒哉？欽惟皇帝陛下臨御以來，躬先儉素，思復淳風，如輕紵衣而貴紬繒，去金飾而樸鞍韉，至衣服等物銷織鍍呀之類，一切禁止以奉行，漸遠不無弛緩。今也，臣民衣飾踰于公侯，婦女衣著等物貴賤，以致聘財過于卿相，男女不能婚姻。正以用之無制，僭越暴殄，有不能供億者，故物價不得不踴而貴，錢幣不得不虚而輕，上下困弊，日甚一日。假若巨室之家親屬、奴隸，衣飾一切自有等差，若例而一之，寧不困乏。臣愚以謂宜一切定奪，大行禁止，使民志定而不少僭越。用既有度，物自豐饒，恐亦實楮幣殺物價之一端也。

三曰節浮費以豐財用。夫一世之財足周一世之用，不必專豐其財，去其害財者可也。今國家財賦方之中統初年歲入，何啻倍蓰？而每歲經費終不阜贍者，豈以事勝于財，過有所費故也。爲今之計，正當量入爲出，以過有舉，作爲戒除。饗宗廟、供乘輿、給邊備、賞戰功、捄荒歲外，如冗兵妄求浮食冗費，及不在常例者，宜撿括一切，省減以豐其財。財豐、事勝、食足、氣充，以政則取，以戰則勝，以柔則服，將何爲而不成，何求而不獲？古之善爲國者，君不必富，富藏于民，故用雖多而取不竭。孔子曰：『百姓足君孰與不足』，此之謂也。且財非天來，皆自民出，竭澤焚林，其孰禦之，但力屈財殫，非所以養民而强國也。昔日金世宗，諸王有以不給而請告者，世宗曰：『汝輩何騃，殊不知府庫之財乃百姓之財耳，我但總而主之，安敢妄費』。迄今稱説，以爲君人至言可不鑒哉。

四曰重名爵以攬威權。古人稱官爵謂之『天秩』，王者，代天爵人，鼓舞一世，使天下之人奔走爲吾用者，此也。惟爵與禄不輕以付人，曰賢曰材乃能得之，所以爲礪世磨鈍之具，若得之輕則視之輕，視之輕則人不重，人不重將見君子遠，小人至，此必然之理也。惟其磨礪轡馭之權世，主操于上不輕授人，與當其材，何患氣之不振，力之不竭，事之不成者哉。今四海一家，權宜假借之舉日漸疏濶，正國家收攬威權之時，如近年委任稍重者，罔考其素即授崇品，激之建功立事。固是駕馭英雄大權，苟非其人，不無叨竊不安之懼，今中外無事，朝廷宜重而惜之，昔有唐使職或帶相印，然止行見職，曾無分省實權。

五曰議廉司以厲庶官。臣聞古之善爲國者，不使人有怠惰不振之氣，若作于心而害于政，苟非以德，振起必須度時，宜本人情，齊之以法。故得小大畢力，上不勞而衆事舉，今州郡之官品流殽雜，既無選舉甄别，止循常資。紛紛藉藉，聚散于吏部，例得一官，鮮不因循苟且，以歲月養資考而已。欲望承流宣化，趨事赴功，卓有維新之政，亦已難矣。嘗觀漢唐之馭吏也，能者增秩賜金，公卿缺則表之，以觀其賢，否者放田里而不事事。唐則召七品官以上集于闕庭，親與訪、問究得失而進退之，然二者不過爵禄爲勸。爵禄極則意滿足，意滿足則怠心生，亦有無如何者，故持斧直指、採訪黜陟等使歲相望于道。而本朝之舉高出前代，比者廉司之設初氣甚張，中外之官悚然有改過自新之念，大姦巨猾致畏懾而不自安，庸人懦夫將卓爾而有所立，行無幾何，法禁稍寬，使監視者勁挺之氣不息而自斂，聽從者奸弊之萌潛滋而復興，恐徒易其名而不能革州縣之故習。夫刑罰崇寬固自國家美政，然分别善惡以示勸懲豈得專務寬恤。昔者金大定間，尚書省奏順州軍判崔伯時受贓不枉，法准制當削官停職，世宗曰：『受財不至枉法』，以習知法律故也。所爲奸狡習與性成後復任用豈能自悛，雖所犯止于追官，非奉特旨無復録用，以致犯禁者鮮，此光事之明驗也。今風俗澆薄，遇有所犯，苟免無耻。臣愚謂法宜稍重以權一時，其要在人法並任，精擇官僚，優加吏禄，憲網既立，公道大行，官有作新之氣，吏無餬口之虞。我之氣既伸，彼安得不振，我之政既肅，彼安敢或私，所謂上行下效，源清流長，將見風采百倍，有登攬澄清之望矣。

六曰議保舉以覈名實。方今親民與參佐官幕縣令、經歷爲重，縣令迺百姓師帥，師帥賢則德澤宣，參署爲一路紀綱，紀綱振則政務舉。今例出常流，安取殊績。臣愚以爲若行品官保舉法，庶得其人。其法品量舉止與所保者資歷相應，果皆兩可，復精加磨勘，無謬妄私意然後許令入狀，相小大之才授繁簡之任，限以歲月如唐制釐務出二百日者是也課其殿最升黜。舉主得人者受知賢之賞，不識者坐不當之罰。舉官自然盡心，受保者常恐相累，如此庶立功而寡過矣。獻選尤宜施用此法，何則？江南北至平定諒爲不易，凡所隸附秋毫無犯，可謂仁義之師。即以調省調官賄而每放，行省注擬尤爲濫雜，侵漁掊克慘于兵凶，至盜賊竊發指此爲名，仰賴天恩幸其無事。今宜委官分揀以行此法。其停革人員不至罷黜者降之邊遠，其見職委有聲迹者，使之内遷，亦激勸一法。蓋自漢唐五代以迄于金，皆遵而行之，當時號稱得人，然必須内設審官、考功等職專掌其事。

七曰設科舉以收人材。方今名儒碩德既老且盡，後生晚進既無進望，例多不學，州府鄉縣雖立教官講書會課，舉皆虚名畧無實效，以致非常之才未聞一士，州郡政治苦無可稱，思得大儒碩德難矣。臣愚以爲不若開設選舉取驗之速也，夫進士選號歷代取士正科，將相之才皆從此出，前代講之熟矣，理有不可廢者，若限以歲月而考試之，將見士争力學，人材輩出可計日而待也。論者必曰今以員多闕少見行壅滯，若復此舉是愈壅而滯之也。臣謂不然，蓋科舉之設本以覈實學而收多士，清仕途而息雜流，庶得將相全材，爲國論治道備大用也，豈不愈于學校徒設、汗漫而無所成乎。

八曰試吏員以清政務。前代取吏之法條目甚嚴，如宰相子辟舉令取充省雜，終場舉人試補臺掾、品官子孫、吏員、班祇、閤門等人出身者，試補六部令史，夫令者明法令曰令，史者通經史曰史。今府州司縣應用一切胥吏，自帖書中來，官無取材，勢須及此，所習既凡，聞見亦寡，欲望明刑政、識大體、務清無革難矣。臣愚以謂爲今之計莫若將合歲貢吏人以吏員法試之，中選者仍許上貢補充隨朝，身役外州府郡見役者，從廉司以校法試驗庶幾激之積漸肯學，其月請俸給亦合定奪，能使得餬其口，然後可責以廉。何則？今廉司專抑吏，權察非爲，少有貪鄙不計養廉即按而治之，是縱之竊而責以何盜之爲，豈理也哉。

九曰恤軍民以固邦本。近命新省整治以來，一切事務盡從簡静，可謂不嚴而治，不肅而成者也。中外熙熙，翕然有拭目太平之望，兹蓋皇帝陛下屏去奸惡、保合太和嘉靖邦本，專任責成之效也。然猶有當軫慮者，夫爲政之道，政貴均一，不少偏重，否則必更而張之，使至公均被國家。且自破圍襄陽以來，簽取軍役蓋四舉矣，將著中物力等户盡充軍站，中間抛下上户其能有幾，皆貧難下户，而軍興百色所須皆何供辦。江南甫下遭值前省和顧和易，急徵暴斂，侵漁不法，又將軍站閃下差税不問多寡止除四兩，餘者分洒見户，其逃亡差税又行每歲陪納，數年之間，編氓已是靠損，其小户困苦不較可知。臣以時屬方殷，其代輸差税宜令蠲免，涵養存恤小康，若一旦別有征求，易爲責辦。其軍站户富者至有田畝連阡陌，家資累鉅萬，丁對列什伍，貧者日求生活有儲，無甑石田無置錐者，今也，不分難易一體應役。又至元十一年簽充到軍役者，都是近户不計，當時起遣，已是生受。臣愚謂俱合分揀定奪，庶不致困乏逃竄，有悮臨時調，不均之弊莫此爲重。

十曰復常平以廣蓄積。常平倉設自至元八年，隨路收貯斛粟共約八十餘萬，今倉廩久空，起運具存，甚非朝廷捄荒恤民本意。天朝常平法，歲豐增價以糴之，則農重穀而敦本；歲荒則減價以糶之，故民倚安而無菜色。如往年定時估以平物價，竟不克行，殊不若常平之有粟也。蓋低昂權在有司兼併，利無專擅故也。若復實常平，倘遇凶歉，出糶三二千石，穀價自平，楮幣亦復加重，且免賑濟，破用軍國正儲，實爲古今良法。

十一曰廣屯田以息遠餉。臣聞邊儲遠餉，自古未有良法，如飛輓負載、賣爵贖罪、引種和糴，未免弊困多不能行俱，未若留兵屯田，爲古今之長策也。臣試以唐振武事言之，憲宗元和七年，李絳言天德、振武今豐州等處左右良田約四千八百頃，收粟四十萬斛，歲省度支錢二十餘萬緡，兹非明驗歟？今振武、豐州界河兩傍，除營帳百姓耕占外，其餘荒閒尚多，若大治屯田，自非水旱田功稍集，國儲必有所濟。唐陸贄所謂緣邊土沃而久荒，所收必厚。又近歲山後流移户多，將見抛地土，時暫借令營屯，亦是一法富弼曾言此事。及檢括冒占，仍招募願户者聽外邊屯，已置營屯去處，亦宜差强。果爲國盡心有爲能臣重與檢勘，其間一切可行未舉，已行不盡者，極人爲而盡地力，仍將迤南一切置屯。見閒户數併徙邊防，以捄一時此急於治外之意也。

十二曰恤撫畧以撫已有。臣常聞老子以恬淡爲宗，孔宣父戒及其在得二聖人，垂教以天理當然，爲言非徒設也。欽惟皇帝陛下聖神文武，臨御天下三十餘年，昭丕天之功，接千歲之統，三、五已來未有若斯之盛，其於太祖聖武皇帝垂創之業可謂大集厥成。然有其有者安務廣德者强審今之勢，譬猶蓄牧，大家川量谷計，數已殷富，正在牧圉，擇人芻豢得所而已。如此則牛羊茁壯，日蕃而無耗，不然罔恤見有，又務多得，將見復求者未獲則已。有者瘠而耗之，可不惜哉。伏願陛下息遠畧、撫已有，以恬淡爲心，以在得爲戒，頤養聖壽，配天無極，此宗廟神靈四海臣民之願也。臣又嘗觀天地之氣，四時行萬物生，皆自然而然，又其升降止三萬里之中，其範圍不出三萬里之内，餘則混淪旁礴，雖聖人有置而不論者。伏惟陛下憲天體道，裁成輔相，功已不能殫紀，尚何言而何慮哉。

十三曰感和氣以消水旱。夫兵者，凶器戰者，危事不得已而用之，且以强勝爲戒。我國家以神武戡定海宇，日月所出没，霜露所霑墜莫不臣而主之。然地廣物衆，不無孽芽其間，故三十年之久十有餘舉。如征大理、雲南，渡鄂渚、平内難，討賊璮、取江南，破襄漢、駕洋海，下占城、定高麗，問罪交州，掃清遼甸，皆除暴固存，彼動此應，不得已而用之之舉也。然士卒愁苦死傷、暴露邊、郡困乏中外，憂勞之氣不得不傷陰陽之和，而致水旱之報。是以聖人重之畏之。故老子曰：『大軍之後必有凶年，師之所處荆棘生焉』。故比年以來水旱無時，霜災屢作，山崩地震，變出非常，奸臣柄用盜賊竊發，百姓嗷嗷日趨于困。臣常讀中元以來國書詔條，未嘗不以生靈爲念，棄捐細故講信修睦，以用兵爲重，此堯、舜好生之德，禹、湯克寬不自滿假之仁也。願陛下躬體玄默頤養，聖壽與天無極，以初元之心爲心，以恬淡之慮，爲慮爲民祈天禱命，灾害不生，禍亂不作，使黎庶知其無好兵之心，天地鬼神諒其不得已之意，庶幾天回哀眷，易乖戾而爲和平，變荒歉而爲豐稔，斂時五福敷錫，庶民咸躋仁壽之域，天下幸甚。

十四曰崇教化以厚風俗。自昔風俗美好由禮義所生，今也禮義既衰，故日趨于薄，一法出則衆奸作，一令下則百詐起，何則？民所欲而生者，歲不加益，我過爲之求者日有所增，所謂救生而不贍，奚暇治禮義哉。有司釋此不念，每以厚風俗爲務，如孝行、有復役節、婦有旌、議婚姻、立學師、表淑慝，忠臣義士歲有常秩之類，非不家至户曉，然終無分寸之效者，徒文具虛名而已。夫天下之事有本有末，知所先後則教立而化行。臣愚以謂風化之行莫若國家，先以四教爲本，曰仁以養之，義以取之，禮以安之，信以行之，何爲仁？父愛、子育、懷生、樂業、温飫以養其心；何爲義？輕徭薄賦、取斂合宜，寬裕以暢其氣；何爲禮？上下有分、無妄侵辱、誅責以當其功罪，何爲信？發號施令一出不易，忱誠以明其約束是也。而前政者謂僧格也曾不務此，專以威虐肆心督責爲令，取辦一時流毒四海，不知陵遲偏詖有不可救藥。至于今爲厲者如逋負差徭，有已蠲未蠲者，貧難軍人有已間未間者，民出祗應不蒙撥降，反覆償其不應，民辨和買雖蒙官還，曾何敷其元價。杖刑重責不上大，夫崇卑之品曾不少間，悉被其戮辱。夫如是，將何以責民心之近厚、風俗之淳也哉。而惟其四者本立而天下有悚然廉恥之心，而忠厚後敦之以禮讓，謹之以庠序，觀之以鄉飲，教之以冠，婚、喪、祭，民將目擊而心諭，安行而有得。二三大吏匡直輔翼之于上，時從而振德之，孰有子遺其親，臣後其君者哉。所謂父子有親，君臣有義，不曰風恬俗美將安歸乎。

十五曰減行院以一調遣。伏見近者立行院四處，蓋欲養兵力分省權而免横役，然不可多設。多設則一旦遇有調遣，號令不相統一，至合而征，苟進涉險難，不肯併力一向以趨成功，况江嶺阻隔，動輒數百里，賊去此而盜彼，即欲加兵，則曰我已降于彼，此緣知會已殺掠而去，如向者鍾賊是也。其在江西，我逐而出境，即睨而不視；其在福建復逐而出境，亦坐而不問，以至朝廷專差重臣，會三道之兵總統于上，才方剿絶。臣故曰不可多立者緣此也。雖止設一院于江州地，既酌中號令四出，復命皇子震統于上，使跨有江淮，遥制兵勢，夫何衝而不折，何令之不一哉。誠爲簡便。

十六曰絶交貢以示曠度。夫邊方小國外示臣屬，内實觀望。我以誠往，彼輒譎來，何則？恃其險僻，昧夫天理而懷苟且假息之念故也，非修文以來易以計破，難以兵碎也。今交趾，漢數郡之地耳，數年之間雖貢奉伻來，終未稽顙闕下款輸誠赤。今年狃一犀象，明年獻翠具若干，是皆我物，藉爲已有，調書詞廷歲月而已，此最不可信者。昔漢文帝却千里馬詔郡國，勿令來獻，而越王尉佗曾未幾何怨艾自新，去號北面，終其身内屬，正以德禮懷柔然爾。臣愚以謂彼之交貢，自今宜辭而無受，則我之所得者有三：不寶遠物示以曠度一也；鱗介之屬叵測淺架，不知我之虛實，彼用自絶，使私計内窮二也；又使駭夫天子明見，照萬里之外，畏天事大之心庶有以自省其曲直，所在三也。刺竹藥弩緩則津行奸詐，急則曲盡服從。伏乞下公卿而集議以付有司。

臣之所言雖至淺近，然當陛下無忌諱之時，遠被寵召，無一言補報，緘默旅退豈惟自棄，大負朝廷虛求之心。顧臣庸愚何足重輕，萬一片言而有可取，使四方大賢大德之士聞之，曰如臣者且蒙採擇，將訑訑而來皆爲陛下用矣。臣不勝俯伏待罪，憂恐之至，臣惲昧死再拜謹言。

元·許有壬《至正集》卷七七《正始十事》 竊謂春秋王即位，大一統而謹始也。蓋爲政莫大於謹始，未有不正其始而能善其終者也。欽維今上皇帝，以聖神之姿，嗣大曆服，凡在有生，孰不忭躍，思見一新之治？夫繼政之間，聖聖相承，帖然無事，猶必勵精更始，思有以聳動天下之視聽，況處大變之後者乎？自非舉綱撮要，因事制宜，則必迂緩不切，何補於治！卑職忝當言路，不敢煩瑣，謹以十事切於新政者，具列於後。

一曰傅翼太子。蓋聞太子天下之大本，擇人傅翼，實有國之急先務也。賈誼謂選天下之端士，使與太子居處，出人生而見正事，聞正言，行正道，左右前後皆正人，不能毋正。又曰，太子之善，在於早諭教。夫心未濫而先諭教，則化易成。此古今不易之至論，而治安長久之上策。欽惟今上皇帝，春秋鼎盛，萬年發軔之始，天地祖宗社稷之佑，太子金玉美質，天性聰明，泰山磐石之基也。當此嗜慾未開，心術未定之時，首宜選擇正人端士以傅翼之，教之以祖宗寶訓并漢人文書，使知創業之艱難，治亂之成迹，培養德業，習與性成，則本一正而天下定矣。

二曰選擇長官。蓋聞家之隆替，在於主家之人，官之廢興，係乎長官之責。如中書之總機務，樞密之握軍政，臺憲之司風紀，爲之長者，可謂重矣。當於蒙古人內，選擇老成歷練、敦厚公忠者用之。苟得其人，又宜久於其任，責之以必成，則天下之事，庶乎有濟。世祖皇帝時，爲臺省官有終其身者，故當時之治，視古無愧。其六部，二品衙門，行省、行臺、宣司爲首官員，俱合一體委任。雖然，此特末耳，請以其本言之。國家每用大臣，未嘗不難其人，蓋以儲蓄培養之無素也。深山之木，必參天而後勝大廈之棟梁，此豈一朝一夕之所致哉！若急於用，而以拱把之木爲之，不惟摧折不堪，而傾覆被害者多矣。培養之道無他，在乎學校而已。世祖皇帝用許魯齋爲國子先生，當時蒙古生員教育成材者何限？至於怯薛、鷹房，皆知所謂三綱五常。今之學者，不過粗識文字，又復廢之，使乳臭之子，驟膺重任，禮義廉恥，視爲何物！惟欲保其富貴，又安知君臣之義？墮事隕身，乃其宜也。今後擬合令蒙古人員子孫弟姪，必須人學培養教育，使之有成，而後量材授職，他日必有出類拔萃之才，出爲國家之大用。其至下者，亦必知君臣之義。此似迂而實切於事者也。

三曰官禁通籍。蓋聞千金之子，坐不垂堂，萬乘之尊，豈宜無備？故深居九重，宮室宿衛，嚴肅周密者，蓋以豫備非常，爲祖宗社稷萬年計也。《周官·小宰》治宮禁之法，而《刑統》闌人，罪有等差。我朝立國寬厚相承，凡有朝賀，雖臧獲之徒，皆得直至廊廡，縱觀行禮。平居無事，大臣奏對之時，親隨吏卒，皆得人內。雖恢洪無外，大示寬容，而小人伺知，不可不謹，其司門禁者，惟視衣服之美惡，而出人之朝士惡衣，捶楚交下；卒隸鮮服，往來自如。貴賤無分，一至於此！且禁之爲言禁也，禁人而使之不得至也。今一切不禁，而禁衛之設，果何爲哉？擬合截日令省部約會合干衙門，參酌漢唐之制，立通籍之法，其於事體，關係最重。

四曰削去兼領軍職。蓋聞總攬威權，乃人主之事，臣下責任，豈宜使之有出位過分者！故太平則注意宰相，有事則責成將帥。世祖皇帝立中書省以總機務，立樞密院以治軍旅。治民者不與兵事，治兵者不與民事，其所以防閑之道，截然有不可犯者。邇來漸至紊亂，如元惡帖實，既爲臺端，又領軍衛，雖包藏禍心，固不易測，而恃威藉權，實由乎此。常人之情，手有鞭杖則思箠擊，無是物則無是心也。又如欲擊人者，空拳赤體，雖欲奮作，人得以制；一旦被之以鎧甲，授之以兵杖，則無所不至矣。擬合照劾各衙門官員，凡兼軍職領各衛者，皆與削去，以消奸宄於未萌，且爲無知小人之福。

五曰太平武備。蓋聞有文事者，必有武備。又曰『有備無患』。夫天下之患，莫大於無備。山居有虎狼之患，則高其垣墉；富家有盜賊之患，則堅其肩鍋，而況爲天下者乎？備之之道，若治兵爾。夫折衝禦侮，使四海爲一，億兆晏然，雖大奸雄不敢輕發者，獨係乎此而已。承平日久，持其無用，卒日以惰，將日以鈍。將帥襲其父祖舊部，例皆膏粱乳臭之子，聲色是務，肢剝是習，至有不能挽弓者。士卒非老病則幼弱，非影蔽則僱代，器仗之頹倒不知，況所謂搏開擊刺之法！其軍户消乏，奧魯官不知存恤，管軍官日復侵削，困苦疲弊，無以供軍需應屯戍者，滔滔皆是也。天下無事則已，一旦歲用，則何以哉！擬合令樞密院講究拯治教習之法，先自五衛，次及天下。屯戍去處，必使官知調度，士知戰鬬，不可因無鼠而養不捕之貓，此太平之先務也。

六曰逆賊妻妾。蓋聞有非常之變，必有非常之法治之。比者元惡諸賊，蒙朝廷恩寵，雖海嶽不足以喻其高課，而怯薛之設，又腹心股肱，倚托無疑者。一旦如此，赤其九族，未足以雪天下忿怒之萬一。欽惟今上皇帝，奮雷霆之斷，盡殲梟境，繈褓之子，珍滅無遺，京師萬民，鼓舞忭躍。但各賊妻妾尚未區處，各賊存日，同享富責，其夫所犯，蓋歷代之所未聞，天地人鬼之所共怒，不以非常之法治之，譬猶被萬斤重物之擊，而以寸進報之。擬合將同謀諸賊妻妾，一體論罪，或流竄遠方，分配流囚。其諸人索要爲妻，仍享富貴，一曰一又遇禍變，視夫家如傳舍，狃翫誅戮，恬然自安，使綱常掃地。痛宜禁止，索者奏者俱坐以罪，庶幾刑罰輕重適宜。

七曰頒訊以正前赦。蓋聞令出惟行不惟反，此常道也，不得已而處天下之變，必欲泥於古而蔽於常，則亦不通之甚矣。比者各賊惡逆，傳聞四方，震駭物聽。既而詔告天下，除殺祖父母、父母，妻妾殺夫不赦外，其余如謀反大逆，奴婢殺主，皆與釋免，百姓聞之不得不爲之疑也。豈知各賊雄據兩都，或握兵權，或操省印，或在憲臺，布滿要地，號令百姓。乘輿遠在數千里外，朝廷一有輕舉，則居庸之關不守矣。當時危急之勢，易於反掌，雖惡逆授首，在理可必，而兩都生靈，先肝腦塗地矣。聖上沈機遠謀，宸斷有待，不欲輕發，貽害百姓，故以寬恩而釋其疑，使惡逆之徒有以自安，不至狂肆，或生他變。及神機之發，誅通元惡，特煩一介之使爾。此千古聖王之所不及也。然而先行詔書，已徧四方，百姓不知，將謂謀反大逆，奴婢殺主，皆可僥倖獲免。擬合再詔天下，使知元惡之授首，以大慰衆心，其有謀反大逆，奴婢殺主者，亦合復追人禁，爲萬世綱常之助。

八曰帖木迭兒家產。蓋聞刑賞者，人主之大柄，有國盛衰之所由也。近籍沒帖木迭兒家產，生前所授諸王各人等鈔物金銀，不可勝數。其爲奸惡，不待縷陳，姑以刑賞大節論之。其殺失列門、也里失班，當其罪者，矜夸爲功。至於拜住、朵兒只、賀伯顔，天下皆知其無罪。盜弄威權，致之必死。監察御史瑣玉兒、哈的迷失、觀音保、李謙亨、成珪，雖以言事件旨，而其子哷南適爲治書，觀音保又嘗發其劉司徒事，是以父子表裏媒蘖，使四人竟坐誅竄，則嫁怨於上，又復陰黨逆賊帖實，致先帝暴崩，皆帖木迭兒爲之强本也。近奉聖旨，免其抄籍。聖上勵精圖治之初，刑賞大節，尤當得宜。擬合依舊斷役其諸子家產。先因事發獲免之後，分張別居，足見豫爲三穴之計。合依哈散諸子例，一體籍沒，仍將家屬遷發遠方，以謝天下。

九曰籍役以補經費。竊謂臣下奸邪，既正誅戮，閭閻疾苦，首宜講求。邇者巨貪宿惡以次誅鋤，籍役其家，動以萬計，是爲蒙蔽奏請，無補經費。監察御史建言，明立卷冊，撥付省部，以助經費。果有特奉賞賜，經由中書明白奏稟，然後放支，欽蒙允許。近爲帖木迭兒惡跡敗露，籍役其家，本人之惡，蓋不待言，其家人之富，又天下之所共知者。雲南、吐蕃之殺奪中書，宣政之掊克，賣官鬻獄，濫賞冒支，其目雖多，無非駿剝生民膏血而致之者。因是而行惠民之道，是亦惠而不費者也。聖朝富有四海，豈待區區鹽價方得豐裕？舊價每引添至中鬩，已極矣，本人要功言利，再添一定，致令其價翔湧，百姓一日而不可無者，坐令艱食，鹽課因而恢辦不前。又江南無地，人戶科著包銀，每戶額納二兩，折至元鈔十貫。雖曰驗各家物力品答，均科解庫。鋪席殷實之家，固不爲無，而貧下小戶，何可勝數！所開鋪席本錢，有不及一定半定者，例以無田地有營運科約，實爲不堪。至治三年之數，欽蒙免徵，而其額故在。帖木迭兒及諸子并已籍役失列門、也里也班、黑驢、哈散、小羅也里牙、阿撒兒不花等家產，又至大四年三月十八日至今，應係賞賜臣下，斷沒錢物、田土、房屋、人口，盡追還官，計其總數，共有若干，撥付省部收掌。卻將帖木迭兒續添鹽課，創科包銀放罷，不惟民力少蘇，又且各處鹽課易辦。昔梁冀敗，收其財貨，減天下稅租之半，散其苑囿以業窮民，古今稱美。今化瑟更張之時，天下方拭目以待，此其大者也。

十曰撙節無益之費。蓋聞去奢崇儉，乃能化民，節用愛人，可以裕國。朝廷之於財用，蓋一日而不可闕者。雖自古極治之世，亦莫非取之於民。但取之有道，量人爲出，故國無匱乏，民無疲困。中統至元之初，南供大軍之需，北給防守之費，方且廩有余粟，帑有余財。江南既平，江淮之財用，庫藏之蓄積，暴露於外，未聞一毫無功之賞，一絲不當之費。至大以來，賞賜不貲，造作不節，與夫其餘一切蠹財之事，不可枚舉，而經費始有不足之患矣。故累年以來，每以銀糧不敷爲患，益求所以生財之道，至於囊括繭絲，不遺毫髮，亦復不足者，何哉？特用之不節爾。民爲邦本，本固邦寧。財用不節，害必及民。聖上踐祚之始，當近年多費之餘，承其弊而革之，詔告天下，但凡係官工役造作停罷，此蠹財之尤者，而先去之，得節用之大者矣，天下生民，不勝幸甚！宜令中書省講究，凡如造作之蠹財者。皆明白條具，逐項撙節，依世祖皇帝用財之道，則四海家給人足，此新政之最切者也。

元・蘇天爵《滋溪文稿》卷二六《災異建白十事》　蓋聞應天以實不以文，動人以行不以言。此自昔國家消彌天變，感格人心之至計也。洪惟天朝，列聖臨御，深仁厚澤，涵育羣生，或遇災異，猶思修省，誕布德音，務施實惠，是則祖宗畏天愛民之盛德也。邇者，日月薄食，星文示變，河北、山東旱蝗爲災，遼陽、江淮黎民乏食，方此春夏之始，農人播植之時，災異若此，歲事何望？夫天之變異蓋不虚生，將恐人事有乖和氣。當是之時，國家正宜訪求直言，指切時政，矧在卑職忝居盲官，豈容緘默？伏願朝廷哀矜黎民，誕敷實惠，更新庶政，勿示虚文，庶幾消弭天災，感召和氣，宗社臣民，不勝幸甚。

一、賞罰者國之大柄，朝廷綱紀繫焉。故賞不失有功則勞臣勸，刑不失有罪則姦人懼，二者或失，綱紀必墮。故古者爵人于朝，與士共之，刑人于市，與衆棄之，雖人君不得而私也，況左右臣民敢擅威福而爲之乎？竊聞近日以來，倖門漸啓，刑罰漸差，無功者覬覦以希賞，有罪者僥倖以求免，中外聞之，竊議傷嘆，誠恐刑政從此漸墮，紀綱自此日紊，勞臣何以示勸，姦人無所警懼矣。伏願自今以始，凡官賞刑獄，敢有交結近待，互相請託，恣爲罔欺，素亂政治者。嚴行禁治。中書左右兩司及六部等官，所以參贊宰臣，決理政務，若有不思奉公守法，阿容苟從，并許究問，庶幾賞罰攸當，刑政肅清，雍熙之化，可坐而致矣。

一、節用愛民，有國之常經。今朝廷用度不足，弊在于浮費不節，所入者有限而所出者無涯，遂令內外帑廩，皆未充贍。夫天下之財，皆出于民，既傷其財，民必罹害，故愛民必謹于節用也。蓋國家財用責之户部，户部責之運司州郡，州郡責之縣，縣責之民，至民而止。民竭其力，以佐公上，而用猶未足，則嗟怨之氣上干天地陰陽之和，此水旱災變所由作也。宜從朝廷專命中書省官二員，責督户部，詳定減省，罷不急之工投，止無名之賞賜，裁官吏之冗員，減僧道之好事，凡百用度，務令撙節，庶幾國用既充，民無横斂，感召和氣，莫急于此。

一、遇災知懼，聖賢之明訓。昔之有國家者，凡值凶荒災異，必減膳徹樂，側身警畏，憂恤元元，惟恐其不至也。蓋天災方作，民食未充，在位者于此時，何忍相與飲食燕樂，而不恤其民乎！近年以來，朝廷無事，待遇勛臣故爲優厚，然而宴享太頻，財用不能無費。夫珠璣國之重寶，馬政國之大事，今宴享必以殺馬爲饌、珠璣爲花，誠恐習俗成風，奢侈日甚，費財擾民，有損國體。州當災異薦臻，尤宜警懼以答天意。今後內外百司，凡有必合筵宴，一切浮費奢靡之物，並宜裁節禁治，是亦恐懼修省之一事也。

一、在古有訓，作善降祥，不善降殃，蓋言人之爲善、爲惡，殃咎各以其類應也。後世佛教，既人中國，始言人能修奉佛事輒獲福利，小民信之，或不能悟，甚至有國家者，傾其府庫，捨施金帛供佛飯僧，唯恐不至，然其徵驗蓋可觀矣。是以中外之臣，言其可罷者，十常八九，而國家崇信方篤，不忍遽已。邇者，徽政院臣以府庫不充，金帛不給，啓奉懿旨，凡在興聖官常例好事，一切罷止。今朝廷政教惟新，方圖孝治，宜髁東朝之意，凡大內常例好事，宜權停止。豈惟制節浮費，有裕于國則，庶幾不惑異端，有關于政化也。

一、建官分職，本以爲民，官冗事繁，適足害治。蓋古者爵祿所以待賢才、熙庶績，非以供人之欲，給人之求者也。是以上自公卿大夫，下及抱關擊柝，皆有定員而無曠職，故官無苟得，人無倖心。洪惟世祖皇帝在位三十五年，建官之制，詳酌古今之宜，故治化成而事功立。爰自近歲以來，官府日增，選法愈弊，倖祿既廣，事功益墮。夫文翰之職既同，何爲復列數職？造作所司既一，不應又置數司。掌軍政者，亦既俱分，奉祭祀者，似太重複。至于屬官辟吏，員額雜冗，支俸食米，內外繁多，若不早爲裁減，日久愈難沙汰。夫科場取士，三年止得百人，今吏屬出身，一日不知其幾。即自中書類選，已有積年不調之苦，孰思數歲之後，吏部選人又將奈何？宜從都省早爲聞奏，照依至元定制，合併裁減，不惟省去冗員，清選舉之方，亦以制節浮用，爲裕財之道耳。

一、命郡縣之官。惟欲圖治，班田祿之制，所以養廉。今國家設官，固有高下之列，頒祿當無厚薄之分，然而朝廷卿士，俸廩既均，郡縣公田，多寡不一，亦有創設員闕，逐月止請俸錢。故廉者奉公，凍餒其妻子，貪者受賄，辱及其宗親。各處雖嘗申明其事，主者但言設置已久，廉吏嗟嘆，無可奈何。宜從户部行移，取勘各處所闕公田，于係官田内均行標撥，豈惟凛祿惠及官吏之一家，庶責廉能治治郡縣之兆姓。

一、錢幣之制，在古所以惠民；鈔法之行，歲久不能無弊。蓋米粟、布帛養兆民之本。錢幣、鈔法權一時之宜，故汰久必更，理當然也。昔者世祖皇帝始立法制，遂行中統交鈔，其後又行至元寶鈔。夫行之既久，真僞不無，坐罪雖曰匪輕，獲利自是甚重。爰稽造鈔以來，定額已踰數倍，以致鈔日益虚，物日益貴，民庶有倒鈔、檢鈔之擾，官吏有監鈔、燒鈔之害，欲救其弊，理宜更張。洪惟武宗皇帝即位之初，始命尚書省更行銅錢，本欲復古以便民，未聞有妨于國計，蓋因至大已後，一切嬌枉太過，因併銅錢遂亦不用。夫行封贈所以勸忠，增俸祿所以養廉。禁干名犯義者，厚風化之原；減吏員月日者，獎奉公之吏。是皆尚書省所行，未聞人以爲非，何于銅錢獨爲不可？况遠自唐虞，近及宋金，明君賢臣阜民之制，皆本于此。矧今國家疆宇萬里，錢幣之制祖宗已嘗舉行，宜從都省明白奏聞，令户部官講究歷代鼓鑄之方、用錢之制，遠近便宜，斷然行之，豈惟救鈔法一時之宜，實所以遂民生無窮之利也。

一、治平既久，民獲奠居，版籍既定，田無餘畝。蓋山東益部之境，自昔號稱廣斥，《書》所謂『萊夷作牧』是也。今國家平定，蓋已百年，户數土田悉有定籍。邇者，姦人妄行呈獻，几民之田宅墳墓，悉指以爲荒閒。朝廷雖嘗差官覆實，輒與符同，不復考察。夫既設置官吏，遂爲會斂稅糧，幸因水旱爲由，不克收滿元額，民既無所控訴，官亦無可奈何。驗其一歲所人之稅糧，僅足諸臣所支之俸給，既不能裕財富國，徒足以害衆擾民。劉今山東黎民阻饑，盜賊多有，誠恐因之别生利害。欽覩天曆元年詔書節文，有曰：『國家租稅自有常例，今後諸人毋得妄獻田土，違者治罪。』擬合欽依明詔，將山東田賦總管府等衙門革去，其百姓合納租賦並依舊制，庶使一方之民咸獲有生之樂，仰稱文宗皇帝發政施仁之盛德。

一、薄賦稅者，治國之大經；廣聚斂者，蠹民之弊法。夫以河南之地方數千里，所輸稅糧已有定數，先之以劉亦馬罕妄獻地土，既已長流海南，是無閒田亦已明矣。爰自延祐以來。姦人竊取相位，欲興功利以固權寵，輒以經理爲名，惟欲擾害其衆，名曰自實田糧。實是强行科歛。朝廷深知其弊，累降詔書免除，有司失于奉行，至今令民包納。夫以堂堂天朝，富有四海，差稅之人，悉有定制，乃因興利之徒，遂遺斯民之害。擬合欽依累朝詔旨，其經理虚樁之數，並行革撥，豈惟彰朝廷薄斂惠民之厚澤，亦以植斯民本固邦寧之遠圖。

一、國家之治，當一視而同仁。夫以高麗爲國，僻居海隅，聖朝肇興，首效臣節。世祖皇帝嘉其勤勞，釐降公主，蓋所以懷柔小邦，恩至渥也。比年以來，朝廷屢遣使者至于其國，選取子女，求娶、妾，需索百端，不勝其擾，至使高麗之民，生女或不欲舉，年長者不敢適人，怨憤感傷。無所伸訴。方今遼東歲歉，民適告饑，和氣之傷，或亦由此。今後除内延必合取索外，其余官員敢有不經中書擅自奏請取索高麗女子，及因使其國娶妻妾者，凝合禁治，庶幾彰國家同仁之治，慰小邦向化之心。

清·愛新覺羅·弘曆《御選明臣奏議》卷一《桂彦良〈太平十二策洪武十三年〉》 臣惟太平之策，一曰法天道。天不言而四時行，地不語而百物生。天生聖君，位至尊而統六合，必當仰法于天，明如日月，恩如雨露，威如雷霆，信如四時，則百職効勞，庶事自理。若身兼庶務，不挈綱領，非所以法天也。夫天道好生，聖人亦好生。好生之德，洽于人心，則人皆化于爲善，而自不犯法矣。孔子曰：『惟天爲大，惟堯則之。』此之謂也。二曰廣地利。中原爲天下腹心，因人力不至，久致荒蕪，近雖令諸郡屯種，墾闢未廣。莫若于四方地瘠民貧、户口衆多之處，令有司募民開耕，願應募者資以物力，寬其徭賦，使之樂于趨事。及犯罪者，亦謫之屯田，使荒閒之地無不農桑，三、五年間，中州富庶，則財用豐足矣。三曰順人心。天下以人心爲本，人心所在，即天命所在。故善治天下者，必上承天命，下順人心，民之所好好之，民之所惡惡之。蓋人情莫不欲富壽安逸，故三王生之而不傷，養之而日厚，扶之而不危，節其力而不困，君之于民，猶父之于子，民之于君，亦猶子之愛敬于父母矣。三代之所以得人心者，此也。四曰養聖德。夫聰明睿智、文武仁孝之君，乃天生聖德，本無不備。然萬幾之頃，或相感觸，則私念之起，如重翳之蔽。故雖大聖，必兢兢戒謹，常如存養省察之功，節其嗜欲，懲其忿怒，天君泰然，志氣如神，則猶青天白日，萬物咸仰聖德，加盛聖壽，萬年。《傳》曰：『有大德者，必得其壽。』此之謂也。五曰培國脉。夫三代之國祚延長者，以仁義道德教化斯民，不專尚刑罰，故民得遂其生養之樂，而天命眷顧之也。秦、隋之世，專事苛刻，力役不休，仁義不施，故民不聊生，而天不祐之也。今功成治定，萬邦悉臣，當以三代有道之長爲法，秦隋之失爲戒，則人心和悦，天心眷祐，而國祚如泰山之安矣。六曰開經筵。自昔聖主賢臣治天下之大經大法，具載六經，不可不講也。講之，則理明而心正，措之政事，無不得其當。宜擇老成名儒，於朔望視朝之際進講經書一篇，敷陳大義，使上下聳聽，人人警省，興起善心，深有補于治化也。七曰精選舉。夫官得其人，則庶務自理，萬民樂業。故選舉之法，不可不精審也。六部十三布政使司乃股肱重任，豈可輕用而輕廢哉！必歷試其才能德量可當此者，然後信任之。至于提刑按察司與知府之職，固不能盡知其人，然亦不可輕任也。宜令京官五品以上，各舉賢良正直一員，知州、知縣與民最親，亦須選擇，宜令按察知府，歲貢廉勤淳厚一、二員。凡所舉，不問已仕、未仕，但得人則有賞，謬舉則有罰，如此則人皆悉心求賢而無遺才矣。若新進人才，且當試以佐貳之職，果有異能出衆，特加超擢，則官得其人矣。八曰審刑罰。蓋刑罰人命所係，不可不審。故《書》曰：『與其殺不辜，寧失不經。欽哉！欽哉！惟刑之恤哉！』蓋死者不可復生，刑者不可復續，苟不欽恤，傷人必多，傷人既多，必損和氣，非所以善治也。理刑之官，擇公平正大仁厚之人，如漢張釋之于定國輩，親信委任之，則天下無冤民而致刑措之效矣。九曰敦教化。學校所以宣明教化，長育人材，非止訓詁文辭而已。今大興國學，增廣生員，教育之恩至矣。然國學首善之地，既選名儒，以五經分教，諸生必先德行而後文藝，抑浮華而尚純篤，未可驟用，以啓其奔競之心。當日就月將，得其真修實踐，使成人有德，小子有造，將見風俗日厚，人材輩出，可爲朝廷之用矣。十曰愼邊防。夫禦外之道，守備爲先，征伐次之。開邊釁，貪小利，斯爲下矣。故曰：『天子有道，守在四夷。』言必以德懷之，以威服之，使四夷之臣，各守其地，此爲最上者也。今海内既平，車書混一，蠻夷朝貢，間有未順者，修文德以來之，遣信使以喻之，彼將畏威懷德，莫不率服，何勞勤兵于遠哉？元季遺衆，尚煩聖慮，當選將練兵，分屯鎮守，謹其防禦，俟其釁隙，一舉而蕩平之，未晚也。十一曰蒐才俊。古之才俊，或隱于耕釣版築，或起于商賈屠沽。皆足以興邦而名世。非一端所取也。故《書》云：『立賢無方，旁求俊乂。』今于秀才等項，悉已舉而用之矣。若軍伍謫戍，農圃醫卜，或以微罪困于里閭者，豈無其人！宜令有司盡心求訪，果有材器出羣，學識超衆者，則舉薦之，開其自新之路，許其效忠竭力，庶奇才異能之士，拔十得一，自可當千百人之用矣。十二曰廣咨訪。昔舜好問而好察邇言，樂取諸人，以爲善，故能以天下之善爲己善，而能周知天下之事，足以開物成務，使萬民各得其所。伏惟聖朝混一中外，統御萬邦，遐方幽遠，恐未周知，嘉言善行，或未盡取。正宜大開言路，廣訪博詢，使常朝百官，得蒙輪對；布政按察府州縣正官朝覲之時，各令敷奏，以言觀其賢否，凡時政得失，民瘼利弊，許諸人陳奏。古有納言之官，專掌其事，宜選學識高明通達治務者，特授納言之官，以詳擇其可否，則天下之事可以周知，天下之善可以畢至，而内外百官罔敢怠逸，各思盡其職矣。

明·解縉《文毅集》卷一《太平十策》 臣聞有堯、舜三代之君，而法堯舜三代之治則超越唐宋，而太平千萬世者，理道之必然也。欽惟皇帝陛下，德侔天地，誠堯舜三代之君，而今之治，尚未及唐宋，此臣所以日夜有望於陛下也。况臣蒙陛下之恩，至重至厚，刻骨銘心，思所補報。是以思當今之急務，王政之大端，不過十事而已。一曰：參井田均田之法；二曰：兼封建郡縣之制；三曰：正官名；四曰：興禮樂；五曰：審輔導之官；六曰：新學校之政；七曰：省繁冗；八曰：薄稅斂；九曰：務農；十曰：講武。謹條陳以獻，名曰：太平十策。惟陛下憫其愚忠，少加采覽焉。

一曰：參井田均田之法。本無難事，但以爲江南地狹田少，不可井治溝洫，勞民而不易成。且一時動摇，令民失業。故歷代紛紜，莫知適從。唐太宗固有意矣，而無其臣。周世宗亦有志矣，而無其時則太平萬世之，法固有待於今日也。爲今之計。參井田均田之法而行之，不必拘拘於方里而井，勞民動衆，設溝治涂，而事事合古也。宜令户部會天下丁口若干，田畝若干，令民二百丁爲一里，里同巷，過失相規，出入相友，守望相助，疾病相扶持。中爲堂，右爲塾，左爲庠，推其父老年高德厚一人，處於中堂，朝夕告諭而取正焉。擇其文行一人，居於右塾，民年八歲者入焉，教以灑掃、應對、禮、樂、射、御、書、數之文。一人居於左庠，民年十五者入焉，教以詩書禮樂、修己治人之方。毋敢縱逸，每丁受田若干畝，廬舍邑居、池井、畜牧、山林、蔬菓之地若干畝，樹藝各隨其土之所宜。一里之人，各治其私田若干畝，而共耕公田若干畝，山林、畜牧之地亦如之。民年二十受田，老免及身後還田。賣買田地，則有重刑。朝而畢出，各事其事。暮而畢入，習學左庠。後爲中堂，婦人相聚，以治女工。有地狹人稠、土地磽瘠之鄉，有司資以舟車，給其衣食，徙之江淮之間閒曠之地，孰不懽然以相從哉！如此，貧富何患其不均，詞訟何患其不息，天下何患不治，太平萬世，理有必然也。一先將古人井田、均田、小宗之法，及《小學》、《朱子家禮》、《顔氏家訓》、《呂氏鄉約》、《女教》，及今義門《鄭氏家範》等書，類聚考訂，刊行天下，長幼習讀，有親族異産者，務要即時同居共爨，如有不遵，遷於化外。

二曰：兼封建郡縣之制。夫衆建諸侯而少其力，此萬世不易之論。周家以是長久，天下之所共知也世。儒議論紛紜，不足稽考。爲今之計，異姓不可封也。惟諸王所封之地，宜以一縣令主治之。一循古者諸侯之制，擇賢以輔，惟世子襲爵，其庶子十歲以上者，宜於水陸都會、山川要害之處，别封以一縣，擇賢能之人輔之。如此，則歲有封建，不過五六年之間，州縣將盡爲侯國。而天下諸侯，皆陛下子孫矣，豈不萬年磐石之固哉。一惟帝子封王，王之嫡子襲封王爵，庶子定封侯，九年考其賢者封王，次賢者封公，其有過降爲伯、子、男，封地廣狹并同。有無子者，他國庶子繼立，務要親疏昭穆，得其至當。一先將古者侯國制度，考定成書，刊行天下通知。先給一本諸王，一古人削地之法不可行，蓋削地益地後致强弱不同。

三曰：正官名。今之六部，即古之六官。而尚書之官，本漢朝内臣，如尚衣、尚寶之類。而以爲六卿，名實不相符矣！侍郎之名，亦自不通，宜改從古。

四曰：興禮樂。一令天下祭祀無樂，宜詳定頒行天下一。古者庶人，皆通音樂。今天下和平，宜令百姓，並習音樂。宜令天下訪求精曉音律，通究禮典者，條陳畫圖以進。一天下生員，每間日習禮樂，如出榜畫圖曉示之後，無能通曉者，或選樂生往教，或令自求師。如是數年之後，今太常樂舞生，及教坊司皆可罷斥矣。禁天下胡琴、羌笛，一應俗樂。禁庶人不可作圜社，京城及天下官路，宜分爲五級，廣若干步，中爲御道，高於地若干丈，其左，官員儒士路，農商行路；其右，工人行路，婦人行路，使四民不收之人，無自出焉。古人男婦異路，亦此意也。並以欄墻隔之，墻高及肩，於上印刻禁戒，不許參越。其士農工商之人，異其衣冠，使四民不收之人無容其身。士緇布冠，烏紗深衣，漆爲之骨，簪履襪以白，皮布任用，黑質白緣，其常服許戴今之頭巾，及明帽，圓領衫、絲縧皂靴等。生員並同，農工商賈不許。農臺笠棕草任用，上衣稍長，下及於膝，布裳履襪以布，布草任用，色以皂。工帽以皂皮爲之，布褶履襪以布布，草任用，色以皂。商臺笠以竹，直領衫，履襪白布，布草任用，色以白。

五曰：審輔導之官。夫輔導諸王，宜擇方正之士以佐王。王必敬而禮之，朝夕諮訪。今後凡王府官，宜審試之。教世子之法，及左右前後之官，今皆未備，宜先令搜求古法，及賈生之策而行之。

六曰：新學校之政。一每縣學生員三十人，府學百人，每歲春秋二季，縣之儒士試於學，試中曰『俊士』。始入縣學，縣設公宴，迎榜至其家，縣官親送。二年，各縣之生員，試於府，以八月試，中曰『選士』。始入府學，宴迎之，禮亦如之。三年，鄉試、會試、殿試如今制，始曰進士。每歲，府學貢十人於國學，曰貢士。試中，縣官傳榜名至其家。府縣濫取，並有重罰。一開科取士，不用大臣保舉，餘從宋制，宜少取數名，并賜進士及第。前進士及三甲者許應。一宜令天下投進詩書著述，官爲刊行。令福建及各處書坊，今國學見在書板，文淵閣見在書籍，參考有無，盡行刊完，於京城及大勝港等處官開書局，就於局前立碑，刻詳書目，及紙墨二本，令民買販，關津免稅。每水陸通會州縣，立書坊一所，制度如前。一法帖本，亦宜求善本，類聚刻石一本。

七曰：省繁冗。一州縣地方民户大小不均，宜均平之。官員繁冗，不足爲治，州縣繁要去處，止用正官一員。首領官一員。僻遠去處，止用一員，若所用得人，一人爲之有餘矣。一各處卷宗，長幅大卷，常有遺失。今後每年，一縣將簿十二本，赴京用結勘合，回縣書寫案卷。其各衙門行移狀詞等項，删去繁文，上用小紙勘合一張，廣狹隨文多少，務要與簿相等，立卷隨即粘上於簿。歲終六本解赴京，六本收本處。一後堂設案六隻，橱六箇，吏當官前寫辦丈書。一置一櫃，於公廳專收文簿。朝則官啓之，暮則官封之。一如事多，未一年而卷滿者，許奏添。一以里長代吏胥禁子，一年而一更，此亦絶奸吏之良法也。一各宜立鑄鈔庫，一僞造鈔者滋多，刑之不絶，宜於鈔上置半印勘合、流派字號，蓋一貫一號，兩貫同號，真僞可辨矣！

八曰：薄税歛。一宜令天下錢鈔金銀、穀帛，金銀使用，一商賈之利有盈虧，都會之地有興廢。今税有定額，民必受害。宜令各處税課，隨時多少，從實徵收。或令百姓各人户上，先行補納，官收税錢，至冬均給還之。則衆輕易舉，官民俱利，百姓無巡攔之困矣。

九曰：務農。農者天下之本，而食者民之天，故蓄積多而備先具，兵荒水旱，誠不足憂也。及今天下豐歲，正宜於天下要害之處，每歲積糧若干，民樂近輸，而國受長久之利，計之善者也。一每一里設田畯一人，以今之耆宿爲之，專一巡察，以警勤惰，以《農桑集要》等書教之。一先將《農桑集要》、《齊民要術》及樹藝、水利等書，類聚考訂，頒行天下，令各家通曉。一義倉之法，宜悉講求，即令天下民自建立，則雖有水旱，不足憂矣。

十曰：講武。一宜依唐宋舊制，開武科蓋郭子儀之徒，亦出於是也。一古今通患郡縣無城，器械不完，芻糧不給，妖賊長驅，所在風靡。今太平之世，正宜於各處州縣，皆立城池，令民冬月修築。就各處立武學，一各處夜則擊柝守城，各處生員，尤當講兵書，習武事。文武並用，長久之術也。一軍器、木石、草穀，宜於武學之後，各置倉庫。每歲成造，時時檢閲，務要堅良。一武舉，準科舉之制。一國學宜高大其制，環之以水。春秋教以禮樂，冬夏教以詩書。早則升堂一揖，退而會食。各處其所，聽其自相講貫。學門之内，聽其自然，止禁其戲言戲動，無故而出學。四時之季，一試有不善，責令改之。一不改，降之下等。再不改，免冠責之。三不改，加刑焉。四不改，屏之遠方。三年而不悔，投之四裔，終身不齒。一將武經之屬，考校而使之習。武舉定式，宜參唐宋制。一大將凱旋，宴於學宫。凡武舉之子，皆令入學，可用則授之以職。其不才，則罷黜之。

右十策謹如前，萬一可采，伏望内降手敕付大臣施行。臣復竊念前者妄論邊謀，干瀆聖聽，戰兢累日，以待斧鉞之誅。蒙陛下垂憐，赦其罪戾，臣愈感恩，浸入心骨，陛下既以臣爲親臣矣！臣固不敢自同於衆人也。若此陳獻，非云報國，以見臣一介愚蒙，拳拳之忠耳！至於臣之許國，天長地久，皆建功立效之時，惟陛下幸垂憐之。

明·邱濬《大學衍義補》卷一《正朝廷·總論朝廷之政》 臣按：人君所居之位，極崇高而至貴重，天下臣民莫不尊戴。譬則至大之寶也。人君居聖人大寶之位，當體天地生生之大德，以育天地所生之人民，使之得所生聚，然後有以保守其莫大之位焉。然人之所以生，必有所以養。而後可以聚之。又在乎生天下之財，使百物足以給其用。有以爲聚居衣食之資，而無離散失所之患。則吾大寶之位，可以長保而有之矣。然有財而不能理，則民亦不得而有之。所謂理財者，制其田里。教之樹畜，各有其有，而不相侵奪，各用其用而無有虧欠，則財得其理而聚矣。所謂『正辭』者，辨其名實，明其等級，是是非非而有所分别，上上下下，而無有混殽，則辭得其順而正矣。既理財正辭，而民有趨於利而背於義者，又必憲法令，致刑罰以禁之，使其于財也，彼此有無之間，不得以非義相侵奪。其於辭也，名號稱謂之際，不得以非義相紊亂。與凡貴賤、長幼、多寡、取予之類，莫不各得其宜焉。是則所謂『義』也。吁，聖人體天地生生之仁，盡教養斯民之義，孰有加於此哉？先儒謂《易》之事業，盡於此三言者，臣愚以爲人君受天地之命，居君師之位，所以體天地而施仁立義，以守其位者，誠不外乎此三者而已。謹載大《易》此言於『總論朝廷之政』之首，以爲大寶之獻。【略】

臣按：人君以一人之身，居四方之中，東西南北，咸於此焉。取正者也。一身之精神有限，耳目之見聞不周，人不能盡識也，事不能盡知也，故必擇大臣而信任之，俾其蒐訪人才，疏通壅蔽，時加詢謀，以求治焉。夫朝廷之政，其弊端之最大者，莫大乎壅蔽。所謂壅蔽者，賢才無路以自達，下情不能以上通是也。賢才無路以自達，則國家政事，無與共理，天下人民，無與共治下情不能以上通，則民間利病無由而知。官吏臧否，無由而聞。天下日趨於亂矣。昔唐玄宗用李林甫爲相，天下舉人至京師者，林甫恐其攻己短，請試之，一無所取。乃以『野無遺賢』爲賀。楊國忠爲相，南詔用兵，敗死者數萬人，更以捷聞。此後世人主用非其人，不能闢四門，明四目，達四聰之明效也。遂致天寶之亂，唐室自此不振，以至於亡。臣愚竊以謂，治亂之原，固在乎壅蔽，而所以致壅蔽者，尤以委任之非其人也。諺有之曰：一指在前，泰山不見。姦臣在天子之左右，其所以蒙蔽之者，豈但一指若哉！有一於此，則凡布列之在近見，聞之可及者，且不能以自通矣，況夫疏遠之側微，遐僻之幽隱，而欲自通於九重之上，難矣。噫，帝舜此四言，真萬世帝王治天下之藥石也。循之則治，違之則亂，惟明主留神省察。【略】

臣按：朝廷之上，有百揆以統内之庶官，有四岳以統外之州牧；既分命之，又總命之。人必稱其官，官必盡其職。此帝世之治，所以後世不能及也。誠以帝世之用人也，或帝心之簡在，或公庭之僉舉，或詢之大臣，或得之推讓，非若後世有由旁蹊奧援、阿私而倖進者也。不問其人之能與否，不論其職之稱與否，是以用各違其才，人不稱其官；官既不稱，則朝廷之政何由而舉？政既不舉，則天下之民何由得安？此後世所以不古若也。臣嘗因是而論之，帝舜初咨四岳，以求宅百揆也，不曰熙舜之載，而曰熙堯之載，蓋以我今日所治之事，非我之事，堯之事也。總咨二十二人以各敬其職也，不曰亮舜之功，而曰亮天之功，蓋以我今日所治之功，非我之功，天之功也。爲人君者，誠知人臣所熙之事，皆祖宗之事；所亮之功，皆上天之功；則決不肯徇私意以用人，用匪人以廢事。則朝廷之政得人修舉，天下之民由是乂安矣。噫！彼其以祖宗之官爵爲己之私，物以上天之事功行人之私意，豈不有以負祖宗之付託、上天之建立哉！識治體者尚鑒於茲。【略】

臣按：朝廷爲治之道，固非一端，而其要在取人之善，用人之能而已。夫人莫不各有所知，亦莫不各有所能。心有所知也，發以爲言；已有所能也，用以爲才。言有善否，人君則惟其善而取之，不使有所伏藏於下；才有大小，人君則隨其才而用之，不使有所遺漏於外。則凡朝廷之上，見於施行者，無非嘉善之言；列於庶位者，無非賢俊之士；天下其有不安也哉！苟或不然，所聞者皆卑冗順旨之言，言之善者以爲不善，不善者反以爲善；所用者皆庸下諂諛之人，人之賢者以爲不賢，不賢者反以爲賢；如是則善言不聞，賢才遠遁，欲事之理、民之安，難矣。是以古之聖帝明王，必廣開言路，包容以納之；大闢賢門，多方以來之。雖以帝舜之爲君，大禹之爲臣，猶必以此爲君臣克艱之效，後世君臣，可不以之爲法則乎！【略】

臣按：朝廷之上人，君脩德以善其政，不過爲養民而已。誠以民之爲民也，有血氣之軀，不可以無所養；有心知之性，不可以無所養；有血屬之親，不可以無所養；有衣食之資，不可以無所養；有用度之費，不可以無所養；一失其養，則無以爲生矣。是以自古聖帝明王，知天爲民以立君也，必奉天以養民。凡其所以修德以爲政，立政以爲治，孜孜焉一以養民爲務。誠以一物不脩，則民失一物之用，一物失其用，則民所以養生之具缺其一矣。是故脩水之政以疏鑿，脩火之政以鑽灼，脩金木之政以鍛鑄刻削脩，土穀之政以耕墾播種，使民於日用之間，得以爲生養之具。然猶未也，又必設學校，明倫理，以正其德；作什器，通貨財，以利其用；足衣食，備蓋藏，以厚其生。何者而非養民之政乎？吁，自古帝王莫不以養民爲先務。秦、漢以來，世主但知厲民以養己，而不知立政以養民，此其所以治不古若也歟！【略】

臣按：《洪範》九疇次三曰農用八政，其目凡八，所謂食，所謂貨，謂之農可也。而祀以行禮，賓以待客，師以用兵，與夫三官所掌之事，皆謂之農，何哉？蓋天之立君，凡以爲民而已。而民之中，農以業稼穡，乃人所以生生之本，尤爲重焉。故凡朝廷之上，政之所行，建官以涖事，行禮以報本，懷柔以通遠人，興師以禁暴亂，何者而非爲民，使之得以安其居、盡其力、足其食、而厚其所以生哉！是則上天所以立君，而俾之立政之本意，而爲治者不可不知者也。後世朝廷之所施行，宮闈之事則有之，國都之事則有之，官府之事則有之，邊鄙之事則有之，而顓顓及於農民之事者蓋鮮矣，間雖有之，而不知其本意之出於爲農，泛然而施之，漫然而處之往往反因之以戕民生、廢農業，是皆昧於洪範農用八政之本旨也。【略】

臣按：此即《周官》六卿所分之職也。唐虞之世有九官，至周始分職爲六卿，周公作《周禮》以此爲太宰建邦之六典。至成王，訓迪百官，又復申明焉。蓋天下之事，統於朝廷；朝廷之政，統於六典。所謂治，所謂教，與夫禮、政、刑、工，天下事盡於此矣。洪惟我太祖高皇帝，革前代中書省而設六部，罷丞相而設尚書侍郎，以分掌朝廷之政，蓋得周公之心於千載之上，舉明王之典於三代之前，可謂卓冠百王，而足以垂法於萬世矣。臣故舉此以爲總論朝廷之政，蓋以遵聖祖之制，以見今日朝廷爲政之大要，其綱領在此也。伏願皇上重六部之職，簡卿佐之任，以爲朝廷出政之本。其未用也，慎於選擇；不勝任也，亟罷之；其既任也，專於委注；能舉職也，久任之。則治古之治不難復矣。臣不勝惓惓。【略】

臣按：禮樂者，刑政之本；刑政者，禮樂之輔。古之帝王，所以同民心，出治道，使天下如一家，中國如一人者，不過舉此四者措之而已，是則所謂脩道之教，王者之道，治天下之大經大法者也。夫有大中之制，以節民之心志；有至和之節以和民之聲音；行此禮樂之道，則有法制禁令；防此禮樂之失，則有刑罰憲度。始也，治道由此而出；終也，王道因此而備。禮也，樂也，政與刑也，其用在天下，其本在朝廷，後之有天下國家者，其尚端出治之本，備王道之制，而又爲維持防範之具，使之四達於當時，通行於天下，其爲治也孰加焉。【略】

臣按：德、禮、政、刑四者，凡經書所論爲治之道，皆不外乎此。孔子分政、刑、德、禮以爲二，而言其效有淺深。朱熹則合德、禮、政、刑爲一，而言其事相爲終始。要之，聖賢之言，互相發也。夫人君爲治，固在脩德以爲化民之本，然人非一人，地非一地，人所禀有偏全，地所至有遠近，既化以德，而有不一者，須必有禮以一之，然後吾之德化可行焉。苟導之而不從，化之而不齊，非有法制禁令又不可也。法制以示之於前，禁令以約之於後，彼猶悖禮而梗化，則刑罰之加，烏可少哉！孟子曰：『徒善不足以爲政，徒法不能以自行。』有政刑而無德禮，是謂徒法；有德禮而無政刑，是謂徒善。爲政之道，於斯四者，誠不可以缺一者也。孔子論治之言，散見於經籍者多矣。總論爲治之要，皆莫出於斯。

明·李賢《古穰集》卷一《上中興正本策》 臣伏惟陛下即位之初，大開言路，凡朝政之闕遺，有司之利病，生民之休戚，軍務之得失，中外進言者論之詳矣。若夫關於陛下躬行窮理，正心脩己治人之道，則或畧焉。此臣區區犬馬之忠，私竊過慮，以爲陛下一身，乃家國天下之本也。而陛下之心，又一身之本也。夫正其本，萬事理，惟陛下之心既正，則家國天下之事，可得而理矣。臣所以忘其愚陋，獻此中興正本策，其目有十焉。一曰勤聖學，二曰顧箴警，三曰戒嗜慾，四曰絶玩好，五曰慎舉措，六曰崇節儉，七曰畏天變，八曰勉貴近，九曰振士風，十曰結民心。夫勤聖學者所以格物窮理也，顧箴警者所以誠意正心也，戒嗜欲以至結民心者所以脩身治人之道，也皆切於陛下躬行之事，不係各司舉行者。伏乞留中，萬機之暇，時賜省覽，於陛下身心未必無。少補焉且陛下春秋鼎盛，初登寶位，天命之眷顧方新，人心之向慕方切，當端本正始之日，適乘勢有爲之時求其所謂要道先務今日最急而不可緩者在此十策，夫十策既舉，則大本正矣，天下之事可以次第而推行之不難矣。由是明是非以行賞罰，辨邪正以用人材，抗公道以振紀綱，節財用以固邦本，勵將帥以作士氣，脩政事以重邊防，開壅蔽以通下情，敬大臣以資治道，特皆陛下之餘事耳。伏望聖明深加察納，果斷力行，以幸天下，以光祖宗，以慰生靈延頸舉踵之望，以追前代英君義辟之蹤，蓋陛下之責，必如是而後塞。嗟夫！言之逆耳者，惟聖君乃能聽；事之難言者，非忠臣不能言。故曰責難於君謂之恭，陳善蔽邪謂之敬。昔宋儒朱熹將上殿，奏事或謂正心誠意之説，上所厭聞。熹曰：『吾平生所得，惟此四字，豈忍不言而欺吾君乎』。此人臣以道事君，貴乎有犯無隱也。臣觀陛下即位以來雖疏遠之臣，蒭蕘之賤，皆得效忠，況臣職居郎署日近清光噤默不言可謂忠乎，雖然噤默不言者臣之罪也，言之不用者亦臣之罪也。何者陛下有聰明之資，有溫恭之德，有寬仁之度，有納諫之美。臣下有言而不用，非拒之也，蓋以所言未必剴切當帝心者，或無誠意感動故也。故曰言之不用者，亦臣之罪也。倘陛下不以臣卑鄙猥言，或有可取，舉而行之，將見功業煥然，必出於尋常萬。萬豈但臣之受賜而已，實社稷蒼生之大幸也。臣不勝惓惓，螻蟻之誠罔知忌諱，昧死進言，冒干天威，無任激切悚懼之至。

一曰勤聖學。臣觀自古聖賢之君，率皆留心於務學。曰：『人心惟危，道心惟微，惟精惟一，允執厥中』。此堯、舜、禹相傳之學也。曰：『以義制事以禮制，心成湯之學也』。曰：『終始惟一，時乃日新』，太甲之學也。曰：『惟學遜志務時敏，厥脩乃來』，高宗之學也。曰：『克厥宅心』，文王之學也，訪於《洪範》丹書，武王之學也。曰：『日就月將，學有緝熙于光明』，成王之學也。若夫漢、唐、宋之君，或講論經理，夜分乃寐；或執業尊師，升堂講説；或鋭情經術，夜艾不休；或留意典墳，採爲龜鑑；或進陸贄奏議，或覽『貞觀政要』。不以炎暑而輟經筵，不以風雨而罷講讀，雖無唐虞三代正心誠意之功，亦可謂後世好學之賢君，較之懵然不學而昏亂者，不啻天淵之相遠矣。伏願陛下歷觀前代聖賢之君，所好者何學，所學者何事。不但口耳之粗迹，務考義理之奥旨。必專心以致志，不一暴而十寒。以正心脩身爲要務，以居敬存誠爲大本。帝王之學，既有所得，應事接物，無或不當。異日嘉靖邦國，巍然爲中興之令主。未必不由好學致之也。伏願聖明留意。

二曰顧箴警。臣聞前代聖賢之君，必賴箴規警戒之助，然後此心不敢怠忽，常存敬畏，庶幾無過舉焉。若成湯之聖而猶銘其沐浴之盤以自新，武王之聖而亦銘其席杖楹牖以自戒。衛武公在輿有旅賁之規，位宁有官師之典，倚几有訓誦之諫，居寢有暬御之箴。魯廟有欹器而寓持滿之戒，稷廟有金人而存緘口之銘。《無逸》一篇，列於講閣；前代遺迹，寫爲鑑圖。書《洪範》之語於座屏，書《孟子》之言於屏。障此皆宋之令主也。由是觀之，前代聖賢之君，以警戒爲龜鑑，以宴安爲鴆毒，内外交養而表裏俱修，是以君德日隆，多福自至。其餘不知警戒，雖有忠臣進獻箴銘，視爲虚文，畧不省覽，是以流連荒亡，盤樂怠傲，自求其禍，以致敗亂者，往往皆然。伏願陛下法前代聖賢之君，存箴規警戒之助，摭往事之明鑑，採古人之格言，或施之障屏，或設之殿壁，出入起居，常目必在，退朝燕處，此心不忘。于以防過於未然，于以禁欲於將萌。如此則意無不誠，心無不正，身由是而脩，天下由是而治，將無愧於古之聖帝明王矣。惟聖明其深念之。

三曰戒嗜慾。臣觀自古聖賢之君，未嘗不以嗜慾爲戒。益之戒舜曰：『罔遊於逸，罔淫於樂』。皋陶之戒舜曰：『無教逸欲有邦』。仲虺作誥以戒成湯曰：『惟王不邇聲色，不殖貨利，用人惟已，改過不吝』。伊尹述訓以戒太甲曰：『敢有恒舞于宫，酣歌于室，時謂巫風。敢有殉于貨色，恒于遊畋，時謂淫風』。召公之戒武王曰：『玩人喪德，玩物喪志，不矜細行，終累大德』。周公之戒成王曰：『無淫于觀、于逸、于遊、于田，以萬民惟正之供』。張藴古作《大寶箴》戒唐太宗曰：『樂不可極，樂極生哀；欲不可縱，縱欲成災』。范祖禹講《五子歌》戒宋哲宗曰：『内作色荒，外作禽荒，甘酒嗜音，峻宇雕牆，有一于此，未或不亡』。此前代聖賢之君，能受人臣之戒，而不敢流於嗜慾，當時天下之治，不可尚也。若夫昏暗之主，雖有忠臣進戒，拒而不納，逸樂怠荒，以致天下之亂者多矣。夫宴樂乃害心之鴆毒，酒色實伐性之斧斤。伏望陛下以前代聖賢之君爲法，絶去嗜慾之私，養其清明之德，以斯民未被其澤爲憂，以天下未得其寧爲念，講周孔之遺編，考帝王之治道，務成中興之業，以慰祖宗之心，則社稷幸甚，蒼生幸甚。

四曰絶玩好。臣惟人主一心，攻之者甚衆，不能爲玩好所惑者寡矣。是以古之聖賢之君，常有所警，珠玉犬馬，珍禽奇獸，一切玩好之物，悉皆罷去。此心湛然，虚明淵静。故召公恐武王受西旅之獒曰：『不役耳目，百度惟貞』。蓋謂心無所主，反爲耳目所使。若心得其職，則百度無不正矣。必欲心得其職，非從事於學不可也。夫一心無兩用，既能專於此，必不牽於彼。伏乞陛下於内侍之中，擇讀書知義者四五人，置諸左右。外聽儒臣講論經史，内與左右解説其義。心通性悦，日新月盛，聰明益長，智慮益高。静觀左右之人，或以玩好之物來陳者，必嚴以斥之，曰：『爾以聖明之君待其主邪？以庸暗之君待其主邪？』夫以聖明之君待其主者，必以堯舜之，道陳之以開陛下之心胸，此忠臣也，以庸暗之君待其主者，必以玩好之物陳之，以惑陛下之耳目，此姦臣也。歷觀前代未有明君而不法堯舜之道者，未有昏君而不溺玩好之物者，惟陛下留心省察，果能務學而絶玩好，則行無不謹，身無不脩，宗社自固，生民自安，不患不爲大明令主，而中興之業不成者，臣未之信也。

五曰慎舉措。臣惟人君之舉措，不可不慎也。《書》曰：『惟皇作極』。蓋謂人君一身立至極之標準，而天下四方之人，環顧而取法焉舉。措一失其當則遠近之人，得以窺探其好尚之偏，可不懼哉。《記》曰：『王前巫而後史，卜筮瞽侑，皆在左右。王中心無，爲也以守至正』。又曰：虞、夏、商、周有師保，有疑丞，設四輔及三公，皆所以防君之過舉也。昔周成王削桐葉爲圭以與叔虞，曰：『封汝』。史佚請擇日，王曰：『戲也』。史佚曰：『天子無戲言，言則史書之』。至於漢、唐、宋之君，皆有起居注之職。有失即告，有過必録，蓋亦嚴於自防矣。是以古之明主，愛一嚬一咲，夫一嚬一咲尚不可輕發，況見諸行事，一舉一措豈可輕動哉。伏願陛下試加留意，一日之間，舉一事也，必再思之，果當於理，然後行焉；措一事也，必更審之，或乖於理，而即止焉。又望陛下内則告夫貴近之臣，外則勉夫輔導之職。若高宗之命傅説曰：『朝夕納誨，以輔台德』。又曰：『爾交修予罔予棄予，惟克邁乃訓』。夫人君既以伊、傅、周、召望其臣，則人臣必以堯、舜、湯、武致其君。由是君臣一體，志同道合，而陛下之舉措，無有不得其當矣。

六曰崇節儉。臣觀自古聖賢之君，未有不崇節儉者。若帝堯茅茨不剪，土階三尺；大禹絶旨酒，菲飲食，卑宫室，惡衣服；文王卑服即康功田功。當時雍熙泰和之治，不可尚矣。漢文帝欲作露臺，不忍百金之費，身衣弋綈，席用莞蒲，所幸夫人，衣不曳地。唐太宗出宫女三千，欲營一殿，材用已具，鑒秦而止。嘗曰：『欲盛則費廣，賦重則民愁。以此思之，不敢縱欲』。宋仁宗夜思燒羊，忍饑而不索，恐自此多傷物命。見宫人首飾珍珠，遮目不觀，惡其奢費，器用止於漆素，食裯止於黄絁。漢、唐、宋，各有天下數百年，求其海内富庶，無如三君之時，蓋人君既以節儉存心，臣下豈敢奢侈相尚，自然家給人足也。況今天下多事之秋，工部、光祿寺諸司諸色買辦，倍於前日。近因賊寇驚擾，人民尚未寧息。伏望陛下躬行節儉，凡内府一應服食器用，必須究查今日之費，比之先朝果減省乎。果增多乎？務用減省，以蘇民力，則天下幸甚。

七曰畏天變。臣聞天心仁愛人君，必出災異以譴告之。爲人君者，務求天意所在，而存脩省之誠，可以變災爲祥，轉禍爲福也。昔商之中宗，有桑穀並生於朝，恐懼脩德而天意即回。高宗有飛雉鳴于鼎耳，克正厥事而王業再振。宋之太宗避殿減膳，而東井彗滅；詔欲自焚，而雨得蝗死。仁宗霖雨爲沴，而引咎格天；久旱不雨，而密禱即應。是四君者，俱能上感天心，變災爲祥。遂享靈長之福，以成中興之治。往歲以來，山崩河改，地動殿災，蝗旱相仍，天象交變，譴告之意可謂至矣。當時若能廢出姦邪，任用忠良，克己自新，以答天譴，未必不轉禍爲福也。惟其脩省未至，是以不免於難。由是觀之，災異之見，何代無之？顧人君脩省何如耳。且匹夫一念之誠，尚能動天，況人君精誠所感，其應尤速。伏願陛下脩德正事，以承天心。凡欽天監并各處奏來災異之變，必早夜思省，以回天意；凛然敬畏，以弭災變。將見天人感應之速，未必不如商之中宗、高宗，宋之太宗、仁宗也。于以爲守成之令主，于以致中興之盛治。功烈卓然，萬世標準，豈不美哉！臣區區螻蟻之誠，所願望者如此，惟聖明留心，幸甚。

八曰勉貴近。臣觀前代中官，正直忠良，有功於國家者，不爲無人。若漢唐之世，史游、良賀、呂劉、馬嚴，或勤心納忠，有所裨益；或清儉退守，無所引薦；或清忠奉公，直言切諫；或排去姦邪，委政廟堂；或以一身扞人主之難；或辭兩軍抗冥鴻之志。千載之下，仰其芬烈。視彼招權撓政，賣弄威福，取快一時，不旋踵而遭大僇者，一薰一蕕，相去遠矣。今陛下左右内侍之臣，大非前日之比。率皆小心畏謹，恪勤匪懈，守祖宗之家法，絶外人之交，通蓋能以覆轍爲戒也。猶望陛下時加勉勵不使怠忽且陛下一日之間，接文武羣臣之時少，親左右貴近之時多，若能輔成今日中興之治，皆其功也，可不勉哉！果能取法於前人，興循理好善之念，存正直忠良之心，載之方册，傳之萬世，後之人仰而羡之曰。當時貴近之臣，某也正直，某也忠良。如此則播令名於無窮，豈不美哉。

九曰振士風。臣聞唐虞三代之世，人人有士君子之行，比屋有可封之俗，士風之振，不可尚也。降自後世，西漢士風尚忠厚，東漢士風尚名節。雖所尚不同，而莫非善行。國祚所以綿遠者，由士風之振，有以維持之也。魏晉以來，流於清談，虚曠放達，而士風大壞。李唐之世，士尚華靡，多文少實，宜乎天下治日少而亂日多也。惟宋之士夫，有三代之風，詳其所由，亦上之人有以勵之耳。觀太宗戒欺誕之詩曰：『好事盡輸純與直，謾勞頬舌湧如泉』，士風安得不誠實乎！真宗疾奔競之詩曰：『臣下但當守公法，馳騖苟進何可取』，士風安得不恬退乎！黜勢家子不與孤寒並進，録廉吏後以愧貪墨之徒，宜乎士風爭尚清廉也。此宋之賢君護風俗如護元氣，重名節如重神明，所以士風大振而人人有士君子之行。伏願陛下取法於宋，以振士風。戒欺誕以勵誠實，疾奔競以惜恬退。黜貪墨以重清廉，抑僥倖之徒，絶諂佞之輩，俾我朝人人有士君子之行，將見士風大振，未必不如宋之可追三代也。惟陛下舉而行之，幸甚。

十曰結民心。臣觀《書》曰：『天視自我民視，天聽自我民聽』。蓋民心之向背，係天命之去留。有天下者不能固結民心，而欲久安長治者難矣。夏、商、周、漢、唐、宋，俱有天下數百年，而歷世綿遠者，固結民心之所致也。其餘不能百年，甚至三四十年而止者，率由民心不向故也。歷觀前代所以固結民心者，豈有他術，不過安之養之而已。《書》曰：『德惟善政，政在養民』，又曰：『安民則惠，黎民懷之』。是以古之聖賢之君愛民之心，如愛赤子，休養生息，惟恐失所。晁錯曰：人情莫不欲壽，三王生之而不傷；人情莫不欲富，三王厚之而不困；人情莫不欲安，三王扶之而不危；人情莫不欲逸，三王節其力而不盡。是以所欲與聚，所惡無施，此固結民心之道也。劉基曰：『三代之民，如以膠摶沙，言其難散故也。五伯之民，如以水摶沙，言其易散故也』。伏願陛下遠法前代結民心之道，近體祖宗恤民之心，發矜憐惻怛之念，於九重之上，播春風和氣之仁於八荒之表。孟子曰：『德之流行，速於置郵而傳命』。蓋陛下省一分之費，則民受一分之賜；施一分之寬，則民被一分之澤。務使海内富庶，衣食充足，將見下民愛戴陛下之心，亦如三代之民，以膠摶沙而不散，或遇寇賊姦宄之變，必不忍負朝廷之恩。如此則宗社可安於永久，雖歷億萬斯年可也。惟陛下注意熟察。幸甚。

明・方孝孺《遜志齋集》卷二《深慮論一》　慮天下者，常圖其所難，而忽其所易；備其所可畏，而遺其所不疑。然而禍常發於所忽之中，而亂常起於不足疑之事。豈其慮之未周歟？蓋慮之所能及者，人事之宜然，而出於智力之所不及者，天道也。當秦之世，而滅六諸侯，一天下，而其心以爲周之亡在乎諸侯之强耳，變封建而爲郡縣。方以爲兵革可不復用，天子之位可以世守，而不知漢帝起隴畝之匹夫，而卒亡秦之社稷。漢懲秦之孤立，於是大建庶孽而爲諸侯，以爲同姓之親可以相繼而無變，而七國萌篡弒之謀。武、宣以後，稍剖析之而分其勢，以爲無事矣，而王莽卒移漢祚。光武之懲哀、平，魏之懲漢，晉之懲魏，各懲其所繇亡而爲之備，而其亡也，皆出其所備之外。唐太宗聞武氏之殺其子孫，求人於疑似之際，而除之而武氏日侍其左右而不悟。宋太祖見五代方鎮之足以制其君，盡釋其兵權，使力弱而易制，而不知子孫卒困於彊寇。此其人皆有出人之智、負蓋世之才，其於治亂存亡之幾，思之詳而備之審矣。慮切於此而禍興於彼，終至於亂亡者何哉？蓋智可以謀人，而不可以謀天。良醫之子多死於病，良巫之子多死於鬼，彼豈工於活人而拙於活已之子哉？乃工於謀人而拙於謀天也。古之聖人，知天下後世之變非智慮之所能周，非法術之所能制，不敢肆其私謀詭計，而惟積至誠、用大德以結乎天心，使天眷其德，若慈母之保赤子而不忍釋。故其子孫雖有至愚不肖者足以亡國，而天下不忍遽亡之，此慮之遠者也。夫苟不能自結於天，而欲以區區之智籠絡當世之務，而必後世之無危亡，此理之所必無者，也而豈天道哉！

又《深慮論二》　藥石所以治疾，而不能使人無疾。法制所以備亂，而不能使天下無亂。不治其致疾之源，而好服藥者，未有不死者也。不能塞禍亂之本，而好立法者未有不亡者也。人身未嘗有疾也，疾之生也，必有致之之繇。誠能預謹於飲食、嗜欲之際，而慎察於喜怒悲樂之間，以固其元氣，而調其榮衛，使寒暑燥濕之毒不能奸其中，雖微藥石，固不害其爲生。泄敗之，壞傷之，而恃藥石以爲可免於死，此死者交首於世而不悟也。夫天下固未嘗好亂也，而亂常不絕於時，豈誠法制之未備與？亦害其元氣故也。夫人民者，天下之元氣也。人君得之則治，失之則亂順其道則安，逆其道則危。其治亂安危之機，亦有出於法制之外者矣。人常拘拘焉盡心於法制之内，而不盡心於法制之外，非惑與？聖人之法，常禁之於不待禁之後，而令之於未嘗爲之先，故法行而民不怨。欲禁民之無相攘奪盜竊也，必先思其攘奪盜竊之繇。使之有土以耕，有業以爲有粟米布帛以爲衣食，而後禁之，則攘奪盜賊可止也。欲禁民之無爲暴戾詐僞，不率倫紀也，必先爲學以教之，行道以化之，使之浸漬乎禮讓薰蒸乎忠厚，知暴戾詐僞不率倫紀之爲非，然後可得而息也。欲其無相淫亂也，必先使之無鰥寡怨曠之思。欲其無貪黷也，必先使之知畏戮辱而重廉耻。夫先使之可以無犯乎法，而猶犯之者，此誠玩法之民也。玩法者非特法之所不容，亦民之所不容也。故刑罰加於下，而民視之如霜雪之殺，雷霆之擊，以爲當然，而不敢以爲非。故民曉然知上之法，所以安已也。非所以虐已，愛戴其上而不忍離，卒有至凶極悍之徒萌無上之心，亦無繇而成事，以其能固民之心也。不能使之安其生，復其性，而責其無爲邪僻，禁其無爲暴亂。法制愈詳而民心愈離，欲保國之無危，是猶病内鑠之疾，而欲求活於針砭。及其死也，不尤養生之無道，而責針砭之不良。嗚呼！

曷若治其本邪？

又《深慮論三》 繼世而有天下者，必視前政之得失而損益之。知其得而不知其失，懲其失而盡革其舊，此皆亂之始也。夫有天下，遠者至於數十世，近者百餘年而後亡，其先之政必有善者。及其子孫一旦而敗之，亦必有不善者。苟去其不善而復其善，增益其所未足，而變更其所難循，求其宜於民情，則可矣，奚必使其一出於已而後爲政哉！三代以降，昏主敗國，相尋於世者非他，皆欲以私意更其政，而無公天下之心故也。舜繼堯，未嘗改於堯之政。禹繼舜，守舜之法而不敢損益，湯之繼桀，武王之繼紂，反桀紂之所爲復之於禹湯之舊，損益之而已，未嘗敢以私意爲之也，以私意爲天下者，懲其末而不究其本者也。周之政可謂善矣，本於唐虞二代之爲，而損益於武王周公二聖人之心。後世雖有智者，豈能過於二聖人哉！暴秦起而繼之，見其子孫敗於削弱，則曰周之政弱，於是更之以强；周之刑過於寬，於是易之以猛。而不知周之法未嘗過於寬與弱也。當周之衰，國自爲政，苛刑密禁四布而百出，武王周公之遺意掃蕩無遺。民不堪其主之暴虐，於是亡六國而爲秦。則周之諸侯以强與猛而亡，非過於弱與寬也。秦不知其故，不反武王周公之舊，而重之以强，濟之以猛，於是天下怨苦而叛之。非民之罪也，變更之道非也。夫政譬之弓然，日用之則調，越月踰旬而不用之則敧。善治弓者，見其敧則檠之，使其調而已。不善治弓者，則折而棄之，而更以朽株敗枲。爲弓以射，射而不中乎禽，豈禽之過哉？棄良弓之過也。天下之弓不能必其良否，惟羿之弓不問可知其良，以其善射而擇之精也。後世之政，其得失未可定也。千載之後舉而行之而無弊者，其惟武王周公之法乎！

又《深慮論四》 有天下者常欲傳之於後世，而不免於敗亡者，何哉？其大患在於治之非其法，其次則患守法者非其人也。民心難合而易離，譬之龍蛇虎豹然。欲久畜之，則必先求其嗜欲好惡喜怒之節，而勿違其性。使性安於我而無他慕之心，然後可得而畜也。既不失其性矣，猶恐後之人，未能皆若吾之用心專且勞，於是立爲畜之之法而著之於書。曰如是則可以久畜，如彼則將逸去而不可禁。使後世雖庸夫小子能守吾法而不變，亦可以畜之而不失，此創業者之責也。法可以治而亂也，法可以存而亡也，歸罪於子孫而委諸天命，可也。苟吾法有未盡焉，亂亡因吾法以起，而可謂之天命乎？周之嗣王自成、康、昭、穆以下，惟宣王爲賢，其他者與漢唐亂亡之主無異。然而至於七百餘年而後亡者，守法者雖闇劣，而其法善也。當七國之時，周雖已衰，使有賢主如宣王者復出，赫然奮發，舉文武之遺典而修明之，諸侯有不斂衽而朝者乎？故周之弊在乎守法者非其人，而不在乎法。漢唐之法駁雜而疏畧，得賢主則治，不得其人即亂而亡。故其弊在乎法不足周事，而不可專罪守法之非人。若秦之法固不可得守矣，使有賢主繼始皇之後，猶不免於亂，況胡亥之刻虐乎？故二者俱弊而亡者，秦也。隋之法與秦異，而守法者與秦同。故法雖不足以取亡，而亡於暴虐者，隋也。此五世之君，惟周之亡爲天命。秦、隋、漢、唐雖爲法不同，而自速其危亡，則一而已。夫有天下者，豈有自速危亡之心哉！而子孫卒不免焉者，其爲法之過也。世之爲法者，莫不欲禁暴亂、貪猾、詭僞、盗竊之人。而此數者常布滿海内之獄，不爲少止，豈爲刑罰之不重哉？俟其爲暴亂、貪猾、詭僞、盗竊而後禁之，而不能使其不爲也。聖人之爲法，常治之於未爲之先，使其心自知其非而不肯爲，故爲法者不煩，守法者不勞，而民不敢爲亂。《易》曰：『豶豕之牙吉。』豶牙非無牙也，有牙而不能傷也。此聖人治天下之法也。

又《深慮論五》 治天下有道，仁義禮樂之謂也。治天下有法，慶賞刑誅之謂也。古之爲法者，以仁義禮樂爲穀粟，而以慶賞刑誅爲塩醢，故功成而民不病。棄穀粟而食塩醢，此亂之所繇生也。山谷之民，固多不待塩醢而生者矣，其害不過羸憊而無力，以塩醢爲食，不至於腐腸裂吻而死，豈遂止哉？人性非好死也，常趨死之道而違生者，告之者非也。夫仁義禮樂之道非虚言而已，必有其實。本其實而告之，人寧有不知其美者乎？仁義禮樂之爲人忌於世者，繇夫虚言而不爲事實者。始告之以爲仁，而不告之以爲仁之故，彼將曰此虚言耳，奚可用哉！告之以爲義，爲禮樂，而不告之爲之之事彼將曰此特其名爾，安足信哉！此聖人之道所以見棄於世而不振也。持劍擁盾而謂人曰『我善鬭』，人必信之。儒衣冠而謂人曰『我善鬭』，不笑則怒矣。故欲人之見信，必先示之以其事。聖人之爲仁，非特曰仁而已也，必有仁之政。欲民之無饑也，口授之田。欲民之無寒也，教之桑而帛，麻而布欲老者之有養，祭享賓客之有奉也，教之陂池而魚鼈，牢柵而雞豚。欲民之安也，不爲苛役以勞之，欲民之無夭也，不爲煩刑以虐之。親老子獨者勿事，胎育而貧者有給。以至於獮而不傷麛卵，樵而不斬萌蘖，皆仁也。其爲義也，必有義之政。上之取之也有常，用之也有節，均之也有分。疆界也以防其争，鄰保也以洽其歡，車服也以昭貴賤，衡量也以信多寡，饑寒也減其力役之征，畧其婚娶之儀，學於閭也，使其知長幼之序，書於鄉也，使其知善惡之效。推而至於安生而達分，尊上而趨事，皆義也。爲禮之政，而使民自揖讓拜跪獻酬之微，各極其敬，以至於五倫叙而三綱。立爲樂之政，而使民自咏歌搏拊舞蹈之事充而大之，至於和樂忠信，不怨不怒而易使。聖人之用是四者，持之以堅凝，而守之以悠久，如待穫於秋，濬泉於深，必得其效而後止。四者之化成天下之民，膠結而不可解，有不齊者從而以法令之，則令之易服而治之不難。故三代之民非異於後世之民也，後世之民常好亂，而三代之時未嘗有一民爲亂者，治之者異也。仁義禮樂入其心，民雖知可以爲亂而不能。賞罰旌誅動其心，民雖欲爲亂而不敢。不能者有所恥，而不敢者有所畏也。治天下而能使人恥於爲非，雖無刑罰可也。恃法威而使民畏，民其能常畏乎？及其衰則不畏之矣。三代以下雖有賢主，而不足致治者，欲使民畏，而不知仁義禮樂之説也。故爲治不可以不察也。

又《深慮論六》 智者立法，其次守法，其次不亂法。立法者，非知仁義之道者不能；守法者，非知立法之意者不能；不知立法之意者，未有不亂法者也。古之聖人，既行仁義之政矣，以爲未足以盡天下之變，於是推仁義而寓之於法，使吾之法行而仁義亦隱行其中。故望吾之法者，知其可畏而不犯；中乎法者，知法之立無非仁義而不怨；用法而誅其民，其民信之，曰：『是非好法行也，欲行仁義也』。故堯舜之世有不誅，誅而海内服其公，以其立法善而然也。夫法之立，豈爲利其國乎？豈以保其子孫之不亡乎？其意將以利民爾。故法苟足以利民，雖成於異代，出於他人，守之可也；誠反先王之道而不足以利民，雖作於吾心，勿守之可也。知其善而守之，能守法者也；知其不善而更之，亦能守法者也；所惡乎變法者，不知法之意而以私意紛更之。出於已者以爲是，出於古之人者以爲非，是其所當非，而非其所宜是，舉天下好惡之公皆棄而不用，而一準其私意之法，甚則時任其喜怒，而亂予奪之平，繇是法不可行也。蕭何、曹參世所謂刀筆吏，其功業事爲君子恥稱焉，然何之立法，參之善守法，後世莫及也。當秦之亡，其患不在乎無法，而患乎法之過嚴；不患乎法廢而不舉，而患乎自亂其法。故蕭何既損益一代之典，曹參繼之，即泊然無所復爲。參之才，何之所畏，非不能有爲者也，特恐變更而或至於亂，不如固守之爲萬全爾夫。天下譬之寶玉然，法譬則韜藏之器然。善爲寶玉計者，器既成，則寶而置之，勿動可也。日持而弄之携之，以示人，挾之以出遊，失手而墮地，不碎則缺璺矣。故國有治於疏畧，而亂於過爲之計。過計者未嘗不笑疏畧者爲愚，而不知疏畧者爲智大也。故用智之爲智，衆人之所知，而不用其智之爲智，非君子不能。孟子曰：『禹之治水也，行其所無事也。』豈止治水哉，治天下者，亦行其所無事而已！

又《深慮論七》 謂必積德而後王乎，漢唐奚爲而有天下？謂天命可以偶致乎，項籍李密奚爲而不有天下？此世儒難通之論也。然匹夫之家致十金之産，其先必有忠信之人。謂王者而不繇於積德，固不可也。漢唐之高祖或起於隴畝，或興於世族，非有數十世之積累，如周之先公，而傳數百年之久，謂不繇於天命，亦不可也。然則安所決乎？有累世之積，而又有聖人之德者必王，王必久而後亡，成周是也。雖無積於其先，而有聖人之心者，亦必王，其亡也必與積久者異，漢唐是也。二者俱不足以王，而得位者，僥倖乎天命者也，暫假之而已矣，秦隋五代是也，故天之立君也，非以私一人而富貴之，將使其涵育斯民，俾各得其所也。善於知天者，不敢恃天命之在我，而惟恐不足以承天之命。不敢以天下爲樂，而以天下爲憂。視斯民之未安，猶赤子之在抱。養之以寬，而推之以恕，澤之以大德，而結之以至誠，使其心服於我，而不能釋，然後天命可得而保矣。今牧人之牛羊者，欲其久而不易，必蕃息之，長遂之，使其人喜悦而不忍易，斯可以久牧矣。苟鞭箠之，飢渴之，死亡其所授，而欲求其不已易，寧可得哉？欲知天命之永與促，視乎創業之主，可見矣。創業之主仁不仁，天命民心之所去就也。創業者不患法制之不修，刑罰之不嚴，而患乎教化不行，風俗不美。誠能施教化，美風俗，其後世雖有冥愚暴悍之主，天猶容而不遽絶之，周自文武以降，更足以亡國者數君而不亡豈天私之而然哉？思創業者之德，而不忍也。夫既無先人之積可恃以不亡，又不及已之身修德以庇其後，而曰天命在我，何往而不爲秦隋五代之歸哉！

又《深慮論八》 驍勇之士多死於鋒鏑，聰明之士多敗於壅蔽。天下之禍常起於人所恃，而出於意之所不虞，其故何哉？人可以有德，而不可恃其有德；可以有才，而不可恃其有才。恃之所生，禍之所萃也。匹夫持挺而立於賁育之前，賁育變色而不敢動，非畏之也，不知持挺者之勇怯也。使人號於賁育之門，曰『我勇蓋天下』，賁育則笑而殺之耳。何哉？真勇者固未嘗自恃其勇而驕人。謂聰明者，智足以盡萬物之變，才足以通萬事之要，而心常欿然。夸辭不出於口，怵色不形於面，以旁求於當世之人，故能謀者獻其謀，有力者効其力。凡一藝一能之士，皆爲之竭盡而不敢欺之，以其所處者謙，所求者廣，而不自恃其聰明也。夫苟自恃其聰明，未有不敗於其臣者也。蓋恃則自盈，自盈則耻聞過，耻聞過，則人不告之以善，而見聞日狹矣。見聞既狹，於是奸諛之徒謬爲卑諂，以媚適將順之於內，而竊其威柄，妄行賞罰於外。是國家之大權潛移於下，而禍亂乘之以起，皆自恃其聰明之過也。唐德宗之於盧杞，宋高宗之於秦檜，方其任二臣也，自以爲聖賢相逢，驩然共政而不疑。其時雖告之以爲壅蔽，彼固以爲妄言而不信矣。孰知爲計之愚，適爲奸臣之所笑哉。然則其所恃以爲聰明者，乃愚之甚者也。故人君不貴乎智，而貴乎不有其智。不貴乎才，而貴乎不居其才，不貴乎聰明，而貴乎取衆庶之言以爲耳目。不如是而好於自用者，未有不敗於壅蔽者也。

又《深慮論九》 世之言治者亦難矣！爲任人可以治，則二世之任趙高，哀平之任王莽，元宗之任李林甫，皆以任之太過而亂。以爲自用可以治，則秦始皇隋文帝皆以自用而致滅亡。然則果何繇而可治乎？任人可也，不得其人而任之不可；也躬政可也，自用而不用人不可也。四海之事，固非一人之所能知也。君人者能正一身，以臨天下，擇世之賢人君子，委之以政，推之以誠，而待之以禮；燭之以明，使讒佞無所進其讒，信之以事，使便嬖不得撓其功。簿書之事，不使親其勞，獄訟之微，不使入其心。惟責之以用賢才，治百官，變風俗，足民庶，興禮樂，而綏夷狄。如農之望穡，旅之望家，必俟其至而後已。苟有成功，任之終其身，不爲久也，爵之極其崇，不爲濫也。功苟不成，黜而屏之不爲少恩也，罰而殛之不爲過暴也。以此道任人，則賢者可得，而亂無自而生矣。其或羣臣之才不足任，而已不可自逸，則常博求衆庶之善，施之於政，而持其大綱，以提撥天下之倦怠，洗濯天下之昏穢。使吾身如日月之運，爲力不勞而纖微畢照。如雷霆之威，爲勢不猛而萬物自懾。則雖躬親聽斷，亦何害其爲治哉！昔之任人而亂者，衆人之所謂賢則不任，必取其意之以爲賢者則任之。而不知其意之所謂賢者，非希旨迎合之徒，則詐譎凶殘之小人爾。用是而致亂，非任人之罪也。不能擇賢之罪也。好爲聰察則不然，以爲羣臣舉不足信，而必欲使天下之事皆繇己出。故往往流爲苛細深刻，而亦卒底於亡。此非不能爲政也，不知爲君之道者也，夫爲君而不能任人，是猶御而不能轡，匠而不能斲。用力雖至而不能成功，任人而不得其人，猶轡而不以絲，斲而不以斧也曰：『然則欲治者將何先？』曰：『明以擇人，誠以用賢。』

又《深慮論十》 爲國之道，莫先於用人；用人之道，莫先於作其好名喜功之氣，好名喜功之人，守常之主之所惡，而創業垂統之君所願得而樂用者也。舉世之才，未必皆賢，未必皆足。用善用人者，拔一二於千百，而使千百之人與之俱化，而不自知。此作氣之術也。王良之馬，豈皆騏驥哉？當良執轡馳車，試之於郊，徐之則徐疾之則疾，萬蹄之驟如一馬，然非無駑劣下才者也。雖駑劣下才者，皆化而騏驥，當其化也，馬不知其筋力曷爲而化；而執鞭策，日侍王良左右之人，亦不知其爲何爲而頓異也，獨良知之爾。馬之材質，得於天者已定；王良豈能增益之哉？能作其氣焉爾。故以驥待馬，則馬皆驥也；以駑駘待馬，則雖有善馬，皆失其所爲善。堯舜之世，其人豈能素習行義，而盡過於人哉？所以作之者，異也。人有好名而强諫直諍者，有好名而修廉潔敦信讓者；自其人言之，則好名信非善事矣。自有益於國言之，取其有益於國斯可矣。烏顧其出於好名哉？善用人者，因其所長而用之，而不奪其所好。彼好名也，吾因而與之以名，則天下之好名而願行其道者，無不至；而吾之才不可勝用矣。彼喜功者，能治民則喜，因治民以立功；能用兵則喜，因用兵以立功；能興禮樂理風俗，則喜挾其所能以立功。然使各盡其才，而如其所欲；則其所立，非彼之功，乃有國者之功也。用一人而使喜功者皆至，於國何損乎？此之謂作氣之道。不能用才者則不然，恐人之好名而不肯假人以名；恐人之喜功而不肯使其立功，甚則抑挫之，傾壓之，使其氣消沮隕穫而不振。然後授之以位，於是百職廢而天下無奇才，百行隳而天下無善。士非真無其人也，不能作之而然也。此其爲術至愚，爲計至私，非豪傑之主其孰能知之？

明・張居正《張文忠公全集・奏疏一・陳六事疏》 臣聞帝王之治天下，有大本，有急務；正心修身，建極以爲臣民之表率者，圖治之大本也；審幾度勢，更化宜民者，救時之急務也。大本雖立，而不能更化以善治，譬之琴瑟不調，不解而更張之，不可鼓也。恭惟我皇上，踐祚以來，正身修德，講學勤政，惓惓以敬天法祖爲心，以節財愛民爲務：圖治之大本，既以立矣。但近來風俗人情，積習生弊，有頹靡不振之漸，有積重難反之幾，若不稍加改易，恐無以新天下之耳目，一天下之心志。臣不揣愚陋，日夜思惟，謹就今時之所宜者，條爲六事，開款上請，用備聖明採擇。臣又自惟，幸得以經術，遭逢聖主，備位輔弼，朝夕與同事諸臣，寅恭諧協，凡有所見，自可隨事納忠，似不必更有建白。但臣之愚昧，竊見皇上有必爲之志，而淵衷靜默，臣下莫能仰窺；天下有願治之心，而舊習因仍，趨向未知所適。故敢不避形迹，披瀝上陳，期於宣昭主德，而齊一衆志，非有他也。伏乞聖慈垂鑒，俯賜施行，天下幸甚，臣愚幸甚。

計開：

一省議論。臣聞天下之事，慮之貴詳，行之貴力；謀之在衆，斷之在獨。漢臣中公云：爲治不在多言，顧力行何如耳。臣竊見頃年以來，朝廷之間，議論太多，或一事而甲可乙否，或一人而朝由暮跖，或前後不覺背馳，或毀譽自爲矛盾。是非淆於唇吻，用舍決於愛憎，政多紛更，事無統紀。又每見督撫等官，初到地方，即例有條陳一疏，或漫言數事，或更置數官，文藻競工，覽者每爲所眩，不曰此人有才，即曰此人任事，其實莅任之始，地方利病，豈盡周知，屬官賢否，豈能洞察，不過採聽於衆口耳，讀其詞藻，雖若爛然，究其指歸，茫未有效，比其久也，或并其自言者而忘之矣。即如昨年，皇上以虜賊内犯，特敕廷臣，集議防虜之策。當其時，衆言盈庭，羣策畢舉；今又將一年矣，其所言者，果盡舉行否乎？其所行者，果有實效否乎？又如薊鎮之事，初建議者，曰吾欲云云，當事者，亦曰吾欲云云，曾無幾何，而將不相能，士譁於伍，異論繁興，訛言踵至，於是議罷練兵者，又紛紛矣。臣竊以爲事無全利，亦無全害，人有所長，亦有所短。要在權利害之多寡，酌長短之所宜，委任責成，庶克有濟。今始則計慮未詳，既以人言而遽行，終則執守靡定，又以人言而遽止，加之愛惡交攻，意見橫出，讒言微中，飛語流傳，尋之莫究其端，聽者不勝其眩，是以人懷疑貳，動見譸張，虛曠歲時，成功難睹，語曰：多指亂視，多言亂聽，此最當今大患也。伏望皇上，自今以後，勵精治理，主宰化機，掃無用之虛詞，求躬行之實效。欲爲一事，須審之於初，務求停當，及計慮已審，即斷而行之。如唐憲宗之討淮蔡，雖百方阻之，而終不爲之搖；欲用一人，須慎之於始，務求相應，既得其人，則信而任之，如魏文侯之用樂羊，雖謗書盈篋，而終不爲之動。再乞天語，丁寧部院等衙門，今後各宜仰體朝廷省事尚實之意，一切奏章，務從簡切，是非可否，明白直陳，毋得彼此推諉，徒託空言，其大小臣工，亦各宜秉公持正，以誠心直道相與，以勉修職業爲務，反薄歸厚，尚質省文，庶治理可興，而風俗可變也，伏乞聖裁。

一振紀綱。臣聞人主以一身而居乎兆民之上，臨制四海之廣所以能使天下皆服從教令，整齊而不亂者紀綱而已。綱如網之有繩，紀如絲之有總。《詩》曰：勉勉我王，綱紀四方。此人主太阿之柄，不可一日而倒持者也。臣竊見近年以來，紀綱不肅，法度不行，上下務爲姑息百事悉從委徇，以模棱兩可謂之調停，以委曲遷就謂之善處，法之所加唯在於微賤，而强梗者雖壞法干紀而莫之誰何。禮之所制反在於朝廷，而爲下者或越理犯分而恬不知畏，陵替之風漸成，指臂之勢難使。賈誼所謂蹠盭者深不可慮也，然人情習玩已久，驟一振之必將曰此拂人之情者也，又將曰此務爲操切者也，臣請有以解之，夫徇情之與順情，名雖同而實則異，振作之與操切，事若近而用則殊，蓋順情者，因人情之所同欲者而施之，大學所謂民之所好好之，民之所惡惡之者也，若徇情則不顧理之是非事之可否而惟人情之是便而已。振作者謂整齊嚴肅懸法以示民，而使之不敢犯。孔子所謂道之以德，齊之以禮者也。若操切則爲嚴刑峻法虐使其民而已。故情可順而不可徇，法宜嚴而不宜猛。伏望皇上奮乾剛之斷普離照之明，張法紀以肅羣工，攬權綱而貞百度，刑賞予奪，一歸之公道而不必曲徇乎私情，政教號令必斷於宸衷而毋致紛更於浮議，法所當加雖貴近不宥。事有所枉雖疏賤必申，仍乞敕下都察院查照嘉靖初年所定憲綱事理，再加申敕，秉持公論振揚風紀。以佐皇上明作勵精之治，庶體統正，朝廷尊而下有法守矣，伏乞聖裁。

一重詔令。臣聞君者主令者也，臣者行君之令而致之民者也。君不主令則無威，臣不行君之令而致之民則無法，斯大亂之道也。臣看得舊規，凡各衙門章奏奉，旨有某部看了來説者，必是緊關事情重大機務，有某部知道者雖若稍緩亦必合行事務，或關係各地方民情利病，該衙門自宜參酌緩急次第，題覆至於發自聖衷，特降勸諭者又與泛常不同，尤宜上緊奉行，事乃無壅，蓋天子之號令，譬之風霆。若風不能動而霆不能擊，則造化之機滯而乾坤之用息矣。臣竊見近日以來，朝廷詔旨多廢格不行，鈔到各部，概從停閣或已題奉欽依，一切視爲故紙。禁之不止，令之不從，至於應勘應報，奉旨行下者各地方官尤屬遲慢，有查勘一事而十數年不完者，文卷委積多致沉埋，干證之人半在鬼録，年月既遠，事多失真，遂使漏網終逃。國有不伸之法，覆盆自苦，人懷不白之冤，是非何由而明，賞罰何由而當。伏望敕下部院等衙門凡大小事務既奉明旨須數日之內即行題覆，若事理了然明白易見者即宜據理剖斷，毋但諉之。撫按議處以致躭延，其有合行議勘問奏者，亦要酌量事情緩急道里遠近，嚴立限期，責令上緊奏報，該部置立號簿登記註銷，如有違限不行奏報者從實查參，坐以違制之罪，吏部即以此考其勤惰以爲賢否，然後人思盡職而事無壅滯也。伏乞聖裁。

一覈名實。臣聞人主之所以馭其臣者，賞罰用舍而已，欲用舍賞罰之當，在於綜覈名實而已，臣每見朝廷欲用一人，當事者輒有乏才之歎，竊以爲古今人才不甚相遠，人主操用舍予奪之權以奔走天下之士，何求而不得，而曰世無才焉。臣不信也，惟名實之不覈，揀擇之不精，所用非其所急，所取非其所求，則上之爵賞不重而人懷僥倖之心，牛驥以並駕而俱疲，工拙以混吹而莫辨，才惡得而不乏，事惡得而有濟哉。臣請略言其概，夫器必試而後知其利鈍，馬必駕而後知其駑良，今用人則不然，稱人之才不必試之而以事，任之以事，不必更考其成，及至僨事之時又未必明正其罪，椎魯少文者以無用見議，而大言無當者，以虛聲竊譽，倜儻伉直者，以忤時難合，而脂韋逢迎者以巧宦易容，其才雖可用也，或以卑微而輕忽之，其才本無取也或以名高而尊禮之，或因一事之善而終身借之以爲資，或以一動之差而衆口訾之以爲病。加以官不久任事不責成更調太繁，遷轉太驟，資格太拘，毁譽失實。且近來又有一種風尚，士大夫務爲聲稱舍其職業而出位是思建白條陳連編累牘，至覈其本等職業反屬茫昧。主錢穀者不對出納之數，司刑名者未諳律例之文，官守既失，事何由舉，凡此皆所謂名與實爽者也。如此則真才實能之士何由得，而百官有司之職何由得舉哉。故臣妄以爲世不患無才，患無用之之道，如得其道則舉天下之士，唯上之所欲爲無不應者，臣願皇上慎重名器，愛惜爵賞，用人必考其終，授任必求其當，有功於國家即千金之賞通侯之印亦不宜吝，無功國家雖嚬笑之微，敝袴之賤亦勿輕予。仍乞敕下吏部嚴考課之法，審名實之歸，遵照祖宗舊制，凡京官及外官三六年考滿毋得概引復職濫給恩典，須明白開具稱職平常不稱職以爲殿最若其功過未大顯著未可遽行黜陟者，乞將誥敕勳階等項酌量裁與稍加差等以示激勸，至於用舍進退一以功實爲準，毋徒眩於聲名，毋盡拘於資格，毋搖之以毁譽，毋雜之以愛憎，毋以一事概其平生，毋以一眚掩其大節。在京各衙門佐貳官須量其才器之所宜者授之，平居則使之講究職業贊佐長官，如長官有缺即以佐貳代之，不必另索其屬官，有諳練故事盡心官守者，九年任滿亦照吏部升授京職，高者即轉本衙門堂上官小九卿堂官品級相同者不必更相調用各處巡撫官果於地方相宜久者或就彼加秩，不必又遷他省，布按二司官如參議久者即可升參政，僉事久者即可升副使，不必互轉數易以滋勞擾，如此則人有專職，事可責成，而人才亦不患其缺乏矣，此外如臣言有未盡者亦乞敕下該部悉心請求條列具奏。伏乞聖裁。

一固邦本。臣聞帝王之治，欲攘外者必先安內，《書》曰民爲邦本，本固邦寧，自古雖極治之時不能無夷狄盜賊之患，唯百姓安樂，家給人足，則雖有外患，而邦本深固自可無虞，唯是百姓愁苦思亂，民不聊生，然後夷狄盜賊乘之而起，蓋安民可與行義，而危民易與爲非，其勢然也。恭惟皇上嗣登大寶，首下蠲恤之詔。黎元忻忻，方切更生。獨昨歲以元年，蠲賦一半，國用不足，又邊費重大，內帑空乏不得已差四御史分道督賦三都御史清理屯鹽，皆一時權宜以佐國用之急而人遂有苦其搜刮者，臣近日訪之外論皆稱不便，緣各御史差出目睹百姓窮苦亦無別法清，查止將官庫所儲，盡行催解以致各省庫藏空虚，水旱災傷視民之死而不能賑，兩廣用兵供餉百出而不能支是國用未充而元氣已耗矣。臣竊以爲天之生財在官在民，止有此數譬之於人，稟賦强弱自有定分，善養生者唯撙節愛惜不以嗜欲戕之，亦皆足以卻病而延壽。昔漢昭帝承武帝多事之後，海內虚耗，霍光佐之節儉省用，與民休息，行之數年，百姓阜安國用遂足，然則與其設法征求索之於有限之數以病民，孰若加意省儉，取之于自足之中以厚下乎，仰惟皇上即位以來，凡諸齋醮土木淫侈之費悉行停革，雖大禹之克勤克儉不是過矣，然臣竊以爲矯枉者必過其正，當民窮財盡之時，若不痛加省節，恐不能救也，伏望皇上軫念民窮加惠邦本，於凡不急工程無益徵辦，一切停免敦尚儉素以爲天下先。仍乞敕下吏部慎選良吏牧養小民，其守令賢否殿最，惟以守己端潔，實心愛民乃與上考稱職，不次擢用，若但善事上官幹理薄書而無實政及於百姓者，雖有才能幹局止與中考，其貪污顯著者嚴限追贓押發各邊，自行輸納完日發遣發落，不但懲貪，亦可以爲實邊之一助，再乞敕下户部悉心講求財用之所以日匱者，其弊何在。今欲措理其道何由，今風俗侈靡官民服舍俱無限制，外之豪强兼并賦役不均花分詭寄，恃頑不納田糧，偏累小民，內之官府，造作侵欺冒，破奸徒罔利，有名無實，各衙門在官錢糧漫無稽查，假公濟私，官吏滋弊。凡此耗財病民之大者，若求其害財者而去之，則亦必索之於窮困之民以自耗國家之元氣乎。前項催督御史事完之後宜即令回京，此後不必再差重爲地方之病，其屯鹽各差都御史應否取回別用，但責成於該管撫按使之悉心清理，亦乞敕下該部從長計議，具奏定奪以後上下唯務清心省事，安靜不擾庶民生可遂而邦本獲寧也，伏乞聖裁。

一飭武備。臣惟當今之事，其可慮者，莫重於邊防，廟堂之上，所當日夜圖畫者，亦莫急於邊防。邇年以來，虜患日深，邊事久廢，比者，屢蒙聖諭，嚴飭邊臣，人心思奮，一時督撫將領等官，頗稱得人，目前守禦，似亦略備矣。然臣以爲，虜如禽獸然，不一創之，其患不止，但戰乃危事，未可易言，須從容審圖，以計勝之耳。今之上策，莫如自治，而其機要所在，惟在皇上赫然奮發，先定聖志，聖志定，而懷忠蘊謀之士，得效於前矣，今譚者皆曰：吾兵不多，食不足，將帥不得其人，臣以爲此三者皆不足患也，夫兵不患少而患弱，今軍伍雖缺而糧籍具存，若能按籍徵求，清查影占，隨宜募補，著實訓練，何患無兵，捐無用不急之費，併其財力以撫養戰鬬之士，何患無財，懸重賞以勸有功，寬文法以伸將權，則忠勇之夫，孰不思奮，又何患於無將。臣之所患，獨患中國無奮勵激發之志，因循怠玩，姑務偷安，則雖有兵食良將，亦恐不能有爲耳，故臣願皇上急先自治之圖，堅定必爲之志，屬任謀臣，修舉實政，不求近功，不忘有事，熟計而審行之，不出五年，虜可圖矣。至於目前自守之策，莫要於選擇邊吏，團練鄉兵，併守墩堡，令民收保，時簡精鋭，出其空虚以制之。虜即入犯，亦可不至大失，此數者。昨雖已經閣部議行，臣愚猶恐人心玩愒日久，尚以虚文塞責。伏乞敕下兵部，申飭各邊督撫，務將邊事，著實舉行，俟秋防畢日，嚴查有無實效，大行賞罰。庶沿邊諸郡，在在有備，而虜不敢窺也。再照祖宗時京營之兵數十萬，今雖不足，尚可得八九萬人，若使訓練有方，亦豈盡皆無用？但士習驕惰，法令難行，雖春秋操練，徒具文耳。臣考之古禮，及我祖宗故事，俱有大閱之禮，以習武事，而戒不虞。今京城內外，守備單弱，臣常以爲憂。伏乞敕下戎政大臣申嚴軍政，設法訓練，每歲或間歲季冬農隙之時，恭請聖駕親臨校閱，一以試將官之能否，一以觀軍士之勇怯，有技藝精熟者，分別賞賚，老弱不堪者，即行汰易。如此不惟使輦轂之下，常有數萬精兵。得居重馭輕之道，且此一舉動傳之遠近，皆知皇上加意武備整飭戎事，亦足以伐狂虜之謀，銷未萌之患，誠轉弱强爲之一機也。伏乞聖裁。

清·魏裔介《兼濟堂文集》卷一《敬抒管見疏》 謹將條議數事，開列于左。伏冀皇上，矜宥愚蒙，俯賜省覽，擇可行者採之，其不可行者置之。爝火之光，諒無補於日月，涓埃之末，當不拒於崇深矣。

一、節儉之制宜先也。臣觀唐史所載，玄宗號爲英主，爾時以風俗奢靡，制乘輿服御、金銀器玩，令有司銷毁，以供軍國之用。其珠玉、錦繡，焚於殿前。后妃以下，皆毋得服珠玉錦繡，天下更無得採珠玉織錦繡等物，罷兩京織錦坊。今天下物力匱乏，恐更甚於唐玄宗之時，而風俗奢靡，日甚一日。臣願皇上，以身率先天下。蘇杭織造，雖未能盡罷，宜減去其半，以所省者發付軍前充餉；而金銀器玩，除見在足用外，以後不必打造。若珠玉、錦繡之飾、除有職文武許用外，嚴禁士民，不許濫用。

一、聖學之功宜要也。臣觀尚書所載，殷高宗學於甘盤，訓於傅説，故曰『學于古訓，乃有獲。』『監于先王成憲，其永無愆。』蓋帝王之學，與士子尋章摘句者不同，要在詳求古今所以治亂，人才所以得失，政事所以修廢之故，斟酌損益行之，以協于大中至正。今我皇上天縱好學，手不釋卷，而臣謂政事之暇，尤宜詳玩講求者，莫如朱熹之通鑑綱目、真德秀之大學衍義、丘濬之大學衍義補、唐太宗之貞觀政要。以上諸書，反覆紬繹，見於設施，以致太平之治無難。

一、用兵之算宜定也。臣聞開創之君，無不欲六合一家，卧榻之間，豈容他人鼾睡？然而帝王之兵，務出萬全，兼弱攻昧，一勞而永逸。昔光武閉玉門之關，孝元罷珠厓之郡，豈不欲誇王會之圖，施遠馭之略？良以中國虛耗，不遑窮討，先内而後外也。今川湖用兵連年不已。不患兵不精，而患餉不足。乞皇上與諸王大臣折衝樽俎，敕下行間將帥，原係從前已得地方爲賊竊據者，宜速恢復，其先未得地方，宜量力而行。兵足以取，糧足以守，則速取之，兵雖足取而糧不足守，則姑且置之。令督撫大帥，儲糧餉備，俟吾輓輸不匱，一舉而滇蜀可定，則不至於反覆變亂，勞聖天子南顧之憂。

一、省刑之典宜復也。臣聞獄者天下之大命，故帝堯之命皋陶曰：『刑期於無刑。』而皋陶曰：『罪疑惟輕，功疑惟重，與其殺不辜，寧失不經。』唐太宗語侍臣曰：『朕以死刑至重，故令三覆奏。』明朝會典則大獄有審録之例，行於霜降以後，若有詞不服並情罪有可矜疑，另行奏請。熱審之例，行於小滿後十餘日。洪武元年，令處決重囚須從秋，後無得非時，以傷生意。三年，令臣民有罪法當死者，三覆五奏，毋輒行刑，其事例開載極詳。若決不待時者，必係極惡重犯，然亦必經大理寺詳允，部科覆奏。凡以人命至重，示朝廷矜恤之意也。今我皇上泣車解網，在外者尚循監候再審之例，而在内者未見舉行，凡罪犯死者，一槩立行處決。萬一其中有情可矜疑，則死者不可復生，未免有干天地之和。仰乞皇上體上帝好生之心，敕下刑部，詳查自古以來覆奏矜恤舊例，即賜施行，仁德如天，刑措可致矣。

以上四款，不過平常之論，然於聖躬稍有關切，故敢冒昧妄陳，仰冀天鑒俯採。因係條對聖諭，字數逾格，並乞寬宥，臣無任悚息待命之至。

人才論部

治在得人論分部

論説

明·楊士奇等《歷代名臣奏議》卷一五二《用人·［元］趙天麟〈太平金鏡策·論禮大賢〉》　臣聞：色斯舉矣，舉則獨善其一身；翔而後集，集則澤加於天下者，聖賢之士也。知輔世貴德，而下於一介之德，務好善忘勢，而屈其萬乘之勢者，聖明之主也。故丹山彩鳳，不可以常網而羅之；滄海長鯨，不可以常竿而釣之；寰區溥海，不可以常士而治之；命世大賢，不可以常禮而招之。今聖明溥班明詔，博訪碩人，斯蓋取士之一節，未盡舉逸之大方也。夫賢有放情江海，佚志山林，隱於朝野賤役之中，混於市井編氓之内。和乎表而存乎裏，遺其世而亨其身，此豈賢者之本心哉？蓋由不得已而然也。彼且志深道義，心藐功名。以德言爲衣，而弗榮軒冕之服；以道腴爲味，而弗嗜膏粱之饌。所恥者，德未及古人而已矣；所行者，盡其在我者而已矣。及乎耳聞丹詔，意慕清朝，彈貢禹之塵冠，空彦倫之蕙帳，奔趨魏闕，啓沃堯心。陛下卑辭而得之，屈己以崇之，乞言而行之，推誠以任之。使夫未至之流皆欣欣而曰：『吾王之道兮，與吾道同；吾王之心兮，與吾心契。』鸞一鳥也，尚克薦祥；芝一草也，猶能表瑞。矧伊人矣，能無感哉？於是商山皓髮，襲步武以呈光；稷下鴻儒，連茅茹而現景。昔者堯尊一舜而得十六舜、舜尊一禹而得九禹者，由斯道也。其或據爵以驕之，傲而慢之，或震之以天威，或置之而不問，使夫已進者因事而乞骸骨，未進者懲類而甘藜羹。雖復麻經遞降，幣帛交馳，誰肯鳴英倡俊，以先服王室之勞哉？此所以燕昭不憚於敬築金臺，而蜀主不難於親顧茅廬也。輕賢而賢者不至，非賢者之虛養高而樂貧賤，蓋防其道之不果行也。在上之待賢以殊禮，非在上之徒自輕而欽寒素，蓋由其道之在于彼也。故道者，人君之師也。道之所在，恐不獲及。亦既見止，亦既遘止，豈暇計貴賤輕重之云哉？縱未或盡至，亦足以激厲風俗。如惠然咸來，則可以同熙帝載。得賢之道，何莫由斯。今國家鼎安方域，囊括封疆。國保於民，民保於賢。宜乎顒顒之士，輻湊金門；濟濟之徒，並生王國。然而內有御史，外有憲司。大臣之抵罪尤頻，官吏之坐贓猶衆。設明刑而不息，垂峻令而自如。凡以官不得人故也。古之十室，尚有忠信；今之萬國，寧無賢才。伏望陛下，謙虛自守，體貌無遺。礱英威而新之又新，和天倪而行所未行。接下思恭，育才爲樂。重胎夭以致特角之麟，受馬旨以致千里之駿。載昭邦憲，寘彼周行。如此，則皇基永固，庶職無瘝。神祇安樂，而戩穀彌臻；閭里和寧，而室家相慶矣。

元・張養浩《歸田類稿》卷一《經筵餘旨・君治篇第五》　夫人君致治之要有三，一曰宰相得人，二曰臺諫得人，三曰左右侍從得人。蓋得人則朝廷尊，而君德日盛。於斯三者，而左右所係爲尤重。昔孟子謂左右前後皆薛居州，王孰與爲不善；左右前後皆非薛居州，王孰與爲善。夫宰相、臺諫進見有時，左右之臣則朝夕所親炙，苟不嚴示以法，使之恒有所警，則雖宰相、臺諫之職，亦將有所不能行矣。夫君子多易疏，小人多易親。蓋君子惟知納君於善，詭隨容悅，雖死不爲；小人惟知諂佞奉迎，百無顧，一或不察，則以忠者爲不忠，不忠者爲大忠矣。三代而下，有國家者所以致治致亂，大概不出此二途。善乎楚共王之言曰：『常侍筦蘇與我處，常忠我以道，正我以義，吾與處不安也，不見不思也。雖然，吾有所益焉，其功不細。申侯伯與我處，常恣縱我，吾所樂者，勸吾爲之，吾所好者，先吾服之，吾與處歡樂之，不見戚戚也。雖然，吾終無所益焉，其罪不細。』於是重賞筦蘇而逐申侯。嗚呼！人君能以是爲心，則天下何患乎不治。

元・楊維楨《東維子文集》卷二七《求才論》　可緩而不必求者，天下之常才；不可緩而必求者，天下之奇才也。蓋事變出不測者，非常才之所能丁，而必濟之以奇才。奇才不可咄嗟而得也，必求之至、蓄之素也，譬之醫家之蓄物也，蟲魚草木之劑，出於市之所易得者，不必蓄也；至於山海之奇產，非市之可常得者，則固旁搜素蓄而爲吾卒急之用也。今寇之窺覺於我，患有不測而起者，吾猶夫常才以處之，以爲其人易得也，其術易曉也，其需易應也，譬之治奇疾而欲用草木蟲魚之常劑，其不誤而敗者，幾希矣！今夫提市井之衆以與悍敵抗，出奇謀祕策以應其變而制其勝，或單詞片檄而下其城，於帶甲百萬之衆，則必用夫不常之才乃可耳。其人於千百人中或一人焉，千萬人中或一人焉，不可朝取而暮得也，必先君以求之至、蓄之素，而應吾不測之用，如山河之奇產，然後有以應天下之奇疾也。於乎！天下之奇才，王伯之佐乎？聞之謀主也，代未嘗乏，求之而不得者，以求者非其道，求得其道，而又用之或非其所也。急奇才者，不咎吾求之非其道、用之非其所，而咎天下之無奇才也，不亦過乎？劉備、苻堅嘗知奇才於葛亮、王猛，故求之急而任之爲謀主；周亞夫亦知奇才於劇孟，求之緩，幾資謀於野；蕭寶寅亦知奇才於蘇湛，用之失其所，而乞錢以去；李密亦知奇才於徐洪客，用之失於緩，而其人已在泰山之巔矣。惟閣下立賓賢之館，於奇才也，亦知所求矣，然求之非其道，用之非其所，則孰愈安坐而不知求者哉？吾以爲閣下圖伯，必得謀主，欲得謀主，必求奇才，故作《求才論》。

明・朱瞻基《大明宣宗皇帝御製集》卷一《帝訓・用賢》　賢才者，相與共理天下之利器，天下非賢才罔與共理。稽之於古，堯、舜、禹有稷、契、臯陶、後夔、伯益，商有伊、傅，文、武有周、召、太公之徒，蓋雖聖人未嘗自賢，必求賢者爲己助益，誠以天下之務重且大也。如涉巨川，非一楫可濟；爲大廈，必衆材乃成。大抵賢者其心公，其智端，雖器量不齊，譬猶木之小大長短，各有所宜，在用之何如耳。用之稱其才，皆可建功。

自古君天下者，用賢則興，不用賢則亡；用賢則治，不用賢則亂。善用賢者待之以誠，任之以專，不以小人間之，如使與小人並立，必爲小人所排，蓋小人浸潤之言，人主易惑也。《易》內君子外小人，所以致泰，人君不可不審。若賢者或有細過，亦當略之。古人不以寸朽棄合抱，《易》所謂扶陽抑陰，此用賢之道也。然得賢亦難，蓋賢者以道德自重，若懷寶韜玉，恥於求售，爲君必旁求博訪，招之以禮，承之以謙，勿以卑辱而有嫌，勿以崇高而自重，則才俊之士，皆有願仕之心矣。此又得賢之道也。

明·胡翰《胡仲子集》卷一《尚賢》 人君兼天下之所有。以貴，則天下莫與侔其勢也。以富，則天下莫與較其利也。以權，則天下生殺之所由懸也。何求而不得，何爲而不成？而必有待於賢者，知天下不可自用也。人雖聰明睿智，一堵之外目有所不見，十室之間耳有所不聞，萬鈞之重力有所不舉，百工之事能有所不通。況天下，大器也。舉天下之大器，重任也。而三代王者或以不明而克綏先祿，或以幼沖而弘濟多難，或負過人之才，强力辨捷，而遂亡國喪家，不保其身。豈天下之大器重任，材力者有所不堪，而幼沖不明者能勝之哉。太甲、成王，以有伊尹、周公爲之輔佐，故天下不勞而治，夏癸、商辛，有終古、龍逢而不能聽，有膠鬲、商容而不能用，故天下不治，而底於滅亡。用得其人，則太甲之不明，成王之幼沖，可以遷善改過，緝熙光明，而爲令主。不得其人而自用之，則雖夏癸之勇力，商辛之辨捷，負過人之才，而不免爲獨夫。得失之幾，不可不審也。亡國之人非盡不肖，興王之臣非必皆賢。天之生才，何代無之？伊尹、仲虺、巫咸、甘盤、傅説，非盡生於亳邑也。閎夭、泰顛、散宜生、南宫适、太公望、畢公、毛公、非盡出於豐鎬也，亦非素有位而貴也。遇之以其道，則耕築漁釣，遠迹田野海濱之人，皆起而任公卿大臣之責，伊尹、傅説、太公望之於商、周是也。遇之不以其道，雖千乘之國，萬鍾之粟，曾不足以延搢紳游談之士，孟軻氏之於齊、梁是也。道合則合，道離則離去就之義不可苟也。至治之世，以德相尚，天下無不可仕之國。故君爲官擇人，而臣無擇官。士患德不修，不患無聞也；患業不廣，不患無位也。德修而業廣矣，雖欲處衡門而樂考槃也，詢衆庶者在閭，其能舍乎？興賢能者在鄉，其能不舉乎？由鄉而達於諸侯，貢于天子之廷。三適者受上賞，不賢者貶爵土，則諸侯之責重矣。賢者授之以官，大賢授大官；能者任之以事，大能任大事；則天子之任又重矣。商、周之盛，上無曠官，下無遺才，其君臣遇合蓋如此。周德既衰，春秋戰國之際不能統一。於是君擇臣，而臣亦擇君以事之，然猶以義相尚。侯嬴，魏夷門監也，而魏之公子枉車騎虚左迎之。毛遂，趙下士也，而楚烈王願奉社稷，歃血聽之。魯仲連，東海布衣也，居邯鄲圍城之中，不肯西面而帝秦，人以爲天下士也，嶅然負其高世之志，伸大義於諸侯之上。漢、唐數百年之盛，未有肖其風烈者。高帝、太宗解衣輟哺，傾身散財，從海内之士，舉天下於反掌之間，傳世永久。當是時也，曰奇士者有矣，曰國士者有矣，求所謂天下士，果何人哉？士氣卑而主勢崇，偈偈焉以權利相任使，其人固有不屑者矣。如魯兩生、野王二老，世豈盡知之乎？夫揭數尺之竿，懸尋丈之緡，鈎蠙爲餌，而投之河海，所得者鱦鮒之屬耳，吞舟之魚終不足致也，其爲術亦疏矣。人主之心，其精神念慮與天地相酬酢。苟積至誠，廓至公，求天下之賢，以寅亮天工，孰不風動而應之於下？天下至廣，人才至衆，其要莫先於論相。相之賢否，官之得失所係也。官之得失，政之隆替所係也。由君子言之，是猶後世之論相也，未能盡古之道也。治天下有本，君之謂也。治天下有要，賢之謂也。其本正者，天下不勞而治。其要得者，天下之本不勞而正。漢、唐之君，莫或知之。其有天下，非不求賢也。其求而用之者，不過以郡國之政有不舉耳，朝廷之治有不備耳，公卿大夫之職有不稱耳，未嘗知正天下之本也。爲公卿大夫者，亦以爲能寄郡國之政，佐朝廷之治，於職足矣，未有能正天下之本者也。王伯之習混，聖賢之道塞，非此其故乎？蓋至趙宋而後，世之君子有以此爲任者，而其主不能擇也。帝王之大經大本，託之空言而無補，當此之時，得君專且久者，皆時匪人，假儒術以濟其奸者也。《易》言『拔茅連茹』，《泰》之『君子』以此進其君子，《否》之『小人』亦以此進其小人，二者迭爲消長。故知人之難，非獨難於君子，而深難於小人。至于君子之小人，則又難也。其言辨，其行堅。其見聞之博，足以出人之不能。其情貌之深，足以欺人之不測。其知術之巧，足以移人所好而不悟。其才藝之美，足以行人所難而不憚。其名君子，實則戾也。辨之早，去之不果，植爲朋黨，惡知其非君子也。雖有君子，横羅口語，又惡知其非小人也。知人則哲，帝陶唐氏猶難之。共工、崇伯之屬，衆所共賢者也，而帝獨以爲非賢。其後果不賢也，於是去之，而帝之廷無惡人矣。於是禹、皋陶爲帝臣者，皆得著其成績。人主欲進賢，而不能遠小人，不足以言知人。不知人，不足以言得人。非常之士，待非常之主，然後用之，天降時雨，山川出雲，其興於此時也，蓋必有之矣。其興於此時也，吾必得而見之矣。

清·愛新覺羅·弘曆《御製樂善堂全集定本》卷三《治天下在得人論》 夫人君受天明命，表正萬邦，必當使天下熙皡，治登上理，澤被蒼生，仁及庶物。然一人之聰明有限，堯舜之聖，猶待臯、夔、稷、契之輔以亮天工而熙庶績，况未及乎堯舜，而可不以用人爲急乎？古之聖王，自公卿大夫以至百執事，皆稱其任。賢者在位，能者在職，故天下治而華夏安，百姓樂業，風俗淳厚，惟其用得其人而已。歷觀三代以下，願治之君必求賢良之臣，故漢高祖之興漢，有張良、蕭何故也；光武之復漢，有鄧禹、馬援故也；唐太宗之興唐，有房、杜、王、魏故也；宋太祖之興宋，有曹彬、趙普故也。即繼世之君，使天下富厚，治幾三代者，如漢之文帝，則有周勃、申屠嘉；宋之仁宗，則有韓、范、富、歐陽，故當時大治，後世頌聖，而人君亦享其安康。《詩》曰：『濟濟多士，文王以寧。』《書》曰：『惟后非賢不乂。』苟人君知用賢爲貴，上焉者待以師傅之禮，隆其體貌，推以誠心，聽其謀猷，專其職任，俾有以行其道而盡其才，雖中才之人亦待之以禮，勗之以誠，使之黽勉以任百執事之職，則天下有何不治，而政事有何不舉者乎？若曰用賢非難而得賢爲難，則是自畫矣。夫以人主之勢，心之所嚮，天下景從，雖珍禽異獸、遠方難致之物，外國絶域之所生，心苟欲致之，亦可以致也。况賢人君子，未出寰中也，其心亦未嘗絶世也，而獨以爲難，不亦惑乎？今夫爲巨室必求工師，雕璞玉必使玉人，焉有治天下而不求賢才，是何異夫却行而求前乎？使人君好賢之心若渴，聚天下之英才，任以朝政，信之無疑，又使各以其所識舉之朝廷，如是則天下之賢，咸登用於朝，大臣有臯夔之風，牧民有龔黄之績，庶司小吏各稱其職，百僚師師，中外相維，雖有一二小人苟容於朝，亦如裴矩之佞於隋，當太宗之時則化而爲敢言者矣。由此觀之，人君一用賢而其效如此，彼昏庸之君，妬賢嫉能，親小人而遠君子者，其亦惑之甚矣。孔子曰：『去讒遠色，賤貨而貴德，所以勸賢也。』蓋賢人君子正己不屈，若人君聽讒，君子將救禍之不暇，又何能盡其謀猷乎？近色則心昏，貴貨則志鄙，尚能用君子之言乎？君子亦將飄然而遠去矣。此又用人之最要而人君不可不知者也。

人才培養論分部

論說

元・許謙《白雲集》卷四《學校論》　三代取士于學校，爲致治之術。後世養士于學校，爲飾治之文。治道所以不同者，在于學校廢興而已。昔者聖人有高世之慮，絶人之智，舉天下而經綸之，以謂非人材不足以爲治，而衆人者，非教誨鼓舞之不足以成其才，此學校所由興也。自閭里之塾，至于黨庠、術序、國學，教以三物，造以四術。尚賢以崇德，簡不肖以絀惡。其教之也詳，而取之也嚴，是故天下無不學之人，而用者無不材之士。以天下之大，付于人理之，而求皆備于學，故學校者，爲治之原也。聖人百世之師，事不師古，而徒曰『我善爲治』，而不本于學校，不法于三代，吾未見其可也。嬴政破滅吾道，非毁聖賢，銷簡編而尚鋒鏑，左仁義而右謀詐，遂使百世不復見三代之善治者，秦之罪也。秦不足道也。繼秦之後，足以有爲之時屢矣，將大有爲之君時出，而習聞其説，樂爲其所爲。設科擇人而不取于學校，其流至于以文辭翰墨計天下之士，亦陋矣。然則使百世無善治者，非獨一秦也。魏晉以變詐攘奪得天下，烏足以知此？陵夷至于隋，俗益薄而僞益滋，道日喪而文日勝，雖或開學校，聚生徒，養之不能用，教之不法古。唐宋立學徧郡縣，得其名未見其實，大抵失于養士以飾治爾。夫天下之人，皆習今而厭古，以耳目之所迨者爲常，一旦舍其舊而新是圖，則將驚駭眩瞀，而不知所止。事之既失不遠，而復可也。隳三代之法者，固秦之罪。復三代之古以救秦之弊者，實漢之責。東都光武起自諸生，故功成而興學。明帝尊敬師傅，臨雍拜老，開學館，招經生，近古爲盛，亦不過舉祖宗之舊法，未能復乎古也，其責豈不在西漢乎？高祖馬上得天下，間關百戰之餘，繼以亂臣叛將承踵接武，弓不及韔，胄不及免，已入于長陵之土矣。况以溺冠嫚駡之資，輔以叔孫通綿蕝鹵莽之學，責人不可求備也。文帝時，天下衣食足，可以施仁義，而謙讓未遑，惜哉！然則使百世無善治者，漢文之過也。武帝舉遺興禮，置博士弟子，倡爲章句訓詁之學，豈經濟之道哉！聖人之教于此盡矣。嗚呼！或者以爲，湯舉伊尹于野，高宗舉傅説于徒，文王舉太公于釣，豈必皆學校乎？人生自八歲皆入小學，及十有五年，選其俊秀者入大學，以養成之，學校之外豈有遺材乎？如伊、傅、太公之倫，學成而隱者也。堯之舉舜也，何如？曰：陶唐之學，其詳良不可得聞，而堯、舜，性者也，亘古一堯、舜耳。當此之時，比屋可封，則其教化亦可知矣。禮樂至周而大備，非聖人之自私也，理也，勢也。吾故曰：爲治者不本于學校，不法于三代，未見其可也。

元·程鉅夫《雪樓集》卷一〇《學校》 臣聞國於天地，必需才以爲用，而人才之盛，非自盛也，全在國家教育之勤，其衰也反是，參之歷代可考也。國家自中統建元以來，中外臣僚亦時聞表表偉傑者，皆自往時故老宿儒薰陶浸灌而然，歷時既久，以次淪謝，邇來晨星寥寥，無幾何矣。臣不知更十餘年後，人物當何如其瑣瑣也。而主國論者恬不知怪，視學校爲不急，謂詩書爲無用，不知人才盛衰張本於此。蓋嘗有旨行貢舉，求好秀才，上意非不諄切，而妄人輒陰沮之，應故事而集議，凡幾作輟矣。然則無怪乎選任之非才，政治之不理也。今已至此，後當若何，臣愚欲望陛下明詔有司，重學校之事，慎師儒之選。京師首善之地，尤當興建國學，選一時名流爲國人矜式，優以餼廩，隆以禮貌，庶四方觀感有所興起。外而名都大邑，教官有缺，不但循常例取庸人而已，必使廷臣推擇可以爲人表儀者，條具聞奏，令有祿可養而不匱，職比親民而加優，視教化之廢興，爲考第之殿最。其諸生有經明行修者，特與蠲免賦役，依已降詔旨施行。似望國家教育有方，多士鼓舞不倦，他日隨取隨足，無臨事乏材之歎，天下幸甚。伏取聖裁。

元·袁桷《清容居士集》卷四一《國學議》 成周國學之制，略於大司樂。其遺禮可法者，見於文王世子。三代而上，詳莫得而聞焉。漢武表章六經，興太學，至後漢爲尤盛。唐制微附益之，而其制愈加詳密。今可考也，宋朝承唐之舊，而國學之制日隳。至於紹興，國學愈廢，雖名三學，而國學非真國子矣。當時布衣從公卿牒補入國學，而真國子入學者十無一二。夫所謂三舍法者，崇寧、宣和之弊也。至秦檜而復增之，月書季考；又甚夫唐明經帖括之弊。唐楊綰嘗曰：『進士誦當代之文，而不通經史；明經但記帖括，投牒自舉，非側席待賢之意。』宋之末造，類不出此。今科舉既廢，而國朝國學定制，深有典樂教胄子之古意，儻得如唐制，《五經》各立博士，俾之專治一經，互爲問難，以盡其義。至於當世之要務，則略如宋胡瑗立湖學之法，如禮、樂、刑、政、兵、農、漕運、河渠等事，亦朝夕講習，庶足以見經濟之實。往者，朱熹議貢舉法，亦欲以經説會萃，如《詩》則鄭氏、歐陽氏、王氏、呂氏；《書》則孔氏、蘇氏、吳氏、葉氏之類。先儒用心，實欲見之行事。自宋末年，尊朱熹之學，脣腐舌弊，止於《四書》之註，故凡刑獄、簿書、金穀、户口靡密出入，皆以爲俗吏而争鄙棄，清談危坐，卒至國亡而莫可救。近者，江南學校教法止於《四書》，髫齔諸生，相師成風，字義精熟，蔑有遺忘，一有詰難，則茫然不能以對。又近於宋世之末尚甚者，知其學之不能通也。於是大言以蓋之。議禮止於誠敬，言樂止於中和，其不涉史者，謂自漢而下皆霸道。其不能詞章也，謂之玩物喪志。又以昔之大臣見於行事者，皆本於『節用而愛人』之一語。功業之成，何所不可？殊不知通達之深者，必悉天下之利害。灌膏養根，非終於六經之格言不可也。又古者教法，春夏學干戈，秋冬學羽籥，若射、御、書、數，皆得謂之學，非若今所謂《四書》而止。儒者博而寡要，故世嘗以儒詬誚，由國學而化成於天下，將見儒者之用。不可勝盡儒何能以病於世作國學議。

明·方孝孺《遜志齋集》卷三《明教》 天下非無才也，聚數萬之人養之十餘年而未見有一人可稱者，養之無其漸，而教之無其法也。古之善育才者，豈能益人以藝，增人以智哉。爲之之具素備，能使人以不成才爲病，不若人爲耻，各思勉爲君子而不可止也。故自其少時居於閭族，而閭胥族師不責之以敬敏任卹，則責之以孝弟姻睦，其本固已美矣。及其漸升於太學，求之以六德以觀其内，試之以六藝以觀其外，行完而德備，藝成而器良，然後措之於用，蓋其詳且慎也如此。後之所望以爲才者，執子弟於販鬻之區，芻牧之場，被之以衣冠，而納於郡邑之學，終歲朞月太學有徵焉，則又納於太學。計其所習，曾未知拜跪之節，興俯之容，而已肆然有爵祿之心。太學舉而教之者，又不越乎誦書業文，挾弓矢，角膂力，恒人之淺事。歷時未久，有司有求焉，則以應之。卿大夫之位有闕焉，則以爲之。爲之者既不自知其不可，而命之者亦不責之以其所學。於是學者以習恒人之淺事，冒竊祿位爲得計，莫不相勉爲恒人，而自謂不必修君子之事也。太學之所聚，郡邑之所教，咸有苟且之心，無賴之行，冀其才之成，奚可致哉。夫國之立學，所以養才，必不期其至此也。爲學者雖無志於道德，亦必不自望爲恒人也。而卒不能有成者，非他，用之速而教之疏也。古之六德智仁聖之事，顔閔之所不能及，六藝禮樂之度數節文，孟子之所不能詳；射御之工，杜預、羊祜之所不能兼，書數之法，君子猶有所未習。今欲責學者皆法古人而盡備之，宜其未易爲也。然不法古人，而惟弓矢膂力是效，誦書業文是爲，亦未見才之可成也。然則何由而設教乎？蓋聖人之取人德不求其全，而取其不違乎道；藝不求其備，而貴乎能致其精。唐虞以九德待士，而有三德者，亦俾爲大夫；有六德者，亦俾爲邦君。聖人豈不欲得全德之人而用哉。以爲求人太全，則天下無全才，不若因德命官之爲無失也。臯陶未必能達禮，益稷未必能知樂，而益稷臯陶所爲之事，伯夷后夔宜亦有所未能。然而數子爲之，各稱其位，而成名於後世，以其精不以其備也。人惟行可以自圖，若才與藝則有能有不能，欲强而通之，非惟不足得其所不能，且將并其所已能者而失之。故善立教者，莫如本之以六行，餘則因其質而設其科。人有剛毅而重厚者，有慈良而順愛者，有疏達而明斷者，有强識而通敏者，有沈勇而有威者，有多力而任武者，此六人者，使曲狥衆人所能，必不能堪。苟因其所固有，而教之於成才也，奚禦。剛毅重厚也必可以任天下之大事，則因而教之博通古昔之政教，周知海内之得失，觀其損益，折衷以驗，其爲勿使色厲而僞者得參之，則大臣之儲也。慈良順愛者，必可以治民，則因而教之平賦施惠之方，振灾恤患之道，辨邪察獄之事，理俗興化之要，勿使柔佞而詐者得參之，則牧伯之儲也。疏達明斷者則百官衆職之儲也，强識通敏者。則文學典禮之儲也。沈勇而有威，多力而任武，則將帥之選，疆埸之所恃也。各以其所當爲者教之，而皆不使近似可説之人得與，則所用無非才，而所爲無僨事矣。此大學之政也，而爲師者非其才德之美不可也。大學推其法行之於郡縣，俾亦以六科爲準。郡縣之取弟子員也，必問於其宗族鄉黨，皆言其篤行而好學則取之，而復其家田百畝，入太學則倍復，仕而有政則皆復。學於郡縣者，與郡祀，與燕會，禮異之，使殊於恒人。縣每科四人，三歲各升一人於郡。郡每科十人，三歲各升三人於太學。太學每科百人爲率，以應上所任用。郡縣既升而闕，則即充之廩之也。宜厚教之也宜詳試之也，宜嚴用之也，宜當人知學之可仕也，則不怠於自修。知各因其才而用之也，則必謹於自立，而天下之異才咸思有爲於世矣。爲治者不患乎無才，而患乎聚天下之才而不能教，用天下之才而不能擇。教之而能成其德，用之而能不違其器，則才何可勝用哉。胡貊之富人聚馬盈谷，而不得一善馬，善御者執鞭策指麾而區別之。一日，馬之致千里者以百計，而盈谷之畜無棄者，御非能假馬以力而易其性也，能别其高下而不失其性，則善馬出矣。爲治者，能不失其性，豈特不患乎無才，天下亦安所慮哉。

明·貝瓊《清江文集》卷二三《學校論》 學校合子弟而教之，折其氣而約於禮，收其心而進於道，剛者矯而巽，邪者正而中。鈍者攻而鋭，昏者發而明，顓者變而通，入焉有孝弟之行，出焉有忠信之言，豈非由於教而然？邪然所以教人者，非强之以其所無也，因其性而爲教也。性之出於天者本一，則無不可學而至，惡有過不及之相遠哉？苟棄而不教，則剛也、邪也、鈍也、昏也、顓也，囿於氣質之偏，一定而不移也。此聖人之所深憂，而學校之設，其亦有所不能已，豈非爲政之急且重者乎？故天子之都，則有辟廱，諸侯之國，則有泮宫，下至一鄉一遂，莫不有庠序之制。自上而下，自外而内，其導之也有方，其選之也有序，可謂至精至密矣。漢之學校興於孝武，唐之學校盛於太宗，雖未及乎三代，而一時之效，有可論者。奈何後世視爲弁髦，勢恒屈於有司，遂岐政教爲二，人才風俗，益不逮古。嗚呼，制乎外，曷若全乎内？治其末，曷若求其本？而有國者，或未之思歟？洪惟國朝混一之初，首及學校。府置教授，弟子四十員；縣置教諭，弟子二十員。兩京之地則立國子學，有官有師，教之既勤，廩之既豐，將陶一世之人，復於虞、夏、商、周之盛，非徒苟且以徇名也。然或懼而不樂何邪？蓋天下兵爭久矣，禮樂廢而弗講，中原數千里無歌聲。而耳目濡染，不過操弓矢，事鋤耰而已。夫安肆放逸之餘，一旦束之使誦《詩》讀《書》，往來有禁，出入有時此，仁之以爲禍之，勸之以爲强之，亦其情也。雖然，吾既因其性而爲教，辟之於水，導之則行，不患其塞而爲害；疏之則下，不憂其激而反流。亦惟寬以俟其成，和以使之復耳。而復誘其勸以懲其怠，進其能以恥其愚，則皆奮然用力而不懈矣。抑聞之，子弟之趨向在於師。師不尊，則教不行；教不行，則道不明。必擇博學潔脩之士，以爲儀表焉。余承乏助教五年，睹其得失，故爲説以責其下，而重於得師如此。作而新之，正在於今日。

明·羅欽順《困知記》卷上 作養人才，必由於學校。今學校之教，純用經術，亦云善矣。但以科舉取士，學者往往先詞藻而後身心，此人才之所以不如古也。若因今之學校，取程子教養選舉之法，推而行之，人才事業遠追商周之盛，宜有可冀。所謂『堯舜之智，急先務』，其不在茲乎，其不在茲乎！

清·黄宗羲《明夷待訪録·學校》 學校，所以養士也。然古之聖王，其意不僅此也，必使治天下之具皆出於學校，而後設學校之意始備。非謂班朝，布令，養老，恤孤，訊馘，大師旅則會將士，大獄訟則期吏民，大祭祀則享始祖，行之自辟雍也。蓋使朝廷之上，閭閻之細，漸摩濡染，莫不有詩書寬大之氣，天子之所是未必是，天子之所非未必非，天子亦遂不敢自爲非是，而公其非是於學校。是故養士爲學校之一事，而學校不僅爲養士而設也。

三代以下，天下之是非一出於朝廷。天子榮之，則羣趨以爲是；天子辱之，則羣擿以爲非。簿書、期會、錢穀、戎獄，一切委之俗吏。時風衆勢之外，稍有人焉，便以爲學校中無當於緩急之習氣。而其所謂學校者，科舉囂爭，富貴薰心，亦遂以朝廷之勢利一變其本領，而士之有才能學術者，且往往自拔於草野之間，於學校初無與也。究竟養士一事亦失之矣。

於是學校變而爲書院。有所非也，則朝廷必以爲是而榮之；有所是也，則朝廷必以爲非而辱之。僞學之禁，書院之毁，必欲以朝廷之權與之爭勝。其不仕者有刑，曰：『此率天下士大夫而背朝廷者也。』其始也，學校與朝廷無與；其繼也，朝廷與學校相反。不特不能養士，且至於害士，猶然循其名而立之何與？

東漢太學三萬人，危言深論，不隱豪强，公卿避其貶議。宋諸生伏闕搥鼓，請起李綱。三代遺風，惟此猶爲相近。使當日之在朝廷者，以其所非是爲非是，將見盜賊奸邪懾心於正氣霜雪之下！君安而國可保也。乃論者目之爲衰世之事，不知其所以亡者，收捕黨人，編管陳、歐，正坐破壞學校所致，而反咎學校之人乎！

嗟乎！天之生斯民也，以教養託之於君。授田之法廢，民買田而自養，猶賦稅以擾之。學校之法廢，民蚩蚩而失教，猶勢利以誘之。是亦不仁之甚，而以其空名躋之曰：『君父，君父』，則吾誰欺！

郡縣學官，毋得出自選除。郡縣公議，請名儒主之。自布衣以至宰相之謝事者，皆可當其任，不拘已任未任也。其人稍有干於請議，則諸生得共起而易之，曰：『是不可以爲吾師也。』其下有《五經》師，兵法、曆算、醫、射各有師，皆聽學官自擇。凡邑之生童皆裹糧從學，離城烟火聚落之處，士人衆多者，亦置經師。民間童子十人以上，則以諸生之老而不仕者充爲蒙師。故郡邑無無師之士，而士之學行成者，非主六曹之事，則主分教之務，亦無不用之人。

學宮以外，凡在城在野寺觀庵堂，大者改爲書院，經師領之，小者改爲小學，蒙師領之，以分處諸生受業。其寺產即隷於學，以贍諸生之貧者。二氏之徒，分別其有學行者，歸之學宮，其餘則各還其業。

太學祭酒，推擇當世大儒，其重與宰相等，或宰相退處爲之。每朔日，天子臨幸太學，宰相、六卿、諫議皆從之。祭酒南面講學，天子亦就弟子之列。政有缺失，祭酒直言無諱。

天子之子年至十五，則與大臣之子就學於太學，使知民之情僞，且使之稍習於勞苦，毋得閉置宮中，其所聞見不出宦官宮妾之外，妄自崇大也。

郡縣朔望，大會一邑之縉紳士子。學官講學，郡縣官就弟子列，北面再拜。師弟子各以疑義相質難。其以簿書期會，不至者罰之。郡縣官政事缺失，小則糾繩，大則伐鼓號於衆。其或僻郡下縣，學官不得驟得名儒，而郡縣官之學行過之者，則朔望之會，郡縣官南面講學可也。若郡縣官少年無實學，妄自壓老儒而上之者，則士子譁而退之。

擇名儒以提督學政，然學官不隸屬於提學，以其學行名輩相師友也。每三年，學官送其俊秀於提學而考之，補博士弟子；送博士弟子於提學而考之，以解禮部，更不別遣考試官。發榜所遺之士，有平日優於學行者，學官咨於提學補入之。其弟子之罷黜，學官以生平定之，而提學不與焉。

學曆者能算氣朔，即補博士弟子。其精者同入解額，使禮部考之，官於欽天監。學醫者送提學考之，補博士弟子，方許行術。歲終，稽其生死效否之數，書之於册，分爲三等：下等黜之；中等行術如故；上等解試禮部，入太醫院而官之。

凡鄉飲酒，合一郡一縣之縉紳士子。士人年七十以上，生平無玷清議者，庶民年八十以上，無過犯者，皆以齒南面，學官、郡縣官皆北面，憲老乞言。

凡鄉賢名宦祠，毋得以勢位及子弟爲進退。功業氣節則考之國史，文章則稽之傳世，理學則定之言行。此外鄉曲之小譽，時文之聲名，講章之經學，依附之事功，已經入祠者皆罷之。

凡郡邑書籍，不論行世藏家，博搜重購。每書鈔印三册，一册上祕府，一册送太學，一册存本學。時人文集，古文非有師法，語録非有心得，奏議無裨時用，序事無補史學者，不許傳刻。其時文、小説、詞曲、應酬代筆，已刻者皆追板燒之。士子選場屋之文及私試義策，蠱惑坊市者，弟子員黜革，見任官落職，致仕官奪告身。

民間吉凶，一依朱子《家禮》行事。庶民未必通諳其喪服之制度，木主之尺寸，衣冠之式，宮室之制，在市肆工藝者，學官定而付之；離城聚落，蒙師相其禮以革習俗。

凡一邑之名蹟及先賢陵墓祠宇，其修飾表章，皆學官之事。淫祠通行拆毁，但留土穀，設主祀之。故入其境，有違禮之祀，有非法之服，市懸無益之物，土留未掩之喪，優歌在耳，鄙語滿街，則學官之職不修也。

清・顏元《存治編・學校》 或問于思古人曰：自漢高致牢闕里，歷代優意黌宫，建教訓之官，有臥碑之設，何嘗不存心學校也？似不待子計矣。思古人曰：嗟乎！學校之廢久矣！考夏學曰『校』，教民之義也。今猶有教民者乎？商學曰『序』，習射之義也。今猶有習射者乎？周學曰『庠』，養老之義也。今猶有養老者乎？

且學所以明倫耳。故古之小學教以灑掃應對進退之節，大學教以格致誠正之功，修齊治平之務，民舍是無以學，師舍是無以教，君相舍是無以治也。迨于魏、晉，學政不修，唐、宋詩文是尚。其毒流至今日，國家之取士者，文字而已，賢宰師之勸課者，文字而已，父兄之提示，朋友之切磋，亦文字而已，不則曰『詩』，已爲余事矣。求天下之治，又烏可得哉？

有國者誠痛洗數代之陋，用奮帝王之猷，俾家有塾，黨有庠，州有序，國有學，浮文是戒，實行是崇，使天下羣知所向，則人材輩出，而大法行，而天下平矣。故人才王道爲相生。倘仍舊習，將樸鈍者終歸無用，精力困于紙筆；聰明者逞其才華，詩書反資寇糧。無惑乎家讀堯、舜、孔、孟之書，而風俗愈壞；代有崇儒重道之名，而真才不出也。可勝嘆哉！

清・愛新覺羅・玄燁《聖祖仁皇帝御製文集》卷一七《學校論》 治天下者，莫亟於正人心，厚風俗，其道在尚教化以先之。學校者，教化所從出，將以納民於軌物者也。是以古者家有塾，黨有庠，術有序，國有學。人生八歲，自王以下至於庶人之子弟，皆入小學；及其十有五年，則自元子、衆子以至公卿大夫、元士之適子與凡民之俊秀，皆入大學。蓋自家至於國，莫不有學；自天子至於庶人，莫不學；自幼至於長，莫不皆學。凡學有《詩》、《書》、《禮》、《樂》以爲之本，干戈羽籥以爲之文，父子君臣長幼之道於是焉觀之，六德六行之教於是焉取之，所以淑其耳目手足之舉措，而養其心，以復其性，以爲修己治人之大者，可謂備至矣。是以當時之君子，履信思順，以事其上，小人亦皆樂循禮而恥犯法，侯撻不事而至治以興。後世學校寖廣，博士之途寖繁，所以立教之方，失先王之遺意，士之遊其中者，直以爲利禄之階，欲期道德之一，詎不難哉！且夫今之所謂教者，誦讀焉而已，又弗實致其力，以防其放僻邪侈之心，使氣之充而識之明，以漸求復其性，其何以爲修己治人之道哉！故曰：『教降於上，化成於下。』教不明於上，而欲化成於下，猶却行而求前也。教化者，爲治之本；學校者，教化之原。欲敦隆教化而興起學校者，其道安在？在務其本而不求其末；尚其實而不務其華。以内行爲先，不汲汲於聲譽；以經術爲要，不屑屑於文辭。如是則於聖人化民成俗之道，庶乎其有當也夫！

人才識拔論分部

論説

元・榮肇《榮祭酒遺文・任人論》　天下之治亂，係於任人。任得其人則致治，任失其人則致亂；此其大較也。而欲任人之無失，在乎人主有知人之明。能知人，則邪正辨而舉錯胥當；不知人，則是非淆而用舍乖宜。治亂之分，實根于是，《虞書》曰：『知人則哲，惟帝其難之。』然則知人豈易言哉？而不知人之失，其害又豈淺鮮哉？吾嘗謂人主所處之勢？至尊也，而實至孤。高居九重之上，進退予奪生殺，其權惟君得而主之，故望之如帝天，威焉若雷霆。上自公卿，下及黎庶，薄海內外，罔不肅然而稟於一人之命，勢何尊也。然以一人之身；而宦官宮妾希寵於內，羣臣百僚求榮於外，環而伺焉；百端雜出以嘗試之，苟君心一有牽繫，即有以蔽其聰明之運，而姦邪之徒，遂將乘其間，顛亂黑白，以蒙人主於不能察，由是君子斥，小人進，牽類引朋，布列於廷，內外交結，共爲壅蔽，而舉朝幾無一可爲人主儼然倚賴之人矣。其勢不又孤乎！寫夫處至尊之勢，而形或孤立，何也？私欲蔽其聰明，闇于知人，受姦人之欺謾而不覺也。且夫姦邪之人，所以逢君之欲，以固厥寵者，其術何所不至哉，君好色，則進之以妖冶之姿；君好利，則導之以聚斂之術；君好佚樂，則誘之以游畋戲玩之事，凡夫土木、甲兵、禱祠，可以廣侈其君之心者，無不爲獻媚貢諛以成之，而又飾情僞貌，深藏其機於不測，險詐而假爲朴誠，殘刻而佯爲寬厚。凡營私之計，巧託奉公，病民之方，詭言利國。人主不能察其衷；竟信之而不疑，任之而弗貳昌。君臣相得；甚者漸假以權。夫權既入於其手；彼乃內益行逢迎之術，以愚其主，外竊假威福之權，以市於人。人見爲權之所歸也；而寡廉鮮恥之輩，冀其一引手而登於要路者，莫不輦金輸寶，蠅集蟻附於其門。至羽翼既多。爪牙日衆，根株盤固，而若人乃益無忌憚矣。嗟乎，進退予奪生殺之權，乃朝廷所以磨礪天下之人才者也，而姦人方挾之以爲私行喜怒之具。其私所喜者；立援而升之於雲；其私所惡者，即擠之而墮之於壑。且計賄賂而上下其手，菀枯轉移於呼吸之頃。夫庸情未有不慕榮而畏勢者也，因各私爲計曰：『吾逆於君猶可也，而櫂臣之意，必不可拂，吾虐於民無害也，而權臣所求，必不可違。』思所以進奉其左右，以結其驩，則雖下剝民膏，上侵國賦，而有所不憚，驅天下之爲吏者。惟權姦之是奉，則人主大不利。彼姦人之初，豈即計及於是哉？不過貪富貴之樂，媚於上以退之耳。迨位愈高；勢愈厚，權愈重，而心益以放肆。故其始也，恃君之寵，假其權以制人，而其既也；即人主并爲其所制，動靜不得以自由，而國之象危矣。然彼方侈然自滿；矯飾太平，天變前見於上；以爲不足警，人怨沸騰於下，以爲不足畏；災荒頻告，寇盜書興，而以爲不足憂，遂釀成天下無窮之禍，自古任姦敗國，往在而然，何可勝歎哉！《易》曰：『履霜堅冰至』，蓋言陰邪不可不抑于其微也；又曰：『負且乘，致寇至』，言小人而乘君子之器，所以速禍也；又曰：『鼎折足，覆公餗』，言任非其人；未有不至於傾覆者也。《易》之垂戒如是，人主顧奈何而忽於任人也耶！夫前事之善敗，後事之鑒也。昔漢宣帝知任丙魏，而成中興。及成帝任王氏，竟移漢祚。唐明皇任姚宋諸賢，而致開元之治，任楊李，而召天寶之亂。自漢唐而下，凡天下之治亂興廢，未有不在於任人得失之間。夫世之人君，孰不思興而治，孰不思廢而亂。其任人也，孰不樂得忠賢而任之。惟是喜夫人之能順己之私，從己之欲，遂至以佞爲忠，以姦爲賢，是崇是信，委之爲心膂。且專且久，雖罪慝彰著，而猶不忍去之也。如是欲天下之無敗壞，其可得乎！誠使爲天下主者，正其心，誠其意，廓然而無私，粹然而無欲，謹于君子小人之辨，擇人而任，毋爲姦人之所中，則庶矣。

元・胡祗遹《紫山大全集》卷二〇《論取人》　取人之法，蘇東坡輩論之詳矣。以欲公而無私，實而無僞，莫如科舉詞賦，經義制策，宏詞明經。其次則軍功勞效，謀畧武藝法律，省部臺院，諸令史雜流。最高者本路廉幹官、本鄉有譽望之善人，衆口一詞，保舉茂材異等，孝弟純備，指陳實言實行。最下之科，任子是也。捨是數路，餘無可議，今皆無之。可斟酌時宜之緩急者，舉而行之。至於每科規模，自有前人程式，相時而增減之可也。國家悮人愚人，甚於父兄，父兄之悮子孫，甚於師友。氣血利欲之情常勝，義理之性常微。爲國者曰：有能學爲程文者，吾富貴之，尊榮之；不能者，貧賤而爲編氓。故人一趨於國之所向，雖爲父爲兄者，不使之學，而不能禁也。父兄子弟，同氣餘體，不習而同，親愛天性，莫知其惡，師友雖欲正之，而莫能也。蓋國家以利誘，父兄以氣同，所以入之也易。觀夫學爲程文者，騈四儷六，立題綴聯之外，一無所知，一莫之學。吉凶之禮，則聽命於釋老之徒，與所謂陰陽家者流，樂學則聽命於樂工。才欲拈弓矢習射，則互相譏議曰：『汝欲爲武夫乎？』讀兵書則曰：『汝欲爲麤官乎？』御車之法，廢絶已久，不復挂齒。學書則曰：『汝欲爲書寫待詔乎。』學數則曰：『汝欲爲壕寨之流乎？』談天文則曰：『汝欲爲司天算歷官乎？』論觀人之法則曰：『汝非相者也。』論養生則曰：『汝非醫師也。』講經則曰：『汝欲爲《三禮》學究耶？』言性情則曰：『是乃爲老氏釋氏耶？』學者之所當學，内則正心修身齊家，外則窮理治天下。上律天時，下襲水土，祖述堯舜，憲章文武。聖人之所學，凡人之所當學者，皆莫之學，六經、《語》、《孟》之學，皆莫之知。一旦射策偶中，出而治人，撫萬家之邑，寄百里之命，物情民事，一無所知。走卒舉案來前，則一聽命於胥吏。頗聰明者則曰：『每事自有國法。』反爲姦黠揶揄玩侮，而不滿一笑。國家所得之人材，其愚若此，欲下民之治，安無寃？德化治政之成立，不亦艱哉？昇平無事，苟延歲月，一旦少有不虞，河北二十四郡，淪胥於賊，不亦宜乎！然則立法取人，可不慎歟？不惟誤人，爲國家者，乃自誤也。辨人材最爲難。蓋事有似是而非者，剛直開朗似刻薄，柔媚罷軟似忠厚，廉介有守似褊隘，言訥識明似無能。辨博無實者似有材，遲鈍無學者似淵深，攻訐謗訕者似端直，掩惡揚善者似阿比。一一較之，似是而非，似非而是，人材優劣真僞，每混淆莫之能辨也。惟聖人爲能心公識明，衡鑑昭設。君子小人之至前，察言考行，視所以，觀所由，察所安。不以言舉人，不以人廢言。取德以實行，取材以實效。詳以理，悉以義。雖萬態億狀，眩耀藏閉，莫之或欺。爲人之任亦重矣。上承事父母，下法型妻子，旁親睦九族，外和同鄉黨隣里。有官守言責，則稱其任。至於切己之學，格物致知，誠意正心，一言一行，務要中理，仰無愧，俯無怍，成已及物。文章政事勳德，生有益於時，死垂聲於後。如是則庶幾不負天地父母之所生，方能踐形少盡人道。不然，則雖不作過惡，無毁無譽，總是虚負天地父母生己之恩，不盡爲人當然之職分，與不才之檮、無用之草，春生秋悴，無以異也。人肖天地，天地之所能者，人皆能之。天地全而生之，自謂不能者，孟子所謂自暴自棄，張子厚所謂違曰悖德，害仁曰賊，濟惡者不才，其踐形惟肖者也。請以歲功觀之。自一刻之積，而成一時，一時之積，而成一歲。風以動之，雨以潤之，日以烜之，雷霆以震起之，澤以説之，艮以止之，金以燥之，霜露以結實收成之，冰雪以固其本根而胚胎之，日往月來，斗迴星布，乾君坤藏，無斯須之停留，其勤豈不勞哉，其功豈不大哉！故《易》曰：『大哉乾元，萬物資始。』『至哉坤元，萬物資生。』人之爲人，自孩幼而至冠昏，理性日開，事業日富，成己成物，自强不息，蓋棺而後已。此身雖殁，又能與天地流行者，以學術福萬世，如是而庶幾謂之人矣。

明·朱瞻基《大明宣宗皇帝御製集》卷一《帝訓·知人》　以鑑辨物，可以知妍媸；以權定物，可以知輕重；以德監人，可以知賢否。自昔聖帝明王，恒以知人爲難，然必己之德明，而後人之賢否可知。光明正大，仁厚剛毅，此君子也。依阿淟涊，狡獪刻薄，此小人也。小人以諛悦爲心，其言甘而易從；君子以忠愛爲心，其言直而難受。人君察其存心，觀其言行，果君子也，則親之信之，如芝蘭之不可棄；果小人也，則疏之斥之，如蛇蠍之不可近。惟如是，則君子進而得以行其志，小人退而不得肆其惡，天下國家其有不治平者哉？然非吾心至公無私，真知人之邪正而進退之，未必有所裨益國家生民者矣。所謂公生明，偏生闇，則人君明德又知人之衡鑑也。

清·愛新覺羅·福臨《資政要覽》卷二《知人章》　人生而有陰有陽，多隱情飾貌以攻名。察其所安，真僞晰矣。故官必擇賢，游必擇交。十步之間有茂草，十室之邑有忠信。殷紀三仁，衛多君子。賢才之生，寧拘時地哉！才之大者，上志而下求。於物有不知，於人有不見。故曰大匠不斲。人不忠信，而多智能，譬猶豺虎，不可身邇。必先其仁義而後親之，木尺而節，玉寸而瑕，掄材不必求其備；救溺者濡，追逃者趨，立功不必中於繩。能知人，斯無棄人矣。三人行，必有擇焉。戚施直鎛，籧篠蒙璆，矇修聲，聾瞶司火。人之爲益，不亦多乎？

明珠暗投而按劍，蟠木先容而不忘。智者決策於愚人，賢士程能於不肖，自古患之。況乎流言無實，毀譽成黨，梁國見黎丘之鬼，海濱聞逐臭之夫。此宋徽所以失國。曹爽所以亡身也。如荆文之甄賞，趙襄之信倚，第五倫之鑒拔，郭林宗之品藻，豈易得哉！

清·唐甄《潛書》下篇上《主進》 爲政亦多務矣，唯用賢爲國之大事；治亂必於斯，興亡必於斯，他更無所於由也，一於斯而已矣。然賢者難知也，天子欲用賢，何以知其賢而用之也？必也大臣薦於天子，內外羣有司薦於大臣也。賢者難知也，有司欲進賢焉，何以知其賢而進之也？必也訪之於鄉人，訪之於鄉士大夫也。天子求賢於大臣，未可也；大臣求賢於有司，未可也；有司求賢於其鄉，未可也。夫是皆進賢之人也，有司不求於其鄉，將焉求！大臣不求於有司，將焉求！天子不求於大臣，將焉求！豈舍是而别有進賢之路哉！然則以爲未可者，是何説也？是皆可以進賢，而不必其無私；卽有無私者，不必其能知人；故以爲皆未可也。

且古之人多直，今之人多詐。古者聽其言爲君子之言，觀其行爲君子之行，其人誠君子矣。今也聽其言爲君子之言，觀其行爲君子之行，而其人則小人也。世尚道學，則爲儒者；世尚文辭，則爲名士；世尚氣節，則爲直士；世尚功業，則爲才士。惟其所爲，言貌皆眞；營營往來，籍籍聚會，以圖進取，孰能辨之！以利達之徒入於多私者之門，則以合進；以矯飾之徒入於不知人者之門，則以罔進。於是有舉皆其階，有位皆其窟矣。

且彼進賢之人，其先進也，皆以是物也，豈烏媒而致鳳哉！是故求賢之道，勿問孰爲賢，孰爲不肖，當先觀進賢之人。蓋賢不肖各有其類。吾嘗見夫鳥矣，彼烏也，集於喬木之上，其羣飛而從之者皆烏也，無異鳥也。又嘗見夫魚矣，彼鯽也，游於淺水之間，其羣游而從之者皆鯽也，無異魚也。惟人亦然。從伯夷遊者，必伯夷之所與也，無盜跖之徒也；從盜跖遊者，必盜跖之所與也，無伯夷之徒也。若使盜跖主進，而望其所進之人有若伯夷者，豈可得哉！是故明君察於羣臣之中，得其大賢，處以上卿之位，惟其言之是聽，而不惑於讒慝之口，則列於朝廷者皆其類矣。列於朝廷者皆其類，則列於邦國之職者亦皆其類。各以類進，則賢才不可勝用矣。

然諸卿雖賢，若並責之以進賢，則又不可。吾欲羅乎，必使善羅者轉販於衡湘之間；左右雖多良賈，别有任使，不使之羅也。吾欲買馬乎，必使善相馬者求於秦隴之間；左右雖多良工，别有任使，不使之買馬也。何也？舍其所短，用其所長也。古之大臣，於政事無所不達，於社稷之長計無所不周，而獨於知人或有所不及，此亦賢者之常也。放齊薦胤子，僉薦鯀；唐虞之臣且有不知人若是者，况其下乎！帝之試鯀者，當時洪水方急，未知有禹，惟鯀才有可用，姑且使之，非信僉之舉鯀爲知人也。人各有其類，才各有所長。惟賢者乃能進賢，得賢者爲進賢之人，使各舉所知，所以引其類也。惟知賢者乃能用賢，得知賢者爲用賢之人，使擇決衆之所舉，所以用其長也。具斯二者，用賢之道無遺矣。

豈惟臣有其類也，君亦有類焉；豈惟臣各有長也，君亦必善用其長焉。惟賢君，然後能用賢臣；惟君能知人，然後能用知人之臣。《書》曰：『在受德暋，惟羞刑暴德之人，同於厥邦；惟庶習逸德之人，同於厥政。』言紂德之不克類進者，皆其類也。《書》曰：『文王武王，克知三有宅心，灼見三有俊心，乃克立兹常事，司牧人，以克俊有德。』言文武知人，故能用賢以及天下之賢也。由是觀之，惟君先正其身以爲天下表，卿士百職，罔非正人，天下不得其徑而緣之。又於諸大臣之中得知人者，委以推賢進能之任，非天下之良士，孰得而幸至哉！《詩》曰：『嗟我懷人，寘彼周行。』向之所懷而不可得者，今皆寘之周行，講論道德，與造功業，無不如意。誠如《秦誓》所思惟在一臣，則能用衆才，其利無窮，不其然乎！

又《用賢》 《書》曰：『恭作肅，從作乂，明作哲，聰作謀，睿作聖。』《詩》曰：『國雖靡止，或聖，或否；民雖靡膴，或哲，或謀，或肅，或乂。』此五者，人之恒德，生而各具。謂非然者，其必天無水、火、木、金、土，人無言、視、聽、思、恭。五者唯聖人乃全；其次或兼四三德；其次或兼三二德。其下亦具一德。必有聖者，何患國論之無定；亦有哲、謀、肅、乂之一長者，何患才猷之無濟。吾不謂凡民皆然。愚夫愚婦，具五者之體而愚不及；士具五者之體而才或不達，學或不充。四海之大，凡百多士，必有能學達才者，用之將不勝用。

然盛世常見多才，衰世常患無才，其故維何？《易》之《泰》曰：小往大來。是時肅、乂、哲、謀、聖在位，狂、僭、豫、急、蒙在野，故見爲多才。《否》曰：『大往小來。』是時狂、僭、豫、急、蒙在位，肅、乂、哲、謀、聖在野，故常患無才。夫泰否，非天爲之，實人爲之；大小往來，非時之泰否爲之，實君之明昏爲之。

紂有臣億萬，惟億萬心；周師至郊，無一人能禦者，遂一戰破紂之國。此億萬臣中，有陳《洪範》之箕子，若紂能早用之，則彝倫敘于有商，肅、乂、哲、謀、聖並爲之用，武王之聖亦終爲商之良臣，而有商豈至于滅亡！

幽王無道，尹氏皇父亂政，小人盈朝；犬戎至郊，無一人能禦者，遂弒幽王于驪山之下。當其時，有賦《小旻》之賢大夫，若幽王能早用之，則彝倫敘于西周，肅、乂、哲、謀、聖並爲之用，犬戎雖强虓，亦終爲周之外臣，而西周豈至于滅亡！

紂有此賢父師，幽王有此賢大夫；二賢近在左右，人皆不知；其處于下位，淪于巖野者，又孰從而知之！然則紂幽之世，其才奚不若湯文之世！使以好色之心好德，以寵佞之心寵賢，則伊傅周召比肩于朝，博而求之，如燧火源泉，不可勝用。

有難之者，謂：『知人之明，自古爲難。友不知友，父不知子，兄不知弟，亦且不能自知。君雖哲，臣雖明，恐亦有所難知。』吾謂：『友不知友者，無所試其友；父不知子者，無所試其子；兄不知弟者，無所試其弟；不自知者，無所自試。蓋今學校實亡，無以教士，無以取士，唯憑于既試。今以非文之文教士取士，賢愚雜進，孰能爲辨！譬如不耘之田，穀稗並生；納稼于場，穀稗並積；北碾南捶，穀稗並下；簸篩既施，蕛稗乃去，嘉穀乃得。士竊三試而進，如在碾捶之前；迨授官考績，猶簸篩既施，稗士乃去，穀士乃得。蓋才可僞，功不可僞；臨民聽政，長短賢不肖立見。才雖混于始進，而不能掩于既試。又廣之以内外大臣所薦，並用而試之，豈不可以得人，而何患人之難知！』

又有難之者，謂：『天子一人，庶官有萬；雖至明有所不及，雖至察有所不周。于是以私以賄，上下相援，以虐爲能，以貪爲良。其于賢者，惡其異已，以小過受降革之罪。京朝之官，陷人奪位，援黨助已，傾害之術，巧于儀秦。結近侍，通宮掖，以惑天子之耳目；能使黑白變行，功罪異狀，將何以救之？』吾謂：『水流濕，火就燥；不聞臯陶用驩兜之徒，驩兜用臯陶之徒。唯元凶秉政本，霸天下，故羣奸附勢引朋，以朝廷爲巢窟。若天子用冢宰得人，冢宰總五卿得人，以共攝羣牧，皆得其人。如網在綱，無一綸之不就理，則百職無所容其奸。雖有奸者，亦化爲良；而何患賢者不用，不肖者不去！是故君何以昏？自用則昏，君何以明？用人則明。恭已虛衷，不敢自是；師冢宰而友五卿，舉社稷以從，是謂以衆明爲一明，以衆聰爲一聰，不勞而天下大治。』

清·愛新覺羅·胤禛《世宗憲皇帝御製文集》卷九《執中成憲御論》

漢武帝下求賢之詔而曰：議不舉者罪。蓋其求賢若渴之意迫切於中，故其形於教令者如此。夫知人則哲，古帝其難之，故人不難於舉，而難於所舉之公且明也。使臣工果賢，則不待罪之而自能舉，即或不舉，亦必有不舉之故，舉不舉，公當則均有益，即此亦可以觀舉者之心志。如臣工未必皆賢，則所舉何能盡當。又豈可繩之以法，使之借口以不得已濫舉塞責乎。古者進賢受上賞，蔽賢蒙顯戮。蓋謂素所深知之賢而媢嫉遏抑不與同升耳，非概言不舉者俱加之以重罰也。

清·王柏心《續樞言·官才篇上》 或曰：取士之數，今則浮于古矣，而才不適用。意者官才之法宜變也。盍復帖經若策論乎？曰：無益也，徒長其僞。盍復九品中正與上書自薦？曰：無益也，適啓其偷。然則法無善於今之科目乎？曰：未易言也。近世用才，惟進士一科，禮闈既有常額，遇慶典復增置。以十年約之，當取士二三百人，何才之多且易也。奇偉非常之士，或不入其中，而淺夫小智及束髮之童，反攘臂得之。國家設科，以待奇偉非常之士，非以待淺夫小智束髮之童也，而所取若此，則法之不足恃也明矣。且夫以天下之大，需才之急，所取又如是之多且易，則宜有賢者出乎其間。然而才恒不適於用，是非盡士之過，亦法之過也。凡才視乎其自養與上之所養之，得之既易，取之又多，人人有速化之心則氣不靖，氣不靖則蓄不深，蓄不深則以其塗澤附會之術施之政事，庸有濟乎？又況所業非所用乎？今縱不能盡變取士之法，則請減禮闈之額，三存其一，遇慶典無增置，留此一途，以處中材。若夫奇偉非常之士，則惟天子親行制科始能得之，勿專取詞藝，惟賢良方正、直言極諫、茂才異等乃得舉，或參用司馬光十科之議，間五六歲或八九歲一行之，責行省大吏應詔舉才，天子憑軒策之，所取無常額，取者皆俾其自占，授以職事，效則遷職，舉者有賞，不效則罷斥，罰及舉者。又令學士仿唐制，得薦舉山林有道之士，時時爲天子納説，視所薦真僞定賞罰。此則養之厚而進之廣，不變法而輔法以收才，庶幾少有補乎。或曰：減常額則誠然矣。若所言制科薦辟諸法，亦有冒進者，是安保無弊？曰：等弊也。坐視其弊而不變，與逆料其弊而格不行，均之無當于官才。王者之于人才，始之甄陶變化以靖其氣，其氣既靖，則磨厲激揚，振拔而鼓舞之，使奮于功名之路以致其用。夫以四海之廣、士民之數、能言之類，其指世陳政、言成文章、質之先聖而不繆、施之當世合時務者，未嘗無人也；事會交乘、文武幹略、中外待以救時而紓困者，又未嘗不旦夕引領也。誠于此時稍破常格，廣其途而進之，核其真而用之，精神意氣足以感召天下之豪傑，使之呈才效異，奔走闕廷。昔燕昭弱國之主耳，築臺拜士，士爭趨之，卒以强雄，況乎總壹海內、陳爵賞以風示四方之士者哉！如必逆計其弊，謂不若專守今之所行，則此法行之且五六百年矣。三代之制皆可變，此法獨勝于三代乎？且治天下者，欲得士而任之，將任之奇偉非常者乎？抑任之淺夫小智束髮之童乎？

又《官才篇下》 天下之才，既廣其途以進之矣。能使官當其才，展布幹用，上佐君相知人之明者，則在吏、兵二尚書。非知人與知兵者，不得居此職。二尚書得人，則文武之士，竭盡智能，何政不修。不得人，則闒冗在位，張官布職，盡虛設也。此最國政治忽之本，不可輕也。所謂銓選者，在辨別賢否，與材器所宜，不僅以年勞爲高下也。董生有言：小才雖累日，不離于小官；賢才雖未久，不害爲輔佐。誠賢邪？當先以告，誠否邪？當先以告。何待計典而後署上邪？本兵亦然，察才爲上，其能周知四方，及緣邊扼塞形便，曉兵家進退，決策制勝者，與和輯士卒，興屯田，規兵食者，與武力魁傑，跳蕩無前者，皆疏其姓名爲別籍，不時以告于上，不必待軍政考察也。兵曹選僚屬，必其曉暢軍機。凡出爲兵備，任邊郡太守者，必取才於兵部，此皆異時禦侮干城之選也。朝廷惟宰輔卿貳，必人主自擇，其餘人才，未有不自吏、兵二部出者也。欲官當其才，必先知其才。欲知其才，必延見諮訪，始能得之。若使掌銓與本兵，不拘私第通賓之禁，四方遷擢至部者，許於私第或廣廷，皆得接見，聽其議論，察其才略，考其職業，又各令陳舉交遊知識中有才能出衆者，密疏於籍，徐試以職事，覘其驗否，日夜孜孜，惟人才爲念，廣諏博采，雖不能十得其五六，亦可十得其三四矣。今也不然，資格當遷，則二尚書曰予之遷；稍不及格，則曰不當遷。合格，雖庸下亦予遷；不及格，雖俊傑不得遷。非揆之才也，聽之例也；非盡例也，聽之吏也。夫文武二途，國家用才之地，政事之根本，孰有大於此？而一聽之例與吏，其何才之能官！《傳》曰：正其本，萬事理。欲官才而不知才，因以不得才又詆天下爲無才。噫！法自不能得才耳，奈何以此誣天下才哉！

或曰：私第通賓，恐開請謁苞苴之門，此法所宜禁也。吾子之言，無乃啓幸進乎？曰：不然。天子置吏、兵二尚書，必擇賢者爲之。其人賢，則請謁苞苴無由至其門也。二尚書而通請謁苞苴，是不賢也，焉有不賢而可任尚書者乎？亟黜之以進賢者，則請謁苞苴之竇自絕。昔裴晉公居相位，時淮蔡用兵，請於私第得延見士大夫，以咨籌畫，未聞晉公之門，有請謁苞苴者。呂文穆爲相，疏人才置夾袋，朝廷用人，則取諸囊中，無不稱職。虞雍公爲相，疏人才高下爲三等，號《材館録》，未聞兩公之門，有請謁苞苴之客也。自非延見款曲，無以周知人才。宰相且不禁私第見賓，而獨禁二尚書乎？

科舉改進論分部

論説

元・張之翰《西巖集》卷一三《議科舉》 自國家混一以來，凡言科舉者，聞者莫不笑其迂闊，以爲不急之務，愚獨謂不然。蓋自古忠臣烈士、名卿賢大夫，未有不由此乎出。竊見比年老師宿儒，彫落殆盡，後生子弟，無所見聞，稍稍聰明者，不爲貼書，必學主案。今年一主案貼書，明年一州胥府吏，今年一州胥府吏，明年一部掾省雜；不數年之間，內而省部臺院，外而府州司縣，出身一官人矣。習以成風，莫之能革。豈有煌煌大元，土地如此其廣，人民如此其繁，官吏如此其衆，專取人於此？求其所謂經濟之學，治安之策，果有耶？無耶？愚所不知也。爲今之計，莫急於科舉。科舉之目，曰制策，曰明經，曰賦義，曰宏詞，在議擇而行之。果人知所學，將見賢才輩出，建立太平，可爲聖朝萬世之光也。

明·黄淳耀《陶菴全集》卷三《科舉論序》 三代以後設科取士之法，莫善於漢之賢良、方正，莫不善于唐之詩賦取士。宋初稍沿唐制，及安石變法，始專用經義，而詩賦之科終宋世數起數廢。要其所謂經義者，特安石之新説而已。雖紹興以後，王學稍衰，而河南、荆舒對立爲兩，則學者猶多駢駁也。至我明高皇帝釐正經術，宗濂、洛之義理，存先漢之注疏，使士子有所據依，于是釋、老、莊、列影響依附之言廓然盡矣。且其制有論，有詔、誥、表、判，有時務策，三場並重，而科舉之外有辟舉，有歲貢，三途並用，故我國初得人之盛，雄視西京。士子之應科目者，無上書覔舉之弊，無羣聚京師之擾，無請謁舉主之隙。規制之善，漢、唐、宋皆不及也。自憲皇帝以後，所謂三途者，遂廢其二，而科舉始獨重矣。近則三場之所重者，止於七義，七義之所重者，止於三義，而科舉之法弊矣。或者議欲廢之，或又以爲國家三百年來，文武忠孝之士，皆出是科，但當遵行無變。余竊以爲二者之論皆非也。廢科舉者，其意一出于薦辟，而不得其法，其弊更有甚于科舉也。然科舉之法，則誠弊矣。《易》曰：『通其變，使民不倦』。今誠少變科舉之法，參用辟舉、歲貢之法，何爲不可？夫天之有象緯一定者也，然治歷者非隨時修改，則數十年而一差，況人才氣運之相推，如江河而未有極乎？使吾變之而畔違乎祖制，無變可也。其大者適與我祖制同，而其小者，質之立法之意而無謬，何爲不可？愚不自揆，作爲《科舉論》三篇，以俟知言者折衷焉。

又《科舉論上》 國家之以經義取士也，將以明經乎，抑以晦經乎？其出於明經也，必矣。然吾觀今之經義，則其弊適足以晦經。夫晦經，非設科意也。蓋宋人之有帖書墨義也，離其前後之文，以驗其記誦，其事至陋，才士恥爲之。至一變而爲經義，則剖析義理，不徒記誦矣，故當時名之曰大義，而我國朝因之。蓋其著爲功令者，不過以觀士之能通經術與否，而初非以此困之，使出于不可知之途也。今取洪、永間經義讀之，言約理明，渾厚朴直，亦何嘗剽剟割裂而爲無根之辭乎？起昔人于今日，而爲其剽剟割裂者，將或有所不能，進今人于洪、永，而爲其渾厚朴直者，歲月之間可至矣。惟昔之爲經義也易，而上下之好尚出于一，故士子氣完力餘，得以究心于天下之實學。惟今之爲經義也難，故士子勞精神，窮日夜以求工於無益之空言，而不可施于用，且爲之者益多，則其趨益亂，趨益亂，則上之人無所據以定其取舍，而其途益惑，趨亂而途惑，則士子益咎其文之不工，而無暇於實學。實學荒則其不遇者文質無所底，而其遇者以貪冒爲得計，以廉恥爲迂疏，且盡舉其所以徼幸于科名者，而推之于政事之間，而科舉之法遂大敝。夫科舉之法敝，則郡縣無循吏，疆埸無能臣，欲寇盜平而四裔服，不可得也。然而科舉之敝所以至此者無他，上之人不知驅士子以出于實學，而聽其所趨，反相率而從之故也。嗟夫，如是而猶以科舉之設爲明經者，其亦不思而已矣。吾故以爲將驅天下之士而使之出于實學，則必宜復祖制五篇之法，于七義中減其二道，而閱卷必三場通較，不以一場爲去取。經義取辨析義理而已，浮華者務在必黜。則士子亦安肯故爲其難，以出于必不利之途哉？論則求其馳騁經史，表則求其駢麗四六，判則求其明習法令，策則求其曉暢治道。此雖與經義等爲空言，然工拙易辨也。宋人既立經義，尚爲宏詞科，以收詞賦之士，以繼古者之制科，今獨不可推其意于二三場哉？昔黄庭堅在貢院四十六日，九人半取一人，今主司鑒裁之明或不如古，而以數十人取一人，又程之于數日之中，日力無餘，故所棄之卷，有不及閱二三場者，有不及閱經義者，有并不及閱《書》義者，所棄如此，則其所取可知也。吾又以爲當寬其較閱之期，使得研覈再四，以定其去取。至於士子平日所習之書，若經若史，一以頒諸學宮者課之，而盡焚其私刻，使耳目不淆。此數者行，則天下之實學可以漸而復矣。

又《科舉論中》 驅天下之士而出于實學，則制科之弊可革。雖然，所謂實學者，亦止於言詞之間而已矣，吾他日之所取而用者，非即用其言詞也。夫宋世偉人如富弼，而猶以科舉文字爲難，如司馬光而猶不長于四六，近世如陳眞晟、胡居仁之流，則又不屑爲科舉之文矣，使吾無以收之，則天下篤實之士，皆格于科舉而不進，而吾之法又敝。將救其敝，非嚴薦舉之法，重歲貢之科不可。夫薦舉近固行之矣，然而未覩其效者，是不得其方也。漢世之舉賢良方正也，天子臨軒親策，至於再、至于三，其所言，上自君身，中至貴戚、大臣，下及宦豎，皆直言極論，無所忌諱。不稱者罪坐舉主，有保任之罰。夫人情畏罰，則不敢妄舉，而知上之重已也，則不憚于直言，故兩漢得才爲多，然猶曰：『此往事也。』我明高皇帝行薦辟法，親自較閲，不稱職者輒坐舉主，往往至于謫戍，故當時文武忠孝之士布滿在位，内自卿宰，外至藩臬皆是也。今則不然，名爲保舉，不復嚴重其事，士之被薦詣闕下者，吏部試以策、論而已。天下不知其所謂策、論者何等也，故其願仕者得一官以去，而其不願仕者亦不至，彼豈眞不願仕哉？知薦舉之重不及科舉故爾。而薦人者，則仍取諸有聲場屋而不第與其平日所親幸之人，薦墨未乾而責任已塞矣。夫薦至而不知其稱否，姑試之而姑爵之，而薦人者又不尸其罰，則又安能拒不肖之倖濫而致奇偉非常之人哉？且不幾以漢世賢良方正之名而居魏晉九品中正之實哉？今如吾説，不過兩言而已，曰：『其求直言也，必重；其罰不稱也，必嚴。』此所謂明薦舉之法者也。按國初歲貢之科在薦辟之下、科舉之上，儒生之居學校者，先德行而後文藝，歲課、月考，其法甚嚴。成材者循序而進之于國學，與察舉之賢並擢爲給事中、參政、主事等官，故南北之二雍與郡國之學校表裏稱盛。今自歲貢之科輕，而士之廩于學而歷年多者，無賢不肖皆得貢。既貢，則使之爲學官，歷一二遷至縣令或郡佐，輒注下考罷去之。故士之爲歲貢者，齒暮氣衰，榮路有限，其自待甚輕。在學校則壞學校，在州郡則壞州郡。上之人知其如此，復姑寬之曰：『是齪齪者爲，可矜憐而已。』夫舉朝廷之士民，姑寄此齪齪可憐之人以塞其無聊，豈理也哉！竊以爲學校所急在選學官，學官得人則士子之賢不肖可辨，而歲貢之舊可復。然所謂學官者，不復可求之于今日之貢舉也，或取諸薦辟之中，或擇諸甲科之内，務求其德醇而文高者俾居其職。以行先之，以學課之，其廩於學者，不可專取文詞，苟孝友忠信發聞于鄉者，學官言于督學，覈實而廩之，然後教以文學，而擇其士之尤異者，不待年而貢之闕下，而天子即用薦辟之法親試之，試可，則不待選舉即爲録用，其次則俟其材成，循次貢之國學，以待甄叙，一如祖宗朝授官之法。有文無行者，勿貢。誤貢有罰。此所謂重歲貢之科者也。薦舉之法明，歲貢之科重，則士之實勝者出此兩科，文勝者出于科舉，不出于此，必出于彼矣。

又《科舉論下》 嗚呼！人才之生于今，其能自立也難矣。上所以成之者，未嘗有法，而所以壞之者，又不一端。吾每見大比之歲，禮臣申明學制，非嚴限字數即禁用子書，以爲文體士習，蓋在是矣，而弊有積之甚久而其實不可以一日安者，則概未之及。然則人材何由而成耶？蓋今有漢唐宋以來所無之弊而不幸有之者，有數十年以來名爲革弊而其弊彌甚者，此皆積于學校而病于科舉，吾故盡言之。

今夫太學者，天子所以教化天下之始而禮義之宗也。虞周宏遠，吾不暇論，論後世之尤敝者。桓帝以鴻都學生入太學，士類恥之。夫鴻都者，天子之私學，其人本以經術相招，後爲尺牘及玉書鳥篆，其在今日則亦材藝過人之士也。太學之士以其微蔑小道，爲天子私人，則恥之矣。宋世立三舍之法，朱子、呂東萊皆非之。夫三舍之法，考較藝文，參以行實，而降升其間，其在今日則亦奬誘人才之方也。先儒以其試之以浮靡之文，誘之以利禄之途，則非之矣。然則太學之重可知也，太學之人才宜有以長養成就之可知也。非國子及四方之成材者，不宜入太學可知也。今自援納例行，百餘年來，遂爲功令。士以廩增附之額，分其入粟之等差，而其餘則學校之廢棄者入焉，紈綺之不學者入焉，商賈之多金者入焉，此何爲乎！入粟之後，挂名其間，有終身未嘗蹴胄監之席者，問其人，則國子生也，此何爲乎！然而士之貢于學、舉于鄉者，猶施施然與之並列，則使東漢之士復興，南宋之儒可作，吾不知其歎息又當何如也。此吾所謂唐宋以來所無之弊，而不幸有之者也。

古者較士，有中年比年之法，蓋掌教之官視有司不同，呂氏謂《周禮》六官，惟學校之官不在官聯官屬，其意所當深思者是也。今者師儒之説既爲具文，而督學使者之官，其體尊嚴與生徒相去遼絶。其所掌有歲試，有科試。其稽考行義也，不過俯聽于學官，而其殿最文義也，雖試有前後而一人之目無大相遠。今使督學官于三年之中，科歲各一試，士方試歸，席未及煖而繼試者又至矣。是一歲之中，嘗得一再試也。然科試則郡縣之官必先去取之，而後進于督學，是受試無已時也。以不甚相異之殿最與不甚稽考之行義而受試無已時，乃欲望其敬業樂羣，知類通達，則亦難矣。此吾所謂數十年來名爲革弊而其弊彌甚者也。

吾以爲，援納之例必當禁絶，而一以勳戚命官子弟及士之貢于學、舉于鄉者實之，妙簡儒臣以爲祭酒、司業，其立教則當以胡瑗之教湖學及朱子分年立課之法爲準，督學則簡其考較，即以科試爲歲試，合格者使之試于鄉，否則黜之，而不必又爲歲試，使士子得休其力，以從事于學。此二説行，然後薦舉歲貢之法可漸施也。抑吾又得一説焉，可暫罷而徐議之者，騎射是也。夫射者，學宫之古法，我明高皇帝嘗用之以試士矣。然前此不習既久，一旦舉而責之，綴文之士則不便者十九。夫將復古制，固不論其便否也。然吾以爲可暫罷者，以其本之未立，則不可齊其末也。或曰：考較之簡其法，則誠善矣。今天下兵寇交訌，泥沙用財，取之援例入貲，足以贍軍，且騎射所以習兵也，在平世猶不可廢，况多難乎？曰：子以東晉之南渡爲盛于今乎？東晉猶能立太學，徵生徒，而謂今世不能者，謬也。謂藉此以資財用者，無術也。且學校興，人材盛，則其所得有過于騎射者矣。今雖不罷騎射，騎射其有益乎？

又《科舉論後語》 余既作《科舉論》，向難余者又曰：『天之生斯人也，如置器然。苟生金玉，必不置之于泥塗；苟生賢才，必不使之阨窮于牖下也。科名特寄徑耳，子何患焉？』曰：『金玉之生于山川也，制之而後生焉，范之而後成焉，不遇良工則没于丹矸朽石之下而已矣，子何從知之？由今之道而不變，吾慮人材之日没也。』難者又曰：『今朝廷之所求者，奇士耳，非中人也。經義能困中人，豈能困奇士乎？』曰：『南宫三歲一試士，士之釋褐者，必三百人，不知此三百人者，皆奇士乎？抑中人襍出其間乎？如中人襍出其間，則其敗天下士多矣。所學非所用，所用非所學也。』又曰：『賢良方正之科，固將器人于文辭之外也。信如子説，不過嚴責保任而已，而取士之法，終不能有異于漢世之對策，是以行求之而以言取之也。』曰：『豈獨漢世哉？敷奏以言，雖堯舜不外是也。今天子赫然震動，引見闕廷而親策之，假以言色，通以問難，則人之賢不肖出矣。夫人才之赴人主，如百鳥之追鸞鷟也。』又曰：『學校之官，吾何以識其賢而用之乎？』曰：『如東漢之先試博士，可也。如虞集所云，令長各自禮聘，亦可也。其任必久，其擢必優，所以廣教化、隆儒術也。』又曰：『凡學之掌教者，三人焉，試且聘之，則不勝其優矣。』曰：『固也。吾以爲三人者，可省其二也。無已則虚其二焉，以待教諭之擇賢者而聘之，亦我國初之制也。』又曰：『胄監入貲，不自今日始也。羅圭峰玘嘗以貲入矣，已而爲文人，爲名臣。近則學校之有文者入焉，何必禁也？』曰：『玘不足法也，爲入貲濫觴者，未必非玘罪也。我國家近有璫禍，獻諂頌功者，多出太學諸生，何無一人如范滂、陳東者乎？史推東漢之亂而不亡，歸功于太學數君子。靖康、建炎之間，三學生義聲震天下，彼皆養士之效也。今則非止失養而已，其溷淆而挫辱之，抑亦甚矣。有文之士入焉者，倦于場屋，厭于考較，不得已而入焉也，非宜入也。』又曰：『子之論則美矣，然子之論騎射也，猶謂待學校興乃可徐議。今一旦欲于二三場責經史時務之實學，于薦舉責賢良方正之全材，于太學、鄉學責有道之師儒、率教之生徒，不已亟乎？吾將以子之矛入子之盾也。』曰：『宋臣葉適有言：「今宜暫息天下之多言，進舉無親策，制舉無記誦，無論著，稍稍忘其故步，一旦天子自舉之，三代之英才未可驟得，亦不至如近世之冗長無取也。」我明高皇帝已行科舉法，仍停至十餘年，其時人材益出。今能遠採葉適之言，上師我高皇帝通變宜民之意，何爲不成？何求不得？余之前論，特平平者爾。雖然，使以余之論告當路，則駭笑而目以爲狂者，不知凡幾矣。時勢之變，日新月異，而天下大事，獨曰守常，痛乎！成俗之難回也。』

清·黄宗羲《破邪論·科舉》 科舉之弊，未有甚於今日矣。余見高曾以來，爲其學者，《五經》、《通鑑》、《左傳》、《國語》、《戰國策》、《莊子》、八大家，此數書者，未有不讀以資舉業之用者也。自後則束之高閣，而鑽研於蒙存淺達之講章。又其後則以爲汎濫，而説約出焉。又以説約爲冗，而圭撮於低頭《四書》之上，童而習之，至於解褐出仕，未嘗更見他書也。此外但取科舉中選之文，諷誦摹倣，移前綴後，雷同下筆已耳。

昔有舉子以堯舜問主司者，歐陽公答之云：『如此疑難故事，不用也罷。』今之舉子，大約此類也。此等人才，豈能効國家一幛一亭之用？徒使天之生民，受其笞撻，可哀也夫！顧有心世道者，亦明知此輩之無用，皆因循而莫之救，何也？如以朱子學校貢舉私議行之，未始不可。然極重難返之勢，不無惶駭，莫若就今見行事例，稍爲變通，未嘗不可以得真才也。今第一場經義，第二場論、表、判，第三場策五道。經義當依朱子之法，通貫經文，條陳衆說，而斷以己意，不必如今日分段、破題、對偶敷衍之體。論以觀其識見，表以觀其綺靡，判當設爲甲乙，以觀其剖決。策觀其通今致用，所陳利害，其要如何，無取海行言語，勦從套括。嗟乎！舉子苟能通此，是亦足矣。無奈主文者相習成風，去取只在經義。經義又以首篇爲主，二場三場，未嘗過目。逮夫經義已取，始弔後場以充故事。雖累經申敕，褎如充耳，亦以時日迫速，不得不然也。

余嘗與萬季野私議，即浙江而論，舉子萬人，分房十餘人，每人所閱，不及千卷，日閱二百卷，五日可畢。第一場取一千卷，揭榜其不在千卷内者，不得進第二場。第二場千卷，每人閱一百卷，一日可畢。當取五百卷，揭榜其不在五百卷内者，不得進第三場。第三場方依定額揭榜，始謂之中式。如此，則主文者不得專以經義爲主，而二場三場爲有用，舉子亦不敢以空疏應世。會試亦然。此亦急救之術，行之數科後。取朱子之議行之，又何患人才之不出乎！

清·魏禧《魏叔子文集外篇》卷三《制科策上》 古者取士之途廣，國家則專出於制科，而其法尤未善。八股之法，一在于摹聖人之言，不敢稱引三代以下事，不敢出本題以下之文；一在于排比有定式，夫題之義理，有博衍數十端，然後足以盡者，有舉其一端，扼要而無遺者，今必勒爲排比，則是多端者不可盡。而得其一説而畢者，必將强爲一説以對之，其對之，又必摹其出比之語，斤斤然櫛句比字而不敢或亂。六朝之文，俳儷爲工，雖雜施于游咏箋記，而後人尚譏其陋。今以長對俳儷而譯經傳，其陋抑可知矣。聖賢之理，適用爲本，故言理不徵事則迂疏。古人之言，不徵後世之得失，則言之富且精者不得見。今必以爲不可毫髮有所損益，則是古人所一言者，吾從而再言，所短言者，吾從而長言，言之毫髮逮聖人無益，況必不逮耶。

國朝黜雜學，尊孔子，敕《四書》、《五經》爲題目，法視前代爲獨正。販夫豎子，莫不知仁義道德之名，然才略迂疏，不逮漢、唐遠甚。及其後，則遂欲求爲東晉、南宋而有不可得者。天下奇才異能，非八股不得進。自童年至老死，惟此之務。于是有身登甲第年期耄，不識古今傳國之世次，不知當世州郡之名，兵馬財賦之數者，而其才俊者，則于入官之始而後學。

故居今以救制科之敗，愚則以爲莫若廢八股，而勒之以論策。故曰：八股之爲經濟者，施於論則腐矣，論施于策則迂，策施于奏議則疏。何者？言禮者易僞，而覈事者難欺。是故法未有久而不敝。然其立法之始，則不可不盡善。論策之制，其敝也必有勦襲靡衍，夸而不適用。而天下之人，則勢不得不取古今治亂之書而讀之，而講求天下兵馬財賦、關阨險阻、時務利害之事。今夫采魚者必張網於大澤，獵獸者必設罝于深山，夫固有不得獸者，顧涉澤以求獸，而越山以問魚，是所謂索燧人以三淩之冰，縶騏驥之足而責千里者也。

多途并用論分部

論説

元·程鉅夫《雪樓集》卷一〇《公選》 臣某謹奏：臣於至元十五年十一月初九日欽奉聖旨節該：『您省得的勾當説者，官人每好的歹的説者。』欽奉如此。臣竊惟國家自平江南以來，内而省、部、密院等衙門，外而行省、行院、宣慰司、總管府、州、縣官，並皆參用南人，惟御史臺、行臺、按察司獨不用南人，臣不知其説也。夫南北人情、風俗、地里各各不同，若欲諳悉各處利害，須是參用各處人員。況江南自歸附以來已十餘年，而偏遠險惡去處，盜賊時時竊發，雖官吏貪殘所致，亦緣行臺、按察諸司耳目不及。每年察司官名曰巡按，其實何曾徧歷，止於安静地分遷延翺翔，聞有小警，即行退避，至於偏遠險惡去處，曠數年不敢一到。其間小民被官吏苛虐，無所告訴，激而爲盜，官吏反欲因此有所虜掠，每有一二人竊盜，便稱某郡某縣一同作歹。上司聞此欣然出兵，子女玉帛恣其所欲，真盜何嘗捕得，而無辜一切受禍。朝廷於江南設行臺、按察，正欲察訪利病，果得其人，何至如此！非惟官不得人，亦緣南北事體不同，所用皆北人而無南人，故不能諳悉各處利害，如舟車之於水陸，不能易地以爲功也。臣愚欲望聖慈特降睿旨，御史、行臺自中丞以下，隨路按察司自察使以下，並合公選南方曉事耆舊及清望有風力人員，每路或一或二不定員數，與北方官員同共講論區畫，庶幾諳悉江南事體，用知遠人情僞，內臺侍御史至監察御史等官，亦合參用一二南官，以備采訪，不勝生民之幸。謹録奏聞。如蒙采擇，乞送中書省召耆老大臣集議施行。伏取聖裁。

元・王惲《秋澗集》卷三五《貢舉議》　貢舉人材，肇自唐虞，而法備於周。漢興，乃用孝廉秀才等科，策以經術時務，以州郡大小限其歲貢之數，以賞罰責長吏極其人材之精，猶古貢士法也。歷魏至於後周，中間因時更革，固爲不一，要之不出漢制之舊。迨隋始設進士科目，試以程文，時勢好尚有不得不然者。至唐有明經進士等科，既明一經，復試程文對策。中者雖鮮，號稱得人，至有龍虎將相之目。其明經立法敷淺，易於取中，當時亦不甚重。又有設制科，以待天下非常之士，故前宋易明經爲經義，其賦義法度嚴備，考較公當，至亡金極矣，後世有不可廢者！然論程文者，謂學出剽竊，不根經史。又士子投牒自售，行誼蔑聞，廉恥道喪，甚非三代貢士之法。伏遇聖天子臨御之初，方繼體守文，以設科取士爲切，若止用先皇帝已定格法，與時適宜，可舉而行；之邁隆前代，創爲新制，可不詳思，揣其本末，酌古今而用之。惟古貢士率從學而出，後世不詢經行，徒採虛譽，因循薦舉，狃爲私恩，不顧公道，此最不可者也。莫若取唐楊綰、宋朱熹等議參而用之，可行於今。綰之法曰：令州郡察其信友孝義而通經學者，州府試通經習經業，貢於禮部，問經義十條，對時務策三道，皆通，爲上第。其經義通八、策通二，爲中第，其《孝經》、《論語》、《孟子》兼爲一經。熹之議曰：分諸經史，如《易》、《書》、《詩》、《周禮》、二戴《禮經》、《春秋三傳》各爲一經，將《大學》、《中庸》、《論》、《孟》分爲四科，並附已上大經，逐年通試，及廷試對策，兼用經史，對以已意，以明時務得失。愚謂爲今之計，宜先選教官，定以明經史爲所習科目，以州郡大小限其生徒，揀俊秀無玷污者充員數，以生徒員數限歲貢人數，期以歲月，使盡修習之道，然後州郡官察行考學，極其精當，貢於禮部，經試經義作一場，史試議論作一場，廷試策兼用經史，斷以已意，以明時務。如是則士無不通之經、不習之史，進退用舍，一出於學，既習古道，且革累世虛文妄舉之弊，必收實學適用之效，豈不偉哉！外據詩賦，立科既久，亦不宜驟停。經史實學既盛，彼自絀矣。

元・赵天麟《太平金鏡策》卷三《推公舉》　臣聞：君子達上，則思進賢；小人乘時，焉能汲善。君子之人，君子朋之；小人之人，小人黨之。同聲相應，同氣相求，德不孤，決有鄰，自然之理也。夫賢者知有國，而不知有其身；嘗喻義，而未嘗喻於利。是以內舉不避親，外舉不避讎，公舉而不恐妨其位。古之君子有行之者，若祁奚舉祁午於晉侯，而以爲中軍之尉；蕭何舉曹參於漢祖，而以嗣相國之位。以至子皮薦子產於鄭，而民謂之母，國賴其賢；鮑叔達管仲於齊，而九合諸侯，一匡天下，者皆是也。小人則不然。懷私挾詐，以濫天官；飾智屈心，以固權寵。親同類如就芝蘭，憎君子如惡蛇蝎。又常欲使後進皆出已下，而恐其踰於己也。古之小人有行之者，若驩兜美共工於堯朝，而象共滔天；上官誣靈均於楚王，而人亡國瘁。以至臧文仲不顯展禽，聖人謂之竊位；公孫弘不引董生，劉子謂其妒賢者，皆是也。《易》嘉拔茅，《春秋》述惟善能舉其類，豈輕乎哉？今國家求賢之心極重，取士之路未優。且內外官僚，所食者，國家所錫之田也；所衣者，國家所給之祿也。脫編氓之賤，而得享尊榮；溢宗祖之光，而獲班鼎祭。女不知織，男不知耕。如此而不思報國家之厚祉，其可乎哉？且食苹之鹿，尚呦呦以呼羣；出谷之鶯，猶嚶嚶而求友。此皆物也，況於人乎？故伊人之將逍遥也，當思縶白駒，而恐有遐心；嘉賓之未至止也，曾念汕嘉魚，而與同宴樂。此人臣之大節，盛德之良心也。伏見方今，雖有貢儒貢吏之格，尚未通行。或闔郡而不薦一賢，或終考而不舉一士。因循爲務，苟且爲心，不幾乎杜悰、劉勝之徒乎？臣竊以任職立功，治民興譽，未若舉賢之爲美也。何以言之？舉一賢，則賢者復舉衆賢，而報國之績爲多。不舉賢，則止一身而已故也。伏望陛下，載宣天旨，昭諭中外。凡郡縣臨民正官七品以上，及諸衙門官三品以上，每三考之中，各薦一人。凡薦之士，須稱其人籍貫性行，委係何德何才，可充何職。凡薦書達上，委於都省判送吏、禮部，以三德八才之法，照薦書考校其人。果爲應否，然後申省，乞隨選奏而用之。凡以後其人稱職，則初薦官至考滿之日，優加爵級。凡其人不稱職，則初薦官至考滿之日，隨輕重以黜其爵級。凡其人臨官有非常之罪，則初薦官亦放歸田里可也。使方方士子，咸慕貞淳；在在官僚，共求賢者。而賢者知國家之尚賢，莫不出矣。又奚須寧戚悲歌、五羖飯牛而自進之哉？又奚須成湯幣聘、高宗圖形而自求之哉？野無遺賢，此亦一助也。

元·胡祗遹《紫山大全集》卷一二《議選舉法上執政書》 即今選舉未能遽立，每遇闕人，臨時求材，搜索論議，如覓亡羊，如求去物。掌陶鈞者，議公則吹毛求疵，洗垢求痕，無一或可；志私則隱惡諱疾，各舉私黨。以至廟堂之上曰：此出於汝之門下，彼又出於汝之私心。互相謗訐，良可羞已。夫賤工之居肆，尚先利其器、儲其材，以待叩門不時之須，故能應用而不匱。以四海之廣，萬幾之繁，而臨事無可用之人，反似賤工之不若，亦難矣哉！選舉急切未立，莫若取先帝朝廷舊人。聖上潛邸至龍飛以來，凡沾一命之人，暨諸經省部、宣撫宣慰司委任之人，隨路州府曾歷任司縣無大過之人，暨亡金曾入仕及到殿舉人，下至鄉里公論推稱德行才能兼備之人，立式行下，隨路取各人姓名、鄉貫、出身、歷事、行止，備細脚色。仍勒随路官吏不得妄保濫舉，妄濫則舉主坐之。文籍到部，相其年甲之高下，歷仕之久近、出仕之精粗，甲乙門類而次第之，緩急用人，如探囊取物，此亦儲材之一端也。難者或曰：『若是，則私濫不可勝數。聽其言而信其人，遽委以事，可乎？』當應之曰：『是大不然。人誰無過，在上之磨厲勸懲之何如耳。堯舜之民比屋可封，桀紂之民比屋可誅，此非訓導之所致爾？我朝未立俸養廉以來，使爲官爲吏者不貪不汙，則亦難矣。用人而求全責備，則舉世無可用之人矣。其『九德咸事』，與其進也；『瑾瑜匿瑕』，舍短取長之論也。至於科舉之取人，千載一轍，豈非聽其言而信其人乎？今既坐舉官之罪，是不擇而自精矣。難者若又曰：若坐舉官之罪，名曰取人，而實止人也。』若曰：寬其律，而必責其當舉人數，則兩得矣。』某一二妄論，率易冒黷，萬一可行，則願加採擇。如與時背馳，必不可行，則希過目笑擲，不以僭越罪，幸甚。

元·許有壬《至正集》卷七四《薦舉官員》 爲治之要，在乎得人；取人之道，必當極天下之公論，而後能盡天下之人才。薦舉之法，固取人之急務，然舉之苟不以道，恐復有遺才之恨。今日之事，試以四事論之：舉之未盡善者有三，而導之使競者則有一焉。所謂未盡善者，一曰五事舉人之弊。五事之目，因循雖古，實則虛文，户口之增，不過析居、放良、投户、還俗，或流移至此，彼減此增之數，夫何能哉！江南之田，水中圍種；齊魯之地，治盡肥磽，雖有真才，五終不備。遼海之沙漠莽蒼，巴蜀之山林溪洞，龔、黄繼踵，能使田野闢乎？欲盜賊之息者，有盜匿而不申；求訟詞之簡者，將應理之事亦付不問；至於賦役，則上下貧富品答，科派自有定規，盡能奉行，亦分内事，况實效茫然，凋瘵日甚！惟其必以五事全備取之，則誰不巧飭紙上？且例文明謂，所舉但有敗闕，罪及元舉察官。今敗闕者何限，而黜責未聞，宜其翫習苟且，非恩不舉也。今後莫若令監察御史、廉訪司官、凡路府州縣官，各舉所知，不必拘以五事，明言其才能事政，著明實蹟，以備采擇。嚴其同坐之科，必罰無恕，則人才將自得也。二曰不明所長之弊。夫人才古今所難，人各有能有不能，不可强其所短而廢其所長也。比年以来，每見所舉之文，一概無非可居風憲言路之人，若夫治民、用兵、理財、聽訟、主文、參幕、考工、明術者，世豈無之？見於薦剡者，蓋百無一二也。今後擬合各言所長，至省部籍類以憑采擇，庶銓用之際，各適其材。三曰連名舉同之弊。監察御史舉人之際，多挽同列連署，滿紙同署之人，復有論薦，亦復要之，雖有素不相知之人，未免委曲順從，殆如答禮，蓋以平日往復之有素也。夫人之相知，各有淺深，必欲同銜，實乖公論。今後擬合令單名薦舉，果有同識其賢，亦合别具薦狀，庶革牽聯之弊。其一事篕之使競者，比見薦到五事備廉能官員，憲臺既已除擢，後又與之呈省，遂營求升等減資，且始言薦之，以其可居風紀，激勵貪濁，俾居清要。則是已賞之矣，又圖升減，不惟有礙選法，實篕之使競也。今後擬合將已經臺除者，再不升減；其已經省部升減之人，憲臺若欲除用，須待再舉無瑕，然後甄録，庶少抑奔競之風。

元·謝應芳《龜巢稿》卷一四《招隱論》 夫連城之璧，藴于荆山；明月之珠，藏乎滄海。苟非識者，有以取之，則希世珍不能自衒而自鬻也。隱逸之士，蓋類此耳。嘗觀古之隱者，如莊周所稱巢父善卷許由樊仲父之流，土苴天下，雖唐、虞聖人之事，皆爲汙耳。此蓋荒唐謬悠之談，無足深信。請以商、周以來，經史所載，拔其尤而論之：伊尹耕有莘之野，以成湯所知，致幣三聘，遂爲阿衡，不然，則終於犁鉏之畎矣；傅説隱於商巖，以高宗所慕，圖像旁求，乃得爲良弼，不然，則終於版築之夫矣；周之太公，濱海而處，坐茅而漁，非文王載以後車，則鷹揚之功不見武成之日矣；漢之四皓，茹芝商山，其不赴高祖之招而從儲君之游者，蓋爲炎劉氏基本而出其大功，爲何如哉！若夫淮南王八公之徒，大山小山之什，其才華文藻，不爲不盛，然未聞爲朝廷得人，使之康濟斯世斯民之用，故君子無所取焉！至如光武成中興之業，海内之士雲合應響，而嚴光倜儻，獨能以節高之，或授官而不拜，或廷伏而不謁，卒歸於江湖荒寂之濱，欣然與魚鳥爲伍，惟其清風峻節，砥柱頹波，殊有裨於世教也。三國六朝而下，求其如南陽布衣，鞠躬盡瘁以報其主三顧之勤者，固少。然徵舉遺逸，代不乏人，但燕石或僞爲荆玉，魚目或誤爲隋珠，不免有純盜虚聲之誚者矣。今郡府之職，歲舉人才，是亦古招隱之遺意也。惟能知之人而取諸巖穴之間，度其才而薦之，朝廷之上，鉅細精粗，各適其用，此誠一聖天子恢宏治道之良法也。《詩》曰：『濟濟多士，文王以寧。』夫士也，爲時而出，其必有以古人之所寧文王者，以寧今日之天下國家，毋徒視終南爲捷徑云。

明・朱元璋《御製大誥・薦舉首領官第四》　或有忠臣在職，數觀首領官吏，倘有大智之士，屈在下寮，一時不能上達，其忠臣不特已用其賢能，又將速薦以安社稷，致君堯舜，豈肯泛用無籍，隱匿非常之才？古者聖臣嘗以此爲常，又不以爲罕矣。

明・邱濬《大學衍義補》卷九《正百官・清入仕之路》　臣按：我朝選舉之制，比漢、唐、宋爲省，科舉之外，止有監學歷仕，吏員資次二途，以爲常選。其他如經明行修，賢良方正，材識兼茂，楷書秀才童子之類，皆興廢不常。惟任子，祖宗雖有定數，然皆出自恩典，或與或否。近年三品以上，子孫入監，方有定例。故臣於入仕之路，獨詳進士之科，而兼及監生吏員者，以當世之所重者，在進士科，而此二途次之。竊惟本朝，雖大封拜，百官亦未嘗具服拜賀。惟於策士傳臚之後，羣臣致辭慶賀曰：天開文運，賢俊登庸。由是觀之，則祖宗所恃以求賢輔治之具，誠莫先於進士一科。是以百年以來，凡明治體，建功業者，皆自此途以出。唐史言，方其取以辭章，類若浮文而少實，及其臨事施設，奮其事業，隱然爲國名臣者，不可勝數。宋人亦言，豪傑之士，由之而進。夫唐宋取士以詩賦，多文而少實，尚足以得一時之豪傑，以爲名臣。況本朝取士之制，本六經語孟之文、用濂洛關閩之説，即漢人所謂經術，宋人所謂道學者也。爲士者，誠專心於此，而有所得焉。上之人，精擇而謹取之，必名實相符，文質相稱，然後得預斯選焉。其所得之人才，當不止於唐宋而已也。

又　卷一〇《正百官・公銓選之法》　臣按：天下之勢有内外。要必上之人均其内外之勢，而中持衡焉。使不至於偏重。外有治效，擢之内職，内有實績，擢之外任。如是則内外均矣。【略】

臣按：君有君之職，臣有臣之職。君之職在乎任人，臣之職在乎任事。君不任人而自任，則是君行臣職矣。君行臣職，則是以一身而代百工之事。力有所不及，慮有所不周。日力有所不給，本欲以防一人之姦，而適足以長百姦。本欲以虞一事之廢，而適足以致百廢。是故人君爲治，有一事則設一官，用一官則司一事。分曹而異局，委任以責成。蓋以任之也專，則其志不分於他務。責之也切，則其心不敢以苟且。人君清心於上以照之，而又持之以公，守之以信，是以事無不治而功無不成。凡事莫不皆然。而況夫求賢審官，尤出治之要務，烏可信人言，任己私，而不責成於有司哉。【略】

臣按：資格用人，幾千年於兹，一旦欲革而去之，誠難矣。非上有剛明之君，下有公正之臣，不可以議此也。然繼世之君，未必皆賢，任事之臣，未必皆稱。與其用能鑒别之明，以顯吾智力有餘於一時，孰若立可持循之法，以輔吾子孫不足於久遠哉？必也立爲一定之法，而於定法之中，隨時補弊，而不出於法之外，斯善矣。請即今日選法言之，祖宗以來，文武並用，文選主於吏部，武選主於兵部，兵部之選武臣，其始也，以功次而用。其後也，純用任子之法。父死子繼，無子者，兄若弟繼之，有定格也。若夫都指揮以至都督，則以才能擢用焉。又不專於資格矣。文臣入仕之途，非一端。其大者有三：進士也，監生也，吏員也。吏員資格，其崇者止於七品。用之爲佐貳、幕職、監當、筦庫之職，非有保薦者，不得爲州郡正員。監生則出自學校之貢選及舉人試進士不第者。其肄業太學也，循資以出，先歷事於府部諸司，然後次其名于選曹。循資而考之，以定其高下，而授以職焉。監生、吏員，二者雖各有資格，進士初任，亦循其甲第。及其不次擢用，往往越常調焉。是又不專在於資格也。

此我聖祖立法用人之深意。誠有前代所不及者。然而用之既久，不能無弊。武臣之弊，則天下衛所有定數，設官有定員，世襲之官，恒滿其位，繼繼繩繩，銷減無幾。新立功次之人，則又日增月益，無有限極。不知其後將何以處之也。所謂文臣之弊，近年以來，吏員需選者，人多缺少。計其資次，乃有老死不能得一官者。而監生尤甚。嗚呼，我朝立國以來，百餘年矣，前此未聞人才有如此淹滯者。而今乃有之，是豈無其故哉？盍求所以致此之由，特命用事之臣，博論深究，以求善處之術。必使仕路澄澈，選法疏通，所進者皆及時有用之才。所退者，免失職無聊之歎。如此，則可以復祖宗之舊，而制治保邦于萬年矣。【略】

臣按：天下之事，其利害得失，恒相半。而朝廷所立之法亦然。且如資格以用人，説者謂此法既立之後，庸碌者便於歷級而升，不致沈廢；挺特者，脱穎而出，遂至邅迴，則是資格不可有也。然未有此法之前，選司注官，有老於下位三十年，出身不得祿者，則又是資格不可無也。然則，資格用人，其利害得失如何？嗟夫！天生斯民，賢智者恒少，而愚不肖者恒多，天下之事，鉅而重者，又常不若細而輕者之爲衆也。是故人君爲治，用天下之人，以理天下之事，寧不欲人人皆用其賢且智也。然人品有高下，事體有大小，官職有崇卑，量其事而設其官，隨其官而用其人，必使官與事稱人與官稱則事無不理，而政務舉治道成矣。然人品高下之中又有高下事，體大小之中又有大小官職，崇卑之中又有崇卑，不可以一律齊也。於其不可一律齊之，中而設官以總持之，使之各得其劑量焉，如權衡之稱物，尺度之度物輕重，短長各適其可而不倚於一偏，非得其人不可也。然人不常得於是，不得已而任之以法焉，使朝廷常得人而任之，則雖無法亦可也。如其人之不常有，何此古人用人貴於人法兼用也。夫羣千百人之才品而決於一二人之耳目，苟無簿籍之稽考，法制之禁限，資次之循歷而欲一一記憶之，人人掄選之，吾恐其智有所不周，力有所不逮，日有所不給矣。而況夫僞妄、詐冒、請託、干求、那移、蒙蔽、姦計百出者哉！由是觀之，人固不可以不任而法，亦不可以不定守一定之法，而任通變之人使其因資歷之所宜，隨才器之所能而量加任。使非不用資格，亦不純用資格。不用資格，所以待非常之才，任要重之職，釐煩劇之務；用資格，所以待才器之小者，任資歷之淺者，釐職務之冗雜者。其立爲法，一定如此而又得公明之人以掌銓衡，隨才授任，因時制宜，而調停消息之於常調之中，而有不常之調。調，雖若不常，而實不出乎常調範圍之外，人以漸；而用而出類之才則不以漸，官以次而升；而切要之職，則不以次；非有大功德、大才能，及國家猝有非常之變決不拔卒爲將，徒步而至卿相也。我祖宗立法之善超越前代，未嘗不用資格而有不用者焉，雖若不分流品而實未嘗不分焉，何則？今制文職四品及在京堂上官，在外方面五品以上，官有缺員皆具名以聞；自五品以下，吏部始得銓注，此所謂用資格而有不用者也。自尚書侍郎以下，惟才是用，雖若不分流品，然翰林院、國子監非通經能文者不授之，其於流品又未嘗不分焉。臣寮之在任也，則得推舉不次，用之既滿秩到部，則必考其功蹟按常調以用焉。祖宗良法美意有如此者，此又萬世所當遵守而不可更革者也。

清・愛新覺羅・弘曆《御選明臣奏議》卷一〇《王鏊〈制科議弘治十年〉》

臣惟國家設科取士之法，可謂精密矣。先之經義，次之論表，終之策問，行之百五十年，宜得其人，卒未聞有如古之豪傑者，出于其間，而文詞終有愧于古，雖人才高下係乎時，然亦科目之制爲之也。夫科目之設，天下之士羣趨而奔向之，人才之高下，士風之淳漓，率由是出。三代取士之法，今未暇論。唐、宋以來，科有明經，有進士，明經即今經義之謂也，進士則兼以詩賦。當時二科並行，而進士得人爲盛，名臣將相，皆于是出。則明經雖近正，而士之拙者爲之，謂之學究；詩賦雖近於浮艷，而士之高明者多向之，謂之進士。詩賦雖浮艷，然必博觀泛取，出入經史百家，蓋非詩賦之得人而博古之爲益于治也。宋王安石爲相，黜詩賦、崇經學，科場以經義論策取士，可謂一掃前代之陋也。然士專一經，白首莫究其餘，經史付之度外，其學誠專，其識日陋，其才日下，蓋不過當時明經一科耳。後安石言初意，驅學究爲進士，不意驅進士爲學究，蓋安石亦自悔之矣。今科場雖兼策論，而百年之間主司所重惟在經義，士子所習亦惟經義，以爲經義即通，則策論可無俟乎！習矣！近年頗尚策論，而士習既成，亦難猝變。夫古之通經者，通其義焉耳，今也穿鑿支離，以希合主司之求，人才之不如古，其實由此也。然則進士之科可無易乎？曰科不竢易也。經義取士，其學正矣，其義精矣，所惜者其途稍狹不能盡天下之才耳。臣愚欲于進士之外別立一科，如前代制科之類，必兼通諸經，博洽子史詞賦，乃得預焉。有官無官，皆得應之，其甲授翰林，次科道，次部屬，而有官者則遞升焉。如此，天下之士皆將奮爭于學，雖有官者，亦翹翹然有興起之心，無復專經之陋矣。或曰：『今士子一經俱不能精，如餘經何？』曰：『制科以待非常之士也。』以科目收天下士，以制科收非常之才，如此而後，天下無遺才。故曰：『科不竢易也。』

明·歸有光《震川先生集》卷三《三途並用議》 有光爲都水司試吏，太子太傅司空公以章奏課諸進士，承命作《三途並用議》。

議曰：所謂三途者，進士也，科貢也，吏員也。國初用人，有徵聘，有經明行修，有人材，有賢良方正，有才識兼人，有楷書，有童子諸科，其後率多罷廢。承平以來，專用進士、科貢、吏員，是三者初未嘗廢。而邇者欲新天下之吏治，於科貢、吏員之中，稍加不次之擢，故有三途並用之説，其實前此未嘗不並用也。愚以爲朝廷欲收用人之實効，於科貢、吏員所宜加之意者，當先清其源。蓋清其源，而後其末流可治也。今進士之與科貢，皆出學校，皆用試經義論策。試進士不中，入國子爲舉人監生，試舉人不中，循年資而貢之，入國子爲歲貢監生。非若漢世賢良孝廉對策，與博士弟子判然爲二，其實一途而已。然進士升於禮部，爲高選。舉人之下第與歲貢，國家亦不輕以待之，故使之學於太學，以觀其成。苟成矣，雖任以進士之官可也。今成均教養之法不具，獨令以資歷待選而已，非復如古之舍法，此其科貢之源不清也。吏員之在古，本與士大夫無別異。迨後流品既分，遂爲異物，士人不復肯詘辱於此。故本朝資格吏員崇者止於七品，多用爲掾幕，監當，管庫之職。非保薦，不得爲州郡。則吏道本不可與儒者並。然其始皆自藩、憲、衛、府、州、縣所署置，猶有前代辟舉之遺法。而今則自始爲吏，先責其輸納，自提控以下，至於吏典，但以所輸之貲，第其出身之等差，此吏員之源未清也。夫欲使舉貢之得人，在於修太學之法，而科貢可用矣。欲使掾幕、監當、管庫之得人，在於遵辟舉之舊，而掾幕、監當、管庫可用矣。然吏者止可以循資，如祖宗之制，非得與科貢並也。

愚於科貢猶有説焉。會試有甲乙榜。蓋乙榜即亦舉人之中式者，特限於欽定之制額，故次之。乙榜授以教職，其實進士無異。今特以敗卷置乙榜，而與乞恩者概與教職，則教官之選輕矣。歲貢本以州縣之俊，如往年所謂選貢者。今不本洪武舊制，而專累日月，則歲貢無少俊者可施以成均之教矣。

愚又怪夫今之未有以清其源，而壅其源者又不止也。自納粟、買馬、穵運、納級之例日開，吏道雜而多端，官方所以日繆也。而科貢、吏員，皆繇此而妨闕矣。故欲振飭吏治，莫若清其源而無壅之。凡此，皆於格例之中修其廢壞耳。於此二者，其源既清，於格例已復其常，而於其間簡其卓異，加不次之擢。蓋天下奇俊之士少，而中庸之士多。王者之道，先爲其法以就天下中庸之士。而精神運用，獨可於奇俊之士加於其法之外，而不爲法之所限。此其所以能鼓舞一世之人材也。

或曰：『子謂吏道不得與儒並。先朝如尚書徐晞、知府况鍾，皆至顯用者，何也？』曰：『此又不可以吏之途論也。』蓋先朝用人，時取之常格之外，宋景濂，一代文章之宗，楊士奇，三朝輔相之首，皆以布衣特起，乃遂掌帝制，典機密，豈譾譾於循塗者？蓋自古中世，猶未嘗不事旁招俊乂，博採聲望，側席幽人，思遲多士。今百餘年，寥寥未之見，而專以資格進敘。今亦頗苦其膠束伏隘，而未能曠然也，是以思爲三途並用之説。愚以爲非大破因循之論，考國家之故事，追三代、兩漢之高踪，以振作鼓舞一世之人材，恐不足以剗累世之宿弊，而收用人之實效也。謹議。

清·黄宗羲《明夷待訪録·取士上》 取士之弊，至今日制科而極矣。故毅宗嘗患之也，爲拔貢、保舉、準貢、特授、積分、換授，思以得度外之士。乃拔貢之試，猶然經義也，考官不遺詞臣，屬之提學，既已輕於解試矣。

保舉之法，雖曰以名取人，不知今之所謂名者何憑也，勢不得不雜以賄賂請託。及其捧檄而至，吏部以一義一論試之，視解試爲尤輕矣。准貢者用解試之副榜，特授者用會試之副榜。夫副榜，黜落之餘也。其黜落者如此之重，將何以待中式者乎？積分不去貲郎，其源不能清也；換授以優宗室，其教可不豫乎！凡此六者，皆不離經義，欲得勝於科目之人，其法反不如科目之詳，所以徒爲紛亂而無益於時也。

唐進士試詩賦，明經試墨義。所謂墨義者，每經問義十道，五道全寫疏，五道全寫注。宋初試士，詩、賦、論各一首，策五道，帖《論語》

十，帖對《春秋》或《禮記》墨義十條，其九經、五經、三禮、三傳、學究等，設科雖異，其墨義同也。

王安石改法，罷詩賦、帖經、墨義，中書撰大義式頒行，須通經有文采，乃爲中格，不但如明經、墨義、粗解章句而已。然非創自安石也，唐柳冕即有『明六經之義，合先王之道者以爲上等，其精於傳注與下等』之議。權德輿駁曰：『注疏猶可以質驗，不者有司率情上下其手，既失其末，又不得其本，則蕩然矣。』

其後宋祁、王珪累有『止問大義，不責記誦』之奏，而不果行，至安石始決之。

故時文者帖書、墨義之流也。今日之弊，在當時權德輿已盡之。向若因循不改，則轉相模勒，日趨浮薄，人才終無振起之時。若罷經義，遂恐有棄經不學之士，而先王之道益視爲迂闊無用之具。

余謂當復墨義古法，使爲經義者全寫《注疏》、《大全》、漢宋諸儒之説，一一條具於前，而後申之以己意，亦不必墨守一先生之言。由前則空疏者絀，由後則愚蔽者絀，亦變浮薄之一術也。

或曰：『以誦數精粗爲中否，唐之所以賤明經也，寧復貴其所賤乎？』曰：『今日之時文，有非誦數時文所得者乎？同一誦數也，先儒之義學，其愈於餖飣之剿説亦可知矣。非謂守此足以得天下之士也，趨天下之士於平實，而通經學古之人出焉。昔之詩賦亦何足以得士！然必費考索，推聲病，未有若時文，空疏不學之人皆可爲之也。』

又《取士下》 古之取士也寬，其用士也嚴；今之取士也嚴，其用士也寬。古者鄉舉里選，士之有賢能者，不患於不知。降而唐宋，其爲科目不一，士不得與於此，尚可轉而從事於彼，是其取之之寬也。《王制》論秀士，升之司徒曰選士；司徒論選士之秀者，升之學曰俊士；大樂正論造士之秀者，升之司馬曰進士；司馬論進士之賢者，以告於王而定其論。

論定然後官之，任官然後爵之，位定然後祿之。一人之身，未入仕之先凡經四轉，已入仕之後凡經三轉，總七轉，始與之以祿。唐之士，及第者未便解褐，入仕吏部，又復試之。韓退之三試於吏部無成，則十年猶布衣也。宋雖登第入仕，然亦止是簿尉令録，榜首才得丞判，是其用之之嚴也。寬於恥則無枉才，嚴於用則少倖進。

今也不然。其所以程士者，止有科舉之一途，雖使古豪杰之士若屈原、司馬遷、相如、董仲舒、揚雄之徒，舍是亦無由而進取之，不謂嚴乎哉！一日苟得，上之列於侍從，下亦置之郡縣。即其黜落而爲鄉貢者，終身不復取解，授之以官，用之又何其寬也！嚴於取，則豪杰之老死丘壑者多矣；寬於用，此在位者多不得其人也。

流俗之人，徒見夫二百年以來之功名氣節，一二出於其中，遂以爲科法已善，不必他求。不知科目之內，既聚此百千萬人，不應功名氣節之士獨不得入，則是功名氣節之士之得科目，非科目之能得功名氣節之士也。假使士子探籌，第其長短而取之，行之數百年，則功名氣節之士亦自有出於探籌之中者，寧可謂探籌爲取士之善法耶？究竟功名氣節人物，不及漢唐遠甚，徒使庸妄之輩充塞天下。豈天下之不生才哉？則取之之法非也。

吾故寬取士之法，有科舉，有薦舉，有太學，有任子，有郡邑佐，有辟召，有絶學，有上書，而用之之嚴附見焉。

科舉之法：其考校仿朱子議：第一場《易》、《詩》、《書》爲一科，子午年試之；《三禮》兼《大戴》爲一科，卯年試之；《三傳》爲一科，酉年試之。試義各二道，諸經皆兼《四書》義一道。答義者先條舉注疏及後儒之説，既備，然後以『愚按』結之。其不條衆説，或條而不能備，竟入己意者，雖通亦不中格。有司有不依章句移文配接命題者，有喪禮服制忌諱不以爲題者，皆坐罪。

第二場周、程、張、朱、陸六子爲一科，孫、吳武經爲一科，荀、董、揚、文中爲一科，管、韓、老、莊爲一科，分年各試一論。

第三場《左》、《國》、《三史》爲一科，《三國》、《晉書》、《南北史》爲一科，新、舊《唐書》、《五代史》爲一科，《宋史》、有明《實録》爲一科，分年試史論各二道。答者亦必摭事實而辨是非。若事實不詳，或牽連他事而於本事反略者，皆不中格。

第四場時務策三道。

凡博士弟子員遇以上四年仲秋，集於行省而試之，不限名數，以中格爲度。考官聘名儒，不論布衣、在位，而以提學主之。明年會試，經、子、史科，亦依鄉闈分年，禮部尚書知貢舉。登第者聽宰相鑒別，分置六部各衙門爲吏，管領簿書。拔其尤者，仿古侍中之職在天子左右，三考滿常調而後出官郡縣。又拔其尤者爲各部主事，落第者退爲弟子員，仍取解試而後得入禮闈。

薦舉之法：每歲郡舉一人，與於待詔之列。宰相以國家疑難之事問之，觀其所對，令廷臣反覆詰難，如漢之賢良、文學以鹽鐵發策是也。能自理其説者，量才官之；或假之職事，觀其所效而後官之。若庸下之材剿説欺人者，舉主坐罪，其人報罷。若道德如吳與弼、陳獻章，則不次待之，舉主受上賞。

太學之法：州縣學每歲以弟子員之學成者，列其才能德藝以上之，不限名數，缺人則止。太學受而考之，其才能德藝與所上不應者，本生報罷。凡士子之在學者，積歲月累試，分爲三等：上等則同登第者，宰相分之爲侍中屬吏；中等則不取解試，竟入禮闈；下等則罷歸鄉里。

任子之法：六品以上，其子十有五年皆入州縣學，補博士弟子員，若教之十五年而無成則出學。三品以上，其子十有五年皆入太學，若教之十五年而無成則出學。今也大夫之子與庶民之子同試，提學受其請託，是使其始進不以正，不受其請託，非所以優門第也。公卿之子不論其賢否而仕之，賢者則困於常調，不賢者而使之在民上，既有害於民，亦非所以愛之也。

郡縣佐之法：郡縣各設六曹，提學試弟子員之高等者分置之，如户曹管賦税出入，禮曹主祀事、鄉飲酒、上下吉凶之禮，兵曹統民户所出之兵、城守、捕寇，工曹主郡邑之興作，刑曹主刑獄，吏曹主各曹之遷除資俸也。滿三考升貢太學，其才能尤著者，補六部各衙門屬吏。凡廩生皆罷。

辟召之法：宰相、六部、方鎮及各省巡撫，皆得自辟其屬吏，試以職事，如古之攝官。其能顯著，然後上聞即真。

絶學者，如曆算、樂律、測望、占候、火器、水利之類是也。郡縣上之於朝，政府考其果有發明，使之待詔。否則罷歸。

上書有二：一，國家有大事或大奸，朝廷之上不敢言而草野言之者，如唐劉蕡、宋陳亮是也，則當處以諫職。若爲人嗾使，因而撓亂朝政者，如東漢牢修告捕黨人之事，即應處斬。一，以所著書進覽，或他人代進，詳看其書足以傳世者，則與登第者一體出身。若無所發明，篡集舊書，且是非謬亂者，如今日趙宧光《説文長箋》、劉振《識大編》之類，部帙雖繁，卻其書而遣之。

清·顧炎武《亭林文集》卷一《生員論下》 問曰：廢天下之生員，則何以取士？曰：吾所謂廢生員者，非廢生員也，廢今日之生員也。請用辟舉之法，而並存生儒之制，天下之人，無問其生員與否，皆得舉而薦之於朝廷，則我之所收者，既已博矣，而其廩之學者爲之限額，略倣唐人郡縣之等：小郡十人，等而上之，大郡四十人而止；小縣三人，等而上之，大縣二十人而止。約其户口之多寡，人材之高下而差次之，有闕則補，而罷歲貢舉人之二法。其爲諸生者，選其通雋，皆得就試於禮部，而成進士者，不過授以簿尉親民之職，而無使之驟進，以平其貪躁之情。其設之教官，必聘其鄉之賢者以爲師，而無隸於仕籍；罷提學之官，而領其事於郡守。此諸生之中，有薦舉而入仕者；有考試而成進士者；亦或有不率而至於斥退者；有不幸而死，及衰病不能肄業，願給衣巾以老者。闕至於二人三人，然後合其屬之童生，取其通經能文者以補之。然則天下之爲生員者少矣。少則人重之，而其人亦知自重。爲之師者不煩於教，而向所謂聚徒合黨，以橫行於國中者，將不禁而自止。若夫溫故知新，中年考較，以蘄至於成材，則當參酌乎古今之法，而茲不具論也。或曰：天下之才，日生而無窮也，使之皆壅於童生，則奈何？吾固曰：天下之人，無問其生員與否，皆得舉而薦之於朝廷，則取士之方，不恃諸生之一途而已也。夫取士以佐人主理國家，而僅出於一塗，未有不弊者也。

清·王夫之《黄書·慎選》 萬族蒸蒸，各保其命，各正其性，所以爲之者，豈非天哉！飲食而有血氣，陰陽而有生死，天之同人於物也。出塵舒光，漂輕存重，變不變以爲信智，敢不敢以爲仁勇，拔萬類而授之人，拔人族而授之聖賢之族，天之異人於物、異聖賢於人也。同者爲賤，異者爲貴，以有尤貴滋性而統君之。無同則害命，無異則淪性。故聖王齊物以爲養，從天之同也；利物以爲教，寵天之異也。從者差養，寵者辨教，澂汰滓魄，濯洗清明，分萬命，理萬性，揀其粹白以珍之萬族之上，所以助天而保合太和者，始於大公而終於至正也。

《虞書》曰：『日宣三德，夙夜浚明有家，日嚴祇敬六德，亮采有邦。』等而上之，知九德之有天下明矣。家邦以給之，三六以別之，德以畫之，使乂咸事，來章一人。天下之大，萬民之衆，審其所撰，忖其所葳，由臣之不虛貴也，知主之不虛王也。如此，則踞天位而長萬邦者，彼何人哉！德未至不敢干，德已至不敢越，井井然猶墻堞階圮之累上，故奇杰意消，聰明思返，卒以奠大寶而徠尊親矣。故同、異、貴、賤、差、辨，此六數者，聖王所以正天下之性，效陰陽之位也，而一以胥天下之和平。尚其所尊而鼓鐘以樂之，則和矣。量其不能而桑畝以安之，則平矣。故怨讟不起，而奸宄息也。

三代以降，漢之選舉以郡邑州將，曹魏六代以大小中正。始於揚汰，終於浮濫，褻薄天寵，流觴媮競者，往往弊自上開。而當其嚴整，猶有差別之足紀焉。隋承陳、梁之末造，宮體先吹，文爭實長，其曼聲曳趾挑綺拾英之流，習濫於崇朝。科目之興，尋遠古則，然世會所爭，不能逆流而泝之上矣。因緣其軌，欲以稍靜天下者，固當心載大公，較隆天秩，則異非所異而寵殊所寵，猶可以徐俟和平，來附人心，而明貴賤之級。流及於宋，竊竊然唯恐天下之異心也，師武曌之智，開籠絡之術，廣進士，明經、學究之科，下逮七科乙等之目，推郊祀、任子、異姓甥壻、門客之恩，搖蕩誘餌天下於堂陛嫌微之際。而當時桀黠者，亦微測上旨，倒持來去，以邀榮膴，不得則李巨川、張元、吳昊之流憤起而播其亂。其君臣之間，猶發篋行儈之相爲禁持，故和平去心而粹白失性，胥中區而淪虐老獸心之俗者，非無所自開其源也。近世之思政者，踵而用之，增文學，益解額，倍制科，升乙榜，推恩鄉貢，職名不足，綴冗員、速資格以濟之，而天下之怨亦由是而興。夫天下，恩之不勝恩也，怨之不勝怨也，恩之所止，怨之所流。故曰『和大怨者必有餘怨』。而竊天地之恩以鬻販人民而膠飴其心，施天下以私而責其公報，猶假敵戈鋋，望其稽伏，其不傷胠陷胸於彼者，蓋亦鮮矣。

《詩》曰：『鳲鳩在桑，其子七兮。』淑人君子，均平專一，而風流雛鷇，無私之謂也。故孔子射于矍相之圃，退者十九，早知不能而使退，故法嚴而怨不起。今廣其科目於此，人倖得焉，而得者百一，則怨一矣。捷其資格於此，人倖遠焉，而速者十一，則怨二矣。兩者皆以恩天下也，而貿其怨。故士自授經成讀，昧偏傍，盲語助，老死童子者，皆有怨心。其極則躡六卿，登黄閣，皓髮返林，賜鏹馳驛，祖帳暉煌傳亭，而問語乘興，猶戟髯把攬，呃塞而不得語。彼親天子之側者，乖沴横塞，奴虜駔販如此，其他上偪下流，畜狡伺而幸翻覆，侵尋沈淖，尤不知其所届。是何也？始誘之以甚易，而後繼之以極難也。弓之解也，膠液筋緩，則熯而張之。承今之敝，建小康之術，莫若先其甚難而後稍授以易。先其所難，則知不能者退矣，猶矍相之射也，廢然而無妒娼之心矣。

是故以賢者廁不肖，不肖者忮；以不肖者廁賢，賢者慚。慚發於賢者，故拾橡織絇，憤棄君父之憂；忮發於不肯，潰決奸宄，郁不可折之勢以仇君父，長亂階，不瀕之亡而不止。坤之履霜，不肖之忮也；括囊，賢人之慚也。賢人隱，弒逆作，相乘之理，漸不知保，豈一朝一夕之故哉！

是故順異同，立差辨，以小人養君子，天之制也。觀其所養，故養而不窮。今一邑之小，補生徒者養於民，成歲貢者養於民，偕鄉計者養於民，登進士者養於民，授職官者養於民。五累而上，養之益豐。五降而下，養之益繁。而又無以觀其所養，博泛叢闒，登進苟且，其一切所爲，卒無以異於闤闠拚除卒伍之行。籍起上流，尸避徭役，公私謁請，流連嬉讌，以操細民之生命。其不一旦得當，裂冠冕而泄其不堪者，寡矣。裁生徒，節貢舉，省進士，謹資格，持之以難，擇之以慎，天下乃曉然知上所尊尚之旨，其不容苟且如此，而抑歡然奉養於長吏孝秀而永謝其望心。況累是而上，享玉食，蹈天位者，不愈震耀肌魄以推戴莫京哉！故差其所養，別其所教，執相成而功相倚也。

王者規天道，長萬族，順其所從，珍其所寵，則性命正矣。累上以爲益尊，則天位凝矣。忘恩以遠怨，則和平臻矣。節養以息民，返不率以歸農，則民志定矣。革陋宋鬻販之私，則大公行矣。百年之内，乘千歲之弊，仍科目而減其額，核資格而難其選，則始基立矣。然後抑浮藻，登德行，立庠序，講正學，厲廉恥，易科目，升孝秀，俟之必世之後而天氣清，人維固，禽心息，口行泯。浤浤陶陶，太和旋復。《詩》曰：『文王在上，於昭于天。』言其贊助清明，而扶光霄極，葉天道也。

清・顔元《存治編・重徵舉》　嘗讀禮『聘則爲妻，奔則爲妾』，所以崇禮義，養廉恥也。故女無行媒不相知名，士不爲臣不見。成湯之于伊尹也，三聘莘野，文王之于呂尚也，載旋渭濱。下至衰世，猶有光武就見之子陵，昭烈屢顧之諸葛。如四子者固有以自重，抑其君知所以重之也。近自唐、宋，試之以詩，弄之以文，上輒曰選士，曰較士，曰恩額，曰賜第；士則曰赴考，曰赴科，曰赴選。縣而府，府而京，學而鄉，鄉而會；其間問先，察貌，索結，登年，巡視，搜檢，解衣，跣足，而名而應，挫辱不可殫言。嗚呼！奴之耶，盜之耶？無論庸庸輩不足有爲，即有一二杰士，迨于出仕，氣喪八九矣，宜道義自好者不屑就也。

而更異其以文取士也。夫言自學問中來者，尚謂『有言不必有德』，況今之制藝，遞相襲竊，通不知梅棗，便自言酸甜。不特士以此欺人，取士者亦以自欺，彼卿相皆從此孔穿過，豈不見考試之喪氣，浮文之無用乎，顧甘以此誣天下也！觀之宋、明，深可悲矣。

竊嘗謀所以代之，莫若古鄉舉里選之法。仿明舊制，鄉置三老人，勸農，平事，正風，六年一舉，縣方一人。如東則東方之三老，視德可敦俗、才堪涖政者，公議舉之，狀簽某某深知其才德，兼以事實之，縣令即以幣車迎爲六事佐賓吏人。供用三載，經縣令之親試，百姓之實征，老人復躋堂言曰，某誠賢，則令薦之府，呈簽某令深知其才德，亦兼以事實之，則守以禮征至。其有顯德懋功者，即薦之公朝，余仍留爲佐賓三載，經府守之親試，州縣之實征，諸縣令集府言曰，某誠賢，則府守薦之朝廷，呈簽某守深知其才德，亦兼以事實之，則命禮官弓旌、車馬征至京。其有顯德懋功者，即因才德受職不次，余仍留部辦事，親試之三載。凡經兩舉，用不及者，許自辭歸進學。老人、令、守，薦賢者受上賞，薦奸者受上罰，則公論所結，私托不行矣，九載所驗，賢否得真矣。即有一二勉强爲善，盜竊聲譽者，焉能九載不變哉！

況九載之間，必重自檢飭，即品行未粹者，亦養而可用矣。爲政者復能久任，考最于九載、十二載或十七八載之后，國家不獲真才，天下不被實惠者，未之有也。

人才使用論分部

論說

元・劉將孫《養吾齋集》卷二三《中興志能之士如何論》　人才未嘗無抱負也，其用之則存乎上之人焉。夫當事變艱難之日，此正人才功名之會，然不世之功非人之能自立也，顧上之人用我者何如耳。得人而不能用也，用之而不當其才也，當其才而不盡其才也，皆不足以得英傑之士而成中興之功。何者？天下未嘗無才，人才未嘗無志，而不能自爲能也。能以用而見不用，則雖能者亦不能耳。幸而用之，使得以功名自見，而乃用踰其才。彼能戰也，而使之謀；彼能謀也，而反使之戰。才不稱職，則亦皆不能耳。及其用之而稱其才，任之而得其職也，又不終日而去之，不待成功而沮之，此特愈於不用者耳，其實亦不能使能者自奮也。嗟夫！蓋世之功不立，未必皆無才之過也。有其志而無其能，固不足以經濟天下。有其能而無其時，則亦終於泯没無聞而已矣。此英雄豪傑之所以不多見，而中興大功之所以鮮立也。古今中興，稱人才之盛者，惟曰二十八將，然亦適逢其時耳。如不遇光武，雖具志能，復何道以展用哉？嗚呼！人誰無所志哉？閭巷小人，一聞有大義之所不安者，則拂衣而起，切齒而歎，直欲捐其力於其間者，而從容久之，卒無所措，豈其志之不立哉？弗能故也。天下有恃毛髮絲粟之才，奮然挺然將欲有爲者邪？下有能而上不見用，則拊髀流涕，特寄之空歎息焉耳。用其人而不當其才，使其人而不能以稱其用，非不用也，是虛其用也。及用之矣，而不能使之傾囷倒廩，而或有未盡用之長，未盡施之技，特愈於不用耳，而亦何以異於不用哉？此中興之事，自宣王以來，指不多屈。宣王之事業，不見於《書》，而獨見於《詩》，昔者嘗疑之矣。《書》紀其實，猶夫史也，《詩》則詠歌之體也。宣王中興之事偉矣，而山甫若有遺意焉。何也？百世之下，必有智者，而未易言也。光武其有見於宣王之事乎？雲臺功臣參錯歷落，如在霄漢之表，昔又嘗以星象喻之，而復以感會風雲稱頌之。『雲從龍，風從虎。』用風雲者，龍虎也。不然風雲雖有爲雨之志，而無龍虎以用之，則其降騰飛揚於太虛之表者，不過與遊塵同一漠漠耳。鄧禹而下，皆風雲之類也。禹也杖策軍門，已有飄飄欲舉之志。及禹與光武卒焉相遇於干戈荆棘之秋，君臣之間有父子唯諾之意，而禹即以垂名竹帛者自負，其志爲何如哉？則其平河東、平關西，識者固知其必能矣。雖然，禹豈自能哉？儻非光武毅然而任之，使之東西上下展布其能，則誰知禹之爲能哉？禹亦何自以施其能哉？古今之負大志、抱奇能者多矣，陸沈草野之間，遁跡山林之邃，不見知於世，不見用於君，則能者自能耳。能而未見於用，猶無能也，豈特禹哉？以太公之六韜而不遇文、武，不措諸用，則八十之年，無黄鉞之在手，則亦老且死耳，千載之下誰知其能耶？太公亦不過渭濱無聞之老叟耳。甚矣！能之係於用也，而况於禹乎？雖用矣，使非光武一則曰禹，二則曰禹，惟恐其能之不用也，惟恐其用之不盡也，則禹如彼何哉？觀禹，則下之二十七人可知矣。故論者嘗謂其賢，亮而不盡亮，賢於不用而已，有亮如無亮也。吾於雲臺之功臣，重有感者以此。彼釣臺之叟，清風高志，退若無能，但欲蕭然於世事之外者，亦固各有見也。噫！

元·赵天麟《太平金鏡策》卷三《慎名器》 臣聞：方圓並轉，則圓者易流；邪正同行，則正人多滯。方正有丈夫之志，圓邪皆妾婦之倫。言至於斯，每招悒悵。得其綱，則一舉而衆紀皆從；壅其流，則竭力而病源常在。是以無思也，無爲也，暫煩於立法之時；慎守之，勉行之，享逸於法成之後。因而見效，易以收功。我國家設官分職以來，政迹彬彬，寖成文化。比屋有遂生之樂，敷天無失所之人。凡以得人故也。自至元十四年新破宋區，權臣行海放之法。使負販屠沽之輩，臧獲廝役之才，或受皇宣，或膺敕劄，填街塞市，車載斗量。望江淮而去者，皆懷劫掠之心；就閩廣而官者，罕有公清之德。行臺在上而不能禁，按察嚴令而不能絶。豈非瘠痍之地生蚊蚋之蟲，牛羊之羣縱豺狼之獸哉？及乎考滿，申上移除。貪叨者不知紀極，益思營取而甘宦蠻方；懼險者已致不貲，寧降等級而還官腹内。於是東西南北，濫子交行，漢劍未加，朱雲暗嘆。十餘年間，選法大壞。或者以比齊鷹開府，衛鶴乘軒，臣猶以爲未也。夫鷹鶴雖禽鳥，而豈嘗害民也哉？近年以來，舊弊猶有存者。仰賴聖朝之福，賢相之力，下皆稱職。但恐病源未塞，當立法以防之。臣以爲選用之法，莫貴於德，莫急於才。才德兼全者，大丈夫也；德勝才者，君子也；才勝德者，豪英也；有德無才者，淳士也；有才無德者，小人也；才德兼無者，愚人也。故明明德於天下者，淳士以上四德，皆所當用也；小人愚人，皆所當棄也。於是辨三德，分而爲九科；簡八才，分而爲二十六等。所謂三德九科者，一曰正直之三科：直而温也，亂而敬也，擾而毅也。二曰剛德之三科：剛而塞也，强而毅也，簡而廉也。三曰柔德之三科：柔而正也，愿而恭也，寬而栗也。翕受敷施，九德咸事。皋陶告舜，詳具《虞書》。所謂八才二十六等者，一曰贊化之才三等：文史也，禮官也，樂官也。二曰銓選之才三等：知人也，敬賢也，考校也。三曰風憲之才二等：糾察也，廉訪也。四曰戎事之才六等：宿衛也，籌計也，督領也，鎮防也，屯田也，芻養也。五曰政事之才四等：使臣也，決斷也，農桑也，董役也。六曰監守之才二等：關津也，營造也。七曰錢穀之才二等：明利也，算數也。八曰方術之才四等：僧官也，道官也，醫官也，陰陽也。八才之等，以德爲基。臣又以太陽下照，恩賜雲來，有當賞者，寧多賜錢幣，而名器不可以假人也。伏以方今俳優之戲具，見喜之庸人，間有腰金節、衣紫服者，竊恐臣下或有勤勞，將士或有當賞，而覆盆難照者，聞斯事，則不能不啓悵悵之心而解其體焉，此馬周所以恥騶豎倡子鳴玉曳履同立於朝，而上疏以諫文皇也。伏望陛下以三德九科、八才二十六等之説明諭選曹，使之從事於斯。凡未嘗進而初進者，據此法而置之於所宜之方。凡已進而考滿當流轉者，據此法而就改於當然之地。更望陛下，惜名器之重，勿以假於人。如是而行之，何患弊之不革乎？何患官之不稱乎？官稱而政成，政成而民安，民安而國慶矣。

又《考幽明》 臣聞：一人在上，握四海之權衡；四海承風，仰一人之造化。功名之要地，榮利之宏機。廉士貪夫，文儒武帥，或欲呈其才德而冀其道之得行，或欲肆其姦回而冀其情之獲恣。故正人指邪人爲邪，而邪人亦指正人爲邪；忠者以佞者爲佞，而佞者亦以忠者爲佞。交攻不一，雖曰難分，立法取中，亦爲極易也。唐朝以體貌豐偉爲貴，所謂市瓜喜大而或失其香；晉室以清談虛曠爲先，所謂畫餅充飢而委無真用。

此唐之不能及三代，而晉之不能及漢唐也。今國家入仕之門太多，考選之方太闊。臣以爲，王者之左右攜僕亦貴乎正，不正，則如蝎蠹之内生；天下之大官小吏並須乎賢，不賢，則如蝗螟之外起。臣謹依經考史，斷以愚意。條陳聖人之九徵，及當今所切二十六美之三十九類，與夫三要，惟陛下察之。所謂九徵者，一曰遠使之而觀其忠，二曰近使之而觀其敬，三曰煩使之而觀其能，四曰卒然問焉而觀其智，五曰急與之期而觀其信，六曰委之以財而觀其仁，七曰告之以危而觀其節，八曰醉之以酒而觀其則，九曰雜之以處而觀其色。所謂二十六美之三十九類者，一曰文史之美三類：草制飾詔，諄悉詞情也；校書正字，可爲定體也；教誨後學，德多成也。二曰禮官之美三類：補衮拾遺，將順其美也；朝會祭祀，儀章不舉也；宣慰風俗，雍熙聿致也。三曰樂官之美一類：金石宫商，理協聲正也。四曰知人之美一類：善惡周覽，洞曉于心也。五曰敬賢之美一類：推轂進士，常若不及也。六曰考校之美一類：彰善癉惡，照文無失也。七曰糾察之美一類：彈劾所至，不避權豪也。八曰廉訪之美二類：廉察官吏，儆懼肅清也；訪問風俗，化成禮義也。九曰宿衛之美一類：小心周密，京輦增威也。十曰籌計之美二類：帷幄畫計，遐衝倒戈也；排壘整陣，臨時合權也。十一曰督領之美三類：器械精完，士卒閑習也；號令嚴明，部伍齊肅也；臨敵耀威，身先什伍也。十二曰鎮防之美一類：守堅持重，寇盜難窺也。十三曰屯田之美一類：勸勵稼穡，勤事多獲也。十四曰芻養之美一類：孳畜頭疋，茁壯蕃滋也。十五曰使臣之美二類：喉舌宣納，成美昭光也；委幹事務，辨濟平允也。十六曰決斷之美三類：勾檢考覆，瑕隙無隱也；要察圓明，囚無問言也；疑獄得情，處置合律也。十七曰農桑之美一類：董督樹藝，水旱有備也。十八曰董役之美一類：監役合宜，丁夫悦事也。十九曰關津之美一類：姦詐不漏，行旅不壅也。二十曰營造之美一類：練事分功，捷於供奉也。二十一曰明利之美一類：出納有常，簿籍易照也。二十二曰筭數之美一類：多寡有方，了然胸臆也。二十三曰僧官之美一類：弘宣釋教，守戒精嚴也。二十四曰道官之美一類：弘宣道教，守德精嚴也。二十五曰醫官之美二類：科品明分，舉無不應也；開發後學，成材者衆也。二十六曰陰陽之美二類：曆法推步，授時無舛也；卜筮循經，不爲詭異也。所謂三要者，一曰公，二曰廉，三曰勤。徑情服事，不邀功利，謂之公，賄賂在前，不以爲念，謂之廉；服勞王室，悉心竭力，謂之勤。九徵之徵盡矣，二十六美之類備矣，三要之要具矣，選法考校之源委終矣。伏望陛下，以九徵考左右攜僕，僕臣正，而厥后益以正矣。更望陛下，以二十六美之三十九類與夫三要之説，明諭選曹及内外百官。若三年當考之時，凡一美三要者爲上等，凡一美二要者爲中等，凡一美一要者、有要無美者、有美無要者，皆爲下等。凡美要並無、而雖無大罪者，亦停免之。凡罪犯顯明，則有憲職在焉。始以三德八才用之，終以二十六美三要考之，則自中及外，大小官吏，將若玉壺之冰，秋霄之月，凜乎其清，皎乎其明矣。

明·朱瞻基《大明宣宗皇帝御製集》卷一《帝訓·去邪》 自古小人爲天下國家之患，故明主皆深惡而痛絶之。蓋小人之心憸邪險側，能變亂黑白，蠱惑人心也。夫國家用忠言讜論以裨治，小人務爲諂諛之説以勝之；國家用賢人君子以興邦，小人肆其媢疾之心以去之；國家省刑務德以全民命，輕傜薄斂以厚民生，小人則以酷虐爲能事，以掊克爲無傷，壅蔽視聽，濁亂政經，皆其所爲。人君不察而用之，以至失人心，召禍亂，爲禍深矣。故《書》云『去邪勿疑』，《易》曰『開國承家，小人勿用』。昔四兇去而虞廷清，少正卯誅而魯國治，然小人未易去也。彼譎詐巧佞，善伺人主之意，奉人主之欲，非明足以燭之，勇足以去之，未有不墮其術中者，故禮以養心，義以制欲，則君子小人克知灼見，是非取舍合乎至公，而後憸邪無所容矣。

明·邱濬《大學衍義補》卷五《正百官·總論任官之道》 臣按：爲治之道，在於用人。用人之道，在於任官。人君之任官，惟其賢而有德、才而有能者，則用之。至於左右輔弼大臣，又必於賢才之中，擇其人以用之，非其人則不可用也。人臣之職，在乎致君澤民，其爲乎上也，必陳善閉邪，以爲乎君之德。其爲乎下也，必發政施仁，以爲乎民之生。如此之人，然後任之於左右，俾其上輔君德，下濟民生。既得如是之人，非用之之難，察之之謹，則其進也易而雜，而僥倖之小人，得以間之矣。非待之以協和，信之以專一，則其用也乖而貳。而正大之君子，不得以久安矣。吁！方用之之初，則其難其慎，既用之之後，則惟和惟一。其者，必然之辭。惟者，專一之謂。人君致審於斯，則知所以任官之道矣。

明·袁宗道《白蘇齋類集》卷二〇《雜説類·論用才》 君子有才者，如張子房、諸葛孔明、謝安石，房、杜、韓、范諸公是也。君子無才者，如萬石君父子、盧懷慎、王介甫諸公是也。小人有才者，如韓非、商鞅、桑弘羊諸公是也。小人無才者不足論，有才君子如神龍然，飛天駕雲，膏沃萬里。無才君子如仙鶴孔雀，置之園囿，足以妝點風景。有才小人如俊鷹快馬，可以擊狐搏兔，負重致遠。無才小人，則凡羽冗毛，遍地皆是也。大抵神龍難得，而仙鶴也，孔雀也，鷹也，馬也，人間不乏。故爲豢鶴之道者，處之茂林修竹清流之間而已。爲畜鷹養馬之道者，多與粱肉，以致其死力；慎加絛韁，以妨其揚去。然後使之擊狐搏兔，負重行遠，則無不如意也。若夫凡羽冗毛，彼泛泛然生天地間，聽其自活自死，不必問也。

故清階雅秩，林水也。重爵厚祿，粱肉也。文法者，絛韁也。劇地沖邊，則搏擊負載之任也。故孟子曰：『尊賢使能。』尊者，隆以禮數也；使者，畀以事權也。又曰：『賢者在位，能者在職。』位則虚位，職則實職也。蓋自古待賢能之道，其不同如此矣。故夫介潔自好之人，而處以劇地，困以衝邊，是駕鸞放鶴，而望其獲禽也。長駕遠馭之才，而列之卿寺閒散之署，是縶鷹翮而縛馬足也。卒使兩長俱匿，而國家不收其毫末之益，豈天所以生此兩人之意哉？然心術可贋，而展錯難僞，故有才之小人常易見，而無才之君子常難知。晚世過信德而過疑才，重無用而輕有用，崇虚而黜真，進名而退實，非古人察能授官之義也。

清·王夫之《黄書·任官》 董子曰：『仁者人也，義者我也。』以仁愛人，以義制我。以仁愛人，不授以制而盡其私。以義制我，不私所愛而厚其疑。惡有爲天下王者自愛而制人，可以宰九州，建千祀者乎！且誠非所以自愛。天有四時、五行、四方，各位其位，時其時。不疑冬之凄苦而間以燠；不疑夏之歊暑而間以寒，不疑西北之有昆侖，崇墮崟崔，隔己而陵夷之；不疑東南之有尾閭，淫浸沈没，泛己而堙燥之。四時、五行、四方各行其職，胥以歸功，蓋相報也。《詩》云：『投我以木桃，報之以瓊瑶。』言齊桓推亡固存，以誠信禮衛毁於兩河脰吻之間而不相疑，故取似實果而贈美瓊瑶也。

王者拜貺天醮，宅履中區，感河流光，承劍啓玟，以貽后世，得之丁寧，付之鄭重，固其所也。然三、五之代，以曆迭興，或及身而授，或數十世而授，卒不越神明之胤。惡有如趙宋之削其援，弱其族，以□之□□者乎！彼耶律、完顔、奇渥溫之初始，亦嘗分尺土，籍一民，伏莽嚙堤，以爲窺竊之資也哉！若晋、宋、梁、唐之末造，僭偪孤寡，權壅上流，彼畀受苟簡，日習而次垂之，此又無庸致怪也。流風沿遞，疑積相仍，乃至論道之職，喉舌之司，六官之長，旬宣之使，下及郡邑，城不足百雉，户不滿三千者，盈天下而無非疑地。以爲不可疑也，是戈矛填心而黚炮割腕也。以爲可疑也，是授蹻、蹠以籥鍵而稍滯其户牡也。以爲疑在此而制以彼也，是忌貍竊雞而問之以狐也。

舜之命官也，禹陟司空，宅百揆，棄爲后稷，契作司徒，皋陶作士，伯作秩宗，夔典樂，教胄子，龍作納言，各專其采。雖稽讓從容，后心載命，而旁任必咈，其汝諧以往者，共工百度之藪，虞理名山大澤之長也。故勞謝專尸以體其愛，道孤獨贊以去其制，則仁義立而天工亮矣。天地之氣，刑德相召，禍喜相感。甘草兆熟，苦草兆饑。醴泉甘露，不流桀池。夾珥陰風，不凄堯宇。誠由誠往，疑用疑來。是故五臣、十亂、鄭、留、馮、鄧之侶，布心灑血而不恤，彼有以召之也。李廣之射石，非虎也而飲金没羽。誠以拔之，則小人革面；疑以任之，則君子寒心。是故豫生飲藥于趙都，百里行哭於秦族，越石授命於并陽，袁、劉糜姓於臺下，楊業介馬以喪元，余闕憑城而濺血。此數子者，事二姓，棄舊君，比匪類，仕僞邦，非有皦日白水之疇昔也，而一旦甘死趨禍，大貿其夙夜之狂心者，豈非任服躬而難委，誠推心以必酬者乎！故專任者不期報而報臻，疑投者不期欺而欺應矣。

今命官之制，在外者，一縣之令，丞、簿不聽命焉。一郡之守，同知、判、推不聽命焉。一司之使，分以左右二參，副、僉不聽命焉。文移印信，封掌押發，登於公座，唯恐長官之或偷也，而鉗束之如胥吏。行未百年，法已圮壞，猶使藉口公座，脱獨户之咎，疑制之患，已大可睹。又復分其屯田、水利、錢法、驛傳、鹽政，分爲數道以制司。道立分司，督察巡守兵糧之務以制郡。巡按之使，絡繹馳道，循環迭任，無隙日月以盡制之。所以制外者無遺力矣。在内者，取都督一府而五之，間以同、僉。六部卿貳，或七八員。都堂、大理、通政、太僕以放，雖有長貳之別，而事權散出，不受裁制。黄扉論道之席，至永刊極刑以廢其官。其文移印信，封掌押法，公同朝參者猶外也，復使給諫御史巡視刷卷以制之。卒有爰立大僚、邊關盜賊、建置河漕、三禮疑似之事，所部不得決，又設會議、抄參、私揭以制之。所以制內者無遺力矣。以一人敵天下之力，以一代敵數百年之力，力窮法匱，私蠹蝕爛，乃使相秀而謝之，非己之專也，則是開以滑避之徑，而絕其功名之涂也，豈不拂與！

夫一職而分官以領之，連銜以轄之，所以疑制不肖也。人材之數，曰賢，曰不肖，曰中人。賢制不肖則不肖懼，不肖制賢則賢者憂，中人制不肖則惡不弭，中人制賢則善不長，賢制中人則疲於效命，不肖制中人則靡於朋淫，賢制賢則意見差，不肖制不肖則聲氣葉。不肖懼則裂而傷賢，賢者憂則引而避不肖，惡不弭則忌憚益忘，善不長則登進無助，疲於效命則事會圮，靡於朋淫則媚術張，意見差則乖左折衷，聲氣葉則膠固兩利。然則疑制者，唯兩不肖而後諧也，亦將大違其疑制之始心矣。

天原道，君原天，相原君，百官原相，大哉滂沛萬登而綱紐尺握，乃以禁制朕兆，膏泛羣族也！今以天下之大，選賢簡德之繁且久，不能得一二心膂之臣，任以論思，乃靳然果廢其官，夫唯開業於風雨，英敏神靈者，括萬幾，統一心，無所凝滯。過此以往，奏報日冗，陳案日仍，晏安日藉，聲色玩好、禽馬柔曼，淫音幻技日進於深宮，外勢內蠱，其不折而入於中奄者，無幾也。故胡惟庸、汪廣洋之禍，消於綸扉，移於涓寺，而萬安、焦芳、黄立極、丁紹軾之徒，承頦頤，奉密教於北門者，且波溶瓦散而不可救。元氣痿，大務閣，民愁罔左，士嘆十畝，粻空於野，金蝕於藏，彼揖此讓，晉□□而□之大□，可不痛與！則仁義不立，而疑制深也。

《傳》曰：『賤妨貴，新間舊，小加大，逆也。』故王者制名，天下奉名，百官赴名。倒其所制，昧其所奉，貿其所赴，則將賤爵禄而重事權。爵禄者，天之秩也，事權者，上之意也。非天秩則士薄功名，尊上意則人喪廉恥。是以王者慎名，名正則任重，任重則責隆，責隆則政理矣。今夫學士之秩，五品也，使立於九卿之上。賤妨貴，小加大，背盭凌遲者，莫甚於此！則將使天下蝸膂蠅營以趨事權，而天秩之自然，蕩然不可復稽。夫虛一品之置者，靳其愛以制物也。愛以我私，而制盡人族，與仁義背馳，而求治天下，亦難矣。給事、御史之秩，胥七品也，給事以巡視遣，御史以巡按遣，則操六卿、兩司大臣之臧否以亂其掌故。彼之願職任，累歲時，登進崇階，代天工，作民牧，其前效已可睹也。早知不能，廢之而已。乃升新進，夸小臣，翻戾趾肘，使黄發卿尹呵斥所轄者，屏息躡踵，褫縛隅坐，以承其欬笑，不亦左與！

故主貴其名，莫不貴之也；賤其名，莫不賤之也。制名以任賢能，疑名以尊意旨，浮薄長進，權藉推委，效著於偶然而垂爲法制，故人紀賤而天維缺，非建國不拔之典矣。唯除疑制者不然。尊其尊，卑其卑，位其位，事其事，難其選舉，易其防閑，公其心，去其危，盡中區之智力，治軒轅之天下，族類强植，仁勇竟命，雖歷百世而弱喪之禍消也。

清·唐甄《潛書》下篇上《善任》 六卿既得人，任之又有其道。有道，則能盡其才以告成功；失道，則雖篤于用賢，終于才絀而政廢。天下治亂，社稷安危，皆由于此。其道有四：

一曰專。天子有六卿，猶身之有耳目手足，耳惟聽，目惟明，手惟執，足惟履，不相爲用，各專其職。唐虞之臣，惟禹爲無善不備，故終陟元后。若棄爲后稷、契作司徒、皋陶作士、（垂）〔倕〕（共）〔供〕工、益作虞、伯夷作秩宗、夔典樂、龍作納言，專典一職，終身不易。使八臣互易其位，豈不可以爲理；終不若取其尤長，各用其極。是以唐虞之治，巍巍如天，非後世所能及。當法此以任官，既有成績，終身不遷。老而避位，必舉賢以自代。歷年既久，守官既專，其慮益熟，其學益精，其事易成。

二曰虛。天子有六卿，如匠之有繩墨斧斤。引之既直，斵之無爽，宮室乃成；雖垂班之巧，亦不能廢。人君長于宮中，天下之事不能周知。而且居高易驕，處富易侈，敗度敗禮，常不自覺。尚賴諸元老格其非心，講道論德，以補闕裁過。毋作聰明以自用，毋作好惡以遵法，毋拒忠言以聞過，則受益爲多。

三曰親。天子有六卿，當如魚之得深淵，鳥之得深林，以游以處，不欲久閑。古者謂異姓之臣曰甥舅，勢亢分疏，亢欲其下，疏欲其親，故下之若舅，親之若甥。咨訪時見，敷奏時見，暇豫時見，燕飲時見。嬖妾媚寺，辭臣諧優，皆屏而遠之，以專于有道。如江河之浸，膏澤之潤，久則與化。

四曰敬。六卿有過，如月之食，何損于月；如山隕石，何損于山！大明不同于炬火，崇岡不等于土垣，豈爲小災所傷！當視此以禮上卿。上卿非大過不退，不録其小失，不加以小罰。凡罰，月奪其祿，歲奪其祿，累降其階，此罰但可行于卿貳羣牧以下，而絶于六卿。待以師賓之禮，不敢煩責，是謂能敬。若常班定分，不可以言敬。

如是，任之專，受之虛，待之親，禮之敬。君臣同心，上下一德，無嫌疑，無猜忌，不間于讒慝之口，君無不測之恩威，臣無不虞之禍福，中道不變，始終不易。樂哉斯時！君卿和于上，小臣和于下，庶民和于野，休風所被，天下大治。

吾聞君子之道，無德不酬，無施不報。爲人臣者，終其身以死守官，佐君爲聖以致太平，朝廷百姓並受其福，而榮不加于本職，澤不及其子孫，仁人深所不忍。是故勞久者，報之以富貴；功大者，報之以封爵。夫尊爲上卿，祭祀燕飲，其禮必備，親族賓朋，仰望必多。故九命食祿九千石而殺以下。三公至貴，難得其人，故爲兼官。若内貳外撫，皆得以兼，武臣總兵，亦蒙師保之名，其褒已甚。故惟六卿得兼公孤而絶于下。老而請歸，則營其宅，仍其祿，官其嫡子，食其庶子，時賚其後孫。

古者列爵惟五，所以崇德報功。後世以征戰奪天下，勦叛亂，專尚武勇，欲人致死，于是乃創爲制，非軍功不侯。此衰世之制，豈可爲法！凡六卿，能進賢，富民，靖亂，變俗，是有大勳勞于天下。宜因其功之大小，封爲侯伯，或止于身，或一二世，或數世，或世世不絶，斯報功之典無缺。如是，則忠上惠下，各盡其禮，君臣之道乃全。

清・陸隴其《三魚堂外集》卷三《銓政》 人才不患其壅滯也，天下之才無窮，而朝廷之官有限，以有限之官給無窮之才，前後相守，歷歲月而不能即登庸者，勢也。是惟上之人有以鼓舞之，使已仕者樂於其職，而不見有升轉之難；未仕者安於在下，而不覺其選授之遲。上之人徐擇而用之，才愈多則官益得人，用之愈遲則天下之才益磨厲而有以效於上，故鼓舞之道得則壅滯之端泯，善用才者患無以鼓舞之，不患無以疏通之也。自古人才之多者莫如三代，建官之少者又莫如三代，然三代之時不聞有壅滯之患者，無他，鼓舞之道得焉耳。後世之人才非加多於三代也，建官非加少於三代也，然而常患其壅滯者，無他，鼓舞之道失焉耳。今國家選法，初授者以考定先後爲序，升遷者以歷俸多寡爲序，一出於至公矣，乃出缺有限，選途日艱，宜執事鰓鰓以壅滯爲慮，而欲求疏通之法爲鼓舞之道也。然愚以爲今日之銓政，當以鼓舞爲疏通，不必以疏通爲鼓舞，鼓舞之道，莫若於循格之中行破格之典，使中才不得越次而進以守銓法之常，而英流閒得超擢以登以通銓法之變，天下之士將爭自磨厲以求赴上之意而不見有壅滯之形。竊以爲凡今在籍候選之人，宜令所在督撫每歲各以其職業考之，舉其最者一人上送吏部，使得越次而選，而郡縣有司亦令督撫歲舉其最者一人，使得越次而升。越次而選者一省不過歲一人，既無礙於選法之常，而英流之士得以及鋒而用，中才者亦將勉自滌勵而不至於委靡自棄。選授之期雖遙，而皆有旦夕可升之望，則不見其遙；升轉之途雖難，而皆有旦夕可升之望，則不見其難。如此尚何壅滯之足慮哉？此所謂於循格之中行破格之典，以鼓舞爲疏通者也。今日銓政之要也，若夫就疏通言，疏通則又有其道矣。一曰入仕之途宜清也。夫今仕路之所以壅者，以流品之太雜也，自科目而外有任子，又有例監，有投誠，有府史雜流，此固朝廷所以廣用人之途而不可偏廢也，然其中豈無冒濫而當核者乎？宜嚴其例，使一才一藝皆得踊躍於功名，而不至開僥倖之門。一曰考課之典宜嚴也。夫不肖者安於其位，則賢才不得上升，宜令督撫察所屬貪污者，不時糾參，而考課之時，不特一二等之擢者不得濫施，即平常留任者，亦必奉身寡過，有吏習民安之便而後使之久於其任。一曰辟召之法宜參用也。漢法長官得自辟曹掾，一時文學才俊之士皆出其中，宜倣其制，令天下長官得辟有出身士人爲掾吏，既可息姦猾之風，而士之未就職者，亦得少展其才。此三者皆今日疏通銓政之道也。

清・愛新覺羅・胤禛《世宗憲皇帝硃批諭旨》卷一六《硃批費金吾奏摺》 此奏殊無可取。録用廢員，係朕格外之恩，若作爲成例，不令離本省本任，則將因公罣誤庭分視爲具文矣。今仍令離任，引見候旨，伊之功名得失尚在兩可之間，畏法之心自不能已，及至開恩録用，感奮之心必當倍切。若照汝所奏，則法不畏而恩不感，大非朕此舉之初意矣。爾於此一事識見甚屬卑淺，總之到用人一節，未有不被牽扯淆亂主見之人也。爲君難，治天下之道，除用人外更無難事，若不能深體此一難字，而以專去取、作威福爲快意事，則與求才用人之道大相悖謬矣。

吏治論部

肅貪獎廉論分部

論說

元・榮肇《榮祭酒遺文・懲貪》　古之人有言曰：『貪吏不可爲也，廉吏亦不可爲。』夫貪固不可。而廉則何不可之有？蓋廉則無私，無私則明，吏治有不修乎。貪則多欲，多欲則昏，吏治其能修乎。以是思吏治之要，莫要於崇廉而去貪。然而天下貪吏多而廉吏少，何也？人逐於利耳。以利爲尚，則雖欲遏其貪饕之欲而不能。夫廉吏之風可慕，貪吏之名不可居，人盡知之者也。何一行作吏，貪念輒生，舉平日所致慨於有司之無良者有不禁，躬自蹈之，利誘於外則志昏於中耳。身膺父母斯民之任，而惟是逐逐於網利之爲，此固凡爲吏者之罪也。而揆厥所由，州縣之吏。其貪也，半在營己身家之肥，而半因於上司之多誅求。嗟乎！爲封疆大吏，誠使其秉廉正潔白之操，以倡率於上，賄賂不通，人不得以私干之；則凡其所屬之吏，孰不肅然知畏，何敢以一官爲奇貨之居，而肆其欲。無如爲大吏者，位高矣，祿厚矣，勢尊而權重矣，而貪得之心亦竟恃之而愈熾，方且縱屬吏之貪汙，爲己聚利藪，蓋羣吏之爲優爲劣，進退黜陟，其權一操于大吏。快其欲即引而列於薦牘；拂其意即擠而掛掛彈彈。其所舉劾無不計賂之有無輕重，以上下其手。彼羣吏見大吏之所爲如是也；顧安得不竭力彌縫，競事餽奉以結其驩，於是雖至於下浚民膏，上蝕國賦，而有所不憚。夫浚民膏，是爲民之蠹；蝕國賦，是爲國之蝨。況夫國之錢穀於上輸外，必有所存貯于州縣之倉庫者，備不虞濟緩急也。今有虛籍而無實貯，設有才虜牆必伺給、是不惟民病，而國亦病。雖然，此弊之沿積也久矣，非聖天子赫然大振厥威，務爲懲創而掃除之，則雖命使者四出，嚴行盤查，而其弊卒牢固而不可破。何則？州縣既有虧空，聞使者之出，則必預爲掩飾支吾之計。迨使者入境，必巧探其意旨所欲，曲爲承迎厚賄其左右，以求隱爲之庇。彼使者其果自守廉直，真能爲天子任其勞怨，無封殖之欲，無狥庇之私乎？而未必然也，則亦不過藉是以射利，苟且完事；以復上之命而已。有盤查之名，無盤查之實，縱一使既還，一使復出，徒爲擾擾；其於事曾何濟之有，愚竊以爲，欲去其弊，則必究其弊之由生。州縣虧空之弊，其原生於上司喜賂賄，下屬競進奉耳，吾思身爲大吏，居高位，享厚祿，負尊勢，操重權，其受朝廷之寄，荷國家之恩也大矣；曾不思爲國爲民，而專於盈己谿壑，爲罔上營私之事，致耗州縣倉庫之儲蓄，無以備不虞，其負上之罪何如哉！大吏者，羣吏之表也。大法則小廉，故國之於大吏也，待之甚優，而責之特重。使其怙尊貴之勢，肆然於上，貪而無藝，慾而無厭，國計民瘼，了不爲念，而基封疆異日之禍，是何可不嚴以法懲之！如以其爲大吏也，縱罪惡已彰，而姑爲寬縱，不過薄示其譴，吞舟之魚竟使漏網，則大吏其何所畏。不惟大吏無所畏也，羣吏見大吏雖有罪，而法所不加，則共思爭前趨承，倚之爲援，而背公奉私；妨民病國之事，又何憚而不爲！古者法行自貴，蓋深有見及於此也。愚故謂吏無大小，一以貪敗，而法在所必行，其贓賄雖經抄籍入官。猶不得倖免於罪，則刑均而法嚴，人生畏懼之心，長其廉恥，遏其貪墨，而浚剝侵蝕之弊自戢。澄吏治而肅官方，厚民生而裕國儲，其道倘有，在於斯也夫。

明・朱元璋《御製大誥・問贓緣由第二十七》　如六部有犯贓罪，必究贓自何而至。若布政司賄於部，則拘布政司至，問斯贓爾自何得，必指於府。府亦拘至，問贓何來，必指於州。州亦拘至，必指於縣。縣亦拘至，必指於民。至此之際，害民之奸，豈可隱乎？其令斯出諸法司，必如朕命，奸臣何遜之有哉？嗚呼！君子見其政尤勤，小人見而非心必省。

明・薛瑄《讀書録》卷七　世之廉者有三：有見理明而不妄取者，有尚名節而不苟取者，有畏法律、保祿位而不敢取者。見理明而不妄取，無所爲而然，上也；尚名節而不苟取，狷介之士，其次也；畏法律、保祿位而不敢取，則勉强而然，斯又爲次也。操得其要則不待，深懲重賞而人自化於廉，孔子曰：苟子之不欲，雖賞之不竊。

明·何瑭《柏齋集》卷一《民財空虚之弊議·官吏剥削》《傳》稱，國家之敗，由官邪也；官之失德，寵賂彰也。蓋官吏貪賂，必剥削小民，小民窮困不堪，小則爲盜，大則作亂，而國家之治敗矣，此必然之理也。我太祖高皇帝起自民間，深知其弊，故立國之初，痛懲貪賂，官吏甚者，即行誅殺，以快小民之心。既製爲大誥以醒貪，録諸書以戒諭之，又定爲官吏受枉法贓滿貫罪絞之律以恐懼之，是以當時官吏畏法，小民得安。晚年因見法令已行，貪風已革，乃於洪武三十年定官吏受贓滿貫者爲雜，犯死罪准其收贖，蓋不忍以財物之故，傷人性命，此聖祖寬恤之仁也。奈何官吏不才，不體聖祖之心，漸啓貪賂之習，積至正德年間，其弊極矣。官以賂升，罪以賂免。輦轂之下，賄賂公行；郡縣之間，誅求無忌。小民受害，殆不忍言，百姓困窮，盜賊蠭起，國家之事，幾至大敗。臣不勝憂忿，於正德六年奏言，先欲敕諭大臣，令其守廉奉法，以倡百官；次欲將貪贓害民官員，凡犯取受入己贓滿貫以上，俱籍没貲産，輕則爲民，重則充軍；軍職犯贓，一體歸斷。所冀法令嚴明則貪官知懼，民困可蘇，國家可保耳。當時論者皆謂臣言苛刻，難以施行。臣竊謂責人以難能之事，則材知有限，不可勉强，若一槩加罪，則誠爲苛刻。至於貪與不貪，則在乎肯與不肯，非有甚高難能之事。況彼奪民財而法乃籍没其財，情法似乎相對，且未嘗傷其性命，似未爲苛刻。論者之意，不過謂士君子辛苦仕途，有所取受，亦是常情，罪以籍没，似可矜憫耳。臣竊聞有宋之時，范文正公當道，遇不才監司，一筆勾之。富鄭公曰：『公但知一筆勾，不知一家哭矣。』范公曰：『一家哭，何如一路哭耶？』富公亦當時賢者，其言亦近於厚，但其所見之公私大小，則不逮范公遠矣。況官吏貪賂，則剥削小民，小民困窮，則遺禍國家。情既可惡，關係尤重，此與其他不才悮事者不同，是安可過爲姑息而不加重治哉！伏自皇上即位以來，選用忠賢，禁止賄賂，輦轂之下，號稱清明。然府縣之間，貪風猶在，誅求剥削，至今未已，上司多事姑息，不行嚴治，甚者交通賄賂，縱容行私，民財日空，民生日困，其弊大端在此。此風不革而欲望小民之安，國家之治，蓋斷乎無是理也。臣愚竊聞治久病者用毒藥，革久弊者用重典。宜先申明戒諭天下百官，令其守廉愛民。令下之後，敢有仍前貪賂害民者，凡犯枉法贓滿貫以上，俱籍没貲産，照例充軍；犯不枉法，及侵盜贓至銀一百兩以上及他物值銀一百兩以上者，亦籍没貲産，照常爲民；軍職犯贓，體歸斷；若上司官承告官吏貪贓事情不與受理及雖與受理而擬斷不如法者，即以不才黜退；有贓者亦從重論；每年終，巡按御史及法司俱將問過贓官起數，造冊具奏，以憑查考，其奸頑妄捏贓私排陷官吏者，除問以誣告罪名，仍遷徙化外。夫貪官之所愛者，財耳。若止去其官，不奪其財，彼猶不失其富，既不知恥，豈肯改行？若籍没法行，則雖不問以死罪，彼慮并失其原有之財，必知警懼，則貪風庶乎可革，民財不耗，民困可蘇，而國家之治庶可保之於無窮矣。

清·愛新覺羅·弘曆《御選明臣奏議》卷三九《范景文〈直抉吏治病源疏崇禎二年〉》 臣被命撫豫，受事已匝月矣，懍奉簡書無日不以察吏安民爲兢兢。伏竊歎今日吏治之病，惟惟一貪，而對症之藥，止惟一廉。然貪吏之日多，廉吏之日少者，其起於察吏者乎？何也？吏之能爲貪，必有才力可恃；而吏之敢爲貪，又必有牆壁可倚者也。其一段翹然自喜之氣，既已暐暐動人，而工逢迎、善彌縫，又能偵上官意，而巧中之。相得既深，覺察不暇，彼之志遂肆，膽遂張，爲所欲爲，無復畏忌，且分其囊橐，供作苞苴，延譽多方，虚名易起。甚有畏其奥援，假之羽翼，而不敢動者，以是薦剡日騰於上，而怨怒日盈於下，彈文所列，不過一二庸碌悃愊無華之輩，聊充故事而已。嗟嗟！撫，按意向，屬官之所奔走也。撫，按舉劾，屬官之所轉移也。而今若此，世安得有吏治乎？『好官不過多得錢』，原屬昔人諺語，今竟守爲秘訣。人見得錢既多，又復好官自我，通神得力，轉相效尤，卓然自立者有幾？即謂吏之多貪，上官實教之可矣，又何誅焉？

若其潔己愛民者，有顯庸；剥民自肥者，有重戮。昭昭垂示，斷斷不假。甄別嚴而賞罰當，苟非病狂喪心，誰不自愛其官。所謂借其愛官之心，以成愛百姓之心，則風勵之善術也。昔齊威王不過一霸主，烹阿封墨，齊國遂以大治，正於風勵天下之術有合耳。今皇上鋭意太平，將立致唐虞之業，而海内未見向風。誰司撫綏，激揚無效，臣每爲痛心，思一力破此關。然地處睽絶，權在受成，無一事不需查議，無一官不需開報，而又不能爲鉤距之術，以耳目人。所恃爲耳目者，惟司、道、府、廳各官，故責成亦宜先自各官始。語曰：『大臣法，小臣廉。』豈廉節止小臣事哉。所謂法者，即以廉爲法也。已不廉，而求人之廉，則無法。以身教貪，而以令責廉，則無法。所升者不廉，而所墜者不貪，則又無法。果欲以廉爲法，則莫如斷饋遺。夫饋遺者，以交際爲名，而賄賂爲實者也。此徑一斷，則情面自絶，威望自肅，上下綱紀相維，職事相課，了無黏帶，而後真是非乃出，真勸懲乃行，豈不休哉。行之歲月，而吏治有不變，民生有不安，臣未之嘗聞。故持一廉爲對證，不若拈一法字。法，乃祖宗以憲後世，皇上以繩羣工者也。律云：『官吏受財者，計贓科斷，追奪除名。』饋遺非贓乎？枉法者，通算全科。受饋遺而有曲庇，非枉法乎？臣特揭與諸臣約，煌煌在上，或無敢有越厥志。臣若自言而自背之，無所逃詭謊之律；諸臣而仍不回心以相應，臣請操三尺議其後，則諸臣實負功令，臣未嘗負諸臣，即負諸臣，臣敢負功令哉。

清·王命岳《耻躬堂文集》卷六《懲貪議》 臣聞致理，必在懲貪。懲貪莫先旌廉。今天下吏治方飭，而糾墨之章，日滿公車。議者謂小吏之不廉，大吏導之也。至大吏之不法，又誰導之？臣於是不能爲在內部臣諱也。蓋其一能鬻朝廷之爵，而使天下無廉吏。其一能賣朝廷之法，而使天下之貞良無所勸，污黷無所懲也。夫天下無廉吏，而又善者無所勸，惡者無所懲也，幾何不縱千百虎狼於天下。而盡吮天下之蒼生哉！舉朝大小臣工，莫不心知其故，然而莫肯爲皇上言者，人懷自爲心也。今夫同一遷除也，或則以遲，或則以速，遲必有爲而遲，速必有爲而速也。同一削黜也，或復其故物，或錮之終身，其錮也必有爲而錮，其復也亦必有爲而復也。今有同犯一科也，或則以出，或則以入，出非無故而出，入非無故而入也，同罪同情也。或則議輕。或則議重，重非無故而重，輕非無故而輕也。凡若此者，皆貪人所以盜名器，竊威福，而行其黷貨之私者也。彼所借以文其貪者，則例爲之階耳。夫朝廷惟典章法度爲不可移，若夫例則亦有輕有重，有予有奪，皆足便其轉移遷就之端，以遂其私圖也。今懲貪必自近始，而懲貪良不易。功令糾參贓吏，必有實跡證據，否則以其罪罪之。夫買官於選曹，受金者隱，受官者亦隱，肯出而證之曰：若人以某官購吾金乎？買法於秋曹者，賣法者隱，脱法者亦隱，敢出而證之曰：若人得吾金而宣吾罪乎？如是，則證據必不可得，實跡必不可求。夫貪廉之行不同也，廉者不告人以廉，貪者亦不告人以貪。然而品行在人，公論難掩，質以國人之輿情，廷臣之僉議，與衆棄之可也。昔者楊綰爲相，而百僚減騶從，毁第舍。毛玠爲尚書，而羣吏無敢爲好衣美食者。今豈遂無其人乎？苟專其委任，待以至誠，以風勵庶官，矯易俗尚，即有貪人，能不革面而回心哉。而其大本則在朝廷崇惇大之政，毋使貪人得借以圖其私。蓋貪人往往於賕賂不入之時行其刻深，故惜名器似忠，嚴用法似正。人君不察而信其心，則彼於其受賕者得以徑行其私，而人主不之疑。今朝廷事寬大，則貪吏無由操其急以要索寵賂。豈惟吏治可清，將國家悠久之福，實始基之矣。

清·愛新覺羅·玄燁《聖祖仁皇帝御製文第二集》卷三〇《廉静論》 嘗讀漢詔有曰：『吏不廉平則治道衰。』又曰：『俗吏矯飾外貌，似是而非。安静之吏，悃愊無華，日計不足，歲計有餘。』善哉！廉静之言，立身行己之大端，制事理物之要道，凡爲學者，皆宜然也，况人臣之策名委質任職臨民者乎！蓋禮義廉耻，管子所謂，國之四維。夫廉者，四維之一而已矣，然未有秉禮守義知耻而不廉者也。自爲吏者，有貪私之實而後重廉潔之名，故尤以廉爲貴。何則？廉則有所不取，有所不取則有所不爲。凡無禮無義無耻者，皆所不爲者也。吏苟廉矣，則奉法以利民，不枉法以侵民，守官以勤民，不敗官以殘民，民安而吏稱其職矣，吏稱其職而天下治矣，故吏尤以廉爲貴也。夫有所不取之謂廉，有所不爲之謂静，惟廉故静，未有不廉而能静者也。既能廉而静矣，則有所不爲也，而後可以有爲。舉凡利於民者，行之必力；病於民者，除之亦必力。事治而民安，無非静也。夫豈優游自私，保利禄而不恤民事之謂静乎？故凡博安静之名，不可謂之真能安静，猶之博廉平之名者，不可謂之真能廉平者也。昔人有言曰：『古之清勤爲國修政，今之清勤爲身修名。』夫爲國修政者，忠於君；爲身修名者，私於已。臣之事君，與君之待臣，貴其忠於君乎？貴其私於已乎？故願天下爲真廉吏，斯能爲真安静之吏。蓋久矣，厪於懷也！因讀漢詔，故遂論之如此。

清·陸隴其《三魚堂外集》卷二《察吏》 今之言安民者，無不知其本在察吏矣。顧不得察吏之人，則吏不可得而察也。不善乎察吏之法，則察吏之人亦不得盡其察吏之能也。察吏之人則督撫是矣，察吏之法則考成之條是矣。以察吏責督撫而督撫所守者，考成之法也。考成之法嚴，則督撫不得不嚴矣；考成之法寬，則督撫不得不寬矣。考成之法寬，而寬之中有嚴，則督撫亦可嚴以濟寬矣；考成之法嚴，而嚴之中有寬，則督撫亦可寬以濟嚴矣。故督撫不得其人，固足以病考成，而考成之法未極其善，亦足以困督撫，而使不得展其能。然則今日爲察吏計，督撫固不可不擇，而考成之法亦不可不稍爲變通也。欲擇督撫則在嚴之廷推之時，而勿徒拘其資格；澄之甄別之時，而勿徒循其故事。使爲督撫者，皆公正而不私，則貪墨可以盡糾，賢能可以盡舉，預征雜派可以盡禁，察吏之實在是矣。然督撫能察吏，而不能違考成之法以察吏，考成之法向惟重乎錢穀盜案，今則兼重乎興廉。夫使天下皆廉吏，則自能撫字以厚民生，而錢糧可以無缺；敷教以善民俗，而盜案可以永清。故興獎廉吏即所以爲錢糧盜案計，法誠善也。然廉吏雖有益於錢糧盜案而不能，必其目前無絲毫之欠與夫一夫之未獲。督撫雖心知其賢，而有違乎考成之條，則不惟不敢舉，而參罰且隨之。天下見廉者之不盡舉，而不免乎參罰，則不知廉之足重，是以舉廉之令雖下，而吏不加勸。竊以爲，考成之法當權其輕重以爲寬嚴，於至嚴之中不妨稍有所寬，使廉吏有以自見，而爲督撫者亦可以伸其舉廉之意。今夫錢糧盜案固不可不重，然其絲毫之欠與夫一夫之未獲，不足爲錢糧盜案病，而其人卓然有守，可以風勵天下，則宜令督撫破格獎薦，不爲文法所拘。天下見吏之廉，雖有小疵，猶爲上之所拔，則自踊躍於廉，相與勉爲賢能而恥爲貪墨，民風日淳，民生日厚，錢糧自清，盜案自靖，既無穀賤傷農之患，亦無縱盜諱盜之弊，其與夫拘牽文法，使廉吏困阨而上下交病者，果孰得而孰失也？誠欲實興吏治，以仰副皇上獎廉之至意，道無踰此矣。

省官汰冗論分部

論説

元·趙天麟《太平金鏡策》卷三《削冗員》 臣聞：設計張綱，莫如清簡；建官置吏，切戒繁多。夫爵者官之尊也，階者官之次也，品者官之序也，職者官之掌也，位者官之居也，禄者官之給也，吏者官之佐也。雖則事非位立而不辦，亦有事因位多而益生。此聖王所以貴寡而不貴衆，欲静而不欲躁也。唐虞稽古，建官惟百。夏商官倍，亦克用乂。周卿分職，各率其屬。厥後職員愈多，而治愈不及古矣。是以漢光廢四百縣，而下民業定；隋文廢五百部，而天下政行。皆以官不用多，而在乎得賢；政不在煩，而貴乎省事也。今國家立制，自王及國王、郡王、國公以下爲爵，自特進、崇進至將軍、大夫、校尉、郎爲階，自正一至從九爲品。掌典當行爲職。各職所居爲位，各位養廉之資爲禄，各司贊佐行文之史爲吏，其制亦以詳矣。然而文武二等，分布中外，本欲圖寧，而似乎難寧也。臣伏見京師不急之司院，無用之局署，及隨朝省臺院部以下諸有司官吏，可兼不兼，可併不併，亦已有之矣。畿外行省，隨省諸有司，宣慰廉訪等司，路府州縣倉庫局監等諸衙門，及各衙門内官吏，亦有冗者矣。武臣萬户所管不滿萬人，千户所管不滿千人之類，亦已有之矣。臣竊以冗官之大弊有三：一曰選法之弊，二曰政事之弊，三曰軍民之弊。夫文武官吏員數既多，當考滿之時，近春秋之選。資格之簿，擾攘紛紜；保薦之文，交錯旁午。有司行文猶且未暇，奚暇顧孰果有才，孰果有德，而考校之也哉？既不遑考校，則取準於籍文薦書之所陳布者矣。如此，而欲雜流之人不進，貨賄之隙不開，豈可得乎？雜流行賄者得志，則人皆可以仕矣。以致員多闕少，無如之何。經營者早得遷除，養高者坐淹歲月，此選法之弊也。夫文武官吏員數既多，有當決之事而不決，有當行之事而不行。問其職，則曰『我此職也』；問其施爲，則曰『僚屬非一，豈我之所能獨主哉』？混齊竽而難辨，受王命而自安。及乎朝廷聞之，遂立稽違期限之罰，不亦甚歟，此政事之弊也。夫文武官吏員數既多，國家用人路廣，浮濫亦升，遂使臨蒞在下，豈能敷政化哉？政化不敷，而刻剝之苦，役使之煩，爲害良多。此軍民之弊也。三弊不絶，而立法以防之，主法者不能旁照，員益增矣，員增而弊亦自有矣。況法立，而懼法之人、姦欺之計愈生乎？故須三弊盡絶，而後法方可立也。伏望陛下，凡京師不急之司院，無用之局署，及天下諸衙門，可罷者罷之。凡行省隨省諸有司，宣慰廉訪等司，路府州縣等一切諸衙門，及萬户、千户所管不及數之類，可併者併之。凡省臺院部以下有諸司之官吏，及天下諸衙門之官吏，可減者減之。然後以慎名器之法擇人而用之，又以考幽明之法順理而考之。則典選者易見其人，易程其效，而選法清矣；臨政者事有所歸，職有所主，而政績成矣。在下者省於煩役，免於苦刻，而民業定矣。民者，天下之本也，民業定而天下太平矣。

元·胡祗遹《紫山大全集》卷二一《論除三冗》 文冗則吏冗，吏冗則事冗。不削冗文則不能減冗吏，不減冗吏則不能除冗事。三冗欲除，大臣之中必得識時務通儒明斷不煩有爲之材，爲之綱領，定立規模，精選六部左右司官吏。事有條不紊，自上及下，自内及外，各有攸司，遵法奉行，無叢脞，無推遞；怠墮違越，必罰不貸。文有典册，有案牘，舉首見尾，問無不知，受授相承，有行無滯。人材精，政要舉，文案明，三冗不除，未之有也。人材不精則政要不舉，政要不舉則文案日煩，紛然沸羹，日甚一日，何以爲治？竊惟爲政之方，綱領節目，固非一端，不敢妄言。至於不稽遲，無違錯，亦非難事。我朝官制，内立省部臺院，外立府州司縣，高下雖殊，元氣宜一。如人之身，心思耳目手足莫不相應，乃爲安康之完人；少有凝滯，即疾痛害事。省部臺院者，人之心思也；府州司縣者，手足十指也。一指之不可屈伸，即非完人。心思之不神明，不君主，四體百骸孰從而孰聽之？即今府司之案例當申部，有十年不裁決者；有申至數十次而不蒙明降者；有屢申僅得一言，曰不見原行文卷，或曰仰申覆若干部分，或曰如何纔方申覆，或曰仰仔細照勘再行申來，或曰不見前申事理；或已申備申累申而取招問罪不絶；或體覆已完而再行體覆；或倒遞月日三四十日纔方到路者；或今日到路明日便要到大都者。諸如此類，不可悉數。依例之事，尚且若是；少有疑難，莫望一言。此往來申報文案之弊。若夫獄犴填滿不蒙處决，司縣人員無人主事不蒙填補，錢穀不得准除，軍民户籍交參不獲開收，田畝不得推税，州縣官或汙濫，或疲軟不勝任，或老病不能治事，不加退罷，似此稽遲違錯，罪當誰歸？伏乞巡按官每次照刷，有此違錯，開款申臺呈省，問罪懲科施行。

又《論沙汰》 沙汰二字，外若刻薄，内實利益。食不厭精，去糠粃也；鏡不厭磨，去塵垢也；金不厭鍊，去賊銅也。當今政治失於疏濶混淆而畧不程式揀擇，失於繁冗紊亂而畧不整齊裁削。何謂繁冗？繁文、繁政、冗官、冗吏是也。諭如造車，一轂九輞十八輻，減之則闕，增之則贅。闕與贅俱不可行，任人何以異此。又如牧羊，千羊一牧則太寡，十羊九牧則太多，不寡不多則人力得中，羊亦安肥。今日政治文案，設官置吏，選才不精，署員太多。不精則十不如一，臨事又却不得用。太多則互相倚靠，躭悞政事，文案叢雜，前後不一，議論紛紜，是非無定。用兵亦然，古之人以二三萬之兵而破百萬之衆，精與不精故也，奚在乎多與寡？設官置吏，斟酌人民政事之多寡而增減焉。今之一州一郡不若往昔之一大縣，官吏無不具備，而又加焉。孟子曰：『無君子莫治野人。』今日府州司縣爲官吏者，果皆成德多材藝可以治民之人乎？不材者十蓋六七，貪污害民者十蓋七八。以賢治愚，尚不能辨；以愚治愚，烏乎治？除達嚕噶齊、縣尉外，牧民者皆嘗試之以身言書判而沙汰之，吏民則試之以刑名算數。

明·陸粲《陸子餘集》卷五《去積弊以振作人材疏》 汰冗官。臣惟官之冗，未有如今日者也。一事而置一官，數人而理一事。且臺省藩司布列充滿，而國家每行一事輒議別爲設官。然則彼在位者徒坐食而已乎？夫爲政以人，不在多寡。如其賢能，自可兼理。不然，雖多亦奚以爲！大抵添設一官，止爲吏胥人等，開一騙錢局，其實於民無分毫之益。今天下額外剩員，所在充溢。愈近民者，則其害愈甚。至於布、按二司，設官尤爲過多。其巡歷地方，或一時總至，或先後沓來，有司政事奪於送。迎民間財力困於供億。況此等官員賢者所至，有益地方；不賢者取具文移，苟以塞責。且如清軍，最爲重事，今不過行委屬官，將前官已清查者重録一過，造册了事而已。行伍無所增益，里甲年年受累。又其巡歷止於衝要地方，使公私勞費，其偏僻州縣，或經年不到，官吏放恣，莫之誰何。勞逸苦樂，殊爲不均。今之爲撫按者，止知督率二司出巡，足以禁制守令之貪暴，不知過多之爲害。如此，昔唐姚崇言擇十道按察使，患不得人。夫舉天下而纔十人，猶且難之，况今數倍之多乎？臣聞舊制止是僉事分巡，餘皆坐司管事。由今觀之，二司官緊要者，布政司則管糧，按察司則提學兵備而已。然兵備之設，亦似過多。特有可諉者曰：爲保障地方計耳。若夫詞訟既有分巡，錢糧有官督理，則分守之官，殆爲虚設，其他一官之事，分屬數人者有之。至於京官，尤爲過冗。大率在部者過於閒逸，專管者無所建明。臣謂京官省則俸祿可減，以紓國用。外官省則供億可減，以厚民生。乞敕吏部通行查考，凡不係緊要者量爲裁革，省一分則有一分之益。不然十羊九牧，徒爲煩擾，官愈多而事愈紊，欲天下之治難矣。

清·黄宗羲《明夷待訪録·胥吏》　古之胥吏者一，今之胥吏者二。古者府史胥徒，所以守簿書，定期會者也。其奔走服役，則以鄉户充之。自王安石改差役爲雇役，而奔走服役者亦化而爲胥吏矣。故欲除奔走服役吏胥之害，則復差役；欲除簿書期會吏胥之害，則用士人。

何謂復差役？宋時差役，有衙前、散從、承符、弓手、手力、耆長、户長、壯丁、色目。衙前以主官物，今庫子解户之類。户長以督賦税，今坊里長。耆長、弓手、壯丁以逐捕盗賊，今弓兵、捕盗之類。承符、手力、散從以供驅使，今皂隸、快手、承差之類。

凡今庫子、解户、坊里長皆爲差役，弓兵、捕盗、皂隸、快手、承差則雇役也。余意坊里長值年之後，次年仍出一人以供雜役。

蓋吏胥之敢於爲害者，其故有三：其一，恃官司之力，鄉民不敢致難；差役者，則知我之今歲致難於彼者，不能保彼之來歲不致難於我也。其二，一爲官府之人，一爲田野之人，既非同類，自不相顧；差役者，則儕輩爾汝，無所畏忌。其三，久在官府，則根株窟穴牢不可破；差役者，伎倆生疏，不敢弄法。是故坊里長同勾當於官府，而鄉民之於坊里長不以爲甚害者，則差與雇之分也。

治天下者亦視其勢，勢可以爲惡，雖禁之而有所不止；勢不可以爲惡，其止之有不待禁也。差役者，固勢之不可以爲惡者也。議者曰：自安石變法，終宋之世欲復之而不能，豈非以人不安於差役與？曰：差役之害，唯有衙前，故安石以雇募救之。今庫子、解户且不能不仍於差役，而其無害者顧反不可復乎？宋人欲復差役，以募錢爲害。吾謂募錢之害小，而胥吏之害大也。

何謂用士人？六部院寺之吏，請以進士之觀政者爲之，次及任子，次及國學之應仕者。滿調則出官州縣，或歷部院屬官，不能者落職。郡縣之吏，各設六曹，請以弟子員之當廩食者充之。滿調則升之國學，或即補六部院寺之吏，不能者終身不聽出仕。郡之經歷、照磨、知事，縣之丞、簿、典史，悉行汰去。行省之法，一如郡縣。

蓋吏胥之害天下，不可枚舉，而大要有四：其一，今之吏胥，以徒隸爲之，所謂皇皇求利者，而當可以爲利之處，則亦何所不至，創爲文網以濟其私。凡今所設施之科條，皆出於吏，是以天下有吏之法，無朝廷之法。其二，天下之吏，既爲無賴子所據，而佐貳又爲吏之出身，士人目爲異途，羞與爲伍。

承平之世，士人衆多，出仕之途既狹，遂使有才者老死丘壑，非如孔孟之時，委吏、乘田、抱關、擊柝之皆士人也。其三，各衙門之佐貳，不自其長辟召，一一銓之吏部，即其名姓且不能偏，况其人之賢不肖乎！故銓部化爲簽部，貽笑千古。其四，京師權要之吏，頂首皆數千金，父傳之子，兄傳之弟，其一人麗於法後而繼一人焉，則其子若弟也，不然，則其傳衣鉢者也。是以今天下無封建之國，有封建之吏。誠使吏胥皆用士人，則一切反是，而害可除矣。

且今各衙門之首領官與郡縣之佐貳，在漢則爲曹掾之屬，其長皆得自辟，即古之吏胥也。其後選除出自吏部，其長復自設曹掾以爲吏胥，相沿至今，曹掾之名既去，而吏胥之實亦亡矣。故今之吏胥，乃曹掾之重出者也。吾之法，亦使曹掾得其實，吏胥去其重而已。

清·唐甄《潛書》下篇上《省官》　官多，則祿不得不薄；祿薄，則侵上而虐下，爲盗臣，爲民賊。故養民之道，必以省官爲先務焉。今夫富人之家，百羊爲羣，以一人牧之，足矣。主人慮其不周也，既立之牧，又爲之監，司芻有人，司菽有人，欲厚其廩食，而羊息不足以供之；薄其廩食，則必竊芻與菽，而羊且瘦而多耗矣。多官害民，亦猶是也。

内有六卿，有京尹，各有貳，有屬，其諸太史、國學、曆象、圉牧、儀衛、饗膳之類，無多人也。京營之卒十萬人，司馬卽爲元帥，不別置武帥，但有偏裨。有事，則少司馬帥以征伐，則内戎職亦不多人。外有州牧，有郡守，有縣令，亦各有貳，有屬，其驛倉諸司，無多人也。鎮屯之卒，卽以州牧爲元帥，不別置武帥，但存偏裨。有小寇，則使一將討之；有大征伐，其方寧則牧親行其方，不寧則使其貳率將士以從于少司馬，則外戎職亦不多人。内外執政任事之臣，大略不過如此。

今之所謂重臣，我以爲閒職者，有六官焉，皆可革也。六官維何？宰相也，太子之官也，翰林也，都御史也，諫官也，總兵之官也。冢宰統百官，均四海，伊尹傅説周公皆爲是官，不聞商周之世更別有相加于三公之上者。宰相不可革乎！吾聞一師教衆子，不聞衆師教一子。孺子入學，六卿六貳皆可爲師，乃別爲之立三公、立三孤、立詹事，多其官屬，雜沓盈庭，此何爲者？太子之官不可革乎！六卿六貳，皆老成明達，其學可以進講，其文可以掌詔令，其多聞可以總史官，修國史，翰林不可革乎！六卿之尊，秉天下大政。百官受成，除慝糾繆，豈有不足，更何所藉於都御史？都御史不可革乎！六卿六貳進講陳戒，師箴，矇誦，百工諫，士議于學，庶人謗于道，皆諫官也。天子特不納諫爾，苟能納諫，何患直言之不聞？諫官不可革乎！兵者，自然之理，人情之常。審勢，好謀，可以決勝，何必猛如虎、貪如狼者，乃可爲大將！陽明子禽宸濠，皆以知府爲將而成大功，前事之驗也。先登，陷陣，致帥，挑戰，勇力之士，軍中所寶，但可使之爲偏裨，不可使總三軍，爲大將。是故内戎屬之司馬，外戎屬之州牧，可以靖亂，可以禦寇。盡除强鎮，又無擁兵逆命之憂。總兵之官不可革乎！革此六官并其屬，所省多矣。

官既多省，當從周九命之數。其官名，去鄙冗不典者，取周漢之官以更之。官之有品也，自曹魏始也；品之有從也，自元魏始也；衰世之制也。九命足以定尊卑矣；而周之恒命，猶缺八九，不病其簡也。夫更命爲品，猶未有害，乃品分正從，重之而爲十八，繁累不經，適以滋多官之弊，其害爲甚。不法先王而襲衰世之制，奈何至于今無正之者！予，賤士也，不登朝堂，不見國典，不能詳言。竊謂可省之官，大略如是。官既省，然後祿可制也。

清・儲方慶《儲遯庵文集》卷五《裁官議》 皇清受命，屢議裁官。世祖皇帝罷巡方，今上卽位，又減科道員，盡去天下理刑推官，以爲省不急之俸，可以佐國用。臣謹議曰：官有可裁者，有不可裁者。若今日所裁之官，皆必不可裁之官也。古昔先王，設立官爵，使之輕重相維，大小相制，而又有發奸摘伏之司，睥睨其旁，以杜天下之回邪，而預爲之備，其法至密也。是以天下卽有苟且容悦之臣，而無同聲附和之患，有一不肖，則羣起而攻擊之，不使有所滋蔓，以遂成其黨。今減科道員是弱言官之勢也，言官之勢弱，六部之權重矣。罷巡方是削憲臣之柄也，憲臣之柄削，督撫之令尊矣。盡去天下之理刑推官，是蔽法司之耳目也，法司之耳目蔽，府縣之恣睢，莫有與爲難者矣。蓋天下之官，以數萬計，而其大勢常出於兩途：六部操政柄，行之於督撫，督撫下之府縣，以集其事，此一途也；科道察部臣之奸，巡方制督撫之專，而推官寔爲之爪牙，此又一途也。故設科道、遣巡方、重推官，於人主甚有利，於羣臣甚不便。不便於羣臣。則此三者之官爲朝廷計，決不可裁。而決然裁之不少惜者，省費之説誤之矣。夫天下之患，莫大於外託爲國之名，以亟行臣子自便之私，臣子之私遂，而人主之勢孤矣。且今之裁官，誠爲省費乎？抑有他旨乎？誠爲省費也，則内之府寺散員何以不裁，而獨裁科道？外之一省二三督撫與一府五六府佐何以不裁，而獨裁巡方、裁推官？然則今之裁官，其意不出於省費也明矣。臣伏見去年裁推官時，郡縣豪吏，莫不欣欣得志，舉手稱慶，徵歌會飲，以明得意。朝廷省費而裁官，於彼何與？而若此之樂，亦足以見推官爲郡縣所不悦。陛下奈何徇郡縣，欲自蔽其聰明也。愚謂天下之大，天下之人之衆，并爲一途，以亂一人之視聽，恐非天下之福。今上自六曹，下及州縣，苟有設施舉措，可以内外聯絡，上下相蒙，必無一人敢發其奸。目前之弊，不過容隱奸邪，恣奪民力，然亦足以亂天下有餘矣。古之人非不知政本在尚書，而動引新進小臣，許其攻擊者，豫養天下發奸之人，以破黨同之局，則外之督撫州縣不知所備以工迎合，惟有奉公守正，可以杜天下之議論，而結人主之深知，其有關於天下國家之治亂，非細故也。臣愚以爲今日所裁之官，莫若盡復之便。

政治批判部

論說

元・胡祗遹《紫山大全集》卷二一《論聚斂》 《傳》曰：『與其有聚斂之臣，寧有盜臣。』然則爲大臣而務聚斂，見棄於聖人，見疾於天下，見絶於後世，直比以爲盜，聚斂之惡，其可爲也哉？以今觀之，欲爲聚斂而材不能濟其惡，智不能遂其姦，負盜臣之名，而實非穿窬之傑。何則？古之聚斂之臣，財聚於上，民怨於下，猶能使國富兵强，帑藏充實，而施爲遂意。如秦之商鞅尚功趨利，漢之桑弘羊、唐之劉晏籠絡鹽鐵，使富商大賈不得其利，農民不被其害。宋王荆公立新法青苗、助役，又劉晏之罪人，尚以巧取暗奪，日削月消，使民陷於貧瘠罪戾而不自知；聚斂之惡，至此可爲極矣。今之聚斂則不然，不規畫，不會計，不知生財之道、取財之方，不量民力之重輕，田力之厚薄，水旱疾疫，殍餓流亡，舉不知之，直挾朝廷之威而督責號令，白取於民。今歲賦稅百萬緡石，來歲加倍，來歲又加倍。正如竭澤而漁，於我何有？牛山之木，旦旦而伐，使天地生息之仁不能相繼，尚不知懼，自以爲忠勤，吁，悲夫！照勘近年費用日廣，絲銀、宣課，稅糧，民力困敝，不敢增加。常遇豐年，蠶麥大熟，盡力辦集，尚有逋欠。量入爲出之法既不敢裁減，審天下之大計者宜如何哉？將坐視帑藏之空乏而加徵已困之民歟，抑當立法以救歟？竊見開場之利，不爲無補。夫天地之生物，南北異宜，懋遷有無，堯舜之所必行。當時偶有以停罷聞奏者，辭勝於理，無有面折廷爭之人，聖旨權依停罷。今日大臣誠能款曲陳說，以爲當行之事，公私兩便，解前日之惑，理到言盡，聖意未必不從。但數年以來無人再言，所以停止不復舉行。即今南貨銷鎔盡絶，價增數倍，我家中原所出之貨，每歲虛隨土壤棄擲腐朽而不爲用。謂土産之藥物人參、防風、甘草等物，輦之而南則爲寶貨，積之於本土則爲棄物。農人無地耕穫不能爲他藝者，旬月之勞斸草藥三百斤，可賣錢十餘貫，終歲差發可辦。商賈之有財本者以千貫之物往返，半歲之間化爲數千貫。何憚乎生理之不厚，科差之不供？貨既流通，轉相貿易，舟車流行，店鋪和煦，居者、行者、有智有力者皆得養生之利。自罷場已來，坐賈無所獲，行商無所往，舟車留停，道路蕭條，以我所有易得致富之貨，廢棄而爲無用，我之所無必用之物湧貴無所致。得計失計，於斯灼然。倘蒙聖衷允許開場之法，當改前轍，公選品官中通錢穀廉幹者數員充場官，官賫寶鈔，我之商旅諸貨至場，估計元本及路費脚錢外，更給加五利息，給付寶鈔，令客旅還家。買到諸貨，北場官與南官官爲貿易。仍於許州、南京置局，停積見數，驗户口多寡，分散諸路平準庫及鈔庫，依市價官爲貨賣，得到本息，徑赴中都萬億庫送納，以供經費，如此歲爲定法。場官非其人則換易別差，物價隨時高下，慎毋致商旅之無利，能使舟車如流，諸貨輻湊，此亦錢流之一端也。

元・張養浩《歸田類稿》卷二《時政書庚戌年上》 今姑舉其害政太甚者一十事，試爲陛下言之。

一曰賞賜太侈。蓋聞自昔國家之制賞典，將以来有功，昭有德，砥礪羣情，鳩集庶事者也。故功有大小，賞有重輕；德有厚薄，爵有高下。輕其所重，則勤勞之人解體；高其所下，則僥倖之徒生心。是以善爲國者，當其可賞，雖仇而不吝；其不可賞，雖親屬不以假之。況貨財非從天降地出，皆世祖皇帝銖累寸積而致之，百姓罷精殫力而奉之，將外供上帝百神之祀，成朝聘享頫之禮，待邊陲征戍之需，備年歲凶荒之變。施當其度，則國足民逸，上下裕如；少失其宜，則國困民乏，中外騷動。陛下所知者，謂堂堂天下，何珍不有，何奇不臻，隨取隨盈，故不靳惜；而不知四方萬里之外，窮鄉陋邑，疫氓釐婦，髮鶴於耕，手龜於織，采玉者躡不測之危，煎鹵者抱無涯之苦，揀金求珠者冒莫能度量之深，比至積微成巨，剔僞存真，變惡爲美，改朴以文，不知爲日幾時，爲功幾許，爲費幾何，然後得入有司之選。其上之也，水焉則舸，陸焉則輿。虞其盜也，則又抽兵以衛之，調民以警之，乾沒則責償於見官腐壞則倍徵於來者，其成其貢，其来其入，其始其卒，在下者有如此之難，苟因一笑之歡，一醉之適，不論有功無功，紛紜賜予，豈不灰民心糜國力哉！昔韓昭侯有弊袴命左右藏之，或以爲言昭侯曰：吾聞明主，愛一顰一笑顰有爲，而顰笑有爲而笑今袴，豈特顰笑哉吾必待有功者夫古人以弊袴之微爲，重於顰笑猶不輕以假人況累朝内帑所儲珍奇寶玩之，物又豈特弊袴之比哉！昔我世祖皇帝臨御三十年，乘輿服御皆尚儉素，左右之臣雖甚愛者，未聞無故而得尺帛寸金之賜，故能外芟寇亂，内杜臣奸，國用日饒，威權兩盛，兹非萬世聖子神孫所當取法者歟！伏覩陛下即位以来，每及民瘼，常欲鋭意愈之，其子愛元元之心，非不切矣，然四三年間，呻吟者尚多，豈非朝廷於恩賞慶賚之際，或未惜歟！《易》曰：『節以制度，不傷財，不害民。』《語》曰：『節用而愛人』。臣嘗岐而二之，今乃知節用斯愛人，傷財斯厲民矣。伏願自今凡有所賜，上思世祖皇帝惜財富國之意，中思聖人制度之言，下思百姓殫力罷精之苦，將不待旁取他求，而公私無不給矣。

二曰刑禁太疏。竊聞法者天下公器，將以威奸弼教囿民于一者也。比見近年臣有臟敗，多以左右賄賂而免；民有賊殺，多以好事赦宥而原。加以三年之中，未嘗一歲無赦，殺人者固已幸矣，其無辜而死者寃孰伸耶？故古人以赦爲偏枯者，政以謂此。按《書》：『眚災有赦』，『五刑之疑有赦』。《周官》赦宥之法：一宥曰不識，再宥曰過誤，三宥曰遺忘。一赦曰幼弱，再赦曰老耄，三赦曰惷愚。肆赦之原，蓋出乎此。叔世往往以赦爲可禳災祈福，故嘗輕易頻數，抑不知福者由人積德累行而生，非縱惡惠奸之所能致。爲田而護稂莠，徒損苗稼，不足以言仁；爲國而宥奸貪，徒撓良善，不足以言福。貴爲天子，何靈不佑，何祉不集，尚奚假彼猘犴胥靡之助。使其宥而知改，猶或庶幾，如狃恃寬恩，豈不益滋其惡？臣嘗官縣見詔赦之後，罪囚之出大，或仇害事主小，或攘奪编民有朝蒙恩，而夕被執旦出禁而莫殺人數四發之，未嘗一正厥罪者，又有始焉鼠偷終成狼虎之，噬者問之，則曰：赦令之頻故耳，意者以爲先犯幸而不死，今犯即前日應死之罪，兩禦人貨而止坐一罪於我已多，況今犯未必死我，因而遠引虚扳，根連株逮，故蔓其獄，未及期歲，又復宥之，豈人性固惡，防範不能制哉！誠以在上者開其爲盜之途故也。又古之赦令出人不意，今詔稿未脱而奸民已復羣然誦之，乘隙投機，何事不有？以致爲官者不知所畏，罪露則逃；爲民者不知所懲，釁深益熾。又古者犯法受刑，今也犯法受賞。其曰禿魯麻者，尤爲奸盜之招，深損威權，甚非導民以善之義者。漢司馬吳漢病，光武問所欲言，他無所及，惟曰：『願謹無赦』。諸葛亮治蜀，軍旅數興，赦不妄下，而敵人畏之。唐太子承乾爲長孫皇后病，請肆赦以求福。后曰：『赦者，國之大事』，惠奸敗法，何福之爲？是知自古明君、良臣、賢淑之后，固未始以數赦爲美事也。伏望朝廷，自今臣有犯法，止左右毋得祈請好事。當原者，先老幼疾廢，其餘犯者一麗於法，如此則刑罰中而臣下肅矣。

三曰名爵太輕。伏覩陛下正位宸極，皇太子冊號東宫以来，由大事初定，神器再寧，喜激於中，故於左右之人，往往爵之太高，禄之太重，微至優伶、屠沽、僧道，有授左丞、平章、參政者，其他因修造而進秩，以伎藝而得官，曰國公、曰司徒、曰丞相者，相望於朝，自有國以来，名器之輕，無甚今日。夫爵禄，人君所以厲世磨鈍，使天下之人駿奔事功而不容後者，以其有此而已。故《書》謂：『官不及私昵，惟其能；爵罔及惡德，惟其賢。』苟不論臧否勞逸，因一時之懽，輒加以極品之貴，則有功者必曰：吾艱苦如此而得是，彼優游如此而得是，則自今孰肯赴湯蹈火，以徇國家之急也哉！大抵人所以重夫勢者，以衆不能皆高而已獨巋然，衆不能皆豐而已獨綽乎有餘故也。譬則狐白鳳錦，惟服者少，故人以爲貴，若人人服之，則與毳布奚異焉。使其受而知足，猶可萬一，等而上之，厥心谿壑，其爲患也，庸有既乎？今夫鷹隼所以易制者不過恒使之飢焉而已矣一，或厭飫鮮不决雲叛主而去，名爵於人，何以異此？以其班資之，降殺服色之等威宜若虚名以言，夫與奪輕重之，間則朝綱張弛人情離合，國體强弱係焉。古之人有見乎此，故寧賜人以金帛他物，不以天下公器假人。衛仲叔于奚請繁纓，孔子以爲不如多與之邑。湖陽公主爲子求郎，漢明帝以爲苟非其人，民受其弊。我世祖皇帝朝，伯顔丞相負平宋大勳，官止金紫光禄大夫。今朝廷諸大臣不知有何勳何戚，無一不階開府儀同三司者，使其有伯顔丞相之功，則不知復以何官與之？伏望自今量加沙汰，其有夙嘗近侍立功漢北奉特命而官者，聽其仍舊以貢獻以請謁。如墨敕斜封之類，下有司拘括，已授者滿日黜降，未受者一遵選格差除，如此則僥倖者無隙可乘，朝廷尊而名爵有所勸矣。

四曰臺綱太弱。夫國家之有臺憲，猶邊陲之有禦兵，雖敵人遠遁，而反側之患不可不防。雖奸黨斂蹤，而專擅之謀不可不察。其或見敵人之来而攻之過慘，聞小人之僭而擊之失實，在上者則當嘉其爲國優而容之，以伸其勇敢之氣，而收他日緩急之用。夫畜犬將以吠盜不可以盜戢，而畜不吠之，犬豢貓將以捕鼠不可以鼠伏而豢不捕之貓，此舉世所共知也然犬之吠也，豈必人人皆盜見其不熟於目者，無不吠也貓之捕也，豈必物物皆鼠見其可適於口者，無不捕也若犬以吠非其盜而烹，貓以捕非其鼠而逐，將見盜鼠不勝其繁而犬貓有不勝其屈者矣，且責言於人，而以言見罪，是猶飲人以酒，而以醉見疏，馭下之術恐不如此。昔我世祖皇帝每戒飭臺臣及下求言之詔，必曰：『其言可采，優加旌擢；如不可采，亦無罪責』。夫冕旒之前，言不中禮，宜若可罪，然國制不論者，蓋恐因一人而沮天下之善，爲細故而失天下百姓之計也。苟以一言不中，徑加誅戮，則天下必將箝口結舌，無復告以善道者矣。上不聞善，則何弊不生？昔唐太宗嘗曰：『自古帝王有興有衰，猶朝之有莫，皆爲蔽其耳目，不知時政得失，以至滅亡。朕既深居九重，不能見天下事，故布之卿寺以爲耳目，勿以天下安寧，便不存意。』觀太宗之言，與我世祖皇帝求諫之意，數百載下若出一轍。於戲，聖哉！伏惟御史臺乃國家耳目所在，近年以来，紀綱法度廢無一存。昔在先朝，雖掾吏之微，省亦未嘗敢預其選，今闔臺之官皆從尚書省調之。夫選尉所以捕盜也，尉雖不職，而使盜自選之，可乎？況中外之司，論其關係，重者無過省臺，就二者言之，臺爲尤重。蓋省有宰執爲朝廷股肱，臺有言官爲朝廷耳目，夫人必先聰耳明目，然後乃能運用股肱，若耳目有所蒙蔽，股肱雖能運動，詎得如其意哉！以是論之，則人主苟欲保全宰相，莫若精選言官。言官得人，則宰相必恒恐懼脩省，不至顛危；言官不得其人，則宰相必肆行非度，卒與禍會。是知言官之嚴，乃宰相之福；言官之懦，乃宰相速禍之階。臣嘗觀史籍所載，自古奸臣欲固結恩寵移奪威福者，必先使臺諫默然，乃行其志。爲人上者，苟不時引臺臣，訪以得失，則奸至前而不察，弊盈外而不知，釁伏中而不聞，庶績隳而羣心搖矣。臣固知堂堂聖朝，萬無許事，然臣自弱冠從事，久叨國恩，不勝拳拳報上之誠，所以不容不言於未然也。

五曰土木太盛。比見累年山東河南諸郡，蝗旱薦臻，沴疫暴作，郊關之外，十室九空。民之扶老攜幼纍纍焉，鵠形菜色就食他所者，絡繹道路，其他父子兄弟，夫婦至相與鬻爲食者在在皆是，當此灾異之時，朝廷所宜減膳徹樂，去幾緩刑，舍禁蠲征，損服御，發倉庾，止貢獻，停一應不切之役，下紓民力，上答天心。今聞創城中都，崇建南寺，外則有五臺增修之擾，內則有養老宮展造之勞，括匠調軍，旁午州郡，或渡遼伐木，或濟江取材，或陶甓攻石，督責百出，蒙犯毒瘴，崩淪壓溺而死者，無日無之；糧不實腹，衣不覆體，萬目睊睊，無所控告，以致道上物故者，在所不列。侶此疲氓，使佛見之，陛下知之，雖一日之工，亦所不忍。彼董役者，惟知鞭朴趣成，邀功覬賞，因而盜匿公費，奚暇問國家之財詘，生民之力殫哉！夫自古帝王非無土木之役也，惟相時而舉，度力而行，可則興，否則輟，其有必爲，不容已者則基焉，以待歲年。在下者既知上之人愛憫如是，故臨期操畚荷插，欒然趍事，靡遺餘力焉。謹按禮凡土功龍見而戒，事火見而致，用水昏正而栽，日至而畢，聖人謂：『使民以時』者，蓋指此而言也。昔魯公城中丘、城郎，皆當長養之月，故夫子筆之《春秋》，以昭其失。夫人君所恃以爲國者，無急城郭焉，使築之非時，何損於政？而聖人略不少貸，必大書特書者，蓋天之於物也無不愛，王者之於民也無不養。養民之道無他，不奪其時而已矣。時不奪則民力足，民力足則生理饒，生理饒則禮義興，禮義興則風俗美，風俗美則教化成，教化成則天下治，故爲國以養民爲本，養民以不奪其時爲本。故《春秋》諸營建，無巨細必書，誠以民力爲重故也。昔漢文帝欲爲露臺，計用百金，帝曰：『百金，中人十家之産，吾奉先帝宮室，常恐羞之，何以臺爲？』唐太宗欲修洛陽宮以備巡幸，張元素以百姓瘡痍未復，太宗遂罷其役。夫以天下之富，視百金之費，一宮之建，真不啻九牛之拔一毛，而文帝太宗猶以勞民耗物而止，況五臺新寺等役，其費豈止百金，其勞豈特一宮之役，其直又豈止中人十家之産而已。伏願陛下於是數工而罷其一，無俾漢文皇唐太宗專其美於前，則天下幸甚。

六曰號令太浮。夫上有所爲，而天下無不響應者，號令之信而巳矣。號令之於國，猶血脉之於人，血脉無凝，則疾病不作，而人必安；號令推行，則奸惡不生，而國必治。《書》曰：『慎乃出令』。《易》曰：『渙汗其大號』。《傳》曰：『命重則君尊，又曰：國之安危在出令』凡此皆言，人君當慎重其命，不可輕易出而造次發也。臣伏見近年朝廷用人，不察其行，不求諸公，縱意調罷，有若奕棋，其立法舉事，亦莫不爾，雖制詔之下，未嘗有旬月期年而不變者，又甚則朝出而夕改，於事甫行而止者隨至，一人昉仕而代者踵隨，不惟取笑於一時，又貽口實於後世。廟堂之上舉措如此，則外方他郡事體可知。原其所以致此者，蓋由執政褊心自用，恃寵大言，人情有未諳，時勢有未審，事理有未達，或急於迎合之私，或牽於好惡之過，或狃於聞見之迂，所以輕率無謀而徒爲是紛擾也。昔世祖皇帝每舉一事，明見其可，亦必下公卿大夫館閣諸老集議，何則？蓋兼聽則明，偏聽則暗，獨任則小，任衆則弘。至其聽覽之時，又必出而坐於路寢之外，其或不出，亦必畢入羣臣，使各罄所懷，如此而情僞之間，猶有未悉。況今省臺奏事，多則三人，少則一人，其餘同僚皆不得預。有一人得旨而出，衆人懵然不知者，有衆人欲奏而得入之人抑不上聞者，欲望下情上達，上澤下布，其亦難矣。臣愚乞自今凡有更革之事，仰遵世祖皇帝館閣集議舊制，使彼悉心叶意，博詢利病，詳究可否，然後面同入奏，庶幾命令之出，有建瓴之易，無反汗之難，若官若民，舉知遵守，而無翻覆不一之患矣。

七曰倖門太多。伏聞衆星麗天，其所拱者北辰，百辟在官，其所奉者天子。次天子而尊則太后焉，次太后而尊者則皇太子焉，雖親且貴，要皆人臣，事無專制，義無獨行，所謂尊無二上者是已。今國家爲制寬大，所以諸王宗室皆有生人殺人進退人之權。夫慶賞刑威當出於上，久假不歸，則飛揚跋扈之勢成，有不可制之一旦者矣。惟謹於始，則無後患；防於漸，則無近憂。夫水之微也，抔土可塞及其盛，崩城不足障之火之微也，滴水可救及其盛，決河不足滅之，是故自古聖君賢相，所以能逆折亂萌，潛消禍本，使天下陰受其賜而弗之知者，灼此道也，臣比見天下淫僧、邪巫、庸醫、謬卜、游食、末作及因事亡命無賴之徒，往往依庇諸侯王、駙馬，爲其腹心羽翼，無位者以之而求進，有罪者以之而祈免。出則假其勢以陵人，因其衆而結黨；入則離間宗戚，造搆事端，啗以甘言，中以詭計，中材以下，鮮不爲其所惑。如近闊闊出太子，賴發覺之早，未嘗變生，少有不及，豈不可爲寒心也哉！其致此者，非但下之人不知涯分，自底滅亡，抑亦在上者恩之太重，御之太寬，有以縱之使然也。夫自古亂臣賊子，初亦未嘗敢有覬覦神器之心，或以辨給遇，或以詼諧入，或以伎藝親，或以功利合。久則愛，愛則賞，賞則驕，愛之極則肆。始焉望闕而不敢進，今則出入如己家，始焉被問不敢言，今則縱談無所忌，始焉蹴蒭而心悸，今則騎其騎而服其服，始焉妻妾皆常人，今則貴族宗藩之所御者，使其能夕，惕兢兢深自貶損尚，或可免苟因是而思，曰：『吾所服如此，所騎如此，所御如此，其去南面之貴，復有幾何』。於是求所不當求，問所不當問，日滋月熾，惡積罪盈，乃從而按問誅之，非在上者有以縱之使然而何？故君之於臣也，尚嚴而不尚和，雖愛而不錫以過分之，賞縱狎而不受以非據之官，非政則不與之言，無故則不命之坐，非大勳勞則不賜以車服珍異之玩，何則？蓋謹微防漸其理不得不然也，臣之於君也，尚敬而不尚諛過位，則變入門，則僂背闕而坐者，糾蹴馬之蒭者，罰道焉則下車有命則不俟駕而赴，何則？蓋臣近於君恐其褻瀆慢易預遠不敬故也，於戲，使上下胥盡其道，則自古敗亡之禍，豈復踵於世哉！昔漢宣帝時，徐福言世臣霍氏太横，宜以時抑制保全，書凡三上不報，其後霍氏竟以不軌赤族。當時議者謂：『不從徐生之言，以致君臣兩失。』臣見厥今藩王宗室，左右大臣，侈肆尤甚。伏望朝廷，自今待宗藩以恩，而濟之以義，遇羣臣以禮，而輔之以嚴，凡一切鄙俚之談，隱微之請，並賜禁絶。庶使尊卑之分明，而政柄歸乎一矣。

八曰風俗太靡。嘗聞治天下有至簡且易之道，倡於上則應之於下，作於邇則應之於遠，端一身而千萬人化者，風教之謂也。夫一家之風欲正，爲親者所宜先之；一郡之風欲正，爲牧守者所宜先之；一國之風欲正，爲儲侯者所宜先之，蓋自上而下者謂之風，因上而成者謂之俗。故風俗國家之元氣，風俗厚則元氣盛，而享國之日長；風俗薄則元氣衰，而享國之日不敢必。故古之善觀人國者，察乎此而已矣。臣伏見方今之俗，以華相上，以僞相高。在仕者，愚玉碎而才瓦全，貴雷同而鄙崖異，以冰蘖爲沽譽，以脂韋爲達時，以吹毛求疵爲異能，以走勢趨炎爲合變。順己者雖蹠蹻而必用，逆己者雖夷惠而靡容，自非確焉有守，不顧一世非笑者出而正之，則未易善其後。昔唐天寶之際，其風俗可謂汰矣。至代宗以楊綰爲相，以清儉率下，拜命之日，朝野舊習爲之頓衰，郭子儀方宴邠州聲樂，減五之四，京兆尹黎幹出，嘗騶從數百，止存十餘御史中丞崔寬第舍甲，一時即日，撤而毀之其他聞風而化者，不可勝紀，所謂『立之斯立，導之斯行，綏之斯來，動之斯和』者，爲有徵矣。第後世爲相者，夙無致君澤民之誠，一墮紛華，頂踵俱變，既乏時望，又不能勉自克治，苟假威權爲己尊重，所以立之而人弗立，導之而人弗行，綏之而人弗來，動之而人弗和，一切戛焉不勝其難者，由行不素修，聲望不素孚於人故耳。古人以身教者從，以言教者訟，《語》謂『其身正不令而行』。孟軻氏曰：『賢者以其昭昭，使人昭昭。今以其昏昏，使人昭昭』，非以此歟，夫以宰相之賢，而猶使人感化之速如此，況貴爲天子，果有志於移風易俗，信乎其不難矣。

九曰異端太横。伏聞三代有天下者，以四海爲一家中，國爲一人，視民飢寒不翅在己，故并天下之田，使民均有其業，其有逸居不事其業者，謂之閑民，倍其賦以責之。古者十農夫而閑民或一，今也十閑民而農夫僅一焉，欲民無飢寒之虞邈矣。夫富民之道，固不必家賜户賞，塞其蠹財害民之源而已，昔漢文帝以錦繡纂組富商大賈，爲侵牟農利傷害女紅，猶議禁之，況百此病民者，顧可恬然莫之省耶！臣見方今釋老二氏之徒，畜妻育子，飲醇咍腴，萃逋逃遊惰之民，爲暖衣飽食之計，使吾民日羸月瘠，曾不得康秕藍縷以實腹蓋體焉。今日誦臧經，明日排好事，今年造某殿，明年構某宮，凡天下人迹所到，精藍勝觀，棟宇相望，使吾民穴居露處，曾不得莖茅撮土以覆頂託足焉。彼不知惠迪從逆之原，妄談禍福，不知原始反終之故，謬論死生，簧鼓流俗，聚徒結黨，使人施五穀以爲之食，奉絲麻以爲之衣，納子弟以爲之童僕，搆木石以爲其廬室，而人見其不蠶不稼，不賦不征，聲色自如，而又爲世所欽，爲國家所重，則莫不望風奔效，髡首從游，所以奸民日繁，實本於此。今夫田野之農，終歲勤勞猶不免飢寒之苦，彼一祝髮則情欲厭足，莫敢誰何？固無訝其舍彼之難，爲此之易也。使其精嚴所業，真能爲國祝釐延祚，猶爲庶幾。今也盜獲者有焉，奸敗者有焉，謀反大逆者有焉。夫人必先齊心明德，然後可以動天地感鬼神，苟穢惡周身，彼神明方且惡而走避之不暇，矧肯歆其祭而降之福哉！昔世祖皇帝嘗欲沙汰天下僧道，有室者籍而民之，後奪於衆多之口，尋復中止，至今識者爲深惜焉。古人謂：『十農夫之耕，十蠶婦之織，不能衣食一僧。』蓋言其蠹財害民之甚也。臣嘗略會國家經費，三分爲率，僧居二焉。以之犒軍，則卒有餘糧；以之振民，則民有餘粟；以之裕國，則國有餘資。彼燒壇設醮，吹螺伐鼓，奚爲哉？近者至大二年十一月，昊天寺無因而火天意較然，可爲明監。伏望自今諭旨省臣，凡天下有夫有室僧尼道士女冠之流，移文括會，並勒爲民，以竟世祖皇帝欲行未及之睿意，豈不可爲曠代未聞之盛典也哉！

十曰取相之術太寬。伏聞宰相之職，代天理物，表率百僚，國之柱石、民之冠冕於是乎在，其賢與否，天下治亂係焉。嘗考《詩》、《書》所述，歷代史冊所載，有政熙時泰，四夷貢職，吏良民義者，必由天子命相得人而致之；其有紀綱紛糾，羣小兢進，海内刓弊，災異薦臻者，必由天子命相不得其人而致之。故古者命相，内則詢諸大臣，外則酌之輿議，上以稽諸國典，下以應乎民心，殆不可寵一人，使千萬人受害，徇一己好惡，廢天下後世議論之公。以堯舜之明，將有所登庸，亦必四岳是咨而不獨主己見，豈非宰相任天下之責，其勢不得不與天下共選之故歟！或者以爲人君任相可斷之獨，而不可奪於衆，是不知夫所謂獨者，集衆人之議，折衷一言之謂，是豈弗謀於下，惟己是任之謂哉！嘗見前代人君拂衆命相以致禍敗者，不可勝紀，試舉其尤者一二，以著監戒焉，唐明皇之於李林甫，德宗之於盧杞，天下之人皆以爲奸邪，不可相而二君，獨任之不疑，疵惡排賢，卒致播越之禍，蓋嘗因是以思奸臣，所以結知於上牢不可破多由語焉，而隨聲行焉，而承意探其將喜而先之，以笑逆其將怒而激之，以言好樂則開以鄭衛之音，好貨則逢以聚斂之説，好飲則導以宴游之樂，好獵則牗以馳逐之娱，凡百所好靡不委曲承迎，在上秖知其益己，而不知有大損在焉，秖以爲愛己而不知有大不愛存焉。故《書》曰：『有言逆於汝心，必求諸道；有言遜於汝志，必求諸非道。』蓋忠臣直士多責難於君，故其言往往若不可聽，然反而求之，則所慮者遠，所防者深；佞臣邪士多貢諛於上，故其言往往若所樂聞，然徐而察之，莫非淺近無益之事。人君誠能拒其所樂聞，而勉强迴心以從其所不可聽，則商周不易姓而迭興，漢唐可有國至今不絶也。欽惟皇帝陛下肇登寶位，推心御物，納諫如轉圜，人有片善，不考其素，輒超資獵等，用如弗及，是知陛下於用人聽言之間，可曰兩得之矣。然言有是非，貴於詳審；人有賢佞，貴於別白。似是而非，似賢而佞，聖人謂惡鄭聲之亂雅，惡紅紫之亂朱者，不可不察。比聞中外皆曰：朝廷近年命相，多結罪入狀，自求進焉。若無其事，何幸如之，萬一或然，自古豈有入狀而爲宰相之理？今夫一縣一邑，將任一主辨小吏，猶必擇其廉慎素爲衆所信服者爲之，豈有宰相國家安危所係，而各從其自舉哉？伏望朝廷自今凡有大除拜，宜下羣臣會議，惟人是論，毋以已所好惡，上所憎愛者，以私去取焉。將見廟堂無冒進之嫌，人主無偏聽之失，公道開而人君之能事畢矣。

明·袁袠《世緯》卷上《裁閹》　《周禮》：「閽人，王宮每門四人，囿游亦如之。寺人，王之正内五人。内豎，倍寺人之數。」若此其簡也，司昏晨以時啓閉，守門囿、御苑、正内、路寢給使令而已，未聞授以政也。故周之盛時，未聞有宦寺之禍也。巷伯，《孟子》、《詩》、《書》所稱，暨乎伊戾禍宋，寺貂亂齊，趙高亡秦，石顯敗漢，而刑人之禍，不可説也。桓靈之季，王甫、曹節、侯覽等瀆亂國經，操斷威福，廢立擅權，高下在心，禁錮忠賢，誅夷陳竇，宫闈流血，大盗蜂起，自古刑人之禍，未有若此極者也。唐之中葉，覆車靡監，高力士、魚朝恩、李輔國、程元振肇釁孽于前，仇士良、王守澄、田令孜崇厲階于後，衣冠駢戮，道路横屍，甘露之變，獨柳之禍，言之喪氣。較之東京，尤爲慘烈，而世主不悟，寄以腹心，優其寵禄，童貫之徒，卒以亡宋，喪亂相尋，靡有寧已。我太祖高皇帝洞覽古事，深鑒前失，監局之官，不得過四品，掌宫禁、備灑掃而已。宣、統以來，優假稍過，威福漸移，王振、喜寧諸閹權勢隆赫，凶焰薰灼，潛通外國，謀危社稷，遂使英皇北狩，幾致永嘉、靖康之禍，猶賴王竑之徒，危言正色，借劍尚方，廷捽馬順，以銷肘腋之變，壯矣哉！固足以遠紓陳竇之憤，近雪鍾劉之寃矣。然而吉祥搆逆，外連亨彪，事發倉猝，危而後濟。憲、孝兩朝汪直、李廣表裏爲奸，所幸朝政清明，不甚害事。暨武皇帝之初年，劉瑾、馬永成等號爲八黨，蠱惑聖心，斥逐元老，洛陽、華容、鈞陽、洪洞諸公相繼竄殛，巖廊一空，諍臣杜口，直士卷舌，殺戮之威，遍乎縉紳，誅求之慘，毒及甿庶，潛蓄異謀，肆行逆跡，向非高廟神靈，武皇獨斷，改玉改物，伊誰禦之？

夫考之古事既如彼徵之，今事又如此，然則興替之原、理亂之跡，斷可識矣，而議者猶謂吕彊之清忠、楊復光之討賊、張承業之存唐，光昭史册，惡可少也。嗟乎！求什一於千百，亦已難矣。世主不悟王甫、曹節、仇士良、田令孜等如彼其多，而欲望吕彊、楊復光、張承業三人者如此其寡，非甚惑歟？何則？婦寺之性，陰狠賊戾，嗜利亡耻，朝夕左右，浸漬易入，甘言柔聲，首鼠兩端，伺察意向，動中所欲，苟非獨以至明，斷以至剛，其不惑溺者鮮矣。古者刑人不在君側，《書》曰：「侍御僕從，罔匪正人。」秦漢郎中、謁者多士人爲之，猶有古意。我國家雖純用寺人，而不得與政事，所以消伏禍、杜危機也。誠使政令予奪，皆天子獨運於上，而心腹耳目寄之忠賢，樞機之務一切弗與，其在外鎮守、守備、織造等官，悉罷弗用，老耄者汰之，狠黠者黜之，嚴閹割之禁，正交通之誅，有缺弗補，有罪弗宥，略如令狐綯之議，以復高皇帝之故事，吾見宫帷肅清而肘腋亡患也。

清·愛新覺羅·弘曆《御選明臣奏議》卷三〇《邱橓〈陳吏治積弊八事疏萬曆十一年〉》　臣謹言，臣去國十餘年，竊見近日士風漸靡，吏治轉汙，遠近蕭條，日甚一日，此非世運適然，由風紀不振故也。如京官考滿，河南道例書稱職，外吏給由，撫按官概與保留。以朝廷甄别之典，爲人臣交市之資，敢徇私而不敢盡法，惡無所懲，賢亦安勸，此考績之積弊一也。御史巡方，未離國門，而密屬之姓名已盈私牘；甫臨所部而請事之干牘又滿行臺，以豸冠持斧之威，束手俯眉，聽人頤指，此請託之積弊二也。撫按定監司考語，必託之有司，有司則不顧是非，侈加善考，監司德且畏之，彼此結納，上下之分蕩然。其考守令也亦如是，此訪察之積弊三也。貪墨成風，生民塗炭，而所劾罷者，大都單寒輭弱之流，苟百足之蟲，傅翼之虎，即贓穢狼籍，還登薦剡，嚴小吏而寬大吏，詳去任而略現任，此舉劾之積弊四也。懲貪之法，全在提問，乃豺狼見遺，狐狸是問，徒有其名。或陰縱之使去，或累逮而不行，或批駁以相延，或朦朧以幸免；即或終竟其事，亦必博長厚之名，而以盡法自嫌；苞苴或累萬金，而贓止坐之銖黍；草菅或數十命，而罰不傷其毫釐，此提問之積弊五也。薦舉糾劾，所以勸懲有司也。今薦則先進士而舉監，非有憑藉者不預焉，劾則先舉監而進士，縱有訾議者罕及焉，晉接差委，專計出身之途，于是同一官也，不敢接席而坐，比肩而行。諸人自分低昂，吏民觀瞻頓異，助成驕縱之風，大喪賢豪之氣，此資格之積弊六也。州縣佐貳雖畀，亦臨民官也，必待以禮，然後可責以法。今也役使譴訶，無殊輿隸，獨任其污黷害民，不屑禁治，禮與法兩失之矣。學校之職，賢才所關。今不問職業，而一聽其所爲，及至考課，則曰：此寒官也。概與上考，若輩知上官不我重也，則因而自棄；知上官必我憐也，又從而日偷，此處佐貳教職之積弊七也。科場取士，舊有門生座主之稱，若巡按舉劾，固其職也，乃劾者不任其怨，舉者獨冒爲恩，尊之爲舉主，而以門生自居，筐篚問遺，終身不廢，假明揚之典，開賄賂之門，無惑乎清白之吏，不概見于天下也。方今國與民俱貧而官獨富，既以官而得富，還以富而市官，此餽遺之積弊八也。要此八者，敗壞之源，不在于外，從而轉移，亦不在于下也。昔齊威王烹一阿大夫，封一即墨大夫，而齊國大治。陛下誠大奮乾綱，痛懲吏弊，則風行草偃，天下可立治矣。

又《余懋學〈陳十蠹疏萬曆十三年〉》 臣竊惟諸臣之不能容李植等，一則以科場不能無私，而惡植等之訐發，一則以往者嘗保留張居正，而忌吳中行、沈思孝等之召用；一疑交于中，故百妬發于外也。夫威福自上則主勢尊。植等三臣，陛下所親擢者也，乃舉朝臣工百計排之。假令政府欲用一人，諸臣敢力挫之乎？臣謹以臣工之十蠹爲陛下言之。今執政大臣，一政之善，輒矜贊導之功，一事之失，輒諉挽回之難，是爲誣上，其蠹一。進用一人，執政則曰，我所注意也；冢宰則曰，我所推轂也；選郎則曰，我所登用也。受爵公朝，拜恩私室，是爲招權，其蠹二。陛下天縱聖明，猶虛懷納諫；乃一二大僚，稍有規正，輒奮袂而起，惡聲相加，是爲諱疾，其蠹三。中外臣工，率探政府意向，而不恤公論；論人則毁譽視其愛憎，行政則舉置徇其喜怒，是爲承望，其蠹四。君子立身，和而不同。今當路意有所主，則羣相附和，敢于抗天子，而難于違大臣，是謂雷同，其蠹五。我國家諫無專官，今他曹稍有建白，不曰出位，則曰沽名，沮忠直之心，長壅蔽之漸，是爲阻抑，其蠹六。自張居正蒙蔽主聰，道路以目，今餘風未殄，欺罔日滋，其蠹七。近中外臣僚，或大臣交攻，或言官相訐。始以自用之私，終之好勝之習。好勝不已，必致忿爭。忿爭不已，必致黨比。唐之牛、李，宋之洛、蜀，其初豈不由一言之相失哉？是爲競勝，其蠹八。佞諛成風，日以寖甚。言及大臣，則等之伊、傅。言言邊帥，則等之方、召。言及中官，則誇呂、張復出。言及外吏，則頌卓、魯重生。非藉結歡，即因邀賂，是爲佞諛，其蠹九。國家設官，各有常職。近兩京大臣，務建白以爲名高，侵職掌而聽民訟。長告訐之風，失具瞻之體，是爲乖戾，其蠹十也。

又　卷三一《趙南星〈陳天下四大害疏萬曆十八年〉》 臣謹奏：竊見楊巍乞休，左都御史吳時來謀代之，忌户部尚書宋纁聲望，連疏排擠。副都御史詹仰庇，力謀吏、兵二部侍郎。大臣如此，何以責小臣？是謂干進之害。禮部尚書沈鯉、侍郎張位、諭德吳中行、南京太僕卿沈思孝，相繼自免，獨南京禮部侍郎趙用賢在，詞臣黄洪憲輩每陰譏之，言官唐堯欽、孫愈賢、蔡系、周復，顯爲詆誣。衆正不容，宵人得志。是謂傾危之害。州縣長吏，選授太輕，部寺之官，計日而取。郡守不問才行，而撫、按論人，贓私有據，不曰未甚，則曰任淺，概止降調。其意以爲惜才，不知此乃惜不才也。吏治日汙，民生日瘁。是謂州縣之害。鄉官之權，大于守令，横行無忌，莫敢誰何。如渭南知縣張棟，治行無雙，裁抑鄉官被譏，不獲行取。是謂鄉官之害。四害不除，天下不可得治。

明·李贄《焚書》卷一《書答·答耿中丞》 昨承教言，深中狂愚之病。夫以率性之真，推而擴之，與天下爲公，乃謂之道。既欲與斯世斯民共由之，則其範圍曲成之功大矣。『學其可無術歟』，此公至言也，此公所得於孔子而深信之以爲家法者也。僕又何言之哉！然此乃孔氏之言也，非我也。夫天生一人，自有一人之用，不待取給於孔子而後足也。若必待取足於孔子，則千古以前無孔子，終不得爲人乎？故爲願學孔子之説者，乃孟子之所以止於孟子，僕方痛憾其非夫，而公謂我願之歟？

且孔子未嘗教人之學孔子也。使孔子而教人以學孔子，何以顏淵問仁，而曰『爲仁由己』而不由人也歟哉！何以曰『古之學者爲己』，又曰『君子求諸己』也歟哉！惟其由己，故諸子自不必問仁于孔子，惟其爲己，故孔子自無學術以授門人。是無人無己之學也。無己，故學莫先于克己；無人，故教惟在于因人。試舉一二言之。如仲弓，居敬行簡人也，而問仁焉，夫子直指之曰敬恕而已。雍也聰明，故悟焉而請事。司馬牛遭兄弟之難，常懷憂懼，是謹言慎行人也，而問仁焉，夫子亦直指之曰『其盲也』而已。牛也不聰，故疑焉而反以爲未足。由此觀之，孔子亦何嘗教人之學孔子也哉！夫孔子未嘗教人之學孔子，而學孔子者務舍己而必以孔子爲學，雖公亦必以爲真可笑矣。

夫惟孔子未嘗以孔子教人學，故其得志也，必不以身爲教于天下。是故聖人在上，萬物得所，有由然也。夫天下之人得所也久矣，所以不得所者，貪暴者擾之，而『仁者』害之也。『仁者』天下之失所也而優之，而汲汲焉欲貽之以得所之域。于是有德禮以格其心，有政刑以縶其四體，而人始大失所矣。

夫天下之民物衆矣，若必欲其皆如吾之條理，則天地亦且不能。是故寒能折膠，而不能折朝市之人；熱能伏金，而不能伏競奔之子。何也？富貴利達所以厚吾天生之五官，其勢然也。是故聖人順之，順之則安之矣。是故貪財者與之以祿，趨勢者與之以爵，强有力者與之以權，能者稱事而官，慄者夾持而使。有德者隆之虚位，但取具瞻，高才者處以重任，不問出入。各從所好，各騁所長，無一人之不中用。何其事之易也？雖欲飾詐以投其好，我自無好之可投；雖欲掩丑以著其美，我自無醜之可掩，何其説之難也？是非真能明明德于天下，而坐致天下太平者歟！是非真能不見一絲作爲之跡，而自享心逸日休之效者歟！然則孔氏之學術亦妙矣，則雖謂孔子有學有術以教人亦可也。然則無學無術者，其茲孔子之學術歟！

公既深信而篤行之，則雖謂公自己之學術亦可也，但不必人人皆如公耳。故凡公之所爲自善，所用自廣，所學自當，僕自敬公，不必僕之似公也。公自當愛僕，不必公之賢于僕也。則公此行，人人有彈冠之慶矣；否則，同者少而異者多，賢者少而愚不肖者多，天下果何時而太平乎哉！

明・宋應星《野議・進身議》 從古取士進身之法，勢重則反，時久必更。兩漢方正賢良，魏、晉九品中正，唐、宋博學弘詞、明經、詩賦諸科，最久者百年而止矣。垂三百年，歸重科舉一途而不變者，則惟我朝。非其法之至善，何以及此！

聖王見州邑之間，攻城城破，掠民民殘，錢糧則終日開復報完，而司農仰屋如故；盜賊則終日報功敘賞，而羽書馳地更猖。凡屬制科中人，循資擇望而建節者，僨壞封疆，紛紛見於前事。保舉一法，欲復里選之舊，以濟時艱，豈得已哉！然薦人之人，與人所薦之人，聲應氣求，仍在八股文章之內，豈出他途？且殘破地方，待守令之至，如拯溺救焚。而薦舉中人，必待部諮促之，撫按勸駕，而後就道；銓部核試，而後授官，動淹歲月，事豈有濟？以寇亂之時，而州縣之缺不補者，三百有餘。此銓政之壞，于人才何與也？

人情誰不願富貴，然先憂後樂，滋味乃長。隆、萬重熙而後，讀書應舉者，竟不知作官爲何本領。第以位躋槐棘，階榮祖父，蔭及兒孫，身後祀名宦，入鄉賢，墓誌文章誇揚於後世。至奴虜蠢動，水藺狂凶，方始知建節之榮，原具殺身之禍。即今四海之内，破傷如是，而小康之方，父望其子、師勉其弟者，只有纂集時文，逢迎棘院，思一得當之爲快。至於得科聯第之後，官職遇寇逢艱，作何策應，何嘗夢想及之！且得第之人，業已兩受隆恩，不奮志請纓，遷延觀望，有懷時平而仕之想，思以殘危之地，付之薦舉中人，與鄉貢之衰弱者，國家亦何借有制科爲！司銓法者，一破情面，大公至正，掣簽而授之，即暫受憤怨，而制科增光，實自此始矣。

至兼通騎射法，在所必不行。馳捷挽强，自是行伍中事，文士百十中，即選得一能者，亦何濟於事。先年遼、廣兩經略，一以善射名，一以善騎名，非已然之驗哉？顏真卿在唐，虞允文在宋，彼知騎射爲何物？方張强虜，直樽俎談笑而摧之。由今況昔，何勝慨歎哉！

清・王永吉《人臣儆心録・好名論》 凡爲臣者，宜崇實效，不宜務虚名。務名者，其行必矯，其意必浮。苟取一時之聲稱，而其言與事之當否，弗顧也。推原厥心，以爲吾發之於言，舉之於事，但可以見吾志，成吾名，足矣！至於必可見之施行，必可垂之永久者，則皆貽之君上，而彼不與。夫使人人盡懷好名之心，則國家之實事，又將誰倚？爲戚爲休，不相關切。如秦人視越人之肥瘠，漠然無所動其心。豈非不忠之大者哉。或曰：孔子曰：『君子疾没世，而名不稱。』名，亦人所宜尚也。苟盡不好名，將敗德踰閑，罔知所忌。不更可懼乎？曰：不然！夫敗德踰閑之徒，乃不可一日容於世者也。烏足道哉！所謂不好名者，詎不甚美？專力於實，以期有濟於國耳。使實至而名從之，則名非浮名，令其惟一意於好名，而不顧其實，則雖言若近正，事若近理，皆斷不可行，斷不可久者矣。是故，以好名之心事主，則輔佐必不誠。名爲將順，而實則陰飾依阿；名曰勗勸，而實則外沽侃直。以好名之心用人，則舉錯必不當。所奬進者，燿浮華之輩，而擯抑者，淳樸厚重之儒。以好名之心進言，則建白必不純。或附於雷同，而非本肺腑；或出於矯激，而自命孤高。以好名之心治民，則愛養必不篤。興一利，或名美而實背；除一害，或名去而實存。以好名之心飭行，則踐履必不端。或糲食敝服，以鳴其廉；或厚貌深情，以文其度。彼將以欺世盜聲，匿情干譽。而一朝敗露，伎倆畢窮。上必見棄於君，下必見絶於友。如王衍、殷浩之流，其明鑒也。不特此，充好名之弊，必黨比矜争，貽害深遠。如東漢李膺、荀昱等，徒以善善惡惡，更相標榜，立『顧廚』、『俊及』之名，至隕其軀，無裨於世。此其人，皆賢者。而好名之弊，尚至於斯。況夫不崇實效，純務虚名，上則誤君，外則誤世，内則誤身者乎！於戲！可戒也已。

又《營私論》 天地以無私，成其至公，人君奉之，以馭天下。故喜怒無毗，刑賞必當。況爲人臣者，而可懷私心，以自遂者乎！夫私，每起於一念之微，而害必及於天下之大，不可以不戒也。何也？人惟無私，則其識明，其守堅，其道平，其衷坦，何德不成？何功？不立苟一有私，則雖有過人之才，爲私所撓，而皆不能以自見。其遇事也，明知爲當行者，或以不便於己而已之；及不當行者，則又明知其故，第以有便於己而必行。因之意慮昏憒，是非淆亂。外拂乎輿論，而中常懷夫瞻顧之思。欲望其進正人，陳正言，建正業，豈可得哉？是故營私之人，深藏厥心，乘間而發，往往假正大之論議，濟其陰險之謀，以幾倖於人之墮其術中，而不覺。甚則以彼私心，措諸行事。跡其外，亦似正人君子之所爲，而曖昧之衷，常不可以質鬼神而告天地。於是，後國家之正務，而先便身圖；慮不及於四方，而常急爲子孫之計。至或有所汲引，則不問其人之賢與愚，才之能與否，而惟私是視。所愛且譽者，必其比昵者也。不，則有恩於彼者也。不，則欲招致之以爲腹心者也，所憎且毁者，必其疏遠者也。不，則有怨於彼者也，不，則勳名才望，出於己右，而思所以排擠之者也。夫惟出於私心，故愛憎，毁譽，乖謬若此。如唐之李林甫忌張九齡、李適之、盧絢，則百計陰陷，去之而後快。喜王鉷、吉溫、羅希奭，則引置要地，以排抑正人，嗟乎！林甫秉國之鈞，不可謂不尊；十有九年，不可謂不久；賜以貢物，不可謂不渥。而乃恣意行私，恐負君恩而不顧。尚得謂之有人心哉？私之不可不去也，如斯矣！然則，去私當奈何？曰：化乃褊心，袪乃忌心，正乃偏心。上惟效忠於主，下惟加意於民；遠則思後世之公評，近則愛一身之名節。然，仰不愧于天，俯不怍于人，足以酧君恩，而有益于天下。爲人臣者，其慎思之！

又《徇利論》 利之禍人，甚矣哉！古來臣以之敗名、喪德、亡身、覆宗，蔑不由此。如張禹之内殖貨財，元載之外通賕賂，王戎之執籌會計，石崇之聚賄争豪，或被僇于當時，或貽譏于後世。故《書》儆貨，利《詩》刺貪人。魯褒致論於錢神，崔烈見嘲于銅臭。利之當戒，自昔然矣。或曰：利何以禍人至此哉？曰：利也者，利之反而害之隣也。循利之徒，其處心積慮昕夕圖維者，惟利而已。大則縱其谿壑之欲，而細不遺夫錙銖。念一注于豐腴，而遂不復有及人之惠，豈更能卑躬約己，以名義爲重哉！是故嗜慾勝，則神智昏，昧久大之圖，而計不出乎眉睫。其始也，亦未嘗無砥礪之志，而一爲利奪，即頓喪其所守，不惜寡廉鮮恥以求之。或機械巧設，欺世以遂其侵漁；或殘虐横加，戕物以行其饕餮。不知罔利既久，叢怨必深，既衆論之所難容，必王章之所不貸，即令偶逃國憲，坐擁家貲，而天道忌盈，多藏賈禍，詎得長享富厚哉！嗟！嗟！既已委身爲臣矣，試思朝廷之所以任己者何其重，百姓之所以望己者何其殷，與夫生平之所以自許者何其遠且大，而孳孳焉，唯利是逐，尚堪靦顔立於人世耶！度其心，不過圖一己之逸豫耳，博一時之聲勢耳，貽後人之饒裕耳。夫逸豫之樂，孰與禮義之高；聲勢之浮榮，孰與事功之不朽；貽以饒裕，孰若貽以清白之爲安。且蹈危履險，貪得無厭，凶於而身，害於而家，又何如知止知足，不辱不殆，以潔其身而保其家也。故漢臣董仲舒有言：『皇皇求財利，常恐乏匱者，庶人之意也；皇皇求仁義，常恐不能化民者，大夫之意也。』奈何居大夫之位而爲庶人之行哉！且大臣不廉，無以率下，則小臣必污；小臣不廉無以治民，則風俗必壞。層累而下，誅求勿已，害必加於百姓，而患仍中於邦家，欲冀太平之理，不可得矣。夫利之爲名，人莫不知避。今試詬一人曰：汝徇利，彼必艴然不受也。及其見利，又往往口鄙而心羨之。或心知其非，蔽於欲而躬蹈之，曰吾姑取焉，未必遽至於害也。又奚怪乎清文濁質者之比比哉！故反覆乎徇利之害，令貪利者静思而力改之耳。

又《驕志論》 今夫萬乘之君，至尊也。百官兆民，罔不從令。苟惟所欲爲，孰能沮之？然且兢兢焉仰畏天監，俯顧民碞。凡行政用人，必式協輿情，而不之咈。乃爲人臣子，反逞其驕志。可乎哉？是以，人臣之行，莫善於敬，莫不善於驕。蓋驕則自盈，自盈則惰慢之氣存於中，傲肆之形見於色，雖有善焉，莫之能蓋矣。或曰：驕之類，可得聞歟？曰：驕之爲類，多矣，而大者有三。有恃夫勳勞者，有矜夫才學者，有挾夫權勢者。夫策勳立業，亦人臣分内事耳。在上者酬庸念舊，或改容而禮貌之；在下者必不宜自恃勳勞，遂可怠其臣節。至若才能、學問，靡有盡期。謙則日底於有餘，驕則日底於不足。人臣幸以才學，見用於時，政宜虚已受人，集思廣益。庶幾足以答知遇，而展經綸。乃矜之而驕，則雖有異材，其亦不足觀也已。若夫大權重勢，維辟所以宰制天下者。人臣靖共守法，佐主分猷，當以慶賞、刑威，還之朝廷而已不擅。乃挾之而驕，則何道也？凡此者，莫不始於自盈，而其流弊，遂不可殫述。或曰：其流弊奈何？曰：恃勳勞者，苟有侈然自詡之心，則恣意而行，鮮所顧忌。節制之，則觖望之念生；優而容之，即又漸滋其跋扈。夫德不勝驕，則功不勝罪，人主縱欲矜其舊勳而貰之，詎可得哉？矜其學而驕者，謂天下之莫已若也。於是發論必以爲嘉謨，創法必以爲成憲。諛之則以爲賢，而拂之即以爲不肖。夫天下之大，豈無智能足以藉資者？而自彼視之，皆無足取。終至佞人日親，正士日疏。豈第無益於身？抑將貽誤於國矣！恃權勢而驕者，多因人主謂其足用，不免專望而優待之。望之也專，彼則曰『非我莫勝也』；待之也優，乃又倚一人之所重之，而習爲倨傲。至於頤指當世，淩轢百僚，彼且不知爲驕也，曰『應也』。獨不念人主專望優待之意謂何？而忍負之耶！是故，以韓信之勳勞，驕焉而竟至怨望；以王安石之才學，驕焉而竟至執拗；以竇憲之權勢，驕焉而竟至凌肆。驕之流弊如此。故曰人之行莫善於敬，莫不善於驕也。或曰敬之善奈何？曰：唯敬，則不特不敢恃勳勞，而方懼無以盡吾力；不特不敢矜才學，而方懼無以副厥職；不特不敢挾權勢，而方懼無以免於過。夫如是，則何驕之有哉！

又 《作僞論》 人君之於臣也，猶父之於子。子無不可告於父之隱，臣無不可達於君之情。比而觀之，其道一也。故臣之事君，一切智術，皆無所施，而惟以區區之衷。可相得而罔間者無他，曰誠而已矣。不誠，則僞。僞則計謀日益拙，思曰益勞，而所以事君之道，日益乖。是故一誠有餘，百僞不足。人亦何事舍可恃之誠，而作無益之僞乎？原作僞之心，亦各有其故矣。或有身居樞要，而中懷欺蔽，欲以智巧，惑主上之聰明，遂乃反覆眩真，以默逞夫私臆者；或有素承優渥，而心懼衰替，思以迎合，永固其恩寵，遂乃顛倒是非，而有所弗顧者；或有性本柔靡，而希旨取容；或有懾於威嚴，而萎茶不振，冀以獲上之歡心，遂伺意屢遷，不復自持其真見者；或有外通請謁，而苞苴是徇；或有内庇知交，而互爲掩飾，情殷私室，念薄公家，雖至身蹈欺蒙，而不遑自恤者；或有躁競之流，苟於進取，乃緣飾廉隅，以倖遂夫詭獲者；或有忌刻之徒，慮夫人之勝已，乃顯與而陰誣，至於嶮巇之形，生於俄頃者。此其所行不同，而爲僞之心則一。乃如之人，無一可者，小則挾術以文姦，如王成之僞增户口。以邀求上考；張湯之懷詐面謾，以致位三公。大則藏欺以誤國，如盧杞之陰深險賊，以脅衆樹威；丁謂之憸狡過人，以嫉賢誑主。有臣如此，誠國家之大蠹哉！大抵人臣之所望於君，動曰：『君其信我勿疑』耳！夫上之於下，孰不欲以至誠相接哉？使人臣各秉誠以事其君，亦何嫌，何疑？而不視爲手足腹心也者？夫惟因僞而後疑，因疑而不信，則皆作僞者之自取也。故曰，一誠有餘，百僞不足。嗟乎！僞亦奚利於人哉？孟子曰：『人之所以異於禽獸者，幾希！』蓋以其有是至誠之心也。今且去誠而崇僞，其於禽獸又奚擇乎？故不誠則僞，不僞則誠。纖介之差，繆乃千里。危乎！微乎！在人臣深辨之耳。

又 《附勢論》 夫人性不同，或爲剛克，或爲柔克。而其能確乎立於天地之間，而不可拔者，則在有定識與定力。有定識，則其察乎古今者，明而辨乎人已者晰。有定力，則榮辱不能摇其外，而利害不能動其衷。故夫和而不流，中立而不倚，富貴不能淫，貧賤不能移，威武不能屈者，皆有定識，定力者也。此其人，豈復有附勢之事哉！若夫附勢者，往往内無所主，而隨時事爲去來。外多所依，而因世俗爲俯仰。平居既無不易之守，遇事又鮮獨斷之才。於是畏權門之赫奕，羨仕路之紛華，二者交戰於胸，而不能以自立。有爲名高也者，而亦與之爲名高；有爲厚利也者，而亦與之爲厚利；有爲權謀也者，而亦與之爲權謀。唯諾其言，脂韋其色，則諂媚之形也。譎詐多方，變遷不測，則閃爍之衷也。先意以迎，瞰時而發，則機巧之術也。是故，當勢臣之盛也，倚爲奥援，趨承恐後，密效其策，顯樹其威；及夫衰也，則去枯集菀，曾不崇朝。甚且回面訾議，隨聲而攻擊之，以彌縫其故跡。如林特、劉承珪等之附王欽若，而助之姦邪：呂惠卿、陳升之之附王安石，而恣爲翻覆。豈非小人之尤者哉！盍亦反而思之：

既一日爲臣，雖以主上之嚴威，或有失焉，猶當直諫不阿，補闕而效之忠，不敢自安於緘默。彼勢臣，亦臣耳，果何怯於彼？何益於己？而葸葸曲謹，營營趨赴如是哉？苟人臣見勢，而皆依附之，則雖畢智盡能，國家曾不得其一日之用，如唐之韓泰、韓煜、柳宗元、劉禹錫附玉叔文，唱和議謀，互相推奬，中豈無一、二智能之士？而一失其身，爲萬世詬。良可鑒哉！夫惟其無定識、定力，故至於此。或曰：識與力，何以定之？曰：在明大義，在重大倫，在植大本，在行大道而已。使已之所明者，聖賢之訓，而誠正之學也。則孰得而亂之？所重者君國之猷，而臣子之經也。則孰得而淆之？所植者直方之性，而正大之情也。則孰得而撓之，所行者忠孝之事，而貞良之誼也。則孰得而誘之？誠如是也，亦奚畏且羨於勢，而附之爲？

又《曠官論》　人君執八柄，以馭其臣。人臣持一心，以事其主。此千古不易之常經也。是故，得百庸臣，不如得一能臣。得百能臣，不如得一盡心之臣。蓋才有長短，所命於天，不可强而同也。至於循分效忠之心，無人不可以自靖。審若是，斯庶官無曠，庶績咸熙矣，夫君之有庶官也，猶天。然天有四時，以成歲功。人君有庶官，以舉百職。時失序，則有愆伏之患；官失職，豈能免廢墮之憂哉！乃自古來，曠厥官者，往往而有。怠弛之人，玩愒歲月，徒取膴仕厚禄以爲光寵，遂躭於逸豫，不復策勵，以樹立勳名。此便已而曠官者也。庸鄙之人，碌碌取充位，以爲莫非王臣，我何獨勞爲？於是隳國事於因循，而泄泄然，曾無所表見於世，此諉衆而曠官者也。邪曲之人，遐棄正業，若不相涉然，乃持智計以徇私，則弗遺力，逮王事埤我，惟苟焉塞責，不恤其他。此背公而曠官者也。恣傲之人，雖材足有爲，而高自矜詡，愜其意則殫力任之而不辭，少拂抑焉，即倦懈心生，而故爲不克勝任之狀。此肆志而曠官者也，若人者，以之治事，則多敗事；以之圖功，則鮮成功。猶儼然號爲人臣，不大可恥耶？甚則有放蕩之人，矯語清高，以禮法爲拘牽，視簿書爲鄙俗，乃遺落一切，而宅其心於世事之表，以縱情自娛。如晉之王澄、阮咸、王尼、胡母輔之等，浮誕相矜，廢弛職業，至於頽風敗俗，名教蕩然。不更可歎息、痛恨也哉！昔公父文伯之母，猶知勉其子以考職序業，而稱書説禮之徒，反昧此義，是何其智出婦人下也。蓋秩無論崇卑，事無論大小，職無論重輕，惟克既厥心，始爲有利於國之臣子。不然縻祿素餐，尸位溺職，猶欲長保身名，不即罪戾，其可得哉！夫君之馭臣，爵之、祿之、予之、置之、生之，凡以教忠奬善，勵天下人臣之心耳。至人臣自昧厥心，因以負上之心，然後必不得已，而有奪之、廢之、誅之之事。夫豈在上之初念哉？於戲？治亂之理，在庶官；敬忽之幾，在一心，爲人臣者，奈何不察？

清·黄宗羲《明夷待訪録·原法》　三代以上有法，三代以下無法。何以言之？二帝、三王知天下之不可無養也，爲之授田以耕之；知天下之不可無衣也，爲之授地以桑麻之；知天下之不可無教也，爲之學校以興之，爲之婚姻之禮以防其淫，爲之卒乘之賦以防其亂。此三代以上之法也，固未嘗爲一己而立也。

後之人主，既得天下，唯恐其祚命之不長也，子孫之不能保有也，思患於未然以爲之法。然則其所謂法者，一家之法，而非天下之法也。是故秦變封建而爲郡縣，以郡縣得私於我也；漢建庶孽，以其可以藩屏於我也；宋解方鎮之兵，以方鎮之不利於我也。此其法何曾有一毫爲天下之心哉！而亦可謂之法乎？

三代之法，藏天下於天下者也：山澤之利不必其盡取，刑賞之權不疑其旁落，貴不在朝廷也，賤不在草莽也。在後世方議其法之疏，而天下之人不見上之可欲，不見下之可惡，法愈疏而亂愈不作，所謂無法之法也。

後世之法，藏天下於筐篋者也；利不欲其遺於下，福必欲其斂於上；用一人焉則疑其自私，而又用一人以制其私；行一事焉則慮其可欺，而又設一事以防其欺。天下之人共知其筐篋之所在，吾亦鰓鰓然日唯筐篋之是虞，向其法不得不密。法愈密而天下之亂即生於法之中，所謂非法之法也。

論者謂一代有一代之法，子孫以法祖爲孝。夫非法之法，前王不勝其利欲之私以創之，後王或不勝其利欲之私以壞之。壞之者固足以害天下，其創之者亦未始非害天下者也。乃必欲周旋於此膠彼漆之中，以博憲章之余名，此俗儒之剿説也。即論者謂天下之治亂不系於法之存亡。

夫古今之變，至秦而一盡，至元而又一盡，經此二盡之後，古聖王之所惆隱愛人而經營者蕩然無具，苟非爲之遠思深覽，一一通變，以復井田、封建、學校、卒乘之舊，雖小小更革，生民之戚戚終無已時也。

即論者謂有治人無治法，吾以謂有治法而後有治人。自非法之法桎梏天下人之手足，即有能治之人，終不勝其牽挽嫌疑之顧盼，有所設施，亦就其分之所得，安於苟簡，而不能有度外之功名。使先王之法而在，莫不有法外之意存乎其間。其人是也，則可以無不行之意；其人非也，亦不至深刻羅網，反害天下。故曰有治法而後有治人。

又《奄宦上》　奄宦之禍，歷漢、唐、宋而相尋無已，然未有若有明之爲烈也。漢、唐、宋有干與朝政之奄宦，無奉行奄宦之朝政。今夫宰相六部，朝政所自出也。而本章之批答，先有口傳，後有票擬。天下之財賦，先內庫而後太倉。天下之刑獄，先東廠而後法司。其他無不皆然。則是宰相六部，爲奄宦奉行之員而已。

人主以天下爲家，故以府庫之有爲己有，環衛之强爲己强者，尚然末王之事。今也衣服、飲食、馬匹、甲仗、禮樂、貨賄、造作，無不取辦於禁城數里之內，而外庭所設之衙門，所供之財賦，亦遂視之爲非其有，嘵嘵而爭。使人主之天下不過此禁城數里之內者，皆奄宦爲之也。

漢、唐、宋之奄宦，乘人主之昏而後可以得志。有明則格局已定，牽挽相維，以毅宗之哲王，始而疑之，終不能舍之，卒之臨死而不能與廷臣一見，其禍未有若是之烈也！

且夫人主之有奄宦，奴婢也，其有廷臣，師友也。所求乎奴婢者使令，所求乎師友者道德。故奴婢以伺喜怒爲賢，師友而喜怒其喜怒，則爲容悅矣；師友以規過失爲賢，奴婢而過失其過失，則爲悖逆矣。

自夫奄人以爲內臣，士大夫以爲外臣，奄人既以奴婢之道事其主，其主之妄喜妄怒，外臣從而違之者，奄人曰：『夫非盡人之臣與，奈之何其不敬也！』人主亦即以奴婢之道爲人臣之道，以其喜怒加之於奄人而受，加之於士大夫而不受，則曰：『夫非盡人之臣與，奈之何有敬有不敬也！蓋內臣愛我者也，外臣自愛者也。』於是天下之爲人臣者，見夫上之所賢所否者在是，亦遂舍其師友之道而相趨於奴顏婢膝之一途。習之既久，小儒不通大義，又從而附會之曰：『君父，天也。』

故有明奏疏，吾見其是非甚明也，而不敢明言其是非，或舉其小過而遺其大惡，或勉以近事而闕於古則，以爲事君之道當然。豈知一世之人心學術爲奴婢之歸者，皆奄宦爲之也。禍不若是其烈與！

又《奄宦下》　奄宦之如毒藥猛獸，數千年以來，人盡知之矣。乃卒遭其裂肝碎首者，曷故哉？豈無法以制之與？則由於人主之多欲也。夫人主受命於天，原非得已。故許由、務光之流，實見其以天下爲桎梏而掉臂去之。豈料後世之君，視天下爲娛樂之具。崇其宮室，不得不以女謁充之；盛其女謁，不得不以奄寺守之。此相因之勢也。

其在後世之君，亦何足責。而鄭玄之注《周禮》也，乃謂女御八十一人當九夕，世婦二十七人當三夕，九嬪九人當一夕，三夫人當一夕，后當一夕，其視古之賢王與後世無異，則是《周禮》爲誨淫之書也。

孟子言：『侍妾數百人，我得志弗爲也。』是時齊、梁、秦、楚之君，共爲奢僭，東西二周且無此事。若使爲周公遺制，則孟子亦安爲固然，『得志弗爲』，則是以周公爲舛錯矣。苟如玄之爲言，王之妃百二十人，妃之下又有侍從，則奄之守衛服役者勢當數千人。後儒以寺人隸於冢宰，謂《周官》深得治奄之法。

夫刑餘之人，不顧禮義，凶暴是聞，天下聚凶暴滿萬，而區區以系屬冢宰，納之鈐鍵，有是理乎？且古今不貴其能治，而貴其能不亂。奄人之衆多，即未及亂，亦厝火積薪之下也。

吾意爲人主者，自三宮以外，一切當罷。如是，則奄之給使令者，不過數十人而足矣。議者竊憂其嗣育之不廣也。夫天下何嘗之有！吾不能治天下，尚欲避之，況於子孫乎！彼鰓鰓然唯恐後之有天下者不出於其子孫，是乃流俗富翁之見。故堯、舜有子，尚不傳之。宋徽宗未嘗不多子，止以供金人之屠醢耳。

清·顧炎武《日知録》卷八《法制》　法制禁令，王者之所不廢，而非所以爲治也。其本在正人心、厚風俗而已。故曰：『居敬而行簡，以臨其民。』周公作《立政》之書曰：『文王罔攸兼于庶言，庶獄庶愼。』又曰：『庶獄庶愼，文王罔敢知于茲。』其丁寧後人之意可謂至矣。秦始皇之治天下之事，無大小皆決於上，上至於衡石量書，日夜有呈，不中呈不得休息，而秦遂以亡。太史公曰：『昔天下之網嘗密矣，然奸僞萌起，其極也，上下相遁，至於不振。』然則法禁之多，乃所以爲趣亡之具，而愚闇之君猶以爲未至也。杜子美詩曰：『舜舉十六相，身尊道何高。秦時任商鞅，法令如牛毛。』又曰：『君看燈燭張，轉使飛蛾密。』其切中近朝之事乎？漢文帝詔置三老、孝弟、力田常員，令各率其意，以道民焉。夫三老之卑而使之得率其意，此文景之治所以至於移風易俗，黎民醇厚，而上擬於成康之盛也。

諸葛孔明開誠心，布公道，而上下之交，人無間言，以蕞爾之蜀，猶得小康。魏操、吴權任法術以御其臣，而篡逆相仍，略無寧歲。天下之事，固非法之所能防也。【略】

前人立法之初，不能詳究事勢，豫爲變通之地。後人承其已弊，拘於舊章，不能更革，而復立一法以救之。於是法愈繁而弊愈多，天下之事日至於叢脞，其究也『眊而不行』，語出《漢書·董仲舒傳》。師古曰：『眊，不明也。』上下相蒙，以爲無失祖制而已。此莫甚於有明之世，如勾軍、行鈔二事，立法以救法，而終不善者也。

清·顧炎武《亭林文集》卷一《生員論上》 國家之所以設生員者何哉？蓋以收天下之才俊子弟，養之於庠序之中，使之成德達材，明先王之道，通當世之務，出爲公卿大夫，與天子分猷共治者也。今則不然，合天下之生員，縣以三百計，不下五十萬人，而所以教之者，僅場屋之文。然求其成文者，數十人不得一，通經知古今，可爲天子用者，數千人不得一也。而嚚訟逋頑，以病有司者，比比而是。上之人以是益厭之，而其待之也日益輕，爲之條約也日益苛。然以此益厭益輕益苛之生員，而下之人猶日夜奔走之如騖，竭其力而後止者何也？一得爲此，則免於編氓之役，不受侵於里胥；齒於衣冠，得於禮見官長，而無笞、捶之辱。故今之願爲生員者，非必其慕功名也，保身家而已。以十分之七計，而保身家之生員，殆有三十五萬人，此與設科之初意悖，而非國家之益也。人之情孰不爲其身家者？故日夜求之，或至行關節，觸法抵罪而不止者，其勢然也。今之生員，以關節得者十且七八矣，而又有武生、奉祀生之屬，無不以錢鬻之。夫關節，朝廷之所必誅，而身家之情，先王所弗能禁，故以今日之法，雖堯、舜復生，能去在朝之四凶，而不能息天下之關節也。然則如之何？請一切罷之，而別爲其制。必選夫五經兼通者而後充之，又課之以二十一史與當世之務而後升之。仍分爲秀才、明經二科，而養之於學者，不得過二十人之數，無則闕之。爲之師者，州縣以禮聘焉，勿令部選。如此而國有實用之人，邑有通經之士，其人材必盛於今日也。然則一鄉之中，其粗能自立之家，必有十焉，一縣之中，必有百焉。皆不得生員以芘其家，而同於編氓，以受里胥之凌暴，官長之笞捶，豈王者保息斯人之意乎？則有秦漢賜爵之法，其初以賞軍功，而其後或以恩賜，或以勞賜，或普賜，或特賜，而高帝之詔有曰：『今吾於爵，非輕也。其令吏善遇高爵，稱吾意。』至惠帝之世，而民得買爵。夫使爵之重得與有司爲禮，而復其户勿事，則人將趨之。開彼則可以塞此，即入粟拜爵，其名尚公，非若鬻諸生以亂學校者之爲害也。夫立功名與保身家，二塗也；收俊乂與恤平人，二術也；並行而不相悖也，一之則敝矣。夫人主與此不通今古之五十萬人共此天下，其芘身家而免笞捶者且三十五萬焉，而欲求公卿大夫之材於其中，以立國而治民，是緣木而求魚也。以守則必危，以戰則必敗矣。

又 《生員論中》 廢天下之生員而官府之政清，廢天下之生員而百姓之困蘇，廢天下之生員而門户之習除，廢天下之生員而用世之材出。今天下之出入公門以撓官府之政者，生員也；倚勢以武斷於鄉里者，生員也；與胥史爲緣，甚有身自爲胥史者，生員也；官府一拂其意，則羣起而鬨者，生員也；把持官府之陰事，而與之爲市者，生員也。前者譟，後者和；前者奔，後者隨；上之人欲治之而不可治也，欲鋤之而不可鋤也，小有所加，則曰是殺士也，坑儒也。百年以來，以此爲大患，而一二識治體能言之士，又皆身出於生員，而不敢顯言其弊，故不能曠然一舉而除之也。故曰廢天下之生員而官府之政清也。天下之病民者有三：曰鄉宦，曰生員，曰吏胥。是三者，法皆得以復其户，而無雜泛之差，於是雜泛之差，乃盡歸於小民。今之大縣至有生員千人以上者，比比也。且如一縣之地有十萬頃，而生員之地五萬，則民以五萬而當十萬之差矣；一縣之地有十萬頃，而生員之地九萬，則民以一萬而當十萬之差矣。民地愈少，則詭寄愈多，詭寄愈多，則民地愈少，而生員愈重。富者行關節以求爲生員，而貧者相率而逃且死，故生員之於其邑人無秋毫之益，而有丘山之累。然而一切考試科舉之費，猶皆派取之民，故病民之尤者，生員也。故曰：廢天下之生員，而百姓之困蘇也。天下之患，莫大乎聚五方不相識之人，而教之使爲朋黨。生員之在天下，近或數百千里，遠或萬里，語言不同，姓名不通，而一登科第，則有所謂主考官者，謂之座師；有所謂同考官者，謂之房師；同榜之士，謂之同年；同年之子，謂之年姪；座師、房師之子，謂之世兄；座師、房師之謂我，謂之門生；而門生之所取中者，謂之門孫；門孫之謂其師之師謂之太老師；朋比膠固，牢不可解。書牘交於道路，請託偏於官曹，其小者足以蠹政害民，而其大者，至於立黨傾軋，取人主太阿之柄而顛倒之，皆此之繇也。故曰：廢天下之生員，而門户之習除也。國家之所以取生員而考之以經義、論、策、表、判者，欲其明六經之旨，通當世之務也。今以書坊所刻之義，謂之時文，舍聖人之經典，先儒之注疏與前代之史不讀，而讀其所謂時文。時文之出，每科一變，五尺童子能誦數十篇而小變其文，即可以取功名，而鈍者至白首而不得遇。老成之士，既以有用之歲月，銷磨於場屋之中，而少年捷得之者，又易視天下國家之事，以爲人生之所以爲功名者，惟此而已。故敗壞天下之人材，而至於士不成士，官不成官，兵不成兵，將不成將，夫然後寇賊姦宄得而乘之，敵國外侮得而勝之。苟以時文之功，用之於經史及當世之務，則必有聰明俊傑通達治體之士，起於其間矣。故曰：廢天下之生員，而用世之材出也。

清・王夫之《讀通鑑論》卷二《漢高帝・九》 以大義服天下者，以誠而已矣，未聞其以術也；奉義爲術而義始賊。義者，心之制也，非天下之名也。心所勿安而忍爲之，以標其名，天下乃以義爲拂人之心而不和順于理。夫高帝當窘迫之時，豈果以丁公爲可殺而必殺之哉？當誅丁公之日，又豈果能忘丁公之免己而不以爲德哉？欲懲人臣之叛其主，而先叛其生我之恩，且囂然曰是天下之公義也。則借義以爲利，而吾心之惻隱亡矣。

夫義，有天下之大義焉，有吾心之精義焉。精者，純用其天良之喜怒恩怨以爲德威刑賞，而不雜以利者也。使天下知爲臣不忠者之必誅而畏即于刑，乃使吾心違其恩怨之本懷，矯焉自誣以收其利。然則義爲賊仁之斧而利之櫱也乎？故赦季布而用之，善矣，足以勸臣子之忠矣。若丁公者，廢而勿用可也；斬之，則導天下以忘恩矣。恩可忘也，苟非刑戮以隨其后，則君父罔極之恩，孰不可忘也？嗚呼！此三代以下，以義爲名爲利而悖其天良之大慝也。

清・唐甄《潛書》下篇下《室語》 唐子居於內，夜飲酒。己西向坐，妻東向坐，女安北向坐，妾坐於西北隅。執壺以酌，相與笑語。唐子食魚而甘，問其妾曰：『是所市來者，必生魚也。』妾對曰：『非也。是魚死未久，即市以來；又天寒，是以味鮮若此。』於是飲酒樂甚。忽焉拊几而歎。其妻曰：『子飲酒樂矣，忽焉拊几而歎，其故何也？』唐子曰：『溺於俗者無遠見。吾欲有言，未嘗以語人，恐人之駭異吾言也。今食是魚而念及之，是以歎也。』妻曰：『我，婦人也，不知大丈夫之事；然願子試以語我。』

曰：『大清有天下，仁矣。自秦以來，凡爲帝王者皆賊也。』妻笑曰：『何以謂之賊也？』曰：『今也有負數匹布，或擔數斗粟而行於塗者，或殺之而有其布粟，是賊乎，非賊乎？』曰：『是賊矣。』

唐子曰：『殺一人而取其匹布斗粟，猶謂之賊，殺天下之人而盡有其布粟之富，乃反不謂之賊乎！三代以後，有天下之善者莫如漢。然高帝屠城陽，屠潁陽；光武帝屠城三百。使我而事高帝，當其屠城陽之時，必痛哭而去之矣；使我而事光武帝，當其屠一城之始，必痛哭而去之矣。吾不忍爲之臣也。』

妻曰：『當大亂之時，豈能不殺一人而定天下？』唐子曰：『定亂豈能不殺乎！古之王者，有不得已而殺者二：有罪；不得不殺；臨戰，不得不殺。有罪而殺，堯舜之所不能免也；臨戰而殺，湯武之所不能免也；非是，奚以殺爲！若過里而墟其里，過市而竄其市，入城而屠其城，此何爲者！大將殺人，非大將殺之，天子實殺之；偏將殺人，非偏將殺之，天子實殺之；卒伍殺人，非卒伍殺之，天子實殺之；官吏殺人，非官吏殺之，天子實殺之。殺人者衆手，實天子爲之大手。天下既定，非攻非戰，百姓死於兵與因兵而死者十五六。暴骨未收，哭聲未絶，目眥未乾，於是乃服衮冕，乘法駕，坐前殿，受朝賀，高宫室，廣苑囿，以貴其妻妾，以肥其子孫。彼誠何心，而忍享之！若上帝使我治殺人之獄，我則有以處之矣。匹夫無故而殺人，以其一身抵一人之死，斯足矣；有天下者無故而殺人，雖百其身不足以抵其殺一人之罪。是何也？天子者，天下之慈母也，人所仰望以乳育者也，乃無故而殺之，其罪豈不重於匹夫！』

妻曰：『堯舜之爲君何如者？』曰：『堯舜豈遠於人哉！』乃舉一箸指盤中之餘魚曰：『此味甘乎？』曰：『甘。』曰：『今使子釣於池而得魚，揚竿而脱，投地跳躍，乃按之椹上而割之，刳其腹，犀其甲，其尾猶搖，於是煎烹以進，子能食之乎？』妻曰：『吾不忍食也。』曰：『人之於魚，不啻太山之於秋毫也。甘天下之味，亦類於一魚之味耳。於魚則不忍，於人則忍之；殺一魚而甘一魚之味則不忍，殺天下之人而甘天下之味則忍之。是豈人之本心哉！堯舜之道，不失其本心而已矣。』

妾，微者也；女安，童而無知者也；聞唐子之言，亦皆悄然而悲，咨嗟欲泣，若不能自釋焉。

清·李塨《平書訂》卷三《建官第三上》 平書曰：近代建官之弊七，而取士之弊不與焉。任之不專，十羊九牧，可以諉過，不可以見功，使政事日壞而不知，弊一。用之不久，官如傳舍，賢者不能盡其才，不肖者苟且以免罪，舉天下無一任事之人，弊二。人才長短各有宜，乃司兵者轉而司農，司刑者轉而司禮，但以官之大小爲升降，不論其才與職之稱否，似天下皆通才，遂致天下皆廢才，弊三。碩德奇才，應不次用之，庸衆即終身末職不爲過，乃銓選以掣籤聽之命，遷次以資格聽之法，人才何由得乎？弊四。法密如牛毛，建官使守法，法孰習之？習之者吏耳。官不得不聽於吏，是謂不任官而任吏。不任官而任吏，吏之奸弊，遂日深而不可除。弊五。凡養民造士，錢谷刑名，無巨無細，皆本於縣。今之州縣可比古諸侯之國，諸侯之卿大夫士爲之分理者何其衆，今之佐貳爲縣令分理者何其寡；諸侯之上，爲之總者不過方伯；今縣之上有府與府佐貳，府之上有監司，監司之上有布按，布按之上有督撫，且兵有監司，糧有監司，河有監司，學有監司，糧又有督，河又有督，以數十長官林立督之於上，而佐貳其下者不過二三人，吏治何由善乎？弊六。官之應設者不設，而不應設之冗官，徒縻廩禄者，不可勝數。弊七。夫奸貪不法，與庸惰無能，臣之罪也。若此七弊，朝廷實貽之。可歸咎於臣下哉？

清·于成龍《于清端政書》卷七《示親民官自省六戒》 朝廷設官分職，皆爲治民，而與民最親，莫如州縣。近来積弊成習，親民者反以累民。甚有不知廉恥爲何物，而『天理人心』四字，置之高閣不問矣。噫，吏治日壞，如倒狂瀾，何時止乎？用是偶採成言，兼參時弊，陳列六則，朝夕省觀，自爲猛惕。倘反是道也，王法不及，必有天殃及之矣。謹列如左：

一曰勤撫恤：州縣之官，稱爲父母，而百姓呼爲子民，顧名思義，古人所以有保赤之喻也。夫保赤者，必時其飲食，體其寒暖，事事發於至誠。保民者，亦當規其飢寒，勤其勸化，事事出於無僞。蓋無僞，則有實心。縱力有不及，與事有掣肘，然此心自在。即於萬分中體認一分，亦百姓受福處也。昔陽城云：『撫字心勞。』知撫字必從心出。由心而發，隨事加恤，便有裨益。若徒外面摭拾一二便民好事，以爲得意，亦市名也。其去殘忍者幾希耳。是不可不戒。

一曰慎刑法：草木禽魚，皆有生命，不可恣意殺伐。況人爲萬物靈，其肌膚手足，悉胞與也人。不幸而涉詞訟，又不幸而於詞訟中受刑罰，雖十分不可寬，必須求一分稍可寬處。此吕叔簡《戒刑》書内，所以有『不輕撻不就撻』之説也。至於囹圄福地，昔言已及。當思入此者，皆無知小民。或有寃枉，極可哀痛，自然稍加體念。若徒任意禁獄，與任意加刑：甚有狗情面，恣苞苴，以下民之皮膚，供長吏行私之具者，或身或子孫，定遭奇禍。是不可不戒。

一曰絶賄賂：爲貧而仕，雖乘田委吏，止爲禄養。未嘗於禄養之外，有别徑也。若舍此而外，多求便利，即爲暮夜，楊伯起之四知，言之已可凜矣。昔人云：『士大夫若愛一文，不值一文。』又云：『從来有名士，不用無名錢。』試思長吏於民，論到錢處，亦何項爲有名乎？夫受人錢而不與幹事，則鬼神呵責，必爲犬馬報人。受人財而替人枉法，則法律森嚴，定當妻孥連累。清夜省，此不禁汗流。是不可不戒。

一曰杜私派：小民應辦正額，尚且難應，未知私派從何起也？不過頻年來，軍需緊急，如解馬、賠馬，與兵馬行糧草豆，衝途供應，動以千百，無計可支。故有派之民間，俟日後銷價給發者。如近来行糧價值，檄行刊附由單之末，以防發給短少之弊。是部院大臣，亦疑州縣，为先取民而後發價矣。不知先取後發，雖至公無私，小民之揭借，其利已經數倍。況長吏派一錢，則胥吏派數錢，長吏派一斗，則胥吏派數斗，有極不堪命者乎？何如稍那正供，現價現買。而即力請上臺，迅速開銷。并由單價，直亦多此一番周折。昔人云：『於不得已中，求一分擔當，即人民利益處也。』至於因公苛斂任意，誅求種種，乘機自利，不啻爲盜取人，定然自有後禍。是不可不戒。

一曰嚴徵收：小民正供，自有額賦。外此分釐，非可苟也。近来徵收立法，著令自封，禁絶火耗。上之所以嚴州縣者，可謂周且密矣。夫爲州縣而受上之禁飭，即使無弊，自好者尚覺汗顏。至爲州縣而并禁飭之不靈，倘有自欺，則有心者將視爲何等乎？古人云：『錢糧一節，若肯請減，其善無量。』今錢糧不能減，而去其錢糧中加增之弊，亦與減錢糧彷彿。況鳩形鵠面，衣食啼號，此等困苦小民，欲陰搜其膏血。縱令安然無事，滿載還家，後日亦必生流蕩子孫以覆敗之，是不可不戒。

一曰崇節儉：天生財物，固供人用。然必存不得已而用之之心，方能用度相繼。倘奢侈任意，飲食若流，無論暴殄固犯譴呵，即費用必思取給。是亦壞心術之萌蘖也。夫長吏近民，雖自己足食，尤當思民之無食者；自己披衣，亦當思民之無衣者，推此一心，縱令衣食淡薄，尚且不能消受，而猶欲起侈麗之想乎？鄭俠語人云：『無功於國，無德於民，若華衣美食，與盜何異？』夫衣食甚細，而至以盜相推。此充類至盡，惟恐長吏之稍奢也。是不可不戒。

清·愛新覺羅·胤禛《世宗憲皇帝御製文集》卷三《諭科甲出身官員等》 國家設科取士，原欲得讀書明理之人，列於庶位，俾皆公忠體國，實心任事，於國計民生均有裨益。此科甲之所以可重也。乃科甲出身之人，不思秉公持正，以報國恩，相率而趨於植黨營私之習，夤緣請託，朋比袒護，以至顛倒是非，排陷報復，無所不爲。風俗人心之害，莫過於此。

朕御極以來，多有人論科甲中人不可信。朕於爾等科甲諸臣，推心置腹，期待甚厚。以爲用人者，若捨爾等讀書之人，則將以何等人爲可用？然使爾等積習相沿，惟以黨護師生同年爲事，夤緣朋比，貽害於人心風俗，將使爲君上者，雖欲用科甲之人，而有所不可，則科甲諸臣，抑何自暴自棄，貽笑於天下以至此也。朕早夜孜孜，欲使萬民各得其所，措天下於久安長治，何事不加整頓釐飭，務令秩然就理，豈容爾等科甲中黨援積習，爲世道生民之害，而不望其翕然丕變乎？

夫以科甲流品相誇尚，其風自唐宋以來即有之，至前明而流弊已極，不知讀聖賢之書，惟以致君澤民爲貴，不在科甲之名也。古之臯夔稷契，誰爲科目乎？科目中人，遇不從科目出身者，即鄙薄而非笑之，不知彼之非笑科目者更甚。此如江浙人譏山陝爲粗魯，山陝人亦誚江浙爲懦弱，何關人品之輕重乎？國家用人行政，惟貴至公，有人因科目而營私黨護，即有非科目之人偏受其害。如黜陟之際，不肖者或以科目之黨援而升擢，必有賢才因而屈抑矣；賞罰之間，有罪者或以科目之黨援而倖免，必有無辜因而冤濫矣。科甲之積習一日不革，則天下之公理一日不著。爾等當豁然醒悟，庶可使歷代相沿之弊習廓然頓除也。且爾等亦思朕之不惜煩勞，諄諄誥誡，必欲爾等覺悟改易者，豈惟上爲國而下爲民乎？蓋以爾等品行之邪正於此分，爾等名節之成敗於此判，而爾等切身之利害更即於此而辨。

若使請託公行，毫無顧忌，則地方官員皆得任意作奸，戕虐百姓，罹其害者，非爾之至親族屬，即爾之鄉黨鄰里，爾亦何所利焉況爾？等以黨援袒護爲利者，不過圖一時門庭之烜赫而已，獨不思身後子孫能必其世世常爲科甲乎？一朝失勢，則爾等子孫不即轉受科目之欺凌傾陷乎？目前之利甚小，日後之患害甚大，朕爲爾等計之熟矣，爾等乃不自猛省乎？

朕非禁絶爾等師生之分誼，欲其不相往來也，誠使師生、同年平時互相規勸，勗以道義，勵以公忠，各爲國家分猷宣力，雖日相親近，奚害焉？且爾等素以師生之誼，情同父子，則爲父兄者，自當教子弟以正，豈可使之夤緣請託而不知恥乎？爲子弟者自當事父兄以禮，豈可與之夤緣請託而不知非乎？從來請託營求甚屬無益，如州縣選得地方，有求部院大臣作書囑託上司者，在公正大臣自必不應，設或應其所請而致書，彼督撫大吏遂肯徇情曲庇乎？徒使其人恃有奧援之請託，遂至放佚怠惰，不自檢束，以極於貪汙狼籍，難免督撫之參劾，彼請託者能挽救之乎？不如無所請託，其有才有守者不患無以自見，即中材之人亦以胸無倚，仗皆警勉砥礪，不敢爲非，而得以自全。然則科目中人，爲其子弟親屬鑽營請託者，亦愚之至矣。朕之訓誨開導，至再至三，亦似爲從古君臣之際，所最罕得之遭逢。爾等皆讀書明理之人，果能深體朕懷，服膺朕訓，幡然洗心滌慮，盡改其積習，有何不能辦理之事？百僚師師，和衷共濟，何患政治不臻上理乎？且人無不可改之過，亦無不可化之氣質。孔子云：雖愚必明，雖柔必强，惟在其人自勵耳。爾等聽朕訓旨，不但貴於心悦誠服，要在身體力行，不可一時面從，過後輒忘，須時時警惕，常若在朕前親受提撕，方不虚朕諄切訓誨之至意也。

爾等翰林自以文章爲職業，但須爲經世之文，華國之文，一切風雲月露之詞何所用之？若既改官，則各有當盡之政務，人之心思才力難以兼營，不可自負文人，荒其職守。蓋文章政治，理本相通，事無旁貸，急所當務，方爲盡職。至於賦詩飲酒，自附於晉人風流，此種惡習所當深戒而痛絶者也。

翰林、科道乃國家所賴以轉移風化之人，朕所以屬望爾等者甚爲切至。朕觀初次訓誨時，爾等領會者，數十人中數人而已，二三次覺領會者過半，今則不能領會者大約不過四五人。誠知朕所以再三訓諭、不惜煩勞者，實爲國計民生之休戚，實爲人心風俗之安危，實爲爾等身家子孫之利害。爾等各有天良，自應人人覺悟感奮，翕然丕變，盡去其黨援朋比之積習，爲朝廷殫竭忠誠，秉公持正，辦理庶務，將見君臣上下，一德一心，治道自此而日隆，世風自此而日厚。我國家億萬年長享昇平，爾等子孫亦世蒙其福，如此而謂科目之取士固足重也，豈不美歟？爾等其共勉之。特諭雍正七年十一月初五日。

政治改革論部

論説

元・程鉅夫《雪樓集》卷一〇《議災異》　一更化。《傳》有之：琴瑟不調，甚者必解而更張之；爲政不行，甚者必變而更化之。今有司所甚患者，曰財用不足，曰選法撓亂，曰官府不治，三者而已。改弦更張，此其時也。盍亦思其所由乎？財用不足，豈非所入者有限，所出者無窮與？選法撓亂，豈非賢不肖混淆越格者多，而非格者不少與？官府不治，豈非賞罰不明，而名節素不勵與？宜敕有司，詳校一歲錢穀，所入幾何，所出幾何。若所出皆爲當出，則財之不足，將無法可理。若猶有不當出而可以已者，如不急之營繕，無名之賜予，據其名件，一皆止之，則財用必足矣。又詳校銓選，除合格外，越格與非格者幾何，任迴量其根脚功過定奪，仍原其所由跡轍，一禁絶之，則選法必行矣。官府之制，上下内外，相維相資，各有條理，果皆得人，何有不治？然人材不齊，善惡必有，故賞罰立焉。若善者當賞而不賞，惡者當罰而不罰，則善者變而爲惡，而惡者狃而益甚。又如犯至不叙，大罪也，而或巧圖復用；老病謝事，常理也，或戀不忍去。至有貪欺害民，善於自蔽，不即敗露，上官不以審，風憲不以察，因習成風，不知有恥，治何由興？宜嚴敕省臺，公賞罰，勵名節，由京朝始，則官府自治矣。凡此三者，更化之大略也。三者果更，民力必紓，人材必多，祥瑞必集，國勢必隆。然非更之之難，行之之難也；非行之難，守之之難也。惟聖天子以敬天、尊祖、清心之德，守而行之，又何難哉！

元・胡祇遹《紫山大全集》卷二一《論治法》　余所謂法者，非止刑法而已也，百度百法皆是也。【略】法可恃乎？無法則上下無所守據，恃法則久無不弊，弊則姦生。故古人爲治，無無法之政，無不變之法，一弛一張，相時救弊，使姦不能生，法不致弊，使賢者創物，不肖者守法，此聖人明義達權，法以情立，亦以情廢，慮遠議公，人存政舉，兩盡其美也。今日之弊，法所以不能立者，其原有五：慮之不遠，見之不明，論之不公，信之不篤，用之不重。議法者徇末而不知本，泥古而不相時，自以爲是，一人沮之，則卷舌而莫之能辯，豈非慮之不遠，見之不明乎？一念私起，創置一法，趨利避害，鬻恩媚勢，自相矛盾，爲人据摭，莫之敢言，以爵塞謗，補苴罅漏，譬若破釜壞舟，彌縫固塞，左完而右裂，前止而後泄，愈救之而愈壞，豈非論不以公，曲盡私意，人得而攻之者乎？遂令上之人疑惑失恃，曰：『汝等建議立法，何不堅定也若是？人斥其瑕而不能辯，自叛其説而伏其罪。朕之任卿也，未嘗不誠；卿等負朕也，動必以僞。朕誰適從矣？卿等既不可倚，我自有以處之。』是用求之於道，謀無稽之言、弗詢之謀，自售自鬻者踵踵而來前，以致春令而秋改，夏命而冬廢，豈非信之不篤，用之不重乎？所以致此者，議法者之罪也，而猶不悟，不能擴示大公，一洗曲弊，俛從衆論。又刀筆俗吏小智自喜之人，沾沾筆削，將見窺間伺隙，攻瑕好訐，利口長舌，數倍於前日矣。吁！法果何時而定乎？

明·程敏政《明文衡》卷九《胡翰〈慎習〉》　天下之勢，窮則變。由治而趨亂者其變易，雖一憸人，壞之而有餘。由亂而趨治者其變難，雖合天下之智力爲之而不足。由秦以來，天下之變數矣。議者莫不慨然欲追復先王之舊，歷漢、唐數千百年，而卒循乎秦人之敝者，此豈其勢難而力不足哉。

荀卿子曰『法後王，一天下制度』，又曰『法貳後王，謂之不雅』，蓋卿有以啓之也。自卿之論興，其徒李斯用之以相秦。凡可以變古者，莫不假秦之柄，奮其恣睢之心而爲之。雖商鞅之刻薄，不若是之烈也。鞅廢井田，止秦之土地；改法令，止秦之人民。而斯也尊主爲皇帝，舉天下以爲郡縣，舉天下不復有井田，夷其城郭，銷其兵刃，人主之勢孤立於上，而怨起於下。計無所出，益倒行而逆施之，燔《詩》、《書》以塗民之耳目，黜儒術以滅天下之口說。所守者律令也，所師者刀筆吏也。其變既極，其習既成，秦亡而漢承之。聖王之繼亂世，掃除其迹而悉去之，崇教化而興起之，此其幾也。陳綱立紀，以爲萬世法程，此又一幾也。高帝以寬仁定天下，規模宏遠矣，然未嘗有一於此。其後賈誼言之於文帝，董仲舒言之於武帝，皆不能用。又其後王吉言之，而宣帝亦恬不以爲意。觀高帝命叔孫博士之言，令『度吾所能行爲之』，天下事孰非人主所能者？奈何帝之自畫如此，而羣臣不足佐之。創業之君，後昆所取法，由是而文帝有『卑之無甚高』之喻，宣帝有『漢家自有制度』之語，當更化而不更化，當改制而不改制，一切緣秦之故，雜霸以爲治。逮於中興，光武以吏事責公卿，顯宗以耳目爲明察，文法密而職任違，辨急過而恩意少。雖從事儒雅，投戈講藝，臨雍拜老，有緝熙揖讓之風，未能盡更化改制之實也。故朱浮言罷斥之擾於前，陳寵建輕刑之議於後。建初之政，所以濟永平之失也。之數君者，在當時號爲賢主，且去古未遠，而因陋就簡，未嘗取先王之法一試爲之。爲之而不效，舍之可也。不爲而舍之，烏知其不可乎？蓋其溺於所習者久矣。辟之生燕冀者調車馬，居吳越者善舟楫，習實爲常，各狃所安，假令易車馬而操舟楫，鮮不覆矣；去舟楫而控車馬，鮮不蹶矣。此豈其性本殊哉？習固使之耳。古今之相去，何以異此。有能善變其習者，果孰禦之。

魏，晉之衰，天下之亂極矣。元魏起代北，其先土托后跋之裔也，其人民負戈控弦之屬也，與漢不侔矣，宜未易以禮法理也。而孝文遷都洛邑，挈其人民而居之。均田別里，而崇祀建學，國人莫不有忤心焉。獨排衆議而咨之王肅、李安世之流，却頹俗而慕古法，垂憲典以事詩書。王通氏曰：『帝王之道不墜，孝文之力也。』豈不信乎！及隋之衰，天下又大亂，而唐承之。太宗却封倫之對，從魏徵之勸，貞觀之初，力行仁義，其爲化也得矣。制官以六典，制兵以府衛，制民以均田，制賦以租庸調，其爲制也備矣。行之數歲，家給人足，行旅不齎糧，外户不待閉，方制四裔之外，太平之效，可謂盛矣。故宋儒以爲由文、武之治，千有餘歲而有太宗之爲君，方之於漢，其寬仁孰與高帝？其玄默孰與文帝？其所以致此者，由其不惑於後世之論，能自拔於秦、漢之習也。向使孝文無卓然之見，必爲之志，雖得中國，終於苟安而止耳。使太宗有躬行之實，名世之佐，舉唐之治，又豈殷周之不若乎！故俗之不淳不患也，刑之不措不患也，功之不遂不患也，而患無必爲之志，躬行之實，持之者未久也。

惟聖爲能盡倫，惟王爲能盡制。三代之興，其王皆聖人也。其所以爲天下者，莫不本諸天理，要諸人心。大法之則大治，小法之則小治。苟以爲遠而莫之法也，其道固存，其意猶可識也。《春秋》譏變法而大復古，聖人豈好爲異哉？懼後世不知有先王之法，故假筆削力争之。然猶懼不勝，况順而下之，是猶決江河而放之陸，勢必胥溺而已耳。故余不責斯之不師古，而深悼况之法後王，由其有以啓之也。君子度己以繩，接人用枻。夫與世遷徙而偃仰者，戰國之遺習也。卿之意不過如此，學術不醇，而遂以毒天下。太史公曰：『法後王，何也？以其近己而俗變相類，議卑而易行也。』天下有能知其近而相類者爲不可法也，卑而易行者爲不可行也，則秦人之敝去矣。非聖人，其孰能之。

明·羅欽順《困知記》卷上　法有當變者，不可不變，不變即無由致治。然欲變法，須是得人。誠使知道者多，尚德者衆，無彼無己，惟善是從，則於法之當變也，相與議之必精，既變也，相與守之必固，近則爲數十年之利，遠則數百年之利亦可致也。以天下之大，知道者安敢以爲無人？誠得其人，以爲之表率，薰陶鼓舞，自然月異而歲不同，近則五年，遠則十年，眞才必當接踵而出矣。且談道與議法，兩不相悖而實相資，三五年間，亦何事之不可舉邪！

明・顧清《東江家藏集》卷三三《擬法天更化奏》　臣竊觀陛下即位十年，天下之事益以明習，人之誠僞益以周知，下而閭閻，遠而邊塞，苦樂幽隱，無能遯情，可謂高世之才，絶倫之智矣。然而天心未順，民志未孚，盜賊甫衰，邊庭復横，天變地異，類形奏章，陛下深居九重，一月之間臨朝無幾，政綱禮典，弛緩日多，中外彷徨，罔知所措，而竊窺聖心，亦若憧憧往來而無所倚信者。臣愚不知，陛下以如是之才、如是之智，宜大有爲而直爲此虚度十年也。臣聞數終則變，變必有始，自一至十，數之一終而變之始也。天運人事相去不遠，臣敢追迹往事，爲陛下陳宜變之説，伏惟赦其狂愚而幸聽之。

陛下即位之初，春秋方盛，問學未充，興居舉措之間，容有未盡合於古者，而聖心冲虚，蓋未有所係著也。在廷之臣，所宜從容講説，開其嚮方，引之于道，而忠義所激，不暇詳思，遂乃過言危論，以拂淵衷而觸盛怒。逆臣窺見其隙，而乘時以售其姦，斥逐陛下之輔臣，戮辱陛下之臺諫，濫刑酷罰，毒遍四海，若將爲陛下泄怒而騁志者，而不知皆以自立其威權以濟其姦謀也，而豈其爲國哉？此則往事之失有不可咎者。其至於今，羣臣之觸怒者，既已斥去矣，姦逆之徒，竊弄威權、圖爲不軌者，又已誅戮矣，在廷文武，一志無貳，咸思效忠，無復可嫌猜矣。此正陛下及時乘勢，易轍改弦，以光昭祖烈之時也，而羣臣之仰望清光又若是其切也，陛下何憚焉？何疑焉？而不數與之接哉？

自古人主之怠於政者，多惑於女色，而陛下天性剛明，宫闈之寵，不聞于外，臣無所措心矣。意者其蔽於左右之臣乎？臣請有以喻之。夫天下猶一舟也，人主舟中之主人也，公卿百執事則篙師與舵工也，左右近臣則供給使令之人也。以理勢言，必主人與操舟者之情通而能用其才，操舟者皆愛其主人而得效其技，夫然後可以共濟而無憂。苟供給使令之人惡操舟者之親近，而間之使不得見其主，抑之使不得盡其能，平時無事，以爲安用此人也，颶風起，洪濤作，桅舞而篷掀，主人危矣，而左右者庸得安乎？左右近臣無妻妾子孫之念，無交游黨與之親，所以奉身富與貴而已耳，而今皆富矣，皆貴矣，不作威，不擅權，自不失尊顯，而作威擅權者，其覆車亦可鑑矣。以是言之，臣知其願陛下之勤政而親近羣臣，殆有甚於臣等，而又忍爲蒙蔽哉？意者陛下以頃歲方隅之弗靖，欲選練健兒振揚武烈，以威肅萬邦乎？則禦侮折衝自將帥之事，古之名臣且有身不跨馬、射不穿札而名震四夷、功書竹帛者矣。今乃以萬乘之尊而親行伍指揮之事，躬鞍馬之勞而忘郊廟社稷之重，縱有成功且非至理，况功烈未涯而政事已先廢哉！

臣蒙被國恩，待罪學士，經筵日講，皆忝職銜，而自受任以來，幾及二載，供事於經筵者纔二次，至於日講，徒竊空名，每蒙大官膳饌之頒，輒有抱關擊柝之愧。蓋嘗終夜不寢，反覆以思陛下所以希接羣臣者，以爲樂則躬親營伍，若是其勞以防患，則守在四夷，要自有道，而十年之間，坐此躭誤，徒負英明之質，未臻平治之功。臣實惜之，實愧之。

臣上無三代聖賢格心之學，下乏漢唐諸子忠諫之資，官在講筵，從容勸導，乃其職也。用敢開陳事理，分別是非，冀聖心之一悟焉。且夫日出視朝，不爲太早，臨御數刻，不爲久勞，延接臣僚，講論經史，名教所在，其樂孔多，既罷而休，怡神清穆，或翱翔林囿，玩物適情，無所不可，則是日一視朝與經筵聽講，初無妨於行樂也，又何必專於彼而廢乎此哉？陛下幸而聽臣，行臣之説，將見朝不失時，游不失樂，百度惟貞，萬福來集，而海内稱聖矣。臣干冒天威，無任恐悚，待罪之至，謹具本親齎謹録奏聞。

清・王夫之《讀通鑑論》卷二一《高宗・八》　法無有不得者也，亦無有不失者也。先王不恃其法，而恃其知人安民之精意；若法，則因時而參之禮樂刑政，均四海、齊萬民、通百爲者，以一成純而互相裁制。舉其百，廢其一，而百者皆病；廢其百，舉其一，而一可行乎？浮慕前人之一得，夾糅之于時政之中，而自矜復古，何其窒也！

魏、晉以下，三公牧守不能操生殺兵農之權，教化不專司于己，而士自以其學業邀天子之知；乃復使之待辟于省寺府州之衆吏，取舍生乎恩怨，奔競盛于私門，于此不讎，自媒于彼，廉恥喪，朋黨立，國不能一日靖矣。唐之亂也，藩鎮各樹私人以爲爪牙，或使登朝以爲内應，于是敬翔、李振起而亡唐。他如羅隱、杜荀鶴、韋莊、孫光憲之流，皆效命四方，而不爲唐用，分崩瓦解，社稷以傾，亦后事之明驗矣。

夫吏部以一人而周知士之賢否，誠所不能如玄同之慮者。然士之得與于選舉也，當其初進，亦既有諸科以試之矣。君子不絕人于早，而士之才能亦以歷事而增長，貪廉仁暴，亦以束于法而磨礪以勸于善。其有壞法亂紀、蠹政虐民者，則固有持憲之臣，操準繩以議其后。若夫偏材之士，有長此短彼之疑，則因事旁求，初不禁大臣之薦舉。然則吏部總括登進之法，固魏、晉以下人心事會之趨，而行之千年不可更易者也。

讀古人之書，以揣當世之務，得其精意，而無法不可用矣。于此而見此之長焉，于彼而見彼之得焉，一事之效，一時之宜，一言之傳，偏據之，而曰：三代之隆、兩漢之盛恃此也。以固守而行之者王安石，以假竊而行之者王莽而已。何易蹈言哉？知人安民，帝王之大法也，知之求其審也，安之求其適也，所以知、所以安，非一切之法竄亂于時政變遷之中，王不成王，霸不成霸，而可不僨亂者也。庸醫雜表里、兼溫涼，以飲人，强者篤，弱者死，不亦傷乎！

清・陸隴其《三魚堂外集》卷二《治法》 治天下不可無畫一之法，以垂之久遠也。然欲垂之極其遠，必先講之極其精，講之之道，亦折衷於人心之所安而已。蓋天下之大，百世之遠，其事變紛紜，不可以預度，而人心之所安者，則一也。得其心之所安，故定之朝廷而天下莫敢易，定之一日而百世莫敢易，非天下後世不能易其法也，不能易其心之所安者已耳。《周禮》一書，爲古今治平之準，而漢唐之法，或大綱正而萬目未盡舉，或萬目舉而大綱未盡正，是豈漢唐之法獨遜乎周哉？周之所定，合乎人心之所安，而漢唐之所定，未合乎人心之所安也。我國家本以淳簡致治，而邇來條例日增，上未知所守，下未知所從，一法不效，輒更一法，法之變未有已也，則倣《會典》舊例，勒爲全書，以昭一代之制，誠今日急務矣。然生以爲非折衷於人心之所安，則今之所謂畫一者，未必非即異日變更之端，而求其簡要者，適滋其繁叢也。

夫欲折衷於人心之所安，則其心必至公，公則能盡合好惡之正而不徇乎己私；其心必至虛，虛則能博訪利病之源而不執乎成見；其心必至慎，慎則能曲當乎事理而不忽其細微。是惟皇上以至公至虛至仁至慎之心總持於上，而大小羣工各靖其心以佐議於下，然後合古今之制而參之，酌新舊之例而定之，視前代法之善者何在，則從而法其善，其弊者何在，則從而革其弊，舊例可從則不妨舍新而從舊，新例苟善則不妨置舊而從新，寬嚴必得其中也，緩急必揆其當也，詳略必審其宜也。見其利也而興之，而興利者或即爲害之所伏，則無徒徇乎目前之利。見其弊也而去之，而去弊者或又爲弊之所生，則無徒徇乎去弊之名。如是則其所因者皆人心所因者也，所革者皆人心所欲革者也，行之一時而一時安焉，行之萬世而萬世安焉，雖與《周官》相表裏可矣，又何患條例之日增而參差窒礙也哉？雖然，治天下者法也，行法者人也，法可以預立而人不可以預定，故一明之《會典》也，洪永以之而治，啓禎以之而衰，非法之有異，行法之人有異耳。夫欲法可世守，則在乎酌古準今，欲人之能世守其法，則在乎廣教化，重詩書，是又惟皇上與羣工明道敦倫，以興起百世，則法立而子孫世世守之不替矣。

政治思想家部

許衡分部

傳記

元・許衡《魯齋遺書》卷一二《譜傳・魏國文正公衡》 衡字仲平，行一，號魯齋。金泰和九年己巳丙寅，生於新鄭邑中。幼有異質，稍長嗜學無倦，以德化人。元世祖受地秦中，聞先生名，遣使召赴京兆教授。世祖登極，召先生於家，改授國子祭酒，又授中書左丞，屢辭不允。言行政事備載《國史》。至元十八年三月戊戌，薨於私第，易簀不變，年七十有三。是日，大雷電，風拔木，人無貴賤少長哭於門，天下識與不識聞訃慨歎，以爲斯道斯民之不幸。四月己酉，葬李封村先塋之南。既葬，四方學者爲位會哭墓次而去。先生嘗語其子曰：『我平生虛名所累，竟不能辭官，死後慎勿請謚立碑，但書許某之墓四字，使子孫識其處足矣。』及卒，從其治命，葬而無碑。先生既没三十三年爲皇慶二年，仁宗詔與宋九儒從祀宣聖廟庭，明斯道之所自傳矣。又二十三年爲元統三年，順帝命翰林直學士歐陽玄文其神道之碑，遂敕賜故中書左丞、集賢大學士、國子祭酒，贈正學垂憲佐運功臣、太傅、開府儀同三司，封魏國文正公，配敬氏子三師可、師遜、師孚，賀氏子一師敬，皆追封魏國夫人。先生閨門有禮，中饋皆賢，事公甚敬，莫非先生導化之功也。有《魯齋集》、《中庸語意》，門人記載《語録》行於世。

元·蘇天爵《國朝名臣事略》卷八《左丞許文正公》 公名衡，字仲平，懷慶河内人。金大安己巳，生于河南新鄭寓舍。壬辰，北渡，隱居大名。遷居于衛。甲寅，京兆宣撫使廉公奉潛藩命來徵。乙卯，授京兆提學，辭不受。中統元年五月，應召北上。二年五月，授太子太保，力辭不受，改國子祭酒。九月，以疾辭歸。三年九月，應召北上。至元元年正月，辭歸。二年十月，應召北上，詔入省議事。四年正月，辭歸。十一月，應召北上。六年，奏定官制。七年正月，拜中書左丞，力辭，不允。八年四月，改集賢大學士、兼國子祭酒。十年七月，以還葬辭歸。十三年七月，應召北上，修《授時曆》。十五年三月，授集賢大學士、兼教領太史院事。十七年春，曆成。八月，辭歸。十八年三月，薨，年七十三。皇慶二年，詔與宋儒周、程、張、邵、司馬、朱、張、呂九人從祀夫子廟廷。

元·歐陽玄《圭齋文集》卷九《許先生神道碑》 洪惟圣元，度越千古。世祖皇帝以天縱之資，得帝王不傳之學，上接伏羲、神農、黄帝、堯、舜、禹、湯、文、武以來數圣人之道統，而爲不世出之君；河内許先生以天挺之才，得圣賢不傳之學，上接周公、孔子、曾、思、孟軻以來數君子之道統，而爲不世出之臣。君臣遇合之契，堂陛都俞之言，所以建皇極，立民命，繼絶學，開太平者，萬世猶一日也。猗歟盛哉！先生既没之三十三年，爲皇慶二年，仁宗皇帝詔暨宋九儒從祀宣圣廟廷，明斯道之所自傳矣。又二十二年，爲元統三年，今上皇帝敕詞臣玄，文其神道之碑，以賜其子師敬使刻之。于是臣玄再拜稽首，以復明詔曰：論世祖之爲君，而稱述許先生之爲臣，則見我元朝廷之間，有唐虞明良之氣象；論許先生之爲臣，而推世祖之爲君，則見我元國家之初，當貞元會合之氣運。故善言先生，必以道統爲先，而后及功業，則上可以稱塞圣天子命臣作碑之初意，下可以壓服天下后世學者景慕之盛心也。臣謹按先生家乘及嘗私淑于父師者，序而銘之。【略】

玄生晚學陋，何以知先生？然常誦諸儒之説，而想望其余光焉。先生之于道統，非徒托諸言語文字之間而已也。蓋自慎獨之功充而至于天德王道之藴，故告世祖治天下之要，唯曰『王道』，及問其功，則曰『三十年有成。』是以啓沃之際，務以堯舜其君、堯舜其民爲己任，由其真積力久，至誠交孚，言雖剴切，終以無忤。至于其身之進退，則凜然萬夫之勇，何可以利禄誘而威武屈也！晚年義精仁熟，躬備四時之和，道出萬物之表。無事而静，則太空晴云，卷舒自如；應物而動，則雷雨滿盈，草木甲拆。事至而不疑，事過而無跡。四方之人，聞之而知敬，望之而知親，近之而知愛，遠之而知慕。求其所以然，則惟見其胸中磅礴浩大，人欲淨盡，天理流行，動静語默，無往而非斯道之著形也。

又嘗竊論之，先生天資之高，固得不傳之妙于圣賢之遺經，然純篤似司馬君實，剛果似張子厚，光霽似周茂叔，英邁似邵堯夫，窮理致知、擇善固執似程叔子、朱元晦。至于體用一原，顯微無間，超然自得于不動而敬、不言而信之域者，又有濂洛數君子所未發者焉。宜夫抗萬鈞之勢而道不危，擅四海之名而行無毁，近代元豐之異論，淳熙之紛爭，先生處之，寧有是哉？

臣玄再拜稽首，銘曰：『世降邃古，大樸日雕，天吏不作，治教寂寥。帝恫我民，眷求有德，世祖齊圣，作其建極。臣有許公，身任斯道，爲仁肫肫，制行慥慥。昔公在野，世難薦臻，精義致用，曲蠖之伸。心樂則顔，志任則伊，朝夕思惟，天將啓之。朋來遠方，以辨以問，會融一貫，冰釋理順。世祖居潛，時號儒宗，多士既歸，功德日崇。召公起家，斯世將泰，灼知俊心，天地正大。既握乾符，尊履五位，利見大人，乃在九二。覃懷之居，軺車十來，屢進亟退，求福不回。論議上所，德容休休，獻可替否，言直以遒。上曰仲平，汝佐朕丞，其悉爾學，資朕股肱。惟誠惟一，以結主知，惟明惟哲，其止也時。初問伐國，對不以兵，上遠公猷，不在宋平。官盛既廩，公恥素餐，敬事后食，匪爲苟難。近臣貴胄，世荷國寵，我淑以道，國收其用。小學功垂，大學陵節，我教多術，循循無越。惟圣有謨，載范其驅，以步以趨，疇敢侮予。自古在昔，氣化惟移，仁人之興，爲世勝衰。凡今有生，孰司榮悴，惟道爲大，與天罔墜。世祖繼天，惟天生賢，道統有在，民群賴焉。有德有言，有子有孫，皇命作誄，贈厥永存。

《元史》卷一五八《許衡傳》 許衡字仲平，懷之河内人也，世爲農。父通，避地河南，以泰和九年九月生衡於新鄭縣。【略】稍長，嗜學如饑渴，然遭世亂，且貧無書。嘗從日者家見《書疏義》，因請寓宿，手抄歸。既逃難徂徠山，始得《易》王輔嗣說。時兵亂中，衡夜思晝誦，身體而力踐之，言動必揆諸義而後發。嘗暑中過河陽，渴甚，道有梨，衆爭取啖之，衡獨危坐樹下自若。或問之，曰：『非其有而取之，不可也。』人曰：『世亂，此無主。』曰：『梨無主，吾心獨無主乎？』

轉魯留魏，人見其有德，稍稍從之。居三年，聞亂且定，乃還懷。往來河、洛間，從柳城姚樞得伊洛程氏及新安朱氏書，益大有得。尋居蘇門，與樞及竇默相講習。凡經傳、子史、禮樂、名物、星曆、兵刑、食貨、水利之類，無所不講，而慨然以道爲己任。嘗語人曰：『綱常不可一日而亡於天下，苟在上者無以任之，則在下之任也。』凡喪祭娶嫁，必徵於禮，以倡其鄉人，學者寖盛。家貧躬耕，粟熟則食，粟不熟則食糠覈菜茹，處之泰然，謳誦之聲聞戶外如金石。財有餘，即以分諸族人及諸生之貧者。人有所遺，一毫弗義弗受也。樞嘗被召入京師，以其雪齋居衡，命守者館之，衡拒不受。庭有果熟爛墮地，童子過之，亦不睨視而去，其家人化之如此。

甲寅，世祖出王秦中，以姚樞爲勸農使，教民植。又思所以化秦人，乃召衡爲京兆提學。秦人新脫於兵，欲學無師，聞衡來，人人莫不喜幸來學。郡縣皆建學校，民大化之。世祖南征，乃還懷，學者攀留之不得，從送之臨潼而歸。

中統元年，世祖即皇帝位，召至京師。時王文統以言利進爲平章政事，衡、樞輩入侍，言治亂休戚，必以義爲本，文統患之。且竇默日於帝前排其學術，疑衡與之爲表裏，乃奏以樞爲太子太師，默爲太子太傅，衡爲太子太保，陽爲尊用之，實不使數侍上也。默以屢攻文統不中，欲因東宮以避禍，與樞拜命，將入謝。衡曰：『此不安於義也，姑勿論。禮，師傅與太子位東西鄉，師傅坐，太子乃坐。公等度能復此乎？不能，則師道自我廢也。』樞以爲然，乃相與懷制立殿下，五辭乃免。改命樞大司農，默翰林侍講學士，衡國子祭酒。未幾，衡亦謝病歸。

至元二年，帝以安童爲右丞相，欲衡輔之，復召至京師，命議事中書省。衡乃上疏曰：【略】書奏，帝嘉納之。衡自見帝，多奏陳，及退，皆削其草，故其言多祕，世罕得聞，所傳者特此耳。衡多病，帝聽五日一至省，時賜尚方名藥美酒以調養之。四年，乃聽其歸懷。五年，復召還，奏對亦祕。

六年，命與太常卿徐世隆定朝儀，儀成，帝臨觀，甚悅。又詔與太保劉秉忠、左丞張文謙定官制，衡歷考古今分併統屬之序，去其權攝增置冗長側置者，凡省部、院臺、郡縣與夫后妃、儲藩、百司所聯屬統制，定爲圖。七年，奏上之。翌日，使集公卿雜議中書，院臺行移之體，衡曰：『中書佐天子總國政，院臺宜具呈。』時商挺在樞密，高鳴在臺，皆不樂，欲定爲咨，因大言以動衡曰：『臺院皆宗親大臣，若一忤，禍不可測。』衡曰：『吾論國制耳，何與於人。』遂以其言質帝前，帝曰：『衡言是也，吾意亦若是。』

未幾，阿合馬爲中書平章政事，領尚書省六部事，因擅權，勢傾朝野，一時大臣多阿之。衡每與之議，必正言不少讓。已而其子又有僉樞密院之命，衡獨執議曰：『國家事權，兵、民、財三者而已。今其父典民與財，子又典兵，不可。』帝曰：『卿慮其反邪？』衡對曰：『彼雖不反，此反道也。』阿合馬由是銜之，亟薦衡宜在中書，欲因以事中之。俄除左丞，衡屢入辭免，帝命左右掖衡出。衡出及閾，還奏曰：『陛下命臣出，豈出省邪？』帝笑曰：『出殿門耳。』從幸上京，乃論列阿合馬專權罔上、蠹政害民若干事，不報。因謝病請解機務。帝惻然，召其子師可入，諭旨，且命舉自代者。衡奏曰：『用人，天子之大柄也。臣下汎論其賢否則可，若授之以位，則當斷自宸衷，不可使臣下有市恩之漸也。』

帝久欲開太學，會衡請罷益力，乃從其請。八年，以爲集賢大學士，兼國子祭酒，親爲擇蒙古弟子俾教之。衡聞命，喜曰：『此吾事也。國人子大樸未散，視聽專一，若置之善類中涵養數年，將必爲國用。』乃請徵其弟子王梓、劉季偉、韓思永、耶律有尚、呂端善、姚燧、高凝、白棟、蘇郁、姚燉、孫安、劉安中十二人爲伴讀。詔驛召之來京師，分處各齋，以爲齋長。時所選弟子皆幼稚，衡待之如成人，愛之如子，出入進退，其嚴若君臣。其爲教，因覺以明善，因明以開蔽，相其動息以爲張弛。課誦少暇，即習禮，或習書算。少者則令習拜跪、揖讓、進退、應對，或射，或投壺，負者罰讀書若干遍。久之，諸生人人自得，尊師敬業，下至童子，亦知三綱五常爲生人之道。

十年，權臣屢毁漢法，諸生食或不繼，衡請還懷。帝以問翰林學士王磐，磐對曰：『衡教人有法，諸生行可從政，此國之大體，宜勿聽其去。』帝命諸老臣議其去留，竇默爲衡懇請之，乃聽衡還，以贊善王恂攝學事。劉秉忠等奏，乞以衡弟子耶律有尚、蘇郁、白棟爲助教，以守衡規矩，從之。【略】六月，以疾請還懷。皇太子爲請於帝，以子師可爲懷孟路總管以養之，且使東宮官來諭衡曰：『公毋以道不行爲憂也，公安則道行有時矣，其善藥自愛。』十八年，衡病革，家人祠，衡曰：『吾一日未死，寧不有事於祖考。』扶而起，奠獻如儀。既撤，家人餕，怡怡如也。已而卒，年七十三。是日，大雷電，風拔木。懷人無貴賤少長，皆哭於門。四方學士聞訃，皆聚哭。有數千里來祭哭墓下者。

衡善教，其言煦煦，雖與童子語，如恐傷之。故所至，無貴賤賢不肖皆樂從之，隨其才昏明大小皆有所得，可以爲世用。所去，人皆哭泣，不忍舍，服念其教如金科玉條，終身不敢忘。或未嘗及門，傳其緒餘，而折節力行爲名世者，往往有之。聽其言，雖武人俗士異端之徒，無不感悟者。丞相安童一見衡，語同列曰：『若輩自謂不相上下，蓋十百與千萬也。』翰林承旨王磐氣概一世，少所與可，獨見衡曰：『先生，神明也。』大德元年，贈榮祿大夫、司徒，謚文正。至大二年，加正學垂憲佐運功臣、太傅、開府儀同三司，封魏國公。皇慶二年，詔從祀孔子廟廷。延祐初，又詔立書院京兆以祀衡，給田奉祠事，名魯齋書院。魯，衡居魏時所署齋名也。子師可。

綜 述

元·王惲《玉堂嘉話》卷二 許魯齋云：古人看《漢書》，皆有傳授。不然，有難曉者，豈律曆天文之謂乎？

又 卷四 許魯齋説：『班固作《古今人表》分九等，恐昔人心術行事不易知也。如孔子稱四科，言語：宰我、子貢。至哀公問社，食稻衣錦曰安，皆爲失對。稱「管仲之器小哉」，而曰「如其仁，如其仁。」伊尹謂「不以堯、舜之道事君治民，是賊君民也」，而佐湯伐桀。其前後不同如此。』

又云：『間獲玉山賊首害陳宣慰祐者，斬揚州市。』予即曰：『若陳爲善之心，不宜罹此。今若是，命也。如果得其賊，天理爲不泯矣。』魯齋爲首肯。

元·王惲《秋澗集》卷四五《政問》 至元九年春，予以御史滿秩，除平陽路判官，過辭諸公，以臨民處己之教爲請。右丞相史公曰：『汝讀書年長，久在朝行，今官外郡，寅奉之心，當常若在朝廷時。至於事機變轉不可預料，臨時制宜可也。』翰林學士鹿庵先生曰：『長次不睦及首沽虛聲，今天下之通患。推讓有終爲上。詩云：「靖恭爾位，好是正直。神之聽之，介爾多福。」況人事乎！餘何言？』祭酒許魯齋曰：『臨政譬之二人對奕，機有淺深，不可心必於勝，因其勢而順導之。同僚間勿以氣類匪同而有彼此，或有扞格，當以至誠感發，無所爭矣。』

元·程鉅夫《雪樓集》卷一《諭立魯齋書院》 諭陝西行省行臺大小諸衙門官吏人等：中書省奏御史臺言：故中書左丞許衡，首明理學，尊爲儒師。世祖皇帝在潛邸，嘗以禮徵至六盤山，提舉陝右學校，文風大行。西臺侍御史趙世延請依他郡先賢過化之地，爲立書院。

元·張養浩《歸田類稿》卷五《奉元路魯齋書院三先生祠堂記》

皇上踐阼之五年，詔輟榮祿大夫、大都留守臣趙世延爲平章政事，行中書省四川。公既上走書禮部尚書張某曰：『某向承匱西臺，嘗請建魯齋許文正公書院，翰林學士承旨程鉅夫記其成。重惟宋橫渠先生張公及我潛齋楊元復先生，皆奉元家，而魯齋雖非其鄉，以嘗主善安西路學，遂于書院中合祠三先生于一室，庶使前輩典刑，日遠日著。又以奉元故爲皇太后分地，啓賜經籍如干卷，學田七十畝。子其爲我具文諸石。』某辭再三。竊惟三先生出處事業，若或不同，然其道未始不一，要皆平昔願學聖人者。神宗初見橫渠，問以治道，對曰：『爲治不法三代，終苟道也。』觀此，則先生所自任者可知，宜其卒與時相不合而去。我朝魯齋許文正公衡，其所陳於世祖皇帝前者，無非堯舜、禹湯治天下大經大法，三代以降，皆無所及，其與横渠先生所對若出一轍。厥後力辭執政，出教國庠，未幾竟以疾去。而潛齋先生之于魯齋，則又且師且友者也。其道合氣同，相與維持人紀，左右斯文，發明正學，功于聖門，均爲不細。大抵世非無儒也，而克繼道統者少；人莫不學也，力行其所得者難。嗚呼！使後之用世者皆如三先生之正學不雜，吾知雍熙之俗有不難復。雖然，三先生之道雖不能盡行于時，觀其著書立言，窮探聖賢隱微言外之旨，以詔後世，以繩前人，其視富貴一時者，豈直相距霄壤？此平章趙公所以肖像立祠，率一方士子歲時瞻仰奉奠者。其意豈不曰：『他時諸生達而在上，則當視三先生之事君；窮而在下，則當視三先生之處己。若乃于焉不務，惟事虚文，以爲規取仕進之計，是則三先生之罪人也。故不敢不預爲諸生告之。

元・許有壬《至正集》卷四三《魯齋書院記》 夫道統在天地間，由開闢迄今日，未嘗一日斷絶，明晦有時爾。接而明之，其人乎！孟子謂五百年必有王者興，其間必有名世者，亦舉其槩爾。孟子後千四百年，始得二程夫子。天佑我元，俾道統之傳，亟有所屬。朱子卒才八年，而先生際興王之昌運，得正學之真傳，接道統以淑来世，任斯道以覺斯民，非天意有屬而能然乎？舉而措諸事業，若《時務五事》，其槩也。

嗚呼！中統至元之盛，有隆古之所不及，而有志之士竊有感焉者，何哉？孟子距楊墨，韓子謂功不在禹下；程子興起斯文，其要在辨異端，闢邪説。先生之立朝也，當艮始萬物之際。一始以理萬事，端本以暢百支，則其時也。乃有申韓邪説，雜騖于中，其言甘而易入，其功卑而易者，舉世倀倀以爲開物成務，如斯而已。當時辭而闢之者，其有所自也。卒之正言以驗，正道以明，使踵之者知其不容於正途，懲塞其將来。蓋攘斥之功出于平居，講明聖學，辨别邪説之有素也，其有功於世大矣。世徒知道統之有在，而不知所以羽翼夫道統者，又有在焉。至大庚戌，集賢大學士姚公燧作《祠堂記》，猶以未升從祀、天靳築室爲言。皇慶癸丑，始從西臺侍御史趙世延請，暨宋九儒升從祀，建書院京兆。《記》則翰林學士承旨程公鉅夫筆也。元統乙亥，皇上敕翰林學士歐陽玄爲《神道碑》，與夫制誥贊誄記銘，推明道統之所在者至矣。有壬晚學謏聞，無所容喙矣。竊惟先生之道在人心，夫何遠邇之有間？天下從祀，感觸之機大矣。懷之人固囿其中，而猶屑屑鄉里者，豈不以鄉里視天下？其感觸之機，又有捷於枹鼓者焉。王烈居鄉，争田者望廬而反；陽城居晉鄙，薰其德而善良幾千人。况道德度越二人者乎！懷之士過先生之祠，有不惕然而興者乎？昔先生之教育懷孟也，制詞有曰：『再令董子帷前有傳受之弟子，王通門下皆經濟之名臣。』有壬於懷之士，有望焉。

元・姚燧《牧庵集》卷七《三賢堂記》 奉訓大夫、知輝州司侯仁，以至元三十年下車奠謁孔廟。【略】又舉我先世父太子太師公，故翰林學士承旨王公，故中書左揆許公，語州人曰：『之三賢者，比股肱元首，爲今聞臣，毓德含休，實在乎此。白叟及見而談，黄童所聞而知，其可不祠？』乃以羡材，爲堂三楹于殿之東，像而事之。元貞蒼龍丙申夏五，燧以得告，會燧葬先公之于輝，侯求記之。燧曰：古之人，必其生也，世之相繼，情洽而道符，功夷而德齊，而後死可合食一堂也。近世祀唐白居易、宋蘇軾、林逋三賢一堂，而不揆其世不相及，貴賤勢殊，文章非倫，孰與四皓之同不臣秦，同避漢之高帝，而同應惠之招，成功而同歸，死而爲墓相邇，同廟商於，情洽而道符，功夷而德齊也。今以三公方之，固不如是出處齊同，若其平生之相與，微顯之相後先，同其大者，有不得而讓焉，矧成功反有過之者。合而祀之，誰曰不然哉？然燧于先公也，左揆也，承旨也，則爲猶子，爲弟子，爲故人子，親而尊之者也。智慮未嘗少及乎是，由侯發之，使人終死以觀，反覆以思。損其一，則後其相與，而失于遺也。加其一，則所志不相如，而難爲輩也。雖有善權人物者，終亦不能推移其間，蓋以語友也。

先公生以辛酉，承旨少一歲，左揆少八歲，齒固不大相絶。吾姚氏營人，先公生于汾，承旨永年，左揆河内，于輝非絻，一旦聚居而爲寓公，其處同也。先公以癸卯來此，而承旨已師是方，後將以事趋燕，盡前其徒，假先公以函文，俾師之，以無廢受業。迨庚戌，左揆徙家自魏，方先公爲相，即其年無幾。時先公出應世祖之招，左揆獨留師是方，其道同也。先公中統建元之明年，由常侍讀裕皇，以東平宣撫使，拜太子太師。四年，拜中書左丞官，而翰林學士承旨，詳定禮儀事。左揆之聘，則在癸丑，惟居長安。中統之元，始召入對。至元七年，拜中書左丞，以昭文館大學士領太史院事，去位。承旨則由中統三年，燭壇亂徵，自海濱，輦妻妾，逃回濟南，世祖忠之，始兆入對，自講讀爲學士，爲承旨，去位。一官翰林三十二年，則左揆之相，雖後先公，而同贊元。承旨之長禁林，亦後先公，而同爲代，言其出又同也。以語其學，得聖傳，濟人利物于干戈之際，上説而下教，贊神武以不殺，開文物之先，肇太平之基，已裨巍巍之化，進寸退尺，拱而讓人，與夫建大義，决大疑，不瘖結舌，視身如捐，觸試雷霆，與道德仁義，化服一世，扶植人極，爲儒臣宗，而不少詭，其守于正，致君謀國，不同爲道，而同爲心，其事載諸今史，燧與有聞，不敢漏于爲言以告人者。

嗚呼！君子用世，譬則治田，不難于耰播，而勞于齦根栫于荒。世有以是爲知言者，然後可語三公之易地也。先公以十五年卒，年七十八；左揆十八年，年七十三；承旨三十年，年九十三。其卒若以顯之先後爲次與？兩公遂其去位，先公獨卒官京師。蓋由于久故請而不釋也，與承旨不後者，此爲異焉爾。今惟左揆葬其鄉，承旨雖葬天平，必時魂遊永年。是州東北望永年，西南望河南，實道里均，歲時合食，雖主輝人，則先公有田有私廟與墓，此者又非兩公之專于賓也。又嘗思古者大臣，死爲明神，配食廟庭，于以左右先王、陰隲下民者也。或三公者，將終古廟食止一州乎？亦從祀有時，此起本也。嗚呼！二家子孫，其無忘司侯始之志焉。先公諱樞，字公茂，號雪齋；承旨諱磐，字文炳，號虎庵；左揆諱衡，字仲平，號魯齋。侯字毅夫，觀所事不濫而宜，則守土吏民，善于其職，從可知也。

原註：後是《記》一年，而三公同受贈謚：先公少師文獻公，左揆司徒文正公，承旨少保文忠公。則《記》所謂有時者，豈非不亦億則一中乎！大德辛丑嘉平月戊辰胐謹識。

元·鮮于樞《困學齋雜録》 中統間，左相安圖嘗問魯齋釋老之説。先生曰：『某未嘗讀其書，不知其説。』又問張耀卿：『魯齋教人讀《小學》，其説如何？』耀卿云：『某自幼時知童蒙，始入學，便讀《孝經》。此時《小學》未行于世。《小學》乃是《禮經》摘出，非全經，不足學。』左丞張仲謙從旁對曰：『《小學》之書專載童子當爲之事，若《孝經》曾子尚云參不敏，何足以知之？況童子乎！』又云：『魯齋欲興國學，教國朝冑子，可謂知本。』

元·陶宗儀《輟耕録》卷二《徵聘》 中書左丞魏國文正公魯齋許先生衡，中統元年，應召赴都日，道謁文靖公靜修劉先生因，謂曰：『公一聘而起，毋乃太速乎？』答曰：『不如此，則道不行。』至元二十年，徵劉先生至，以爲贊善大夫，未幾，辭去。又召爲集賢學士，復以疾辭。或問之，乃曰：『不如此，則道不尊。』

論説

元·王惲《秋澗集》卷八六《論左丞許公退位奏狀》 臣聞賢者化之本，雲者雨之具，得賢而不用，猶久陰而不雨也。伏惟中書省禮樂刑政，紀綱號令之所出，誠朝廷之大柄，中外之繫望也。丞轄之位不宜用匪其人，使曠天職。伏見左丞許公衡，師心大學，養氣至剛，獨立危言，清苦自守，挺然有蹇蹇匪躬之操，方之古人不可多得。且自立中省迄今十有二年，前後相臣如衡竭盡者多矣，未若許之切直敢言不以榮貴爲心者。本官正以遭不世之遇，當有爲之時，十餘年間，恩禮隆重，爰自布衣擢置相位，計其初心有盡瘁報國而已。然自輔政已來，雖中間有所建明，未聞以次施行者，以謂處任重責深之地，無涓埃補報之功，夙夜思惟自慙焉。用是憂惶，疾日增劇。今者恐久妨賢路，故卧病不出，哀懇求退至于再三。揆度其情，恐不特血氣爲病耳。伏惟皇帝陛下聖智天臨，明燭萬理，求治之心，亟若飢渴，一旦得臣如此，夫復何求？且君聖則臣直，虎嘯則風冽，氣所感召，理之固然。若是則國家之福，天下之幸也。如左丞許公者，伏乞時加體貌，置彼論思，庶使展盡底藴，以答恩私。其於謀王體、斷國論，必能進盡忠言，有所廣益，以慰中外之望。誠未宜聽其去位，以塞忠諫之路也。臣職當言責，觸冒忌諱，惟陛下留神省察。

又 卷六八《中書左丞許公制》 朕究觀世數，灼見天心，粤惟有不世出之君，然後得大有爲之士，運符千載，道濟一時。中書左丞許某，爰自師儒，遂拜左相，用之不惟不重，學之不惟不深，貞一乃心，執持苦節，謀謨善斷，精識造微，既逢堯舜之明，用安社稷爲悦。君聖臣直，理明道尊，庶幾夷夏之安，風以《詩》、《書》之教；衣冠萬國，雍容叔孫之儀；仁義一家，剴切魏徵之諫。在中統、至元之治，有永淳、貞觀之風，此其效焉。功可忘耳，而復養英材於國學，齊七政於璿璣，白首南歸，尚深北顧，憂來丘禱，歔欷柱石之哀，人去鑑亡，瀟洒風雲之契。感時懷德，想像其人，忍惜恤章，俾疏身後。可贈某官某謚，尚期窀穸，不昧欽承。

元·姚燧《牧庵集》卷一《左丞許衡贈官制》 天非繼聖學之墜緒，則不生命世之大才；國欲與王道以比隆，肆用爲烝民之先覺。何物故之已久，尚人思之未忘。故資善大夫、中書左丞、集賢大學士兼國子祭酒、領太史院事許衡，玉裕而金相，準平而繩直，出處則惟義所在，言動亦以禮自持，休休焉有容，屬屬乎其敬。人能弘道，惟朝聞夕死之。是期我欲至仁，匪晝誦夜思之不得。行己似秋霜烈日，化人如時雨和風，來席下之摳衣，滿戶外者列屨。達簡在帝心者，率多丞弼；窮固守師説者，不失善良。鶴鳴九臯而聲聞于天，鳳翔千仞必德輝乃下。爰立相以堯君舜民之志，所告上皆《伊訓》、《説命》之言。丹扆斥姦，少不避雷霆之軋擊；青臺治曆，本于筴日月而送迎。由理窮而智益明，隨任使而職斯舉。今既亡矣，誰其嗣之？於戲！在爾身在垂没世之名，于朕心有失同時之恨。雖成廟納書以命謚，固已振木鐸之高風；而功臣胙土則未加，用申錫密章于下地。光靈如在，功之其承。可贈正學垂宗佐運寵臣、太傅、開府儀同三司，追封魏國公，謚仍文正。

元·蘇天爵《國朝名臣事略》卷八《左丞許文正公》 自關、洛大儒倡絶學于數千載之后，門人誦傳之，未能偏中州也。伊川歿二十餘年而文公生焉，繼程氏之學，集厥大成，未能偏江左也。文公歿十年而魯齋先生生焉，圣朝道學一脈，乃自先生發之。至今學術正，人心一，不爲邪論曲學所勝，先生力也。所以繼往圣開來學，功不在文公下。

元·周南瑞《天下同文集》卷一《許衡贈榮禄大夫司徒謚文正公制》 上天眷命，皇帝聖旨。惟昔聖祖圖任相臣，思與真儒共成治效。故資善大夫、中書左丞、集賢大學士兼國子祭酒、教領太史院事許衡，以天民之先覺，膺巖石之具瞻，聖學方湮，惟洙泗之源是泝；嘉謨入告，非堯舜之道不陳。斥奸志靖於熙朝，辭禄不忘於耕野。迎推日策，明曆象以授人時；樂育英才，居成均而教胄子。乃眷鈞樞之列，益昭模範之功，允爲裕考之賓師，宜副慈皇之渥命。爰申恤典，用賁玄扃。道德博洽斯謂文，中立不倚斯謂正，既嘉名之載易，仍公秩之榮頒。上期有知，服茲無斁。

可贈榮禄大夫司徒，謚文正公。主者施行。大德元年十月　日

元·許衡《魯齋遺書》卷一四《附録·先儒議論·姚氏牧庵語》 先生之學，一以朱子之言爲師。窮理以致其知，反躬以踐其實。始而行其家，終而及之人。故于魏于輝于秦，摳衣其門，所在林立。盛德之聲，昭聞于時。官諸胄學，其教也，入德之門，始惟由《小學》；而《四書》講貫之精，而後進於《易》、《詩》、《書》、《春秋》。耳提面命，莫不以孝弟忠信爲本；四方化之，雖吏爲師、刀筆筐篋之流，父以之訓其子，兄以之勗其弟者，亦惟以是爲先。語述作固不及朱子之富，而扶植人極，開世太平之功，不慚德焉。

文正微時，於大名、于輝、于河内、于秦，以倡鳴斯道爲己任。諄諄私淑，少長不一其年也，訥鈍不一其才也，積多至數百人。聞之天聰，徵爲成均，俄拜左丞，歲餘辭免，復求成均。後其子弟繼司鼎鉉者將十人，卿曹風紀二千石吏綦錯中外者，又十此焉。其於隆平之治，豈不少贊乎？先生嘗戒其學者姚燧曰：『弓矢爲物，以待盜也；使盜得之，亦將待人。文章固發聞士子之利器，然先有能一世之名將，何以應人之見役哉？非其人而與之，與非其人而拒之，鈞罪也，非周身斯世之道也。』

又《陳氏剛中語》 魏國文正公出，學者翕然師之。其學尊信朱子，而濂洛之道益明。使天下之人皆知誦習程朱之書，以至於今日，公之力也。

又《彭幸菴書節略》 魯齋踐履篤實，出處分明。薛文清以爲善學孔子，至於用夏變夷，見諸實用，殊非淺學所能擬議。

明·王禕《王忠文集》卷一四《擬元列傳二首·許衡》 臣禕曰：聖賢相傳之道，自孟軻既没，無所傳受。至宋而程顥、程頤氏兄弟者出，乃有以續其不傳之緒。及朱熹氏作，而其傳復續矣。元興，許衡繼起，則又續所傳於朱氏者也。當其被遇世祖，純乎儒者之道，諸公所不及。而世祖聖明天縱，深知儒術之大，思有以作人而用之，乃首建國學，而衡自中書罷政，爲之師。衡之教學，一本於聖賢之爲道。攝禮樂之微權，以通其用；掇忠孝之大綱，以立其本。於是彬彬然悉爲成材，而數十年間號稱名卿賢大夫者，多其門人矣。嗚呼！使聖賢之學大被於斯世，而至于今，學術以正而人心以一者，伊誰之功也？是其繼往聖，開來學，功殆不在

朱氏下。況乎程氏、朱氏未嘗得君以行其道，而衡則蓋遇聖君，居相位，而有以堯舜其君民矣。嗚呼盛哉！

明・葉子奇《草木子》卷二《原道篇》　許魯齋，北方之學者未能或之先也，劉静脩次之。

明・薛瑄《讀書録》卷一　『視富貴如浮雲』，許魯齋其人也。【略】許魯齋在後學固不能窺測，竊嘗思之：蓋真知實踐者也。許魯齋余誠實仰慕，竊不自揆，妄爲之言曰：其質粹，其識高，其學純，其行篤，其教人有序，其條理精密，其規模廣大，其胸次洒落，其志量弘毅，又不爲浮靡無益之言，而有厭文弊從先進之意。朱子之後，一人而已。【略】許魯齋自謂『學孔子』。觀其去就從容而無所係累，真『仕止久速』之氣象也。魯齋召之未嘗不往，往則未嘗不辭，善學孔子者也。【略】至許魯齋，專以《小學》、《四書》爲脩己教人之法，不尚文辭，務敦實行，是則繼朱子之統者，魯齋也。

又　卷二　許魯齋力行之意多。【略】魯齋不陳伐宋之謀，其志大矣；魯齋不對伐宋之謀，『伐國不問仁人』之意也。魯齋出處合乎聖人之道。魯齋以王道望其君，不合則去，未嘗少貶以徇世，真聖人之學也！世祖雖不能盡行魯齋之道，然待之之心極誠，接之之禮極厚，自三代以下，道學君子，未有際遇之若此也。魯齋學徒，在當時爲名臣則有之，得其傳者，則未之聞也。程朱之外，諸儒性理雜論，尤當大著眼力以辨其真是真非，不可執以爲先儒成説，而悉從其言。魯齋謂其言有『彌近理而大亂真』者，蓋謂是也。魯齋厭宋末文弊，有從先進之意。

又　卷三　許魯齋詩曰：『萬般補養皆爲僞，只有操心是要規。』惟心得而實踐者，乃知其言之有味。

又　卷八　自朱子没，而道之所寄，不越乎言語文辭之間，能因文辭而得朱子之心學者，許魯齋一人而已。

又　卷九　許魯齋曰：『世間巧拙俱相伴，不許區區智力爭。』此言宜念。

又　卷一一　許魯齋曰：吾道大公至正，以天下公道大義行之，故其法度森然，明以示人。竊謂異端，正與吾道相反。

又　《讀書續録》卷二　《許魯齋答竇先生書》中間一節議論，深識命、時、勢三者，蓋深於《易》者也。真知力行，元有許魯齋。

明・周琦《東溪日談録》卷一五《許魯齋之學》　許平仲之學，自謹獨之功充而至於天德王道之藴者，其功始於見柳城姚樞雪齋之後也。姚雪齋隱蘇門，传伊洛之學，有《伊川易传》、《晦菴論孟》、《學庸集註》、《章句》、《或問》及諸子小學。平仲一見之後，悉授之而歸焉。盡變所學從之，旦夕精讀，篤志力行，以身先之故充至於天德王道之藴。及應元世祖之召，對以治天下之道，其要在王道，其功則三年。所以啓沃君心者，固深矣。但其仕元，未免有隙之可議也。許衡之學，爲得正传，而仕元則非正矣。夫學得其正者，體也，試之者，用也。謂其志在澤民不在事君則可，若非君不事如伯夷者，則未可方之。劉因且不能及，況伯夷乎？故卒而囑其子曰：『墓不必書爵，止曰許衡之墓可矣。』許平仲若有慚德者邪？陳剛謂：使天下之人皆知讀程朱之書，以至於今日者，魯齋之力也。以予觀之，魯齋之祀孔門，其功在此。若其事元且謀伐宋，不明正統大義，則當黜矣。

明・胡居仁《居業録》卷三《聖賢》　許魯齋，天姿純正，所行自不苟，惜乎未能深造。

明・賀欽《醫閭集》卷三《言行録》　自來説草廬者，便不見有躬行實得意思。稱許魯齋，便有躬行實踐意思，今其文字亦可見。

明・王守仁《王文成全書》卷一《語録一》　許魯齋謂『儒者以治生爲先』之説亦誤人。

明・徐問《讀書劄記》卷四　學者知心上公私，便知事上有義利。張南軒、許魯齋謂：學莫先乎義利之辨。比之程朱論學，已是第二件工夫。然於世態沉冥中要識此。便能卓然自立。

明・崔銑《士翼》卷三《述言下》　實過其名，宋有尹和靖，元有許魯齋。許魯齋嘗病文籍之繁，曰：有聖人出必大芟而治之。大哉志乎，雖《三禮》之文，亦難盡信也。

明・吕柟《涇野子内篇》卷五《解梁書院語》　光祖問薛文清：『公可與前賢誰比？』先生曰：『比吴草廬則有餘，比許魯齋則不足。』

又　卷八《鷲峰東所語》　希古問：『許魯齋仕元如何？』先生曰：『生於其地，不得不仕。』吾縣楊元甫不仕於元。魯齋嘗見其據禮謂門人曰：『曠古墜典失，失能舉之，其功可當肇修人紀。』元朝作曆，遣太子致書，安車徵聘，如四皓故事，曆成就退，此意甚好。魯齋死後分付不要請謚，當是其志或未能盡行，心亦有不安處，所以獨重乎楊也。

明・羅欽順《困知記續録》卷上 元之大儒，稱許魯齋、吳草廬二人。魯齋始終尊信朱子，其學行皆平正篤實，遭逢世祖致位通顯，雖未得盡行其志，然當其時，而儒者之道不廢。虞伯生謂：魯齋實啓之，可謂有功於斯文矣。草廬初年篤信朱子，其進甚鋭。晚年所見，乃與陸象山合。其出處一節，自難例之魯齋。若夫一生惓惓焉，羽翼聖經，終老不倦，其志亦可尚矣。劉静修之譏許魯齋頗傷於刻，茍能無失其正，雖進退無恒，未爲過也。竊謂魯齋似曾子，静修似子路，其氣象既别，所見容有不同。

明・劉宗周《人譜類記》卷下 許魯齋嘗云：『爲學以治生爲本。』此言出，甚爲世所譏議。後人當善會其意，知非教人謀利也。貧窮之累人甚矣，古今來有不爲此敗節喪名者幾人。學者須是習勤服勞，撙節儉約，勿使游手游食，以致仰事俯畜，無所依賴而已。昔司馬温公爲相，每詢士大夫私計足否。人怪而問之，公曰：『倘衣食不足，安肯爲朝廷而輕去就耶？』正是同此意見。

清・陸世儀《思辨録輯要》卷三〇《諸儒類》 許衡任道最勇，有伊尹之風。其進退一以行道爲主，絶無依違瞻顧。終元之世，能使儒術不墜，皆其力也。故薛文清《讀書録》極稱之，亦是其精誠有足動人處。許衡聖門子路、子夏之徒也，行過于言，質過乎文。薛文清《録》中贊許魯齋，可謂不遺餘力。謂其有仕止久速氣象，謂其繼朱子之統。文清持身極嚴，其持論極不茍，推贊魯齋，非阿私所好也。或以其仕元爲尤，此但可語志節，未可語道。文清贊劉静修爲高，許魯齋爲大，二語皆當。劉、許皆元儒，許仕而劉不仕，故後儒議論多優劉而劣許，然劉于世祖之聘，亦强起爲右贊善大夫，但尋以母老辭歸，俸給一無所受耳。蓋自度其得君行道，未必如許，故旋出而旋歸。兩賢殆未可優劣也。或問：吳草廬與許魯齋，學問出處大畧相同，俱從祀孔廟，乃宣德中議祀，草廬嘉靖中又黜其祀，畢竟何如？曰：草廬之于魯齋，學問事功出處俱少遜。當元之世，而儒術不墜，魯齋之力也。若議從祀，魯齋爲當。

清・李光地《榕村語録》卷一九《諸儒》 朱子後儒者，眞西山、許魯齋氣象最好，眞醇正，許篤實。朱子之後，《語録》無有過於許魯齋者。魯齋説理，大有警醒處。他《語録》不過二三十張。近閩中所刻，却將幾條好的删去，可笑。

魯齋不曾全見朱子各様好書，却是躬行精到，其見理已到透處。陸稼書不得謂其不壁立萬仞。某督學至靈壽，見其生徒文字荒謬，問陸則瞢瞪目如隔世人。古人到一處，憑他地方荒僻，人才鮮少，必定淘沙揀金，有些教澤。陸在靈壽七年，行取入都，何至使本治毫無流風。餘思魯齋做幾年祭酒，後來人才便多出其門。

河南懷慶府出韓文公，又出許魯齋，山川靈秀，非他可比。人以龍門出子長，又出文中子，又出薛文清爲盛，較之河南，未爲過也。韓子勝子長，魯齋可兼文中子、薛文清。

又 卷二四《學二》 許魯齋云：學問到有朱子，已經都説明，只力行就是了。此語似是而非，恰像人已無不明白，只欠得力行。其實不能明白者儘多，乍見似顯淺人，人與知，却中間難理會處無限。只當云『熟講深思而力行之』，方無弊。

清・黄宗羲等《宋元學案》卷九〇《魯齋學案序録》 祖望謹案：河北之學，傳自江漢先生，曰姚樞，曰竇默，曰郝經，而魯齋其大宗也，元時實賴之。【略】

祖望又案：《退齋記》，予固疑静修譏魯齋而作也，然未敢質言之。觀道園作安敬仲《默庵集序》曰：昔者天下方一，朔南會同，薦紳先生固有得朱子之書而尊信表章之者。今其言衣被四海，家藏而人道之，其功固不細矣。而静修曰：『老氏者，以術欺世而自免者也。陰用其説者，莫不以一身之利害，節量天下之休戚，其終必至于誤國而害民。然特立于萬物之表，而不受其責焉，而自以孔孟之時義、程朱之名理自居，而人莫知奪也。』觀其考察于幾微之辨，其精如此。以道園之言考之，其指許文正公無疑也。殆指文正自請罷中書執政，就國子而言邪？

清・全祖望《鮚琦亭集外編》卷三一《題許文正公集後》 文正自請罷中書政事教國子，故静修以欺世自免誚之，而亦可見其所得于江漢之傳者，殆不盡與文正合也。道園又曰：『文正《遺書》，其于聖賢之道，所志甚重遠，其門人之得于文正者，猶未足以盡文正之心也。後之隨聲附影者，謂修詞申義爲玩物，謂辨疑答問爲躐等，謂無猷爲爲涵養德性，謂深中厚貌爲變化氣質，外以聾瞽天下之耳目，内以蠱晦學者之心思，而謂文正之學，果出于此乎？』是則又指當時學派之流弊。要之，文正興絶學于北方，其功不可泯，而生平所造詣，則僅在善人有恆之間，讀其《集》可見也，故數傳而易衰。靜修所謂欺世自免者，則自其辭就之間，有以窺見其微疵，然後知君子用世之難。

藝文

元・王惲《秋澗集》卷二三《挽中書左丞魯齋許公》 經綸根極自朱程，小學從容到大行。安漢固當煩綺聘，要湯初不待伊烹。辨姦素有批鱗直，旌墓當書積善銘。兩夜天官臺下夢，分明危坐話平生。

元・傅習《元風雅前集》卷一《張仲疇〈送許魯齋歸山〉》 諸相纍纍入省闈，先生何事獨西歸？心隨道隱貧非病，老得身閒古亦稀。行色一杯燕市酒，春風二月楚山薇。到家已及蠶生日，布穀催耕隴麥肥。

元・胡祗遹《紫山大全集》卷四《輓許左丞魯齋》 憶昔朝廷求直言，奇謨偉畫爭後先。對病之藥不易得，大策與衆殊相懸。不從事事論得失，清流莫若先澄源。曰心曰性開聖學，敷陳詳悉登經筵。惟先格王正厥事，此心一片金石堅。當年羣儒那解此，迂濶譏議何綿綿！陶鈞高士惜未遂，沁南養疾桑麻田。聖情虛佇待可起，台星頓減清光圓。從今大政向誰問，賴有遺藁留長編。

元・蒲道源《閑居叢稿》卷一《題許魯齋慰狄子昭亡子書》 聖學繼者誰？本朝許文正。詵詵門人中，修短孰非命！向來慰亡書，今日深起敬。細觀遺翰墨，滿紙皆情性。

元・許衡《魯齋遺書》卷一四《附録・古今題詠・西蜀吳伯通詩》 考亭既没斯文弊，枝葉空繁本實迷。心法異時能自得，羽儀當代更誰齊？執鞭獨恨愚生晚，立德多推聖已躋。一覿遺容發深省，曉鐘祠外動鳴鷄。

曾讀《遺書》得我師，今瞻遺像拜靈祠。當時有志從先進，警世操心是要規。三聘已勤伊摯起，萬鍾雖富孟軻辭。太行清洸渾如昔，俯仰山河不盡思。

又《膠東鄧中和詩》 昔讀《遺書》今謁祠，中州文獻係於斯。仕非爲禄屢辭禄，道在居夷能變夷。玉質金聲元氣會，太山喬嶽國人師。晚生遊宦先生里，善教流風幸淑私。

又《宁邑王璠詩》 昔年抱道仕元家，眼底綱常亂似麻。筆鉅重疏伊洛水，儒林再放杏壇花。祀陪先聖功勛稱，苔固穹碑歲月賒。拜罷荒墳回首處，秋容淒淡夕陽斜。

又《鄂渚宰廷俊詩》 道在乾坤若水流，斷焉復續仰前休。一從伊洛相承後，賴有先生世教謀。

又《西蜀冷宗元詩》 乾坤已换宋山川，閩洛茫茫墮正傳。不有先生挑擔子，中原文物竟沉湮。

又《後學陶滄詩》 中原鼎沸是何時，白鹿淵源自得師。瞻拜遺容聊慰想，全書曾讀未能知。

又《會稽胡謐題》 宋都中州出二程，國運道運方並興。孰知道南國亦改，來者尚顯斯地靈。魯齋先生起元世，躬耕太行甘自晦。平生不讀非聖書，墜緒茫茫思有繼。布衣聘對入中書，亟爲立國陳規模。農桑學校本二典，直欲斯世際唐虞。懇辭大拜師大學，世胄時髦遵矩約。遂令古人敎學方，小大推明極昭灼。既歸復召命安車，進退從容與道俱。鄒孟爲鄉不受禄，昌黎原道還成書。歷朝崇報隆無替，特許廟廷班從祀。宋儒濟濟元寥寥，况復二程鄉後輩。古來國祚凡幾更，吾道統系長相承。乃知中州侶東魯，名賢後生多挺生。新祠屹立懷庠側，謁者函香行者式。淵源心學竟誰傳？三復《遺書》空歎息。

又《清江彭綱題》 魯齋許先生爲元一代大儒，遭逢世祖，致身通顯，而其成己成物、用夏變夷之功，自有不可泯者。或者訾其失身元廷，殊非公論。宋之失中原，金也，非元也；元取中原於金，非取之宋也。先生之生，元興已四世；宋之失中原，且數世矣。夫生爲元民，仕爲元臣，亦事之宜者。况當人君以弓矢得天下，一時臣士皆騎射之餘，其勇悍之氣，好殺之心，功利苟且之俗，加被天下。天下之人駸駸然將變于夷，不復知有中國帝王聖賢之道。先生生爲之民，亦烏得不乘時起而覺之哉？微先生在，斯人之禍尚未可知。或者之論，蓋致嚴于夷夏之分而失之矯者。嗚呼！元之爲元，亦烏得而故黜之哉？如或人之論，則西山之薇，殆亦非先生所當食者。河内舊有祠堂，拜謁之餘，因題此詩，并系數語，以白先生之道云。

宋舟既南渡，中原遂崩離。學校亂鄒魯，野祀陳瀍伊。異姓屬代興，王綱日以隳。兵家扇其焰，儒鐸誰應持？夫子生斯際，將欲有所爲。窮年考百氏，寸心交羣疑。晚得程朱論，曰固當有斯。粹然一於正，獨秉吾道麾。或者詆夫子，致身非其時。玆非至公論，何以後世垂？元人制六合，率土皆臣之。我生當隸藉，我仕亦何疵？已謂己成物，寧知夏變夷？是時微夫子，其事未可知。河水深極海，太行當天支。再拜仰前哲，好風吹高祠。

又　《**曹璉〈題祠〉**》　地靈鍾英傑，先生何軒昂！傳道泝濂洛，佐世際虞唐。悠悠千載下，遺廟黌宮傍。斷碑不可拭，令人三感傷。

又　《**劉經〈題祠〉**》　先生鍾靈秀，德盛道亦尊。上承鄒魯緒，下泝伊洛源。窮居踐清苦，輔相陳經綸。悠悠芹泮地，祠宇重見新。

又　《**王韋〈思賢亭詞〉**》　我所思兮山之廬，來自河内乘其砠。百年綱常幾淪胥，煦煦善廸仍渠渠，思之不見欲何如？

又　《**張邦教詞**》　我思許魯齋，俯仰真足樂。紫陽道益尊，多士歸矩矱。

清・顧嗣立《元詩選二集》卷五《李思衍〈拜許魯齋像〉》　玉笥頭邊嬾押班，汗青筆削更重刊。直言何管雷霆怒，清節不知冰雪寒。性理晦菴真學術，鬚眉商嶺古衣冠。欲求繪畫者英手，寫過江南子弟看。

明・薛瑄《敬軒文集》卷七《魯齋先生覃懷書院》　南北風塵澒洞中，天開人極産英雄。幾年力學尊尼父，萬里心傳得晦翁。自信興王爲大道，豈知伐國是元功？當時歸老情何切，爲愛西山萬玉峰。

又　**卷七《讀許魯齋思親詩》**　洪熙元年冬十二月，余扶先人柩至覃懷。宣德元年春正月，啓先母窆，合祔於汾陽先塋。既卒事，因檢《元音》，讀至魯齋先生《七月望日思親詩》，乃悽然有感，潸然淚下，遂次其韻，得詩三首。因書先生詩於前，以見先賢誠孝之心溢於言表，雖百載之下讀之，猶足使人興起；復書余詩於後，以見余不仁不孝，不能竭力於始終，視前賢大節有愧云。

思却千思與萬思，音容無復見當時。草窗夜静燈前教，蔬圃春深膝下嬉。將謂百年供色養，豈期一日便生離。泰山爲礪終磨滅，此恨綿綿未易衰。

又　《**次韻**》　觸目家山總是思，思親况遇早春時。日長每聽《詩》、《書》訓，風暖頻隨杖履嬉。百載韶華成荏苒，終天涕淚感睽離。自緣孤子無誠孝，不是人生有盛衰。

風光滿目動哀思，春草春花似舊時。堂斧已成終古恨，斑斕不復往時嬉。中宵秖解追前夢，隔歲猶如在遠離。却憶高堂覽明鏡，曾將華髮歎年衰。

彷彿音容彷彿思，衣冠出入憶當時。成人未返林烏哺，稚子曾騎竹馬嬉。椿老暮庭風槭槭，草荒春塚雨離離。固知罔極恩難報，只恐終天孝易衰。

清・謝啓昆《樹經堂詠史詩》卷八《元・許衡》　豈爲科名始讀書，魯齋何假雪齋居。半途風雨前村覓，畢世功名一夢虚。滄海飛塵戎馬際，蘇門杖策嘯歌餘。諸生教授尊伊洛，顔巷簞瓢自晏如。

清・羅惇衍《集義齋詠史詩鈔》卷四八《元一・許衡》　紫陽蒙訓對神明，山隱蘇門責匪輕。訂友雒閩思己任，致君稷契奠民生。中州冠冕三綱繫，上舍璠璵四學程。宫傅官辭師道重，此心原不在簪纓。

元・王惲《秋澗集》卷六六《中書左丞許公真贊》　古人以道濟爲任者，時雖見於行藏，心不間于微著。於皇先生，道深絜矩，以希聖爲心，律己爲度，上明君道之方，下易薄夫之慮，危言立朝，聞者悚懼。公于斯時，屹傾波之砥柱，非天下至誠，其孰能與？瞻拜公像，魁然真輔，奉璋峩峩，其儼而裕。至於體用一源，先後有叙，試以中元之治較之，見論思與機務。念公平生，其丹青可得而喻也耶！

元・蘇天爵《元文類》卷一八《王磐〈魯齋先生畫像贊〉》　氣和而志剛，外圓而内方。隨時屈伸，與道翱翔。或躬耕太行之麓，或判事中書之堂。布衣蓬茅，不爲荒凉。圭組軒裳，不爲輝光。虚舟江湖，晴云卷舒。尚友千載，誰與爲徒。管幼安、王彦方、元魯山、陽道州，蓋異世而同符者也。

明・宋濂《文憲集》卷三〇《許魯齋先生贊》　濂洛之學，傳自武夷。重徽疊照，日星昭垂。逮我許公，尊聞行知。若親摳衣，寒泉之麋。張皇幽眇，鼇析毫絲。如皋陶淑問，畢其情辭；如后羿注矢，不失其馳。既入闖域，遂升堂基。橫經胄監，衿佩鏘如。祛其人私，牖其天彝。釋其偏岐，挽其九衢。德成財達，昭用如時。黼黻帝治，甄陶泰熙。明體適用，公實庶幾。無德弗報，四海祝尸。嗚呼許公，百世之師！

元・許衡《魯齋遺書》卷一四《附録・古今題詠・眉州吴節〈告安神位文〉》　道續考亭，文傳正脉。羽翊當代，垂憲後學。節忝職藩省，旬宣懷慶，拜謁祠下，瞻遺容而缺神主，此心慊然。爰發虔忱，以制作用，卜吉辰以妥位，伏希先生有神，尚默相斯文於永久也。謹告。

又《唐山李天秩〈祭文〉》　孔顔正脉，斯文之宗。用夏變夷，千古人龍。昔邇聞於載史，今幸面其遺容。雖隔曠世，自覺感通。式陳明薦，聊表微衷。

又《廬陵陳鳳梧〈祭文〉》　濂洛絶響，學幾失傳。覃懷之間，哲人生焉。維山太行，維川濟泚。靈秀所鍾，中立不倚。出耕於野，入典成均。倡明正學，仁義是陳。河北諸生，咸知向道。繼往開來，先生之教。睠兹故鄉，有墳有祠。瞻望弗及，高山仰之。遺薦蘋蘩，維以將敬。吾道日微，俾也返正。謹告。

又《玉田張儒文》　先生之容，屹然華岳峰巒。先生之氣，燦然斗正芒寒。論其道，遠接乎孔曾思孟之統；推其學，近衍乎周程張朱之瀾。奈何生於曆數之閏，弗遭間氣之完。人皆謂先生宜龍德而隱，不宜效清朝爲上國之觀。吾獨知先生非貪位，非慕禄，非戀戀於官，但藉此以用夏變夷，復隆古禮樂衣冠。是以不泥乎經，能通乎變，雖歷崇階，而行檢甚端。使伯夷處此，必甘囁首陽之薇而弗安。吾想先生負伊之任，學孔之時，與孟之志在救民，或者其一般。今也讀其《遺書》，拜其遺像，猶緬想先生當時處世之難。

明・薛瑄《敬軒文集》卷一八《重脩許魯齋先生祠堂記》　新鄭縣西山大隗山之左里曰陽緩，元魯齋先生許文正公所生之地也。先生世家河内，金季其先人避兵是邑，實生先生於里中，金大安己巳歲也。縣學有祠，以祀先生，其事具於碑。今碑存而祠廢，士大夫之往來與鄉民之向學者，或嗟歎以爲缺典。江西鄧麟訓導邑庠，乃即夫子宮墻東隙地營屋三問，作先生像於中，以時致祀。既而求《記》於河南僉憲劉公咸，公以推余。余猶記往年過是邑，鄧方謀欲作祠，又二年再至，祠成久矣。鄧之志，可嘉哉！於乎！先生之道、之德、之學，所以紹程朱之正傳，淑萬世之人心者，固不待新學小生之贅贊。而獨念是邑乃先生誕生之地，顧祠宇久廢，人心缺然，無以寓敬。鄧能因心興事，作新斯宇，使凡進謁庭下者，如親炙先生，若充然有得而退，其有補於天理民彝不淺矣。遂書其事以告後之人，俾無替於承祀云。

明・何瑭《柏齋集》卷七《元魏國許文正公廟祀記》　懷慶府城舊有元中書左丞、封魏國許文正公祠廟一所，歲久不治。府同知王公修補完潔，復議以爲公道德功業，萬世仰賴，有補風教不淺，匪直汎汎鄉賢而已；顧未秩以常祀，恐無以盡後人瞻仰之誠；且廟無典守之人，非惟易致傾壞，而市井之徒、雞犬之類不免雜入踐穢，褻瀆不敬，孰甚于此？擬行令河内縣均徭内編銀六兩，于春秋祭丁後，府官率各官師生致祭；又于均役内取附近人戶審編門子一名，責令看守本廟，司其啓閉，時其洒掃，庶廟貌常新，禮儀以肅，有補風教多矣。議定，請于分巡僉事郭公，咨于知府司馬公，皆以爲然。乃申請巡撫都御史徐公准擬巡按御史王公行兩司及提學議。布政司左布政使于公、右布政使林公、按察司署印副使劉公、提學副使敖公會議，謂宜如府擬。符下，府同知王公乃徵予言，以記其始末，且曰：『匪府輒私有請也，當道諸公意也。』予不得辭，乃爲之言曰：

禮：法施于人，則祀之。公踐履篤實，議論純正，可以上繼考亭之統，而用夏變夷，利澤及人，功業尤爲炳煥。法施于人，公蓋其人也，秩以常祀宜矣。獨近世儒者謂公不當仕元，有昧于夷夏之分，君子不能不疑于其説。予嘗著《論》辨之，大畧謂，舜、文皆生于夷，而道德功業萬世仰賴。元主雖未可以舜、文比，然敬天勤民，用賢圖治，蓋亦駸駸乎道矣。況當時生民糜爛已極，元主乃能知公之賢而以行道濟時望之，公亦安忍不爲之出哉？夫作《春秋》者，非孔子乎？《春秋》所外，莫大于楚昭王之聘，孔子亦往拜焉，使不沮於子西，孔子固將爲楚之臣矣。孔子，魯人也，尚可以臣楚；公，元人也，乃獨不可以臣元乎？然則儒者之説謬矣。由是觀之，公之道德功業既皆可法，而出處進退亦無所悖。其秩之常祀，無可疑矣。同知王公崇祀先哲之雅意，當道諸公與人爲善之盛心，蓋皆出乎此也。故爲之言，俾刻諸石，有志於道者其尚考諸。

雜録

元・張養浩《歸田類稿》卷四《復龍祥觀施田記》 匠官張大使雅崇道教，常一再葺師居徒館略具，且入田，爲畝七十，俾衣食之。既請葆光法師王某主祠事，六傳而至嗣教劉志義。其張氏子若孫以田直倍前，要而敚之，交獄于官，累數政不能決，劉乃辭去。延祐乙卯，濟南路總管笞里馬上，嗣教以聞。侯曰：『父施之，子敚之，若繼志何？違父之命，非孝；挾貴以甚良善，非仁；睹利而獲幸心，非義。有一于此，罪所必及。』于是敚者驚縮，不敢出。未幾，侯改福建閩海道肅政廉訪使，復騰口實。今榮禄大夫、中書左丞許公時爲憲使山東路，召吏詰曰：『汝去官折此兩家較然甚，若何不署所折按，而使齟齬不戢若是？』吏歸，具顛末。洎今許公指署文若券者二：一留公所，一授祠教者，俾相傳爲質。由是事遂息。

元・蔣正子《山房隨筆》 許平仲衡，學問文藝爲世所尊，稱爲夫子，人目爲許先生。養志不仕，有《辭召命詩》云：『一天雷雨誠堪畏，千載風雲漫企思。留取閑身臥田舍，靜看蝴蝶挂蛛絲。』可以觀其志矣。一號魯齋。

元・陶宗儀《説郛》卷二九下《佚名〈西軒客談〉》 許魯齋仕元世祖朝，以哈麻短毀漢法，不得行其學，力求歸田。觀其與人書有曰：『春日池塘，秋風禾黍，夏未雨蠶，老麥收冬。將寒困盈箱積門，喧童雉架滿詩書。山色水光，詩懷酒興。是以心思意向，日日在此。安此樂此，言亦此，書亦此。百周千折，期必得此而后已。』魯齋雖不明言其所以求去之意，托言乎此。然而人生得天地所與分內之樂，亦不過是矣。每讀是言，未嘗不手舞足蹈，而喜其有以同是心于百載之下焉。

元・陶宗儀《輟耕録》卷七《雇僕役》 許魯齋先生在中書日，命牙儈雇一僕役，特選一能應對閑禮節者進，郤之，曰：『特欲老實耳。』他日，領一蓬首垢面愚騃之人来，遂用之。儈請問其故，先生曰：『諺云：「馬騎上等馬，牛用中等牛，人使下等人。」馬上等能致遠，牛中等良善，人下等易馴。若其聰明過我，則我反爲所使矣。假如司馬温公家一僕，三十年止稱君實。秀才蘇子瞻學士来謁，聞而教之。明日，改稱大參相公。公驚問，以實告。公曰：「好一僕，被蘇東坡教壞了。」這便是様子。』

明・劉昌《中州名賢文表》卷六《許文正公・附録》 昌初至懷慶府儒學還，見一碑道側，大書深刻曰：『大元贈正學垂憲佐運功臣追封魏國公謚文正許先生之里』，遂下輿以趨，纔百步，則公祠也。肅拜而後登，祠三楹中肖公像，道德之光儀猶充然可挹。公之遠孫倫，時習業于官，端凝朴實，先賢之後，此固其可重歟！因其相禮於謁祠也，示之詩：『禮庭殖殖見諸孫，雅度依然似玉温。二百餘年遺澤在，光風長滿里中門。』天順六年八月既望，劉昌在河北道書。

《許文正公神道碑銘》，歐陽文公作。碑高丈四五，廣六尺，厚及廣之半，四面皆刻文，幾五千言。以世祖之明，文正公之賢，而得歐陽文公大手筆以發之，此皆曠世所甚難者。蓋君聖或不得乎臣，臣之賢或不遇。遇矣，其功業在朝廷，德澤在民庶，而作者或暗劣不能發其大，以究其微，使其俊偉之烈無以光史冊、垂後世，此則可慨也。而是碑既備矣，不謂之三絶哉！昌在周南驛書。

明・李東陽《懷麓堂集》卷四〇《書許魯齋〈辨説〉後》 明仲先生嘗讀《許文正公遺書》，見其《辨説》，歎曰：『是足以箴吾病也。』要予書一通，置之坐隅。辨之失，盡於此《説》。不得已而已與得已而不已者，均之爲未善。辨不辨，可不可之間耳。天下之人，有若予之愚闇，非強辨莫能喻，又明仲之必不可棄者，明仲若遂閉口，則吾曹何賴焉。予方恐其辨之未至，而何已甚之有？矯枉過直，君子不爲；惡醉強酒，大賢所戒。在明仲擇之而已。

清・雷鋐《讀書偶記》卷一 許魯齋先生云：『人心如印板，板不差，則摹千萬本皆不差；板一差，則摹之無不差者。』昔儀封張清恪公嘗舉此以相勗，每念之不敢忘。

郝經分部

傳記

元·郝經《郝文忠公全集》卷首《苟宗道〈翰林侍讀學士國信使郝公行狀〉》 公諱經，字伯常，姓郝氏，系出有殷帝乙之支子，封太原郝鄉，子孫爲氏。八世祖祚，自潞州徙澤之陵川縣，故世爲陵川人。曾大父諱升，字子進，母某氏。大父諱天挺，字晉卿，母某氏。父諱思温，字和之，既歿，門人謚曰『靜直處士』。母許氏。自八世祖以下，皆同居業儒，匱德不仕，教授鄉里，爲一郡望族。靜直君生三子，長即公也，次曰彝、曰庸。公幼不好弄，沉厚寡言，始知讀書，能強記不忘。歲辛卯，靜直君與夫人許氏攜公避亂於河南魯山，與衆數百皆匿於窟室。居無何，敵人索知，氣熏穴而死者殆盡，太夫人亦因咽塞而絶。時公甫九歲，匍匐摸索，得黄齏一瓶，又得蜜一器，隨用太夫人所佩翦刀抉其齒，以蜜和齏汁飲之，少頃而蘇。靜直君異之，雖奔走瀕死者數，愛公不忍棄也。歲壬辰，河南亡，徙居順天府。亂後生理狼狽，靜直君欲令次子讀書，俾公專治家事，以紓目前之急。太夫人曰：『吾觀是兒志貌不凡，他日必大吾門。忍令廢學以墜家聲？不過我輩忍窮數年耳。』靜直君以爲然，命公就學。公亦自振勵，雞鳴而起，執薪水之役，晝則營幹家事，少隙執書讀之而不輟也。會鐵佛寺僧張仲安者，識公茂異，以寺之南堂居公，聚童子而教之。公遂刻苦力學，肆意窮討，衣不解帶，忘寢與食，坐徹明者五年。每遇疑難，則沈思良久，反復諷誦，期於必得必悟而後已。嘗自誦曰：『不學無用學，不讀非聖書，不務邊幅事，不作章句儒。達必先天下之憂，窮必全一己之娱。賢則顔、孟，聖則孔、周，詎如韋如脂，爲碌碌之徒而已耶！』故慨然以興復斯文、道濟天下爲己任。讀書則專治六經，潛心伊洛之學，涉獵諸史子集，以窮理儘性、修己治人爲本，其餘皆厭視而不屑也。故世之爲決科干禄、纂組詞章之學者，始則群聚訕笑，終亦拱視而服之矣。既冠，順天路左副元帥賈侯一見，待以國士，辟公教授諸子，以書萬卷俾公讀之。數年，公聲名日盛。萬户蔡國張公聞之，禮請公館於帥府，授諸公子學。張公復有書萬卷，付公之管鑰，恣其搜覽。公乃大足平生之願，卒成偉世之器。厥後張、賈子孫比皆爲將相名臣，以顯於世。

初，遺山元先生學於公之大父，亂後往來燕、趙間，一見公，奇之曰：『吾子狀類先生，才識間出，家世淵源，有所積而然也。』遂相與論作詩作文法，復勉公以百世遠大之業。江漢趙先生愛公文筆雄贍，練達性理，謂之曰：『江左爲學讀書如伯常者甚多，然似吾伯常挺然一氣立於天地之間者，蓋亦鮮矣。』自是而名益重焉。諸鎮侯伯馳書交幣，各欲聘爲己用，皆拒而不答。歲壬子，今上以皇太弟開府於金蓮川，徵天下名士而用之，故府下諸公纍薦公於上。乙卯秋九月，上遣使召公，不起。十一月，召使復至，公乃歎曰：『讀書爲學，本以致用也。今王好賢思治如此，吾學其有用矣！』歲丙辰正月，見於沙陀。上問以帝王當行之事，公援引二帝三王治道以對，且告以『親親而仁民，仁民而愛物』之義。自朝至晡，上喜溢不倦。自後連日引對論事，甚器重之，且命條奏所欲言者。公乃上立國規模二十餘條，以爲創法立製，必有一定規模，然後可行，故有一國規模，有天下規模，有萬世規模。當今依仿前代，建立萬世規模，皆當時天下國家大事。上復問當今急務，公舉天下蠹民害政之尤者十一條上之，切中時弊，上皆以爲善。雖不能即用，至中統後，凡更張制度，用公之言十六七。歲己未，憲宗皇帝帥天下兵大舉伐宋，自西川入。今上總兵直趣荊鄂，遣使召從行。上駐蹕於濮，會軍師有以宋臣植齋奏議呈獻者，言宋邊防衝要，忌吾者凡七處。上召諸公共議，公乃具奏，以爲『古之一天下者，必己之德澤深厚，紀綱完具，彼之荒淫亂虐，敗亡有釁，天命人歸，一舉而取之。其地醜德齊，驕肆妄動，輕則見沮而還，重則覆亡之不暇。我國家開創以來，彎弓躍馬，窮征遠討四十餘年，紀綱未立，民不聊生。彼之君臣輯睦，政事修明，無釁可乘。我乃空國而來，僥倖一舉，諸侯窺伺於內，小民凋弊於下，故人之攻吾者，不啻數十百。道而不備乃利人，久備之道而攻之，臣見其危矣！願王整兵修武，以俟西師，藏器於身，待時而動，與帝修帝德以應天心，明王道以慰人望，簡賢良以尊將相，親宗室以壯基圖，撫諸國以消僭慝，制諸道以防窺竊，實屯戍以嚴武備，結盟好以弭兵鋒，興學校以育英才，恤瘡痍以養元氣。如是則禍變可弭，社稷無虞，我無釁而宋可圖矣。』上見公儒生談論兵事剴切，愕然曰：『是汝與張拔都共議邪？』公曰：『臣少館於張侯之門，亦嘗聞其論議。此特臣臆説，張侯初不與知也。』公退而著《書》義，名之曰《七道》，凡七千餘言。會以前中書令楊公惟忠爲江淮荊湖南北等路宣撫使，命公爲副使，以歸德路一軍，聽二公節制。行至棗陽，楊公以私故，欲還汴梁。公曰：『向者奉命，令我輩布宣恩信，以先啓行。傳聞王師已逾淮蔡，我若背馳還汴，是大不可。』楊公弗聽，公反復辨爭，楊公怒而起曰：『事當從長。』遂不與公會面者三日。公乃率戲下擬建旆而南。楊公悔懼，抵暮詣門而謝曰：『某誤矣！公之執守，讀書之力也。敢不唯命是聽？』翼日，遂與之俱會王師於江上。此又足以見公之不爲阿諛詭隨有如此者。公等存恤遺黎，聽納降附，所至，民皆聚拜馬首，故遠近降者如歸，所活不可勝計。

繼而聞西師果以萬乘之盛綴於一寨，數月不拔，死傷甚衆。公急上奏，曰《東師議》，大略以爲『且當按兵觀釁，以全東師，所以防禍於未然』者，周至懇到，上稱善者久之。然與帝業已定約，不獲中止，遂渡江圍鄂。未幾，憲宗凶問至自合州。鄂人乃據城堅守不下，師竟無功而還。

明年庚申三月，上即皇帝位於開平。四月，遣使召公，欲令使宋。公適自江上回，或勸公稱疾勿行，公曰：『吾讀書學道三十餘年，竟無大益於世。今天下困弊已極，幸而天誘其衷，主上有意息兵，是社稷之福也。儻乘幾挈會，得解兩國之鬭，活億萬生靈，吾學爲有用矣！』遂赴召。夏四月，見於開平，以公爲翰林侍讀學士，賜佩金虎符，充國信大使，賫國書入宋，告登寶位，布通好弭兵息民意。仍詔沿邊諸將，毋得出境侵抄。及陛辭，公請與一二蒙古偕行，帝不許，曰：『只卿等往。彼之君臣皆書生也，且賈似道在鄂時已嘗請和於我矣。』將出，帝賜蒲萄酒三爵，且命公曰：『朕初即位，凡事草創。卿今遠行，所當言者可亟上之。』公乃具草，言帝臨御之初，當大有爲，以定萬世之業，皆佐王經世之略，凡十六條。其言備御西王，罷諸道世襲，尤爲切至，帝皆節次行之。初，朝廷將遣公等，命益都路行省李璮先差人達知亡宋。夏五月，公至濟南，璮以書來止公，云：『近遣劉仙等二人至淮安，已爲知州葉再遇所殺。宋人意殊叵測，公等可無行也。』璮意實不喜和議，故因此以止公。公曰：『吾受命朝廷，持節而出。若以邊將之言而遽回，罪也；遲疑顧望而不進，亦罪也。』乃以璮言聞諸朝而行。六月，至宿州。以信使一行到邊，移文亡宋三省、樞密院、制置司，以請接納。宋之君臣會議，久而不報。時邊帥有侵略宋境，俘獲生口而去者，公遣人追及之，責以不遵約束之罪，仍將生口數十護送，各歸本業。七月，進至五河口。宋人遣揚州制置司幹官朱寶臣，遙授陳州通判秦之纔來接伴。八月，復遣懷遠軍招撫司參謀潘拱伯來館伴，仍請登舟而南。公將入宋境，憂朝廷初政，治具未完，事有未善者，遣使上封事言闕失，以爲『國家振舉綱維，修明禮樂，雖不能便如三代，亦當期致漢唐，不宜苟且，參用憸人，以蠹國政』，又極論『風俗者，天下之命脈，方今最爲敗亂，當速修理』。行次昭信，伴使潘拱伯傳兩淮制置使李庭芝欲一見國書，公正色曰：『皇帝授使人國書，令見貴朝國君而與之。今伴使要我於半塗，其故何哉？』拱伯不敢復言。九月，至真州，館於忠勇軍營。宋人規模佈置，已成囚所矣。十月，宋遣吉州刺史、兩淮制置司咨議官衞司愈來傳宣撫問，云：『蒙國遣使通好，實出美意，爲李鬆壽一再犯邊，故且館留儀真。』又出李庭芝一書，云：『信使以美意而來，鬆壽乃懷奸以逞，以此而和，殆類款我。』仍械繫李璮敗將劉軍判者以爲口實。初，公之在宿州，李璮潛師侵宋，宋人敗之淮安，故以款兵之事誣我。公答書，大略開陳聖主通好美意，中間別無蓋藏。至於邊將用兵啓釁，彼自不遵詔旨，何與使人事？仍上表宋主，有云：『願附魯連之義，排難解紛。豈如唐儉之徒，款兵誤國？』宋人見公辭直理順，遂不復言。自後，公等移文制置司，請入見，不報；請歸國，亦不報。乃牒宋三省樞密院致書平章賈似道，上書宋主闕下，反復辨論古今南北戰和利害，並今次遣使，止是告登寶位，布通好弭兵息民意。前後凡數十萬言，皆不報。伴使等但云朝廷已有定議矣。初，公之爲使也，雖出於聖上本意，平章政事王以道忌公威望軋己，乃力贊之，仍親作國書以促公行，蓋欲排置於外也。宋人既定議，留公不遣，見公辭氣曾無少沮，明年，伴使朱寶臣等僞報本朝異聞，公弗聽。復纍言之，欲離貳公心，以起降意。公厲聲曰：『此事斷無。設若有之，更當發遣我輩還國。』公乃與介佐一行束裝露次於庭者月餘，以請歸。宋人知公終不可屈，乃堅請復位，後果虛妄。

公在真州所居之館，故總制廳事也。館門扃鐍牢固，無故不復啓鑰。院中舊有大樹數株，盡皆斫去。牆高丈餘，上則樹以蘆柵，下則薦之以棘，外則掘壕塹，置鋪屋，兵卒坐鋪者恆百餘人，晝則周圍覘伺，夜則巡邏擊柝，所以防閑挫抑者無所不至。公皆不以爲意，益振其剛大之氣，不作委靡乞憐之態。公御下頗嚴。介佐人員見宋以長久之計羈縻不遣，時亦有怨嗟者。公謂之曰：『吾一介書生，蒙主上兩徵而起，一命爲宣撫使，再命爲國信大使。捨忠與義，其何以報？向在淮北猶豫顧望，畏避不前，我之罪也。一渡長淮，宋既接納，盡其在我者而已。其死生進退在於彼國，吾惟有一守節不屈耳。吾祖宗以來七世讀書，寧肯爲不忠不義以辱及中州士大夫乎？但君等不幸，同在患難，且宜忍死以待。吾以天時人事測之，宋之氣數不遠矣。』衆皆悅服。故雖被拘執十有六年，除物故三數人外，皆能與公俱歸。蓋以公平生忠義之氣，有以激勵而然也。歲丙寅春，三節人有因鬭毆相殺死者。公曰：『若輩拘囚歲久，殆無生意，是不可與久處此困厄也。恐別生事端，玷吾大節。』乃與幕僚苟宗道等六人築館別居於外者，又九年。片天之下，四壁之內，秋霖夏暑，不勝其苦。公處置一定，雖萬折而不衂，著書吟詠自若也。宋人知公志節終不可奪，亦不忍害，反畏而敬之，日給廩餼頗有加焉。至至元十一年甲戌，大丞相伯顔將兵伐宋。既渡江，帝命兵部尚書廉希賢洎公之弟行樞密院都事郝庸等，賚詔赴杭州，問以執行人之故。宋人懼，遂禮而歸公焉。

明年三月，帝知公至，且病，遣近侍太醫迓公者相次於道。所過郡邑，不遠數百里來觀者如市。父老見公全節不屈，龍鍾皓首而歸，往往有泣下者。夏四月，至京師。入見，帝嗟慰勞來懇至。賜宴畢，復召入，賜坐論事。適大臣奏呈諭宋詔草，不稱旨，俾公改作。公援筆立就，帝稱善，即行之。至晡乃出。

翌日，車駕幸上都，令公就醫看治。無何，宿疾復作。秋七月十有六日，疾革。其子採麟問以後事，仍以紙筆呈公。公執筆，目半瞑，但書『天風海濤』四字，餘無所言。少頃，終於所居之正寢。春秋五十有三。天下聞而哀之。越二十有八日，採麟奉柩，都省差官護送，權厝於保定府西郭外靜直君之墓側。公雖没，四海九州之内，牛童馬走皆能道公姓字矣。後朝廷憫公忠節，凡從公歸者，各命官有差，特命其子採麟以奉訓大夫知林州。初，上之圍鄂也，賈似道懼而請和。上未之許，而聞先帝升遐，班師北歸。似道遂以爲己有卻敵之功，誣奏宋主，即軍前拜相，甫入朝秉政。而公往奉使議和，以尋前約，似道諱其前言之失，恥爲城下之盟，故定議羈留公等於真州。舉國皆知其非，唯似道主而不遣也。噫！公入宋之初而似道拜相，公歸數月而似道見殺，公没之明年而宋亡。公之一身，關係兩朝之興喪，惜乎不得一見而終也。

公生於喪亂之後，能嶷崿振拔，不爲流俗所移，以蓋世豪邁之氣，堅忍不渝之志，爲成己成物之學，故能深造自得，一體用，兼本末，貫萬物而不遺。至於太極先天造物之機，道德性命之情之妙，與夫聖賢心傳踐履之實，古今開濟天下之要，則尤精察洞究，粹然一出乎孔孟之正，諸子以下不屑論也。蓋將唱鳴吾道，揮斥百家邪説之蠹，橫聖門而禦侮，高明正大，挺然一世之傑，所以能建奇功，立大節，著書傳道，以大儒名天下後世。其或賦詩飲酒，邀賓接物，而英風逸氣有足以動人者，此特公游泳陶寫之餘事耳。其文則涵養蘊蓄之久，理足而氣有餘，蓋有激於中則吐而爲之辭，如長江大河有源有委，下筆數千百言，不求奇而自奇，無意於法而皆法，純乎理性而不雜，故能自成一家之作。其詩則氣韻高遠，止乎禮義，得詩人忠厚之意，故能攄寫至理，吟詠性情，不爲近體尖新切律之語，亦足以自成一家。字畫則天姿高古，取衆人所長以爲己有，故有筆勢俊逸遒勁，似其爲人，無傾側頗媚之態，亦爲當代名筆。

公自幼事父母以孝謹稱，事繼母尤篤，撫育弟妹甚厚，以全八世同居之義。亂後得親族疏遠者，待之亦同骨肉。與人交結始終以誠，而又喜交遊，好施與，樂爲善事。受人之恩，必切切思報，雖小而不忘。爲人軀幹瑰偉，氣貌嚴肅，胸次洞達，辭鋒雄辨，望之凜然有不可犯之色。但資賦剛方，疾惡太甚，故屢中小人之禍。拘留宋中，不與世接，反得究竟平生著述。公自弱冠，每以陳壽所修《三國志》統紀紊亂，尊魏抑漢，後世不公之甚，他日必當改作。及聞晦庵先生有《通鑑綱目》，嘗語人曰：『《綱目》雖奪魏統而與漢，然一代完書終未改正。』公乃創作紀、傳、序、志、論、贊等書，其辭例森嚴正大，雄深雅健，黜奸雄之僭僞，續一世之正統，則昭烈、孔明之心白日正中也。仍改曰《續後漢書》，若干卷。以《春秋》聖人用道之書，學者所宜深究，乃作《章句音義》若干卷，《制作本義》若干卷，《比類條目》若干卷，可使讀書者得聖人之本意，泝流而求源，由近而致遠也。又學《春秋》者，必自『三傳』入，而三家互有得失，乃作《三傳折衷》若干卷。凡四書，總名之曰《春秋外傳》，共若干卷，合十餘萬言。又以孔子承三聖之《易》爲之作傳，已極其至，近世諸家傳註論議不一，乃著《周易外傳》十卷。又爲《太極演》、《原古録》、《通鑑書法》、《玉衡真觀》、《刪註三子》、《一王雅》、《行人誌》等書，各數十卷，又合十餘萬言。觀公之用力聖門，自期於不朽，其志可謂勤矣。今《文集》若干卷行於世。公娶淇澳張氏，賢明端淑，貞靜有守。公在宋十餘年，夫人治家有法，寬惠慈愛，篤於恩義，宗族賴之以安，後公十年而卒。子男三人，二早卒，一即採麟也，今集賢直學士、朝請大夫。孫埜尚幼。女二人，長適中書省知印王良傑，次適從仕郎安陸縣尹蕭玠。弟彝，字仲常，讀書學道，不求宦達，以醇德篤行終。男二人，長早卒，次克紹。弟庸，字季常，累官奉訓大夫、潁州知州而卒。有女二人，長適洛陽裴氏子讓，次適潁州學正申必敬。奉直大夫、江北淮東道肅政廉訪副使、門生苟宗道狀。

《元史》卷一五七《郝經傳》　郝經字伯常，其先潞州人，徙澤州之陵川，家世業儒。祖天挺，元裕嘗從之學。金末，父思温辟地河南之魯山。河南亂，居民匿窖中，亂兵以火熏灼之，民多死。經母許亦死，經以蜜和寒菹汁，決母齒飲之，即蘇。時經九歲，人皆異之。金亡，徙順天。家貧，晝則負薪米爲養，暮則讀書。居五年，爲守帥張柔、賈輔所知，延爲上客。二家藏書皆萬卷，經博覽無不通。往來燕、趙間，元裕每語之曰：『子貌類汝祖，才器非常，勉之！』

憲宗二年，世祖以皇弟開邸金蓮川，召經，諮以經國安民之道，條上數十事，大悅，遂留王府。是時連兵於宋，憲宗入蜀，命世祖總統東師，經從至濮。會有得宋國奏議以獻，其言謹邊防，守衝要，凡七道，遂下諸將議。經曰：『古之一天下者，以德不以力。彼今未有敗亡之釁，我乃空國而出，諸侯窺伺於內，小民凋弊於外。經見其危，未見其利也。王不如修德布惠，敦族簡賢，綏懷遠人，控制諸道，結盟飭備，以待西師。上應天心，下繫人望，順時而動，宋不足圖也。』世祖以經儒生，愕然曰：『汝與張拔都議邪？』經對曰：『經少館張柔家，嘗聞其論議。此則經臆説耳，柔不知也。』進《七道議》，七千餘言。乃以楊惟中爲江淮荊湖南北等路宣撫使，經爲副，將歸德軍，先至江上，宣布恩信，納降附。惟中欲私還汴，經曰：『我與公同受命南征，不聞受命還汴也。』惟中怒，弗聽。經率麾下揚旌而南，惟中懼謝，乃與經俱行。

經聞憲宗在蜀，師久無功，進《東師議》。其略曰：經聞圖天下之事於未然則易，救天下之事於已然則難。已然之中復有未然者，使往者不失而來者得遂，是尤難也。國家以一旅之衆，奮起朔漠，斡斗極以圖天下，馬首所向無不摧破。滅金源，幷西夏，蹂荊襄，克成都，平大理，躪轢諸夷，奄征四海，有天下十八，盡元魏、金源故地而加多，廓然莫與侔大也。惟宋不下，未能混一，連兵構禍踰二十年。何曩時掇取之易，而今日圖惟之難也？

夫取天下，有可以力幷，有可以術圖。幷之以力則不可久。久則頓弊而不振；圖之以術則不可急，急則僥倖而難成。故自漢唐以來，樹立攻取，或五六年，未有踰十年者，是以其力不弊，而卒能保大定功。晉之取吳，隋之取陳，皆經營比佽十有餘年。是以其術得成，而卒能混一。或久或近，要之成功各當其可，不妄爲而已。國家建極開統垂五十年，而一之以兵，遺黎殘姓，游氣驚魂，虔劉劘盪，殆欲殲盡。自古用兵，未有如是之久且多也。其力安得不弊乎？且括兵率賦，朝下令而夕出師，躬擐甲冑，跋履山川，闔國大舉，以之伐宋而圖混一。以志則鋭，以力則強，以土則大，而其術則未盡也。苟於諸國既平之後，息師撫民，致治成化，創法立制，敷布條綱，上下井井，不撓不紊，任老成爲輔相，起英特爲將帥，選賢能爲任使，鳩智計爲機衡，平賦以足用，屯農以足食，內治既舉，外禦亦備。如其不服，姑以文誥，拒而不從，而後伺隙觀釁，以正天伐。自東海至于襄、鄧，重兵數道，聯幟接武，以爲正兵。自漢中至于大理，輕兵捷出，批亢抵脅，以爲奇兵。帥臣得人，師出以律，高拱九重之內，而海外有截矣。是而不爲，乃於間歲遽爲大舉，上下震動，兵連禍結，底安于危，是已然而莫可止者也。東師未出，大王仁明，則猶有未然者，可不議乎？

國家用兵，一以國俗爲制，而不師古。不計師之衆寡，地之險易，敵之強弱，必合圍把稍，獵取之若禽獸然。聚如丘山，散如風雨，迅如雷電，捷如鷹鶻，鞭弭所屬，指期約日，萬里不忒，得兵家之詭道，而長於用奇。自滄河之戰，乘勝下燕、雲，遂遺兵而去，似無意於取者。既破回鶻，滅西夏，乃下兵關陝以敗金師，然後知所以深取之，是長於用奇也。既而爲斡腹之舉，由金、房繞出潼關之背以攻汴；爲擣虚之計，自西和徑入石泉、威、茂以取蜀；爲示遠之謀，自臨洮、吐番穿徹西南以平大理。皆用奇也。夫攻其無備，出其不意，而後可以用奇。豈有連百萬之衆，首尾萬餘里，六飛雷動，乘輿親出，竭天下，倒四海，騰擲宇宙，軒豁天地，大極於遐徼之土，細窮於委巷之民，撞其鐘而掩其耳，嚙其臍而蔽其目，如是用奇乎？是執千金之璧而投瓦石也。

其初以奇勝也，關隴、江淮之北，平原曠野之多，而吾長於騎，故所向不能禦。兵鋒新鋭，民物稠夥，擁而擠之，郡邑自潰，而吾長於攻，故所擊無不破。是以用其奇而驟勝。今限以大山深谷，阨以重險荐阻，迂以危途繚徑，我之乘險以用奇則難，彼之因險以制奇則易。況於客主勢懸，蘊蓄情露，無虜掠以爲資，無俘獲以備役，以有限之力，冒無限之險。雖有奇謀祕略，無所用之。力無所用與無力同，勇無所施與不勇同，計不能行與無計同。泰山壓卵之勢，河海濯爇之舉，擁遏頓滯，盤桓而不得進，所謂強弩之末不能射魯縞者也。

爲今之計，則宜救已然之失，防未然之變而已。西師既構，猝不可解，如兩虎相鬭，猝入于巖阻，見之者辟易不暇，又焉能以理相喻，使之逡巡自退？彼知其危，竭國以并命，我必其取，無由以自悔，兵連禍結，何時而已。

殿下宜遣人命於行在所，大軍壓境，遣使喻宋，示以大信，令降名進幣，割地納質。彼必受命，姑爲之和，偃兵息民，以全吾力，而圖後舉，天地人神之福也。稟命不從，殿下之義盡，而後進吾師，重慎詳審，不爲躁輕飄忽，爲前定之謀，而一之以正大，假西師以爲奇而用吾正。比師南轅，先示恩信，申其文移，喻以禍福，使知殿下仁而不殺，非好攻戰闢土地，不得已而用兵之意。誠意昭著，恩信流行，然後閱實精勇，別爲一軍，爲帳下之卒，舉老成知兵者俾爲將帥，更直宿衛，以備不虞。其餘師衆，各畀侯伯，使吾府大官元臣分師總統，爲戰攻之卒。其新入部曲瞢不知兵，雖名爲兵其實役徒者，使沿邊進築，與敵郡邑犬牙相制，爲屯戍之卒。推擇單弱，究竟逃匿，編葺部伍，使聞望重臣爲之撫育，總押近裹故屯，爲鎮守之卒。使掣肘之計不行，妄意之徒屏息，内外備禦無有缺綻，則制節以進。既入其境，敦陳固列，緩爲之行。彼善於守而吾不攻，彼恃城壁以不戰老吾，吾合長圍以不攻困彼，吾用吾之所長，彼不能用其長。選出入便利之地爲久駐之基，示必取之勢。毋焚廬舍，毋傷人民，開其生路，以攜其心，亟肆以疲，多方以誤，以弊其力。

兵勢既振，蘊蓄既見，則以輕兵掠兩淮，杜其樵採而遏其糧路，使血脈斷絶，各守孤城，示不足取。即進大兵，直抵于江，沿江上下列屯萬，號令明肅，部曲嚴整，首尾綿構，各具舟楫，聲言徑渡。彼必震疊，自起變故。蓋彼之精鋭盡在兩淮，江面闊越，恃其巖阻，兵皆柔脆，用兵以來未嘗一戰，焉能當我百戰之鋭。一處崩壞，則望風皆潰，肱髀不續，外内限絶，勇者不能用而怯者不能敵，背者不能返而面者不能禦，水陸相擠，必爲我乘。是兵家所謂避堅攻瑕，避實擊虚者也。

如欲存養兵力，漸次以進，以圖萬全，則先荊後淮，先淮後江。彼之素論，謂『有荊、襄則可以保淮甸，有淮甸則可以保江南。』先是，我嘗有荊、襄，有淮甸，有上流，皆自失之。今當從彼所保以爲吾攻，命一軍出襄、鄧，直渡漢水，造舟爲梁，水陸濟師。以輕兵掇襄陽，絶其糧路，重兵皆趨漢陽，出其不意，以伺江隙。不然，則重兵臨襄陽，輕兵捷出，穿徹均、房，遠叩歸、峽，以應西師。如交、廣、施、黔選鋒透出，夔門不守，大勢順流，即并兵大出，摧拉荊、郢，横潰湘、潭，以成掎角。一軍出壽春，乘其鋭氣，并取荊山，駕淮爲梁，以通南北。輕兵抄壽春，而重兵支布於鍾離、合淝之間，掇拾湖濼，奪取關隘，據濡須，塞皖口，南入舒、和，西及於蘄、黄，徜徉恣肆，以覘江口。烏江、采石廣布戍邏，偵江渡之險易，測備禦之疏密，徐爲之謀，而後進師。所謂潰兩淮之腹心，抉長江之襟要也。一軍出維揚，連楚蟠亘，蹈跨長淮，鄰我強對。通、泰、海門，揚子江面，密彼京畿，必皆備禦堅厚，若遽攻擊，則必老師費財。當以重兵臨維揚，合爲長圍，示以必取。而以輕兵出通、泰，直塞海門、瓜步、金山、柴墟河口，游騎上下，吞江吸海，並著威信，遲以月時，以觀其變。是所謂圖緩持久之勢也。三道並出，東西連衡，殿下或處一軍，爲之節制，使我兵力常有餘裕，如是則未來之變或可弭，已然之失一日或可救也。

議者必曰，三道並進，則兵分勢弱，不若併力一向，則莫我當也。曾不知取國之術與爭地之術異，併力一向，爭地之術也；諸道並進，取國之術也。昔之混一者，皆若是矣。晉取吳，則六道進；隋取陳，則九道進；宋之於南唐，則三面皆進。未聞以一旅之衆，而能克國者，或者有之，僥幸之舉也。豈有堂堂大國，師徒百萬，而爲僥幸之舉乎？況彼渡江立國，百有餘年，紀綱修明，風俗完厚，君臣輯睦，内無禍釁，東西南北輪廣萬里，亦未可小。自敗盟以來，無日不討軍實而申警之，彷徨百折，當我強對，未嘗大敗，不可謂弱。豈可蔑視，謂秦無人，直欲一軍倖而取勝乎？秦王問王翦以伐荊，翦曰：『非六十萬不可。』秦王曰：『將軍老矣。』命李信將二十萬往，不克，卒畀翦以兵六十萬而後舉楚。蓋衆有所必用，事勢有不可懸料而倖取者。故王者之舉必萬全，其倖舉者，崛起無賴之人也。

嗚呼！西師之出，已及瓜戍，而猶未即功。國家全盛之力在於東左，若亦直前振迅，鋭而圖功，一舉而下金陵、舉臨安則可也。如兵力耗弊，役成遷延，進退不可，反爲敵人所乘，悔可及乎？固宜重慎詳審，圖之以術。若前所陳，以全吾力，是所謂坐勝也。雖然，猶有可憂者。國家掇取諸國，飄忽淩厲，本以力勝。今乃無故而爲大舉，若又措置失宜，無以挫英雄之氣，服天下之心，則稔惡懷姦之流，得以窺其隙而投其間，國内空虛，易爲搖蕩。臣愚所以諄諄於東師，反覆致論，謂不在於已然而在於未然者，此也。

遂會兵渡江，圍鄂州。聞憲宗崩，召諸將屬議，經復進議曰：《易》言：『知進退存亡而不失其正者，其惟聖人乎！』殿下聰明睿知，足以有臨；發強剛毅，足以有斷。進退存亡之正，知之久矣。嚮在沙陀，命經曰：『時未可也。』又曰：『時之一字，最當整理。』又曰：『可行之時，爾自知之。』大哉王言，『時乘六龍』之道，知之久矣。自出師以來，進而不退，經有所未解者，故言于真定，于曹、濮，于唐、鄧。亟言不已，未賜開允。乃今事急，故復進狂言。

國家自平金以來，惟務進取，不遵養時晦，老師費財，卒無成功，三十年矣。蒙哥罕立，政當安靜以圖寧謐，忽無故大舉，進而不退，畀王東師，則不當亦進也而遽進。以爲有命不敢自逸，至于汝南，既聞凶訃，即當遣使偏告諸帥各以次退，修好于宋，歸定大事，不當復進也而遽進。以有師期，會于江濱，遣使喻宋，息兵安民，振旅而歸，不當復進也而又進。既不宜渡淮，又豈宜渡江？既不宜妄進，又豈宜攻城？若以機不可失，敵不可縱，亦既渡江，不能中止，便當乘虛取鄂，分兵四出，直造臨安，疾雷不及掩耳，則宋亦可圖。如其不可，知難而退，不失爲金兀朮也。師不當進而進，江不當渡而渡，城不當攻而攻，當速退而不退，當速進而不進，役成遷延，盤桓江渚，情見勢屈，舉天下兵力不能取一城，則我竭彼盈，又何俟乎？且諸軍疾疫已十四五，又延引月日，冬春之交，疫必大作，恐欲還不能。

彼既上流無虞，呂文德已并兵拒守，知我國疵，鬬氣自倍，兩淮之兵盡集白鷺，江西之兵盡集隆興，嶺廣之兵盡集長沙，閩、越沿海巨舶大艦以次而至，伺隙而進，如遏截於江、黄津渡，邀遮于大城關口，塞漢東之石門，限郢、復之湖濼，則我將安歸？無已則突入江、浙，擣其心腹。聞臨安、海門已具龍舟，則已徒往；還抵金山，并命求出，豈無韓世忠之儔？且鄂與漢陽分據大别，中挾巨浸，號爲活城，肉薄骨并而拔之，則彼委破壁孤城而去，泝流而上，則入洞庭，保荊、襄，順流而下，則精兵健櫓突過滸、黄，未易遏也，則亦徒費人命，我安所得哉？區區一城，勝之不武，不勝則大損威望，復何俟乎？

雖然，以王本心，不欲渡江，既渡江，不欲攻城，既攻城，不欲并命，不焚廬舍，不傷人民，不易其衣冠，不毁其墳墓，三百里外不使侵掠。或勸徑趨臨安，曰其民人稠夥，若往，雖不殺戮，亦被踐蹂，吾所不忍。若天與我，不必殺人；若天弗與，殺人何益，而竟不往。諸將歸罪士人，謂不可用，以不殺人故不得城。曰彼守城者衹一士人賈制置，汝十萬衆不能勝，殺人數月不能拔，汝輩之罪也，豈士人之罪乎？益禁殺人。巋然一仁，上通于天，久有歸志，不能遂行耳。然今事急，不可不斷也。

宋人方懼大敵，自救之師雖則畢集，未暇謀我。第吾國内空虛，塔察國王與李行省肱髀相依，在於背脅；西域諸胡窺覘關隴，隔絶旭烈大王；病民諸姦各持兩端，觀望所立，莫不覬覦神器，染指垂涎。一有狡焉，或啓戎心，先人舉事，腹背受敵，大事去矣。且阿里不哥已行赦令，令脱里赤爲斷事官，行尚書省，據燕都，按圖籍，號令諸道，行皇帝事矣。雖大王素有人望，且握重兵，獨不見金世宗、海陵之事乎！若彼果決，稱受遺詔，便正位號，下詔中原，行赦江上，欲歸得乎？

昨奉命與張仲一觀新月城，自西南隅抵東北隅，萬人敵，上可並行大車，排槎弗樓，締構重複，必不可攻，衹有許和而歸耳。斷然班師，亟定大計，銷禍於未然。先命勁兵把截江面，與宋議和，許割淮南、漢上、梓夔兩路，定疆界歲幣。置輜重，以輕騎歸，渡淮乘驛，直造燕都，則從天而下，彼之姦謀僭志，冰釋瓦解。遣一軍逆蒙哥罕靈輿，收皇帝璽。遣使召旭烈、阿里不哥、摩哥及諸王駙馬，會喪和林。差官於汴京、京兆、成都、西涼、東平、西京、北京，撫慰安輯。召真金太子鎮燕都，示以形勢。則大寳有歸，而社稷安矣。

會宋守帥賈似道亦遣間使請和，迺班師。明年，世祖即位，以經爲翰林侍讀學士，佩金虎符，充國信使使宋，告即位，且定和議，仍敕沿邊諸將毋鈔掠。經入辭，賜蒲萄酒，詔曰：『朕初即位，庶事草創，卿當遠行。凡可輔朕者，亟以聞。』經奏便宜十六事，皆立政大要，辭多不載。

時經有重名，平章王文統忌之。既行，文統陰屬李璮潛師侵宋，欲假手害經。經至濟南，璮以書止經，經以璮書聞于朝而行。宋敗璮軍于淮安，經至宿州，遣副使劉仁傑、參議高翿請入國日期，不報。遺書宰相及淮帥李庭芝，庭芝復書果疑經，而賈似道方以敵爲功，恐經至謀泄，竟館經真州。經乃上表宋主曰：『願附魯連之義，排難解紛；豈知唐儉之徒，款兵誤國。』又數上書宋主及宰執，極陳戰和利害，且請入見及歸國，皆不報。驛吏棘垣鑰戶，晝夜守邏，欲以動經，經不屈。經待下素嚴，又久羈困，下多怨者。經諭曰：『嚮受命不進，我之罪也。一入宋境，死生進退，聽其在彼，我終不能屈身辱命。汝等不幸，宜忍以待之。我觀宋祚，將不久矣。』居七年，從者怒鬬，死者數人，經獨與六人處別館。又九年，丞相伯顔奉詔南伐，帝遣禮部尚書中都海牙及經弟行樞密院都事郝庸入宋，問執行人之罪，宋懼，遣總管段佑以禮送經歸。賈似道之謀既泄，尋亦竄死。經歸道病，帝敕樞密院及尚醫近侍迎勞，所過父老瞻望流涕。明年夏，至闕，錫燕大庭，咨以政事，賞賚有差。秋七月，卒，年五十三，官爲護喪還葬，謚文忠。明年，宋平。

經爲人尚氣節，爲學務有用。及被留，思託言垂後，撰《續後漢書》、《易》、《春秋外傳》、《太極演》、《原古録》、《通鑑書法》、《玉衡貞觀》等書及文集，凡數百卷。其文豐蔚豪宕，善議論。詩多奇崛。拘宋十六年，從者皆通於學。書佐苟宗道，後官至國子祭酒。經還之歲，汴中民射雁金明池，得繫帛，書詩云：『霜落風高恣所如，歸期回首是春初。上林天子援弓繳，窮海纍臣有帛書。』後題曰：『至元五年九月一日放雁，獲者勿殺。國信大使郝經書于真州忠勇軍營新館。』其忠誠如此。

二弟彝、庸，皆有名。彝字仲常，隱居以壽終；庸字季常，終潁州守。子采麟，亦賢，起家知林州，仕至山南江北道肅政廉訪使。

清·李衛等《畿輔通志》卷一〇三《〔元〕劉秉忠〈郝經傳〉》　郝經，字仲常。其先陵川人，後徙河北霸州。世祖即位，以經爲翰林侍讀學士。王文統素忌其才德，乃遣使宋。或謂經：『盍以疾辭？』經曰：『江淮遺黎，弱者被俘畧，壯者死原野，兵連禍結，斯亦久矣。聖上一視同仁，務通兩國之好。雖以微軀蹈不測之淵，苟能弭兵靖亂，活百萬生靈於鋒鏑之下，吾學爲有用矣。』遂行。王文統陰諷李璮侵宋以阻撓之，欲假以害經。經踰淮，賈似道懼奸謀呈露，遂以李璮爲辭，拘經於真州之忠勇軍。驛吏防守嚴於獄，從行介佐或不能堪。經曰：『將命至此，死生進退聽其在彼，守節不屈盡其在我。豈能不忠不義，以辱中州士大夫乎？』宋帝大臣聞經言，遂請入見，皆不報。驛吏棘垣鑰戶，從人怒而鬬死數人。居七年，徙經別館，與從者六人。又居九年，巴延南侵。宋懼，乃以禮送經歸。似道之謀泄，亦竄死矣。經歸，世祖賜宴大庭，官加國子祭酒，爲朝列大夫。秋七月，經卒，年五十二。經之爲人尚氣節，爲學思致用。及被留，撰《續漢書》、《易》、《春秋外傳》，文集數百卷。其文豐蔚豪宏，善謀議論，詩多奇崛，當時感其言，目其事各爲振勵者甚多。子二：長景文，官給事；次子景和，官廉訪使。

綜述

元·閻復《靜軒集·元故翰林侍讀學士國信使郝公墓誌銘》　一天下之道有二：以仁，以得人。奚以仁？孟軻氏所謂『不嗜殺人者，能一之。』奚以得人？漢史所謂『知人善任，使所以成帝業也。』洪惟世祖聖德神功文武皇帝之取江南，其審是道歟！

我朝肇起朔方，奄宅中夏，惟靖康餘孽，假息一隅，干戈相尋，餘數十年。中統建元之初，首遣信使通好，以偃兵息民爲務。宋人怙險，執我行人，久之而不返，始興問罪之師。臨軒命將，引宋將曹彬不殺爲戒。其一天下之仁，灼見於此。爲將帥者，卒能以仁義之師席卷三吴，所過市不易肆，三代名將不啻過焉。奉使節者，被執十六年之久，卒能完節而歸，不辱君命，兩漢名臣無以尚之。嗚呼！世祖皇帝知人之明，遠追堯舜，豈區區漢祖所可比隆哉？將帥謂誰？大丞相伯顔是已。奉使謂誰？故翰林侍讀學士郝公其人也。

公諱經，字伯常。【略】公才識超邁，務爲有用之學。上泝洙泗，下迨伊洛，諸書經、史、子、集，靡不洞究，掇其英華，發爲詞章論議，視前古慨然以羽翼斯文爲任。自是聲名藉甚，藩帥交辟，皆不屑就。時世祖在潛，以太弟之貴開府朔庭，招集四方賢士，講明當世之務。歲丙辰，公應召而北，優被顧問，首陳唐、虞、三代治道以對，又條經國遠圖及民間利病，凡數十事，悉見嘉納。

歲己未，憲宗皇帝大舉伐宋，取道巴蜀。世祖奉命帥東道兵直趣鄂岳，以公從行。公乘間進言：『王者之師，有征無戰。巴蜀地險，宋人邊圉孔固。萬恐鑾輿西邁，非萬全之舉也。我師未可輕進，宜修德以應天心，布澤以系民望，敦族以固根本，警備以防未然，蓄鋭以養兵力，相時而動，江左不足圖也。』世祖偉其説。會立江淮宣撫司，授公宣撫副使，以先啓行，布宣威德，招納降附，所活不可勝計。是歲秋，王師渡江圍鄂。憲宗皇帝次合州，綴於一砦，師久無功。未幾上仙，凶聞至軍中。會宋人請和，即命班師。

明年，世祖御極，欲柔服宋人，以公奉使，告登寶位，且徵前日請和之議。或爲公言：『宋人譎詐叵信，盍以疾辭？』公曰：『自南北遘難，江淮遺黎，弱者被俘略，壯者死原野，兵連禍結，斯亦久矣。聖上一視同仁，務通兩國之好，雖以微軀蹈不測之淵，苟能弭兵靖亂，活百萬生靈於鋒鏑之下，吾學爲有用矣。』乃授翰林侍讀學士，佩金虎符，充國信使。初，鄂渚之役，宋將賈似道遣介乞和，王師既還，遂以扞城爲己功，入拜僞丞相，顓制國事，宋主仰成而已。聞公來聘，恐泄匄和之議，故館於儀真，不聽其入。公被留既久，上書宋主，移文相府，開陳古今和戰利病，喻以禍福存亡之理，累數十萬言，皆不報。又數以詭計撼公，公曰：『吾家業儒，凡七世矣。顧肯虧忠義大節，以辱中州士大夫乎？』佐從數十輩，雖被館穀，嚴扃錮鐵，環兵擊柝，如墮狴犴中，人人鬱抑，殆無生意。公厲志堅貞，確然如石不可轉也。

至元十一年，大丞相伯顔戈船南下，奉辭伐罪。宋主懼而歸公，始知似道姦謀誤國，即加竄殛。十二年，公至京師，世祖錫宴於路朝，慰勞良久。公自中途遘疾，至是增劇。異日車駕幸上都，公留治疾，以七月乙酉終於所居之正寢，春秋五十有三。朝廷憫其忠節，特授公子采麟奉訓大夫、知林州。凡從公使宋者，賜爵有差。

噫！宋之亡也，非若吴皓之昏暴，陳叔寶之昏淫，以姦臣制主，弗體聖朝好生之德，拘執行人，自啓兵端爾。嚮使從公之言，講信脩睦，則干羽之舞，不專美於虞庭；宗廟血食，微若敖氏之歎矣。蓋宋運將終，天開皇元混一之期，以至歸版圖於職方，納降王於軒陛，惜公不及見焉，悲夫！

公在儀真，日以著述爲事。準《通鑑綱目》，作《續後漢書》，以正史壽之失。著《春秋》、《周易外傳》、《太極演》、《原古録》、《通鑑書法》、《玉衡真觀》、《删註三子》、《一王雅》、《行人誌》等書，凡數百卷。先哲立言垂世，多是幽憂困吝中。是知天之厄公，適所以厚公也。

【略】

公之歿也，權厝於保定西郭靜直君墓側。大德三年春，遷窆於河陽虎頭山之原，從吉兆也。先事朝請君持淮東道肅政廉訪副使苟宗道所述《家傳》，請銘幽隧，復嘗與君同僚，義不可辭。銘曰：

虎山兮蒼蒼，河水兮洋洋。山之麓兮河之陽，有堂其封兮郝公之藏。昔公之往兮，金虎斯煌。偃革息民兮，仁信是將。羌宋人之弗寤兮，乃厎滅亡。公陷荊吴十六年之久兮，秉使節之堂堂。英風義概高古之人兮，耿百世其垂光。虎山兮茫茫，河水兮湯湯。山之永兮河之長，郝氏餘慶兮淵乎未央。

元·苏天爵《國朝名臣事略》卷一五《國信使郝文忠公（經）》 公

名經，字伯常，澤州陵川人。召居潛邸。歲己未，扈從濟江，授江淮宣慰司副使。中統元年，拜翰林侍讀學士，充國信使，奉使于宋，宋人館于真州，凡十六年始得歸。卒，年五十三。【略】

公幼至孝，撫諸弟極厚，待宗族疏近如一，篤友樂施。德於己者，雖細惠必報。然偉特方嚴，風岸陗立，衆不可攀，薰良蕕奸，題帖無貸，故用世之志，適際可爲。已墮奇擯，既處幽所，日以立言載道爲務，撰《續後漢書》，紬丕儕權，還統章武，以正壽史之失。著《春秋外傳》、《易外傳》、《太極演》、《原古録》、《通鑑書法》、《玉衡貞觀》、《删注三子》、《一王雅》、《行人志》，各數十卷。公於辭以理爲主，雄渾有氣。《文集》若干卷，傳於世。又《臨川吳公文集》云：昔公使宋，留江淮間十有餘年，常貽書宋之君相，其言忠厚懇惻，内爲國計，外爲宋計，其心平恕廣遠，真古之仁人君子哉。宋之柄臣阻遏掩蔽，不使上聞，以自速滅亡，悲夫！

公前時從世祖渡江取鄂，作《望黄鶴樓》詞。他人處此，必謂乘方興之勢，殄垂盡之命，一舉而吞噬之也，夫何難！而公之詞乃曰：『問南朝之士，有何長策，更休把蒼生誤。』則其忠厚懇惻之言，平恕廣遠之心，與後來貽書之意同。真古之仁人君子哉！

元・袁桷《清容居士集》卷四九《書郝伯常經題黄樓水龍吟後》

郝公以使事館儀真日，襆被蓐食，引馬於庭下，請歸。館使謝以未有旨。如是者十有六年，在館中觀書不輟，其未見者從制置司以假。所作《蜀漢書》，皆拘留時稿定。方是時，宋相以滔天之惡，蒙蔽朝論，士大夫咸以道學緣飾，殆如風痺，不知痛痒。公蓋目覩其弊。今觀此詞，其意旨可知矣。公之子爲侍讀學士，嘗與桷言：公奉使時，侍讀甫四歲。後回京師，年十九。以戎服見拜，且泣。公閉目不顧，進退不敢。其父友命易衣冠以進，始與語焉。前賢典刑，峻整若是。視近時父兄之御子弟，泚顙實多。因書舊聞以補遺事。泰定元年三月癸卯四明袁桷書。

元・陶宗儀《輟耕録》卷二〇《雁書》 『零落風高恣所如，歸期回首是春初。上林天子援弓繳，窮海纍臣有帛書。中統十五年九月一日放雁，獲者勿殺。國信大使郝經書於真州忠勇軍營新館。』右五十九字，郝公書也。公字伯常，澤州陵川人。世皇召居潛邸。歲己未，扈從濟江，授江淮宣慰司副使。中統元年，拜翰林侍讀學士，充國信使。宋館於真州，凡十有六年，始得歸。此書當在至元十一年。是時南北隔絶，但知紀元爲中統也。先是，有以雁獻，命畜之。雁見公，輒鼓翼引吭，似有所訴者。公感悟，擇日，率從者具香案北向拜，舁雁至前，手書尺帛，親繫雁足而縱之。後虞人獲之苑中，以聞。上惻然曰：『四十騎留江南，曾無一人雁比乎？』遂進師南伐。越二年，宋亡。至今秘監帛書尚存。

論說

元・王惲《秋澗集》卷四四《庭芝評郝奉使文》 李庭芝見郝奉使文字，謂陳月觀曰：『陵川固才高學博，但出入韓文未甚熟耳。』余嘗度之韓文，世所重者其要非一。今李之於郝所以云云者，豈以韓豐而不踰一辭，約而不失一字，郝之返是者極多。不然，是擇焉不精，明理未至，雜以非聖。此有故也。

清・秦萬壽等《郝文忠公年譜・封贈誥詞》 大德九年六月，成宗皇帝制曰：鄂諸之役，彼因纖難以丐和；中統之初，首議遺書而通好。故翰林侍讀學士、國信使郝經毅然銜命，志在息民，往諭聖祖一視之仁，卒被偽相奸謀所梗。雖蒙假館，遂見拘留。雁書未達於中原，龍棹已横於江上。閉儀真者十六載，臣操益堅；訖宋篆之三百年，兵端自此。甫遂生還之願，遵傳哀訃之音。永懷忠亮之風，宜舉褒崇之典。放戲！請纓象闕，既酬終軍系粤之心；圖像麟宮，式表子卿歸漢之節。可贈昭文館大學士、資善大夫，謚曰文忠。主者施行。大德九年六月日

延祐四年四月，今上皇帝加贈：推誠保節功臣、昭文館大學士、榮禄大夫、司徒、柱國，追封冀國公，謚文忠。

明・宋濂《文憲集》卷一三《題郝伯常帛書後》 霜落風高恣所如，歸期回首是春初。上林天子援弓繳，窮海纍臣有帛書。中統十五年九月一日放雁，獲者勿殺。國信大使郝經書于真州忠勇軍營新館。

右郝文忠公帛書，五十九字，博二寸，高五寸，背有陵川郝氏印，方一寸，文透於面，可辨識。蓋中統元年三月辛卯，元世祖登極，欲告即位，定和議于宋。妙揀廷臣，惟公最宜。四月丁未，授公翰林侍講學士，

佩金虎符，充國信使以行。宋相賈似道拘留儀真不遣。至元十一年六月庚申，下詔伐宋，問執行人之罪。時公在儀真已十五載，以音問久不通，乃於九月甲戌用蠟丸帛書親繫雁足，祝之北飛。十二月丙辰，巴延南征之師竟渡大江。十二年二月庚午，似道懼，命總管改佑送公歸國。三月，虞人始獲雁於汴梁金明池。四月，公至燕都。而七月辛未遂卒，年僅五十三爾。其書中統十五年即至元十一年，南北隔絶，但知建元爲中統也。十二年正月甲申，宋亡。帛書爲安豐教授王時中所得。延祐五年春，集賢學士郭貫出持淮西使節獲見焉，遂奏于朝，敕中使取之。十一月，太保曲出、集賢大學士李邦寧以其書上仁宗，詔裝潢成卷。翰林集賢文臣各題識之，藏諸東觀。而王約、吳澄、袁桷、蔡文淵、李源道、鄧文原、虞集，皆有所作矣。昔蘇武使匈奴，匈奴詭稱武死。漢昭帝使使者諭云：『天子射上林得雁，足有帛書，言武牧羝澤中』，武因獲還。此特出一時假托之辭，非有事實也。今當一介行使不通之際，雁乃能遠離矰繳而將公書至汴，其殆天欲顯公之忠節耶？公以北歸，故獲者不以聞。不然，則是書之所繫，豈細故也哉？或謂世祖見書，有『四十騎留江南，曾無一人如雁』之歎，遂興師伐宋。皆好事者傅會之談，而不知有信史者也。濂修《元史》，既録詩入公《傳》，今復書歲月先後於卷末，以見雁誠能傳書云。

清・趙翼《廿二史札記》卷三〇《郝經昔班帖木兒》 奇聞駭見之事，流傳已久，在古未必真，而後人仿之，竟有實有其事者。蘇武雁書，事本烏有，特常惠教漢使者，謂『天子射上林，得武繫帛書於雁足』，使匈奴不得匿武耳。而元時郝經使宋，被拘於真州日久，買一雁，題帛書繫其足，放去。汴中民射雁金明池得之，以進世祖。其詩云：『霜落風高恣所如，歸期回首是春初。上林天子援弓繳，窮海纍臣有帛書。』後題『至元五年九月一日放，獲者弗殺。國信大使郝經書於真州忠勇軍營新館。』後經竟得歸國，卒於途。是蘇武雁書之事虛，而郝經雁書之事實也。

清・宋犖《西陂類稿》卷二七《漫堂説詩》 前如趙孟頫、郝經，後如薩都剌、倪瓚，皆有可觀。

清・朱彝尊《經義考》卷四二《易四十一》 黄虞稷曰：經纂管眞州時所作。自孔子以來諸家注釋，裒其至精，去其重複，義理象數兼采，鉅細不遺，積成八十卷。謂之《外傳》者，以孔子爲經作傳，後人著作皆傳外之傳也，示不敢同於聖人之作。又旁搜遠紹，創圖立説，爲《太極演》二十卷，申明列聖及諸儒餘意。

藝文

金・元好問《遺山先生文集》卷九《贈答郝經伯常》 故家珠玉自成淵，重覺英靈賦予偏。文陣自憐吾已老，名場誰與子爭先？撐腸正有五千卷，下筆須論二百年。莫把青春等閒了，蔡邕書籍待渠傳！

元・胡祗遹《紫山大全集》卷七《題仗節圖》 皇皇使節久彌堅，一死看來不直錢。辛苦郝經今健否，蠻煙瘴雨十三年。

朝爲梁將暮唐臣，富貴繁華得幾春。喚起馮瀛九原夢，無窮慚愧鬼爲隣。

嬴顛項蹶論功臣，雍齒丁公果孰親。賜死封侯翻乃爾，到頭忠義不虧人。

跖犬猶能死吠堯，人生安忍失持操。到今凜凜忠貞節，霜氣横空太華高。

元・王惲《秋澗集》卷五《壯士吟題郝奉使所書手卷》 使節駐淮海，人望兩好熙。内哄既首鼠，外侮宜紛披。盛氣屈使降，壯心終不移。宋人足變詐，觀望占成虧。不知破武事，中伏混一機。壯士死則已，不死將有爲。宋琚凜風概，天馬不受羈。拘隔一館間，激之見連雞。事久變乃生，勢去心恫疑。奄奄十六年，慘悴甘湘纍。蕭爽隱霧豹，脱略觸藩羝。老賊主一殺，幽憤將何施？庭芝一援手，所惜良不貲。兵交使其間，天理或可期。子卿才屬國，所報亦以卑。至今郎山冢，突兀空蟠螭。兩行清汝帖，祇有老天知。

又 卷一四《送郝伯常歸堡塞》 書劍南辭杞國天，一歡傾倒酒罏邊。鳳麟瑞質驚千古，江海詞源浩百川。吾道莫傷今日否，新文將付後來傳。驪駒歌斷青山暮，愧未嘗遊從馬遷。

又 卷四四《哭郝内翰奉使》 大河東滙杞連城，之子南來器宇盈。義契重於平昔友，新文公與後來盟。苦心問學唐韓愈，全節歸來漢子卿。十六年間成底事，長編惟見使華名。

又　卷七五《樂府·木蘭花慢·八望郝奉使墓》　酒西風老淚，又馬上，望郎山。對紅露秋香，芙蓉城闕，依舊雄藩。碧雲故人何在，憶扶搖、九萬看鵬摶。賦就鳳凰樓晚，星沈鸚鵡洲寒。

一丘宿草鎖蒼煙。零落復何言。似燕許才名，風雲際會，自古天慳。皇皇使華南下，愛丹衷、擬締兩朝歡。恨殺姦回秋壑，月明愁滿江干。

元·劉因《靜修先生集》卷九《憶郝伯常》　一檄期分兩國憂，長纓不到越王頭。玉虹醉吸金陵月，玄鶴孤游赤壁秋。漠北蘇卿重回首，天南王粲幾登樓？飛書寄與平南將，早放樓船下益州。

元·吳澄《吳文正集》卷九二《郝陵川雁足繫詩後》　忠貞信使早許國，羈旅微臣晚見詩。追憶當時如一夢，濡毫欲寫淚交頤。

元·袁桷《清容居士集》卷一二《題郝伯常雁足詩》　深羈孤館鬢毛斑，猛虎搖鬟障海寰。玉樹已歌歸逝水，羽書難射隔平山。不須羝乳終回漢，肯學雞鳴詐度關。一寸蠟丸憑雁寄，明年春盡竟生還。乙亥四月放還。

元·張翥《蛻菴集》卷一《題郝内翰書所作夢觀瓊花賦後》　釣魚山前龍上天，武昌城外走蜀船。老奸欺國馳露布，使者坐因吞雪氊。潰兵一夜甲填水，血污木棉花下鬼。豈知老仙方卧游，鶴背天風扶夢起。頹雲抉月光西流，玉簫聲斷江聲愁。露華泣盡瓊樹死，廣陵春色寒於秋。百年遺賦人爭重，勁墨遒毫精爽動。節旄零落喜生還，回首江南已如夢。花神换根春更芳，想像月色扃餘香。楚招無人青鳥去，公不少留涕泗滂。

元·王逢《梧溪集》卷一《讀國信大使郝公帛書有序》　「霜落風高恣所如，歸期回首是春初。上林天子援弓繳，窮海纍臣有帛書。中統十五年九月一日放雁，獲者勿殺。國信大使郝經書于真州忠勇軍營新館。」書蓋如此。公字伯常，仕世祖皇帝。庚申歲使宋，爲賈似道拘幽十有六年，此書當在至元十一年。是時南北隔絶，但知紀元爲中統也。先是，公羈旅日，有以雁四十餉公，内一雁體質稍異，命畜之。於後雁見公，輒張翮引吭而鳴。公感悟，擇日率從者三十七人具香北拜，二人舁雁，跽其前，手書尺帛，親繫雁足，且致祝曰：『纍臣某敢煩雁卿，通信朝廷。雁其保重！』欲再拜，雁奮身入雲而去。未幾，虞人獲之苑中，以所繫帛書，託近侍以聞。上惻然曰：『四十騎留江南，曾無一人雁比乎？』遂進師南伐。越二年，宋亡。書今藏諸秘監。河南主客劉澹齋云。

西北皇華早，東南白髮侵。雪霜蘇武節，江海魏牟心。獨夜占秦分，清秋動越吟。蒹葭黄葉暮，苜蓿紫雲深。野曠風鳴籟，河横月映參。擇巢幽鳥遠，催織候蟲臨。衣攬重裁褐，貂餘舊賜金。不知年號改，那計使音沈。國久虚皮幣，家應詠藁砧。豚魚曾信及，鴻雁豈難任。素帛辭新館，敦弓入上林。虞人天與便，奇事感來今。

元·張之翰《西巖集》卷四《讀郝陵川使宋集因題其後》　我從少年見陵川，筆力扛鼎思湧泉。中流飛龍飛上天，黄金虎節光赫然，豈期宋人羈留十七春，仰面見天不見人。大兵問罪壓江濆，片帆纔離古儀真。白頭歸來孰當國，上有花門下刀筆。九重無由表忠赤，更比子卿堪歎息。乾坤英氣死彌烈，明月夜光留此冊。夜來燭下讀未徹，一陣黑風吹燭滅。

清·覺羅石麟等［雍正］《山西通志》卷二二六《藝文四十·七絶·［元］李晏〈題郝文忠公墓〉》　仗節江南羨此行，眞州猶稔使君名。佳城鬱鬱埋西滸，恨不生還蘇子卿。

明·薛瑄《敬軒文集》卷七《河陽懷古》　武王曾此奮天戈，繼世其如出狩何。兩岸緑楊遮澳水，滿汀芳草際黄河。郝經墓古聲名大，潘岳花殘歲月多。遮馬堤邊重回首，遮馬堤即唐李光弼取史思明馬處。紫金山色鬱嵯峨。

明·邱濬《重編瓊臺藁》卷四《讀郝經繫雁帛詩偶成》　北雁曾聞繫漢書，又看南雁遞還胡。迎鑾鎮上修書處，還似蘇卿雪窖無。

清·愛新覺羅·弘曆《御製詩初集》卷三九《題蘇武帛書事》　幾閒披漢史，子卿節義垂。皓首羈王庭，匪石心不移。漢使天南來，常惠詭致辭。天子射上林，得雁太液池。言武在某澤，以此武得歸。耳食者無識，端謂誠感之。智者尚譎詐，更謂胡可欺。胡人縱淳朴，豈其無覺知？此事有端委，正言辨羣疑。春時雁北鄉，止於西北陲。其地有巨浸，浩渺如天池。退翎换新羽，抱卵育雛兒。當其换羽際，展翅不能飛。徒手可捕得，無待矰繳施。單于稱武死，用絶漢主思。適聞得帛書，翻信武所爲。生還雖賴天，物理固有宜。郝經用此道，公案曾重題。

又　《御製詩三集》卷一二《萬卷樓》　郝經賈輔蹟猶著，九等五車事匪奇。咨爾於中枕葄者，尊聞要在勉行知。

又《蕊幢精舍》 此蓮池匪彼蓮池，綴景聊觀精舍奇。若論顧名思正義，藏經應效郝經爲。

又《御製詩四集》卷五一《題郝經〈續後漢書〉》 身充信使被拘留，兩國恰逢奸計投。願附魯連未遂志，空言思托著書酬。

陳壽寧稱史筆人，《續》之尊漢見誠醇。獨嫌董卓仍列傳，即未叛臣亦亂臣。

褒貶從來不可誣，要公千載賞和誅。篡臣仲達祗篡魏，篡漢寧非孟德乎！

福華編撰鄂功陳，羈絆真州十六春。未免南方君子笑，笑他不叛北方人。

帛詩或者假前題，學術忠誠孰可齊。設使子卿逢地下，著書差勝娶胡妻。

清·謝啓昆《樹經堂詠史詩》卷八《元·郝經》 一繫真州十六年，北歸望闕涕潸然。金源節士青城曲，宋局殘棋漢水邊。江上梅花憐畫角，雲中雁羽寄遙箋。窮愁著述陵川富，兩鬢如霜烈士篇。

清·馮敏昌《小羅浮草堂詩集》卷三《謁元郝文忠公墓詩》 文忠使節高千世，昔墮窮奇匪天意。天亡宋祚不可延，公爲生靈豈教濟。沿江戰鼓如雷霆，宋境一入從死生。獲麟敢贊孔宣聖，系雁真同蘇子卿。公文豐蔚多豪宕，公詩奇扔兼雄放。韓蘇而後有此人，端合軒然魂天壤。十六年後得生還，故老流涕重瞻攀。兩國權奸並何在？一杯此地同高山。我昔讀詩仍企慕，曾寫唐臣十像句。今來公像不可求，但正公碑識公墓。

清·羅惇衍《集義軒詠史詩鈔》卷四八《元一·郝經》 金明池上雁高飛，蘇武南還爾北歸。夷夏兩人全使節，江淮三路策兵機。魯連表斥權姦舛，陳壽書釐體例非。猶憶和菹親疾療，九齡奇慧世間稀。

元·王惲《秋澗集》卷六四《祭郝奉使墓文》 大元國至元十七年，歲在庚辰二月十有二日甲申，朝列大夫、燕南河北道提刑按察副使友生王惲，謹以清酌之奠，致祭于故翰林學士、國信太史、陵川郝公之墓。

嗚呼！甲寅之冬，仲月之尾。公自杞来，道出鄘邶。始覿清揚，重於夙契。把酒論交，笑談游藝。顧睞回翔，吾子可誨。臨別之時，一何勉慰。維中元春，雲龍交際。我時游梁，與公再會。東館相遇，四幷同醉。所學所行，盡發其秘。北次龍罔，嘔血而癘。書来及予，愈見友義。我車北轅，公也南逝。自兹及薨，凡十六歲。追憶平生，潸焉出涕。公之問學，閎肆汪濊。公之文章，豹炳虎蔚。萬斛淵泉，出不擇地。太史與倫，皇墳可媲。浩浩江漢，萬古不廢。藴爲忠貞，見諸行事。著書垂聲，諒非本意。匪予得私，乃世公議。今我想公，令人短氣。斯文綫如，忍復殄瘁。直筆疇歸，大册孰畀。偉績鴻休，光潛揚厲。而最傷公，爲國出使。初館儀真，主成和計。奉持國書，以死自誓。方介外侮，羣猇内猘。節落瘴烟，精誠益勵。屬國平原，同歸一致。長星墜芒，使軺還轡。玉上青蠅，何啻一二。惟皇聖明，見萬里外。録勞弃瑕，予豈汝罪。士無賢否，入朝見忌。膚愬再行，與病交劇。一僨不起，萬事瓦弃。感時懷人，憂来拊髀。昔賢有言，當論我輩。大槩無差，節目或滯。如公之才，如公之志。雲夢九呑，曾弗芥蔕。俯掇勳名，高視一世。意廣思長，反爲物制。豈惟公傷，因以自識。茫茫大鈞，形流萬彙。幾世幾年，生此偉器。贊用德宗，誼逢漢帝。百未一施，胡奪之易。雞水淪光，郎山斂翠。隱然一丘，保之西遂。車過腹痛，我懷曷既。黃鳥聲悲，助我歔欷。臨風拜公，哭而載酹。嗚呼哀哉！孤忠伊鬱，幽憂憔悴。生罔能伸，死而永閟。寓哀斯文，庶昭枉昧。公如有靈，恐予言爲知己也。尚享！

明·宋濂《宋景濂未刻集》卷上《國朝名臣頌·郝文忠公經》 瞻彼郝公，上師孔顏，挺然一氣，立天地間。銜命出使，仗節弗屈，十有六齡，有如一日。棲門塹垣，不翅獄庭，臣節甚重，萬死實輕。吐其崛奇，見於直筆，奸雄雖亡，誅之則力。漢有蘇武，嚙氈海上，郝公繼之，雙璧相望。

雜録

元·劉因《靜修先生集》卷二《送郝季常序》 名家之子弟，處天下之至易，而亦處天下之至不易。苟能勉焉自立，而少異於眾人，則皆得因緣憑藉，以立事功。苟爲不然在他人，未必遽得貶斥，而已爲清議所不容矣。季常於其兄使宋之二年，請介行人以問罪遣之，而宋人不納。後十年又請焉，下大臣會議，以爲不可。明年又請焉，不得已復遣之，至建康而還，幾死者凡十數。其事雖無成，而其可與有爲者，於此亦可以見之。舊嘗從余授《詩》、《書》，又知其爲有志者。今其將爲州於潁也，載米與幣而過予以別，且請予『有以告之』，予無以告子也。子行矣，予固已言之矣。勉其所以處天下之至易，慎其所以處天下之至不易者而已矣！予無以告子也。

元·劉一清《錢塘遺事》卷四《拘留北使》 賈似道陰許北朝歲幣，故鄂渚退師。自事定之後，冒爲己功，諱言前事。及北使郝經來尋盟，似道拘留真州不遣。其失信北朝，以至召兵。

元·佚名《昭忠録》 汪立信，端明殿學士沿江招討使。襄陽之受圍也，汪立信帥湖南，貽書賈平章陳三策：【略】二謂久縶北使郝經何益？不如遣使送之北歸，啗以厚利，緩其師期。年歲間，我江外之藩垣成，氣勢亦固，江南之生兵日益，禍少紓矣。

元·陶宗儀《輟耕録》卷二四《漢魏正閏》 霍治書云：紫陽楊奂然先生讀《通鑒》，至論漢魏正閏，大不平之，遂修《漢書》，駁正其事。因作詩云：『風煙慘淡駐三巴，漢燼將燃蜀婦髽。欲起温公問書法，武侯入寇寇誰家？』後攻宋軍回，始見《通鑒綱目》，其書乃寢。順德劉道濟先生尤不平之，修書名《三爲》，亦見《綱目》，閟而不行。中統改元，陵川郝伯常先生使宋，被留儀真，執不得還，就買書作《續漢史》。既脱稿，會同僚苟正甫諸公飲，至數行，忽長歎曰：『某辛苦十餘年，莫不被高頭巾已做了也。』皆對云：『不聞之。』至元丁亥，予分臺江西，購得蕭常《續漢書》全部。因喟然曰：『惜乎郝君不及見此。』

明·李賢等《明一統志》卷二八《懷慶府·陵墓》 郝經墓。在孟縣西許村。經，元翰林學士。盧摯作《神道碑》。

明·馮從吾《元儒考略》卷一 李冶，字仁卿，欒城人。金末進士，知鈞州，金亡不仕，流落忻崞間，聚書環堵，人所不堪，冶處之裕如也。元世祖在潛邸，聞其賢，遣使召之，且曰：『素聞仁卿學優才贍，潛德不耀，久欲一見，其勿他辭。』既至，問今之人材，冶以趙復、郝經等爲對。

明·黄淳耀《陶菴全集》卷二二《陶菴自監録四》 學韓文者，始於宋初柳開仲塗。柳公倜儻負奇氣，其文能變五代之習。今其集未見行世。元郝經伯常文章節義，時人比之東坡。《歸震川集》有《跋伯常堯帝碑》，文云：『先友吴純甫家有《陵川集》，今亦不存。』兩公之文，皆足以傳，其人猶泯泯如此。豈顯晦有數耶？抑尚有所待耶？

清·王士禛《池北偶談》卷六《談獻二·兩郝天挺本末》 金元間有兩郝天挺，一爲元遺山之師，一爲遺山弟子。予考《元史·郝經傳》云，其先潞州人，徙澤州之陵川。祖天挺，字晉卿，元裕之嘗從之學。裕之謂經曰『汝貌類祖，才器非常』者是也。其一字繼先，出於朵魯別族，父和上拔都魯，元太宗世多著武功。天挺英爽，剛直有志略，受業於遺山元好問，累拜河南行省平章政事，追封冀國公，謚文定，爲皇慶名臣。嘗修《雲南實録》五卷，又注唐人《鼓吹集》十卷。元時漢人賜號拔都，惟史天澤、張弘範，見《輟耕録》，漢言勇也。近常熟刻《鼓吹集》，乃以爲《隱逸傳》之晉卿，而致疑於趙文敏之《序》稱尚書左丞，又於尚書左丞上妄加『金』字，誤甚。

清·覺羅石麟等［雍正］《山西通志》卷二三《山川七·陵川縣》 落雁池，元郝經故第側，擬汴金明池也。【略】又文忠《儀真館中雜題》：『持節江頭久食魚，館人供雁意踟躕。呼兒細看雲間足，恐有中原問訊書。』則故第之名落雁池也固宜。事詳《元史》及宋濂《題後》。

又 卷五九《古蹟三·陵川縣》 棣華堂，城內。郝文忠曾大父昆季七人植棠於庭，名曰『棣華』。今爲文忠祠。按文忠記壬辰之變，郝宗殲於許洛之間。

元郝文忠公墓碑銘，在虎頭山原。大德三年翰林學士閻復撰文。

又 卷一六六《祠廟三·陵川縣》 郝文忠公祠，在南街，祀郝經。經曾大父嘗建棣華堂，後於其址建祠。

清·李衛等［雍正］《畿輔通志》卷四九《祠祀·保定府》 二賢祠，在府學西。元劉因、郝經講道保定路，後人立祠祀之。

又 卷五三《古蹟·保定府》 萬卷樓，在府治內。元大帥賈輔建，藏書數千卷，延郝經居之，以肆其觀覽。經有《記》。

又讀書堂，在鐵佛寺，元郝經所居。

清·和珅等［乾隆］《大清一統志》卷一〇七《澤州府》 郝經故宅。在陵川縣南。又棣華堂，經自爲《記》。宅旁有洛雁池。經使宋不屈，繫詩帛於雁足，落汴州今名池，得之鄉人。名此池以志景慕。後人即宅爲文忠書院，因祠祀之。

清·愛新覺羅·弘曆《御製文二集》卷二五《夫餘國傳訂訛》 近閱《四庫全書》内元郝經《續後漢書》所作《夫餘國列傳》，其官有馬加、牛加之名，訝其誕詭不經，疑有舛誤，因命館臣覆勘。其説實本之《後漢書》及《三國·魏志·夫餘傳》之文。於是歎范蔚宗、陳壽之徒不識方言，好奇逞妄，疑誤後人，而更惜郝經之失於裁擇也。

王守仁分部

傳記

明·王守仁《王文成全書》卷三七《附録六·〔明〕湛若水〈陽明先生墓誌銘〉》 甘泉子挈家閉關於西樵煙霞之洞，故友新建伯陽明王先生之子正億以其岳舅禮部尚書久庵黄公之《狀》及《書》來請《墓銘》曰：『公知陽明公者也，非公莫能銘。』甘泉子曰：『吾又何辭焉？公知陽明公者也，非公莫能狀。公狀之，吾銘之。公狀其詳，吾銘其大。吾又何義之辭焉？』乃發《狀》而謹按之，讀《世系狀》云云，曰：

公出於龍山狀元大宗伯公華，大宗伯公出於贈禮部侍郎竹軒公天敘，竹軒公出於太學生贈禮部侍郎槐里公傑，槐里公出於遁石公與準，厥有《禮》、《易》之傳；遁石公出於秘湖漁隱公彦達，秘湖出於性常公綱，有文武長才，與括蒼劉伯溫友善，仕爲廣東參議，死難也。推其華胄遙遙，遠派於晉高士羲之。光祿大夫覽焉，曰：『公其有所本之矣。』夫水土之積也厚，其生物必蕃，有以也夫。

讀《誕生狀》云云，曰：祖妣岑太淑人，有赤子乘云下畀，天樂導之之夢，公乃誕焉。是名曰雲，蓋徵之矣。神僧言之，遂改今名。曰：『然則陽明公殆神授歟？其異人矣。』六年乃言，十一年有《金山》之詩，十七年聞一齋『聖人可學』之語。曰：『其有所啓之矣。』

讀《學術狀》云云，曰：初溺於任俠之習，再溺於騎射之習，三溺於辭章之習，四溺於神仙之習，五溺於佛氏之習。正德丙寅，始歸正於聖賢之學。會甘泉子於京師，語人曰：『守仁從宦三十年，未見此人。』甘泉子語人亦曰：『若水泛觀于四方，未見此人。』遂相與定交講學，一宗程氏『仁者渾然與天地萬物同體』之指。故陽明公初主『格物』之説，後主『良知』之説；甘泉子一主『隨準體，認天理』之説，然皆聖賢宗指也。而人或捨其精義，各滯執於彼此言語，蓋失之矣。故甘泉子嘗爲之語曰：『良知必用天理，天理莫非良知，以言其交用則同也。』

讀《仕進狀》云云，曰：初舉己未，禮闈第一，徐穆爭之，落第二，然益有聲。登進士，試工部，差督造王威寧墳，辭卻金幣，獨受軍中佩劍之贈，適符少時夢，蓋兆之矣。疏邊務朝政之失，有聲。授刑部主事，審囚淮甸，有聲。告病歸養，起補兵部主事，上疏乞宥南京所執諫官戴銑等，毋使遠道致死，朝廷有殺諫官之名。劉瑾怒，矯詔廷杖之。不死，謫貴州龍場驛。萬里矣，而公不少怵。甘泉子贈之九章，其七章云：『皇天常無私，日月常盈虧。聖人常無爲，萬物常往來。何名爲無爲？自然無安排。勿忘與勿助，此中有天機。』其九章云：『天地我一體，宇宙本同家。與君心已通，別離何怨嗟！浮雲去不停，遊子路轉賒。願言崇明德，浩浩同無涯。』及居夷，端居默坐，而夷人化惡爲善，有聲。人或告曰：『陽明公至浙，沉於江矣，至福建始起矣。《登鼓山》之詩曰：「海上曾爲滄水使，山中又拜武夷君。」有徵矣。』甘泉子聞之笑曰：『此佯狂避世也。』故爲之作詩，有云：『佯狂欲浮海，説夢痴人前。』及後數年，會於滁，乃吐實。彼誇虛執有以爲神奇者，烏足以知公者哉？復起尹廬陵，臥治六月而百務具理，有聲。取入南京刑部主事，留爲吏部驗封主事，有聲。陽明公謂甘泉子曰：『乃今可卜鄰矣。』遂就甘泉子長安灰廠右鄰居之。時講於大興隆寺，而久庵黄公宗賢會焉。三人相歡語，合意。久庵曰：『他日天台、雁蕩，當爲二公作兩草亭矣。後合兩爲一焉，明道一也。』明年，甘泉子使安南。後二年，陽明公遷貳南太僕，聚徒講學，有聲。甘泉子還，期會於滁陽之間，夜論儒、釋之道。又明年，甘泉子丁憂，扶母柩南歸。陽明公時爲南大鴻臚，送弔于龍江關，尋遷南贛都憲矣。

讀《平贛之狀》云云，曰：夫倡三廣夾攻之策，收横水、左溪、桶岡、浰頭之功，用兵如神矣。甘泉子曰：『雖有大司馬王晉溪之知，請授之便宜旗牌，以備他用。』亦以陽明公素養銳士於營，以待不時之出也；迅雷呼吸之間也，又以身先士卒以作軍氣也。

讀《平江西之狀》云云，曰：甘泉子先是在憂，致書於公，幸因閩行之使以去也。蓋公前有宰相之隙，後有江西未萌之禍，不去必爲楚人所鈐，兩不報。未幾，有寧府之變，公幾陷於虎口。然而贛兵素振，既足爲之牽制，而倡義檄諸府縣興兵，會豐城誓師，分攻七門，七門大開，遂除留守之黨，封府庫之財，收劫取之印，安協從之民，釋被報之囚，表死難之忠。據省城，絕其歸路，直趣樵捨，因成擒賊之功。是水也以淺見測淵謀也。然始而翕然稱爲掀天揭地之功矣，既而大吏妒焉，內幸爭功者附焉，輾轉殫力竭精矣，僅乃得免。或未嘗不思前慮也，所以危而不死者，內臣張永護之也。於大吏門列，不亦愧乎？由是遂流爲先與後擒之言，上下騰沸，是不足辯也。

夫陽明逆知宸濠有異志，劉養正來説：『必得公乃發。』公應之曰：『時非桀、紂，世無湯、武，臣有仗節死義耳。』其猶使冀生元亨往與之語者，實欲誘其善，不動干戈，潛消莫大之禍也。使陽明公而實許養正，則宸濠殺孫都憲、許副使，必待陽明至乃發。陽明未至而發者，知絕意於陽明之與己矣。使陽明實許之，必乘風直抵南昌，必不與豐城，聞顧泌告變，即謀南奔以倡大義，奪漁艇，使如漁人然以奔吉安矣。其宸濠兵校追公者，非迎公也，將脅公也。且宸濠之上不能直趨中原以北，中不能攻陷金陵以據者，以陽明爲之制其尾，兵威足以累之，使不前也；又取據省城，絕其資重與歸路也。功莫大焉。若夫百年之後，忌妒者盡死，天理在人心者復明，則公論定矣。

已而，該部果題賜敕錫勞，封新建伯，奉天翊衛推誠宣力守正文臣，特進光祿大夫，柱國兼南京兵部尚書，參贊機務，歲支米一千石。於時天其將定矣，而置之南者有人焉，以參乎其間矣。公丁父憂，而四方從學者日衆。有迎忌者意，致有僞學之劾者。人其勝天乎！或以浮語沮公，六年不召。尋以論薦，命爲兩廣總制軍務，平岑猛之亂。或曰：『其且進且沮，使公不得入輔乎？』

讀《思、田之狀》云云，曰：公奏行剿之患十，行撫之善十，乃撤防兵，解戰甲，諭威信，受來降，杖土目，復岑後，設流守，而思、田平。夫陽明公不革岑猛之後之土官，以夷治夷也。盧蘇等杖之百而釋之，置流守以制焉，仁義之術也。人知殺伐之爲功，而不知神武不殺者，功之上也，仁義兩全之道也。

讀《八寨之狀》云云，曰：檄參將會守巡，命指揮馬文瑞，永順宣慰彭明輔，保靖宣慰彭九霄，分兵布哨，擒斬賊酋黨與，遂破諸巢。移衛所，制諸蠻，貫八寨之中，扼道路之衝，設縣治，增城堡，皆保治安民之要。或曰：『八峒掩襲村落以爲功，無破巢之功也。無功以爲有功也，何則？』辯之曰：夫陽明之貪功，當取岑猛、盧蘇之大功而不取焉，不宜捨其大者，取其小者，其亦不智不武也。謂陽明公爲之乎？夫宣慰諸哨之兵，可襲則襲，出其不意，兵法之奇，不可預授者也。而以病陽明焉，將使爲宋襄、陳儒之愚己耶？非馭戎不測之威矣。

事竣而請歸，告病危矣，不待報而遽行，且行且候命。其卒於南安途次而不及命下，亦命也。江西輔臣進帖以譖公，上革之恤典，人衆之勝天也，亦命也。百年之後，天定將不勝人矣乎！甘泉子始召入禮部，面叩輔臣曰：『外人皆云陽明之事，乃公爲之乎？』輔臣默然，然亦不以作怒加禍，猶爲有君子度量焉，可尚也。

公卒之日，兩廣、江西之民相與弔於途，曰『哲人其痿矣！』士夫之知者，相與語於朝，曰『忠良其逝矣！』四方同志者且與弔於家，曰『斯文其喪矣！』久庵公爲之《狀》，六年而後就，慎重也。甘泉子曰：吾志其大義，銘諸墓，將使觀厥詳於《狀》也。銘曰：

南鎮嶙嶙，在浙之濱。奇氣鬱積，是生異人。生而氣靈，乘云降精。十一《金山》，詩成鬼驚。志學逾二，廣信館次，婁公一言，聖學可至。長而任俠，未脫舊習，馳馬試劍，古人出入。變化屢遷，逃仙逃禪，一變至道，丙寅之年。邂逅語契，相期共詣，天地爲體，物莫非己。抗疏廷杖，龍場煙瘴，居夷何陋，諸蠻歸向。起尹盧陵，臥治不庭，六月之間，百廢具興。入司驗封，衆志皆通，孚於同朝，執經相從。轉南太僕，鴻臚太畜，遂巡南贛，乃展驥足。浰頭、桶岡，三廣夾攻，身先士卒，屢收奇功。蓄勇養銳，隱然有待，云胡養正，陰謀來説。詐言尊師，公明灼知，冀子往化，消變無爲。聞道豐城，及變未萌，聞變遄返，心事以明。旌旗蔽空，聲義下江，尾兵累之，北趨不從。乃擒巨賊，乃親獻馘，爭功欲殺，永也護翊。彼同袍者，反戈不怩，隱之於心，以莫不戚。憂居六年，起治思、田，撫而不戮，夷情晏然。武文兼資，仁義並行，神武不殺，是稱天兵。凡厥操縱，聖學妙用，一以貫之，同靜異動。

《明史》卷一九五《王守仁傳》　王守仁，字伯安，餘姚人。父華，字德輝，成化十七年進士第一，授修撰。弘治中，累官學士、少詹事。華有器度，在講幄最久，孝宗甚眷之。李廣貴幸，華講《大學衍義》，至唐李輔國與張后表裏用事，指陳甚切。帝命中官賜食勞焉。正德初，進禮部左侍郎。以守仁忤劉瑾，出爲南京吏部尚書，坐事罷。旋以《會典》小誤，降右侍郎。瑾敗，乃復故，無何卒。華性孝，母岑年踰百歲卒，華已年七十餘，猶寢苫蔬食，士論多之。

守仁娠十四月而生。祖母夢神人自雲中送兒下，因名『雲』。五歲不能言，異人拊之，更名『守仁』，乃言。年十五，訪客居庸、山海關。時闌出塞，縱觀山川形勝。弱冠舉鄉試，學大進。顧益好言兵，且善射。登弘治十二年進士。使治前威寧伯王越葬，還而朝議方急西北邊，守仁條八事上之。尋授刑部主事，決囚江北，引疾歸。起補兵部主事。

正德元年冬，劉瑾逮南京給事中御史戴銑等二十餘人。守仁抗章救，瑾怒，廷杖四十，謫貴州龍場驛丞。龍場萬山叢薄，苗、僚雜居。守仁因俗化導，夷人喜，相率伐木爲屋，以棲守仁。瑾誅，量移廬陵知縣。入覲，遷南京刑部主事，吏部尚書楊一清改之驗封。屢遷考功郎中，擢南京太僕少卿，就遷鴻臚卿。

兵部尚書王瓊素奇守仁才。十一年八月，擢右僉都御史，巡撫南、贛。當是時，南中盜賊蜂起。謝志山據橫水、左溪、桶岡，池仲容據浰頭，皆稱王，與大庾陳曰能、樂昌高快馬、郴州龔福全等攻剽府縣。而福建大帽山賊詹師富等又起。前巡撫文森托疾避去。志山合樂昌賊掠大庾，攻南康、贛州，贛縣主簿吳玭戰死。守仁至，知左右多賊耳目，乃呼老黠隸詰之。隸戰栗不敢隱，因貰其罪，令詗賊，賊動靜無勿知。於是檄福建、廣東會兵，先討大帽山賊。

明年正月，督副使楊璋等破賊長富村，督副使楊璋等破賊長富村，逼之象湖山，指揮覃桓、縣丞紀鏞戰死。守仁親率銳卒屯上杭。佯退師，出不意擣之，連破四十餘寨，俘斬七千有奇，指揮王鎧等擒師富。疏言權輕，無以令將士，請給旗牌，提督軍務，得便宜從事。尚書王瓊奏從其請。乃更兵制：二十五人爲伍，伍有小甲；二伍爲隊，隊有總甲；四隊爲哨，哨有長，協哨二佐之；二哨爲營，營有官，參謀二佐之；三營爲陣，陣有偏將；二陣爲軍，軍有副將。皆臨事委，不命於朝；副將以下，得遞相罰治。

其年七月，進兵大庾。志山乘間急攻南安，知府季斆擊敗之。副使楊璋等亦生縶曰能以歸。遂議討橫水、左溪。十月，都指揮許清、贛州知府邢珣、寧都知縣王天與各一軍會橫水，斆及守備郟文、汀州知府唐淳、縣丞舒富各一軍會左溪，吉安知府伍文定、程鄉知縣張戩遏其奔軼。守仁自駐南康，去橫水三十里，先遣四百人伏賊巢左右，進軍逼之。賊方迎戰，兩山舉幟。賊大驚，謂官軍已盡犁其巢，遂潰。乘勝克橫水，志山及其黨蕭貴模等皆走桶岡。左溪亦破。守仁以桶岡險固，移營近地，諭以禍福。賊首藍廷鳳等方震恐，見使至大喜，期仲冬朔降，而珣、文定已冒雨奪險入。賊阻水陣，珣直前搏戰，文定與戩自右出，賊倉卒敗走，遇淳兵又敗。諸軍破桶岡，志山、貴模、廷鳳面縛降。凡破巢八十有四，俘斬六千有奇。時湖廣巡撫秦金亦破福全。其黨千人突至，諸將擒斬之。乃設崇義縣於橫水，控諸瑤。還至贛州，議討浰頭賊。

初，守仁之平師富也，龍川賊盧珂、鄭志高、陳英咸請降。及征橫水，浰頭賊將黃金巢亦以五百人降，獨仲容未下。橫水破，仲容始遣弟仲安來歸，而嚴爲戰守備。詭言珂、志高，讎也，將襲我，故爲備。守仁佯杖繫珂等，而陰使珂弟集兵待，遂下令散兵。歲首大張燈樂，仲容信且疑。守仁賜以節物，誘入謝。仲容率九十三人營教場，而自以數人入謁。守仁呵之曰：『若皆吾民，屯於外，疑我乎？』悉引入祥符宮，厚飲食之。賊大喜過望，益自安。守仁留仲容觀燈樂。正月三日大享，伏甲士於門，諸賊入，以次悉擒戮之。自將抵賊巢，連破上、中、下三浰，斬馘二千有奇。餘賊奔九連山。山橫亙數百里，陡絕不可攻。乃簡壯士七百人衣賊衣，奔崖下，賊招之上。官軍進攻，內外合擊，擒斬無遺。乃於下浰立和平縣，置戍而歸。自是境內大定。

初，朝議賊勢強，發廣東、湖廣兵合剿。守仁上疏止之，不及。桶岡既滅，湖廣兵始至。及平浰頭，廣東尚未承檄。守仁所將皆文吏及偏裨小校，平數十年巨寇，遠近驚爲神。進右副都御史，予世襲錦衣衛百戶，再進副千戶。

十四年六月，命勘福建叛軍。行至豐城而寧王宸濠反，知縣顧佖以告。守仁急趨吉安，與伍文定徵調兵食，治器械舟楫，傳檄暴宸濠罪，俾守令各率吏士勤王。都御史王懋中，編修鄒守益，副使羅循、羅欽德，郎中曾直，御史張鰲山、周魯，評事羅僑，同知郭祥鵬，進士郭持平，降謫驛丞王思、李中，咸赴守仁軍。御史謝源、伍希儒自廣東還，守仁留之紀功。因集眾議曰：『賊若出長江順流東下，則南都不可保。吾欲以計撓之，少遲旬日無患矣。』乃多遣間諜，檄府縣言：『都督許泰、郤永將邊兵，都督劉暉、桂勇將京兵，各四萬，水陸並進。南贛王守仁、湖廣秦金、兩廣楊旦各率所部合十六萬，直擣南昌，所至有司缺供者，以軍法論。』又爲蠟書遺僞相李士實、劉養正，敍其歸國之誠，令從臾早發兵東下，而縱諜泄之。宸濠果疑。與士實、養正謀，則皆勸之疾趨南京即大位，宸濠益大疑。十餘日詗知中外兵不至，乃悟守仁紿之。七月壬辰朔，留宜春王拱樤居守，而劫其眾六萬人，襲下九江、南康，出大江，薄安慶。

守仁聞南昌兵少則大喜，趨樟樹鎮。知府臨江戴德孺、袁州徐璉、贛州邢珣，都指揮余恩，都指揮余恩，通判瑞州胡堯元童琦、撫州鄒琥、安吉談儲，推官王暐、徐文英，知縣新淦李美、泰和李楫、萬安王冕、寧都王天與，各以兵來會，合八萬人，號三十萬。或請救安慶，守仁曰：『不然。今九江、南康已爲賊守，我越南昌與相持江上，二郡兵絕我後，是腹背受敵也。不如直擣南昌。賊精銳悉出，守備虛。我軍新集氣銳，攻必破。賊聞南昌破，必解圍自救。逆擊之湖中，蔑不勝矣。』眾曰『善』。己酉次豐城，以文定爲前鋒，先遣奉新知縣劉守緒襲其伏兵。庚戌夜半，文定兵抵廣潤門，守兵駭散。辛亥黎明，諸軍梯絙登，縛拱樤等，宮人多焚死。軍士頗殺掠，守仁戮犯令者十餘人，宥脅從，安士民，慰諭宗室，人心乃悅。

居二日，遣文定、珣、璉、德孺各將精兵分道進，而使堯元等設伏。宸濠果自安慶還兵。乙卯遇於黃家渡。文定當其前鋒，賊趨利。珣繞出賊背貫其中，文定、恩乘之，璉、德孺張兩翼分賊勢，堯元等伏發，賊大潰，退保八字腦。宸濠懼，盡發南康、九江兵。守仁遣知府撫州陳槐、饒州林城取九江，建昌曾璵、廣信周朝佐取南康。丙辰復戰，官軍却，守仁斬先却者。諸軍殊死戰，賊復大敗，退保樵舍，聯舟爲方陣，盡出金寶犒士。明日，宸濠方晨朝其羣臣，官軍奄至。以小舟載薪，乘風縱火，焚其副舟，妃婁氏以下皆投水死。宸濠舟膠淺，倉卒易舟遁，王冕所部兵追執之。士實、養正及降賊按察使楊璋等皆就擒。南康、九江亦下。凡三十五日而賊平。京師聞變，諸大臣震懼。王瓊大言曰：『王伯安居南昌上游，必擒賊。』至是，果奏捷。

帝時已親征，自稱威武大將軍，率京邊驍卒數萬南下。命安邊伯許泰爲副將軍，偕提督軍務太監張忠、平賊將軍左都督劉暉將京軍數千，泝江而上，抵南昌。諸嬖倖故與宸濠通，守仁初上宸濠反書，因言：『覬覦者非特一寧王，請黜奸諛以回天下豪傑心。』諸嬖倖皆恨。宸濠既平，則相與媢功。且懼守仁見天子發其罪，競爲蜚語，謂守仁先與通謀，慮事不成，乃起兵。又欲令縱宸濠湖中，待帝自擒。

守仁乘忠、泰未至，先俘宸濠，發南昌。忠、泰以威武大將軍檄邀之廣信。守仁不與，間道趨玉山，上書請獻俘，止帝南征。帝不許。至錢唐遇太監張永。永提督贊畫機密軍務，在忠、泰輩上，而故與楊一清善，除劉瑾，天下稱之。守仁夜見永，頌其賢，因極言江西困敝，不堪六師擾。永深然之，曰：『永此來，爲調護聖躬，非邀功也。公大勛，永知之，但事不可直情耳。』守仁乃以宸濠付永，而身至京口，欲朝行在。聞巡撫江西命，乃還南昌。忠、泰已先至，恨失宸濠。故縱京軍犯守仁，或呼名嫚罵。守仁不爲動，撫之愈厚。病予藥，死予棺，遭喪於道，必停車慰問良久始去。京軍謂王都堂愛我，無復犯者。忠、泰言：『寧府富厚甲天下，今所蓄安在？』守仁曰：『宸濠異時盡以輸京師要人，約內應，籍可按也。』忠、泰故嘗納宸濠賄者，氣懾不敢復言。已，輕守仁文士，強之射。徐起，三發三中。京軍皆歡呼，忠、泰益沮。會冬至，守仁命居民巷祭，已，上塚哭。時新喪亂，悲號震野。京軍離家久，聞之無不泣下思歸者。忠、泰不得已班師。比見帝，與紀功給事中祝續、御史章綸讒毀百端，獨永時時左右之。忠揚言帝前曰：『守仁必反，試召之，必不至。』忠、泰屢矯旨召守仁。守仁得永密信，不赴。及是知出帝意，立馳至。忠、泰計沮，不令見帝。守仁乃入九華山，日晏坐僧寺。帝覘知之，曰：『王守仁學道人，聞召即至，何謂反？』乃遣還鎮，令更上捷音。守仁乃易前奏，言奉威武大將軍方略討平叛亂，而盡入諸嬖倖名，江彬等乃無言。

當是時，讒邪搆煽，禍變叵測，微守仁，東南事幾殆。世宗深知之。甫即位，趣召入朝受封。而大學士楊廷和與王瓊不相能。守仁前後平賊，率歸功瓊，廷和不喜，大臣亦多忌其功。會有言國哀未畢，不宜舉宴行賞者，因拜守仁南京兵部尚書。守仁不赴，請歸省。已，論功封特進光祿大夫、柱國、新建伯，世襲，歲祿一千石。然不予鐵券，歲祿亦不給。諸同事有功者，惟吉安守伍文定至大官，當上賞。其他皆名示遷，而陰絀之，廢斥無存者。守仁憤甚。時已丁父憂，屢疏辭爵，乞録諸臣功，咸報寢。免喪，亦不召。久之，所善席書及門人方獻夫、黄綰以議禮得幸，言於張璁、桂萼，將召用，而費宏故銜守仁，復沮之。屢推兵部尚書，三邊總督，提督團營，皆弗果用。

嘉靖六年，思恩、田州土酋盧蘇、王受反。總督姚鏌不能定，乃詔守仁以原官兼左都御史，總督兩廣兼巡撫。綰因上書訟守仁功，請賜鐵券歲祿，並敍討賊諸臣，帝咸報可。守仁在道，疏陳用兵之非，且言：『思恩未設流官，土酋歲出兵三千，聽官征調。既設流官，我反歲遣兵數千防戍。是流官之設，無益可知。且田州隣交阯，深山絶谷，悉瑤、僮盤據，必仍設土官，斯可藉其兵力爲屏蔽。若改土爲流，則邊鄙之患，我自當之，後必有悔。』章下兵部，尚書王時中條其不合者五，帝令守仁更議。十二月，守仁抵潯州，會巡按御史石金定計招撫。悉散遣諸軍，留永順、保靖土兵數千，解甲休息。蘇、受初求撫不得，聞守仁至益懼，至是則大喜。守仁赴南寧，二人遣使乞降，守仁令詣軍門。二人竊議曰：『王公素多詐，恐紿我。』陳兵入見。守仁數二人罪，杖而釋之。親入營，撫其衆七萬。奏聞於朝，陳用兵十害，招撫十善。因請復設流官，量割田州地，別立一州，以岑猛次子邦相爲吏目，署州事，俟有功擢知州。而於田州置十九巡檢司，以蘇、受等任之，並受約束於流官知府。帝皆從之。

斷藤峽猺賊，上連八寨，下通仙臺、花相諸洞蠻，盤亙三百餘里，郡邑罹害者數十年。守仁欲討之，故留南寧。罷湖廣兵，示不再用。伺賊不備，進破牛腸、六寺等十餘寨，峽賊悉平。遂循横石江而下，攻克仙臺、花相、白竹、古陶、羅鳳諸賊。令布政使林富率蘇、受兵直抵八寨，破石門，副將沈希儀邀斬軼賊，盡平八寨。

始，帝以蘇、受之撫，遣行人奉璽書奬諭。及奏斷藤峽捷，則以手詔問閣臣楊一清等，謂守仁自誇大，且及其生平學術。一清等不知所對。守仁之起由璁、萼薦，萼故不善守仁，以璁強之。後萼長吏部，璁入内閣，積不相下。萼暴貴喜功名，風守仁取交阯，守仁辭不應。一清雅知守仁，而黄綰嘗上疏欲令守仁入輔，毁一清，一清亦不能無移憾。萼遂顯詆守仁征撫交失，賞格不行。獻夫及霍韜不平，上疏爭之，言：『諸瑤爲患積年，初嘗用兵數十萬，僅得一田州，旋復召寇。守仁片言馳諭，思、田稽首。至八寨，斷藤峽賊，阻深巖絶岡，國初以來未有輕議剿者，今一舉蕩平，若拉枯朽。議者乃言守仁受命征思、田，不受命征八寨。夫大夫出疆，有可以安國家，利社稷，專之可也。況守仁固承詔得便宜從事者乎！守仁討平叛藩，忌者誣以初同賊謀，又誣其輦載金帛。當時大臣楊廷和、喬宇飾成其事，至今未白。夫忠如守仁，有功如守仁，一屈於江西，再屈於兩廣。臣恐勞臣灰心，將士解體，後此疆圉有事，誰復爲陛下任之？』帝報聞而已。

守仁已病甚，疏乞骸骨，舉鄖陽巡撫林富自代，不俟命竟歸。行至南安卒，年五十七。喪過江西，軍民無不縞素哭送者。

守仁天姿異敏。年十七謁上饒婁諒，與論朱子格物大指。還家，日端坐，講讀《五經》，不苟言笑。游九華歸，築室陽明洞中。泛濫二氏學，數年無所得。謫龍場，窮荒無書，日繹舊聞。忽悟格物致知，當自求諸心，不當求諸事物，喟然曰：『道在是矣。』遂篤信不疑。其爲教，專以致良知爲主。謂宋周、程二子後，惟象山陸氏簡易直捷，有以接孟氏之傳。而朱子《集註》、《或問》之類，乃中年未定之説。學者翕然從之，世遂有『陽明學』云。

守仁既卒，桂萼奏其擅離職守。帝大怒，下廷臣議。萼等言：『守仁事不師古，言不稱師。欲立異以爲高，則非朱熹格物致知之論；知衆論之不予，則爲朱熹晚年定論之書。號召門徒，互相倡和。才美者樂其任意，庸鄙者借其虚聲。傳習轉訛，背謬彌甚。但討捕輋賊，擒獲叛藩，功有足録，宜免追奪伯爵以章大信，禁邪説以正人心。』帝乃下詔停世襲，卹典俱不行。隆慶初，廷臣多頌其功。詔贈新建侯，謚文成。二年予世襲伯爵。既又有請以守仁與薛瑄、陳獻章同從祀文廟者。帝獨允禮臣議，以瑄配。及萬曆十二年，御史詹事講申前請。大學士申時行等言：『守仁言致知出《大學》，良知出《孟子》。陳獻章主靜，沿宋儒周敦頤、程顥。且孝友出處如獻章，氣節文章功業如守仁，不可謂禪，誠宜崇祀。』且言胡居仁純心篤行，衆論所歸，亦宜並祀。帝皆從之。終明之世，從祀者止守仁等四人。

綜述

清·黃宗羲《明儒學案》卷一〇《姚江學案·文成王陽明先生守仁》

王守仁字伯安，學者稱爲陽明先生，余姚人也。父華，成化辛丑進士第一人，仕至南京吏部尚書。先生娠十四月而生，祖母岑夫人夢神人送兒自雲中至，因命名爲『雲』。五歲，不能言，有異僧過之，曰：『可惜道破。』始改今名。豪邁不羈。十五歲，縱觀塞外，經月始返。十八歲，過廣信，謁婁一齋，慨然以聖人可學而至。登弘治己未進士第，授刑部主事，改兵部。逆瑾矯旨逮南京科道官，先生抗疏救之，下詔獄，廷杖四十，謫貴州龍場驛丞。瑾遣人跡而加害，先生托投水脱去，得至龍場。瑾誅，知廬陵縣，歷吏部主事、員外郎、郎中，升南京太僕寺少卿、鴻臚寺卿。時虔、閩不靖，兵部尚書王瓊特舉先生以左僉都御史巡撫南、贛。未幾，遂平漳南、横水、桶岡、大帽、浰頭諸寇。己卯六月，奉敕勘處福建叛軍。至豐城而聞宸濠反，遂返吉安，起兵討之。宸濠方圍安慶，先生破南昌，濠返兵自救，遇之於樵捨，三戰，俘濠。

武宗率師親征，群小張忠、許泰欲縱濠鄱湖，待武宗接戰而後奏凱。先生不聽，乘夜過玉山，集浙江三司，以濠付太監張永。張永者，爲武宗親信，群小之所憚也。命兼江西巡撫。又明年，升南京兵部尚書，封新建伯。嘉靖壬午，丁冢宰憂。丁亥，原官兼左都御史，起征思、田。思、田平，以歸師襲八寨、斷藤峽，破之。先生幼夢謁馬伏波廟，題詩於壁。至是，道出祠下，恍如夢中。時先生已病，疏請告。至南安，門人周積侍疾，問遺言，先生曰：『此心光明，亦復何言？』頃之而逝，七年戊子十一月二十九日也，年五十七。

先生之學，始泛濫於詞章，繼而讀考亭之書，循序格物，顧物理、吾心終判爲二，無所得入。於是出入於佛、老者久之。及至居夷處困，動心忍性，因念聖人處此更有何道？忽悟格物致知之旨，聖人之道，吾性自足，不假外求。其學凡三變而始得其門。自此以後，盡去枝葉，一意本原，以默坐澄心爲學的。有未發之中，始能有發而中節之和，視聽言動，大率以收斂爲主，發散是不得已。江右以後，專提『致良知』三字，默不假坐，心不待澄，不習不慮，出之自有天則。蓋良知即是未發之中，此知之前更無未發；良知即是中節之和，此知之後更無已發。此知自能收斂，不須更主於收斂；此知自能發散，不須更期於發散。收斂者，感之體，靜而動也；發散者，寂之用，動而靜也。知之真切篤實處即是行，行之明覺精察處即是知，無有二也。居越以後，所操益熟，所得益化，時時知是知非，時時無是無非，開口即得本心，更無假藉湊泊，如赤日當空而萬象畢照。是學成之後，又有此三變也。

先生憫宋儒之後學者，以知識爲知，謂『人心之所有者不過明覺，而理爲天地萬物之所公共，故必窮盡天地萬物之理，然後吾心之明覺與之渾合而無間』。説是無内外，其實全靠外來聞見以填補其靈明者也。先生以聖人之學，心學也。心即理也，故於致知格物之訓，不得不言『致吾心良知之天理於事事物物，則事事物物皆得其理』。夫以知識爲知，則輕浮而不實，故必以力行爲功夫。良知感應神速，無有等待，本心之明即知，不欺本心之明即行也，不得不言『知行合一』。此其立言之大旨，不出於是。而或者以釋氏本心之説，頗近於心學，不知儒釋界限只一理字。釋氏於天地萬物之理，一切置之度外，更不復講，而止守此明覺；世儒則不恃此明覺，而求理於天地萬物之間，所爲絶異。然其歸理於天地萬物，歸明覺於吾心，則一也。向外尋理，終是無源之水，無根之木，總使合得，本體上已費轉手，故門乞火與合眼見闇，相去不遠。先生點出心之所以爲心，不在明覺而在天理，金鏡已墜而復收，遂使儒釋疆界渺若山河，此有目者所共也。試以孔、孟之言證之。致吾良知於事物，事物皆得其理，非所謂人能弘道乎？若在事物，則是道能弘人矣。告子之外義，豈滅義而不顧乎？亦於事物之間求其義而合之，正如世儒之所謂窮理也。孟子胡以不許之？而四端必歸之心哉！嗟乎，糠秕眯目，四方易位，而後先生可疑也。隆慶初，贈新建侯，謚文成。萬曆中，詔從祀孔廟，稱『先儒王子』。

清·查繼佐《罪惟録·傳》卷一〇《理學諸臣·王守仁》 王守仁，字伯安，別號陽明，浙江餘姚人，晉王覽之裔。六世祖綱，洪武中參議廣東，死苗難。父華，及第第一人，歷官講讀，侍孝宗經筵，以不附劉瑾致仕，仕至南京吏部尚書。守仁母岑夫人，娠守仁十四月，夢神人乘五色雲，手授之。祖天敘因呼之曰『雲』。五歲不能言，有異僧過天敘曰：『是兒勿以名泄之。』天敘爲改名『守仁』，輒讀書敏記。八歲，妄意神仙，嬉戲皆絶人。十五，從宦京師，出遊居庸，慨然負壯圖。十七，遇蜀道士於江西鐵樹宫，與語大悦。及見婁諒，談朱氏格物之旨，復大悦。故善跳狎，則稍就規準。赴鄉試，見巨人夜立文場東西，大呼三人好作事，已忽不見。三人者，一榜中胡端敏世寧、孫忠烈燧及守仁，後人意之也。守仁因自負，好談兵，亦不廢養生言。弘治十二年成進士，授刑部主事。病歸，辟陽明洞爲書舍，更講神仙之事，已又悔之。改武選，遂與湛若水專求孔孟之學。

正德初，逆瑾亂政，論救言官戴銑、薄彦徽，因大發瑾罪。瑾怒，矯旨杖守仁於門，謫龍場驛丞，復使人前道扼之。守仁佯置衣履江岸，題詩其處，若投江死者，得以免。附海舟舟山，爲颶風漂閩，有道士收之，故鐵樹宫與語大悦者也。遂赴龍場，在南彝萬山中無所得書，日坐石穴中，默記舊牘，輒爲訓釋。期有七月，《五經》之旨略備。龍場人相與伐木，爲軒居之。

瑾誅，擢廬陵知縣，歷文選，累升僉都御史，巡撫南、贛、汀、漳等處。甫至，首平閩、廣劇盜詹師富、溫火燒等。因言『盜賊日滋，由于濫撫，所調狼兵無制，徒殘害，不足使。臣得揀練部勒之，請便宜以行。』詔許之。改巡撫爲總督軍務。時宸濠蓄逆，頗與賊通。守仁上書密言狀，且請罷絀奸諛，以回天下豪傑之心；絶蹤巡游，以杜天下奸雄之望。是年，茶寮賊大起，江、廣、湖、郴騷然。上命三省會討。守仁首誅賊間吳讓，督兵自南康入，破横水、左溪巢，賊奔桶岡，大戰西山界。凡破巢八十四，俘斬六千餘人，歸流亡，度地居之。鑿山開道，夷其險阻。請立崇義縣于横水以屬贛。已而浰頭賊池仲容尤悍黠，擅擬官號，以畲瑤既殄，益增機險阱毒，虞王師。守仁厚撫其黨黄金巢等，先從破横水。又納仲容弟仲安之款，而收仲容之仇盧珂等爲心腹，故休士歸農，若不復用兵者。已而陽鞭撻盧珂以來仲容，而縱珂往合官兵，盡滅三浰，大小三十餘戰，滅巢二十有八，俘斬三千餘人。復立和平縣，以屬惠治之。虔吉人感功德，生祠之。升副都御史，蔭一子錦衣百戶，進千戶。

十四年，宸濠果反。守仁與吉安知府伍文定起兵，掩南昌不備，迎戰鄱陽湖，賊平。事在《宸濠傳》。上自稱威武大將軍南巡，使人邀所俘於廣信，守仁弗與。會太監張永方贊誅劉瑾，爲海内所許，抵錢塘。守仁取内道入浙，夜見永，便以宸濠付之，而身至京口謁駕。諸奄不得志，惡守仁上前，稱守仁宸濠黨。永爲護持力，得不問，賞亦不行。事在《張永傳》。會江西大水，上疏自劾，語極剴切，報聞。

世宗初立，召守仁入受封。而中有沮者，謂國甫大喪，不當宴賞，中道止之。拜南京兵部尚書，參贊機務，歸省。尋論封奉天翊衛推誠宣力守正文臣，特進光祿大夫、柱國、新建伯。父華亦得封如之。父病中膺封，卒。

初，宸濠之叛也，結譽士大夫，無所不傾下。守仁亦與無崖異，嘗使其門人冀元亨往觀之。宸濠自謂善守仁，密謀於陸完，意守仁得爲其巡撫，用是其形跡不能無疑於士大夫。守仁憂居講學，受弟子，而忌者蜂起，頗目爲僞學。至云初通宸濠謀，策其不勝而背之，言絶醜，不可聞。以是雖封爵賜號，竟不與鐵券及歲祿。一時勤王有功諸臣，中傷廢斥殆盡，唯伍文定得升副都御史，蔭一子千戶。守仁不勝憤，乃上疏再辭爵，且極論白諸有功者。溫旨慰諭，終格不行。守仁所善席書與門人方獻夫、黄綰，皆以議禮得幸上，交章守仁賢，宜大用，亦尼不果。

嘉靖五年，岑猛叛，詔兩廣聚兵討猛。猛死田州。其黨盧蘇、王受相結再叛，嶺南大困。桂文襄蕚素不善守仁，爲張總所強，交口薦，代姚鏌總督兩廣。守仁至，開示恩信，盧蘇、王受等自縛來歸，則悉遣其衆歸農七萬一千餘人，勒石志功德。時八寨瑤賊反側嶺表，與斷籐峽、牛腸、六寺、仙台、花相諸瑤相煽結。守仁以便宜，密令故降蘇、受等輕兵出。而永樂、保靖土兵之自嶺南還者，亦過八寨，與蘇、受等相犄角，逕擣其巢，誅斬萬計，八寨盡平。捷聞，朝廷以其誇擅，敕獎而已。獻夫、韜言其功不可泯，上許條畫善後以聞。是時守仁已病矣，輿疾勞所事，而桂萼方長吏部，暴喜功名，風守仁取安南，希崇封。守仁辭不應，以是益怨守仁，讒守仁，賞不進。守仁病劇，乞骸骨，臥舟待命。甫度大庾嶺，卒，爲七年之十一月。時白氣亙天，數日乃已。萼等因盛言守仁初擒宸濠，攻戰紀律不臧，奏捷多僞；又言擅離本職，處置田州事宜失當；學術不端，破壞士習。乞削奪官爵。詔免奪爵，停恤典，子不得嗣封。

守仁學以致良知爲本，所論著有《古本大學則言》及《傳習録》諸書。其才氣故横絶，得兵部尚書王瓊爲傾任，故能早膺閫閾，屢立大功，顧未一面守仁也。瓊得其所貌像，焚香懸對，契若面語。嘗左手持弱孫，右手接守仁奏報，至關啓處，顧兒歎曰：『生子當如是哉！』

守仁年五十有八，疾革，南安推官入問疾，微哂曰：『此心光明，亦復何言。』櫬行，士民擁哭者載道。至越，越中市兒巷婦無不嗟歎。隆慶初，贈新建侯，謚文成，賜葬。予祭誥詞，推爲明元勳聖學。子正億，得嗣世伯爵。萬曆初，從祀孔子廟廷。

論說

明·王守仁《陽明全集》卷首《誥命》 奉天承運皇帝制曰：竭忠盡瘁，固人臣職分之常；崇德報功，實國家激勸之典。矧通侯班爵，崇亞上公，而節惠易名，榮逾華袞。事必待乎論定，恩豈容以久虛！爾故原任新建伯、南京兵部尚書兼都察院左都御史王守仁，維岳降靈，自天祐命。爰從弱冠，屹爲宇宙人豪；甫拜省郎，獨奮乾坤正論。身瀕危而志愈壯，道處困而造彌深。紹堯孔之心傳，微言式闡；倡周程之道術，來學攸宗。蘊蓄既宏，猷爲不著；遺艱投大，隨試皆宜；戡亂解紛，無施弗效。閩、粤之箐巢盡掃，而擒縱如神；東南之黎庶舉安，而文武足憲。爰及逆藩稱亂，尤資杖鉞淵謀，旋凱奏功，速於吳、楚之三月；出奇決勝，邁彼淮、蔡之中宵。是嘉社稷之偉勳，申盟帶礪之異數。既復撫夷兩廣，旋致格苗七旬。謗起功高，賞移罰重。爰遵遺詔，兼采公評，續相國之生封，時而旌伐；追曲江之殊恤，庶以酬勞。茲特贈爲『新建侯』，謚『文成』，錫之誥命。於戲！鐘鼎勒銘，嗣美東征之烈；券綸昭錫，世登南國之功。永爲一代之宗臣，實耀千年之史冊。冥靈不昧，寵命其承！隆慶二年十月十七日。

明·費宏《費文憲公摘稿》卷一四《賀大中丞陽明王公討逆成功序》

古之君子，能爲國家弭非常之變，立非常之功，勒之鼎彝，著之竹帛，垂之百世而不朽者，豈特其才智大過於人而不可及哉？惟其天資高明，器局宏遠，而學術之正又超出乎流俗。以故嚮往圖回，卓有定見，雖當事變，勵勸衆志，惶惑之際，忠義奮發，弗以成敗利鈍芥蔕于其中，而天之所佑，人之所助，固於是乎在！宜其所立之奇偉卓絶，非常人所能及。茲所謂傑出之材，而世不可多得也。大中丞陽明王公，學究大原，體兼衆器，早以忠直負天下之望。方逆瑾之擅權也，疏陳時弊，言極剴切，其受擯斥，處遠惡而不辭。賴天子聖明，旋復召用。惟其所在，必竭誠圖報，而委任亦日益以隆宏。嘗謂其操存正大，可擬諸葛亮、范仲淹；言議鬯達，可擬賈誼、陸贄。蓋古之君子，可當大事而不負其所學者。至於分閫授鉞，運籌制勝，則又趙充國、裴度之流，而吾儕咸自歎以爲弗及也。頃緣閩卒弗靖，特命公往正厥罪。公自南贛而東，六月既望至豐城，聞逆藩之變作矣。時江右撫巡方岳諸官，或戕或執，列郡無所禀承。賊衆號數十萬，舟楫蔽江，聲言欲犯留都，且分兵北上，而萬里告急，又不可遽達于九重。公慨然歎曰：『事有急於君父之難者乎？賊順流東下，我苟不爲牽制之圖，沿江諸郡萬有一失焉；旬月之間，必且動摇京輔。如此則勝負之筭未有所歸，此誠天下安危之大機，義不可捨之而去也。』遂狥太守伍君文定之請，暫駐吉安以鎮撫其軍民，且禮至鄉宦。王公與時、劉公時讓、鄒公謙之、王君宜學、張君汝立、李君子庸輩，與之籌畫機宜，待釁而動。會侍御謝君士潔、伍君汝珎，以使歸自兩廣，皆鋭意勤王。乃相與移檄遠近，號召義勇，期必成討賊之績。旬浹，贛守邢君珣、袁守徐君璉、臨江守戴君德孺、瑞州通守朝君堯元率僚屬，各以其兵至矣。又旬浹，則撫州守陳君槐、信州守周君朝佐、饒州守林君城、建昌守曾君璵率僚屬，又各以其兵至矣。時賊已破南康，陷九江，方圍安慶，其東侵之焰甚熾。公議先取其巢，然後引兵追躡，使之退無所據而進不得前，庶幾其氣自沮而殄滅爲易。七月望日，集旁郡先至之兵會于樟樹。越五日辛亥，進克省城，賊遂解安慶之圍，率兵歸援。公曰：『吾固料賊且歸，歸則成擒必矣。』衆方洶懼，公設方畧，督伍守等嚴兵待之，又分遣撫、建、饒、信之兵，往復南康、九江，以成犄角之勢。乙卯，敗之于樵舍。丙辰，與戰，復大敗之。丁巳，用水攻之策，遂擒首惡，逆黨若干。前後俘斬無筭。其紀諸功載者，實一萬一千有奇。首惡纍縶入城，軍民聚觀感泣，歎聲動地。皆曰：『天賜公，活吾一方萬姓之命。微公，吾其如何。』其君子則曰：惟天純佑我國家，實生公以撥其變。兹惟宗社之慶，獨一方云乎哉？蓋此賊之惡，百倍淮南。其睥睨神器已非一日，中外之人皆劫於積威，恐其陰中而莫之敢發。其稱兵而起也，吾黨之庸懦類佐吾朱驕如者，猶以爲十事九成；四方智勇即有功名之念，欲與一决而竊計利害遲明觀望者，又十人而九也。公出于危途，首倡義旅，知黨我之當狥而不知功利之可圖，知亂賊之當誅而不知身家之可慮，師以順動，豪傑響應，甫旬月而大難遂平，不啻如摧枯振落。非忠誠一念，上下孚格，其成功能如是之神速耶？傳曰：『爲人臣而不通《春秋》之義者，遭變事而不知權。』則以今日之所處觀之，語分地則無專責，語奉使則有成命，而忘身赴義不恤其他，雖其資稟器局向與人殊，然非學有定力，達于權變，亦未必能如此其勇也。宏昔忝詞林，嘗從公之尊翁、太宰龍山先生，後因辱公知最深，自愧局量未弘，動與時忤，逆賊再請護衛，嘗却其賂遺而力沮之。或以爲賤兄弟之歸，及歸而屢受群凶之侮，皆出於其陰中也。勤王之舉，未及荷戈前驅，有遺恨焉。故公之英聲茂實，震耀鏗轟，雖無俟於區區之贊頌，然不世之仇，賴公一旦除之，則其欣幸宜百倍於他人，烏能已於言耶？故具論公之樹立可方駕古之君子者，以爲天下賀，而亦因以致吾私焉。

明·徐階《世經堂集》卷一四《陽明先生畫像記》　陽明先生像一幅，水墨寫。嘉靖己亥，予督學江西，就士人家摹得先生燕居像二，朝衣冠像一。明年庚子夏，以燕居之一贈同年淡泉鄭子，此幅是也。

先生在正德間，以都御史巡撫南、贛，督兵敗宸濠，平定大亂，拜南京兵部尚書，封新建伯。其後以論學爲世所忌，竟奪爵。予往來吉、贛間，問其父老，云：『濠之未叛也，先生奉命按事福州，乞歸省其親，乘單舸下南昌，至豐城聞變，將走還幕府爲討賊計，而吉安太守松月伍公議適合，郡又有積穀可養士，因留吉安，征諸郡者與濠戰湖中，敗擒之。』其事皆有日月可按覆，而忌者謂先生始赴濠之約，後持兩端遁歸，爲伍所強，會濠攻安慶不克，乘其沮喪，幸成功。夫人情苟有約，其敗征未見，必不遁。凡攻討之事，勝則侯，不勝則族；苟持兩端，雖強之必不留。武皇帝之在御也，政由嬖倖，濠悉與結納，至或許爲內應。方其蹶起，天下皆不敢意其遽亡。先生引兵而西，留其家吉安之公署，聚薪環之，戒守者曰：『兵敗即縱火，毋爲賊辱。』嗚呼！此其功豈可謂幸成，而其心事豈不皦然如日月哉？

忌者不與其功足矣，又舉其心事誣之。甚矣，小人之不樂成人善也。自古君子爲小人所誣者多矣，要其終必自暴白。乃予所深慨者，今世士大夫高者談玄理，其次爲柔願，下者直以貪黷奔競謀自利其身。有一人焉，出死力爲國家平定大亂，而以忌厚誣之，其勢不盡驅士類入於三者之途不止。凡爲治，不患無事，患無賞罰。議論者，賞罰所從出也。今天下漸以多事，庶幾得人焉，馳驅其間，而平時所謂議論者如此，雖在上智，不以賞罰爲勸懲，彼其激勵中才之具不已疏乎？此予所深慨也。

濠之亂，孫、許二公死於前，先生平定之於後。其迹不同，同有功於名教。江西會城，孫、許皆廟食而先生無祠。予督學之二年，始祀先生於射圃。未幾被召，因摹像以歸，將示同志者，而首以贈鄭子。予嘗見人言此像于先生極似，以今觀之，貌殊不武，然獨以武功顯。于此見儒者之作用矣。鄭子誠有慕乎？當於其學求之。

明·鄒元標《願學集》卷五下《重修陽明先生祠記》　庚寅秋，予赴銓曹，舟過池陽，望群峰昂霄聳壑，鬱鬱青青，問之則九華峰。予乃躡蹻而登，僧來亨指山隈爲陽明先生祠，導予游。予至祠前，荊棘莽翳，堂戶傾圮，不可爲禮。予賦詩寄慨，屬秦令君新之。令君唯唯，會以遷去，留金俟後來者。而繼秦者爲蔡君，君履其地，慨然曰：『毋論先生勳賢彌宇宙，即吾里先哲流風，詎可令澌滅草莽間爲？』遂捐俸大加修葺，堂額門廡仍舊，而祭有田，田有志，備矣。復遣僧來亨者問《記》鄒子，以鄒子故竊聞先生緒余。

予執筆茫然者累日。憶余幼從鄉先生游，言必曰先生，心竊疑之；而實嗜文清所爲《讀書録》也者，故日必有録，然于先生學未嘗置念也。

及成貴竹，留心格物之學，語人人殊，獨于先生『致良知』、『事事物物之間，格其不正，以歸於正』之語有入，因歎曰：『往儒博物理於外，先生約物理於內。夫博約不同趨，內外不相謀已久，約而反求諸身者，端本之學也。』然盤桓日久，知與事相持正，與不正相敵。因讀先生《戒慎恐懼語》曰：『戒慎恐懼是功夫，不睹不聞是本體。』又曰：『不睹不聞是功夫，戒慎恐懼是本體。』曰：『合得本體是功夫，做得功夫是本體。』恍然曰：『功夫即本體，本體即功夫，離本體而言功夫者，是妄鑿垣牆而殖蓬蒿。』然心雖自信，而於所謂本體者，若猶有端倪可即，於心未有當也。年華浸盛，至道無聞，每一念及，潸然淚落，遂時時反觀自訟，一旦有契于先生所謂『無善無惡，心之體』者，遂躍如曰：『先生蓋已上達天德，非腐儒所能窺測。』然元標從事先生之學，蓋三變矣。

蓋嘗論先生之倡道當時，如清風披拂；諸君之齊心服刑，如群鼠飲河，各得其性之所近而已。有謂『知必鍛煉而後良』者，則『不慮而知』之説非乎？有謂『必揭良能，始足該括』者，則『孩提知愛知敬』之説非乎？夫知愛知敬者，知也；能愛能敬者，即良能也。有謂『必歸寂而之感』者，不知良知之體無寂感，無內外，而分內外寂感者，是二見也。有窺生機盎然，日以暢愉爲得力者，不知『戰戰兢兢，小心翼翼』，未必非生機也。夫此于先生之學者皆具一體，然於世亦各有補。予獨怪夫『萬物一體，圓融無礙』之説倡，而學浸以偽也。

夫良知，理一也，而分則殊；體圓也，而用則方。先儒之一體也，合天下以成其身；後儒之一體也，借天下以濟其私。先儒之圓，神也，本之方以知；後儒之圓，神也，流於詭與隨。藉口交道接禮之説，無論宋、薛、齊七十、五十、百鎰，皆可受矣；藉口委曲行道之説，轍環列國，棲棲依依爲是，不脱冕而行非矣；藉口獵較猶可之説，和光同塵爲是，先簿正祭器非矣；藉口《中庸》之説，鄉愿、德賊，味道模稜，皆所不計矣；藉口泛愛眾之説，孔子不必瞰亡於陽貨，孟子不必示默於王驩矣。神出鬼沒，朝更夕易，夫豈先生之教，端使之然哉？

説者曰：『良知醒而蕩，非良知蕩也，贗儒蕩也，蕩非良知也。』或曰：『聖賢立教，各因其時。當時註疏訓詁，牿我性靈，學者昧反身之學，孳孳矻矻，老而無成。先生一破俗學，如洪鐘之醒群寐，其群而趨之也，如百川之赴壑。今流弊若兹，司世道者宜易其塗轍，以新學者心志。』予曰：『此非予所能測也。孔、孟不嘗言仁義哉？流弊至於「爲我」、「兼愛」，則仁義亦可廢耶？聖賢言語，無非欲人識其本心耳。本心既明，即良知亦虛譚也，而何必復爲更端。』

曰：『然則先生之教，卒不明耶？』予曰：『先生所謂良知者，通天地，亘古今，徹晝夜，一死生，賢愚同共，非推測影響之知也。先生以全體爲知，而世儒以推測影響爲知，其去先生之教益遠矣。良知本庸，勿厭常而喜新；良知本淡，勿弔詭以博名；良知本實，勿慕虛而譚高。子臣弟友慥慥皜皜，即聖人復起，能易先生教哉？《大學》曰「先致其知」，宋儒曰「進學在致知」。是知非自先生倡之，聖賢已先詔之矣。先生之祠所至增修，而先生之旨不明，則誰之憂乎？子等與有責矣。』

祠始議於予師大中丞鑑塘朱公、予同年操江元沖張公。二公皆當時名臣。贊成於下，則予同年兵憲玉峰侯君，都諫文臺吴君，太守滄南何君。蔡君下車未幾，首先兹典，可謂知所重矣。是爲《記》。

又　卷八《書陽明先生語畧後》　予嘗讀《傳習録》，以先生之學在是書；近而知先生之自得，不盡在是書也。蓋當時格物之説，浸淫宇宙，先生力排其説，約之於內。其後末學，遂以心爲內者紛紛矣，與逐外者何先後間耶？且當時先生隨人立教，因病設方，此爲中下人説法，而所接引上根人，則本『天津證道』一語盡之。學者當直言無疑，可也。嗟乎！先生當時所造就者濟濟，今吾吉豪傑岳立，然未有作人如先生者。予於先生，不無遐思。

明·沈懋孝《洛誦編》卷一《讀文成侯陽明王先生年譜》　先生筮仕初，方壯歲，慨焉有當世大略，爲西曹郎所定禁圄間條貫，迄今遵用焉。爲武庫郎，上防邊十二事，樞府稱石畫矣。及劾瑾瑺，下廷杖，謫龍場，直聲震天下。瑾就戮，先生起家，爲南吏部南太僕。彼時正德末年，棼濁極矣。文武備具，筭乾坤于樽俎上，天下人士，誰不搖精屬先生者？《易》稱『雲雷屯，君子經綸。』巍巍堂堂，赫赫焞焞，韜而未發，此亦一時也。大司馬晉溪王公特知先生，推撫南贛，加以旗牌敕書。中密疏添洪西省城有事，王某得提兵策應，故先生陽爲練兵備山寇，實陰爲隄備寧藩，設此本兵之微指也。一夕聞變起，以大義號召諸郡兵，陰約山寇酋長率所部來助戰，既擣其巢窟，復擊其惰歸，不三旬，逆藩就擒，餘黨肅清，朝命未下，大變以寧。此事甚于安史之亂，而先生拂之如承蜩然。夫豈汾陽、臨淮可及目前，有此等作用乎？杰然空宇內矣。于是江、錢諸奸鼓煽親征之詔，以撓其功，閣相諷言官發冀元亨事，以致其罪。先生角巾江東，默然退讓。嗟乎！擒叛難矣，居功尤難。居功之難，難在不盈；處謗之難，難在不激。非先生學力澄定，能如此灑然乎？晚出視師廣右，撫田州，剿斷藤，布德宣威，兩投機竅，又以閣相論議不同，復沮其功。而先生已捐館於軍中，遂起僞學之禁，盡没平生，以快一三人之意，亦良寃矣。

當余始生之歲，天下黑白是非尚濛濛無所定，故天下事起，豪杰忠勇，常奮不顧身以嬰其降；天下事定，僉夫忌喙，九變其説以蕪落其垂成之烈，甚哉乎！世路傾危，功名之際之難焉。今者曾未五十年，功施民社，掛組懸龜，慶流孫子，理學心精，式儀後進，秩祀無窮。以此論之，公論何嘗不明，並世而生則不明；人心何嘗不公，握柄忌前則不公。當先生捐館時，一身千啄，埋没如無白日。然先生所以爲此者，赤心憂國家，精誠憂道脉，質鬼神以無疑，關百聖而何怍！一念獨立天壤，自知自受，自苦自快，如此而已矣。故云良知只是獨知時，舍此别無可倚靠者。姑無論戡亂定變，一心所裁，即居功處謗，喑啞自知，有何文册可以發明，有何師友可以商度，有何成法前摹堪以依彷？故云肫肫淵淵，上達天體，夫焉有所倚。嗚呼！此眞致良知之學也，的然何疑已。

《明史》卷一九五《王守仁傳》　贊曰：王守仁始以直節著。比任疆事，提弱卒，從諸書生掃積年逋寇，平定孽藩。終明之世，文臣用兵制勝，未有如守仁者也。當危疑之際，神明愈定，智慮無遺，雖由天資高，其亦有得于中者歟？矜其創獲，標異儒先，卒爲學者譏。守仁嘗謂胡世寧少講學，世寧曰：『某恨公多講學耳。』桂萼之議雖出于媢忌之私，抑流弊實然，固不能以功多爲諱矣。

藝文

明·鄒元標《願學集》卷一《題陽明先生像六首》　登壇濟濟説良知，不著絲毫更數誰？拋却語言諸伎倆，日星千古自昭垂。

羣賢列聖無他語，惟一惟精只此中。臘底雪消山盡處，柴門夜夜領春風。

辛苦平生幾問津，遲回歧路倍傷神。于今識得先生面，野草閒花一樣春。

吾心宇宙有同然，却道金谿是學禪。不是先生勤指點，誰令吾道日中天。

吾鄉先輩盛流傳，疑信相參苦未堅。踏破草鞋無覓處，始知吾道有真詮。

人疑此道大圓通，規矩方圓妙不窮。效地法天無兩事，圓神方智總吾宗。

明·湛若水《湛甘泉先生文集》卷二一《廣州程貳守所藏新建伯陽明王先生像贊》　逃釋逃黄，匪猖匪狂。爲知之良，文武弛張。目其鳳凰，鐵其肝腸。闇然其章，知柔知剛，萬夫之望。玆非陽明先生之相，而中峰大夫程子之藏。

明·黄綰《石龍集》卷二八《祭陽明先生》　於乎斯道，原於民彝，本諸物則，無人不全，無物不得，亙古長存，無時或息。惟人有情，情有公私，故心有邪正，而道有通塞。斯道既塞，此政教所以多訛，生人所以不蒙至治之澤也。

惟我先生，負絶人之識，挺豪傑之資，哀斯道之溺，憂斯道之疵，指良知以闡人心之要，揭親民以啓大道之方。篤躬允蹈，信知行之合一；人十己千，並誠明而兩至。續往聖不傳之宗，救末代已迷之失。孝弟可通神明，忠誠每貫日月。試之武備，既足以戡亂；用之文字，必將以匡時。幸文明之協運，式俊哲之遭逢，何勤勞僅死於瘴嶺，勳貫力徒存於社稷？慨風雲之難際，悼膏澤之未施。言之傷心，竟莫之究。悠悠蒼天，卒知無哉！尚賴斯道之明，如日中天，勉之惟在於人，責之敢辭後死？冀竭吾才，庶幾先生千古而如在也。嗚呼哀哉！尚享。

明·毛憲《古菴毛先生文集》卷六《祭新建伯王陽明》　嗚呼！先生之學，本原孟、陸，求心爲要；先生之道，易簡平直，非淺非奥；先生之功，語名位則隨職効忠，而江西之捍患，誠卓乎安國家、衛民社於談笑；語德性，則倡明正學，而致良知之新見，殆確乎貫始終、徹上下而獨到。可謂啓後學於方來，參前賢而克肖者矣。某始舉禮部，幸録鄙文，先生以『平正』二字許之。感承知遇，益返觀而允蹈。至其所以傳道而教人者，雖簡易而實淵微。顧某庸陋，愧未能心融而鑑照。然竊聞根本枝葉之諭，沉潛砥礪，亦既深培而力造。方期文旆東歸，欲走書就正，冀吾心之開導。胡天不佑斯文，山頽星殞，遽動士林之哀吊！

嗚呼！當今以道自任者，南有湛甘泉，東有先生，巍然並峙，同志而同教。雖所論微異，要皆推明性理，爲天地立心，爲生民立極，實均有功於覆幬。以某之愚辱，啓益良多，乃久服先儒居敬窮理之訓，不能脱舊見而圖新效。豈亦天限其分，而追慕典刑，不能不東望而嗟悼也。徬徨無措，聊寫瓣香之微忱；想像有臨，若覿平時之德貌。嗚呼！萬古此天地，則萬古此正道。先生雖逝，懋功洪業亦萬古其輝耀矣，又何憾乎？

明·徐階《世經堂集》卷二一《江西會城陽明先生祠新成釋奠文》

孔孟之沒，學者失師，博求遠取，日支以離。維支維離，害甚楊墨，彼迹易覩，此機難識。於維先生，獨究厥微，曰學無他，在致良知。維知本良，非假外得，吾致吾知，萬化斯出。先生之説，孰畀孰傳？乾坤易簡，至理則然。我作斯祠，志明聖學，尚陰隲予，俾有知覺。

又《陽明先生祠時祭祝文》 維公排斥異學，發揮良知，纘承聖緒，翼我民彝。維茲仲春秋，謹以牲帛醴齊，式陳明薦。尚饗！

明·黃道周《黃漳浦文集》卷二五《王文成公碑》 予觀於禮樂，蓋積百年未備也。夫亦待人遲久，乃起其經制功德，相爲近遠也。我太祖定天下，既百五十年，吾漳郡邑，始有定制。而平和一縣，爲文成建置之始，去文成數十年，始爲特祠麗學宫。又且百年，而黎獻思之。參政施公、大令王公始議於東郊別崇廟貌。所議別廟者，以祖功德，且正復祠禮也。嗚虖！夫豈其經始隰括不遽迨此乎？亦各待人。智不必身出，力不必自已。方文成初破賊，從上杭分道銜枚趨象湖時，我漳西鄙，實爲發軔之阿；既再用師，破橫水，劃九連山東至河頭，從民情設茲治，則公聲名已爛然照於窮壑。故公之殊猷偉績，盛於虔、吉，收於南昌，迎刃破竹，則皆於是始也。公既治虔中，不數至嶺左，然以漳西不治，則嶺左、右皆不得治，故其精魄所注，在嶺左不下虔中。今自平和設縣以來百二十年，絃誦文物，著於郡治，在崇義、和平邈不敢望者，豈獨其山川雄駿苞郁使然？亦以爲名賢巨掌高蹠之所專導靈宰實護之。嗚呼！士君子諄諄講道德理義命，無大顯貴人爲之屏扆前後，則峨冠側岸者翻卷姍笑之；及際風雲、逢特達，大者跨素臣亨所未有，小者順民情，別地利，爲蒼赤數萬，食報無窮。雖大君子名賢，亦皆不能自知也。文成之初涉江，從武夷出龍埸，樵蘇自給，蛇豕與居，召僕自誓，此時即得山城斗大，南面鳴琴，其中豈下於中都之宰？然文成廓然不以此貳念，獨於文字散落之餘，豁然神悟，以爲聲華刊落，靈晃自出。今其學被於天下，高者嗣鵝湖，卑者溷鹿苑，天下爭辨又四五十年，要於文成原本所以得此，未之或知也。

吾漳自紫陽涖治以來，垂五百年，人爲《詩》、《書》，家成鄒、魯，然已久浸淫佛、老之徑。平和獨以偏處敦樸，無詖邪相靡。其士夫篤於經論，尊師取友，坊肆貿書，不過舉業傳注而已。是豈《庚桑》所謂『建德之國』，抑若昌黎所云『民醇易於道古』者乎？憶余舞象時嘗游邑中，時時出黌西，過瞻舊祠，疑其庭徑湫側，意世有達人溯源嶓岷，必有起而更事者。距今五十餘年，而當道偉識，果爲更卜奕起。嗚呼！人學與治，亦何常各致所應致？治所應治者，皆治矣。即使山川效靈，以其雄駿苞郁者暢其清淑，令譽髦來彥溯文成之業，以上正鵝湖，下鉏鹿苑，使天下之小慧聞説者無以自托，是則文成之發軔，藉爲收實也。於紫陽祖禰，又何間焉？

於時主縣治者，爲天台王公，諱立準，涖任甫數月，舉百廢，以保甲治諸盜有聲。而四明施公，涖吾漳八九年矣。漳郡之於四明，猶虔、吉之於姚江也。王公即選勝東郊，負郭臨流，爲堂宇甚壯。施公從姚江得文成像，遂貌之，并爲祠費具備，屬余紀事。余以文成祀在兩廡可奏諸《雅》，其別廟者，宜自爲《風》，因爲迎送神之曲。其辭曰：

折瑤枝兮搗瓊糜，思君兮中阻饑。揚靈鼉兮播靈旗，矯欲來兮何期？大江橫兮大嶺絕，射朝曦兮馬當發。招余弓兮雲中，遺予佩兮木末。雖無德兮心所知，昔曾來兮安足辭！露所生兮雨膏之，菊有芳兮蘭與吹。追騶車兮抗嶧馬，上天兮下土，不同時兮安得游？登君堂兮不得語，耿徘徊兮中夜。令諸生歌之，得毋以爲楚聲乎！

雜録

明・朱國禎《湧幢小品》卷一六《王陽明先生》　先生起征岑猛，啓行過郡城，前驅一人衝道，縶之，蓋軍法也。有陳生者，將從之受學，問知狀，曰：『是且威鄉里。』遂去之。陽明聞頗悔，大減導從去。

四友齋一款云：陽明既擒宸濠，囚於浙省。時武宗南幸，駐蹕留都。中宫誘其令陽明釋放還江西，以待聖駕親征。差二中貴至浙省諭旨，陽明責中官具領狀。中官懼，其事乃寢。

先生擒宸濠，知諸邊將領兵至江西，欲令釋放，俟上至，親與戰，擒之。不得已，將濠取浙河北上，至杭州，以濠付臬司獄。適太監張永至浙，與語，知其可信，遂以付之。後諸人讒毁，終得永之力，免于禍。此時中貴氣燄赫然，乃能責之具領狀耶？

又云：陽明廣東用兵回，經蘭溪城下過。時章文懿尚在，陽明往見。在城外即换四人轎，屏去隊伍而行。蓋陽明在軍中用八人轎，隨行必有隊伍也。至文懿家，陽明正南坐。茶後，有一人跪在庭下，乃文懿門生。曾爲廣中通判，以贓去官，欲帶一功，以贖前罪。文懿力爲之言。陽明曰：『無奈報功本已去矣。』然本實未行，人以爲文懿似多此一節。余謂誠朴之人，易爲人所欺，然心實無私，言之益見其厚。

楓山先生卒于嘉靖元年，陽明廣東用兵在六年，遠不相及。事平七年，陽明告歸，卒于南安舟中，未嘗生回經蘭谿城下也。爲門人請托，先生必不爲。陽明有道人，可不可，自然以情告，寧有未發本而誑言已發之理？狙詐之術，庸人所羞。而謂陽明爲之，且以對長者乎？或者江西俘寧王，過蘭谿相會，未可知。要之，先生決不爲一門人力言；果言，陽明必有以處決，不作誑語也。

李贄分部

傳記

明・袁中道《珂雪齋集》卷一七《李温陵傳》　李温陵者，名載贄。少舉孝廉，以道遠不再上公車。爲校官，徘徊郎署間，後爲姚安太守。公爲人中燠外冷，丰骨稜稜。性甚卞急，好面折人過。士非參其神契者，不與言。强力任性，不强其意之所不欲。初未知學，有道學先生語之曰：『公怖死否？』公曰：『死矣，安得不怖！』曰：『公既怖死，何不學道？學道所以免生死也。』公曰：『有是哉？』遂潛心道妙，久之自有所契，超于語言文字之表。諸執筌蹄者，了不能及。爲守，法令清簡，不言而治。每至伽藍，判了公事，坐堂皇上，或寘名僧其間。簿書有隙，即與參論虚玄。人皆怪之，公亦不顧。禄俸之外，了無長物。久之厭圭組，遂入鷄足山，閱《龍藏》不出。御史劉維奇其節，疏令致仕以歸。

初與楚黄安耿子庸善，罷郡，遂不歸，曰：『我老矣，得一二勝友，終日晤言，以遺餘日，即爲至快，何必故鄉也！』遂攜妻女客黄安。中年得數男，皆不育。體素癯，澹於聲色；又癖潔，惡近婦人。故雖無子，不寘妾婢。後妻女欲歸，趣歸之。自稱『流寓客子』。既無家累，又斷俗緣，參求乘理，極其超悟。剔膚見骨，迥絶理路。出爲議論，皆爲劍刀上事。獅子送乳，香象絶流，發詠孤高，少有酬其機者。子庸死，子庸之兄天台公，惜其超脱，恐子姪效之，有遺棄之病，數致箴切。公遂至麻城龍潭湖上，與僧無念、周友山、丘坦之、楊定見聚。閉門下鍵，日以讀書爲事。性愛掃地，數人縛帚不給。衿裾浣洗，極其鮮潔。拭面掃身，有同水淫。不喜俗客，客不獲辭而至，但一交手，即令之遠坐，嫌其臭穢。其忻賞者，鎮日言笑；意所不契，寂無一語。滑稽排調，衝口而發；既能解頤，亦可刺骨。所讀書，皆抄寫爲善本。東國之秘語，西方之靈文，《離騷》、馬班之篇，陶、謝、柳、杜之詩，下至稗官小説之奇，宋元名人之曲，雪籐丹筆，逐字讎校。肌擘理分，時出新意。其爲文不阡不陌，抒其胸中之獨見，精光凜凜，不可迫視。詩不多作，大有神境。亦喜作書，每研墨伸紙，則解衣大叫，作兔起鶻落之狀。其得意者，亦甚可愛，瘦勁險絕，鐵腕萬鈞，骨稜稜紙上。一日，惡頭癢，倦於梳櫛，遂去其髮，獨存鬢鬚。

公氣既激昂，行復詭異。斥異端者，日益側目。與耿公往復辨論，每一札累累萬言，發道學之隱情，風雨江波，讀之者高其識，欽其才，畏其筆。始有以幻語聞當事。當事者逐之。于時左轄劉公東星，迎公武昌，舍蓋公之堂。自後屢歸屢遊。劉公迎之沁水，梅中丞迎之雲中，而焦公弱侯迎之秣陵。無何，復歸麻城。時又有以幻語聞當事。當事者又誤信而逐之，火其蘭若。而馬御史經綸遂躬迎之于北通州。又會當事者欲刊異端，以正文體，疏論之，遣金吾緹（綺）[騎]逮公。初，公病。病中復定所作《易因》，其名曰《九正易因》。常曰：『我得《九正易因》成，死快矣！』《易因》成，病轉甚。至是逮者至邸舍，匆匆公以問馬公。馬公曰：『衛士至。』公力疾起，行數步，大聲曰：『是爲我也！爲我取門片來！』遂臥其上，疾呼曰：『速行，我罪人也，不宜留！』馬公願從。公曰：『逐臣不入城，制也。且君有老父在。』馬公曰：『朝廷以先生爲妖人，我藏妖人者也，死則俱死耳，終不令先生往，而己獨留。』馬公卒同行。至通州城外，都門之牘尼馬公行者紛至。其僕數十人，奉其父命泣留之。馬公不聽，竟與公偕。

明日，大金吾寘訊。侍者掖而入，臥於階上。金吾曰：『若何以妄著書？』公曰：『罪人著書甚多，具在，于聖教有益無損。』大金吾笑其崛强，獄竟無所寘詞，大略止回籍耳。久之，旨不下，公於獄舍中作詩讀書自如。一日，呼侍者薙髮。侍者去，遂持刀自割其喉，氣不絕者兩日。侍者問：『和尚痛否？』以指書其手曰：『不痛。』又問曰：『和尚何自割？』書曰：『七十老翁何所求？』遂絕。時馬公以事緩，歸覲其父。至是，聞而傷之曰：『吾護持不謹，以致于斯也，傷哉！』乃歸其骸于通，爲之大治冢墓，營佛刹云。

公素不愛著書，初與耿公辨論之語，多爲掌記者所録，遂衷之爲《焚書》。後以時義詮聖賢深旨爲《説書》；最後理其先所詮次之史，焦公等刻之于南京，是爲《藏書》。蓋公於誦讀之暇，尤愛讀史，於古人作用之妙，大有所窺。以爲世道安危治亂之機，捷于呼吸，微于縷黍。世之小人，既僥倖喪人之國；而世之君子，理障太多，名心太重，護惜太甚，爲格套局面所拘，不知古人清淨無爲，行所無事之旨，與藏身忍垢，委曲周旋之用。使君子不能以用小人，而小人得以制君子。故往往明而不晦，激而不平，以至于亂。而世儒觀古人之迹，又概繩以一切之法，不能虛心平氣，求短于長，見瑕于瑜。好不知惡，惡不知美。至于今接響傳聲，其觀場逐塊之見，已入人之骨髓，而不可破。於是上下數千年之間，別出手眼。凡古所稱爲大君子者，有時攻其所短；而所稱爲小人不足齒者，有時不没其所長。其意大都在于黜虛文，求實用；舍皮毛，見神骨；去浮理，揣人情。卽矯枉之過，不無偏有重輕；而舍其批駁詼笑之語，細心讀之，其破的中竅之處，大有補于世道人心。而人遂以爲得罪于名教，比之毁聖叛道，則已過矣。

昔馬遷、班固，各以意見爲史。馬遷先黄老，後六經；退處士，進游俠。當時非之。而班固亦排守節，鄙正直。後世監二史之弊，汰其意見，一一歸之醇正。然二家之書，若揭日月；而唐宋之史，讀不終篇，而已兀然作欠伸狀，何也？豈非以獨見之處，卽其精光之不可磨滅者歟？旦夫今之言汪洋自恣，莫如《莊子》，然未有因讀《莊子》而汪洋自恣者也。卽汪洋自恣之人，又未必讀《莊子》也。今之言天性刻薄，莫如《韓子》，然未有因讀《韓子》而天性刻薄者也。卽天性刻薄之人，亦未必讀《韓子》也。自有此二書以來，讀《莊子》者，撮其勝韻，超然名利之外者，代不乏人；而申韓之書，得其信賞必罰者，亦足以强主而尊朝廷，卽醇正如諸葛，亦手寫之以進後主，何嘗以意見少駁遂盡廢之哉？夫六經、洙泗之書，粱肉也；世之食粱肉太多者，亦能留滯而成痞。故醫者以大黄蜀豆瀉其積穢，然後脾胃復而無病。九賓之筵，鷄豚羊魚，相繼而進；至於海錯，若江瑶柱之屬，弊吻裂舌，而人思一朵頤。則謂公之書爲消積導滯之書可；謂是世間一種珍奇，不可無一，不可有二之書亦可。特其出之也太早，故觀者之成心不化，而指摘生焉。然而窮公之所以罹禍，又不自書中來也。

大都公之爲人，真有不可知者。本絕意仕進人也，而專談用世之略，謂天下事決非好名小儒之所能爲。本狷潔自厲，操若冰霜人也，而深惡枯清自矜、刻薄瑣細者，謂其害必在子孫。本屏絶聲色，視情慾如糞土人也，而愛憐光景，於花月兒女之情狀，亦極其賞玩，若借以文其寂寞。本多怪少可，與物不和人也，而于士之有一長一能者，傾注愛慕，自以爲不如。本息機忘世，槁木死灰人也，而于古之忠臣義士，俠兒劍客，存亡雅誼，生死交情，讀其遺事，爲之咋指（砾）［斫］案，投袂而起，泣淚横流，痛哭滂沱，而不自禁。若夫骨堅金石，氣薄雲天，言有觸而必吐，意無往而不伸。排搨勝己，跌宕王公。孔文舉調魏武若稚子，嵇叔夜視鍾會如奴隸。鳥巢可覆，不改其鳳味；鸞翮可鎩，不馴其龍性。斯所由焚芝鋤蕙，銜刀若盧者也。嗟乎！才太高，氣太豪，不能埋照溷俗，卒就囹圄，慚柳下而愧孫登，可惜也夫！可戒也夫！公晚年讀《易》，著書曰《九正易因》。意者公于《易》大有得，舍亢入謙，而公遂老矣，逝矣。公所表章之書，若《陽明先生年譜》及《龍谿語録》，其類多不可悉記云。

或問袁中道曰：『公之於温陵也，學之否？』予曰：『雖好之，不學之也。其人不能學者有五，不願學者有三。公爲士居官，清節凛凛；而吾輩隨來輒受，操同中人，一不能學也。公不入季女之室，不登冶童之牀；而吾輩不斷情慾，未絶嬖寵，二不能學也。公深入至道，見其大者；而吾輩株守文字，不得玄旨，三不能學也。公自少至老，惟知讀書；而吾輩汩没塵緣，不親韋編，四不能學也。公直氣勁節，不爲人屈；而吾輩怯弱，隨人俯仰，五不能學也。若好剛使氣，快意恩讎，意所不可，動筆之書，不願學者一矣。既已離仕而隱，卽宜遁迹名山，而乃徘徊人世，禍逐名起，不願學者二矣。急乘緩戒，細行不修，任情適口，鸞刀狼藉，不願學者三矣。夫其所不能學者，將終身不能學；而其所不願學者，斷斷乎其不學之也。故曰：雖好之，不學之也。若夫幻人之談，謂其既已髡髮，仍冠進賢；八十之年，不忘欲想者，有是哉？所謂蟾蜍擲糞，自其口出者也。』

明·何喬遠《閩書》卷一五二《蓄德志·泉州府·詔安沈鈇〈李卓吾傳〉》

李載贄，字宏甫。嘉靖三十一年鄉薦，授共城教諭，以文章擢國子，歷禮部司務。從豫章李材、蘭谿徐用檢講學都門，譚論數日耳，而二公咸服其聞道早而見道卓，因自號卓吾，謂顏子嘗苦孔之卓，道之卓爾，具在吾人，何苦之與有？久之，厭京師浮繁，乞就留都，擢刑部員外郎中。

天臺耿定向督學南畿，以學倡畿南士。白下李士龍、焦竑其最著者，載贄日與定向、焦、李闡明道學，窮晷繼夜，寢食靡輟也。亡何，出守姚安。姚安雖邊郡，載贄日以道德教化，鑰迪繩率，夷俗丕變。而載贄且倦游矣，上書掛冠歸。

道經楚黄，定向弟定理者，潛心學道人也，聞載贄風，强留之。時江陵相方嚴驛遞禁，載贄空囊不能歸，遂居黄安州。人士躩躩來學，而友山周思敬甚心相契者。顧載贄夙年厭章句，而討論身心，以章句爲吾道糟粕也。今則祛身心，而探索玄妙，以身心吾道形象也。玄妙道脈，吾家鮮譚之，惟佛氏獨得旨趣，成斯道鼻祖者。且曰：『道原自真率，存一去妄心，便非真境矣。道原自快樂，存一戒懼心，便非樂境矣。老氏静虚，莊氏逍遙，皆從此勘破者。』定向有四求未能論，載贄駁之曰：『子臣弟友，吾人分内物也，何待干求。添一求，便著一色相，非道本體矣。』士之好奇者翕然以爲真的，且簡易可從也。定向憂之，每於議論中明經旨以端士心，於行事間加檢束以挽士習。兩家門徒標榜角立，而耿、李分敵國，此曰：『吾師聖人也。』彼亦曰：『吾師聖人也。』載贄曰：『彼以耿爲南方聖人乎？吾將爲西方聖人矣。』於是，辭妻別女，歸泉削髮爲方外士，角巾髡首，日攜同志遨游。巷陌縉紳衿珮驟覩駭異之，謗聲四起。

黄郡太守及兵憲王君亟榜逐之，謂黄有左道誣民惑世，捕曹吏持載贄急。載贄入衡州，過武昌。其入衡州，予方爲衡丞，來過之。至武昌，則訪公安袁六休、袁小修二兄弟。二袁以語藩司晉川劉公東星，摳謁之，驚語人曰：『是活佛再現者。』延入會城，館穀之。楚省士諭然爭拜門牆，高者樂其玄虚可以略訓詁，卑者樂其簡便可以忘拘檢。江夏潘廣文延主講席，載贄勉赴坐，不交一譚。出過市中，羣少年唱飲屠室，酣歌徹天，手招載贄入。載贄不辭，偕羣少年暢飲而歸。或訝之，載贄曰：『廣文會講，假借人腦也。少年聚飲，自得天機也。』

劉公入掌内臺，而載贄歸麻城，鈇招耿公曰：『李先生信禪，稍戾聖道，顧天地間自有一種學問，逃墨歸楊，歸斯受焉，此聖賢作用也。』於是，耿、李再晤黄安，相抱大哭，各叩首百拜，敍舊雅，歡洽數日而別。

載贄抵麻城，卜室龍湖寺中，鳩率好義者，大修佛殿，飾如來諸祖像。日著書談道，聽説者日益夥。間有室門女流持齋念佛，亦受業焉，雖不躬往，訂於某日某時受戒，先致筐帛，甫反候，宦女在家合掌拜，載贄在寺亦答受之。坐是喧閧郡邑，符卿周公弘禴曰：『李先生學已入禪，行多誕，禍不旋踵矣。』

會馮應京來爲楚僉憲，毁龍湖寺，置諸從游者法。載贄再往白門，而焦竑以翰林家居，尋訪舊盟南都，士吏靡然嚮之，登壇説法，傾動大江南北。北通州馬經綸以御史謫籍，延載贄抵舍，焚香和南，執弟子禮，而燕冀人士望風禮拜尤盛。語稍徹禁中，諫垣張問達以彈章聞矣，有旨逮繫。載贄發憤，遂自刎歸寂。

所著有《藏書》四十卷，《説書》、《焚書》各二卷，《初譚》四卷，而佛經諸書不與焉。所著《藏書》，論古今君相人物皆盭於儒先，如以武氏爲聖后，馮道爲賢臣。漳人薛士彦讀而喜之，謂：『是聖賢學問也。善用之，可以建事業。不爾，恐蹈於權謀術數爾。』時部議併毁其書刻，而世人喜其高奇，反以盛傳於世。

清・錢謙益《列朝詩集・閏集第三・異人三人・卓吾先生李贄》

贄字宏甫，晉江人。領鄉薦，不再上公車，授教官。歷南京刑部主事，出爲姚安太守。政令清簡，公座或與禪衲俱，簿書之間，時與參論。又輒至伽藍，判了公事。逾年，入鷄足山，閲藏不出。御史劉維奇其人，疏令致仕。與黄安耿子庸善，罷郡遂客黄安。子庸死，遂至麻城龍潭湖上，閉門下楗，日以讀書爲事。一日，惡頭癢，倦於梳櫛，遂去其髮，禿而加巾。卓吾所著書，於上下數千年之間，別出手眼，而其掊擊道學，抉摘情僞，與耿天台往復書累累萬言，胥天下之爲僞學者，莫不膽張心動，惡其害己，于是咸以爲妖爲幻，噪而逐之。馬御史經綸迎之於通州，尋以妖人逮下詔獄。獄詞上，議勒還原籍。卓吾曰：『我年七十有六，死耳，何以歸爲！』遂奪剃髮刀自刭，兩日而死。御史收葬之通州北門外，秣陵焦竑題其石曰『李卓吾先生墓』，過者皆弔焉。袁小修嘗語余曰：『卓老多病寡欲，妻莊夫人，生一女，莊殁後，不復近女色，其戒行老禪和不復是過也。平生痛惡僞學，每入書院講堂，峨冠大帶。執經請問，輒奮袖曰：「此時正不如攜歌姬舞女，淺斟低唱。」諸生有挾妓女者，見之或破顔微笑曰：「也强似與道學先生作伴。」於是麻、黄之間，登壇講學者銜恨次骨，遂有宣淫敗俗之謗。蟾蜍擲糞，自其口出，豈足以污卓老哉！余兄中郎以吴令謝病歸，再起儀部，卓老以謂理不當復出，爲詩曰：「王符已著《潛夫論》，爲問中郎到也無？」已而中郎將抵國門，乃改前句曰：「黄金臺上思千里，爲報中郎速進途。」其於進退出處介介如此。人知卓老爲柳下之不恭，不知其爲伯夷之隘也。』卓老風骨稜稜，中燠外冷，參求理乘，剔膚見骨，迥絶理路，出語皆刀劍上事。獅子送乳，香象絶流，直可與紫柏老人相上下。遺山《中州集》有異人之目，吾以爲卓吾可以當之。録其詩附於高僧之後，《傳燈》所載旁出法嗣，卓吾或其儔與？

論説

明・李贄《焚書》卷三《雜述・卓吾論略滇中作》　孔若谷曰：吾猶及見卓吾居士，能論其大略云。

居士別號非一，卓吾特其一號耳。卓又不一，居士自稱曰卓，載在仕籍者曰篤，雖其鄉之人，亦或言篤，或言卓，不一也。居士曰：『卓與篤，吾土音一也，故鄉人不辨而兩稱之。』余曰：『此易矣，但得五千絲付鐵匠衚衕梓人，改正矣。』居士笑曰：『有是乎？子欲吾以有用易無用乎？且夫卓固我也，篤亦我也。稱我以「卓」，我未能也；稱我以「篤」，亦未能也。余安在以未能易未能乎？』故至於今並稱卓、篤焉。

居士生大明嘉靖丁亥之歲，時維陽月，得全數焉。生而母太宜人徐氏没，幼而孤，莫知所長。長七歲，隨父白齋公讀書歌詩，習禮文。年十二，試《老農老圃論》。居士曰：『吾時已知樊遲之問，在荷蕢丈人間。然而上大人丘乙已不忍也，故曰「小人哉，樊須也」。則可知矣。』論成，遂爲同學所稱。衆謂『白齋公有子矣』。居士曰：『吾時雖幼，早已知如此臆説未足爲吾大人有子賀，且彼賀意亦太鄙淺不合於理。彼謂吾利口能言，至長大或能作文詞，博奪人間富若貴，以救賤貧耳，不知吾大人不爲也。吾大人何如人哉？身長七尺，目不苟視，雖至貧，輒時時脱吾董母太宜人簪珥以急朋友之婚，吾董母不禁也。此豈可以世俗胸腹窺測而預賀之哉！』

稍長，復憒憒，讀傳註不省，不能契朱夫子深心。因自怪，欲棄置不事。而閒甚，無以消歲日，乃嘆曰：『此直戲耳。但剽竊得濫目足矣，主司豈一一能通孔聖精蘊者耶！』因取時文尖新可愛玩者，日誦數篇，臨場得五百。題旨下，但作繕寫謄録生，即高中矣。居士曰：『吾此倖不可再僥也。且吾父老，弟妹婚嫁各及時。』遂就祿，迎養其父，婚嫁弟妹各畢。居士曰：『吾初意乞一官，得江南便地，不意走共城萬里，反遺父憂。雖然，共城，宋李之才宦遊地也，有邵堯夫安樂窩在焉。堯夫居洛，不遠千里就之才問道。吾父子儻亦聞道於此，雖萬里可也。且聞邵氏苦志參學，晚而有得，乃歸洛，始婚娶，亦既四十矣。使其不聞道，則終身不娶也。余年二十九而喪長子，且甚戚。夫不戚戚於道之謀，而惟情是念，視康節不益愧乎！』安樂窩在蘇門山百泉之上。居上生於泉，泉爲温陵禪師福地。居士謂『吾温陵人，當號温陵居士』。至是日遊遨百泉之上，曰：『吾泉而生，又泉而官，泉於吾有夙緣哉！』故自謂百泉人，又號百泉居士云。在百泉五載，落落竟不聞道，卒遷南雍以去。

數月，聞白齋公没，守制東歸。時倭夷竊肆，海上所在兵燹。居士間關夜行晝伏，餘六月方抵家。抵家又不暇試孝子事，墨衰率其弟若姪，晝夜登陴擊柝爲城守備。城下矢石交，米斗斛十千無糴處。居士家口零三十，幾無以自活。三年服闋，盡室入京，蓋庶幾欲以免難云。

居京邸十閲月，不得缺，囊垂盡，乃假館受徒。館復十餘月，乃得缺，稱國子先生，如舊官。未幾，竹軒大父訃又至。是日也，居士次男亦以病卒於京邸。余聞之，嘆曰：『嗟嗟！人生豈不苦，誰謂仕宦樂。仕宦若居士，不乃更苦耶！』弔之。入門，見居士無異也。居士曰：『吾有一言，與子商之：吾先曾大父大母殁五十多年矣，所以未歸土者，爲貧不能求葬地；又重違俗，恐取不孝譏。夫爲人子孫者，以安親爲孝，未聞以卜吉自衛暴露爲孝也。天道神明，吾恐決不肯留吉地以與不孝之人，吾不孝罪莫贖矣。此歸，必令三世依土。權置家室於河內，分賻金一半買田耕作自食，余以半歸，即可得也。第恐室人不從耳。我入不聽，請子繼之！』居士入，反覆與語。黄宜人曰：『此非不是，但吾母老，孀居守我，我今幸在此，猶朝夕泣憶我，雙眼盲矣。若見我不歸，必死。』語未終，淚下如雨。居士正色不顧，宜人亦知終不能迕也，收淚改容謝曰：『好好！第見吾母，道尋常無恙，莫太愁憶，他日自見吾也。勉行襄事，我不歸，亦不敢怨。』遂收拾行李托室買田種作如其願。

時有權墨吏嚇富人財不遂，假借漕河名色，盡徹泉源入漕，不許留半滴溝洫間。居士時相見，雖竭情代請，不許。計自以數畝請，必可許也。居士曰：『嗟哉，天乎！吾安忍坐視全邑萬頃，而令余數畝灌溉豐收哉！縱與必不受，肯求之！』遂歸。歲果大荒，居士所置田僅收數斛稗。長女隨艱難日久，食稗如食粟。二女三女遂不能下咽，因病相繼夭死。老媪有告者曰：『人盡饑，官欲發粟。聞其來者爲鄧石陽推官，與居士舊，可一請。』宜人曰：『婦人無外事，不可。且彼若有舊，又何待請耶！』鄧君果撥己俸二星，幷馳書與僚長各二兩者二至，宜人以半糴粟，半買花紡爲布。三年衣食無缺，鄧君之力也。居士曰：『吾時過家畢葬，幸了三世業緣，無宦意矣。回首天涯，不勝萬里妻孥之想，乃復抵共城。入門見室家，歡甚。問二女，又知歸未數月俱不育矣。』此時黄宜人淚相隨在目睫間，見居士色變，乃作禮，問葬事，及其母安樂。居士曰：『是夕也，吾與室人秉燭相對，真如夢寐矣。乃知婦人勢逼情真，吾故矯情鎮之，到此方覺屐齒之折也！』

至京，補禮部司務。人或謂居士曰：『司務之窮，窮於國子，雖子能堪忍，獨不聞「焉往而不得貧賤」語乎？』蓋譏其不知止也。居士曰：『吾所謂窮，非世窮也。窮莫窮於不聞道，樂莫樂於安汝止。吾十年餘奔走南北，祇爲家事，全忘卻温陵、百泉安樂之想矣。吾聞京師人士所都，蓋將訪而學焉。』人曰：『子性太窄，常自見過，亦時時見他人過，苟聞道，當自宏闊。』居士曰：『然，余實窄。』遂以宏父自命，故又爲宏父居士焉。

居士五載春官，潛心道妙，憾不得起白齋公於九原，故其思白齋公也益甚，又自號思齋居士。一日告我曰：『子知我久，我死請以誌囑。』雖然，余若死於朋友之手，一聽朋友所爲，若死於道路，必以水火葬，決不以我骨貽累他方也。墓誌可不作，作傳其可。』余應曰：『余何足以知居士哉！他年有顧虎頭知居士矣。』遂著論論其大略。後余遊四方，不見居士者久之，故自金陵已後，皆不撰述。或曰：『居士死於白下。』或曰：

『尚在滇南未死也。』

又　卷四《雜述·豫約·感慨平生》　雖然，余之多事亦已極矣。余唯以不受管束之故，受盡磨難，一生坎坷，將大地爲墨，難盡寫也。爲縣博士，即與縣令、提學觸；爲太學博士，即與祭酒、司業觸。如秦，如陳，如潘，如呂，不一而足矣。司禮曹務，即與高尚書、殷尚書、王侍郎、萬侍郎盡觸也。高、殷皆入閣，潘、陳、呂皆入閣，高之掃除少年英俊名進士無數矣，獨我以觸迕得全，高亦人傑哉！最苦者，爲員外郎不得尚書謝、大理卿董并汪意。謝無足言矣，汪與董皆正人，不宜與余抵。然彼二人者皆急功名，清白未能過人，而自賢則十倍矣，余安得免觸耶？又最苦而遇尚書趙。趙於道學有名。孰知道學益有名而我之觸益又甚也？最後爲郡守，即與巡撫王觸，與守道駱觸。王本下流，不必道矣。駱最相知，其人最號有能有守，有文學，有實行，而終不免與之觸，何耶？渠過於刻厲，故遂不免成觸也。渠初以我爲清苦敬我，終反以我爲無用而作意害我，則知有己不知有人，今古之號爲大賢君子，往往然也。記余嘗苦勸駱曰：『邊方雜夷，法難盡執，日過一日，與軍與夷共享太平足矣。仕於此者，無家則難住；攜家則萬里崎嶇而入，狼狽而去。尤不可不體念之！但有一能，即爲賢者，豈容備責？但無人告發，即裝聾啞，何須細問？蓋清謹勇往，只可責己，不可責人，若盡責人，則我之清能亦不足爲美矣，況天下事亦只宜如此耶！』嗟嗟！孰知余竟以此相觸也哉！雖相觸，然使余得以薦人，必以駱爲薦首也。此余平生之大略也。上之不能如東方生之避世金馬門，以萬乘爲僚友，含垢忍恥，遊戲仕路；最上又不能如胡廣之中庸，梁江總之頭黑，馮道之五代。貪祿而不能忍詬，其得免於虎口，亦天之幸耳！既老而思勝算，就此一著，已非上策，爾等安得知耶！

明·陳仁錫《無夢園初集·馬集四·〈藏書〉序》　卓吾先生隱矣，而其人物之異，著述之富，如珠玉然，山暉川媚，有不得而自揜抑者，蓋聲名赫赫盈海内矣。或謂先生之爲人，與其所爲書，疑信者往往相半，何居？余謂此兩者皆遙聞聲而相思，未見形而吠影者耳。先生高邁肅潔，如泰華崇嚴，不可昵近，聽其言泠泠然，塵土俱盡，而寔本人情，切物理，一一當實不虛。蓋一被其容接，未有不爽然自失者也。吾慨學者沈錮於俗流，而迷沿於聞見，於人之言，非其所耳熟不以信。先生程量今古，獨出胸臆，無所規放。聞者或河漢其言，無足多怪。夫孔翠矜其華采，顧影自耀，人咸惜之，固矣。若蛟龍之興雲雨，雷電皆至，霮䨴百里，即震驚者不無而卒賴其用，豈區區露細巧、媚世好而足哉？先生之言，何以異是？總之，衆人之疑，不勝賢豪者之信，疑者之恍惚，不勝信者之堅決。余知先生之書當必傳，久之學者復耳熟於先生之書，且以爲衡鑑，且以爲蓍龜，余又知後之學者當無疑。雖然，海内又以快意而歌呼讀之，天下嗜卓吾者，禍卓吾者也。故愛卓吾之文章，遂信卓吾之是非，過，又或疑卓吾之是非，遂掩卓吾之文章，亦過。予是以兩縣之，不然，弱侯讀書人也，與卓吾知己也，何必欲取知己之所是非，而更非是之也哉？

又　《〈續藏書〉序》　學者必讀書，必知人，必幹事，然非讀盡天下之書，勿輕著書；非識盡天下之人，勿輕議人；非歷盡天下之事，勿輕作事。夫雷霆風雨，待我而動者也，可自驚迷乎？今日豪傑必言膽氣，乃先輩務持重泓深，能容人、能成事爲主。意者，小心大度，固膽氣所根抵，雷霆風雨所默召也。本朝德行政事，皆越百代之上，而至於今，言語文學似少遜之。又意者，言語患其多，文學患其襲，則政事且不可知，況德行乎？故有讀書知人之人出，則幹事之人出，不可以文學言語忽之也。《續藏書》太簡，《獻徵録》太濫，余莊閲國史、天下郡邑志，旁搜埜乘、百種遺文逸事，小有論著。姑就卓吾所纂，畧爲詮次，以附李氏《藏書》之後。

明·朱國禎《湧幢小品》卷一六《李卓吾》　卓吾名贄，曾會之邳州舟中，精悍人也，自有可取處。讀其書，每至辯窮，輒曰：『吾爲上上人説法。』嗚呼！上上人矣，更容説法耶？此法一説，何所不至？聖人原開一權字，而又不言所以，此際着不得一言，只好心悟，亦非聖人所敢言，所忍言。今日士風猖狂，實開于此。全不讀《四書》本經。而李氏《藏書》、《焚書》，人挾一冊，以爲奇貨。壞人心，傷風化，天下之禍，未知所終也。

李氏諸書，有主意人看他，儘足相發，開心胸；没主意人看他，定然流于小人，無忌憚。

明·沈德符《萬曆野獲編》卷二七《釋道·二大教主》　温陵李卓

吾，聰明蓋代，議論間有過奇，然快談雄辨，益人意智不少。秣陵焦弱侯、泌水劉晉川，皆推尊爲聖人。流寓麻城，與余友邱長儒一見莫逆，因共彼中士女談道，刻有《觀音問》等書，忌者遂以幃箔疑之。然此老狷性如鐵，不足污也。獨與黄陂耿楚侗定向深仇，至詈爲奸逆，則似稍過。壬寅曾抵郊外極樂寺，尋通州馬誠所經綸侍御留寓於家。忽蜚語傳京師，云卓吾著書醜詆四明相公。四明恨甚，蹤迹無所得，禮垣都諫張誠宇明遠遂特疏劾之，逮下法司，亦未必欲遽置之死。李憤極自裁。馬悔恨，亦病卒。次年癸卯妖書事起，連及郭江夏，并郭所厚者數君。御史康驤漢丕揚因劾達觀師，捕下獄，有一蠢郎曹姓者，笞之三十，師不勝恚，發病殁。師已倦遊，無意再遊輦下，有高足名流方起廢促之行，師遂欲大興其教，慈聖太后素所欽重，亦有意令來創一大寺處之，不意伏機一發，禍不旋踵。兩年間喪二導師，宗風頓墜，可爲怪嘆！雖俱出四明相公力，然通人開士，只宜匿迹川巖，了徹性命，京都名利之場，豈隱流所可托足耶？郭泰、申屠蟠，所以不可及也。

明·謝肇淛《五雜俎》卷八 近時閩李贄先仕宦，至太守，而後削髮爲僧，又不居山寺，而遨遊四方以干權貴，人多畏其口而善待之。擁傳出入，髡首坐肩輿，張黄蓋，前後呵殿。余時在山東，李方客司空劉公東星之門，意氣張甚，郡縣大夫莫敢與均茵伏，余甚惡之，不與通，無何，入京師，以罪下獄死，此亦近於人妖者矣。

清·顧炎武《日知録》卷一八《李贄》 《神宗實録》：『萬曆三十年閏二月乙卯，禮科給事中張問達疏劾李贄：「壯歲爲官，晚年削髮，近又刻《藏書》、《焚書》、《卓吾大德》等書，流行海内，惑亂人心。以吕不韋、李園爲智謀，以李斯爲才力，以馮道爲吏隱，以卓文君爲善擇佳耦，以秦始皇爲千古一帝，以孔子之是非爲不足據，狂誕悖戾，不可不燬。尤可恨者，寄居麻城，肆行不簡，與無良輩遊庵院，挾妓女，白晝同浴，勾引士人妻女，入庵講法，至有攜衾枕而宿者，一境如狂。又作《觀音問》一書，所謂觀音者，皆士人妻女也。後生小子喜其倡狂放肆，相率煽惑，至於明劫人財，强摟人婦，同於禽獸，而不之恤。邇來縉紳士大夫，亦有誦呪念佛，奉僧膜拜，手持數珠，以爲律戒，室懸妙像，以爲皈依，不知遵孔子家法，而溺意於禪教沙門者，往往出矣。近聞贄且移至通州。通州距都下四十里，倘一入都門，招致蠱惑，又爲麻城之續。望敕禮部檄行通州地方官，將李贄解發原籍治罪。仍檄行兩畿及各布政司，將贄刊行諸書，并搜簡其家未刻者，盡行燒燬，無令貽禍後生，世道幸甚。」得旨：「李贄敢倡亂道，惑世誣民，便令廠衛、五城嚴拏治罪。其書籍已刻未刻，令所在官司，盡搜燒燬，不許存留。如有徒黨曲庇私藏，該科道及各有司訪奏治罪。」已而贄逮至，懼罪不食死。』愚按，自古以來，小人之無忌憚，而敢於叛聖人者，莫甚於李贄。然雖奉嚴旨，而其書之行於人間自若也。

清·永瑢等《四庫全書總目》卷一七八《集部三十一·别集類存目五》 李温陵集二十卷。江蘇周厚堉家藏本。【略】贄非聖無法，敢爲異論，雖以妖言逮治，懼而自剄，而焦竑等盛相推重，頗熒衆聽，遂使鄉塾陋儒，翕然尊信，至今爲人心風俗之害。故其人可誅，其書可燬，而仍存其目，以明正其爲名教之罪人、誣民之邪説。庶無識之士不至怵於虚名，而受其簧鼓，是亦彰癉之義也。

藝　文

明·劉侗等《帝京景物略》卷八《畿輔名迹·李卓吾墓》 寧波周汝登《弔卓吾先生》：半成伶俐半糊塗，惑亂乾坤膽氣麤。惹得世人爭欲殺，眉毛狼藉在囹圄。

天下聞名李卓吾，死餘白骨暴皇都。行人莫向街頭認，面目谿來此老無。

臨川湯顯祖《嘆卓老》：自是精靈愛出家，鉢頭何必向京華。知教笑舞臨刀杖，爛醉諸天雨雜花。

烏程釋真程《弔卓吾先生墓》：鴉鳴犬吠荒村裏，木落草枯寒月邊。三拜孤墳無一語，祇應拍手哭蒼天。

踏破百年生死窟，倒翻千古是非窠。區區肉眼誰能識，肉眼於今世幾多。

會稽陳治安《感李卓吾》：通州郭北門，迎福寺西隅。立石表卓吾，望見爲欷歔。公仕有苦操，晚歲獨逃虚。極口詆世人，髡首勒藏書。氣味非中和，難爲日用糈。留諸尊俎間，寧不菖歜如。胡乃迫之死，使其憤滿舒。乾坤鐃怪異，公異而見祛。

平湖陸啓浤《卓吾先生墓下》：天地表空明，百家立文字。三教既以三，於中復分置。先生起千載，高言絶羣智。脱略生死中，不謝死生事。蜕骨宛在兹，黄土表幽閟。古樹索索鳴，拜手托無際。

孟津王鐸《吊李卓吾墓》：李子何方去，寒雲葬此疆。性幽成苦節，才燥及餘殃。鬼雨濛昏眼，蒿山泣夜鵂。愁看哽咽水，老淚入湯湯。

同安池顯方《謁李卓吾墓》：半生交宇内，緣乃在玄州。閩楚竟難得，佛儒俱不留。世人伺喜怒，大道任恩讎。我亦尋知己，依依今未休。

宛平于奕正《李卓吾墓》：此翁千古在，疑佛又疑魔。未效鴻冥去，其如龍亢何！書焚焚不盡，老苦苦無多。公晚年著書名老苦。潞水年年嘯，長留君浩歌。

明·李贄《焚書》卷三《雜述·自贊》 其性褊急，其色矜高，其詞鄙俗，其心狂癡，其行率易，其交寡而面見親熱。其與人也，好求其過，而不悦其所長；其惡人也，既絶其人，又終身欲害其人。志在温飽，而自謂伯夷、叔齊；質本齊人，而自謂飽道飫德。分明一介不與，而以有莘藉口；分明毫毛不拔，而謂楊朱賊仁。動與物迕，口與心違。其人如此，鄉人皆惡之矣。昔子貢問夫子曰：『鄉人皆惡之何如？』子曰：『未可也。』若居士，其可乎哉！

明·陶望齡《歇菴集》卷一一《祭李卓吾先生》 先生没且塔矣，望齡始求以使事出，出且哭於塔院，既而不果，月在午，日在未。於是屬其友人王贊化修伊蒲之供，爲辭以哭先生，曰：於戲！先生獨處獨游，獨行獨語，目如辰曦，膽如縣瓠，口如震霆，筆如飛雨，萬蟄俄聞，羣萌畢怒，或震而驚，以亡其箸。於戲！先生人謂奇敗，奇亦何病？蚩蚩者氓，自投坑阱，從阱笑山，謂山蓋峻，山謂阱人，子言非正，等不平耳，隆窪孰勝？於戲！先生是亦難言，几席之間，蚍蜉所屯，或窪而川，或凸而巔，或墜或攀，不能寸分，匪居之陂，爾見爾聞。於戲！先生是亦難言，氣聚必墳，岡陵峙焉，流盛必喧，波濤以奔，誰云地夷，而靡高原，誰云川恬，而靡浪翻。於戲！先生大鵬九萬，風在其下，目無川陵，蒼然曠野，平與非平，誰非平者？嗟我人斯，其知蓋寡，如彼玄駒，而談駟馬。於戲！先生荷澤妙門，姚江正令，法法全真，人人證聖，我説無奇，爾思不競，杜口忘言，誰其善聽？於戲！先生爾賢爾才，尚或斬予，心知其然，色愉以舞，有大士言，吾不輕汝，汝當作佛，在爾近取，爾佛爾聖，爾則憑怒打擲詈罵，以爲笑侮。嗚呼！先生呼牛馬足，謂麐狼題，有蹄適五，有角非岐，命之曰麟，胡爲弗疑，軒國虞田，胡爲弗來。嗚呼！先生民尊厥聞，若尊其身，保厥是非，如守詛盟，矢鵠何讎，羊蟻何親，貿首之爭，匪地匪城。於戲！先生愛夢憎空，吹光斫水，塗割匪殊，在亡均理。於戲！先生已而已矣。

雜録

明·焦竑《焦氏筆乘》卷四《讀書不識字》 宏甫爲南比部郎，日聚友講學。寮友或謂之曰：『吾輩讀書，義理豈有不明，而事講乎？』宏甫曰：『吾輩以高科登仕籍，豈不讀書！但苦未識字，須一講耳。』或怪問其故。宏甫曰：『《論語》、《大學》豈非君所嘗讀耶？然《論語》開卷，便是一「學」字，《大學》開卷便是「大學」二字，此三字，吾敢道諸君未識得。何也？此事須有證驗始可。如識《論語》中「學」字，便悦、樂、不愠，識「大學」二字，便定、静、安、慮，今都未能，如何自負識得此字耶？』其人默然不能對。

明·劉侗等《帝京景物略》卷八《畿輔名迹·李卓吾墓》 卓吾生平求友，晚始得通州馬侍御經綸也。其葬通州。卓吾老，馬迎之，生與俱也，死於馬乎殯。塚高一丈，周列白楊百餘株。碑二：一曰李卓吾先生墓，秣陵焦竑題。一卓吾老子碑，黄梅汪可受譔，碑不誌姓名鄉里，但稱卓吾老子也。卓吾，名贄，字宏甫，温陵人。以孝廉爲姚安太守，中燠外冷，强力任性。爲守日，政令清簡，公座或與髠俱，簿書之間，時與參論。又輒至伽藍，判了公事，人怪之。踰年，入鷄足山，閲藏不出。御史劉維奇其人，疏令致仕歸。初善楚黄安耿子庸，遂攜妻女客黄安。曰：『吾老矣，得一二友以永日，吾樂之，何必吾故鄉也！』性癖潔，惡近婦人，無子，亦不置妾。後妻女欲歸，趣歸之，稱流寓客子。自是參求乘理，剔膚見骨，少有酬其機者，人以爲罵，又怪之。子庸死，遂至麻城龍潭，築芝佛院以居。龍潭，石址潭周遭，至必以舟，而河流沙淺，外舟莫至。以是隔遠緇素，日獨與僧深有、周司空思敬語，然對之竟日讀書，已復危坐，不甚交語也。其讀書也，不以目，使一人高誦，傍聽之。讀書外，有二嗜：掃地、湔浴也。日數人膺帚、具湯，不給焉。鼻畏客氣，客至，但一交手，卽令遠坐。一日搔髮，自嫌蒸蒸作死人氣，適見侍者剃，遂去髮，獨存髭鬚，禿而方巾。先是論學不合者，愈怪之，以幻語聞，當事逐之。時劉左轄東星，迎之武昌，梅中丞國楨，迎之雲中，焦翰譔竑，迎之秣陵，皆暫往。無何復歸麻城，著《藏書》、《焚書》，又爲梅中丞著《孫子參同》，成。先是有與中丞搆者，幻語又聞，當事又逐之，至火其居。於是馬侍御經綸迎之通州。至，與馬公讀《易》，每卦千遍，一年而《九正易因》成。時欲老盤山，會當道疏上，指爲妖人，逮詔獄。尋得其實，議發還籍矣，曰：『我年七十六，作客平生，何歸爲！』遂以剃髮刀自剄。馬公痛哭曰：『天乎！先生妖人哉！有官棄官，有家棄家，有髮棄髮，其後一著書老學究，其前一廉二千石也。』乃收葬之。葬之通州北門外迎福寺側。

清·黃宗羲《明儒學案》卷一四《浙中王門學案四·太常徐魯源先生用檢》　在都門從趙大洲講學，禮部司務李贄不肯赴會，先生以手書《金剛經》示之，曰：『此不死學問也，若亦不講乎？』贄始折節向學。嘗晨起候門，先生出，輒攝衣上馬去，不接一語。如是者再，贄信向益堅，語人曰：『徐公鉗錘如是。』

又　卷三五《泰州學案四·恭簡耿天臺先生定向》　先生因李卓吾鼓倡狂禪，學者靡然從風，故每每以實地爲主，苦口匡救。然又拖泥帶水，於佛學半信半不信，終無以壓服卓吾。

又　《處士耿楚倥先生定理》　先生論學，不煩言說，當機指點，使人豁然於罔指之下。卓吾好談說，先生不發一言，臨別謂之曰：『如何是自以爲是不可入堯、舜之道？』卓吾默然。

又　《文端焦澹園先生竑》　先生師事耿天臺、羅近溪，而又篤信卓吾之學，以爲未必是聖人，可肩一狂字，坐聖門第二席，故以佛學卽爲聖學，而明道闢佛之語，皆一一絀之。

清·姚之駰《元明事類鈔》卷一七《人品門三·任達·縛帚不給》

《袁中道集》：李溫陵閉門下楗，日以讀書爲事，性愛掃地，數日縛帚不給。

又　卷二八《身體門·頭·惡頭癢》　《袁中道集》：李溫陵一日惡頭癢，倦於梳櫛，遂去其髮，獨存鬢鬚。

《明史》卷二二一《耿定向傳》　其學本王守仁。嘗招晉江李贄于黃安，後漸惡之，贄亦屢短定向。士大夫好禪者往往從贄遊。贄小有才，機辨，定向不能勝也。

贄爲姚安知府，一旦自去其髮，冠服坐堂皇，上官勒令解任。居黃安，日引士人講學，雜以婦女，專崇釋氏，卑侮孔、孟。後北遊通州，爲給事中張問達所劾，逮死獄中。

又　卷二四一《張問達傳》　劾晉江李贄邪説惑衆，逮死獄中。

又　卷二八八《焦竑傳》　竑博極羣書，自經史至稗官、雜説，無不淹貫。善爲古文，典正馴雅，卓然名家。集名《澹園》，竑所自號也。講學以汝芳爲宗，而善定向兄弟及李贄，時頗以禪學譏之。

清·英廉等《日下舊聞考》卷一〇九《京畿·通州二》　補：溫陵李贄墓在通州迎恩寺西。《客雪吟》。

臣等謹按，迎恩寺《州志》作迎福寺，久圮，今其地尚名迎福寺街，距城北三里。李贄墓尚存。

黃宗羲分部

傳記

清·溫睿臨《南疆逸史》卷四三《逸士·黃宗羲》　黃宗羲，字太沖，餘姚人，忠端公尊素長子也。尊素以劾魏忠賢死詔獄。烈皇帝立，忠賢伏誅。宗羲時年十九，入京草疏頌冤，得賜祭葬，贈官録。後再疏請誅曹欽臣、李實，二人受忠賢指論尊素，而爲大理考問者，許顯純也。及廷鞫，宗羲袖長錐與對簿。顯純訴孝定皇后外甥，律有議親。宗羲曰：『顯純與忠賢謀簒，宜顯戮，高煦、宸濠親王尚不免，何況外戚？』以錐錐顯純，血流被體，卒誅顯純，流其妻子。又與同難諸子，箠殺獄卒顏紫、葉文仲。李實辨原疏不自己出，忠賢取空本填寫耳，故墨在硃上，屬所親行賄三千金。宗羲首陳所賄，大聲曰：『墨在硃上，賄成也。』復用錐錐實。當是時，宗羲志氣憤發，不惜一死報仇，觀者皆裂眥變容。賴天子仁聖，憐忠臣遺孤，成其志。由是孝義之名震天下，四方皆願交焉。

南都阮大鋮用事，將起黨獄，宗羲幾得禍。魯王監國，授兵部職方司主事，遷御史，累升左副都御史。及師潰，奉其母夫人姚避居萬山中，絶口興復事，曰：『有老母在，敢以俠名累吾母耶！』

宗羲少好學，自謂以魯。得年二十二，讀二十一史，日限丹鉛一本。後逢難流離，舟車茅店之内，手不去編，寒夜抄書，必達鷄唱，暑則穴帷通光，以避蚊蚋。受忠端命，執贄劉蕺山。然竟崇禎世，詩文盟會交游聲氣去其半。至是避地山居，乃大啓蕺山書，深研默究，以爲其學，集有宋以後諸儒之大成，作《劉子行狀》，要其指歸之精微，由是言劉氏學者皆宗之。又工文詞，泛濫諸子百家，及名賢古文詩歌，無不鋭然欲與之並。四方碑版、志傳、記序，求文者自遠方來。旁及天官、星曆、勾股、壬遁，無不兼精。東南文士，翕然附從，皆稱黄門弟子。

丁未，舉證人書院講會于郡城。戊申，移席寧波，甬上遂有講經會。先後主海寧、紹興講席，所造就士湛深經術，其最著者，陳紫芝、陳錫嘏、鄭梁、范光陽等，皆登甲第，顯仕于朝。及布衣萬斯大、斯同，昌明師學。廷臣慕其名，皆願其出。己未，以博學鴻詞徵。庚申，以特舉遺獻薦。皆以老病辭。有司承詔取所撰述關明史者，繕寫以進，宣付史館。是時宗羲年幾八十矣。自爲生壙於先公墓旁，設石床一、石几一，諭以死之次日，舁至石牀，藉缛覆衾，不用棺槨，不作佛事，諸鼓吹、巫覡、銘旌帛、紙錢、紙幡概不用，以生平所著書牘置石几上。又恐子孫不從，作《梨洲末命》一篇。歲乙亥七月卒，年八十六。百家遵末命葬安化山。門人鄭梁誌墓銘，塞壙門，立石覆土焉。

其講明儒學，有《孟子師説》、《明儒學案》、《吾悔集》、《喪服制》，在仕也有《行朝録》、《汰存録》、《思舊録》、《海外慟哭記》、《舟山紀聞》、《西臺慟哭記注》，其山居有《四明山志》、《台蕩記游》、《匡廬行脚録》、《今水經》，其星曆有《春秋日食曆》、《授時曆》、《故大統曆》、《假如回回曆》、《假如西洋新法》、《假如律呂新義》、《氣運算法》、《納甲結音》，其選輯有《明文案》、《文海》、《明夷待訪録》、《宋史補遺》、《姚江文略》、《姚江逸詩》、《姚江瑣事》、《黄氏家譜》、《冬青引》，其文集有《南雷文定》、《蜀山集》、《南雷詩歷》，皆有成書，不下百種。友人私謚文孝先生。先是忠端被難，封翁太僕鯤溟公在堂，宗羲事祖盡孝，撫四弟於幼孤，咸成立。仲宗炎晦木，季宗會澤望，並有才名。庚寅，晦木以告變拘，將罹大辟，宗羲行冰雪中，十指皆血，求救于馮君道濟，得明珠百顆獻大帥，得釋。其敦行如此。叔葆素子木正，亦志節士，隱居注《易》，終身冠髮不改。一門羣從，自承家學，他姓罕比焉。

清·翁州老民《海東逸史》卷一八《遺民》　黄宗羲，字太沖，號梨洲，餘姚人，忠端公尊素子。爲諸生，受業劉宗周，學行醇備，家禍國難，備嘗艱苦。北兵入浙，孫嘉績、熊汝霖等以一旅之師畫江而守，宗羲亦合子弟數百人，隨諸軍于江上，人呼之曰世忠營。授職方主事，改御史。總兵陳梧自嘉興之乍浦浮海至餘姚，大掠。職方主事王正中署縣事，集民兵擊殺之，亂兵大噪。有欲罷正中以安諸營者，宗羲曰：『借喪亂以濟其私，致干衆怒，是賊也。正中守土，即當爲國保民，何罪之有！』尋以宗羲所作《監國魯元年大統曆》頒之浙東。馬士英在方國安營，欲入朝，朝臣皆言其當殺。熊汝霖曰：『此非殺士英時也。』宗羲曰：『諸臣力不能殺耳。《春秋》之孔子，豈能加于陳恒？但不得謂其不當殺也。』汝霖謝焉。又謂諸將曰：『諸公何不乘機決戰，由赭山直趨浙西？而日于江上放船鳴鼓，攻其有備，蓋意在自守也。然蕞爾三府，以供十萬之衆，一年之後，恐不能支。』聞者皆是之，而不能用。張國柱之浮海至也，諸營大震，廷議欲以伯爵餌之。宗羲曰：『若是，則獎亂也，何以待後？』乃署爲勝虜將軍，始去。與太僕陳潛夫、尚寶朱大定、主事吴乃武、查繼佐及正中等謀會師，由海寧以取海鹽，因入太湖，以招吴中豪傑。而江上師潰，乃入四明山結寨自固。己丑，聞王在海上，乃與都御史方端士赴之，擢右僉都御史，進左副都。時方發使拜山寨諸營官爵，宗羲言：『諸營之强，莫如王翊，其乃心王室，亦莫如翊。諸營文臣輒自稱都御史、侍郎，武臣自稱都督。其不自張大亦莫如翊，宜優其爵，使之總臨諸營，以捍海上。』遂拜翊右僉都御史。而是時諸帥之悍，甚于方王。宗羲既失兵，日與尚書吳鍾巒坐船中，講學而已。是冬，命澄波將軍阮美使日本，以兵部右侍郎馮京第及宗羲監其軍以行。至長崎島，不得要領而還。久之，以母老乞歸。

清·邵廷采《思復堂文集》卷三《遺獻黃文孝先生傳》 先生諱宗羲，字太沖，號棃洲，忠端公尊素長子也。忠端公五子，仲宗炎，字晦木；叔宗會，字澤望，並有情才著述，東林前輩交稱之。而先生最晚没，學問淵深，名冠海內，發明蕺山劉子诚意慎獨之説，東南學者推爲劉門董常、黄榦。

少補仁和學諸生，而忠端公以劾魏忠賢、客氏死詔獄。莊烈皇帝登極，誅忠賢，收捕奄黨。先生年十九，袖長錐，草疏，入京訟冤。得賜葬祭，贈官録後。再疏請誅曹欽程、李實，蓋二人受忠賢指論公，而爲大理考問公者，許顯純也。五月會審，顯純自訴孝定皇后外甥，律有議親。先生對簿：『顯純與魏忠賢謀反』，引高煦、宸濠親王戮社例，以錐錐顯純，血流被體。卒論立決，妻子流三千里。又與夏之令子光山夏承、周宗建子吴江周延祚共篝所頭牢子顏咨、葉文仲，登時斃。六月，會審李實、李永貞、劉若愚三奄中府，實辨：『原疏不自己出，忠賢取空本令永貞填寫，故墨在硃上。』屬先生所親行賄三千金。先生疏首執對『墨在硃上』賄成也。復用錐錐實。當是時，先生義勇勃發，自分一死，衝仇人胸。賴天子仁明，念忠臣遺孤子，不加罪。會審之日，觀者無不裂眦變容。當是時，姚江黄孝子之名震天下。事定還里，四方名士無不停舟黄竹浦願交孝子者。

弘光朝，阮大鋮起用，欲盡殺天下清流。先生幾及於禍。

浙河監國，授兵部職方司主事，升御史、左副都御史。事敗，遺民亡命者多赴先生。先生瞿然曰：『有老母在，且先人不可無後，乃以俠名江湖耶！』遂奉太夫人姚避居山中。大啓蕺山書，深研默究，以爲世知蕺山之忠清節義而已，未知其學也。其學則集有宋以後諸儒大成，聖人復起，莫之易也。於是作《劉子行狀》，要其指歸之精微有四：

一曰『静存之外無動察』。木之培必於其本，省察卽存養中切實工夫。今專以存養屬静，安得不流而爲禪？省察屬動，安得不流而爲僞？又於二者之間方動未動之際，求其所爲幾者而謹之，安得不流而爲雜？

一曰『意爲心之所存，非所發』。《傳》曰：『如惡惡臭，如好好色。』指所存言也。如意爲心所發，孰爲其所存者乎？豈有所發先所存者乎？心無體，以意爲體；意無體，以知爲體；知無體，以物爲體。物無用，以知爲用；知無用，以意爲用。工夫結在主意中，離卻意根，更無格致可言。

一曰『已發未發，以內外對待言，不以前後際言』。喜、怒、哀、樂，卽仁、義、禮、智四德，非七情也，一心耳。而氣機流行之際，自其盎然而起，謂之『喜』，仁也，元也，春也；油然而暢，謂之『樂』，禮也，亨也，夏也；肅然而斂，謂之『怒』，義也，利也，秋也；愀然岑寂而止，謂之『哀』，智也，貞也，冬也。是四氣所以循環不窮者，賴有中氣存乎其間，而發之爲太和元氣，是以謂之中和，性之德也。人有無七情之時，未有無四德之時，存發止是一機，中和渾是一性。

一曰『太極爲萬物之總名』。《易》畫一奇，太極之象；因而偶之，陰陽之象；太極卽在兩儀、四象、八卦中。理因形氣而立，其要歸之慎獨。人心徑寸間，空中四達，是爲太虚。虚，故生靈。靈生覺。覺有主，是曰意。寂然不動之處，唯此不慮而知之靈體，故舉而名之曰獨。少間見聞情識紛起，雜而非獨，慎之無及矣。可知獨卽意，意非念也；氣卽理，非理生氣也。謂理生氣，與佛者有物先天地之説何别也？

武進惲日初仲升氏編《劉子節要》，握先生手曰：『今日窺先師堂室者唯吾與子，議論不可以不一，但於「意非所發」，宜稍融之。』先生不答。

其爲學不名一家，苦身焦思，自謂以魯得。年二十二讀二十一史，日限丹鉛一本。家仇黨禍，舟車茅店之內，手不去編。寒夜鈔書，必達鷄唱。暑則穴帳通光，以避蚊蚋。早受先公命，就贄蕺山。然竟崇禎世一十七載，詩文盟會、交遊聲氣去其半。及蕺山夢奠，擔簦避寇，匿影憂讒，海澨山陬，饑寒顛踣，而後乃一意於師門之學。然碑版記述、天官星曆、句股壬遁，夙所精兼，未能棄也。自言生平所不作者，祝嘏、諛柩之文。人亦莫敢强。

康熙丁未，復舉郡城證人書院講會。戊申，皐比鄞城，謂學問必以

《六經》根底。於是甬上遂有講經會。先後主海寧、紹興講席。而就經術湛深士，以甬上爲最。雖時文淺説，亦知崇本蕺山。先生倡明之功大焉！己未、庚申，累以博學鴻詞特舉遺獻薦，固辭老病。有司承詔，取所論著資禅《明史》者，繕寫宣付史館。是時，先生年八十矣。

歲戊辰，自爲生壙於先公墓畔。諭以死後次日，舁致石牀，一褥一被，不用棺槨，不作佛事、七七，諸鼓吹、巫覡、銘旌、紙錢、紙幡概去不用。作《棃洲末命》一篇。子百家私與宗叔道傳謀曰：『諸命皆可遵，獨不用棺槨一事，奈何？』先生聞之曰：『噫！以父之身，不能得之子耶？』作《葬制或問》：

或問：『送死者棺周於身，槨周於棺，古今通義也。今子易棺以石牀，易槨以石穴，可乎？』曰：『何爲其不可也！余覽《西京雜記》，所發之塚多不用棺，石牀之上，藉以雲母。趙岐敕其子曰：「吾死之日，墓中聚沙爲牀，布簟白衣，散發其上；覆以單被，即日便下；下訖便掩。」陳希夷令門人鑿張超谷，置屍於中。人入視其顱骨，重於常人，尚有異香。古之人行此者多矣。』

問者曰：『爲其子者徒之歟？』曰：『奚爲其不從也！孝子者於親平日之言無有不從。至於屬纊之後，世俗謂之「遺囑」，禮家謂之「顧命」。親之所言，從此不得聞矣。無論馬鬣、夏畦之子，不敢不奉以終身，不必孝子。於此而有不從，則平日之爲逆子無疑矣！楊王孫裸葬而子從之，古今未有議其子之不孝者，是從之爲是也。』

問者曰：『子以從親爲孝，則古今無諍子矣！』曰：『聖人之爲棺槨，以概天下之人。其有不欲概者，自創爲法，亦聖人之所不禁也。必以去棺槨爲非禮，則趙岐之《孟註》不當列於諸經，希夷之《圖書》不當傳於後世矣。使爲子者而欲諍之，則是自賢以蓋父也。』

問者曰：『諍之不可。父死之後，陰行古制，使其父不背於聖人，不亦可乎？』曰：『惡！是何言也！孝子之居喪，必誠必信。誠信貫於幽明，故來格來享。欺僞雜於其間，精誠隔絶，宗廟之饋食，松楸之霜露，其爲無祀之鬼矣！孟子之禮匡章，以其不欺死父也。父有不善，尚不敢欺。父之不循流俗，何不善之有？顧使其形骸不能自主，則棺槨同於敝蓋，人亦何樂乎有子也！』

百家遵《末命》，葬化安山，用鄭寒邨先生文立石，捧土塞壙門焉。其卒，以康熙三十四年七月，年八十六。所著《孟子師説》、《明儒學案》、《明文案》、《事案》、《明文海》、《南雷文定》、《吾悔集》、《蜀山集》、《南雷詩曆》、《待訪録》、《宋史補遺》、《冬青引註》、《西台慟哭記註》、《行朝録》、《海外慟哭記》、《汰存録》、《思舊録》、《今水經》、《四明山志》、《台宕紀遊》、《匡廬行脚録》、《姚江文略》、《姚江遺詩》、《姚江瑣事》、《黄氏家譜》、《喪服制》、《春秋日食曆》、《授時曆故》、《大統曆假如》、《回回曆假如》、《西洋新法假如》、《律呂新義》、《氣運算法》、《納甲》、《納音》等，皆有成書，不下百種，約置壙中石几上。門人流傳鈔録，遍行京國。私謚文孝先生。

先是忠端蒙難，封太僕卿鯤溟公在堂，先生承養祖父，具給鮮旨。後敦匠事，冒暑重趼道諸暨，購美櫝歸，直二百金。四弟幼孤，身自育教，迄於成立。崇禎庚辰，充解南糧，連歲奇祲，家人環向而泣。走黄巖告粂，值遏禁嚴，謀於王峨雲、倪鴻寶、祁世培三君子，其事得集。順治庚寅，晦木以連染被執，將罹大辟。先生赤足行冰雪中，十指皆血，求救於馮君道濟，得胡珠百顆，獻之大帥，乃得釋。丙申，墓祭戴家山，闔門爲山寇所縛，又求救於沈李二君，乃得放歸。凡所遭逢，皆人所不能堪者。叔葆素、子木正亦敦志節，潛居註《易》，終身冠髮不改。一門羣徒，能行古人之道。浙東黄氏，他姓罕比焉！

論曰：余同里親炙黄先生，見其貌古而口微吃，不能出辭。及夫意思泉涌，若決河東注，頃刻累百千言，續屬不絶。著述文章，大者羽翼經傳，細逮九流百氏，靡不通貫。嘗示余《乾坤鑿度》、《象書》等書，望而不敢即。蓋弘覽博物，多得之黄漳浦；而理學宗蕺山，以故雜而不越。其爲人有奇氣，所交遊勇俠劍客。遭運貞元，未伸幽憤，始終無忘先公詔獄之痛。大肆其力於《典墳》，洎乎髦年而智益明，神益强；累際辟征，迄不爲名所累，屹然一代學者宗師，所謂不得於彼，必有得於此者歟？至全歸不用棺槨，雖非聖人中制，但灑然超俗，何必同方？而議者謂其毁滅喪紀，過矣！故具載其《或問》一篇，附《楊王孫書》之後焉。

清·全祖望《鮚埼亭集》卷一一《棃洲先生神道碑文》 康熙三十四年，歲在乙亥，七月初三日，姚江黄公卒。其子百家爲之《行略》，以求埏道之文於門生鄭高州梁，而不果作，既又屬之朱檢討彝尊，亦未就，迄今四十餘年無墓碑。然予讀《行略》中，固嗛嗛多未盡者，蓋當時尚不免有所嫌諱也。公之理學文章，聖祖仁皇帝知之，固當炳炳百世。特是公生平事實甚繁，世之稱之者，不過曰始爲黨錮，後爲遺逸。而中間陵谷崎嶇，起軍、乞師、從亡諸大案，有爲史氏所不詳者，今已再易世，又幸逢聖天子蕩然盡除文字之忌，使不亟爲表章，且日就湮晦。乃因公孫千人之請，捃摭公遺書，參以《行略》，爲文一通，使歸勒之麗牲之石，并以爲上史局之張本。公之卒也，及門私謚之曰文孝。予謂私謚非古，乃温公所不欲加之横渠者，恐非公意，故弗稱。而公所歷殘明之官，則不必隱，近觀《明史》，於乙酉後諸臣，未嘗不援炎興之例大書也。

公諱宗羲，字太冲，海内稱爲梨洲先生，浙江紹興府餘姚縣黄竹浦人也。忠端公尊素長子，太夫人姚氏，其王父以上世系，詳見忠端公墓銘中。公垂髫讀書，即不瑣守章句，年十四補諸生，隨學京邸，忠端公課以舉業，公弗甚留意也。每夜分秉燭觀書，不及經藝。忠端公爲楊左同志，逆奄勢日張，諸公昕夕過從，屏左右論時事，或密封急至，獨公侍側，益得盡知朝局清流、濁流之分。忠端公死詔獄，門户貌虺，而公奉養王父以孝聞。夜讀書畢，嗚嗚然哭，顧不令太夫人知也。莊烈即位，公年十九，袖長錐，草疏，入京頌冤，至則逆奄已磔。有詔死奄難者，贈官三品，予祭葬，祖父如所贈官，蔭子。公既謝恩，即疏請誅曹欽程、李實。忠端之削籍，由欽程奉奄旨論劾，李實則成丙寅之禍者也。得旨：刑部作速究問。五月，會訊許顯純、崔應元，公對簿，出所袖錐錐顯純，流血蔽體。顯純自訴爲孝定皇后外甥，律有議親之條。公謂顯純與奄構難，忠良盡死其手，當與謀逆同科，夫謀逆，則以親王高煦尚不免誅，況皇后之外親。卒論二人斬，《行略》誤以爲論二人決不待時，今據逆案。妻子流徙。公又毆應元胸，拔其鬚，歸而祭之忠端公神主前。又與吴江周延祚、光山夏承共錐牢子葉咨、顏文仲，應時而斃。時欽程已入逆案。六月，李實辨原疏不自己出，忠賢取其印信空本，令李永貞填之，故墨在硃上。又陰致三千金於公，求弗質，公即奏之，謂實當今日猶能賄賂公行，其所辨豈足信。復於對簿時，以錐錐之。然丙寅之禍，確由永貞填寫空本，故永貞論死，而實末減。獄竟，偕同難諸子弟設祭於詔獄中門，哭聲如雷，聞於禁中。莊烈知而歎曰：『忠臣孤子，甚惻朕懷！』

既歸，治忠端公葬事畢，肆力於學。忠端公之被逮也，謂公曰：『學者不可不通知史事，可讀《獻徵録》。』公遂自明《十三朝實録》上溯《二十一史》，靡不究心，而歸宿於諸經。既治經，則旁求之九流百家，於書無所不窺者。憤科舉之學錮人生平，思所以變之。既盡發家藏書讀之，不足，則抄之同里世學樓鈕氏、澹生堂祁氏，南中則千頃齋黄氏，吴中則絳雲樓錢氏，窮年搜討。游屐所至，遍歷通衢委巷，搜鬻故書，薄暮，一童肩負而返，乘夜丹鉛，次日復出，率以爲常。是時山陰劉忠介公倡道蕺山，忠端公遺命令公從之游。而越中承海門周氏之緒餘，援儒入釋，石梁陶氏奭齡爲之魁，傳其學者沈國模、管宗聖、史孝咸、王朝式輩，鼓動狂瀾，翕然從之。姚江之緒，至是大壞，忠介憂之，未有以爲計也。公之及門，年尚少，奮然起曰：『是何言與！』乃約吴越中高材生六十餘人，共侍講席，力摧其説，惡言不及於耳。故蕺山弟子如祁章諸公，皆以名德重，而四友禦侮之助，莫如公者。蕺山之學，專言心性，而漳浦黄忠烈公兼及象數，當是時擬之程邵兩家。公曰：『是開物成務之學也。』乃出其所窮律曆諸家相疏證，亦多不謀而合。一時老宿，聞公名者，競延致之相折衷，經學則何太僕天玉，史學則錢侍郎謙益，莫不傾筐倒庋而返。因建續抄堂於南雷，思承東發之緒。閣學文文肅公嘗見公行卷，曰：『是當以大著作名世者。』都御史方公孩未亦曰：『是眞古文種子也。』有弟宗炎字晦木，宗會字澤望，並負異才，公自教之，不數年皆大有聲，於是儒林有『東浙三黄』之目。

方奄黨之錮也，東林桴鼓復盛，慈谿馮都御史元颺兄弟，浙東領袖也，月旦之評，待公而定。而踰時中官復用事，於是逆案中人，彈冠共冀然灰。在廷諸臣或薦霍維華，或薦吕純如，或請復涿州冠帶。陽羡出山，已特起馬士英爲鳳督，以爲援阮大鋮之漸。即東林中人如常熟，亦以退閑日久，思相附和。獨南中太學諸生，居然以東都清議自持，出而厄之，乃以大鋮觀望南中，作《南都防亂揭》，宜興陳公子貞慧、寧國沈徵君壽民、貴池吴秀才應箕、蕪湖沈上舍士柱共議：以東林子弟推無錫顧端文公之孫杲居首，天啓被難諸家推公居首，其餘以次列名，大鋮恨之刺骨，戊寅秋七月事也。薦紳則金壇周儀部鑣實主之。説者謂莊烈帝十七年中善政，莫大於堅持逆案之定力，而太學清議，亦足以寒奸人之膽，使人主聞之，其防閑愈固，則是揭之功不爲不鉅。壬午，入京，陽羨欲薦公以爲中書舍人，力辭不就。一日遊市中，聞鐸聲，曰：『非吉聲也。』遽南下。已而大兵果入口。

甲申難作，大鋮驟起南中，遂案揭中一百四十人姓氏，欲盡殺之。時公方之南中，上書闕下，而禍作。公里中有奄黨，首糾劉忠介公并及其三大弟子，則祁都御史彪佳、章給事正宸與公也。祁章尚列名仕籍，而公以朝不坐、燕不與之身，挂於彈事，聞者駭之。繼而里中奄黨徐大化姪官光禄丞者，復疏糾，遂與杲並逮。太夫人歎曰：『章妻滂母乃萃吾一身耶？』貞慧亦逮至，鑣論死，壽民、應箕、士柱亡命，而桐城左氏兄弟入寧南軍。晉陽之甲，雖良玉自爲避流賊計，然大鋮以爲揭中人所爲也。公等惴惴不保，駕帖尚未出，而大兵至，得免。

南中歸命，公踉蹌歸浙東，則劉公已死節，門弟子多殉之者。而孫公嘉績、熊公汝霖以一旅之師，畫江而守。公糾合黄竹浦子弟數百人，隨諸軍於江上，江上人呼之曰『世忠營』。公請援李泌客從之義，以布衣參軍。不許，授職方。尋以柯公夏卿與孫公等交舉薦，改監察御史，仍兼職方。方王跋扈，諸亂兵因之，總兵陳梧自嘉興之乍浦浮海至餘姚，大掠。王職方正中方行縣事，集民兵擊殺之，亂兵大噪。有欲罷正中以安諸營者，公曰：『借喪亂以濟其私，致干衆怒，是賊也。正中守土，即當爲國保民，何罪之有？』監國是之。尋以公所作《監國魯元年大統曆》頒之浙東。馬士英在方國安營，欲入朝，朝臣皆言其當殺。熊公汝霖恐其挾國安以爲患也，好言曰：『此非殺士英時也，宜使其立功自贖耳。』公曰：『諸臣力不能殺耳。春秋之孔子，豈能加於陳恆，但不得謂其不當殺也。』熊公謝焉。又遺書王之仁曰：『諸公何不沉舟決戰，由赭山直趨浙西？而日於江上放船鳴鼓，攻其有備，蓋意在自守也。蕞爾三府以供十萬之衆，北兵即不發一矢，一年之後，恐不能支，何守之爲？』又曰：『崇明，江海之門戶，曷以兵擾之，亦足分江上之勢。』聞者皆是公言，而不能用。張國柱之浮海至也，諸營大震。廷議欲封以伯，公言於孫公嘉績曰：『如此，則益横矣，何以待後？請署爲將軍。』從之。公嘗搶攘之際，持議嶽嶽，悍帥亦懾於義，不敢有加。自公力陳西渡之策，惟熊公嘗再以所部西行，攻下海鹽，軍弱不能前進而返。至是，孫公嘉績以所部火攻營卒盡付公，公與王正中合軍，得三千人。正中者，之仁從子也，其人以忠義自奮，公深結之，使之仁不以私意撓軍事。故孫、熊、錢、沈諸督師，皆不得支餉，而正中與公二營獨不乏食。查職方繼佐軍亂，披髮走公營，巽於牀下。公呼其兵責而定之，因爲繼佐治舟，使同西行，遂渡海，劄潭山，烽火遍浙西。太僕寺卿陳潛夫以軍同行，而尚寶司卿朱大定、兵部主事吴乃武等皆來會師，議由海寧以取海鹽。因入太湖招吴中豪傑，百里之內，牛酒日至，軍容甚整，直抵乍浦。公約崇德義士孫奭等爲內應，會大兵已纂嚴，不得前，於是復議再舉，而江上已潰。按是役也，正中實以敗歸，公爲正中墓表，不無溢美，予考正之，不敢失其實也。公遽歸入四明山結寨自固，餘兵願從者尚五百餘人。公駐軍杖錫寺，微服潛出，欲訪監國消息，爲扈從計。戒部下善與山民相結，部下不能盡遵節制，山民畏禍，潛焚其寨，部將茅翰、汪涵死之。公無所歸，於是姚江迹捕之檄累下。公以子弟走入剡中。

己丑，聞監國在海上，乃與都御史方端士赴之，晉左僉都御史，再晉左副都御史。時方發使拜山寨諸營官爵，公言諸營之强，莫如王翊；其乃心王室，亦莫如翊；諸營文臣輒自稱都御史、侍郎，武臣自稱都督，其不自張大，亦莫如翊。宜優其爵，使之總臨諸營，以捍海上。朝臣皆以爲然，定西侯張名振弗善也。俄而大兵圍健跳，城中危甚，置靴刀以待命，蕩湖救至，得免。時諸帥之悍，甚於方王，文臣稍異同其間，立致禍：如熊公汝霖以非命死，劉公中藻以失援死，錢公肅樂以憂死。公既失兵，日與尚書吴公鍾巒坐船中，正襟講學，暇則注《授時》、《泰西》、《回回》三曆而已。

公之從亡也，太夫人尚居故里，而中朝詔下，以勝國遺臣不順命者，録其家口以聞。公聞而歎曰：『主上以忠臣之後仗我，我所以棲棲不忍去也。今方寸亂矣，吾不能爲姜伯約矣。』乃陳情監國，得請，變姓名，間行歸家。公之歸也，吴公棹三板船送之二十里外，嗚咽濤中。

是年，監國由健跳至翁洲，復召公副馮公京第乞師日本，抵長埼，不得請，公爲賦《式微》之章，以感將士。是馮公第二次乞師事。公既自桑海中來，杜門匿景，東遷西徙，靡有寧居。而是時大帥治浙東，凡得名籍與海上有連者，卽行翦除。公於海上，位在列卿，江湖俠客多來投止，而馮侍郎京第等結寨杜嶴，卽公舊部，風波震撼，齮齕日至。當事以馮王二侍郎與公名，並懸象魏。又有上變於大帥者，以公爲首，而公猶挾帛書，欲招婺中鎮將以南援。時方搜剿沿海諸寨之竊伏與海上相首尾者，山寨諸公相繼死。公弟宗炎首以馮侍郎交通有狀，被縛，刑有日矣，公潛至鄞，以計脫之。辛卯夏秋之交，公遣間使入海告警，令爲之備，而不克。甲午，定西侯間使至，被執于天台，又連捕公。丙申，慈水寨主沈爾緒禍作，亦以公爲首。其得以不死者，皆有天幸，而公不爲之懾也。熊公汝霖夫人將逮入燕，公爲調護而脫之。

其後，海氛澌滅，公無復望，乃奉太夫人返里門，于是始畢力於著述，而四方請業之士漸至矣。公嘗自謂受業蕺山時，頗喜爲氣節斬斬一流，又不免牽纏科舉之習，所得尚淺，患難之餘，始多深造，於是胸中窒礙爲之盡釋，而追恨爲過時之學，蓋公不以少年之功自足也。問學者既多，丁未，復舉證人書院之會於越中，以申蕺山之緒。已而東之鄞，西之海寧，皆請主講，大江南北從者駢集，守令亦或與會。已而撫軍張公以下，皆請公開講，公不得已應之，而非其志也。公謂明人講學，襲語録之糟粕，不以《六經》爲根柢，束書而從事於遊談，故受業者必先窮經。經術所以經世，方不爲迂儒之學，故兼令讀史。又謂讀書不多，無以證斯理之變化，多而不求於心，則爲俗學，故凡受公之教者，不墮講學之流弊。公以濂洛之統，綜會諸家：横渠之禮教，康節之數學，東萊之文獻，艮齋、止齋之經制，水心之文章，莫不旁推交通，連珠合璧，自來儒林所未有也。

康熙戊午，詔徵博學鴻儒。掌院學士葉公方藹先以詩寄公，從臾就道。公次其韻，勉其承莊渠魏氏之絶學，而告以不出之意。葉公商於公門人陳庶常錫嘏，曰：『是將使先生爲疊山、九靈之殺身也。』而葉公已面奏御前。錫嘏聞之大驚，再往辭，葉公乃止。未幾，又有詔以葉公與同院學士徐公元文監修《明史》。徐公以爲公非能召使就試者，然或可聘之修史，乃與前大理評事興化李公清同徵詔督撫以禮敦遣。公以母既耄期，已亦老病爲辭。葉公知必不可致，因請詔下浙中督撫抄公所著書關史事者，送入京。徐公延公子百家參史局，又徵鄞萬處士斯同、萬明經言同修，皆公門人也。公以書答徐公，戲之曰：『昔聞首陽山二老托孤於尚父，遂得三年食薇，顔色不壞。今吾遣子從公，可以置我矣。』是時聖祖仁皇帝純心正學，表章儒術不遺餘力，大臣亦多躬行君子，廟堂之上，鐘呂相宣，顧皆以不能致公爲恨。左都御史魏公象樞曰：『吾生平願見而不得者三人：夏峯、梨洲、二曲也。』工部尚書湯公斌曰：『黄先生論學，如大禹導水導山，脈絡分明，吾黨之斗杓也。』刑部侍郎鄭公重曰：『今南望有姚江，西望有二曲，足以昭道術之盛。』兵部侍郎許公三禮，前知海寧，從受《三易洞璣》，及官京師，尚歲貽書問學。庚午，刑部尚書徐公乾學因侍直，上訪及遺獻，復以公對，且言：『曾經臣弟元文奏薦，老不能來。此外更無其倫。』上曰：『可召之京，朕不授以事，如欲歸，當遣官送之。』徐公對以篤老，恐無來意。上因歎得人之難如此。嗚呼！公爲勝國遺臣，蓋瀕九死之餘，乃卒以大儒耆年，受知當宁，又終保完節，不可謂非貞元之運護之矣。

公於戊辰冬，已自營生壙於忠端墓旁，中置石牀，不用棺槨。子弟疑之，公作《葬制或問》一篇，援趙邠卿、陳希夷例，戒身後無得違命。公自以身遭國家之變，期於速朽，而不欲顯言其故也。公雖年逾八十，著書不輟。乙亥之秋，寢疾數日而歿。遺命一被一褥，卽以所服角巾深衣殮，得年八十有六，遂不棺而葬。【略】公所著：有《明儒學案》六十二卷，有明三百年儒林之藪也。經術則《易學象數論》六卷，力辨《河洛方位圖説》之非，而遍及諸家，以其依附於《易》似是而非者爲《内編》，以其顯背於《易》而擬作者爲《外編》。《授書隨筆》一卷，則淮安閻徵君若璩問《尚書》而告之者。《春秋日食曆》一卷，辨衛樸所言之謬。《律呂新義》二卷，公少時嘗取餘杭竹管肉好停匀者，斷之爲十二律與四清聲試之，因廣其説者也。又以蕺山有《論語》、《大學》、《中庸》諸解，獨少《孟子》，乃疏爲《孟子師説》四卷。史學則公嘗欲重脩《宋史》而未就，僅存《叢目補遺》三卷。輯《明史案》二百四十四卷，有［《弘光紀年》一卷，《隆武紀年》一卷，《永曆紀年》一卷，《魯紀年》一卷］《贛州失事［紀］》一卷，《紹武爭立紀》一卷，《四明山寨紀》一卷，《海外慟哭紀》一卷，《日本乞師紀》一卷，《舟山興廢》一卷，《沙定洲紀亂》一卷，《賜姓本末》一卷。又有《汰存録》一卷，糾夏考功

《幸存録》者也。曆學則公少有神悟，及在海島，古松流水，布算簌簌。嘗言：『勾股之術，乃周公、商高之遺，而後人失之，使西人得以竊其傳。』有《授時曆故》一卷，《大統曆推法》一卷，《授時曆假如》一卷，《西曆》、《回曆假如》各一卷，外尚有《氣運算法》、《勾股圖説》、《開方命算》、《測圜要義》諸書，共若干卷。《行略》尚有《元珠密語》，其實非公所作。其後，梅徵君文鼎本《周髀》言曆，世驚以爲不傳之秘，而不知公實開之。文集則《南雷文案》十卷，《外集》一卷，《吾悔集》四卷，《撰杖集》四卷，《蜀山集》四卷，《子劉子行狀》二卷，《詩歷》四卷，《忠端祠中神絃曲》一卷。後又分爲《南雷文定》，凡五集；晚年又定爲《南雷文約》，今合之得四十卷。《明夷待訪録》二卷、《留書》一卷，則佐王之略，崑山顧先生炎武見而歎曰：『三代之治可復也！』《思舊録》二卷，追遡山陽舊侶，而其中多庀史之文。公又選明三百年之文，爲《明文案》，其後廣之爲《明文海》，共四百八十二卷，自言多與十［五］朝國史，多彈駁參正者。而別屬李隱君鄴嗣爲《明詩案》。隱君之書未成而卒。晚年，於《明儒學案》外，又輯《宋儒學案》、《元儒學案》，以志七百年來儒苑門戶。於《明文案》外，又輯《續宋文鑑》、《元文抄》，以補呂蘇二家之闕，尚未成編而卒。又以蔡正甫之書不傳，作《今水經》。其餘《四明山誌》、《台宕紀游》、《匡廬游録》、《姚江逸詩》、《姚江文略》、《姚江瑣事》、《補唐詩人傳》、《病榻隨筆》、《黄氏宗譜》、《黄氏喪制》及自著《年譜》諸書，共若干卷。

公之論文，以爲唐以前句短，唐以後句長；唐以前字華，唐以後字質；唐以前如高山深谷，唐以後如平原曠野。故自唐以後，爲一大變，然而文之美惡不與焉，其所變者詞而已，其所不可變者，雖千古如一日也。此足以掃盡近人規橅字句之陋，故公之文不名一家。晚年忽愛謝皐羽之文，以其所處之地同也。公雖不赴徵書，而史局大案，必咨於公：《本紀》則削去誠意伯撤座之説，以太祖實奉韓氏者也。《曆志》出於吳檢討任臣之手，總裁千里貽書，乞公審正，而後定其論。《宋史》別立《道學傳》爲元儒之陋，《明史》不當仍其例，時朱檢討彝尊方有此議，湯公斌出公書以示衆，遂去之。其於講學諸公，辨康齋無與弟訟田之事，白沙無張蓋出都之事，一洗昔人之誣。黨禍則謂鄭鄤杖母之非眞，寇禍則謂洪承疇殺賊之多誕。至於死忠之籍，尤多確核，如奄難則丁乾學以牖死，甲申則陳純德以俘戮死，南中之難則張捷、揚維垣以逃竄死，史局依之，資筆削焉。《地志》亦多取公《今水經》爲考証。蓋自漢唐以來大儒，惟劉向著述，强半登於《班史》：如《三統曆》入《曆志》，《鴻範傳》入《五行志》，《七略》入《藝文志》，其所續《史記》，散入諸傳，《列女傳》雖未録，亦爲《范史》所祖述；而公于二千年後，起而繼之。公多碑版之文，其於國難諸公表章尤力，至遺老之以軍持自晦者，久之或嗣法上堂。公曰：『是不甘爲異姓之臣者，反甘爲異姓之子也。』故其所許者，祇吾鄉周囊雲一人。公弟宗會，晚年亦好佛，公爲之反覆言其不可。蓋公於異端之學，雖其有託而逃者，猶不肯少寬焉。初在南京社會，歸德侯朝宗每食必以妓侑，公曰：『朝宗之尊人尚書尚在獄中，而燕樂至此乎？吾輩不言，是損友也。』或曰：『朝宗賦性不耐寂寞。』公曰：『夫人而不耐寂寞，則亦何所不至矣。』時皆歎爲名言。及選明文，或謂朝宗不當復豫其中，公曰：『姚孝錫嘗仕金，遺山終置之南冠之（例）［列］，不以爲金人者，原其心也。夫朝宗亦若是矣。』乃知公之論人嚴，而未嘗不恕也。紹興知府李鐸以鄉飲大賓請，公曰：『吾辭聖天子之召，以老病也。貪其養而爲賓，可哉？』卒辭之。

公晚年益好聚書，所抄自鄞之天一閣范氏、歙之叢桂堂鄭氏、禾中倦圃曹氏，最後則吳之傳是樓徐氏，然嘗戒學者曰：『當以書明心，無玩物喪志也。』當事之豫於聽講者，則曰：『諸公愛民盡職，即時習之學也。』身後，故廬一水一火，遺書蕩然，諸孫僅以耕讀自給。乾隆丙辰，千人來京師，語及先澤，爲悵然久之。今大理寺卿休寧汪公漋，鄭高州門生也，督學浙中，爲置祀田，以守其墓。高州之子性，又立祠於家，春秋仲丁祭以少牢，而葺其遺書於祠中，因屬予曰：『先人既没，知黄氏之學者，吾子而已。』予乃爲之銘曰：

魯國而儒者一人，矧其爲甘陵之黨籍，厓海之孤臣。寒芒熠熠，南雷之村。更億萬年，吾銘不泯。

公有《日本乞師紀》，但載馮侍郎奉使始末，而于己無豫，諸家亦未有言公曾東行者，乃《避地賦》則有曰：『歷長埼與薩斯瑪兮，方粉飾夫隆平；招商人以書舶兮，七旵緣於東京。予既惡其汰侈兮，日者亦言帝殺夫青龍；返旆而西行兮，胡爲乎泥中。』則是公嘗偕馮以行，而後諱之，顧略見其事於賦。予以問公孫千人，亦愕然不知也。事經百年，始考得之。

論説

清・顧炎武《顧亭林詩文集・佚文輯補・與黄太沖書》 頃過薊門，見貴門人陳、萬兩君，具諗起居無恙。因出大著《待訪録》讀之再三，於是知天下之未嘗無人，百王之敝可以復起，而三代之盛可以徐還也。天下之事，有其識者未必遭其時，而當其時者，或無其識。古之君子所以著書待後，有王者起，得而師之。然而《易》『窮則變，變則通，通則久』。聖人復起，不易吾言，可預信於今日也。

清・全祖望《鮚埼亭集外編》卷三一《書〈明夷待訪録〉後》

《明夷待訪録》一卷，姚江黄太沖徵君著。同時顧亭林貽書，嘆爲王佐之才，如有用之，三代可復。是歲爲康熙癸卯，年未六十，而《自序》稱『梨洲老人』。萬西郭爲予言：『徵君自壬寅前，魯陽之望未絶，天南訃至，始有潮息煙沈之嘆；飾巾待盡，是書於是乎出。蓋老人之稱所自來已。』原本不止於此，以多嫌諱弗盡出，今并已刻之板亦燬於火。徵君著書兼輛，然散亡者什九，良可惜也。

清・永瑢等《四庫全書總目》卷三六《經部三十六・四書類二》

《孟子師説》二卷。浙江巡撫採進本。國朝黄宗羲撰。宗羲有《易學象數論》，已著録。是編以其師劉宗周於《論語》有《學案》，於《大學》有《統義》，於《中庸》有《愼獨義》，獨於《孟子》無成書，乃述其平日所聞，著爲是書，以補所未備。其曰《師説》者，仿趙汸述黄澤《春秋之學》，題曰《春秋師説》例也。宗周之學，雖標愼獨爲宗，而大旨淵源，究以姚江爲本，故宗羲所述，仍多闡發良知之旨。然於《滕文公爲世子章》，力闢沈作喆語辨無善無惡之非，於《居下位章》，力闢王畿語辨性亦空寂、隨物善惡之説，則亦不盡主姚江矣。其他議論，大都案諸實際，推究事理，不爲空疏無用之談，略其偏駁而取其明切，於學者不爲無益，固不必執一格而廢衆論，因一眚而廢全書也。

又 卷五八《史部十四・傳記類二》 《明儒學案》六十二卷。山東巡撫採進本。國朝黄宗羲撰。宗羲有《易學象數論》，已著録。初，周汝登作《聖學宗傳》，孫鍾元又作《理學宗傳》，宗羲以其書未粹且多所闕遺，因搜採明一代講學諸人文集、語録，辨別宗派，輯爲此書。【略】宗羲生於姚江，欲抑王尊薛則不甘，欲抑薛尊王則不敢，故於薛之徒，陽爲引重而陰致微詞；於王之徒，外示擊排而中存調護。夫二家之學，各有得失，及其末流之弊，議論多而是非起，是非起而朋黨立，恩讎轇轕，毁譽糾紛。正、嘉以還，賢者不免。宗羲此書，猶勝國門户之餘風，非專爲講學設也。然於諸儒源流分合之故，敍述頗詳，猶可考見其得失，知明季黨禍所由來。是亦千古之炯鑑矣。

又 卷一九〇《集部四十三・總集類五》 《明文海》四百八十二卷。兩淮鹽政採進本。國朝黄宗羲編。【略】明代文章，自何、李盛行，天下相率爲沿襲剽竊之學，逮嘉、隆以後，其弊益甚。宗羲之意，在於掃除摹擬，空所倚傍，以情至爲宗，又欲使一代典章人物，俱藉以考見大凡，故雖游戲小説家言，亦爲兼收並採，不免失之泛濫。然其蒐羅極富，所閲明人集幾至二千餘家，如桑悦《北都》、《南都》二賦，朱彝尊著《日下舊聞》時，搜討未見，而宗羲得之，以冠兹選。其他散失零落，賴此以傳者，尚復不少，亦可謂一代文章之淵藪。考明人著作者，當必以是編爲極備矣。

清・黄宗羲《明儒學案》卷首《鄭性序》 道並行而不相悖，此天地之所以爲大也。三教既興，孰能存其一，去其二。並爲儒而不相容，隘矣。孔子大中，如天地之無不持載、無不覆幬，是以能祖述堯、舜，憲章文、武。然嘗欲『無言』，且曰『攻乎異端，斯害也已』。大賢而下，概莫之及。後儒質有純駁，學有淺深，異同錯出。宋惟周子渾融，罕露圭角；朱、陸門人，各持師説，入主出奴。明儒沿襲，而其間各有發揮開闢，精確處不可掩没，梨洲黄子臚爲《學案》而並録之。後之觀者，毋師己意，毋主先入，虛心體察，孰純孰駁，孰淺孰深，自呈自露，惟以裨於爲己之學，而合乎天地之所以爲大，其於道也，斯得之矣。

又 《馮全垓序》 姚江黄梨洲先生以邁世之天資，成等身之著作，自經術文章以至一能一技，靡不悉心體究，而尤自任以道之重。所著《明儒學案》，窮源竟委，博採兼收，將使後之學者各隨其質之所近，浸淫滋溉以至於道，及其成功，萬派同歸矣。

夫有明講學之家，其辨析較宋儒爲更精，而流弊亦較宋儒爲更甚。𪽤謂學術必原心術，但使存心克正，兢兢以慎獨爲念，從此存養省察，雖議論或有偏駁，亦不愧爲聖人之徒。倘功利之見未忘，借先正之名目以自樹其門户，則矯誣虚僞，勢必色厲内荏，背道而馳。先生是書，殆欲以正心術者正學術歟。

清・江藩《漢學師承記》卷八 宗羲之學，出於蕺山，雖姚江之派，然以慎獨爲宗，實踐爲主，不恣言心性，墮入禪門，乃姚江之諍子也。又以南宋以後講學家，空談性命，不論訓詁，教學者説經則宗漢儒，立身則宗宋學。又謂昔賢闢佛，不檢佛書，但肆謾駡，譬如用兵，不深入其險，不能剿絶鯨鯤也。乃閲《佛藏》，深明其説。所以力排佛氏，皆能中其窾要。

清・唐鑑《學案小識》卷一二《經學學案・餘姚黄先生》 先生諱宗羲，字太沖，號梨洲。畢力著述，以六經爲根柢，又謂『讀書不多，無以證理之變化，多而不求於心，則爲俗學』。故上下古今，穿穴羣言，自天官地志、九流百家之説，無不精研。【略】又輯有《宋儒學案》、《元儒學案》、《明儒學案》，數百年來，醇者駁者、是者非者、正者偏者，合并於此三編中。學者喜其采之廣而言之辨，以爲天下之虚無怪誕，無非是學，而不知千古學術之統紀，由是而亂，後世人心之害陷，由是而益深也。孔子曰：『攻乎異端，斯害也已。』孟子曰：『生於其心，害於其事，發於其事，害於其政。』是言豈欺我哉？夫横浦、象山，參究於宗杲、德光者也，而與紫陽並列；新會、姚江，首率爲陽儒陰釋者也，而與河津、餘干並稱，則是墨、晏可以比於尼山，莊、列可以齊於鄒國。先生亦學道者也，曾不一爲之思乎？且自顔、曾、思、孟而後，博文約禮，明善誠身，出則致君三代，處則垂教六經，同揆於先聖而端範於後賢，朱子一人而已，亂朱子之道，卽亂孔子之道者也。當湖陸先生曰：『董子云：不在六藝之科、孔子之術者，絶其道，勿使並進。今亦曰：不在朱子之術者，絶勿使進。』崑山顧先生曰：『陽明所輯《朱子晚年定論》，今之學者多信之，不知當時羅文莊已與之書而辯之矣。』又曰：『昔范武子論王弼、何晏二人之罪深於桀紂，以爲一世之患輕，歷代之害重；自喪之惡小，迷衆之罪大。而蘇子瞻謂李斯亂天下，至於焚書坑儒，皆出於其師荀卿高談異論而不顧者也。困知之記，學蔀之編，固今日中流之砥柱矣！』先生卒年八十六。

清・李聿求《魯之春秋》卷一〇《傳第四之二・寺院二・黄宗羲》 外史曰：宗羲之理學文章，聖祖仁皇帝知之，固當炳炳百世，特是不可以一節求。其始入京訟冤，對簿復仇，爲孤兒；繼而南渡，爲黨臣；繼而起兵、出師、立寨、乞師、從亡，爲孤臣；繼而乞養爲孝子，爲遺臣，而卒爲大儒，有千百古人行之不能終者。卽其學問，亦不名一家。

藝 文

清・朱鶴齡《愚菴小集》卷三《贈海寧許酉山明府兼訊黄太沖》

許夫子，今儒英。軔百里，文治成。廣筵列坐諸經横，橋門觀聽羅璜珩。絲絃歌吹相和鳴，春容叩擊春風清，豈徒德惠流歡聲？仲淹牛溪述王道，一時高第皆公卿。鵝湖白鹿開講院，剖析聖義晨星明。至今正學不墜地，恃有巨手能支撑。考亭象山宗旨合，虚實二教理兩行。奈何後人判塗畛，袒分左右紛呶爭。文成立説救章句，虚無豈與竺乾并？俗學肆口恣掊擊，無異同室分旗鎗。我欲融釋歸大冶，一銷文壘與墨兵。所恨身賤才力薄，徒抱遺書守柴荆。公今講壇臨浙水，務使學者開羣盲。兩家鬬諍果何益？貴出衷論持權衡。若晤姚江黄處士，爲言嚮學有朱生。

清・宋犖《西陂類稿》卷一〇《寄黄梨洲徵君》

文獻南雷尚未湮，望從郤聘愈嶙峋。忠端氣節傳先世，顧及交游號黨人。大業名山驚乍拜，暮年撰杖擬相親。中原前輩風流在，已自垂髫向往頻。

清・查慎行《敬業堂詩集》卷四《宿梨洲夫子武林寓舍卽次先生丙辰九日同遊舊韻二首》

湖山憔悴哭新阡，謂萬充宗。何意蕭齋榻許連。燈火夜長楓葉雨，杖藜秋老菊花天。孤踪汗漫三年外，萬事荒唐一笑前。話到昆明殘劫罷，又緣久別卻凄然。

徑路先須辨陌阡，眼中榛莽正鈎連。肯攜芸蠹隨書局，任放醯鷄覆甕天。出處心情三聘後，滄桑人物兩朝前。先生高卧貧何礙，流俗知音恐未然。

又　卷一二《朱雪鴻移居詩和梨洲先生》　蘧廬天地總羈棲，爪迹何煩苦印泥。招隱莫分山大小，卜居難定瀼東西。一舟最穩裝書重，四壁初安待客題。終勝梁鴻依廡下，年年井臼累山妻。

清·葉方藹《讀書齋偶存稿》卷三《予久慕浙東黄太冲先生，恨未之見，四明董孝廉過訪，詢知爲太冲門人，於其南行，作此送之，并寄黄先生》　會稽有大儒，世系出忠門。黄童名無雙，白首晦丘園。六經探奥窔，百氏窮淵源。躬蹈某與軻，不肯託空言。青衿數十徒，講誦徹朝昏。曾經其指授，規榘秩秩存。吾聆聲譽久，仰止情彌敦。一官苦束（縛）[縛]，負笈失討論。董生家東海，獻賦來帝閽。視吾頌一篇，浩浩三峽奔。所言雖甚夥，仁義實本根。進止更可觀，語笑藹春温。都雅周容刀，貴重魯璵璠。驚問所師誰？答云是黄君。聞之增慨慕，寸心暗自捫。譬如觀河者，溯源必崑崙。便欲裁尺書，因風附南雲。緜邈泝大始，涬溟究無垠。陰陽所管攝，方册所羅陳。聖狂何懸闊，王伯何剖分。一一質茫昧，了了破糾紛。書成再三讀，羞澁還手焚。寸莛撞黄鐘，如何不逡巡？徒詢容貌异，那得謦欬真！在昔文中子，道學倡河汾。韜迹隱弗仕，著述儗《丘》、《墳》。高弟魏、房流，佐唐爲名臣。吾學苟措施，奚必在其身。先生富門徒，半作王國賓。斯道已有傳，奚用嗟沉淪！興朝急求賢，側席心殷殷。安知柴荆外，旦夕無玄纁？北面修盛典，憲乞禮數勤。予亦得挾册，函丈時相親。勿著羊裘去，蒼茫烟水濱。

清·朱彝尊《曝書亭集》卷四一《黄徵君壽序》　康熙十九年，監修《明史》崑山徐公立齋舉梨洲黄先生入史館編纂。先生辭不赴，以經義教授鄉里，聚書萬卷，從游弟子數百人。歲在己巳八月，先生縣弧之辰，年八十矣。其子百家游學京師，請予文，歸爲先生壽。先生長予且二十年，予童穉時即知先生名。方忠端公與六君子同時爲魏忠賢所害，思陵即阼，先生詣闕訟冤，手鐵椎，椎許顯純，又揕崔呈秀之胸，拔其鬚，歸而焚之，告于忠端公墓。勇哉！先生之復父讎也。既而偕兩弟讀書譚藝，合名士衿契，轉徙兵戈俶擾之中，不忤俗以爲高，不妄交以干禍。先生之明哲，又有不可及者。回思曩昔訟冤之日，除惡難于拔山，迨忠賢雖僇，而其黨散處四方。洎乎南渡，若厝火之復灼。蓋至十餘年以來，始消歇無復存者，而先生猶康彊無恙。忠端公特祠，春秋膢臘，率子姓奉祀。目擊其先公之大節，具書于國史。先生之心，足以自慰。于介壽日，宜浮一大爬者也。予之出，有愧於先生，顧性好聚書，傳鈔不輟，則與先生有瓷芥之合。明年歸矣，將訪先生之居而借書焉。百家其述予言，冀先生之不我拒也。

雜録

清·秦瀛《己未詞科録》卷五《黄宗羲》　瀛按，先生在魯王時，曾授副都御史。我朝訪求遺獻，硜硜卒守其志。平生學問，由蕺山以上溯姚江，間亦不無同異。與先燈巖公作書往復，論尊德性、道問學之旨，見《南雷文定》。其族諸孫徵肅屬題先生象，晬乎其容，猶想見先生志事。戊午鴻博之舉，葉訒菴嘗貽詩慫恿，先生卒以老病辭，固未嘗舉也。《鶴徵録》誤入之患病行催不到之列，姑從之，附記於此。

瀛又按，魏庸齋《與許海昌書》云：『黄先生學貫天人，諸公物色之者頗衆，聞其年高，未敢輕動。』泉右李鄴園亦欲舉先生，因渠母老而止。先生既不就舉，命子百家至京，與修《明史》。百家字主一。

《明史》卷三〇八《阮大鋮傳》　流寇偪皖，大鋮避居南京，頗招納遊俠爲談兵説劍，覬以邊才召。無錫顧杲、吳縣楊廷樞、蕪湖沈士柱、餘姚黄宗羲、鄞縣萬泰等，皆復社中名士，方聚講南京，惡大鋮甚，作《留都防亂揭》逐之。大鋮懼，乃閉門謝客，獨與士英深相結。

清·穆彰阿等《嘉慶重修一統志》卷二九五《紹興府二·人物·本朝》　黄宗羲，字太冲，餘姚人。父尊素，明天啓時以御史死詔獄。宗羲年十九，懷疏訟冤。後受業劉宗周，研究先儒之學，從遊日衆。康熙十八年，都御史徐元文薦於朝，以老病辭，詔取所著書宣付史館。宗羲上下古今，穿穴羣言，自天官地志九流百氏之書，無不精研。所著有《南雷文定》及《明儒學案》若干卷，學者稱梨洲先生。弟宗炎，著《周易象辭》、《尋門餘論》、《圖書辨惑》等卷，力闢陳摶之學，謂《周易》未經秦火，不應獨禁其圖，至爲道家藏匿二千年，至摶始出。其學術大畧與宗羲同，而奡岸幾過之。宗會亦負異才。宗羲子百家，傳宗羲之學，著《勾股測矩解原》二卷。時有『三黃』之目。

顧炎武分部

傳記

清·李光地《榕村集》卷三三《顧寧人小傳》 顧炎武，字寧人，吳之長洲人。自幼博涉彊識，好爲蒐討辯論之學。十三經諸史，旁及子集稗野、列代名人著述，微文碎義，無不攷究。騎驢走天下，所至荒山頽址有古碑版遺迹，必披榛菅、抉斑蘚讀之，手録其要以歸。十餘歲至七十而老，勤如一日，於六書音義尤獨得。余始官庶吉士，曾相從，爲半日話。時余於音學無曉也，寧人舉大指示之曰：『古者同文，聲與形應。凡字旁從某，音必從某。後世不悟音譌，反謂古書爲叶，皆非也。《唐韻》承江左末流，部居悉舛，分合之間，紛不可治。今當以《詩》、《易》、周秦之文爲正，質驗字旁，分者幷之，合者離之，使古書無二音，然後得復其舊。』余聞言，猶未省了。家居數載，追尋言緒未達者，自以意爲之説。又七年，復來京師，則寧人没矣。聞其書已成，亟求觀之，所意者幸不謬，然寧人之學，於是始窺其備。蓋平、上、去三聲雖有差互，猶得類從，入聲則雜亂尤甚，如人經荒流者，不第鄉貫不可復追，姓氏族系皆不自别矣。有顧氏之書，然後三代之文可復，《雅》、《頌》之音各得其所。語聲形者，自漢晉以來，未之有也。書既刻，厚自寶秘，曰：『五十年後，乃有知我者耳。』尚有《日知録》數十卷，識大小，覆同異，辨是非，亦有補於學者，其徒潘耒刻之閩中。衛先生爾錫言其地理書用心尤多，然未見也。孤僻負氣，譏訶古今，人必剌切，徑情傷物，以是吳人訾之。然近代博雅淹洽，未見其比。

清·全祖望《鮚埼亭集》卷一二《亭林先生神道表》 顧氏世爲江東四姓之一，五代時由吳郡徙徐州，南宋時遷海門，已而復歸于吳，遂爲崑山縣之花浦村人。其達者始自明正德間，曰工科給事中廣東按察使司僉事溱，及刑科給事中濟。刑科生兵部侍郎章志，侍郎生左贊善紹芳及國子生紹芾，贊善生官蔭生同應，同應之仲子曰絳，即先生也。紹芾生同吉，早卒，聘王氏未婚守節，以先生爲之後。

先生字曰寧人，乙酉改名炎武，亦或自署曰蔣山傭，學者稱爲亭林先生。少落落有大志，不與人苟同，耿介絶俗，其雙瞳子中白而邊黑，見者異之。最與里中歸莊相善，共遊復社，相傳有『歸奇顧怪』之目。于書無所不窺，尤留心經世之學。其時四國多虞，太息天下乏材以至敗壞。自崇禎己卯後，歷覽二十一史、十三朝實録、天下圖經、前輩文編説部，以至公移邸抄之類，有關于民生之利害者隨録之，旁推互證，務質之今日所可行，而不爲泥古之空言，曰《天下郡國利病書》。然猶未敢自信，其後周流西北且二十年，遍行邊塞亭障，無不了了而始成。其别有一編曰《肇域志》，則考索《利病》之餘，合圖經而成者。予觀宋乾淳諸老以經世自命者，莫如薛艮齋，而王道夫、倪石林繼之，葉水心尤精悍，然當南北分裂，聞而得之者多于見。若陳同甫則皆欺人無實之大言，故永嘉、永康之學皆未甚粹，未有若先生之探原竟委，言言可以見之施行，又一稟于王道，而不少參以功利之説者也。最精韻學，能據遺經以正六朝、唐人之失，據唐人以正宋人之失，欲追復三代以來之音，分部正帙而究其所以不同，以知古今音學之變，其自吳才老而下廓如也，則有曰《音學五書》。性喜金石之文，到處即蒐訪，謂其在漢唐以前者，足與古經相參考；唐以後者，亦足與諸史相證明。蓋自歐、趙、洪、王後，未有若先生之精者，則有曰《金石文字記》。晚益篤志六經，謂古今安得别有所謂理學者，經學即理學也。自有舍經學以言理學者，而邪説以起，不知舍經學則其所謂理學者，禪學也。故其本朱子之説，參之以慈谿黄東發《日抄》，所以歸咎于上蔡、横浦、象山者甚峻。于同時諸公，雖以苦節推百泉、二曲，以經世之學推棃洲，而論學則皆不合，其書曰《下學指南》。或疑其言太過，是固非吾輩所敢遽定，然其謂經學即理學，則名言也。而《日知録》三十卷，尤爲先生終身精詣之書，凡經史之粹言具在焉。蓋先生書尚多，予不悉詳，但詳其平生學業之所最重者。

初，太安人王氏之守節也，養先生于襁保中。太安人最孝，嘗斷指以療君姑之疾，崇禎九年，直指王一鶚請旌于朝，報可。乙酉之夏，太安人六十，避兵常熟之郊，謂先生曰：『我雖婦人哉，然受國恩矣。果有大故，我則死之。』于是先生方應崑山令楊永言之辟，與嘉定諸生吳其沆及歸莊共起兵，奉故鄖撫王永祚以從夏文忠公于吳，江東授公兵部司務。事既不克，永言行遁去，其沆死之，先生與莊幸得脫，而太安人遂不食卒，遺言後人莫事二姓。次年，閩中使至，以職方郎召，欲與族父延安推官咸正赴之，念太安人尚未葬，不果。次年，幾豫吳勝兆之禍。更欲赴海上，道梗不前。

先生雖世籍江南，顧其姿稟頗不類吳會人，以是不爲鄉里所喜。而先生亦甚厭帬屐浮華之習，嘗言古之疑衆者，行僞而堅；今之疑衆者，行僞而脆，了不足恃。既抱故國之戚，焦原毒浪，日無寧晷。

庚寅，有怨家欲陷之，乃變衣冠作商賈，遊京口，又遊禾中。次年，之舊都，拜謁孝陵。癸巳，再謁；是冬又謁而圖焉。次年遂僑居神烈山下，遍遊沿江一帶，以觀舊都畿輔之勝。顧氏有三世僕曰陸恩，見先生日出遊，家中落，叛投里豪。丁酉，先生四謁孝陵歸，持之急，乃欲告先生通海，先生亟往擒之，數其罪，湛之水。僕壻復投里豪，以千金賄太守，求殺先生，不繫訟曹而卽繫之奴之家。危甚，獄日急，有爲先生求救于（□□）［牧齋］者，（□□）［牧齋］欲先生自稱門下而後許之。其人知先生必不可，而懼失（□□）［牧齋］之援，乃私自書一刺以與之。先生聞之，急索刺還不得，列揭于通衢以自白。（□□）［牧齋］亦笑曰：『寧人之卞也！』曲周路舍人澤溥者，故相文貞公振飛子也，僑居洞庭之東山，識兵備使者，乃爲愬之，始得移訊松江而事解。于是先生浩然有去志，五謁孝陵始東行，墾田于章丘之長白山下以自給。戊戌，遍遊北都諸畿甸，直抵山海關外，以觀大東。歸至昌平，拜謁長陵以下，圖而記之。次年，再謁。既而念江南山水有未盡者，復歸，六謁孝陵，東遊直至會稽。次年復北謁思陵，由太原、大同以入關中，直至榆林。是年浙中史禍作，先生之故人吳、潘二子死之，先生又幸而脫。甲辰，四謁思陵。事畢，墾田于雁門之北，五臺之東。初，先生之居東也，以其地濕，不欲久留，每言馬伏波、田疇，皆從塞上立業，欲居代北。嘗曰：『使吾澤中有牛羊千，則江南不足懷也。』然又苦其地寒，乃但經營創始，使門人輩司之，而身出遊。丁未之淮上，次年自山東入京師。萊之黄氏有奴告其主所作詩者，多株連自以爲得，乃以吳人陳濟生所輯《忠義録》，指爲先生所作，首之，書中有名者三百餘人。先生在京聞之，馳赴山東自請勘，訟繫半年，富平李因篤自京師爲告急于有力者，親至歷下解之，獄始白。復入京師，五謁思陵，自是還往河北諸邊塞者幾十年。丁巳，六謁思陵，始卜居陝之華陰。

初，先生遍觀四方，其心耿耿未下，謂秦人慕經學，重處士，持清議，實他邦所少，而華陰綰轂關河之口，雖足不出戶，而能見天下之人，聞天下之事。一旦有警，入山守險，不過十里之遥。若志在四方，則一出關門，亦有建瓴之便，乃定居焉。王徵君山史築齋延之。先生置五十畝田于華下供晨夕，而東西開墾所入，別貯之以備有事。又餌沙苑蒺藜而甘之，曰：『啖此久，不肉不茗可也。』凡先生之遊，以二馬二騾載書自隨，所至阨塞，卽呼老兵退卒詢其曲折，或與平日所聞不合，則卽坊肆中發書而對勘之。或徑行平原大野，無足留意，則于鞍上嘿誦諸經注疏，偶有遺忘，則卽坊肆中發書而熟復之。

方大學士孝感熊公之自任史事也，爲書招先生爲助，答曰：『願以一死謝公，最下則逃之世外。』孝感懼而止。戊午大科詔下，諸公爭欲致之。先生豫令諸門人之在京者，辭曰：『刀繩具在，無速我死。』次年大修《明史》，諸公又欲特薦之，貽書葉學士訒菴，請以身殉，得免。或曰：『先生盍亦聽人一薦，薦而不出，其名愈高矣。』先生笑曰：『此所謂釣名者也。今夫婦人之失所天也，從一而終，之死靡慝，其心豈欲見知于人？若曰盍亦令人强委禽焉，而力拒之以明節，則吾未之聞矣。』華下諸生請講學，謝之曰：『近日二曲亦徒以講學故得名，遂招逼迫，幾致凶死。雖曰威武不屈，然而名之爲累則已甚矣，又況東林覆轍有進于此者乎！』有求文者，告之曰：『文不關于經術政理之大，不足爲也。韓文公起八代衰，若但作《原道》、《諫佛骨表》、《平淮西碑》、《張中丞傳後》諸篇，而一切諛墓之文不作，豈不誠山斗乎？今猶未也！』其論爲學則曰：『諸君關學之餘也，横渠、藍田之教以禮爲先，孔子嘗言：「博我以文，約之以禮。」而劉康公亦云：「民受天地之中以生，所謂命也，是以有動作禮義威儀之則以定命。」然則君子爲學，舍禮何由？近來講學之師專以聚徒立幟爲心，而其教不肅，方將賦《茅鴟》之不暇，何問其餘？』尋以乙未春出關，觀伊洛，歷嵩少，曰：『五嶽遊其四矣！』會年飢，不欲久留，渡河至代北，復還華下。

先生既負用世之畧，不得一遂，而所至每小試之。墾田度地，累致千金，故隨寓卽饒足。徐尚書乾學兄弟，甥也，當其未遇，先生振其乏。至是鼎貴，爲東南人士宗，四方從之者如雲，累書迎先生南歸，願以別業居之，且爲買田以養，皆不至。或叩之，答曰：『昔歲孤生，飄摇風雨；今茲親串，崛起雲霄。思歸尼父之轅，恐近伯鸞之竈。且天仍夢夢，世尚滔滔，猶吾大夫，未見君子，徘徊渭川，以畢餘年，足矣。』

庚申，其安人卒于崑山，寄詩挽之而已。次年，卒于華陰。無子，徐尚書爲立從孫洪慎以承其祀。年六十九，門人奉喪歸葬崑山之千墩。高弟吴江潘耒收其遺書序而行之，又别輯《亭林詩文集》十卷，而《日知録》最盛傳。歷年漸遠，讀先生之書者雖多，而能言其大節者已罕。且有不知而妄爲立傳者，以先生爲長洲人，可哂也。徐尚書之家孫涵持節粤中，數千里貽書以表見屬，予沈吟久之。及讀王高士不菴之言曰：『寧人身負沈痛，思大揭其親之志于天下。奔走流離，老而無子，其幽隱莫發數十年靡訴之衷，曾不得快然一吐，而使後起少年推以多聞博學，其辱已甚。安得不掉首故鄉，甘于客死！噫，可痛也。』斯言也，其足以表先生之墓矣夫！其銘曰：

先生兀兀，佐王之學。雲雷經綸，以屯被縛。渺然高風，寥天一鶴。重泉拜母，庶無愧怍。

論　說

清・顧炎武《日知録》卷首《潘耒序》　有通儒之學，有俗儒之學。學者，將以明體適用也。綜貫百家，上下千載，詳考其得失之故，而斷之於心，筆之於書，朝章國典，民風土俗，元元本本，無不洞悉，其術足以匡時，其言足以救世，是謂通儒之學。若夫雕琢辭章，綴輯故實，或高談而不根，或勦説而無當，淺深不同，同爲俗學而已矣。自宋迄元，人尚實學。若鄭漁仲、王伯厚、魏鶴山、馬貴與之流，著述具在，皆博極古今，通達治體，曷嘗有空疏無本之學哉。明代人才輩出，而學問遠不如古。自其少時鼓篋讀書，規模次第已大失古人之意，名成年長，雖欲學而無及。間有豪儁之士，不安於固陋而思嶄焉自見者，又或採其華而棄其實，識其小而遺其大。若唐荆川、楊用修、王弇州、鄭端簡號稱博通者，可屈指數，然其去古人有間矣。崑山顧寧人先生，生長世族，少負絶異之資。潛心古學，九經諸史，略能背誦；尤留心當世之故，實録奏報，手自鈔節，經世要務，一一講求。當明末年，奮欲有所自樹而迄不得試，窮約以老。然憂天閔人之志，未嘗少衰。事關民生國命者，必窮源溯本，討論其所以然。足迹半天下，所至交其賢豪長者，考其山川風俗、疾苦利病，如指諸掌。精力絶人，無他嗜好，自少至老，未嘗一日廢書。出必載書數簏自隨，旅店少休，披尋搜討，曾無倦色。有一疑義，反覆參考，必歸於至當；有一獨見，援古證今，必暢其説而後止。當代文人才士甚多，然語學問，必斂衽推顧先生。凡制度典禮有不能明者，必質諸先生；墜文軼事有不知者，必徵諸先生。先生手畫口誦，探源竟委，人人各得其意去。天下無賢不肖，皆知先生爲通儒也。先生著書不一種，此《日知録》則其稽古有得，隨時劄記，久而類次成書者。凡經義、史學、官方、吏治、財賦、典禮、輿地、藝文之屬，一一疏通其源流，考正其謬誤。至於歎禮教之衰遲，傷風俗之頹敗，則古稱先，規切時弊，尤爲深切著明。學博而識精，理到而辭達。是書也，意惟宋、元名儒能爲之，明三百年來殆未有也。耒少從先生遊，嘗手授是書。先生没，復從其家求得手藁，較勘再三，繕寫成帙，與先生之甥刑部尚書徐公健庵、大學士徐公立齋謀刻之而未果。二公繼没，耒念是書不可以無傳，擕至閩中。年友汪悔齋贈以買山之資，舉畀建陽丞葛受箕，鳩工刻之以行世。嗚呼！先生非一世之人，此書非一世之書也。魏司馬朗復井田之議，至易代而後行。元虞集京東水利之策，至異世而見用。立言不爲一時，《録》中固已言之矣。異日有整頓民物之責者，讀是書而憬然覺悟，採用其説，見諸施行，於世道人心實非小補。如第以考據之精詳，文辭之博辨，嘆服而稱述焉，則非先生所以著此書之意也。康熙乙亥仲秋門人潘耒拜述。

清・潘耒《遂初堂文集》卷一〇《顧亭林先生六十壽序》　吾師亭林先生負名世之資，學貫天人，而遭罹厄會，崎嶇戎馬之間，顛沛岸獄之下，瀕危者數矣。卒自全，客遊二十歲，窮邊絶塞，靡險不經，而筋力不怠。

今六十矣，精明彊固，無減壯年，是先生之得於天者獨厚，故天特重困之，而又曲全之，使不躓不顛，爲剝而不盡之陽，以待七日之來復也。天心可見而不可測，莘野之耕，渭濱之釣，此天之不可必者也。著書立言，教育英材，此天之可必者也。先生亦操其可必者待之而已，吾儕又何疑焉？

先生之學邃於經術，而又洞達當世之故，其言覈而通，大而有體。要所著書，上自經籍、圖史、方輿、音律，下至名物、器數，元元本本，至精至悉，有功後學不在康成下，而浩博閎深，有過於今日所傳《文中子》之書。特年來棲棲曠野，克箱盈篚，多未成之書，又遭亂漂泊，迄無定居，四方來學者輒謝去，故其書未大顯，從遊不如昔人之多。蓋康成隱不其之山，而徧注六經，文中子歸老河汾，而門人日進。今先生轍迹幾徧天下，自茲以往，且卜築山巔水湄，買田而隱，輯其見聞，以成未完之書，亦將無辭以謝來學之士。末雖駑下，海內英賢豈無王基、崔琰、魏徵、房玄齡其人者，出而光大先生之業？是末之幸也夫，是天下之幸也夫！

清・永瑢等《四庫全書總目》卷二九《經部二十九・春秋類四》

《左傳杜解補正》三卷。通行本。國朝顧炎武撰。炎武一名絳，字寧人，崑山人。博極羣書，精於考證。國初稱學有根柢者，以炎武爲最。李光地嘗爲作《小傳》，今載《榕村集》中。

又　卷六八《史部二十四・地理類一》　《歷代帝王宅京記》二十卷。湖北巡撫採進本。國朝顧炎武撰。所録皆歷代建都之制，上起伏羲，下訖於元，仿《雍録》、《長安志》體例，備載其城郭、宮室、都邑、寺觀及建置年月、事迹。前爲《總論》二卷，後十八卷，則各按時代詳載本末。徵引詳核，考據亦頗精審。蓋地理之學，炎武素所長也。

又　卷一一九《子部二十九・雜家類三》　《日知録》三十二卷。内府藏本。國朝顧炎武撰。炎武有《左傳杜解補正》，已著録。是書前有《自記》稱：『自少讀書，有所得輒記之。其有不合，時復改定。或古人先我而有者，則遂削之。積三十餘年，乃成一編。』蓋其一生精力所注也。【略】炎武學有本原，博贍而能通貫。每一事必詳其始末，參以證佐而後筆之於書，故引據浩繁而牴牾者少，非如楊慎、焦竑諸人，偶然涉獵，得一義之異同，知其一而不知其二者。【略】惟炎武生於明末，喜談經世之務，激於時事，慨然以復古爲志，其説或迂而難行，或愎而過鋭。觀所作《音學五書後序》，至謂『聖人復起，必舉今日之音，而還之淳古。』是豈可行之事乎？

清・顧炎武《天下郡國利病書》卷首《題識》　亭林先生博學通儒，所譔述行世者皆有關於世道風俗，非僅以該洽見長。唯《天下郡國利病書》未有槧本，外間傳寫，以意分析，失其元第，然猶珍爲枕中之祕。頃蕘圃孝廉購得傳是樓舊藏本卌四冊，識是先生手迹，蠅頭小楷，密比行間，想見昔賢用心專勤，不肯假手鈔胥，故能卓然成一家言也。蕘圃其善藏之。　壬子十月廿四日，竹汀居士錢大昕題。

清・阮元《揅經室三集》卷四《顧亭林先生〈肇域志〉跋》　明末諸儒多留心經世之務，顧亭林先生所著有《天下郡國利病書》及《肇域志》，故世之推亭林者，以爲經濟勝於經史。然天下政治隨時措宜，史志縣志可變通而不可拘泥，觀《日知録》所論，已或有矯枉過中之處，若其見於設施，果百利無一弊歟？《四庫書提要》論亭林之學，經史爲長，此至論，未可爲腐儒道。此《肇域志》，稿本未成之書，其志願所規畫者甚大，而《方輿紀要》實已括之。亭林生長離亂，奔走戎馬，閱書數萬卷，手不輟録，觀此帙密行細書，無一筆率畧，始歎古人精力過人，志趣遠大，世之習科條而無學術，守章句而無經世之具者，皆未足與於此也。

清・顧炎武《肇域志》卷首《題識》　亭林先生之學，有體有用，觀其集中論生員、郡縣諸篇，洞悉時務，蓋通經足用之才也。惜乎以勝國諸生、皤皤遺老，隱居沒世已耳。使其大用，佐王者以致太平，綽乎其有餘裕；即出而旬宣四國，以經術號吏事，安知今之必異於古所云也。著書甚多，詳載《蘇州府志》中。卷帙多者有《天下郡國利病書》，然藏書家間有鈔本《肇域志》若干卷，外間流傳轉寫者，止山東布政司一屬，往在都門，曾鈔一冊，餘書遍訪無之。今許君積卿得其手録稿本二十冊，蠅頭細書，闕者北直隸及江西、四川兩布政司耳。此書未經脱稿，世間當無第二本。積卿好學深思，不爲俗儒記誦之學，宜此書爲積卿得之。余觀顧祖禹《方輿紀要》，每方必有專序，大致言其形勝阨塞，論宜都、宜據、宜守及用兵制敵得失之故；而是書之言疆域建制，殆與《方輿紀要》相表裏，至於體國經野、理財治安之道，至纖至悉，溯其沿革，陳其利害，亦經世之實書也。【略】嘉慶三年六月二十四日，歙程瑤田書後，時年七十有四。

右亭林先生《肇域志》手稿二十本，吾友德清許君周生所藏也。『此書自崇禎己卯起，先取《一統志》，後取各省府州縣志，後取《二十一史》，參互書之，凡閲志書一千餘部。本行不盡，則注之旁，旁又不盡，則别爲一集，曰「備録」。』先生之《自序》如是。蓋先生己卯秋闈放後，慨然負經世之志，作《天下郡國利病書》，凡古今治亂得失之原，民生疾苦樂利之故，釐然畢具。而是書則專記輿地，與《利病書》殊義，然所詳者郡縣沿革、山川阨塞、兵事成敗，以及賦税户口之多寡、官職、驛鋪之省置，而名勝人物不與焉。是當與《利病書》相輔以行，非《元和志》以下之僅爲地志者可擬也。虔生平篤嗜先生書，嘗作《顧氏遺書録敍》，復采其事迹，作《年譜》一卷。先生書無刻本者，必訪求之。若《宅京記》、《求古録》、《營平地名記》，見之於文瀾閣；《菰中隨筆》，見於歸安丁氏；杭州書肆則得見《利病書》；至《肇域志》，竹垞嘆其繁富而惜其散佚矣。乾隆癸丑正月，周生公車過桐城，告虔曰：『予得《肇域志》於廣南。』予聞之，欣喜忘寢食。閲四年，乃得借其書讀之。其格式與《序》所言正合，知此本爲手稿無疑，惟缺北直隸與江西、四川兩布政司。『備録』一集，當在此部内，而無從區擇之。又前無序目，蓋亦不全之稿，然其宏博浩衍，拾其餘剩，足以自雄，況部帙之豐若是乎！是書每本四十餘葉，葉三十行，行五十餘字，小如蠅頭，雄健無一率筆。每行夾縫旁注之字尤精妙。昔人見王荆公《周禮義》，筆迹如斜風細雨。嗟乎，觀是書者，可以知先生之人與學矣。先生著書至富，其最盛者曰《日知録》、《下學指南》。今《日知録》既家有其書矣，獨《下學指南》僅著録於傳是樓，求之十餘年不可得。又聞有《北平古今記》八卷，仿《三輔黄圖》之例而作者。吴、越爲藏書淵藪，以周生博聞好古，倘求而得之，其不遠千里而告我也。周生以虔習於顧氏，故屬爲之跋。希世之寶，非其人不能蓄，乃率書數語以歸之。嘉慶丁巳三月，桐城胡虔識於浙江藩署之四照樓。

此書專記地輿形勢沿革，每篇之末，間及時事，如論漕耗、備倭寇之類，與《郡國利病書》同義。《郡國利病書》傳鈔頗衆，此則先生手録初稿，采取尤富，安得好學深思者校類而傳刻之，以竟先生用世之志也。道光癸未春二月，南海吴榮光借觀於浙江按察使署之懷清堂，並識卷端。

亭林先生講求經世之學，纂《天下郡國利病書》，又爲《帝王宅京記》及《肇域志》。《宅京記》、《利病書》有傳本，惟《肇域志》不多見。乾隆五十八年，歲在癸丑，慶宗得先生手書稿本於粤東李氏，蓋李之先自吴門購歸者。中闕北直隸、江西、四川三省，存者凡二十册，册或四十餘翻，或三十餘翻，無卷帙之分。每郡縣記沿革形勢，先後錯見，蓋先生流覽諸書，隨手劄記之初稿也。後來或有所增損，别爲定本與否，不可得知。所引書自史傳、地志外，文集、説部則百餘種，蠅頭細字，無一誤筆，深謹之氣，溢於行間，使觀者神爲之斂。書雖未成，體例略具，大要主於謹嚴，不務考據，不泛援引，所詳者皆利弊得失之事。先生蓋有慨於志輿地者之華而鮮實，故作此以爲將來之法則。慶宗學識不足輔翼先生書，當以視四方君子共表揚之，庶先生苦心不致歸於泯没耳。後學德清許慶宗跋。

又《鈔〈肇域志〉記》 《肇域志》者，崑山顧亭林先生未成書也。先生玄黄之際，流離播遷，足迹幾遍天下，所過郡縣里巷，輒呼殘兵退卒、老民野客，求險隘，詧習尚，與夫時政之得失，風俗之淳漓，以其梗概，筆之於書。故先生之書，非徒博稽載籍而已。閲歷既久，貫弗於胸，以求其言之不可易，洵可貴已。【略】溧陽後學繆星遹。

勝國遺老之學之大且精，至崑山顧氏、吾姚黄氏而極。觀兩公生平出處大節，與夫斟酌王紀，審斷時事，迹雖不齊，而大指多合。今讀此書及《郡國利病書》自序，知先生經世之業，積銖贏石，至老不倦，然猶不能無望後君子之贊成，夫豈尋常載記與！【略】餘姚後學周白山跋於仁和心太平室，並書。

清・宋翔鳳《樸學齋文録》卷三《書〈鮚埼亭集・亭林先生墓表〉後》 亭林先生一生學問行詣，可以接迹孟、荀，比肩賈、董，包舉一世，牖迪後賢，其功匪細。至於運丁世故，志節皎然，則同時數君子尚有相爲輝映者。若求其立言，俱瞠乎後矣。

清・李聿求《魯之春秋》卷一三《傳第五之二・義旅二・顧絳》

外史曰：炎武嘗謂古今安得别有所謂理學者，經學即理學也。自有舍經學以言理學者，而邪説以起，不知舍經學，則其所謂理學者，禪學也。學者或疑之，然而名言也。生有至性，學究天人，故其所著之書，皆可以治天下。

清·李元度《國朝先正事略》卷二七《名儒·顧亭林先生事略》　其《日知録》三十卷，尤終身精詣之書，凡經史粹言皆具焉。自言有王者起，將以見諸行事，而躋斯世於古治之隆，而未敢爲近人道也。【略】汪鈍翁嘗言：『經學修明者，吾得顧子亭林、李子天生；内行醇備者，吾得魏子環極、梁子曰緝。』先生廣之曰：『學究天人，確乎不拔，吾不如王寅旭；讀書爲己，探賾洞微，吾不如楊雪臣；獨精《三禮》，卓然經師，吾不如張稷若；蕭然物外，自得天機，吾不如傅青主；堅苦力學，無師而成，吾不如李中孚；險阻備嘗，與時屈伸，吾不如路安卿；博聞强記，羣書之府，吾不如吳任臣；文章爾雅，宅心和厚，吾不如朱錫鬯；好學不倦，篤於朋友，吾不如王山史；精心六書，信而好古，吾不如張力臣。』

清·俞樾《春在堂雜文四編》卷五《重刻〈㶿園集〉序》　《國史·儒林傳》以顧亭林先生爲首。讀其書，篤信紫陽不爲陸、王異説所奪，則自宋以來儒者相承之嫡派也，於經史古義、注疏舊説爬羅剔抉，不遺一字，則又本朝治漢學者之先河也。至於朝章國典，吏治民風，山川形勝，閭閻疾苦，博考而詳詢之，原原本本，如示之掌，則永嘉諸儒猶有未逮。而百餘年來老師宿儒，未有講求如先生者。嗚呼！是宜爲一代儒林之冠矣。

清·鄒弢《三借廬贅譚》卷八《顧吳優劣》　吳梅村祭酒爲一代詩人，直紹唐賢之學，而身爲貳臣，名爲之殺。當時身復出仕，涕泣謂人曰：『余非負國，徒以有老母，不得不博升斗，供菽水耳。』余嘗非之。當國變之初，吳平西爲圓圓被虜，憤怒借兵復讎。祭酒作詩刺之，有『全家白骨成灰土，一代紅妝照汗青。痛哭六軍皆縞素，衝冠一怒爲紅顔』等句。作此詩時，設心未嘗不佳，及身歷其境，未能隨遇而安，乃推諉以文其詐。若謂家貧親老，則崑山顧亭林先生境非富饒，堂上亦有老親，何以數詔不起？且觀其《日知録》、《郡國利病》等書，經濟宏深，豈不肯爲世用者？先生嘗勗其甥徐立齋相國曰：『有體國經野之心，而後可以登山臨水；有濟世安民之略，而後可以考古論今。』何等抱負！勝梅村遠矣。

藝文

清·施閏章《學餘堂詩集》卷三二《顧寧人關中書至》　卜居從汗漫，作客古長安。抗志遺編在，論交直道難。輞川園裏住，華岳掌邊看。尚有家山夢，應知關塞寒。

二顧入秦，訪李天生。先是，嘗客居齊、魯間，著有《日知録》等書。舊迹滿西京，高談就友生。書曾搜孔壁，詩已變秦聲。多難餘身健，新編計日成。别來頭並白，望遠不勝情。

又　卷三六《寄顧寧人》　西泠别後興何如，五見花開音信疏。避地遠遊寒出塞，窮年獨坐夜鈔書。洞庭山好家園在，陵寢詩傳涕淚餘。此日惟君高臥得，肯同馮鋏歎無魚。

清·沈季友《檇李詩繫》卷二四《國朝·漸川老人俞汝言〈二子篇貽顧寧人李天生〉》　邊郡諸侯誰好士？雲中雁門稱第一。同開幕府向陰山，共脱貂裘禮賓客。笳鬧鼓卧烽息煙，尊罍楚楚屏箏瑟。甲朝丙夜恣探論，如石投水膠在漆。鄴下梁園彼一時，安論軒車與遺佚。就中賓客誰最奇？惟顧、朱、李無異辭。朱十自小我好友，顧、李未面神爲馳。關中博物因篤冠，操管滔滔濯江漢。劉、曹、沈、宋未足多，古詞鬱鬱星辰爛。東吳布衣顧炎武，山經星志指掌數。古文穿穴鄙夾漈，冥搜碑版考《石鼓》。好奇尚俠大略同，李詩顧筆同千古。余來雲中踰萬里，貪與諸君共抵几。誰知聚散自有時，南北東西不並屣。李生貽我《懷古篇》，朱生書尺嘗蟬連。遊燕幸與顧子俱，我出顧入無後先。均是山澤姿，並爲諸侯友。記程未嘗隔千里，片席劇談竟何有。乃知造物甚相忌，合并從容亦難偶。只今幕府一時歇，散去燕吳與秦粤。此生寧有聚首期，各自孤眠對秋月。不爾單父與吹臺，高李杜陵俱異才。嘯歌今昔乾坤開，英雄奚必非蒿萊。二子相見定有日，麟遊鳳舞何時哉！

清·陳廷敬《午亭文編》卷一七《讀顧亭林先生〈日知録〉是潘次耕刻于閩中者卻贈》　遺文編舊録，製述繼吾徒。詩樂吳公子，風騷楚大夫。閒情窮海嶠，清論滿江湖。萬里山川路，離情似昔無。

清·石韞玉《獨學廬四稿》卷一《池上集一·題顧亭林先生遺像卷》

勝國留遺老，先民念古歡。著書閒歲月，入畫古衣冠。世偶逢憂患，心常在治安。一生籌郡國，遺草尚業殘。問訊公超市，山阿久寂寥。心期千載遠，足迹九州遥。豹隱寧忘變，鴻飛不可招。河汾門下士，將相滿興朝。興廢天心定，行藏士節堅。管寧聊避地，萇叔敢違天。瓠史存先進，楹書付後賢。一編《日知録》，絶筆蓋棺年。莽莽千墩野，荒邱宿草中。鶴歸華表在，蜨化夢魂通。有後仍貽穀，無官亦教忠。他時兩楹下，或與仲淹同。

清・陳文述《頤道堂詩選》卷一三《題顧亭林先生像》　一代遺民録，千秋王佐才。管寧浮海去，伏勝授經來。忠孝平生志，滄桑故國哀。卽今圖畫裏，冰雪仰風裁。

清・宋翔鳳《憶山堂詩録》卷三《題周中孚〈亭林先生年譜〉後》

甲子曾題古歲名，遺民風節挹還清。繙君一卷旁行譜，增我高山仰止情。亭林先生一代遺民，舊君故國之思溢于文詞，故其書古甲子及古地名，可以知其苦心，非好奇也。

清・葉名澧《敦夙好齋詩全集初編》卷四《鴈門集・訪顧亭林先生故居》　吳苑論耆舊，如君蓋世賢。關山窮轍迹，著作送餘年。經緯鴻儒業，興亡《肇域》篇。卜居曾此地，蔓草問荒椽。

清・譚宗浚《荔村草堂詩鈔》卷一〇《僦屋集・顧亭林先生祠》

幾社浮華後，談經挺此人。河汾耽著述，角里託沈淪。夙負權奇計，兼全困辱身。里堂雖善諍，終不掩瑜珉。焦里堂《郡縣議》謂：亭林得行其志，其害甚於王安石。斯誠至言，然不足爲亭林病也。

清・皮錫瑞《師伏堂詩草》卷二《讀顧亭林先生詩》　歸昌振奇律，不以文章名。洪鐘合鈞天，難爲靡曼聲。先生秉高節，曠世始一鳴。雅抱在三代，遥懷託東京。雄略不一試，晚節猶西行。關門辨氣紫，陵樹哭冬青。感時杜老歎，望闕騷人情。流落泰山芒，振掉碧海鯨。辭高絶虚僞，義激仍和平。永懷大雅作，彌念遺風清。

清・陳作霖《可園文存》卷一六《祝文・顧亭林先生祠祝文》　蓋聞文翁石室，揚先哲之清芬；陶令柴桑，抗逸民之介節。惟先生江東絶學，勝國孤忠，步武三仁，儀型百世，挺松筠之操，極禾黍之悲。滄海横流，精衛之填何及？蜀天萬里，杜鵑之拜徒勞。過京邑而眷懷，下六謁思陵之淚；辭徵書而辟地，高不事異姓之心。至於抗志聖賢，垂情典籍，宗横渠、藍田之教，以禮爲先；關上蔡、象山之歧，與禪相近。九州俗別，成郡國利病之書；八類音分，正唐宋沿譌之韻。網羅今古，考證山川，通經濟、性理爲一家，判器識、藝文爲二致。固不獨守先待後，《日知録》集其大成；餘澤流風，蔣山傭署其別號已也。兹者山河無恙，正朔久更，國史冠以儒林，慈仁肇其禋祀。謹揀吉日，敬薦瓣香。嗚呼！祠築治城，采鰲之衷如見；堂瞻山史，化蟫之願常存。斯文在兹，後進所仰。

雜録

清・穆彰阿等《嘉慶重修一統志》卷八一《蘇州府五・人物・本朝》

顧炎武，崑山人，貢生。篤志古學，邃於經史，足迹半天下。流覽山川風俗，考覈得失利病，上下今古，成一家言。有《日知録》、《音學五書》、《天下郡國利病書》，卷帙最富者爲《肇域志》，惜其書散佚不存。

清・吳振棫《養吉齋餘録》卷九　顧亭林先生博極今古，每往來道路，載書滿車，朝夕讀不輟。其少時以春夏温經，請文學中聲音鴻鬯者四人，設左右座，置注疏本於前。先生居中，其前亦置經本，使一人誦而己聽之。遇有字句不同，或偶忘者，詳問而辨論之。讀二十紙易一人，四人周而復始。計一日温書二百紙，《十三經》畢，則温《三史》，或《南》、《北史》。故先生之學，習熟而不遺纖悉如此。

王夫之分部

傳記

清・金陵書局《船山遺書》卷首《王敔〈薑齋公行述〉》　先子船山府君，諱夫之，字而農，號薑齋，中歲稱一瓠道人，更名壺，晚歲仍用舊名。居於湘西蒸左之石船山，自爲之記，蒸湘人士莫傳其學，間有就而問字者，稱爲船山先生。所評選有漢魏六朝詩一帙，四唐詩一帙，古文一帙，緒論一帙，皆駁時尚而辨僞體，名曰《夕堂永日》。人士之贈答者，又稱夕堂先生焉。

王氏系出太原。元至正以前，失譜不詳。十一世祖諱仲一，揚州高郵人，從明太祖定天下，以功授千户。生輕車公諱成，永樂初以翊戴功升衡州衛指揮同知，遂籍於衡陽。七世祖護軍公諱綱，從都御史秦公金平郴、韶賊，以功晉驃騎將軍上護軍。王父徵君諱朝聘，字修侯，以天啓辛酉副榜授迪功郎，棄官隱居，受學於邑大儒伍學父先生定相，究極天性物理，以武夷爲朱子會心之地，志游焉以題書壁，學者稱武夷先生。祖母譚孺人。

府君生於萬曆四十七年己未九月初一日子時。年十四，督學王聞修先生志堅拔入學。其後寧波水向若先生佳允，崑山王澄川先生永祚，皆鑒識首拔。崇禎十五年壬午，以《春秋》魁與伯父石崖先生同登鄉榜。大主考爲太史吉水郭公之祥，副主考諫議大興孫公承澤，房師則安福歐陽方然先生介也。華亭章公曠，江門蔡公道憲，是科俱爲分考，時國勢漸不可支，出場後遂引爲知己，以志節相砥礪。是冬上計偕，行至南昌，道梗，歐陽先生諭以歸養。明年癸未，張獻忠陷武昌，遞陷衡州，紳士多反面納款；其不降者，賊投之湘水。府君匿南嶽雙髻峯，徵君爲僞吏所得，挾質以召伯父與府君。徵君迫欲自裁，府君哀窘，匿伯父，自刺身作重創，傅以毒藥，舁至賊所。賊不能屈，得免於難，復匿嶽峯。

甲申五月，聞北都之變，數日不食，作《悲憤詩》一百韻，吟已輒哭。後自乙酉、丙戌至壬寅，同原韻凡四續焉。

乙酉以還，走入永興，將入猺峒，以徵君病，不能往。明年丙戌，湖廣兵烽塞野，大旱赤地。是時督師黎平何公屯湖南，宜興堵公屯湖北，而李自成死九宫山，餘黨降附，號忠貞營。二公安置無術，南北不協。府君知湖上之敗必繇此，走湘陰，上書於司馬章文毅公，指畫兵食，且諫其調和二公，以防互潰。公報以本無異同，不必過慮。府君含默而退。已而堵公辟檄雨及，府君臥耒陽不往。其後喪敗相仍，何堵二公前後俱以殉節，章公亦憂憤而卒。

永曆元年丁亥，今皇清之順治四年也。是歲冬十有一月，王父徵君棄世。府君哀毁以終大事，營葬嶽後，塋兆既成，旦夕悲號，膺難西走。留守瞿公式耜疏薦之。府君疏乞終喪，得旨云：『具見孝思，足徵恬品。著服闋另議。』已而歎曰：『此非嚴光魏野時也。違母遠出，以君爲命，死生以爾。』服闋，就行人司行人介子之職。

時粤僅一隅，而國命所係，則瞿公與少傅嚴公實砥柱焉。紀綱大壞，驕帥外訌，宦倖内恣，視宏隆朝之亡轍而更甚。科臣金公堡、袁公彭年、丁公時魁、劉公湘客、蒙公正發主持振刷，而内閣王化澄、悍帥陳邦傅、内豎夏國祥等交害之，指爲五虎，廷杖下獄，將置之死。府君走訴嚴公：『諸君棄墳墓，捐妻子，從王於刀劍之下，而黨人假不測威而殺之，則君臣義絶而三綱斁，雖欲效南宋之亡，明白慷慨，誰與共之？』勸公匍匐求貸。時緹騎掠諸君舟，僕妾驚泣，府君正色責之而止。其後五君以嚴公力得不死，而黨人雷德復誣參嚴公。府君抗疏指陳王、雷悮國，疏凡三上。嚴公雖留，而志不得伸。黨人吴貞毓、萬翺且陷府君於不測。府君憤激咯血，因求解職。時有忠貞營降帥高必正慕義營救之，乃得給假。高必正者，原名一功，闖賊所謂制將軍者是也。府君以其人國讎也，不以私恩釋憤。自此隨地託迹，或在浯，或在郴，或在耒，或在晉寧，或在漣邵。所寓之處，人士俱極依慕。府君不久留，輒辭去。最後自嶽陰遷船山，築土室名觀生居，遂以地之僻而久藏焉。

至於守正道以屏邪説，則參伍於濂、洛、關、閩，以闢象山、陽明之謬，斥錢、王、羅、李之妄，作《思問録内外篇》，明人道以爲實學，欲盡廢古今虚妙之説而返之實。自潛修以來，啓甕牖，秉孤燈，讀十三經、廿一史及張、朱遺書，玩索研究，雖饑寒交迫，生死當前而不變。迄於暮年，體羸多病，腕不勝硯，指不勝筆，猶時置楮墨於臥榻之旁，力疾而纂註。顔於堂曰：『六經責我開生面，七尺從天乞活埋。』於《四書》及《易》、《詩》、《書》、《春秋》，各有《稗疏》，悉考訂草木魚蟲山川器服，以及制度同異、字句參差，爲前賢所疏略者。蓋府君自少喜從人間問四方事，至於江山險要，士馬食貨，典制沿革，皆極意研究。讀史讀註疏，於書志年表，考駁同異。人之所忽，必詳慎搜閲之，而更以聞見證之，以是參駁古今，共成若干卷。至於敷宣精義，羽翼微言，《四書》則有《讀大全説》、《詳解》、《授義》；《周易》則有《内傳》、《外傳》、《大象解》；《詩》則有《廣傳》；《尚書》則有《引義》；《春秋》則有《世論》、《家説》；《左傳》則有《續博議》；《禮記》則謂陳氏之書應科舉者也，更爲《章句》，其中《大學》、《中庸》則仍朱子《章句》而衍之。末年作《讀通鑑論》三十卷，《宋論》十五卷，以上下古今興亡得失之故，制作輕重之原。諸種卷帙繁重，一一皆楷書手録。貧無書籍紙筆，多假之故人門生，書成因以授之，其藏於家與子孫言者無幾焉。又以文章之變化莫妙於《南華》，詞賦之源流莫高於屈宋，《南華》去其《外篇》《雜篇》訶斥聖門之譌妄，屈子以哀怨沈湘，抱今古忠貞之慟，其隱情莫有傳者，因俱爲之註，名曰《莊子注》、《楚辭通釋》。又謂張子之學切實高明，《正蒙》一書，人莫能讀，因詳釋其義，與《思問録内外編》互相發明。此府君自辛卯迄辛未，四十年賫志不懟，用力不懈，嘗自署其槧，以爲『吾生有事』者也。其他則《淮南子》有旁注，《呂覽》有釋，劉復愚有評，李杜詩有評，《近思録》有釋，皆發從來之所未及，而衷訂其旨。

維時長嘯一室，作《祓禊賦》曰：『謂今日兮令辰，翔芳皋兮蘭津。羌有事兮江干，疇憑兹兮不歡。思芳春兮迢遥，誰與娱兮今朝。意不屬兮情不生，予躊躇兮倚空山而蕭清。閿山中兮無人，蹇誰將兮望春？』又《山樓雨詩》曰：『江城二月催寒雨，山客三更夢嶺雲。青鏡分明知鶴髮，寶刀疇昔偃龍文。援毫猶記趨南史，誓墓還誰起右軍。飛烏雲邊隨去住，清猿無事憶離羣。』時值華亭章司馬次子有謨南遊阻道，府君延入，晝共食蕨，夜共然藜，以所注《禮記》授之，夜談至鷄鳴爲常。游兵之爲盜者竊聽而異之，相戒無犯焉。

年七十三，久病喘嗽，而吟誦不輟。次年元旦，尚衣冠謁家廟。二日清晨，起坐不懌，指先祖徵君行狀、墓銘付長孫生若曰：『汝慎藏之。』日謂敔曰：『勿爲吾立私謚也。』良久，命整衾。時方辰，遂就簀，正衾甫畢而逝，享壽七十有四。遺命禁用僧道。自題遺像曰：『把鏡相看認不來，問人云此是薑齋。龜於朽後隨人卜，夢未圓時莫浪猜。誰筆仗，此形骸，閒愁輸汝兩眉開。鉛華未落君還在，我自從天乞活埋。』其銘末句云：『幸全歸於兹邱，固銜恤以永世。』

哀哉！府君之逝，今十有四年矣。值聖朝之寛大，蒙太史之採風，不孝敔伊蔚虚生，采薇不似，於志敻不可企，於學茫無所窺，哀述梗概，稍次本末，仰乞大君子於俗論之不亟取者而取之，於人間之不欲傳者而傳之，曷勝匍匐哀悚以待。男敔述。

又 《潘宗洛〈船山先生傳〉》 船山先生姓王氏，諱夫之，字而農，别號薑齋，故明之遺臣，我朝之逸民也。明既亡，先生隱於湘西蒸左之石船山，學者稱船山先生云。其先世本揚州之高郵人。明永樂初官衡州衛，遂爲衡州之衡陽人，世以軍功顯。及武夷，始以文學知名，中天啓辛酉副榜。先生卽武夷公之季子也。

先生穎悟過人，讀書十行俱下，一字不遺。年二十四，與兄介之同應崇禎壬午科湖廣鄉試，俱獲雋焉。以道梗，不赴會試。越明年癸未，流賊張獻忠陷衡州，紳士降者以偽官官之，不降者縛而投諸湘水。先生走匿南岳雙髻峯下，賊執質其父以招之，先生自刺肢體，創甚，舁往易父。賊見其創也，亦免之，父子俱得脱。復走匿雙髻峯下。

甲申，闖賊破北京，明懷宗殉社稷。先生聞之，涕泣不食者數日，作《悲憤詩》。

乙酉，我師下南京。當是時，我朝既得兩京，天下大勢，雲集響應。而故明之藩封庶孽，奔竄於湖湘滇黔粤閩間者，往往始稱監國，繼假位號，以恢復爲名。先生少遭喪亂，未見柄用，及明之亡也，顧念累朝養士之恩，痛憫宗社覆亡之禍，誠知時勢已去，獨慨然出而圖之，奮不顧身，其志可悲也已。

明藩稱隆武年號者，使其督師何騰蛟屯湖南，制相堵允錫屯湖北。楚省兵燹塞野，加以大旱，赤地千里。而逆闖李自成既斃於九宫山，餘黨降者，號爲忠貞營，蹂躪潛、漢，有岌岌之勢。堵、何兩公措置無術，而又不相能。先生憂其將敗，亟走湘陰，上書於司馬章曠，指畫兵食，請調和南北，以防潰變。章司馬報曰：『本無異同，不必過慮。』先生默而退。卒之賊勢猖獗，司馬以憂憤卒，堵、何兩公遘閔凶，而勢不可爲矣。

丁亥，我師下湖南。先生時丁父艱，營葬畢，西走桂林。大學士瞿式耜特疏薦先生，先生請終制。既服闋，歎曰：『此非嚴光高蹈時也。』卽起就行人司行人。是時粤中國命所係，則瞿式耜與其少傅嚴起恒；而姦邪巨魁則内閣王化澄、悍帥陳邦傅、内豎夏國祥也。桂藩駐肇慶，紀綱大壞。給諫金堡、丁時魁、劉湘客、袁彭年、蒙正發志在振刷，王化澄等害之，目爲『五虎』，交煽中宮，逮獄，將置之死。先生約中舍管嗣裘，與俱告嚴起恒曰：『諸君棄墳墓，捐妻子，從王於刀劍之中，而黨人殺之，則志士解體，雖欲效趙氏之亡，明白慷慨，誰與共之者？』起恒感其言，爲力請於廷。化澄之黨參起恒，先生亦三上疏，參化澄結奸誤國。化澄恚甚，必欲殺之，其黨競致力焉。會有降帥高必正者救之，得不死，亦不往謝也。返桂林，復依瞿式耜。聞母病，間道歸衡，至則母已歿。其後瞿式耜殉節於桂林，嚴起恒受害於南寧。先生知勢愈不可爲，遂決計林泉矣。

初，桂藩議封孫可望爲秦王，嚴起恒力阻之。可望戕起恒，專執威柄。越數年，可望分李定國入粵，遂入衡，招先生。先生不往，作《章靈賦》。

壬寅，聞緬甸之變，明之藩封庶孽稱監國、假位號者，於是乎殄盡。先生遂浪游於浯溪、郴州、耒陽、晉寧、漣邵之間。凡所至期月，人士慕從者衆，輒辭去。最後歸游石船山，以其地瘠而僻，遂自嶽陰遷焉。築土室，名曰觀生居，晨夕著書，蕭然自得。作《讀四書大全説》、《周易內傳》、《外傳》、《大象解》、《詩廣傳》、《尚書引義》、《春秋世論》、《家説》、《左氏傳續博議》、《禮記章句》，并諸經《稗疏》各若干卷。又作《讀通鑑論》三十卷、《宋論》十五卷，以上下古今興亡得失之故，制作輕重倚伏之原。又謂張子之學切實高明，作《正蒙釋義》、《思問録內外篇》，互相發明，以闡天人性命之旨，別理學真僞之微。又以文章莫妙於《南華》，詞賦莫高於屈宋，故於《莊》、《騷》尤流連往復，作《莊子解》、《莊子通》、《楚詞通釋》。又著《搔首問》、《俟解》、《噩夢》各種，及自定詩集、評選古今詩、《夕堂永日緒論》，注釋《老子》、《呂覽》、《淮南》各若干卷。自明統絶祀，先生著書凡四十年而終。

先生之未没也，盛名爲湖南之冠。戊午春，吴逆僭號於衡，僞僚有以勸進表屬先生者。先生曰：『某本亡國遺臣，扶傾無力，抱憾天壤。國破以來，苟且食息，偷活人間，不祥極矣。今汝亦安用此不祥之人爲？』遂逃之深山，作《祓禊賦》。吴逆既平，我大中丞鄭氏端聞而嘉之，屬郡守崔某餽粟帛請見。先生以病辭，受其粟，返其帛。未幾，卒於石船山，葬於大樂山高節里。自題其墓曰：『明遺臣王夫之之墓』。自銘曰：『抱劉越石之孤忠而命無從致，希張横渠之正學而力不能企。幸全歸於茲邱，固銜恤以永世。』嗚呼，先生之志可悲也！

先生子二人，曰攽，曰敔。敔字虎止，游於吾門，蓋能紹先生之家學者。余不及見先生，慕先生之高節，欲盡讀其書。敔曰：『先人家貧，筆札多取給於故友及門人，書成，因以授之，藏於家者無幾焉。』余所得見於敔者，《思問録》、《正蒙注》、《莊子解》、《楚辭通釋》而已。

贊曰：明之支藩，播遷海澨，先生非不知其無能爲也，猶間關跋涉，發讜論，攻憸邪。終擯不用，隱而著書，其志有足悲者。以先生之才，際我朝之興，改而圖仕，何患不達？而乃終老於船山，此所謂前明之遺臣者乎！及三桂之亂，不屑勸進，抑又可謂我朝之貞士也哉！鄭中丞聞之而加禮焉，有以也。康熙己酉八月既望，提督湖廣學政翰林院檢討宜興潘宗洛撰。

清・余廷燦《存吾文稿・王夫之先生傳》 先生姓王氏，名夫之，字而農，號薑齋，先世本揚州高郵人，明永樂初有官衡州衛者，遂爲衡州衡陽人，家世以軍功顯。父字武夷，始以文學知名，中天啓辛酉副榜，先生卽其季子也。明既亡，隱於湘西之石船山，學者稱船山先生。

先生少負雋才，讀書十行俱下，一字不遺。年二十四，與其兄介之同舉崇禎壬午鄉試。以道梗不赴會試。明年，張獻忠陷衡州，設僞官招降士紳。其不屈者，縛而投諸湘江。先生走匿南嶽雙髻峯下，賊執其父以爲質，先生引刀自刺其肢體，舁往易父。賊見其徧創也，免之，父子俱得脱。

甲申，李自成陷北京，懷宗徇社稷，先生涕泣不食者數日，作《悲憤詩》。

乙酉，我師下金陵。當是時，我朝既得兩京，天下雲集響應。而明之藩封庶孽，奔竄於湖湘滇黔粵閩間者，往往始稱監國，既假位號，以恢復爲名。先生少遭喪亂，未見柄用，及是顧念累朝養士深恩，痛憫宗社顛覆，誠知時勢萬不可爲，猶且奮不顧身，慨然一出而圖之。明藩有稱隆武年號者，使其督師何騰蛟屯湖南，制相堵允錫屯湖北。兩湖兵燹塞野，又歲大旱。時李自成死於九宮山，餘黨降者號爲忠貞營，尚復蹂躪潛、漢間，洶洶有反側之勢。堵、何兩人本措置無術，又相持不相能。先生憂其必敗也，亟上書於司馬章曠，請調和南北兩軍，以防潰變。司馬不聽，先生默而退。卒之賊黨猖獗，司馬以憂憤死，堵、何二人遘閔凶，而勢不可支矣。

丁亥，我師下湖南，先生南走桂林。大學士瞿式耜用疏特薦，先生以丁父憂請終制。既服闋，即起就行人司行人。是時桂藩駐肇慶，國命所係，則瞿式耜與其少傅嚴起恒，然紀綱已大壞。獨給諫金堡、丁時魁、劉湘客、袁彭年、蒙正發五人者，志在振刷，而内閣王化澄、悍帥陳邦傅、内豎夏國祥等爲奸邪巨魁，深嫉此五人，目爲宫庭『五虎』，逮繫獄中，將置之死。先生約中舍管嗣裘走告嚴起恒曰：『諸君棄墳墓，捐妻子，壹意從王於刀劍中，而黨人殺之，則志士解體，雖欲效趙氏之明白慷慨以亡國，誰與共亡者？』起恒感其言，力請於廷。化澄黨參起恒，先生亦三上疏參化澄。化澄恚甚，必欲殺先生。會有降帥高必正者救之，得不死。返桂林，復依瞿式耜。聞母病，間道歸衡，至則母已歿。其後瞿式耜殉節於桂林，嚴起恒受害於南寧。先生知勢愈不可爲，遂決計老牖下矣。

壬寅，聞緬甸亦覆没，明之藩封庶孽稱監國、假位號者，至此殄盡，先生遂浪游於浯溪、郴州、耒陽、晉寧、漣邵間，所至人士慕從者輒益衆，先生輒辭去。最後歸衡陽之石船山，築土室，名曰觀生居，晨夕杜門，蕭然自得。乃著《四書讀大全説》、《周易内傳》、《外傳》、《大象解》、《詩廣傳》、《尚書引義》、《春秋世論》、《家説》、《左氏傳續博議》、《禮記章句》，并諸經《稗疏》各若干卷。作《通鑑論》三十卷、《宋論》十五卷，《莊子解》、《莊子通》、《楚詞通釋》、《搔首問》、《俟解》、《噩夢》各種。又注釋《老子》、《吕覽》、《淮南》，評選古今詩，各若干卷。

自明統絶祀，先生著書凡四十年。其學深博無涯涘，而原本淵源，尤神契《正蒙》一書，於清虚一大之旨，陰陽法象之狀，往來原反之故，靡不有以顯微抉幽，晰其奥窔。【略】

戊午春，吴逆僭號於衡，僞僚有以勸進表相屬者。先生曰：『某本亡國遺臣，所欠一死耳。今汝亦安用此不祥之人哉！』遂逃入深山，作《祓禊賦》。吴逆既平，湖南中丞鄭公端聞而嘉之，屬郡守某餽粟帛請見。先生以病辭，受其粟，反其帛。未幾，卒於石船山，葬大樂山之高節里。自題其墓曰：『明遺臣王夫之之墓』。自銘曰：『抱劉越石之孤忠而命無從致，希張横渠之正學而力不能企。幸全歸於茲邱，固銜恤以永世。』

子二人：攽、敔。敔字虎止，能紹其家學者。先生家故貧，著書筆札多取給於故友及門人家，書成因以授之，不自收拾，藏於家者蓋無幾焉。

贊曰：先生可謂篤信好學、蒙難而能正其志者。方明之亡，先生非不知事不可爲。然且窮老盡氣，奔竄於荒巖絶徼間，發讜論，攻憸邪，終擯不用，而始隱伏著書，其志可哀也矣。若横渠以《禮》爲堂，以《易》爲室，所稱四先生之學，柱立不祧者；而著《正蒙》一書，尤窮天地之奥，達性命之原，反經精義，存神達化，朱子亦謂其廣大精深，未易窺測。先生究察於天人之故，通乎晝夜幽明之原，即是書暢演精繹，與自著《思問録》内外二篇，皆本隱之顯，原始要終，朗然如揭日月。至其扶樹道教，剖析數千年學術源流分合同異，《自序》中羅羅指掌，尤可想見先生素業。雖其逃名用晦，遯迹知稀，從游蓋寡，而視真西山、魏了翁以降，姚、許、歐、吴諸名儒，僅僅拾雒、閩之糟粕以稱理學，其立志存心，淺深本末相距何如也？學使宜興潘太史宗洛稱先生爲『前明之遺臣，我朝之貞士』，是固然已。而其立文苑儒林之極，闡微言絶學之傳，則又有待於後之推闡先生者矣。

論説

清·永瑢等《四庫全書總目》卷六《經部六·易類六》

《周易稗疏》四卷附《考異》一卷。湖南巡撫採進本。國朝王夫之撰。夫之字而農，號薑齋，漢陽人。前明舉人。是編乃其讀《易》之時，隨筆劄記，故每條但舉經文數字標目，不全載經文。又遇有疑義，乃爲考辨，故不逐卦逐爻一一盡爲之説。大旨不信陳摶之學，亦不信京房之術，於先天諸圖、緯書雜説皆排之甚力，而亦不空談玄妙，附合《老》、《莊》之旨。故言必徵實，義必切理，於近時説《易》之家，爲最有根據。

又　卷三一《經部三十一·春秋類存目二》

《春秋家説》三卷。湖南巡撫採進本。國朝王夫之撰。夫之有《周易稗疏》，已著録。是書前有《自序》，稱大義受於其父，故以《家説》爲名。其攻駮胡《傳》之失，往往中理，而亦好爲高論，不顧其安，其弊乃與胡《傳》等。如文姜之與於弑，夫之謂不討則不免於忘父，討之則不免於殺母，爲莊公者惟有一死，而别立桓公之庶子，庶子可以申文姜之誅。不知子固無殺母之理，卽桓之庶子，亦豈有殺嫡母之理？視生母爲母而視嫡母爲非母，此末俗至薄之見，可引以斷經義乎？閔公之弑，夫之謂當歸獄於慶父，不當歸獄於哀姜。哀姜以母戕子，與文姜不同，不得以人爵壓天倫。此亦牽於俗情，以常人立論，不知作亂於國家，卽爲得罪於宗廟。唐武后以母廢中宗，天下譁然而思討，君子不以爲非，彼獨非母子乎？首止之會，定王世子，所以消亂端於未萌。世子非不當立，則不得謂之謀位；諸侯非奉所不當奉，則不得謂之要挾。夫之必責以伯夷、叔齊之事，則張良之羽翼惠帝，何以君子不罪之乎？如此之類，皆以私情害大義。其他亦多詞勝於意，全如論體，非説經之正軌。至於桓公元年，無端而論及人君改元宜建年號之類，連篇累牘，横生支節，於《春秋》更無關矣。

清·唐鑑《學案小識》卷三《翼道學案·衡陽王先生》　衡陽王先生，諱夫之，字而農，號薑齋。明崇禎舉人。明亡，隱於湘西蒸左之石船山，學者稱船山先生云。先生理究天人，事通今古，探道德性命之原，明得喪興亡之故，流連顛沛而不違其仁，險阻艱難而不失其正。窮居四十餘年，身足以礪金石；著書三百餘卷，言足以名山川。遁迹自甘，立心恒苦；寄懷彌遠，見性愈真。奸邪莫之能攖，渠逆莫之能懾，嶔崎莫之能躓，空乏莫之能窮。先生之道可以奮乎百世矣！其爲學也，由關而洛而閩，力詆殊途，歸宿正軌。【略】

先生通訓詁、名物、象數，辨覈精詳，而又涉獵釋、老、莊、列之中，知其所以亂道者，抉其伏而抵其瑕，於《易外傳》中往往見之。先生之著書也，大抵爲人心之衰，世道之遞，學術之不明也。汪洋浩瀚，烟雨迷離，以緜邈曠遠之詞，寫沈菀隱幽之志，激而不盡其欲言，婉而不失其所宜語。蓋胸中了，蘊蓄深，而腕下之樞機密也。斯其爲有道君子乎！

清·王夫之《船山遺書》卷首《曾國藩〈船山遺書序〉》　王船山先生遺書，同治四年十月刻竣，凡三百二十二卷。國藩校閲者，《禮記章句》四十九卷，《張子正蒙注》九卷，《讀通鑑論》三十卷，《宋論》十五卷，《四書》、《易》、《詩》、《春秋》諸經《稗疏》、《考異》十四卷，訂正譌脱百七十餘事。軍中鮮暇，不克細紬全編。乃爲序曰：

昔仲尼好語求仁，而雅言執禮；孟氏亦仁、禮並稱。蓋聖王所以平物我之情，而息天下之争，内之莫外於仁，外之莫急於禮。自孔孟在時，老莊已鄙棄禮教，楊墨之指不同，而同於賊仁。厥後衆流歧出，載籍焚燒，微言中絶，人紀紊焉。漢儒掇拾遺經，小戴氏乃作《記》以存禮於什一。又千餘年，宋儒遠承墜緒，横渠張氏乃作《正蒙》，以討論爲仁之方。船山先生注《正蒙》數萬言，注《禮記》數十萬言，幽以究民物之同原，顯以綱維萬事，弭世亂於未形，其於古者明體達用、盈科後進之旨，往往近之。先生名夫之，字而農，以崇禎十五年舉於鄉，目覩是時朝政刻覈無親，而士大夫又馳騖聲氣，東林、復社之徒，樹黨伐仇，頹俗日敝。故其書中黜申韓之術，嫉朋黨之風，長言三歎而未有已。既一仕桂藩爲行人司行人，知事終不可爲，乃匿迹永、郴、衡、卲之間，終老於湘西之石船山。聖清大定，訪求隱逸，鴻博之士，次第登進。雖顧亭林、李二曲輩之艱貞，徵聘尚不絶於廬。獨先生深閟固藏，邈焉無與。平生痛詆黨人標榜之習，不欲身隱而文著，來反脣之訕笑。用是其身長遯，其名寂寂，其學亦竟不顯於世。荒山敝榻，終歲孳孳，以求所謂育物之仁、經邦之禮，窮探極論，千變而不離其宗，曠百世不見知而無所於悔。先生殁後，巨儒迭興。或攻良知捷獲之説；或辨《易圖》之鑿；或詳考名物、訓詁、音韻，正《詩集傳》之疏；或修補《三禮》時享之儀，號爲卓絶。先生皆已發之於前，與後賢若合符契。雖其著述太繁，醇駁互見，然固可謂博文約禮、命世獨立之君子已。

清·吴廷棟《拙修集》卷九《與方存之書》　所論王船山先生《通鑑論》，某知之既深，命爲一文以明之。某未嘗無此意，然不敢輕易下筆者，實亦有故。請俟之他日，再出一語以請教可耳。蓋船山先生直是遁世無悶、獨立不懼之學，其獨往獨來之氣，真能推倒一時，開拓萬古。追踪横渠，而深契程朱心源，又博極羣書，不遺細微，每因一事一言而隱探道要。但震於其議論之奇闢，視同武王非聖人之論，粗矣。卽謂其身經國變，借古人以攄忠憤而涉於偏，亦猶淺也。非得程朱之心源，固不能得其立論之根柢；非溯程朱之心源，卽不能折衷其用意之離合。某雖讀此一種，偶有所窺，然未能盡讀其所讀之書，并盡玩其所著之書，率爾持論，不足以舉其全量。卽於此一書，先難舉其全量矣。此下筆之難也。

清・郭嵩燾《郭嵩燾奏稿・請以王夫之從祀文廟疏》　我朝經學昌明，遠勝前代，而闇然自修，精深博大，罕有能及衡陽王夫之者。夫之爲明舉人，篤守程朱，任道甚勇。值明季之亂，隱居著書。康熙時，學臣潘耒進呈其書，曰《周易稗疏》，曰《書經稗疏》，曰《書經引義》，曰《詩經稗疏》，曰《春秋稗疏》，曰《春秋家説》，皆採入《四庫全書》。《國史儒林列傳》稱其神契張載《正蒙》之説，演爲《思問録》内外二篇，所著經説，言必徵實，義必切理，持論明通，確有據依，亦可想見其學之深邃。而其他經史論説數十種，未經採取甚多。其尤精者《周易内傳》、《讀四書大全》，實能窺見聖賢之用心而發明其精蘊，足補朱子之義所未備。生平踐履篤實，造次必依禮法，發强剛毅，大節懔然。張獻忠據衡州，聞夫之積學高行，索之甚急，踪迹得其父爲質。夫之引刀毁割肢體幾遍，舁往易父。獻忠見其創甚，釋之，父子皆得脱。更莅吴三桂之亂，避地深山，流離轉徙，讀書講道，未嘗暫輟，卒能潔身自全。艱貞之節，純實之操，一由其讀書養氣之功，涵養體驗，深造自得，動合經權。尤於陸王學術之辨，析之至精，防之至嚴，卓然一出於正，惟以扶世翼教爲心。

藝文

清・熊少牧《讀書延年堂詩文鈔》卷三〇《讀王船山先生遺書》

石船山下碩人薖，老抱羣經破硯磨。禾黍殘畺餘涕淚，蕨薇高節託詩歌。漫勞束帛徵書促，且喜囊琴道侶過。一代孤忠兼正學，更期遺槀徧搜羅。

清・易佩紳《函樓詩鈔》卷六《游方廣追懷王船山先生》　高處躡祝融，深處尋方廣。筍輿似雲鶴，駕我忽來往。蓮華渺千仞，遥睨不可上。既上復下折，中乃羅萬象。八峯抱一寺，一澗穿平壤。外觀驚奥邃，誰能測閎敞。緬懷船山翁，時晦此遵養。與嶽同高深，鍾毓信無爽。艱貞得奇福，來者空景仰。石臥泉自流，荒臺戀餘響。

清・皮錫瑞《師伏堂詩草》卷二《讀王船山先生詩》　芷蘭歌湘江，黯淡騷人國。淵微振風詩，幽異起古色。先生王佐才，非時困荆棘。卓識睨千古，創論恢萬億。微吟獨和平，依永自沈默。愔愔德人語，賢者固不測。餘篇或恢詭，光采難更匿。荒唐山鬼歌，悽麗湘靈瑟。石室今猶存，斯才豈重得？高詠五言句，遥懷百代則。

清・羅汝懷《研華館詞》卷一《喜遷鶯》　東鄒叔績，時寓王半溪宅校刻《船山遺書》。

緑楊千樹，任牢繫愁絲，難羈春住。水滿芳塘，煖添閒館，又過一天飛絮。兩載相思不見，顔色祗應如故。狀何似，料丹鉛歇手，春愁爭赴。誰訴？看滿園網户蛛絲，罥落紅無數。時事關心，前塵回首，都是六州金錯。可是遺書勘罷，更有傷春新句？諒猶記，趁寒雅幾點，城南閒步。

長楊空賦，便雄似相如，祗同冰霧。五鳳齊飛，八騶前導，何似趁波鷗鷺。漫效東山捉鼻，詎假留侯前箸。但與子，共秦聲楚舞，江雲溪樹。吾懼！春去矣，年歲若流，莫遂先朝露。《易》詁權輿，《字原》擬輯《十三經字原》，體例未定。猶豫，愚者漫勞千慮。念及等身先就，不顧旁人生妒。定何日，挂輕帆，訪我漣漪深處？

《邗江王氏五修族譜・船山公誕祭文》　空山抱道，獨懷忠孝之心；異代流芳，增美桂林之傳。遺書盡出，隱德彌光。況東洲之楸梓猶存，喜故國之菊蘭無絶。精廬習業，慕正學於《章靈》，釋奠逢秋，正靈均之初度。敬陳芹藻，不沫芳菲。敢告。

雜録

清・劉獻廷《廣陽雜記》卷二　王而農先生，住查江，在衡州府西南約九十餘里。而農諱夫之，衡陽縣人，壬午舉人。與兄介之、弟參之，皆爲時所推重。先生之父王修侯先生，諱朝聘，一字逸生，性篤孝友。衡守李公燾嘉其行，爲表其父塋以旌之。少從伍學父先生游。學父諱定相，一字玉鉉，衡州人，與李若愚、魏説爲文字友，游講席，得二王、羅、李之要，博綜天文地紀人官物曲兵農水利之學，皆淹貫。早歲喜吟詠，因選漢魏以來十一代詩文，各成一部，爲詩文二壘，嘗謂：『詩文古今未有合一者。合詩於文，則文不宣理；合文於詩，則詩不達情。』以貢入南雍。間盱衡中土，見廟謨顛倒，上安民定亂十三策，奉旨存部。天啓三年疾革，呼修侯先生曰：『丈夫不死於婦人之手。子，丈夫也。吾死子手矣。』遂逝。著有《風雅集》。劉繼莊曰：『伍學父疾革時，獨呼修侯先生而託死焉。予觀其意，詎止目其妻妾爲婦人哉！王氏父子末年行徑，果丈夫也，則學父爲知人矣。』

修侯先生既得其學，已而走安成亭州，以廣其識力。比歸，而鄒東郭泗山先生講學於南嶽，遂受業焉。天啓辛酉闈試，主考繆昌期識之，語觸副主考，不得俊，遂置副榜。以貢游北雍，會烏程秉均，選郎承意旨索賂，遂投袂歸，閉戶潛修，鄉人化之。州縣長聞風造請，皆以疾辭不見。所授生徒，咸知名士，同郡譚允都、歐陽珠、周應詔、歐陽瑾、夏汝弼、文之勇、劉近魯及瀘州馬之訓，其最著也。後臥病南嶽蓮花峯，臨終戒其子介之、夫之曰：『吾幸全首領，固願從先人墓下，而時命如此，不欲以遺骨經城市，得葬此峯下，鑱片石於墓道，題曰明處士某人之墓，足矣。』遂卒，如遺命葬之。

其仲子參之先殁。參之字立三，性至孝。壬午將就鄉試，以父母春秋高，不行。癸未，流賊陷衡，走匿山中，不就僞試。僞吏呈不順者，以參之爲首，幾不測。會賊去，乃免。爲文婉折有風度，受知於督學芝田周公學。乙酉恩選，未仕卒。而農先生於壬申歲已八十矣，隱居山中，未嘗入城市。其學無所不窺，於《六經》皆有發明。洞庭之南，天地元氣，聖賢學脈，僅此一綫耳。

清·穆彰阿等《嘉慶重修一統志》卷三六三《衡州府二·人物·本朝》

王夫之，衡陽人。父朝聘，以貢遊北雍，當得官，會溫體仁當國，選郎承意旨索賂。朝聘曰：『仕以榮親而賂以取辱，可乎？』遂投袂歸。夫之舉崇禎壬午鄉試，性至孝，以文章志節重於時。精研六經，尤神契橫渠《正蒙》之説。康熙間，吳逆踞衡湘，夫之逃入深山。吳逆平，巡撫餽粟帛請見。夫之病，辭帛受粟。著有《五經稗疏》、《四書讀大全説》、《説文廣義》等書。兄介之、參之，俱以孝行聞。

《元明清政治分典古代卷》引用書目

紫山大全集　胡祗遹　元　文淵閣四庫全書本
滋溪文稿　蘇天爵　元　文淵閣四庫全書本
諸蕃志　趙汝適　元　文淵閣四庫全書本
治河圖略　王喜　元　中華書局一九八五年本
至正集　許有壬　元　文淵閣四庫全書本
真臘風土記　周達觀　元　文淵閣四庫全書本
長春真人西遊記　李志常　元　寧夏人民出版社一九八七年本
張文忠公文集　張養浩　元　北京圖書館出版社二〇〇六年本
湛然居士文集　耶律楚材　元　文淵閣四庫全書本
雲陽集　李祁　元　文淵閣四庫全書補配文津閣四庫全書本
元一統志　孛蘭肹　元　叢書集成續編本
元文類　蘇天爵　元　四部叢刊景元至正本
通制條格　伯杭、劉正等　元　浙江古籍出版社一九八六年本
元氏掖庭記　陶宗儀　元　中國野史集成本
元風雅　孫存吾　元　文淵閣四庫全書本
元典章　佚名　元　中華書局、天津古籍出版社二〇一一年本
元朝名臣事略　蘇天爵　元　中華書局一九九六年本
淵穎集　吳萊　元　文淵閣四庫全書本
異域志　周致中　元　文淵閣四庫全書本
遺山先生文集　元好問　元　四部叢刊景明弘治本
伊濱集　王沂　元　文淵閣四庫全書本
野處集　邵亨貞　元　文淵閣四庫全書本
養蒙文集　張伯淳　元　文淵閣四庫全書本
楊仲弘集　楊載　元　文淵閣四庫全書本
燕石集　宋褧　元　文淵閣四庫全書本
雁門集　薩都拉　元　四部叢刊景明弘治本
延佑四明志　馬澤、袁桷　元　文淵閣四庫全書本
雪樓集　程鉅夫　元　文淵閣四庫全書補配文津閣四庫全書本
閒居叢稿　蒲道源　元　北京圖書館出版社二〇〇五年本
析津志輯佚　熊夢祥　元　北京古籍出版社一九八三年本
西遊録　耶律楚材　元　文淵閣四庫全書本
西巖集　張之翰　元　文淵閣四庫全書本
西使記　劉鬱　元　文淵閣四庫全書本
梧溪集　王逢　元　清知不足齋叢書本
吳文正集　吳澄　元　文淵閣四庫全書本
吾吾類稿　吳臯　元　杭州古籍書店一九八五年本
文獻集　黄溍　元　文淵閣四庫全書本
文安集　揭傒斯　元　四部叢刊景舊鈔本
畏齋集　程端禮　元　文淵閣四庫全書本
惟實集　劉鶚　元　文淵閣四庫全書本
爲政善報事類　葉留　元　岳麓書社二〇〇五年本
危學士全集　危素　元　四庫全書存目叢書本
蛻庵集　張翥　元　文淵閣四庫全書本

桐江續集　方回　元　文淵閣四庫全書本
通制條格　拜柱　元　明鈔本
鐵崖先生復古詩集　楊維楨　元　四庫未收書目集刊本
天下同文集　周南瑞　元　文淵閣四庫全書補配文津閣四庫全書本
太平金鏡策　趙天麟　元　齊魯書社一九九七年本
松雪齋集　趙孟頫　元　文淵閣四庫全書本
松鄉集　任士林　元　文淵閣四庫全書本
説郛　陶宗儀　元　文淵閣四庫全書本
雙溪醉隱集　耶律鑄　元　文淵閣四庫全書本
石田文集　馬祖常　元　文淵閣四庫全書本
師山集　鄭玉　元　文淵閣四庫全書本
聖武親征録　佚名　元　漸西村舍叢刊本
申齋集　劉岳申　元　文淵閣四庫全書本
山居新話　楊瑀　元　中華書局一九九一年本
山房隨筆　蔣正子　元　清知不足齋叢書本
三事忠告　張養浩　元　中華書局一九八五年本
汝南遺事　王鶚　元　中華書局一九八五年本
日聞録　李翀　元　清守山閣叢書本
日損齋筆記　黄溍　元　商務印書館一九三七年本
秋巖詩集　陳宜甫　元　四庫全書珍本初集本
秋澗集　王惲　元　文淵閣四庫全書本
清容居士集　袁桷　元　四部叢刊景元本
青陽集　余闕　元　文淵閣四庫全書本
青崖集　魏初　元　文淵閣四庫全書本
樵雲獨唱　葉顒　元　鈔本
僑吳集　鄭元佑　元　文淵閣四庫全書本
平宋録　劉敏中　元　中華書局一九八五年本
南台備要　劉孟保等　元　永樂大典本
南湖集　貢性之　元　文淵閣四庫全書本
南村輟耕録　陶宗儀　元　四部叢刊三編景元本
牧民忠告序　貢師泰　元　北京圖書館出版社二〇〇五年本
牧庵集　姚燧　元　文淵閣四庫全書本
廟學典禮　佚名　元　文淵閣四庫全書本
秘書監志　王士點　元　文淵閣四庫全書本
馬石田文集　馬祖常　元　明刊本
魯齋遺書　許衡　元　文淵閣四庫全書本
陵陽集　牟巘　元　文淵閣四庫全書本
陵川集　郝經　元　文淵閣四庫全書本
吏學指南　徐元瑞　元　浙江古籍出版社一九八八年本
困學齋雜録　鮮于樞　元　清知不足齋叢書本
可閑老人集　張昱　元　文淵閣四庫全書本
栲栳山人詩集　岑安卿　元　文淵閣四庫全書本
居竹軒詩集　成廷珪　元　文淵閣四庫全書本
靜齋至正直記　孔齊　元　清毛氏鈔本
靜軒集　閻復　元　叢書集成續編藕香零拾本
靜修先生文集　劉因　元　四部叢刊景元本
經濟文集　李士瞻　元　文淵閣四庫全書本
近光集　周伯琦　元　文淵閣四庫全書本
金台集　納延　元　文淵閣四庫全書本
金華黄先生文集　黄溍　元　四部叢刊初編本
稼村類稿　王義山　元　文淵閣四庫全書本
皇元征緬録　佚名　元　江蘇古籍出版社一九八八年本
郝文忠公陵川文集　郝經　元　北京圖書館古籍珍本叢刊本
國朝文類　蘇天爵　元　四部叢刊本
龜巢稿　謝應芳　元　文淵閣四庫全書本
圭齋文集　歐陽玄　元　四部叢刊景明成化本
圭塘小稿　許有壬　元　文淵閣四庫全書補配文津閣四庫全書本
圭峰集　盧琦　元　文淵閣四庫全書補配文津閣四庫全書本

歸田類稿　張養浩　元　文淵閣四庫全書本
庚申外史　權衡　元　民族出版社二〇〇五年本
東維子集　楊維楨　元　四部叢刊景舊鈔本
東山存稿　趙汸　元　文淵閣四庫全書補配文津閣四庫全書本
道園學古録　虞集　元　四部叢刊景明景泰翻元小字本
島夷志略　汪大淵　元　文淵閣四庫全書本
待制集　柳貫　元　四部叢刊景元本
大元混一方輿勝覽　劉應李　元　四川大學出版社二〇〇三年宋元地理志叢刊本
存復齋文集　朱德潤　元　涵芬樓秘笈景舊鈔本
樗隱集　胡行簡　元　文淵閣四庫全書本
陳剛中詩集　陳孚　元　文淵閣四庫全書本
草堂雅集　顧瑛　元　文淵閣四庫全書補配文津閣四庫全書本
巴西集　鄧文原　元　文淵閣四庫全書本
安雅堂集　陳旅　元　文淵閣四庫全書本
安南志略　黎崱　元　文淵閣四庫全書本
（至正）金陵新志　張鉉　元　宋元方志叢刊本
（至順）鎮江志　俞希魯等　元　續修四庫全書本
（大德）南海志　陳大震等　元　元大德刻本
濯纓亭筆記　戴冠　明　明嘉靖二十六年華察刻本
酌中志　劉若愚　明　中華書局一九八五年本
元史　宋濂等　明　中華書局一九七六年本
重編瓊台稿　邱濬　明　文淵閣四庫全書本
忠肅集　于謙　明　文淵閣四庫全書補配文津閣四庫全書本
忠靖集　夏原吉　明　文淵閣四庫全書本
中州名賢文表　劉昌　明　文淵閣四庫全書本
中庸衍義　夏良勝　明　文淵閣四庫全書本
治世餘聞　陳洪謨　明　商務印書館一九三七年本
鄭開陽雜著　鄭若曾　明　文淵閣四庫全書本
整庵存稿　羅欽順　明　上海古籍出版社一九九一年本
震澤長語　王鏊　明　商務印書館一九三七年本
震澤紀聞　王鏊　明　明末刻本
震澤集　王鏊　明　文淵閣四庫全書本
震川集　歸有光　明　文淵閣四庫全書本
長水先生文鈔　沈懋孝　明　明萬曆刻本
張文忠公集　張璁　明　齊魯書社一九九七年本
張太岳先生文集　張居正　明　明萬曆四十年唐國達刻本
湛甘泉先生文集　湛若水　明　清康熙二十年刻本
運甓漫稿　李昌祺　明　文淵閣四庫全書本
雲南志　周季鳳　明　天一閣藏明代方志選刊續編本
粵劍編　王臨亨　明　中華書局一九九七年本
願學集　鄒元標　明　文淵閣四庫全書補配文津閣四庫全書本
願豐堂漫書　陸深　明　中華書局一九八五年本
苑洛集　韓邦奇　明　文淵閣四庫全書補配文津閣四庫全書本
元史續編　胡粹中　明　國家圖書館出版社二〇一三年本
元史紀事本末　陳邦瞻　明　明末刻本
元儒考略　馮從吾　明　清知服齋叢書本
元故宮遺録　蕭洵　明　商務印書館一九三六年本
寓圃雜記　王錡　明　中華書局一九八五年本
御定歷代賦匯　陳敬宗等　明　文淵閣四庫全書本
鬱洲遺稿　梁儲　明　文淵閣四庫全書本
玉芝堂談薈　徐應秋　明　文淵閣四庫全書本
玉堂叢語　焦竑　明　中華書局一九八一年本
漁石集　唐龍　明　明嘉靖刻本
余肅敏公奏議　余子俊　明　明嘉靖刻本

湧幢小品　朱國禎　明　明天啓二年刻本
瀛涯勝覽　馬歡　明　續修四庫全書本
抑庵文集　王直　明　文淵閣四庫全書本
抑庵文後集　王直　明　文淵閣四庫全書本
亦玉堂稿　沈鯉　明　文淵閣四庫全書本
一山文集　李繼本　明　文淵閣四庫全書本
野記　祝允明　明　中華書局一九八五年本
也是録　鄧凱　明　《崇禎長編》本
堯山堂偶雋　蔣一葵　明　北京大學圖書館藏明刻本
燕對録　李東陽　明　上海古籍出版社一九九六年本
弇州續稿　王世貞　明　文淵閣四庫全書本
弇州四部稿　王世貞　明　文淵閣四庫全書本
弇山堂別集　王世貞　明　文淵閣四庫全書本
儼山外集　陸深　明　文淵閣四庫全書本
儼山集　陸深　明　文淵閣四庫全書本
遜志齋集　方孝孺　明　文淵閣四庫全書本
懸笥瑣探　劉昌　明　商務印書館一九三六年本
續焚書　李贄　明　明刻本
續藏書　李贄　明　明萬曆三十九年刻本
徐文長文集　徐渭　明　續修四庫全書影印明刻本
虛齋集　蔡清　明　文淵閣四庫全書本
性理大全書　胡廣　明　文淵閣四庫全書本
倖存録　夏允彝　明　上海古籍出版社一九九六年本
星槎勝覽　費信　明　續修四庫全書本
新安文獻志　程敏政　明　文淵閣四庫全書本
歇庵集　陶望齡　明　明萬曆刻本
小山類稿　張嶽　明　文淵閣四庫全書本
小鳴稿　朱誠泳　明　四庫明人文集叢刊本
襄毅文集　韓雍　明　文淵閣四庫全書本
咸賓録　羅曰褧　明　四庫全書存目叢書本
賢博編　葉權　明　中華書局一九八七年本
戲瑕　錢希言　明　中華書局一九八五年本
西域行程記　陳誠　明　文淵閣四庫全書本
西域番國志　陳誠　明　國立北平圖書館善本叢書景明鈔本
西隱集　宋訥　明　文淵閣四庫全書本
西洋朝貢典録　黄省曾　明　中華書局一九八二年本
武功集　徐有貞　明　文淵閣四庫全書本
武備志　茅元儀　明　續修四庫全書本
五雜俎　謝肇淛　明　續修四庫全書本
吳中故語　楊循吉　明　中國野史集成續編本
吳文肅摘稿　吳儼　明　上海古籍出版社一九九一年本
吳都文粹續集　錢穀　明　文淵閣四庫全書本
吾學編　鄭曉　明　明隆慶元年刻本
無夢園初集　陳仁錫　明　明崇禎六年刻本
文毅集　解縉　明　文淵閣四庫全書本
文憲集　宋濂　明　文淵閣四庫全書本
文敏集　楊榮　明　文淵閣四庫全書本
文簡集　孫承恩　明　文淵閣四庫全書本
温恭毅集　温純　明　文淵閣四庫全書本
未軒文集　黄仲昭　明　文淵閣四庫全書補配文津閣四庫全書本
王文成全書　王守仁　明　文淵閣四庫全書本
王國典禮　朱勤　明　北京圖書館古籍珍本叢刊本
萬姓統譜　凌迪知　明　上海古籍出版社一九九四年本
萬曆野獲編　沈德符　明　中華書局一九五九年本
（萬曆）永安縣志　蘇民望　明　明萬曆二十二年刻本影印本
（萬曆）營山縣志　王廷稷　明　天一閣藏明代方志選刊續編本
（萬曆）宿遷縣志　喻文偉、何儀等　明　天一閣藏明代方志選刊續編本
（萬曆）新昌縣志　田管　明　天一閣藏明代方志選刊本
（萬曆）通州志　林雲程、沈明臣　明　天一閣藏明代方志選刊本

（萬曆）江浦縣志　沈孟化　明　天一閣藏明代方志選刊續編本
（萬曆）會稽縣志　楊維新、張元忭　明　天一閣藏明代方志選刊續編本
（萬曆）黄巖縣志　袁應祺、牟汝忠　明　天一閣藏明代方志選刊本
（萬曆）丹徒縣志　何世學　明　天一閣藏明代方志選刊本
圖書編　章潢　明　文淵閣四庫全書本
天下郡國利病書　顧炎武　明　商務印書館四部叢刊三編影印本
天順日録　李賢　明　明嘉靖十二年刻明良集本
天馬山房遺稿　朱浻　明　文淵閣四庫全書本
天潢玉牒　佚名　明　中華書局一九八五年本
陶學士集　陶安　明　上海古籍出版社一九八七年本
陶庵全集　黄淳耀　明　文淵閣四庫全書補配文津閣四庫全書本
太函集　汪道昆　明　明萬曆刻本
孫毅庵奏議　孫懋夫　明　文淵閣四庫全書本
宋史紀事本末　陳邦瞻　明　文淵閣四庫全書本
宋景濂未刻集　宋濂　明　文淵閣四庫全書本
松窗夢語　張瀚　明　中華書局一九八五年本
四友齋叢説　何良俊　明　明萬曆七年刻本
順風相送　佚名　明　海洋出版社二〇一三年本
水東日記　葉盛　明　中華書局一九八〇年本
雙槐歲鈔　黄瑜　明　中華書局一九九九年本
蜀中廣記　曹學佺　明　文淵閣四庫全書本
菽園雜記　陸容　明　文淵閣四庫全書本
殊域周諮録　嚴從簡　明　中華書局一九九三年本
書史會要　陶宗儀　明　上海書店出版社一九八四年本
世經堂集　徐階　明　明萬曆刻本
使琉球録　陳侃　明　明嘉靖刻本
使琉球録　謝傑　明　明萬曆刻本
使琉球録　夏子陽　明　臺灣文獻叢刊臺灣大通書局一九七〇年本
使琉球録　郭汝霖　明　四庫全書存目叢書本
使琉球録　蕭崇業　明　四庫全書存目叢書本
實政録　呂坤　明　湖北崇文書局同治七年本
識小録　徐樹丕　明　黄山書社一九九一年本
石隱園藏稿　畢自嚴　明　中國文聯出版社二〇一〇年本
石泉山房文集　郭汝霖　明　明萬曆刻本
石龍集　黄綰　明　明嘉靖刊本
石洞集　葉春及　明　上海古籍出版社一九九三年本
石倉歷代詩選　曹學佺　明　文淵閣四庫全書本
升庵集　楊慎　明　文淵閣四庫全書本
慎言　王廷相　明　續修四庫全書本
少墟集　馮從吾　明　文淵閣四庫全書本
三家世典　郭勳　明　陝西省圖書館藏明鈔國朝典故本
容春堂集　邵寶　明　上海古籍出版社一九九一年本
日本考略　薛俊　明　文淵閣四庫全書本
日本考　李言恭　明　文淵閣四庫全書本
人譜　劉宗周　明　文淵閣四庫全書本
泉翁大全集　湛若水　明　國家圖書館萬曆二十一年修補本
瓊台會稿　邱濬　明　文淵閣四庫全書補配文津閣四庫全書本
清江文集　貝瓊　明　文淵閣四庫全書本
清江詩集　貝瓊　明　文淵閣四庫全書本
青溪暇筆　姚福　明　明邢氏來禽館鈔本
青溪漫稿　倪岳　明　文淵閣四庫全書本
青藤書屋文集　徐渭　明　中華書局一九八五年本
前聞記　祝允明　明　續修四庫全書本
七修類稿　郎瑛　明　中華書局一九五九年本
蘋野纂聞　伍餘福　明　中華書局一九八五年本
平夏録　黄標　明　明萬曆刻今獻匯言本
平番始末　許進　明　明嘉靖繼美堂刻本

彭文憲公筆記　彭時　明　中華書局一九八五年本
潘司空奏疏　潘季馴　明　文淵閣四庫全書本
寧波府簡要志　黄潤玉　明　文淵閣四庫全書本
倪文僖集　倪謙　明　文淵閣四庫全書本
南京都察院志　施沛　明　日本内閣文庫藏明天啓刻本
牧鑑　楊昱　明　中華書局一九八五年本
大明一統志　李賢等　明　文淵閣四庫全書本
明太祖文集　朱元璋　明　上海古籍出版社一九九一年本
明太祖實録　官修　明　影印本
明太宗實録　官修　明　影印本
明仁宗實録　官修　明　影印本
明宣宗實録　官修　明　影印本
明英宗實録　官修　明　影印本
明憲宗實録　官修　明　影印本
明孝宗實録　官修　明　影印本
明武宗實録　官修　明　影印本
明世宗實録　官修　明　影印本
明神宗實録　官修　明　影印本
明文衡　程敏政　明　文淵閣四庫全書本
明文海　黄宗羲　明　中華書局一九八七年影印本
明書　傅維麟　明　商務印書館一九三八年本
皇明留臺奏議　朱吾弼等　明　續修四庫全書本
明經世文编　陳子龍等　明　中華書局一九六二年影印本
明集禮　徐一夔　明　文淵閣四庫全書本
（正德）明會典　李東陽等　明　文淵閣四庫全書本
明道編　黄綰　明　中華書局一九五九年本
名疑集　陳士元　明　文淵閣四庫全書本
名山藏　何喬遠　明　北京大學出版社一九九三年本
名臣經濟録　黄訓　明　文淵閣四庫全書本
閩書　何喬遠　明　文淵閣四庫全書本
密庵集　謝肅　明　文淵閣四庫全書本
陸子餘集　陸粲　明　文淵閣四庫全書本
劉蕺山集　劉宗周　明　文淵閣四庫全書本
嶺海輿圖　姚虞　明　文淵閣四庫全書本
臨安集　錢宰　明　文淵閣四庫全書本
林登州集　林弼　明　文淵閣四庫全書本
兩溪文集　劉球　明　文淵閣四庫全書本
立齋閑録　宋端儀　明　明鈔本
歷代名臣奏議　黄淮　明　文淵閣四庫全書本
李文節集　李廷機　明　明末刻本
禮部志稿　俞汝楫　明　文淵閣四庫全書本
類博稿　岳正　明　文淵閣四庫全書本
瑯琊漫抄　文林　明　齊魯書社一九九五年本
困知記　羅欽順　明　明萬曆刻本
珂雪齋近集　袁中道　明　明刻本
珂雪齋集　袁中道　明　明萬曆四十六年刻本
考功集　薛蕙　明　文淵閣四庫全書本
九十九籌　顏季亨　明　四庫禁毁書叢刊本
荆川集　唐順之　明　文淵閣四庫全書本
涇皋藏稿　顧憲成　明　文淵閣四庫全書本
金文靖集　金幼孜　明　文淵閣四庫全書本
金陵瑣事　周暉　明　續修四庫全書本
今言　鄭曉　明　中華書局一九八四年本
戒庵老人漫筆　李詡　明　中華書局點校本
焦氏筆乘　焦竑　明　明萬曆三十四年刻本
椒邱文集　何喬新　明　文淵閣四庫全書本
姜氏秘史　姜清　明　清鈔本
建文皇帝遺迹　佚名　明　明鈔國朝典故本
見聞雜紀　李樂　明　明萬曆刻清補修本
謇齋瑣綴録　尹直　明　明鈔國朝典故本

繼世紀聞　陳洪謨　明　明萬曆紀録彙編本
篁墩文集　程敏政　明　文淵閣四庫全書本
黄漳浦集　黄道周　明　叢書集成三編
皇明祖訓　朱元璋　明　四庫全書存目叢書本
皇明詔令　佚名　明　明刻增修本
皇明異典述　王世貞　明　全國圖書館文獻縮微複製中心二〇〇四年本
皇明象胥録　茅瑞徵　明　四庫禁毀書叢刊本
皇明書　鄧元錫　明　明萬曆刻本
皇明世説新語　李紹文　明　明萬曆刻本
皇明世法録　陳仁錫　明　四庫禁毀書叢刊本
皇明盛事述　王世貞　明　全國圖書館文獻縮微複製中心二〇〇四年本
皇明奇事述　王世貞　明　全國圖書館文獻縮微複製中心二〇〇四年本
皇明紀略　皇甫録　明　民國影元明善本叢書十種歷代小史本
皇明典故紀聞　余繼登　明　清畿輔叢書本
懷麓堂集　李東陽　明　文淵閣四庫全書本
弘治問刑條例　彭韶等　明　中國珍稀法律典藏集成一九九四年本
弘治嘉興府志　柳琰　明　天一閣藏明代方志選刊本
何心隱先生爨桐集　梁汝元　明　續修四庫全書本
何文簡疏議　何孟春　明　文淵閣四庫全書本
海忠介公全集　海瑞　明　文淵閣四庫全書本
海語　黄衷　明　文淵閣四庫全書本
海防纂要　王在晉　明　四庫禁毀叢刊本
海道針經　佚名　明　中外交通史籍叢刊中華書局一九六一年本
海槎餘録　顧岕　明　四庫全書存目叢刊本
國琛集　唐樞　明　文淵閣四庫全書補配文津閣四庫全書本
國朝獻徵録　焦竑　明　明萬曆四十四年刻本
國朝典匯　徐學聚　明　書目文獻出版社一九九六年本
國朝典故　鄧世龍　明　北京大學出版社一九九三年本
桂文襄公奏議　桂萼　明　文淵閣四庫全書本
圭峰集　羅玘　明　文淵閣四庫全書本
廣志繹　王士性　明　中華書局一九八一年本
廣輿圖敍　桂萼　明　四庫全書存目叢書本
廣輿圖　羅洪先　明　續修四庫全書本
穀山筆麈　于慎行　明　中華書局一九八四年本
古今治平略　朱健　明　續修四庫全書本
古庵毛先生文集　毛憲　明　明嘉靖四十一年刻本
格物通　湛若水　明　文淵閣四庫全書本
高子遺書　高攀龍　明　文淵閣四庫全書補配文津閣四庫全書本
高文襄公集　高拱　明　文淵閣四庫全書本
復辟録　楊瑄　明　明廣百川學海本
否泰録　劉定之　明　明鈔國朝典故本
焚書　李贄　明　明刻本
費文憲公摘稿　費宏　明　明嘉靖刻本
東征紀行録　張瓚　明　明鈔國朝典故本
東西洋考　張燮　明　文淵閣四庫全書本
東里集　楊士奇　明　文淵閣四庫全書本
東谷贅言　敖英　明　四庫全書存目叢書本
滇略　謝肇淛　明　文淵閣四庫全書本
帝京景物略　劉侗　明　明崇禎刻本
登壇必究　王鳴鶴　明　續修四庫全書本
淡然軒集　余繼登　明　文淵閣四庫全書本
大學衍義補　丘濬　明　文淵閣四庫全書本
大明清類天文分野之書　劉基　明　明刻本
大明律　劉惟謙等　明　法律出版社一九九九年本
籌海圖編　胡宗憲　明　文淵閣四庫全書本
朝鮮史略　佚名　明　文淵閣四庫全書本

朝鮮紀事　倪謙　明　續修四庫全書本
草澤狂歌　王恭　明　文淵閣四庫全書本
草木子　葉子奇　明　中華書局一九五九年本
藏書　李贄　明　明萬曆二十七年刻本
泊庵集　梁潛　明　文淵閣四庫全書本
病逸漫記　陸釴　明　民國景印元明善本叢書十種本
北平考　佚名　明　北京古籍出版社一九八三年本
半村野人閒談　姜南　明　中華書局一九八五年本
白雲集　唐桂芳　明　商務印書館一九三五年本
（正德）新城縣志　黄文鶯　明　天一閣藏明代方志選刊續編本
（正德）順昌邑志　馬性魯　明　天一閣藏明代方志選刊續編本
（正德）莘縣志　吳宗器　明　天一閣藏明代方志選刊本
（正德）瓊台志　唐胄　明　明正德刻本
（正德）朝邑縣志　王道、韓邦靖　明　鳳凰出版社二〇〇七年本
（永樂）樂清縣志　李登雲、錢竇鎔　明　上海古籍書店一九六四年本
（萬曆）明會典　申時行等　明　中華書局一九八九年本
（萬曆）承天府志　孫文龍等　明　日本藏中國罕見地方志叢刊本
（天啓）平湖縣志　程楷、楊俊卿　明　天一閣藏明代方志選刊續編本
（嘉靖）山東通志　陸釴　明　明嘉靖刻本
（嘉靖）遼東志　畢恭　明　明嘉靖刻本
（成化）山西通志　胡謐　明　民國影鈔明成化刻本
罪惟録　查繼佐　清　浙江古籍出版社一九八六年本
資治通鑑後編　徐乾學　清　文淵閣四庫全書本
壯悔堂遺稿　侯方域　清　商務印書館國學基本叢書本
竹葉亭雜記　姚元之　清　清光緒十九年姚虞卿刻本
啁啾漫記　佚名　清　甲寅雜志社一九一六年本
州縣須知　劉衡　清　清乾隆五十九年刻本
州縣事宜　田文鏡、李衛　清　清同治江蘇書局重刊本
州縣初仕小補　褚瑛　清　清光緒十年森寶閣排印本
中西紀事　夏燮　清　清同治刻本
中山傳信録　徐葆光　清　文淵閣四庫全書本
治鏡録集解　張運青、隋人鵬　清　清道光十三年仕學齋重刊本
治安文獻　陸壽名、韓訥　清　清康熙刊本
指南正法　佚名　清　續修四庫全書本
知足齋集　朱珪　清　清嘉慶刻增修本
章氏遺書　章學誠　清　文物出版社一九八一年本
湛園集　姜宸英　清　文淵閣四庫全書本
澤雅堂文集　施補華　清　清光緒十九年陸心源刻本
澤雅堂詩集　施補華　清　清同治刻本
粵海關志　梁廷枏　清　廣東人民出版社二〇〇二年本
閱世編　葉夢珠　清　中華書局二〇〇七年本
元書　曾廉　清　清宣統三年刻本
元史語解　佚名　清　江蘇書局一九七八年本
元史新編　魏源　清　清光緒三十一年邵陽魏氏慎微堂刻本
元史類編　邵遠平　清　清康熙三十八年刻本
元史本證　汪輝祖　清　清光緒鑄學齋重刊本
元詩選三集　顧嗣立　清　中華書局二〇〇二年本
元詩選　顧嗣立　清　文淵閣四庫全書本
元詩紀事　陳衍　清　清光緒鉛印本
元明事類鈔　姚之駰　清　文淵閣四庫全書本
元朝典故編年考　孫承澤　清　文淵閣四庫全書本
御製文集初集　愛新覺羅·弘曆　清　文淵閣四庫全書本
御製詩集　愛新覺羅·弘曆　清　文淵閣四庫全書本
御製詩二集　愛新覺羅·弘曆　清　文淵閣四庫全書本
御製詩三集　愛新覺羅·弘曆　清　文淵閣四庫全書本
御製詩四集　愛新覺羅·弘曆　清　文淵閣四庫全書本
御製樂善堂全集　愛新覺羅·弘曆　清　文淵閣四庫全書本
御選明詩　愛新覺羅·玄燁　清　文淵閣四庫全書本
御選明臣奏議　傅恆　清　文淵閣四庫全書本
御批歷代通鑑輯覽　傅恆等　清　文淵閣四庫全書本

御覽經史講義　英廉等　清　文淵閣四庫全書本
御定淵鑑類函　張英、王士禛等　清　文淵閣四庫全書本
御定孝經衍義　葉方靄、張英等　清　文淵閣四庫全書本
玉堂薈記　楊士聰　清　民國嘉業堂叢書本
愚庵小集　朱鶴齡　清　文淵閣四庫全書本
榆巢雜識　趙慎畛　清　中華書局二〇〇一年本
餘冬序録　何孟春　清　中華書局一九八五年本
于清端政書　于成龍　清　文淵閣四庫全書本
庸閑齋筆記　陳其元　清　上海古籍出版社一九九六年本
瀛寰志略　徐繼畬　清　清道光二十八年福建撫署刻本
殷齋文集　張穆　清　叢書集成續編本
殷齋詩文集　張穆　清　清咸豐八年刻本
繹史摭遺　李瑤　清　明文書局一九九一年本
異域録　圖理琛　清　文淵閣四庫全書本
異辭録　劉體仁　清　上海書店出版社一九八四年本
憶山堂詩録　宋翔鳳　清　清嘉慶刻增修本
頤道堂詩選　陳文述　清　清嘉慶十二年刻道光增修本
怡志堂文初編　朱琦　清　清同治四年刻本
夷氛聞記　梁廷枏　清　中華書局一九五九年本
野史無文　鄭達　清　中華書局一九六〇年本
堯峰文鈔　汪琬　清　文淵閣四庫全書本
養一齋文集　李兆洛　清　續修四庫全書本
養吉齋餘録　吳振棫　清　清光緒刻本
楊大瓢先生雜文殘稿　楊賓　清　吳中文獻小叢書本
簷醉雜記　何聖生　清　山西古籍出版社一九九六年本
簷曝雜記　趙翼　清　清嘉慶湛貽堂刻本
鴉片事略　李圭　清　清光緒二十一年海寧州署刻本
遜學齋文鈔　孫衣言　清　遜學齋文鈔
學治臆説　汪輝祖　清　中華書局一九八五年本
學治一得編　何耿繩　清　清道光二十一年眉壽堂刊本
學治識端　徐壽茲　清　清光緒二十七年刊本
學仕遺規　陳宏謀　清　海南出版社二〇〇一年本
學案小識　唐鑑　清　清道光二十六年刻本
續子不語　袁枚　清　岳麓書社一九八六年本
續資治通鑑　畢沅　清　清嘉慶六年遞刻本
續文獻通考　嵇璜等　清　文淵閣四庫全書本
續通志　嵇璜等　清　文淵閣四庫全書本
續眉廬叢話　況周頤　清　《中華野史》本
續琉球國志略　趙新恭　清　清光緒刻本
新疆圖志　袁大化　清　上海古籍出版社一九九二年本
新疆識略　松筠　清　清道光元年武英殿刻本
嘯亭雜録　昭槤　清　中華書局一九八〇年本
小峴山人集　秦瀛　清　《無錫文庫》本
小腆紀傳　徐鼒　清　清光緒金陵刻本
小倉山房集　袁枚　清　江蘇古籍出版社一九九三年本
香祖筆記　王士禛　清　文淵閣四庫全書本
閒情偶寄　李漁　清　中州古籍出版社二〇一三年本
熙朝新語　余金　清　清嘉慶二十三年刻本
西征隨筆　汪景祺　清　故宮博物院圖書館掌故部印行本
西域三種　徐松　清　民國北平隆福寺文奎堂刊本
西套厄魯特地志略　康敷鎔　清　臺灣成文出版社一九六七年本
西南洋各番針路方向圖　覺羅滿保　清　中國第一歷史檔案館藏本
西河集　毛奇齡　清　文淵閣四庫全書本
西藏志　允禮　清　臺北文海出版社一九六六年本
西陂類稿　宋犖　清　上海古籍出版社二〇一〇年本
午亭文編　陳廷敬　清　文淵閣四庫全書本
五百石洞天揮麈　邱煒萲　清　清光緒刻本
文獻徵存録　錢林　清　清咸豐八年刻本
望溪集　方苞　清　文淵閣四庫全書本
忘山廬日記　孫寶瑄　清　上海古籍出版社一九八三年本

汪梅村先生集 汪士鐸 清 清光緒七年刻本
圖民録 袁守定 清 江西書局一八七二年本
聽雨叢談 福格 清 四部叢刊本
田間詩集 錢澄之 清 清康熙刻本
天咫偶聞 震鈞 清 清光緒甘棠精舍刻本
天府廣記 孫承澤 清 清鈔本
藤陰雜記 戴璐 清 北京古籍出版社一九八二年本
陶廬文集 王樹枏 清 晚清民國年間刻本
臺灣鄭氏始末 沈雲 清 民國吳興叢書本
臺灣隨筆 徐懷祖 清 清學海類編本
臺灣府輿圖纂要 佚名 清 臺灣文獻史料叢刊臺灣大通書局一九八四年本
台海使槎録 黄叔璥 清 文淵閣四庫全書本
遂初堂集 潘耒 清 清康熙刻本
宋元學案 黄宗羲 清 清道光刻本
宋元詩會 陳焯 清 海南出版社二〇〇〇年本
松泉集 汪由敦 清 文淵閣四庫全書本
松桂堂全集 彭孫遹 清 文淵閣四庫全書本
思復堂文集 邵廷采 清 四庫全書存目叢書本
思辨録輯要 陸世儀 清 文淵閣四庫全書本
朔方備乘 何秋濤 清 清光緒刻本
（順治）招遠縣志 清 鳳凰出版社二〇〇四年本
水道提綱 齊召南 清 文淵閣四庫全書本
水窗春囈 歐陽兆熊、金安清 清 中華書局一九八四年本
雙節堂庸訓 汪輝祖 清 天津古籍出版社一九九五年本
漱華隨筆 嚴有禧 清 中華書局一九八五年本
樞垣記略 梁章鉅 清 清光緒元年刊本
世宗憲皇帝硃批諭旨 愛新覺羅·胤禛 清 文淵閣四庫全書本
世宗憲皇帝御製文集 愛新覺羅·胤禛 清 文淵閣四庫全書本
世宗憲皇帝上諭内閣 愛新覺羅·胤禛 清 文淵閣四庫全書本
使琉球雜録 汪楫 清 故宮珍本叢刊海南出版社二〇〇四年本
使琉球記 李鼎元 清 臺北大通出版社一九八四年本
使琉球記 張學禮 清 四庫全書存目叢書本
石匱書後集 張岱 清 中華書局一九五九年本
師伏堂詩草 皮錫瑞 清 清光緒三十年刻本
聖祖仁皇帝御製文二集 愛新覺羅·玄燁 清 文淵閣四庫全書本
聖祖仁皇帝御製文三集 愛新覺羅·玄燁 清 文淵閣四庫全書本
聖祖仁皇帝聖訓 愛新覺羅·玄燁 清 文淵閣四庫全書本
聖武記 魏源 清 世界書局一九三六年本
山書 孫承澤 清 浙江古籍出版社一九八九年本
三垣筆記 李清 清 民國嘉業堂叢書本
三續疑年録 陸心源 清 清光緒五年刻本
三借廬贅譚 鄒弢 清 清申報館叢書本
三岡識略 董含 清 遼寧教育出版社二〇〇〇年本
三藩紀事本末 楊陸榮 清 清康熙五十六年刻本
儒林傳稿 阮元 清 清嘉慶刻本
榕村集 李光地 清 清榕村全書本
日知録 顧炎武 清 文淵閣四庫全書本
求治管見 戴肇辰 清 清咸豐二年刊本
秋泉居士集 汪士鋐 清 清乾隆刻本
清文獻通考 乾隆敕撰 清 文淵閣四庫全書本
清通志 乾隆敕撰 清 文淵閣四庫全書本
清通典 乾隆敕撰 清 文淵閣四庫全書本
清史列傳 佚名 清 中華書局點校本
清詩別裁集 沈德潛 清 清乾隆二十五年刻本

清聖祖聖訓　愛新覺羅·玄燁　清　文淵閣四庫全書本
清太祖實録　官修　清　中華書局一九八七年本
清太宗實録　官修　清　中華書局一九八七年本
清世祖實録　官修　清　中華書局一九八七年本
清聖祖實録　官修　清　中華書局一九八七年本
清世宗實録　官修　清　中華書局一九八七年本
清高宗實録　官修　清　中華書局一九八七年本
清仁宗實録　官修　清　中華書局一九八七年本
清宣宗實録　官修　清　中華書局一九八七年本
清文宗實録　官修　清　中華書局一九八七年本
清穆宗實録　官修　清　中華書局一九八七年本
清德宗實録　官修　清　中華書局一九八七年本
清經世文編　賀長齡等　清　中華書局一九九二年本
清經世文續編　葛士浚　清　清光緒石印本
清朝柔遠記　王之春　清　中華書局一九八九年本
清朝耆獻類徵初編　李桓　清　中國書店一九八四年本
青學齋集　汪之昌　清　中國書店一九八一年本
青海志　康敷鎔　清　鈔本
欽定日下舊聞考　英廉等　清　文淵閣四庫全書本
欽定歷代職官表　紀昀等　清　文淵閣四庫全書本
欽定蘭州紀略　紀昀　清　文淵閣四庫全書本
欽定國子監志　梁國治等　清　文淵閣四庫全書本
欽定古今儲貳金鑑　乾隆敕撰　清　文淵閣四庫全書本
欽定八旗通志　鐵保等　清　文淵閣四庫全書本
潛書　唐甄　清　清康熙刻本
奇觚廎文集　葉昌熾　清　民國十年刻本
棲霞閣野乘　孫靜庵　清　山西古籍出版社一九九七年本
曝書亭集　朱彝尊　清　商務印書館一九三五年本
樸學齋文録　宋翔鳳　清　清浮溪精舍叢書本
評鑑闡要　劉統勳等　清　海南出版社二〇〇一年本
平平言　方大湜　清　湖南科學技術出版社二〇一〇年本
平閩記　楊捷　清　大通書局一九八四年本
平定臺灣紀畧　乾隆敕撰　清　文淵閣四庫全書本
平定三逆方略　勒德洪　清　文淵閣四庫全書本
廿二史劄記　趙翼　清　清廣雅書局叢書本
廿二史考異　錢大昕　清　乾隆四十五年刻本
南明野史　三餘氏　清　大通書局一九八七年本
南疆逸史　温睿臨　清　上海古籍出版社一九九六年本
穆堂別稿　李紱　清　上海古籍出版社二〇一〇年本
牧令要訣　壁昌　清　清道光刊本
牧令須知　剛毅　清　江蘇書局光緒十五年本
瞑庵二識　朱克敬　清　岳麓書社一九八三年本
明夷待訪録　黄宗羲　清　清指海本
明文海　黄宗羲　清　文淵閣四庫全書補配文津閣四庫全書本
明通鑑　夏燮　清　清同治刻本
明史紀事本末　谷應泰　清　文淵閣四庫全書本
明史各外國傳地理考證　丁謙　清　浙江圖書館叢書第一集本
明史　萬斯同　清　上海古籍出版社二〇〇八年本
明史　張廷玉等　清　中華書局一九七四年本
明詩綜　朱彝尊　清　上海古籍出版社一九八九年本
明詩紀事　陳田　清　清刻本
明儒言行録　沈佳　清　文淵閣四庫全書本
明儒學案　黄宗羲　清　文淵閣四庫全書本
明季遺聞　鄒漪　清　清順治刻本
明季北略　計六奇　清　清活字印本
明會要　龍文彬　清　中華書局一九五六年本
閩粤巡視紀略　杜臻　清　清康熙三十八年刻本
眉廬叢話　況周頤　清　山西古籍出版社一九九五年本
埋憂集　朱翊清　清　清同治刻本
履園叢話　錢泳　清　清道光十八年述德堂刻本

鹿洲初集　藍鼎元　清　文淵閣四庫全書本
魯之春秋　李聿求　清　清咸豐刻本
龍沙紀略　方式濟　清　文淵閣四庫全書本
琉球國志略　周煌　清　續修四庫全書本
列朝詩集　錢謙益　清　清順治九年刻本
兩浙輶軒續録　潘衍桐　清　清光緒刻本
荔村草堂詩鈔　譚宗浚　清　清光緒十八年刻本
勵治撮要　張經田　清　清鈔本
歷代賦彙　陳元龍　清　文淵閣四庫全書本
冷廬雜識　陸以湉　清　清咸豐六年刻本
樂志堂文集　譚瑩　清　清咸豐十年刻本
浪迹三談　梁章鉅　清　中國商業出版社一九九一年本
浪迹叢談　梁章鉅　清　中國商業出版社一九九一年本
郎潛紀聞　陳康祺　清　中華書局一九八四年本
坤輿圖説　蔣友仁　清　中華書局一九八五年本
客窗閒話　吳熾昌　清　清光緒刻本
可園文存　陳作霖　清　清宣統元年刻增修本
（康熙）開原縣志　劉超凡、周志煥　清　鳳凰出版社二〇〇六年本
（康熙）錦縣志　王奕曾、范勳　清　鳳凰出版社二〇〇六年本
（康熙）廣寧縣志　項蕙、范勳　清　鳳凰出版社二〇〇六年本
衎石齋記事稾　錢儀吉　清　清道光刻咸豐四年增修光緒六年印本
居易録　王士禛　清　文淵閣四庫全書本
居業堂文集　王源　清　清道光十一年刻本
居官日省録　烏爾通阿　清　官箴書集成本
靜志居詩話　朱彝尊　清　人民文學出版社一九九八年本
靜娛亭筆記　張培仁　清　上海古籍出版社一九九六年本
敬簡堂學治雜録　戴傑敬　清　清光緒十六年刊本
經義考　朱彝尊　清　文淵閣四庫全書本
鮚埼亭集　全祖望　清　四部叢刊景清刻姚江借樹山房本
蕉軒隨録　方浚師　清　上海古籍出版社一九九六年本
蕉廊脞録　吳慶坻　清　民國求恕齋叢書本
椒生隨筆　王之春　清　岳麓書社一九八三年本
諫書稀庵筆記　陳恒慶　清　小説叢報社一九二二年本
堅瓠廣集　褚人獲　清　中國古典小説名著資料叢刊本
甲申朝事小紀　抱陽生　清　書目文獻出版社一九八七年本
寄園寄所寄　趙起士　清　清康熙三十五年刻本
己未詞科録　秦瀛　清　清嘉慶刻本
吉林外記　薩英額　清　清光緒漸西村舍本
黄氏續録　黄百家　清　清康熙四十二年抑抑堂刻本
皇清奏議　佚名　清　全國圖書館文獻縮微複製中心二〇〇四年本
皇清職貢圖　傅恆等　清　文淵閣四庫全書本
皇清開國方略　阿桂等　清　文淵閣四庫全書本
皇朝武功紀盛　趙翼　清　叢書集成新編本
黑龍江外記　西清　清　清光緒廣雅書局刻本
黑龍江述略　徐宗亮　清　清光緒徐氏觀自得齋刻本
郝文忠公年譜　王汝楫等　清　清乾隆三年刻道光間重印本
含經堂集　徐元文　清　清刻本
海强圖説　俞正燮　清　臺灣文獻叢刊臺灣大通書局一九七〇年本
海國聞見録　陳倫炯　清　文淵閣四庫全書本
海國圖志　魏源　清　中州古籍出版社一九九二年本
國権　談遷　清　清鈔本
國朝先正事略　李元度　清　清同治刻本
國朝文録　李祖陶　清　續修四庫全書本
國朝文匯　沈粹芬、黄人等　清　續修四庫全書本
國朝詩人徵略　張維屏　清　清道光十年刻本
國朝漢學師承記　江藩　清　清嘉慶十七年刻本
國朝宮史　于敏中等纂　清　北京古籍出版社一九九四年本
國朝宮史續編　慶桂等　清　北京古籍出版社一九九四年本

癸巳類稿　俞正燮　清　清道光日益齋刻本
廣輿記　陸應陽　清　北京出版社一九九八年影印本
廣陽雜記　劉獻廷　清　清同治四年鈔本
廣東輿地圖説　李翰章　清　臺灣成文出版社一九六七年本
廣東新語　屈大均　清　清康熙水天閣刻本
光緒鎮海縣志　于萬川等　清　臺灣成文出版社中國地方志叢書本
光緒香山縣志　田明曜等　清　臺灣成文出版社中國地方志叢書本
光緒清會典事例　昆岡等　清　中華書局一九八六年影印本
顧亭林先生年譜　張穆　清　清道光二十四年刻本
陔餘叢考　趙翼　清　清乾隆五十五年湛貽堂刻本
噶瑪蘭廳志　陳淑均　清　臺灣文獻史料叢刊臺灣大通書局一九八四年本
防海紀略　王之春　清　清光緒六年上洋文藝齋刻本
方望溪先生全集　方苞　清　四部叢刊本
樊榭山房集　厲鶚　清　文淵閣四庫全書本
二林居集　彭紹升　清　清正覺樓叢刻本
敦夙好齋詩全集　葉名澧　清　清光緒十六年刻本
讀書堂彩衣全集　趙士麟　清　四庫全書存目叢書本
讀史方輿紀要　顧祖禹　清　清稿本
獨學廬稿　石韞玉　清　清寫刻獨學廬全稿本
東洋南洋海道圖　施世驃　清　原圖藏中國第一歷史檔案館
東三省輿地圖説　曹廷傑　清　續修四庫全書本
東南紀事　邵廷采　清　邵武徐氏刻本
定盦文集　龔自珍　清　清光緒二十三年萬本書堂刻本
（道光）廈門志　周凱等　清　臺灣成文出版社中國地方志叢書本
禱杌近志　佚名　清　《中華野史》本
憺園文集　徐乾學　清　清康熙刻本
大義覺迷録　愛新覺羅·胤禛　清　近代中國史料叢刊本
（乾隆）大清一統志　和珅等　清　臺灣商務印書館一九八三年本
大清萬年一統天下全圖　黃證孫　清　清乾隆三十二年刊印本
大清會典則例　來保等　清　文淵閣四庫全書本
大清會典　允祹等　清　文淵閣四庫全書本
存研樓文集　儲大文　清　文淵閣四庫全書本
存吾文稿　余廷燦　清　清咸豐五年刻本
春在堂雜文　俞樾　清　清春在堂全書本
春明夢餘録　孫承澤　清　文淵閣四庫全書本
春明夢録　何剛德　清　上海古籍書店一九八三年本
吹網録　葉廷管　清　清同治八年刻本
池北偶談　王士禛　清　文淵閣四庫全書本
巢林筆談　龔煒　清　清乾隆三十年蔘懷閣刻本
北東園筆録續編　梁恭辰　清　清代筆記小説集成本
實綸堂文鈔　齊召南　清　清代詩文集彙編上海古籍出版社二〇一〇年本
柏梘山房全集　梅曾亮　清　清咸豐六年刻民國補修本
白茅堂集　顧景星　清　清康熙刻本
八旗文經　盛昱　清　中華文史叢書臺灣華文書局一九六九年本
澳門記略　印光任、張汝霖　清　臺灣成文出版社中國地方志叢書本
安南使事紀要　李仙根　清　四庫全書存目叢書本
（康熙）臺灣府志　蔣毓英等　清　清康熙刻本
（康熙）江西通志　謝旻等　清　文淵閣四庫全書本
（雍正）貴州通志　鄂爾泰等　清　廣陵古籍刻印社一九八七年本
（雍正）浙江通志　李衛等　清　文淵閣四庫全書本
（雍正）浙江通志　嵇曾筠等　清　文淵閣四庫全書本
（雍正）雲南通志　鄂爾泰等　清　文淵閣四庫全書本
（雍正）四川通志　黄廷桂等　清　文淵閣四庫全書本
（雍正）陝西通志　沈青峰等　清　文淵閣四庫全書本
（雍正）山西通志　覺羅石麟等　清　文淵閣四庫全書本
（雍正）山東通志　岳浚等　清　文淵閣四庫全書本
（雍正）江西通志　高其倬等　清　文淵閣四庫全書本

（雍正）江南通志　尹繼善等　清　文淵閣四庫全書本
（雍正）畿輔通志　唐執玉等　清　文淵閣四庫全書本
（雍正）湖廣通志　邁柱等　清　文淵閣四庫全書本
（雍正）河南通志　王士俊等　清　文淵閣四庫全書本
（雍正）廣西通志　金鉷等　清　文淵閣四庫全書本
（雍正）廣東通志　郝玉麟等　清　文淵閣四庫全書本
（雍正）甘肅通志　許容等　清　文淵閣四庫全書本
（雍正）福建通志　郝玉麟等　清　文淵閣四庫全書本
（雍正）八旗通志　鄂爾泰等　清　文淵閣四庫全書本
（乾隆）江南通志　趙宏恩　清　文淵閣四庫全書本
（乾隆）重修鳳山縣志　王瑛曾　清　故宫珍本叢刊本
（乾隆）香山縣志　暴煜等　清　臺灣成文出版社中國地方志叢書本
（乾隆）盛京通志　阿桂等　清　文淵閣四庫全書本
（乾隆）泉州府志　黄任　清　中國地方志集成本
（乾隆）欽定熱河志　和珅等　清　文淵閣四庫全書本
（乾隆）寧波府志　曹秉仁等　清　文淵閣四庫全書本
（嘉慶）大清一統志　穆彰阿等　清　四部叢刊續編景舊鈔本
（道光）金門志　林焜熿　清　臺灣文獻史料叢刊臺灣大通書局一九八四年本
（同治）重纂福建通志　陳壽祺等　清　臺灣文獻叢刊臺灣大通書局一九七〇年本
（同治）蘇州府志　馮桂芬等　清　清光緒九年刊本
（光緒）重修安徽通志　何紹基等　清　清光緒四年刻本
（光緒）吉林通志　李桂林等　清　清光緒十七年刻本
（光緒）湖南通志　曾國荃等　清　清光緒十一年刻本
皇輿西域圖志　傅恆等　清　文淵閣四庫全書本
天臺治略　戴兆佳　清　中國方志叢書本